# Traitement Automatique des Langues Naturelles et Rencontres des Etudiants Chercheurs en Informatique pour le Traitement Automatique des Langues

# (TALN-RECITAL 2014)



**Long Papers**

## Marseille, France
## 1-4 July 2014

## Volume 1 of 4

ISBN: 978-1-63439-515-1

**Printed from e-media with permission by:**

Curran Associates, Inc.
57 Morehouse Lane
Red Hook, NY 12571

**Some format issues inherent in the e-media version may also appear in this print version.**



Printed by Curran Associates, Inc. (2014)

For permission requests, please contact the Association for Computational Linguistics
at the address below.

Association for Computational Linguistics
209 N. Eighth Street
Stroudsburg, Pennsylvania 18360

Phone: 1-570-476-8006
Fax: 1-570-476-0860

acl@aclweb.org

**Additional copies of this publication are available from:**

Curran Associates, Inc.
57 Morehouse Lane
Red Hook, NY 12571 USA
Phone: 845-758-0400
Fax: 845-758-2634
Email: curran@proceedings.com
Web: www.proceedings.com

# Table des matières

## Articles longs

### Fouille de données et TAL

Étiquetage 1



Traitement de corpus 1



Sentiments

Outils



Étiquetage 2



Langue des signes



Résumé automatique

Corpus



Traitement de corpus 2



Lexique 2

# Influence des marqueurs multi-polaires dépendant du domaine pour la fouille d'opinion au niveau du texte

Morgane Marchand[1, 2] Romaric Besançon[1] Olivier Mesnard[1] Anne Vilnat[2]
(1) CEA, LIST, Laboratoire Vision et Ingénierie des Contenus
Centre Nano-Innov Saclay, 91191 Gif-sur-Yvette Cedex
(2) LIMSI-CNRS, Université Paris-Sud, 91403 Orsay Cedex
morgane.marchand@cea.fr, romaric.besancon@cea.fr, olivier.mesnard@cea.fr, anne.vilnat@limsi.fr

**Résumé.** Les méthodes de détection automatique de l'opinion dans des textes s'appuient sur l'association d'une polarité d'opinion aux mots des textes, par lexique ou par apprentissage. Or, certains mots ont des polarités qui peuvent varier selon le domaine thématique du texte. Nous proposons dans cet article une étude des mots ou groupes de mots marqueurs d'opinion au niveau du texte et qui ont une polarité changeante en fonction du domaine. Les expériences, effectuées à la fois sur des corpus français et anglais, montrent que la prise en compte de ces marqueurs permet d'améliorer de manière significative la classification de l'opinion au niveau du texte lors de l'adaptation d'un domaine source à un domaine cible. Nous montrons également que ces marqueurs peuvent être utiles, de manière limitée, lorsque l'on est en présence d'un mélange de domaines. Si les domaines ne sont pas explicites, utiliser une séparation automatique des documents permet d'obtenir les mêmes améliorations.

**Abstract.** In this article, we propose a study on the words or multi-words which are good indicators of the opinion polarity of a text but have different polarity depending on the domain. We have performed experiments on French and English corpora, which show that taking these multi-polarity words into account improve the opinion classification at text level in a domain adaptation framework. We also show that these words are useful when the corpus contains several domains. If these domains are not explicit, using a automatic domain characterization (e.g. wich Topic Modeling approaches) allows to achieve the same results.

**Mots-clés :** Fouille d'opinion, adaptation au domaine, marqueurs multi-polaires.

**Keywords:** Opinion mining, domain adaptation, multi-polarity markers.

## Introduction

Avec l'avènement du web 2.0, la manière dont les personnes expriment leur opinion a beaucoup changée : nous postons des critiques de produits de consommation sur des sites marchands et exposons nos points de vue sur presque tous les sujets, sur des forums, des groupes de discussion ou des blogs. Tout cela constitue une importante source d'information avec de nombreuses applications. C'est pourquoi, au cours des dernières années, de nombreux travaux ont pris pour objet la fouille d'opinion. Si beaucoup de ces travaux se focalisent sur la caractérisation de l'opinion sur un corpus donné, qui est souvent spécifique à un domaine, l'étude des mots qui n'indiquent pas la même opinion d'un domaine à l'autre est moins fréquente. Certains mots peuvent en effet changer de polarité entre deux domaines (Navigli, 2012; Yoshida *et al.*, 2011). Par exemple, le mot "retourner" a une connotation positive dans la phrase "Je n'en peux plus d'attendre pour retourner à mon livre !". Mais il exprime généralement une opinion très négative s'il est employé pour parler d'un appareil électronique, comme dans "J'ai dû retourner au magasin". Ce phénomène peut apparaître même lorsque les domaines sont très proches : "J'étais mort de rire" est bon signe pour un film comique mais pas pour un film d'horreur. Dans cet article, les mots ou groupes de mots sujets à ce phénomène sont appelés des "marqueurs multi-polaires". Si on ne repère pas de tels mots lors d'une tâche de classification automatique de l'opinion, ils peuvent conduire à des erreurs de classification (Wilson *et al.*, 2009). Nous proposons ici une étude de ces marqueurs, en montrant l'apport potentiel de leur prise en compte pour l'adaptation d'un domaine à un autre ainsi que pour la détection d'opinion en domaine ouvert.
Dans une première partie, nous explicitons le concept de marqueur multi-polaire et le comparons avec les autres concepts présents dans l'état de l'art. Nous présentons ensuite la méthode utilisée pour détecter ces marqueurs, ainsi qu'une clas-

sification de la nature de ces marqueurs. Dans les parties suivantes, nous étudions l'influence des ces marqueurs sur la performance des classifieurs automatiques d'opinion lors du transfert d'un domaine source à un domaine cible, ainsi que sur la détection d'opinion sur dans corpus multi-domaines et des corpus en domaine ouvert.

# 1 Concept et état de l'art

### Subjectivité, polarité et domaines

Les expressions subjectives sont des mots ou des groupes de mots utilisés pour exprimer des états mentaux comme la spéculation, l'évaluation, le sentiment ou la conviction (Wiebe *et al.*, 2005; Wiebe & Mihalcea, 2006; Wilson, 2008; Akkaya *et al.*, 2009a). Ils sont appelés "état privés", c'est à dire que ce sont des états internes qui ne peuvent pas être directement observés par les autres (Quirk & Crystal, 1985). La polarité d'un mot ou d'un sens particulier d'un mot, au contraire, fait référence à l'opinion positive ou négative qu'a un agent sur un objet particulier. Ces deux notions ne sont bien sûr pas indépendantes et la plupart des sens subjectifs des mots ont une polarité claire. Néanmoins, une expression polarisée peut également apparaître dans un contexte neutre (Wilson *et al.*, 2009). De plus, une polarité peut être associée à des mots ou des sens de mots objectifs. (Su & Markert, 2008) donnent l'exemple du mot *tuberculose* : ce mot ne décrit pas un état privé, on peut le vérifier de manière objective et sa présence dans une phrase ne force pas cette dernière à être porteuse d'opinion. Mais pour la plupart des gens, ce mot porte tout de même une forte connotation négative. Comme (Su & Markert, 2008), nous ne considérons pas que le fait d'être polaire soit réservé aux mots ou expressions ayant été au préalable classés comme subjectifs.
La polarité d'un mot ou d'une expression peut de plus varier en fonction du contexte. Depuis quelques années, l'intérêt pour lever l'ambiguïté sur la polarité des mots ambigus s'est amplifié (Wu & Jin, 2010). Presque tous les schémas d'annotation existant pour la polarité permettent de noter cette ambiguïté (Su & Markert, 2008; Wilson *et al.*, 2005). Nous nous intéressons ici spécifiquement aux variations de polarité dues au domaine du texte, c'est à dire à son type de sujet. Dans leur travail sur la polarité contextuelle, (Wilson *et al.*, 2005) incluent le sujet et le domaine comme causes possibles de variation de polarité. De plus, (Su & Markert, 2008) remarquent dans leur étude que des préférences de polarité existent selon le domaine ou le sujet du texte. Leur corpus contient 32,5 % de mots à la polarité ambiguë et la simple désambiguïsation de sens ne parvient pas à résoudre complètement cette ambiguïté. Dans (Takamura *et al.*, 2006, 2007), les auteurs proposent une méthode utilisant un modèle avec variable latente et réseau lexical pour déterminer l'orientation de paires adjectif+nom. Ils remarquent que si l'adjectif est ambigu, la classification est plus difficile.

### Les marqueurs multi-polaires au niveau du texte

Dans cette étude, nous nous intéressons aux mots ou expressions (subjectifs tout comme objectifs) qui, de manière récurrente dans un domaine particulier, sont des indicateurs de l'opinion de l'auteur sur l'objet du texte. Tout comme pour l'exemple de la tuberculose, beaucoup de mots auxquels nous nous intéressons ne vont pas avoir de polarité intrinsèque mais peuvent apparaître dans des contextes récurrents de connotation polaire pour un domaine particulier.
Ce travail est proche des concepts de polarité contextuelle ou ciblée (Wilson *et al.*, 2005, 2009; Fahrni & Klenner, 2008). (Fahrni & Klenner, 2008) se focalisent sur la détermination de la polarité ciblée des adjectifs. Un nom spécifique à un domaine est souvent modifié par un adjectif qualificatif. D'après les auteurs, les adjectifs n'ont pas de polarité *a priori* mais une polarité ciblée. Dans certains cas, un même adjectif peut changer de polarité en fonction du nom qu'il accompagne. Les auteurs utilisent Wikipédia pour la détection automatique des mots qui peuvent potentiellement être la cible d'une opinion pour un domaine donné. Une méthode de *bootstrap* est ensuite utilisée afin de déterminer la polarité ciblée des adjectifs associés à ces mots. Ils obtiennent de bons résultats mais s'intéressent uniquement aux adjectifs. (Wilson *et al.*, 2005), quant à eux, ne se restreignent pas aux adjectifs mais travaillent uniquement sur des segments de texte contenant des mots prédéterminés (des mots d'un lexique ayant au moins un sens subjectif). Ils se placent au niveau du segment et déterminent d'abord si une expression est neutre ou polaire avant de désambiguïser la polarité des expressions polaires en utilisant des règles manuelles et des traits structurels. Leur lexique couvre 75 % des segments polaires de leur corpus.
Pour notre étude, nous ne présumons pas des mots ou des expressions qui sont porteurs ou non d'information polaire. Nous avons donc choisi de les sélectionner automatiquement et de les classifier en une seule étape.
De plus, nous nous intéressons dans cet article à l'influence des mots ou expressions à polarité ambiguë (que nous appellerons marqueurs multi-polaires) sur la valeur de la polarité du texte entier. Beaucoup de travaux utilisent un lexique donnant la polarité *a priori* des mots. Ces lexiques sont souvent construits en étendant un petit lexique initial, soit en tirant

parti des conjonctions comme et/mais (Hatzivassiloglou & McKeown, 1997), soit en mesurant la co-occurrence entre mots dans un corpus ou à l'aide de moteurs de recherche (Turney & Littman, 2002). D'autres travaux améliorent un lexique déjà pré-existant, par exemple en pondérant les différentes polarités possibles d'un mot en fonction du domaine (Choi & Cardie, 2009). Ces lexiques particuliers peuvent alors être utilisés dans des classifieurs à base de règles pour classer la polarité des textes entiers (Ding *et al.*, 2008). Les études au niveau du texte utilisant des classifieurs à base de corpus s'intéressent, quant à elles, principalement à la représentation des données (Glorot *et al.*, 2011; Huang & Yates, 2012). L'erreur d'adaptation d'un classifieur dépend en effet de sa performance sur le domaine source ainsi que de la distance entre les distributions des mots dans les domaines source et cible (Ben-David *et al.*, 2007). Avec une bonne projection, un lien peut être établi entre les mots du domaine cible qui n'existent pas dans le domaine source et les autres mots (Pan *et al.*, 2010; Blitzer *et al.*, 2007). Cependant, si un mot a une polarité différente dans le domaine source et le domaine cible, cela va introduire une erreur d'adaptation. Ainsi, la détection des marqueurs multi-polaires est complémentaire à ces approches et leurs améliorations respectives peuvent être combinées.

# 2 Caractérisation des marqueurs multi-polaires

## 2.1 Méthode de détection des marqueurs multi-polaires

Nous nous intéressons donc aux marqueurs de polarité d'opinion au niveau du texte, dont la polarité est changeante avec le domaine. Le repérage automatique de ces mots ou expressions se fait par apprentissage, en utilisant des corpus de textes issus de différents domaines et annotés globalement en fonction de leur polarité sur un axe positif-négatif. Plus précisément, pour chaque mot apparaissant dans plusieurs corpus, nous regardons si sa distribution dans les critiques positives et négatives est statistiquement différente selon les domaines [1]. La caractérisation de cette différence statistique est établie par un test du $\chi^2$ avec un risque de première espèce (i.e. risque de faux positif) de 1 %.

## 2.2 Utilisation des marqueurs multi-polaires lors d'un transfert

Une fois les marqueurs multi-polaires détectés, ils peuvent servir à améliorer la classification d'opinion lors d'un transfert d'un domaine source à un domaine cible. Lors de cette tâche, un classifieur d'opinion est automatiquement appris sur le corpus source annoté avant d'être utilisé sur un domaine cible. Afin de prendre en compte l'information apportée par les marqueurs d'opinion multi-polaires détectés, nous proposons de modifier les corpus source et cible avant l'entraînement du classifieur. Nous proposons deux types de modifications différentes :

**En distinguant les mots** Chaque marqueur multi-polaire est différencié selon le domaine : il est remplacé par le trait *marqueur_Source* dans le corpus d'entraînement (du domaine source) et par *marqueur_Cible* dans le corpus de test (du domaine cible). Ainsi, l'erreur de transfert sur les marqueurs sélectionnés est évitée.

**En enlevant les mots** Chaque marqueur multi-polaire est tout simplement retiré, à la fois du corpus d'entraînement et du corpus de test.

## 2.3 Classification des marqueurs multi-polaires

Les changements de polarité que l'on observe dans les textes, peuvent être liés à des phénomènes linguistiques ou contextuels différents. Nous en proposons la classification suivante :

**Changement de sens** La multi-polarité d'un mot peut être liée à sa polysémie. Dans "*I had to return my phone to the store*"ou "*I can't wait to return to my book*", le mot *return* a une polarité différente car il s'agit de deux sens différents. Dans ce cas, utiliser une méthode de désambiguïsation de sens ou de subjectivité comme dans (Akkaya *et al.*, 2009b) peut être utile.

**Qualité relative** Certains adjectifs ou qualificatifs sans polarité *a priori* peuvent être positifs ou négatifs en fonction de l'objet qu'ils qualifient (Fahrni & Klenner, 2008). Être "imprévisible" est un qualificatif positif pour un scénario de film mais négatif pour un logiciel.

1. Certains mots peuvent changer de polarité à l'intérieur du même domaine mais nous ne nous intéressons ici qu'à la polarité au niveau global.

**Orientation morale et politique de l'auteur** Certains mots peuvent changer de polarité en fonction de l'opinion de l'auteur. Cela concerne souvent les termes politiques (par exemple "capitalisme").

**Comparaison** Les opinions comparatives ("meilleur que...") sont difficiles à prendre en compte car il faut alors savoir quelle partie de la comparaison est l'objet principal du texte. Des travaux sont consacrés à ce problème spécifique (Ganapathibhotla & Liu, 2008). Nous avons pu détecter des habitudes générales dans nos différents corpus. Pour certains, l'objet de la critique est dans une très grande majorité à la première place de la comparaison. Dans d'autres, c'est le contraire. Il peut cependant être délicat de vérifier qu'il s'agit bien d'un phénomène global propre à un domaine et non un biais de corpus.

**Aspect temporel** La polarité de certains mots peut être connectée à une information temporelle. Par exemple, "*I loved this book*" est positif mais "*I loved this camera*" est habituellement négatif car l'objet ne fonctionne en général plus. Ainsi, "*I loved*" est le signe d'une opinion négative lorsque l'on parle d'objets électroniques mais la forme au présent, "*I love*", reste positive.

**Biais de corpus** Un changement de polarité peut être dû à un biais de corpus. Par exemple, si beaucoup de monde est d'accord pour dire que le film *Superman* est une adaptation peu réussie de la bande dessinée classique, le mot *Superman* risque d'être associé à une polarité fortement négative dans un corpus dédié aux critiques de films.

Pour certaines de ces catégories, des traitements spécifiques existent, comme la désambiguïsation de sens ou les travaux sur les opinions comparatives. Pour d'autres, il n'existe pas de traitement usuel. C'est pourquoi étudier ces mots multi-polaires est une nécessité.
Une annotation manuelle est actuellement en cours afin d'étudier la répartition des marqueurs multi-polaires dans ces différentes classes. Nous nous attacherons notamment à comparer les phénomènes observés sur l'anglais et le français afin d'expliquer plus en détail les différences observées sur les résultats.

# 3 Impact des marqueurs multi-polaires pour l'adaptation au domaine

## 3.1 Extraction des marqueurs multi-polaires

Nous avons réalisé la détection de marqueurs multipolaires pour l'anglais et le français. Pour l'anglais, nous avons utilisé les corpus *Multi-Domain Sentiment Dataset* (MDSD), collectés par (Blitzer *et al.*, 2007). Il s'agit de quatre corpus thématiques (*DVDs*, *kitchen*, *electronics* et *books*) contenant des critiques collectées sur le site internet Amazon. Chacun des corpus thématiques contient 1000 critiques positives et 1000 critiques négatives que nous utilisons pour la détection des marqueurs multi-polaires. Ces corpus contiennent également un certain nombre de critiques supplémentaires qui seront utilisées pour le test des expériences présentées dans les parties suivantes (de 3586 à 5945 selon le corpus). Les textes sont représentés en sacs de mots de bi-grammes et uni-grammes des formes fléchies des mots pleins. Leurs nombres d'occurrences sont pondérés par la taille du texte.
Pour le français, nous avons utilisé les corpus *JeuxVideo* et *AvoirAlire* issus du Défi Fouille de Textes 2007 (DEFT) (Grouin *et al.*, 2007). Ces corpus contiennent des critiques issues des sites *avoir-alire.com* et *jeuxvideo.com*. Elles sont réparties en trois classes, positif, neutre et négatif mais nous ne considérons ici que les classes positif et négatif. Comme le corpus *AvoirAlire* contient des critiques de différents domaines (films, musiques, livres, pièces de théâtre...), une séparation manuelle selon ces sous-domaines a été effectuée. Les critiques de ces corpus sont majoritairement étiquetées positif ou neutre. Seule la sous-partie *films* contient suffisamment de critiques négatives pour représenter un corpus d'apprentissage équilibré. Pour la détection des marqueurs multi-polaires, nous avons donc utilisé des corpus constitués de critiques sélectionnées au hasard dans la sous-partie *films* de *AvoirAlire* ainsi que dans *JeuxVideo* afin de constituer deux corpus thématiques équilibrés. Chacun contient 420 critiques positives et 420 critiques négatives. Le reste des critiques est utilisé pour le test lors des expériences des parties suivantes (293 textes pour *films*, 1446 pour *jeux vidéo*). Comme pour l'anglais, les textes sont représentés en sacs de mots pondérés de bi-grammes et uni-grammes des formes fléchies.

L'expérience se déroule de la manière suivante :

**Détection des marqueurs multi-polaires**
Pour l'extraction des marqueurs multi-polaires, nous utilisons les sous-parties annotées des domaines source et cible et réalisons le test du $\chi^2$ comme décrit à la section 2.1. La sous-partie annotée du corpus cible n'est par contre pas utilisée pour entraîner le classifieur d'opinion. En effet, l'objectif de ce test est de valider que les mots multi-polaires ont un impact sur la détection d'opinion quand on change de domaine. Nous utilisons cette supervision pour extraire

les marqueurs multi-polaires, de façon à produire les meilleurs marqueurs effectifs. Dans un cadre réel d'adaptation au domaine, cette détection doit être faite de façon non supervisée, sans annotation dans le domaine cible.

**Entraînement des classifieurs sur le corpus source modifié**

Pour la classification automatique des textes en opinion positive/négative, nous avons utilisé un algorithme de boosting : *AdaBoost* dans son implémentation *BoosTexter* (Freund *et al.*, 1996; Schapire & Singer, 2000). Comme décrit à la partie 2.2, trois classifieurs d'opinion sont entraînés sur le corpus d'entraînement du domaine source : un premier classifieur de référence sans rien modifier, un classifieur entraîné en distinguant les marqueurs entre source et cible et un classifieur entraîné en supprimant tout simplement ces marqueurs de tous les corpus.

**Classification du corpus cible modifié**

Pour le test, nous utilisons la totalité des textes disponibles du domaine cible (la petite sous-partie ayant servie à la détection des marqueurs multi-polaires ainsi que tous les textes de test supplémentaires).

## 3.2 Exemples de marqueurs multi-polaires

Le tableau 1 présente quelques marqueurs détectés comme changeant de polarité entre deux domaines dans le corpus anglais MDSD. Pour chaque domaine, un mot a un score de positivité qui correspond à son nombre d'occurrences dans des critiques positives par rapport à son nombre total d'occurrences dans le domaine. Un score de 1 (resp. 0) signifie que dans ce domaine, le mot n'apparaît que dans des critiques positives (resp. négatives). Un écart de 0.5 est donc très significatif, faisant passer un mot de neutre à fortement polarisé.

| | *region* | *I loved* | *worry* | *compare* | *return* |
|---|---|---|---|---|---|
| Domaine *electronics* | 0.154 | 0.091 | 0.929 | 0.846 | 0.055 |
| Domaine *books* | 0.818 | 0.735 | 0.3 | 0.263 | 0.633 |

TABLE 1 – Pourcentage de présence de cinq exemples de marqueurs dans les critiques positives pour deux domaines. Le score va de 0 (très fortement négatif) à 1 (très fortement positif).

Nous avons ainsi en moyenne détecté 400 marqueurs multi-polaires sur l'anglais et 1000 sur le français. Ce décalage est vraisemblablement dû au fait que le vocabulaire français est, dans notre exemple, plus étendu que le vocabulaire anglais. Ceci s'explique d'une part parce que le corpus français considéré est de nature légèrement différente : les auteurs des textes étant des critiques de métier, ils ont vraisemblablement un vocabulaire plus riche que les auteurs des critiques du site Amazon. D'autre part, cette détection s'appuie sur les formes fléchies des mots, qui sont plus nombreuses en français du fait d'une morphologie plus riche. Notons que l'intégralité des marqueurs détectés selon cette méthode ne sera pas forcément utilisée par les classifieurs automatiques d'opinion. Il s'agit essentiellement d'indicateurs pour repérer d'éventuelles difficultés dans l'adaptation d'un domaine à un autre.

## 3.3 Évaluation

Les figures 1 et 2 présentent les résultats obtenus en exactitude (*accuracy*) respectivement pour le français et l'anglais. Ces résultats montrent que notre méthode donne de bons résultats sur le corpus français. En revanche, sur le corpus anglais, les résultats sont mitigés, avec des améliorations statistiquement significatives pour la moitié des paires testées et deux cas de détérioration. Il est cependant intéressant de noter que les meilleures améliorations sont observées pour les paires de corpus ayant le plus de difficulté de transfert (ceux dont l'exactitude du classifieur sans modification est déjà faible). Notre méthode étant purement statistique, elle ne fait pas intervenir, dans son fonctionnement théorique, des objets spécifiques à une langue. Par contre, elle s'appuie sur la segmentation en mots et les formes fléchies, ce qui peut être une piste pour expliquer les différences observées. Nous avons l'intention, dans des travaux futurs, de nous pencher de manière plus approfondie sur la sensibilité de notre méthode à la langue des textes.

52% des traits sélectionnés par BoosTexter sont des bi-grammes mais seul 42% des marqueurs multi-polaires utilisés le sont. Ainsi, en proportion, les marqueurs multi-polaires détectés sont plus souvent des uni-grammes même si la part de bi-grammes reste importante. De façon générale, on note qu'en moyenne, parmi les premiers mots choisis par BoosTexter en tant que classifieurs faibles (entre 700 et 800 selon les paires), 12 % se retrouvent dans notre liste de mots changeant de polarité en anglais et 10 % en français. Ainsi, près de 10 % des règles peuvent propager une erreur.
Il est également intéressant dc noter que certains sens d'adaptation marchent mieux que d'autres. En effet, bien que pour

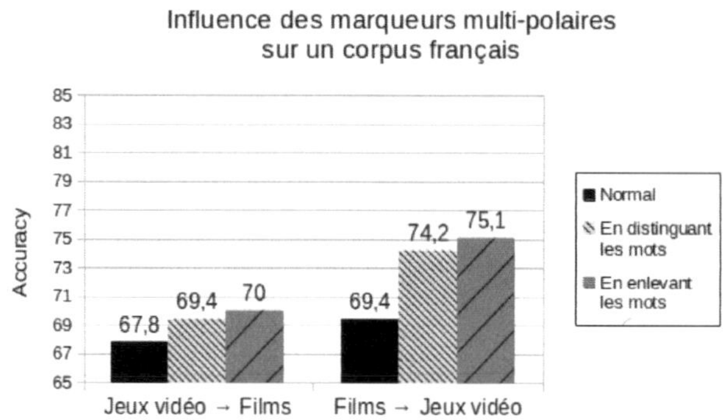


FIGURE 1 – *Accuracy* pour un classifieur entraîné sur un domaine source et testé sur un domaine cible en français (DEFT).

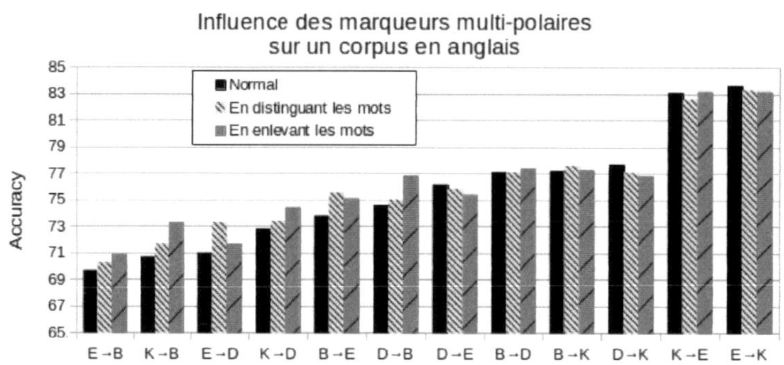


FIGURE 2 – *Accuracy* pour un classifieur entraîné sur un domaine source et testé sur un domaine cible en anglais (MDSD) ; D : DVD, B : books, E : electronics, K : kitchen.

une même paire de domaines les marqueurs changeant de polarité soient les mêmes dans un sens ou dans l'autre, ces marqueurs ne sont pas forcément utilisés comme traits dans les deux sens. Il est beaucoup plus fréquent que des marqueurs polaires deviennent neutres plutôt qu'ils passent de positif à négatif. Ainsi, si un marqueur est positif pour le domaine *films*, il sera appris comme trait positif par le classifieur. Et s'il est neutre pour le domaine *jeux vidéo*, cela provoquera une erreur de transfert. Mais dans l'autre sens, en s'entraînant sur *jeux vidéo*, rien ne sera appris pour ce trait puisqu'il est neutre. Ainsi, il n'y aura pas d'erreur de transfert bien que l'on perde de l'information. Par exemple, sur le corpus français, 92 marqueurs multi-polaires sont utilisés à l'origine dans le sens *films* vers *jeux vidéo* mais seulement 55 dans le sens *jeux vidéo* vers *films*. Aussi, il y a plus d'erreurs évitées dans un sens que dans l'autre.

Ainsi, cette prise en compte différenciée élémentaire des marqueurs changeant de polarité améliore la classification de l'opinion. Il est de plus vraisemblable qu'une pondération des marqueurs changeant de polarité, plutôt qu'une suppression complète, donne de meilleurs résultats (Choi & Cardie, 2009).

# 4 Utilisation des marqueurs multi-polaires pour des corpus multi-domaines

La partie précédente montre que les marqueurs multi-polaires sont utiles lors de l'adaptation d'un domaine source à un domaine cible. Nous nous plaçons à présent dans le cas où les corpus d'entraînement et de test sont chacun composés de plusieurs domaines de manière équivalente. Cela peut être le cas lorsqu'ils sont issus de la même source qui est elle-même multi-domaines, par exemple un blog abordant plusieurs sujets. Nous supposons dans cette section que la décomposition en domaines du corpus et l'attribution de chaque texte à un domaine sont connus.

## 4.1 Méthode

Avec un corpus multi-domaine, nous proposons une méthode de prise en compte des marqueurs multi-domaines en deux étapes : (1) la détection de marqueurs multi-polaires spécifiques à chaque domaine, (2) la construction de classifieurs d'opinions spécifiques à chaque domaine intégrant ces marqueurs.

### 4.1.1 Détection des marqueurs multi-polaires

Le processus de détection des marqueurs multi-polaires pour un corpus multi-domaine est présenté dans la figure 3. Le corpus d'entraînement est séparé en plusieurs sous-parties, chacune correspondant à un domaine particulier. Pour détecter les marqueurs multi-polaires, nous utilisons les étiquettes positives et négatives des données d'entraînement, comme décrit dans la section 2. Nous effectuons cette détection pour chaque sous-partie. A chaque fois, nous détectons les mots qui changent de polarité entre une sous-partie particulière du corpus d'entraînement et son complément (tous les autres textes). A la fin de cette procédure, nous avons plusieurs collections de marqueurs multi-polaires (une collection différente pour chaque sous-partie).

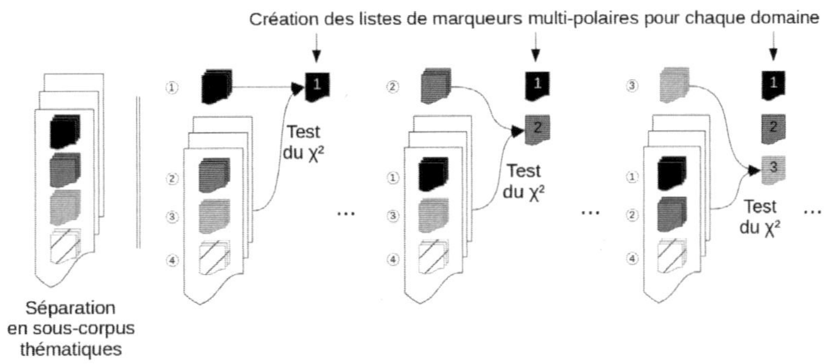


FIGURE 3 – Détection des marqueurs multi-polaires entre les sous-parties thématiques du corpus d'entraînement.

### 4.1.2 Différentiation des marqueurs multi-polaires

Nous créons un corpus d'entraînement différent pour chaque domaine par modification du corpus original en utilisant la liste de marqueurs multi-polaires associée à ce domaine. Pour cette expérience, nous avons testé uniquement la suppression des marqueurs multi-polaires. En effet, cette modification a donné globalement de meilleurs résultats dans nos précédentes expériences. Nous entraînons ensuite un classifieur sur ce corpus modifié et obtenons ainsi un classifieur spécifiquement adapté pour chaque domaine.

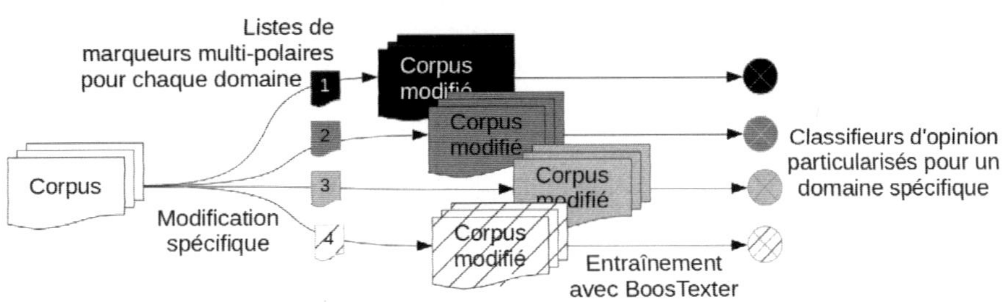


FIGURE 4 – Processus de création de plusieurs classifieurs thématiques en particularisant le corpus d'entraînement en enlevant les marqueurs multi-polaires des différentes listes associées à un domaine particulier.

Nous obtenons ainsi plusieurs classifieurs différents, chacun particularisé pour un domaine particulier (figure 4). Un texte du corpus de test est ensuite classifié en utilisant le classifieur propre à son domaine.

### 4.2 Évaluation des résultats

Nous avons effectué une évaluation de la méthode proposée avec le corpus *AvoirAlire* de DEFT dans son intégralité. Il y a donc 5 domaines : *livres* (757 textes), *bandes dessinées* (387 textes), *films* (1623 textes), *musique* (343 textes), *théâtre* (289 textes). Ils contiennent trois classes non équilibrées (55 % de textes positifs, 30 % de neutres et 15 % de négatifs). Pour l'anglais, nous avons de nouveau utilisé le corpus MDSD (8000 critiques annotées en positif/négatif réparties en quatre domaines : *DVDs*, *books*, *electronics* et *kitchen*).
Pour chaque corpus, nous avons réalisé une validation croisée. Le corpus est séparé aléatoirement en dix parties, neuf d'entre elles servant successivement de corpus d'entraînement et la dixième de corpus de test. Les résultats présentés sont les résultats moyens des dix expériences. Les textes sont toujours représentés en sacs de mots des uni- et bi-grammes des formes fléchies. La métrique d'évaluation utilisée lors de cette expérience est la F-mesure moyenne des classes positives et négatives.

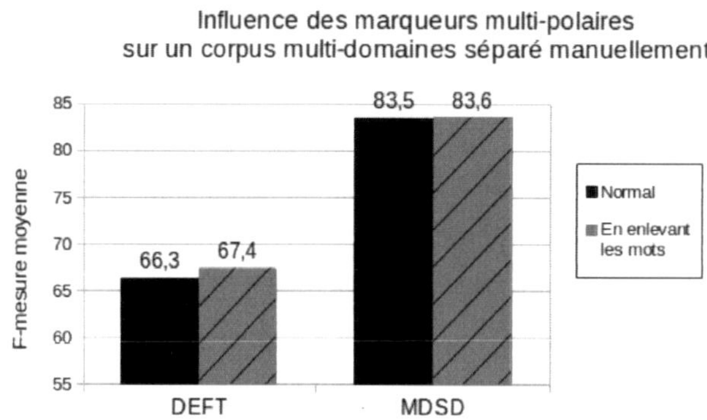


FIGURE 5 – Influence des marqueurs multi-polaires sur la performance d'un classifieur d'opinion au niveau du texte pour des corpus multi-domaines français (DEFT) et anglais (MDSD).

Les résultats, présentés à la figure 5, montrent que la prise en compte des marqueurs multi-polaires peut contribuer à améliorer la classification de l'opinion dans le cas d'un corpus contenant plusieurs domaines. Les améliorations potentielles sont cependant plus faibles que celles obtenues lors de l'adaptation d'un domaine à un autre (cf. section 3). En effet, les corpus d'entraînement et de test ont la même répartition de domaines. Notre méthode permet d'éviter des erreurs lorsqu'un mot a une certaine polarité dans tous les domaines sauf dans un où il a une polarité différente. Un apprentissage global assignera à ce mot la polarité dominante. Les erreurs ne se présenteront que dans la sous-partie du corpus de test associée avec le domaine isolé alors que, pour les autres parties du corpus de test, il n'y aura pas d'erreurs. Les erreurs que l'on peut éviter avec notre méthode sont donc moins nombreuses dans ce cas que lors de l'adaptation d'un domaine à un autre présentée dans la partie 3. Néanmoins, différencier les marqueurs multi-polaires n'est pas très difficile à mettre en place et se conjugue aisément avec les autres méthodes de classification de l'opinion en leur permettant d'éviter un certain nombre d'erreurs.

## 5 Utilisation des marqueurs multi-polaires pour des corpus en domaine ouvert

Dans la section précédente, nous avons fait l'hypothèse que la répartition des textes en différents domaines était connue. Or, ce n'est pas forcément le cas : certaines collections de textes contiennent des documents de différents domaines sans séparation ni indication explicite des domaines couverts. C'est par exemple le cas de corpus collectés automatiquement sur des médias particuliers, comme Twitter, qui présentent pourtant en général un grand intérêt pour des systèmes de veille d'opinion.

## 5.1 Méthode

La seule différence par rapport à la section précédente est l'absence d'étiquette de domaine pour les textes des corpus. Il est donc nécessaire de détecter automatiquement les différents domaines sous-jacents afin de séparer le corpus d'entraînement général en plusieurs corpus thématiques plus petits avant d'appliquer la méthode précédente. Ensuite, nous détectons les marqueurs multi-polaires et les intégrons afin de réaliser plusieurs classifieurs selon la méthode présentée dans la section 4. Néanmois, dans le cas des domaines ouverts, l'appartenance d'un texte à un domaine n'est pas une information binaire : on a en général un poids d'association entre un texte et un domaine. Pour chaque texte, les résultats des différents classifieurs spécifiques aux domaines doivent donc être fusionnés pour obtenir la classification finale de l'opinion.

### 5.1.1 Génération de domaines

Comme le corpus initial n'a pas d'étiquette de domaine, nous devons tout d'abord identifier les domaines sous-jacents et assigner chaque texte à un domaine. Nous avons utilisé dans ce but une méthode automatique de détection de thèmes (*Topic Models*) et, plus précisément, la méthode d'allocation de Dirichlet latente (LDA) (Blei *et al.*, 2003). Dans le cadre de la détection d'opinion, la méthode LDA a déjà été utilisée pour l'analyse de critiques focalisées sur un aspect, qui est proche de notre travail : dans (Titov & McDonald, 2008a,b), les auteurs introduisent un modèle fusionnant des *topics* locaux et globaux et utilisent les annotations manuelles des critiques afin d'améliorer l'identification des différents *topics*. D'autres travaux, tels que (Zhang *et al.*, 2013; Li *et al.*, 2010), combinent au modèle LDA des informations de sentiment ou bien des techniques de Naives Bayes afin de sortir du modèle en sac de mots.
Pour notre expérience, nous avons utilisé l'implémentation de la méthode LDA proposée dans Mallet (McCallum, 2002), qui utilise la méthode d'échantillonnage de Gibbs afin d'inférer la distribution utilisée pour la création des modèles de *topics*. Après avoir déterminé les *topics* à l'aide du corpus d'entraînement, chaque texte est représenté par un vecteur dont la taille est le nombre de *topics*, et dont chaque composante est la proportion de mots du texte qui appartient au *topic* associé à la dimension correspondante.
Le corpus d'entraînement est ensuite séparé en sous-parties, ou domaines, chacun d'entre eux associé avec l'un des *topics* sous-jacents détectés. Un texte est simplement associé au *topic* avec lequel il a le plus d'affinité. Par exemple, si sa proportion de mots appartenant à un *topic* est 55 %, il fera partie de la sous-partie du corpus associée au domaine correspondant.

### 5.1.2 Détection, différentiation et fusion

La détection des marqueurs multi-polaires ainsi que la différentiation du corpus d'entraînement en plusieurs corpus d'entraînement thématiques s'effectuent de la même façon qu'à la partie 4 en utilisant la partition en domaines induite par la méthode LDA. Nous obtenons ainsi plusieurs classifieurs thématiques, un par domaine.
La différence se situe lors de la classification des nouveaux textes. En effet, les textes du corpus de test n'ont pas d'étiquette de domaine. Nous devons tout d'abord déterminer leur profil de *topics* en utilisant le modèle de *topics* de la LDA. Ensuite, nous appliquons tous les classifieurs sur les nouveaux textes et obtenons plusieurs réponses différentes, une pour chaque classifieur spécifique au domaine. Nous fusionnons ces réponses en utilisant comme pondération les poids de leur profil de *topics*. Nous avons testé plusieurs stratégies de pondération pour cette fusion et la plus efficace a été de prendre l'exponentielle du score obtenu avec la LDA.

## 5.2 Évaluation des résultats

### 5.2.1 Description des corpus

Pour évaluer la méthode proposée pour les corpus en domaine ouvert, nous avons effectué tout d'abord une expérience sur les mêmes corpus français (DEFT) et anglais (MDSD) afin de pouvoir comparer avec l'expérience précédente utilisant une séparation en domaines explicite. De façon complémentaire, nous avons également utilisé le corpus anglais de tweets issu de la campagne d'évaluation SemEval 2013 pour la tâche 2 d'annotation de l'opinion (Wilson *et al.*, 2013). Ce dernier corpus est représentatif d'une collection de documents en domaine ouvert et permet de varier le type de textes sur lequel appliquer notre méthode. Les tweets sont nettoyés de leurs adresses internet, les émoticônes sont extraits et le nombre d'occurrences d'un type particulier d'émoticône (pleurs, rire, cœur...) est considéré comme un trait additionnel pour le classifieur. Nous avons sélectionné au hasard une sous-partie équilibrée de ce corpus (1633 de chaque classe). Pour ce corpus uniquement, nous avons lemmatisé les mots du texte. En effet, les tweets étant de très courts textes, les formes fléchies ont peu d'occurrences. Comme pour les autres corpus, nous utilisons un sac de mots des uni- et bi-grammes.

La figure 6 montre que l'utilisation d'une partition automatique avec la LDA n'a pas modifié le comportement que l'on obtenait en utilisant une partition manuelle. Nous obtenons toujours une amélioration modeste sur le corpus français et des résultats similaires sur le corpus MDSD. L'utilisation d'une séparation automatique en domaines par LDA peut donc remédier à l'absence d'étiquette de domaine sans perte de performance.

### 5.2.2 Discussion des résultats

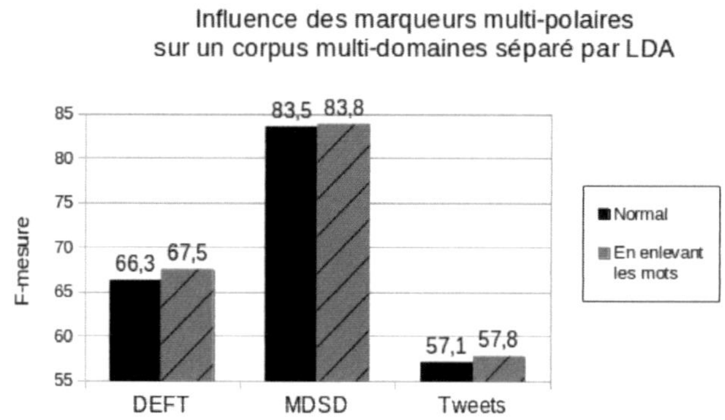


FIGURE 6 – Influence des marqueurs multi-polaires sur la performance d'un classifieur d'opinion au niveau du texte pour des corpus en domaine ouvert français (DEFT) et anglais (MDSD et Tweets). La séparation en sous-domaines thématiques a été effectuée par LDA.

Pour ce qui est du corpus de tweets, nous obtenons une très faible amélioration (+0.7 %) qui est néanmoins significative (selon un test de significativité par randomisation). Ce résultat doit être mis en relation avec le petit nombre de marqueurs multi-polaires détectés (en moyenne, 36 par domaine). Nous pensons que la taille du corpus, combinée aux 144 caractères des tweets, est trop petite pour que le test du $\chi_2$ détecte beaucoup de marqueurs avec suffisamment de confiance. Pour comparaison, dans notre expérience sur les critiques en anglais, nous avions détecté 400 marqueurs multi-polaires par domaine. Nous nous sommes demandé si, pour ce corpus, des domaines plus focalisés sur un seul sujet pouvaient contrebalancer l'effet du manque de données.

Nous avons donc réalisé une seconde subdivision du corpus de tweets. Cette fois, un tweet n'est pris en compte que si plus de 75 % de ses mots appartiennent au même *topic*. Ainsi, un tweet dont seulement 55 % des mots appartiennent à un certain *topic* ne sera pas retenu. Dans cette version, les sous-parties du corpus d'entraînement obtenues sont plus focalisées sur un seul et même *topic*. En retour, elles contiennent moins de tweets et donc moins de données d'entraînement.

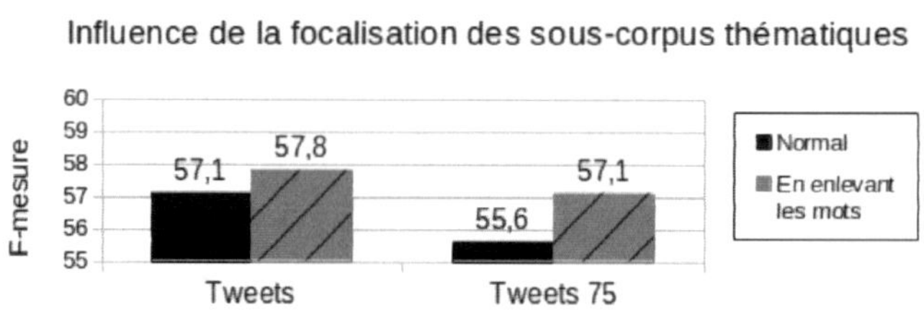


FIGURE 7 – Deux corpus d'entraînement différents sont utilisés. *Tweet* contient l'intégralité des tweets tandis que *Tweets75* contient uniquement ceux qui sont focalisés sur un seul *topic*.

La figure 7 montre le résultat de ces différentes intégrations des mots multi-polaires en utilisant deux corpus d'entraînement initiaux différents : avec l'ensemble des tweets ou avec uniquement les tweets les plus focalisés sur un *topic*. On remarque que pour l'expérience avec seulement les tweets les plus focalisés, l'amélioration est plus sensible (+1,46 % contre +0,70 %) bien que la valeur absolue du score reste inférieure en raison de la taille bien plus petite du corpus d'entraînement.

# 6 Conclusion

Dans cet article, nous avons étudié la notion de marqueurs multi-polaires d'opinion. Ce sont des mots ou groupes de mots qui sont indicateurs d'une certaine polarité d'opinion au niveau du texte en fonction du type d'objet dont le texte parle, ou domaine. Ces marqueurs multi-polaires sont de différents types linguistiques. Nous en avons proposé une première classification qui est actuellement en cours d'évaluation.
Nous avons testé l'apport de la prise en compte de ces marqueurs multipolaires pour la tâche de classification de l'opinion au niveau du texte lors de l'adaptation d'un domaine source à un domaine cible. Pour les corpus français étudiés, notre méthode présente une bonne amélioration de l'exactitude, allant jusqu'à +5,7 %. Pour les corpus anglais en revanche, il existe deux cas sur 12 pour lesquels la prise en compte de ces marqueurs multi-polaires dégrade significativement les performances. A l'inverse, dans 7 cas sur 12, notre méthode améliore significativement les résultats. Ces améliorations sont plus sensibles pour les paires de domaines pour lesquelles le transfert est le plus difficile.
Nous nous sommes également intéressés à l'apport possible des marqueurs multi-polaires pour la classification de l'opinion dans un corpus comportant plusieurs domaines. Nous particularisons le corpus d'entraînement pour chaque domaine et obtenons plusieurs classifieurs. Nos expériences montrent un gain moyen de +1,2 % de F-mesure pour le français. Le corpus de critiques en anglais n'obtient malheureusement pas d'augmentation significative. De plus, en l'absence de séparation explicite en domaines, le recours à un modèle de *topics* calculé par LDA ainsi qu'une fusion de classifieurs permettent d'obtenir les mêmes résultats. Nous avons également testé cette approche sur un corpus de tweets en anglais et nous trouvons une petite amélioration qui reste toutefois significative. Pour ce corpus contenant de très courts textes, nous avons montré que notre méthode est plus efficace lorsque les tweets composants le corpus d'entraînement sont focalisés précisément sur un seul domaine (+1,46 % de F-mesure).
Pour la suite de nos travaux, nous allons rechercher les phénomènes linguistiques qui influent sur la différence de performance entre français et anglais. Pour cela, nous allons poursuivre l'évaluation manuelle des marqueurs multi-polaires extraits automatiquement. Nous avons également l'intention de poursuivre nos expériences sur la façon de détecter ces marqueurs multi-polaires en utilisant le moins possible d'annotations dans le domaine cible. Une approche possible est de caractériser le comportement des mots candidats par rapport à des mots pivots de polarité stable et connue. Cela permettra de bénéficier de l'apport des marqueurs multi-polaires pour l'adaptation au domaine dans un cadre totalement non supervisé.

# Références


AKKAYA C., WIEBE J. & MIHALCEA R. (2009a). Subjectivity word sense disambiguation. In *EMNLP*, p. 190–199, Singapore : Association for Computational Linguistics.

AKKAYA C., WIEBE J. & MIHALCEA R. (2009b). Subjectivity word sense disambiguation. In *EMNLP*.

BEN-DAVID S., BLITZER J., CRAMMER K. & PEREIRA F. (2007). Analysis of representations for domain adaptation. *Advances in neural information processing systems*, **19**, 137.

BLEI D. M., NG A. Y. & JORDAN M. I. (2003). Latent dirichlet allocation. *the Journal of machine Learning research*, **3**, 993–1022.

BLITZER J., DREDZE M. & PEREIRA F. (2007). Biographies, bollywood, boom-boxes and blenders : Domain adaptation for sentiment classification. In *ACL*.

CHOI Y. & CARDIE C. (2009). Adapting a polarity lexicon using integer linear programming for domain-specific sentiment classification. In *EMNLP*.

DING X., LIU B. & YU P. S. (2008). A holistic lexicon-based approach to opinion mining. In *Proceedings of WSDM*, p. 231–240 : ACM.

FAHRNI A. & KLENNER M. (2008). Old wine or warm beer : Target-specific sentiment analysis of adjectives. In *Symposion on Affective Language in Human and Machine, AISB Convention*.

FREUND Y., SCHAPIRE R. E. *et al.* (1996). Experiments with a new boosting algorithm. In *ICML*, volume 96, p. 148–156.

GANAPATHIBHOTLA M. & LIU B. (2008). Mining opinions in comparative sentences. In *Proceedings of the 22nd International Conference on Computational Linguistics-Volume 1*, p. 241–248 : ACL.

GLOROT X., BORDES A. & BENGIO Y. (2011). Domain adaptation for large-scale sentiment classification : A deep learning approach. In *ICML*.

GROUIN C., BERTHELIN J.-B., EL AYARI S., HEITZ T., HURAULT-PLANTET M., JARDINO M., KHALIS Z. & LASTES M. (2007). Présentation de deft'07 (défi fouille de textes). *Actes du troisième DÉfi Fouille de Textes*, p.3̃.

HATZIVASSILOGLOU V. & MCKEOWN K. (1997). Predicting the semantic orientation of adjectives. In *EACL*, p. 174–181 : Association for Computational Linguistics.

HUANG F. & YATES A. (2012). Biased representation learning for domain adaptation. In *EMNLP*, p. 1313–1323, Jeju Island, Korea : Association for Computational Linguistics.

LI F., HUANG M. & ZHU X. (2010). Sentiment analysis with global topics and local dependency. In *Proceedings of the 24nd AAAI Conference on Artificial Intelligence (AAAI-10)*.

MCCALLUM A. K. (2002). Mallet : A machine learning for language toolkit.

NAVIGLI R. (2012). A quick tour of word sense disambiguation, induction and related approaches. *SOFSEM 2012 : Theory and Practice of Computer Science*, p. 115–129.

PAN S., NI X., SUN J., YANG Q. & CHEN Z. (2010). Cross-domain sentiment classification via spectral feature alignment. In *WWW*, p. 751–760 : ACM.

QUIRK R. & CRYSTAL D. (1985). *A comprehensive grammar of the English language*, volume 6. Cambridge Univ Press.

SCHAPIRE R. & SINGER Y. (2000). Boostexter : A boosting-based system for text categorization. *Machine learning*, **39**(2), 135–168.

SU F. & MARKERT K. (2008). From words to senses : a case study of subjectivity recognition. In *International Conference on Computational Linguistics*.

TAKAMURA H., INUI T. & OKUMURA M. (2006). Latent variable models for semantic orientations of phrases. In *EACL*.

TAKAMURA H., INUI T. & OKUMURA M. (2007). Extracting semantic orientations of phrases from dictionary. In *HLT-NAACL*, p. 292–299.

TITOV I. & MCDONALD R. (2008a). A joint model of text and aspect ratings for sentiment summarization. In *ACL*.

TITOV I. & MCDONALD R. (2008b). Modeling online reviews with multi-grain topic models. In *WWW*.

TURNEY P. & LITTMAN M. (2002). Unsupervised learning of semantic orientation from a hundred-billion-word corpus. *Arxiv preprint cs/0212012*.

WIEBE J. & MIHALCEA R. (2006). Word sense and subjectivity. In *21st International Conference on Computational Linguistics and 44th annual meeting of the Association for Computational Linguistics*, p. 1065–1072 : ACL.

WIEBE J., WILSON T. & CARDIE C. (2005). Annotating expressions of opinions and emotions in language. *Language resources and evaluation*, **39**(2-3), 165–210.

WILSON T., KOZAREVA Z., NAKOV P., RITTER A., ROSENTHAL S. & STOYANOV V. (2013). Semeval-2013 task 2 : Sentiment analysis in twitter. In *7th International Workshop on Semantic Evaluation*.

WILSON T., WIEBE J. & HOFFMANN P. (2005). Recognizing contextual polarity in phrase-level sentiment analysis. In *HLT/EMNLP*.

WILSON T., WIEBE J. & HOFFMANN P. (2009). Recognizing contextual polarity : An exploration of features for phrase-level sentiment analysis. *Computational Linguistics*, **35**, 339–433.

WILSON T. A. (2008). *Fine-grained subjectivity and sentiment analysis : recognizing the intensity, polarity, and attitudes of private states*. ProQuest.

WU Y. & JIN P. (2010). Semeval-2010 task 18 : Disambiguating sentiment ambiguous adjectives. In *5th International Workshop on Semantic Evaluation*, p. 81–85.

YOSHIDA Y., HIRAO T., IWATA T., NAGATA M. & MATSUMOTO Y. (2011). Transfer learning for multiple-domain sentiment analysis - identifying domain dependent/independent word polaritys. In *AAAI*.

ZHANG Y., JI D.-H., SU Y. & WU H. (2013). Joint naïve bayes and lda for unsupervised sentiment analysis. In *PAKDD (1)*, p. 402–413.

# Influence des domaines de spécialité dans l'extraction de termes-clés

Adrien Bougouin  Florian Boudin  Béatrice Daille
LINA – UMR CNRS 6241, 2 rue de la Houssinière 44322 Nantes Cedex 3, France
<prenom.nom>@univ-nantes.fr

**Résumé.** Les termes-clés sont les mots ou les expressions polylexicales qui représentent le contenu principal d'un document. Ils sont utiles pour diverses applications, telles que l'indexation automatique ou le résumé automatique, mais ne sont pas toujours disponibles. De ce fait, nous nous intéressons à l'extraction automatique de termes-clés et, plus particulièrement, à la difficulté de cette tâche lors du traitement de documents appartenant à certaines disciplines scientifiques. Au moyen de cinq corpus représentant cinq disciplines différentes (archéologie, linguistique, sciences de l'information, psychologie et chimie), nous déduisons une échelle de difficulté disciplinaire et analysons les facteurs qui influent sur cette difficulté.

**Abstract.** Keyphrases are single or multi-word expressions that represent the main content of a document. Keyphrases are useful in many applications such as document indexing or text summarization. However, most documents are not provided with keyphrases. To tackle this problem, researchers propose methods to automatically extract keyphrases from documents of various nature. In this paper, we focus on the difficulty of automatic keyphrase extraction in scientific papers from various areas. Using five corpora representing five areas (archaeology, linguistics, information sciences, psychology and chemistry), we observe the difficulty scale and analyze factors inducing a higher or a lower difficulty.

**Mots-clés :** Extraction de termes-clés, articles scientifiques, domaines de spécialité, méthodes non-supervisées.

**Keywords:** Keyphrase extraction, scientific papers, specific domain, unsupervised methods.

## 1 Introduction

Un terme-clé est un mot ou une expression polylexicale qui représente un concept important d'un document auquel il est associé. En pratique, plusieurs termes-clés représentant des concepts différents sont associés à un même document. Ils forment alors un ensemble à partir duquel il est possible de caractériser, synthétiser, le contenu du document. Du fait de cette capacité de synthèse, les termes-clés sont utilisés dans de nombreuses applications telles que le résumé automatique (D'Avanzo & Magnini, 2005), la classification de documents (Han *et al.*, 2007) ou l'indexation automatique (Medelyan & Witten, 2008). Cependant, tous les documents ne sont pas accompagnés de termes-clés et leur assignation manuelle est une tâche coûteuse. Pour pallier ce problème, de plus en plus de chercheurs s'intéressent à l'extraction automatique de termes-clés, en témoignent les récentes campagnes d'évaluation (Paroubek *et al.*, 2012; Kim *et al.*, 2010), ainsi que les nombreux travaux à ce sujet (Hasan & Ng, 2014).

L'extraction automatique de termes-clés consiste à extraire du contenu d'un document les unités textuelles les plus importantes, celles qui permettent de le résumer. Parmi les méthodes d'extraction automatique de termes-clés existantes, nous distinguons deux catégories : les méthodes supervisées et les méthodes non-supervisées. Dans le cadre supervisé, la tâche d'extraction de termes-clés est considérée comme une tâche de classification (Witten *et al.*, 1999) où il s'agit d'attribuer la classe « *terme-clé* » ou « *non terme-clé* » aux termes-clés candidats du document. Une collection de documents annotés en termes-clés est utilisée pour l'apprentissage d'un modèle de classification reposant sur divers traits tels que la fréquence du terme-clé candidat ou sa position dans le document. Dans le cadre non-supervisé, les méthodes attribuent un score d'importance aux candidats selon divers indicateurs tels que leur degré de spécificité (Spärck Jones, 1972) ou les relations de coocurrence que leurs mots entretiennent (Mihalcea & Tarau, 2004). En général, les méthodes supervisées sont plus performantes que les méthodes non-supervisées, mais leur besoin en données d'apprentissage annotées et leur dépendance vis-à-vis du domaine de ces données d'apprentissage poussent les chercheurs à s'intéresser aux méthodes non-supervisées.

Dans cet article, nous nous plaçons dans le contexte de l'extraction non-supervisée de termes-clés à partir de documents de nature scientifique. Faisant l'hypothèse que certaines disciplines sont plus difficiles à traiter que d'autres, nous présentons diverses stratégies d'extraction de termes-clés puis comparons leurs différences de performance. Nous déterminons ensuite quels sont les facteurs qui influent sur la difficulté de la tâche d'extraction automatique de termes-clés. De la connaissance de ces facteurs peut émerger le besoin d'utiliser des ressources externes, telles que des thésaurus, souvent mises de côté dans les travaux portant sur l'extraction non-supervisée de termes-clés. Cela peut aussi permettre de détecter la difficulté en amont de l'extraction de termes-clés afin d'affiner le paramétrage de la méthode utilisée.

Le reste de cet article est organisé comme suit. Dans un premier, temps nous présentons les collections de données (section 2) et les méthodes d'extraction de termes-clés (section 3) que nous utilisons. Dans un second temps, nous appliquons ces méthodes à nos collections de données (section 4), puis nous discutons des différents facteurs observables (section 5) avant de conclure (section 6).

# 2 Collections de données

Pour ce travail, nous disposons de cinq corpus disciplinaire de notices bibliographiques fournies par l'Inist [1] dans le cadre du projet ANR Termith [2] : archéologie, linguistique, sciences de l'information, psychologie et chimie. Chaque notice contient le titre, le résumé et les termes-clés d'un document auquel elle est associée. Les termes-clés sont classés en deux catégories :

- les termes-clés d'auteurs, assignés librement par les auteurs pour caractériser leur production ;
- les termes-clés Inist (en français, en anglais ou en espagnol), assignés par des indexeurs professionnels selon des règles précises destinées à améliorer la recherche d'information et à homogénéiser l'indexation des notices :
  - les termes-clés doivent être du même niveau de spécificité que celui du document et peuvent parfois être accompagnés d'un terme-clé plus générique pour le restituer dans son contexte ;
  - les termes-clés doivent respecter, autant que possible, le langage de la discipline à laquelle appartient le document (termes-clés contrôlés) ;
  - pour tous les documents d'une même discipline, un même concept doit être représenté par le même terme-clé ;
  - les termes-clés d'un document doivent présenter tous les concepts qui y sont importants, même ceux qui sont implicites.

Nous utilisons les termes-clés français assignés par l'Inist.

Le corpus d'**archéologie** est composé de 718 notices. Celles-ci représentent des articles parus entre 2001 et 2012 dans 22 revues différentes (*Paléo*, *Le bulletin de la Société préhistorique française*, etc.).

Le corpus de **linguistique** est constitué de 716 notices d'articles parus entre 2000 à 2012 dans 12 revues différentes (*Linx – Revue des linguistes de l'Université Paris Ouest Nanterre La Défense*, *Travaux de linguistique*, etc.).

Le corpus de **sciences de l'information** contient 706 notices d'articles publiés entre 2001 et 2012 dans six revues différentes (*Documentaliste – Sciences de l'information*, *Document numérique*, etc.).

Le corpus de **psychologie** contient 720 notices d'articles parus entre 2001 et 2012 dans sept revues différentes (*Enfance*, *Revue internationale de psychologie et de gestion des comportements organisationnels*, etc.).

Le corpus de **chimie** est composé de 782 notices d'articles publiés entre 1983 et 2012 dans quatre revues (*Comptes Rendus de l'Académie des Sciences*, *Comptes Rendus Chimie*, etc.).

Le tableau 1 présente les caractéristiques des cinq collections de données dont nous disposons. Les notices sont de petite taille et sont rédigées différemment selon les disciplines (cf. figure 1). Les notices d'archéologie, par exemple, font l'objet d'un effort de présentation du contexte historique lié aux travaux présentés, tandis que les notices de chimie, principalement des comptes rendus d'expériences, décrivent sommairement (énumèrent) les expériences réalisées (noms des expériences, éléments chimiques impliqués, etc.). Les termes-clés associés aux documents varient en nombre (de 8,5 à 16,6) et en complexité. Par exemple, en archéologie, nous observons qu'un grand nombre de termes-clés sont des entités nommées principalement composées d'un seul mot (p. ex. « Paléolithique », « Europe », etc.), tandis qu'en chimie, nous observons un usage fréquent de notions centrales (dans le langage de chimie) nécessitant une spécialisation systématique (p. ex. « réaction topotactique », « réaction sonochimique », « réaction électrochimique », etc.). Nous remarquons aussi

1. Institut de l'Information Scientifique et Technique : `http://www.inist.fr`
2. TERMinologie et Indexation de Textes en sciences Humaines : `http://www.atilf.fr/ressources/termith/`

| Statistique | Archéologie | Linguistique | Sciences de l'information | Psychologie | Chimie |
|---|---|---|---|---|---|
| Documents | 718 | 715 | 706 | 720 | 782 |
| Mots/doc. | 219,1 | 156,7 | 119,7 | 185,7 | 105,2 |
| Termes-clés/doc. | 16,6 | 8,0 | 8,5 | 11,6 | 12,8 |
| Mots/terme-clé | 1,3 | 1,8 | 1,7 | 1,6 | 2,2 |
| Diversité des termes-clés | 25,5 % | 23,0 % | 25,0 % | 17,4 % | 40,6 % |
| Termes-clés contrôlés | 79,8 % | 86,9% | 85,8 % | 90,9% | 83,0 % |
| Termes-clés non contrôlés | 20,2 % | 13,1% | 14,2 % | 9,1% | 17,0 % |
| Termes-clés extractibles (Rappel max.) | 62,9 % | 38,8 % | 32,4 % | 27,1 % | 23,7 % |
| ↪ Termes-clés contrôlés extractibles | 48,8 % | 34,9 % | 27,9 % | 24,9 % | 21,7 % |
| ↪ Termes-clés non contrôlés extractibles | 14,1 % | 3,9 % | 4,5 % | 2,2 % | 2,0 % |

TABLE 1 – Caractéristiques des corpus disciplinaires. La diversité des termes-clés représente la proportion de termes-clés différents dans la discipline $\left(\frac{\text{nombre de termes-clés différents}}{\text{nombre total de termes-clés}}\right)$. Les termes-clés extractibles sont les termes-clés pouvant être extraits du contenu des documents. Conformément au processus d'évaluation standard pour les méthodes d'extraction automatique de termes-clés (cf. section 4.1), les variantes flexionnelles d'un terme-clé de référence sont jugées correctes (p. ex. « langues de spécialité » peut être extrait à la place de « langue de spécialité »).

une diversité variable selon les disciplines (de 23,0 % à 40,6 % de termes-clés différents). En chimie, la diversité plus importante que pour les autres disciplines, c'est-à-dire un nombre plus important de termes-clés différents parmis tous les termes-clés de référence, indique une difficulté a priori plus importante. Enfin, il est important de noter la faible proportion de termes-clés apparaissant dans les notices, à une flexion près — rappel maximum pouvant être obtenu. Par exemple, dans le corpus de chimie, uniquement trois termes-clés peuvent être extraits des notices parmi les 12,8 associés aux notices, en moyenne, en comparant les candidats à partir de la racine de leurs mots déterminées avec la méthode de Porter (1980). Ce dernier point concerne principalement les termes-clés contrôlés, qui peuvent être assignés à un document à partir de règles concernant les unités textuelles présentent dans le document. Ces règles, dites de déclenchement, sont définies manuellement par les indexeurs professionnels et ne sont pas disponibles pour ce travail.

# 3 Extraction automatique de termes-clés

L'extraction non-supervisée de termes-clés peut se décomposer en quatre étapes (cf. figure 2). Tout d'abord, les documents sont un à un enrichis linguistiquement (segmentés en phrases, segmentés en mots et étiquetés en parties du discours), des termes-clés candidats y sont ensuite sélectionnés, puis ordonnés par importance et enfin, les $k$ plus importants sont sélectionnés en tant que termes-clés. Les étapes les plus importantes d'un système d'extraction automatique de termes-clés sont celles de sélection des candidats et d'ordonnancement de ceux-ci. Intuitivement, l'ordonnancement des candidats est le cœur du système, mais la performance de celui-ci est limitée par la qualité de l'ensemble de termes-clés candidats qui lui est fourni. Un ensemble de candidats est de bonne qualité lorsqu'il fournit un maximum de candidats présents dans l'ensemble des termes-clés de référence et lorsqu'il fournit peu de candidats non-pertinents, c'est-à-dire des candidats qui ne sont pas dans l'ensemble des termes-clés de référence et qui peuvent dégrader la performance du système d'extraction de termes-clés utilisé.

## 3.1 Préparation des données

Les documents des collections de données utilisées subissent tous les mêmes prétraitements. Ils sont tout d'abord segmentés en phrases, puis en mots et enfin étiquetés en parties du discours. Dans ce travail, la segmentation en phrase est effectuée par le *PunktSentenceTokenizer* disponible avec la librairie Python NLTK (Bird *et al.*, 2009, *Natural Language ToolKit*), la segmentation en mots est effectuée par l'outil Bonsai du Bonsai PCFG-LA parser[3] et l'étiquetage en parties du discours est réalisé par MElt (Denis & Sagot, 2009). Tous ces outils sont utilisés avec leurs paramètres par défaut.

3. http://alpage.inria.fr/statgram/frdep/fr_stat_dep_parsing.html

**Variabilité du gravettien de Kostienki (bassin moyen du Don) et des territoires associés** [a] *Archéologie*

Dans la région de Kostienki-Borschevo, on observe l'expression, à ce jour, la plus orientale du modèle européen de l'évolution du Paléolithique supérieur. Elle est différente à la fois du modèle Sibérien et du modèle de l'Asie centrale. Comme ailleurs en Europe, le Gravettien apparaît à Kostienki vers 28 ka (Kostienki 8 /II/). Par la suite, entre 24-20 ka, les techno-complexes gravettiens sont représentés au moins par quatre faciès dont deux, ceux de Kostienki 21/III/ et Kostienki 4 /II/, ressemblent au Gravettien occidental et deux autres, Kostienki-Avdeevo et Kostienki 11/II/, sont des faciès propres à l'Europe de l'Est, sans analogie à l'Ouest.

**Termes-clés de référence :** Europe*, Kostienko, Borschevo, variation*, typologie*, industrie osseuse*, industrie lithique*, Europe centrale*, Avdeevo*, Paléolithique supérieur*, Gravettien*.

**Termes techniques et marqueurs d'argumentation : pour débusquer l'argumentation cachée dans les articles de recherche** [b] *Linguistique*

Les articles de recherche présentent les résultats d'une expérience qui modifie l'état de la connaissance dans le domaine concerné. Le lecteur néophyte a tendance à considérer qu'il s'agit d'une simple description et à passer à côté de l'argumentation au cours de laquelle le scientifique cherche à convaincre ses pairs de l'innovation et de l'originalité présentées dans l'article et du bien-fondé de sa démarche tout en respectant la tradition scientifique dans laquelle il s'insère. Ces propriétés spécifiques du discours scientifique peuvent s'avérer un obstacle supplémentaire à la compréhension, surtout lorsqu'il s'agit d'un article en langue étrangère. C'est pourquoi il peut être utile d'incorporer dans l'enseignement des langues de spécialité une sensibilisation aux marqueurs linguistiques (terminologiques et argumentatifs), qui permettent de dépister le développement de cette rhétorique. Les auteurs s'appuient sur deux articles dans le domaine de la microbiologie.

**Termes-clés de référence :** Langue scientifique*, argumentation*, rhétorique*, langue de spécialité*, enseignement des langues*, linguistique appliquée*, discours scientifique*, article de recherche.

**Etude d'un condensat acide isocyanurique-urée-formaldéhyde** [c] *Chimie*

La synthèse d'un condensat acide isocyanurique-urée-formaldéhyde utilisant la pyridine en tant que solvant a été effectuée par réaction sonochimique.

**Termes-clés de référence :** Réaction sonochimique*, hétérocycle azote*, cycle 6 chaînons*, ether*.

*a.* http://cat.inist.fr/?aModele=afficheN&cpsidt=20563716
*b.* http://cat.inist.fr/?aModele=afficheN&cpsidt=17395748
*c.* http://cat.inist.fr/?aModele=afficheN&cpsidt=6719275

FIGURE 1 – Exemples de notices Inist. Les termes-clés soulignés sont ceux qui occurrent dans le titre ou le résumé de la notice. Les termes-clés marqués d'une * font partie des termes-clés contrôlés.

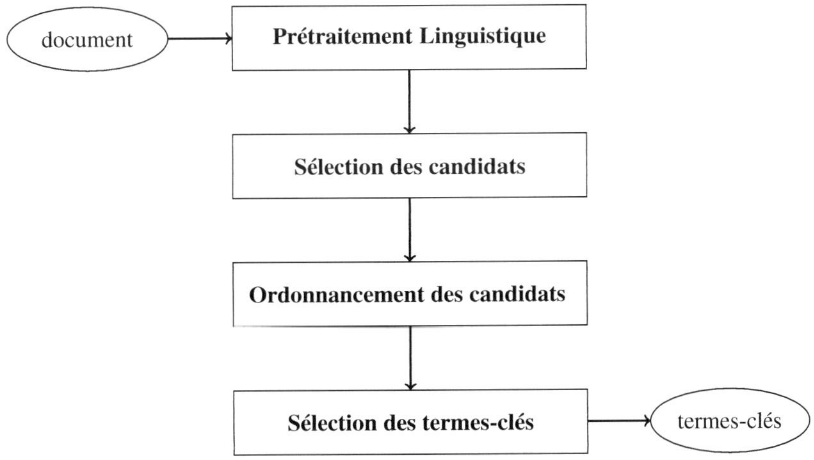


FIGURE 2 – Chaîne de traitements d'un système non-supervisé d'extraction automatique de termes-clés.

## 3.2 Sélection des termes-clés candidats

Dans les travaux précédents, deux approches sont fréquemment utilisées. Soit les méthodes sélectionnent les n-grammes (filtrés) en tant que termes-clés candidats, soit elles sélectionnent les candidats par reconnaissance de forme (Hulth, 2003). Dans ce travail, nous expérimentons trois méthodes différentes : deux méthodes conformes aux approches standards et une méthode sélectionnant les candidats termes obtenus par un extracteur terminologique. Aucun travail portant sur l'extraction automatique de termes-clés n'a, à notre connaissance, utilisé une telle approche. Compte tenu de la nature (disciplinaire) de nos données, nous faisons l'hypothèse que les candidats termes, tels que définis dans le domaine de l'extraction terminologique, peuvent aussi être des termes-clés candidats. Ces trois méthodes de sélection fournissent des ensembles de candidats de qualités différentes, ce qui nous permet par la suite d'identifier les facteurs qui influent sur la difficulté de l'extraction automatique de termes-clés.

La **sélection des n-grammes filtrés** consiste à extraire du document toutes les séquences ordonnées de $n$ mots, puis à les filtrer avec un anti-dictionnaire regroupant les mots fonctionnels de la langue (conjonctions, prépositions, etc.) et les mots courants (« près », « beaucoup », etc.). Dans ce travail, nous suivons Witten *et al.* (1999) et sélectionnons les n-grammes de taille $n \in \{1..3\}$ ($\{1..3\}$-grammes) lorsque leurs mots en tête et en queue ne sont pas présents dans l'anti-dictionnaire fourni par l'université de Neuchâtel[4] (*IR Multilingual Resources at UniNE*). La sélection des n-grammes est très exhaustive, elle fournit un grand nombre de termes-clés candidats, ce qui permet de maximiser la quantité de candidats présents dans l'ensemble des termes-clés de référence, mais ce qui maximise aussi la quantité de candidats erronés (bruités).

*Exemples de $\{1..3\}$-grammes sélectionnés à partir de « bassin moyen du Don » dans la notice d'archéologie de la figure 1 : « bassin », « moyen », « Don », « bassin moyen » et « moyen du Don ».*

La **reconnaissance de formes** consiste à sélectionner les unités textuelles qui respectent certains patrons grammaticaux. Les termes-clés candidats sélectionnés par reconnaissance de forme ont l'avantage d'avoir une nature contrôlée avec précision (p. ex. des groupes nominaux), ce qui les rend plus fondés linguistiquement, ainsi que de meilleure qualité que les n-grammes. Dans ce travail, nous utilisons le patron `/(NOM | ADJ)+/` afin de sélectionner les plus longues séquences de noms (noms propres inclus) et d'adjectifs (Hasan & Ng, 2010).

*Exemples de `/(NOM | ADJ)+/` sélectionnés à partir de « bassin moyen du Don » dans la notice d'archéologie de la figure 1 : « bassin moyen » et « Don ».*

La **sélection de candidats termes** consiste à sélectionner les unités textuelles qui sont potentiellement des termes, tels que définis dans le domaine de l'extraction terminologique. En terminologie, un terme est un mot ou une séquence de mots représentant un concept spécifique à un domaine, ou une discipline. Dans ce travail, nous utilisons l'extracteur terminologique TermSuite (Rocheteau & Daille, 2011), qui est capable de détecter des candidats termes (simples et complexes) ainsi que leurs variantes. Une terminologie est extraite par TermSuite pour chaque corpus (32 119 candidats termes en

4. `http://members.unine.ch/jacques.savoy/clef/index.html`

Archéologie, 16 557 candidats termes en Sciences de l'Information, 21 330 candidats termes en Linguistique, 24 680 candidats termes en Psychologie et 21 020 candidats termes en Chimie) et toutes les entrées de la terminologie apparaissant dans un document de la discipline sont sélectionnés comme termes-clés candidats de ce document[5]. cette terminologie sont extraites comme termes-clés candidats. Contrairement à la méthode de sélection des plus longues séquences de noms et d'adjectifs, la sélection des candidats termes de TermSuite se fonde sur un travail de spécification linguistique et terminologique des termes. Les patrons grammaticaux utilisés par TermSuite sont donc plus précis (p. ex. `/NOM à NOM/`, `/NOM en NOM/`, `/NOM à NOM ADJ/`, etc.) et de longueur plus restreinte puisque les structures à deux ou trois mots lexicaux sont privilégiées.

*Exemples de candidats termes sélectionnés à partir de « bassin moyen du Don » dans la notice d'archéologie de la figure 1 : « bassin », « Don », « bassin moyen » et « bassin moyen du Don ».*

## 3.3 Ordonnancement des termes-clés candidats

Un grand nombre de méthodes sont proposées dans la catégorie des méthodes non-supervisées. Parmi elles, les méthodes d'ordonnancement TF-IDF (Spärck Jones, 1972) et TopicRank (Bougouin *et al.*, 2013). De part sa simplicité et sa robustesse, la méthode TF-IDF s'impose comme la méthode de référence pour l'extraction non-supervisée de termes-clés[6], tandis que les méthodes à base de graphe, telles que TopicRank, suscitent un intérêt grandissant. En effet, les graphes permettent de représenter simplement et efficacement les unités textuelles d'un document et leurs relations en son sein. De plus, ils bénéficient de nombreuses études théoriques donnant lieu à des outils et algorithmes efficaces pour résoudre divers problèmes. TF-IDF et TopicRank ont un fonctionnement très différent, ce qui nous permet par la suite d'identifier les facteurs qui influent sur la difficulté de l'extraction automatique de termes-clés.

La méthode **TF-IDF** consiste à extraire en tant que termes-clés les candidats dont les mots sont importants. Un score d'importance (TF-IDF) est attribué à chaque mot des candidats et l'importance d'un candidat est calculé par la somme du score d'importance de ses mots. Selon TF-IDF, un mot est considéré important dans un document s'il y est fréquent (TF élevé) et s'il a une forte spécificité (IDF élevé). Cette dernière est déterminée à partir d'une collection de documents[7] : moins il y a de documents qui contiennent le mot, plus forte est sa spécificité.

**TopicRank** (Bougouin *et al.*, 2013) extrait les termes-clés qui représentent les sujets les plus importants d'un document. Tout d'abord, TopicRank groupe les termes-clés candidats selon leur appartenance à un sujet, représente les documents sous la forme d'un graphe de sujets et ordonne les sujets selon leur importance dans le graphe (Mihalcea & Tarau, 2004). Enfin, le terme-clé candidat le plus représentatif d'un sujet, celui qui apparaît en premier dans le document, est extrait en tant que terme-clé[8].

TopicRank groupe les termes-clés candidats selon une mesure de similarité lexicale (cf. équation 1). Cependant, TermSuite fournit un groupement terminologique des termes et de leurs variantes. Lorsque les termes-clés candidats sont ceux extraits avec TermSuite, nous tirons profit de ce groupement terme/variantes à la place de celui fondé sur la similarité lexicale. Tenant compte du groupement (moins naïf) de TermSuite, TopicRank distingue alors les candidats « Kostienki 11/II/ » et « Kostienki 21/III/ » qui représentent des faciès différents (cf. figure 1).

$$\text{similarité}(c_1, c_2) = \frac{||c_1 \cap c_2||}{||c_1 \cup c_2||}, \tag{1}$$

où $c_1$ et $c_2$ sont deux termes-clés candidats représentés par des sacs de mots.

5. L'extraction terminologique effectuée depuis tous les documents de chaque collection permet une meilleure précision lors de la détection des variantes des termes. De plus, la taille des collections entre 80 000 et 150 000 mots est faible pour une extraction terminologique, mais ceci est compensé par le haut degré de densité terminologique des collections.

6. Notons qu'une variante de la pondération TF-IDF est utilisée en Recherche d'Information (Robertson *et al.*, 1998; Claveau, 2012, Okapi). Bien que cette variante est jugée plus efficace en Recherche d'Information, celle-ci n'a, à notre connaissance, jamais été employée pour l'extraction automatique de termes-clés. Notre objectif n'étant pas de trouver la meilleure méthode d'extraction de termes-clés, nous utilisons la méthode originale.

7. Dans ce travail, nous utilisons la collection dont est extrait le document.

8. Si nécessaire, les termes-clés extraits sont pondérés et ordonnés selon le score d'importance de leur sujet respectif

# 4 Expériences

Dans cette section, nous présentons les expériences menées dans le but d'observer l'échelle de difficulté pour l'extraction automatique de termes-clés en domaines de spécialité à partir des méthodes TF-IDF et TopicRank et en fonction des candidats qui sont sélectionnés : $\{1..3\}$-grammes filtrés, plus longues séquences de noms et d'adjectifs et candidats termes.

## 4.1 Mesure d'évaluation

Afin de mesurer l'échelle de difficulté pour l'extraction automatique de termes-clés en domaines de spécialité, nous utilisons la MAP (*Mean Average Precision*), qui mesure la capacité d'une méthode à ordonner correctement les termes-clés de référence parmi tous les termes-clés candidats, c'est-à-dire à extraire en premier des candidats qui sont présents dans la liste des termes-clés de référence (cf. équation 2). Alors qu'il est plus courant d'utiliser la précision, le rappel et la f-mesures pour comparer les méthodes entre elles, notre choix se porte sur la MAP à cause du nombre variable de termes-clés de référence assignés aux documents par discipline (de 8,0 en linguistique à 16,6 en archéologie). La MAP étant appliquée à tous les candidats ordonnés et non pas à un sous ensemble (p. ex. les 10 premiers, pour la précision, le rappel et la f-mesure), il ne peut y avoir de biais lorsque nous comparons l'extraction de termes-clés entre deux disciplines.

$$\text{MAP} = \frac{1}{\|\text{DOCUMENTS}\|} \sum_{d \in \text{DOCUMENTS}} \frac{\sum_{t_i \in \text{extraction}(d)\, \cap\, \text{référence}(d)} \text{précision@}i}{\|\text{référence}(d)\|} \tag{2}$$

où :

- extraction$(d)$ founie l'ensemble ordonné des termes-clés candidats $t_i$ de rang $i$ pour le document $d$,
- référence$(d)$ fournie l'ensemble des termes-clés de référence du document $d$,
- précision@$i$ représente la précision de l'extraction calculée au rang $i$,
- DOCUMENTS est l'ensemble des documents de la collection pour laquelle les termes-clés sont extraits.

En accord avec l'évaluation menée dans les travaux précédents, nous considérons correcte l'extraction d'une variante flexionnelle d'un terme-clé de référence (Kim *et al.*, 2010). Les opérations de comparaison entre les termes-clés de référence et les termes-clés extraits sont donc effectuées à partir de la racine des mots qui les composent en utilisant la méthode de racinisation de Porter (1980).

## 4.2 Résultats

La figure 3 montre la performance des méthodes d'extraction automatique de termes-clés lorsque les candidats sélectionnés sont soit les $\{1..3\}$-grammes filtrés, soit les plus longues séquences de noms et d'adjectifs, soit tous les candidats termes extraits par TermSuite (sans filtrage). Notre hypothèse de départ selon laquelle la tâche d'extraction de termes-clés présente un degré de difficulté différent selon la discipline scientifique se vérifie. L'archéologie est la discipline pour laquelle la tâche d'extraction automatique de termes-clés est la moins difficile, la chimie étant la discipline la plus difficile, précédée par la psychologie, les sciences de l'information et la linguistique. Quelle que soit la discipline traitée, nous pouvons aussi observer la faible performance des méthodes d'extraction de termes-clés (cf. exemple figure 4). Ceci peut s'expliquer par le faible rappel maximum pouvant être atteint, ainsi que par l'évaluation stricte qui n'accepte pas les correspondances partielles (p. ex. « articles » et « articles de recherche » qui dans le contexte de la notice de la figure 4 représentent le même concept).

Globalement, les meilleurs résultats sont obtenus avec la méthode TF-IDF. De plus, bien que dans le meilleur cas elle soit compétitive avec TF-IDF, la méthode TopicRank n'est pas stable. Lorsque les $\{1..3\}$-grammes sont utilisés comme candidats nous observons une forte dégradation des résultats de TopicRank, alors que la dégradation des résultats de TF-IDF est plus modérée. Cette différence de comportement face à un ensemble de termes-clés candidats de mauvaise qualité s'explique par le fait que le groupement en sujets de TopicRank n'est pas adapté pour de tels candidats et aussi parce que TF-IDF tire profit de la spécificité des mots (IDF), lui permettant, contrairement à TopicRank, de ne pas attribuer un fort poids aux candidats erronés tels que « d' » (cf. figure 4). En ce qui concerne les résultats obtenus avec les deux autres méthodes de sélection des termes-clés candidats, les performances sont meilleures avec les plus longues séquences de noms et d'adjectifs. La différence de performance observée avec ces deux méthodes de sélection est principalement liée à la richesse des patrons grammaticaux utilisés par TermSuite. En effet, ses patrons grammaticaux contenant des déterminants et des prépositions ne reflètent qu'une infime quantité de termes-clés de référence (3,5 %) et ont donc pour effet d'ajouter plus de bruit que de candidats positifs.

# 5 Discussion

À partir des expériences de la section 4, nous constatons la même échelle de difficulté quelque soit la méthode employée (cf. figure 5), ce qui montre que notre hypothèse de départ est valide. Il est toutefois important de noter qu'en observant les statistiques présentées dans le tableau 1, nous pouvons déduire la même échelle de difficulté à partir du rappel maximum. Cependant, le rappel maximum ne peut être obtenu en dehors d'un contexte expérimental. Dans cette section, nous nous fondons sur la nature des collections de données et sur les résultats de l'extraction non-supervisée de termes-clés pour déterminer quels sont les facteurs qui influent sur la difficulté de cette tâche.

Dans un premier temps, nous constatons que la pondération fondée sur la spécificité des mots améliore la stabilité (la robustesse) des méthodes d'extraction de termes-clés qui l'utilisent. Nous en déduisons que la nature linguistique des termes-clés utilisés dans une discipline est un facteur qui influe sur la difficulté de l'extraction des termes-clés. Ainsi, une forte tendance à l'usage de composés syntagmatiques constitués de mots centraux dans la discipline, tels que « réaction » en Chimie (p. ex. « réaction topotactique » et « réaction sonochimique ») ou encore le mot « social », qui est fréquemment utilisé en psychologie (p. ex. « interaction sociale » et « environnement social »), augmente la difficulté de l'extraction des termes-clés.

Dans un second temps, nous observons, sauf dans le cas de la psychologie, qu'il y a une correspondance entre l'ordre des disciplines selon la taille des résumés des notices et leur ordre dans l'échelle de difficulté. Ceci s'explique par la façon dont est organisé le discours dans les notices. Si nous prenons les notices d'archéologie, par exemple, celles-ci sont très détaillées. Il est par conséquent aisé d'établir des relations entre les concepts afin de déterminer quels sont ceux les plus importants, à la manière de TopicRank. À l'inverse, les notices de chimie, représentant principalement des comptes rendus d'expériences s'adressent à un lecteur expert pour lequel il est uniquement nécessaire de décrire le contexte expérimental. L'absence de détails dans les notices de certaines disciplines est donc un facteur qui influe sur la difficulté de l'extraction automatique de termes-clés, difficulté qui peut a priori être détectée à partir de la taille des notices.

# 6 Conclusion et perspectives

Dans cet article, nous nous intéressons à la tâche d'extraction automatique de termes-clés dans les documents scientifiques et émettons l'hypothèse que sa difficulté est variable selon la discipline des documents traités. Pour vérifier cette hypothèse, nous disposons de notices bibliographiques réparties dans cinq disciplines (archéologie, linguistique, sciences de l'information, psychologie et chimie) auxquelles nous appliquons six systèmes d'extraction automatique de termes-clés différents. En comparant les termes-clés extraits par chaque système avec les termes-clés de référence assignés aux notices dans des conditions réels d'indexation, notre hypothèse se vérifie et nous observons l'échelle suivante (de la discipline la plus facile à la plus difficile) : 1. Archéologie ; 2. Linguistique ; 3. Sciences de l'information ; 4. Psychologie ; 5. Chimie.

À l'issue de nos expériences et de nos observations du contenu des notices, nous constatons deux facteurs ayant un impact sur la difficulté de la tâche d'extraction automatique de termes-clés. Tout d'abord, nous observons que l'organisation du résumé peut aider l'extraction de termes-clés. Un résumé riche en explications et en mises en relations des différents concepts est moins difficile à traiter qu'un résumé énumératif pauvre en explications. Ensuite, le vocabulaire utilisé dans une discipline peut influer sur la difficulté à extraire les termes-clés des documents de cette discipline. Si le vocabulaire spécifique contient des composés syntagmatiques dont certains éléments sont courants dans la discipline, alors il peut être plus difficile d'extraire les termes-clés des documents de cette discipline.

Des deux facteurs identifiés émergent plusieurs perspectives de travaux futurs. Il peut être intéressant d'analyser le discours des documents afin de mesurer, en amont, le degré de difficulté de l'extraction de termes-clés. Avec une telle connaissance, nous pourrions proposer une méthode capable de s'adapter au degré de difficulté en ajustant automatiquement son paramètrage. Cependant, l'analyse que nous proposons dans cet article se fonde uniquement sur le contenu de notices appartenant à cinq disciplines. Il serait pertinent d'étendre cette analyse au contenu intégral des documents scientifiques, ainsi que d'élargir le panel de disciplines utilisées dans ce travail, afin d'établir des catégories de disciplines plus ou moins difficiles à traiter (p. ex. la chimie fait partie des disciplines expérimentales, qui sont difficiles à traiter). Nous

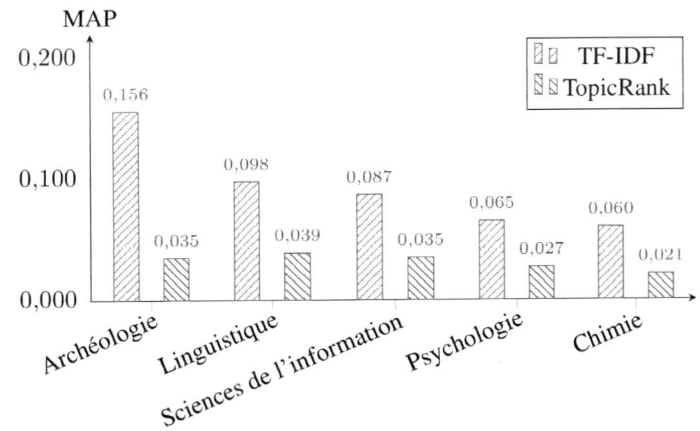


(a) {1..3}-grammes

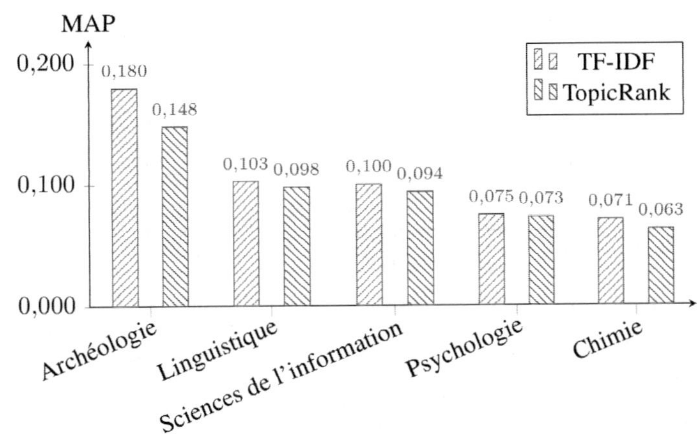


(b) `/(NOM | ADJ)+/`

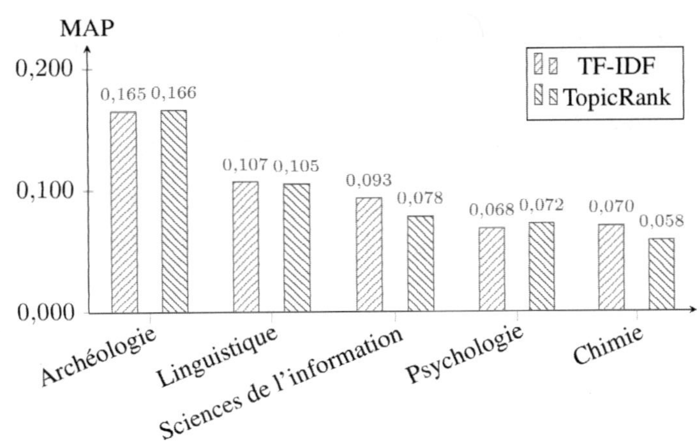


(c) Candidats termes

FIGURE 3 – Performances des méthodes d'extraction de termes-clés en domaines de spécialité à partir de différents type de candidats.

**Termes techniques et marqueurs d'argumentation : pour débusquer l'argumentation cachée dans les articles de recherche** *Linguistique*

Les articles de recherche présentent les résultats d'une expérience qui modifie l'état de la connaissance dans le domaine concerné. Le lecteur néophyte a tendance à considérer qu'il s'agit d'une simple description et à passer à côté de l'argumentation au cours de laquelle le scientifique cherche à convaincre ses pairs de l'innovation et de l'originalité présentées dans l'article et du bien-fondé de sa démarche tout en respectant la tradition scientifique dans laquelle il s'insère. Ces propriétés spécifiques du discours scientifique peuvent s'avérer un obstacle supplémentaire à la compréhension, surtout lorsqu'il s'agit d'un article en langue étrangère. C'est pourquoi il peut être utile d'incorporer dans l'enseignement des langues de spécialité une sensibilisation aux marqueurs linguistiques (terminologiques et argumentatifs), qui permettent de dépister le développement de cette rhétorique. Les auteurs s'appuient sur deux articles dans le domaine de la microbiologie.

**Termes-clés de référence :** Langue scientifique*, argumentation*, rhétorique*, langue de spécialité*, enseignement des langues*, linguistique appliquée*, discours scientifique*, article de recherche.

**Termes-clés extraits :**

{1..3}-grammes

**TF-IDF : Argumentation**, scientifique, articles, d' argumentation, l' argumentation, tradition scientifique, **discours scientifique**, marqueurs.

**TopicRank :** Articles, d', qu' il s', débusquer l' argumentation, **articles de recherche**, scientifique, s' agit d', marqueurs d' argumentation.

/(NOM | ADJ)+/

**TF-IDF : Argumentation**, scientifique, articles, tradition scientifique, **discours scientifique**, marqueurs, microbiologie, domaine.

**TopicRank :** Article, **argumentation**, recherche, marqueurs, domaine, langue étrangère, scientifique, résultats.

Candidats termes

**TF-IDF : Argumentation**, scientifique, tradition scientifique, **discours scientifique**, marqueurs, microbiologie, néophyte, marqueurs d' argumentation.

**TopicRank : Argumentation**, marqueurs, **articles de recherche**, scientifique, techniques, termes, article, langue.

FIGURE 4 – Exemple d'extraction automatique de (huit) termes-clés à partir de la notice de linguistique présentée dans la figure 1. Les termes-clés de référence soulignés sont ceux qui occurrent dans le titre ou le résumé de la notice. Les termes-clés de référence marqués d'une * font partie des termes-clés contrôlés. Les termes-clés extraits mis en gras sont les termes-clés correctement extraits.

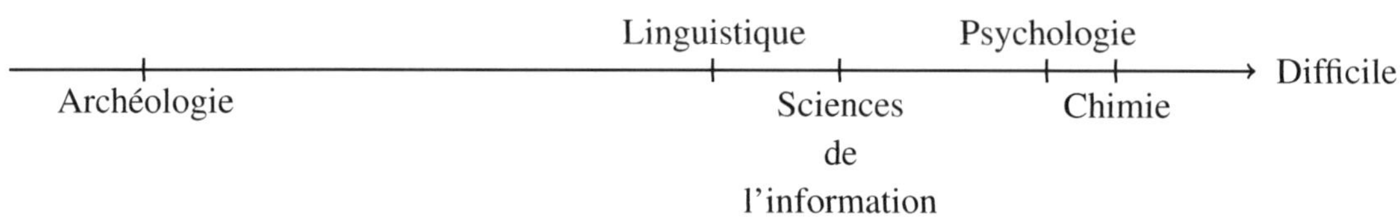


FIGURE 5 – Échelle de difficulté disciplinaire, de la discipline la moins difficile à la discipline la plus difficile à traiter par les méthodes d'extraction automatique de termes-clés.

observons aussi que le vocabulaire utilisé dans une discipline, en particulier celui utilisé pour les termes-clés, peut rendre la tâche d'extraction automatique de termes-clés plus difficile. Il est donc important de bénéficier de resources telles que des thésaurus pour permettre à une méthode d'extraction de termes-clés de s'adapter au domaine. Pour TopicRank, par exemple, avoir connaissance de la terminologie utilisée dans une discipline peut améliorer le choix du terme-clé le plus représentatif d'un sujet. Enfin, il serait intéressant de penser la tâche d'extraction de termes-clés comme une tâche d'extraction d'information pour le remplissage d'un formulaire. En archéologie, par exemple, il pourrait s'agir d'extraire les informations géographiques (pays, régions, etc.), chronologiques (période, culture, etc.), ou encore environnementales (animaux, végétaux, etc.).

## Remerciements

Ce travail a bénéficié d'une aide de l'Agence Nationale de la Recherche portant la référence (ANR-12-CORD-0029).

## Références

BIRD S., KLEIN E. & LOPER E. (2009). *Natural Language Processing with Python*. O'Reilly Media.

BOUGOUIN A., BOUDIN F. & DAILLE B. (2013). Topicrank : Graph-Based Topic Ranking for Keyphrase Extraction. In *Proceedings of the 6th International Joint Conference on Natural Language Processing (IJCNLP)*, p. 543–551, Nagoya, Japan : Asian Federation of Natural Language Processing.

CLAVEAU V. (2012). Vectorisation, Okapi et calcul de similarité pour le TAL : pour oublier enfin le TF-IDF (Vectorization, Okapi and Computing Similarity for NLP : Say Goodbye to TF-IDF) [in French]. In *Proceedings of the Joint Conference JEP-TALN-RECITAL 2012, Volume 2 : TALN*, p. 85–98, Grenoble, France : ATALA/AFCP.

DENIS P. & SAGOT B. (2009). Coupling an Annotated Corpus and a Morphosyntactic Lexicon for State-of-the-Art POS Tagging with Less Human Effort. In *Proceedings of the 23rd Pacific Asia Conference on Language, Information and Computation (PACLIC)*, p. 110–119, Hong Kong : City University of Hong Kong.

D'AVANZO E. & MAGNINI B. (2005). A Keyphrase-Based Approach to Summarization : the LAKE System at DUC-2005. In *Proceedings of DUC 2005 Document Understanding Conference*.

HAN J., KIM T. & CHOI J. (2007). Web Document Clustering by Using Automatic Keyphrase Extraction. In *Proceedings of the 2007 IEEE/WIC/ACM International Conferences on Web Intelligence and Intelligent Agent Technology*, p. 56–59, Washington, DC, USA : IEEE Computer Society.

HASAN K. S. & NG V. (2010). Conundrums in Unsupervised Keyphrase Extraction : Making Sense of the State-of-the-Art. In *Proceedings of the 23rd International Conference on Computational Linguistics : Posters*, p. 365–373, Stroudsburg, PA, USA : Association for Computational Linguistics.

HASAN K. S. & NG V. (2014). Automatic Keyphrase Extraction : A Survey of the State of the Art. In *Proceedings of the Association for Computational Linguistics (ACL)*, Baltimore, Maryland : Association for Computational Linguistics.

HULTH A. (2003). Improved Automatic Keyword Extraction Given More Linguistic Knowledge. In *Proceedings of the 2003 Conference on Empirical Methods in Natural Language Processing*, p. 216–223, Stroudsburg, PA, USA : Association for Computational Linguistics.

KIM S. N., MEDELYAN O., KAN M.-Y. & BALDWIN T. (2010). SemEval-2010 task 5 : Automatic Keyphrase Extraction from Scientific Articles. In *Proceedings of the 5th International Workshop on Semantic Evaluation*, p. 21–26, Stroudsburg, PA, USA : Association for Computational Linguistics.

MEDELYAN O. & WITTEN I. H. (2008). Domain-Independent Automatic Keyphrase Indexing with Small Training Sets. *Journal of the American Society for Information Science and Technology*, **59**(7), 1026–1040.

MIHALCEA R. & TARAU P. (2004). TextRank : Bringing Order Into Texts. In DEKANG LIN & DEKAI WU, Eds., *Proceedings of the 2004 Conference on Empirical Methods in Natural Language Processing*, p. 404–411, Barcelona, Spain : Association for Computational Linguistics.

PAROUBEK P., ZWEIGENBAUM P., FOREST D. & GROUIN C. (2012). Indexation libre et contrôlée d'articles scientifiques. Présentation et résultats du défi fouille de textes DEFT2012 (Controlled and Free Indexing of Scientific Papers. Presentation and Results of the DEFT2012 Text-Mining Challenge) [in French]. In *Proceedings of the Joint Conference JEP-TALN-RECITAL 2012, Workshop DEFT 2012 : DÉfi Fouille de Textes (DEFT 2012 Workshop : Text Mining Challenge)*, p. 1–13, Grenoble, France : ATALA/AFCP.

PORTER M. F. (1980). An Algorithm for Suffix Stripping. *Program : Electronic Library and Information Systems*, **14**(3), 130–137.

ROBERTSON S. E., WALKER STEVE & HANCOCK-BEAULIEU MICHELINE (1998). Okapi at TREC-7 : Automatic Ad Hoc, Filtering, VLC and Interactive Track. In *Proceedings of the Text REtrieval Conference (TREC)*, p. 199–210.

ROCHETEAU J. & DAILLE B. (2011). TTC TermSuite - A UIMA Application for Multilingual Terminology Extraction from Comparable Corpora. In *Proceedings of the IJCNLP 2011 System Demonstrations*, p. 9–12, Chiang Mai, Thailand : Asian Federation of Natural Language Processing.

SPÄRCK JONES K. (1972). A Statistical Interpretation of Term Specificity and its Application in Retrieval. *Journal of Documentation*, **28**(1), 11–21.

WITTEN I. H., PAYNTER G. W., FRANK E., GUTWIN C. & NEVILL MANNING C. G. (1999). KEA : Practical Automatic Keyphrase Extraction. In *Proceedings of the 4th ACM Conference on Digital Libraries*, p. 254–255, New York, NY, USA : ACM.

# Étiquetage en rôles événementiels fondé sur l'utilisation d'un modèle neuronal

Emanuela Boroş[1,2] Romaric Besançon[1] Olivier Ferret[1] Brigitte Grau[2,3]
(1) CEA, LIST, Laboratoire Vision et Ingénierie des Contenus, F-91191, Gif-sur-Yvette
(2) LIMSI, Rue John von Neumann, Campus Universitaire d'Orsay, F-91405 Orsay cedex
(3) ENSIIE, 1 square de la résistance F-91025 Évry cedex
{emanuela.boros,romaric.besancon,olivier.ferret}@cea.fr, brigitte.grau@limsi.fr

**Résumé.** Les systèmes d'extraction d'information doivent faire face depuis toujours à une double difficulté : d'une part, ils souffrent d'une dépendance forte vis-à-vis du domaine pour lesquels ils ont été développés ; d'autre part, leur coût de développement pour un domaine donné est important. Le travail que nous présentons dans cet article se focalise sur la seconde problématique en proposant néanmoins une solution en relation avec la première. Plus précisément, il aborde la tâche d'étiquetage en rôles événementiels dans le cadre du remplissage de formulaire (*template filling*) en proposant pour ce faire de s'appuyer sur un modèle de représentation distribuée de type neuronal. Ce modèle est appris à partir d'un corpus représentatif du domaine considéré sans nécessiter en amont l'utilisation de prétraitements linguistiques élaborés. Il fournit un espace de représentation permettant à un classifieur supervisé traditionnel de se dispenser de l'utilisation de traits complexes et variés (traits morphosyntaxiques, syntaxiques ou sémantiques). Par une série d'expérimentations menées sur le corpus de la campagne d'évaluation MUC-4, nous montrons en particulier que cette approche permet de dépasser les performances de l'état de l'art et que cette différence est d'autant plus importante que la taille du corpus d'entraînement est faible. Nous montrons également l'intérêt de l'adaptation de ce type de modèle au domaine traité par rapport à l'utilisation de représentations distribuées à usage générique.

**Abstract.** Information Extraction systems must cope with two problems : they heavily depend on the considered domain but the cost of development for a domain-specific system is important. We propose a new solution for role labeling in the event-extraction task that relies on using unsupervised word representations (*word embeddings*) as word features. We automatically learn domain-relevant distributed representations from a domain-specific unlabeled corpus without complex linguistic processing and use these features in a supervised classifier. Our experimental results on the MUC-4 corpus show that this system outperforms state-of-the-art systems on this event extraction task, especially when the amount of annotated data is small.We also show that using word representations induced on a domain-relevant dataset achieves better results than using more general word embeddings.

**Mots-clés :** Extraction d'information, extraction de rôles événementiels, modèles de langage neuronaux.

**Keywords:** Information extraction, event role filler detection, neural language models.

## 1 Introduction

Un enjeu majeur de l'Extraction d'Information (EI) consiste à aider un utilisateur à identifier rapidement des événements ainsi que leurs entités descriptives dans de très grands volumes de documents. L'extraction d'événements peut porter sur des domaines variés. Dans le domaine médical et biologique, la notion d'événement est utilisée pour désigner par exemple le changement d'état d'une molécule en biologie, ou encore l'ensemble des informations concernant l'administration d'un traitement en médecine (Cohen *et al.*, 2009; Yakushiji *et al.*, 2001; Chun *et al.*, 2005). Dans le domaine de l'économie et la finance, les centres d'intérêt concernent les fusions, acquisitions et échanges d'entreprises ou de produits (Hung *et al.*, 2010; Michaely *et al.*, 1995).

Un événement est décrit par un ensemble de participants (*i.e.* des attributs ou rôles) dont les valeurs sont des extraits de texte, correspondant à des entités nommées ou des entités du domaine. Par exemple, un acte terroriste est un événement dont les participants sont les auteurs, les victimes ou encore les cibles. En domaine biomédical, un type d'événement largement étudié est celui des interactions où les rôles désignent des protéines ou des gènes, des médicaments ou autres molécules. Cette problématique est issue des campagnes d'évaluation MUC [1] (Grishman & Sundheim, 1996), TREC (Voorhees & Tong, 2011) et ACE (Strassel *et al.*, 2008) qui ont fortement contribué à l'évolution du domaine. Dans cet article, nous nous intéressons plus spécifiquement à la reconnaissance des entités et leur étiquetage en rôle. Cette tâche est complexe et recouvre des problématiques telles que la reconnaissance d'entités nommées, la reconnaissance de rôles sémantiques ou l'extraction de relations binaires.

Pour cette tâche, beaucoup de systèmes proposent des méthodes d'extraction de patrons ou de génération de règles fondées sur le contexte environnant, local et global (Patwardhan & Riloff, 2009; Huang & Riloff, 2011). Les méthodes d'acquisition de ces patrons incluent des approches par amorçage (Huang & Riloff, 2012a; Yangarber *et al.*, 2000), de l'apprentissage faiblement supervisé (Huang & Riloff, 2011; Sudo *et al.*, 2003; Surdeanu *et al.*, 2006), de l'apprentissage supervisé (Chieu *et al.*, 2003; Freitag, 1998; Bunescu & Mooney, 2004; Patwardhan & Riloff, 2009), et autres variations. Les patrons appris par ces approches sont ensuite utilisés pour reconnaître et étiqueter, dans de nouveaux documents, des extraits de textes en tant que valeurs d'attributs.

Toutes ces méthodes reposent sur une part assez importante d'annotations manuelles couplée à l'utilisation intensive de connaissances linguistiques et les performances obtenues sont donc en rapport avec la possibilité de mettre en œuvre cette masse de connaissances ainsi que la capacité à définir les ensembles de traits en entrée des classifieurs. De plus, la bonne application de ces méthodes nécessite de connaître a priori le domaine d'application. Il devient ainsi difficile d'appliquer efficacement une méthode donnée sur un domaine différent.

Dans ce travail, nous abordons la tâche d'étiquetage d'entités en rôles décrivant un événement, que nous nommons étiquetage en rôles événementiels, par l'apprentissage automatique de traits pertinents qui ne nécessite qu'un nombre limité de connaissances préalables. A cette fin, des représentations de mots (*word embeddings*) sont induites par application non supervisée d'un réseau de neurone comme dans (Bengio *et al.*, 2006; Collobert & Weston, 2008) sur des données brutes. Les valeurs d'attributs relatives aux exemples connus d'événements à extraire sont annotées dans des textes et transformées à partir des représentations apprises pour entraîner un classifieur permettant de prédire l'étiquette du rôle rempli. Notre objectif est double : (1) montrer que des représentations de mots apprises de façon non supervisée ont une capacité de généralisation et de représentation du sens qui les rend compétitives sur la tâche d'étiquetage en rôles événementiels, (2) montrer que ces représentations sont évolutives et robustes lorsqu'on fait varier la taille des données d'apprentissage.

Nous avons évalué notre approche sur les données issues de MUC-4 (Lehnert *et al.*, 1992) qui portent sur des actes terroristes, et donc sur la reconnaissances des auteurs, victimes et cibles, et nous obtenons des résultats supérieurs à ceux des méthodes état de l'art sur ces mêmes données (Huang & Riloff, 2011, 2012a; Patwardhan & Riloff, 2009).

Après avoir présenté l'état de l'art en extraction d'événements et en apprentissage de représentations dans la section 2, la suite de cet article décrit plus précisément notre approche en section 3. Les données d'expérimentation et les résultats de l'évaluation sont ensuite présentés dans la section 4.

## 2 État de l'art

Bien qu'il n'existe pas une manière unique d'aborder l'extraction d'événements à partir de textes, celle-ci est reconnue comme un problème complexe que l'on décompose en différentes tâches prototypiques [2] : détection des mentions d'événement; extraction des candidats au remplissage des rôles; rattachement local, souvent au niveau phrastique, des candidats aux mentions d'événement; fusion au niveau textuel des candidats au remplissage des rôles. Le problème que nous abordons ici est celui de la détection des candidats au remplissage des rôles d'un événement, tâche que l'on peut considérer également comme une annotation de phrases en rôles événementiels. Les candidats sont en toute généralité des groupes nominaux, dont certains peuvent correspondre à des entités nommées.

Deux grands types d'approches ont été proposés pour la tâche d'extraction d'événements : les approches fondées sur l'application de patrons (Krupka *et al.*, 1991; Hobbs *et al.*, 1992; Riloff, 1996a,b; Yangarber *et al.*, 2000)) et les approches par apprentissage (Chieu *et al.*, 2003; Freitag, 1998; Huang & Riloff, 2011; Patwardhan & Riloff, 2009; Yangarber *et al.*, 2000; Surdeanu *et al.*, 2006)).

Les patrons sont acquis à partir de textes par application de règles reposant sur des connaissances syntaxiques, extraites d'un arbre syntaxique par exemple, et sémantiques pour identifier les rôles. Les premiers systèmes (Krupka *et al.*, 1991;

1. MUC 1-7 Message Understanding Conferences de 1987 à 1998 organisées par le DARPA.

2. La décomposition que nous faisons ici est essentiellement fonctionnelle et ne fait pas apparaître les liens de dépendance pouvant exister entre ces différentes tâches.

Hobbs *et al.*, 1992; Riloff, 1996a) sont issus des conférences MUC. AutoSlog-TS (Riloff, 1996a), utilisé comme système de base dans nos évaluations et qui est une version améliorée de AutoSlog (Riloff, 1996b), propose une séparation en textes pertinents et non pertinents et un ordonnancement des patrons extraits. Le principal inconvénient de ces systèmes est qu'ils font appel à une vérification manuelle pour sélectionner les patrons, qui peut s'avérer coûteuse.

L'intérêt porté aux approches par apprentissage s'est largement développé et a donné lieu à de nouveaux systèmes, qui reposent sur des méthodes d'apprentissage complètement supervisées (Chieu *et al.*, 2003; Freitag, 1998; Bunescu & Mooney, 2004; Patwardhan & Riloff, 2009) ou faiblement supervisées (Huang & Riloff, 2011; Sudo *et al.*, 2003; Surdeanu *et al.*, 2006). La dépendance des systèmes à l'existence d'annotations riches des textes s'est relâchée avec l'apparition des techniques d'amorçage (Huang & Riloff, 2012a; Yangarber *et al.*, 2000).

Par exemple, le système ALICE (Chieu *et al.*, 2003) est fondé sur différents algorithmes d'apprentissage, utilisant un riche ensemble de traits syntaxiques et sémantiques, et montre que ces types de traits permettent d'améliorer les performances des systèmes. Les auteurs de (Bunescu & Mooney, 2004) proposent une variante des CRFs (Conditional Random Fields) pour exploiter les relations entre traits et en montrent l'intérêt sur la tâche d'extraction d'événements biomédicaux.

Différentes approches ont exploré l'importance du contexte environnant pour reconnaître des valeurs de rôles. GLACIER (Patwardhan & Riloff, 2009) va au-delà de l'analyse du contexte local de la mention d'un événement (*i.e.* la proposition) pour analyser un second contexte plus large au niveau de la phrase. En reprenant cette idée, nous explorons aussi un contexte assez large pour rechercher des valeurs de rôles lors de l'apprentissage du modèle de langue. TIER (Huang & Riloff, 2011) a exploré le fait d'écarter un contexte s'il est non pertinent, même si dans certaines situations une phrase non pertinente peut mentionner les suites d'un événement où certains rôles sont précisés. TIER repose sur une suite de traitements héritée des systèmes précédents partant de la reconnaissance de contextes spécifiques à des rôles par différentes couches de classifieurs et finissant, au niveau le plus bas, par l'extraction des valeurs des rôles. L'amélioration de TIER par l'usage de co-références et de relations de discours est étudiée dans (Huang & Riloff, 2012b,a).

De tous ces travaux, on peut voir que les recherches en extraction d'événements vont vers l'ajout de traits riches donnés en entrée de chaînes de classifieurs, et vers une exploration du contexte des entités à étiqueter. Le but de (Huang & Riloff, 2012b) est de pouvoir reconnaître des transitions et des relations de discours dans le texte de manière à pouvoir mieux identifier les contextes d'apparition des rôles pour un événement donné. Les candidats aux rôles liés à un événement sont identifiés indépendamment, par une approche montante, puis les contextes sélectionnés en mettant en oeuvre des connaissances pour déterminer la cohésion textuelle. PIPER (Patwardhan & Riloff, 2007; Patwardhan, 2010) est construit à partir d'une classification des phrases qui distingue les régions pertinentes et non pertinentes et apprend des patrons d'extraction pertinents pour le domaine selon une mesure d'affinité sémantique. On peut aussi ajouter que, même si l'amélioration des performances est réelle, ces ajouts peuvent rendre les systèmes très lents et non utilisables dans des applications à grande échelle. C'est pourquoi $\text{TIER}_{light}$ (Huang & Riloff, 2012a) propose de diminuer le recours à des annotations lourdes, pour faciliter le passage d'un domaine à un autre, par l'application de techniques d'amorçage pour l'étiquetage en rôles.

Notre approche partage avec ces approches l'importance donnée au contexte des mots impliqués dans des valeurs de rôles. Cependant, alors que ces systèmes reposent sur la conception de riches ensembles de traits à donner en entrée des classifieurs, notre approche réduit cette complexité en donnant seulement les mots bruts en entrée d'un réseau de neurones. Les traits sont appris automatiquement et sont réutilisés dans la tâche d'étiquetage en rôles événementiels ; ils permettent de plus d'obtenir de meilleurs résultats à partir de ces seules données. Ce type d'approche, proposé dans des travaux comme (Bengio *et al.*, 2006; Collobert & Weston, 2008; Turian *et al.*, 2010), a montré des résultats intéressants sur de nombreuses tâches en traitement automatique des langues mais n'a jamais été appliqué à l'extraction d'événements.

# 3 Méthode

## 3.1 Principes

À l'instar de (Huang & Riloff, 2012b), la tâche d'étiquetage en rôles événementiels est réalisée comme une tâche indépendante des autres tâches mentionnées section 2. Son objectif est de produire un ensemble assez large de candidats qui seront ensuite filtrés par les contraintes de rattachement aux événements, soit au niveau local, soit au niveau global. À la différence de (Jean-Louis *et al.*, 2011), nous ne faisons pas l'hypothèse que ces candidats se limitent à des entités nommées et nous nous ne faisons pas non plus l'hypothèse d'une bijection entre le rôle d'un événement et un type d'entité nommée.

Sur le plan méthodologique, nous traitons cette tâche d'étiquetage en rôles événementiels sous l'angle de la classification supervisée. Nous nous appuyons pour ce faire sur la sortie d'un outil générique de découpage des phrases en chunks syntaxiques et nous appliquons un classifieur multiclasse à chaque chunk nominal extrait pour déterminer à quel rôle du type d'événement considéré il est susceptible de se rattacher. Nous avons ainsi une classe par rôle à laquelle s'ajoute une classe correspondant à l'absence de rattachement. L'originalité de l'approche que nous proposons réside dans le type de représentation des chunks nominaux exploité par notre classifieur. Pour ce type de tâche, il est habituel de représenter chaque candidat à un rôle par un ensemble de traits caractérisant différents types d'informations allant des simples mots le constituant jusqu'à son rôle sémantique dans la phrase en passant par la catégorie morphosyntaxique de ses constituants ou son rôle syntaxique. Comme nous l'avons mentionné dans la section précédente, cette approche a un triple inconvénient : elle nécessite un ensemble d'outils élaborés qui ne sont pas toujours disponibles pour une langue donnée ; ces outils n'étant pas parfaits, les informations qu'ils délivrent sont entachées d'un certain taux d'erreur, qui a tendance à être d'autant plus conséquent que l'outil est plus élaboré ; enfin, ces outils sont génériques et donc, la plupart du temps, non adaptés au domaine considéré.

Pour faire face à ces problèmes, nous proposons d'adopter une approche différente, inspirée de travaux tels que (Collobert & Weston, 2008), consistant à projeter les candidats à un rôle événementiel, à partir de leurs mots, dans un espace de représentation défini spécifiquement pour le domaine considéré. Plus précisément, cet espace est construit grâce à un réseau de neurones en reprenant des techniques développées pour l'apprentissage de modèles de langage (Bengio *et al.*, 2003). Outre leur adaptation au domaine, les représentations ainsi élaborées ont l'avantage de pouvoir être comparées et leur proximité dans cet espace est à mettre en relation avec la proximité de leur rôle vis-à-vis du domaine. Une fois construites, ces représentations sont utilisées comme traits dans un classifieur supervisé réalisant l'étiquetage en rôles événementiels, à l'instar des traits habituellement utilisés pour cette tâche.

Nous commençons par détailler la façon dont ces représentations sont construites sur un plan générique avant de préciser leur utilisation et les stratégies mises en œuvre pour les adapter à notre contexte de travail.

### 3.2 Construction des représentations lexicales distribuées

Notre construction de représentations lexicales distribuées (*word embeddings*) s'appuie sur les principes définis dans (Collobert & Weston, 2008). Ces principes sont eux-mêmes issus de la problématique des modèles de langage neuronaux (Bengio *et al.*, 2003). Dans ce contexte, un réseau de neurones est entraîné à prédire la probabilité d'un mot en fonction de son contexte. L'entraînement d'un tel modèle passe par le traitement d'un large ensemble d'exemples de séquences de mots et une optimisation des paramètres du réseau du point de vue de sa capacité à fournir les meilleures prédictions pour les séquences exemples.

Une des spécificités des réseaux utilisés réside dans la représentation des séquences de mots qu'ils prennent comme entrée et plus spécifiquement des mots composant ces séquences. Dans ce schéma de représentation en effet, un mot n'est plus considéré comme un simple symbole mais possède une représentation distribuée. Cette représentation prend la forme d'un ensemble fixe de dimensions valuées, c'est-à-dire un vecteur de nombres réels de même taille pour tous les mots du vocabulaire considéré. De ce point de vue, cette représentation est proche de représentations issues de méthodes de réduction de dimensions telles que celles produites par l'Analyse Sémantique Latente par exemple (Landauer *et al.*, 1998). À la différence de ces méthodes de réduction de dimensions, qui appliquent une transformation mathématique donnée, les représentations produites dans le cadre des modèles de langage neuronaux sont apprises en relation avec les exemples exploités. Elles sont donc intrinsèquement adaptées à ces derniers. (Collobert & Weston, 2008) a repris ce schéma mais avec la perspective plus générale de construire des représentations lexicales distribuées utilisables pour des tâches autres que la prédiction de la probabilité d'une séquence de mots.

Nous nous inscrivons dans le prolongement de (Collobert & Weston, 2008) pour construire des représentations dédiées à l'étiquetage en rôles événementiels. Cette construction prend la forme de l'apprentissage d'un modèle permettant de différencier de façon générique une séquence de mots issue d'un corpus représentatif d'un domaine et une séquence de mots proche mais ne figurant pas dans le corpus. En pratique, les secondes sont construites par l'altération des premières en changeant un de leurs mots, en l'occurrence celui du milieu. Nous verrons à la section suivante comment s'effectue ce changement. La tâche peut donc être vue comme un test de compatibilité du mot central d'une séquence avec son contexte environnant du point de vue du corpus considéré et donc, de son domaine associé.

Le modèle à apprendre prend plus spécifiquement la forme d'un réseau de neurones à trois couches, comme l'illustre la figure 1, avec une première couche (de gauche à droite) permettant de représenter les séquences en entrée et une couche finale ayant pour rôle de leur attribuer un score. Les séquences correspondent au contenu d'une fenêtre glissante déplacée sur les textes et composée de $m = 2n + 1$ mots. Chaque unité de la couche d'entrée du réseau de la figure 1 ne correspond pas directement à un mot de cette fenêtre mais à une des $k$ dimensions de sa représentation distribuée. La couche d'entrée du réseau est ainsi formée de la concaténation des représentations distribuées des $m$ mots de la fenêtre et contient donc $k \cdot m$ unités.

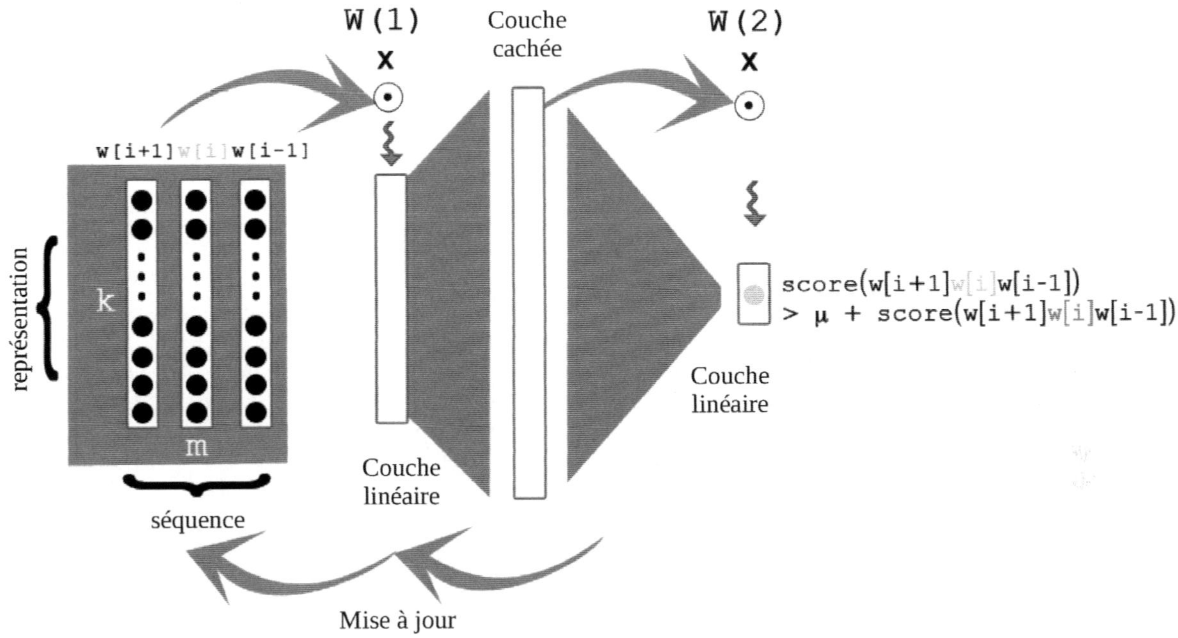


FIGURE 1 – Architecture du réseau de neurones utilisé

Lors de la première phase du processus d'apprentissage, les différentes dimensions de la représentation d'un mot sont initialisées de manière aléatoire selon une loi uniforme. L'activation correspondante est propagée dans le réseau, d'abord vers la couche cachée, puis vers la couche de sortie pour aboutir au calcul d'un score associé à la séquence d'entrée. D'un point de vue plus formel, pour la séquence d'entrée $\langle w_i \rangle = \langle w_{i-n)} \ldots, w_{i-1}, w_i, w_{i+1} \ldots w_{i+n} \rangle$, on a ainsi :

$$\begin{aligned} score(\langle w_i \rangle) &= b^{(2)} + W^{(2)} h(\langle w_i \rangle) \\ h(\langle w_i \rangle) &= \Phi(b^{(1)} + W^{(1)} \langle w_i \rangle) \end{aligned} \tag{1}$$

$b^{(1)}$, $b^{(2)}$ étant les termes de biais, sous la forme de vecteurs, intervenant dans le cumul des activations en entrée d'une unité, $W^{(1)}$ et $W^{(2)}$, les matrices de poids des connexions entre couches et $\Phi$, la fonction d'activation de la couche cachée. Dans cette configuration, cette fonction est non linéaire, avec le choix dans notre de cas de $softsign(a) = |a|/(1 + |a|)$ qui présente l'avantage de permettre des temps d'apprentissage réduits.

La différence entre le score ainsi calculé pour une séquence véritablement observée et une séquence altérée en changeant son mot central est utilisée comme critère d'optimisation pour la mise à jour à la fois des poids des connexions du réseau et de la valeur des dimensions de la représentation des mots de la séquence d'entrée. Cette mise à jour est réalisée de façon classique par l'application d'une descente de gradient stochastique. Le critère d'optimisation est donc un critère d'ordonnancement, à la différence des travaux antérieurs à (Collobert & Weston, 2008), qui optimisaient la log-vraisemblance pour le dernier mot de la séquence et devaient donc évaluer en sortie une probabilité pour tous les mots du vocabulaire pour chaque séquence en entrée. Plus formellement, ce critère d'ordonnancement spécifie que le score d'une séquence observée $\langle w_i \rangle$ doit être plus grand que celui de tout autre séquence $\langle \tilde{w_j} \rangle$ produite par remplacement du mot central de la séquence observée par un autre mot du dictionnaire, et ceci avec une marge de $\mu$, donc tel que $score(\langle w_i \rangle) > \mu + score(\langle \tilde{w_i} \rangle)$, où $\mu = 0,1$ comme dans (Collobert & Weston, 2008).

Au final, la représentation modifiée par ce critère de chaque mot de la séquence d'entrée est ensuite stockée pour être réutilisée lorsqu'une autre séquence contenant ce mot est présentée en entrée du réseau. Les représentations des mots sont ainsi adaptées de façon incrémentale en fonction du critère d'optimisation retenu.

## 3.3 Stratégie d'adaptation des représentations distribuées à la tâche

À la section précédente, nous avons défini la façon dont sont construites les représentations lexicales distribuées pour l'étiquetage en rôles événementiels, en reprenant fortement les principes définis dans (Collobert & Weston, 2008). Nous avons néanmoins réalisé une modification spécifique de cette méthode pour une meilleure adaptation des représentations construites à notre tâche. L'idée sous-jacente à cette modification est de favoriser, dans les exemples fournis pour l'entraînement du modèle, la présence de mots importants du domaine, de telle sorte que l'apprentissage s'effectue plus rapidement.

Pour évaluer l'importance d'un mot par rapport à un domaine, lequel s'identifie dans notre cas à un type d'événement, nous adoptons une approche faiblement supervisée en évaluant la proximité sémantique entre ce mot et un ensemble de mots représentatifs des événements considérés, appelés *étiquettes événements*. Par exemple, dans le cas du corpus MUC que nous avons utilisé pour nos expérimentations de la section 4, les événements sont des attaques terroristes et les mots choisis pour les représenter sont les étiquettes événements $\{attack, bombing, kidnapping, arson\}$. La proximité sémantique entre un mot et une étiquette événement est définie par la mesure de *Leacock Chodorow*. Cette mesure de similarité lexicale se fonde sur WordNet, en l'occurrence sa version 3.0, et dépend de la longueur du chemin le plus court entre deux synsets dans la hiérarchie de WordNet, normalisée par la hauteur de cette hiérarchie. Plus formellement, elle s'écrit : $-log(p/2 \cdot D)$ où $p$ est la longueur du chemin entre les synsets des mots considérés et $D$ est la hauteur de la hiérarchie de WordNet. La proximité d'un mot par rapport à un domaine est ainsi donnée par la valeur moyenne de la mesure de *Leacock Chodorow* entre ce mot et chacun des mots événements du domaine.

Pour favoriser la présence des mots importants du domaine dans les exemples, nous choisissons de modifier la stratégie de sélection du mot remplaçant le mot central d'une séquence exemple lors de la corruption de cette séquence. Dans (Collobert & Weston, 2008), ce choix est aléatoire parmi la totalité des mots du vocabulaire pris en compte pour construire les représentations. Dans notre cas, nous utilisons la méthode d'évaluation de l'importance d'un mot par rapport au domaine présentée ci-dessus pour ordonner les mots du vocabulaire et choisir le mot remplaçant de façon aléatoire parmi les mots ayant un score supérieur à un seuil donné.

## 3.4 Utilisation des représentations distribuées pour l'étiquetage en rôles événementiels

Les représentations apprises pour chacun des mots permettent de calculer les traits des exemples donnés en entrée du classifieur supervisé en vue de prédire leur étiquette, *i.e.* leur rôle événementiel. Néanmoins, les rôles événementiels ne sont en général pas occupés par de simples mots mais plutôt par des groupes nominaux, pouvant s'identifier dans certains cas à des entités nommées. Pour l'identification de ces rôles événementiels, nous avons donc opéré en deux temps. En premier lieu, nous avons appliqué un analyseur en chunks pour identifier les candidats à ces rôles. En l'occurrence, tout chunk nominal est considéré comme un candidat, les constituants des autres chunks recevant une étiquette NULL (cf. section 4.2).

Dans un second temps, nous avons appliqué un classifieur préalablement entraîné sur un corpus annoté pour décider quel rôle, s'il en occupe un, un chunk occupe pour le type d'événement considéré. Pour ce faire, il est nécessaire de passer de la représentation construite pour chaque mot à la représentation d'un chunk. Ce passage est réalisé via le mécanisme du *max-pooling*. Un chunk de $N$ mots est ainsi représenté avec le même nombre de dimensions qu'un mot et chacune de ses dimensions $i$ prend pour valeur $max(w_{i1}, ..., w_{iN})$ où $w_{ij}$ est la valeur de la dimension $i$ pour le mot $w_j$ constituant le chunk.

Pour la classification proprement dite, nous nous appuyons sur la variante *Extra-Trees* (Geurts *et al.*, 2006) des forêts d'arbres décisionnels telle qu'elle est implémentée dans (Pedregosa *et al.*, 2011).

# 4 Expérimentations et résultats

## 4.1 Description de la tâche

Nous avons évalué le système présenté sur les données de la campagne d'évaluation MUC-4, qui forment un corpus d'évaluation standard pour la tâche d'extraction d'événement. Le corpus d'entraînement comporte 1 500 textes et modèles d'événements (*template*) instanciés associés. La tâche consiste à extraire les informations descriptives d'événements terroristes en Amérique Latine. Étant donné un texte, il s'agit de remplir une structure pour chaque événement décrit (par exemple attaque, enlèvement, prise d'otage, pose de bombe, etc.). Si le texte décrit plus d'un événement, il faut remplir une structure pour chacun d'eux. Les tests officiels, nommés TST3 et TST4, contiennent 100 documents chacun provenant de cet ensemble. Nous avons entraîné notre système sur 1300 documents et l'avons testé à chaque fois sur le même ensemble de test, formé de la conjonction des deux ensembles de tests TST3+TST4.

Une modèle d'événement comporte un ensemble d'attributs prédéfinis correspondant aux valeurs qui doivent être trouvées dans les textes, (dans les modèles d'événements de MUC-4, il y a 25 attributs). Ces attributs sont de types différents qui nécessitent d'être traités différemment, les valeurs de ces attributs devant être extraites ou inférées à partir des textes[3]. Ces attributs peuvent être divisés en trois catégories :

1. les attributs de type texte : ces attributs sont remplis par des chaînes de caractères extraites directement des textes (6. INCIDENT : INSTRUMENT ID, 9. PERP : INDIVIDUAL ID, 10. PERP : ORGANIZATION ID, 12. PHYS TGT : ID, 18. HUM TGT : NAME, 19. HUM TGT : DESCRIPTION, 6. INCIDENT : INSTRUMENT ID, 7. INCIDENT : INSTRUMENT TYPE). Ils ne correspondent pas forcément à une entité nommée ;
2. les attributs calculés : les valeurs doivent être calculées à partir d'extraits de textes. Par exemple, INCIDENT : DATE doit être inférée d'expressions temporelles telles que *today, last week,* etc.
3. les attributs à valeur contrainte : la valeur de ce type d'attribut provient d'un ensemble fini de valeurs possibles. Elles doivent souvent être inférées des documents.

Pour notre évaluation, nous nous sommes concentrés sur l'instanciation des attributs texte, de façon similaire aux autres systèmes de l'état de l'art. De façon similaire à (Patwardhan & Riloff, 2009), nous distinguons cinq grands groupes d'attributs :

| | | | |
|---|---|---|---|
| *AutInd* | (PERP :INDIVIDUAL ID) | *AutOrg* | (PERP :ORGANIZATION ID) |
| *Cible* | (PHYS TGT :ID) | *Victime* | (HUM TGT :NAME, HUM TGT :DESCRIPTION) |
| *Arme* | (INCIDENT :INSTRUMENT ID, INCIDENT :INSTRUMENT TYPE) | | |

Nous évaluons ensuite la précision des extractions. Notons que, comme dans les travaux comparables (Patwardhan & Riloff, 2009; Huang & Riloff, 2010, 2011, 2012b), nous ne nous intéressons pas à la construction complète des structures événementielles mais seulement à l'identification des rôles événementiels, quel que soit l'événement auquel ils sont reliés. Pour établir la correspondance entre les valeurs extraites et les valeurs de référence, on compare les têtes des chunks (l'extraction de *men* est considérée correcte pour une réponse attendue de *five armed men*), et on fusionne les extractions multiples (de sorte que plusieurs chunks extraits partageant la même tête ne sont comptés qu'une seule fois). Enfin, cette évaluation prend en compte les rôles multi-valués, en distinguant les conjonctions (lorsque plusieurs victimes sont nommées, on doit les trouver toutes) et les disjonctions (lorsque la même entité a plusieurs noms, il suffit d'en trouver un seul).

## 4.2 Étiquetage du corpus pour l'apprentissage supervisé

Comme indiqué dans la section 3.4, nous utilisons un classifieur permettant d'associer chaque chunk du texte à un rôle événementiel. Ce classifieur doit donc être entraîné sur un corpus annoté correspondant à cette tâche, qui est construit automatiquement à partir des événements de référence. Les valeurs des attributs sont retrouvées dans les documents correspondants, en appliquant un seuil de distance minimale pour aligner les mots. Par exemple, si un attribut a trois valeurs possibles, chacune étant formée de plusieurs mots, nous recherchons tous les mots dans le texte. Si les positions des différents mots composant une valeur sont suffisamment proches, on attribue l'étiquette du rôle à l'empan délimité par ces mots.

3. A l'exception d'attributs de méta-données comme les attributs 0 (MESSAGE :ID) et 1 (MESSAGE : TEMPLATE).

Cet étiquetage automatique a été réalisé en fonction des syntagmes (*i.e.* les chunks) proposés par l'outil SENNA ("Semantic/syntactic Extraction using a Neural Network Architecture", (Collobert *et al.*, 2011)), où à chaque mot est attribué un tag unique, soit mot simple (S-NP), début de chunk (B-NP), interne à un chunk (I-NP) ou fin de chunk (E-NP). Nous associons à l'attribut le plus petit chunk englobant sa valeur. Toutes les variantes des modèles instanciés sont prises en compte. Les groupes restants, qui ne couvrent aucune valeur d'attribut, sont associés à une étiquette NULL. Un exemple de phrase annotée de cette façon est fourni ci-dessous.

| | | | | | | | |
|---|---|---|---|---|---|---|---|
| *phrase initiale* | Guerrillas | attacked | the | Santo | Tomas | presidential | farm |
| *chunks (SENNA)* | S-NP | S-VP | B-NP | I-NP | I-NP | I-NP | E-NP |
| *rôles événementiels* | S-AGENT | NULL | B-TARGET | I-TARGET | I-TARGET | I-TARGET | E-TARGET |

## 4.3 Expérimentations

Après l'annotation automatique du corpus et une normalisation de base (passage du corpus en minuscules, suppression des espaces en trop, découpage en phrases), les représentations lexicales sont apprises en appliquant le réseau de neurones présenté à la figure 1.

Après expérimentations, nous avons retenu des représentations lexicales formées par des vecteurs à 50 dimensions obtenus par application sur des séquences de 5 mots, dénommés *DRVR-50* (pour *Domain-Relevant Vector Representations*. Comme indiqué à la section 3.2, nous avons utilisé le réseau de neurones avec *softsign* comme fonction non linéaire. Vu la faible complexité de cette fonction, la durée d'entraînement est rapide (environ 12 heures), en comparaison des semaines mentionnées dans (Turian *et al.*, 2010).

Nous avons effectué un certain nombre d'expérimentations, que nous ne détaillerons pas ici, afin de déterminer la meilleure combinaison des paramètres importants de notre système. Parmi ceux-ci, nous avons accordé une attention toute particulière à la méthode de corruption des séquences en considérant trois conditions de choix aléatoire du mot corrupteur : choix parmi tout le vocabulaire, choix parmi les mots les plus fréquents et choix parmi les mots les plus liés au domaine selon le critère présenté à la section 3.3. Les meilleurs résultats ont été obtenus avec cette dernière condition, montrant ainsi l'intérêt du mécanisme d'adaptation faiblement supervisé au domaine que nous avons proposé pour la construction

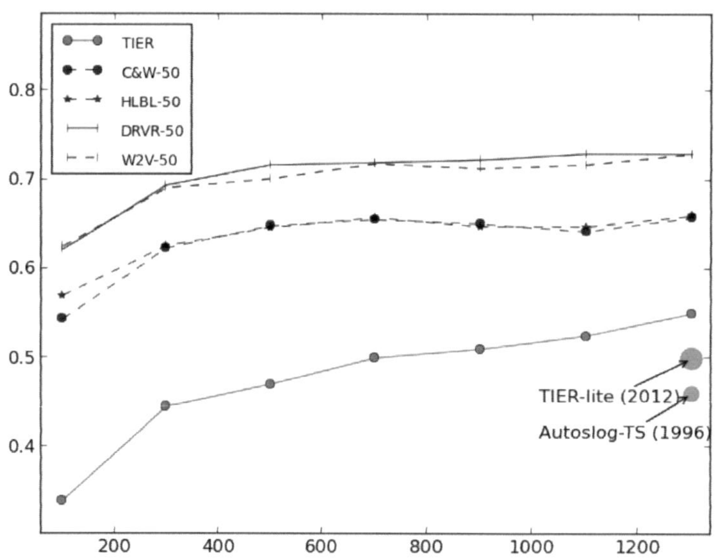


FIGURE 2 – F1-Mesure pour les rôles texte de TST3+TST4 avec différents paramètres, en relation avec la courbe d'apprentissage de TIER (Huang & Riloff, 2012a). Les points gris représentent des résultats marquant de la tâche.

| TST3 + TST4 | | | | | | |
|---|---|---|---|---|---|---|
| **Approches faiblement supervisées** | | | | | | |
| | **AutInd** | **AutOrg** | **Cible** | **Victime** | **Arme** | **Moyenne** |
| Autoslog-TS (1996) | 33/49/40 | 53/33/41 | 54/59/56 | 49/54/51 | 38/44/41 | 45/48/46 |
| $Piper_{Best}$ (2007) | 39/48/43 | 55/31/40 | 37/60/46 | 44/46/45 | 47/47/47 | 44/36/40 |
| $TIER_{lite}$ (2012) | 47/51/47 | 60/39/47 | 37/65/47 | 39/53/45 | 53/55/54 | 47/53/**50** |
| Chambers+Jurafsky (2011) | – | – | – | – | – | 44/36/40 |
| **Modèles supervisés** | | | | | | |
| GLACIER (2009) | 51/58/54 | 34/45/38 | 43/72/53 | 55/58/56 | 57/53/55 | 48/57/52 |
| TIER (2011) | 48/57/52 | 46/53/50 | 51/73/60 | 56/60/58 | 53/64/58 | 51/62/56 |
| (Huang & Riloff, 2012b) | 54/57/56 | 55/49/51 | 55/68/61 | 63/59/61 | 62/64/63 | 58/60/**59** |
| **Modèles neuronaux** | | | | | | |
| C&W-50 | 80/55/65 | 64/65/64 | 76/72/74 | 53/63/57 | 85/64/73 | 68/63/65 |
| HLBL-50 | 81/53/64 | 63/67/65 | 78/72/75 | 53/63/58 | 93/64/75 | 69/62/66 |
| W2V-50 | 79/57/66 | 88/71/79 | 74/72/73 | 69/75/71 | 97/65/78 | 77/68/72 |
| DRVR-50 | 79/57/66 | 91/74/81 | 79/57/66 | 77/75/76 | 92/58/81 | 80/67/**73** |

TABLE 1 – Résultats sur les rôles texte de TST3 + TST4 P/R/F1 (Précision/Rappel/F1-Mesure)

des représentations lexicales distribuées.

Pour la tâche d'étiquetage supervisé, nous utilisons comme indiqué précédemment un algorithme de forêts d'arbres décisionnels (Extra-Trees), avec 500 arbres, valeur adoptée pour toutes les expérimentations menées.

Les résultats présentés à la figure 2 sont calculés pour les rôles considérés (AutInd, AutOrg, Cible, Victime, Arme). Nous observons que nos représentations lexicales (*DRVR-50*) surpassent les résultats de l'état de l'art indiqués par les points gris, ce qui montre qu'elles permettent de représenter des informations sémantiques au moins équivalentes pour la tâche sans avoir à ajouter d'autres traits. Par ailleurs, on peut voir qu'elles présentent une bonne stabilité par rapport à la taille du corpus d'apprentissage. La méthode que nous proposons est donc une piste intéressante pour développer rapidement des systèmes d'extraction d'événements sur un nouveau domaine avec peu de données annotées.

La table 1 présente des résultats comparatifs plus détaillés. On peut voir dans ce tableau que nos résultats surpassent ceux des modèles faiblement supervisés (0,73 vs 0,59) et supervisés (0,73 vs 0,56). Les rôles *AutOrg* et *Arme* obtiennent même une très bonne précision, ce qui signifie que pour ces rôles, un filtre supplémentaire pour éliminer les faux candidats n'est pas nécessaire. De façon générale, le compromis entre la justesse de la réponse et le nombre de candidats trouvés devra être étudié plus précisément dans de futurs travaux.

L'aspect innovant de notre système concerne l'utilisation des représentations lexicales apprises par un modèle neuronal. Pour étudier de façon plus poussée l'influence de ces représentations, nous avons comparé nos représentations apprises sur le corpus MUC-4 selon le modèle détaillé en section 3 avec des modèles de représentations lexicales existants : nous avons utilisé les données mises à disposition par (Turian *et al.*, 2010), et plus précisément, selon les modèles de C&W et HLBL [4]. Ces représentations sont construites à partir d'un corpus plus important et plus généraliste d'articles de journaux (corpus Reuters RCV1). Les résultats obtenus avec ces représentations lexicales sont reportés dans la table 1 et montrent que les scores obtenus avec notre modèle restent supérieurs (avec une F1-mesure de 0,72 contre 0,65 et 0,66, due surtout à une meilleure précision). Ceci met en évidence qu'un modèle appris sur un corpus spécifique à un domaine permet d'obtenir de meilleurs résultats, même si ce corpus est de taille beaucoup moins importante (alors qu'il est d'usage de considérer que les modèles neuronaux nécessitent souvent des données d'entraînement importantes).

De façon complémentaire, nous avons comparé notre méthode pour apprendre les représentations lexicales sur le corpus MUC-4 avec la méthode proposée par (Mikolov *et al.*, 2011) [5], en utilisant le même corpus. Les résultats sont présentés dans la table 1 sous le nom *W2V50*. Les résultats obtenus sont alors comparables avec ceux obtenus par notre système (légèrement moins bons), ce qui confirme que l'utilisation d'un corpus spécifique au domaine considéré est bien un atout intéressant.

4. Ces données sont disponibles sur `http://metaoptimize.com/projects/wordreprs`.
5. Son code pour générer les représentations est disponible à l'adresse : `https://code.google.com/p/word2vec`.

## 5 Conclusions et perspectives

Nous avons présenté une nouvelle approche d'étiquetage en rôles événementiels qui permet de réduire le nombre de traits à concevoir manuellement en utilisant des représentations lexicales distribuées apprises de manière non supervisée. Ces types de représentation sont connus pour être indépendants de la tâche, et nous avons montré que l'on pouvait les utiliser dans une tâche d'extraction d'événements, en obtenant des résultats qui surpassent les résultats actuels sur la même tâche. De plus, les représentations apprises le sont en tenant compte du domaine à analyser et cela contribue à l'amélioration des résultats obtenus. Nous avons aussi montré qu'elles étaient stables sur différentes tailles de corpus d'apprentissage. Un second point important de ces résultats concerne l'adaptation d'un système à un nouveau domaine. Dans notre cas, il suffit de fournir seulement des exemples de valeurs de rôles à étiqueter et un corpus pas nécessairement très important, et on peut développer rapidement un système d'extraction d'information. Aucune définition de nouveaux traits ou étude de leur adaptation au domaine n'est requise. Il reste à vérifier que l'on peut obtenir d'aussi bons résultats sur un domaine différent.

Dans le futur, nous envisageons de tester d'autres architectures de réseau de neurones pour tirer parti d'informations que l'on peut obtenir à partir d'un analyseur tel qu'un analyseur à base de grammaire probabiliste hors-contexte. Nous envisageons aussi d'étendre le système à l'ensemble de la tâche, en considérant toutes les sous-tâches ensembles lors de l'apprentissage de manière à considérer les relations qu'elles entretiennent.

## Références


BENGIO Y., DUCHARME R. & VINCENT P. (2003). A neural probabilistic language model. *Journal of Machine Learning Research*, **3**, 1137–1155.

BENGIO Y., SCHWENK H., SENÉCAL J.-S., MORIN F. & GAUVAIN J.-L. (2006). Neural probabilistic language models. In D. HOLMES & L. JAIN, Eds., *Innovations in Machine Learning*, volume 194 of *Studies in Fuzziness and Soft Computing*, p. 138–186. Springer Berlin Heidelberg.

BUNESCU R. & MOONEY R. J. (2004). Collective information extraction with relational markov networks. In *42nd Annual Meeting of the Association for Computational Linguistics (ACL'04)*, p. 438–445.

CHIEU H. L., NG H. T. & LEE Y. K. (2003). Closing the gap : Learning-based information extraction rivaling knowledge-engineering methods. In *41st Annual Meeting of the Association for Computational Linguistics (ACL'03)*, p. 216–223.

CHUN H.-W., HWANG Y.-S. & RIM H.-C. (2005). Unsupervised event extraction from biomedical literature using co-occurrence information and basic patterns. In *IJCNLP 2004*, p. 777–786. Springer.

COHEN K. B., VERSPOOR K., JOHNSON H. L., ROEDER C., OGREN P. V., BAUMGARTNER JR W. A., WHITE E., TIPNEY H. & HUNTER L. (2009). High-precision biological event extraction with a concept recognizer. In *Workshop on Current Trends in Biomedical Natural Language Processing : Shared Task*, p. 50–58.

COLLOBERT R. & WESTON J. (2008). A unified architecture for natural language processing : Deep neural networks with multitask learning. In *25rd International Conference of Machine learning*, p. 160–167 : ACM.

COLLOBERT R., WESTON J., BATTOU L., KARLEN M., KAVUKCUOGLU K. & KUKSA P. (2011). Natural language processing (almost) from scratch. *Journal of Machine Learning Approach*, **12**, 2493–2537.

FREITAG D. (1998). Information extraction from HTML : Application of a general machine learning approach. In *AAAI*, p. 517–523.

GEURTS P., ERNST D. & WEHENKEL L. (2006). Extremely randomized trees. *Machine Learning*, **63**(1), 3–42.

GRISHMAN R. & SUNDHEIM B. (1996). Message understanding conference-6 : A brief history. In *COLING 1996*, p. 466–471.

HOBBS J. R., APPELT D., TYSON M., BEAR J. & ISRAEL D. (1992). SRI International : Description of the FASTUS system used for MUC-4. In *4th Conference on Message understanding*, p. 268–275.

HUANG R. & RILOFF E. (2010). Inducing domain-specific semantic class taggers from (almost) nothing. In *48th Annual Meeting of the Association for Computational Linguistics*, p. 275–285.

HUANG R. & RILOFF E. (2011). Peeling back the layers : Detecting event role fillers in secondary contexts. In *ACL 2011*, p. 1137–1147.

HUANG R. & RILOFF E. (2012a). Bootstrapped training of event extraction classifiers. In *13th Conference of the European Chapter of the Association for Computational Linguistics*, p. 286–295.

HUANG R. & RILOFF E. (2012b). Modeling textual cohesion for event extraction. In *26th Conference on Artificial Intelligence (AAAI 2012)*.

HUNG S.-H., LIN C.-H. & HONG J.-S. (2010). Web mining for event-based commonsense knowledge using lexico-syntactic pattern matching and semantic role labeling. *Expert Systems with Applications*, **37**(1), 341–347.

JEAN-LOUIS L., BESANÇON R. & FERRET O. (2011). Text segmentation and graph-based method for template filling in information extraction. In *5th International Joint Conference on Natural Language Processing (IJCNLP 2011)*, p. 723–731.

KRUPKA G., JACOBS P., RAU L. & IWAŃSKA L. (1991). GE : Description of the NLToolset System as Used for MUC-3. In *3rd Conference on Message understanding*, p. 144–149.

LANDAUER T. K., FOLTZ P. W. & LAHAM D. (1998). An introduction to latent semantic analysis. *Discourse processes*, **25**(2-3), 259–284.

LEHNERT W., CARDIE C., FISHER D., MCCARTHY J., RILOFF E. & SODERLAND S. (1992). University of Massachusetts : MUC-4 test results and analysis. In *4th Conference on Message understanding*, p. 151–158.

MICHAELY R., THALER R. H. & WOMACK K. L. (1995). Price reactions to dividend initiations and omissions : overreaction or drift ? *The Journal of Finance*, **50**(2), 573–608.

MIKOLOV T., KOMBRINK S., BURGET L., CERNOCKY J. & KHUDANPUR S. (2011). Extensions of recurrent neural network language model. In *2011 IEEE International Conference on Acoustics, Speech and Signal Processing (ICASSP)*, p. 5528–5531.

PATWARDHAN S. (2010). *Widening the field of view of information extraction through sentential event recognition*. PhD thesis, University of Utah.

PATWARDHAN S. & RILOFF E. (2007). Effective information extraction with semantic affinity patterns and relevant regions. In *EMNLP-CoNLL 2007*, p. 717–727.

PATWARDHAN S. & RILOFF E. (2009). A unified model of phrasal and sentential evidence for information extraction. In *2009 Conference on Empirical Methods in Natural Language Processing*, p. 151–160.

PEDREGOSA F., VAROQUAUX G., GRAMFORT A., MICHEL V., THIRION B., GRISEL O., BLONDEL M., PRETTENHOFER P., WEISS R., DUBOURG V., VANDERPLAS J., PASSOS A., COURNAPEAU D., BRUCHER M., PERROT M. & DUCHESNAY E. (2011). Scikit-learn : Machine learning in Python. *Journal of Machine Learning Research*, **12**, 2825–2830.

RILOFF E. (1996a). Automatically generating extraction patterns from untagged text. In *AAAI'96*, p. 1044–1049.

RILOFF E. (1996b). An empirical study of automated dictionary construction for information extraction in three domains. *Artificial intelligence*, **85**(1), 101–134.

STRASSEL S., PRZYBOCKI M. A., PETERSON K., SONG Z. & MAEDA K. (2008). Linguistic resources and evaluation techniques for evaluation of cross-document automatic content extraction. In *LREC 2008*.

SUDO K., SEKINE S. & GRISHMAN R. (2003). An improved extraction pattern representation model for automatic ie pattern acquisition. In *41st Annual Meeting of the Association for Computational Linguistics (ACL'03)*, p. 224–231.

SURDEANU M., TURMO J. & AGENO A. (2006). A hybrid approach for the acquisition of information extraction patterns. In *EACL-2006 Workshop on Adaptive Text Extraction and Mining (ATEM 2006)*, p. 48–55.

TURIAN J., RATINOV L. & BENGIO Y. (2010). Word representations : a simple and general method for semi-supervised learning. In *48th international Annual Meeting on Association for Computational Linguistics*, p. 384–394.

VOORHEES E. & TONG R. (2011). Overview of the TREC 2011 medical records track. In *TREC 2011*.

YAKUSHIJI A., TATEISI Y., MIYAO Y. & TSUJII J. (2001). Event extraction from biomedical papers using a full parser. In *Pacific Symposium on Biocomputing*, volume 6, p. 408–419.

YANGARBER R., GRISHMAN R., TAPANAINEN P. & HUTTUNEN S. (2000). Automatic acquisition of domain knowledge for information extraction. In *18th Conference on Computational linguistics (COLING 2000)*, p. 940–946.

# Utilisation de représentations de mots pour l'étiquetage de rôles sémantiques suivant FrameNet

William Léchelle, Philippe Langlais
DIRO, Université de Montréal
{lechellw, felipe} @ iro.umontreal.ca

**Résumé.** D'après la sémantique des cadres de Fillmore, les mots prennent leur sens par rapport au contexte événementiel ou situationnel dans lequel ils s'inscrivent. FrameNet, une ressource lexicale pour l'anglais, définit environ 1000 cadres conceptuels couvrant l'essentiel des contextes possibles.
Dans un cadre conceptuel, un prédicat appelle des arguments pour remplir les différents rôles sémantiques associés au cadre. Nous cherchons à annoter automatiquement ces rôles sémantiques, étant donné le cadre sémantique et le prédicat, à l'aide de modèles à maximum d'entropie.
Nous montrons que l'utilisation de représentations distribuées de mots pour situer sémantiquement les arguments apporte une information complémentaire au modèle, et améliore notamment l'étiquetage de cadres avec peu d'exemples d'entrainement.

**Abstract.** According to Frame Semantics (Fillmore 1976), words' meaning are best understood considering the semantic frame they play a role in, for the frame is what gives them context. FrameNet defines about 1000 such semantic frames, along with the roles arguments can fill in this frame. Our task is to automatically label arguments' roles, given their span, the frame, and the predicate, using maximum entropy models.
We make use of distributed word representations to improve generalisation over the few training exemples available for each frame.

**Mots-clés :** rôles sémantiques ; représentations distribuées ; maximum d'entropie.

**Keywords:** semantic role labelling ; distributed word representations.

# 1 Introduction

Développé depuis 1997 à l'université Berkeley, le projet FrameNet [1] définit un peu plus de 1000 cadres sémantiques, visant à couvrir tous les évènements ou tous les contextes possibles, au niveau le plus général. Des rôles sémantiques sont définis par chaque cadre, et ces rôles qui seront remplis dans le texte par des arguments (segments de phrase). Les différents cadres sémantiques sont reliés par des relations de cadre à cadre (par exemple, un cadre peut être un sous-cas d'un autre plus général), pour former une hiérarchie. Par exemple, le cadre `Communication` est décrit comme suit (les rôles sont mis en évidence) :

> Un `Communicateur` transmet un `Message` à un `Destinataire` ; le `Sujet` et `Medium` de la communication pouvant aussi être exprimés. Ce cadre ne spécifie pas la méthode de communication (oral, écrit, geste, etc.). Les cadres qui héritent de ce cadre général de `Communication` peuvent ajouter des détails au `Medium` de différentes façons (en français, à la radio, dans une lettre), ou à la `Façon` de communiquer (bavardage, diatribe, cri, murmure).

La figure 1 montre un exemple d'annotation des différents cadres présents dans une phrase, avec les arguments remplissant les rôles exprimés dans ce cadre.

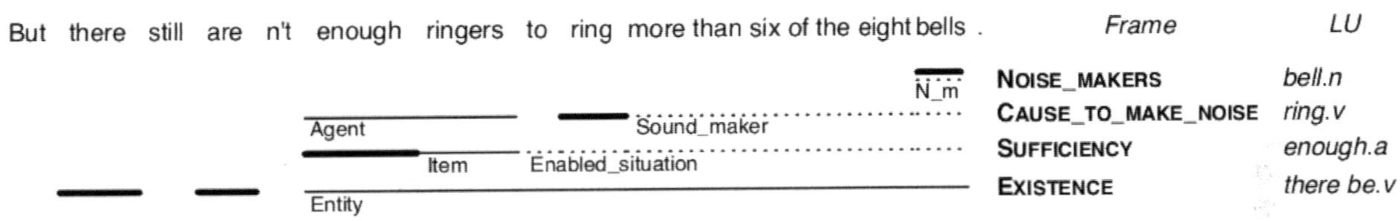


FIGURE 1 – Exemple d'annotation de tous les cadres présents. Le cadre `Cause_de_bruit` (`Cause to make noise`) est appelé par l'unité lexicale *ring.v*, la cible. Dans ce cadre, les rôles `Agent` et `Producteur_de_son` sont annotés, remplis par *enough ringers* et *more than six of the eight bells* respectivement. Les cadres `Faiseur_de_bruit`, `Suffisance` et `Existence` sont également annotés dans la même phrase. Figure tirée de Das *et al.* 2010.

L'annotation sémantique automatique se déroule généralement en une succession d'étapes (par exemple dans Das *et al.* (2010) et Punyakanok *et al.* (2008)) :
— Identifier les prédicats (dits mots "cibles") qui appellent des cadres. Dans la figure 1, les cibles (*bells*, *ring*, *enough*, et *there are*) sont soulignées en gras.
— Désambiguiser le cadre appelé par chaque cible (`Noise_makers`, `Cause_to_make_noise`, etc.)
— Déterminer la position des arguments qui remplissent les rôles sémantiques (ou déterminer, pour un syntagme candidat, s'il est un argument ou non).
— **Étiqueter chacun des arguments avec le rôle qu'il remplit.**

Nous nous sommes concentrés sur cette dernière étape. Pour chaque occurence d'un cadre dans une phrase, on considère donc connus :
— la cible ;
— le cadre précis évoqué par la cible ;
— la position de chacun des arguments.

# 2 Données et évaluation

FrameNet fournit 2 ensembles de données [2]. D'une part, environ 170 000 phrases sont extraites du *British National Corpus* pour exemplifier l'usage de chaque cadre sémantique. Dans ce corpus, un seul cadre par phrase est annoté. D'autre part, environ 6000 phrases (provenant de 78 documents) sont complètement annotées, avec plusieurs cadres par phrase, et totalisent environ 24 000 instances de cadres. Ce deuxième corpus est plus représentatif du texte qu'aurait à traiter une application concrète et est plus adapté à l'entrainement de systèmes automatiques, mais est malheureusement beaucoup plus restreint.

1. `https://framenet.icsi.berkeley.edu/fndrupal/`
2. Nous utilisons la version 1.5, publiée en septembre 2010, téléchargée en février 2013.

Nous avons utilisé les deux corpus de données de FrameNet, le texte complètement annoté, et une partie des phrases exemples [3]. Au total, l'ensemble d'entrainement comporte 106 926 cadres, avec 1,45 argument par cadre.

Un cadre sémantique qui apparaît dans le jeu de test apparaît en moyenne 300 fois dans l'ensemble d'entrainement (appelé par différents prédicats, avec différents arguments). En pratique, certains cadres sont beaucoup plus représentés que d'autres, ce sur quoi on reviendra en section 5.4.

L'ensemble de test est le même que celui de (Das & Smith, 2011), soit 23 documents complètement annotés. Il comporte 4456 instances de cadres, soit 7209 arguments à classifier (1,6 argument par cadre en moyenne).

Pour permettre une certaine comparaison à l'état de l'art, la performance rapportée pour chacune des méthodes évaluées est la micro-précision sur cet ensemble d'arguments, c'est-à-dire la proportion d'arguments dont le rôle est correctement prédit par le modèle, tous cadres confondus. Une autre mesure de performance pertinente est la macro-précision, au sens de la performance moyenne de chacun des cadres (voir section 5.4).

Formellement, si on note n(*f*) le nombre d'arguments de l'ensemble de test à annoter pour le cadre *f*, et c(*f*) le nombre d'arguments annotés correctement par le modèle du cadre *f*, $p(f) = \frac{c(f)}{n(f)}$ est la proportion d'arguments annotés correctement pour le cadre *f*. Nos métriques s'écrivent alors :

$$\text{micro-précision} = \frac{\sum\limits_{f \in \text{cadres}} c(f)}{\sum\limits_{f \in \text{cadres}} n(f)}$$

$$\text{macro-précision} = \underset{f \in cadres}{\text{moyenne}}(\ p(f)\ ) = \frac{\sum\limits_{f \in \text{cadres}} \frac{c(f)}{n(f)}}{\text{nb cadres}}$$

# 3 État de l'art

Plusieurs auteurs se sont attachés à identifier les arguments et leurs rôles pour les cadres sémantiques de FrameNet. Les premiers, Gildea & Jurafsky (2000) utilisent une cascade de modèles (*backoff*) s'appuyant sur les comptes de caractéristiques des noeuds de l'arbre syntaxique correspondant aux arguments. Leur modèle final obtient 76.9% de précision sur leur ensemble de test, pour la tâche d'étiquetage des rôles. Leurs données étaient les phrases exemples d'une version préliminaire de FrameNet comportant 67 cadres, soit 49 013 phrases annotées avec un cadre par phrase.

De leur travail ressort un équilibre entre la couverture de chaque modèle et sa précision : le modèle n'utilisant que la cible couvre 100% des cas mais est seulement précis à 41%. À l'inverse, les mots de tête constituent une caractéristique des plus fiables pour déterminer le rôle d'un argument : le modèle utilisant uniquement la cible et le mot de tête pour classifier un rôle obtient 86,7% de précision, mais ne couvre que 56% des données. Pour augmenter la couverture de ce modèle, les auteurs font une expérience pour grouper les noms du lexique (avec la technique de *clustering* décrite dans Lin 1998), ce qui leur permet d'obtenir un modèle couvrant 98% des mots de tête nominaux, et précis à 79.7%. Finalement, cela ajoute 0,8% de précision à leur modèle global, sur l'ensemble de développement.

Notre étude vise à être la continuation de cette expérience, en utilisant les représentations distribuées de mots pour généraliser les mots du lexique.

Cette idée a été employée récemment dans des expériences sur le FrameNet suédois naissant : Johansson *et al.* (2012) utilisent le clustering lexical de Brown (Brown *et al.* 1992) pour augmenter la couverture de caractéristiques lexicales (pour la classification de rôles), et rapportent une légère amélioration de performance.

En 2003, Fleischman *et al.* ont été les premiers à utiliser des modèles à maximum d'entropie pour l'identification du rôle des arguments, en obtenant des résultats proches de ceux de Gildea et Jurafsky (76% de précision avec des données obtenues automatiquement), sur des données comparables (40 000 phrases exemples de FrameNet).

SEMAFOR (Das *et al.* 2010), développé depuis 2010 à l'université Carnegie-Mellon, est un système complet d'annotation sémantique automatique. Pour résoudre notre tâche, ce système détermine, pour chaque rôle sémantique, l'emplacement

3. Nous n'avons considéré que les arguments constitués d'un seul mot.

de l'argument qui le comble (ou aucun argument si le rôle n'est pas exprimé). Ses prédictions sont précises (88%), mais avec un plus faible rappel (75%), c'est-à-dire que le modèle estime que certains rôles ne sont pas exprimés, alors qu'ils le sont. Notre système suit la méthode plus courante (de Johansson & Nugues 2007) qui consiste à détecter d'abord les arguments, pour ensuite les classifier en leurs rôles respectifs.

Étant donnés la cible, le cadre, et les positions exactes des arguments, SEMAFOR obtient un score $F_1$ de 81%. Leurs expériences utilisent la version 1.3 de FrameNet, semblable à nos propres données.

# 4 Représentations de mots

D'après Turian *et al.* 2010, l'utilisation de représentations distribuées de mots – apprises de manière non supervisée – est une méthode simple et générale pour améliorer la précision de systèmes d'apprentissage supervisé pour le traitement des langues.

Nous avons utilisé les représentations de mots fournies par Ronan Collobert, apprises par SENNA [4] (Collobert *et al.* 2011) à partir d'un grand corpus de texte non étiqueté (provenant essentiellement de Wikipedia). Cette ressource fournit la représentation par un vecteur de valeurs réelles, dans un espace de dimension 50, de 130 000 mots, les plus fréquents dans le corpus. On utilise la distance euclidienne pour mesurer la proximité de mots dans cet espace.

Pour donner une idée, la table 2 montre les plus proches voisins de quelques mots pris au hasard.

TABLE 2 – Mots les plus proches d'exemples choisis au hasard, d'après leur représentation vectorielle.

| Exemple | plus proches voisins |
|---|---|
| characteristics | traits indicators measurements phenotypes ... |
| chalkboard | sofa washroom hallway bathroom darkroom skit ... |
| charlene | cynthia cathy benji angie ronnie julie caitlin cheryl ... |
| delighted | amazed thrilled dismayed ridiculed astonished ... |
| deregulate | liberalise reallocate unsettle penalise unnerve ... |
| falsifiability | teleology rationality holism causality ... |
| memorizing | deciphering interpreting embodying unlocking ... |
| parrots | wasps cormorants beetles lizards newts ... |
| planet | earth universe portal basestar mothership galaxy ... |
| retirement | tenure graduation incarceration signing ... |
| visible | confusing common hidden standing peculiar ... |

# 5 Expériences

Dans l'idée, si des mots sont proches dans l'espace des représentations, c'est qu'ils sont sémantiquement proches – synonymes au sens large, typiquement. L'apprentissage devrait pouvoir profiter de cette connaissance pour annoter des exemples de test inconnus, proches sémantiquement d'exemples d'entrainement connus, avec le même rôle que ces derniers. Autrement dit, généraliser la connaissance des exemples d'entrainement aux arguments qui en sont sémantiquement proches.

## 5.1 Modèle de référence

Comme système de référence, nous avons entrainé des modèles à maximum d'entropie, un par cadre (les rôles que peuvent remplir les arguments sont différents pour chaque cadre).

Notre implémentation utilise Python et NLTK [5]. L'entrainement du modèle utilise l'algorithme du gradient conjugué ('CG').

4. http://ronan.collobert.com/senna/
5. http://nltk.org/

Le modèle s'appuie sur une quinzaine de caractéristiques de surface de l'argument. Avec l'exemple de l'`Agent` dans le cadre `Cause_de_bruit` (figure 1), les caractéristiques employées sont regroupées en catégories et présentées dans la table 3.

TABLE 3 – Caractéristiques du modèle de référence, ainsi que leur valeur dans l'exemple présenté en figure 1.

| Caractéristiques par catégorie | Valeur dans l'exemple |
|---|---|
| **Caractéristiques de base** | |
| le texte de l'argument | `enough ringers` |
| le texte de la cible | `ring` |
| la position (en caractères) de l'argument dans la phrase | 23 |
| **Position relative** | |
| est-ce que l'argument est avant ou après la cible | avant |
| si l'argument est à la même place que la cible | non |
| la distance (en mots) entre la cible et l'argument | 1 |
| **Nombre de mots** | |
| le nombre de mots de l'argument | 2 |
| le nombre de mots pleins [6]de l'argument | 2 |
| **Contenu** | |
| le premier mot de l'argument | `enough` |
| le premier mot plein de l'argument | `enough` |
| **Parties du discours** | |
| partie du discours du premier mot de l'argument | JJ (adjectif) |
| partie du discours du dernier mot de l'argument | NNS (nom pluriel) |
| la partie du discours majoritaire dans l'argument | JJ |
| **Arguments précédents de cadre** | |
| nombre d'arguments déjà étiquteés dans le cadre | 0 |

Ce système de référence arrive à 80.0% de précision, à comparer aux 76% de précision de Fleischman & Hovy (2003), ou aux 80.97% de $F_1$-mesure de Das *et al.* (2010), sur d'autres versions des données de FrameNet.

Dans notre travail, l'utilisation de représentations de mots vient améliorer ce système de référence en apportant de l'information supplémentaire (obtenue par apprentissage non supervisé).

## 5.2 Plus proches voisins

On cherche à utiliser la proximité sémantique d'arguments pour prédire leur rôle. Pour mesurer la proximité et calculer des distances dans l'espace des représentations, il faut situer les arguments dans cet espace. Nous sommes partis du principe qu'un mot appartenant à chaque argument devait le représenter sémantiquement. 50% des arguments du jeu de test sont constitués de plusieurs mots.

Prenons un exemple, dans le cadre de l'`Engagement` (`Commitment` : un `Orateur` prend un engagement auprès d'un `Destinataire`). L'argument de test *l'ambassadeur iraquien* est inconnu à l'entrainement, mais peut être représenté par *ambassadeur*, proche des exemples connus *personne* ou *porte-parole*. Ces mots remplissent généralement le même rôle dans ce cadre : `Orateur`. On peut alors conclure que *l'ambassadeur iraquien* remplit aussi le rôle d'`Orateur`.

Comme représentants sémantiques des arguments, nous avons choisi d'utiliser leurs têtes syntaxiques, déterminées grâce au Stanford Parser (de Marneffe *et al.* 2006). Par exemple, l'argument *their ignorance which was based on prominent views* est représenté par *ignorance*, car toute la proposition subordonnée dépend (indirectement) de *based*, qui dépend de *ignorance*, et *their* dépend aussi d'*ignorance*. Dans le cadre d'un `Jugement` (fait par une personne, pouvant être positif ou négatif), cet argument est ensuite classifié comme `Celui_ou_ce_qui_est_jugé`.

D'autres approches seraient possibles pour représenter les arguments : Surdeanu *et al.* (2003) en particulier propose un choix de représentant sémantique plus élaboré et probablement plus adapté. En particulier, dans le cas de syntagmes prépositionnels, la préposition n'est pas nécéssairement sémantiquement significative.

6. de plus de 5 caractères

Chaque argument est situé à l'emplacement de son mot représentatif dans l'espace des représentations[7]. On peut alors prédire le rôle d'un argument avec le modèle des *k* plus proches voisins.

Le modèle du 1-plus-proche-voisin, qui prédit pour un argument le rôle du mot annoté le plus proche dans l'ensemble d'entrainement (pour le cadre considéré) obtient 70% de précision, expérimentalement. C'est assez remarquable pour un modèle aussi simple : pour comparaison, le modèle qui prédit pour un argument le rôle le plus fréquemment annoté à l'entrainement arrive seulement à 50% de précision.

Prendre en compte plusieurs voisins dans la prédiction du rôle d'un argument réduit le bruit dans les données et améliore nettement les performances. La figure 4 montre les résultats du modèle des plus proches voisins en fonction de *k*. Dans nos expériences, utiliser cette prédiction comme caractéristique unique d'un classifieur à maximum d'entropie est un peu meilleur[8] que de l'utiliser directement, et c'est ce que nous avons fait ici.

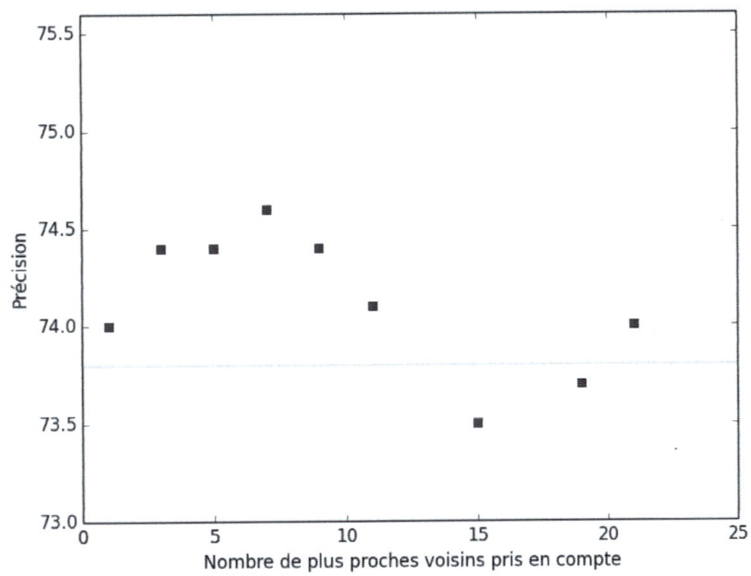


FIGURE 4 – Performance du modèle utilisant le rôle majoritaire parmi les *k* plus proches voisins de chaque argument comme seule caractéristique. La ligne représente la performance du modèle qui utiliserait uniquement la meilleure des caractéristiques du modèle de référence (la position relative de l'argument par rapport à la cible).

Pour intégrer la prédiction du modèle des plus proches voisins au modèle de référence, on peut simplement l'ajouter comme caractéristique d'un argument. La figure 5 montre les performances obtenues : avec plusieurs voisins, cette information améliore le modèle de référence (en vert), et permet d'arriver au niveau du système SEMAFOR, à l'état de l'art (en rouge pointillé), sur des données d'entrainement semblables.

## 5.3 Centres des exemples d'un rôle

Une autre façon de prédire le rôle d'un argument consiste à trouver quelle classe il représente le mieux : dans l'espace des représentations, on situe la position moyenne des mots représentant un rôle, et on assigne alors à un argument le rôle dont il est le plus proche.

Cela revient à partitionner l'espace des représentations en zones, une par rôle. Une zone est l'ensemble des points les plus proches du "représentant moyen" d'un rôle sémantique (comme un diagramme de Voronoï). On classifie alors les arguments en fonction de la zone dans laquelle ils se situent.

7. les mots de tête de 2% des arguments sont hors du vocabulaire des représentations, et alors seul le modèle de référence est utilisé
8. la différence est de l'ordre de 3-4%

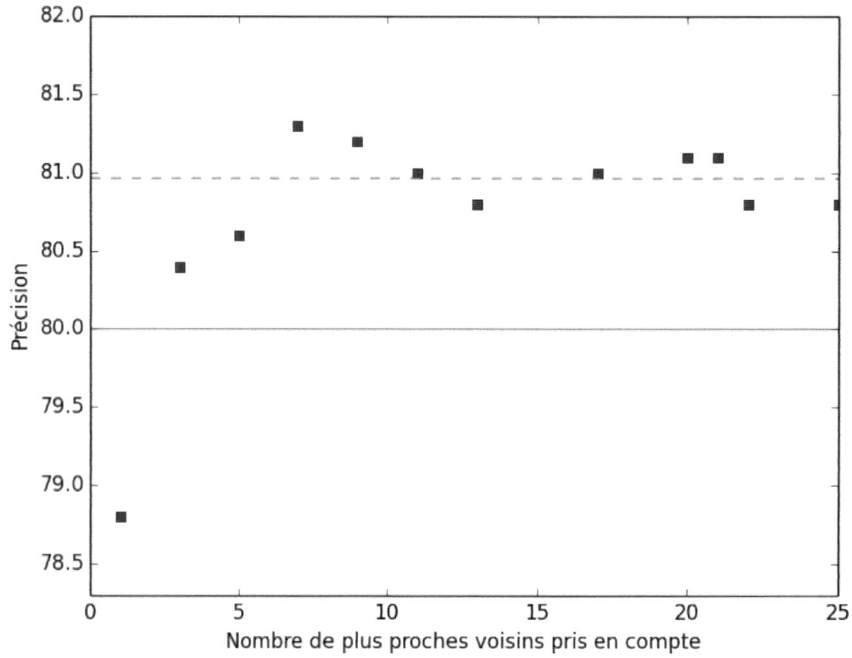


FIGURE 5 – Précision du modèle de référence informé de la prédiction du modèle des *k* plus proches voisins. La ligne verte représente le système de référence, et la ligne rouge pointillée SEMAFOR.

Ajoutée au modèle de référence, cette caractéristique permet d'atteindre 81.1% de précision (soit une amélioration de 1.1 point).

On peut combiner ce modèle avec celui des plus proches voisins, et ajouter les deux prédictions au modèle de référence. La figure 6 montre les résultats d'une telle combinaison. La meilleure performance est de 81.5%, avec 20 voisins.

## 5.4 Discussion

La table 7 récapitule les différents résultats, en termes de micro-précision (cf section 2). Rappelons que Fleischman & Hovy utilisent une version de FrameNet datant de 2002, c'est-à-dire sensiblement moins de données. Nous mesurons nos performances sur le même ensemble de test que SEMAFOR, en utilisant des données similaires à l'entrainement.

TABLE 7 – Récapitulatif des performances (micro-précision).

| Modèle | Performance |
|---|---|
| *k* plus proches voisins | 74.6% |
| Fleischman et Hovy (2003) | 76% |
| Référence | 80.0% |
| SEMAFOR (2010) | 81.0% |
| Référence + centres | 81.1% |
| Référence + plus proches voisins | 81.3% |
| Référence + centres + PPV | 81.5% |

En regardant les résultats plus en détail, on observe que les gains en performance proviennent en large part des cadres avec le moins d'exemples. Il est alors intéressant de mesurer la macro-précision qu'obtiennent les différents modèles (cf section 2). Par rapport aux performances rapportées précédemment, c'est comme si la performance du modèle de chaque cadre n'était plus pondérée par le nombre d'exemples de ce cadre dans le jeu de test.

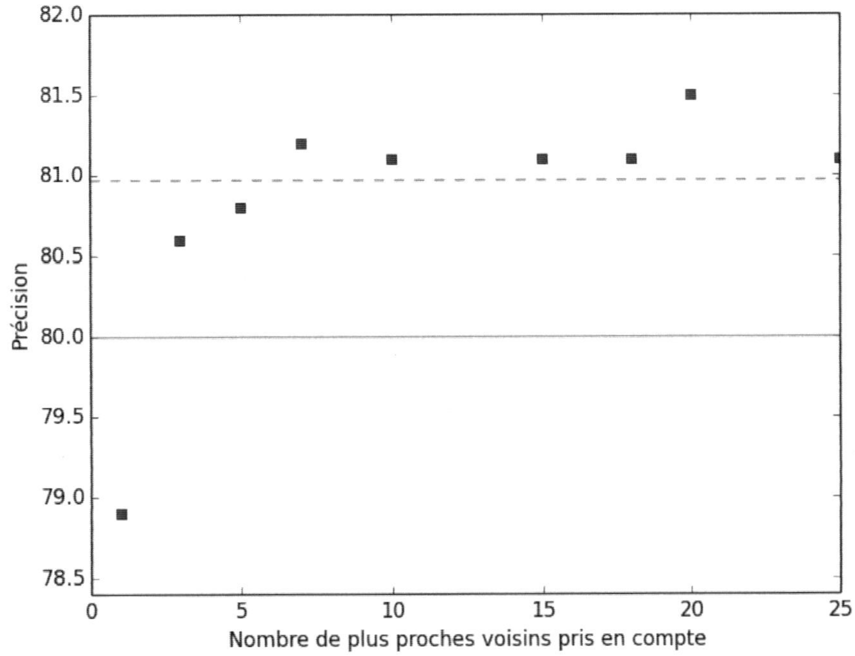


FIGURE 6 – Précision des modèles combinés de reférence, des plus proches voisins et des centres des rôles.

TABLE 8 – Macro-précision pour chacune des méthodes. Les cadres avec moins d'exemples prennent davantage d'importance, par rapport au calcul de la micro-précison.

| Modèle | Précision moyenne des cadres |
|---|---|
| Centre des rôles le plus proche | 69.6% |
| *k* plus proches voisins | 70.0% |
| **Référence** | **73.2%** |
| Référence + centres | 75.8% |
| Référence + plus proches voisins | 75.2% |
| Référence + centres + PPV | 76.1% |

La table 8 montre la macro-précision des modèles que nous avons testés. Comme on peut voir, l'apport des représentations de mots est plus net avec cette mesure. En particulier, les 20% de cadres sémantiques avec le moins d'exemples d'entrainement améliorent leur précision moyenne de 5 points lorsque l'on rajoute la prédiction utilisant les centres des rôles au modèle de référence.

Cette observation est cohérente avec la vision évoquée plus haut, à savoir que l'abstraction sur les mots du lexique permet de mieux généraliser les données disponibles, surtout lorsqu'elles sont peu importantes (peu d'exemples par classe). Cette dernière mesure est d'autant plus pertinente que les cadres peu représentés dans l'ensemble de test sont aussi les cadres les plus difficiles à entrainer, du fait de leur plus faible nombre d'exemples d'entrainement.

# 6 Travaux futurs

L'implémentation des règles proposées dans Surdeanu *et al.* (2003) pour déterminer le mot le plus représentatif du contenu d'un argument serait une direction naturelle pour poursuivre ce travail. En particulier, les règles qui déterminent le mot de tête de syntagmes prépositionnels (la préposition) sont inadaptées à l'usage qu'on souhaite en faire ici, ce que Surdeanu propose d'améliorer.

Du point de vue de l'apprentissage, on pourrait améliorer l'entrainement des modèles. Actuellement, les performances globales sont peu sensibles à la variation du nombre de voisins pris en compte, passé un certain stade (voir figure 5). Un ensemble de développement permettrait de mieux adapter les paramètres à chaque méthode, et en particulier de faire varier la valeur du nombre de voisins considérés en fonction du cadre sémantique et des données disponibles.

Dans l'espace des représentations, pondérer l'algorithme des plus proches voisins (par exemple par l'inverse de la distance, ou par la fréquence du rôle du voisin) peut permettre de capturer davantage d'information. On pourrait surpondérer les rôles sémantiques sous-représentés, ou difficiles à détecter, notamment.

Il serait également intéressant d'utiliser d'autres représentations distribuées de mots (entrainées par d'autres systèmes que SENNA), pour comparer les résultats. Des expériences préliminaires avec les représentations distribuées par Turian *et al.* (2010) [9] montrent des résultats semblables et encourageants. Les clusters lexicaux de Brown pourraient être employés avec la même idée.

Enfin, notre modèle prend actuellement toutes ses décisions de manière indépendante. Les arguments d'un même cadre (dans la même phrase) gagneraient à être étiquetés conjointement. Das *et al.* (2010) explorent cette idée, et gagne en précision, contre une petite perte de rappel à cause des contraintes supplémentaires. Les gains sont limités, notament à cause du faible nombre d'arguments à annoter par cadre (moins de 2 en moyenne). Nous avons mené quelques expériences dans cette direction, mais les résultats ne sont pas concluants.

## 7 Conclusion

FrameNet définit un ensemble de cadres sémantiques appelés par des prédicats, ainsi que les rôles pouvant être remplis par les arguments du dit prédicat. Nous avons employé des représentations distribuées de mots, entrainées par SENNA, pour améliorer la tâche de classification des arguments en rôles, en supposant connus le prédicat, le cadre sémantique, et la position des arguments.

Les représentations de mots situent les mots du lexique, *via* leurs coordonnées, dans un espace, l'espace des représentations. La représentation des arguments à classifier par leur mot le plus représentatif – dans nos expériences, leur tête syntaxique – permet de les situer eux-mêmes dans l'espace des représentations. Dès lors, on peut utiliser l'algorithme des plus proches voisins, ou bien partitionner l'espace suivant le rôle *en moyenne* le plus proche, pour classifier les arguments, et faire des prédictions raisonnables, un peu inférieures à l'état de l'art.

En utilisant ces prédictions dans le cadre d'un modèle à maximum d'entropie utilisant des caractéristiques descriptives de l'argument dans la phrase (notre système de référence), on obtient un modèle performant, légèrement supérieur à SEMAFOR, système à l'état de l'art, sur la tâche évaluée. En particulier, on remarque que les cadres sémantiques avec le moins d'exemples d'entrainement profitent davantage de la généralisation apportée par les représentations de mots, par rapport au modèle de référence.

## Références

BROWN P. F., DESOUZA P. V., MERCER R. L., PIETRA V. J. D. & LAI J. C. (1992). Class-based n-gram models of natural language. *Comput. Linguist.*, **18**(4), 467–479.

COLLOBERT R., WESTON J., BOTTOU L., KARLEN M., KAVUKCUOGLU K. & KUKSA P. (2011). Natural language processing (almost) from scratch. *Journal of Machine Learning Research*, **12**, 2493–2537.

DAS D., SCHNEIDER N., CHEN D. & SMITH N. A. (2010). Probabilistic frame-semantic parsing. In *Human Language Technologies : The 2010 Annual Conference of the North American Chapter of the Association for Computational Linguistics*, HLT '10, p. 948–956, Stroudsburg, PA, USA : Association for Computational Linguistics.

DAS D. & SMITH N. A. (2011). Semi-supervised frame-semantic parsing for unknown predicates. In *Proceedings of the 49th Annual Meeting of the Association for Computational Linguistics : Human Language Technologies - Volume 1*, HLT '11, p. 1435–1444, Stroudsburg, PA, USA : Association for Computational Linguistics.

DE MARNEFFE M.-C., MACCARTNEY B. & MANNING C. D. (2006). Generating typed dependency parses from phrase structure parses. In *IN PROC. INT'L CONF. ON LANGUAGE RESOURCES AND EVALUATION (LREC*, p. 449–454.

9. `http://metaoptimize.com/projects/wordreprs/`

FILLMORE C. J. (1976). Frame semantics and the nature of language. *Annals of the New York Academy of Sciences*, **280**(1), 20–32.

FLEISCHMAN M. & HOVY E. (2003). A maximum entropy approach to framenet tagging. In *Proceedings of the 2003 Conference of the North American Chapter of the Association for Computational Linguistics on Human Language Technology : companion volume of the Proceedings of HLT-NAACL 2003–short papers - Volume 2*, NAACL-Short '03, p. 22–24, Stroudsburg, PA, USA : Association for Computational Linguistics.

FLEISCHMAN M., KWON N. & HOVY E. (2003). Maximum entropy models for framenet classification. In *Proceedings of the 2003 Conference on Empirical Methods in Natural Language Processing*, EMNLP '03, p. 49–56, Stroudsburg, PA, USA : Association for Computational Linguistics.

GILDEA D. & JURAFSKY D. (2000). Automatic labeling of semantic roles. In *ACL* : ACL.

JOHANSSON R., HEPPIN K. F. & KOKKINAKIS D. (2012). Semantic role labeling with the swedish framenet. In N. C. C. CHAIR), K. CHOUKRI, T. DECLERCK, M. U. DOĞAN, B. MAEGAARD, J. MARIANI, A. MORENO, J. ODIJK & S. PIPERIDIS, Eds., *Proceedings of the Eight International Conference on Language Resources and Evaluation (LREC'12)*, Istanbul, Turkey : European Language Resources Association (ELRA).

JOHANSSON R. & NUGUES P. (2007). Lth : semantic structure extraction using nonprojective dependency trees. In *Proceedings of the 4th International Workshop on Semantic Evaluations*, SemEval '07, p. 227–230, Stroudsburg, PA, USA : Association for Computational Linguistics.

LIN D. (1998). Automatic retrieval and clustering of similar words. In *Proceedings of the 36th Annual Meeting of the Association for Computational Linguistics and 17th International Conference on Computational Linguistics - Volume 2*, ACL '98, p. 768–774, Stroudsburg, PA, USA : Association for Computational Linguistics.

PUNYAKANOK V., ROTH D. & YIH W. (2008). The importance of syntactic parsing and inference in semantic role labeling. *Computational Linguistics*, **34**(2).

SURDEANU M., HARABAGIU S., WILLIAMS J. & AARSETH P. (2003). Using predicate-argument structures for information extraction. In *Proceedings of the 41st Annual Meeting on Association for Computational Linguistics - Volume 1*, ACL '03, p. 8–15, Stroudsburg, PA, USA : Association for Computational Linguistics.

TURIAN J., RATINOV L. & BENGIO Y. (2010). Word representations : a simple and general method for semi-supervised learning. In *Proceedings of the 48th Annual Meeting of the Association for Computational Linguistics*, ACL '10, p. 384–394, Stroudsburg, PA, USA : Association for Computational Linguistics.

# Cross-lingual Word Sense Disambiguation for Predicate Labelling of French

Lonneke van der Plas[1] Marianna Apidianaki[2]
(1) IMS, Pfaffenwaldring 5B, 70569 Stuttgart, Germany
(2) LIMSI-CNRS, Rue John von Neumann, Campus Universitaire d'Orsay
Bât 508, 91405 Orsay Cedex, France
Lonneke.vanderPlas@ims.uni-stuttgart.de, Marianna.Apidianaki@limsi.fr

**Résumé.** Nous abordons la question du transfert d'annotations sémantiques, et plus spécifiquement d'étiquettes sur les prédicats, d'une langue à l'autre sur la base de corpus parallèles. Des travaux antérieurs ont transféré ces annotations directement au niveau des tokens, conduisant à un faible rappel. Nous présentons une approche globale de transfert qui agrège des informations repérées dans l'ensemble du corpus parallèle. Nous montrons que la performance de la méthode globale est supérieure aux résultats antérieurs en termes de rappel sans trop affecter la précision.

**Abstract.** We address the problem of transferring semantic annotations, more specifically predicate labellings, from one language to another using parallel corpora. Previous work has transferred these annotations directly at the token level, leading to low recall. We present a global approach to annotation transfer that aggregates information across the whole parallel corpus. We show that this global method outperforms previous results in terms of recall without sacrificing precision too much.

**Mots-clés :** transfert inter-langue, annotation sémantique automatique, prédicats, désambiguïsation lexicale, corpus parallèles.

**Keywords:** cross-lingual transfer, automatic semantic annotation, predicates, Word Sense Disambiguation, parallel corpora.

## 1 Introduction

There has recently been a large interest in multilingual natural language processing. Several annotation efforts have been devoted to developing resources for different languages, needed for supervised learning (Hajič *et al.*, 2009). However, there is a large number of languages that still lack linguistically annotated resources. For example for French, one of the most important European languages, there exists no corpus with predicate-argument annotations.

Predicate-argument annotations are the representation of the grammatically relevant aspects of a sentence meaning. This level of analysis provides a means of expressing a relation between syntactically different sentences, such as the sentence with the transitive verb in (1a) and the one with the intransitive verb in (1b). The semantic label *theme* expresses the fact that the object in (1a) has the same conceptual relation with the verb as the subject in (1b).

(1) a. [AGENT Mary] [REL-STOP.01 stopped] [THEME the car].
 b. [THEME The car] [REL-STOP.01 stopped].

Semantic parsing or semantic role labelling refers to the task of automatically labelling predicates and arguments with predicate-argument structure. This task can be divided in two parts. One part refers to the labelling of the predicates with a predicate sense, and the other to the labelling of the arguments with semantic roles. Semantic parsers and the results of cross-lingual annotation transfer are therefore evaluated on both tasks : predicate labelling and role labelling. We focus on predicate labelling in this paper.

Cross-linguistically, the predicate-argument structure of a sentence is considered to be more stable than its syntactic form. The English sentence in (2a) can be considered as equivalent to the French sentence in (2b), despite the fact that the position of their syntactic subject is occupied by different kinds of lexical elements and that the complements of the verbs differ both syntactically and semantically.

(2) a. [EXPERIENCER Mary] [REL-LIKE.01 liked] [CONTENT the idea]. (English)
b. [CONTENT L'idée] a [REL-LIKE.01 plu] [EXPERIENCER à Marie]. (French)

Since manual annotation is a costly and time-consuming approach to resource development, cross-lingual annotation transfer offers an attractive alternative. In this approach, predicate-argument annotations on a source language, for which there exists semantic annotations, are transferred to a target language using parallel corpora (Padó, 2007; Basili *et al.*, 2009; Annesi & Basili, 2010; van der Plas *et al.*, 2011). The increased stability of predicate-argument structures across languages makes their cross-lingual transfer attractive when compared with, for example, syntactic structures.

Traditional methods for cross-lingual transfer rely on the semantic equivalence of the original and the translated sentences, and on correct and complete alignments between words or constituents in those sentences. Since the semantic annotations are transferred directly from token to token, we will refer to these traditional methods as direct cross-lingual transfer. Alignment errors and translation shifts represent major sources of mistakes in the direct transfer approach which result in incorrect and incomplete annotations in the target language.

In this paper, we propose a different strategy to predicate labelling that is less sensitive to alignment errors and translation shifts. Instead of transferring semantic annotations on a token-to-token basis, we aggregate information across the whole parallel corpus to correct token-level mistakes resulting from direct cross-lingual transfer. Our approach consists of two steps : In the learning step, a global model is learned on the basis of source language (English) predicate annotations in a word-aligned English-French training corpus. In the labelling step, this model assigns predicate labels to verbs in target language texts (here, French). We model cross-lingual transfer of predicate labels as a cross-lingual word sense disambiguation (WSD) task, because this fits well with the lexical nature of the task : annotating French verbs with English predicate labels.

Our contributions are two-fold. First, we present a global approach to semantic annotation transfer that corrects token-level mistakes as found in traditional direct transfer methods. Second, we show the strengths and limitations of global vs direct transfer.

In the next section, we present related work on cross-lingual annotation transfer. We then briefly discuss the semantic annotation framework we are using and explain why we decided to use an English semantic framework for annotating French. In Section 4, we briefly present the direct transfer method. In Section 5, we describe the tools and data we use and explain the adopted evaluation framework. In Section 6, we explain the global method proposed in this paper. The results are presented in Section 7, before concluding.

## 2 Related work

Transferring annotations from one language to another in order to train monolingual tools for new languages was first introduced by Yarowsky & Ngai (2001). In their approach, token-level part-of-speech (PoS) and noun phrase bracketing information was projected across word-aligned bitext and this partial annotation served to estimate the parameters of a model that generalized from the noisy projection in a robust way. In more recent work, Das & Petrov (2011) propose a graph-based framework for projecting syntactic information across language boundaries. They create type-level tag dictionaries by aggregating over projected token-level information extracted from bi-text and use label propagation on a similarity graph to smooth and expand the label distributions. A different approach to cross-lingual PoS tagging is proposed by Täckström *et al.* (2013) who couple token and type constraints in order to guide learning. These two types of information are viewed as complementary : token-level projections offer precise constraints for tagging in a particular context while broad coverage type-level dictionaries help to filter noise in token-level projections. Our approach to cross-lingual predicate labelling follows this vein. Instead of solely relying on token-level information acquired from word-alignments, we combine this with type-level information captured by our global method which is trained on the entire corpus. We, however, are concerned with semantic annotations and not PoS tags.

Transfer of semantic annotation has started off with direct transfer of FrameNet semantic annotations (Padó, 2007; Basili *et al.*, 2009; Annesi & Basili, 2010). With the addition of a learning step and the use of PropBank data, Van der Plas et al. (2011) have scaled up previous efforts. They show that a joint semantic-syntactic parser trained on the output of direct transfer and additional syntactic annotations produces better parses than the input it received by aggregating information

| Frame | Semantic roles |
|---|---|
| pay.01 | A0 : payer or buyer<br>A1 : money or attention<br>A2 : person being paid, destination of attention<br>A3 : commodity, paid for what |
| pay.02<br>*pay off* | A0 : payer<br>A1 : debt<br>A2 : owed to whom, person paid |
| pay.03<br>*pay out* | A0 : payer or buyer<br>A1 : money or attention<br>A2 : person being paid, destination of attention<br>A3 : commodity, paid for what |
| pay.04 | A1 : thing succeeding or working out |
| pay.05<br>*pay off* | A1 : thing succeeding or working out |
| pay.06<br>*pay down* | A0 : payer<br>A1 : debt |

TABLE 1 – The PropBank lexicon entry for *pay*.

across multiple examples. Our method is more resource-light, as we do not need syntactic annotations neither on the target nor on the source side.

The same emphasis on learning is found in cross-lingual model transfer, where source language models are adapted to work on the target language directly. For semantic role labelling, Kozhevnikov & Titov (2013) use shared feature representations (syntactic and lexical) to adapt a source model to a target-language model. They, however, do not consider the task of predicate labelling but only semantic role labelling.

In this work, we address predicate labelling in languages other than English as a cross-lingual WSD task. Word sense disambiguation is the task of automatically identifying the meaning of words in context (Navigli, 2009). In its cross-lingual variant, the candidate senses are the words' translations in other languages and WSD aims at predicting semantically correct translations for instances of the words in context (Resnik & Yarowsky, 2000; Ng *et al.*, 2003; Carpuat & Wu, 2007; Apidianaki, 2009). In our experiments, we apply the cross-lingual WSD method employed by Apidianaki *et al.* (2012) for improving the quality of Machine Translation, in a different setting : instead of assigning semantically appropriate translations to words in context, the WSD classifier serves for selecting the most adequate English predicate label for verbs in a new language. More details on the adaptation of the method to predicate labelling are given below, in Section 6 of the paper.

# 3 The semantic annotation framework

There exist three frameworks for annotating corpora with predicate-argument structure : FrameNet (Fillmore *et al.*, 2003), VerbNet (Kipper, 2005) and PropBank (Palmer *et al.*, 2005). We chose PropBank for applying our predicate labelling method. In the following, we describe PropBank in more detail as well as the criteria that led to choosing this framework as well as how the English PropBank can be used to annotate French.

## 3.1 The Proposition Bank

The Proposition Bank (PropBank) is a linguistic resource that contains information on the semantic structure of sentences (Palmer *et al.*, 2005). It consists of a one-million-word corpus of naturally occurring sentences annotated with semantic structures and a lexicon (the PropBank frame files) that lists all the predicates (verbs) that can be found in the annotated sentences and the sets of semantic roles they introduce.

Predicates are marked with labels that specify the sense of a verb in a particular context. Each lemma described in the frame files (3300 verbs) contains one or more lexemes (4500 verb senses), which are used as predicate labels. The PropBank frame files specify the interpretation of the roles for each verb in its different senses. The interpretation of the numbered roles is given for each lexeme separately. Table 1 illustrates the entry for the verb *pay* in the PropBank frame files.

The semantic role annotation is based on Dowty's theory of Proto-Roles (Dowty, 1991). Arguments are marked with the labels A0 to A5, which represent semantic roles of a very general kind. Only the labels A0 and A1 have approximately the same value with all verbs : they are used to mark instances of proto-agent (A0) and proto-patient (A1). The meaning of other numbered arguments is verb-dependent. It depends on the meaning of the verb, on the type of the constituent they are assigned to, and on the number of roles present in a particular sentence. A3, for example, can mark purpose as is the case in (3), or it can mark direction or some other role with other verbs. The indices are assigned according to the roles' prominence in the sentence. More prominent are the roles that are more closely related to the verb. The AM-* labels can be specified further as : location, cause, extent, time, discourse connectives, purpose, general purpose, manner, direction. The labels for adjuncts are more specific but less verb-specific than the labels for arguments, and they do not depend on the presence of other roles in the sentence.

(3) [$_{A0}$ The Latin American nation] has [$_{REL-PAY.01}$ paid] [$_{A1}$ very little] [$_{A3}$ on its debt] [$_{AM-TMP}$ since early last year].

Although PropBank is considered as the most language-specific of the three resources, Samardžić *et al.* (2010) motivate the use of PropBank for annotation transfer with two reasons. First, the lexicon in this resource is corpus-driven. It is built by extracting and describing all the predicates that occur in a predefined sample of naturally occurring sentences. Since the aim is to annotate a corpus of naturally occurring sentences exhaustively, we expect that such a lexicon can provide a better coverage than the lexicon in FrameNet and VerbNet, which are not corpus-driven. Second, the labels used in PropBank both for predicates and arguments involve fewer theoretical assumptions than the labels in FrameNet. While the FrameNet labels capture mostly linguistic intuition at the targeted level of lexical semantics and the relations between the lexical items, the PropBank labels rely strongly on the observable behaviour of words. The distinction between the different verb senses, for instance, is made taking into account the different sets of arguments and other observable differences, such as the presence of the particle that distinguishes pay.04 from pay.05 in Table 1. This approach can be expected to provide more tangible criteria for annotators in deciding how to annotate each instance of the predicate-argument structure found in the corpus, ensuring a more reliable and more consistent annotation. Also, it enables a more direct comparison of the structures across languages, since the representation of the structures does not include any hypothesized levels of abstraction.

## 3.2 Using the English PropBank to annotate French

Adapting a semantic framework to a new language is a time-consuming process. In order to generate broad-coverage annotations for a target language in limited time, we transfer semantic annotations from the source language directly to the target language without adapting the semantic annotation framework to the target language. This means that French verbs will be annotated with English predicate senses. For this to work, we need to show that PropBank is cross-lingually valid. Van der Plas et al. (2010) did this in a manual annotation effort. For a complete description of the annotation procedure, that involved four evaluators and several stages, we point the reader to Van der Plas et al. (2010). In this section, we summarize the procedure and briefly discuss the main outcomes.

In this manual annotation study, annotators used the English PropBank frame files to annotate French sentences. This means that for every predicate found in a French sentence, they needed to translate it and find an English verb sense that was applicable to the French verb. If an appropriate entry could not be found in the frame files for a given predicate, the annotators were instructed to use the dummy label for the predicate and fill in the roles according to their own insights.

Some of the differences in annotation observed between annotators were due to lexical variation in English. For example, if one annotator put the label 'demonstrate.01' whereas the other used 'show.01' on an instance of the verb *montrer*, this should not be counted as a disagreement as the two senses are linked. Therefore, agreement scores were provided both on the basis of the predicate sense labels and on the basis of the verb class, using the verb classifications from VerbNet (Kipper, 2005) and the mapping to PropBank labels as given in the type mappings of the SemLink project [1] (Loper *et al.*, 2007). VerbNet is a hierarchically organised verb lexicon of English verbs (Kipper, 2005). It is organized into verb classes extending Levin (1993) classes through refinement and addition of subclasses to achieve syntactic and semantic coherence among members of a class. The senses 'demonstrate.01' and 'show.01' appear in the same verb class according to the type mappings of the SemLink project and were thus considered as correct.

The average inter-annotator agreement reported in these experiments was relatively low when the annotations on the PropBank verb sense level were compared : 59%. However, at the level of verb classes, the inter-annotator agreement

1. `http://verbs.colorado.edu/semlink/`

increased to 81%. The authors identify collocations and idiomatic expressions as the main sources of disagreement in predicate labellings among annotators, as is also shown in studies on other language pairs (Burchardt *et al.*, 2009).

For a single annotator, the main measure of cross-lingual validity was the percentage of dummy predicates in the annotation. Van der Plas (2010) found 130 dummy annotations in 1000 sentences. A manual classification of the dummy labels showed that the dummy label was mainly used for French multi-word expressions (82%), most of which could be translated by a single English verb (47%) whereas others could not because they were translated by a combination that included a form of 'be' that was not annotated in PropBank (25%). The 47% of multi-word expressions that received the dummy label showed the annotator's reluctance to put a single verb label on a French multi-word expression. The annotation guidelines could however be adapted to instruct annotators not to hesitate in such cases. Based on these findings, the authors conclude that the annotation framework PropBank is cross-lingually valid.

## 4 Direct cross-lingual transfer

Before presenting our global method for predicate labelling, we would like to remind the reader of the method for direct cross-lingual transfer which is used in comparisons and combinations throughout this paper. It is taken from Van der Plas et al. (2011), but we give a short summary here for the readers convenience. The method is based on the Direct Correspondence Assumption for syntactic dependency trees by Hwa *et al.* (2005).

> **Direct Semantic Transfer (DST)** For any pair of sentences E and F that are translations of each other, we transfer the semantic relationship $R(x_E, y_E)$ to $R(x_F, y_F)$ if and only if there exists a word-alignment between $x_E$ and $x_F$ and between $y_E$ and $y_F$, and we transfer the semantic property $P(x_E)$ to $P(x_F)$ if and only if there exists a word-alignment between $x_E$ and $x_F$.

The properties that are transferred through DST are predicate senses. The relationships that are transferred are semantic role dependencies, but we are not concerned with them in this paper. The properties are transferred from the English side of a parallel corpus that is automatically annotated with syntactic-semantic analyses to the foreign language side, as described in the following section.

## 5 Tools and data

The parallel corpus used in our experiments is the English-French part of the Europarl corpus (Koehn, 2005). The English part of the parallel corpus is annotated by a freely-available syntactic-semantic parser (Henderson *et al.*, 2008; Titov *et al.*, 2009) trained on the CoNLL 2009 training set (the Penn Treebank corpus (Marcus *et al.*, 1993) merged with PropBank labels (Palmer *et al.*, 2005) and NomBank labels [2] (Meyers, 2007)). In the experiments presented in this paper, we only use the predicate labels found in the English part of Europarl, omitting the labels assigned to the arguments.

For the direct transfer of semantic annotations from the English to the French side of the parallel corpus, we use the method described in Section 4. As is usual practice in pre-processing for automatic word alignment, both parts of the parallel corpus were tokenised and lowercased and only sentence pairs corresponding to a one-to-one sentence alignment, with lengths ranging from one to 40 tokens on both French and English sides, were considered. We subsequently word aligned the English and French sentences automatically using GIZA++ (Och & Ney, 2003) in both translation directions and retained only intersecting alignments. Furthermore, because translation shifts are known to pose problems for the automatic projection of semantic annotation across languages (Padó, 2007), we selected only those parallel sentences in Europarl that are direct translations from English to French, or vice versa. In the end, we obtained a word-aligned parallel corpus of 276-thousand sentence pairs.

For testing, we use the hand-annotated data described in Van der Plas et al. (2010). We randomly split those 1000 sentences into test and development set containing 500 sentences each. We use the development set for the current experiments, which contains 879 predicates.

2. We limit our experiments to verbal predicates only because the semantic annotations on French test sentences are limited to verbal predicates. Even though verbal predicates in the target language can be expressed as non-verbal predicates in the source language, the transfer of Nombank labels to verbal predicates is not straightforward due to difficulties in mapping between the two annotation frameworks.

# 6 Global cross-lingual predicate labelling

Traditional cross-lingual transfer methods are locally defined. Transfer takes place on a token-to-token basis and, as a consequence, missing or incorrect alignments lead immediately to missing and incorrect annotations in the target language. Our method for cross-lingual predicate labelling is globally defined and relies less on actual alignments.

Our aim is to put predicate labels that originate from the English side of the parallel corpus on the French verbs in the other side of the corpus. The predicate labels contain the English verb and its sense. For example, "give.01" stands for the first sense of the verb *give*. As the predicate label contains a lot of lexical information, assigning the correct English predicate label to a French verb is a task very close to word sense disambiguation (WSD), which aims at automatically identifying the meaning of words in context (Navigli, 2009). In cross-lingual WSD, the candidate senses of words are their translations in other languages from which the most adequate has to be selected for contextualized instances of the words (Carpuat & Wu, 2007; Apidianaki, 2009). The main difference between cross-lingual WSD and our cross-lingual transfer of predicate labels is that we do not search for correct translations of French words but for the most appropriate predicate labels in context (i.e. verbs disambiguated with a predicate sense).

The global predicate labelling method that we propose consists of a learning step and a labelling step. During learning, we compute estimates for annotation transfer on the basis of the word alignments between English and French predicates over the entire parallel corpus. At labelling time, we label French verbs with English predicate labels without need for parallel data or alignments. The method is language-independent and only requires minimal linguistic resources.

In contrast to direct transfer, we provide a predicate label for all French verbs in the test set, not only aligned ones. We expect to augment the recall when using global estimates and hope that the affect on precision is not too negative.

## 6.1 Pre-processing

The WSD classifier is trained on the Europarl corpus tagged with PropBank information on the English side, as described in Section 5. To identify the sets of candidate predicate labels for each French verb, we replace the English verbs by the corresponding predicate label wherever this is available. Then we tag both parts of the corpus by part of speech (PoS) using the TreeTagger (Schmid, 1994) and rebuild the parallel files (one sentence per line) by replacing words on both sides by the corresponding 'lemma_PoS tag' pair, and keeping the predicate labels in the place of English verbs. The corpus is then aligned at the word level in both directions using GIZA++ (Och & Ney, 2003) and a lexicon is built from intersecting alignments. Lexicon entries for French verbs contain the labels to which they were aligned in the training corpus. The entry for the verb *encourager*, for instance, contains seven predicate labels : {urge.01, foster.01, stimulate.01, promote.02, encourage.01, encourage.02, renew.01}, two of which correspond to the same English verb (encourage). We keep labels with a high alignment confidence score according to GIZA++ and experiment with two thresholds, 0.01 and 0.001. Naturally, the second threshold retains a higher number of candidate labels.

## 6.2 Learning

For each French verb ($v$) in the lexicon, we want to be able to identify its correct predicate label in a new context. A feature vector is built for each candidate label following the procedure described in Apidianaki *et al.* (2012). For each candidate label $L_i$ of a French verb $v$, we extract the content word co-occurrences of $v$ in the sentences where it translates an English verb tagged with the label $L_i$. The retained French words constitute the features of the vector built for the label. Let $N$ be the number of features retained for each label $L_i$ of $v$ from the corresponding French contexts. Each feature $F_j$ ($1 \leq j \leq N$) receives a total weight with the label $\text{tw}(F_j, L_i)$ learned from the data and defined as the product of the feature's global weight, $\text{gw}(F_j)$, and its local weight with that label, $\text{lw}(F_j, L_i)$. The global weight of a feature $F_j$ is a function of the number $NL_i$ of labels ($L_i$'s) to which $F_j$ is related, and of the probabilities ($p_{ij}$) that $F_j$ co-occurs with instances of $v$ corresponding to each of the $L_i$'s :

$$\text{gw}(F_j) = 1 - \frac{\sum_{L_i} p_{ij} \log(p_{ij})}{NL_i} \quad (1)$$

Each $p_{ij}$ is computed as the ratio of the co-occurrence count of $F_j$ with $v$ when it corresponds to a label $L_i$ to the total number of features ($N$) seen with $L_i$ in the corpus :

$$p_{ij} = \frac{\text{cooc\_count}(F_j, L_i)}{N} \tag{2}$$

The local weight $\text{lw}(F_j, L_i)$ between a feature $F_j$ and a label $L_i$ directly depends on their co-occurrence count :

$$\text{lw}(F_j, L_i) = \log(\text{cooc\_count}(F_j, L_i)) \tag{3}$$

The intuition underlying this weighting scheme is that if an interesting semantic relation exists between a feature $F_j$ and a specific predicate label $L_i$ of a verb $v$, then we expect the probability ($p_{ij}$) of the feature $F_j$ occurring in the contexts where $v$ is translated by this label to be larger than if they were independent. In other words, a feature gets a high total weight (tw) with a label when it appears frequently in the corresponding French contexts and rarely in the contexts of the other labels.

### 6.3 Labelling

Predicate identification is done by selecting verbs based on the PoS labels provided by the tagger and subsequently filtering out modals and instances of the verb *être*.[3] The most suitable predicate labels are then assigned to the retained French verbs by our disambiguation classifier. The weighted feature vectors built for the candidate labels of a French verb as described in the previous section are compared to the context of a new instance of the verb and an association score is assigned to each candidate label. To facilitate comparison with the vectors, the new contexts (sentences) are lemmatized and PoS tagged on the fly (with TreeTagger) and the content word co-occurrences of the French verb are gathered in a bag of words. If common features are found between the new context and the vector of a label, their association score corresponds to the mean of the weights of their shared features with that label (i.e. found in its vector). In Equation 4, $(CF_j)_{j=1}^{|CF|}$ is the set of common features between the label vector $V_i$ and the new context $C$ and tw is the weight of a CF with label $L_i$, computed as explained in the previous section.

$$\text{assoc\_score}(V_i, C) = \frac{\sum_{j=1}^{|CF|} \text{tw}(CF_j, L_i)}{|CF|} \tag{4}$$

The label that receives the highest association score with the new context is returned and serves to annotate the corresponding French verb. For example, among the candidate labels for the verb *encourager* ({urge.01, foster.01, stimulate.01, promote.02, encourage.01, encourage.02, renew.01}), the classifier selects the predicate label *encourage.02* for the following instance :

> D'ailleurs, le rapport von Wogau, que vient de voter le Parlement européen *encourage* [encourage.02] en ce sens.

The label selected in this case corrects the label [support.01] that was assigned through direct transfer.

## 7 Results and discussion

We run experiments using the global method for predicate labelling described in the previous section and compare the results to the ones obtained through direct transfer. The results are presented in Table 2 where they are also compared to upper bounds from manual annotations and previous work.

The first row of Table 2 shows the results from using the traditional direct transfer method. The second and third rows present the results obtained using the global method, where we use cross-lingual WSD to label predicates. In row 2, we present the results obtained when using an alignment confidence threshold of 0.01 (retaining labels with an alignment score above 0.01, according to GIZA++) and in row 3, the results obtained using a threshold of 0.001. For comparison, we show results when using a parser as in Van der Plas et al. (2011) who use a joint syntactic-semantic parser and

3. We exclude the verb *être* because its English counterpart (*be*) is not annotated in the CoNLL-2009 data used in our experiments.

| | Predicate senses | | | Verb classes | | |
|---|---|---|---|---|---|---|
| | P | R | F | P | R | F |
| Direct Transfer | 51 | 29 | 37 | 75 | 38 | 50 |
| CLWSD(0.01) | 45 | 39 | 42 | 73 | 61 | 67 |
| CLWSD(0.001) | 42 | 40 | 41 | 70 | 65 | 67 |
| Parser | 56 | 46 | 51 | 83 | 63 | 72 |
| Manual | 61 | 57 | 59 | 85 | 76 | 81 |

TABLE 2 – Percent recall, precision and F-measure for predicate labelling.

syntactic annotations on French to do predicate and semantic role labelling.[4] We show an upper bound in the last row. This represents the inter-annotator agreement for manual annotation on a random set of 100 sentences taken from data provided by Van der Plas et al. (2010). Two evaluation settings were used in that work, in order to avoid penalizing synonymous verb senses assigned by the annotators : the inter-annotator agreement reached at the verb sense label was compared to the agreement reached using verb classes, as explained in Section 3.2. Because we do not want to penalize the predicate labelling system for selecting verb senses that are synonyms of the verb senses in the gold, we follow the same strategy and take verb classes into account during evaluation. More precisely, we calculate scores based on the exact correspondence between the label proposed by our system and the gold label found in the test data, and we also perform a coarser evaluation taking verb classes into account. The first evaluation is too strict as it penalizes the system when it selects a predicate sense that is synonymous to the gold sense or a predicate that belongs to the same word class. The results headed by verb classes evaluate on a more realistic basis, capturing semantic correspondences beyond surface variations. In this setting, predicate labels are correct if they belong to the same verb class as the predicate in the gold annotations.

When we look at the differences between the three automatic methods for the evaluation on predicate senses, we see that for the direct transfer method especially recall is very low, 29%. The global method (alignment score threshold = 0.01) has a much better recall, 39%. Precision is lower but the F-score increases by 5 percentage points. When the alignment confidence threshold is lowered to 0.001, which means that more candidate labels are retained, recall increases and precision goes down, as expected. As explained above, the parser from Van der Plas et al. (2011) (shown in row 4) has access to both PoS and syntactic information on the target side and uses a joint syntactic-semantic framework. When we take its dependence on two extra resources into consideration, its performance is not that impressive. However, we can learn from these results that structural information is beneficial. Nevertheless, our results show that the cross-lingual WSD method which relies on much less external knowledge, outperforms the direct method on both senses and verb classes. In future work, we plan to include word position information in our cross-lingual WSD method. This will give the method access to structural information while staying knowledge-lean.

When we look at the results using verb classes which permit to abstract from surface variations and capture semantic correspondences, the overall performance numbers are higher as expected. More importantly, the difference in performance between the cross-lingual WSD method using the more restrained set of labels (alignment score threshold = 0.01), which performs best, and the direct transfer method are now much larger (three times as important, from 5 to 17 percentage points) whereas the difference between our method and the parser is further reduced (from 10 to 5 percentage points). The differences between the parser and our method can be mainly attributed to arbitrary variations between predicate labels that belong to the same verb class. When we look at the precision and recall scores we see that the cross-lingual WSD method with the threshold set at '0.01' improves the recall of the direct transfer method by 23 percentage points, whereas precision only drops by 2 points. The cross-lingual WSD method that needs only a PoS tagger on the target and no syntactic annotation nor parsing frameworks, results in much better scores than direct transfer that is equally knowledge-light. All automatic methods are still quite far from the results from manual annotation.

In summary, these results show that the global cross-lingual WSD method for predicate labelling improves recall of direct transfer methods without sacrificing precision too much. In future work, we plan to combine the direct transfer method and the global cross-lingual WSD method, because the two are complementary in terms of recall and precision.

An example of predicate labelling might help the reader to get an idea of the contribution of the global method. In Table 3, we present an example where cross-lingual WSD annotates more verbs than the direct transfer : labels [stress.01] and [seem.01], assigned during disambiguation, are missing from the first sentence after transfer. Moreover, it would be impossible to get these labels through direct transfer from the English source sentence because they are simply not there,

4. The results are different from the results reported in Van der Plas et al. (2011) because we used the development set in our evaluations.

**English (automatic)** : There is in particular one amendment, let [let.01] me point [point.02] out, concerning [concern.01] the energy sector, which, in my capacity as rapporteur, I see [see.01] as particularly important.
**Transfer** : Il y a notamment un amendement, je le souligne, concernant [concern.01] le secteur de l'énergie, qui me paraît en tant que rapporteur particulièrement important.
**CLWSD** : Il y a notamment un amendement, je le souligne [stress.01], concernant [concern.01] le secteur de l'énergie, qui me paraît [seem.01] en tant que rapporteur particulièrement important.

TABLE 3 – Predicate label addition and correction using CLWSD.

due to the non-literal translation. This example shows the limitations of token-to token, direct transfer and how the global method is able to compensate for that by using information aggregated across the whole parallel corpus.

# 8 Conclusion

In this paper, we present a knowledge-light global approach to the cross-lingual transfer of semantic annnotation that aggregates information across the whole parallel corpus. Previous work has transferred annotations directly from token to token in parallel sentences leading to low recall and token-level mistakes. We show how the global method, based on cross-lingual word sense disambiguation, improves recall by a large margin without sacrificing precision too much.

Given the knowledge-lean character of the proposed method, in future work we plan to apply it for cross-lingual predicate labelling in other language pairs. Furthermore, we would like to include target side structural information (e.g. word position information) in the cross-lingual WSD method. Last but not least, we intend to work towards global methods for role identification and labelling which will allow to propose a complete SRL annotation framework based on global information. In that respect, we would also like to try and combine global and direct methods because the two seem complementary in terms of recall and precision.

# Références


ANNESI P. & BASILI R. (2010). Cross-lingual alignment of FrameNet annotations through Hidden Markov Models. In *Proceedings of CICLing*.

APIDIANAKI M. (2009). Data-driven Semantic Analysis for Multilingual WSD and Lexical Selection in Translation. In *Proceedings of the 12th Conference of the European Chapter of the Association for Computational Linguistics (EACL-09)*, p. 77–85, Athens, Greece.

APIDIANAKI M., WISNIEWSKI G., SOKOLOV A., MAX A. & YVON F. (2012). WSD for n-best reranking and local language modeling in SMT. In *Proceedings of the Sixth Workshop on Syntax, Semantics and Structure in Statistical Translation*, p. 1–9, Jeju, Republic of Korea : Association for Computational Linguistics.

BASILI R., CAO D. D., CROCE D., COPPOLA B. & MOSCHITTI A. (2009). *Computational Linguistics and Intelligent Text Processing*, chapter Cross-Language Frame Semantics Transfer in Bilingual Corpora, p. 332–345. Springer Berlin / Heidelberg.

BURCHARDT A., ERK K., FRANK A., KOWALSKI A., PADO S. & PINKAL M. (2009). *Multilingual FrameNets in Computational Lexicography : Methods and Applications*, chapter FrameNet for the semantic analysis of German : Annotation, representation and automation, p. 209–244. De Gruyter Mouton, Berlin.

CARPUAT M. & WU D. (2007). Improving Statistical Machine Translation using Word Sense Disambiguation. In *Proceedings of the Joint EMNLP-CoNLL Conference*, p. 61–72, Prague, Czech Republic.

DAS D. & PETROV S. (2011). Unsupervised part-of-speech tagging with bilingual graph-based projections. In *Proceedings of the 49th Annual Meeting of the Association for Computational Linguistics : Human Language Technologies*, p. 600–609, Portland, Oregon, USA : Association for Computational Linguistics.

DOWTY D. (1991). Thematic proto-roles and argument selection. *Language*, **67.3**, 547–619.

FILLMORE C. J., JOHNSON R. & PETRUCK M. (2003). Background to FrameNet. *International journal of lexicography*, **16.3**, 235–250.

HAJIČ J., CIARAMITA M., JOHANSSON R., KAWAHARA D., MARTÍ M. A., MÀRQUEZ L., MEYERS A., NIVRE J., PADÓ S., ŠTEPÁNEK J., STRAŇÁK P., SURDEANU M., XUE N. & ZHANG Y. (2009). The CoNLL-2009 shared task : Syntactic and semantic dependencies in multiple languages. In *Proceedings of the Thirteenth Conference on Computational Natural Language Learning (CoNLL 2009)*.

HENDERSON J., MERLO P., MUSILLO G. & TITOV I. (2008). A latent variable model of synchronous parsing for syntactic and semantic dependencies. In *Proceedings of CONLL 2008*, p. 178–182.

HWA R., RESNIK P., A.WEINBERG, CABEZAS C. & KOLAK O. (2005). Bootstrapping parsers via syntactic projection accross parallel texts. *Natural language engineering*, **11**, 311–325.

KIPPER K. (2005). *VerbNet : A broad-coverage, comprehensive verb lexicon*. PhD thesis, University of Pennsylvania.

KOEHN P. (2005). Europarl : A Parallel Corpus for Statistical Machine Translation. In *Proceedings of MT Summit X*, p. 79–86, Phuket, Thailand.

KOZHEVNIKOV M. & TITOV I. (2013). Crosslingual transfer of semantic role models. In *In Proceedings of the 51th Annual Meeting of the Association for Computational Linguistics*, Sofia, Bulgaria : Association for Computational Linguistics.

LEVIN B. (1993). *English Verb Classes and Alternations : A preliminary investigation*. Rapport interne, University of Chicago Press.

LOPER E., YI S.-T. & PALMER M. (2007). Combining lexical resources : Mapping between PropBank and VerbNet. In *Proceedings of the 7th International Workshop on Computational Semantics (IWCS-7)*, p. 118–129, Tilburg, The Netherlands.

MARCUS M., SANTORINI B. & MARCINKIEWICZ M. (1993). Building a large annotated corpus of English : the Penn Treebank. *Comp. Ling.*, **19**, 313–330.

MEYERS A. (2007). *Annotation guidelines for NomBank - noun argument structure for PropBank*. Rapport interne, New York University.

NAVIGLI R. (2009). Word Sense Disambiguation : a Survey. *ACM Computing Surveys*, **41**(2), 1–69.

NG H. T., WANG B. & CHAN Y. S. (2003). Exploiting Parallel Texts for Word Sense Disambiguation : An Empirical Study. In *Proceedings of the 41st Annual Meeting of the Association for Computational Linguistics*, p. 455–462, Sapporo, Japan.

OCH F. J. & NEY H. (2003). A systematic comparison of various statistical alignment models. *Computational Linguistics*, **29**, 19–51.

PADÓ S. (2007). *Cross-lingual Annotation Projection Models for Role-Semantic Information*. PhD thesis, Saarland University.

PALMER M., GILDEA D. & KINGSBURY P. (2005). The Proposition Bank : An annotated corpus of semantic roles. *Computational Linguistics*, **31**, 71–105.

RESNIK P. & YAROWSKY D. (2000). Distinguishing Systems and Distinguishing Senses : New Evaluation Methods for Word Sense Disambiguation. *Natural Language Engineering*, **5**(3), 113–133.

SAMARDŽIĆ T., VAN DER PLAS L., KASHAEVA G. & MERLO P. (2010). The scope and the sources of variation in verbal predicates in English and French. In *Proceedings of the 9th International Workshop on Treebanks and Linguistic Theories*.

SCHMID H. (1994). Probabilistic part-of-speech tagging using decision trees. In *Proceedings of International Conference on New Methods in Language Processing*, p. 44–49, Manchester, UK. http ://www.ims.uni-stuttgart.de/~schmid/.

TÄCKSTRÖM O., DAS D., PETROV S., MCDONALD R. & NIVRE J. (2013). Token and type constraints for cross-lingual part-of-speech tagging. In *Transactions of the ACL* : Association for Computational Linguistics.

TITOV I., HENDERSON J., MERLO P. & MUSILLO G. (2009). Online graph planarisation for synchronous parsing of semantic and syntactic dependencies. In *Proceedings of the twenty-first international joint conference on artificial intelligence (IJCAI-09)*, Pasadena, California.

VAN DER PLAS L., MERLO P. & HENDERSON J. (2011). Scaling up cross-lingual semantic annotation transfer. In *Proceedings of the 49th Annual Meeting of the Association for Computational Linguistics and the Human Language Technologies conference*.

VAN DER PLAS L., SAMARDŽIĆ T. & MERLO P. (2010). Cross-lingual validity of PropBank in the manual annotation of French. In *In Proceedings of the 4th Linguistic Annotation Workshop (The LAW IV)*, Uppsala, Sweden.

YAROWSKY D. & NGAI G. (2001). Inducing multilingual pos taggers and np bracketers via robust projection across aligned corpora. In *Proceedings of the second meeting of the North American Chapter of the Association for Computational Linguistics on Language technologies*, NAACL '01, p. 1–8, Stroudsburg, PA, USA : Association for Computational Linguistics.

# Améliorer l'étiquetage de "que" par les descripteurs ciblés et les règles

Assaf Urieli[1, 2]
(1) CLLE-ERSS: CNRS & Université de Toulouse, Toulouse, France
(2) Joliciel Informatique SARL, 2 avenue du Cardié, 09000 Foix, France
assaf.urieli@univ-tlse2.fr

**Résumé.** Les outils TAL statistiques robustes, et en particulier les étiqueteurs morphosyntaxiques, utilisent souvent des descripteurs "pauvres", qui peuvent être appliqués facilement à n'importe quelle langue, mais qui ne regarde pas plus loin que 1 ou 2 tokens à droite et à gauche et ne prennent pas en compte des classes d'équivalence syntaxiques. Bien que l'étiquetage morphosyntaxique atteint des niveaux élevés d'exactitude (autour de 97 %), les 3 % d'erreurs qui subsistent induisent systématiquement une baisse de 3 % dans l'exactitude du parseur. Parmi les phénomènes les plus faciles à cibler à l'aide de l'injection de connaissances linguistiques plus riches sont les mots fonctionnels ambigus, tels que le mot "que" en français. Dans cette étude, nous cherchons à améliorer l'étiquetage morphosyntaxique de "que" par l'utilisation de descripteurs ciblés et riches lors de l'entraînement, et par l'utilisation de règles symboliques qui contournent le modèle statistique lors de l'analyse. Nous atteignons une réduction du taux d'erreur de 45 % par les descripteurs riches, et de 55 % si on ajoute des règles.

**Abstract.** Robust statistical NLP tools, and in particular pos-taggers, often use knowledge-poor features, which are easily applicable to any language but do not look beyond 1 or 2 tokens to the right and left and do not make use of syntactic equivalence classes. Although pos-tagging tends to get high accuracy scores (around 97%), the remaining 3% errors systematically result in a 3% loss in parsing accuracy. Some of the easiest phenomena to target via the injection of richer linguistic knowledge are ambiguous function words, such as "que" in French. In this study, we attempt to improve the pos-tagging of "que" through the use of targeted knowledge-rich features during training, and symbolic rules which override the statistical model during analysis. We reduce the error rate by 45% using targeted knowledge-rich features, and 55% if we add rules.

**Mots-clés :** étiquetage morphosyntaxique, apprentissage automatique supervisé, descripteurs riches, systèmes statistiques robustes.

**Keywords:** pos-tagging, supervised machine learning, knowledge-rich features, robust statistical systems.

## 1 Introduction

Les outils TAL statistiques robustes sont relativement faciles à construire : il suffit de disposer d'un corpus d'apprentissage annoté, d'un classifieur robuste (ex. SVM linéaire), d'un algorithme d'analyse (ex. le parsing par transitions pour l'analyse syntaxique) et de quelques descripteurs. La plupart de ces systèmes utilisent des descripteurs linguistiquement pauvres, limités aux bigrammes ou trigrammes des tokens ou des étiquettes morphosyntaxiques, à quelques informations de base tirées d'un lexique à large couverture, et, au niveau du parsing, à un examen superficiel de la tête ou du dépendant le plus à droite ou à gauche d'un token donné. Même les études qui parlent de descripteurs "riches" (Zhang & Nivre, 2011) se limitent à des descripteurs génériques, qui prennent en compte des informations de surface telles que la valence d'un token (nombre de dépendants) ou la distance entre deux tokens, mais ne cherchent pas à coder les phénomènes spécifiques d'une langue donnée. Cela présente l'avantage d'une application facile à beaucoup de langues, mais nous empêche d'injecter des connaissances linguistiques spécifiques, et limite donc les gains d'exactitude possibles. Notre but principal ici est de trouver des moyens d'améliorer les analyses des systèmes statistiques par l'introduction d'informations plus riches.

L'analyseur syntaxique Talismane[1] a été développé dans l'optique de permettre à l'utilisateur d'injecter le maximum d'informations linguistiques, dans un système qui reste statistique et robuste (Urieli, 2013). Il comprend quatre modules

1. `http://redac.univ-tlse2.fr/applications/talismane.html`

statistiques enchaînés : la segmentation en phrases, la segmentation en mots (tokenisation), l'étiquetage morphosyntaxique (pos-tagging) et l'analyse syntaxique en dépendances par transitions (parsing), dont l'algorithme de base est décrit dans Kübler *et al.* (2009). Nous nous sommes intéressés tout particulièrement à l'interaction entre les différents modules. Dans une étude précédente, nous avons exploré la propagation des ambiguïtés de l'étiqueteur morphosyntaxique vers le parseur, afin que ce dernier puisse les corriger (Urieli & Tanguy, 2013). Dans cette étude, nous cherchons plutôt à améliorer l'étiquetage morphosyntaxique en amont du parseur, par l'injection des connaissances linguistiques spécifiques pour certains phénomènes particulièrement importants pour le parsing, se concentrant ici sur l'étiquetage du mot *que*.

En effet, nous avons remarqué que des erreurs d'étiquetage de certains mots fonctionnels ambigus induisent systématiquement de multiples erreurs de parsing. Le cas de *que* est particulièrement intéressant car très ambigu, mais la méthodologie présentée ici pourrait être appliquée à d'autres mots fonctionnels ainsi qu'à d'autres classes de mots facilement identifiables (ex. les nombres cardinaux). Nous examinons ici l'injection des connaissances linguistiques par deux moyens complémentaires : l'ajout de descripteurs riches lors de l'entraînement, et l'ajout de règles symboliques lors de l'analyse, qui imposent ou interdisent des décisions locales, contournant ainsi le modèle statistique. Notre approche ici, de correction de phénomènes spécifiques par l'injection d'informations symboliques, est similaire à certaines études précédentes, telles que Danlos (2005) pour le *il* impersonnel, et Jacques (2005) pour *que*. A la différence de ces études, qui considèrent des systèmes uniquement à base de règles, nous mettons l'accent ici sur les descripteurs riches, qui s'insèrent naturellement dans un système statistique robuste. Les règles symboliques sont utilisées uniquement en complément des descripteurs, pour des cas très précis et non ambigus.

## 2 Etiquetage morphosyntaxique

Dans Talismane, l'algorithme d'étiquetage morphosyntaxique fonctionne de gauche à droite. Ainsi, les descripteurs peuvent prendre en compte tous les tokens qui se trouvent à gauche et à droite du token à étiqueter, ainsi que les étiquettes déjà attribuées à sa gauche. Comme descripteurs de base, nous utilisons des descripteurs similaires à ceux décrits par Denis & Sagot (2012), faisant un usage massif d'un lexique, en l'occurrence le LeFFF (Sagot, 2010). En particulier, nous utilisons les descripteurs de base suivants : *W* la forme lexicale exacte, *P* l'étiquette attribuée au token (si son index < celui du token actuel) ou les étiquettes trouvées dans le lexique pour ce token (si son index $\geq$ celui du token actuel), *L* le lemme de ce token, pour une étiquette donnée, *U* si le token est inconnu dans le lexique, $Sfx_n$ les $n$ dernières lettres de la forme, $Pref_n$ les $n$ premières lettres de la forme, *1st* si le token est le premier de la phrase, $Last$ si le token est le dernier de la phrase. Ces briques de base sont combinées en bigrammes et trigrammes pour les tokens à position -2, -1, 0, +1, +2 par rapport au token actuel. En vue de ce jeu de descripteurs, un descripteur plus "riche" est n'importe quel descripteur qui regarde plus loin que 2 tokens à gauche ou à droite, ou qui regroupe les tokens en classes d'équivalence à un niveau qui se trouve entre le lemme et l'étiquette morphosyntaxique. Dans la pratique, nous avons utilisé des descripteurs bien plus sophistiqués (décrits ci-après), qui mettent en oeuvre des combinaisons logiques complexes des informations de base.

Pour cette étude, notre corpus d'apprentissage est la partie française du corpus SPMRL (Seddah *et al.*, 2013), un corpus disponible en dépendances et construit à partir du French Treebank (FTB) (Abeillé *et al.*, 2003). Nous avons appliqué un pré-traitement aux mots composés, conservant uniquement les mots composés qui ne représentent pas une régularité syntaxique. Pour le corpus d'évaluation, en plus des parties *dev* et *test* du corpus SPMRL, nous utilisons les corpus Sequoia (Candito *et al.*, 2012) et un corpus des pages de discussion du Wikipedia français, FrWikiDisc, décrit dans Urieli (2013). Nous utilisons le jeu d'étiquettes décrit dans Crabbé & Candito (2008). Pour un modèle SVM linéaire construit avec les descripteurs ci-dessus, $\epsilon = 0,01$, $C = 0.5$ et un cutoff de 3 (nombre de fois qu'un descripteur doit apparaître pour être pris en compte), on a une exactitude de 96,58 sur SPMRL-dev, et 96,55 sur SPMRL-test. Toutes les données et les modèles sont disponibles sur simple demande, à l'exception du SPMRL français, qui nécessite un accord préalable.

## 3 Le cas de "que"

Les difficultés d'étiqueter le mot *que* ont déjà été explorées dans d'autres études, en particulier Jacques (2005), qui décrit les différents contextes dans lequel *que* est utilisé, et qui propose une méthode pour corriger l'étiquetage par un mélange de règles de surface et de corrections appliquées pendant l'analyse syntaxique.

Pour résumer, il y a six options principales pour le token *que* (et son équivalent abrégé *qu'*), annotées selon les normes d'annotation du corpus FTB avec 4 étiquettes différentes, comme illustré par les exemples suivants :

1. Conjonction de subordination (CS) : *Je pense qu'il a trop bu.*
2. Pronom relatif (PROREL) : *Il boit le vin que j'ai acheté.*
3. Pronom interrogatif (PROWH) : *Que buvez-vous ?*
4. Adverbe négatif (ADV) : *Je n'ai bu que trois verres.*
5. Adverbe exclamatif (ADV) : *Qu'il est bon, ce vin !*
6. Construction comparatif (CS) : *Il est plus bourré que moi.*

Le *que* d'une clivée est étiqueté PROREL pour un focus nominal argument du verbe. Quand le focus est un syntagme prépositionnel ou nominal circonstant, l'étiquetage du FTB est assez incohérent entre PROREL et CS.

| | ADV | CS | PROREL | PROWH | Total | Erreurs |
|---|---|---|---|---|---|---|
| **ADV** | 90 | 44 | 4 | 1 | 139 | 49 |
| **CS** | 37 | 1097 | 61 | 0 | 1195 | 98 |
| **PROREL** | 0 | 69 | 244 | 0 | 313 | 69 |
| **PROWH** | 0 | 4 | 2 | 23 | 29 | 6 |

TABLE 1 – Matrice de confusion de base pour *que*

Avec le modèle de base décrit dans le paragraphe précédent, la table 1 montre la matrice de confusion pour le mot *que* dans l'ensemble des corpus d'évaluation, où les lignes représentent la bonne étiquette et les colonnes représentent l'étiquette devinée. Nous avons donc au total 222 erreurs pour 1 676 occurrences, donc une exactitude de 86,75 %. Il est à noter que la confusion se trouve principalement entre CS and ADV d'une part, et entre CS et PROREL d'autre part. Nous traiterons, ci-dessous, chacun de ces cas séparément.

## 4 Des descripteurs ou des règles ?

Un **descripteur** (*feature* en anglais) spécifie l'information à extraire d'un contexte donné, qui pourra aider le classifieur à choisir la bonne étiquette du token dans ce contexte. Dans Talismane, un descripteur est défini par une expression qui combine des informations de base, soit par concaténation (pour les chaînes de caractères), soit par des opérations mathématiques (pour les nombres) ou logiques (pour les résultats booléens de type vrai/faux). Une **règle** est une expression booléene définie avec la même grammaire que les descripteurs. Si l'expression s'évalue à *vrai* dans un contexte donné, la règle peut soit imposer le choix d'une certaine étiquette pendant l'analyse, soit empêcher le système de choisir cette étiquette.

Par exemple, l'étiquette attribuée au mot précédant le *que* peut être utilisée comme descripteur. Si ce mot est un verbe à l'indicatif (V), e.g. *"il **faut** que..."*, alors on observe certaines tendances sur l'étiquetage du *que* : dans notre corpus d'apprentissage, sur 523 cas, 77 % sont des CS et 23 % des ADV. Un autre descripteur peut porter sur les étiquettes possibles du mot suivant le *que* dans un lexique externe de référence. Si ce mot est listé dans le lexique comme verbe à l'indicatif, e.g. *"l'exemple que **fournit** Dupont..."*, alors dans notre corpus d'apprentissage, sur 205 cas, 1 % des *que* sont des ADV, 20 % des CS, 72 % des PROREL et 7 % des PROWH. Ces informations vont être combinées avec des dizaines d'autres descripteurs pour aider le modèle probabiliste à construire une distribution de probabilités des étiquettes pour un cas donné de *que*.

On peut aussi être amené à définir une règle déterministe : e.g. si on a une structure de type *"ne* V *que"*, alors on oblige le système à attribuer l'étiquette ADV. Cette règle prend priorité sur le modèle probabiliste qui ne sera même pas consulté. Un autre type de règle est la règle négative : e.g. si *que* est le premier mot d'une phrase, alors on empêche le système d'attribuer l'étiquette PROREL. Dans ce cas, le modèle probabiliste va utiliser tous les descripteurs pour définir une distribution de probabilités des étiquettes, mais l'étiquette PROREL sera supprimée de cette distribution avant que le système ne choisisse l'étiquette la plus probable.

Un descripteur cherche, par nature, à capter des régularités dans le corpus d'apprentissage qui peuvent se généraliser à d'autres corpus. Il est donc limité aux régularités qui se trouvent dans ce corpus, même si elles peuvent être décrites à l'aide de ressources externes pour les rendre plus généralisables (ex. un lexique qui remplace la forme lexicale par son lemme). Par contre, une règle cherche à traduire directement les connaissances linguistiques du concepteur du système, surtout pour des phénomènes sous représentés dans le corpus d'apprentissage. Elle permet donc au système statistique d'aller au delà des informations qui lui sont directement accessibles. Puisque celle-ci est appliquée uniquement au moment de l'analyse, elle peut aussi traduire des connaissances spécifiques au corpus qu'on est en train d'analyser.

Les descripteurs serviront à alimenter le classifieur (ex. SVM), qui va appliquer sa "magie noire" statistique pour donner plus ou moins de poids à chaque descripteur pour chaque étiquette, selon les occurrences trouvées dans le corpus d'apprentissage. Les descripteurs peuvent donc se contredire et se chevaucher. Ils décrivent des tendances : si $X$ est vrai, alors l'étiquette sera plus probablement $Y$ que $Y'$. Les règles cherchent, par contre, à décrire des vérités absolues : si $X$ est vrai, alors l'étiquette doit être (ou ne peut pas être) $Y$. Les descripteurs sont par conséquent beaucoup plus puissants que les règles, car à la différence de celles-ci, ils ne sont pas contraints à viser un phénomène très spécifique et non ambigu. Néanmoins, vu le coût de construction d'un corpus annoté, les corpus sont forcément très lacunaires en informations. Ce sont ces informations que les règles vont cibler.

# 5 "Que" comme adverbe négatif

En termes de descripteurs ciblés, nous traiterons d'abord le cas de *que* en tant qu'adverbe négatif. Notre méthodologie itérative consiste à :

1. Analyser les erreurs dans le corpus *dev* et concevoir des descripteurs utiles.
2. Écrire ces descripteurs dans la syntaxe de Talismane.
3. Projeter ces descripteurs sur le corpus *train*, et examiner les co-occurrences avec chaque étiquette, surtout celles avec une étiquette inattendue. Nous cherchons à inclure le maximum de résultats tout en maximisant le déséquilibre entre les étiquettes. Revenir à l'étape 2 si nécessaire.
4. Entraîner le modèle avec les descripteurs ciblés, et évaluer. Revenir à l'étape 1 si nécessaire.

## 5.1 Analyse d'erreurs : adverbe négatif

Dans le corpus SPMRL *dev*, la plupart des erreurs ressemblent au cas suivant , ou *que* est étiquetté à tort comme `CS` :

**Exemple 5.1** *Mais cela* ***ne*** *représente dans cette mouture, pour un couple avec deux enfants,* ***qu'****/ADV une prime maximale.*

Dans ce cas, reconnaître *que* comme adverbe négatif revient à chercher une occurrence de *ne* plus tôt dans la même phrase. Il n'y a pas de limitation inhérente de distance car, comme on voit dans l'exemple 5.1, plusieurs syntagmes prépositionnels peuvent séparer les deux particules. Par contre, une autre particule négative peut compléter le *ne*, ce qui rend le *que* ambigu, comme dans les deux exemples suivants :

**Exemple 5.2** *Pour cela, il* ***n'est pas*** *question* ***que/CS*** *le zloty, la monnaie polonaise, soit "l'ancre de la stabilité" de l'économie polonaise.*

**Exemple 5.3** *...qui, faute de volonté politique,* ***ne*** *fut* ***jamais que****/ADV la caricature du système français.*

Cette ambiguïté existe uniquement pour les verbes qui sous catégorisent un objet direct en *que*, tels que *dire* ou *penser*. Cependant, le corpus *train* contient 245 verbes différents qui répondent à ce critère. Les cas ambigus où le *que* suit une autre particule négative étant assez rares, nous avons décidé de ne pas utiliser la sous catégorisation dans nos descripteurs.

## 5.2 Liste de descripteurs : adverbe négatif

La prochaine étape consiste à écrire ces descripteurs dans la syntaxe de Talismane, et les projeter sur le corpus *train*. Après affinage pour étendre la portée des descripteurs tout en éliminant des cas non voulus, nous avons défini la liste suivante. Les nombres représentent le nombre d'occurrences dans le corpus *train*.

**Descripteur 5.1** ***Ne* précédent sans autre particule négative** : le *que* est précédé par un *ne* sans autre particule négative entre les deux. En plus le *ne* n'est pas lui-même précédé par {*personne*, *rien*, *aucun/e*, *nul/le*}, afin d'exclure des phrases comme *"Personne ne sait que je mange ici."*.

Nous avons 345 cas en tout, dont 312 `ADV` : *"Ils **n'en** comprendront le sens **que/ADV** bien plus tard"* ; et 32 `CS`. Parmi les `CS`, il y a beaucoup d'erreurs d'annotation—les autres sont des phrases où la particule *ne* n'est pas completé par une autre particule négative, dans des expressions de type *moins ADJ qu'on ne...* : *"L'Amérique, moins superficielle qu'on **ne** l'imagine parfois, a entrepris une réflexion sur son identité bien avant **que/CS** [...]"* ; ou en modifiant le verbe *pouvoir* : *"[...] **ne** peuvent ainsi éviter **que/CS**, en la matière, l'histoire ne se repète"*.

**Descripteur 5.2** **Pas de *ne* précédent** : il n'y a pas de *ne* précédent le *que*.

Nous avons 2608 cas en tout, dont 1941 `CS`, 622 `PROREL`, 26 `PROWH` et 19 `ADV`, dont 10 sont des erreurs d'annotation, où un *que* comparatif est annoté comme adverbe, 5 sont des adverbes exclamatifs : *"Mais pour parvenir à cela, **que/ADV** d'esprits à convaincre en France et plus encore au-dehors !"* ; et 1 est une phrase "informelle" ou l'auteur a laissé tomber le *ne* : *"Il lui manque **que/ADV** le sac à main de Maggie"*.

Nous avons ajoutés deux descripteurs supplémentaires pour aider l'étiqueteur dans des cas où il y a une autre particule négative entre le *ne* et le *que* :

**Descripteur 5.3** ***Que* négatif possible** : y a-t-il un *ne*, *ne pas* ou *ne plus* plus tôt dans la phrase, sans prendre en compte d'autres particules négatives. Ce descripteur couvre tous les cas où un *que* négatif est possible. C'est une version moins exclusive du descripteur 5.1. On trouve 363 `ADV`, 218 `CS` et 47 `PROREL`. Pour ces deux derniers, la grande majorité sont des cas où le *ne* est complété par une autre particule négative.

**Descripteur 5.4** **Combinaison de particules négatives à courte distance** : nous avons remarqué que, dans le corpus d'apprentissage, le *que* se combine avec une autre particule négative uniquement si leur distance est petite ($\leq$ 6 tokens). Ce descripteur s'évalue donc à `vrai` si la distance est $\leq$ 6, à `faux` si la distance est plus grande, et à rien du tout s'il n'y a pas de particule négative entre le *ne* et le *que*.

Pour la distance courte, sur 184 cas, nous avons 119 `CS`, 17 `PROREL` et 47 `ADV`, ce qui représente plus d'un quart des cas : *"Les spéculateurs sont désormais certains que la dévaluation **n'est plus qu'/ADV** une question de jours"*. Pour la distance longue, sur 146 cas, nous avons 101 `CS` : *"Si cela **n'était pas** possible, les Onze poursuivraient leur chemin sans perdre l'espoir **que/CS** cela se ferait plus tard"* ; 43 `PROREL` et uniquement 2 `ADV` : *"Il **ne** restait **plus** au président du groupe socialiste de l'Assemblée nationale, dans ces conditions, **qu'/ADV** à négocier la fusion de son texte avec celui de MM Jospin et Delebarre"*.

# 6 "Que" comme pronom relatif

A la différence du *que* en tant qu'adverbe négatif, où la présence d'un *ne* précédent est un indicateur de surface fort, il n'y a pas d'indicateur de surface simple pour distinguer le *que* pronom relatif du *que* conjonction de subordination, étant donné le peu d'informations disponibles à l'étape de l'étiquetage morphosyntaxique.

## 6.1 Analyse d'erreurs : pronom relatif

Suivant la méthodologie décrite dans le paragraphe 5, nous analysons les erreurs du corpus *dev* pour identifier des descripteurs utiles.

**Exemple 6.1 (...)** *la Commission des opérations de bourse (COB) a annoncé le 14 janvier **qu'/CS** elle saisit la justice [...]*

Cet exemple est annoté PROREL plutôt que CS. Certains descripteurs sautent aux yeux : d'abord *annoncer* est parmi les verbes qui sous catégorisent un objet direct avec *que*. De plus, le verbe transitif *saisir* a déjà un objet direct (*justice*), ce qui exclut généralement un pronom relatif. Finalement, noter que l'ambiguïté entre PROREL et CS existe uniquement quand il y a un nom qui peut servir d'antécédent entre le verbe précédent et le *que*, dans ce cas *janvier*. La nature de ce nom est un indicateur : les expressions de temps, dont les noms des mois, sont très souvent des circonstants. Ils remplissent rarement l'argument d'objet direct, et sont rarement modifiés par une proposition relative.

**Exemple 6.2** *Le gouvernement va présenter dans un délai de trois mois les dispositions **qu'/PROREL** il entend retenir [...]*

Cet exemple est annoté CS plutôt que PROREL. C'est le cas contraire de l'exemple précédent : le verbe *présenter* a déjà un objet direct (*dispositions*) et ne sous catégorise pas un objet direct avec *que*, alors que le verbe transitif *retenir* n'a pas d'objet direct qui le suit.

Nous voyons ici l'importance de reconnaître les verbes qui sous catégorisent avec *que*. Comme mentionné précédemment, le corpus *train* en contient 245. Nous avons choisi manuellement 152 de ces verbes qui nous semblaient les plus aptes à préférer cette sous catégorisation.

**Exemple 6.3** *Le fait **qu'**/CS ils aient accepté de reprendre les pourparlers est interprété de façon positive.*

Ici nous avons d'autres indicateurs : certains noms introduisent des propositions subordonnées (ex. *fait*), et le subjonctif (*aient*) indique généralement qu'on a affaire à une subordonnée indépendante plutôt que relative.

## 6.2 Liste de descripteurs : pronom relatif

Après la projection des descripteurs sur le corpus *train* et affinage, nous avons retenu les descripteurs suivants :

**Descripteur 6.1 Structure coordonnée :** Si le *que* actuel suit directement une conjonction de coordination, chercher l'étiquette du *que* précédent. De même, si le *que* actuel suit une virgule, chercher l'étiquette du *que* précédent, du moment où il existe un *que* plus tard dans la phrase qui suit une conjonction de coordination. Si l'étiquette précédente est CS (total 104 cas), nous avons 102 CS : *"Or chacun est conscient **qu'**/CS il n'y a aucune vérification de ces acquis et **que**/CS la rétribution est automatique"* ; 1 PROREL : *"Encore faudrait-il **que**/CS, pour faire passer la pilule des réformes nécessaires—et **que**/PROREL beaucoup d'Italiens risquent de trouver plus amère que prévu [...]"* ; et 1 *PROWH*. Si l'étiquette précédente est PROREL (total 8 cas), nous avons 2 CS et 6 PROREL.

**Descripteur 6.2 Après nom explicatif :** Le *que* suit-il un des mots {*assurance, certitude, doute, enseigne, espoir, fait, fois, idée, point, prétexte, preuve, principe*} ? Les cas précédés par la locution *c'est* ont été exclus. Résultat : 38 CS.

**Descripteur 6.3 Verbe précédent sous catégorise avec *que* :** Chercher le verbe précédent (en faisant attention de sauter les participes passés modifieurs de noms). On s'intéresse uniquement aux cas où il y a un nom entre le verbe et le *que*, qui peut servir d'antécédent. Est-ce que ce verbe sous catégorise avec *que* ? Pour les cas où le verbe précédent sous catégorise avec *que* (total 98 cas), nous avons 50 CS : *"Helmut Kohl a **annoncé** à l'automne **que**/CS des hausses d'impôts seraient nécessaires en 1994"* ; et 48 PROREL : *"Il a toutefois **refusé** à Mr Vernay les 100 000 francs de dommages et intérêts **que**/PROREL celui-ci réclamait"*. Les deux étiquettes sont donc distribuées de façon à peu près égale. Pour le cas contraire (total 126 cas), nous avons 113 PROREL, et uniquement 12 CS, dont 10 erreurs d'annotation.

**Descripteur 6.4 Le verbe qui précède a un objet direct :** Le verbe précédant le *que* est-il suivi directement d'un déterminant et d'un nom (ou d'un déterminant, d'un adjectif et d'un nom), en dehors des noms représentant les expression de temps (ex. *la semaine dernière*) ? On enlève les cas où le *que* suit directement un nom "explicatif" du descripteur 6.2. Sur 63 cas, nous avons 56 PROREL : *"En revanche, la CGT **dénonce un texte qu'**/PROREL elle juge "décrédibilisé par le manque de moyens""* ; et 7 CS : *"Nous avons **obtenu l'assurance** du premier ministre **que**/CS la suppression du recours [...]"*, dont 6 sont des erreurs d'annotation.

**Descripteur 6.5 Le verbe qui précède sous catégorise avec à + personne + que :** Le verbe précédent le *que* est-il dans l'ensemble {*annoncer, certifier, ...*} qui sous catégorise des structures comme *"annoncer à ses parents qu'on se marie"*, et est-il suivi de la préposition *à* ? Résultats : 23 CS.

**Descripteur 6.6 Le verbe qui précède sous catégorise avec un objet direct + que :** Le verbe précédent le *que* est-il dans l'ensemble {*assurer, avertir, ...*} qui sous catégorise des structures comme *"assurer ses parents qu'on se marie"* ? Résultats : 26 CS.

**Descripteur 6.7 Le verbe qui suit a un objet direct :** Le verbe suivant le *que* est-il suivi directement d'un déterminant et d'un nom (ou d'un déterminant, d'un adjectif et d'un nom), en dehors des noms représentant les expressions de temps ? Résultats : 93 CS.

**Descripteur 6.8 *Que* suivi directement d'un verbe :** Le *que* est-il suivi directement d'un verbe ? On s'attend ici surtout à des PROREL et des PROWH. Pour 116 cas, nous avons 105 PROREL : *"L'exemple* ***que/PROREL fournit*** *Sombart est particulièrement éclairant"* ; 5 PROWH : *"Si vous pouviez changer le monde,* ***que/PROWH feriez****-vous ?"* ; et 6 CS, tous des verbes intransitifs avec inversion du sujet, dont 4 sont des formes subjonctives du verbe *être* : *"Ne souhaitant* ***que/CS soit*** *envisagée l'hypothèse d'une dévaluation du franc [...]"*.

Le même descripteur sans le verbe *être* donne 89 PROREL, 5 PROWH et 2 CS.

**Descripteur 6.9 *Que* suivi d'un verbe réfléchi :** Le *que* est-il suivi d'un verbe réfléchi à la troisième personne (à l'exception de certains verbes qui prennent un objet direct en plus du clitique réfléchi, tels *"se poser une question"*) ? Résultats : 12 CS.

**Descripteur 6.10 *Que* suivi d'un verbe subjonctif :** Le *que* est-il suivi d'un verbe d'une forme clairement subjonctive ? Puisqu'on regarde à droite du token actuel, on n'a pas encore les étiquettes morphosyntaxiques, et on compte sur le lexique pour nous indiquer les tokens qui peuvent être des verbes. Du coup, on s'est retrouvé au départ avec le nom *émissions* comme imparfait du subjonctif du verbe *émettre*. Nous avons donc éliminé les cas où le token avait aussi une étiquette non verbale dans le lexique. Résultat : 80 CS : *"Faut-il encore* ***que/CS*** *l'ambiance non seulement le* ***permette*** *mais aussi le favorise"* ; et 1 PROREL : *"Faut-il en conclure que le mieux* ***qu'/PROREL*** *on* ***puisse*** *attendre, c'est le chacun-pour-soi ?"*

**Descripteur 6.11 Après clivée :** Le *que* suit-il l'expression *c'est*, indiquant une clivée potentielle (typiquement annoté par un PROREL) ? Ayant remarqué que plus la locution *c'est* est proche, plus la clivée est probable, nous avons défini 4 descripteurs, qui cherchent le *c'est* à une distance de 5, 10 et 20 tokens avant le *que*, et sans limite. Les résultats sont pour une distance sans limite : 90 CS et 95 PROREL. Pour une distance de 20 : 79 CS et 90 PROREL. Pour une distance de 10 : 56 CS et 82 PROREL. Pour une distance de 5 : 34 CS et 62 PROREL.

**Descripteur 6.12 Etre ADJ que :** Trouver les structures de type *"il est probable que..."*. Résultats : 47 CS.

**Descripteur 6.13 Existence d'un nom antécédent ?** Y'a-t-il un nom (en dehors des expressions de temps) entre le verbe qui précède et le *que* ? Si le *que* est clairement un deuxième coordonné, on cherche avant le premier coordonné. Ici on considère les réponses à la fois positives et négatives. Résultats positifs (cas classique d'ambiguïté CS/PROREL) : 485 CS et 297 PROREL. Résultats négatifs : 1217 CS et 7 PROREL (dont la plupart sont des erreurs dans la reconnaissance du premier coordonné).

**Descripteur 6.14 Expression de temps ?** Le nom le plus proche avant le *que* fait-il partie d'une expression de temps (ex. *la semaine dernière*) ? Résultats : 53 CS : *"M. Tchechinski a estimé* ***dimanche que/CS*** *la Russie ne manquerait pas de pain cet hiver"* ; et 1 PROREL : *"Voici la* ***nuit que/PROREL*** *nous avons attendue toute l'année"*.

**Descripteur 6.15 Phrase débutant par *que* :** la phrase commence-t-elle par *que* (eventuellement précédé d'une conjonction de coordination) ? Sur 51 cas, nous avons 4 ADV, tous exclamatifs : *"****Qu'****/ADV il était insouciant, le mois de janvier 1992"* ; 28 CS, presque tous des phrases incomplètes : *"****Qu'****/CS ils sont "prescripteurs", comme disent les professionnels"* ; 1 PROREL dans une phrase incomplète : *"****Qu'****/PROREL elle n'aime guère voir rapprocher de celui des sociétés concurrentes"* ; et 18 PROWH : *"****Que****/PROWH fait-il de l'excédent de ses revenus ?"*

**Descripteur 6.16 Pas de verbe avant le *que* :** Si le *que* suit un nom, et qu'il n'y a pas de verbe plus tôt dans la phrase. On exclut les mots explicatifs ci-dessus. Résultats : 100 PROREL : *"Une puissance **qu'**/PROREL elle n'entend partager avec nul autre"* ; et 8 CS : *"Mais quelle prestance **que**/CS celle de l'homme-terminal !"*

**Descripteur 6.17 Plus que :** Le mot *que* suit-il un quantifieur {*plus, moins, davantage, autant, différent, même, tel, ...*} ? Résultats : 118 CS et 4 PROREL (tous des erreurs d'étiquetage avec *tel que*).

**Descripteur 6.18 Plus ADJ que :** Le mot *que* suit-il un adverbe comparatif {*plus, moins, davantage, autant, ...*} et un adjectif ? Résultats : 139 CS : *"Cela est **plus motivant que**/CS d'avoir des salariés sous-employés en temps et en compétences"* ; et 1 PROREL : *"L'un des problèmes les **plus graves qu'**/PROREL affronte l'université est celui du premier cycle, avec son considérable taux d'échec."*

**Descripteur 6.19 Expression comparative complexe :** expressions de type *plus de X que de Y* ou *aussi X que Y*. Résultats : 81 CS : *"C'est **moins** une mode **qu'**/CS un uniforme"* ; et 3 PROREL : *"C'est un organisme du **même** genre **que**/PROREL l'on veut créer au bénéfice de l'Europe tout entière."*

# 7 Résultats pour les descripteurs ciblés

| | ADV | | CS | | PROREL | | PROWH | | Total | Erreurs | |
|---|---|---|---|---|---|---|---|---|---|---|---|
| **ADV** | 133 | (+43) | 6 | (-38) | 0 | (-4) | 0 | (-1) | 139 | 6 | (-43) |
| **CS** | 10 | (-27) | 1135 | (+38) | 50 | (-11) | 0 | (-1) | 1195 | 60 | (-38) |
| **PROREL** | 0 | | 52 | (-17) | 261 | (+17) | 0 | | 313 | 52 | (-17) |
| **PROWH** | 0 | | 0 | (-4) | 4 | (+2) | 25 | (+2) | 29 | 4 | (-2) |

TABLE 2 – Matrice de confusion pour *que* avec les descripteurs ciblés

La table 2 montre la matrice de confusion pour *que* après l'ajout des descripteurs riches. Les résultats sont considérablement améliorés pour toutes les catégories, mais plus particulièrement pour la confusion entre ADV et CS. En tout, nous avons supprimé 45 % des erreurs, passant d'une exactitude de 86,75 % à 92,72 %. Les résultats sont hautement significatifs, avec 139 nouvelles corrections pour 29 nouvelles erreurs (test de McNemar, $p$-valeur < 0,001). Pourtant, ces gains ont un prix : la vitesse d'analyse. Dans la version de base, on étiquette 1 million de mots en 6m48s. Avec les descripteurs ciblés, cela prend 1,5 fois plus de temps : 10m09s.

# 8 Les règles

Dans le paragraphe précédent, certains cas n'ont pas été corrigés même quand les descripteurs riches ajoutaient du poids à la bonne étiquette : les descripteurs riches semblaient noyés dans un océan de descripteurs plus pauvres et génériques, ce qui les empêchait de faire pencher la balance en faveur de la bonne étiquette.

En analysant les erreurs restantes, nous avons identifié certaines règles qui nous semblaient généralisables. Vu la rareté des phénomènes qui peuvent être ciblés par des règles, nous avons examiné ici les erreurs dans tous les corpus sauf SPMRL *test* et EMEA *test*, à la différence de l'expérience avec les descripteurs, où seulement les erreurs de SPMRL *dev* avaient été examinées. Nous avons retenu les règles suivantes :

**Règle 8.1** Étiqueter PROWH si la phrase se termine par un point d'interrogation, si *que* est le premier mot de la phrase (hors conjonctions de coordination), et si *que* est directement suivi par un verbe à l'indicatif ou l'infinitif (avec ou sans les clitiques *en* ou *se*). Exemple : *"Et que/PROWH se passera-t-il si un seul syndicat signe un accord de ce type contre l'avis des autres ?"*

**Règle 8.2** Étiqueter PROWH le premier *que* dans *qu'est-ce que*.

**Règle 8.3** Étiqueter CS dans les locutions de type *attendre/veiller/tenir à ce que, n'empêche que, dommage que, avoir honte à ce que, le/du/au fait que, une fois que.*

**Règle 8.4** Étiqueter CS pour toute locution de type *être ADJ que*, tel que "*il est probable que*", sauf si l'expression est précédé de *ne*.

**Règle 8.5** Étiqueter PROREL dans *ceux/celui/celle/celles/quoi/qui/quel/quelle/quels/quelles/où que* et dans l'expression *tout ce que*.

**Règle 8.6** Étiqueter PROREL dans les locutions *c'est NPP que* ou *c'est DET NC que*

**Règle 8.7** Étiqueter ADV pour toute locution verbale de forme *ne V que*, où il n'existe pas le mot *rien, personne, aucun, aucune, ni* ou *jamais* plus tôt dans la phrase.

**Règle 8.8** Ne pas étiqueter PROREL si *que* est le premier mot de la phrase.

**Règle 8.9** Ne pas étiqueter PROREL si *que* suit un verbe directement, ou s'il est séparé du verbe uniquement par un commentaire entouré par des virgules, des tirets ou des parenthèses. La dernière condition est un exemple d'une règle visant un corpus spécifique, en l'occurrence le corpus Europarl de Séquoia, qui contient beaucoup de phrases du type *"Je sais, Madame la Présidente,* ***que/CS*** *vous êtes déjà intervenue [...]"* où le *que* a été étiqueté PROREL.

**Règle 8.10** Ne pas étiqueter PROREL si *que* suit les mots *reprises, tous, toutes, toute, tout, soi*

**Règle 8.11** Ne pas étiqueter ADV sauf s'il y a un *ne* plus tôt dans la phrase, ou si *que* est le premier mot de la phrase.

| | ADV | | CS | | PROREL | | PROWH | | Total | Erreurs | |
|---|---|---|---|---|---|---|---|---|---|---|---|
| **ADV** | 134 | (+1) | 5 | (-1) | 0 | | 0 | | 139 | 5 | (-1) |
| **CS** | 10 | | 1149 | (+14) | 36 | (-14) | 0 | | 1195 | 46 | (-14) |
| **PROREL** | 0 | | 48 | (-4) | 265 | (+4) | 0 | | 313 | 48 | (-4) |
| **PROWH** | 0 | | 0 | | 2 | (-2) | 27 | (+2) | 29 | 2 | (-2) |

TABLE 3 – Matrice de confusion pour *que* avec les règles

La table 3 montre les résultats après l'ajout des règles pour tous les corpus *dev* et *test*, avec, entre parenthèses, les gains par rapport au modèle des descripteurs riches. Sans surprise, les résultats sont positifs, puisqu'on a visé des erreurs trouvées dans ces mêmes corpus *dev*. Il nous reste 101 sur 222 erreurs, soit une réduction de 55 % du taux d'erreur, avec une exactitude de 93,97 %. Au niveau de la significativité, nous avons 21 nouvelles corrections pour 0 nouvelles erreurs. Pourtant, il y a un risque de suradéquation des règles aux corpus évalués, les corpus *test* étant trop petits pour mesurer l'impact plus global des règles. Du coup, nous avons testé les mêmes règles sur des corpus non annotés, comparant les différences entre les analyses avec et sans règles. Nous avons donc analysés, avec et sans règles, 200 000 mots de chacun des corpus suivants :

- Est Républicain : le journal régional Est Républicain de l'année 2003, disponible sur le site du CNRTL [2]
- Leximedia : une collection d'articles concernant la campagne présidentielle 2007, extraits des journaux nationaux Le Monde, Libération et Le Figaro, et préparé par le laboratoire CLLE-ERSS [3]
- Frantext : des textes littéraires français du 20ème siècle [4]
- Revues.org : une collection d'articles scientifiques dans les sciences sociales [5]

Au total, il y a uniquement une différence tous les 8 500 mots, mais avec un bilan très positif : 46 corrections pour 5 erreurs dans les 51 premières différences. Les erreurs pourraient être éliminées facilement si on affinait les règles. Les corrections les plus intéressantes concernent les commentaires qui séparent le *que* du verbe qui le gouverne. La règle corrige l'étiquette PROREL en CS, comme dans la phrase suivante :

**Exemple 8.1** *Je* ***conteste****, en tant que père de famille,* ***que/CS*** *l'on vienne me dire que l'argent est le corollaire du succès.*

2. http://www.cnrtl.fr/corpus/estrepublicain/
3. http://redac.univ-tlse2.fr/applications/leximedia2007.html
4. http://www.frantext.fr
5. http://www.revues.org/

# 9 Conclusions et perspectives

Nous avons voulu, dans la présente étude, démontrer l'intérêt d'injecter des connaissances linguistiques riches dans un système statistique. En conclusion, il est clair que les descripteurs riches, spécifiques à une langue donnée, permettent de corriger un grand nombre d'erreurs dans le cas de l'étiquetage morphosyntaxique des mots fonctionnels, avec une réduction de 45 % du taux d'erreur pour le mot *que*. L'application supplémentaire de règles très spécifiques permet d'atteindre une réduction totale de 55 %.

Reste la question de la facilité de maintenance des systèmes basés sur ce type d'information plus riche. Par rapport aux systèmes "rationalistes" qui fonctionnent uniquement à base de règles formelles et cherchent à décrire une langue de façon complète, les systèmes "empiriques" statistiques, à base d'apprentissage supervisé, ont le grand avantage de laisser le travail de description linguistique au corpus d'apprentissage. Du coup, la complexité de la langue peut être décrite dans un guide d'annotateur, au lieu d'être codée de façon formelle au sein du logiciel. En plus, on se contente de décrire les cas présents dans un corpus donné, mettant ainsi l'accent sur les cas les plus courants. Cette abstraction de la complexité linguistique rend la maintenance du système beaucoup plus simple. Cela reste-t-il vrai dans la présente étude ? Dans le cas des descripteurs ciblés la réponse est "oui" : autant l'écriture et l'affinage des descripteurs peuvent s'avérer long et complexe, autant la maintenance du système à long terme est simple, puisque le modèle probabiliste ajuste automatiquement le poids de chaque descripteur au fur et à mesure que d'autres descripteurs sont ajoutés, où que d'autres données d'apprentissage deviennent disponibles. Pour les règles, la réponse est plus complexe. Il est important de baser les règles uniquement sur des erreurs effectivement rencontrées dans le corpus de développement, et que l'on peut décrire de façon non ambigüe. Ceci réduit considérablement le nombre de règles, qui sont là uniquement pour compléter le système dans certains cas bien définis : la plupart du travail continue à être fait par les descripteurs.

Les perspectives sont nombreuses : tout d'abord, il y a la question de la vitesse d'analyse. Bien que l'étiquetage morphosyntaxique de Talismane soit assez rapide après l'ajout des descripteurs et des règles (5 millions de mots / heure), il est plus lent que dans la version de base (9 millions de mots / heure). Nous avons choisi pour l'instant de mettre tous les descripteurs dans un fichier de configuration. L'avantage est de séparer complètement les descripteurs du code source, permettant ainsi à un linguiste d'inventer de nouveaux descripteurs sans l'aide d'un informaticien. L'inconvénient est que certaines opérations (ex. recherche en avant et en arrière) sont répétées de nombreuses fois, alors qu'elles pourraient être codées de façon bien plus efficace dans un langage informatique compilé et plus expressif. Il serait donc intéressant de mesurer le gain de vitesse en codant ces mêmes descripteurs dans un langage compilé.

Il serait aussi souhaitable d'effectuer une analyse plus fine des erreurs qui restent après l'application des descripteurs et des règles : y a-t-il encore une possibilité de diminuer le taux d'erreur ?

Ensuite, nous souhaitons appliquer la même méthodologie à d'autres mots fonctionnels, tels que "de/des/du" et "soit". Finalement, nous souhaitons tester une méthodologie semblable sur les erreurs du parseur, pour voir si les descripteurs riches et les règles peuvent être aussi efficaces dans le contexte plus compliqué du parsing par transitions.

# Remerciements

Je tiens à remercier les relecteurs anonymes pour leurs commentaires et suggestions. Je tiens aussi à remercier l'équipe de l'axe CARTEL à CLLE-ERSS pour leur soutien pendant ce travail.

# Références

ABEILLÉ A., CLÉMENT L. & TOUSSENEL F. (2003). Building a treebank for French. In A. ABEILLÉ, Ed., *Treebanks*. Kluwer.

B. BIGI, Ed. (2014). *Actes de TALN 2014 (Traitement automatique des langues naturelles)*, Marseille. ATALA, LPL.

CANDITO M., SEDDAH D. *et al.* (2012). Le corpus sequoia : annotation syntaxique et exploitation pour l'adaptation d'analyseur par pont lexical. In *TALN 2012-19e conférence sur le Traitement Automatique des Langues Naturelles*.

CRABBÉ B. & CANDITO M. (2008). Expériences d'analyses syntaxique statistique du français. In *TALN 2008- conférence sur le Traitement Automatique des Langues Naturelles* : ATALA.

DANLOS L. (2005). Ilimp : Outil pour repérer les occurrences du pronom impersonnel il. In *Actes de la 12ème conférence sur le Traitement Automatique des Langues Naturelles (TALN'2005)*, p. 123–132, Dourdan, France.

DENIS P. & SAGOT B. (2012). Coupling an annotated corpus and a lexicon for state-of-the-art pos tagging. *Language Resources and Evaluation*, **46**(4), 721–736.

JACQUES M.-P. (2005). Que : la valse des étiquettes. In *Actes de la 12ème conférence sur le Traitement Automatique des Langues Naturelles (TALN'2005)*, p. 133–142, Dourdan, France.

KÜBLER S., MCDONALD R. & NIVRE J. (2009). *Dependency parsing*. Morgan & Claypool Publishers.

SAGOT B. (2010). The lefff, a freely available and large-coverage morphological and syntactic lexicon for french. In *7th international conference on Language Resources and Evaluation (LREC 2010)*.

SEDDAH D., TSARFATY R., KÜBLER S., CANDITO M., CHOI J., FARKAS R., FOSTER J., GOENAGA I., GOJENOLA K., GOLDBERG Y., GREEN S., HABASH N., KUHLMANN M., MAIER W., NIVRE J., PRZEPIORKOWSKI A., ROTH R., SEEKER W., VERSLEY Y., VINCZE V., WOLIŃSKI M., WRÓBLEWSKA A. & VILLEMONTE DE LA CLÉRGERIE E. (2013). Overview of the spmrl 2013 shared task : A cross-framework evaluation of parsing morphologically rich languages. In *Proceedings of the 4th Workshop on Statistical Parsing of Morphologically Rich Languages : Shared Task*, Seattle, WA.

URIELI A. (2013). *Robust French syntax analysis : reconciling statistical methods and linguistic knowledge in the Talismane toolkit*. PhD thesis, Université de Toulouse II le Mirail.

URIELI A. & TANGUY L. (2013). L'apport du faisceau dans l'analyse syntaxique en dépendances par transitions : études de cas avec l'analyseur Talismane. In *Actes de la 20e conférence sur le Traitement Automatique des Langues Naturelles (TALN'2013)*, p. 188–201, Les Sables d'Olonne, France.

ZHANG Y. & NIVRE J. (2011). Transition-based dependency parsing with rich non-local features. In *ACL (Short Papers)*, p. 188–193.

# Jouer avec des analyseurs syntaxiques

Éric Villemonte de la Clergerie INRIA - Rocquencourt - B.P. 105
78153 Le Chesnay Cedex, FRANCE
Eric.De_La_Clergerie@inria.fr

**Résumé.** Nous présentons DYALOG-SR, un analyseur syntaxique statistique par dépendances développé dans le cadre de la tâche SPRML 2013 portant sur un jeu de 9 langues très différentes. L'analyseur DYALOG-SR implémente un algorithme d'analyse par transition (à la MALT), étendu par utilisation de faisceaux et de techniques de programmation dynamique. Une des particularité de DYALOG-SR provient de sa capacité à prendre en entrée des treillis de mots, particularité utilisée lors de SPMRL13 pour traiter des treillis en Hébreu et reprise plus récemment sur des treillis produits par SXPIPE pour le français. Disposant par ailleurs avec FRMG d'un analyseur alternatif pour le français, nous avons expérimenté un couplage avec DYALOG-SR, nous permettant ainsi d'obtenir les meilleurs résultats obtenus à ce jour sur le French TreeBank.

**Abstract.** We present DYALOG-SR, a statistical dependency parser developed for the SPRML 2013 shared task over 9 very different languages. DYALOG-SR implements a shift-reduce parsing algorithm (a la MALT), extended with beams and dynamic programming techniques. One of the specificities of DYALOG-SR is its ability to handle word lattices as input, which was used for handling Hebrew lattices and more recently French ones produced by SXPIPE. Having access to FRMG, an alternative parser for French, we also tried a coupling with DYALOG-SR, providing us the best results so far on the French TreeBank

**Mots-clés :** Analyse syntaxique, Analyse syntaxique par dépendances, faisceaux, Programmation Dynamique, Treillis de mots, Couplage d'analyseurs.

**Keywords:** Parsing, Dependency Parsing, Beams, Dynamic Programming, Word Lattice, Parser coupling.

## 1 Introduction

Nous présentons diverses expériences d'analyse syntaxique pour le français menées avec l'analyseur statistique DYALOG-SR (Villemonte De La Clergerie, 2013a). Initialement développé pour participer à la campagne organisée en marge de SPMRL 2013 (Seddah *et al.*, 2013), cet analyseur en dépendances a été testé sur 9 langues très diverses, comme l'hébreu, le hongrois ou le coréen, et a terminé second dans sa catégorie. S'appuyant sur une stratégie d'analyse par transitions (à la MALT (Nivre, 2003)), DYALOG-SR utilise de plus la programmation dynamique pour gérer des choix non-déterministes au travers de faisceaux (*beams*). Mais la principale originalité de DYALOG-SR réside dans sa capacité à traiter en entrée des treillis de mots, pouvant représenter des ambiguïtés lexicales mais également des ambiguïtés de segmentation. Cette capacité a été utilisée dans le cadre de SPMRL sur des treillis en hébreu.

À ce stade, une première expérience préliminaire a consisté à entraîner et à évaluer DYALOG-SR sur la version en dépendances du French TreeBank (FTB) (Candito *et al.*, 2010a), de manière à pouvoir le comparer avec les autres systèmes évalués sur ce même treebank (Candito *et al.*, 2010b; Urieli & Tanguy, 2013; Le Roux *et al.*, 2012). Il nous a paru intéressant de tester également DYALOG-SR sur les treillis de mots produits par le segmenteur SXPIPE (Sagot & Boullier, 2008), en particulier pour vérifier son comportement sur les treillis pour une autre langue que l'hébreu. De fait, nous avons du affiner certains détails de l'algorithme, en particulier pour une meilleure prise en compte des mots en lecture avant (*lookahead*).

Par ailleurs, au travers de FRMG (de La Clergerie, 2005b), nous disposons d'un autre analyseur pour le français, basé sur une grammaire linguistique, de bonne qualité et de large couverture, capable de produire des analyses respectant le schéma d'annotation du FTB (Villemonte De La Clergerie, 2013b). Ceci nous a incité à tenter une expérience de couplage entre DYALOG-SR et FRMG, en utilisant les résultats de FRMG comme traits de guidage pour DYALOG-SR. Cette manipulation, finalement très simple à mettre en oeuvre, s'est révélée fructueuse et assure les meilleurs performances, à notre connaissance, obtenues à ce jour sur le FTB.

Dans la section 2, nous présentons les grandes lignes de l'algorithme d'analyse mis en oeuvre par DYALOG-SR, ainsi que, dans la section 3, les adaptations apportées pour le traitement de treillis de mots. Nous rappelons quelques résultats obtenus par DYALOG-SR pendant la campagne SPRML. Partant de ce point de départ, les expériences menées sur le français sont ensuite décrites en section 4, en précisant certaines modifications supplémentaires apportées à DYALOG-SR pour améliorer ses performances et son efficacité. Enfin, en section 5, nous présentons et discutons les résultats obtenus pour ces expériences sur le corpus FTB, ainsi que sur le corpus hétérogène SEQUOIA.

## 2 Un algorithme d'analyse par faisceau

DYALOG-SR met en oeuvre une stratégie d'analyse par transitions utilisant le système déductif *arc-standard* de la figure 1(a) sur des configurations formées d'une position $j$ dans la chaîne d'entrée et d'une pile $S$ dont les éléments sont des arbres (partiels) de dépendances. À l'étape $m$, soit une transition d'empilement (*shift*) empile le prochain mot de la chaîne sur le sommet de la pile, soit une transition de réduction établit une dépendance de label $l$ entre le sommet $r_0$ de l'arbre $s_o$ comme gouverneur et le sommet $r_1$ de l'arbre $s_1$ comme gouverné (réduction $re_{{}_l\curvearrowleft}$) ou le contraire (réduction $re_{\curvearrowright_l}$). Les configurations sont complétées par un score $c$ mis à jour lors de l'application des transitions par consultation d'un modèle statistique donnant leur coût élémentaire ($\xi$, $\lambda$ et $\rho$). La stratégie *arc-standard* ne permet que de construire des arbres de dépendances projectifs (sans croisement de dépendances) et est proche de la stratégie *arc-eager*[1] généralement mise en oeuvre dans MALT pour les cas projectifs.

$$
\begin{array}{ll}
\text{entrée :} & w_0 \dots w_{n-1} \\
\text{axiome} & 0{:}\langle 0, \epsilon\rangle{:}0 \\
& \text{shift}\,\dfrac{m{:}\langle j, S\rangle{:}c}{m+1{:}\langle j+1, S|w_j\rangle{:}c+\xi} \\
& re_{{}_l\curvearrowleft}\,\dfrac{m{:}\langle j, S|s_1|s_0\rangle{:}c}{m+1{:}\langle j, S|s_1\,{}_l\!\curvearrowleft s_0\rangle{:}c+\lambda} \\
& re_{\curvearrowright_l}\,\dfrac{m{:}\langle j, S|s_1|s_0\rangle{:}c}{m+1{:}\langle j, S|s_1 \curvearrowright_l s_0\rangle{:}c+\rho} \\
\text{but} & 2n-1{:}\langle n, s_0\rangle{:}c
\end{array}
$$

(a) sur les configurations

$$
\text{shift}\,\dfrac{I = m{:}\langle j, s_0, s_1\rangle{:}(c, \iota)}{\begin{array}{c} J = m+1{:}\langle j+1, w_j, s_0\rangle{:}(c+\xi, \xi) \\ \text{tail}(J) \mathrel{+}= I \\ \text{back}(J) \mathrel{+}= (\text{shift}, I, \text{nil}, c+\xi) \end{array}}
$$

$$
re_{{}_l\curvearrowleft}\,\dfrac{\begin{array}{c} I = m{:}\langle j, s_0, s_1\rangle{:}(c, \iota) \\ I_t = \_{:}\langle \_, \_, s_2\rangle{:}(c', \iota') \in \text{tail}(I) \end{array}}{\begin{array}{c} J = m+1{:}\langle j, s_1\,{}_l\!\curvearrowleft s_0, s_2\rangle{:}(c'+\delta, \iota'+\delta) \\ \delta = \iota + \lambda \\ \text{tail}(J) \cup= \text{tail}(I_t) \\ \text{back}(J) \mathrel{+}= ({}_l\!\curvearrowleft, I, I_t, c'+\delta) \end{array}}
$$

(b) sur les items en programmation dynamique (fragment)

FIGURE 1 – Systèmes déductifs pour la stratégie *Arc-standard*
les _ dans les items dénotent des champs dont les valeurs ne nécessitent pas d'être consultées

Néanmoins, là où MALT explore l'espace de recherche de manière déterministe et gloutonne en prenant une suite de décisions locales, DYALOG-SR utilise une approche non-déterministe en maintenant, pour chaque étape $m$, un faisceau de possibilités de largeur $k$. Pour cela, suivant (Huang & Sagae, 2010), il met en oeuvre des principes de programmation dynamique en identifiant des ensembles de configurations se comportant de manière équivalente par rapport aux transitions et représentables sous forme d'*items*. Plusieurs choix sont possibles pour définir ces items, et dans notre cas, la composante principale d'un item $I$ est fournie par $m{:}\langle j, s_0, s_1\rangle{:}(c, \iota)$ où $j$ dénote la position courante dans la chaîne d'entrée, $s_0$ et $s_1$ les 2 premiers éléments de pile (plus précisément des approximations sur les noeuds racines et leurs dépendances immédiates), $c$ le coût préfixe maximum menant à $I$, et $\iota$ le coût *intérieur* maximum depuis l'empilement d'un élément au dessus de $s_1$, De plus, suivant (Goldberg *et al.*, 2013), nous maintenons pour chaque item $I$ un ensemble d'items queue (*tail*) $I_t$ nécessaires lors des réductions pour retrouver le bas de la pile. Enfin, des pointeurs arrière (typés) sont associés à chaque item permettant de reconstruire une dérivation et un arbre de dépendance à partir d'un item final. Par ailleurs, le système déductif est adapté pour les items comme illustré par la figure 1(b).

L'utilisation de la programmation dynamique signifie en pratique que, même si seuls les $k$ meilleurs items sont conservés à chaque étape $m$, nettement plus de $k$ configurations sont accessibles au travers des pointeurs arrières. Par contre, à chaque étape, seule l'information présente dans un item est accessible, soit bien moins que dans une configuration complète.

La phase d'apprentissage s'appuie sur les transitions fournies par un oracle et utilise un perceptron moyennée pour mettre

1. Cependant, la stratégie *arc-eager* tend à créer les dépendances au plus tôt, au contraire de *arc-standard*.

à jour le modèle statistique (Daume, 2006), en suivant une stratégie agressive de mise à jour au plus tôt (*early strategy*, (Huang *et al.*, 2012)) dès que l'item oracle $\mathcal{O}_m$ obtenu à l'étape $m$ par application des $m$ premières transitions données par l'oracle se trouve en dehors du faisceau d'items.

Le choix des transitions à appliquer s'appuie sur un jeu assez classique de traits, comprenant en particulier des traits lexicaux liés aux champs du format tabulaire CONLL comme `lex`, `lemma`, `cat` (CPOS), `fullcat` (POS), `mstag` (traits morphosyntaxique FEATS). Ces traits sont déclinés pour le prochain mot $\mathrm{la}_1$ dans la chaîne, pour les deux mots suivants de lecture avant $\mathrm{la}_2$ et $\mathrm{la}_3$ (*lookahead*), et (quand présents) pour les racines $r_0$ et $r_1$ des arbres $s_0$ et $s_1$ ainsi que pour leurs fils extremum à gauche et à droite. Nous avons aussi des traits liés aux dépendances comme les labels, les valences et domaines, ainsi que les distances discrétisées entre $r_0$, $r_1$ et $\mathrm{la}_1$. Les traits ont en général des valeurs atomiques (symboliques ou numériques) mais acceptent également des listes de valeurs, par exemple pour décomposer le trait `mstag` en sous-traits (`gender`, `number`, ...). Ces traits peuvent être combinées sous forme de séquences (*motifs*) pour prendre en compte des corrélations multi-facteurs.

La table 1(a) rappelle quelques résultats obtenus par DYALOG-SR sur le français lors de la campagne SPMRL 2013. Quatre configurations étaient proposées aux participants, avec l'apprentissage réalisé sur un corpus de 14K phrases (`full`) ou un corpus de 5K phrases (`5k`), et avec en entrée un étiquetage de référence (`gold`) ou prédit (`pred`). Le schéma d'annotation utilisé était une variante plus riche du schéma FTB, avec en particulier une relation `dep_cpd` servant à relier les composants d'une forme composée (comme par exemple les composants du terme *motion de censure*). En mode `pred`, la détection de ces relations `dep_cpd` était une des principales difficultés de la tâche.

Dans la table 1(a), les résultats de DYALOG-SR sur la partie `test` sont comparés à ceux du meilleur système, à un système baseline de type MALT, et à la moyenne des résultats fournis par les participants. Les scores sont exprimés en *Labeled Attachement Score* (LAS), en prenant en compte la ponctuation. Enfin, la valeur pour $b$ indique la largeur optimale du faisceau calculée sur la partie `dev`.

On observe que DYALOG-SR reste relativement loin du meilleur système pour toutes les configurations, mais se place néanmoins systématiquement dans la moyenne haute des participants, un résultat somme toute honorable pour un système développé et configuré en environ un mois. Sur l'ensemble des 9 langues, DYALOG-SR se classe second[2], juste devant une version de MALT optimisée sur son jeu de traits grâce à l'emploi de MALTOPTIMIZER (Ballesteros & Nivre, 2012). Enfin, la figure 4(a) montre l'impact des faisceaux dans l'amélioration significative des performances pour toutes les langues, à l'exception encore mystérieuse du coréen.

| | DYALOG-SR | | autres systèmes | | |
|---|---|---|---|---|---|
| configuration | test | beam | meilleur | baseline | moyenne |
| gold/full | 87,69 | 8 | 90,29 | 79,86 | 85,99 |
| gold/5k | 85,66 | 8 | 88,73 | 78,16 | 84,49 |
| pred/full | 82,06 | 8 | 85,86 | 77,98 | 81,03 |
| pred/5k | 80,11 | 4 | 83,60 | 76,54 | 79,31 |

(a) sur le français (métrique LAS)

| | DYALOG-SR | |
|---|---|---|
| | chaîne | treillis |
| baseline beam6 | 87.34 | 76.35 |
| modifié + `length` b6 | | 83.47 |
| modifié + `length` b16 | | 86.75 |
| modifié - `length` b16 | | 86.50 |

(b) sur l'hébreux (métrique TED)

TABLE 1 – Résultats SPMRL 2013 pour le français et l'hébreu

# 3 Traiter des treillis de mots

Une des particularité de DYALOG-SR réside dans sa capacité à prendre en entrée des treillis de mots. Un tel treillis est un graphe dirigé acyclique (DAG) dont les arcs sont décorés par des mots et dont les noeuds dénotent des positions dans la phrase, comme illustré par la figure 2 pour une phrase en hébreu. Ces treillis sont classiquement utilisés pour représenter des ambiguïtés au niveau des mots mais aussi des ambiguïtés de segmentation et une sous-tâche de SPMRL était dédiée au traitement de treillis, en particulier pour l'hébreu.

Si le traitement de treillis de mots est relativement classique pour les approches d'analyse syntaxique par chartes[3], ce n'est pas le cas pour les approches statistiques et en particulier pour les approches par transitions. En effet, les chemins

2. L'ensemble des résultats sont disponibles dans (Seddah *et al.*, 2013; Villemonte De La Clergerie, 2013a)
3. et est formalisé en tant qu'intersection du langage engendré par une grammaire avec le langage régulier engendré par le treillis

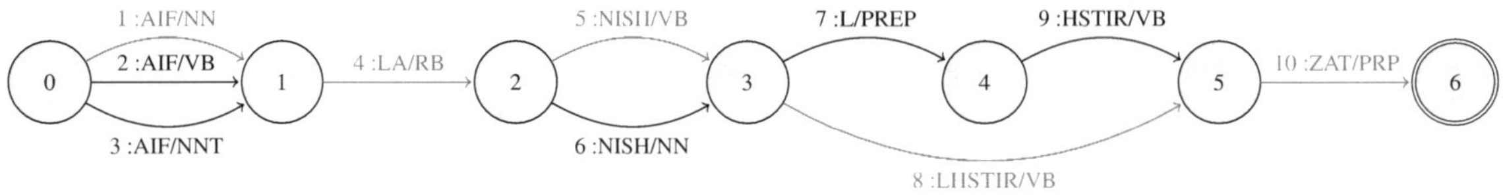


FIGURE 2 – Un treillis ambiguë (avec, en rouge, le chemin de segmentation référence *AIF LA NISH LHSTIR ZAT*)

possibles dans un treillis peuvent être de longueurs différentes, rendant difficile la comparaison des scores associés aux configurations (et aux items). Une première solution à ce problème consiste à normaliser les scores en fonction de la longueur des chemins, mais les expériences menées ne se sont pas révélées très concluantes, même si un gain de quelques points a été obtenu.

Finalement, un trait `length` a été ajouté à chaque mot, dénotant la longueur de l'arc sous-jacent dans le treillis, laissant au mécanisme d'apprentissage le soin de déterminer les meilleurs poids relatifs aux diverses longueurs (en conjonction avec les autres traits).

Une autre difficulté des treillis de mots est lié à l'utilisation des mots en lecture avant. Le choix de ces mots est maintenant non-déterministe et doit rester cohérent avec un chemin valide dans le treillis. En pratique, il devient nécessaire d'étendre les configurations pour y ajouter explicitement le chemin choisi de lecture avant, comme formalisé par le système déductif de la figure 3. Les trois composants $\mathrm{la}_1, \mathrm{la}_2, \mathrm{la}_3$ dénotent des identifiants d'arcs dans le treillis qui forment un début de chemin valide à partir de la position $j$. La transition `shift` nécessite de choisir un nouvel identifiant $\mathrm{la}_4$ prolongeant le chemin, suite à la consommation de $\mathrm{la}_1$. Les items et transitions sur les items ont similairement été révisés. Bien entendu, l'ajout des identifiants peut grandement multiplier le nombre possible d'items, en gros par le nombre de chemins possibles (de taille 3) dans le treillis, d'où l'importance d'utiliser des faisceaux plus larges.

$$re_{{}_l\curvearrowleft}\;\frac{m{:}\langle j, S|s_1|s_0, \mathrm{la}_1, \mathrm{la}_2, \mathrm{la}_3\rangle{:}c}{m+1{:}\langle j, S|s_1\,{}_l\!\curvearrowleft s_0, \mathrm{la}_1, \mathrm{la}_2, \mathrm{la}_3\rangle{:}c+\lambda}$$

$$re_{\curvearrowright_l}\;\frac{m{:}\langle j, S|s_1|s_0, \mathrm{la}_1, \mathrm{la}_2, \mathrm{la}_3\rangle{:}c}{m+1{:}\langle j, S|s_1 \curvearrowright_l s_0, \mathrm{la}_1, \mathrm{la}_2, \mathrm{la}_3\rangle{:}c+\rho}$$

$$\mathrm{shift}\;\frac{m{:}\langle j, S, \mathrm{la}_1, \mathrm{la}_2, \mathrm{la}_3\rangle{:}c}{m+1{:}\langle k, S|\mathrm{la}_1, \mathrm{la}_2, \mathrm{la}_3, \mathrm{la}_4\rangle{:}c+\xi}$$

FIGURE 3 – Version révisée de la stratégie arc-standard, pour les treillis

Enfin, lors de la phase d'apprentissage, il est nécessaire de compléter l'oracle avec des informations sur le bon chemin à suivre dans le treillis de manière à pouvoir choisir l'arc suivant $\mathrm{la}_4$ lors des transitions `shift`. En pratique, ce chemin est obtenu par alignement du treillis avec la segmentation de référence.

La table 1(b) donne les résultats obtenus pour l'hébreu, d'abord avec DYALOG-SR non modifié sur des chaînes (non ambiguës) et sur des treillis (ambiguës), puis avec DYALOG-SR modifié (et le trait `length`). Les scores utilisent la métrique TED (Tsarfaty *et al.*, 2011), adaptée à la mise en correspondance d'analyses ne s'appuyant pas sur une même segmentation. La version non modifiée est très mauvaise sur les treillis avec une chute de 11 points mais la version modifiée, pour un faisceau de taille 16, arrive quasiment à combler son retard, avec une perte de seulement 0,6 point. La figure 4(b) montre que des faisceaux plus larges semblent effectivement nécessaires pour compenser l'ambiguité des treillis (avec en moyenne 2,76 arcs par token), mais même avec un faisceau de taille 6, on observe des gains importants par rapport à la version non modifiée. Enfin, de manière surprenante, le trait `length`, bien qu'utile, ne semble pas essentiel et n'assure en définitive qu'un gain de 0,25, peut-être parce qu'il est en partie redondant avec les traits lexicaux.

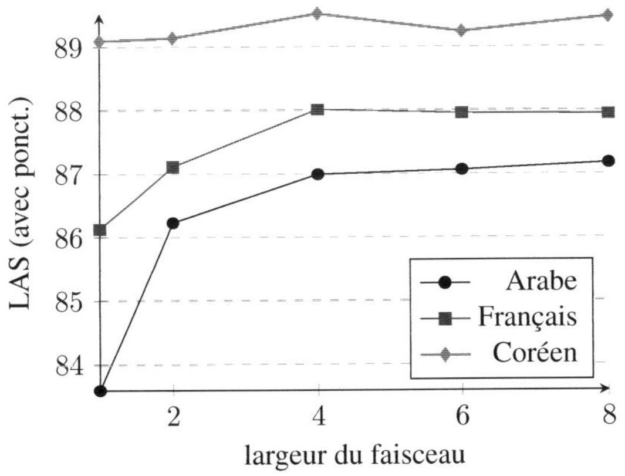


(a) chaînes

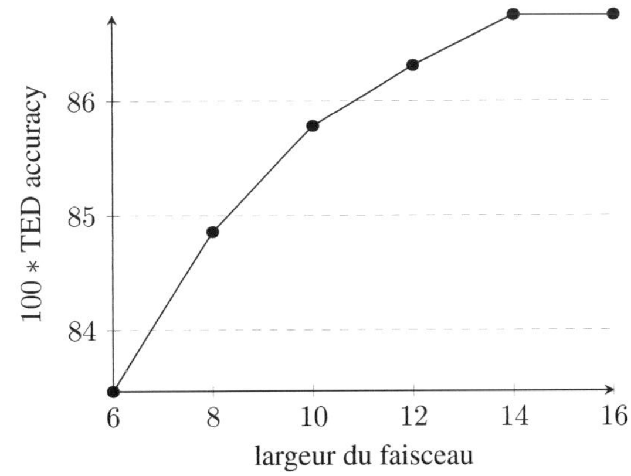


(b) treillis hébreux

FIGURE 4 – Influence des faisceaux

# 4 Trois expériences sur le français

La campagne SPMRL étant maintenant close, il est intéressant de prendre plus de temps et de recul pour explorer les capacités de DYALOG-SR, en particulier sur le français, pour lequel nous disposons d'outils et de ressources supplémentaires pouvant être utiles.

## 4.1 DYALOG-SR avec étiquetage préalable par MELT

La première expérience a surtout pour vocation de calibrer DYALOG-SR par rapport aux résultats déjà publiés sur le français, en particulier sur la version en dépendances du FTB (Candito *et al.*, 2010b; Urieli & Tanguy, 2013). Nous avons utilisé une version du FTB étiquetée et lemmatisée avec MELT [4] (Denis & Sagot, 2009) en mode validation croisée 10 fois avec une f-mesure de 97,88% sur la partie test du FTB, comparable au taux de 97,81% mentionné dans (Urieli & Tanguy, 2013). Les traits morpho-syntaxiques sont fournis par le lexique LEFFF (Sagot *et al.*, 2006), que nous utilisons également pour fournir des informations de sous-catégorisation pour les verbes. Nous incluons de plus des traits de *clustering* appris sur un large corpus par application de l'algorithme de Brown (Liang, 2005). Suivant (Urieli & Tanguy, 2013), nous avons également ajouté quelques traits liés à la présence (ou non) de ponctuations entre $s_0$ et le premier mot à lire $\mathrm{la}_1$.

Enfin, nous avons réalisé que les règles de déduction sur les items (fig. 1(b)) permettent en fait d'accéder à l'élément de pile $s_2$ lors des réductions (au travers des items de queue $I_t$) et qu'il est donc possible d'utiliser des traits liés à $s_2$ lors des réductions. Par contre, pour les transitions `shift`, nous ne cherchons pas à retrouver $s_2$ et les traits associés.

Ces traits supplémentaires ont été également utilisés pour les deux autres expériences.

Tout dernièrement, nous avons également cherché à rendre encore plus agressive la stratégie de mise à jour du modèle lors de l'apprentissage. En particulier, en sus des règles existantes, le modèle est maintenant mis à jour dès que le coût de la dernière action conduisant à l'item oracle $\mathcal{O}_m$ se trouve en dessous d'une certaine marge avec le coût de la dernière action conduisant au meilleur item, ce même si $\mathcal{O}_m$ se trouve dans le faisceau. La valeur de la marge est automatiquement ajustée en fonction du coût moyen des transitions. Enfin, lors d'une mise à jour, le perceptron normalement incrémente ou décrémente les poids de 1 pour les traits concernés, mais cet incrément est maintenant porté à 2 en cas de détection de pertes de dépendances, c'est à dire quand le choix de la transition sur l'item à pénaliser conduit à perdre au moins une dépendance prédite par l'oracle.

De nouveaux tests réalisés avec la nouvelle version de DYALOG-SR sur les données SPRML du français (pred/full) ont montré une évolution des performances sur la partie `dev` de 82,88 à 83,51.

4. Ces données nous ont été gentiment préparées et fournies par Benoît Sagot.

## 4.2 DYALOG-SR sur des treillis produits par SXPIPE

Le fait que DYALOG-SR puisse prendre des treillis de mots en entrée nous a incité à le tester sur les treillis fournis par SXPIPE pour le français (Sagot & Boullier, 2008), avec des information lexicales fournies par LEFFF. En pratique, SXPIPE est configuré pour respecter le découpage en tokens fourni par le FTB mais peut reconnaître des lexèmes couvrant plusieurs tokens FTB (par exemple pour des entités nommées) ou, au contraire, avoir plusieurs lexèmes couvrant un même token FTB. Pour pouvoir à terme réaligner les treillis SXPIPE avec les données du FTB, nous leurs appliquons des transformations supplémentaires, comme illustré par la table 2.

| **token(s) FTB** | **lexème(s) SXPIPE** | **après transformation** |
|---|---|---|
| 10 avril | _DATE_artf/nc | 10/nc : cmpd (part=1) avril/nc : cmpd (part=2) |
| en_surface | en/prep surface/nc | en_surface/P+V |
| avec_un_bel_ensemble | avec/prep un/det bel/adj ensemble/nc | avec_un_bel_ensemble/aggl |

TABLE 2 – Exemples de transformations pour SXPIPE

Ainsi, un lexème SXPIPE multi-tokens de catégorie X est découpé en morceaux pour chaque token, avec des catégories de la forme X : cmpd. Un trait part=i est aussi ajouté aux traits morpho-syntaxiques pour chaque composant $i$. Dans l'autre sens, les lexèmes SXPIPE couvrant un même token FTB sont fusionnés. Ainsi la séquence de/prep les/det associée au token des est fusionnée en des/prep+det. Dans certains cas, ce processus de fusion peut amener à combiner un composant X : cmpd avec d'autres lexèmes.

Le processus de fusion crée un nombre très important de catégories complexes $X_1+\cdots+X_n$ (autour de 10 000 catégories), ce qui nous a amené à en rejeter certaines (hautement improbables) et surtout à remplacer toutes les séquences avec $n > 2$ par la catégorie générique aggl. Au final, nous obtenons 188 catégories, ce qui représente encore un nombre très conséquent de catégories. Par ailleurs, la plupart des catégories simples (correspondant à celles du LEFFF) ont été converties vers les catégories simples du French TreeBank (N, V, A, ADV, PRO, C, ...). Cette conversion facilite en particulier l'alignement avec les données FTB pour retrouver le chemin de référence dans les treillis lors de la phase d'apprentissage. Les lemmes et traits morpho-syntaxiques sont également exploités pour cet alignement. La table 3 fournit quelques statistiques sur les treillis obtenus pour la partie test du FTB, avec ainsi 2 arcs en moyenne par token FTB.

| **#tokens** | **#arcs** | **arcs/token** | **#catégories** | **dont X+Y** | **#(arcs cmpd)** | **#(arcs X+Y)** | **#(arcs aggl)** |
|---|---|---|---|---|---|---|---|
| 278 083 | 560 176 | 2,01 | 188 | 131 | 30 980 (5,5%) | 13 174 (2,3%) | 2 318 (0,4%) |

TABLE 3 – Quelques statistiques sur les treillis SXPIPE pour FTB test

Nos premiers tests ont permis de mettre en évidence des faiblesses dans l'algorithme initial de DYALOG-SR qui n'avaient pas été perçues pour l'hébreu. En effet, pour un faisceau de taille 1, les scores se situaient très bas, entre 40% et 45%, sur les corpus de développement et de test. Une analyse des résultats a montré que le choix de la bonne étiquette syntaxique posait souvent problème. Nous avons alors réalisé que la transition shift (fig. 3) ne prenait pas en compte le prochain mot en avant $\text{la}_4$ (le plus à droite) pour évaluer son score. Comme $\text{la}_4$ est ensuite intégré dans le nouvel item et ne peut plus être remis en cause, cela conduisait à un mauvais étiquetage, et en cascade à de mauvaises dépendances. Nous avons donc modifié DYALOG-SR pour prendre en compte des traits relatifs à $\text{la}_4$ lors des transitions shift et avons également ajouté quelques informations relatives au token suivant $\text{la}_4$ comme l'ensemble des catégories possibles.

Les expériences menées sur les treillis pour l'hébreu ont montré l'importance de faisceaux dont la largeur est en relation avec le niveau d'ambiguité de ceux-ci. Plutôt que d'augmenter globalement cette largeur, nous avons testé un mécanisme d'adaptation locale de la largeur du faisceau en fonction du niveau local d'ambiguïté. Empiriquement, pour l'étape $m$, nous appliquons un coefficient multiplicateur donné par $b(i) = \max(1, \log(|\mathcal{P}_{i,3}|))$ pour les positions $i$ entre $m/2 \pm 2$ avec $\mathcal{P}_{i,3}$ dénotant l'ensemble des chemins de longueur 3 partant de $i$. Cela signifie que même pour un faisceau globalement de largeur 1, nous pouvons localement avoir une largeur $> 1$. En pratique, sur le FTB, $b(i)$ se situe entre 1 et 5.

Cependant, le coût en temps sur les treillis reste relativement élevé, en particulier à cause du mombre d'items créés et finalement rejetés car étant hors du faisceau. L'article (Choi & McCallum, 2013) nous a fourni une piste pour contrer ce phénomène : il suggère en effet que de bons résultats peuvent étre obtenus en ne considérant que les 2 meilleures configurations par étape, en se limitant de plus aux étapes à faible confiance, c'est à dire les étapes où les coûts des meilleures actions se situent dans une faible marge. Cela nous a conduit, pour DYALOG-SR, à ne considérer que les $k$ meilleurs items dérivables par réduction à partir d'un item $I$, à condition que leurs coûts soient dans une certaine marge

$m$. Par défaut, nous prenons $k = 3$ (au lieu de 2 dans le cas de (Choi & McCallum, 2013)) et $m = 200$ (pour des coûts élémentaires de l'ordre de $\pm 1000$).

### 4.3 DYALOG-SR guidé par FRMG

FRMG est une grammaire d'arbres adjoints (TAG) à large couverture du français, dérivée d'une description grammaticale de haut-niveau sous forme d'une méta-grammaire (de La Clergerie, 2005b).[5] Un analyseur par charte, compilé à partir de la grammaire, permet de retourner l'ensemble des analyses complètes possibles pour une phrase, sous forme d'une forêt partagée de dérivations. En cas d'échec de l'analyse, l'analyseur bascule en mode *robuste* et fournit des séquences d'analyses partielles, de manière à couvrir la phrase. La forêt de dérivation est convertie en forêt de dépendances, et est ensuite désambiguisée à l'aide d'un ensemble de règles heuristiques portant sur les dépendances. Enfin, l'arbre de dépendances ainsi obtenu peut être converti suivant divers schémas d'annotation syntaxique, dont celui utilisé pour les campagnes EASy et Passage ainsi que celui utilisé pour la version dépendance du FTB (schéma FTB). Récemment, des techniques d'apprentissage partiellement supervisé ont permis de fortement améliorer la phase de désambiguisation de FRMG (Villemonte De La Clergerie, 2013b), pour amener ses performances au niveau de celles d'analyseurs statistiques.

Disposant de deux analyseurs syntaxiques de bonne qualité pour le français, il était intéressant de les combiner. Dans le cas présent, nous avons choisi d'utiliser les résultats de FRMG pour guider les décisions de DYALOG-SR. Plus précisément, nous avons ajouté des traits statiques `frmg_label` et `frmg_delta`, indiquant respectivement le label de la dépendance entrante sur chaque mot, et la distance (positive ou négative) à son gouverneur. Les résultats obtenus avec ces traits préliminaires étant déjà extrêmement encourageants, nous avons alors recherché des traits plus proches d'un vrai guidage, liés aux configurations et pas seulement aux tokens.

Ainsi, lorsqu'un item $I$ avec les 2 éléments de piles $s_0$ et $s_1$ de racines $r_0$ et $r_1$ est compatible avec une réduction donnant une dépendance de label $l$ prédite par FRMG entre $r_0$ et $r_1$, un trait dynamique de guidage `reduce_right` ou `reduce_left` est ajouté, lors de l'exécution. Comme les réductions droites peuvent être en compétition avec une transition `shift`, un trait de guidage `shift` est également émis si le premier mot $\text{la}_1$ précède ou égale le descendant de $r_0$ le plus à droite pour FRMG. Enfin, le label $l$ de la dépendance est ajouté au trait de guidage.

## 5 Résultats et discussions

Les trois expériences précédemment décrites ont été conduites sur la version en dépendances du FTB (Candito *et al.*, 2010a), en utilisant classiquement la partie `train` (9881 phrases) pour l'entraînement, la partie `dev` (1235 phrases) pour les mises au point et la partie `test` (1235 phrases) pour l'évaluation.

La table 5(a) fournit les performances en LAS (sans prise en compte de la ponctuation) pour les diverses versions de DYALOG-SR, pour FRMG, et pour divers analyseurs statistiques. Pour FRMG, nous fournissons les performances pour la version de base et pour une version `+tuning` après amélioration de la phase de désambiguisation par apprentissage sur la partie `train` du FTB. C'est cette version `+tuning` qui est utilisée pour l'expérience de couplage. Pour les analyseurs statistiques, nous reprenons comme baseline les résultats publiés dans (Candito *et al.*, 2010b) pour les systèmes BERKELEY (constituance + conversion en dépendances), MALT et MST (*Maximum Spanning Tree*).

Nous avons ensuite les résultats plus récents du système TALISMANE (Urieli & Tanguy, 2013), qui partage un certain nombre de points communs avec DYALOG-SR, comme l'emploi d'un algorithme par transition, l'emploi de faisceaux et l'emploi de LEFFF. TALISMANE intègre aussi, en plus des traits statistiques, des règles/contraintes linguistiques censées bloquer certaines configurations impossibles, ce qui a, en partie, motivée le couplage de DYALOG-SR avec une source d'information linguistique comme FRMG.

Enfin, nous mentionnons les résultats publiés pour le français dans (Le Roux *et al.*, 2012) qui s'appuient sur l'application d'un modèle discriminatif pour le ré-ordonnancement des $n$ meilleurs analyses produites par une grammaire PCFG (avec un modèle génératif) et transformées en dépendances. La méthode donne de très bons résultats et présente quelques similarités avec l'idée de coupler plusieurs modèles statistiques. Pour information, nous donnons aussi les résultats obtenus par MATE (Bohnet, 2010), une version améliorée de MST exploitant des informations fournies par MELT.

Avec un étiquetage préalable par MELT, DYALOG-SR obtient de bons résultats, similaire à ceux de MALT pour un faisceau

5. Accessible en ligne sur `http://alpage.inria.fr/frmgwiki`.

| système | dev | test |
|---|---|---|
| FRMG init | 80, 85 | 82, 08 |
| FRMG +tuning | 86, 20 | 87, 49 |
| BKY | 86, 50 | 86, 80 |
| MALT | 86, 90 | 87, 30 |
| MST | 87, 50 | 88, 20 |
| TALISMANE (b=1) | 86, 80 | 87, 20 |
| TALISMANE (b=20) | 88, 10 | 88, 50 |
| Le Roux (2012) | – | 89, 20 |
| MATE+MELT | – | 89, 20 |
| DYALOG-SR (b=1 i=5) | 86, 94 | 87, 71 |
| DYALOG-SR (b=8 i=10) | 88, 17 | 89, 01 |
| DYALOG-SR treillis (b=1 i=8) | 82, 60 | 83, 68 |
| DYALOG-SR treillis (b=10 i=9) | 87, 23 | 87, 90 |
| DYALOG-SR treillis (b=12 i=7) | 87, 15 | 88, 15 |
| DYALOG-SR+FRMG (b=1 i=6) | 88, 21 | 89, 38 |
| DYALOG-SR+FRMG (b=10 i=7) | 89, 02 | 90, 25 |

(a) comparaison des systèmes

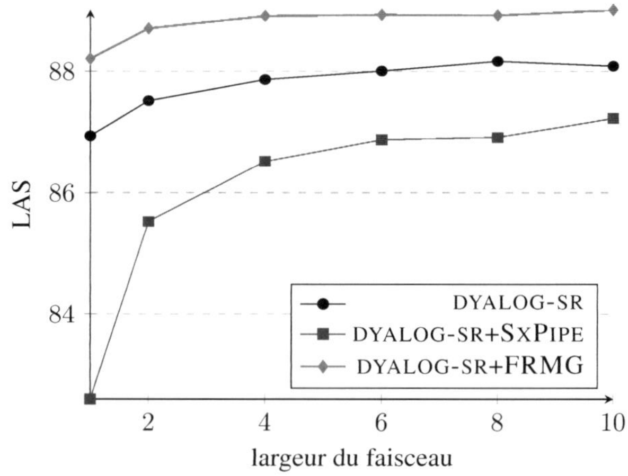


(b) impact des faisceaux (sur FTB dev)

FIGURE 5 – Performances sur le FTB (métrique LAS, sans ponctuations)

de taille 1. Les meilleurs résultats, obtenus avec un faisceau de taille 8 (et itération 10), dépassent ceux de la 1ère génération d'analyseurs (BKY, MALT et MST) et même ceux plus récemment obtenus par TALISMANE. Ils s'approchent des scores atteints par (Le Roux *et al.*, 2012). Il est intéressant de noter que des choix locaux en partie compensés par un faisceau assez large rivalisent avec des choix plus globaux, comme mis en oeuvre par MST ou MATE ou par réordonnancement dans (Le Roux *et al.*, 2012).

Les résultats obtenus par DYALOG-SR sur les treillis SXPIPE, sans étiquetage préalable et avec réalignement, sont finalement assez proches de ceux obtenus avec étiquetage, avec une perte d'un peu plus d'un point, malgré un jeu très important de 188 catégories syntaxiques. Ils dépendent cependant fortement de l'utilisation des faisceaux. La figure 5(b) montre en effet que les performances croissent de manière importante avec la largeur des faisceaux, avec plus de quatre points de gains, mais que grâce à l'adaptation locale des faisceaux, il n'est pas cependant nécessaire d'utiliser des faisceaux aussi larges que pour l'hébreu. Il est probable qu'il existe encore une marge de progression, en intégrant de nouveaux traits plus spécifiquement dédiés au choix du prochain lexème dans le treillis et en gérant mieux les processus de fusion des lexèmes SXPIPE. Comme les catégories syntaxiques ne sont pas celles du FTB, il est difficile de fournir une évaluation précise de l'étiquetage finalement obtenu. Néanmoins, en projetant sur les 15 catégories simples du FTB, on obtient une f-mesure de 95,35% sur FTB test (et $b = 10, i = 9$) alors qu'elle était autour de 70% avant les modifications apportées à la gestion de $la_4$ lors des transitions `shift`.

Enfin, les résultats les plus intéressants sont ceux fournis par le couplage de DYALOG-SR avec FRMG. On observe que les scores obtenus sont bien meilleurs que ceux obtenus par FRMG et DYALOG-SR pris isolément, et qu'à notre connaissance, ils sont les meilleurs à ce jour sur le FTB. Les deux analyseurs semblent donc complémentaires, ce qui conforte l'intérêt d'injecter des connaissances linguistiques dans un analyseur statistique, ici au travers des traits de guidage.

Pour confirmer cette complémentarité, nous avons examiné plus précisément le comportement de FRMG, DYALOG-SR, et DYALOG-SR+FRMG pour certaines relations de dépendance, comme illustré par la figure 6. On observe ainsi que DYALOG-SR+FRMG dépasse presque systématiquement les 2 autres analyseurs, en rappel et en précision. On note que certaines dépendances difficiles pour les analyseurs statistiques, comme `coord` et `mod_rel`, bénéficient pleinement des informations fournies par un analyseur linguistique comme FRMG, et que DYALOG-SR semble même capable de généraliser les informations de FRMG pour le dépasser. Dans l'autre sens, la faiblesse de FRMG sur la relation `mod` et, en rappel, sur les relations pour les arguments verbaux propositionnels (`a_obj`, `de_obj`, `p_obj`) ne perturbe pas le couplage. Enfin, le mode robuste, utilisé par FRMG quand il ne trouve pas d'analyse complète, introduit de fausses racines, ce qui fait chuter sa précision sur le label `root`. Mais le couplage résout totalement ce problème.

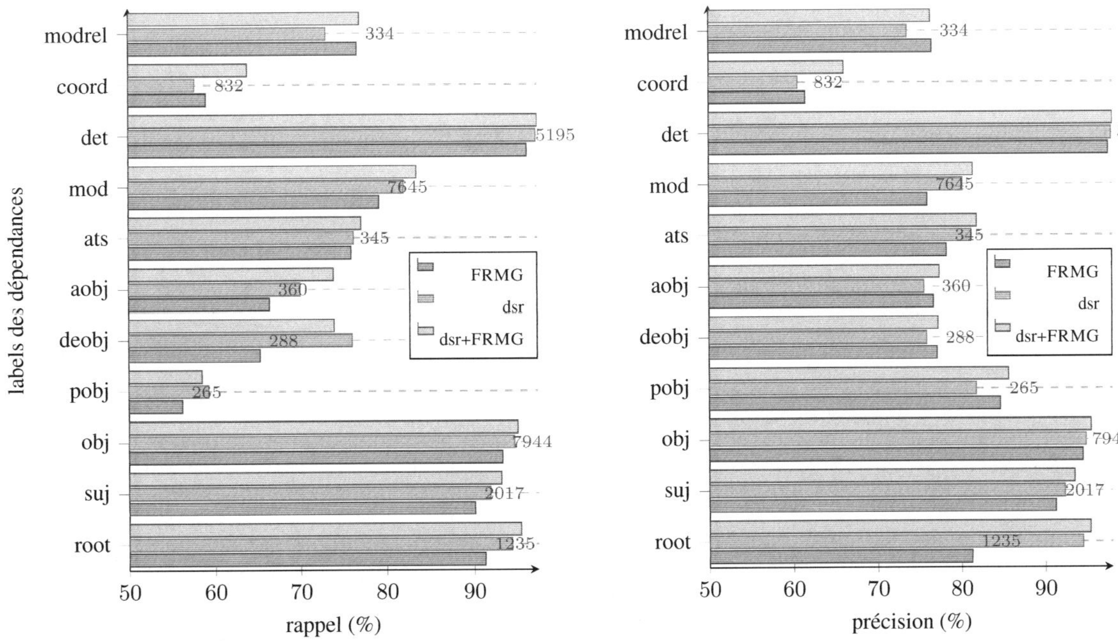


FIGURE 6 – Comparaison des systèmes sur les labels des dépendances
le volume de dépendances concernées est fourni en regard des barres

Toujours pour étudier les différences entre les analyseurs, nous les avons comparé selon divers critères *topologiques*, comme la distance entre gouverneur et gouverné (fig. 7(a)), la profondeur dans l'arbre de dépendance (fig. 7(b)), la taille de la fratrie (fig. 7(c)), et enfin le rang (gauche ou droit) dans la fratrie (fig. 7(d)). Nous notons ainsi que pour les dépendances à longue distance, difficiles pour un analyseur local comme DYALOG-SR, nous obtenons de bien meilleurs résultats par couplage avec FRMG. Pour la profondeur, qui pose problème à FRMG [6], nous notons une nette amélioration de DYALOG-SR+FRMG, en rappel et en précision. Pour le rang, et en particulier pour les rangs négatifs (dépendances gauches) qui posent problème pour DYALOG-SR, on voit que le couplage hérite des meilleures performances de FRMG. Enfin, la trace des faiblesses du mode robuste pour FRMG est bien visible en précision pour la distance nulle, la profondeur nulle et le rang nul, mais ces faiblesses sont totalement compensées pour DYALOG-SR+FRMG.

Enfin, nous avons examiné la stabilité des analyseurs sur le corpus SEQUOIA (Candito & Seddah, 2012). Les 3 204 phrases de ce corpus sont aussi annotées suivant le schéma du FTB mais couvrent divers domaines autres que le domaine journalistique du FTB. En particulier, les sous-parties EMEA correspondent à des textes médicaux difficiles à traiter. Pour des analyseurs entraînés sur FTB train, la table 4 montre que les pertes, par rapport à FTB test, sont plus faibles pour FRMG que pour DYALOG-SR, avec même FRMG dépassant DYALOG-SR en performance sur certains sous-corpus (Europar, annodis, et emea-fr-dev). [7] On observe par contre que le couplage préserve partiellement la stabilité fournie par FRMG et permet d'obtenir de bons scores sur SEQUOIA.

# Conclusion

Nous avons présenté trois expériences menées sur le français et s'appuyant sur l'analyseur DYALOG-SR. Celles-ci montrent qu'un analyseur relativement simple par transition est néanmoins susceptible d'obtenir de bons résultats. Sa simplicité permet de facilement et rapidement tester diverses hypothèses et extensions, comme l'adaptation locale des faisceaux dans les treillis, et les expériences menées nous ont déjà permis de faire largement évoluer DYALOG-SR depuis ses débuts dans la campagne SPMRL 2013. Néanmoins, même si les faisceaux ont un impact important sur les performances et permettent

6. à priori parce que le modèle de FRMG n'utilise pas de traits directement ou indirectement liés à la profondeur, au contraire de DYALOG-SR avec les traits liés à $s_0$, $s_1$ et $s_2$.

7. Les mauvaises performances de FRMG sur Wikipedia semblent dues à quelques longues phrases provoquant un timeout et une perte complète d'analyses.

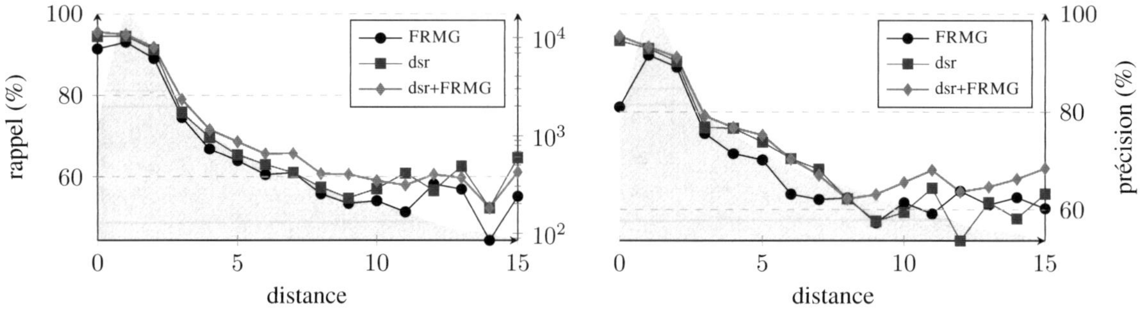


(a) par rapprort à la distance

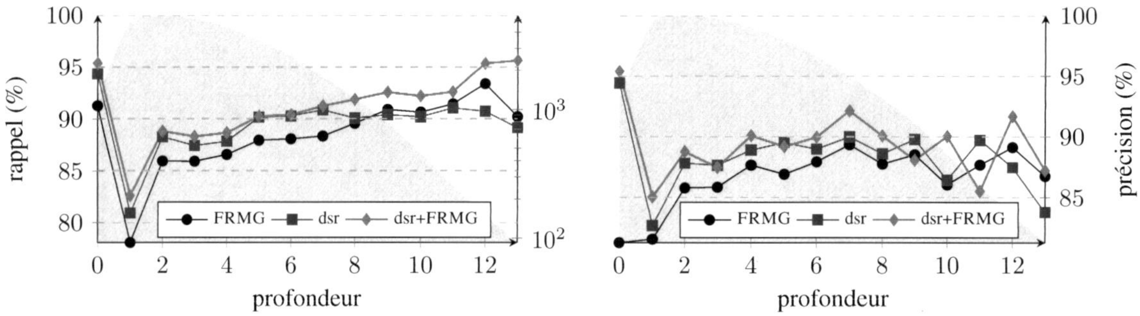


(b) par rapport à la profondeur

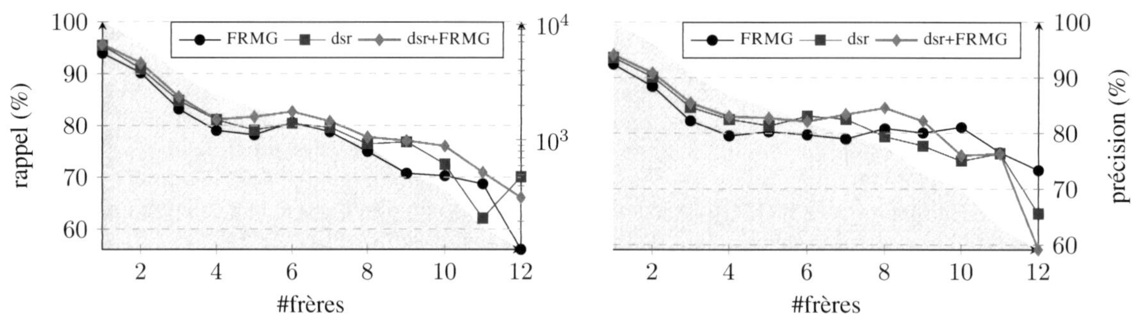


(c) par rapport au nombre de frères

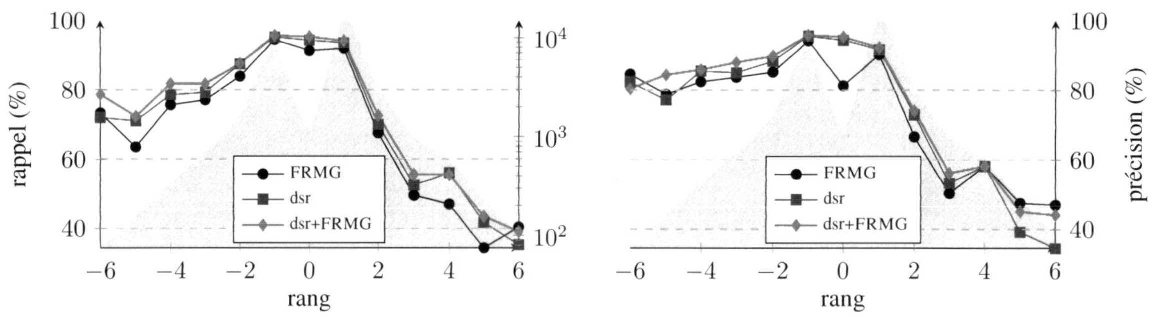


(d) par rapport au rang dans la fratrie

FIGURE 7 – Comparaison des systèmes selon divers critères *topologiques*
les fonds (en vert) indiquent le volume de dépendances concernées (échelle logarithmique à droite)

| corpus | #phrases | FRMG LAS | FRMG Δerr | FRMG %Δerr | DYALOG-SR LAS | DYALOG-SR Δerr | DYALOG-SR %Δerr | DYALOG-SR+FRMG LAS | DYALOG-SR+FRMG Δerr | DYALOG-SR+FRMG %Δerr |
|---|---|---|---|---|---|---|---|---|---|---|
| FTB test | 1235 | 87,49 | – | – | 89,00 | – | – | 90,25 | – | – |
| Europar | 561 | 87,97 | −0,5 | −3,8 | 87,00 | +2,0 | +18,2 | 88,94 | +1,3 | +13,4 |
| annodis | 529 | 86,11 | +1,4 | +11,0 | 85,80 | +3,2 | +29,1 | 88,21 | +2,0 | +20,9 |
| emea-fr-dev | 574 | 85,16 | +2,3 | +18,6 | 83,50 | +5,5 | +50,0 | 86,26 | +4,0 | +40,9 |
| emea-fr-test | 544 | 84,67 | +2,8 | +22,5 | 85,01 | +4,0 | +36,3 | 86,87 | +3,4 | +34,7 |
| frwiki | 996 | 83,53 | +4,0 | +31,7 | 84,39 | +4,6 | +41,9 | 86,23 | +4,0 | +41,2 |

TABLE 4 – Stabilité des systèmes sur le corpus hétérogène SEQUOIA, après apprentissage sur FTB

en partie de corriger les choix locaux faits un analyseur par transition (comme MALT, TALISMANE ou DYALOG-SR), il paraît difficile à terme de concurrencer des approches plus globales, éventuellement obtenues par couplage de modèles.

En allant dans cette direction, l'expérience de couplage de DYALOG-SR avec FRMG nous a ainsi fourni d'excellents résultats. Elle confirme l'intérêt d'injecter une information plus linguistique dans un analyseur statistique comme DYALOG-SR (et comme tenté aussi dans TALISMANE). Elle confirme également l'intérêt d'exploiter des contraintes de *localité étendue*, telles que fournis (indirectement) par les arbres TAG de FRMG pour mieux guider les choix plus locaux de DYALOG-SR. Il est aussi intéressant de noter que ce couplage ne permet pas seulement d'hériter des meilleures propriétés de chaque système, mais permet en fait de les dépasser.

Le couplage de plusieurs analyseurs statistiques n'est pas nouveau (Sagae & Lavie, 2006), mais celui d'un analyseur statistique avec un analyseur fondé sur une grammaire linguistique est déjà plus original et prometteur (Ovrelid *et al.*, 2009). (Villemonte De La Clergerie, 2013b) a montré qu'il est possible d'améliorer les performances d'un analyseur symbolique en lui permettant d'apprendre à partir d'un corpus annoté comme le FTB, et nous voyons ici que la combinaison d'un analyseur statistique avec un analyseur symbolique est aussi une piste intéressante pour fortement améliorer les performances, ce qui est une incitation à utiliser au mieux les divers analyseurs du français qui existent (et pas forcément les seuls analyseurs statistiques entraînés sur le FTB). Cette approche, qui reste néanmoins assez lourde à mettre en oeuvre, assure aussi une meilleure stabilité pour des corpus hors domaine d'entraînement, comme montré sur le corpus SEQUOIA.

Ce couplage ouvre également la voie à d'autres expériences. Ainsi, l'examen fin des améliorations apportées par le couplage peut sûrement permettre d'identifier et de corriger certaines faiblesses de FRMG, en particulier pour le mode robuste. D'autre part, dans le cas présent, nous avons utilisé les informations de FRMG pour guider DYALOG-SR, mais il est aussi envisageable d'exploiter les résultats de DYALOG-SR pour guider FRMG, d'autant plus que DYALOG-SR peut travailler sur les mêmes treillis SXPIPE servant d'entrée à FRMG. Par ailleurs, les sorties de FRMG sur de gros corpus peuvent être exploitées pour entraîner DYALOG-SR. Enfin l'expérience de guidage que nous avons menée après étiquetage préalable du FTB pourrait aussi être tentée directement sur les treillis SXPIPE, modulo quelques efforts d'alignement pour attacher les informations sur les bons arcs des treillis.

Enfin, DYALOG-SR continue d'évoluer. Dans le cadre de sa participation à la campagne SEMEVAL 2014 (tâche 8), il a été modifié pour produire des graphes de dépendances sémantiques (plutôt que des arbres de dépendances syntaxiques), en s'appuyant sur un jeu plus riche de transitions, permettant de définir une stratégie de type arc-eager (attachement au plus tôt) ainsi qu'une forme faible de non-projectivité. D'autres développements sont prévus pour un traitement plus complet des cas de non-projectivité.

# Références

BALLESTEROS M. & NIVRE J. (2012). MaltOptimizer : an optimization tool for MaltParser. In *Proceedings of the Demonstrations at the 13th Conference of the European Chapter of the Association for Computational Linguistics*, p. 58–62.

BOHNET B. (2010). Top accuracy and fast dependency parsing is not a contradiction. In *Proceedings of COLING*.

CANDITO M., CRABBÉ B. & DENIS P. (2010a). Statistical French dependency parsing : treebank conversion and first results. In *Proceedings of the 7th Language Resources and Evaluation Conference (LREC'10)*, La Valette, Malte.

CANDITO M., NIVRE J., DENIS P. & HENESTROZA ANGUIANO E. (2010b). Benchmarking of statistical dependency parsers for French. In *Proceedings of COLING'2010 (poster session)*, Beijing, China.

CANDITO M. & SEDDAH D. (2012). Le corpus Sequoia : annotation syntaxique et exploitation pour l'adaptation d'analyseur par pont lexical. In *TALN 2012-19e conférence sur le Traitement Automatique des Langues Naturelles*.

CHOI J. D. & MCCALLUM A. (2013). Transition-based dependency parsing with selectional branching. In *Proceedings of the 51st Annual Meeting of the Association for Computational Linguistics, Sofia, Bulgaria*.

DAUME H. C. (2006). *Practical structured learning techniques for natural language processing*. PhD thesis, University of Southern California.

DE LA CLERGERIE É. (2005a). DyALog : a tabular logic programming based environment for NLP. In *Proceedings of 2nd International Workshop on Constraint Solving and Language Processing (CSLP'05)*, Barcelone, Espagne.

DE LA CLERGERIE É. (2005b). From metagrammars to factorized TAG/TIG parsers. In *Proceedings of IWPT'05*, p. 190–191, Vancouver, Canada.

DENIS P. & SAGOT B. (2009). Coupling an annotated corpus and a morphosyntactic lexicon for state-of-the-art POS tagging with less human effort. In *Proceedings PACLIC 23*, Hong Kong, China.

GOLDBERG Y., ZHAO K. & HUANG L. (2013). Efficient implementation of beam-search incremental parsers. In *Proc. of the 51st Annual Meeting of the Association for Computational Linguistics (ACL)*, Sophia, Bulgaria.

HUANG L., FAYONG S. & GUO Y. (2012). Structured perceptron with inexact search. In *Proceedings of HLT-NAACL 2012*, p. 142–151.

HUANG L. & SAGAE K. (2010). Dynamic programming for linear-time incremental parsing. In *Proceedings of the 48th Annual Meeting of the Association for Computational Linguistics*, p. 1077–1086 : Association for Computational Linguistics.

LE ROUX J., FAVRE B., NASR A. & MIRROSHANDEL S. (2012). Generative constituent parsing and discriminative dependency reranking : Experiments on english and french. In *SP-SEM-MRL*.

LIANG P. (2005). Semi-supervised learning for natural language. Master's thesis, Massachusetts Institute of Technology.

NIVRE J. (2003). An efficient algorithm for projective dependency parsing. In *Proceedings of the 8th International Workshop on Parsing Technologies (IWPT 03)*, p. 149–160, Nancy, France.

OVRELID L., KUHN J. & SPREYER K. (2009). Improving data-driven dependency parsing using large-scale LFG grammars. In *Proceedings of the ACL-IJCNLP 2009 Conference Short Papers*, p. 37–40 : Association for Computational Linguistics.

SAGAE K. & LAVIE A. (2006). Parser combination by reparsing. In *Proceedings of the Human Language Technology Conference of the NAACL, Companion Volume : Short Papers*, p. 129–132.

SAGOT B. & BOULLIER P. (2008). SXPIPE 2 : architecture pour le traitement présyntaxique de corpus bruts. *Traitement Automatique des Langues (T.A.L.)*, **49**(2), 155–188.

SAGOT B., CLÉMENT L., DE LA CLERGERIE É. & BOULLIER P. (2006). The Le*fff* 2 syntactic lexicon for French : architecture, acquisition, use. In *Proceedings of the 5th Language Resources and Evaluation Conference (LREC'06)*, Genova, Italie.

SEDDAH D., TSARFATY R., KÜBLER S., CANDITO M., CHOI J., FARKAS R., FOSTER J., GOENAGA I., GOJENOLA K., GOLDBERG Y., GREEN S., HABASH N., KUHLMANN M., MAIER W., NIVRE J., PRZEPIORKOWSKI A., ROTH R., SEEKER W., VERSLEY Y., VINCZE V., WOLIŃSKI M., WRÓBLEWSKA A. & VILLEMONTE DE LA CLERGERIE E. (2013). Overview of the SPMRL 2013 shared task : A cross-framework evaluation of parsing morphologically rich languages. In *Proceedings of the 4th Workshop on Statistical Parsing of Morphologically Rich Languages : Shared Task*, Seattle, WA.

TSARFATY R., NIVRE J. & ANDERSSON E. (2011). Evaluating dependency parsing : Robust and heuristics-free cross-annotation evaluation. In *Proceedings of the 8th International Conference on Empirical Methods in Natural Language Processing (EMNLP 11)*, Edinburgh, UK.

URIELI A. & TANGUY L. (2013). L'apport du faisceau dans l'analyse syntaxique en dépendances par transitions : études de cas avec l'analyseur Talismane. In *Actes de la 20e conférence sur le Traitement Automatique des Langues Naturelles (TALN'2013)*, p. 188–201, Les Sables d'Olonne, France.

VILLEMONTE DE LA CLERGERIE É. (2013a). Exploring beam-based shift-reduce dependency parsing with DyALog : Results from the SPMRL 2013 shared task. In *4th Workshop on Statistical Parsing of Morphologically Rich Languages (SPMRL'2013)*, Seattle, États-Unis.

VILLEMONTE DE LA CLERGERIE É. (2013b). Improving a symbolic parser through partially supervised learning. In *The 13th International Conference on Parsing Technologies (IWPT)*, Nara, Japon.

# Principes de modélisation systémique des réseaux lexicaux *

Alain Polguère
ATILF, CNRS & Université de Lorraine, 44 av. de la Libération, BP 30687 , 54063 Nancy Cedex
alain.polguere@univ-lorraine.fr

**Résumé.** Nous présentons une approche de la construction manuelle des ressources lexicales à large couverture fondée sur le recours à un type particulier de réseau lexical appelé *système lexical*. En nous appuyant sur l'expérience acquise dans le cadre de la construction du Réseau Lexical du Français (RL-fr), nous offrons tout d'abord une caractérisation formelle des systèmes lexicaux en tant que graphes d'unités lexicales de type « petits mondes » principalement organisés à partir du système des fonctions lexicales Sens-Texte. Nous apportons ensuite des arguments pour justifier la pertinence du modèle proposé, tant du point de vue théorique qu'applicatif.

**Abstract.** We introduce a new approach for manually constructing broad-coverage lexical ressources based on a specific type of lexical network called *lexical system*. Drawing on experience gained from the construction of the French Lexical Network (fr-LN), we begin by formally characterizing lexical systems as "small-world" graphs of lexical units that are primarily organized around the system of Meaning-Text lexical functions. We then give arguments in favor of the proposed model that are both theory- and application-oriented.

**Mots-clés :** système lexical, base de données lexicale, structure du lexique, réseau lexical, graphe petit monde, proxémie, Lexicologie Explicative et Combinatoire, fonction lexicale, Réseau Lexical du Français (RL-fr).

**Keywords:** lexical system, lexical database, structure of the lexicon, lexical network, small-world graph, proxemy, Explanatory Combinatorial Lexicology, lexical function, French Lexical Network (fr-LN).

## 1 Introduction

Cet article rend compte des principes de structuration de la connaissance lexicale mis en pratique dans le cadre de la construction manuelle, par une équipe de lexicographes, du Réseau Lexical du Français, désormais RL-fr. Cette ressource est élaborée suivant le cadre théorique et descriptif général de la Lexicologie Explicative et Combinatoire (Mel'čuk *et al.*, 1995; Mel'čuk, 2006). Elle se distingue cependant radicalement des travaux lexicographiques antérieurement effectués selon cette approche par le fait qu'elle repose sur un modèle non dictionnairique et non textuel appelé *système lexical*.

La première étape de construction du RL-fr, qui doit s'achever fin 2014, s'est effectuée dans le cadre des travaux du projet RELIEF, menés au laboratoire ATILF du CNRS. Plusieurs publications traitent de l'implémentation du RL-fr, de son édition lexicographique et de sa croissance (Lux-Pogodalla & Polguère, 2011; Gader *et al.*, 2012; Polguère & Sikora, 2013). Nous nous intéressons ici spécifiquement au type particulier de modélisation systémique des lexiques qu'il implémente, en nous concentrant sur deux points : nature formelle du système lexical du RL-fr (section 2) et justification de l'approche adoptée pour organiser l'information lexicale à travers l'examen de son potentiel applicatif (section 3).

Les systèmes lexicaux appartiennent à la grande famille des réseaux lexicaux, dont la branche issue de WordNet (Fellbaum, 1998) est de loin la plus connue en Traitement Automatique des Langues. Dans ce contexte, il est sans doute utile de rappeler, avant d'entrer dans le vif du sujet, que l'on peut distinguer deux grands types de réseaux lexicaux.

1. Les réseaux ontologiquement organisés, comme WordNet, structurent l'information lexicale de façon prioritairement hiérarchique, en se référant à une organisation de la connaissance en termes de classes et sous-classes. De tels réseaux visent plus particulièrement la modélisation de l'interface monde-lexique à travers la mise en relation de l'univers (profond) des concepts avec l'univers (plus superficiel) des unités lexicales.

*. Cet article est dédié à Anaïs Ferté ; cela fait tellement de mal et tellement de bien, `anafe`, de te croiser au détour du réseau lexical.

2. Les réseaux non ontologiques privilégient quant à eux la modélisation du caractère relationnel des lexiques, en ignorant ou en mettant au second plan la problématique de la classification. Outre les systèmes lexicaux – dont il va être question ici et qui sont manuellement construits –, il s'agit généralement de grands graphes de relations interlexicales (synonymie, inclusion sémantique, etc.) extraits automatiquement des dictionnaires (Ploux & Victorri, 1998) ou d'autres ressources lexicales préexistantes (Spohr, 2012).

# 2 Le système lexical du Réseau Lexical du Français (RL-fr)

Un système lexical (angl. *lexical system*) d'une langue $\mathcal{L}$ est un modèle du lexique de $\mathcal{L}$ qui possède certaines caractéristiques bien spécifiques de contenu informationnel et de structuration. La notion de système lexical a été théorisée et expérimentée pour la première fois à partir des données lexicographiques de la base lexicale du français DiCo (Polguère, 2000; Mel'čuk & Polguère, 2006) et une description préliminaire du modèle a été publiée dans (Polguère, 2009).

Au moment où a été élaborée la proposition initiale, il n'existait pas d'implémentation de système lexical grandeur nature permettant d'expliciter concrètement le type de modèle postulé et seul un échantillon avait été produit à fin d'illustration. Le RL-fr est la première implantation véritable d'un système lexical et il est désormais possible de s'appuyer sur les résultats obtenus lors de la première étape de construction du RL-fr pour affiner et préciser la notion de système lexical.

Les systèmes lexicaux possèdent quatre caractéristiques principales qui, prises ensemble, les distinguent des autres modèles lexicaux. Elles concernent : les éléments constitutifs du système lexical en tant que graphe – nœuds et arcs (2.1) ; le caractère non atomique de ses nœuds lexicaux (2.2) ; sa structure non ontologique de type graphe petit monde (2.3) ; sa modélisation relativiste de l'information lexicale (2.4).

## 2.1 Éléments constitutifs

Le système lexical de la langue $\mathcal{L}$ est, formellement, un graphe orienté. Les nœuds de ce graphe correspondent aux différentes entités lexicales de $\mathcal{L}$. Ces entités sont principalement les unités lexicales proprement dites de $\mathcal{L}$, c'est-à-dire :

- les lexèmes de $\mathcal{L}$ – TORCHON **I** [*essuyer avec un torchon*], TORCHON **II** [*Cet article est un torchon.*]... ;
- les locutions de $\mathcal{L}$ – ⌜COUP DE TORCHON⌝, ⌜MÉLANGER LES TORCHONS ET LES SERVIETTES⌝... [1]

Il peut aussi s'agir, plus marginalement, d'expressions phraséologiques non lexicalisées, notamment de clichés linguistiques comme *Chien méchant* ou *Je vous en prie* [2].

Dans tous les cas, il est fondamental que chaque nœud du graphe soit associé à un sens de $\mathcal{L}$ bien spécifique. Il ne peut s'agir notamment d'un vocable polysémique (grosso modo, une entrée de dictionnaire), qui est dans les faits un regroupement d'unités lexicales (acceptions du vocable). Ainsi, le vocable TORCHON correspond dans le système lexical à un ensemble regroupant deux nœuds lexicaux {TORCHON **I**, TORCHON **II**}. Un système lexical est donc un graphe « désambiguïsé », si on le compare, par exemple, au graphe de synonymie DicoSyn présenté dans (Ploux, 1997). Les nœuds de ce dernier graphe sont en quelque sorte une compaction de copolysèmes et correspondent aux vocables de la langue [3]. Noter que nous désignerons dorénavant les unités lexicales (lexèmes ou locutions) par le terme plus compact de *lexie*.

Les arcs du système lexical correspondent, dans leur immense majorité, à des liens de fonctions lexicales Sens-Texte (Mel'čuk, 1996). Rappelons que le système des fonctions lexicales dites *standard* (Polguère, 2007) permet d'encoder formellement les relations lexicales paradigmatiques de dérivation sémantique – synonymie, antonymie, conversivité, noms d'actants, adjectifs actanciels... – et les relations syntagmatiques de cooccurrence collocationnelle – intensificateurs, verbes supports... Ainsi, la fonction lexicale **Oper**$_1$ correspond aux verbes supports qui prennent le premier actant d'une lexie comme sujet et la lexie elle-même comme complément, tel qu'illustré en (1) ci-dessous avec la lexie HOLD-UP **I**, qui est la lexie de base (non métaphorique) du vocable HOLD-UP.

1. Les noms d'unités lexicales sont écrits en petites majuscules, éventuellement accompagnés de numéros distinctifs en gras. Les noms d'unités lexicales qui sont des locutions sont encadrés par les symboles « ⌜ ⌝ ».

2. Pour une présentation détaillée de la terminologie lexicale utilisée, on peut se reporter à (Mel'čuk *et al.*, 1995).

3. Fort naturellement, cette approche considère comme unité lexicale ce que nous appelons *vocable*. Il est alors possible à S. Ploux et B. Victorri de parler d'*unités lexicales polysémiques* (Ploux & Victorri, 1998). Dans notre terminologie, une telle expression serait antinomique puisque notre unité de description du lexique – l'unité lexicale – est par définition associée à un seul et unique sens.

(1) **Oper₁**( HOLD-UP **I** ) = *commettre* [ART ~ ], *faire* **II.1** [ART ~ ], *réaliser* **III** [ART ~ ] [4]

La Figure 1 est la traduction sous forme de micrographe lexical de l'application de fonction lexicale (1).

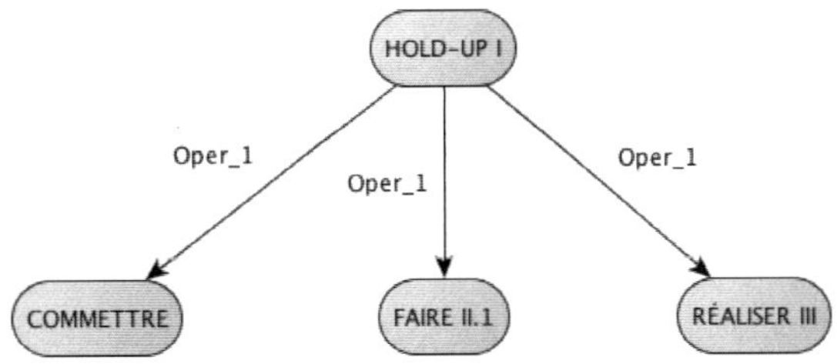


FIGURE 1 – Micrographe représentant **Oper₁**( HOLD-UP **I** )

Attention cependant ! La Figure 1 correspond à la modélisation de (1) selon les principes de structuration des systèmes lexicaux. Sur le plan de l'informatisation de ces derniers, cependant, rien ne nous oblige à implanter directement de tels graphes. Ainsi, tel que décrit dans (Gader *et al.*, 2012), le système lexical du RL-fr est implanté sous la forme d'une base SQL extrêmement modulaire permettant de gérer efficacement le processus complexe d'édition lexicographique. Nous fonctionnons alors par associations entre entités élémentaires de la base. Dans le cas des liens de fonctions lexicales, une application de fonction telle que celle de (1) est modélisée comme : une association entre l'ID d'une lexie donnée (HOLD-UP **I**) avec l'ID d'une fonction lexicale donnée (**Oper₁**), association dont l'ID pointe elle-même vers les ID des trois lexies cibles de l'application de la fonction lexicale (COMMETTRE, FAIRE **II.1** et RÉALISER **III**). Trois tables SQL distinctes sont principalement mises à l'œuvre pour encoder ces connexions : (i) `ln_senses`, qui est la table des entités lexicales nœuds du graphe, (ii) `ln_lf`, qui est la table des fonctions lexicales du RL-fr et (iii) `ln_senses_lf`, qui est la table des associations entre les ID des entités de `ln_senses` et les ID des entités de `ln_lf` [5].

Un tel encodage se visualise en terme de graphe par la Figure 2 ci-dessous, ce qui correspond à une structure radicalement distincte de celle de la Figure 1.

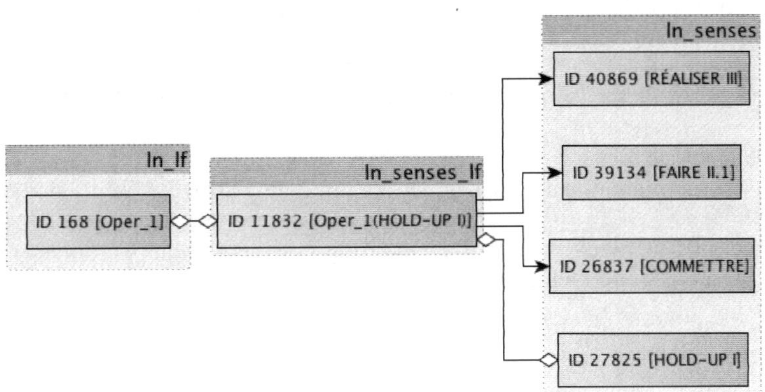


FIGURE 2 – Implantation dans le RL-fr du micrographe de la Figure 1

4. Les numéros distinctifs utilisés pour identifier les sens lexicaux dans cet article correspondent à ceux en vigueur dans le RL-fr au moment où nous écrivons. Ainsi, l'absence de numérotation après *commettre* découle du fait que la polysémie du vocable COMMETTRE n'est pas encore dégagée et qu'à l'heure actuelle seule existe dans le RL-fr l'acception correspondant à l'emploi en tant que verbe support de type **Oper₁** (*commettre un hold-up, un péché, une erreur*. . .).

5. En d'autres termes, il s'agit de la table qui modélise les applications de fonctions lexicales à des lexies spécifiques. Dans les noms de tables SQL, `ln` est mis pour *lexical network* et `lf` pour *lexical function*.

Cet article vise avant tout la présentation des systèmes lexicaux en tant que « théorisation » de la structure des lexiques, à partir des acquis du travail de construction du RL-fr. Dans la pratique cependant, il convient de choisir le type de structure informatique le plus approprié à l'usage que l'on compte faire des données du réseau lexical. Comme mentionné ci-dessus, nous avons utilisé une structure de type SQL pour répondre aux besoins particuliers de l'édition lexicographique : opérations de création/destruction de nœuds, tissage/détissage de liens, ajout d'informations riches associées à chaque nœud, etc., qui sont effectuées par une équipe complète de lexicographes travaillant simultanément sur les mêmes données. Des structures XML, RDF, etc., peuvent être préférées pour d'autres usages [6].

Les liens paradigmatiques et syntagmatiques de fonctions lexicales Sens-Texte forment l'ossature principale des systèmes lexicaux, mais ils ne sont pas les seuls à tisser les relations lexicales de la langue. On trouve ainsi notamment au sein des systèmes lexicaux les trois types de liens suivants entre nœuds du graphe :

1. liens de copolysémie – par exemple, un lien `métaphore: comme si` connecte la lexie HOLD-UP **II** [*Ce vote est un hold-up démocratique.*] à la lexie de base HOLD-UP **I** ;
2. liens asémantiques entre les locutions et les lexies dont elles sont formellement constituées – par exemple, la locution ⌜DONNER CORPS⌝ [*donner corps à une idée*] pointe vers les lexies DONNER **III.2** et CORPS **I.1a** ;
3. liens d'inclusion sémantique définitionnelle – par exemple la lexie HOLD-UP **I** contient dans sa définition le sens de la lexie VOLER **² I**.

Pour l'instant, seuls les deux premiers types de liens additionnels énumérés ci-dessus – copolysémie et inclusion formelle dans les locutions – sont implantés dans le RL-fr. Le travail d'encodage des liens d'inclusion sémantique définitionnelle vient à peine de débuter.

Comme on le voit à l'examen des différents profils de nœuds et arcs présents dans un système lexical, ce modèle a notamment la particularité de correspondre à une structure de graphe relativement hétérogène. Nous considérons que cette hétérogénéité, si elle peut être vue comme un handicap sur le plan formel, n'est en fait que le reflet d'une propriété intrinsèque de l'organisation du lexique des langues.

Pour conclure ce premier niveau de caractérisation des systèmes lexicaux, nous résumons dans le Tableau 1 ci-dessous les statistiques actuelles du RL-fr en termes de nombre de nœuds et d'arcs constitutifs du graphe.

| | |
|---|---|
| Nombre de nœuds | 22 824 |
| Nombre d'arcs de liens de fonctions lexicales | 40 361 |
| Nombre d'arcs de copolysémie | 2 898 |
| Nombre d'arcs « locution→lexies formellement incluses » | 5 028 |
| Degré moyen des nœuds (taux de connectivité) | 2,12 |

Tableau 1 – Statistiques actuelles du RL-fr en termes de nœuds et d'arcs

Il convient de noter que le tissage des liens de copolysémie a débuté récemment, ce qui explique le fait que très peu d'entre eux soient pour l'instant présents dans le RL-fr. On remarque aussi dans les statistiques du Tableau 1 que la taille du RL-fr commence à être significative, en termes d'entités lexicales décrites (principalement, des lexies), mais que le taux de connectivité est encore bas : certaines lexies bien décrites sont fortement connectées, alors que d'autres sont presque isolées dans le graphe. Le taux de connectivité croît cependant de façon constante.

## 2.2 Caractère non atomique des nœuds lexicaux

Dans un système lexical, les nœuds lexicaux du graphe ne sont pas atomiques, en ce sens qu'ils possèdent eux-mêmes une structure interne complexe. « Ouvrir » un nœud lexical pour regarder ce qu'il y a à l'intérieur revient en quelque sorte à afficher l'article lexicographique correspondant. Chaque nœud représentant une lexie est ainsi associé à un ensemble structuré de propriétés, qui sont principalement :

- les caractéristiques grammaticales de la lexie – parties du discours, genre (pour les noms), tables de flexion, etc. ;
- son sens – étiquette sémantique (Polguère, 2011), forme propositionnelle (c.-à-d., structure actancielle) et définition proprement dite ;

6. Ainsi, les visualisations présentées dans la section 3.2 ci-dessous sont générées à partir de graphes construits en Python à l'aide de la bibliothèque `igraph`. (Merci à Yann Desalle pour ces informations.)

– son régime syntaxique ;
– ses connexions paradigmatiques et syntagmatiques – directement implantées par le tissage des liens du graphe lexical ;
– des illustrations de ses emplois – exemples lexicographiques.

Ces ensembles de propriétés correspondent aux différentes zones d'un article de lexicographique d'un *Dictionnaire Explicatif et Combinatoire* (Mel'čuk et al., 1984 1988 1992 1999) ou de toute base lexicale conçue selon les principes de la Lexicologie Explicative et Combinatoire. La Figure 3 illustre ce fait en présentant un extrait de la *vue-article* de HOLD-UP **I** dans son état courant, telle que générée par l'éditeur lexicographique Dicet (Gader *et al.*, 2012)[7].

hold-up I

Caractéristiques grammaticales
angl
nom commun
masc
invar
graphie rectifiée : « holdup »

Définition
méfait

hold-up de X=1 contre Y=2

**attaque** I.2 par l'individu X
du **lieu public** Y
au moyen d'une **arme**
dans le but d'y commettre un **vol**$^2$ I

Fonctions lexicales
**Syn**$_{\subset}$ **attaque** I.2

**Syn**$_{\cap}$ **vol**$^2$ I; fam **braquage**; fam **casse**

Nom pour X
**S**$_{1\subset}$ **voleur**$_N$ I, **voleuse** I; **bandit** I

Type particulier de Y
type particulier **S**$_2$ **banque; bijouterie; magasin**

[X] commettre ~
**Oper**$_1$ **commettre** [ART ~], **faire** II.1 [ART ~ ], **réaliser** III [ART ~]

Ce que X dit quand il commet ~
**Enun**$_1$**Real**$_1$ **Haut les mains !, Les mains en l'air !**

**AntiBonFact**$_0$ **tourner mal**

Exemples
Oui, il a lu le dossier, cet énorme pavé (que j'ai moi-même soigneusement parcouru, dans ma cellule, des jours entiers), où tous les témoignages, les interrogatoires, la reconstitution du hold-up ont été consignés, il y a plus de vingt ans.
**Frantext** CASTEL Hélène, *Retour d'exil d'une femme recherchée*, 2009, p. 153

Il est par contre exact que j'ignorais (et ignore encore) l'identité des malfaiteurs qui m'ont accompagné lors des hold-up commis contre la société Vog et le payeur des Allocations familiales du passage Ramey.
**Frantext** GOLDMAN Pierre, *Souvenirs obscurs d'un juif polonais né en France*, 1975, p. 258

FIGURE 3 – Extrait de la vue-article de HOLD-UP **I** dans l'éditeur Dicet

La vue-article d'une lexie est la rétroaction de forme textuelle que l'éditeur Dicet génère pour le lexicographe à partir des informations linguistiques associées à la lexie en question. Il ne s'agit donc aucunement d'un texte éditable par le lexicographe. Ce dernier n'écrit pas d'article lexicographique et son activité principale consiste à « tisser sa toile » (Polguère, 2012b). Cette approche lexicographique – suivant laquelle le texte dictionnairique n'est pas écrit, mais est virtuellement encapsulé dans le modèle lexical (Atkins, 1996; Polguère, 2012a) – nous semble celle qui se prête le mieux à la construction des systèmes lexicaux du fait de la nature fondamentalement non textuelle de ces derniers.

Mentionnons, pour conclure cette section, que les propriétés « internes » des nœuds lexicaux sont, comme leurs propriétés relationnelles, tout à fait modélisables sous forme de graphe. Dans le cas du RL-fr, chaque propriété associée à un nœud lexical est implantée comme un pointeur vers une entité autonome de la base. Indiquer qu'une lexie est un nom commun, est du genre masculin ou est familière revient à tisser un lien entre la lexie en question et des entités métalinguistiques stockées dans des modèles intégrés des caractéristiques grammaticales, des étiquettes sémantiques, des fonctions lexicales, etc. Le RL-fr pousse en fait cette approche à son extrême, puisque même les exemples lexicographiques y sont des entités autonomes vers lesquelles pointent les lexies individuelles[8]. Plusieurs lexies peuvent ainsi pointer vers le même exemple,

7. Le régime syntaxique (structure de complémentation) n'apparaît pas pour l'instant dans la vue-article.

8. L'ensemble des citations utilisées dans le RL-fr constitue en soi un corpus linguistique enchâssé dans le modèle. Au moment où nous écrivons, le corpus des citations du RL-fr totalise plus d'un million de mots-occurrences ; il est notamment accessible par les lexicographes au moyen de concordances effectuées avec le logiciel TXM (Heiden *et al.*, 2010). Le corpus enchâssé des citations ne doit bien entendu pas être confondu avec les différents corpus de référence dont les lexicographes font usage et dont les citations du RL-fr sont justement extraites.

chaque pointeur visant une séquence linguistique spécifique dans l'exemple ; cela permet entre autres d'ouvrir la « fiche lexicographique » d'un exemple donné et d'accéder à partir d'elle à toutes les lexies qui y font appel. C'est ce qu'illustre la Figure 4 ci-dessous, qui est la visualisation sous Dicet de l'information associée au second exemple lexicographique apparaissant dans la Figure 3 (article de HOLD-UP I).

ID : 470
Classe : Citations de corpus type Frantext
Source : Frantext
Statut : En attente de validation (1)
Citation
Il est par contre exact que j'ignorais (et ignore encore) l'identité des malfaiteurs qui m'ont accompagné lors des hold-up commis contre la société Vog et le payeur des Allocations familiales du passage Ramey.

Référence
**Frantext** GOLDMAN Pierre, *Souvenirs obscurs d'un juif polonais né en France*, 1975, p. 258

Occurrences

| | |
|---|---|
| hold-up I | Il est par contre exact que j'ignorais (et ignore encore) l'identité des malfaiteurs qui m'ont accompagné lors des **hold-up** commis contre la société Vog et le payeur des Allocations familiales du passage Ramey. |
| malfaiteur | Il est par contre exact que j'ignorais (et ignore encore) l'identité des **malfaiteurs** qui m'ont accompagné lors des hold-up commis contre la société Vog et le payeur des Allocations familiales du passage Ramey. |

Création par debe le 8 janvier 2013 à 09:16:09
Modification par mvs le 23 janvier 2013 à 17:53:59

FIGURE 4 – Fiche d'un exemple lexicographique dans l'éditeur Dicet

## 2.3 Structure non ontologique de type petit monde

Comme mentionné dans l'Introduction, les systèmes lexicaux sont des modèles non ontologiques. Cela découle directement du fait que l'ossature de ces modèles est tissée à partir du système des fonctions lexicales : il s'agit d'un système de relations sémantico-syntaxiques qui se distingue radicalement de l'organisation hiérarchique des concepts, en classes et sous-classes, postulées par les modèles ontologiques. Pour dire les choses de façon caricaturale : la visualisation d'un lexique ontologique évoque une sorte de tour Eiffel aplatie, alors que celle d'un système lexical présente plutôt une analogie avec un plat de spaghetti.

Le graphe d'un système lexical peut ainsi sembler être un « fouillis » de relations paradigmatiques et syntagmatiques où n'émerge aucune structure classifiante. Pourtant, un tel graphe possède au moins quatre propriétés formelles remarquables [9] :

**P1** La densité en arcs est faible : les graphes lexicaux, et les systèmes lexicaux en particulier, possèdent peu d'arcs, en regard de leur nombre total de sommets.

**P2** La moyenne des plus courts chemins est petite : en général, il existe au moins un chemin relativement court entre n'importe quelle paire de sommets.

**P3** Il existe des *clusters* : les graphes lexicaux sont localement denses en arcs, alors que leur densité globale est faible (propriété **P1**).

**P4** La distribution du degré d'incidence des sommets suit une loi de puissance : la probabilité qu'un sommet donné ait k voisins décroit comme une loi de puissance de k (alors que c'est une loi de Poisson dans les graphes aléatoires).

Les graphes possédant les propriétés **P1**, **P2** et **P3** sont appelés *graphes petits mondes* (angl. *small-world networks/graphs*), et ont été mathématiquement définis dans (Watts & Strogatz, 1998).

9. La formulation qui suit nous a été suggérée par Bruno Gaume, que nous remercions pour nous avoir aidé à mettre plus de rigueur mathématique dans nos propos.

Les propriétés des petits mondes lexicaux ont été systématiquement étudiées par Bruno Gaume (Gaume, 2004; Gaume *et al.*, 2006; Gaume, 2008), qui a démontré qu'il était possible d'exploiter leurs particularités formelles pour y identifier des espaces sémantiques structurés et, de façon plus générale, pour mettre de l'ordre dans le désordre lexical apparent.

Le RL-fr, même s'il s'agit d'un réseau lexical encore peu développé, est déjà suffisamment riche pour manifester les caractéristiques des graphes petits mondes (Gader *et al.*, 2014). En théorie, tout système lexical, tel que défini ici, devra posséder ce type de structuration.

### 2.4 Modèle relativiste

Les systèmes lexicaux incorporent une mesure de flou. Cette propriété des systèmes lexicaux a été anticipée dès la proposition initiale de (Polguère, 2009) pour deux raisons :

1. La connaissance lexicale est elle-même gradable, du fait notamment des changements diachroniques et de l'incertitude linguistique potentielle des locuteurs, y compris des lexicographes.
2. Les systèmes lexicaux doivent être des modèles supportant l'inférence et la construction de la connaissance lexicale par approximation – cf. plus bas, section 3.3.

Le RL-fr implémente cette nature gradable de l'information lexicale. Chaque information linguistique – existence même d'une lexie, ses caractéristiques grammaticales, etc. – est associée à un niveau de confiance. Ce dernier est par défaut maximal lorsque l'information est entrée manuellement par les lexicographes. Ceux-ci peuvent cependant « nuancer » l'information en lui associant un niveau de confiance moindre. Par convention, la confiance minimale qui peut être manuellement entrée est de 60%. Toute information qui sera automatiquement injectée dans la base se verra quant à elle attribuer un niveau de confiance de 50%, et c'est cette confiance spécifique relativement basse, associée aux données résultant d'un enrichissement automatique de la base, qui permet leur identification.

Nous avons ainsi généré de façon automatique un Réseau Lexical de l'Anglais, RL-en, par compilation de l'information lexicographique contenue dans le WordNet de Princeton (Fellbaum, 1998) [10]. Toutes les informations du système lexical résultant sont associées à un niveau de confiance de 50% et toute entrée de données qui sera effectuée manuellement sur le RL-en au moyen de l'éditeur Dicet générera par contraste une information validée (niveau de confiance de 100%).

Bien entendu, nous ne faisons pour l'instant qu'un usage un peu caricatural des mesures de confiance associées aux données du RL-fr et du RL-en. Ces ressources sont cependant équipées de tous les dispositifs qui permettront de tirer parti de cette propriété des systèmes lexicaux, notamment pour ce qui est de la semi-automatisation de la croissance de la ressource, sur laquelle nous revenons dans la section 3.3.

## 3 Justifications de l'approche

Dans cette section, nous tenterons d'apporter plusieurs pistes de justification théorique et empirique pour l'adoption des systèmes lexicaux en tant que modèles formels des lexiques. Nous abordons successivement les trois points suivants : possible intérêt des systèmes lexicaux dans une perspective psycholinguistique (3.1) ; application de l'analyse proxémique (3.2) ; semi-automatisation du processus de croissance du RL-fr et, plus généralement, des systèmes lexicaux (3.3).

### 3.1 Les systèmes lexicaux comme modèles du lexique mental

On entend par *lexique mental* (angl. *mental lexicon*) la connaissance lexicale telle qu'elle est stockée et structurée dans le cerveau d'un individu (Aitchison, 2003; Zock, 2005; Wierzbicka, 2009). Il existe deux raisons principales pour lesquelles il serait intéressant que les systèmes lexicaux soient une représentation plausible de la structure des lexiques mentaux. Tout d'abord, cela ferait des systèmes lexicaux un support pertinent pour mener des études aussi bien lexicologiques que psycholinguistiques, les modèles construits étant en harmonie avec le « lexique véritable ». Ensuite, on peut faire l'hypothèse que de tels modèles permettraient de simuler informatiquement les tâches d'accès et de manipulation de l'information lexicale avec la même efficacité que le fait le cerveau humain. La recherche d'une adéquation entre modèle formel construit et lexique mental postulé peut donc trouver sa justification aussi bien sur un plan théorique que pratique.

10. La méthode de génération automatique du RL-en est décrite dans (Gader *et al.*, 2014).

On notera que l'adéquation au lexique mental était justement la visée première du projet WordNet de Princeton et que (Miller *et al.*, 1990) se situaient explicitement dans un contexte de *psycholexicologie* (angl. *psycholexicology*). Comme le relève (Zock, 2005, p. 113) cependant, « [...] les psycholinguistes travaillant sur l'accès lexical ne mentionnent pour ainsi dire jamais WordNet. La communauté de WordNet, malgré sa taille, semble complètement ignorer les travaux sur l'accès lexical ». Au-delà de la seule problématique de l'accès lexical, c'est toute la perspective psycholinguistique qui est quasi absente des travaux menés sur et à partir de WordNet [11]. Ces travaux exploitent dans leur grande majorité la très haute qualité lexicographique de WordNet (plutôt que sa validité psycholinguistique postulée) dans un contexte de Traitement Automatique de la Langue.

Tout cela ne veut bien entendu pas dire que WordNet n'est pas psycholinguistiquement pertinent. Simplement, sa pertinence sur ce plan est loin d'être démontrée et il est, par conséquent, tout à fait légitime d'explorer d'autres avenues. Nous postulons quant à nous, sans pouvoir le démontrer pour l'instant et sans même prétendre nous appuyer sur des acquis de la psychologie moderne [12], que l'approche des systèmes lexicaux est compatible avec des exploitations psycholinguistiques. Nous voyons les systèmes lexicaux comme une approximation de la structure des lexiques mentaux, si l'on entend par ce terme spécifiquement la connaissance linguistique lexicale. Nous ne sommes bien entendu aucunement en mesure d'émettre quelque hypothèse que ce soit sur la façon dont les concepts eux-mêmes et la connaissance extra-linguistique sont mentalement organisés.

À l'appui du recours aux systèmes lexicaux pour l'étude du lexique mental, nous nous contenterons de mentionner la compatibilité formelle de ces derniers avec de nombreuses propositions faites pour la modélisation de l'acquisition du vocabulaire en tant qu'enrichissement de réseaux lexicaux – voir, par exemple, (Wolter, 2006) et (Gaume *et al.*, 2008). Les domaines d'application qui méritent d'être explorés prioritairement pour valider l'hypothèse d'une pertinence psycholinguistique des systèmes lexicaux nous semblent être : l'analyse des erreurs lexicales en parole spontanée et le diagnostic de troubles mentaux ou physiologiques se manifestant sur le plan de l'accès lexical.

## 3.2 Identification d'espaces sémantiques dans les systèmes lexicaux

Nous entendons ici par *espace sémantique* d'un réseau lexical représentant le lexique d'une langue $\mathcal{L}$ un ensemble plutôt petit d'entités lexicales de $\mathcal{L}$ présentant une forme de cohérence sémantique. La notion d'espace sémantique est proche de celle de champ sémantique, mais elle s'en distingue par le fait que tous les éléments d'un tel espace n'appartiennent pas nécessairement à un champ sémantique donné [13]. En effet, le sens d'une lexie est directement connecté à sa combinatoire et les lexies sémantiquement proches tendent à partager de façon significative des éléments de combinatoire. Cela vaut bien entendu pour ce que l'on appelle la *combinatoire libre*, qui découle directement de la définition de la lexie, mais aussi pour la combinatoire lexicale restreinte. Ainsi, même si l'on doit considérer qu'un syntagme comme *commettre un hold-up* – analysé plus haut, section 2.1 – est une collocation de type $\mathbf{Oper_1}$ contrôlée par la lexie HOLD-UP **I**, il est logique de postuler que nombre de lexies nominales sémantiquement proches de HOLD-UP **I** tendront à contrôler le même $\mathbf{Oper_1}$ : *commettre un crime*, *un massacre*, *un meurtre*, *un vol*, etc. Les lexies d'un même champ sémantique ont donc tendance non seulement à former des « communautés » au sein des graphes lexicaux petits mondes, mais elles ont aussi tendance à exercer une force d'attraction sur des lexies collocationnelles très vagues ou quasi vides et à les aspirer dans leur espace sémantique. Un espace sémantique est donc potentiellement une expansion d'un champ sémantique résultant des affinités lexicales syntagmatiques.

Le fait que les systèmes lexicaux traitent de façon uniforme les liens paradigmatiques et les liens syntagmatiques au sein d'une même structure va permettre de tirer parti de la combinatoire des lexies pour identifier de façon encore plus efficace les espaces sémantiques au sein des lexiques, notamment par le recours à la proxémie. Cette dernière est une mesure de similarité définie sur les graphes petits mondes par B. Gaume (Gaume, 2004) et qui a tout particulièrement été appliquée aux graphes de synonymie (Gaume *et al.*, 2006). Elle permet d'identifier des espaces sémantiques de façon entièrement « non linguistique », c'est-à-dire en s'appuyant exclusivement sur la structure du graphe « nu », exprimée en termes de sommets et d'arcs connectant ces sommets.

L'analyse proxémique par la méthode de parcours Prox (Gaume, 2008) est présentement appliquée sur le RL-fr, sans ajustement particulier, pour en extraire une clusterisation du système lexical à partir de lexies données. Une visualisation par Tmuse (Chudy *et al.*, 2013) permet de représenter graphiquement les résultats obtenus, comme illustré dans la Figure 5 ci-dessous à partir de la lexie FOOTBALL **1** du RL-fr.

11. Ainsi, aucun article présenté au dernier congrès *Global WordNet* (Orav *et al.*, 2014) ne concerne une recherche relevant de la psycholinguistique.
12. Voir néanmoins (Morais *et al.*, 2013).
13. Pour une définition de la notion de champ sémantique, en contraste notamment avec celle de champ lexical, voir (Polguère, 2013).

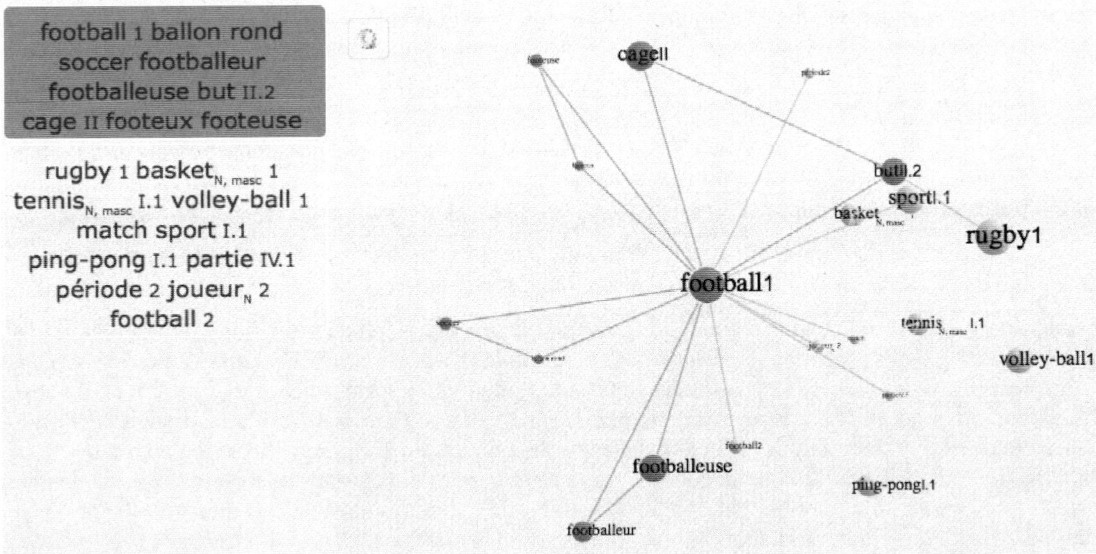


FIGURE 5 – Clusterisation par proxémie et visualisation de FOOTBALL **1**

On voit que les deux clusters qui ont été ici identifiés par Prox, sans recours à la sémantique même des liens de fonction lexicale, correspondent à une segmentation de l'espace sémantique de la lexie selon une base assez logique, qui est grosso modo : vocabulaire du football *vs* vocabulaire connecté à celui du football. On notera que FOOTBALL **2**, qui apparaît dans le second cluster, aurait en réalité tout à fait sa place dans le premier, puisque cette lexie appartient très directement au vocabulaire du football : FOOTBALL **2** est l'acception métonymique du vocable, que l'on trouve par exemple dans *Tu viens faire un petit football dans la ruelle ?* Cette imperfection dans le résultat obtenu doit possiblement être interprétée comme un indice du fait que la connexion de FOOTBALL **2** au reste du graphe est encore incomplète. Nous n'en sommes qu'au tout début de l'application des analyses proxémiques aux systèmes lexicaux. Il s'agit d'un travail qui va se poursuivre sur le long terme, dans une visée aussi bien applicative que descriptive, comme nous allons maintenant l'expliquer.

## 3.3 Vers une semi-automatisation de la croissance du RL-fr

Il existe quatre principales méthodes de construction des ressources lexicales destinées au Traitement Automatique de la Langue ou à tout autre domaine d'application langagier :

1. la méthode lexicographique, c'est-à-dire la construction manuelle des ressources lexicales telle qu'elle est pratiquée pour le RL-fr ou telle qu'elle a été pratiquée dès le lancement du projet WordNet (Miller *et al.*, 1990) ;
2. la méthode coopérative, qui repose sur une approche type *crowdsourcing* telle qu'appliquée pour Wiktionary [14] ou, selon une stratégie ludique, avec JeuxDeMots (Lafourcade & Joubert, 2013) [15] ;
3. la méthode automatique à base de ressources lexicales, qui consiste en l'extraction et la structuration informatique de données linguistiques à partir de ressources lexicales préexistantes, comme dans le cas de WOLF (Sagot & Fišer, 2008) ou de BabelNet (Navigli & Ponzetto, 2012) ;
4. la méthode automatique à base de corpus textuels, qui s'appuie exclusivement sur des données linguistiques brutes, et non sur des modélisation métalinguistiques antérieurement construites (Hearst, 1992).

On notera que la troisième méthode présuppose l'activité de linguistes et lexicographes. Sans dictionnaires et autres WordNet, il n'y aurait, par définition, pas de matériau permettant d'alimenter les projets de construction automatique de ressources dérivées de ces ressources mères. Ces ressources mères ne peuvent d'ailleurs jamais être considérées comme

14. http://www.wiktionary.org
15. http://www.jeuxdemots.org/jdm-accueil.php

ayant été produites une fois pour toutes : la langue évolue et la modélisation lexicographique est dans les faits un travail perpétuellement en cours.

La seconde approche est exclue si l'on veut disposer de ressources proposant une description fine de l'information lexicale et d'une qualité qui permette, par exemple, de l'utiliser dans un contexte pédagogique. De même qu'un patient a des raisons de s'inquiéter lorsqu'il voit son médecin chercher sur Wikipedia de l'information sur une maladie ou un symptôme le concernant, de même un parent d'élève du primaire serait en droit de s'inquiéter de voir l'enseignant de son enfant utiliser Wiktionary, plutôt qu'un dictionnaire élaboré par des lexicographes, pour appuyer son enseignement du vocabulaire.

Il faut donc bien que « quelqu'un s'y colle », et c'est justement la tâche (et le plus grand plaisir) des lexicographes que de produire les ressources lexicales dont, ultimement, tout le monde a besoin.

En dépit de cela, il est plus que légitime d'envisager une part d'automatisation du processus lexicographique. Cela peut aller de l'utilisation d'outils proposant des ébauches de description (Kilgarriff & Rychlý, 2010) à l'enrichissement semi-automatique par inférences fondées sur la structure même de l'information lexicale (Sajous *et al.*, 2011). Il nous semble que la structure des systèmes lexicaux se prête tout particulièrement à ce type de semi-automatisation du travail lexicographique. Les premières observations qui ont été faites sur le traitement automatique du graphe lexical du RL-fr par la proxémie (section 3.2, ci-dessus) sont de ce point de vue encourageantes. La clusterisation permet dans de nombreux cas de mettre en évidence des trous dans l'espace sémantique des lexies, trous résultant de la jeunesse du RL-fr. Il peut s'agir de lexies manquantes dans le modèle ou, beaucoup plus fréquemment, d'une connexion insuffisante au reste du graphe des lexies déjà présentes. Il devient alors intéressant de tenter d'exploiter les algorithmes de parcours de graphes petits mondes pour repérer dans le RL-fr des cliques ou des « presque-cliques » [16] significatives et identifier des micropatrons récurrents de connexions lexicales. Ces patrons pourront ensuite être exploités afin de générer automatiquement des éléments de graphe plausibles [17]. Ces derniers, qui devront être validés manuellement, permettront d'obtenir une sorte de « RL-fr turbo » constitué d'un noyau entièrement validé, pour l'exploitation humaine, et d'une extension à plus faible taux de confiance, pour compléter le RL-fr noyau dans un contexte de Traitement Automatique de la Langue notamment.

# 4 Conclusion

On ne peut bien entendu pas considérer la pertinence des systèmes lexicaux comme étant un fait acquis, tant que l'efficacité de ces modèles n'aura pas été démontrée à travers leur mise en pratique. Pour cela, il va falloir expérimenter, notamment dans les domaines de la recherche d'information, de la didactique des langues ou de l'étude psycholinguistique. Cependant, il est d'ores et déjà justifié de dire qu'une première étape essentielle dans la validation de l'approche des systèmes lexicaux a été franchie. Il a en effet été démontré, à travers le travail de construction du RL-fr, que le mode de structuration offert par les systèmes lexicaux permet de mener avec efficacité un programme lexicographique véritable directement conçu comme le tissage d'un graphe lexical [18].

# Remerciements

Le projet RELIEF, auquel participe la société MVS de Sainte-Marguerite, est financé par l'Agence de Mobilisation Économique de la Région Lorraine et le FEDER Lorrain. Les résultats présentés ici ont été obtenus grâce au travail considérable effectué par les lexicographes du RL-fr (`http://www.atilf.fr/spip.php?article908`) et par Nabil Gader, développeur de l'éditeur lexicographique Dicet ; nous les remercions tous chaleureusement. Le travail en cours sur la visualisation du graphe du RL-fr et la clusterisation par proxémie est effectué par Yann Desalle, en collaboration avec Bruno Gaume et la Proxteam de Toulouse (`http://www.irit.fr/Proxteam/`). Merci à Bruno Gaume, Sandrine Ollinger et à trois relecteurs anonymes de TALN 2014 pour leurs commentaires sur une première version de cet article.

16. Nous entendons par là des sous-graphes qui ne sont pas strictement parlant des cliques (sous-graphes complets), mais dont on peut considérer que le nombre maximal d'arcs est atteint en regard de contraintes spécifiques associées aux données que le graphe modélise. Par exemple, tel sous-graphe d'un système lexical n'est pas une clique, car les deux sommets $s_1$ et $s_2$ ne sont pas liés ; **mais** on peut considérer que c'est une presque-clique, car les deux unités lexicales représentées par ces sommets ne devraient de toute façon pas être liées par des liens paradigmatiques ou syntagmatiques, pour des raisons linguistiques.

17. Cf. la recherche doctorale de S. Ollinger, en cours à l'ATILF : *Le raisonnement analogique en lexicographie et son informatisation : application au Réseau Lexical du Français*.

18. Le graphe lexical du RL-fr doit être rendu disponible par téléchargement libre d'ici la fin du projet RELIEF (automne 2014), ce qui doit représenter la fin de première étape dans construction de la ressource. D'ici là, il est bien entendu possible à tout chercheur désirant conduire des expérimentations avec les données du RL-fr de nous contacter directement.

## Références

AITCHISON J. (2003). *Words in the Mind : An Introduction to the Mental Lexicon*. Oxford, G.-B. : Blackwell.

ATKINS B. T. S. (1996). Bilingual Dictionaries : Past, Present and Future. In M. GELLERSTAM, J. JÄRBORG, S.-G. MALMGREN, K. NORÉN, L. ROGSTRÖM & C. R. PAPMEHL, Eds., *Euralex'96 Proceedings*, p. 515–590, Gothenburg : Gothenburg University, Department of Swedish.

CHUDY Y., DESALLE Y., GAILLARD B., GAUME B., MAGISTRY P. & NAVARRO E. (2013). Tmuse : Lexical Network Exploration. In *The Companion Volume of the Proceedings of IJCNLP 2013 : System Demonstrations*, p. 41–44, Nagoya, Japan : Asian Federation of NLP.

C. FELLBAUM, Ed. (1998). *WordNet : An Electronic Lexical Database*. Cambridge, MA : The MIT Press.

GADER N., LUX-POGODALLA V. & POLGUÈRE A. (2012). Hand-Crafting a Lexical Network With a Knowledge-Based Graph Editor. In *Proceedings of the Third Workshop on Cognitive Aspects of the Lexicon (CogALex III)*, p. 109–125, Mumbai : The COLING 2012 Organizing Committee.

GADER N., OLLINGER S. & POLGUÈRE A. (2014). One lexicon, two structures : So what gives ? In H. ORAV, C. FELLBAUM & P. VOSSEN, Eds., *Proceedings of the Seventh Global Wordnet Conference (GWC2014)*, p. 163–171, Tartu : Global WordNet Association.

GAUME B. (2004). Balades aléatoires dans les Petits Mondes Lexicaux. *I3 Information Interaction Intelligence*, **4**(2), 39–96. CEPADUES édition.

GAUME B. (2008). Mapping the Forms of Meaning in Small Worlds. *Journal of Intelligent Systems*, **23**, 848–862.

GAUME B., DUVIGNAU K., PRÉVOT L. & DESALLE Y. (2008). Toward a cognitive organization for electronic dictionaries, the case for semantic proxemy. In *Proceedings of the workshop on Cognitive Aspects of the Lexicon (COGALEX 2008)*, p. 86–93, Manchester.

GAUME B., VENANT F. & VICTORRI B. (2006). Hierarchy in Lexical Organization of Natural Languages. In D. PUMAIN, Ed., *Hierarchy in Natural and Social Sciences*, Methodos series 3, p. 121–142. Dordrecht : Springer.

HEARST M. A. (1992). Automatic Acquisition of Hyponyms from Large Text Corpora. In *Proceedings of the 15th International Conference on Computational Linguistics (COLING 1992)*, p. 539–545, Nantes.

HEIDEN S., MAGUÉ J.-P. & PINCEMIN B. (2010). TXM : Une plateforme logicielle open-source pour la textométrie – conception et développement. In S. BOLASCO, I. CHIARI & L. GIULIANO, Eds., *Statistical Analysis of Textual Data – Proceedings of 10th International Conference Journées d'Analyse statistique des Données Textuelles*, volume 2-3, p. 1021–1032, Rome : Edizioni Universitarie di Lettere Economia Diritto.

KILGARRIFF A. & RYCHLÝ P. (2010). Semi-automatic Dictionary Drafting. In G.-M. DE SCHRYVER, Ed., *A Way with Words : Recent Advances in Lexical Theory and Analysis. A Festschrift for Patrick Hanks*, p. 299–312. Kampala : Menha Publishers.

LAFOURCADE M. & JOUBERT A. (2013). Bénéfices et limites de l'acquisition lexicale dans l'expérience jeuxdemots. In N. GALA & M. ZOCK, Eds., *Ressources Lexicales : Contenu, construction, utilisation, évaluation*, LingvisticæInvestigationes, Supplementa 30, p. 187–216. Amsterdam/Philadelphia : John Benjamins.

LUX-POGODALLA V. & POLGUÈRE A. (2011). Construction of a French Lexical Network : Methodological Issues. In *Proceedings of the First International Workshop on Lexical Resources, WoLeR 2011. An ESSLLI 2011 Workshop*, p. 54–61, Ljubljana.

MEL'ČUK I. (1996). Lexical Functions : A Tool for the Description of Lexical Relations in the Lexicon. In L. WANNER, Ed., *Lexical Functions in Lexicography and Natural Language Processing*, volume 31 of *Language Companion Series*, p. 37–102. Amsterdam/Philadelphia : John Benjamins.

MEL'ČUK I. (2006). Explanatory Combinatorial Dictionary. In G. SICA, Ed., *Open Problems in Linguistics and Lexicography*, p. 225–355. Monza : Polimetrica.

MEL'ČUK I., CLAS A. & POLGUÈRE A. (1995). *Introduction à la lexicologie explicative et combinatoire*. Paris/Louvain-la-Neuve : Duculot.

MEL'ČUK I. & POLGUÈRE A. (2006). Dérivations sémantiques et collocations dans le DiCo/LAF. *Langue française*, **150**, 66–83.

MEL'ČUK ET AL. I. (1984, 1988, 1992, 1999). *Dictionnaire explicatif et combinatoire du français contemporain. Recherches lexico sémantiques. Volumes I IV*. Montréal : Les Presses de l'Université de Montréal.

MILLER G. A., BECKWITH R., FELLBAUM C., GROSS D. & MILLER K. J. (1990). Introduction to WordNet : An On-line Lexical Database. *International Journal of Lexicography*, **3**(4), 235–244.

MORAIS A. S., OLSSON H. & SCHOOLER L. J. (2013). Mapping the Structure of Semantic Memory. *Cognitive Science*, **37**, 125–145.

NAVIGLI R. & PONZETTO S. P. (2012). BabelNet : The Automatic Construction, Evaluation and Application of a Wide-Coverage Multilingual Semantic Network. *Artificial Intelligence*, **193**, 217–250.

H. ORAV, C. FELLBAUM & P. VOSSEN, Eds. (2014). *Proceedings of the Seventh Global Wordnet Conference (GWC2014)*, Tartu (Estonia). Global WordNet Association.

PLOUX S. (1997). Modélisation et traitement informatique de la synonymie. *Lingvisticæ Investigationes*, **21**(1), 1–27.

PLOUX S. & VICTORRI B. (1998). Construction d'espaces sémantiques à l'aide de dictionnaires de synonymes. *Traitement Automatique des Langues (T.A.L.)*, **39**(1), 161–182.

POLGUÈRE A. (2000). Towards a theoretically-motivated general public dictionary of semantic derivations and collocations for French. In *Proceedings of EURALEX'2000*, p. 517–527, Stuttgart.

POLGUÈRE A. (2007). Lexical function standardness. In L. WANNER, Ed., *Selected Lexical and Grammatical Issues in the Meaning-Text Theory. In Honour of Igor Mel'čuk*, volume 84 of *Language Companion Series*, p. 43–95. Amsterdam/Philadelphia : John Benjamins.

POLGUÈRE A. (2009). Lexical systems : graph models of natural language lexicons. *Language Resources and Evaluation*, **43**(1), 41–55.

POLGUÈRE A. (2011). Classification sémantique des lexies fondée sur le paraphrasage. *Cahiers de lexicologie*, **98**, 197–211.

POLGUÈRE A. (2012a). Lexicographie des dictionnaires virtuels. In Y. APRESJAN, I. BOGUSLAVSKY, M.-C. L'HOMME, L. IOMDIN, J. MILIĆEVIĆ, A. POLGUÈRE & L. WANNER, Eds., *Meanings, Texts, and Other Exciting Things. A Festschrift to Commemorate the 80$^{th}$ Anniversary of Professor Igor Alexandrovič Mel'čuk*, Studia Philologica, p. 509–523. Moscou : Jazyki slavjanskoj kultury Publishers.

POLGUÈRE A. (2012b). Like a Lexicographer Weaving Her Lexical Network. In *Proceedings of the Third Workshop on Cognitive Aspects of the Lexicon (CogALex III)*, p. 1–3, Mumbai : The COLING 2012 Organizing Committee.

POLGUÈRE A. (2013). Les petits soucis ne poussent plus dans le champ lexical des sentiments. In F. BAIDER & G. CISLARU, Eds., *Cartographie des émotions. Propositions linguistiques et sociolinguistiques*, p. 21–41. Paris : Presses Sorbonne Nouvelle.

POLGUÈRE A. & SIKORA D. (2013). Modèle lexicographique de croissance du vocabulaire fondé sur un processus aléatoire, mais systématique. In C. GARCIA-DEBANC, C. MASSERON & C. RONVEAUX, Eds., *Enseigner le lexique*, Recherches en didactique du français 5, p. 35–63. Namur : Presses Universitaires de Namur.

SAGOT B. & FIŠER D. (2008). Building a free French wordnet from multilingual resources. In *Proceedings of OntoLex 2008*, Marrakech.

SAJOUS F., NAVARRO E. & GAUME B. (2011). Enrichissement de lexiques sémantiques approvisionnés par les foules : le système WISIGOTH appliqué à Wiktionary. *Traitement Automatique des Langues (T.A.L.)*, **52**(1), 11–35.

SPOHR D. (2012). *Towards a Multifunctional Lexical Resource. Design and Implementation of a Graph-based Lexicon Model.* Berlin/Boston : De Gruyter.

WATTS D. J. & STROGATZ S. H. (1998). Collective dynamics of 'small-world' networks. *Nature*, **393**, 440–442.

WIERZBICKA A. (2009). The theory of the mental lexicon. In S. KEMPGEN, P. KOSTA, T. BERGER & K. GUTSCHMIDT, Eds., *Die slavischen Sprachen/The Slavic Languages : An International Handbook of their Structure, their History and their Investigation*, p. 848–863. Berlin & New York : Mouton de Gruyter.

WOLTER B. (2006). Lexical Network Structures and L2 Vocabulary Acquisition : The Role of L1 Lexical/Conceptual Knowledge. *Applied Linguistics*, **27**(4), 741–747.

ZOCK M. (2005). Le dictionnaire mental, modèle des dictionnaires de demain ? *Revue française de linguistique appliquée*, **X**(2), 103–117.

# Un modèle pour prédire la complexité lexicale et graduer les mots

Núria Gala[1] Thomas François[2] Delphine Bernhard[3] Cédrick Fairon[2]
(1) LIF-CNRS UMR 7279, Aix Marseille Université,
(2) CENTAL, Université Catholique de Louvain,
(3) LILPA, Université de Strasbourg
nuria.gala@lif.univ-mrs.fr, tfrancois@uclouvain.be, dbernhard@unistra.fr, cfairon@uclouvain.be

**Résumé.** Analyser la complexité lexicale est une tâche qui, depuis toujours, a principalement retenu l'attention de psycholinguistes et d'enseignants de langues. Plus récemment, cette problématique a fait l'objet d'un intérêt grandissant dans le domaine du traitement automatique des langues (TAL) et, en particulier, en simplification automatique de textes. L'objectif de cette tâche est d'identifier des termes et des structures difficiles à comprendre par un public cible et de proposer des outils de simplification automatisée de ces contenus. Cet article aborde la question lexicale en identifiant un ensemble de prédicteurs de la complexité lexicale et en évaluant leur efficacité via une analyse corrélationnelle. Les meilleures de ces variables ont été intégrées dans un modèle capable de prédire la difficulté lexicale dans un contexte d'apprentissage du français.

**Abstract.** Analysing lexical complexity is a task that has mainly attracted the attention of psycholinguists and language teachers. More recently, this issue has seen a growing interest in the field of Natural Language Processing (NLP) and, in particular, that of automatic text simplification. The aim of this task is to identify words and structures which may be difficult to understand by a target audience and provide automated tools to simplify these contents. This article focuses on the lexical issue by identifying a set of predictors of the lexical complexity whose efficiency are assessed with a correlational analysis. The best of those variables are integrated into a model able to predict the difficulty of words for learners of French.

**Mots-clés :** complexité lexicale, analyse morphologique, mots gradués, ressources lexicales.

**Keywords:** lexical complexity, morphological analysis, graded words, lexical resources.

## 1 Introduction

La complexité lexicale n'est pas une notion qui puisse être définie dans l'absolu. En effet, un terme est perçu différemment en fonction du public qui y est confronté (apprenants de langue maternelle, apprenants de langue seconde, personnes avec une difficulté ou une pathologie liée au langage, etc.), d'où le terme de 'difficulté' (complexité subjective, (Blache, 2011)). De même, s'appuyer sur le seul critère de la fréquence pour appréhender la complexité du lexique semble réducteur : bien que ce critère se soit avéré très efficace dans la littérature (voir section 2), cette variable ne peut seule expliquer l'ensemble des problèmes rencontrés par différentes catégories de lecteurs. La notion de 'complexité' est, ainsi, multidimensionnelle (vitesse d'accès au lexique mental, compréhension, mémorisation, prononciation, activation du sens, orthographe, etc.), difficilement saisissable à partir de critères uniquement statistiques et très liée aux caractéristiques du public envisagé.

Dans le cadre de cet article, nous visons un public d'apprenants du français langue maternelle (L1) ou de français langue étrangère (FLE). En tenant compte de plusieurs ressources existantes, nous avons identifié un ensemble de variables intra-lexicales et statistiques que nous avons intégrées dans un modèle statistique cherchant à prédire le degré de complexité de mots dont la difficulté a été annotée par ailleurs. Notre hypothèse est que la combinaison de plusieurs variables intralexicales fines, associées à des informations statistiques, peut donner des indications plus précises sur le degré de complexité d'un mot. Dans ce sens, après un état de l'art introductif à la section 2, nous présentons la méthodologie et les ressources que nous avons utilisées pour identifier des variables susceptibles de caractériser la complexité lexicale (section 3). Dans un deuxième temps, nous présentons ces variables et nous discutons de leur impact à la section 4. À la section 5, nous décrivons le modèle de difficulté intégrant ces prédicteurs et nous analysons les résultats obtenus. Enfin, nous concluons l'article par une discussion sur notre approche et les résultats obtenus à la section 6, avant de proposer quelques futures améliorations à la section 7.

# 2 État de l'art

Analyser la complexité lexicale est une tâche qui, depuis toujours, a principalement intéressé les psycholinguistes et les pédagogues. En effet, de nombreux travaux sont décrits dans la littérature et se basent, par exemple, sur des tâches telles que la décision lexicale, la catégorisation sémantique, etc. pour explorer les propriétés du lexique. Ainsi, l'un des critères majeurs pour considérer qu'un mot est simple ou complexe est celui de la fréquence : de nombreux travaux démontrent la corrélation étroite entre la haute fréquence d'un terme et le fait que celui-ci soit perçu comme plus 'simple' (Howes & Solomon, 1951; Monsell, 1991). C'est d'ailleurs le critère que plusieurs auteurs avaient utilisé dans la première moitié du 20e siècle pour construire les premières ressources de lexique 'simplifié', par exemple la liste de Thorndike (1921), le *Teachers' Book of Words*, qui reprend les 20 000 mots les plus courants de la langue anglaise assortis de leur fréquence d'usage, ou encore le *Français fondamental* de Gougenheim (1958) qui comprend 1 500 mots usuels pour l'apprentissage du français, aussi bien en tant que langue étrangère que maternelle. La liste de Thorndike reste une référence dans le domaine de la lisibilité (avant l'apparition des listes obtenues par traitement informatisé). Elle s'avère un instrument de mesure objectif de la difficulté lexicale des textes et ce malgré quelques faiblesses, comme la mauvaise estimation des fréquences des mots appelés *disponibles* (mots avec fréquence variée selon les corpus mais usuels et utiles [1]).

D'autres critères avancés dans la littérature pour identifier des mots 'simples' concernent plutôt la familiarité d'un terme (Gernsbacher, 1984) ou encore son âge d'acquisition (Brysbaert *et al.*, 2000). La familiarité lexicale a été utilisée pour la constitution d'une liste de mots simples par Dale (1931). Dans l'expérience menée par Dale et ses collègues, la mesure de familiarité a été définie comme suit : dans une liste de 10 000 mots, n'ont été retenus que les termes connus par au moins 80% des élèves de quatrième primaire (CM1), ce qui a réduit la liste à 3 000 mots. Le nombre de voisins orthographiques (nombre d'unités de même longueur ne se différenciant que par une seule lettre) a aussi été envisagé par Coltheart *et al.* (1977) comme une mesure discriminante de la difficulté d'accès au lexique mental, même si les résultats dans des tâches de décision lexicale semblent varier selon les langues. Enfin, la longueur (en nombre de syllabes et/ou caractères) apparaît aussi comme un facteur déterminant dans la façon de percevoir les unités lexicales, en particulier parce qu'un mot plus long augmente la probabilité de fixer la fovéa (zone de la rétine où la vision des détails est la plus précise) sur un point de position non optimal, ce qui engendre une perte de temps à la lecture (Vitu *et al.*, 1990). Plus récemment, Schreuder & Baayen (1997) démontrent que le nombre de morphèmes et la taille de la famille morphologique jouent un rôle dans la décision lexicale visuelle (reconnaissance de mots parmi une série de mots et non-mots). Laufer (1997), pour sa part, identifie une série de facteurs linguistiques influençant l'acquisition du lexique, parmi lesquels la familiarité des phonèmes, la régularité dans la prononciation, la cohérence graphème-phonème, la transparence morphologique ou la polysémie. Potentiellement, ces facteurs contribuent tous à la façon dont les mots sont perçus.

Les répercussions de ces travaux sont d'abord théoriques, aidant, par exemple, à comprendre l'organisation du lexique mental et comment il se distribue dans les différentes zones du cerveau. D'un point de vue plus pratique, certaines de ces études ont cependant débouché sur la construction de listes utilisées pour l'enseignement des langues. Plus récemment, la question de l'évaluation de la difficulté lexicale a fait l'objet d'un intérêt grandissant dans le domaine du traitement automatique des langues (TAL) et, en particulier, en simplification automatique de textes. Dans ce domaine, le but reste d'identifier des termes et des structures difficiles à comprendre par un public cible et de proposer des outils de simplification automatisée de ces contenus. Bien que la plupart des travaux en simplification de textes se focalisent sur des aspects syntaxiques (par exemple (Chandrasekar *et al.*, 1996)), certains auteurs ont mis en oeuvre des systèmes qui visent le traitement du lexique. Dans ce cas, différents aspects doivent être pris en compte : (i) la détection des mots ou termes complexes à remplacer, (ii) l'identification de substituts et (iii) l'adéquation au contexte. Ces trois aspects ne sont pas toujours pris en compte de manière conjointe. Sous sa forme la plus simple, la substitution lexicale se fait en fonction de la fréquence des synonymes extraits d'une ressource comme WordNet, sans prise en compte du contexte (Carroll *et al.*, 1998). Récemment, des travaux ont fait appel à des corpus comparables comme Wikipedia et sa version simplifiée pour l'anglais (*Simple English Wikipedia*) pour acquérir des ressources utiles pour la simplification lexicale : ainsi, Biran *et al.* (2011) proposent une mesure de la complexité d'un mot qui est fonction de sa fréquence dans les deux versions de Wikipedia et de sa longueur. D'une manière générale, les critères utilisés pour sélectionner le meilleur substitut restent relativement simples. Pour la tâche de simplification lexicale organisée lors de la campagne SemEval 2012 (Specia *et al.*, 2012), la *baseline* correspondant à une simple mesure de fréquence dans un gros corpus n'a été battue que par un seul système. Ce résultat rend compte de la difficulté de la tâche : même si les travaux en psycholinguistique ont mis en évidence des facteurs complexes, leur intégration dans des systèmes automatisés n'est pas encore résolue.

1. Par exemple "fourchette", "coude", etc.

# 3 Exploitation de ressources existantes

Pour réaliser les différentes expériences présentées dans cet article, nous avons eu recours à un ensemble de ressources qui ont été utilisées en vue de deux objectifs : certaines ressources lexicales ont servi de liste de référence pour l'apprentissage du modèle, tandis que les autres ressources ont été employées pour récupérer diverses informations linguistiques utilisées dans nos variables.

## 3.1 Ressources d'apprentissage

Pour entraîner un modèle statistique capable de prédire ou comparer la difficulté de mots, il importe de disposer d'un nombre suffisant de mots dont la difficulté est connue et exprimée en fonction d'une unité pratique. En psycholinguistique, il est commun d'associer le temps de réponse nécessaire pour réaliser une tâche associée à un mot à la difficulté de ce mot (Ferrand, 2007). Cependant, cette approche nécessite de disposer d'un nombre important de sujets et de moyens, en particulier lorsqu'on envisage un large vocabulaire. C'est pourquoi nous avons choisi de constituer notre ressource d'entraînement d'une autre façon : en nous basant sur l'association des mots à des niveaux scolaires déterminés, calculés sur la base de l'apparition de ces mots dans des manuels scolaires. Notre hypothèse est qu'un mot facile apparaîtra en général plus tôt dans les manuels scolaires qu'un mot plus complexe. Par chance, il existe deux ressources pour le français qui recensent les mots utilisés dans des manuels scolaires de différents niveaux, à savoir Manulex (Lété *et al.*, 2004) et FLELex (François *et al.*, 2014).

Manulex [2] a été créée à partir de 54 manuels scolaires (pour un total de 1,9 millions d'occurrences). Il décrit la distribution d'unités lexicales en fonction de leur apparition dans des manuels qui ont été classés en trois niveaux : (1) la première année de primaire ou CP (6 ans), (2) la deuxième année ou CE1 (7 ans) et (3) une catégorie qui regroupe les trois années suivantes (CE2-CM2, 8-11 ans). Ce choix se justifie en termes de volume d'acquisition de vocabulaire : au CP, se construit le lexique de l'enfant sur la base de la médiation phonologique ; au CE1, se construit le lexique orthographique par automatisation progressive de la reconnaissance du mot écrit et au cycle 3, le stock lexical se consolide et s'enrichit par exposition répétée à l'écrit [3]. La ressource, librement disponible, totalise 23 812 lemmes, mais nous n'avons conservés que les mots lexicaux (noms, adjectifs, adverbes et verbes), ce qui réduit le nombre de lemmes à 19 038. Il faut aussi signaler que les fréquences associées à chaque mot de la ressource ne correspondent pas aux valeurs absolues observées dans les manuels, mais à des valeurs adaptées en fonction d'un indice de dispersion qui augmente l'importance des termes en fonction du nombre de documents dans lesquels ils sont apparus. La Figure 1 présente un exemple d'entrées issues de Manulex.

| lemme | POS | Fréq. N1 | Fréq N2 | Fréq. N3 |
|---|---|---|---|---|
| pomme | N | 724 | 306 | 224 |
| vieillard | N | - | 13 | 68 |
| patriarche | N | - | - | 1 |
| cambrioleur | N | 2 | - | 33 |

TABLE 1 – Exemple d'entrées de Manulex

FLELex, quant à lui, a été obtenu à l'aide d'une méthodologie similaire, mais sur la base d'un corpus de 28 manuels de français langue étrangère (FLE) et de 29 livres simplifiés également destinés à des lecteurs en FLE. Ces ouvrages étaient classés selon l'échelle de difficulté proposée par le cadre européen commun de référence pour les langues (Conseil de l'Europe, 2001) ou CECR, qui définit six niveaux de maîtrise communicationnelle : A1 (niveau introductif ou de survie) ; A2 (niveau intermédiaire) ; B1 (niveau seuil) ; B2 (niveau avancé ou utilisateur indépendant) ; C1 (niveau autonome ou de compétence opérationnelle effective) et C2 (maîtrise). La ressource totalise 14 053 lemmes lexicaux et 183 lemmes grammaticaux, dont les fréquences ont été estimées sur 777 835 occurrences.

Dans les deux cas, et comme le montre la Table 1, le problème de ces ressources par rapport à notre propre objectif de recherche est qu'elles offrent la distribution des fréquences de chaque mot par niveau, mais n'associent pas strictement un mot à un niveau donné. C'est pourquoi nous avons dû transformer ces distributions en un niveau. Trois techniques ont été testées pour ce faire. La plus simple d'entre elles consiste à attribuer à un mot le premier niveau où il a été observé dans le corpus. Ainsi pour Manulex, *pomme* et *cambrioleur* se voient attribuer le niveau 1, tandis que *patriarche* est associé au

2. `http://www.manulex.org`
3. `http://leadserv.u-bourgogne.fr/bases/manulex/manulexbase/indexFR.htm`

niveau 3. On comprend aisément que cette façon de faire, qui assimile la distribution de *pomme* à celle de *cambrioleur* n'est pas optimale. C'est pourquoi nous avons également considéré chaque distribution comme une série statistique (ex. pour *pomme*, une série constituée de 724 un, de 306 deux et de 224 trois, les chiffres 'un' à 'trois' renvoyant respectivement aux trois niveaux scolaires, voir Table 1) et pris comme valeur représentative soit son premier quartile, soit sa moyenne (ce qui donne alors une échelle continue, comprise entre 1 et 3 pour Manulex et 1 et 6 pour FLELex).

### 3.2 Ressources pour l'extraction de variables

Pour l'extraction de variables, nous avons mobilisé plusieurs ressources contenant différentes informations linguistiques. Leur usage particulier au sein de nos variables est décrit plus en détail dans la section 4, cette section présentant ces ressources de façon plus générale.

La première d'entre elles est Lexique 3 [4] (New *et al.*, 2001). il s'agit d'une ressource librement accessible qui contient un grand nombre d'informations linguistiques (transcription phonétique, structure syllabique, flexion, etc.) et statistiques (nombre de phonèmes, de syllabes, de morphèmes, fréquence dans des corpus de livres et de sous-titre de films, etc.). Elle contient 142 728 mots correspondant à 47 342 lemmes.

Polymots [5] (Gala & Rey, 2008) est un lexique morphologique. Les mots ont été segmentés morphologiquement en bases et affixes, des informations sur les familles morphologiques et sur des unités de sens associées sont également disponibles. La version 3 contient 19 510 lemmes et 2 364 familles. La segmentation morphologique et le regroupement en familles ont été effectués manuellement, ce qui a comme répercussion une couverture assez faible (par rapport à d'autres ressources comme Lexique3, par exemple). Ainsi, l'intersection entre Manulex (restreint aux mots lexicaux) et Polymots est de 55,75 %, c'est-à-dire qu'il y a 10 614 mots communs entre les deux ressources [6]. De ce fait, nous avons décidé d'utiliser une méthode par apprentissage non supervisé pour l'obtention des variables morphologiques. Les lemmes de Polymots, tout comme ceux de Morphalou 2.0 (Romary *et al.*, 2004), nous ont servi à enrichir notre corpus d'apprentissage pour l'analyse morphologique.

Nous avons également utilisé un corpus issu d'enregistrements de patients atteints de la maladie de Parkinson (2 271 formes pour 373 lemmes). Il s'agit d'une vingtaine d'enregistrements (correspondant à une tâche de description d'une image de la vie quotidienne) de patients en état "off", c'est-à-dire, sans médicaments qui pourraient inhiber les effets de la maladie sur la parole. Nous nous sommes intéressés à ce type de parole pathologique car la maladie de Parkinson, bien qu'elle soit plus connue pour des symptômes moteurs (tremblements, rigidité musculaire, etc.), entraîne également des difficultés au niveau de la parole (Pinto *et al.*, 2010). Par conséquent, nous postulons que ce type de parole pathologique peut être représentative d'une langue plus simple et donc d'un lexique plus simple. La classification que nous proposons des structures syllabiques (variable 8, section 4) est issue d'observations faites sur ce corpus. Les données de ce corpus ont aussi servi à enrichir le corpus d'apprentissage pour l'extraction des informations morphologiques.

Enfin, pour l'obtention de variables sémantiques, nous avons utilisé les réseaux lexicaux JeuxDeMots [7] (Lafourcade, 2007) et BabelNet (Navigli & Ponzetto, 2010). JeuxdeMots contient à ce jour 314 494 termes, dont 136 421 ont au moins une relation de type idée associée (synonymie, hyperonymie, etc.). Des 19 037 lemmes de Manulex, 6 068 sont étiquetés comme polysémiques (31,2%). Nous avons utilisé cette ressource pour extraire des synonymes pour les mots de Manulex. Quant à BabelNet, il s'agit d'un réseau multilingue construit à partir de WordNet et Wikipédia. Nous avons utilisé les informations sur les 23 242 lemmes du français, en particulier le nombre de synsets associés.

## 4 Analyse de variables pour caractériser la complexité lexicale

### 4.1 Typologie

Dans cette section nous introduisons un ensemble de variables présentées ci-dessous. Nous mettons l'accent (en gras) sur les variables morphologiques et sémantiques, qui constituent les deux apports principaux de cet article par rapport à

4. http://www.lexique.org/
5. http://polymots.lif.univ-mrs.fr
6. À la base, Polymots ne contient pas des mots composés ('mainmise'), ni des noms avec tiret ('amour-propre'), des mots originaires d'autres langues ('mortadelle'), des mots grammaticaux ('tellement') ou encore des mots techniques ('dyoxide'). La création manuelle ainsi que l'écart de ces mots justifient sa faible couverture par rapport à Manulex
7. http://www.jeuxdemots.org/

des approches proches dans ce domaine (Gala *et al.*, 2013). C'est pourquoi, la section 4.2 est consacrée à la description détaillée de l'implémentation des variables morphologiques, les autres étant directement décrites dans la liste ci-dessous.

### 4.1.1 Critères orthographiques

1. *Nombre de lettres* : nombre de caractères alphabétiques dans un mot ;
2. *Nombre de phonèmes* : pour calculer le nombre de phonèmes dans un mot, un système mixte a été mis en place. Pour les mots présents dans Lexique3, nous avons simplement récupéré l'information issue de cette ressource. Pour les mots absents de Lexique3, nous avons généré leur représentation phonétique au vol via *eSpeak* [8] ;
3. *Nombre de syllabes* : comme pour le nombre de phonèmes, le nombre de syllabes d'un mot a soit été récupéré directement dans Lexique3, quand l'information était disponible, soit a été calculé automatiquement en deux étapes. Tout d'abord, la forme phonétique a été générée (comme au point précédent), avant d'y appliquer l'outil de syllabification de Pallier (1999) ;
4. *Voisinage orthographique* : les informations concernant le nombre ou la fréquence des voisins orthographiques [9] proviennent également de Lexique 3 et nous les avons déclinées en 3 variables : (4a) nombre de voisins, (4b) fréquence cumulée de tous les voisins, (4c) nombre des voisins les plus fréquents ;
5. *Cohérence phonème-graphie* : le nombre de phonèmes et de lettres dans un mot ont été comparés sur la base de la classification suivante : 0 pour l'absence de différence (c'est-à-dire, une transparence parfaite), par exemple *abruti* [abRyti] ; 1 pour une différence de 1 ou 2 caractères, par exemple *abriter* [abRite] ; 2 pour une différence supérieure à 2 caractères, par exemple dans *lentement* [l@t-m@] [10] ;
6. *Patrons orthographiques* : 5 variables ont été définies autour de la présence de graphèmes complexes dans les mots, à savoir (6a) des voyelles orales (par ex. 'au' [o]), (6b) des voyelles nasales (par ex ; 'in' [ɛ̃]), (6c) des doubles consonnes (par ex. 'pp'), (6d) des doubles voyelles (par ex. 'éé'), (6e) ou encore des digrammes (par ex. 'ch' [ʃ]) ;
7. *Structure syllabique* : trois niveaux de complexité pour les structures syllabiques présentes dans les mots ont été définis sur la base des fréquences de ces structures dans le corpus de parole « simple » Parkinson : (7a) les structures les plus fréquentes [11] (CYV, V, CVC, CV), (7b) les structures relativement fréquentes (CCVC, VCC, VC, YV, CVY, CYVC, CVCC, CCV), (7c) et les structures peu fréquentes (combinaisons de plusieurs consonnes, par exemple CCCVC) ;

### 4.1.2 Critères morphologiques

8. ***Nombre de morphèmes*** : nombre total de préfixes, suffixes et de bases dans le mot ;
9. ***Fréquence minimale des affixes (préfixes et suffixes)*** : nombre de mots différents (types) dans lesquels apparaît le préfixe / suffixe le moins fréquent ;
10. ***Fréquence moyenne des affixes (préfixes et suffixes)*** : moyenne des fréquences absolues des préfixes / suffixes ;
11. ***Préfixation*** : attestation ou non de la présence de préfixes ;
12. ***Suffixation*** : attestation ou non de la présence de suffixes ;
13. ***Composition*** : attestation ou non de la présence de deux bases ou plus ;
14. ***Taille de la famille morphologique*** : voir section 4.2 ;

### 4.1.3 Critères sémantiques

15. *Polysémie selon JeuxdeMots* : booléen indiquant si le mot est polysémique ou non ;
16. *Polysémie selon BabelNet* : nombre de synsets répertoriés dans BabelNet ;

8. http ://espeak.sourceforge.net
9. Les voisins orthographiques regroupent l'ensemble des mots de même longueur ne se différenciant que par une seule lettre tels que, pour SAGE, les mots MAGE, SALE, etc.).
10. La transcription est celle de Lexique 3 qui utilise l'alphabet SAMPA (*Speech Assessment Methods Phonetic Alphabet*).
11. La notation utilisée est la suivante : C pour consonne, V pour voyelle, Y pour les glides [j], [w] et [ɥ].

#### 4.1.4 Critères statistiques

17. *Fréquence dans Lexique3* : logarithme des fréquences extraites de Lexique3 (calculées à partir d'un corpus de sous-titres de films). Pour traiter les mots absents de la ressource, nous avons appliqué un algorithme de lissage par Good-Turing (Gale & Sampson, 1995) afin d'attribuer une log-probabilité très petite par défaut à ces termes hors vocabulaire ;

18. *Présence/absence dans la liste de Gougenheim* : pour chaque mot, un booléen indique s'il appartient ou non à la liste du *Français Fondamental* dans sa version longue (qui comprend 8 875 lemmes). Comme il est bien connu en lisibilité que la taille de la liste de mots simples utilisée comme variable influe sur la capacité de discrimination de celle-ci, nous avons expérimenté avec diverses tailles de liste, par tranche de 1 000 mots, de 1 000 à 8 875 mots.

### 4.2 Obtention des variables par analyse morphologique

Les variables morphologiques 8 à 14 ont été obtenues par analyse morphologique non supervisée, en utilisant les systèmes décrits dans (Bernhard, 2006) et (Bernhard, 2010). Pour ce faire, les lemmes issus de Morphalou 2.0, Manulex, Polymots, corpus Parkinson et FLELex ont été fusionnés et ont été associés à leur fréquence dans le corpus `2010-wiki-1M`[12] du portail Wortschatz (Quasthoff *et al.*, 2006), qui contient 1 million de phrases issues de Wikipédia. Cette liste de lemmes associés à leur fréquence sert à l'apprentissage non supervisé d'informations morphologiques.

Le premier système (Bernhard, 2006) permet le découpage des mots en segments morphémiques étiquetés : base (b), préfixe (p), suffixe (s) et élément de liaison (l), comme par exemple `im_p + pens_b + able_s + ment_s`. La première étape du système consiste à extraire une liste de préfixes et de suffixes sur la base des probabilités transitionnelles entre sous-chaînes observées dans le lexique. Cette étape est contrôlée par un paramètre N qui détermine la quantité de préfixes et suffixes extraits : dans nos expériences, nous avons fixé ce paramètre à 5 et 10, pour tester son influence sur les variables utilisées dans le modèle final. La deuxième étape permet d'extraire une liste de bases candidates en utilisant les affixes obtenus à l'étape 1. Les deux dernières étapes consistent à segmenter les mots et à identifier la meilleure segmentation possible.

Ce système a été utilisé pour définir la valeur des variables suivantes : nombre de morphèmes, préfixation (oui/non), suffixation (oui/non), est composé (oui/non), fréquence minimale des préfixes, fréquence minimale des suffixes, fréquence moyenne des préfixes, fréquence moyenne des suffixes. Un mot est considéré comme composé s'il contient deux bases dans la segmentation.

Les résultats de ce premier système ont également permis de déterminer la taille de la famille morphologique : tous les mots qui contiennent la même base sont regroupés dans la même famille. Ainsi, la famille d'« impensablement » contient tous les mots contenant le segment `pens_b`. Pour les mots composés qui appartiennent à plusieurs familles, seule la taille de la famille la plus petite a été prise en compte.

Les deux derniers systèmes, MorphoClust et MorphoNet (Bernhard, 2010) produisent uniquement des familles morphologiques et n'ont donc été utilisés que pour obtenir la taille de la famille. MorphoClust forme des familles par classification ascendante hiérarchique. La méthode MorphoNet est quant à elle fondée sur la détection de communautés dans des réseaux lexicaux. MorphoClust utilise la même première étape que le système de segmentation et est donc dépendant du même paramètre N, encore une fois fixé à 5 et 10. Des expérimentations conduites précédemment ont montré que MorphoClust obtient un meilleur rappel, tandis que MorphoNet est plus précis (Bernhard, 2010).

## 5 Intégration dans un modèle pour prédire la difficulté

Après avoir identifié un ensemble de 49 variables lexicales (les 18 mentionnées ci-dessus et leurs variantes, c'est-à-dire, par exemple, la proportion d'absents calculée sur la base de listes de taille différentes), nous avons effectué deux séries d'expériences à partir de nos deux listes de mots gradués (Manulex et FLELex). Dans un premier temps, l'efficacité de ces variables a été évaluée par une analyse bivariée, c'est-à-dire sans tenir compte de la multicolinéarité[13] présente au sein des données. L'objectif de cette étape est simplement de déterminer quels sont, parmi nos prédicteurs, ceux qui apportent le

12. Pour les mots absents du corpus, la fréquence a été fixée à 1.

13. Il s'agit de la redondance informationelle partielle entre certaines variables. Par exemple, les mots plus courts sont aussi souvent les plus polysémiques et les plus fréquents.

plus d'information sur la difficulté des mots. Dans un second temps, l'ensemble des variables significativement associées à la difficulté lexicale ont été combinées au sein d'un algorithme d'apprentissage automatisé (SVM).

## 5.1 Analyse des variables

Comme nous l'avons rappelé aux sections 1 et 4, les variables sélectionnées pour cette étude l'ont été sur la base de résultats en psycholinguistique attestant d'un lien de causalité entre ces caractéristiques lexicales et la difficulté des mots mesurées au moyen de multiples tâches. De plus, (Gala *et al.*, 2013) ont analysé le comportement d'un sous-ensemble de nos variables en lien avec la parole "pathologique" via le corpus Parkinson décrit à la section 3.2. Cette étude a comparé les caractéristiques des mots utilisés dans un langage supposé plus "simple" avec un lexique général (Lexique3). Il est apparu que les unités lexicales "simples" étaient effectivement plus courtes (6,3 lettres, 4,7 phonèmes, 1,96 syllabes contre 8,6 lettres, 6,8 phonèmes et 2,89 syllabes dans Lexique3). Les structures syllabiques des ces mots, étaient également plus simples. Cela est une première piste qui confirmerait, sur un large ensemble de données réelles, la relation existante entre certaines de nos variables et la difficulté des mots.

Pour obtenir un diagnostic plus précis de l'efficacité de chaque variable, une analyse corrélationnelle a été effectuée. Pour chaque variable, la force de sa relation avec la difficulté lexicale a été mesurée à l'aide du coefficient de corrélation de Spearman [14]. Nous avons répété cette analyse sur nos deux lexiques de référence : Manulex et FLELex. Comme ces ressources ne comprennent pas les mêmes mots et ceux-ci ne sont pas classés de la même façon, cela devrait augmenter la robustesse de nos conclusions quant à l'efficacité de nos variables comme prédicteurs de la difficulté lexicale en général.

Le résumé des analyses corrélationnelles est présenté à la Table 2. Les niveaux utilisés pour cette analyse sont ceux obtenus via la première des trois techniques de transformation de la distribution d'un mot en un niveau (voir section 3.1), à savoir le premier niveau où apparaît ce mot. L'analyse corrélationnelle a également été effectuée pour les autres techniques, mais les corrélations obtenues étaient inférieures. Par exemple, pour Manulex, la corrélation entre la log-fréquence des mots dans Lexique3 et la difficulté tombe à $\rho = -0,40$ pour la moyenne et à $-0,36$ pour le quartile. Il semble donc que la meilleure mesure de la difficulté d'un mot parmi celles que nous avons testées sur la base d'une liste de mots gradués, soit la première apparition d'un mot dans un niveau donné.

| **Variables** | **Manulex** ($\rho$) | **FLELex** ($\rho$) |
|---|---|---|
| 17 Freq. Lex3 | -0,51 | -0.53 |
| 18 AbsGoug (5000) | -0,41 | -0.46 |
| 18 AbsGoug (4000) | -0,41 | -0.47 |
| 02 Nb. phon | 0,30 | 0,27 |
| 15 Polysémie | -0,29 | -0.38 |
| 01 Nb. lettres | 0,27 | 0,25 |
| 03 Nb. syllables | 0,27 | 0,26 |
| 4a Nb. voisin | -0,25 | -0,23 |
| 4b Voisin freqcum | -0,25 | -0,23 |
| 16 Synset BabelNet | -0,20 | -0,19 |
| 6b Voy. Nasale | 0,08 | 0,07 |
| 14 Taille famille (morphoclust_10) | -0,08 | -0,05 |
| 11 Prefix (seg_10) | 0.07 | 0,06 |
| 08 Nb_morphs (seg_10) | 0,06 | 0,08 |
| 06 Patrons ortho (a-d) | 0,05 | 0,06 |
| 10 Moyenne sufx. (freq_seg_10) | -0,05 | 0,02 |

TABLE 2 – Sélection des meilleurs variables

Les résultats de cette analyse corrélationnelle semblent assez clairs et stables. En effet, les corrélations obtenues sur Manulex sont très proches de celles obtenues sur FLELex. S'il est vrai qu'une partie non négligeable de mots se retrouvent dans les deux listes (mêmes observations), ceux-ci n'ont pas nécessairement été annotés de la même manière. On note que les meilleures variables sont celles basées sur la fréquence (17) et sur la présence dans une liste de mots simples (18) de taille moyenne (entre 4 000 et 5 000 mots). Il est intéressant de noter que l'appartenance des mots à une liste de mots

14. Le choix de privilégier ce coefficient par rapport au coefficient de Pearson, plus commun, est essentiellement motivé par le fait que la relation entre les variables linguistiques et la difficulté n'est pas nécessairement linéaire, comme discuté dans François (2011). La corrélation de Spearman est plus adaptée pour capturer des relations monotones croissantes.

simples est plus discriminant en FLE que pour le français L1, de même qu'une liste plus courte est préférable pour le FLE, comme cela avait été montré par François (2011).

Une seconde constatation d'intérêt est l'efficacité et la robustesse des variables classiques telles que le nombre de lettres (01) et de syllabes (03). Moins utilisé dans la littérature, le nombre de phonèmes dans un mot (02) apparaît tout aussi efficace. Enfin, les informations relatives au statut polysémique des mots apportent également de l'information qui semble utile pour expliquer la difficulté du lexique, que ce soit via une information binaire sur le statut polysémique des mots issue de JeuxDeMots (15) ou via le nombre de synsets repris dans BabelNet (16). À notre connaissance, la question de la polysémie n'a pas encore été prise en compte en lisibilité et sa performance constitue une bonne surprise, d'autant que l'information véhiculée par cette variable ne recouvre que faiblement l'effet de fréquence [15].

Enfin, d'autres variables sont également significativement corrélées à la difficulté, mais dans une moindre mesure. C'est le cas des informations concernant les voisins orthographiques (4a, 4b), les patrons orthographiques complexes (06), en particulier les voyelles nasales (6b), ou encore des informations morphologiques. A ce niveau, c'est surtout la taille de la famille (14), le nombre de morphèmes (08) et la présence d'un préfixe (11) qui apparaissent les plus utiles parmi l'ensemble de nos variables morphologiques. Signalons que la taille de la famille morphologique apparaissait déjà comme une variable significative pour (Schreuder & Baayen, 1997) dans une tâche de décision lexicale : plus la famille morphologique est grande, plus cela tend à induire un effet de facilitation. Toutefois, même si ces corrélations sont largement significatives (en terme de p-valeur) au vu du nombre élevé de données [16], on peut conclure que l'effet des variables morphologiques reste assez faible pour identifier la complexité d'un mot.

## 5.2 Un modèle pour prédire la difficulté du lexique

Au terme de l'analyse corrélationnelle, une sélection a été effectuée parmi nos 49 variables sur la base de deux critères. D'une part, les variables retenues pour la phase de modélisation devaient être significativement corrélées à la difficulté. D'autre part, lorsqu'un ensemble de prédicteurs constituaient des variantes d'une même information déterminée par un paramètre (par exemple, la taille de la liste de Gougenheim ou le paramètre N pour les variables morphologiques), seul celui présentant la corrélation la plus élevée a été retenu. Cela nous donne un total de 26 variables pour Manulex et de 24 variables pour FLELex.

Sur la base de ces deux ensembles de variables, deux modèles statistiques ont été entraînés, l'un en se basant sur les mots de Manulex et l'autre sur ceux de FLELex. Pour rappel, les annotations utilisées pour cet entraînement l'ont été au moyen de notre première méthode : le niveau de la première occurrence d'un mot. Cela nous donne pour Manulex : 5 863 lemmes pour le niveau CP, 4 023 lemmes pour le CE1 et 9 151 lemmes pour le cycle 3. En ce qui concerne FLELex, la répartition par niveau est la suivante : 4 142 lemmes pour le niveau A1, 2 735 pour A2, 4 002 pour B1, 1 312 pour B2, 1 672 pour C1 et seulement 501 lemmes spécifiques au niveau C2.

L'algorithme d'apprentissage automatisé utilisé est une machine à vecteurs de support ou SVM (Boser *et al.*, 1992). Lors d'expériences préliminaires, nous avons utilisé la librairie LibSVM (Chang & Lin, 2011) et avons comparé différents kernels (linéaire, RBF et polynomial). Les résultats étant relativement similaires, nous avons finalement privilégié le recours à LibLinear (Fan *et al.*, 2008), qui même si elle ne permet que d'utiliser un kernel linéaire, s'est révélée considérablement plus rapide sur nos données. Afin de limiter les effets de multicolinéarité et de surapprentissage au sein des données, nous avons centré et réduit les données et opté pour une méthode de régularisation "L2". Enfin, le méta-paramètre $C$ (le coût) a été choisi par une exploration limitée de l'espace de valeurs entre 100 et $0,001$.

Les résultats obtenus par les deux modèles sont repris au Tableau 3. Leurs performances sont évaluées en terme d'exactitude des prédictions du modèle sur des données de test, une valeur qui a été estimée à l'aide d'un algorithme de validation croisée à cinq échantillons. Les résultats sont comparés à deux baselines : (1) le score qu'obtiendrait un modèle prédisant toujours la classe majoritaire dans les données et (2) un modèle qui ne se baserait que sur l'information de fréquence, qui est la caractéristique lexicale la plus communément associée à la difficulté des mots.

On peut noter que nos deux modèles se comportent nettement mieux qu'un modèle qui attribuerait toujours la classe majoritaire. Pour Manulex, le gain par rapport à cette méthode simpliste est de 15% d'exactitude, tandis qu'il est de 14% pour FLELex. Le gain est donc relativement similaire dans les deux cas, même si les performances absolues ne sont pas équivalentes eu égard à la différence de classes entre les deux listes. En effet, effectuer des prédictions parmi six classes constitue une tâche plus complexe que prédire parmi trois catégories. Par contre le gain de performance par rapport à

15. Pour Manulex, la corrélation entre le statut polysémique des mots d'après JeuxDeMots (15) et la log-fréquence (17) n'était que de $\rho = -0,19$.
16. Par exemple, le nombre de morphèmes présente un $\rho$ de $0,06$, ce qui correspond encore à un $p < 0,001$.

| Liste | Modèle | C | Exac. | Ecart-type |
|---|---|---|---|---|
| Manulex | Classe majoritaire | / | 48% | / |
| | Baseline Fréq. | 0, 1 | 61% | 0, 4% |
| | Modèle | 0, 5 | 63% | 0, 7% |
| FLELex | Classe majoritaire | / | 28, 8% | / |
| | Baseline Fréq. | 0, 5 | 39% | 0, 8% |
| | Modèle | 0, 001 | 43% | 0, 5% |

TABLE 3 – Performances des modèles sur les deux listes de mots

la seconde baseline, qui n'utilise que l'information fréquentielle, est faible : 2% pour Manulex et 4% pour FLELex. Ce résultat est relativement surprenant en regard du nombre de variables dans le modèle, mais semble en accord avec la situation observée dans le cadre de SemEval 2012 où, rappelons-le, un seul modèle avait réussi à battre la baseline fréquentielle.

# 6 Discussion

Afin de mieux appréhender les résultats obtenus, nous avons effectué une série d'expérimentations supplémentaires sur les données. Tout d'abord, cette tendance des performances à plafonner semble être partiellement liée au déséquilibre entre les différentes classes au sein de nos deux jeux de données. Nous avons donc effectué des expériences complémentaires afin de vérifier l'impact de la distribution des classes sur le résultat de l'apprentissage. Ces expériences ont été réalisées avec *Weka 3.7.10* [17] avec un modèle de régression logistique (*SimpleLogistic*) en utilisant une validation croisée à dix échantillons. Deux méthodes de ré-échantillonage ont été comparées. La première consiste à obtenir une distribution uniforme des classes, en réduisant le nombre d'instances de manière à obtenir un nombre d'instance par classes à peu près égal au nombre d'instances de la classe la moins représentée. La seconde réduit les données d'apprentissage au même nombre d'instances que la première, mais en conservant une distribution équivalente aux données initiales [18]. L'intérêt de ce second processus est de contrôler l'effet de la taille du jeu de données sur les performances, afin de mieux isoler l'effet lié au type de distribution.

Les résultats de ces expériences sont détaillés dans les Tables 4 et 5. Le modèle de régression logistique obtient quasiment les mêmes résultats que ceux obtenus avec SVM. Par ailleurs, les résultats obtenus pour les données échantillonnées avec la même distribution sont comparables à ceux obtenus sur les données complètes. Toutefois, le ré-échantillonnage avec une distribution uniforme des classes conduit à des résultats largement inférieurs, alors même que le nombre d'instances est identique à celui du ré-échantillonage avec la même distribution que les données initiales.

| | **Données complètes (19 037 instances)** | **Données échantillonnées (11 993 instances)** | |
|---|---|---|---|
| | | **Même distribution** | **Distribution uniforme** |
| **Fréquence** | 61,2% | 61,6% | 51,2% |
| **Attributs sélectionnés** | 62,7% | 63,0% | 53,7% |
| **Tous les attributs** | 62,9% | 63,0% | 53,4% |

TABLE 4 – Exactitude pour la régression logistique sur le corpus Manulex, avec et sans ré-échantillonage

| | **Données complètes (14 364 instances)** | **Données échantillonnées (2 872 instances)** | |
|---|---|---|---|
| | | **Même distribution** | **Distribution uniforme** |
| **Fréquence** | 41,1% | 40,8% | 28,6% |
| **Attributs sélectionnés** | 42,7% | 42,4% | 33,2% |
| **Tous les attributs** | 43,1% | 41,9% | 32,6% |

TABLE 5 – Exactitude pour la régression logistique sur le corpus FLELex, avec et sans ré-échantillonage

17. http://www.cs.waikato.ac.nz/ml/weka/index.html
18. Le ré-échantillonage a été réalisé avec le filtre *Resample* disponible dans Weka, avec un tirage sans remise.

Pour expliquer ces différences, il est nécessaire d'étudier les performances obtenues indépendamment pour chaque classe. Ces résultats, exprimés cette fois à l'aide de la F-mesure, sont présentés dans les Tables 6 et 7 pour le modèle utilisant les attributs sélectionnés. On constate à nouveau des F-mesures comparables sur les données complètes et sur les données ré-échantillonnées avec une distribution similaire. Dans les deux cas, les F-mesures sont nulles ou proches de zéro pour certaines classes, tandis qu'elles s'élèvent pour les classes les plus représentées dans les données d'apprentissage. Les résultats obtenus pour une distribution uniforme sont plus équilibrés, mais montrent également une tendance intéressante : les classes situées aux deux extrémités des échelles sont celles pour lesquelles les résultats sont les meilleurs. Ceci impliquerait que les mots très simples ou très complexes sont plus faciles à identifier que les mots situés au milieu de l'échelle. Une tendance similaire a déjà été signalée au niveau du texte dans des travaux précédents en lisibilité (François & Fairon, 2012).

| | **Données complètes (19 037 instances)** | **Données échantillonnées (11 993 instances)** | |
|---|---|---|---|
| | | **Même distribution** | **Distribution uniforme** |
| CP (5 863) | 0,644 | 0,648 | 0,636 |
| CE1 (4 023) | 0,000 | 0,000 | 0,355 |
| Cycle 3 (9 151) | 0,731 | 0,734 | 0,588 |

TABLE 6 – F-mesure par classe avec les attributs sélectionnés pour le corpus Manulex, avec et sans ré-échantillonage.

| | **Données complètes (14 364 instances)** | **Données échantillonnées (2 872 instances)** | |
|---|---|---|---|
| | | **Même distribution** | **Distribution uniforme** |
| A1 (4 142) | 0,628 | 0,631 | 0,572 |
| A2 (2 735) | 0,029 | 0,041 | 0,326 |
| B1 (4 002) | 0,492 | 0,493 | 0,123 |
| B2 (1 312) | 0,000 | 0,023 | 0,251 |
| C1 (1 672) | 0,089 | 0,098 | 0,298 |
| C2 (501) | 0,000 | 0,000 | 0,352 |

TABLE 7 – F-mesure par classe avec les attributs sélectionnés pour le corpus FLELex, avec et sans ré-échantillonage.

# 7 Conclusions

Nous avons présenté un modèle de la complexité lexicale reposant sur diverses variables intralexicales et statistiques. L'un des aspects innovants de notre approche est que le degré de complexité des mots a été déterminé à partir de la présence de ces mots dans des manuels destinés à des apprenants du français langue maternelle et étrangère. Cette façon de faire nous a permis de traiter un large ensemble de termes, à la différence d'approches plus classiques en psycholinguistique qui associent la difficulté des mots à la vitesse de réalisation de tâches telles que la décision lexicale et qui demandent dès lors de soumettre chaque mot à un ensemble de sujets.

Un second point intéressant de l'étude est la prise en compte combinée d'un large ensemble de variables, toutes justifiées par des résultats de travaux issus du domaine de la psycholinguistique. Parmi ces variables, certaines n'ont que très peu été étudiées en lien avec la prédiction de la difficulté des textes ou des mots. C'est le cas des variables morphologiques, des types de structure syllabiques, des patrons orthographiques ou encore du statut polysémique des mots (d'après JeuxDeMots et BabelNet). Toutes nos variables ont été analysées afin de déterminer celles qui présentent la plus forte corrélation avec la difficulté lexicale telle que définie dans nos deux ressources (Manulex et FLELex). Certaines de ces variables telles que la fréquence et le nombre de caractères sont bien connues et largement utilisées dans les modèles de lisibilité. Sans surprise, elles se sont révélées de bons prédicteurs, en particulier la fréquence, qui suffit pour classer correctement 61% des mots de Manulex et 39% de ceux de FLELex. Les variables morphologiques, l'une des principales voies d'exploration de cette article, ne présentent par contre qu'une faible relation avec la difficulté lexicale, ce qui pourrait être dû à leur acquisition de manière non supervisée. Enfin, nous avons testé deux variables sémantiques qui permettent d'identifier les mots polysémiques et qui présentent des corrélations significatives avec la difficulté du lexique.

Globalement, l'intégration de variables plus complexes que la simple fréquence n'apporte qu'une faible amélioration à notre modèle de prédiction de la complexité lexicale qui procède par apprentissage supervisé. Différentes explications peuvent être avancées pour rendre compte de ce résultat : d'une part, les données d'apprentissage ne sont pas équilibrées, certaines classes étant bien moins représentées que d'autres dans nos données. Cependant, comme nous l'avons montré, le fait de rééquilibrer le jeu de données par ré-échantillonnage n'améliore pas les performances du modèle. Dès lors, ce qui pénalise le modèle et le pousse à se concentrer sur les classes les plus peuplées semble plutôt être son incapacité à discriminer entre les classes à l'aide des informations qui lui ont été fournies. Il faut donc postuler deux explications à cette situation : soit nos variables ne suffisent pas à expliquer la difficulté des mots, soit les données d'entraînement sont trop bruitées. Très probablement, ces deux phénomènes se combinent. D'une part, on observe que très peu de corrélations fort élevées au sein de notre ensemble de variables. D'autre part, la transformation des données d'origine vers un lexique classé selon des niveaux indépendants nécessite de faire des choix qui ne sont pas sans répercussion sur le modèle de classification. Sans compter que l'apparition d'un mot à un niveau précis d'un manuel reste dépendant des choix des éditeurs et de leur propre vision pédagogique.

Afin de poursuivre l'analyse et la prédiction de la complexité lexicale, nous envisageons plusieurs pistes. Tout d'abord, d'autres variables identifiées dans la littérature psycholinguistique pourraient encore faire l'objet d'expérimentations. Citons parmi celles-ci le caractère abstrait ou concret d'un mot, son voisinage phonologique, ou encore le niveau d'imageabilité. Ensuite, nous pourrions reproduire notre étude sur un lexique plus restreint, mais dont la difficulté aurait été contrôlée plus strictement, via des tests sur populations. L'objectif serait de déterminer dans quelle mesure le plafonnement des performances provient d'un manque informationnelle au sein du modèle ou du bruit dans le corpus. Enfin, une autre approche de la complexité lexicale est possible dans le cadre d'applications de simplification pour lesquelles il faut choisir le meilleur substitut. Il s'agirait de développer un modèle qui ne viserait plus à attribuer un niveau absolu à l'ensemble des mots d'un lexique, mais plutôt de comparer un ensemble restreint de mots sémantiquement liés (par exemple au sein d'un synset) afin de les trier en fonction de leur difficulté.

## Références


BERNHARD D. (2006). Unsupervised morphological segmentation based on segment predictability and word segments alignment. In *Proceedings of the PASCAL Challenges Workshop on Unsupervised Segmentation of Words into Morphemes*, p. 19–23.

BERNHARD D. (2010). Apprentissage non supervisé de familles morphologiques : comparaison de méthodes et aspects multilingues. *Traitement Automatique des Langues*, **2**(51), pp. 11–39.

BIRAN O., BRODY S. & ELHADAD N. (2011). Putting it simply : a context-aware approach to lexical simplification. In *Proceedings of the 49th Annual Meeting of the Association for Computational Linguistics : Human Language Technologies*, p. 496–501.

BLACHE P. (2011). A computational model for language complexity. In *1st Conference on Linguistics, Biology and Computational Science*, Tarragona, Spain.

BOSER B., GUYON I. & VAPNIK V. (1992). A training algorithm for optimal margin classifiers. In *Proceedings of the fifth annual workshop on Computational learning theory*, p. 144–152.

BRYSBAERT M., LANGE M. & VAN WIJNENDAELE I. (2000). The effects of age-of-acquisition and frequency-of-occurrence in visual word recognition : Further evidence from the Dutch language. *European Journal of Cognitive Psychology*, **12**(1), 65–85.

CARROLL J., MINNEN G., CANNING Y., DEVLIN S. & TAIT J. (1998). Practical simplification of English newspaper text to assist aphasic readers. In *Proceedings of the AAAI-98 Workshop on Integrating Artificial Intelligence and Assistive Technology*.

CHANDRASEKAR R., DORAN C. & SRINIVAS B. (1996). Motivations and methods for text simplification. In *16th conference on Computational linguistics*, p. 1041–1044.

CHANG C.-C. & LIN C.-J. (2011). Libsvm : a library for support vector machines. *ACM Transactions on Intelligent Systems and Technology (TIST)*, **2**(3), 27.

COLTHEART M., DAVELAAR E., JONASSON T. & BESNER D. (1977). Access to the internal lexicon. In *Attention and Performance VI*, p. 535–555, London : Academic Press.

CONSEIL DE L'EUROPE (2001). *Cadre européen commun de référence pour les langues : apprendre, enseigner, évaluer*. Paris : Hatier.

DALE E. (1931). A comparison of two word lists. *Educational Research Bulletin*, **18**(10), 484–489.

FAN R.-E., CHANG K.-W., HSIEH C.-J., WANG X.-R. & LIN C.-J. (2008). Liblinear : A library for large linear classification. *The Journal of Machine Learning Research*, **9**, 1871–1874.

FERRAND L. (2007). *Psychologie cognitive de la lecture*. Bruxelles : De Boeck.

FRANÇOIS T. (2011). *Les apports du traitement automatique du langage à la lisibilité du français langue étrangère*. PhD thesis, Université Catholique de Louvain. Thesis Supervisors : Cédrick Fairon and Anne Catherine Simon.

FRANÇOIS T. & FAIRON C. (2012). An "AI readability" formula for French as a foreign language. In *Proceedings of the 2012 Conference on Empirical Methods in Natural Language Processing (EMNLP 2012)*, p. 466–477.

FRANÇOIS T., GALA N., WATRIN P. & FAIRON C. (2014). FLELex : a graded lexical resource for French foreign learners. In *Proceedings of International conference on Language Resources and Evaluation (LREC 2014)*, Reykjavik, Islande.

GALA N., FRANÇOIS T. & FAIRON C. (2013). Towards a French lexicon with difficulty measures : NLP helping to bridge the gap between traditional dictionaries and specialized lexicons. In *E-lexicography in the 21st century : thinking outside the paper.*, Tallin, Estonia.

GALA N. & REY V. (2008). Polymots : une base de données de constructions dérivationnelles en français à partir de radicaux phonologiques. In *TALN 2008, Conférence sur le Traitement Automatique des Langues Naturelles*, Avignon, France.

GALE W. & SAMPSON G. (1995). Good-Turing frequency estimation without tears. *Journal of Quantitative Linguistics*, **2**(3), 217–237.

GERNSBACHER M. (1984). Resolving 20 years of inconsistent interactions between lexical familiarity and orthography, concreteness, and polysemy. *Journal of Experimental Psychology : General*, **113**(2), 256–281.

GOUGENHEIM G. (1958). *Dictionnaire fondamental de la langue française*. Paris : Didier.

HOWES D. & SOLOMON R. (1951). Visual duration threshold as a function of word probability. *Journal of Experimental Psychology*, **41**(40), 1–4.

LAFOURCADE M. (2007). Making people play for Lexical Acquisition. In *Proc. SNLP 2007, 7th Symposium on Natural Language Processing.*, Pattaya, Thailande.

LAUFER B. (1997). *What's in a word that makes it hard or easy : Some intralexical factors that affect the learning of words.* Cambridge University Press.

LÉTÉ B., SPRENGER-CHAROLLES L. & COLÉ P. (2004). Manulex : A grade-level lexical database from French elementary-school readers. *Behavior Research Methods, Instruments and Computers*, **36**, 156–166.

MONSELL S. (1991). The nature and locus of word frequency effects in reading. In D. BESNER & G. HUMPHREYS, Eds., *Basic processes in reading : Visual word recognition*, p. 148–197. Hillsdale, NJ : Lawrence Erlbaum Associates Inc.

NAVIGLI R. & PONZETTO S. P. (2010). BabelNet : building a very large multilingual semantic network. In *48th annual meeting of the Association for Computational Llinguistics.*, p. 216–225, Uppsala, Suède.

NEW G. A., PALLIER C., FERRAND L. & MATOS R. (2001). Une base de données lexicales du français contemporain sur Internet : Lexique 3. *L'année psychologique*, **101**, 447–462.

PALLIER C. (1999). *Syllabation des représentations phonétiques de Brulex et de Lexique*. Rapport interne, Technical Report, update 2004. Lien : http ://www. pallier. org/ressources/syllabif/syllabation. pdf.

PINTO S., GHIO A., TESTON B. & VIALLET F. (2010). La dysarthrie au cours de la maladie de parkinson. histoire naturelle de ses composantes : dysphonie, dysprosodie et dysarthrie. *Revue Neurologique*, **166**(10), 800–810.

QUASTHOFF U., RICHTER M. & BIEMANN C. (2006). Corpus portal for search in monolingual corpora. In *Proceedings of the fifth international conference on Language Resources and Evaluation, LREC 2006*, p. 1799–1802, Genoa, Italy.

ROMARY L., SALMON-ALT S. & FRANCOPOULO G. (2004). Standards going concrete : from LMF to Morphalou. In *Workshop on Electronic Dictionaries, COLING, Conference on Computational Linguistics*, Geneva, Suisse.

SCHREUDER R. & BAAYEN H. (1997). How complex simplex words can be. *Journal of Memory and Language*, p. 118–139.

SPECIA L., JAUHAR S. K. & MIHALCEA R. (2012). Semeval-2012 task 1 : English lexical simplification. In *Proceedings of the 6th International Workshop on Semantic Evaluation (SemEval 2012), Montreal, Canada.*

THORNDIKE E. (1921). *The Teacher's Word Book*. New York : Teachers College.

VITU F., O'REGAN J. & MITTAU M. (1990). Optimal landing position in reading isolated words and continuous text. *Perception & Psychophysics*, **47**(6), 583–600.

# Annotations et inférences de relations dans un réseau lexico-sémantique: application à la radiologie

L Ramadier[1, 2] M Zarrouk[1] M Lafourcade[1] A Micheau[2]
(1) LIRMM, 161, rue ADA 34392 Montpellier Cedex 5
(2) IMAIOS, 34090 Montpellier
lionel.ramadier@lirmm.fr, manel.zarrouk@lirmm.fr, mathieu.lafourcade@lirmm.fr
antoine.micheau@imaios.com

**Résumé.** Les ontologies spécifiques à un domaine ont une valeur inestimable malgré les nombreux défis liés à leur développement. Dans la plupart des cas, les bases de connaissances spécifiques à un domaine sont construites avec une portée limitée. En effet, elles ne prennent pas en compte les avantages qu'il pourrait y avoir à combiner une ontologie de spécialité à une ontologie générale. En outre, la plupart des ressources existantes manque de méta-informations sur les annotations (informations fréquentielles : de fréquent à rare ; ou des informations de pertinence : pertinent, non pertinent et inférable). Nous présentons dans cet article un réseau lexical dédié à la radiologie construit sur un réseau lexical généraliste (JeuxDeMots). Ce réseau combine poids et annotations sur des relations typées entre des termes et des concepts, un mécanisme d'inférence et de réconciliation dans le but d'améliorer la qualité et la couverture du réseau. Nous étendons ce mécanisme afin de prendre en compte non seulement les relations mais aussi les annotations. Nous décrivons la manière de laquelle les annotations améliorent le réseau en imposant de nouvelles contraintes spécialement celles basées sur la connaissance médicale. Nous présentons par la suite des résultats préliminaires.

**Abstract.** Relations annotation and inference in a lexical-semantic network : application to radiology Domain specific ontologies are invaluable despite many challenges associated with their development. In most cases, domain knowledge bases are built with very limited scope without considering the benefits of plunging domain knowledge to a general ontology. Furthermore, most existing resources lack meta-information about association strength (weights) and annotations (frequency information like frequent, rare ... or relevance information (pertinent or irrelevant)). In this paper, we are presenting a semantic resource for radiology built over an existing general semantic lexical network (JeuxDeMots). This network combines weight and annotations on typed relations between terms and concepts. Some inference mechanisms are applied to the network to improve its quality and coverage. We extend this mechanism to relation annotation. We describe how annotations are handled and how they improve the network by imposing new constraints especially those founded on medical knowledge. We present then some results

**Mots-clés :** réseau lexical, inférence, annotation, radiologie.

**Keywords:** relation inference, lexical semantic network, relation annotation, radiology.

## 1 Introduction

Depuis environ deux décennies, l'utilisation d'ontologies et de réseaux lexicaux dans le domaine biomédical est devenue très répandue (Bodenreider *et al.*, 2008). Ces ressources sont utilisées pour l'analyse sémantique comme pour la reconnaissance d'entités nommées (par exemple l'identification de noms des gènes) ou bien l'extraction de relations (identification des relations sémantiques entre entités biomédicales (Abacha et Zweigenbaum, 2011) comme pour le cas des interactions entre protéines). Dans le cadre du projet UMLS (Unified Medical Language System), un réseau sémantique a été construit (Lomax et McCray, 2004). Ce réseau est utilisé dans le domaine de la radiologie pour analyser de façon automatique les comptes rendus radiologiques afin d'extraire les recommandations en vue d'améliorer la prise en charge des patients (Yetisgen-Yildiz *et al.*, 2013). La plupart du temps, l'ontologie dédiée à la radiologie est plongée dans une ontologie médicale généraliste qui est trop importante et complexe pour l'utilisateur final. Pour tenter de résoudre ce problème, la société de radiologie Nord-Américaine (RSNA) a crée une ontologie spécifiquement dédiée à la radiologie Radlex (Rubin, 2008), (Mejino Jr *et al.*, 2008). Cependant, la couverture de RadLex n'est pas considérée comme complète (Hong *et al.*, 2012). Il existe une version allemande de RadLex (Gerstmair *et al.*, 2012) mais aucune en français à notre connaissance.

Cependant, un lexique médical unifié en langue française a été réalisé (Zweigenbaum *et al.*, 2005) mais il reste d'ordre général.

Dans le domaine de la radiologie où il peut être intéressant d'extraire des termes pertinents des comptes-rendus et les relier aux images (Napel *et al.*, 2010), les relations pertinentes entre les termes sont cruciales et les modèles taxonomiques ne capturent pas ces informations aussi bien qu'un réseau sémantique, la taxonomie indiquant seulement la hiérarchie entre les termes (relation is-a). Il peut être intéressant pour le médecin de disposer également plus facilement de relations non hiérarchiques. Par exemple, il est pertinent de donner pour une certaine maladie la liste des symptômes, des cibles potentielles, des localisations anatomiques et cela indépendamment de toute hiérarchie. Ceci peut être modélisé de façon plus simple par un réseau sémantique. L'association entre un réseau sémantique général et spécialisé peut jouer un rôle important dans l'analyse des comptes rendus radiologiques. En effet, dans la section *Indication* du rapport de radiologie, le texte est souvent écrit avec des termes courants alors que la section *résultats* comporte des termes très spécialisés. Le but de la construction d'un tel réseau est d'analyser les comptes rendus radiologiques dans leur totalité et d'en extraire les termes importants mais également les relations sémantiques pertinentes. Cette extraction pourra servir à annoter et indexer le texte et indirectement les images médicales afin de faciliter leur recherche et utilisation.

La construction d'un réseau lexico-sémantique peut être réalisée soit manuellement soit via une analyse de corpus. Par exemple, ConceptNet qui est une base de connaissance générale, est générée automatiquement à partir de 700 000 phrases du Open Mind Common Sense Project (Liu et Singh, 2004). Mais les approches entièrement automatisées sont généralement limitées à la co-occurence des termes car l'extraction des relations sémantiques précises entre termes à partir d'un texte reste difficile. Dans l'optique de la création d'un réseau spécialisé, nous avons décidé d'utiliser JeuxDeMots (JDM) (Lafourcade, 2007) comme base pour le réseau de connaissance générale. Le réseau JeuxDeMots est un réseau lexical construit à partir d'un ensemble de jeux en ligne. Pour la construction du réseau spécialisé, nous avons utilisé Diko un outil contributif proposé par la plateforme JeuxDeMots. La nécessité de ne pas dépendre uniquement de jeux pour construire un réseau lexical dédié à la radiologie vient du fait qu'une partie non négligeable des types de relations de JDM soit sont difficiles à saisir pour un joueur non expert, soit sont peu lexicalisées. Diko utilise par ailleurs des mécanismes d'inférences (Zarrouk *et al.*, 2013b) pour proposer automatiquement de nouvelles relations à partir de celles qui existaient déjà dans le réseau. Cette approche est strictement endogène et ne prend pas en compte des ressources externes.

JDM se fonde sur la peuplonomie (crowdsourcing) pour établir les poids des relations entre les termes. Chaque occurrence de relation est pondérée indiquant la force d'association (elle représente le nombre de joueurs qui ont pensé pour une relation donnée au même terme, à la même position parmi la liste des mots qu'ils ont proposés). Pour certains concepts ou termes, certaines idées viendront spontanément à l'esprit de beaucoup d'utilisateurs. La force d'association sera alors importante. Cette approche consistant à attribuer des poids à une relation est bien adaptée pour les connaissances générales et l'association de termes. Notons qu'il n'y a pas systématiquement une corrélation entre l'importance de la relation pour un domaine considéré et sa force d'association. Pour remédier à ce problème, nous introduisons des annotations entre certaines relations dans le réseau lexico-sémantique. Le but de ces annotations est de guider et d'améliorer le processus d'inférence et d'analyse sémantique.

Dans cet article, nous présentons les principes de construction du réseau lexical et nous l'illustrons grâce au projet JeuxDeMots. Nous discutons aussi de la construction d'un réseau spécialisé en imagerie médicale ainsi qu'un mécanisme d'inférence à savoir le schéma déductif. Ensuite nous détaillons le principe des annotations des relations entre termes médicaux. Dans une dernière partie nous décrivons nos expériences et les premiers résultats obtenus. Nous concluons avec les perspectives et les pistes futures pour la recherche.

## 2 Réseaux lexicaux et inférences

Un réseau lexico-sémantique est un graphe orienté, pondéré, typé avec des sommets qui représentent les concepts et des arcs les relations entre ces concepts. Il existe plusieurs méthodes pour construire un réseau lexical en tenant compte des facteurs principaux tels que la qualité des données, le coût et le temps de développement. Les approches contributives connaissent une forte popularité car elle se révèlent à la fois peu coûteuses et efficaces en qualité. L'intérêt porté au GWAP (games with purpose ou human-based computation game) comme méthode d'acquisition de ressources variées augmente régulièrement (Thaler *et al.*, 2011).

Le réseau JDM est un réseau lexico-sémantique construit à partir d'un ensemble de jeux en ligne. 6 790 189 relations et 316 983 termes sont présents dans la base. Pour le terme *médecine*, il existe 10 112 relations dans le réseau lexical. Environ 350 relations ont été créées pour le mot *IRM* (figure1).

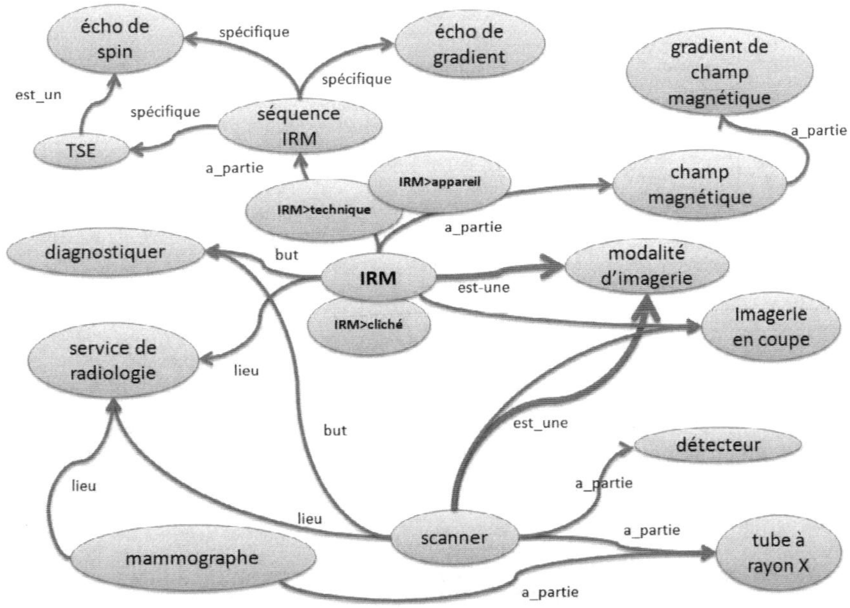


FIGURE 1 – Exemple de sous réseau lexical dédié à la radiologie/médecine : une partie des relations qu'entretient le terme *IRM*.

## 2.1 Le modèle JeuxDeMots

JeuxDeMots est un GWAP (Lafourcade, 2007) associant les joueurs par paires, et visant à construire un grand réseau lexico-sémantique. Il y a plus de 50 types de relations et chaque occurence de relation est pondérée indiquant une force d'association. Au début d'une partie, une consigne concernant le type de la relation (*idée associé*, *générique*, *caractéristique*, etc) ainsi qu'un terme cible issu du réseau lexical (par exemple donner des *idées associées* aux termes *maladie*) sont présentés au joueur. Ce dernier a un temps limité pour saisir des termes qui lui semblent correspondre à la consigne. Par la suite, ce même couple terme/consigne est proposé à d'autres joueurs. Les réponses communes par paires de joueurs sont insérées dans le réseau lexical ou le renforcent, c'est à dire dans le cas où la relation entre deux termes existe déjà, son poids est augmenté (force d'association). Le jeu est très efficace pour les connaissances générales mais l'est un peu moins pour les connaissances spécialisées. En effet, la majorité des joueurs n'ont pas de connaissance particulière dans le domaine de la radiologie. c'est pourquoi nous utilisons un autre outil fourni par JDM : Diko.

## 2.2 Diko : un outil contributif pour JDM

Diko est un outil en ligne sur le web permettant de visualiser les informations contenues dans le réseau lexical JDM, mais également constitue un outil contributif et de vérification. Dans le cadre de la construction d'un réseau dédié à un domaine spécifique, nous utilisons Diko comme un outil de développement d'une base de connaissance pour ce domaine. Le principe du processus de la contribution est qu'une proposition faite par un expert en radiologie sera soumise aux votes d'autres experts en imagerie médicale ou en médecine pour un processus de validation/invalidation. Dans le champ de la médecine, nous avons ajouté certains types de relations comme par exemple : *symptômes* ou *diagnostic*. Il nous paraît intéressant dans une base de connaissances dédiées à la radiologie de préciser pour une maladie donnée ses *symptômes* (cliniques), la population cible ( *cible*), de même que les moyens de diagnostic (*diagnostic*). Cela peut avoir un intérêt pour l'expansion de requêtes dans l'analyse ou la recherche d'information (recherche d'image pour les patients présentant les symptômes de telle ou telle maladie). La construction d'un réseau spécialisé dans le domaine de l'imagerie médicale a été réalisée à partir d'un corpus de 40 000 compte rendus radiologiques représentant les différentes modalités d'imagerie médicale (imagerie par résonance magnétique, tomodensitométrie à rayon X, artériographie, échographie). La première étape a consisté à réaliser un index inversé de bigrame, trigrame à partir du corpus. Dans un deuxième temps, l'expert a soumis aux autres spécialistes du domaine les termes qu'il a jugés pertinents pour un processus de validation/invalidation. La majorité des concepts génériques a pu être rattachés aux concepts radiologiques( la relation *lieu*, *has part* etc..). Ce travail contributif est nécessaire pour construire une base de connaissance liée à la radiologie.

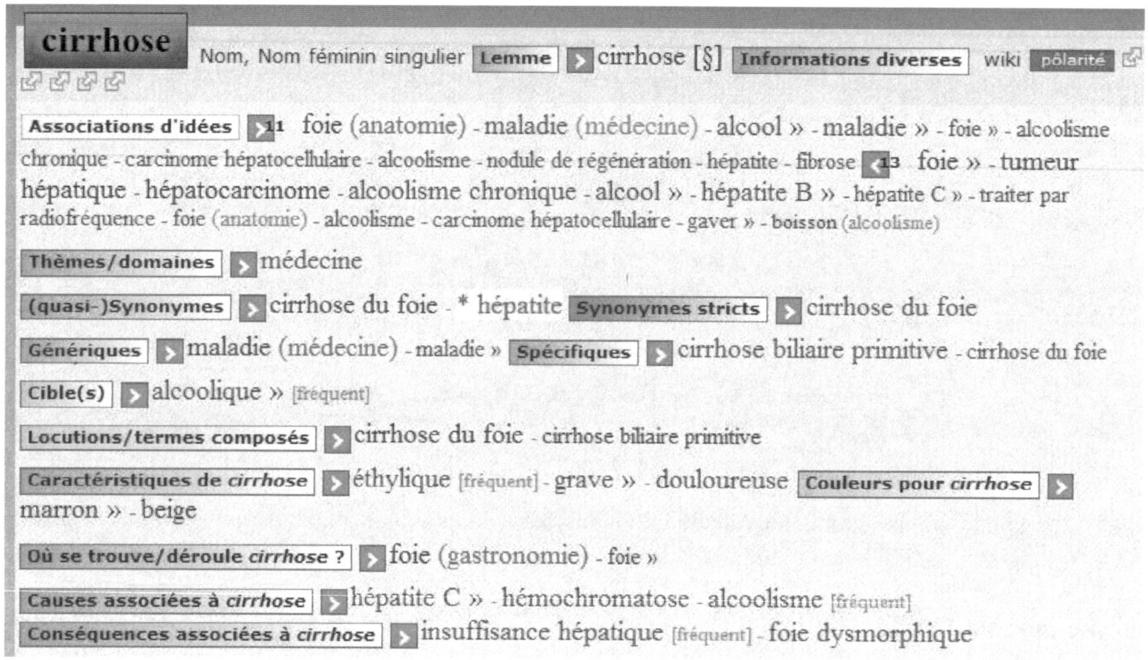


FIGURE 2 – Capture écran de la fenêtre de Diko du terme *cirrhose*, par exemple, *cause alcoolisme* annotée comme *fréquent*.

Dans le but d'améliorer la pertinence des informations sémantiques du réseau, nous ajoutons des annotations à certaines relations entre termes, en particulier pour ce qui nous concerne dans ce travail ceux liés à la médecine. Par exemple, pour la relation suivante *cirrhose* (cause) *alcoolisme* nous ajoutons l'annotation *fréquent* (figure 2). Nous donnons un autre exemple pour le terme *sclérose en plaques* (figure 3). Dans la troisième partie, nous détaillons le concept d'annotations de relations.

Dans le but de formuler de nouvelles conclusions (c'est à dire des relations entre les termes) à partir de prémisses (des relations préexistantes), un moteur d'inférence a été proposé (Zarrouk *et al.*, 2013b). Le moteur d'inférence propose des relations, à l'image d'un contributeur, qui vont être votées par la suite par un autre contributeur et validées par un expert dans le domaine de l'imagerie médicale. Dans le cadre de ce travail nous décrivons un seul type d'inférence : le schéma déductif. Le schéma déductif est basé sur la transitivité de la relation ontologique *is-a* (hyperonyme). Si un terme A est un type de B et B a une relation R avec le terme C, alors on peut proposer que A entretienne la même relation avec C. Le moteur d'inférence est appliqué sur les termes ayant au minimum un hyperonyme. Si un terme T possède un ensemble d'hyperonymes pondérés, le moteur d'inférence déduit un ensemble d'inférences. Ces hyperonymes vont être classés selon un ordre hiérarchique. Le poids d'une inférence proposée est la moyenne géométrique incrémentale de chaque occurrence (c'est à dire que la présence d'un poids négatif suffit à rendre la moyenne invalide). Le schéma présenté ci dessus est très simple, en effet le terme B peut être polysémique, et l'inférence proposée sera probablement fausse. Nous utilisons alors un blocage logique (figure 4). Ce mécanisme a été décrit dans un précédent travail (Zarrouk *et al.*, 2013b)

Dans le cas d'invalidation, un agent réconciliateur est invoqué pour essayer d'évaluer pourquoi la relation a été trouvé fausse : erreur dans les prémisses, polysémie (l'inférence est faite en se basant sur un terme central polysémique) ou une exception. Dans ce qui suit, c'est ce type d'inférence que nous allons considérer. Néanmoins, il existe deux autres types d'inférences : l'induction (du spécifique au général) et l'abduction (imitation par des exemples similaires)... .

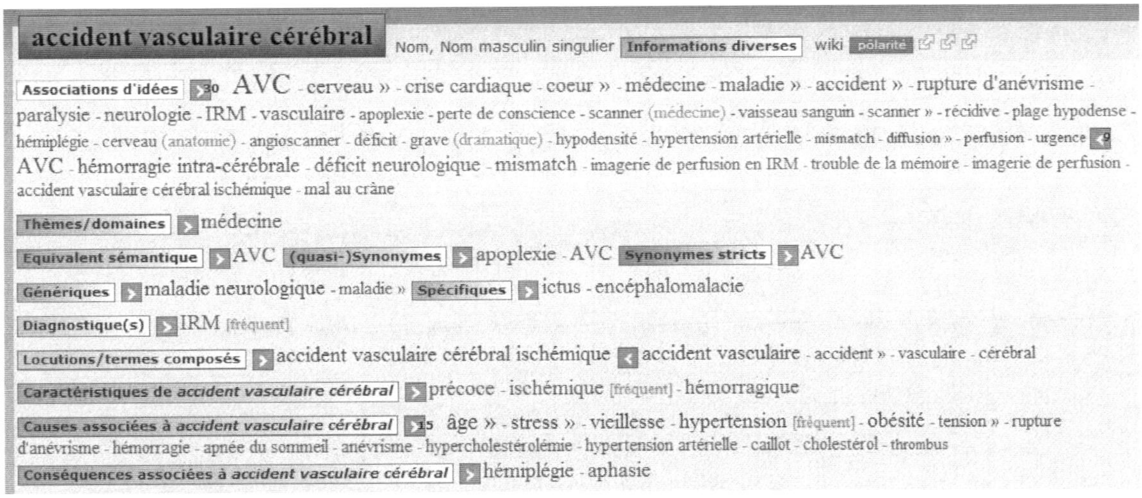


FIGURE 3 – Fenêtre de Diko du terme *accident vasculaire cérébral* dont la *caractéristique ischémique* est *fréquente*.

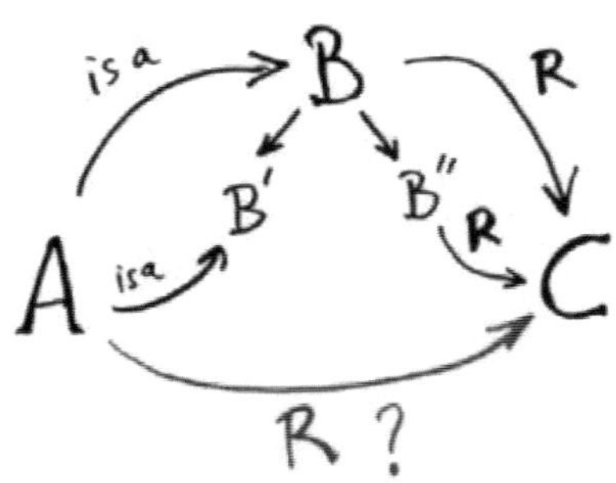


FIGURE 4 – Schéma d'inférence déductive triangulaire avec un blocage logique se basant sur la polysémie du terme B du milieu. Les termes B' et B" sont des raffinements/usages de B.

# 3 Annotation de relations

En général, et surtout dans le domaine des connaissances spécialisées, la corrélation entre la force d'association de la relation et son importance conceptuelle n'est pas toujours assurée. Par exemple, pour le terme *carcinome hépatocellulaire*, la relation *caractéristique* avec *wash-out* est très spécifique à la radiologie, par conséquence le poids de la relation sera faible dans le cadre général de la médecine mais pour le radiologue cette relation est particulièrement importante. Un autre cas est la relation *diagnostic* entre la *sclérose en plaques* et l'*IRM*. Nous avons affaire à une relation, là encore, spécifique au domaine de l'imagerie médicale, qui sera pertinente pour le radiologue. C'est pourquoi, il est apparu intéressant d'introduire des annotations pour certaines relations. Dans le réseau lexical, une relation est représentée par un triplet :
$< noeud_{source}$, type de relation / annotation, $noeud_{cible} >$
Dans le champ de la radiologie, les relations les plus utiles pour le radiologue, qui ont été établies par des radiologues suivant leur pratique quotidienne, sont indiquées dans le tableau 1.Parmi les relations pertinentes, seules trois ont été rajoutées( *symptômes*, *diagnostique* et *cibles*), toutes les autres proviennent du domaine général. Dans les ontologies existantes dédiées à la radiologie comme RadLex, il n'existe pas autant de type de relations potentiellement utiles pour l'analyse des comptes rendus. Dans la recherche d'informations radiologiques (comptes-rendus et images), ces annotations peuvent apporter un complément d'information et permettre de classer les réponses par ordre de pertinence. Par exemple cela peut aider les radiologues devant une image anormale pour savoir si une caractéristique est *rare* ou *fréquente* et ainsi leur apporter une aide au diagnostic. D'autres types d'annotations peuvent exister comme par exemple la pertinence ou non d'une relation entre deux termes. Mais ce type d'information est généralement absent d'un réseau ou d'une ontologie. Par exemple, la relation *caractéristique* entre *carcinome hépatocellulaire* et *hypervasculaire* est *fréquent* et cette information

| | |
|---|---|
| is-a | Hyperonymes du terme. Exemple : *IRM* est une *modalité d'imagerie* (possible) |
| partie-de | Parties, constituants, éléments du mot cible. Exemple : *foie* a comme partie *segment I* (toujours vrai) |
| caractéristique | Caractéristiques (adjectifs) possibles,typiques. Exemple : *carcinome hépatocellulaire* carac *hypervasculaire* (fréquent) |
| localisation | Lieux typiques où peut se trouver le terme/objet en question. Exemple : *sclérose en plaque* loc *système nerveux central* |
| cible | Population affecté par le terme. Exemple : *rougeole* cible *enfant* (fréquent) |
| diagnostic | Examen. Exemple : *sclérose en plaque* diag *IRM* (fréquent, crucial) |
| symptôme | Symptômes d'une maladie, *rougeole* symptôme *fièvre* (fréquent) |
| cause | B est une cause de A. Exemple : *cirrhose* cause *alcoolisme* |
| conséquence | B est une conséquence possible de A. Exemple : *accident vasculaire cérébral* peut avoir comme conséquence une *hémiplégie* |

TABLE 1 – Relations pertinentes en radiologie pour l'analyse de compte-rendu

sera directement disponible dans le réseau (figure 5). Ces annotations ont par ailleurs, une fonction de filtre dans le schéma d'inférence.

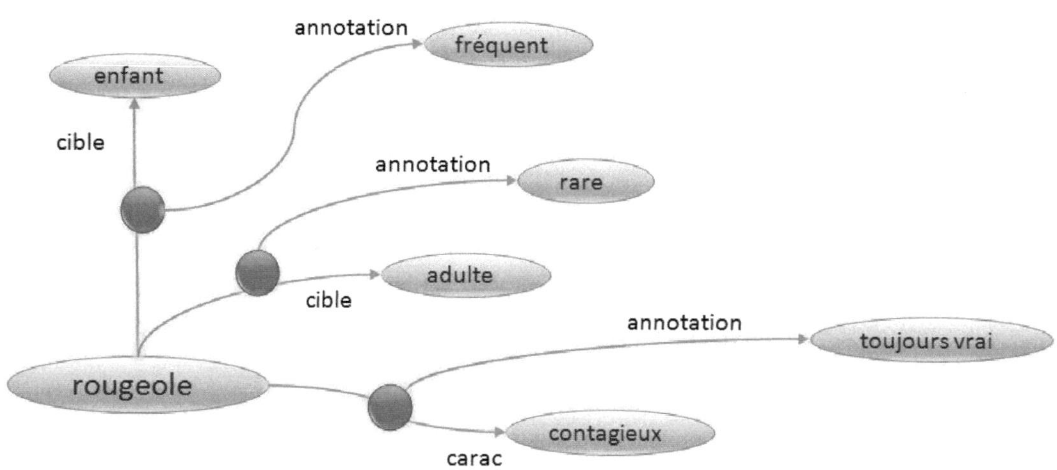


FIGURE 5 – Exemple d'implémentation d'annotation. L'implémentation d'une annotation se fait par réification de la relation à annoter dans le réseau lexical. Le noeud relation ainsi créé peut être associé à d'autres termes. La relation annotation n'est qu'un type de relation parmi d'autres. Les valeurs d'annotation sont des termes standard.

Les types d'annotations peuvent être de nature différente (information fréquentielle d'usage ou de pertinence). Ci-dessous, nous présentons les principaux types d'annotation :

- annotations fréquentielles : *très rare, rare, possible, fréquent, toujours vrai* ;
- annotations d'usage : *souvent crû vrai, abus de langage* ;
- annotations quantitatives : *un nombre (1, 2, 4, ...), beaucoup, peu*, etc ;
- annotations d'exception : *exception* ;
- annotations qualitatives : *pertinent, non pertinent, inférable*.

Un médecin peut utiliser le terme *grippe* au lieu de *virus de la grippe* : c'est un **abus de langage**, le praticien fait simplement un raccourci de langage sans pour autant faire de confusion dans son esprit. Il semble évident pour lui que ces deux expressions sont différentes. L'annotation **souvent crû vrai** s'applique pour une fausse relation (avec un poids négatif) qui est souvent considérée comme vrai, par exemple *araignée* (*is-a/souvent crû vrai*) *insecte*. Les exceptions sont également renseignées et prennent la forme d'une relation ayant un poid négatif. Ce type d'annotation est utilisé pour bloquer le schéma d'inférence.

L'annotation de nature qualitative est liée au statut inférable de la relation, particulièrement concernant l'inférence. L'annotation **pertinente** se rapporte à un niveau ontologique adéquat pour une relation donnée. Par exemple, *être vivant (carac/pertinent) vivant* ou *être vivant (carac/pertinent) mort.* L'annotation **inférable** est supposée être ajoutée quand une relation est inférable (ou a été inférée) à partir d'une relation existante, par exemple : *chien (carac/inférable) vivant* car *chien (is-a) être vivant.* L'annotation *non pertinent* est ajoutée aux relations vraies mais qui sont très éloignées du niveau pertinent, par exemple *animal (possède/non pertinent) atomes.* Pour avoir l'annotation la plus précise, nous avons besoin d'ordonner les termes centraux du plus spécifique au moins spécifique. Pour le terme *carcinome hépatocellulaire*, la hiérarchie sera :

carcinome hépatocellulaire
< tumeur maligne du foie < tumeur du foie < pathologie hépatique < pathologie

sclérose en plaques
< maladie du système nerveux central < neuropathie < maladie dégénérative < maladie

Pour choisir la bonne annotation de la nouvelle relation inférée, la hiérarchie ontologique joue un rôle important. L'annotation du terme le plus spécifique doit avoir plus d'influence que le moins spécifique. Nous prenons en compte ce fait pour les mécanismes d'inférences avec annotations.

Dans le mécanisme d'inférence, le terme B (le terme central) joue un rôle primordial. Nous inspectons la hiérarchie des termes B selon laquelle une relation spécifique a été inférée plusieurs fois et nous gardons la plus spécifique. Si nous obtenons deux termes ou plus ayant le même niveau sémantique, nous appliquons la règle du maximum aux valeurs correspondant à chaque annotation (toujours vrai : 5, fréquent : 4, possible : 3,rare : 2, très rare :1 ...) (figure 6).

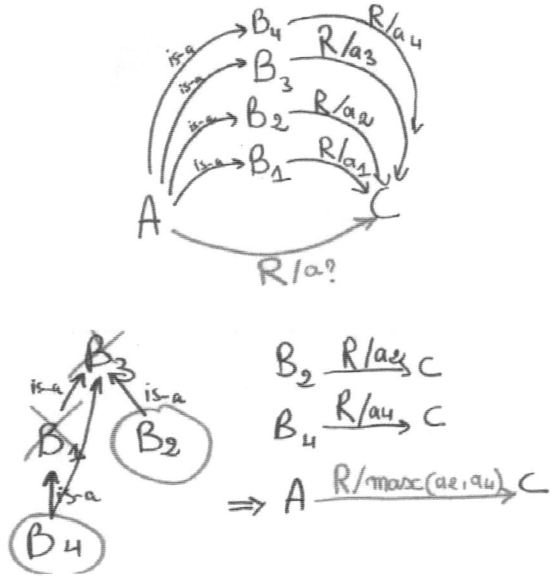


FIGURE 6 – Approche basée sur la hiérarchie utilisée pour choisir l'annotation la plus précise avec plusieurs termes centraux.

# 4 Expérimentation

Dans une précédente expérience menée par (Zarrouk *et al.*, 2013a), le moteur d'inférence déductive a été appliqué à l'ensemble du réseau lexical. Dans notre approche, nous avons lancé l'expérience sur une partie du réseau lexical JDM qui contient toutes les relations *is-a* (sur laquelle est fondé le schéma déductif) et toutes les relations annotées manuellement et ce dans le but de réduire l'espace de recherche.

## 4.1 Inférence des relations

Pour augmenter la précision des résultats et pour éviter d'inférer certaines relations peu pertinentes mais vraies (*homme a pour partie protons*), nous avons bloqué les inférences sur les relations qui avaient été annotées comme *non pertinent* ou *exceptionnel*. Le moteur d'inférence déductive a été appliqué sur **146 934** relations produisant un total de **1 825 933** relations avec **573 613** distinctes ce qui fait une moyenne de 3 occurrences par relation (table 2). Il est intéressant de constater que l'inférence renforce le niveau de confiance d'une relation déjà existante.

| | |
|---|---|
| relations existantes | 146934 |
| relations inférées | 1825933 |
| relations inférées distinctes | 573613 |

TABLE 2 – Nombre de relations inférées à partir de celles déjà existantes.

## 4.2 Propagation de l'annotation des relations

Le moteur d'inférence d'annotations est appliqué dans la seconde partie de notre système. Il permet d'ajouter des annotations aux relations de façon automatique à partir d'annotations de relations déjà existantes. Il est lancé sur la base des relations déjà enrichies avec le mécanisme d'inférence déductive. Contrairement au moteur d'inférence, nous autorisons la redondance en vue d'améliorer la précision des résultats du système de propagation d'annotation de relations. Prenons un exemple :

**Prémisses** : *accident vasculaire cérébral(is-a)infarctus cérébral*
*& infarctus cérébral(diagnostic/fréquent)* IRM
→ **relation inférée** : *accident vasculaire cérébral (diagnostic/possible) IRM* (1)

**Prémisses** : *accident vasculaire cérébral(is-a) maladie cérébrovasculaire*
*& maladie cérébrovasculaire(diagnostic/possible) IRM*
→ **relation inférée** : *accident vasculaire cérébral(diagnostic/possible) IRM* (2)

Le système d'annotations produit deux occurrences **(1)** et **(2)** de la même relation *accident vasculaire cérébral (diagnostic) IRM*, avec deux annotations différentes (possible, fréquent), nous décidons de garder celui avec la plus forte valeur (fréquent). Le système d'inférence des annotations appliqué sur la base de relations provenant des résultats du moteur d'inférence déductive, a annoté **10 085** relations à partir d'une amorce de seulement **72** relations annotées (table 3).

| **Type d'annotation** | **annotation existante** | **annotation inférée** |
|---|---|---|
| Fréquentiel : toujours vrai | 20 | 8092 |
| Fréquentiel : fréquent | 18 | 1 |
| Fréquentiel : possible | 16 | 150 |
| Fréquentiel : rare et très rare | 7 | 35 |
| Qualitatif : souvent crû vrai | 1 | 7 |
| Qualitatif : non pertinent | 5 | 1604 |
| Quantificateur : | 5 | 178 |
| Total | 72 | 10085 |

TABLE 3 – Nombre d'annotations inférées après application du système d'annotation des relations sur celles existantes.

Nous nous concentrons essentiellement sur les annotations concernant la fréquence car ces dernières comportent des informations importantes dans le domaine de la radiologie. Le nombre de relations annotées par type d'annotation ne dépend pas du nombre de relations existantes au départ mais simplement du nombre de relations d'hyperonymie existantes pour le terme central. Le schéma d'inférence est le suivant :

$$\mathbf{A}(\text{is-a})\mathbf{B} \text{ et } \mathbf{B}(\text{R/annot})\mathbf{C} \rightarrow \mathbf{A}(\text{R/annot})\mathbf{C}$$

Par exemple :

$$\underbrace{\begin{array}{c}\text{cancer du poumon non à petites cellules}\\ \text{carcinome hépatocellulaire}\\ \text{glioblastome}\end{array}}_{} \tag{1}$$

$$\begin{array}{c}\text{(is-a) tumeur maligne}\\ \text{\& tumeur maligne (carac/frequent) mauvais pronostic}\end{array}$$

Plus le nombre de relations d'hyperonymie vers le terme B (*tumeur maligne*) qui a une relation annotée (tumeur maligne(carac/fréquent)) est important, plus le nombre de relations annotées est élevé. Supposons que le terme *carcinome hépatocellulaire* n'ai pas de relation d'hyperonymie, donc dans ce cas l'annotation *fréquent* ne générera pas d'autre annotation. Ceci peut expliquer la raison pour laquelle il y a peu d'annotations inférées pour le type d'annotation fréquentiel *fréquent*. Notons que l'absence de certaines relations ou certains termes est due à l'aspect de progression continue du réseau qui fait qu'il est possible qu'à un instant précis un terme ou une relation manquent.

Nous avons évalué le nombre d'annotations inférées, et il apparaît que 87% d'entre elles ont été évaluées "correctes", 5% comme "incorrectes" et le reste (8%) comme "discutable" (les experts discuteront non pas leur validité mais plutôt leur valeurs fréquentielles pour savoir si elles doivent être modifiées). Dans cette expérience, nous avons appliqué le système relation/annotation une seule fois sur l'ensemble du réseau lexical. Évidemment, comme le réseau est en construction permanente, et que le partie consacrée à la radiologie n'en est qu'à ses débuts, de nouveaux termes ainsi que de nouvelles annotations seront rajoutées. Le système d'inférences et d'annotations tournent à présent en continu dans le but de consolider notre réseau lexico-sémantique.

## 5 Conclusion

Dans cet article, nous avons présenté quelques éléments pour la construction d'une base de connaissance spécialisée (en radiologie) dans un réseau lexical général et en particulier un modèle d'inférence et d'annotation de relations. Pour améliorer la qualité du réseau et sa couverture, nous avons proposé une approche de consolidation basée sur un moteur d'inférence réalisé sur des relations annotées. Le système d'annotation décrit dans cet article peut être vu comme un complément du système de consolidation de réseau lexico-sémantique. Ce système propage, grâce à la procédure d'annotation, des informations sémantiques ou d'usages importants qui peuvent être utilisées non seulement dans le domaine de la radiologie comme illustré dans cet article mais aussi dans d'autres domaines de spécialités. Il nous semble intéressant de développer des bases de connaissances dans des domaines spécialisés plongée dans un réseau lexical de sens commun. De futures recherches doivent également viser à améliorer la diffusion des annotations de relations à travers le réseau mais aussi améliorer le lexique spécialisé en radiologie à l'aide non pas seulement des experts mais aussi de non experts. Ce réseau lexico-sémantique nous sert pour les analyses sémantiques et d'indexation de comptes-rendus radiologiques. Cette analyse sémantique nous permet d'extraire des relations entre des concepts et des termes médicaux. Elle pourra être combinée avec la recherche d'image par le contenu (Content Based Image Retrieval ou CBIR) qui constitue une piste de recherche pour nos prochain travaux. En effet cette dernière technique pourra être combinée avec une recherche sémantique dans le but d'améliorer la recherche d'information dans le domaine de l'imagerie médicale.

## Références

ABACHA, A. B. et ZWEIGENBAUM, P. (2011). A hybrid approach for the extraction of semantic relations from medline abstracts. *Computational Linguistics and Intelligent Text Processing*, pages 139–150.

BODENREIDER, O. *et al.* (2008). Biomedical ontologies in action : role in knowledge management, data integration and decision support. *Yearb Med Inform*, 47:67–79.

GERSTMAIR, A., DAUMKE, P., SIMON, K., LANGER, M. et KOTTER, E. (2012). Intelligent image retrieval based on radiology reports. *European radiology*, 22(12):2750–2758.

HONG, Y., ZHANG, J., HEILBRUN, M. E. et KAHN JR, C. E. (2012). Analysis of radlex coverage and term co-occurrence in radiology reporting templates. *Journal of Digital Imaging*, 25(1):56–62.

LAFOURCADE, M. (2007). Making people play for lexical acquisition with the jeuxdemots prototype. *SNLP'07 : 7th International Symposium on Natural Language Processing. Pattaya, Thailande*, page 8p.

LIU, H. et SINGH, P. (2004). Conceptnet - a practical commonsense reasoning tool-kit. *BT technology journal*, 22(4): 211–226.

LOMAX, J. et MCCRAY, A. T. (2004). Mapping the gene ontology into the unified medical language system. *Comparative and functional genomics*, 5(4):354–361.

MEJINO JR, J. L., RUBIN, D. L. et BRINKLEY, J. F. (2008). Fma-radlex : An application ontology of radiological anatomy derived from the foundational model of anatomy reference ontology. *AMIA Annual Symposium Proceedings*, 2008:465.

NAPEL, S. A., BEAULIEU, C. F., RODRIGUEZ, C., CUI, J., XU, J., GUPTA, A., KORENBLUM, D., GREENSPAN, H., MA, Y. et RUBIN, D. L. (2010). Automated retrieval of ct images of liver lesions on the basis of image similarity : method and preliminary results. *Radiology*, 256(1):243.

RUBIN, D. L. (2008). Creating and curating a terminology for radiology : ontology modeling and analysis. *Journal of digital imaging*, 21(4):355–362.

THALER, S., SIORPAES, K., SIMPERL, E. et HOFER, C. (2011). A survey on games for knowledge acquisition. *Rapport technique, STI*, page 26.

YETISGEN-YILDIZ, M., GUNN, M. L., XIA, F. et PAYNE, T. H. (2013). A text processing pipeline to extract recommendations from radiology reports. *Journal of biomedical informatics*, 46(2):354–362.

ZARROUK, M., LAFOURCADE, M. et JOUBERT, A. (2013a). Inductive and deductive inferences in a crowdsourced lexical-semantic network. *9th International Conference on Recent Advances in Natural Language Processing (RANLP 2013)*, page 6p.

ZARROUK, M., LAFOURCADE, M. et JOUBERT, A. (2013b). Inference and reconciliation in a lexical-semantic network. *14th International Conference on Intelligent Text Processing and Computational Linguistic (CICLING-2013)*, page 13p.

ZWEIGENBAUM, P., BAUD, R., BURGUN, A., NAMER, F., JARROUSSE, É., GRABAR, N., RUCH, P., LE DUFF, F., FORGET, J.-F., DOUYERE, M. *et al.* (2005). Umlf : a unified medical lexicon for french. *International Journal of Medical Informatics*, 74(2):119–124.

# Correction automatique par résolution d'anaphores pronominales

Maud Pironneau, Éric Brunelle, Simon Charest
Druide informatique, 1435 rue Saint-Alexandre, bureau 1040, Montréal (Québec)
developpement@druide.com

**Résumé.** Cet article décrit des travaux réalisés dans le cadre du développement du correcteur automatique d'un logiciel commercial d'aide à la rédaction du français. Nous voulons corriger des erreurs uniquement détectables lorsque l'antécédent de certains pronoms est connu. Nous décrivons un algorithme de résolution des anaphores pronominales intra- et interphrastiques s'appuyant peu sur la correspondance de la morphologie, puisque celle-ci est possiblement erronée, mais plutôt sur des informations robustes comme l'analyse syntaxique fine et des cooccurrences fiables. Nous donnons un aperçu de nos résultats sur un vaste corpus de textes réels et, tout en tentant de préciser les critères décisifs, nous montrons que certains types de corrections anaphoriques sont d'une précision respectable.

**Abstract.** This article relates work done in order to expand the performance of a commercial French grammar checker. We try to achieve the correction of errors only detectable when an anaphora pronoun is linked with its antecedent. The algorithm searches for the antecedent within the same sentence as the pronoun as well as in previous sentences. It relies only slightly on morphology agreement, since it is what we are trying to correct, and uses instead information from a robust syntactic parsing and reliable cooccurrences. We give examples of our results on a vast corpus, and try to identify the key criteria for successful detection. We show that some types of corrections are precise enough to be integrated in a large scale commercial software.

**Mots-clés :** Correcteur, Anaphores, Pronom, Saillance, Approche multistratégique, Cooccurrences.
**Keywords:** Grammar checker, Anaphora, Pronoun, Salience, Multi-Strategy Approach, Cooccurrences.

## 1 Introduction

### 1.1 Objet des travaux

L'objectif est la correction de certains types d'erreurs, et non pas la reconnaissance générale des entités.

(1a) O : {*Alice*} n'a rien mangé ce *matin*. Je **l'**ai LEVÉ et **l'**ai EMMENÉ à la *garderie*.

La seconde phrase de l'exemple ci-dessus comporte deux erreurs d'accord. On ne peut détecter ces erreurs que lorsque l'on relie les deux pronoms *l'*, avec lesquels s'effectue l'accord des deux participes passés, au nom propre *Alice* de la première phrase, c'est-à-dire en résolvant les deux anaphores pronominales. Sachant qu'*Alice* est un prénom féminin, on obtient la phrase corrigée suivante :

(1b) C : [Alice] n'a rien mangé ce matin. Je **l'**ai LEVÉE et **l'**ai EMMENÉE à la garderie.

Dans le présent article, nous commençons par définir deux types de corrections qui requièrent la résolution des anaphores pronominales. Puis nous décrivons les algorithmes appliqués pour la résolution de ces anaphores intra- et interphrastiques afin de tenter d'effectuer chaque type de correction. Nous évaluons ensuite les résultats sur chacun de ces types, et nous montrons que l'un d'eux est de qualité suffisante pour avoir fait l'objet d'une implantation commerciale.

### 1.2 Conventions d'écriture des exemples

Voici les conventions graphiques utilisées dans les exemples de cet article :

- en *italique* : les antécédents potentiels selon l'algorithme ;
- [entre crochets] : l'antécédent sélectionné par l'algorithme ;
- {entre accolades} : l'antécédent réel ;
- en **gras** : les pronoms ;
- en MAJUSCULES : le mot à corriger ou corrigé par la résolution des anaphores.

Les mentions « O : » et « C : » introduisent en alternance le texte original et le texte corrigé.

## 2 Description des corrections recherchées

Le correcteur effectue déjà des corrections liées à des pronoms à l'intérieur d'une phrase lorsque les contraintes syntaxiques le permettent. Il reconnait ainsi les antécédents des pronoms qui sont syntaxiquement liés à leur antécédent, tels que les pronoms relatifs (ex. 2) ou les pronoms réfléchis (ex. 3). Il corrige aussi le pronom lui-même dans certains cas précis, comme dans une reprise du sujet (ex. 4). D'autre part, sans en connaitre l'antécédent, un pronom complément d'objet direct (COD) à gauche du participe passé possédant un nombre intrinsèque provoque l'accord en nombre dudit participe (ex. 5).

(2) C'est la {[*lettre*]} **que** tu as ENVOYÉ à Alice. (ENVOYÉE)

(3) {[*Alice et Élise*]} **se** sont SERRÉS l'une contre l'autre. (SERRÉES)

(4) {[*Alice*]} a-t-**IL** été sage aujourd'hui ? (ELLE)

(5) Elle **les** a VU. (VUS)

La nouveauté recherchée est d'apporter des corrections de genre ou de nombre dépendant d'un antécédent non syntaxiquement lié à un pronom, repéré dans le texte comme étant le plus probable. Dans l'exemple 5, le correcteur considère *Elle les a vus* comme sans erreur, mais, s'il parvient à déceler l'antécédent du pronom *les* et que celui-ci est féminin, il pourra alors plutôt corriger pour *vues*.

### 2.1 Pronoms considérés

Nous nous sommes concentrés sur les pronoms dont les référents sont généralement exprimés dans le texte, soit les pronoms personnels sujets et COD de 3^e^ personne : *il/elle/ils/elles/le/la/les/l'*. Nous avons exclu les pronoms ayant souvent des référents déictiques, tels que les pronoms de 1^re^ et de 2^e^ personne, les pronoms démonstratifs et les pronoms possessifs. Nous avons aussi exclu les pronoms ayant des référents par défaut, tels que les pronoms indéfinis (ex. : *certains*, *tous*, etc.). Les pronoms *en, y* et *on* ne nous intéressent pas ici puisqu'ils n'entrainent aucune correction (les accords ne sont pas obligatoires et sont discutables).

### 2.2 Choix des corrections les plus vraisemblables

Après des essais initiaux, nous avons décidé de restreindre les corrections par résolution d'anaphores aux cas où les erreurs sont les plus vraisemblables. Par exemple, le scripteur omet plus facilement d'appliquer des accords s'ils ne sont pas marqués phonétiquement, et, comme le note (Sauvageot, 1972), l'accord en nombre est souvent silencieux (ex. 8). Une correction inaudible est donc plus vraisemblable qu'une autre qui modifie la prononciation.

Outre l'audibilité, la vraisemblance d'une erreur dépend aussi de la graphie d'un nom et de sa fréquence d'utilisation. En effet, des mots commençant par une voyelle peuvent causer des confusions de genre, particulièrement s'ils sont peu utilisés. On peut vérifier la probabilité de ces confusions par une simple recherche comparative sur Internet (ex. 6 et 7).

(6) Un anagramme ou une anagramme ? (40 200 résultats pour la recherche "*un anagramme*" et 567 000 résultats pour la recherche "*une anagramme*" le 17 février 2014 ; c'est-à-dire environ 7 % d'erreurs.)

(7) Un octave ou une octave ? (19 700 résultats pour la recherche "*un octave*" et 430 000 résultats pour la recherche "*une octave*" le 17 février 2014 ; c'est-à-dire 4 % d'erreurs.)

Notons que cette erreur est sensible à la géographie. Par exemple, on trouve 2 400 résultats sur Google pour *une autobus* sur des sites canadiens (recherche "*une autobus*" *site:ca*), alors qu'on n'en trouve que 1 280 occurrences sur des sites français (dont beaucoup de bruit de passages québécois). Nous avons donc tenu compte de l'origine du locuteur, fournie par le logiciel, pour ces corrections.

En nous basant sur ces critères de vraisemblance, nous avons décidé de tenter de corriger les accords liés aux pronoms s'ils sont inaudibles et de corriger le pronom lui-même en nombre si le nombre est inaudible, et de le corriger en genre si l'antécédent est jugé d'un genre problématique. On obtient les deux grandes classes de corrections décrites dans les points 2.3 et 2.4.

### 2.3 Correction en genre des accords avec les pronoms COD LES/L'

(8) O : Ces {*fleurs*} viennent de mon *jardin*. Je **les** ai CUEILLIS pour vous.
C : Ces [fleurs] viennent de mon jardin. Je **les** ai CUEILLIES pour vous.

(9) O : {*Alice*} n'a rien mangé ce *matin*. Je **l**'ai LEVÉ et **l**'ai EMMENÉ à la garderie.
C : [Alice] n'a rien mangé ce matin. Je **l**'ai LEVÉE et **l**'ai EMMENÉE à la garderie.

### 2.4 Correction du genre et du nombre des pronoms IL/ILS/ELLE/ELLES et LE/LA

(10) O : Je suis allée voir mes deux {*grands-mères*}. Incroyable, comme **ELLE** PARLE fort !
C : Je suis allée voir mes deux [grands-mères]. Incroyable, comme **ELLES** PARLENT fort !

(11) O : Tu peux m'aider avec cet {*anagramme*} ? **IL** n'est vraiment pas facile.
C : Tu peux m'aider avec cette [anagramme] ? **ELLE** n'est vraiment pas facile.

(12) O : Cet {*anagramme*}, je ne **LE** vois pas très clairement.
C : Cette [anagramme], je ne **LA** vois pas très clairement.

## 3 Système de reconnaissance de l'antécédent

Notre système doit être robuste et de couverture large puisque le correcteur est appelé à analyser n'importe quel type de texte : journaux, récits, dialogues, courriels, rapports, etc. Ces contraintes influeront sur l'ensemble du processus de sélection de l'antécédent.

La question de choisir ou non un système de détection à base de classifieurs entrainés par apprentissage automatique s'est naturellement posée. Nous étions attirés par la simplicité, la clarté et la flexibilité d'un système à base de règles qui avait déjà fait ses preuves (Trouilleux, 2002). La campagne d'évaluation de système de coréférences CoNLL-2011 a confirmé notre décision. En effet, le système de (Lee et coll., 2011) à base de règles et de *tamis*, et non à base de classification et d'apprentissage automatique, a obtenu les meilleures performances.

### 3.1 Survol de l'algorithme

Nous avons ainsi opté pour la même approche que (Lappin et Leass, 1994), (Mitkov 1998) et (Trouilleux, 2002), soit un algorithme à base de règles utilisant une liste d'antécédents potentiels pondérés, avec deux différences notables. Premièrement, avant de lier à un pronom la liste de ses antécédents potentiels, nous tentons de trouver l'antécédent idéal dans la phrase même où se trouve le pronom par un système de motifs syntaxiques. Deuxièmement, alors que les algorithmes de (Lappin et Leass, 1994) et (Mitkov 1998) procèdent en deux temps, c'est-à-dire extraction des antécédents puis évaluation des couples, nous y ajoutons une troisième étape : évaluation de la probabilité de la correction selon les couples présents. Cette dernière étape est du même type que celle apportée par le système CogNIAC (Baldwin, 1997), qui sélectionne les antécédents selon le nombre de couples proposés. Voici les grandes étapes de notre système :

Pour chaque phrase :
- analyse syntaxique complète, puis sélection et extraction des antécédents *a* potentiels (point 3.3) ;
- sélection des pronoms candidats à la résolution pronominale (point 3.4).

Pour chaque pronom *p* repéré comme candidat à la résolution :
- recherche d'un antécédent local par motifs syntaxiques à partir de *p* (point 3.5) ;
- si les motifs échouent, récupération des antécédents extraits dans la phrase courante et dans les phrases précédentes puis formation des couples (*p*, *a*) ;
- évaluation des couples (*p*, *a*) selon des contraintes (point 3.6) ;
- évaluation des couples (*p*, *a*) selon des préférences (point 3.6) ;
- évaluation de la vraisemblance de la correction selon les couples (*p*, *a*) présents (point 3.7).

## 3.2 Contexte d'implémentation

Notre algorithme s'appuie sur plusieurs ressources fournies par le logiciel correcteur.

- Le dictionnaire. Le logiciel comporte un dictionnaire de plus de 120 000 mots, doté de traits sémantiques, morphologiques et syntaxiques. Nous savons ainsi si l'antécédent est humain ou non, s'il s'agit d'une entité comptable, entre autres ;
- L'analyseur. L'analyse est basée sur une grammaire de dépendances. Cette analyse est suffisamment robuste pour être fiable et pour retrouver des constructions complexes. Les règles dans la résolution des anaphores sont basées sur le résultat de l'analyse et nous considérons que l'analyse est toujours exacte ;
- Les régimes verbaux détaillés. L'analyseur syntaxique possède de nombreuses informations sur la formation des syntagmes verbaux. Ces informations sont très utiles pour vérifier la compatibilité sémantique d'un antécédent potentiel et d'un verbe ayant le pronom à résoudre comme complément ;
- Les cooccurrences (Charest, Brunelle, Fontaine et Pelletier, 2007). L'analyseur a été utilisé pour constituer la liste des combinaisons lexicales les plus fréquentes pour un mot selon sa fonction syntaxique. Nous évaluons grâce à cette liste la crédibilité de chaque antécédent potentiel dans la position syntaxique du pronom. Cette méthode a aussi été employée pour la traduction automatique par (Wehrli et Nerima, 2013), qui en démontrent les résultats positifs.

## 3.3 Sélection et extraction des antécédents potentiels

On parcourt chaque phrase pour y repérer chaque syntagme nominal (SN) potentiellement antécédent d'un pronom *p*. Notre algorithme se voulant interphrastique, il faut retenir à la volée un accès efficace à tous les antécédents potentiels au cas où on en aurait besoin, même si une phrase ne contient elle-même aucun pronom anaphorique. On repère donc les antécédents potentiels avant même de traiter les pronoms.

L'analyse syntaxique permet d'éliminer les SN qui présentent le contexte, c'est-à-dire les dates, certains circonstanciels de lieu, et autres. Ensuite, nous tentons de déterminer le degré de saillance de chaque antécédent potentiel en le pondérant, positivement ou négativement. Les règles de pondération sont autonomes, s'appliquent individuellement et sont sans ordre déterminant. Les règles les plus influentes examinent les positions syntaxiques. Elles sont hiérarchisées selon la théorie du centrage définie par (Grosz et Sidner, 1986) et décrite plus précisément par (Cornish, 2000), qui donne une liste de paramètres à considérer. Ainsi, les règles pondèrent selon la structure de la phrase (fonctions) et du SN (enchâssements), mais également selon la position du SN dans le discours (titre, début ou fin de paragraphe). Aussi, nous évaluons le degré d'actualisation du SN (déterminant, relative, etc.). Enfin, d'autres règles reconnaissent des constructions emphatiques figées comme *c'est à Paul que je parle*, et pondèrent en conséquence.

Chaque antécédent potentiel obtient ainsi un poids de saillance qui sera utile aux évaluations ultérieures. Ce poids est conservé dans une liste associée à la phrase. Par économie, un antécédent doit atteindre un seuil de poids minimal, en deçà duquel il n'est pas retenu. Nous avons fait une rapide évaluation de l'impact de ces règles dans la section 4.5.

Avant de passer à la prochaine étape, nous fusionnons certains antécédents pour en créer un nouveau afin de prévoir les cas où l'antécédent est discontinu (ex. 13). Ces antécédents ont un poids très minime, mais ils permettront d'éviter certaines corrections indues.

(13) {*Marie*} appelle {*Jean*} et **ils** partent ensemble à la campagne.

### 3.4 Sélection des pronoms

L'algorithme traite les pronoms visés lors d'un deuxième parcours de la phrase. S'il existe plusieurs pronoms dans la phrase, nous les traitons un à un de gauche à droite. Deux filtres annulent la recherche d'antécédent pour un pronom :

- Le pronom est impersonnel (pronom *il* ; la reconnaissance des pronoms impersonnels a constitué un travail connexe codé au sein même de l'analyseur d'Antidote, mais non décrit par le présent article) ;
- Le pronom reprend un élément phrastique ou non nominal (pronoms *le* ou *l'* ; le pronom *la* n'est pas envisagé dans ce cadre selon notre principe de vraisemblance de l'erreur). Ces informations nous sont fournies par l'analyseur et les régimes verbaux.

Dans les deux cas, le pronom sera masculin singulier. S'il y a ambigüité (ex. 14 et 15), alors la recherche d'antécédent est tout de même lancée. L'étape d'évaluation de la correction (point 3.7) prendra en compte cet état de fait et nous ne corrigerons qu'en cas de présence d'une cooccurrence.

(14) **Il** restera toujours un perdant.

(15) Je **l'**ai vu.

### 3.5 Repérage d'un antécédent local par motifs syntaxiques

Une série de motifs syntaxiques est appliquée afin de tenter de trouver l'antécédent d'un pronom à l'intérieur de la phrase où il se trouve. Un « motif » est un modèle d'analyse d'une structure syntaxique où le pronom et son antécédent sont clairement liés. Ces motifs se basent sur la fonction du pronom, sur les éléments syntaxiques présents et sur l'actualisation des mots. Bien qu'euristiques, ces motifs permettent des repérages très surs et rapides. Nous en avons défini une dizaine pour les sujets et une autre dizaine pour les pronoms COD. Les exemples 16 et 17 en présentent deux. Dans le premier cas, nous avons remarqué que lorsqu'un sujet est partagé par deux verbes, et que le second verbe a pour COD un pronom, l'antécédent le plus sûr est le COD du premier verbe lorsqu'il existe. L'exemple 17 expose le cas où l'on trouve un pronom sujet dans une proposition conjonctive avant le verbe principal. Lorsque le sujet et le pronom sont de même nombre et de même genre, les deux mots sont préférablement reliés anaphoriquement.

(16) Les maitres allumèrent les {[*chandeliers*]} et **les** laissèrent bruler durant des heures.

(17) Dans ces circonstances, même si **elle** s'en défend, la {[*droite*]}, collectivement, n'a pas réellement intérêt à clarifier ses intentions.

### 3.6 Évaluation des couples pronom-antécédent

Lorsque les motifs échouent, nous formons la liste des antécédents potentiels. La liste des antécédents de la phrase en cours d'analyse est unie à celles des deux phrases précédentes, si elles existent, comme le préconise (Mitkov, 1998). Au passage, nous fusionnons les antécédents qui auraient été répétés dans des phrases différentes en gardant préférablement les caractéristiques de l'antécédent le plus proche, avec une augmentation du poids de saillance, le cas échéant. Chaque antécédent est pondéré selon sa distance par rapport au pronom.

Une première série d'évaluations élimine les antécédents non pertinents syntaxiquement selon le principe B de la théorie du liage (Chomsky, 1981). Ce principe dicte qu'un pronom de 3$^{e}$ personne ne peut être lié à un syntagme présent dans son domaine de liage. L'analyse syntaxique fine de la phrase nous permet de l'appliquer très rigoureusement. Contrairement aux systèmes connus (Hobbs 1978, Lappin et Leass 1994, Dagan et Itai 1990, Baldwin 1997, Mitkov 1998, Trouilleux 2002), seuls les critères syntaxiques sont éliminatoires lorsqu'une correction est envisagée : les critères morphologiques deviennent de simples préférences.

Une deuxième série d'évaluations réajuste le poids des couples selon quatre classes de règles. Les deux premières classes sont les plus importantes et ont été les plus ardues à implémenter. Dans les deux cas, il faut simuler une phrase dans laquelle l'antécédent remplace le pronom et la soumettre à l'analyseur, puis examiner les résultats obtenus, sans pénaliser l'analyse d'un trop grand cout en temps.

- Règles sémantiques. Elles vérifient la compatibilité de l'antécédent par rapport aux éventuelles restrictions sémantiques du verbe qui porte le pronom (ex. 18). Dans l'exemple, la sémantique du verbe (*agresser*) demande un COD humain (*spectateur*) : l'antécédent non humain (*fauteuil*) peut donc être éliminé.
- Règles statistiques. Comme (Wehrli, 2013), nous utilisons les cooccurrences pour évaluer la force d'une anaphore. On peut mesurer, pour chaque antécédent, la fréquence de l'antécédent dans la position syntaxique du pronom (ex. 19).

(18a) Alors que la {[*spectatrice*]} était assise confortablement dans son *fauteuil*, le *metteur* en scène **l**'a AGRESSÉE avec des *images* effrayantes.
(18b) *Le metteur en scène agresse le *fauteuil*.
(18c) Le metteur en scène agresse la *spectatrice*.

(19) O : Pas de *problème* pour {*maman*}, *Max* **l**'a APPELÉ. <cooccurrence *appeler maman*>
C : Pas de problème pour [maman], Max **l**'a APPELÉE.

Les autres règles ne demandent qu'une comparaison, très rapide, plus simple, mais elles sont moins précises. Leur impact sur le poids de chaque couple anaphorique est plus modéré.

- Règles morphologiques. Elles vérifient la compatibilité morphologique non seulement avec le pronom, mais aussi avec tous les éléments de la phrase qui s'accordent avec le pronom. Dans l'exemple 20, on voit qu'il y a un accord non audible avec le participe passé (*trouvée*) ainsi qu'avec le premier attribut du COD (*jolie*), mais qu'il existe un accord audible avec le second (*courte*). Le poids de la morphologie sera plus fort dans ce cas.
- Règles syntaxiques. Ici, nous recherchons les parallélismes et pondérons selon les degrés de similitude. Dans l'exemple 21, on voit qu'on utilise deux fois le même verbe, avec la même distribution des arguments (nous tenons compte de la présence du semi-auxiliaire *vouloir*).

(20) C : J'ai vu la {[*robe*]} que tu as achetée à *Alice* ! Je **l**'ai TROUVÉE JOLIE, mais trop COURTE à mon gout...

(21) C : {[*Alice*]} ne voulait pas manger son {[*potage*]}, mais je l'ai forcée à y gouter. Bilan : **elle l**'a MANGÉ en deux minutes.

Pour déterminer les poids des règles, nous avons utilisé le corpus annoté ANANAS (Tutin et coll., 2000). Nous avons créé un outil de non-régression, c'est-à-dire un comparateur d'analyse pour chaque phrase du corpus, afin de repérer et de comptabiliser automatiquement les changements produits par la variation de poids d'une règle.

## 3.7 Évaluation de la correction et prise de décision

Dans le cas où l'antécédent ayant le poids le plus fort ne déclenche pas de correction, il est retenu : on donne le bénéfice du doute au scripteur. Bien que notre but ne soit pas de reconnaitre les antécédents des pronoms, ce résultat est tout de même présenté à l'utilisateur dans le correcteur sous la forme d'une note dans l'infobulle décrivant la nature et la fonction du pronom (figure 1). L'antécédent est aussi présenté dans l'analyse détaillée de la phrase (figure 2). Nous avons repris l'exemple 21 pour l'illustrer.

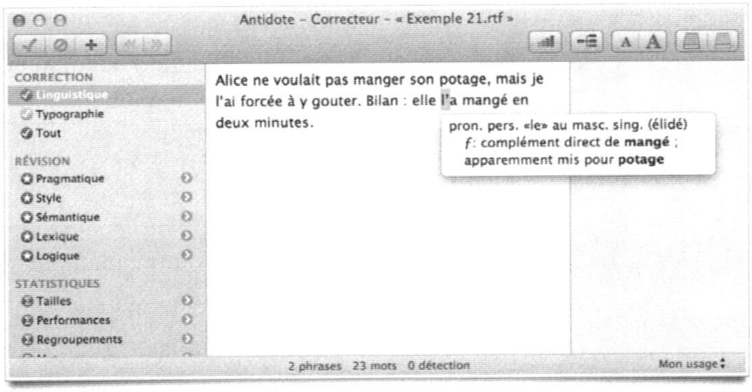


FIGURE 1 : Infobulle décrivant la nature et la fonction du pronom

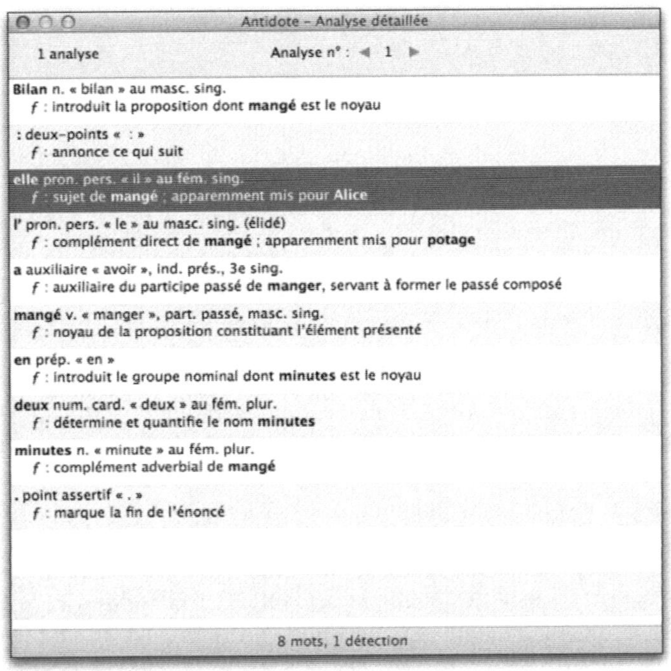


FIGURE 1 : Analyse détaillée de la phrase donnée par le logiciel de correction

Dans le cas où l'antécédent ayant le poids le plus fort déclenche une correction, nous entamons la procédure certainement la plus décisive du processus : l'évaluation de la vraisemblance de cette correction. Ce traitement prépondérant est largement euristique. Afin de filtrer le maximum de corrections indues, nous réévaluons globalement toute la situation du pronom et de son antécédent dans le texte. La sélection ne s'effectue plus selon le critère de poids du couple pronom-antécédent seul, même s'il reste important, mais selon des critères tels que la présence d'une cooccurrence entre le verbe dont le pronom dépend et l'antécédent, la différence de poids avec les autres antécédents disponibles ou la présence d'un antécédent moins fort mais sans correction. Nous vérifions aussi dans ce cadre si notre antécédent élu pourrait être lié plutôt à un autre pronom dans la phrase, ce qui éviterait la correction. Nous réévaluons aussi la correction selon l'éventualité que le pronom reprenne un élément phrastique ou soit impersonnel.

Dans le cas où nous hésitons sur une correction à apporter, car nous observons un autre antécédent possible n'apportant pas de correction ou parce que nous n'avons pas trouvé l'antécédent tout simplement, nous avons décidé d'« alerter » l'utilisateur en soulignant le pronom et en lui expliquant notre hésitation (figure 3). Le concept d'alerte est déjà utilisé pour mettre en avant des situations où l'attention de l'utilisateur est requise. Ces alertes sont soumises à un réglage qui permet à l'utilisateur de les inhiber s'il les trouve inopportunes.

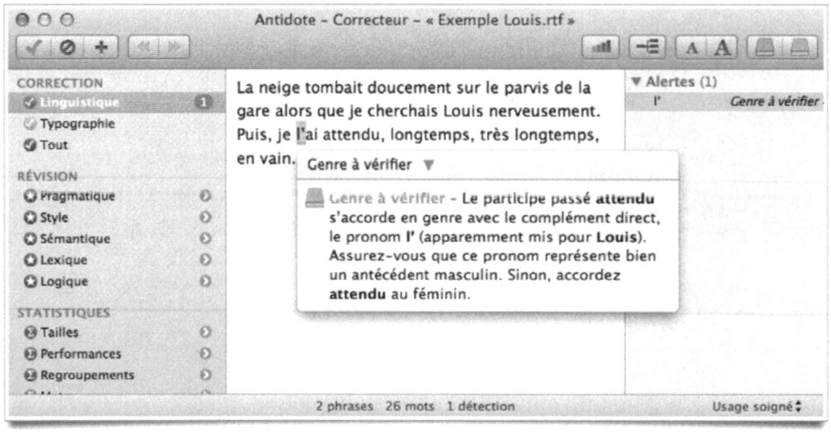


FIGURE 3 : Infobulle d'alerte

# 4 Résultats

## 4.1 Exemples de corrections obtenues

Voici quelques corrections obtenues lors de nos tests. Ces phrases sont de véritables phrases glanées sur Internet, retranscrites telles quelles. Les exemples 22 et 23 illustrent les corrections en genre (ex. 22) et en nombre (ex. 23) du pronom lui-même.

> (22) O : Les {*incendies*} en Californie n'ont épargné *personne* se trouvant sur leur *chemin*. **ELLES** se sont ATTAQUÉ aux *monts* élevés comme au *fond* des *canyons*.
> C : Les |incendies| en Californie n'ont épargné personne se trouvant sur leur chemin. **ILS** se sont ATTAQUÉS aux monts élevés comme au fond des canyons.

> (23) O : La {*plupart*} des enfants éprouvent des difficultés à rester assis au moment des *repas* : **IL** se DANDINE, s'ASSOIT juste sur une *fesse*, se TORTILLE, se METTE à genoux…
> C : La |plupart|[1] des enfants éprouvent des difficultés à rester assis au moment des repas : **ILS** se DANDINENT, s'ASSOIENT juste sur une fesse, se TORTILLENT, se METTENT à genoux…

Les exemples 24, 25, 26 et 27 illustrent les corrections (toutes justifiées) effectuées sur des participes passés liés au pronom par instanciation du genre des pronoms COD *l'* et *les*. La figure 4 illustre le résultat dans le correcteur.

> (24) O : J'ai l'{*épisode*}, mais je ne **l'**ai pas encore REGARDÉE.
> C : J'ai l'|épisode|, mais je ne **l'**ai pas encore REGARDÉ.

> (25) O : D'après ces *sondages*, 18 % des *usagers* d'*appareils* numériques, ou 12 % des *foyers* américains, ont acheté une {*imprimante*} photo en 2006. Seuls *14 %* d'entre eux **l'**ont ACHETÉ en kit avec un *appareil*.
> C : D'après ces sondages, 18 % des usagers d'appareils numériques, ou 12 % des foyers américains, ont acheté une |imprimante| photo en 2006. Seuls 14 % d'entre eux **l'**ont ACHETÉE en kit avec un appareil.

---

[1] *La plupart*, bien qu'étant singulier, joue un rôle d'antécédent pluriel et doit être donc être repris par un pronom pluriel (Grevisse & Goosse).

(26) O : Soit, nous nous engageons dans une *construction* européenne rénovée qui respecte les {*Etats-Nations*} telles que l'Histoire **les** a FORGÉES.
C : Soit, nous nous engageons dans une construction européenne rénovée qui respecte les [États-Nations] tel que l'Histoire **les** a FORGÉS.

(27) O : Toutes ces {*actions*} de petite délinquance, que les *socialistes* appelaient les *incivilités*, Tony Blair **les** a APPELÉS comportements antisociaux.
C : Toutes ces [actions] de petite délinquance, que les socialistes appelaient les incivilités, Tony Blair **les** a APPELÉES comportements antisociaux.

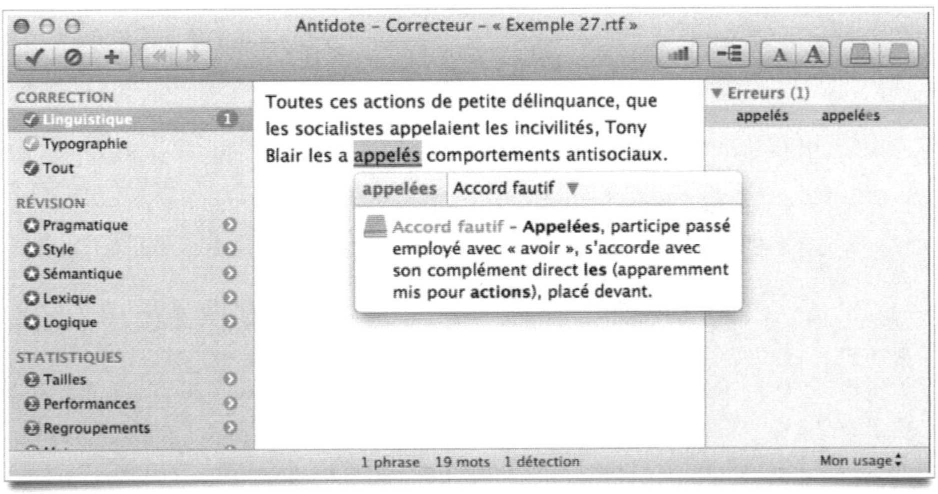


FIGURE 4 : Infobulle de correction de l'exemple 27.

### 4.2 Les contraintes de notre évaluation

L'évaluation classique de la résolution d'anaphores consiste à mesurer les taux de précision et de rappel de la reconnaissance de l'antécédent. Nous nous distancions de cette approche pour de multiples raisons. Tout d'abord, nous nous intéressons plutôt aux taux de précision et de rappel des corrections effectuées grâce à la résolution d'anaphores. D'autre part, l'évaluation se fait habituellement sur des textes considérés comme sans erreurs (journaux, etc.) ; dans notre cas, elle doit au contraire s'effectuer sur des textes bruts, avec de multiples erreurs. Enfin, nous ne faisons pas abstraction dans nos résultats des cas où l'erreur n'est pas due à notre système, mais plutôt à l'analyseur, qui n'aurait pas su, par exemple, faire la différence entre un pronom anaphorique et un mot d'une autre catégorie.

### 4.3 Évaluation de la précision

Évaluer le rappel de la correction est difficile, puisqu'il faudrait relever manuellement toutes les erreurs de référence de pronoms dans un corpus réel. Or, la configuration requise pour ce type de correction n'est pas si fréquente, et en trouver un nombre significatif serait un travail colossal. Nous avons ainsi fait le choix de n'évaluer que la précision de correction de l'algorithme, c'est-à-dire le nombre de bonnes corrections sur le nombre total de corrections.

L'évaluation de la précision nous a demandé elle aussi une réflexion, car trouver des cas de correction réels reste un défi en soi. Nous avons commencé en itérant sur un récit (un journal de voyage) augmenté d'un texte juridique, contenant plus de 20 000 phrases, afin de raffiner notre algorithme. Nous n'y avons trouvé aucun cas d'erreur qui nous intéressait. D'autre part, il nous fallait tester notre algorithme sur des textes de toutes origines, étant donné la diversité des utilisateurs du logiciel. Nous avons ainsi décidé d'utiliser le Web pour constituer un corpus plus vaste. Nous avons fait une sélection de sites selon plusieurs critères : révisés/non révisés ; caractère général/spécialisé ; présence de la 3[e] personne dans les pronoms personnels, objectif du site : informer/questionner/décrire/expliquer. Cette sélection comporte des textes descriptifs, informatifs, explicatifs, des biographies, des comptes-rendus de lectures, ainsi que des récits. De cette manière, nous avons extrait plus de 8 600 cas corrigés par notre algorithme. Ces 8 600 cas sont la somme des cas collectés en plus de 10 itérations sur des groupes de sites différents pour chaque itération. Notons qu'il ne s'agit pas de 8 600 cas qui nécessitaient réellement des corrections : les cas récoltés lors de la première itération étaient très nombreux, mais étaient majoritairement des corrections injustifiées. Notre algorithme améliorant sa précision au fur et à mesure des itérations, le nombre total des corrections extraites a largement diminué, laissant une place plus importante aux corrections exactes.

Nous avons extrait finalement 152 cas lors d'une dernière itération sur de nouveaux sites ; ce sont ces cas qui nous ont servi de corpus d'évaluation, nous fournissant les chiffres du tableau 1. Sur les 152 cas, 107 corrections étaient exactes.

| Types de correction | Nombre total de corrections | Nombre de corrections exactes | Précision |
|---|---|---|---|
| Correction du pronom lui-même[1] | 29 | 18 | 62,0 % |
| Correction des éléments à accorder avec le pronom | 123 | 95 | 77,2 % |

TABLEAU 1 : Évaluation de la précision de la correction

L'évaluation a déterminé les types de correction à commercialiser. La partie de notre système qui corrige les éléments à accorder avec le pronom a été jugée de précision suffisante pour être commercialisée, tandis que l'autre partie devra continuer d'être améliorée.

### 4.4 Évaluation de l'espace mémoire et du temps de notre processus

Il est impératif de ne pas pénaliser l'utilisateur par un système de résolution trop gourmand en espace ou en temps. Après plusieurs ajustements techniques, nos résultats montrent finalement que la résolution des anaphores coute au correcteur 8 % de plus en temps et 5 % de plus en mémoire vive.

### 4.5 Évaluation de l'efficacité respective des critères utilisés

Nous avons fait quelques tests sur les 107 corrections exactes de notre corpus d'évaluation afin de montrer quels étaient les critères le plus importants dans la tentative de correction. Voici les trois faits les plus intéressants.

1. Sur notre corpus, 27 % des bonnes corrections sont effectuées par le biais des motifs. Donc, dans 1 cas sur 4, nous sommes en présence d'une construction relativement figée, où l'antécédent est présent dans la même phrase que le pronom. Un cas de correction indue relève des motifs (ex. 28). Il s'agit ici d'une erreur d'analyse où un syntagme nominal juxtaposé est analysé comme un élément mis en évidence (voir l'exemple 29 pour une phrase ayant la bonne analyse).

(28) O : Pourtant ce soir {*Fernando Manuel*} est humilié. Une vulgaire *histoire* de *femme*, une *portugaise* **l**'a VENDU.
C : Pourtant ce soir Fernando Manuel est humilié. Une vulgaire [histoire] de femme, une portugaise **l**'a VENDUE.

(29) La voiture, je l'ai vendue

[1] Seuls des pronoms personnels sujets ont été corrigés en nombre dans notre corpus (aucun pronom COD n'a été corrigé). Nous ignorons si cet état de fait est dû à la rareté de la correction ou à une mauvaise estimation de notre algorithme. Nous avons gardé cette question pour une évaluation future. Notons que la correction fonctionne pour des phrases avec des erreurs créées de toutes pièces.

2. En inhibant nos règles de saillance, nous perdons 31 % de nos corrections. De plus, plusieurs corrections inexactes apparaissent dans notre autre corpus de 20 000 phrases (ex. 30). La saillance a donc un impact majeur sur la correction par résolution d'anaphores.

(30) O : La {*Boule*} ne quitta pas des *yeux* l'alimentation. **IL** ÉTAIT INQUIET et ne COMPRENAIT pas pourquoi le niveau d'énergie ne montait pas.
C : La Boule ne quitta pas des [yeux] l'alimentation. **ILS** ÉTAIENT INQUIETS et ne COMPRENAIENT pas pourquoi le niveau d'énergie ne montait pas.

3. Enfin, en inhibant l'utilisation des cooccurrences, nous constatons qu'elles n'ont pas d'effet significatif sur la correction. Mais elles se montrent d'une grande efficacité dans la reconnaissance des pronoms clitiques COD pouvant reprendre un antécédent phrastique. Lorsque nous hésitons entre un antécédent nominal et un antécédent phrastique, en l'absence d'une cooccurrence, l'antécédent phrastique se révèle beaucoup plus probable. Notre résultat ne contredit pas (Wehrli et Nerima, 2013), mais cible l'aspect positif des cooccurrences dans le cadre de la résolution d'anaphores pour la correction automatique.

# 5 Conclusion

Cet article expose les caractéristiques de notre algorithme, lequel a la spécificité de corriger des erreurs grâce à la reconnaissance des liens anaphoriques sur un sous-ensemble de pronoms. Nous avons appliqué le principe de vraisemblance de l'erreur, et nous avons montré par nos résultats qu'il était bel et bien possible à l'heure actuelle de corriger précisément grâce à la référence pronominale intraphrastique et interphrastique. Nous avons vu qu'il est possible de mettre en place des solutions mélangeant plusieurs stratégies, telles que les motifs syntaxiques et la traditionnelle liste d'antécédents pondérés selon la méthode de (Lappin et Leass, 94), actualisée et précisée avec l'ajout des règles liées aux cooccurrences, sans que cela soit couteux en temps ou en mémoire.

Le code est maintenant testé et éprouvé quotidiennement par un demi-million d'utilisateurs. Quelques rares utilisateurs nous ont signalé une correction indue ou, au contraire, un silence, directement reliés à notre système. Notons qu'il est difficile de juger de la qualité du système sur ces requêtes, puisqu'il est rarissime qu'un utilisateur nous écrive pour nous féliciter d'une correction exacte. Pour notre part, en tout cas, nos propres textes ont bénéficié plusieurs fois de corrections reliées aux anaphores.

Nous avons depuis continué notre travail, et nous avons mis en place de façon connexe un système de motifs apportant des corrections nouvelles pour les pronoms de 2[e] personne ainsi que pour la correction des cas de pronoms reprenant des éléments phrastiques. Nous continuons aussi d'améliorer l'analyse syntaxique, renforçant de ce fait la qualité des corrections par les anaphores. Nous projetons de continuer notre travail sur la correction des pronoms eux-mêmes par l'ajout de nouvelles méthodes innovantes.

# Remerciements

Merci à Mala F. Bergevin pour ses conseils linguistiques toujours avisés, et à Guy Lapalme pour ses suggestions concernant l'écriture de cet article.

# Références

BALDWIN B. (1997). CogNIAC: A High Precision Pronoun Resolution Engine. Technical report, University of Pennsylvania.

CHAREST, S., BRUNELLE, E., FONTAINE, J., PELLETIER, B. (2007). Élaboration automatique d'un dictionnaire de cooccurrences grand public. Actes de *TALN 2007*, 283-292.

CHOMSKY, N. (1981). *Lectures on Government and Binding*, Dordrecht, Foris.

CORNISH, F. (2000). L'accessibilité cognitive des référents, le centrage d'attention et la structuration du discours : une vue d'ensemble. *Verbum*, Vol. XXII, no 1, 7-30.

DAGAN, I., ITAI, A. (1990). Automatic Processig of Large Corpora for Resolution of Anaphora References. Acte de 13th Conference on Computational Linguistics (COLING'90), 3, 330-332

GREVISSE, M., GOOSSE, A. (2007). *Le Bon Usage : grammaire française*, 14e éd., Bruxelles : De Boeck Duculot, 2008.

GROSZ, B., SIDNER, C. (1986). Attention, intentions, and the structure of discourse. *Computational Linguistics*, 12(3), 175-204.

HOBBS, J. (1978). Resolving Pronoun Reference. *Lingua* 44, 311-338.

LEE, H., PEIRSMAN, Y., CHANG, A., CHAMBERS, N., SURDEANU, M., JUFRAFSKY, D. (2011). Stanford's Multi-Pass Sieve Corefernce Resolution System at the CoNLL-2011 Shared Task. Acte de *CoNLL-2011 : Shared Task,* June, 73.

LAPPIN, S., LEASS, H. (1994). An Algorithm for Pronominal Anaphora Resolution. *Computational Linguistics* 20(4), 535-561.

MITKOV, R. (1998). Robust pronoun resolution with limited knowledge. Acte de *Annual Meeting of the ACL*, 869-875.

SAUVAGEOT, A. (1972). *Analyse du français parlé*. Paris : Hachette.

TROUILLEUX, F. (2002). A Rule-based Pronoun Resolution System for French. Acte de *4th Discourse Anaphora and Anaphor Resolution Colloquium*.

TUTIN A., TROUILLEUX F., CLOUZOT C., GAUSSIER E., ZAENEN A., RAYOT S., ANTONIADIS G. (2000). Annotating a large corpus with anaphoric links. Actes de *Discourse Anaphora and Anaphor Resolution (DAARC 2000).*

WEHRLI, E., NERIMA, L. (2013). Collocations and anaphora resolution in machine translation. Acte de *Workshop on Multi-Word Units in Machine Translation and Translation Technologie*.

# Peut-on bien chunker avec de mauvaises étiquettes POS ?

Isabelle Tellier[1,2], Iris Eshkol-Taravella[3,4], Yoann Dupont[3], Ilaine Wang[3]
(1) université Paris 3 – Sorbonne Nouvelle (2) Lattice, UMR 8094,
(3) université d'Orléans (4) LLL, UMR 7270

iris.eshkol@univ-orleans.fr, isabelle.tellier@univ-paris3.fr,
yoann.dupont@etu.univ-paris3.fr, i.wang@u-paris10.fr

**Résumé.** Dans cet article, nous testons deux approches distinctes pour chunker un corpus oral transcrit, en cherchant à minimiser les étapes de correction manuelle. Nous ré-utilisons tout d'abord un chunker appris sur des données écrites, puis nous tentons de ré-apprendre un chunker spécifique de l'oral à partir de données annotées et corrigées manuellement, mais en faible quantité. L'objectif est d'atteindre les meilleurs résultats possibles pour le chunker en se passant autant que possible de la correction manuelle des étiquettes POS. Nos expériences montrent qu'il est possible d'apprendre un nouveau chunker performant pour l'oral à partir d'un corpus de référence annoté de petite taille, sans intervention sur les étiquettes POS.

**Abstract.** In this paper, we test two distinct approaches to chunk transcribed oral data, trying to minimize the phases of manual correction. First, we use an existing chunker, learned from written texts, then we try to learn a new specific chunker from a small amount of manually corrected labeled oral data. The purpose is to reach the best possible results for the chunker with as few manual corrections of the POS labels as possible. Our experiments show that it is possible to learn a new effective chunker for oral data from a labeled reference corpus of small size, without any manual correction of POS labels

**Mots-clés :** chunker, étiquetage POS, apprentissage automatique, corpus oral, disfluences
**Keywords:** chunker, POS labeling, machine learning, oral corpus, disfluencies

## 1 Introduction

Nous nous intéressons dans cet article au processus de *segmentation* de textes en chunks, c'est-à-dire en constituants continus non-récursifs (Abney, 1991). La tâche de chunking vise en effet à identifier la structure syntaxique superficielle d'un énoncé, c'est-à-dire à reconnaître ses constituants minimaux, sans pour autant spécifier leur structure interne ni leur fonction syntaxique. Elle s'appuie sur un étiquetage morpho-syntaxique (ou POS) préalable, donnant ainsi lieu à une séquence d'annotations successives.

Plusieurs stratégies sont possibles pour construire un chunker. L'apprentissage automatique supervisé est particulièrement performant sur cette tâche (Sha et Pereira, 2003), surtout si l'étiquetage POS sur lequel il repose est de bonne qualité. Mais le résultat d'un processus d'apprentissage n'est pas toujours adapté à des textes différant sensiblement de ceux ayant servi à apprendre. Nous supposons être dans la situation suivante : nous disposons d'un étiqueteur POS et d'un chunker appris à partir d'une assez grande quantité de données annotées (les données sources), homogènes en termes de style. Nous souhaitons maintenant chunker des textes nouveaux (les données cibles), initialement non annotés, présentant de grandes différences de style avec les données sources. En particulier, l'annotation POS produite sur les données cibles par le modèle résultant de l'apprentissage sur les données sources n'est pas de bonne qualité, mais nous ne souhaitons pas consacrer du temps à apprendre un nouvel étiqueteur morpho-syntaxique spécifique pour le corpus cible. Dans ce cas, est-il utile de corriger manuellement les étiquettes POS du corpus cible pour faciliter la tâche au chunker qui opère sur elles, ou vaut-il mieux se concentrer sur le seul niveau du chunking ? C'est la principale question que nous abordons dans cet article.

Dans le cas exploré ici, les données sources sont des textes journalistiques, et les données cibles des transcriptions de l'oral. L'oral se caractérise par des phénomènes linguistiques qui lui sont propres, regroupés sous l'appellation générale de *disfluences,* qui compliquent son annotation et son chunking. L'intérêt du chunking de l'oral est pourtant indéniable : il représente un degré d'analyse adapté pour certains énoncés où l'on constate des libertés prises par rapport à une syntaxe standard. Il a par exemple été montré que les chunks sont le lieu de réalisation privilégié des réparations à l'oral (Blanche-Benveniste C., 1997 : 47).

Notre objectif est donc de chunker le mieux possible nos données orales cibles, en minimisant l'intervention manuelle. Nous souhaitons notamment voir s'il est possible d'acquérir un chunker de l'oral de bonne qualité à partir de peu de données annotées, sans pour autant apprendre un étiqueteur POS spécifique. Apprendre un chunker est en effet moins coûteux qu'apprendre un étiqueteur POS car la variabilité des données servant d'appui (les étiquettes POS dans un cas, les mots dans l'autre) est moindre. Une situation similaire peut survenir dans d'autres contextes, par exemple pour adapter un reconnaisseur d'entités nommées (lui aussi largement fondé sur un étiquetage POS préalable) acquis sur des textes écrits à des données orales. Et la même problématique d'adaptation se pose aussi si, au lieu que ce soit la modalité (écrit/oral) qui change entre les données sources et cibles, c'est leur domaine, leur genre, voire leur langue.

L'article suit la structure suivante. Tout d'abord, nous évoquons la tâche de chunking, ses spécificités dans le cas de l'oral ainsi que les corpus source et cible à notre disposition : le corpus annoté de textes écrits (French Treebank) de Paris 7 et un extrait du corpus oral transcrit ESLO 1 (section 2). Nous décrivons ensuite (en section 3) les différents chunkers utilisés : ils proviennent tous de la même technique d'apprentissage automatique supervisée, mais partant de données annotées différentes. Nous exposons enfin dans la dernière partie (la section 4) les résultats de diverses stratégies utilisées pour chunker les données orales transcrites, nécessitant différents degrés de corrections manuelles.

# 2 La tâche et les données

## 2.1 Chunking des données orales transcrites

Les chunkers, aussi appelés « shallow parsers », sont bien adaptés aux données orales transcrites, dont les énoncés ne sont pas souvent « finalisés ». Deux problèmes majeurs se posent aux outils annotant l'oral : les disfluences, qui rompent la linéarité du discours, et le manque de ponctuation dans les transcriptions. Pour (Dister, 2007), les disfluences sont les « marques typiques des énoncés en cours d'élaboration » qui « constituent un piétinement sur l'axe syntagmatique de l'énoncé et [...] nécessitent d'être prises en compte par le système d'étiquetage. ». Les disfluences typiques sont les suivantes (extraits du corpus ESLO, décrit plus loin) :

- les hésitations : *madame euh comment vous faîtes une omelette*
- les faux-départs : *il va y avoir encore des encore mais*
- les répétitions : *le le*
- les autocorrections : *juste après le la fin du premier cycle*
- les reformulations : *on fait ce que l'on appelle un carton c'est-à-dire le le ce dessin-là agrandi*
- les amorces : *vous v- vous êtes in- institutrice*
- etc.

Elles représentent un vrai problème pour l'analyse automatique de l'oral (Adda-Decker et al., 2003, Antoine et al., 2003, Benzitoun, 2004, Valli et Véronis 1999) et réduisent considérablement les performances des outils construits pour l'écrit standard. Nos propres expériences confirmeront ce constat (cf. section 4.1). La notion de phrase, essentiellement graphique, a rapidement été abandonnée par les linguistes qui s'intéressent à l'oral ; les transcriptions ne sont donc en général pas ponctuées pour éviter l'anticipation de l'interprétation (Blanche-Benveniste, Jeanjean, 1987).

Il existe des solutions spécifiques pour le chunking du français transcrit :

- (Blanc et al., 2008, 2010) ont essayé d'annoter un corpus oral français en « super-chunks » (chunks contenant les multi-mots complexes), en appliquant des cascades de transducteurs utilisant des ressources lexicales et syntaxiques. Le processus est fondé sur une étape de prétraitement des données consistant dans le reformatage et l'étiquetage des disfluences. Une approche similaire a été adoptée par (Valli et Véronis 1999) pour l'étiquetage morphosyntaxique de l'oral.
- (Antoine et al., 2008) ont proposé une autre stratégie incluant une étape de post-correction pour traiter les erreurs liées aux disfluences.

Suite à (Blanche-Benveniste, 2005), nous considérons quant à nous que les phénomènes de disfluences doivent être inclus *dans* l'analyse linguistique, même s'ils exigent des traitements spécifiques. Pour faire face aux données réelles et éviter les programmes *ad hoc* écrits à la main, nous privilégions les techniques issues de l'apprentissage automatique.

### 2.2 Le French TreeBank (FTB) et ses étiquettes

Le premier corpus dont nous devons tenir compte, notamment parce qu'il a fixé les jeux d'étiquettes que nous utilisons (aussi bien au niveau des POS qu'à celui des chunks), est le FTB (le French TreeBank)[1]. Il s'agit d'un corpus de phrases écrites syntaxiquement analysées qui peut être facilement transformé en phrases annotées en POS et en chunks (Abeillé et al., 2003). Le jeu réduit de 30 étiquettes POS est décrit dans (Crabbé et Candito 2008). Les six types de chunks extraits de ces données, avec les étiquettes POS correspondant à leur tête, sont les suivants :

- les groupes nominaux ou *NP* (incluant *CLO, CLR, CLS, NC, NPP, PRO, PROREL, PROWH* : notons que les pronoms sont ici considérés comme des chunks nominaux autonomes et pas inclus dans les noyaux verbaux) ;
- les groupes verbaux ou *VN*, incluant les formes interrogatives, infinitives et modales (*V, VIMP, VINF, VPP, VPR, VS*) ;
- les groupes prépositionnels ou *PP*, incluant les groupes nominaux introduits par une préposition (*P, P+D, P+PRO*) ;
- les groupes adjectivaux ou *AP*, incluant les éventuels adverbes modifieurs d'adjectifs (*ADJ, ADJWH*) ;
- les groupes adverbiaux ou *AdP*, incluant les modifieurs de phrases (*ADV, ADVWH, I*) ;
- les groupes de conjonction ou *CONJ* (*CC, CS*).

### 2.3 ESLO 1

Le deuxième corpus utilisé est un tout petit extrait du corpus oral transcrit ESLO 1 (Enquête Sociolinguistique d'Orléans)[2] (Eshkol-Taravella et al. 2012) constitué de 8093 mots correspondant à 852 tours de parole (3 entretiens face-à-face). Les conventions de transcription dans ESLO respectent deux principes : l'adoption de l'orthographe standard et le non-recours à la ponctuation de l'écrit. Les marques typographiques comme le point, la virgule, le point d'exclamation ou encore la majuscule en début d'énoncé sont absentes. La segmentation a été faite soit sur une unité intuitive de type « groupe de souffle » repérée par le transcripteur humain, soit sur un « tour de parole », défini simplement par le changement de locuteur. Les données traitées dans le cadre de ce travail correspondent au corpus transcrit brut non annoté et non lemmatisé.

## 3 Etiqueteur et chunkers utilisés

### 3.1 SEM, un étiqueteur-chunker appris sur le FTB

L'outil d'annotation utilisé dans un premier temps est SEM[3] (Tellier et al., 2012), un segmenteur-étiqueteur capable d'enchaîner plusieurs annotations successives. SEM est spécialisé dans l'analyse des textes écrits, puisqu'il a été appris

1 http://www.llf.cnrs.fr/Gens/Abeille/French-Treebank-fr.php

2 http://eslo.tge-adonis.fr/

3 http://www.lattice.cnrs.fr/sites/itellier/SEM.html

uniquement à partir du FTB, et ses étiquettes sont donc celles présentées précédemment. Il permet soit de chunker un texte déjà annoté en POS, soit d'enchaîner « annotation POS + chunks » sur du texte brut. Nous exploiterons par la suite ces deux usages distincts.

SEM a été appris à l'aide d'un CRF (Conditional Random Fields) linéaire (Lafferty et al. 2001), implémenté dans le logiciel Wapiti[4] (Lavergne et al. 2010). Pour l'étiquetage en POS, SEM utilise une ressource extérieure : le LeFFF (Lexique des Formes Fléchies du Français) (Sagot 2010) intégré dans les données sous la forme d'attributs booléens. Pour le chunker, le modèle CRF s'appuie à la fois sur l'étiquetage POS et sur les tokens initiaux.

Le découpage en chunks est traduit par une annotation qui suit le format standard *BIO* (*B* pour Beginning, *I* pour In, *O* pour Out). Avec SEM, chaque mot (ou token) du corpus reçoit donc, outre son étiquette POS, une étiquette qui est la concaténation du type de chunk dont il fait partie et d'une étiquette (*B* ou *I*) qui indique la position qu'il y occupe.

### 3.2 Technique d'apprentissage de nouveaux chunkers

Nous ne chercherons pas à apprendre un nouvel étiqueteur POS spécifique de l'oral mais plutôt, dans certaines expériences à apprendre un nouveau chunker à partir de données orales annotées à la fois en POS et en chunks. Pour apprendre ce nouveau chunker (en fait, il y en aura plusieurs, suivant la nature des étiquettes utilisées), nous utiliserons, comme cela avait été fait pour apprendre SEM, des CRF linéaires.

Les CRF sont des modèles graphiques probabilistes non dirigés, discriminants et particulièrement efficaces pour la prédiction d'étiquettes. Dans le cas des modèles linéaires, ils cherchent la meilleure séquence d'étiquettes *y* à associer à la séquence de données d'entrée *x*, en maximisant une probabilité P(y|x). La probabilité P(y|x) s'exprime dans un CRF par une combinaison pondérée (les poids étant les paramètres de l'apprentissage) de fonctions caractéristiques (ou features), qui caractérisent des configurations locales de données et d'étiquettes. Pour définir l'ensemble des features de son modèle, l'utilisateur d'un programme comme Wapiti spécifie des patrons (ou templates) : sortes d'expressions régulières pouvant faire intervenir n'importe quelle propriété des données d'entrée, et une (dans le cas des patrons unigrammes) ou deux (patrons bigrammes) étiquettes successives. Les patrons seront instanciés sur l'ensemble d'apprentissage, constitué de couples (x,y), en autant de features que de positions où ils peuvent s'appliquer.

Dans le cas de l'apprentissage d'un chunker, les données d'entrée *x* sont constituées des séquences de tokens (ou mots) du texte et des étiquettes POS associées, la suite des étiquettes cibles *y* est constituée des différents types de chunks associés à *B* ou *I*. Les patrons que nous utiliserons pour apprendre ce(s) nouveau(x) chunker(s) ont été copiés sur ceux utilisés pour l'apprentissage de SEM, et seront toujours les mêmes pour chaque expérience. Ils figurent dans la Table 1 :

| **Attribut** | **Fenêtre sur x** | **Type de feature sur y** |
|---|---|---|
| token | [-2, 0] | unigramme |
| POS | [-2, 1] | unigramme et bigramme |
| Couple de POS | {-2, 0} et {-1, 0} | unigramme |

TABLE 1 : spécification des patrons (templates) définissant les features des modèles CRF de chunking

## 4 Deux séries d'expériences

Nous décrivons dans cette section les deux séries d'expériences réalisées avec le corpus oral transcrit et les résultats obtenus. La Table 2 montre l'annotation du même exemple extrait d'ESLO 1 par différents processus, qui incluent (en gras : colonnes **III**, **IV** et **V**) ou non (colonne **II**) une phase de correction manuelle. Les corrections manuelles ont toutes été assurées par une unique personne experte. Les différentes colonnes de ce tableau serviront soit de données d'entrée

[4] http://wapiti.limsi.fr

soit de données de référence à nos différentes expériences. Leurs contenus seront décrits en détail au fur et à mesure que nous les présenterons. Pour nos évaluations, deux chunks seront considérés comme égaux lorsqu'ils partagent exactement les mêmes frontières et le même type. Nous évaluerons les résultats du chunking avec la micro-average des F-mesures des différents chunks (moyenne des F-mesures de ces chunks pondérées par leurs effectifs) et leur macro-average (moyenne sans pondération des F-mesures). Notons que sur le FTB, en validation croisée à 10 plis, SEM a été évalué avec une exactitude 97,33% pour l'étiquetage en POS, une micro-average de 97,53 et une macro-average de 90,4 pour le chunker. Les Tables 3 et 5 (en fin d'article) donnent respectivement les proportions des différents types de chunks et la synthèse de l'ensemble de nos résultats.

| I | II | III | IV | V |
|---|---|---|---|---|
| Tokens | POS proposés par SEM | **POS corrigés à la main** | **Chunks « type FTB » corrects** | **Chunks adaptés à l'oral corrects** |
| *euh* | *DET* | ***I*** | ***AdP-B*** | ***IntP-B*** |
| *l-* | *DET* | ***UNKNOWN*** | ***AdP-B*** | ***UNK-B*** |
| *dans* | *P* | ***P*** | ***PP-B*** | ***PP-B*** |
| *ma* | *DET* | ***DET*** | ***PP-I*** | ***PP-I*** |
| *classe* | *NC* | ***NC*** | ***PP-I*** | ***PP-I*** |

TABLE 2 : les différentes données d'entrée/de référence utilisées

## 4.1 Première approche : utilisation d'un chunker appris sur l'écrit

### *4.1.1 Utilisation directe de SEM*

Le premier test consiste à appliquer SEM, sans aucune adaptation ni ré-apprentissage, sur les données transcrites cibles de l'oral. SEM est utilisé sur le texte brut, et produit en cascade l'étiquetage en POS et celui correspondant au chunking. Dans la Table 2, cela correspond à prendre comme données d'entrée pour le POS la colonne **I** (les tokens), et comme données d'entrée pour le chunker les colonnes **I** et **II** (les étiquettes POS fournies par SEM sur ESLO 1).

Pour évaluer la qualité du chunking produit par SEM sur l'oral, il faut constituer un corpus de référence en corrigeant l'annotation en chunks proposée par SEM sur l'extrait d'ESLO 1, avec les étiquettes qu'il utilise (colonne **IV** dans la Table 2). Découper en chunks la transcription de l'oral pose des problèmes spécifiques, à cause, entre autres, des disfluences. Nous explicitons ici les choix faits pour cette correction manuelle.

L'exemple de l'énoncé annoté dans la Table 2 (*euh l- dans ma classe*) montre bien le type de difficultés rencontrées. Les *euh* d'hésitation, ne pouvant pas être une tête de chunk, constituent des chunks adverbiaux (*AdP)*. Cette décision concerne également les interjections (d'étiquette POS *I*) comme dans l'exemple ci-dessous :

*(on/CLS)NP (peut/V)VN (commencer/VINF)VN* ***(bon/I)AdP*** *(alors/I)AdP*

Les faux départs et les amorces (comme *l-* dans l'exemple de la Table 2), quand ils sont impossibles à interpréter, font également partie de chunks adverbiaux (*AdP).* Dans les cas où une interprétation est possible, l'annotation se fait selon le contexte. Dans l'exemple :

*(vous/PRO)NP (êtesV)VN* ***(in-/NC)NP*** *(institutrice/NC)NP*

l'amorce *in-* semble correspondre exactement au début du mot suivant *institutrice*, elle est donc annotée en tant que nom commun (*NC*) et forme par conséquent un chunk nominal autonome (*NP*). Dans l'exemple suivant :

*(chez/P vous/PRO)PP (chez/P* ***v-/PRO)PP***

la répétition de la même préposition *chez* et l'équivalence entre l'amorce *v-* et le début du pronom *vous*, laisse supposer qu'il s'agit de la répétition du même groupe prépositionnel.

Les répétitions de type « faits de parole », font partie des disfluences de l'oral (contrairement aux « faits de langue » où la répétition est due à la syntaxe (Henry, 2005)). Deux possibilités se présentent alors pour le chunking :

- Si l'élément répété est la tête du groupe syntaxique, il est nécessaire de distinguer deux chunks, car un chunk ne peut pas contenir deux têtes distinctes :

  ***(et/CC)CONJ (et/CC)CONJ*** *(elle/CLS)NP (me/CLO)NP (disait/V)VN*

- Si la répétition ne porte pas sur une tête, les deux éléments appartiennent au même chunk :

  ***(la/DET la/DET*** *belle/ADJ jeune/ADJ fille/NC)NP*

Le chunking produit par SEM sans aucune adaptation est évalué relativement à cette référence avec une micro-précision de 77,24 et une macro-précision de 76. Plus de 20 points de F-mesure en moyenne (micro-average) sont donc perdus en appliquant un programme appris avec des textes écrits sources sur des données transcrites de l'oral. Ce mauvais résultat est le point de départ de différentes tentatives d'amélioration. L'objectif des expériences qui suivent est de corriger le minimum de données manuellement pour améliorer au maximum les performances du chunker.

#### *4.1.2 Utilisation de SEM après correction de l'étiquetage POS*

Le chunking précédent était appliqué en cascade après un étiquetage POS du corpus qui était lui-même sans doute médiocre. La première idée pour améliorer le chunking est donc de corriger manuellement l'étiquetage POS de l'oral avant de lui appliquer la phase de chunking. Ce processus a permis par la même occasion d'évaluer la qualité de l'étiquetage POS de SEM sur l'oral : son exactitude atteint 80,98%, soit 17% de moins environ que sur des données similaires à celles qui ont servi à apprendre. La fonction « chunker seul » de SEM peut ensuite s'appliquer sur le corpus avec des étiquettes POS corrigées à la main (les colonnes **I** et **III**).

Pour corriger les étiquettes POS, certaines conventions ont été adoptées concernant les disfluences de l'oral (voir les colonnes **II** : les étiquettes POS annotées par SEM et **III** : les étiquettes POS corrigées selon les conventions établies). Les faux départs et les amorces (comme *l-* dans l'exemple de la Table 2) ont reçu une étiquette *(UNKNOWN)* qui correspond aux mots étrangers et aux néologismes dans le FTB. Les marqueurs discursifs ainsi que les *euh* d'hésitation ont été étiquetés en tant qu'interjection (*I*). C'est, parmi les étiquettes disponibles dans SEM, celle qui correspond le mieux à ces unités caractéristiques de l'oral.

La correction des erreurs de l'étiquetage POS porte surtout sur les différences entre l'écrit et l'oral. Par exemple, la forme *bon* est utilisée en tant qu'adjectif dans 99% des cas dans le FTB, alors qu'elle est beaucoup plus fréquente dans le corpus oral en tant qu'interjection (83%).

La nouvelle micro-average du chunker est maintenant de 87,74 alors que sa nouvelle macro-average est de 88,43. Ces résultats sont en quelque sorte à mi-chemin des précédents : à peu près la moitié des erreurs de chunking sur l'oral peut donc être imputée à des erreurs d'étiquetage POS.

### 4.2 Deuxième approche : Apprentissage d'un chunker spécifique de l'oral

La deuxième approche consiste à apprendre un nouveau chunker à partir du seul corpus extrait d'ESLO 1, en tenant compte autant que possible des spécificités de l'oral. Nous avons choisi de ne pas ré-appprendre un étiqueteur POS spécifique sur les données cibles (ni à en appliquer un autre que SEM), pour nous concentrer sur la phase de chunking. Tant qu'à ré-apprendre un nouveau chunker, nous en avons aussi profité pour définir un jeu de chunks adapté.

#### *4.2.1 Modification des étiquettes de chunks*

Pour tenir compte des spécificités de l'oral, nous avons choisi d'ajouter deux types de chunks nouveaux qui lui sont propres (voir la colonne **V** du Table 2). La liste des chunks a ainsi été élargie par deux nouveaux venus :

- chunk *UNKNOWN*

L'étiquette *UNKNOWN* existe dans le jeu d'étiquettes POS du FTB, où elle est attribuée aux mots étrangers. Nous l'avons utilisée aussi pour désigner les chunks correspondant aux erreurs de transcriptions, aux faux départs ou aux amorces dont l'interprétation est impossible. Dans notre exemple de la Table 2, la forme *l-* est difficile à comprendre.

S'agit-il d'un pronom, d'un déterminant ou d'une amorce ? L'étiquette *UNKNOWN*, déjà choisie pour cette forme au niveau POS, est donc étendue dans ce cas au chunk.

- chunk d'interjection (*IntP*)

Nous avons déjà signalé le problème que posent les marqueurs discursifs et les *euh* d'hésitation qui ont été classés, faute d'avoir une autre étiquette davantage adaptée dans SEM, dans les chunks adverbiaux. L'ajout d'un nouveau chunk *IntP* (chunk interjection) destiné à accueillir tous ces phénomènes, résout (au moins partiellement) ce problème :

*(des/DET idées/NC laïques/ADJ)NP (quoi/I) IntP*

Cependant, lorsque les interjections se trouvent à l'intérieur d'un groupe syntaxique, ils s'intègrent dans le chunk correspondant :

- *(l'/DET école/NC* ***euh/I*** *publique/ADJ)NP*
- *(des/DET* ***hm/I*** *inconvénients/NC)NP*

Dans les deux exemples ci-dessus, le *euh* d'hésitation et l'interjection *hm* appartiennent à un chunk nominal.

Ce nouvel étiquetage en chunks a été manuellement validé sur nos données ESLO (colonne **V** de la Table 2), et constitue la nouvelle référence grâce à laquelle nous allons à la fois apprendre et évaluer notre nouveau chunker.

#### *4.2.2 Apprentissage et test avec les étiquettes POS corrigées*

La première expérience consiste à apprendre un chunker à partir des données cibles annotées en POS corrigées (la colonne **III** de la Table 2) et des chunks adaptés à l'oral (la colonne **V**). Un protocole de validation croisée à 10 plis a été utilisé pour évaluer la qualité du chunker ainsi obtenu, quand il est appliqué à des données de nouveau parfaitement annotées en POS. La micro-average des F-mesures atteint alors 96,65 alors que leur macro-average vaut 96,08. Les résultats se sont donc significativement améliorés, et rejoignent ceux qui avaient été constatés pour SEM sur FTB.

Si on observe de plus près les F-mesures des différents types de chunks, en comparaison avec les expériences précédentes, on constate une forte progression de l'annotation des chunks adverbiaux (*AdP*). Ces chunks sont très nombreux dans notre corpus au cours des premières expériences, car ils regroupent les adverbes, les marqueurs discursifs, les *euh* d'hésitation et les interjections. L'introduction d'un nouveau chunk *(IntP)* annotant ces différents phénomènes (sauf les adverbes) a considérablement réduit le nombre de chunks adverbiaux dans le corpus de référence, ce qui modifie significativement leur F-mesure. Lors de ces premières expériences, la F-mesure du chunk *(AdP)* varie entre 58,14 (avec les POS non corrigées) et 71,87 (avec les POS corrigées). Désormais, la F-mesure atteint 95,76 pour le chunk *(AdP)* et 99,4 pour le chunk *(IntP)*. L'apprentissage a donc bien réussi à distinguer les deux types de chunks.

Les erreurs constatées concernent souvent des « exceptions » aux règles générales. C'est le cas des verbes qui forment d'habitude un chunk verbal *(VN)* sauf quand ils suivent une préposition. Ainsi, dans l'exemple ci-dessous, le verbe est annoté comme la tête d'un chunk verbal :

*(à/P)PP (me/CLR)B-NP (marier/VINF)B-VN*

alors qu'il fait partie ici d'un chunk prépositionnel (*PP*) :

*(à/P me/CLR marier/VINF)PP*

Les cas où les interjections et les marqueurs formant généralement un chunk *(IntP)* sont inclus dans un autre chunk posent aussi problème. Le chunker appris propose :

*(l'/DET école/NC)NP* ***(euh/I) IntP*** *(publique/ADJ)AP*

à la place de :

*(l'/DET école/NC **euh/I** publique/ADJ)**NP***

Enfin, en cas de répétition de deux étiquettes morphosyntaxiques, le chunker inclut parfois les deux mots dans le même chunk, violant ainsi la contrainte qui voudrait que chaque chunk ne devrait contenir qu'une seule tête. Il annote ainsi :

*(et/CC parce_que/CS)CONJ*

*(ils/CLS)NP (réfléchissaient/V pensaient/V)VN (beaucoup/ADV)AdP*

à la place de

*(et/CC)CONJ (parce_que/CS)CONJ*

*(ils/CLS)NP (réfléchissaient/V)VN (pensaient/V)VN (beaucoup/ADV)AdP*

Mais les très bons résultats de ce nouveau chunker ne sont atteints que sur des données qui ont elles-mêmes reçu un étiquetage POS parfaitement correct. Or, aucun étiqueteur POS de l'oral n'ayant été appris, notre nouveau chunker risque de voir ses performances se dégrader significativement en situation réelle, c'est-à-dire avec de mauvaises étiquettes POS. Pour quantifier ce problème et essayer d'y remédier, nous avons mené deux nouvelles expériences qui ne font pas l'hypothèse de disposer d'un étiquetage POS corrigé lors de la phase *d'utilisation* du chunker.

### *4.2.3 Apprentissage avec les étiquettes POS corrigées, test sur les étiquettes non corrigées*

La deuxième expérience de cette série vise à évaluer la dégradation de performance subie quand le chunker appris sur des étiquettes POS corrigées (colonnes **III** et **V**) est utilisé sur des données avec des étiquettes POS non corrigées (colonne **II**). Etant donné le faible volume de données dont nous disposons, nous avons pour cela reconduit l'expérience précédente en validation croisée à 10 plis, en prenant soin lors de chaque étape de respecter le protocole suivant :

- l'apprentissage est réalisé à l'aide des colonnes **I**, **III** et **V**
- le chunker appris est appliqué en test sur les colonnes **I** et **II**
- le résultat obtenu est comparé à la colonne de référence **V**

Nous obtenons ainsi une micro-average des F-mesure de 73,81, et une macro-average de 59,62, ce qui représente une grosse dégradation (cf. les détails des valeurs des différents chunks dans la Table 3). Les performances sont particulièrement mauvaises pour le nouveau type de chunk *IntP*, car très peu d'étiquettes POS *I* sont correctement attribuées par SEM dans ESLO 1. En effet, dans le FTB, les seules interjections présentes correspondent à des phrases d'un seul mot suivi d'une ponctuation. Or ESLO 1 ne contient pas de ponctuation, et cet indice n'aide donc en rien le chunker. La plupart des interjections de ESLO 1 comme *bon, bien, enfin, alors, etc.* sont étiquetées par SEM comme des adverbes ou des adjectifs lors de l'étiquetage POS. Le nouveau chunker appris les rattache alors à un chunk adverbial plutôt qu'à un chunk IntP. Un seul chunk *IntP* a été reconnu lors de cette expérience, et cela semble-t-il de façon quasiment « fortuite ». Les représentants du nouveau chunk *(UNKNOWN)* n'ont pas non plus été identifiés, ce qui s'explique naturellement par le fait que SEM n'a pas attribué l'étiquette POS *UNKNOWN* là où notre correction manuelle l'avait fait (sur les disfluences en particulier). Le problème mentionné précédemment et concernant la forme *bon* persiste également dans les résultats de ce test. Ayant une étiquette POS *ADJ*, *bon* est étiqueté en tant que chunk adjectival *(AP)* et non comme chunk interjection *(IntP)*. Dans l'exemple suivant (où la dernière colonne donne la proposition du nouveau chunker, tandis que l'avant-dernière donne la bonne étiquette), les deux unités *bon* et *alors* reçoivent une mauvaise étiquette de chunk :

| | | | |
|---|---|---|---|
| *on* | *CLS* | *B-NP* | *B-NP* |
| *peut* | *V* | *B-VN* | *B-VN* |
| *commencer* | *VINF* | *B-VN* | *B-VN* |
| *bon* | *ADJ* | *B-IntP* | *B-AP* |
| *alors* | *ADV* | *B-IntP* | *B-AdP* |

L'absence de correction des POS cause donc ici des erreurs prévisibles de chunking, surtout pour les nouveaux types de chunks qui s'appuient sur des propriétés de l'oral que les étiquettes POS non corrigées de SEM ne prennent pas en compte. Il reste à voir si un chunker appris directement sur des étiquettes POS non corrigées se comporterait mieux.

### *4.2.4 Apprentissage et test avec les étiquettes POS non corrigées*

La dernière expérience vise à apprendre le chunker de l'oral en se servant uniquement des étiquettes POS fournies par SEM, sans aucune correction (ni en apprentissage ni en test) sur ces POS. Cette fois, notre validation croisée emploie donc les colonnes **I**, **II** et **V** de la Table 2, en cherchant à obtenir la dernière de ces colonnes à partir des deux autres. L'objectif de cette dernière expérience est de voir s'il est possible d'apprendre un bon chunker en se fondant sur des étiquettes POS médiocres. Existe-t-il des régularités dans les erreurs au niveau morpho-syntaxique dont l'apprentissage pourrait tirer parti ? Pourrait-on donc se passer d'une correction manuelle de l'étiquetage POS (et d'un ré-apprentissage d'un étiqueteur POS de l'oral) pour obtenir tout de même *in fine* un chunker de l'oral correct ? C'est tout l'enjeu de cet ultime test.

Nous obtenons dans cette expérience une micro-average de 88,84, et une macro-average de 81,76, soit des résultats (comme on pouvait s'y attendre) intermédiaires entre les deux précédents (cf. les détails dans la Table 4). Cette fois, on constate que les chunks *(IntP)* sont très bien reconnus (plus de 93 de F-mesure), alors que SEM substitue à l'étiquette POS correcte *I* des étiquettes assez variées (typiquement ADV, ADJ, NC et V). Mais les interjections sont à la fois fréquentes et assez peu variées dans notre corpus de l'oral (*euh, hm, oui, non, etc.*) et celles présentes dans l'ensemble d'apprentissage suffisent apparemment au chunker appris (qui a aussi accès aux mots ou tokens et pas uniquement aux POS) à les identifier. Ainsi, l'exemple précédent reçoit cette fois l'étiquetage :

| | | | |
|---|---|---|---|
| *on* | *CLS* | *B-NP* | *B-NP* |
| *peut* | *V* | *B-VN* | *B-VN* |
| *commencer* | *VINF* | *B-VN* | *B-VN* |
| ***bon*** | ***ADJ*** | ***B-IntP*** | ***B-IntP*** |
| *alors* | *ADV* | *B-IntP* | *B-AdP* |

La forme *bon* est étiquetée ici correctement au niveau des chunks *(B-IntP)* malgré une erreur d'étiquetage POS où elle est reconnue comme un adjectif. Dans le corpus d'apprentissage, ce mot est le plus souvent employé comme marqueur discursif, ce qui facilite sa désambiguïsation. Les unités *oui, non,* aussi très fréquentes dans le corpus, reçoivent maintenant aussi une bonne étiquette de chunk, quelle que soit leur étiquette POS.

Sur le chunk *(UNKNOWN)*, le nouveau chunker obtient une bonne précision (92,86%) :

| | | | |
|---|---|---|---|
| *vous* | *DET* | *B-NP* | *B-NP* |
| *êtes* | *NC* | *B-VN* | *B-VN* |
| ***in-*** | ***ADJ*** | ***B-UNKNOWN*** | ***B-UNKNOWN*** |
| *institutrice* | *NC* | *B-NP* | *B-AdP* |
| | | | |
| ***n-*** | ***ADV*** | ***B-UNKNOWN*** | ***B-UNKNOWN*** |
| *peut-être* | *VINF* | *B-AdP* | *B-AdP* |
| ***non*** | ***ADV*** | ***B-IntP*** | ***B-IntP*** |

mais un mauvais rappel (18,57%). Cela tient sans doute au fait que les chunks inconnus peuvent parfois correspondre à des mots connus mais employés dans un mauvais contexte, comme dans l'exemple suivant :

| | | | |
|---|---|---|---|
| ***euh*** | ***V*** | ***B-IntP*** | ***B-IntP*** |
| ***les*** | ***DET*** | ***B-UNKNOWN*** | ***B-NP*** |
| *dans* | *P* | *B-PP* | *B-PP* |
| *ma* | *DET* | *I-PP* | *I-PP* |
| *classe* | *NC* | *I-PP* | *I-PP* |

En outre, les amorces présentent une bien plus grande variabilité que les interjections ; toutes ne peuvent pas être présentes dans l'ensemble d'apprentissage et l'accès aux tokens ne suffit donc pas à compenser le mauvais étiquetage POS. Il ne semble pas y avoir de règle évidente quant aux chunks *(UNKNOWN)* bien identifiés. L'hypothèse la plus probable est que SEM a reconnu uniquement les mots qu'il a déjà vus dans son ensemble d'apprentissage. On pourrait sans doute largement améliorer les capacités de notre nouveau chunker à reconnaître les amorces en lui donnant accès à certaines propriétés des tokens : dans ESLO 1, les amorces sont en effet systématiquement terminées par un tiret - : ajouter cette propriété aux attributs pris en compte dans les features devrait permettre de les identifier bien plus sûrement que par leur contexte. Mais nous voulions utiliser le même ensemble de features (copiées sur celles utilisées pour l'apprentissage de SEM) pour toutes nos expériences, pour ne pas biaiser les comparaisons.

| Type de chunk | PP | AdP | VN | AP | NP | CONJ | UNKNOWN | IntP |
|---|---|---|---|---|---|---|---|---|
| FTP | 33,66% | 7,23% | 17,11% | 2,21% | 32,95% | 6,61% | N/A | N/A |
| ESLO, chunks FTB | 11,84% | 11,93% | 25,43% | 2,66% | 39,79% | 8,36% | N/A | N/A |
| ESLO, chunks oral | 9,39% | 9,98% | 21,81% | 2,38% | 33,7% | 8,15% | 1,14% | 13,45% |

TABLE 3 : proportions des différents types de chunks dans les différents corpus

Les détails des résultats obtenus sur les différents types de chunks pour les deux dernières expériences sont présentés dans la Table 4.

| Type de chunk | Expérience 4 | | | Expérience 5 | | |
|---|---|---|---|---|---|---|
| | Précision | Rappel | F-mesure | Précision | Rappel | F-mesure |
| AP | 50,73% | 71,23% | 59,26 | 71,76% | 64,38% | 67,87 |
| AdP | 55,9% | 79,48% | 65,64 | 83,78% | 85,83% | 84,79 |
| CONJ | 89,42% | 89,42% | 89,42 | 89,8% | 91,42% | 90,6 |
| IntP | 33,33% | 0,12% | 0,24 | 95,82% | 91,87% | 93,8 |
| NP | 81,16% | 85,34% | 83,2 | 91,93% | 90,6% | 91,26 |
| PP | 71,99% | 81,55% | 76,48 | 81,57% | 82,41% | 81,99 |
| UNKNOWN | N/A | N/A | N/A | 92,86% | 18,57% | 30,95 |
| VN | 78,13% | 87,23% | 82,43 | 89,75% | 90,89% | 90,32 |

TABLE 4 : Résultats des différents types de chunks dans les deux dernières expériences

La synthèse des résultats de l'ensemble de nos expériences est présentée dans la Table 5.

| Expériences | Première approche : utilisation d'un chunker appris sur l'écrit (référence : la colonne **IV**) | | Deuxième approche : Apprentissage d'un chunker spécifique de l'oral (référence : la colonne **V**) | | |
|---|---|---|---|---|---|
| Evaluation | POS non corrigées | POS corrigées | POS corrigées | Apprentissage sur POS corrigés, test sur POS non corrigés | POS non corrigés |
| Exactitude des POS (%) | *80,98* | *100* | *100* | *80,98* | *80,98* |
| Micro-average | *77,24* | *87,74* | *96,65* | *73,81* | *88,84* |
| Macro-average | *76* | *88,43* | *96,08* | *59,62* | *81,76* |

TABLE 5 : Synthèse des résultats des micro et macro-averages des F-mesures dans l'ensemble de nos expériences

# 5 Conclusion

Tout d'abord, notre première série d'expériences montre qu'un étiqueteur morphosyntaxique associé à un chunker, tous deux appris sur un corpus source écrit fait environ 17% d'erreurs supplémentaires en POS, et 20% en chunking, sur des données cibles orales transcrites. Cet écart important justifie de trouver des stratégies d'adaptation ou de contournement pour traiter les corpus oraux. Comme l'erreur en chunking n'est pas beaucoup plus importante que l'erreur en POS, la solution de corriger les POS apparaît *a priori* comme la plus « naturelle ». Cette correction manuelle des POS améliore le résultat du chunking de 10 points de F-mesure en moyenne, mais reste 10 points en dessous des performances moyennes du chunker sur l'écrit. Même avec un étiquetage POS parfait, l'écart entre l'écrit et l'oral en matière de chunking se mesure avec ces 10 points d'écart en moyenne.

Corriger directement les étiquettes de chunks apparaît donc comme la suite logique de cette approche. Nous avons pour cela choisi de coller aux propriétés de l'oral plutôt que de chercher à faire entrer à tout prix les données orales dans le cadre défini pour l'écrit, d'où le choix des deux nouveaux types de chunks introduits. Ce faisant, nous n'avons pas choisi la facilité car la tâche de chunking devient plus complexe (il faut désormais discriminer parmi huit types de chunks au lieu de six). Pour l'apprentissage automatique d'un nouveau chunker spécifique de l'oral, le pari a été fait de se consacrer au seul niveau des chunks, pour lequel un petit nombre de données d'apprentissage peut suffire.

Les trois expériences de la deuxième approche permettent de caractériser assez finement l'apport des étiquettes POS à la phase de chunking. En présence d'étiquettes POS correctes et cohérentes avec les chunks (première expérience), l'apprentissage automatique joue parfaitement son rôle, et permet d'apprendre un chunker d'aussi bonne qualité que celui qui avait été appris sur l'écrit avec beaucoup plus de données. Il n'y a donc pas de malédiction propre à l'oral en matière de chunking : même les disfluences peuvent y être bien traitées, à condition de disposer d'exemples de référence, même en quantité restreinte. En revanche, un tel chunker dépend fortement des étiquettes POS sur lesquelles il s'appuie : l'absence de correction manuelle (deuxième expérience de la série) fait chuter ses performances. Il n'est donc pas réellement exploitable en conditions réelles : en effet, tant qu'à corriger les étiquettes POS, autant réapprendre dans ce cas un étiqueteur POS de l'oral…

La dernière expérience est la plus prometteuse : elle montre qu'on peut apprendre un chunker spécifique de l'oral (y compris pour la reconnaissance des interjections par exemple) d'assez bonne qualité, en s'appuyant uniquement sur un petit nombre de données annotées, qui plus est avec des étiquettes POS médiocres (et non adaptées à l'oral). Les erreurs du POS ont bien été *compensées* par l'apprentissage du chunker, qui fait en moyenne moins d'erreurs de chunking qu'il n'y a d'erreurs d'étiquetage POS. Les mots, même en petites quantités, permettent cette compensation, et sans doute aussi le fait que les erreurs de POS sont suffisamment « régulières » pour que le chunker puisse les « rectifier ».

L'apprentissage automatique d'un chunker spécifique de l'oral semble donc pouvoir assez bien se passer d'un étiquetage POS correct. Il est intéressant de constater que les résultats obtenus pour le chunker dans la dernière expérience sont très proches de ceux de la deuxième expérience de la première approche, c'est-à-dire en appliquant SEM sur des étiquettes POS corrigées manuellement. La différence est que le nouveau chunker obtenu avec la dernière expérience est applicable sans plus de correction manuelle sur de nouvelles données orales, ce qui n'est pas le cas de ce que proposait l'autre expérience. Ainsi, tant qu'à corriger des données, il vaut semble-t-il mieux s'attaquer aux données qui servent à l'apprentissage (les nouveaux chunks dans la dernière expérience) qu'aux données qui servent de support à un programme déjà appris (les POS dans l'expérience 2).

Il reste bien sûr à confirmer que le même genre de démarche peut être valable dans d'autres contextes, par exemple pour d'autres tâches (la reconnaissance des entités nommées pouvant se substituer à celle de chunking), ou en changeant la variation écrit/oral par une autre, comme un changement de domaine ou de type d'écriture (les tweets pourraient par exemple remplacer l'oral). Le fait que l'apprentissage direct d'un nouvel étiqueteur focalisé sur une tâche cible est préférable à une séquence d'apprentissages intermédiaires avait par ailleurs déjà été constaté (Eshkol et al., 2010). Le caractère cumulatif des erreurs n'est donc pas une fatalité : il semble qu'on puisse réussir une tâche de « haut niveau » en s'appuyant sur des informations de « niveau inférieur » de qualité médiocre par apprentissage automatique, du moment que la correction des erreurs d'un niveau à un autre suive une certaine régularité.

## Références

ABNEY S. (1991). Parsing by chunks. In R. Berwick, R. Abney, and C. Tenny, editors, *Principle-based Parsing*. Kluwer Academic Publisher.

ABEILLE A., CLEMENT L., et TOUSSENEL F. (2003). Building a treebank for french. In A. Abeillé, editor, *Treebanks*. Kluwer, Dordrecht.

ADDA-DECKER M., HABERT B., BARRAS C., ADDA G., BOULA DE MAREÜIL P., PAROUBEK P. (2003). A disfluency study for cleaning spontaneous speech automatic transcripts and improving speech language models. In Proceedings of *Isca tutorial and research workshop on disfluency in spontaneous speech (diss'03)*, 67-70.

ANTOINE J-Y., GOULIAN J., VILLANEAU J. (2003). Quand le TAL robuste s'attaque au langage parlé : analyse incrémentale pour la compréhension de la parole spontanée. Actes de *TALN 2003*, 25-34.

ANTOINE J-Y., MOKRANE A., et FRIBURGER N. (2008) Automatic rich annotation of large corpus of conversational transcribed speech: the chunking task of the epac project. In Proceedings of *LREC'2008*.

BENZITOUN C. (2004). L'annotation syntaxique de corpus oraux constitue-t-elle un problème spécifique ? Actes de *RÉCITAL*.

BLANC O., CONSTANT M., DISTER A. et WATRIN P. (2008). Corpus oraux et chunking. Actes de *Journées d'étude sur la parole (JEP),* Avignon, France.

BLANC O., CONSTANT M., DISTER A. ET WATRIN P. (2010). Partial parsing of spontaneous spoken French. In Proceedings of *7th International Conference on Language Resources and Evaluation (LREC'10).*

BLANCHE-BENVENISTE C. (2005). Les aspects dynamiques de la composition sémantique de l'oral. *Sémantique et corpus.* A. Condamines (dir.), Londres, Hermes, 40-73.

BLANCHE-BENVENISTE C., JEANJEAN C. (1987). *Le français parlé, transcription et édition.* Paris, Didier Erudition.

BLANCHE-BENVENISTE C. (1997). *Approches de la langue parlée en français*. Paris, Ophrys.

BLANCHE-BENVENISTE C. (2000). Transcription de l'oral et morphologie. *Romania Una et diversa, Philologische Studien für Theodor Berchem* (Gille M. et Kiesler R. Eds). Tübingen : Gunter Narr, 61-74.

CONSTANT M., TELLIER I. (2012) Evaluating the impact of external lexical ressources unto a crf-based multiword segmenter and part-of-speech tagger. In Proceedings of *LREC 2012.*

CRABBE B, CANDITO M (2008). Expériences d'analyse syntaxique du français. Actes de *Traitement Automatique des Langues Naturelles (TALN 2008*), Avignon.

DISTER A. (2007). *De la transcription à l'étiquetage morphosyntaxique. Le cas de la banque de données textuelle orale VALIBEL*. Thèse de Doctorat, Université de Louvain.

ESHKOL I., TELLIER I, TAALAB S., BILLOT S., (2010). Étiqueter un corpus oral par apprentissage automatique à l'aide de connaissances linguistiques. Actes de *10es Journées Internationales d'analyse statistique des données textuelles (JADT 2010).*

ESHKOL-TARAVELLA I., BAUDE O., MAUREL D., HRIBA L., DUGUA C., TELLIER I., (2012) Un grand corpus oral « disponible » : le corpus d'Orléans 1968-2012. Dans *Ressources linguistiques libres*, *TAL* 52, n° 3, 17-46.

HENRY S. (2005). Quelles répétitions à l'oral ? Esquisse d'une typologie, G. Williams (Éd.), *La Linguistique de corpus*, Rennes, Presses universitaires de Rennes, 81-92.

LAVERGNE T, CAPPE O, ET YVON F. (2010). Practical very large scale CRFs. In Proceedings of *ACL'2010*, 504–513.

LAFFERTY J, MCCALLUM A, ET PEREIRA F. (2001). Conditional random fields: Probabilistic models for segmenting and labeling sequence data. In Proceedings of *ICML 2001*, 282–289.

SAGOT B. (2010). The Lefff, a freely available, accurate and large-coverage lexicon for French. In Proceedings of *7th International Conference on Language Resources and Evaluation (LREC'10).*

SHA F, PEREIRA P. (2003). Shallow parsing with conditional random fields. In Proceedings of HLT-NAACL, 213–220.

TELLIER I., DUCHIER D., ESHKOL I., COURMET A., MARTINET M. (2012), Apprentissage automatique d'un chunker pour le français, Actes de *Traitement Automatique des Langues Naturelles (TALN 2012*).

TELLIER I., ESHKOL I., TAALAB S., PROST J-P. (2010). POS-tagging for Oral Texts with CRF and Category Decomposition. *Research in Computer Science,* special issue *: Natural Language Processing and its Applications*, 79-90.

VALLI A., VERONIS J. (1999). Etiquetage grammatical des corpus de parole : problèmes et perspectives. L'oral spontané. *Revue Française de Linguistique Appliquée* IV-2, 113-133.

# Normalisation de textes par analogie: le cas des mots inconnus

Marion Baranes[1,2] Benoît Sagot[2]
(1) viavoo, 92100 Boulogne Billancourt
(2) Alpage, INRIA & Université Paris-Diderot, 75013 Paris
{prenom.nom}@inria.fr

**Résumé.** Dans cet article, nous proposons et évaluons un système permettant d'améliorer la qualité d'un texte bruité notamment par des erreurs orthographiques. Ce système a vocation à être intégré à une architecture complète d'extraction d'information, et a pour objectif d'améliorer les résultats d'une telle tâche. Pour chaque mot qui est inconnu d'un lexique de référence et qui n'est ni une entité nommée ni une création lexicale, notre système cherche à proposer une ou plusieurs normalisations possibles (une normalisation valide étant un mot connu dont le lemme est le même que celui de la forme orthographiquement correcte). Pour ce faire, ce système utilise des techniques de correction automatique lexicale par règle qui reposent sur un système d'induction de règles par analogie.

**Abstract.** Analogy-based Text Normalization : the case of unknowns words. In this paper, we describe and evaluate a system for improving the quality of noisy texts containing non-word errors. It is meant to be integrated into a full information extraction architecture, and aims at improving its results. For each word unknown to a reference lexicon which is neither a named entity nor a neologism, our system suggests one or several normalization candidates (any known word which has the same lemma as the spell-corrected form is a valid candidate). For this purpose, we use an analogy-based approach for acquiring normalisation rules and use them in the same way as lexical spelling correction rules.

**Mots-clés :** normalisation textuelle, correction orthographique, analogie.

**Keywords:** Text normalization, Spell checking, Analogy.

## 1 Introduction

La qualité orthographique d'un texte peut avoir de nombreux impacts sur les analyses faites en traitement automatique de la langue. Les outils pour le français par exemple sont très souvent conçus pour traiter du français standard. La qualité de leurs analyses et leurs résultats se retrouvent par conséquent assez dégradés dès qu'il s'agit de traiter des textes plus bruités. Le système présenté ici tend à améliorer la qualité d'un texte donné pour une tâche d'extraction d'informations. L'outil effectuant cette tâche réalise ses analyses en s'appuyant sur des séquences de mots représentés par leurs lemmes. Notre objectif est d'améliorer la qualité des textes qu'il traite avant leur passage dans l'outil en les normalisant.

La normalisation est une tâche qui a pour but de proposer, pour chaque mot considéré comme « fautif », sa forme normativement correcte ou une forme qui lui est flexionnellement liée. Nous considérons qu'une forme est « fautive » si son orthographe peut gêner une analyse ultérieure. Notre travail se concentre sur la normalisation des fautes lexicales, qui correspondent à des mots inconnus de notre lexique de référence, ici, le L*efff* (Sagot, 2010), en laissant de côté pour l'instant les fautes grammaticales non flexionnelles, où un mot est remplacé par un autre mot connu du lexique et de lemme différent (ex : *sont/font* ou *et/est*). Enfin, nous voulons normaliser un texte et non le corriger, traiter les fautes grammaticales flexionnelles (fautes d'accord ou de flexion) n'est donc pas pertinent. Bien que la majorité des formes que nous considérons ici comme fautives correspondent à des fautes lexicales, il peut aussi s'agir d'une forme réduite volontairement (cf. *changemt* pour *changement*). De manière générale, si nous voulons normaliser une forme « fautive », deux possibilités s'offrent à nous. Nous pouvons soit tenter de la normaliser comme le ferait un outil de correction automatique, en proposant sa forme normativement correcte (ex : *téléphonnez* $\rightarrow$ *téléphonez*), soit la remplacer par une forme qui partage le même lemme que sa forme attendue (ex : *téléphonnez* $\rightarrow$ *téléphoner* ou *téléphoniez*). Ce dernier rattachement ne provoquera aucun bruit puisque nous cherchons ici à améliorer un texte pour qu'il puisse être analysé par une tâche ultérieure qui, comme indiqué plus haut, s'appuie non pas sur les tokens mais sur les lemmes.

Notre objectif est donc de transformer un texte bruité en remplaçant les mots « fautifs » qu'il contient par leur correction idéale ou par une forme fléchie du lemme qui était attendu. Pour ce faire, nous faisons le postulat qu'en utilisant des techniques de correction automatique nous obtiendrons un bon système de normalisation. Notre système, inspiré des systèmes par analogie, fonctionne ainsi à l'aide de règles de correction apprises et pondérées automatiquement. Naturellement, une tokenisation préalable est nécessaire. De plus, certains mots « fautifs » ne pourront pas être corrigés par analogie, et ne sont parfois pas véritablement fautifs (les abréviations, par exemple). Nous appliquons donc un certain nombre de traitements préalables avant de mettre en œuvre notre système de normalisation par analogie proprement dit.

Comme ce système est inspiré des systèmes de correction automatique lexicale et des systèmes utilisant l'analogie, nous commencerons par dresser un état de l'art de ces notions à la section 2. Puis, nous détaillerons le système présenté et les différents modules qui le composent à la section 3, y compris les traitements préalables à son application. Enfin, nous évaluons notre système à la section 4.

# 2 État de l'art

Le système de normalisation présenté ici s'inspire de techniques de correction automatique et plus particulièrement de la correction des fautes lexicales. Les travaux sur la correction lexicale ont débutés dans les années 1960 (Blair, 1960; Damerau, 1964). Au fil du temps et des avancées technologiques, ces travaux ont beaucoup évolué (Kukich, 1992; Mitton, 1996, 2010). L'état de l'art proposé ci-dessous, n'a donc pas pour objectif d'être exaustif mais plutôt de donner un aperçu des techniques utilisées. Les premiers systèmes proposés se limitaient au mot à corriger sans prendre en compte leurs mots avoisinants. Ils fonctionnaient principalement à base de règles typographiques et de distance d'édition (Damerau, 1964; Kernighan *et al.*, 1990) ou avec un système de vérification dans le lexique plus tolérant (Oflazer, 1996). Puis, le contexte a commencé à être pris en compte. Pour ce faire, certains travaux se sont appuyés sur des modèles de langue $n$-grammes de mots (Brill et Moore, 2000; Carlson et Fette, 2007; Park et Levy, 2011), phonétiques (Toutanova et Moore, 2002), ou encore sur des modèles de langue $n$-grammes qui combinaient ses deux caractéristiques (Boyd, 2009). Ces $n$-grammes étant, par la suite, souvent associés à d'autres paramètres tels que la catégorie grammaticale, la transcription phonétique ou encore la longueur du mot à corriger. Des études différentes ont préféré s'appuyer sur des mesures distributionnelles. C'est par exemple le cas de Suignard et Kerroua (2013), qui se sont appuyés sur les travaux de Li *et al.* (2006). Enfin d'autres approches, comme celle proposée par Yvon (2011) s'appuient plutôt sur des modèles probabilistes.

Le choix des techniques utilisées est souvent guidé par l'objectif visé par le correcteur. Un correcteur qui cherche à corriger des fautes grammaticales en plus des fautes lexicales (comme ceux proposés par Carlson et Fette (2007) et Yvon (2011)) devra automatiquement être plus robuste, la détection d'erreurs étant plus complexe à réaliser et la génération de candidats de correction plus risquée. Par ailleurs, si le correcteur en question doit traiter des textes plus dégradés (SMS, forum, blogs, etc.), les approches varieront aussi. On pourra, dans ce cas, ajouter des lexiques plus spécifiques au type de fautes à traiter (Guimier de Neef *et al.*, 2007; Seddah *et al.*, 2012), prendre en compte la phonétique des mots en phonétisant le texte à traiter (Kobus *et al.*, 2008), utiliser un système de classification (Han et Baldwin, 2011) ou encore procéder à un apprentissage par alignement (Beaufort *et al.*, 2010).

Dans ce travail, nous voulons corriger des mots sans prendre en compte le contexte dans lequel ils apparaissent. C'est pour cette raison que nous nous sommes intéressés aux systèmes par règles. Ces systèmes reposent souvent sur la notion de distance d'édition introduite par Damerau (1964) puis Levenshtein (1966). Cette notion met en oeuvre quatre types de règles (l'insertion et la suppression d'une lettre, la substitution d'une lettre par une autre, l'inversion de deux lettres consécutives). L'idée est de s'appuyer sur ces opérations, que l'on peut donc considérer comme des règles de correction, pour passer d'un mot mal orthographié à sa forme attendue. Cette méthode a été reprise et améliorée par de nombreux travaux. Des règles spécifiques aux fautes de proximité clavier sont proposées (Sagot et Boullier, 2008). Des connaissances linguistiques ont également été intégrées. Par exemple, Véronis (1988) et Sagot et Boullier (2008) traitent les fautes dites phonétiques (ex : remplacement de $o$ par $eau$). Le contexte dans lequel s'applique la règle peut être pris en compte (Kernighan *et al.*, 1990). Par ailleurs, la pondération de ces règles ne se fait plus systématiquement en fonction du nombre d'opérations effectuées sur le mot. Le choix du poids d'une correction se fait, manuellement ou non, en fonction de l'opération effectuée et des lettres concernées par cette opération (Véronis, 1988; Mitton, 1996; Sagot et Boullier, 2008).

Ces règles s'appuient majoritairement soit sur des règles simples que l'on tente d'appliquer sur toutes les lettres d'un mot inconnu, soit sur des règles plus spécifiques (proximité clavier, phonétique) souvent listées manuellement. Notre objectif est d'acquérir automatiquement ces règles et de les pondérer en fonction de la fréquence de la faute correspondante. Pour cela, nous nous inspirons de techniques d'apprentissage par analogie pour induire des règles de correction.

L'analogie a déjà été employée pour plusieurs tâches relevant du traitement automatique des langues. Elle peut ainsi être utilisée pour des tâches de traduction automatique (Lepage et Denoual, 2005) ou de recherche d'informations (Moreau *et al.*, 2007), pour regrouper les mots d'un lexique en famille morphologique (Hathout, 2010) ou encore pour l'analyse morphologique (Stroppa et Yvon, 2005; Lavallée et Langlais, 2011). Cette notion permet d'établir un rapport de proportionnalité entre des unités linguistiques. Formellement, elle peut être représentée ainsi : « $a : b :: c : d$ », ce qui signifie « $a$ est à $b$ ce que $c$ est à $d$ ». Le couple $a, b$ entretient ainsi une relation d'analogie avec $c, d$. En morphologie, par exemple, on pourra construire des analogies comme « *tutoiement* : *tutoyer* :: *vouvoiement* : *vouvoyer* ». Nous ne définirons pas ici dans le détail la notion d'analogie. Le lecteur intéressé pourra se référer aux travaux de (Lepage, 1998, 2000), de (Stroppa et Yvon, 2006) ou encore de (Lavallée et Langlais, 2009). Dans ce travail, l'analogie nous permettra d'analyser et de rattacher un mot inconnu dont l'orthographe est considérée comme « fautive » à son orthographe attendue par analogie avec des couples (forme fautive, forme corrigée) connues.

# 3 Système proposé

Les formes que nous pourrions considérer comme « fautives » sont nombreuses et de types très distincts. Toutefois, les prétraitements effectués au préalable de ce module nous permettront d'écarter à terme les fautes spécifiques aux corpus de type SMS ou les formes trop éloignées de leurs orthographes normativement correctes (ex : *tjs* ou *pk*). Ainsi la majorité des fautes restantes seront souvent dues à des fautes de proximité clavier (ex : *znalise*), de duplication de lettres (ex : *anallyse*), phonétiques (ex : *analize*) ou encore provenant d'un mécanisme de réduction volontaire de mot (ex : *pvoir*). Ces fautes semblent donc pouvoir être rapprochées d'autres fautes possibles résultant de mécanismes similaires. Nous faisons l'hypothèse, dans cet article, que la majorité de ces fautes résultent au plus d'une erreur lourde, comme montré par Damerau (1964), éventuellement associée à des fautes « légères d'accentuation, et que ces différents types de fautes peuvent être corrigées par des règles apprises automatiquement par analogie formelle. Par exemple, si nous avons déjà vu au préalable et extrait par généralisation appropriée la règle de correction permettant de passer de « *engagemt* » à « *engagement* » nous devrions être capable de prédire l'orthographe correcte de « *changemt* » (cf Figure 1).

| | forme fautive | | forme correcte | | | forme fautive | | forme correcte |
|---|---|---|---|---|---|---|---|---|
| :: | engagemt | : | engagement | → | :: | engagemt | : | engagement |
| | changemt | : | ? | | | changemt | : | changement |

FIGURE 1 – Correction du mot *changemt* par analogie

Le système proposé dans cet article utilise donc des techniques de correction par règles afin de normaliser les textes que nous souhaitons traiter. Avant de nous intéresser plus particulièrement au fonctionnement de ce dernier, nous décrirons rapidement, à la section 3.1, les traitements mis en oeuvre au préalable de notre module. Puis nous détaillerons, dans les sections 3.2, 3.3 et 3.4, l'apprentissage de nos différentes règles de correction pondérées, leur combinaison les unes avec les autres et l'application de ces dernières sur les mots considérés comme « fautifs » par notre système. L'objectif étant de proposer des candidats de correction pondérés aux formes inconnues du L*efff* que nous considérons comme potentiellement « fautives ».

## 3.1 Traitements préalables

Avant d'appliquer notre module de normalisation, nous effectuons plusieurs traitements tels que la tokenisation de notre texte, la détection de motifs particuliers ou encore la correction de formes spécifiques à certains types de corpus (« *tkt* » qui signifie « *ne t'inquiète pas* » par exemple). Nous réalisons ces traitements à l'aide de la chaîne SxPipe (Sagot et Boullier, 2008). Plus précisément, nous sommes partis de sa version utilisée dans le cadre du projet EDyLex (Sagot *et al.*, 2013), qui cherche à pallier certains problèmes que pose l'incomplétude lexicale et qui a notamment pour but de détecter les néologismes. Nous y avons ajouté des modules de détection de certains phénomènes non encore traités, afin de ne pas modifier des formes qui n'auraient pas de raisons de l'être. C'est par exemple le cas des autocensures (ex : *m*#%@*, *p***n*), des onomatopées (ex : *hahaha*), des interjections (ex : *hum*), des étirements (ex : *nooooon*) ou des décompositions (ex : *dé-plo-rable*). Enfin, nous avons ajouté des modules de correction/normalisation déterministe pour traiter certaines fautes fréquentes qu'une approche reposant sur des règles induites par analogie ne pourra pas traiter. Nous utilisons pour cela un lexique de corrections [1] et une courte liste d'autres formes non standard [2], notamment des abréviations (ex : *ds* ou

1. Ce lexique peut-être mis en place et complété manuellement mais nous n'utilisons actuellement que les 924 fautes courantes figurant dans la liste de correction automatique de la wikipédia (cf : `http://fr.wikipedia.org/wiki/Wikip\%C3\%A9dia:Liste_de_fautes_d\%27orthographe_courantes`)

2. L'orthographe de ces mots étant souvent voulue, nous préférons parler de formes non standard plutôt que de fautes.

*cad*) ou des réductions propres au langage SMS (ex : *slt* ou *tkt*). Suite à ces traitements préalables, tous les mots encore inconnus de nos lexiques sont considérés comme des mots à normaliser.

Dans un premier temps, nous montrerons comment nous avons extrait automatiquement nos règles de correction, puis nous expliquerons comment nous combinons ces règles entre elles. Enfin, nous verrons comment pondérer les candidats de correction/normalisation proposés par notre système afin de ne conserver que le ou les candidats les plus probables.

## 3.2 Apprentissage des règles de correction

L'apprentissage de nos règles de correction s'appuie sur un corpus de fautes lexicales annotées, le corpus WiCoPaCo (Max et Wisniewski, 2010) sur lequel nous reviendrons à la section 4.1. Nous verrons notamment comment nous en avons extrait un ensemble de couples de formes (forme fautive, forme bien orthographiée) correspondant à des fautes lexicales. Un tel ensemble constitue l'entrée de notre système, et nous cherchons à en extraire automatiquement des règles pondérées de correction. Comme indiqué précédemment, nous faisons l'hypothèse que chaque mot « fautif » est le résultat d'au plus une erreur « lourde ». Ainsi, pour générer nos règles de correction, il nous suffit d'extraire automatiquement de chaque couple de forme : le contexte gauche complet précédant la faute, la faute et sa correction, le contexte droit complet suivant la faute. Les contextes gauche et droit complets étant identiques dans la forme fautive et dans la forme bien orthographiée, il est simple d'extraire les séquences de lettres constituants une faute et représentant la correction de cette faute. Pour le couple *souevnt*::*souvent* par exemple, l'alignement se fera comme suit :

sou | ev | nt
↕ ↕ ↕
sou | ve | nt

Nous apprendrons ainsi les informations suivantes. :
- la *zone fautive* et sa contrepartie corrigée, c'est-à-dire les deux chaînes de caractères à substituer pour passer d'une forme à une autre : « *ev* → *ve* » ;
- le contexte dans lequel s'applique cette substitution : « *sou_nt* ».

Si nous conservons ces informations en l'état nous obtiendrons des règles trop spécifiques (de type : *{sou}{ev→ve}{nt}*) qui s'appliqueraient à trop peu de fautes. Afin d'éviter les cas de sous-correction et de sur-correction, nous avons construit deux jeux de règles en généralisant de deux façons différentes les règles individuelles directement extraites des fautes, ou *règles de base*. Pour définir ces deux jeux de règles, nous avons besoin de définir quelques termes. Étant donnée une zone fautive, nous appellerons dans la suite *contexte de niveau 1* le contexte formé des deux lettres encadrant immédiatement cette zone (la lettre à sa gauche et celle à sa droite). Nous appellerons *contexte de niveau 2* les deux lettres situées à une distance de 2 de la faute, c'est-à-dire les deux lettres encadrant immédiatement le contexte de niveau 1. Dès lors qu'un contexte va au-delà des limites du mot, nous utilisons la pseudo-lettre #.

*Règles spécifiques* Le premier jeu de règles est produit par généralisation limitée à partir des règles de base. Elles ne conservent que le type (consonne (C), voyelle (V) ou #) des lettres de contexte de niveau 2 mais laisse inchangé le contexte de niveau 1. Ainsi, si l'on rencontre la paire *souevnt*::*souvent* lors de l'apprentissage, la règle spécifique qui sera extraite est : *{Vu}{ev→ve}{nC}*.

Lorsqu'une nouvelle règle spécifique ne diffère d'une autre que par son contexte de niveau 1, nous les fusionnons : leurs contextes droits et gauches sont unifiés. Ceci constitue une généralisation par rapport aux deux règles prises isolément. Par exemple, si la faute suivante à traiter est *pievrt*::*pivert*, on obtient la règle de base *{Vi}{ev→ve}{rC}* : la règle de substitution extraite et le contexte de niveau 2 sont identiques à la règle précédente. Seul le contexte droit de niveau 1 diffère. Nous fusionnons alors les contextes de niveau 1 par disjonction, la règle obtenue étant alors notée : *{V[iu]}{ev→ve}{[nr]C}*. Cette fusion constitue une généralisation puisque cette règle couvre alors également les règles de base *{Vu}{ev→ve}{rC}* et *{Vi}{ev→ve}{nC}*, pourtant non attestées. En revanche, dès lors que le contexte de niveau 2 ne correspond pas, nous créerons une nouvelle règle. Ainsi, la faute *réserev*::*réserve* induira l'ajout d'une nouvelle règle à notre jeu de règle : *{Vr}{ev→ve}{##}*.

*Règles larges* Le second jeu de règles est produit par généralisation plus forte des règles de base : le contexte de niveau 2 est effacé, et seul le type des lettres du contexte de niveau est conservé. Pour la faute *souevnt*::*souvent*, la règle large induite sera donc : *{V}{ev→ve}{C}*.

Nous avons également appliqué certaines généralisations à ces deux jeux de règles, au niveau de la règle de substitution elle-même. Tout d'abord, nous avons généralisé les erreurs de duplication d'une lettre (ex : « *fautte* ») et de suppression d'une lettre doublée (ex : « *ereur* »), en les représentant comme suit :

*fautte*::*faute* : *{Vt}{+_→_}{e#}*
*ereur*::*erreur* : *{Vr}{_→+_}{eV}*

Si le symbole « + » est à droite du tiret bas, alors on duplique le contexte droit de niveau 1, s'il est à gauche, on duplique le contexte gauche de niveau 1. Selon que le « + » est à gauche ou à droite de la flèche, on couvre ainsi respectivement les cas de duplication manquante et de duplication erronnée. Nous avons par ailleurs généralisé les fautes d'accents et de cédille. Pour ce faire, nous représentons une lettre accentuée par la combinaison de deux caracères : l'accent en question suivi de la lettre concernée. Ainsi, nous noterons le mot « *arrêt* » comme ceci : « *ˆe* » et, pour la faute « arret », nous obtiendrons la règle suivante : *{Cr}{_→ˆ}{eC}*, qui couvre le rajout d'un accent circonflexe sur toute voyelle, pour peu que les contextes correspondent.

Ainsi, pour construire ces deux jeux de règles, nous parcourons chaque couple (forme mal orthographiée, forme corrigée) du corpus annoté et nous extrayons les règles spécifiques et larges comme décrit ci-dessus. Toutes ces règles sont pondérées comme suit. À chaque fois qu'une règle est extraite ou modifiée par un couple, son nombre d'« occurrences » est incrémenté de 1. Nous prenons alors le logarithme de ce nombre d'occurrences, puis nous le normalisons par transformation affine entre 0 (règle de nombres d'occurrence minimal) à 1 (règle de nombres d'occurence maximal). Le résultat constitue le poids de la règle. La table 1 illustre quelques exemples de règles de correction apprises par notre système.

| TYPE DE LA RÈGLE | RÈGLE | POIDS | EXEMPLE DE FAUTES CONCERNÉES |
|---|---|---|---|
| *Spécifique* | {V[pfnlmctbsredg]}{_ → +_}{[aieuonyr]C} | 0,970 | **aten**dre → **atten**dre |
| | {V[rmltdvcsnpyxg]}{a → e}{[nmilu]C} | 0,660 | **ralant**ir → **ralent**ir |
| *Large* | {C}{io → oi}{C} | 0,298 | **tiol**e → **toil**e |
| | {[CV#]}{´ → ` }{V} | 0,738 | é**lé**ve → é**lè**ve |

TABLE 1 – Exemples de règles de correction extraites

## 3.3 Génération de règles de correction génériques

Afin de pallier l'absence possible de règles de correction propre aux fautes typographiques nous avons généré un nouveau jeu de règle de correction. Par fautes typographiques nous entendons ici les fautes telles que l'ajout et la suppression d'une lettre (ex : *boneur*, *bonheure*), la substitution d'une lettre par une autre (ex : *bomheur*) et l'inversion de deux lettres ensemble (ex : *bohneur*). Ces quatre opérations sont à la base de la notion de distance d'édition (Damerau, 1964). Nous avons donc ajouter une seconde passe de correction, qui cherche tous les mots du L*efff* qui sont à une distance d'édition de 1 du mot « fautif ». Nous dénoterons ce module par le terme de *correction générique*.

Cette méthode, plus risquée que la précédente, est suceptible de provoquer du bruit dans nos résultats. C'est pourquoi la correction générique ne corrigera que les mots « fautifs » que notre système par règles n'aura pas traité. Chaque candidat proposé par le module de correction générique est pondéré par le logarithme de sa fréquence dans la Wikipedia française. Il est ensuite normalisé de façon affine de telle sorte qu'un mot inconnu de la Wikipédia, qui sera considéré comme y étant attesté 0,1 fois, obtienne un poids de 0 et que le mot le plus fréquent de la Wikipedia ait un poids de 1. Ainsi les mots les plus fréquents de la langue auront plus de chance d'être choisis comme candidat de correction lors de l'évaluation, dès lors que l'on prendra la fréquence en compte.

## 3.4 Génération et sélection des candidats de correction

Notre système vise à proposer les candidats de correction les plus probables pour une faute donnée, en espérant obtenir une ou plusieurs normalisations valides. Pour ce faire nous nous appuyons sur nos deux premiers ensembles de règles (spécifiques et larges). Chaque règle qui peut s'appliquer sur le mot « fautif » permet de générer un candidat de correction/normalisation, qui n'est retenu que s'il est présent dans notre lexique de référence, le L*efff*. En l'absence de candidat, nous autorisions chaque règle à être complétée par des changements d'accentuation. Pour cela, nous vérifions pour chaque candidat obtenu par l'application d'une règle si sa contrepartie non accentuée est présente dans une version préalablement désaccentuée du L*efff*. Si c'est le cas, nous considérons toutes les versions accentuées correspondantes comme des corrections possibles. Pour le mot *elevve* par exemple, nous proposerons *élevé* ou *élève*[3]. Dans le cas où nous n'avons toujours pas de candidat, nous tentons d'en produire à l'aide de nos règles de correction génériques.

3. Le nombre de fautes d'accentuation autorisé est le nombre minimum qu'il faut effectuer pour obtenir un candidat. Par exemple, pour le mot *elevvé*, seul *élevé* sera proposé car *élève* supposcrait 3 modifications d'accentuation, alors qu'*élevé* n'en implique qu'une seule.

Nos deux premiers jeux de règles proposent chacuns des candidats de correction accompagnés de leurs scores de correction (cf. table 2)[4] pour un mot « fautif ». Les règles spécifiques proposeront automatiquement moins de candidats que les règles larges[5]. Par ailleurs, les scores proposés par ces deux jeux pour une même correction ne seront jamais identiques. Il faut donc pouvoir prendre en compte leur deux analyses afin d'attribuer à chaque candidat de correction un score global.

| FAUTE | CANDIDATS PROPOSÉS | POIDS DES RÈGLES SPÉCIFIQUES | POIDS DES RÈGLES LARGES |
|---|---|---|---|
| *onférence* | conférence | 0.459 | 0.754 |
| | inférence | 0.236 | 0.543 |
| *fitrage* | titrage | _ | 0.188 |
| | filtrage | _ | 0.781 |
| | vitrage | 0.001 | 0.094 |
| *arquéologues* | archéologues | 0.101 | 0.149 |
| *innacompli* | inaccompli | 0.351 | 0.094 |

TABLE 2 – Exemples de candidats (cas de base : sans changement d'accent, règles génériques non déclenchées)

Nous avons par ailleurs constaté que certaines propositions de correction correspondent à des mots assez rares dans la langue et sont, malgré tout, trop bien pondérés. Pour pallier cela, nous prenons en compte la fréquence de chaque candidat de correction dans la langue. Pour ce faire nous avons extrait un score de fréquence compris entre 0 et 1 de la même façon que pour la correction générique (cf. plus haut). Ainsi, pour évaluer, scorer et trier chaque candidat de correction $c$ du mot d'origine $w$, nous prenons en compte trois paramètres :

1. le score $S_s(c, w)$ égal au poids de la règle spécifique qui permet de passer de $w$ à $c$, s'il y en a une,
2. le score $S_l(c, w)$ égal au poids de la règle large qui permet de passer de $w$ à $c$,
3. la score de fréquence $F(c)$ de la correction/normalisation proposée $c$.

Le score global d'un candidat sera ensuite calculé par combinaison linéaire de ces trois scores. Soit $\lambda_s$ le coefficient assigné au score de la correction spécifique et $\lambda_l$ celui assigné au score de la correction large. Nous définissons le score global d'une correction par $S_{\lambda_s,\lambda_l}(c, w) = \lambda_s S_s(c, w) + \lambda_l S_l(c, w) + (1 - \lambda_s - \lambda_l)F(c)$, où $\lambda_s$ et $\lambda_l$ sont compris entre 0 et 1. C'est à partir de ce score que nous définissons le meilleur ou les $n$ meilleurs candidats pour une faute donnée. Naturellement, ce score dépend des valeurs choisies pour $\lambda_s$ et $\lambda_l$. Nous avons donc fait varier ces deux paramètres lors de l'évaluation du scorage et donc du choix des candidats parmi l'ensemble des candidats proposés pour chaque faute. Au préalable, nous avons évalué la pertinence des candidats eux-mêmes.

# 4 Évaluation

## 4.1 Données d'entraînement et de test

Afin d'évaluer notre système, nous avons utilisé le corpus d'erreurs WiCoPaCo (Max et Wisniewski, 2010). Ce corpus, créé à partir des révisions des pages de la Wikipédia francophone, est composé de 72 483 erreurs lexicales et de 74 100 erreurs grammaticales qui ont été annotées comme telles dans le corpus par leurs auteurs au moyen d'un processus automatique. Chacune des fautes est associée à sa correction, effectuée par un contributeur de la Wikipédia. Puisque dans ce travail nous nous intéressons uniquement aux fautes lexicales, nous n'avons utilisé que les fautes lexicales, c'est-à-dire les fautes annotées « *non_word_error* ». Par ailleurs, nous ne voulons pas que la fréquence d'un mot puisse biaiser la pondération des règles qui en seront extraites. Nous n'avons donc conservé qu'une seule occurrence de chaque faute annotée (soit un total de 36 344 fautes). Nous avons utilisé 60% de ces dernières, soit 21 581 fautes, comme données d'entraînement pour l'apprentissage de nos deux jeux de règles[6]. Nous avons obtenu de la sorte un jeu de 4 795 règles

4. Si le candidat de correction résulte d'une correction par règle associé à une faute d'accentuation, son score de correction sera celui de la correction par règle. La faute d'accentuation ne modifie donc pas le poids de correction d'une règle.

5. Toute correction proposée par les règles spécifiques le sera par les règles larges. L'inverse n'est pas vrai.

6. Suite à plusieurs tests, nous avons constaté que prendre un corpus plus grand (90% de l'ensemble des fautes lexicales, par exemple) n'améliorait pas nos résultats de manière significative. Nous avons par ailleurs l'intention d'étendre nos tests en travaillant sur un autre corpus d'erreurs non décrit ici, en cours de développement, d'environ 20 000 fautes. Afin que nos expériences puissent être comparables, il est préférable que ces deux corpus fassent la même taille, c'est pourquoi nous n'avons conservé que 60% des fautes lexicales de WiCoPaCo pour l'apprentissage.

spécifiques et un jeu de 3 073 règles larges. Par ailleurs, environ 7,5% des fautes lexicales de WiCoPaCo (soit 2 731 fautes), sans recouvrement avec les données d'entraînement, ont été conservées pour constituer notre corpus de test.

Comme indiqué plus haut, notre système s'insère dans une chaîne complète de normalisation textuelle. Cette chaîne a notamment pour tâche, préalablement à l'application de notre système de correction par analogie, de détecter et de préserver de toute correction ultérieure différents types de mots inconnus, tels que les créations lexicales ou les mots étrangers. Toutefois, dans la mesure où nous cherchons ici à évaluer notre système de normalisation, indépendamment du reste d'une telle chaîne, nous avons d'une part désactivé les modules de détection des emprunts et des néologismes et d'autre part vérifié qu'il n'y avait pas de créations lexicales ou de mots étrangers dans nos données d'évaluation, supposées ne contenir que des fautes lexicales et leur correction. En réalité, nous en avons trouvé quelques cas ne relevant pas de fautes lexicales, mais plutôt de substitutions d'un mot par un autre. Nous avons ainsi identifié et retiré manuellement de nos données d'évaluation 38 occurrences de créations lexicales (ex : *herbologiste*, *windobe*, *zitanoisme*) ou à des mots étrangers (ex : *poesía*, *musgos*), qui ont été remplacées dans la Wikipedia par d'autres mots. Ces cas constituaient environ 1,4% des données d'évaluation, ce retrait n'a donc pas eu d'impact significatif sur nos résultats. Par ailleurs, 137 « fautes » ont été écartées parce qu'elles appartenaient déjà à notre lexique de référence, le L*efff*, et ne constituaient pas à ce titre des candidats à la correction pour notre système (ex : *téléscope*, *soeur*). Suite à ces retraits, nos données de test contiennent 2 556 fautes lexicales pour lesquelles nous disposons d'une correction spécifiée par les contributeurs de la Wikipédia.

## 4.2 Résultats obtenus

Bien que nous ayons développé des techniques de correction automatique dans notre système, rappelons que notre objectif reste la normalisation textuelle. Nous avons donc évalué notre système aussi bien sur ses résultats en correction automatique qu'en normalisation. Ces deux évaluations se distinguent par leur manière de valider un candidat pour un mot « fautif » donné. En normalisation, on attendra de notre système qu'il nous propose n'importe quelle forme fléchie du lemme « correct ». En correction automatique, on n'acceptera que la forme normativement correcte du mot mal orthographié. Il se peut que, parmi les normalisations proposées pour une faute donnée, plusieurs soient valides alors qu'aucune ne corresponde pour autant à la bonne correction [7].

Nous avons évalué nos résultats en deux temps : (i) Nous nous sommes tout d'abord intéressés à la qualité des candidats proposés par notre système ; (ii) Puis nous nous sommes concentrés sur la pertinence de notre système de scorage. Pour la suite de cette évaluation, nous avons utilisé les notions habituelles de précision, rappel et f-mesure. Si l'on ne prend en compte qu'un seul candidat par faute, la précision $P$ correspond au rapport entre le nombre de mots bien corrigés (resp. normalisés) et le nombre de mots pour lesquels nous avons proposé au moins un candidat de correction. Le rappel $R$ sera calculé comme le rapport entre le nombre de mots bien corrigés (resp. normalisés) et le nombre de mots donnés en entrée. Si l'on cherche à prendre en compte plusieurs candidats, on considérera qu'un mot est bien corrigé/normalisé dès lors qu'une bonne correction/normalisation se trouve parmi lesdits candidats. La f-mesure $F$, quant à elle, sera calculée comme habituellement : $F = 2PR/(P + R)$.

### 4.2.1 Génération des candidats

Cette première évaluation, effectuée grâce aux données d'évaluation décrites ci-dessus, ne s'appuie sur aucun des scores proposés par notre système. Son but est principalement d'évaluer la qualité des candidats de correction/normalisation proposées par ce dernier. Elle permet de vérifier dans quelle mesure ces candidats ne contiennent pas trop de bruit, tout en proposant une correction/normalisation valide parmi les candidats proposés pour un mot « fautif » donné.

**Nombre de candidats** Nous avons commencé par vérifier que notre système ne proposait pas trop de candidats, notamment au niveau du module de correction générique. Nous avons donc compté les candidats obtenus avec et sans ce dernier. Le nombre de candidats proposés par notre système reste raisonnable, même avec le module de correction générique. En effet, comme le montre la figure 2, seule une faute sur quatre se voit attribuer plus de 4 candidats. Le nombre de ces derniers décroît par ailleurs assez rapidement puisque même avec le module de correction générique, près de 45% des mots « fautifs » de notre corpus de test ne se voient attribuer qu'une seule proposition de correction.

**Couverture** Cette figure nous montre aussi l'utilité de la correction générique. En se limitant aux seuls jeux de règles, seuls 5,3% des mots ne reçoivent aucun candidat. La correction générique permet de réduire ce taux à 3,6%. Les 93 mots

7. Pour la faute *dormion* par exemple, si notre système nous propose les candidats *dormir* ou *dormons*, nous considérerons que faute a été normalisée correctement bien que la correction attendue ne figure pas parmi les candidats.

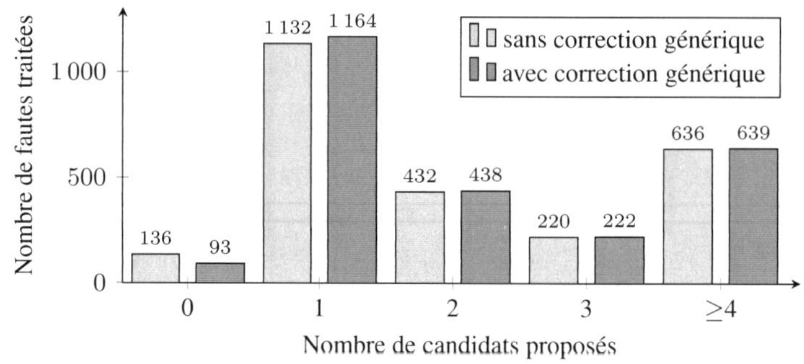


FIGURE 2 – Nombre de candidats par fautes avec et sans la correction générique

non traités ont été étudiés manuellement : 85% d'entre eux correspondent à des fautes trop complexes ou trop nombreuses (ex : *arondisemernts*, *aérdorme*) et 15% à des séquences de caractères difficilement interprétables (ex : *klàkoes*, *piwut*).

Par ailleurs, nous avons cherché à estimer la qualité des candidats proposés. Pour ce faire, étant donné un inventaire de candidats pour chaque faute, nous pouvons calculer une borne inférieure et une borne supérieure pour le système dans son ensemble. Ces bornes encadrent les performances que nous pourrons obtenir lorsque nous attribuerons des valeurs aux coefficients $\lambda_r$ et $\lambda_l$, c'est-à-dire lorsque nous évaluerons la qualité de notre système de scorage à la section 4.2.2. Ces bornes ne prennent pas en compte les scores de correction de chaque candidat, et sont définies comme suit.

**Borne supérieure pour le système complet** Afin de déterminer le score maximum que notre système pourrait obtenir étant donné les candidats proposés, nous utilisons un oracle. Pour chaque faute, dès lors qu'une bonne correction est proposée, l'oracle le choisit. À défaut, si au moins une bonne normalisation est proposée, l'une d'entre elles est choisie au hasard par l'oracle. Si aucune normalisation valable ne se trouve parmi les candidats proposées par notre système, le choix de l'oracle importera peu. Les résultats obtenus avec un tel oracle, présentés dans le tableau 3, sont nécessairement meilleurs que ceux que nous obtiendrons avec notre système de scorage.

| | Sans correction générique (éval sur 2 556 mots) | | Avec correction générique (éval sur 2 556 mots) | | Uniquement sur les fautes concernées par la correction générique (éval sur 93 mots) | |
|---|---|---|---|---|---|---|
| | correction | normalisation | correction | normalisation | correction | normalisation |
| précision | 94,1 | 95,6 | 93,7 | 95,1 | 69,8 | 69,8 |
| rappel | 89,1 | 90,4 | 90,3 | 91,6 | 22,1 | 22,1 |
| f-mesure | 91,6 | 92,9 | 92 | 93,3 | 33,5 | 33,5 |

TABLE 3 – Évaluation des candidats de correction faite par l'oracle

Nous avons calculé la précision, le rappel et la f-mesure que notre système obtient avec et sans la correction générique afin de voir l'impact de cette dernière. Cette évaluation a été faite de manière systématique pour la tâche de correction automatique (en vérifiant que le mot attendu fait partie les candidats proposés) et pour la tâche de normalisation (en vérifiant qu'au moins un des candidats appartienne au même lemme que le token attendu). Bien que l'écart entre nos scores avec et sans la correction générique ne soit pas très élevé, cette dernière nous permet de traiter plus de mots (cf. ci-dessus), sans trop faire diminuer notre précision. Dans les deux dernières colonnes du tableau 3, nous pouvons par ailleurs faire l'observation suivante : bien que le rappel de la correction générique soit très faible (pour les raisons citées en section 4.2.1), sa précision reste acceptable (70% environ). Nous l'avons donc conservée dans la suite de nos expériences.

Par ailleurs, nous constatons que les scores obtenus pour les tâches de correction et de normalisation diffèrent peu. Cela montre que notre système de correction se trompe rarement dans la flexion du mot qu'il tente de corriger, dès lors qu'il a correctement identifié le bon lemme. On note que les scores du module de correction générique sont identiques en correction et en normalisation. Cela s'explique par le fait que la correction générique, n'effectuant que des opérations non pondérées sur un caractère, a peu de chances de proposer une correction fautive qui soit une forme fléchie du bon lemme [8].

8. Supposons ainsi que l'on demande au module de correction générique de proposer un candidat pour le mot fautif *prèt*. Il pourra proposer par exemple, grâce à une unique substitution, *prêt*, *prit*, *près*. Cet exemple illustre le fait que, de façon générale, les mots les plus « proches » (au sens de la distance de Levenshtein) d'une même faute ne sont pas tous, loin de là, des formes fléchies d'un même lemme. C'est d'autant plus vrai que le module de correction générique n'est appliqué qu'aux fautes suffisamment « complexes » ou « inattendues » pour que nos règles de correction, qui s'appliquent à plus de 96% des fautes, ne puissent pas s'appliquer.

**Baseline pour le système complet** Notre système de scorage doit être plus performant qu'un système de sélection aléatoire parmi les candidats proposés. C'est pour cette raison que nous avons choisi d'évaluer notre système en le laissant sélectionner aléatoirement l'un des candidats de correction associé à chaque faute. Les scores obtenus (cf. table 4) sont assez élevés pour un système effectuant un choix aléatoire. Cela montre que les propositions de correction/normalisation faites par notre système sont dans l'ensemble assez pertinentes.

| | Sans correction générique (éval sur 2 556 mots) | | Avec correction générique (éval sur 2 556 mots) | | Uniquement sur les fautes sur lesquelles la correction générique est essayée (éval sur 93 mots) | |
|---|---|---|---|---|---|---|
| | correction | normalisation | correction | normalisation | correction | normalisation |
| précision | 58,3 | 69,4 | 58,4 | 69,2 | 60,5 | 60,5 |
| rappel | 55,2 | 65,7 | 56,2 | 66,7 | 19,1 | 19,1 |
| f-mesure | 56,7 | 67,5 | 57,3 | 67,9 | 29,1 | 29,1 |

TABLE 4 – Évaluation des candidats de correction faite de manière aléatoire

### 4.2.2 Sélection des meilleurs candidats de normalisation

La correction générique améliorant nos résultats, nous avons choisi de la conserver dans notre système. Tous les scores figurants dans la suite de cette section proviendront donc de notre système de normalisation combinant nos jeux de règles de corrections et la correction générique.

Dans un premier temps, nous avons comparé la qualité de système sur les tâches de correction et de normalisation lorsque l'on ne conserve pour chaque faute que le candidat de score maximal [9]. Nous avons ensuite évalué notre système lorsque l'on conserve les deux puis les trois meilleurs candidats, configuration qui est pertinente si l'on décide par exemple d'en ressortir à un modèle de langage ou à tout autre module ultérieur pour effectuer le choix final, ou bien si l'étape de normalisation est un préalable à un traitement capable de prendre en entrée un graphe de mots [10]. Pour l'ensemble de ces configurations, nous avons procédé à de multiples évaluations en faisant varier les poids assignés aux jeux de règles et à la fréquence, c'est à dire en faisant varier la valeur de $\lambda_r$ et de $\lambda_l$ (la fréquence étant pondérée par $1 - \lambda_r - \lambda_l$) [11].

La somme des valeurs de $\lambda_r$ et de $\lambda_l$ doit être égale ou inférieure à 1. Nous avons donc commencé par tester toutes les combinaisons possibles de ces deux coefficients en les faisant varier entre 0 et 1 avec un pas de 0,1. Toutefois, il est apparu que ces coefficients étaient trop élevés et empêchaient la prise en compte de la fréquence. En effet, même si les scores de fréquence sont normalisés entre 0 et 1 (tout comme ceux de nos jeux de règles), ces derniers restent très faibles sur la grande majorité des candidats. Nous avons donc réévalué notre système en faisant cette fois-ci varier $\lambda_r$ et $\lambda_l$ entre 0 et 0,001 avec un pas de 0,0001. Nous illustrons ces derniers résultats aux figures 3 à 8 sur la précision et la f-mesure. En théorie, les résultats de notre système peuvent varier entre les bornes inférieures et supérieures calculées à la section 4.2.1, à savoir respectivement 69,2% et 95,1% pour la précision et respectivement 67,9% et 93,3% pour la f-mesure.

Les figures 3 et 4 illustrent la précision et la f-mesure obtenues par notre système lorsque l'on ne conserve que le candidat de score maximum pour chaque faute. Plus la zone d'une figure est claire, plus la précision ou la f-mesure représentée dans cette figure sera élevée. Par ailleurs, nous avons inséré des courbes de niveau (iso-précision ou iso-f-mesure) : on peut voir par exemple sur ces deux figures que les meilleurs scores pour la précision s'élèvent à plus de 87,2 (la précision maximum atteinte est en réalité de 87,7%) et ceux concernant la f-mesure à plus de 85,7 (la f-mesure maximale atteinte est en réalité de 86,1%). Ces scores sont donc bien supérieurs aux bornes inférieures calculées précédemment. La similarité entre les figures 3 et 4 s'explique par le fait que les scores de rappel obtenus, bien que plus faibles que ceux de la précision, se répartissent de la même manière en fonction des coefficients $\lambda_r$ et $\lambda_l$. À titre indicatif, lorsque $\lambda_r$ et $\lambda_l$ varient entre 0 et 0,001, le rappel est presque partout entre 83% et 84%, avec un minimum à 81,4% (lorsque $\lambda_r = \lambda_l = 0$) et un maximum

9. Lorsque plusieurs candidats ont le même score et qu'il est maximal, l'un d'entre eux est choisi aléatoirement.

10. Des expériences conservant les cinq candidats les mieux classés ont donné des résultats très proches de ceux obtenus avec les trois meilleurs.

11. Plutôt que chercher la valeur optimale de nos trois variables de cette façon, nous aurions pu nous appuyer sur un système reposant sur la maximisation de l'entropie ou sur un perceptron et ainsi les apprendre automatiquement. Néanmoins une telle approche ne répondrait pas parfaitement à l'objectif que nous nous sommes posé ici. Nous ne voulons en effet pas classifier les corrections proposées en deux catégories mais les ordonner selon la confiance que l'on a en le fait qu'ils soient des corrections/normalisations valides de la faute à traiter. Nous avons toutefois tenté d'évaluer notre système avec des scores obtenus avec un système par maximum d'entropie. Les résultats obtenus furent néanmoins beaucoup moins bons que ceux présentés précédemment (par exemple, sur la meilleure normalisation, nous perdons près de 5.5% de précision et de F-mesure si le système prend en compte le biais, 7% sinon).

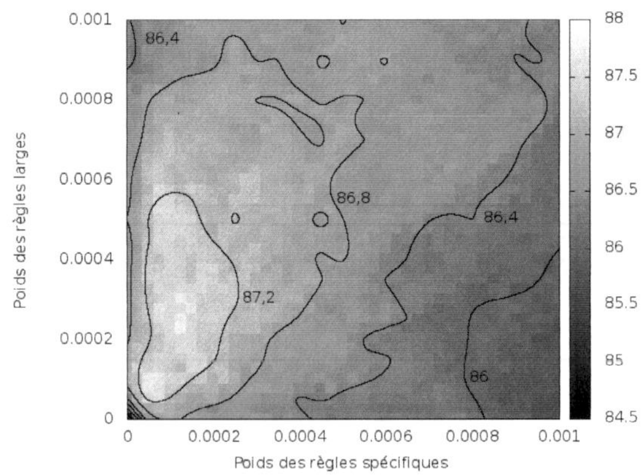


FIGURE 3 – Précision pour la meilleure normalisation

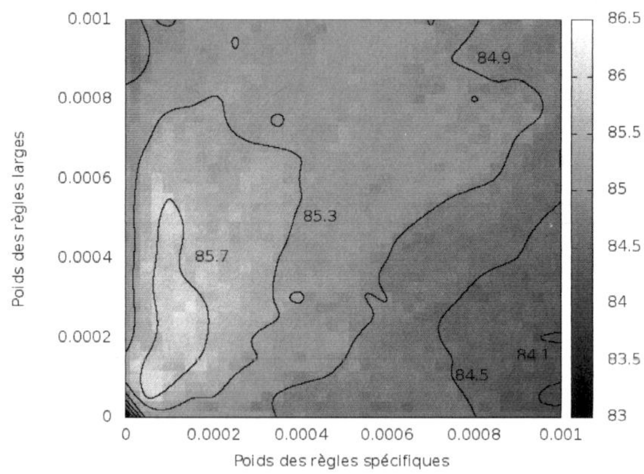


FIGURE 4 – F-mesure pour la meilleure normalisation

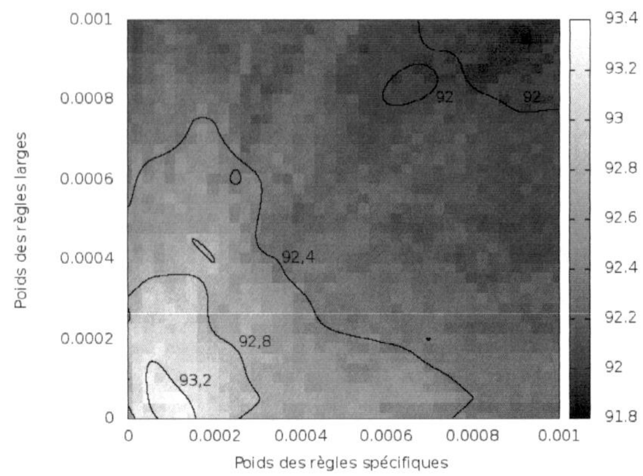


FIGURE 5 – Précision pour les 2 meilleures normalisations

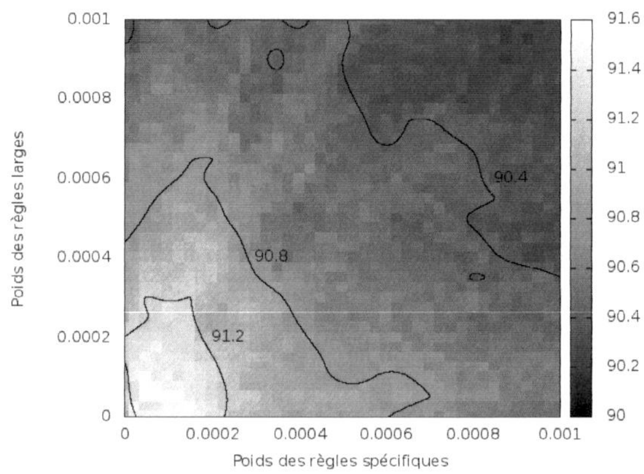


FIGURE 6 – F-mesure pour les 2 meilleures normalisations

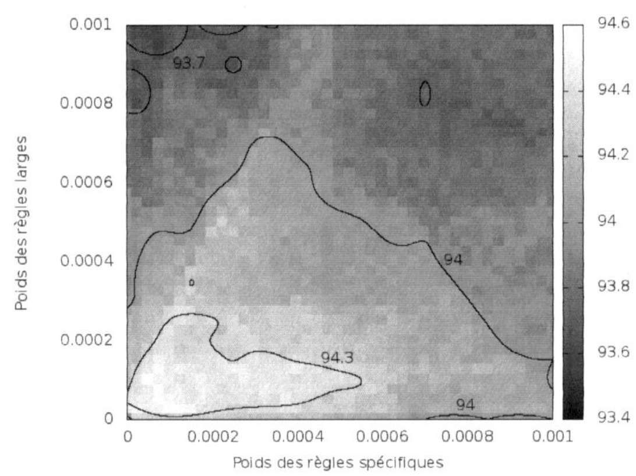


FIGURE 7 – Précision pour les 3 meilleures normalisations

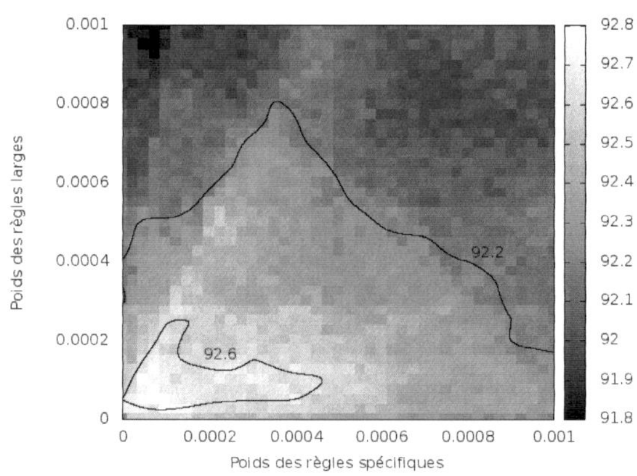


FIGURE 8 – F-mesure pour les 3 meilleures normalisations

à 84,3%. Ces deux figures démontrent clairement l'utilité des scores proposés par nos règles lorsque l'on ne garde que le meilleur candidat : si nous ne prenons que la fréquence en compte ($\lambda_r = \lambda_l = 0$), notre f-mesure est de 82,9%, soit 3,2% de moins que la f-mesure maximale). Bien que de façon moins nette, ce constat reste vrai lorsque l'on conserve les deux ou trois meilleurs candidats les mieux scorés. La f-mesure gagne ainsi 1,5% si on prend en compte les règles pour deux candidats de correction et 0,7% pour trois candidats.

Bien que le passage d'un candidat à deux nous permette d'améliorer nos scores de près de 5% absolus, le passage de deux candidats à trois est légèrement moins significatif. Cela s'explique notamment par le faible nombre de corrections proposées pour chaque mot « fautif ». Notre système n'attribue trois candidats ou plus qu'à environ 40% de notre corpus de test (cf. figure 2). Le nombre de mots « fautifs » pour lesquels nous devons sélectionner les meilleurs candidats est par conséquent automatiquement réduit. Autre conséquence de ce fait : nos scores de précision et de f-mesure se rapprochent de la borne supérieure théorique dès la prise en compte de seulement deux candidats. En effet, notre précision s'élève à plus de 93,3% (cf. figure 5) et la f-mesure à plus de 91,5% (cf. figure 6).

Ces figures montrent que nous obtenons nos meilleurs résultats lorsque l'on donne plus de poids aux règles larges qu'aux règles restreintes. En effet, bien que les règles restreintes soit plus précises et plus fiables, elles s'appliquent moins souvent. Les règles larges peuvent ainsi détecter et corriger plus de fautes. Ces deux jeux sont donc complémentaires : nous obtenons de meilleurs scores en associant les deux. Enfin, la prise en compte de la fréquence d'un mot pour sa normalisation reste primordiale. Cela est particulièrement visible dans les figures 5, 6, 7 et 8 dans lesquelles nos scores se dégradent dès lors que $\lambda_r$ ou $\lambda_l$ sont au-dessus de 0,0006 environ, et ce d'autant plus que $\lambda_r$ ou $\lambda_l$ sont élevés.

# 5 Conclusion

La présence de fautes ou de formes non standard peuvent mettre à mal l'analyse d'un texte si cette analyse n'est pas adaptée aux textes bruités. Par exemple, pour un outil d'extraction d'informations, il sera plus difficile de détecter les motifs intéressants si le texte à traiter est dégradé. Le travail présenté ici vise à participer à l'amélioration des performances d'un tel outil en proposant une étape intermédiaire de prétraitement, dont l'objectif est de normaliser, au moins partiellement, des données textuelles bruitées. Pour ce faire, nous avons mis en place et évalué un système de normalisation fonctionnant à l'aide de règles de correction induites par analogie. L'objectif de ce système est de proposer un ou plusieurs candidats de normalisation pondérés pour tous les mots inconnus de nos lexiques présents dans un texte.

Les résultats obtenus étant satisfaisants, nous voudrions tout d'abord intégrer ce premier système à notre chaîne de traitement complète, qui inclut notamment des étapes de détection des néologismes et des emprunts, afin d'évaluer ses performances et son apport de manière plus globale. Par ailleurs, nous nous sommes pour l'instant limités aux fautes lexicales. À terme, nous aimerions étendre ce travail aux fautes grammaticales en prenant en compte le contexte dans lequel apparaissent ces fautes, par exemple au moyen de modèles de langage. D'autre part, ce système n'a pour l'instant été évalué que sur le français. L'apprentissage de nos règles de correction étant faite automatiquement, cette normalisation pourrait parfaitement fonctionner pour d'autres langues, pour peu qu'il existe une base de fautes corrigées pour cette langue. Cette base pourrait parfaitement, par exemple, être extraite de la Wikipedia correspondante, de la même façon qu'a été construit le corpus WiCoPaCo pour le français ou comme le propose Zesch (2012) pour l'anglais. Enfin, l'apprentissage de nos règles de correction est actuellement effectuée à partir d'un corpus de fautes annotées. Il n'existe actuellement que très peu de corpus de ce type. C'est pourquoi nous aimerions à terme pouvoir apprendre nos règles de façon non-supervisée, à partir d'un corpus brut légèrement bruité. Cela nous permettrait d'obtenir un système qui ne dépendrait d'aucune ressource particulière mis à part d'un échantillon de la langue et d'un lexique de cette langue.

# Références


BEAUFORT, R., ROEKHAUT, S., COUGNON, L.-A. et FAIRON, C. (2010). A Hybrid Rule/Model-Based Finite-State Framework for Normalizing SMS Messages. *In Proceedings of ACL'10*, pages 770–779, Uppsala, Suède.

BLAIR, C. R. (1960). A program for correcting spelling errors. *Information and Control*, 3(1):60–67.

BOYD, A. (2009). Pronunciation modeling in spelling correction for writers of English as a foreign language. *In Proceedings of the HLT-NAACL'09 Student Research Workshop and Doctoral Consortium*, pages 31–36, Boulder, Colorado.

BRILL, E. et MOORE, R. C. (2000). An Improved Error Model for Noisy Channel Spelling Correction. *In Proceedings of ACL'00*, Hong Kong.

CARLSON, A. et FETTE, I. (2007). Memory-based context-sensitive spelling correction at web scale. *In Proceedings of ICMLA'07*, pages 166–171, Cincinnati, Ohio.

DAMERAU, F. (1964). A technique for computer detection and correction of spelling errors. *Comm. ACM*, 7(3):171–176.

GUIMIER DE NEEF, E., DEBEURME, A. et PARK, J. (2007). TiLT correcteur de SMS : évaluation et bilan qualitatif. *In Actes de TALN'07*, pages 123–132, Toulouse, France.

HAN, B. et BALDWIN, T. (2011). Lexical normalisation of short text messages : makn sens a #twitter. *In Proceedings of JACL-HTL'11*, pages 368 378, Portland, États-Unis.

HATHOUT, N. (2010). Morphonette : a morphological network of French. *Proceedings of CoRR*, abs/1005.3902.

KERNIGHAN, M. D., CHURCH, K. W. et GALE, W. A. (1990). A Spelling Correction Program Based on a Noisy Channel Model. *In Proceedings of CoLing'90*, pages 205–210, Helsinki, Finland.

KOBUS, C., YVON, F. et DAMNATI, G. (2008). Transcrire les SMS comme on reconnaît la parole. *In Actes de TALN'08*, pages 128–138, Avignon, France.

KUKICH, K. (1992). Techniques for Automatically Correcting Words in Text. *ACM Computing Surveys*, 24(4):377–439.

LAVALLÉE, J.-F. et LANGLAIS, P. (2011). Moranapho : un système multilingue d'analyse morphologique fondé sur l'analogie formelle. *TAL*, 52(2):17–44.

LAVALLÉE, J. F. et LANGLAIS, P. (2009). Unsupervised morphological analysis by formal analogy. *In Multilingual Information Access Evaluation Vol. I : Text Retrieval Experiments, Proceedings of CLEF*, pages 618–625, Corfu, Greece.

LEPAGE, Y. (1998). Solving analogies on words : An algorithm. *In Proceedings of CoLing-ACL'98*, pages 728–735, Montreal, Quebec, Canada.

LEPAGE, Y. (2000). Languages of analogical strings. *In Proceedings of CoLing*, pages 488–494, Saarbrücken, Germany.

LEPAGE, Y. et DENOUAL, E. (2005). Purest ever example-based machine translation : Detailed presentation and assessment. *Machine Translation*, 19(3-4):251–282.

LEVENSHTEIN, V. (1966). Binary Codes Capable of Correcting Deletions, Insertions and Reversals. *Soviet Physics Doklady*, 10(8):707.

LI, M., ZHANG, Y., ZHU, M. et ZHOU, M. (2006). Exploring distributional similarity based models for query spelling correction. *In Proceedings of ACL-CoLing'06*, pages 1025–1032, Syndey, Australie.

MAX, A. et WISNIEWSKI, G. (2010). Mining naturally-occurring corrections and paraphrases from wikipedia's revision history. *In Proceedings of LREC'10*, Valletta, Malta.

MITTON, R. (1996). *English Spelling and the computer*. London :Longman.

MITTON, R. (2010). Fifty years of spellchecking. *Writting Systems Research*, 2(1):1–7.

MOREAU, F., CLAVEAU, V. et SÉBILLOT, P. (2007). Automatic morphological query expansion using analogy-based machine learning. *In Proceedings of ECIR'07*, Rome, Italie.

OFLAZER, K. (1996). Error-tolerant finite-state recognition with applications to morphological analysis and spelling correction. *Computational Linguistics*, 22(1):73–89.

PARK, Y. A. et LEVY, R. (2011). Automated whole sentence grammar correction using a noisy channel model. *In Proceedings of ACL-HTL'11*, pages 934–944, Portland, Oregon, USA.

SAGOT, B. (2010). The Le*fff*, a freely available and large-coverage morphological and syntactic lexicon for French. *In Proceedings of LREC'10*, La Valette, Malta.

SAGOT, B. et BOULLIER, P. (2008). SxPipe 2 : architecture pour le traitement pré-syntaxique de corpus bruts. *TAL*, 49(2):155–188.

SAGOT, B., NOUVEL, D., MOUILLERON, V. et BARANES, M. (2013). Extension dynamique de lexiques morphologiques pour le français à partir d'un flux textuel. *In Actes de TALN'13*, Les Sables d'Olonne, France.

SEDDAH, D., SAGOT, B., CANDITO, M., MOUILLERON, V. et COMBET, V. (2012). The French Social Media Bank : a Treebank of Noisy User Generated Content. *In Proceedings of CoLing'12*, Mumbai, Inde.

STROPPA, N. et YVON, F. (2005). An analogical learner for morphological analysis. *In Proceedings of CoNLL'05*, pages 120–127, Stroudsburg, PA, USA.

STROPPA, N. et YVON, F. (2006). Du quatrième de proportion comme principe inductif : une proposition et son application à l'apprentissage de la morphologie. *TAL*, 47(1):33–59.

SUIGNARD, P. et KERROUA, S. (2013). Utilisation de contextes pour la correction automatique ou semi-automatique de réclamations clients. *In Actes de TALN'13*, Les Sables d'Olonne, France.

TOUTANOVA, K. et MOORE, R. C. (2002). Pronunciation Modeling for Improved Spelling Correction. *In Proceedings of ACL'02*, pages 144–151, Philadelphie, États-Unis.

VÉRONIS, J. (1988). Computerized correction of phonographic errors. *Computers and the Humanities*, 22(1):43–56.

YVON, F. (2011). `spellChecker` : un système de correction automatique fondé sur des automates probabilistes. Livrable du Projet TRACE (ANR-09-CORD-023). Accessible à l'URL http ://anrtrace.limsi.fr/dev/Anr_trace_-_lot3.pdf.

ZESCH, T. (2012). Detecting malapropisms using measures of contextual fitness. *TAL*, 53(3):11–31.

# Une évaluation approfondie de différentes méthodes de compositionalité sémantique

Antoine Bride Tim Van de Cruys Nicolas Asher
IRIT, Université Paul Sabatier, 118 route de Narbonne, F-31062 TOULOUSE CEDEX 9
[nom]@irit.fr

**Résumé.** Au cours des deux dernières décennies, de nombreux algorithmes ont été développés pour capturer la sémantique des mots simples en regardant leur répartition dans un grand corpus, et en comparant ces distributions dans un modèle d'espace vectoriel. En revanche, il n'est pas trivial de combiner les objets algébriques de la sémantique distributionnelle pour arriver à une dérivation d'un contenu pour des expressions complexes, composées de plusieurs mots. Notre contribution a deux buts. Le premier est d'établir une large base de comparaison pour les méthodes de composition pour le cas adjectif_nom. Cette base nous permet d'évaluer en profondeur la performance des différentes méthodes de composition. Notre second but est la proposition d'une nouvelle méthode de composition, qui est une généralisation de la méthode de Baroni & Zamparelli (2010). La performance de notre nouvelle méthode est également évaluée sur notre nouveau ensemble de test.

**Abstract.** In the course of the last two decades, numerous algorithms have sprouted up that successfully capture the semantics of single words by looking at their distribution in text, and comparing these distributions in a vector space model. However, it is not straightforward to construct meaning representations beyond the level of individual words – i.e. the combination of words into larger units – using distributional methods. Our contribution is twofold. First of all, we carry out a large scale evaluation, comparing different composition methods within the distributional framework for the case of adjective-noun composition, making use of a newly developed dataset. Secondly, we propose a novel method for adjective-noun composition, which is a generalization of the approach by Baroni & Zamparelli (2010). The performance of our novel method is equally evaluated on our new dataset.

**Mots-clés :** sémantique lexicale, sémantique distributionnelle, compositionalité.

**Keywords:** lexical semantics, distributional semantics, compositionality.

## 1 Introduction

Au cours des deux dernières décennies, il y a eu un intérêt croissant dans les méthodes dites « distributionnelles » pour la sémantique lexicale (Landauer & Dumais, 1997; Lin, 1998; Turney & Pantel, 2010). Ces méthodes sont nommées ainsi car elles se fondent sur l'hypothèse distributionnelle (Harris, 1954), qui stipule que les mots qui apparaissent dans les mêmes contextes ont tendance à être sémantiquement similaire. Dans l'esprit de cet adage, maintenant bien connu, de nombreux algorithmes ont été développés pour tenter de capturer la sémantique des mots simples en regardant leur répartition dans un grand corpus, et en comparant ces distributions dans un modèle d'espace vectoriel.

En comparaison avec les études manuelles de la sémantique formelle lexicale, cette approche apporte une couverture bien plus vaste et une analyse d'une grande masse de données empiriques. En revanche, il n'est pas trivial de combiner les objets algébriques de la sémantique distributionnelle pour arriver à une dérivation d'un contenu pour des expressions complexes, composées de plusieurs mots. *A contrario*, l'opération de l'application et des représentations qui utilisent le formalisme du $\lambda$-calcul dans la sémantique formelle nous donne des méthodes de composition générales et sophistiquées qui peuvent traiter non seulement la composition de sens dans les cas simples mais aussi des phénomènes complexes comme la coercition ou la composition avec des formules finement typées (Asher, 2011; Luo, 2010; Bassac *et al.*, 2010). Malgré des efforts pour trouver une méthode générale de composition et diverses approches proposées pour la composition des structures syntaxiques spécifiques (par exemple adjectifs et syntagmes nominaux, ou verbes transitifs et objets (Mitchell & Lapata, 2008; Coecke *et al.*, 2010; Baroni & Zamparelli, 2010)), le problème de composition demeure un défi pour l'approche distributionnelle. De plus, la validation des méthodes de composition proposées s'est souvent faite à petite échelle (Mitchell & Lapata, 2008). Bien que ces études sur les jugements de similarité soient prometteuses et significatives, il serait intéressant d'avoir des études ayant une plus large couverture de validation. Elles nous permettraient de mieux comparer les différentes méthodes de composition proposées.

Notre contribution a deux buts. Le premier est d'établir une large base de comparaison pour les méthodes de composition pour le cas adjectif_nom. Pour cela nous avons créé un vaste ensemble de test utilisant des paires contenant une expression composée (adjectif_nom) et un nom qui doit être proche sinon identique sémantiquement de l'expression composée. Ces paires ont été extraites semi-automatiquement du Wiktionnaire français. Cette base de paires similaires nous permet d'évaluer en profondeur la performance des différentes méthodes de composition. Nous avons testé trois méthodes de composition déjà existantes, à savoir l'approche additive et multiplicative (Mitchell & Lapata, 2008), ainsi que l'approche par fonctions lexicales (Baroni & Zamparelli, 2010).

Les deux premières méthodes sont complètement générales et s'appliquent à des vecteurs que l'on peut automatiquement calculer pour les adjectifs et noms. En revanche, l'approche de Baroni et Zamparelli nécessite d'apprendre une fonction particulière associée à chaque adjectif. Notre second but est de généraliser l'approche fonctionnelle afin d'éliminer le besoin de conserver une fonction par adjectif. Pour cela nous utilisons une fonction généralisée apprise à l'aide des fonctions d'adjectifs de l'approche de Baroni et Zamparelli. Cette fonction généralisée se combine alors avec le vecteur d'un adjectif et celui d'un nom de manière entièrement générale. La performance de notre nouvelle méthode de l'approche fonctionnelle généralisée est également évaluée sur notre ensemble de test.

Nous avons organisé notre contribution de façon suivante. Nous détaillons d'abord les différents modèles de composition que nous évaluons dans notre étude, avec un rappel sur les différentes méthodes de composition existantes et puis une description de notre généralisation de l'approche fonctionnelle. Puis nous décrivons notre méthode d'évaluation et les résultats. Après une section sur les travaux connexes aux nôtres, nous concluons et nous précisons quelques pistes de travaux futurs.

# 2 Modèles de composition

Nous expliquons, dans cette section, quels modèles de composition ont été testés et à quoi ceux-ci correspondent. Après une bref rappel des modèles de composition simples, nous détaillons notamment la méthode des fonctions lexicales de Baroni & Zamparelli (2010) ainsi que la généralisation que nous en avons faite.

Voici les notations utilisées dans la suite. Lorsque nous décrivons un objet théorique, sans soucis de sa représentation physique par l'ordinateur, nous utilisons la police de base. Quand nous discutons de vecteurs, ceux-ci sont écrits en **gras**. Les matrices sont représentées en **MAJUSCULES GRASSES**. Enfin, nous écrivons les tenseurs [1] d'ordre 3 avec une majuscule calligraphiée, par exemple $\mathscr{A}$. De plus, comme nous ne manipulons pas de tenseur d'ordre supérieur à 4, nous appelons simplement les tenseurs d'ordre 3 « tenseurs » [2]. Pour conclure, le coefficient d'indice $i$ d'un vecteur $\mathbf{v}$ est noté $\mathbf{v}_i$ ; la notation des coefficients des matrices et tenseurs se fait de manière analogue.

Dans la suite de cet article les adjectifs seront représentés par la lettre « $a$ » et les noms par la lettre « $n$ ».

## 2.1 Modèles de composition simples

Trois modèles de composition que nous avons utilisés sont simples à décrire : les méthodes triviale, additive et multiplicative. L'approche triviale, notée $C_t$ et que nous utilisons comme base de comparaison, ignore l'adjectif :

$$C_t(a,n) = \mathbf{n}$$

Le modèle additif, noté $C_a$, consiste à réaliser une combinaison linéaire entre les vecteurs **a** et **n** à l'aide de coefficients indépendants de ceux-ci :

$$C_a(a,n) = \alpha\,\mathbf{n} + \beta\,\mathbf{a}$$

1. Un tenseur est la généralisation d'une matrice à plusieurs indices. Pour une introduction sur les tenseurs, regardez Kolda & Bader (2009).
2. les tenseurs d'ordre 1 étant les vecteurs et les tenseurs d'ordre 2 les matrices.

$$C_{f.l.}(a,n) = \boxed{\mathrm{A}} \times \boxed{\mathbf{n}}$$

FIGURE 1: Composition dans l'approche par fonctions lexicales

> Enfin, tandis que les deux rois faisaient chanter des *Te Deum*, chacun dans son camp, [Candide] prit le parti d'aller raisonner ailleurs des effets et des causes. Il passa par-dessus des tas de morts et de mourants, et gagna d'abord un **village** voisin ; il était en cendres : c'était un **village** abare que les Bulgares avaient brûlé, selon les lois du droit public.
> [...]
> Candide s'enfuit au plus vite dans un autre **village** : il appartenait à des Bulgares, et les héros abares l'avaient traité de même...

FIGURE 2: extrait de *Candide* de Voltaire, Chapitre 3

Sur un ensemble de développement, nous avons testé le modèle pour différentes valeurs de $\alpha$ et $\beta$ telles que $\alpha + \beta = 1$ [3] et conservé les valeurs donnant les meilleurs résultats : $\alpha = 0.4$ et $\beta = 0.6$.

Le modèle multiplicatif, noté $C_m$, consiste à multiplier les vecteurs **a** et **n** terme à terme :

$$C_m(a,n) = \mathbf{n} \otimes \mathbf{a}$$
$$\text{où} \quad (\mathbf{n} \otimes \mathbf{a})_i = \mathbf{n}_i \times \mathbf{a}_i$$

L'approche par fonctions lexicales de Baroni & Zamparelli (2010) étant plus complexe, nous la décrivons dans la section suivante. Nous expliquons ensuite pourquoi et comment nous avons tenté de généraliser cette approche.

## 2.2 Fonctions Lexicales

Le modèle de composition par fonctions lexicales, noté $C_{f.l.}$, consiste à représenter les adjectifs par des matrices. Ainsi la combinaison d'un adjectif et d'un nom est le produit de la matrice A et du vecteur **n** comme le montre la figure 1.

L'approche distributionelle ne permet cependant pas de générer naturellement des matrices. Baroni et Zamparelli proposent donc d'apprendre la matrice d'un adjectif à partir d'exemples de vecteurs nom_adjectif obtenus directement à partir du corpus. De tels vecteurs nom_adjectif sont obtenus de la même manières que des vecteurs représentant un seul mot : quand la combinaison de l'adjectif et du nom occurre, on observe son contexte. Prenons l'exemple du paragraphe en figure 2. Le mot « village » apparaît trois fois. La première occurrence peut contribuer à créer le vecteur **village_voisin**, la deuxième à créer **village_abare**, et la dernière à créer **village_autre**.

Une fois que l'on a créé suffisamment de vecteurs nom_adjectif pour un adjectif donné, on calcule la matrice A. Pour cela, on réalise une régression partielle des moindres carrés, sur les combinaisons nom_adjectif. Formellement, en notant $\mathbf{n_a}$ les vecteurs nom_adjectif, il s'agit de trouver A minimisant :

$$\sum_{\mathrm{n}} \| \mathrm{A} \times \mathbf{n} - \mathbf{n_a} \|_2 \qquad \text{où } \| \mathbf{v} \|_2 = \sqrt{\sum_i \mathbf{v}_i^2}$$

Pour reprendre l'exemple précédent, on minimiserait, notamment, $\|\mathrm{VOISIN} \times \mathbf{village} - \mathbf{village\_voisin}\|_2$ pour obtenir la matrice VOISIN.

Il est important de noter qu'une telle approche nécessite un corpus plus important que les autres approches. En effet, comme il ne s'agit plus seulement d'observer des exemples d'utilisation d'adjectifs ou de noms isolés mais des exemples d'utilisation de la combinaison d'un adjectif et d'un nom, les occurrences sont intrinsèquement plus rares. Dans le paragraphe en figure 2, chacune des apparitions du mot « village » peut contribuer à la création du vecteur **village** mais aucune ne peut contribuer à la création du vecteur **village_félon**.

3. Les vecteurs étant normalisés (*cf.* 3.2), cette condition ne réduit pas la généralité de notre test.

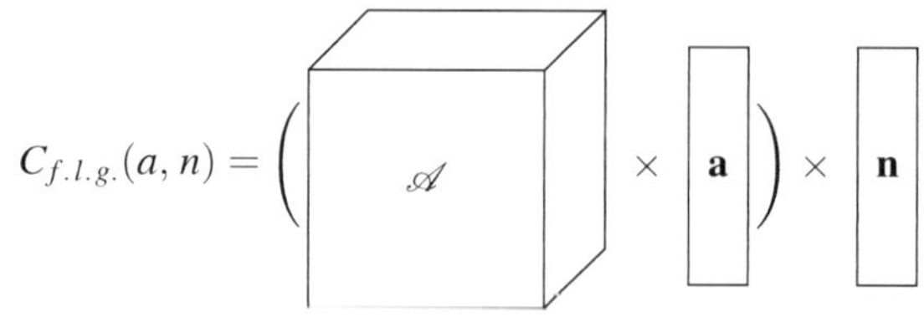


FIGURE 3: Composition dans l'approche par fonction lexicale généralisée

Baroni & Zamparelli (2010) expliquent comment limiter les problèmes liés au manque d'exemples. De plus, les expériences présentées jusqu'à maintenant montrent que les corpus actuels permettent une implémentation efficace de l'approche par fonctions lexicales pour les adjectifs les plus courants. En effet, celle-ci a obtenu les meilleurs résultats sur un certain nombre d'expériences.

Néanmoins, l'approche de Baroni et Zamparelli reste limitée pour traiter des adjectifs relativement rares. Par exemple, l'adjectif « félon » apparaît 217 fois dans le corpus FRWaC (Baroni *et al.*, 2009). C'est assez pour générer un vecteur **félon**, mais très peu pour espérer générer un nombre suffisant de vecteurs **nom_félon** et donc générer la matrice **FÉLON**.

De plus, devoir apprendre une matrice pour chaque adjectif pose un problème théorique. En effet, cette approche suppose, comme l'approche de Montague, que l'effet d'un adjectif sur un nom est idiosyncratique à l'adjectif (Kamp, 1975). Mais le désavantage de ceci est que les données montrent que la plupart des adjectifs dans les langues du monde sont subjectifs et se comportent selon des principes générales de composition (Partee, 2010; Asher, 2011). La manière dont les adjectifs sont utilisés dans la langue française laisse supposer qu'il existe une façon générale de combiner adjectifs et noms. Lorsque l'on connaît la signification d'un adjectif, l'association à un nom est rarement problématique. Ceci, indépendamment de la présence ou de l'absence d'exemples d'association.

## 2.3 Généralisation

Pour résoudre ces problèmes, nous proposons de généraliser les fonctions lexicales que sont les matrices d'adjectifs par une fonction lexicale unique : le tenseur de composition adjectivale $\mathscr{A}$. Dans notre approche, notée $C_{f.l.g.}$, la combinaison d'un adjectif et d'un nom est le produit du tenseur $\mathscr{A}$ avec le vecteur adjectif puis le vecteur nom, *c.f.* figure 3.

On peut noter que le produit du tenseur $\mathscr{A}$ et du vecteur **a** est une matrice dépendante de l'adjectif et multipliée au vecteur **n**. Cette matrice correspond à la matrice **A** de l'approche par fonctions lexicales de Baroni et Zamparelli. Ainsi, comme le montre la figure 4, nous obtenons le tenseur $\mathscr{A}$ à l'aide d'exemples de matrices obtenues par la méthode de Baroni et Zamparelli, et de vecteurs obtenus naturellement dans l'approche distributionelle. Plus précisément nous effectuons une régression partielle des moindres carrés sur les matrices générées par les équations. Formellement, il s'agit de trouver $\mathscr{A}$ minimisant :

$$\sum_a \| \mathscr{A} \times \mathbf{a} - \mathbf{A} \|_2 \qquad \text{où } \| \mathbf{M} \|_2 = \sqrt{\sum_{i,j} \mathbf{M}_{i,j}^2}$$

Cette équation ressemble beaucoup à l'équation non généralisée. En effet, dans les deux cas, l'objectif formel est de trouver une application linéaire [4] minimisant des équations dans un espace vectoriel de dimension finie.

Cependant, la généralisation fait une hypothèse bien plus forte. En effet, l'image d'une application linéaire est toujours de dimension inférieure à son espace de départ. Or, par construction, si les vecteurs **adjectif** existent dans un espace de dimension $N$, alors les matrices **ADJECTIF** existent dans un espace de dimension $N \times N$. Ainsi, s'il existe un tenseur $\mathscr{A}$, cela signifie que le sous-espace engendré par les matrices **ADJECTIF** est de taille inférieur à $N$ réduisant considérablement leur degré de liberté maximal initial (dimension $N \times N$). L'approche de Baroni et Zamparelli n'a pas cette hypothèse puisque les vecteurs **nom** et **nom_adjectif** coexistent dans un même espace (et les espaces engendrés par ceux-ci ont donc la même dimension maximale).

Moins formellement, chercher une telle application linéaire présuppose qu'il n'y pas plus d'« information » dans le sous-espace d'arrivée que de le sous-espace de départ. Cela créé une différence notable entre les deux méthodes. En effet, dans la méthode de Baroni et Zamparelli, les vecteurs **nom** et **nom_adjectif** existent dans le même espace. L'hypothèse sus-cité

4. représenté par une matrice ou un tenseur.

Trouver le tenseur $\mathscr{A}$ minimisant les normes de :

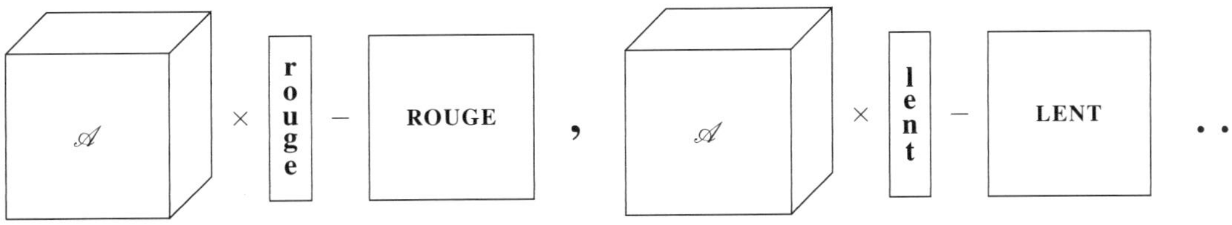


FIGURE 4: Apprentissage du tenseur $\mathscr{A}$

consiste donc à supposer que l'on a pas besoin de plus d'informations pour décrire **voisin_village** que pour décrire **village** ; uniquement d'informations différentes. Cette hypothèse est partagée par beaucoup de méthodes de composition dont l'objectif est de pouvoir réaliser des compositions en cascade[5]. *A contrario*, dans la méthode généralisée, l'application linéaire recherchée a un espace de départ[6] bien plus petit que son espace d'arrivée[7]. La généralisation fait donc une hypothèse beaucoup plus forte : elle suppose que les matrices **A** créées par la méthode de Baroni et Zamparelli ne sont pas plus informatives que les vecteurs **a** que l'on peut extraire directement d'un *corpus*. Ces matrices ne seraient, d'une certaine manière, qu'une réécriture des adjectifs pertinente pour la composition.

Ceci étant, de manière similaire à l'approche de Baroni et Zamparelli, notre approche nécessite d'apprendre un nombre significatif de matrices **A**. Cela n'est pas un problème, car le FRWaC fournit suffisamment d'adjectifs sur lesquels l'approche de Baroni et Zamparelli fonctionne parfaitement. Par exemple, le 2000ième adjectif le plus courant dans le FRWaC (« fasciste ») y occurre plus de 4000 fois.

Pour reprendre l'exemple de l'adjectif « félon », notre approche exige uniquement de connaître le vecteur **félon**, évitant le problème de manque de données lié à la construction de la matrice FÉLON.

Une fois le tenseur $\mathscr{A}$ obtenu, il nous fallait vérifier expérimentalement sa pertinence. En effet, nous n'avions pas garantie que le tenseur optimisant les équations décrites dans la figure 4 soit intéressant sémantiquement.

# 3 Évaluation

## 3.1 Description de la tâche

Pour évaluer les différents modèles de composition, nous avons construit une tâche de similarité inspirée des travaux de Zanzotto *et al.* (2010) et utilisée pour la tâche *evaluating phrasal semantics* de SEMEVAL-2013 (Korkontzelos *et al.*, 2013). La tâche propose de juger la similarité entre une combinaison adjectif_nom et un seul nom. Ceci est important, étant donné que les modèles de composition doivent être capables de traiter des combinaisons adjectifs_nom de taille arbitraire. La tâche est donc la suivante :

| | |
|---|---|
| Soient | **comb** = Combinaison(adjectif, nom1) et **nom2** |
| Évaluer | Similarité(**comb**, **nom2**) |

La « Combinaison » est réalisé par les différents modèles de composition. La « Similarité » doit être une fonction binaire ; les valeurs de retour étant « similaire » et « non_similaire ». Cependant, l'approche distributionnelle ne fournit naturellement que des valeurs de similarité continues (*e.g.* cosinus entre deux vecteurs). Nous avons donc pris des exemples positifs et des exemples négatifs de notre ensemble de test afin de savoir quelles valeurs de cosinus correspondent à « similaire » et quelles valeurs de cosinus correspondent à « non_similaire ». Plus précisément, nous avons, pour chaque approche, réalisé une régression logistique sur 50 exemples positifs et 50 exemples négatifs (dorénavant séparés de notre ensemble de test) afin d'apprendre le seuil de cosinus à partir duquel une paire est similaire.

Nous avons créé notre ensemble de test d'une manière semi-automatique, en utilisant des dictionnaires. Prenons par exemple la définition de *champagne* dans le Wiktionnaire français[8], figure 5. D'une telle définition, il est assez simple

5. Par exemple, obtenir le sens de « grosse voiture rouge » en composant « grosse » et « voiture » puis « rouge » et « grosse voiture ».
6. l'espace des vecteurs **mot**.
7. l'espace des matrices **ADJECTIF**.
8. `http://fr.wiktionary.org/wiki/champagne`, accédé à 20 février 2014.

d'extraire la paire (mousseux_vin, champagne). En traversant un grand dictionnaire, il est ainsi possible d'extraire des paires (`adjectif_nom`, `nom`) positives (similaires).

**champagne** /ʃɑ̃.paɲ/ masculin

1. Vin mousseux produit en Champagne et protégé par une appellation d'origine contrôlée.
2. *(Histoire des techniques)* Cercle de fer pour soutenir l'étoffe à teindre dans la cuve de teinture.

FIGURE 5: Définition de *champagne*, extrait du Wiktionnaire français

Nous avons donc téléchargé toutes les entrées du Wiktionnaire français, et nous les avons tagées avec le tageur MElt (Denis *et al.*, 2010). Ensuite, nous avons sélectionné les définitions qui débutent avec une combinaison adjectif-nom. Enfin, nous avons supprimé les instances utilisant des mots qui apparaissent trop peu fréquemment dans notre corpus FRWaC [9].

Les instances ainsi extraites d'une manière automatique étaient alors contrôlées manuellement. Toutes les paires jugées incorrectes étaient rejetées. Nous avons ainsi obtenu 714 exemples positifs.

Nous avons ensuite créé un premier fichier d'exemples négatifs en sélectionnant deux noms (`nom1`, `nom2`) et un adjectif `adjectif` aléatoirement. Les couples (`adjectif_nom1`, `nom2`) ainsi créés étaient ensuite vérifiés manuellement. Nous avons ainsi obtenu 899 exemples négatifs.

L'inconvénient d'un tel procédé est qu'il propose souvent des combinaisons `adjectif_nom1` insensées. Ceci simplifie la tâche de séparer exemples positifs et négatifs. Nous avons donc créé un second fichier d'exemples négatifs en sélectionnant des combinaisons `adjectif_nom1` depuis le Wiktionnaire et des noms `nom2` aléatoires. Nous avons ensuite vérifié manuellement que les couples (`adjectif_nom1`, `nom2`) ainsi créés était bien des exemples négatifs. Nous avons ainsi obtenu 494 exemples négatifs.

La table 1 montre 5 exemples positifs et 5 exemples négatifs de chaque sorte. Dans cette table, les noms et adjectifs sont sous forme de lemme. On peut noter que les exemples négatifs générés complètement aléatoirement contiennent des combinaisons `adjectif_nom` ayant un sens clair (penchant_autoritaire) et n'en n'ayant pas (chasse_fossile). Les exemples négatives créés à base du Wiktionnaire, en revanche, contiennent uniquement des combinaisons qui ont un sens clair. [10]

| exemples positifs | exemples négatifs aléatoires | exemples négatifs Wiktionnaire |
|---|---|---|
| (mot_court, abréviation) | (importance_fortuit, gamme) | (jugement_favorable, discorde) |
| (ouvrage_littéraire, essai) | (penchant_autoritaire, ile) | (circonscription_administratif, fumier) |
| (compagnie_honorifique, ordre) | (auspice_aviaire, ponton) | (mention_honorable, renne) |
| (costume_féminin, ensemble) | (banquette_celeste, discipline) | (attitude_hautain, racine) |
| (partie_unitaire, élément) | (chasse_fossile, propulsion) | (examen_attentif, condamnation) |

TABLE 1: Une partie des ensembles de test.

## 3.2 Espace sémantique

Une fois le test choisi et les fichiers de test réalisés nous avons créé l'espace sémantique. Pour cela, nous avons utilisé le corpus FRWaC (Baroni *et al.*, 2009) – un corpus de 1,6 milliard de mots extrait du web – tagé avec le tageur MElt (Denis *et al.*, 2010) et parsé à l'aide du parseur MaltParser (Nivre *et al.*, 2006), formé sur une version de dépendances du *French treebank* (Candito *et al.*, 2010). Nous avons d'abord récupéré les lemmes des mots, adjectifs, et noms du corpus. Nous avons uniquement conservé les lemmes écrits en toutes lettres [11] puis selectionné les 10000 lemmes les plus fréquents pour chaque catégorie (mots, adjectifs, noms). Enfin, nous avons généré l'espace en utilisant les adjectifs et les noms

9. *i.e.* moins de 200 fois pour les adjectifs et moins de 1500 fois pour les noms.
10. Nous fournissons les fichiers correspondant sur simple demande par e-mail.
11. Cette étape élimine principalement les dates, les nombres en chiffre, et la ponctuation. Nous estimons que ceux-ci ont un intérêt limité en approche distributionnelle.

comme vecteurs, et les mots comme dimensions en utilisant la méthode des *bags of words*. Nous avons alors nettoyé l'espace ainsi créés en normalisant les vecteurs et en appliquant le *positive point-wise mutual information* (*ppmi*, (Church & Hanks, 1990)) à l'espace.

Nous avons alors comparé les méthodes sur trois versions de l'espace : l'espace entier, l'espace réduit à 300 dimensions par la méthode de décomposition en valeurs singulières (*svd*, (Golub & Van Loan, 1996)), et l'espace réduit à 300 dimensions par la méthode de factorisation en matrices positives (*nmf*, (Lee & Seung, 2000)). Nous avons fait cela pour pouvoir tester chaque méthode dans des conditions optimales. En effet :
- Un espace non réduit contient plus d'informations. Ainsi les méthodes compatibles (additive et multiplicative) peuvent obtenir de meilleurs résultats. Cependant, utiliser la méthode des fonctions lexicales sur l'espace non réduit demanderait d'apprendre des matrices de taille $10000 \times 10000$. Ceci poserait des problèmes de temps de calcul et de parcimonie des données comme on a vu ci-dessus. De même pour les fonctions étendues.
- Un espace réduit avec la méthode *svd* permet expérimentalement d'obtenir de bon résultats pour les fonctions lexicales. Cependant, la présence de valeurs négatives dans le vecteurs de l'espace réduit drastiquement l'efficacité de l'approche multiplicative.
- Un espace réduit avec la méthode *nmf* ne pénalise pas les approches multiplicatives.

## 3.3 Résultats

Les espaces sémantiques ayant été créés, nous avons d'abord testé les différentes approches sur le jeu de test utilisant des exemples négatifs complètement aléatoires (deuxième colonne de la table 1). Nous présentons les résultats dans la table 2a. Plusieurs commentaires peuvent être faits. Nous commentons d'abord les méthodes individuellement, puis nous les comparons.

| | triviale | multiplicative | additive | fonctions lexicales | f. l. généralisées |
|---|---|---|---|---|---|
| non-réduit | 0.83 | 0.86 | 0.88 | N/A | N/A |
| *svd* | 0.79 | 0.55 | 0.84 | **0.93** | 0.61 |
| *nmf* | 0.78 | 0.83 | 0.79 | 0.90 | 0.88 |

(a) Les exemples négatifs sont créés entièrement aléatoirement.

| | triviale | multiplicative | additive | fonctions lexicales | f. l. généralisées |
|---|---|---|---|---|---|
| non-réduit | 0.78 | 0.79 | **0.83** | N/A | N/A |
| *svd* | 0.77 | 0.55 | 0.82 | **0.84** | 0.46 |
| *nmf* | 0.75 | 0.73 | 0.79 | 0.78 | 0.78 |

(b) Les exemples négatifs sont créés à l'aide de combinaisons adjectif-nom existantes.

TABLE 2: Pourcentage de couples (adjectif_nom1, nom2) bien classés selon l'approche et l'espace.

D'abord, l'approche triviale, consistant à comparer les deux noms et ignorer l'adjectif, affiche un taux de réussite relativement élevé ($\sim 80\%$). Ceci est dû au fait que la plupart des adjectifs ne changent pas la nature du nom auquel ils sont accolés. Une voiture rouge, lente, grosse, ou ancienne reste fondamentalement une voiture. Une voiture miniature n'est plus nécessairement une voiture mais de tels exemples sont rares.

Ensuite, la méthode multiplicative a de mauvaises performances sur l'espace réduit à l'aide de *svd*. Cela confirme l'incompatibilité de cette méthode avec les valeurs négatives générées par *svd*. La figure 6 permet de visualiser la raison à cela. On peut y voir que multiplier terme à terme deux vecteurs ayant des valeurs négatives résulte en un troisième vecteur très éloigné des deux autres. Cela va à l'encontre de l'idée selon laquelle la combinaison d'un nom et d'un adjectif à un sens proche du nom d'origine.

De plus, nous constatons que le modèle multiplicatif sur l'espace non-réduit n'atteint pas des résultats sensiblement meilleurs que le modèle trivial. La différence entre le modèle multiplicatif (0.86) et le modèle trivial (0.83) n'est pas statistiquement significative ($\chi^2 = 2.69$, $p > 0.05$). [12] Le modèle additif, en revanche, atteint un résultat en mode non-réduit (0.88) qui est significativement meilleur que la méthode triviale ($\chi^2 = 24.83$, $p < 0.01$) et le modèle multiplicatif

12. Pour tous nos tests de signification, nous utilisons le test de McNemar (Dietterich, 1998).

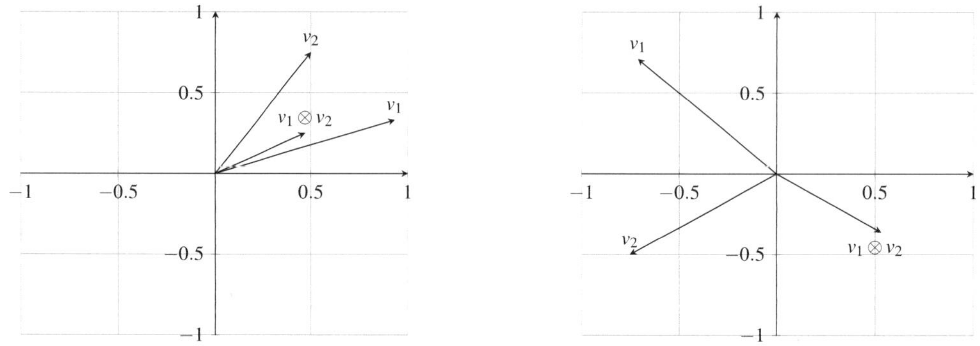


(a) vecteurs à valeurs positives (b) vecteurs à valeurs négatives

FIGURE 6: l'effet de valeurs négatives sur l'approche multiplicative

($\chi^2 = 21.33$, $p < 0.01$). Les résultats du modèle additif pour les espaces *svd* et *nmf* sont également significatifs ($\chi^2 = 11.82$, $p < 0.01$ et $\chi^2 = 18.91$, $p < 0.01$, respectivement) mais il sont inférieurs au résultat de l'espace non-réduit. On constate que le modèle multiplicatif atteint un résultat de 0.83 dans l'espace *nmf* qui est significativement meilleur que le modèle multiplicatif ($\chi^2 = 31.34$, $p < 0.01$), mais toujours inférieur au résultat de l'espace non-réduit.

Ensuite, nous constatons que l'approche par fonctions lexicales de Baroni et Zamparelli dans l'espace *svd* obtient des résultats qui sont significativement meilleurs que toute autre approche avec tout autre espace ($\chi^2 = 33.49$, $p < 0.01$ pour la différence avec le modèle additif non-réduit). Nous constatons également que la fonction lexicale généralisée dans l'espace *nmf* obtient des résultats qui sont comparables avec l'approche de Baroni et Zamparelli dans ce même espace ($\chi^2 = 3.95$, $p > 0.01$) et équivalents aux meilleurs résultats des autres méthodes (notamment le modèle additif non-réduit). Cependant, la fonction lexicale généralisée – comme le modèle multiplicatif – a de faibles performances sur l'espace *svd* (0.61). Cela semble signifier que, dans cet espace, les matrices de la méthode des fonctions lexicales ne sont pas générables à l'aide d'un tenseur unique et des vecteurs correspondants.

Nous avons ensuite répété nos tests avec des exemples négatifs utilisant les combinaisons adjectif_nom extraites du Wiktionnaire français (troisième colonne de la table 1). Nous présentons les résultats dans la table 2b. Nous constatons que les résultats de nos premiers tests sont largement confirmés. Le modèle additif en espace non-réduit atteint un score qui est significativement meilleur que la méthode triviale (0.83 vs. 0.78, $\chi^2 = 10.69$, $p < 0.01$), bien que le modèle multiplicatif ne donne pas un score supérieur à la méthode triviale. Nous notons, toutefois, que l'approche par fonctions et l'approche additive obtiennent désormais des résultats globalement équivalents dans leurs meilleurs conditions respectives — 0.83 pour le modèle additif non-réduit vs. 0.84 pour le modèle fonctionel *svd*, une différence non-significative ($\chi^2 = 0.20$, $p > 0.05$). Cela semble indiquer que les fonctions lexicales sont particulièrement efficaces pour séparer les combinaisons insensées, mais qu'ils obtiennent un score inférieur quand ils doivent juger la similarité de compositions réelles.

# 4 Travaux connexes

Un certain nombre de chercheurs a déjà étudié et évalué divers modèles de composition au sein d'un cadre distributionnel. Une des premières tentatives pour évaluer de manière systématique des modèles simples de composition a été faite par Mitchell & Lapata (2008). Ils explorent un certain nombre de modèles différents pour la composition de vecteurs, dont les plus importants sont le modèle additif et le modèle multiplicatif. Ils évaluent leurs modèles sur une tâche de similitude de phrases nom-verbe. Pour évaluer leur modèle, ils ont demandé à des annotateurs humains de juger la similarité entre deux paires compositionnelles (par exemple en attribuant un certain score). La tâche du modèle de composition est alors de reproduire les jugements humains. Les résultats montrent que le modèle multiplicatif ainsi qu'une combinaison pondérée du modèle additif et du modèle multiplicatif donnent les meilleurs résultats. Les auteurs ont refait leur étude dans Mitchell & Lapata (2010) avec un ensemble de test plus large (les paires d'adjectifs et noms étaient également inclues), et ils ont confirmé leur résultats initiaux. Bien qu'une telle tâche de similitude a ses mérites, l'attribution d'un score de similitude est plutôt difficile pour des juges humains [13]. Une décision binaire, comme dans notre tâche, est beaucoup moins floue. Nous soutenons que l'approche adoptée dans notre contribution donne une image plus claire et plus stable de la performance des différents modèles de composition.

Baroni & Zamparelli (2010) évaluent leur modèle de fonctions lexicales dans un contexte quelque peu différent. Ils évaluent leur modèle en regardant la capacité de reconstruire les vecteurs **nom_adjectif** qui n'ont pas été vus pendant la phase d'entraînement. Leur résultats montrent que leur modèle de fonctions lexicales atteint les meilleurs résultats pour reconstruire les vecteurs de co-occurrence originaux, suivi de près par le modèle additif. Notez que nous observons la même tendance dans notre évaluation.

Grefenstette *et al.* (2013) proposent aussi une généralisation du modèle de fonctions lexicales par des tenseurs. Leur généralisation a pour objectif différent, à savoir modéliser les verbes transitifs à l'aide de tenseurs. Cependant, nous utilisons un approche très similaire pour l'obtention des tenseurs. En effet, ils utilisent la méthode de Baroni et Zamparelli pour apprendre des matrices correspondant à une combinaison **VERBE_COMPLÉMENT** que l'on peut multiplier à un vecteur **sujet**, pour obtenir le vecteur **sujet_verbe_complément**. Par exemple **MANGER_VIANDE** multiplié au vecteur **chien** permet d'obtenir **chien_manger_viande**. Ils apprennent alors un tenseur correspondant à chaque verbe de la même manière que nous apprenons le tenseur $\mathscr{A}$.

Coecke *et al.* (2010) présentent un cadre théorique abstrait dans lequel un vecteur de phrase est une fonction du produit de Kronecker de ses vecteurs de mots, ce qui permet une plus grande interaction entre les différentes traits de mots. Un certain nombre d'instanciations du modèle de Coecke *et al.* (2010) – où l'idée clé est que les mots relationnels (par exemple les verbes) ont une structure riche (multidimensionnelle) qui agit comme un filtre sur leurs arguments – sont testés expérimentalement dans les articles de Grefenstette & Sadrzadeh (2011a) et Grefenstette & Sadrzadeh (2011b). Les auteurs évaluent leurs modèles en utilisant une tâche de similitude semblable à celle de Mitchell & Lapata. Cependant, ils utilisent des constructions compositionnelles plus étendues : plutôt que d'utiliser des compositions de deux mots (par exemple *verbe* et *objet*), ils utilisent des phrases simples transitives (*sujet verbe objet*). Ils montrent que leurs instanciations du modèle catégoriel obtiennent des meilleurs résultats que les modèles additifs et multiplicatifs sur leur tâche de similitude transitive.

Socher *et al.* (2012) présentent un modèle compositionnel basé sur les réseaux de neurones récursifs. Chaque nœud dans un arbre syntaxique est attribué à la fois un vecteur et une matrice ; le vecteur capture la signification réelle du constituant, tandis que la matrice modélise la manière dont il change le sens des mots et expressions voisins. L'évaluation s'est faite extrinsèquement, en utilisant le modèle dans une tâche de prédiction du sentiment. Ils montrent que l'approche basée sur les réseaux de neurones obtient de meilleurs résultats que les modèles additifs, multiplicatifs, et par fonctions lexicales. Cependant, d'autres chercheurs ont rapporté des résultats différents. Blacoe & Lapata (2012) évaluent les modèles additifs et multiplicatifs ainsi que l'approche de Socher *et al.* (2012) sur deux tâches différentes : la tâche de similitude de Mitchell & Lapata (2010) et une tâche de détection de paraphrases. Ils trouvent que les modèles additifs et multiplicatifs atteignent des meilleurs scores que le modèle de Socher *et al.* (2012).

Étroitement liée aux travaux sur la compositionnalité est la recherche sur le calcul de sens du mot en contexte. Erk & Padó (2008, 2009) font usage de restrictions sélectionnelles pour exprimer le sens d'un mot dans son contexte ; le sens d'un mot en présence d'un argument est calculé en multipliant le vecteur du mot avec un vecteur qui capture les restrictions sélectionnelles inverses de l'argument. Thater *et al.* (2009, 2010) étendent l'approche fondée sur les restrictions sélectionnelles en incorporant des co-occurrences du deuxième ordre dans leur modèle. Dinu & Lapata (2010) proposent un cadre probabiliste qui modélise la signification des mots comme une distribution de probabilité sur des facteurs latents. Cela permet de modéliser le sens contextualisé comme un changement dans la distribution du mot originel. Dinu et Lapata utilisent la factorisation de matrice positive (NMF) pour induire les facteurs latents.

En général, les modèles latents se sont avérées utiles pour la modélisation du sens des mots. L'un des modèles latents de la sémantique les plus connus est l'analyse de sémantique latente (LSA, Landauer & Dumais (1997)), qui utilise la décomposition en valeurs singulières afin d'induire automatiquement des facteurs latents de matrices terme-document. Un autre modèle de sens latent bien connu, qui adopte une approche générative, est l'allocation Dirichlet latente (LDA, Blei *et al.* (2003)).

Les tenseurs ont été utilisés auparavant pour la modélisation du langage naturel. Giesbrecht (2010) décrit un modèle de factorisation de tenseurs pour la construction d'un modèle distributionnel qui est sensible à l'ordre des mots. Et Van de Cruys (2010) utilise un modèle de factorisation de tenseurs afin de construire un modèle de restrictions sélectionnelles

13. En témoignent le faible taux d'accord d'inter-annotateur – Mitchell & Lapata (2010) rapportent une corrélation entre juges humains assez faible de 0.52 pour les combinaisons adjectif_nom.

multidimensionnelles de verbes, sujets et objets.

## 5 Conclusion

Dans notre contribution, nous avons testé différentes méthodes principales de compositionalité en approche distributionnelle. À notre connaissance, nous sommes les premiers à réaliser de tels tests sur la langue française. Nous avons, de plus, créé un nouveau ensemble de test pour l'évaluation de la compositionalité dans un cadre distributionnel pour la langue française, librement disponible pour d'autres chercheurs.

Nos tests confirment que la méthode des fonctions lexicales de Baroni et Zamparelli a de bonnes performances en comparaison des autres approches. Nos tests semblent nuancer ceci par le fait que ces performances ne sont sensiblement meilleures que lorsque les exemples négatifs sont entièrement aléatoire.

De plus, nous avons proposé une généralisation de la méthode des fonctions lexicales. D'après nos tests, cette généralisation ne peut pas se faire dans les conditions optimales pour la méthode des fonctions lexicales. Ainsi bien que notre généralisation fonctionne correctement, les conditions dans lesquelles elle est utilisée font qu'elle a des résultats équivalent aux méthodes additive et multiplicative de Mitchell et Lapata, mais légèrement inférieurs à ceux de l'approche de Baroni et Zamparelli.

Dans le futur, il serait intéressant de tester différentes valeurs de réduction dimensionnelle afin d'optimiser notre fonction lexicale généralisée. De plus, il est possible que de meilleurs résultats puissent être obtenus en proposant plusieurs fonctions généralisées plutôt qu'une. On peut tenter, par exemple, de séparer les adjectifs intersectifs [14] des adjectifs non-intersectifs [15].

Il serait également intéressant de réaliser un ensemble de test pour une tâche avec laquelle la méthode des fonctions lexicales n'est pas entièrement compatible, comme la combinaison de noms. En effet, pour obtenir le sens de « laboratoire d'analyses médicales », il faut appliquer « analyses médicales » à « laboratoire ». Or la méthode des fonctions lexicales ne propose pas de manière satisfaisante d'obtenir la matrice ANALYSE_MÉDICALE. En effet, obtenir une telle matrice par apprentissage à partir d'exemples d'utilisation d'« analyse médicale » est en contradiction avec le principe de compositionalité.

## Remerciements

Nous tenons à remercier toute l'équipe du projet composes [16] pour leur boite à outils DisSeCT (Dinu *et al.* (2013)) qui nous a sûrement épargné plusieurs mois de développement.

## Références

ASHER N. (2011). *Lexical Meaning in Context : A Web of Words*. Cambridge University Press.

BARONI M., BERNARDINI S., FERRARESI A. & ZANCHETTA E. (2009). The wacky wide web : A collection of very large linguistically processed web-crawled corpora. *Language Resources and Evaluation*, **43**(3), 209–226.

BARONI M. & ZAMPARELLI R. (2010). Nouns are vectors, adjectives are matrices : Representing adjective-noun constructions in semantic space. In *Proceedings of the 2010 Conference on Empirical Methods in Natural Language Processing*, p. 1183–1193, Cambridge, MA : Association for Computational Linguistics.

BASSAC C., MERY B. & RETORÉ C. (2010). Towards a Type-theoretical account of lexical semantics. *Journal of Logic, Language and Information*, **19**(2), 229–245.

BLACOE W. & LAPATA M. (2012). A comparison of vector-based representations for semantic composition. In *Proceedings of the 2012 Joint Conference on Empirical Methods in Natural Language Processing and Computational Natural Language Learning*, p. 546–556, Jeju Island, Korea : Association for Computational Linguistics.

14. « Rouge » par exemple. Une voiture rouge est une voiture.
15. « Faux » par exemple. Une fausse voiture n'est pas une voiture.
16. http://clic.cimec.unitn.it/composes/

BLEI D. M., NG A. Y. & JORDAN M. I. (2003). Latent dirichlet allocation. *The Journal of Machine Learning Research*, **3**, 993–1022.

CANDITO M., CRABBÉ B., DENIS P. *et al.* (2010). Statistical french dependency parsing : treebank conversion and first results. In *Proceedings of the Seventh International Conference on Language Resources and Evaluation (LREC 2010)*, p. 1840–1847.

CHURCH K. W. & HANKS P. (1990). Word association norms, mutual information & lexicography. *Computational Linguistics*, **16**(1), 22–29.

COECKE B., SADRZADEH M. & CLARK S. (2010). Mathematical foundations for a compositional distributed model of meaning. *Lambek Festschrift, Linguistic Analysis, vol. 36*, **36**.

DENIS P., SAGOT B. *et al.* (2010). Exploitation d'une ressource lexicale pour la construction d'un étiqueteur morpho-syntaxique état-de-l'art du français. In *Traitement Automatique des Langues Naturelles : TALN 2010*.

DIETTERICH T. G. (1998). Approximate statistical tests for comparing supervised classification learning algorithms. *Neural computation*, **10**(7), 1895–1923.

DINU G. & LAPATA M. (2010). Measuring distributional similarity in context. In *Proceedings of the 2010 Conference on Empirical Methods in Natural Language Processing*, p. 1162–1172, Cambridge, MA.

DINU G., PHAM N. & M. B. (2013). Dissect : Distributional semantics composition toolkit. In *Proceedings of the System Demonstrations of ACL*, p. 31–36, East Stroudsburg PA : Association for Computational Linguistics.

ERK K. & PADÓ S. (2008). A structured vector space model for word meaning in context. In *Proceedings of the Conference on Empirical Methods in Natural Language Processing*, p. 897–906, Waikiki, Hawaii, USA.

ERK K. & PADÓ S. (2009). Paraphrase assessment in structured vector space : Exploring parameters and datasets. In *Proceedings of the Workshop on Geometrical Models of Natural Language Semantics*, p. 57–65, Athens, Greece.

GIESBRECHT E. (2010). Towards a matrix-based distributional model of meaning. In *Proceedings of the NAACL HLT 2010 Student Research Workshop*, p. 23–28 : Association for Computational Linguistics.

GOLUB G. H. & VAN LOAN C. F. (1996). *Matrix Computations (3rd Ed.)*. Baltimore, MD, USA : Johns Hopkins University Press.

GREFENSTETTE E., DINU G., ZHANG Y.-Z., SADRZADEH M. & M. B. (2013). Multi-step regression learning for compositional distributional semantics. In *Proceedings of the 10th International Conference on Computational Semantics (IWCS)*, p. 131–142, East Stroudsburg PA : Association for Computational Linguistics.

GREFENSTETTE E. & SADRZADEH M. (2011a). Experimental support for a categorical compositional distributional model of meaning. In *Proceedings of the 2011 Conference on Empirical Methods in Natural Language Processing*, p. 1394–1404, Edinburgh, Scotland, UK. : Association for Computational Linguistics.

GREFENSTETTE E. & SADRZADEH M. (2011b). Experimenting with transitive verbs in a discocat. In *Proceedings of the GEMS 2011 Workshop on GEometrical Models of Natural Language Semantics*, p. 62–66, Edinburgh, UK : Association for Computational Linguistics.

HARRIS Z. S. (1954). Distributional structure. *Word*, **10**(23), 146–162.

KAMP H. (1975). Two theories about adjectives. *Formal semantics of natural language*, p. 123–155.

KOLDA T. G. & BADER B. W. (2009). Tensor decompositions and applications. *SIAM Review*, **51**(3), 455–500.

KORKONTZELOS I., ZESCH T., ZANZOTTO F. M. & BIEMANN C. (2013). Semeval-2013 task 5 : Evaluating phrasal semantics. In *Second Joint Conference on Lexical and Computational Semantics (*SEM), Volume 2 : Proceedings of the Seventh International Workshop on Semantic Evaluation (SemEval 2013)*, p. 39–47, Atlanta, Georgia, USA : Association for Computational Linguistics.

LANDAUER T. & DUMAIS S. (1997). A solution to Plato's problem : The Latent Semantic Analysis theory of the acquisition, induction, and representation of knowledge. *Psychology Review*, **104**, 211–240.

LEE D. D. & SEUNG H. S. (2000). Algorithms for non-negative matrix factorization. In *Advances in Neural Information Processing Systems 13*, p. 556–562.

LIN D. (1998). Automatic retrieval and clustering of similar words. In *Proceedings of the 36th Annual Meeting of the Association for Computational Linguistics and 17th International Conference on Computational Linguistics (COLING-ACL98), Volume 2*, p. 768–774, Montreal, Quebec, Canada.

LUO Z. (2010). Type-theoretical semantics with coercive subtyping. *SALT20, Vancouver*.

MITCHELL J. & LAPATA M. (2008). Vector-based models of semantic composition. *proceedings of ACL-08 : HLT*, p. 236–244.

MITCHELL J. & LAPATA M. (2010). Composition in distributional models of semantics. *Cognitive Science*, **34**(8), 1388–1429.

NIVRE J., HALL J. & NILSSON J. (2006). Maltparser : A data-driven parser-generator for dependency parsing. In *Proceedings of LREC-2006*, p. 2216–2219, Genoa, Italy.

PARTEE B. H. (2010). Privative adjectives : subsective plus coercion. *BÄUERLE, R. et ZIM-MERMANN, TE, éditeurs : Presuppositions and Discourse : Essays Offered to Hans Kamp*, p. 273–285.

SOCHER R., HUVAL B., MANNING C. D. & NG A. Y. (2012). Semantic compositionality through recursive matrix-vector spaces. In *Proceedings of the 2012 Joint Conference on Empirical Methods in Natural Language Processing and Computational Natural Language Learning*, p. 1201–1211, Jeju Island, Korea : Association for Computational Linguistics.

THATER S., DINU G. & PINKAL M. (2009). Ranking paraphrases in context. In *Proceedings of the 2009 Workshop on Applied Textual Inference*, p. 44–47, Suntec, Singapore.

THATER S., FÜRSTENAU H. & PINKAL M. (2010). Contextualizing semantic representations using syntactically enriched vector models. In *Proceedings of the 48th Annual Meeting of the Association for Computational Linguistics*, p. 948–957, Uppsala, Sweden.

TURNEY P. & PANTEL P. (2010). From frequency to meaning : Vector space models of semantics. *Journal of artificial intelligence research*, **37**(1), 141–188.

VAN DE CRUYS T. (2010). A non-negative tensor factorization model for selectional preference induction. *Natural Language Engineering*, **16**(4), 417–437.

ZANZOTTO F. M., KORKONTZELOS I., FALLUCCHI F. & MANANDHAR S. (2010). Estimating linear models for compositional distributional semantics. In *Proceedings of the 23rd International Conference on Computational Linguistics (Coling 2010)*, p. 1263–1271, Beijing, China : Coling 2010 Organizing Committee.

# Génération de textes : G-TAG revisité avec les Grammaires Catégorielles Abstraites *

Laurence Danlos[1,2,3] Aleksandre Maskharashvili[4, 5, 6] Sylvain Pogodalla[4, 5, 6]
(1) Université Paris Diderot (Paris 7), Paris, F-75013, France
(2) ALPAGE, INRIA Paris–Rocquencourt, Paris, F-75013, France
(3) Institut Universitaire de France, Paris, F-75005, France
(4) INRIA, Villers-lès-Nancy, F-54600, France
(5) Université de Lorraine, LORIA, UMR 7503, Vandœuvre-lès-Nancy, F-54500, France
(6) CNRS, LORIA, UMR 7503, Vandœuvre-lès-Nancy, F-54500, France
{laurence.danlos}{aleksandre.maskharashvili}{sylvain.pogodalla}@inria.fr

**Résumé.** G-TAG est un formalisme dédié à la génération de textes. Il s'appuie sur les Grammaires d'Arbres Adjoints (TAG) qu'il étend avec des notions propres permettant de construire une forme de surface à partir d'une représentation conceptuelle. Cette représentation conceptuelle est indépendante de la langue, et le formalisme G-TAG a été conçu pour la mise en œuvre de la synthèse dans une langue cible à partir de cette représentation. L'objectif de cet article est d'étudier G-TAG et les notions propres que ce formalisme introduit par le biais des Grammaires Catégorielles Abstraites (ACG) en exploitant leurs propriétés de réversibilité intrinsèque et leur propriété d'encodage des TAG. Nous montrons que les notions clefs d'arbre de g-dérivation et de lexicalisation en G-TAG s'expriment naturellement en ACG. La construction des formes de surface peut alors utiliser les algorithmes généraux associés aux ACG et certaines constructions absentes de G-TAG peuvent être prises en compte sans modification supplémentaire.

**Abstract.** G-TAG is a formalism dedicated to text generation. It relies on the Tree Adjoining Grammar (TAG) formalism and extends it with several specific notions allowing for the construction of a surface form from a conceptual representation. This conceptual representation is independent from the target language. The goal of this paper is to study G-TAG and its specific notions from the perspective given by Abstract Categorial Grammars (ACG). We use the reversibility property of ACG and the encoding of TAG they offer. We show that the key G-TAG notions of g-derivation tree and lexicalization are naturally expressed in ACG. The construction of surface forms can then rely on the general ACG algorithms and some operations that G-TAG is lacking can be freely accounted for.

**Mots-clés :** TAG, G-TAG, génération, réalisation syntaxique, grammaires catégorielles abstraites.

**Keywords:** TAG, G-TAG, generation, syntactic realization, abstract categorial grammars.

## 1 Introduction

G-TAG (Danlos, 1998; Meunier, 1997; Danlos, 2000) est un formalisme dédié à la génération de textes. Il s'appuie sur les Grammaires d'Arbres Adjoints (TAG) (Joshi *et al.*, 1975; Joshi & Schabes, 1997) qu'il étend avec des notions propres, notamment les arbres de g-dérivation qui permettent de construire une forme de surface (arbre dérivé, ou chaîne de caractères) à partir d'une représentation conceptuelle. Cette représentation conceptuelle est indépendante de la langue, et le formalisme G-TAG a été conçu pour la mise en œuvre de la synthèse dans une langue cible de cette représentation. Ce formalisme a été implanté une première fois en ADA (Meunier, 1997) et plus récemment en .NET, et, dans cette dernière forme, utilisé et commercialisé auprès de Kantar Media, filiale de TNS-Sofres (Meunier *et al.*, 2011; Danlos *et al.*, 2011). Dans cette application, le but est d'accompagner les tableaux retraçant l'évolution des investissements publicitaires des clients par un texte de commentaires synthétisé automatiquement.

Une des motivations pour la définition du formalisme G-TAG était l'observation des différences entre les arbres de dérivation en TAG et les arbres de dépendances sémantiques (Schabes & Shieber, 1994). En analyse, cette observation a

*. Ce travail a bénéficié d'une aide de l'Agence Nationale de la Recherche portant la référence (ANR-12-CORD-0004).

conduit à des propositions de modification de la notion de structure de dérivation (Kallmeyer, 2002; Joshi *et al.*, 2003; Rambow *et al.*, 2001; Chen-Main & Joshi, 2012). D'autres propositions ont néanmoins montré qu'il était possible de relier aux représentations sémantiques les arbres de dérivation de TAG, sans qu'il ne soit nécessaire de modifier ceux-ci. Soit en utilisant l'unification (Kallmeyer & Romero, 2004, 2007), soit en utilisant une représentation fonctionnelle des TAG (Pogodalla, 2004a, 2007, 2009) dans les Grammaires Catégorielles Abstraites (ACG) (de Groote, 2001). Ces dernières approches présentent l'intérêt d'être exprimées dans un cadre *intrinsèquement réversible*. C'est-à-dire que les grammaires utilisées et la nature des algorithmes mis en œuvre sont les mêmes, que l'on considère le problème de *l'analyse* pour passer de la forme de surface à une représentation sémantique, ou que l'on considère le problème de la *synthèse* pour passer de la représentation sémantique à la forme de surface.

L'objectif de cet article est donc d'étudier G-TAG, les notions propres que ce formalisme introduit, ainsi que ses limitations, par le biais des ACG en exploitant les propriétés de réversibilité de ces dernières et leur propriété d'encodage des TAG. Les ACG permettant d'exprimer également d'autres formalismes de la famille des TAG comme les *multiple component TAG* (MCTAG), certaines limitations de G-TAG peuvent être levées en utilisant ces formalismes sans qu'aucune autre adaptation ne soit nécessaire. Nous montrons que les notions clefs d'arbre de g-dérivation et de lexicalisation s'expriment naturellement en ACG. La construction des formes de surface peut alors utiliser les algorithmes généraux associés aux ACG, permettant d'analyser aussi bien des grammaires non contextuelles que des grammaires légèrement contextuelles (TAG, mais aussi les systèmes de réécriture linéaires non contextuels, LCFRS) (de Groote & Pogodalla, 2004) de manière optimisée (Kanazawa, 2007), et qui sont les mêmes pour l'analyse et la génération. Réciproquement, les principes de conception de G-TAG permettent d'éclairer les éléments opérationnels, notamment liés à la préférence de certaines réalisations, nécessaires à prendre en compte dans les algorithmes des ACG.

# 2 Génération de textes et G-TAG

L'architecture habituellement considérée dans les processus de génération de textes (Reiter & Dale, 1997) comporte trois sous-processus en cascade, chacun de ces sous-processus étant chargé de la réalisation de différentes tâches. À savoir : la planification du document (ou macro-planification : détermination du contenu, structuration du document), la micro-planification (agrégation, lexicalisation, génération des expressions référentielles), et la réalisation de surface (réalisation linguistique). La première tâche correspond à définir *Que dire ?* tandis que les deux autres réfèrent à *Comment le dire*. G-TAG est dédié à cette seconde tâche. L'entrée du processus de génération associé aux G-TAG, le *Que dire ?* est défini dans une représentation conceptuelle que décrit la section 2.1. Par la suite, le processus comporte trois étapes essentielles : la construction de l'arbre de g-dérivation, la construction de l'arbre g-dérivé, et les traitements ultérieurs pour la finalisation de la forme de surface.

## 2.1 Représentation conceptuelle

Le langage de représentation conceptuelle utilisé dans G-TAG est essentiellement un langage logique. Il est habituellement présenté sous une forme réifiée de premier ordre, que ce soit dans la logique typée du premier ordre *Login* (Aït-Kaci & Nasr, 1986) qui permet entre autre un contrôle de la bonne formation de la forme conceptuelle et d'abstraire l'ordre et le nombre des arguments par la présence des labels (nom des attributs), ou que ce soit sous forme de structures de représentation du discours segmenté (SDRS) (Danlos *et al.*, 2001).

Dans le présent article, nous adoptons la logique d'ordre supérieur (à la Montague) comme langage de représentation conceptuelle. Cela permet notamment d'éviter les problèmes de quantification implicite sur les labels des objets réifiés et leur traitement compositionnel. Ce faisant, nous considérons :

- que l'ordre et le rôle des arguments des prédicats est pris en compte dans le lien entre arbre de dérivation (ou plutôt le terme qui le représente) et sa représentation conceptuelle (ou sa réalisation sémantique) ;
- que les informations morpho-syntaxiques, habituelles en TAG sous forme de trait, sont pris en compte dans les arbres de dérivations, mais pas dans la représentation conceptuelle ;
- que la génération des expressions référentielles (pronoms, articles définis) est hors du champ de notre proposition. C'est pour l'instant une propriété de l'implantation G-TAG, mais pas du formalisme, qui s'appuie sur la réification. Nous souhaitons pouvoir envisager différentes théories pour la génération de ces expressions.

L'entrée correspondant à (2), qui pourrait engendrer les deux phrases de (3) par exemple, sera donc (1).

$$\textsc{rwding}(\textsc{human}(\textit{Marie}), \textsc{human}(\textit{Jean})) \tag{1}$$

$$
\begin{aligned}
E_{12} &:= \text{RWDING}[\text{RWDER} \mapsto H_2, \text{RWDEE} \mapsto H_1] \\
H_1 &:= \text{HUMAN}[\text{NAME} \mapsto \textit{Jean}, \text{SEX} \mapsto \text{MASC}] \\
H_2 &:= \text{HUMAN}[\text{NAME} \mapsto \textit{Marie}, \text{SEX} \mapsto \text{FEM}]
\end{aligned}
\tag{2}
$$

(3) a. Marie a récompensé Jean
b. Jean a été récompensé par Marie

## 2.2 Arbres de dérivation (TAG)

Les TAG sont des grammaires d'arbres qui mettent en œuvre deux opérations : la substitution et l'adjonction. La substitution permet d'étendre un arbre en remplaçant une feuille étiquetée d'un non terminal par un arbre dont la racine est étiquetée par ce même non terminal. L'adjonction permet *d'insérer* un arbre, appelé *arbre auxiliaire*, possédant un nœud racine et une feuille (nœud pied) étiquetés par un même non terminal. Cet arbre auxiliaire peut être inséré dans un autre arbre à un nœud de même étiquette que la racine de l'arbre auxiliaire. La figure 1(a) montre ces opérations : substitution des nœuds **NP** de l'arbre élémentaire de *récompense*, et adjonction à son nœud **V** de l'arbre auxiliaire de l'adverbe *gentiment*.

Le résultat obtenu est décrit à la figure 1(b), tandis que la figure 1(c) montre la *structure de dérivation*, ou *arbre de dérivation*, qui décrit les opérations effectuées sur les différents arbres :
- les constantes notées $\alpha_{\text{entrée lex}}$ sont les arbres initiaux associés à l'entrée lexicale *entrée lex* ;
- les constantes notées $\beta_{\text{entrée lex}}$ sont les arbres auxiliaires associés à l'entrée lexicale *entrée lex* ;
- un arc plein *parent-enfant* indique que l'arbre enfant a été substitué à une des feuilles de l'arbre parent ;
- un arc parent-enfant en pointillé indique que l'arbre enfant a été adjoint à l'arbre parent en l'un de ses nœuds.

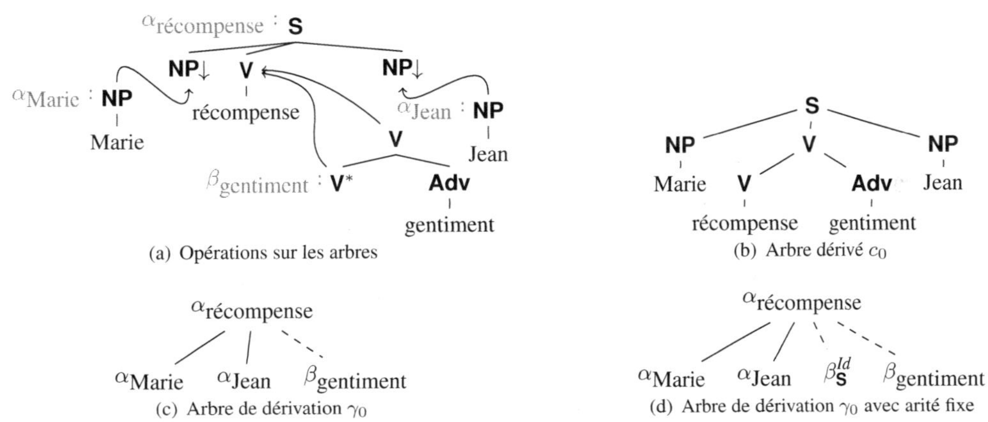


FIGURE 1: Analyse TAG de *Marie récompense gentiment Jean*

**Remarque.** *Dans la définition standard des arbres de dérivation (Vijay-Shanker, 1987), il n'y a pas d'adjonction multiple sur un même nœud, ceci ne changeant pas le pouvoir génératif de la grammaire. Cela signifie notamment qu'un arbre élémentaire peut faire l'objet d'un nombre maximum défini d'adjonctions et de substitutions. Autrement dit, comme étiquette d'un arbre de dérivation (par exemple $\alpha_{récompense}$ dans l'arbre de dérivation de la figure 1(c)), il a une arité* maximum. *Si l'on admet la présence d'éléments unités pour l'opération d'adjonction $\beta_X^{Id}$ pour une adjonction à un nœud X, on peut même définir très précisément l'arité de ce symbole. L'arbre de la figure 1(c) devrait alors être représenté comme en 1(d).*

*Plutôt qu'utiliser les adresses de Gorn pour repérer les nœuds où s'effectuent une opération, on peut fixer un ordre (arbitraire) des arguments et le faire correspondre systématiquement à l'ordre des arguments aussi bien dans la représentation conceptuelle que dans les arbres dérivés.*

*L'utilisation de la notion étendue de dérivation (Schabes & Shieber, 1994) est également possible dans ce cadre. Elle revient à dédoubler dans les arbres élémentaires chaque nœud pouvant recevoir une adjonction : en un nœud pour les arbres auxiliaires modifieurs ; et en un autre nœud pour les arbres auxiliaires prédicatifs (selon la terminologie de (Schabes & Shieber, 1994)).*

Compte tenu des remarques précédentes, nous insistons sur la convention que nous utiliserons : la notation $\alpha_{\text{entrée lex}}$ est utilisée aussi bien pour représenter l'arbre initial associé à l'entrée lexicale (ou ancré par) *entrée lex* que comme symbole d'arité fixe utilisé pour définir les termes que sont les arbres de dérivation. Si nécessaire, nous indiquerons l'arité du symbole en exposant : $\alpha^4_{\text{récompense}}$. Il en va de même pour la notation $\beta_{\text{entrée lex}}$ à propos des arbres auxiliaires. Alors l'arbre de dérivation de la figure 1(d) s'écrit comme le terme $\alpha^4_{\text{récompense}}(\alpha^0_{\text{Marie}}, \alpha^0_{\text{Jean}}, \beta^{Id}_{\mathbf{S}}, \beta^0_{\text{gentiment}})$ [1].

On constate alors que les arbres de dérivation, comme c'est explicité dans (Schabes & Shieber, 1994), sont des termes *clos*, c'est-à-dire dans lesquels n'apparaissent aucune variable. Or, le processus de génération de (Meunier, 1997) s'appuie sur la correspondance entre le concept à réaliser et les arbres exprimant ce concept pour synthétiser les textes. L'approche adoptée opère de haut en bas (*top-down*) : la relation conceptuelle la plus haute sélectionne un arbre dont les fils dans l'arbre de dérivation seront eux-mêmes générés récursivement par les concepts fils de la relation initiale. Le processus consiste donc à calculer un arbre de dérivation en commençant par la racine. Pour manipuler cet objet en cours de construction, une notion d'arbre de dérivation non complètement instancié est utile. L'arbre de g-dérivation est utilisé à cette fin.

## 2.3 Arbres de g-dérivation (G-TAG)

Pour exprimer cette notion d'arbre en cours de construction, (Meunier, 1997, Chap. 3, p71) définit les arbres de g-dérivation comme des arbres dont les nœuds sont soit des constantes qui sont des noms d'arbres élémentaires, soit des variables. Deux types de variables sont originellement considérés. D'une part celles qui correspondent au nom des attributs des concepts, utilisés pour associer le rôle sémantique d'un argument et sa position dans l'arbre de dérivation. Et d'autre part celles qui correspondent à l'étiquette qui est valeur de cet attribut (la variable de réification), cette étiquette pouvant être considérée comme à mi-chemin entre la variable de départ et l'arbre de g-dérivation qui la remplacera. Cela correspond à l'évolution de l'arbre de g-dérivation décrite par la figure 2.

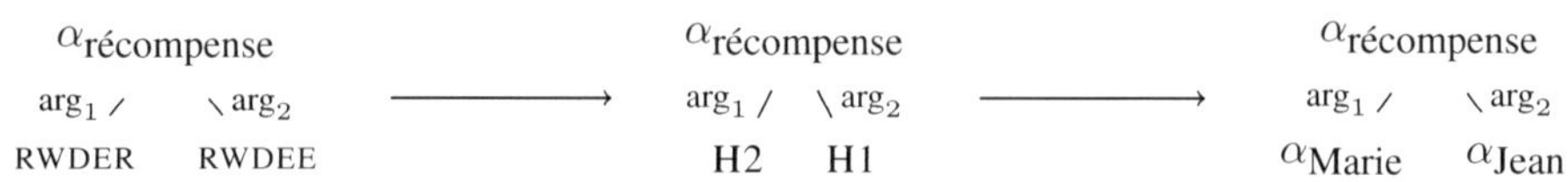


FIGURE 2: Évolution de l'arbre de g-dérivation avec variables vers un arbre instancié

Plus précisément, (Meunier, 1997) définit les constantes apparaissant dans les arbres de g-dérivation comme des noms *d'entrées lexicales* accompagnées de traits, appelés T-traits, plutôt que comme des noms d'arbres élémentaires. Cette distinction, importante pour la mise en œuvre et l'efficacité de G-TAG, permet par exemple de constituer une seule entrée lexicale qui ne distingue les arbres de *récompenser* à la forme active et à la forme passive que par le T-trait [`T-trait` $=$ $\mp$`passif`], réduisant ainsi le nombre de symboles à considérer sans rien changer pour les arguments. En effet, la correspondance entre l'argument d'un concept et l'argument d'une entrée qui le lexicalise est spécifiée par les étiquettes des arcs des arguments qui sont des rôles thématiques ($\text{arg}_i$) qui restent invariants quelle que soit la forme (par ex. active ou passive) de l'entrée lexicale. De plus, l'utilisation de rôles thématiques permet que l'argument conceptuel RWDEE corresponde à l'argument $\text{arg}_2$ des lexicalisations avec le verbe *récompenser*, mais à un argument $\text{arg}_1$ pour une lexicalisation avec *recevoir une récompense* : $\alpha_{\text{recevoir-récompense}}$ (arbre : $\text{arg}_2$ / RWDER, $\text{arg}_1$ \ RWDEE). Dans l'approche que nous présentons section 3.2, c'est la manière dont on interprète l'argument de l'arbre de dérivation soit syntaxiquement, soit sémantiquement, qui crée le lien entre le rôle thématique et le rôle conceptuel.

Les T-traits permettent donc de contrôler les constructions syntaxiques possibles. Par exemple, le T-trait [`T-trait` $=$ $+$`inf`] sur l'arbre de g-dérivation associé à la conjonction *pour (que)* spécifie que son deuxième argument doit être une infinitive, ce qui n'est possible que si le sujet vide de la subordonnée infinitive est interprété comme coréférent au sujet de la principale (*Jean passe l'aspirateur pour être récompensé par Marie*). Nous verrons à la section 4 comment modéliser en ACG cette contrainte sur la coréférence des sujets.

1. Pour simplifier les expressions, on fait ici l'hypothèse qu'il n'y a pas d'adjonction possible sur les nœuds **V** et **Adv** de l'adverbe. Sinon, il faudrait écrire le terme $\alpha^4_{\text{récompense}}(\alpha^0_{\text{Marie}}, \alpha^0_{\text{Jean}}, \beta^{Id}_{\mathbf{S}}, \beta^2_{\text{gentiment}}\ \beta^{Id}_{\mathbf{V}}\ \beta^{Id}_{\mathbf{Adv}})$ et l'arbre de dérivation correspondant.

Les termes ou arbres de g-dérivation correspondent donc à des *termes* ou *arbres avec variables*. Pour reprendre les notations habituelles (Comon *et al.*, 2007), si on appelle $\mathcal{F}$ l'ensemble des symboles avec arité, $\mathcal{F} = \bigcup_l \beta_l \cup \bigcup_l \alpha_l$, l'ensemble des arbres de g-dérivations est un sous-ensemble [2] de l'ensemble $T(\mathcal{F}, \mathcal{X})$ des termes construits sur $\mathcal{F}$ et $\mathcal{X}$ un ensemble de variables. Les arbres de dérivations sont les termes clos de cet ensemble. Cette représentation sous-forme d'arbres est isomorphe à celle que nous donnons à l'aide des ACG. Dans cette dernière représentation, les différentes contraintes sont exprimées à l'aides de types.

## 2.4 Autres notions de G-TAG

**Base lexicale** La base lexicale associée à un concept est essentiellement un ensemble d'arbres de g-dérivation capables d'exprimer ce concept, notamment parce que les fils de ces arbres expriment les rôles sémantiques associés aux arguments du concept. Cette base lexicale a un rôle opérationnel en permettant de réduire et de diriger la recherche des éléments autorisant la synthèse. Nous la mentionnons ici car elle joue un rôle analogue à la règle Scan dans les analyseurs à chartes. Nous ne donnons pas d'équivalent à cette notion de G-TAG dans la mesure où c'est l'implantation de l'algorithme d'inversion des lexiques dans les ACG, le même pour les tâches d'analyse et de génération, qui met éventuellement en œuvre cette notion si nécessaire [3]. Mais ce n'est pas décrit dans le formalisme lui-même.

**Choix lexical** Ce choix définit *la meilleure réalisation* (Meunier, 1997, Sect. 3.1.2, p70) d'un concept parmi les éléments de sa base lexicale. Un certain nombre de critères sémantiques, syntaxiques, mais aussi d'interaction entre les choix lexicaux, sont pris en compte à l'aide de différents tests. Quoique ce choix soit très important en pratique, nous considérons ici que toutes les solutions admissibles d'un point de vue syntaxique, c'est-à-dire que la grammaire TAG admettrait, sont possibles. Ce choix ne relève pas des propriétés combinatoires que décrivent la grammaire, et un traitement similaire à celui qui permet la désambiguïsation en syntaxe, avec d'autres critères bien sûr, est envisageable et pourrait bénéficier de toutes les avancées de ce domaine. Il ouvre cependant la question de l'intégration de ces critères aux algorithmes des ACGs, notamment si l'on souhaite qu'ils prennent en compte des informations linguistiques plutôt que statistiques.

**Phrase et Discours** Un point fort de G-TAG est d'autoriser la génération non de phrases isolées, mais de textes. La grammaire TAG associée contient donc des arbres élémentaires avec des signes de ponctuation, notamment le point. Ces arbres sont associés à des représentations conceptuelles exprimant la relation sémantique discursive entre deux phrases. Ainsi, les trois textes de (4) expriment la même représentation conceptuelle : SUCC(EAT(HUMAN JEAN), LEAVE(HUMAN MARIE)). Un certain nombre de contraintes sont exprimées par des traits, par exemple pour signifier que dans les constructions mentionnées, seul *ensuite* permet de coordonner deux phrases distinctes. Nous ne les utilisons pas ici pour simplifier les formules. Mais ils ne posent aucun problème théorique.

(4) a. Jean mange. Ensuite, Marie part.
  b. Jean mange avant que Marie ne parte.
  c. Jean mange avant le départ de Marie.

# 3 Génération et analyse dans les ACG

## 3.1 Généralités sur les ACG

**Définitions et compositions** Une ACG définit deux langages qu'elle met en relation : un *langage abstrait*, qui peut être vu comme un ensemble abstrait de structures grammaticales, et un *langage objet*, représentant les formes réalisées des structures abstraites. Ici, le langage abstrait correspond à la structure grammaticale que l'on veut manipuler, c'est-à-dire l'arbre de dérivation. Il sera mis en relation à l'aide d'un premier *lexique* avec le langage objet des arbres dérivés (ou des chaînes de caractère), et à l'aide d'un deuxième lexique avec le langage objet des représentations conceptuelles.

**Definition 1** (Signature d'ordre supérieur). *Une* signature d'ordre supérieur *est un triplet* $\Sigma = \langle A, C, \tau \rangle$ *où :*
- *A est un ensemble de types atomiques ;*
- *C est un ensemble fini de constantes ;*

2. Certains termes n'étant pas possibles du fait des contraintes exprimées soit par les représentations conceptuelles, soit par les arbres dérivés.
3. Voir par exemple (Kanazawa, 2007) et son extension à une stratégie d'analyse particulière (Kanazawa, 2008).

— $\tau : C \to \mathcal{T}(A)$ *assigne à chaque constante de* $C$ *un type de* $\mathcal{T}(A)$ *où* $\mathcal{T}(A) ::= A|\mathcal{T}(A) \multimap \mathcal{T}(A)$ [4].
*On appelle* $\Lambda(\Sigma)$ *l'ensemble des* $\lambda$*-termes que l'on peut construire avec la signature* $\Sigma$ *et* $t : \alpha$ *signifie que le terme* $t$ *a le type* $\alpha$.

Ainsi, pour obtenir les arbres de la figure 1, nous pouvons définir une première signature :

$$\Sigma_{\text{dérivations}} = \begin{cases} A_{\Sigma_{\text{dérivations}}} = \{\mathbf{NP}, \mathbf{V}, \mathbf{S}, \mathbf{Adv}, \mathbf{V_A}, \mathbf{S_A}, \ldots\} \\ C_{\Sigma_{\text{dérivations}}} = \{C_{\textit{récompense}}, C_{\textit{Marie}}, C_{\textit{gentiment}}, C_{\textit{Jean}}, \beta^{Id}_{\mathbf{S}}, \beta^{Id}_{\mathbf{V}} \ldots\} \\ C_{\textit{Marie}} \ : \mathbf{NP} \qquad C_{\textit{récompense}} \ : \mathbf{S_A} \to \mathbf{V_A} \to \mathbf{NP} \to \mathbf{NP} \to \mathbf{S} \\ C_{\textit{Jean}} \ : \mathbf{NP} \qquad C_{\textit{gentiment}} \ : \mathbf{V_A} \\ \beta^{Id}_{\mathbf{V}} \ : \mathbf{V_A} \qquad \beta^{Id}_{\mathbf{S}} \ : \mathbf{S_A} \end{cases}$$

Cette signature permet de construire les structures de dérivation que sont les arbres de dérivation. Les types $X_{\mathsf{A}}$ correspondent aux types des arbres prêts à être adjoints. Pour le détail de l'encodage systématique d'une TAG dans une ACG, nous renvoyons le lecteur à (de Groote, 2002; Pogodalla, 2004a, 2007, 2009).

Une autre signature nous permet de construire les arbres dérivés. Cette signature ne comporte qu'un seul type, le type $\tau$ des arbres.

$$\Sigma_{\text{dérivés}} = \begin{cases} A_{\Sigma_{\text{dérivés}}} = \{\tau\} \\ C_{\Sigma_{\text{dérivés}}} = \{\mathbf{S}_2, \mathbf{S}_3, \mathbf{V}_1, \mathbf{V}_2, \mathbf{Adv}_1, \mathbf{NP}_1, \mathbf{NP}_2, \textit{Marie}, \textit{Jean}, \textit{gentiment}, \textit{récompense}, \ldots\} \\ \textit{Marie}, \textit{Jean}, \textit{récompense}, \textit{gentiment} \ : \tau \\ \mathbf{NP}_1, \mathbf{V}_1, \mathbf{Adv}_1 \ : \tau \to \tau \\ \mathbf{NP}_2, \mathbf{S}_2, \mathbf{V}_2 \ : \tau \to \tau \to \tau \\ \mathbf{S}_3 \ : \tau \to \tau \to \tau \to \tau \end{cases}$$

Chaque constante permet de construire un arbre, de type $\tau$. Elles sont distinguées par leur arité ($\mathbf{NP}_1$, $\mathbf{NP}_2$, etc.). Cela correspond aux différentes arités effectivement exprimées dans les arbres élémentaires de la grammaire TAG mais qui sont généralement laissées implicites.

**Definition 2** (Lexique). *Étant données une signature d'ordre supérieur* $\Sigma_1 = \langle A_1, C_1, \tau_1\rangle$ *et une signature d'ordre supérieur* $\Sigma_2 = \langle A_2, C_2, \tau_2\rangle$, *un* lexique $:=$ de $\Sigma_1$ vers $\Sigma_2$ *est défini par la donnée de* $\overset{\tau}{:=}$ *et* $\overset{c}{:=}$ *tels que :*
— $\overset{\tau}{:=} \ : A_1 \to \mathcal{T}(A_2)$ *est une fonction d'interprétation des types atomiques de* $\Sigma_1$ *comme des types implicatifs construits à partir de* $A_2$. *On appellera* $\overset{\tau}{:=}$ *également son extension homomorphique à tous les types de* $\mathcal{T}(A_1)$ *;*
— $\overset{c}{:=} \ : C_1 \to \Lambda(\Sigma_2)$ *est une fonction d'interprétation des constantes de* $\Sigma_1$ *comme des* $\lambda$*-termes construits à partir de* $\Sigma_2$. *On appellera* $\overset{c}{:=}$ *également son extension homomorphique à tous les termes de* $\Lambda(\Sigma_1)$ *;*
— *les fonctions d'interprétation sont compatibles avec la relation de typage, c'est-à-dire que pour tout* $c \in C_1$ *et* $t : \alpha \in \Lambda(\Sigma_2)$ *tels que* $c \overset{c}{:=} t$, *alors* $\tau_1(c) \overset{\tau}{:=} \alpha$ *(le type de l'image de* $c$ *est l'image du type de* $c$*).*
*Dans la suite, on utilisera sans ambiguïté* $:=$ *pour* $\overset{\tau}{:=}$ *ou* $\overset{c}{:=}$. *On définit également la fonction d'interprétation* $[\![\cdot]\!]$ *telle que pour tout* $t \in \Lambda(\Sigma_1)$ *et* $t := u$, $[\![t]\!] = u$.

Nous pouvons maintenant définir un lexique qui relie les termes abstraits de $\Lambda(\Sigma_{\text{dérivations}})$ aux termes objets de $\Lambda(\Sigma_{\text{dérivés}})$. Les tables 1 et 2 définissent bien un lexique. Le premier donne l'interprétation des types atomiques. On remarquera avec l'interprétation des types $\mathbf{V_A}$ et $\mathbf{S_A}$ que l'interprétation d'un type atomique peut être un type non atomique. Cela explicite le fait que l'adjonction est une fonction qui prend un (sous-)arbre et retourne un arbre qui sera à son tour inséré. La deuxième table donne l'interprétation des constantes. Pour l'interprétation de $C_{\textit{récompense}}$ (et des verbes en général), $S$ correspond à l'arbre auxiliaire qui peut éventuellement s'adjoindre au nœud **S** et $a$ à l'arbre auxiliaire qui peut éventuellement s'adjoindre au nœud **V**, tandis que $s$ et $o$ correspondent aux arbres **NP** qui seront respectivement sujet et objet.

$$\mathbf{NP} :=_{\text{syntaxe}} \tau \qquad \mathbf{S} :=_{\text{syntaxe}} \tau \qquad \mathbf{V} :=_{\text{syntaxe}} \tau \qquad \mathbf{V_A} :=_{\text{syntaxe}} \tau \to \tau \qquad \mathbf{S_A} :=_{\text{syntaxe}} \tau \to \tau$$

TABLE 1: Interprétation des types de $\Sigma_{\text{dérivations}}$ vers $\Sigma_{\text{dérivés}}$

**Definition 3** (Grammaire catégorielle abstraite). *Une* grammaire catégorielle abstraite *est un quadruplet* $\mathcal{G} = \langle \Sigma_1, \Sigma_2, :=, s\rangle$ *où :*

4. $\multimap$ est l'implication linéaire. Les variables abstraites par les $\lambda$ ne peuvent être utilisées qu'une et une seule fois.

| Interprétation des constantes | | Arbre dérivé TAG correspondant |
|---|---|---|
| $C_{Marie}$ | $:=_{\text{syntaxe}}$ $\mathbf{NP}_1$ *Marie* | NP <br> Marie |
| $C_{Jean}$ | $:=_{\text{syntaxe}}$ $\mathbf{NP}_1$ *Jean* | NP <br> Jean |
| $\beta_{\mathsf{X}}^{Id}$ | $:= \lambda x.x \quad (X \in \{\mathbf{V_A}, \mathbf{S_A}, \ldots\})$ | |
| $C_{gentiment}$ | $:=_{\text{syntaxe}}$ $\lambda x.\mathbf{V}_2\ x\ (\mathbf{Adv}_1\ \textit{gentiment})$ | V <br> V* Adv <br> gentiment |
| $C_{récompense}$ | $:=_{\text{syntaxe}}$ $\lambda S\ a\ s\ o.S\ (\mathbf{S}_3\ s\ (a\ (\mathbf{V}_1\ \textit{récompense}))\ o)$ | S <br> NP↓ V NP↓ <br> récompense |

TABLE 2: Lexique reliant les arbres de dérivation aux arbres dérivés

— $\Sigma_1$ *est une signature d'ordre supérieur, et* $\Sigma_2$ *une signature d'ordre supérieur. Elles sont appelés* vocabulaire abstrait *et* vocabulaire objet *;*
— $:=\ : \Sigma_1 \to \Sigma_2$ *est un lexique ;*
— $s$ *est un type atomique du vocabulaire abstrait, appelé le* type distingué *de la grammaire.*

**Definition 4** (Langages abstrait et objet)**.** *Soit* $\mathcal{G} = \langle \Sigma_1, \Sigma_2, :=, s\rangle$ *une grammaire catégorielle abstraite.*
1. *Le* langage abstrait $\mathcal{A}(\mathcal{G})$ *engendré par* $\mathcal{G}$ *est défini par* $\mathcal{A}(\mathcal{G}) = \{t \in \Lambda(\Sigma_1) | t : s\}$
2. *Le* langage objet $\mathcal{O}(\mathcal{G})$ *engendré par* $\mathcal{G}$ *est défini par* $\mathcal{O}(\mathcal{G}) = \{t \in \Lambda(\Sigma_2) | \exists u \in \mathcal{A}(\mathcal{G})$ *avec* $u := t\}$

Le terme correspondant à l'arbre de dérivation de la figure 1(c) est le terme : $t_0 = C_{récompense}\ \beta_{\mathsf{S}}^{Id}\ C_{gentiment}\ C_{Marie} C_{Jean}$. Il est bien typé, de type $\mathbf{S}$. Il appartient donc bien au langage abstrait de l'ACG $\mathcal{G}_{\text{syntaxe}}$ dont le lexique est donné dans les tables 1 et 2. On peut donc calculer son image par le lexique. Par définition, elle appartiendra au langage objet :

$$t_0 :=_{\text{syntaxe}} \mathbf{S}_3\ (\mathbf{NP}_1\ \textit{Marie})\ (\mathbf{V}_2\ (\mathbf{V}_1 \textit{récompense})\ (\mathbf{Adv}_1\ \textit{gentiment}))\ (\mathbf{NP}_1\ \textit{Jean})$$

La définition des ACG permet de considérer différents types d'architecture. On peut par exemple composer deux ACG de sorte que le vocabulaire objet de l'une soit également le vocabulaire abstrait de l'autre. C'est le cas si l'on veut considérer le lien entre les arbres dérivés, cette fois vus comme un langage abstrait, et leur production (*yield*) comme langage de chaînes. On utilisera une nouvelle ACG $\mathcal{G}_{\text{surface}}$ qui aura comme vocabulaire abstrait $\Sigma_{\text{dérivés}}$ le vocabulaire objet de $\mathcal{G}_{\text{syntaxe}}$ et comme vocabulaire objet la signature $\Sigma_{\text{string}}$ dont le seul type est le type des chaînes de caractère $\sigma$, qui possède comme constantes l'opération de concaténation, l'élément vide, et les chaînes *Marie*, *Jean*, *récompense*, ... En utilisant le lexique défini dans la table 3 on obtient la chaîne de caractères associée à $t_0$ :

$$t_0 :=_{\text{syntaxe}} \mathbf{S}_3\ (\mathbf{NP}_1\ \textit{Marie})\ (\mathbf{V}_2\ (\mathbf{V}_1 \textit{récompense})\ (\mathbf{Adv}_1\ \textit{gentiment}))\ (\mathbf{NP}_1\ \textit{Jean})$$
$$:=_{\text{surface} \circ \text{syntaxe}} \textit{Marie} + \textit{récompense} + \textit{gentiment} + \textit{Jean}$$

Cette composition d'ACG est illustrée dans la partie gauche de la figure 3.

**Analyse dans les ACG** On peut maintenant préciser ce que l'on entend par problème d'analyse dans les ACG. Soit une ACG $\mathcal{G} = \langle \Sigma_1, \Sigma_2, :=, s\rangle$. Analyser un terme $u \in \Lambda(\Sigma_2)$, c'est-à-dire un terme construit sur le vocabulaire objet, revient à *trouver un terme* $t$ *tel que* $t \in \mathcal{A}(\mathcal{G})$ *et* $t := u$. Il s'agit donc *d'inverser le lexique*.

Les propriétés des ACG dites d'ordre 2 [5] ont été particulièrement étudiées. Elles permettent d'encoder les formalismes faiblement contextuelles comme les TAG, les systèmes de réécriture linéaires non contextuels, les grammaires non contextuelles multiples (de Groote & Pogodalla, 2004; Salvati, 2006; Kanazawa, 2009) et la complexité de l'analyse est polynomiale (Kanazawa, 2008).

Or ces résultats ne dépendent que de l'ordre de la signature abstraite, mais pas du vocabulaire objet. L'inversion du morphisme reste possible dans les mêmes conditions y compris si le vocabulaire objet permet de construire des formules logiques pour la représentation conceptuelle. C'est ce qui permet de qualifier les ACG d'intrinsèquement réversibles.

5. Ce sont les ACG dont les types des constantes abstraites sont au plus d'ordre 2, avec $\text{ord}(a) = 1$ si $a$ est un type atomique et $\text{ord}(\alpha \to \beta) = \max(\text{ord}(\beta), \text{ord}(\alpha) + 1)$. Autrement dit, ce sont les ACG dont les structures de dérivations, les termes abstraits, sont des arbres.

| | | | |
|---|---|---|---|
| $\tau$ | $:=_{\text{surface}} \sigma$ | *Marie* | $:=_{\text{surface}} \textit{Marie}$ |
| *Jean* | $:=_{\text{surface}} \textit{Jean}$ | *récompense* | $:=_{\text{surface}} \textit{récompense}$ |
| *gentiment* | $:=_{\text{surface}} \textit{gentiment}$ | $\mathbf{NP}_1, \mathbf{V}_1, \mathbf{Adv}_1$ | $:=_{\text{surface}} \lambda x.x$ |
| $\mathbf{NP}_2, \mathbf{S}_2, \mathbf{V}_2$ | $:=_{\text{surface}} \lambda x\ y.x + y$ | $\mathbf{S}_3$ | $:=_{\text{surface}} \lambda x\ y\ z.x + y + z$ |

TABLE 3: Lexique pour les formes de surfaces à partir des formes dérivées

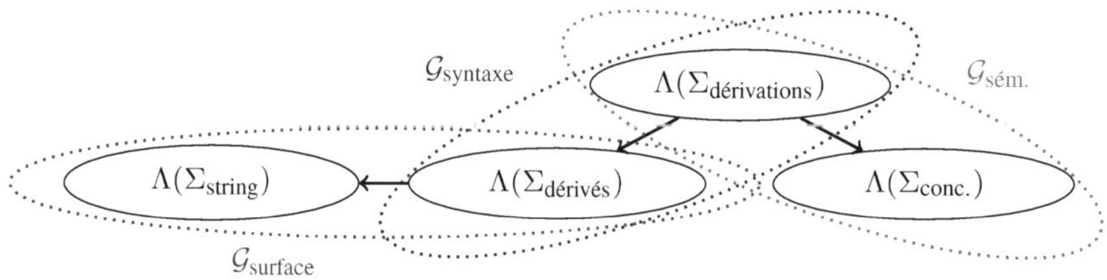


FIGURE 3: Architecture ACG utilisée pour les TAG et leur interface syntaxe-sémantique

**Interface syntaxe-sémantique** La réalisation de l'interface syntaxe-sémantique avec les ACG s'obtient par un mode de composition des ACG différent du précédent. Il s'agit de partager la structure de dérivation, autrement dit de considérer deux ACG qui partagent un même vocabulaire abstrait. La partie droite de la figure 3 illustre cette composition. Le vocabulaire abstrait $\Sigma_{\text{dérivations}}$ étant déjà défini, il nous suffit de définir le vocabulaire objet $\Sigma_{\text{conc.}}$ et le lexique de $\mathcal{G}_{\text{sém.}}$. $\Sigma_{\text{conc.}}$ comprend les deux types atomiques THING (entités) et PROP (propositions), qui correspondent respectivement aux types $e$ et $t$ chez Montague, ainsi que les constantes typées de la table 4. Le lecteur pourra vérifier que :

$$t_0 :=_{\text{sém.}} \text{KINDLY}(\text{RWDING}(\text{HUMAN MARIE}, \text{HUMAN JEAN}))$$

| | | | |
|---|---|---|---|
| $\mathbf{S}$ | $:=_{\text{sém.}} \text{PROP}$ | $C_{\textit{Marie}}$ | $:=_{\text{sém.}} \lambda P.P\ (\text{HUMAN MARIE})$ |
| $\mathbf{N}$ | $:=_{\text{sém.}} (\text{THING} \rightarrow \text{PROP}) \rightarrow \text{PROP}$ | $C_{\textit{Jean}}$ | $:=_{\text{sém.}} \lambda P.P\ (\text{HUMAN JEAN})$ |
| $\mathbf{V}_A$ | $:=_{\text{sém.}} \text{PROP} \rightarrow \text{PROP}$ | $\beta^{Id}_{\mathbf{V}}$ | $:=_{\text{sém.}} \lambda x.x$ |
| $\mathbf{S}_A$ | $:=_{\text{sém.}} \text{PROP} \rightarrow \text{PROP}$ | $\beta^{Id}_{\mathbf{S}}$ | $:=_{\text{sém.}} \lambda x.x$ |
| $C_{\textit{gentiment}}$ | $:=_{\text{sém.}} \lambda v\ s.\text{KINDLY}(v\ s)$ | $C_{\textit{récompense}}$ | $:=_{\text{sém.}} \lambda S\ a\ s\ o.S(s(\lambda x.o(\lambda y.a\ (\text{RWDING}(x, y)))))$ |

TABLE 4: Lexique de $\mathcal{G}_{\text{sém.}}$ pour la représentation conceptuelle

## 3.2 TAG, G-TAG, et ACG

Cette architecture permet donc d'utiliser un vocabulaire abstrait partagé entre deux ACG pour réaliser l'interface entre syntaxe et sémantique. Or, dans le cas de l'encodage des TAG avec les ACG, le langage abstrait des structures de dérivation, c'est-à-dire les termes de type $\mathbf{S}$, correspond aux arbres de dérivation des TAG. Par ailleurs, on a vu dans la section 2.3 que les arbres de g-derivation de G-TAG sont des arbres de dérivation TAG non complètement instanciés. Cela correspond en fait aux termes de $\Lambda(\Sigma_{\text{dérivations}})$ d'ordre 2. Ainsi, le terme $C_{\textit{récompense}} : \mathbf{S}_A \rightarrow \mathbf{V}_A \rightarrow \mathbf{NP} \rightarrow \mathbf{NP} \rightarrow \mathbf{S}$ peut être écrit sous-forme $\eta$-longue $\lambda S\ a\ s\ o.C_{\textit{récompense}}\ S\ a\ s\ o$. Il correspond à l'abre de g-dérivation (à l'ordre des arguments près : la modélisation TAG en ACG place habituellement les adjonctions en début, alors que les TAG les placent à la fin) : $\alpha_{\text{récompense}}(S, a, s, o)$. La même correspondance peut s'observer sur des termes et des arbres partiellement instanciés.

Par exemple entre le terme $\lambda s.C_{\textit{récompense}}\ \beta^{Id}_{\mathbf{S}}\ C_{\textit{gentiment}}\ s\ C_{\textit{Jean}}$ et l'arbre $\alpha_{\text{récompense}}(\beta^{Id}_{\mathbf{S}}, \beta_{\text{gentiment}}, s, \alpha_{\text{Jean}})$ où l'argument correspondant au sujet n'est pas encore instancié.

$\mathcal{G}_{\text{sém.}}$ permet également d'exprimer la notion de base lexicale d'un concept C. L'ensemble des arbres de g-dérivation capables d'exprimer ce concept peut être défini comme l'ensemble des constantes du vocabulaire abstrait dont l'image par $:=_{\text{sém.}}$ admet le concept C comme sous-terme : $BL(\text{C}) = \{c \in C_{\Sigma_{\text{dérivations}}} | c :=_{\text{sém.}} u$ et C est un sous-terme de $u\}$.

Montrer l'équivalence formelle entre les arbres de g-dérivation et les termes de $\Lambda(\Sigma_{\text{dérivations}})$ d'ordre 2 irait au-delà de cet article. Mais l'approche que nous proposons consiste donc à *utiliser l'architecture des ACG pour construire les arbres de dérivations (ou arbres de g-dérivation complètement instanciés) à partir des termes représentant les formes conceptuelles.* Cela nous permet d'utiliser les propriétés de réversibilité des ACG de second ordre pour construire ces arbres de dérivations, ainsi que les techniques d'optimisation qui y sont liées.

Cette approche nous permet également de dépasser la limitation de G-TAG concernant les verbes ponts (verbes à complétive permettant l'extraction hors de celle-ci), généralement représentés par des arbres auxiliaires en TAG. Dans les dérivations, ils apparaissent donc comme dépendants de la tête de la complétive, alors que conceptuellement leur prédicat a portée sur le verbe de la complétive. En G-TAG, il a été choisi de ne pas modéliser ces verbes qui n'apparaissent pas dans les textes techniques (Danlos, 1998, 2000). On voit bien la difficulté technique liée à l'inversion de l'ordre des arguments entre l'arbre de g-dérivation et la représentation conceptuelle. Les études formelles sur les ACG ont montré que ce problème apparent n'en était pas vraiment un à l'ordre 2 [6] tant que les lexiques sont presque linéaires (*almost linear*) [7]. Comme il a été montré par ailleurs que l'arbre de dérivation permet d'exprimer de manière adéquate ces inversions de portée (Pogodalla, 2004b,a), il n'est plus nécessaire de faire des hypothèses sur la grammaire TAG utilisée.

# 4 Exemples

Les exemples de cette section exprimés au second ordre utilisent une ACG et l'algorithme d'analyse général du toolkit ACG [8]. Le premier exemple a pour objectif d'illustrer le lien qui doit être fait entre les arguments du terme abstrait et ses réalisations syntaxique et sémantique. Nous étendons donc $\mathcal{G}_{\text{syntaxe}}$ et $\mathcal{G}_{\text{sém.}}$ avec les interprétations des tables 5 et 6. Nous laissons le lecteur vérifier que :

$$\begin{aligned}
C_{\textsf{récompense}}\ \beta^{Id}_{\mathbf{S}}\ \beta^{Id}_{\mathbf{V}}\ C_{\textsf{Marie}}\ C_{\textsf{Jean}} &:=_{\text{sém.}} \textsc{rwding}(\textsc{human Marie}, \textsc{human Jean})\\
C_{\textsf{être récompensé}}\ \beta^{Id}_{\mathbf{S}}\ \beta^{Id}_{\mathbf{V}}\ C_{\textsf{Jean}}\ C_{\textsf{Marie}} &:=_{\text{sém.}} \textsc{rwding}(\textsc{human Marie}, \textsc{human Jean})\\
C_{\textsf{donne récompense}}\ \beta^{Id}_{\mathbf{S}}\ \beta^{Id}_{\mathbf{V}}\ C_{\textsf{Marie}}\ C_{\textsf{Jean}} &:=_{\text{sém.}} \textsc{rwding}(\textsc{human Marie}, \textsc{human Jean})\\
C_{\textsf{reçoit récompense}}\ \beta^{Id}_{\mathbf{S}}\ \beta^{Id}_{\mathbf{V}}\ C_{\textsf{Jean}}\ C_{\textsf{Marie}} &:=_{\text{sém.}} \textsc{rwding}(\textsc{human Marie}, \textsc{human Jean})
\end{aligned}$$

Les constantes abstraites $C_{\textsf{pour que}}$ et $C_{\textsf{pour}}$ de la table 5 permettent d'engendrer les textes de (5) [9] à partir de la représentation conceptuelle : GOAL(VACC(HUMAN JEAN), RWDING(HUMAN MARIE, HUMAN JEAN)). Il est à noter que $C_{\textsf{pour}}$, à strictement parler, ne correspond pas à un arbre TAG mais permet la combinaison de plusieurs d'entre eux pour former l'expression $p_1$ *pour* $p_2$ où $p_1$ est le résultat de la substitution de **NP**↓ dans $s_1$ par le **NP** donné en paramètre, tandis que $p_2$ est le résultat de la substitution du **NP**↓ dans $s_2$ par l'arbre **NP**–**Pro** [10] (syntaxiquement la chaîne vide alors que sémantiquement le sujet est le même que celui donné en argument à $s_1$ pour former $p_1$). Cela permet notamment d'assurer que le sujet est bien partagé sémantiquement. Cela requiert simplement un nouveau type **Sws** (et des règles lexicales) dont les interprétations sont telles que $\mathbf{Sws}{:=_{\text{syntaxe}}}\ \tau \rightarrow \tau$ et $\mathbf{Sws}{:=_{\text{sém.}}}\ [\![\mathbf{NP}]\!] \rightarrow \textsc{Prop}$ avec $\mathbf{NP}{:=_{\text{sém.}}}\ [\![\mathbf{NP}]\!] = (\textsc{Thing} \rightarrow \textsc{Prop}) \rightarrow \textsc{Prop}$. (5d) n'est pas engendré car il n'y a pas de constante abstraite pour le passif de *donner une récompense* qui n'est pas passivable en français. Or, comme l'interprétation sémantique de $C_{\textsf{pour}}$ requiert que les deux propositions aient même sujet syntaxique, pour que le sujet de la deuxième soit le patient du prédicat RWDING, il faut un passif.

(5) a. Jean passe l'aspirateur pour que Marie récompense Jean
b. Jean passe l'aspirateur pour être récompensé par Marie
c. Jean passe l'aspirateur pour que Marie donne une récompense à Jean
d. *Jean passe l'aspirateur pour être donné une récompense par Marie

6. En fait, on peut lier cela à une complexité qui reste polynomiale mais dont le coefficient du polynôme croît avec la complexité du lexique exprimée par l'ordre maximum des termes réalisant les constantes abstraites. C'est ce qui explique la différence de complexité de l'analyse pour les grammaires non contextuelles et les grammaires TAG. Si des bornes maximales sont connues dans le cas des langages de chaînes et d'arbres, ce n'est pas le cas pour des langages objets en général.

7. C'est-à-dire qu'aucune variable n'est effacée ($\lambda$-abstraction vide) et que seules les variables de type atomique peuvent apparaître plusieurs fois. Dans le cas général, cela reste décidable mais extrêmement complexe (Salvati, 2010) et lève la restriction de monotonie sémantique (Shieber, 1988).

8. `http://www.loria.fr/equipes/calligramme/acg/#Software`

9. Nous donnons les exemples sans pronom puisque nous ne les traitons pas pour l'instant, mais ils seraient nécessaires.

10. Pour des raisons de simplicité, nous omettons les traits morpho-syntaxiques tels que subjonctif ou infinitif.

Le dernier exemple que nous souhaitons évoquer concerne *ensuite*. La constante abstraite que nous avons définie permet d'attacher l'adverbe à la proposition. (Danlos, 2000) indique que l'obtention de l'attachement au **V** passe par un post-traitement, ou alors requiert un formalisme plus expressif que TAG. Nous pouvons exprimer ceci grâce à l'ordre supérieur avec une constante $C'_{\textit{ensuite}} : \mathbf{S} \to (\mathbf{V}_\mathsf{A} \to \mathbf{S}) \to \mathbf{S}$ dont les interprétations sont : $C'_{\textit{ensuite}} :=_{\text{sém.}} \lambda s_1\ s_2.\textsc{succ}(s_1, s_2\ (\lambda x.x))$ et $C'_{\textit{ensuite}} :=_{\text{syntaxe}} \lambda s_1\ s_2.\mathbf{S}_2\ s_1\ (s_2(\lambda x.\mathbf{V}_2\ x\ \textit{ensuite}))$. Nous laissons le lecteur vérifier que les termes $t_1$ et $t_2$ donnés en (6) dérivent bien la même représentation sémantique SUCC(VACC(HUMAN JEAN), RWDING(HUMAN MARIE, HUMAN JEAN)) et engendrent respectivement les deux phrases de (7).

$$
\begin{aligned}
t_1 &= C_{\textit{ensuite}}(C_{\textit{passe l'aspirateur}}\ \beta^{Id}_{\mathbf{S}}\ \beta^{Id}_{\mathbf{V}} C_{\textit{Jean}})\ (C_{\textit{donne récompense}}\ \beta^{Id}_{\mathbf{S}}\ \beta^{Id}_{\mathbf{V}}\ C_{\textit{Marie}}\ C_{\textit{Jean}}) \\
t_2 &= C'_{\textit{ensuite}}(C_{\textit{passe l'aspirateur}}\ \beta^{Id}_{\mathbf{S}}\ \beta^{Id}_{\mathbf{V}} C_{\textit{Jean}})\ (\lambda v.C_{\textit{donne récompense}}\ \beta^{Id}_{\mathbf{S}}\ v\ C_{\textit{Marie}}\ C_{\textit{Jean}})
\end{aligned} \tag{6}
$$

(7) a. Jean passe l'aspirateur. Ensuite Marie donne une récompense à Jean.
  b. Jean passe l'aspirateur. Marie donne ensuite une récompense à Jean.

| | | |
|---|---|---|
| $C_{\textit{être récompensé}}$ | : $\mathbf{S}_\mathsf{A} \to \mathbf{V}_\mathsf{A} \to \mathbf{NP} \to \mathbf{NP} \to \mathbf{S}$ | 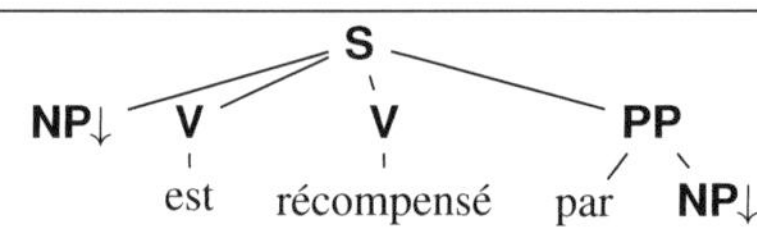 |
| $C_{\textit{donne récompense}}$ | : $\mathbf{S}_\mathsf{A} \to \mathbf{V}_\mathsf{A} \to \mathbf{NP} \to \mathbf{NP} \to \mathbf{S}$ | 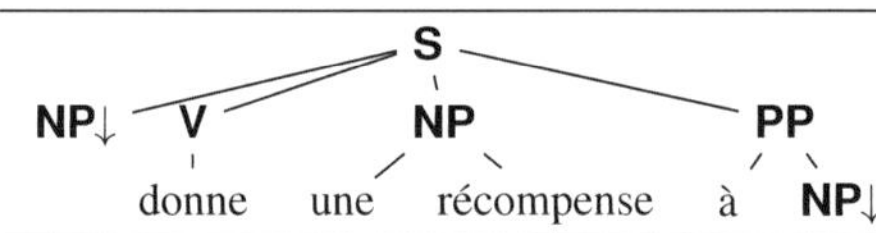 |
| $C_{\textit{reçoit récompense}}$ | : $\mathbf{S}_\mathsf{A} \to \mathbf{V}_\mathsf{A} \to \mathbf{NP} \to \mathbf{NP} \to \mathbf{S}$ | 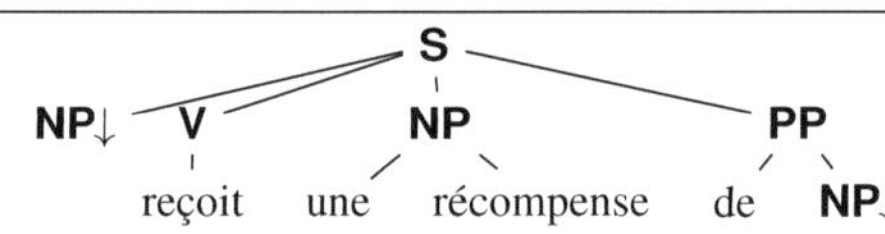 |
| $C_{\textit{pour que}}$ | : $\mathbf{S} \to \mathbf{S} \to \mathbf{S}$ | 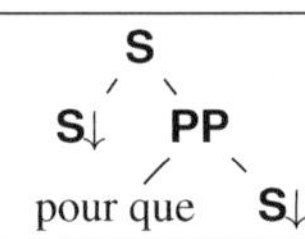 |
| $C_{\textit{pour}}$ | : $\mathbf{Sws} \to \mathbf{Sws} \to \mathbf{NP} \to \mathbf{S}$ | |
| $C_{\textit{ensuite}}$ | : $\mathbf{S} \to \mathbf{S} \to \mathbf{S}$ | 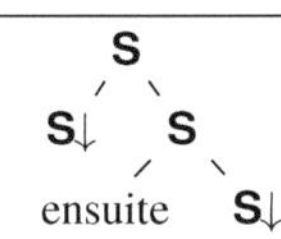 |

TABLE 5: Arbres élémentaires et constantes abstraites pour les différentes expressions du concept RWDING

| | |
|---|---|
| $C_{\textit{être récompensé}}$ | $:=_{\text{syntaxe}} \lambda S\ a\ s\ o.S\ (\mathbf{S}_4\ (\mathbf{NP}_1\ s)\ (a\ (\mathbf{V}_2\ \textit{est}))\ (\mathbf{V}_1\ \textit{récompensé})\ (\mathbf{PP}_2\ \textit{par}\ o))$<br>$:=_{\text{sém.}} \lambda S\ a\ s\ o.S(a(\textsc{rwding}(o, s)))$ |
| $C_{\textit{donne récompense}}$ | $:=_{\text{syntaxe}} \lambda S\ a\ s\ o.S\ (\mathbf{S}_4\ (\mathbf{NP}_1\ s)\ (a\ (\mathbf{V}_1\ \textit{donne}))\ (\mathbf{NP}_2\ \textit{une récompense})\ (\mathbf{PP}_2\ \textit{à}\ o))$<br>$:=_{\text{sém.}} \lambda S\ a\ s\ o.S(a(\textsc{rwding}(s, o)))$ |
| $C_{\textit{reçoit récompense}}$ | $:=_{\text{syntaxe}} \lambda S\ a\ s\ o.S\ (\mathbf{S}_4\ (\mathbf{NP}_1\ s)\ (a\ (\mathbf{V}_1\ \textit{reçoit}))\ (\mathbf{NP}_2\ \textit{une récompense})\ (\mathbf{PP}_2\ \textit{de}\ o))$<br>$:=_{\text{sém.}} \lambda S\ a\ s\ o.S(a(\textsc{rwding}(o, s)))$ |
| $C_{\textit{pour que}}$ | $:=_{\text{syntaxe}} \lambda s_1\ s_2.\mathbf{S}_2\ s_1\ (\mathbf{PP}_2\ (\textit{pour que})\ s_2)$<br>$:=_{\text{sém.}} \lambda s_1\ s_2.\textsc{goal}(s_1, s_2)$ |
| $C_{\textit{pour}}$ | $:=_{\text{syntaxe}} \lambda s_1\ s_2\ s.\mathbf{S}_2\ (s_1\ s)\ (\mathbf{PP}_2\ \textit{pour}\ (s_2\ (\mathbf{NP}_1\ \mathbf{Pro})))$<br>$:=_{\text{sém.}} \lambda s_1\ s_2\ n.\textsc{goal}(s_1\ n, s_2\ n)$ |
| $C_{\textit{ensuite}}$ | $:=_{\text{syntaxe}} \lambda s_1\ s_2.\mathbf{S}_2\ s_1\ (\mathbf{PP}_2\ (\textit{ensuite})\ s_2)$<br>$:=_{\text{sém.}} \lambda s_1\ s_2.\textsc{succ}(s_1, s_2)$ |

TABLE 6: Différentes expressions du concept RWDING

## 5 Conclusion et perspectives

Nous avons étudié G-TAG et ses notions propres, notamment l'arbre de g-dérivation, et montré que ce dernier correspondait aux termes abstraits d'une ACG de second ordre. Cela nous permet : d'une part d'utiliser les propriétés de réversibilité intrinsèque de ce formalisme ; d'autre part de généraliser l'approche à des phénomènes non traités (verbes ponts) tout en restant dans les TAG ; enfin de créer facilement des liens vers des formalismes plus expressifs (cf l'attachement de *ensuite* au nœud **V**). Cependant, un certain nombre de traitements propres aux implantations G-TAG ne sont pas encore traduits ici. La génération des expressions référentielles en est un. Une autre limitation concerne la parallélisation, ou la factorisation de certains évènements dans certaines constructions. En effet, la représentation conceptuelle que nous avons adoptée associe la représentation SUCC(GOAL(VACC(HUMAN JEAN), RWDING(HUMAN MARIE, HUMAN JEAN), NAP(HUMAN JEAN)) au texte *Jean a passé l'aspirateur pour être récompensé par Marie. Ensuite il a fait la sieste*. Or le prédicat GOAL ne devrait pas être dans la portée de SUCC. Ceci est traité à l'aide d'opérations particulières en G-TAG (Meunier, 1997, Section 6.1.2). Nous souhaitons éviter les opérations spécifiques et pour cela utiliser dans des travaux ultérieurs la représentation sémantique d'ordre supérieur décrite par (Danlos, 2009). Par ailleurs, le problème de guider le choix des réalisations lexicales, notamment par des règles et des connaissances linguistiques comme en G-TAG, et d'indiquer des préférences aux algorithmes utilisés dans les ACG est ouvert. Enfin, la clarification du statut de l'arbre de g-dérivation du point de vue des propriétés formelles des langages engendrés nous permet d'envisager de comparer plus précisément cette approche à celles qui considèrent les arbres de dérivation comme les arbres engendrés par une grammaire régulière d'arbres (Schmitz & Le Roux, 2008) dont les dérivations sont utilisées comme pivot pour la génération (Gardent & Perez-Beltrachini, 2010).

## Références


AÏT-KACI H. & NASR R. (1986). LOGIN : A logic programming language with built-in inheritance. *The Journal of logic programming*, **3**(3), 185–215. doi :10.1016/0743-1066(86)90013-0.

CHEN-MAIN J. & JOSHI A. K. (2012). A dependency perspective on the adequacy of tree local multi-component tree adjoining grammar. *Journal of Logic and Computation*. doi :10.1093/logcom/exs012.

COMON H., DAUCHET M., GILLERON R., LÖDING C., JACQUEMARD F., LUGIEZ D., TISON S. & TOMMASI M. (2007). Tree Automata Techniques and Applications. Available on : http://www.grappa.univ-lille3.fr/tata. Release October, 12th 2007.

DANLOS L. (1998). G-TAG : Un formalisme lexicalisé pour la génération de textes inspiré de TAG. *Traitement Automatique des Langues*, **39**(2). http://hal.inria.fr/inria-00098489.

DANLOS L. (2000). G-TAG : A lexicalized formalism for text generation inspired by Tree Adjoining Grammar. In A. ABEILLÉ & O. RAMBOW, Eds., *Tree Adjoining Grammars : Formalisms, Linguistic Analysis, and Processing*, volume 107 of *CSLI Lecture Notes*, p. 343–370 : CSLI Publications.

DANLOS L. (2009). D-STAG : un formalisme d'analyse automatique de discours basé sur les TAG synchrones. *T.A.L.*, **50**(1), 111–143. http://hal.inria.fr/inria-00524743/en/.

DANLOS L., GAIFFE B. & ROUSSARIE L. (2001). Document sructuring à la SDRT. In H. HORACEK, N. NICOLOV & L. WANNER, Eds., *Proceedings of the ACL 2001 Eighth European Workshop on Natural Language Generation (EWNLG)*. http://aclweb.org/anthology/W/W01/W01-0803.pdf.

DANLOS L., MEUNIER F. & COMBET V. (2011). EasyText : an operational NLG system. In *ENLG 2011, 13th European Workshop on Natural Language Generation*. http://hal.inria.fr/inria-00614760/en/.

DE GROOTE P. (2001). Towards Abstract Categorial Grammars. In *Association for Computational Linguistics, 39th Annual Meeting and 10th Conference of the European Chapter, Proceedings of the Conference*, p. 148–155. http://aclweb.org/anthology/P/P01/P01-1033.pdf.

DE GROOTE P. (2002). Tree-Adjoining Grammars as Abstract Categorial Grammars. In *TAG+6, Proceedings of the sixth International Workshop on Tree Adjoining Grammars and Related Frameworks*, p. 145–150 : Università di Venezia. http://www.loria.fr/equipes/calligramme/acg/publications/2002-tag+6.pdf.

DE GROOTE P. & POGODALLA S. (2004). On the expressive power of Abstract Categorial Grammars : Representing context-free formalisms. *Journal of Logic, Language and Information*, **13**(4), 421–438. doi :10.1007/s10849-004-2114-x.

GARDENT C. & PEREZ-BELTRACHINI L. (2010). RTG based surface realisation for TAG. In *Proceedings of the 23rd International Conference on Computational Linguistics (COLING 2010)*, p. 367–375, Beijing, China : Coling 2010 Organizing Committee. http://www.aclweb.org/anthology/C10-1042.

JOSHI A. K., KALLMEYER L. & ROMERO M. (2003). Flexible Composition in LTAG : Quantifier Scope and Inverse Linking. In H. BUNT, I. VAN DER SLUIS & R. MORANTE, Eds., *Proceedings of IWCS-5*.

JOSHI A. K., LEVY L. S. & TAKAHASHI M. (1975). Tree Adjunct Grammars. *Journal of Computer and System Sciences*, **10**(1), 136–163. doi :10.1016/S0022-0000(75)80019-5.

JOSHI A. K. & SCHABES Y. (1997). Tree-adjoining grammars. In G. ROZENBERG & A. SALOMAA, Eds., *Handbook of formal languages*, volume 3, chapter 2. Springer.

KALLMEYER L. (2002). Using an Enriched TAG Derivation Structure as Basis for Semantics. In *Proceedings of TAG+6*.

KALLMEYER L. & ROMERO M. (2004). LTAG Semantics with Semantic Unification. In *Seventh International Workshop on Tree Adjoining Grammar and Related Formalisms - TAG+7*, p. 155–162. http://www.sfs.uni-tuebingen.de/~lk/papers/kallmrom-tag+7.pdf.

KALLMEYER L. & ROMERO M. (2007). Scope and Situation Binding for LTAG. *Research on Language and Computation*, **6**(1), 3–52. doi :10.1007/s11168-008-9046-6.

KANAZAWA M. (2007). Parsing and Generation as Datalog Queries. In *Proceedings of the 45th Annual Meeting of the Association of Computational Linguistics (ACL)*, p. 176–183, Prague, Czech Republic : Association for Computational Linguistics. http://www.aclweb.org/anthology/P/P07/P07-1023.

KANAZAWA M. (2008). A prefix-correct Earley recognizer for multiple context-free grammars. In *Proceedings of the Ninth International Workshop on Tree Adjoining Grammars and Related Formalisms (TAG+9)*, p. 49–56, Tuebingen, Germany.

KANAZAWA M. (2009). Second-Order Abstract Categorial Grammars as Hyperedge Replacement Grammars. *Journal of Logic, Language, and Information*, **19**(2), 137–161. doi :10.1007/s10849-009-9109-6.

MEUNIER F. (1997). *Implantation du formalisme de génération G-TAG*. PhD thesis, Université Paris 7 — Denis Diderot.

MEUNIER F., DANLOS L. & COMBET V. (2011). EasyText : un système opérationnel de génération de textes. In *Actes de la 18e conférence sur le Traitement Automatique des Langues Naturelles*, Montpellier, France. http://hal.inria.fr/inria-00607708.

POGODALLA S. (2004a). Computing Semantic Representation : Towards ACG Abstract Terms as Derivation Trees. In *Seventh International Workshop on Tree Adjoining Grammar and Related Formalisms - TAG+7*, p. 64–71, Vancouver, BC, Canada. http://hal.inria.fr/inria-00107768.

POGODALLA S. (2004b). Vers un statut de l'arbre de dérivation : exemples de construction de représentations sémantiques pour les Grammaires d'Arbres Adjoints. In *Traitement Automatique des Langues Naturelles - TALN'04*, p. 10 p, Fès, Maroc : none. http://hal.inria.fr/inria-00107767.

POGODALLA S. (2007). Ambiguïté de portée et approche fonctionnelle des TAG. In *Traitement Automatique des Langues Naturelles - TALN 2007*, p. 10 p., Toulouse, France. http://hal.inria.fr/inria-00141913.

POGODALLA S. (2009). Advances in Abstract Categorial Grammars : Language Theory and Linguistic Modeling. ESSLLI 2009 Lecture Notes, Part II. http://hal.inria.fr/hal-00749297.

RAMBOW O., VIJAY-SHANKER K. & WEIR D. (2001). D-Substitution Grammars. *Computational Linguistics*, **27**(1), 87–121. http://aclweb.org/anthology/J/J01/J01-1004.pdf.

REITER E. & DALE R. (1997). Building applied natural language generation systems. *Natural Language Engineering*, **3**(1), 57–87. doi :10.1017/S1351324997001502.

SALVATI S. (2006). Encoding second order string ACG with Deterministic Tree Walking Transducers. In SHULY WINTNER, Ed., *Proceedings of The 11th conference on Formal Grammar FG 2006*, FG Online Proceedings, p. 143–156, Malaga Espagne : CSLI Publications. http://cslipublications.stanford.edu/FG/2006/salvati.pdf.

SALVATI S. (2010). On the membership problem for non-linear Abstract Categorial Grammars. *Journal of Logic, Language and Information*, **19**(2), 163–183. doi :10.1007/s10849-009-9110-0.

SCHABES Y. & SHIEBER S. M. (1994). An alternative conception of tree-adjoining derivation. *Computational Linguistics*, **20**(1), 91–124. http://aclweb.org/anthology/J/J94/J94-1004.pdf.

SCHMITZ S. & LE ROUX J. (2008). Feature Unification in TAG Derivation Trees. In C. GARDENT & A. SARKAR, Eds., *Proceedings of the 9th International Workshop on Tree Adjoining Grammars and Related Formalisms (TAG+'08)*, p. 141–148, Tübingen, Germany. http://arxiv.org/abs/0804.4584.

SHIEBER S. M. (1988). A Uniform Architecture for Parsing and Generation. In *Proceedings of the 12th International Conference on Computational Linguistics*, volume 2, p. 614–619, Budapest. http://dash.harvard.edu/bitstream/handle/1/2265286/Shieber_UniformArchitecture.pdf.

VIJAY-SHANKER K. (1987). *A Study of Tree Adjoining Grammars*. PhD thesis, University of Pennsylvania.

# Apprentissage partiellement supervisé d'un étiqueteur morpho-syntaxique par transfert cross-lingue

Guillaume Wisniewski[1,2] Nicolas Pécheux[1,2] Elena Knyazeva[1,2] Alexandre Allauzen[1,2]
François Yvon[2]
(1) Université Paris Sud, 91 403 Orsay CEDEX
(2) LIMSI-CNRS, 91 403 Orsay CEDEX
{nom.prénom}@limsi.fr

**Résumé.** Les méthodes de transfert cross-lingue permettent partiellement de pallier l'absence de corpus annotés, en particulier dans le cas de langues peu dotées en ressources linguistiques. Le transfert d'étiquettes morpho-syntaxiques depuis une langue riche en ressources, complété et corrigé par un dictionnaire associant à chaque mot un ensemble d'étiquettes autorisées, ne fournit cependant qu'une information de supervision incomplète. Dans ce travail, nous reformulons ce problème dans le cadre de l'*apprentissage ambigu* et proposons une nouvelle méthode pour apprendre un analyseur de manière faiblement supervisée à partir d'un modèle à base d'historique. L'évaluation de cette approche montre une amélioration sensible des performances par rapport aux méthodes de l'état de l'art pour trois langues sur quatre considérées, avec des gains jusqu'à 3,9% absolus ou 35,8% relatifs.

**Abstract.** When Part-of-Speech annotated data is scarce, e.g. for under resourced languages, one can turn to cross-lingual transfer and crawled dictionaries to collect partially supervised data. We cast this problem in the framework of *ambiguous learning* and show how to learn an accurate history-based model. This method is evaluated on four languages and yields improvements over state-of-the-art for three of them, with gains up to 3.9% absolute or 35.8% relative.

**Mots-clés :** apprentissage partiellement supervisé, analyse morpho-syntaxique, transfert cross-lingue.

**Keywords:** Weakly Supervised Learning, Part-of-Speech Tagging, Cross-Lingual Transfer.

## 1 Introduction

Les catégories morpho-syntaxiques, qui regroupent les mots partageant un même comportement syntaxique et/ou morphologique, constituent une source d'information pertinente pour de nombreuses tâches de traitement automatique des langues (TAL). Elles sont par exemple aujourd'hui presque systématiquement calculées en prétraitement pour des tâches d'extraction d'information, pour la reconnaissance d'entités nommées ou encore en traduction automatique, sans parler de leur utilisation en analyse syntaxique. Étant donné leur importance, de nombreux travaux se sont attachés à prédire automatiquement ces étiquettes en utilisant une grande variété de méthodes d'apprentissage supervisé. Ces méthodes atteignent aujourd'hui un niveau de performances proche de celui d'un annotateur humain, du moins lorsqu'elles sont entrainées sur des corpus annotés suffisamment grands dans le domaine d'intérêt (Manning, 2011).

L'annotation manuelle d'un corpus reste cependant un processus complexe, fastidieux et onéreux qui nécessite une solide expertise linguistique (Abeillé *et al.*, 2003), même si les outils aujourd'hui disponibles peuvent aider à accélérer très significativement cette démarche (Garrette & Baldridge, 2013). Il n'existe donc actuellement des corpus annotés avec des informations morpho-syntaxiques que pour un nombre de langues et de domaines réduits. Différentes approches ont été proposées dans la littérature pour réduire cet effort d'annotation (voire pour s'en passer complètement) afin de développer des analyseurs morpho-syntaxiques pour des langues et des domaines pour lesquels ces ressources n'existent pas.

Un premier type de solution consiste à estimer des classes de mots automatiquement à partir de corpus non annotés, en regroupant les unités qui possèdent un même comportement distributionnel ; ces classes doivent ensuite être projetées sur les catégories morpho-syntaxiques traditionnelles pour pouvoir être interprétées. Une grande variété de méthodes ont été proposées dans la littérature pour réaliser cette tâche, depuis (Brown *et al.*, 1992) jusqu'aux travaux plus récents de (Banko & Moore, 2004; Toutanova & Johnson, 2007). Malgré des progrès constants, leurs performances restent en général trop faibles pour permettre leur utilisation dans des applications de TAL (Christodoulopoulos *et al.*, 2010). Cette approche peut être largement améliorée dès lors que l'on dispose d'une poignée de données annotées en plus des données non étiquetées (apprentissage semi-supervisé) : les annotations serviront, par exemple, à initialiser et/ou à désambigüiser les catégories apprises automatiquement.

Il est également possible, pour projeter les mots sur une liste de catégories prédéfinies, d'utiliser des dictionnaires qui contraignent la liste des étiquettes possibles de chaque mot. Ces dictionnaires, qui permettent de réaliser une désambigüisation partielle, s'avèrent très utiles (par exemple dans un cadre de modèle à données latentes), lorsque de grands corpus non annotés sont disponibles pour l'apprentissage (Merialdo, 1994; Banko & Moore, 2004). De tels dictionnaires peuvent aujourd'hui être obtenus automatiquement à relativement bas cout (Li *et al.*, 2012), par exemple à partir des données de projets tels que `Wiktionary`[1].

Le transfert cross-lingue offre une autre manière, complémentaire, de contourner l'absence ou la rareté de données annotées. Le principe du transfert cross-lingues est d'exploiter des corpus de textes parallèles, qui peuvent aujourd'hui être collectés automatiquement en grande quantité (Resnik & Smith, 2003) et d'utiliser ceux-ci pour *transférer* les sorties des outils d'analyse appliqués à une langue *source* riche en données annotées vers une langue *cible* moins bien dotée. Ainsi, en exploitant les alignements automatiques au niveau des mots, il est possible de projeter les étiquettes morpho-syntaxiques des phrases sources vers les phrases cibles (Yarowsky *et al.*, 2001). Dans la lignée de (Das & Petrov, 2011; Li *et al.*, 2012), Täckström *et al.* (2013) a montré qu'il était possible d'apprendre des analyseurs morpho-syntaxiques de bonne qualité de cette manière, si l'information extraite à partir des alignements venait compléter les indications extraites d'un dictionnaire associant à chaque mot un ensemble d'étiquettes morpho-syntaxiques autorisées. Wang & Manning (2014) montrent qu'il est également possible et préférable de transférer les probabilités calculées par les outils d'analyse en langue source plutôt que de projeter uniquement les étiquettes prédites. La méthode de transfert des étiquettes entre langue source et langue cible, ainsi que l'extraction et l'utilisation des dictionnaires, sont détaillées dans la partie 2.

Les deux approches proposées par Täckström *et al.* (2013), permettant d'apprendre à partir de ces deux sources de données (les étiquettes projetées et les dictionnaires), reposent sur des modèles de séquences (HMM et CRF) et sur une généralisation *ad hoc* de leur critère d'apprentissage, afin d'intégrer les différentes sources d'information. Dans ce travail, nous proposons de reformuler le problème du transfert cross-lingue dans le cadre de l'*apprentissage ambigu* (Bordes *et al.*, 2010; Cour *et al.*, 2011) dont l'objectif est d'estimer un classifieur lorsque le système ne peut accéder, lors de la phase d'apprentissage, qu'à un ensemble d'étiquettes possibles dont une seule est juste et non à l'étiquette de référence. À partir des résultats théoriques développés dans (Bordes *et al.*, 2010), nous introduisons une méthode d'apprentissage capable d'apprendre un étiqueteur morpho-syntaxique dans un contexte faiblement supervisé. Ce modèle d'apprentissage est décrit dans la partie 3 et son évaluation sur quatre langues est présentée dans la partie 4.

Le code source et l'ensemble des ressources utilisées dans ce travail sont disponibles à l'url `http://perso.limsi.fr/wisniews/ambiguous`.

## 2 Création de corpus d'apprentissage par transfert d'étiquettes

L'objectif de ce travail est de développer des étiqueteurs morpho-syntaxiques en s'appuyant sur le transfert d'annotations entre phrases parallèles afin de pouvoir complètement se dispenser, lors de l'apprentissage, de données étiquetées manuellement. Le transfert d'annotations nécessite de définir une correspondance entre étiquettes des langues source et cible, correspondance qui est obtenue dans ce travail en utilisant un ensemble universel d'étiquettes morpho-syntaxiques simples décrit dans la sous-section 2.1. En suivant la méthode proposée par Täckström *et al.* (2013), nous utilisons deux sources complémentaires d'information pour déterminer les étiquettes des différents mots de la langue cible par transfert cross-lingue : un dictionnaire associant à un mot-type donné l'ensemble de ses étiquettes possibles (partie 2.2) et les alignements entre une phrase annotée et sa traduction (partie 2.3). Ces informations sont fusionnées pour étiqueter automatiquement un corpus d'apprentissage (partie 2.4).

1. `http://www.wiktionary.org/`

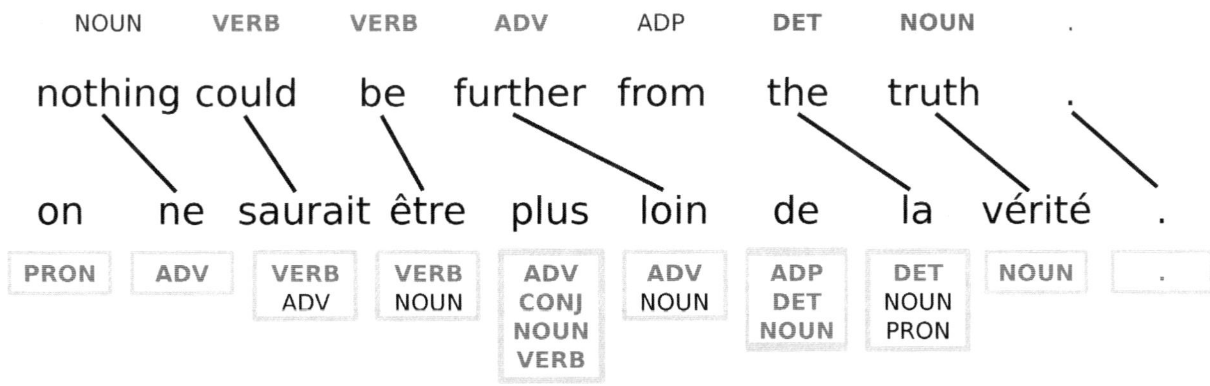


FIGURE 1 – *Exemple de transfert d'étiquettes d'une phrase source (haut) en anglais vers une phrase cible (bas) en français, extrait du corpus d'apprentissage. Pour chaque mot cible, les étiquettes autorisées par les contraintes de type sont représentées dans le cadre bleu. Les étiquettes morpho-syntaxiques de la phrase source sont transférées vers la phrase cible uniquement lorsque celles-ci sont « compatibles » avec les contraintes de type (elles sont dans ce cas représentées en vert). Au final, les étiquettes en rouge constituent l'information (ambigüe) de supervision de la phrase cible.*

## 2.1 Un ensemble universel d'étiquettes morpho-syntaxique

La possibilité de transférer l'information morpho-syntaxique d'une langue à un autre suppose que cette information puisse être décrite de la même manière dans les deux langues. Même si cette hypothèse forte est hautement controversée (Evans & Levinson, 2009; Broschart, 2009), Petrov *et al.* (2012) définissent 12 étiquettes morpho-syntaxiques à gros grain choisies en raison de leur « universalité » (les catégories identifiées sont relativement stables d'une langue à l'autre) et de leur utilité dans une chaine de traitement de TAL. Ces étiquettes universelles sont les suivantes : NOUN (noms), VERB (verbes), ADJ (adjectifs), ADV (adverbes), PRON (pronoms), DET (déterminants et articles), ADP (prépositions et postpositions), NUM (numéraux), CONJ (conjonctions), PRT (particules), « . » (symboles de ponctuations) et X (pour tout ce qui échappe aux autres catégories, comme par exemple les abréviations ou les mots étrangers). Ces catégories sont uniquement décrites par des exemples et par leur association à des corpus existants et n'ont pas vraiment fait l'objet d'une caractérisation formelle. Par la suite, nous supposerons toujours que toutes les étiquettes morpho-syntaxiques ont été transformées en étiquettes universelles.

## 2.2 Utilisation de dictionnaires

La première source d'information utilisée pour prédire les informations morpho-syntaxiques est appelée *contrainte de type* et est constituée par un dictionnaire qui associe à chaque mot-type l'ensemble des étiquettes autorisées pour ce mot. La figure 1 donne un exemple d'étiquettes autorisées pour une phrase en français. Les mots « on », « ne », « vérité » et « . » sont entièrement désambigüisés par le dictionnaire. Comme expliqué dans la partie 2.4, ces contraintes permettent de réduire les étiquettes possibles pour chaque mot et de filtrer les annotations transférées en suivant les liens d'alignements.

Plusieurs types de dictionnaires peuvent être utilisés pour déterminer les étiquettes possibles pour un mot. Dans ce travail, nous utilisons des dictionnaires extraits automatiquement de `Wiktionary` en utilisant les méthodes et les heuristiques introduites par Li *et al.* (2012). `Wiktionary` est un dictionnaire de grande envergure, collaboratif et libre et peut être considéré comme une source relativement fiable d'information. Chacune de ses entrées contient les définitions, les étiquettes morpho-syntaxiques et des informations de prononciation, cela pour un grand nombre de mots[2]. Li *et al.* (2012) étudient en détail la couverture et l'exactitude des étiquettes morpho-syntaxiques extraites de `Wiktionary`. Sur les corpus annotés manuellement considérés dans nos expériences, nous observons que ces contraintes de type sont exactes pour plus de 94% des mots-occurrences (voir section 4.1 pour plus de détails). Il est important de noter que les informations de `Wiktionary` sont données en forme libre et que leur extraction et leur conversion vers l'ensemble universel d'étiquettes est une tâche fastidieuse.

2. Par exemple, les dictionnaires français et grec utilisés dans nos expériences contiennent respectivement 1 242 728 et 21 857 entrées. Ces entrées décrivent aussi bien des stemmes que des formes fléchies.

## 2.3 Transfert cross-lingue d'étiquettes

La deuxième source d'information, appelée *contrainte d'occurrence (token constraint)*, utilise les liens d'alignements [3], lorsqu'ils existent, pour projeter l'étiquette d'un mot-occurrence source sur un mot-occurrence cible. La figure 1 montre un exemple d'alignement entre une phrase source et une phrase cible. L'alignement manquant entre « from » et « de » ne permet pas de transférer l'étiquette ADP. Pour limiter le bruit lié aux erreurs des alignements automatiques, nous calculons au préalable pour chaque mot-type la distribution des étiquettes qui seraient transférées par cette méthode. Pour un mot-occurrence donné, le transfert d'étiquette n'est finalement pris en compte que si cette étiquette transférée est l'une des deux étiquettes les plus fréquentes pour ce mot-type [4]. De plus nous utilisons cette information pour compléter le dictionnaire de types : lorsqu'un mot-type n'est pas dans le dictionnaire extrait de `Wiktionary`, nous utilisons comme contraintes de type ces deux étiquettes les plus fréquentes [5]. Par exemple, sur la figure 1 le verbe conjugué « saurait » n'est pas une entrée de `Wiktionary` et se voit attribuer les deux étiquettes VERB et ADV

Täckström *et al.* (2013) décrivent de manière détaillée l'impact de ces deux types de contraintes et montrent que chacune d'elles apporte des informations complémentaires.

## 2.4 Prise en compte des deux sources complémentaires d'information

Les deux sources d'information introduites précédemment sont fusionnées en utilisant les règles décrites par l'algorithme 1, qui s'inspire de la méthode de (Täckström *et al.*, 2013). La figure 1 donne un exemple de transfert et de filtrage des étiquettes d'une phrase source vers une phrase cible.

Après transfert et filtrage des étiquettes, les mots cibles sont donc associés à un ensemble d'étiquettes (en rouge, figure 1) et non à une unique étiquette de référence. Un mot-occurrence cible peut cependant être associé à une unique étiquette, dans le cas du transfert d'une étiquette ou dans le cas où la contrainte de type est réduite à une étiquette. La partie 4.1 montre que c'est le cas pour environ 80% des mots-occurrences. Dans la partie suivante, nous expliquons comment il est possible d'entrainer un analyseur morpho-syntaxique n'utilisant que cette *information ambigüe* comme supervision.

**Algorithme 1:** Règles utilisées pour transférer les étiquettes à partir d'une phrase source.

**input** : mot $w$, $d$ dictionnaire décrivant les contraintes de type et un alignement entre les phrases source et cible
**output** : l'ensemble des étiquettes possibles pour le mot $w$
*occurrence* $\leftarrow$ {étiquette du mot avec lequel $w$ est aligné} ; // $\emptyset$ si $w$ n'est pas aligné
*type* $\leftarrow d[w]$
**if** *type* $\cap$ *occurrence* $\neq \emptyset$ **then**
  **return** *occurrence;*
**else**
  **return** *type*;
**end**

# 3 Modèles de séquences pour l'apprentissage faiblement supervisé

Pour apprendre un modèle de séquences dans un cadre faiblement supervisé, nous utilisons un modèle à base d'historique (Black *et al.*, 1992; Collins, 2003; Tsuruoka *et al.*, 2011) avec une méthode d'apprentissage proche de LaSO (Daumé & Marcu, 2005). Dans les modèles à base d'historique, la prédiction d'une structure complexe (ici la séquence d'étiquettes morpho-syntaxiques) est modélisée sous la forme d'une suite de problèmes de décision, consistant chacun à prédire l'étiquette d'une observation. Chaque décision est prise par un classifieur multi-classe utilisant comme descripteurs des informations extraites de la structure d'entrée, ainsi que les décisions prises antérieurement (c'est-à-dire une sortie partiellement désambigüisée). Ces modèles permettent donc de *réduire* l'apprentissage structuré en un problème d'apprentissage multi-classe.

3. Nous ne considérons que des alignements `1:1` entre mots sources et cibles.

4. Il est aussi possible d'effectuer ce filtrage en seuillant la distribution comme dans (Täckström *et al.*, 2013), mais nous n'avons pas observé de différences entre ces deux heuristiques.

5. Dans les rares cas où un mot-type n'est jamais aligné dans le corpus d'entrainement, nous utilisons le jeu complet d'étiquettes. Dans nos expériences c'est le cas pour moins de 0,2% des mots-occurrences.

Notons $\mathbf{x} = (x_i)_{i=1}^n$ la séquence d'observations et $\mathcal{Y}$ l'ensemble des étiquettes possibles (dans notre cas les 12 étiquettes universelles). L'inférence consiste à prédire les étiquettes les unes après les autres en utilisant, ici, un modèle linéaire :

$$y_i^* = \arg\max_{y \in \mathcal{Y}} \langle \mathbf{w} | \phi(\mathbf{x}, i, y, h_i) \rangle \tag{1}$$

où $\langle a|b \rangle$ dénote le produit scalaire de $a$ et $b$, $y_i^*$ est l'étiquette prédite pour la $i$-ème observation, $\mathbf{w}$ le vecteur de poids, $h_i = y_1^*, ..., y_{i-1}^*$ l'historique décrivant les décisions passées à l'étape $i$ et $\phi$ un vecteur de traits représentant de manière jointe l'observation, l'étiquette candidate et l'historique. Ainsi, l'inférence peut être vue comme une recherche gloutonne dans l'espace des $\# \{\mathcal{Y}\}^n$ étiquettes possibles pour la séquence observée. Ce type de modèle, qui sacrifie un optimum global au prix d'une plus grande flexibilité des traits [6], a été utilisé avec succès dans de nombreuses applications de TAL (Kazama & Torisawa, 2007; Ratinov & Roth, 2009; Tsuruoka *et al.*, 2011).

L'apprentissage, comme décrit par l'algorithme 2, consiste à effectuer successivement l'inférence pour chaque séquence d'entrée et à corriger le vecteur de poids chaque fois qu'une décision erronée est prise. De manière cruciale (Wolpert, 1992; Ross & Bagnell, 2010), lors de l'apprentissage, les historiques doivent être constitués des étiquettes prédites par le modèle jusque-là, et non des étiquettes de références comme dans (Daumé & Marcu, 2005), afin de rester en cohérence avec la situation qui sera rencontrée au moment du décodage. Cette particularité est la principale différence avec la méthode originale de (Daumé & Marcu, 2005).

L'utilisation d'un modèle à base d'historique permet d'apprendre facilement un modèle de séquences à partir d'une information ambigüe : l'information de supervision disponible est utilisée pour déterminer si une décision est bonne ou erronée ce qui, comme nous allons le montrer dans les deux paragraphes suivants, permet d'adapter la méthode d'apprentissage à un contexte supervisé ou ambigu.

### 3.1 Apprentissage (fortement) supervisé

Lorsque l'apprentissage est supervisé, la séquence d'étiquettes correcte est connue. Il est donc possible de savoir, à chaque étape de l'inférence, si l'étiquette prédite est différente de l'étiquette de référence. Dès que c'est le cas, la décision est considérée comme erronée et le vecteur de poids est mis à jour, comme pour un perceptron, de la manière suivante :

$$\mathbf{w} \leftarrow \mathbf{w} + \phi(\mathbf{x}, i, \hat{y}_i, h_i) - \phi(\mathbf{x}, i, y_i^*, h_i) \tag{2}$$

où $y_i^*$ et $\hat{y}_i$ sont, respectivement, l'étiquette prédite et l'étiquette de référence. Cette mise à jour correspond à un pas de descente de gradient stochastique et permet de renforcer le score de l'étiquette de référence par rapport à tous les autres.

### 3.2 Apprentissage ambigu (ou faiblement supervisé)

Lorsque la séquence d'étiquettes de référence n'est pas connue, il est tout de même possible d'apprendre un modèle de séquences si l'on dispose pour chaque observation d'un sous-ensemble d'étiquettes possibles, noté $\hat{\mathcal{Y}}_i$. Dans ce cas, une décision est considérée erronée à partir du moment où l'étiquette prédite n'est pas dans l'ensemble des étiquettes autorisées par l'information de supervision ambigüe. Le vecteur de poids est alors mis à jour comme suit :

$$\mathbf{w} \leftarrow \mathbf{w} + \sum_{\hat{y}_i \in \hat{\mathcal{Y}}_i} \left(\phi(\mathbf{x}, i, \hat{y}_i, h) - \phi(\mathbf{x}, i, y_i^*, h_i)\right) \tag{3}$$

Cette mise à jour vise à renforcer toutes les étiquettes de $\hat{\mathcal{Y}}_i$.

Dans le cadre de l'apprentissage ambigu (Bordes *et al.*, 2010; Cour *et al.*, 2011), il est possible de montrer en faisant des hypothèses peu restrictives (qui reviennent à dire, en première approximation, qu'il suffit que l'étiquette correcte soit présente dans l'ensemble des étiquettes possibles et qu'elle n'y soit pas systématiquement associée à une autre étiquette), qu'un classifieur entrainé uniquement à partir d'informations de supervision ambigüe revient à un classifieur appris à partir de l'information de supervision complète [7]. Nous nous limiterons ici à donner l'intuition de ce résultat sur un exemple

6. La complexité de l'apprentissage et de l'inférence ne dépend pas de la taille de l'historique, alors que considérer des modèles comme les CRFs avec des dépendances dont l'ordre est supérieur à deux rend aussi bien la complexité de l'apprentissage que l'inférence prohibitive.

7. Bordes *et al.* (2010) définissent une fonction de perte dite *ambigüe (ambiguous loss)*, qui est optimisée par des mises à jour semblables à celles données par l'équation (3) et montrent que la solution qui permet d'obtenir l'erreur minimale pour cette fonction de perte est également la solution du problème minimisant la perte 0/1 que l'on pourrait évaluer si l'on connaissait l'étiquette de référence.

jouet : considérons un corpus contenant deux phrases, « `la souris` » et « `la féline` » dont les étiquettes ambigües sont, respectivement $[\{\text{DET}\}, \{\text{VERB}, \text{NOUN}\}]$ et $[\{\text{DET}\}, \{\text{NOUN}, \text{ADJ}\}]$ et considérons les deux traits correspondant au mot et au mot précédent ; lors de l'application de la règle de mise à jour donnée par l'équation (3), le trait décrivant le mot précédent (« la » dans les deux cas) associé à l'étiquette NOUN sera « renforcé » deux fois, contre une pour les étiquettes incorrectes (ADJ et VERB). Ce « partage de l'information » par l'intermédiaire des traits permet que l'étiquette NOUN soit correctement prédite lors de l'inférence, même si elle n'a jamais été associée aux deux noms de manière non ambigüe. De manière plus générale, tant que deux étiquettes ne sont pas systématiquement associées dans les ensembles de supervision, la répétition des mises à jour renforcera plus souvent la « bonne » étiquette et, au final, celle-ci finira par avoir le plus grand score.

**Algorithme 2:** Algorithme d'apprentissage. Dans le cas ambigu, $\hat{\mathcal{Y}}_i$ est l'ensemble des étiquettes autorisées ; dans le cas supervisé, cet ensemble est réduit à l'étiquette de référence. Le nombre $T$ d'itérations effectuées, est un hyperparamètre de l'algorithme.

```
for t ∈ [[1, T]] do
    Tirer au hasard un exemple x, ŷ;
    h ← liste vide ;                                  // Initialise un historique vide
    for i ∈ [[1, n]] do
        y*_i = arg max_{y∈Y} ⟨w|φ(x, i, y, h_i)⟩;
        if y*_i ∉ Ŷ_i then
            w ← mise_à_jour(w, x, i, Ŷ_i, y*_i, h_i) ;  // Suivant les Équations (2) et (3)
        end
        ajouter(y*_i, h);
    end
end
```

# 4 Expériences

## 4.1 Corpus

Nous considérons quatre langues [8] pour évaluer notre approche : le grec, le français, l'espagnol et l'allemand. Dans toutes ces expériences, nous partons de l'anglais comme langue source et utilisons comme données parallèles les corpus EUROPARL et NEWSCOMMENTARY [9]. Pour chaque paire de langues considérée, les corpus sont alignés en utilisant la chaine de traitement standard de MOSES (Koehn *et al.*, 2007) avec l'heuristique d'intersection pour fusionner les deux directions d'alignements. Cette heuristique ne conserve que les liens prédits conjointement dans les deux directions, qui correspondent intuitivement aux alignements les plus surs.

Les étiquettes morpho-syntaxiques pour les phrases sources en anglais sont prédites automatiquement en utilisant un modèle CRF linéaire standard entrainé sur le Penn Treebank. Les étiquettes sont ensuite transférées vers les phrases cibles en utilisant la méthode décrite dans la partie 2. Pour le français et l'espagnol, nous avons réextrait les contraintes de type avec nos propres outils. Pour l'allemand et le grec, nous avons directement utilisé les contraintes extraites par Li *et al.* (2012) [10].

Comme le montrent les statistiques présentées dans le tableau 1, `Wiktionary` fournit des informations pour un grand nombre de mots des corpus d'apprentissage. Cette information reste cependant fortement ambigüe, mais peut être efficacement complétée par les informations extraites des alignements. Pour l'allemand par exemple, considérer conjointement les deux sources d'information permet de réduire le nombre moyen d'étiquettes par mot de 4,6 à 1,1. Ces deux sources d'informations sont complémentaires : le dictionnaire permet de filtrer les étiquettes transférées (entre 10 et 15% des étiquettes ne sont pas transférées en raison de leur incompatibilité avec les contraintes de type) ; en même temps, les étiquettes transférées permettent de lever l'ambigüité des contraintes de type pour environ 50% des mots-occurrences alignés.

8. La quasi-totalité des ressources utilisées dans les travaux antérieurs ne sont pas ou plus distribuées, ce qui complique fortement toute comparaison directe.
9. Sauf pour le grec, pour lequel nous n'utilisons que le corpus EUROPARL.
10. Ces ressources sont disponibles à l'url `https://code.google.com/p/wikily-supervised-pos-tagger/`

Au final l'utilisation conjointe des contraintes et les règles de transfert permettent de créer un corpus d'apprentissage fortement désambigüisé, puisque la plupart des mots-occurrences du corpus d'apprentissage se retrouvent associés à une seule étiquette, et seule une petite partie des mots correspond à plus de 3 étiquettes.

| | contraintes | français | grec | espagnol | allemand |
|---|---|---|---|---|---|
| % des mots-occurrences dans `Wiktionary` | | 91,4% | 66,0% | 87,7% | 69,3% |
| nombre moyen d'étiquettes par mot-occurrence | *wiki* | 2,5 | 5,0 | 2,8 | 4,6 |
| nombre moyen d'étiquettes par mot-occurrence | *wiki*$^+$ | 1,7 | 1,6 | 1,6 | 1,6 |
| nombre moyen d'étiquettes par mot-occurrence | *wiki*$^+$ & *transfert* | 1,3 | 1,1 | 1,3 | 1,1 |
| % de mots-occurrences avec une seule étiquette | *wiki*$^+$ & *transfert* | 79,4% | 88,1% | 78,4% | 89,5% |
| % de mots-occurrences avec une ou deux étiquettes | *wiki*$^+$ & *transfert* | 90,8% | 99,6% | 96,6% | 99,7% |
| % de mots-occurrences cibles alignés | | 71,1% | 73,9% | 74,0% | 69,9% |
| % d'étiquettes transférées | | 85,9% | 88,2% | 85,8% | 88,8% |
| % d'étiquettes transférées informatives | | 39,0% | 50,6% | 38,8% | 53,7% |

TABLE 1 – Statistiques sur l'ambigüité des étiquettes par mot-occurrence dans les corpus parallèles d'apprentissage après filtrage par le dictionnaire extrait de `Wiktionary` (*wiki*), puis lorsque l'on complète celui-ci avec des contraintes de types extraites des alignements (*wiki*$^+$) (section 2.3) et finalement en utilisant la méthode de transfert introduite à la section 2.4 (*transfert*). Le pourcentage d'étiquettes transférées correspond au pourcentage de liens d'alignements pour lesquels l'étiquette transférée est dans les contraintes de type ; le pourcentage d'étiquettes informatives correspond au pourcentage de liens d'alignements pour lesquels l'étiquette transférée est dans les contraintes de type, mais uniquement lorsque ces contraintes de types sont ambigües.

Notre approche est évaluée pour chaque langue considérée sur les ensembles de test des campagnes d'évaluation d'analyse en dépendances (Buchholz & Marsi, 2006; Nivre *et al.*, 2007) [11]. Ces corpus ont été constitués manuellement par des experts linguistes et contiennent plusieurs types d'annotations, dont des étiquettes morpho-syntaxiques fines qui sont transformées en leur équivalent dans le jeu d'étiquettes universelles en utilisant les règles de (Petrov *et al.*, 2012). La qualité des analyseurs entrainés est évaluée par leur taux d'erreur par occurrence sur le jeu de test.

## 4.2 Traits

Dans toutes nos expériences, nous utilisons des traits similaires à ceux qui sont généralement utilisés dans des tâches d'analyse morpho-syntaxique :

- Pour le mot courant ainsi pour que les deux mots précédents et les deux mots suivants :
  - **identité du mot** : mot en minuscules s'il apparait plus de 10 fois dans le corpus d'apprentissage ;
  - **suffixes** : les suffixes de 2 et 3 lettres s'ils apparaissent dans plus de 20 mot-types différents dans le corpus d'apprentissage ;
  - **classe** : la classe de ce mot [12] parmi 50 classes estimées sur le corpus d'apprentissage en utilisant MKCLS [13]. Les clusters de mots, appris de manière non supervisée, ont déjà étés utilisés comme traits pour améliorer les performances nombreuses de tâches de TAL (Koo *et al.*, 2008; Täckström *et al.*, 2012; Owoputi *et al.*, 2013; Täckström *et al.*, 2013) ;
- **majuscule** : deux traits binaires qui indiquent si le mot courant commence par une majuscule ou non ;
- **trait d'union** : deux traits binaires qui indiquent si le mot courant comporte un trait d'union ou non ;
- **type d'alphabet** : deux traits qui indiquent si le mot est écrit dans un alphabet grec ou latin ;
- **information de structure** : les étiquettes prédites pour les deux mots précédents, la conjonction de ces deux étiquettes, la conjonction de l'étiquette précédente et du mot précédent.

Ces caractéristiques sont semblables à celles sont qui sont utilisées dans (Täckström *et al.*, 2013; Li *et al.*, 2012), exceptées les informations de structure qui ne peuvent être facilement considérées dans un modèle de séquence linéaire comme les CRF.

11. Pour le français, le corpus de test est constitué des 2 000 premières phrases du French Treebank.
12. Les mots hors vocabulaire lors du test sont arbitrairement associés à la classe 1.
13. `http://code.google.com/p/giza-pp/`

### 4.3 Conditions expérimentales

Pour toutes les paires de langues considérées, un analyseur morpho-syntaxique est entrainé à partir des étiquettes ambigües. Le nombre d'itérations dans l'algorithme 2 est fixé à $T = 100\,000$, ce qui revient à dire que les paramètres de notre méthode sont estimés sur un sous-corpus de 100 000 phrases choisies aléatoirement dans le corpus d'apprentissage. Nos expériences préliminaires indiquent que le choix de ces phrases n'a que peu d'impact sur les performances obtenues. Il apparait également que considérer plus de phrases ne permet pas d'améliorer les performances.

Nous donnons également les résultats pour une réimplémentation du modèle CRF partiellement observé de (Täckström *et al.*, 2013) avec le même jeu de traits que les auteurs, en utilisant 30 itérations de R-Prop sur 100 000 phrases du corpus d'apprentissage et une régularisation $\ell_1$ et $\ell_2$ [14].

### 4.4 Résultats

Les résultats obtenus par notre méthode sont résumés dans le tableau 2. Les meilleurs scores de (Täckström *et al.*, 2013) et (Li *et al.*, 2012) pour les langues considérées y sont également inclus, même si ceux-ci ne sont pas directement comparables [15] puisque les différents modèles n'ont pas été entrainés exactement à partir des mêmes ressources (dictionnaires extraits de `Wiktionary`, corpus d'apprentissage, méthode d'alignement, etc).

Ce tableau montre que pour trois des quatre langues, notre méthode améliore sensiblement les résultats de l'état de l'art. L'utilisation de ressources de meilleure qualité, notamment pour les contraintes de type qui ont été extraites à partir d'une version plus récente de `Wiktionary` pour le français et l'espagnol, peut expliquer une partie des gains observés. Cependant, les résultats obtenus sur le grec, pour lequel nous utilisons les mêmes ressources que (Li *et al.*, 2012) et donc plus anciennes que celles utilisées dans Täckström *et al.* (2013), semblent indiquer qu'au moins une partie des améliorations est imputable à la méthode d'apprentissage introduite dans ce travail. De plus en entrainant sur nos ressources un modèle CRF partiellement observé, nous obtenons des résultats comparables à ceux de (Täckström *et al.*, 2013) pour leur modèle équivalent [16], à l'exception de l'allemand. Des expériences supplémentaires sont cependant nécessaires pour déterminer plus précisément les raisons de ces améliorations.

| | français | grec | espagnol | allemand |
|---|---|---|---|---|
| Méthode proposée | **8,9%** | **8,3%** | **7,0%** | 10,1% |
| CRF partiellement observé | 13,2% | 10,6% | 14,0% | 18,9% |
| meilleur score de (Täckström *et al.*, 2013) | 11,6% | 10,5% | 10,9% | **9,5%** |
| meilleur score de (Li *et al.*, 2012) | — | 20,8% | 13,6% | 14,2% |
| Inexactitude | 5,9% | 1,5% | 3,4% | 3,2% |

TABLE 2 – Performances obtenues par notre méthode, un CRF partiellement observé similaire à $\hat{\mathcal{Y}}^{\text{CRF}}_{\text{wik.}}+\text{C}+\text{L}$ dans (Täckström *et al.*, 2013) et les méthodes de l'état de l'art. L'inexactitude est le pourcentage de mots-occurrences dans le corpus de test pour lesquels la contrainte de type n'inclut pas l'étiquette de la référence et correspond à la meilleure performance que pourrait atteindre notre système.

### 4.5 Discussion

En première analyse, les résultats obtenus par les méthodes de transfert semblent encore très éloignés des performances des meilleurs étiqueteurs morpho-syntaxiques entrainés de manière supervisée. Ainsi, pour l'espagnol, un modèle CRF utilisant les mêmes traits que notre méthode (partie 4.2) appris sur le corpus d'entrainement des données CONLL, atteint un taux d'erreur de seulement 1,3% sur les données de test, contre 7,0% pour notre méthode. Il faut toutefois noter que l'évaluation des approches comme la nôtre comporte un fort biais. En effet, dans la majorité des travaux sur l'étiquetage

14. Dans un contexte de langue cible peu dotée en ressources il n'est pas possible d'utiliser un corpus de développement pour choisir les hyperparamètres des modèles. Comme dans (Täckström *et al.*, 2013), nous fixons arbitrairement les hyperparamètres du CRF partiellement observé à 1.

15. Il faut également noter que Täckström *et al.* (2013) et Li *et al.* (2012) proposent tous deux plusieurs méthodes et que seul le meilleur résultat obtenu sur le corpus de test (et non sur un corpus de validation) est présenté.

16. Sur le tableau 2, seul le meilleur modèle de (Täckström *et al.*, 2013) est indiqué. Le modèle CRF partiellement observé est leur meilleur modèle pour le grec et pour l'allemand.

morpho-syntaxique, l'évaluation est réalisée sur des corpus du même domaine que les corpus d'entrainement, comme pour le modèle CRF introduit ci-dessus. Les méthodes exploitant un transfert bilingue, en revanche, reposent sur des corpus d'apprentissage parallèles, qui peuvent être plus ou moins proches du corpus de test. Par ailleurs, les données de test utilisées exploitent une segmentation en mots qu'il n'est pas toujours aisé de reproduire à l'apprentissage et les conventions d'étiquetage ne sont pas nécessairement les mêmes que celles qui sont utilisées lors de l'apprentissage. Si le premier problème n'a qu'un impact limité sur les performances (il ne concerne que des mots isolés et n'a donc pas d'impact systématique) le second soulève un problème plus fondamental de notre approche ou, du moins, de son évaluation.

L'étiquetage d'un corpus repose sur des conventions qui peuvent varier d'une campagne d'annotation à une autre. Si ces conventions ne sont pas les mêmes pour les corpus de test et d'apprentissage, les prédictions seront entachées d'erreurs systématiques et l'estimation des performances sera biaisée. La situation est encore plus compliquée dans le cadre du transfert d'annotations dans lequel les méthodes utilisent généralement plusieurs sources de données (dans notre cas : `Wiktionary`, le corpus parallèle et le corpus de test) dont les étiquettes doivent toutes être mises en correspondance avec le jeu d'étiquettes universelles. Ce problème est exacerbé dans l'évaluation des méthodes de transfert, dans la mesure où les étiquettes du corpus d'apprentissage sont transférées à partir d'un corpus construit indépendamment de celui utilisé pour l'évaluation. Par exemple, dans le corpus français issu du French Treebank utilisé lors de notre évaluation, les nombres sont étiquetés soit comme des déterminants (DET), par exemple dans le fragment « Christian Blanc, 44 ans » ou « un prêt de 25 millions de dollars », soit comme des adjectifs (ADJ), comme dans « le Monde du 12 janvier » ou « à la page 23 ». Dans le Penn Treebank en revanche, sur lequel sont apprises les étiquettes de la langue source qui seront transférées sur la langue cible, les nombres sont systématiquement associés à l'étiquette NUM. Nous pensons que cette différence est davantage due à un choix de convention qu'à une réalité linguistique. De la même manière, dans le corpus de test pour l'espagnol, *poco* (peu) est majoritairement étiqueté comme un déterminant alors que dans le Penn Treebank, *few* est systématiquement étiqueté comme un adjectif et que `Wiktionary` identifie *poco* soit comme un pronom, un adjectif ou un nom.

Pour évaluer l'impact des différences de conventions d'annotation ainsi que de l'effet du changement de domaine il faudrait pouvoir entrainer un analyseur morpho-syntaxique de manière supervisée sur les données parallèles utilisées lors de l'apprentissage de notre méthode faiblement supervisée. Comme il n'existe pas, à notre connaissance, de données parallèles étiquetées morpho-syntaxiquement, nous avons créé un tel corpus de manière artificielle en étiquetant automatiquement les phrases cibles du corpus parallèle espagnol à l'aide d'un analyseur en catégories morpho-syntaxiques état de l'art [17]. Un CRF entrainé sur ces données obtient un taux d'erreur sur le corpus de test de 6,7%. Cette valeur, proche de celle obtenue par transfert, montre bien que la principale source d'erreur de notre méthode est liée aux différences de domaine et de convention d'annotation et non à des limites intrinsèques de la méthode d'apprentissage ou de transfert.

Il faut également considérer, dans l'analyse des performances obtenues, que les systèmes faiblement supervisés utilisant les contraintes de type sont fortement limités par l'exactitude de ces contraintes (cf. tableau 2). À titre d'exemple, pour l'espagnol, si l'on contraint le CRF appris de manière supervisée sur le corpus d'apprentissage de CoNLL à ne choisir que des étiquettes autorisées par les contraintes de type, sa performance chute de 1,3% à 4,3%. L'exactitude des contraintes de type dépend elle aussi largement des conventions d'annotation. Pour le français, le taux élevé d'inexactitude s'explique principalement par un faible nombre de mots-types très fréquents (par exemple « au » ou « du ») dont les étiquettes morpho-syntaxiques diffèrent de manière systématique entre `Wiktionary` et le corpus de test.

L'évaluation de notre méthode, et plus généralement des méthodes faiblement supervisées, pose donc de nombreux problèmes méthodologiques, qui sont pourtant rarement discutés. L'interprétation des résultats obtenus doit être faite avec précaution, en particulier lorsqu'il s'agit de les comparer avec des méthodes supervisées.

# 5 Conclusion

Nous considérons dans ce travail le problème de l'apprentissage d'un analyseur morpho-syntaxique lorsque les étiquettes de supervision ne sont que partiellement connues, par exemple lorsque celles-ci sont automatiquement transférées à partir d'une langue source plus riche en annotations. En abordant ce problème sous l'angle de l'apprentissage ambigu, nous montrons qu'il est possible d'étendre un modèle à base d'historique capable d'apprendre dans un contexte faiblement supervisé. Pour trois des quatre langues considérées, notre méthode améliore sensiblement les résultats les plus récents. Enfin, nous discutons des difficultés et des limites que l'évaluation de telles méthodes pose. En particulier, les différences

17. Nous avons utilisé dans nos expériences FREELING (`http://nlp.lsi.upc.edu/freeling/`)

de convention entre différents corpus annotés peuvent largement biaiser les résultats. Il apparait au final, que la mise en œuvre et l'évaluation des méthodes de transfert nécessitent tout de même un effort conséquent et un minimum de connaissances des langues mises en jeu, ce qui conduit à en relativiser en quelque sorte l'intérêt.

## Remerciements

Nous tenons à remercier nos relecteurs anonymes pour leurs très nombreux commentaires ainsi que Thomas Lavergne pour l'implémentation du CRF partiellement supervisé.

## Références


ABEILLÉ A., CLÉMENT L. & TOUSSENEL F. (2003). Building a treebank for French. In A. ABEILLÉ, Ed., *Treebanks : Building and Using Parsed Corpora*. Dordrecht : Kluwer.

BANKO M. & MOORE R. C. (2004). Part of speech tagging in context. In *Proceedings of the 20th International Conference on Computational Linguistics*, COLING '04, Stroudsburg, PA, USA : Association for Computational Linguistics.

BLACK E., JELINEK F., LAFFERTY J., MAGERMAN D. M., MERCER R. & ROUKOS S. (1992). Towards history-based grammars : Using richer models for probabilistic parsing. In *Proceedings of the Workshop on Speech and Natural Language*, HLT '91, p. 134–139, Stroudsburg, PA, USA : Association for Computational Linguistics.

BORDES A., USUNIER N. & WESTON J. (2010). Label ranking under ambiguous supervision for learning semantic correspondences. In *ICML*, p. 103–110.

BROSCHART J. (2009). Why Tongan does it differently : Categorial distinctions in a language without nouns and verbs. *Linguistic Typology*, **1**, 123–166.

BROWN P. F., DESOUZA P. V., MERCER R. L., PIETRA V. J. D. & LAI J. C. (1992). Class-based n-gram models of natural language. *Comput. Linguist.*, **18**(4), 467–479.

BUCHHOLZ S. & MARSI E. (2006). CoNLL-X Shared Task on Multilingual Dependency Parsing. In *Proceedings of the Tenth Conference on Computational Natural Language Learning*, CoNLL-X '06, p. 149–164, Stroudsburg, PA, USA : Association for Computational Linguistics.

CHRISTODOULOPOULOS C., GOLDWATER S. & STEEDMAN M. (2010). Two decades of unsupervised POS induction : How far have we come ? In *Proceedings of the 2010 Conference on Empirical Methods in Natural Language Processing*, EMNLP '10, p. 575–584, Stroudsburg, PA, USA : Association for Computational Linguistics.

COLLINS M. (2003). Head-driven statistical models for natural language parsing. *Comput. Linguist.*, **29**(4), 589–637.

COUR T., SAPP B. & TASKAR B. (2011). Learning from partial labels. *Journal of Machine Learning Research*, **12**, 1501–1536.

DAS D. & PETROV S. (2011). Unsupervised part-of-speech tagging with bilingual graph-based projections. In *Proceedings of the 49th Annual Meeting of the Association for Computational Linguistics : Human Language Technologies - Volume 1*, HLT '11, p. 600–609, Stroudsburg, PA, USA : Association for Computational Linguistics.

DAUMÉ, III H. & MARCU D. (2005). Learning as search optimization : Approximate large margin methods for structured prediction. In *Proceedings of the 22Nd International Conference on Machine Learning*, ICML '05, p. 169–176, New York, NY, USA : ACM.

EVANS N. & LEVINSON S. C. (2009). The myth of language universals : Language diversity and its importance for cognitive science. *Behavioral and Brain Sciences*, **32**, 429–448.

GARRETTE D. & BALDRIDGE J. (2013). Learning a part-of-speech tagger from two hours of annotation. In *Proceedings of the 2013 Conference of the North American Chapter of the Association for Computational Linguistics : Human Language Technologies*, p. 138–147, Atlanta, Georgia : Association for Computational Linguistics.

KAZAMA J. & TORISAWA K. (2007). A new perceptron algorithm for sequence labeling with non-local features. In *Proceedings of the 2007 Joint Conference on Empirical Methods in Natural Language Processing and Computational Natural Language Learning (EMNLP-CoNLL)*, p. 315–324.

KOEHN P., HOANG H., BIRCH A., CALLISON-BURCH C., FEDERICO M., BERTOLDI N., COWAN B., SHEN W., MORAN C., ZENS R., DYER C., BOJAR O., CONSTANTIN A. & HERBST E. (2007). Moses : Open source toolkit for statistical machine translation. In *Proceedings of the 45th Annual Meeting of the ACL on Interactive Poster and Demonstration Sessions*, ACL '07, p. 177–180, Stroudsburg, PA, USA : Association for Computational Linguistics.

KOO T., CARRERAS X. & COLLINS M. (2008). Simple semi-supervised dependency parsing. In *Proceedings of ACL-08 : HLT*, p. 595–603, Columbus, Ohio : Association for Computational Linguistics.

LI S., GRAÇA J. A. V. & TASKAR B. (2012). Wiki-ly supervised part-of-speech tagging. In *Proceedings of the 2012 Joint Conference on Empirical Methods in Natural Language Processing and Computational Natural Language Learning*, EMNLP-CoNLL '12, p. 1389–1398, Stroudsburg, PA, USA : Association for Computational Linguistics.

MANNING C. D. (2011). Part-of-speech tagging from 97% to 100% : Is it time for some linguistics ? In *Proceedings of the Computational Linguistics and Intelligent Text Processing, 12th International Conference, CICLing 2011*, p. 171–189 : Springer.

MERIALDO B. (1994). Tagging english text with a probabilistic model. *Comput. Linguist.*, **20**(2), 155–171.

NIVRE J., HALL J., KÜBLER S., MCDONALD R., NILSSON J., RIEDEL S. & YURET D. (2007). The CoNLL 2007 shared task on dependency parsing. In *Proceedings of the CoNLL Shared Task Session of EMNLP-CoNLL 2007*, p. 915–932, Prague, Czech Republic : Association for Computational Linguistics.

OWOPUTI O., O'CONNOR B., DYER C., GIMPEL K., SCHNEIDER N. & SMITH N. A. (2013). Improved part-of-speech tagging for online conversational text with word clusters. In *Proceedings of the 2013 Conference of the North American Chapter of the Association for Computational Linguistics : Human Language Technologies*, p. 380–390, Atlanta, Georgia : Association for Computational Linguistics.

PETROV S., DAS D. & MCDONALD R. (2012). A universal part-of-speech tagset. In N. C. C. CHAIR), K. CHOUKRI, T. DECLERCK, M. U. DOĞAN, B. MAEGAARD, J. MARIANI, J. ODIJK & S. PIPERIDIS, Eds., *Proceedings of the Eight International Conference on Language Resources and Evaluation (LREC'12)*, Istanbul, Turkey : European Language Resources Association (ELRA).

RATINOV L. & ROTH D. (2009). Design challenges and misconceptions in named entity recognition. In *Proceedings of the Thirteenth Conference on Computational Natural Language Learning*, CoNLL '09, p. 147–155, Stroudsburg, PA, USA : Association for Computational Linguistics.

RESNIK P. & SMITH N. A. (2003). The web as a parallel corpus. *Computational Linguistics*, **29**(3), 349–380.

ROSS S. & BAGNELL D. (2010). Efficient reductions for imitation learning. In *AISTATS*, p. 661–668.

TÄCKSTRÖM O., MCDONALD R. & USZKOREIT J. (2012). Cross-lingual word clusters for direct transfer of linguistic structure. In *Proceedings of the 2012 Conference of the North American Chapter of the Association for Computational Linguistics : Human Language Technologies*, p. 477–487, Stroudsburg, PA, USA : Association for Computational Linguistics.

TOUTANOVA K. & JOHNSON M. (2007). A Bayesian LDA-based model for semi-supervised part-of-speech tagging. In *NIPS*.

TSURUOKA Y., MIYAO Y. & KAZAMA J. (2011). Learning with lookahead : Can history-based models rival globally optimized models ? In *Proceedings of the Fifteenth Conference on Computational Natural Language Learning*, p. 238–246, Portland, Oregon, USA : Association for Computational Linguistics.

TÄCKSTRÖM O., DAS D., PETROV S., MCDONALD R. & NIVRE J. (2013). Token and type constraints for cross-lingual part-of-speech tagging. *Transactions of the Association for Computational Linguistics*, **1**, 1–12.

WANG M. & MANNING C. D. (2014). Cross-lingual projected expectation regularization for weakly supervised learning. *Transaction of the ACL*, **2**(1), 55–66.

WOLPERT D. H. (1992). Stacked generalization. *Neural Networks*, **5**.

YAROWSKY D., NGAI G. & WICENTOWSKI R. (2001). Inducing multilingual text analysis tools via robust projection across aligned corpora. In *Proceedings of the First International Conference on Human Language Technology Research*, HLT '01, p. 1–8, Stroudsburg, PA, USA : Association for Computational Linguistics.

# Construire un corpus monolingue annoté comparable
# Expérience à partir d'un corpus annoté morpho-syntaxiquement

Nicolas Hernandez
LINA UMR 6241, Université de Nantes
nicolas.hernandez@univ-nantes.fr

**Résumé.** Motivé par la problématique de construction automatique d'un corpus annoté morpho-syntaxiquement distinct d'un corpus source, nous proposons une définition générale et opérationnelle de la relation de la comparabilité entre des corpus monolingues annotés. Nous proposons une mesure de la relation de comparabilité et une procédure de construction d'un corpus comparable annoté à partir d'un corpus annoté existant. Nous montrons que la mesure de la perplexité (théorie de l'information) est un moyen de sélectionner des phrases nouvelles pour construire un corpus comparable annoté grammaticalement.

**Abstract.** This work is motivated by the will of creating a new part-of-speech annotated corpus in French from an existing one. We propose a general and operational definition of the comparability relation between annotated monolingual corpora. We also propose a comparability measure and a procedure to build semi-automatically a comparable corpus from a source one. We study the use of the perplexity (information theory motivated measure) as a way to rank the sentences to select for building a comparable corpus. We show that the measure can play a role but that it is not sufficient.

**Mots-clés :** Corpus comparable, Corpus monolingue, Corpus annoté, Mesure de la comparabilité, Construction de corpus comparable, Analyse morpho-syntaxique, Auto-apprentissage, Perplexité.

**Keywords:** Comparable corpus, Monolingual corpus, Annotated corpus, Measuring comparability, Building comparable corpus, Part-of-Speech tagging, Self-learning, Perplexity.

## 1 Introduction

La question de construction de corpus comparables est souvent abordée dans le contexte applicatif d'extraction terminologique multilingue [1] (Bo et al., 2011). Cette question a aussi son importance dans un contexte monolingue où l'on peut vouloir construire un corpus avec des propriétés linguistiques similaires à un corpus source. En effet, il n'est pas rare pour un chercheur de souhaiter diffuser des corpus et des résultats d'analyse associés et ce, afin de permettre à ses pairs de vérifier ou de poursuivre ses expériences (Nielsen, 2011). Néanmoins, en pratique ce type d'ambition se trouve souvent compromis pour des questions de droit visant la protection de données personnelles ou le respect d'une licence d'exploitation associée aux données utilisées.

Dans ce travail, nous nous situons dans un contexte monolingue avec comme contraintes de ne pas pouvoir diffuser tout ou partie d'un corpus source mais d'avoir à disposition un corpus, que nous appellerons *corpus relais*, de taille importante et ne présentant pas les restrictions d'exploitation du corpus source. Dans ce cadre, nous explorons la possibilité de construire un corpus comparable au corpus source à partir d'extraits du corpus relais. Nous postulons que la détermination de la *relation de comparabilité* entre deux corpus est fonction du traitement d'analyse (e.g. segmentation en mots, étiquetage morpho-syntaxique, reconnaissance des entités nommées...) à laquelle on destine ces corpus. Plus précisément nous qualifierons de *comparables* [2] des corpus à partir desquels on peut construire des modélisations [3] pour un traitement donné, qui produisent des performances équivalentes lorsqu'elles sont évaluées sur un corpus tiers.

1. http://comparable.limsi.fr/bucc2013

2. Le qualificatif de «comparable» est généralement utilisé pour décrire un corpus dont les composantes (des sous-corpus) sont comparables. En ce qui nous concerne, nous utiliserons le terme «corpus comparable» pour désigner directement ces composantes. Par ailleurs, le qualificatif s'applique généralement à des composantes écrites dans des langues différentes, dont les textes ne sont pas en relation de traduction stricte. Dans ce travail, nous utilisons sciemment ce terme dans un contexte monolingue.

3. Ici le terme «modélisation» désigne aussi bien des règles construites manuellement qu'un modèle probabiliste.

Dans cet article, nous nous intéressons au problème de comparabilité en termes d'annotation morpho-syntaxiques. Nous supposons à disposition un corpus source annoté morpho-syntaxiquement. Nous nous interrogeons sur la possibilité de construire automatiquement un corpus comparable distinct à partir duquel on puisse entraîner un étiqueteur dont la performance ne sera statistiquement pas différente de celle d'un étiqueteur construit à partir du corpus source.

Ce travail poursuit les travaux de (Hernandez & Boudin, 2013) qui ont montré qu'un étiqueteur entraîné sur un corpus annoté automatiquement pouvait obtenir des performances statistiquement non différentes d'un étiqueteur entraîné sur un corpus annoté validé manuellement, et ce pourvu que la quantité de données d'entraînement fût suffisante. En d'autres termes, les auteurs ont montré que sous certaines conditions un corpus avec une annotation manuellement validée et un corpus automatiquement annoté pouvaient être comparables. Nous nous posons ici la question de savoir si l'observation tenue par (Hernandez & Boudin, 2013) repose seulement sur la quantité des données d'entraînement ou bien si une sélection éclairée des phrases d'entraînement pourrait conduire au même résultat.

Dans la section 2, nous proposons une définition générale et opérationnelle de la notion de comparabilité. Nous l'accompagnons d'une proposition d'une procédure générique visant la construction d'un corpus comparable. A la section 3, nous instancions notre réflexion sur la problématique de construction d'un corpus comparable annoté morpho-syntaxiquement en mettant notamment en avant la possibilité d'utiliser la mesure de perplexité sur les mots (théorie de l'information) comme moyen d'ordonner les phrases à sélectionner pour constituer un corpus comparable. Après avoir décrit notre cadre expérimental à la section 4, nous rapportons à la section 5 les résultats d'expériences de construction menées à partir de différents corpus relais. Enfin nous discutons notre approche par rapport à l'existant 6.

# 2 Corpus comparables monolingues

Nous posons qu'un corpus peut être vu comme un ensemble d'unités textuelles et que ses unités illustrent des phénomènes linguistiques de différentes natures (lexicales, syntaxiques, sémantiques, stylistiques, discursives...). Un traitement d'analyse sera sensible à un sous-ensemble défini de ces phénomènes. Par exemple, la prédiction d'une étiquette grammaticale pour un mot donné peut être fonction des éléments lexicaux et flexionnels des mots qui le précèdent. Le résultat du traitement sera fonction d'une part d'une modélisation des phénomènes, construite a priori par l'observation de ceux-ci au sein d'un corpus d'entraînement et d'autre part, de l'observation de la distribution de ces phénomènes dans le corpus nouvellement analysé. Pour la tâche d'étiquetage grammatical d'un mot, la sélection des trois derniers caractères du mot qui précède pourra constituer une observation ; sa probabilité d'occurrence pour prédire une certaine étiquette constituera une modélisation. La nature des unités textuelles manipulées est contrainte par le type d'information que le traitement d'analyse requiert en entrée. Pour l'étiquetage grammatical c'est généralement la phrase.

Soient trois corpus à disposition : un *corpus source* $S$ pour lequel on veut construire un corpus comparable, un *corpus relais* $R$ dont on souhaite extraire le corpus comparable $\tilde{R}$ et un *corpus de référence* $Q$ sur lequel on peut évaluer et comparer des modélisations construites à partir du corpus source et d'extraits du corpus relais. Soit $t$ un traitement d'analyse. Soient $F_t$ l'ensemble des phénomènes discriminants pour la tâche $t$. Soient $o(F_t, \tilde{R})$ et $o(F_t, S)$, les observations que l'on peut faire de $F_t$ (selon une même procédure) respectivement dans les corpus $\tilde{R}$ et $S$. Soient $m(o(F_t, \tilde{R}))$ et $m(o(F_t, S))$, des modélisations construites selon une même procédure et qui capturent la distribution des phénomènes discriminants pour la tâche $t$ respectivement sur les corpus $\tilde{R}$ et $S$. Nous noterons $card_{\tilde{R}}(x)$ et $card_S(x)$ le nombre d'occurrences du phénomène linguistique $x$ observés respectivement dans les corpus $\tilde{R}$ et $S$.

## 2.1 Propriétés d'un corpus en relation de comparabilité avec un autre corpus

Nous énonçons qu'un corpus $\tilde{R}$ est dit comparable à un corpus $S$ (i.e. $\tilde{R}\,\mathcal{C}\,S$) si l'on peut observer les propriétés suivantes :

**Propriété** $S$ et $\tilde{R}$ ne sont pas constitués des mêmes unités textuelles.

$$S \neq \tilde{R} \Leftrightarrow \forall u, \text{unité textuelle}, (u \in S \not\Rightarrow u \in \tilde{R}) \wedge (u \in \tilde{R} \not\Rightarrow u \in S) \quad (1)$$

**Propriété** Les phénomènes linguistiques discriminants pour la tâche $t$ observés dans les unités de $S$ sont aussi observés dans celles de $\tilde{R}$,

$$o(F_t, S) \subseteq o(F_t, \tilde{R}) \Leftrightarrow \forall x, (x \in o(F_t, S) \Rightarrow x \in o(F_t, \tilde{R})) \quad (2)$$

**Propriété** ... et ce, dans les mêmes proportions [4].

$$\forall x \in o(F_t, S), \forall y \in o(F_t, \tilde{R}), (x = y \Rightarrow card_S(x) = \lambda * card_{\tilde{R}}(y)) \text{ avec } \lambda > 0 \quad (3)$$

## 2.2 Mesure de la relation de comparabilité

En pratique, il n'est pas simple de mesurer ces propriétés. La raison principale vient du fait qu'il n'est pas aisé d'appréhender précisément un phénomène linguistique discriminant pour une tâche. En effet, un phénomène peut être porté par une ou plusieurs expressions textuelles distinctes. Celles-ci ne sont pas toujours simples à délimiter et peuvent participer à l'expression de plusieurs phénomènes dans un texte. C'est pour cette raison que nous proposons de comparer des corpus à travers la comparaison des résultats qu'obtiennent des systèmes entraînés respectivement sur chacun d'eux. Les systèmes définissent, de fait, un type d'information en entrée qui leur permettent d'observer les phénomènes opportuns.

La comparaison de systèmes est possible à travers un *test statistique de significativité* qui va permettre de mesurer la significativité statistique des différences entre deux ensembles de scores. Ce type de test retourne une probabilité $pvalue$ que l'on discute par rapport à des seuils pré-établis. Suivant les contextes applicatifs et les communautés scientifiques, les seuils $\alpha$ considérés sont 0,01, 0,05 et 0,1. Une valeur de probabilité s'interprète comme suit. Si elle est inférieure à un seuil de 0,05 par exemple, alors on peut affirmer avec moins de 5% de risques de se tromper (c'est-à-dire avec un niveau de confiance de 95%) que les scores sont significativement différents. De la même manière, si elle est supérieure à un seuil de 0,05, alors on peut affirmer que les scores ne sont pas significativement différents.

Pour obtenir les ensembles de scores, on découpe notre corpus de référence $Q$ en $n$ partitions et on évalue les systèmes sur chacune de ces partitions pour obtenir un score par partition et par système.

Ainsi, si les corpus $\tilde{R}$ et $S$ sont comparables du point de vue du traitement $t$ alors les modélisations $m(o(F_t, \tilde{R}))$ et $m(o(F_t, S))$, mises en oeuvre dans le traitement $t$ pour analyser les $n$ partitions $Q_i$ d'un corpus tiers, donneront des résultats $res_i$ ne présentant pas de différences statistiquement significatives.

$$\underset{i \in [1,n]}{pvalue}\left(res_i(t(m(o(F_t, \tilde{R})), Q_i)), res_i(t(m(o(F_t, S)), Q_i))\right) > \alpha \quad (4)$$

## 2.3 Procédure de construction d'un corpus comparable

On souhaite construire un corpus $\tilde{R}$ à partir d'extraits d'un corpus $R$ qui permette d'entraîner un système pour un traitement $t$ dont les performances sont comparables à celles obtenues avec un système entraîné sur un corpus source $S$. Donné un corpus relais très grand, une possibilité est d'explorer toutes les combinaisons d'unités textuelles (e.g. les phrases) possibles jusqu'à en trouver une qui vérifie notre souhait. Cette approche n'est raisonnablement pas envisageable essentiellement pour des raisons de combinatoire (proportionnelle au nombre de phrases dans nos corpus) et de temps de calcul (construction des modélisations). Il est nécessaire d'opter pour un moyen simple capable de sélectionner les unités de $R$ en fonction de $S$ mais aussi selon une certaine sensibilité à la tâche $t$.

On définit le problème de construction d'un corpus comparable comme un *problème d'ordonnancement* des unités textuelles et *de recherche du nombre minimal* d'unités à atteindre pour constituer un ensemble qui satisfait aux mieux les propriétés énoncées à la section 2.1. Dans un premier temps, on construit à partir du corpus source $S$ une modélisation pour la tâche $t$ qui permet d'obtenir des scores sur les différentes partitions du corpus de référence $Q$.

Dans un second temps, on débute un mécanisme itératif qui vise la construction incrémentale du corpus comparable à l'aide d'un mécanisme de sélection prédéfini des unités textuelles du corpus relais $R$. Chaque itération donne lieu à un corpus comparable candidat $\tilde{R}_j$. Pour chacun d'eux, on construit une modélisation que l'on évalue sur les partitions du corpus de référence. On compare ensuite chaque modélisation avec celle construite sur le corpus source. On reproduit la procédure jusqu'à ce que l'on constate ne pas observer de différences statistiquement significatives entre les modélisations ou bien qu'il n'y ait plus d'unités à sélectionner.

4. Au sujet des propriétés 2 et 3, nous formulons la relation de comparabilité comme n'étant pas nécessairement une relation symétrique. En effet, un corpus reconnu comparable à un autre peut intégrer des phénomènes relatifs à une tâche non observés dans un corpus source. Le seul problème qu'il pourrait y avoir à cela est le fait de ne pas retrouver ces phénomènes dans le corpus de référence. Il en découle une difficulté à évaluer et à interpréter leurs rôles dans les résultats du système et dans les annotations produites.

Le procédé de sélection des unités textuelles du corpus relais est tel qu'à terme, il maximise la présence des phénomènes relatifs à la tâche $t$ dans les proportions telles que celles observées dans le corpus $S$. En d'autres termes, ce procédé affecte un score à chaque unité qui permet de les prioriser entre elles.

Si le corpus relais n'est pas annoté, celui-ci peut l'être en appliquant le système construit à partir du corpus source.

# 3 Construction d'un corpus comparable annoté morpho-syntaxiquement

Un *modèle de langue probabiliste* constitue une représentation d'un corpus pour laquelle la théorie de l'information offre des moyens de comparaison peu coûteux. Entre autres, elle permet d'évaluer des modèles entre eux ou bien d'évaluer un modèle sur sa capacité à «reconnaître» un texte n'ayant pas participé à sa construction. Un modèle de langue est une fonction probabiliste $p$ qui informe sur la probabilité d'occurrence d'une séquence de mots ($p(W) = p(w_1, w_2, ..., w_n)$) ou sur la probabilité de sortie d'un mot pour un historique de mots donné [5] ($p(w_n|w_1, w_2, ..., w_{n-1})$).

Dans le contexte de l'étiquetage morphosyntaxique, les probabilités de séquences lexicales sont connues pour être discriminantes (Toutanova et al., 2003). Par conséquent, nous posons l'hypothèse que si des modèles de langues estimés sur des corpus différents sont de qualité comparables alors les modélisations d'étiquetage morpho-syntaxique construites de façon similaire sur ces différents corpus sont de performances équivalentes.

Un moyen pour évaluer la qualité d'un modèle de langue est de mesurer la capacité du modèle à prédire un texte inconnu. Pour ce faire on peut utiliser la mesure de l'*entropie croisée* ou celle de la *perplexité* (mesure qui découle de la première et qui est communément employée en reconnaissance de la parole).

## 3.1 La perplexité comme critère d'ordonnancement

L'*entropie croisée* correspond au nombre moyen de bits requis pour encoder chacun des mots du texte inconnu. La *perplexité* peut être interprétée comme la capacité d'un modèle de langue à prédire le prochain mot donné son historique (les mots qui précédent) dans un texte inconnu (n'ayant pas servi pour la construction du modèle de langue évalué). Quand la distribution est uniforme, elle peut être interprétée comme un degré de ramification et indiquer le nombre de choix possibles pour le prochain mot. On peut aussi voir ce nombre de choix comme un degré de surprise.

Si l'on pose $q$ comme étant la distribution empirique observée sur un texte inconnu (i.e. $q(w_i) = n_i/N$ pour le $i^e$ mot qui apparaît $n_i$ fois dans le texte inconnu de taille $N$), alors on peut définir l'entropie croisée $H(q,p)$ par la formule (5).

$$H(q,p) = -\sum_j q(w_j) \log_2 p(w_j) \approx -\frac{1}{N} \log_2 p(w_j) \tag{5}$$

avec $j$ représentant le $j^e$ mot dans les données de test
et avec $N$ le nombre de mots dans les données de test

La perplexité est alors définie par la formule (6).

$$PP(W) = 2^{H(W)} \tag{6}$$

Une faible valeur d'entropie croisée pour des données inconnues indique que la distribution observée sur les données inconnues est *proche* de celle observée sur le modèle de langue. De la même manière, une valeur élevée de perplexité indique une mauvaise correspondance entre les données ayant servi à construire le modèle de langue et celles testées.

Pour des facilités d'interprétation nous choisissons d'utiliser la perplexité.

## 3.2 Construction d'un corpus comparable pour la tâche d'étiquetage morpho-syntaxique

Nous instancions la procédure décrite à la section 2.3 comme suit. Dans un premier temps, nous entraînons un étiqueteur sur l'ensemble d'un corpus source dont l'annotation a été validée manuellement.

5. les mots qui le précèdent

Puis nous utilisons ce système construit pour annoter automatiquement le corpus relais.

A partir de là, nous initions le processus de sélection de énoncés du corpus relais que nous poursuivons jusqu'à l'obtention du corpus comparable désiré ou l'appauvrissement total du corpus relais. Pour ce faire, nous estimons un modèle de langue sur le corpus source et nous calculons la perplexité du modèle sur chaque phrase du corpus relais. Les scores obtenus nous permettent d'ordonner les phrases entre elles selon une perplexité croissante. La phase de construction effective des corpus comparables candidats revient à sélectionner et à ajouter incrémentalement les $n$ premières phrases du corpus relais non encore sélectionnées.

A partir de chaque paquet de phrases construit, nous entraînons un étiqueteur que nous évaluons sur un corpus de référence dont nous comparons les résultats avec un système construit directement à partir du corpus source.

Dans les expériences que nous rapportons ci-après nous ne stoppons pas la sélection de nouveaux énoncés quand nous estimons les systèmes comparés non différents. Nous rapportons des observations à différents étapes de la procédure itérative afin d'observer plus finement les courbes de comparabilité entre les corpus.

Nous utilisons les mesures classiques d'évaluation pour la tâche d'étiquetage morpho-syntaxique à savoir : la précision sur les mots (nombre de mots correctement étiquetés sur le nombre de mots total), la précision sur les phrases (nombre de phrases dans lesquelles tous les mots ont été correctement étiquetés par rapport au nombre de phrases total) et la précision sur les mots inconnus (nombre de mots inconnus correctement étiquetés sur le nombre de mots inconnus total[6]). Dans cet article, nous ne rapportons que la précision sur les mots.

Pour comparer les systèmes entre eux (ceux construits à partir d'extraits d'un corpus relais et celui construit sur le corpus source), nous utilisons un *test de Student* comme test de significativité. Ce test mesure si il y a une différence statistiquement significative entre les scores de précision obtenus par les différents systèmes. Il suppose une adéquation de la distribution des échantillons à la loi normale.

En pratique, ne possédant pas de corpus tiers de référence pour permettre l'évaluation des modélisations que nous construisons, nous utilisons le corpus source comme corpus de référence. Un système est construit sur l'ensemble du corpus source pour annoter le corpus relais. Avec $n = 10$, $n$ systèmes sont construits à partir de $n - 1$ partitions du corpus source pour donner un score de précision sur la $n^e$ partition (cf. la section 5.1). Tous les étiqueteurs entraînés à partir des extraits des différents corpus relais donnent un score de précision sur chacune de ces 10 partitions. Chaque système est alors décrit par cet ensemble de scores. Le test de Student compare alors les ensembles de scores décrivant deux systèmes pour déterminer si ils sont différents l'un de l'autre de manière significative.

# 4 Cadre expérimental

Dans cette section, nous présentons brièvement le corpus source et les corpus relais utilisé. Comme énoncé précédemment, le corpus source nous sert à la fois pour annoter les corpus relais et pour évaluer les systèmes construits à partir des corpus relais. Nous précisons aussi les implémentations utilisées pour segmenter les corpus en mots, les étiqueter morpho-syntaxiquement et manipuler les modèles de langue. Enfin, nous donnons quelques caractéristiques quantitatives en termes de taille du vocabulaire, nombre de mots et de phrases pour décrire les corpus.

## 4.1 Données

**Le corpus arboré de Paris 7** (P7T) (Abeillé et al., 2003; Abeillé & Barrier, 2004), alias le *French Treebank*[7], se compose d'articles journalistiques issus du journal Le Monde couvrant la période 1989 à 1993. Ce corpus offre une analyse multi-niveaux (lexicale, morphologique et syntaxique) Sa licence propriétaire autorise une utilisation à des fins de recherche.

**Wikinews** figure parmi les projets de la Wikimedia Foundation[8]. Il s'agit d'un recueil de dépêches et de reportages d'actualité écrit par ses utilisateurs. La version francophone de Janvier 2013 compte plus de 28 000 articles d'actualité et couvre une période s'étalant de Janvier 2005 à nos jours. Les textes sont exploitables sous licence[9] Creative Commons Attribution 2.5 (CC-BY 2.5) (les textes antérieures à Septembre 2005 sont dans le domaine public) qui permet à l'util-

6. Calculé à partir des mots n'apparaissant pas dans l'ensemble d'entraînement
7. `http://www.llf.cnrs.fr/Gens/Abeille/French-Treebank-fr.php`
8. `http://wikimediafoundation.org`
9. `http://dumps.wikimedia.org/legal.html`

isateur d'utiliser, de modifier et de diffuser la ressource et ses modifications comme il le souhaite moyennant l'obligation d'en citer l'auteur.

**L'Est républicain** est un corpus de type journalistique mis à disposition par le CNRTL [10], et composé d'articles du quotidien régional du même nom. La version 0.3 met à disposition les éditions intégrales des années 1999, 2002 et 2003 exploitable sous license Creative Commons (CC BY-NC-SA 2.0 FR).

**Europarl** Ce corpus est constitué de textes multilingues alignés issus des actes du Parlement Européen [11] préparés par (Koehn, 2005) pour l'entraînement de systèmes statistiques de traduction. La section en français de la version 7 (mai 2012) couvre une période s'étalant de 1996 à 2011. Ces textes sont libres de reproduction [12].

Le corpus P7T sert de corpus source. Les corpus Wikinews, Est Républicain et Europarl servent de corpus relais. Les corpus Wikinews et Est Républicain présentent la particularité d'être du genre journalistique à l'instar du corpus source.

## 4.2 Segmentation des mots

Afin de comparer des étiqueteurs, il est important que ceux-ci aient été entraînés sur des textes segmentés en mots de la même manière. La question de la segmentation se pose surtout sur le traitement des mots composés. Le corpus P7T, qui constitue notre corpus source, fait reposer ses annotations sur une segmentation en mots composés. Afin de permettre à un système automatique de reproduire au plus près la segmentation du P7T nous avons réalisés un certain nombre d'adaptations (Hernandez & Boudin, 2013) pour ne considérer comme «mots» que les unités graphiques ne contenant pas d'espace. La segmentation de Wikinews et d'Europarl repose sur l'utilisation d'un même segmenteur [13] qui met en oeuvre ce principe. Nous l'avons étendu pour traiter l'Est Républicain qui contient davantage d'entités spécifiques.

La table 1 rapporte la taille du vocabulaire, le nombre de mots et le nombre de phrases pour chacun des corpus. La table 2, quant à elle, rapporte le taux de recoupement entre les différents vocabulaires des différents corpus ($\frac{|V_1 \cap V_2|}{|V_1 \cup V_2|}$).

| | **P7T** | **Wikinews** | **Est Républicain** | **Europarl** |
|---|---|---|---|---|
| Taille du vocabulaire | 34 677 | 75 175 | 382 342 | 129 093 |
| Nombre de mots | 629 788 | 2 535 396 | 36 478 209 | 61 396 216 |
| Nombre de phrases | 23 539 | 87 461 | 1 947 360 | 1 967 951 |

TABLE 1 – Taille du vocabulaire, nombre de mots et de phrases des corpus P7T, Wikinews, Est Républicain et Europarl.

| | **Wikinews** (75 175) | **Est Républicain** (382 342) | **Europarl** (129 093) |
|---|---|---|---|
| **P7T** (34 677) | .27 (23 093 / 86 749) | .08 (29 831 / 387 188) | .20 (27 329 / 136 433) |
| **Wikinews** | | .13 (52 068 / 405 439) | .30 (46 628 / 157 622) |
| **Est Républicain** | | | .17 (75 213 / 436 213) |

TABLE 2 – Taux de vocabulaires en commun entre les corpus P7T, Wikinews, Est Républicain et Europarl.

## 4.3 Jeu d'étiquettes morpho-syntaxiques et étiqueteur

Le jeu de catégories morpho-syntaxiques que nous utilisons est celui mis ou point par (Crabbé & Candito, 2008), contenant 28 catégories qui combinent différentes valeurs de traits morpho- syntaxiques du P7T (désigné si après par P7T+). Outre le fait que ce jeu soit plus complet que les catégories du P7T, qui elles sont au nombre de 13, les auteurs montrent que les performances d'un étiqueteur entraîné sur de telles annotations sont meilleures.

En ce qui concerne l'étiqueteur morpho-syntaxique que nous avons utilisé pour nos expériences, il s'agit de la version 3.1.3 du *Stanford POS Tagger* (Toutanova et al., 2003). Ce système utilise un modèle par maximum d'entropie, et peut

10. http://www.cnrtl.fr/corpus/estrepublicain
11. http://www.statmt.org/europarl
12. «Except where otherwise indicated, reproduction is authorised, provided that the source is acknowledged.» http://www.europarl.europa.eu/guide/publisher/default_en.htm
13. https://github.com/boudinfl/kea

atteindre des performances au niveau de l'état-de-l'art en français (Boudin & Hernandez, 2012; Hernandez & Boudin, 2013). Nous utilisons un ensemble standard [14] de traits bidirectionnels sur les mots et les étiquettes.

### 4.4 Estimation de modèles de langue et calcul de la perplexité

Les modèles de langue que nous estimons sont d'ordre 5 (historique de 4 mots) et sont construits en utilisant la technique de lissage communément utilisée de (Kneser & Ney, 1995). En pratique, nous utilisons la bibliothèque *berkeleylm* [15] (Pauls & Klein, 2011). Pour calculer la perplexité nous utilisons la bibliothèque *kylm* [16].

## 5 Expériences

Dans les sections qui suivent nous rapportons les résultats de systèmes d'étiquetage entraînés à partir de différents corpus relais. Nous les évaluons sur les données du P7T+.

### 5.1 Performance d'un étiqueteur état-de-l'art

A titre de comparaison, la table 3 rapporte les résultats d'un système état de l'art (à savoir le *Stanford POS Tagger*) évalué par validation croisée en 10 strates sur le P7T+. Ces résultats peuvent être interprétés comme la performance maximale que peut obtenir un système lorsqu'il est entraîné sur des données qui ont été manuellement validées. La précision moyenne est de 96,93% sur les tokens. Nous renvoyons à (Hernandez & Boudin, 2013) pour une évaluation plus exhaustive en terme de précision sur les phrases et en tenant compte des mots inconnus.

| | **Précision** | **Min. - Max.** | **Écart type** |
|---|---|---|---|
| Tokens | 96,93 | 96,55 - 97,28 | 0,219 |

TABLE 3 – Scores de précision sur les tokens du *Stanford POS tagger* calculés à partir du P7T+ en validation croisée en 10 strates. Le minimum, le maximum et l'écart type des scores calculés sur les 10 strates sont également reportés.

### 5.2 Score de précision et test de significativité selon les corpus relais

Dans cette section nous rapportons pour différents corpus les scores de précision et de significativité (via le test de Student aussi appelé t-test) obtenus à partir de modélisations fondées sur un nombre croissant de phrases ordonnées soit aléatoirement [17] soit sur le score de perplexité vis-à-vis du corpus source.

Pour vérifier l'adéquation à la normalité de la distribution des échantillons et utiliser le test de Student, nous avons utilisé le *test de Shapiro-Wilk*. La taille de nos échantillons correspond au nombre de partitions de test, à savoir 10. Pour la grande majorité des échantillons (suffisamment pour soutenir les observations ci-dessous), l'hypothèse d'adéquation n'a pas été rejetée avec un seuil de 50 %.

Les figures 1, 2 et 3 rapportent les scores observés pour les corpus relais Wikinews, Est Républicain et Europarl. En abscisse de chaque figure, on note le nombre de phrases considéré pour la construction d'une modélisation. En ordonnée sur la gauche se trouve une échelle de scores du test de Student variants de 0 à 1 et en ordonnée sur la droite se trouve une échelle de scores de précision centrée sur les scores les plus élevés variants de 92% à 98% environ. Cette double échelle en ordonnée permet de confronter ces deux types de scores. Les courbes en pointillées (bleues et avec points ronds) représentent les scores de précision tandis que les courbes en ligne pleine (rouges et avec points carrés) correspondent aux scores du test de Student. Il y a pour ces trois figures deux courbes en pointillée et deux pleines. Celles marquées d'un point vide concernent les scores du test de Student et de précision obtenus à partir de modélisations fondées sur un nombre croissant de phrases ordonnées aléatoirement (ordre original). Celles marquées d'un point plein concernent les

14. Nous avons utilisé la macro `generic,naacl2003unknowns` décrite dans (Toutanova et al., 2003).
15. `https://code.google.com/p/berkeleylm`
16. `http://www.phontron.com/kylm/`
17. L'ordre original n'étant pas trié est considéré comme étant sans a priori.

scores du test de Student et de précision obtenus à partir de modélisations fondées sur un nombre croissant de phrases ordonnées sur le score de perplexité vis-à-vis du corpus source.

Dans la table 4, nous rapportons divers facteurs de nombres de phrases calculés entre différents corpus. Nous comparons les corpus obtenus à la valeur maximale du test de Student (pour notre échantillonnage) avec les corpus relais dont ils sont issus et le corpus source. Nous comparons aussi la différence du nombre de phrases entre les corpus triés et non triés.

Sur les trois figures 1, 2 et 3, on peut voir que la précision de tous les systèmes augmente avec la quantité de phrases. Les élévations observées sur les courbes du test de Student correspondent à des scores où le test considère qu'il n'y a pas de différences statistiquement significatives entre les systèmes entraînés sur les corpus relais et celui sur un corpus source. Il est à noter que les sommets de ces courbes sont sur la base de notre échantillonnage. Ils ne correspondent pas aux maximums absolus (probablement voisins).

Concernant le corpus relais Wikinews (figure 1), nous observons que le score de précision est meilleur pour le corpus relais sans ordre a priori que sur le corpus relais ordonné sur le score de la perplexité. La différence entre ces scores s'amenuise à mesure que l'on considère plus de phrases dans les corpus et finit par se confondre à partir d'une certaine quantité de phrases. Au sujet de la significativité des résultats, sur la base de notre échantillonnage, nous ne pouvons différencier les deux corpus candidats au maximum du test de Student. La courbe traduit une légère préférence pour le corpus ordonnée selon la perplexité mais la différence est minime.

Concernant le corpus relais Est Républicain (figure 2), les scores sont tout autre. Au sujet de la précision des systèmes, malgré une convergence qui se précise avec le nombre de phrases considéré, on observe qu'un système, construit en sélectionnant ses instances d'entraînement selon un score de perplexité avec le corpus source, obtient une précision plus haute qu'avec un système entraîné avec des phrases sans ordre a priori. Au sujet de la significativité, on constate qu'un système qui se fonde sur un ordre des phrases découlant d'un score de perplexité croissant requiert moins de phrases qu'un système qui ne se fonde pas sur un ordre a priori des phrases (1,85 fois la taille du corpus source pour le corpus trié contre 3,48 pour celui non trié). L'une des différences fondamentales avec le corpus relais Wikinews est que le corpus relais Est Républicain est beaucoup plus grand.

Cette expérience montre que le filtrage des phrases selon un score de perplexité qu'un corpus source peut avoir sur elles constitue un critère effectif de sélection.

Les scores observés à la figure 3 (corpus relais Europarl) corroborent globalement ceux observés à la figure 2. On note qu'il faut des quantités de données beaucoup plus importantes pour observer des résultats. On attribue cette caractéristique au fait que ce corpus relais n'est pas du même genre que les corpus source et relais Wikinews et Est Républicain. Dans cette expérience, on constate encore qu'avec des phrases sélectionnées selon un score de perplexité observé par un corpus source, une quantité moins importante est requise avec celles-ci pour obtenir plus rapidement des scores de précision avec une différence statistiquement non-significative. De même la précision sur mots est globalement toujours plus élevée.

| | **Wikinews** | | **Est Républicain** | | **Europarl** | | **Fusion** |
|---|---|---|---|---|---|---|---|
| Ordre des phrases dans corpus relais | aléa | trié | aléa | trié | aléa | trié | trié |
| # de phrases *au maximum du t-test* | 76 524 | 76 524 | 82 000 | 43 730 | 349 844 | 262 383 | 43 730 |
| Facteur *diviseur* / corpus relais | 1.14 | 1.14 | 23.75 | 44.53 | 7.50 | 5.62 | 91.53 |
| Facteur *multiplicateur* / corpus source | 3.25 | 3.25 | 3.48 | 1.85 | 14.86 | 11.14 | 1.85 |
| $\neq$ *entre # de phrases* aléa et trié | 1 | | 1.87 | | 1.33 | | |

TABLE 4 – Facteurs multiplicateur et diviseur calculés sur le nombre de phrases respectivement par rapport au corpus source et aux corpus relais, pour la valeur maximale du test de Student. Sont comparés les facteurs lorsque les phrases sont ordonnées aléatoirement ou selon la perplexité. Est donné le rapport entre le nombre de phrases non triées et triées pour le maximal du test de Student. Est aussi indiqué le nombre de phrases de l'échantillon pour lequel le score maximal du test de Student a été atteint.

## 5.3 Significativité obtenue à partir d'un corpus relais fusionné et ordonné

La figure 4 rapporte les scores de significativité et de précision obtenus à partir de systèmes construits sur un corpus relais résultant de la fusion des corpus relais Wikinews, Est Républicain et Europarl. Les courbes du corpus relais ordonné Est Républicain sont rappelées car les scores sont très similaires à ceux obtenus avec la fusion des corpus.

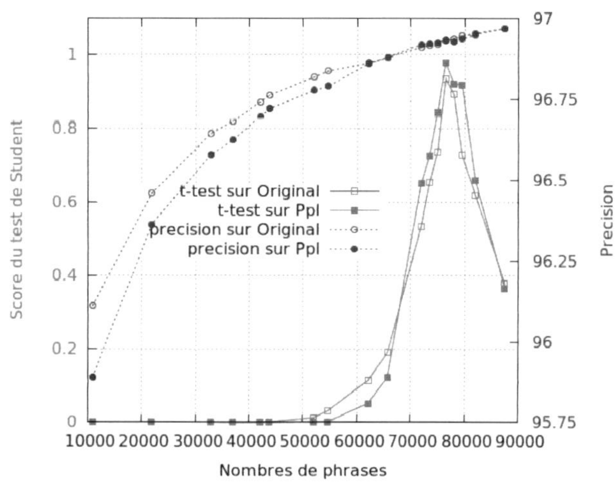


FIGURE 1 – Corpus Wikinews : Scores de précision et de t-test obtenus à partir de modélisations fondées sur un nombre croissant de phrases ordonnées soit aléatoirement soit sur le score de perplexité vis-à-vis du corpus source.

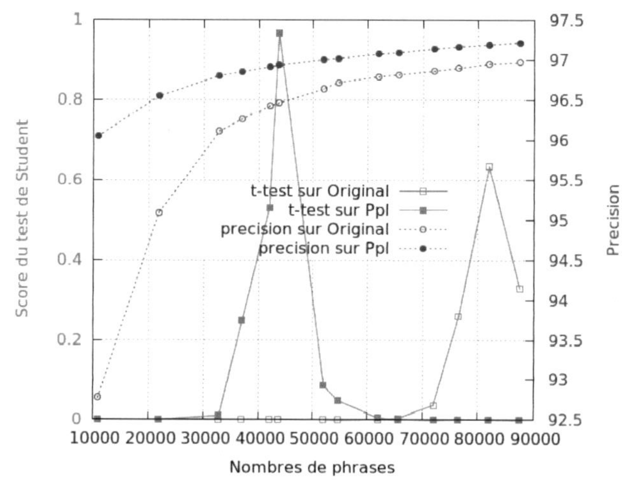


FIGURE 2 – Corpus Est Républicain : Scores de précision et de t-test obtenus à partir de modélisations fondées sur un nombre croissant de phrases ordonnées soit aléatoirement soit sur le score de perplexité vis-à-vis du corpus source.

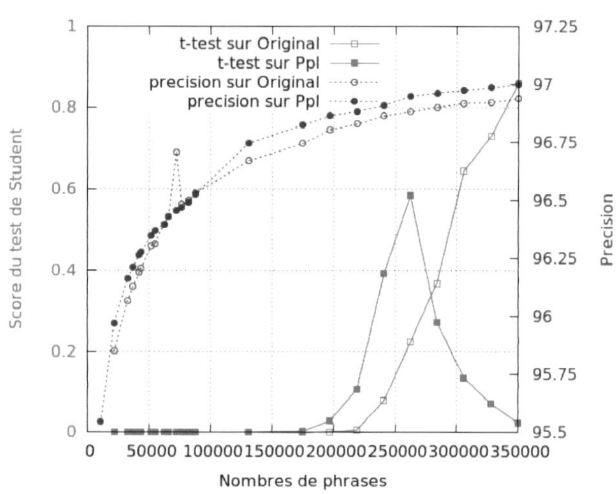


FIGURE 3 – Corpus Europarl : Scores de précision et de t-test obtenus à partir de modélisations fondées sur un nombre croissant de phrases ordonnées soit aléatoirement soit sur le score de perplexité vis-à-vis du corpus source.

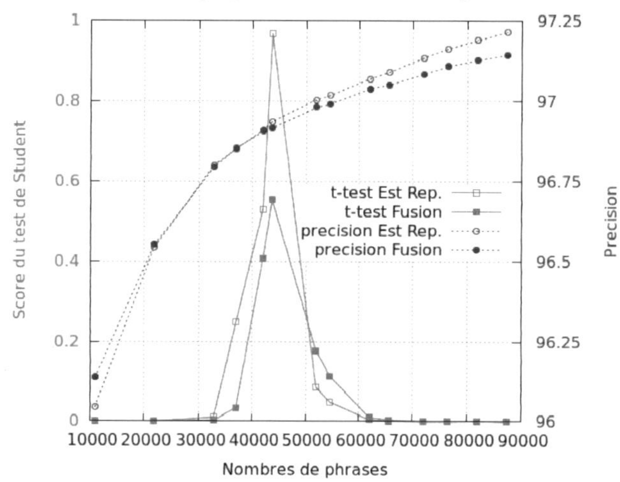


FIGURE 4 – Corpus fusionnés : Scores de précision et de t-test obtenus à partir de modélisations fondées sur un nombre croissant de phrases ordonnées sur le score de perplexité vis-à-vis du corpus source. Sont rappelés les scores du corpus Est Républicain.

Nous notons que le système construit sur le corpus fusionné requiert globalement le même nombre de phrases que celui construit à partir du meilleur corpus composant le corpus fusionné. Nous notons néanmoins que même si les deux courbes sont proches (courbe rouge avec carrés remplis et courbe rouge avec carrés vides), le système construit seulement à partir de l'Est Républicain obtient des scores de précision et de Student plus importants pour un échantillon donné.

Nous attribuons cela à une limitation de notre approche pour la construction des corpus comparables. En effet en l'état, la sélection des phrases à considérer se fait seulement sur la base du corpus source et de la phrase analysée. Elle ne prend pas en compte les phrases déjà sélectionnées et celles potentiellement sélectionnables. Ainsi, pour une même quantité de phrases, nous pensons que, dans le corpus résultant de la fusion, il y a plus de phrases similaires à celles du corpus source mais, proportionnellement, probablement moins de phrases qui couvrent l'étendue des phénomènes du corpus source par rapport au corpus construit à partir de l'Est Républicain.

Pour vérifier cette hypothèse nous calculons la perplexité de modèles de langue construits à partir de ces corpus sur ces différents corpus tour à tour. Outre le corpus source, nous considérons le corpus résultant de la fusion et celui de l'Est Républicain, tous deux au plus haut du score du test de Student. La table 5 rapporte ces résultats. On peut lire que le modèle de langue construit sur le corpus source P7T «reconnaît» plus facilement le corpus extrait de la fusion que celui issu de l'Est Républicain (perplexité de 267 contre une perplexité de 899). On en déduit que l'Est Républicain contient plus de cas inconnus du P7T que le corpus Fusion. On note aussi que le modèle de langue construit à partir du corpus issu de la fusion reconnaît moins bien le P7T que celui-ci ne le reconnaît (perplexité de 417 contre une perplexité de 267). Ces observations confirment notre hypothèse de différences de représentativité entre ces corpus. Le corpus Fusion semble contenir moins de diversité que le corpus P7T. A titre indicatif, nous donnons les perplexités des modèles de langue testés sur les corpus ayant servis à leur construction.

| Modèle de langue \ Corpus testé | **P7T** | **Est Républicain** | **Fusion** |
|---|---|---|---|
| **P7T** | 16 | 899 | 267 |
| **Est Républicain** | 553 | 18 | 228 |
| **Fusion** | 417 | 284 | 15 |

TABLE 5 – Scores de perplexité réciproque entre le corpus source P7T et les corpus comparables candidats extraits des corpus relais ordonné fusion et Est Républicain au score du test de Student le plus haut.

# 6 État de l'art

L'anonymisation est un moyen de transformation d'un corpus source qui dénature principalement les entités nommées et qui malgré cette perte d'information peut permettre la diffusion du dérivé et son exploitation dans des tâches autres que de la reconnaissance d'entités nommées (Medlock, 2006). Nous nous situons dans un contexte où nous ne pouvons réutiliser tout ou partie d'un corpus source.

(McEnery & Xiao, 2007) définit la notion de corpus comparable dans le cadre d'études comparatives inter-lingues. Selon les auteurs, un corpus comparable se définit comme un corpus dont les composantes ont été collectées en utilisant la même base d'échantillonnage, le même équilibre et la même représentativité par exemple la même proportion de textes de même genres dans les mêmes domaines collectés à la même période dans différentes langues. Nous avons testé différents corpus relais que nous avons sélectionnés en raison de leur taille et de leur licence d'exploitation. Nous sommes néanmoins d'avis que la sélection de textes de même registre et de la même période temporelle favorise l'obtention de résultats équivalents. Nous pensons néanmoins que la contrainte sur les langues peut être levée pour offrir une définition plus large.

L'approche classique que l'on retrouve pour construire des corpus comparables monolingues consiste à utiliser des moteurs de recherche et à utiliser les documents du corpus source comme requêtes (Wang & Callison-Burch, 2011; Bo et al., 2011). Le supposé théorique sous-jacent est qu'un corpus comparable à un autre partage un contenu informationnel (thématique) en commun. Nous pensons qu'il s'agit d'une restriction limitative de la définition de corpus comparable.

Dans le contexte de la tâche d'extraction terminologique bilingue, (Déjean & Éric Gaussier, 2002; Bo et al., 2011) définissent une mesure de comparabilité fondée sur le lexique partagé par les corpus comparés. A nouveau, cette définition illustre une importance prépondérante à l'information lexicale comme base à la comparabilité. Elle est néanmoins pertinente dans le cadre de cette tâche. Comme ces auteurs nous pensons qu'une définition de la notion de comparabilité est en lien avec une application. Par notre approche, nous souhaitons néanmoins ne pas nous attacher à l'observation privilégiée de certains traits linguistiques. Notre définition se veut plus générale et non spécifique à une application particulière.

Notre approche pour construire un corpus annoté comparable est similaire à l'approche par apprentissage semi-supervisé de type auto-apprentissage (*self-training*). Ce type d'approche vise à étendre le taille d'un corpus annoté en ajoutant aux données d'entraînement des données nouvelles annotées par un système entraîné sur les données annotées initialement disponibles. Cette approche montre des résultats intéressants dans le contexte de l'adaptation de systèmes existants à de nouveaux domaines et lorsque les données d'entraînement ne sont seulement disponibles qu'en petite quantité (Rehbein, 2011). Pour ce qui nous concerne, les données du P7T sont estimées en quantités suffisantes pour pouvoir soutenir l'entraînement de systèmes statistiques type étiqueteur et analyseur syntaxique (Crabbé & Candito, 2008; Boudin & Hernandez, 2012). Par ailleurs, nous n'ajoutons pas les nouvelles données annotées au corpus initial mais les considérons pleinement comme de nouvelles données annotées à part entière.

Dans le contexte d'auto-apprentissage, on retrouve l'idée de favoriser les phrases les plus similaires aux données d'entraînement pour enrichir le corpus. L'objectif est de minimiser l'ajout de bruit dans les données. La mesure de perplexité (sur les étiquettes) a ainsi été utilisée par (Rehbein, 2011) et (Søgaard, 2011) pour construire des analyseurs syntaxiques. Nos résultats corroborent les leurs lorsqu'ils notent que la perplexité joue un rôle actif positif dans la sélection des phrases.

# 7 Conclusion et perspectives

Dans cet article nous avons proposé une définition générale et opérationnelle de la relation de la comparabilité entre des corpus monolingues annotés. Nous avons entre autres fourni une mesure de la relation de comparabilité ancrée dans un contexte applicatif mais indépendante d'un domaine en particulier, à savoir la comparaison en termes de test statistique de significativité. Nous avons aussi énoncé une procédure de construction d'un corpus comparable.

Nos expérimentations de ces propositions se sont réalisées autour de la construction d'un corpus comparable annoté morpho-syntaxiquement. Nous avons montré notamment que la mesure de la perplexité définie dans la théorie de l'information constitue un moyen de prioriser les phrases à sélectionner pour construire un corpus comparable. Pour une quantité équivalente de phrases d'entraînement, la précision est plus élevée avec un système entraîné sur des phrases sélectionnées selon leur similarité avec un corpus source que pour un système entraîné avec des phrases extraites «aléatoirement». La quantité de phrases requise est une question importante car elle a une incidence sur la taille des modélisations construites, et indirectement sur le choix des modélisations qui peuvent être embarquées dans les systèmes à ressources limitées. Nous montrons néanmoins que la procédure pour exploiter la perplexité a son importance et qu'elle doit tenir compte du corpus source et du corpus relais dans sa globalité. Plus généralement, nous montrons que la quantité de données annotée automatiquement pour entraîner un système n'est pas un critère suffisant. Il apparaît important de le discuter en fonction de la taille du corpus source et du type d'analyse à projeter.

Au sujet du processus de construction du corpus comparable, notre idée fut de favoriser la sélection de phrases d'un corpus relais qu'un modèle de langue, construit sur un corpus source, prédit avec le moins de surprise. Notre approche de la sélection des phrases est sans supervision macroscopique. Les résultats de l'expérience décrite à la section 5.3 tendent à montrer cette faiblesse dans notre approche. En effet, rien ne garantit qu'un tel processus de sélection ne conduise pas à des problèmes de redondance et de représentativité faussée par rapport à la réalité. L'utilisation du critère de pertinence marginale maximale (*Maximal Marginal Relevance*) est une piste possible au filtrage de la redondance tout en maintenant une représentativité des phénomènes (Carbonell & Goldstein, 1998). Plus généralement, nous souhaitons comparer différentes mesures d'ordonnancement des phrases à sélectionner notamment pour chercher à mieux couvrir les propriétés des corpus comparables que nous avons définies.

Enfin, pour poursuivre l'expérience de la section 5.3, nous aimerions étudier la possibilité de construire une mesure de comparabilité fondée sur le rapport de scores de perplexités calculés réciproquement à partir de deux corpus distincts.

# Remerciements

Ce travail qui s'inscrit dans le cadre du projet CRISTAL `www.projet-cristal.org` a bénéficié d'une aide de l'Agence National de la Recherche portant la référence ANR-12-CORD-0020. Nous remercions aussi les relecteurs pour leurs commentaires avisés.

# Références


ABEILLÉ A. & BARRIER N. (2004). Enriching a french treebank. In Actes de la conférence LREC, Lisbonne.

ABEILLÉ A., CLÉMENT L. & TOUSSENEL F. (2003). Building and using Parsed Corpora, chapter Building a treebank for French. Language and Speech series : Kluwer, Dordrecht.

BO L., GAUSSIER E. & AIZAWA A. (2011). Clustering comparable corpora for bilingual lexicon extraction. Proceedings of the 49th Annual Meeting of the Association for Computational Linguistics, p. 473–478.

BOUDIN F. & HERNANDEZ N. (2012). Détection et correction automatique d'erreurs d'annotation morpho-syntaxique du french treebank. In Proceedings of the Joint Conference JEP-TALN-RECITAL 2012, volume 2 : TALN, p. 281–291, Grenoble, France : ATALA/AFCP.

CARBONELL J. & GOLDSTEIN J. (1998). The use of mmr, diversity-based reranking for reordering documents and producing summaries. In Proceedings of the 21st Annual International ACM SIGIR Conference on Research and Development in Information Retrieval, SIGIR '98, p. 335–336, New York, NY, USA : ACM.

CRABBÉ B. & CANDITO M. (2008). Expériences d'analyse syntaxique statistique du français. In Actes de la 15ème conférence sur le Traitement Automatique des Langues Naturelles (TALN), Avignon, France.

DÉJEAN H. & ÉRIC GAUSSIER (2002). Une nouvelle approche à l'extraction de lexiques bilingues à partir de corpus comparables. Lexicometrica, Numéro thématique "Alignement lexical dans les corpus multilingues", p. 1–22.

HERNANDEZ N. & BOUDIN F. (2013). Construction d'un large corpus écrit libre annoté morpho-syntaxiquement en français. In Actes de la 20e conférence sur le Traitement Automatique des Langues Naturelles (TALN'2013), p. 160–173, Les Sables d'Olonne, France.

KNESER R. & NEY H. (1995). Improved backing-off for m-gram language modeling. In International Conference on Acoustics, Speech, and Signal Processing.

KOEHN P. (2005). Europarl : A parallel corpus for statistical machine translation. In MT Summit.

MCENERY A. M. & XIAO R. Z. (2007). Parallel and comparable corpora : What are they up to ?, In Incorporating Corpora : Translation and the Linguist. Translating Europe. Multilingual Matters.

MEDLOCK B. (2006). An introduction to nlp-based textual anonymisation. In Proceedings of the Fifth International Conference on Language Resources and Evaluation (LREC-2006), Genoa, Italy : European Language Resources Association (ELRA). ACL Anthology Identifier : L06-1110.

NIELSEN M. (2011). Reinventing Discovery : The New Era of Networked Science. Princeton University Press.

PAULS A. & KLEIN D. (2011). Faster and smaller n-gram language models. In Proceedings of the 49th Annual Meeting of the Association for Computational Linguistics : Human Language Technologies - Volume 1, HLT '11, p. 258–267, Stroudsburg, PA, USA : Association for Computational Linguistics.

REHBEIN I. (2011). Data point selection for self-training. In Proceedings of the Second Workshop on Statistical Parsing of Morphologically Rich Languages (SPMRL 2011), Dublin, Ireland.

SØGAARD A. (2011). Data point selection for cross-language adaptation of dependency parsers. In The 49th Annual Meeting of the Association for Computational Linguistics : Human Language Technologies, Portland, Oregon.

TOUTANOVA K., KLEIN D., MANNING C. & SINGER Y. (2003). Feature-rich part-of-speech tagging with a cyclic dependency network. In Proceedings of the 3rd Conference of the North American Chapter of the ACL (NAACL 2003), p. 173–180 : Association for Computational Linguistics.

WANG R. & CALLISON-BURCH C. (2011). Paraphrase fragment extraction from monolingual comparable corpora. In Proceedings of the 4th Workshop on Building and Using Comparable Corpora : Comparable Corpora and the Web, p. 52–60, Portland, Oregon : Association for Computational Linguistics.

# Vers une approche simplifiée pour introduire le caractère incrémental dans les systèmes de dialogue

Hatim Khouzaimi[1,2] Romain Laroche[1] Fabrice Lefèvre[2]
(1) Orange Labs, 38-40 rue du Général Leclerc 92794 Issy-les-Moulineaux, France
(2) Laboratoire Informatique d'Avignon, 339 chemin des Meinajaries 84911 Avignon, France
hatim.khouzaimi@orange.com, romain.laroche@orange.com, fabrice.lefevre@univ-avignon.fr

**Résumé.** Le dialogue incrémental est au cœur de la recherche actuelle dans le domaine des systèmes de dialogue. Plusieurs architectures et modèles ont été publiés comme (Allen *et al.*, 2001; Schlangen & Skantze, 2011). Ces approches ont permis de comprendre différentes facettes du dialogue incrémental, cependant, les implémenter nécessite de repartir de zéro car elles sont fondamentalement différentes des architectures qui existent dans les systèmes de dialogue actuels. Notre approche se démarque par sa réutilisation de l'existant pour tendre vers une nouvelle génération de systèmes de dialogue qui ont un comportement incrémental mais dont le fonctionnement interne est basé sur les principes du dialogue traditionnel. Ce papier propose d'intercaler un module, appelé *Scheduler*, entre le service et le client. Ce *Scheduler* se charge de la gestion des événements asynchrones, de manière à reproduire le comportement des systèmes incrémentaux vu du client. Le service, de son côté, ne se comporte pas de manière incrémentale.

**Abstract.** Incremental dialogue is at the heart of current research in the field of dialogue systems. Several architectures and models have been published such as (Allen *et al.*, 2001; Schlangen & Skantze, 2011). This work has made it possible to understand many aspects of incremental dialogue, however, in order to implement these solutions, one needs to start from scratch as the existing architectures are inherently different. Our approach is different as it tends towards a new generation of incremental systems that behave incrementally but work internally in a traditional way. This paper suggests inserting a new module, called the *Scheduler*, between the service and the client. This *Scheduler* manages the asynchronous events, hence reproducing the behaviour of incremental systems from the client's point of view. On the other end, the service does not work incrementally.

**Mots-clés :** Systèmes de Dialogue, Traitement Incrémental, Architecture des Systèmes de Dialogue.

**Keywords:** Dialogue Systems, Incremental Processing, Dialogue Systems Architecture.

## 1 Introduction

Les systèmes de dialogue traditionnels[1] fonctionnent au tour par tour. L'utilisateur parle et quand il se tait, il donne la parole au système. Certains systèmes permettent à l'utilisateur de les interrompre pour éviter les désynchronisations (*barge-in*) mais sans relier le moment et le contenu de son intervention avec la phrase du système et sans pouvoir continuer à parler en ignorant certaines interruptions (confirmations, bruit...). Ce modèle de dialogue a certes l'avantage d'être simple, mais il est loin de la réalité du dialogue naturel entre humains (Edlund *et al.*, 2008). Quand ceux-ci interagissent entre eux, ils se comprennent au fur et à mesure qu'ils parlent, peuvent s'interrompre mutuellement et peuvent même deviner la fin d'une proposition avant que celle-ci ne soit totalement prononcée par la personne qui parle (Tanenhaus *et al.*, 1995; Brown-Schmidt & Hanna, 2011; DeVault *et al.*, 2011). Des travaux ont également mis en valeur un procédé par étapes, lors de la construction du sens pendant la lecture (Ilkin & Sturt, 2011) et d'autres documents plus généraux en psycholinguistique évoquent ce phénomène (Levelt, 1989; Clark, 1996).

Intégrer ce genre de comportement dans les systèmes de dialogue permet d'avoir des systèmes plus réactifs et qui offrent une expérience utilisateur potentiellement plus agréable car plus proche du dialogue homme-homme. On parle de dialogue incrémental. De nombreuses études ont montré la supériorité des stratégies de dialogue incrémentales en termes de

1. Tout au long de ce papier, nous utiliserons l'adjectif *traditionnel* pour qualifier les systèmes de dialogue non-incrémentaux.

satisfaction utilisateur (Skantze & Schlangen, 2009; Baumann & Schlangen, 2013; El Asri *et al.*, 2014) et de complétion de tâche (Matthias, 2008; El Asri *et al.*, 2014).

Le terme *incrémental* a été utilisé initialement dans le domaine de l'informatique. Un compilateur incrémental (Lock, 1965) compile chaque ligne indépendamment des autres, ainsi, une modification locale ne peut pas affecter la compilation globale. (Wirén, 1992) utilise pour la première fois cette notion pour l'analyse du langage naturel. Les données en entrée d'un module incrémental ne lui sont pas communiquées en un seul bloc mais elles sont divisées en plusieurs morceaux. Dès le premier fragment, ce module commence déjà son traitement et cela donne lieu à des sorties hypothétiques disponibles dès qu'elles sont calculées.

Un système de dialogue incrémental fonctionne selon le même principe. La requête de l'utilisateur est divisée en *unités incrémentales* (Schlangen & Skantze, 2011) (e. g. division temporelle du signal audio pour les systèmes vocaux, division en mots pour les systèmes texte...) qui sont envoyés à la suite au système. Ce dernier maintient une hypothèse de réponse qui évolue au fur et à mesure avec l'arrivée de nouvelles informations. Cette évolution peut être visible par l'utilisateur ou cachée. Dans le cas des systèmes multimodaux, les canaux autres que la parole peuvent être exploités pour faire un *feedback* à l'utilisateur pendant qu'il parle (Fink *et al.*, 1998) (par exemple, un avatar qui hoche la tête quand il comprend une nouvelle information et fronce les sourcils quand il détecte une incohérence...). Par ailleurs, un système de dialogue incrémental reste à l'écoute de l'utilisateur même quand il prend la parole. Ainsi, outre la réactivité, un des avantages majeurs des stratégies de dialogue incrémentales réside dans la possibilité pour l'utilisateur d'interrompre le système (Matsuyama *et al.*, 2009; Selfridge *et al.*, 2013) quand il pense que celui-ci a mal compris sa requête. Contrairement au *barge-in* autorisé par certains systèmes traditionnels, le contenu et l'instant de l'intervention sont mis en relation avec l'énoncé interrompu pour en dégager le sens. De plus, le système peut choisir de ne pas réagir à certaines interruptions (comme les confirmations par exemple). Par conséquent, l'intervention de l'utilisateur peut ne porter que sur un fragment de la réponse du système comme c'est le cas dans les stratégies d'énumération (El Asri *et al.*, 2014). Il peut donc rattraper une désynchronisation plus rapidement et plus facilement. En plus, suivant le sens donné à l'interruption, celle-ci peut donner lieu à des actions différentes ou peut être ignorée.

Plusieurs travaux proposant des architectures de systèmes de dialogue incrémentaux existent déjà. Néanmoins, ces architectures présupposent de construire de tels systèmes en partant de rien, ce qui constitue un investissement considérable. Un système de dialogue est composé de plusieurs modules constituant *la chaîne de dialogue*, qui généralement se présente comme suit : la reconnaissance vocale, le traitement du langage naturel, la gestion du dialogue, la génération de langage naturel puis la synthèse de la parole. Pour rendre un tel système incrémental, des travaux antérieurs proposent de rendre la plupart de ses modules incrémentaux. Par opposition, notre démarche vise à transformer un système de dialogue traditionnel en système incrémental à moindre coût, en procédant par étapes.

La section 2 décrit l'état de l'art concernant les systèmes de dialogue incrémentaux. Dans le cadre de ce papier, la solution proposée consiste à introduire un module entre le client et le service de dialogue : le *Scheduler*. Ce concept sera introduit en Section 3. En Section 4, la méthode sera appliquée à un assistant texte de recherche de contenu puis à un système vocal de dictée de numéros : DictaNum. Enfin, une discussion est menée en Section 5 et la Section 6 conclut ce papier par des perspectives d'amélioration.

## 2 Travaux précédents

Nous distinguons quatre catégories de systèmes de dialogue suivant leur niveau d'intégration du caractère incrémental. La première concerne les systèmes traditionnels (Laroche *et al.*, 2011). La seconde englobe les systèmes de dialogue traditionnels avec quelques stratégies isolées (El Asri *et al.*, 2014) et la troisième se compose des systèmes qui reproduisent un comportement incrémental tout en gardant un fonctionnement interne traditionnel (Selfridge *et al.*, 2012; Hastie *et al.*, 2013). Enfin, les systèmes incrémentaux dont les composants internes le sont également constituent le dernier groupe (Dohsaka & Shimazu, 1997; Allen *et al.*, 2001; Schlangen & Skantze, 2011). La figure 5, discutée en section 5, propose une comparaison entre ces catégories en termes de fonctionnalités offertes par chacune.

NASTIA (El Asri *et al.*, 2014) est un système de dialogue destiné à la prise de rendez-vous avec un technicien pour une intervention à domicile. Ce système vient à la suite des travaux menés lors du projet européen CLASSiC (Laroche & Putois, 2010). Il interagit avec l'utilisateur en utilisant plusieurs stratégies de dialogue destinées à la récupération d'un créneau durant lequel le technicien peut se déplacer. Parmi celles-ci, la stratégie nommée *List of Availabilities* (LA) consiste à lister les créneaux disponibles et à attendre que l'utilisateur interrompe le système quand il entend une option qui l'intéresse. Cette dernière stratégie relève du dialogue incrémental car elle ne fonctionne pas en tour de parole.

L'expérimentation menée dans (El Asri *et al.*, 2014) montre qu'elle permet d'avoir un gain de près de 10% de taux de complétion de tâche ainsi qu'une amélioration significative de l'expérience utilisateur.

PARLANCE (Hastie *et al.*, 2013) est un exemple de système de dialogue appartenant à la troisième catégorie. Il a été développé au sein du projet européen du même nom. Son architecture conserve les même modules qu'une architecture classique mais avec quelques fonctionnalités en plus pour supporter un comportement incrémental : "the PARLANCE system architecture [...] maintains the modularity of a traditional SDS while at the same time allowing for complex interaction at the micro-turn level between components". Le principal module qui fait la différence avec les autres architectures est le MIM (Micro-turn Interaction Manager). Il gère les prises de parole du système, les périodes d'écoute et la génération des backchannels, tout ceci à l'échelle du micro-tour. L'architecture la plus proche de celle proposée ici est introduite dans (Selfridge *et al.*, 2012). Un module est introduit entre la reconnaissance vocale incrémentale et la synthèse de parole d'un côté et un service de dialogue de l'autre. Néanmoins, il ne s'agit pas de l'idée centrale du papier qui présente cette démarche comme étant un travail préliminaire pour pouvoir simuler un dialogue incrémental à moindre coût, et ainsi faire une expérimentation illustrant d'autres points qui ne nous intéressent pas ici. Dans cet article, nous avons choisi d'étudier cette démarche dans le détail, d'y apporter une formalisation, de l'ancrer dans la littérature existante et de prouver son fonctionnement à travers deux implémentations.

L'architecture proposée dans (Dohsaka & Shimazu, 1997) contient huit modules fonctionnant en parallèle : le Speech Recognizer, le Response Analyzer, le Dialogue Controller, le Problem Solver, l'Utterance Planner, l'Utterance Controller, le Speech Synthesizer et le Pause Monitor. La requête de l'utilisateur est vue comme un problème que l'utilisateur soumet au système. Celle-ci est captée par le Speech Recognizer, transmise sous forme de texte au Response Analyzer qui en dégage des concepts compréhensibles par le Dialogue Controller. Ce-dernier communique à la fois avec le Problem Solver et l'Utterance Planner qui délivre une réponse à l'utilisateur à travers l'Utterance Controller et le Speech Synthesizer. L'objectif est de pouvoir commencer à proposer une solution au problème alors qu'il est toujours en cours de résolution. Cette architecture appartient à la dernière catégorie de systèmes de dialogue sur l'échelle relative au caractère incrémental. De même, dans (Allen *et al.*, 2001), l'architecture proposée se compose de trois modules principaux : l'Interpretation Manager, le Behavioral Agent et le Generation Manager. Chaque nouvelle requête de l'utilisateur est captée par l'Interpretation Manager. Celui-ci diffuse cette information dans le système de manière incrémentale. Le Behavioral Agent est chargé de gérer le plan d'action du système et le Generation Manager s'occupe des interactions avec l'utilisateur. Tous deux sont construits de façon à agir de façon incrémentale compte-tenu des entrées venant de l'Interpretation Manager.

Une architecture plus générale est décrite dans (Schlangen & Skantze, 2011). Un système de dialogue peut être vu dans le cadre général comme une chaîne de modules séparés ayant chacun une tâche précise. Pour réaliser un système incrémental, (Schlangen & Skantze, 2011) part de ce postulat de départ et sépare chacun de ces modules en 3 parties : le Left Buffer, l'Internal State et le Right Buffer. Le Left Buffer représente l'entrée du module, l'Internal State désigne l'état de celui-ci et le Right Buffer contient la sortie. L'information est transportée et propagée dans le système sous forme d'IUs (Incremental Units). Par exemple, toutes les 500 ms, une nouvelle IU sous forme de signal sonore est placée dans le Left Buffer de la reconnaissance vocale (ASR) qui la transforme en IU au format texte. Le Right Buffer d'un module est le Left Buffer du suivant ce qui assure la propagation de l'information. Ce modèle générique englobe les systèmes de dialogue des quatre catégories, les systèmes non-incrémentaux étant perçus comme des cas particuliers de systèmes incrémentaux : "we can now see that a non-incremental system can be characterised as a special case of an incremental system, namely one where IUs are always maximally complete [...] and where all modules update in one go".

L'architecture proposée ici fait partie de la troisième catégorie de notre classification. Par comparaison à PARLANCE, le *Scheduler* a un rôle similaire au MIM, cependant, il est construit pour s'interfacer avec une architecture traditionnelle préexistante, rajoutant ainsi une couche au service pour simuler un comportement incrémental. Le MIM, quant à lui, s'insère dans une architecture qui est faite de façon à communiquer avec lui (plusieurs autres modules s'interfacent directement avec lui), jouant ainsi un rôle central dans le système de dialogue. L'avantage de ce type de systèmes réside dans le fait qu'ils se comportent de manière incrémentale tout au long du dialogue (contrairement aux systèmes des deux premières catégories) et sont donc plus réactifs, plus naturels tout en présentant moins de problèmes de désynchronisation. En outre, par opposition à la dernière catégorie, la conception de tels systèmes est moins coûteuse car elle permet de partir de systèmes non-incrémentaux existants et de les rendre incrémentaux. Dans ce qui suit, nous formalisons notre approche en utilisant les concepts introduits dans le modèle général et abstrait de (Schlangen & Skantze, 2011).

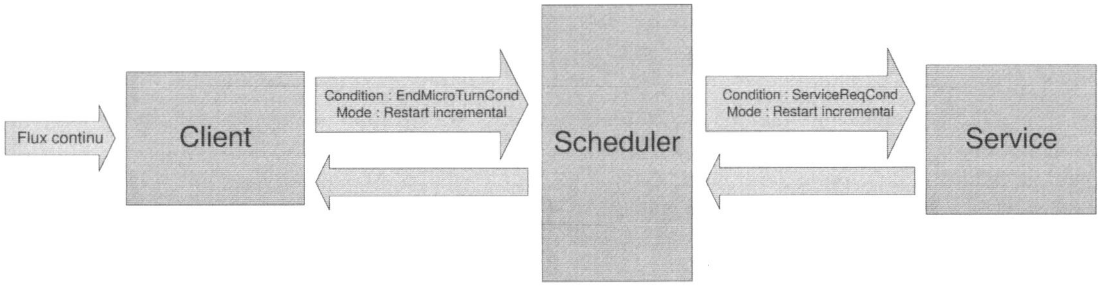


FIGURE 1 – Le *Scheduler* : module intermédiaire entre le client et le système de dialogue.

# 3 Le Scheduler

En règle générale, les systèmes de dialogue traditionnels se composent d'un client installé sur le terminal de l'utilisateur et d'un service déployé sur un serveur. Ils adoptent une approche tour par tour. Nous appellerons *tour de dialogue* l'intervalle de temps durant lequel l'utilisateur prend la parole une fois puis le système lui répond. Ainsi, le temps du dialogue peut être vu comme un enchaînement de tours de dialogue : $T^1$, $T^2$,..., $T^k$... Au tour $T^k$, le client envoie une requête complète $Req^k$ au service qui la traite et renvoie la réponse $Rep^k$ correspondante (il peut éventuellement effectuer un autre traitement en plus comme la modification d'une base de données). Par conséquent, ce tour peut lui-même être divisé en deux intervalles temporels, le *tour utilisateur* et le *tour système* $T^k = T^{k,U} \cup T^{k,S}$. En partant d'un tel système, et sans aucune autre hypothèse supplémentaire, nous allons montrer comment le rendre incrémental. La méthode consiste à intercaler un module intermédiaire entre le client et le service : le *Scheduler* (cf. Figure 1). Le rôle de celui-ci sera de simuler un comportement incrémental vu du client (le terme *Scheduler* est emprunté à (Laroche, 2010)). Cette architecture est une instanciation du modèle abstrait proposé dans (Schlangen & Skantze, 2011). Le client, le *Scheduler* et le service en constituent les modules. Les deux premiers sont incrémentaux alors que le troisième ne l'est pas. Il n'est pas pertinent pour nous de parler de Left Buffer et de Right Buffer, les liens entre les modules sont vus comme des canaux d'information (réseau dans notre implémentation). Dans la suite de cette section, nous décrirons les comportements traditionnels du client et du service, avant d'aborder les modifications qui leurs sont apportées dans notre nouvelle architecture.

## 3.1 Rôle du client et du service dans une architecture traditionnelle

Le client reçoit un signal provenant de l'utilisateur. Généralement, celui-ci se présente sous forme d'un flux continu d'information (signal audio en vocal, suite de caractères en texte...). Si cela n'est pas vérifié (par exemple, une interface web où chaque bouton désigne une requête), la notion de dialogue incrémental n'a pas de sens. Ainsi, le client doit avoir une condition $EndTurnCond$ (End of Turn Condition) lui permettant de savoir à quel moment envoyer la requête au service. Cette condition correspond généralement à un silence suffisamment long (Raux & Eskenazi, 2008; Wlodarczak & Wagner, 2013) pour les systèmes vocaux et à un retour chariot pour les systèmes textuels. Nous appellerons *instant d'activation* d'une condition le moment où elle passe de $faux$ à $vrai$. Un dialogue traditionnel est une alternance de tours utilisateur dont la fin est déterminée par l'instant d'activation de $EndTurnCond$ et de tours du système qui se terminent quand celui-ci redonne la parole à l'utilisateur. Il se peut que ce dernier ne dise rien durant le temps qui lui est imparti, nous appellerons tout de même cela un tour de parole.

Le service se compose d'une interface avec le client, d'un contexte interne et d'une interface avec le monde extérieur. L'interface avec le client gère la communication avec celui-ci ainsi que la compréhension de ses requêtes et le contexte interne correspond à toutes les informations dont dispose le service sur l'état du dialogue à chaque instant. L'interface avec le monde extérieur lui permet d'envoyer des requêtes et d'agir sur des modules externes au système de dialogue (bases de données ou appareils en domotique par exemple).

## 3.2 Passage en mode incrémental

Pour rendre un tel système incrémental, nous modifions la façon dont les requêtes sont envoyées. Une nouvelle condition définit l'envoi d'une nouvelle requête de la part du client. Elle est notée $EndMicroTurnCond$ (End of Micro-Turn

Condition, cf. Figure 1) et est moins restrictive que $EndTurnCond$ : $EndTurnCond$ implique $EndMicroTurnCond$ (le client envoie des requêtes plus souvent). Nous appellerons *micro-tour utilisateur* l'intervalle temporel compris entre deux instants d'activation de $EndMicroTurnCond$. $T^{k,U}$ peut être divisé en $n^{k,U}$ micro-tours utilisateur $\mu T_i^{k,U}$ : $T^{k,U} = \bigcup_{i=1}^{n^{k,U}} \mu T_i^{k,U}$. Nous définissons également le *sous-tour utilisateur* $T_p^{k,U} = \bigcup_{i=1}^{p} \mu T_i^{k,U}$ où $1 \leq p \leq n^{k,U}$. Nous manipulons des intervalles temporels, d'où le choix de l'opérateur d'union. En général, $EndMicroTurnCond$ correspond à un cycle d'horloge précis (nouveau micro-tour toutes les 500 ms...) ou à l'arrivée d'une nouvelle information (modification de la sortie de l'ASR par exemple). Notons également qu'à chaque instant d'activation de $EndTurnCond$, le client envoie un signal dédié noté *signal_ETC* pour signaler cet événement au *Scheduler*.

Le *Scheduler* est un module qu'on propose de placer entre le client et le service. Cet intermédiaire a pour rôle de rendre l'ensemble {Scheduler + Service} équivalent à un système incrémental vu du client sans modifier le fonctionnement du service. À chaque micro-tour utilisateur, il reçoit une nouvelle entrée venant du client. Le *Scheduler* est également muni d'une condition $ServiceReqCond$ (Service Request Condition, cf. Figure 1) sous laquelle il transmet la requête venant du client au service, récupère la réponse correspondante et la stocke pour qu'elle puisse être récupérée ultérieurement par le client. Cette condition peut être vraie tout le temps, auquel cas, à chaque requête provenant du client, le service est sollicité pour obtenir une réponse. Une façon simple et plus économe en nombre de requêtes est de définir $ServiceReqCond$ comme l'arrivée d'une requête différente de la précédente. Si le *Scheduler* intervient juste après l'ASR, il pourra vérifier que le texte correspondant à la requête a changé (Si $EndMicroTurnCond$ inclut déjà cette condition, il est inutile de la rajouter à $ServiceReqCond$). De même, s'il intervient après l'analyse sémantique, la vérification se portera sur l'arrivée d'un nouveau concept.

L'autre rôle clé du *Scheduler* est de décider du moment où il engage le système à valider l'hypothèse de requête en cours et à s'en tenir à elle (en n'attendant plus de nouvelles informations de la part du client pour venir la confirmer ou l'infirmer). Ceci marque la fin du tour en cours et correspond à la notion de *commit* (Schlangen & Skantze, 2011) décrite en détail dans la section 3.3. On notera $CommitCond$ (Commit Condition) la condition sous laquelle le *Scheduler* prend cette décision. Par exemple, si l'utilisateur doit fournir son numéro de téléphone à 10 chiffres au service, on pourra prendre $CommitCond = (length(num) == 10)$ où $length(num)$ est la longueur du numéro reconnu à chaque instant. Il est important de noter que dans le cadre incrémental proposé, c'est l'instant d'activation de $CommitCond$ qui marque la fin d'un tour et non pas celui de $EndTurnCond$ (le *Scheduler* peut décider d'effectuer un *commit* sans recevoir de *signal_ETC* de la part du client). Néanmoins, $EndTurnCond$ implique $CommitCond$.

À chaque nouveau tour utilisateur $T^{k,U}$, l'utilisateur formule une nouvelle requête et au micro-tour $\mu T_i^{k,U}$ , celle-ci n'est pas encore accessible dans son intégralité (sauf si $i = n^{k,U}$), néanmoins, le système dispose déjà d'une hypothèse provisoire qui sera appelée *sous-requête* et notée $Req_i^k$. Celle-ci sera envoyée au *Scheduler* à chaque micro-tour utilisateur. Le fait d'envoyer toute la requête depuis le début du tour utilisateur en cours correspond au mode *restart incremental* introduit dans (Schlangen & Skantze, 2011). Remarquons au passage que si $i_1 < i_2$ alors $Req_{i_1}^k$ n'est pas obligatoirement un préfixe de $Req_{i_2}^k$ (en vocal, l'arrivée d'un nouvel incrément de signal audio au niveau de l'ASR peut changer l'hypothèse de sortie et pas seulement la compléter).

Le client est composé de deux processus indépendants : le premier se charge de l'envoi des requêtes vers le *Scheduler* en suivant le fonctionnement décrit plus haut, et le second récupère les réponses stockées dans ce-dernier. La récupération de ces réponses se fait à une fréquence de l'ordre de la fréquence des micro-tours utilisateur afin de s'assurer que le client est en permanence à jour (qu'il a récupéré la dernière réponse du service disponible dans le *Scheduler*). Dans le cas des systèmes vocaux, le *Scheduler* a pour tâche de déterminer quelles réponses du système devraient être prononcées par la synthèse vocal et lesquelles devraient être ignorées. Pour cela, il ajoute un marqueur dédié aux réponses qu'il sélectionne avant qu'elles ne soient récupérées par le client. Cela permet au *Scheduler* de gérer les sorties système de manière incrémentale.

Tout l'intérêt de la solution proposée ici est que le service reste quasiment inchangé au niveau fonctionnel (quelques modifications au niveau applicatif peuvent s'avérer nécessaires, voir la section 4.2 pour un exemple). Le seul changement concerne le maintien d'un double contexte : le contexte réel et le contexte simulé (voir la section 3.3). À chaque fois que $ServiceReqCond$ est vraie, le *Scheduler* envoie au service une requête incomplète et récupère la réponse. Ainsi, il permet au client (si celui-ci choisit de récupérer les réponses intermédiaires) de voir ce qu'aurait répondu le service avant que la requête ne soit totalement formulée. Le fait de conserver un comportement non-incrémental du service et d'avoir besoin de toutes les IU depuis le début de la requête à chaque fois que ce-dernier est sollicité justifie le choix du mode *restart incremental*.

Au même titre que le *Scheduler*, le service peut également ordonner à ce dernier d'effectuer un *commit*. Une telle action doit être remontée au *Scheduler* pour l'informer qu'il ne peut pas remplacer la dernière hypothèse de requête par une autre (voir la notion de *rollback* décrite dans la section 3.3). La relation de *grounding* présentée dans (Schlangen & Skantze, 2011) permet d'avoir un tel mécanisme. À la sortie d'un module, chaque IU connaît l'ensemble des IU en entrée qui l'ont engendrée : on dit qu'elle est basée sur ces IU (*grounded in*). Ainsi, quand le module décide de valider une IU par un *commit*, cette validation se propage à toutes les IU sur laquelle elle est basée et ainsi de suite.

Enfin, tout comme nous avons défini la notions de micro-tour utilisateur, nous faisons de même du côté du système. Dans un cadre classique, la synthèse vocale (TTS) joue la réponse du système durant chaque tour système $T^{k,S}$. En dialogue incrémental, cette durée peut être divisée en $n^{k,S}$ micro-tours système $\mu T_i^{k,S}$ : $T^{k,S} = \bigcup_{i=1}^{n^{k,S}} \mu T_i^{k,S}$. Cette division est déterminée par le service au moment où il envoie sa réponse (cf. 4.2 pour un exemple). Quand l'utilisateur interrompt le système, le timing de son interruption est donné par le micro-tour système durant lequel il est intervenu. Par ailleurs, au moment du *barge-in*, on passe au tour suivant $T^{k+1}$. Remarquons que cela ne concerne que les systèmes vocaux, les systèmes textuels ne pouvant être interrompus.

## 3.3 Commit, rollback et double contexte

Dans le cadre incrémental, le système formule des hypothèses de réponse au fur et à mesure que l'utilisateur lui fournit des informations en entrée en complétant sa requête. Ces hypothèses fluctuent en fonction des nouvelles entrées, de la base des connaissances actuelles ou d'autres paramètres du système. Cependant, au bout d'un moment, le système doit effectuer une action qui engage le dialogue dans la direction imposée par la dernière hypothèse faite. Par exemple, si le système commence à formuler une réponse ou à modifier une base de données, il ne peut pas se permettre d'ignorer son hypothèse et de la modifier car celle-ci a donné naissance à une action concrète perceptible par l'utilisateur. À partir de ce moment là, on dit que le système a effectué un *commit* de sa dernière hypothèse.

L'opération inverse du *commit* sera appelée *rollback* (terme emprunté au lexique de la gestion de base de données). Tant que le *commit* d'une hypothèse n'est pas effectif, le système peut décider d'oublier cette hypothèse et de revenir à l'état dans lequel il était au moment du dernier *commit*.

Certaines requêtes du *Scheduler* peuvent être amenées à modifier le contexte du dialogue or cela n'est pas l'effet recherché. Ce module est censé communiquer avec le système de dialogue principalement pour voir ce qu'il aurait répondu à la requête à un instant donné (la plupart du temps encore incomplète). Pour remédier à cela, une solution consiste à maintenir deux contextes au sein des systèmes de dialogue : un contexte *réel* qui est l'équivalent du contexte traditionnel, sauvegardé à chaque *commit*, et un contexte *de simulation* avec lequel travaillera le *Scheduler* pour obtenir les résultats intermédiaires du système.

Cette notion de double contexte est indissociable des idées de *commit* et *rollback*. Quand le *Scheduler* décide d'effectuer un *commit*, **il copie le contexte de simulation dans le contexte réel**. À l'inverse, il fait le *rollback* d'une hypothèse quand **il copie le contexte réel dans le contexte de simulation**. Il oublie ainsi ce qui s'est passé depuis le dernier *commit*.

À chaque micro-tour utilisateur, le client envoie au *Scheduler* tout ce que l'utilisateur a prononcé (ou tapé) depuis le dernier *commit*. Le *Scheduler* envoie ensuite cette requête (encore incomplète) au service et récupère la réponse. Si au prochain micro-tour, le *Scheduler* ne décide pas d'effectuer un *commit* mais souhaite plutôt envoyer une nouvelle requête, alors un ordre de *rollback* est envoyé au service avant cette requête, comme l'envoi se fait en mode *restart incremental* (dans le cadre de ce papier, l'opération de *rollback* intervient uniquement dans ce cas là). Les Figures 2 (diagramme de séquence) et 3 illustrent ce fonctionnement. Sur la Figure 2, les conditions $EndTurnCond$, $EndMicroTurnCond$, $ServiceReqCond$ et $CommitCond$ sont écrites à gauche des flux qu'ils génèrent. Les zones d'activité et d'inactivité du client concernent le processus d'envoi alors que les flèches en pointillées désignent les retours vers le processus de récupération des réponses. Ceux-ci ne sont pas synchronisés avec le reste des flux, même si, par souci de clarté, ils le sont sur le diagramme. Par ailleurs, sur cette figure, la décision de *commit* a été prise suite à un *signal_ETC* or ce n'est pas toujours le cas.

Nous notons $ctxt(T^k)$ le contexte réel obtenu à l'issue du tour $T^k$, $ctxt(T^0)$ étant le contexte initial au début du dialogue. Ce contexte fluctue durant les tours utilisateur mais reste fixe durant les tours système ($ctxt(T^k) = ctxt(T^{k,U})$). Au moment du *commit* qui marque la fin du tour $T^k$, le contexte réel prend la valeur du contexte simulé à cet instant là : $ctxt(T^k) = ctxt(T^{k-1} + T^{k,U}_{n^{k,U}})$.

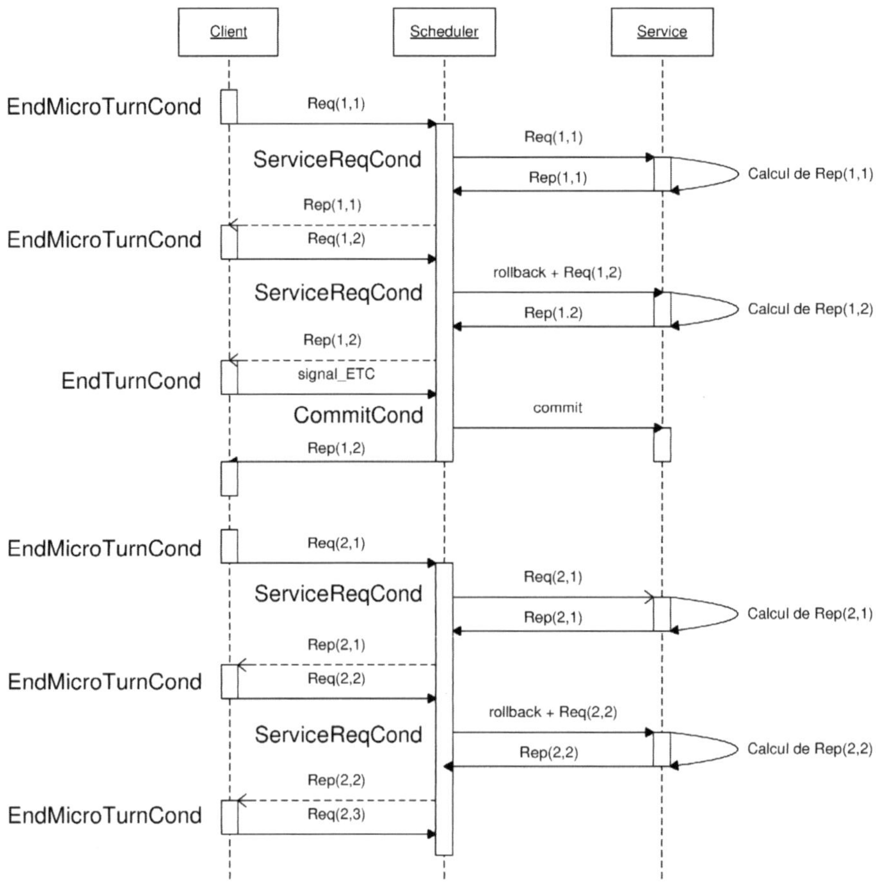


FIGURE 2 – Principe de fonctionnement du *Scheduler* (les flèches en pointillées désignent les flux vers le processus de récupération dans le client).

# 4 Implémentations

Dans le but de montrer la faisabilité de cette solution, deux systèmes de dialogue existants (développés à Orange Labs) ont été rendus incrémentaux à l'aide de l'introduction d'un *Scheduler*. Le premier est un service texte où le client se présente sous forme d'interface web et le second est un service vocal où l'utilisateur interagit avec une application Android. Avec un minimum de modifications, un comportement incrémental a été intégré à ces deux exemples ce qui montre la facilité d'implémentation et d'adaptation de la solution tout en démontrant le comportement incrémental du résultat obtenu, à la fois dans le cadre des stratégies implémentées et des modalités d'interaction utilisées (mode texte et interface web d'un côté et mode vocal de l'autre).

## 4.1 CFAsT : Content Finder AssistanT

Le CFAsT est une application permettant de générer automatiquement et rapidement un assistant de navigation en mode texte à partir d'une base de contenus donnée. Il a été développé au sein d'Orange Labs et les services qu'il génère se composent d'un service web déployé sur un serveur et d'une interface web où l'utilisateur peut entrer du texte (en langage naturel) ou appuyer sur des boutons (propositions de mots-clés ou de cibles).

| Tour | Sous-tour utilisateur | Entrée | Contexte réel | Contexte simulé |
|---|---|---|---|---|
| $T^1$ | $T_1^{1,U}$ | $Req_1^1$ | ctxt($T^0$) | ctxt($T^0 + T_1^{1,U}$) |
| | $T_2^{1,U}$ | $Req_2^1$ | ctxt($T^0$) | ctxt($T^0 + T_2^{1,U}$) |
| | ... | ... | ctxt($T^0$) | ... |
| | $T_{n^{1,U}}^{1,U}$ | $Req_{n^{1,U}}^1$ | ctxt($T^0$) | ctxt($T^0 + T_{n^{1,U}}^{1,U}$) |
| **COMMIT :** $ctxt(T^1) = ctxt(T^0 + T_{n^{1,U}}^{1,U})$ | | | | |
| $T^2$ | $T_1^{2,U}$ | $Req_1^2$ | ctxt($T^1$) | ctxt($T^1 + T_1^{2,U}$) |
| | ... | ... | ctxt($T^1$) | ... |

FIGURE 3 – Un double contexte : le contexte réel et le contexte simulé.

Initialement, l'utilisateur est invité à entrer sa requête en langage naturel ou à choisir parmi un certain nombre de mots-clés. Ensuite, il se voit proposer des contenus en plus des mots-clés. Dans le cadre de cette étude, la base de contenus choisie est la FAQ de l'ANPE (Agence Nationale Pour l'Emploi). Un contenu correspond à un ensemble question/réponse de la FAQ. L'utilisateur peut rentrer sa requête en langage naturel ou sélectionner un des trois mots-clés qui lui sont présentés, ensuite, en plus de l'entrée texte, cinq propositions de contenus sont faites ainsi que trois nouvelles propositions contextuelles de mots-clés. L'interaction s'arrête quand un contenu est sélectionné par l'utilisateur.

Le système maintient une liste de mots-clés qu'il met à jour au fur et à mesure de l'interaction. Ainsi, la requête de l'utilisateur se construit et s'enrichit au fur et à mesure jusqu'à ce que l'utilisateur choisisse un contenu.

Le client de démonstration [2] se compose de deux vues : la première contient l'interface classique et la seconde est mise à jour à chaque fois que l'utilisateur tape un espace (à chaque nouveau mot). Elle représente ce qu'aurait répondu le système si l'utilisateur avait validé la requête à ce stade là. À chaque fois que l'utilisateur valide une requête par un retour chariot (cette validation entraîne un *commit* de la part du *Scheduler*), les deux vues sont identiques. Cette application de notre méthode n'a pas d'utilité pratique mais elle sert à en prouver le fonctionnement. En reprenant les concepts introduits ici : {**EndMicroTurnCond** : appui sur la barre d'espace, **EndTurnCond** : retour chariot, **ServiceReqCond** : EndMicroTurnCond, **CommitCond** : EndTurnCond}.

## 4.2 DictaNum

DictaNum [3] est un système de dialogue (inspiré de NUMBERS (Skantze & Schlangen, 2009)) qui recueille des numéros et confirme leur bonne compréhension. L'utilisateur interagit avec le service en utilisant un client web. La reconnaissance vocale et la synthèse de la parole sont assurées par l'API Web Speech sur Google Chrome. D'autres systèmes existants permettent de dicter des numéros (téléphone, carte bancaire...) comme *How may I help you ?* (Langkilde *et al.*, 1999).

L'intérêt principal de la version incrémentale est de pouvoir dicter son numéro par morceaux. Par conséquent, le système a été modifié au niveau applicatif. Au départ, le numéro est une chaîne vide et à chaque fois qu'un silence est détecté ($EndTurnCond$), la sortie de l'ASR est concaténée à celle-ci et le système émet un *feedback* en la répétant. L'utilisateur peut ensuite continuer sa dictée ou indiquer qu'il n'est pas d'accord avec ce *feedback* et le corriger en commençant sa phrase par 'Non' (voir l'exemple d'application plus bas). Le service comprendra qu'il faut remplacer le dernier fragment dicté et fera un second *feedback* en commençant par s'excuser : 'Désolé,...'. Cependant, effectuer une dictée par morceaux dans un cadre non-incrémental est un processus qui n'est pas naturel et qui manque de réactivité car la durée des silences est trop importante. L'utilisateur préférera effectuer sa dictée en une seule fois car cela prend moins de temps. Le client a été modifié de façon à ne plus attendre un silence de la part de l'utilisateur pour envoyer la requête. Toutes les 500 ms, il envoie tout ce que l'utilisateur a dit depuis le dernier *commit*. On note $\Delta_s$ le seuil de silence dans le cadre non-incrémental et $\delta_s$ un nouveau seuil utilisé pour morceler la dictée du numéro ( $\delta_s \leq \Delta_s$ ). Au cours de celle-ci, quand l'utilisateur se tait pendant une période supérieure à $\delta_s$ (on parle de *micro-silence*), le système prend en compte le nouveau morceau de numéro et le répète à l'utilisateur jusqu'à ce qu'après un *feedback*, l'utilisateur manifeste un silence d'une durée supérieure à $\Delta_s$ (indiqué par l'envoi de la chaîne 'longSilence'). Le client détermine les durées du silence à l'aide du nombre de micro-tours consécutifs durant lesquels on ne détecte aucune sortie de l'ASR. Alternativement, nous aurions pu utiliser la VAD (Voice Activity Detection) comme dans (Breslin *et al.*, 2013).

2. http ://dialogue.orange-labs.fr/CFAsTIncr/
3. http ://dialogue.orange-labs.fr/DictaNum/

Pendant la dictée, à chaque micro-tour utilisateur ($EndMicroTurnCond$ = horloge de fréquence 2 Hz), le *Scheduler* vérifie que la requête du client est différente de la précédente ($ServiceReqCond$ = modification de la requête) auquel cas il effectue un *rollback* puis envoie une requête au service depuis le début du morceau de numéro en cours. Quand le client détecte un micro-silence, il envoie la chaîne de caractère 'silence' au *Scheduler* (non concaténée au fragment de numéro en cours) et c'est comme cela que $CommitCond$ est définie (un *commit* est donc effectué). Par ailleurs, le client requête la dernière réponse disponible dans le *Scheduler* à l'aide d'un processus indépendant, et ce, à la même fréquence que celle des micro-tours utilisateur. Ainsi, le micro-silence étant de l'ordre de quelques micro-tours, au moment où $CommitCond$ est vérifiée, le client dispose déjà du *feedback* du service et peut le jouer immédiatement.

Faire varier $\delta_s$ entre une petite valeur (quelques micro-tours utilisateur) et $\Delta_s$ crée un continuum entre un comportement incrémental et non incrémental. Si $\delta_s = \Delta_s$, il est plus confortable pour l'utilisateur de dicter son numéro en une seule fois (situation décrite plus haut), par contre si $\delta_s$ est sensiblement plus petit que $\Delta_s$, l'utilisateur sera interrompu dans sa dictée à chaque micro-silence pour avoir un *feedback* (il ne faut pas que $\delta_s$ soit trop petit pour que les *feedbacks* ne deviennent pas trop fréquents et donc gênants pour la dictée).

Une interaction avec la version originale du système ressemble à ceci :

- **Système :** Bienvenue dans le service DictaNum. Veuillez dicter votre numéro.
- **Utilisateur :** 01 45 65 79 98.
- **Système :** Le numéro dicté est : 01 45 67 79 98. Est-ce bien cela ?
- **Utilisateur :** Non.
- **Système :** Désolé. Nous allons reprendre du début. Veuillez dicter votre numéro.
- **Utilisateur :** 01 45 65 79 98.
- **Système :** Le numéro dicté est : 01 47 65 79 98. Est-ce bien cela ?
- **Utilisateur :** Non.
- **Système :** Désolé. Nous allons reprendre du début. Veuillez dicter votre numéro.
- [...]
- **Système :** Le numéro dicté est : 01 45 65 79 98. Est-ce bien cela ?
- **Utilisateur :** Oui.
- **Système :** Merci d'avoir utilisé DictaNum. À bientôt.

En lui intégrant un comportement incrémental, le dialogue se déroule comme suit :

- **Système :** Bienvenue dans le service DictaNum. Veuillez dicter votre numéro.
- **Utilisateur :** 01 45 (silence de durée $\delta_s$)
- **Système :** 01 45
- **Utilisateur :** 65 79 (silence de durée $\delta_s$)
- **Système :** 67 79
- **Utilisateur :** Non, 65 79 (silence de durée $\delta_s$)
- **Système :** Désolé, 65 79
- **Utilisateur :** 98 (silence de durée $\delta_s$)
- **Système :** 98
- **Utilisateur :** ... (silence de durée $\Delta_s$)
- **Système :** Le numéro dicté est : 01 45 65 79 98. Est-ce bien cela ?
- **Utilisateur :** Oui.
- **Système :** Merci d'avoir utilisé DictaNum. À bientôt.

La Figure 4 illustre les opérations effectuées par le client et le *Scheduler* durant le dernier dialogue. Par ailleurs, il est possible d'interrompre le système durant le *feedback* final. Pour ce faire, le service renvoie le message de *feedback* sous la forme : *Le numéro dicté est : 01 <sep> 45 <sep> 65 <sep> 79 <sep> 98. Est-ce bien cela ?*. La balise *<sep>* joue le rôle de séparateur entre les différents fragments qui sont envoyés à la suite à la TTS. Une dictée peut se terminer ainsi :

- **Système :** Le numéro dicté est : 01 45 67...
- **Utilisateur :** Non, 65.
- **Système :** Pardon. Le numéro dicté est : 01 45 65 79 98. Est-ce bien cela ?
- **Utilisateur :** Oui.
- **Système :** Merci d'avoir utilisé DictaNum. À bientôt.

| Tour | Micro-tour utilisateur | Action client | Action Scheduler | Commentaire |
|---|---|---|---|---|
| $T^1$ | $\mu T_1^{1,U}$ | requête initiale | requête initiale | Requête initiale |
| | $\mu T_2^{1,U}$ | envoi('01') | envoi('01') | Obtention réponse à '01' |
| | $\mu T_3^{1,U}$ | envoi('01 45') | *rollback* + envoi('01 45') | Obtention réponse à '01 45' |
| | $\mu T_4^{1,U}$ | envoi('silence') | *commit* | *Commit*<br>Réponse '01 45' |
| $T^2$ | $\mu T_1^{2,U}$ | envoi('67') | envoi('67') | Obtention réponse à '67' |
| | $\mu T_2^{2,U}$ | envoi('67 79') | *rollback* + envoi('67 79') | Obtention réponse à '67 79' |
| | $\mu T_3^{2,U}$ | envoi('silence') | *commit* | *Commit*<br>Réponse '67 79' |
| $T^3$ | $\mu T_1^{3,U}$ | envoi('Non') | envoi('Non') | Obtention réponse à 'Non' (Ici, 'Désolé') |
| | $\mu T_2^{3,U}$ | envoi('Non, 65') | *rollback* + envoi('Non, 65') | Obtention réponse à 'Non, 65' |
| | $\mu T_3^{3,U}$ | envoi('Non, 65 79') | *rollback* + envoi('Non, 65 79') | Obtention réponse à 'Non, 65 79' |
| | $\mu T_4^{3,U}$ | envoi('silence') | *commit* | Correction et *commit*<br>Réponse 'Désolé, 65 79' |
| $T^4$ | $\mu T_1^{4,U}$ | envoi('98') | envoi('98') | Obtention réponse à '98' |
| | $\mu T_2^{4,U}$ | envoi('silence') | *commit* | *Commit*<br>Réponse '98' |
| $T^5$ | $\mu T_1^{5,U}$ | envoi('longSilence') | envoi('longSilence') | Détection fin numéro<br>Demande confirmation numéro |
| $T^6$ | $\mu T_1^{6,U}$ | envoi('Oui') | envoi('Oui') | Obtention réponse à 'Oui' |
| | $\mu T_2^{6,U}$ | envoi('silence') | *commit* | *Commit*<br>Message fin |

FIGURE 4 – Actions effectuées par le client et le *Scheduler* dans l'exemple d'interaction avec DictaNum

Au moment de l'interruption, le message envoyé au service se présente sous la forme {*texte déjà énoncée par la TTS* | *contenu du barge-in*}. Dans le cas du dernier exemple, le service reçoit {*Le numéro dicté est : 01 45 67* | *Non, 65*} ce qui lui permet d'effectuer la correction (ou pas si l'interruption n'est qu'une confirmation par exemple).

# 5 Discussion

La Figure 5 présente une analyse des fonctionnalités accessibles suivant le degré d'intégration du caractère incrémental dans un système. La classification présentée en Section 2 est reprise ici. Les fonctionnalités abordées concernent les systèmes de dialogue incrémentaux et donc les systèmes de la première catégorie ne proposent aucune d'elles. À l'opposé, ces fonctionnalités ont déjà été implémentées dans des systèmes appartenant au dernier groupe.

La stratégie *List of Availabilities* de NASTIA (El Asri *et al.*, 2014) a recours à deux fonctionnalités liées du système : la possibilité de s'interrompre après avoir analysé l'entrée et le fait de pouvoir relier l'instant d'interruption de l'utilisateur au signal sonore joué par la TTS. La capacité à détecter les interruptions de l'utilisateur existe déjà dans certains systèmes traditionnels (Laroche *et al.*, 2011) mais le moment et le sens de l'intervention ne sont pas pas mis en relation avec l'énoncé du système. De plus, celui-ci ne peut pas choisir de continuer à parler en ignorant certaines interruptions. En revanche, NASTIA est conçu pour effectuer une énumération que l'utilisateur peut interrompre puis réagir en fonction du contenu de son intervention et du moment auquel elle est faite. L'utilisateur communique avec le service à l'aide d'une plate-forme vocale qui interrompt la synthèse vocale si l'utilisateur commence à parler. Pendant que la TTS est en train de prononcer une alternative, l'utilisateur peut se taire ou intervenir. Dans le premier cas, le système est relancé automatiquement pour fournir l'alternative suivante car son timeout (temps au bout duquel le système est relancé en absence de réponse de l'utilisateur) a été réglé à une valeur très proche du temps mis pour énoncer une alternative. Dans le second cas, la TTS s'interrompt et le résultat de l'ASR ainsi que le moment de l'intervention sont transmis au service qui se charge de les analyser et de les traiter. Par conséquent, deux fonctionnalités propres aux systèmes incrémentaux peuvent être reproduites dans un système de dialogue non incrémental à condition qu'il reste à l'écoute de l'utilisateur (même si la TTS est en train de jouer un message) et qu'il capte le contenu de l'intervention et le moment auquel elle a été faite. Ces conditions sont vérifiées pour les systèmes de catégorie 3 ce qui leur donne également accès à ces deux fonctionnalités.

| Fonctionnalité | Catégorie 1 | Catégorie 2 | Catégorie 3 | Catégorie 4 |
|---|---|---|---|---|
| Le système décide de s'interrompre après analyse de l'entrée | - | + | + | + |
| Relier l'instant d'interruption à la TTS | - | + | + | + |
| Le système interrompt l'utilisateur | - | - | + | + |
| Réactivité améliorée | - | - | + | + |
| Coût de traitement optimisé | - | - | - | + |

FIGURE 5 – Analyse des fonctionnalités accessibles suivant le degré d'intégration du comportement incrémental

À l'inverse, il peut être intéressant pour le système d'interrompre l'utilisateur. Par exemple, en cas de désalignement, cela ne sert à rien de laisser l'utilisateur finir sa requête et le système peut directement lui demander de la reformuler. Les *feedbacks* générés par DictaNum constituent un autre cas d'utilisation, bien que les interruptions soient moins marquées car elles interviennent après un micro-silence. Cependant, dans un système utilisant un *Scheduler*, rien n'empêche le service d'intervenir de manière spontanée à n'importe quel micro-tour utilisateur. En revanche, les systèmes de la catégorie 2 ne permettent de soumettre une requête au service qu'à la fin de l'énoncé de l'utilisateur. Ils ne peuvent donc pas interrompre l'utilisateur. Notons qu'après une interruption du système, il faut arrêter d'écouter l'utilisateur pendant quelques micro-tours afin de ne pas considérer la fin de sa phrase (le temps qu'il se rende compte que le système l'a interrompu) comme un *barge-in* de sa part.

Un des avantages majeurs du dialogue incrémental réside dans l'amélioration de la réactivité du système. Les systèmes de type 1 et 2 attendent la fin de la requête de l'utilisateur (marquée par un silence) avant de la traiter. En revanche les systèmes des catégories 3 et 4 traitent chaque nouvel incrément d'information dès son arrivée, ainsi, avant la détection du silence, la réponse du système est déjà disponible. Cela permet de l'envoyer au client à l'instant même où le seuil de silence est dépassé (retour chariot pour les services textuels). Néanmoins, les systèmes du groupe 3 ont un fonctionnement du type *restart incremental* et de ce fait, à chaque nouvel incrément d'information injecté par l'utilisateur, la requête (incomplète) est traitée intégralement depuis le début après avoir effectué un *rollback*. En revanche, les architectures de type 4 traitent les nouveaux incréments comme compléments des informations déjà disponibles. Cela permet de n'effectuer que le traitement nécessaire pour intégrer le nouvel incrément à son arrivée, optimisant ainsi les coûts de traitement. Remarquons au passage qu'une nouvelle unité incrémentale peut modifier une partie ou toute la requête, néanmoins, les systèmes du groupe 4 sont capables de gérer une telle situation en annulant les traitement qui ne sont plus en accord avec la nouvelle requête. Ce mécanisme est désigné par le terme *revoke* dans (Schlangen & Skantze, 2011). Enfin, sur nos deux exemples d'implémentation, les délais de réponse du service sont très courts. Par conséquent, il n'est pas utile d'optimiser les délais de traitement si le service répond rapidement et qu'il ne doit pas effectuer de tâches qui créent un délai (accès lent à des bases de données par exemple).

Notre solution permet d'éviter de modifier le service de dialogue au niveau fonctionnel (mis à part l'ajout du contexte de simulation). Cependant, comme c'est le cas pour DictaNum, certaines modifications au niveau applicatif peuvent être indispensables. Le rôle du *Scheduler* n'est pas de générer lui même des messages ou de faire de la gestion de dialogue au sens classique. Ainsi, quand le passage en incrémental nécessite de nouveaux types de messages tels que les *feedbacks* à l'échelle du micro-tour, ou encore la prise en compte des corrections (*Non, 65...*), il faut les implémenter dans le service.

Enfin, afin de pouvoir prendre des décisions de prise de parole optimales, le *Scheduler* pourrait avoir besoin de certaines informations provenant de modules plus en aval dans la chaîne de dialogue (au niveau du service). Encore une fois, cela doit être géré au niveau applicatif. Un futur papier, dédié à l'implémentation des systèmes de dialogue en utilisant le *Scheduler*, traitera les idées brièvement décrites dans les deux derniers paragraphes.

# 6 Conclusion et travaux futurs

En partant d'un système de dialogue non-incrémental, ce papier montre qu'il est possible d'en rendre le fonctionnement incrémental avec peu de modifications. Le *Scheduler*, un module intermédiaire entre le client et le service de dialogue permet de simuler un comportement incrémental vu du client tout en laissant le service pratiquement inchangé. Au fur et à mesure que l'utilisateur parle, des incréments de requête sont formés et le *Scheduler* détermine les réponses correspondantes en les envoyant au service. Au bout d'un moment, le *Scheduler* prend la décision d'engager le dialogue dans le sens de la dernière hypothèse de requête en cours en envoyant un signal de *commit* au système. Ce dernier peut ainsi se baser sur cette hypothèse pour agir sur le monde extérieur (formulation d'une réponse, modification d'une base de données...).

Traditionnellement, le service maintient un contexte de dialogue constitué de toutes les informations relatives au déroulement du dialogue actuel. Dans le cadre de notre solution, il faudra maintenir un second contexte qui sera modifié lors des requêtes non validées par un *commit*. La plupart des requêtes adressées au service servent à voir ce qu'il aurait répondu dans le cas où l'hypothèse actuelle est la bonne et on ne veut pas que ces requêtes modifient le contexte principal.

Comme application de la solution proposée ici, deux services de dialogue déjà existants ont été transformés en systèmes incrémentaux. Le premier est un service en mode texte dont l'objectif est d'aider l'utilisateur à naviguer dans une base de contenus (la FAQ de l'ANPE en ce qui nous concerne). Le second, en mode vocal, invite l'utilisateur à dicter un numéro.

Concevoir un système de dialogue incrémental capable de décider quand réaliser un *commit* et prendre la parole n'est pas facile à concevoir de manière experte. Par la suite, nous envisageons d'explorer des approches basées sur l'apprentissage statistique pour optimiser en ligne ces comportements et ainsi atteindre cet objectif.

# Références


ALLEN J., FERGUSON G. & STENT A. (2001). An architecture for more realistic conversational systems. In *6th international conference on Intelligent user interfaces*.

BAUMANN T. & SCHLANGEN D. (2013). Open-ended, extensible system utterances are preferred, even if they require filled pauses. In *Proceedings of the SIGDIAL 2013 Conference*.

BRESLIN C., GASIC M., HENDERSON M., KIM D., SZUMMER M., THOMSON B., TSIAKOULIS P. & YOUNG S. (2013). Continuous asr for flexible incremental dialogue. In *ICASSP*, p. 8362–8366.

BROWN-SCHMIDT S. & HANNA J. E. (2011). Talking in another person's shoes : Incremental perspective-taking in language processing. *Dialogue and Discourse*, **2**, 11–33.

CLARK H. H. (1996). *Using Language*. Cambridge University Press.

DEVAULT D., SAGAE K. & TRAUM D. (2011). Incremental interpretation and prediction of utterance meaning for interactive dialogue. *Dialogue and Discourse*, **2**, 143–170.

DOHSAKA K. & SHIMAZU A. (1997). A system architecture for spoken utterance production in collaborative dialogue. In *IJCAI*.

EDLUND J., GUSTAFSON J., HELDNER M. & HJALMARSSON A. (2008). Towards human-like spoken dialogue systems. *Speech Communication*, **50**, 630–645.

EL ASRI L., LEMONNIER R., LAROCHE R., PIETQUIN O. & KHOUZAIMI H. (2014). NASTIA : Negotiating Appointment Setting Interface. In *Proceedings of LREC*.

FINK G. A., SCHILLO C., KUMMERT F. & SAGERER G. (1998). Incremental speech recognition for multimodal interfaces. In *IECON*.

HASTIE H., AUFAURE M.-A. *et al.* (2013). Demonstration of the parlance system : a data-driven incremental, spoken dialogue system for interactive search. In *Proceedings of the SIGDIAL 2013 Conference*.

ILKIN Z. & STURT P. (2011). Active prediction of syntactic information during sentence processing. *Dialogue and Discourse*, **2**, 35–58.

LANGKILDE I., WALKER M. A., WRIGHT J., GORIN A. & LITMAN D. (1999). Automatic prediction of problematic human-computer dialogues in how may i help you ? In *ASRU99*.

LAROCHE R. (2010). *Raisonnement sur les incertitudes et apprentissage pour les systemes de dialogue conventionnels*. PhD thesis, Paris VI University.

LAROCHE R. & PUTOIS G. (2010). *D5.5 : Advanced Appointment-Scheduling System "System 4"*. Prototype D5.5, CLASSIC Project.

LAROCHE R., PUTOIS G. *et al.* (2011). *D6.4 : Final evaluation of CLASSiC TownInfo and Appointment Scheduling systems*. Report D6.4, CLASSIC Project.

LEVELT W. J. M. (1989). *Speaking : From Intention to Articulation*. Cambridge, MA : MIT Press.

LOCK K. (1965). Structuring programs for multiprogram time-sharing on-line applications. In *AFIPS '65 (Fall, part I) Proceedings of the November 30–December 1, 1965, fall joint computer conference, part I*.

MATSUYAMA K., KOMATANI K., OGATA T. & OKUNO H. G. (2009). Enabling a user to specify an item at any time during system enumeration – item identification for barge-in-able conversational dialogue systems –. In *Proceedings of the INTERSPEECH 2009 Conference*.

MATTHIAS G. M. (2008). Incremental speech understanding in a multimodal web-based spoken dialogue system. Master's thesis, Massachusetts Institute of Technology.

RAUX A. & ESKENAZI M. (2008). Optimizing endpointing thresholds using dialogue features in a spoken dialogue system. In *SIGDIAL*.

SCHLANGEN D. & SKANTZE G. (2011). A general, abstract model of incremental dialogue processing. *Dialogue and Discourse*, **2**, 83–111.

SELFRIDGE E., ARIZMENDI I., HEEMAN P. & WILLIAMS J. (2013). Continuously predicting and processing barge-in during a live spoken dialogue task. In *Proceedings of the SIGDIAL 2013 Conference*.

SELFRIDGE E. O., ARIZMENDI I., HEEMAN P. A. & WILLIAMS J. D. (2012). Integrating incremental speech recognition and pomdp-based dialogue systems. In *Proceedings of the 13th Annual Meeting of the Special Interest Group on Discourse and Dialogue*.

SKANTZE G. & SCHLANGEN D. (2009). Incremental dialogue processing in a micro-domain. In *ACL*.

TANENHAUS M. K., SPIVEY-KNOWLTON M. J., EBERHARD K. M. & SEDIVY J. C. (1995). Integration of visual and linguistic information in spoken language comprehension. *Science*, **268**, 1632–1634.

WIRÉN M. (1992). *Studies in Incremental Natural Language Analysis*. PhD thesis, Linköping University, Linköping, Sweden.

WLODARCZAK M. & WAGNER P. (2013). Effects of talk-spurt silence boundary thresholds on distribution of gaps and overlaps. In *INTERSPEECH Proceedings*.

# La base lexicale Démonette : entre sémantique constructionnelle et morphologie dérivationnelle

Nabil Hathout[1], Fiammetta Namer[2]
(1) UMR 5263 CLLE/ERSS, CNRS & Université Toulouse Le Mirail, Toulouse
(2) UMR 7118 ATILF, CNRS & Université de Lorraine, Nancy
Nabil.Hathout@univ-tlse2.fr, Fiammetta.Namer@univ-lorraine.fr

**Résumé.** Démonette est une base de données lexicale pour le français dont les sommets (entrées lexicales) et les arcs (relations morphologiques entre les sommets) sont annotés au moyen d'informations morpho-sémantiques. Elle résulte d'une conception originale intégrant deux approches radicalement opposées : Morphonette, une ressource basée sur les analogies dérivationnelles, et DériF, un analyseur à base de règles linguistiques. Pour autant, Démonette n'est pas la simple fusion de deux ressources pré-existantes : cette base possède une architecture compatible avec l'approche lexématique de la morphologie ; son contenu peut être étendu au moyen de données issues de sources diverses. L'article présente le modèle Démonette et le contenu de sa version actuelle : 31 204 verbes, noms d'action, noms d'agent, et adjectifs de propriété dont les liens morphologiques donnent à voir des définitions bi-orientées entre ascendants et entre lexèmes en relation indirecte. Nous proposons enfin une évaluation de Démonette qui comparée à Verbaction obtient un score de 84% en rappel et de 90% en précision.

**Abstract.** Démonette is a lexical database whose vertices (lexical entries) and edges (morphological relations between the vertices) are annotated with morpho-semantic information. It results from an original design incorporating two radically different approaches: Morphonette, a resource based on derivational analogies and DériF, an analyzer based on linguistic rules. However, Daemonette is not a simple merger of two pre-existing ressources: its architecture is fully compatible with the lexematic approach to morphology; its contents can be extended using data from various other sources. The article presents the Démonette model and the content of its current version, including 31,204 verbs, action nouns, agent nouns and property adjectives, where morphological links between both direct ascendants and indirectly related words have bi-oriented definitions. Finally, Démonette is assessed with respect to Verbaction with a recall of 84% and a precision of 90%.

**Mots-clés :** Réseau lexical. Morphologie dérivationnelle. Famille morphologique. Sémantique lexicale. Français
**Keywords:** Lexical Network. Derivational morphology. Morphological family. Lexical semantics. French.

## 1 Introduction

Cet article présente le réseau morpho-sémantique Démonette. Cette ressource comporte plus de 30 000 noms, verbes et adjectifs, dont les connections réalisent les relations morphologiques directes ou indirectes entre mots de la même famille dérivationnelle[1]. Les éléments de ce réseau sont des lexèmes typés sémantiquement ; les arcs sont valués par les relations morpho-sémantiques qui s'établissent entre ces mots ; ces relations sont regroupées en fonctions de leurs définitions abstraites. Ce réseau est le fruit d'un travail qui s'inscrit dans la continuité d'une étude préliminaire présentée dans (Hathout, Namer, 2011) qui montrait la complémentarité de deux ressources morphologiques dérivationnelles conçues selon des principes théoriques opposés, DériF et Morphonette, et comment elles peuvent être combinées.

La suite de l'article est organisée comme suit. §2 présente le modèle de Démonette, et notamment la conception cumulative du sens lexical construit (§2.2), le typage de ces mots construits, ainsi que les gloses[2] et leur abstraction

[1] Une famille dérivationnelle est un ensemble de mots apparentés directement ou indirectement. Elle comporte généralement un mot simple (morphologiquement indécomposable) et plusieurs mots construits. Les mots construits se répartissent entre composés (POISSON-CHAT ← POISSON, CHAT) et dérivés par suffixation (CHANTEUR ← CHANTER), par préfixation (IMPUR ← PUR) ou par conversion (SCIER ← SCIE). Dans cet article, il ne sera question que de dérivation.

[2] Une glose est la paraphrase en langue naturelle du mot construit par rapport au parent morphologique (i.e. au membre de la famille dérivationnelle) auquel il est relié.

(§2.3). Le §3 détaille la construction proprement dite du réseau lexical. Le §3.1 décrit le corpus de travail. Les §3.2 et 3.3 présentent respectivement DériF et Morphonette ainsi que la manière dont nous en avons extrait les informations destinées à alimenter Démonette. Une caractérisation qualitative et quantitative de ce lexique est proposée au §3.4. Suit en §4 une évaluation partielle de Démonette relativement au lexique Verbaction[3]. Nous abordons ensuite en §5 différentes questions liées à l'extension de cette nouvelle ressource et à la possibilité de découvrir et de caractériser des relations dérivationnelles qui composent Démonette sans passer par DériF ni Morphonette.

# 2 Le modèle Démonette

## 2.1 Une nouvelle ressource :justification

Un très grand nombre d'outils d'analyse morphologique, tant flexionnelle que constructionnelle ont été développés au cours des deux dernières décennies. Les travaux récents les plus visibles ont plutôt été réalisés par les informaticiens pour répondre à des besoins de décomposition morphologique et pallier les limites des lexiques. Leur objectif est le plus souvent le découpage des mots en morphèmes. Certains systèmes opèrent en plus un étiquetage des morphèmes permettant de regrouper leurs variantes. Ces systèmes utilisent tous des méthodes d'apprentissage automatique. Ils sont relativement indépendants des langues, mais ont tendance à produire de meilleurs résultats pour les langues à morphologie concaténative comme l'anglais, le français ou l'allemand. Citons notamment Linguistica (Goldsmith, 2001), Morphessor (Creutz, Lagus, 2005) ou l'analyseur de Bernhard (2006). Plusieurs de ces travaux ont été développés autour des campagnes Morpho-Challenge dont l'un des enseignements est que, contrairement à d'autres tâches comme l'annotation morpho-syntaxique, les performances des analyseurs morphologiques statistiques est globalement trop faible pour améliorer significativement les applications dans lesquelles ils seraient intégrés. On trouve à côté de ces systèmes statistiques des analyseurs plus « linguistiques » comme DériF (Namer, 2009) ; pour un panorama général, voir par exemple (Bernhard et al., 2011 ; Namer, 2013).

Parallèlement, on observe qu'aucun lexique dérivationnel de taille suffisante n'a été développé dans les 20 dernières années et que, depuis la création et la diffusion de CELEX (Baayen et al., 1995), aucune ressource similaire n'a été réalisée ou mise à disposition des linguistes, psycholinguistes et linguistes informaticiens. Ce manque est surtout crucial pour les langues romanes, notamment le français, l'italien et l'espagnol. Le constat était déjà fait il y a plus de 15 ans par Dal et al. (1999). Il reste inchangé.

Certaines ressources apportent certes des réponses partielles à ce besoin. Le réseau lexical JeuxDeMots (Lafourcade, Joubert, 2013) contient des relations morphologiques regroupées en classes dont certaines sont typées sémantiquement au moyen d'étiquettes comme 'verbe-action', 'action-verbe', etc. Cette ressource, constituée par les participants à plusieurs jeux en ligne bénéficie d'une couverture lexicale très large mais présente un défaut de systématicité dans les relations lexicales codées et notamment dans les relations morphologiques. Des relations morpho-sémantiques sont également présentes dans les réseaux WordNet de plusieurs langues comme l'anglais (Fellbaum, Miller, 2003), le tchèque (Pala, Hlaváčková, 2007) ou le turc (Bilgin et al., 2004). Dans le Princeton WordNet 3.0, par exemple, les relations morphologiques ne sont pas sémantiquement typées, et ne connectent que certains synsets (dont tous les mots ne sont pas concernés). On trouve par ailleurs au niveau des synsets des gloses du sens construit morphologiquement, mais qui ne mettent pas formellement en jeu le sens du synset de la base. Ces relations sont en revanche présentes dans le réseau lexical FrameNet (Ruppenhofer et el., 2002) qui comporte des gloses « abstraites » similaires à celle de Démonette (cf *infra*). Comme nous allons le voir, ces deux ressources partagent par ailleurs une organisation du sens lexical en « constellation » centrée autour des prédicats verbaux.

À terme, l'apport de Démonette sera triple. Il permettra d'une part d'offrir des **analyses morphologiques fiables** pour une langue qui ne dispose toujours pas d'un véritable lexique dérivationnel : la fiabilité est l'un des points forts de DériF (cf §3.1) dont Démonette bénéficie directement. La deuxième contribution de Démonette sera la construction d'une **ressource lexicale dérivationnelle** de grande taille[4]. La troisième est une structure lexicale en réseau qui coïncide parfaitement avec l'**approche lexématique** de la morphologie lexicale moderne (pour le français, cf entre autres Fradin, 2003 ; Roché et al., 2011). L'architecture de Démonette illustre en effet comment sémantique et morphologie constructionnelle peuvent s'articuler dans ce type d'approche.

## 2.2 Réseau morphologique dérivationnel

Démonette présente une architecture relativement originale. C'est un réseau lexical implémenté sous la forme d'un graphe où chaque mot est connecté à une partie des membres de sa famille dérivationnelle. Les mots construits sont

3 http://redac.univ-tlse2.fr/lexiques/verbaction.html

4 Dans sa version actuelle, Démonette inclut environ 15% de la nomenclature d'un dictionnaire comme le *Trésor de la Langue Française* (TLF).

reliés à leur base (par des **relations « directes »**) et à un sous-ensemble des autres mots construits de leur famille dérivationnelle (par des **relations « indirectes »**). Cette organisation reprend en partie celle de Morphonette (§3.2). Par exemple, les arcs en (1) relient les membres la famille de *essorer*. Les relations « directes » comme *essorage – essorer* sont notée en gras et les relations « indirecte » comme *essorage – essoreuse* en maigre.

(1) **essorage – essorer** ; essorage – essoreur ; essorage – essoreuse ;
**essoreur – essorer** ; essoreur – essorage ; essoreur – essoreuse ;
**essoreuse – essorer** ; etc.

Les sommets qui représentent les mots contiennent des informations sur la catégorie, les traits morphosyntaxiques et éventuellement, le type d'affixation ayant permis de les construire. Par exemple, le sommet qui représente *essorage* indique qu'il s'agit d'un nom masculin construit par une suffixation en *-age*. Démonette offre ainsi une représentation morphologique complète des mots qu'elle décrit. Il fournit en outre un typage sémantique de ces mots et une description de leur **sens morphologique**.

## 2.3 Sémantique cumulative

L'objectif de Démonette est à terme de fournir pour chaque couple de mots du TLF, reliés directement ou indirectement, une annotation bi-orientée, de manière à ce que chaque mot construit soit défini relativement à chacun des mots avec lesquels il entretient une parenté morphologique. Cet objectif est plus facilement atteignable quand la relation est directe, c'est-à-dire entre un dérivé et sa base, grâce notamment aux gloses du sens du dérivé fournies par DériF (cf §3.1). En revanche le traitement des relations indirectes réclame davantage de réflexion (voir §5). Si on considère par exemple la famille partielle donnée en (2), l'étiquetage sémantique de l'arc entre *activateur* et *activation* est justifié (d'autant qu'il est reconstitué spontanément par les locuteurs, qui voient en *activateur* le nom désignant l'auteur d'une *activation*, et, réciproquement, dans le nom *activation*, l'acte réalisé par *l'activateur*) alors qu'il semble moins légitime entre le nom *activateur* et l'adverbe *activement*.

(2) (actif, activer, activateur, activatrice, activation, activiste, activisme, activement, ...)

### *2.3.1 Des descriptions sémantiques redondantes*

Chaque relation morphologique apporte une contribution au sens des mots qu'elle connecte. Ces sens élémentaires se cumulent alors pour produire le sens global. On peut considérer que le sens global d'une relation entre deux parents, e.g. *momifiable* et *momie* (3c) se déduit de la composition des relations élémentaires que chaque parent entretient avec son ascendant direct, ici *momifiable* et *momifier* d'une part (3a) et *momifier* et *momie* de l'autre (3b) :

(3) a. momifiable/ADJ ← momifier/VERBE : « que l'on peut momifier »
b. momifier/VERBE ← momie/NOM : « transformer en momie »
c. momifiable/ADJ ← momie/NOM : « que l'on peut transformer en momie »

De même, on peut généralement calculer, l'un relativement à l'autre, le sens de deux mots complexes qui ont la même base : *momifiable* peut être défini relativement à *momifier* (3a) et *momifier* est connecté à *momification* par une relation que l'on peut gloser comme en (4a). En conséquence, *momifiable* peut tirer son sens de *momification* (4b), et réciproquement (4c).

(4) a. momification/NOM ← momifier/VERBE « action de momifier »
b. momifiable/ADJ ← momification/NOM : « à qui il est possible d'appliquer la momification »
c. momification/NOM ← momifiable/ADJ : « acte applicable à ce(lui) qui est momifiable »

Les sens élémentaires des mots complexes apparentés sont ainsi interconnectés par le partage de prédicats et d'arguments. C'est cette faculté qui est exploitée dans Démonette : chaque mot y reçoit autant de définitions qu'il a de connections avec ses parents morphologiques. Dans sa version présentée ici, les descriptions sémantiques de Démonette sont exprimées en langage semi-naturel dans le but de rendre plus explicites ces interconnexions.

### *2.3.2 Séries dérivationnelles et typage sémantique des unités lexicales*

Les mots et les relations sémantiques qui les connectent peuvent être regroupés en classes qui correspondent à des types sémantiques. Cette classification repose sur un niveau d'abstraction qui met en jeu des variables typées illustrées dans la table 1 et qui nous permet de comparer entre elles les unités et leur sens. Dans les représentations abstraites, le symbole @ correspond au prédicat verbal à partir duquel se définissent les noms et adjectifs qui lui sont apparentés ; de même, on note @FCT le nom ou l'adjectif qui remplit la fonction sémantique FCT vis-à-vis du prédicat @.

| Variable typée | Signification | Séries dérivationnelles | Exemples |
|---|---|---|---|
| @ACT | Nom d'activité | Xment, Xage, Xion | *lavage, gonflement, exclusion* |
| @AGM | Nom d'agent masculin | Xeur | *danseur, sauveteur* |
| @AGF | Nom d'agent féminin | Xeuse, Xrice | *danseuse, sculptrice* |
| @PROP | Adjectif de propriété | Xif | *combatif* |
| @ | Prédicat | – | *combattre, laver, danser, sculpter, gonfler, exclure* |

TABLE 1 : typage sémantique des unités lexicales de Démonette

Par exemple, le dérivé *danseur* dénote l'(AG)ent (M)asculin du prédicat @ réalisé par le verbe d'action *danser*. Son étiquette est @AGM. Plus généralement, le type sémantique d'un mot *Y* appartenant à une famille dérivationnelle constituée autour d'un prédicat *X* est déterminée par la **série dérivationnelle** de *Y*, c'est-à-dire l'ensemble des mots construits par la même règle de dérivation que *Y*. Cette série dérivationnelle fournit ainsi l'identifiant du rôle sémantique que *Y* exerce vis-à-vis de *X*.

Actuellement, Démonette contient les membres de 7 séries dérivationnelles et leurs bases. Nous y trouvons une partie des verbes qui dénotent des actions, les séries dérivationnelles déverbales des noms d'**action** en *-age, -ment* et *-ion* (dénotant les mêmes actions que leur verbe de base) et des noms **d'agent** en *-eur, -euse* et *-rice*, (référent à des humains susceptibles de réaliser ces actions) et les adjectifs de **propriété** en *-if* (liés aux potentialités d'actualisation du prédicat verbal). Tous ces modes de formation sont facilement identifiables, productifs, et sémantiquement réguliers. Ils sont traités par les deux systèmes qui alimentent Démonette. De plus, les parentés indirectes y sont nombreuses et induisent des connections transverses intéressantes, cf (5), faciles à gloser, comme en (6) pour la relation entre *ravitailleur* et *ravitaillement*.

(5) a. ravitailler, ravitaillement, ravitailleur, ravitailleuse
b. capter, captage, captation, captatif, captateur, capteur
c. décanter, décantage, décantation, décantement, décanteur

(6) *ravitailleur*: (Agent masculin habituel - Auteur masculin exceptionnel - Instrument) de l'activité liée au *ravitaillement*

Dans certaines familles comme en (7), le verbe est absent. Les radicaux savants /predat/ et /odit/, communs aux membres de ces familles respectives sont la trace laissée par un prédicat en latin qui n'a pas d'héritier verbal en français contemporain. Néanmoins, les familles (7a) et (7b) sont composées de membres « légitimes » des séries dérivationnelles que nous avons sélectionnées, étant donné les propriétés formelles de ces mots et les caractéristiques sémantiques qui leur sont corrélées (*audition* dénote une action, *prédateur*, une classe d'agents, *auditif*, une propriété, etc.).

(7) a. prédateur, prédation, prédatrice
b. audition, auditif, auditeur, auditrice

### *2.3.3 Annotations sémantiques des relations entre unités lexicales*

Les types sémantiques présentés ci-dessus sont utilisés comme paramètres dans les définitions associées aux relations entre les dérivés et leurs bases (relations directes, comme *fonder → fondateur*) ou entre des couples de mots partageant un même ascendant (relations indirectes, comme *fondateur → fondation*). Les **définitions abstraites** associées aux relations directes et indirectes sont établies selon les trois principes suivants :

1. Chaque membre d'une relation est représenté par son **type sémantique**.
2. Dans une relation directe entre un dérivé et sa base, le dérivé est défini par rapport au sens de sa base (définition dite **orientée**). Réciproquement, on indique par une définition **orientée inverse** la paraphrase du sens de la base relativement à celui du dérivé.
3. Une relation indirecte connecte deux mots complexes. Chacun y est défini par rapport à l'autre, donnant lieu à deux définitions **transversales**, symétriques l'une de l'autre, qui exploitent la possibilité de combiner les sens élémentaires de ces deux mots.

Ces principes permettent d'annoter uniformément —i.e. au moyen de deux définitions symétriques— l'ensemble des relations qui existent entre les couples de mots morphologiquement apparentées dans le graphe. Les définitions orientées, extraites des gloses générées par DériF (cf §3.1), servent à l'élaboration des autres annotations, orientées inverses et transversales. L'application des trois principes est illustrée dans les tables 2 et 3. La formulation de la définition en colonne 2 fait systématiquement intervenir le prédicat @ ; le symbole 'OU' rend compte de la polysémie de ces mots construits. Notons que les relations indirectes peuvent s'établir entre des mots qui portent la même étiquette sémantique comme les dérivés concurrents (*lavage* / *lavement* ; *ausculteur* / *auscultateur*) ou les correspondants féminins / masculins du même agent (*danseuse* / *danseur*).

| **Schéma de relation directe dérivé/base** | **Définition orientée dérivé ← base** | **Définition orientée inverse base ← dérivé** | **Exemple** |
|---|---|---|---|
| $Xeur_N/X_V$ | (Agent masculin habituel OU Auteur masculin exceptionnel OU Instrument) de @ | Réaliser l'activité dont l'agent masculin est le @AGM | marcheur / marcher |
| $Xeuse_N/X_V$ ; $Xrice_N/X_V$ | (Agent féminin habituel OU Auteur féminin exceptionnel OU Instrument) de @ | Réaliser l'activité dont l'agent féminin est le @AGF | sculptrice / sculpter |
| $Xage_N/X_v$ ; $Xment_N/X_V$ ; $Xion_N/X_V$ | (Action OU Résultat de l'action) de @ | Réaliser le/la @ACT | abaissement / abaisser |
| $Xif_A/X_V$ | En rapport avec l'acte de @ | Manifester le fait d'être @PROP | combatif / combattre |

TABLE 2 : Définitions orientées implémentées dans Démonette

| **Schéma de relation indirecte dérivé₁/dérivé₂** | **Définition transversale de dérivé₁ ← dérivé₂** | **Définition transversale de dérivé₂ ← dérivé₁** | **Exemple** |
|---|---|---|---|
| ($Xion_N$ ; $Xage_N$ ; $Xment_N$)/$Xeur_N$ | action pratiquée par @AGM | agent masculin ou instrument du @ACT | distraction / distracteur |
| ($Xion_N$ ; $Xage_N$ ; $Xment_N$)/ ($Xeuse_N$ ; $Xrice_N$) | action pratiquée par @AGF | agent féminin ou instrument du @ACT | fondation / fondatrice |
| $Xif_A$/($Xage_N$ ; $Xment_N$ ; $Xion_N$) | qui permet la @ACT | action de ce qui est @PROP | déterminatif / détermination |
| $Xif_A/Xeur_N$ | qui caractérise l'activité pratiquée par @AGM | celui dont l'activité est @PROP | administratif / administrateur |
| $Xif_A$/($Xeuse_N$ ; $Xrice_N$) | qui caractérise l'activité pratiquée par @AGF | celle dont l'activité est @PROP | spoliatif / spoliatrice |
| ($Xeuse_N$ ; $Xrice_N$)/$Xeur_N$ | celle qui a pour correspondant masculin le @AGM | celui qui a pour correspondant féminin la @AGF | danseuse / danseur |
| Xage/(Xion ; Xment) ; Xment/Xion | @ACT | @ACT | ruminement / rumination |
| $Xeur_N$ /$X'eur_N$ | @AGM | @AGM | activateur / activeur |

TABLE 3 : Liste des définitions transversales implémentées dans Démonette

## 3 Données, méthodes et résultats

La structure générale de Démonette permet d'organiser d'une manière originale les informations morphologiques présentes dans les analyses de DériF et dans Morphonette. Pour permettre leur alignement et faciliter leur intégration, DériF a été appliqué sur le corpus à partir duquel Morphonette a été construit : TLFnome[5]. Le graphe Démonette est donc construit à partir d'un ensemble de sommets unique et connu à l'avance.

[5] L'ATILF distribue Morphalou, une version XML de TLFnome : www.cnrtl.fr/lexiques/morphalou/. TLFnome est un lexique créé à partir de la nomenclature du dictionnaire TLF. Il comporte 97 000 lemmes et se caractérise par une qualité quasi parfaite grâce aux très nombreuses révisions manuelles dont il a bénéficié.

### 3.1 DériF

DériF (Namer, 2009, 2013) est un analyseur qui implémente des règles de construction morphologiques établies et mises au point manuellement, par des linguistes. Il se distingue par deux caractéristiques principales :

1. Il est fiable grâce notamment à un ensemble d'exceptions permettant de prendre en compte efficacement les irrégularités qui se sont accumulées au cours de l'évolution du lexique.
2. Il propose pour chaque dérivation une glose du sens construit, similaire à celles de WordNet (cf §2.1).

DériF analyse des lemmes munis d'une catégorie grammaticale. Il met en jeu des règles établies suivant des critères linguistiques : l'analyse proposée (ou les analyses, quand plusieurs sont possibles) réunit les ascendants du mot, et la relation constructionnelle de ce dernier avec son ou ses ascendants immédiats, sous la forme d'une paraphrase, cf §2.3.1. Pour les affixations et les conversions, l'ascendant immédiat est la base comme en (8). De par sa conception, DériF est aussi capable d'analyser des néologismes. Il prédit leur base et calcule leur sens construit en fonction de leur structure morphologique et leur catégorie grammaticale (en (9), *schtroumpfement est* un nom suffixé en *-ment*).

(8) enterrement/NOM : (enterrement/NOM, enterrer/VERBE, terre/NOM) :
"(Action OU résultat de l'action) d'enterrer"

(9) schtroumpfement/NOM : (schtroumpfement/NOM, schtroumpfer/VERBE)
"(Action OU résultat de l'action) de schtroumpfer"

DériF se distingue des autres analyseurs morphologiques par sa capacité à prendre en compte la lexicalisation et notamment l'opacification de certains mots du lexique enregistré. Ce phénomène est géré au moyen de listes d'exceptions qui bloquent l'application des règles pour ces mots. Par exemple, l'inscription de *pension* parmi les exceptions évite au système de l'analyser comme déverbal de *penser* (10a), sur le modèle de *pression*, dérivé de *presser* (10b).

(10) a. pension/NOM : (pension/NOM)
b. pression/NOM : (pression/NOM, presser/VERBE)

Les analyses de DériF servent à la fois à créer la structure du graphe de Démonette —la liste des sommets et des arcs — et à en calculer les attributs. Les analyses obtenues en appliquant DériF à TLFnome permettnet de construire un premier graphe dans lequel les sommets sont les entrées de TLFnome et les arcs sont les relations dérivationnelles directes entre les mots construits et leurs ascendants directs (bases ou éléments de composition). Les sommets du graphe qui forment le corpus de Démonette sont ensuite alors en 3 temps : 1/ sélection des entrées de noms construits par l'une des 6 suffixations déverbales ; 2/ ajout des entrées des verbes de base correspondants ; 3/ ajout des entrées des adjectifs en *-if* dont la base est un nom ou un verbe préalablement sélectionné. Dans un second temps, les familles dérivationnelles sont munies de relations « indirectes ». La structure de graphe ainsi obtenue répond alors aux spécifications présentées en §2.1 et peut être directement intégrée à Démonette.

Outre la structure du graphe, les analyses de DériF permettent d'annoter les relations directes de Démonette au moyen des paraphrases (ou gloses) qui définissent les dérivés par rapport à leur base. D'autres attributs sont également déduits des analyses de DériF :

1. Les types sémantiques des sommets qui représentent des mots construits sont calculés à partir de la catégorie grammaticale (pour les verbes) ou de l'affixation utilisée pour construire le dérivé (pour les noms et adjectifs). Une unité lexicale peut théoriquement appartenir à plusieurs classes sémantico-aspectuelles correspondant à ses différentes acceptions. Dans les prochaines versions de Démonette intégrant davantage d'entrées, les mots pourront avoir plusieurs types associés à différentes relations dérivationnelles.
2. La définition abstraite de la relation directe est calculée à partir de la paraphrase concrète correspondante.
3. Les définitions abstraites transversales sont calculées en fonction des types sémantiques des sommets connectés.
4. À partir de ces définitions, ont détermine les instances concrètes des relations indirectes.

### 3.2 Morphonette

Morphonette est un réseau lexical du français basé sur une conception relationnelle et paradigmatique de la morphologie (Hathout, 2011). Dans ce lexique, les propriétés morphologiques d'un mot sont décrites par les paradigmes qui le contiennent. Par exemple, les propriétés d'un dérivé comme *modifiable* peuvent être minimalement décrites par la famille dérivationnelle qui rassemble les mots *modifier*, *modification*, *modificateur*, *modificatif*, *modifiant*, *modifieur*, *immodifiable*, etc. et par la série des dérivés en *-able* : *agaçable*, *agitable*, *chevauchable*, *définissable*, *différenciable*, *rechargeable*, *réconciliable*, *soutenable*, etc.

Morphonette a été construit à partir de TLFnome. Il est composé de **filaments**, c'est-à-dire de triplets ($m$, $p$, $s_p(m)$) où $m$ est une entrée, $p$ est un membre de la famille dérivationnelle de $m$ et $s_p(m)$ est la sous-série dérivationnelle de $m$

relativement à *p*. $s_p(m)$ est l'ensemble des mots qui se trouvent dans une relation similaire à celle que *m* entretient avec *p*. En d'autres termes, un mot *u* appartient à $s_p(m)$ s'il existe un mot *v* tel que $m : p = u : v$ (i.e. tel que *m*, *p*, *u*, *v* forment une analogie). L'exemple (15) présente le filament de l'adjectif *modifiable* pour *p* = *modificateur*.

(15) (modifiable, modificateur,
{amplifiable, glorifiable, identifiable, justifiable, clarifiable, mystifiable, rectifiable,
sanctifiable, simplifiable, spécifiable, unifiable, vérifiable})

Dans Morphonette, une entrée a autant de filaments qu'il y a de membres dans sa famille dérivationnelle. Certains de ces filaments se recouvrent en grande partie. D'autres filaments décrivent des propriétés différentes d'un même mot. Par exemple, *travailleur* a dans sa famille le nom *travailleuse* et le verbe *travailler*. Sa sous-série relativement au verbe contient des dérivés comme *ravageur* ou *cisailleur* qui peuvent être rattachés aux verbes *ravager* ou *cisailler*. En revanche sa sous-série relative au nom féminin *travailleuse* contient en plus les noms comme *deuilleur* (← *deuil*) ou *volailleur* (← *volaille*) pour lesquels il existe un féminin en /øz/ (*deuilleuse*, *volailleuse*) mais pas de verbe correspondant. *Travailleur* appartient donc à deux sous-séries différentes, l'une correspondant à la propriété d'être un nom déverbal et l'autre à celle d'être associée à un féminin en /øz/.

L'un des intérêts des filaments est qu'ils décrivent à la fois les relations directes entre un dérivé et sa base, indirectes avec les autres membres de sa famille et ses relations avec les membres de ses sous-séries. Les relations entre mots de la même famille sont utilisées pour alimenter Démonette. Morphonette ne donnant aucune information explicite sur les opérations qui ont permis de construire les dérivés, celles-ci sont recalculées en reconstituant les couples de mots qui partagent le même radical, comme par exemple en (16), puis en réunissant ceux qui instancient la même relation de parenté morphologique, comme en (17) entre les noms en *-euse* et les adjectifs en *-if*.

(16) ('bouilleur/NOM', 'bouillage/NOM')

(17) collectif/ADJ:collectionneuse/NOM = dissertatif/ADJ:disserteuse/NOM =
nocif/ADJ:noceuse/N = perfectif/ADJ:perfectionneuse/NOM = portatif/ADJ:porteuse/NOM =
possessif/ADJ:possesseuse/NOM = sélectif/ADJ:sélectionneuse/NOM

### 3.3 Contenu de Démonette

Dans sa version actuelle, Démonette comporte 31 204 relations décrivant chacune un couple de mots morphologiquement apparentés. Ces couples appartiennent aux séries dérivationnelles présentées au §2.2.2, fournies soit par DériF (21 556 couples issus des familles dérivationnelles regroupant l'ensemble des ascendants des mots construits sur un prédicat verbal), soit par Morphonette (9 648 relations, toutes indirectes).

| MOT1 | MOT2 | Or | SEM1 | SEM2 | REL DIR1 | REL INDIR1 | REL DIR2 | REL INDIR2 |
|---|---|---|---|---|---|---|---|---|
| administratif /ADJ | administratrice /NOM | D | @PROP | @AGF | En rapport avec l'acte de @ | qui caractérise l'activité pratiquée par @AGF | Agent féminin ou instrument de @ | celle dont l'activité est @PROP |
| administrateur /NOM | administrer /VERBE | D | @AGM | @ | (Agent masculin habituel - Auteur masculin exceptionnel - Instrument) de @ | | Réaliser l'activité dont l'agent féminin est le @AGM | |
| admonitrice /NOM | admonition /NOM | M | @AGF | @ACT | | agent féminin ou instrument du @ACT | | Action pratiquée par @AGF |

TABLE 4 : Échantillon de Démonette

Une entrée de Démonette comporte 9 champs (table 4) : MOT1 et MOT2 sont les membres du couple décrit ; ORIGINE renseigne sur la provenance de l'entrée (Morphonette ou DériF) ; SEM1 et SEM2 enregistrent respectivement le type sémantique de MOT1 et MOT2, RELATION INDIRECTE1 est la définition transversale de MOT1 par rapport au sens de MOT2 ; RELATION INDIRECTE2 est celle de MOT2 relativement au sens de MOT1. Enfin, si MOT1 et MOT2 entretiennent une relation indirecte (ligne 1), RELATION DIRECTE 1 et 2 définissent MOT1 et MOT2 par rapport à leur ascendant verbal commun, alors que, si MOT1 est un dérivé de MOT2 ou vice-versa (ligne 2), RELATION DIRECTE 1 et 2 enregistrent les définitions orientée et orientée inverse appropriées. Dans le second cas, les champs RELATION INDIRECTE 1 et 2 ne sont pas renseignés. 8 318 relations de Démonette proviennent conjointement de Morphonette et de DériF. La contribution originale de Morphonette concerne 1 388 relations, les 13 180 relations restantes étant fournies par DériF, dont 8 802 relations directes (entre un nom ou un adjectif et sa base verbale). L'apport original de DériF est donc de 4 378 relations indirectes.

La ligne 3 de la table 4 illustre le type de couples que l'on trouve dans Démonette, présents dans Morphonette et absents de DériF. Le plus souvent, ces couples mettent en jeu un ascendant verbal qui n'est pas ou n'est plus attesté en synchronie (*admonition*), ou dont le sens est partiellement démotivé (*acteur* ↔ *actrice* relativement au verbe *agir*) : dans tous les cas, les champs RELATION DIRECTE 1 et 2 sont vides.

À l'inverse, et en dehors des erreurs d'implémentation de DériF, les 4 378 relations indirectes qui en sont issus et qui sont absentes de Morphonette s'expliquent par les différences entre les approches implémentées dans ces deux ressources. Les critères de filtrage de Morphonette excluent en effet les regroupements les moins fréquents comme ceux en (20) :

(20) abaissement/NOM ↔ abaisseur/NOM ; abattage/NOM ↔ abattement/NOM ;
abolissement/NOM ↔ abolitif/ADJ ; abortion/NOM ↔ avorteur/NOM

La table 5 synthétise la distribution des relations indirectes extraites, en fonction des suffixes intervenant dans la formation des couples. Nous y distinguons les noms en *-eur* formés sur le radical savant de *X*, comme *agitateur,* étiquetés 'Xteur' des autres noms en Xeur, étiquetés 'Xeur', pour lesquels la base verbale est réalisée sous la forme du radical de l'imparfait, comme *régisseur*.

| | Xeur | Xteur | Xeuse | Xrice | Xment | Xage | Xion |
|---|---|---|---|---|---|---|---|
| Xteur | 158 | | | | | | |
| Xeuse | **3 938** | 134 | | | | | |
| Xrice | 338 | **978** | 66 | | | | |
| Xment | **2 226** | 98 | **1 390** | 40 | | | |
| Xage | **2 946** | 80 | **1 932** | 11 | **1 656** | | |
| Xion | **926** | **1 544** | 208 | **976** | 320 | 240 | |
| Xif | 310 | 448 | 36 | 304 | 26 | 24 | **918** |

TABLE 5 : Distribution des couples, en fonction des suffixes. Les effectifs supérieurs à 900 couples sont en gras.

On remarque une disparité numérique dans la réalisation de ces relations.

**1**. Les plus représentées reflètent une attirance particulière du couple de suffixes pour un même type de radical de base : les suffixes *-ion*, *-if* et *-rice* (dits « savants ») préfèrent les radicaux savants des verbes, alors que les suffixes *-ment* et *-age* (« non savants ») tendent à sélectionner les radicaux de l'imparfait.

**2.** Les couples dont l'un des membres comporte un suffixe savant et l'autre un suffixe non savant ont une fréquence qui oscille entre 200 à 900. Les couples « savants » en Xteur/Xif et Xrice/Xif se trouvent également dans cette fourchette du fait du nombre relativement faible des dérivés en *-if* dans TLFnome (1 288).

**3**. D'autres schémas de couples mixtes instancient peu d'entrées car ils cumulent les handicaps évoqués ci-dessus.

Ces résultats mettent en lumière les combinaisons formelles les plus utilisées pour produire les relations morphologiques entre un nom d'agent masculin et son correspondant féminin, un nom d'agent et un nom d'activité, ou encore un nom d'agent et un adjectif de propriété. Ces hypothèses, qui doivent bien entendu être validées par une projection sur un corpus authentique, fournissent un indice de la productivité potentielle des suffixations en présence, et une prédiction de la structure du lexique en devenir.

# 4 Évaluation

Démonette pourrait à terme servir de ressource lexicale morphologique générale pour le français. Pour estimer la pertinence de son contenu actuel, nous l'avons comparé à Verbaction, une ressource morphologique utilisée régulièrement dans différentes tâches de TAL. Le but de la comparaison est de montrer que Démonette pourrait compléter ce lexique.

Verbaction, créé l'INaLF (aujourd'hui ATILF) puis à l'ERSS (aujourd'hui CLLE), se compose de 9 386 couples verbe-nom d'action morphologiquement apparentés. Les noms sont majoritairement construits par suffixation (*consommer* → *consommation*), mais on y trouve également beaucoup de conversions (*collection* → *collectionner* ; *copier* → *copie*). Verbaction a été construit de manière semi-automatique. La première version (Hathout et al., 2002) a été réalisée en effectuant une analyse basée sur un apprentissage de schémas de suffixation permettant de connecter les mots potentiellement apparentés morphologiquement. Les 5 058 couples verbe-nom obtenus ont ensuite été révisés manuellement par deux lexicographes. Verbaction a ensuite été complété par 4 335 couples en utilisant la boîte à outils Webaffix (Tanguy, Hathout, 2002) pour rechercher sur le Web des couples de mots dont l'un a la forme d'un nom déverbal et l'autre celle de son verbe de base. Les couples collectés ont aussi fait l'objet d'une révision manuelle.

La comparaison de Démonette avec Verbaction n'a porté que sur leur intersection potentielle, à savoir les couples verbe-nom d'action dont les deux membres appartiennent à TLFnome et dont les noms sont suffixés en *-age*, *-ion* ou *-ment*. 4 937 couples de Démonette et 5 313 couples de Verbaction vérifient ces conditions. Nous avons ensuite réalisé un calcul simple de rappel et de précision en utilisant Verbaction comme référence. Le rappel obtenu est de 84% et la précision de 90%. 479 couples verbe-nom présents dans Démonette sont absents de Verbaction, et, réciproquement, 1 351 couples de Verbaction manquent dans Démonette.

Sur un plan qualitatif, la comparaison de Démonette avec Verbaction fait principalement ressortir trois explications pour l'absence des 479 couples dans Verbaction:

**1.** Dans les cas où il existe une relation de parenté morphologique entre le verbe et le nom (*ébosser* → *ébossage ; stagner* → *stagnation ; ébahir* → *ébahissement*), l'absence du couple dans Verbaction est un oubli qu'il faut combler.

**2.** Dans certains couples, le nom dérivé du verbe est concurrencé pour différentes raisons par un autre nom d'action, plus fréquent, qui appartient à un domaine de spécialité (*rattraper* → *rattrapement ; calibrer* → *calibration*) ou dénote l'un des participants à l'activité décrite par le verbe et non l'activité elle-même, par exemple, le moyen dans *embarquer* → *embarcation* ou *équiper* → *équipage*, le patient dans *vibrer* → *vibrion*.

**3.** Réciproquement, on trouve dans Démonette des couples erronés où le nom et le verbe ne sont pas apparentés (*évasion* # *évaser*), où le nom n'est pas déverbal (*outiller* # *outillage*), voire non construit en synchronie (*mentir* # *mention, munir* # *munition*), ou encore où le verbe est archaïque (*aberrer* # *aberration*). La comparaison avec Verbaction nous a ainsi permis de répertorier un ensemble d'analyses à corriger (essentiellement dans DériF) et par suite dans Démonette. Ces cas de bruit avéré concernent 45 des 479 couples examinés (9%).

Pour les 1 351 couples présents dans Verbaction et absents de Démonette, on observe que 281 couples constituent de véritables cas de silence comme par exemple des noms en *-ion* dont la forme est construite sur le radical savant du verbe (*adjuger* → *adjudication*) et des noms en *-age* dont le radical du verbe de base est formellement très éloigné de celui utilisé en flexion (*paître* → *pacage*). D'autres absences s'expliquent par les choix opérés lors de la constitution de Démonette ou de Verbaction. Ont été en effet exclus de Démonette les 366 mots pour lesquels DériF propose plusieurs analyses comme *préchauffage* dont la base est soit *chauffage*, soit *préchauffer*. À l'inverse, Verbaction inclut des relations de conversion nom → verbe, d'où la présence de couples comme *prédilection* → *prédilectionner*. Plus intéressant, le codage de Verbaction comporte des couples qui exhibent une relation de sens indubitable, mais n'entretiennent pas de relation directe base → dérivé. Par exemple, avec *chromisation*, que Verbaction apparie à *chromer* (et, plus généralement, avec les 18 couples nom → verbe dont le nom en Xisation n'a pas de base Xiser enregistrée dans le TLF) on assiste à ce qui a été appelé dans (Dal 2004) puis (Dal, Namer, à paraître) un cas de relation morphologique ternaire schématisable par <X, Xiser, Xisation> et où la parenté entre Xiser et Xisation est non orientée : la construction de *chromisation*, sur le nom *chrome*, est consubstantielle, voire antérieure à celle de *chromiser*, absent du TLF.

# 5 Discussion

## 5.1 Usages en TAL

Les applications de TAL disposent pour le français de différentes ressources lexicales munies d'informations flexionnelles comme Morphalou (Romary et al., 2004) et Lexique (New et al., 2004), syntaxiques comme Lefff (Sagot et al., 2007) ou sémantiques comme EuroWordNet (Vossen, 1998) ou Wolf (Sagot, Fišer, 2008). Certaines sont spécialisées dans le traitement de données particulières comme les noms propres dans ProLexBase (Bouchou, Maurel, 2008). L'originalité de Démonette réside dans la variété des relations morphologiques codées, et dans les annotations morpho-sémantiques qui caractérisent les unités lexicales enregistrés dans la base. Celles-ci, tout d'abord, entretiennent entre elles des relations orientées multiples : une base est associées à plusieurs dérivés, les dérivés d'une même famille sont reliés entre eux. Ensuite, chaque mot comporte, une classe sémantique et autant de définitions, donc de paraphrases, qu'il entretient de relations directes ou indirectes avec son voisinage morphologique. Enfin, cette caractéristique concerne aussi les mots simples, puisque toutes les relations sont bi-orientées.

Ces trois propriétés sont exploitables dans différents types d'application. Comme l'a signalé Clark et al. (2008), l'amélioration de l'analyse du contenu textuel passe par l'enrichissement des bases par des annotations sémantiques. De plus, Démonette facilite les tâches de sélection des mots et d'identification du sens lexical. Comme avec WordNet et Wolf, ces facultés peuvent bénéficier à toutes les applications de compréhension ou d'interprétation automatique des langues (désambiguïsation sémantique, extraction d'information), ainsi qu'aux outils destinés à la production de contenu : donner la possibilité de choisir entre plusieurs mots, identifiables par leurs bases et sélectionnés à partir de leurs étiquettes sémantiques (agent, activité, propriété), voire de choisir une paraphrase pour les remplacer, est un avantage dont peuvent tirer parti les systèmes de normalisation, de résumé, de traduction assistée ou de génération de textes. Démonette, en association avec d'autres ressources comme des bases distributionnelles (Turney, Pantel, 2010), pourra également avoir d'autres utilisations comme la désambiguïsation et la substitution lexicale (McCarthy et al., 2004), la catégorisation sémantique des textes et la recherche d'information (Tsatsaronis, Panagiotopoulou, 2009).

### 5.2 Montée en puissance

La version actuelle de Démonette ne couvre qu'un fragment réduit du lexique du français et n'exploite qu'une petite partie des analyses de DériF et de Morphonette. Cette couverture sera augmentée progressivement pour intégrer l'ensemble de ces analyses, mais cette extension fera apparaître des difficultés nouvelles. Il faudra notamment augmenter le nombre des types sémantiques pour permettre l'ajout de nouveaux participants (le lieu, l'instrument, etc.), de nouvelles propriétés, etc. La sélection des relations indirectes à l'intérieur des familles dérivationnelles sera également un problème difficile. En l'absence d'études connues sur ces relations indirectes, nous proposons de les limiter en nous appuyant sur des critères comme la distance dans le graphe des relations directes entre les sommets connectés pondérée par une caractérisation statistique des séquences dérivationnelles. Certaines séquences comportant deux affixes successifs sont en effet si fréquentes qu'elles sont réinterprétées par les locuteurs comme de nouveaux affixes. C'est le cas de *-aliser* (Namer, 2013 ; Hathout, Namer, 2014), de *-isation* ou de *inXable* (Dal, Namer, à paraître).

Un second critère corrélé au précédent consiste à considérer qu'une relation indirecte « utile » est une relation pour laquelle les locuteurs peuvent formuler facilement une définition transversale. Les relations de ce type présentes dans la version actuelle de Démonette satisfont toutes à cette condition. En revanche, d'autres relations sont plus difficiles à définir d'une façon suffisamment régulière pour être intégrer à Démonette. C'est le cas pour les couples formés d'un nom masculin et d'un nom féminin en *-et:-ette* ou en *-ier:-ière* comme *cachet:cachette* ou *boulevardier:boulevardière*. La cachette (lieu où l'on cache quelque chose) n'est pas une version féminine du cachet (sceau) et la boulevardière (prostituée) n'exerce pas la même profession que le boulevardier (auteur de pièce de théâtre de boulevard). Les critères sur la distance dans le graphe et la possibilité d'une définition transversale ne se recouvrent donc pas totalement.

D'autres couples sont également difficilement définissables l'un relativement à l'autre, comme les adverbes en *-ment* et les verbes en *-iser* construits à partir de la même base adjectivale (21), ou encore les noms Xiste formés sur une base adjectivale X et les adjectifs déverbaux correspondant Xisable (22).

(21) stérilement/R:stériliser/V ; totalement/R:totaliser/V ; verbalement/R:verbaliser/V

(22) canonisable/A:canoniste/N ; conceptualisable/A:conceptualiste/N ; individualisable/A:individualiste/N

L'intégration des mots construits par conversion et par composition sera une autre source de difficultés. Si les définitions directes des dérivations non affixales sont identiques à celles des affixations, celles des composés pourraient s'avérer plus délicates car il ne s'agit pas de relations binaires mais ternaires. Il faudra également prévoir une solution permettant de représenter les éléments de composition d'origine latine ou grecque.

Nous envisageons enfin l'intégration dans Démonette de relations morpho-sémantiques extraites de dictionnaires électroniques du domaine public en adaptant les techniques proposées par Hathout (2009).

## 6 Conclusion

Nous avons présenté dans cet article la première version de Démonette, une ressource lexicale comportant actuellement 31 204 relations annotées morphologiquement. Démonette est construite automatiquement à partir des résultats produits au moyen de deux approches que l'on oppose généralement l'une à l'autre en morphologie théorique : la première, Morphonette, exploite les analogies formelles entre lexèmes, et implémente les principes théoriques d'une morphologie réalisationnelle et paradigmatique. La seconde, que réalise l'analyseur DériF, est basée sur l'application de règles linguistiques orientées, conçues et validées manuellement.

Nous avons mis en pratique, avec Démonette, une conception cumulative du sens des mots dérivés envisagé comme un empilement de propriétés sémantiques partielles induites par chacune des relations dérivationnelles dans lesquelles ce mot est impliqué. Démonette est en effet un réseau où les mots sont reliés entre eux par des relations directes ou indirectes, selon la nature de leur parenté. Les relations dérivationnelles entre deux mots sont annotées par des définitions bi-orientées permettant de construire le sens de chaque mot par rapport à celui de l'autre. Un mot est alors décrit par autant de définitions qu'il entretient de relations avec d'autres unités dans le lexique. Les mots sont par ailleurs typés sémantiquement, permettant ainsi d'estimer la contribution de chaque catégorie sémantique dans l'élaboration du réseau morphologique tissé dans Démonette. En outre, les types sémantiques sont utilisés comme paramètres pour associer aux définitions concrètes des versions abstraites qui permettent de constituer les séries dérivationnelles.

La liste des dérivations actuellement représentées dans Démontte peut facilement être étendue aux adjectifs en *-oire* comme *exploratoire* aux noms en *-oir* comme *séchoir,* aux adjectifs en *-able* comme *calculable* ou aux noms de procès ou d'état en *-ure* et *-ance/-ence* comme *gravure* et *souffrance*, tous ces dérivés étant potentiellement connectés à une base verbale.

## Références

Baayen, R. H., Piepenbrock, R., Gulikers, L. (1995). The CELEX lexical database (release 2). Distributed by the Linguistic Data Consortium, University of Pennsylvania.

Bernhard D. (2006). Automatic Acquisition of Semantic Relationships from Morphological Relatedness. *FinTAL 2006*, Turku, Finland, Springer.

Bernhard D., Cartoni B., Tribout D. (2011). A Task-Based Evaluation of French Morphological Resources and Tools. *Linguistic Issues in Language Technology* 5(2).

Bilgin O., Çetinoğlu Ö ., Oflazer K. (2004). Morphosemantic Relations In and Across Wornets. A study based on Turkish. Proceedings of GWC 2004. pp. 60-66. Brno, République Tchèque.

Bouchou B., Maurel D. (2008). Prolexbase et LMF : vers un standard pour les ressources lexicales sur les noms propres. *Traitement Automatique des Langues* 49(1), 61-88.

Clark P., Fellbaum C., Hobbs J. R., Harrison P., Murray B., Thompson J. (2008). Augmenting WordNet for deep understanding of text. *Proceedings of Semantics in Text Processing*, Venezia, ACL.

Creutz M., Lagus K. (2005). *Unsupervised morpheme segmentation and morphology induction from text corpora using Morfessor 1.0*. Tech. Rep. A81, Helsinki University of Technology.

Dal G. (2004). *Vers une morphologie de l'évidence : d'une morphologie de l'input à une morphologie de l'output*. Villeneuve d'Ascq, Université de Lille3. Mémoire d'Habilitation à Diriger les Recherches.

Dal G., Hathout N., Namer F. (1999). Construire un lexique dérivationnel: théorie et réalisations. *TALN-1999* Cargèse, Université Paris 7.

Dal G., Namer F. (à paraître). La fréquence en morphologie : pour quels usages ?, *Langages*.

Fellbaum C., Miller G. A. (2003). Morphosemantic Links in WordNet. *Traitement Automatique des Langues* 44(2):69-80.

Fradin B. (2003). *Nouvelles approches en morphologie*, Paris, PUF.

Goldsmith J. (2001). Unsupervised learning of the morphology of natural language. *Computational Linguistics* 27(2):153–198.

Harris Z. (1955). From Phoneme to Morpheme. *Language* 31(2), 190-222.

Hathout N. (2009). Acquisition of morphological families and derivational series from a machine readable dictionary. *Selected Proceedings of the 6th Décembrettes: Morphology in Bordeaux*. F. Montermini, G. Boyé, J. Tseng. Cambridge, Mass., Cascadilla Proceedings Project: 166-180.

Hathout N. (2011). Morphonette: a paradigm-based morphological network. *Lingue e linguaggio* 2011(2), 245-264.

Hathout, N., Namer, F. et Dal, G. (2002). An Experimental Constructional Database: The MorTAL Project. In Boucher, P. éditeur, *Many Morphologies*. Cascadilla, Somerville, Mass.

Hathout N., Namer F. (2011). Règles et paradigmes en morphologie informatique lexématique. *TALN-2011*, Montpellier, LIRMM/ATALA.

Hathout N., Namer F. (2014). Discrepancy between form and meaning in Word Formation: the case of over- and under-marking in French. *Morphology and meaning (Selected papers from the 15th International Morphology Meeting, Vienna, February 2010)* F. Rainer, W. U. Dressler, F. Gardani,H. C. Luschützky. Amsterdam, John Benjamins, 177 – 190.

KERLEROUX F. (2008). Des noms indistincts. *La raison morphologique. Hommage à la mémoire de Danielle Corbin*. B. Fradin. Amsterdam / Philadelphia, John Benjamins, 113-132.

LAFOURCADE M., JOUBERT A., 2013. Bénéfices et limites de l'acquisition lexicale dans l'expérience JeuxDeMots. In: Gala N., Zock M. (dir.), *Ressources Lexicales: Contenu, construction, utilisation, évaluation*, pp. 187-216. Linguisticae Investigationes, Supplementa 30, John Benjamins.

LEPAGE Y. (1998). Solving analogies on words: an algorithm. *17th international conference on Computational Linguistics*.

McCARTHY D., KOELING R., WEEDS J., CARROLL. J. (2004). Finding predominant senses in untagged text. *Proceedings of the 42nd Annual Meeting of the Association for Computational Linguistics*, pp. 577-583. Barcelone.

NAMER F. (2009). *Morphologie, Lexique et TAL : l'analyseur DériF*. London, Hermes Sciences Publishing.

NAMER F. (2013). A Rule-Based Morphosemantic Analyzer for French for a Fine-Grained Semantic Annotation of Texts. *SFCM 2013*. C. Mahlow,M. Piotrowski. Heidelberg, Springer: 93-115.

NEW B., PALLIER C., BRYSBAERT M., FERRAND L. (2004). Lexique 2 : A New French Lexical Database. *Behavior Research Methods, Instruments, & Computers* 36(3), 516-524.

PALA K., HLAVÁČKOVÁ D. (2007). Derivational Relations in Czech WordNet . *Balto-Slavonic Natural Language Processing 2007* , pp 75–81, Prague . République Tchèque.

ROCHÉ M., BOYÉ G., HATHOUT N., LIGNON S., PLÉNAT M. (2011). *Des Unités Morphologiques au Lexique*. Paris, Hermès.

ROMARY L., SALMON-ALT S., FRANCOPOULO G. (2004). Standards going concrete : from LMF to Morphalou. *COLING*, Genève.

RUPPENHOFER J., BAKER C. F., FILLMORE C. J. (2002). The FrameNet Database and Software Tools. *Proceedings of the Tenth Euralex International Congress*. pp. 271-375. Copenhagen, Danemark.

SAGOT B., FIŠER S. (2008). Construction d'un wordnet libre du français à partir de ressources multilingues. *TALN-2008*, Avignon, ATALA.

STROPPA N., YVON F. (2006). Du quatrième de proportion comme principe inductif : une proposition et son application à l'apprentissage de la morphologie. *TAL* 47(1), 33-59.

TANGUY L., HATHOUT N. (2002). Webaffix :un outil d'acquisition morphologique dérivationnelle à partir du Web. *TALN-2002*, Nancy, ATALA.

TSATSARONIS, G., PANAGIOTOPOULOU, V. (2009). A generalized vector space model for text retrieval based on semantic relatedness. In *Proceedings of the 12th Conference of the European Chapter of the Association for Computational Linguistics: Student Research Workshop*, pp. 70-78. Athène. Grèce.

TURNEY, P. D., PANTEL, P. (2010). From frequency to meaning: Vector space models of semantics. *Journal of artificial intelligence research*, *37*(1), 141-188.

VOSSEN P. ed. (1998). *EuroWordNet: A Multilingual Database with Lexical Semantic Networks,*. Dordrecht, Kluwer Academic Publishers.

WATTS D. J., STROGATZ S. H. (1998). Collective dynamics of 'small-world' networks. *Nature* 393, 440-442.

# Explorer le graphe de voisinage pour améliorer les thésaurus distributionnels

Vincent Claveau[1] Ewa Kijak[1] Olivier Ferret[2]
(1) IRISA - CNRS - Univ Rennes 1, Campus de Beaulieu, F-35042 Rennes
(2) CEA, LIST, Laboratoire Vision et Ingénierie des Contenus, F-91191 Gif-sur-Yvette
vincent.claveau@irisa.fr, ewa.kijak@irisa.fr, olivier.ferret@cea.fr

**Résumé.** Dans cet article, nous abordons le problème de construction et d'amélioration de thésaurus distributionnels. Nous montrons d'une part que les outils de recherche d'information peuvent être directement utilisés pour la construction de ces thésaurus, en offrant des performances comparables à l'état de l'art. Nous nous intéressons d'autre part plus spécifiquement à l'amélioration des thésaurus obtenus, vus comme des graphes de plus proches voisins. En tirant parti de certaines des informations de voisinage contenues dans ces graphes nous proposons plusieurs contributions.
1) Nous montrons comment améliorer globalement les listes de voisins en prenant en compte la réciprocité de la relation de voisinage, c'est-à-dire le fait qu'un mot soit un voisin proche d'un autre et vice-versa.
2) Nous proposons également une méthode permettant d'associer à chaque liste de voisins (i.e. à chaque entrées du thésaurus construit) un score de confiance.
3) Enfin, nous montrons comment utiliser ce score de confiance pour réordonner les listes de voisins les plus proches.
Ces différentes contributions sont validées expérimentalement et offrent des améliorations significatives sur l'état de l'art.

**Abstract.** In this paper, we address the issue of building and improving a distributional thesaurus. We first show that existing tools from the information retrieval domain can be directly used in order to build a thesaurus with state-of-the-art performance. Secondly, we focus more specifically on improving the obtained thesaurus, seen as a graph of $k$-nearest neighbors. By exploiting information about the neighborhood contained in this graph, we propose several contributions.
1) We show how the lists of neighbors can be globally improved by examining the reciprocity of the neighboring relation, that is, the fact that a word can be close of another and vice-versa.
2) We also propose a method to associate a confidence score to any lists of nearest neighbors (i.e. any entry of the thesaurus).
3) Last, we demonstrate how these confidence scores can be used to reorder the closest neighbors of a word.
These different contributions are validated through experiments and offer significant improvement over the state-of-the-art.

**Mots-clés :** thésaurus distributionnel, graphe de k proches voisins, fenêtre de Parzen, algorithme hongrois, T-normes, recherche d'information.

**Keywords:** distributional thesaurus, k nearest neighbor graph, Parzen window, Hungarian algorithm, T-norms, information retrieval.

## 1 Introduction

Les thésaurus distributionnels sont utiles à de nombreuses tâches du TAL et leur construction est un problème largement abordé depuis plusieurs années (Grefenstette, 1994). Cela reste néanmoins un champ de recherche très actif, entretenu par la mise à disposition de corpus toujours plus volumineux et de nombreuses applications. Ces thésaurus associent à chacune de leurs entrées une liste de mots qui se veulent proches sémantiquement de l'entrée. Cette notion de proximité est variable selon les travaux (synonymie, autres relations paradigmatiques, relations syntagmatiques (Budanitsky & Hirst, 2006; Adam *et al.*, 2013, pour une discussion)), mais les méthodes utilisées pour la construction automatique de ces thésaurus sont souvent partagées. Pour une grande part, ces méthodes reposent sur l'hypothèse distributionnelle de Firth (1957) : chaque mot est caractérisé par l'ensemble des contextes dans lesquels il apparaît, et la proximité sémantique de deux mots peut être déduite de la proximité de leurs contextes. Cette hypothèse a donc été mise en œuvre de différentes façons, et plusieurs pistes pour en améliorer les résultats ont été suivies (voir section suivante pour un état de l'art).

Les travaux présentés dans cet article s'inscrivent dans ce cadre, et nous proposons plusieurs contributions portant sur la création de ces thésaurus distributionnels et sur leur amélioration. Nous montrons tout d'abord que les modèles de recherche d'information (RI) sont adaptés à la tâche de création de ces thésaurus, offrant des résultats très compétitifs par rapport à l'état de l'art, tout en bénéficiant d'un outillage déjà existant (section 3).

Le cœur de notre travail se situe ensuite sur l'exploitation des relations de voisinage sémantique ainsi mesurées. Les modèles de RI fournissent en effet les listes ordonnées par similarité décroissante de tous les mots avec tous les mots, formant un graphe de plus-proches voisins. Nous proposons de tirer parti de certaines des informations de voisinage contenues dans ce graphe que nous déclinons en trois contributions.
1) Nous montrons comment améliorer globalement les listes de voisins en prenant en compte la réciprocité de la relation de voisinage, c'est-à-dire le fait qu'un mot soit un voisin proche d'un autre et vice-versa (section 4).
2) Nous proposons également une méthode permettant d'associer à chaque liste de voisins (i.e. à chaque entrée du thésaurus construit) un score de confiance (section 5). Cette méthode repose sur l'estimation, à l'aide du graphe de plus proches voisins, des probabilités de trouver un mot donné comme $i$ème voisin d'un autre.
3) Enfin, sur la base de ce travail, nous montrons comment utiliser ce score de confiance et ces probabilités pour réordonner les listes de voisins les plus proches (section 6). Pour ce faire, nous modélisons ce réordonnancement comme un problème d'optimisation de profit, résolu par l'algorithme hongrois (Kuhn & Yaw, 1955).

# 2 État de l'art

La notion de thésaurus distributionnel est à la fois bien connue et en même temps relativement peu abordée de façon spécifique, sans doute à cause de ses liens étroits avec la notion de similarité sémantique. Beaucoup de travaux portent sur des améliorations concernant les mesures de similarité sémantique de nature distributionnelle, c'est-à-dire directement à la construction du thésaurus. Nous les examinons dans la sous-section suivante. Mais quelques travaux présentés dans la sous-section 2.2 ont aussi cherché, une fois le thésaurus obtenu, à l'améliorer, comme nous nous proposons de le faire en l'examinant comme un graphe de plus proches voisins.

## 2.1 Construction des thésaurus

Si l'on considère comme point de référence le paradigme défini par Grefenstette (1994), repris à sa suite notamment par Lin (1998) et Curran & Moens (2002), une première voie d'amélioration a porté sur la pondération des éléments constitutifs des contextes distributionnels, simples mots dans le cas de cooccurrents graphiques et paires (mot, relation de dépendance syntaxique) dans le cas de cooccurrents syntaxiques. Dans cette optique, Broda *et al.* (2009) ont ainsi proposé de remplacer les poids associés aux cooccurrents par une fonction tenant compte de leur rang dans ces contextes, ce qui a l'avantage de rendre ce poids moins dépendant d'une fonction de pondération spécifique. Zhitomirsky-Geffet & Dagan (2009) opère cette modification de pondération par le biais d'un mécanisme d'amorçage en faisant l'hypothèse que les premiers voisins d'une entrée sont plus pertinents que les autres et que de ce fait, les cooccurrents qui leur sont le plus fortement associés dans leurs contextes distributionnels sont aussi plus représentatifs de l'entrée du point de vue sémantique. Le poids de ces cooccurrents est alors renforcé pour accroître leur influence lors du réordonnancement des voisins. Yamamoto & Asakura (2010) en est une variante prenant en compte un plus large ensemble de cooccurrents dans les contextes.

Au-delà des changements de pondération, certains travaux se sont attachés au contenu même des contextes distributionnels. De ce point de vue, une première distinction, opérée déjà par Grefenstette (1994) mais explorée plus en détail par Curran & Moens (2002), a été réalisée entre cooccurrents graphiques et syntaxiques, avec un avantage donné à ces derniers. Parallèlement à la nature de l'information contenue dans les contextes, la question de sa forme s'est posée en faisant l'hypothèse que l'information portée par les cooccurrents peut être représentée de façon plus dense par des dimensions sous-jacentes. Cette idée est d'ailleurs renforcée par le constat de Hagiwara *et al.* (2006), par le biais de la sélection de caractéristiques dans un cadre supervisé, que bon nombre de cooccurrents peuvent être filtrés sans altérer significativement l'identification des similarités sémantiques entre mots. Une partie des travaux visant à améliorer l'approche distributionnelle s'est donc focalisée sur l'application de méthodes de réduction de dimensions, depuis l'Analyse Sémantique Latente (Landauer & Dumais, 1997), étendue par Padó & Lapata (2007) aux cooccurrents syntaxiques, jusqu'à la factorisation de matrice non négative (Van de Cruys, 2010) en passant par le Random Indexing (Sahlgren, 2001). Ces méthodes ont cependant donné des résultats limités (Van de Cruys, 2010). Dans ce cadre, l'apprentissage de représentations distribuées réalisées au moyen de réseaux de neurones (Huang *et al.*, 2012; Mikolov *et al.*, 2013) est également à mentionner, même si ces travaux sortent un peu du cadre distributionnel traditionnel.

## 2.2 Amélioration des thésaurus

Les travaux que nous considérons ici se concentrent sur des améliorations exploitant plus spécifiquement la structure du thésaurus pour en améliorer la qualité comme nous nous proposons de le faire. Zhitomirsky-Geffet & Dagan (2009) pourrait dans une certaine mesure être rattaché à cette catégorie dans la mesure où sa repondération des éléments de contexte d'un terme dépend de ses voisins sémantiques, donc de la structure du thésaurus.

Deux autres voies ont également été explorées. La première consiste à utiliser un thésaurus initial afin de sélectionner de façon non supervisée un ensemble d'exemples positifs et négatifs de termes sémantiquement similaires ou liés (Ferret, 2012, 2013b). Cet ensemble est utilisé pour entraîner un classifieur permettant ensuite de réordonner les voisins initiaux. Dans le cas de (Ferret, 2012), cette sélection est fondée sur un critère de symétrie de la relation de similarité sémantique : si A est trouvé comme voisin proche de B et B comme voisin proche de A, A et B sont probablement des exemples positifs de mots sémantiquement similaires. On retrouve là la condition de réciprocité que nous explorons dans un autre cadre en section 4. (Ferret, 2013b) s'appuie pour sa part sur l'hypothèse que des constituants similaires, au sens de leur voisinage dans un thésaurus, occupant le même rôle syntaxique dans des mots composés eux-mêmes similaires sont de probables exemples positifs de mots similaires.

La seconde approche, proposée dans (Ferret, 2013a), est plus indirecte. Elle réalise un réordonnancement des voisins sémantiques par le biais d'un processus de détection et de déclassement des voisins les moins susceptibles d'être sémantiquement liés à leur entrée. Cette détection est réalisée en appliquant un modèle discriminant de l'entrée en contexte à un échantillon des occurrences de ses voisins et en jugeant de la proximité entre entrée et voisin sur la base des décisions de ce modèle.

Comme dans ces derniers travaux, nous nous proposons d'améliorer la qualité des thésaurus produits, notamment en réordonnant les listes de voisins. Notre travail repose en partie sur des considérations proches, notamment en ce qui concerne la réciprocité, mais dans une optique différente dans laquelle les listes de plus proches voisins sont directement réordonnées en fonction des voisinages observés dans le thésaurus. En cela, nos travaux peuvent se rapprocher de ceux de (Pedronette *et al.*, 2014), faits dans un tout autre contexte applicatif (recherche d'images), mais reposant également sur l'examen des voisinages observés dans un graphe de $k$ plus proches voisins.

# 3 Modèle de RI pour la construction de thésaurus distributionnels

## 3.1 Principes

Comme cela apparaît dans les travaux cités de l'état-de-l'art, le cœur des approches distributionnelles est de calculer des similarités entre représentations textuelles des contextes des mots étudiés. Les méthodes de calcul de similarité utilisées en recherche d'information semblent donc pertinentes pour ce problème. Pour un mot donné, l'ensemble des contextes de ses occurrences est considéré comme un document ; pour un mot $w_i$, on note ce document $\mathcal{C}_{w_i}$. La proximité entre deux mots est alors mesurée par une fonction de similarité RI sur leur contexte. Cette piste a beaucoup de liens avec les travaux de l'état de l'art mais semble relativement peu explorée en tant que telle, à l'exception de Vechtomova & Robertson (2012) dans le cas particulier de la recherche d'entités nommées similaires. Elle offre pourtant l'avantage d'être très facilement implémentable du fait des nombreux outils de RI disponibles.

Bien entendu, quelques adaptations doivent être faites. Dans les expériences rapportées ci-dessous, le contexte considéré est de deux mots avant et après chaque occurrence. Contrairement à la RI, on souhaite garder les mots outils, mais aussi les positions de ces mots par rapport à l'occurrence du mot examiné. Par exemple, pour l'occurrence de freedom dans l'extrait :
« ... all forms of restrictions on freedom of expression , threats ... »,
les termes d'indexation restrictions-2, on-1, of+1, expression+2 sont ajoutés à la description de freedom (i.e. sont ajoutés à $\mathcal{C}$(freedom)). Pour trouver les voisins distributionnels d'un mot, l'ensemble des contextes collectés pour ce mot sert de requête, qui est alors utilisée pour trouver les mots les plus proches (i.e. dont les contextes sont les plus proches) au sens d'une mesure de similarité RI.

Dans les expériences que nous présentons ci-dessous, nous avons testé quelques unes des mesures les plus classiquement utilisées en RI : la similarité d'Hellinger (Escoffier, 1978; Domengès & Volle, 1979), un TF-IDF/cosinus, et une similarité Okapi-BM-25 (Robertson *et al.*, 1998). Ce dernier modèle peut être vu comme une version plus moderne du TF-IDF, prenant notamment mieux en compte les différences de tailles des documents. Ce point est important puisque dans notre cas, les documents, c'est-à-dire l'ensemble des contextes d'un mot, sont effectivement de tailles très variables du fait du nombre d'occurrences lui-même très variable des différents mots. La similarité Okapi-BM25 entre un mot $w_i$ ($\mathcal{C}(w_i)$ est vu comme une requête), et $w_j$ ($\mathcal{C}(w_j)$ vu comme un document), s'exprime par l'équation 1 dans laquelle les composants correspondent respectivement au poids du mot considéré dans la requête, à son TF et à son IDF dans le document. $qtf$ est le nombre d'occurrence du mot $t$ dans le contexte de la requête $\mathcal{C}(w_i)$, et similairement $tf$ est le nombre d'occurrences dans $\mathcal{C}(w_j)$, $dl$ est la taille des contextes de $w_j$ (nombre de mots dans $\mathcal{C}(w_j)$), $dl_{avg}$ la taille moyenne des contextes, $n$ est le nombre de documents, c'est-à-dire dans notre cas le nombre de mots examinés (nombre d'entrées du thésaurus), $df(t)$ est le nombre de contextes ($\mathcal{C}(\cdot)$) dans lesquels $t$ apparaît, et enfin $k_1$, $k_3$ et $b$ sont des constantes, fixées par défaut à $k_1 = 2$, $k_3 = 1000$ et $b = 0.75$.

$$\text{similarité}(w_i, w_j) = \sum_{t \in \mathcal{C}(w_i)} \frac{(k_3+1) * qtf}{k_3 + qtf} * \frac{tf * (k_1+1)}{tf + k_1 * (1 - b + b * \frac{dl(\mathcal{C}(w_j))}{dl_{avg}})} * \log \frac{n - df(t) + 0.5}{df(t) + 0.5} \quad (1)$$

Nous proposons également dans les expériences rapportées ci-dessous une version dite ajustée de la similarité Okapi-BM25, dans laquelle l'influence de la taille du document est renforcée, en prenant $b = 1$, et en mettant l'IDF au carré pour donner plus d'importance aux mots de contexte plus discriminants.

Ces modèles de RI, très classiques, ne sont pas détaillés plus avant ici ; le lecteur intéressé trouvera les notions et détails utiles dans les références citées ou des ouvrages généralistes (Boughanem & Savoy, 2008, par exemple).

## 3.2 Contexte expérimental

Les données et références utilisées pour nos expériences tout au long de cet article sont celles employées par Ferret (2013a) et mises à notre disposition par l'auteur. Cela nous permet d'avoir un cadre expérimental complètement comparable aux résultats publiés. Pour construire les thésaurus distributionnels, le corpus utilisé est AQUAINT-2, une collection d'articles de presse en anglais d'environ 380 millions de mots. Tous les noms de fréquence > 10 de ce corpus sont considérés, soit 25 000 noms (on note $n$ ce nombre dans la suite) ; ils formeront les entrées des thésaurus. Le corpus est étiqueté en parties-du-discours par TreeTagger, ce qui permet de repérer les noms qui formeront les entrées du thésaurus pour nous comparer aux travaux existants. Ces informations ne sont pas utilisées pour la suite de la construction du thésaurus, ce qui assure une certaine portabilité de la méthode à d'autres langues (Freitag *et al.*, 2005).

Pour évaluer les thésaurus produits, deux références sont utilisées, soit séparément, soit conjointement. Il s'agit d'une part des synonymes de WordNet 3.0 (Miller, 1990), et d'autre part du thésaurus Moby (Ward, 1996). Ces deux ressources ont des caractéristiques assez différentes et complémentaires ; notamment, WordNet indique des liens paradigmatiques assez forts entre les mots (synonymie ou quasi-synonymie) et nous fournit ainsi des listes de 3 voisins en moyenne pour 10 473 noms du corpus, tandis que Moby regroupe des mots partageant des relations syntagmatiques ou paradigmatiques plus larges, et fournit des listes de 50 voisins en moyenne pour 9 216 noms. Les deux ressources combinées donnent une référence de 38 voisins en moyenne pour 12 243 noms. C'est cette combinaison de WordNet et Moby qui sera utilisée comme référence dans toutes les évaluations de cet article.

Cette évaluation intrinsèque porte donc sur une petite moitié des entrées du thésaurus considéré, ce que l'on peut considérer, compte tenu de sa taille, comme un ensemble d'évaluation conséquent par rapport à des jeux de test classiques (e.g. WordSim 353). Ce type d'évaluation intrinsèque est bien entendu limité par la nature des relations présentes dans les ressources de référence. Si cette limite est assez restrictive dans le cas des synonymes de WordNet, elle est beaucoup plus large et pose moins problème dans le cas de Moby, dont les relations sont très diverses.

## 3.3 Résultats

Pour un nom donné, notre approche par modèles de RI, comme les autres approches de l'état de l'art, ordonne les autres noms par similarité décroissante. La liste obtenue est comparée à la liste de référence, et des mesures classiques d'évaluation sont calculées. Il s'agit de la précision à divers seuils (après 1, 5, 10, 50, 100 voisins, notés P@1, P@5...), la Mean

| Référence | Méthode | MAP | R-Prec | P@1 | P@5 | P@10 | P@50 | P@100 |
|---|---|---|---|---|---|---|---|---|
| WordNet + Moby | Ferret 2013 *base* | 5.6 | 7.7 | 22.5 | 14.1 | 10.8 | 5.3 | 3.8 |
| | Ferret 2013 *best rerank* | 6.1 | 8.4 | 24.8 | 15.4 | 11.7 | 5.7 | 3.8 |
| | Hellinger | 2.45 | 2.89 | 9.73 | 6.28 | 5.31 | 4.12 | 3.30 |
| | TF-IDF | 5.40 | 7.28 | 21.73 | 13.74 | 9.59 | 5.17 | 3.49 |
| | Okapi-BM25 | 6.72 | 8.41 | 24.82 | 14.65 | 10.85 | 5.16 | 3.66 |
| | Okapi-BM25 ajusté | 8.97 | 10.94 | 31.05 | 18.44 | 13.76 | 6.46 | 4.54 |
| WordNet | Ferret 2013 *base* | 9.8 | 8.2 | 11.7 | 5.1 | 3.4 | 1.1 | 0.7 |
| | Ferret 2013 *best rerank* | 10.7 | 9.1 | 12.8 | 5.6 | 3.7 | 1.2 | 0.7 |
| | Okapi-BM25 ajusté | 14.17 | 12.22 | 16.97 | 7.10 | 4.47 | 1.41 | 0.84 |
| Moby | Ferret 2013 *base* | 3.2 | 6.7 | 24.1 | 16.4 | 13.0 | 6.6 | 4.8 |
| | Ferret 2013 *best rerank* | 3.5 | 7.2 | 26.5 | 17.9 | 14.0 | 6.9 | 4.8 |
| | Okapi-BM25 ajusté | 5.69 | 9.14 | 32.18 | 21.37 | 16.42 | 8.02 | 5.69 |

TABLE 1: Performances des modèles de RI pour la construction des thésaurus distributionnels sur la référence WordNet+Moby

Average Precision (MAP, moyenne des précisions calculées après chaque mot de la référence trouvé), la R-précision (R-prec, précision après R voisins ou R est le nombre de voisins dans la liste de référence pour le nom examiné). Elles sont toutes exprimées en pourcentage dans la suite de l'article.

Le tableau 1 recense les performances des différents modèles de similarités RI. À des fins de comparaison, nous indiquons les résultats obtenus dans les mêmes conditions par Ferret (2013a), avec d'une part une approche standard de l'état de l'art reposant sur des calculs d'information mutuelle sur les contextes, et d'autre part, une version améliorée par apprentissage (cf. section 2). Nous détaillons également certains de ces résultats selon les références WordNet et Moby prises séparément.

Plusieurs éléments méritent d'être notés dans ces premiers résultats. Notons tout d'abord que comme pour les autres travaux de la littérature, nos résultats sont globalement faibles, ce qui atteste de la difficulté de la tâche. Outre ces mesures de précision, le rappel à 100 est par exemple de 21.2 % pour la version ajusté d'Okapi sur la référence WordNet+Moby. On constate par ailleurs que certaines similarités RI sont assez peu performantes, notamment le TF seul ou la similarité d'Hellinger. Cela est peu surprenant puisque ces similarités utilisent des pondérations basiques qui ne permettent pas de mettre en valeur les contextes discriminants des mots. Les similarités incluant une notion d'IDF obtiennent en cela de meilleurs résultats. Les similarités de type Okapi-BM25 offrent de bons résultats ; la version standard d'Okapi obtient des performances similaires à l'état de l'art, et la version ajustée dépasse même largement les deux systèmes de (Ferret, 2013a), notamment en terme de qualité globale (mesurée par la MAP), quelle que soit la référence utilisée. C'est cette dernière version du système qui nous sert de référence pour la suite de cet article.

# 4 Réciprocité dans le graphe des k-NN

Le calcul de toutes les similarités entre toutes les paires de mots produit un graphe valué de voisinage : chaque mot est lié, avec une certaine force, aux $n$ autres mots. Les résultats obtenus ci-dessus ne tiennent pas compte de cette structure. L'objet des sections suivantes est d'examiner comment tirer parti au mieux des relations de voisinage enfouies dans ce graphe.

Il faut préalablement noter que certaines des mesures de similarités RI que nous avons utilisées, notamment Okapi-BM25, ne sont pas symétriques. La similarité entre un mot $w_i$, utilisé comme requête, et un autre mot $w_j$ ne donne pas la même valeur que la similarité entre la requête $w_j$ et $w_i$. Indépendamment de cela, même pour une mesure symétrique, la relation de plus-proche voisin n'est pas non plus symétrique : un mot $w_j$ peut-être dans les $k$-plus-proches voisins de $w_i$ mais l'inverse peut être faux.

Il semble alors raisonnable de penser que la réciprocité de voisinage entre deux mots (chacun est dans les k plus proches voisins de l'autre) est tout de même un gage de confiance sur la proximité entre ces mots. L'utilisation de cette information pour améliorer les résultats précédents est examinée dans cette section. Dans la suite, on note $\tau_{w_i}(w_j)$ le rang de $w_j$ dans la liste des voisins de $w_i$, qui varie donc entre 1 et $n$.

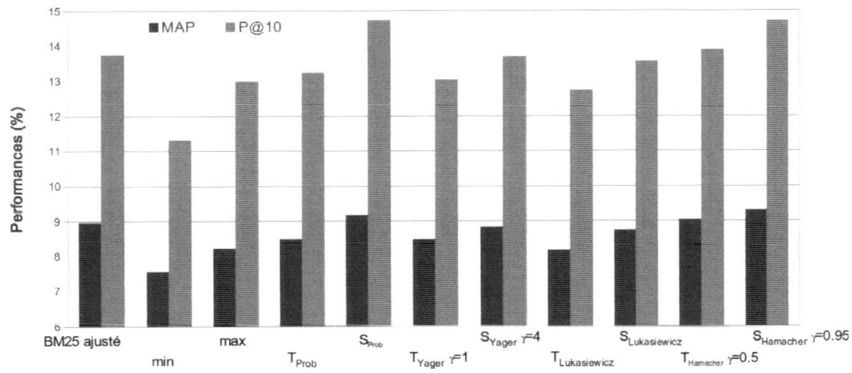


FIGURE 1: Performances de l'agrégation des rangs réciproques sur la référence WordNet+Moby

## 4.1 Graphe de voisinage distributionnel

La réciprocité de la relation de voisinage distributionnel a déjà été examinée et utilisée dans certains travaux (Ferret, 2013b) en sémantique distributionnelle, ou plus généralement sur des graphes de plus proches voisins (Pedronette *et al.*, 2014). Dans ces derniers travaux, la prise en compte de la réciprocité pour mener à un nouveau score de similarité a été faite simplement. Pour un mot $w_i$ et son voisin $w_j$, le maximum ou le minimum des rangs ($\tau_{w_i}(w_j)$ et $\tau_{w_j}(w_i)$) est pris comme nouveau rang. Ces deux opérateurs apparaissent comme trop brutaux puisque seul l'un des rangs est pris en considération pour décider du score final, ce qui se transcrit par des performances très dégradées comme nous allons le voir.

Cependant, beaucoup d'autres opérateurs d'agrégation, avec des comportements peut-être plus appropriés à la tâche ont été proposés dans d'autres cadres, notamment en logique floue (Detyniecki, 2000, pour une revue très complète). Ces opérateurs ont une certaine sémantique permettant d'appréhender leur comportement, comme par exemple les T-normes (ET en logique floue) et S-normes (ou T-conormes, OU flou). Dans la suite de cette section, nous testons quelques uns de ces opérateurs sans prétention d'exhaustivité. Ceux-ci étant définis sur le domaine $[0, 1]^2$ et 1 représentant la certitude, ils sont utilisés pour générer un nouveau score de similarité sous la forme :

$$\text{score}_{w_i}(w_j) = \text{Agreg}(1 - \tau_{w_i}(w_j)/n, 1 - \tau_{w_j}(w_i)/n)$$

où Agreg est un opérateur d'agrégation (cf. infra pour le test de quelques fonctions possibles). Les scores obtenus sont alors utilisés pour produire une nouvelle liste de plus proches voisins de $w_i$ (plus le score est élevé, plus la proximité sera avérée). On a bien ainsi la sémantique associée à ces opérateurs ; par exemple, si la fonction d'agrégation est $\max$, on a bien le comportement de OU flou attendu associé à cette S-norme : $w_j$ sera classé très proche de $w_i$ dans la nouvelle liste si $w_j$ était proche de $w_i$ *ou* si $w_i$ était proche de $w_j$. Pour la T-norme $\min$, il faut que $w_j$ soit proche de $w_i$ *et* que $w_i$ soit proche de $w_j$.

## 4.2 Résultats

Pour la fonction d'agrégation Agreg, outre le $\min$ et le $\max$, nous rapportons dans la figure 1 les résultats obtenus avec les T-normes (ou familles de T-normes dépendant d'un paramètre $\gamma$) suivantes :

$\text{T}_{\text{Prob}}(x, y) = x * y$ $\qquad$ $\text{T}_{\text{Hamacher}}(x, y) = \frac{x*y}{\gamma+(1-\gamma)*(x+y-x*y)}$ with $\gamma \geq 0$

$\text{T}_{\text{Lukasiewicz}}(x, y) = \max(x + y - 1, 0)$ $\qquad$ $\text{T}_{\text{Yager}}(x, y) = \max(0, 1 - \sqrt[\gamma]{(1 - x)^\gamma + (1 - y)^\gamma})$ with $\gamma > 0$

Nous testons aussi les S-normes associées, obtenues par généralisation de la loi de De Morgan : $S(x, y) = 1-T(1-x, 1-y)$. Pour les familles de T-normes dépendant d'un paramètre, nous avons fait varier ce dernier de manière systématique et les résultats rapportés sont ceux maximisant la MAP.

On remarque que ces opérateurs obtiennent des résultats très divers. Ceux qui induisent un seuil (i.e. pour certaines valeurs de $\tau_{w_i}(w_j)$ et $\tau_{w_j}(w_i)$, ces opérateurs renvoient une valeur par défaut générant trop d'ex æquo parmi les voisins, comme le min, max, les normes Lukasiewicz, et d'autres pour certains $\gamma$) dégradent la qualité des listes de plus proches voisins.

| Référence | MAP | R-Prec | P@1 | P@5 | P@10 | P@50 | P@100 |
|---|---|---|---|---|---|---|---|
| WordNet + Moby | 9.30 (+3.75) | 11.06 (+2.03) | 30.42 (-2.53) | 19.29 (+4.58) | 14.71 (+6.92) | 7.09 (+9.78) | 4.86 (+7.07) |
| WordNet | 15.05 (+6.23) | 12.81 (+4.81) | 17.55 (+3.41) | 7.96 (+12.16) | 5.07 (+13.30) | 1.63 (+15.69) | 0.94 (+12.23) |
| Moby | 5.90 (+3.65) | 11.86 (+4.14) | *31.77 (-1.27)* | 21.65 (+1.34) | 17.0 (+3.53) | 8.42 (+5.01) | 5.92 (+4.12) |

TABLE 2: Performances et gains ($\%$) par agrégation des rangs réciproques sur les références WordNet et Moby séparément avec une agrégation des rangs par $S_{\text{Hamacher}}$ $\gamma = 0.95$

Les T-normes, privilégiant les paires de mots proches l'une de l'autre dans les deux sens, sont trop contraignantes. Cela rejoint les conclusions des travaux cités : la condition de réciprocité, appliquée trop strictement, ne permet pas d'améliorer les listes de plus proches voisins sur l'ensemble des mots. En revanche, les S-normes semblent mieux à même de tirer parti du classement. Les améliorations sont dans ce cas modestes en terme de qualité globale (MAP), mais importantes à certains rangs (P@10, P@50).

Enfin, il est important de noter que ces résultats dépendent beaucoup de la ressource utilisée comme référence, comme nous l'illustrons dans le tableau 2 en testant l'agrégation avec $S_{\text{Hamacher}}$ $\gamma = 0.95$ sur Moby et WordNet séparément. Pour s'assurer que les différences soient statistiquement significatives, nous effectuons un test de Wilcoxon ($p < 0.05$) (Hull, 1993) ; les résultats non significatifs sont indiqués en italiques. Sur WordNet, basée sur une relation de synonymie assez forte et donc réciproque, les gains obtenus par notre approche sont bien plus importants que sur la référence issue de Moby.

# 5 Estimation de la confiance d'une liste de voisins distributionnels

Dans la section précédente, le rang de $w_i$ dans la liste des voisins de $w_j$ est utilisé pour améliorer le classement de $w_j$ dans la liste des voisins de $w_i$. On peut aussi s'intéresser d'une manière plus générale aux positions relatives de $w_i$ et $w_j$ dans toutes les listes de voisins de tous les mots pour en tirer une information peut-être plus complète. Dans un premier temps, nous proposons d'en tirer un critère de confiance associé à chaque liste de plus-proches voisins en se basant uniquement sur des éléments du graphe de voisinage.

## 5.1 Principe

On fait l'hypothèse suivante : la liste de plus proches voisins d'un mot $w$ est probablement de bonne qualité si la proximité (en terme de rang) entre $w$ et chacun de ses voisins $w_i$ est cohérente avec la proximité observée entre ces mêmes mots $(w, w_i)$ dans les listes de voisins d'autres mots. L'intuition est que des mots supposés proches doivent aussi se retrouver proches des mêmes mots. Par exemple, si $w_i$ est un voisin très proche de $w$, et que $w$ est un voisin très proche de $w_j$, on s'attend à ce que $w_i$ soit aussi très proche de $w_j$. Si les $k$ plus proches voisins de $w$ ont cette qualité, alors on accorde une certaine confiance à cette liste de voisins.

Formellement, nous définissons en terme probabiliste l'indice de confiance de la liste des $k$ plus proches voisins de $w$ par :

$$Q(w) = \prod_{\{w_i | \tau_w(w_i) \leq k\}} p(\delta(w, w_i) = \tau_w(w_i))$$

avec $p(\delta(w, w_i) = \tau_w(w_i))$ la probabilité que $w_i$ soit le $\tau_w(w_i)$ème voisin de $w$ (i.e. l'écart en terme de nombre de voisins, noté $\delta(w, w_i)$, est de $\tau_w(w_i)$).

Le problème est alors d'estimer pour chaque couple de mots $(w, w_i)$ la distribution de probabilité $p(\delta(w, w_i))$. On utilise pour cela une méthode d'estimation de densité non-paramétrique par fenêtre de Parzen. Nous décrivons comment cette méthode classique (Parzen, 1962; Wasserman, 2005) est appliquée dans notre cas ci-après.

## 5.2 Estimation par fenêtres de Parzen

Soit $x_{ab}$ la distance (différence entre les rangs) entre deux mots $w_a$ et $w_b$ dans une liste des voisins d'un mot quelconque. On dispose d'un échantillon de $n$ réalisations de $x_{ab}$, supposées *iid* : $(x_{ab}^1, x_{ab}^2, \ldots, x_{ab}^n)$, qui sont les distances observées

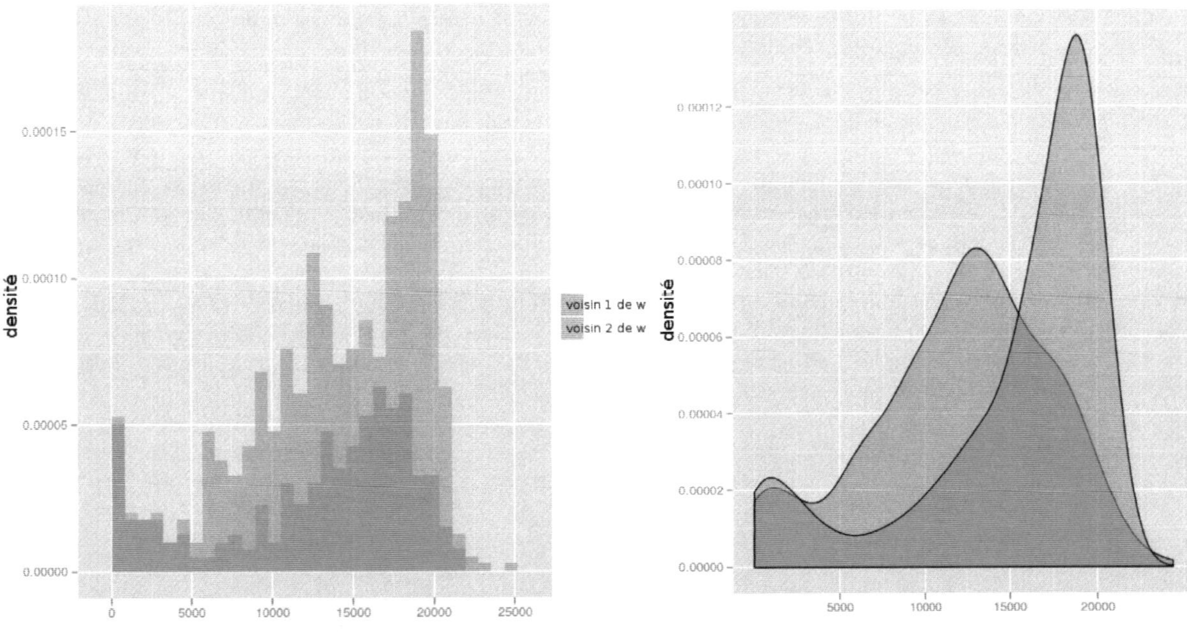


(a) (b)

FIGURE 2: (a) Deux histogrammes (en bleu et en rouge) des écarts d'un mot et deux de ses voisins. (b) Deux densités de probabilités (en bleu et en rouge) estimées par fenêtres de Parzen, correspondant aux données de la figure 2a.

entre $w_a$ et $w_b$ dans chacune des listes (complètes) des voisins de chaque mot. On les suppose *iid*; cette hypothèse n'est certainement pas remplie puisque ces distances sont calculées en partie sur des contextes similaires, mais cette simplification permet une formalisation simple et efficace.

En effet, on peut alors estimer la densité de probabilité de $x_{ab}$ avec la technique des fenêtres de Parzen grâce à un estimateur à noyau (équation 2) avec $h$ un paramètre de lissage à fixer, et $K$ un noyau permettant d'estimer la densité localement.

$$\widehat{p_h}(x_{ab}) = \frac{1}{n\,h}\sum_{i=1}^{n} K\left(\frac{x_{ab}-x_{ab}^{i}}{h}\right) \quad (2) \quad \text{avec} \quad K(u) = \frac{1}{\sqrt{2\pi}}e^{\frac{-u^2}{2}} \quad (3) \quad \text{et} \quad \hat{h} = 0.9\ \min(\hat{\sigma}, \frac{q_3-q_1}{1.34})\ n^{-\frac{1}{5}} \quad (4)$$

Dans notre cas, nous choisissons classiquement un noyau gaussien (équation 3). La probabilité résultante est donc un mélange de gaussiennes centrées réduites sur chaque $x^i$. Il est montré que le choix du noyau a une influence réduite sur l'estimation. En revanche, ces méthodes sont connues pour être sensibles au choix du paramètre de lissage $h$, qui contrôle la régularité de l'estimation. Son choix crucial est un problème particulièrement difficile, mais largement abordé dans la littérature. Pour le fixer, nous utilisons la règle empirique de Silverman (Silverman, 1986, page 48, eqn (3.31)). Sous l'hypothèse de normalité de la distribution sous-jacente, cette règle propose une façon simple de calculer le paramètre $h$ optimum lorsque des fonctions gaussiennes sont utilisées pour approximer des données univariées (équation 4 où $\hat{\sigma}$ est l'écart type estimé sur l'échantillon, $q_1$ et $q_3$ respectivement les premier et troisième quartiles).

Une fois ces probabilités estimées sur chacun des $k$ plus proches voisins de $w$, on peut alors calculer le score de confiance $Q(w)$. La complexité de ce calcul pour l'ensemble des listes de voisinage est donc en $\mathcal{O}(k * n^2)$.

## 5.3 Utilité du score de confiance

L'intérêt attendu du score de confiance est de permettre d'avoir un indice a priori de la qualité d'une liste de voisins pour un mot donné. Un tel score peut ainsi être utile pour de nombreuses applications exploitant les thésaurus produits par notre approche. Une évaluation du score de confiance par le biais de telles applications serait certainement le plus adapté, mais dépasse le cadre de cet article. Nous utilisons à défaut une évaluation directe vis-à-vis de la MAP : nous mesurons la corrélation entre la MAP et le score de confiance, l'idée étant qu'une entrée avec une liste de voisins de faible qualité correspond à une entrée ayant une MAP faible.

Plusieurs indices de corrélation peuvent être employés. L'indice $r$ de Pearson mesure une corrélation linéaire entre score et MAP. Nous utilisons également les corrélations $\rho$ de Spearman et $\tau$ de Kendall qui ne font pas d'hypothèse de linéarité et comparent uniquement l'ordre des mots classés selon la MAP à l'ordre selon le score de confiance. Les résultats de ces trois coefficients sont donnés dans le tableau 3 (1 indique une corrélation parfaite, 0 une absence de corrélation et -1 une corrélation inverse), avec pour chacun la p-valeur du test de significativité associé (une p-valeur faible, par exemple $< 0.05$, indique un résultat statistiquement significatif). Les scores de confiance sont obtenus avec $k = 20$ ; d'autres expériences non rapportées ici montrent que ce paramètre, s'il est choisi entre 5 et 100, influence peu les valeurs de corrélation. Ces mesures montrent une corrélation certaine et statistiquement significative entre notre score de confiance et la MAP, mais néanmoins imparfaite et non linéaire. Le score de confiance est tout de même un bon indicateur de qualité comme en témoigne aussi le graphe en figure 3 où est représentée la moyenne des MAP (en ordonné) sur les listes de voisins ayant un score de confiance inférieur à un seuil que nous faisons varier (en abscisse).

| Coefficient de corrélation | valeur | significativité statistique |
|---|---|---|
| Pearson $r$ | 0.16 | $p < 10^{-40}$ |
| Kendall $\tau$ | 0.37 | $p < 10^{-64}$ |
| Spearman $\rho$ | 0.51 | $p < 10^{-64}$ |

TABLE 3: Mesures de corrélation entre le coefficient de confiance et la MAP, avec leur significativité (p-valeur)

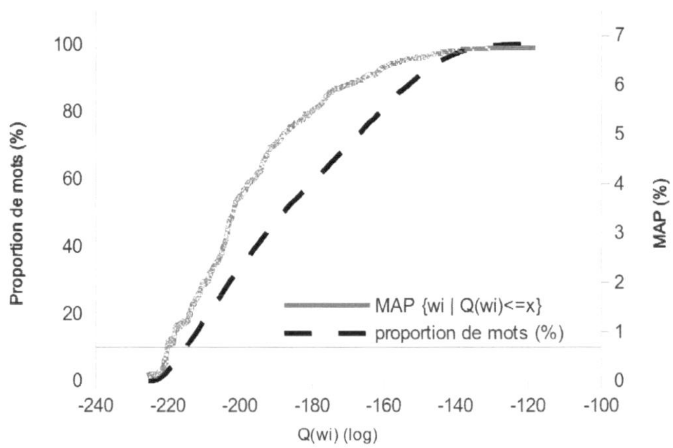


FIGURE 3: MAP des mots dont le score de confiance est inférieur à un certain seuil (donné en abscisse (log)) et proportion cumulée de mots concernés

Le score de confiance peut être utilisé pour améliorer les résultats des techniques d'agrégation vus en section 4. L'idée est simplement d'intégrer le score de confiance dans le score final :

$\text{score}_{w_i}(w_j) = Q(w_j) * \text{Agreg}(1 - \tau_{w_i}(w_j)/n, 1 - \tau_{w_j}(w_i)/n)$

Comme on le voit dans le tableau 4, l'ajout de cette information permet des gains encore plus importants que ceux rapportés dans la section précédente. Comme précédemment, ces gains sont plus sensibles en fin de liste (P@50, P@100). Dans la section suivante, nous tentons d'améliorer également les résultats en début de liste, c'est-à-dire sur les voisins jugés les plus proches, en utilisant différemment les scores de confiance.

| Méthode | MAP | R-Prec | P@1 | P@5 | P@10 | P@50 | P@100 |
|---|---|---|---|---|---|---|---|
| $S_{\text{Hamacher}}$ $\gamma = 0.95$ | 9.61 (+7.20) | 11.59 (+5.85) | *30.86 (-0.53)* | 19.52 (+5.83) | 14.76 (+7.24) | 7.03 (+8.88) | 4.93 (+8.67) |

TABLE 4: Performances et gains (%) par agrégation des rangs réciproques prenant en compte le score de confiance sur la référence WordNet+Moby

# 6 Réordonnancement local

La méthode précédente donne un score global à la liste, mais on peut aussi exploiter les probabilités de classements individuelles (les $p(\delta(w_i, w_j))$) calculées selon la méthode des fenêtres de Parzen. Pour un mot donné $w$, on dispose pour chacun de ses voisins $w_j$ d'un score de confiance individuel lié à son rang actuel ($p(\delta(w, w_j)) = \tau_w(w_j)$), et l'on peut également calculer les probabilités de voir ce voisin à n'importe quel autre rang $\tau$ (probabilité que ce mot soit au rang 1, 2...). Dans cette section, on se propose d'utiliser ces informations plus locales pour améliorer les résultats en réordonnant les k-plus-proches voisins.

## 6.1 Réordonner par l'algorithme hongrois

Une première approche consisterait à réordonner la liste sur la base de ce critère, des voisins les plus probables aux moins probables. Mais notre critère de qualité associé à chaque mot est imparfait, et un tel réordonnancement dégrade fortement les résultats. On propose donc à la place une méthode permettant de réordonner les k-plus-proches voisins de manière locale (un mot qui n'était pas dans les k-plus-proches ne peut pas y entrer) et contrôlée (un mot ne peut pas s'éloigner trop de son rang initial).

Notre problème s'exprime par la matrice suivante, dite matrice de profit, dans laquelle les lignes correspondent aux mots dans l'ordre du classement actuel (notés $w_1$ à $w_k$), et les colonnes correspondent aux nouveaux rangs auxquels assigner ces mots. Étant données les probabilités de chaque mot $w_j$ d'apparaître à un rang $\tau$, l'objectif est de trouver la permutation des $k$ plus proches voisins la plus probable, c'est-à-dire celle qui "profite" le plus.

$$\mathcal{M}_{\text{profit}} = \begin{pmatrix} p(\delta(w, w_1) = 1) & \cdots & p(\delta(w, w_1) = k) \\ \vdots & \ddots & \vdots \\ p(\delta(w, w_k) = 1) & \cdots & p(\delta(w, w_k) = k) \end{pmatrix} \qquad \mathcal{M}_{\text{pénalité}} = \begin{pmatrix} 1 & \frac{k-1}{k} & \cdots & 0 \\ \frac{k-1}{k} & 1 & \cdots & \frac{1}{k} \\ \vdots & & \ddots & \vdots \\ 0 & \frac{1}{k} & \cdots & 1 \end{pmatrix}$$

Comme nous l'avons souligné, on souhaite par ailleurs limiter les déplacements importants, pour éviter qu'un voisin initialement très proche se retrouve beaucoup plus loin et inversement. On ajoute cette contrainte à la matrice de profit en prenant le produit d'Hadamard (produit de matrices composante par composante, noté $\circ$) avec la matrice de pénalité $\mathcal{M}_{\text{pénalité}}$.

On se trouve alors face à un problème d'optimisation combinatoire, qui peut se résoudre en un temps polynomial en appliquant l'algorithme hongrois (Kuhn & Yaw, 1955, pour une description de l'algorithme) sur $\mathcal{M}_{\text{profit}} \circ \mathcal{M}_{\text{pénalité}}$. Cet algorithme a été initialement proposé pour optimiser l'assignation de travailleurs (dans notre cas les voisins) sur des tâches (dans notre cas, le rang), selon le profit dégagé par chaque travailleur pour chaque tâche (ici, la probabilité que ce voisin soit à ce rang). Il permet de trouver l'assignation optimale étant donnée une matrice de profit. Son résultat nous indique donc un nouveau rang pour chaque mot. L'algorithme converge sur une solution optimale et est de complexité $\mathcal{O}(k^3)$ (pour le réordonnancement des $k$-plus-proches voisins).

## 6.2 Résultats

Le tableau 5 présente les performances obtenues par rapport à notre référence Okapi-BM25 ajusté selon les mêmes modalités expérimentales que précédemment. Comme précédemment, on a fixé le voisinage considéré à $k = 20$ ; les précisions au delà de ce seuil sont donc inchangées et ne sont pas reportées. Nous testons l'efficacité de ce réordonnancement sur l'ensemble des listes de voisins et sur le tiers des listes ayant les scores de qualité les plus faibles. Il en ressort que le réordonnancement sur l'ensemble des listes n'apporte pas de véritable gain ; en revanche, sur les listes dont le score de confiance est faible, le gain est substantiel. Par ailleurs, contrairement aux expériences de la section 4, ces gains portent par construction sur les têtes de listes, qui sont les plus à même d'être utilisées en pratique. La différence entre le traitement de l'ensemble des mots et celui sur le tiers ayant le score de confiance le plus bas s'explique de deux manières. D'une part, les listes ayant les plus forts scores de confiance correspondent en majeure partie aux listes ayant les meilleures MAP, comme attendu (et illustré en figure 3). Celles-ci laissent donc a priori peu de marge à l'amélioration. D'autre part, indé-

| Méthode | MAP | R-Prec | P@1 | P@5 | P@10 |
|---|---|---|---|---|---|
| tous les mots | 9.16 (+2.17) | 11.24 (+2.76) | *30.73 (-1.02)* | 19.30 (+4.64) | 14.37 (+4.44) |
| tiers avec le plus faible $Q(w_i)$ | 9.55 (+6.44) | 11.81 (+7.99) | 31.85 (+2.56) | 20.43 (+10.81) | 15.46 (+12.37) |

TABLE 5: Performances et gains (%) du réordonnancement par l'algorithme hongrois

pendamment de leur MAP, on peut aussi supposer que ces mêmes listes ont déjà un arrangement optimal des probabilités individuelles qui explique le fort score de confiance, le réordonnancement ne concernant alors que peu de voisins.

# 7 Conclusion et perspectives

Les différentes contributions proposées dans cet article ne se placent pas toutes au même niveau. La construction de thésaurus en utilisant des outils issus de la RI n'est pas une innovation conceptuelle majeure, mais cette approche semble curieusement inexplorée bien qu'elle fournisse des résultats très compétitifs en demandant un minimum de travail de mise-en-œuvre grâce aux outils existants de la RI.

Les différentes propositions exploitant le graphe de voisinage pour améliorer le thésaurus relèvent d'une démarche plus originale où l'ensemble du thésaurus est considéré. Nous y avons en particulier examiné les aspects de réciprocité et de distance, en terme de rang, entre deux mots pour proposer plusieurs contributions. Certaines hypothèses, comme la réciprocité, se défendent aisément pour des relations comme la synonymie, mais restent à valider pour des relations plus complexes. À ce titre, une analyse plus fine par type de relations en s'appuyant sur la typologie de Moby reste à faire. Cependant, les améliorations apportées par l'agrégation sur l'ensemble des voisins ou la technique de réordonnancement à partir des scores de confiance valident globalement notre démarche. Il convient de noter à ce propos que les gains obtenus sont petits en valeur absolue, mais constituent, par rapport à ceux observés dans le domaine, des améliorations significatives. Une analyse contrastive entre Moby et WordNet apporterait également des éléments intéressants et complémentaires à Ferret (2013b).

Les différents aspects de ce travail ouvrent de nombreuses pistes de recherche. Par exemple, beaucoup d'autres fonctions d'agrégation outre celles testées en section 4 existent dans la littérature. Certaines pourraient d'ailleurs offrir la possibilité d'incorporer le score de confiance associé à chaque voisin, comme les intégrales de Choquet ou de Sugeno (Detyniecki, 2000). Plus largement, il serait intéressant d'utiliser itérativement les améliorations des listes de voisins pour mettre à jour les scores de confiance, etc., en s'inspirant par exemple de ce qui est proposé par Pedronette *et al.* (2014). Au delà des thésaurus distributionnels, les méthodes proposées pour calculer des scores de confiance ou réordonner les listes de voisins peuvent s'appliquer à d'autres problèmes où ces graphes de $k$ plus proches voisins sont construits. Notons également que nous n'avons considéré qu'une petite partie de l'information portée par le graphe de voisinage. Nous nous sommes concentrés sur les aspects de réciprocité, mais d'autres travaux, prenant en compte d'autres aspects de ce graphe (la transitivité notamment, ou plus globalement sa topologie), pourraient mener à d'autres améliorations.

# Références

ADAM C., FABRE C. & MULLER P. (2013). Évaluer et améliorer une ressource distributionnelle : protocole d'annotation de liens sémantiques en contexte. *TAL*, **54**(1), 71–97.

M. BOUGHANEM & J. SAVOY, Eds. (2008). *Recherche d'information : états des lieux et perspectives.* http ://www.editions-hermes.fr/ : Hermès Science.

BRODA B., PIASECKI M. & SZPAKOWICZ S. (2009). Rank-Based Transformation in Measuring Semantic Relatedness. In *22$^{nd}$ Canadian Conference on Artificial Intelligence*, p. 187–190.

BUDANITSKY A. & HIRST G. (2006). Evaluating wordnet-based measures of lexical semantic relatedness. *Computational Linguistics*, **32**(1), 13–47.

CURRAN J. R. & MOENS M. (2002). Improvements in automatic thesaurus extraction. In *Workshop of the ACL Special Interest Group on the Lexicon (SIGLEX)*, p. 59–66, Philadelphia, USA.

DETYNIECKI M. (2000). *Mathematical aggregation operators and their application to video querying.* PhD thesis, Université de Paris 6.

DOMENGÈS D. & VOLLE M. (1979). Analyse factorielle sphérique : une exploration. *Annales de l'INSEE*, **35**, 3–83.

ESCOFFIER B. (1978). Analyse factorielle et distances répondant au principe d'équivalence distributionnelle. *Revue de statistique appliquée*, **26**(4), 29–37.

FERRET O. (2012). Combining bootstrapping and feature selection for improving a distributional thesaurus. In *20$^{th}$ European Conference on Artificial Intelligence (ECAI 2012)*, p. 336–341, Montpellier, France.

FERRET O. (2013a). Identifying bad semantic neighbors for improving distributional thesauri. In *51st Annual Meeting of the Association for Computational Linguistics (ACL 2013)*, p. 561–571, Sofia, Bulgaria.

FERRET O. (2013b). Sélection non supervisée de relations sémantiques pour améliorer un thésaurus distributionnel. In *20ème Conférence sur le Traitement Automatique des Langues Naturelles (TALN 2013)*, p. 48–61, Les Sables d'Olonne, France.

FIRTH J. R. (1957). *Studies in Linguistic Analysis*, chapter A synopsis of linguistic theory 1930-1955, p. 1–32. Blackwell : Oxford.

FREITAG D., BLUME M., BYRNES J., CHOW E., KAPADIA S., ROHWER R. & WANG Z. (2005). New experiments in distributional representations of synonymy. In *Ninth Conference on Computational Natural Language Learning (CoNLL)*, p. 25–32, Ann Arbor, Michigan, USA.

GREFENSTETTE G. (1994). *Explorations in automatic thesaurus discovery*. Kluwer Academic Publishers.

HAGIWARA M., OGAWA Y. & TOYAMA K. (2006). Selection of effective contextual information for automatic synonym acquisition. In *21st International Conference on Computational Linguistics and 44th Annual Meeting of the Association for Computational Linguistics (COLING-ACL 2006)*, p. 353–360, Sydney, Australia.

HUANG E. H., SOCHER R., MANNING C. D. & NG A. Y. (2012). Improving word representations via global context and multiple word prototypes. In *50th Annual Meeting of the Association for Computational Linguistics (ACL'12)*, p. 873–882.

HULL D. (1993). Using Statistical Testing in the Evaluation of Retrieval Experiments. In *Proc. of the 16th Annual ACM SIGIR Conference on Research and Development in Information Retrieval, SIGIR'93*, Pittsburgh, États-Unis.

KUHN H. W. & YAW B. (1955). The hungarian method for the assignment problem. *Naval Research Logistic Quarterly*, **2**, 83–97.

LANDAUER T. K. & DUMAIS S. T. (1997). A solution to Plato's problem : the latent semantic analysis theory of acquisition, induction, and representation of knowledge. *Psychological review*, **104**(2), 211–240.

LIN D. (1998). Automatic retrieval and clustering of similar words. In *17th International Conference on Computational Linguistics and 36th Annual Meeting of the Association for Computational Linguistics (ACL-COLING'98)*, p. 768–774, Montréal, Canada.

MIKOLOV T., YIH W.-T. & ZWEIG G. (2013). Linguistic regularities in continuous space word representations. In *2013 Conference of the North American Chapter of the Association for Computational Linguistics : Human Language Technologies (NAACL HLT 2013)*, p. 746–751, Atlanta, Georgia.

MILLER G. A. (1990). WordNet : An On-Line Lexical Database. *International Journal of Lexicography*, **3**(4).

PADÓ S. & LAPATA M. (2007). Dependency-based construction of semantic space models. *Computational Linguistics*, **33**(2), 161–199.

PARZEN E. (1962). On estimation of a probability density function and mode. *Ann. Math. Stat.*, **33**, 1065–1076.

PEDRONETTE D. C. G., PENATTI O. A. & DA S. TORRES R. (2014). Unsupervised manifold learning using reciprocal knn graphs in image re-ranking and rank aggregation tasks. *Image and Vision Computing*, **32**(2), 120 – 130.

ROBERTSON S. E., WALKER S. & HANCOCK-BEAULIEU M. (1998). Okapi at TREC-7 : Automatic Ad Hoc, Filtering, VLC and Interactive. In *Proc. of the 7th Text Retrieval Conference, TREC-7*, p. 199–210.

SAHLGREN M. (2001). Vector-based semantic analysis : Representing word meanings based on random labels. In *ESSLLI 2001 Workshop on Semantic Knowledge Acquisition and Categorisation*, Helsinki, Finland.

SILVERMAN B. W. (1986). *Density estimation for statistics and data analysis*. Monographs on statistics and applied probability. London, Glasgow, Weinheim : Chapman and Hall Boca Raton.

VAN DE CRUYS T. (2010). *Mining for Meaning. The Extraction of Lexico-semantic Knowledge from Text*. PhD thesis, University of Groningen, The Netherlands.

VECHTOMOVA O. & ROBERTSON S. (2012). A domain-independent approach to finding related entities. *Information Processing and Management*, **48**(4).

WARD G. (1996). Moby thesaurus. Moby Project.

WASSERMAN L. (2005). *All of Statistics : A Concise Course in Statistical Inference*. Springer Texts in Statistics.

YAMAMOTO K. & ASAKURA T. (2010). Even unassociated features can improve lexical distributional similarity. In *Second Workshop on NLP Challenges in the Information Explosion Era (NLPIX 2010)*, p. 32–39, Beijing, China.

ZHITOMIRSKY-GEFFET M. & DAGAN I. (2009). Bootstrapping Distributional Feature Vector Quality. *Computational Linguistics*, **35**(3), 435–461.

# Réduction de la dispersion des données par généralisation des contextes distributionnels : application aux textes de spécialité

Amandine Périnet[1] Thierry Hamon[2,3]
(1) INSERM, U1142, LIMICS, F-75006, Paris, France;
Sorbonne Universités, UPMC Univ Paris 06, UMR_S 1142, LIMICS, F-75006, Paris, France;
Université Paris 13, Sorbonne Paris Cité, LIMICS, (UMR_S 1142), F-93430, Villetaneuse, France.
amandine.perinet@edu.univ-paris13.fr
(2) LIMSI-CNRS, 91403 Orsay, France
(3) Université Paris 13, Sorbonne Paris Cité, 93430 Villetaneuse, France
hamon@limsi.fr

**Résumé.** Les modèles d'espace vectoriels mettant en œuvre l'analyse distributionnelle s'appuient sur la redondance d'informations se trouvant dans le contexte des mots à associer. Cependant, ces modèles souffrent du nombre de dimensions considérable et de la dispersion des données dans la matrice des vecteurs de contexte. Il s'agit d'un enjeu majeur sur les corpus de spécialité pour lesquels la taille est beaucoup plus petite et les informations contextuelles moins redondantes. Nous nous intéressons au problème de la limitation de la dispersion des données sur des corpus de spécialité et proposons une méthode permettant de densifier la matrice en généralisant les contextes distributionnels. L'évaluation de la méthode sur un corpus médical en français montre qu'avec une petite fenêtre graphique et l'indice de Jaccard, la généralisation des contextes avec des relations fournies par des patrons lexico-syntaxiques permet d'améliorer les résultats, alors qu'avec une large fenêtre et le cosinus, il est préférable de généraliser avec des relations obtenues par inclusion lexicale.

**Abstract.** Vector space models implement the distributional hypothesis relying on the repetition of information occurring in the contexts of words to associate. However, these models suffer from a high number of dimensions and data sparseness in the matrix of contextual vectors. This is a major issue with specialized corpora that are of much smaller size and with much lower context frequencies. We tackle the problem of data sparseness on specialized texts and we propose a method that allows to make the matrix denser, by generalizing of distributional contexts. The evaluation of the method is performed on a French medical corpus, and shows that with a small graphical window and the Jaccard Index, the context generalization with lexico-syntactic patterns improves the results, while with a large window and the cosine measure, it is better to generalize with lexical inclusion.

**Mots-clés :** Analyse distributionnelle, textes de spécialité, hyperonymie, dispersion des données, modèle d'espace vectoriel, méthode hybride.

**Keywords:** Distributional analysis, specialized texts, hypernymy, data sparseness, Vector Space Model, hybrid method.

## 1 Introduction

L'analyse distributionnelle (AD) s'appuie sur l'hypothèse que des mots apparaissant dans des contextes similaires ont tendance à être proches sémantiquement (Harris, 1954; Firth, 1957). Cette hypothèse est généralement mise en œuvre grâce à des modèles d'espace vectoriel (VSM) où les vecteurs représentent à la fois ces informations contextuelles mais également des données statistiques distributionnelles (Sahlgren, 2006). Chaque mot cible d'un texte est représenté comme un point dans un espace mathématique en fonction de ses propriétés distributionnelles dans le texte (Turney & Pantel, 2010; Lund & Burgess, 1996). La similarité sémantique entre deux mots est alors définie comme une proximité dans un espace à $n$-dimensions où chaque dimension correspond à des contextes partagés possibles. Les VSM ont ainsi l'avantage de permettre une quantification facile de la proximité sémantique entre deux mots en mesurant la distance entre deux vecteurs au sein de cet espace (par ex. le cosinus de leur angle). Cependant, outre le nombre important de dimensions (à titre d'exemple, Sahlgren (2006) manipule des VSM allant jusqu'à plusieurs millions de dimensions), les VSM souffrent également de la dispersion des données dans la matrice représentant l'espace vectoriel (Chatterjee & Mohan, 2008) :

beaucoup d'éléments de la matrice sont à 0 car peu de contextes sont associés à un mot cible. Cet inconvénient est dû notamment à la distribution des mots dans le corpus (Baroni *et al.*, 2009) : quelle que soit la taille du corpus, la plupart des mots ont des fréquences basses et un nombre de contextes très limité au regard du nombre de mots dans le corpus. Ces deux derniers points rendent difficile le calcul de la similarité entre deux mots. En conséquence, les méthodes basées sur l'analyse distributionnelle obtiennent de meilleures performances lorsque beaucoup d'informations sont disponibles, et notamment sur des corpus de langue générale, en général très volumineux (Weeds & Weir, 2005; van der Plas, 2008). Mais, la réduction de la dispersion des données reste un aspect important sur des corpus de langue générale. Elle est aussi un problème majeur lorsque l'on travaille sur des corpus de spécialité. En effet, ces corpus se caractérisent par des tailles beaucoup plus petites, avec des fréquences et un nombre de contextes différents d'autant plus faibles. Nous nous intéressons à ce dernier point en proposant l'adaptation d'une méthode d'analyse distributionnelle qui permette d'obtenir de meilleurs résultats sur des textes de spécialité. Pour cela, nous avons cherché à réduire la diversité des contextes en les généralisant. Il est alors possible d'augmenter la fréquence des contextes distributionnels qui résultent de cette généralisation et ainsi réduire la dispersion des données et la dimension de l'espace vectoriel. Nous présentons ici une méthode à base de règles permettant la généralisation des contextes distributionnels à l'aide de résultats issus de méthodes d'acquisition de relations sémantiques. Nous adaptons les paramètres de la méthode distributionnelle utilisée aux corpus de spécialité, en intégrant notamment ces contextes généralisés.

Dans la suite de l'article, nous présentons tout d'abord un état de l'art des méthodes de réduction de la dispersion des données dans les méthodes distributionnelles (section 2). Nous décrivons ensuite le corpus et les relations utilisés (section 3), la méthode de généralisation de contextes proposée (section 4), ainsi que les expériences réalisées pour évaluer son impact sur un corpus de spécialité (section 5). Les résultats sont évalués puis analysés en terme de précision, de R-précision et de MAP (section 6).

# 2 État de l'art

La réduction de la dispersion des données est un enjeu majeur en analyse distributionnelle. Pour cela, les méthodes proposées visent à influer sur la sélection des contextes utiles ou à intégrer des informations sémantiques de manière à modifier la distribution des contextes. Ainsi, Broda *et al.* (2009) proposent de pondérer les contextes non pas en utilisant les fréquences des contextes à l'état brut comme il est d'usage, mais en ordonnant les contextes en fonction de leur fréquence, puis se servent du rang pour pondérer les contextes. D'autres approches s'appuient sur des modèles de langue pour déterminer les substituts les plus probables pour représenter les contextes (Baskaya *et al.*, 2013). Ces modèles assignent des probabilités à des séquences arbitraires de mots en se basant sur les fréquences de co-occurrence dans un corpus d'entraînement (Yuret, 2012). Ces mots substituts et leurs probabilités sont ensuite utilisés pour créer des paires de mots de manière à alimenter un modèle de co-occurrence, avant d'utiliser un algorithme de clustering. Ces méthodes sont limitées car leur performance est proportionnelle à la taille du vocabulaire et elles nécessitent de disposer de données d'entraînement importantes.

L'influence sur les contextes peut également être réalisée en y intégrant de l'information sémantique supplémentaire. En effet, il a été démontré que l'intégration de ce type d'information afin de modifier la mise en œuvre classique de l'AD permet d'améliorer sa performance (Tsatsaronis & Panagiotopoulou, 2009). Cette information sémantique, ou plus précisément les relations sémantiques, peuvent être calculées automatiquement ou provenir d'une ressource existante. Ainsi, avec un amorçage, Zhitomirsky-Geffet & Dagan (2009) modifient les poids des éléments au sein des contextes en se basant sur les voisins sémantiques trouvés à l'aide d'une mesure de similarité distributionnelle. En s'appuyant sur ces travaux, Ferret (2013) s'intéresse au problème des mots de faibles fréquences. Afin de mieux prendre en compte ces informations, il propose d'utiliser un jeu d'exemples positifs et négatifs sélectionnés de manière non-supervisée à partir d'un thésaurus distributionnel, et ainsi entraîner un classifieur supervisé. Ce classifieur est ensuite appliqué pour réordonnancer les voisins sémantiques. La méthode permet ainsi d'améliorer la qualité de la relation de similarité entre des noms de faible ou moyenne fréquence.

D'autres travaux s'intéressent au problème de la dispersion des données d'un point de vue algorithmique en cherchant à limiter les dimensions de la matrice des contextes, notamment en la lissant afin de réduire le nombre de composants vectoriels (Turney & Pantel, 2010). Ainsi, l'analyse Sémantique Latente (LSA) (Landauer & Dumais, 1997; Padó & Lapata, 2007) met en œuvre une méthode de factorisation de matrice par Décomposition en Valeurs Singulières (SVD). Les données originales de la matrice des contextes sont abstraites en composants linéaires indépendants, permettant ainsi de réduire le bruit et d'en faire ressortir les éléments essentiels. Outre la réduction du coût de traitement, la réduction de dimension améliore considérablement la précision dans les applications de la LSA. Par exemple, l'application de la

SVD à la similarité entre mots permet ainsi d'atteindre des scores équivalents à ceux d'un humain dans un test du TOEFL avec des questions de synonymie à choix multiples (Landauer & Dumais, 1997). Ceci s'explique, entre autres, par le fait qu'avec les mesures de similarité les plus fréquemment employées, les termes sont vus uniquement comme similaires s'ils apparaissent dans les mêmes contextes. En ce qui concerne les mots de faible fréquence, la SVD est une manière de simuler les contextes manquants, en compensant le manque de données (Vozalis & Margaritis, 2003). Certaines méthodes, comme la factorisation en matrice non-négative (Lee & Seung, 1999), permettent de mieux modéliser la fréquence des mots. Mais, lorsqu'il s'agit d'acquérir des relations sémantiques, les performances semblent moins bonnes que celles obtenues avec la LSA (Turney & Pantel, 2010; Utsumi, 2010).

Aussi, la réduction de dimensions facilite le traitement des vecteurs de contextes, mais ne résout pas le problème initial de construction d'une matrice de co-occurrence potentiellement immense. Ainsi, l'indexation aléatoire, ou *Random Indexing* (RI) Kanerva *et al.* (2000), apporte une solution à ce problème en construisant incrémentalement la matrice des contextes en fonction d'un vecteur d'index du mot cible généré aléatoirement. Cette approche permet d'éviter la construction d'une matrice trop grande tout en réduisant la dimension de la matrice. Les performances obtenues avec le RI sont alors équivalentes à celles obtenues avec la LSA lors de l'identification de synonymes de manière similaire au test du TOEFL (Karlgren & Sahlgren, 2001). Récemment, Polajnar & Clark (2014) ont montré que la sélection des meilleurs contextes combinés à une normalisation de leur poids permet d'améliorer la qualité de la matrice obtenue par SVD. Dans des cadres applicatifs comme la recherche de définition et le calcul de similarité entre syntagmes, leur impact sur les performances de modèles de sémantique compositionnelle dépend des opérateurs utilisés.

A l'instar de (Tsatsaronis & Panagiotopoulou, 2009; Ferret, 2013), notre approche ajoute des informations sémantiques dans les contextes distributionnels, mais notre objectif diffère : il s'agit de réduire le nombre de contextes et d'augmenter leur fréquence. Et contrairement aux méthodes basées sur la SVD qui limitent les contextes en supprimant de l'information, les contextes sont regroupés en généralisant l'information en contexte grâce à l'intégration de connaissances sémantiques supplémentaires calculées sur le corpus de travail.

# 3 Matériel

Nous présentons dans cette section le corpus de travail ainsi que les approches mises en œuvre pour acquérir les relations sémantiques utilisées lors de la généralisation des contextes.

## 3.1 Corpus

Pour évaluer notre approche, nous avons utilisé le corpus Menelas (Zweigenbaum, 1994). Il s'agit d'une collection de textes du domaine médical, en français, dont la thématique est les maladies coronariennes. Le corpus comporte 84 839 mots. Il est constitué de deux grandes parties : un manuel de référence sur la coronarographie et les maladies coronariennes (environ 15 000 mots), et un ensemble de comptes rendus d'hospitalisation et de lettres de médecins hospitaliers aux médecins traitants concernant des malades atteints d'une maladie coronarienne (environ 70 000 mots).

Le corpus a été analysé à travers la plate-forme de TAL Ogmios (Hamon *et al.*, 2007). Nous avons configuré la plate-forme de manière à ce que cette analyse linguistique comprenne un étiquetage morpho-syntaxique et une lemmatisation du corpus, à l'aide de TreeTagger (Schmid, 1994), et une extraction de termes à l'aide de YaTeA (Aubin & Hamon, 2006), celle-ci permettant d'identifier dans notre corpus de travail, les groupes nominaux dénotant les notions du domaine.

## 3.2 Acquisition de relations sémantiques

La méthode de généralisation des contextes distributionnels s'appuie sur des relations sémantiques existantes. Pour obtenir ces relations à partir de corpus, nous avons choisi d'utiliser plusieurs approches classiques d'acquisition de relations sémantiques entre termes : des patrons lexico-syntaxiques (PLS) dédiés à l'acquisition de relations d'hyperonymie, l'hypothèse d'inclusion lexicale (IL), et des règles de variation terminologique (VT).

**Patrons lexico-syntaxiques (PLS)** Nous utilisons les patrons définis par (Morin & Jacquemin, 2004) pour acquérir des relations d'hyperonymie entre termes simples ou complexes, soit par exemple :

— {quelques | plusieurs etc.} SN : LISTE.
— {autre} ? SN tels que LISTE.
— ...

où SN est un syntagme nominal et LISTE une liste de syntagmes.

**Inclusion lexicale (IL)** Cette approche s'appuie sur l'hypothèse selon laquelle si un terme (ex : *infarctus*) est inclus lexicalement dans un autre (ex : *infarctus du myocarde*) il existe généralement une relation d'hyperonymie entre ces deux termes (Grabar & Zweigenbaum, 2002). Nous contraignons l'approche en exploitant l'analyse syntaxique des termes fournie par YATEA . Nous ne considérons ici que les relations syntaxiques entre le terme complexe et sa tête.

**Variation terminologique (VT)** Nous utilisons la méthode d'acquisition de variantes terminologiques proposés par (Jacquemin, 2001) et implémentée dans Faster. Cette méthode exploite des règles de transformation morpho-syntaxique décrivant la variation terminologique. Sur notre corpus, il s'agit essentiellement de règles d'insertion (*chirurgie coronarienne / chirurgie de revascularisation coronarienne*, *anomalie significative / anomalie coronarienne significative*) qui permettent d'identifier des relations d'hyperonymie entre termes complexes.

Nous disposons ainsi de trois sources de relations sémantiques offrant principalement des relations d'hyperonymie. Les patrons lexico-syntaxiques nous fournissent le moins de relations, avec 98 relations d'hyperonymie. L'inclusion lexicale nous permet de disposer un nombre nettement plus important de relations : 7 187. Enfin, nous avons pu acquérir 171 variantes terminologiques.

# 4 Méthode de généralisation de contextes distributionnels

L'analyse distributionnelle appliquée à des corpus de spécialité ou des corpus de petite taille souffre d'une dispersion des données : la matrice des contextes, représentant la distribution des mots ou des termes, est très creuse (beaucoup d'éléments ont une valeur nulle). Une solution à ce problème consiste à densifier la matrice des contextes en faisant abstraction des variations superficielles ou des contextes peu significatifs statistiquement ou liés au bruit de la méthode d'identification de ces distributions. Pour cela, nous avons cherché, dans un premier temps, à filtrer les contextes de manière à sélectionner ceux qui semblent les plus pertinents, et surtout, à généraliser les contextes en exploitant des informations sémantiques extraites du corpus. En particulier, nous utilisons des relations sémantiques acquises automatiquement par des approches utilisées habituellement sur les corpus de spécialité : patrons lexico-syntaxiques, inclusion lexicale, variation terminologique.

Dans un premier temps, nous décrivons le processus d'analyse distributionnelle mis en œuvre, puis nous présentons la méthode de généralisation des contextes distributionnels que nous proposons.

## 4.1 Méthode distributionnelle

Dans le contexte d'applications en langue de spécialité, l'identification de relations sémantiques entre des noms et des termes est primordiale. Pour cela, nous nous restreignons à l'analyse distributionnelle entre des noms et des termes simples ou complexes. Ces deux catégories de mots constitueront les mots cibles.

La méthode d'analyse distributionnelle que nous avons mise en œuvre suit le schéma présenté dans la figure 1. Il est d'abord nécessaire de définir les contextes distributionnels des mots cibles. Nous avons ainsi choisi d'utiliser des fenêtres graphiques d'une largeur donnée. Ainsi, les contextes sont composés de mots qui co-occurent avec le mot cible au sein de la fenêtre graphique. Nous considérons comme contexte les adjectifs, noms, verbes et termes en écartant les mots vides (déterminants, conjonctions, adverbes, etc.). Que ce soit pour les mots cibles ou les contextes, nous considérons leurs formes lemmatisées.

Bien que les contextes soient généralement calculés sur des dépendances syntaxiques, nous avons choisi d'utiliser des contextes graphiques au sein d'une phrase et autour d'un mot cible pour plusieurs raisons :

— les textes de spécialité nécessitent une analyse particulière et nous ne disposons pas d'un analyseur syntaxique adapté.

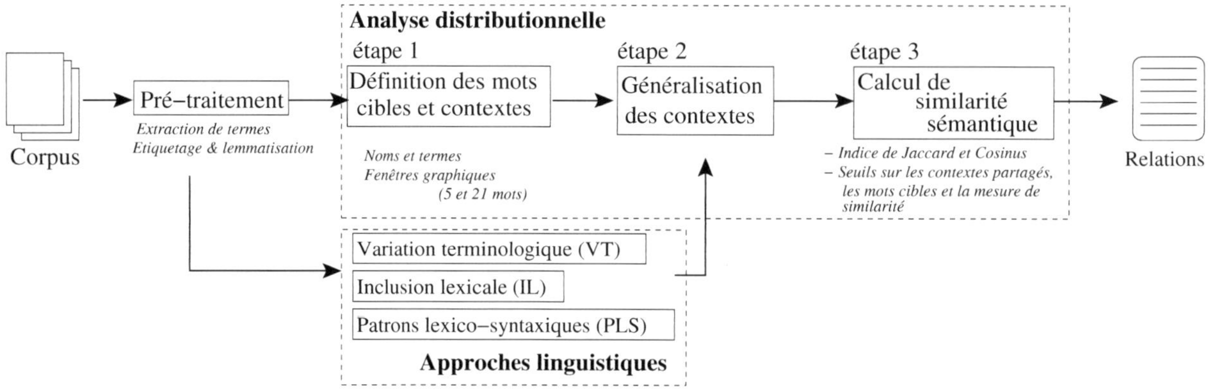


FIGURE 1 – Processus d'analyse distributionnelle

— les fenêtres graphiques étant moins restreintes que l'analyse syntaxique, elles permettent de prendre en compte un plus grand nombre de contextes, ce qui facilite la généralisation des contextes.
— l'intégration d'une analyse syntaxique dédiée à la langue générale peut nécessiter une mise en place assez coûteuse sans réellement apporter de plus value lors de l'analyse distributionnelle.

La phase de généralisation des contextes intervient après la définition des contextes distributionnels. Nous décrivons cette étape en détail à la section suivante.
Après avoir extrait et généralisé les contextes d'apparition de chaque mot cible, un score de similarité sémantique est calculé pour chaque couple de mots cibles, c'est-à-dire entre deux vecteurs de contexte $Wa$ et $Wb$, où $Wa_i$ est le ième composant du vecteur $Wa$. Nous avons utilisé la généralisation pondérée de l'indice de Jaccard, celle-ci étant reconnue pour être adaptée aux corpus de spécialité (Grefenstette, 1994) :

$$sim_{JACCARD}(Wa, Wb) = \frac{\sum_{i=1}^{n} min(Wa_i, Wb_i)}{\sum_{i=1}^{n} max(Wa_i, Wb_i)}$$

Nous utilisons également le cosinus. Cette mesure reflète l'angle entre deux vecteurs représentant chacun un mot cible :

$$sim_{COSINUS}(Wa, Wb) = \frac{Wa \cdot Wb}{||Wa|| \, ||Wb||}$$

Le score de similarité permet ainsi de quantifier dans quelle proportion deux mots cibles sont proches. Il est cependant nécessaire d'appliquer un filtrage afin de limiter le nombre de relations proposé et d'écarter les relations potentiellement fausses. Pour cela, il est possible d'appliquer un seuil sur le score de similarité et afin de retenir que les relations dont la similarité est suffisamment élevée. Nous avons également cherché à densifier la matrice des contextes en appliquant des seuils sur trois paramètres distributionnels : le nombre de contextes partagés, la fréquence des contextes partagés, la fréquence des mots cibles. Pour chaque paramètre, un seuil est calculé automatiquement, et correspond à la moyenne des valeurs prises par chaque paramètre sur l'ensemble du corpus (après expérimentation de la médiane et de la moyenne). Lors des expériences présentées en section 5, nous testerons l'impact de ces seuils sur les résultats.

## 4.2 Règles de généralisation des contextes distributionnels

Le processus de généralisation et de normalisation des contextes intervient après l'étape de définition de ces contextes. L'objectif est d'une part, de diminuer la diversité des contextes distributionnels, d'autre part d'augmenter le nombre d'occurrences des contextes, c'est-à-dire leur fréquence. Ces contextes résultent de l'application de règles de généralisation et de normalisation. Dans cette perspective, nous avons choisi d'utiliser des informations sémantiques additionnelles, calculées sur le corpus, et fournissant des indices de généralisation.

Ainsi, une fois que les mots cibles et les contextes ont été définis, nous généralisons les contextes avec des relations sémantiques acquises automatiquement sur le corpus de travail à l'aide des méthodes décrites à la section 3.2 : patrons lexico-syntaxiques dédiés à l'hyperonymie, inclusion lexicale, variation terminologique. Les deux premières méthodes proposent en général principalement des relations d'hyperonymie et seront utilisées pour généraliser les contextes. En revanche, la variation terminologique ne propose pas de relations typées sémantiquement. Aussi, étant donné que l'opération d'insertion est la seule utilisée pour acquérir des variantes, nous avons considéré que les relations obtenues étaient des relations d'hyperonymie. Le terme hyperonyme et le terme hyponyme sont identifiés à partir du nombre de mots présents dans chaque terme : le terme le plus court correspond alors à l'hyperonyme (*lésion significative*), et le terme le plus long à l'hyponyme (*lésion coronaire significative*).

Nous disposons alors, pour chaque mot $w_i$ apparaissant dans le contexte du mot cible $w$, de trois ensembles de relations d'hyperonymie, $\mathbb{H}_s(w_i) = \{H_1, \ldots, H_n\}$ : $\mathbb{H}_{PLS}$, $\mathbb{H}_{IL}$ et $\mathbb{H}_{VT}$, l'ensemble des hyperonymes pouvant être vide. Nous avons défini deux règles de substitution permettant de généraliser les contextes. Ainsi, pour chaque mot $w_i$ dans le contexte d'un mot $w$, nous appliquons l'une des règles suivantes :

1. si $|\mathbb{H}_S(w_i)| = 1$, alors $w_i := H_1$
   Si au mot dans le contexte correspond un seul hyperonyme ($H_1$) acquis par une ou plusieurs méthodes $S$, le mot est remplacé par cet hyperonyme. Par exemple, si l'inclusion lexicale fournit la relation *restriction / restriction du débit coronaire*, *restriction du débit coronaire* est remplacée par *restriction*.
2. si $|\mathbb{H}_S(w_i)| > 1$, $w_i = \text{argmax}_{|H_i|}(\mathbb{H}_S(w_i))$
   Si le contexte correspond à plusieurs hyperonymes acquis par une ou plusieurs méthodes $S$, nous prenons en compte la fréquence des hyperonymes $|H_1|, \ldots, |H_n|$ dans le corpus, et nous choisissons l'hyperonyme dont la fréquence est la plus élevée dans le corpus.
   Par exemple, si pour le mot *artère coronaire* dans le contexte les patrons lexico-syntaxiques fournissent les hyperonymes suivants : *veine*, *artère*, *vaisseau*, celui qui est le plus fréquent est choisi et utilisé pour remplacer *artère coronaire* dans le contexte.

Quand plusieurs ensembles de relations d'hyperonymie sont disponibles, la phase de généralisation des contextes est réalisée individuellement ou de manière séquentielle : les contextes sont généralisés en utilisant les ensembles de relations les uns à la suite des autres.

# 5 Expériences et évaluation

## 5.1 Expériences

Nous avons réalisé plusieurs séries d'expériences sur le corpus Menelas afin d'évaluer l'impact des règles de généralisation proposées. Nous utilisons comme résultats de référence (*baseline*) les résultats obtenus avec l'analyse distributionnelle seule. Nous avons tout d'abord évalué l'importance des seuils sur les paramètres distributionnels (voir section 4.1). Chaque expérience décrite ci-dessous a été réalisée en appliquant ou non les seuils définis. Lorsque les seuils sont utilisés, ceux-ci ont été calculés sur la *baseline*. La table 1 résume les valeurs des seuils utilisées.

| Paramètres | Fenêtre de 21 mots | Fenêtre de 5 mots |
|---|---|---|
| Score de similarité | Jaccard : $sim > 0,000999$<br>Cosinus : $sim > 0.9699$ | Jaccard : $sim > 0,000999$<br>Cosinus : $sim > 0.9699$ |
| Nombre de contextes partagés | 2 | 1 |
| Fréquence des contextes | 3 | 2 |
| Fréquence des mots cibles | 3 | 3 |

TABLE 1 – Définition des valeurs des seuils sur les paramètres distributionnels et sur le score de similarité, en fonction de la taille des fenêtres (de 21 et 5 mots) et des mesures de similarité (Jaccard et Cosinus)

Afin de cerner la contribution de chaque méthode linguistique décrite à la section 3.2, nous avons défini un ensemble d'expériences où la généralisation des contextes est réalisée en utilisant les relations d'hyperonymie proposées par chaque méthode individuellement. Les règles de généralisation des contextes distributionnels $w_i$ sont alors appliquées en utilisant séparément les ensembles $\mathbb{H}_{PLS}(w_i)$ – relations d'hyperonymie acquises à l'aide des patrons lexico-syntaxiques

(AD/PLS), $\mathbb{H}_{IL}(w_i)$ – relations d'hyperonymie issues de l'inclusion lexicale (AD/IL), et $\mathbb{H}_{VT}(w_i)$ – variantes terminologiques (AD/VT).

Puis, de manière séquentielle, nous avons appliqué les règles de généralisation en utilisant les ensembles de relations d'hyperonymie proposées par deux approches linguistiques ($\mathbb{H}_{PLS}(w_i)$ puis $\mathbb{H}_{IL}(w_i)$ – AD/PLS+IL, $\mathbb{H}_{VT}(w_i)$ puis $\mathbb{H}_{PLS}(w_i)$ – AD/VT+PLS, etc.). Tous les contextes sont alors généralisés en utilisant les relations proposées par l'un des ensembles (par exemple $\mathbb{H}_{PLS}(w_i)$), puis les contextes généralisés ou non sont à nouveau généralisés en utilisant un autre ensemble de relations (par exemple $\mathbb{H}_{IL}(w_i)$). De même, nous combinons les trois ensembles de relations (par exemple, $\mathbb{H}_{PLS}(w_i)$ puis $\mathbb{H}_{IL}(w_i)$ puis $\mathbb{H}_{VT}(w_i)$ – AD/PLS+IL+VT). En combinant des sources de relations d'hyperonymie de plusieurs manières, nous souhaitons d'une part, évaluer la complémentarité des approches utilisées pour généraliser les contextes, et d'autre part, étudier l'impact de l'ordre de ces méthodes dans la séquence de généralisation.

Nous avons également considéré toutes les relations d'hyperonymie indépendamment de la méthode utilisée pour les acquérir. On considère alors l'ensemble $H(w_i) = \mathbb{H}_{PLS}(w_i) \cup \mathbb{H}_{IL}(w_i) \cup \mathbb{H}_{VT}(w_i)$ – AD/ALL3, pour appliquer les règles de généralisation sur le contexte $w_i$.

L'ensemble des expériences a été réalisé sur deux tailles de fenêtres : 5 mots ($\pm$ 2 mots, centrée sur le mot cible) et 21 mots ($\pm$ 10 mots, centrée sur le mot cible). En effet, la taille des fenêtres a une influence sur le nombre et la qualité mais aussi sur le type des relations obtenues par analyse distributionnelle. En général, une fenêtre de taille restreinte (5 mots) permet de disposer d'un plus grand nombre de contextes pertinents pour un mot cible donné, mais conduit à une dispersion des données plus important qu'avec une fenêtre plus large (Rapp, 2003). De plus, cette influence peut aussi dépendre de la taille du corpus : des fenêtres plus grandes peuvent être intéressantes pour des corpus plus petits (Kiela & Clark, 2014). De plus, les résultats obtenus avec des fenêtres de taille restreinte sont de meilleure qualité, en particulier pour des relations classiques (synonymie, antonymie, hyperonymie, méronymie, etc.) alors que des fenêtres plus larges sont plus adaptées à l'identification de relations spécifiques au domaine (Sahlgren, 2006; Peirsman *et al.*, 2008).

## 5.2 Évaluation

La qualité des résultats obtenus lors de nos expériences est évaluée en comparant les relations sémantiques acquises aux 1 735 419 relations fournies par la partie française de l'UMLS [1], soit 2 434 relations entre les termes correspondant au vocabulaire du corpus. Ces relations sont des hyperonymes (muscle papillaire/cœur), des co-hyponymes (vertige/douleur, œsophagite/gastrite), des synonymes (chute/baisse) et des relations du domaine (angiographie/artère, souffle cardiaque/douleur). À l'instar de (Curran, 2004) et (Ferret, 2013), nous considérons ici les relations obtenues comme des ensembles de voisins associés à des mots cibles, les voisins étant ordonnés suivant la similarité avec le mot cible.

L'évaluation des résultats est réalisée avec des mesures d'évaluation utilisées habituellement sur les résultats d'une analyse distributionnelle : la macro-précision (Sebastiani, 2002), la moyenne des précisions moyennes (MAP) (Buckley & Voorhees, 2005) et la R-précision.

La macro-précision est la moyenne des précisions $p(w_i)$ obtenues pour chaque mot cible ($w_i$) et un ensemble de voisins sémantiques $I_i^j$ ($I_i^{j(+)}$ étant un voisin pertinent pour le mot cible considéré, et $n_i$ le nombre de voisins considérés) :

$$p(w_i) = \frac{\sum_{j=1}^{n_i} I_i^{j(+)}}{\sum_{j=1}^{n_i} I_i^j}$$

La macro-précision pour l'ensemble des mots cibles est alors : $P = \frac{\sum_{k=1}^{|w_i|} p(w_k)}{|w_i|}$

Nous considérons quatre sous-ensembles voisins permettant d'obtenir la macro-précision après examen de 1 ($n_i = 1$, P@1), 5 ($n_i = 5$, P@5), 10 ($n_i = 10$, P@10) et 100 voisins ($n_i = 100$, P@100) :

$$P@N = \sum_{i=1}^{|w_i|} p(w_i | n_i = N)$$

La macro-précision permet d'évaluer une qualité globale des résultats tout en considérant que tous les mots cibles ont le même poids quel que soit le nombre de voisins, alors que la micro-précision aurait tendance à privilégier les mots cibles

1. `http://www.nlm.nih.gov/research/umls/`

comportant beaucoup de voisins, dont une bonne partie ne sont probablement pas pertinents, au détriment de mots cibles ayant peu de voisins. Pour P@1, la macro-précision est équivalente à la micro-précision.

Une alternative consiste à utiliser comme seuil $n_i$ le nombre de voisins corrects attendus pour un mot cible. Pour cela, nous avons utilisé la R-précision (Buckley & Voorhees, 2005).

Pour le calcul de la R-précision, nous comparons nos résultats non plus à l'ensemble des relations de la partie française de l'UMLS, mais à des ensembles de référence constitués à partir de cette ressource. Il s'agit de réduire les relations de référence aux seules relations entre des termes ou des mots présents dans le corpus de travail et dans chaque expérience. Ainsi, nous disposons d'autant de références que d'expériences, avec par exemple entre 24 et 46 relations pour les expériences avec une fenêtre de 21 mots et la mesure de Cosinus.

La moyenne des précisions moyennes (MAP) est obtenue en considérant la précision non interpolée $UAP(I_i^j)$ des voisins sémantiques $I_i^j$ au rang $j$, $n_i$ est le nombre de voisins sémantiques $I_i^j$ du mot cible $w_i$. La MAP est alors la moyenne de ces précisions non interpolées :

$$MAP = \frac{1}{|w_i|} \sum_{i=1}^{|w_i|} \frac{1}{n_i} \sum_{j=1}^{n_i} UAP(I_i^j)$$

La MAP est le reflet de la qualité du classement et permet d'évaluer la pertinence de la mesure de similarité utilisée. Ainsi, elle valorise le fait que la méthode ordonne tous les voisins sémantiques corrects proches de la tête de liste. Réciproquement, le fait d'ajouter des voisins sémantiques incorrects en fin de liste (après les voisins corrects) ne pénalise pas la méthode.

# 6 Résultats et discussion

Dans cette section, nous présentons et discutons les résultats obtenus tout d'abord avec une fenêtre de 5 mots puis avec celle de 21 mots. Les résultats de la mesure Cosinus sont discutés mais ne sont pas présentés dans les tableaux.

| | Sans seuil | | | | | | Avec seuil | | | | | |
|---|---|---|---|---|---|---|---|---|---|---|---|---|
| | Rel. acq. | Rel. UMLS | MAP | R-préc | P@1 | P@5 | Rel. acq. | Rel. UMLS | MAP | R-préc | P@1 | P@5 |
| ADSeule | 34132 | 98 | 0,172 | 0,057 | 0,098 | 0,043 | 1342 | 24 | 0,496 | 0,375 | 0,375 | 0,125 |
| AD/VT | 25578 | 84 | 0,158 | 0,055 | 0,068 | 0,050 | 1402 | 24 | 0,487 | 0,333 | 0,333 | 0,133 |
| AD/IL | 11658 | 56 | 0,164 | 0,066 | 0,079 | 0,047 | 694 | 12 | 0,443 | 0,333 | 0,333 | 0,100 |
| AD/PLS | 23760 | 84 | 0,181 | 0,100 | 0,114 | 0,050 | 1252 | 20 | 0,570 | 0,500 | 0,500 | 0,133 |
| AD/VT+IL | 12030 | 56 | 0,161 | 0,066 | 0,079 | 0,047 | 696 | 12 | 0,443 | 0,333 | 0,333 | 0,100 |
| AD/VT+PLS | 22176 | 82 | 0,185 | 0,102 | 0,116 | 0,051 | 1188 | 20 | 0,570 | 0,500 | 0,500 | 0,133 |
| AD/IL+VT | 11434 | 54 | 0,158 | 0,069 | 0,083 | 0,044 | 660 | 12 | 0,525 | 0,500 | 0,500 | 0,100 |
| AD/IL+PLS | 10456 | 52 | 0,177 | 0,100 | 0,114 | 0,046 | 610 | 10 | 0,525 | 0,500 | 0,500 | 0,100 |
| AD/PLS+VT | 22176 | 82 | 0,185 | 0,102 | 0,116 | 0,051 | 1188 | 20 | 0,570 | 0,500 | 0,500 | 0,133 |
| AD/PLS+IL | 11280 | 56 | 0,166 | 0,066 | 0,079 | 0,047 | 688 | 10 | 0,443 | 0,333 | 0,333 | 0,100 |
| AD/VT+IL+PLS | 10808 | 52 | 0,174 | 0,100 | 0,114 | 0,046 | 616 | 10 | 0,525 | 0,500 | 0,500 | 0,100 |
| AD/VT+PLS+IL | 11642 | 56 | 0,162 | 0,066 | 0,079 | 0,047 | 694 | 10 | 0,443 | 0,333 | 0,333 | 0,100 |
| AD/IL+VT+PLS | 5608 | 34 | 0,212 | 0,100 | 0,100 | 0,067 | 912 | 10 | 0,229 | 0,000 | 0,500 | 0,100 |
| AD/IL+PLS+VT | 10244 | 52 | 0,178 | 0,100 | 0,114 | 0,046 | 576 | 10 | 0,526 | 0,500 | 0,500 | 0,100 |
| AD/PLS+VT+IL | 6392 | 42 | 0,274 | 0,162 | 0,177 | 0,071 | 1036 | 10 | 0,585 | 0,500 | 0,250 | 0,133 |
| AD/PLS+IL+VT | 6020 | 40 | 0,233 | 0,109 | 0,125 | 0,063 | 970 | 10 | 0,381 | 0,250 | 0,222 | 0,100 |
| AD/ALL3 | 11266 | 56 | 0,148 | 0,066 | 0,079 | 0,047 | 694 | 6 | 0,4431 | 0,333 | 0,333 | 0,100 |

TABLE 2 – Résultats obtenus avec la mesure de Jaccard, évalués avec la MAP, R-précision, et précision à 1 et 5 pour une fenêtre de 5 mots – sans et avec seuil sur la mesure de similarité

## 6.1 Fenêtre graphique restreinte

Pour une fenêtre de 5 mots, nous présentons uniquement les résultats obtenus en utilisant la mesure de Jaccard, sans et avec seuils (tableau 2). La mesure du cosinus donne de très faibles résultats quels que soient les paramètres et ne semble pas adaptée aux fenêtres de petite taille et lorsque les fréquences sont faibles : la précision (P@1) des résultats obtenus avec le cosinus varie entre 0,02 et 0,06, alors que pour la mesure de Jaccard, nous obtenons des précisions variant entre 0,01 et 0,17. Lorsqu'aucun seuil n'est appliqué sur les paramètres distributionnels, nous constatons que la généralisation à l'aide des relations acquises grâce aux patrons lexico-syntaxiques améliore la qualité des résultats aussi bien en termes de précision ou de R-précision que de MAP. De plus, la variation terminologique tend à dégrader les résultats quand elle est utilisée individuellement alors qu'elle a un impact positif lorsqu'elle est combinée aux relations issues des patrons lexico-syntaxiques. Mais l'apport des relations issues des patrons lexico-syntaxiques est annulé quand on ajoute celles issues de l'inclusion lexicale. Nous pouvons également faire ce constat lorsque l'on considère les relations indépendamment de la méthode utilisée pour les produire. La généralisation des contextes est alors peut-être trop importante pour pouvoir être utile dans l'analyse distributionnelle. Aussi, l'analyse des variations de la MAP permettent également de constater que la généralisation des contextes améliore le classement des relations présentes dans l'UMLS.

A la vue des mesures, la qualité des résultats semble bénéficier de la combinaison des trois sources de relations d'hyperonymie. De même, le nombre de relations retournées est réduit au minimum d'un quart avec la généralisation, par rapport à l'ensemble de relations obtenues avec l'AD seule, voire divisé par 6 pour certaines combinaison comme PLS+VT+IL. Cependant, le nombre de relations retrouvées dans l'UMLS est divisé par deux (98 avec l'AD seule, 42 avec la combinaison offrant la meilleure précision) lorsque nous utilisons les relations proposées par plusieurs méthodes. Si des constats similaires peuvent être réalisés lorsque nous appliquons des seuils sur les paramètres distributionnels, nous remarquons également l'impact positif des relations acquises par inclusion lexicale sur les résultats. Mais ici, les résultats sont probablement peu significatifs. En effet, peu de relations sont retrouvées dans l'UMLS lorsque nous utilisons Jaccard pour mesure la similarité entre les mots, et nous pouvons douter de la significativité statistique des résultats obtenus avec les seuils. Une évaluation manuelle est nécessaire.

## 6.2 Fenêtre graphique large

Lorsqu'une fenêtre large de 21 mots est utilisée, les observations et les résultats sont différents selon les mesures de similarité utilisées et l'utilisation (cf. tableau 4) ou non (cf. tableau 3) de seuils sur les paramètres distributionnels. Ainsi avec la mesure de Jaccard, la qualité des résultats est améliorée si les contextes sont généralisés avec des relations issues des patrons lexico-syntaxiques et qu'aucun seuil n'est appliqué. La contribution des relations acquises par inclusion lexicale est variable : l'utilisation de ces relations pour généraliser les contextes dégradent les résultats si l'on n'applique pas de seuil sur les paramètres distributionnels, et au contraire permettent d'obtenir les meilleurs résultats lorsque des seuils sont utilisés. L'impact des patrons lexico-syntaxiques seul est beaucoup plus faible avec le cosinus. Mais lorsqu'ils sont pris en compte après l'utilisation des relations acquises par inclusion lexicale, la précision est améliorée et même supérieure à celle obtenue avec Jaccard. De plus, nous pouvons noter que les variantes terminologiques ont un impact nul ou négatif sur la qualité des résultats.

| | Rel. acquises | | Rel. dans UMLS | | MAP | | R-précision | | P@1 | | P@5 | |
|---|---|---|---|---|---|---|---|---|---|---|---|---|
| | JACC | COS | JACC | COS | JACC | COS | JACC | COS | JACC | COS | JACC | COS |
| ADSeule | 9256 | 9256 | 46 | 46 | 0,221 | 0,149 | 0,142 | 0,098 | 0,118 | 0,088 | 0,059 | 0,028 |
| AD/VT | 8758 | 8758 | 44 | 44 | 0,201 | 0,158 | 0,120 | 0,104 | 0,094 | 0,094 | 0,056 | 0,053 |
| AD/IL | 6360 | 6360 | 42 | 42 | 0,197 | 0,120 | 0,075 | 0,081 | 0,097 | 0,065 | 0,071 | 0,056 |
| AD/PLS | 8418 | 8418 | 42 | 42 | 0,243 | 0,165 | 0,172 | 0,111 | 0,133 | 0,100 | 0,080 | 0,026 |
| AD/VT+IL | 6312 | 6312 | 42 | 42 | 0,196 | 0,120 | 0,075 | 0,081 | 0,097 | 0,065 | 0,077 | 0,060 |
| AD/VT+PLS | 7972 | 7972 | 42 | 42 | 0,244 | 0,166 | 0,172 | 0,111 | 0,133 | 0,100 | 0,080 | 0,026 |
| AD/IL+VT | 6138 | 6138 | 40 | 40 | 0,175 | 0,128 | 0,046 | 0,086 | 0,069 | 0,069 | 0,069 | 0,060 |
| AD/IL+PLS | 5874 | 5874 | 40 | 40 | 0,201 | 0,191 | 0,046 | 0,155 | 0,069 | 0,138 | 0,083 | 0,028 |
| AD/PLS+VT | 7972 | 7972 | 42 | 42 | 0,244 | 0,166 | 0,172 | 0,111 | 0,133 | 0,100 | 0,080 | 0,041 |
| AD/PLS+IL | 6346 | 6346 | 42 | 42 | 0,220 | 0,116 | 0,108 | 0,065 | 0,129 | 0,065 | 0,084 | 0,060 |
| AD/VT+IL+PLS | 5828 | 5828 | 40 | 40 | 0,198 | 0,191 | 0,046 | 0,155 | 0,069 | 0,138 | 0,076 | 0,026 |
| AD/VT+PLS+IL | 6310 | 6310 | 42 | 42 | 0,219 | 0,115 | 0,108 | 0,065 | 0,129 | 0,065 | 0,077 | 0,041 |
| AD/IL+VT+PLS | 5662 | 5662 | 40 | 40 | 0,202 | 0,193 | 0,046 | 0,155 | 0,069 | 0,138 | 0,083 | 0,026 |
| AD/IL+PLS+VT | 5662 | 5662 | 40 | 40 | 0,202 | 0,193 | 0,046 | 0,155 | 0,069 | 0,138 | 0,083 | 0,041 |
| AD/PLS+VT+IL | 6310 | 6310 | 42 | 42 | 0,219 | 0,115 | 0,108 | 0,065 | 0,129 | 0,065 | 0,077 | 0,041 |
| AD/PLS+IL+VT | 6122 | 6122 | 40 | 40 | 0,199 | 0,123 | 0,081 | 0,069 | 0,103 | 0,069 | 0,083 | 0,026 |
| AD/ALL3 | 6306 | 6306 | 42 | 42 | 0,222 | 0,120 | 0,108 | 0,081 | 0,129 | 0,065 | 0,084 | 0,026 |

TABLE 3 – Résultats évalués avec la MAP, R-précision, et précision à 1 et 5 pour une fenêtre de 21 mots – sans seuil sur la similarité sémantique

| | Rel. acquises | | Rel. dans UMLS | | MAP | | R-précision | | P@1 | | P@5 | |
|---|---|---|---|---|---|---|---|---|---|---|---|---|
| | JACC | COS | JACC | COS | JACC | COS | JACC | COS | JACC | COS | JACC | COS |
| ADSeule | 392 | 6960 | 4 | 40 | 0,406 | 0,169 | 0,250 | 0,100 | 0,250 | 0,100 | 0,1000 | 0,0600 |
| AD/VT | 418 | 6576 | 6 | 38 | 0,181 | 0,180 | 0,000 | 0,107 | 0,000 | 0,107 | 0,040 | 0,064 |
| AD/IL | 370 | 4580 | 4 | 34 | 0,532 | 0,141 | 0,000 | 0,077 | 0,500 | 0,077 | 0,100 | 0,031 |
| AD/PLS | 390 | 6262 | 6 | 36 | 0,219 | 0,190 | 0,500 | 0,115 | 0,000 | 0,115 | 0,120 | 0,069 |
| AD/VT+IL | 380 | 4568 | 4 | 34 | 0,531 | 0,141 | 0,500 | 0,077 | 0,500 | 0,077 | 0,100 | 0,031 |
| AD/VT+PLS | 354 | 5910 | 6 | 36 | 0,220 | 0,190 | 0,000 | 0,115 | 0,000 | 0,115 | 0,120 | 0,069 |
| AD/IL+VT | 352 | 4414 | 2 | 32 | 0,533 | 0,152 | 0,500 | 0,083 | 0,500 | 0,083 | 0,100 | 0,033 |
| AD/IL+PLS | 334 | 4216 | 4 | 32 | 0,371 | 0,228 | 0,250 | 0,167 | 0,250 | 0,167 | 0,100 | 0,050 |
| AD/PLS+VT | 354 | 5910 | 6 | 36 | 0,220 | 0,190 | 0,000 | 0,115 | 0,000 | 0,115 | 0,120 | 0,069 |
| AD/PLS+IL | 404 | 4514 | 6 | 34 | 0,428 | 0,134 | 0,333 | 0,077 | 0,333 | 0,077 | 0,133 | 0,031 |
| AD/VT+IL+PLS | 338 | 4208 | 4 | 32 | 0,371 | 0,228 | 0,250 | 0,167 | 0,250 | 0,167 | 0,100 | 0,050 |
| AD/VT+PLS+IL | 404 | 4514 | 6 | 34 | 0,428 | 0,133 | 0,333 | 0,077 | 0,333 | 0,077 | 0,133 | 0,031 |
| AD/IL+VT+PLS | 316 | 4056 | 4 | 32 | 0,372 | 0,230 | 0,250 | 0,167 | 0,250 | 0,167 | 0,100 | 0,050 |
| AD/IL+PLS+VT | 314 | 4056 | 4 | 32 | 0,372 | 0,230 | 0,250 | 0,167 | 0,250 | 0,167 | 0,100 | 0,050 |
| AD/PLS+VT+IL | 404 | 4514 | 6 | 34 | 0,428 | 0,133 | 0,333 | 0,077 | 0,333 | 0,077 | 0,133 | 0,031 |
| AD/PLS+IL+VT | 378 | 4352 | 4 | 32 | 0,376 | 0,144 | 0,250 | 0,083 | 0,250 | 0,083 | 0,150 | 0,033 |
| AD/ALL3 | 380 | 4544 | 6 | 34 | 0,430 | 0,140 | 0,333 | 0,077 | 0,333 | 0,077 | 0,133 | 0,031 |

TABLE 4 – Résultats évalués avec la MAP, R-précision, et précision à 1 et 5 pour une fenêtre de 21 mots – avec seuils sur la similarité sémantique

En ce qui concerne la précision P@5, bien que les valeurs soient plus faibles que la précision P@1, nous observons que l'inclusion permet d'augmenter les valeurs de précision, en particulier lorsque celle-ci est utilisée après les patrons lexico-syntaxiques. Aussi, en terme de R-précision, les résultats sont plus contrastés qu'avec P@1 : pour les meilleures configurations de généralisation des contextes, les valeurs de R-précision sont identiques ou supérieures. Les relations attendues, sont classées parmi les premières ou à un rang plus élevé qu'avec l'AD seule. En termes de MAP, les valeurs sont assez stables. Les améliorations obtenues suivant les combinaisons montrent qu'il y a plus de relations retrouvées dans l'UMLS parmi les premiers voisins. Mais la variation restant faible entre l'AD seule et l'AD avec des contextes généralisés, l'ordonnancement des voisins n'est pas beaucoup modifié par notre méthode.

Lorsque l'on considère le nombre de relations retournées par l'analyse distributionnelle, nous constatons que quelle que soit la mesure utilisée, la combinaison des trois sources de relations, de manière séquentielle ou globalement, n'a qu'un impact moyen sur l'amélioration de la qualité des résultats. Toutefois, exploiter l'ensemble des relations d'hyperonymie à notre disposition permet de réduire d'un tiers le nombre de relations retournées par l'analyse distributionnelle, tout en conservant le même nombre de relations présentes dans l'UMLS.

Comme lors de l'utilisation d'une fenêtre de taille restreinte, l'application de seuils sur les paramètres distributionnels améliore la qualité des résultats. Mais le faible nombre de relations présentes dans l'UMLS, parmi l'ensemble des relations obtenues avec Jaccard, rend les observations difficiles à interpréter. En revanche, nous pouvons noter que les résultats obtenus avec le cosinus sont meilleurs en appliquant des seuils tout en ne réduisant pas trop le nombre de relations correctes.

# 7 Conclusion

Nous nous sommes intéressés dans cet article à la réduction de la dispersion des données dans les matrices de vecteurs de contexte utilisés pour mettre en œuvre l'analyse distributionnelle. Pour cela, nous avons proposé une méthode de généralisation des contextes distributionnels s'appuyant sur des relations d'hyperonymie acquises en corpus. Les mots décrivant le contexte distributionnel d'un mot cible sont considérés comme des hyponymes et sont substitués par des hyperonymes identifiés sur le corpus. Nous avons réalisé un certain nombre d'expériences sur un corpus médical en combinant plusieurs paramètres. Les relations d'hyperonymie ont été acquises avec des approches habituellement utilisées sur des textes de spécialité. Bien que l'évaluation des méthodes distributionnelles soit complexe à réaliser, nous avons confronté les résultats aux relations sémantiques proposées par l'UMLS français. Plusieurs mesures d'évaluation ont été utilisées pour évaluer l'impact de la généralisation des contextes sur l'analyse distributionnelle. L'analyse des résultats montre que lorsque la taille des fenêtres graphiques permettant de produire les contextes distributionnels est petite et que l'indice de Jaccard est utilisé comme mesure de similarité, il est préférable d'utiliser les relations proposées par les patrons lexico-syntaxiques pour généraliser les contextes. Il est alors possible d'obtenir un bon compromis permettant d'avoir à la fois une bonne couverture et une amélioration de la précision. En revanche, lorsque la taille de la fenêtre est large, la généralisation des contextes grâce aux relations issues de l'inclusion lexicale améliore les résultats si le cosinus est utilisé comme mesure de similarité.

Outre une analyse manuelle des relations et de l'impact du processus de généralisation sur les données manipulées, ces résultats ouvrent plusieurs perspectives. Les relations d'hyperonymie que nous avons utilisées ont été exploitées séparément. Or, celles-ci pourraient être considérées comme une ébauche de taxonomie et nous envisageons d'adapter la méthode de généralisation des contextes afin qu'elle prenne en compte ce réseau de relations acquises en corpus. Aussi, l'ensemble des relations acquises en corpus pouvant être bruité, nous envisageons d'utiliser d'autres sources de relations comme celles proposées par des terminologies. Il sera alors possible d'évaluer l'impact de la généralisation et de relations lorsque leur statut terminologique est maîtrisé. Enfin, la réduction de dimensions peut également s'appuyer sur un processus de normalisation des contextes. Il est alors nécessaire de prendre en compte des relations de synonymie ou d'antonymie qui peuvent également être acquises en corpus ou issues de ressources terminologiques existantes.

## Références

AUBIN S. & HAMON T. (2006). Improving term extraction with terminological resources. In *Advances in Natural Language Processing*, number 4139 in LNAI, p. 380–387 : Springer.

BARONI M., BERNARDINI S., FERRARESI A. & ZANCHETTA E. (2009). The wacky wide web : a collection of very large linguistically processed web-crawled corpora. *Language Resources and Evaluation*, **43**(3), 209–226.

BASKAYA O., SERT E., CIRIK V. & YURET D. (2013). Ai-ku : Using substitute vectors and co-occurrence modeling for word sense induction and disambiguation. In *Proceedings of SemEval - 2013*, p. 300–306, Atlanta, Georgia, USA : Association for Computational Linguistics.

BRODA B., PIASECKI M. & SZPAKOWICZ S. (2009). Rank-based transformation in measuring semantic relatedness. In Y. GAO & N. JAPKOWICZ, Eds., *Canadian Conference on AI*, volume 5549, p. 187–190 : Springer.

BUCKLEY C. & VOORHEES E. (2005). Retrieval system evaluation. In E. VOORHEES & D. HARMAN, Eds., *TREC : Experiment and Evaluation in Information Retrieval*, chapter 3. MIT Press.

CHATTERJEE N. & MOHAN S. (2008). Discovering word senses from text using random indexing. In *Proceedings of the 9th International Conference on Computational Linguistics and Intelligent Text Processing*, CICLing'08, p. 299–310, Berlin, Heidelberg : Springer-Verlag.

CURRAN J. R. (2004). *From distributional to semantic similarity*. PhD thesis, Institute for Communicating and Collaborative Systems School of Informatics University of Edinburgh.

FERRET O. (2013). Sélection non supervisée de relations sémantiques pour améliorer un thésaurus distributionnel. In *TALN 2013*, p. 48–61, Les Sables d'Olonne, France.

FIRTH J. (1957). A synopsis of linguistic theory 1930-1955. *Studies in linguistic analysis*, p. 1–32.

GRABAR N. & ZWEIGENBAUM P. (2002). Lexically-based terminology structuring : Some inherent limits. In L.-F. CHIEN, B. DAILLE, K. KAGEURA & H. NAKAGAWA, Eds., *Proceedings of Second International Workshop on Computational Terminology (COMPUTERM 2002)*, p. 36–42, Taipei, Taiwan : ACLCLP.

GREFENSTETTE G. (1994). Corpus-derived first, second and third-order word affinities. In *Sixth Euralex International Congress*, p. 279–290.

HAMON T., NAZARENKO A., POIBEAU T., AUBIN S. & DERIVIÈRE J. (2007). A robust linguistic platform for efficient and domain specific web content analysis. In *RIAO 2007*, Pittsburgh, USA.

HARRIS Z. (1954). Distributional structure. *Word*, **10**(23), 146–162.

JACQUEMIN C. (2001). *Spotting and discovering terms through natural language processing*. The MIT Press.

KANERVA P., KRISTOFERSSON J. & HOLST A. (2000). Random indexing of text samples for latent semantic analysis. In L. GLEITMAN & A. JOSH, Eds., *Proceedings of the 22nd Annual Conference of the Cognitive Science Society*, volume 1036, Erlbaum, New Jersey.

KARLGREN J. & SAHLGREN M. (2001). From words to understanding. In *Proceedings of the 48th Annual Meeting of the Association for Computational Linguistics*, p. 294–308 : Foundations of Real-World Intelligence.

KIELA D. & CLARK S. (2014). A systematic study of semantic vector space model parameters. In *Proceedings of the 2nd Workshop on Continuous Vector Space Models and their Compositionality (CVSC) at EACL 2014*, p. 21–30, Gothenburg, Sweden.

LANDAUER T. & DUMAIS S. (1997). A solution to plato's problem : The latent semantic analysis theory of acquisition, induction, and representation of knowledge. *Psychological Review ; Psychological Review*, **104**(2), 211.

LEE D. D. & SEUNG H. S. (1999). Learning the parts of objects by nonnegative matrix factorization. *Nature*, **401**, 788–791.

LUND K. & BURGESS C. (1996). Producing high-dimensional semantic spaces from lexical co-occurrence. *Behavior Research Methods, Instrumentation, and Computers*, **28**, 203–208.

MORIN E. & JACQUEMIN C. (2004). Automatic Acquisition and Expansion of Hypernym Links. *Computers and the Humanities*, **38**(4), 363–396.

PADÓ S. & LAPATA M. (2007). Dependency-based construction of semantic space models. *Comput. Linguist.*, **33**(2), 161–199.

PEIRSMAN Y., KRIS H. & DIRK G. (2008). Size matters. tight and loose context definitions in english word space models. In *ESSLLI Workshop on Distributional Lexical Semantics*, Hamburg, Germany.

POLAJNAR T. & CLARK S. (2014). Improving distributional semantic vectors through context selection and normalisation. In *Proceedings of EACL 2014*, p. 230–238.

RAPP R. (2003). Word sense discovery based on sense descriptor dissimilarity. In *MT Summit'2003*, p. 315–322.

SAHLGREN M. (2006). *The Word-Space Model : Using Distributional Analysis to Represent Syntagmatic and Paradigmatic Relations between Words in High-Dimensional Vector Spaces*. PhD thesis, Stockholm University, Stockholm, Sweden.

SCHMID H. (1994). Probabilistic part-of-speech tagging using decision trees. In *New Methods in Language Processing*, p. 44–49, Manchester, UK.

SEBASTIANI F. (2002). Machine learning in automated text categorization. *ACM Comput. Surv.*, **34**(1), 1–47.

TSATSARONIS G. & PANAGIOTOPOULOU V. (2009). A generalized vector space model for text retrieval based on semantic relatedness. In *EACL 2009*, p. 70–78, Stroudsburg, PA, USA : Association for Computational Linguistics.

TURNEY P. D. & PANTEL P. (2010). From frequency to meaning : Vector space models of semantics. *Journal of artificial intelligence research*, **37**, 141–188.

UTSUMI A. (2010). Evaluating the performance of nonnegative matrix factorization for constructing semantic spaces : Comparison to latent semantic analysis. In *Proceedings of SMC*, p. 2893–2900 : IEEE.

VAN DER PLAS L. (2008). *Automatic lexico-semantic acquisition for question answering*. Thèse de doctorat, University of Groningen, Groningen.

VOZALIS E. & MARGARITIS K. G. (2003). Analysis of recommender systems' algorithms. In *The 6th Hellenic European Conference on Computer Mathematics & its Applications (HERCMA), Athens, Greece*.

WEEDS J. & WEIR D. (2005). Co-occurrence retrieval : A flexible framework for lexical distributional similarity. *Comput. Linguist.*, **31**(4), 439–475.

YURET D. (2012). Fastsubs : An efficient and exact procedure for finding the most likely lexical substitutes based on an n-gram language model. *IEEE Signal Process. Lett.*, **19**(11), 725–728.

ZHITOMIRSKY-GEFFET M. & DAGAN I. (2009). Bootstrapping distributional feature vector quality. *Comput. Linguist.*, **35**(3), 435–461.

ZWEIGENBAUM P. (1994). Menelas : an access system for medical records using natural language. *Computer Methods and Programs in Biomedicine*, **45**.

# Extraction non supervisée de relations sémantiques lexicales *

Juliette Conrath Stergos Afantenos Nicholas Asher Philippe Muller
IRIT, Université Toulouse & CNRS, Univ. Paul Sabatier, 118 Route de Narbonne, 31062 Toulouse
{nom.prenom@irit.fr}

**Résumé.** Nous présentons une base de connaissances comportant des triplets de paires de verbes associés avec une relation sémantique/discursive, extraits du corpus français frWaC par une méthode s'appuyant sur la présence d'un connecteur discursif reliant deux verbes. Nous détaillons plusieurs mesures visant à évaluer la pertinence des triplets et la force d'association entre la relation sémantique/discursive et la paire de verbes. L'évaluation intrinsèque est réalisée par rapport à des annotations manuelles. Une évaluation de la couverture de la ressource est également réalisée par rapport au corpus Annodis annoté discursivement. Cette étude produit des résultats prometteurs démontrant l'utilité potentielle de notre ressource pour les tâches d'analyse discursive mais aussi des tâches de nature sémantique.

**Abstract.** This paper presents a knowledge base containing triples involving pairs of verbs associated with semantic or discourse relations. The relations in these triples are marked by discourse connectors between two adjacent instances of the verbs in the triple in the large French corpus, frWaC. We detail several measures that evaluate the relevance of the triples and the strength of their association. We use manual annotations to evaluate our method, and also study the coverage of our ressource with respect to the discourse annotated corpus Annodis. Our positive results show the potential impact of our ressource for discourse analysis tasks as well as semantically oriented tasks.

**Mots-clés :** discours, sémantique, sémantique lexicale.

**Keywords:** discourse, semantics, lexical semantics.

## 1 Introduction

Les ressources lexicales relationnelles, c'est-à-dire qui répertorient les liens entre items lexicaux d'un point de vue sémantique, sont essentiellement tournées vers l'équivalence sémantique (synonymie, similarité) dans des thesaurus, éventuellement avec des relations hiérarchiques (hyperonymie ou hyponymie), à l'exemple de la référence Wordnet (Felbaum, 1998), qui inclut aussi des relations de partie à tout. Quand elles incluent des relations plus variées, par exemple dans les thesaurus distributionnels (Grefenstette, 1994), celles-ci ne sont pas typées. Les exceptions sont rares : le lexique sémantique FrameNet (Baker *et al.*, 1998) inclut des relations de causalité ou de précédence temporelle entre items désignant des événements, à l'intérieur de scénarios prototypiques, mais ces relations sont peu nombreuses et relativement négligeables par rapport au contenu de ce lexique ; la base Verbocean (Chklovski & Pantel, 2004) comporte des relations sémantiques de plusieurs types entre verbes transitifs : relations de type causal (*enablement*, par exemple *fight/win*), précédence temporelle (*marry/divorce*), similarité, antonymie, force (*wound/kill*), mais sa couverture est assez faible (environ 4000 paires de verbes dans sa version filtrée). Dans les deux cas les validations sont partielles, et ces travaux semblent avoir été laissés en attente. Les relations lexicales, notamment entre verbes, sont pourtant cruciales pour la compréhension du langage naturel, et sont utilisées par exemple dans la tâche d'inférence textuelle, où il s'agit de trouver les implications entre certains événements (Hashimoto *et al.*, 2009; Tremper & Frank, 2013), dans certaines tâches d'extraction, par exemple de relations temporelles (UzZaman *et al.*, 2013), dans l'analyse discursive en l'absence de marques explicites (Sporleder & Lascarides, 2008), ou bien encore pour le résumé automatique (Liu *et al.*, 2007). Certains travaux se sont consacrés à l'inventaire de tels liens pour des relations spécifiques : par exemple les liens causaux (Do *et al.*, 2011), les liens temporels (Chambers & Jurafsky, 2008), les liens d'implication (*entailment*) (Hashimoto *et al.*, 2009), implication et présupposition (Tremper & Frank, 2013). Le but de notre travail est l'extraction de certaines relations sémantiques qui sont primordiales pour l'analyse discursive. Par analyse discursive nous entendons l'établissement de liens entre énoncés, au-delà de la phrase, comme dans l'exemple (1), où en l'absence de marque explicite (par exemple avec un connecteur comme *donc* ou

*. Ce travail a bénéficié d'une aide de l'Agence Nationale de la Recherche portant la référence (ANR-12-CORD-0004)

*ainsi*), on peut déduire une causalité entre les événements par la connaissance de la sémantique des deux verbes mis en évidence.

(1) Le candidat a démontré tout son savoir-faire lors de la dernière épreuve. Le jury a été conquis.

L'analyse discursive est une tâche difficile, y compris pour l'humain. En effet, les relations rhétoriques sont fréquemment implicites et nécessitent des inférences pour être identifiées [1]. Ceci rend l'annotation de corpus fastidieuse et souvent imprécise, et peu de données annotées en relation sont ainsi disponibles à l'heure actuelle. De ce fait, les approches inductives par apprentissage ont un impact réduit, puisque celles-ci nécessitent un très grand nombre de données. De nombreux travaux tentent de pallier ces limitations en élaborant des approches faiblement supervisées, utilisant des données non annotées mais comportant des marques explicites repérables automatiquement pour retrouver des contextes typiques de certaines relations. Ces approches (Sporleder & Lascarides, 2008; Braud & Denis, 2013) s'appuient sur l'hypothèse de régularité des contextes, notamment des associations lexicales, mais de façon indirecte. A l'inverse, certaines approches (Wellner *et al.*, 2006; Feng & Hirst, 2012) tentent d'enrichir les modèles d'apprentissage avec des relations lexicales fines, du type de celles mentionnées plus haut, mais se heurtent à la faible couverture des ressources existantes.

Lister explicitement toutes les associations possibles de deux verbes dans cette perspective semble difficilement réalisable manuellement, et nous présentons une approche automatique, inspirée du projet Verbocean (Chklovski & Pantel, 2004), pour constituer une base lexicale large associant des verbes avec un typage d'ordre sémantique. Si notre objectif final est d'aider à la prédiction de relations discursives (rhétoriques), nous pensons utile de constituer cette ressource lexicale comme un intermédiaire intéressant d'autres tâches de nature sémantique. L'essentiel de la méthode est de recenser les paires de verbes dans des clauses adjacentes dans un grand corpus. Ces clauses sont souvent liées par des adverbiaux ou plus généralement des connecteurs discursifs marquant une ou plusieures relations discursives ; ces marqueurs suggèrent une relation discursive qui est enregistrée en association avec la paire. L' idée est de récupérer des paires de verbes qui sont souvent marquées avec une relation discursive (ou temporelle) et d'en déduire que cette paire de verbes peut suggérer une telle relation même en l'absence de marqueur. Ceci suppose que la relation repose non seulement sur le connecteur, mais également sur la paire de verbes employée : nous faisons ainsi l'hypothèse de redondance partielle du marqueur. Cette hypothèse a été précédemment discutée dans la littérature, notamment par (Sporleder & Lascarides, 2008) et (Braud, 2011), qui tendent à la soutenir.

La suite de l'article est organisée de la façon suivante. Nous détaillons d'abord la base de connaissances que nous avons construite (section 2), puis nous présentons ensuite les méthodes utilisées pour isoler des paires de verbes susceptibles d'apporter des informations discursives ou temporelles (section 3). Une troisième section décrit nos méthodes d'évaluation (section 4) et une quatrième fait une comparaison avec d'autres approches (section 5).

## 2 Explorer les relations entre verbes en corpus

La base de connaissances de relations verbales [2] a été construite à partir du corpus frWaC, qui fait partie de l'ensemble de corpora WaCKy (Baroni *et al.*, 2009). Celui-ci a été collecté sur le Web dans le domaine `.fr`, et contient environ 1.6 milliards de mots. Ce corpus a d'abord été parsé syntaxiquement grâce à la chaîne d'analyse de texte BONSAI [3] : étiquettage morpho-syntaxique par l'outil MElt (Denis & Sagot, 2012), puis analyse syntaxique en dépendances via une adaptation française du MaltParser (Nivre *et al.*, 2007). Le format de sortie est de type CONLL.

L'objectif est de rechercher des paires de verbes liés par une relation marquée explicitement par un connecteur dans le corpus. Les relations considérées sont des relations typiques en analyse discursive, éventuellement regroupée en groupes cohérents. Le corpus anglais du Penn Discourse TreeBank, le PDTB, (Prasad *et al.*, 2008) définit ainsi une hiérarchie d'une trentaine de relations comportant un niveau supérieur de quatre groupes : un groupe de relations causales (*contingency*), un groupe de relations temporelles, un groupe de "comparaison" (essentiellement des liens contrastifs), et un groupe d'"expansion" (essentiellement des types d'élaboration ou de continuation de discours). Afin de repérer les relations discursives marquées explicitement, on dispose en français du lexique LEXCONN (Roze *et al.*, 2012) [4], construit manuellement. Celui-ci rassemble 358 connecteurs du discours et comprend leurs catégories syntaxiques et les relations discursives associées, relations proches de celles de la SDRT (Asher & Lascarides, 2003). Certains connecteurs ont un usage ambigu, ils peuvent être associés à plusieurs relations. Dans un premier temps, dans un but de simplification, nous

1. Le corpus anglais PDTB par exemple comporte 52% de relations non marquées (Prasad *et al.*, 2008).
2. Disponible sous forme de base de données SQLite à `https://dl.dropboxusercontent.com/u/78938139/v2r_db`
3. Disponible à `http://alpage.inria.fr/statgram/frdep/fr_stat_dep_parsing.html`, cf aussi (Candito *et al.*, 2010)
4. Disponible librement : `https://gforge.inria.fr/frs/download.php/31052/lexconn.tar.gz`.

avons choisi de ne conserver que les connecteurs non ambigus, au nombre de 263. Par la suite, une désambiguisation pourra être opérée afin de permettre la prise en compte de tous les connecteurs. LEXCONN distingue une vingtaine de relations, et comme pour le PDTB, nous avons constitué des regroupements significatifs [5] : les relations d'explication (*parce que*) et de résultat (*ainsi*) forment le groupe causal, les relations d'organisation temporelle (*puis, après que*) ont été regroupées en un groupe de relations de narration. Les autres relations considérées sont des relations structurelles de contraste (*mais*), continuation (*et, encore*), arrière-plan (*alors que*), localisation temporelle (*quand, pendant que*), détachement (*de toutes façons*), élaboration (*en particulier*), alternation (*ou*), commentaire (*au fait*), reformulation (*du moins*), évidence (*effectivement*).

Un parcours du corpus parsé syntaxiquement est donc réalisé à la recherche de ces relations. Lorsqu'un connecteur est rencontré (après vérification de sa catégorie syntaxique), si celui-ci se trouve suffisamment proche de la racine de la phrase, une relation interphrastique est recherchée. Le premier verbe de la paire correspond alors au dernier verbe de la phrase précédente pour le cas des connecteurs de narration, ou au verbe principal de celle-ci pour toutes les autres relations. Le second verbe de la paire est recherché dans une fenêtre de deux liens de dépendances après le connecteur. Si le connecteur n'est pas suffisamment proche de la racine, une relation intraphrastique est recherchée. Pour cela, les deux verbes de la paire sont recherchés au sein de la même phrase, de part et d'autre du connecteur dans une fenêtre de deux liens de dépendances.

Dans le cas où deux lemmes verbaux sont effectivement identifiés, le contexte est examiné afin de mieux caractériser leur usage et d'affiner nos résultats. D'abord, si un verbe détecté est un modal ou un verbe support, la focalisation est reportée sur le verbe supporté par celui-ci, s'il existe, tout en mémorisant la présence du verbe support (qui ne constitue pas une distinction). La présence ou absence de négation et de particule réflexive constituent des critères de distinction entre les verbes (*comprendre* et *ne pas comprendre*, *agir* et *s'agir* sont des entrées distinctes). Par ailleurs, afin de distinguer les différents sens des verbes, deux types de traitement sont effectués. Une recherche d'un usage idiomatique de préposition est réalisée grâce à la ressource Dicovalence (Van Den Eynde & Mertens, 2010), qui répertorie les cadres de valence de plus de 3700 verbes simples du français (exemple : *tenir de* et *tenir à*). De plus la ressource Lefff (Lexique des Formes Fléchies du Français) (Sagot, 2010) permet de repérer les locutions verbales (exemples : *prendre garde*, *faire référence*). D'autres informations sont également mémorisées mais ne sont pas distinctives : temps du verbe, voix passive ou active.

Les deux exemples suivants illustrent cette méthode d'extraction (le schéma de dépendance est présenté, avec les liens utilisés pour l'extraction représentés en gras).

Exemple de relation intraphrastique :

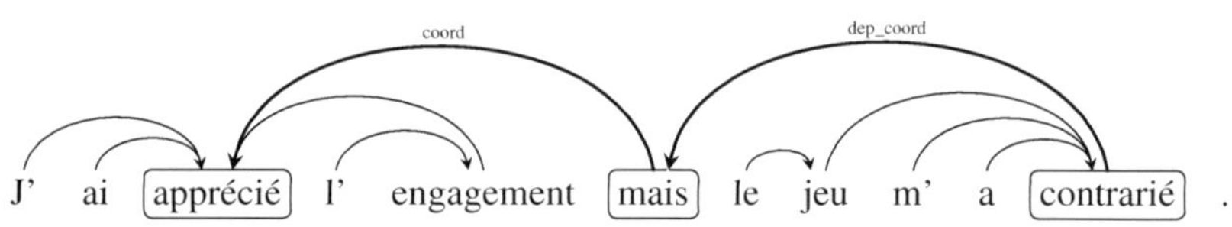


Exemple de relation interphrastique :

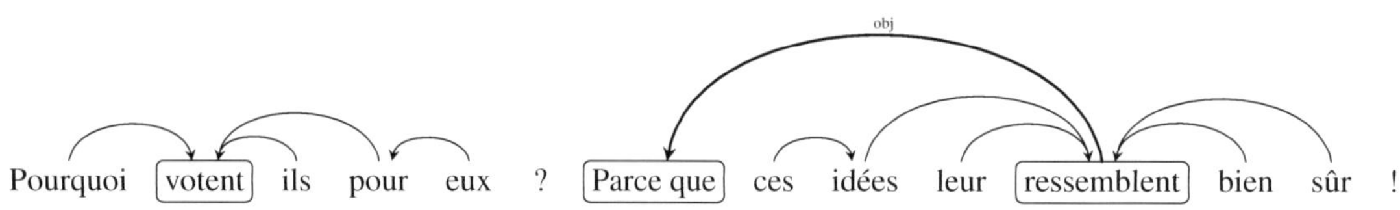


Une fois la liste des paires associées à un connecteur obtenue, une agrégation de ces résultats est effectuée afin de les regrouper en types de triplets distincts (verbe 1, verbe 2, relation). Étant donné que seuls les connecteurs non ambigus ont été conservés, l'obtention de la relation associée est directe. À chaque triplet sont associés le nombre d'occurrences intraphrastiques, interphrastiques, et le nombre total d'occurrences. Les autres données récoltées mentionnées plus haut (temps, verbe support...) sont également conservées dans une table annexe.

Par cette méthode, plus de 2 millions d'occurrences de triplets, dont près de 95% intraphrastiques [6], ont été obtenues

5. Pour illustrer chaque relation nous donnons des exemples de marqueurs explicites entre parenthèses, potentiellement ambigu.

6. La faible proportion d'occurrences interphrastiques provient du schéma prudent choisi pour le repérage de ces occurrences, considérant uniquement les connecteurs présents en début de la seconde phrase. Nous avons en effet jugé le risque de produire du bruit en élargissant les schémas possibles trop important.

dans le corpus. Ces occurrences ont été regroupées en plus d'1 million de types de triplets distincts dans la base de connaissances. Parmi ces triplets, 4,5% présentent 5 occurrences ou plus.

| Relation | Distribution |
|---|---|
| contraste | 50,104% |
| cause | 33,108% |
| continuation | 8,243% |
| narration | 6,362% |
| arrière-plan | 1,853% |
| localisation temporelle | 0.177% |
| détachement | 0.149% |
| élaboration | 0.002% |
| alternation | 0.002% |

TABLE 1 – La distribution des relations dans la base ; les relations commentaire, reformulation et évidence ont une fréquence d'apparition presque nulle.

La table 1 résume la distribution des triplets par relation. Nous pouvons noter que les relations de contraste et de cause sont largement majoritaires dans la base. Ceci ne signifie pas forcément que ce sont les plus présentes dans le corpus, mais plutôt qu'elles sont le plus fréquemment marquées par les connecteurs considérés. En prenant comme point de comparaison la ressource Annodis (Afantenos *et al.*, 2012), un corpus annoté manuellement en relations de discours, nous pouvons ainsi remarquer que les relations de continuation et d'élaboration sont bien plus fréquentes que dans nos annotations automatiques. Ceci signifie que ces relations reposent probablement moins sur la présence d'une marque explicite telle qu'un connecteur.

# 3 Mesurer l'association sémantique des paires de verbes

La section précédente présentait les données collectées sur les paires de verbes reliées par les marqueurs choisis, nous présentons maintenant les mesures testées pour classer la force d'association des paires de verbes. Nous nous sommes inspirés des mesures classiques d'association lexicale, issues de l'étude des cooccurrences, en les adaptant au contexte, et avons ajouté certaines mesures utilisées sur des relations spécifiques, comme les mesures de Do *et al.* (2011) pour détecter les liens de causalité entre verbes.

Les mesures d'association lexicale utilisées dans la recherche de cooccurrences servent à repérer des associations significatives, une fois que l'on tient compte de la fréquence des items reliés. Elles sont un composant essentiel des approches distributionnels de la sémantique et dans la construction d'espaces vectoriels de mots. Nous avons retenu une mesure simple, la PMI (*pointwise mutual information*) et ses variantes, *locale*, *normalisée*, *pondérée*, sensées atténuer les biais de la mesure originale (Evert, 2005). Le principe de la PMI est d'estimer si l'apparition simultanée de deux items est supérieure à la probabilité d'apparition *a priori* des deux items indépendamment. Nous avons appliqué cette mesure à des triplets constitués d'une paire de verbes avec une relation sémantique/discursive, parce que ce qui nous intéresse est de voir si la probabilité des deux items *avec* une relation sémantique particulière est supérieure à la probabilité d'apparition *a priori* des trois items indépendamment. Pour toutes nos mesures, nous considérons en fait l'événement consistant en l'apparition de deux items lexicaux dans une certaine relation indiquée par un marqueur explicite. Ceci est semblable aux approches syntaxiques en sémantique distributionnelle, qui pondèrent les associations d'items lexicaux dans une certaine relation syntaxique (comme nom-sujet-verbe, ou verbe-objet-nom).

$$PMI = \log(\frac{P(V_1, V_2, R)}{P(V_1) \times P(V_2) \times P(R)})$$

En cas de cooccurrence complète des trois items, nous avons :

$P(V_1) = P(V_2) = P(R) = P(V_1, V_2, R)$, et $PMI = -2\log(P(V_1, V_2, R))$.

Ainsi, la PMI normalisée est définie comme suit :

$$PMI\_normalisée = \frac{PMI}{-2\log(P(V_1, V_2, R))}$$

Notons ainsi que cette mesure est comprise entre -1 et 1, approchant -1 lorsque les items n'apparaissent jamais ensemble, prenant la valeur 0 en cas d'indépendance, et la valeur 1 en cas de cooccurrence complète.

La PMI pondérée proposée par Lin & Pantel (2002) est censée pallier le biais de la PMI pour les triplets peu fréquents :

$$PMI\_pond\acute{e}r\acute{e}e = discount \times PMI$$

$$discount = \frac{P(V_1, V_2, R)}{P(V_1, V_2, R) + 1} \times \frac{\min[\sum_i(P(V_i, V_2, R)), \sum_i(P(V_1, V_i, R)), \sum_i(P(V_1, V_2, R_i)]}{\min[\sum_i(P(V_i, V_2, R)), \sum_i(P(V_1, V_i, R)), \sum_i(P(V_1, V_2, R_i))] + 1}$$

La PMI locale quant à elle permet de prendre en compte la fréquence absolue d'occurrence du triplet :

$$PMI\_locale = F(V_1, V_2, R) \times \log(\frac{(V_1, V_2, R)}{P(V_1) \times P(V_2) \times P(R)}) = F(V_1, V_2, R) \times PMI$$

Nous nous sommes également inspirés d'une mesure de (Mirroshandel *et al.*, 2013), initialement définie pour mesurer la précision de cadres de sous-catégorisation, pour définir la mesure de spécificité :

$$sp\acute{e}cificit\acute{e} = \frac{1}{3} \times (\frac{P(V_1, V_2, R)}{\sum_i P(V_1, V_i, R)} + \frac{P(V_1, V_2, R)}{\sum_i P(V_i, V_2, R)} + \frac{P(V_1, V_2, R)}{\sum_i P(V_1, V_2, R_i)})$$

Do *et al.* (2011) donnent une mesure complexe pour l'apport de deux prédicats qui supportent une relation causale, dont nous nous sommes inspirés dans la mesure suivante :

$$U_{do}(V_1, V_2, R) = PMI(V_1, V_2, R) \times max\{u_{V_1}, u_{V_2}, u_R\}$$

où : $u_{V_1} = \frac{P(V_1,V_2,R)}{\max_i(P(V_i,V_2,R)) - P(V_1,V_2,R) + \varepsilon}$, $u_{V_2} = \frac{P(V_1,V_2,R)}{\max_i(P(V_1,V_i,R)) - P(V_1,V_2,R) + \varepsilon}$

et $u_R = \frac{P(V_1,V_2,R)}{\max_i(P(V_1,V_2,R_i)) - P(V_1,V_2,R) + \varepsilon}$.

Notons que la mesure initiale de (Do *et al.*, 2011) est également fonction de l'IDF (inverse document frequency), qui mesure la fréquence interdocument des deux verbes, et de la distance entre les deux instances. Ces deux derniers facteurs ne sont pas applicables à nos triplets, et ont donc été ignorés.

Nous avons également défini une mesure permettant d'évaluer l'apport de chaque composant du triplet à son informativité, similaire à la spécificité décrite ci-dessus.

$$W_{combin\acute{e}e}(V_1, V_2, R) = \frac{1}{3}(w_{V_1} + w_{V_2} + w_R)$$

Avec : $w_{V_1} = \frac{P(V_1,V_2,R)}{\max_i(P(V_i,V_2,R))}$, $w_{V_2} = \frac{P(V_1,V_2,R)}{\max_i(P(V_1,V_i,R))}$, et $w_R = \frac{P(V_1,V_2,R)}{\max_i(P(V_1,V_2,R_i))}$.

# 4 Évaluation des relations

Pour évaluer l'intérêt des paires de verbes extraites, nous avons procédé à plusieurs évaluations qui se veulent complémentaires. D'abord nous voulons une évaluation intrinsèque du lien entre les verbes, dans la perspective de valider la base comme une ressource sémantique, qui peut servir à des tâches différentes. Celle-ci est présentée ci-dessous (section 4.1). Nous présentons ensuite un début de validation extrinsèque, en étudiant l'impact potentiel de la ressource sur une tâche spécifique, à savoir la prédiction de relations discursives en l'absence de marque explicite (section 4.2).

## 4.1 Evaluation intrinsèque

Pour évaluer intrinsèquement les liens extraits, nous avons dans un premier temps étudié la possibilité d'attribuer fiablement un lien sémantique à une paire de verbes de façon "inhérente", c'est-à-dire hors de tout contexte Par exemple pour la cause, est-il possible de juger qu'il y a une causalité "typique" entre les verbes *pousser* et *tomber*, dans des scénarios où ils partagent des arguments (sujet, objet, ...), ces scénarios étant laissés à l'appréciation du juge (section 4.1.1). Dans un deuxième temps, nous avons sélectionné quelques paires de verbes et une centaine de contextes dans lesquels ces paires apparaissent ensemble dans le corpus d'origine, pour juger du lien sémantique en contexte (section 4.1.2). Dans les deux cas, nous avons restreint l'étude à trois groupes de relations, causales, contrastives et narratives. Ce sont les plus couramment marquées dans le corpus, et elles constituent des cas assez différent de lien, en ayant une composante sémantique qui paraît significative (à l'inverse de la relation, très marquée également, de continuation).

#### 4.1.1 Evaluation hors contexte des paires

Pour le jugement sur des liens hors contexte, nous avons suivi le protocole suivant : un des auteurs a choisi 100 paires de verbes avec des proportions similaires de paires présentant des bons et mauvais scores pour la relation choisie et selon les mesures choisies. Ensuite, les trois autres auteurs ont dû juger pour chacune des 300 paires si elle pouvait ou non être reliée avec la relation considérée, sans connaître l'origine des paires. La table résume les accords inter-annotateurs, estimés avec le kappa de Cohen (Carletta, 1996). Il est apparu assez vite que la tâche était très difficile voire infaisable pour la causalité, difficile pour la narration, et moyennement difficile pour le contraste, si l'on juge classiquement qu'un kappa autour de 0.6 est acceptable, surtout pour un jugement de nature sémantique.

Nous avons donc décidé d'ignorer ces jugements pour la cause et la narration, et avons gardé les jugements sur le contraste, après adjudication entre les trois annotateurs. Pour évaluer les mesures d'association choisies, nous avons testé statistiquement si elles discriminaient entre les deux groupes de paires de verbes (celles jugées positivement et négativement par les annotateurs). La table 3 résume ces tests, où l'on voit que toutes les mesures discriminent statistiquement les deux groupes, sauf les comptages bruts de cooccurrence.

| Annotateurs | Cause | Contraste | Narration |
|---|---|---|---|
| 1/2 | 0.16 | 0.55 | 0.43 |
| 1/3 | 0.22 | 0.57 | 0.46 |
| 2/3 | 0.13 | 0.56 | 0.37 |
| kappa moyen | 0.17 | 0.56 | 0.42 |

TABLE 2 – Accords inter-annotateurs pour annotations hors contexte : kappa par paires d'annotateurs et moyenne des kappas.

| Mesure | valeur de p |
|---|---|
| spécificité | 2.5e-11 |
| U_do | 2.9e-11 |
| PMI_normalisée | 1.28e-10 |
| PMI_pondérée | 1.96e-10 |
| PMI | 1.86e-10 |
| W_combinée | 4.93e-10 |
| PMI_locale | 4.95e-08 |
| comptage d'occurrences inter-phrastiques | 0.000904 |
| comptage d'occurrences intra-phrastiques | 0.0721 |
| comptage d'occurrences brut | 0.116 |

TABLE 3 – Tests de MannWhitney-U pour estimer la différence des mesures sur les groupes de paires de verbes contrastives ou non. Les mesures sont triées par valeur de p croissante, les valeurs dans la deuxième partie du tableau étant non significatives.

#### 4.1.2 Evaluation en contexte

Pour une évaluation plus précise des liens sémantiques, nous avons aussi considéré des jugements d'association en contexte : en plus de faciliter le jugement, l'idée est aussi que le caractère typique de la relation entre deux verbes peut être estimée par la proportion de contextes où ils apparaissent ensemble avec le lien que l'on considère. On peut ensuite observer si cette proportion est corrélée avec les mesures d'association présentées précédemment. L'écueil de cette méthode est son coût en annotation : si l'on veut évaluer un lien entre deux verbes spécifiques il faut déjà un certain nombre de contextes pour appuyer le jugement, et il faut répéter cette évaluation sur un nombre suffisant de paires de verbes. De plus, il faut avoir un échantillon de paires qui couvre suffisamment de valeurs différentes pour observer des corrélations significatives, alors qu'on ne peut préjuger des valeurs attribuées par l'annotation humaine. Nous avons finalement choisi 40 contextes exemples pour chacune des 15 paires de verbes sélectionnées (5 pour chaque relation : cause, narration, contraste) ; les paires sélectionnées le sont selon des scores échelonnés de PMI_normalisée, et encore une fois par l'un des auteurs indépendemment des trois autres, qui ont réalisé l'annotation séparément, avant de procéder à une adjudication des 600 contextes pour la référence. Pré-adjudication, l'accord brut sur les décision est de 78% en moyenne, pour un kappa moyen de 0,46 et un kappa maximum de 0,49. Ces valeurs semblent faibles, ce qui souligne la difficulté de la tâche. Le résultat de cette annotation est présenté table 4.

| Verbe 1 | Verbe 2 | relation | association/humain |
|---|---|---|---|
| inviter | souhaiter | causale | 12.8% |
| promettre | élire | causale | 25.6% |
| aimer | trouver | causale | 38.5% |
| bénéficier | créer | causale | 51.3% |
| aider | gagner | causale | 53.8% |
| proposer | refuser | contraste | 59.0% |
| augmenter | diminuer | contraste | 64.1% |
| tenter | échouer | contraste | 64.1% |
| gagner | perdre | contraste | 71.8% |
| autoriser | interdire | contraste | 74.4% |
| parler | réfléchir | narration | 42.5% |
| acheter | essayer | narration | 70.0% |
| atteindre | traverser | narration | 77.5% |
| commencer | finir | narration | 80.0% |
| envoyer | transmettre | narration | 82.5% |

TABLE 4 – La liste des paires de verbes évaluées manuellement en contexte, avec la relation à juger et le ratio d'association résultant de l'adjudication humaine

Nous avons ensuite mesuré la corrélation entre cet indice d'association obtenu à partir de l'annotation humaine, et les mesures d'association présentées plus haut. Nous indiquons ici deux corrélations séparées : une première sur l'ensemble des données annotées, et une seconde sur le sous-ensemble des contextes ne comportant pas de marqueur de la relation considérée (les contextes implicites). Cette dernière mesure est importante pour quantifier l'apport effectif de la méthode suivie ici, et éviter la tautologie qui consisterait à trouver des liens marqués explicitement en corpus pour identifier les mêmes liens marqués dans des contextes particuliers. De fait, les contextes sans marques explicites sont les seuls à n'être pas intervenu dans le calcul des mesures d'association.

| | Corrélation globale | Corrélation sur instances implicites |
|---|---|---|
| PMI_normalisée | 0.749 | 0.806 |
| spécificité | 0.747 | 0.760 |
| W_combinée | 0.720 | 0.738 |
| PMI_pondérée | 0.716 | 0.761 |
| PMI | 0.709 | 0.756 |
| PMI_locale | 0.434 | 0.553 |
| U_do | 0.376 | 0.499 |
| frequence brute | 0.170 | 0.242 |

TABLE 5 – Les corrélations de Pearson pour les 15 paires considérées et pour les mesures présentées à la section 3, par ordre décroissant.

Ceci posé, on peut observer que les mesures d'information mutuelle sont bien corrélées, même la PMI simple, et que la mesure W_combinée que nous proposions section 3 est également utile. Nous avons également observé les résultats pour chaque relation séparément (résultats non détaillés ici), avec prudence à cause du faible nombre de points (5 par relation), et avons pu noter de grandes variations dans le comportement des mesures sur chaque relation. Notons ainsi que la mesure U_do, initialement formulée pour les relations causales, ne se généralise pas bien sur l'ensemble des relations ni sur les autres relations, par contre son bon fonctionnement a pu être vérifié pour les relations causales. Par ailleurs, la mesure de PMI_locale fonctionne très bien pour les relations de narration et de cause.

Ces résultats nous ont permis d'identifier les trois meilleures mesures : la PMI_normalisée, la spécificité et W_combinée. Nous avons observé que ces deux dernières assignent leur valeur maximale à de multiples paires. Nous avons alors imposé un ordre lexicographique en utilisant la PMI normalisée pour départager les meilleures paires. La table 6 présente ainsi les meilleures paires obtenues pour les relations de narration, continuation, cause et contraste.

| Verbe 1 | Verbe 2 | Relation |
|---|---|---|
| abandonner | mener | arrière-plan |
| ne pas s'arrêter | rouler | narration |
| donner satisfaction sur | réélire | continuation |
| emporter | ne pas cesser | élaboration |
| emprunter | assurer | cause |
| ne pas manquer | prolonger | détachement |
| ratifier | trembler | arrière-plan |
| avoir honte | faire pitié | cause |
| avoir droit | cotiser pour | loc. temp. |
| ne pas représenter | stéréotyper | loc. temp. |

TABLE 6 – Listes des 10 meilleures paires de la base selon notre ordre lexicographique.

## 4.2 Evaluation extrinsèque

L'objectif principal de notre travail est de constituer une ressource de relations sémantiques, dont la principale application visée est l'aide à la prédiction de relations rhétoriques. Afin d'évaluer la performance de notre base de triplets dans cette optique, nous avons pour perspective de l'utiliser comme traits additionnels dans un modèle de prédiction de relations. Au préalable, nous avons cherché à évaluer l'impact potentiel de notre ressource sur la tâche de prédiction, en étudiant sa couverture par rapport à un corpus en français annoté en relations de discours, le corpus Annodis (Afantenos *et al.*, 2012). Pour espérer améliorer les modèles existants, il faut en effet qu'une partie significative des relations à prédire implique des paires de verbes présentes dans la base constituée. Un indicateur fort du succès potentiel de la tâche est aussi la part de relations entre deux segments contenant deux verbes existant dans la base, et dont le lien majoritaire fait partie du groupe concerné par la relation, par exemple pour une relation d'explication, le fait que les deux verbes soient reliés par un lien causal. Ceci n'est intéressant qu'à la condition que l'instance en question ne présente pas déjà un marquage direct de la relation via un connecteur de discours, c'est-à-dire que la relation soit implicite. Par ailleurs, toujours dans le cas des liens implicites, il est intéressant d'avoir l'information que deux verbes sont dans un certain rapport sémantique, même si celui-ci ne correspond pas directement à un groupe lié à la relation recherchée : un lien causal potentiel entre deux événements peut informer au moins qu'une succession temporelle est pertinente pour considérer le lien entre deux unités de discours.

Pour mener cette étude, nous nous sommes reposés là encore sur la base de marqueurs Lexconn. En première approximation, nous avons considéré qu'une instance de relation entre deux segments de discours était explicite quand un connecteur de Lexconn était présent dans un des deux segments, et qu'un de ses sens recensés était celui de la relation présente dans le corpus. Cela peut au pire surestimer le nombre d'exemples explicites, et assure que les exemples implicites considérés le sont effectivement (à quelques erreurs de détection de marquage près). Pour simplifier nous n'avons considéré que les liens entre unités discursives simples, Annodis comportant également des relations entre ensembles de segments simples (segments dits "complexes").

La table 7 présente les résultats de couverture, pour les relations principales. Il faut noter qu'un petit nombre d'instances du corpus sont concernées (400 sur environ 2000 relations entre segments simples), les autres n'impliquant souvent qu'un verbe, et certaines étant oubliées à cause d'erreur d'étiquetage ou de détection. Là encore ces chiffres sont à prendre comme des estimations conservatrices.

| | global | narration | cause | contrast | elab. | cont. | AR | autres |
|---|---|---|---|---|---|---|---|---|
| paires dans annodis | 407 | 72 | 65 | 40 | 97 | 93 | 24 | 16 |
| paires annodis ∈ vpdb | 66.8 | 65.3 | 67.7 | 72.5 | 69.1 | 60.2 | 79.2 | 62.5 |
| triplets annodis∈ vpdb | 33.7 | 34.7 | 49.2 | 65.0 | 0.0 | 19.4 | 8.3 | 0.0 |
| triplets annodis marqués dans l'instance | 20.4 | 29.2 | 21.5 | 62.5 | 1.0 | 5.4 | 12.5 | 0.0 |
| paires annodis implicites (pas de connecteur/ou autre connecteur) | 79.6 | 70.8 | 78.5 | 37.5 | 99.0 | 94.6 | 87.5 | 100.0 |
| triplets annodis implicites ∈ vpdb (avec relation correcte) | 24.6 | 23.6 | 40.0 | 27.5 | 0.0 | 18.3 | 8.3 | 0.0 |
| paires annodis implicites ∈ vpdb (toutes relations) | 53.1 | 48.6 | 50.8 | 27.5 | 68.0 | 57.0 | 70.8 | 62.5 |
| verbes absents de vpdb | 0.4 | 1.0 | 0.0 | 1.4 | 0.0 | 0.0 | 0.0 | 0.0 |

TABLE 7 – Couverture des paires de verbes dans la base (vpdb) par rapport aux instances du corpus Annodis impliquant deux verbes. Paire = paire de verbes dans des segments reliés par une relation rhétorique, Triplet=la paire de verbes associée à la relation rhétorique dans une instance du corpus. A part la première ligne, tous les chiffres sont en pourcentage. AR = arrière-plan, cont=continuation, elab=elaboration.

Nous avons listé plusieurs types d'information : la présence dans la base des paires de verbes des instances du corpus discursif, la présence des paires de verbes associés à la relation qui les lie dans l'instance d'Annodis considérée [7], c'est-à-dire la présence du triplet (verbe1,verbe2,relation) dans la base, et la restriction de ces statistiques aux contextes où il y a présence ou absence d'un marqueur explicite d'une relation.

Nous pouvons voir que presque tous les verbes présents dans le corpus discursif sont recensés dans la base dans au moins une paire (les deux exceptions sont un verbe non lemmatisé par le taggeur, et une locution verbale), mais que les paires recensées dans la base ne couvrent que partiellement les paires apparaissant dans Annodis. En effet entre 60 et 70% des instances associent des verbes présents dans la base (selon la relation), et un peu moins si l'on considère les instances implicites (environ 50% en moyenne), sauf la relation de contraste, fortement marquée dans Annodis. Il est très encourageant de noter qu'une forte proportion de contextes sans marquage contiennent des paires de verbes qui sont collectées dans un contexte marqué, même pour des relations peu marquées comme élaboration ou continuation, et qui plus est une bonne part de ces contextes (plus de la moitié) sont correctement associés à la bonne relation dans la base (éventuellement parmi d'autres). L'hypothèse de redondance partielle des connecteurs semble pouvoir être utile quand on considère le corpus dans son ensemble pour isoler des associations verbales pertinentes pour le discours. Tout ceci demande à l'évidence d'être poursuivi en intégrant ces informations à un étiquetteur de relations discursives, mais semble prometteur dans cette perspective.

# 5 Travaux reliés

Nous pouvons distinguer deux différents types de travaux reliés à notre approche. Pour le premier groupe, l'idée fondamentale est de pallier le manque de données annotées en utilisant une approche faiblement supervisée, exploitant la présence de marqueurs explicites dans un grand corpus non-annoté. Chaque paire d'unités discursives élémentaires est ainsi annotée automatiquement avec la relation discursive correspondant au marqueur (les marqueurs sont souvent filtrés par rapport à leurs usages non-discursifs). Ensuite, ces marqueurs sont éliminés du corpus afin d'empêcher les modèles de se baser sur cet indice, créant ainsi artificiellement des relations implicites. L'article pionnier de cette approche est celui de (Marcu & Echihabi, 2002). Les relations utilisées dans cet article correspondent à un niveau de granularité plus grossier par rapport aux relations typiquement utilisées en RST (Mann & Thompson, 1988), obtenant néanmoins des scores assez bas. La même approche a été aussi poursuivie par Sporleder & Lascarides (2008) obtenant des résultats à peine au-dessus du hasard comme l'ont montré Braud & Denis (2013). Ces derniers ont ainsi observé les performances relativement faibles de cette méthode de prédiction des relations implicites avec des données « artificielles » (relation explicite rendue

7. Chaque paire de verbes extraite d'annodis est présente une seule fois.

artificiellement implicite par suppression du marqueur) par rapport aux résultats obtenus avec des données « naturelles » (relation implicite annotée par un humain). Ils ont alors proposé une méthode consistant à combiner ces deux types de données soit au niveau du jeu de données soit directement au niveau de l'algorithme d'apprentissage, obtenant ainsi une amélioration significative sur le corpus ANNODIS. Notre approche est différente en ce qu'elle veut isoler explicitement les liens entre paires de verbes, pour élargir l'usage de cette information à d'autres tâches. Dans une prochaine étape nous chercherons cependant à mesurer l'apport de notre ressource pour cette tâche de prédiction de relations par rapport aux approches précédentes, permettant ainsi une évaluation extrinsèque.

Un deuxième groupe de travaux vise à identifier les relations discursives (implicites ou non) en se focalisant sur l'utilisation des relations lexicales fines comme un autre indice pendant la phase d'apprentissage. La plupart des travaux se concentrent principalement sur les relations lexicales entre deux verbes. Chklovski & Pantel (2004) par exemple, se sont appuyés sur des patrons spécifiques construits manuellement pour chaque relation sémantique parmi (*similarity, strength, antonymy, enablement* et *temporal happens-before*). Ensuite, le Web a servi de corpus afin d'estimer la PMI entre deux verbes et un patron (un calcul précis de ne peut pas être réalisable puisque la probabilité d'un verbe ou un patron sur tout le web ne peut être connue précisément). Un seuil (estimé manuellement) sur les valeurs de PMI a ainsi permis de déterminer les paires de verbes considérées comme liées par la relation indiquée par le patron. Dans le même esprit, Kozareva (2012) s'est basée sur une approche faiblement supervisée pour réaliser l'extraction de paires de verbes potentiellement impliqués dans une relation *cause-effet*. La méthode consiste à utiliser des patrons appliqués sur le Web pour extraire des paires et générer de nouvelles graines. Des travaux similaires ont été réalisés par Do *et al.* (2011), prenant cependant en compte non seulement les verbes mais aussi les noms dénotant un événement. Ils se sont concentrés sur les relations causales, utilisant les marqueurs discursifs comme indice. Selon leurs travaux, un événement est un prédicat avec un certains nombre d'arguments et donc l'association d'événements est la somme d'associations entre prédicats, entre prédicats et arguments et entre arguments. Toutes leurs mesures sont basées sur la PMI corrigée pour certains cas (paires trop fréquentes, distance textuelle entre les prédicats d'une paire, fréquence des prédicats). À l'aide du Gigaword comme corpus et d'une réimplémentation de (Lin *et al.*, 2014), ils ont alors extrait les relations discursives. Un système de programmation logique inductive est finalement utilisé, exploitant les interactions entre paires causales et relations discursives afin d'extraire les liens causaux. Ces travaux se concentrent donc sur des relations particulières, à l'exception de Chklovski & Pantel (2004), qui ne présentent pas d'évaluation systématique de leurs résultats.

Enfin, il faut mentionner les travaux qui se soucient directement de l'apprentissage des structures discursives mais qui enrichissent leur système en ajoutant de l'information lexicale. Feng & Hirst (2012) ont utilisé HILDA (Hernault *et al.*, 2010), y ajoutant d'avantage de traits. Une famille de traits représente la similarité lexicale fondée sur les distance dans les hiérarchies VERBNET et WORDNET. D'une façon similaire, Wellner *et al.* (2006) se sont focalisés sur les relations discursives intraphrastiques et ont ajouté de l'information lexicale dans des traits basés sur les mesures proposées par Lin (1998) et calculées sur le British National Corpus. Ces approches n'utilisent donc que des liens lexicaux de similarité, sans typage sémantique de ce lien, et l'impact de cette information seule semble limitée. Du point de vue de l'évaluation, notre méthode est assez proche de celle suivie dans les travaux sur la relation d'implication dans (Tremper & Frank, 2013), combinant évaluation hors et en contexte d'associations verbales. Les accords inter-annotateurs sont similaires aux nôtres (0.42-0.44 de Kappa), avec des choix légèrement différents : les annotateurs étaient censés discriminer le lien verbal entre les différents sous-cas possibles. Les paires de verbes étaient repérées par le système de Lin et Pantel. Ces auteurs présentent également un modèle de classification parmi les différents types de relations, en supposant donné le fait que deux verbes sont liés sémantiquement.

# 6 Conclusion

Nous avons présenté ici une base de connaissances comportant des triplets de paires de verbes associés avec une relation sémantique/discursive, extraits du corpus français frWaC par une méthode s'appuyant sur la présence d'un connecteur discursif reliant deux verbes. Nous avons détaillé plusieurs mesures visant à évaluer la pertinence des triplets et la force d'association entre la relation sémantique/discursive et la paire de verbes. Des évaluations par annotation manuelle nous ont permis de valider notre approche et de sélectionner les meilleures mesures. Nous avons également réalisé une étude de la couverture de la ressource par rapport aux triplets annotés manuellement du corpus Annodis. Ceci nous a permis de vérifier qu'un grand nombre de triplets implicites dans Annodis sont présents dans notre base de connaissances. Ces résultats positifs encouragent la poursuite de nos travaux dans la perspective d'utiliser cette ressource pour améliorer les méthodes d'analyse du discours, mais aussi pour des tâches de nature sémantique.

## Références

AFANTENOS S., ASHER N., BENAMARA F., BRAS M., FABRE C., HO-DAC M., DRAOULEC A. L., MULLER P., PERY-WOODLEY M.-P., PREVOT L., REBEYROLLES J., TANGUY L., VERGEZ-COURET M. & VIEU L. (2012). An empirical resource for discovering cognitive principles of discourse organisation : the ANNODIS corpus. In N. CALZOLARI, K. CHOUKRI, T. DECLERCK, M. U. DOĞAN, B. MAEGAARD, J. MARIANI, J. ODIJK & S. PIPERIDIS, Eds., *Proceedings of the Eight International Conference on Language Resources and Evaluation (LREC'12)*, Istanbul, Turkey : European Language Resources Association (ELRA).

ASHER N. & LASCARIDES A. (2003). *Logics of Conversation*. Studies in Natural Language Processing. Cambridge, UK : Cambridge University Press.

BAKER C. F., FILLMORE C. J. & LOWE J. B. (1998). The Berkeley FrameNet Project. In *Proceedings of the COLING-ACL*, Montreal, Canada.

BARONI M., BERNARDINI S., FERRARESI A. & ZANCHETTA E. (2009). The wacky wide web : a collection of very large linguistically processed web-crawled corpora. *Language resources and evaluation*, **43**(3), 209–226.

BRAUD C. (2011). Identification automatique des relations rhétoriques en français à partir de corpus annotés et de corpus bruts. Master's thesis, Université Paris Diderot.

BRAUD C. & DENIS P. (2013). Identification automatique des relations discursives "implicites" à partir de données annotées et de corpus bruts. In *TALN - 20ème conférence du Traitement Automatique du Langage Naturel 2013*, volume 1, p. 104–117, Sables d'Olonne, France.

CANDITO M., CRABBÉ B. & DENIS P. (2010). Statistical french dependency parsing : Treebank conversion and first results. In *LREC*, Valletta, Malta.

CARLETTA J. (1996). Assessing agreement on classification tasks : the kappa statistic. *Computational linguistics*, **22**(2), 249–254.

CHAMBERS N. & JURAFSKY D. (2008). Unsupervised Learning of Narrative Event Chains. In *Proceedings of ACL-08 : HLT*, p. 789–797, Columbus, Ohio.

CHKLOVSKI T. & PANTEL P. (2004). Verbocean : Mining the web for fine-grained semantic verb relations. In D. LIN & D. WU, Eds., *Proceedings of EMNLP 2004*, p. 33–40, Barcelona, Spain : Association for Computational Linguistics.

DENIS P. & SAGOT B. (2012). Coupling an annotated corpus and a lexicon for state-of-the-art pos tagging. *Language Resources and Evaluation*, (46), 721–736.

DO Q., CHAN Y. S. & ROTH D. (2011). Minimally supervised event causality identification. In *Proceedings of the 2011 Conference on Empirical Methods in Natural Language Processing*, p. 294–303, Edinburgh, Scotland, UK. : Association for Computational Linguistics.

EVERT S. (2005). *The statistics of word cooccurrences*. PhD thesis, Stuttgart University.

FELBAUM C. (1998). *Wordnet, an Electronic Lexical Database for English*. Cambridge : MIT Press.

FENG V. W. & HIRST G. (2012). Text-level discourse parsing with rich linguistic features. In *Proceedings of the 50th Annual Meeting of the Association for Computational Linguistics (Volume 1 : Long Papers)*, p. 60–68, Jeju Island, Korea : Association for Computational Linguistics.

GREFENSTETTE G. (1994). *Explorations in automatic thesaurus discovery*. Springer.

HASHIMOTO C., TORISAWA K., KURODA K., DE SAEGER S., MURATA M. & KAZAMA J. (2009). Large-scale verb entailment acquisition from the Web. In *Proceedings of the 2009 Conference on Empirical Methods in Natural Language Processing*, p. 1172–1181, Singapore : Association for Computational Linguistics.

HERNAULT H., PRENDINGER H., DUVERLE D. A. & ISHIZUKA M. (2010). HILDA : A Discourse Parser Using Support Vector Machine Classification. *Dialogue and Discourse*, **1**(3), 1–33.

KOZAREVA Z. (2012). Cause-effect relation learning. In *Workshop Proceedings of TextGraphs-7 : Graph-based Methods for Natural Language Processing*, p. 39–43, Jeju, Republic of Korea : Association for Computational Linguistics.

LIN D. (1998). Automatic retrieval and clustering of similar words. In *Proceedings of the 36th ACL and 17th COLING joint conference*, volume 2, p. 768–774, Montreal.

LIN D. & PANTEL P. (2002). Concept discovery from text. In *Proceedings of Coling 2002*, p. 1–7 : Association for Computational Linguistics.

LIN Z., NG H. T. & KAN M.-Y. (2014). A PDTB-styled end-to-end discourse parser. *Natural Language Engineering*, **20**(2), 151–184.

LIU M., LI W., WU M. & LU Q. (2007). Extractive summarization based on event term clustering. In *Proceedings of the 45th Annual Meeting of the Association for Computational Linguistics Companion Volume Proceedings of the Demo and Poster Sessions*, p. 185–188, Prague, Czech Republic : Association for Computational Linguistics.

MANN W. C. & THOMPSON S. A. (1988). Rhetorical Structure Theory : Towards a Functional Theory of Text Organization. *Text*, **8**(3), 243–281.

MARCU D. & ECHIHABI A. (2002). An Unsupervised Approach to Recognizing Discourse Relations. In *Proceedings of ACL*, p. 368–375.

MIRROSHANDEL S. A., NASR A. & SAGOT B. (2013). Enforcing subcategorization constraints in a parser using sub-parses recombining. In *Proceedings of the 2013 Conference of the North American Chapter of the Association for Computational Linguistics : Human Language Technologies*, p. 239–247, Atlanta, Georgia : Association for Computational Linguistics.

NIVRE J., HALL J., NILSSON J., CHANEV A., ERYIGIT G., KÜBLER S., MARINOV S. & MARSI E. (2007). Maltparser : A language-independent system for data-driven dependency parsing. *Natural Language Engineering*, **13**(2), 95–135.

PRASAD R., DINESH N., LEE A., MILTSAKAKI E., ROBALDO L., JOSHI A. & WEBBER B. L. (2008). The Penn Discourse TreeBank 2.0. In *Proceedings of LREC 2008*.

ROZE C., DANLOS L. & MULLER P. (2012). Lexconn : A french lexicon of discourse connectives. *Discours*, (10).

SAGOT B. (2010). The lefff, a freely available and large-coverage morphological and syntactic lexicon for french. In *7th international conference on Language Resources and Evaluation (LREC 2010)*, Valletta, Malta.

SPORLEDER C. & LASCARIDES A. (2008). Using Automatically Labelled Examples to Classify Rhetorical Relations : An Assessment. *Natural Language Engineering*, **14**(3), 369–416.

TREMPER G. & FRANK A. (2013). A discriminative analysis of fine-grained semantic relations including presupposition : Annotation and classification. *Dialogue & Discourse*, **4**(2), 282–322.

UZZAMAN N., LLORENS H., DERCZYNSKI L., ALLEN J., VERHAGEN M. & PUSTEJOVSKY J. (2013). Semeval-2013 task 1 : Tempeval-3 : Evaluating time expressions, events, and temporal relations. In *Second Joint Conference on Lexical and Computational Semantics (*SEM), Volume 2 : Proceedings of the Seventh International Workshop on Semantic Evaluation (SemEval 2013)*, p. 1–9, Atlanta, Georgia, USA : Association for Computational Linguistics.

VAN DEN EYNDE K. & MERTENS P. (2010). Le dictionnaire de valence : Dicovalence. http ://bach.arts.kuleuven.be/dicovalence/.

WELLNER B., PUSTEJOVSKY J., HAVASI C., RUMSHISKY A. & SAURÍ R. (2006). Classification of discourse coherence relations : an exploratory study using multiple knowledge sources. In *Proceedings of the 7th SIGdial Workshop on Discourse and Dialogue*, SigDIAL '06, p. 117–125, Stroudsburg, PA, USA : Association for Computational Linguistics.

# Modèles de langue neuronaux: une comparaison de plusieurs stratégies d'apprentissage

Quoc-Khanh Do[1,2] Alexandre Allauzen[1,2] François Yvon[1]
(1) LIMSI/CNRS, rue John von Neumann, Campus Universitaire Orsay 91 403 Orsay
(2) Université Paris Sud, 91 403 Orsay
prenom.nom@limsi.fr

**Résumé.** Alors que l'importance des modèles neuronaux dans le domaine du traitement automatique des langues ne cesse de croître, les difficultés de leur apprentissage continue de freiner leur diffusion au sein de la communauté. Cet article étudie plusieurs stratégies, dont deux sont originales, pour estimer des modèles de langue neuronaux, en se focalisant sur l'ajustement du pas d'apprentissage. Les résultats expérimentaux montrent, d'une part, l'importance que revêt la conception de cette stratégie. D'autre part, le choix d'une stratégie appropriée permet d'apprendre efficacement des modèles de langue donnant lieu à des résultats à l'état de l'art en traduction automatique, avec un temps de calcul réduit et une faible influence des hyper-paramètres.

**Abstract.** If neural networks play an increasingly important role in natural language processing, training issues still hinder their dissemination in the community. This paper studies different learning strategies for neural language models (including two new strategies), focusing on the adaptation of the learning rate. Experimental results show the impact of the design of such strategy. Moreover, provided the choice of an appropriate training regime, it is possible to efficiently learn language models that achieves state of the art results in machine translation with a lower training time and a reduced impact of hyper-parameters.

**Mots-clés :** Réseaux de neurones, modèles de langue $n$-gramme, traduction automatique statistique.

**Keywords:** Neural networks, $n$-gram language models, statistical machine translation.

## 1 Introduction

Après quelques années de relatif désintérêt, les réseaux de neurones artificiels ont retrouvé une place centrale dans le paysage de l'apprentissage automatique et ont récemment permis des avancées significatives pour de nombreux domaines applicatifs. Pour ce qui concerne le traitement automatique des langues (TAL), les applications sont également nombreuses et variées. Historiquement, les modèles de langue neuronaux ont été une des premières réalisations marquantes, avec des applications en reconnaissance automatique de la parole (RAP), depuis les travaux pionniers de (Nakamura *et al.*, 1990) jusqu'aux développements ultérieurs de (Bengio *et al.*, 2003; Schwenk, 2007; Mnih & Hinton, 2007; Le *et al.*, 2011; Mikolov *et al.*, 2011). Les modèles neuronaux ont été également appliqués à d'autres tâches complexes de modélisation, comme par exemple l'analyse syntaxique (Socher *et al.*, 2013), l'estimation de similarité sémantique (Huang *et al.*, 2012), les modèles d'alignement de mots (Yang *et al.*, 2013) ou encore en traduction automatique statistique (TAS) (Le *et al.*, 2012a; Kalchbrenner & Blunsom, 2013).

Les modèles de langue continue de jouer un rôle prépondérant dans de nombreuses applications du TAL, depuis la reconnaissance vocale jusqu'à la correction d'orthographe ou encore la traduction automatique. Les approches usuelles reposent sur des modèles $n$-grammes discrets, estimés avec des méthodes de lissage (Chen & Goodman, 1998). Pour ces modèles, l'occurrence d'un mot dans son contexte est considérée comme la réalisation d'une variable aléatoire discrète, dont l'espace de réalisation est le vocabulaire tout entier et au sein duquel il n'existe aucune relation entre les mots. Par exemple, aucune information statistique n'est partagée entre formes morphologiquement ou sémantiquement apparentées. Le caractère très inégal des distributions d'occurrences dans les textes implique que les modèles résultants sont souvent estimés à partir de petits nombres d'occurrences et possèdent une faible capacité de généralisation. Par ailleurs, le nombre de paramètres d'un modèle $n$-gramme augmentant de manière exponentielle avec son ordre, il est illusoire d'espérer résoudre ce problème en augmentant la quantité des ressources textuelles disponibles [1]. Par opposition, les modèles de langue neuronaux (Bengio *et al.*, 2003) se caractérisent par une méthode d'estimation alternative des qui se fonde sur une représentation *continue* [2], puisque chaque mot du vocabulaire est représenté comme un point dans un espace métrique. La probabilité $n$-gramme d'un mot est alors une fonction des représentations continues des mots qui composent son contexte. Ces représentations, ainsi que les paramètres de la fonction d'estimation, sont apprises conjointement par un réseau de neurones multi-couche ; une stratégie d'estimation qui permet que les mots partageant des similarités distributionnelles auront des représentations proches. Ainsi, ce type de modèle introduit la notion de similarité entre mots et son exploitation permet une meilleure exploitation des données textuelles. L'intégration de ce type de modèles a permis des améliorations systématiques et significatives des performances en RAP et en TAS (Schwenk, 2007; Le *et al.*, 2011, 2012a). De plus, les représentations continues peuvent servir à de nombreuses tâches, comme par exemple l'étiquetage en parties du discours et en rôle sémantique (voir (Turian *et al.*, 2010; Collobert *et al.*, 2011) pour une vue d'ensemble).

Malgré toutes ces qualités, le coût computationel des modèles neuronaux, tant à l'apprentissage qu'à l'inférence, ainsi que la difficulté à mettre en œuvre une stratégie d'apprentissage efficace limitent la diffusion de ce type d'approche. Plusieurs solutions ont été proposées afin de réduire ce coût, comme l'utilisation de *short-list* impliquant les modèles neuronaux uniquement pour les mots les plus fréquents (Schwenk, 2007), la modification du critère d'optimisation (Mnih & Teh, 2012), ou encore l'usage d'une couche de sortie structurée (Mnih & Hinton, 2008) comme le modèle SOUL (Le *et al.*, 2011). Ces approches partagent néanmoins le même algorithme d'estimation, qui repose sur la maximisation de l'entropie croisée, réalisée par descente de gradient stochastique. Si son implantation est relativement aisée, cet algorithme nécessite de fixer au préalable un certain nombre d'hyper-paramètres, qui ont une grande influence sur la vitesse de convergence et sur les performances finales. Or, le choix des hyper-paramètres reste très empirique et une part importante du coût computationel consommé lors de l'apprentissage est dû à l'exploration de différents jeux d'hyper-paramètres afin d'en garder le plus approprié. Cela peut en rebuter certains, tant il est vrai que fixer ces hyper-paramètres est complexe et relève d'une expertise difficile à décrire et à transmettre. Parmi ces hyper-paramètres, le choix du pas d'apprentissage (*learning rate*) est crucial puisqu'il permet d'effectuer un compromis entre la vitesse de convergence et les performances (Schaul *et al.*, 2012) : même si l'optimisation ne converge pas vers un meilleur modèle, une stratégie appropriée et adaptative pour régler ce pas permet d'accélérer grandement la convergence, réduisant d'autant le coût computationel.

L'objectif de cet article est, dans un premier temps, de décrire de manière unifiée les différentes stratégie d'ajustement du pas d'apprentissage de la littérature, et d'en proposer deux nouvelles. Dans un second temps, grâce aux résultats expérimentaux, nous souhaitons montrer que certaines stratégies peuvent être à la fois peu dépendantes des choix initiaux pour les hyper-paramètres et en même temps donner lieu à des performances état de l'art, tant en terme de perplexité qu'en terme de score BLEU lorsque le modèle est utilisé au sein d'un système de TAS. Le reste de l'article est organisé de la manière suivante : la section 2 décrit les modèles de langue neuronaux qui seront utilisés dans cette étude ; puis les différentes stratégies d'ajustement du pas d'apprentissage sont passées en revue à la section 3 ; les résultats expérimentaux sont enfin présentés à la section 4.

# 2 Modèles de langue neuronaux

On s'intéresse aux modèles de langue neuronaux de type $n$-grammes [3] dont les probabilités sont estimées dans un espace continu. Introduits par (Bengio *et al.*, 2003), ces modèles se distinguent des modèles discrets par leur aptitude à prendre en compte un large contexte. Il est ainsi possible d'entraîner un modèle 10-gramme, puisqu'ici le nombre de paramètres ne croît que linéairement avec l'ordre du modèle. En revanche, une limitation des modèles décrits par (Bengio *et al.*, 2003; Schwenk, 2007), est que la taille du vocabulaire de prédiction est limitée afin de rendre le temps de calcul acceptable. Le modèle SOUL (*Structured OUtput Layer*), proposé par (Le *et al.*, 2011) permet de lever cette contrainte grâce à une représentation hiérarchique du vocabulaire de sortie. C'est ce modèle que nous étudions dans cet article.

## 2.1 Le modèle neuronal standard

Un modèle $n$-gramme calcule itérativement la probabilité que le mot $\mathrm{w}_i$ apparaisse dans un contexte determiné par les $n-1$ mots $\mathrm{w}_{i-\mathrm{n}+1}^{i-1}$ qui le précèdent, soit $P(\mathrm{w}_i|\mathrm{w}_{i-\mathrm{n}+1}^{i-1})$. Le modèle neuronal standard, tel qu'il est décrit dans (Bengio

1. Disposer de plus gros corpus reste naturellement un moyen sûr d'améliorer les performances (Brants *et al.*, 2007).
2. Les modèles neuronaux sont souvent qualifiés de modèles continus.
3. Par opposition aux modèles *récurrents* (Mikolov *et al.*, 2011), dont le contexte est a priori illimité. Une comparaison récente entre ces deux approches a montré qu'elles obtiennent des performances voisines, mais que le modèle $n$-gramme passe plus facilement à l'échelle (Le *et al.*, 2012b).

*et al.*, 2003), réalise ce calcul de la manière suivante. Chaque mot du contexte en entrée du réseau est encodé par un vecteur $\mathbf{w}$ de dimension $|V|$, où $|V|$ est la taille du vocabulaire ; $\mathbf{w}$ contient une seule valeur non-nulle (typiquement égale à 1), sa position dans le vecteur permettant de repérer le mot parmi le vocabulaire (voir la figure 1)[4]. Les mots du contexte sont alors projetés dans un espace continu de dimension m par multiplication avec la matrice $\mathbf{R}$ de dimension $|V| \times \mathrm{m}$. Cette étape consiste en fait à sélectionner, dans la matrice $\mathbf{R}$, le vecteur continu représentant chaque mot du contexte. Ainsi, un mot du vocabulaire est représenté par un vecteur dense à valeurs dans $\mathbb{R}^{\mathrm{m}}$. En pratique, $\mathrm{m} \ll |V|$ (500 au lieu de quelques centaines de milliers), ce qui explique la réduction considérable du nombre de paramètres du modèle. Dans un deuxième temps, ces $n-1$ représentations continues sont concaténées pour former $\mathbf{i}^{(1)}$, la première couche cachée du réseau. Un réseau multi-couche peut être vu comme un empilement de couches neuronales, chaque couche se définissant par un vecteur d'entrée $\mathbf{i}^{(l)}$, sa matrice de connexion $\mathbf{W}^{(l)}$, un vecteur de biais associé $\mathbf{b}^{(l)}$ et un vecteur de sortie $\mathbf{o}^{(l)}$ calculé par :

$$\mathbf{o}^{(l)} = \sigma\left(\mathbf{W}^{(l)}\mathbf{i}^{(l)} + \mathbf{b}^{(l)}\right), \quad (1)$$

où $l$ désigne le numéro de la couche et $\sigma$ est une fonction d'activation non-linéaire qui s'applique à chaque composante d'un vecteur. La couche de sortie $\mathbf{o}$ possède un neurone par mot à prédire ($\mathrm{w}_i$) et la probabilité qui lui est associée est calculée grâce à une fonction d'activation de type *softmax* :

$$\mathbb{P}_{\boldsymbol{\theta}}(\mathrm{w}_i|\mathrm{w}_{i-\mathrm{n}+1}^{i-1}) = \exp(\mathbf{o}_{\mathrm{w}_i}) / \sum_{\mathrm{w}\in\mathbf{V}} \exp(\mathbf{o}_{\mathrm{w}}). \quad (2)$$

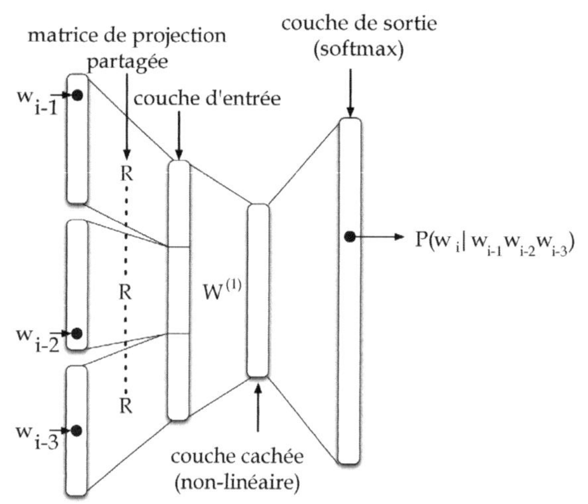


FIGURE 1: Architecture d'un modèle de langue neuronal standard pour $n = 4$

## 2.2 Le modèle SOUL

La comparaison des équations (1) et (2) aide à comprendre pourquoi la complexité d'un tel modèle se concentre dans la couche de sortie : le calcul d'une probabilité $n$-gramme nécessite d'abord une multiplication matricielle dont une des dimension est la taille du vocabulaire, puis la somme sur l'ensemble du vocabulaire pour normaliser la distribution $n$-gramme. Afin de réduire le temps de calcul, (Morin & Bengio, 2005; Mnih & Hinton, 2008) proposent de représenter le vocabulaire de sortie par un arbre binaire, représentant chaque mot par un chemin allant de la racine à une feuille. Dans cet arbre, chaque nœud interne représente une classe ou une sous-classe de mots. Le réseau de neurone peut alors servir à calculer itérativement la probabilité de ce chemin, plutôt que calculer directement celle du mot. Ces travaux ont été étendus par Le *et al.* (2011), qui proposent la structure SOUL (Figure 2). Cette structure se singularise par deux aspects : le modèle s'appuie sur un arbre d'arité quelconque et non simplement binaire ; une couche *softmax* est utilisée à chaque nœud de l'arbre au lieu d'une couche par niveau.

Compte-tenu des distributions très inégales des occurrences des mots, il reste souvent plus efficace de traiter à part les mots les plus fréquents. Ainsi, le modèle SOUL garde la notion de *short-list* regroupant les mots les plus fréquents du vocabulaire. Chacun de ces mots constitue une classe (singleton), comme représenté sur la partie droite de la figure 2.

4. Par la suite, les lettres en gras désignent un vecteur ou une matrice, selon qu'elles sont en minuscule ou majuscule.

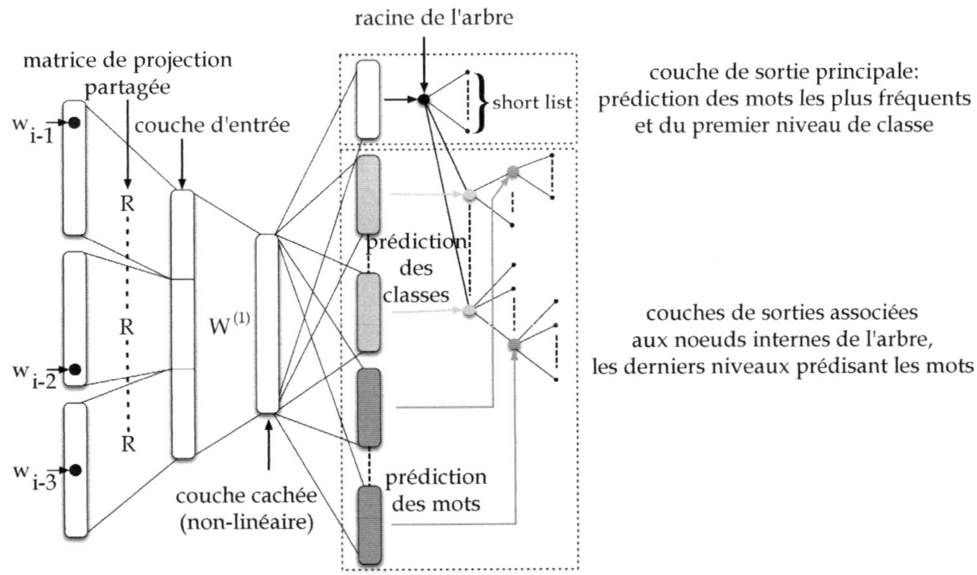


FIGURE 2: Architecture d'un modèle de langue SOUL pour $n = 4$

## 2.3 Apprentissage

L'apprentissage d'un modèle de langue neuronal se fonde sur la maximisation de la log-vraisemblance des paramètres ; l'objectif est alors de maximiser la fonction objectif définie ainsi :

$$\mathrm{L}(\boldsymbol{\theta}) = \sum_{\mathrm{w}_{i-\mathrm{n}+1}^{i} \in \mathbb{D}} \log \mathbb{P}_{\boldsymbol{\theta}}(\mathrm{w}_i | \mathrm{w}_{i-\mathrm{n}+1}^{i-1}) - \mathbb{R}(\boldsymbol{\theta}), \tag{3}$$

où $\boldsymbol{\theta}$ est le vecteur regroupant l'ensemble des paramètres du réseau neuronal : matrices de représentation et de connexion, ainsi que les biais. Le terme de régularisation (parfois nommé *weight decay*) $\mathbb{R}(\boldsymbol{\theta})$ correspond au carré de la norme euclidienne du vecteur de paramètres. Les termes de biais $\mathbf{b}^{(l)}$ de chaque couche $l$ sont usuellement exclus de la régularisation. La méthode la plus utilisée pour maximiser (3) est la descente de gradient stochastique (Bottou, 2012). Le vecteur de paramètres $\boldsymbol{\theta}$ est mis à jour à l'instant $t+1$ de la manière suivante :

$$\boldsymbol{\theta}^{(t+1)} = \boldsymbol{\theta}^{(t)} + \eta \nabla \mathrm{L}(\boldsymbol{\theta}^{(t)}), \tag{4}$$

où $\nabla \mathrm{L}(\boldsymbol{\theta}^{(t)})$ désigne le gradient de la fonction objectif pour la valeur des paramètres à l'instant $t$. Le pas d'apprentissage sur lequel nous focalisons notre étude est noté $\eta$. L'estimation du gradient et de la mise à jour peut se faire soit sur l'ensemble des données d'apprentissage (mode *batch*), soit sur quelques centaines d'exemples (mode *mini-batch*) ou bien pour chaque exemple (mode *online*). Par la suite nous considérons l'approche *mini-batch* qui offre un compromis entre garantie théorique et rapidité de convergence.

Les méthodes basées sur le Hessien demandent de calculer les dérivées secondes et ont été également envisagées pour l'apprentissage des réseaux neuronaux. Les algorithmes dit de Newton remplacent ainsi le pas d'apprentissage $\eta$ dans l'équation (4) par l'inverse de la matrice Hessienne estimée à l'instant $t$ :

$$\boldsymbol{\theta}^{(t+1)} = \boldsymbol{\theta}^{(t)} + \left(\mathrm{H}^{(t)}\right)^{-1} \nabla \mathrm{L}(\boldsymbol{\theta}^{(t)}). \tag{5}$$

La portée de ce type d'approche pour les modèles neuronaux est limitée par un coût calculatoire exorbitant. En effet, ces méthodes requièrent l'estimation et le stockage de la matrice Hessienne qui est de dimension $|\boldsymbol{\theta}|^2$. À titre d'exemple, dans nos expériences, la matrice de projection $\mathbf{R}$ regroupe les représentations continues de dimension $500$ pour chacun des $372K$ mots du vocabulaire et contient environ $1.8 \times 10^8$ paramètres. Par contre, les méthodes Quasi-Newton proposent une approximation du Hessien $\mathrm{H}^{(t)}$. Par exemple, une approximation diagonale de la matrice Hessienne équivaut à utiliser un pas d'apprentissage par paramètre. Ce type d'approche sera décrite dans la section suivante. Pour une vue d'ensemble de ces méthodes appliquées aux modèles neuronaux, le lecteur peut se référer à (LeCun *et al.*, 1998; Bengio, 2012).

L'apprentissage du modèle SOUL, s'il repose également sur la maximisation de la fonction de vraisemblance par des méthodes de gradient stochastique, implique en fait 3 étapes décrites dans (Le *et al.*, 2013) et que nous résumons ici :

1. apprentissage en quelques itérations[5] d'un modèle standard avec *short-list* : le vocabulaire de sortie est réduit aux quelques milliers de mots les plus fréquents. L'objectif est de disposer une première estimation des représentations continues des mots (**R**).
2. construction de l'arbre de partitionnement du vocabulaire. Pour cela, une version récursive de l'algorithme des $K$-moyennes est appliquée au vocabulaire, chaque mot étant représenté dans l'espace continu.
3. apprentissage du réseau global.

## 2.4 Représentations continues des mots et leur utilité

Afin de comprendre en quoi les représentations continues apprises (notées **R** à la section précédente) peuvent être utiles à différentes tâches du TAL, le tableau 1 décrit le voisinage de mots choisis au hasard, en français et en espagnol. Les représentations continues sont apprises par un modèle de langue SOUL utilisé lors des dernières campagnes d'évaluation WMT (voir pour plus de détails (Allauzen *et al.*, 2013)). Notons que les représentations sont apprises afin de modéliser le caractère distributionnel des mots puisqu'il s'agit d'un modèle $n$-gramme. Selon (Collobert *et al.*, 2011), la tâche d'apprentissage qui sert de supervision a un impact sur les représentations apprises et donc sur le type de similarités capturées. Une piste prometteuse de recherche pour apprendre ces représentations est de considérer différentes tâches, afin de pouvoir modéliser différentes caractéristiques linguistiques des mots.

| **mot** | **voisins les plus proches** |
|---|---|
| évolution | décroissance - dynamisation - structuration - inflexion - atonie - fléchissement - infléchissement - hétérogénéité - réalignement |
| biotechnologie | nanotechnologie - photonique - bioinformatique - protéomique - nanotechnologies - microélectronique - géomatique - biotechnologies - microfinance |
| 64 | 63 - 66 - 55 - 62 - 51 - 60 - 52 - 57 - 53 |
| Renault | VW - Michelin - Nissan - Mercedes-Benz - Safran - Renault-Nissan - Faurecia - Volkswagen - Thalès |
| ouvre | ouvrait - ouvrent - ouvrira - ouvrir - ouvrirait - ouvraient - ouvrant - ouvriront - ouvrit |
| afiliados | agremiados - afiliadas - adheridos - afiliado - afiliada - adherentes - adscritas - empadronados - cotizantes |
| tristeza | angustia - desesperanza - desánimo - desilusión - amargura - asombro - estupor - resignación - incredulidad |
| debatiendo | discutiendo - examinando - debata - discutimos - debatimos - debatamos - debatiremos - debatió - debaten |
| Prado | Valme - Casal - Barranco - Atienza - Cabezas - Alcázar - Martirio - Eroski - Bermejales |
| Líbano | Argelia - Tíbet - Zimbabue - Jordania - Chechenia - Golán - Darfur - palestinas - OLP |

TABLE 1: Exemples de voisinages dans l'espace de représentation continu pour des mots choisis aléatoirement, pour le français puis pour l'espagnol. Pour chaque mot considéré, le voisinage est défini ici par les 9 mots les plus proches.

# 3 Stratégies d'ajustement du pas d'apprentissage

Dans la plupart des cas, les modèles neuronaux utilisent un pas d'apprentissage dont la valeur initiale est fixée empiriquement, puis adaptée au cours de l'apprentissage via des stratégies simples. À notre connaissance, il n'existe pas de

5. Une itération correspond à un passage sur les données d'apprentissage. L'itération sert souvent d'unité de temps pour l'apprentissage des modèles neuronaux.

comparaisons de ces différentes stratégies qui permettrait d'évaluer leur impact sur les performances et sur le temps d'apprentissage. Pourtant, la littérature qui traite de la descente de gradient stochastique s'accorde sur le fait que le pas de gradient a un fort impact sur la vitesse de convergence (Robbins & Monro, 1951). De plus, une bonne stratégie d'ajustement permet de s'affranchir de l'influence de la valeur initiale sans altérer les performances du modèle (Schaul *et al.*, 2012). Ces stratégies d'ajustement peuvent se répartir en deux groupes : celles qui utilisent un pas d'apprentissage partagé par tous les paramètres, et d'autres qui ajustent un pas d'apprentissage par paramètre ou par groupe de paramètres.

## 3.1 Un pas d'apprentissage global

La stratégie la plus utilisée (**Power Scheduling**) impose la décroissance suivante : $\eta^{(t)} \sim t^{-1}$. Il a été montré que cette stratégie donnait la meilleure convergence asymptotique dans le cas d'un pas d'apprentissage global (Xu, 2011). De manière plus précise, l'instant $t$ indique le nombre de mises à jour effectuées, et le pas d'apprentissage à l'instant $t$ se calcule de la manière suivante : $\eta^{(t)} = \eta^{(0)}/(1 + \tau t)$, avec $\tau$ le taux de décroissance (*learning rate decay*). Dans (Bengio *et al.*, 2003), les auteurs fixent cet hyper-paramètre empiriquement à la valeur $10^{-8}$. Le *et al.* (2012b) utilisent une variante de cette stratégie : $\eta^{(t)} = \eta^{(0)}/(1 + \tau \mathrm{N}_e^{(t)})$, avec $\mathrm{N}_e^{(t)}$ le nombre d'exemples d'apprentissage vu jusqu'à l'instant $t$.

La stratégie heuristique (**Down Scheduling**), qui est utilisée pour les modèles SOUL, est à la fois plus simple et plus efficace. Cette stratégie s'appuie sur la perplexité estimée sur un corpus de validation : lorsque la perplexité recommence à croître, le pas d'apprentissage est divisé par 2 après chaque itération. Une variante plus élaborée (**Adjust Scheduling**) et souvent nommée adaptative (e.g., (Ollivier, 2013)) est la suivante : après chaque itération, si la perplexité mesurée sur le corpus de validation augmente, les mises à jour de cette itération sont annulées et le pas d'apprentissage est divisé par 2 ; sinon le pas d'apprentissage est multiplié par 1,1. Ces deux stratégies permettent de réduire l'ensemble des hyper-paramètres au seul pas d'apprentissage initial. Enfin, la stratégie la plus simple (**Fix Scheduling**) consiste à choisir empiriquement une valeur du pas d'apprentissage qui restera fixe tout au long des itérations.

## 3.2 Ajustement du pas d'apprentissage pour chaque paramètre

Il est souvent recommandé d'utiliser différents pas d'apprentissage selon la partie du réseau impliquée (LeCun *et al.*, 1998; Bottou, 2012). Ce type d'approche peut être considérée comme un compromis entre la descente de gradient stochastique et les méthodes de Gauss-Newton ou Quasi-Newton. Cela revient en effet à approcher le Hessien par une matrice diagonale. Ainsi, LeCun *et al.* (1998) recommandent pour différentes tâches de classification l'usage des algorithmes de Gauss-Newton ou de Levenberg-Marquardt. Plus récemment, l'algorithme **AdaGrad** (Adaptive Gradient) (Duchi *et al.*, 2011) a montré une certaine efficacité dans plusieurs applications du TAL (Green *et al.*, 2013; Socher *et al.*, 2013). Dans sa forme originale, le Hessien est approché de la manière suivante :

$$\mathrm{H}^{(t)} = \left( \sum_{i=1}^{t} \nabla \mathrm{L}(\boldsymbol{\theta}^{(i-1)}) \nabla \mathrm{L}(\boldsymbol{\theta}^{(i-1)})^T \right)^{1/2}.$$

AdaGrad est souvent utilisé dans sa forme diagonale, car il est alors d'un point de vue calculatoire peu coûteux. Plus précisément, notons $\mathrm{g}_j^{(t-1)}$ le gradient de la fonction objectif par rapport au paramètre $\theta_j^{(t-1)}$ à l'instant $t-1$, le pas d'apprentissage à l'instant $t$ associé au paramètre $\theta_j$ est calculé ainsi :

$$\eta_j^{(t)} = \frac{\eta^{(0)}}{\left(1 + \mathrm{G}_j^{(t)}\right)^{1/2}}, \tag{6}$$

$$\mathrm{G}_j^{(t)} = \sum_{i=1}^{t} \left(\mathrm{g}_j^{(i-1)}\right)^2, \tag{7}$$

où $\eta^{(0)}$ est la valeur initiale du pas d'apprentissage (commun à tous les paramètres) et $\mathrm{G}_j^{(t)}$ représente l'accumulation des gradients estimés par le passé ($\mathrm{g}_j^{(i-1)}, i = 1...t$).

### 3.3 Bloc-AdaGrad pour la structure SOUL

Afin d'adapter l'algorithme AdaGrad à la structure SOUL, nous en proposons une variante qui définit un pas d'apprentissage par groupe (ou bloc) de paramètres. Ce choix est motivé par l'objectif de réduction du temps de calcul. En effet, les opérations matricielles implémentées dans la bibliothèque BLAS jouent un rôle essentiel dans cette réduction. Nous choisissons les groupes de paramètres correspondant à ceux dont les gradients sont stockés dans une même matrice et sont calculés par une opération matricielle par BLAS ; tel que l'ajustement d'un pas d'apprentissage pour chacun de ces groupes n'ajoute qu'une complexité insignifiante comparé aux configurations où un seul pas d'apprentissage est utilisé pour l'ensemble de paramètres du réseau. L'ajustement d'un pas d'apprentissage pour chaque paramètre, comme proposé par AdaGrad, augmenterait considérablement le temps d'apprentissage. Dans cet algorithme, le terme $\eta_j$ associé au paramètre $\theta_j$ dans l'équation (6) est remplacé par $\eta_{\mathrm{b}_j}$, le pas d'apprentissage associé à tous les paramètres du bloc $\mathrm{b}_j$ :

$$\eta_{\mathrm{b}_j}^{(t)} = \frac{\eta^{(0)}}{\left(1 + \mathrm{G}_{\mathrm{b}_j}^{(t)}\right)^{1/2}} \tag{8}$$

$$\mathrm{G}_{\mathrm{b}_j}^{(t)} = \sum_{i=1}^{t} \left(\mathrm{g}_{\mathrm{b}_j}^{(i-1)}\right)^2 = \frac{1}{|\mathrm{b}_j|} \sum_{i=1}^{t} \sum_{k \in \mathrm{b}_j} \left(\mathrm{g}_k^{(i-1)}\right)^2 \tag{9}$$

Pour chaque couche cachée et pour chaque couche de sortie, deux blocs de paramètres sont définis : un pour la matrice de connexion et un pour le vecteur de biais. Pour la matrice de projection **R**, un bloc est défini pour chaque mot, soit pour chaque représentation continue. Cette séparation en blocs n'introduit pas de calcul supplémentaire, puisque les mises à jour sont également séparées lors de la descente stochastique de gradient.

## 4 Expériences

Afin d'analyser l'impact des différentes stratégies d'ajustement du pas d'apprentissage décrites à la section 3, une série d'expériences est menée sur la modélisation de l'espagnol avec, comme application, la tâche de traduction automatique de l'anglais vers l'espagnol, telle qu'elle est définie par la campagne d'évaluation WMT 2013 [6]. Différents critères sont utilisés pour l'évaluation : la perplexité du modèle de langue mesurée sur un corpus de validation, la vitesse de convergence en nombre d'itération, et la dépendance de ces critères aux choix des hyper-paramètres. Le modèle neuronal peut également être évalué de manière extrinsèque lorsqu'il est utilisé comme modèle additionnel en traduction automatique.

Nous utilisons ici un modèle neuronal 10-gramme utilisant le même vocabulaire (372K mots) que le modèle conventionnel discret. Le système de traduction utilisé est décrit dans (Allauzen *et al.*, 2013), les résultats obtenus le placent parmi les meilleurs systèmes pour cette tâche.

Tous les textes monolingues disponibles ont été utilisés pour l'apprentissage, soit 1.5 milliard de mots au total. L'apprentissage du réseau de neurone est itératif : à chaque itération, une sous-partie des données est échantillonnée aléatoirement, soit 15 millions de n-grammes dans nos expériences, puis divisée en paquet (mini-batch) de 128 n-grammes. Chaque paquet donne lieu à une mise à jour des paramètres du réseau. La perplexité est calculée à la fin de chaque itération sur le jeu de test *Newstest2008*. Afin de garantir que les différentes stratégies évaluées utilisent les mêmes données d'apprentissage, l'échantillon des données utilisé à chaque itération est conservé et partagé.

La procédure d'apprentissage du modèle SOUL est décrite dans (Le *et al.*, 2013) et résumée à la section 2.2. Les expériences suivantes concernent uniquement la dernière phase d'apprentissage des modèles SOUL, dont la configuration est la suivante : l'espace de projection est de dimension 500 ; le réseau contient deux couches cachées de dimensions respectives 1000 et 500 et la *short-list* contient les 2000 mots les plus fréquents.

### 4.1 Dépendance au choix des hyper-paramètres

Pour chaque stratégie d'ajustement, différents apprentissages ont été effectués en faisant varier la valeur initiale du pas d'apprentissage $\eta^{(0)}$. Les résultats en terme de perplexité sont représentés sur les figures 3a-3e. Sur ces courbes nous

6. http://www.statmt.org/wmt13/translation-task.html

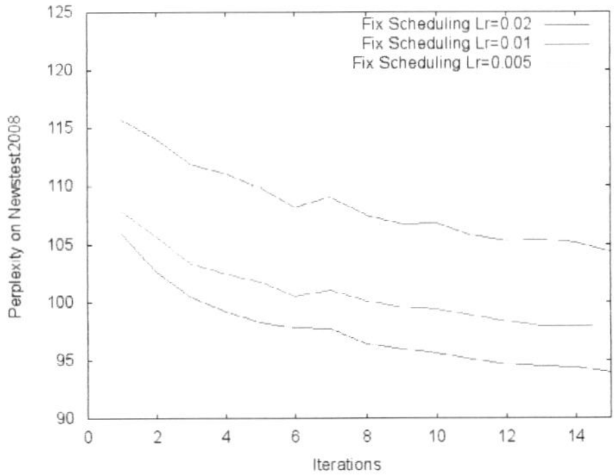


(a) Fix

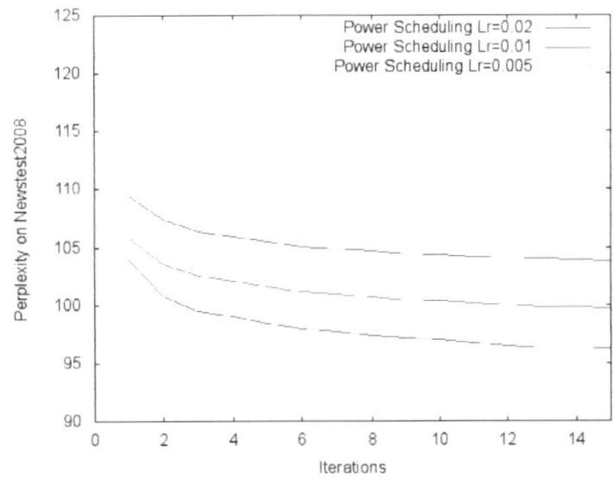


(b) Power

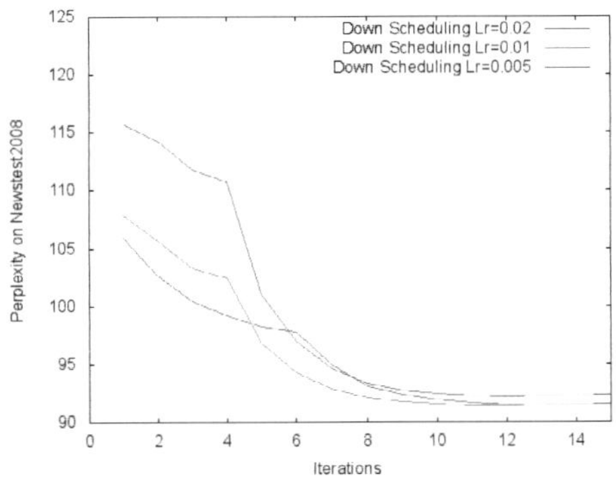


(c) Down

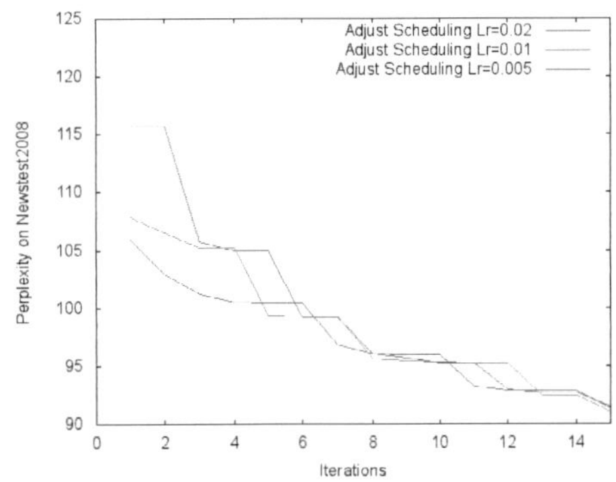


(d) Adjust

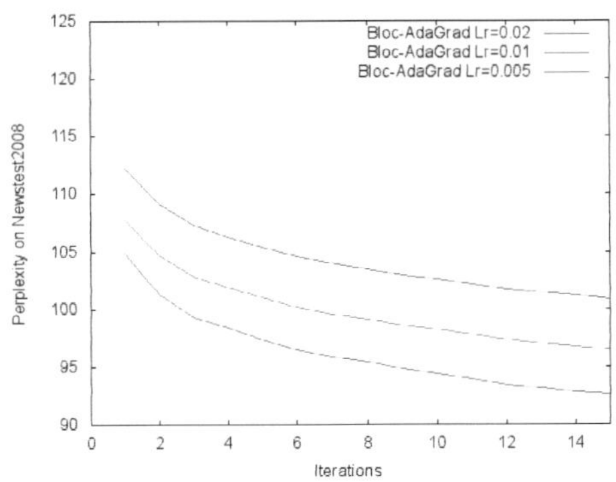


(e) Bloc-AdaGrad

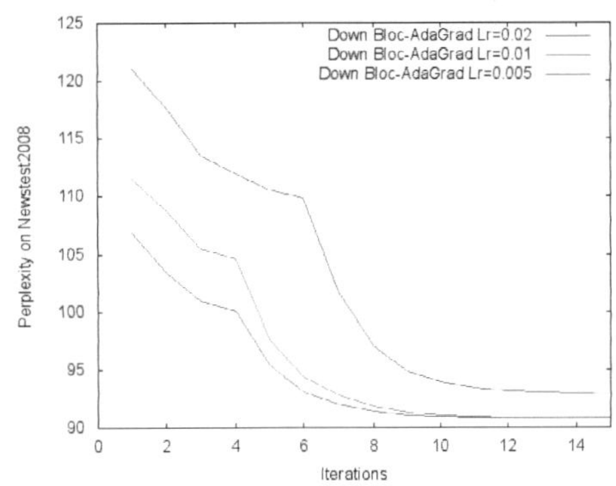


(f) Down-Bloc-AdaGrad

FIGURE 3: Perplexités mesurées sur *Newstest2008* pour chacune des 6 stratégies décrites dans cet article. Dans le cas des figures 3c et 3f, chaque courbe d'apprentissage montre un point d'inflexion qui correspond à l'itération à laquelle le pas d'apprentissage est divisé par deux.

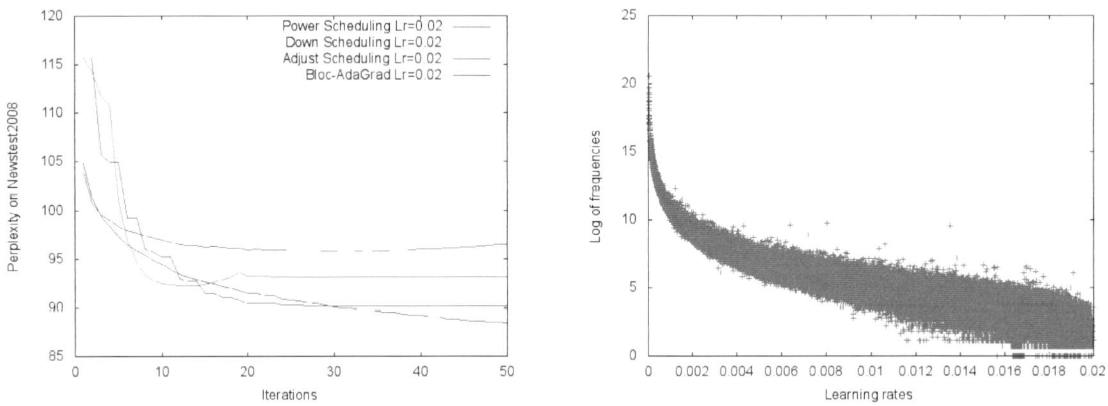


(a) Perplexités mesurées sur *Newstest2008* sur 50 itérations pour 4 stratégies d'ajustement. Pour la stratégie *Down*, on observe un phénomène de sur-apprentissage aux alentours de la 12ème itération.

(b) Relation entre la fréquence (échelle logarithmique) des mots et le pas d'apprentissage associé à leur représentation continue pour la stratégie *Bloc-AdaGrad*, après 40 itérations d'apprentissage.

FIGURE 4

pouvons observer que les performances obtenues avec les stratégies nommées *Fix*, *Power* and *Bloc-AdaGrad* sont très sensibles au choix de $\eta^{(0)}$, alors que les stratégies *Down* et *Adjust* mènent à des résultats plutôt stables au bout des 15 iterations, et ce avec différentes valeurs de $\eta^{(0)}$. Remarquons également que les deux dernières stratégies convergent nettement plus rapidement vers une perplexité basse.

De plus, dans le cas de la stratégie *Power*, la difficulté est augmentée par la présence d'un hyper-paramètre supplémentaire (le *learning rate decay*) $\tau$. Dans toutes ces expériences, $\tau$ est fixé empiriquement à la valeur $5.10^{-7}$. Néanmoins, cet hyper-paramètre a aussi une forte influence sur la vitesse de convergence.

**Down-Bloc-AdaGrad :** La forte dépendance au choix de $\eta^0$ de la méthode *AdaGrad* est un des défaut de cette méthode, puisque la recherche du paramètre optimal rend cette méthode coûteuse en terme de temps de calcul. Des travaux récents ont tenté de réduire cette dépendance, voir par exemple (Senior *et al.*, 2013). Appliqué au modèle SOUL, nous proposons une approche plus simple combinant la stratégie *Bloc-AdaGrad* avec la stratégie *Down*, qui est plus stable : d'une part, le gradient accumulé pour la première couche de sortie sert de valeur de normalisation, et d'autre part son influence est pondérée par le coefficient $\gamma^{(t)}$ dont la valeur est ajustée par la stratégie *Down*. Cette méthode est nommée *Down-Bloc-AdaGrad* : à l'instant $t$, la valeur du pas d'apprentissage pour le bloc $\mathrm{b}_j$ est calculée de la manière suivante :

$$\eta_{\mathrm{b}_j}^{(t)} = \frac{\gamma^{(t)} \times \left(1 + \mathrm{G}_{\mathrm{b}^*}^{(t)}\right)^{1/2}}{\left(1 + \mathrm{G}_{\mathrm{b}_j}^{(t)}\right)^{1/2}}$$

où $\mathrm{b}^*$ désigne le bloc de paramètres de la couche de sortie principale. Comme le montre la figure 3f, cette stratégie permet d'accélérer la vitesse de convergence tout en réduisant la dépendance au pas d'apprentissage initial, noté ici $\gamma^{(0)}$.

## 4.2 Apprentissage sur le long terme

Afin de comparer le comportement de différentes stratégies dans le cadre d'un apprentissage plus long, la figure 4a représente l'évolution de la perplexité au cours de 50 itérations d'apprentissage. Ces courbes suggèrent que seule la stratégie *Bloc-AdaGrad* peut tirer profit d'un apprentissage long, alors que les autres arrivent à stabilité à plus moins court terme. En particulier, les stratégies *Down* et *Power* donnent naturellement des courbes de perplexité qui se stabilisent rapidement, puisque le pas d'apprentissage tend rapidement vers 0. Au contraire, la stratégie *Bloc-AdaGrad* continue sa progression jusqu'au bout, puisque seuls les paramètres appartenant à un bloc fréquemment actif voient leurs pas d'apprentissage tendre vers 0. Ce phénomène concerne plus particulièrement les représentations continues des mots comme l'illustre la figure 4b. En effet les paramètres définissant la représentations continu d'un mot forment un bloc. Ainsi pour un mot fréquent, sa représentation continue sera fréquemment mise à jour et son pas d'apprentissage tendra rapidement vers 0, comme l'exprime l'équation (8). Au contraire, les représentations continues des mots rares peuvent bénéficier d'un temps d'apprentissage plus long.

De plus, une autre considération complète l'analyse du comportement de la stratégie *Bloc-AdaGrad*. En autorisant différents pas d'apprentissage, cette stratégie donne une plus grande liberté à l'algorithme de descente de gradient pour choisir la direction à chaque étape. En effet, le pas d'apprentissage idéal à un instant donné doit tenir compte de la courbure de la fonction à optimiser : dans une zone à forte courbure, le gradient peut évoluer rapidement pour certains paramètres, il est donc alors préférable pour ces paramètres de réduire le pas d'apprentissage et d'effectuer des mises à jour fréquentes afin de pouvoir suivre ces variations rapides. Dans le cas d'une stratégie globale d'ajustement du pas d'apprentissage, les degrés de liberté manquent et, même si le pas d'apprentissage tend vers 0, il est impossible de nuancer le pas d'apprentissage par composante afin de suivre efficacement la fonction à optimiser. En dépit de ces propriétés, la différence en perplexité entre les stratégies globale *Bloc-AdaGrad* au bout de 50 itérations reste somme toute faible. Une interprétation est le peu de mots rares présent dans le corpus *Newstest2008*, alors que justement la particularité de la stratégie *Bloc-AdaGrad* réside dans la manière de traiter les mots rares. En pratique, il est rarement possible, ni souhaitable, d'utiliser un régime d'apprentissage long, bien sûr à cause du temps de calcul mais aussi car cela se révèle souvent inutile. Ainsi on observe qu'avec la stratégie *Bloc-AdaGrad*, en multipliant le temps d'apprentissage par 3, la perplexité baisse seulement de 3 points (comparaison entre l'itération 15 et 45 sur la figure 4a). Une telle différence de perplexité n'est susceptible de modifier qu'à la marge les performances d'un système de TAS ou de RAP.

La figure 4a justifie également pour la stratégie *Down* le recours à un apprentissage plus court (*early-stopping*) afin d'éviter le sur-apprentissage. On observe en effet que le modèle atteint sa plus basse perplexité aux alentours de la 10ème itération ; ensuite, on observe une évolution typique de sur-apprentissage : la perplexité mesurée lors de l'apprentissage (non représentée ici) continue de diminuer alors que celle mesurée sur un autre jeu de données commence à croître. Notons cependant qu'un apprentissage long, bien que coûteux, peut être souhaitable, afin de justement détecter, selon les stratégies employées, le phénomène de sur-apprentissage (Bengio, 2012). De plus, dans le cadre de certaines applications, les données d'apprentissage peuvent arriver au fil du temps, de manière « illimitée ». Dans ce cas, il est crucial de choisir une stratégie capable d'apprendre sur le long terme. À ce titre, la stratégie *Bloc-AdaGrad* semble la plus appropriée.

### 4.3 Impact sur les résultats en traduction automatique

Afin de mesurer l'impact de ces stratégies sur les performances d'un système de traduction automatique, certains des modèles sont utilisés au sein d'un système état de l'art pour la tâche de WMT13 de traduction de l'anglais vers l'espagnol. Étant donné le coût computationel des modèles de langue neuronaux, ces modèles sont utilisés en post traitement. Le système de traduction est utilisé dans un premier temps afin de générer les $k$ meilleures hypothèses de traduction, $k = 300$ dans les expériences présentées dans cet article. Puis, dans un second temps le modèle de langue neuronal est utilisé afin d'évaluer chacune des hypothèses : le score produit par le modèle de langue neuronal est ajouté aux autres scores utilisés par le système de traduction ; puis les hypothèses sont retriées en utilisant des poids pour chacun des modèles qui ont été optimisés sur des données de développement (*Newstest2011* dans notre cas). Cette optimisation utilise l'algorithme KBMIRA (*k-best Batch Margin Infused Relaxed Algorithm*) décrit par Cherry & Foster (2012).

Les résultats sont regroupés dans le tableau 2. Les performances de traduction sont évaluées en terme de score BLEU mesuré sur l'ensemble de développement (*Newstest2011*) et deux jeux de données de test : *Newstest2012* et *Newstest2013*. Ces résultats montrent qu'il y a qu'une faible différence entre un modèle entraîné avec la stratégie *Bloc-AdaGrad* pendant 50 itérations et un modèle entraîné avec les deux stratégies *Down* et *Down-Bloc-AdaGrad* après 8 itérations. Ce résultat confirme l'intérêt d'utiliser un apprentissage abrégé si la stratégie d'ajustement est correctement choisie, et les stratégies du type *Down*, dont *Down-Bloc-AdaGrad* fait partie, semble les meilleures adaptées. De plus remarquons la dépendance marquée de la stratégie *Fix* au choix du pas d'apprentissage initial. Même si les différences ici sont plutôt mineurs, nous insistons sur le fait que notre intérêt dans le choix des stratégies se trouve dans le temps d'entraînement (le nombre d'itérations) et la stabilité du système par rapport au choix de paramètres (ici, le pas d'apprentissage initial).

## 5 Conclusions

Dans cet article, nous avons présenté une étude comparative de différentes stratégies d'ajustement du pas d'apprentissage utilisé par les modèles de langue neuronaux. Cet hyper-paramètre a, comme le montrent les résultats expérimentaux, une grande influence sur la vitesse de convergence et sur les performances du modèle. Comme cadre expérimental, nous

| | Perplexité *Nt08* | dev *Nt11* | *Nt12* | *Nt13* |
|---|---|---|---|---|
| Sans modèle neuronal | - | 32,32 | 33,86 | 29,79 |
| Fix $\eta = 0,02$ ite. 15 | 104,4 | 32,80 | 34,12 | 29,97 |
| Fix $\eta = 0,01$ ite. 15 | 97,8 | 32,93 | 34,30 | 30,18 |
| Fix $\eta = 0,005$ ite. 15 | 93,9 | 32,98 | 34,37 | 30,20 |
| Down $\eta^0 = 0,005$ ite. 8 | 93,1 | 33,01 | 34,35 | 30,11 |
| Down-Bloc-AdaGrad $\gamma^{(0)} = 0,005$ ite. 8 | 91,4 | 33,05 | 34,43 | 30,06 |
| Bloc-AdaGrad ite. 50 $\eta^0 = 0,02$ | 88,4 | - | 34,48 | 30,12 |

TABLE 2: BLEU scores mesurés sur *Newstest2012* et *Newstest2013*.

nous sommes intéressés à la tâche de traduction de WMT13, de l'anglais vers l'espagnol. Les modèles de langue neuronaux présentés utilisent l'architecture SOUL qui a pour caractéristique de pouvoir prendre en compte un vocabulaire de prédiction aussi grand que nécessaire. Outre les stratégies existantes, nous avons proposé deux nouvelles stratégies, nommées respectivement *Bloc-AdaGrad* et *Down-Bloc-AdaGrad*. Ces stratégies permettent de s'adapter au modèle étudié par leur capacité à ajuster le pas d'apprentissage, non pas de manière uniforme pour l'ensemble des paramètres, mais par groupe (ou bloc) de paramètres. Chacun de ces blocs regroupe les paramètres d'une même couche, ou ceux associés à la représentation continue d'un mot du vocabulaire.

Les résultats expérimentaux montrent que certaines des stratégies étudiées sont très sensibles au choix du pas d'apprentissage initial. De plus la méthode *Down-Bloc-AdaGrad* se distingue des autres en permettant d'obtenir une convergence rapide vers une perplexité basse, et ce, avec une insensibilité relative au choix du pas d'apprentissage initial. Dans de futurs travaux, nous pensons qu'utiliser cette stratégie dès la première étape d'apprentissage du modèle SOUL donnera des améliorations plus marquées.

# Références


ALLAUZEN A., PÉCHEUX N., DO Q. K., DINARELLI M., LAVERGNE T., MAX A., LE H.-S. & YVON F. (2013). LIMSI @ WMT13. In *Proceedings of the Eighth Workshop on Statistical Machine Translation*, p. 62–69, Sofia, Bulgaria : Association for Computational Linguistics.

BENGIO Y. (2012). Practical recommendations for gradient-based training of deep architectures. In G. MONTAVON, G. B. ORR & K.-R. MÜLLER, Eds., *Neural Networks : Tricks of the Trade (2nd ed.)*, volume 7700 of *Lecture Notes in Computer Science*, p. 437–478. Springer.

BENGIO Y., DUCHARME R., VINCENT P. & JAUVIN C. (2003). A neural probabilistic language model. *Journal of Machine Learning Research*, **3**(6), 1137–1155.

BOTTOU L. (2012). Stochastic Gradient Descent Tricks. In G. MONTAVON, G. ORR & K.-R. MÜLLER, Eds., *Neural Networks : Tricks of the Trade*, volume 7700 of *Lecture Notes in Computer Science*, p. 421–436. Springer Berlin Heidelberg.

BRANTS T., POPAT A. C., XU P., OCH F. J. & DEAN J. (2007). Large language models in machine translation. In *Proceedings of the 2007 Joint Conference on Empirical Methods in Natural Language Processing and Computational Natural Language Learning (EMNLP-CoNLL)*, p. 858–867.

CHEN S. F. & GOODMAN J. T. (1998). *An Empirical Study of Smoothing Techniques for Language Modeling*. Rapport interne TR-10-98, Computer Science Group, Harvard University.

CHERRY C. & FOSTER G. (2012). Batch tuning strategies for statistical machine translation. In *Proceedings of the 2012 Conference of the North American Chapter of the Association for Computational Linguistics : Human Language Technologies*, p. 427–436 : Association for Computational Linguistics.

COLLOBERT R., WESTON J., BOTTOU L., KARLEN M., KAVUKCUOGLU K. & KUKSA P. (2011). Natural language processing (almost) from scratch. *Journal of Machine Learning Research*, **12**, 2493–2537.

DUCHI J., HAZAN E. & SINGER Y. (2011). Adaptive subgradient methods for online learning and stochastic optimization. *J. Mach. Learn. Res.*, **12**, 2121–2159.

GREEN S., WANG S., CER D. & MANNING C. D. (2013). Fast and adaptive online training of feature-rich translation models. In *Proceedings of the Annual Meeting on Association for Computational Linguistics (ACL)*, p. 311–321, Sofia, Bulgaria : Association for Computational Linguistics.

HUANG E., SOCHER R., MANNING C. & NG A. (2012). Improving word representations via global context and multiple word prototypes. In *Proceedings of the 50th Annual Meeting of the Association for Computational Linguistics (Volume 1 : Long Papers)*, p. 873–882, Jeju Island, Korea : Association for Computational Linguistics.

KALCHBRENNER N. & BLUNSOM P. (2013). Recurrent continuous translation models. In *Proceedings of the Conference on Empirical Methods in Natural Language Processing (EMNLP)*, p. 1700–1709, Seattle, Washington, USA : Association for Computational Linguistics.

LE H.-S., ALLAUZEN A. & YVON F. (2012a). Continuous space translation models with neural networks. In *Proceedings of the North American Chapter of the Association for Computational Linguistics : Human Language Technologies (NAACL-HLT)*, p. 39–48, Montréal, Canada : Association for Computational Linguistics.

LE H.-S., ALLAUZEN A. & YVON F. (2012b). Measuring the influence of long range dependencies with neural network language models. In *Proceedings of the NAACL-HLT 2012 Workshop : Will We Ever Really Replace the N-gram Model ? On the Future of Language Modeling for HLT*, p. 1–10, Montréal, Canada.

LE H.-S., OPARIN I., ALLAUZEN A., GAUVAIN J.-L. & YVON F. (2011). Structured output layer neural network language model. In *Proc. of ICASSP*, p. 5524–5527.

LE H. S., OPARIN I., ALLAUZEN A., GAUVAIN J.-L. & YVON F. (2013). Structured output layer neural network language models for speech recognition. *IEEE Transactions on Acoustic, Speech and Signal Processing*, **21**(1), 197 – 206.

LECUN Y., BOTTOU L., ORR G. & MULLER K. (1998). Efficient backprop. In G. ORR & M. K., Eds., *Neural Networks : Tricks of the trade* : Springer.

MIKOLOV T., KOMBRINK S., BURGET L., CERNOCKÝ J. & KHUDANPUR S. (2011). Extensions of recurrent neural network language model. In *Proc. of ICASSP*, p. 5528–5531.

MNIH A. & HINTON G. E. (2007). Three new graphical models for statistical language modelling. In *ICML*, p. 641–648.

MNIH A. & HINTON G. E. (2008). A scalable hierarchical distributed language model. In D. KOLLER, D. SCHUURMANS, Y. BENGIO & L. BOTTOU, Eds., *Advances in Neural Information Processing Systems 21*, volume 21, p. 1081–1088.

MNIH A. & TEH Y. W. (2012). A fast and simple algorithm for training neural probabilistic language models. In *Proceedings of the International Conference on Machine Learning*.

MORIN F. & BENGIO Y. (2005). Hierarchical probabilistic neural network language model. In *AISTATS'05*, p. 246–252.

NAKAMURA M., MARUYAMA K., KAWABATA T. & KIYOHIRO S. (1990). Neural network approach to word category prediction for english texts. In *Proceedings of the 13th conference on Computational linguistics (COLING)*, volume 3, p. 213–218.

OLLIVIER Y. (2013). Riemannian metrics for neural networks. *CoRR*, **abs/1303.0818**.

ROBBINS H. & MONRO S. (1951). A stochastic approximation method. *Annals of Mathematical Statistics*, **22**, 400–407.

SCHAUL T., ZHANG S. & LECUN Y. (2012). No more pesky learning rates. preprint arXiv :1206.1106.

SCHWENK H. (2007). Continuous space language models. *Computer Speech and Language*, **21**(3), 492–518.

SENIOR A. W., HEIGOLD G., RANZATO M. & YANG K. (2013). An empirical study of learning rates in deep neural networks for speech recognition. In *Proc. of ICASSP*, p. 6724–6728.

SOCHER R., BAUER J., MANNING C. D. & ANDREW Y. N. (2013). Parsing with compositional vector grammars. In *Proceedings of the Annual Meeting on Association for Computational Linguistics (ACL)*, p. 455–465, Sofia, Bulgaria.

TURIAN J., RATINOV L.-A. & BENGIO Y. (2010). Word representations : A simple and general method for semi-supervised learning. In *Proceedings of the 48th Annual Meeting of the Association for Computational Linguistics*, p. 384–394, Uppsala, Sweden : Association for Computational Linguistics.

XU W. (2011). Towards optimal one pass large scale learning with averaged stochastic gradient descent. *CoRR*, **abs/1107.2490**.

YANG N., LIU S., LI M., ZHOU M. & YU N. (2013). Word alignment modeling with context dependent deep neural network. In *Proceedings of the Annual Meeting on Association for Computational Linguistics (ACL)*, p. 166–175, Sofia, Bulgaria.

# Etude de l'impact de la translittération de noms propres sur la qualité de l'alignement de mots à partir de corpus parallèles français-arabe

Nasredine Semmar[1] Houda Saadane[2]

(1) Institut CEA LIST, DIASI, Laboratoire Vision et Ingénierie des Contenus, CEA Saclay – Nano-INNOV, 91191 Gif-sur-Yvette Cedex
(2) LIDILEM, Université Stendhal-Grenoble III, Domaine Universitaire, 1180, avenue centrale, 38400 Saint Martin d'Hères
nasredine.semmar@cea.fr, houda.saadane@e.u-grenoble3.fr

**Résumé.** Les lexiques bilingues jouent un rôle important en recherche d'information interlingue et en traduction automatique. La construction manuelle de ces lexiques est lente et coûteuse. Les techniques d'alignement de mots sont généralement utilisées pour automatiser le processus de construction de ces lexiques à partir de corpus de textes parallèles. L'alignement de formes simples et de syntagmes nominaux à partir de corpus parallèles est une tâche relativement bien maîtrisée pour les langues à écriture latine, mais demeure une opération complexe pour l'appariement de textes n'utilisant pas la même écriture. Dans la perspective d'utiliser la translittération de noms propres de l'arabe vers l'écriture latine en alignement de mots et d'étudier son impact sur la qualité d'un lexique bilingue français-arabe construit automatiquement, cet article présente, d'une part, un système de translittération de noms propres de l'arabe vers l'écriture latine, et d'autre part, un outil d'alignement de mots simples et composés à partir de corpus de textes parallèles français-arabe. Le lexique bilingue produit par l'outil d'alignement de mots intégrant la translittération a été évalué en utilisant deux approches : une évaluation de la qualité d'alignement à l'aide d'un alignement de référence construit manuellement et une évaluation de l'impact de ce lexique bilingue sur la qualité de traduction du système de traduction automatique statistique Moses. Les résultats obtenus montrent que la translittération améliore aussi bien la qualité de l'alignement de mots que celle de la traduction.

**Abstract.** Bilingual lexicons play a vital role in cross-language information retrieval and machine translation. The manual construction of these lexicons is often costly and time consuming. Word alignment techniques are generally used to construct bilingual lexicons from parallel texts. Aligning single words and nominal syntagms from parallel texts is relatively a well controlled task for languages using Latin script but it is complex when the source and target languages do not share the same written script. A solution to this issue consists in writing the proper names present in the parallel corpus in the same written script. This paper presents, on the one hand, a system for automatic transliteration of proper names from Arabic to Latin script, and on the other hand, a tool to align single and compound words from French-Arabic parallel text corpora. We have evaluated the word alignment tool integrating transliteration using two methods: A manual evaluation of the alignment quality and an evaluation of the impact of this alignment on the translation quality by using the statistical machine translation system Moses. The obtained results show that transliteration of proper names from Arabic to Latin improves the quality of both alignment and translation.

**Mots-clés :** Lexique bilingue, translittération, alignement de mots, traduction automatique statistique, évaluation.
**Keywords:** Bilingual lexicon, transliteration, word alignment, statistical machine translation, evaluation.

## 1 Introduction

Les lexiques bilingues jouent un rôle important dans les applications de Traitement Automatique des Langues (TAL) telles que la Recherche d'Information Interlingue (RII) et la Traduction Automatique (TA). La construction manuelle de ces lexiques est lente et coûteuse. C'est la raison pour laquelle depuis quelques années de nombreux travaux ont fait appel aux techniques d'alignement pour automatiser le processus de construction de lexiques bilingues. Ces travaux ont montré que l'alignement de formes simples et de syntagmes nominaux à partir de corpus parallèles est une tâche relativement bien maîtrisée pour les langues à écriture latine. En revanche, l'appariement de textes parallèles n'utilisant pas la même écriture demeure une opération complexe. Ce qui a conduit plusieurs chercheurs à exploiter la transcription ou la translittération de certains mots des textes parallèles comme « points d'ancrage » pour améliorer la mise en correspondance bilingue. La transcription consiste à substituer à chaque son ou à chaque phonème d'un système phonologique, un graphème ou un groupe de graphèmes d'un système d'écriture, tandis que la translittération consiste à substituer à chaque graphème d'un système d'écriture un autre graphème ou un groupe de graphèmes d'un autre système d'écriture, indépendamment de la prononciation.

Dans la perspective d'évaluer l'impact de l'utilisation de la translittération de noms propres sur la qualité d'un lexique bilingue français-arabe construit automatiquement, nous présentons dans cet article, d'une part, un système de translittération de noms propres de l'arabe vers l'écriture latine et un outil d'alignement de mots simples et composés à partir de corpus de textes parallèles français-arabe, et d'autre part, les résultats d'évaluation de ce lexique bilingue selon deux approches (intrinsèque et extrinsèque) et utilisant deux corpus différents (ARCADE II et OPUS).

La suite de l'article est organisée comme suit : dans la section 2, nous présentons l'approche de la translittération des noms propres écrits en arabe vers l'écriture latine. Puis nous décrivons dans la section 3, l'outil d'alignement de mots à partir d'un corpus de textes parallèles français-arabe en nous focalisant plus particulièrement sur l'étape d'appariement de cognats qui exploite la translittération. La section 4 sera consacrée aux expérimentations effectuées ainsi que la présentation des résultats obtenus et la section 5 conclut notre étude et présente nos travaux futurs.

# 2 Translittération

Les évolutions rapides des nouvelles technologies d'information et de communication sont accompagnées d'un essor important de la quantité et la diversité d'information générée et manipulée notamment celle disponible sur le web. Cette dernière, étant destinée à un public large et varié, est transcrite dans différentes langues ce qui a fait émerger la nécessité d'internationaliser les contenus afin de permettre un partage de données le plus large possible, entre des utilisateurs manipulant des langues différentes. Ainsi, les techniques de translittération trouvent tout leur intérêt afin de rendre cette perspective de partage possible.

## 2.1 Etat de l'art

Plusieurs travaux de recherche sur la transcription et la translittération ont été menés ces dernières années. Nous citons à titre d'exemple les travaux de (Jiang et al., 2007) pour la translittération des entités nommées (ENs) du chinois vers l'anglais, qui utilisent un modèle d'entropie maximale pour déterminer la translittération candidate, en se basant sur la similarité phonétique avec l'EN dans la langue source. Ces méthodes fonctionnent bien avec les entités nommées qui sont traduites phonétiquement, mais ce n'est pas toujours le cas. Pour ce type d'ENs, il est plus recommandé d'explorer les similitudes sémantiques entre les ENs dans les différentes langues. Ce constat a été approuvé dans les travaux de (Huang et al., 2004) qui combine les similitudes sémantiques et phonétiques. Les expérimentations effectuées montrent que cette approche réalise une précision de 67%. Par ailleurs, (Huang et al., 2003) ont travaillé sur l'extraction des paires d'ENs hindi-anglais grâce à l'alignement d'un corpus parallèle. Des paires chinois-anglais sont d'abord extraites à l'aide d'une programmation dynamique. Ce modèle chinois-anglais est alors adapté à l'hindi-anglais de manière itérative, en utilisant les paires hindi-anglais d'entités nommées déjà extraites pour l'amorçage du modèle. On trouve aussi des propositions de systèmes visant à attribuer une seule translittération à un nom donné : c'est le cas du modèle génératif proposé pour les noms d'origine anglaise écrits en japonais vers le système d'écriture latin (Knight, Graehl, 1997). Cette approche a été adaptée par (Stalls, Knight, 1998) à la façon dont un nom anglais écrit en arabe est transcrit en anglais. Le système de génération de translittérations s'appuie sur un dictionnaire d'apprentissage et ne prend pas en compte les prononciations non répertoriées ou inconnues du dictionnaire. Pour pallier cette limitation, certains travaux utilisent un modèle non supervisé. C'est le cas du système de translittération des noms anglais vers l'arabe proposé par (Abduljaleel, Larkey, 2003). Ce système est fondé sur le calcul de la forme la plus probable, censée être la forme correcte. Or cette hypothèse n'est pas vérifiée pour tous les pays arabes ni pour tous les dialectes. (Alghamdi, 2005) a proposé un système de translittération en écriture anglaise des noms arabes voyellés pour contourner la difficulté de la prononciation et le problème des variantes dialectales. Ce système est basé sur un dictionnaire de noms arabes dans lequel la prononciation est réglée au moyen de voyelles ajoutées aux noms répertoriés, avec indication en vis à vis de leur équivalent en écriture anglaise. Cependant, cette approche, non seulement ne prend pas en compte les prononciations non répertoriées dans le dictionnaire, mais, de plus, elle est normative par le fait qu'elle ne propose qu'une seule translittération pour un nom donné.

En conclusion, la plupart des travaux actuels ne prennent pas en compte la complexité du problème de la transcription et de la translittération qui concerne aussi bien l'oralité que le modèle scriptural des systèmes linguistiques impliqués. En effet, très peu de travaux prennent en considération le lien entre phonologie comparée et transcription interlingue, entre graphématique comparée et translittération multilingue et entre dialectologie arabe et systèmes de translittération latins. Les rares études qui proposent une solution prenant en compte partiellement l'une de ces problématiques sont dédiées à l'identification automatique de l'origine du locuteur à partir de son dialecte (Guidère, 2004) (Barkat-Defradas et al., 2004). Dans le cadre de cette étude, notre objectif est de proposer un système automatique de translittération qui tient compte du lien entre phonologie, graphématique et dialectologie, dans la transcription des noms et des prénoms arabes vers l'écriture latine et plus particulièrement pour le français et l'anglais (Pouliquen, Steinberger, 2007).

## 2.2 Approche proposée pour la translittération de noms propres de l'arabe vers l'écriture latine

Afin de renvoyer la totalité des cas possibles de la translittération d'un nom arabe en écriture latine, nous nous sommes intéressés aux questions et aux problèmes liés à la translittération basée sur le système phonétique de l'arabe littéraire ainsi que sur la majorité des familles de dialectes, en prenant en compte des nombreuses variantes régionales et locales. Nous avons commencé par recenser les translittérations existantes pour chaque lettre de l'alphabet arabe standard depuis les normes et usages observés sur le Web et sur les dictionnaires de lieux géographiques de GeoNames. Nous avons constaté qu'au sein du même dictionnaire géographique un nom propre peut avoir plusieurs translittérations différentes. Cette investigation empirique est basée sur un corpus de textes qui a été recueilli dans les différentes langues cibles visées par le translittérateur. Elle a permis de constituer une librairie des équivalents graphématiques utilisés dans les écrits utilisant l'alphabet latin. Ci-dessous quelques équivalences graphématiques établies à partir de cette étude sur différents corpus :

- La lettre ش est transcrite en S dans DIN-31635, Sh selon UN, EI & ALA-LC, š suivant ISO/R 233 et (ch) dans le corpus d'apprentissage.
- La lettre ظ est transcrite en ẓ dans les différentes normes de translittération et en z, dh et d dans le corpus d'apprentissage.

Nous avons défini un certain nombre de règles syntaxiques et contextuelles afin de recenser les différentes translittérations. Parmi les règles syntaxiques que nous avons considérées dans notre translittération, le fait que le nom arabe ne prend pas en compte la dernière voyelle courte ou tanwin (marqueur du cas) à la fin du mot. Par exemple : زار بلال محمداً, le prénom محمداً est transcrit par Mohammed et non pas Mohammedan. Le module de translittération de l'écriture arabe vers l'écriture latine tient compte du lien entre la phonologie, la graphématique et la dialectologie en utilisant un certain nombre de règles issues d'une étude expérimentale. Il est fondé sur les automates à états finis pondérés de type transducteurs. Nous avons utilisé l'outil HTFST qui est constitué d'une interface basée sur la librairie open-source OpenFst (Reley et al., 2009). Cet outil sert à créer les automates de règles morphologiques, syntaxiques, et autres, et les appliquer ensuite à des textes. HTFST possède aussi une syntaxe propre aux « règles de replacements parallèles et contextuelles » offrant les mêmes possibilités que celles de XFST (Xerox Finite State Tool) (Beesley, Karttunen, 2003) implémentées en utilisant la librairie FOMA (Hulden, 2009). Le fonctionnement de notre approche de translittération est déterminé par la nature du mot fourni en entrée : l'automate passe d'état en état suivant les transitions, à la lecture de chaque lettre arabe de l'entrée. La Figure 1 décrit l'organigramme de notre module de translittération:

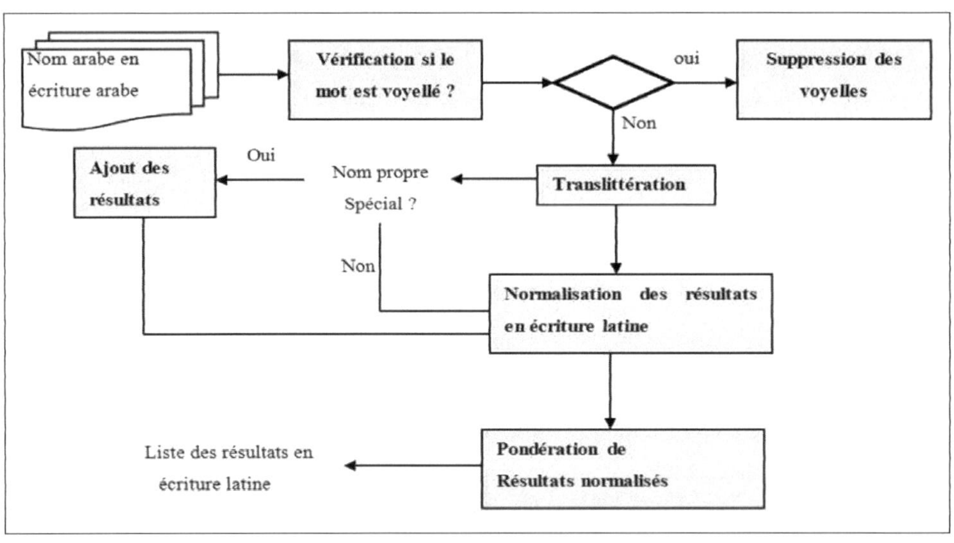


FIGURE 1: Organigramme du fonctionnement du translittérateur de l'arabe vers le latin

A l'issue de la lecture, un premier automate traite l'entrée de la manière suivante: si l'entrée est voyellée, il supprime les voyelles avant de translittérer le nom; si l'entrée est non-voyellée, il procède directement à la translittération du nom. Nous supprimons les voyelles afin de générer toutes les translittérations françaises et anglaises possibles. Ceci est dû à l'influence des dialectes sur les voyelles où les translittérations des mots issus du dialecte du Macherek sont orientées vers la translittération anglaise et ceux du dialecte du Maghreb sont plus orientées vers la translittération française. Enfin, le module produit en sortie une liste triée de noms arabes écrits en caractères latins.

Le cœur du système de translittération est constitué de règles contextuelles qui permettent le remplacement des lettres arabes en lettres latines ainsi que l'ajout des voyelles latines, en prenant en compte les lettres situées devant et/ou derrière la lettre à ajouter ou remplacer. Ces règles visent aussi à rendre compte de la manière la plus précise possible des formes observées en entrée : S'agit-il d'une «kunya» ? D'un nom précédé d'un article ? Ou bien d'un prénom seul ? Selon la forme d'entrée, nous appliquons d'abord des règles adéquates pour transcrire la partie qui ne constitue pas le nom à proprement parler (particules). Ainsi, des noms propres (spéciaux) comme (Ibn) إبن, (Abd) عبد, (Taha) طه, etc. seront transcrits directement. Prenons, par exemple, le prénom عبد qui peut être translittéré de plusieurs façons différentes. Nous attribuons un poids pour chaque translittération, sachant que le poids le plus bas indique la solution la plus probable. La règle ci-dessous indique que, lorsqu'un mot débute par ع ب د, il est transcrit le plus souvent par « Abd », ou bien moins souvent par « Abed ». Plus rarement, il sera transcrit « 3abd » ou « 3Abd », et dans quelques cas il sera transcrit par « Abd ».

R = ((ع ب د) .x. (((\` A b d <3000>) | A b d | (A b e d <1000>) | (3 (a|A) b d <2000>)))).*;

Après avoir traité la partie (spéciale) du nom propre, nous appliquons les règles pour la translittération des noms eux-mêmes. Les règles pour la translittération des noms s'appliquent à leur tour selon le nombre de consonnes du nom considéré, et dans un ordre de priorité déterminé.

Par exemple, pour translittérer en écriture latine le nom propre arabe عبد الرشيد qui est composé par Abd (عبد) + Al (ال) + Nom (رشيد), le système procède de la manière suivante :

- Translittération de la particule عبد «Abd»;
- Translittération de l'article ال «Al»;
- Concaténation de la particule «Abd» et de l'article «Al» en les reliant au nom par un trait d'union ou en insérant un blanc entre les deux : Abd Al Rachid (عبد الرشيد);
- Génération de toutes les formes de translittération possibles pour ces trois éléments (Table 1):

| Nom propre arabe | Translittérations |
|---|---|
| عبد الرشيد | Abd Al-Rachid |
| | Abdul Rashid |
| | abd al-Rashid |
| | 3abd El Rachid |
| | abd Al Rashid |
| | Abdar-Rashid |
| | Abdel Rachid |

TABLE 1 : Quelques translittérations pour le nom propre composé «عبد الرشيد»

- Normalisation de la liste des noms en écriture latine en supprimant les caractères spéciaux (diacritiques et chiffres) et en ajoutant la majuscule au début de chaque nom propre;
- Pondération de la liste des noms en écriture latine en attribuant un poids aux règles qui ont servi à la génération de la liste. Cette pondération est réalisée en utilisant divers moteurs de recherche en notant à chaque fois le nombre d'occurrences pour chaque forme générée du nom propre.

# 3 Alignement de mots

L'alignement de mots ou l'extraction de lexiques bilingues à partir de corpus de textes parallèles peut se décomposer conceptuellement en deux aspects: il s'agit de repérer les mots du texte source et du texte cible, puis de les mettre en correspondance.

## 3.1 Etat de l'art

Il existe principalement trois approches pour l'alignement de mots à partir de corpus de textes parallèles alignés phrase à phrase:

- Les approches à dominante statistique qui s'appuient sur les modèles IBM (Brown et al., 1993). L'outil d'alignement GIZA++ (Och, Ney, 2000) implémente notamment ce type d'approche. Cet outil implémente divers modèles de traduction (IBM 1, 2, 3, 4, 5 et HMM). GIZA++ est un outil efficace pour aligner les mots simples, mais il est moins performant, d'une part, lorsque les langues source et cible ont des morphologies et des structures syntaxiques différentes, et d'autre part, pour aligner les expressions multimots (Allauzen, Wisniewski, 2009) (Abdulhay, 2012).
- Les approches linguistiques qui utilisent généralement des dictionnaires bilingues déjà disponibles mais aussi les résultats de l'analyse morpho-syntaxique des phrases source et cible (Debili, Zribi, 1996). Les méthodes proposées par (Debili, Zribi, 1996) utilisent des ressources linguistiques externes (lexiques, règles, etc.) pour apparier les mots des textes parallèles alignés au niveau de la phrase. Ces méthodes font l'hypothèse que pour que des phrases soient en correspondance de traduction, il faut que les mots qui les composent soient également en correspondance. Elles n'utilisent qu'une information interne, c'est-à-dire que toute l'information nécessaire (et en particulier les correspondances lexicales) est dérivée des textes à aligner eux-mêmes (ancrage lexical).
- Une combinaison des méthodes statistiques avec différentes sources d'information linguistique (Daille et al., 1994) (Gaussier, Langé, 1995) (Ozdowska, Claveau, 2006) (Semmar et al., 2010). La méthode proposée par Gaussier (1995) est fondée sur des modèles statistiques pour établir les associations entre mots anglais et mots français, et ce en exploitant la propriété de dépendance entre les mots et leurs traductions respectives. La prise en compte des positions des mots dans les phrases permet de constituer un modèle de distorsion qui aide à la construction des associations. Ensuite, les structures morpho-syntaxiques représentant les séquences admissibles d'étiquettes grammaticales et de mots ont été recensées. Les correspondances et non-correspondances entre les structures anglaises et françaises sont utilisées pour élaborer les modèles statistiques permettant de retrouver les équivalences entre termes anglais et termes français. Quant à l'approche développée par Ozdowska et Claveau (2006), elle consiste d'abord à apparier les mots à un niveau global grâce au calcul des fréquences de cooccurrence dans des phrases alignées. Ensuite, ces mots constituent les couples amorces qui servent de point de départ à la propagation des liens d'appariement à l'aide des différentes relations de dépendance identifiées par un analyseur syntaxique dans chacune des deux langues.

Contrairement à l'alignement de mots simples qui est désormais une tâche bien maîtrisée plus particulièrement pour les langues à écriture latine, l'alignement d'expressions multimots continue à susciter de nombreux travaux de recherche (Ozdowska, Claveau, 2006) (Lefever et al., 2009) (Bouamor et al., 2012). La plupart de ces travaux commencent tout d'abord par identifier les expressions multimots dans chaque partie du corpus parallèle, ensuite, utilisent différentes approches d'alignement pour les apparier. Les approches pour l'extraction monolingue d'expressions multimots peuvent être: (1) symboliques en reposant sur des patrons morpho-syntaxtiques (Okita et al., 2010), (2) statistiques en utilisant des mesures d'association pour classer les expressions multimots candidates (Vintar, Fisier, 2008), et (3) hybrides combinant (1) et (2) (Seretan, Wehrli, 2007). Pour identifier les correspondances entre expressions multimots dans différentes langues, plusieurs travaux font appel à des outils d'alignement de mots simples pour guider l'alignement d'expressions multimots. D'autres se basent sur des algorithmes d'apprentissage statistique. Une hypothèse largement suivie pour acquérir des expressions multimots bilingues est qu'une expression multimots dans une langue source garde la même structure syntaxique que son équivalente dans une langue cible donnée (Seretan, Wehrli, 2007) (Tufis, Ion, 2007). Or, cette hypothèse n'est pas toujours vérifiée puisque certaines expressions multimots ne se traduisent pas forcément par des expressions ayant la même structure syntaxique. De même, certaines expressions ne se traduisent pas systématiquement par une expression de même longueur.

Pour les langues n'utilisant pas l'écriture latine, de nombreux travaux ont été réalisés pour aligner automatiquement les translittérations à partir de corpus de textes multilingues en vue de l'enrichissement de lexiques bilingues. Citons notamment les travaux de (Yaser, Knight, 2002) et (Sherif, Kondrak, 2007) sur l'alignement arabe-anglais, (Tao et al., 2006) sur l'utilisation de la translittération pour l'extraction d'entités nommées à partir de corpus comparables ainsi que (Shao, Ng, 2004) qui utilisent l'information apportée par les translittérations sur la base de leur prononciation. Ils combinent l'information apportée par le contexte des traductions avec l'information apportée par les translittérations entre l'anglais et le chinois. L'intérêt de ce travail réside dans le fait qu'il permet l'alignement de mots très spécifiques mais rares.

Nous décrivons, dans la section suivante, notre démarche pour extraire un lexique bilingue de mots simples et de mots composés à partir d'un corpus parallèle français-arabe aligné au niveau de la phrase.

## 3.2 Approche proposée pour l'alignement de mots à partir de corpus de textes parallèles français-arabe

La démarche que nous proposons pour la construction de lexiques bilingues à partir de corpus de textes parallèles, est composée des trois étapes suivantes:

- alignement de mots simples,
- alignement de mots composés se traduisant mot à mot,
- alignement d'expressions multimots.

Notre approche pour l'alignement de mots est basée, d'une part, sur un modèle linguistique utilisant un dictionnaire bilingue, les caractéristiques des cognats, les catégories grammaticales, les relations de dépendance syntaxique et les règles de reformulation pour l'alignement de mots simples et composés, et d'autre part, sur un modèle hybride combinant patrons morpho-syntaxiques et méthodes statistiques pour l'alignement d'expressions multimots. Les entrées de l'outil d'alignement, implémentant notre approche, sont les sorties normalisées d'une analyse morpho-syntaxique effectuée à l'aide de la plate-forme d'analyse linguistique LIMA (Besançon et al., 2010) sur le corpus de textes parallèles. Cette plate-forme fournit pour chaque couple de phrases source et cible :

- la liste des lemmes et des formes fléchies des mots ainsi que leur position dans la phrase,
- les catégories grammaticales des mots,
- les relations de dépendance syntaxique entre les mots et les mots composés.

Le processus de normalisation consiste à supprimer les mots vides de la liste des lemmes des mots retournés par la plate-forme LIMA. Les mots vides sont identifiés à partir de leur catégorie grammaticale (prépositions, articles, ponctuations et certains adverbes). Nous considérons les mots restants comme des mots significatifs (pleins).

Nous décrivons ci-dessous uniquement les principaux modules composant l'aligneur de mots simples et nous nous focalisations sur l'étape qui concerne l'alignement de mots utilisant la détection de cognats et d'entités nommées dans les phrases source et cible. C'est cette étape qui utilise la translittération des noms propres de l'arabe vers l'écriture latine. Les modules d'alignement de mots composés et d'expressions multimots sont décrits respectivement dans (Semmar et al., 2010) et (Bouamor et al., 2012). L'alignement de mots simples se déroule selon les trois étapes suivantes:

- alignement utilisant le dictionnaire bilingue préexistant,
- alignement utilisant la détection de cognats et d'entités nommées dans les phrases source et cible,
- alignement utilisant les catégories grammaticales des mots des phrases source et cible.

L'alignement en utilisant le dictionnaire bilingue préexistant consiste, d'une part, à extraire les traductions des lemmes significatifs des phrases de la langue source en interrogeant le dictionnaire bilingue, et d'autre part, à rechercher la traduction dans la phrase cible et en comparant sa position avec celle du lemme à aligner. Si les positions des deux lemmes source et cible sont dans une même fenêtre de taille *n* respectivement dans les phrases source et cible, alors ils seront considérés traduction l'un de l'autre. Nous avons fixé expérimentalement la valeur de *n* à 6. Ainsi, le mot de la phrase source $Mot_{source}$ est considéré comme traduction du mot de la phrase cible $Mot_{cible}$ si les conditions [1] et [2] sont vérifiées :

$$Position\ (Mot_{source}) - 3 <= Position\ (Mot_{cible}) \quad [1]$$

$$Position\ (Mot_{cible}) <= Position\ (Mot_{source}) + 3 \quad [2]$$

Nous avons constaté aussi que beaucoup de noms arabes ne sont pas reconnus comme entités nommées par la plate-forme LIMA. Cela vient du fait que cette plateforme utilise des listes ainsi que des règles de déclencheurs pour reconnaître des entités telles que les noms de personnes, d'organisations, de lieux… mais ces listes sont limitées et plus particulièrement pour les langues peu dotées comme l'arabe. C'est pour cette raison que nous avons ajouté une étape supplémentaire à notre outil d'alignement de mots simples. Cette étape est utilisée pour permettre l'appariement des cognats présents dans les phrases source et cible. En linguistique, les cognats sont des paires de mots de langues différentes qui partagent des propriétés phonologiques, orthographiques et sémantiques. Nous pouvons étendre cette définition aux noms propres et aux expressions numériques puisqu'ils varient en général légèrement d'une langue à une autre. Plusieurs travaux ont montré que la détection et la mise en correspondance des cognats dans les textes source et cible permettent d'améliorer les résultats d'alignement au niveau des phrases (Simard et al., 1993) mais aussi des mots (Al-Onaizan, Knight, 2002) (Kondrak, 2005) (Kraif, 2001). Récemment, Frunza et Inkpen (2009) ont évalué une méthode qui utilise 13 mesures de similarité orthographique pour identifier les cognats et les « faux amis ». Nous considérons dans une première étape comme cognats les mots dont les quatre premiers caractères sont identiques. Cette étape est simple à implémenter lorsque les phrases source et cible sont écrites avec le même script ou dans deux scripts proches. Dans notre étude, l'alignement de mots est réalisé à partir de corpus de textes parallèles français-arabe. Or ces deux langues sont écrites avec deux scripts différents. Pour détecter les cognats présents dans ces textes, nous avons utilisé le système de translittération décrit précédemment pour transformer les noms propres écrits en arabe vers l'écriture latine. Cette première étape a permis de détecter que les noms propres « Garner » et « Irak » et leur translittération respective en écriture latine «garnir» (du nom propre « غارنر ») et « irak » (du nom propre «العراق») sont des cognats. En revanche, cette étape ne permet pas d'aligner des couples de mots comme « Algérie » et « aljezeyr » (translittération du nom propre « الجزائر »). Pour ce faire, nous avons utilisé la distance Jaro–Winkler (Winkler, 1990), une mesure de similarité basée sur le nombre de lettres en commun entre le mot de la langue source *ms* et le mot de la langue cible *mc*.

$$DJ(ms, mc) = \begin{cases} 0 & si\ m = 0 \\ \frac{1}{3}\left(\frac{m}{|ms|} + \frac{m}{|mc|} + \frac{m-t}{m}\right) & sinon \end{cases}$$

Où:

– $m$ est le nombre de caractères correspondants. Deux caractères identiques des mots *ms* et *mc* sont considérés comme correspondants si leur éloignement (la différence entre leurs positions dans leurs chaînes respectives) ne dépasse pas :

$$\left(\frac{max(|ms|, |mc|)}{2}\right) - 1$$

– $t$ est le nombre de transpositions. Ce nombre est obtenu en comparant le i$^{ème}$ caractère correspondant du mot *ms* avec le i$^{ème}$ caractère correspondant du mot *mc*. Le nombre de fois où ces caractères sont différents, divisé par deux, donne le nombre de transpositions.

– $|ms|$, $|mc|$ correspondent aux longueurs en nombre de caractères des mots *ms* et *mc*.

La mesure de similarité Jaro–Winkler est une variante de la distance Jaro *DJ* (Jaro, 1989).

$$DJW(ms, mc) = DJ(ms, mc) + (lp(1 - DJ(ms, mc)))$$

Où $l$ est la longueur du préfixe commun et $p$ est un coefficient qui permet de favoriser les chaînes avec un préfixe commun.

Pour fixer les valeurs de $l$ et $p$ ainsi que le seuil pour lequel deux mots sont considérés comme cognats, nous avons utilisé un échantillon de 100 noms propres arabes translittérés en écriture latine. Dans cet échantillon, un nombre propre écrit en arabe peut avoir en moyenne 37 translittérations en écriture latine mais il existe des noms propres qui peuvent dépasser les 1 000 translittérations comme c'est le cas du mot « الجزائر » (Algérie) qui en a 1 120. Nous avons constaté que les valeurs de $l$ et $p$ qui permettent d'accepter le plus grand nombre de translittérations pour un nom propre sont respectivement 2 et 0,1 pour un seuil de cognats égal à 0,9. Ces paramètres fixés empiriquement permettent certes d'identifier comme cognats le mot «Algérie» et la translittération «aljezeyr» mais génèrent aussi des erreurs puisque cet aligneur considère par exemple que les mots «mohamed» et la translittération «mahmoud» du nom propre arabe «محمود» sont des cognats. Pour réduire ce type d'erreurs, nous vérifions les conditions [1] et [2] relatives aux positions des mots respectivement dans les phrases source et cible.

Certes, la détection de cognats améliore significativement les résultats de l'alignement mais ça concerne uniquement les corpus de textes ayant une forte présence de noms propres. Pour détecter de nouvelles correspondances, nous prenons en compte les paires de mots des langues source et cible qui ont les mêmes catégories grammaticales et dont les positions vérifient les conditions [1] et [2] décrites précédemment. Cette étape est particulièrement performante pour identifier les traductions des mots entourés par des mots déjà traduits.

Le tableau ci-dessous (Table 2) présente le résultat de l'alignement de mots simples et de mots composés se traduisant mot à mot de la phrase source « Le général Garner a laissé entendre que l'occupation de l'Irak ne serait pas éternelle. » et de sa traduction en langue cible «اشار الجنرال غارنر الى ان احتلال العراق لن يدوم الى الابد.».

| Lemmes des mots de la phrase en langue source | Lemmes des mots de la phrase en langue cible | Etape d'alignement utilisée |
|---|---|---|
| général | جنرَال | Appariement de catégories grammaticales |
| Garner | غارنر | Appariement de cognats |
| laisser | أشَارَ | Appariement de catégories grammaticales |
| occupation | إحْتِلال | Dictionnaire bilingue |
| Irak | العِرَاق | Appariement de cognats |
| général_garner | جنرَال_غارنر | Mise en correspondance de mots composés |
| occupation_Irak | إحْتِلال_العِرَاق | Mise en correspondance de mots composés |

TABLE 2 : Résultat de l'alignement de mots simples et composés

Ce tableau montre, d'une part, que les lemmes « entendre », « être » et « éternel » de la phrase source n'ont pas été alignés, et d'autre part, que l'alignement du lemme « laisser » n'est pas correct. En vérifiant dans le dictionnaire bilingue, nous avons trouvé plusieurs traductions pour ces lemmes, mais ils n'ont pas été alignés car ces traductions ne sont pas présentes dans la phrase cible. Cet exemple montre bien l'intérêt des alignements n:m (dans notre exemple il s'agit d'un alignement 2:1 pour le lemme « laisser entendre » qui aurait du être aligné avec le lemme «أشَارَ») même s'ils ne sont pas aussi fréquents que les alignements 1:1. Notons que le lexique bilingue construit à l'issue du processus d'alignement de mots contient les alignements corrects et incorrects, mais, les lemmes qui n'ont pas été alignés ne seront pas pris en compte. Les symboles « _ » séparant les lemmes des mots composés seront remplacés par des espaces.

# 4 Résultats expérimentaux et discussion

Pour illustrer l'apport de la translittération sur la qualité du lexique bilingue produit par l'alignement de mots simples et composés, nous avons évalué les résultats de l'alignement selon deux approches différentes :

- une évaluation manuelle comparant les résultats de notre aligneur de mots par rapport à un alignement de référence,
- une évaluation automatique en intégrant les résultats de notre aligneur de mots dans le corpus d'apprentissage du modèle de traduction du système de traduction statistique libre Moses (Koehn et al., 2007).

L'évaluation manuelle de l'aligneur de mots a été réalisée sur une partie composée de 1 000 phrases du corpus MD (Monde Diplomatique) français-arabe de la campagne ARCADE II (Véronis et al., 2008). Cet alignement de référence au niveau des mots simples et composés a été construit manuellement à l'aide de l'outil Yawat (Germann, 2008). Pour les métriques d'évaluation, nous avons utilisé celles du protocole défini lors de la conférence HLT/NAACL 2003 (Mihalcea, Pedersen, 2003). La table 3 résume nos résultats en termes de précision et de rappel selon que l'aligneur de mots utilise ou non l'appariement de cognats avec la translittération de noms propres. Ces résultats montrent que l'utilisation de la translittération arabe permet d'augmenter aussi bien la précision que le rappel et confirment les résultats que nous avons obtenus précédemment sur un petit corpus de 283 phrases (Saadane, Semmar, 2012) ainsi que ceux de (Kondrak et al., 2003) qui ont pu réduire de 10% le taux d'erreurs de l'alignement de mots en utilisant l'appariement de cognats. Le lexique bilingue extrait à partir des 1 000 paires de phrases en utilisant notre outil d'alignement de mots contient 16 291 entrées dont 2 023 noms propres. L'analyse de ce lexique montre qu'il contient un nombre important de doublons plus particulièrement pour les noms propres mais aussi quelques traductions de mots polysémiques. En outre, environ 53% des mots alignés se trouvaient dans le dictionnaire bilingue et 12% ont été alignés à l'aide du module d'appariement de cognats qui utilise la translittération.

| Alignement de mots | Précision | Rappel | F-Mesure |
|---|---|---|---|
| sans l'appariement de cognats (sans translittération) | 0,82 | 0,86 | 0,83 |
| avec l'appariement de cognats (avec translittération) | 0,87 | 0,88 | 0,87 |

TABLE 3 : Résultats de l'évaluation de l'alignement de mots

L'évaluation automatique de notre aligneur de mots a été réalisée en utilisant le corpus OPUS (Tiedemann, 2009) pour la paire de langues français-arabe. Ce corpus regroupe 74 067 paires de phrases parallèles extraites des résolutions des

Nations Unies. Ces résolutions citent certains noms de dirigeants, et beaucoup de noms de pays et d'organisations. Nous avons divisé ce corpus en trois parties : 70 067 paires de phrases pour l'apprentissage du modèle de traduction, 3 500 paires de phrases pour la construction du lexique bilingue en utilisant notre aligneur de mots et 500 paires de phrases pour l'évaluation du système de traduction Moses. Pour estimer le modèle de traduction du système de référence, nous avons construit un corpus d'apprentissage contenant 70 067 paires de phrases auquel nous avons ajouté les 3 500 paires de phrases utilisées pour l'alignement de mots. Pour étudier l'impact du lexique bilingue produit par l'outil d'alignement de mots intégrant la translittération sur le modèle de traduction du système Moses, nous avons ajouté ce lexique bilingue construit à partir des 3 500 paires de phrases au corpus d'apprentissage. Le modèle de traduction utilisé est appris sur les lemmes des mots composant le corpus parallèle d'apprentissage et les lemmes des mots produits par notre aligneur. Nous avons aussi entraîné un modèle de langue (tri-grammes) sur la totalité du corpus OPUS en langue arabe (74 067 phrases) en utilisant la boite à outils IRSTLM (Federico et al., 2008). Deux types de corpus de test ont été utilisés pour mener nos expérimentations : *Tout-Corpus-Test* et *Noms-propres-Corpus-Test*. Le premier corpus de test *Tout-Corpus-Test* est constitué de 500 paires de phrases parallèles extraites aléatoirement du corpus OPUS. Pour mesurer l'apport réel du lexique bilingue des noms propres translittérés, nous avons constitué un corpus de test noté *Noms-propres-Corpus-Test* où nous ne conservons que les phrases du corpus *Tout-Corpus-Test* contenant au moins un nom propre. Ce corpus contient 173 paires de phrases parallèles. La qualité de traduction du système de référence (celui qui n'intègre pas les translittérations) ainsi que celui intégrant les translittérations est évaluée sur les deux corpus de test sur la base de la métrique BLEU (Papineni et al., 2002). Nous avons préféré utiliser la métrique BLEU car elle est la plus appropriée pour évaluer les systèmes de traduction statistique à base de séquences (n-grammes) tels que Moses. Nous avons considéré qu'à chaque phrase source correspond une seule phrase de référence en langue cible. Les résultats de traduction obtenus pour les deux configurations sont regroupés dans la table 4.

| Corpus d'apprentissage | Tout-Corpus-Test | Noms-propres-Corpus-Test |
|---|---|---|
| sans les résultats de l'appariement de cognats (sans translittération) | 15,79 | 17,67 |
| avec les résultats de l'appariement de cognats (avec translittération) | 16,49 | 19.52 |

TABLE 4 : Résultats de traduction selon le score BLEU

Tout d'abord, nous constatons que le score BLEU obtenu est satisfaisant compte tenu de la taille du corpus d'apprentissage et du modèle de traduction utilisé et qui a été estimé sur des lemmes plutôt que sur des formes de surface (Sadat, Habash, 2006). Ce score varie en fonction du type du jeu de test. Le corpus de test *Noms-propres-Corpus-Test* qui ne considère que les phrases contenant des noms propres du lexique bilingue rapporte des scores BLEU plus élevés que le corpus de test *Tout-Corpus-Test* dans les deux configurations (corpus d'apprentissage sans l'ajout de translittération ou avec translittération). Les résultats obtenus montrent que l'intégration dans le corpus d'apprentissage du modèle de traduction des alignements obtenus par le module d'appariement de cognats utilisant la translittération a permis d'obtenir un gain de +0,70 points BLEU pour le corpus de test *Tout-Corpus-Test* et un gain de +1,85 pour le corpus de test *Noms-propres-Corpus-Test*. Ces résultats confirment ceux de (Huang et al., 2003) qui ont obtenu une F-Mesure de 81% pour l'alignement d'entités nommées à partir d'un corpus parallèle chinois-anglais et un gain de +0,06 en score NIST pour la traduction.

Pour évaluer la significativité statistique des résultats obtenus, nous utilisons la méthode par ré-échantillonnage par amorce décrite par (Koehn, 2004). Cette méthode estime la probabilité (p-valeur) qu'une différence mesurée entre les scores BLEU surgit par hasard et ce par la création à plusieurs reprises (10 fois) d'échantillons uniformes avec remise à partir des corpus de tests. Nous exploitons cette méthode pour comparer les deux configurations (corpus d'apprentissage sans l'ajout de translittération ou avec translittération) selon le corpus de test utilisé. Sur un intervalle de confiance (IC) de 95%, les résultats varient de non significatifs (quant $p > 0.05$) à hautement significatifs. Les p-valeurs obtenues sur les corpus de test *Tout-Corpus-Test* et *Noms-propres-Corpus-Test* sont respectivement de 0,02 et 0,01. Par conséquent, les améliorations apportées par l'utilisation de la translittération sont significatives dans les deux configurations de test.

# 5 Conclusion et travaux futurs

Nous avons décrit dans cet article, d'une part, un système de translittération des noms propres de l'écriture arabe vers l'écriture latine, et d'autre part, un outil d'alignement de mots simples et composés à partir de corpus de textes parallèles français-arabe. Nous nous sommes particulièrement intéressés à l'étude de l'impact de l'utilisation de la translittération sur la qualité du lexique bilingue produit par l'outil d'alignement de mots. Pour réaliser cette étude, nous avons évalué l'outil d'alignement de mots intégrant la translittération en utilisant deux approches : une évaluation de la qualité d'alignement à l'aide d'un alignement de référence construit manuellement et une évaluation de l'impact de cet alignement sur la qualité de traduction du système de traduction automatique statistique Moses. Les résultats obtenus montrent que la translittération améliore aussi bien la qualité de l'alignement de mots que celle de la traduction. Dans nos expérimentations sur l'outil d'alignement de mots, le modèle de traduction a été estimé sur des lemmes plutôt que sur des formes de surface qui généralement diminue la qualité de traduction plus particulièrement pour une langue morphologiquement riche comme l'arabe. De même, les traductions du lexique bilingue produit par l'outil d'alignement de mots ne sont pas pondérées, ce qui nous prive d'intégrer ce lexique directement dans la table de traduction. Nos travaux futurs sur l'alignement de mots s'orientent, d'une part, vers l'utilisation d'un modèle de génération pour produire les formes de surface adéquates à partir des résultats de traduction présentés en lemmes dans cette étude, et d'autre part, vers une amélioration des résultats de notre outil d'alignement en lui intégrant l'appariement d'expressions multimots et en pondérant les traductions du lexique bilingue qu'il produit. Par ailleurs, nos expérimentations sur le système de translittération ont montré que les corpus étudiés contenaient aussi des noms propres latins et que la précision de l'alignement de mots est très élevée lorsque des noms propres arabes sont présents dans les phrases source et cible. Nos travaux futurs en translittération s'orientent vers une prise en compte plus large des noms propres latins.

## Références

ABDULHAY A. (2012). Constitution d'une ressource sémantique arabe à partir d'un corpus multilingue aligné. *Thèse de Doctorat de l'Université Stendhal – Grenoble III.*

ABDULJALEEL N., LARKEY L. (2003). Statistical transliteration for English-Arabic Cross Language Information Retrieval. *Proceedings of the Twelfth ACM International Conference on Information and Knowledge Management*, New Orleans, Louisiana, 139-146.

ALGHAMDI M. (2005). Alghorithms for Romanizing Arabic names. *Journal of King Saud University - Computer and Information Sciences*,Volume 17, Riyadh, 105-128.

ALLAUZEN A., WISNIEWSKI G. (2009). Modèles discriminants pour l'alignement mot à mot. *TAL Volume 50 – n° 3/2009,* 173 – 203.

AL-ONAIZAN Y., KNIGHT K. (2002). Translating named entities using monolingual and bilingual resources. *Proceedings of the 40th ACL Conference*, USA.

BARKAT-DEFRADAS M., HAMDI R., PELLEGRINO F. (2004). De la caractérisation linguistique à l'identification automatique des dialectes arabes. *Proceedings of MIDL 2004,* 51-56.

BEESLEY K. R., KARTTUNEN L. (2003). Finite State Morphology. *Stanford, CA: CSLI Publications.*

BESANÇON R., DE CHALENDAR G., FERRET O., GARA F., LAIB M., MESNARD O., SEMMAR N. (2010). LIMA: A Multilingual Framework of Linguistic Analysis and Linguistic Resources Development and Evaluation. *Proceedings of LREC 2010,* 3697-3704.

BOUAMOR D., SEMMAR N., ZWEIGENBAUM P. (2012). Identifying bilingual Multi-Word Expressions for Statistical Machine. *Proceedings of the Eighth international conference on Language Resources and Evaluation (LREC), Turkey.*

BROWN P. F., PIETRA S. A. D., PIETRA V. J. D., MERCER R. L. (1993). The mathematics of statistical machine translation : parameter estimation. *Computational Linguistics, Volume 19, Number 2,* 263-311.

DAILLE B., GAUSSIER E., LANGE J.-M. (1994). Towards automatic extraction of monolingual and bilingual terminology. *Proceedings of the 15th International Conference on Computational Linguistics (COLING'94)*, 515-521.

DEBILI F., ZRIBI A. (1996). Les dépendances syntaxiques au service de l'appariement des mots. *Actes du 10ème Congrès Reconnaissance des Formes et Intelligence Artificielle (RFIA'96).*

FEDERICO M., BERTOLDI N., CETTOLO M. (2008). IRSTLM: an Open Source Toolkit for Handling Large Scale Language Models. *Proceedings of Interspeech, Australia, 2008.*

FRUNZA O., INKPEN D. (2009). Identification and Disambiguation of Cognates, False Friends, and Partial Cognates Using Machine Learning Techniques. *International Journal of Linguistics, Vol. 1.*

GAUSSIER E., LANGE J. M. (1995). Modèles statistiques pour l'extraction de lexiques bilingues. *Traitement Automatique des Langues, Volume 36. ATALA,* 133-155.

GERMANN U. (2008). Yawat: Yet Another Word Alignment Tool. *Proceedings of ACL 2008, Columbus,* 20-23

GUIDERE M. (2004). Le traitement de la parole et la détection des dialectes arabes. *Langues stratégiques et défense nationale, Publications du CREC, Saint-Cyr,* 53–75.

HUANG F., VOGEL S., WAIBEL A. (2004). Improving named entity translation combining phonetic and semantic similarities. *Proceedings of HLT-NAACL 2004,* 281-288.

HUANG F., VOGEL S., WAIBEL A. (2003). Automatic Extraction of Named Entity Translingual Equivalence Based on Multi-feature Cost Minimization. *Proceedings of the 41st Annual Conference of the Association for Computational Linguistics (ACL'03), Workshop on Multilingual and Mixed-language Named Entity Recognition, Sapporo, Japan.*

HULDEN M. (2009). Foma: a Finite-State Compiler and Library. *Proceedings of: EACL 2009, 12th Conference of the European Chapter of the Association for Computational Linguistics,* Athens, Greece, 29-32.

JARO M. A. (1989). Advances in record linkage methodology as applied to the 1985 census of Tampa Florida. *Journal of the American Statistical Association 84*, 414–420.

JIANG L., ZHOU M., CHIEN L. F., NIU C. (2007). Named entity translation with web mining and transliteration. *Proceedings of the 20th International Joint Conference on Artif cial Intelligence*, 1629-1634.

KOEHN P., HOANG H., BIRCH A., CALLISON-BURCH C., FEDERICO M., BERTOLDI N., COWAN B., SHEN W., MORGAN C., ZENS R., DYER C., BOJAR O., CONSTANTIN A., HERBST E. (2007). Moses: Open source toolkit for statistical machine translation. *Proceedings of ACL* 2007, 177-180.

KOEHN P. (2004). Statistical significance tests for machine translation evaluation. *Proceedings of EMNLP 2004.*

KNIGHT K., GRAEHL J. (1997). Machine transliteration. *Journal version Computational linguistics,* 24(4), 599-612.

KONDRAK G. (2005). Cognates and Word Alignment in Bitexts. *Proceedings of the Tenth Machine Translation Summit (MT Summit X), Thailand.*

KONDRAK G., MARCU D., KNIGHT K. (2003). Cognates Can Improve Statistical Translation Models. *Proceedings of HLT-NAACL 2003*, 46-48.

KRAIF O. (2001). Exploitation des cognats dans les systèmes d'alignement bi-textuel: architecture et évaluation. *TAL, 42(3),* 833-867.

LEFEVER E., MACKEN L., HOSTE V. (2009). Language-independent bilingual terminology extraction from a multilingual parallel corpus. *Proceedings of the 12th Conference of the European Chapter of the Association for Computational Linguistics, Greece.*

MIHALCEA R., PEDERSEN T. (2003). An evaluation exercise for word alignment. *Proceedings of The HLT-NAACL 2003 Workshop on Building and using parallel texts: data driven machine translation and beyond*, 1-10.

OZDOWSKA S., CLAVEAU V. (2006), Inférence de règles de propagation syntaxique pour l'alignement de mots. *TAL, Volume 47, n°1 ATALA,* 167-186.

OCH F. J., NEY H. (2000). Improved Statistical Alignment Models. *Proceedings of the 38th Annual Meeting of the Association for Computational Linguistics,* 440-447.

OKITA T., GUERRA M., ALFREDO GRAHAM Y., WAY A. (2010). Multi-word expression sensitive word alignment. *Proceedings of the 4th International Workshop on Cross Lingual Information Access at COLING 2010, 26–34.*

PAPINENI K., ROUKOS S., WARD T., ZHU W. J. (2002). Bleu: a method for automatic evaluation of machine translation. *Proceedings of the 40th Annual meeting of the Association for Computational Linguistics,* 311–318.

RILEY M., ALLAUZEN C., MARTIN J. (2009). OpenFst: An Open-Source, Weighted Finite-State Transducer Library and its Applications to Speech and Language. *Proceedings of NAACL HLT 2009: Tutorials,* 9–10.

POULIQUEN B., STEINBERGER R. (2007). Acquisition and Use of Multilingual Name Dictionaries. *Proceedings of the Workshop Acquisition and Management of Multilingual Lexicons (AMML'2007) - RANLP'2007, Bulgaria.*

SAÂDANE H., SEMMAR N. (2012). Utilisation de la translittération arabe pour l'amélioration de l'alignement de mots à partir de corpus parallèles français-arabe. *Actes TALN 2012*, 127-140.

SADAT F., HABASH N. (2006). Combination of Arabic Preprocessing Schemes for Statistical Machine Translation. *Proceedings of ACL 2006,* 1-8.

SEMMAR N., SERVAN C., DE CHALENDAR G., LE NY B. (2010). A Hybrid Word Alignment Approach to Improve Translation Lexicons with Compound Words and Idiomatic Expressions. *Proceedings of the 32nd Translating and the Computer conference, England.*

SERETAN V., WEHRLI E. (2007). Collocation translation based on sentence alignment and parsing. *Actes de TALN 2007.*

SHAO L., NG H. T. (2004). Mining new word translations from comparable corpora. *Proceedings of the 20th International Conference on Computational Linguistics (COLING'04),* 618-624.

SHERIF T., KONDRAK G. (2007). Bootstrapping a stochastic transducer for Arabic-English transliteration extraction. *Proceedings of the 45th Annual Meeting of the Association of Computational Linguistics (ACL 2007),* 864-871.

SIMARD M., FOSTER G. F., ISABELLE P. (1993). Using cognates to align sentences in bilingual corpora. *Proceedings of the Conference of the Centre for Advanced Studies on Collaborative Research,* 1071-1082.

STALLS B., KNIGHT K. (1998). Translating names and technical terms in Arabic text. *Proceedings of the COLING/ACL Workshop on Computational Approaches to Semitic Languages,* Montreal, Québec, 34-41.

TAO T., YOON S. Y., FISTER A., SPROAT R., ZHAI C. (2006). Unsupervised named entity transliteration using temporal and phonetic correlation. *Proceedings of the Conference on Empirical Methods in Natural Language Processing (EMNLP'06),* 250-257.

TIEDEMANN J. (2009). News from OPUS - A Collection of Multilingual Parallel Corpora with Tools and Interfaces. *N. Nicolov and K. Bontcheva and G. Angelova and R. Mitkov (eds.) Recent Advances in Natural Language Processing, Volume V,* 237-248.

TUFIS I., ION R. (2007). Parallel corpora, alignment technologies and further prospects in multilingual resources and technology infrastructure. *Proceedings of the 4th International Conference on Speech and Dialogue Systems,* 183–195.

VERONIS J., HAMON O., AYACHE C., BELMOUHOUB R., KRAIF O., LAURENT D., NGUYEN T. M. H., SEMMAR N., STUCK F., ZAGHOUANI W. (2008). Arcade II Action de recherche concertée sur l'alignement de documents et son évaluation. *Chapitre 2, Editions Hermès.*

VINTAR S., FISIER D. (2008). Harvesting multi-word expressions from parallel corpora. *Proceedings of LREC, Morocco.*

WINKLER W. E. (1990). String Comparator Metrics and Enhanced Decision Rules in the Fellegi-Sunter Model of Record Linkage. *Section on Survey Research Methods, American Statistical Association,* 354–359.

YASER A. O., KNIGHT K. (2002). Translating named entities using monolingual and bilingual resources. *Proceedings of the 40th Annual Meeting of the Association of Computational Linguistics (ACL'02),* 400-408.

# Adaptation thématique pour la traduction automatique de dépêches de presse

Souhir Gahbiche-Braham[1, 2] Hélène Bonneau-Maynard[1, 2] François Yvon[1]
(1) LIMSI-CNRS, B.P. 133, F-91403 Orsay Cedex, France
(2) Université Paris Sud
souhir@limsi.fr, hbm@limsi.fr, yvon@limsi.fr

**Résumé.** L'utilisation de méthodes statistiques en traduction automatique (TA) implique l'exploitation de gros corpus parallèles représentatifs de la tâche de traduction visée. La relative rareté de ces ressources fait que la question de l'adaptation au domaine est une problématique centrale en TA. Dans cet article, une étude portant sur l'adaptation thématique des données journalistiques issues d'une même source est proposée. Dans notre approche, chaque phrase d'un document est traduite avec le système de traduction approprié (c.-à-d. spécifique au thème dominant dans la phrase). Deux scénarios de traduction sont étudiés : (a) une classification *manuelle*, reposant sur la codification IPTC ; (b) une classification *automatique*. Nos expériences montrent que le scénario (b) conduit à des meilleures performances (à l'aune des métriques automatiques), que le scénario (a). L'approche la meilleure pour la métrique BLEU semble toutefois consister à ne pas réaliser d'adaptation ; on observe toutefois qu'adapter permet de lever certaines ambiguïtés sémantiques.

**Abstract.** Statistical approaches used in machine translation (MT) require the availability of large parallel corpora for the task at hand. The relative scarcity of thes resources makes domain adaptation a central issue in MT. In this paper, a study of thematic adaptation for News texts is presented. All data are produced by the same source : News articles. In our approach, each sentence is translated with the appropriate translation system (specific to the dominant theme for the sentence). Two machine translation scenarios are considered : (a) a *manual* classification, based on IPTC codification ; (b) an *automatic* classification. Our experiments show that scenario (b) leads to better performance (in terms of automatic metrics) than scenario (a) . The best approach for the BLEU metric however seems to dispense with adaptation alltogether. Nonetheless, we observe that domain adaptation sometimes resolves some semantic ambiguities .

**Mots-clés :** adaptation thématique, classification automatique, traduction automatique.

**Keywords:** domain adaptation, automatic classification, machine translation.

## 1 Introduction

En traitement automatique des langues, l'adaptation au domaine[1] est une question souvent abordée. Pour l'application de traduction automatique, adapter ou spécialiser des modèles de traduction à un genre ou à un thème peut permettre de résoudre certaines ambiguïtés qui ne pourraient être levées par des modèles généraux. Ainsi, si le domaine considéré est celui de la réservation de billets d'avions, on peut s'attendre à ce que la spécialisation de modèles de traduction à ce domaine permette de désambiguïser du mot anglais *book*, qui peut être traduit en français par le substantif *livre* ou par le verbe *réserver*. Conjointement, l'adaptation du modèle de langue permet de distinguer certaines traductions en utilisant le contexte de la phrase en langue cible. Sennrich (2012b) explore les différences conceptuelles entre l'adaptation des modèles de traduction et celle du modèle de langue ainsi que leurs effets sur la performance de la traduction.

Dans l'étude présentée ici, la question de l'adaptation est abordée à un niveau plus fin que celui qui est classiquement considéré : alors qu'on se pose le plus souvent la question de combiner des données *du domaine* avec des données *hors domaine*, on envisage ici une adaptation **thématique** au sein d'un même registre et genre, celui des dépêches journalistiques. Pour ces documents, une classification manuelle en thèmes (ou catégories) est attribuée par les journalistes lors de la rédaction des dépêches, que nous cherchons donc à utiliser. Notre corpus est en effet constitué d'un ensemble de

[1]Le terme « domaine » doit être compris dans une acception assez vague : le besoin d'adapter se révèle dès lors que les données d'apprentissage diffèrent des données de l'application, que ces différences soient des différences de genre, de registre, de modalité, ou encore de thème, qui est la situation considérée ici.

dépêches produites par l'AFP[2]. Ces documents sont classifiés selon les 17 catégories principales du standard IPTC[3] (voir section 3). L'utilisation de cette classification est une des particularités de notre étude. La deuxième particularité, qui est inhérente au fait que les données proviennent d'une même source, est qu'elles sont beaucoup plus homogènes que dans les cas standard d'adaptation au domaine. Par ailleurs, plusieurs catégories peuvent être affectées à une même dépêche. De plus, les observations sur le corpus montrent que les frontières entre les catégories sont relativement floues.

Dans ce contexte, différentes méthodes d'adaptation thématique sont explorées, qui impliquent aussi bien l'adaptation des modèles de traduction que l'adaptation des modèles de langue. Les premières expériences sont menées en utilisant la classification *manuelle* en catégories qui accompagne les dépêches ; dans ce, cas toutes les phrases d'une même dépêche sont traduites avec les mêmes modèles. Nous proposons ensuite de considérer une classification *automatique* des phrases, permettant de traduire chaque phrase par le modèle qui lui est le plus approprié.

Cet article est organisé comme suit : la section 2 présente un état de l'art des approches d'adaptation au domaine en traduction automatique. Les données utilisées pour cette étude sont décrites dans la section 3. La section 4 décrit notre approche et la section 5 expose les résultats obtenus. Les principales conclusions sont enfin présentées à la section 6.

## 2 État de l'art

Les premiers travaux sur l'adaptation des modèles de langue ont été publiés durant les années 90, particulièrement dans le domaine de la reconnaissance de la parole (De Mori & Federico, 1999). La relative rareté des ressources parallèles qui sont nécessaires à l'apprentissage de systèmes de traduction a progressivement fait émerger cette problématique en TA, et a donné lieu dans les années récentes à une littérature abondante que nous survolons rapidement ici.

Langlais (2002) présente les premiers travaux sur l'adaptation du domaine en traduction automatique. Il implémente une stratégie qui consiste à compléter le modèle de traduction avec lexiques adaptés. De nombreuses stratégies d'adaptation ont ensuite été proposées, pour l'essentiel fondées sur l'interpolation de modèles du domaine et de modèles hors-domaine, comme par exemple dans (Koehn & Schroeder, 2007), où les meilleures performances sont obtenues par une interpolation linéaire de modèles de langue et une interpolation log-linéaire de modèles de traduction.

Des approches d'adaptation fondées sur les modèles de mélange ont été également été proposées par Foster & Kuhn (2007) et par Sennrich (2012a). Ces auteurs utilisent des modèles de langue et des modèles de traduction adaptés combinés par interpolation linéaire et log-linéaire. Sennrich (2012b) adapte les modèles de traduction en minimisant les scores de perplexité et pour optimiser les coefficients d'interpolation. Si l'adaptation thématique améliore souvent les performances, il apparaît également que les données hors-domaine peuvent dégrader les performances de traduction en introduisant des ambiguïtés lexicales. En particulier, Haddow & Koehn (2012) montrent que l'ajout de données hors domaine à un corpus d'apprentissage peut améliorer la traduction des mots rares (les moins fréquents) mais en revanche dégrade la qualité de la traduction des mots les plus fréquents.

Une stratégie alternative d'adaptation consiste à pondérer différentiellement les données du domaine et hors-domaine ; cette piste est explorée notamment par Foster *et al.* (2010), Shah *et al.* (2010) ou encore Niehues & Waibel (2010) : des poids sont assignés aux phrases et aux segments de phrases avant la création des modèles de traduction. Il est par exemple possible de nuancer l'importance des phrases hors-domaine sur la base d'un degré de similarité avec des phrases du domaine.

Selon les applications, il est possible de considérer des distinctions plus fines que *in domain* versus *out-of-domain*, Dans ce contexte, Yamamoto & Sumita (2008) détectent les domaines de chaque phrase à traduire, qui est ensuite traduite en utilisant les modèles spécifiques au domaine détecté. Nakov (2008) utilise une interpolation log-linéaire et combine plusieurs modèles de langue de différents domaines. De nouveaux traits sont ajoutés, un pour chaque modèle de traduction interpolé. Ce trait indique pour chaque paire de phrases, si elle provient du modèle de traduction en question.

Zhao *et al.* (2004) explorent des techniques pour l'adaptation non-supervisée des modèles de langue. Ces modèles sont construits à partir de données monolingues extraites en se basant sur des scores de similarité et des traits (*features*) sémantiques. Ces modèles sont interpolés avec un modèle de langue général contenant l'ensemble des données et permettent d'obtenir une amélioration de la qualité de traduction. Dans des travaux plus récents, Sennrich *et al.* (2013) proposent une approche d'adaptation non supervisée dans laquelle plusieurs modèles de langue sont interpolés log-linéairement lors de

[2]Agence France Presse, `http://www.afp.fr`.

[3]L'IPTC – *International Press Telecommunications Council* – est un consortium qui rassemble les grandes agences de presse mondiales. L'IPTC fournit des schémas de classification, de normalisation et de codage des métadonnées, voir `http://www.iptc.org`.

la traduction. Des scores sont calculés lors du décodage pour choisir la meilleure hypothèse de traduction pour chaque phrase source.

Dans la plupart des travaux existants, les données adaptées proviennent de sources bien séparées. Un exemple extrême est donné par Sennrich (2012b), qui combine des données extraites à partir du journal *Alpine Club* (dédié à l'alpinisme) et des données issues du corpus *Europarl* (débats politiques). Il est clair que ces données dérivent de sources bien séparées. La situation est un peu moins marquée dans le travail de Banerjee (2012) sur la traduction de documents techniques, qui utilise deux catégories de données : ceux qui traitent de logiciels du domaine *availability* (récupération de données, sauvegarde) et ceux qui traitent du domaine *security* (vulnérabilité de logiciels malveillants, protection contre les attaques).

Eidelman *et al.* (2012) proposent une approche de classification thématique non-supervisée fondée sur les modèles d'allocation de Dirichlet latente (LDA). Le thème de chaque phrase est induit de manière non supervisée : des distributions thématiques sont utilisées pour calculer les probabilités de pondération lexicales du thème dépendant et les intégrer dans le modèle de traduction comme étant des traits (*features*). Les données utilisées proviennent du corpus FBIS[4] (audio), et du corpus NIST pour la traduction du chinois vers l'anglais.

Dans cet article, nous proposons plusieurs approches pour adapter les modèles de traduction et les modèles de langue. Nous nous intéressons à deux approches de classification (*manuelle* et *automatique*), qui servent à faire en sorte que chaque phrase soit traduite avec le système approprié construit à partir de modèles adaptés. Notre approche est semblable à celle de Sennrich (2012a) et de celle de de Yamamoto & Sumita (2008). La différence est que dans notre cas, les données proviennent de la même source et que l'on dispose d'une catégorisation manuelle des documents.

# 3 Description des données

Les données utilisées dans cette étude sont constituées d'un ensemble de dépêches journalistiques en arabe et en français produites par l'AFP entre décembre 2009 et juillet 2012. Chaque dépêche est catégorisée manuellement par les journalistes en utilisant les 17 catégories principales de la nomenclature IPTC (voir tableau 1). Une dépêche peut être affectée à plusieurs catégories. Il peut arriver également qu'une dépêche ne soit pas catégorisée par la suite d'un oubli.

Le corpus parallèle utilisé pour construire un système de traduction automatique statique est constitué de 265 000 paires de phrases extraites d'un corpus comparable avec la méthode décrite dans (Gahbiche-Braham *et al.*, 2011). Le tableau 1 donne la répartition des phrases selon ces 17 catégories. Pour chaque catégorie et pour chaque langue, la valeur indiquée est le pourcentage des phrases issues de dépêches étiquetées avec cette catégorie. Une phrase pouvant appartenir à une ou plusieurs catégories, on notera que la somme de ces pourcentages est supérieure à 100 %.

On peut observer que les valeurs diffèrent pour l'arabe et le français. En effet, bien que les dépêches en arabe soient souvent des (quasi)-traductions des dépêches en français, la catégorie thématique des dépêches est réattribuée manuellement par les journalistes après la traduction. Notons que la distribution des données est très inégale ; la catégorie dominante est la catégorie POL avec environ 60 % des phrases appartenant à cette catégorie. Nous limiterons notre étude aux trois catégories les plus fréquentes : *politique* (POL), *guerre* (WAR), et *finance* (FIN), les autres catégories étant présentes en trop petit nombre pour pouvoir mener des études. Le tableau présente également la répartition des phrases parallèles en catégories pour les corpus d'entraînement, de développement et de test initial. Le tableau 2 met en évidence le nombre de phrases communes pour chaque paire des catégories POL, WAR et FIN. On observe notamment que les catégories POL et WAR ont une intersection importante, représentant plus de 16 % de l'ensemble des phrases des deux catégories, et que la proportion des phrases de la catégorie WAR qui sont également étiquetées par la catégorie POL atteint presque la moitié (42,7%). Bien que non négligeables, les intersections sont moins importantes pour les deux autres paires de catégories, avec cependant encore 40,3 % des phrases de la catégorie FIN également affectées à la catégorie POL.

Les données collectées pendant le mois de novembre 2011 ont été isolées afin de construire un ensemble de test initial et un ensemble de développement. Ces ensembles sont constitués de respectivement 1 000 et 1 178 phrases. Trois corpus de test et de développement spécifiques à chaque catégorie ont été également constitués. Ces derniers sont également constitués de 1 000 (test) et 1 178 (développement) phrases chacun.

[4]FBIS : Foreign Broadcast Information Service.

| | | | | # phrases parallèles | | |
|---|---|---|---|---|---|---|
| Catégorie | % AR | % FR | Nom de la catégorie | Entraînement | dev | test |
| ACE | 1,1 | 2,7 | *arts, culture and entertainment* | 2 825 | 3 | 1 |
| CLJ | 9,2 | 12,1 | *crime, law and justice* | 24 330 | 25 | 32 |
| DIS | 5,3 | 6,8 | *disaster and accident* | 13 951 | 19 | 10 |
| FIN | **14,8** | **15,3** | *economy, business and finance* | 39 227 | 132 | 162 |
| EDU | 0,2 | 0,2 | *education* | 420 | 0 | 0 |
| EVN | 0,8 | 1,3 | *environmental issue* | 2 137 | 1 | 0 |
| HTH | 0,9 | 1,0 | *health* | 2 302 | 2 | 0 |
| HUM | 0,4 | 0,7 | *human interest* | 1 067 | 2 | 1 |
| LAB | 0,8 | 2,0 | *labour* | 1 986 | 2 | 3 |
| LIF | 0,03 | 0,03 | *lifestyle and leisure* | 93 | 0 | 0 |
| POL | **58,9** | **62,3** | *politics* | 156 352 | 663 | 561 |
| REL | 3,4 | 3,9 | *religion and belief* | 8 966 | 6 | 8 |
| SCI | 1,0 | 1,3 | *science and technology* | 2 746 | 2 | 2 |
| SOI | 2,0 | 2,6 | *social issue* | 5 367 | 2 | 3 |
| SPO | 1,3 | 1,3 | *sport* | 3 327 | 8 | 8 |
| WAR | **38,3** | **42,9** | *unrest, conflicts and war* | 101 655 | 310 | 207 |
| WEA | 0,9 | 0,1 | *weather* | 2 393 | 1 | 2 |
| - | 0,1 | 2,3 | - | - | - | - |

TAB. 1 – Distribution des catégories IPTC en arabe et en français et nombre de phrases pour les corpus d'entraînement, de développement et de test initial.

| Catégorie 1 | Catégorie 2 | Phrases en commun ( %) | Pourcentage des phrases communes dans chaque cat. | |
|---|---|---|---|---|
| POL | WAR | 16,35 | 27,7 % POL | 42,7 % WAR |
| POL | FIN | 5,97 | 12,5 % POL | 40,3 % FIN |
| WAR | FIN | 1,36 | 3,6 % WAR | 9,2 % FIN |

TAB. 2 – Pourcentage des phrases communes entre les paires de catégories POL-WAR, POL-FIN et WAR-FIN pour le corpus d'entraînement, et pourcentage des phrases communes existant dans chaque catégorie pour ces trois paires.

# 4 Adaptation thématique

L'idée principale consiste à utiliser une classification thématique du corpus d'entraînement pour produire des systèmes de traduction spécifiques aux différentes thématiques. Il s'agit d'étudier l'impact de l'utilisation de modèles de traduction et de modèles de langue spécifiques sur la qualité de la traduction, en particulier dans le but de lever certaines ambiguïtés de mots polysémiques. Par exemple le verbe سجل (enregistre) en arabe peut avoir deux sens *marquer* ou *enregistrer* qui sont traduits différemment en français. La phrase سجل فرحان شكور هدف العراق (*Farhan Chakour **a marqué** le but de l'Iraq*) est extraite d'une dépêche à laquelle la catégorie SPO (sport) est attribuée, alors que la phrase سجل سنودن ومساعدته اسميهما علي رحلة ايرفلوت (*Snowden et son assistante **ont enregistré** leurs noms dans le vol Airfloat*) est extraite d'une dépêche à laquelle la catégorie POL (politics) lui est affectée. La connaissance de la catégorie de la phrase peut permettre de choisir entre les deux sens du mot سجل.

Les difficultés de cette étude viennent du fait que nous nous intéressons au cas où les données spécialisées dérivent d'une même source et sont telles que les frontières entre thématiques sont relativement floues. Les catégories que nous traitons ne sont pas exclusives et l'intersection entre deux catégories peut être importante.

Deux scénarios d'adaptation sont alors proposés : une adaptation utilisant *une classification manuelle* des phrases et une adaptation utilisant *une classification automatique* des phrases. La section 4.1 présente l'approche de classification automatique utilisée dans cet article. Les méthodes d'adaptation sont décrites dans la section 4.2.

## 4.1 Classification manuelle versus classification automatique

Dans une première approche, chaque phrase du corpus d'entraînement est classifiée *manuellement* selon la catégorie de la dépêche originale dont elle est extraite (catégorisée par l'AFP). Seulement 46 % des phrases d'entraînement appartiennent à une seule catégorie. Les phrases appartenant à plusieurs catégories sont affectées à chacune de ces catégories.

L'approche par *classification automatique* remet en question l'hypothèse précédente. Plutôt que de projeter systématiquement la (ou les) catégorie(s) d'une dépêche sur les phrases la constituant, chaque phrase est catégorisée indépendamment des autres phrases du document. La figure 1 justifie cette seconde approche. Les deux phrases sont extraites d'une dépêche étiquetée par la catégorie FIN. Si la catégorie FIN est appropriée pour la première phrase de cet extrait, cela est moins clair pour la seconde, qui n'a en fait rien de spécifique à la catégorie finance.

> La jeune entreprise TimoCom est rapidement devenue une entreprise de taille moyenne, [...]
> Le texte du communiqué issu d'une traduction ne doit d'aucune manière être considéré comme officiel.

FIG. 1 – Un extrait d'une dépêche AFP affectée à la catégorie FIN.

Aux trois catégories traitées dans cette étude, une catégorie générique *Autre* est ajoutée, qui permet comme expliqué ci-dessous de catégoriser toutes les phrases. Un classifieur est donc entraîné pour affecter automatiquement une catégorie parmis (POL, WAR, FIN ou Autre) à chaque phrase.

Ce classifieur de phrases (en arabe) implémente une version simplifiée de l'algorithme Espérance-Maximisation (EM) pour le modèle de mélange de lois multinomiales (Rigouste *et al.*, 2007), initialisé avec les catégories IPTC. La principale singularité de l'approche consiste à estimer également un modèle « généraliste » en plus des modèles spécialisés. Lorsqu'une phrase est trop courte, ou bien qu'aucune des trois catégories n'obtient une vraisemblance meilleure que le modèle généraliste, alors la phrase n'est affectée à aucune des trois catégories et sera traduite (au test) par un modèle généraliste agrégeant toutes les données disponibles. Cette stratégie a pour effet de spécialiser les catégories automatiques, mais également de réduire les données utilisées pour apprendre les modèles spécialisées.

La probabilité *a posteriori* de chaque phrase est calculée par rapport aux quatre modèles disponibles. La catégorie assignée à chaque phrase est celle du modèle pour lequel elle présente la probabilité *a posteriori* la plus grande. De nouveaux modèles spécifiques sont alors appris sur la base de cette nouvelle annotation, puis utilisés pour reclassifier les données jusqu'à la convergence comme schématisé dans la figure 2.

La figure 3 donne la répartition du nombre de phrases pour chaque catégorie. Le nombre de phrases pour les catégories spécifiques est beaucoup plus réduit avec une classification automatique qu'avec la classification manuelle car dans le premier cas on impose la contrainte qu'une phrase ne peut être affectée qu'à une seule catégorie.

Après apprentissage, toutes les catégories des phrases d'entraînement sont recalculées. De nouveaux modèles spécifiques constitués sur la base de cette classification automatique sont alors construits : un effet induit important est que les phrases « génériques »sont retirées du corpus d'apprentissage des modèles thématiques initiaux (construits par classification manuelle), ce qui rend les modèles thématiques plus spécialisés. On note également qu'avec la nouvelle classification, les phrases extraites d'une même dépêche peuvent être affectées à des catégories différentes.

## 4.2 Méthodes d'adaptation

Pour chacune des méthodes de classification considérées, quatre approches d'adaptation sont explorées :

(a) Fusion des modèles de traduction : des modèles de traduction spécifiques sont entraînés séparément pour chaque

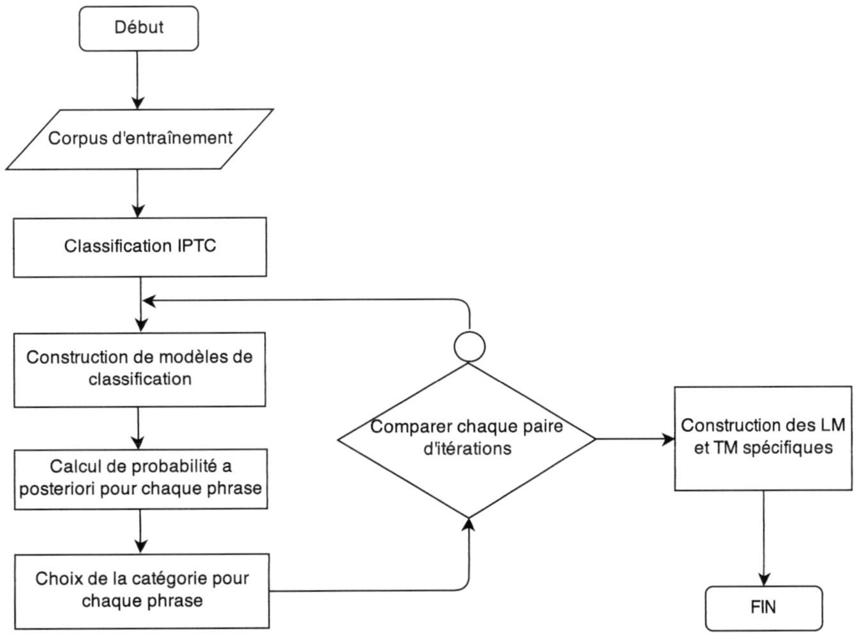


FIG. 2 – Processus itératif pour la construction du classifieur automatique.

catégorie (POL, WAR et FIN). Ils sont ensuite fusionnés en un seul modèle de traduction global. Chaque segment (chaque *phrase*) de la table de traduction globale (*Merge*), est ainsi nanti de 17 paramètres : les 4 paramètres classiques pour chaque modèle ($P(s|t)$, $P(t|s)$, $lex(s|t)$ et $lex(t|s)$) – qui sont soit recopiés des modèles spécifiques si le segment y est présent, soit affectés d'un score de probabilité faible – et un score qui représente la probabilité de distorsion (constante 2,718) ;

(b) Interpolation log-linéaire de modèles de traduction : consistant à employer deux modèles de traduction (spécifique et générique) en privilégiant le premier modèle de traduction spécifique par rapport au modèle de traduction générique (mode *either* dans Moses avec l'option *decoding-graph-backoff*). Leurs poids sont optimisés simultanément avec MERT (Och, 2003) afin d'optimiser les performances de traduction ;

(c) Interpolation log-linéaire de modèles de langue, consistant à utiliser deux modèles de langues (spécifique et générique) ;

(d) Interpolation linéaire des modèles de langue : chacun des modèles de langue est donc d'abord entrainé sur un corpus spécifique, puis les modèles sont interpolés linéairement en utilisant des coefficients d'interpolation estimés en minimisant la perplexité sur un corpus de développement.

Les modèles génériques *Gen* englobant toutes les données, sont construits dans le but d'avoir des modèles de traduction et de langue indépendant du domaine.

## 5 Expérimentations et résultats

Pour la traduction automatique, le décodeur à base de segments Moses[5] (Koehn *et al.*, 2007) est utilisé ; pour la phase d'entraînement, nous avons recours à l'aligneur sous-phrastique MGIZA++[6] (Gao & Vogel, 2008). La table de traduction est constituée en rendant symétriques les alignements selon l'heuristique *grow-diag-final-and* de Moses, et contient des segments dont la longueur va jusqu'à sept mots. L'outil SAPA (Gahbiche-Braham *et al.*, 2012) a été utilisé pour le prétraitement de l'arabe, consistant en particulier à normaliser les proclitiques et à présegmenter les tokens arabes en des unités plus courtes et plus facilement appariables avec des mots français. Le protocole expérimental est présenté dans

[5] `http://www.statmt.org/moses/`.
[6] `http://www.kyloo.net/software/doku.php/mgiza:overview`.

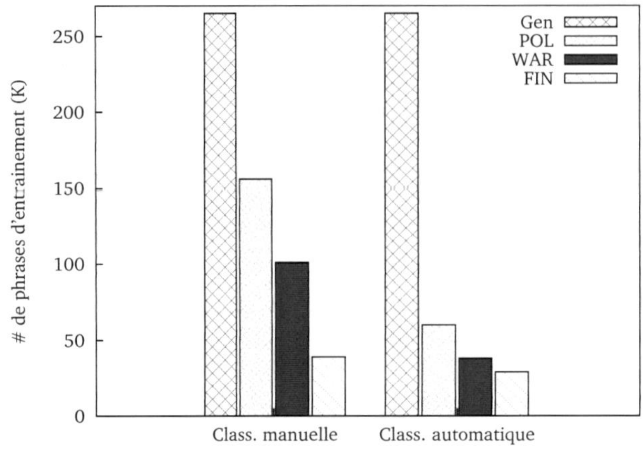


FIG. 3 – Nombre de phrases d'apprentissage par catégorie pour les deux scénarios : classification manuelle et automatique.

la section 5.1. Les modèles spécifiques sont évalués dans la section 5.2 et les différentes stratégies d'adaptation dans la section 5.3.

## 5.1 Protocole expérimental

Le corpus d'entraînement initial décrit dans la section 3 a été subdivisé pour construire des sous-corpus spécifiques à chacune des catégories IPTC choisies. Une *vérification manuelle du corpus de test initial* a été réalisée pour attribuer une seule catégorie à chaque phrase de l'ensemble de test initial (contenant initialement 40 % de phrases multicatégoriques). Pour les phrases multicatégoriques, la catégorie attribuée manuellement est une des catégories attribuées à la dépêche dont elle est extraite. Les phrases ne correspondant à aucune des catégories (POL, WAR et FIN) considérées dans l'étude sont affectées à la catégorie *Autre*. Le tableau 3 permet de comparer la répartition des phrases du corpus de test initial selon chaque catégorie, dans le cas d'un étiquetage manuel en comparaison à un étiquetage automatique. Avec la classification

| | # phrases ( %) | |
|---|---|---|
| Catégorie | Class. manuelle | Class. automatique |
| POL | 56,1 | 33,7 |
| WAR | 20,7 | 15,8 |
| FIN | 16,2 | 14,9 |
| Autre | 7 | 35,6 |

TAB. 3 – Pourcentage des phrases pour chaque catégorie du corpus de test initial par rapport à l'ensemble des phrases, vérifié manuellement et classifié automatiquement.

automatique, 35,6 % des phrases sont attribuées à d'autres catégories que les trois catégories spécifiques.

Le tableau 4 montre le pourcentage des phrases ayant gardé les mêmes catégories pour la classification manuelle et automatique ainsi que le pourcentage des phrases ayant été classifiées dans les autres catégories. On observe que la classification automatique attribue la même catégorie que celle de l'étiquetage manuel dans environ 44 % des cas (la somme des termes sur la diagonale). Pour la catégorie POL par exemple, 25,3 % des phrases parmi 56,1 % ont gardé la même catégorie (c'est-à-dire 45 % des phrases étiquetées initialement POL). Avec la classification automatique, 33,7 % des phrases du corpus de test initial sont affectées à la catégorie POL (voir tableau 3), parmi ces phrases 5 % ont été initialement attribuées à la catégorie WAR, 2,2 % à la catégorie FIN et 1,2 % à d'autres catégories (première colonne du tableau 4).

On observe que pour certaines phrases, la nouvelle catégorie assignée automatiquement est plus appropriée que la catégorie assignée manuellement. C'est par exemple le cas de la phrase « *Afghanistan : six civils tués par une bombe artisanale*

| Man \ Auto | POL | WAR | FIN | Autre |
|---|---|---|---|---|
| POL | **25,3** | 6,1 | 5,5 | 19,2 |
| WAR | 5 | **6,9** | 0,9 | 7,9 |
| FIN | 2,2 | 1,2 | **7,8** | 5 |
| Autre | 1,2 | 1,6 | 0,7 | **3,5** |

TAB. 4 – Pourcentage des phrases ayant gardé les mêmes catégories pour la classification manuelle et automatique (en diagonale), ainsi que le pourcentage des phrases ayant été classifiées dans les autres catégories.

*dans l'est.* » initialement attribuée à la catégorie POL et reclassifiée dans la catégorie WAR ; ou encore de la phrase « *La zone euro sous pression pour maîtriser l'incendie de la dette.* » initialement attribuée à la catégorie WAR et reclassifiée automatiquement dans la catégorie FIN.

La traduction automatique de ce corpus de test initial, en utilisant l'ensemble des données d'entraînement, sans effectuer aucune adaptation aux catégories, donne un score BLEU de $33,47$.

## 5.2 Évaluation des modèles spécifiques

En se basant sur la classification de l'AFP, des modèles de langue (LM) spécifiques et des modèles de traduction spécifiques (TM) ont été construits. Un système de traduction général et trois systèmes de traduction spécifiques (POL, WAR et FIN) ont été construits. Le tableau 5 montre les résultats de la traduction automatique des trois tests spécifiques ainsi que le test initial (décrit dans le tableau 3) sur ces trois modèles spécifiques.

| | BLEU | | | |
|---|---|---|---|---|
| Test | POL | WAR | FIN | Initial |
| POL | **30,94** | 32,82 | **29,89** | **31,73** |
| WAR | 28,10 | **32,96** | 25,61 | 29,72 |
| FIN | 25,25 | 26,67 | 28,00 | 25,34 |

TAB. 5 – Évaluation des systèmes spécifiques – optimisés sur les corpus de développement spécifiques – sur les corpus de tests spécifiques POL, WAR et FIN et sur le test initial (présenté dans le tableau 3).

On observe que les tests spécifiques POL et WAR sont mieux traduits par les modèles spécifiques correspondants, ce qui confirme l'intérêt d'une traduction dépendant de la catégorie. En revanche, ceci n'est pas vrai pour le test spécifique FIN, pour lequel le meilleur résultat est obtenu avec le modèle spécifique POL. Ceci peut s'expliquer d'une part par le fait que le modèle spécifique FIN est entraîné sur quatre fois moins de données que le modèle POL, et d'autre part par le fait que 40 % des données utilisées pour entraîner le modèle POL sont aussi utilisées pour entraîner le modèle FIN (voir tableau 2). Le système spécifique POL donne également le meilleur résultat de traduction sur le corpus de test initial, puisque la plupart des phrases de ce test sont affectées à la catégorie POL dominante (voir tableau 3) et les modèles POL sont entraînés sur plus de données que pour les modèles WAR et FIN (voir figure 3).

## 5.3 Évaluation des stratégies d'adaptation

Les performances en BLEU des différentes méthodes d'adaptation décrites en section 4.2 sont reportées dans le tableau 6. Le tableau présente les résultats sur les tests spécifiques (classifiés manuellement) et sur le test initial (classifié manuellement et automatiquement).

Les résultats du système sans adaptation (*Baseline*) constitué d'un modèle de langue général (LM Gen) et d'un modèle de traduction général (TM Gen) sont comparés aux différentes méthodes d'adaptation qui combinent les modèles généraux avec les modèles spécifiques (Spe).

Dans le cas de l'adaptation, chaque phrase est traduite avec le système adapté à sa catégorie. Deux types de systèmes sont considérés : les premiers entraînés sur des données classifiées automatiquement (colonnes 1, 2, 3 et 5), les seconds entraînés sur des données classifiées manuellement (AFP) (colonne 4). Les phrases classifiées dans la catégorie *Autre* sont traduites avec le système *Baseline* dans lequel les modèles de traduction et de langue sont généraux.

| | | | BLEU | | | | |
|---|---|---|---|---|---|---|---|
| | | | Tests spécifiques | | | Test initial | |
| | | | Class. manuelle | | | Class. manuelle | Class. automatique |
| Approche | TM | LM | POL | WAR | FIN | | |
| Baseline | Gen | Gen | 32,08 | 34,87 | 31,71 | 33,47 | 33,47 |
| (a) | Merge | Gen | 30,60 | 34,68 | 31,15 | 32,61 | 32,41 |
| (b) | Spe+Gen | Gen | 31,06 | 34,26 | 31,08 | 32,74 | 32,41 |
| (c) | Gen | Spe+Gen (log-lin) | 31,50 | 34,62 | 31,62 | 32,57 | 32,85 |
| (b)+(c) | Spe+Gen | Spe+Gen (log-lin) | 31,52 | 33,96 | 30,43 | 32,91 | 32,26 |
| (d) | Gen | Spe+Gen (lin) | **31,94** | **34,84** | **31,83** | **32,98** | **33,14** |
| (b)+(d) | Spe+Gen | Spe+Gen (lin) | 31,37 | 34,31 | 31,54 | 32,85 | 32,66 |

TAB. 6 – Traduction automatique en utilisant différentes méthodes d'adaptation, et évaluation sur les tests spécifiques POL, WAR et FIN ainsi que sur le corpus de test initial : chaque phrase est traduite avec le système de traduction spécifique optimisé sur le corpus de développement spécifique et correspondant à la catégorie qui lui est attribuée. Comparaison entre les systèmes construits à partir de modèles spécifiques construits par classification manuelle et les modèles spécifiques construits par classification automatique.

On observe que l'approche (d) - système construit par un modèle de langue interpolé linéairement (lin) et un modèle de traduction général - donne les meilleures performances pour les trois tests spécifiques. On note que le meilleur score pour la classification manuelle du test initial est obtenu également par la même approche.

Une petite amélioration de 0,18 points BLEU pour l'approche (c) et 0,16 points pour l'approche (d) sont observées pour la classification automatique. Bien que les modèles soient plus petits, la performance de traduction n'est pas dégradée. De même avec la classification automatique, les meilleures performances sont données par l'approche (d).

Finalement aucun des modèles adaptés ne permet d'obtenir des performances se traduisant par un meilleur BLEU que le système sans aucune adaptation (Baseline). Ces résultats doivent être relativisés par une étude des sorties de traduction. Les figures 4 et 5 montrent deux exemples de sorties extraites de traductions du corpus de test initial : la phrase en arabe, la référence, la traduction sans adaptation et la traduction avec adaptation en utilisant une catégorisation automatique.

| | |
|---|---|
| Arabe | ينبغي حل مجلس الامه واحالة النواب الفاسدين على القضاء [...] |
| Référence : | le **parlement doit être dissous** et les députés corrompus traduits en justice [...] |
| Trad. sans adaptation : | il faut une **solution du Conseil de la Nation** et pour traduire en justice les corrompus [...] |
| Trad. avec adaptation : | il faut la **dissolution du Parlement** et de traduire les députés corrompus [...] |

FIG. 4 – Phrase appartenant à la catégorie POL avec sa traduction de référence et les traductions automatiques produites par un modèle sans adaptation et un modèle avec adaptation à la catégorie.

La figure 4 correspond à une phrase appartenant à la catégorie POL. En arabe, le mot حل est ambigu et a pour signification *solution* ou *dissolution* selon le contexte. L'approche avec adaptation permet de résoudre correctement cette ambiguïté ce qui n'est pas le cas pour la traduction sans adaptation. Dans le même temps, le modèle avec adaptation propose une traduction de مجلس الامة plus proche de la référence (*Parlement*) que le modèle sans classification (*Conseil de la Nation*). Ce dernier groupe de mots existe dans le modèle de langue général mais n'existe pas dans le modèle de langue spécifique à la catégorie POL. Il est à noter également que les mots مجلس et الامة peuvent être traduits indépendamment par *conseil* et *nation*. L'utilisation d'un modèle de langue adapté aide dans ce cas à améliorer la traduction de ce groupe de mots.

L'exemple de la figure 5 permet d'observer également une amélioration d'une sortie de traduction par adaptation à la catégorie. La traduction proposée par le système avec adaptation à la catégorie FIN est plus proche de la référence que celle donnée par le système sans adaptation.

| | |
|---|---|
| Arabe | وقد انسحبت منها بيونغ يانغ في نيسان / ابريل 2008 [...] |
| Référence | Pyongyang s' en était officiellement retiré en avril 2008 [...] |
| Trad. sans classification : | et officiellement , dont Pyongyang a claqué la porte en avril 2008 [...] |
| Trad. avec class. automatique : | Pyongyang a s' en était retiré officiellement en avril 2008 [...] |

FIG. 5 – Amélioration de la traduction (phrase de la catégorie FIN)

On observe donc que, même si cela ne se traduit pas par une amélioration en BLEU, l'adaptation permet dans certains cas d'améliorer les sorties de traduction.

# 6 Conclusion

Dans cet article, nous avons analysé les résultats d'un ensemble d'expériences d'adaptation thématique pour la traduction automatique. La particularité de notre approche est que nous utilisons un corpus pré-classifié (par les journalistes de l'AFP selon une classification du standard IPTC). Cette classification est utilisée pour construire des modèles spécifiques et comparer plusieurs approches d'adaptation. Deux scénarios de traduction automatique sont proposés : une adaptation reposant sur la *classification manuelle* des phrases et l'autre sur une *classification automatique* en catégorie. Dans les deux cas la traduction est effectuée après la détection des catégories en choisissant le modèle adapté à la catégorie.

Bien que certains exemples montrent que l'adaptation des modèles de traduction à la catégorie permet dans certains cas de désambiguïser la bonne traduction, ceci ne se traduit pas par une amélioration en terme de BLEU.

Deux raisons principales expliquent ces performances décevantes : (i) la trop petite taille des corpus spécialisés, qui conduisent à des modèles probablement plus précis, mais également plus lacunaires ; (ii) le fait que les catégories IPTC (celles utilisées pour cette étude) sont parfois très proches. En particulier, l'effet du manque de données pour estimer les modèles de traduction a un impact important sur les performances finales.

Parmi les 17 catégories IPTC, très peu sont représentées en quantité suffisante dans les données que nous avons traitées. Le choix des catégories (POL, WAR, FIN) a été effectué en se basant sur la quantité de données. Mais ces catégories contiennent beaucoup de phrases communes, ce qui rend leurs frontières floues.

Lors de l'étiquetage manuel du test initial nous avons constaté qu'il est parfois difficile de contraindre l'annotation d'une phrase à une seule catégorie. La phrase ci-dessous (en arabe, avec sa traduction en français) par exemple est extraite d'une dépêche très récente affectée par les journalistes aux catégories ACE (arts, culture et divertissement), POL (politique) et SPO (sport).

عبرت وسائل الاعلام الدولية عن اعجابها بحفل افتتاح دورة الالعاب الاولمبية الشتوية في مدينة سوتشي الروسية، لكن الكثير منها اشار الي الرسالة السياسية التي تنطوي عليها واهميتها في نظر الرئيس فلاديمير بوتين.

*Les médias internationaux ont exprimé leur admiration pour la cérémonie d'ouverture des Jeux olympiques d'hiver à la ville russe de Sotchi, mais beaucoup d'entre eux ont souligné le message politique en cause et son importance aux yeux du président Vladimir Poutine.*

S'agissant des jeux olympiques, la phrase ci-dessus doit effectivement être affectée à la catégorie sport. Mais elle traite également du divertissement (cérémonie d'ouverture) et surtout bien sûr de politique. Plusieurs catégories doivent donc être affectées à cette phrase.

Parmi les perspectives pour la suite de nos travaux, il sera en particulier intéressant d'explorer des approches autorisant la multi-catégorisation. Des modèles combinés peuvent être crées et utilisés pour traduire des phrases multi-catégoriques.

## Références


BANERJEE P. (2012). *Domain Adaptation for Statistical Machine Translation of Corporate and User-Generated Content*. PhD thesis, Dublin City University.

DE MORI R. & FEDERICO M. (1999). *Language Model Adaptation*, In K. PONTING, Ed., *Computational models of speech pattern processing volume 169, NATO ASI*, p. 280–303. Springer Verlag : Prague, Czech Republic.

EIDELMAN V., BOYD-GRABER J. & RESNIK P. (2012). Topic models for dynamic translation model adaptation. In *Proceedings of the 50th Annual Meeting of the Association for Computational Linguistics : Short Papers - Volume 2*, ACL '12, p. 115–119, Stroudsburg, PA, USA : Association for Computational Linguistics.

FOSTER G., GOUTTE C. & KUHN R. (2010). Discriminative instance weighting for domain adaptation in statistical machine translation. In *Proceedings of the 2010 Conference on Empirical Methods in Natural Language Processing*, EMNLP '10, p. 451–459, Stroudsburg, PA, USA : Association for Computational Linguistics.

FOSTER G. & KUHN R. (2007). Mixture-model adaptation for SMT. In *Proceedings of the Second Workshop on Statistical Machine Translation*, StatMT '07, p. 128–135, Stroudsburg, PA, USA : Association for Computational Linguistics.

GAHBICHE-BRAHAM S., BONNEAU-MAYNARD H., LAVERGNE T. & YVON F. (2012). Joint Segmentation and POS Tagging for Arabic Using a CRF-based Classifier. In *Proc. of LREC'12*, p. 2107–2113, Istanbul, Turkey.

GAHBICHE-BRAHAM S., BONNEAU-MAYNARD H. & YVON F. (2011). Two ways to use a noisy parallel news corpus for improving statistical machine translation. In *Proceedings of the 4th Workshop on Building and Using Comparable Corpora : Comparable Corpora and the Web*, p. 44–51, Portland, Oregon : Association for Computational Linguistics.

GAO Q. & VOGEL S. (2008). Parallel implementations of a word alignment tool. In *In* Software Engineering, Testing, and Quality Assurance for Natural Language Processing, p. 49–57.

HADDOW B. & KOEHN P. (2012). Analysing the effect of out-of-domain data on SMT systems. In *Proceedings of the Seventh Workshop on Statistical Machine Translation*, Montreal, Canada : Association for Computational Linguistics.

KOEHN P., HOANG H., BIRCH A., CALLISON-BURCH C., FEDERICO M., BERTOLDI N., COWAN B., SHEN W., MORAN C., ZENS R., DYER C., BOJAR O., CONSTANTIN A. & HERBST E. (2007). Moses : open source toolkit for statistical machine translation. In *In* Proceedings of the 45th Annual Meeting of the ACL, p. 177–180.

KOEHN P. & SCHROEDER J. (2007). Experiments in domain adaptation for statistical machine translation. In *Proceedings of the Second Workshop on Statistical Machine Translation*, StatMT '07, p. 224–227, Stroudsburg, PA, USA : Association for Computational Linguistics.

LANGLAIS P. (2002). Improving a general-purpose statistical translation engine by terminological lexicons. In *COLING-02 on COMPUTERM 2002 : second international workshop on computational terminology - Volume 14*, COMPUTERM '02, p. 1–7, Stroudsburg, PA, USA : Association for Computational Linguistics.

NAKOV P. (2008). Improving English-Spanish statistical machine translation : experiments in domain adaptation, sentence paraphrasing, tokenization, and recasing. In *Proceedings of the Third Workshop on Statistical Machine Translation*, StatMT '08, p. 147–150, Stroudsburg, PA, USA : Association for Computational Linguistics.

NIEHUES J. & WAIBEL A. (2010). Domain adaptation in statistical machine translation using factored translation models. *Proceedings of EAMT*.

OCH F. J. (2003). Minimum error rate training in statistical machine translation. In *Proceedings of the 41st Annual Meeting on Association for Computational Linguistics - Volume 1*, ACL '03, p. 160–167, Stroudsburg, PA, USA : Association for Computational Linguistics.

RIGOUSTE L., CAPPÉ O. & YVON F. (2007). Inference and evaluation of the multinomial mixture model for text clustering. *Information Processing and Management*, **43**(5), 1260–1280.

SENNRICH R. (2012a). Mixture-modeling with unsupervised clusters for domain adaptation in statistical machine translation. In *Proceedings of the 16th EAMT Conference*, p. 185–192, Trento, Italy.

SENNRICH R. (2012b). Perplexity minimization for translation model domain adaptation in statistical machine translation. In W. DAELEMANS, M. LAPATA & L. MÀRQUEZ, Eds., *EACL 2012, 13th Conference of the European Chapter of the ACL, Avignon, France, April 23-27, 2012*, p. 539–549 : Association for Computational Linguistics.

SENNRICH R., SCHWENK H. & ARANSA W. (2013). A multi-domain translation model framework for statistical machine translation. In *Proceedings of the 51st Annual Meeting of the Association for Computational Linguistics (Volume 1 : Long Papers)*, p. 832–840, Sofia, Bulgaria : Association for Computational Linguistics.

SHAH K., BARRAULT L. & SCHWENK H. (2010). Translation model adaptation by resampling. In *WMT, Association of Computational Linugistics (ACL)*, Uppsala (Sweden).

YAMAMOTO H. & SUMITA E. (2008). Bilingual cluster based models for statistical machine translation. *IEICE Transactions*, **91-D**(3), 588–597.

ZHAO B., ECK M. & VOGEL S. (2004). Language model adaptation for statistical machine translation with structured query models. In *Proceedings of the 20th international conference on Computational Linguistics*, COLING '04, Stroudsburg, PA, USA : Association for Computational Linguistics.

# Étude quantitative des disfluences dans le discours de schizophrènes : automatiser pour limiter les biais

Maxime Amblard, Karën Fort
Université de Lorraine, LORIA, INRIA, CNRS
UMR 7503, Vandœuvre-lès-Nancy 54500 France
{maxime.amblard, karen.fort}@loria.fr

**Résumé.** Nous présentons dans cet article les résultats d'expériences que nous avons menées concernant les disfluences dans le discours de patients schizophrènes (en remédiation). Ces expériences ont eu lieu dans le cadre d'une étude plus large recouvrant d'autres niveaux d'analyse linguistique, qui devraient aider à l'identification d'indices linguistiques conduisant au diagnostic de schizophrénie. Cette étude fait la part belle aux outils de traitement automatique des langues qui permettent le traitement rapide de grandes masses de données textuelles (ici, plus de 375 000 mots). La première phase de l'étude, que nous présentons ici, a confirmé la corrélation entre l'état schizophrène et le nombre de disfluences présentes dans le discours.

**Abstract.** We present in this article the results of experiments we led concerning disfluencies in the discourse of schizophrenic patients (in remediation). These experiments are part of a larger study dealing with other levels of linguistic analysis, that could eventually help identifying clues leading to the diagnostic of the disease. This study largely relies on natural language processing tools, which allow for the rapid processing of massive textual data (here, more than 375,000 words). The first phase of the study, which we present here, confirmed the correlation between schizophrenia and the number of disfluences appearing in the discourse.

**Mots-clés :** discours pathologique, schizophrénie, disfluences.

**Keywords:** pathological discourse, schizophrenia, disfluencies.

## 1 Introduction

### 1.1 Contexte et motivations de l'étude

Cette étude participe d'un projet plus large portant sur les pratiques langagières chez les schizophrènes en situation d'entretiens semi-dirigés par un psychologue. Cette étude s'inscrit dans la continuité des premiers travaux de Chaika (1974) et Fromkin (1975), qui cherchaient à mettre en avant les particularités langagières chez les schizophrènes.

Plusieurs aspects sont ainsi étudiés, notamment les capacités neuro-cognitives par une série de tests, le comportement oculomoteur du patient par une série d'enregistrements par oculomètre (*eye-tracker*), l'activité encéphale par des enregistrements par électro-encéphalographe (EEG) et la pratique langagière par l'étude linguistique des entretiens. Dans cette partie du projet, nous nous concentrons sur le dernier aspect et laissons donc de côté les autres mesures. Cependant, il conviendra dans une phase ultérieure de revenir sur l'ensemble des analyses pour identifier des corrélations spécifiques.

Concernant la partie linguistique du projet, nous nous basons sur un résultat de psycho-linguistique mettant en avant des usages pathologiques de la langue chez les schizophrènes, au travers de la notion de discontinuités pragmatiques décisives (Musiol & Trognon, 1996; Verhaegen, 2007). Rebuschi *et al.* (2013) et Musiol *et al.* (2013) ont montré que dans la succession des focus thématiques de la conversation, les schizophrènes rejouent une ambiguïté linguistique précédemment introduite, rendant l'interprétation pragmatique et rhétorique impossible. Comme eux, nous souhaitons produire des analyses formelles des extraits discontinus, afin d'en donner une interprétation dans un modèle formel du type SDRT (Asher & Lascarides, 2003) (*Segmented Discourse Representation Theory*), extension à la rhétorique et à la pragmatique de la DRT (Kamp & Reyle, 1993) (*Discourse Representation Theory*). Par ailleurs, il apparaît nécessaire de discuter les règles du cadre formel car les extraits de dialogue nécessitent l'usage de règles non conventionnelles pour rattraper la construction de telles structures.

Le projet général cherche à ré-interroger ces résultats sur un corpus plus large et sur un faisceaux d'indices diversifiés. D'où, en particulier, l'utilisation des oculomètres et des EEG dans les protocoles. Nous cherchons à interroger également d'autres niveaux linguistiques, en proposant une annotation multi-niveaux de la ressource.

Pour ce faire, la transcription, qui est la clé de voûte de l'ensemble du projet, doit être de qualité. Les outils de transcription automatique que nous avons pu tester ont donné des résultats insuffisants. Elle a donc été réalisé manuellement. Nous avons défini un guide d'annotation précis, dans la tradition de Blanche-Benveniste & Jeanjean (1987). Cependant, l'une des difficultés du projet réside dans la nature des sujets, qui implique une gestion stricte de l'anonymat (voir section 2.3), dont la conséquence est que nous devons minimiser le nombre de personnes ayant accès aux données non transformées. Nous ne disposons donc pour l'instant que d'une seule version des transcriptions, ce qui ne nous permet pas de les évaluer correctement en calculant un accord inter-annotateur.

À partir de ces transcriptions, plusieurs autres annotations vont être proposées, dont une partie va être produite par des outils de traitement automatique des langues (TAL), et une autre par des humains (autre que les transcripteurs). Nous présentons ici le premier niveau d'annotation du corpus, l'annotation en disfluences, réalisée grâce à l'outil `Distagger` (Constant & Dister, 2010). Outre son utilité intrinsèque, l'annotation en disfluences permet de normaliser les corpus avant d'y appliquer des analyseurs syntaxiques ou sémantiques.

### 1.2 Travaux précédents

Les travaux précédents menés sur le discours des schizophrènes ont donné peu de résultats concernant les disfluences et ces résultats ne sont souvent qu'un élément accessoire de l'expérience décrite. Ainsi, Feldstein (1962) a travaillé sur l'impact du type de contenu d'éléments à commenter (affectif ou non) et a, ce faisant, montré que les perturbations du discours (*speech disturbances*) étaient plus élevées chez les schizophrènes [1]. Ces résultats sont confirmés par la méta étude de Maher (Maher, 1972). Plus récemment, Kremen *et al.* (2003) ont montré, dans le cadre d'une étude concernant la comparaison entre fluence phonémique et fluence sémantique chez les schizophrènes, que ceux-ci ont une fluence verbale (quel que soit son type) légèrement dégradée par rapport aux témoins et aux patients bipolaires [2].

Si les résultats semblent concorder, il n'existe à notre connaissance aucune étude publiée à ce sujet concernant des patients francophones. Par ailleurs, la manière dont les données précédentes ont été annotées ou notées n'est jamais précisée, mais on peut aisément supposer qu'elles l'ont été par des humains, ce qui, en l'absence d'accord inter-annotateurs, est évidemment source de biais [3]. L'étude que nous proposons se singularise donc par l'utilisation d'outils de TAL.

Le présent article est organisé de la manière suivante : nous détaillons dans la section 2 la constitution du corpus et ses implications dans l'étude, tant sur la couverture qu'il propose que sur la délicatesse avec laquelle il est nécessaire de manipuler les données ; puis nous présentons l'outil utilisé pour produire les annotations en disfluences et le protocole d'expérimentation dans la section 3 ; à partir de ces expérimentations, nous analysons dans la section 4 les résultats obtenus, leur significativité et les biais potentiels de l'étude ; enfin, nous présentons les travaux à venir dans la conclusion.

## 2 Difficultés de constitution du corpus

### 2.1 Présentation du corpus

Le corpus utilisé pour cette étude est constitué de transcriptions d'entretiens. L'étude fait intervenir 79 sujets, 48 schizophrènes et 31 témoins. Les entretiens ont été réalisés par des psychologues, en milieu hospitalier. Deux recueils de données ont pu être réalisés, dans des unités médicales spécialisées : le premier à Ville1 [4], par deux psychologues, et le second à Ville2, par une seule psychologue.

Le sous-corpus Ville1 a été constitué au second semestre 2013. Il est composé de 18 patients diagnostiqués schizophrènes

1. Cette étude a impliqué 30 schizophrènes et 30 témoins.
2. Cette étude a impliqué 83 schizophrènes, 15 patients bipolaires et 83 témoins.
3. Ce même biais affecte nos transcriptions, mais nos annotateurs ne savaient pas à quoi celles-ci allaient servir, ce qui limite l'impact du biais.
4. Nous avons anonymisé les noms de villes par respect pour la confiance des patients schizophrènes.

en remédiation et sous traitement, ainsi que de 23 témoins. Le sous-corpus Ville2 a été constitué au printemps 2002. Il est composé de 30 patients diagnostiqués schizophrènes en remédiation et sous traitement, à l'exception de sept d'entre eux (qui n'étaient pas sous traitement), et de huit témoins. Le tableau 1 présente la ventilation des sujets en fonction de leur type (schizophrène ou témoin) et de leur sexe.

| | corpus Ville1 | | | corpus Ville2 | | | total |
|---|---|---|---|---|---|---|---|
| | hommes | femmes | total | hommes | femmes | total | |
| schizophrènes | 15 | 3 | 18 | 20 | 10 | 30 | 48 |
| témoins | 15 | 8 | 23 | 4 | 4 | 8 | 31 |
| total | 30 | 11 | 41 | 24 | 14 | 38 | 79 |

TABLE 1 – Répartition des sujets dans le corpus.

L'interaction mise en place pour cette étude est un entretien semi-directif conduit par un psychologue. Dans ce type d'entretien, le psychologue n'est pas personnellement engagé dans l'interaction. Il doit maintenir un échange dans lequel le patient revient sur son environnement et ses relations au sein de l'hôpital et avec l'extérieur. Il est clairement expliqué, tant à l'équipe médicale qu'au patient, que le contenu de l'entretien ne peut être utilisé comme base médicale.

Le protocole expérimental a consisté à identifier des patients intéressés, puis à leur faire passer des tests de mesure de capacité cognitive. Dans le sous-corpus de Ville2 aucune mesure supplémentaire n'a été faite, dans le sous-corpus de Ville1, les entretiens ont eu lieu en présence d'un double système d'oculomètre [5].

Le protocole a été défini de manière à être le moins invasif possible. Pour le sous-corpus Ville1, trois tests psychocognitifs mesurant les capacités de mémoire à court terme, d'attention, et la mémoire de travail ont été passés par les sujets : (*i*) le `Wechsler Adult Intelligence Scale-III` (mesure du quotient intellectuel, ou QI), (*ii*) le `California Verbal Learning Test` (capacité cognitive et de stratégie), et (*iii*) le `Trail Making Test` (dépréciation de la flexibilité cognitive et de l'inhibition). Nous n'utiliserons ici que les résultats du test de QI.

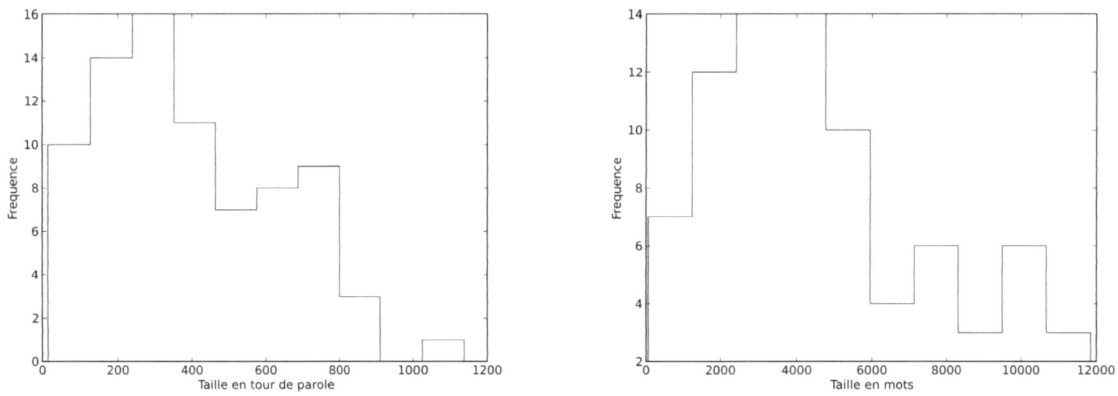


(a) (b)

FIGURE 1 – Distribution des entretiens par la taille : (a) en nombre de tours de parole ; (b) en nombre de mots.

Une fois les entretiens enregistrés, ils ont été transcrits manuellement par deux annotateurs (le ou la psychologue qui a mené tout ou partie des entretiens, et une autre personne) qui n'ont pas annoté en parallèle et qui ne savaient pas que nous allions compter les disfluences. En moyenne, les entretiens du sous-corpus de Ville1 sont constitués de 552,73 tours de parole, alors que les entretiens du sous-corpus Ville2 en contiennent 234,5. L'ensemble du corpus comprend 31 575 tours de parole, soit environ 375 000 mots. Le tableau 2 présente le découpage en tours de parole et en mots du corpus, et la figure 1 illustre la distribution des corpus en fonction de leur taille en nombre de tours de parole et de mots. Le caractère spécifique de l'entretien semi-directif transparaît ici clairement : le psychologue produit quasiment le même nombre de

5. Ce double système permet de capter les points de fixation du regard du sujet sur 'ce qu'il voit', mais également de capter ceux du psychologue. Ainsi, il est possible d'interpréter si un mouvement est déclenché par une interaction visuelle (regard de l'interlocuteur) ou non.

| | corpus Ville1 | | | | corpus Ville2 | | | |
|---|---|---|---|---|---|---|---|---|
| | nb tours de parole | | nb de mots | | nb tours de parole | | nb de mots | |
| $S$ | 3 863 | } 11 145 | 46 859 | } 119 762 | 4 062 | } 4 433 | 66 725 | } 79 081 |
| $T$ | 7 282 | | 72 903 | | 371 | | 12 356 | |
| $P+S$ | 3 819 | } 11 517 | 30 293 | } 138 571 | 4 098 | } 4 480 | 33 686 | } 37 842 |
| $P+T$ | 7 698 | | 108 278 | | 382 | | 4 156 | |
| *total* | | 22 662 | | 258 333 | | 8 913 | | 116 923 |

TABLE 2 – Décomposition du corpus en sous-corpus, en nombre de tours de parole et nombre de mots, en fonction du type d'interlocuteur. S (schizophrènes), T (témoins), P + S (psychologue avec un schizophrène), P + T (psychologue avec un témoin).

tours de parole que le sujet, pour un volume de mots très inférieur. Par exemple, dans le sous-corpus Ville1, le ratio entre le nombre de tours de parole des schizophrènes et des psychologues devant un schizophrène est de 1,003 (seulement 44 tours de parole), alors qu'il est de 1,54 en nombre de mots. Seuls les témoins du sous-corpus de Ville1 ne présentent pas cette caractéristique, mais une analyse plus fine des entretiens montre que pour six entretiens, les témoins sont restés réticents à prendre la parole.

## 2.2 Difficultés d'accès aux patients

Le nombre de 79 sujets peut sembler limité pour une étude de ce type, mais la constitution d'une telle ressource implique de surmonter de nombreuses difficultés, en particulier pour accéder aux patients. De ce fait, disposer d'une cinquantaine de transcriptions d'entretiens avec des schizophrènes représente un corpus significatif.

Pour s'entretenir avec une personne prise en charge par le milieu hospitalier, il est en effet nécessaire d'obtenir une autorisation du CPP (Comité de Protection de la Personne) de la région de l'établissement. Les demandes déposées doivent contenir explicitement et exactement le contenu du protocole de test. L'instruction du dossier requiert plusieurs mois et elle demande la contraction d'une assurance pour prendre en charge les possibles dommages. De fait, ce dernier point augmente considérablement les budgets nécessaires pour ce type d'expérience. Une fois les accords obtenus, il n'est alors plus possible de modifier les protocoles.

Mais ce qui rend la constitution d'une telle ressource complexe est principalement la difficulté de faire participer les patients. Plusieurs problèmes se posent. Il faut d'abord identifier, au sein d'un service, les patients répondant aux critères de l'étude en capacité d'interagir avec une personne tierce au service. Puis il faut, au sein de cette population, trouver les patients qui acceptent de participer à l'étude. Une première réticence vient du fait qu'il n'y a pas de conséquence positive, en terme médical, pour le patient à participer à l'étude. Il faut ajouter à cela des inquiétudes compréhensibles des patients schizophrènes concernant la possible publication de leur histoire, bien qu'une anonymisation totale soit garantie par le protocole. Bien entendu, la sous-catégorie des schizophrènes paranoïdes est encore plus difficile à rencontrer.

Par ailleurs, le protocole requérant de passer des tests psycho-cognitifs et un entretien, le temps nécessaire est relativement élevé, de l'ordre de deux heures. Ce n'est pas tant la disponibilité des patients qui est alors en jeu, que leur aptitude à rester concentrés. Lorsque le patient présente soudainement des difficultés, il faut convenir d'un second rendez-vous pour finaliser le protocole. La multiplication des rendez-vous génère également des défections. À titre d'exemple, lors de la phase de collecte des entretiens du sous-corpus Ville1, 45 % (18) des patients contactés ont refusé de participer, 10 % ont accepté un premier rendez-vous mais ne sont pas présentés au second, et 45 % (18 sujets) ont participé à toute l'étude.

## 2.3 Anonymisation

La tâche d'anonymisation recouvre deux phases. La première, tout à fait classique, consiste à identifier les entités nommées et à les substituer par des marqueurs sémantiquement vides. Un outil automatique performant a été identifié pour ce faire, mais n'a pu être opérationnel à temps pour cette étude. Nous avons pour cela programmé une série de scripts en Python qui recherchent, grâce à des expressions régulières, les mots commençant par une majuscule qui ne sont pas en début de phrase. Une intervention humaine a été ensuite nécessaire pour classer ces mots en 10 catégories : *prenomF*, *prenomM*, *nom*, *pays*, *département*, *ville*, *capitale*, *institution*, *montagne* et *non_pris_en_compte*. Les éléments de cette dernière catégorie ont été laissés tels quels dans le corpus, les autres ont été substitués par le nom de la catégorie suivie d'un identifiant unique. Ainsi, les références à Paris sont toutes identifiées par *capitale1*. Une fois ces substitutions réalisées, nous avons extrait l'ensemble des débuts de phrases et procédé à une vérification manuelle pour affiner les listes des catégories précédentes. Nous pouvons ainsi assurer une anonymisation fiable du corpus.

L'anonymisation du corpus ne s'arrête cependant pas là. En effet, les sujets relatant des événements s'inscrivant dans une temporalité et une géographie particulière, un certain nombre d'indices sont disséminés dans les entretiens. Il est donc relativement aisé d'identifier les personnes et il est difficile de trouver une solution à ce problème tout en conservant l'intégrité des entretiens. Cette particularité a des conséquences importantes sur notre projet.

Pour les traitements qui ne nécessitent qu'un faible contexte, en général celui de la phrase ou du tour de parole, nous avons créé une version de la ressource constituée de tous les tours de paroles randomisés. Les 31 575 tours de paroles sont donc mélangés et il devient impossible de reconstituer les historiques de chacun. Pour reconstruire les entretiens originaux, nous conservons une trace de la randomisation sous forme de table. Il est donc tout à fait possible de fournir la ressource pour des analyses du type morpho-syntaxe ou analyse syntaxique en dépendances, sans compromettre les données initiales.

Mais l'un des objectif du projet global reste l'analyse sémantico-pragmatique et, pour ces aspects, il est impossible de dissocier une prise de parole de son contexte sans perdre l'essence même de l'entretien. Seuls les membres engagés dans le projet et soumis à un devoir de confidentialité peuvent donc travailler sur cette partie. Un problème similaire se pose pour la partie transcription, puisque, bien que les bandes puissent être bippées, elles ne peuvent pas être randomisées en tours de parole. Cette contrainte explique que le nombre d'intervenants sur la transcription reste limité.

# 3 Protocole expérimental

## 3.1 Traitements automatiques

Étant donnée la taille importante des corpus et notre volonté de limiter les interventions humaines, nous avons utilisé l'outil `Distagger` (Constant & Dister, 2010) pour identifier automatiquement les disfluences dans les textes transcrits.

Pour cet outil, les disfluences regroupent plusieurs types de réalisations orales qui brisent la continuité syntaxique. Il est donc possible de produire une version reconstruite de la ressource pour obtenir des tours de parole plus cohérents du point de vue syntaxique, donc améliorer les résultats des annotations pour d'autres couches (en particulier l'analyse morphosyntaxique ou en dépendances).

L'outil permet d'identifier des réalisations de natures différentes, pour lesquelles quatre restent prédominantes dans les corpus oraux : les *euh*, les répétitions, les autocorrections immédiates et les amorces de morphèmes. Nous revenons sur chacune d'elles en présentant un exemple extrait du corpus.

1. Les différentes réalisations de *euh* sont définies dans un fichier passé en argument de `Distagger`.

   (1) moi ça m'est presque plus <u>euh</u> difficile et <u>euh</u> anti-naturel de parler

2. Les répétitions sont entendues comme la reprise explicite et identique d'un même mot ou d'un même groupe de mots dans le contexte immédiat d'apparition. La répétition peut malgré tout contenir ou être précédée d'un mot creux comme *oui*, *non*, ou un *euh* :

   (2) j' arrive <u>à être</u> à être concentrée quand il faut faire quelque chose

3. L'autocorrection immédiate est une variante de la répétition dans laquelle un trait morphologique peut varier (ce qui apparaît régulièrement avec les déterminants) :

   (3) enfin je sais pas trop <u>le</u> les termes

4. L'amorce est une interruption de morphème en cours d'énonciation. La fin du mot est marquée par un -.

   (4) pis progressivement vous <u>av-</u> pouvez travailler sur votre concentration

Les auteurs ont évalué leur outil sur un corpus oral marqué en disfluences et validé manuellement. Le corpus de référence comprend au total 1 297 tours de parole, 22 476 mots, 5 817 méta-étiquettes et 1 280 disfluences. Ils obtiennent des f-scores significatifs, de 95,5 % (précision de 95,3 %, rappel 95,8 %) [6].

L'outil prend en entrée des données au format `Valibel` [7] (sans structure prédéfinie) ou au format `transcriber` (Barras *et al.*, 1998) (structuré et semi-annoté). Il fournit deux types de sortie, l'un correspondant au format `Valibel`, l'autre au format `transcriber`. `Distagger` est implémenté en Java, et peut être appelé en ligne de commande, ce qui nous a permis de l'intégrer facilement à notre chaîne de traitement. Par ailleurs, l'outil ajoute plusieurs annotations particulières structurant son résultat, qui ne sont pas informatives pour les disfluences.

Les annotations de `Distagger` sur le corpus font apparaître sept étiquettes : $\{IGN{+}EUH\}$, $\{IGN{+}REP\}$, $\{IGN{+}CORR\}$, $\{IGN{+}FRAG\}$, $\{IGN{+}short\_pause\}$, $\{IGN{+}slot\}$ et $\{IGN{+}speaker\}$. Les deux dernières sont des étiquettes spécifiques permettant de repérer les tours de parole et les interlocuteurs à qui sont associés ces tours de parole. Leur nombre n'apporte pas d'information caractéristique ici et elles seront écartées dans la suite. Par ailleurs, les premiers traitements ont fait apparaître les étiquettes $\{IGN{+}short\_pause\}$ et $\{IGN{+}FRAG\}$ dans des volumes très faibles (respectivement 5 et 1 étiquettes). Les $short\_pause$ correspondent à des reliquats de scories de la transcription qui ont été mal interprétés par l'outil.

Nous avons par ailleurs mis en place une série de programmes en Python pour pré-traiter les corpus, appliquer `Distagger` et post-traiter les résultats fournis.

## 3.2 Normalisation des corpus

Le sous-corpus Ville2 initial n'ayant pas été prévu pour être traité par des outils de TAL, une première étape a donc consisté à extraire le contenu des documents en format `MS Word` et à normaliser le corpus à l'aide d'une trentaine d'expressions régulières. Il a fallu réinterpréter les marques spécifiques à la transcriptions originelle vers des marques explicites pour `Distagger` (↑ pour une intonation montante, ↓ pour une intonation descendante, etc.). Cinq traitements sont nécessaires pour ajouter aux fichiers les informations permettant à `Distagger` de fonctionner (utilisation de $spk1$ et $spk2$ pour les interlocuteurs [8], chemin explicite des fichiers, etc.). Ainsi, pour chaque fichier du sous-corpus de départ, nous obtenons sa version annotée par `Distagger`.

Puis, l'ensemble des résultats obtenus est fusionné pour produire une représentation générale pour ce sous-corpus, en associant à chaque tour de parole le numéro du corpus (ici 1), l'identifiant du sujet (deux chiffres et trois lettres), le numéro du tour de parole dans l'entretien, ainsi qu'une marque explicite de qui est l'interlocuteur ($Pa$ pour le patient, et $P$ pour le psychologue). Enfin, il manque une information discriminante qui est le statut du sujet : schizophrène ou témoin. Pour cela, une base qui distingue entre les deux, et dont la hiérarchie est fixée préalablement, est automatiquement produite à partir de la structure du corpus de départ. Nous construisons alors une représentation abstraite du corpus à partir de la fréquence d'apparition des différentes étiquettes de `Distagger`.

Le sous-corpus Ville1 s'inscrit dans le cadre du projet général. Les annotateurs ont utilisé l'outil `CLAN` pour réaliser la transcription, ce qui nous a permis d'extraire facilement le contenu textuel. Cependant, de nombreuses marques dépendantes du logiciel perdurent et il a été nécessaire de les supprimer. À nouveau, une trentaine d'expressions régulières a été utilisée. Comme pour Ville2, nous produisons une ressource contenant l'ensemble des tours de parole randomisé. C'est sur cette ressource que `Distagger` est utilisé. Puis, en utilisant la table de mémorisation, les entretiens sont reconstruits et envoyés à la même série de traitements que le corpus Ville2. Enfin, pour faciliter les études sur le contenu des entretiens, chacun est mémorisé sans aucune autre marque que l'interlocuteur (*P* ou *S* ou *T*) [9].

Il apparaît dans notre corpus que certaines annotations ne correspondent pas à des disfluences traditionnelles. En effet, le psychologue ayant une interaction particulière dans l'entretien, puisque son rôle est d'abord de maintenir l'échange, il utilise régulièrement des interventions de type *mmh mmh*, ou *oui oui*, ou *non non*. Nous avons donc mis en place un post-traitement qui redresse les résultats en supprimant les étiquettes correspondantes. De plus, la forme pronominale est très fréquemment utilisée, puisque les interlocuteurs se vouvoient et que le psychologue relance la conversation en posant des questions à caractère personnel. Nous avons donc inclus à ces post-traitements les formes *vous vous* qui apparaissent

6. Une évaluation de l'outil sur un échantillon de données (4 entretiens) a mis au jour un taux d'erreur compris entre 5 et 10 %. Une analyse de ces erreurs a montré qu'elles étaient majoritairement dues à des interruptions mal identifiées, problème que nous avons corrigé depuis.
7. Voir : `https://www.uclouvain.be/cps/ucl/doc/valibel/documents/conventions_valibel_2004.PDF`.
8. $spk1$ est attribué au premier locuteur et ne correspond pas nécessairement au psychologue.
9. Il nous semble important de prendre en considération les disfluences du psychologue qui influencent le cours de l'interaction.

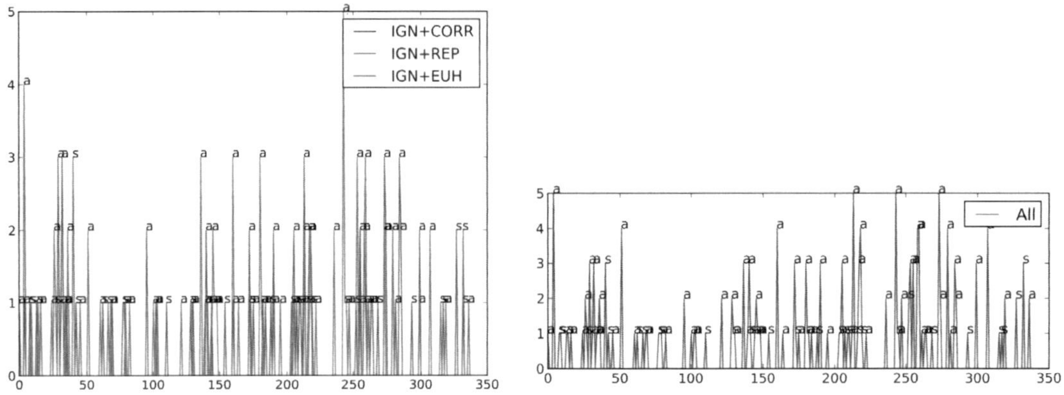


(a) (b)

FIGURE 2 – Distribution des étiquettes de disfluence au cours de l'entretien 011HAM du sous-corpus Ville1 ($a$ est un tour de parole du patient et $s$, du psychologue).

en nombre très supérieur par rapport aux répétitions de *vous*.

Enfin, nous avons automatisé la production des graphiques pour chaque entretien, reprenant le nombre de disfluences par tour de parole, comme présenté dans la figure 2. Pour chaque sous-corpus nous produisons une surface où chaque entretien est ramené à l'échelle en pourcentage (le nombre de tours de parole fluctuant beaucoup) en fonction du nombre de disfluences présent dans la portion de texte (voir figure 3. Enfin, nous produisons plusieurs documents LaTeX reprenant les moyennes des disfluences par tour de parole et par nombre de mots, et nous calculons pour chaque sous-corpus leur indice de significativité. Nous produisons ensuite une représentation graphique de la position des disfluences dans l'entretien. L'ensemble de ces programmes de normalisation représente environ 1 500 lignes de code.

# 4 Résultats

## 4.1 Analyse quantitative

La figure 2 présente un exemple des résultats obtenus, pour le patient 011HAM (sous-corpus Ville1). Dans la première figure ($a$), une couleur de courbe est attribuée à chacune des trois étiquettes principales, l'axe des abscisses correspond aux tours de parole de l'entretien et celui des ordonnées au nombre de disfluences dans ce tour de parole. Pour les points où l'ordonnée est différente de 0, une étiquette est ajoutée, $a$ pour les tours de paroles du patient, et $s$ pour le psychologue. La seconde figure présente les mêmes données, en exhibant la somme du nombre d'étiquettes pour le même tour de parole. Ainsi, la première valeur significative est à 4 dans la figure $a$ et à 5 dans la figure $b$. Il se trouve que dans ce tour de parole `Distagger` identifie 4 *euh* et 1 *rep*, ce qui explique la différence observée.

Une lecture de l'ensemble des graphiques fait apparaître une régularité avec deux pics de disfluences, le premier en début d'entretien, le second au cours du dernier tiers. Le premier pic peut simplement s'entendre comme un pic de stress en début d'échange. Il est intéressant de constater que le second pic amène la fin de l'entretien. Du côté des témoins, on retrouve une entame d'entretien avec un pic, mais pas nécessairement un second.

La table 3 présente l'ensemble des résultats de `Distagger`. Pour chacun des deux sous-corpus nous calculons, pour les trois étiquettes principales ($IGN{+}CORR$, $IGN{+}REP$ et $IGN{+}EUH$), leur fréquence d'apparition dans les tours de parole, des schizophrènes (S), des témoins (T) ou du/de la psychologue (P). Nous normalisons d'une part par rapport au nombre de tours de parole (pour chaque catégorie d'interlocuteur), et d'autre part par rapport au nombre de mots (à nouveau pour chaque type d'interlocuteur). Nous calculons les mêmes valeurs pour les sujets (S + T), le ou la psychologue lorsqu'il ou elle est en face d'un schizophrènes (P+S) ou devant un témoin (P+T). Les résultats totaux reprennent la

| | corpus Ville2 | | | | | | corpus Ville1 | | | | | |
|---|---|---|---|---|---|---|---|---|---|---|---|---|
| | S | T | S+T | P+S | P+T | P | S | T | S+T | P+S | P+T | P |
| *IGN+CORR* | | | | | | | | | | | | |
| par tour de parole | 0, 0087 | 0, 0071 | 0, 008 | 0, 0015 | 0 | 0, 0012 | 0, 0180 | 0, 0085 | 0, 0127 | 0, 0052 | 0, 0109 | 0, 0084 |
| par / nb mots | 0, 0004 | $9e-05$ | 0, 0003 | 0, 0001 | 0 | 0, 0001 | 0, 0013 | 0, 0007 | 0, 0010 | 0, 0006 | 0, 0007 | 0, 0006 |
| *IGN+REP* | | | | | | | | | | | | |
| par tour de parole | 0, 2223 | 0, 2519 | 0, 2285 | 0, 0646 | 0, 0897 | 0, 0699 | 0, 2735 | 0, 138 | 0, 1978 | 0, 1336 | 0, 2608 | 0, 205 |
| par / nb mots | 0, 0125 | 0, 0078 | 0, 0115 | 0, 0064 | 0, 0079 | 0, 0067 | 0, 0211 | 0, 0134 | 0, 0168 | 0, 0171 | 0, 0177 | 0, 0174 |
| *IGN+EUH* | | | | | | | | | | | | |
| par tour de parole | 0, 3107 | 0, 2999 | 0, 3084 | 0, 0738 | 0, 0616 | 0, 0712 | 0, 4201 | 0, 3372 | 0, 3736 | 0, 1948 | 0, 4651 | 0, 3464 |
| par / nb mots | 0, 0190 | 0, 0089 | 0, 0169 | 0, 0077 | 0, 0058 | 0, 0073 | 0, 0369 | 0, 0326 | 0, 0345 | 0, 0244 | 0, 0312 | 0, 0282 |
| Resultats totaux | | | | | | | | | | | | |
| par tour de parole | 0, 5417 | 0, 5589 | 0, 545 | 0, 1400 | 0, 1513 | 0, 1424 | 0, 7117 | 0, 484 | 0, 5842 | 0, 3338 | 0, 7369 | 0, 5599 |
| par / nb mots | 0, 032 | 0, 0168 | 0, 0288 | 0, 0144 | 0, 0138 | 0, 0142 | 0, 0595 | 0, 0468 | 0, 0524 | 0, 0421 | 0, 0496 | 0, 0463 |

TABLE 3 – Répartition quantitative des étiquettes de `Distagger` dans les sous-corpus.

somme des valeurs intermédiaires pour chaque catégorie d'interlocuteur. `Distagger` n'annote aucune correction pour le psychologue avec des témoins dans le sous-corpus Ville2, ce qui explique les deux valeurs à zéro.

La lecture des résultats totaux met en avant une variabilité importante des résultats normalisés par rapport au nombre de tours de parole. Les résultats normalisés par rapport au nombre de mots sont plus significatifs. En effet, si les disfluences produites par les témoins et le psychologue (quel que soit son interlocuteur) sont du même ordre : $1,68$ % et $1,42$ % pour le sous-corpus Ville2, et $4,68$ % et $4,63$ % pour le sous-corpus Ville1, les productions des schizophrènes sont bien supérieures : $3,2$ % et $5,95$ %. Il existe ainsi une différence entre le nombre de disfluences identifiées chez les schizophrènes et les non schizophrènes de $1,63$ % dans le sous-corpus Ville2 et de $1,29$ % dans le sous-corpus Ville1.

La variabilité des résultats peut s'expliquer par la différence des transcriptions entre les deux sous-corpus, ainsi que par le nombre de sujets dans chacun. S'il n'est pas raisonnable de proposer le calcul d'un résultat pour l'ensemble du corpus, la constance de la différence de résultats conduit à notre conclusion.

Enfin, pour visualiser la répartition des résultats, nous produisons une surface où nous normalisons le nombre de tours de parole sur une échelle de 100. Pour chaque entretien seuls les tours de parole, soit du schizophrène, soit du témoin, sont utilisés et nous recalculons le nombre de disfluences sur un intervalle de 1 % de l'entretien. Nous obtenons ainsi des pics où, en valeur, le nombre est supérieur aux résultats précédents, mais qui correspondent à une combinaison linéaire de plusieurs tours de parole. La figure 3 présente les surfaces calculées pour les deux sous-corpus. Les deux figures de gauche correspondent au sous-corpus de Ville1, les deux figures de droite à celui de Ville2. Les figures en haut correspondent aux tours de parole des schizophrènes et celles en bas à ceux des témoins.

Dans le cas de Ville2, il apparaît de manière évidente que les témoins produisent beaucoup moins de disfluences que les schizophrènes. La surface en bas à gauche est en effet quasiment plane. L'interprétation des graphiques pour le sous-corpus Ville1 est plus délicate. Pour cela, nous présentons la projection de l'ensemble des entretiens sur l'axe *pourcentage* du graphique. La couleur bleu correspond à une densité importante sur la projection et la couleur rouge à une densité plus faible. En étudiant les valeurs ainsi trouvées pour le sous-corpus, on trouve une distribution régulière chez les témoins, mais toujours plus marginale que chez les schizophrènes.

## 4.2 Significativité

Afin de valider les résultats que nous avons pu mettre en avant, nous reprenons ici la mesure de significativité utilisée dans (de Mareüil *et al.*, 2013). Celle-ci permet de calculer un indice de distribution en fonction du nombre de mots entre deux catégories d'interlocuteurs. La valeur trouvée doit être supérieure à 1,96 pour être considérée comme significative.

$$s = \frac{(p_1 - p_2)}{\sqrt{p(1-p)(\frac{1}{n_1} + \frac{1}{n_2})}}$$

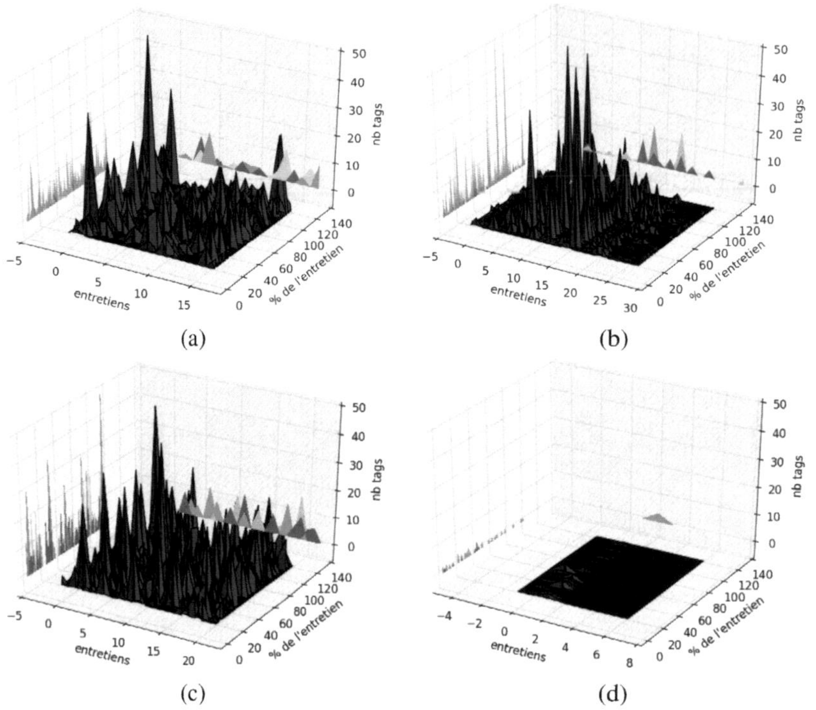


FIGURE 3 – Répartitions des étiquettes de disfluences : dans les entretiens de schizophrènes, sous-corpus Ville1 (a), Ville2 (b) ; dans les entretiens de témoins, sous-corpus Ville1 (c), Ville2 (d).

où :

$$p = (n_1 p_1 + n_2 p_2)/(n_1 + n_2)$$

- $n_1$ est le nombre de mots prononcés par la première catégorie d'interlocuteur,
- $n_2$ est le nombre de mots prononcés par la seconde catégorie d'interlocuteur,
- $p_1$ est la proportion de disfluences produites par la première catégorie d'interlocuteur,
- $p_2$ est la proportion de disfluences produites par la seconde catégorie d'interlocuteur.

Cette formule nous permet d'interpréter les résultats entre deux catégories d'interlocuteurs. Nous calculons donc l'indice pour les trois appariements que nous pouvons proposer. Les résultats obtenus sont présentés dans le tableau 4.

| | corpus Ville1 | corpus Ville2 |
|---|---|---|
| S et Psy | $10,6806923083$ | $19,4197596818$ |
| T et Psy | $0,422898291704$ | $3,23530253756$ |
| S et T | $10,2827554261$ | $16,0376100956$ |

TABLE 4 – Significativité des différences dans le nombre de disfluences entre interlocuteurs.

Il apparaît que les significativités entre les témoins et les psychologues sont faibles, voire non significatives, ce qui permet de rapprocher le comportement des témoins de celui des psychologues. Par contre, la significativité est importante (toujours supérieure à 10) dans les appariements qui comprennent des schizophrènes, ce qui nous permet de conclure que le nombre de disfluences produites par des schizophrènes est significativement différent de celui des non-schizophrènes de l'expérimentation (psychologue et témoins). Ce résultat est d'autant plus pertinent qu'il est mis en avant par des outils automatiques et ne fait pas intervenir de subjectivité humaine.

| | nb étiquettes | /nb mots | / nb tours de parole |
|---|---|---|---|
| $IGN{+}ENR$ | 2 | $2e-05$ | $0,00037$ |
| $IGN{+}REP$ | 2 208 | $0,01857$ | $0,40314$ |
| $IGN{+}Meta$ | 161 | $0,00135$ | $0,0294$ |
| $IGN{+}EUH$ | 2 773 | $0,02333$ | $0,5063$ |
| $IGN{+}CORR$ | 138 | $0,00116$ | $0,0252$ |

TABLE 5 – Analyse des disfluences dans le corpus TCOF-POS par `Distagger`.

## 4.3 Biais potentiels des expériences

Malgré la significativité des résultats que nous avons obtenus, il nous paraît important de revenir sur plusieurs biais potentiels de l'étude.

Les deux sous-corpus ayant été transcrits par des moyens différents et jamais en parallèle, comme nous l'avons discuté dans la section 2, il est difficile de proposer une évaluation qualitative des transcriptions. Afin de vérifier que nos résultats ne dévient pas de la réalité linguistique, nous avons appliqué `Distagger` sur le corpus de parole spontanée TCOF-POS (Benzitoun *et al.*, 2012). La table 5 reprend la ventilation des étiquettes trouvées par `Distagger`. Sur les trois étiquettes que nous retrouvons et avons analysé, le nombre de disfluences est de $4,3$ %, ce qui est comparable aux résultats précédents et nous conduit à considérer la transcription comme un faible biais.

Un autre biais réside dans la répartition entre témoins et patients à l'intérieur même de chaque sous-corpus. Ainsi, le sous-corpus Ville2 ne contient que 8 témoins, alors que le sous-corpus Ville1 en contient 23. Nous avons décidé de conserver tous les témoins dont nous disposions pour équilibrer le corpus général. Le projet s'attache à rééquilibrer la répartition. Les témoins du sous-corpus Ville1 produisent davantage de disfluences que ceux du sous-corpus Ville2. Une lecture des entretiens montre que la psychologue qui a recueilli les entretiens du sous-corpus Ville1 produit plus de disfluences, ce qui peut inciter les interlocuteurs à l'imiter, donc à produire davantage de disfluences.

Il existe par ailleurs une différence d'âge et de QI entre les participants schizophrènes et témoins (voir tableau 6). En effet, les schizophrènes sont significativement plus âgés que les témoins (près de 29 ans au lieu de 23, avec $p = 0,0058$ [10]) et leur QI est inférieur (à peu près 95 au lieu de 103, avec $p = 0,0203$), pour un nombre d'années d'école ou d'études très semblable (environ 13 pour les témoins et 12,4 pour les schizophrènes).

| | QI | années d'études | âge |
|---|---|---|---|
| femmes | | | |
| témoins | $105,5$ | $13$ | $22,37$ |
| schizophrènes | $98,33$ | $13$ | $30$ |
| hommes | | | |
| témoins | $102,73$ | $13,26$ | $23,66$ |
| schizophrènes | $94,53$ | $12,28$ | $28,66$ |
| moyenne générale | | | |
| témoins | $103,70$ | $13,17$ | $23,22$ |
| schizophrènes | $95,17$ | $12,41$ | $28,89$ |

TABLE 6 – Moyennes des QI, du nombre d'années d'études et des âges sur les participants au corpus Ville1.

Un autre biais important, mais inévitable, de l'étude est que les patients sont en remédiation, donc sous traitement (Chlorpromazine à Ville2 et neuroleptiques non spécifiés à Ville1). Levy (1968) a identifié des effets négatifs (en l'occurrence, une baisse des performances) de la Chlorpromazine sur la syntaxe de quatre patients schizophrènes en calculant le ratio du nombre de propositions subordonnées produites sur la totalité des propositions produites. En outre, cet antipsychotique semble provoquer des bégaiements (Ward, 2008). Cependant, Goldman-Eisler *et al.* (1965) a montré (sur des sujets non schizophrènes) que les effets de cette même molécule sur les temps de pause du locuteur sont très variables selon les individus et qu'un temps de pause supérieur permet au groupe testé de générer des structures verbales complexes,

10. Les significativités ont ici été calculées à l'aide du test de Student.

comme chez les témoins. Pour ajouter à ces incertitudes, Kremen *et al.* (2003) ont montré que des patients bipolaires sous antipsychotiques (dont fait partie la Chlorpromazine) présentent une meilleure fluence sémantique que les témoins. Il est donc aujourd'hui extrêmement difficile d'évaluer l'influence exacte du traitement sur les productions des patients. Cette question est récurrente dans la littérature. Il apparaît néanmoins que les effets secondaires des médicaments sont moins prégnants aujourd'hui, les traitements ayant considérablement évolué depuis les années 60. Par ailleurs, nous disposons d'un sous-groupe de 7 patients schizophrènes sans traitement dans le sous-corpus Ville2. Les différences entre eux et les autres patients schizophrènes n'apparaissent pas significatives.

# 5 Conclusions et perspectives

Cette étude nous a permis de mettre en lumière un usage pathologique des disfluences chez les patients schizophrènes grâce à des outils et des méthodes issus du TAL. Pour cela, nous avons utilisé l'outil `Distagger` pour procéder à une annotation des disfluences. Il apparaît que les schizophrènes produisent, respectivement dans chaque corpus, 1,63 % et 1,29 % de disfluences de plus (par rapport au nombre de mots) que des sujets non diagnostiqués. Nous avons validé ce résultat par un calcul de significativité qui isole clairement les patients schizophrènes. Ce sont les outils de TAL qui ont permis d'aboutir à cette conclusion, en dehors de toute interprétation humaine.

Nous avons par ailleurs discuté des différents biais possibles de l'étude, tant sur la constitution du corpus de départ que sur la méthodologie utilisée. La suite du projet s'attachera à revenir sur ces derniers pour les corriger lorsque cela est possible, en particulier en calculant une mesure de qualité des transcriptions. Mais l'une des difficultés principales réside dans la nature de l'objet d'étude. D'une part, les patients schizophrènes doivent être suffisamment communiquant pour passer le protocole de tests et donc, généralement, être sous traitement. D'autre part, le caractère personnel de l'entretien pose plusieurs questions d'éthique. Par conséquent, si il est difficile d'accéder aux patients, il est tout aussi délicat de gérer l'accès à la ressource.

Dans la continuité du projet, nous souhaitons annoter la ressource en morpho-syntaxe et en syntaxe en dépendances. L'annotation en morpho-syntaxe nous permettra de réaliser automatiquement une lemmatisation du corpus, notamment pour évaluer la richesse du vocabulaire des sujets. Pour cela, nous allons utiliser l'outil `MElt` (Denis & Sagot, 2009) entraîné pour le français oral sur le corpus TCOF-POS (Benzitoun *et al.*, 2012) [11]. L'analyse en dépendances nous permettra de revenir sur les résultats anciens auxquels nous avons fait référence sur la complexité de la syntaxe utilisée par les patients. Pour cela, plusieurs outils sont disponibles, dont `FRMG` (De La Clergerie *et al.*, 2009), `Leopar` (Perrier & Guillaume, 2013) et `Talismane` (Urieli & Tanguy, 2013), plusieurs tests préliminaires ont d'ailleurs été d'ores et déjà réalisés. L'utilisation de plusieurs outils nous permettra de valider les analyses proposées.

Comme il a été fait mention dans la première partie de cet article, l'objectif est également de proposer une annotation en sémantique-pragmatique. Pour cela, nous conduirons deux campagnes d'annotation manuelle, l'une pour identifier les discontinuités décisives, l'autre, sur les extraits identifiés, pour annoter en SDRT. L'ensemble de ces indices seront corrélés avec les autres mesures dont nous disposons, dont les résultats aux tests psycho-cognitifs, les mesures oculométriques et les EEG.

La contribution apportée par cette étude au projet général montre l'importance d'utiliser des outils automatiques pour mettre en avant des indices objectifs. Il n'en reste pas moins qu'il est nécessaire d'affiner les résultats. Notre perspective principale est de proposer une ressource normalisée, riche en méta-données (dont le manque et l'importance sont mis en valeur dans (Ghio *et al.*, 2006)), malgré les nombreuses difficultés éthiques que posent ces travaux.

# Références

ASHER N. & LASCARIDES A. (2003). *Logics of Conversation*. Studies in Natural Language Processing. Cambridge University Press.

BARRAS C., GEOFFROIS E., WU Z. & LIBERMAN M. (1998). Transcriber : a free tool for segmenting, labeling and transcribing speech. In *International Conference on Language Resources and Evaluation (LREC)*, p. 1373–1376.

BENZITOUN C., FORT K. & SAGOT B. (2012). TCOF-POS : un corpus libre de français parlé annoté en morphosyntaxe. In *Traitement Automatique des Langues Naturelles (TALN)*, p. 99–112, Grenoble, France.

11. Les performances de ce outil avec ce modèle atteignent 97,61 % d'exactitude.

BLANCHE-BENVENISTE C. & JEANJEAN C. (1987). *Le Francais parlé. Transcription et édition*. Paris, France : Didier Érudition.

CHAIKA E. (1974). A linguist looks at "schizophrenic" language. *Brain and Language*, **1**(3), 257–276.

CONSTANT M. & DISTER A. (2010). Automatic detection of disfluencies in speech transcriptions. In I. C. F. D. M. PETTORINO, A. GIANNINI, Ed., *Spoken Communication*, volume 1, p. 259–272. Cambridge Scholars Publishing.

DE LA CLERGERIE É., SAGOT B., NICOLAS L. & GUÉNOT M.-L. (2009). FRMG : évolutions d'un analyseur syntaxique TAG du français. In É. VILLEMONTE DE LA CLERGERIE & P. PAROUBEK, Eds., *Journée de l'ATALA sur : Quels analyseurs syntaxiques pour le français ?*, Paris, France : ATALA. Journée de l'ATALA organisée conjointement à la conférence IWPT 2009.

DE MAREÜIL P. B., ADDA G., ADDA-DECKER M., BARRAS C., HABERT B. & PAROUBEK P. (2013). Une étude quantitative des marqueurs discursifs, disfluences et chevauchements de parole dans des interviews politiques. *TIPA. Travaux interdisciplinaires sur la parole et le langage [En ligne]*, **29**. mis en ligne le 19 décembre 2013, consulté le 14 février 2014.

DENIS P. & SAGOT B. (2009). Coupling an annotated corpus and a morphosyntactic lexicon for state-of-the-art POS tagging with less human effort. In *Pacific Asia Conference on Language Information and Computing (PACLIC)*.

FELDSTEIN S. (1962). The relationship of interpersonal involvement and affectiveness of content to the verbal communication of schizophrenic patients. *Journal of Abnormal and Social Psychology*, **64**, 39–45.

FROMKIN V. A. (1975). A linguist looks at "a linguist looks at 'schizophrenic language"'. *Brain and Language*, **2**(0), 498 – 503.

GHIO A., TESTON B., VIALLET F., JANKOWSKI L., PURSON A., DUEZ D., LOCCO J., LEGOU T., PINTO S., MARCHAL A., GIOVANNI A., ROBERT D., RÉVIS J., FREDOUILLE C., BONASTRE J.-F., POUCHOULIN G. & NGUYEN N. (2006). Corpus de parole pathologique, état d'avancement et enjeux méthodologiques. *Travaux Interdisciplinaires du Laboratoire Parole et Langage d'Aix-en-Provence (TIPA)*, **25**, 109–126. Autorisation No.3015 : TIPA est la revue du Laboratoire Parole et Langage 3015 3015.

GOLDMAN-EISLER F., SKARBEK A. & HENDERSON A. (1965). The effect of chorpromazine on speech behaviour. *Psychopharmacologia*, **7**(3), 220–229.

KAMP H. & REYLE U. (1993). *From Discourse to Logic*. Kluwer Academic Publishers.

KREMEN W. S., SEIDMAN L. J., FARAONE S. V. & TSUANG M. T. (2003). Is there disproportionate impairment or phonemic fluency in schizophrenia ? *Journal of the International Neuropsychological Society*, **9**, 79–88.

LEVY R. (1968). The effect of chlorpromazine on sentence structure of schizophrenic patients. *Psychopharmacologia*, **13**(5), 426–432.

MAHER B. (1972). The language of schizophrenia : A review and interpretation. *The British Journal of Psychiatry*, **120**, 3–17.

MUSIOL M., AMBLARD M. & REBUSCHI M. (2013). Approche sémantico-formelle des troubles du discours : les conditions de la saisie de leurs aspects pyscholinguistiques. In *27ème Congrès International de Linguistique et de Philologie Romanes*, Nancy, France.

MUSIOL M. & TROGNON A. (1996). L'accomplissement interactionnel du trouble schizophrénique. *Raisons Pratiques 7*, p. 179–209.

PERRIER G. & GUILLAUME B. (2013). Leopar : an Interaction Grammar Parser. In *Workshop on High-level Methodologies for Grammar Engineering, ESSLLI*, p. 121–122, Dusseldorf.

REBUSCHI M., AMBLARD M. & MUSIOL M. (2013). Using SDRT to analyze pathological conversations. Logicality, rationality and pragmatic deviances. In M. REBUSCHI, M. BATT, G. HEINZMANN, F. LIHOREAU, M. MUSIOL & A. TROGNON, Eds., *Interdisciplinary Works in Logic, Epistemology, Psychology and Linguistics : Dialogue, Rationality, and Formalism*, Logic, Argumentation & Reasoning, p. 1–24. Springer.

URIELI A. & TANGUY L. (2013). L'apport du faisceau dans l'analyse syntaxique en dépendances par transitions : études de cas avec l'analyseur Talismane. In *Actes de la 20e conférence sur le Traitement Automatique des Langues Naturelles (TALN'2013)*, p. 188–201, Les Sables d'Olonne, France.

VERHAEGEN F. (2007). *Psychopathologie cognitive des processus intentionnels schizophréniques dans l'interaction verbale*. PhD thesis, Université Nancy 2, France.

WARD D. (2008). *Stuttering and Cluttering : Frameworks for Understanding and Treatment*. Taylor & Francis.

# Repérage et analyse de la reformulation paraphrastique dans les corpus oraux

Iris Eshkol-Taravella[1] Natalia Grabar[2]
(1) CNRS UMR 7270 LLL, Université d'Orléans, 45100 Orléans, France
iris.eshkol@univ-orleans.fr
(2) CNRS UMR 8163 STL, Université Lille 3, 59653 Villeneuve d'Ascq, France
natalia.grabar@univ-lille3.fr

**Résumé.** Notre travail porte sur la détection automatique de la reformulation paraphrastique dans les corpus oraux. L'approche proposée est une approche syntagmatique qui tient compte des marqueurs de reformulation paraphrastique et des spécificités de l'oral. L'annotation manuelle effectuée par deux annotateurs permet d'obtenir une description fine et multidimensionnelle des données de référence. Une méthode automatique est proposée afin de décider si les tours de parole comportent ou ne comportent pas des reformulations paraphrastiques. Les résultats obtenus montrent jusqu'à 66,4 % de précision. L'analyse de l'annotation manuelle indique qu'il existe peu de segments paraphrastiques avec des modifications morphologiques (flexion, dérivation ou composition) ou de segments qui montrent l'équivalence syntaxique.

**Abstract.** Our work addresses the automatic detection of paraphrastic rephrasing in spoken corpus. The proposed approach is syntagmatic. It is based on paraphrastic rephrasing markers and the specificities of the spoken language. Manual annotation performed by two annotators provides fine-grained and multi-dimensional description of the reference data. Automatic method is proposed in order to decide whether sentences contain or not the paraphrases. The obtained results show up to 66.4% precision. The analysis of the manual annotations indicates that there are few cases in which paraphrastic segments show morphological modifications (inflection, derivation or compounding) or syntactic equivalence.

**Mots-clés :** Paraphrase, reformulation, corpus oral, marqueurs de reformulation paraphrastique.

**Keywords:** Paraphrase, reformulation, spoken corpus, markers of paraphrastic rephrasing.

## 1 Introduction

La langue naturelle propose des moyens variés pour exprimer une même idée de différentes manières (exemples (1) à (8)). La paraphrase est liée à d'autres notions, comme la synonymie (Hamon *et al.*, 1998), la variation (Daille *et al.*, 1996; Grabar & Zweigenbaum, 2000), ou la reformulation paraphrastique (Roulet, 1987; Rossari, 1990; Bouamor *et al.*, 2012). Nous nous arrêterons sur les notions de paraphrase et de reformulation dans notre travail. L'acception de ces phénomènes varie selon les courants linguistiques : si chez les générativistes la notion de paraphrase n'est pas acceptable car toute modification de forme (*e.g.* nombre, mode, diathèse) implique un changement sémantique notable (Chomsky, 1975), cette notion connaît actuellement une acception très large notamment grâce aux travaux de TAL. Le critère commun, sur lequel tout le monde semble s'accorder aujourd'hui en parlant de la paraphrase, est qu'il existe entre les expressions linguistiques en relation de paraphrase une équivalence sémantique, qui peut prendre toutefois des formes différentes.

Parmi les fonctionnalités de la paraphrase se trouvent des phénomènes intra-locuteur et inter-locuteur. La paraphrase peut aider à une facilitation de la compréhension du message par l'autre et contribuer au bon fonctionnement de la communication (François, 1990; Bouamor *et al.*, 2012). Elle peut aussi empêcher la clarté de la communication (Boucheron, 2000) (*e.g.* la littérature scientifique spécialisée perçue par les non spécialistes). La paraphrase contribue à la beauté de la langue car elle évite les répétitions et redondances. Pour que la paraphrase soit détectée, la similitude entre l'information évoquée et l'information répétée doit être reconnue par l'interlocuteur. Du point de vue de TAL, la paraphrase crée une réelle difficulté : qu'il s'agisse de la reconnaissance ou de la production, la paraphrase couvre un nombre important de catégories, qui mettent en oeuvre des mécanismes linguistiques fort variés. Nous nous arrêterons sur les notions de paraphrase et de reformulation paraphrastique. Nous présentons d'abord les travaux en linguistique qui se sont attachés à décrire la paraphrase et la reformulation paraphrastique (section 1.1), et ensuite les travaux de TAL qui visent à détecter la paraphrase de manière automatique (section 1.2). Nous précisons ensuite les objectifs poursuivis dans notre travail (section 1.3).

## 1.1 Description linguistique de la paraphrase et de la reformulation paraphrastique

### 1.1.1 Typologies linguistiques de la paraphrase

Il existe différentes manières de traiter et de décrire la paraphrase. Par exemple, elle peut faire référence à la situation d'énonciation et avoir une valeur contextuelle. Ainsi, deux types de paraphrases sont distingués (Culioli, 1976; Martin, 1976; Vezin, 1976; Fuchs, 1994) :

- La paraphrase situationnelle est une "définition en discours" qui détermine le sens d'un énoncé (ou d'une partie d'énoncé) par rapport au contexte énonciatif. Dans l'exemple (1), *depuis une centaine d'années* et *depuis 1900* reçoivent ainsi une valeur contextuelle.

(1) *Depuis une centaine d'années, les températures du globe tendent à augmenter.*
*Depuis 1900, les températures du globe tendent à augmenter.*

- La paraphrase linguistique, parfois appelée une "définition en langue", est liée aux classifications linguistiques existantes. Nous en donnons quelques exemples dans ce qui suit.

Si l'on essaie de faire une typologie des transformations linguistiques subies par les entités, les niveaux suivants de la langue peuvent être distingués (Melčuk, 1988; Vila *et al.*, 2011; Bhagat & Hovy, 2013) :

- la paraphrase morphologique, qui a pour condition le changement morphologique (flexion, nominalisation, adjectivation, composition, etc.), comme dans l'exemple (2) :

(2) *Pierre a enlevé son manteau.* ; *Pierre enlève son manteau.*

- la paraphrase lexicale, qui vise le changement au niveau lexical (synonymes, antonymes, mots plus génériques ou spécifiques), comme dans l'exemple (3) :

(3) *Pierre a enlevé son manteau.* ; *Pierre a enlevé sa veste. Pierre a enlevé son vêtement.*

- la paraphrase sémantique, qui couvre en général des segments allant au-delà du lexique (exemple (4)) :

(4) *Pierre a enlevé son manteau.* ; *Pierre s'est déshabillé.*

- la paraphrase syntaxique, qui réorganise la phrase (déplacement de composants, diathèse...), comme dans l'exemple (5);

(5) *En entrant dans la bibliothèque, Pierre a enlevé son manteau.*
*Pierre a enlevé son manteau en entrant dans la bibliothèque.*

- la paraphrase mixte (*e.g.*, lexico-syntaxique, lexico-sémantique, etc.), qui concerne les modifications opérant simultanément à plusieurs niveaux (Bouamor *et al.*, 2012).

La notion de paraphrase peut aussi être décrite en fonction de la taille d'entités couvertes par la paraphrase (Flottum, 1995; Fujita, 2010; Bouamor, 2012) :

- la paraphrase lexicale, se situant au niveau d'un mot (exemples (6)) :

(6) {*bouquin, livre*}, {*bâtiment, maison*}

- la paraphrase sous-phrastique, avec laquelle la synonymie se fait au niveau des syntagmes, des tournures de phrases ou des fragments de textes (exemples (7)) :

(7) *Il a envie de, Il aimerait bien* ; *X ne doute pas de Y, X est sûr de Y*

- la paraphrase phrastique, où plusieurs segments sont en relation de paraphrase tandis que la sémantique de la phrase est préservée (exemples (8)) :

(8) *Comment vont vos enfants ?* ; *Comment se portent vos gamins ?* ; *Les gosses vont bien ?*

Les classifications existantes de la paraphrase focalisent souvent sur un aspect donné, décrit avec plus ou moins de finesse : 67 fonctions lexicales pour le paraphrasage (Melčuk, 1988), 25 catégories de paraphrases (Bhagat & Hovy, 2013). À notre connaissance, la seule classification multidimensionnelle est celle de (Milicevic, 2007), avec les dimensions suivantes :

- type de connaissances mis en jeu pour la production de paraphrases,
- modifications de sens impliquées,
- types de moyens d'expression utilisés (cette dimension est proche d'autres classifications existantes),

– exactitude du lien paraphrastique,
– mode de production.

Notons que la notion de paraphrase peut également couvrir d'autres dimensions :

– registre de langue (les équivalences inter-discours (Elhadad & Sutaria, 2007; Deléger & Zweigenbaum, 2008), les niveaux soutenu ou parlé de la langue, etc.),
– la langue (les équivalences inter-langues ou les traductions (Fuchs, 1982; Milicevic, 2007)).

Nous parlons de la paraphrase au sens large, tout en la réservant aux expressions d'une seule langue. Nous considérons ainsi que la paraphrase peut être utilisée non seulement pour reformuler mais aussi pour décrire, exemplifier, préciser ou expliquer une idée exprimée auparavant par un locuteur.

#### 1.1.2 Reformulation paraphrastique à l'oral

La reformulation est propre autant à la langue soutenue, comme celle des articles scientifiques, qu'à la langue parlée, bien qu'elle montre des différences dans les deux cas (Flottum, 1995; Rossari, 1992). Ainsi, dans l'écrit, c'est le produit fini qui se présente au destinataire (Hagège, 1985), alors que l'oral l'exhibe dans les étapes de son élaboration. Il est en effet commun de trouver dans la langue orale des traces de sa propre production (*e.g.* hésitations, faux-départs, formes diverses de reprises) à la manière de brouillons qui précèdent la version finale des écrits (Blanche-Benveniste *et al.*, 1991). De manière générale, il est considéré que la reformulation est une activité du locuteur qui s'appuie sur un segment déjà produit dans son propre discours ou dans celui de son interlocuteur, avec ou sans l'emploi d'un marqueur, afin d'en modifier certains aspects (lexical, syntaxique, sémantique, pragmatique) tout en gardant un invariant permettant de reconnaître l'opération ainsi mise en place (Gülich & Kotschi, 1987; Kanaan, 2011). Pour ces différentes raisons, tout acte de reformulation dans le discours oral n'introduit pas toujours une paraphrase (Rossari, 1990). De ce point de vue, on distingue deux catégories de marqueurs : les marqueurs de reformulation non-paraphrastique (*e.g. en somme, en tout cas, de toute façon, enfin*, etc.) et les marqueurs de reformulation paraphrastique (ou MRP), comme *c'est-à-dire, autrement dit, je m'explique, ça veut dire, en d'autres termes* (Rossari, 1990, 1993). Les critères, qui permettent de détecter la reformulation paraphrastique sont (Gulich & Kotschi, 1983; Rossari, 1993) :

– trois critères phonétiques : répétition du contour intonatif de la phrase ; réduction de la vitesse de débit ; et articulation remarquablement nette des deux syllabes qui terminent l'énoncé doublon ;
– parallélisme syntaxique entre l'entité source et l'entité paraphrasée ;
– présence d'un MRP, bien qu'il soit possible d'avoir une relation de paraphrase sans marqueur. Parmi les MRP, les auteurs distinguent ceux qui ont pour tâche principale d'établir une relation paraphrastique (*e.g. c'est-à-dire, autrement dit*) et ceux qui ne montrent ce rôle que dans des contextes précis.

Les MRP fournissent un marquage formel de liens paraphrastiques entre deux segments : segment source et segment cible (ou paraphrasé). Les propriétés sémantiques des MRP permettent d'instaurer une relation de paraphrase même entre les segments qui n'entretiennent aucune équivalence sémantique visible par ailleurs (Rossari, 1993).

### 1.2 Description et détection de la paraphrase en TAL

Deux états de l'art récents sur les méthodes pour la détection automatique de la paraphrase (Madnani & Dorr, 2010; Androutsopoulos & Malakasiotis, 2010) montrent l'intérêt important réservé à ces méthodes et ressources dans le domaine du TAL. Les approches proposées pour la détection automatique de la paraphrase dépendent du type de corpus exploités et reposent généralement sur les propriétés paradigmatiques des mots (leur capacité de se substituer mutuellement) :

1. *Corpus monolingues.* En corpus monolingues, la similarité des chaînes d'édition (Malakasiotis & Androutsopoulos, 2007) et les méthodes distributionnelles sont le plus souvent utilisées. Dans ce dernier cas, si les unités linguistiques (mots, syntagmes, etc) ont des vecteurs similaires, elles sont alors de bons candidats pour la paraphrase (Lin & Pantel, 2001; Paşca & Dienes, 2005) ;

2. *Corpus monolingues parallèles.* Lorsqu'un texte dans une langue est traduit plus d'une fois dans une autre langue, les traductions de ce texte permettent de constituer un corpus monolingue parallèle. Un des plus utilisés est constitué des traductions en anglais de *20 000 lieux sous la mer* de Jules Verne. L'exploitation de tels corpus est notamment possible grâce aux méthodes d'alignement de mots (Och & Ney, 2000). Différentes méthodes ont été proposées pour l'exploitation de tels corpus (Barzilay & McKeown, 2001; Ibrahim *et al.*, 2003; Quirk *et al.*, 2004) ;

3. *Corpus monolingues comparables.* Les corpus monolingues comparables contiennent typiquement des textes produits indépendamment sur un même événement, comme par exemple les articles de presse qui couvrent l'actualité. La cohérence thématique de ces textes d'un côté et les méthodes distributionnelles ou bien l'alignement de phrases

comparables de l'autre côté permettent d'induire les relations de paraphrase entre les segments de texte (Shinyama *et al.*, 2002; Sekine, 2005; Shen *et al.*, 2006) ;

4. *Corpus bilingues parallèles*. Les corpus bilingues parallèles, qui contiennent typiquement la traduction d'un texte dans une autre langue, peuvent aussi être utilisés pour la détection de la paraphrase. Dans cette situation, les traductions multiples d'une expression ou d'un mot peuvent correspondre aux paraphrases (Bannard & Callison-Burch, 2005; Madnani *et al.*, 2008; Callison-Burch *et al.*, 2008; Kok & Brockett, 2010).

### 1.3 Objectifs

L'objectif que nous poursuivons dans notre travail concerne la détection de reformulations paraphrastiques. L'originalité du travail proposé consiste en points suivants :
- Le corpus de travail est un corpus oral, très peu exploité jusqu'ici pour détecter les paraphrases (Bouamor *et al.*, 2012) ;
- La méthode choisie pour détecter les reformulations paraphrastiques dans un corpus monolingue est une approche syntagmatique et non distributionnelle réservé à ce type de matériel (Madnani & Dorr, 2010) ;
- Une annotation multidimensionnelle de la paraphrase est proposée. Elle permet de créer les données de référence ;
- La distinction automatique entre les reformulations paraphrastiques et non-paraphrastiques est effectuée.

Nous décrivons d'abord les données exploitées (section 2) et les méthodes proposées (section 3). Nous présentons et discutons ensuite les résultats dans la section 4, et terminons avec des perspectives de recherches (section 5).

## 2 Données linguistiques

### 2.1 Corpus

Nous travaillons avec les corpus ESLO (Enquêtes Sociolinguistiques à Orléans) (Eshkol-Taravella *et al.*, 2012) : *ESLO1* et *ESLO2*. *ESLO1*, la première enquête sociolinguistique à Orléans, a été réalisée en 1968-1971 par des professeurs de français de l'University of Essex, Language Centre, Colchester (Royaume-Uni), en collaboration avec des membres du B.E.L.C. (Bureau pour l'étude de l'enseignement de la langue et de la civilisation françaises de Paris). Le corpus *ESLO1*, constitué à Orléans mais archivé ensuite de manière fragmentaire ailleurs, est revenu dans les années 1990 au LLL (Laboratoire Ligérien de Linguistique). Le laboratoire a mis au format standard ce corpus d'enquêtes sociolinguistiques comprenant 300 heures de parole (4 500 000 mots environ) incluant une gamme d'enregistrements variés. En prenant en compte l'expérience d'*ESLO1* et l'évolution des cadres théoriques et méthodologiques de la constitution et de l'exploitation de grands corpus oraux à visée variationniste, une nouvelle enquête *ESLO2* a été entamée en 2008. À terme, *ESLO2* comprendra plus de 350 heures d'enregistrements afin de former avec *ESLO1* un corpus de plus de 700 heures et d'atteindre les dix millions de mots. Les corpus *ESLO1* et *ESLO2* sont accessibles en ligne (*http ://eslo.tge-adonis.fr/*).

Pour avoir des données comparables dans les deux corpus, nous avons sélectionné 260 entretiens d'*ESLO1* totalisant 2 349 829 occurrences de mots et 308 entretiens d'*ESLO2* totalisant 1 412 891 occurrences de mots. Les fichiers transcrits d'ESLO respectent deux principes : l'adoption de l'orthographe standard et le non-recours à la ponctuation de l'écrit. La segmentation est faite soit sur une unité intuitive de type "groupe de souffle" repérée par le transcripteur humain, soit sur un *tour de parole*, défini uniquement par le changement de locuteurs. Nous avons utilisé les versions C de transcription. Ces fichiers de transcription n'ont pas été corrigés et ont été pris comme tels.

### 2.2 Marqueurs de reformulation paraphrastique (MRP)

Nous exploitons trois MRP : *c'est-à-dire*, *je veux dire* et *disons*. Le point commun entre eux est qu'ils sont formés à partir du même verbe *dire*. Le marqueur *c'est-à-dire* est le plus lexicalisé des trois et semble être le plus étudié. Les propriétés qu'on lui reconnaît sont les suivantes (Gulich & Kotschi, 1983; Hölker, 1988; Beeching, 2007) :
- il est utilisé dans les monologues et dans les dialogues, à l'écrit et à l'oral ;
- les éléments liés ne peuvent pas être échangés car ils n'ont pas d'égalité entre eux ;
- *c'est-à-dire* peut commuter avec *à savoir, en réalité, autrement dit, en d'autres termes* et *donc* ;
- ce marqueur peut instaurer la relation de paraphrase entre des énoncés non équivalents sémantiquement ;
- les trois fonctions prototypiques de ce marqueur sont : corrigeante, reformulante et argumentative, mais il peut aussi marquer la conclusion (il est alors substituable par *donc*), la justification ou l'hésitation.

Les caractéristiques du marqueur *disons* ont été montrées dans (Hwang, 1993) :
- il est assez proche de *je dirais, je veux dire* ;
- il existe une analogie entre *eh bien* et *disons* du point de vue énonciatif, car ils marquent tous les deux une rupture : en mettant fin au niveau coénonciatif précédent, le locuteur signale l'ouverture d'un plan énonciatif différent et égocentré ;
- il existe une analogie entre *disons* et *enfin* en tant que moyens de rectification.

(Saunier, 2012) distingue six pôles pour décrire les différents sens de *disons* : *à peu près, en bref, ou plutôt, plus précisément, oui et non* et *ni la chèvre ni le chou*. Pour (Petit, 2009), il est impossible de supprimer *disons* de l'énoncé parce que le deuxième segment exprime une nuance sémantique différente. Souvent, il est lié à la recherche d'un terme plus adéquat. En ce qui concerne le marqueur *je veux dire*, (Teston-Bonnard, 2008) identifie plusieurs *je veux dire* et démontre ainsi que deux des statuts syntaxiques repérés (verbes recteurs faibles et parenthèses) se paraphrasent par *autrement dit, c'est-à-dire, je reprends*. Comme le montrent les recherches citées ci-dessus, ces trois éléments peuvent avoir des fonctions différentes. Dans notre travail, nous nous intéressons à eux en tant que marqueurs de reformulation paraphrastique.

# 3 Méthodologie pour la détection de paraphrases

Les tours de parole avec les trois MRP sont extraits des deux corpus et pré-traités (section 3.1). La méthode proposée est fondée sur le traitement manuel (section 3.2) et automatique (section 3.3) de ces corpus. Nous effectuons également une analyse et évaluation des résultats (section 3.4).

## 3.1 Préparation des corpus

Une des plus grandes difficultés du traitement automatique des transcriptions de l'oral est l'absence de marques formelles de segmentation. Si à l'écrit les signes de ponctuation remplissent bien cette fonction, à l'oral ce sont les éléments paralinguistiques qui marquent le début et la fin de l'énoncé : la pause, l'intonation, etc. Pour résoudre en partie ce problème, nous avons utilisé comme segmenteur un tour de parole marqué dans la transcription par un changement de locuteur. La difficulté s'est posée alors pour les cas de chevauchement où les deux locuteurs parlent en même temps. Dans ces situations, les segments correspondants sont associés aux énoncés de chacun des locuteurs impliqués et lorsqu'un locuteur continue de parler après un chevauchement, son tour de parole continue. Les corpus sont ensuite traités avec le chunker SEM (Eshkol *et al.*, 2014) adapté à la langue orale. SEM détecte les chunks minimaux, comme présenté dans l'exemple (9) (même exemple qu'en (12)).

(9) *(est/V)VN (-ce/CLS)NP (que/CS)CONJ (vous/CLS)NP (remarquez/V)VN (une/DET différence/NC sensible/ADJ)NP (entre/P vos/DET différents/ADJ clients/NC dans/P leur/DET façon/NC de/P choisir/VINF)PP (la/DET viande/NC) NP (dans/P ce/PRO)PP (qu'/PROREL ils/CLS)NP (achètent/V)VN (et/CC)CONJ (caetera/V)VN (,/CLS)NP (indépendamment/V disons/VPP)VN (de/P leurs/NC)PP (oui/I)IntP (origines/NC)NP (de/P classe/NC ,/ADJ)PP*

## 3.2 Annotation manuelle des reformulations paraphrastiques

L'annotation manuelle a pour objectif de distinguer entre les reformulations paraphrastiques et les reformulations non paraphrastiques, mais aussi de proposer une annotation plus fine. Pour les contextes de reformulation paraphrastique, l'annotation est focalisée sur les deux segments (des mots ou des segments plus grands) mis en relation de reformulation autour d'un MRP, mais aussi sur la relation établie par le MRP de manière générale. L'annotation est effectuée en suivant plusieurs dimensions, dont certaines sont inspirées par les classifications existantes (section 1.1.1) :

1. *catégorie syntaxique* : les segments mis en relation sont annotés par leur catégorie syntaxique (N, A, V, Prep...) ou leur type de constituant syntaxique (NP, VP, AP, PP). Cela permet également de voir s'il existe une équivalence syntaxique entre les deux segments. Les segments mis en relation ne sont pas définis sur une base syntaxique (*e.g.* des chunks), mais sur le critère sémantique de paraphrase qui se trouve à la base de cette relation ;
2. chaque relation est annotée avec plusieurs arguments évocateurs des classifications existantes de la paraphrase (section 1.1.1). S'il existe plusieurs éléments paraphrasés, ils sont tous annotés de cette manière :
   - *rel-lex* : type de la relation lexicale entre deux éléments paraphrasés : hyperonyme, synonyme, antonyme, instance, méronyme ;
   - *modif-lex* : type de la modification lexicale : remplacement, suppression, ajout ;

  – *modif-morph* : type de la modification morphologique : flexion, dérivation, composition ;
  – *modif-synt* : type de la modification syntaxique : passif/actif... ;

3. *rel-pragm* : type de la relation pragmatique. Cette relation est liée aux fonctionnalités de la paraphrase ou de la reformulation. Notre typologie est inspirée des typologies proposées dans la littérature (Gülich & Kotschi, 1987; Kanaan, 2011). Parmi ces fonctionnalités, nous distinguons : définition, explication, exemplification, précision, dénomination, résultat, correction linguistique, correction référentielle, équivalence.

Les exemples (10) et (11) montrent le résultat de cette annotation (les annotations sont en bleu, les références des fichiers *ESLO* entre les crochets). Nous pouvons ainsi voir que les segments {*Saint Jean de la Ruelle, Orléans*} (exemple (10)) et {*démocratiser l'enseignement, permettre à tout le monde de rentrer en faculté*} (exemple (11)) sont en relation de paraphrase, tout en mettant en jeu des mécanismes linguistiques et pragmatiques différents.

(10) *pendant nous avons fait grève à la Régie Renault euh de <NP1>Saint Jean de la Ruelle</NP1> <MRP>c'est-à-dire</MRP> <NP2 rel-lex="mer(Saint Jean de la Ruelle/Orléans)" rel-pragm="cor-ref">Orléans</NP2> parce que c' est ça fait partie d' Orléans* [ESLO1_ENT_149_C]

(11) *euh <VP1>démocratiser l'enseignement</VP1> <MRP>c'est-à-dire</MRP> <VP2 rel-lex="syn(démocratiser/permettre à tout le monde) syn(enseignement/faculté)" modif-lex="ajout(rentrer à)" rel-pragm="explic">permettre à tout le monde de rentrer en faculté</VP2>* [ESLO1_ENT_121_C]

## 3.3 Détection automatique de reformulations paraphrastiques

Le traitement automatique principal consiste à décider si, autour d'un MRP, il existe une relation de reformulation paraphrastique ou non. Pour ceci, nous mettons en place plusieurs filtres qui sont communs à tous les MRP :
- Si le MRP est placé en début ou en fin de TdP, alors il est considéré que ce TdP ne comporte pas de paraphrase ;
- Si le MRP est entouré des marqueurs discursifs (*donc, enfin, quoi...*), euh d'hésitation, interjections (*ben hm ouais*), amorces (*s-*), etc. répétés, il est considéré que le MRP fait partie des disfluences de l'oral (une accumulation d'éléments qui brisent le déroulement syntagmatique (Blanche-Benveniste *et al.*, 1991)) et n'introduit pas la paraphrase ;
- Si le MRP apparaît dans un contexte lexical spécifique (emploi de *nous* devant *disons*), ou si le MRP apparaît dans des suites argumentatives (*e.g. par contre, mais, en revanche, au contraire*), ce TdP ne comporte pas de paraphrase ;
- Si le MRP apparaît à l'intérieur d'une locution, comme *indépendamment de* ou *plus ou moins grossiers* (exemples (12) et (13) de la section 4.2), alors il est considéré que ce contexte ne comporte pas de paraphrase. Ce test est effectué sur les sorties du chunker (exemple (9)). Pour vérifier que la locution existe dans la langue, nous interrogeons un moteur de recherche généraliste et analysons les fréquences attestées sur la Toile. À notre avis, l'usage de la Toile fournit des informations plus complètes que celles que l'on peut trouver dans des corpus de référence. Chaque segment est testé de trois manières (exemple (9)) : avec un (*(caetera)VN (indépendamment)VN (de leurs)PP*), deux (*(et)CONJ (caetera)VN (indépendamment)VN (de leurs)PP (origines)NP*) ou trois chunks *(achètent)VN (caetera)VN (indépendamment)VN (de leurs)PP (origines)NP (de classe)PP* à droite et à gauche du MRP, excepté les disfluences et la ponctuation. La taille maximale du segment est empiriquement limitée à sept mots. La fréquence moyenne de ces segments doit être inférieure au seuil entre 10 et 6 000 pour que ce segment soit considéré comme une paraphrase. Dans le cas de fréquences plus élevées que le seuil, ce test indique que la locution existe dans la langue et qu'il s'agit en effet de disfluence.

## 3.4 Analyse et évaluation

L'évaluation est effectuée de deux manières :
- pour l'annotation manuelle, nous calculons l'accord inter-annotateur pour les jugements sur l'existence de la relation de paraphrase. Comme deux annotateurs ont participé à cette tâche, nous appliquons le kappa de Cohen (Cohen, 1960). Le protocole d'annotation a été mis en place et ajusté sur une partie du corpus *ESLO1*, tandis que l'évaluation et l'accord inter-annotateur sont calculés sur d'autres TdP du corpus *ESLO1* et sur la partie *entretiens* du corpus *ESLO2* ;
- pour la détection automatique de relations paraphrastiques, elle est évaluée par rapport aux annotations manuelles. Nous calculons la précision des résultats.

L'analyse des résultats porte sur une étude de la fréquence des relations et de la répartition des différents attributs de manière générale et en fonction des MRP. L'accent principal est mis sur l'existence de relations paraphrastiques, mais aussi sur l'équivalence syntaxique entre les segments mis en relation et sur l'existence de modifications morphologiques (flexion, dérivation ou composition), qui peuvent donner des indications formelles de paraphrasage.

# 4 Résultats et Discussion

## 4.1 Préparation des corpus

| | *ESLO1* | *ESLO2* |
|---|---|---|
| *nombre de fichiers de transcription* | 260 | 308 |
| *taille de corpus (occ de mots)* | 2 349 829 | 1 412 891 |
| *taille moyenne des fichiers de transcription* | 9 037,80 | 4 587,31 |
| *nombre de TdP* | 166 602 | 70 707 |
| *taille moyenne des TdP* | 14,10 | 19,98 |
| *c'est-à-dire* | 1 849 | 594 |
| *je veux dire* | 285 | 291 |
| *disons* | 1 068 | 183 |
| *total de TdP avec les MRP* | 3 202 | 1 068 |
| *taille des TdP avec les MRP (minimale)* | 1 | 1 |
| *taille des TdP avec les MRP (maximale)* | 6 382 | 1 050 |
| *taille des TdP avec les MRP (moyenne)* | 62,88 | 86,34 |

TABLE 1 – Différentes informations sur les données : taille des corpus, nombre et taille moyenne des TdP, nombre de TdP avec les trois MRP étudiés, taille des TdP avec les MRP.

Le tableau 1 présente la taille des corpus en nombre de mots et indique différentes informations sur les extractions effectuées : nombre et taille moyenne des TdP, nombre de TdP avec les trois MRP étudiés, taille des TdP avec les MRP. Ces chiffres montrent que la taille moyenne des TdP est entre 14 et 19 mots : de nombreux TdP sont en effet de taille minimale, avec un ou deux mots seulement. Le marqueur *c'est-à-dire* est toujours le plus fréquent, avec plus de la moitié des TdP contenant un MRP. Rappelons que *c'est-à-dire* établit principalement une relation paraphrastique même entre les TdP ayant une équivalence sémantique faible (Gulich & Kotschi, 1983). Quant à *disons*, il est très fréquent dans le corpus *ESLO1* mais beaucoup moins dans *ESLO2*. Il est possible que ce soit dû à l'évolution diachronique de la langue : d'autres mots ont pu reprendre cette fonction discursive. En ce qui concerne la taille moyenne des TdP avec les MRP, elle est assez élevée (62,88 dans *ESLO1* et 86,34 dans *ESLO2*). Ces TdP peuvent en effet comporter des paraphrases et montrer la genèse et la précision des idées (Hagège, 1985; Blanche-Benveniste *et al.*, 1991) de la part des locuteurs. Nous pouvons aussi observer que la taille maximale des TdP peut aller jusqu'à 1 050 dans *ESLO2* et 6 382 dans *ESLO1*.

## 4.2 Annotation manuelle des paraphrases

| | *ESLO1* | | | | | *ESLO2* | | | | |
|---|---|---|---|---|---|---|---|---|---|---|
| | *A1* | | *A2* | | *accord* | *A1* | | *A2* | | *accord* |
| | *oui (%)* | *non (%)* | *oui (%)* | *non (%)* | | *oui (%)* | *non (%)* | *oui (%)* | *non (%)* | |
| *c'est-à-dire* | 96 (33) | 193 (67) | 66 (23) | 223 (77) | 249 | 74 (37) | 124 (63) | 65 (32) | 137 (68) | 162 |
| *je veux dire* | 16 (25) | 49 (75) | 8 (12) | 57 (88) | 57 | 47 (34) | 91 (66) | 27 (20) | 110 (80) | 107 |
| *disons* | 18 (15) | 104 (85) | 8 (7) | 115 (93) | 106 | 10 (18) | 45 (82) | 9 (16) | 46 (84) | 46 |
| *total de TdP* | 130 (27) | 346 (73) | 82 (17) | 395 (83) | 412 | 131 (33) | 260 (67) | 101 (26) | 293 (74) | 315 |

TABLE 2 – Jugements sur la relation de paraphrase dans les contextes avec les MRP : pour deux annotateurs et leur accord.

Tout MRP confondu, 476 TdP du corpus *ESLO1* et 394 TdP du corpus *ESLO2* de la partie *entretiens* sont analysés (54 et 30 entretiens respectivement). Cette annotation permet de proposer un premier jeu de données de référence et un guide d'annotation. Le tableau 2 montre les résultats des annotations par les deux annotateurs impliqués. Les annotateurs reconnaissent entre 17 et 27 % de contextes paraphrastiques dans le corpus *ESLO1* et entre 26 et 33 % de contextes paraphrastiques dans le corpus *ESLO2*. L'annotateur *A1* a tendance à accepter plus de contextes comme paraphrastiques, ce qui montre l'aspect subjectif de ce type d'annotation. La perception de paraphrase varie en effet d'un annotateur à l'autre. L'accord entre les annotateurs est de 0,617 pour *ESLO1*, ce qui correspond à un accord substantiel, et de 0,526 pour *ESLO2*, ce qui correspond à un accord modéré (Landis & Koch, 1977). Il s'agit d'un niveau d'accord assez important, surtout lorsque l'on travaille avec des données linguistiques qui peuvent introduire la subjectivité dans leur perception. Comme annoncé dans la littérature, ces MRP peuvent apparaître dans des emplois paraphrastiques et non-paraphrastiques. Dans les exemples (12) et (13), qui ne contiennent pas de relations de paraphrase, les MRP peuvent ainsi être associés aux marqueurs discursifs faisant partie des disfluences.

(12) *est-ce que vous remarquez une différence sensible entre vos différents clients dans leur façon de choisir la viande dans ce qu'ils achètent et caetera indépendamment <MRP>disons</MRP> de leurs oui origines de classe* [ESLO1_ENT_001_C]

(13) *mais il y a des termes qui sont plus ou moins euh euh <MRP>disons</MRP> euh grossiers qui sont employés plus ou- plus facilement euh par certaines couches de la société en fonction des fréquentations des uns ou des autres quoi* [ESLO1_ENT_003_C]

| | *ESLO1* | | | | *ESLO2* | | | |
|---|---|---|---|---|---|---|---|---|
| | *A1* | | *A2* | | *A1* | | *A2* | |
| | *oui* | *non* | *oui* | *non* | *oui* | *non* | *oui* | *non* |
| *c'est-à-dire (%)* | 33 | 67 | 22 | 78 | 37 | 63 | 32 | 68 |
| *je veux dire (%)* | 25 | 75 | 12 | 88 | 34 | 66 | 20 | 80 |
| *disons (%)* | 15 | 85 | 7 | 93 | 18 | 82 | 6 | 94 |

TABLE 3 – Pourcentage des constructions paraphrastiques autour des MRP.

Le tableau 3 indique le pourcentage des constructions paraphrastiques et non-paraphrastiques autour des MRP. Pour les deux annotateurs, *c'est-à-dire* est le plus grammaticalisé de ce point de vue car il introduit le plus de relations de paraphrase, tandis que *disons* est le moins grammaticalisé. *je veux dire*, qui a la position intermédiaire, est plus proche de *c'est-à-dire*. Concernant *disons*, nous pensons qu'il est le plus ambigu des trois MRP car d'une part il peut signifier le verbe *dire* et donc, en quelque sorte, signifier l'emploi contraire à la paraphrase où il marque le début d'une nouvelle idée : le locuteur introduit alors quelque chose de nouveau comme dans *disons que...* D'autre part il peut être employé en tant que marqueur discursif, associé aux *expressions stéréotypées* fonctionnant en tant que adverbe, conjonction, interjection, etc. (Gulich & Kotschi, 1983), ou disfluences (exemples (12) et (13)).

Dans la majorité des cas (plus de 70 %), il n'existe pas d'équivalence syntaxique entre les éléments en relation de paraphrase (comme dans les exemples (14) et et (15)). Notons que cet aspect dépend du choix des annotateurs. Ainsi, dans l'exemple (14), au lieu de la proposition *les gens me semblent plus plus affables* il est aussi possible de choisir le syntagme adjectival *plus affables* ou l'adjectif *affables*. Un autre aspect intéressant de l'annotation est lié aux modifications morphologiques observables entre les segments en relation de paraphrase. Nous pouvons ainsi voir que de telles modifications sont annotées pour environ dix relations paraphrastiques par corpus, tout MRP confondus. En voilà quelques exemples : {*achat, achète*}, {*connais, connu*}, {*pourrait, pouviez*}, {*client, clientèle*}, {*manoeuvres, manuel*}, {*aller, vais*}. Cela indique qu'il existe très peu d'accroches formelles pour détecter les segments en relation de paraphrase dans ce type de constructions. Les modifications syntaxiques, comme par exemple le changement de la voix active en voix passive, ne sont quasiment pas présentes, avec seulement un exemple au sein des 54 et 30 entretiens annotés respectivement dans *ESLO1* et *ESLO2*. En ce qui concerne les modifications lexicales, nous observons surtout le remplacement d'un sous-segment par un autre. Comme cela a été noté dans la littérature (Gulich & Kotschi, 1983; Rossari, 1993), dans plusieurs cas, nous rencontrons effectivement des segments, qui n'ont aucun lien sémantique évident, mais, grâce à un MRP et à la relation de paraphrase établie, ce lien peut apparaître (exemples en (16) ou (17)).

(14) *je préfère mieux le le nord de la France franchement le département du Nord et le département du Pas-de-Calais où <P1>les gens me semblent plus plus affables</P1> <MRP>disons</MRP> euh <PP2 rel-lex="syn" rel-pragm="explic">avec qui j' ai on a plus facilement des des rapports agréables</PP2>* [ESLO1_ENT_003_C]

(15) *y a le euh le le plus grand goup- groupe et puis euh ce qu'on appelle <NP1>toujours les mêmes</NP1> <MRP>c'est-à-dire</MRP> euh <P2 rel-lex="syn" rel-pragm="equiv">tous ceux qu'on connait</P2> quoi* [ESLO2_ENT_1004_C]

(16) *des conférences y en a assez souvent sur France culture enfin <MRP>disons</MRP> des causeries* [ESLO1-

_ENT_121_C]

Parmi les relations lexicales, les plus fréquentes sont les relations de synonymie et d'hypéronymie, suivies par les instances dans le cas des entités nommées, et l'équivalence et le résultat. En fonction des relations pragmatiques assignées, nous pouvons distinguer trois fonctions effectuées par les MRP (dans l'ordre décroissant de fréquence dans les corpus) :

- la possibilité d'ajouter une nouvelle information, notée par des relations pragmatiques d'explication, de précision, d'exemplification et de définition. Cette fonction peut être rapprochée des fonctions corrigeante, reformulante et argumentative notées dans la littérature (Gulich & Kotschi, 1983; Hölker, 1988). Dans tous ces cas, il s'agit de rendre l'énoncé plus riche et clair, comme dans les exemples (14) et (11) ;
- l'établissement de la relation d'équivalence : redire la même chose, mais avec d'autres moyens linguistiques. Ce qui est intéressant avec l'équivalence, mais aussi avec la définition, est que, contrairement à ce qui a été observé dans la littérature (Gulich & Kotschi, 1983; Petit, 2009), il est possible de supprimer le MRP et d'échanger les segments de place sans que cela modifie la sémantique de l'énoncé (exemples (15) et (16)) ;
- avec la relation *résultat*, nous pouvons observer le phénomène inverse à l'explication : le deuxième segment peut être réduit par rapport au premier et en proposer une synthèse (exemple (17)).

(17) *voilà <P1>le côté très betonné voilà c'est pas ils ont pas développé les les logements étudiants suffisamment ils ont pas développé l'off- l'offre culturelle euh en même temps</P1> donc enfin <MRP>je veux dire</MRP> voilà <P2 rel-pragm="res">c'est mort</P2>* [ESLO2_ENT_1012_C]

## 4.3 Détection automatique de reformulations paraphrastiques

| | *ESLO1* | | *ESLO2* | |
|---|---|---|---|---|
| | A1 | A2 | A1 | A2 |
| *filtres* | 40,5 | 40,5 | 37,7 | 37,8 |
| *filtres + fréquences (>6000)* | 25,8 | 25,9 | 18,7 | 18,9 |
| *filtres + fréquences prioritaires (>6000)* | 63,0 | 63,0 | 66,4 | 66,3 |

TABLE 4 – Évaluation de la détection automatique des reformulations paraphrastiques (précision).

Les résultats sur la détection automatique des reformulations paraphrastiques se trouvent dans le tableau 4. L'évaluation est effectuée en termes de précision. Notons que les résultats sont cohérents entre les deux annotateurs dans les deux corpus. Quant au jugement sur la présence de reformulations paraphrastiques, nous observons que les filtres prenant en charge les disfluences orales permettent d'atteindre jusqu'à 40 % de précision. L'ajout de filtres supplémentaires (fréquences sur la Toile) aux filtres de disfluences détériore les résultats : nous pouvons perdre jusqu'à 18 %. Par contre, lorsque les fréquences sont prioritaires sur les filtres de disfluences, les résultats sont améliorés et peuvent atteindre jusqu'à 66,4 % de précision. Dans cette configuration, si les fréquences satisfont nos critères, nous considérons qu'un TdP peut contenir une paraphrase même si le MRP se trouve dans un contexte de disfluences de l'oral. Les résultats s'améliorent avec l'augmentation du seuil. La seuil maximum testé est 6 000, l'augmentation est observée jusqu'au seuil 4 500.

Nos recherches montrent également qu'il existe des schémas plus compliqués que ceux décrits dans les travaux antérieurs (Rossari, 1990) et ceux pris actuellement en charge par notre système :

- la relation de paraphrase peut aussi se construire sur plus d'un TdP : lorsque le locuteur est interrompu sans chevauchements et lorsqu'il continue son discours plus loin. Actuellement, nous ne traitons pas ce type de situations car la détection de paraphrases est effectuée au sein d'un même TdP ;
- nous avons distingué deux situations selon que les segments en relation de la paraphrase sont contigus ou distants par rapport au MRP. Ainsi, dans l'exemple (18), les segments sont distants. Comme noté, ils peuvent être séparés du MRP par des disfluences ou bien par d'autres segments à contenu. Nous avons essayé de prendre en compte la possibilité d'avoir des disfluences intercalées, ce qui améliore en effet les résultats globaux ;
- le MRP peut aussi se trouver non pas entre mais après les deux segments en relation de paraphrase (exemple en (19)).

(18) *<PP1>jusqu'à seize ans</PP1> oui oui bien bon <MRP>c'est-à-dire</MRP> euh <PP2 rel-lex="syn" rel-pragm="cor-ref">dans le primaire privé</PP2> n'est-ce pas* [ESLO1_ENT_010_C]

(19) *et elle travaille euh dans des instituts d' enfants euh plus ou moins adaptés enfin plutôt inadaptés <MRP>disons </MRP> et en plus de ça elle a une clientèle personnelle ici* [ESLO1_ENT_003_C]

# 5 Conclusion et perspectives

Nous avons proposé un travail sur la détection de reformulations paraphrastiques dans des corpus monolingues oraux du français (corpus *ESLO1* et *ESLO2*). Une des originalités du travail consiste à prendre en compte les spécificités de l'oral, que ce soit grâce à la reconstitution des tours de parole, à la considération des disfluences dans le contexte ou à l'utilisation d'outils de TAL adaptés à l'oral (Eshkol *et al.*, 2014). Un autre aspect original est que nous abordons la détection de reformulations paraphrastiques avec une approche syntagmatique, alors que la plupart des approches existantes pour la détection de paraphrases exploitent les propriétés paradigmatiques de la langue. Notre travail repose sur une utilisation combinée de l'annotation manuelle et d'un traitement automatique des données. L'annotation permet de produire un premier jeu de données de référence et de faire plusieurs observations sur les relations de paraphrase, en particulier grâce à une annotation multidimensionnelle et fine. Elle a servi aussi à l'évaluation de la méthode automatique et peut être exploitée dans l'apprentissage automatique. L'accord inter-annotateur obtenu est de 0,617 et 0,526 pour les corpus *ESLO1* et *ESLO2* respectivement. Rappelons aussi que nous adoptons une notion large de la paraphrase (Melčuk, 1988; Bhagat & Hovy, 2013), qui peut clarifier, expliciter, développer ou résumer l'idée exprimée auparavant par un locuteur. Les traitements automatiques proposent une série de critères pour distinguer entre les contextes paraphrastiques et non-paraphrastiques. La précision obtenue est 66,4 %. Si ces critères sont élaborés et testés sur des corpus oraux et au sein d'une approche syntagmatique, nous pensons qu'ils peuvent être transposables à d'autres corpus.

Par rapport aux travaux existants, l'analyse des corpus proposée ici confirme les constatations faites par les chercheurs :
- la reformulation n'est pas toujours paraphrastique et les MRP n'introduisent pas toujours des relations de paraphrase (Rossari, 1990), les MRP pouvant effectivement assumer d'autres rôles dans la langue ;
- les MRP peuvent instaurer la relation de paraphrase entre les segments qui n'entretiennent aucune équivalence sémantique visible (Gulich & Kotschi, 1983; Rossari, 1993).

Pour d'autres constatations faites dans la littérature (l'équivalence syntaxique entre les segments, la possibilité d'échanger les segments de place, la possibilité de supprimer le MRP), nous avons proposé de nouvelles observations.

Plusieurs perspectives peuvent être proposées pour continuer ce travail. Tout d'abord, l'implication d'un autre annotateur et des séances de conciliation entre les annotateurs peuvent permettre d'obtenir des données de référence plus consensuelles. De même, d'autres MRP peuvent être considérés et une analyse comparative plus détaillée entre les emplois des MRP étudiés peut être effectuée. Pour la détection automatique de reformulations paraphrastiques, il est nécessaire d'améliorer la détection des répétitions et de tester une approche par apprentissage automatique pour le repérage de relations paraphrastiques et de segments en relation de paraphrase. D'autres indices encore peuvent être utilisés pour la détection de relations de paraphrase, en particulier ceux fournis par les informations paralinguistiques disponibles dans les transcriptions. Une autre perspective consiste à traiter les relations de paraphrase entre différents tours de parole, alors qu'actuellement nous le faisons au sein d'un même tour de parole uniquement. Nous voulons aussi comparer la reformulation paraphrastique telle qu'elle est effectuée à l'écrit et à l'oral : ce processus est d'une part similaire, car il consiste à éclaircir et faciliter la transmission et la compréhension de l'information, mais d'autre part, il est aussi différent quant à son processus cognitif (Hagège, 1985; Blanche-Benveniste *et al.*, 1991). Comme nous l'avons indiqué, les deux corpus exploités, tout en étant créés avec le même type de situation d'enregistrement d'entretiens semi-guidés, ont été constitués avec 40 ans de différence. Cela présente la possibilité de mener une analyse diachronique des MRP. Nous pouvons aussi étudier l'emploi des MRP en croisant les annotations avec les critères sociologiques des locuteurs. Finalement, nous envisageons de diffuser les données de référence constituées auprès des chercheurs.

**Remerciements.** Nous remercions Yoann Dupont pour son aide dans l'adaptation du logiciel SEM à nos corpus oraux et les relecteurs pour leur aide dans l'amélioration de la qualité du papier.

# Références

ANDROUTSOPOULOS I. & MALAKASIOTIS P. (2010). A survey of paraphrasing and textual entailment methods. *Journal of Artificial Intelligence Research*, **38**, 135–187.

BANNARD C. & CALLISON-BURCH C. (2005). Paraphrasing with bilingual parallel corpora. In *ACL*, p. 597–604.

BARZILAY R. & MCKEOWN L. (2001). Extracting paraphrases from a parallel corpus. In *ACL*, p. 50–57.

BEECHING K. (2007). La co-variation des marqueurs discursifs bon, c'est-à-dire, enfin, hein, quand même, quoi et si vous voulez : une question d'identité ? *Langue française*, **154**(2), 78–93.

BHAGAT R. & HOVY E. (2013). What is a paraphrase ? *Computational Linguistics*, **39**(3), 463–472.

BLANCHE-BENVENISTE C., BILGER M., ROUGET C. & VAN DEN EYNDE K. (1991). *Le français parlé. Études grammaticales*. Paris : CNRS Éditions.

BOUAMOR H. (2012). *Étude de la paraphrase sous-phrastique en traitement automatique des langues*. Thèse de doctorat, Université Paris Sud, Paris.

BOUAMOR H., MAX A. & VILNAT A. (2012). Étude bilingue de l'acquisition et de la validation automatiques de paraphrases sous-phrastiques. *TAL*, **53**(1), 11–37.

BOUCHERON S. (2000). La langue de l'un, et celle de l'autre : l'entre parenthèses comme aire de reformulation. In *Répétition, Altération, Reformulation*, p. 113–118. Besançon : Presses Universitaires Franc-Comtoises.

CALLISON-BURCH C., COHN T. & LAPATA M. (2008). Parametric : An automatic evaluation metric for paraphrasing. In *COLING*, p. 97–104.

CHOMSKY N. (1975). *Reflections on language*. New-York, USA : Pantheon books.

COHEN J. (1960). A coefficient of agreement for nominal scales. *Educational and Psychological Measurement*, **20**(1), 37–46.

CULIOLI A. (1976). *Notes du séminaire de DEA, 1983-84*. Paris.

DAILLE B., HABERT B., JACQUEMIN C. & ROYAUTÉ J. (1996). Empirical observation of term variations and principles for their description. *Terminology*, **3**(2), 197–257.

DELÉGER L. & ZWEIGENBAUM P. (2008). Paraphrase acquisition from comparable medical corpora of specialized and lay texts. In *AMIA 2008*, p. 146–50.

ELHADAD N. & SUTARIA K. (2007). Mining a lexicon of technical terms and lay equivalents. In *BioNLP*, p. 49–56.

ESHKOL I., TELLIER I., DUPONT Y. & WANG I. (2014). Peut-on bien chunker avec de mauvaises étiquettes pos ? In *TALN 2014*.

ESHKOL-TARAVELLA I., BAUDE O., MAUREL D., HRIBA L., DUGUA C. & TELLIER I. (2012). Un grand corpus oral "disponible" : le corpus d'Orléans 1968-2012. *Traitement Automatique de Langues*, **52**(3), 17–46.

FLOTTUM K. (1995). *Dire et redire. La reformulation introduite par "c'est-à-dire"*. Thèse de doctorat, Hogskolen i Stavanger, Stavanger.

FRANÇOIS F. (1990). La communication inégale. Heurs et malheurs de l'interaction verbale. In *Actualités pédagogiques et psychologiques*. Neuchâtel-Paris : Delachaux & Niestlé.

FUCHS C. (1982). *La paraphrase*. Paris : PUF.

FUCHS C. (1994). *Paraphrase et énonciation*. Paris : Orphys.

FUJITA A. (2010). Typology of paraphrases and approaches to compute them. In *CBA to Paraphrasing & Nominalization*, Barcelona, Spain. Invited talk.

GRABAR N. & ZWEIGENBAUM P. (2000). A general method for sifting linguistic knowledge from structured terminologies. *JAMIASUP*, p. 310–314.

GULICH E. & KOTSCHI T. (1983). Les marqueus de la reformulation paraphrastique. *Cahiers de linguistique française*, **5**, 305–351.

GÜLICH E. & KOTSCHI T. (1987). Les actes de reformulation dans la consultation La dame de Caluire. In P. BANGE, Ed., *L'analyse des interactions verbales. La dame de Caluire : une consultation*, p. 15–81. Berne : P Lang.

HAGÈGE C. (1985). *L'homme de paroles. Contribution linguistique aux sciences humaines*. Paris : Fayard.

HAMON T., NAZARENKO A. & GROS C. (1998). A step towards the detection of semantic variants of terms in technical documents. In *International Conference on Computational Linguistics (COLING-ACL'98)*, p. 498–504, Université de Montréal, Montréal, Quebec, Canada.

HÖLKER K. (1988). *Zur Analyse von Markern*. Stuttgart : Franz Steiner.

HWANG Y. (1993). Eh bien, alors, enfin et disons en français parlé contemporain. *L'Information Grammaticale*, **57**, 46–48.

IBRAHIM A., KATZ B. & LIN J. (2003). Extracting structural paraphrases from aligned monolingual corpora. In *International Workshop on Paraphrasing*, p. 57–64.

KANAAN L. (2011). *Reformulations, contacts de langues et compétence de communication : analyse linguistique et interactionnelle dans des discussions entre jeunes Libanais francophones*. Thèse de doctorat, Université d'Orléans, Orléans.

KOK S. & BROCKETT C. (2010). Hitting the right paraphrases in good time. In *NAACL*, p. 145–153.

LANDIS J. & KOCH G. (1977). The measurement of observer agreement for categorical data. *Biometrics*, **33**, 159–174.

LIN D. & PANTEL L. (2001). Dirt - discovery of inference rules from text. In *ACM SIGKDD Conference on Knowledge Discovery and Data Mining*, p. 323–328.

MADNANI N. & DORR B. J. (2010). Generating phrasal and sentential paraphrases : A survey of data-driven methods. *Computational Linguistics*, **36**, 341–387.

MADNANI N., RESNIK P., DORR B. & SCHWARTZ R. (2008). Applying automatically generated semantic knowledge : A case study in machine translation. In *NSF Symposium on Semantic Knowledge Discovery, Organization and Use*, p. 60–61.

MALAKASIOTIS P. & ANDROUTSOPOULOS I. (2007). Learning textual entailment using SVMs and string similarity measures. In *ACL-PASCAL Workshop on Textual Entailment and Paraphrasing*, p. 42–47.

MARTIN R. (1976). *Inférence, antonymie et paraphrase*. Paris : Klincksieck.

MELČUK I. (1988). Paraphrase et lexique dans la théorie linguistique sens-texte in lexique et paraphrase. *Lexique*, **6**, 13–54.

MILICEVIC J. (2007). *La paraphrase : Modélisation de la paraphrase langagière*. Peter Lang.

OCH F. & NEY H. (2000). Improved statistical alignment models. In *ACL*, p. 440–447.

PAŞCA M. & DIENES P. (2005). Aligning needles in a haystack : Paraphrase acquisition across the Web. In *IJCNLP*, p. 119–130.

PETIT M. (2009). *Discrimination prosodique et représentation du lexique : application aux emplois des connecteurs discursifs*. Thèse de doctorat, Université d'Orléans, Orléans.

QUIRK C., BROCKETT C. & DOLAN W. (2004). Monolingual machine translation for paraphrase generation. In *EMNLP*, p. 142–149.

ROSSARI C. (1990). Projet pour une typologie des opérations de reformulation. *Cahiers de linguistique française*, **11**, 345–359.

ROSSARI C. (1992). De l'exploitation de quelques connecteurs reformulatifs dans la gestion des articulations discursives. *Pratiques*, **75**, 111–124.

ROSSARI C. (1993). *Les opérations de reformulation. Analyse du processus et des marques dans une perspective contrastive français-italien*, In P. LANG, Ed., *Sciences pour la communication*.

ROULET E. (1987). Complétude interactive et connecteurs reformulatifs. *Cahiers de linguistique française*, **8**, 111–140.

SAUNIER E. (2012). Disons : un impératif de dire ? Remarques sur les propriétés du marqueur et son comportement dans les reformulations. *L'Information Grammaticale*, **132**, 25–34.

SEKINE S. (2005). Automatic paraphrase discovery based on context and keywords between NE pairs. In *International Workshop on Paraphrasing*, p. 80–87.

SHEN S., RADEV D., PATEL A. & ERKAN G. (2006). Adding syntax to dynamic programming for aligning comparable texts for the generation of paraphrases. In *ACL-COLING*, p. 747–754.

SHINYAMA Y., SEKINE S., SUDO K. & GRISHMAN R. (2002). Automatic paraphrase acquisition from news articles. In *Proceedings of HLT*, p. 313–318.

TESTON-BONNARD S. (2008). Je veux dire est-il toujours une marque de reformulation ? In M. L. BOT, M. SCHUWER & E. RICHARD, Eds., *Rivages linguistiques. La Reformulation. Marqueurs linguistiques. Stratégies énonciatives*, p. 51–69. Rennes : PUR.

VEZIN L. (1976). Les paraphrases : étude sémantique, leur rôle dans l'apprentissage. *L'année psychologique*, **76**(1), 177–197.

VILA M., ANTÒNIA MART M. & RODRÍGUEZ H. (2011). Paraphrase concept and typology. a linguistically based and computationally oriented approach. *Procesamiento del Lenguaje Natural*, **46**, 83–90.

# Evaluation d'une approche de classification possibiliste pour la désambiguïsation des textes arabes

Raja Ayed[1] Ibrahim Bounhas[2] Bilel Elayeb[1, 3] Narjès Bellamine Ben Saoud[1, 4] Fabrice Evrard[5]

(1) Laboratoire de recherche RIADI, ENSI, Université de la Manouba, 2010, Tunisie
(2) Laboratoire de l'informatique pour les systèmes industriels, Institut Supérieur de Documentation, Université de la Manouba, 2010,Tunisie
(3) Institut de technologies des Émirats, P.O. Box: 41009, Abu Dhabi, Émirats arabes unis
(4) Institut supérieur de l'informatique, ISI, Université de Tunis El Manar, 1002, Tunisie
(5) Institut de recherche en informatique de Toulouse (IRIT), 02 rue Camichel, 31071 Toulouse, France

ayed.raja@gmail.com, bounhas.ibrahim@yahoo.fr, bilel.elayeb@riadi.rnu.tn, narjes.bellamine@ensi.rnu.tn, fabrice.evrard@enseeiht.fr

**Résumé.** La désambiguïsation morphologique d'un mot arabe consiste à identifier l'analyse morphologique appropriée correspondante à ce mot. Dans cet article, nous présentons trois modèles de désambiguïsation morphologique de textes arabes non voyellés basés sur la classification possibiliste. Cette approche traite les données imprécises dans les phases d'apprentissage et de test, étant donné que notre modèle apprend à partir de données non étiquetés. Nous testons notre approche sur deux corpus, à savoir le corpus du Hadith et le Treebank Arabe. Ces corpus contiennent des données de types différents classiques et modernes. Nous comparons nos modèles avec des classifieurs probabilistes et statistiques. Pour ce faire, nous transformons la structure des ensembles d'apprentissage et de test pour remédier au problème d'imperfection des données.

**Abstract.** Morphological disambiguation of Arabic words consists in identifying their appropriate morphological analysis. In this paper, we present three models of morphological disambiguation of non-vocalized Arabic texts based on possibilistic classification. This approach deals with imprecise training and testing datasets, as we learn from untagged texts. We experiment our approach on two corpora i.e. the Hadith corpus and the Arabic Treebank. These corpora contain data of different types: traditional and modern. We compare our models to probabilistic and statistical classifiers. To do this, we transform the structure of the training and the test sets to deal with imprecise data.

**Mots-clés :** Traitement Automatique des Langues Naturelles, Désambiguïsation Morphologique de l'Arabe, Théorie des Possibilités, Classification Possibiliste.

**Keywords:** Natural Language Processing, Arabic Morphological Disambiguation, Possibility Theory, Possibilistic Classification.

## 1 Introduction

De nombreux mots Arabes possèdent la même forme orthographique. Ceci est dû à la richesse morphologique de cette langue (Diab et al., 2004). En effet, l'omission des voyelles courtes peut générer plus de 12 interprétations morphologiques d'un mot donné (Habash et Rambow, 2007). Par conséquent, l'une des formes d'ambiguïté les plus relevées en arabe est l'ambiguïté morphologique. Un mot peut être ambigu à l'égard de sa structure interne. Le traitement morphologique porte sur le morphème qui constitue l'unité élémentaire discernable. L'analyse morphologique d'un mot a pour rôle de déterminer les valeurs d'un grand nombre de caractéristiques ou d'attributs morphologiques d'une entité lexicale (un mot), comme la catégorie grammaticale (nom, verbe, etc.), le genre, le nombre, etc. En fait, un mot non voyellé peut conduire à de nombreuses solutions morphologiques. Par exemple, le mot وقف (wqf), en dehors du contexte, peut être interprété comme وَقَفَ (waqafa, "il s'est levé") ou وَقْفٌ (waqfun, "cession") ou encore وَقِفْ (waqif, "et lève-toi"), où ce mot est une concaténation de la conjonction وَ "et" avec le verbe قِفْ "se lever" qui est conjugué à l'impératif. Malgré leur importance, les voyelles courtes ne sont utilisées que dans les textes religieux (Coran, Hadith, etc.) et les manuels didactiques contrairement aux textes modernes trouvés dans les journaux et dans les livres.

L'ambiguïté morphologique se manifeste lorsque l'analyse associe, à une unité lexicale, plusieurs informations non-conformes au contexte du mot, autrement dit quand l'analyse fournit plusieurs valeurs pour certains attributs morphologiques (Hajic, 2000). Par ailleurs, une approche pour la désambiguïsation morphologique arabe est nécessaire pour faire face à l'ambiguïté des mots non voyellés. La désambiguïsation consiste, donc, à attribuer la valeur exacte d'un attribut morphologique parmi celles proposées par l'analyseur. De nombreux travaux utilisent des approches de classification pour résoudre la tâche morphologique de désambiguïsation (Roth et al., 2008).

Nous discutons dans ce papier la contribution d'une nouvelle approche pour la désambiguïsation morphologique arabe basée sur la classification possibiliste. Le but principal est d'apprendre des dépendances morphologiques à partir des textes voyellés et de tester sur des textes non voyellés. Nous organisons ce document comme suit. Tout d'abord, dans la section 2, nous présentons brièvement un état de l'art sur la désambiguïsation morphologique arabe. Quant à la section 3, elle est consacrée à un résumé sur la théorie des possibilités. Notre approche pour la désambiguïsation morphologique possibiliste est détaillée dans la section 4. Les résultats expérimentaux sont présentés et discutés dans la section 5. Nous concluons, dans la section 6 et nous proposons quelques pistes pour de futures recherches.

# 2 La désambiguïsation morphologique arabe

Plusieurs travaux conduisent la désambiguïsation des mots arabes, d'un texte, à l'identification de leurs catégories grammaticales (POS- *part-of-speech*). La désambiguïsation de POS est le fait de déterminer la catégorie grammaticale d'un mot par son utilisation dans un contexte particulier. Elle peut, également, être considérée comme un problème de classification: l'ensemble des valeurs de POS présentent les classes et une méthode de classification est utilisée pour attribuer à chaque occurrence d'un mot (analyse d'un mot) une classe sur la base de la certitude du contexte. L'une des étapes importantes dans la désambiguïsation est la sélection de la méthode de classification. Des méthodes de classification automatique supervisée ont été appliquées. Elles utilisent des techniques d'apprentissage pour apprendre un classifieur à partir des ensembles d'apprentissage annotés (les valeurs de la classe POS sont identifiées). Dans la littérature, les approches de désambiguïsation, se répartissent en trois catégories. Principalement, ces approches sont: les approches à base de règles, les approches statistiques et les approches hybrides qui combinent les deux dernières.

## 2.1 Les approches à base de règles

Les approches à base de règles sont, encore, dites linguistiques. Elles utilisent une base de connaissances des règles écrites par des linguistes permettant d'attribuer des étiquettes aux différentes catégories morphologiques (Daoud, 2009 ; Othman et al., 2004). Nous parlons, principalement, des heuristiques, des règles contextuelles et des règles non contextuelles (Elshafei et al., 2002). Les arbres de décision (Quinlan, 1986) sont conçus pour exposer des bases de règles. Un arbre de décision est un modèle prédictif utilisé pour représenter les règles de classification avec une structure en arbre qui partitionne de façon récursive l'ensemble de données d'apprentissage. Chaque nœud interne d'un arbre de décision représente un test sur une valeur d'un attribut de classification, et chaque branche représente un résultat de test. Une prédiction est faite quand un nœud feuille est atteint. Cette approche est étendue pour extraire et calculer des mesures statistiques utilisées pour l'étiquetage grammatical (Schmid et al., 1994).

## 2.2 Les approches statistiques

Les approches statistiques forment des modèles d'apprentissage à partir des corpus annotés. Elles incorporent des méthodes de classification telles que les modèles de Markov cachés (Garside et Leech, 1987), SVM (Vapnik, 1998), etc. pour calculer des taux de probabilité de chaque valeur résultante d'une catégorie grammaticale d'un mot. Un modèle peut être utilisé pour classer automatiquement les autres textes en se référant aux taux déjà calculés. (Diab et al., 2004) développent un classifieur morphologique utilisant SVM. Ils entrainent et testent le classifieur sur un Treebank arabe de 4000 phrases d'apprentissage et 100 phrases de test. (Habash et Rambow, 2005) utilisent SVM en se basant sur des informations fournies à partir d'un analyseur morphologique. (Mansour et al., 2007) combinent les probabilités calculées sur des ensembles d'apprentissage Arabes et Hébreux pour classer les catégories grammaticales des mots des textes arabes. Ils utilisant les mêmes paramètres de test de (Diab et al., 2004). Quelques travaux de recherches comprennent les modèles de Markov cachés (HMM). (ElHadj et al., 2009) présentent un système d'étiquetage grammaticale qui combine l'analyse morphologique et le modèle de Markov. L'étiqueteur se base sur la structure de la phrase arabe. Dans un premier lieu, le texte est entièrement analysé morphologiquement pour réduire le nombre de valeurs possibles de POS. Dans un second lieu, le modèle statistique (HMM), fondé sur la structure de la phrase arabe, est utilisé pour attribuer à chaque mot la valeur exacte de sa catégorie grammaticale. (ElHadj et al., 2009) ont utilisé leur propre corpus annoté qui est composé de vieux livres arabes. Le total des mots, dans ce corpus, est environ 21000 mots.

### 2.3 Les approches hybrides

Une approche hybride combine les règles linguistiques avec les informations statistiques afin de résoudre l'ambiguïté morphologique. Dans (Tlili-Guiassa, 2006), on propose une approche qui analyse les affixes grammaticaux et flexionnels et les règles grammaticales en se basant sur l'approche MBL (*Memory based learning*) (Lin et al., 1994). Elle est appliquée pour classer une collection de textes coraniques et éducatifs. (Zribi et al., 2006) combinent l'approche à base de règles avec un étiqueteur trigramme HMM (Collins, 2002). L'apprentissage du classifieur trigramme a été fait sur des textes comportant 6000 mots. Des règles heuristiques ont été appliquées pour sélectionner parmi les résultats proposés.

(Khoja, 2001) a mis en œuvre une approche hybride qui utilise l'algorithme de Viterbi (Forney, 1973; Fettweis et Meyr, 1991). Elle calcule deux probabilités sur un corpus annoté composé de 50000 mots: (i) une probabilité lexicale, qui est la probabilité qu'un mot ait une certaine valeur d'un attribut morphologique spécifié, et (ii) une probabilité contextuelle, qui est la probabilité d'une étiquette à suivre une autre. Une liste de règles grammaticales est préparée à partir de ces statistiques dans le but d'assurer plus de 90% de précision.

Les outils de désambiguïsation linguistiques sont plus rapides et plus efficaces et fiables que les outils statistiques (Hoceini et al., 2011). L'approche linguistique qui n'a besoin que de l'intervention manuelle d'un linguiste, définit un ensemble de règles spécifiques à un domaine particulier. Alors que, les statistiques calculées pour l'apprentissage sont appliquées à n'importe quel domaine de test. Néanmoins, les deux approches statistiques et hybrides nécessitent une phase d'apprentissage dans le but est d'apprendre les paramètres requis pour la désambiguïsation. Par conséquent, l'approche hybride est considérée comme la plus efficace et cohérente en termes d'analyse, car elle combine les deux approches et tire profit de leurs avantages.

La plupart des désambiguïseurs morphologiques arabes ne traitent que la catégorie grammaticale (POS). Les travaux récents (Habash et al., 2009 ; Ayed et al., 2012b) définissent 14 attributs qui décrivent les caractéristiques morphologiques d'un mot. Nous étendons, dans cet article, la classification à ces 14 attributs morphologiques.

## 3 La théorie des possibilités

La théorie des possibilités a été introduite par Zadeh en 1978 pour palier au problème de l'imperfection des données et de l'incomplétude de l'information (Dubois, Prade, 1994). Une information est imparfaite lorsqu'elle est incertaine et/ou imprécise. Nous décrivons, dans les paragraphes suivants, les fonctions, les mesures et les degrés utilisés pour traduire l'incertitude et l'imprécision des données dans la théorie des possibilités.

### 3.1 La distribution de possibilité

La théorie des possibilités est fondée sur la notion de distribution des possibilités désignée par $\pi$. Cette distribution correspond à une application de l'univers de discours $\Omega=\{\omega_1, \omega_2,\ldots, \omega_n\}$ vers l'intervalle [0, 1] modélisant les connaissances du monde réel. Elle distingue les états (les $\omega_i$) plausibles et les états peu plausibles. Les valeurs de cette application sont appelées degrés de possibilités. Si un degré est égal à 1, alors l'état $\omega_i$ associé est plausible. Toutefois, si ce degré est égal à 0 alors l'état est dit impossible.

### 3.2 Les mesures de possibilité et de nécessité

L'imprécision se manifeste quand un état de la réalité est décrit par une variable propositionnelle de valeurs multiples. L'incertitude traduit le fait de ne pas connaître ou prévoir un état de la réalité pour déterminer la valeur de vérité d'une proposition (Dubois et Prade, 1994). Nous évaluons un état par le calcul de deux mesures qui sont, respectivement, la possibilité et la nécessité. Nous désignons *A* un sous-ensemble d'états de l'univers du discours $\Omega$. Nous décrivons la mesure de possibilité de *A*, moyennant une distribution de possibilités $\pi$ (définie sur $\Omega$), comme suit:

$$\Pi(A) = \max_{\omega \in A} \pi(\omega) \quad (1)$$

La mesure de nécessité est extraite à partir de la mesure de possibilité et elle est décrite par:

$$N(A) = \min_{\omega \notin A}[1 - \pi(\omega)] = 1 - \Pi(\bar{A}) \quad (2)$$

Dans la formule 2, $\bar{A}$ définit le complément de A en d'autres termes il englobe les éléments de Ω qui n'appartiennent pas à A. Π(A) évalue le degré de consistance de l'événement *A*. N (A) estime dans quelle mesure *A* est certainement déduit par la connaissance représentée par π. La mesure de nécessité définit le degré auquel on attend l'occurrence d'un événement (Dubois et Prade, 1985).

# 4 L'approche possibiliste de désambiguïsation morphologique

Nous proposons une approche de désambiguïsation morphologique, des textes arabes, basée sur la théorie des possibilités. Plusieurs travaux utilisent les approches de classification pour résoudre l'ambiguïté morphologique (Habash et Rambow, 2005). Un mot est considéré ambigu si l'analyseur morphologique fournit plus qu'une seule solution pour ses attributs morphologiques. La classification assigne une classe à une instance de test donnée. La tâche de désambiguïsation consiste, donc, à accorder à un mot ambigu les valeurs des attributs morphologiques appropriées. Elle est divisée en deux grandes phases qui sont l'apprentissage et le test. Les résultats d'analyse morphologique donnés par les mots voyellés sont, généralement, moins ambigus que ceux donnés par les mots non voyellés. Ainsi, nous proposons d'apprendre à partir des textes voyellés et de tester sur des textes non voyellés.

Pour ce faire, nous commençons par définir l'ensemble d'apprentissage. Cet ensemble est constitué d'une liste d'instances qui sont caractérisées par des attributs avec des valeurs de classes connues. Par conséquent, pour résoudre l'ambiguïté de la catégorie grammaticale (par exemple), nous déterminons d'abord les attributs appropriés qui décrivent chaque instance. En nous inspirant de la technique de classification Yamcha (Diab et al., 2004), nous estimons qu'un attribut morphologique d'un mot est fortement lié à celui des mots qui le précèdent et le suivent. Nous définissons une fenêtre qui contrôle le nombre de mots (avant et après) considérés comme des attributs décrivant la classe d'une instance. Dans des approches existantes, la taille de la fenêtre est 2 (Habash et Rambow, 2005). Notre modèle applique une fenêtre avec une taille quelconque. Pour classer la catégorie grammaticale (POS- *part-of-speech*) d'un mot particulier, si la fenêtre est de 2, nous définissons les attributs POS-2, POS-1, POS+1 et POS+2. Ils indiquent, respectivement, les catégories grammaticales des deux mots précédents et des deux mots suivants. POS peut être décrit par l'ensemble des autres attributs morphologiques, en plus du POS. Nous pouvons utiliser, par exemple, les attributs genre-2, genre-1, nombre+1, nombre+2, etc. La valeur de la classe est la catégorie grammaticale du mot courant. A cet effet, nous identifions, pour chaque mot d'un texte voyellé, 14 attributs morphologiques qui sont *POS, conjonction, particule, déterminant, pronom, personne, voix, aspect, genre, nombre, cas, préposition, mode* et *adjectif.* Ces attributs sont calculés par l'analyseur morphologique Aramorph (Ayed et al., 2012b). Ayant l'exemple de la phrase suivante الرَازِي وَالْبَغْدَادِي دَرَسَا عُلُومَ الطِّبِ (Al-Razi et Al-Bagdadi ont étudié les sciences de la médecine), nous déterminons, l'instance du tableau 1, associée au mot «دَرَسَا (ont étudié)». Pour cette instance, la classe est la catégorie grammaticale (POS) et les attributs utilisés sont les catégories grammaticales des 2 mots adjacents.

| POS-2 | POS-1 | POS+1 | POS+2 | POS |
|---|---|---|---|---|
| NOM_PROPRE<br>الرَازِي (Al-Razi) | NOM_PROPRE<br>وَالْبَغْدَادِي (et Al-Bagdadi) | NOM<br>عُلُومَ (les sciences) | NOM<br>الطِّبِ (de la médecine) | VERBE<br>دَرَسَا (ont étudié) |

TABLEAU 1 : L'instance reliée au mot «دَرَسَا»

L'analyse morphologique d'un mot est fournie indépendamment de son contexte. Dans un texte arabe, même les mots voyellés peuvent donner une analyse morphologique ambigüe. La forme voyellée «إِبْنِ » fournit des valeurs de l'attribut POS à savoir un verbe (tu construis) et un nom (fils de). Par conséquent, les instances d'apprentissage peuvent fournir des informations incomplètes. Ces informations sont dites imprécises lorsque les attributs et ou la classe donnent plus qu'une seule valeur.

Nous pouvons affirmer, clairement, que le contexte nécessaire pour lever l'ambiguïté d'un mot donné est lui-même ambigu ce qui est considérée comme un cas d'imprécision. En effet, la théorie des probabilités est incapable de traiter un tel type de données (imprécises), alors que la théorie des possibilités s'applique naturellement à ces problèmes. Nous proposons des modèles d'apprentissage et de test (classification) basés sur la théorie des possibilités.

## 4.1 L'apprentissage possibiliste des attributs morphologiques

Dans la phase d'apprentissage, nous formons un classificateur pour chaque attribut morphologique. Autrement, nous instaurons un ensemble d'apprentissage pour chaque attribut morphologique. Nous obtenons, globalement, 14 ensembles. Chacun est décrit par les attributs AM $\pm$ i où AM forme la totalité des attributs morphologiques et *i* constitue la taille de la fenêtre. Si cette taille est égale à 2, nous obtenons 56 (14x4) attributs d'apprentissage. A chaque mot voyellé est liée une instance décrite par les valeurs de ces 56 attributs et dont la classe est reconnue. Cette classe est l'attribut morphologique associé à l'ensemble d'apprentissage.

Nous devons prendre en compte le fait que les attributs et/ou les classes des instances de classification sont imprécises autrement dit ayant plus qu'une seule valeur possible. L'imprécision est gérée par des distributions de possibilités désignées par $\pi$. Soit $T$ un ensemble de données d'apprentissage et $I_k$ l'ensemble des valeurs des attributs de l'instance $k$. On note également $A_j$ le $j^{\text{ième}}$ attribut de cet ensemble et $a_{jL}$ une valeur possible de $A_j$. Nous nous inspirons des travaux de Haouari et al. (Haouari et al., 2009) et le modèle de recherche d'information possibiliste développé par Bounhas et al. (2011) pour calculer la fréquence normalisée d'une valeur d'un attribut $a_{jL}$ pour une classe $c_i$ comme suit:

$$Freq\left(a_{jL}, c_i\right) = \frac{Occ(a_{jL}, c_i)}{Max_{l=1}^{|A_j|} Occ(a_{jl}, c_i)} \quad (3)$$

$Occ(a_{jL}, c_i)$ indique le nombre d'occurrences de la classe $c_i$ avec la valeur $a_{jL}$ c.à.d. le nombre d'instances dont la classe est égale à $c_i$ et la valeur $a_{jL}$ est une valeur possible de l'attribut $A_j$. $|A_j|$ est le nombre de valeurs possibles de $A_j$. Nous utilisons l'opérateur MAX pour obtenir les fréquences normalisées (Bounhas et al., 2011). La somme de toutes les fréquences associées à une classe $c_i$ n'est pas égale à 1 ce qui est l'une des principales hypothèses de la théorie des possibilités afin de traiter des données imparfaites. Dans le cas de l'imperfection des données, le nombre d'occurrences d'une valeur d'un attribut est flou. Nous introduisons une mesure $\beta_{jk}$ appelée le taux de l'imprécision de l'attribut $A_j$ dans l'instance $I_k$ (Haouari et al., 2009). Le nombre d'occurrences est calculé suivant la formule 4 :

$$Occ\left(a_{jL}, c_i\right) = \sum_{k=1}^{|T|} \beta_{jk} * \emptyset_{ijkL} \quad (4)$$

Le taux $\beta_{jk} = 1/N$ où $N$ est le produit de $|A_{jk}|$ et $|C_k|$. Ces derniers représentent, respectivement, le nombre de valeurs de $A_j$ dans l'instance $I_k$ et le nombre de classes possibles de $I_k$. Si l'instance est parfaite, alors $\beta_{jk}=1$. Si dans une instance donnée, un attribut possède deux valeurs et la classe a une seule valeur alors le taux de l'imprécision est égal à 0.5. $\emptyset_{ijkL}$ est égale à 1 si la valeur $a_{jL}$ appartient aux valeurs possibles de $A_j$ dans l'instance $I_k$, et la classe $c_i$ appartient aux valeurs de classes de $I_k$ et 0 sinon.

Les fréquences normalisées sont calculées pour la totalité des instances des différents ensembles d'apprentissage. Elles traduisent les distributions de possibilités de chaque attribut par rapport à une classe.

## 4.2 La classification possibiliste des attributs morphologiques

La classification des 14 attributs morphologiques consiste à désambiguïser chaque mot non voyellé en lui associant les valeurs correctes et précises de ces attributs. Pour ce faire, nous commençons par préparer les instances de l'ensemble de test. En effet, chaque instance décrit un mot non voyellé d'un texte par des attributs de classification qui représentent les mêmes attributs d'apprentissage c.à.d. $AM \pm i$. La classe de l'instance est la valeur correcte à identifier de l'attribut morphologique. Le tableau 2 décrit une instance de test dont l'attribut morphologique à classer est le POS. Pour simplifier la représentation de l'instance, nous nous contentons de 4 attributs de classification à savoir DET-2, POS-1, CONJONCTION-1 et POS+2. Elle est réellement décrite par les 56 attributs. Cette instance est imprécise puisqu'elle donne deux valeurs possibles de l'attribut POS-1.

| DETERMINANT-2 | POS-1 | CONJONCTION-1 | POS+2 | ... | POS |
|---|---|---|---|---|---|
| DET | {VERBE; NOM_PROPRE} | NCONJ | NOM | ... | ? |

TABLEAU 2 : Un exemple d'une instance de test imprécise

Nous calculons la possibilité de chaque classe $c_i$ par rapport à une instance imparfaite $I_k$ ayant $m$ attributs. Cette mesure s'inspire du classifieur possibiliste de Haouari et al., (2009). La mesure de possibilité est le produit des fréquences de tous les attributs calculées par rapport à l'ensemble d'apprentissage. Cependant, un facteur spécifique est ajouté pour les attributs imprécis. Ce facteur est le taux de l'imprécision $\beta_{jk}$. Par exemple, si un attribut a quatre valeurs possibles, nous calculons le produit des fréquences de ces quatre valeurs et nous introduisons le taux $\beta_{jk}$ égal à ¼. Ainsi, la mesure de possibilité est donnée par la formule 5 :

$$\Pi(c_i|I_k) = \prod_{j=1}^{m} \prod_{L=1}^{|A_{jk}|} Freq\left(a_{jL}, c_i\right) * \beta_{jk} \tag{5}$$

En se référant à l'instance du tableau 2, si la classe POS possède trois valeurs possibles i.e. NOM, VERBE et NOM_PROPRE, alors trois mesures de possibilités sont à calculer par rapport à cette instance. Ces mesures sont $\Pi(\mathrm{POS} = \mathrm{NOM}|I_k)$, $\Pi(\mathrm{POS} = \mathrm{VERBE}|I_k)$ et $\Pi(\mathrm{POS} = \mathrm{NOM\_PROPRE}|I_k)$. Pour déterminer la mesure $\Pi(\mathrm{POS} = \mathrm{NOM}|I_k)$, les fréquences nécessaires sont Freq(DETERMINANT-2=DET, POS=NOM), Freq(POS-1=VERBE, POS=NOM), Freq(POS-1=NOM_PROPRE, POS=NOM), etc. Ces fréquences sont calculées dans la phase d'apprentissage.

Un classifieur possibiliste a été défini dans (Ayed et al., 2012a) qui n'évalue pas le pouvoir discriminant des valeurs d'un attribut, car il utilise uniquement la mesure de possibilité (formule 5). Cependant, nous pouvons découvrir que certaines valeurs, d'un attribut donné, ont un plus grand impact dans la résolution de la bonne classe. La théorie des possibilités modélise cet effet par la mesure de nécessité. Elle détermine le degré auquel on attend l'occurrence d'un événement (Elayeb et al, 2009). Cette mesure est donnée par la formule suivante :

$$N(c_i|I_k) = 1 - \prod_{j=1}^{m} \prod_{L=1}^{|A_{jk}|} \left(1 - \frac{\lambda ijL * Freq\left(a_{jL}, c_i\right)}{\beta_{jk}}\right) \tag{6}$$

Où $\boldsymbol{\lambda}_{ijL} = \log_{10}(P/nC_{jL})$

Avec $P$ est le nombre de classes possibles et $nC_{jL}$ est le nombre de classes ayant une fréquence non nulle avec la valeur de la valeur $a_{jL}$ ou en d'autres termes $\mathrm{Freq}\left(a_{jL}, c_i\right) > 0$.

Nous définissons trois modèles de classification pour déterminer la valeur appropriée d'un attribut morphologique. Le premier modèle se base uniquement sur le calcul des mesures de possibilités. Le deuxième modèle se base sur les mesures de nécessité. Le troisième étant une combinaison des deux, il utilise la somme des mesures de possibilité et de nécessité. La classe choisie correspond à la valeur c*. La meilleure classe de l'instance $I_k$ est celle ayant le plus grand score parmi toutes les classes:

$$c^* = \arg\max_{c_i}( \mathrm{score}\ (c_i|I_k) * score(c_i|w_k)) \tag{23}$$

Dans cette formule, score ($c_i$ | $I_k$) peut être égal à $\Pi(c_i|I_k)$ ou $N(c_i|I_k)$ ou $\Pi(c_i|I_k) + N(c_i|I_k)$. Nous introduisons la score lexical score ($c_i|w_k$) (Jurafsky, Martin, 2009). Cette mesure calcule le degré de dépendance d'un mot $w_i$ avec une classe particulière $c_i$ dans l'ensemble d'apprentissage. Si $w_i$ est le mot de l'instance de test $I_k$, alors la possibilité lexicale répond à la question : si nous nous attendions que $c_i$ soit la classe de $I_k$, quelle est la possibilité que le mot soit $w_i$ ? De même ce score peut être calculé de trois manières différentes en utilisant la possibilité et/ou la nécessité.

### 4.3 La classification non possibiliste des attributs morphologiques

Nous visons à comparer les résultats de la classification possibiliste avec les résultats donnés par des classifieurs non possibilistes, afin de désambiguïser les attributs morphologiques. Ces classifieurs ne traitent pas les données imparfaites. Par conséquent, nous proposons de transformer la structuration des données des ensembles d'apprentissage et de test, afin de les préparer pour qu'elles soient utilisées par des classifieurs non possibilistes. Les nouveaux attributs doivent donner des informations précises. Pour ce faire, nous commençons par présenter un ensemble de données imparfaites. La figure 1(a) donne un exemple d'un ensemble d'apprentissage. Nous supposons que la classe à désambiguïser est POS et que les attributs utilisés, pour l'apprentissage et le test, sont POS-1 et CONJUNCTION+1. Cet ensemble est composé de deux instances. La première instance est imprécise, car elle fournit deux valeurs possibles de la classe (NOM_PROPRE et VERBE). La deuxième instance est imprécise puisqu'elle fournit deux valeurs de l'attribut POS-1 (NOM, VERBE). Nous transformons la structure de données afin d'obtenir un ensemble parfait sans perdre les informations qui s'y trouvent. Pour résoudre le problème de l'imprécision, nous désignons les valeurs, de l'attribut $A$, par $A_i = \{a_1, a_2, ..., a_n\}$. Nous constituons de nouveaux attributs. En effet, nous associons l'attribut $A$ à chacune de ses valeurs $a_i$ pour former des attributs notés "$A\_a_i$". Ainsi, l'attribut POS-1 a deux valeurs possibles (NOM et VERBE) dans l'ensemble de données de la figure 1. Nous obtenons donc deux attributs POS- 1_NOM et POS-1_VERBE. Nous accordons, aux nouveaux attributs, des valeurs binaires (oui ou non). Pour une instance donnée, si $a_i$ appartient à une des valeurs de l'attribut, $A$ alors l'attribut "$A\_a_i$" est égal à "oui". A partir des données de la figure 1 (a), nous formons un nouvel ensemble de données précises (voir figure 1 (b)).

Pour résoudre l'imprécision des classes, nous décomposons une instance en plusieurs ayant chacune une seule valeur de la classe. Si une instance possède $n$ valeurs possibles de la classe $\{c_1, c_2, ..., c_n\}$, alors nous obtenons $n$ instances dont les valeurs des attributs sont similaires. Nous associons à chaque instance une valeur $c_i$.

Les instances dont la classe est précise (ayant une seule valeur) seront dupliquées afin d'augmenter leur poids dans le calcul des mesures de classification. La figure 1(c) présente un ensemble de données parfaites générées à partir des instances de la figure 1(a). Pour lever l'ambiguïté des textes non voyellés moyennant les approches non possibilistes, nous utilisons les méthodes SVM (Vapnik, 1998), le modèle bayésien naïf (Pearl, 1988) et les arbres de décision (Quinlan, 1986). Nous alignons les données au format d'entrée du logiciel WEKA[1]. Ce logiciel fournit des algorithmes d'apprentissage automatique et donne leurs résultats de classification. Nous utilisons WEKA pour classer les attributs morphologiques selon les modèles SVM, les arbres de décision et le modèle bayésien naïf.

| **POS-1** | **CONJONCTION+1** | **POS** |
|---|---|---|
| NOM | NCONJ | {NOM_PROPRE; VERBE} |
| {NOM; VERBE} | CONJ | NOM |

(a) Instances Imparfaites

| **POS-1_NOM** | **POS-1_VERBE** | **CONJONCTION+1_ CONJ** | **CONJONCTION+1_ NCONJ** | **POS** |
|---|---|---|---|---|
| Oui | Non | Non | Oui | {NOM_PROPRE; VERBE} |
| Oui | Oui | Oui | Non | NOM |

(b) Instances dont les attributs sont précis et les classes sont incertaines

| **POS-1_NOM** | **POS-1_VERBE** | **CONJONCTION+1_CONJ** | **CONJONCTION+1_NCONJ** | **POS** |
|---|---|---|---|---|
| Oui | Non | Non | Oui | NOM_PROPRE |
| Oui | Non | Non | Oui | VERBE |
| Oui | Oui | Oui | Non | NOM |
| Oui | Oui | Oui | Non | NOM |

(c) Instances parfaites

FIGURE 1 : Transformation des instances imparfaites en des instances parfaites

# 5 Expérimentations

Dans ce paragraphe, nous décrivons les corpus utilisés pour nos expérimentations. Nous présentons la méthode d'évaluation et les résultats expérimentaux mettant en évidence les aspects de classification possibiliste et non possibiliste.

## 5.1 Les collections de test

L'objectif principal de notre approche est d'acquérir des dépendances morphologiques à partir des textes voyellés et de tester sur des textes non voyellés. En outre, nous considérons les textes arabes classiques, qui ont été ignorés dans des travaux connexes précédents. Par conséquent, nous utilisons une collection d'histoires arabes "Hadiths" qui a fait le

[1] http://weka.wikispaces.com/

sujet de plusieurs travaux (Bounhas et al., 2011 ; Harrag et al., 2013), etc. Les Hadiths parlent de toutes les préoccupations du monde réel et couvrent des connaissances communes et universelles. Pour justifier notre choix, nous estimons que le corpus de hadiths est l'un des rares corpus arabes voyellés. Il contient environ 1400 livres voyellés de hadith, chacun comporte des milliers d'histoires arabes. Les six livres les plus reconnus comprennent plus de 2,5 millions de mots et plus de 95 000 fragments (titres et paragraphes). Par ailleurs, ce corpus est bien structuré et les titres des chapitres et des sous-chapitres représentent des informations contextuelles pertinentes pour désambiguïser des textes (Bounhas et al., 2011). Parmi les textes du corpus de hadiths, nous utilisons six livres encyclopédiques, regroupés par thèmes, qui sont Sahih Al-Bukhari, Sunan Abi Dawud, Sunan Ettermidhi, Sunan Ibn Majah, Sunan Annasaii et Sahih Muslim (Ayed et al., 2012a).

Nous menons nos expérimentations également sur le corpus Arabic Treebank (ATB part 2 v2.0) (Maamouri et al., 2009). Il s'agit d'un corpus de textes arabes non voyellés qui a été produit par *Linguistic Data Consortium*. Ce corpus comprend plus de 500 articles du journal égyptien Al Oumma. Il contient environ 144K de mots annotés (un mot est annoté si on indique la valeur de sa catégorie grammaticale).

Les corpus utilisés présentent deux types de textes i.e. modernes et classiques. Pour pouvoir apprendre les dépendances morphologiques du Hadith, nous passons par l'analyseur morphologique des textes voyellés Aramorph. Cet analyseur nous fournit les valeurs des 14 attributs morphologiques. L'annotation du corpus Arabic Treebank nous donne les valeurs de l'attribut POS. Le test (ou la classification) se fait directement sur les textes non voyellés de Arabic Treebank. Quant aux textes de Hadith, une étape d'élimination des voyelles courtes est indispensable pour pouvoir tester sur des textes non voyellés.

Pour évaluer les résultats des classifications possibilistes et non possibilistes, nous utilisons la méthode de la validation croisée (Kohavi, 1995). En effet, nous formons 10 itérations pour chaque texte du corpus: 90% d'un texte voyellé est utilisé pour l'apprentissage et 10% de mots de ce texte seront classés après avoir éliminé leurs voyelles courtes.

## 5.2 Les résultats expérimentaux

Pour classer les 14 attributs morphologiques, nous procédons comme suit : Tout d'abord nous analysons les textes voyellés de Hadith et nous sauvegardons les solutions morphologiques de chaque attribut. Nous formons, pour tout attribut morphologique $A$, un ensemble d'apprentissage. A chaque mot voyellé est associée une instance. Les instances de cet ensemble sont décrites par les attributs $AM \pm i$ (voir section 4.1) et la classe est l'attribut morphologique $A$. Nous aurons 14 ensembles d'apprentissage. Nous supprimons, par la suite, les voyelles courtes des mêmes textes. Nous formons de la même manière des ensembles de test décrites par les mêmes attributs que les ensembles d'apprentissage. Les valeurs de classes de leurs instances sont non reconnues (ambigües). Elles constituent les attributs morphologiques à classer. Nous désambiguïsons, ensuite, chaque mot de ces textes avec nos trois modèles de classification possibiliste. Pour ce faire, nous calculons les mesures de possibilité et de nécessité en se référant aux fréquences calculées par rapport aux ensembles d'apprentissage (voir section 4). Nous comparons les résultats obtenus avec ceux donnés par les mots voyellés. Pour classer les 14 attributs morphologiques en utilisant les classifieurs non possibilistes, nous utilisons les mêmes structures des instances d'apprentissage et de test.

Les approches non-possibilistes ne supportent pas l'imperfection des données. Nous les transformons en des données parfaites (voir section 4.3) et nous les adaptons au format d'entrée de l'outil Weka pour qu'elles soient appliquées sur des algorithmes de classification de SVM, Arbres de décision et les classifieurs Bayésiens Naïfs. Le tableau 3 présente les taux de désambiguïsation des 14 attributs morphologiques.

Les expérimentations prouvent que les classifieurs possibilistes donnent de meilleurs taux de désambiguïsation par rapport aux classifieurs SVM, Bayésien Naïf et les arbres de décision. Ils en résultent des moyennes de plus de 80% d'instances non voyellés correctement classées. Certains attributs morphologiques donnent les mêmes résultats de classification. Ceci peut être expliqué par le fait que les attributs morphologiques associés fournissent peu de nombres de valeurs de classe (ne dépassant pas 6 chacune). D'un autre côté, l'attribut « PRONOM » (par exemple) offre environ 64 valeurs de la classe qui peut générer des résultats distincts pour les différents classifieurs. Parmi les classifieurs possibilistes, nous remarquons que le modèle qui assemble les mesures de possibilité et de nécessité ($\Pi$ + N) fournit de meilleurs résultats (87.43%). Ceci confirme la capacité modèle possibiliste à traiter les données imprécises, surtout que les textes arabes ont un taux d'ambiguïté élevé.

| Attribut morphologique | Classifieur Bayésien Naïf | Arbres de décision | Classifieur SVM | Classifieur possibiliste utilisant *N* | Classifieur possibiliste utilisant Π | Classifieur possibiliste utilisant Π + N |
|---|---|---|---|---|---|---|
| POS | 88.62 % | 89.58 % | 89.98 % | 90.17% | 91.58 % | 90.45% |
| ADJECTIF | 96.51 % | 96.51 % | 96.51 % | 96.86% | 97.58% | 97.63% |
| ASPECT | 71.20% | 71.20% | 71.20% | 86.20% | 81.78% | 86.16% |
| CAS | 56.12 % | 56.12% | 56.12 % | 68.76% | 68.40% | 76.55% |
| CONJONCTION | 83.03 % | 83.03 % | 83.03 % | 88.66% | 95.04% | 90.79% |
| DETERMINANT | 64.12% | 64.16 % | 64.12 % | 95.92% | 95.25% | 96.13% |
| GENRE | 57.15 % | 57.15% | 57.15 % | 90.45% | 93.23% | 93.78% |
| MODE | 99.32 % | 99.32 % | 99.32 % | 99.96% | 99.93% | 99.96% |
| NOMBRE | 85.18 % | 85.18 % | 85.18 % | 87.00% | 95.30% | 93.25% |
| PARTICULE | 96.65 % | 96.65% | 96.65 % | 98.87% | 96.91% | 98.87% |
| PERSONNE | 60.22 % | 60.22 % | 60.22 % | 65.07% | 66.27% | 66.88% |
| PREPOSITION | 82.87 % | 82.87% | 82.87 % | 90.20% | 88.60% | 95.70% |
| VOIX | 71.21 % | 71.21 % | 71.21 % | 78.80% | 78.75% | 79.05% |
| PRONOM | 55.02 % | 55.84 % | 56.88 % | 59.56% | 59.10% | 58.79% |
| **Moyenne** | **76.23 %** | **76.36 %** | **76.46 %** | **85.46%** | **86.27%** | **87.43%** |

TABLEAU 3 : Les taux de désambiguïsation des attributs morphologiques en utilisant 6 classifieurs possibilistes et non-possibilistes dans le corpus du Hadith.

Nous essayons de prouver l'indépendance du domaine de nos modèles possibilistes. Pour ce faire, nous menons nos expérimentations sur le corpus Arabic Treebank rassemblant les textes de journaux. Ce corpus donne les résultats de désambiguïsation de l'attribut POS. A cet effet, les instances des ensembles d'apprentissage et test seront décrites par les attributs POS-2, POS-1, POS+1 et POS+2 qui représentent, respectivement, les catégories grammaticales des deux mots qui suivent et des deux mots qui précèdent le mot courant.

Le tableau 4 présente les taux de désambiguïsation de l'attribut POS pour les deux corpus « Hadith » et « Arabic Treebank » données par les six classifieurs.

| | Classifieur Bayésien Naïf | Arbres de décision | Classifieur SVM | Classifieur possibiliste utilisant *N* | Classifieur possibiliste utilisant Π | Classifieur possibiliste utilisant Π + N |
|---|---|---|---|---|---|---|
| **HADITH** | 88.62 % | 89.58 % | 89.98 % | 90.17% | 91.58 % | 90.45% |
| **TREEBANK** | 80.98% | 81.85% | 81.77% | 83.26% | 84.23% | 83.35% |

TABLEAU 4 : Les taux de désambiguïsation de la catégorie grammaticale des deux coprus « Hadith » et «Arabic Treebank»

Nous obtenons des résultats proches avec des taux élevés. Ces résultats révèlent que l'approche de désambiguïsation possibiliste est indépendante du domaine et de type du texte. Elle fournit des taux raisonnables (plus de 80%) pour les textes de journaux ainsi que pour les textes de Hadith. Il y a, cependant, une différence d'environ 7% entre les deux corpus. Comme les tailles des deux corpus sont presque égales, nous pouvons expliquer ce fait par la nature de l'analyseur morphologique (i.e. *Aramorph*) dont le lexique est plutôt classique. Ainsi, cet outil est incapable d'analyser certaines entrées modernes. Par ailleurs, le corpus du Hadith contient des expressions récurrentes, qui existent à la fois dans les ensembles d'apprentissage et de test (par exemple "صلى الله عليه وسلم" ; Paix et la Bénédiction soient Sur Lui).

# Conclusion et perspectives

Nous avons présenté, dans cet article, une nouvelle approche possibiliste pour désambiguïser les attributs morphologiques des textes arabes non voyellés. La désambiguïsation est considérée comme une tâche de classification. A cet égard, nous avons défini un classifieur possibiliste pour apprendre et tester des données imprécises. Nous avons établi trois modèles de classification qui calculent, respectivement, les mesures de possibilité, de nécessité et la somme de ces deux mesures. Nous avons effectué une étude comparative de ces trois modèles de classification possibiliste avec des classifieurs non-possibilistes pour désambiguïser 14 attributs morphologiques. En comparant les résultats des différents classifieurs, nous avons conclu que la théorie possibiliste a donné de meilleurs taux de désambiguïsation quand elle combine les mesures de nécessité et de possibilité.

Malgré ces résultats encourageants, nous avons remarqué que notre approche n'arrive pas à désambiguïser intégralement la totalité des attributs morphologiques. Cela peut s'expliquer par un phénomène linguistique connu en langue Arabe qui se traduit par un ordre relativement aléatoire des mots dans la phrase (Keskes et al., 2013) et également par l'incapacité de désambiguïser les particules qui ont un taux d'ambiguïté élevé, même dans les textes voyellés. Comme perspectives, nous envisageons de faire face à ces problèmes en adoptant l'une des deux alternatives. D'une part, nous pouvons agrandir l'ensemble d'apprentissage. D'autre part, l'intégration d'une analyse linguistique manuelle dans la phase d'apprentissage permettra de filtrer les mots vides et de minimiser le taux d'ambiguïté résultant. Cependant, nous essaierons de réduire le taux d'intervention, pour éviter de traiter tout l'ensemble d'apprentissage à la main. Nous visons aussi à intégrer notre classifieur dans une application de recherche d'information qui traite des textes voyellés et non voyellés, en introduisant une phase primitive de désambiguïsation des requêtes et des documents. A cette étape, nous pouvons renoncer à la désambiguïsation des particules car elles sont considérées comme des mots vides et ne sont pas utilisés pour l'indexation. En outre, les attributs morphologiques calculés par nos outils sont utiles même pour d'autres niveaux d'analyse à savoir syntaxiques et sémantiques (Bounhas et Slimani, 2009).

## Références

AYED R., BOUNHAS I., ELAYEB B., EVRARD F., BENLLAMINE BEN SAOUD N. (2012a). A Possibilistic Approach for the Automatic Morphological Disambiguation of Arabic Texts. *In: T. Hochin & R. Lee (Eds.), Proceedings of the 13th ACIS International Conference on Software Engineering, Artificial Intelligence, Networking and Parallel Distributed Computing (SNPD)*, Kyoto, Japan,187-194.

AYED R., BOUNHAS I., ELAYEB B., EVRARD F., BENLLAMINE BEN SAOUD N. (2012b). Arabic Morphological Analysis and Disambiguation Using a Possibilistic Classifier. *In Intelligent Computing Theories and Applications, Proceedings of the 8th International Conference on Intelligent Computing (ICIC)*, China, 274-279.

BOUNHAS I., SLIMANI Y. (2009). A hybrid approach for Arabic multi-word term extraction. *In Proceedings of the International Conference on Natural Language Processing and Knowledge Engineering (NLP-KE)*, Dalian, China, 1–8.

BOUNHAS I., ELAYEB B., EVRARD F., SLIMANI Y. (2011). Organizing Contextual Knowledge for Arabic Text Disambiguation and Terminology Extraction. *Knowledge Organization* 38(6):473–490.

COLLINS M. (2002). Discriminative training methods for hidden Markov models: theory and experiments with perceptron algorithms. *In Proceedings of the ACL-2nd conference on Empirical methods in natural language processing*, Stroudsburg, PA, USA, 1-8.

DAOUD D. (2009). Synchronized Morphological and Syntactic Disambiguation for Arabic. *Advances in Computational Linguistics* 41, 73-86.

DIAB M., HACIOGLU K., JURAFSKY D. (2004). Automatic Tagging of Arabic Text: From Raw Text to Base Phrase Chunks. *In Human Language Technology conference / North American chapter of the Association for Computational Linguistics annual meeting*, Boston, USA, 149-152.

DUBOID D., PRADE H. (1985). Théorie des possibilités: applications à la représentation des connaissances en informatique. Masson, Paris, France.

DUBOID D., PRADE H. (1994). Possibility Theory: An Approach to computerized Processing of Uncertainty. Plenum Press, New York, USA.

ELAYEB B., EVRARD F., ZAGHDOUD M., BEN AHMED M. (2009). Towards an intelligent possibilistic web information retrieval using multiagent system. *Interactive Technology and Smart Education* 6(1): 40–59.

ELHADJ Y., AL-SUGHAYEIR I., AL-ANSARI A. (2009). Arabic Part-Of-Speech Tagging using the Sentence Structure. *In: Proceedings of the Second International Conference on Arabic Language Resources and Tools*, Cairo, Egypt, 241-245.

ELSHAFEI M., AL-MUHTASEB H., AL-GHAMDI M. (2002). Techniques for high quality Arabic speech synthesis. *Information Sciences 140*(3), 255-267.

FETTWEIS G., MEYR H. (1991). High-speed parallel Viterbi decoding: algorithm and VLSI-architecture. *IEEE Communications Magazine,* 46- 55.

FORNEY G.D. (1973). The Viterbi algorithm. *Proceedings of IEEE* 61: 268-278.

GARSIDE R., LEECH F. (1987). The UCREL probabilistic parsing System. *The Computational Analysis of English: A Corpus-Based Approach,* Longman, London, 66-81.

HABASH N., RAMBOW O. (2005). Arabic Tokenization, Part-of-speech Tagging and Morphological Disambiguation in One Fell Swoop. *In: the proceedings of the 43rd Annual Meeting on Association for Computational Linguistics, Stroudsburg,* PA, USA, 573–580.

HABASH N., RAMBOW O. (2007). Arabic Diacritization Through Full Morphological Tagging. *In: Human Language Technologies: The Conference of the North American Chapter of the Association for Computational Linguistics, Stroudsburg*, PA, USA, 53-56.

HABASH N., RAMBOW O., ROTH R. (2009). Mada+tokan: A toolkit for Arabic tokenization, diacritization, morphological disambiguation, pos tagging, stemming and lemmatization. *In Proceedings of the 2nd International Conference on Arabic Language Resources and Tools (MEDAR).*

HAJIC J. (2000). Morphological Tagging: Data vs. Dictionaries. *In: Proceedings of the 1st North American Chapter of the Association for Computational Linguistics Conference, Stroudsburg*, PA, USA, 94-101.

HAOUARI B., BEN AMOR N., ELOUEDI Z., MELLOULI K. (2009). Naïve possibilistic network classifiers. *Fuzzy Sets and Systems* 160(22): 3224-3238.

HARRAG F., ALOTHAIM A., ABANMY A., ALOMAIGAN F., ALSALEHI S. (2013). Ontology Extraction Approach for Prophetic Narration (Hadith) using Association Rules. *International Journal on Islamic Applications in Computer Science And Technology* 1(2): 48-57.

HOCEINI Y., CHERAGUI M. A., ABBAS M. (2011). Towards a New Approach for Disambiguation in NLP by Multiple Criterian Decision-Aid. *The Prague Bulletin of Mathematical Linguistics 95*, 19-32.

JURAFSKY D., MARTIN J.H. (2009). Speech and language processing: an introduction to natural language processing, computational linguistics, and speech recognition. *Pearson Prentice Hall, Upper Saddle River,* New Jersey, USA.

KESKES I., BEANAMARA F., HADRICH BELGUITH L. (2013). Segmentation de textes arabes en unités discursives minimales. *TALN-RECITAL, Les sables d'Olonne,* 435-449.

KHOJA SH. (2001). APT: Arabic part-of-speech tagger. *In: Proceedings of Student Workshop at the Second Meeting of the North American Association for Computational Linguistics*, Carnegie Mellon University, Pennsylvania, USA.

KOHAVI R. (1995). A Study of Cross-validation and Bootstrap for Accuracy Estimation and Model Selection. *In: Proceedings of the 14th International Joint Conference on Artificial Intelligence,* San Francisco, CA, USA, 1137-1143.

LIN J., VITTER S, J., HELLERSTEIN L. (1994). A Theory for Memory-Based Learning. *Machine Learning* 17(2-3): 143-167.

MAAMOURI M., BIES A., KULICK S. (2009). Creating a Methodology for Large-Scale Correction of Treebank Annotation: The Case of the Arabic Treebank. *In the proceedings of MEDAR Second International Conference on Arabic Language Resources and Tools*, Cairo, Egypt, 138–144.

MANSOUR S., SIMA'AN K., WINTER Y. (2007). Smoothing a lexicon-based pos tagger for Arabic and Hebrew. *ACL07 Workshop on Computational Approaches to Semitic Languages*, Prague, Czech, 97-103.

OTHMAN E., SHAALAN K., RAFEA A. (2004). Towards Resolving Ambiguity in Understanding Arabic Sentence. *In the proceedings of International Conference on Arabic Language Resources and Tools, NEMLAR*, Egypt, 118-122.

PEARL J. (1988). Probabilistic reasoning in intelligent systems: networks of plausible inference. *Probabilistic Reasoning in Intelligent Systems.* Morgan Kaufmman, San Francisco, California, USA.

QUINLAN J. R. (1986). Induction of decision trees. *Machine Learning* 1(1): 81-106.

ROTH R., RAMBOW O., HABASH N., DIAB M., RUDIN C. (2008). Arabic Morphological Tagging, Diacritization, and Lemmatization Using Lexeme Models and Feature Ranking. *In: Proceedings of the Association for Computational Linguistics conference (ACL)*, Columbus, Ohio, USA, 117-120.

SCHMID H. (1994). Probabilistic part-of-speech tagging using decision trees. *In Proceedings of the International Conference on New Methods in Language Processing,* Manchester, UK, 44-49.

TLILI-GUIASSA Y. (2006). Hybrid Method for Tagging Arabic Text. *Journal of Computer Science* 2(3): 245-248.

VAPNIK V. (1998). Statistical Learning Theory. Wiley, New York, USA, 1-736.

ZRIBI C., TORJMEN A., BEN AHMED M. (2006). An Efficient Multi-agent System Combining POS-Taggers for Arabic Texts. *In Proceedings of 7th international conference of Computational Linguistics and Intelligent Text Processing*, LNCS Volume 3878, Springer, 121-131.

# Un analyseur discriminant de la famille LR pour l'analyse en constituants

Benoît Crabbé
ALPAGE, INRIA, Université Paris Diderot
Place Paul Ricoeur , 75013 Paris
bcrabbe@linguist.univ-paris-diderot.fr

**Résumé.** On propose un algorithme original d'analyse syntaxique déterministe en constituants pour le langage naturel inspiré de LR (Knuth, 1965). L'algorithme s'appuie sur un modèle d'apprentissage discriminant pour réaliser la désambiguisation (Collins, 2002). On montre que le modèle discriminant permet de capturer plus finement de l'information morphologique présente dans les données, ce qui lui permet d'obtenir des résultats état de l'art en temps comme en exactitude pour l'analyse syntaxique du français.

**Abstract.** We provide a new weighted parsing algorithm for deterministic context free grammar parsing inspired by LR (Knuth, 1965). The parser is weighted by a discriminative model that allows determinism (Collins, 2002). We show that the discriminative model allows to take advantage of morphological information available in the data, hence allowing to achieve state of the art results both in time and in accurracy for parsing French.

**Mots-clés :** Analyse guidée par les têtes, analyse LR, temps linéaire, modèle discriminant,inférence approximative.

**Keywords:** Head driven parsing, LR parsing, linear time, discriminative modelling, approximate inference.

## 1 Introduction

Cet article présente un algorithme d'analyse syntaxique robuste inspiré des algorithmes LR (Knuth, 1965) et GLR (Tomita, 1985) pour les grammaires de réécritures non contextuelles. L'algorithme est augmenté d'un mécanisme de pondération permettant la désambiguisation. Celui-ci est basé sur l'algorithme du perceptron global (Collins, 2002). L'article montre que cet algorithme est état de l'art en temps comme en correction sur un jeu de données de référence pour le français (Abeillé *et al.*, 2003; Seddah *et al.*, 2013).

L'analyse syntaxique en constituants repose sur l'hypothèse que caractériser la structure d'une phrase de la langue en modélisant la manière dont les mots sont groupés a du sens. De plus il s'agit d'une représentation particulièrement adaptée à la construction compositionnelle du sens des phrases, comme illustré par (Socher *et al.*, 2012). Il reste que les principaux modèles d'analyse probabiliste en constituants sont génératifs et ont été conçus en priorité pour l'analyse de l'anglais (Petrov *et al.*, 2006; Charniak, 2000; Collins, 2003) ou le chinois (Zhang, 2009), c'est-à-dire des langues à morphologie très pauvre. Pour l'analyse de langues à morphologie plus riche, comme le français, on fait l'hypothèse qu'il est souhaitable de pouvoir se donner une représentation structurée des mots (lemmatisation, analyse morphologique, représentation sémantique) issue directement de treebanks voire de ressources exogènes, comme des dictionnaires. Et ce, dans le but de capturer certaines de leurs propriétés essentielles et de combattre les effets de dispersion des données. Il est cependant non trivial d'adapter les modèles génératifs développés en priorité pour l'anglais au cas des langues à morphologie riche. Il faudrait notamment mettre en place une factorisation du modèle génératif relativement lourde impliquant notamment le déploiement de méthodes de lissage très élaborées. Pour cette raison, il semble préférable d'utiliser un modèle d'apprentissage discriminant qui offre naturellement la possibilité de factoriser le modèle d'analyse.

Cependant, comme montré par (Finkel *et al.*, 2008) la conception de modèles d'analyse syntaxique en constituants entièrement discriminants est une tâche difficile qui pose des problèmes notoires d'efficacité. Ainsi la pratique courante pour l'analyse syntaxique en constituants consiste plutôt à utiliser un modèle discriminant pour réordonnancer un sous-ensemble des hypothèses d'analyse construites par un analyseur génératif efficace (Charniak & Johnson, 2005). Dans cet article on montre qu'en introduisant une approximation appropriée, on peut formuler directement un algorithme d'analyse en constituants basé sur un modèle discriminant qui est plus expressif et plus efficace que ses contreparties génératives. On montre en particulier qu'il permet de tirer parti de l'information morphologique naturellement présente dans les données pour obtenir des résultats état de l'art pour le français en temps comme en correction.

L'article est structuré comme suit. On commence par établir en section 2 un cadre formel approprié qui permet notamment de contraster le problème de l'analyse en constituants avec celui de l'analyse en dépendances. Ayant observé que la structure des arbres de constituants est contrainte, on propose en section 3 une méthode destinée à contraindre l'espace des analyses possibles par un automate LR pour le cas de l'analyse robuste, ce qui distingue notre proposition de (Sagae & Lavie, 2006; Zhang, 2009; Zhu *et al.*, 2013). La section 4 propose un algorithme d'analyse de la famille LR et un algorithme d'apprentissage basé sur le modèle du perceptron global. On y détaille en particulier l'usage d'une méthode d'inférence approximative basée sur un faisceau et ses conséquences sur la méthode d'apprentissage. Les sections 5 et 6 introduisent enfin les extensions de l'algorithme de base qui sont utiles en pratique et qui permettent de structurer les formes lexicales. Finalement la section 7 donne une évaluation quantitative des différents composants de l'algorithme et une comparaison avec l'état de l'art.

## 2 Représentation de la grammaire

$$A[h] \rightarrow B[h]\,C[x]$$
$$A[h] \rightarrow B[x]\,C[h]$$
$$A[h] \rightarrow h$$

TABLE 1 – Formes des règles 2-LCFG

On pose comme hypothèse de départ que la grammaire manipulée lors de l'analyse est une grammaire lexicalisée de type 2-LCFG (Nederhof & Satta, 2010). Une grammaire 2-LCFG est une grammaire CFG dont les règles ont nécessairement la forme donnée en Table 1 où les symboles $h, x$ dénotent des symboles terminaux. Les symboles de la forme $A[h]$ dénotent des symboles non terminaux lexicalisés. Un tel symbole est composé d'un non terminal délexicalisé noté $A, B, C$ et d'un terminal $h$ ou $x$. Une règle 2-LCFG sera par exemple de la forme $NP[chat] \rightarrow D[le]\,N[chat]$. Le symbole de la forme $X[h]$ situé en partie droite de la règle est appelé tête de la règle. Une grammaire de type 2-LCFG comporte en pratique un très grand nombre de règles. L'analyse efficace de ce type de grammaire demande typiquement de générer dynamiquement les non terminaux lexicalisés en cours d'analyse. Dans ce qui suit, nous focalisons d'abord sur les propriétés de la grammaire 2-CFG sous jacente. La partie dynamique sera détaillée en Section 4.

**Transformation du treebank** Le treebank français, comme la plupart des treebanks existants encode des arbres d'arité $n$, avec notamment $n > 2$. En supposant un tel treebank, dont les noeuds sont tous annotés par leurs têtes, on effectue les opérations de précompilation suivantes : d'abord une opération de binarisation, appelée Markovisation par la tête d'ordre 0 (Collins, 2003), suivie d'une procédure de réduction des règles unaires internes, comme illustré en Figure 1. Ces deux opérations garantissent que le treebank transformé comporte uniquement des arbres dont la structure suit une forme normale de Chomsky. La procédure de binarisation introduit un ensemble de catégories temporaires que nous notons avec le suffixe ':' en Figure 1. Le symbole '$' dénote les catégories introduites par la réduction de règles unaires.

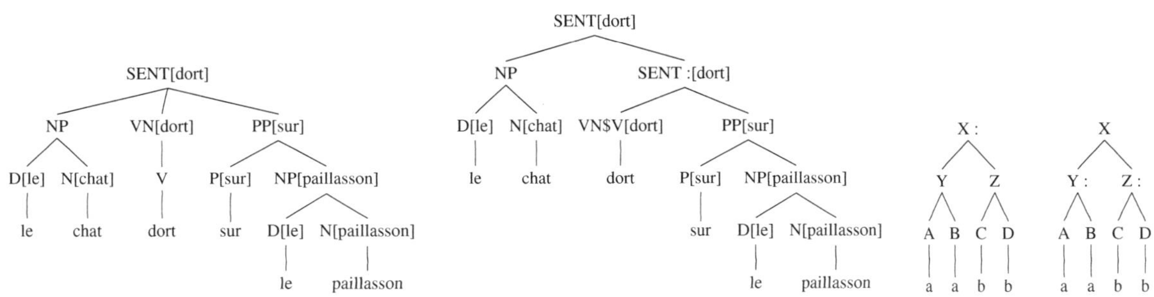


Arbre source — Arbre 2-LCFG transformé — Arbres 2-CFG invalides

FIGURE 1 – Représentation des arbres de treebank par une 2-LCFG

**Propriétés des arbres transformés** Comme le treebank est mis en forme normale de Chomsky, on peut montrer par induction que le nombre de pas de dérivation $\eta$ pour dériver à partir de la grammaire 2-CFG sous-jacente au treebank tout arbre d'analyse d'une phrase de $n$ mots est constant : $\eta = 2n - 1$. Cette propriété est en principe essentielle (voir également section 5) et explique pourquoi on utilise 2-LCFG pour représenter la grammaire. On remarque de plus que les arbres du treebank transformé ont une structure contrainte. Par exemple la racine d'un arbre ne peut pas être un symbole temporaire ou un arbre ne peut pas avoir deux noeuds temporaires en partie droite d'une même règle. Les analyseurs en dépendances projectifs vérifient également la première propriété : $\eta = 2n - 1$ (Huang & Sagae, 2010). Par contre les structures à analyser ne sont pas contraintes de manière identique.

# 3 Construction d'un automate LR pour une grammaire de treebank

Les propriétés des arbres transformés, induites par l'introduction des symboles temporaires, ont pour conséquence qu'on ne peut pas construire naïvement un analyseur par décalage réduction non contraint comme c'est le cas pour l'analyse en dépendances. Dans le cas 2-CFG présenté ici, les arbres d'analyse ont une structure contrainte et il s'agit de garantir que l'analyseur produise des arbres qui respectent ces contraintes. Dans son parser, (Sagae & Lavie, 2006) ne gère pas ce problème et retourne à posteriori des analyse partielles dans le cas où l'arbre d'analyse s'avère invalide. (Zhang, 2009) exprime plutôt des contraintes locales dans l'algorithme d'analyse qui sont destinées à empêcher l'analyseur de produire des arbres invalides. Celles-ci comportent notamment des contraintes d'ordre général et des contraintes plus spécifiques à la grammaire du chinois manipulée par l'auteur. On propose ici une solution plus générale qui consiste à garantir la correction des arbres d'analyse par l'utilisation de tables $LR(0)$. Tel quel, un analyseur $LR(0)$ traditionnel (Knuth, 1965) n'est pas approprié pour l'analyse du langage naturel : le principe de cette méthode d'analyse est d'éliminer statiquement l'ambiguité de la grammaire. Dans ce qui suit, à l'instar de (Tomita, 1985) on construit des tables $LR$ sans chercher à éliminer statiquement l'ambiguité. Au contraire, on préserve les conflits dans la table : la désambiguisation est réalisée dynamiquement par un mécanisme de pondération. L'utilisation de tables $LR(0)$ permet plutôt de garantir que l'analyseur produit des arbres corrects et dérivés d'une grammaire bien identifiée. Contraindre la structure des arbres d'analyse revient alors à contraindre la grammaire ayant servi à générer ces tables. Ceci dit, construire un automate $LR(0)$ pour l'analyse robuste à partir de treebank pose à priori deux problèmes. Le premier est inductif : il faut garantir que la grammaire extraite d'un treebank généralise à du texte non vu. Rien ne dit que la grammaire issue d'un échantillon limité est générale. Le second est d'ordre pratique : une grammaire extraite de treebank est généralement une grammaire de très grande taille et massivement ambigue. Cette seconde propriété rend la compilation d'automates $LR(0)$ délicate en pratique : la construction de tables $LR(0)$ fait intervenir un algorithme de déterminisation d'automates dont la complexité est en $\mathcal{O}(2^n)$ avec $n$ le nombre d'états de l'automate $LR$ non déterministe. Dans le cas de très grosses grammaires ambigues, $n$ est très élevé et on est proche du pire des cas.

Pour ces deux raisons, et dans le cas où l'analyseur résultant a pour but d'être robuste, on propose de dériver l'automate à partir d'une construction grammaticale basée sur des classes d'équivalence. On commence par poser que $\Sigma$ est l'ensemble des symboles non terminaux extraits du treebank tel que $T$ est l'ensemble des symboles temporaires introduits par la procédure de binarisation et $N$ est l'ensemble des autres symboles ($\Sigma = N \cup T$ et $N \cap T = \emptyset$). On note $W$ l'ensemble des symboles terminaux extraits du treebank et $A \in \Sigma$ l'axiome unique de cette grammaire ($A \in N$). On définit ensuite un ensemble de classes d'équivalence qui partitionnent $\Sigma$ : $[a] = \{A\}$, $[t] = T$ et $[n] = \Sigma - (T \cup \{A\})$. Pour uniformiser les notations on définit $[w] = W$. Munis de ces classes d'équivalence, on définit la grammaire matrice $G_m = \langle \Sigma_m, [w], [a], R_m \rangle$ où $\Sigma_m = \{[a], [t], [n]\}$. Reste à définir $R_m$ pour que les règles respectent les contraintes de bonne formation des arbres. On formule en table 2 un exemple de telles règles au format ID/LP (Gazdar *et al.*, 1985). Autrement dit, une règle de dominance immédiate de la forme $a \rightarrow b\ ,\ c$ est expansée en deux règles de réécriture $a \rightarrow b\,c$ et $a \rightarrow c\,b$.

| | | |
|---|---|---|
| $[a] \rightarrow [n]\ ,\ [t]$ | $[n] \rightarrow [n]\ ,\ [t]$ | $[t] \rightarrow [n]\ ,\ [t]$ |
| $[a] \rightarrow [n]\ ,\ [n]$ | $[n] \rightarrow [n]\ ,\ [n]$ | $[t] \rightarrow [n]\ ,\ [n]$ |
| $[a] \rightarrow [w]$ | $[n] \rightarrow [w]$ | |

TABLE 2 – Exemple de règles de dominance immédiate pour $G_m$

La grammaire $G_m$ implémente les contraintes de bonne formation des arbres mentionnées ci-dessus, comporte en pratique peu de règles et elle est robuste : $L(G_m) = [w]^*$. On peut construire très facilement à partir de $G_m$ un automate $LR(0)$ déterministe $A_m = \langle \Sigma_m \cup \{[w]\}, Q, i, F, E_m \rangle$ en utilisant les méthodes classiques (Aho *et al.*, 2006). On construit l'automate expansé $A_{exp} = \langle \{\Sigma \cup W\}, Q, i, F, E \rangle$ où $E = \{(q, a, q') \mid (q, [x], q') \in E_m, \forall a \in [x]\}$. L'automate $A_{exp}$

peut alors être utilisé comme guide par un analyseur $LR(0)$ non déterministe qui garantit de produire des arbres d'analyse corrects.

Pour construire la table d'analyse LR, il faut encore définir l'ensemble des actions $\mathcal{A}$ de l'analyseur : $\mathcal{A} \stackrel{def}{=} \{RL(X)|X \in \Sigma\} \cup \{RR(X)|X \in \Sigma\} \cup \{RU(X)|X \in \Sigma\} \cup \{S\}$. Il s'agit d'un jeu d'actions analogue à celui de (Sagae & Lavie, 2006). Si les actions sont définies explicitement dans la section suivante, signalons déjà que $RL(X)$ (resp. $RR(X)$) est une action de réduction de règle binaire par le non terminal $X$ tel que le premier (resp. second) élément de la partie droite est assigné comme tête de la règle. $RU(X)$ dénote une réduction unaire par un non terminal $X$, et $S$ le décalage. Par contraste avec un jeu d'actions LR classique (Aho *et al.*, 2006), celui-ci introduit une approximation : pour un état de l'automate donné, on introduit une action $RL(X)$ et une action $RR(X)$ si il existe un item LR de la forme $\langle X \to A\, B\bullet\rangle$ dans un état $q_i \in A_{exp}$ sans exiger que $\langle X \to B\, A\bullet\rangle \in q_i$. Cette simplification permet de réduire le nombre d'actions de l'analyseur, ce qui facilite l'apprentissage du modèle et a également un effet optimisant (Section 4).

Si la grammaire matrice $G_m$ présentée ici n'est pas la seule grammaire matrice possible (voir également Figure 7 pour l'expression de sous-grammaires locales), un jeu de règles $R_m$ valide pour $G_m$ doit au moins implémenter les contraintes de bonne formation des arbres mentionnées ci-dessus en s'appuyant sur une partition de $\Sigma$ en classes d'équivalence. Par contre le jeu d'actions simplifié utilisé ici suppose que pour toute règle de grammaire $R \in R_m$ de la forme $[x] \to [y]\,[z]$, on a également une règle de grammaire $R' \in R_m$ de la forme $[x] \to [z]\,[y]$. C'est pour cette raison que nous formulons les règles $R_m$ au format ID/LP et cela signifie qu'on ne peut imposer de contraintes dures sur l'ordre des mots dans la grammaire, comme c'est le cas dans la plupart des analyseurs syntaxiques robustes.

# 4 Algorithme d'analyse inspiré de LR et pondéré par un perceptron

Bien qu'inspiré de LR, l'algorithme d'analyse proposé est un algorithme naturellement non déterministe. Le déterminisme est apporté par un système de pondérations basé sur l'algorithme du perceptron global (Collins, 2002). On commence par présenter l'algorithme d'analyse pondéré avant de décrire la méthode d'estimation des poids du perceptron à partir d'un treebank.

**Algorithme d'analyse** On suppose que l'algorithme analyse des séquences de tokens $\mathcal{T} = t_1 \dots t_n$ et qu'une table d'analyse $LR(0)$ a été construite. La fonction GOTO de cette table est la fonction GOTO :$(\Sigma \cup W) \times \mathbb{N} \mapsto \mathbb{N}$ qui envoie des couples de symbole et d'état vers un nouvel état de l'automate LR. La fonction ACTION de cette table est la fonction ACTION :$(\mathbb{N} \times W) \mapsto 2^{\mathcal{A}}$ qui retourne l'ensemble $\mathbf{a}$ des actions possibles étant donné un couple de terminal et de numéro d'état. On note $\sigma_i$ l'état initial de l'automate LR et $\sigma_e$ un état final.

Les algorithmes à décalage réduction manipulent habituellement une pile et une liste d'attente. Ici, l'algorithme manipule explicitement une pile et implicitement une liste d'attente. La pile $\mathbf{S} = \dots |s_2|s_1|s_0$, de sommet $s_0$, est faite de noeuds de la forme $s_i = \langle \sigma, \tau \rangle$ où $\sigma$ est un numéro d'état LR et $\tau = (s_i.c_t[s_i.w_t]\; s_i.c_l[s_i.w_l]\; s_i.c_r[s_i.w_r])$ dénote un arbre local de profondeur 1. $s_i.c_t, s_i.c_l, s_i.c_r$ dénotent respectivement les catégories du noeud racine, de son fils gauche et de son fils droit. $s_i.w_t, s_i.w_l, s_i.w_r$ dénotent respectivement les items lexicaux du noeud racine, de son fils gauche et de son fils droit. La notation $s_i.c.[s_i.w.]$ encode donc un symbole non terminal d'une 2-LCFG au noeud $s_i$ de la pile d'analyse (Figure 2).

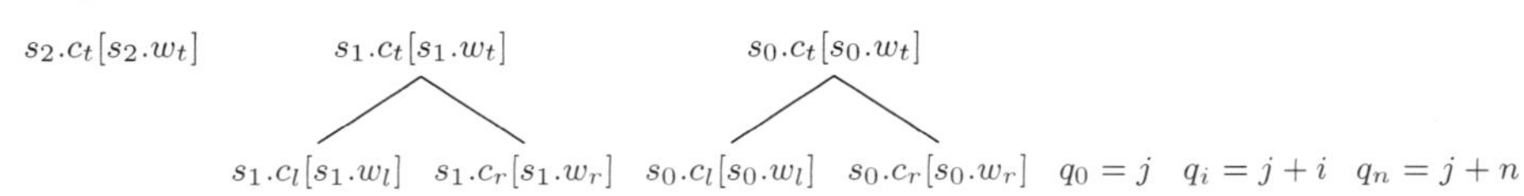


FIGURE 2 – *Représentation graphique du vecteur d'accroches* $\boldsymbol{\kappa}$ Le vecteur $\boldsymbol{\kappa}$ représente l'information localement accessible pour valuer les traits $\phi_i(a, \boldsymbol{\kappa}, j)$. On représente graphiquement de droite à gauche les différents noeuds de la pile d'exécution. Les symboles $s_i.w_{(\cdot)}$ encodent les formes lexicales têtes des constituants et les symboles $s_i.c_{(\cdot)}$ encodent les catégories des constituants. De plus, les symboles $q_i$ encodent les mots de la file d'attente. On remarque que connaître la valeur de l'index $j$ permet d'addresser non seulement le premier mot de la file d'attente mais également les suivants.

L'algorithme d'analyse fonctionne en empilant et en dépilant des noeuds de la pile $\mathbf{S}$ et en défilant progressivement la file d'attente. Ainsi la configuration courante ou état de l'analyseur est un couple $C_i = \langle j, \mathbf{S} \rangle$ qui dénote la position courante

| | |
|---|---|
| ITEM | $\langle j, \mathbf{S}\rangle : w$ |
| INIT | $\langle 1, \langle \sigma_i, \epsilon\rangle\rangle : 0, \emptyset$ |
| GOAL | $\langle n+1, \langle \sigma_e, \mathbf{S}\rangle\rangle : w$ |

---

SHIFT $\quad \dfrac{\langle j,\mathbf{S}_\ominus \mid s_0{=}\langle \sigma,\_\rangle\rangle{:}w}{\langle j{+}1,\mathbf{S}_\ominus \mid s_0 \mid \langle \textsc{Goto}(t_j,\sigma),\,(t_j[j]\,\_\,\_)\rangle : w{+}F(S,\langle j,\mathbf{S}\rangle)}$

RL(X) $\quad \dfrac{\langle j,\mathbf{S}_\ominus \mid s_2{=}\langle \sigma_2,\_\rangle{:}w_2 \mid s_1{=}\langle \sigma_1,(s_1.c_t[s_1.w_t]\,\_\,\_)\rangle{:}w_1 \mid s_0{=}\langle \sigma_0,(s_0.c_t[s_0.w_t]\,\_\,\_)\rangle\rangle{:}w_0}{\langle j,\mathbf{S}_\ominus \mid s_2 \mid \langle \textsc{Goto}(X,\sigma_2),(X[s_1.w_t]\; s_1.c_t[s_1.w_t]\; s_0.c_t[s_0.w_t])\rangle{:}w_0{+}F(RL(X),\langle j,\mathbf{S}\rangle)}$

RR(X) $\quad \dfrac{\langle j,\mathbf{S}_\ominus \mid s_2{=}\langle \sigma_2,\_\rangle{:}w_2 \mid s_1{=}\langle \sigma_1,(s_1.c_t[s_1.w_t]\,\_\,\_)\rangle{:}w_1 \mid s_0{=}\langle \sigma_0,(s_0.c_t[s_0.w_t]\,\_\,\_)\rangle\rangle{:}w_0}{\langle j,\mathbf{S}_\ominus \mid s_2 \mid \langle \textsc{Goto}(X,\sigma_2),(X[s_0.w_t]\; s_1.c_t[s_1.w_t]\; s_0.c_t[s_0.w_t])\rangle{:}w_0{+}F(RR(X),\langle j,\mathbf{S}\rangle)}$

RU(X) $\quad \dfrac{\langle j,\mathbf{S}_\ominus \mid s_1{=}\langle \sigma_1,(s_1.c_t[s_1.w_t]\,\_\,\_)\rangle \mid s_0{=}\langle \sigma_0,(s_0.c_t[s_0.w_t]\,\_\,\_)\rangle\rangle{:}w_0}{\langle j,\mathbf{S}_\ominus \mid s_1 \mid \langle \textsc{Goto}(X,\sigma_1),(X[s_0.w_t]\; s_0.c_t[s_0.w_t])\rangle{:}w_0{+}F(RU(X),\langle j,\mathbf{S}\rangle)}$

---

GR $\quad \dfrac{\langle j,\mathbf{S}_\ominus \mid s_1{=}\langle \sigma_1,(s_1.c_t[s_1.w_t]\,\_\,\_)\rangle \mid s_0{=}\langle \sigma_0,(s_0.c_t[s_0.w_t]\,\_\,\_)\rangle\rangle{:}w_0}{\langle j,\mathbf{S}_\ominus \mid s_1 \mid \langle \textsc{Goto}(GR,\sigma_1),(s_0.c_t[s_0.w_t]\,\_\,\_)\rangle{:}w_0{+}F(GR,\langle j,\mathbf{S}\rangle)}$ (Règle introduite en section 5)

FIGURE 3 – Règles d'inférence de l'algorithme en notation déductive étendue

dans la file d'attente et l'état courant de la pile. Étant donnée une configuration initiale $C_0 = \langle 1, \langle \sigma_i, \epsilon\rangle\rangle$, l'analyseur dérive pas à pas de nouvelles configurations $C_i = \langle j', \mathbf{S}'\rangle$ à partir de configurations $C_{i-1} = \langle j, \mathbf{S}_\ominus|\langle \sigma, \tau\rangle\rangle$ en exécutant une action $a_{i-1} \in \textsc{Action}(\sigma, t_j)$, ce que l'on note $C_{i-1} \overset{a_{i-1}}{\Rightarrow} C_i$. Une dérivation de $k-$pas est la séquence $C_{0\Rightarrow k}$ telle que $C_0 \overset{a_0}{\Rightarrow} \ldots \overset{a_{k-1}}{\Rightarrow} C_k$. Une dérivation est terminée dans deux cas. La configuration $C_{3n-1} = \langle n+1, \langle \sigma, \tau\rangle\rangle$ est générée. Si $\sigma = \sigma_e$ la dérivation est un succès. Une dérivation est également terminée lorsque $\textsc{Action}(\sigma, t_j) = \emptyset$ pour une configuration $C_k = \langle j, \mathbf{S}_\ominus|\langle \sigma, \tau\rangle\rangle$ donnée, c'est le cas d'échec. Les actions exécutées en cours de dérivation modifient la pile d'analyse et l'état d'avancement $j$ sur la liste d'attente. Celles-ci sont définies en Figure 3 en notation déductive étendue.

Une dérivation $C_{0\Rightarrow k} = C_0 \overset{a_0}{\Rightarrow} \ldots \overset{a_{k-1}}{\Rightarrow} C_k$ est également pondérée par une fonction de la forme :

$$W(C_{0\Rightarrow k}) = \mathbf{w} \cdot \mathbf{\Phi}_g(C_{0\Rightarrow k}) = \sum_{i=0}^{k-1} \mathbf{w} \cdot \mathbf{\Phi}(a_i, C_i) = \sum_{i=0}^{k-1} F(a_i, C_i) \tag{1}$$

où $\mathbf{w} \in \mathbb{R}^d$ est un vecteur $d$-dimensionnel de poids et $\mathbf{\Phi}(a_i, C_i) \in \{0, 1\}^d$ est un vecteur $d$-dimensionnel de traits. Chaque dimension $0 \leq i \leq d$ du vecteur de traits est valuée par une fonction $\phi_i$ de signature $\phi_i(a, \boldsymbol{\kappa}, j)$ où $\boldsymbol{\kappa}$ est une séquence d'accroches extraite localement parmi les trois éléments supérieurs de la pile comme illustré en Figure 2. Comme la fonction de pondération est décomposée en une somme de termes correspondant aux étapes de la dérivation, le calcul des poids est réalisé dynamiquement en cours d'analyse et est associé à une configuration (Figure 3) de telle sorte que dans le cas pondéré une configuration a la forme étendue $C_k = \langle j, \mathbf{S}\rangle : w$ où $w = W(C_{0\Rightarrow k})$ est le score préfixe de $C_{0\Rightarrow k}$.

Le système de poids permet de modéliser la désambiguisation en autorisant de choisir l'analyse de poids le plus élevé parmi l'ensemble des analyses possibles pour une séquence $\mathcal{T} = t_1 \ldots t_n$ de mots. Dans notre cas, le non déterminisme est introduit dans l'algorithme par la fonction $\textsc{Action}(\sigma, t_j)$ qui renvoie un ensemble $\mathbf{a} \subseteq \mathcal{A}$ d'actions possibles à effectuer étant donné la configuration courante de l'analyseur de telle sorte qu'à partir d'une séquence $C_{0\Rightarrow k-1}$ on peut dériver un ensemble de séquences $\delta(C_{0\Rightarrow k-1}) = \{C_{0\Rightarrow k}|C_{0\Rightarrow k-1} \overset{a_{k-1}}{\Rightarrow} C_{0\Rightarrow k}\}$ à l'étape suivante. Si $\textsc{Gen}_k(\mathcal{T})$ est l'ensemble des dérivations de $k-$pas pour $\mathcal{T}$, trouver la meilleure analyse demande de calculer la solution du problème d'optimisation suivant [1] :

$$\hat{\mathcal{C}} = \underset{C_{0\Rightarrow 3n-1} \in \textsc{Gen}_{3n-1}(\mathcal{T})}{\text{argmax}} W(C_{0\Rightarrow 3n-1}) \tag{2}$$

On peut observer que le nombre de solutions possibles $|\textsc{Gen}_{3n-1}(\mathcal{T})|$ est de l'ordre de $|\mathcal{A}|^{3n-1}$. Autrement dit, l'espace des solutions est de taille exponentielle. Si il est théoriquement possible de calculer en théorie une solution optimale à ce problème par programmation dynamique en temps polynomial dans la lignée de (Tomita, 1985), le mécanisme

1. Notons que le nombre de pas dérivation $\eta = 2n - 1 + n = 3n - 1$ car dans le cas d'analyse par décalage réduction, il faut réaliser $n$ décalages en plus des $2n - 1$ étapes induites par la forme normale de Chomsky.

de pondération utilisé ici demande également d'évaluer des produits scalaires tels que donné en équation (1) pour des vecteurs qui en pratique sont de très haute dimensionnalité. Le calcul dynamique de poids est en pratique très coûteux en temps et rend très difficile la recherche d'une solution à la fois optimale et efficace au problème d'optimisation, même par programmation dynamique. Dans ce qui suit, nous sacrifions la recherche de la solution optimale pour privilégier l'efficacité en faisant appel à une approximation par faisceau. Étant donné un faisceau $\text{GEN}_{k-1}^{K}(\mathcal{T})$ de taille $K$, et $\Delta(\text{GEN}_{k-1}^{K}(\mathcal{T})) = \bigcup_{C_{0\Rightarrow k-1} \in \text{GEN}_{k-1}^{K}(\mathcal{T})} \delta(C_{0\Rightarrow k-1})$ l'ensemble des configurations dérivables à partir de ce faisceau, on construit récursivement $\text{GEN}_{k}^{K}(\mathcal{T})$ comme suit :

$$\text{GEN}_{k}^{K}(\mathcal{T}) = \underset{C_{0\Rightarrow k} \in \Delta(\text{GEN}_{k-1}^{K}(\mathcal{T}))}{\text{K-argmax}} W(C_{0\Rightarrow k}) \tag{3}$$

Autrement dit, un faisceau ne prend en compte que les $K-$meilleures hypothèses de l'étape de calcul précédente pour réaliser les calculs à l'étape courante. Introduire un faisceau apporte un gain d'efficacité qui rend l'algorithme d'analyse utilisable en pratique. La complexité en temps de l'analyse est d'ordre linéaire : $\mathcal{O}(K|\mathcal{A}|(3n-1)) = \mathcal{O}(n)$. L'introduction d'un faisceau a deux contreparties immédiates. D'une part la solution au problème d'analyse donné en équation (2) n'est plus nécessairement optimale. D'autre part on peut montrer que le faisceau sacrifie également la complétude de l'algorithme. Dans certains cas, l'algorithme peut manquer de trouver la moindre analyse alors qu'il est en fait possible d'en trouver au moins une : c'est le cas où l'ensemble des dérivations menant à une solution valide sont tout simplement élaguées prématurément par le faisceau. En résumé, l'algorithme d'analyse présenté ici est une fonction de prédiction d'arbre qui remplace le calcul optimal donné en équation (2) par l'approximation suivante :

$$\tilde{\mathcal{C}} = \underset{C_{0\Rightarrow 3n-1} \in \text{GEN}_{3n-1}^{K}(\mathcal{T})}{\text{argmax}} W(C_{0\Rightarrow 3n-1}) \tag{4}$$

En pratique, le calcul dynamique des poids est le facteur limitant en temps. Trois aspects propres à l'implémentation sont à signaler, notamment pour obtenir un temps d'analyse linéaire en pratique. En premier lieu, l'ensemble des configurations $C_k$ générées en cours d'analyse est implémenté par une structure de données, commune à toutes les hypothèses concurrentes, appelée pile structurée en arbre (*TSS*), initialement introduite par (Tomita, 1988). Cette structure de données permet d'éviter la copie intempestive de piles d'analyse potentiellement profondes en les encodant dans une structure d'arbre.

En second lieu, nous utilisons systématiquement un noyau de hachage (*hash trick*). Un noyau de hachage (Shi *et al.*, 2009) est une technique d'implémentation dont le but premier est d'accélerer l'exécution de produits scalaires. En supposant une fonction de hachage $h : I \mapsto \{1 \ldots D\}$ qui envoie l'index $i \in I$ de chaque fonction $\phi_i$ sur sa valeur hachée $h(i) = k$, de telle sorte que $\bar{\phi}_k(a, \boldsymbol{\kappa}, j) = \phi_i(a, \boldsymbol{\kappa}, j)$. Nous utilisons donc la fonction de pondération suivante plutôt que la première version donnée en équation 1 :

$$F(a_i, C_i) = \mathbf{w} \cdot \bar{\mathbf{\Phi}}(a_i, C_i) \tag{5}$$

où $\bar{\mathbf{\Phi}} = \bar{\phi}_1 \ldots \bar{\phi}_D$ (avec en pratique $D = 2 \times 10^7 - 7$). Autrement dit, l'utilisation d'un noyau de hachage approxime une fonction $\phi_i$ par sa fonction image $\bar{\phi}_k$ sans chercher à résoudre les collisions éventuelles de hachage. Cette technique prend son sens lorsqu'on sait que les vecteurs $\mathbf{\Phi}$ sont des vecteurs creux à très haute dimensionnalité et qu'ils sont habituellement implémentés par des tables de hachage. Or la résolution des collisions dans ces tables est en pratique très coûteuse en temps. Outre le gain en efficacité apporté par cette technique, le noyau de hachage a deux effets de bords utiles : il permet une réduction de la dimensionalité des vecteurs $\mathbf{\Phi}$ et $\mathbf{w}$ et il permet dans une certaine mesure de réduire les effets de surentrainement.

En troisième lieu, nous utilisons une méthode de mémoïsation pour l'évaluation des scores. Celle-ci repose sur une décomposition de la fonction $F$ qui remplace la version donnée en équation 5 par sa version finale :

$$F(a_i, C_i) = \mathbf{w} \cdot \mathbf{\Phi}(a_i, C_i) + \sum_{m=1}^{M} \boldsymbol{\mu}_m(a_i, C_i) \tag{6}$$

où $\boldsymbol{\mu}_m$ sont des mémo-fonctions. Lorsqu'elle est évaluée la première fois, une mémo fonction mémorise et renvoie la valeur $\mathbf{w} \cdot \mathbf{\Phi}_m(a_i, C_i)$. Si elle est évaluée ultérieurement pour un couple $(a'_i, C'_i)$ équivalent, elle renvoie la valeur mémorisée. Le vecteur de traits $\mathbf{\Phi}_m = \phi_1 \ldots \phi_r$ d'une mémo fonction $\boldsymbol{\mu}_m$ est constitué de fonctions de signatures $\zeta_m(a, \boldsymbol{\kappa}, j)$ identiques. Deux couples $(a_i, C_i), (a'_i, C'_i)$ sont considérés équivalents par la mémo fonction si la valuation qu'ils donnent aux paramètres $a, \boldsymbol{\kappa}, j$ de $\zeta_m$ sont identiques. L'analyseur décrit dans cet article utilise deux mémo-fonctions : $\boldsymbol{\mu}_{lex}$ a pour signature $\zeta_{lex}(a, s_0.w_t, s_0.w_l, s_0.w_r, s_1.w_t, s_1.w_l, s_1.w_r, s_2.w_t, j)$ et $\boldsymbol{\mu}_{cat}$ a pour signature $\zeta_{cat}(a, s_0.w_t, s_0.c_t, s_1.w_t, s_1.c_t, j)$. Remarquons également que les traits sont partitionnés dans des ensembles disjoints : chaque mémo-fonction est responsable de l'évaluation d'un sous-ensemble des traits. Les fonctions $\phi_i$ dont la signature est incompatible avec toutes les mémo-fonctions existantes forment le vecteur $\mathbf{\Phi}$ restant (Equation 6) dont le produit scalaire correspondant est réévalué systématiquement.

**Estimation des poids** La partie prédictive du modèle d'analyse que nous avons décrite jusqu'à présent est en principe valable pour une famille de modèles linéaires multiclasses comme des modèles de type SVM structuré ou des modèles de champs conditionnels aléatoires. La méthode d'estimation des poids décrite ici est spécifique à l'algorithme du perceptron structuré (Collins, 2002). Ce dernier algorithme a en effet l'avantage d'offrir une méthode d'estimation des poids plus efficace et plus simple à mettre en oeuvre pour le cas de l'analyse syntaxique par comparaison avec les autres modèles linéaires que nous connaissons.

On se penche maintenant sur le problème d'estimation du vecteur de poids $\mathbf{w}$ à partir d'un treebank. La méthode d'estimation des poids pour le perceptron structuré est une généralisation de la méthode du percepron multiclasse et se formule comme suit. On suppose un jeu de données d'entrainement de $N$ phrases, $T = ((\mathcal{T}_1, \mathcal{R}_1), \ldots, (\mathcal{T}_N, \mathcal{R}_N))$ pour lesquelles nous disposons de l'analyse correcte $\mathcal{R}_i$. L'algorithme du perceptron itère sur les données un nombre prédéterminé d'époques $E$. Pour chaque exemple, l'analyseur compare la meilleure analyse qu'il prédit $\hat{\mathcal{C}}$, étant donnée la valeur courante du vecteur $\mathbf{w}$ de poids, avec l'analyse correcte $\mathcal{R}_i$. En cas d'erreur, l'algorithme met à jour les poids en pénalisant les poids associés à l'analyse prédite et en favorisant les poids associés à l'analyse correcte :

1: **function** PERCEPTRONLEARN($\mathbf{w}, (\mathcal{T}_1, \mathcal{R}_1) \ldots (\mathcal{T}_N, \mathcal{R}_N), E$)
2: $\quad \mathbf{w} \leftarrow 0^d$
3: $\quad \bar{\mathbf{w}} \leftarrow 0^d$
4: $\quad$ **for** $e = 1$ **to** $E$ **do** ▷ Iterations sur $E$ epoch
5: $\qquad$ **for** $i = 1$ **to** $N$ **do** ▷ Iterations sur les données
6: $\qquad\quad \hat{\mathcal{C}} = \text{argmax}_{C_{0\Rightarrow 3n-1} \in \text{GEN}_{3n-1}(\mathcal{T}_i)} \mathbf{w} \cdot \mathbf{\Phi}_g(C_{0\Rightarrow 3n-1})$ ▷ Prédiction (analyse de le phrase)
7: $\qquad\quad$ **if** $\hat{\mathcal{C}} \neq \mathcal{R}_i$ **then** ▷ Mise à jour
8: $\qquad\qquad \mathbf{w} \leftarrow \mathbf{w} + \Phi_g(\mathcal{R}_i) - \Phi_g(\hat{\mathcal{C}})$
9: $\qquad\quad \bar{\mathbf{w}} \leftarrow \bar{\mathbf{w}} + \mathbf{w}$ ▷ Moyennage
10: $\quad$ **return** $\bar{\mathbf{w}}/(N \times E)$

L'algorithme du perceptron n'offre pas de garantie de convergence si les données ne sont pas linéairement séparables, ce qui est généralement le cas pour l'analyse syntaxique. Toutefois, en supposant que l'algorithme génère en cours d'analyse différents vecteurs de poids $\mathbf{w}^{(1)} \ldots \mathbf{w}^{(N\times E)}$ proches de la solution optimale du problème d'optimisation, nous utilisons un algorithme du perceptron moyenné dont l'estimation finale des poids est la moyenne de l'ensemble des vecteurs de poids générés en cours d'apprentissage (Collins, 2002).

Revenons sur l'usage du faisceau dans le cas de l'apprentissage structuré avec l'algorithme du perceptron. L'algorithme du perceptron fait l'hypothèse que chaque étape de prédiction renvoie l'analyse de poids le plus élevé pour un exemple donné (ligne 6), en utilisant l'équation (2). Or l'usage d'une méthode de prédiction approximative avec faisceau ne permet pas de garantir cette hypothèse. L'approximation par faisceau renvoie la solution à l'équation (4) et il n'est pas garanti que $\tilde{\mathcal{C}} = \hat{\mathcal{C}}$. Pire encore, il existe des cas où $\tilde{\mathcal{C}} \neq \mathcal{R}$ alors que $\hat{\mathcal{C}} = \mathcal{R}$ : ce sont les cas où l'hypothèse $\hat{\mathcal{C}}$ n'est pas générée car écartée prématurément par le faisceau. Autrement dit, l'approximation introduite par le faisceau peut causer une mise à jour des poids invalide et par conséquent perturber significativement le processus d'estimation.

Pour contourner le problème, on utilise des méthodes de mise à jour sur des séquences d'analyse partielles à la suite de (Collins, 2002). Dans ce contexte (Huang *et al.*, 2012) démontre que, dans le cas structuré, pour garantir la convergence dans le cas linéairement séparable, la mise à jour du perceptron peut se réaliser à partir de sous-séquences d'analyse qui satisfont deux conditions affaiblies. Notons $C^{(r)}_{0\Rightarrow k}$ la dérivation de référence à l'étape $k$ et $C^{(0)}_{0\Rightarrow k} = \text{argmax}_{C_{0\Rightarrow k} \in \text{GEN}^K_k(\mathcal{T})} W(C_{0\Rightarrow k})$ la meilleure sous séquence de dérivation dans le faisceau à l'étape $k$. Si $C^{(0)}_{0\Rightarrow k} \neq C^{(r)}_{0\Rightarrow k}$ et que $W(C^{(0)}_{0\Rightarrow k}) > W(C^{(r)}_{0\Rightarrow k})$ alors la mise à jour :

$$\mathbf{w} \leftarrow \mathbf{w} + \mathbf{\Phi}_g(C^{(r)}_{0\Rightarrow k}) - \mathbf{\Phi}_g(C^{(0)}_{0\Rightarrow k}) \quad (7)$$

est valide. Garantir que la mise à jour est valide garantit la convergence de l'algorithme dans le cas où les données sont linéairement séparables. Dans cet article, nous examinons deux méthodes qui garantissent que la mise à jour est valide. Celles-ci diffèrent sur le choix effectif de $k$. La première méthode est l'*early update* (Collins, 2002) et dans ce cas, $k = \min\left(\{k | C^{(r)}_{0\Rightarrow k} \notin \text{GEN}^K_k(\mathcal{T})\}\right)$. La seconde est la *max violation update* (Huang *et al.*, 2012). En considérant l'ensemble des violations $V = \{k \mid C^{(0)}_{0\Rightarrow k} \neq C^{(r)}_{0\Rightarrow k}, W(C^{(0)}_{0\Rightarrow k}) > W(C^{(r)}_{0\Rightarrow k})\}$, on choisit $k = \text{argmax}_{k\in V} W(C^{(0)}_{0\Rightarrow k}) - W(C^{(r)}_{0\Rightarrow k})$

# 5 Le cas relâché

Dans la pratique, un certain nombre de cas d'utilisation de l'analyseur ne permettent pas d'utiliser facilement une grammaire 2-LCFG telle que supposée jusqu'ici. Il s'agit typiquement de cas où un étiqueteur morphosyntaxique est utilisé pour assigner des catégories aux mots. Dans ce type de cas, on peut souhaiter que l'analyseur utilise une séquence de tags $t_1 \dots t_n$ comme symboles terminaux. D'une part, les transformations de treebank que nous avons présentées en Section 2 peuvent potentiellement altérer ce jeu de tags (Figure 1). D'autre part, une procédure de transformation alternative qui garantit ne pas modifier le jeu de tags donne naturellement des arbres qui ne suivent pas strictement une forme normale de Chomsky (Figure 4).

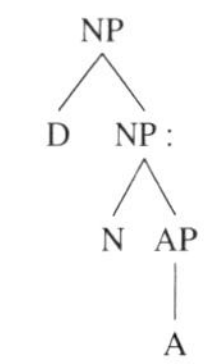


FIGURE 4 – Structure nouvelle dans le cas relâché

Certains terminaux sont introduits par des règles unaires, alors que d'autres sont introduits par des règles binaires. Par contraste avec 2-LCFG, ce type de configuration introduit naturellement de nouvelles règles de grammaire 2-CFG de la forme : $A \rightarrow B\,w, A \rightarrow w\,B$. Où $w$ dénote un terminal pour cette grammaire (tag). Ces nouvelles formes de règles changent une propriété de 2-LCFG sur laquelle nous nous sommes appuyés jusqu'à présent : le nombre de pas de dérivation $\eta$ pour dériver un arbre d'analyse d'une séquence de $n$ mots est maintenant variable : $n-1 \leq \eta \leq 2n-1$. La conséquence est que les séquences de dérivation de l'analyseur ont une longueur $\eta'$ telle que $2n-1 \leq \eta' \leq 3n-1$ et nous observons en pratique que le modèle a un biais naturel pour les séquences plus longues : celles-ci ont généralement un poids plus élevé. Pour traiter ce biais potentiel, nous formulons deux variantes de l'analyseur. La première variante, "naïve", consiste simplement à modifier la condition de terminaison de l'analyseur. Pour cela on redéfinit l'ensemble des configurations terminées $Succ = \{C_{0\Rightarrow k} | C_k = \langle n+1, \langle \sigma_e, \tau \rangle \rangle, 2n-1 \leq k \leq 3n-1\}$. Dans ce contexte, l'Equation (4) se reformule comme suit :

$$\tilde{C} = \underset{C_{0\Rightarrow k} \in Succ}{\text{argmax}} \; W(C_{0\Rightarrow k}) \tag{8}$$

La seconde variante de l'algorithme, dite "synchronisée", a pour but de garantir que $\eta' = 3n-1$ dans le cas pratique traité ici. Pour ce faire nous contraignons l'algorithme à réaliser nécessairement une réduction unaire ou une réduction fantôme après avoir décalé un terminal. Ce type de contrainte s'exprime en modifiant légèrement la méthode de compilation de l'automate LR décrite en Section 3. Une réduction fantôme est une nouvelle action de l'analyseur et la règle d'inférence, notée $GR$, associée à cette action est donnée en Figure 3. Cette règle est conçue pour synchroniser la procédure d'inférence sans changer significativement le contenu de la pile. La règle fait en quelque sorte perdre un temps à l'analyseur dans le cas où il choisit de ne pas faire de réduction unaire. Cette seconde variante ne demande pas de modifier l'équation (4).

# 6 Représentation structurée des mots et spécification d'un modèle d'analyse

La dernière extension que nous introduisons est motivée par la volonté de modéliser des langues à morphologie plus riche que l'anglais ou le chinois, comme par exemple le français. Pour cette famille de langues, les mots sont non seulement caractérisés par une forme mais également par un vecteur de propriétés morphologiques comme des marques d'accord en genre et en nombre, de temps, de mode, de personne, voire de cas. La richesse morphologique de ces langues contribue naturellement à augmenter le nombre de formes de mots, ce qui accroit les phénomènes de dispersion statistique. Pour cette raison, on fait l'hypothèse que l'usage d'informations extraites de dictionnaires (Mirroshandel *et al.*, 2013), de formes lemmatisées (Seddah *et al.*, 2010) ou d'aggrégats distributionnels (Candito & Crabbé, 2009) pour compléter les données d'un treebank constituent une source d'information utile à un modèle d'analyse.

Le modèle d'analyse présenté jusqu'à présent manipule les mots comme des objets atomiques encodés dans les catégories lexicalisées de la grammaire 2-LCFG. L'extension décrite ici consiste à autoriser le codage des mots par des tuples structurés de taille arbitraire. En notant $\boldsymbol{\omega}$ un tel tuple, les catégories de la grammaire 2-LCFG sont maintenant codées par des symboles de la forme $A[\boldsymbol{\omega}]$. Dans cette version étendue, les traits peuvent ainsi accéder aux différents champs de ces tuples lors de l'exécution. La taille de ces tuples est laissée libre à l'utilisateur et est en pratique fonction de la richesse des données dont il dispose en entrée du processus d'analyse. On donne à titre d'exemple indicatif en Figure 5 une représentation possible en 2-LCFG

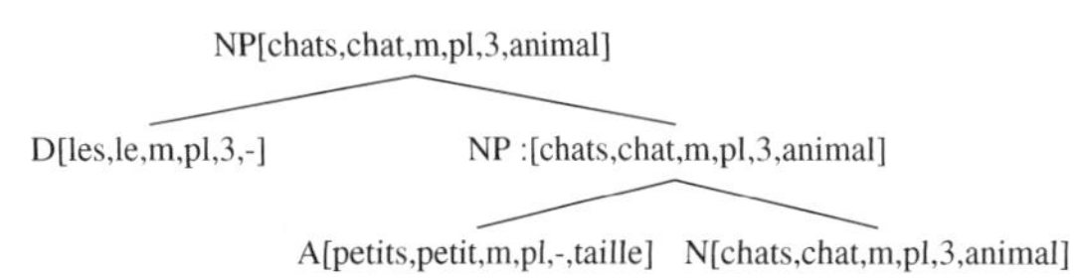


FIGURE 5 – Propagation guidée par les têtes de structures de traits lexicales

| | | | | | |
|---|---|---|---|---|---|
| $s_0t.w_c \,\&\, s_0t.c$ | $s_0t.w_f \,\&\, s_1t.w_f$ | $s_0t.c \,\&\, s_1t.c \,\&\, s_2t.c$ | $s_0t.c \,\&\, q_2.w_c \,\&\, q_3.w_c$ | **Accord** | |
| $s_0t.w_f \,\&\, s_0t.c$ | $s_0t.w_f \,\&\, s_1t.c$ | $s_0t.w_f \,\&\, s_1t.c \,\&\, s_2t.c$ | $s_0t.c \,\&\, q_2.w_f \,\&\, q_3.w_c$ | $s_0tc \,\&\, e(s_0t.agr, s_1t.agr) \,\&\, s_1t.c$ | |
| $s_1t.w_c \,\&\, s_1t.c$ | $s_0t.c \,\&\, s_1t.w_f$ | $s_0t.c \,\&\, s_1t.w_f \,\&\, q_0.w_c$ | $s_0t.c \,\&\, q_2.w_c \,\&\, q_3.w_f$ | $s_0tc \,\&\, e(s_0t.num, s_1t.num) \,\&\, s_1t.c$ | |
| $s_1t.w_f \,\&\, s_1t.c$ | $s_0t.c \,\&\, s_1t.c$ | $s_0t.c \,\&\, s_1t.c \,\&\, s_2t.w_f$ | $s_0t.c \,\&\, s_0r.c \,\&\, s_1t.c$ | $s_0tc \,\&\, e(s_0t.gen, s_1t.gen) \,\&\, s_1t.c$ | |
| $s_2t.w_c \,\&\, s_2t.c$ | $s_0t.w_f \,\&\, q_0.w_f$ | $s_0t.c \,\&\, s_1t.c \,\&\, q_0.w_c$ | $s_0t.c \,\&\, s_0r.c \,\&\, s_1t.w_f$ | $s_0tc \,\&\, e(s_0t.agr, q_0.agr) \,\&\, q_1.w_c$ | |
| $s_2t.w_c \,\&\, s_2t.c$ | $s_0t.c \,\&\, q_0.w_f$ | $s_0t.w_f \,\&\, s_1t.c \,\&\, q_0.w_c$ | $s_0t.w \,\&\, s_0r.c \,\&\, s_1t.w_f$ | $s_0tc \,\&\, e(s_0t.gen, q_0.gen) \,\&\, q_1.w_c$ | |
| $q_0.w_c \,\&\, q_0.w_f$ | $s_0t.c \,\&\, q_0.w_c$ | $s_0t.c \,\&\, s_1t.w_f \,\&\, q_0.w_c$ | $s_0t.c \,\&\, s_0l.w_f \,\&\, s_1t.c$ | $s_0tc \,\&\, e(s_0t.num, q_0.num) \,\&\, q_1.w_c$ | |
| $q_1.w_c \,\&\, q_1.w_f$ | $q_0.w_f \,\&\, q_1.w_f$ | $s_0t.c \,\&\, s_1t.c \,\&\, q_0.w_f$ | $s_0t.c \,\&\, s_0l.c \,\&\, s_1t.w_f$ | $s_0tc \,\&\, e(s_0t.agr, q_1.agr) \,\&\, q_1.w_c$ | |
| $q_2.w_c \,\&\, q_2.w_f$ | $q_0.w_f \,\&\, q_1.w_c$ | $s_0t.c \,\&\, q_0.w_c \,\&\, q_1.w_c$ | $s_0t.c \,\&\, s_0l.c \,\&\, s_1t.c$ | $s_0tc \,\&\, e(s_0t.num, q_0.num) \,\&\, q_1.w_c$ | |
| $q_3.w_c \,\&\, q_3.w_f$ | $q_0.w_c \,\&\, q_1.w_c$ | $s_0t.c \,\&\, q_0.w_f \,\&\, q_1.w_c$ | **Mode** | $s_0tc \,\&\, e(s_0t.gen, q_0.gen) \,\&\, q_1.w_c$ | |
| $s_0l.w_f \,\&\, s_0l.c$ | $s_1t.w_f \,\&\, q_0.w_f$ | $s_0t.c \,\&\, q_0.w_c \,\&\, q_1.w_f$ | $s_0t.w_m \,\&\, s_1t.w_f$ | **Sous – cat** | |
| $s_0r.w_f \,\&\, s_0r.c$ | $s_1t.w_f \,\&\, q_0.w_c$ | $s_0t.c \,\&\, q_1.w_c \,\&\, q_2.w_c$ | $s_0t.w_f \,\&\, s_1t.w_m$ | $s_0t.w_X \,\&\, s_1t.w_f$ | |
| $s_1l.w_f \,\&\, s_1l.c$ | $s_1t.c \,\&\, q_0.w_f$ | $s_0t.c \,\&\, q_1.w_f \,\&\, q_2.w_c$ | $s_0t.c \,\&\, s_1t.w_m$ | $s_0t.w_f \,\&\, s_1t.w_X$ | |
| $s_1r.w_f \,\&\, s_1r.c$ | $s_1t.c \,\&\, q_0.w_c$ | $s_0t.c \,\&\, q_1.w_c \,\&\, q_2.w_f$ | $s_0t.w_m \,\&\, s_1t.c$ | $s_0t.c \,\&\, s_1t.w_X$ | $s_0tw_X \,\&\, s_1t.c$ |

FIGURE 6 – Spécification des modèles d'analyse

relâchée d'un groupe nominal pour le français où les mots sont encodés par des tuples.

Comme il est d'usage dans la plupart des modèles de TAL, des gabarits (*templates*) sont utilisés comme langage destiné à spécifier l'ensemble des fonctions features $\phi_i$ à valeurs booléennes du modèle d'analyse. Nous utilisons les notations suivantes pour spécifier les gabarits du modèle d'analyse explicités en Figure (6). Les gabarits permettent d'adresser des valeurs observées relativement à une configuration de l'analyseur. Avant le point on note l'adressage d'un noeud dans une configuration. Ainsi $s_it, s_il, s_ir (0 \leq i \leq 2)$ dénotent les noeuds de la pile d'exécution avec $s_0$ le sommet de la pile. Un noeud de la pile $s_i$ encode un arbre local de profondeur 1 (Figure 2) dont les différents noeuds sont adressés par les symboles $t$ (racine), $l$ (noeud de gauche), $r$ (noeud de droite). $q_i$ dénote les éléments de la file d'attente, avec $q_0$ le premier élément de cette file. Après le point, on note quelle valeur on extrait du noeud. $c$ dénote la catégorie du constituant, $w_f$ et $w_c$ le mot tête et la catégorie du mot tête de ce constituant. On note de plus $w_m, w_X$ le mode du mot tête et la sous-catégorie de ce mot (au sens du French Treebank), $num$,$gen$, le nombre et le genre de la tête, et $agr$ les traits conjoints de genre et de nombre. Les gabarits élémentaires sont conjoints par le symbole $\&$ et finalement la notation $e(\cdot, \cdot)$ dénote une fonction qui renvoie vrai si les valeurs passées en argument sont égales.

# 7 Expériences

Nous présentons ici quelques expériences qui cherchent à mettrer en évidence le rôle des différents modules de l'analyseur. Celles-ci permettent également de comparer l'analyseur à l'état de l'art.

**Protocole** Les expériences s'appuient sur le jeux de données français SPMRL décrit dans (Abeillé *et al.*, 2003; Seddah *et al.*, 2013). Celles-ci devraient constituer le nouveau jeu de données standard pour l'analyse en constituants du français dans les années à venir et représentent un cadre plus réaliste que ceux utilisés précédemment par (Crabbé & Candito, 2008) dans la mesure où il faut également analyser les mots composés. Le jeu de données SPMRL instancie les données French Treebank dans deux scénarios : le scénario 'tags prédits' comporte un jeu de test où les tags de référence sont remplacés par des tags prédits par un tagger (exactitude d'étiquetage = 97.35%) et un scénario 'tags donnés' où le jeu de test comporte les tags de référence.

Les expériences sont menées avec une implantation de l'algorithme décrit dans l'article, écrite en C++. En particulier nous utilisons systématiquement un noyau de hachage et les mémo-fonctions décrites ci-dessus. Les données sont binarisées par une markovisation par la tête d'ordre 0, les têtes sont assignées par les heuristiques de (Arun & Keller, 2005), nous avons de plus assigné comme tête à une structure de mot composé son fils le plus à gauche. Les gabarits utilisés par défaut sont ceux spécifiés en Figure 6. Les expériences sont réalisées sur les données de développement et la comparaison avec l'analyseur de (Petrov *et al.*, 2006) est réalisée sur les données de test. Nous mesurons le F-Score et la couverture sur les données débinarisées à l'aide du logiciel `evalb`[2] et les temps reportés sont mesurés sur le jeu de test. Ils sont mesurés en secondes par phrase sur une même machine (MacOSX 2.4Ghz) pour chacun des analyseurs sans tenir compte du temps de lecture et d'écriture des données. Nous mesurons le F-Score sur les mots composés $F$(cpd) à l'aide de l'évaluateur intégré à l'analyseur de Stanford.

Chaque expérience menée fait varier une seule variable expérimentale par contraste avec une configuration de l'analyseur

2. Nous utilisons la version standard du logiciel telle que distribuée sur le site `http://nlp.cs.nyu.edu/evalb`.

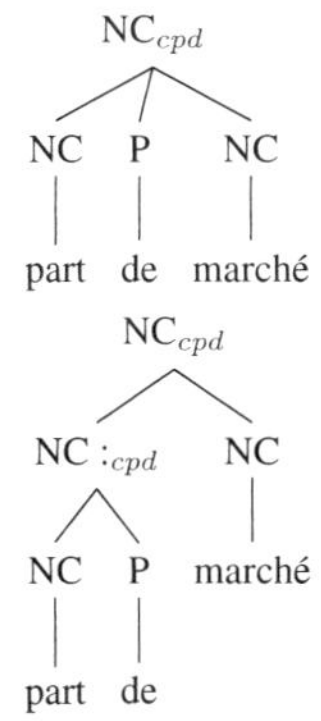


| **Règles de dominance immédiate pour $G_m^{\text{base}}$** | | |
|---|---|---|
| $[a] \to [n]\,[n]$ | $[n] \to [n]\,,\,[n]$ | $t \to [n]\,,\,[n] \quad (\forall t \in T)$ |
| $[a] \to [n]\,,\,[w]$ | $[n] \to [n]\,,\,[w]$ | $t \to [n]\,,\,[w] \quad (\forall t \in T)$ |
| $[a] \to [w]\,[w]$ | $[n] \to [w]\,,\,[w]$ | $t \to [w]\,,\,[w] \quad (\forall t \in T)$ |
| $[a] \to [w]$ | $[n] \to [w]$ | $t \to [n]\,,\,t \quad (\forall t \in T)$ |
| $[a] \to [n]\,,\,t \quad (\forall t \in T)$ | $[n] \to [n]\,,\,t \quad (\forall t \in T)$ | $t \to [w]\,,\,t \quad (\forall t \in T)$ |
| $[a] \to [w]\,,\,t \quad (\forall t \in T)$ | $[n] \to [w]\,,\,t \quad (\forall t \in T)$ | |
| **Règles de dominance immédiate supplémentaires pour $G_m^{\text{cpd}}$** | | |
| $[a] \to [n]_{cpd}\,,\,[n]$ | $[n] \to [n]_{cpd}\,,\,[n]$ | $t \to [n]_{cpd}\,,\,[n] \quad (\forall t \in T)$ |
| $[a] \to [n]_{cpd}\,,\,[n]_{cpd}$ | $[n] \to [n]_{cpd}\,,\,[n]_{cpd}$ | $t \to [n]_{cpd}\,,\,[n]_{cpd} \quad (\forall t \in T)$ |
| $[a] \to [n]_{cpd}\,,\,[w]$ | $[n] \to [n]_{cpd}\,,\,[w]$ | $t \to [n]_{cpd}\,,\,[w] \quad (\forall t \in T)$ |
| $[a] \to [n]_{cpd}\,,\,t \quad (\forall t \in T)$ | $[n] \to [n]_{cpd}\,,\,t \quad (\forall t \in T)$ | $t \to [n]_{cpd}\,,\,t \quad (\forall t \in T)$ |
| $[n]_{cpd} \to [w]\,,\,[w]$ | $[n]_{cpd} \to t_{cpd}\,,\,[w] \quad (\forall t_{cpd} \in T_{cpd})$ | $t_{cpd} \to t_{cpd}\,,\,[w] \quad (\forall t_{cpd} \in T_{cpd})$ |
| $[n]_{cpd} \to [w]$ | $t_{cpd} \to [w]\,,\,[w] \quad (\forall t_{cpd} \in T_{cpd})$ | $t_{cpd} \to [w] \quad (\forall t_{cpd} \in T_{cpd})$ |

FIGURE 7 – Représentation structurée des mots composés (SPMRL) et grammaires matrices correspondantes. *En haut à gauche, on a la représentation des mots composés dans le jeu de données* SPMRL. *La structure binarisée correspondante est donnée en bas à gauche. La grammaire générale $G_m^{(base)}$ encode une grammaire matrice qui ne tient pas spécialement compte des mots composés et dont les classes d'équivalence sont $[a]$ le symbole axiome, $[n]$ les symboles non terminaux non temporaires et $[w]$ l'ensemble des terminaux. Chaque non terminal temporaire $t \in T$ forme sa propre classe d'équivalence. La grammaire $G_m^{(cpd)}$ distingue en plus une classe d'équivalence $[n]_{\text{cpd}}$, représentant les non terminaux marqués comme composés, disjointe de la classe $[n]$ des terminaux non marqués comme tels. $T_{(\text{cpd})}$ est un ensemble de symboles temporaires marqués comme composés qui est disjoint de $T$.*

par défaut. La configuration par défaut pose que la taille du faisceau $K = 4$, que la gestion du relâchement utilise la version naïve (Section 5), que la grammaire utilise la construction LR $G_m^{(base)}$ (Section 3 et Figure 7), que la mise à jour est l'*early update* (Section 4) et que l'intégralité des gabarits donnée en Figure 6 est utilisée. Le protocole spécifique à chaque expérience est le suivant. *(1) Taille du Beam* La première expérience fait varier la taille du faisceau. Nous testons différentes valeurs de la constante $K$ qui fixe la taille du faisceau ($\text{GEN}_k^K(\mathcal{T})$ ci-dessus) pour $K = 2, K = 4$ (défaut), $K = 8, K = 16$. *(2) Relâchement* Par défaut, nous utilisons l'analyseur en mode naïf comme spécifié en Section 5 dans les différentes expériences. Pour l'expérience de relâchement, nous testons le mode naïf (*naive*) et le mode synchronisé (*sync*) comme décrit en Section 5. *(3) Grammaire* Nous faisons varier le type de grammaire matrice utilisée (Section 3) pour générer l'automate LR en utilisant les grammaires matrices présentées en (Figure 7). Nous contrastons en particulier une grammaire générale $G_m^{(base)}$ avec une grammaire $G_m^{(cpd)}$ qui comporte une sous-grammaire spécifique pour le traitement des mots composés. *(4) Mise à jour* Cette expérience fait varier la méthode de mise à jour comme décrit en Section 4. On teste l'influence de la mise à jour rapide (*early update*) par contraste avec la mise à jour à violation maximale (*max violation*). Les modèles entrainés avec la mise à jour rapide le sont sur 25 époques. Les modèles avec mise à jour à violation maximale sont entraînés sur 12 époques. *(5) Morphologie* Cette expérience teste l'impact des gabarits morphologiques. On contraste le modèle qui comporte l'ensemble des gabarits morphologiques (Figure 6), modélisant notamment l'accord avec un modèle plus pauvre ou les gabarits rangés sous les sections *accord, sous-cat, mode* en Figure 6 sont ignorés. *(6) Analyseur de Berkeley* Il s'agit de comparer l'analyseur décrit dans cet article avec l'analyseur de Berkeley (Petrov *et al.*, 2006) connu pour représenter l'état de l'art en termes de rapidité et de correction des analyses. Nous réutilisons ici les résultats donnés par (Seddah *et al.*, 2013) sur le jeu de test avec cet analyseur en utilisant le score `evalb` standard.

**Résultats et discussions** Très généralement, les expériences contribuent à justifier la méthode d'analyse proposée dans cet article. Celle-ci se fonde sur un algorithme à décalage réduction et une méthode d'inférence approximative en faisceau pour l'analyse en constituants. Les résultats obtenus sont état de l'art en temps comme en exactitude, en excluant divers résultats obtenus par mélange d'analyseurs et par utilisation de ressources exogènes. Si en ce qui concerne l'exactitude, les différences avec l'analyseur de Berkeley (Petrov *et al.*, 2006) sont faibles (Table 3), on constate que l'apport principal de la méthode décrite ici est son efficacité en temps (Figure 8).

On constate plus spécifiquement que c'est la prise en compte des informations morphologiques qui permet à l'analyseur d'être état de l'art $F_{\leq 40} = 87.02$ pour $K = 4$ et $F_{\leq 40} = 87.14$ pour $K = 8$ avec des faisceaux de petite taille et des temps d'analyse très faibles ($t_\mu = 0.06s, t_{\max} = 0.3s$ pour $K = 4$. et $t_\mu = 0.1s, t_{\max} = 0.5s$ pour $K = 8$) par comparaison avec l'existant : Berkeley (Petrov *et al.*, 2006) $t_\mu = 0.28s, t_{\max} = 10.27s$. Ce dernier est reporté par (Huang & Sagae, 2010) comme plus rapide que (Charniak, 2000). Autrement dit l'expressivité ajoutée par le modèle permet de compenser l'approximation introduite pour le rendre efficace.

| Dev(tags donnés) | | | |
|---|---|---|---|
| Expérience | F≤ 40 | F | Cov |
| K=2 | 85.40 | 82.74 | 98.6 |
| K=4 | 86.52 | 83.69 | 99.5 |
| K=8 | 86.80 | 84.31 | 99.9 |
| K=16 | 86.49 | 83.95 | 99.9 |
| no-morph | 85.23 | 82.43 | 99.8 |
| all-morph | 86.52 | 83.69 | 99.5 |
| sync | 86.41 | 83.66 | 99.6 |
| naive | 86.52 | 83.69 | 99.5 |
| cpd | 86.30 | 83.30 | 99.2 |
| base | 86.52 | 83.69 | 99.5 |
| Max Violation | 85.98 | 83.49 | 99.5 |
| Early Update | 86.52 | 83.69 | 99.5 |

| Dev(tags prédits) | | | |
|---|---|---|---|
| Expérience | F≤ 40 | F | Cov |
| K=2 | 83.24 | 80.42 | 98.9 |
| K=4 | 84.32 | 81.34 | 99.4 |
| K=8 | 84.43 | 81.79 | 99.8 |
| K=16 | 84.59 | 81.94 | 99.8 |
| no-morph | 83.68 | 81.05 | 99.8 |
| all-morph | 84.32 | 81.34 | 99.4 |
| sync | 84.06 | 81.14 | 99.9 |
| naive | 84.32 | 81.34 | 99.4 |
| cpd | 83.84 | 81.17 | 99.0 |
| base | 84.32 | 81.34 | 99.4 |
| Max Violation | 83.42 | 80.56 | 99.5 |
| Early Update | 84.32 | 81.34 | 99.4 |

| **Test (tags donnés)** | F≤ 40 | F | Cov | F(cpd) |
|---|---|---|---|---|
| K=4 | 87.02 | 83.99 | 99.7 | 77.48 |
| K=8 | 87.14 | 84.20 | 99.8 | 77.26 |
| Berkeley | 86.44 | 83.96 | 99.9 | 73.38 |
| **Test (tags prédits)** | F≤ 40 | F | Cov | F(cpd) |
| K=4 | 84.03 | 80.98 | 99.7 | 69.39 |
| K=8 | 84.33 | 81.43 | 99.8 | 70.26 |
| Berkeley | 83.16 | 80.73 | 99.9 | 69.32 |
| **Test (texte brut)** | F≤ 40 | F | Cov | F(cpd) |
| Berkeley | 83.59 | 81.33 | 99.9 | 70.25 |

TABLE 3 – Résultats expérimentaux

Il est par contre plus surprenant de constater le résultat nul concernant la synchronisation de l'analyseur. La version naïve se comporte même un peu mieux que la version explicitement synchronisée. Il est possible que le jeu de gabarits qui a été mis au point principalement sur le modèle d'exécution naïf procure un avantage à ce dernier.

On remarque que le modèle comportant une grammaire locale spécifique aux mots composés $G_m^{(cpd)}$ a une couverture plus faible que la grammaire $G_m^{(base)}$. Par contre on remarque qu'il est significativement plus rapide $(t_\mu = 0.04s, t_{\max} = 0.2s)$ . La grammaire est plus contrainte et l'automate comporte moins d'états de succès. On pense travailler à l'avenir pour définir une méthode de recherche de solutions garantissant la complétude de l'algorithme d'analyse pour permettre de combiner la grammaire générale avec des grammaires locales pour mots composés (ou entités nommées par exemple).

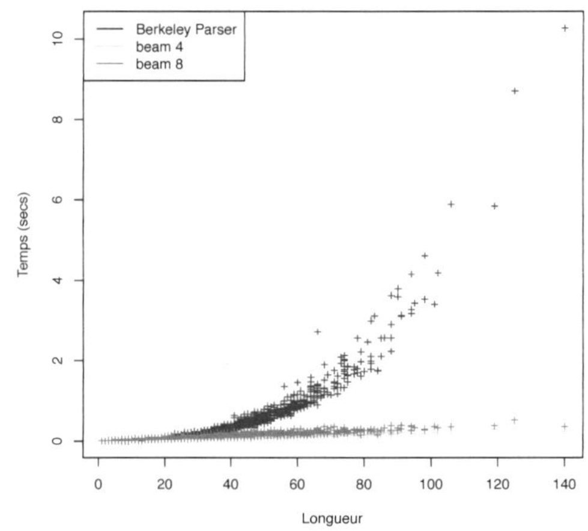


FIGURE 8 – Temps d'analyse

En ce qui concerne, la méthode de mise à jour, l'observation principale concerne la courbe d'apprentissage. L'algorithme converge beaucoup plus vite pour la méthode *Max Violation* (entre 10 et 15 itérations contre 25-30 pour *Early update*). Par contre la méthode *Max Violation* a une tendance au surentrainement encore plus prononcée que *Early Update*, ce qu'il faut améliorer à l'avenir.

# 8 Conclusion

À notre connaissance, l'article propose le premier algorithme d'analyse syntaxique déterministe en constituants pour le langage naturel guidé par un automate LR et pondéré par un modèle discriminant. L'article montre que l'usage d'un modèle d'analyse très expressif, qui permet notamment de capturer des informations morphologiques, est rendu très efficace par l'usage d'une approximation heuristique. Celle-ci permet d'obtenir une exécution en temps linéaire tout en obtenant des résultats état de l'art en exactitude pour l'analyse syntaxique du français. La suite des travaux va porter principalement sur l'intégration d'une construction sémantique conjointe à l'analyse syntaxique et sur l'intégration de ressources exogènes dans le modèle d'analyse dans le but de créer un analyseur sémantique capable d'analyser efficacement de gros volumes de données textuelles issues du web.

# Remerciements

L'auteur remercie Maximin Coavoux qui a contribué au développement, Benoît Sagot pour ses encouragements et les diverses discussions ayant permis de clarifier le propos, et finalement Djamé Seddah pour son aide sur les données.

# Références

ABEILLÉ A., CLÉMENT L. & TOUSSENEL F. (2003). Building a treebank for French. In *Treebanks*. Kluwer.

AHO A. V., SETHI R., ULLMAN J. D. & LAM M. S. (2006). *Compilers : Principles, Techniques, and Tools*. Addison Wesley.

ARUN A. & KELLER F. (2005). Lexicalization in crosslinguistic probabilistic parsing : The case of French. In *Association for Computational Linguistics*.

CANDITO M. & CRABBÉ B. (2009). Improving generative statistical parsing with semi-supervised word clustering. In *Proceedings of International Workshop on Parsing Technologies (IWPT)*.

CHARNIAK E. (2000). A maximum-entropy-inspired parser. In *North American Association for Computational Linguistics*.

CHARNIAK E. & JOHNSON M. (2005). Coarse-to-fine n-best parsing and maxent discriminative reranking. In *Proceedings of the 43rd Annual Meeting of the Association for Computational Linguistics (ACL'05)*.

COLLINS M. (2002). Discriminative training methods for hidden markov models : Theory and experiments with perceptron algorithms. In *Proceedings of the Conference on Empirical Methods in Natural Language Processing (EMNLP)*.

COLLINS M. (2003). Head-driven statistical models for natural language parsing. *Computational Linguistics*, **29**(4).

CRABBÉ B. & CANDITO M. (2008). Expériences d'analyses syntaxique statistique du français. In *Actes deTALN 2008*.

FINKEL J. R., KLEEMAN A. & MANNING C. D. (2008). Efficient, feature-based, conditional random field parsing. In *Proceedings of the Association for Computational Linguistics*.

GAZDAR G., KLEIN E., PULLUM G. K. & SAG I. A. (1985). *Generalized Phrase Structure Grammar*. Cambridge, MA : Harvard University Press and Oxford : Basil Blackwell's.

HUANG L., FAYONG S. & GUO Y. (2012). Structured perceptron with inexact search. In *North American Association for Computational Linguistics*.

HUANG L. & SAGAE K. (2010). Dynamic programming for linear-time incremental parsing. In *Proceedings of the 48th Annual Meeting of the Association for Computational Linguistics*.

KNUTH D. (1965). On the translation of languages from left to right. *Information and Control*, **8**(6).

MIRROSHANDEL S. A., NASR A. & SAGOT B. (2013). Enforcing subcategorization constraints in a parser using subparses recombining. In *Conference of the North American Chapter of the Association for Computational Linguistics*.

NEDERHOF M.-J. & SATTA G. (2010). Algorithmic aspects of natural language processing. In M. ATALLAH & M. BLANTON, Eds., *Algorithms and Theory of Computation Handbook*. CRC press.

PETROV S., BARRETT L., THIBAUX R. & KLEIN D. (2006). Learning accurate, compact, and interpretable tree annotation. In *Proceedings of the 21st International Conference on Computational Linguistics and 44th Annual Meeting of the Association for Computational Linguistics*, Sydney, Australia : Association for Computational Linguistics.

SAGAE K. & LAVIE A. (2006). A best-first probabilistic shift-reduce parser. In *Proceedings of the COLING/ACL*.

SEDDAH D., CHRUPALA G., CETINOGLU O., VAN GENABITH J. & CANDITO M. (2010). Lemmatization and lexicalized statistical parsing of morphologically rich languages : the case of French. In *Proceedings of the NAACL HLT 2010 First Workshop on Statistical Parsing of Morphologically Rich Languages*.

SEDDAH D., TSARFATY R., KÜBLER S., CANDITO M., CHOI J. D., FARKAS R., FOSTER J., GOENAGA I., GOJENOLA GALLETEBEITIA K., GOLDBERG Y., GREEN S., HABASH N., KUHLMANN M., MAIER W., NIVRE J., PRZEPIÓRKOWSKI A., ROTH R., SEEKER W., VERSLEY Y., VINCZE V., WOLIŃSK M., WRÓBLEWSKA A. & VILLEMONTE DE LA CLERGERIE É. (2013). Overview of the SPMRL 2013 Shared Task : A Cross-Framework Evaluation of Parsing Morphologically Rich Languages. In *Proceedings of the Fourth Workshop on Statistical Parsing of Morphologically-Rich Languages*.

SHI Q., DROR G., LANGFORD J., SMOLA A. & VISHWANATHAN S. (2009). Hash kernels for structured data. *Journal of Machine Learning Research*, **10**.

SOCHER R., HUVAL B., MANNING C. D. & NG A. Y. (2012). Semantic compositionality through recursive matrix-vector spaces. In *Conference on Empirical Methods in Natural Language Processing*.

TOMITA M. (1985). An efficient context free parsing algorithm for natural language. In *International Joint Conference on Artificial Intelligence (IJCAI)*.

TOMITA M. (1988). Graph structured stack and natural language parsing. In *Proceedings of the Association for Computational Linguistics (ACL)*.

ZHANG Y. (2009). Transition-based parsing of the chinese treebank using a global discriminative model. In *Proceedings International Workshop on Parsing Technologies*.

ZHU M., ZHANG Y., CHEN W., ZHANG M. & ZHU J. (2013). Fast and accurate shift-reduce constituent parsing. In *Association for Computational Linguistics*.

# Détection automatique de la structure organisationnelle de documents à partir de marqueurs visuels et lexicaux

Jean-Philippe Fauconnier[1] Laurent Sorin[1] Mouna Kamel[1]
Mustapha Mojahid[1] Nathalie Aussenac-Gilles[1]
(1) IRIT, Université Paul Sabatier, 118 Route de Narbonne, 31062 Toulouse Cedex 9
{prénom}.{nom}@irit.fr

**Résumé.** La compréhension d'un texte s'opère à travers les niveaux d'information visuelle, logique et discursive, et leurs relations d'interdépendance. La majorité des travaux ayant étudié ces relations a été menée dans le cadre de la génération de textes, où les propriétés visuelles sont inférées à partir des éléments logiques et discursifs. Les travaux présentés ici adoptent une démarche inverse en proposant de générer automatiquement la structure organisationnelle du texte (structure logique) à partir de sa forme visuelle. Le principe consiste à (i) labelliser des blocs visuels par apprentissage afin d'obtenir des unités logiques et (ii) relier ces unités par des relations de coordination ou de subordination pour construire un arbre. Pour ces deux tâches, des *Champs Aléatoires Conditionnels* et un *Maximum d'Entropie* sont respectivement utilisés. Après apprentissage, les résultats aboutissent à une exactitude de 80,46% pour la labellisation et 97,23% pour la construction de l'arbre.

**Abstract.** The process of understanding a document uses both visual, logic and discursive information along with the mutual relationships between those levels. Most approaches studying those relationships were conducted in the frame of text generation, where the text visual properties are infered from logical and discursive elements. We chose in our work to take the opposite path by trying to infer the logical structure of texts using their visual forms. To do so, we (i) assign a logical label to each visual block and (ii) we try to connect those logical units with coordination or subordination relationships, in order to build a logical tree. We used respectively a *Conditional Random Fields* and a *Maximum Entropy* algorithms for those two tasks. After a learning phase, the obtained models give us a 80,46% accuracy for task (i) and a 97,23% accuracy for task (ii).

**Mots-clés :** discours, structure organisationnelle, mise en forme matérielle, marqueurs métadiscursifs, champs aléatoires conditionnels, maximum d'entropie.

**Keywords:** discourse, organizational structure, text formating, metadiscursive markers, conditional random fields, maximum entropy.

## 1 Introduction

La construction automatique de la structure de documents constitue un enjeu majeur en Traitement Automatique du Langage (TAL). En effet, les traitements des modules actuels (e.g : étiquetage morpho-syntaxique, reconnaissance d'entités nommées, etc.) opèrent généralement à un niveau de granularité qui ne prend pas en compte les phénomènes se déroulant au niveau supérieur, tels que les relations entre les sections, titres, paragraphes, etc. (Marcu, 2006). Or, une approche plus globale des textes paraît être une étape nécessaire pour améliorer l'accessibilité des documents (Sorin *et al.*, 2013), la navigation intra-documentaire (Couto *et al.*, 2004), le résumé automatique (Bossard, 2009) ainsi que l'extraction d'information (Fauconnier *et al.*, 2013).

Nous partons du constat qu'un texte peut être segmenté selon trois structures : (i) *la structure visuelle* (segmentation en pages, blocs visuels, etc.), (ii) *la structure logique* (segmentation en titres, paragraphes, etc.), et (iii) *la structure discursive* (segmentation en unités élémentaires et complexes du discours). Les frontières entre ces structures ne sont pas nettement établies dans la littérature. Toutefois, il est admis que ces structures s'échelonnent graduellement dans la compréhension d'un texte et entretiennent des relations complexes d'interdépendance. Par exemple, la mise en forme spatiale d'un texte a des répercussions sur l'interprétation de sa structure logique (Virbel *et al.*, 2005), et une relation logique de coordination entre deux items d'une structure hiérarchique implique une relation rhétorique spécifique (Vergez-Couret *et al.*, 2011).

L'analyse des structures de documents est un sujet traité au sein de la communauté de l'*Analyse de Documents* (conférences ICDAR, IJDAR, etc.). Généralement, cette tâche est vue comme un problème d'analyse syntaxique et un arbre ordonnant les unités du document est attendu en sortie (Mao *et al.*, 2003). Deux domaines sont considérés : l'analyse géométrique (Tokuyasu & Choub, 2001) et l'analyse logique (Klink *et al.*, 2000). Toutefois, les représentations logiques obtenues ne sont souvent pas adaptées à une analyse fine au niveau discursif. Cette difficulté apparaît lorsque des objets textuels complexes conjuguent à la fois mise en forme matérielle et phénomènes discursifs (e.g : structures hiérarchiques imbriquées, définitions, etc.). En outre, les labels logiques ne sont pas toujours fins (Aiello *et al.*, 2002) et il n'existe pas de consensus sur les valeurs qu'ils peuvent prendre. Cela s'explique notamment par un intérêt portant davantage sur l'analyse géométrique (Paaß & Konya, 2012), plus compliquée pour les documents historiques, les lettres, etc., et non sur la construction d'une structure logique en lien avec la structure discursive.

Au sein de la communauté TAL, les dernières années ont montré un intérêt pour les documents (Péry-Woodley & Scott, 2006) et plusieurs approches pour la structuration de ceux-ci en lien avec le discours ont été proposées. Citons la *Document Structure* (Power *et al.*, 2003), le système $DArt_{bio}$ (Bateman *et al.*, 2001) et le *Modèle d'Architecture Textuelle* (Luc & Virbel, 2001). Ces trois approches reposent sur la *Rhetorical Structure Theory* (RST) (Mann & Thompson, 1988). Cependant, bien que ces approches offrent des cadres théoriques poussés, elles ont pour vocation dans leurs implémentations actuelles la génération automatique de textes. L'élaboration de la structure visuelle est généralement faite au travers d'une correspondance entre les structures logiques et discursives données en entrée. À notre connaissance, il n'existe pas d'implémentation opérant le procédé inverse dans une optique discursive.
Notons que d'autres recherches ont visé à produire une structuration des textes dans l'étude de phénomènes locaux, telles que les ruptures thématiques (Choi, 2002; Couto *et al.*, 2004) ou encore les structures fines de texte (Hernandez & Grau, 2005). Cependant, ces approches ne traitent pas la structuration hiérarchique du document dans sa globalité. À l'inverse, (Ratté *et al.*, 2007) proposent un système symbolique pour l'analyse de documents, mais se limitent aux titres, aux chapitres et aux énumérations de premier niveau (non imbriquées) sans proposer de liens entre ces éléments.

Dans ce travail, nous proposons une représentation en arbre du document au travers de relations métadiscursives, appelée structure organisationnelle. Ces relations sont dites métadiscursives car elles ne dépendent pas du contenu propositionnel des unités logiques qu'elles lient (e.g : titres, paragraphes, items, citations, etc.). Nous représentons ces relations par deux relations de dépendance : la subordination et la coordination. L'avantage premier de cette représentation réside dans la détermination du rôle joué par les éléments logiques dans l'ensemble du document. Par exemple, un élément labellisé comme paragraphe peut avoir un rôle d'item dans une structure plus large. Ceci ouvre notamment la voie à une tâche ultérieure visant la reconnaissance de phénomènes complexes agençant plusieurs unités (e.g : structures hiérarchiques à imbrications multiples, etc.). Pour construire cet arbre, notre méthode prend en entrée des documents PDF préalablement traités par une analyse géométrique avec l'outil LA-PDFText (Ramakrishnan *et al.*, 2012) et procède en deux étapes : (i) la reconnaissance des unités logiques au sein des documents et (ii) la construction de l'arbre liant ces unités logiques.

Dans la section 2, nous décrivons les différentes structures et les situons dans les approches existantes. L'arbre en dépendance est décrit en section 3. Nous présentons le corpus en section 4. Les étapes de traitement sont décrites en section 5 et évaluées en section 6. Une discussion est proposée en section 7. Enfin, nous concluons ce travail sur quelques perspectives.

## 2 Définitions et modèles pour la structuration de documents

Bien que la majorité des travaux s'accorde sur le fait que plusieurs niveaux de structuration existent (visuel, logique et discursif), il n'existe pas de véritable consensus quant aux frontières entre ces niveaux. Nous proposons de définir ces structures et ajoutons la notion de **structure logique profonde** qui correspond à notre structure organisationnelle (Section 2.1). Ensuite, nous montrons dans quelle mesure celle-ci s'intègre dans l'un des modèles préexistants en structuration de documents liés au discours (Section 2.2).

### 2.1 Définitions des structures

Nous définissons la **structure visuelle** d'un document comme la forme visuelle dans laquelle il apparaît. Les unités visuelles sont identifiées par des indices de nature typographique ou dispositionnelle qui peuvent suivre une convention liée au support, au moyen de production ou au mode divulgation du document. L'*unité élémentaire* est l'alinéa, c'est-à-dire un segment textuel encadré par deux moyens dispositionnels (e.g : retours à la ligne, etc.). Plusieurs alinéas peuvent composer un bloc visuel, dit aussi *unité visuelle complexe*, lorsque l'écart les séparant est plus petit ou égal à l'interligne.

La **structure logique** d'un document se définit comme un niveau abstrait ordonnant le document en *unités logiques élémentaires* et *unités logiques complexes*. Ces unités sont dites logiques, car elles participent à la compréhension du texte en y jouant un rôle métadiscursif, c'est-à-dire indépendant de leur contenu propositionnel. À ce niveau, nous posons pour les besoins de l'analyse deux sous-structures dont la distinction est graduelle :

— La **structure logique de surface** d'un document est composée d'*unités logiques élémentaires*. Ces unités peuvent être un titre, un paragraphe, une note de bas de page, une citation, une référence bibliographique, mais aussi l'alinéa. À ce niveau, le nom de chacune de ces unités dénote le rôle métadiscursif (ou son absence pour l'alinéa) qu'elle joue dans le texte. Cette liste correspond en partie à ce qui est proposé dans les langages de balisage tels que HTML ou LaTeX, où une distinction est faite entre contenu et mise en forme. Pour des raisons pratiques, ces langages permettent de représenter l'alinéa sans pour autant qu'il soit balisé. Notons que (Power *et al.*, 2003) proposent une description des liens entre la *structure logique de surface* et les langages de balisage.

— La **structure logique profonde** correspond à la **structure organisationnelle** d'un document. Celle-ci ordonne les unités logiques élémentaires en *unités logiques complexes* et correspond à l'organisation du document telle que voulue par son auteur. Les unités complexes peuvent être des sections, des structures hiérarchiques, etc., et peuvent s'imbriquer, se chevaucher ou encore se superposer. Au sein de cette structure, un phénomène de changement de rôle peut apparaître. Une unité considérée comme paragraphe lorsqu'elle est prise isolément peut endosser le rôle d'item au sein d'une structure hiérarchique. Ceci survient lorsque ce paragraphe n'est pas mis en forme comme un item et présente des connecteurs tels que « Premièrement », « Deuxièmement », etc. À ce niveau, les unités entretiennent entre elles des relations complexes que nous qualifions de métadiscursives.

Enfin, la **structure discursive** d'un document est la structure qui ordonne son *message*. Les *unités élémentaires* et *complexes* de discours sont liées les unes aux autres par des relations rhétoriques (Mann & Thompson, 1988; Asher, 1993). Il existe une interdépendance forte entre les unités de discours et les unités logiques, car le contexte d'apparition d'une unité influence le rôle qu'elle joue dans la compréhension d'un texte.

## 2.2 Modèles pour la structuration de documents

Bien qu'initialement orientées pour la génération de textes, les trois approches présentées ci-dessous proposent un cadre théorique utile pour l'analyse de la structuration de documents :

La *Document Structure* de (Power *et al.*, 2003) est définie comme un niveau abstrait et séparé dans la description d'un document. Ce niveau logique se positionne entre la *représentation physique*, qui correspond à la structure visuelle, et le *message*, qui correspond à la structure discursive. Cette théorie voit son origine dans la *Text-grammar* de (Nunberg, 1990) qui différencie la *phrase syntaxique* (contrainte par la grammaire syntaxique) de la *phrase textuelle* (chaîne de caractères commençant par une majuscule et se terminant par un point). La *Document Structure* étend cette distinction et propose plusieurs *unités abstraites* dont l'unité élémentaire est équivalente à l'alinéa. Ces unités sont hiérarchisées selon des critères de composition et forment pour chaque document un arbre en constituants.

Le système de génération automatique de biographies $\text{DArt}_{\text{bio}}$ proposé par (Bateman *et al.*, 2001) repose sur un modèle distinguant aussi représentation physique (*page layout*), structure logique (*layout structure*) et structure discursive (*rhetorical structure*). La *layout structure* diffère de la *Document Structure* principalement en deux points : (i) le bloc est le seul type d'unité considéré et (ii) l'ordonnancement des blocs ne repose pas sur des critères de composition. Le cadre théorique est riche (e.g : mise en forme avec images, tables, etc.), mais difficilement utilisable hors du contexte des biographies.

Le *Modèle d'Architecture Textuelle* (MAT) (Luc & Virbel, 2001) a pour vocation de représenter les phénomènes architecturaux des textes au travers d'un métalangage Harrissien (Harris, 1971). Ce métalangage permet d'organiser des *objets textuels*, définis comme des segments rendus perceptibles à la surface du texte. Par exemple, la métaphrase suivante :

*L'auteur intitule texte(1) par un titre identifié en titre(1)*

indique que l'*objet textuel* identifiée comme *titre(1)* endosse le rôle métadiscursif de titre pour *texte(1)*. L'ensemble des métaphrases forment un *graphe architectural* et correspond à la structure logique (de surface et profonde). Le choix des objets textuels et des relations se fait avec la *mise en forme matérielle* qui regroupe les propriétés de réalisation d'un texte.

Nous pensons que le MAT est le modèle le plus apte à représenter la structure organisationnelle. Bien que ce modèle soit nativement orienté vers la génération de textes, il reste un modèle ouvert permettant la description d'*unités logiques complexes* hiérarchiques et transversales. De plus, contrairement à (Power *et al.*, 2003) et (Bateman *et al.*, 2001), une correspondance est faite entre les marqueurs de *mise en forme matérielle* et l'*architecture textuelle* (structure logique).

Ces marqueurs, dits métadiscursifs, se réalisent sous trois formes : (i) les marqueurs dispositionnels tels que les retours à la ligne, les retraits, etc., (ii) les marqueurs typographiques tels que les puces, les numérotations, etc., et (iii) les marqueurs lexicaux correspondant notamment aux marqueurs d'intégration linéaire (MIL) (e.g :« Premièrement », « Deuxièmement », etc.). Ces trois formes peuvent être combinées dans la réalisation d'une même unité logique. Notons qu'une équivalence existe entre la dernière famille et les *introducteurs de cadres* de (Charolles, 1997). Dans la suite, nous utilisons le MAT comme cadre théorique et employons les marqueurs décrits dans ce modèle pour l'analyse de documents.

## 3 Représentation hiérarchique de la structure organisationnelle

Nous représentons la structure organisationnelle par un arbre en dépendance organisant hiérarchiquement les *unités logiques élémentaires*, telles que les titres, les paragraphes, les items, etc. (Section 2.1). De manière comparable aux travaux de (Choi, 2002) et (Hernandez & Grau, 2005) sur les énoncés, nous proposons de représenter les relations entre unités par des relations de *subordination* et de *coordination*. Une même relation de subordination est partagée par deux unités coordonnées. Et nous posons le nœud factice *texte* comme racine de l'arbre.
Le principe de dépendance suivi consiste à articuler ensemble les unités qui apparaissent liées dans la cohésion du document. Le choix d'une relation entre deux unités se fait sur la base du changement de niveau dans le texte et, parallèlement, par la présence des marqueurs métadiscursifs qui le marquent. Une relation de subordination désigne une descente dans la structure du document, et une relation de coordination lie deux unités partageant le même niveau et le même label.

Cette représentation a l'avantage d'être indépendante de l'ordre *a priori* entre les labels logiques des nœuds. Un élément considéré comme paragraphe peut être subordonné à un item s'il comporte des indices lexicaux qui indiquent cette dépendance. Également, cette représentation ouvre la voie à l'identification ultérieure de phénomènes complexes (e.g : structures hiérarchiques à niveaux multiples, etc.) par parcours d'arbre. Enfin, l'intégration au graphe architectural du MAT sous la forme d'un sous-arbre permettra de typer finement les phénomènes extraits. Toutefois, notons que la représentation proposée dans ce travail est un modèle simplifié et la sémantique réelle des relations n'est pas traitée ici. Citons néanmoins les travaux de (Bouayad-Agha *et al.*, 2000) et (Lüngen *et al.*, 2010) qui abordent cette problématique.

Dans la figure 1, nous proposons deux exemples de correspondance entre un document et sa structure organisationnelle. Dans chacun d'eux, le document est représenté par un schéma où les paragraphes débutent par une majuscule, les items par une puce et les titres sont numérotés. Dans l'arbre, les relations de subordination sont représentées par des arcs continus et les relations de coordination par des arcs en pointillé.

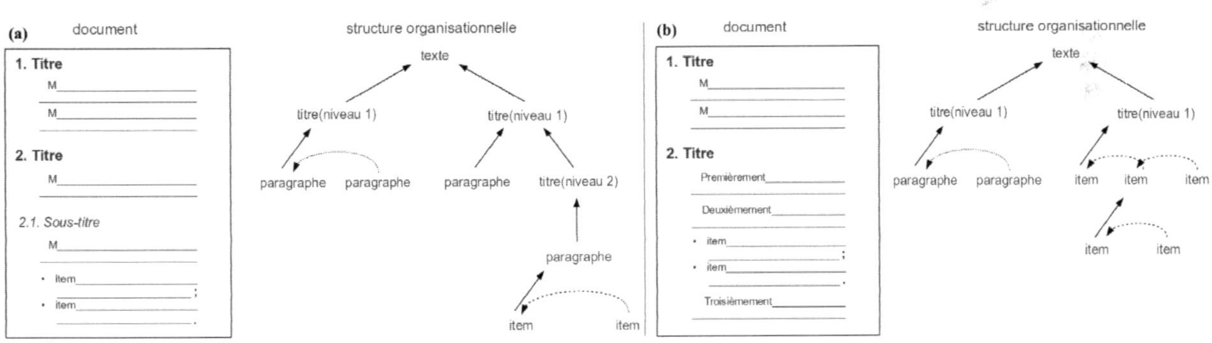


FIGURE 1 – Correspondances entre documents et structures organisationnelles

L'exemple (a) présente une organisation hiérarchique prenant en compte la titraille, ainsi qu'une structure multi-échelle. Une structure multi-échelle, définie par (Ho-Dac *et al.*, 2010), est une *unité logique complexe* qui peut apparaître à tous les niveaux du documents (intra-paragraphique [1], multi-paragraphique, sous-section, section, etc.). Elle se compose d'une amorce, d'une énumération comprenant au-moins deux items, et optionnellement d'une clôture. En organisant leurs items au sein d'une relation d'égalité selon un critère de *coénumérabilité* (implicite ou explicite), les structures multi-échelles participent à la *cohésion textuelle* (Péry-Woodley *et al.*, 2011). Dans (a), la structure multi-échelle est mise en forme visuellement par des indices dispositionnels (les retraits) et des indices typographiques (les puces). L'exemple (b) montre deux structures multi-échelles imbriquées. La première présente des items qui localement endossent le rôle de paragraphe et qui sont introduits par des marqueurs lexicaux. La seconde, qui est imbriquée, est mise en forme comme dans (a).

1. Les structures multi-échelles intra-paragraphiques ne sont pas traitées dans le cadre de ce travail.

# 4 Construction d'un corpus enrichi visuellement et logiquement

Dans l'objectif d'implémenter des approches par apprentissage supervisé, il a d'abord été nécessaire de construire un corpus riche en marqueurs visuels (typographiques et dispositionnels) et lexicaux. Les corpus LING et GEOP, inclus dans le corpus ANNODIS (Péry-Woodley *et al.*, 2011), ont été choisis comme point de départ car ils présentent deux propriétés : (i) une représentation native au format PDF et (ii) une annotation des structures multi-échelles.

Le corpus LING est constitué de 25 articles scientifiques issus des actes du CMLF 2008 [2]. Le corpus GEOP est constitué de 21 [3] rapports/articles de l'IFRI [4]. Ces deux corpus permettent d'expérimenter deux terrains spécifiques. Au niveau de la structure visuelle, LING présente une mise en forme unifiée (convention du CMLF), alors que GEOP présente des documents très hétérogènes. Au niveau de la structure organisationnelle, LING est relativement complexe, présentant notamment de nombreuses structures multi-échelles imbriquées, tandis que GEOP est plus linéaire.

Nous avons enrichi semi-automatiquement ces corpus par des annotations relatives à (1) leur structure visuelle, (2) leur structure logique de surface et, enfin, (3) leur structure logique profonde. Ce travail a été réalisé en trois étapes successives :

(1) Les documents au format PDF ont été segmentés en blocs visuels en utilisant la segmentation automatique proposée par l'outil LA-PDFText (Ramakrishnan *et al.*, 2012). Cette analyse géométrique repose sur un algorithme qui calcule la proximité entre blocs de mots en prenant en compte leur position mais aussi leurs caractéristiques typographiques locales (fonte, police). Une fois qu'un seuil calculé automatiquement pour chaque page est dépassé, deux blocs de mots sont agrégés. Selon ce principe, cet algorithme segmente de manière ascendante chaque page en une série de blocs visuels.
Toutefois, les blocs proposés par cet outil présentant de nombreuses erreurs (e.g : des paragraphes coupés en deux, inversions dans les blocs, notes de bas de page agglomérées, etc.), un traitement manuel de l'ensemble du corpus a été effectué. Au terme de cette étape, chacun des blocs visuels contenus dans les documents est caractérisé dispositionnellement et, lorsqu'il s'agit d'un mot, typographiquement. La figure 2 présente un extrait du corpus, où les attributs $(x_1, y_1)$ et $(x_2, y_2)$ représentent respectivement les coordonnées (en pixels) du coin supérieur gauche d'un bloc et de son coin inférieur droit.

```
<page x1="70" y1="71" x2="524" y2="806">
  <chunk x1="70" y1="346" x2="524" y2="360">
    <word x1="106" y1="346"... font="Arial" style="16pt;Bold">Le</Word>
    <word x1="135" y1="346"... font="Arial" style="16pt;Bold">sens</Word>
      ...
  </chunk>
</page>
```

FIGURE 2 – Exemple XML des propriétés visuelles d'un document

(2) Chaque bloc visuel a été annoté avec un label logique élémentaire. Les labels choisis ici sont les titres (de niveau 1 à 3), les paragraphes, les items, les citations, les en-têtes et les pieds de page, les bylines [5], les notes de bas de page et, enfin, les références bibliographiques. Un label *autres* a été choisi pour classer par défaut les blocs non textuels (e.g : images, tables, etc.). Cette étape de classification des blocs visuels comprend deux temps. Premièrement, une annotation a été réalisée avec l'algorithme de similarité textuelle décrit dans (Myers, 1986) en associant les labels logiques du corpus ANNODIS originel aux blocs visuels de notre corpus. Deuxièmement, à l'aide d'une interface en ligne de commande, les labels non traités dans ANNODIS (e.g : en-têtes, notes de bas de page, etc.) ont été ajoutés manuellement.
Au terme de cet enrichissement, des différences significatives (calculées par un $\chi^2$ avec un $\alpha$ à 0,001) apparaissent dans les distributions de labels de LING et GEOP (Tableau 1). Le caractère linguistique de LING implique un plus grand nombre d'items (dont 210 dédiés à l'énumération d'exemples linguistiques tirés de corpus). Son caractère académique implique aussi un grand nombre de citations et de références bibliographiques. Le caractère visuellement hétérogène de GEOP s'observe au travers du grand nombre d'en-têtes et pieds de page, ainsi que dans la présence de nombreuses unités appartenant à la classe *autres* (images et diagrammes). De manière transversale, le paragraphe est l'unité la plus représentée, légèrement en plus grand nombre dans GEOP dont les articles se veulent plus littéraires.

(3) Les deux corpus ont été enrichis par la structure organisationnelle des documents. Cet enrichissement a été effectué en deux temps. Premièrement, des arbres hiérarchiques en dépendance ont été générés à partir d'une grammaire formelle décrivant les relations *a priori* entre les unités logiques élémentaires. Par exemple, un item est subordonné au paragraphe

2. Congrès Mondial de Linguistique Française
3. Sur les 32 articles de GEOP, 21 ont été sélectionnés car considérés comme représentatifs des propriétés visuelles et logiques du corpus.
4. Institut Français de Relations Internationales
5. Le terme byline est un terme générique utilisé pour désigner les lignes de texte en début de document consacrées à l'auteur, sa position et la date.

| | h(1,2,3) | para. | item | cit. | en-tête | pied p. | byline | note p. | bibl | autres | Total |
|---|---|---|---|---|---|---|---|---|---|---|---|
| LING | 304 | 1241 | 380 | 123 | 45 | 16 | 80 | 394 | 1173 | 82 | 3838 |
| Moy. | 12,1 | 49,6 | **15,2** | **4,9** | 1,8 | 0,6 | 3,2 | 15,7 | **46,9** | 3,2 | 153,5 |
| GEOP | 241 | 1189 | 72 | 1 | 171 | 257 | 122 | 398 | 25 | 195 | 2671 |
| Moy. | 11,4 | 56,6 | 3,4 | 0,05 | **8,1** | **12,2** | 5,8 | 18,9 | 1,1 | **9,2** | 127,1 |
| Total | 545 | 2430 | 452 | 124 | 216 | 273 | 202 | 792 | 1198 | 277 | 6509 |
| Couv.% | 8,37 | **37,33** | 6,94 | 1,91 | 3,32 | 4,19 | 3,10 | 12,17 | 18,41 | 4,26 | 100% |

TABLE 1 – Distributions des labels logiques au sein de LING et GEOP

qui le précède et deux items contigus sont coordonnés. Deuxièmement, les structures multi-échelles du corpus ANNODIS ont été ajoutées manuellement dans ces arbres. Ainsi, deux paragraphes introduits par des marqueurs d'intégration linéaire peuvent jouer le rôle d'item au sein d'une structure multi-échelle et être subordonnés à un paragraphe apparu précédemment dans le texte endossant le rôle d'amorce.

Le travail de cette troisième étape s'est concentré sur l'étude des relations de dépendance entre les unités logiques élémentaires suivantes : titre, paragraphe, item, citation, référence bibliographique et, enfin, byline. Il nous est apparu que, bien que les en-têtes, les pieds de page et les notes de bas de page participent à la structure organisationnelle des documents, ces unités pouvaient faire l'objet de traitements différenciés, car hors du corps de texte.

Au terme de cette étape, une différence significative apparaît ($\chi^2$ avec $\alpha$ à 0,001) : LING présente des structures organisationnelles beaucoup plus riches avec de nombreuses relations de subordination et de coordination (Tableau 2). Cette différence avec GEOP s'explique encore une fois par le caractère linguistique, pour les subordinations entre paragraphes et exemples linguistiques, et académique, pour les coordinations entre références bibliographiques.

| | subordination | coordination | Total |
|---|---|---|---|
| LING | 714 | 2467 | 3181 |
| Moy. | **28,56** | **98,68** | 127,24 |
| GEOP | 391 | 1029 | 1420 |
| Moy. | 18,62 | 49 | 67,62 |
| Total | 1105 | 3496 | 4601 |
| Couv.% | 0,24 | 0,76 | 100% |

TABLE 2 – Distributions des relations de dépendance au sein de LING et GEOP

Notons que, conformément à la licence Creative Commons By-NC-SA 3.0 de ANNODIS, les versions enrichies de LING et GEOP décrites dans cet article sont partagées selon les mêmes conditions [6].

## 5 Deux tâches pour la détection de la structure organisationnelle

Afin de construire l'arbre correspondant à la *structure organisationnelle* des documents, nous avons décomposé le problème en deux tâches séquentielles :

- **Tâche 1** : labellisation des *blocs visuels* issus de LA-PDFText avec les labels des unités logiques élémentaires (décrites en Section 4) au moyen de marqueurs visuels. Chaque séquence de labels pour un document obtenue en sortie est alors considéré comme la structure logique de surface de ce document.
- **Tâche 2** : construction avec un parseur *shift-reduce* de l'arbre en dépendance reliant les unités logiques élémentaires par les relations *subordination* et *coordination* au moyen de marqueurs visuels et lexicaux, et des labels issus de la Tâche 1. L'arbre en dépendance en sortie est alors considéré comme la structure logique profonde.

Ces deux tâches utilisent respectivement un *Conditional Random Fields* (CRFs), proposé par (Lafferty *et al.*, 2001), et une *régression logistique multinomiale*, introduite en TAL par (Berger *et al.*, 1996) sous le nom de *Maximum d'Entropie* (MaxEnt). Ces deux modèles sont des modèles discriminants, exponentiels et probabilistes qui permettent d'associer à une observation $x$ sa probabilité d'appartenance à un label $y$, noté $p(y|x)$. Ces deux modèles sont proches, toutefois une différence réside dans le paradigme d'apprentissage ; le CRFs est un modèle graphique et apprend sur des séquences

6. http://github.com/jfaucon/corpus-LING_GEOP

d'observations $X = (x_1, x_2, \ldots, x_t)$ où il peut exister une dépendance statistique entre les labels $Y = (y_1, y_2, \ldots, y_t)$ associés à chaque séquence. Le MaxEnt modélise la probabilité conditionnelle pour une paire $(x, y)$ unique.

**Tâche 1**. Nous utilisons un CRFs linéaire pour modéliser les dépendances entre les labels logiques $y_t$ et $y_{t-1}$ de deux blocs visuels contigus, ainsi que des informations locales riches sur chaque bloc. La prise en compte des dépendances entre labels est particulièrement adaptée pour capturer et généraliser l'ordre des blocs dans les séquences de documents. Par exemple, un titre est souvent suivi d'un paragraphe, et une référence bibliographique se situe généralement en fin de séquence. Dans sa version du premier ordre, un *champ conditionnel aléatoire* (CRF) prend la forme :

$$p_\theta(y|x) = \frac{1}{Z_\theta(x)} \exp\left(\sum_{k=1}^{K} \theta_k f_k(y_t, y_{t-1}, x_t)\right) \tag{1}$$

**Tâche 2**. Nous utilisons conjointement un parseur *shift-reduce* et un MaxEnt pour modéliser la probabilité conditionnelle d'une paire $(x, y)$ où $x$ est une transition entre deux *unités logiques élémentaires* contiguës et $y$ est l'ensemble $\{$subordination, coordination, $\varnothing\}$. Le MaxEnt est un modèle plus adapté aux situations où les distributions sont asymétriques (Malouf, 2002), comme c'est le cas avec la distribution des relations de dépendance. Le MaxEnt prend la forme :

$$p_\theta(y|x) = \frac{1}{Z_\theta(x)} \exp\left(\sum_{k=1}^{K} \theta_k f_k(y, x)\right) \tag{2}$$

Dans les deux modèles, $Z_\theta(x)$ est une constante de normalisation qui assure que la somme des probabilités égale 1, ainsi $Z_\theta(x)$ assure pour le CRF $\sum_y p_\theta f(y_t, y_{t-1}, x) = 1$ et pour le MaxEnt $\sum_y p_\theta f(y, x) = 1$. À chacun des $K$ traits $f_k$ est associé un paramètre $\theta_k$ qui donne un poids quant à l'appartenance de $x$ à $y$.
Théoriquement, le problème dual du MaxEnt, où il s'agit de choisir sous des contraintes calculées à partir des traits la distribution maximisant l'entropie, est semblable à celui du CRFs qui maximise la somme des entropies sous des contraintes calculées identiquement (Ganapathi *et al.*, 2008)[7]. Dans la pratique, l'estimation du vecteur de paramètres $\theta$ s'effectue au travers de la maximisation, sans contraintes, de la log-vraisemblance pénalisée sur le corpus d'apprentissage $T$ $(x^{(i)}, y^{(i)})_{i=1}^{N}$. Ainsi, dans les deux modèles, l'estimateur $\hat{\theta}$ est obtenu en (3) par la maximisation de $\mathcal{L}(\theta)$ (4) :

$$\hat{\theta} = \underset{\theta \in \Theta}{\operatorname{argmax}}\, \mathcal{L}(\theta) \tag{3}$$

$$\mathcal{L}(\theta) = \frac{1}{N}\left[\sum_{n=1}^{N} \tilde{p}(x^{(i)}, y^{(i)}) \log p_\theta(y^{(i)}|x^{(i)})\right] - \alpha \cdot R(\theta) \tag{4}$$

où $\tilde{p}(x^{(i)}, y^{(i)})$ est la fréquence empirique observée dans $T$, $R(\theta)$ est un facteur de régularisation et $\alpha$ son coefficient. La propriété de convexité de $\mathcal{L}(\theta)$ assure qu'un *local optimum* est aussi le *global optimum*. Ainsi, une solution unique existe et différents algorithmes itératifs assurent la convergence vers cette dernière. Toutefois, le CRFs nécessite une phase d'inférence à chaque itération pour calculer le gradient de $\mathcal{L}(\theta)$, lié au calcul de la dépendance entre labels. Cette inférence est généralement réalisée avec l'algorithme *forward-backward*, qui présente néanmoins un coût élevé.
Dans notre travail, nous utilisons l'implémentation *crf.sourceforge.net*[8], que nous avons légèrement modifiée pour le support du MaxEnt et la lisibilité des sorties. Pour les deux modèles, nous régularisons $\mathcal{L}(\theta)$ selon la norme $L_2$ en posant $R(\theta) = \sum_{k=1}^{K} \theta_k^2$. Enfin, nous optimisons $\mathcal{L}(\theta)$ avec l'algorithme LM-BFGS, recommandé pour le MaxEnt par (Malouf, 2002) et pour le CRFs par (Sha & Pereira, 2003).

## 5.1 Tâche 1 : Labellisation des blocs visuels en unités logiques élémentaires

Pour cette tâche, l'objectif est d'attribuer un label logique aux blocs visuels issus de LA-PDFText sur la base de leurs propriétés de réalisation dans le document. L'hypothèse est double : (i) il est possible d'attribuer un label (e.g : titre, paragraphe, item, etc.) à un bloc visuel à partir de sa mise en forme et (ii) les documents présentent généralement leurs unités logiques selon une séquence générique (e.g : généralement un titre est suivi d'un paragraphe, etc.).

Par conséquent, nous avons défini deux familles de traits : les *traits locaux* qui portent sur les informations locales d'un bloc visuel et les *traits de séquence* qui donnent des informations relatives à la position d'un bloc visuel dans la séquence du document en cours d'apprentissage. Le tableau 3 propose un aperçu synthétique des traits de ces deux familles.

7. Ce problème dual est celui du modèle *Maximum Entropy Markov Models* (HMMs) (McCallum *et al.*, 2000) que le CRFs partage.
8. `http://crf.sourceforge.net`

Les traits locaux se veulent génériques. Ils utilisent des valeurs relatives à chaque document (e.g : une police apparaît majoritairement dans le document, il y a une indentation à gauche, etc.) à la place des valeurs absolues (e.g : une police de taille 10, un retrait de 40 pixels, etc.). Cette manière de procéder permet de se détacher en partie des conventions de mise en forme, qui varient selon le support, le moyen de production ou le mode de divulgation des documents, et d'éviter d'induire des biais dans l'apprentissage. Dans la pratique, ce travail de généralisation des traits nécessite une phase de pré-traitement pour chaque document. Cette phase calcule le mode des variables discrètes (e.g : marges, tailles des polices, etc.) et nominales telles que le style des polices (e.g : Times New Roman, Arial, etc.) ou la présence d'emphase.

| Familles | Traits | Informations capturées |
|---|---|---|
| Traits locaux | *marges* | Indentation à droite ou à gauche, centrage des blocs, absence d'indentation, etc. |
| | *polices* | Présence d'emphases (gras ou italique), taille de la police, etc. |
| | *typographie* | Présence de puces, de tirets, de numérotation, d'un « ; » ou « , » en fin de bloc, etc. |
| | *position* | Position verticale dans la page (haut, bas) et horizontale (droite, gauche). |
| | *ratios* | Ratios de la surface sur la taille de la police, de longueur sur la largeur, etc. |
| Traits de séquence | *bigrammes* | Considère le label $y$ attribué à l'unité qui précède dans la séquence du document. |
| | *start/end* | Présence du bloc en début ou en fin de document. |
| | *contraste* | Rupture avec le bloc qui précède (taille, type de police, indentation, etc.). |

TABLE 3 – Traits pour la Tâche 1

Les traits *ratios* sont une généralisation statistique de plusieurs caractéristiques locales au sein d'une même formule. Les distributions de valeurs de ces *ratios* sont discrétisées par un découpage en déciles. À chaque décile est associé un trait binaire qui renvoie vrai si le ratio du bloc visuel courant appartient à ce décile.

## 5.2 Tâche 2 : Construction de l'arbre en dépendance

Pour cette tâche, deux objectifs sont poursuivis : (i) attribuer une relation de dépendance entre deux unités logiques élémentaires et (ii) construire l'arbre correspondant à l'ordonnancement de ces unités au sein de chaque document. Les propriétés hiérarchiques de la représentation de la structure organisationnelle (Section 3) offrent la possibilité de réaliser ces deux objectifs simultanément avec des techniques comparables à celles utilisés en analyse syntaxique.
Nous avons utilisé l'adaptation de l'algorithme *shift-reduce* proposée par (Hernandez & Grau, 2005) pour les énoncés, qui prend en compte les relations de *subordination* et de *coordination*. Le principe de cet algorithme à pile est de parcourir la séquence des unités logiques élémentaires, de gauche à droite, et de chercher le point d'attachement optimal à gauche pour chaque bloc. À chaque étape de la construction de l'arbre, au minimum deux unités sont simultanément inspectées.

Le MaxEnt est entraîné sur trois classes ; la subordination, la coordination et l'absence de relation (notée $\varnothing$). Si une relation de subordination est détectée, l'algorithme descend dans la structure du document (e.g : un paragraphe et un item). Si une relation de coordination est détectée, l'algorithme reste au même niveau dans le document (e.g : deux paragraphes). Enfin, si aucune relation n'est trouvée, l'algorithme remonte dans la structure du document (e.g : un paragraphe et un titre).

Les traits utilisent (i) des informations visuelles (typographiques et dispostionnelles), (ii) des informations lexicales correspondant aux marqueurs d'intégration linéaire, (iii) les labels des unités logiques élémentaires et, enfin, (iv) des informations liés au parallélisme (visuel et lexical) entre unités logiques. Le tableau 4 présente synthétiquement ces traits. Les marqueurs liés aux traits *visuels* sont obtenus de manière similaire à la Tâche 1 (Section 5.1). Les traits *lexique* utilisent une liste prédéfinie de marqueurs d'intégration linéaire. Les traits *labels* et *parallélisme* reposent sur l'hypothèse que nous disposons des résultats produits en sortie de la Tâche 1.

| Traits | Informations capturées |
|---|---|
| *visuels* | Présence d'indentation, de tirets, de puces, de « : », etc. |
| *lexique* | Présence de marqueurs d'intégration linéaire (e.g : *Premièrement*, *Deuxièmement*, etc.). |
| *labels* | Paires de labels (e.g : titre-paragraphe, item-item, paragraphe-item, etc.) et égalité de labels |
| *parallélisme* | Paragraphe entre deux items visuellement identiques, deux items mais différents , etc. |

TABLE 4 – Traits pour la Tâche 2

# 6 Évaluation

Pour les deux tâches, nous avons procédé à validation croisée ($k$ =10) et présentons les résultats en termes d'exactitude.

**Tâche 1**. Pour évaluer cette tâche, nous posons la *baseline naïve* consistant à classer tous les blocs visuels en paragraphes, qui forment la classe majoritaire dans LING et GEOP (Section 4). Pour chaque corpus, nous avons effectué l'évaluation selon deux configurations : (i) avec les *traits locaux* seuls (indices typographiques et dispostionnels) et, ensuite, (ii) avec les traits locaux adjoints aux *traits de séquence* (propres au CRFs). Les résultats sont reportés dans le tableau 5.

| Approches | LING | GEOP | LING_GEOP |
|---|---|---|---|
| Traits locaux | 78,37% | 79,97% | 73,63% |
| + Traits de séquence | **87,18%** | **82,39%** | **80,46%** |
| Baseline naïve | 32,33% | 44,51% | 37,33% |

TABLE 5 – Évaluation pour la labellisation en unités logiques élémentaires (Tâche 1)

Dans la première configuration, les résultats pour LING montrent une difficulté à classer les blocs visuels, avec un léger recul par rapport à GEOP (Δ1,60%). Ce taux bas s'explique notamment par les nombreux exemples linguistiques au sein de LING (Section 4). Ces unités, considérés comme items dans la structure logique de surface présentent des caractéristiques visuelles différentes des items « classiques ». Leur rôle métadiscursif de *citation* implique une indépendance de leur contexte d'apparition. Par exemple, elles ne suivent pas les conventions typographiques des items (e.g : un « ; » en milieu d'énumération et un « . » à la fin) et leur numérotation suit leur ordre d'énonciation dans le document.

Dans la deuxième configuration, la prise en compte de la structure du document permet de palier en partie les variations locales des unités. Cela se traduit par des augmentations significatives (test de Wilcoxon avec $\alpha$ à 0,05) par rapport à la première configuration dans LING ($p < 0,01$) et GEOP ($p = 0,023$). Toutefois, pour GEOP, cette amélioration (Δ2,24%) n'est pas aussi élevée que pour LING (Δ8,81%).
Cette différence s'explique notamment par le caractère moins structuré et visuellement hétérogène de GEOP induisant une distribution différente des labels lors de l'apprentissage. Dans les deux corpus, les paragraphes, largement majoritaires, sont correctement classés : F-score de 93,47 pour GEOP et de 90,88 pour LING. Cependant, les nombreuses unités de la classe *autres* (figures, tableaux, etc.) rompent régulièrement la séquence de labels dans GEOP. Ainsi, pour les items, leur nombre restreint et ces variations induisent une diminution (F-score de 26,47 face à 67,58 dans LING). Le même phénomène apparaît également avec les titres de niveau 2 (F-score de 53,17 face à 95,45 dans LING).

Afin de diminuer les variations de distributions dans les corpus d'apprentissage, une évaluation a été faite sur les deux corpus pris conjointement (LING_GEOP). Cette approche avec traits de séquence montre aussi une hausse (Δ6,83%) par rapport aux traits locaux. La figure 3 présente les courbes d'apprentissage avec les traits de séquence sur les trois corpus. Pour obtenir ces courbes, une validation croisée ($k$=10) à été exécutée pour chaque $n$ de documents choisis aléatoirement dans les 9 ensembles restants. Les résultats semblent indiquer qu'un agrandissement du corpus améliore les scores.

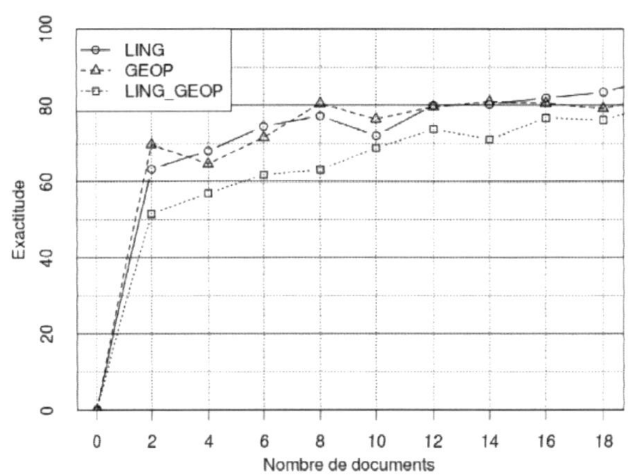


FIGURE 3 – Courbes d'apprentissage pour LING, GEOP et LING_GEOP (Tâche 1)

**Tâche 2**. Pour l'évaluation de cette tâche, nous proposons une *baseline naïve* consistant à classer aléatoirement les relations de subordination et de coordination liant deux unités logiques. L'approche par *traits* est celle décrite en section 5.2. Nous proposons une comparaison avec une approche par *grammaire formelle* décrivant les règles *a priori* d'organisation d'un document (utilisée pour la construction du corpus en section 4). Les résultats sont reportés dans le tableau 6.

| Approches | LING | GEOP | LING_GEOP |
|---|---|---|---|
| Traits | 96,41% | **98,45%** | **97,23%** |
| Grammaire | **96,54%** | 98,30% | 97,08% |
| Baseline naïve | 40,21% | 41,03% | 39,79% |

TABLE 6 – Évaluation pour la construction de l'arbre en dépendance (Tâche 2)

Dans l'approche par traits, la différence entre LING et GEOP ($\Delta$2,04%) s'explique par la structuration complexe, en termes de dépendances, au sein de LING. Certains documents dans LING montrent des niveaux d'imbrications très profond, notamment par l'utilisation d'exemples linguistiques imbriqués dans des énumérations de définitions. Cela se traduit par des scores différents pour les subordinations (F-score de 91,99 pour LING et de 97,15 pour GEOP), tandis que ceux obtenus pour les coordinations restent relativement équivalents (F-score de 97,15 pour LING et de 98,93 pour GEOP).

Les scores du tableau 6 ne montrent pas de différences significatives entre l'approche par traits et la grammaire (test de Wilcoxon avec $\alpha$ à 0,05). Deux raisons expliquent cela. Premièrement, les relations entre les unités suivent majoritairement les règles définies dans la grammaire. Seuls certains cas (e.g : imbrications profondes, dépendances de longue distance, etc.) permettent de distinguer grammaire et traits. Deuxièmement, cette asymétrie dans la distribution des cas (respectent vs ne respectent pas la grammaire) induit un phénomène d'apprentissage de la grammaire et non des traits considérés comme discriminants (e.g : deux items contigus visuellement différents, un paragraphe indenté, etc.).

Par conséquent, pour mesurer l'apport de l'approche par traits, nous proposons d'évaluer uniquement les cas où la relation entre deux unités diffère de l'ordonnancement *a priori*, c'est-à-dire lorsque la grammaire ne peut fournir la réponse correcte. Les résultats de cette stratégie *traits sur erreurs grammaire* montrent un léger gain qui reste stable au travers des corpus (Tableau 7). Le pendant de cette stratégie consiste à évaluer les traits hors de ces cas. Ces résultats sont ceux de *traits hors erreurs grammaire*, où sont reportés 20 erreurs pour LING, 2 pour GEOP et 12 pour LING_GEOP.

| Stratégies | LING | GEOP | LING_GEOP |
|---|---|---|---|
| Traits sur erreurs grammaire | 14,54% (16/110) | 16,66% (4/24) | 14,17% (19/134) |
| Traits hors erreurs grammaire | 99,34% (3051/3071) | 99,85% (1394/1396) | 99,73% (4455/4467) |

TABLE 7 – Deux stratégies pour évaluer les traits face à la grammaire (Tâche 2)

# 7 Discussion

Les labels logiques utilisés dans les Tâches 1 et 2, ainsi que l'adoption d'une représentation arborée sont des éléments partagés avec l'*Analyse de Documents*. Toutefois, l'objectif de notre travail a été de proposer une représentation en lien avec le discours, mais restant adaptée à l'analyse de documents. Pour cela, il a été choisi de travailler sur le typage des contenus uniquement textuels et une réflexion a été menée sur la différence entre mise en forme et rôle métadiscursif des unités (e.g : un bloc visuel formaté comme paragraphe n'endosse pas toujours le rôle de paragraphe). Les relations de dépendance proposées permettent de représenter cette différence et ouvrent la voie à l'identification de phénomènes discursifs complexes (e.g : énumérations de définitions, etc.). Ces choix, qui ont nécessité l'enrichissement de corpus annotés discursivement, rendent difficile l'utilisation d'outils classiques d'analyse logique. Toutefois, une comparaison externe sur des corpus partageant les mêmes labels textuels est une perspective immédiate à la Tâche 1.

Notre méthode a été testée sur des corpus de natures différentes (une mise en forme unifiée et une structure complexe pour LING, un formatage hétérogène et une structure linéaire pour GEOP). Les résultats obtenus pour les deux tâches sont relativement corrects. Toutefois, des expériences consistant à utiliser en séquence les deux modules ont montré que la Tâche 2 était très sensible au bruit. Ceci constitue pour l'instant un aspect limitatif de notre solution.

Également pour la Tâche 2, il apparaît que les traits lexicaux n'apportent qu'un léger gain par rapport à une approche déterministe. Deux raisons expliquent cette limite. Premièrement, le grain choisi pour l'analyse se limite aux blocs visuellement indépendants et empêche de traiter les cas où les marqueurs d'intégration linéaire sont intra-paragraphiques. Or, ce type de construction est fréquent dans le corpus ANNODIS. Une perspective consistera à travailler avec une granularité plus fine, rapprochant nos travaux de ceux de (Hernandez & Grau, 2005), mais en gardant les marqueurs visuels. Deuxièmement, cette limite s'explique aussi par la variabilité du lexique qui est fonction de la langue et du corpus. Pour améliorer le système, il est nécessaire soit d'étendre les listes données en entrée, ce qui présente un coût, soit d'approcher la tâche de manière plus générique. C'est dans cette dernière direction que nous pensons poursuivre nos recherches. Des traits incorporant des informations syntaxiques pourraient être discriminants. Par exemple, pour l'énumération, il apparaît couramment que la proposition de l'amorce soit liée syntaxiquement aux propositions des items.
Notons que d'autres travaux ont utilisé conjointement mise en forme visuelle et contenu lexical (Klink *et al.*, 2000; Ratté *et al.*, 2007), mais sans proposer une solution traitant les structures imbriquées sur plusieurs niveaux.

# 8 Conclusion

La contribution de notre approche réside dans la construction automatique de la structure organisationnelle de documents à partir de marqueurs métadiscursifs de nature typographique, dispositionnelle et lexicale. Cette structure est représentée par un arbre en dépendance agençant les unités logiques selon leur label et le rôle métadiscursif qu'elles endossent.
Les perspectives générales de ce travail vont dans deux directions. Premièrement, il est envisagé d'étendre notre approche aux documents numériques tels que les pages HTML de Wikipédia. Ces documents présentent une structuration différente où l'aspect discursif est souvent suppléé par des marqueurs visuels (Bush, 2003). Leur balisage originel permettra de les faire entrer dans le système directement au sein de la Tâche 2. Deuxièmement, l'utilisation de modèles d'apprentissage non-supervisé (clustering) est considérée dans la Tâche 1 afin de ne pas faire d'hypothèse sur les labels logiques. Il s'agira de regrouper les unités de mêmes mises en forme afin d'en prédire le rôle métadiscursif commun dans un second temps.

# Références

AIELLO M., MONZ C., TODORAN L. & WORRING M. (2002). Document understanding for a broad class of documents. *International Journal on Document Analysis and Recognition*, **5**(1), 1–16.

ASHER N. (1993). *Reference to Abstract Objects in Discourse*. Kluwer Academic Publishers, Dordrecht.

BATEMAN J., KAMPS T., KLEINZ J. & REICHENBERGER K. (2001). Towards constructive text, diagram, and layout generation for information presentation. *Computational Linguistics*, **27**(3), 409–449.

BERGER A., PIETRA V. & PIETRA S. (1996). A maximum entropy approach to natural language processing. *Computational linguistics*, **22**(1), 39–71.

BOSSARD A. (2009). Une approche mixte-statistique et structurelle-pour le résumé automatique. In *Actes de la 16e Conférence sur le Traitement Automatique des Langues Naturelles (TALN 2009)*.

BOUAYAD-AGHA N., POWER R. & SCOTT D. (2000). Can text structure be incompatible with rhetorical structure ? In *Proceedings of the first international conference on Natural language generation-Volume 14*, p. 194–200 : Association for Computational Linguistics.

BUSH C. (2003). Des déclencheurs des énumérations d'entités nommées sur le web. *Revue québécoise de linguistique*, **32**(2), 47–81.

CHAROLLES M. (1997). L'encadrement du discours. In *Cahier de Recherche Linguistique*, volume 6. Université de Nancy.

CHOI F. Y. Y. (2002). *Content-based Text Navigation*. PhD thesis, the University of Manchester.

COUTO J., FERRET O., GRAU B., HERNANDEZ N., JACKIEWICZ A., MINEL J.-L. & PORHIEL S. (2004). Régal, un système pour la visualisation sélective de documents. *Revue d'intelligence artificielle*, **18**(4), 481–514.

FAUCONNIER J., KAMEL M., ROTHENBURGER B. & AUSSENAC-GILLES N. (2013). Apprentissage supervisé pour l'identification de relations sémantiques au sein de structures énumératives parallèles. In *Actes de la 20e Conférence sur le Traitement Automatique des Langues Naturelles (TALN 2013)*, p. 132–145.

GANAPATHI V., VICKREY D., DUCHI J. & KOLLER D. (2008). Constrained approximate maximum entropy learning of markov random fields. In *Conference on uncertainty in artificial intelligence (UAI)*.

HARRIS Z. (1971). Structures mathématiques du language. *Dunod. Paris, France.*

HERNANDEZ N. & GRAU B. (2005). Détection automatique de structures fines de texte. In *Actes de la 12e Conférence sur le Traitement Automatique des Langues Naturelles (TALN 2005).*

HO-DAC L.-M., PÉRY-WOODLEY M.-P. & TANGUY L. (2010). Anatomie des structures énumératives. In *Actes de la 17e conférence sur le Traitement Automatique des Langues Naturelles (TALN 2010).*

KLINK S., DENGEL A. & KIENINGER T. (2000). Document structure analysis based on layout and textual features. In *Proc. of International Workshop on Document Analysis Systems, DAS2000*, p. 99–111 : Citeseer.

LAFFERTY J., MCCALLUM A. & PEREIRA F. (2001). Conditional random fields : Probabilistic models for segmenting and labeling sequence data. *Department of Computer & Information Science, University of Pennsylvania.*

LUC C. & VIRBEL J. (2001). Le modèle d'architecture textuelle : fondements et expérimentation. *Verbum*, (1), 103–123.

LÜNGEN H., BÄRENFÄNGER M., HILBERT M., LOBIN H. & PUSKÁS C. (2010). Discourse relations and document structure. *Linguistic modeling of information and markup languages*, **1**, 97–123.

MALOUF R. (2002). A comparison of algorithms for maximum entropy parameter estimation. In *proceedings of the 6th conference on Natural language learning*, p. 1–7 : Association for Computational Linguistics.

MANN W. & THOMPSON S. (1988). Rhetorical structure theory : Toward a functional theory of text organization. *Text*, **8**(3), 243–281.

MAO S., ROSENFELD A. & KANUNGO T. (2003). Document structure analysis algorithms : a literature survey. In *Electronic Imaging 2003*, p. 197–207 : International Society for Optics and Photonics.

MARCU D. (2006). Automatic discourse parsing. In K. BROWN, Ed., *Encyclopedia of Language and Linguistics*. Elsevier, 2nd edition.

MCCALLUM A., FREITAG D. & PEREIRA F. (2000). Maximum entropy markov models for information extraction and segmentation. In *ICML*, p. 591–598.

MYERS E. W. (1986). Ano (nd) difference algorithm and its variations. *Algorithmica*, **1**(1-4), 251–266.

NUNBERG G. (1990). *The linguistics of punctuation*. Number 18. CSLI Publications.

PAASS G. & KONYA I. (2012). Machine learning for document structure recognition. In A. MEHLER, K.-U. KÜHNBERGER, H. LOBIN, H. LÜNGEN, A. STORRER & A. WITT, Eds., *Modeling, Learning, and Processing of Text Technological Data Structures*, volume 370 of *Studies in Computational Intelligence*, chapter Part V : Document Structure Learning, p. 221–247. Springer.

POWER R., SCOTT D. & BOUAYAD-AGHA N. (2003). Document structure. *Computational Linguistics*, **29**(2), 211–260.

PÉRY-WOODLEY M.-P., AFANTENOS S. D., HO-DAC L.-M. & ASHER N. (2011). La ressource annodis, un corpus enrichi d'annotations discursives. *Traitement Automatique des Langues (TAL)*, **52**(3), 71–101.

PÉRY-WOODLEY M.-P. & SCOTT D. (2006). Computational approaches to discourse and document processing. *TAL*, **47**(2), 7–19.

RAMAKRISHNAN C., PATNIA A., HOVY E. H. & BURNS G. (2012). Layout-aware text extraction from full-text pdf of scientific articles. *Source code for biology and medicine*, **7**(1).

RATTÉ S., NJOMGUE W. & MÉNARD P.-A. (2007). Highlighting document's structure. *International Journal of Computer Science & Engineering*, **1**(2).

SHA F. & PEREIRA F. (2003). Shallow parsing with conditional random fields. In *Proceedings of the 2003 Conference of the North American Chapter of the Association for Computational Linguistics on Human Language Technology-Volume 1*, p. 134–141 : Association for Computational Linguistics.

SORIN L., MOJAHID M., AUSSENAC-GILLES N. & LEMARIÉ J. (2013). Improving the accessibility of digital documents for blind users : contributions of the textual architecture model. In M. A. CONSTANTINE STEPHANIDIS, Ed., *Universal Access in Human-Computer Interaction. Applications and Services for Quality of Life*, p. 399–407. Springer.

TOKUYASU T. A. & CHOUB P. A. (2001). Turbo recognition : a statistical approach to layout analysis. In *Proceedings of SPIE*, volume 4307, p. 124.

VERGEZ-COURET M., BRAS M., PREVOT L., VIEU L., ATTALAH C. *et al.* (2011). The discourse contribution of enumerative structures involving 'pour deux raisons'. In *Procceedings of Constraints in Discourse*.

VIRBEL J., LUC C., SCHMID S., CARRIO L., DOMINGUEZ C., PÉRY-WOODLEY M.-P., JACQUEMIN C., MOJAHID M., BACCINO T. & GARCIADEBANC C. (2005). Approche cognitive de la spatialisation du langage. de la modélisation de structures spatio-linguistiques des textes à l'expérimentation psycholinguistique : le cas d'un objet textuel, l'énumération. In C. THINUS-BLANC & J. BULLIER, Eds., *Agir dans l'Espace*, chapter 12, p. 233–254. Paris : Editions de la MSH.

# Jugement exact de grammaticalité d'arbre syntaxique probable

Jean-Philippe Prost
LIRMM, CNRS – Université Montpellier 2, 161 rue Ada, 34090 Montpellier, France
Prost@lirmm.fr

**Résumé.** La robustesse de l'analyse probabiliste s'obtient généralement au détriment du jugement de grammaticalité sur la phrase analysée. Les analyseurs comme le Stanford Parser, ou les Reranking Parsers ne sont, en effet, pas capables de dissocier une analyse probable grammaticale d'une analyse probable erronée, et ce qu'elle porte sur une phrase elle-même grammaticale ou non. Dans cet article nous montrons que l'adoption d'une représentation syntaxique basée sur la théorie logique des modèles, accompagnée d'une structure syntaxique classique (par exemple de type syntagmatique), est de nature à permettre la résolution exacte de différents problèmes tels que celui du jugement de grammaticalité. Afin de démontrer la praticité et l'utilité d'une alliance entre symbolique et stochastique, nous nous appuyons sur une représentation de la syntaxe par modèles, ainsi que sur une grammaire de corpus, pour présenter une méthode de résolution exacte pour le jugement de grammaticalité d'un arbre syntagmatique probable. Nous présentons des résultats expérimentaux sur des arbres issus d'un analyseur probabiliste, qui corroborent l'intérêt d'une telle alliance.

**Abstract.** The robustness of probabilistic parsing generally comes at the expense of grammaticality judgment – the grammaticality of the most probable output parse remaining unknown. Parsers, such as the Stanford or the Reranking ones, can not discriminate between grammatical and ungrammatical probable parses, whether their surface realisations are themselves grammatical or not. In this paper we show that a Model-Theoretic representation of Syntax alleviates the grammaticality judgment on a parse tree. In order to demonstrate the practicality and usefulness of an alliance between stochastic parsing and knowledge-based representation, we introduce an exact method for putting a binary grammatical judgment on a probable phrase structure. We experiment with parse trees generated by a probabilistic parser. We show experimental evidence on parse trees generated by a probabilistic parser to confirm our hypothesis.

**Mots-clés :** Jugement de grammaticalité, syntaxe par modèles, Grammaires de Propriétés, analyse syntaxique probabiliste.

**Keywords:** Grammaticality judgement, Model-Theoretic Syntax, Property Grammar, probabilistic syntactic parsing.

## 1 Introduction : jugement automatique de grammaticalité

Les analyseurs syntaxiques les plus performants du moment [1] reposent généralement sur des méthodes d'approximation probabiliste, qui leurs confèrent une très grande robustesse – au sens habituellement entendu en matière d'analyse syntaxique, à savoir l'aptitude à générer une analyse, fût-elle partielle, pour n'importe quelle entrée. Cependant cette aptitude s'accompagne d'une absence de jugement de grammaticalité quant à la phrase. Cette absence tient au fait qu'une analyse optimale, même grammaticale, ne se voit jamais attribuée de probabilité maximale, ce qui interdit le jugement binaire exact attendu en matière de grammaticalité. Or selon le contexte applicatif la méconnaissance de la grammaticalité est préjudiciable. Cette carence est soulignée dans divers travaux concernant, par exemple, la génération automatique (Wan *et al.*, 2005), la traduction automatique statistique (Zwarts & Dras, 2008), l'évaluation de compétence en langue étrangère, ou encore bien sûr la correction grammaticale (Bender *et al.*, 2004; Tetreault & Chodorow, 2008). Ces applications pratiques conduisent à mettre en œuvre différentes méthodes pour établir un jugement, parmi lesquelles certaines sont symboliques et d'autres probabilistes.

Dans cet article nous argumentons qu'une représentation de la syntaxe du langage naturel basée sur la théorie logique des modèles permet de concevoir le jugement de grammaticalité comme un procédé exact de vérification de modèle. Dans une première partie nous commençons par faire un tour d'horizon de la littérature sur la question, et présentons rapidement les

1. D'après le wiki ACL, `http://aclweb.org/aclwiki/index.php?title=Parsing_(State_of_the_art)` (au 7 mars 2014). Dernière mise-à-jour le 28 octobre 2013.

méthodes existantes, tant exactes que stochastiques. Dans une deuxième partie nous exposons quelques fondamentaux sur la représentation de la syntaxe par modèles, et montrons en quoi une telle représentation, combinée avec une génération probabiliste de structures syntaxiques, permet de résoudre aisément le problème de la grammaticalité d'une structure. Dans une troisième partie nous détaillons le procédé de vérification de modèle qui permet le jugement d'une structure. Nous présentons ensuite dans une quatrième partie l'expérimentation que nous avons menée sur le corpus Sequoia (Candito & Seddah, 2012) pour mettre à l'épreuve ce procédé. Nous concluons enfin en dernière partie, où nous discutons quelques perspectives intéressantes, notamment en matière d'amélioration qualitative des analyseurs syntaxiques probabilistes.

## 2 État de l'art

**Les méthodes par approximation probabiliste** Une solution couramment envisagée pour juger la grammaticalité d'une phrase consiste à faire appel à la classification stochastique binaire d'arbres syntaxiques probables. Foster *et al.* (2008); Wagner (2012) dans un cadre de correction grammaticale (focalisé sur des types d'erreur spécifiques), ou encore Wong & Dras (2011) dans un cadre plus général, combinent plusieurs grammaires probabilistes [2] pour l'entraînement d'un analyseur stochastique, pou ensuite analyser différents corpus, grammaticaux et erronés. Le résultat est utilisé pour extraire de nouveaux traits d'apprentissage destinés au classificateur de grammaticalité. Le jugement s'effectue alors autour d'un seuil de probabilité, qu'il est nécessaire de calibrer expérimentalement. Tous ces travaux justifient leur approche par le fait qu'ils se heurtent à la "trop grand robustesse" (dixit Wong & Dras) des analyseurs stochastiques utilisés [3], puisque dans leur configuration initiale toutes les phrases candidates à l'analyse [4] reçoivent un arbre probable.

Notons que l'hypothèse commune sous-jacente concernant la corrélation entre probabilité et grammaticalité est, en quelque sorte, déjà présente chez Charniak & Johnson (2005), qui s'appuient sur un classificateur à Maximum d'Entropie pour réordonner les analyses initiales du parseur de Charniak selon de nouvelles probabilités.

**Les méthodes symboliques** Les travaux qui s'appuient sur des méthodes symboliques de résolution, notamment en matière de correction grammaticale, font le plus souvent appel à des stratégies ad hoc, centrées autour de classes d'erreurs plus ou moins communément observées. L'utilisation de grammaires d'erreurs, et de techniques de recouvrement d'échec d'analyse sont parmi les stratégies les plus fréquentes. Ces approches exactes présentent souvent l'avantage d'être redoutablement plus efficaces que leurs concurrentes, mais sur des classes de problèmes très spécifiques. Néanmoins la généralisation se fait difficilement. Un changement de contexte nécessite souvent de réviser la méthode elle-même. On peut ainsi se demander, par exemple, si les systèmes qui sont performants sur des productions humaines resteraient tout aussi performants dans un contexte de génération automatique statistique, tel que le résumé automatique. Leur intégration semble difficile dans ces contextes où le jugement de grammaticalité n'intervient pas seulement en fin de chaîne de traitement, mais fait partie intégrante du processus en cours (généralement pour informer une étape de classement de phrases candidates (Mutton *et al.*, 2007)).

**Les méthodes à base de contraintes** Les processus de résolution de contraintes constituent également une approche possible, bien que relativement moins explorée. La raison principale en est que ces approches sont généralement, et rapidement, confrontées à l'écueil (assez prévisible) lié à de la gestion de l'explosion combinatoire de la taille de l'espace de recherche à parcourir.

Néanmoins, les contraintes en elles-mêmes restent un outil de représentation très puissant auquel nous ferons appel. Nous les utiliserons connectées en réseau, de manière passive, sans qu'elles n'alimentent de problème de résolution (de contraintes) propice à l'explosion. Ce réseau de contraintes jouera pour nos un rôle clé de représentation pour les connaissances linguistiques [5], et sera associé à ce qu'il est convenu d'appeler une *structure syntaxique* (de type syntagmatique pour ce qui nous concerne).

Nous formulons, en effet, ici comme hypothèse que l'utilisation d'une telle représentation, lorsqu'elle est alliée à une stratégie stochastique de parcours de l'espace de recherche, doit permettre de porter un jugement exact de grammaticalité

2. Les combinaisons discutées sont généralement parmi 3 types de grammaires : une extraite d'un corpus standard de référence (BNC, ou PTB), une issue d'un treebank artificiellement distordu, et une issue de la fusion entre le corpus standard et son pendant erroné.

3. Notamment le Stanford Parser, et le Reranking Parser.

4. à epsilon près.

5. Dans cet article nous restreignons notre champ d'investigation à la seule dimension syntaxique, mais nous pouvons raisonnablement supposer qu'une généralisation de l'approche de modélisation à d'autres dimensions linguistiques semble possible.

sur un arbre syntaxique par rapport à une grammaire donnée. Nous verrons par la suite que peu importe, en fait, la nature du processus de génération de la structure. En ce qui nous concerne, nous nous concentrons sur la modélisation de notre problème de jugement par hybridation entre méthode d'approximation probabiliste et méthode de raisonnement exact. Nous utiliserons donc, dans notre expérimentation, un analyseur probabiliste pour générer une structure.

# 3 Syntaxe par modèles

En matière de représentation des connaissances, les cadres formels basés sur la théorie logique des modèles ont prouvé leur meilleure adéquation que les langages formels à la représentation de ses irrégularités, pour des raisons que nous rappelons brièvement ici. Nous montrons ensuite de quelle façon ces cadres nous permettent de formaliser le problème du jugement de grammaticalité.

**Représentation des connaissances par modèles** Pour la question qui nous intéresse ici, ces cadres présentent l'avantage de permettre une description logique des propriétés linguistiques d'un énoncé, en dissociant notamment cette description de l'éventuelle "bonne formation" de l'énoncé observé. Les objets d'étude sont, au sens de la théorie de modèles, des *modèles* de *théories* exprimées dans un (méta-)langage formel, où une *théorie* est un ensemble d'assertions spécifiées dans un langage formel, et un *modèle* d'une théorie est une structure qui satisfait toutes les assertions de cette théorie. Cette approche s'appuie donc sur la *sémantique* associée au langage formel utilisé pour décrire les relations grammaticales existantes (ou absentes) au sein d'une phrase en langage naturel.

**Syntaxe naturelle et théorie des modèles** Lorsque le domaine des structures concerné porte sur la syntaxe naturelle[6], nous obtenons l'interprétation suivante :
- une théorie est un ensemble d'assertions de grammaire, spécifié par une conjonction $\Phi = \bigwedge_i \phi_i$, où chaque atome $\phi_i$ est une formule logique qui met en relation des éléments de la structure ;
- une structure est une structure linguistique, syntagmatique ou autre.

Une grammaire est donc une formule conjonctive, paramétrée par la structure, et une théorie est une instance de la grammaire pour une structure donnée. Pour un domaine de structures syntagmatiques, les $\phi_i$ sont des relations qui portent sur des constituants (e.g. *Dans un Syntagme Nominal en français, le Déterminant précède le Nom*).

Le cadre que nous utilisons est celui des Grammaires de Propriétés, introduit par Bès & Blache (1999) et Blache (2001) (GP), et pour lequel une sémantique par modèles a été formulée par Duchier *et al.* (2009). Rappelons que les GP définissent principalement 7 relations, appelées *propriétés*, sur un domaine d'arbres syntagmatiques :
- l'Obligation (pour les têtes de syntagme),
- la Constituance (pour les catégories de constituants pouvant appartenir à un même syntagme),
- l'Unicité,
- la Linéarité (pour la Précédence Linéaire, au sens de ID/LP[7]),
- l'Exigence (pour les co-occurrences requises),
- l'Exclusion (pour l'exclusion mutuelle entre constituants d'un même syntagme), et
- l'Accord.

Le tableau 1 fournit une interprétation pour la sémantique de 6 de ces relations (nous omettons volontairement l'Accord, qui nécessite l'introduction de structures de traits typés, hors propos dans cet article).

| | | |
|---|---|---|
| Obligation | $A : \triangle B$ | au moins un fils de $A$ est de catégorie $B$ |
| Constituance | $A : S?$ | la catégorie de tout fils de $A$ doit être dans $S$ |
| Unicité | $A : B!$ | au plus un fils de $A$ est de catégorie $B$ |
| Linéarité | $A : B \prec C$ | un fils de catégorie $B$ précède un fils de catégorie $C$ |
| Exigence | $A : B \Rightarrow C$ | la présence d'un fils de catégorie $B$ requiert celle d'un fils de catégorie $C$ |
| Exclusion | $A : B \not\Leftrightarrow C$ | des fils de catégories $B$ et $C$ sont exclus mutuellement sous un même $A$ |

TABLE 1 – Interprétation des types de propriétés usuels en GP

6. Raccourci pour "syntaxe du langage naturel".
7. ID/LP : *Immediate Dominance / Linear Precedence*.

**Vérification de modèle et jugement de grammaticalité** Nous commençons par poser quelques définitions, afin de fixer les notations utilisées dans ce qui suit.

Soient donc $\mathcal{S}$ un ensemble de mots dans la langue cible, et $\mathcal{E}$ un ensemble d'étiquettes dénotant des catégories morpho-syntaxiques ; un lexique est alors un sous-ensemble $V \subset \mathcal{E} \times \mathcal{S}$ (ce qui suppose implicitement que les terminaux sont des mots déjà étiquetés par des catégories morphologiques). Soit $\mathcal{P}_{\mathcal{E}}$ l'ensemble de toutes les propriétés possibles sur $\mathcal{E}$, une grammaire de propriétés $\Phi$ est alors définie par une paire $(P_G, V_G)$, avec $P_G \subseteq \mathcal{P}_{\mathcal{E}}$.

Soit $\tau : s$ un arbre (de constituants) décoré d'étiquettes dans $\mathcal{E}$ et dont la réalisation de surface est la chaîne de mots $s$, et soit $\Phi^s$ une instanciation de $\Phi$ sur $\tau : s$ ; $\tau : s$ est un modèle pour $\Phi^s$ ssi $\tau : s$ rend $\Phi^s$ vraie. Nous notons $\tau : s \models \Phi^s$ la satisfaction de $\Phi^s$ par $\tau : s$. L'instanciation $\Phi^s$ de la grammaire $\Phi$ pour l'arbre $\tau : s$ est également appelé *réseau de contraintes*.

**Definition 1.** $\tau : s$ est grammatical par rapport à $\Phi$ ssi $\tau : s \models \Phi^s$.

Ramené au jugement de grammaticalité, et puisque $\Phi^s = \bigwedge_i \phi_{i,s}$, la définition 1 signifie que la structure syntaxique $\tau : s$ doit vérifier chaque instance de propriété $\phi_i$ de la grammaire $\Phi$ pour que la phrase $s$ soit considérée grammaticale pour $\Phi$. De ce fait, le jugement de grammaticalité sur un arbre syntaxique peut se ramener à un processus de vérification de modèle. Ce processus implique les étapes suivantes :
– instancier la grammaire $\Phi$ pour l'arbre syntaxique $\tau : s$,
– construire le réseau de contraintes associé $\Phi^s$, et enfin
– vérifié la vérité de chaque formule atomique $\phi_i^s$.

**Génération de structures candidat-modèles** Dans la mesure où une représentation par modèles est dissociée des aspects procéduraux liés à la génération de structures candidates, la stratégie de génération peut se concevoir indépendamment de la vérification. Bien qu'il soit possible de développer un processus d'inférence qui s'appuie uniquement sur la grammaire en contraintes elle-même (Maruyama, 1990; Balfourier *et al.*, 2002; Prost, 2008; Duchier *et al.*, 2010, entre autres), rien ne l'impose. Il est donc notamment possible de faire de la vérification d'arbres générés par un procédé probabiliste. La figure 1 illustre ainsi un exemple d'arbre syntaxique produit par le Stanford Parser (STP) (Green *et al.*, 2011) pour une phrase du corpus Sequoia (et donc grammaticale par définition), mais qui est jugée agrammaticale par vérification de modèle. Notons également que le type de structure syntaxique étudié par une représentation par modèles peut prendre différentes formes selon le cadre formel utilisé. Le travail pionnier de (Maruyama, 1990) utilise, par exemple, une structure en dépendances, tandis la Théorie de l'Optimalité de (Prince & Smolensky, 1993) est plus utilisée pour décrire des structures phonologiques. Les GP, pour leur part, sont principalement utilisées pour des structures syntagmatiques, même si on relève quelques travaux qui les utilisent pour l'annotation multimodale de données conversationnelles, ou l'analyse de séquences biologiques.

**De la distinction entre syntaxe générative et syntaxe par modèles** En comparaison avec les approches par modèles, les représentations dites génératives-énumératives[8] sont basées sur la théorie de la preuve, et s'appuient donc sur la dimension *syntaxique* de la logique. L'hypothèse forte que formulent les approches génératives est que le langage naturel peut se modéliser comme un langage formel, dont la syntaxe capture celle du langage cible. Une structure syntaxique en constituants s'obtient alors naturellement, comme la représentation graphique (au sens des graphes) de la preuve que sa réalisation de surface est une phrase qui appartient au langage cible. Or au-delà de toute considération d'école, il est aisé de voir que cette hypothèse générative exclut, de fait, toute représentation structurelle pour un énoncé qui, bien qu'exprimé en langage naturel, n'appartiendrait pas à l'ensemble $\mathcal{L}(G)$ des *mots* définis par le langage formel $\mathcal{L}$ sous-jacent[9]. En dissociant la syntaxe du langage naturel de celle du langage formel de représentation, les approches par modèles permettent une représentation plus riche, et donc une description plus fine de l'information syntaxique relative à un énoncé. Cette représentation associe la structure syntaxique à proprement parler (e.g. la structure syntagmatique), et le réseau de contraintes constitué des propriétés $\phi_{i,s}$ instanciées pour cette structure.

8. La paternité de l'appellation *Generative-Enumerative Syntax* (GES) revient à Pullum & Scholz (2001), qui discutent cette distinction entre GES et MTS (*Model-Theoretic Syntax*). En français nous parlerons de *syntaxe par modèles* pour faire référence à la MTS et aux cadres formels de représentation qui lui sont associés.

9. D'après la notation usuelle pour les grammaires syntagmatiques, où le langage $\mathcal{L}(G)$ est défini comme le n-uplet $\langle V, N, G, S \rangle$, où $V$ est un lexique (vocabulaire terminal), $N$ un ensemble de catégories morpho-syntaxiques (vocabulaire non-terminal), $\Phi$ un ensemble de règles de production (grammaire), et $S \in N$ un symbole de départ.

```
419:  En_effet, sept projets sur quatorze, soit la moitié, ont un financement qui
        n' est toujours pas assuré et dont le calendrier n' est pas_encore arrêté.
```

Analyse de référence dans Sequoia :

```
( (SENT (ADV En_effet) (PUNC ,)
        (NP (DET sept)
                (NC projets)
                (PP (P sur)
                    (NP (ADJ quatorze)))
                (PUNC ,)
                (COORD (CC soit)
                    (NP (DET la) (NC moitié)))) (PUNC ,)
        (VN (V ont))
        (NP (DET un)
            (NC financement)
            (Srel
                (N (PROREL qui))
                (VN (ADV n')
                    (V est)
                    (AdP (ADV toujours) (ADV pas))
                    (VPP assuré))
        (COORD (CC et)
            (Srel
                (PP (PROREL dont))
                (NP (DET le) (NC calendrier))
                (VN (ADV n') (V est) (ADV pas_encore) (VPP arrêté)))))) (PUNC .)))
```

Analyse fournie par le STP :

```
( (SENT (ADV En_effet) (PUNC ,)
        (NP (DET sept)
            (NC projets)
            (PP (P sur)
                (NP (NC quatorze)))
            (PUNC ,)
            (COORD (CC soit)
                (NP (DET la) (NC moitié)))) (PUNC ,)
        (VN (V ont))
        (NP (DET un)
            (NC financement)
            (Srel
                (NP (PROREL qui))
                (VN (ADV n')
                    (V est)
                    (AdP (ADV toujours) (ADV pas))
                    (VPP assuré))))
        (COORD (CC et)
            (Sint
                (NP (NC dont) (DET le) (NC calendrier))
                (VN (ADV n') (V est) (ADV pas_encore) (VPP arrêté)))) (PUNC .)))
```

FIGURE 1 – Exemple d'analyse syntaxique par le STP jugée agrammaticale par vérification de modèle

# 4 Vérification de modèle et grammaticalité

Nous l'avons vu précédemment, le jugement de grammaticalité passe par un processus de vérification de modèle. Ce processus nécessite lui-même deux ressources : une grammaire de propriétés, et une instanciation de cette grammaire pour un arbre donné, qui joue le rôle de candidat-modèle. La grammaire de propriétés que nous utilisons dérive de la grammaire hors-contexte implicite à un corpus arboré, par application de règles propres à chaque type de propriété. Nous décrivons cette dérivation dans la partie qui suit. Nous ne reprenons pas ici le processus d'instanciation de la grammaire pour un arbre donné, qui consiste simplement à unifier les constituants présents dans les propriétés avec les nœuds étiquetés de l'arbre. Dans la littérature sur les GP, l'étape d'instanciation est généralement intégrée au processus de *caractérisation*, qui couvre simultanément l'instanciation et la vérification des instances. Le terme de *caractérisation* est également employé pour dénoter, par extension, le réseau de contraintes vérifiées qui résulte du processus.

## Dérivation de grammaire de propriétés sur corpus arboré

Étant donnée une grammaire hors-contexte implicite à un corpus arboré, la dérivation d'une grammaire GP requiert l'application de règles spécifiques à la sémantique de chaque type de propriété. Ces règles de dérivation que nous décrivons maintenant sont très largement inspirées de celles déjà décrites par Blache & Rauzy (2012).

Soit $C$ une étiquette de nœud non-terminal, nous notons $R_C$ l'ensemble des règles hors-contexte de partie gauche $C$, et définissons l'application RHS, qui à chaque $C$ associe l'ensemble $\mathrm{RHS}(R_C)$ des parties droites pour $C$ (une partie droite étant vue comme une liste d'étiquettes). Nous définissons également l'application label, qui associe un nœud $x$ à son étiquette.

**Règle 0 (Obligation** – non encore implantée)**.** La sémantique de l'Obligation sert principalement à l'identification des têtes de syntagme. Ainsi, en théorie, la propriété d'Obligation $C : \triangle H_C$ est spécifiée par l'ensemble $H_C$ des disjonctions $\psi = \bigvee e$ des étiquettes distinctes $e$, tel qu'une étiquette $e$ est présente dans toute règle $\mathrm{RHS}(R_C)$. Son implantation requiert la résolution d'un problème de couverture maximale d'ensembles réputé NP-dur.

Des travaux à venir implanteront un algorithme glouton d'approximation. Une autre option pourra consister à faire appel à une série d'heuristiques d'identification des têtes, sur le modèle de Dybro-Johansen (2004).

**Règle 1 (Constituance).** La propriété de Constituance $C : E_C?$ est spécifiée pour le syntagme $C$ par l'ensemble $E_C$ d'étiquettes uniques $e$, tel qu'il existe $r \in \mathrm{RHS}(R_C)$ avec $e \in r$.

$$E_C \equiv \{e, \exists x \exists r (r \in \mathrm{RHS}(R_C)) \wedge (x \in r) \wedge \mathrm{label}(x) = e\}$$

La figure 2 donne en exemple quelques propriétés de Constituance dérivées du corpus Sequoia (Candito & Seddah, 2012). Dans cet exemple et ceux qui suivent chaque propriété ré est présentée selon le patron `ETIQUETTE_SYNTAGME : liste_de_constituants`.

```
AdP: [DET, Srel, Ssub, NP, ADV, COORD, PP]
SENT: [NC, NP, ADV, VPpart, VN, VPinf, ADVWH, PP, AdP, I, Srel, Ssub, AP, Sint,
       NPP, COORD]
```

FIGURE 2 – Exemple de propriétés de Constituance dérivées du corpus Sequoia

**Règle 2 (Unicité).** La propriété d'Unicité $C : U_C!$ est spécifiée pour le syntagme $C$ par l'ensemble $U_C$ de toutes les étiquettes uniques qui ne co-occurent jamais avec elles-mêmes au sein de la même partie droite de règle.

$$\begin{aligned} U_C \equiv \{&e, \forall x \forall y \forall r \\ &r \in \mathrm{RHS}(R_C) \wedge (x \in r) \wedge (y \in r) \wedge ((\mathrm{label}(x) = \mathrm{label}(y)) \rightarrow (x = y)) \\ &\wedge \mathrm{label}(x) = e\} \end{aligned}$$

La figure 3 donne l'exemple de quelques propriétés d'Unicité dérivées de Sequoia.

```
COORD: [DET, AdP, CC, Srel, Ssub, AP, Sint, VPpart, VPinf, VN]
VPinf: [VPpart, CLO, VPinf, AdP, VINF, Sint]
PP: [PROREL, NC, P, ADJ, VPpart, VPinf, PRO, AdP, P+D, AP, Sint, P+PRO]
```

FIGURE 3 – Exemple de propriétés d'Unicité dérivées du corpus Sequoia

**Règle 3 (Linéarité).** L'ensemble des propriétés de Linéarité $C : a \prec b$ pour $C$ est défini par l'ensemble $L_C$ des paires ordonnées d'étiquettes $(a, b)$ consistantes, où $(a, b)$ est consistante ssi il existe une règle $r \in R_C$, telle que $a$ et $b$ co-occurent en partie droite de $r$, et il n'existe aucune règle $r' \in R_C$ telle que $(b, a) \in r'$. Nous notons $i_x$ l'index du nœud $x$ dans la liste en partie droite de règle.

$$
\begin{aligned}
L_C \equiv \{(a,b), \forall x \forall y \forall r \exists x' \exists y' \neg \exists r' \\
& r \in \text{RHS}(R_C) \wedge (x \in r) \wedge (y \in r) \wedge \text{label}(x) = a \wedge \text{label}(y) = b \wedge (i_x < i_y) \\
& \wedge r' \in \text{RHS}(R_C) \wedge (x' \in r') \wedge (y' \in r') \wedge \text{label}(x') = a \wedge \text{label}(y') = b \\
& \wedge (i_{y'} < i_{x'})\}
\end{aligned}
$$

La figure 4 donne quelques exemples de propriétés de Linéarité dérivées de Sequoia.

```
VN: [[V, VPP], [VINF, AdP], [CLS, VPP], [V, PP], [CLS, ADV], [CLO, VS], [CLO, VINF], [PP, ADV],
    [CLO, VPP], [CLR, VPP], [VS, VINF], [VS, VPP], [CLS, VS], [PP, VPP], [V, COORD], [V, AdP],
    [VPR, VINF], [V, NP], [CLR, VS], [CLO, V], [VIMP, CLO], [VPR, VPP], [CLR, CLO], [CLO, VPR],
    [AdP, VPP], [CLO, AdP], [V, VINF], [CLR, VPR], [CLS, AdP], [NP, VPP]]
COORD: [[CC, VN], [CC, PP], [ADV, Ssub], [VPpart, NP], [Sint, PP], [CC, VPpart], [AdP, NP],
    [CC, VPinf], [CC, AP], [CC, Sint], [VN, Ssub], [CC, Srel], [CC, Ssub], [CC, AdP], [VN, AP],
    [CC, ADV], [ADV, PP], [VN, VPinf], [CC, DET], [AP, VPinf], [ADV, VPinf], [AP, PP], [CC, NP],
    [NP, Sint], [VN, VPpart]]
```

FIGURE 4 – Exemple de propriétés de Linéarité dérivées du corpus Sequoia

**Règle 4 (Exigence).** Rappelons que la sémantique de la propriété d'Exigence $C : x \Rightarrow y$ diffère de celle classique de l'implication, en ceci que contrairement à l'implication $(C : x \Rightarrow y) \not\equiv (\neg x \vee y)$. Donc l'ensemble $Z_C$ des propriétés d'Exigence est spécifié par l'ensemble des co-occurrences au sein d'un même syntagme, moins les co-occurences pour lesquelles l'élément qui intervient en opérande gauche de la propriété peut apparaître dans une règle sans l'élément de l'opérande droit. Parmi l'ensemble des co-occurrences $(a, b)$ pour $C$, nous retirons donc celles pour lesquelles il existe une règle $r \in \text{RHS}(R_C)$ telle que $a \in r$ et $b \notin r$.

$$
\begin{aligned}
Z_C \equiv \{(a,b), \forall x \forall r \exists y \\
& r \in \text{RHS}(R_C) \wedge (x \in r) \wedge (y \in r) \wedge (x \neq y) \wedge ((\text{label}(x) = a) \rightarrow ((\text{label}(y) = b)))\}
\end{aligned}
$$

La règle 4 est seulement une approximation puisqu'elle ne capture aucun $y$ disjonctif, comme l'autorise al sémantique de la propriété. Nous discutons les conséquences de cette limitation en §5 et envisageons des améliorations possibles. La figure 5 donne quelques exemples de propriétés d'Exigence dérivées de Sequoia.

**Règle 5 (Exclusion).** L'ensemble des propriétés d'Exclusion $C : x \not\Leftrightarrow y$ est spécifié par l'ensemble $X_C$ des paires non-ordonnées d'étiquettes $(a, b)$, telles que $a$ et $b$ ne co-occurrent jamais au sein de la même partie droite de règle.

$$
\begin{aligned}
X_C'' \equiv \{(a,b), \exists x \exists y \exists r \exists r' \\
& r \in \text{RHS}(R_C) \wedge (x \in r) \wedge \text{label}(x) = a \\
& r' \in \text{RHS}(R_C) \wedge (y \in r') \wedge \text{label}(y) = b\} \\
X_C' \equiv \{(a,b), \exists x \exists y \exists r \\
& r \in \text{RHS}(R_C) \wedge (x \in r) \wedge (y \in r) \wedge (x \neq y) \wedge \text{label}(x) = a \wedge \text{label}(y) = b\} \\
X_C \equiv X_C'' \backslash X_C'
\end{aligned}
$$

```
AdP: [[Ssub, ADV], [DET, PP], [NP, ADV], [Srel, ADV], [DET, ADV], [COORD, ADV], [PP, ADV]]
SENT: [[ADVWH, VN], [I, ADV], [Srel, VN], [I, AP], [I, VN], [ADVWH, PP]]
Srel: [[AP, NP], [AdP, AP], [ADV, VN], [PROREL, PP], [VPpart, NP], [AdP, NP], [AdP, VPpart],
    [PROREL, VN], [AdP, VN], [VPpart, VN], [PROREL, NP], [VPinf, VN], [AdP, ADV], [AP, VN],
    [Ssub, VN], [VPinf, NP], [COORD, VN]]
Ssub: [[VPpart, CS], [AdP, CS], [VPinf, VN], [Ssub, CS], [AdP, Sint], [VPinf, NP]]
AP: [[PP, ADJ], [VPinf, ADJ], [COORD, ADJ], [PREF, ADJ], [AdP, ADJ]]
NP: [[AdP, PP], [VPinf, NC], [VPinf, DET], [VN, PRO], [AdP, NC], [VPinf, PP], [DETWH, NC]]
```

FIGURE 5 – Exemple de propriétés d'Exigence dérivées du corpus Sequoia

La règle 5 peut être excessivement restrictive, dans la mesure où elle énumère la liste exhaustive des co-occurences interdites. Cependant, nous n'avons pas de meilleure solution à proposer pour le moment pour la dérivation de cette propriété. La figure 6 donne quelques exemples de propriétés d'Exclusion dérivées de Sequoia.

```
AdP: [[DET, Srel], [Ssub, COORD], [Srel, PP], [NP, COORD], [Srel, COORD], [DET, NP],
     [NP, PP], [Srel, Ssub], [DET, Ssub], [Ssub, PP], [DET, COORD], [COORD, PP], [Srel, NP]]
SENT: [[ADVWH, Ssub], [AdP, I], [Srel, Sint], [ADVWH, AP], [NC, ADVWH], [Srel, Ssub],
    [ADVWH, COORD], [NC, VPinf], [I, COORD], [NC, NPP], [VPpart, ADVWH], [NC, PP], [I, NPP],
    [AP, NPP], [NC, I], [PP, NPP], [ADVWH, NPP], [VN, NPP], [VPpart, AdP], [NPP, COORD],
    [NC, ADV], [NP, I], [AdP, AP], [ADVWH, AdP], [VPpart, I], [NC, NP], [ADVWH, Srel],
    [Srel, AP], [NC, VPpart], [ADV, NPP], [AdP, NPP], [Srel, NPP], [NC, Ssub], [Srel, COORD],
    [PP, I], [NC, COORD], [VPpart, NPP], [I, Srel], [VPinf, NPP], [AdP, COORD], [ADVWH, Sint],
    [I, Ssub], [NC, AP], [Ssub, NPP], [NC, Srel], [NP, ADVWH], [VPpart, Srel], [NC, Sint],
    [ADVWH, I], [Sint, NPP], [ADV, ADVWH], [NC, AdP], [NC, VN], [VPinf, Srel], [VPinf, I],
    [VPinf, ADVWH], [I, Sint]]
```

FIGURE 6 – Exemple de propriétés d'Exclusion dérivées du corpus Sequoia

# 5 Expérimentation : jugement d'analyses probables

Cette expérimentation vise à montrer qu'il est possible d'identifier partiellement les analyses agrammaticales générées par un analyseur probabiliste, en effectuant une vérification de modèle sur l'arbre généré.

Nous utilisons le Stanford Parser (Green *et al.*, 2011) (STP), et le corpus Sequoia (Candito & Seddah, 2012, ci-après CSP12). La partition du corpus en *développement* et *test* est identique à celle de CSP12. La grammaire GP utilisée pour ces expériences dérive du corpus d'entrainement du STP. Le tableau 2 résume les différentes valeurs obtenues lors des étapes d'extraction de la grammaire hors-contexte implicite, et de la dérivation de la grammaire GP. Un échantillon de la grammaire résultante est illustré par les figures 2 à 6. Après entraînement, le STP est utilisé pour parser le corpus de test.

| Règles lexicales (POS-tags) | Règles syntagmatiques | TOTAL |
|---|---|---|
| 5817 | 1409 | 7226 |

| Constituance | Unicité | Linéarité | Exigence | Exclusion |
|---|---|---|---|---|
| 165 | 108 | 321 | 99 | 678 |

TABLE 2 – Contenu de la grammaire GP dérivée

Les mesures PARSEVAL obtenues avec le programme `evalb` [10] sont reportées dans le tableau 3. Chaque analyse produite

10. `http://nlp.cs.nyu.edu/evalb/`, version du 2 novembre 2013.

| Précision | Rappel | FMesure | Correspondance exacte | Nb phrases valides / Total |
|---|---|---|---|---|
| 68.51 | 70.46 | 69.47 | 205 (19.65%) | 1043 / 1043 |

TABLE 3 – Mesures PARSEVAL pour l'analyse du corpus de test de Sequoia par le STP

par le STP est ensuite caractérisée : son réseau de contraintes associé est créé pour la grammaire GP, et la satisfaction de chaque propriété du réseau est simultanémént vérifié (processus de caractérisation). Le détail des caractérisations négatives des phrases jugées agrammaticales est rapporté dans le tableau 4. Sur un total de 1043 phrases vérifiées, 36 sont jugées agrammaticales. Elles représentent 3,45 % du total, et $36/838 \simeq 4.3\%$ des correspondances incomplètes au gold standard. Ce résultat doit être mis en perspective par rapport à différents éléments. Le premier est l'ambiguité syntaxique inhérente au langage naturel, qui peut expliquer qu'une analyse puisse être grammaticale bien que différente de celle du gold standard. Le deuxième tient au caractère incomplet de la grammaire GP utilisée pour l'expérimentation. Elle est incomplète pour plusieurs raisons : (a) la dérivation de la propriété d'Obligation, qui permet l'identification des têtes de syntagmes, n'est pas encore implantée ; (b) l'implantation de la propriété d'Exigence ne traduit pas la sémantique effective de manière satisfaisante ; (c) d'autres propriétés, telles que la Dépendance et l'Accord ne sont pas encore implantées non plus, du fait qu'elles requièrent l'introduction de structures de traits typés. Nous conjecturons que les développements à venir du processus de dérivation d'une grammaire GP devraient conduire à de meilleurs résultats.

Nous observons également — bien que nous n'ayons pas mesuré le phénomène — que différents patterns apparaissent qui informent sur la façon dont le STP choisit les analyses solutions. Le schéma d'annotation du corpus, notamment, semble influencer la dérivation de la grammaire par modèles à travers des étiquettes sur-spécifiées. Par exemple, le fait que les Noms Communs (NC) soient distingués des Noms Propres (NP) ne permet pas à la dérivation actuelle de conduire à une propriété qui spécifierait que la présence d'un déterminant dans un syntagme requiert la présence d'un nom (quelconque). Le problème peut probablement être résolu à l'aide, une fois encore, par l'introduction d'une structure de traits qui soit extraite du corpus. Néanmoins, même avec une telle structure le seul schéma d'annotation tel qu'utilisé dans le corpus Sequoia devrait rapidement montrer ses limites en termes de précision de l'information, et s'avérer cette fois sous-spécifié.

Un autre pattern récurrent est, semble-t-il, le choix peut-être un peu trop rapide par le parseur d'annotations morphologiques sous-optimales pour les mots de l'énoncé à analyser. Cette observation nous conduit à spéculer quant aux possibilités d'améliorer les performances d'un analyseur probabiliste tel que le STP. Dans la mesure où les meilleurs annotateurs morphologiques du moment affichent des exactitudes généralement supérieures à 97%, une hypothèse que nous formulons serait d'adopter une stratégie de reclassement (*reranking*) plus sophistiquée, où la meilleure annotation morphologique auraient un poids plus important dans le choix de la meilleure analyse syntaxique.

Enfin, il semble raisonnable de supposer qu'en intégrant la vérification de modèle dans le reclassement des $n$-meilleures analyses probables, il serait alors possible de préférer systématiquement les solutions jugées grammaticales aux solutions non-grammaticales, et améliorer ainsi les performances qualitatives de l'analyseur. Cette hypothèse reste cependant à vérifier.

## 6 Conclusion et perspectives

Nous venons de montrer qu'une représentation par modèles de la syntaxe du langage naturel peut s'allier avec succès à l'analyse syntaxique probabiliste afin de contribuer à résoudre des problèmes tels que le jugement de grammaticalité. L'absence de jugement de grammaticalité associé à un arbre syntaxique probable issu d'un analyseur probabiliste est, en effet, une carence préjudiciable dans de nombreux contextes applicatifs. La représentation par modèles associe un réseau de contraintes à la structure syntaxique. Ce réseau contient une information plus fine que la seule structure syntagmatique, puisqu'il intègre, pour chaque syntagme, l'ensemble des propriétés satisfaites et violées entre ses constituants. Ce réseau permet d'établir aisément un jugement exact de grammaticalité par vérification de modèle. L'étude expérimentale conduite sur les analyses générées par le Stanford Parser pour le corpus Sequoia a montré que près de 3,5 % des arbres générés (ou 4.3% des arbres ne correspondant pas à la référence) sont jugés agrammaticaux. Ce résultat permet de spéculer que la prise en compte du jugement de grammaticalité dans le classement des $n$ solutions les plus probables par un parseur probabiliste devrait permettre une amélioration substantielle du résultat déterministe.

| Num. | Règle de réécriture | Propriété | Instances violées |
|---|---|---|---|
| 5 | VN → [ADV, V, AdP, VPP, VPP] | Exclusion | P- = [[ADV, AdP]] |
| 18 | SENT→ [NP, Sint, VN, VPinf, COORD] | Linearity | P- = [[VPinf, Sint], [COORD, Sint]] |
| 41 | SENT→ [NP, VN, PP, COORD, PP, VPpart] | Linearity | P- = [[VPpart, COORD]] |
| 88 | SENT→ [VPinf, VN, NP, VPinf, Sint] | Uniqueness | P- = [VPinf] |
| 151 | SENT→ [NP, VN, ADV, NP, Sint, VPinf] | Linearity | P- = [[VPinf, Sint]] |
| 178 | Srel → [NP, VN, VPinf, PP] | Linearity | P- = [[PP, VPinf]] |
| | SENT→ [ADV, VN, VPinf, Srel] | Exclusion | P- = [[VPinf, Srel]] |
| 214 | SENT→ [ADV, NP, VN, NP, Sint, COORD] | Linearity | P- = [[COORD, Sint]] |
| 264 | SENT→ [PP, VN, AdP, NP, NP, PP] | Linearity | P- = [[AdP, PP]] |
| 273 | Srel → [PP, VN, VPinf, Ssub] | Requirement | P- = [[VPinf, NP]] |
| | → Exclusion | P- = [[Ssub, VPinf]] | |
| 275 | Sint → [Ssub, NP, NP, NP, VN, AdP, NP] | Exclusion | P- = [[AdP, Ssub]] |
| 278 | Sint → [Ssub, NP, VN, ADV, VPinf] | Linearity | P- = [[VPinf, Ssub]] |
| 284 | Sint → [Ssub, NP, VN, VPinf] | Linearity | P- = [[VPinf, Ssub]] |
| 322 | Sint → [Ssub, ADV, NP, VN, VPinf] | Linearity | P- = [[VPinf, Ssub]] |
| 325 | SENT→ [VN, ADV, NP, COORD, Ssub, VPpart] | Linearity | P- = [[VPpart, COORD]] |
| 331 | Sint → [VPpart, NP, VN, PP, NP] | Linearity | P- = [[PP, VPpart]] |
| | Sint → [VN, PP, Sint, VPpart] | Requirement | P- = [[Sint, NP], [VPpart, NP]] |
| | → Exclusion | P- = [[VPpart, Sint]] | |
| 337 | Srel → [PP, NP, VN, AP, PP, PP, Ssub] | Exclusion | P- = [[Ssub, AP]] |
| 368 | VPinf→ [VN, NP, VPpart] | Requirement | P- = [[VPpart, PP]] |
| 418 | SENT→ [ADVWH, VN, ADV, PP] | Exclusion | P- = [[ADV, ADVWH]] |
| 419 | VN → [ADV, V, AdP, VPP] | Exclusion | P- = [[ADV, AdP]] |
| 457 | Sint → [Ssub, NP, VN, VPinf] | Linearity | P- = [[VPinf, Ssub]] |
| 465 | Sint → [Ssub, VN, VPinf] | Linearity | P- = [[VPinf, Ssub]] |
| 469 | SENT→ [PP, Sint, NP, NP, VN, VPinf, VPpart] | Linearity | P- = [[VPpart, Sint], [VPinf, Sint]] |
| 481 | SENT→ [VN, PP, Sint, AdP, PP] | Linearity | P- = [[AdP, PP]] |
| 484 | VPinf→ [VN, AP, Ssub] | Exclusion | P- = [[Ssub, AP]] |
| 500 | SENT→[NP, Sint, NP, VN, ADV, NP, COORD, Ssub] | Linearity | P- = [[COORD, Sint]] |
| 502 | SENT→ [NP, Sint, VN, VPinf, ADV, Srel] | Linearity | P- = [[VPinf, Sint]] |
| | → Exclusion | P- = [[VPinf, Srel], [Srel, Sint]] | |
| 575 | SENT→ [NP, Sint, VN, PP, VPpart] | Linearity | P- = [[VPpart, Sint]] |
| 711 | SENT→ [VN, ADV, NP, Sint, VPinf, Sint] | Linearity | P- = [[VPinf, Sint]] |
| 744 | Sint → [VPpart, PP, VN, PP] | Linearity | P- = [[PP, VPpart]] |
| | → Requirement | P- = [[VPpart, NP]] | |
| 756 | Ssub → [CS, Sint, VN, NP, PP] | Exclusion | P- = [[Sint, VN], [NP, Sint], [Sint, PP]] |
| 760 | SENT→ [VPpart, NP, VN, PP, Sint, Sint, COORD] | Linearity | P- = [[COORD, Sint]] |
| 779 | Sint → [VPpart, VN, PP] | Linearity | P- = [[PP, VPpart]] |
| | → Requirement | P- = [[VPpart, NP]] | |
| 799 | SENT→ [NP, Sint, VN, ADV, VPinf] | Linearity | P- = [[VPinf, Sint]] |
| 898 | SENT→ [NP, VN, PP, NP, Sint, COORD] | Linearity | P- = [[COORD, Sint]] |
| 1006 | SENT→ [NP, Sint, NP, VPpart, VN, ADV, PP] | Linearity | P- = [[VPpart, Sint]] |
| 1022 | SENT→ [NP, VN, AP, NP, Srel] | Exclusion | P- = [[Srel, AP]] |

TABLE 4 – Détail des jugements négatifs de grammaticalité

## Références

BALFOURIER J.-M., BLACHE P. & RULLEN T. V. (2002). From Shallow to Deep Parsing Using Constraint Satisfaction. In *Proc. of the 6th Int'l Conference on Computational Linguistics (COLING 2002)*.

BENDER E. M., FLICKINGER D., OEPEN S., WALSH A. & BALDWIN T. (2004). Arboretum : Using a precision grammar for grammar checking in CALL. In *Proceedings of InSTIL/ICALL2004–NLP and Speech Technologies in Advanced Language Learning Systems–Venice*, volume 17, p.19.

BÈS G. & BLACHE P. (1999). Propriétés et analyse d'un langage. In *Proceedings of the 1999 Conference on Traitement Automatique du Langage Naturel (TALN'99)*.

BLACHE P. (2001). *Les Grammaires de Propriétés : des contraintes pour le traitement automatique des langues naturelles*. Hermès Sciences.

BLACHE P. & RAUZY S. (2012). Enrichissement du ftb : un treebank hybride constituants/propriétés.

CANDITO M. & SEDDAH D. (2012). Le corpus Sequoia : annotation syntaxique et exploitation pour l'adaptation d'analyseur par pont lexical. In *Actes de TALN'2012*, Grenoble, France.

CHARNIAK E. & JOHNSON M. (2005). Coarse-to-Fine n-Best Parsing and MaxEnt Discriminative Reranking. In *ACL*.

DUCHIER D., DAO T.-B.-H., PARMENTIER Y. & LESAINT W. (2010). Property grammar parsing seen as a constraint optimization problem. In *FG*, p. 82–96.

DUCHIER D., PROST J.-P. & DAO T.-B.-H. (2009). A model-theoretic framework for grammaticality judgements. In *Formal Grammar*, p. 17–30.

DYBRO-JOHANSEN A. (2004). *fExtraction automatique d'une grammaire d'arbres adjoints à partir du corpus arboré de Paris 7*. Dea de linguistique théorique et formelle, UFR Linguistique, Université Paris 7. sous la direction de M. Alexis Nasr, Dr.

FOSTER J., WAGNER J. & VAN GENABITH J. (2008). Adapting a wsj-trained parser to grammatically noisy text. In *ACL (Short Papers)*, p. 221–224.

GREEN S., DE MARNEFFE M.-C., BAUER J. & MANNING C. D. (2011). Multiword Expression Identification with Tree Substitution Grammars : A Parsing tour de force with French. In *EMNLP 2011*.

MARUYAMA H. (1990). Structural Disambiguation with Constraint Propagation. In *Proceedings 28th Annual Meeting of the ACL*, p. 31–38, Pittburgh, PA.

MUTTON A., DRAS M., WAN S. & DALE R. (2007). GLEU : Automatic Evaluation of Sentence-Level Fluency. In *ACL*.

PRINCE A. & SMOLENSKY P. (1993). *Optimality Theory : Constraint Interaction in Generatire Grammar*. Rapport interne, TR-2, Rutgers University Cognitive Science Center, New Brunswick, NJ.

PROST J.-P. (2008). *Modelling Syntactic Gradience with Loose Constraint-based Parsing*. PhD thesis, Macquarie University, Sydney, Australia, and Université de Provence, Aix-en-Provence, France (cotutelle).

PULLUM G. & SCHOLZ B. (2001). On the Distinction Between Model-Theoretic and Generative-Enumerative Syntactic Frameworks. In P. DE GROOTE, G. MORRILL & C. RÉTORÉ, Eds., *Logical Aspects of Computational Linguistics : 4th International Conference*, number 2099 in Lecture Notes in Artificial Intelligence, p. 17–43, Berlin : Springer Verlag.

TETREAULT J. R. & CHODOROW M. (2008). The ups and downs of preposition error detection in esl writing. In *Proceedings of the 22nd International Conference on Computational Linguistics-Volume 1*, p. 865–872 : Association for Computational Linguistics.

WAGNER J. (2012). *Detecting Grammatical Errors with Treebank-Induced, Probabilistic Parsers*. PhD thesis, Dublin City University, Dublin, Ireland.

WAN S., DRAS M., DALE R. & PARIS C. (2005). Towards statistical paraphrase generation : preliminary evaluations of grammaticality. In *Proceedings of The 3rd International Workshop on Paraphrasing (IWP2005)*, p. 88–95.

WONG S.-M. J. & DRAS M. (2011). Exploiting Parse Structures for Native Language Identification. In *EMNLP*, p. 1600–1610.

ZWARTS S. & DRAS M. (2008). Choosing the right translation : A syntactically informed classification approach. In *Proceedings of the 22nd International Conference on Computational Linguistics-Volume 1*, p. 1153–1160 : Association for Computational Linguistics.

# Annotation sémantique et validation terminologique en texte intégral en SHS

**Résumé.** Nos travaux se focalisent sur la validation d'occurrences de candidats termes en contexte. Les contextes d'occurrences proviennent d'articles scientifiques des sciences du langage issus du corpus SCIENTEXT[1]. Les candidats termes sont identifiés par l'extracteur automatique de termes de la plate-forme TTC-TermSuite et sont ensuite projetés dans les textes. La problématique générale de cet article est d'étudier dans quelle mesure les contextes sont à même de fournir des critères linguistiques pertinents pour valider ou rejeter chaque occurrence de candidat terme selon qu'elle relève d'un usage terminologique en sciences du langage ou non (langue générale, transdisciplinaire, autre domaine scientifique). Pour répondre à cette question, nous comparons deux méthodes d'exploitation (l'une inspirée de la textométrie et l'autre de Lesk) avec des contextes d'occurrences du même corpus annotés manuellement et mesurons si une annotation sémantique des contextes améliore l'exactitude des choix réalisés automatiquement.

**Abstract.** Our work is in the field of the validation of term candidates occurrences in context. The textual data used in this article comes from the freely available corpus SCIENTEXT. The term candidates are computed by the platform TTC-TermSuite and their occurrences are projected in the texts. The main issue of this article is to examine how contexts are able to provide relevant linguistic criteria to validate or reject each occurrence of term candidates according to the distinction between a terminological and a non terminological use (general language, transdisciplinary use, use coming from another science). To answer this question, we compare two methods (a textometric one and another inspired from Lesk) with the manual annotation of the same corpus and we evaluate if a semantic annotation of contexts improves the accuracy of the choices made automatically.

**Mots-clés :** Annotation sémantique - extraction et désambiguïsation terminologique - textométrie - texte intégral
**Keywords:** Semantic Annotation - Terminological Extraction and Disambiguation - Textual Metrics (Specificity) - Full Text

## 1 Introduction

Nos travaux se situent dans le champ de l'extraction terminologique à partir de textes intégraux dans le domaine des SHS et plus précisément celui des sciences du langage. A la suite de (Daille 1994), (Toussaint et *al.* 1998), (Bourigault et Slozdian 1999), (Bourigault et. *al* 2001) parmi beaucoup d'autres, nous privilégions une approche allant du texte (réalisations linguistiques de termes dans les textes) aux termes (objets conceptuels). Accéder aux réalisations linguistiques des termes dans les textes suppose de les reconnaître comme telles. Parmi les travaux qui abordent cette problématique, une première partie s'appuie sur l'utilisation d'extracteurs automatiques de candidats termes qui sont ensuite validés par des experts des domaines de spécialités concernés : *Acabit* (Daille 1994 ; 2003), *Yatea* (Aubin et Hamon 2006), *TermoStat* (Drouin 2003) ou encore la plate-forme *TTC-TermSuite* (Daille et *al.*, 2011). D'autres travaux, qui peuvent être connexes, s'intéressent à la validation, l'extraction de candidats termes ou de relations entre termes dans les textes, en mettant en œuvre différentes exploitations des textes dans une approche distributionnelle. Les travaux de Daille (2003), Toussaint et *al.* (1998), Namer et Zweigenbaum (2004) ou M-C L'Homme (2004a) s'appuient sur des connaissances relevant de la morphologie dérivationnelle ou constructionnelle. Les travaux de Baneyx et *al.* (2005), Jacques et Aussenac-Gilles (2006), Aussenac-Gilles et Condamines (2009), Manser (2012), Périnet et Hamon (2013) détectent et exploitent des patrons lexico-syntaxiques pour l'identification de relations entre (réalisations linguistiques de) termes. Enfin, les travaux de Grabar et Zweigenbaum (2004), Claveau et M-C L'Homme (2005), Poibeau (2005) ou Condamines et Péry-Woodley (2007) reposent sur l'utilisation de structures sémantiques, textuelles ou discursives.

Notre objectif est d'analyser des contextes d'occurrences de candidats termes qui sont sémantiquement enrichis afin de sélectionner automatiquement les occurrences de candidats qui relèvent d'un usage terminologique et de rejeter les autres. Autrement dit, nous procédons à un type particulier de désambiguïsation sémantique que nous appellerons « désambiguïsation terminologique ». En effet, on peut constater, à la suite de M.C. L'Homme (2004b), que même si le terme en tant qu'étiquette de concept, pour une terminologie donnée et une application définie, n'est pas ambigu, ses

[1] Scientext permet d'accéder à un outil d'interrogation pour l'ensemble de la base de textes du projet. Une partie de la base est accessible est sous licence Creative Common : http://scientext.msh-alpes.fr/scientext-site/?article8 [pages consultées le 12/02/2014]

réalisations linguistiques peuvent l'être. Ceci est vrai en particulier lorsque les « termes » sont des « candidats termes » extraits automatiquement par une plate-forme d'extraction terminologique. Ce phénomène pourrait aussi se manifester lorsque les termes dont on observe les occurrences en texte intégral appartiennent à des thésaurus ou des référentiels terminologiques.

– ambiguïté avec le lexique ou la phraséologie transdisciplinaire : *argument, corpus, définition, énoncé, exemple, objet, référence*

[+term] *En chemin, nous avons souligné la grande flexibilité des SN définis pluriel, qui en fait le lieu possible d'une négociation de la* ***référence*** *et de la désignation* (Figures et référence plurielle en corpus journalistique - Lecolle M. (2000). Cahiers de grammaire (25))

[-term] *Les auteurs font* ***référence*** *à [...]* (Validation d'une méthodologie pour l'étude des marqueurs de la segmentation dans un grand corpus de texte - Piérard S. et Begsten Y. (2007). TAL(47/2))

– ambiguïté avec un autre domaine de spécialité : *patient*

[+term] *[...] ou plus rarement, à des rôles argumentaux (agent,* ***patient****, objet,...) [...]* (Les relations sémantiques : du linguistique au formel - Aussenac-Gilles N. et Séguéla P. (2000). Cahiers de grammaire (25))

*L*[-term] *es* ***patients*** *cérébrolésés [...]* (Nouveaux habits de la lexicographie spécialisée : Intégration de la métaphorique dans le dictionnaire du football - Leroyer P. et Moller B. (2004). EURALEX)

– ambiguïté avec un emploi lexical ou phraséologique de langue générale : *argument, définition, énoncé, expression, objet*

[+term] *[...] les* ***expressions*** *du type le jour suivant.* (Validation d'une méthodologie pour l'étude des marqueurs de la segmentation dans un grand corpus de texte - Piérard S. et Begsten Y. (2007). TAL(47/2))

[-term] ***L'expression*** *de telle ou telle relation [...]* (Variabilité des outils de TAL et genre textuel : cas des patrons lexico-syntaxiques - Jacques M.-P. et Aussenac-Gilles N. (2006). TAL (47))

Comme le montrent ces quelques exemples de réalisations linguistiques de candidats termes, c'est le contexte au sens large qui nous permet de sélectionner les occurrences relevant d'un emploi terminologique. Deux interrogations apparaissent alors : en ce qui concerne les différentes manières d'exploiter les contextes d'occurrences des candidats et la sélection des informations à exploiter dans ces contextes. Dans cet article, nous développons une approche qui s'appuie, d'une part, sur une analyse statistique des contextes d'occurrences, analyse fondée sur le calcul de spécificité (Lafon 1980), et d'autre part, sur des contextes annotés sémantiquement à l'aide de traits sémantiques ou quasi-sèmes qui sont extraits de deux ressources lexicales, le TLFi et WiktionnaireX. L'approche présentée est ensuite comparée à l'algorithme de Lesk (1986).

## 2 Données et méthodes

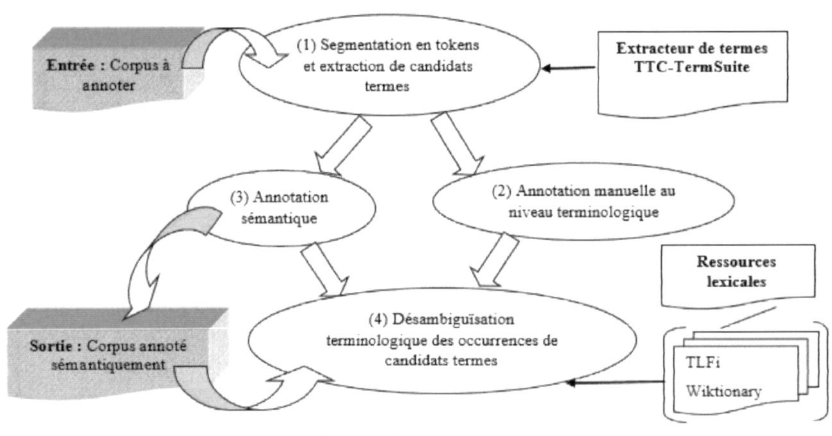


*Figure 1: Méthodologie générale de l'expérience*

La plate-forme TTC-TermSuite[2] segmente le corpus de travail en tokens, l'annote avec TreeTagger puis en extrait une terminologie, c'est-à-dire une liste de candidats termes qui est projetée dans les textes. Le corpus enrichi en candidats

[2] La plate-forme TTC-TermSuite est librement utilisable et open source. Elle est accessible sous licence Apache 2.0 https://code.google.com/p/ttc-project/downloads/detail?name=ttc-term-suite-1.4.jar [page consultée le 12/02/2014]

termes subit ensuite deux traitements parallèles. D'un côté, il est pris en charge dans une plate-forme d'annotation manuelle au sein de laquelle un annotateur linguiste expert désambiguïse manuellement les occurrences de candidats termes en les validant ou les rejetant d'un point de vue terminologique. A l'issue de l'annotation, les occurrences désambiguïsées de candidats termes sont considérées comme des occurrences de termes. Cet enrichissement fournit une version du corpus qui sert de corpus de référence. D'un autre côté, le corpus enrichi automatiquement en candidats termes est pris en charge par le module d'annotation sémantique. Le nouveau corpus obtenu, enrichi en candidats termes et en annotations sémantiques, est ensuite pris en charge par le module de désambiguïsation terminologique dont la tâche est de sélectionner pour chaque candidat ses occurrences terminologiques et de rejeter ses occurrences non terminologiques. Enfin, nous évaluons les performances de la désambiguïsation terminologique réalisée automatiquement en la comparant avec celle effectuée manuellement dans la plate-forme d'annotation manuelle.

## 2.1 Corpus de travail, enrichissement terminologique et corpus de référence

Le corpus de travail rassemble 62 articles appartenant au domaine scientifique des sciences du langage, extraits de la base Scientext. Ce corpus, au format xml-tei, comporte 397 695 occurrences. L'ensemble des textes se répartit en 47 articles de conférences (75,81% des documents et 57,06% des occurrences), et 15 articles de revues (24,19% des documents et 42,94% des occurrences). Ainsi, en nombre d'occurrences, le corpus utilisé est assez équilibré entre conférences et revues[3]. Le corpus de travail est traité par l'extracteur automatique de termes TTC-TermSuite afin d'obtenir une liste de candidats termes. Quatre paramètres définissent le filtrage de la liste des candidats termes en sortie : (1) regroupement par variantes flexionnelles et syntaxiques (la distance choisie est le *Log-likelihood ratio*) ; (2) seuil minimal de fréquence fixé à 5 ; (3) sélection des 7 500 (maximum) premiers candidats termes triés par spécificité décroissante[4] ; (4) ne sont considérés que les candidats nominaux et adjectivaux, simples et complexes. Un module de traitement interne projette ensuite les candidats termes dans les textes et les encapsule dans des balises XML tout en gérant les chevauchements tels que ceux que l'on trouve dans *graphes de dépendances sémantiques* entre *graphes de dépendances* et *dépendances sémantiques*. Le module de projection crée une nouvelle version du corpus enrichie en candidats termes.

Le corpus de référence est constitué d'une sélection de 52 documents extraits du corpus de travail enrichi en occurrences de candidats termes qui ont été évaluées manuellement du point de vue de leur caractère terminologique en contexte. Cette tâche a été réalisée au sein d'une interface d'annotation librement consultable[5] : les occurrences de candidats termes sont bornées par des crochets et leur empan est matérialisé par un surlignage dynamique. Une puce dont la couleur varie entre le vert et le rouge, cliquable dynamiquement représente les choix finaux de l'annotateur (le vert correspond à une validation, le rouge à un rejet). A l'issue de l'annotation manuelle, les évaluations sont stockées et décomptées. Parmi les 50 993 occurrences de candidats termes, correspondant à 4 431 candidats termes différents, 14 544 occurrences sont validées, soit 28,52 %. Le décompte des choix permet une classification des candidats sur deux échelles qui seront utilisées pour caractériser le jeu de test des expériences (section 3) :

- une échelle d'ambiguïté allant de 0 à 50 : nous avons opté pour cet intervalle de [0,50] suite au ratio (exprimé en pourcentage) « nombre d'occurrences validées / nombre total d'occurrences ». Plus il se rapproche de 50, plus le candidat est jugé ambigu ; pour les termes qui ont un ratio supérieur à 50, nous avons opté pour le complémentaire du ratio (100 - ratio).
- une échelle représentant la tendance terminologique du candidat (0-100): plus le ratio « nombre d'occurrences validées / nombre total d'occurrences » se rapproche de 100, plus le candidat a une tendance terminologique forte et inversement si ce ratio se rapproche de 0.

## 2.2 Enrichissement sémantique des données

Habituellement, lorsqu'on parle d'annotation et en particulier d'annotation sémantique, l'objectif est d'associer « une interprétation stabilisée » aux données brutes (Habert 2005). L'annotation sémantique dans cette perspective suppose la désambiguïsation. Dans l'expérience que nous menons, nous faisons le choix de procéder à un enrichissement sémantique ambiguë qui ne privilégie aucun des sens fournis par les ressources utilisées pour l'annotation. Nous

[3] Les conférences représentées sont le Cédil (Colloque international des Étudiants chercheurs en Didactique des Langues et en Linguistique), Euralex (Conférence de European Association of Lexicographie) et le colloque EID (Émotions, Interactions, Développements). Les revues sont TAL (Traitement automatique des langues), Les cahiers de grammaire et la revue LiDil (Revue de Linguistique et de Didactique des langues).

[4] Ce seuil de 7 500 a été déterminé de manière empirique par comparaison avec la distribution des types de structures de candidats complexes que l'on obtient sans filtrage.

[5] La page https://apps.atilf.fr/smarties/ [page consultée le 12/02/2014] permet un accès public en consultation. Le guide d'annotation, disponible sur le site, permet de comprendre comment est effectuée l'évaluation des candidats termes depuis leur état initial vers l'état de leur validation terminologique.

plaçant dans le cadre de la sémantique interprétative, l'une des hypothèses majeures sur laquelle nous nous appuyons est que le sens d'une unité lexicale est en grande partie co-construit par son contexte d'usage ou totalement construit pour le sens émergeant des usages[6]. C'est donc dans un deuxième temps (section 2.3 ci-dessous) que nous analysons l'information sémantique ajoutée en vue d'un type particulier de désambiguïsation sémantique, à savoir la désambiguïsation terminologique des occurrences de candidats termes apparaissant dans les contextes enrichis sémantiquement. Cette méthodologie permet de mesurer le caractère opératoire ou non du type d'annotation sémantique que nous appliquons lors du processus de désambiguïsation terminologique.

Comme nous l'avons précisé dans l'introduction (section 1), les informations sémantiques ajoutées aux unités lexicales sont des traits sémantiques ou quasi-sèmes. À la suite de Valette et *al.* (2006), nous faisons l'hypothèse que les mots pleins de toutes les définitions d'un mot vedette d'un dictionnaire représentent des traits sémantiques bruts associés à tous les sens possibles de ce mot vedette. Les traits sémantiques sont extraits sous forme lemmatisée et catégorisée en parties du discours *(adv,* adverbes ; *adj,* adjectifs ; *subst,* noms ; *v,* verbes). Ainsi, le nom *locuteur,* qui a pour définition dans le TLFi *Personne qui parle, qui produit des énoncés* sera représenté par l'ensemble de traits sémantiques {*"personne":subst, "parler":v, "produire":v, "énoncé":subst*}. Lorsque le mot vedette correspondant à une unité lexicale du texte à annoter a plusieurs définitions dans le dictionnaire, celles-ci sont ajoutées les unes aux autres. Enfin, lorsqu'un trait sémantique apparaît plusieurs fois, il est répété afin de tenir compte de toutes ses occurrences. C'est le cas du trait *note* dans l'une des définitions du verbe *annoter* dans le TLFi *"pourvoir un texte de notes" "mettre des notes en marge de ..."* : {*"pourvoir":v, "texte":subst, "note":subst, "mettre":v, "note":subst, "marge":subst*}.

La première ressource que nous utilisons est le TLFi car il s'agit d'une ressource libre sur signature d'une convention, à large couverture, comportant des définitions lemmatisées et catégorisées et disposant d'une structuration XML permettant l'extraction de ces définitions. Cependant, cette ressource n'est actuellement plus mise à jour et il est nécessaire de la compléter. La mise en ligne du WiktionnaireX par F. Sajous[7] permet d'étendre la couverture de la ressource initiale de manière significative. Nous avons sélectionné dans le WiktionnaireX (structuré en XML) les entrées de formes lemmatisées conformes au format des documents à annoter sémantiquement (les textes sont lemmatisés et annotés en parties du discours par TreeTagger via l'extracteur de candidats termes TTC-TermSuite). Pour catégoriser les traits sémantiques des définitions du WiktionnaireX, nous avons projeté les définitions catégorisées du TFLi. Nous obtenons ainsi deux ressources de traits sémantiques.

Pour choisir le mode d'annotation mis en œuvre dans les expériences (section 3), nous avons cherché à maximiser la couverture de l'annotation sémantique en utilisant les deux ressources de traits sémantiques (celle issue du TLFi prioritairement et celle issue du WiktionnaireX pour compléter). Les six types d'annotations qui ont été définis et dont le taux de couverture est représenté ci-dessous (figure 2) ont été définis en fonction de deux paramètres :

1. la ressource de traits sémantiques utilisée (TLFi exclusivement ; WiktionnaireX exclusivement ; TLFi complété par le WiktionnaireX) ;
2. les critères d'identification des entrées lexicales utilisées pour l'annotation des unités lexicales dans le textes
   - V1 = double correspondance établie à la fois sur la forme lemmatisée et la catégorie grammaticale
   - V2 = correspondance simple établie uniquement sur la forme lemmatisée

[6] On peut citer l'exemple bien connu aujourd'hui de l'usage néologique du nom *caviar* dans le discours journalistique principalement sportif. Dans ce genre textuel bien précis et pour le football en particulier, le nom *caviar* désigne une très belle passe comme l'atteste cet exemple repris de Rastier et Valette (2009 : 14) : *Confirmation ici, d'un centre précis, [David Beckham] trouvait la tête de Frank Lampard qui n'avait plus qu'à régler la mire pour ouvrir la marque et transformer ce* ***caviar*** *en but.* (Site sports.fr, 14.06.2004) .

[7] Cette ressource libre et open source est accessible à http://redac.univ-tlse2.fr/lexiques/wiktionaryx.html [page consultée le 04/02/2014]. Elle a notamment été utilisée dans (Sajous et *al.* 2013).

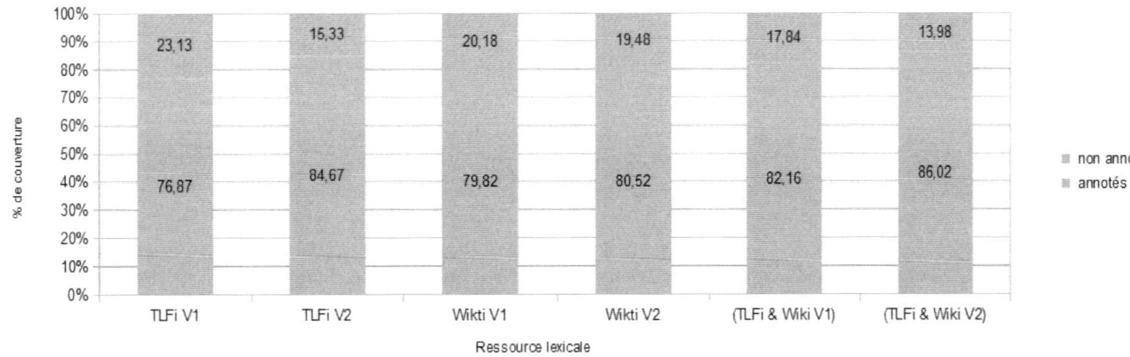


*Figure 2: Couverture d'annotation de l'ensemble des mots du corpus Scientext à l'aide de différentes ressources lexicales*

L'annotation (TLFi & WIKI V2) atteint une couverture de 86,02 %, elle représente le ratio entre le nombre de mots pleins de toute catégorie annotés par rapport au nombre total de mots pleins.
Pour conclure sur ce point, le tableau (1) ci-dessous détaille les taux de couverture obtenus par catégorie d'unité lexicale[8] et par type d'annotation. Là encore, le type (TLFi & Wiki V2) semble le plus satisfaisant et c'est donc ce type d'annotation qui a été choisi pour annoter le corpus de travail en traits sémantiques.

| | Noms (%) | | Verbes (%) | | Adjectifs (%) | | Adverbes (%) | |
|---|---|---|---|---|---|---|---|---|
| | Tokens | Types | Tokens | Types | Tokens | Types | Tokens | Types |
| TLFi V1 | 81,88 | 51,28 | 86,01 | 66,37 | 70,2 | 52,6 | 34,73 | 72,82 |
| TLFi V2 | 82,31 | 52,21 | 95,2 | 67,53 | 75,45 | 55,24 | 85,33 | 91,02 |
| Wiki V1 | 80,4 | 52,2 | 86,27 | 68,37 | 66,5 | 51,72 | 85,43 | 90,05 |
| Wiki V2 | 80,74 | 53,27 | 86,43 | 69,08 | 68,25 | 54,3 | 87,64 | 94,17 |
| TLFi & Wiki V1 | 83,27 | 54,37 | 86,35 | 68,73 | 71,77 | 55,48 | 85,43 | 90,05 |
| TLFi & Wiki V2 | **83,52** | **55,13** | **95,64** | **70,28** | **76,43** | **57,7** | **91,12** | **97,09** |

*Tableau 1: Résultat global d'annotation (couverture) du corpus Scientext à l'aide de différentes ressources lexicales*

## 2.3 Désambiguïsation terminologique des occurrences de candidats termes

Par rapport aux champs d'application et aux difficultés relevés dans la problématique de la désambiguïsation sémantique en général (Navigli 2009), (Navigli et Lapata 2010), (Schwab et al. 2013), réaliser une désambiguïsation terminologique pourrait nous placer dans une configuration plus favorable : (1) seuls les candidats termes sont désambiguïsés et non l'ensemble des unités lexicales des textes ; (2) les « sens » entre lesquels arbitrer forment un ensemble borné et constant (usage terminologique vs. usage non terminologique).

Le type de désambiguïsation mis en œuvre appartient au champ des méthodes probabilistes supervisées. Suite à des travaux antérieurs qui ont donné des résultats encourageants (Camacho-Collados et *al.* 2014), nous utilisons une méthode basée sur la spécificité lexicale (Lafon 1980) dans laquelle l'indice de spécificité de chaque mot du corpus représente le sur-emploi ou sous-emploi des mots dans le sous-corpus par rapport au corpus de référence. Cette méthode est qualifiée de *méthode de désambiguïsation textométrique*. Le calcul de spécificité est utilisé pour établir, à partir du corpus de référence, des profils caractéristiques des deux types d'usage que l'on cherche à différencier. D'autres méthodes font usage exclusivement de ressources lexicales (sans utiliser un corpus de référence) et, plus spécifiquement de dictionnaires. On trouve parmi ces méthodes l'algorithme de Lesk (1986). Dans cette approche, un score est calculé pour la définition terminologique et un autre score pour les définitions relevant de la langue générale. Chaque score est déterminé à partir de l'intersection des mots d'une définition (terminologique ou non) avec les mots du contexte proche du candidat terme à désambiguïser. Étant donné la simplicité de l'algorithme, les résultats obtenus par Lesk sont intéressants en ce qu'ils permettent une comparaison moyennant une adaptation marginale. L'adaptation

[8] Les résultats entre types et tokens s'inversent pour les adverbes parce que les adverbes non annotés ont une fréquence d'apparition plus importante que ceux qui sont annotés. Par exemple, les séquences « a priori, ne, est-à-dire » apparaissent plusieurs fois et n'ont pas d'entrée dans le TLFi ou le le WiktionnaireX. En utilisant l'annotation (TLFi & Wiki V2), nous sommes parvenus à annoter 400 types parmi 412, alors que seulement 12899 tokens sont annotés parmi 14156.

porte sur le contexte considéré autour du mot à désambiguïser : au lieu du texte complet, nous prenons en compte le paragraphe. En effet, un texte peut contenir plusieurs occurrences d'un même candidat terme avec un comportement différent du point de vue terminologique, ce qui est beaucoup moins vrai du paragraphe.

### *2.3.1 Désambiguïsation textométrique*

Cette première méthode de désambiguïsation, qui s'appuie sur les travaux antérieurs de Camacho Collados et al. (2014), est réalisée en deux temps : (1) établissement des profils caractérisant les usages à différencier ; (2) utilisation de ces profils pour décider, contexte par contexte, si l'occurrence analysée est terminologique ou non. Les profils terminologiques vs. non terminologiques sont établis à partir du corpus de référence en rassemblant pour chaque candidat dans deux ensembles disjoints les contextes où ce candidat relève d'un usage terminologique et les contextes où il relève d'un usage non terminologique. Chacun de ces ensembles constitue un sous-corpus par rapport au corpus de référence. Pour chaque candidat, on dispose donc d'un sous-corpus terminologique ($SC_{on}$) et d'un sous-corpus non terminologique ($SC_{off}$). Dans cette configuration, en appliquant à chaque sous-corpus (*SC*) un algorithme de calcul du taux de spécificité dont les résultats ont été vérifiés par comparaison avec ceux obtenus à l'aide du logiciel textométrique TXM (Heiden 2010), nous produisons une liste d'éléments supposés caractéristiques d'un usage terminologique (appelée $LS_{on}$) et une liste d'éléments supposés caractéristiques d'un usage non terminologique (appelée $LS_{off}$). Tous les éléments présents dans chacune de ces listes (*LS*) sont représentés avec leur taux de spécificité[9]. Pour créer les profils de traits sémantiques (*LST*), on répète le processus en remplaçant chaque mot plein par ses traits sémantiques. Dans le cas des contextes annotés en traits sémantiques, les profils établis sont désignés par $LST_{on}$ et $LST_{off}$ et ils sont construits à partir des sous-corpus disjoints annotés en traits sémantiques appelés respectivement $SCT_{on}$ et $SCT_{off}$. Le tableau (2) donne une sélection des profils calculés pour le candidat *patient*.

| $LS_{on}$ | | $LST_{on}$ | | $LS_{off}$ | | $LST_{off}$ | |
|---|---|---|---|---|---|---|---|
| **agent** | 9,51 | *lar* | 16,61 | **douleur** | 48,48 | *vérifier* | 123,20 |
| **planter** | 9,31 | *eupatoriées* | 10,33 | **cérébrolésés** | 30,06 | *examen* | 78,39 |
| **planteur** | 5,91 | *dot* | 9,36 | **contrôle** | 26,47 | *pénible* | 59,05 |
| **adventice** | 5,43 | *enfoncer* | 8,59 | **récit** | 20,68 | *plaindre* | 38,78 |
| **schème** | 4,73 | *debout* | 8,19 | **trouble** | 19,18 | *poinçonner* | 26,72 |
| **médecin** | 4,73 | *primitif* | 8,12 | **maladie** | 17,43 | *platiner* | 26,72 |
| **sen\|sens** | 4,55 | *actionnaire* | 8,09 | **adolescent** | 14,48 | *fisc* | 26,72 |
| **primitif** | 4,17 | *angleterre* | 7,41 | **frontal** | 13,64 | *physique* | 26,71 |
| **conséquent** | 3,07 | *agrément* | 5,81 | **dardier** | 12,91 | *examiner* | 24,89 |
| ... | | ... | | ... | | ... | |
| *patient (peu ambigu, peu terminologique)* | | | | | | | |

| $LS_{on}$ | | $LST_{on}$ | | $LS_{off}$ | | $LST_{off}$ | |
|---|---|---|---|---|---|---|---|
| **temporel** | 19,09 | *marquer* | 35,72 | **talmy** | 12,98 | *température* | 40,43 |
| **chance** | 13,85 | *grille* | 34,54 | **trajectoire** | 10,67 | *chaleur* | 33,40 |
| **marqueur** | 12,39 | *communiquer* | 30,38 | **typologie** | 10,24 | *place* | 18,92 |
| **thème** | 11,99 | *impact* | 28,49 | **cri** | 10,08 | *sensiblement* | 18,67 |
| **bac** | 11,46 | *choeur* | 28,48 | **slobin** | 10,02 | *typologie* | 18,29 |
| **rupture** | 10,77 | *balustrade* | 24,47 | **tunisien** | 9,25 | *sud* | 13,28 |
| **thématique** | 9,73 | *inscrire* | 23,56 | **interjection** | 8,92 | *sibérie* | 12,48 |
| **émotionnel** | 9,11 | *but* | 22,55 | **encoder** | 8,87 | *cordialité* | 11,10 |
| **positif** | 8,81 | *point* | 20,34 | **click** | 8,59 | *peur* | 10,98 |
| ... | | ... | | ... | | ... | |
| *expression (très ambigu)* | | | | | | | |

*Tableau 2 : Profils caractéristiques des contextes terminologiques ou non terminologique extraits des contextes d'occurrences lexicaux ou enrichis en traits sémantiques*[10]

[9] Le taux de spécificité de Lafon (1980) est calculé en comparant sur une distribution observée dans un corpus de référence et une distribution théorique d'un échantillon définie selon une loi hypergéométrique, : cette fréquence théorique de chaque mot est proportionnelle à la fréquence de ce mot dans le corpus. Le signe du taux de spécificité d'un élément est positif si sa fréquence observée est supérieure à sa fréquence théorique. La valeur d'un taux de spécificité se déduit de la probabilité d'obtenir la fréquence observée. (Reutenauer 2012 : chapII.2) donne une description détaillée de cet indice et le compare avec d'autres indices statistiques.

[10] Les éléments représentés dans les profils donnés ont fait l'objet d'une sélection à des fins de lisibilité : les 9 éléments indiqués sont les plus spécifiques de chaque profil et n'appartiennent pas à l'intersection des profils On x Off. Dans le calcul actuel, cette sélection n'est pas encore mise en œuvre et la différenciation des éléments communs s'appuie sur les taux de spécificité qui sont toujours très différents, par exemple *subir* avec le candidat *patient* qui a un taux de 25 en *ON* et un taux limite de 1000 en *OFF*.

Bien que le calcul des profils suive la même méthode que ceux-ci soient établis à partir des contextes lexicaux ou à partir des contextes enrichis en traits sémantiques, il existe deux différences. Les profils "lexicaux" sont constitués d'unités lexicales spécifiques des contextes et le seuil minimal du taux de spécificité est fixé à 1,5. Les profils "sémantiques" sont constitués de traits sémantiques et le seuil minimal du taux de spécificité est fixé à 2. Grâce à la multiplication des données à traiter suite à l'annotation en traits sémantiques (multiplication moyenne par 10), nous pouvons être plus sélectifs dans le choix des traits sémantiques[11].

La désambiguïsation de chaque occurrence des candidats est réalisée en comparant chaque contexte avec les profils terminologiques et non terminologiques. Les contextes lexicaux sont comparés avec les profils lexicaux $LS_{on}$ et $LS_{off}$ tandis que les contextes annotés sémantiquement sont comparés avec les profils sémantiques $LST_{on}$ et $LST_{off}$. La comparaison est identique dans les deux cas. On détermine les éléments communs entre le contexte de l'occurrence à désambiguïser et les deux profils adéquats. Les taux de spécificité des éléments communs sont additionnés respectivement pour chaque profil, terminologique vs. non terminologique, ce qui permet d'obtenir deux scores : $score_{on}$ et $score_{off}$. L'occurrence est jugée terminologique si $score_{on}$ est supérieur à $score_{off}$ et elle est jugée non terminologique dans le cas contraire. Dans les résultats (section 3), la désambiguïsation textométrique sur les contextes lexicaux est désignée par l'abréviation *SpecLex* et celle qui est appliquée sur les contextes annotés en traits sémantiques est désignée par l'abréviation *SpecTraits*.

Le dernier point méthodologique à préciser est que les profils, lexicaux et sémantiques, sont systématiquement recalculés en éliminant le contexte de l'occurrence à désambiguïser. Ceci a pour but d'éviter de fausser les résultats de l'évaluation et d'éviter toute circularité.

#### *2.3.2 Algorithme de Lesk*

Cet algorithme (Lesk, 1986) vise à associer la bonne définition à chaque unité lexicale en contexte. Pour appliquer cet algorithme dans notre expérience, nous avons construit des définitions terminologiques pour les candidats termes en nous inspirant des usuels spécialisés en sciences du langage. Plusieurs ressources sont utilisées pour l'écriture des défintions terminologiques (Dubois J. et al. 2012 ; Ducrot O. et Schaeffer J-M. 1999 ; Neveu F. 2004). L'adaptation de l'algorithme de Lesk a consisté à choisir entre la définition terminologique d'un candidat et les définitions de ce candidat lorsqu'il est utilisé de manière non terminologique en sciences du langage. Ces défintitions sont prises dans les ressources de langue générale utilisées, le TLFi et WiktionnaireX[12]. Pour réaliser cette expérience, l'algorithme mesure l'intersection entre le contexte de chaque occurrence du candidat terme et les définitions candidates (la définition terminologique et les définitions de langue générale). Lorsque l'algorithme est appliqué aux contextes annotés en traits sémantiques (méthode appelée *LeskTraits*), l'intersection est calculée entre les traits sémantiques du contexte et les traits sémantiques des définitions candidates. Lorsque l'algorithme est appliqué aux contextes lexicaux (méthode appelée *LeskLex*), l'intersection est calculée entre les unités lexicales du contexte et les traits sémantiques des définitions candidates. L'occurrence à désambiguïser est jugée terminologique si l'intersection avec la définition terminologique contient plus d'éléments que l'intersection avec l'ensemble des définitions non terminologiques. L'occurrence est jugée non terminologique dans le cas contraire.

# 3 Expériences réalisées

## 3.1 Méthodologie de l'évaluation

Pour mesurer les performances des différentes méthodes de désambiguïsation, et l'impact de l'annotation sémantique, nous utilisons l'indice courant du taux d'exactitude (*accuracy*). Le taux d'exactitude provient d'une adaptation des métriques de *précision/rappel/F-Mesure* au champ de la désambiguïsation lexicale (Navigli 2009). Les méthodes que nous évaluons se caractérisent par une *couverture* (Nombre de réponses produites / nombre de réponses attendues) de 100 % et, par conséquent, les mesures *précision/rappel/F-Mesure* sont égales et correspondent alors au *taux d'exactitude* (Schwab et *al.* 2013). Ce taux est calculé pour chaque candidat et pour chaque méthode de désambiguïsation testée (avec ou sans annotation sémantique ; textométrie vs. Lesk).

---

11 Le recours au calcul de spécificité sur les traits sémantiques pourrait de plus nous permettre de qualifier les emplois terminologiques et non terminologiques de chaque candidat terme. Ceci n'a cependant pas encore été réalisé car cela suppose une analyse plus approfondie de traits sémantiques : différencier le métalangage lexicographique (par exemple « action de *verbe* », « celui qui ») ; affiner le traitement de traits poly-lexicaux (par exemple « faire référence à ») ; classer les traits sémantiques restants en traits inhérents vs. afférents, classifiants vs. spécifiques, etc.

12 Les définitions à contenu terminologique qui sont présentes dans le TLFi ont été supprimées afin que les définitions du dictionnaire ne relèvent que de la langue générale.

*taux d'exactitude* = Nombre de réponses correctes / Nombre de d'occurrences du candidat terme

## 3.2 Jeu de test

Nous l'avons mentionné dans la section (2.1) consacrée aux données de travail et au corpus de référence, le ratio des occurrences validées sur le nombre total d'occurrences d'un candidat terme permet de classer l'ensemble des candidats annotés selon leur taux d'ambiguïté et leur tendance terminologique. Dans le corpus de référence, certaines combinaisons ne sont pas représentées, ce qui est logique : par exemple, on ne trouvera aucun candidat qui soit à la fois très ambigu et très terminologique. Les candidats termes du jeu de test ont été choisis parmi les combinaisons existantes et en fonction des cas d'ambiguïté qu'ils représentent (cf. exemples issus du corpus, section 1). Le tableau (3) ci-dessous résume les informations quantitatives utilisées pour la sélection des candidats termes du jeu de test. L'ensemble des taux d'exactitude obtenus sur le jeu de test est résumé dans le tableau (4) dans lequel les candidats termes sont ordonnés par taux d'ambiguïté croissant.

| DONNÉES DE RÉFÉRENCE | | | | RÉSULTATS DES 4 MÉTHODES | | | | | |
|---|---|---|---|---|---|---|---|---|---|
| Jeu test | Ambiguïté | Termino | Fréquence | SpecLex | SpecTraits | LeskLex | LeskTraits | Moyenne | Écart typeP |
| ***adjectif*** | 1,88 | 98,12 | 212 | **97,44** | **97,44** | 30,77 | 94,36 | 80,00 | *28,45* |
| ***hypothèse*** | 4,22 | 4,22 | 166 | 92,99 | **96,18** | 82,80 | 76,43 | 87,10 | *7,90* |
| ***patient*** | 5,38 | 5,38 | 93 | **96,70** | 95,60 | 64,84 | 94,51 | 87,91 | *13,35* |
| ***locuteur*** | 13,04 | 89,96 | 168 | 93,29 | **94,51** | 58,54 | 92,68 | 84,76 | *15,15* |
| ***exemple*** | 15,34 | 15,34 | 567 | 68,11 | **84,53** | 59,25 | 26,04 | 59,48 | *21,33* |
| ***objet*** | 22,51 | 22,51 | 191 | 65,41 | 62,70 | **74,05** | 34,59 | 59,19 | *14,81* |
| ***corpus*** | 24,00 | 76,00 | 550 | **91,77** | 91,57 | 57,43 | 66,87 | 76,91 | *15,13* |
| ***expression*** | 28,16 | 28,16 | 226 | **69,52** | 54,29 | 53,81 | 60,95 | 59,64 | *6,37* |
| ***argument*** | 30,00 | 70,00 | 90 | **82,56** | 69,77 | 32,56 | 41,86 | 56,69 | *20,26* |
| ***référence*** | 30,28 | 30,28 | 218 | 48,69 | 53,93 | 60,21 | **63,87** | 56,68 | *5,82* |
| ***énoncé*** | 39,31 | 60,69 | 173 | 73,33 | **87,27** | 53,33 | 58,79 | 68,18 | *13,23* |
| ***définition*** | 45,36 | 54,64 | 183 | 47,73 | 32,39 | 62,50 | **68,18** | 52,70 | *13,90* |
| Moyenne | **21,62** | **46,28** | **236** | **77,30** | 76,68 | 57,51 | 64,93 | 69,10 | |
| Écart typeP | | | | *17,12* | *20,63* | *14,06* | *21,75* | 12,78 | |

*Tableau 3 : Candidats termes du jeu de test décrits par leur taux d'ambiguïté , leur tendance terminologique et leur fréquence*

*Tableau 4 : Taux d'exactitude obtenus par méthode pour les candidats termes du jeu de test (en gras, les taux d'exactitude les plus élevés)*

L'objectif de notre expérience est d'évaluer dans quelle mesure l'annotation sémantique décrite dans cet article améliore ou non le taux d'exactitude de la procédure automatique de désambiguïsation terminologique, c'est donc dans ce sens que les premiers résultats détaillés sont présentés dans la section (3.2.2). Afin de situer ces premiers résultats, nous les comparons avec une reproduction de l'algorithme de Lesk appliqué aux contextes lexicaux et aux contextes enrichis sémantiquement (section 3.2.3).

### *3.2.1 Mesure de l'apport de l'annotation en traits sémantiques TLFi & WiktionnaireX V2 sur le jeu de test*

La première tendance générale qui se dégage était prévisible : le taux d'exactitude décroît lorsque le taux d'ambiguïté augmente (figure 4) : les moins bonnes performances apparaissent avec les candidats les plus ambigus *exemple, objet, argument, définition, référence* et *expression*. La seconde l'était aussi : le taux d'exactitude est peu sensible à la tendance terminologique des candidats termes (figure 3).

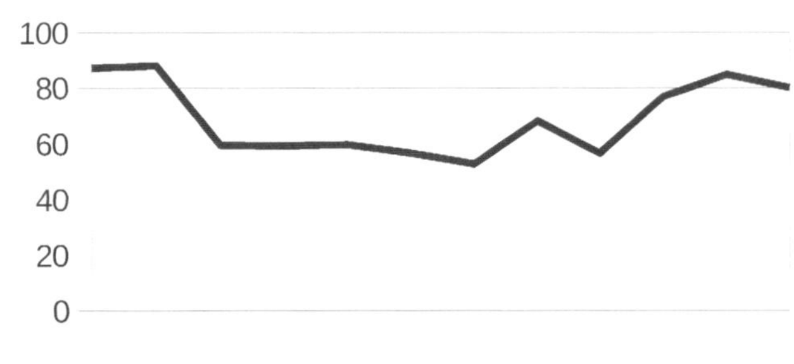


*Figure 3: Moyenne des taux d'exactitude par candidats classés par tendance terminologique croissante*

*Figure 4: Moyenne des taux d'exactitude par candidats classés par taux d'ambiguïté croissant*

Dans la mesure où le taux d'ambiguïté est le paramètre discriminant, c'est en fonction de celui-ci que nous présenterons la suite des résultats de l'expérience. Les courbes suivantes (figure 5) montrent l'évolution du taux d'exactitude en fonction de la mise en œuvre de la désambiguïsation sur des contextes lexicaux ou enrichis sémantiquement. Le premier constat que l'on peut faire est que l'annotation sémantique ne semble pas apporter d'amélioration sensible sur la moyenne des performances de la tâche de désambiguïsation terminologique. Cependant, dans certains cas, par exemple, *exemple* ou *énoncé* dans le jeu de test, on observe une performance supérieure et une performance très légèrement supérieure avec *référence*. Une analyse détaillée de l'ensemble des décisions divergentes sur ces trois candidats permettra dans la suite de nos travaux de mieux comprendre qualitativement l'influence de l'annotation sémantique.

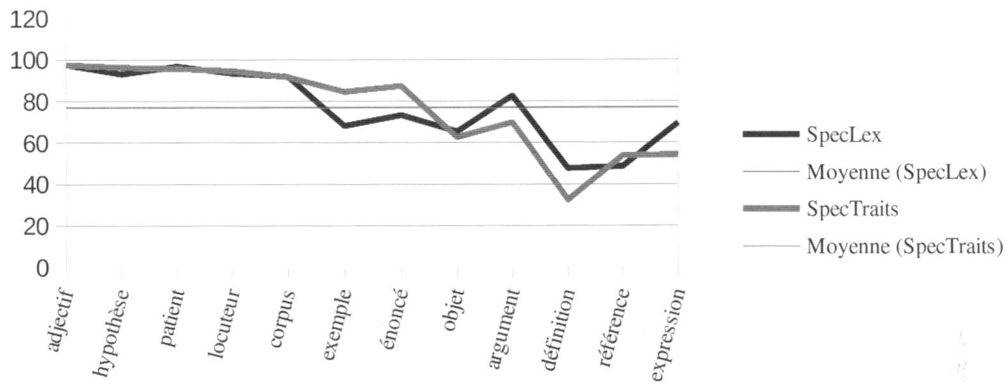


*Figure 5: Taux d'exactitude par candidat pour la méthode textométrique et selon le type de contextes (lexicaux, SpecLex, ou annotés en traits sémantiques, SpecTraits)*

Une analyse quantitative entre les méthodes SpecLex et SpecTraits est faite dans la section 3.3. Elle est appliquée par la suite parce qu'elle est appliquée non plus seulement au jeu de test mais à l'ensemble de candidats termes et de leurs occurrences.

### *3.2.2 Comparaison avec l'algorithme de Lesk sur le jeu de test*

Pour situer les résultats obtenus par la méthode textométrique, nous avons implémenté la méthode de Lesk dans sa version initiale pour déterminer les taux d'exactitude obtenus à l'aide de cet algorithme fondateur dans le contexte particulier des travaux que nous développons. L'algorithme a été testé avec les contextes lexicaux (figure 6) et avec les contextes annotés en traits sémantiques (figure 7).

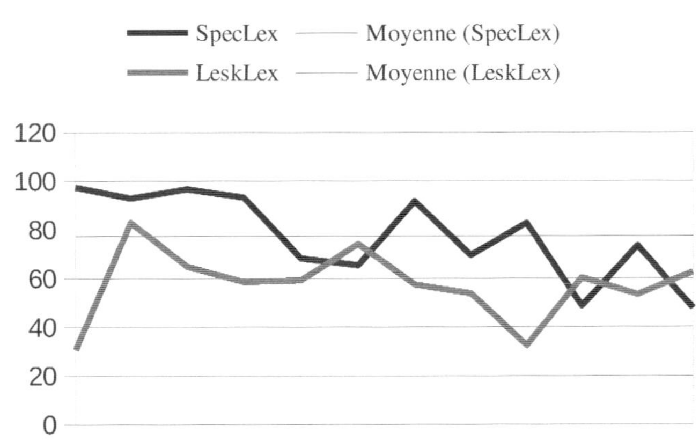


*Figure 6: Comparaison des taux d'exactitude par candidat pour la méthode textométrique et pour l'algorithme de Lesk sur les contextes lexicaux*

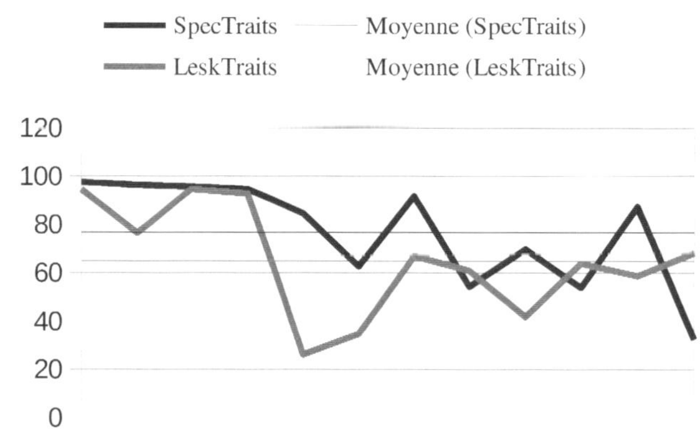


*Figure 7: Comparaison des taux d'exactitude par candidat pour la méthode textométrique et pour l'algorithme de Lesk sur les contextes annotés en traits sémantiques*

L'amélioration apportée par l'approche textométrique est visible : les courbes SpecLex et SpecTraits se situent au-dessus des courbes LeskLex et LeskTraits respectivement. Cependant, les faibles résultats de Lesk demandent à être explicités. Par rapport à l'état de l'art en effet (Schwab et *al.* 2013) ou (Navigli et *al.* 2007), les performances de l'algorithme de Lesk sont nettement moindres : taux moyen d'exactitude de 77 % avec une implémentation simple de l'algorithme de Lesk dans (Schwab et *al.* 2013 : 105) par exemple. La meilleure moyenne du taux d'exactitude que nous obtenons avec Lesk est de 64,93 % avec les contextes annotés en traits sémantiques.

Une explication possible repose sur la nature de l'ambiguïté que nous cherchons à résoudre. Bien que nous trouvant théoriquement dans une position beaucoup plus favorable comparativement à la difficulté que représente la désambiguïsation lexicale sémantique dans son entier, nous faisons face à des cas d'ambiguïté très fins. En témoignent les deux exemples ci-dessous du candidat *définition* : le premier montre un emploi jugé terminologique par l'annotation manuelle, le second emploi relève d'un emploi non terminologique.

> [Terminologique] : *Aujourd'hui, des relations entre termes sont de plus en plus souvent intégrées aux terminologies pour compléter les **définitions** en langage naturel.* Les relations sémantiques : du linguistique au formel - Aussenac-Gilles N. et Séguéla P. (2000). Cahiers de grammaire (25)
>
> [Non terminologique] : *La **définition** des termes est désormais le résultat d'une analyse systématique de l'usage des termes en corpus.* Les relations sémantiques : du linguistique au formel - Aussenac-Gilles N. et Séguéla P. (2000). Cahiers de grammaire (25)

Ce type d'ambiguïté terminologique entre, par ailleurs, en résonance avec une ambiguïté courante en sémantique lexicale : le lien métonymique entre une interprétation résultative et une interprétation processive que l'on rencontre souvent avec les noms déverbaux, ce qui est le cas du candidat *définition*. Le même cas de figure se présente le candidat *expression*.

> [Terminologique] : *[...] les **expressions** du type le jour suivant [...]* Validation d'une méthodologie pour l'étude des marqueurs de la segmentation dans un grand corpus de texte - Piérard S. et Begsten Y. (2007). TAL(47/2)
>
> [Non terminologique] : *L'**expression** de telle ou telle relation [...]* Variabilité des outils de TAL et genre textuel : cas des patrons lexico-syntaxiques – Jacques M.-P. Et Assenac-Gilles N. (2006). TAL (47)

Pour ce type d'ambiguïté, la tâche de la compétition SemEval 2007 (Navigli et *al.* 2007) la plus proche est la tâche 8 : *Metonymy Resolution*. La tâche 8 de SemEval 2007 avait pour but de différencier trois niveaux de désambiguïsation (de la plus grossière à la plus fine) entre les sens métonymiques apparaissant avec les noms de lieu et les noms d'organisation. Pour chacune des catégories (lieux ou organisation), (Markert et Nissim 2007) ont défini la baseline du taux d'exactitude à 79,4 % pour la distinction entre les sens des noms de lieu et à 61,4 % pour la distinction entre les sens des noms d'organisation. Par rapport à ces taux d'exactitude, les deux variantes de la méthode Lesk telle que nous l'avons implémentée (taux d'exactitude moyen de 57,51 % pour LeskLex et de 64,93 % pour LeskTraits) se situent autour du taux obtenu pour la distinction entre les sens des noms de lieux.

### 3.3 Comparaison SpecLex-SpecTraits sur un jeu de données plus étendu

La comparaison entre les résultats obtenus par la désambiguïsation textométrique (SpecLex et SpecTraits) sur le jeu de test nous a amené a conclure que l'annotation sémantique n'apportait pas d'amélioration sensible. Afin de vérifier ce constat sur un jeu de données plus important, nous avons pris deux textes du corpus Scientext (un article de revue et une communication) comme corpus d'évaluation et nous avons passé les méthodes de désambiguïsation par toutes les occurrences de candidats termes extraits par TTC-Termsuite. Dans cette nouvelle expérience, l'ambiguïté globale est plus modeste (10,34/50) et l'échantillon est plus hétérogène au niveau des fréquences. Au total, 2284 occurrences de candidats termes ont été évaluées par rapport à l'annotation manuelle.

| | Types | Occurrences | Ambiguïté | SpecLex | SpecTraits |
|---|---|---|---|---|---|
| ***Candidats monolexicaux*** | 339 | 1903 | 11,64 | 79,72 | 82,71 |
| ***Candidats polylexicaux*** | 92 | 381 | 3,84 | 80,58 | 80,05 |
| ***Total*** | 431 | 2284 | 10,34 | **79,86** | **82,27** |

Tableau 5 : Analyse des données du corpus d'évaluation

Comme le montre le tableau ci-dessus, l'ambiguïté des candidats monolexicaux (11,64/50) est bien supérieure à celle des candidats termes polylexicaux (3,84/50), c'est pourquoi les données du jeu de test (section 3.2) correspondent à des candidats monolexicaux uniquement. Sur le jeu de données plus étendu qui a été utilisé pour cette seconde expérience, on constate une amélioration des taux d'exactitude, que ce soit pour la méthode SpecLex ou la méthode SpecTraits. Cependant, contrairement à ce qu'on avait pu observer sur le jeu de test de la section précédente, on peut noter que l'utilisation des contextes enrichis en traits sémantiques (taux d'exactitude : 82,27% contre 79,86%) apporte cette fois une amélioration sensible par rapport aux résultats observés sur le jeu de test. Un étude approfondie de la complémentarité de ces deux méthodes doit donc être menée pour créer une méthode globale de désambiguïsation terminologique.

## 4 Conclusion et perspectives

Cet article se situe dans le champ de la désambiguïsation terminologique qui peut se voir *a priori* comme un cas de figure simplifié de désambiguïsation lexicale. La méthode que nous avons évaluée sur un jeu de candidats termes à désambiguïser s'appuie sur l'exploitation des contextes d'occurrences présentés sous deux formes : une version lexicale (contextes lexicaux) et une version enrichie en traits sémantiques (contextes sémantiques). Les résultats obtenus montrent que l'annotation sémantique n'apporte pas d'amélioration sensible pour la moyenne des performances mesurées sur le jeu de test. Cependant, nous avons vu que cette tendance s'inverse lorsque l'expérience est appliquée aux 67 candidats les plus fréquents dans le corpus de travail. Ce constat nous conduit à envisager deux perspectives immédiates : reproduire les expériences sur l'ensemble des candidats termes et analyser en détail les occurrences où les méthodes divergent. En effet, la figure (9) montre l'amplitude des variations possibles avec la méthode textométrique comme avec la méthode inspirée de Lesk. Pour pouvoir envisager une automatisation complète de la tâche de désambiguïsation, l'analyse des divergences permettrait de déterminer comment articuler les méthodes entre elles et dans quels cas privilégier l'une par rapport à l'autre.

Sur le plan des améliorations à apporter à la désambiguïsation elle-même, il serait intéressant de la faire collaborer avec des approches distributionnelles car celles-ci permettraient très probablement d'écarter d'emblée un certain nombre de cas massifs où l'occurrence d'un candidat terme fait partie d'une locution comme *par définition, faire référence à*, etc. Sur le plan des méthodes statistiques utilisées, une comparaison avec des méthodes de type SVM (*Support Vector Machines*) serait pertinente. Ces méthodes réduisent en effet la tâche de désambiguïsation à un problème de classification, en obtenant de très bons résultats par rapport à d'autres méthodes (Lee and Ng 2002 ; Navigli 2009).

Sur le plan de l'annotation sémantique enfin, nous envisageons de poursuivre nos travaux dans deux directions complémentaires. La première voie s'intéressera à deux manières possibles de limiter la dispersion de l'information sémantique due à l'utilisation des définitions d'une ressource lexicale sémantique : (1) nous appuyer sur l'hypothèse que le premier mot de même catégorie que l'unité lexicale à annoter joue le rôle d'un hyperonyme ou plutôt réfère au genre prochain dans la terminologie de la TST ; (2) utiliser les domaines d'usage qui figurent dans les définitions du TLFi. La seconde évolution possible pour l'annotation sémantique visera à utiliser une autre ressource lexicale, à savoir le

WordNet libre pour le français, la ressource Wolf telle qu'elle a été mise à disposition de la communauté par Benoît Sagot[13]. À l'aide de Wolf, nous envisageons une annotation en synsets[14] qui pourrait être réalisée de deux manières : (1) une annotation comparable à celle que nous avons développée dans cet article mais avec les synsets ou concepts possibles selon une correspondance des formes lemmatisées entre texte et ressource lexicale ; (2) une annotation désambiguïsante où le concept représentant un mot d'un article est identifié selon son contexte dans l'article. Des travaux d'indexation de sites web s'appuyant sur l'exploitation de WordNet sont déjà proposés (Desmontils et Jacquin 2001, Benyahia et *al.* 2009).

## Remerciements

Nos vifs remerciements aux relecteurs/relectrices pour leurs remarques et suggestions qui ont permis d'améliorer cette proposition ; toute imprécision, erreur restante est bien sûr de notre entière responsabilité. Nos chaleureux remerciements à l'équipe du projet TermITH, au sein du laboratoire (en particulier Bertrand Gaiffe, Benjamin Husson, Etienne Petitjean, Jean-Marc Humbert et Sandrine Ollinger) ; au sein des partenaires du projet, en particulier Béatrice Daille (LINA), Agnès Tutin, Marie-Paule Jacques et Sylvain Hatier (LIDILEM), Claire François, Sabine Barreaux et Flora Badin (INIST), Yannick Toussaint et Felipe Melo-Mora (LORIA), Laurent Romary et Patrice Lopez (INRIA Saclay). Nos remerciements enfin à l'ANR pour le soutien financier accordé au projet TermITH (ANR-12-CORD-0029) ainsi qu'à nos tutelles (CNRS, INRIA, Université de Grenoble3, de Lorraine, de Nantes).

## Références

Aubin S. and Hamon T. (2006) Improving Term Extraction with Terminological Resources. In *Advances in Natural Language Processing (5th International Conference on NLP, FinTAL).*

Aussenac-Gilles N., Condamines A. (2009). Marqueurs de relations, genre textuel, structures syntaxiques. In Minel, J.-L. (Ed.), *Filtrage sémantique*, 115-149. Paris: Hermes/Lavoisier.

Baneyx A., Malaisé V., Charlet J., Zweigenbaum P. et Bachimont B. (2005). Synergie entre analyse distributionnelle et patrons lexico-syntaxiques pour la construction d'ontologies différentielles. Dans Actes de la conférence *TIA-2005*, 12 pages. http://estime.spim.jussieu.fr/~jc/Files/BaneyxTIA2005.pdf [dernier accès (*d.a.*) 11/02/14]

Benyahia K., Lehireche A. et Latreche A. (2009). Annotation sémantique de pages Web. In Actes de la seconde *Conférence Internationale sur l'Informatique et ses Applications,* Saida, Algérie, 3-4 Mai, 8 pages. http://ceur-ws.org/Vol-547/54.pdf [pages consultées le 11/02/14]

Bourigault D., Jacquemin C. et l'HommeM.C. (2001). Recent Advances in Computationnal Terminology. John Benjamins :Amsterdam.

Bourigault D., Slozdian M. (1999). Pour une terminologie textuelle. Revue *Terminologies Nouvelles* 19 (Actes de la conférence *TIA 1999*), 29-32. http://www.rifal.org/cahiers/rint19/rint19.pdf. [(*d.a.*) 11/02/14]

Camacho collados J., Billami M. B., Jacquey E., Kister L. (2014). Approche statistique pour le filtrage terminologique des occurrences de candidats termes en texte intégral. Dans Actes des *Journées internationales d'Analyse statistique des Données Textuelles (JADT)*, Paris, France, 3-6 Juin

Claveau V. et L'Homme M.C. (2005). Apprentissage par analogie pour la structuration de terminologies - utilisation comparée de ressources endogènes et exogènes. Dans Actes de la conférence *TIA-2005*, 12 pages. http://www.irisa.fr/texmex/people/claveau/publis/Claveau-LHomme-tia05.pdf. [(*d.a.*) 11/02/14]

Condamines A., Péry-Woodley M.P. (2007). Linguistic markers of semantic and textual relations. In Alamargot, D., Terrier, P. & Cellier, J.-M. (Eds.), *Written documents in the workplace. Studies in Writing*. 3-16. Amsterdam: Elsevier.

Daille B. (1994). Approche mixte pour l'extraction de terminologie : statistique lexicale et filtres linguistiques, Thèse en informatique fondamentale, Université Paris 7.

Daille B. (2003). Conceptual structuring through term variations. In *Proceedings of the ACL2003 Workshop on Multiword Expressions : Analysis, Acquisition and Treatment*, Bond E., Kohonen A. Carthy D.M. et Villalencio A. (eds), 9-16.

Daille B., Kageura K., Nakagawa H., Chien L.-F. (eds). (2004). Recents Trends in Computational Terminology, *Terminology*, 10(1). ISSN 0929-997.

[13] WOLF : WordNet Libre du Français, http://alpage.inria.fr/~sagot/wolf.html [page consultée le 04/02/2014].

[14] Un synset (ou un concept) correspond à un ensemble de mots qu'on peut les qualifier de synonymes entre eux représentant un sens très précis à l'aide d'une définition.

Daille B., Jacquin Ch., Monceaux L., Morin E. et Rocheteau J. (2011). TTC TermSuite : une chaîne de traitement pour la fouille terminologique multilingue. Démonstration au cours de la conférence *TALN 2011*. http://www.lirmm.fr/taln2011/DEMOS/DEMO_Daille_UnivNantes.pdf. [(*d.a.*) 11/02/14]

Desmontils E ; et Jacquin C. (2001). Des ontologies pour indexer un site Web. In *Journées francophones d'ingénierie des connaissances (IC)*, Jean Charlet (ed;), Presses Universitaires de Grenoble (PUG), Grenoble, 25-28 juin, 131-146,

Drouin P. (2003). Term extraction using technical corpora as a point of leverage. In *Terminology* 9(1), 99-117.

Dubois J., Giacomo M., Guespin L., Marcellesi C., Marcellesi J-B. Et Mével J-P. (2012) Dictionnaire de linguistique. Larousse.

Ducrot O. et Schaeffer J-M. (1999) Nouveau dictionnaire encyclopédique des sciences du langage. Essais, 832 pages.

Grabar N., Zweigenbaum P. (2004). Lexically-based terminology structuring. In *Terminology*, 10(1), 23-54. Résumé : http://www.ingentaconnect.com/content/jbp/term/2004/00000010/00000001/art00002. [(*d.a.*) 12/02/14]

Habert B. (2005). Portrait de linguiste(s) à l'instrument », Texto! vol. X, n° 4, 2005.

Heiden S., Magué J-P., Pincemin B. (2010). TXM : Une plateforme logicielle open-source pour la textométrie – conception et développement. In Actes de la conférence *JADT 2010 : 10th International Conference on the Statistical Analysis of Textual Data*, Rome : Italie : 12 pages http://halshs.archives-ouvertes.fr/docs/00/54/97/79/PDF/Heiden_al_jadt2010.pdf. [pages consultées le 11/02/14]

Jacques M-P., Aussenac-Gilles N. (2006). Variabilité des performances des outils de TAL et genre textuel. Cas des patrons lexico-syntaxiques. Dans : *Traitement Automatique des Langues*, 47(1), 11-32. http://www.atala.org/Variabilite-des-performances-des [(*d.a.*) 11/02/14]

Lafon P. (1980). Sur la variabilité de la fréquence des formes dans un corpus. *Mots* (1), 127-165.

Lee, K.Y. and Ng, H. T. (2002) An empirical evaluation of knowledge sources and learning algorithms for word sense disambiguation, In Actes de la conférence *On Empirical Methods in Natural Language Processing* (EMNLP), Philadelphia, USA, 41–48.

Lesk M. (1986). Automatic sense disambiguation using MRD : how to tell a pine cone fom an ice cream cone. In *Proceeding of SIGDOC' 86, ACM*, New York, USA, 24-26.

L'Homme M.C. (2004a). Adjectifs dérivés sémantiques dans la structuration de terminologies. Dans Actes de la conférende *Terminologie, ontologie et représentation des connaissances*, Université Jean-Moulin Lyon-3, 22-23 janvier 2004. 6 pages. http://olst.ling.umontreal.ca/pdf/lhomme-lyon2003.pdf. [(*d.a.*) 11/02/14]

L'Homme M.C. (2004b). *La terminologie : principes et techniques*, Montréal : Presses de l'Université de Montréal.

Manser M. (2012). État de l'art sur l'acquisition de relations sémantiques entre termes : contextualisation des relations de synonymie. Dans Actes de la conférence *JEP-RECITAL 2012*, 163-175. http://aclweb.org/anthology//F/F12/F12-3013.pdf. [(*d.a.*) 11/02/14]

Markert K., Nissim M. (2007). SemEval-2007 Task 08 : Metonymu Resolution at SemEval-2007. In *Proceedings of the International Workshop on Semantic Evaluations (SemEval-2007)*, 36-41, Prague, Association for Computational Linguistics. http://acl.ldc.upenn.edu/W/W07/W07-2007.pdf [(*d.a.*) 12/02/2014]

Namer F., Zweigenbaum P. (2004). Acquiring meaning for French medical terminology: contribution of morphosemantics. In Marius Fieschi, Enrico Coiera, and Yu-Chuan Jack Li, editors, *Proceedings 10th World Congress on Medical Informatics*, volume 107 of *Studies in Health Technology and Informatics*, 535-539, Amsterdam, 2004. IOS Press. http://www.ncbi.nlm.nih.gov/pubmed/15360870?dopt=Abstract [(*d.a.*) 11/02/14]

Navigli, R. (2009).Word Sens Disambiguation : A Survey, *ACM Computing Surveys*, 41(2).

Navigli R., Litkowski K.B. et Hargraves O. (2007). SemEval-2007 Task 07 : Coarse-Greined Anglish All-words Task. In *Proceedings of the International Workshop on Semantic Evaluations (SemEval-2007)*, 30-35, Prague, Association for Computational Linguistics.

Navigli R. et Lapata, M. (2010) An Experimental Study of Graph Connectivity for Unsupervised Word Sens Disambiguation, In *IEEE Trans. Patter Anal. Mach. Intell.* , vol.32, pp. 678-692.

Neveu F. (2004) Dictionnaire des sciences du langage. Armand Colin, 316 Pages.

Périnet A. , Hamon H. (2013). Hybrid acquisition of semantic relations based on context normalization in distributional analysis. Dans Actes de la conférence *TIA-2013*, 113-120. https://lipn.univ-paris13.fr/tia2013/Proceedings/actesTIA2013.pdf. [(*d.a.*) 11/02/14]

POIBEAU T. (2005). Parcours interprétatifs et terminologie. Dans *Actes TIA 2005*. Rouen.

RASTIER F., VALETTE M. (2009). De la polysémie à la néosémie. Dans *Texto!* XIV(1), 1-18. http://www.revue-texto.net/docannexe/file/2119/last_rastier_valette_polysemie.pdf

RETENAUER C. 2012. Vers un traitement automatique de la néosémie : approche textuelle et statistique. Université de Lorraine., Thèse de doctorat en sciences du langage.

SAJOUS F., NAVARRO E., GAUME, B., PRÉVOT, L., CHUDY, Y. (2013). Semi-Automatic Enrichment of Crowdsourced Synonymy Networks: The WISIGOTH system applied to Wiktionary, *Language Resources & Evaluation*, 47(1), 63-96.

SCHWAB D., GOULIAN J., TCHECHMEDJIEV A. (2013). Désambiguïsation lexicale de textes : efficacité qualitative et temporelle d'un algorithme à colonies de fourmis, In *TAL* 54(1), 99-138.

TOUSSAINT Y., NAMER F., DAILLE B., JACQUEMIN C., ROYAUTÉ J., HATHOUT N. (1998). Une approche linguistique et statistique pour l'analyse de l'information en corpus. Dans *Actes de la conférence TALN'98*, ATALA, Paris, France.

VALETTE M., ESTACIO-MORENO A., PETITJEAN E., JACQUEY E. (2006). Éléments pour la génération de classes sémantiques à partir de définitions lexicographiques. Pour une approche sémique du sens. Dans *Actes de la 13ème conférence sur le traitement automatique des langues naturelles (TALN 06)*, P. Mertens, C. Fairon, A. Dister, P. Watrin (éds). *Cahiers du CENTAL*, 2.1, UCL Presses Universitaires de Louvain (1), 357-366.

# Identification des noms sous-spécifiés, signaux de l'organisation discursive

Charlotte Roze[1, 2] Thierry Charnois[3] Dominique Legallois[2] Stéphane Ferrari[1]
Mathilde Salles[2]
(1) GREYC, Université de Caen Basse-Normandie, Campus 2, 14000 Caen, France
(2) CRISCO, Université de Caen Basse-Normandie, Campus 1, 14000 Caen, France
(3) LIPN, Université Paris 13 Sorbonne Paris Cité, 93430 Villetaneuse, France
{charlotte.roze,dominique.legallois, stephane.ferrari, mathilde.salles}@unicaen.fr,
thierry.charnois@lipn.univ-paris13.fr

**Résumé.** Dans cet article, nous nous intéressons aux *noms sous-spécifiés*, qui forment une classe d'indices de l'organisation discursive. Ces indices ont été peu étudiés dans le cadre de l'analyse du discours et en traitement automatique des langues. L'objectif est d'effectuer une étude linguistique de leur participation à la structuration discursive, notamment lorsqu'ils interviennent dans des séquences organisationnelles fréquentes (e.g. le patron *Problème-Solution*). Dans cet article, nous présentons les différentes étapes mises en oeuvre pour identifier automatiquement ces noms en corpus. En premier lieu, nous détaillons la construction d'un lexique de noms sous-spécifiés pour le français à partir d'un corpus constitué de 7 années du journal *Le Monde*. Puis nous montrons comment utiliser des techniques fondées sur la fouille de données séquentielles pour acquérir de nouvelles constructions syntaxiques caractéristiques des emplois de noms sous-spécifiés. Enfin, nous présentons une méthode d'identification automatique des occurrences de noms sous-spécifiés et son évaluation.

**Abstract.** In this paper, we focus on *shell nouns*, a class of items involved in the signaling of discourse organisation. These signals have been little studied in Natural Language Processing and within discourse analysis theories. The main goal is to study their participation to discourse organisation, especially when they occur in Problem-Solution patterns. In this paper, we present the different steps involved in shell nouns identification of these nouns. First, we present the lexical acquisition of shell nouns from a large corpus. Second, we show how a method based on the extraction of sequential patterns (sequential data mining techniques) allows to discover new syntactic patterns specific to the use of shell nouns. Finally, we present a shell nouns identification system that we evaluate.

**Mots-clés :** noms sous-spécifiés, motifs séquentiels, structure discursive.

**Keywords:** shell nouns, sequential patterns, discourse structure.

## 1 Introduction

Le travail que nous présentons s'inscrit dans le cadre de l'analyse de l'organisation discursive et de l'étude des indices linguistiques de cette organisation. Parmi ces indices, une classe d'items a reçu jusqu'ici peu d'attention en Traitement Automatique des Langues et dans les théories d'analyse du discours telles que la RST (Mann et Thompson, 1988) ou la SDRT (Asher et Lascarides, 2003) : les *noms sous-spécifiés* (Legallois, 2008), appelés *"shell nouns"* (Schmid, 2000) ou *"signalling nouns"* (Flowerdew, 2003) dans les travaux sur l'anglais.

Les noms sous-spécifiés (désormais NSS) sont des noms comme *problème*, *idée* ou *objectif*, ayant non seulement la capacité de référer à des entités abstraites [1] décrites par une proposition syntaxique, une phrase, ou des unités discursives plus larges, mais aussi de leur attribuer un label, de caractériser leur contenu, ou leur fonction dans l'organisation du discours dans lequel ils apparaissent. Selon Schmid (2000), ils fonctionnent comme des « coquilles conceptuelles » : ils présentent une certaine incomplétude sémantique, qui est comblée par le contenu des entités auxquelles ils réfèrent. Cette incomplétude leur confère un statut proche de celui de prédicat. L'exemple (1) [2] présente une portion de discours

1. La notion d'entité abstraite a été introduite par (Asher, 1993).
2. Cet exemple est tiré du corpus *Le Monde*.

contenant trois occurrences de NSS : les noms *idée*, *objectif* et *résultat* (en gras). Ces noms réfèrent aux entités abstraites correspondant aux portions de textes entre accolades. Ici, *idée* et *objectif* étiquettent les unités auxquelles ils réfèrent comme comportant l'expression d'un but, et *résultat* l'expression d'une conséquence.

1. L'opérateur [SFR] se dit prêt à équiper, en 2003, 2000 sites capables d'accueillir des stations de base UMTS, ceci dans cinq villes françaises : Marseille, Lyon et Nice et les deux villes pilotes [...] Mais pas question d'étendre le futur réseau UMTS à l'ensemble du territoire. Pour SFR, cette technologie [...] sera réservée aux grandes agglomérations. L'**idée** est d'{offrir une continuité de services} grâce au réseau GPRS [...] SFR poursuit donc son investissement dans le GSM et le GPRS. L'**objectif** est d'{atteindre une couverture de 95 % du territoire fin 2005}, contre 84 % fin 2002. **Résultat**, {SFR accroît en 2003 ses investissements dans le réseau}.

Les NSS forment une classe fonctionnelle : les noms comme *problème* ou *objectif* n'ont pas la capacité de référer à des entités abstraites dans toutes leurs occurrences. Comme le souligne Schmid (2000), les noms comme *fact* ou *reason* ne sont pas des "shell nouns" grâce à une propriété qui leur est inhérente, ils deviennent des "shell nouns" dans certains de leurs emplois. De même, Legallois (2008) souligne que la notion de NSS s'applique à un type d'emploi nominal et non à une nature nominale. Plus précisément, il existe des constructions syntaxiques caractéristiques des emplois de NSS. Schmid (2000) décrit pour l'anglais un ensemble de patrons syntaxiques accueillant des "shell nouns", dont le patron *N be that–clause* (comme dans *the fact is that* par exemple). Pour le français, Legallois (2008) identifie les *constructions spécificationnelles* comme caractéristiques des emplois de NSS (voir section 2). Pour le français, Legallois et Gréa (2006) analysent les constructions spécificationnelles comme des dispositifs syntaxiques permettant la spécification du contenu indéterminé de ces noms. Ces constructions ont pour forme *Det N être* (*que–clause* | *de–inf*). Les noms comme *problème*, *solution* ou *objectif* possèdent donc la fonction de NSS dans certains de leurs emplois uniquement. Par exemple, en (2), l'occurrence de *problème* ne correspond pas à un emploi en tant que NSS.

2. Pour de nombreux économistes, le nouveau code du travail ne résoudra pas les **problèmes** de productivité et de compétitivité de l'économie portugaise.

Dans le cadre du Traitement Automatique des Langues, ces noms présentent évidemment un intérêt de recherche en ce qui concerne la résolution d'anaphores, et font récemment l'objet des travaux de Kolhatkar *et al.* (2013a,b), qui ont pour objectif principal d'améliorer, pour l'anglais, la résolution de leurs antécédents dans leurs emplois anaphoriques. En effet, ces noms peuvent référer à des unités abstraites de façon cataphorique, comme dans les emplois de *idée* et *objectif* dans l'exemple (1), mais aussi de façon anaphorique, comme l'emploi avec un déterminant démonstratif *ces résultats* en (3). Kolhatkar *et al.* s'intéressent à la tâche d'identification d'antécédents des emplois anaphoriques de "shell nouns", et se heurtent au manque de données annotées pour cette tâche. Kolhatkar *et al.* (2013a) se concentrent sur l'annotation manuelle des occurrences anaphoriques de ces noms par "crowdsourcing", afin de disposer de corpus d'apprentissage pour la tâche de résolution, et Kolhatkar *et al.* (2013b) utilisent comme données d'apprentissage les entités auxquelles réfèrent les "shell nouns" dans leurs emplois cataphoriques, la tâche d'identification étant bien plus aisée dans ce second cas, étant donné qu'elle peut au moins partiellement s'appuyer sur la syntaxe.

3. {Les IRM réalisées montrent une réactivation des zones du cortex moteur généralement dévolues à la main et au coude, sauf pour le troisième patient, dont l'accident était plus ancien.} [...] Comment expliquer ces **résultats** ? « Notre **hypothèse** est que {le fait de voir la main en mouvement réintroduit une cohérence dans le cerveau avec la représentation que le patient a de son corps} », avance Angela Sirigu.

Dans le présent travail, nous laissons de côté la question de l'identification des entités auxquelles les NSS réfèrent, et souhaitons nous intéresser à leur rôle dans l'organisation discursive, jusqu'ici peu étudié dans sa globalité — certains travaux, comme ceux de Vergez-Couret *et al.* (2011) concernant *pour deux raisons*, étudient le rôle discursif de cas particuliers d'emplois de NSS. Les NSS semblent pouvoir participer à l'organisation discursive, soit en spécifiant la fonction ou le contenu d'une unité au sein d'une unité discursive plus large (texte, paragraphe), soit en signalant un lien entre deux unités. Ils peuvent également constituer des marqueurs de frontières de segments textuels, ou des marqueurs de changement thématique (Schmid, 2000). Malgré ces propriétés, les NSS ont jusqu'ici suscité peu d'intérêt dans les recherches en analyse (linguistique ou automatique) du discours. L'objectif du travail présenté ici est d'effectuer une identification en corpus satisfaisante des occurrences de NSS en français, en vue d'une étude linguistique de leur participation à la structuration discursive, notamment lorsqu'ils interviennent dans des *séquences organisationnelles* fréquentes, c'est-à-dire des séquences du type *Problème–Solution* ("*Problem-Solution patterns*"), largement étudiées dans la littérature (Flowerdew, 2008). L'idée est d'identifier ces séquences organisationnelles fréquentes à l'aide des signaux que constituent les NSS (ou encore les connecteurs), et d'examiner les liens qu'entretiennent la présence de ces séquences organisationnelles avec la structure discursive, et plus particulièrement les relations de discours.

Cet article est organisé comme suit : à la section 2, nous présentons la construction d'un lexique de ces noms pour le français ; à la section 3, nous présentons une méthode d'identification des patrons syntaxiques caractéristiques des emplois de NSS, qui s'appuie sur des techniques de fouille de données ; à la section 4, nous présentons une méthode d'identification automatique des NSS en corpus et son évaluation. Pour terminer, nous présentons les conclusions et perspectives de ce travail (section 5).

## 2 Construction d'un lexique

Dans cette section, nous présentons la construction/sélection d'un lexique de NSS pour le français. Cette construction est effectuée à partir d'un corpus constitué de 7 années d'articles du journal *Le Monde* (voir section 2.1 pour une description du corpus et des pré-traitements). Elle s'appuie sur l'extraction des occurrences de constructions syntaxiques identifiées dans la littérature comme étant caractéristiques des emplois de NSS, les constructions spécificationnelles (voir section 2.2). À la section 2.3, nous présentons les résultats de l'extraction, et la sélection du lexique, qui repose sur la fréquence d'apparition des noms dans les constructions spécificationnelles.

### 2.1 Corpus de travail et pré-traitements

Nous travaillons sur un corpus constitué de 7 années d'articles du journal *Le Monde* (de 2000 à 2006), ce qui correspond à 352 265 documents, 7 121 931 phrases et 165 097 356 tokens. Le corpus de départ est au format XML. À chaque document sont associées des métadonnées comme un secteur (une, société, france, débat, art, etc.), des catégories (critique, chiffre, mutation, chronique, important, opinion, etc.), un auteur, une date de parution, des mises à jour, etc. Au sein du texte contenu dans le document, les frontières de paragraphes sont identifiées [3].

Pour construire le lexique de NSS, nous nous appuyons sur l'identification de structures syntaxiques spécifiques, à savoir les constructions spécificationnelles (voir section suivante). Le pré-traitement du corpus comprend donc une phase d'analyse syntaxique. Nous utilisons l'analyseur syntaxique en dépendances Bonsaï (Candito *et al.*, 2010). Pour cela, nous convertissons les documents XML du corpus à un format pouvant être traité par l'analyseur en dépendances syntaxiques Bonsaï. Nous conservons un certain nombre d'informations pouvant être utiles pour nos expériences, comme les frontières de paragraphes, les métadonnées concernant le secteur et les catégories attribuées aux documents. Bonsaï prend en entrée du texte brut, opère une tokenisation (identification des composés), puis un étiquetage en parties du discours faisant appel au Melt Tagger (Denis et Sagot, 2009). L'analyse syntaxique proprement dite est effectuée par le MaltParser (Nivre *et al.*, 2006). Dans la phase de tokenisation du corpus, nous avons ajouté l'ensemble des connecteurs discursifs aux formes composées identifiées comme tokens avant l'analyse syntaxique, et également certaines formes composées auxquelles appartiennent des NSS comme *point*, mais ne correspondant pas (de façon autonome au moins) à des emplois comme NSS (*à ce point*, *point de vue*).

### 2.2 Méthode d'extraction

Comme nous l'avons vu précédemment, (Schmid, 2000) identifie comme caractéristiques des emplois de "shell nouns" en anglais les structures syntaxiques correspondant au patron : *Det N be* (*that–clause* | *wh–clause* | *to–inf*). Pour le français, les structures caractéristiques identifiées par (Legallois, 2008) sont les constructions dites spécificationnelles, qui couvrent des phrases copulatives dans lesquelles l'objet du verbe *être* est une complétive ou un infinitif. Ces constructions sont décrites par le patron suivant :

*Det N* (∅ | *ce*) *être* (*que–clause* | *de–inf*).

On trouve des exemples de constructions spécificationnelles dans les phrases en (4), avec une complétive, et (5), avec un infinitif. Parmi les constructions spécificationnelles, on trouve également des pseudo-clivées, comme en (6).

4. Le **risque** est que ce genre de comportement rappelle de bien mauvais souvenirs.
5. La **question** est de savoir ce que l'on prend comme élément de référence.
6. Le **problème**, c'est que les Occidentaux ne comprennent pas leur mentalité.

3. C'est une des raisons pour lesquelles nous avons choisi ce corpus. Nous verrons dans les perpectives que disposer de ce type de d'informations concernant l'organisation du texte pourra nous aider dans l'identification des séquences organisationnelles.

La notion de construction spécificationnelle s'appuie sur la classification de Higgins (1979) des phrases copulatives. Higgins identifie quatre types de phrases copulatives : prédicative (*cette voiture est rapide*), identificatrice (*la dame avec un chapeau, c'est Madame Dupont*), identité (*l'étoile du matin est l'étoile du soir*), spécificationnelle (*ce que je voudrais, c'est que tu gares la voiture*). Ce type de construction est également abordé par Apothéloz (2008), qui s'intéresse aux constructions spécificationnelles — pour lesquelles il emploie le terme de constructions identificatives — et plus particulièrement aux pseudo-clivées. Parmi ces constructions, Apothéloz relève notamment des cas dans lesquels le segment gauche est un adjectif nominalisé (*important*, *mieux*, *pire*), et des cas dans lesquels le segment gauche est un nom. Parmi les noms observés dans ces constructions, il observe des « lexèmes évaluatifs (*difficulté*, *problème*, *ennui*) ou des hyperonymes servant à construire un syntagme évaluatif (*une **chose** frappante*, *le **truc** sur lequel je ne suis pas d'accord*) » et des « lexèmes se rapportant à l'activité langagière, notamment dans ses aspects argumentatifs et explicatifs (cf. *remarque*, *hypothèse*, *preuve*, *raison*, *proposition*) ».

Nous reprenons ici l'idée de Legallois (2008), qui est de s'appuyer sur le repérage en corpus des constructions spécificationnelles pour identifier un lexique de NSS, en étendant la taille du corpus d'extraction. Nous rassemblons sous l'étiquette NSS des noms entrant dans d'autres constructions que les constructions spécificationnelles, mais nous appuyons sur celles-ci pour construire un lexique à partir duquel travailler. Nous effectuons un repérage des constructions spécificationnelles sur l'ensemble du corpus décrit dans à la section 2.1. Pour identifier les constructions, nous recherchons les contextes correspondant au schéma de la figure 1 dans les analyses en dépendances syntaxiques des phrases du corpus. Une fois ce contexte repéré dans une phrase du corpus, l'extracteur vérifie que plusieurs contraintes sur les dépendants de *être* sont respectées : il ne peuvent pas être des participes passés ou des adjectifs, il ne peuvent pas être des pronoms réflexifs, et ne peuvent pas non plus être des prépositions (*être en mesure de* analysé avec *en* dépendant de *être*, et *de* autre dépendant de *être*). En revanche, les adverbes sont admis comme dépendants de *être*.

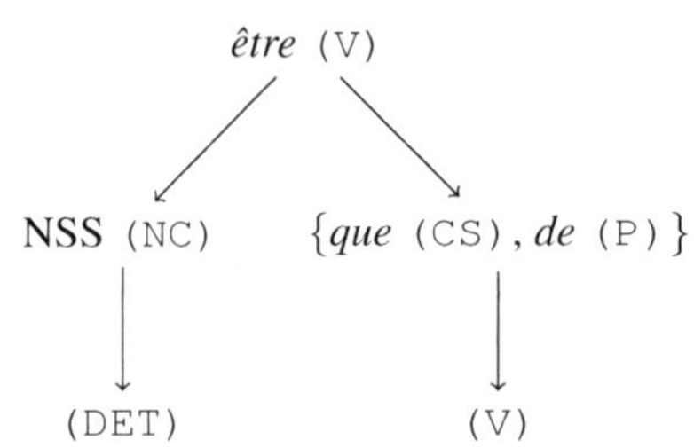


FIGURE 1 – Contextes recherchés dans les phrases du corpus

Nous donnons à la table 1 un fragment de phrase qui contient une occurrence des contextes recherchés dans le corpus.

| Id. | Forme | Lemme | Ét. POS | Informations morphologiques | Id. gouv. | Fonction synt. |
|---|---|---|---|---|---|---|
| 1 | Le | le | DET | g=m \| n=s \| s=def | 2 | det |
| 2 | problème | problème | NC | g=m \| n=s \| s=c | 4 | suj |
| 3 | aujourd'_hui | aujourd'hui | ADV | _ | 2 | mod |
| 4 | est | être | V | m=ind \| n=s \| p=3 \| t=pst | 0 | root |
| 5 | que | que | CS | s=s | 4 | obj |
| 6 | les | le | DET | n=p \| s=def | 7 | det |
| 7 | hommes | homme | NC | g=m \| n=p \| s=c | 9 | suj |
| 8 | politiques | politique | ADJ | n=p \| s=qual | 7 | mod |
| 9 | tentent | tenter | V | m=ind \| n=p \| p=3 \| t=pst | 5 | obj |

TABLE 1 – Fragment de phrase analysée par Bonsaï contenant une construction spécificationnelle

## 2.3 Résultats de l'extraction et sélection du lexique

Au total, 28 445 phrases contiennent la structure recherchée, soit 0,48 % des phrases du corpus. Nous identifions et comptons tous les noms trouvés dans ces contextes. Au total, 1 670 noms (ou adjectifs nominalisés) différents entrent dans les contextes recherchés dans le corpus. Nous présentons dans le tableau 2 les noms les plus fréquemment employés dans les constructions syntaxiques recherchées. Pour chaque nom (ou adjectif nominalisé), nous renseignons le nombre d'occurrences, et le pourcentage sur le nombre total d'occurrences du patron syntaxique.

| Lemme | Nb. d'occurrences | % | Lemme | Nb. d'occurrences | % |
|---|---|---|---|---|---|
| objectif | 3635 | 12.78 | intérêt | 365 | 1.28 |
| problème | 1620 | 5.7 | priorité | 324 | 1.14 |
| but | 1597 | 5.61 | important | 317 | 1.11 |
| question | 1293 | 4.55 | risque | 309 | 1.09 |
| idée | 1176 | 4.13 | difficulté | 288 | 1.01 |
| rôle | 554 | 1.95 | chose | 285 | 1.0 |
| ambition | 475 | 1.67 | souci | 275 | 0.97 |
| mission | 435 | 1.53 | solution | 249 | 0.88 |
| essentiel | 392 | 1.38 | mérite | 248 | 0.87 |
| enjeu | 382 | 1.34 | vérité | 245 | 0.86 |

TABLE 2 – Les 20 noms apparaissant le plus fréquemment dans les contextes recherchés

Au sein des constructions spécificationnelles identifiées, les NSS peuvent être modifiés par un adjectif, comme en (7), par un syntagme prépositionnel, comme en (8), ou une proposition relative, comme en (9). Il peuvent avoir un déterminant possessif, comme en (10). On trouve également dans les constructions spécificationnelles des adjectifs nominalisés comme *essentiel* ou *important*. On retrouve les hyperonymes mentionnés par Apothéloz, comme *chose* ou *côté*, qui fonctionnent généralement avec un modifieur, comme en (11).

7. En fait, le principal **problème** de cette présentation est que « les membres de l'ONU à qui elle s'adressait n'en ont rien à faire », commente le New Republic sur son site Internet.
8. L'**objectif** de l'entraîneur, c'est de donner au joueur de l'autonomie.
9. La **leçon** que j'en tire, c'est qu'il faut éviter ces passages à vide, qu'il faut de la constance.
10. Notre **position** est que nous n'aurions pas dû être en Irak, en premier lieu.
11. Le **côté** positif de cette motion de censure, c'est de ressouder la majorité autour du premier ministre.

Pour les expériences présentées dans la suite de cet article, nous conservons la portion du lexique pour laquelle le nombre d'occurrences de chaque nom dans les constructions spécificationnelles dépasse 0,1 % du total d'occurrences des constructions spécificationnelles en corpus (28 445). Le lexique ainsi sélectionné contient 122 noms, les moins fréquents du lexique retenu étant *possibilité* et *option*, avec chacun 29 occurrences. Parmi l'ensemble des noms ayant été identifiés dans les constructions spécificationnelles, 1 546 sont donc exclus du lexique retenu. Le lexique sélectionné est volontairement restreint pour éviter tout bruit lié au lexique. Les noms dont les fréquences sont les plus basses correspondent généralement à des erreurs d'analyse syntaxique, pour des phrases dont la structure est moins fréquente — voir par exemple *ljubljanais* en (12).

12. D'ailleurs, le dernier chic culinaire **ljubljanais** est de mettre sur la carte des restaurants un « simple poisson avec son filet d'huile d'olive » après une tapenade – qu'on accompagne d'un tokay de Goriska Brda, cette région proche de l'Italie qui produit de bons crus.

# 3 Fouille de données pour la découverte de contextes syntaxiques spécifiques

Comme nous le verrons à la section 4, nous souhaitons identifier les occurrences de NSS dans le corpus décrit à la section 2.1, afin d'extraire des séquences organisationnelles fréquentes. A priori, nous n'avons aucun moyen de distinguer dans le corpus les emplois comme NSS des items de notre lexique de leurs autres emplois sans procéder à une annotation manuelle — excepté dans les cas où ils entrent dans une construction spécificationnelle. Or, l'identification de séquences organisationnelles fréquentes suppose de travailler sur un corpus conséquent, pour lequel une annotation complètement manuelle des emplois de NSS n'est pas envisageable. Nous verrons à la section 4 que considérer toutes les occurrences des noms du lexique comme des occurrences de NSS n'est pas une solution satisfaisante en ce qui concerne le bruit, et que se limiter aux seules constructions spécificationnelles n'est pas satisfaisant non plus en ce qui concerne le silence. Nous avons donc opté pour une solution intermédiaire d'identification des NSS, pour laquelle nous ne disposions que d'un lexique d'items ayant la capacité d'être des NSS, et d'un corpus conséquent analysé pour les dépendances syntaxiques. Cependant, nous savons que les NSS sont susceptibles d'apparaître dans des constructions syntaxiques particulières, dans lesquelles d'autres noms ne peuvent pas entrer. Pour l'anglais, des études sur corpus des emplois de NSS ont déjà été effectuées par Schmid (2000) et Flowerdew (2003), et recensent des contextes syntaxiques autres que le patron *Det N be (that–clause | wh–clause | to–inf)*, comme le patron *Det N (that–clause | wh–clause | to–inf)* (Schmid, 2000) ou le patron *Det N be Det N*, dans lequel le second nom est un déverbal (Flowerdew, 2003). Pour le français, les constructions spécifiques aux NSS n'ont pas été inventoriées. On suppose qu'il existe en français d'autres constructions que la construction spécificationnelle[4] dans lesquelles on trouve des emplois de NSS. L'objectif du travail présenté dans cette section est précisément **d'identifier ces constructions**.

Nous partons de l'hypothèse que les noms communs n'appartenant pas au lexique des NSS ne peuvent pas entrer dans les constructions spécifiques aux emplois de NSS. L'idée qui sous-tend cette approche est que les propriétés discursives ou sémantiques des emplois de NSS sont corrélées à des traits syntaxiques. Pour identifier des constructions syntaxiques caractéristiques des emplois de NSS, nous utilisons une méthode permettant d'identifier des patrons linguistiques fréquents en corpus, héritée des techniques de fouille de données, et proposée par Béchet *et al.* (2012) : l'extraction de motifs séquentiels. La *fouille de données séquentielles*, introduite par Agrawal et Srikant (1995), est une technique qui permet de découvrir de nouvelles connaissances sous forme de régularités dans des bases de données, en tenant compte de l'ordre temporel entre les données. Suivant une méthodologie proche de celle de Quiniou *et al.* (2012) concernant la stylistique, nous nous intéressons aux particularités des contextes syntaxiques des NSS, via le calcul de *motifs séquentiels émergents*. Ces motifs émergents sont identifiés à partir de motifs séquentiels impliquant des noms retenus dans le lexique de NSS (étiquetés `NSS`), et de motifs impliquant des noms communs (étiquetés `NC`) — et ne contenant aucun des noms retenus dans le lexique. L'avantage de cette méthode de fouille est d'être symbolique. Les motifs extraits, et découverts automatiquement, sont interprétables par un humain. Ils se prêtent donc facilement à une analyse linguistique.

À la section 3.1, nous présentons les principes généraux du calcul de motifs séquentiels et de l'identification de motifs émergents. À la section 3.2, nous décrivons l'extraction de motifs émergents pour les NSS, et donnons les résultats quantitatifs de cette extraction. À la section 3.3, nous décrivons les principaux patrons syntaxiques caractéristiques des emplois de NSS, identifiés par l'analyse des motifs émergents.

## 3.1 Les motifs séquentiels et les motifs émergents

Nous définissons dans cette section les notions impliquées dans le calcul de motifs séquentiels et des motifs émergents, en les illustrant à travers des exemples similaires aux données que nous traitons ici. Néanmoins, il faut noter que la méthode de fouille de données séquentielles décrite ici trouve de très diverses applications, comme par exemple l'extraction de chaînes d'ADN ou de séquences de protéines.

Un *itemset* $I$ est un ensemble de littéraux appelés *items*, représenté par $I = (i_1 \dots i_n)$. Par exemple, $(problème\ NC)$ est un itemset contenant un item correspondant à un lemme et un item correspondant à une étiquette POS. Une *séquence* $S$ est une liste ordonnée d'itemsets, représentée par $S = \langle I_1 \dots I_m \rangle$. Notons que de nombreuses applications ne nécessitent qu'un seul item dans leurs itemsets. Ces séquences sont appelées des *séquences d'items* et sont représentées par $S = \langle i_1 \dots i_n \rangle$, où $i_1 \dots i_n$ sont des items. Dans la suite de cet article, les deux types de séquences seront considérés : les séquences d'items (lemmes) et les séquences d'itemsets (lemmes et étiquettes POS). Une séquence $S = \langle I_1 \dots I_n \rangle$ est *contenue* dans une séquence $S' = \langle I'_1 \dots I'_m \rangle$ s'il existe des entiers $1 \leq j_1 < \dots < j_n \leq m$ tels que $I_1 \subseteq I'_{j_1}, \dots, I_n \subseteq I'_{j_n}$. La séquence $S$ est appelée *sous-séquence* de $S'$, ce qui est noté $S \preceq S'$. Par exemple, la séquence ⟨(`DET`) (`NC`) (*être* `V`)⟩ est contenue dans la séquence ⟨(*le* `DET`) (*solution* `NC`) (*être* `V`) (*de* `P`)⟩. Une base de séquences $B$ est un ensemble de tuples $(S_{id}, S)$, où $S_{id}$ est un identifiant de séquence et $S$ une séquence. La table 3 représente ainsi une base de trois séquences. Dans notre cas, une séquence correspond à la représentation d'une phrase du corpus. Les itemsets peuvent contenir des lemmes ou des étiquettes POS.

| Identifiant | Séquence |
|---|---|
| 1 | ⟨(*le* `DET`) (*solution* `NC`) (*être* `V`)(*de* `P`) (*partir* `VINF`) (. `PONCT`)⟩ |
| 2 | ⟨(*le* `DET`) (*problème* `NC`) (: `PONCT`)(*trouver* `VINF`) (*un* `DET`) (*financement* `NC`) (. `PONCT`)⟩ |
| 3 | ⟨(*le* `DET`) (*solution* `NC`) (: `PONCT`) (*partir* `VINF`) (. `PONCT`)⟩ |

TABLE 3 – Une base de séquences

4. (*Det N* (∅ | *ce*) *être* (*que–clause* | *de–inf*) décrite en section 2.2.

Un tuple $(S'_{id}, S')$ *contient* une séquence $S$ si $S \preceq S'$. Le *support* d'une séquence $S$ dans une base de séquences $B$, noté $sup(S)$, est le nombre de tuples contenant $S$ dans la base. Par exemple, dans la table 3, le support de la séquence $\langle\langle$(*le* DET) (*solution* NC)$\rangle\rangle$ est 2. Le *support relatif* peut aussi être utilisé, comme défini par l'équation suivante.

$$sup(S) = \frac{|\{(S'_{id}, S') \mid (S'_{id}, S') \in B \land (S \preceq S')\}|}{|B|}$$

Un *motif fréquent* est une séquence dont le support est supérieur ou égal à un seuil fixé : *minsup*. Les algorithmes de fouille de motifs séquentiels extraient tous les motifs fréquents apparaissant dans une base de séquences. L'ensemble des motifs fréquents pouvant être très grand, il existe une représentation condensée permettant d'éliminer les redondances sans perte d'information : les *motifs clos* (Yan *et al.*, 2003). Un motif fréquent $S$ est clos s'il n'existe aucun motif fréquent $S'$ tel que $S \preceq S'$ et $sup(S) = sup(S')$. Certaines contraintes peuvent être définies pour diriger l'extraction de motifs selon les besoins de l'utilisateur et éliminer des motifs non pertinents (Dong et Pei, 2007), comme la contrainte de fréquence (en donnant une valeur au support minimal) ou la contrainte *gap* : un motif avec une contrainte *gap* égale à $[x, y]$, noté $P_{[x,y]}$, est un motif dont chaque couple d'itemsets est séparé par au moins $x - 1$ itemsets et au plus $y - 1$ itemsets.

Les motifs émergents sont des motifs dont le support augmente de manière significative d'un ensemble de données à un autre (Dong et Li, 1999). Les motifs émergents sont ainsi des motifs dont le taux de croissance ("growth rate"), c'est-à-dire le rapport des supports dans deux ensembles de données, est supérieur à un seuil fixé $\rho$. Un motif $P$ d'un ensemble de données $D_1$ est alors un *motif émergent*, par rapport à un autre ensemble de données $D_2$, si $TC(P) \geq \rho$, avec $\rho > 1$ et $TC(P)$ défini par l'équation suivante.

$$TC(P) = \begin{cases} \infty & \text{si } sup_{D_2}(P) = 0 \\ \frac{sup_{D_1}(P)}{sup_{D_2}(P)} & \text{sinon} \end{cases}$$

## 3.2 Extraction de motifs émergents pour les noms sous-spécifiés

Pour calculer des motifs émergents relatifs aux noms sous-spécifiés, nous constituons tout d'abord une base de séquences $B_{NSS}$, dans laquelle chaque séquence correspond à une phrase. Notons que sur chaque séquence nous ajoutons deux itemsets particuliers – (INIT) et (END) – qui symbolisent respectivement les débuts et fins de phrase. Pour constituer la base $B_{NSS}$, on extrait du corpus présenté à la section 2.1 toutes les phrases contenant au moins un nom du lexique de NSS d'une part, en remplaçant leur étiquette NC (nom commun) par l'étiquette NSS (nom sous-spécifié), ou leur étiquette ADJ (adjectif) par l'étiquette ASS (adjectif nominalisé sous-spécifié). Au total, 1 881 526 phrases du corpus contiennent au moins une occurrence d'un nom du lexique retenu (soit environ 26 % des phrases), donc $|B_{NSS}|$ vaut 1 881 526. L'ensemble de ces phrases contient 2 035 850 occurrences étiquetées comme NSS, et 400 099 occurrences étiquetées comme ASS.

Pour limiter le nombre de motifs émergents à analyser, et pour extraire des motifs émergents plus génériques, nous ne conservons dans la base de séquences que l'étiquette POS (on ne tient pas compte des lemmes), excepté pour les mots appartenant aux classes fermées (DET, P, P+D, CS, CC, PROREL), ainsi que pour les auxiliaires *être* et *avoir*. Cela nous permet d'éliminer des motifs émergents trop spécifiques, se rapportant essentiellement à un élément du lexique de NSS. En effet, nous avons mené une première extraction de motifs émergents dont les séquences contiennent des itemsets avec lemmes et étiquettes POS. L'observation des motifs émergents les plus fréquents montre qu'on extrait par cette méthode beaucoup de motifs spécifiques à un NSS en particulier. Parmi les motifs ainsi extraits, on trouve des motifs positifs, comme *[poser le NSS de]* (par exemple avec *question* ou *problème*) ou *[NSS consister à]* (par exemple avec *solution*), correspondant à des occurrences de noms sous-spécifiés, et des motifs négatifs, ne correspondant pas à des occurrences de noms sous-spécifiés. Parmi les motifs émergents les plus fréquents, on trouve par exemple le motif *projet de NC* (pour *projet de loi*) qui ne peut pas être considéré comme une occurrence du NSS *projet*. C'est également le cas pour des motifs comme *faire l'objet de*, *marché du travail*, *contrat de travail*, *point de vente*, *être sur le point de*, *mettre au point*, etc. La prise en compte de ces motifs émergents plus spécifiques peut être utile pour raffiner l'identification des NSS, mais dans un premier temps, nous voulons identifier des motifs émergents plus génériques.

Nous effectuons le choix du support *minsup* pour l'extraction des motifs dans la base $B_{NSS}$ en fixant la contrainte suivante : les motifs extraits doivent être présents dans au moins 0,1 % du nombre d'occurrences de l'étiquette NSS. Ce nombre d'occurrence étant de 2 035 850, le support choisi est de 2036. Pour réduire les redondances dans les motifs extraits, nous utilisons l'extraction de motifs clos. Nous fixons la contrainte *gap* à $[1, 1]$, c'est-à-dire que les items ou itemsets des motifs extraits sont séparés par 0 items ou itemsets. La longueur minimale des motifs est fixée à 2, et la longueur maximale à 7.

Après l'extraction des motifs effectuée sur la base de séquences $B_{NSS}$, nous retenons deux ensembles de motifs :

- l'ensemble $D_{NSS}$, qui rassemble les motifs calculés à partir de $B_{NSS}$ et contenant une étiquette NSS, comme le motif (*le* DET) (NC) (*être* V) (*que* CS) ;
- l'ensemble $D_{NC}$, qui rassemble les motifs calculés à partir de $B_{NSS}$ contenant des étiquettes NC mais pas d'étiquette NSS, comme (*le* DET) (NC) (V) (ADJ).

Le tableau 4 indique le nombre de motifs clos fréquents (en valeur absolue et en pourcentage) en fonction de leur longueur et pour ces 2 ensembles.

| Ensemble de motifs | Longueur 2 | Longueur 3 | Longueur 4 | Longueur 5 | Longueur 6 | Longueur 7 | Total |
|---|---|---|---|---|---|---|---|
| $D_{NSS}$ | 79 (5.71 %) | 419 (30.3 %) | 527 (38.1 %) | 290 (20.97 %) | 65 (4.7 %) | 3 (0.22 %) | 1 383 (100 %) |
| $D_{NC}$ | 191 (3.19 %) | 1 110 (18.53 %) | 2 246 (37.5 %) | 1 658 (27.68 %) | 629 (10.5 %) | 156 (2.6 %) | 5 990 (100 %) |

TABLE 4 – Nombre de motifs fréquents et clos extraits

| Motifs émergents | Longueur 2 | Longueur 3 | Longueur 4 | Longueur 5 | Longueur 6 | Longueur 7 | Total |
|---|---|---|---|---|---|---|---|
| $D_{NSS}/D_{NC}$ | 1 (0.87 %) | 23 (20 %) | 46 (40 %) | 34 (29.57 %) | 11 (9.57 %) | 0 (0 %) | 115 (100 %) |
| $D_{NSS}/D_{NC}$ (avec $TC = \infty$) | 1 (1.39 %) | 11 (15.28 %) | 25 (34.72 %) | 26 (36.11 %) | 9 (12.5 %) | 0.0 (0 %) | 72 (100 %) |

TABLE 5 – Nombre de motifs émergents

L'ensemble de motifs dans lequel nous voulons identifier des motifs émergents est $D_{NSS}$, c'est-à-dire les motifs contenant des étiquettes NSS. Nous avons procédé à l'extraction de motifs émergents de $D_{NSS}$ par rapport à $D_{NC}$. Pour cela, on considère chaque motif appartenant à $D_{NSS}$, puis on calcule son taux de croissance en recherchant le même motif dans $D_{NC}$ ; après avoir substitué à l'étiquette NSS l'étiquette NC. Le tableau 5 donne le nombre de motifs émergents de $D_{NSS}$ par rapport à $D_{NC}$, tous taux de croissance confondus puis uniquement avec les motifs ayant un taux de croissance infini.

On remarque que le calcul des émergents produit un nombre de motifs relativement faible (187) qui permet une analyse manuelle. D'autre part, parmi ces motifs émergents, 72 ont un taux de croissance infini : ce sont des patrons syntaxiques caractéristiques des NSS puisque ces constructions n'apparaissent pas avec un NC. Notons que ce sont surtout les motifs de longueur 3 à 5 qui semblent les plus pertinents. Le tableau 6 montre l'ensemble des motifs émergents de longueur 3.

Parmi l'ensemble des motifs émergents, on retrouve la construction spécificationnelle. Par exemple, dans les motifs de longueur 3, on la retrouve en (e) dans le tableau 6. On la retrouve également dans les motifs de longueur 5, sous la forme (DET *le*) (NSS) (V *être*) (P *de*) (VINF). Mais de plus, l'un des résultats intéressants est que la méthode fondée sur les motifs émergents a permis de découvrir de nouvelles constructions spécifiques aux NSS. La section suivante présente des observations en corpus à partir de ces patrons caractéristiques découverts.

## 3.3 Patrons identifiés à partir des motifs émergents

Dans cette section, nous présentons les principaux patrons caractéristiques des emplois de NSS que nous avons identifiés grâce à l'extraction des motifs émergents et l'exploration manuelle du corpus guidée par les motifs. Les patrons identifiés correspondent à des emplois cataphoriques de NSS.

**Le patron (V *avoir*) (P *pour*) (NSS) (P *de*)** Ce patron a été identifié à partir de motifs émergents dont le taux de croissance est égal à $\infty$ et dont le support est parmi les plus élevés. Il couvre par exemple les motifs $(a)$ et $(b)$ du tableau 6, (P *pour*) (NSS) (P *de*) et (V *avoir*) (P *pour*) (NSS), dont on trouve respectivement une occurrence dans les exemples (13) et (14)[5], tirés du corpus *Le Monde*. Il correspond également à des motifs émergents plus longs, comme le motif de longueur 5 : (V *avoir*) (P *pour*) (NSS) (P *de*) (VINF).

13. Le gouvernement s'est fixé *pour* ***objectif*** *de* {parvenir à 1,6 % du PIB en 2008 et à 2 % en 2010}.

5. Dans les exemples présentés dans cette section, nous notons les NSS en gras, les patrons présentés en italiques, et les entités auxquelles réfèrent les NSS entre accolades.

| Motif | Taux de croissance | Support absolu | Support relatif |
|---|---|---|---|
| (*a*) (P *pour*) (NSS) (P *de*) | $\infty$ | 7 305 | 0.0039 |
| (*b*) (V *avoir*) (P *pour*) (NSS) | $\infty$ | 4 770 | 0.0025 |
| (*c*) (NSS) (P *de*) (CLO *cla*) | $\infty$ | 3 293 | 0.0018 |
| (*d*) (NSS) (PONCT :) (VINF) | $\infty$ | 3 268 | 0.0017 |
| (*e*) (INIT) (NSS) (PONCT :) | $\infty$ | 3 164 | 0.0017 |
| (*f*) (V *avoir*) (NSS) (P *à*) | $\infty$ | 3 139 | 0.0017 |
| (*g*) (VPP *avoir*) (DET *le*) (NSS) | $\infty$ | 2 868 | 0.0015 |
| (*h*) (NSS) (V *être*) (CS *que*) | $\infty$ | 2 654 | 0.0014 |
| (*i*) (V *avoir*) (DET *aucun*) (NSS) | $\infty$ | 2 626 | 0.0014 |
| (*j*) (DET *aucun*) (NSS) (P *de*) | $\infty$ | 2 614 | 0.0014 |
| (*k*) (NSS) (P *de*) (VINF *avoir*) | $\infty$ | 2 373 | 0.0013 |
| (*l*) (NSS) (P *de*) (VINF *être*) | 3.05 | 6 858 | 0.0036 |
| (*m*) (DET *le*) (NSS) (CS *que*) | 2.43 | 17 055 | 0.0091 |
| (*n*) (NSS) (V *être*) (P *de*) | 2.25 | 11 442 | 0.0061 |
| (*o*) (V *avoir*) (DET *le*) (NSS) | 2.02 | 11 512 | 0.0061 |
| (*p*) (NSS) (P *de*) (VINF) | 2.01 | 78 905 | 0.0419 |
| (*q*) (P *pour*) (DET *de*) (NSS) | 1.82 | 6 316 | 0.0034 |
| (*r*) (DET *le*) (NSS) (PROREL *dont*) | 1.65 | 5 894 | 0.0031 |
| (*s*) (NSS) (P *de*) (CLR *se*) | 1.6 | 6 768 | 0.0036 |
| (*t*) (V *avoir*) (DET *de*) (NSS) | 1.49 | 3 503 | 0.0019 |
| (*u*) (V *être*) (DET *son*) (NSS) | 1.19 | 2 584 | 0.0014 |
| (*v*) (V *être*) (ADV) (NSS) | 1.16 | 3 468 | 0.0018 |
| (*w*) (DET *un*) (NSS) (PONCT :) | 1.08 | 3 646 | 0.0019 |

TABLE 6 – Exemple de motifs émergents de longueur 3 de $D_{NSS}$ par rapport à $D_{NC}$

14. Ces deux procédures *ont pour **résultat** de* {déplacer insensiblement le centre d'intérêt, tenu dans la première version par l'éblouissante héroïne, vers le personnage effacé et hypocondriaque de son mari}...

**Le patron (NSS) (PONCT :)** Toujours parmi les motifs émergents dont le taux de croissance est égal à $\infty$ et dont le support est parmi les plus élevés, on trouve des motifs comme ceux étiquetés (*d*) et (*e*) dans le tableau 6. Dans le second motif, INIT symbolise le début de phrase. On trouve respectivement des occurrences de ces motifs dans les exemples (15) et (16).

15. Leur ***objectif*** *:* {*être* identifiés comme des « adultes disponibles » avec lesquels on peut parler de tout et de rien}.

16. ***Conclusion*** *:* {à ce jour, la monnaie unique n'a guère enrayé le malaise économique européen et l'on ne peut manquer de s'interroger sur son éventuelle responsabilité dans les difficultés économiques actuelles de la zone euro}.

**Les patrons (NSS) (P *de*) (VINF) et (NSS) (CS *que*)** Parmi les motifs émergents dont le taux de croissance n'est pas égal à $\infty$, on trouve des motifs correspondant aux cas dans lesquels les NSS sont suivis d'un infinitif ou d'une complétive, comme les motifs (*k*), (*l*), (*m*) et (*p*). Ces motifs semblent caractériser des emplois sous-spécifiés de noms, comme le montrent les exemples en (17) et (18).

17. C'est un site commercial qui a été lancé en juin 2002, à New York, avec *l'**objectif** de* {*mettre* les gens en relation les uns avec les autres autour d'un sujet d'intérêt commun}.

18. ***L'idée*** {*que* les inspecteurs puissent renifler les armes et les documents qui s'y rapportent sans l'aide des autorités irakiennes} est absurde.

# 4 Identification des occurrences de noms sous-spécifiés

Dans cette section, nous présentons la méthode utilisée pour l'identification des occurrences de noms sous-spécifiés dans le corpus de travail. Cette identification s'appuie à la fois sur le lexique sélectionné à la section 2 et les patrons identifiés à la section précédente. Nous avons procédé à une évaluation manuelle de l'identification des occurrences de noms sous-spécifiés, que nous présentons également.

**Contextes recherchés lors de l'identification** Lors de l'identification des noms sous-spécifiés, seules les occurrences de noms appartenant au lexique sélectionné à la section 2 sont considérées par le système. Chaque occurrence rencontrée est étiquetée comme nom sous-spécifié (`NSS`) lorsque son contexte d'apparition correspond à un des 6 patrons présentés ci-dessous (et dans le tableau 8), soit comme nom commun (`NC`) dans le cas contraire. Parmi les contextes menant à un étiquetage comme `NSS`, on retrouve les patrons syntaxiques décrits à la section 3.3, que nous noterons ici `NSS_etre_que_de` (pour la construction spécificationnelle), `pour_NSS_de`, `NSS_punct` (pour les cas dans lesquels le nom est suivi de deux points) et `NSS_que_de` (pour les noms prédicatifs suivis d'une complétive ou d'une infinitive). Au cours des différentes étapes du travail et de l'exploration manuelle du corpus, nous avons également identifié des contextes d'occurrences anaphoriques de NSS, qui n'ont pas été identifiées parmi les motifs émergents, et que nous avons intégrés aux contextes déclenchant l'étiquetage comme `NSS`. Ces contextes sont désignés par les patrons : `dem_NSS`, pour les occurrences dans lesquelles le NSS a un déterminant démonstratif, comme dans *ce problème* ; `root_NSS`, pour les occurrences dans lesquelles le NSS est la tête d'une phrase averbale, et dans lesquelles il peut être modifié par une relative, comme en (19).

19. Une **perspective** qui incite les français à accélérer leur internationalisation.

Pour chaque patron, le repérage peut être effectué de façon surfacique (c'est-à-dire en s'appuyant uniquement sur la séquences de lemmes et d'étiquettes POS, et en n'autorisant aucune distance entre les différents éléments du patron) ou en s'appuyant sur les dépendances syntaxiques, comme nous l'avons présenté à la section 2.2 pour l'identification des constructions spécificationnelles. Cela nous permet notamment de prendre en compte les cas dans lesquels le NSS est modifié par un adjectif, un groupe prépositionnel ou une relative, ce qui n'est pas permis par le repérage surfacique.

**Évaluation de l'identification** L'évaluation porte sur les occurrences de noms (ou adjectifs) du lexique de NSS, étiquetées préalablement par le système présenté précédemment[6]. L'annotation a été effectuée par un annotateur sur 38 documents du corpus, dans lesquels 600 occurrences de noms du lexique ont été repérées par le système, et 120 ont été étiquetées comme `NSS` (20 % du total des occurrences). Pour chaque occurrence, l'annotation a consisté à vérifier que l'étiquette attribuée était correcte. Pour les cas dans lesquels le rôle de nom sous-spécifié est incertain, l'occurrence a été annotée comme `unknown`[7].

Nous présentons dans le tableau 7 la répartition des occurrences en fonction de l'étiquetage du système et de l'annotation manuelle. Parmi les 600 occurrences de noms du lexique, 150 ont été annotées manuellement comme `NSS` (soit 25 %). Le rappel du système est de 0,61. En mettant de côté les occurrences étiquetées comme `NSS` et annotées comme `unknown`, la précision de l'identification des NSS effectuée par le système est de 0,83 et le F-score de 0,71. En considérant les occurrences étiquetées comme `NSS` et annotées comme `unknown` comme des faux positifs, la précision est de 0,77 et le F-score de 0,68. Une des conclusions que l'on peut tirer de cette évaluation, c'est que considérer toutes les occurrences des noms du lexique comme des occurrences de NSS est susceptible de bruiter considérablement les données extraites. Si notre système avait étiqueté toutes les occurrences de noms du lexique retenu comme NSS, la précision aurait été de 0,29, le rappel de 1, et le F-score de 0,45.

| Occurrences | Annotées `NSS` | Annotées `NC` | Annotées `unknown` |
|---|---|---|---|
| Étiquetées `NSS` | 92 | 18 | 10 |
| Étiquetées `NC` | 58 | 355 | 67 |

TABLE 7 – Répartition des occurrences évaluées, en fonction de l'étiquetage du système et de l'annotation manuelle

Dans le tableau 8, nous présentons le nombre d'occurrences et le pourcentage d'apparition des différents patrons sur l'ensemble des 120 occurrences étiquetées comme NSS par le système. Nous présentons également, pour chaque patron, la répartition des annotations et la précision de l'étiquetage du système (en ne comptant comme correctes que les occurrences annotées `NSS`). Ces résultats montrent que l'intégration d'autres patrons que les constructions spécificationnelles est nécessaire à une extraction moins silencieuse. En effet, on peut comparer les résultats de l'identification à ceux d'une identification qui s'appuierait uniquement sur la présence des constructions spécificationnelles. Nous observons que seulement 10 occurrences de NSS ont été extraites grâce à la présence du patron `NSS_etre_que_de`. Si l'on avait choisi de considérer comme NSS uniquement ces occurrences, le rappel du système aurait été de 0,07, la précision de 1, et le F-score de 0,13.

6. Nous n'évaluons pas la couverture du lexique sélectionné. Comme nous l'avons déjà dit, le lexique sélectionné est volontairement restreint pour interdire le bruit qui pourrait être lié au lexique.

7. Parmi les occurrences annotées `unknown`, on trouve essentiellement des cas dans lesquels le NSS réfère bien à une entité abstraite, mais dans lesquels cette entité est nominalisée, comme dans « *D'abord, un sentiment de fragilisation professionnelle.* », et pour lesquels une étude plus approfondie des NSS nous permettrait de trancher.

| Patron | Nb. d'occ. | Annotées NSS | Annotées NC | Annotées unknown | Précision |
|---|---|---|---|---|---|
| NSS_que_de | 40 (43,5 %) | 31 | 7 | 2 | 0,78 |
| dem_NSS | 35 (38 %) | 29 | 2 | 4 | 0,83 |
| NSS_punct | 17 (18,5 %) | 11 | 4 | 2 | 0,65 |
| root_NSS | 16 (17,4 %) | 9 | 5 | 2 | 0,57 |
| NSS_etre_que_de | 10 (10,9 %) | 10 | 0 | 0 | 1 |
| pour_NSS_de | 0 (0 %) | 0 | 0 | 0 | – |

TABLE 8 – Proportion des différents patrons dans l'ensemble des occurrences étiquetées comme NSS et résultats de l'annotation

Pour les 58 occurrences NSS qui n'ont pas été repérés par le système, nous avons annoté le contexte d'apparition. Pour 18 d'entre eux, le contexte correspond à un patron (NSS_etre_que_de, NSS_punct ou NSS_que_de) qui n'a pas été correctement identifié, du fait d'un cas particulier dans l'analyse syntaxique. On trouve également une vingtaine d'occurrences anaphoriques et cataphoriques avec déterminant défini ou indéfini, comme dans *« La question est posée. »* (anaphorique) ou *« Revenons sur les faits. »* (cataphorique).

# 5 Conclusion et perspectives

Dans cet article, nous nous sommes intéressés à une classe d'items peu étudiée dans le cadre du Traitement Automatique des Langues et dans le cadre de l'analyse du discours : les noms sous-spécifiés. Nous avons essentiellement détaillé les étapes d'une identification satisfaisante des occurrences de ces noms en corpus, à savoir : l'acquisition d'un lexique d'items pouvant être des NSS dans certains de leurs emplois ; l'identification de constructions syntaxiques dans lesquelles ces items sont susceptibles d'avoir un emploi en tant que NSS. Cette identification s'appuie sur une méthode de fouille de données : l'extraction de motifs séquentiels émergents. Ces motifs émergents, constituant des patrons syntaxiques, peuvent ensuite être analysés et validés manuellement. Ces premières étapes nous ont permis (notamment par l'intégration des patrons syntaxiques identifiés à l'aide des motifs émergents) d'obtenir un système d'identification automatique des NSS en corpus, que nous avons évalué sur 600 occurrences de noms du lexique. Le résultat de cette évaluation est encourageant, puisque la précision de l'identification se situe aux alentours de 0,8, le rappel est de 0,61, et le F-score aux alentours de 0,7.

Les NSS, et plus précisément les séquences de NSS, sont des signaux potentiels de ce que nous appelons des *séquences organisationnelles*, telles que *problème–solution*. Notre objectif est maintenant d'utiliser notre système d'identification des NSS pour extraire des séquences organisationnelles fréquentes en corpus, afin d'effectuer une analyse linguistique de ces séquences, d'étudier les interactions entre ces séquences et les relations de discours, de clarifier le rôle des NSS dans l'organisation discursive, ainsi que leur statut au sein des indices de la structure discursive. L'identification automatique des séquences organisationnelles, qui peuvent a priori elles-mêmes être des signaux de relations de cohérence, pourrait permettre d'améliorer certaines tâches liées à l'analyse automatique du discours, l'extraction d'information, etc. L'extraction des séquences fréquentes devra tenir compte d'informations que nous avons jusqu'ici ignorées : les informations sur la position des noms au sein du document, au sein du paragraphe, etc. Les connecteurs discursifs seront également intégrés aux séquences organisationnelles.

# Remerciements

Ce travail a bénéficié d'une aide de l'État gérée par l'Agence Nationale de la Recherche au titre du programme Investissements d'Avenir portant la référence ANR-10-LABX-0083 et du projet Hybride ANR-11-BS02-002.

# Références

AGRAWAL, R. et SRIKANT, R. (1995). Mining Sequential Patterns. *In Proceedings of the Eleventh International Conference on Data Engineering*, ICDE '95, pages 3–14, Washington, DC, USA. IEEE Computer Society.

APOTHÉLOZ, D. (2008). À l'interface du système linguistique et du discours : l'exemple des constructions identificatives (e.g. pseudo-clivées). *Discours, diachronie, stylistique du français. Études en hommage à Bernard Combettes*, pages 75–92.

ASHER, N. (1993). *Reference to Abstract Objects in Discourse*. Kluwer.

ASHER, N. et LASCARIDES, A. (2003). *Logics of Conversation*. Cambridge University Press.

BÉCHET, N., CELLIER, P., CHARNOIS, T. et CRÉMILLEUX, B. (2012). Discovering linguistic patterns using sequence mining. *In Proceedings of Springer LNCS, 13th International Conference on Intelligent Text Processing and Computational Linguistics – CICLing'2012*, volume 1, pages 154–165.

CANDITO, M.-H., JOAKIM, N., DENIS, P. et HENESTROZA ANGUIANO, E. (2010). Benchmarking of Statistical Dependency Parsers for French. *In Proceedings of COLING'2010*, Beijing, China.

DENIS, P. et SAGOT, B. (2009). Coupling an annotated corpus and a morphosyntactic lexicon for state-of-the-art pos tagging with less human effort. *In PACLIC 2009*, Hong-Kong, China.

DONG, G. et LI, J. (1999). Efficient Mining of Emerging Patterns : Discovering Trends and Differences. *In Proceedings of the Fifth ACM SIGKDD International Conference on Knowledge Discovery and Data Mining*, KDD '99, pages 43–52, New York, NY, USA. ACM.

DONG, G. et PEI, J. (2007). *Sequence Data Mining*, volume 33 de *Advances in Database Systems*. Kluwer.

FLOWERDEW, J. (2003). Signalling Nouns in Discourse. *English for Specific Purposes*, 22:329–346.

FLOWERDEW, L. (2008). *Corpus-based Analyses of the Problem-Solution Pattern*. Studies in Corpus Linguistics 29. John Benjamins, Philadelphia.

HIGGINS, F. R. (1979). *The pseudo-cleft construction in English*. Garland, New York.

KOLHATKAR, V., ZINSMEISTER, H. et HIRST, G. (2013a). Annotating Anaphoric Shell Nouns with their Antecedents. *In Proceedings of the 7th Linguistic Annotation Workshop and Interoperability with Discourse*, pages 112–121, Sofia, Bulgaria.

KOLHATKAR, V., ZINSMEISTER, H. et HIRST, G. (2013b). Interpreting Anaphoric Shell Nouns using Antecedents of Cataphoric Shell Nouns as Training Data. *In Proceedings of the 2013 Conference on Empirical Methods in Natural Language Processing*, pages 300–310.

LEGALLOIS, D. (2006). Quand le texte signale sa structure : la fonction textuelle d'une certaine catégorie nominale. *Corela*.

LEGALLOIS, D. (2008). Sur quelques caractéristiques des noms sous-spécifiés. *Scolia*, 23:109–127.

LEGALLOIS, D. et GRÉA, P. (2006). L'objectif de cet article est de... construction spécificationnelle et grammaire phraséologique. *In* LECOLLE, M. et LEROY, S., éditeurs : *Changement linguistique et phénomènes de fixation : figement, lexicalisation, catachrèse*, volume 46 de *Cahiers de praxématique*, pages 161–184. Montpellier : Publications Montpellier 3.

MANN, W. et THOMPSON, S. (1988). Rhetorical structure theory : Towards a functional theory of text organization. *Text*, 8:243–281.

NIVRE, J., HALL, J. et NILSSON, J. (2006). MaltParser : A Data-Driven Parser-Generator for Dependency Parsing. *In Proceedings of the fifth international conference on Language Resources and Evaluation (LREC2006)*, pages 2216–2219, Genoa, Italy.

QUINIOU, S., CELLIER, P., CHARNOIS, T. et LEGALLOIS, D. (2012). Fouille de données pour la stylistique : cas des motifs séquentiels émergents. *In Actes des Journées Internationales d'Analyse Statistique des Données Textuelles (JADT'12)*, Liège, Belgique.

SCHMID, H.-J. (2000). English Abstract Nouns As Conceptual Shells : From Corpus to Cognition. *Topics in English Linguistics*, 34.

SWALES, J. (1981). *Aspects of Article Introductions*. Birmingham : University of Aston.

UPTON, T. A. et COHEN, M. A. (2009). An approach to corpus-based discourse analysis : The move analysis as example. *Discourse Studies*, 11(5):585–605.

VERGEZ-COURET, M., BRAS, M., PRÉVOT, L., VIEU, L. et ATALLAH, C. (2011). Discourse contribution of enumerative structures involving 'pour deux raisons' (regular paper). *In* ASHER, N. et DANLOS, L., éditeurs : *Constraints in Discourse (CID), Agay, France*. INRIA.

YAN, X., HAN, J. et AFSHAR, R. (2003). CloSpan : Mining Closed Sequential Patterns in Large Datasets. *In SDM*, pages 166–177.

**Association for Computational Linguistics**
209 N. Eighth Street
Stroudsburg, Pennsylvania 18360

# Traitement Automatique des Langues Naturelles et Rencontres des Etudiants Chercheurs en Informatique pour le Traitement Automatique des Langues

# (TALN-RECITAL 2014)

**Short Papers**

## Marseille, France
## 1-4 July 2014

## Volume 2 of 4

ISBN: 978-1-63439-515-1

**Printed from e-media with permission by:**

Curran Associates, Inc.
57 Morehouse Lane
Red Hook, NY 12571

**Some format issues inherent in the e-media version may also appear in this print version.**



Printed by Curran Associates, Inc. (2014)

For permission requests, please contact the Association for Computational Linguistics
at the address below.

Association for Computational Linguistics
209 N. Eighth Street
Stroudsburg, Pennsylvania 18360

Phone: 1-570-476-8006
Fax: 1-570-476-0860

acl@aclweb.org

**Additional copies of this publication are available from:**

Curran Associates, Inc.
57 Morehouse Lane
Red Hook, NY 12571 USA
Phone: 845-758-0400
Fax: 845-758-2634
Email: curran@proceedings.com
Web: www.proceedings.com

# Table des matières

## Articles longs

### Fouille de données et TAL



### Sémantique



### Parsing 1



### Lexique 1

## Articles courts

Corpus



Traitement de corpus 2



Lexique 2

# Traduction automatisée d'une oeuvre littéraire: une étude pilote

Laurent Besacier[1]
(1) LIG, Université de Grenoble, UJF - BP 53, 38041 Grenoble Cedex 9
laurent.besacier@imag.fr

**Résumé.** Les techniques actuelles de traduction automatique (TA) permettent de produire des traductions dont la qualité ne cesse de croitre. Dans des domaines spécifiques, la post-édition (PE) de traductions automatiques permet, par ailleurs, d'obtenir des traductions de qualité relativement rapidement. Mais un tel pipeline (TA+PE) est il envisageable pour traduire une oeuvre littéraire ? Cet article propose une ébauche de réponse à cette question. Un essai de l'auteur américain Richard Powers, encore non disponible en français, est traduit automatiquement puis post-édité et révisé par des traducteurs non-professionnels. La plateforme de post-édition du LIG utilisée permet de lire et éditer l'oeuvre traduite en français continuellement, suggérant (pour le futur) une communauté de lecteurs-réviseurs qui améliorent en continu les traductions de leur auteur favori. En plus de la présentation des résultats d'évaluation expérimentale du pipeline TA+PE (système de TA utilisé, scores automatiques), nous discutons également la qualité de la traduction produite du point de vue d'un panel de lecteurs (ayant lu la traduction en français, puis répondu à une enquête). Enfin, quelques remarques du traducteur français de R. Powers, sollicité à cette occasion, sont présentées à la fin de cet article.

**Abstract.** Current machine translation (MT ) techniques are continuously improving. In specific areas, post-editing (PE) allows to obtain high-quality translations relatively quickly. But is such a pipeline (MT+PE) usable to translate a literary work (fiction, short story) ? This paper tries to bring a preliminary answer to this question. A short story by American writer Richard Powers, still not available in French, is automatically translated and post-edited and then revised by non-professional translators. The LIG post-editing platform allows to read and edit the short story suggesting (for the future) a community of readers-editors that continuously improve the translations of their favorite author. In addition to presenting experimental evaluation results of the pipeline MT+PE (MT system used, auomatic evaluation), we also discuss the quality of the translation output from the perspective of a panel of readers (who read the translated short story in French, and answered to a survey afterwards). Finally, some remarks of the official french translator of R. Powers, requested on this occasion, are given at the end of this article.

**Mots-clés :** traduction automatique, TA, oeuvre littéraire, post-édition.

**Keywords:** machine translation, MT, litterature, fiction, post-edition.

## 1 Introduction

La tâche de post-édition consiste à éditer la sortie textuelle produite, le plus souvent par une machine (système de traduction automatique, de reconnaissance optique de caractères, de transcription automatique, etc.) en vue de l'améliorer. Dans le domaine de la traduction de documents, où les systèmes automatiques sont utilisés, le processus suivant est généralement utilisé : le système de TA produit des traductions brutes qui sont manuellement post-édités par des traducteurs professionnels formés (post-éditeurs) corrigeant les erreurs de traduction.

De nombreuses études ont montré les avantages de l'utilisation combinée traduction automatique+post-edition manuelle (TA+PE) dans un flux de diffusion. Par exemple, Garcia (2011) a montré que même si la post-édition de sorties brutes de TA ne conduit pas toujours à une amélioration en termes de productivité, elle permet de produire de meilleures traductions par rapport à des traductions manuelles directement issues du texte source [1]. Autodesk a aussi réalisé une expérience pour tester si l'utilisation de la TA permettrait d'améliorer la productivité des traducteurs. Dans cette expérience, les résultats [2] montrent que la post-édition des sorties issues d'un système automatique augmente significativement la productivité par rapport à une traduction partant "de zéro". Ceci est vérifié quelle que soit la paire de langues, l'expérience du traducteur et sa préférence exprimée concernant la méthode (post-éditer des sorties automatiques *vs* traduire à partir de zéro).

1. le travail de Garcia (2011) est cependant sujet à controverses car la traduction manuelle sans post-édition semble avoir été faite sans autoriser l'utilisation d'aide numérique pour assister le traducteur (même pas un dictionnaire électronique)
2. amta2012.amtaweb.org/AMTA2012Files/html/5/5_paper.pdf

Ces résultats mesurés en milieu académique (Garcia (2011)) ou industriel (Autodesk) sur des processus de traduction dans des domaines spécialisés, nous conduisent à poser la question suivante : quelle serait la valeur d'un tel processus (TA+PE) appliqué sur la traduction d'une oeuvre littéraire ? Combien de temps faut-il pour traduire une oeuvre de dix mille mots ? La traduction obtenue est-elle acceptable pour des lecteurs ? Qu'en penserait le traducteur attitré de l'auteur considéré ? Une traduction "low cost" produite par des communautés de fans (comme c'est le cas pour les séries TV) est-elle envisageable pour des romans ou des nouvelles ? Cet article tente d'apporter de premières réponses (certes très partielles) à ces questions. En plus de cette étude préliminaire, il restera au moins de ce travail la traduction inédite d'une nouvelle, ou plutôt d'un essai (*The Book of Me* de Richard Powers).

Le suite de l'article présente notre méthodologie générale, le choix de l'oeuvre et les systèmes de TA et de PE (tous deux issus du LIG) utilisés. Les données expérimentales collectées (et rendues disponibles à la communauté sur *github*) sont ensuite décrites dans la section 3. Dans la partie 4, nous tentons d'aller au delà d'un tâche de TA adaptée au domaine en sollicitant le point de vue d'un (petit) panel de lecteurs et l'avis du traducteur attitré de R. Powers. Pour finir, la partie 5 conclut ce travail préliminaire.

# 2 Traduction automatisée d'une oeuvre littéraire

## 2.1 Remarques préliminaires

Le format court de cet article ne permet pas de proposer une étude bibliographique exhaustive sur la traduction assitée de documents littéraires ou, plus généralement, sur l'utilisation du TALN dans le domaine littéraire. Cependant, on peut noter que c'est un champ de recherche assez actif : un atelier y est consacré depuis 2012 : *ACL workshop on Computational Linguistics for Literature* [3]. On peut aussi mentionner la tenue récente, en France, de la *Journee d'étude sur la traduction de textes litteraires* organisée par l'ENS en 2013. Cependant, à notre connaissance, cette étude est la première sur la traduction automatisée d'une oeuvre littéraire. Il conviendrait également de définir ce qu'on appelle un *texte littéraire*. En ce qui nous concerne, nous incluons dans cette catégorie (notre définition est sans doute trop restrictive) toutes les oeuvres de fiction ou autobiographiques écrites sous la forme de romans ou de nouvelles. Dans ces textes, l'auteur exprime sa vision du monde, de son époque et de la vie en général tout en utilisant des *procédés littéraires* et une *technique d'écriture* (forme) lui permettant de créer des effets à l'aide du langage ou de faire passer des messages (explicites ou sous-entendus).

## 2.2 Choix de l'oeuvre

Le choix de l'oeuvre a été guidé par le fait que (a) nous avions un contact avec le traducteur français de l'auteur américain Richard Powers [4] (auteur notamment du roman *La chambre aux échos* qui a remporté le National Book Award et a été finaliste du Prix Pulitzer) (b) R. Powers publie des romans souvent en lien avec la science et, d'une certaine manière, ses textes contiennent quelques points communs avec des textes scientifiques ou techniques (ce qui réduit peut-être un peu le fossé entre traduction de textes scientifiques et littéraires ?).

Par l'intermédiaire de son traducteur français (J-Y Pellegrin), R. Powers a été informé, par e-mail, de notre démarche et il a donné son accord. Nous avons ensuite choisi une oeuvre, non encore traduite en français, intitulée *The Book of Me* et publiée pour la première fois dans les colonnes du magazine GQ [5]. C'est un texte narratif, raconté à la première personne, où l'auteur est le personnage principal de l'histoire. Il y raconte l'année 2008 au cours de laquelle il est devenu la neuvième personne au monde à voir son génome entièrement séquencé. Bien que le thème soit la génétique et malgré le style simple et clinique employé par l'auteur, *The Book of Me* est bien une oeuvre littéraire où l'auteur, qui enseigne la technique narrative à l'université, ne met jamais de côté son ambition poétique, son humour et sa fascination pour l'irrationnel.

## 2.3 Méthodologie générale

La traduction de textes par cascade TA+PE (traduction automatique puis post-édition) a déjà été évaluée au LIG sur des données journalistiques. En 2012, la collecte de post-éditions manuelles de 12 000 énoncés (équivalente à un livre de 500 pages environ) a été réalisée par Potet *et al.* (2012). Ce corpus collecté via *crowdsourcing* et disponible en ligne [6], est un des plus gros corpus existant concernant la post-édition de données issues d'un système de traduction automatique appliqué sur des données libres de droit. Il est par exemple trois fois plus important que celui collecté par Specia *et al.* (2010) qui fait référence dans le domaine. La même méthodologie a été appliquée sur l'oeuvre littéraire choisie mais

3. sites.google.com/site/clfl2014a/
4. fr.wikipedia.org/wiki/Richard_Powers
5. www.gq.com/news-politics/big-issues/200810/richard-powers-genome-sequence
6. www-clips.imag.fr/geod/User/marion.potet/index.php ?page=download

(différence importante) il n'y avait qu'un seul post-éditeur (pas de *crowdsourcing*) et le texte postédité a été ensuite révisé.

Plus précisément, le corpus a été divisé en trois parties égales. Une boucle *traduction-postédition-adaptation* est appliquée sur les trois blocs de texte selon le processus suivant :
- Après traduction automatique du premier tiers (par un système de TA probabiliste initial non adapté à la tâche), les sorties traduites sont révisées par une étudiante en Master de traduction,
- Ce premier tiers post-édité sert à adapter le système de TA Anglais-Français. Vu la faible taille des données post-editées, seuls les poids du modèle log-linéaire sont adaptés en utilisant le premier tiers corrigé comme corpus de développement. Une méthode similaire est suggérée par Pecina *et al.* (2012) pour l'adaptation au domaine avec quantité de données limitées (nous sommes conscients que d'autres techniques d'adaptation plus avancées auraient pu être utilisées mais ceci n'était pas le thème central de notre contribution),
- Ensuite, le second tiers de l'oeuvre est traduit avec le système de TA adapté, puis la sortie est post-éditée et un second système de TA adapté est obtenu à partir de ces nouvelles données. Ce second système est utilisé pour traduire la troisième et dernière partie de l'oeuvre,
- Une fois la PE terminée, le texte final est révisé : d'abord par le post-éditeur puis par un autre réviseur (non professionel, francophone, ayant cependant une bonne connaissance de la langue anglaise),
- Les temps de post-édition et de révision sont mesurés.

### 2.4 Système de TA utilisé

Le système LIG est entraîné à partir des données fournies lors de la campagne d'évaluation IWSLT et optimisé pour la tâche de TA anglais-français de la campagne 2012. Les corpus suivants sont utilisés pour construire le modèle de traduction (total cumulé de 25M phrases environ) : *news-c, europarl, un, ted, eu-const, dgt-tm, pct* et une extraction de 5M de phrases du corpus *gigaword*. La partie en français des mêmes corpus est utilisée pour apprendre le modèle de langue, avec l'ajout du corpus *news-shuffle* fourni au cours de la campagne WMT 2012. Le système LIG est un système à base de segments (*phrase-based*) qui s'appuie sur la boîte à outils *Moses* Hieu *et al.* (2007). Trois modèles de traduction appris à partir de différents corpus (*ted ; news-c+europarl+un+eu-const+dgt-tm+pct ; gigaword5M*) sont utilisés. Un modèle de langue 5-gramme est appris séparément sur chaque corpus à l'aide de la boîte à outils SRILM Stolcke (2002) avec un modèle de repli Kneser-Ney modifié, puis les modèles sont interpolés en optimisant la perplexité sur le corpus *dev2010* de la campagne IWSLT. Le système du LIG obtient des scores BLEU de 36,88 et 37,58 sur les corpus tst2011 et test2012 de IWSLT respectivement (BLEU évalué avec casse et ponctuation). Plus de détails sur ce système (classé honorablement lors de IWSLT 2012) se trouvent dans Besacier *et al.* (2012). Il est clair que ce système n'est pas optimal pour traduire des textes littéraires et il serait souhaitable, pour de futurs travaux, de rassembler au moins des textes littéraires en français pour adapter le modèle de langue cible (ou même envisager d'avoir accès aux autres œuvres et traductions de l'auteur).

### 2.5 Post-edition

Nous utilisons l'interface de post-édition du LIG proposée initialement par Huynh *et al.* (2008). Celle-ci a été utilisée pour de nombreux projets : traduction d'articles de l'encyclopédie EOLLS, accès multilingue à des dizaines de sites Web. La figure 1 montre l'interface de post-édition en mode avancé qui permet, pour chaque segment source, de charger plusieurs traductions automatiques (issues de Google, Moses [7] , etc.) et de les corriger. Le temps de post-édition est mesuré et l'historique des corrections est stocké dans une base de données. Cet outil est la colonne vertébrale ayant donné lieu au concept d'iMAG proposé par le LIG (*interactive Multilingual Access Gateway*) qui permet la navigation dans un site ou sous-site Web dans plusieurs langues d'accès, avec amélioration incrémentale et contrôlée de la qualité des traductions (voir le lien en note de bas de page [8] pour plus de détails).

## 3 Données expérimentales

### 3.1 Corpus et statistiques de post-édition

L'oeuvre, composée de 545 segments et 10731 mots est divisée en trois blocs identiques. La Table 1 résume le nombre de mots des données source et cible (TA ou PE [9]). Sans surprises, un ratio supérieur à 1,2 est observé entre cible française (TA) et source anglaise. On constate cependant que ce ratio tend à diminuer après post-édition de la sortie française.

7. ici, la sortie de notre système était chargée en priorité par rapport à Google
8. aximag.fr/AXiMAG-homePage.html
9. La post-édition utilisée ici est obtenue après chaque itération du processus ; la dernière étape de révision n'est donc pas prise en compte à ce stade.

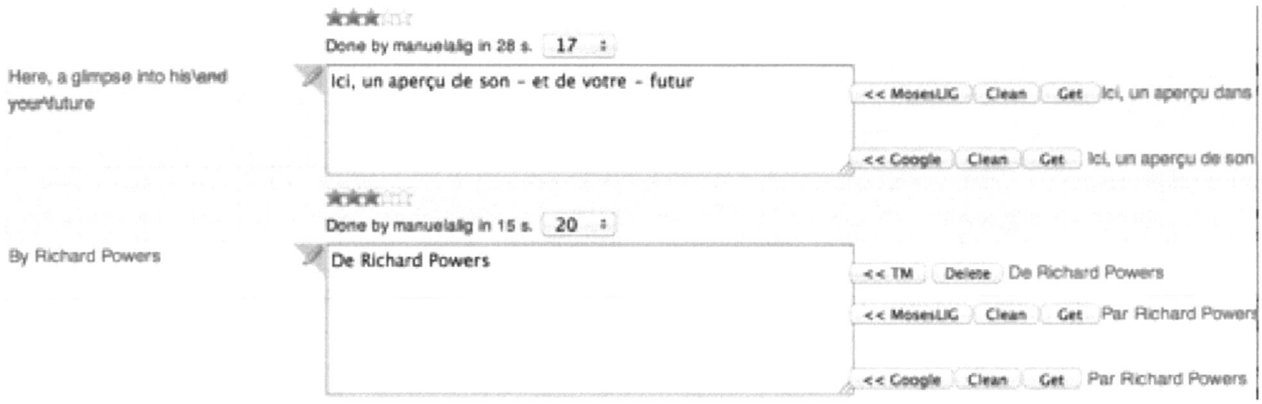


FIGURE 1 – Interface de post-édition en mode avancé

TABLE 1 – Corpus source, cible traduite et cible corrigée

| Itération (nb. seg) | Anglais (nb. mots) | TA Français (nb. mots) | PE Français (nb. mots) |
|---|---|---|---|
| It.1 (184) | 3593 | 4295 | 4013 |
| It.2 (185) | 3729 | 4593 | 4202 |
| It.3 (176) | 3409 | 4429 | 3912 |
| **Total (545)** | **10731** | **13317** | **12127** |

## 3.2 Performances du système de TA

La Table 2 résume les performances de TA (mesurées avec BLEU) calculées sur le corpus complet avec les systèmes issus de chaque itération. Le temps de post-édition requis pour chaque bloc est également indiqué. Les scores BLEU, qui sont directement comparables, ne montrent pas de véritable amélioration du système. Il semble donc que l'adaptation des poids seuls (qui donne lieu à des améliorations dans Pecina *et al.* (2012)) soit peu efficace dans notre cas. Le temps de post-édition diminue cependant légèrement à chaque itération (mais là encore, les différences sont faibles et il est difficile de dire si la diminution du temps de PE est dûe à l'adaptation du système de TA ou à une productivité croissante du post-editeur qui s'adapte à la tâche). Au final, le temps total de PE est estimé à 15h environ.

TABLE 2 – Evaluation automatique (BLEU) sur corpus complet et mesure du temps de PE pour chaque bloc de l'itération

| Système TA utilisé | score BLEU (corpus complet) | temps PE (bloc it.) |
|---|---|---|
| It.1 (non adapté) | 38,95 | 5h37mn |
| It.2 (tuning sur bloc 1) | 37,51 | 4h45mn |
| It.3 (tuning sur bloc 1+2) | 39,38 | 4h35mn |

La lecture de l'oeuvre traduite à ce stade (après PE) est peu satisfaisante. En effet, la post-édition est faite "segment par segment", sans vue d'ensemble sur le texte. Il en résulte une manque d'homogénéité très gênant pour un texte littéraire. Pour cette raison, deux révisions du texte traduit sont également effectuées : une par le post-éditeur lui même (4h) et une par l'auteur de cet article (6h). La version finale de l'oeuvre traduite (qui aura donc été obtenue en 15+4+6=25h) sert de base aux évaluations, plus qualitatives, présentées dans la partie suivante. Les différences entre la version post-éditée brute (15h de travail) et la version révisée (25h de travail) ne sont pas analysées ici, mais pourront l'être dans le futur puisque les deux versions sont rendues disponibles sous *github*.

# 4 Aller au delà d'une tâche de TA adaptée au domaine

## 4.1 Le point de vue des lecteurs sur la traduction post-éditée

Neuf lecteurs ont accepté de lire l'oeuvre traduite et ont répondu à un questionnaire, toujours ouvert sur *fluidsurveys.com* [10]. La version *pdf* de l'essai traduit ainsi que fichier tableur rassemblant les résultats du sondage sont également rendus disponibles dans *github*. Après trois questions permettant de mieux cerner le profil du lecteur, une première partie (5 questions) interroge les lecteurs sur la lisibilité et la qualité du texte littéraire traduit. Une seconde partie (7 questions) vérifie que certaines subtilités du texte ont été bien comprises.

Le texte est jugé globalement lisible (5 TBien et 3 Bien), compréhensible (8 oui, 1 non) et contenant peu de fautes (8 rarement, 1 souvent). Les questions de compréhension les plus faciles sont bien traitées par les lecteurs qui répondent tous correctement (4 questions). Cependant, trois questions donnent lieu à des réponses différentes selon les lecteurs :
- 2 lecteurs ont mal répondu à une question apparemment simple (*qui finance le séquençage du génôme de Powers ?*),
- la question *Lors de l'écriture de la nouvelle, combien de personnes se sont déjà fait séquencer le génome ?* était ambigue puisqu'on pouvait répondre 8 ou 9 (en comptant ou non Powers) et a donné lieu à des réponses différentes des lecteurs
- seuls 4 lecteurs sur 9 ont su donner une chronologie correcte des étapes du processus de séquençage d'un génôme ; le texte traduit ne contient cependant pas de contresens ; ce résultat mitigé indique peut-être un désintérêt de certains lecteurs pour les aspects les plus techniques de l'oeuvre.

En résumé, nous pouvons dire que ce sondage, qui reste très limité, montre toutefois que le texte (produit selon notre méthodologie) a été jugé acceptable et assez lisible par nos lecteurs (dont 3 indiquent lire très souvent, 4 assez souvent et 2 rarement). Nous citons également quelques remarques mises dans les commentaires libres : *"J'ai remarqué peu de fautes, quelques néologismes (j'ai considéré que c'étaient des néologismes et pas des erreurs de traduction car ça avait du sens)" - "Texte très fluide et lecture très facile malgré des termes scientifiques précis" - "J'ai trouvé le texte un peu difficile parce qu'il contient des mots complexes et qu'il traite d'un domaine que je ne connais pas du tout".*

## 4.2 Le point de vue du traducteur de R. Powers

Pour finir cette étude pilote, un dixième lecteur a été sollicité : le traducteur français de l'auteur, J-Y Pellegrin, enseignant chercheur à Paris-Sorbonne. Son avis est résumé ici sous la forme de questions réponses. Le manque de place ne nous permet pas de commenter ces remarques mais nous pensons qu'elles sont assez explicites pour être délivrées en l'état.

**Lisibilité ?** *"Le texte auquel vous êtes parvenu restitue une image fidèle du contenu de l'article de Powers. Le pari de la lisibilité est gagné et certains passages (notamment ceux qui portent sur les aspects scientifiques de l'expérience décrite) sont très convaincants."*

**Imperfections ?** *"Il reste bien sûr des imperfections, des lourdeurs, voire des erreurs ponctuelles, qui appellent une correction"*

**Principales erreurs ?**
- *"Le défaut le plus répétitif, celui dont souffre d'ailleurs le travail de tout traducteur débutant, est le calque syntaxique, là où le français structure différemment la phrase .../... On comprend, mais ça ne sonne pas vraiment français"*
- *"Autre défaut assez fréquent, la perte des idiomatismes du français au profit d'anglicismes. Parfois ces anglicismes peuvent être plus dérangeants lorsqu'ils flirtent avec le franglais comme dans « connaissances actionnables » (p. 18) au lieu de « connaissances pratiques / utilisables ». "*
- *"Un troisième défaut tient à la non prise en compte de certains repères culturels .../... Par exemple, Powers fait plusieurs références à la topographie de Boston qui donnent lieu à des inexactitudes dans la traduction : « la rivière Charles » par exemple (p. 12) qui n'est pas une rivière mais plutôt un fleuve ; c'est pourquoi on traduira par « la Charles River » ou simplement « la Charles »"*

**Ce texte pourrait-il servir de base de départ à un traducteur littéraire professionnel ?"** *"Instinctivement, je serais tenté de répondre non pour l'instant, parce que, dès son premier jet, le traducteur possède des réflexes qui lui permettent de produire un texte plus « propre » que celui auquel vous êtes parvenu .../... Cependant, ce traducteur passera plus de 25 heures à produire les 42 feuillets de 1500 signes correspondant au texte de Powers. À raison de 7 feuillets par jour en moyenne, il faut 6 journées de 8h pour venir à bout du texte .../... Si, en revanche, je pouvais ne travailler que sur votre texte, en oubliant complètement celui de Powers parce que j'aurais la garantie que votre traduction ne comporte aucune erreur, ni oubli, ni aplatissement par rapport à l'original, mais qu'elle demande simplement à être améliorée, rendue plus fluide, dans un français plus authentique, les choses seraient différentes et le gain de temps sans doute considérable.".*

10. https ://fluidsurveys.com/surveys/manuela-cristina/un-livre-sur-moi-qualite-de-la-traduction/ ?TEST_DATA=

# 5 Conclusion

## 5.1 Données rassemblées et mise en ligne

Les données de cet article sont disponibles sur le lien suivant *github.com/powersmachinetranslation/DATA*. On y retrouve notamment :
- les 545 segments source, cible (TA et PE) mentionnés table 1,
- l'oeuvre traduite et révisée en français, ayant été lue par un panel de 9 lecteurs,
- les résultats du questionnaire (9 lecteurs) compilés dans un tableur.

## 5.2 Commentaires et questions ouvertes

Nous avons présenté une première expérience de traduction automatisée d'une oeuvre littéraire (essai en anglais d'une vingtaine de pages). Les résultats issus d'un pipeline TA+PE ont été présentés et, pour aller au delà, les avis d'un panel de lecteurs et d'un traducteur ont été sollicités. Le texte traduit, obtenu après 25h de travail humain, est jugé acceptable par les lecteurs mais l'avis du traducteur professionnel reste mitigé. Cette approche suggère une méthodologie de traduction rapide et "low cost", analogue aux traductions de sous-titres de séries TV trouvées sur le Web. Pour l'auteur, c'est la possibilité d'avoir son oeuvre traduite dans un plus grand nombre de langues (plusieurs dizaines au lieu d'une poignée - cet essai de R. Powers a d'ailleurs aussi été traduit en roumain avec la même méthodologie). Mais celui-ci est il prêt à sacrifier la qualité de traduction (et son contrôle sur celle-ci) au prix d'une diffusion plus large de ses oeuvres ?

Pour le lecteur qui ne peut lire l'auteur en langue source, c'est la possibilité d'avoir accès plus rapidement à une traduction (certe imparfaite) de son auteur favori. Pour le lecteur non natif mais capable de lire l'oeuvre en langue source, c'est la possibilité d'avoir une aide sur les parties qu'il a du mal à comprendre. Une dernière chose : le titre de l'oeuvre *The Book of Me* est resté inchangé sur la version française car aucune traduction satisfaisante n'a été trouvée pour illustrer le fait que *book* fait référence ici à un livre mais aussi à l'ADN de l'auteur ; ce paradoxe illustre bien toute la difficulté de la traduction d'une oeuvre littéraire.

# Remerciements

Merci à Manuela Barcan qui a assuré la première phase de post-édition des traductions automatiques en français et en roumain au cours de l'été 2013. Merci à J-Y Pellegrin, traducteur français de Richard Powers, pour son aide et son ouverture d'esprit. Merci à V. Bellynck et C. Boitet pour leur aide avec l'outil de post-édition Sectra_W.

# Références

BESACIER L., LECOUTEUX B., AZOUZI M. & LUONG NGOC Q. (2012). The LIG English to French Machine Translation System for IWSLT 2012. In *In proceedings of the 9th International Workshop on Spoken Language Translation (IWSLT)*.

GARCIA I. (2011). Translating by post-editing : is it the way forward ? *Journal of Machine Translation*, **25**(3), 217–237.

HIEU H., BIRCH A., CALLISON-BURCH C., ZENS R., AACHEN R., CONSTANTIN A., FEDERICO M., BERTOLDI N., DYER C., COWAN B., SHEN W., MORAN C. & BOJAR O. (2007). Moses : Open source toolkit for statistical machine translation. In *ACL'07, Annual Meeting of the Association for Computational Linguistics*, p. 177–180, Prague, Czech Republic.

HUYNH C.-P., BOITET C. & BLANCHON H. (2008). Sectra_w.1 : an online collaborative system for evaluating, post-editing and presenting mt translation corpora. In *LREC'08, Sixth International Conference on Language Resources and Evaluation*, p. 28–30, Marrakech, Morocco.

PECINA P., TORAL A. & VAN GENABITH J. (2012). Simple and effective parameter tuning for domain adaptation of statistical machine translation. In *Proceedings of the 24th International Conference on Computational Linguistics*, p. 2209–2224, Mumbai, India : Coling 2012 Organizing Committee.

POTET M., EMMANUELLE E R., BESACIER L. & BLANCHON H. (2012). Collection of a large database of french-english smt output corrections. In *Proceedings of the eighth international conference on Language Resources and Evaluation (LREC)*, Istanbul, Turkey.

SPECIA L., CANCEDDA N. & DYMETMAN M. (2010). A dataset for assessing machine translation evaluation metrics. In *7th Conference on International Language Resources and Evaluation (LREC-2010)*, p. 3375–3378, Valetta, Malta.

STOLCKE A. (2002). Srilm : An extensible language modeling toolkit. In *ICSLP'02, 7th International Conference on Spoken Language Processing*, p. 901–904, Denver, USA.

# Vers un développement plus efficace des systèmes de traduction statistique : un peu de vert dans un monde de BLEU

Li Gong[1,2] Aurélien Max[1,2] François Yvon[1]
(1) LIMSI-CNRS, Orsay, France (2) Univ. Paris-Sud, Orsay, France
{li.gong,aurelien.max,francois.yvon}@limsi.fr

**Résumé.** Dans cet article, nous montrons comment l'utilisation conjointe d'une technique d'alignement de phrases parallèles à la demande et d'estimation de modèles de traduction à la volée permet une réduction en temps très notable (jusqu'à 93% dans nos expériences) par rapport à un système à l'état de l'art, tout en offrant un compromis en termes de qualité très intéressant dans certaines configurations. En particulier, l'exploitation immédiate de documents traduits permet de compenser très rapidement l'absence d'un corpus de développement.

**Abstract.** In this article, we show how using both on-demand alignment of parallel sentences and on-the-fly estimation of translation models can yield massive reduction (up to 93% in our experiments) in development time as compared to a state-of-the-art system, while offering an interesting tradeoff as regards translation quality under some configurations. We show in particular that the absence of a development set can be quickly compensated by immediately using translated documents.

**Mots-clés :** traduction automatique statistique ; développement efficace ; temps de calcul.

**Keywords:** statistical machine translation ; efficient development ; computation time.

## 1 Introduction et motivations

Le développement de systèmes de traduction automatique statistiques repose sur des quantités de données parallèles en constante augmentation (voir par ex. (Smith *et al.*, 2013)). Son cout devient donc très important, en termes de temps de calcul et de moyens de calcul et de stockage. Une conséquence est que la disponibilité d'un système pour l'utilisateur final, qui peut parfois correspondre à un besoin pressant (Lewis, 2010), est soit impossible car trop couteuse, soit au mieux loin d'être immédiate. Pourtant, le développement standard d'un tel système produit d'énormes bases de connaissances de traduction dont seule une infime partie est effectivement utilisée.

Des travaux précédents (Callison-Burch *et al.*, 2005; Lopez, 2008) permettent d'améliorer cette situation, en ne construisant que la partie utile des ressources de traduction qui sont nécessaires à la traduction d'un texte particulier. Dans ces approches, les tables de traduction sont construites *à la demande* pour chaque nouveau texte, en s'appuyant sur un échantillonnage *à taille constante des exemples de traduction* permettant l'obtention de ressources à la fois compactes et compétitives sur le plan de la qualité des traductions produites. Cependant, cet échantillonnage repose sur un pré-traitement qui est lui même très couteux. En particulier, l'alignement automatique au niveau des mots du corpus bilingue est supposé pré-exister, et son calcul peut requérir un temps considérable (par exemple, plus de 40 jours de calculs pour un processeur dans les expériences décrites Section 3).

Dans cet article, nous allons montrer qu'il est possible d'obtenir des performances très proches d'un système de référence à l'état de l'art, en effectuant à la demande non seulement la sélection des exemples de traduction, mais également l'alignement au niveau des mots des phrases parallèles correspondantes. Une telle approche est rendue possible par les travaux récents sur l'alignement ciblé de Gong *et al.* (2013), eux-mêmes fondés sur les résultats en alignement par échantillonnage et segmentation récursive de Lardilleux *et al.* (2012). En outre, le cadre proposé ici offre des perspectives originales au niveau du développement incrémental de systèmes de traduction adaptés (toute nouvelle phrase parallèle peut-être immédiatement utilisée), ainsi que de la fusion du développement des systèmes et de leur utilisation dans un cadre interactif (quelques secondes seulement sont nécessaires pour traduire une phrase sans autre ressource qu'un corpus parallèle et un modèle de langue cible).

| | finally | , | what | our | fellow | citizens | are | demanding | is | the | right | to | information | . |
|---|---|---|---|---|---|---|---|---|---|---|---|---|---|---|
| enfin | **0.607** | 0.001 | $\epsilon$ | $\epsilon$ | 0 | $\epsilon$ | $\epsilon$ | 0 | $\epsilon$ | $\epsilon$ | $\epsilon$ | $\epsilon$ | $\epsilon$ | $\epsilon$ |
| , | 0.001 | **0.445** | $\epsilon$ | $\epsilon$ | $\epsilon$ | $\epsilon$ | $\epsilon$ | $\epsilon$ | $\epsilon$ | 0.001 | $\epsilon$ | 0.001 | $\epsilon$ | 0.001 |
| c' | $\epsilon$ | $\epsilon$ | 0.001 | $\epsilon$ | $\epsilon$ | $\epsilon$ | $\epsilon$ | 0 | **0.036** | 0.001 | $\epsilon$ | $\epsilon$ | $\epsilon$ | $\epsilon$ |
| est | $\epsilon$ | $\epsilon$ | 0.001 | $\epsilon$ | $\epsilon$ | $\epsilon$ | $\epsilon$ | 0 | **0.223** | 0.016 | $\epsilon$ | 0.001 | $\epsilon$ | 0.001 |
| un | $\epsilon$ | $\epsilon$ | $\epsilon$ | $\epsilon$ | $\epsilon$ | $\epsilon$ | $\epsilon$ | $\epsilon$ | 0.005 | **$\epsilon$** | $\epsilon$ | $\epsilon$ | $\epsilon$ | $\epsilon$ |
| droit | $\epsilon$ | $\epsilon$ | $\epsilon$ | $\epsilon$ | $\epsilon$ | $\epsilon$ | $\epsilon$ | 0 | $\epsilon$ | $\epsilon$ | **0.084** | $\epsilon$ | $\epsilon$ | $\epsilon$ |
| à | $\epsilon$ | $\epsilon$ | $\epsilon$ | $\epsilon$ | $\epsilon$ | $\epsilon$ | 0.001 | $\epsilon$ | 0.001 | 0.003 | 0.001 | **0.018** | $\epsilon$ | $\epsilon$ |
| l' | $\epsilon$ | $\epsilon$ | $\epsilon$ | $\epsilon$ | $\epsilon$ | $\epsilon$ | $\epsilon$ | $\epsilon$ | 0.002 | 0.009 | $\epsilon$ | **0.002** | $\epsilon$ | $\epsilon$ |
| information | $\epsilon$ | $\epsilon$ | $\epsilon$ | $\epsilon$ | $\epsilon$ | $\epsilon$ | $\epsilon$ | $\epsilon$ | $\epsilon$ | $\epsilon$ | $\epsilon$ | $\epsilon$ | **0.499** | $\epsilon$ |
| que | $\epsilon$ | $\epsilon$ | 0.002 | $\epsilon$ | $\epsilon$ | $\epsilon$ | 0.001 | $\epsilon$ | 0.002 | 0.001 | $\epsilon$ | 0.001 | **$\epsilon$** | $\epsilon$ |
| réclament | 0 | 0 | $\epsilon$ | $\epsilon$ | $\epsilon$ | $\epsilon$ | **$\epsilon$** | **0.152** | $\epsilon$ | $\epsilon$ | 0 | 0 | 0 | $\epsilon$ |
| nos | $\epsilon$ | $\epsilon$ | **$\epsilon$** | **0.171** | 0.004 | 0.001 | $\epsilon$ | $\epsilon$ | $\epsilon$ | $\epsilon$ | $\epsilon$ | $\epsilon$ | $\epsilon$ | $\epsilon$ |
| concitoyens | 0 | $\epsilon$ | $\epsilon$ | 0.001 | **0.323** | **0.009** | $\epsilon$ | $\epsilon$ | $\epsilon$ | $\epsilon$ | 0 | $\epsilon$ | 0 | $\epsilon$ |
| . | $\epsilon$ | $\epsilon$ | $\epsilon$ | $\epsilon$ | $\epsilon$ | $\epsilon$ | $\epsilon$ | $\epsilon$ | 0.001 | 0.001 | $\epsilon$ | $\epsilon$ | $\epsilon$ | **0.954** |

FIGURE 1 – Illustration de la procédure d'alignement récursif (tiré de (Lardilleux *et al.*, 2012)). Les valeurs dans les cellules correspondent à des scores d'association ($0 < \epsilon \leq 0.001$). Les points d'alignement retenus par l'algorithme correspondent à ceux obtenus au niveau de récursion le plus profond (en gras).

Dans la section 2, nous décrivons le cadre proposé pour une construction efficace de systèmes reposant sur l'alignement de phrases à la demande (2.1) et l'estimation de modèles de traduction à la volée (2.2). Nous présentons dans la section 3 un ensemble d'expériences permettant de valider nos propositions : après la description du contexte expérimental (3.1), nous décrivons des configurations plus économes en temps dont les performances rejoignent, puis dépassent, celle d'un système de référence à l'état de l'art (3.2). Ces résultats sont discutés dans la section 4.

## 2 Développement efficace de systèmes de traduction automatique statistique

### 2.1 Alignement de phrases parallèles à la demande

Notre approche repose sur la capacité à aligner des phrases parallèles à la demande, afin d'en extraire des exemples de traduction pour des segments devant être traduits. Nous avons pour cela réutilisé l'approche de Gong *et al.* (2013), elle-même inspirée des travaux de Xu *et al.* (2006) et de Lardilleux *et al.* (2012), qui effectue un découpage binaire récursif des points d'alignement au niveau des mots possibles dans une paire de phrases parallèles (voir l'illustration Figure 1). Chaque point d'alignement entre paires de mots, correspondant à des cellules de la matrice d'alignement, est associé à un score d'association, obtenu ici par une procédure de ciblage de traduction par échantillonnage (voir (Gong *et al.*, 2013)). L'algorithme de segmentation commence au niveau d'un alignement complet entre les deux phrases, puis des points de coupe trouvés récursivement permettent de mettre en évidence des points d'alignement aux niveaux où plus aucune coupe n'est possible. Ce processus s'apparente à une analyse syntaxique descendante fondée sur les ITG (*Inversion Transduction Grammars*) (Wu, 1997), à la différence que le calcul de la segmentation s'effectue de façon gloutonne, en s'appuyant sur les scores d'association plutôt que sur un modèle probabiliste. Le travail de Gong *et al.* (2013) a montré que cette approche permettait d'obtenir des performances au niveau de l'état de l'art sur des tâches de traduction standard à petite échelle (avec alignement complet des corpus parallèles).

### 2.2 Estimation de modèles de traduction à la volée

Nous utilisons un tableau de suffixes (Manber & Myers, 1990) pour indexer la partie source des corpus, ce qui permet un accès rapide en $O(k)$ opérations pour des segments de $k$ tokens. Un échantillon contenant des exemples d'un segment source à traduire $\bar{f}$ peut ainsi être obtenu efficacement et sa taille permet d'effectuer un compromis entre la précision de l'estimation et sa vitesse. Les approches précédentes utilisant cette technique (Callison-Burch *et al.*, 2005; Lopez, 2008) étaient fondées sur une échantillonnage aléatoire déterministe, garantissant que l'on choisissait toujours les mêmes exemples pour les mêmes segments. La probabilité de traduction d'un segment se calcule alors simplement par : $p(\bar{e}|\bar{f}) = count(\bar{f}, \bar{e}) / \sum_{\bar{e}'} count(\bar{f}, \bar{e}')$, avec $count(\cdot)$ le nombre d'occurrences d'un segment dans l'échantillon, incluant les occurrences où l'extraction d'une traduction est impossible (ce que Lopez (2008) décrit comme une estimation *cohérente*). L'échantillonage étant réalisé indépendamment pour chaque segment, il n'est pas possible d'estimer un modèle de traduction inverse, lequel peut néanmoins être approximé par : $p(\bar{f}|\bar{e}) = min(1.0, p(\bar{e}|\bar{f}) \times freq(\bar{f})/freq(\bar{e}))$, où $freq(\cdot)$ est la fréquence d'un segment dans le corpus entier. Les autres modèles utilisés sont les mêmes que dans la configuration par défaut d'un système `Moses` [1] fondé sur les segments (*phrase-based*).

1. `http://www.statmt.org/moses`

| | | # lignes | # tokens source | # tokens cible |
|---|---|---|---|---|
| **apprentissage** | WMT'13 + médical WMT'14 | 16,6M | 396,9M | 475,1M |
| **développement** | Cochrane | 743 | 16,5K | 21,4K |
| **collection de test** | Cochrane (100 documents) | 1,8K | 38,6K | 49,3K |

TABLE 1 – Description des corpus utilisés

# 3 Validation expérimentale

## 3.1 Contexte expérimental

**Données** Nous avons sélectionné la paire de langue anglais-français pour cette étude, car de très grandes quantités de données parallèles sont disponibles (plus de 400 millions de tokens anglais, soit plus de 15 fois la quantité utilisée dans l'étude de Lopez (2008)). Les données parallèles tout venant de l'atelier WMT ont été utilisées, ainsi que des données d'origines diverses du domaine médical[2]. Comme données d'évaluation, nous avons retenu les résumés systématiques de la littérature scientifique médicale produites par la collaboration Cochrane[3], qui présentent un certain nombre de caractéristiques souhaitables : les textes source en anglais sont de bonne qualité ; la langue d'origine des documents est toujours l'anglais, éliminant ainsi de possibles effets de traductions multiples ; les traductions de référence sont de bonne qualité, et la nature des documents tolère l'existence d'une seule traduction *normative* ; il est enfin possible de traiter ce corpus document par document. Le tableau 1 recense quelques statistiques utiles sur les différents corpus utilisés.

**Systèmes** Nous avons utilisé l'implémentation `mgiza++`[4] de l'aligneur statistique `giza++` (Och & Ney, 2003). Nous avons par ailleurs développé un aligneur à la volée tel que décrit section 2.1, en utilisant une taille d'échantillon de 100. Ce choix est motivé par les résultats en traduction fondée sur les segments donnés par Callison-Burch *et al.* (2005). Les heuristiques standard du système `Moses` pour l'extraction de traductions à partir de matrices d'alignement ont été utilisées, avec une taille de segment maximale de 6 tokens. Des modèles de langue 4-grammes pour le français ont été appris sur l'ensemble des données médicales en français de WMT'14. Le décodeur de `Moses` a été utilisé dans toutes les expériences et `KBMIRA` (Cherry & Foster, 2012) a été utilisé pour l'optimisation de certains systèmes.

**Indicateurs de performance** Nous avons utilisé les métriques standard BLEU (Papineni *et al.*, 2002) et TER (Snover *et al.*, 2006) et donnons des mesures correspondant à la moyenne des scores du test pour 3 optimisations indépendantes lorsqu'approprié. Comme indicateur principal du cout en ressources matérielles, le temps CPU utilisateur (*user CPU time*, tel que retourné par la commande `UNIX time`) a été utilisé comme focus sur la durée de calcul des processus mis en œuvre. Les programmes exécutés étant à différents niveaux de maturité et d'optimisation, ainsi qu'exécutés soit en code binaire (`mgiza++`) soit en dans une machine virtuelle Java (notre système), seules de larges différences pourront être considérées comme significatives.

## 3.2 Résultats expérimentaux

Cette section décrit les systèmes comparés dans nos expériences, dont les caractéristiques sont données dans la Table 2.

**Système `moses` standard à très large échelle (`baseline-vanilla`)** Afin de pouvoir comparer nos propositions à une approche bien connue et éprouvée, nous avons implémenté un système `Moses` utilisant l'intégralité des données. Le temps de développement correspond à l'exécution de `mgiza++` sur le corpus parallèle (1 006h), puis la construction des tables de traduction et de réordonnancement (206h), et enfin l'optimisation du système par `KBMIRA` (21h) après filtrage des tables pour les textes à traduire. Au total, 1 233h de temps processeur (plus de 51 jours) ont été nécessaires avant de pouvoir traduire la première phrase du corpus de test. En outre, les tables de traduction et de réordonnancement compressées occupent respectivement 20Go et 7,5Go, ce qui interdit leur installation sur la plupart des dispositifs mobiles.

2. Voir `http://www.statmt.org/wmt13` et `http://www.statmt.org/wmt14/medical-task`
3. `http://summaries.cochrane.org`
4. `http://www.kyloo.net/software/doku.php/mgiza:overview`

| | BLEU | | TER | | temps CPU | | | | | |
|---|---|---|---|---|---|---|---|---|---|---|
| | | Δ | | Δ | TS | dev. | test | optim. | total | réduction |
| baseline-vanilla | 34,12±0,10 | - | 48,59±0,22 | - | - | 1 212h | | 21h | 1 233h | - |
| baseline-rnd | 33,95±0,14 | -0,17 | 48,79±0,13 | +0,2 | 2h | 1 006h | | 20h | 1 028h | 16% |
| config0 | 28,24 | -5,88 | 49,92 | +1,33 | 2h | 0h | 363h | 0h | 365h | 70% |
| config1 | 28,87 | -5,25 | 49,40 | +0,81 | 2h | 0h | 111h | 0h | 113h | 90% |
| config2 | 28,58 | -5,54 | 49,54 | +0,95 | 2h | 0h | 76h | 0h | 78h | 93% |
| config2+spec | 32,33 | -1,79 | 46,42 | -2,17 | 2h | 0h | 76h | 0h | 78h | 93% |
| config2:tuned | 33,38±0,06 | -0,74 | 50,05±0,05 | +1,46 | 2h | 72h | 76h | 20h | 170h | 86% |
| config2:tuned+spec | 37,63±0,05 | +3,51 | 46,49±0,04 | -2,10 | 2h | 72h | 76h | 20h | 170h | 86% |

TABLE 2 – Comparaison des performances de différents systèmes. Les résultats pour les systèmes optimisés (baseline, config2:tuned, config2:tuned+spec) sont décomposés en moyenne et écart type pour 3 optimisations.

**Échantillonnage aléatoire des exemples de traduction (baseline-rnd)** Nous avons également construit un système obtenu par sélection d'exemples d'apprentissage par échantillonnage aléatoire déterministe (Callison-Burch *et al.*, 2005; Lopez, 2008). Chaque segment d'un texte à traduire est cherché dans un tableau de suffixes du corpus source, et les alignements correspondant obtenus par mgiza++ sont utilisés pour extraire les traductions (ici encore, nous utilisons une taille d'échantillon de 100). Le temps de construction des tables de traduction et de réordonnancement est ici négligeable en regard du temps d'alignement, et le temps total avant traduction du corpus de test est de 1 028h (42 jours), une réduction de temps relativement modeste de 16% relativement à baseline-vanilla. Les gains en espace sont cependant bien évidemment beaucoup plus marquants, avec respectivement 32Mo et 8Mo pour les tables de traduction et de réordonnancement, lesquelles ne sont toutefois utiles que pour des documents particuliers. Finalement, la performance selon BLEU et TER est très proche de celle de baseline-vanilla. La réduction en temps de calcul et la construction à la demande des tables apparaissent déjà comme des modifications utiles.

**Alignement des phrases à la demande, pas d'optimisation (config0)** Nous considérons maintenant une configuration très simple : pour chaque document à traduire en séquence, les exemples de traduction sont choisis comme pour baseline-rnd et les phrases correspondantes sont alignées à la demande, puis les tables pour le document sont construites sur la base des alignements obtenus. Ces tables sont utilisées pour traduire chaque document en utilisant les paramètres par défaut du décodeur Moses. Le temps avant traduction du test (complet) n'inclut donc plus que le temps de construction du tableau de suffixes (2h) et l'estimation indépendante des tables pour l'ensemble des documents (363h), correspondant à 365h (15 jours), soit une réduction de temps sensible de 70% par rapport à baseline-vanilla. Cependant, le score BLEU se trouve très dégradé, avec une baisse de presque 6 points.

**Mise en cache des tables de traduction et des alignements (config1)** Nous avons implémenté un système de caches permettant de conserver (non sélectivement) d'une part les entrées des tables déjà construites pour des segments, et d'autre part les alignements de phrases parallèles déjà calculés par le système d'alignement à la demande. Si le premier type de cache n'apporte qu'un gain de temps marginal, le second s'avère plus performant, permettant de réduire le temps global à 113h (4,7 jours). Nous observons une légère amélioration dans les scores BLEU et TER.

**Sélection d'exemples par réutilisation de phrases alignées (config2)** Dans nos systèmes, le nombre de phrases à aligner à la demande a un impact direct sur le temps global. Nous avons donc étudié une technique simple qui réutilise préférentiellement des phrases déjà alignées. Ainsi, pour l'estimation des traductions d'un nouveau segment, les phrases déjà alignées qui le contiennent seront utilisées tout d'abord, puis éventuellement d'autres phrases seront alignées à la demande pour parvenir aux 100 exemples requis. Dans notre implémentation, l'échantillonnage aléatoire déterministe a d'abord lieu dans le sous-corpus déjà aligné, puis dans le corpus complémentaire. Cette technique mène à de faibles pertes en BLEU et TER par rapport à config1, mais permet pour un gain de temps sensible, désormais réduit à 78h (3,25 jours), soit une réduction de 93% par rapport à baseline-vanilla. Nous avons en outre mesuré une division par 5 du temps nécessaire (normalisé par la taille de chaque document) pour le calcul entre le premier et le dernier document de nos 100 documents de test, ce qui montre que notre approche parvient à exploiter très efficacement un cache qui grossit. Toutefois, l'écart en performance avec baseline-vanilla reste conséquent (environ 5,5 points BLEU).

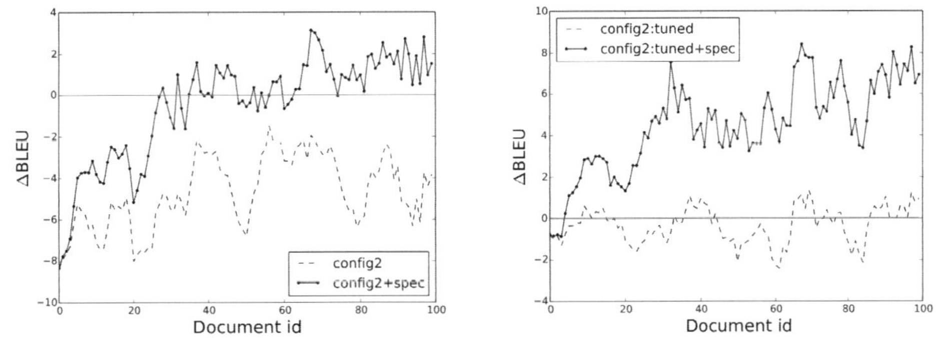


FIGURE 2 – Comparaison au niveau document relativement à baseline-rnd. En abscisses est représentée la séquence des documents traduits, et en ordonnées l'écart relatif en BLEU avec baseline-rnd.

**Utilisation incrémentale de données du domaine (config2+spec)** La configuration précédente est très en retrait par rapport à baseline-vanilla, cependant elle ne dépend pas de l'existence préalable d'un corpus de développement, lui-même très couteux à obtenir. Toutefois, notre aligneur à la demande nous permet trivialement d'ajouter aux données parallèles toute donnée nouvellement disponible. Nous considérons donc un scénario où chaque document complet devient immédiatement disponible après avoir été révisé. Nous alignons donc à la demande chaque document après sa traduction en utilisant sa traduction de référence (le faire pour l'ensemble des 99 premiers documents du test prend une demi-heure environ), puis utilisons les phrases parallèles alignées ainsi obtenues pour construire une nouvelle table de traduction contenant deux scores (modèle de traduction direct et pénalité de segment) dont les paramètres sont repris de la table principale (Hardt & Elming, 2010). Puisque cette table est estimée sur peu de données et qu'elle est de plus très sensible aux erreurs d'alignement, nous l'utilisons comme table secondaire (*back-off*) en complément de la table principale. Elle n'est donc utilisée que pour les longs segments non présents dans le grand corpus, ces segments correspondant possiblement à des termes et de la phraséologie propre à nos documents techniques.

Si le temps de développement reste sensiblement équivalent à config2, la performance en BLEU s'est très nettement rapprochée de celle de baseline-vanilla, puisque l'écart n'est plus que de 1,8 points. Il est intéressant de noter que cette configuration obtient un bien meilleur score TER que le système complet (baisse de 2,2 points), ce qui s'explique facilement par la réutilisation de grands segments spécifiques à la classe de documents et correspond donc à l'effet attendu d'une mémoire de traduction sous-phrastique. Il est particulièrement instructif de considérer comment la performance de traduction évolue pour chaque document $i$, qui utilise donc possiblement des exemples de traduction provenant des $i-1$ documents précédents. La partie gauche de la Figure 2 montre l'écart relatif en BLEU de nos deux variantes de config2 par rapport à baseline-vanilla. Alors que, sans surprise, les documents sont systématiquement moins bien traduits par config2, config2+spec traduit moins bien les 30 premiers documents environ, puis traduit de mieux en mieux les documents. Ce résultat est particulièrement remarquable, puiqu'au bout d'environ 60 documents, config2 traduit les documents systématiquement *mieux que le système de référence complet* ayant bénéficié d'une optimisation, tout en économisant 93% de temps de calcul.

**Sélection d'exemples par réutilisation de phrases alignées et optimisation (config2:tuned)** Nous nous ramenons maintenant à une situation plus usuelle, où un corpus de développement est utilisé pour optimiser le système ; la contrepartie en temps est la construction des tables pour la traduction de ce corpus, ramenant la réduction en temps par rapport à baseline-vanilla à 86% (soit 7 jours). La performance obtenue est alors très proche de celle de baseline-vanilla, avec une perte de seulement 0,7 points BLEU (métrique vers laquelle est effectuée l'optimisation). Ce résultat est là aussi particulièrement intéressant, car la performance obtenue est très proche de celle d'un système construit sur une très grande quantité de données.

**Utilisation incrémentale de données du domaine et optimisation (config2:tuned+spec)** L'étape naturelle suivante est de reprendre la configuration précédente config2:tuned et d'y adjoindre la possibilité étudiée précédemment d'exploiter de façon incrémentale un corpus additionnel constitué des documents précédemment traduits. Bien qu'il s'agisse ici d'une configuration sous-optimale (en particulier, parce que l'optimisation est faite une fois pour toutes et ne prend pas en compte notre table additionnelle), les gains en traduction, toujours obtenus avec une réduction en temps d'environ 86% par rapport au système complet, sont relativement importants (+3,5 points BLEU et -2,1 points TER). On constate en outre (voir la partie droite de la Figure 2) une tendance à rapidement exploiter les nouvelles données, et donc à accroitre l'avantage vis-à-vis du système de référence tant que celui-ci n'a pas bénéficié d'un ré-entrainement (couteux) permettant d'ajouter les nouvelles données.

## 4 Discussion et perspectives

Nous avons décrit une série d'approches reposant sur le développement à la volée des ressources de systèmes de traduction statistique, ce qui permet un gain de temps considérable par rapport aux systèmes à l'état de l'art, tout en offrant, sous certaines conditions, des performances intéressantes en termes de qualité de traduction. Le résultat le plus marquant est la démonstration que des gains de traduction importants peuvent être obtenus lorsque les documents traduits sont immédiatement intégrés aux données d'apprentissage, ce qui permet même de se dispenser d'un corpus de développement. Il est ainsi possible d'aider un traducteur beaucoup plus rapidement que si celui-ci avait initialement à produire la traduction d'un corpus de développement.

L'exploitation incrémentale des données d'apprentissage pourrait aisément être menée au niveau de chaque phrase venant d'être révisée, laissant entrevoir des gains plus forts à l'intérieur des documents. Une autre perspective est la possibilité de réaliser une optimisation du système après chaque ajout significatif de données, plutôt qu'une fois pour toutes. Enfin, nous comptons étudier différentes manières d'améliorer encore les temps de calcul, en particulier en déterminant quels segments source ne sont pas utiles, voire correspondent à de mauvaises unités de traduction, ainsi qu'en stoppant l'échantillonnage des traductions pour un segment dès qu'une distribution de traductions stable est obtenue.

## Références

CALLISON-BURCH C., BANNARD C. & SCHROEDER J. (2005). Scaling phrase-based statistical machine translation to larger corpora and longer phrases. In *Proceedings of ACL*, Ann Arbor, USA.

CHERRY C. & FOSTER G. (2012). Batch tuning strategies for statistical machine translation. In *Proceedings of NAACL*, p. 427–436, Montréal, Canada.

GONG L., MAX A. & YVON F. (2013). Improving bilingual sub-sentential alignment by sampling-based transpotting. In *Proceedings of IWSLT*, Heidelberg, Germany.

HARDT D. & ELMING J. (2010). Incremental Re-training for Post-editing SMT. In *AMTA*, Denver, USA.

LARDILLEUX A., YVON F. & LEPAGE Y. (2012). Hierarchical sub-sentential alignment with Anymalign. In *Proceedings of the annual meeting of the European Association for Machine Translation*, p. 279–286, Trento, Italy.

LEWIS W. (2010). Haitian Creole : How to Build and Ship an MT Engine from Scratch in 4 days, 17 hours, & 30 minutes. In *Proceedings of EAMT*, Saint-Raphaël, France.

LOPEZ A. (2008). Tera-Scale Translation Models via Pattern Matching. In *Proceedings of COLING*, Manchester, UK.

MANBER U. & MYERS G. (1990). Suffix arrays : A new method for on-line string searches. In *Proceedings of the First Annual ACM-SIAM Symposium on Discrete Algorithms*, p. 319–327.

OCH F. J. & NEY H. (2003). A systematic comparison of various statistical alignment models. *Computational linguistics*, **29**(1), 19–51.

PAPINENI K., ROUKOS S., WARD T. & ZHU W.-J. (2002). BLEU : a method for automatic evaluation of machine translation. In *Proceedings of ACL*, p. 311–318.

SMITH J. R., SAINT-AMAND H., PLAMADA M., KOEHN P., CALLISON-BURCH C. & LOPEZ A. (2013). Dirt cheap web-scale parallel text from the common crawl. In *Proceedings of ACL*, Sofia, Bulgaria.

SNOVER M., DORR B., SCHWARTZ R., MICCIULLA L. & MAKHOUL J. (2006). A study of translation edit rate with targeted human annotation. In *Proceedings of AMTA*, p. 223–231, Cambridge, USA.

WU D. (1997). Stochastic inversion transduction grammars and bilingual parsing of parallel corpora. *Computational linguistics*, **23**(3), 377–404.

XU J., ZENS R. & NEY H. (2006). Partitioning parallel documents using binary segmentation. In *Proceedings of WMT*, p. 78–85.

# On-going Cooperative Research towards Developing Economy-Oriented Chinese-French SMT Systems with a New SMT Framework

Yidong CHEN[1], Lingxiao WANG[2], Christian BOITET[2], Xiaodong SHI[1]
(1) School of Information Science and Technology, Xiamen University, Xiamen, Fujian, China
(2) GETALP, Laboratoire d'Informatique Grenoble (LIG), Université Joseph Fourier, Grenoble, France
ydchen@xmu.edu.cn

**Résumé**. Nous présentons un projet collaboratif en cours mené par l'université de Grenoble et l'université de Xiamen, et visant à créer des instances d'un nouveau type de système de traduction automatique statistique utilisant des ressources lexico-sémantiques et discursives. Le but concret est de développer des systèmes de TAS chinois-français pour des sites boursiers et économiques. Comme très peu de corpus et de dictionnaires bilingues chinois-français sont disponibles sur Internet, l'anglais est utilisé comme "pivot" pour construire les équivalents chinois-français par transitivité. Outre la description générale de ce projet, nous décrivons les progrès sur deux axes de recherche liés à ce projet. Pour cela, nous utilisons une méthode, proposée par XMU, d'induction de probabilité fondée sur la similarité thématique, qui produit des tables de traduction C-F à partir de tables de traduction C-E et E-F. Pour disposer de bons corpus parallèles C-F, nous utilisons un système Web de post-édition collaborative qui peut déclencher l'amélioration incrémentale du système de TA en utilisant des métriques d'évaluation de TA et en extrayant la "meilleure partie" de la mémoire de traductions courante.

**Abstract.** We present an on-going collaborative project pursued by Grenoble University and Xiamen University and aiming at creating instances of a new kind of SMT system using semantics and discourse-related resources. The concrete goal is to develop Chinese-French systems specialized to stock option and economic websites. Since very few Chinese-French bilingual corpora and dictionaries are freely available on Internet, English is used as a "pivot" for constructing the Chinese-French translation equivalents by transitivity. For this, we use a method, proposed by XMU, of probability induction based on topic similarity, which produces C-F translation tables from C-E and E-F translation tables. For getting good C-F parallel corpora, we use a web-based collaborative post-editing system that can trigger the incremental improvement of the MT system by using MT evaluation metrics and extracting the "best part" of the current translation memory.

**Mots-clés :** traduction automatique statistique (SMT), chinois-français, domaine économique
**Keywords:** SMT, Chinese-French, Economic Domain

## 1 Introduction

The desire and need for cross-cultural communication between China and Europe, both officially and non-governmentally, are on the increase. Especially, France is an important strategic partner of China and has deep relationships with China in many fields such as economy, science and technology, culture and education, etc. But the language barrier between Chinese and French is impassable in most situations.

Concerning the economy, the cooperation between China and France grew rapidly in the past decades. France is now China's fourth largest trade partner in the EU, behind Germany, the Netherlands and the UK. According to data from the National Bureau of Statistics of China, bilateral trade between China and France increased from $13.4 billion in 2003 to $51 billion in 2012. Two-way direct investments are also on the rise. With the continuous improvement of China's investment environment, more and more French investors intend to invest in China. However, most portals of China, such as the website of Shanghai Stock Exchange and the website of Shenzhen Stock Exchange, only provide a Chinese version and an English version, but no French version. Moreover, Chinese investors are also more and more on the look for opportunities in France and other francophone areas, notably in Africa.

Although French-Chinese bilingual applications are urgently needed in many situations, not much work has been done yet on French-Chinese MT, and French-Chinese is still an under-resourced language pair as there are no large good quality freely available bilingual lexico-semantic resources, and no sufficiently good MT systems. Most French-Chinese MT systems, in particular GT (GoogleTranslate[1]) use English text as a pivot, which introduces more errors, often degrading translation quality to uselessness, as illustrated below. Results may be useful for guessing the topic of a text, but are otherwise bad or misleading, while investors need precise translations to decide whether to invest and where. Here are two examples, both selected from the announcements of the Shanghai Stock Exchange. We show the result of GT: output of GT-zh-en and then of en-fr (calling GT on zh-fr gives the same outputs) and en-PE-fr (post-edited en).

Ex1 (Source): 恢复交易后，如该证券交易中再次出现异常情况，本所可实施第二次停牌，停牌时间持续至今日收盘前五分钟。
(GT-zh-en) After the resumption of trading in the securities trading as abnormal situation occurs again, this can be implemented by the second suspension, suspension lasted until today the closing five minutes.
(GT-zh-en-PE) If the trading of this security appears to be abnormal again after resumption of its trading, we may perform a second suspension upon it and this suspension will last until five minutes before today's closing.
(GT-zh-en-fr = GT-zh-fr): Après la reprise de la négociation dans le négoce de titres comme situation anormale se produit de nouveau, ce qui peut être mis en œuvre par la deuxième suspension, la suspension **a duré** jusqu'à aujourd'hui les cinq dernières minutes.
(GT-zh-en-PE-fr): Si la négociation de ce titre semble être anormal à nouveau après la reprise de ses opérations, nous pouvons effectuer une deuxième suspension sur elle et cette suspension durera jusqu'à cinq minutes avant la clôture d'aujourd'hui.

Ex2 (Source): 四、凡 2013 年 12 月 31 日前在本所上市的公司债券，以及 2014 年在本所上市时未披露 2013 年年度报告的公司债券，应于 2014 年 4 月 30 日前完成本次年度报告的披露工作。
(GT-zh-en) Fourth, where the corporate bond December 31, 2013 are listed in this, as well as the 2014 listed in the 2013 annual report of undisclosed corporate bonds should be April 30, 2014 disclosed in the annual report is completed work.
(GT-zh-en-PE) Fourth, the bonds which were listed before December 31, 2013 or listed in 2014, but have not yet disclosed their annual reports of 2013, should complete the disclosure of their annual reports before April 30, 2014.
(GT-zh-en-fr = GT-zh-fr): Quatrièmement, lorsque **le lien** de l'entreprise 31 Décembre , 2013 **figurent dans cet , ainsi que de 2014** figurant dans le rapport annuel 2013 d'obligations de sociétés non divulgués devrait être de 30 Avril , 2014 communiquées dans le rapport annuel **est terminé travail**.
(GT-zh-en-PE-fr): Quatrièmement, les **liens** qui ont été répertoriés avant le 31 Décembre 2013 répertoriés en 2014, mais n'ont pas encore divulgué leurs rapports annuels de 2013, devrait compléter la divulgation de leurs rapports annuels avant le 30 Avril 2014.

Examples above show that GT uses English as a pivot for the zh-fr direction. However, it is not the case for the fr-zh direction: outputs are different. Google Translate is claimed to be one of the "state-of-the-art" MT system. The truth is however that "state-of-the-art" for general MT systems means "very bad to useless": not knowing Chinese, one is at a loss to guess the exact meaning. Also, even if an output looks good (due to the use of a good target language model), its reliability may be very low, especially when negation appears or disappears at random (ex. 2 in French), or, as in these examples, when essential words are badly translated ("If" → "après" [after] and not "si", "bond" → "lien" [link] and not "obligation", "last" → "dernière" instead of "durer"), grammar is wrong leading to ununderstandability (ex. 2 in French, at several points), dependencies have been modified ("its resumption of" should be "resumption of its"), and bad handling of time in English leads to incorrect tenses in French (ex. 1 and 2). Actually, Example 2 is total gibberish in French. No sense can be extracted from it. Example 1 has actually a *negative* adequacy[2] in French, as it gives counterfactual and misleading information (the suspension "has lasted until…" instead of "will last until…").

This illustrates the need of building direct MT systems between French and Chinese, specialized to the domains (stock option markets, economy) and to the corresponding sublanguages. That will certainly considerably improve MT quality. But, even if one augments the BLEU by 25% or more[3], the problems above remain. In situations where exactness of meaning is crucial and post-editing would require professionals working round the clock (because flash reports have a life expectancy of only a few hours). To improve quality, semantic and discourse information should be used.

Section 2 will now give an overall description of this project. Then two aspects where progress has been made will be described in Section 3 in more detail.

[1] http://translate.google.com/

[2] Adequacy is usually measured on a scale from 0 to 5, but should rather be similar to a kappa coefficient, ranging from -1 to +1.

[3] In an experiment conducted at the EU, a Moses system was built on 50,000 sentences of the corpus of the Council. Compared to the unspecialized system built on 20 M sentences (400 times more!), it showed an *increase by 25%* of the BLEU measure.

## 2 Overview of the Project

As mentioned in Section 1, the overall goal of this project is to construct economy-oriented Chinese-French computational linguistic resources, e.g. bilingual semantic resources, parallel corpora, and discourse structure annotation banks, etc., then propose a new SMT model making use of semantic and discourse information, and finally build a web-based collaborative post-editing platform. We distinguish three levels: data development, fundamental research, and tool building. FIGURE 1 shows the overall organization of this project, in which three points should be noted.

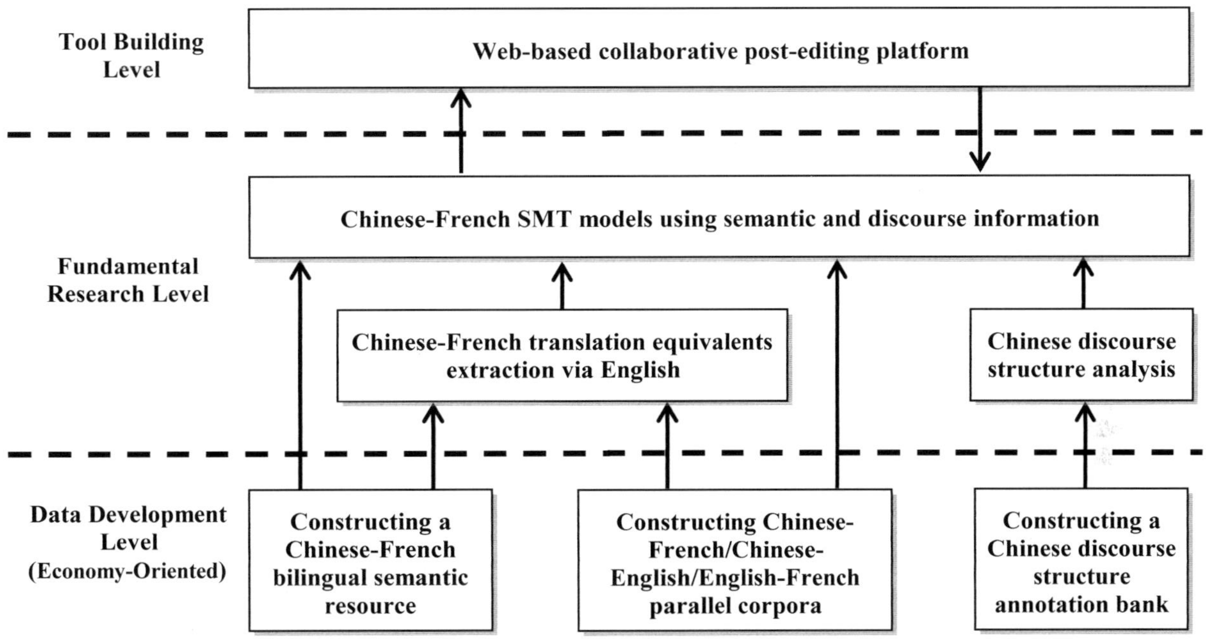


FIGURE 1 : Overall picture of the project organization

Firstly, a pivot-based method is used for extracting the Chinese-French translation equivalents. We choose to use English as a pivot, because it is much easier to gather large-scale Chinese-English and English-French parallel texts than to directly collect Chinese-French ones. Moreover, pivot-based methods (Wu and Wang, 2007; Paul et al., 2009; Wu and Wang, 2009) have been proven to be effective when building SMT systems for under-resourced language pairs.

Secondly, the translation model uses discourse-level information. Actually, recent research has shown that discourse-level information is quite important for machine translation systems, especially those concerning Chinese (Gong et al., 2011, 2012; Tu et al., 2013). As Chinese does not have grammatical markers of tense, the time at which an action takes place usually has to be inferred from the context. Consider again example 1 in Section 1. The source sentence contains three clauses, namely "恢复交易后，如该证券交易中再次出现异常情况 (If the trading of this security appears to be abnormal again after resumption of its trading,)", "本所可实施第二次停牌 (we may perform a second suspension upon it)" and "停牌时间持续至今日收盘前五分钟 (and this suspension will last until five minutes before today's closing.)". Because of the omission of the object in the second clause, we don't know what the second suspension will be executed for, and the unclearness of the tense in the third clause also contributed to the inadequacy of the translation. Suppose now that we have the discourse graph shown in FIGURE 2 below. Both the omitted information and the tense information could then be inferred. Therefore, we decide to conduct research on Chinese-French MT making use of discourse-level information.

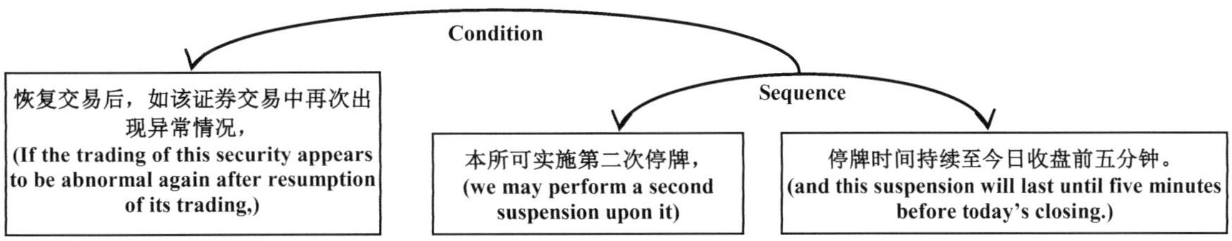


FIGURE 2 : The discourse graph of the source sentence of Example 1

Thirdly, semantic knowledge is used when extracting the translation equivalents. We would do so because we found that the previous pivot-based approaches, which do not take semantic knowledge into account, may produce incorrect translation equivalents due to the lack of sufficient context. For example, suppose we have a phrase pair "银行 ↔ bank" in the Chinese-English bilingual phrase table, and phrase pairs "bank ↔ la banque" and "bank ↔ la rive" in the English-French bilingual phrase table. Then, using the transfer method (Paul et al., 2009; Wu and Wang, 2009), we get two Chinese-French phrase pairs, i.e. "银行 ↔ la banque" and "银行 ↔ la rive". However, the latter is obviously wrong. We expect that, by incorporating semantic information, this problem could be overcome.

We distinguish seven subtasks in this project (see FIGURE 1), briefly described below.

**1) Constructing Chinese-French bilingual lexico-semantic resources**

This subtask aims at creating bilingual lexico-semantic data by enriching HowNet (Dong and Dong, 2006), a Chinese-English conceptual database, with French data. In this subtask, economy-related bilingual terms will be integrated into the semantic resource.

**2) Constructing Chinese-French/Chinese-English/English-French parallel corpora**

In order to carry out SMT research, parallel corpora are needed. Since very few Chinese and French bilingual data are freely available on Internet, it is not easy to construct large-scale Chinese-French parallel corpora, especially economy-oriented ones. Therefore, it is reasonable to build the resources of Chinese-French SMT systems using English as a pivot. To this end, we are building Chinese-English and English-French bilingual corpora related to the domain of economy. Then, to support learning structure transformation knowledge between Chinese and French, a medium-scale Chinese-French parallel corpus will also be created.

**3) Constructing Chinese discourse structure annotation bank**

In order to incorporate discourse-level information in our Chinese-French SMT system, we first need a Chinese discourse structure analysis module trained on Chinese discourse structure annotation banks. However, the Chinese discourse structure annotation banks, currently under construction to support discourse-based Chinese-related MT research, are not yet available now (Li et al., 2012). Hence, this subtask aims at constructing a Chinese discourse structure annotation bank based on the Chinese part of the economy-oriented parallel corpora constructed in Subtask 2. The course of constructing the annotation bank could be summarized as two steps. Firstly, sentences are partitioned into sentence groups according to their topic similarities. Secondly, the relationships among the sentences in the same groups, as well as the time information of the sentences or the time relationships between sentence pairs are humanly tagged. The annotation result for example 1 in Section 1 may look like as follows:

(Discourse (Sentences (S1, 0-21), (S2, 22-32), (S3, 33-48)),
(Sentence-relationships (Condition S1, S2), (Sequence S2, S3)),
(Time-information Time(S1)=present, Time(S2)>Time(S1), Time(S3)=Time(S2)))

**4) Chinese-French translation equivalents construction via English**

Given the constructed Chinese-English and English-French parallel corpora, the objective of the subtask is to construct Chinese-French translation equivalents. In the course of equivalents extraction, semantic information based on the lexico-semantic resources constructed in Subtask 1 will be considered.

**5) Chinese discourse structure analysis**

The objective of this subtask is to research and propose a Chinese discourse structure analysis model based on the Chinese discourse structure annotation bank constructed in Subtask 3.

**6) Chinese-French SMT models using semantic and discourse information**

The goal of this subtask is to propose a new Chinese-French SMT model using semantic and discourse information. In the course of translation, the tense and semantic consistency across sentences will be considered, based on the discourse graphs produced by the analysing module in Subtask 5 and the time model trained with the annotation bank in Subtask 3.

**7) Web-based collaborative post-editing platform**

The objective of this subtask is to build a collaborative web-based post-editing platform. This platform is built based on iMAG/SECTra (Wang and Boitet, 2013), and incorporates the economy-oriented SMT system developed in Subtask 6.

# 3 Some preliminary progresses

This project started in September 2013. Since then, we progressed on two fronts: data collection and pivot-base construction of bilingual equivalents.

### 1) Data collection

From websites related to stock exchange, about 1000 bilingual web pages have been crawled and handled so far (Table 1 shows the statistics of this dataset).

| Direction | # of pages | Size |
|---|---|---|
| zh-en | 761 | 39.4M |
| en-fr | 250 | 13.5M |

TABLE 1: Statistics of the data collected so far

At the same time, with the participation of 2 Chinese students, we started the process of creating a Chinese-French parallel corpus via post-editing, using an iMAG collaborative gateway, as in (Wang and Boitet, 2013).

### 2) Research on the pivot-based construction of bilingual equivalents

In previous pivot-based methods, such as (Wu and Wang, 2007), the translation probability induction may become inaccurate if the semantic tendencies of the source-pivot (SP) corpus and the pivot-target (PT) corpus are different. To overcome this problem, an effective method is to use context information to measure the semantic similarity of the rule pairs. To solve this problem, we have proposed and validated a pivot probability induction method based on topic similarity information. It consists of two steps.

Firstly, we use the topic model (Blei, 2003) to discover the latent topic structure for the pivot language document and each synchronous pivot phrase rule is then attached with the topic distribution according to the document it comes from. Formula 1 is used to assign topic distribution to a given rule.

$$P(z_i \mid r) = \frac{\sum_{D \in \Sigma_*} count(I, D) P(z_i \mid d_p)}{\sum_{z \in Z} \sum_{D \in \Sigma_*} count(I, D) P(z \mid d_p)} \qquad (1)$$

where $D$ is a bilingual document in the given bilingual corpus $\Sigma_*$. $P(z_i \mid d_p)$ represents the probability of the $i$th topic of the pivot language document $d_p$ in $D$. In addition, the function $count(I, D)$ denotes the frequency of the rule instance $I$ in $D$.

Secondly, the probability induction is executed by computing the topic similarity for the rule pairs instead of using simple phrase translation probability multiplication between the SP and PT translation models. Formulas 2-3 are used:

$$\phi(\bar{t} \mid \bar{s}) = \frac{\sum_{\bar{p}} sim(P(Z \mid r_{\bar{s}\bar{p}}), P(Z \mid r_{\bar{p}\bar{t}}))}{\sum_{\bar{t}} \sum_{\bar{p}} sim(P(Z \mid r_{\bar{s}\bar{p}}), P(Z \mid r_{\bar{p}\bar{t}}))} \qquad (2)$$

$$\phi(\bar{s} \mid \bar{t}) = \frac{\sum_{\bar{p}} sim(P(Z \mid r_{\bar{t}\bar{p}}), P(Z \mid r_{\bar{p}\bar{s}}))}{\sum_{\bar{s}} \sum_{\bar{p}} sim(P(Z \mid r_{\bar{t}\bar{p}}), P(Z \mid r_{\bar{p}\bar{s}}))} \qquad (3)$$

where $\bar{s}$, $\bar{p}$, $\bar{t}$ and $Z$ are the source phrase, pivot phrase, target phrase and topic distribution, respectively. $sim(x, y)$ is the similarity function, and is defined as the cosine (pseudo-distance) of vectors $x$ and $y$ (Formula 4).

$$sim(x, y) = \cos(x, y) = \frac{\langle x, y \rangle}{\|x\| \|y\|} \qquad (4)$$

The experimental results showed that our method greatly outperforms the baseline. A paper related to this work was published in the *Journal of Computational Information Systems* in 2013 (Huang et al., 2013).

# 4 Conclusion

This paper gives an introduction of a joint project between GETALP and the NLP lab of XMU on building economy-oriented Chinese-French SMT systems, as well as its preliminary progress. We demonstrate the need of building direct Chinese-French MT systems specialized field to that field and its sublanguages, and also explain why it seems to be necessary to incorporate semantic and discourse-based information to obtain a quality (of raw MT) sufficient for the needs of users, in a situation when usually there is no time for post-editing. This project is still in its initial stages and many efforts are required in the future. However, specialized versions not yet using the new semantic- and discourse-related features should be demonstrable at the time of the conference. We hope and believe that the future results of this project will be useful in overcoming the language barrier of the communications between China and France in the economy-related field.

## Acknowledgements

This work was supported by the State Scholarship Fund of China (Grant No. 201208350055), the National Natural Science Foundation of China (Grant No. 61005052) and the Natural Science Foundation of Fujian Province of China (Grant No. 2011J01369). It was also partly supported by the French ANRT agency and the Lingua et Machina firm.

## References

BLEI D. M. (2003). Latent Dirichlet Allocation. *Journal of Machine Learning 3*, 993-1022.

DONG, Z.,AND DONG, Q. (2006). HowNet and the Computation of Meaning. *World Scientific Publishing Co.Pte.Ltd.*

GONG, Z., ZHANG, M., ZHOU, G. (2011). Cache-based Document-level Statistical Machine Translation. *Proceedings of the 2011 Conference on Empirical Methods in Natural Language Processing (EMNLP 2011)*, Edinburgh, UK, pp. 909-919.

GONG, Z., ZHANG, M., TAN, C., ZHOU, G. (2012). N-gram-based Tense Models for Statistical Machine Translation. *Proceedings of the 2012 Joint Conference on Empirical Methods in Natural Language Processing and Computational Natural Language Learning*, Jeju, Korea, pp. 276-285.

HUANG, Y., SHI, X., SU, J., CHEN Y., HUANG, G. (2013). Pivot Probability Induction for Statistical Machine Translation with Topic Similarity. *Journal of Computational Information Systems*, 20(9), 8351-8359.

LI, Y., ZHU, K., ZHOU, G. (2012). Summary of research on English discourse parsing. *Application Research of Computers*, 29(6).

PAUL, M., YAMAMOTO, H., SUMITA, E., AND NAKAMURA S. (2009). On the Importance of Pivot Language Selection for Statistical Machine Translation. *Proceedings of NAACL-HLT'09*, 2009, pp. 221-224.

TU, M., ZHOU Y., AND ZONG C. (2013). A Novel Translation Framework Based on Rhetorical Structure Theory. *The 51st Annual Meeting of the Association for Computational Linguistics (ACL 2013)*, Sofia, Bulgaria.

WANG, L., AND BOITET, C. (2013), Online production of HQ parallel corpora and permanent task-based evaluation of multiple MT systems: both can be obtained through iMAGs with no added cost. *Proceedings of MT Summit XIV, The 2nd Workshop on Post-Editing Technologies and Practice.* Nice, France 2 - 6 September 2013.

WU, H. AND WANG H. (2007). Pivot Language Approach for Phrase-Based Statistical Machine Translation. *Proceedings of ACL'07*, 2007, pp. 856-863.

WU, H. AND WANG, H. (2009). Revisiting Pivot Language Approach for Machine Translation. *Proceeding of ACL'09*, 2009, pp. 154-162.

# Extraction automatique de termes combinant différentes informations

Juan Antonio Lossio-Ventura[1] Clement Jonquet[1] Mathieu Roche[1,2] Maguelonne Teisseire[1,2]
(1) LIRMM, Université de Montpellier 2, CNRS, Montpellier - France
(2) Irstea, Cirad, TETIS, Montpellier - France
juan.lossio@lirmm.fr, clement.jonquet@lirmm.fr, mathieu.roche@cirad.fr,
teisseire@teledetection.fr

**Résumé.** Pour une communauté, la terminologie est essentielle car elle permet de décrire, échanger et récupérer les données. Dans de nombreux domaines, l'explosion du volume des données textuelles nécessite de recourir à une automatisation du processus d'extraction de la terminologie, voire son enrichissement. L'extraction automatique de termes peut s'appuyer sur des approches de traitement du langage naturel. Des méthodes prenant en compte les aspects linguistiques et statistiques proposées dans la littérature, résolvent quelques problèmes liés à l'extraction de termes tels que la faible fréquence, la complexité d'extraction de termes de plusieurs mots, ou l'effort humain pour valider les termes candidats. Dans ce contexte, nous proposons deux nouvelles mesures pour l'extraction et le "ranking" des termes formés de plusieurs mots à partir des corpus spécifiques d'un domaine. En outre, nous montrons comment l'utilisation du Web pour évaluer l'importance d'un terme candidat permet d'améliorer les résultats en terme de précision. Ces expérimentations sont réalisées sur le corpus biomédical GENIA en utilisant des mesures de la littérature telles que *C-value*.

**Abstract.** Comprehensive terminology is essential for a community to describe, exchange, and retrieve data. In multiple domain, the explosion of text data produced has reached a level for which automatic terminology extraction and enrichment is mandatory. Automatic Term Extraction (or Recognition) methods use natural language processing to do so. Methods featuring linguistic and statistical aspects as often proposed in the literature, rely some problems related to term extraction as low frequency, complexity of the multi-word term extraction, human effort to validate candidate terms. In contrast, we present two new measures for extracting and ranking muli-word terms from domain-specific corpora, covering the all mentioned problems. In addition we demonstrate how the use of the Web to evaluate the significance of a multi-word term candidate, helps us to outperform precision results obtain on the biomedical GENIA corpus with previous reported measures such as *C-value*.

**Mots-clés :** Extraction Automatique de Termes, Mesure basée sur le Web, Mesure Linguistique, Mesure Statistique, Traitement Automatique du Langage Biomédical.

**Keywords:** Automatic Term Extraction, Web-based measure, Linguistic-based measure, Statistic-based measure, Biomedical Natural Language Processing.

## 1 Introduction

Les méthodes d'Extraction Automatique de Termes (EAT) visent à extraire automatiquement des termes techniques à partir d'un corpus. Ces méthodes sont essentielles pour l'acquisition des connaissances d'un domaine pour des tâches telles que la mise à jour de lexique. En effet, les termes techniques sont importants pour mieux comprendre le contenu d'un domaine. Ces termes peuvent être : (i) composés d'un seul mot (généralement simple à extraire), ou (ii) composés de plusieurs mots (difficile à extraire). Notre travail concerne plus spécifiquement l'extraction de termes composés de plusieurs mots.

Les méthodes d'EAT impliquent généralement deux étapes principales. La première extrait des candidats en calculant "l'unithood" qui qualifie une chaîne de mots comme une expression valide (Korkontzelos *et al.*, 2008). La deuxième étape calcule le "termhood" qui sert à mesurer la spécificité propre à un domaine.

Il existe quelques problèmes connus de l'EAT tels que : (i) l'extraction de termes non pertinents (bruit) ou le nombre réduit de termes pertinents retournés (silence), (ii) l'extraction de termes de plusieurs mots qui ont inévitablement des structures complexes, (iii) l'effort humain dans la validation manuelle des termes candidats, (iv) l'application aux corpus de grande échelle. En réponse à ces problèmes, nous proposons deux nouvelles mesures. La première, appelée *LIDF-value*, est fondée sur l'information statistique et linguistique. La mesure *LIDF-value* permet de mieux prendre en compte l'unithood, en lui adossant un niveau de qualité. Elle traite les problèmes i), ii) et iv). La seconde, appelée *WAHI*, est une mesure fondée sur le Web traitant les problèmes i), ii) et iii). Dans cet article, nous comparons la qualité des méthodes proposées avec les mesures de référence les plus utilisées. Nous démontrons que l'utilisation de ces deux mesures améliore l'extraction automatique de termes spécifiques d'un domaine, à partir de textes qui n'offrent pas une fiabilité statistique liée aux fréquences.

Le reste du papier est organisé comme suit : nous discutons tout d'abord des travaux connexes dans la Section 2. Les deux nouvelles mesures sont ensuite décrites en Section 3. L'évaluation en termes de précision est présentée dans la Section 4 suivie des conclusions en Section 5.

# 2 État de l'art

Plusieurs études récentes se sont concentrées sur l'extraction des termes de plusieurs mots (n-grammes) et d'un seul mot (unigrammes). Les méthodes d'extraction de terme existantes peuvent être divisées en quatre grandes catégories : (i) *linguistique*, (ii) *statistique*, (iii) *apprentissage automatique*, et (iv) *hybride*. La plupart de ces techniques appartiennent à des approches de fouille de textes. Les techniques existantes fondées sur le Web ont rarement été appliquées à l'EAT, mais comme nous le verrons, ces approches peuvent être adaptées à cet objectif.

**Méthodes de Fouille de Textes**

Les méthodes liées à la fouille de textes combinent en général différents types d'approches : linguistique (Gaizauskas *et al.*, 2000; Krauthammer & Nenadic, 2004), statistiques (Van Eck *et al.*, 2010) ou fondées sur un apprentissage automatique pour l'extraction et la classification des termes (Newman *et al.*, 2012). Il faut également citer les propositions issues du domaine de l'Extraction Automatique de Mots Clés (EAMC) dont les mesures peuvent être adaptées pour l'extraction de termes d'un corpus (Lossio-Ventura *et al.*, 2013) (Lossio-Ventura *et al.*, 2014).

Les méthodes hybrides sont principalement linguistiques et statistiques. *GlossEx* (Kozakov *et al.*, 2004) estime la probabilité du mot dans un corpus de domaine comparée à la probabilité du même mot dans un corpus général. *Weirdness* (Ahmad *et al.*, 1999) estime que la distribution des mots dans un corpus spécifique est différente de la distribution des mots dans un corpus général. *C/NC-value* (Frantzi *et al.*, 2000), qui combine l'information statistique et linguistique pour l'extraction de termes de plusieurs mots et des termes imbriqués, est la mesure la plus connue dans le domaine biomédical. Dans (Zhang *et al.*, 2008), les auteurs montrent que *C-value* a des meilleurs résultats par rapport à d'autres mesures citées ci-dessus. Une autre mesure est *F-TFIDF-C* (Lossio-Ventura *et al.*, 2014) qui combine une mesure d'EAT *(C-value)* et une mesure d'EAMC *(TF-IDF)* pour extraire des termes obtenant des résultats plus satisfaisants que *C-value*. Aussi, *C-value* a été appliquée à de nombreuses langues autres que l'anglais, comme le japonais, serbe, slovène, polonais, chinois, espagnol, arabe, et français (Ji *et al.*, 2007; Barron-Cedeno *et al.*, 2009; Lossio-Ventura *et al.*, 2013). Ainsi, nous proposons d'adopter *C-value* et *F-TFIDF-C* comme référence pour l'étude comparative au cours de nos expérimentations.

**Méthodes de Fouille du Web**

Différentes études de fouille du Web se concentrent sur la similarité et les relations sémantiques. Les mesures d'association de mots peuvent être divisées en trois catégories (Chaudhari *et al.*, 2011) : (i) *Co-occurrence* qui s'appuient sur les fréquences de co-occurrence de deux mots dans un corpus, (ii) *Basées sur la similarité distributionnelle* qui caractérisent un mot par la distribution d'autres mots qui l'entourent, et (iii) *Basées sur les connaissances*, comme les thésaurus, les réseaux sémantiques, ou taxonomies. Dans cet article, nous nous concentrons sur les mesures de co-occurrence, car notre objectif est d'extraire les termes de plusieurs mots et nous proposons de calculer un degré d'association entre les mots qui composent un terme. Les mesures d'association de mots sont utilisées dans plusieurs domaines comme l'écologie, la psychologie, la médecine et le traitement du langage. De telles mesures ont été récemment étudiées dans (Pantel *et al.*, 2009) (Zadeh & Goel, 2013), telles que *Dice*, *Jaccard*, *Overlap*, *Cosine*. Une autre mesure pour calculer l'association entre les mots utilisant les résultats des moteurs de recherche Web est la Normalized Google Distance (Cilibrasi & Vitanyi, 2007). Elle s'appuie sur le nombre de fois où les mots apparaissent ensemble dans le document indexé par un moteur de recherche. Dans cette étude, nous comparons les résultats de notre mesure fondée sur le Web avec les mesures d'association de référence (*Dice*, *Jaccard*, *Overlap*, *Cosine*).

# 3 Deux nouvelles mesures pour l'extraction de termes

## 3.1 Une mesure fondée sur l'information linguistique et statistique : *LIDF-value*

Notre première contribution consiste à donner une meilleure importance à l'unithood des termes afin de détecter des termes avec une faible fréquence.

De manière similaire aux travaux de la littérature, nous supposons que les termes d'un domaine ont une structure syntaxique similaire. Par conséquent, nous construisons une liste de patrons linguistiques les plus courants selon la structure syntaxique des termes techniques présents dans un dictionnaire. Dans notre cas, il s'agit d'UMLS [1] qui est un ensemble de référence de terminologies biomédicales. Dans un premier temps, nous effectuons l'étiquetage grammatical des termes contenus dans le dictionnaire en utilisant Stanford CoreNLP API (POS tagging) [2]. Ensuite nous calculons la fréquence des structures syntaxiques. Nous sélectionnons les 200 fréquences les plus élevées pour construire la liste de patrons (ou motifs) qui seront pris en considération. Cette liste est pondérée selon la fréquence d'apparition de chaque patron par rapport à l'ensemble des motifs. Un terme candidat est alors retenu s'il appartient à la liste des structures syntaxiques sélectionnées. Le nombre de termes utilisés pour construire cette liste était de 2 300 000. La Figure 1 illustre le calcul de la *probabilité* des patrons linguistiques.

| Pattern | Frequency | Probability |
|---|---|---|
| NN IN JJ NN IN JJ NN | 3006 | 3006/4113 = 0,73 |
| NN CD NN NN NN | 1107 | 1107/4113 = 0,27 |
| | 4113 | 1,00 |

**FIGURE 1:** Exemple de construction de patrons linguistiques (où *NN* : nom, *IN* : préposition, *JJ* : adjectif, et *CD* : numéro).

L'objectif de notre mesure, *LIDF-value* (***L**inguisitic patterns*, ***IDF***, and *C-**value*** information) est de calculer le termhood pour chaque terme, en utilisant la *probabilité* calculée précédemment, également avec l'$idf$, et *C-value* de chaque terme. La fréquence inverse de document ($idf$) est une mesure indiquant si le terme est commun ou rare dans tous les documents. Il est obtenu en divisant le nombre total de documents par le nombre de documents contenant le terme, puis en prenant le logarithme de ce quotient. La *probabilité* et l'$idf$ améliorent la pondération des termes de faible fréquence.

En outre, la mesure *C-value* est fondée sur la fréquence des termes. Le but de *C-value* (Formule 1) est d'améliorer l'extraction de termes imbriqués. Ce critère favorise les termes candidats n'apparaissant pas dans des termes plus longs. Par exemple, dans un corpus spécialisé (ophtalmologie), (Frantzi *et al.*, 2000) ont trouvé le terme non pertinent *soft contact* cependant le terme plus long *soft contact lens* est pertinent.

$$C\text{-}value(A) = \begin{cases} \log_2(|A|) \times f(A) & \text{si } A \notin \text{imbriqué} \\ \log_2(|A|) \times \left( f(A) - \frac{1}{|S_A|} \times \sum_{b \in S_A} f(b) \right) & \text{sinon} \end{cases} \tag{1}$$

Où $A$ est un terme de plusieurs mots, $|A|$ le nombre de mots de $A$ ; $f(A)$ la fréquence du terme $A$, $S_A$ l'ensemble de termes qui contiennent $A$ et $|S_A|$ le nombre de termes de $S_A$. Ainsi, *C-value* utilise soit la fréquence du terme si le terme n'est pas inclus dans d'autres termes (première ligne), ou diminue cette fréquence si le terme apparaît dans d'autres termes (deuxième ligne).

Nous avons combiné ces différentes informations statistiques (i.e., *probabilité* des patrons linguistiques, $C\text{-}value$, $idf$) pour proposer une nouvelle mesure globale de ranking appelée *LIDF-value* (Formule 2). Dans cette formule, $A$ représente un terme de plusieurs mots ; $\mathrm{P}(A_{LP})$ la probabilité du patron linguistique $LP$ associé au terme $A$ qui a la même structure que le patron linguistique $LP$, c'est-à-dire le poids du patron linguistique $LP$ calculé précédemment.

$$LIDF\text{-}value(A) = \mathrm{P}(A_{LP}) \times idf(A) \times C\text{-}value(A) \tag{2}$$

Ainsi, pour calculer *LIDF-value* nous exécutons trois étapes, résumées ci-dessous :

(1) **Étiquetage grammatical :** nous effectuons l'étiquetage morpho-syntaxique du corpus, ensuite nous considérons le lemme de chaque mot.
(2) **Extraction de termes candidats :** avant d'appliquer les mesures, nous filtrons notre corpus en utilisant les patrons calculés précédemment. Nous choisissons uniquement les termes qui ont une structure syntaxique présente dans la liste de patrons sélectionnés.
(3) **Ranking de termes candidats :** enfin, nous calculons la valeur de *LIDF-value* pour chaque terme.

Afin d'améliorer le classement des termes pertinents, nous proposons, dans la sous-section suivante, de prendre en compte l'information Web.

1. http://www.nlm.nih.gov/research/umls
2. http://nlp.stanford.edu/software/corenlp.shtml

### 3.2 Une nouvelle mesure de ranking fondée sur le Web : *WAHI*

Des travaux associés à la fouille du Web interrogent les moteurs de recherche pour mesurer l'association entre les mots. Ceci peut être utilisé pour mesurer l'association des mots qui composent un terme (e.g., *soft*, *contact*, et *lens* qui composent le terme pertinent *soft contact lens*). Dans nos travaux, nous proposons d'associer le critère de Dice avec une mesure d'association appelée $WebR$ (Lossio-Ventura *et al.*, 2014) (Formule 3). Par exemple pour le terme *soft contact lens*, le numérateur correspond au nombre de pages Web avec la requête *"soft contact lens"*, et le dénominateur correspond au résultat de la requête *soft ET contact ET lens*.

$$WebR(A) = \frac{nb(\text{``}A\text{''})}{nb(A)} \quad (3)$$

La mesure $WAHI$ (**W**eb **A**ssociation based on **H**its **I**nformation) que nous proposons, combine $Dice$ et $WebR$ de la manière suivante :

$$WAHI(A) = \frac{n \times nb(\text{``}A\text{''})}{\sum_{i=1}^{n} nb(a_i)} \times \frac{nb(\text{``}A\text{''})}{nb(A)} \quad (4)$$

Où $a_i$ est un mot, $a_i \in A$ et $a_i = \{nom, adjectif, mot\ etranger\}$. Nous montrons que les ressources de domaine ouvert, telles que le Web, peuvent être exploitées pour aider l'extraction de termes spécifiques.

# 4 Expérimentations

## 4.1 Corpus et Protocole

Dans nos expérimentations, nous utilisons le corpus GENIA [3], qui est composé de 2 000 titres et des résumés d'articles des journaux issus de Medline, avec plus de 400 000 mots. GENIA contient des expressions linguistiques qui font référence à des entités d'intérêt en biologie moléculaire telles que les protéines, les gènes et les cellules. L'annotation des termes techniques couvre l'identification des entités physiques biologiques ainsi que d'autres termes importants. Afin de mettre en place un protocole de validation automatique et de couvrir les termes médicaux, nous créons un dictionnaire qui contient tous les termes d'UMLS ainsi que tous les termes techniques de GENIA. De cette manière nous pouvons évaluer la précision avec un dictionnaire de référence plus complet.

## 4.2 Résultats

Les résultats sont évalués en termes de *précision* obtenue sur les $k$ premiers termes ($P@k$) pour les deux mesures présentées dans la section précédente.

**Résultats de *LIDF-value* :** Le tableau 1 compare les résultats de *C-value*, *F-TFIDF-C*, avec notre mesure *LIDF-value*. Le meilleur résultat est obtenu par *LIDF-value* pour l'ensemble des valeurs de $k$. *LIDF-value* est donc plus performante que les mesures de référence avec un gain en précision de 11 points pour les 100 premiers termes extraits. Ces résultats de précision sont illustrés dans la Figure 2.

| | *C-value* | *F-TFIDF-C* | ***LIDF-value*** |
|---|---|---|---|
| P@100 | 0.730 | 0.770 | **0.840** |
| P@200 | 0.715 | 0.725 | **0.790** |
| P@300 | 0.730 | 0.723 | **0.780** |
| P@400 | 0.697 | 0.705 | **0.757** |
| P@500 | 0.674 | 0.694 | **0.752** |
| P@600 | 0.670 | 0.687 | **0.765** |
| P@700 | 0.661 | 0.686 | **0.761** |
| P@800 | 0.644 | 0.669 | **0.755** |
| P@900 | 0.641 | 0.649 | **0.757** |
| P@1000 | 0.635 | 0.637 | **0.746** |
| P@2000 | 0.601 | 0.582 | **0.708** |
| P@5000 | 0.530 | 0.513 | **0.625** |
| P@10000 | 0.459 | 0.439 | **0.574** |
| P@20000 | 0.382 | 0.335 | **0.416** |

**TABLE 1:** Précision selon le nombre de termes ($P@k$)

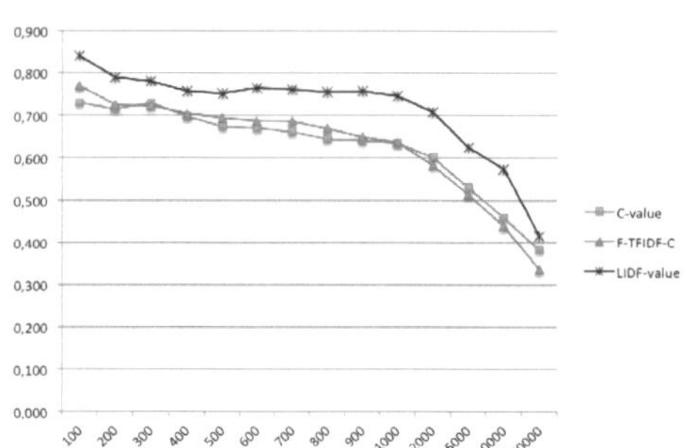


**FIGURE 2:** Précision selon le nombre de termes

**Résultats des indexes de termes :** Nous avons évalué *LIDF-value* et les mesures de référence avec une séquence de $n$-grammes de mots (i.e., un $n$-grammes de mots est un terme de $n$ mots, par exemple *human immunodeficiency virus* est un 3-grammes de mots). Pour cela, nous construisons un index composé de $n$-grammes de mots ($n \geq 2$). Nous expérimentons la performance de *LIDF-value* sur les $n$-grammes de mots en prenant les 1 000 premiers termes. Le Tableau 2 présente la comparaison de la précision pour les 2-grammes, 3-grammes et 4+ grammes de mots.

3. http://www.nactem.ac.uk/genia/genia-corpus/term-corpus

| | 2-grammes de mots | | | 3-grammes de mots | | | 4+ grammes de mots | | |
|---|---|---|---|---|---|---|---|---|---|
| | *C-value* | *F-TFIDF-C* | ***LIDF-value*** | *C-value* | *F-TFIDF-C* | ***LIDF-value*** | *C-value* | *F-TFIDF-C* | ***LIDF-value*** |
| P@100 | 0.770 | 0.760 | **0.830** | 0.670 | 0.530 | **0.820** | 0.510 | 0.370 | **0.640** |
| P@200 | 0.755 | 0.755 | **0.805** | 0.590 | 0.450 | **0.795** | 0.455 | 0.330 | **0.520** |
| P@300 | 0.710 | 0.743 | **0.790** | 0.577 | 0.430 | **0.777** | 0.387 | 0.273 | **0.477** |
| P@400 | 0.695 | 0.725 | **0.768** | 0.560 | 0.425 | **0.755** | 0.393 | 0.270 | **0.463** |
| P@500 | 0.692 | 0.736 | **0.752** | 0.548 | 0.398 | **0.744** | 0.378 | 0.266 | **0.418** |
| P@600 | 0.683 | 0.733 | **0.763** | 0.520 | 0.378 | **0.720** | 0.348 | 0.253 | **0.419** |
| P@700 | 0.670 | 0.714 | **0.757** | 0.499 | 0.370 | **0.706** | 0.346 | 0.249 | **0.390** |
| P@800 | 0.669 | 0.703 | **0.749** | 0.488 | 0.379 | **0.691** | 0.323 | 0.248 | **0.395** |
| P@900 | 0.654 | 0.692 | **0.749** | 0.482 | 0.399 | **0.667** | 0.323 | 0.240 | **0.364** |
| P@1000 | 0.648 | 0.684 | **0.743** | 0.475 | 0.401 | **0.660** | 0.312 | 0.232 | **0.354** |

**TABLE 2:** Comparaison de précision des 2-grammes de mots, 3-grammes de mots et 4+ grammes de mots

**Résultats de *WAHI* :** Notre approche de fouille du Web est appliquée à la fin du processus, avec les 1 000 premiers termes extraits avec les mesures linguistiques et statistiques. La raison principale de cette limitation est le nombre restreint de requêtes autorisées par les moteurs de recherche. À cette étape, l'objectif est de faire le re-ranking des 1 000 termes améliorant la précision par intervalles. Le Tableau 3 montre la précision obtenue après le re-ranking avec *WAHI* et les mesures d'association de référence, utilisant les moteurs de recherche *Yahoo* et *Bing*. Ce tableau souligne que *WAHI* est bien adaptée pour l'EAT obtenant des meilleurs résultats de précision que les mesures de référence.

| | YAHOO | | | | | BING | | | | |
|---|---|---|---|---|---|---|---|---|---|---|
| | ***WAHI*** | *Dice* | *Jaccard* | *Cosine* | *Overlap* | ***WAHI*** | *Dice* | *Jaccard* | *Cosine* | *Overlap* |
| P@100 | **0.900** | 0.720 | 0.720 | 0.76 | 0.730 | **0.800** | 0.740 | 0.730 | 0.680 | 0.650 |
| P@200 | **0.800** | 0.775 | 0.770 | 0.740 | 0.765 | **0.800** | 0.775 | 0.775 | 0.735 | 0.705 |
| P@300 | **0.800** | 0.783 | 0.780 | 0.767 | 0.753 | **0.800** | 0.770 | 0.763 | 0.740 | 0.713 |
| P@400 | **0.800** | 0.770 | 0.765 | 0.770 | 0.740 | **0.800** | 0.765 | 0.765 | 0.752 | 0.712 |
| P@500 | **0.820** | 0.764 | 0.754 | 0.762 | 0.738 | **0.800** | 0.760 | 0.762 | 0.758 | 0.726 |
| P@600 | **0.767** | 0.748 | 0.740 | 0.765 | 0.748 | **0.817** | 0.753 | 0.752 | 0.753 | 0.743 |
| P@700 | **0.786** | 0.747 | 0.744 | 0.747 | 0.757 | **0.814** | 0.7514 | 0.751 | 0.733 | 0.749 |
| P@800 | **0.775** | 0.752 | 0.7463 | 0.740 | 0.760 | **0.775** | 0.745 | 0.747 | 0.741 | 0.754 |
| P@900 | **0.756** | 0.749 | 0.747 | 0.749 | 0.747 | **0.778** | 0.747 | 0.748 | 0.742 | 0.748 |
| P@1000 | **0.746** | **0.746** | **0.746** | **0.746** | **0.746** | **0.746** | **0.746** | **0.746** | **0.746** | **0.746** |

**TABLE 3:** Comparaison de précision de *WAHI avec YAHOO et BING* et les mesures d'association

**Discussion.** *LIDF-value* obtient les meilleurs résultats de précision sur tous les intervalles pour l'extraction des termes et pour l'extraction de $n$-grammes de mots. Le tableau 4 présente les précisions obtenues par nos deux mesures sur le corpus GENIA. *WAHI* basée sur Yahoo obtient une meilleure précision (90 %) pour $P@100$. En comparaison, *WAHI* basée sur Bing obtient une précision de 80 %. Pour les autres intervalles, le Tableau 4 montre que *WAHI* fondée sur Bing obtient en général des résultats légèrement meilleurs. La performance de *WAHI* dépend du moteur de recherche adopté du fait de l'algorithme d'indexation associé. Enfin, le Tableau 4 montre que le re-ranking avec *WAHI* augmente la précision de *LIDF-value*.

| | *LIDF-value* | *WAHI (Bing)* | *WAHI (Yahoo)* |
|---|---|---|---|
| P@100 | 0.840 | 0.800 | **0.900** |
| P@200 | 0.790 | **0.800** | **0.800** |
| P@300 | 0.780 | **0.800** | **0.800** |
| P@400 | 0.757 | **0.800** | **0.800** |
| P@500 | 0.752 | 0.800 | **0.820** |
| P@600 | 0.765 | **0.817** | 0.767 |
| P@700 | 0.761 | **0.814** | 0.786 |
| P@800 | 0.755 | **0.775** | **0.775** |
| P@900 | 0.757 | **0.778** | 0.756 |
| P@1000 | **0.746** | **0.746** | **0.746** |

**TABLE 4:** Précisions obtenues par *LIDF-value* et *WAHI* selon le nombre de terme ($P@k$)

# 5 Conclusions et Futurs travaux

L'article présente deux mesures pour l'extraction automatique de termes composés de plusieurs mots. La première est une mesure statistique et linguistique, *LIDF-value*, qui améliore la précision de l'extraction automatique de termes en comparaison avec les mesures classiques. Elle permet de compenser le manque d'information propre à la fréquence avec les valeurs des *probabilités des patrons linguistiques* et *idf*. La seconde, *WAHI*, est une mesure fondée sur le Web et prend comme entrée la liste de termes obtenus avec *LIDF-value*. Cette mesure permet de réduire l'effort humain conséquent nécessaire à la validation des termes candidats. Nous montrons expérimentalement que *LIDF-value* offre des meilleurs résultats que les mesures de référence pour l'extraction de $n$-grammes de mots issus du domaine biomédical sur le corpus GENIA. Par ailleurs, ces résultats sont améliorés par l'utilisation de la mesure *WAHI*.

Les perspectives à ce travail sont nombreuses. Tout d'abord, nous souhaitons utiliser le Web pour extraire des termes plus longs que ceux actuellement obtenus. De plus, nous projetons de tester cette approche générale sur d'autres domaines, tels que l'écologie et l'agronomie. Enfin, nous visons à expérimenter notre proposition sur des corpus d'autres langues telles que le français et l'espagnol.

# Références


AHMAD K., GILLAM L. & TOSTEVIN L. (1999). University of surrey participation in trec8 : Weirdness indexing for logical document extrapolation and retrieval (wilder). In *TREC*.

BARRON-CEDENO A., SIERRA G., DROUIN P. & ANANIADOU S. (2009). An improved automatic term recognition method for spanish. In *Computational Linguistics and Intelligent Text Processing*, p. 125–136. Springer.

CHAUDHARI D. L., DAMANI O. P. & LAXMAN S. (2011). Lexical co-occurrence, statistical significance, and word association. In *Proceedings of the Conference on Empirical Methods in Natural Language Processing*, EMNLP '11, p. 1058–1068, Stroudsburg, PA, USA : Association for Computational Linguistics.

CILIBRASI R. L. & VITANYI P. M. (2007). The google similarity distance. *Knowledge and Data Engineering, IEEE Transactions on*, **19**(3), 370–383.

FRANTZI K., ANANIADOU S. & MIMA H. (2000). Automatic recognition of multi-word terms : the c-value/nc-value method. *International Journal on Digital Libraries*, **3**(2), 115–130.

GAIZAUSKAS R., DEMETRIOU G. & HUMPHREYS K. (2000). Term recognition and classification in biological science journal articles. In *Proceeding of the Computional Terminology for Medical and Biological Applications Workshop of the 2 nd International Conference on NLP*, p. 37–44.

JI L., SUM M., LU Q., LI W. & CHEN Y. (2007). Chinese terminology extraction using window-based contextual information. In *Proceedings of the 8th International Conference on Computational Linguistics and Intelligent Text Processing (CICLing07)*, p. 62–74, Berlin, Heidelberg : Springer-Verlag.

KORKONTZELOS I., KLAPAFTIS I. P. & MANANDHAR S. (2008). Reviewing and evaluating automatic term recognition techniques. In *Advances in Natural Language Processing*, p. 248–259. Springer.

KOZAKOV L., PARK Y., FIN T., DRISSI Y., DOGANATA N. & CONFINO T. (2004). Glossary extraction and knowledge in large organisations via semantic web technologies. In *Proceedings of the 6th International Semantic Web Conference and he 2nd Asian Semantic Web Conference (Se-mantic Web Challenge Track)*.

KRAUTHAMMER M. & NENADIC G. (2004). Term identification in the biomedical literature. *Journal of Biomedical Informatics*, **37**(6), 512–526.

LOSSIO-VENTURA J. A., JONQUET C., ROCHE M. & TEISSEIRE M. (2013). Combining c-value and keyword extraction methods for biomedical terms extraction. In *Proceedings of the Fifth International Symposium on Languages in Biology and Medicine (LBM13)*, p. 45–49, Tokyo, Japan.

LOSSIO-VENTURA J. A., JONQUET C., ROCHE M. & TEISSEIRE M. (2014). Biomedical terminology extraction : A new combination of statistical and web mining approaches. In *Proceedings of Journées internationales d'Analyse statistique des Données Textuelles (JADT2014)*, Paris, France.

NEWMAN D., KOILADA N., LAU J. H. & BALDWIN T. (2012). Bayesian text segmentation for index term identification and keyphrase extraction. In *Proceedings of 24th International Conference on Computational Linguistics (COLING)*, p. 2077–2092, Mumbai, India.

PANTEL P., CRESTAN E., BORKOVSKY A., POPESCU A.-M. & VYAS V. (2009). Web-scale distributional similarity and entity set expansion. In *Proceedings of the Conference on Empirical Methods in Natural Language Processing*, EMNLP '09, p. 938–947, Stroudsburg, PA, USA : Association for Computational Linguistics.

VAN ECK N. J., WALTMAN L., NOYONS E. C. & BUTER R. K. (2010). Automatic term identification for bibliometric mapping. *Scientometrics*, **82**(3), 581–596.

ZADEH R. B. & GOEL A. (2013). Dimension independent similarity computation. *Journal of Machine Learning Research*, **14**(1), 1605–1626.

ZHANG Z., IRIA J., BREWSTER C. & CIRAVEGNA F. (2008). A Comparative Evaluation of Term Recognition Algorithms. In *Proceedings of the Sixth International Conference on Language Resources and Evaluation (LREC08)*, Marrakech, Morocco.

# Analyse automatique d'espaces thématiques

Gilles Boyé Anna Kupść
Université Bordeaux-Montaigne, Domaine universitaire, 33607 Pessac Cedex
CLLE-ERSS, UMR5263, CNRS, 5 allées Antonio Machado, 31058 Toulouse Cedex 9
gboye@u-bordeaux-montaigne.fr, akupsc@u-bordeaux-montaigne.fr

**Résumé.** Basé sur les calculs d'entropie conditionnelle de (Bonami & Boyé, à paraître), nous proposons un analyseur automatique de la flexion dans le cadre de la morphologie thématique qui produit le graphe de régularités du paradigme. Le traitement se base sur un lexique de 6440 verbes extraits du BDLex (de Calmès & Pérennou, 1998) associés à leurs fréquences dans Lexique3 (New *et al.*, 2001). L'algorithme se compose de trois éléments : calcul de l'entropie conditionnelle entre paires de formes fléchies, distillation des paradigmes, construction du graphe de régularités. Pour l'entropie, nous utilisons deux modes de calcul différents, l'un se base sur la distribution de l'effectif des verbes entre leurs différentes options, l'autre sur la distribution des lexèmes verbaux en fonction de leurs fréquences pour contrebalancer l'influence des verbes ultra-fréquents sur les calculs.

**Abstract.** Based on the entropy calculations of (Bonami & Boyé, à paraître), we propose an automatic analysis of inflection couched in the stem spaces framework. Our treatment is based on a lexicon of 6440 verbs present in BDLex (de Calmès & Pérennou, 1998) and associated with their frequencies from Lexique3 (New *et al.*, 2001). The algorithm we propose consists in three steps : computing conditional entropy between all pairs of inflected forms, distilling the paradigms and constructing a regularity graph. For computing entropy, we use two methods : the first one is based on count of verbs in a given distribution whereas the second one takes into account the frequency of each verbal lemma in the distribution to compensate for the bias introduced by the ultra-frequent verbs in the calculation.

**Mots-clés :** morphologie flexionnelle, espaces thématiques, graphe des régularité, français, verbes.

**Keywords:** Inflectional morphology, stem spaces, regularity graph, French, verbs.

## 1 Introduction

Notre travail se situe dans le cadre de la représentation de la flexion en morphologie théorique. Il s'agit ici de présenter un analyseur automatique de la flexion qui produit une représentation des interprédictibilités entre les formes d'un paradigme. Cette représentation dans le cadre de la morphologie thématique prend la forme d'un graphe de régularités (voir Boyé, 2011, pour un exemple de ce type de graphe) qui explicite les liens prédictibles entre les formes.

Notre outil se base sur un lexique de 6440 lexèmes verbaux associés à leurs fréquences. Grâce à BDLex (de Calmès & Pérennou, 1998), une base lexicale de formes fléchies contenant une transcription phonologique de chaque forme, nous constituons le tableau des paradigmes (48 formes par verbe) pour l'ensemble des verbes en API. Les fréquences de lemmes de Lexique3 (New *et al.*, 2001) sont utilisées dans une des deux versions du calcul de l'entropie pour favoriser les généralisations concernant les lexèmes moins fréquents. Ces résultats de prédictibilité basés sur la fréquence donnent une représentation qui pourrait être exploitée pour des études psycholinguistiques dans la lignée de (?).

Notre algorithme se compose de trois éléments : le calcul de l'entropie conditionnelle entre paires de formes (une élaboration sur le calcul de Bonami & Boyé, à paraître), la distillation des paradigmes [1], construction du graphe de régularités.

1. Extraction d'un sous-paradigme suffisant pour capter toutes les régularités/irrégularités.

# 2 Approche thématique

Nous nous situons dans une perspective d'analyse de la flexion au travers des relations entre les formes fléchies. Nous nous basons en partie sur les analyses paradigmatiques développées au sein de l'approche thématique (terme introduit par Plénat, 2008) pour le courant qui considère qu'un lexème est représenté dans le lexique par une collection de radicaux indexés, appelé *espace thématique* (p.ex. Bonami & Boyé, 2003; Boyé & Cabredo Hofherr, 2006; Bonami *et al.*, 2009; Roché, 2010; Tribout, 2012).

Notre analyse morphologique appartient aux approches abstractives de (Blevins, 2006) qui relient directement les formes de surfaces entre elles sans hypothèses sur des formes sous-jacentes, plutôt qu'aux approches qu'il appelle constructives, caractérisées par des formes sous-jacentes et des opérations de construction conduisant aux formes de surface. Le cadre paradigmatique dans lequel nous nous situons se distingue des théories syntagmatiques décrites par (Stump, 2001) avec ses différents modèles d'association entre une forme et ses morphèmes/exposants.

L'approche thématique en morphologie flexionnelle se concentre depuis ses débuts sur les relations entre les formes fléchies au sein des paradigmes mais en se situant au niveau des allomorphies radicales. La question centrale est celle de la correspondance entre les thèmes indexés, autrement dit le remplissage de l'espace thématique.

Nous reprenons ici l'essentiel de cette approche mais en nous situant à la suite de (Bonami & Boyé, à paraître) au niveau des formes fléchies complètes. Nous utilisons, en particulier, l'interprédictibilité des formes fléchies et les notions de lexèmes réguliers et de sous-régularités pour produire un graphe représentant ces informations.

## 2.1 Interprédictibilité

Dans l'approche thématique, les cases du paradigme dont les contenus sont systématiquement interprédictibles sont formellement associées à un même thème. L'exemple le plus connu en français est celui des formes du futur et du conditionnel qui sont toujours basées sur le même radical quel que soit le verbe considéré. L'ensemble des thèmes nécessaires à la description de la flexion d'une catégorie morphosyntaxique constitue son espace thématique. L'analyse de (Bonami & Boyé, 2003) utilise un espace thématique à 12 cases (thèmes) pour la description de la conjugaison du français. Pour un verbe donné, chaque thème contient un radical qui permet de dériver les formes qui lui sont associées.

| | $T_1$ | $T_2$ | $T_3$ | $T_4$ | $T_5$ | $T_6$ | $T_7$ | $T_8$ | $T_9$ | $T_{10}$ | $T_{11}$ | $T_{12}$ |
|---|---|---|---|---|---|---|---|---|---|---|---|---|
| PASSER | pas | pas | pas | pas | pas | pas | pas | pas | pase | pasə | pasa | pase |
| BOIRE | byv | bwav | bwa | byv | bwa | byv | bwav | byv | bwa | bwa | by | by |
| ALLER | al | vɔ̃ | va | al | va | al | aj | al | ale | i | ala | ale |

TABLE 1 – Exemples de radicaux correspondant aux 12 thèmes.

(Bonami & Boyé, à paraître) défendent une approche abstractive qui abandonne l'hypothèse du thème partagé pour adopter la notion des alliances de formes de (Stump & Finkel, 2013). La notion d'alliance permet d'associer les cases du paradigme dont les contenus sont systématiquement interprédictibles directement entre elles sans supposer de forme sous-jacente commune.

| | 1sg | 2sg | 3sg | 1pl | 2pl | 3pl |
|---|---|---|---|---|---|---|
| PRÉSENT | *3* | 3 | 3 | *1* | 1 | *2* |
| IMPARFAIT | 1 | 1 | 1 | 1 | 1 | 1 |
| PASSÉ | *11* | 11 | 11 | 11 | 11 | 11 |
| FUTUR | *10* | 10 | 10 | 10 | 10 | 10 |
| SUBJ. PRÉS. | *7* | 7 | 7 | *8* | 8 | 7 |
| SUBJ. IMPARF. | 11 | 11 | 11 | 11 | 11 | 11 |
| CONDITIONNEL | 10 | 10 | 10 | 10 | 10 | 10 |
| IMPÉRATIF | — | *5* | — | *6* | 6 | — |

| | |
|---|---|
| INFINITIF | *9* |
| PART. PRÉSENT | *4* |
| PART. PASSÉ | *12* |

TABLE 2 – Les alliances de formes de la conjugaison du français d'après (Bonami & Boyé, 2003) [2]

2. Les cases qui portent le même numéro font partie de la même alliance.

Par exemple, dans le cas des alliances de la Table 2, l'ensemble des cases {imparfait.1sg, présent.3pl, présent.1sg, part.présent, impératif.2sg, impératif.1pl, subj.prés.1sg, subj.prés.1pl, infinitif, futur.1sg, passé.1sg, part.passé} [3] constituent une distillation du paradigme.

Dans ce cadre, on a l'équivalent de l'espace thématique en conservant une forme représentative pour chaque alliance (parties principales). On obtient ainsi un ensemble réduit de formes, distillation du paradigme (terme introduit par Stump & Finkel, 2013), qui capte l'ensemble des données suffisantes pour prédire systématiquement les paradigmes complets.

### 2.2 Régularités et sous-régularités

Dans le cas de l'espace thématique comme avec la distillation du paradigme, l'étape suivante consiste à étudier les relations entre les éléments. Dans la suite de cette section, la description repose sur une distillation et ses parties principales. Dans le cadre initial de l'approche thématique, il s'agissait d'observer les relations entre les formes des lexèmes réguliers et de les comparer avec celles des lexèmes dits irréguliers pour identifier les similarités locales (Bonami & Boyé, 2003, est un exemple typique de ce type d'analyse). Par exemple, bien que MORDRE soit irrégulier, le rapport entre *nous mordons* et *ils mordent* est le même que entre *nous bordons* et *ils bordent* pour BORDER. Dans l'approche thématique, l'apparition de ce type de sous-régularités pour un effectif important de lexèmes irréguliers est associée à une notion de proximité entre les formes. Ces rapprochements sont ensuite utilisés pour établir un graphe reliant les éléments de la distillation entre eux.

Autrement dit, dans le cas de la conjugaison du français, pour chaque type de verbes réguliers, les rapports qu'entretiennent ses parties principales entre elles définissent une classe flexionnelle au sens classique [4].

| | IPF.1 | PRS.6 | PRS.1 | PCP.PRS | IMP.2 | IMP.4 | SBJV.1 | SBJV.4 | INF | FUT.1 | PST.1 | PCP.PST |
|---|---|---|---|---|---|---|---|---|---|---|---|---|
| Régulier.1 | X | X | X | X | X | X | X | X | Xe | Xə | Xa | Xe |
| Régulier.2 | Xis | Xis | Xi | Xis | Xi | Xis | Xis | Xis | Xi | Xi | Xi | Xi |
| SORTIR | sɔrt | sɔrt | sɔr | sɔrt | sɔr | sɔrt | sɔrt | sɔrt | sɔrti | sɔrti | sɔrti | sɔrti |
| MORDRE | mɔrd | mɔrd | mɔr | mɔrd | mɔr | mɔrd | mɔrd | mɔrd | mɔrd | mɔrd | mɔrdi | mɔrdy |

TABLE 3 – Exemples de sous-régularités.

La comparaison de ces classes flexionnelles régulières avec les paradigmes des verbes irréguliers permet d'identifier les formes correspondant exactement aux mêmes rapports et d'établir toutes les sous-régularités. L'organisation de ces sous-régularités est alors captée sous la forme d'un graphe dont les arcs représentent les sous-régularités. Dans le cas de la Table 3, on observe une sous-régularité qui ne concerne que PRS.1 et IMP.2, on relie donc les deux cases directement par un arc. Pour les sous-régularités concernant des séries plus grandes comme IPF.1, PRS.6, PCP.PRS, IMP.4, SBJV.1, SBJV.4, ci-dessus, on observe les sous-régularités pour l'ensemble des lexèmes et on procède par recoupements pour inférer les arcs. Jusqu'à présent ce type de graphe a été construit manuellement, nous proposons ici une méthode pour le construire automatiquement à partir d'une approche entropique.

## 3 Approche entropique

(Ackerman *et al.*, 2009) amènent formellement une nouvelle perspective pour la morphologie flexionnelle avec le Paradigm Cell Filling Problem (une version plus générale de la question du remplissage des espaces thématiques) et l'étude des relations entre formes en terme de théorie de l'information (Shannon, 1948). Cette nouvelle approche, basée sur la notion d'entropie conditionnelle, mesure notamment l'incertitude pour le remplissage d'une case du paradigme à partir d'une autre pour l'ensemble des lexèmes. L'entropie est mesurée en bits d'information nécessaires à éliminer l'incertitude.

$$H[X] = -\sum_{x \in X} p(x) \log_2 p(x) \quad (1)$$

Une entropie nulle représente donc l'absence totale d'incertitude, un tirage à pile ou face présente une entropie de 1 et un dé à 6 faces, une entropie de 2,58.

3. La distillation proposée ici est constituée des formes dont les numéros figurent en italique dans la Table 2. Il s'agit de choisir une case représentant chaque alliance, autrement dit une case pour chaque numéro de 1 à 12.

4. Pour des raisons de place, les noms des cases du paradigmes sont abrégés dans la suite : IPF=indicatif imparfait, PRS=indicatif présent, PCP=participe, IMP=impératif présent, SBJV=subjonctif présent, INF=infinitif, PST=passé, 1=1sg ; 2=2sg, 3=3sg, 4=1pl, 5=2pl, 6=3pl.

(Bonami *et al.*, 2011), à la suite de (Ackerman *et al.*, 2009), introduisent l'approche entropique pour comparer la complexité du remplissage des paradigmes entre le français et le mauricien. Leur analyse construite autour du moteur de calcul d'entropie PredSPE développé par Olivier Bonami. Le calcul de l'entropie dans notre travail est basé sur une adaptation de ce moteur.

## 3.1 Entropie conditionnelle

Pour calculer l'entropie conditionnelle, nous utilisons le mécanisme proposé par (Bonami & Boyé, à paraître). La procédure se décompose en deux étapes. La première est basée sur le Minimal Generalization Learner de (Albright, 2002) appliquée à chaque paire de cases du paradigme :

— pour chaque lexème, on calcule la transformation phonologique qui permet de passer de la $forme_1$ à la $forme_2$ par exemple, pour PRS.6 ⟶ INF :
  ɛn ⟶ ɑ̃dr (PRENDRE, ...)
  Ø ⟶ e (PASSER, ...)

— pour chaque transformation, on calcule la généralisation phonologique minimale du contexte d'application qui couvre l'ensemble des lexèmes concernés d'après la décomposition des phonèmes en traits distinctifs.
  La transformation ɛn ⟶ ɑ̃dr, par exemple, ne s'applique qu'à PRENDRE et ses dérivés par préfixation (APPRENDRE, COMPRENDRE, REPRENDRE, etc.). La généralisation minimale doit couvrir toute forme se terminant prɛn, c'est à dire que le contexte lui-même doit être : *pr—

— la transformation et le contexte donne une règle de correspondance entre la $forme_1$ et la $forme_2$
  ɛn ⟶ ɑ̃dr / *pr—
  Ø ⟶ e / *[p,t,k,b,d,g,f,s,ʃ,v,z,ʒ,m,n,ɲ,j,l,r,w,ɥ,i,y,ɛ,e,ə,u,ɔ,o,ɛ̃,œ̃,ɔ̃]—

La deuxième étape consiste à associer chaque $forme_1$ avec l'ensemble des règles de correspondance dont le contexte d'application est compatible. Ces règles forment un n-uplet caractéristique qui à son tour forme une classe de $formes_1$. On évalue l'entropie locale pour chaque classe, et à partir de ces entropies locales, on obtient l'entropie conditionnelle de la $case_1$ à la $case_2$.

Par exemple, toujours pour PRS.6 ⟶ INF, on a 421 verbes qui sont compatibles avec exactement les deux règles suivantes. Ils forment la classe 7 et leur effectif se répartit comme suit :
417 : Ø ⟶ e / *[p,t,k,b,d,g,f,s,ʃ,v,z,ʒ,m,n,ɲ,j,l,r,w,ɥ,i,y,ɛ,e,ə,u,ɔ,o,ɛ̃,œ̃,ɔ̃]— (ALITER)
4 : Ø ⟶ r / *[m,n,ɲ,j,l,r,w,ɥ,i,y,ɛ,e,ə,a,u,o,ɔ,ɛ̃,œ̃,ɔ̃,ɑ̃][p,t,k,b,d,g,f,s,ʃ,v,z,ʒ,j,r,w,ɥ,i,y,ɛ,e,ə,a,u,o,ɔ]— (INCLURE)
Cette répartition des effectifs (417 vs 4) donne une entropie conditionnelle locale de 0,0775 qui se combine avec celles de toutes les autres classes de PRS.6 à INF pour donner une entropie conditionnelle de 0,288 pour cette paire de cases.

À la fin de cette phase, on obtient un tableau des entropies conditionnelles entre toutes les cases du paradigme. Comme le font remarquer (Bonami & Boyé, à paraître), ce tableau n'est pas symétrique. Par exemple, la case IPF.1 permet de prédire à coup sûr la case IPF.4 tandis que, en sens inverse, l'entropie est très élevée.

## 3.2 Analyse automatique

Notre analyse automatique, proposée ici, consiste à explorer le tableau des entropies afin de trouver un graphe, qui permette de connecter toutes les cases du paradigme en minimisant les incertitudes, autrement dit, en optimisant l'entropie.

Dans un premier temps, nous procédons à la détection des alliances de formes, c-à-d des formes qui sont interprédictibles (i.e. prédictibles dans les deux sens). En terme d'entropie, cela signifie qu'il n'y a aucune incertitude pour prédire la $case_1$ par rapport à la $case_2$ et inversement. La procédure consiste donc à repérer dans le tableau les paires de cases dont l'entropie conditionnelle est réciproquement nulle. Effectivement, cette méthode nous permet de retrouver, entre autres, l'alliance entre les formes du futur et du conditionnel discutée à la section 2.1.

Ensuite, on procède à la distillation du paradigme. Une fois les alliances identifiées, toutes les formes d'une alliance étant *équivalentes*, on choisit une seule forme comme représentant de chaque alliance. Par exemple, si on garde dans le tableau la forme FUT.1 comme représentant de l'alliance des formes du futur et du conditionnel, toutes les lignes et colonnes qui correspondent aux autres membres de la même alliance, par exemple, FUT.2 ou COND.1, disparaissent.

On obtient ainsi un tableau réduit du même type que le tableau complet mais qui ne contient qu'un représentant pour les formes interprédictibles. On a alors conservé uniquement les formes qui sont indispensables pour (re-)construire le paradigme complet.

Nous cherchons ensuite à identifier des liens entre les cases retenues, afin de construire le graphe des régularités qui nous permettra de connecter toutes les cases du paradigme.

Pour constituer ce graphe, on explore le tableau distillé. Chaque case correspond à un nœud dans le graphe. Le but est de joindre tous les nœuds, en ajoutant les liens (arcs dans le graphe) les plus sûrs. On commence par mettre en place les relations les plus prédictibles c-à-d par identifier les paires de cases dont les entropies conditionnelles sont les plus faibles. Une fois tous les liens d'un niveau (même valeur d'entropie) exploités, on passe au niveau supérieur pour continuer à ajouter des arcs. Un nouvel arc est ajouté si il permet d'atteindre de nouveaux nœuds. Par exemple, si la case$_1$ et la case$_2$ sont déjà connectées, ainsi que la case$_2$ et la case$_3$, on n'ajoutera pas de nouvel arc pour connecter directement la case$_1$ à la case$_3$. La procédure s'arrête quand tous les nœuds peuvent s'inter-atteindre et qu'on a obtenu un graphe orienté connecté.

# 4 Analyse des résultats

À partir du tableau des entropies conditionnelles obtenu grâce à PredSPE, notre analyse automatique a tracé un premier graphe de régularités (à gauche, Figure 1) basé sur la répartition des effectifs de verbes dans les différentes classes. Parmi les 15 alliances distinguées, 6 reposent sur quelques lexèmes très irréguliers qui jouent un rôle majeur dans le calcul des entropies. Ces lexèmes sont tous très fréquents et leurs formes sont pour la plupart mémorisées. Ils se situent en dehors du système de régularités que nous cherchons à identifier ici. Pour minimiser leur influence, nous avons introduit la fréquence comme un des paramètres du calcul et modifié PredSPE en conséquence. Chaque verbe a été associé à l'inverse de sa fréquence de lemme dans Lexique.org[5]. Les verbes dérivés par préfixation ont été regroupés et associés à la fréquence la plus haute de la famille pour tenir compte de l'effet d'entraînement du modèle sur les autres membres de sa famille. Par exemple, REPRENDRE dont la flexion suit directement le modèle de PRENDRE est associé non pas à sa propre fréquence (126/Mmots) mais à celle de son modèle plus fréquent (1913/Mmots). Ce calcul permet de favoriser les généralisations sur les lexèmes à fréquence réduite et donc augmenter l'importance des régularités recherchées. Le graphe des régularités correspondant à ce calcul est à droite dans la Figure 1.

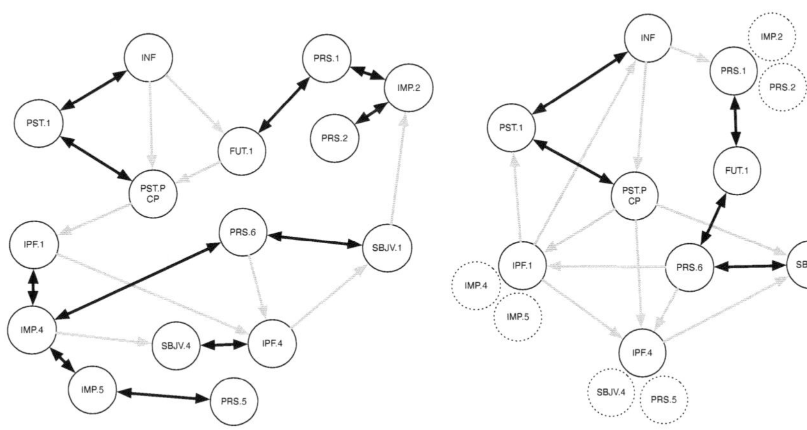


FIGURE 1 – Graphes des régularités basés sur l'entropie avec les effectifs et avec les fréquences[6]

Dans les deux cas, les graphes prennent une forme relativement différente de celles des graphes obtenus manuellement mais on y retrouve des motifs communs. Par exemple, les relations entre INF, PST.PCP et PST.1 ou celle entre FUT.1 et PRS.1 apparaissent aussi bien dans nos deux versions que dans dans le graphe obtenu manuellement (Boyé, 2011). L'introduction des fréquences permet de réduire la distillation de 15 à 9 cases en formant des alliances plus étendues. La réduction de l'influence de verbes extrêmement fréquents, comme ALLER, ÊTRE, AVOIR, SAVOIR, FAIRE et DIRE, a permis de regrouper des alliances du premier graphe dans le second (IPF.1 avec IMP.4 et IMP.5, IPF.4 avec SBJV.4 et PRS.5, PRS.1 avec PRS.2 et IMP.2).

5. Ici, nous avons utilisé la fréquence du lemme dans FranText.

6. Les arcs notés en noir correspondent à des relations d'interprédictibilité symétrique. C'est à dire que la case A et la case B sont les meilleurs prédicteurs l'une de l'autre. Les arcs notés en vert correspondent à des relations asymétriques. C'est à dire que la case A est le meilleur prédicteur de la case B, mais pas l'inverse.

Selon nous, les différences entre les graphes obtenus manuellement et les nôtres tiennent à deux facteurs. D'une part, les sous-régularités recherchées sont différentes. Dans les graphes manuels, on présuppose des modèles réguliers *arbitrairement* et on cherche des analogies similaires pour les irréguliers. Dans notre travail, nous avons cherché à identifier des sous-régularités *sans hypothèse a priori sur des classes régulières*, en étudiant directement toutes les analogies. D'autre part, les relations de nos graphes sont orientées pour tenir compte du fait que la prédictibilité n'est pas symétrique dans le cas général tandis que les relations établies à la main dans le cadre des études thématiques précédentes étaient toutes symétriques par construction, à l'exception de (Bonami & Boyé, 2007) qui, du fait, limitait son étude aux seuls verbes réguliers.

Pour conclure, la méthodologie présentée ici permet donc d'étendre les possibilités de l'approche thématique à des relations plus complexes sur de grands jeux de données. Elle peut s'appliquer à d'autres langues alphabétiques à morphologie affixale. L'outil utilisé peut s'appliquer directement à un lexique flexionnel phonétisable avec, si possible, une base de fréquence pour les lexèmes.

Pour compléter le développement de notre analyseur, il serait nécessaire d'associer automatiquement à chaque arc, les règles de transformation régulières permettant de prédire les correspondances entre formes dans le passage d'une case à une autre. Ceci constituera l'étape suivante de notre travail.

## Références


ACKERMAN F., BLEVINS J. P. & MALOUF R. (2009). Parts and wholes : Implicative patterns in inflectional paradigms. In J. P. BLEVINS & J. BLEVINS, Eds., *Analogy in Grammar : Form and Acquisition*, p. 54–82, Oxford : Oxford University Press.

ALBRIGHT A. (2002a). *The identification of bases in morphological paradigms*. PhD thesis, UCLA.

ALBRIGHT A. (2002b). Islands of reliability for regular morphology : evidence from italian. *Language*, **78**, 684–709.

BLEVINS J. P. (2006). Word-based morphology. *Journal of Linguistics*, **42**, 531–573.

BONAMI O. & BOYÉ G. (2003). Supplétion et classes flexionnelles dans la conjugaison du français. *Langages*, **152**, 102–126.

BONAMI O. & BOYÉ G. (2007). Remarques sur les bases de la conjugaison. In E. DELAIS-ROUSSARIE & L. LABRUNE, Eds., *Des sons et des sens : données et modèles en phonologie et en morphologie*, p. 77–90.

BONAMI O. & BOYÉ G. (à paraître). De formes en thèmes. In F. VILLOING & S. DAVID, Eds., *Foisonnements morphologiques. Etudes en hommage à Françoise Kerleroux* : Presses Universitaires de Vincennes.

BONAMI O., BOYÉ G. & HENRI F. (2011). Measuring inflectional complexity : French and mauritian. Présentation au colloque Quantitative Measures in Morphology and Morphological Development, San Diego, 2011.

BONAMI O., BOYÉ G. & KERLEROUX F. (2009). L'allomorphie radicale et la relation flexion-construction. In B. FRADIN, F. KERLEROUX & M. PLÉNAT, Eds., *Aperçus de morphologie du français*, p. 267–286.

BOYÉ G. (2011). Régularités et classes flexionnelles dans la conjugaison du français. In M. ROCHÉ, G. BOYÉ, N. HATHOUT, S. LIGNON & M. PLÉNAT, Eds., *Des unités morphologiques au lexique*, Langues et Syntaxe, p. 41–68 : Hermes Science Publishing.

BOYÉ G. & CABREDO HOFHERR P. (2006). The structure of allomorphy in spanish verbal inflection. *Cuadernos de Lingüística*, **13**, 9–24.

DE CALMÈS M. & PÉRENNOU G. (1998). Bdlex : a lexicon for spoken and written french. In *1st International Conference on Language Resources and Evaluation*, p. 1129–1136. Grenade : ELRA.

NEW B., PALLIER C., FERRAND L. & MATOS R. (2001). Une base de données lexicales du français contemporain sur internet : Lexique. *L'Année Psychologique*, **101**, 447–462.

PLÉNAT M. (2008). Le thème I de l'adjectif et du nom. *Congrès Mondial de Linguistique Française 2008*, p. 139.

ROCHÉ M. (2010). Base, thème, radical. *Recherches linguistiques de Vincennes*, **39**.

SHANNON C. (1948). A mathematical theory of communication. *Bell System Technical Journal*, **27**, 379–423, 623–656.

STUMP G. T. (2001). *Inflectional Morphology*. Cambridge University Press.

STUMP G. T. & FINKEL R. (2013). *Morphological Typology : From Word to Paradigm*, volume 138 of *Cambridge Studies in Linguistics*. Cambridge University Press.

TRIBOUT D. (2012). Verbal stem space and verb to noun conversion in French. *Word Structure*, **5**(1), 109–128.

# Extraction et représentation des constructions à verbe support en espagnol

Sandra Milena Castellanos Páez
LIG – GETALP. Grenoble, France.
sandra.castellanos@imag.fr

**Résumé.** Le traitement informatique de constructions à verbe support (prendre une photo, faire une présentation) est une tâche difficile en TAL. Cela est également vrai en espagnol, où ces constructions sont fréquentes dans les textes, mais ne font pas souvent partie des lexiques exploitables par une machine. Notre objectif est d'extraire des constructions à verbe support à partir d'un très grand corpus de l'espagnol. Nous peaufinons un ensemble de motifs morpho-syntaxiques fondés sur un grand nombre de verbe support possibles. Ensuite, nous filtrons cette liste en utilisant des seuils et des mesures d'association. Bien que tout à fait classique, cette méthode permet l'extraction de nombreuses expressions de bonne qualité. À l'avenir, nous souhaitons étudier les représentations sémantiques de ces constructions dans des lexiques multilingues.

**Abstract.** The computational treatment of support verb constructions (take a picture, make a presentation) is a challenging task in NLP. This is also true in Spanish, where these constructions are frequent in texts, but not frequently included in machine-readable lexicons. Our goal is to extract support verb constructions from a very large corpus of Spanish. We fine-tune a set of morpho-syntactic patterns based on a large set of possible support verbs. Then, we filter this list using thresholds and association measures. While quite standard, this methodology allows the extraction of many good-quality expressions. As future work, we would like to investigate semantic representations for these constructions in multilingual lexicons.

**Mots-clés :** Expressions à verbe support, extraction, corpus, expressions polylexicales.
**Keywords:** Support verb expressions, extraction, corpus, multiword expressions.

## 1 Introduction

Les locuteurs natifs d'une langue ne se rendent pas compte que l'utilisation d'un certain mot provoque souvent l'utilisation d'un autre, et que ce processus permet de produire une expression correcte et naturelle. Après la lecture de la vaste littérature sur ce phénomène (Firth, 1957; Mel'čuk, 1981; Choueka, 1988; Smadja, 1993), nous adopterons la définition de Manning et Schutze (1999). Une « expression polylexicale » est une expression constituée de deux ou plusieurs mots qui correspondent à une façon conventionnelle de dire les choses et qui est caractérisée par une compositionnalité sémantique limitée, c'est-à-dire que le sens de l'expression ne peut pas être prédit à partir des sens des mots qui la composent.

Nous nous intéressons à une sous-classe spéciale de collocations, les *constructions à verbe support* (CVS)[1]. Les constructions de ce type correspondent à une structure linguistique formée par un verbe et un nom prédicatif. Les verbes *donner*, *faire* et *prendre* font partie de la liste des verbes support inclus dans la grammaire CVS[2] du français. Ils y sont intégrés en raison du peu de contenu sémantique qu'ils apportent à des expressions comme *faire un pas*, *donner une gifle* et *prendre la fuite*. Il y a peu d'éléments dans les sens des verbes *donner*, *faire* ou *prendre* qui nous indiquent la raison pour laquelle nous avons à dire *faire un pas* à la place de **donner un pas*.

Les CVS jouent un rôle important en ce qui concerne les applications concrètes telles que la traduction automatique, la recherche et l'extraction d'informations, les systèmes de questions-réponses, la synthèse, etc. (Laporte et al., 2008). Les CVS ont une fréquence élevée d'apparition dans la langue espagnole (Alvariño, 1999). Par conséquent, le choix du verbe pour un nom est complexe et donc présente des problèmes pour les apprenants de cette langue étrangère. Par exemple, la traduction automatique des CVS vers une autre langue peut donner comme résultat : (1) CVS → CVS ; (2) CVS → Verbe ; (3) Verbe → CVS (Zarco, 1997).

---

1 La terminologie de ces verbes est variée : *light verb* (Jespersen, 1965), *funktionsverb* (Von Polenz, 1963), *predicado complejo* (Zarco, 1998).

2 Cf. Liste des verbes support inclus dans la grammaire CVS (Laporte et al., 2008)

Les principaux objectifs de ce travail sont (1) estimer la présence et l'ubiquité des CVS dans les dictionnaires et les corpus, (2) appliquer des techniques d'extraction de CVS à partir de corpus. Pour des raisons liées à la facilité de l'évaluation des résultats par des locuteurs natifs, nous nous concentrons sur l'espagnol.

# 2 État de l'art

## 2.1 Constructions à verbe support

Les CVS sont des expressions lexicalisées, et plus précisément des expressions syntaxiquement flexibles (Sag et al., 2002). Il s'agit d'un syntagme verbal résultant, le plus souvent, d'une combinaison entre un verbe sémantiquement vide et un nom déverbal. Cette structure est soumise à une variabilité syntaxique complète et à un certain degré de compositionnalité sémantique.

| | | | | | |
|---|---|---|---|---|---|
| 1. | (a) | Kim | *gives advice* | to | first year students |
| | (b) | Kim | *donne un conseil* | aux | étudiants de première année |
| | (c) | Kim | *da un consejo* | a los | estudiantes de primer año |

| | | | | | |
|---|---|---|---|---|---|
| 2. | (a) | Paul | takes | a | walk |
| | (b) | Paul | *prend | une | promenade |
| | > | *Paul fait une promenade* | | | |
| | (c) | Paul | *toma | un | paseo |
| | > | *Paul da un paseo* | | | |

L'exemple 1 décrit la même CVS en anglais, en français et en espagnol. Ici, c'est le verbe *donner* qui se comporte comme verbe support du nom *conseil*. Une traduction mot à mot semble pertinente pour ce cas précis, mais ce phénomène n'est pas toujours tout à fait présent. Dans la CVS de l'exemple 2, le sujet *Paul* peut *faire une promenade* (en français) ou *donner une promenade* (en espagnol) mais il ne pourra jamais la *prendre* comme c'est le cas en anglais.

D'autre part, alors que les CVS acceptent une variabilité syntaxique totale (exemple 3), elles présentent un degré de compositionnalité sémantique qui empêche la formation des CVS alternatives, comme le montre l'exemple 4.

3. John dio una explicación – John a donné une explication

| | | | | |
|---|---|---|---|---|
| (a) | Una explicación | fue dada | por John (*Passivation*) | |
| > | Une explication | a été donnée | par John | |
| (b) | ¿Qué tipo | de explicación | dio John? (*Extraction*) | |
| > | Quelle type | d'explication | John a donné ? | |
| (c) | John | dio | una reveladora explicación (*Modification interne*) | |
| > | John | a donné | une explication révélatrice | |

| | | | | | |
|---|---|---|---|---|---|
| 4. | (a) | Susan | {ofreció/*dio/*entregó/*regaló} disculpas | a | su padre |
| | (b) | Susan | a {présenté/*montré/*exposé/*proposé} ses excuses | à | son père |
| | > | Susan | s'est excusée | auprès de | son père |

Dans ce dernier cas (4), même quand les verbes qui précèdent le nom *disculpas* (*ses excuses*) sont des synonymes dans d'autres contextes, là, seulement le verbe *ofrecer* (*présenter*) correspond à la combinaison correcte, qui permet de donner la signification de « présenter ses excuses à quelqu'un ».

## 2.2 Présence dans les lexiques

En ce qui concerne les dictionnaires[3], même quand nous pouvons estimer qu'il y a environ 25 000 CVS, il manque de l'information qui permet d'éliminer notamment les ambiguïtés possibles. Pour l'expression *tomar medidas* (*prendre des mesures*), nous pouvons distinguer plusieurs sens possibles, liés aux différents sens du mot mesure (une taille ou une action). Ajouter la fonction lexicale dans laquelle le nom prédicatif est la base de la collocation semble alors une solution intéressante

Cette solution fût d'ailleurs abordée par Mel'čuk (1996, 2003, 2004). Dans le cadre de la Théorie Sens-Texte, il introduit alors le concept de Fonctions Lexicales (FL). Une FL associe une unité lexicale **L** à une autre unité lexicale **L'** laquelle a une relation sémantique envers **L**. En ce qui nous concerne, la FL $Oper_i$ est la plus intéressante car elle est en charge d'associer un nom prédicatif avec un verbe sémantique vide.

Le tableau 1 contient une compilation de quelques CVS trouvés dans les dictionnaires[4]. Les verbes se situent dans la

[3] (DRAE, 2001 ; WordReference, 2008 ; Gran diccionario de la lengua española, 2005)

[4] (DRAE, 2001 ; WordReference, 2008 ; Gran diccionario de la lengua española, 2005)

première colonne. Les significations accompagnées du numéro assigné à chaque entrée (Gran diccionario de la lengua española, 2005) se trouvent dans la deuxième colonne. Et enfin, des exemples sont placés dans la troisième colonne.

| Verbe | Signification | Exemples |
|---|---|---|
| *Hacer* | 19 Réduire une chose à la signification du nom auquel elle est attachée | Hizo pedazos la carta |
| | 20 Avec quelques noms, exprime l'action des verbes formés à partir de la racine de ces noms. | Le hizo burla |
| *Dar* | 5 Effectuer l'action indiquée par le nom. | Nos dimos un abrazo |
| *Tener* | 11 Avec des noms signifient le temps, exprime la durée ou l'âge. | Tiene seis años |
| *Tomar* | 9 Suivi par certains noms déverbaux, il indique l'action de faire ce que le verbe (d'où les noms dérivent) exprime. | Tomar un baño<br>Tomar una decisión. |
| | 10 Recevoir ou acquérir ce que les noms qui accompagnent signifient. | Tomar fuerza<br>Tomar aliento |
| *Echar* | 32 Suivi par certains noms, il indique de faire l'action qui est signalé par ceux-ci. | Echarse una siesta. |
| | 34 Suivi par des noms ou des expressions indiquant peine ou sanction, il s'agit de condamner une personne à celles-ci. | Le echaron 5 años de cárcel. |

TABLEAU 1 Compilation de quelques CVS trouvés dans les dictionnaires

### 2.3 Extraction automatique à partir du corpus

Pour ce qui est de l'extraction automatique, divers travaux existent pour identifier les CVS. Il existe des approches qui peuvent soit tenir compte du contexte pour choisir si un candidat est une CVS ou non, soit extraire des paires verbe-objet et après l'utilisation de certaines méthodes indépendantes du contexte, faire son choix. Certaines méthodes sont statistiques, fondées sur la fréquence des mots, tandis que d'autres se fondent sur des règles linguistiques.

Lin (1998) utilise ainsi des techniques statistiques combinées à des traitements syntaxiques. Son travail consiste à collecter des triplets de dépendance, corriger leurs erreurs de comptage et enfin, les filtrer avec leur information mutuelle. Dans la même ligne de conduite, Stevenson et al. (2004), utilisent la même mesure pour détecter les collocations et capturer les propriétés linguistiques de la construction.

Par contraste, Vincze (2013) fait appel à l'utilisation des caractéristiques contextuelles et au modèle des champs aléatoires conditionnels (cf. Lafferty, 2001). Diab et Bhutada (2009) se servent d'un système supervisé pour classifier les combinaisons « verbe + nom » comme des expressions littérales ou idiomatiques, en fonction du contexte.

Finalement, Dias (2003) présente un système hybride qui permet d'extraire des candidats partir d'un corpus étiqueté avec des séquences de partie du discours. Dans son travail, il identifie automatiquement des patrons syntaxiques à partir du corpus, et ensuite, des statistiques de mots sont combinées avec de l'information linguistique pour extraire les séquences de mots les plus intéressantes.

## 3 Méthodologie

### 3.1 Constitution du corpus

L'extraction des expressions polylexicales demande le traitement des ressources de grande taille, notre choix a donc ainsi été porté sur l'imposant corpus émanant d'un projet intitulé « GrAF version of Spanish portions of Wikipedia Corpus » (Boleda et Vivaldi, 2012). Cette ressource comporte un corpus en espagnol de 257 019 articles provenant de Wikipédia, qui contiennent environ 150,1 millions de mots au format texte brut. Lors du projet, les auteurs ont nettoyé cette dernière par l'effacement des pages d'homonymie, la suppression de certaines étiquettes XML et l'homogénéisation des étiquettes de terminaison de listes. Ensuite, ils ont ajouté du marquage structurel (tête, paragraphe, phrase, liste, etc.) et de l'information morphosyntaxique.

Cependant, il a été nécessaire de faire du traitement et des transformations de format sur la ressource, en envisageant une utilisation ultérieure de l'outil mwetoolkit (qui sera introduit dans la section ci-dessous) sur le corpus résultant. Dans un premier temps, nous avons créé des scripts pour obtenir des indices de segments à partir du traitement des fichiers fournis. Ensuite, la lemmatisation a été corrigée pour certains segments. Finalement, le format a été transformé et adapté à celui que mwetoolkit reconnaît comme entrée.

À l'issue, nous obtenons un corpus en format XML d'un volume de 4 838 937 segments dont en moyenne 18 mots par segment (d'un total de 88 683 071 mots).

### 3.2 Extraction des CVS

Nous suivrons la méthodologie décrite dans la Figure 1. Elle est basée sur l'environnement d'extraction d'expressions polylexicales à partir du corpus de l'outil mwetoolkit (Ramisch, 2010).

Tout d'abord, l'outil reçoit comme entrée un corpus prétraité avec le format XML résultant du prétraitement. Ensuite, il emploie une méthodologie qui consiste en une phase d'extraction de candidats, suivie d'une phase de filtrage des candidats. Le système extrait les candidats, en utilisant des patrons morphosyntaxiques spécifiques. Une fois la liste de candidats extraite, il est possible de la filtrer avec des critères simples de seuil, ou des critères plus complexes, tels que leurs mesures d'association. Nous avons traité le corpus dans une phase précédente (sans utiliser l'outil mwetoolkit) pour lui donner le format correct. La mise au point des patrons morphosyntaxiques, employés dans la phase d'extraction des candidats, correspond au résultat de la combinaison entre certains patrons existant dans la littérature (De Miguel, 2008 ; Moncó, 2013) et d'autres extraits à partir de l'analyse d'un pourcentage du texte brut du corpus. La Figure 2 montre un exemple qui permet d'extraire les candidats à être des CVS (ci-après dénommés « candidats CVS ») de la forme « V: hacer »+ « DET : l'Art.Indef. »+ « NC », comme par exemple *hacer una pregunta, hacer una cita, hacer una reserva, hacer una confesión, hacer una llamada, hacer una pausa*, etc.

Dans la phase suivante, nous avons mis en œuvre un filtre heuristique pour garder seulement les candidats qui apparaissent plus de deux fois dans le corpus. La mise en place d'un filtre basé sur les mesures d'association est actuellement en cours.

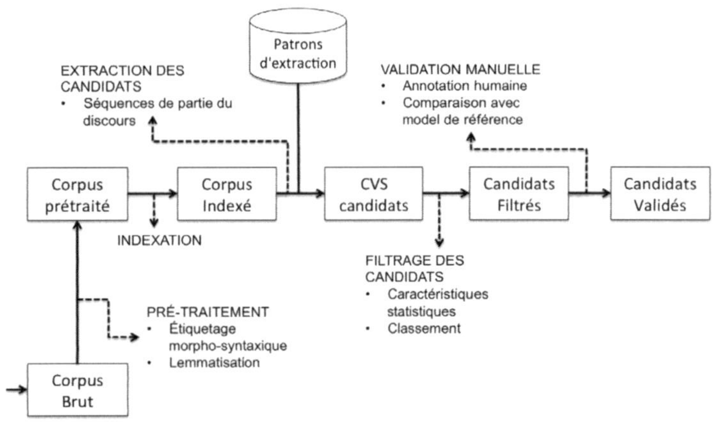


FIGURE 1 Méthodologie d'extraction et de validation des CVS

```
<pat>
    <w pos="V*" lemma="hacer"/>
    <!-- una -->
    <pat repeat="?"><w pos="T.FS*"/></pat>
    <w pos="NC*" />
</pat>
```

FIGURE 2 Patron de la forme V+DET +NC

# 4 Résultats

La méthodologie et les patrons ont été appliqués au corpus provenant de Wikipédia (Tableau 2). Le tableau 2 présente dans la première colonne la classification des verbes par ordre de pertinence. Les colonnes suivantes présentent la liste des verbes définis comme verbes support et les nombres d'extraction de candidats correspondant à la relation morphosyntaxique prédite par le patron. Ainsi, l'extraction génère un total de 81 274 candidats CVS donc il y a environ 1,7% des segments qui contiennent des candidats CVS. On tire de ce résultat douze verbes dont les plus représentatifs sont *tener* (*avoir*), *hacer* (*faire*) et *dar* (*donner*).

| **Rang** | **VS** | **# cand. à CVS** | **Rang** | **VS** | **# cand. à CVS** |
|---|---|---|---|---|---|
| 12 | *Echar* | 357 | 6 | *Presentar* | 6 220 |
| 11 | Cometer | 510 | 5 | *Tomar* | 5 286 |
| 10 | *Guardar* | 1 014 | 4 | *Recibir* | 6 135 |
| 9 | *Sufrir* | 2 823 | 3 | *Dar* | 11 272 |
| 8 | *Perder* | 2 905 | 2 | *Hacer* | 13 673 |
| 7 | *Ofrecer* | 3 603 | 1 | *Tener* | 27 476 |
| | | | | **Total** | **81 274** |

TABLEAU 2 Verbes support du corpus

Le tableau 3 présente les 15 meilleurs candidats CVS du corpus, triées par mesure d'association. La première colonne est dédiée à une mesure qui tient compte des candidats composés seulement de 2 mots et les colonnes suivantes tiennent compte des candidats composés de n mots (n > 2). À travers ces trois mesures[5], on peut constater la fréquence élevée des verbes classifiés, nommés ci-dessus. Bien que les deux dernières colonnes contiennent les mêmes candidats, la combinaison avec les candidats extraits pour la mesure `ll` semble importante pour pouvoir amplifier la plage de couverture des candidats CVS. Finalement, on peut remarquer que la nominalisation de quelques candidats est aussi possible, par exemple, *hacer referencia* (faire une référence) peut être remplacé par *referenciar* (se référer), *tomar parte* (prendre part) par *participar* (participer), *dar nombre* (donner un nom) par *nombrar* (nommer), etc. Cette analyse nous permet de voir que l'extraction à partir de corpus est une voie prometteuse pour la constitution d'un lexique électronique de CVS de l'espagnol. La validation manuelle des candidats CVS est actuellement en cours et pourra confirmer cette hypothèse.

| `ll` | `t_score` | `mle` |
|---|---|---|
| **tener lugar** | **tener lugar** | **tener lugar** |
| **hacer referencia** | **hacer referencia** | **hacer referencia** |
| **dar cuenta** | **dar cuenta** | **dar cuenta** |
| **dar lugar** | tener una superficie | tener una superficie |
| **hacer cargo** | tener un área | tener un área |
| **tomar posesión** | tener una población | tener una población |
| **tomar parte** | **recibir el nombre** | **recibir el nombre** |
| hacer prisionero | **dar lugar** | **dar lugar** |
| **tener éxito** | **tomar parte** | **tomar parte** |
| **dar origen** | **hacer cargo** | **hacer cargo** |
| **dar nombre** | tener una longitud | **dar nombre** |
| **dar inicio** | **dar nombre** | tener una longitud |
| tener constancia | **tener éxito** | **tener éxito** |
| tomar I | **dar origen** | tener forma |
| dar empereurs | tener forma | **dar origen** |

TABLEAU 3 Top-15 candidats CVS triés par leurs mesures d'association (Candidats positifs en gras).

Même si, parmi les premiers candidats, il semble y avoir une proportion d'environ 69% de CVS correctement identifiés, nous voulons vérifier comment cette proportion évolue dans la suite de la liste.

# 5 Conclusions et travaux futurs

Nous avons montré comment on peut extraire des CVS en espagnol à partir d'un grand corpus. La prochaine étape de ce projet en cours est, dans un premier temps, la validation des candidats. Dans un deuxième temps, nous nous pencherons sur la modélisation de la variabilité des CVS pour représenter ces informations dans le lexique. Puis, dans un troisième temps, nous chercherons à obtenir des représentations sémantiques en utilisant soit des voisins distributionnels, soit des méthodes de paraphrase soit par l'identification du degré de figement ou de variabilité des CVS. Ensuite, dans un quatrième temps, il serait profitable d'évaluer et d'analyser le corpus parallèle pour tenter de trouver des représentations multilingues des CVS.

# Références

ALVARIÑO P. (1999). *Sistematización léxico-sintáctica de los predicados complejos*. Tomás Jiménez Juliá, M. Carmen Losada Aldrey, José F. 505-510.

BOLEDA G., VIVALDI J. (2012). *GrAF version of Spanish portions of Wikipedia Corpus*. Universitat Politècnica de Catalunya. Research Group on Natural Language Processing; Universitat Pompeu Fabra. Institut Universitari de Lingüística Aplicada (IULA). http://hdl.handle.net/10230/20047

CHOUEKA, Y. (1988). *Looking for needles in a haystack or locating interesting collocational expressions in large textual databases*. In RIAO'88, 609–624.

DE MIGUEL, E. (2008). Construcciones con verbos de apoyo en español. De cómo entran los nombres en la órbita de los verbos. En Actas del *XXXVII Simposio Internacional de la SEL*. [http://www.unav.es/linguis/simposiosel/actas/]

[5] `ll`: log likelihood; `t_score`: Student's t score; `mle`: Maximum likelihood estimator.

DIAB, M. AND BHUTADA, P. (2009). Verb noun construction MWE token supervised classification. In *Proceedings of the Workshop on Multiword Expressions: Identification, Interpretation, Disambiguation and Applications.* 17-22.

DIAS, G. (2003). Multiword unit hybrid extraction. In *Proceedings of the ACL 2003 workshop on Multiword expressions: analysis, acquisition and treatment - Volume 18 (MWE '03), Vol. 18.* 41-48.

FIRTH, J. R. (1957). *Papers in Linguistics* 1934-1951. Oxford, UK : Oxford UP. 233.

GRAN DICCIONARIO DE LA LENGUA ESPAÑOLA (2005). Barcelona, España: Larousse.

JESPERSEN, O. (1965). *A Modern English Grammar on Historical Principles*, Part VI, Morphology. London: George Allen and Unwin Ltd.

LAFFERTY J., MCCALLUM A., PEREIRA F. (2001). Conditional Random Fields: Probabilistic Models for Segmenting and Labeling Sequence Data. In *Proceedings of the Eighteenth International Conference on Machine Learning.* 282- 289.

LAPORTE E., RANCHHOD E., AND YANNACOPOULOU A. (2008). *Syntactic variation of support verb constructions.* Lingvisticae Investigationes, 31(2):173–185. DOI: 10.1075/li.31.2.04lap.

LIN, D. (1998). Extracting collocations from text to corpora. In *Proceedings of the First Workshop on Computational Terminology.* 57-63.

MANNING C. AND SHUTZE H. (1999). *Foundations of Statistical Natural Language Processing.* Cambridge, USA : MIT Press. 620p.

MEL'ČUK, I. A. (1981). *Meaning-text models: a recent trend in Soviet linguistics*. The Annual Review of Anthropology.

MEL'ČUK, I. A. (1996). Lexical functions : A tool for the Description of Lexical Relations in the Lexicon. In : Wanner. Leo (ed.), *Lexical Functions in Lexicography and Natural Language Processing*, Amsterdam/Philadelphia : Benjamins, 37-102.

MEL'ČUK, I. A. (2003). Collocations dans le dictionnaire. In : Thomas Szende (réd.), *Les écarts culturels dans les Dictionnaries bilingues*, Paris : Honoré Champion, 19-64.

MEL'ČUK, I. A. (2004). *Verbes suppports sans peine*. Lingvisticae Investigationes, 27 :2, 203-217.

MONCO S. (2013). Adquisición de las construcciones con el verbo «hacer», enfoque plurilingüe. *Revista Nebrija de Lingüística Aplicada* 13 (numéro spécial).

RAMISCH C., VILLAVICENCIO A., BOITET C. (2010). mwetoolkit: a Framework for Multiword Expression Identification. *Proceedings of the Seventh International Conference on Language Resources and Evaluation*. Valetta, Malta.

REAL ACADEMIA ESPAÑOLA. (2001). Diccionario de la lengua española (22.a ed.). [http://www.rae.es/rae.html]

SAG, I. A., BALDWIN, T., BOND, F., COPESTAKE, A., & FLICKINGER, D. (2002). Multiword expressions: A pain in the neck for NLP. *Proceedings of Computational Linguistics and Intelligent Text Processing: Third International Conference: CICLing-2002*, Lecture Notes in Computer Science, 2276, 1-15.

SMADJA, F. A. (1993). *Retrieving collocations from text: Xtract.* Comp. Ling., 19(1):143– 177.

STEVENSON, S., FAZLY, A., AND NORTH, R. (2004). Statistical Measures of the Semi-Productivity of Light Verb Constructions. In *Second ACL Workshop on Multiword Expressions : Integrating Processing.* 1-8.

VINCZE V., NAGY I., ZSIBRITA J. (2013). Learning to detect english and hungarian light verb constructions. *ACM Trans. Speech Lang. Process.* 10, 2, Article 6 (June 2013), 25 pages.

VON POLENZ, P. (1963). *Funktionsverben im heutigen Deutsch.* Düsseldorf : Wirken-des Wort, Beiheft 5.

WORDREFERENCE.COM ONLINE LANGUAGE DICTIONARIES. (2008). Avalaible on : http://www.wordreference.com/

ZARCO TEJADA, Mª A. (1997). Codificación en el lexicón de las relaciones de concurrencia. *Philologia Hispalensis* 11, 83-93.

ZARCO TEJADA, Mª A. (1998). *Predicados complejos y Traducción automática.* Cádiz : Servicio de Publicaciones de la Universidad de Cádiz, 285.

# Sous-catégorisation en *pour* et syntaxe lexicale

Benoît Sagot[1] Laurence Danlos[1] Margot Colinet[1,2]
(1) Alpage, INRIA & Université Paris-Diderot, 75013 Paris
(2) LLF, CNRS & Université Paris-Diderot, 75013 Paris
{prenom.nom}@inria.fr

**Résumé.** La sous-catégorisation d'arguments introduits par la préposition *pour* a été sous-étudiée par le passé, comme en témoigne l'incomplétude des ressources lexico-syntaxiques existantes sur ce point. Dans cet article, nous présentons rapidement les différents types de sous-catégorisation en *pour*, qui contrastent avec les emplois de *pour* comme connecteur de discours. Nous décrivons l'intégration des arguments en *pour* au lexique syntaxique Le*fff*, enrichissant ainsi les informations de sous-catégorisation de nombreuses entrées verbales, nominales, adjectivales et adverbiales.

**Abstract.** Sub-categorized arguments introduced by the French preposition *pour* has been under-studied in previous work, as can be seen from the incompleteness of existing lexical-syntactic resources in that regard. In this paper, we briefly introduce the various types of sub-categorization in *pour*, which are to be distinguished from occurrences of *pour* as a discourse connective. We describe how we added arguments in *pour* within the syntactic lexicon Le*fff*, thus refining sub-categorization information for many verbal, nominal, adjectival and adverbial entries.

**Mots-clés :** Sous-catégorisation, Arguments en *pour*, Lexiques syntaxiques.

**Keywords:** Sub-categorization, Arguments in *pour*, Syntactic lexicons.

## 1 Introduction

Le développement de ressources lexicales syntaxiques pour le français est encore aujourd'hui un champ de recherche ouvert, comme en attestent les nombreux efforts réalisés dans cette direction par diverses équipes, parfois depuis plusieurs dizaines d'années. De telles ressources constituent des bases de données linguistiques descriptives, mais sont également utiles pour différentes tâches de TAL, et notamment en analyse syntaxique symbolique (Riezler *et al.*, 2002; Villemonte De La Clergerie, 2013) et même statistique (Collins, 1997; Mirroshandel *et al.*, 2013). Elles sont enfin au cœur de nombreux travaux à l'interface entre la syntaxe et d'autres niveaux d'analyse linguistique, et notamment la sémantique et le discours.

Nous nous intéressons dans ce travail aux syntagmes prépositionnels en *pour*, en mettant l'accent sur les infinitives. Ces syntagmes sont intéressants pour plusieurs raisons. Tout d'abord, et bien que dans certains cas au moins ils constituent clairement des arguments d'éléments prédicatifs (verbes, noms, adjectifs, voire adverbes), ils ont été relativement peu étudiés et sont assez mal représentés au sein des différentes ressources actuelles : tables du lexique-grammaire (Gross, 1975; Tolone, 2011), Dicovalence (van den Eynde & Mertens, 2006), le Lexique des Verbes Français (Dubois & Dubois-Charlier, 1997) ou le Le*fff* (Sagot, 2010). Ceci vient au moins en partie de ce que les tests les plus élémentaires pour distinguer arguments et modifieurs reposent sur la cliticisation, opération qui n'est jamais possible directement à partir d'un argument réalisé sous la forme d'un syntagme prépositionnel en *pour*.

Par ailleurs, l'étude des compléments en *pour*, et singulièrement des infinitives en *pour*, est indispensable à l'interface entre syntaxe et discours. Ainsi, dans le cadre du développement du French Discourse TreeBank (FDTB) (Danlos *et al.*, 2012), la première étape consiste à repérer toutes les occurrences de connecteurs du discours. Ceci suppose, pour les unités lexicales qui peuvent avoir un rôle de connecteur, de savoir faire le départ entre les occurences où elles sont connecteurs et les occurrences où elles ne le sont pas. Colinet *et al.* (2014) ont étudié les emplois de *pour* comme connecteur de discours lorsqu'il introduit une infinitive, en mettant au point un ensemble de critères formels permettant de les distinguer des emplois comme introducteur d'infinitives sous-catégorisées. Outre les emplois comme connecteurs (1a) et les emplois sous-catégorisés (1b), cette étude, sur laquelle repose l'amélioration du Le*fff* présentée ici, a identifié deux autres types d'emplois plus spécifiques : ceux introduisant une « relative sans mot QU » (Huddleston & Pullum, 2002) (1c) et les emplois métadiscursifs, dont trois exemples sont donnés en (1d).

(1) a. Luc a fait une bouillabaisse pour faire plaisir à Marie.
b. Il a suffi d'un café à Marie pour se remettre d'aplomb.
c. Un pont pour franchir l'Amazone a été construit en 1745.
d. Pour conclure. Pour ne citer que lui. Pour le dire autrement.

L'objectif du travail présenté ici est double : (i) réaliser une étude comparative du traitement des différents types d'arguments en *pour* dans le lexique-grammaire, Dicovalence, le Lexique des Verbes Français et le Le*fff* ; et (ii) intégrer le résultat dans le Le*fff*, en s'aidant notamment des résultats de l'annotation manuelle des occurrences de *pour* (Colinet *et al.*, 2014) dans le French TreeBank (Abeillé *et al.*, 2003).

Cet article est organisé comme suit. Dans un premier temps, nous passons en revue rapidement certains travaux antérieurs sur la sous-catégorisation en *pour* (section 2). Ensuite, nous présentons de façon succincte mais systématique les différents types de sous-catégorisation en *pour*, et nous les différencions des emplois de *pour* comme connecteur de discours (section 3). Nous présentons enfin la façon dont nous avons intégré ces résultats au lexique Le*fff* (section 4).

## 2 Travaux antérieurs

Outre les travaux de Cadiot (1990a; 1990b) et la grammaire de Wyler (2014), les ressources que nous avons étudiées sont les tables du lexique-grammaire (Gross, 1975; Tolone, 2011), Dicovalence (van den Eynde & Mertens, 2006), le Lexique des Verbes Français (Dubois & Dubois-Charlier, 1997) et le Le*fff* (Sagot, 2010). Mais dans toutes ces ressources, la sous-catégorisation (verbale, nominale, adjectivale, adverbiale) en *pour* y est mal décrite, notamment dans les nombreux cas où *pour* alterne avec *à* ou avec *de*, où souvent seul *à* ou *de* est mentionné. Il en est ainsi en (2) et (3), peut-être sous l'influence du procédé de cliticisation disponible, qui est le procédé habituel pour les objets indirects en *à* ou *de*.

(2) Luc a préposé Max à/pour garder l'entrepôt. / Luc l'y a préposé.
(3) Luc complimente Max de/pour avoir fini à temps. / Luc l'en a chaleureusement complimenté.

Dans le Lexique des Verbes Français (LVF) (Dubois & Dubois-Charlier, 1997), la préposition *pour* est indiquée dans les codes de sous-catégorisation par deux lettres distinctes : *k* lorsqu'elle alterne avec *contre*, et *q* sinon. Seuls 34 verbes sont répertoriés comme sous-catégorisant un argument en *pour/contre*. Tous font partie de la classe C1 des verbes de communication à sujet humain ou animal, avec l'opérateur « loq PR/CT » signifiant « parler pour (PR) ou contre (CR) ». De manière générale, on peut du reste noter que si *pour* permet (généralement) d'introduire un argument nominal, infinitif ou phrastique, *contre* n'introduit que des arguments nominaux. On peut également remarquer que, dans ces cas d'alternance *pour/contre*, ces prépositions peuvent généralement être employées sans objet (*J'ai voté pour*). À côté de ces 34 verbes, 280 autres entrées verbales sous-catégorisant un argument en *pour* sont répertoriés, où *pour* n'alterne pas avec *contre*.

Dans les Tables verbales du Lexique-Grammaire, des arguments en *pour* sont indiqués de deux façons :
– ils peuvent faire l'objet d'une propriété dédiée dont la validité est associée à chaque entrée d'une des classes. C'est par exemple le cas de la propriété $N_0$ *V* $N_1$ *à* $N_2$ *pour Dnum Nmonnaie* codée dans la table 36DT [1], qui est associée par exemple aux verbes *acheter*, *brader*, etc. (cf. *Pierre a bradé ce livre (à Marie) pour 2 euros*). On retrouve également les propriété *Prép*$_2$ = *pour* et propriété *Prép*$_3$ = *pour* dans la table 38RR [2]).
– ils peuvent être directement indiqués dans les tables, sous la forme d'un codage explicite de la préposition *pour*. Par exemple, dans la table 1 (verbes à un argument post-verbal prépositionnel qui peut être phrastique), la préposition introduisant l'argument post-verbal est indiquée explicitement. Ainsi, dans cette table, l'entrée du verbe *insister* indique que cette préposition est *pour* (cf. *Pierre a insisté pour partir / pour que Marie parte*).

Au total, 176 entrées verbales dans les tables font usage d'une façon ou d'une autre de la préposition *pour*.

Dans Dicovalence, les arguments en *pour* sont indiqués dans le « paradigme prépositionnel ». Seules 103 entrées incluent un argument en *pour*, dont 9 en alternance avec *contre*. Parmi les 94 autres, 37 sont indiqués comme pouvant être réalisés par (la pronominalisation d')une infinitive.

Enfin, dans le Le*fff* (version 3.3), 116 entrées verbales sous-catégorisent un argument dont une réalisation en *pour* est possible. Il s'agit pour la plupart d'entrées obtenues par fusion avec Dicovalence ou le LVF (Sagot & Danlos, 2012). On trouve également 46 adjectifs, 5 noms et 4 adverbes qui sous-catégorisent un argument permettant une réalisation en *pour*.

La sous-catégorisation non-verbale d'arguments en *pour*, c'est-à-dire les arguments en *pour* de prédicats nominaux, adjectivaux ou adverbiaux a été quant à elle encore moins étudiée.

1. Classe des verbes « datifs » (structure de base $N_0$ *V* $N_1$ *à* $N_2$, avec *à* $N_2$ cliticisable en *lui* ; cf. *Zoé donne un livre à Max / Zoé lui donne un livre*).
2. Classe des verbes « résiduels doubles » (structure de base $N_0$ *V* $N_1$ *Prép* $N_2$ *Prép* $N_3$ et qui ne rentrent pas dans une autre classe plus spécifique).

# 3 La sous-catégorisation en *pour*

## 3.1 Critères et annotation des données du French TreeBank

Comme indiqué précédemment, l'un des principaux obstacles à l'étude de la sous-catégorisation en *pour* est la difficulté qu'il y a à les identifier formellement. En effet, si les « relatives sans mot QU » et les *pour* introducteurs d'expressions métadiscursives sont faciles à identifier, la distinction entre *pour* connecteurs de discours et *pour* introduisant un argument sous-catégorisé n'est pas aisée. Il s'agit en effet d'une instance particulièrement délicate du problème général de la distinction entre arguments et modifieurs.

Colinet *et al.* (2014) rappellent deux critères classiques pour distinguer les arguments des modifieurs (critères 1 et 2 ci-dessous), et en proposent d'autres qui s'appliquent spécifiquement au cas de la préposition *pour*. Certains de ces critères s'appliquent correctement à toutes les catégories prédicatives, d'autres ne concernent que la sous-catégorisation verbale.

1. Un argument est *sémantiquement obligatoire*, pas un ajout (on notera que le caractère sémantiquement obligatoire n'implique pas que sa réalisation en syntaxe soit obligatoire). On peut tester ce critère en tentant de supprimer l'argument en *pour* et en vérifiant l'acceptabilité et le changement éventuel de sens. Ainsi, dans *Luc a fait une bouillabaisse pour faire plaisir à Marie*, l'infinitive est effaçable sans changement d'acceptabilité. En revanche, dans *Luc s'est dépêché pour finir*, l'effacement de l'infinitive conduit à un énoncé dont l'interprétation nécessite de récupérer l'argument effacé dans le contexte discursif gauche.
2. Un ajout est plus facilement antéposable qu'un argument. Il s'agit d'une tendance et non d'un critère strict.
3. Commutation avec *à*, *de*, *contre*. Comme évoqué précédemment, *pour* commute dans certains cas avec l'une de ces prépositions introduisant un complément considéré par les ressources existantes comme sous-catégorisé. Nous y revenons plus en détail ci-dessous.
4. En général, lorsque le connecteur de discours *pour* introduit une infinitive, cette infinitive est contrôlée par le sujet (le sujet de l'infinitive est coréférent au sujet de la principale). Si donc on est face à un cas de contrôle d'une infinitive en *pour* par un argument autre que le sujet, il y a de fortes chances qu'il s'agisse d'un cas de sous-catégorisation.
5. De manière générale, on ne peut rajouter la séquence « *et ce,* » avant *pour* que dans les cas où *pour* est connecteur (cf. *Luc a fait une bouillabaisse et ce, pour faire plaisir à Marie* vs. **Luc s'est dépêché et ce, pour finir*). Certains cas sont toutefois moins clairs ( *?Luc a pris un taxi et ce, pour aller à l'aéroport*).
6. Les possibilités de réfutation diffèrent selon que *pour* introduit un argument ou un modifieur. Ainsi, si l'on répond « *c'est faux* » à une assertion comme *Luc s'est dépêché pour finir*, on affirme que Luc ne s'est pas dépêché. À rebours, si l'on répond « *c'est faux* » à une assertion telle que *Luc a fait une bouillabaisse pour faire plaisir à Marie*, on affirme soit que Luc n'a pas fait de bouillabaisse, soit qu'il en a faite une mais dans un autre but que celui de faire plaisir à Marie. Nous ne rentrerons pas dans les détails, mais d'autres questions sémantiques liées aux interrogatives et aux propriétés de factualité vont dans le même sens.
7. Si l'on dispose d'un exemple où deux arguments en *pour* sont rattachés au même verbe sans être coordonnés, alors le premier est susceptible d'être sous-catégorisé, et le second est nécessairement modifieur (autrement dit, le second *pour* est un connecteur de discours).

Grâce à ces critères, Colinet *et al.* (2014) ont annoté manuellement toutes les occurrences de *pour* introduisant une infinitive dans le French TreeBank. Les syntagmes prépositionnels nominaux ont été laissés de côté, l'annotation posant un problème supplémentaire, à savoir le fait de déterminer si le GN introduit par pour référé à une éventualité ou non. Sur les 1161 occurrences ainsi annotées, 558 introduisent des compléments sous-catégorisés, 518 sont des connecteurs de discours, 52 introduisent des « relatives sans mot QU », 33 introduisent des expressions métadiscursives.

## 3.2 Sous-catégorisation verbale en *pour*

Nous avons confronté les résultats de cette annotation aux données fournies par les différentes ressources lexicales mentionnées ci-dessus, en ayant parfois eu recours de façon complémentaire à l'introspection et à des recherches sur internet. Nous en sommes arrivés à l'inventaire suivant d'arguments sous-catégorisés en *pour*, qui reprend le découpage des emplois verbaux selon les tables du lexique-grammaire. [3] Dans la suite, la notation $V^i$-*inf* dénote une infinitive dont le sujet est coréférent au $i$-ième argument du verbe (0 pour le sujet, par exemple), et *W* dénote toute séquence de dépendants (par exemple, $V^0$-*inf W* dénote une infinitive complète dont le sujet coréfère au sujet du verbe de la principale).

3. Faute de place, nous ne discutons pas ici des locutions verbales figées sous-catégorisant un argument en *pour*.

**Table 1 : $N_0$ V pour $V^0$-inf W** La majorité des cas d'alternance *pour/contre* rentrent dans ce cadre là (*batailler, se battre, manifester...*). On peut également citer un exemple d'alternance *à/pour* (*œuvrer*) et un exemple d'alternance *de/pour* (*se dépêcher*). On trouve également dans le FTB des cas sans alternance (*foncer, se précipiter, s'endetter, intervenir...*), y compris des verbes symétriques dans leur emploi à sujet conjoint (*$N_0$plur se retrouvent pour $V^0$-inf W / $N_0$ se retrouve avec $N_1$ pour $V^{0+1}$-inf W*), une entrée lexicale excluant l'assertif positif (*ne pas se gêner*) et quelques cas un peu particuliers (*aller (pour)* et *être (pour)* au sens de *être sur le point (de)*, *être parti (pour)*).

**Table 2 : $N_0$ V Loc $N_1$ pour $V^0$-inf W** Seuls trois exemples trouvés dans le FTB : *venir, se rendre* et *sortir* (ce dernier imposant que la préposition *Loc* soit *de*). L'infinitive peut être réalisée avec ou sans la préposition *pour*.

**Table 3 : $N_0$ V $N_1$ Loc $N_2$ pour $V^1$-inf W** Seul un exemple trouvé : *envoyer*. Ici aussi, l'infinitive peut être réalisée avec ou sans la préposition *pour*.

**Table 9 : $N_0$ V à $N_1$ (qu P / pour $V^1$-inf W)** Quelques verbes de communication (*écrire, s'adresser...*) et quelques cas particuliers (*recourir, s'en remettre, se substituer*).

**Table 11 : $N_0$ V (à ce qu P / à/pour $V^i$-inf W)** Les deux types de contrôle sont attestés dès lors que l'argument en *pour* est une infinitive : $i = 0$ (contrôle par le sujet)) et $i = 1$ (contrôle par l'objet). Exemples de contrôle par le sujet : *employer, nommer, utiliser*; exemples de contrôle par l'objet : *utiliser* (ambigu avec un contrôle par le sujet). Dans certains cas, seule la préposition *pour* est possible, et *à* est impossible : il en est ainsi par exemple de *choisir, désigner, retenir* (contrôle par le sujet) ou de *choisir* (qui est donc ambigu), *délaisser, invoquer* (contrôle par l'objet). Un cas spécifique est celui de verbes dont l'objet direct non humain est introduit par un déterminant possessif référant obligatoirement au sujet (*Max a dévoué sa/*ma vie à/pour soigner les bêtes*).

**Tables 12 et 13 : $N_0$ V $N_1$ de/pour $V^1$-inf W** Seuls des verbes sémantiquement proches de *complimenter, punir, récompenser* sont attestés.

**Table 16 : $N_0$ V Prép $N_1$ pour $V^i$-inf W** Les deux types de contrôle sont attestés dès lors que l'argument en *pour* est une infinitive : $i = 0$ (contrôle par le sujet)) et $i = 1$ (contrôle par l'objet). Plusieurs cas selon la valeur de *Prép* : avec *Prép = sur* on trouve par exemple *s'appuyer, compter*; avec *Prép = de* on a notamment *profiter*; avec *Prép = auprès de* on peut citer *s'activer*; avec *Prép = avec* on retrouve notamment les verbes symétriques dont la construction à sujet conjoint a été mentionnée au titre de la table 1.

**Table 18 : $N_0$ V Prép $N_1$ Prép $N_2$ (de/pour $V^1$-inf W / que Psubj)** Plusieurs exemples hétérogènes, comme *enrôler ($N_1$ Loc $N_2$ pour $V^1$-inf W)* ou *prétexter (de $N_1$ auprès de $N_2$ pour $V^1$-inf W)*.

***Falloir* et *suffire*** On trouve un certain nombre d'attestations relevant des types suivants :
- *falloir $N_1$durée (à $N_1$) pour $V^1$-inf W (Il a fallu deux heures à Luc pour finir*; cf. également le point suivant),
- *falloir (V-inf W / qu P / $N_1$) pour V-inf W (Il faut manger pour vivre)*,
- *suffire (à $N_1$) (de $V^1$-inf W / qu P / de $N_2$) pour $V^1$-inf W (Cela suffit à Marie pour être heureuse)*,

***Pour* attributifs** *passer pour, prendre $N_1$ pour*, etc.

**Cas avec restrictions fortes sur le $N_1$** Quelques cas sont fortement liés à des classes de noms en position d'objet :
- $N_0$argent/attribut : *avoir, débourser, dépenser, emprunter*, et d'autres ; parallèlement, on trouve *donner* (avec un *à $N_2$* et un contrôle par le *$N_2$*), *obtenir* et *recevoir* (avec un *de $N_2$* et un contrôle par le *$N_2$*) et *manquer* (avec un *à $N_1$* et pas de contrôle prédéfini).
- $N_0$durée/date : *mettre, passer, se donner, prendre* une durée pour faire quelque chose, *donner* une durée à quelqu'un pour faire quelque chose, *disposer* d'une durée, *avoir jusqu'à, attendre (jusqu'à)* une date, *attendre* une durée pour (avant de) faire quelque chose.

## 3.3 Sous-catégorisation nominale, adjectivale et adverbiale en *pour*

La plupart des **noms** qui sous-catégorisent un argument en *pour* peuvent se regrouper en quelques classes sémantiques :
- Noms de type *méthode*, comme *moyen, mesure, solution*. L'argument en *pour* (nominal, infinitif ou phrastique) alterne avec un argument nominal en *de* ; pour *moyen*, il peut être infinitif ou phrastique (en *que* et non *de ce que*).
- Noms de type *combat*, comme *lutte, bataille, négociations, pression, surenchère*. Ici *pour* alterne le plus souvent avec *contre* (cf. cependant *concurrence*). Dans certains cas, on peut identifier un autre argument en *avec*.
- Noms de type *qualité*, comme *atout(s), imagination*.
- Noms de type *effort*, comme *intervention, tentative, démarche(s)*
- Noms de type *réunion*, comme *rassemblement, commission, partenariat, accord*. Dans certains cas *pour* alterne avec *contre*. Dans certains cas également, on peut identifier un autre argument en *de* (et parfois *entre*) voire un troisième argument en *avec* (cf. *l'accord des parties / entre les parties / de X avec Y pour V-inf W*).

- Noms de type *aide*, comme *assistance*, *contribution*. La préposition *pour* alterne souvent avec *à*. On peut identifier un autre argument en *de* (cf. *l'aide de Marie à/pour la bonne marche de la cérémonie*).
- Noms de type argent ou temps (cf. ci-dessus) : *dépenses*, *dette*, *échéance*. Autres compléments sont identifiables.
- Autres classes : noms de type *candidat*, *volontaire* ; noms de type *mandat*, *mission* (avec autre argument en *de*) ; noms de type *appel*, *ultimatum* (avec autre argument en *de*). Dans certains cas, *pour* alterne avec *à*.
- Autres cas : *argument*, *problème*, *condition*...

Un certain nombre d'**adjectifs** ont également été identifiés, dont les plus fréquents sont *nécessaire*, *indispensable*, *idéal*, *suffisant* et *insuffisant*. Enfin, quelques **adverbes** sous-catégorisent également un argument en *pour* : *suffisamment*, *insuffisamment*, *trop* et *assez*.

# 4 Enrichissement du Lefff

## 4.1 Le Lefff

Le Lefff (Lexique des Formes Fléchies du Français) (Sagot, 2010) est un lexique morphologique et syntaxique librement disponible. Il est développé dans le cadre du formalisme Alexina, en partie au moyen de techniques automatiques ou semi-automatiques, mais avec une forte composante manuelle. Le Lefff est conçu pour être linguistiquement pertinent tout en pouvant être directement utilisé dans des systèmes de TAL. Il repose sur la notion de redistribution : le lexique *intensionnel*, édité par les développeurs du lexique, associe à chaque entrée un cadre de sous-catégorisation initial et liste les redistributions possibles à partir de ce cadre. Le processus de *compilation* du Lefff intensionnel en Lefff *extensionnel* construit différentes entrées pour ces différentes redistributions et pour chacune des formes fléchies compatibles.

Considérons par exemple l'entrée intensionnelle simplifiée suivante, tirée de la version 3.3 du Lefff :

*délaisser$_1$*   *Lemma;v;<Suj:cln|sn,Obj:(cla|seréc|sn|seréfl),Obl:(pour-sn|pour-sinf|pour-scompl)>;@CtrlSujObl;*
*%actif,%passif,%se_moyen,%ppp_employé_comme_adj*
*# Lien externe: Dicovalence(délaisser$_{25480}$)   # Exemple: Paul a délaissé sa famille pour aller se battre*

Cette entrée décrit un verbe ayant trois arguments : un argument dont la fonction syntaxique est la fonction sujet, qui peut être réalisé par un clitique ou un syntagme nominal ; un objet direct dont la réalisation est facultative (liste entre parenthèses) et qui peut prendre la forme d'un clitique, d'un syntagme nominal ou d'un *se* (réfléchi ou réciproque) ; et enfin un argument oblique en pour, nominal ou phrastique (infinitive ou complétive). L'information selon laquelle l'argument oblique, s'il est infinitif, est contrôlé par le sujet est donnée également. Enfin, la liste des redistributions admissibles (actif, passif, *se* moyen, participe passé employé comme adjectif) est indiquée. Une équivalence avec l'entrée correspondante de Dicovalence est donnée, ainsi qu'un exemple (tiré, pour cette entrée, ici de Dicovalence).

## 4.2 Intégration des arguments en *pour*

À partir de l'étude évoquée à la section précédente, nous avons complété manuellement les entrées lexicales du Lefff avec les arguments réalisables en *pour*, ou avons rajouté à des arguments existants les réalisations en *pour* lorsqu'elles étaient manquantes. Dans les cas d'alternance en *à* ou en *de*, il a fallu à chaque fois déterminer la fonction syntaxique de l'argument en présence : *Objà*/*Objde* (objet indirect) ou *Obl* (oblique). Par ailleurs, dans un certain nombre de cas où un même lemme a plusieurs sens et donc plusieurs entrées dans le Lefff, il nous a fallu identifier celle(s) des entrées qui étaient concernée(s). Pour certains verbes, un changement de l'inventaire d'entrées s'est avéré nécessaire.

Après ce travail, et outre les nombreuses améliorations et corrections réalisées en cours de route, la couverture du Lefff en ce qui concerne les arguments en *pour* a considérablement augmenté. Ainsi, le nombre d'entrées verbales admettant un argument en *pour* est passé de 116 à 269. Pour les noms, l'augmentation est de 5 à 84, et de 46 à 53 pour les adjectifs. Les 4 adverbes concernés étaient déjà correctement renseignés dans le Lefff. Outre l'ajout de ces réalisations en *pour*, les alternances en *contre*, *à*, *de* et autres prépositions (y compris la préposition vide) ont été renseignées, ainsi que les informations de contrôle. La version du Lefff ainsi obtenue est numérotée 3.4.

# 5 Conclusion et perspectives

Nous avons présenté une étude de la sous-catégorisation en *pour* en français, question insuffisamment étudiée jusqu'à présent, notamment en raison de la difficulté qu'il y a à trouver des critères pertinents pour distinguer arguments et modifieurs introduits par cette préposition. La perspective discursive nous a été ici utile, les occurrences de *pour* introduisant des infinitives modifieurs étant des connecteurs de discours. Nous avons montré brièvement comment nous avons complété le *Lefff* grâce au résultat de ce travail, qui s'appuyait sur les ressources lexicales existantes et sur une annotation manuelle de tous les *pour* introduisant une infinitive dans le French TreeBank.

Les perspectives de ce travail sont doubles. Tout d'abord, étant donnée l'homogénéité sémantique d'une grande partie des lexèmes concernés, nous comptons nous appuyer sur le wordnet WOLF pour extraire de nouvelles entrées susceptibles de sous-catégoriser des arguments en *pour*, à partir de leur proximité lexico-sémantique par rapport à des lexèmes déjà identifiés comme tels. Ensuite, nous souhaitons obtenir des résultats comparatifs en analyse syntaxique symbolique avant et après intégration au *Lefff* des résultats de cette étude, en nous appuyant sur l'analyseur syntaxique FRMG (Villemonte De La Clergerie, 2013). Il est possible toutefois que ce travail nécessite de modifier les corpus annotés impliqués, dans la mesure où l'annotation des occurrences de *pour* n'est pas toujours cohérente avec les résultats du travail présenté ici : de nombreux arguments en *pour* sont annotés comme modifieurs. Une incorporation de nos annotations manuelles sur les *pour V-inf* et une extension de ces annotations aux autres occurrences de *pour* pourrait s'avérer un préalable nécessaire.

# Références


ABEILLÉ A., CLÉMENT L. & TOUSSENEL F. (2003). Building a treebank for French. In A. ABEILLÉ, Ed., *Treebanks*. Kluwer, Dordrecht.

CADIOT P. (1990a). Contrôle anaphorique et prépositions. *Langages*, **97**, 8–23.

CADIOT P. (1990b). À propos du complément circonstanciel de but. *Langue française*, **86**, 51–64.

COLINET M., DANLOS L., DARGNAT M. & WINTERSTEIN G. (2014). Les emplois de la préposition pour suivie d'une infinitive : description, critères formels et annotation en corpus. In *Actes du 4ème Congrès Mondial de Linguistique Française*, Berlin, Allemagne. À paraître.

COLLINS M. (1997). Three generative, lexicalised models for statistical parsing. In *Proceedings of the 35th Annual Meeting of the Association for Computational Linguistics*, p. 16–23, Madrid, Spain.

DANLOS L., ANTOLINOS-BASSO D., BRAUD C. & ROZE C. (2012). Vers le FDTB : French Discourse Tree Bank. In *TALN 2012 : 19ème conférence sur le Traitement Automatique des Langues Naturelles*, p. 471–478, Grenoble, France.

DUBOIS J. & DUBOIS-CHARLIER F. (1997). *Les verbes français*. Paris, France : Larousse-Bordas.

GROSS M. (1975). *Méthodes en syntaxe : Régimes des constructions complétives*. Paris, France : Hermann.

HUDDLESTON R. & PULLUM G. (2002). *The Cambridge Grammar of the English Language*. Cambridge : Cambridge University Press.

MIRROSHANDEL S. A., NASR A. & SAGOT B. (2013). Enforcing Subcategorization Constraints in a Parser Using Sub-parses Recombining. In *Proceedings of NAACL 2013*, Atlanta, États-Unis.

RIEZLER S., KING T. H., KAPLAN R. M., CROUCH R., MAXWELL III J. T. & JOHNSON M. (2002). Parsing the Wall Street Journal using a Lexical-Functional Grammar and discriminative estimation techniques. In *Proceedings of the 40th Annual Meeting on Association for Computational Linguistics*, p. 271–278, Philadelphie, Pennsylvanie, États-Unis.

SAGOT B. (2010). The *Lefff*, a freely available, accurate and large-coverage lexicon for French. In *Proc. of the 7th Language Resource and Evaluation Conference*, La Valette, Malte.

SAGOT B. & DANLOS L. (2012). Merging syntactic lexica : the case for French verbs. In *LREC'12 Workshop on Merging Language Resources*, Istanbul, Turquie.

TOLONE E. (2011). *Analyse syntaxique à l'aide des tables du Lexique-Grammaire du français*. PhD thesis, LIGM, Université Paris-Est, France, Laboratoire d'Informatique Gaspard-Monge, Université Paris-Est Marne-la-Vallée, France.

VAN DEN EYNDE K. & MERTENS P. (2006). Valency dictionary - DICOVALENCY : user's guide. `http://bach.arts.kuleuven.be/dicovalence/`.

VILLEMONTE DE LA CLERGERIE É. (2013). Improving a symbolic parser through partially supervised learning. In *Proceedings of the 13th International Conference on Parsing Technologies (IWPT)*, Naria, Japon.

WYLER G. (2014). Manuel de la grammaire française. `http://gabrielwyler.com/accueil.html`.

# Étiquetage morpho-syntaxique pour des mots nouveaux

Ingrid Falk Delphine Bernhard Christophe Gérard Romain Potier-Ferry
LiLPa, Université de Strasbourg
ifalk, dbernhard, christophegerard@unistra.fr ; romainpotierferry@gmail.com

**Résumé.** Les outils d'étiquetage automatique sont plus ou moins robustes en ce qui concerne l'étiquetage de mots inconnus, non rencontrés dans le corpus d'apprentissage. Il est important de connaître de manière précise la performance de ces outils lorsqu'on cible plus particulièrement l'étiquetage de néologismes formels. En effet, la catégorie grammaticale constitue un critère important à la fois pour leur identification et leur documentation. Nous présentons une évaluation et une comparaison de 7 étiqueteurs morphosyntaxiques du français, à partir d'un corpus issu du Wiktionnaire. Les résultats montrent que l'utilisation de traits de forme ou morphologiques est favorable à l'étiquetage correct des mots nouveaux.

**Abstract.** Part-of-speech (POS) taggers are more or less robust with respect to the labeling of unknown words not found in the training corpus. It is important to know precisely how these tools perfom when we target part-of-speech tagging for formal neologisms. Indeed, grammatical category is an important criterion for both their identification and documentation. We present an evaluation and comparison of 7 POS taggers for French, based on a corpus built from Wiktionary. The results show that the use of form-related or morphological features supports the accurate tagging of new words.

**Mots-clés :** étiquetage morphosyntaxique, évaluation, néologie formelle.

**Keywords:** part-of-speech tagging, evaluation, formal neologisms.

## 1 Introduction

Les outils d'étiquetage morphosyntaxique procèdent par apprentissage automatique à partir d'un corpus annoté manuellement. De fait, ils sont plus ou moins robustes en ce qui concerne l'étiquetage de mots inconnus, non rencontrés dans le corpus d'apprentissage. Cette problématique nous intéresse tout particulièrement dans le cadre de l'identification de néologismes formels, c'est-à-dire les nouvelles formes qui apparaissent quotidiennement. En effet, la catégorie grammaticale constitue un critère important à la fois pour l'identification et la documentation de ce type de néologismes.

L'objectif de ce travail est de présenter une analyse détaillée de 7 étiqueteurs pour le français, en comparant leurs performances pour l'étiquetage de néologismes issus du Wiktionnaire. L'objectif final est d'identifier l'outil ayant les meilleurs résultats afin de l'incorporer à un système d'identification automatique de néologismes formels. Nous souhaitons avant tout disposer d'un outil qui convient à nos besoins : (i) prêt à l'emploi (ii) sans entraînement supplémentaire (iii) simple d'utilisation et (iv) librement disponible. Cet outil doit par ailleurs avoir les meilleures performances possibles pour l'étiquetage des néologismes dans ces conditions, et sa performance pour les mots connus n'est pas décisive dans le cadre de notre projet.

L'article est organisé comme suit : dans un premier temps, nous présentons le corpus utilisé dans le cadre de nos expériences, puis les outils comparés. La Section 4 détaille le protocole utilisé pour nos expériences et la Section 5 propose une discussion des résultats obtenus.

## 2 Corpus de référence

Nous avons constitué un corpus de néologismes contextualisés (phrases ou paragraphe), extrait de la liste fournie par le Wiktionnaire [1]. Ce corpus se constitue de 152 entrées [2] toutes conformes au trois critères suivants :

i) Le néologisme et son contexte sont attestés, et non pas forgés.

ii) Il existe au moins une source en format numérique aisément accessible.

iii) La date d'apparition du néologisme est postérieure à 2000.

Techniquement ce corpus se présente sur la forme d'un fichier XML dont un extrait est montré en Figure 1. Les informations utilisés dans nos expériences sont : le lemme du néologisme (balise `word`), sa catégorie grammaticale (attribut `pos`) ainsi que les phrases où il apparaît (balise `texte`). Dans ces phrases le néologisme est marqué par la balise `<neologisme>`.

```
<?xml version="1.0" encoding="UTF-8"?>
<corpus>
  <entry id="L00001">
    <word pos="adv">abracadabrantesquement</word>
    <examples>
      <texte url="http://www.bruxelles-francophone.be/topic2035.html"
             type="forum" date="2009" id="L00001-1">
        Son appétit institutionnel est <neologisme>abracadabrantesquement</neologisme> vorace.
      </texte>
    </examples>
  </entry>
  ....
  <entry id="L00003">
    <word pos="verbe">accessibiliser</word>
    <examples>
      <texte url="http://fplanque.net/Blog/itTrends/2003/01/22/accessibiliser_l_internet_oui_mais_pas_a"
             date="2003" type="blog" id="L00003-1">
        <neologisme>Accessibiliser</neologisme> l'Internet... oui, mais pas à moitié!
      </texte>
      <texte url="http://blog.temesis.com/post/2009/10/25/Marcel-fais-peter-ton-tableau"
             date="2009" type="blog" id="L00003-2">
        Ne pas passer une journée à tenter d'<neologisme>accessibiliser</neologisme>
        deux-trois tableaux hallucinants, pour un gain trop faible.
      </texte>
    </examples>
  </entry>
  ...
```

FIGURE 1: Extrait du corpus de néologismes utilisé dans nos expériences.

La Table 1 résume quelques propriétés de notre corpus.

| # | total | noms | verbes | adj | adverbes | locutions | mots à tiret |
|---|---|---|---|---|---|---|---|
| lemmes | 158 [3] | 84 | 36 | 29 | 3 | 6 | 11 |
| occurences | 459 | 293 | 68 | 81 | 4 | 13 | 28 |
| phrases | 220 | 115 | 55 | 38 | 4 | 8 | 19 |

TABLE 1: Propriétés du corpus de néologismes.

1. `http://fr.wiktionary.org/wiki/Cat\%E9gorie:N\%E9ologismes_en_fran\%C3\%A7ais`
2. Signalons toutefois qu'il est possible que certaines de ces entrées se trouvent déjà dans des ressources lexicales plus récentes. Ainsi le mot *assistanat* est présent dans le Lefff (Sagot, 2010) et *animaliste* peut être trouvé dans le lexique Wortschatz (Quasthoff *et al.*, 2006). Nous estimons néanmoins que cette collection présente un échantillon de formes assez récentes et par conséquence assez représentatif pour permettre une évaluation de l'étiquetage automatique appliquée à de nouveaux mots.
3. Le nombre de formes distinctes est bien de 152, mais nous comptons plusieurs fois celles qui ont plusieurs catégories grammaticales (par exemple animaliste, nom et animaliste, adjective.)

# 3 Présentation des étiqueteurs comparés

Pour notre projet de collecte de néologismes formels, nous devrons utiliser les étiqueteurs quotidiennement, sur des textes journalistiques.

Les logiciels que nous avons pu identifier et qui répondent aux conditions énoncées dans l'introduction sont présentés brièvement dans cette section. Il s'agit de LGtagger et SEM (Constant & Sigogne, 2011; Constant *et al.*, 2011), LIA_tagg (Nasr *et al.*, 2004), l'étiqueteur de Stanford (Toutanova *et al.*, 2003), MElt (Denis & Sagot, 2010), Talismane (Urieli & Tanguy, 2013) et le plus ancien mais encore largement utilisé, le TreeTagger (Schmid, 1994). Ces outils se distinguent non seulement par les algorithmes appliqués mais leurs performances dépendent aussi d'autres facteurs, comme par exemple :

- le corpus d'apprentissage (et le jeu d'étiquettes utilisées) ;
- des ressources lexicales externes utilisées ou non ;
- du pré- et/ou post traitement.

A leur tour, les algorithmes d'apprentissage et d'étiquetage s'appuient largement sur un ensemble de traits extraits du corpus d'apprentissage, qui ont aussi un effet important sur leur performance.

**LGtagger et SEM (Constant & Sigogne, 2011; Constant *et al.*, 2011)** LGTagger et SEM ont un fonctionnement similaire : ils procèdent par apprentissage automatique avec des CRF (*Conditional Random Fields* / champs markoviens conditionnels) et peuvent exploiter des lexiques externes. Ces outils visent également à combiner segmentation en unités et étiquetage, en reconnaissant les unités polylexicales. Les deux outils diffèrent toutefois par les attributs et ressources externes utilisées. L'exactitude (*accuracy*) de SEM varie de 81,6% (corpus oral) à 95.6% (corpus blog)[4]. Celle de LG-Tagger est de 97.7% (sans segmentation incorporée). Nous avons utilisé la version 1.1 de LGTagger, qui intègre plusieurs ressources lexicales (cf. Tableau 2) et où la segmentation est incorporée. SEM a été utilisé avec un modèle appris sur un corpus ne contenant pas d'unités multi-mots et en prenant en compte des ressources linguistiques externes (le Lefff). Comme pour LGTagger, la segmentation était incorporée.

**LIA_tagg (Nasr *et al.*, 2004)** LIA_tagg est un étiqueteur morpho-syntaxique pour le français prêt à l'emploi développé au Laboratoire Informatique d'Avignon. Il utilise un jeu de 103 étiquettes et implémente une approche probabiliste basée sur les Chaînes de Markov Cachées (HMM). Nous n'avons pas plus d'information sur le corpus d'apprentissage et le taux de précision obtenu.

**Stanford (Toutanova *et al.*, 2003)** Le *Stanford tagger* est un étiqueteur développé en 2003 pour l'anglais. Ils a été étendu à d'autre langues (français, arabe, chinois, allemand ...), constamment amélioré et est distribué librement à `http://nlp.stanford.edu/software/tagger.shtml#Download`. Sa particularité est d'appliquer un modèle markovien *bidirectionel* à maximisation d'entropie et d'utiliser des propriétés morphologiques : *n*-grammes de suffixes et préfixes, présence de tirets, majuscules, etc. Nous utilisons le modèle français entrainé sur la French Treebank (FTB, (Abeillé *et al.*, 2003)) avec un jeu de 15 étiquettes. Nous n'avons pas d'informations sur la performance de ce modèle.

**MElt (Denis & Sagot, 2010)** MElt est un étiqueteur basé sur un modèle markovien à maximisation d'entropie qui intègre également un lexique exogène à large couverture (le Lefff (Sagot, 2010)). La méthode d'étiquetage et les traits utilisés sont similaires à ceux de l'étiqueteur de Stanford (cf. Section 3). Dans nos expériences nous avons utilisé la version librement disponible à `http://gforge.inria.fr/projects/lingwb/` qui a été entrainé sur la French Treebank (FTB, (Abeillé *et al.*, 2003)) avec un jeu de 29 étiquettes. Evalué sur le FTB, MElt atteint un taux de précision de 97.75% (91.36% sur les mots inconnus).

**Talismane (Urieli & Tanguy, 2013)** Talismane est un analyseur syntaxique qui intègre les différentes étapes d'analyse : segmentation en mots et en phrases, étiquetage morphosyntaxique et finalement repérage des dépendances syntaxiques. Pour chaque module, un modèle est appris à partir d'un corpus d'entraînement (FTB). Au moment de l'analyse, des règles peuvent être appliquées pour contraindre les résultats. L'exactitude de Talismane pour le FTB est de 97,8%.

4. `http://www.lattice.cnrs.fr/sites/itellier/SEM.html`

| **Outil** | **Méthode** | **Corpus d'apprentissage (étiquettes)** | **Ressources lexicales** | **Utilisation de la forme** | **Particularité** |
|---|---|---|---|---|---|
| LGTagger | CRF (i) | FTB (ii) | DELA, Lefff, Prolex, Organisations, Prénoms | Oui (iv) | Segmentation incorporée |
| SEM | CRF (i) | FTB (ii) | Lefff | Oui (iv) | |
| LIA_tagg | HMM (iii) | 103 | lexique 10 000 mots | Non | |
| Stanford | CMM à maximisation d'entropie. | FTB (ii, 14 étiquettes[6]) | – | Oui (iv) | bidirectionnel |
| MElt | comme *stanford* | FTB (ii, 29 étiquettes) | Lefff | Oui (iv) | |
| Talismane | classifieur par entropie maximale | FTB | Lefff | Oui | |
| TreeTagger | Arbres de décisions | 43 834 mots, 33 étiquettes | – | Oui (v) | |

TABLE 2: Les étiqueteurs morpho-syntaxique utilisés.

(i) CRF : Conditional Random Fields (Champs Aléatoires Conditionnels)

(ii) FTB : French Treebank (Abeillé *et al.*, 2003)

(iii) HMM : Hidden Markov Model (Modèle de Markov caché)

(iv) Utilisation de traits « mots inconnus » : *n*-gram suffixes et préfixes (*n* de 1 à 4), tirets, majuscules, chiffres ...

(v) Utilise un lexique associant à des suffixes la probabilité des étiquettes.

**TreeTagger (Schmid, 1994)** Le TreeTagger est un des plus anciens outils d'étiquetage automatique. Il est basé sur un modèle probabiliste d'arbre de décision. La version (française) que nous avons utilisé est un modèle issu d'un apprentissage sur un corpus d'environ 44 000 mots et un jeu de 33 étiquettes réalisé par Achim Stein[5]. Dans nos expériences nous n'avons pas utilisé de ressource lexicale supplémentaire.

Le Tableau 2 présente un résumé comparatif des outils employés dans nos expériences.

# 4 Expériences

Afin d'évaluer l'étiquetage automatique pour la détection et la documentation de néologismes formels, nous appliquons les étiqueteurs décrits en Section 3 au corpus de néologismes que nous avons constitué (présenté en Section 2). Nous comparons ensuite l'étiquetage des outils à celui du corpus de référence.

**Étiquettes.** Les néologismes du corpus n'ayant que les catégories nom, verbe, adjectif et adverbe, nous projetons les sorties des étiqueteurs, qui sont souvent plus détaillés, sur ces catégories principales. Le nombre d'étiquettes ayant un effet important sur la qualité de l'étiquetage, ce choix d'étiquettes risque de pénaliser les outils produisant un étiquetage plus détaillé. Nous considérons l'étiquetage d'une locution comme correct si les étiquettes des composantes correspondent à celles de la référence.

**Prétraitement.** Le prétraitement, plus spécifiquement la segmentation en mots, est une étape décisive dans l'étiquetage automatique et chaque étiqueteur a sa propre stratégie pour l'aborder. En général, les outils distribués sont assortis de scripts pour d'abord découper le texte en phrases et ensuite en unités de formes (des mots), qui convient plus ou moins à notre format d'entrée. Pour d'autres outils, comme LGtagger et SEM, la segmentation est intégrée à l'étiquetage.

5. `http://www.cis.uni-muenchen.de/~schmid/tools/TreeTagger/`

6. Si la FTB utilise un ensemble de 15 étiquettes morpho-syntaxiques, nous avons constaté que le Stanford Tagger ne distingue pas les noms propres (NP) des noms communs (NC).

# 5 Résultats et discussion

| Étiqueteur | toutes | noms (293) | verbes (68) | adjectifs (81) | locutions (13) | mots à tiret (28) |
|---|---|---|---|---|---|---|
| LGtagger | 73.30 | 82.08 | 72.06 | 43.04 | 66.67 | 0.00 |
| LIA_tagg | 72.17 | 79.93 | 66.18 | 51.90 | 66.67 | 0.00 |
| MElt | 83.26 | 92.83 | 67.65 | 64.56 | 75.00 | 91.67 |
| SEM | 67.42 | 81.36 | 50.00 | 36.71 | 58.33 | 62.50 |
| Stanford | 85.29 | 92.47 | 89.71 | 60.76 | 50.00 | 87.50 |
| Talismane | 81.45 | 97.85 | 54.41 | 48.10 | 66.67 | 79.17 |
| TreeTagger | 82.35 | 93.91 | 75.00 | 53.16 | 75.00 | 91.67 |
| majorité | 86.43 | | | | | |

(a) Pourcentages d'étiquettes correctes.

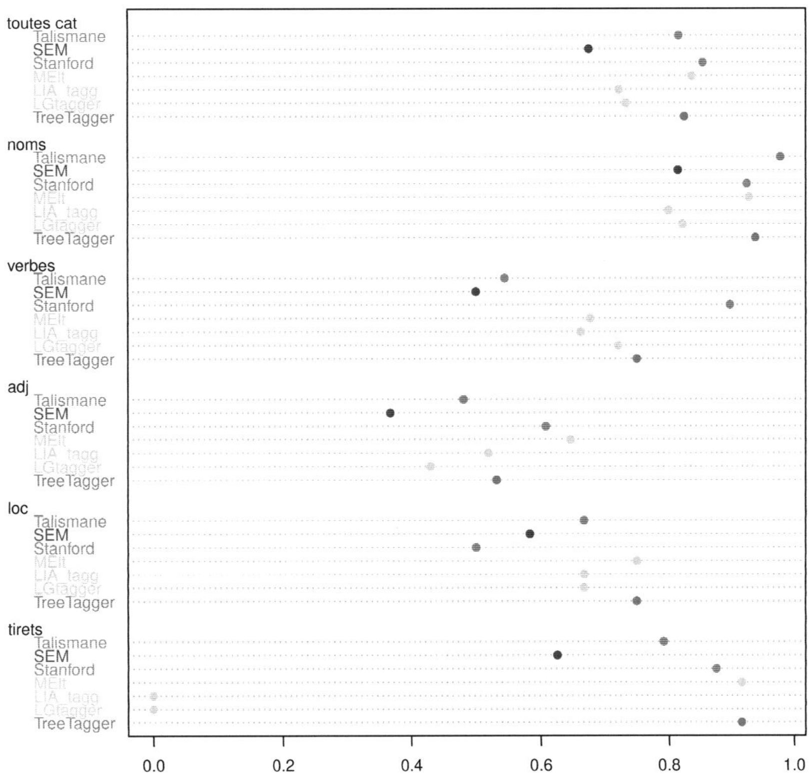


(b) Représentation graphique.

FIGURE 2: Résultats par catégorie grammaticales.

Les résultats sont présentés en Figure 2. Nous montrons le pourcentage d'étiquettes correctes pour toutes les occurrences de mots nouveaux dans notre corpus et également pour les catégories principales (nom, verbe, adjectif). À titre indicatif est affiché également le pourcentage d'étiquetages correctes pour les locutions mais nous considérons que la taille de cet échantillon ne permet pas de conclusions finales. Les néologismes formels sont souvent formés par composition avec des tirets, pour cette raison nous considérons également les performances des étiqueteurs sur ce type de phénomène [7].

Les performances observées sont, d'une manière générale, plus basses que celles rapportés dans des publications. Ceci

7. A titre indicatif, l'échantillon étant trop limité.

est un effet attendu, vu que les performances publiées sont calculées sur un corpus test issu du même corpus global. Les meilleurs étiquetages sont ceux du Stanford tagger (85.29%) suivis de ceux du MElt (83.26%) et du TreeTagger (82.35%). En mutualisant ces résultats par un vote majoritaire le taux a pu être augmenté à 86.43%.

Par rapport à l'algorithme d'étiquetage, les CMM utilisés pour Stanford et MElt semblent plus favorables dans le cadre de notre application que les CRF (employés par LGTagger et SEM) ou les classifieurs à entropie maximale.

Pour ce qui est de ressources lexicales, leur emploi n'a pas d'effet positif dans notre cas. En effet, alors que Stanford et MElt s'appuient sur des algorithmes et traits similaires, l'utilisation d'une ressource lexicale externe par MElt ne lui permet pas d'améliorer ses performances. Par contre, l'utilisation de traits de forme ou morphologiques (préfixe, suffixe, etc.) semble favorable : Stanford, MElt et TreeTagger, qui les intégrent obtiennent les meilleurs taux d'étiquetage correctes. Il a par ailleurs été montré que ces traits jouent un rôle important pour l'identification de néologismes formels (Sagot *et al.*, 2013; Falk *et al.*, 2014).

A son tour LIA_tagg semble défavorisé par le grand nombre d'étiquettes utilisées.

# 6 Conclusion

Au vu de ces résultats, nous concluons que le *Stanford Tagger* est l'outil le plus plus adapté à notre application et nous allons donc l'utiliser dans notre projet. Comme c'était à prévoir l'utilisation de ressources lexicales externes n'a pas d'impact. Par ailleurs, la combinaison de la segmentation et de l'étiquetage est plutôt défavorable. Par contre les traits de forme et morphologiques ont un impact positif.

**Remerciements.** Ces travaux ont été financés par l'Université de Strasbourg dans le cadre de l'Initiative d'Excellence (IdEx) 2012 (projet Logoscope).

# Références

ABEILLÉ A., CLÉMENT L. & TOUSSENEL F. (2003). Building a Treebank for French. In A. ABEILLÉ, Ed., *Treebanks*, number 20 in Text, Speech and Language Technology.

CONSTANT M. & SIGOGNE A. (2011). MWU-aware part-of-speech tagging with a CRF model and lexical resources. In *Proceedings of the Workshop on Multiword Expressions : from Parsing and Generation to the Real World, ACL 2011*.

CONSTANT M., TELLIER I., DUCHIER D., DUPONT Y., SIGOGNE A. & BILLOT S. (2011). Intégrer des connaissances linguistiques dans un CRF : application à l'apprentissage d'un segmenteur-étiqueteur du français. In *Actes de TALN 2011*.

DENIS P. & SAGOT B. (2010). Exploitation d'une ressource lexicale pour la construction d'un étiqueteur morphosyntaxique état-de-l'art du français. In *Actes de TALN 2010*.

FALK I., BERNHARD D. & GÉRARD C. (2014). From Non Word to New Word : Automatically Identifying Neologisms in French Newspapers. In *Proceedings of LREC 2014*, Reykjavik, Islande.

NASR A., BÉCHET F. & VOLANSCHI A. (2004). Tagging with Hidden Markov Models Using Ambiguous Tags. In *Proceedings of COLING 2004*, COLING '04, Stroudsburg, PA, USA.

QUASTHOFF U., RICHTER M. & BIEMANN C. (2006). Corpus Portal for Search in Monolingual Corpora. In *Proceedings of LREC 2006*, Genoa.

SAGOT B. (2010). The Lefff, a Freely Available and Large-coverage Morphological and Syntactic Lexicon for French. In *Proceedings of LREC'10*, Valletta, Malta.

SAGOT B., NOUVEL D., MOUILLERON V. & BARANES M. (2013). Extension dynamique de lexiques morphologiques pour le français à partir d'un flux textuel. In *Actes de TALN 2013*.

SCHMID H. (1994). Probabilistic Part-of-Speech Tagging Using Decision Trees. In *Proceedings of the International Conference on New Methods in Language Processing*, Manchester, UK.

TOUTANOVA K., KLEIN D., MANNING C. D. & SINGER Y. (2003). Feature-rich part-of-speech tagging with a cyclic dependency network. In *Proceedings of ACL 2003*.

URIELI A. & TANGUY L. (2013). L'apport du faisceau dans l'analyse syntaxique en dépendances par transitions : études de cas avec l'analyseur talismane. In *Actes de TALN 2013*.

# Détection et correction automatique d'entités nommées dans des corpus OCRisés

Benoît Sagot Kata Gábor
Alpage, INRIA & Université Paris-Diderot, 75013 Paris
{prenom.nom}@inria.fr

**Résumé.** La correction de données textuelles obtenues par reconnaissance optique de caractères (OCR) pour atteindre une qualité éditoriale reste aujourd'hui une tâche coûteuse, car elle implique toujours une intervention humaine. La détection et la correction automatiques d'erreurs à l'aide de modèles statistiques ne permettent de traiter de façon utile que les erreurs relevant de la langue générale. C'est pourtant dans certaines entités nommées que résident les erreurs les plus nombreuses, surtout dans des données telles que des corpus de brevets ou des textes juridiques. Dans cet article, nous proposons une architecture d'identification et de correction par règles d'un large éventail d'entités nommées (non compris les noms propres). Nous montrons que notre architecture permet d'atteindre un bon rappel et une excellente précision en correction, ce qui permet de traiter des fautes difficiles à traiter par les approches statistiques usuelles.

**Abstract.** Correction of textual data obtained by optical character recognition (OCR) for reaching editorial quality is an expensive task, as it still involves human intervention. The coverage of statistical models for automated error detection and correction is inherently limited to errors that resort to general language. However, a large amount of errors reside in domain-specific named entities, especially when dealing with data such as patent corpora or legal texts. In this paper, we propose a rule-based architecture for the identification and correction of a wide range of named entities (proper names not included). We show that our architecture achieves a good recall and an excellent correction accuracy on error types that are difficult to adress with statistical approaches.

**Mots-clés :** OCR, Entités nommées, Détection d'erreurs, Correction d'erreurs.

**Keywords:** OCR, Named entities, Error Detection, Error Correction.

## 1 Introduction et état de l'art

Le projet dans lequel s'inscrit le travail présenté ici a pour objectif d'optimiser des performances des projets de numérisation patrimoniale par le biais de l'automatisation de la détection et de la correction d'erreurs dans des documents en sortie de systèmes de reconnaissance optique de caractères (Optical Character Recognition, ou OCR). En effet, la correction de données textuelles obtenues par reconnaissance optique de caractères (OCR) pour obtenir une qualité éditoriale est aujourd'hui une tâche coûteuse, même lorsque les documents d'origine sont d'excellente qualité, car elle implique toujours une intervention humaine, seule à même de garantir des taux d'erreurs acceptables par exemple pour publication sous forme de livre électronique. Pour diminuer le coût de cette intervention humaine, des approches automatiques pour la détection d'erreurs, pour la suggestion de corrections voire pour la correction automatique sont progressivement utilisées. Ces approches reposent presque toujours sur l'utilisation de modèles de langage et de modèles d'erreur, mais rarement sur des informations linguistiques plus riches. Pourtant, ces techniques ne permettent pas de traiter de façon utile les erreurs qui ne relèvent pas de la langue générale, et notamment les erreurs présentes dans les entités nommées. C'est pourtant dans certains types d'entités nommées que résident les erreurs les plus nombreuses, surtout dans des données telles que des corpus de brevets (formules chimiques) ou des textes juridiques (identifiants de jurisprudence). En effet, de telles entités ne peuvent être présentes dans les lexiques sur lesquels reposent les systèmes d'OCR. Elles ne sont pas adaptées à des traitements statistiques, et sont au contraire adaptées à une modélisation par règles qui en permette la détection robuste, malgré le bruit issu de l'OCR, et la correction. Dans cet article, nous proposons ainsi d'étudier l'impact sur la correction automatique de sorties d'OCR d'une prise en charge par règles des erreurs présentes dans un large éventail d'entités nommées.

Les premières approches à la correction automatique des erreurs (orthographiques, lexicales ou post-OCR) s'appuyaient fortement sur le lexique : pour chaque mot inconnu, elles cherchaient des candidats proches (par exemple en termes de distance d'édition (Levenshtein, 1965)) qui figurent dans le lexique et choisissent en prenant en compte la fréquence des candidats, le contexte, ou éventuellement un poids associé au type d'erreur présumé. Cependant, l'utilisation des lexiques pré-existants semble laisser la place à d'autres méthodes plus flexibles qui ne nécessitent pas la consultation d'une telle ressource, ou qui la créent à la volée à partir du corpus à corriger (Reynaert, 2004) ou en exploitant les données du Web (Cucerzan & Brill, 2004; Strohmaier *et al.*, 2003). Deux méthodes fondamentales peuvent être distinguées dans les travaux plus récents visant la correction des documents bruités : les systèmes s'appuyant sur des automates à états finis (pondérés) (Ringlstetter *et al.*, 2006), et des méthodes adoptant le modèle du canal bruité (Kernighan *et al.*, 1990; Brill & Moore, 2000; Kolak & Resnik, 2002). Contrairement aux systèmes symboliques, ces dernières ne font aucune hypothèse a priori sur le type d'erreurs que l'on prévoit de rencontrer dans le document et se prêtent ainsi plus facilement à l'adaptation à de nouveaux domaines. Cependant, comme la matrice de confusion qui sert de modèle d'erreur est construite à partir d'un corpus, il est souhaitable de disposer d'un corpus d'apprentissage de taille conséquente. Les méthodes symboliques évitent le problème du besoin de ressources annotées et permettent une meilleure intégration d'informations résultant d'une analyse linguistique, mais elles présentent l'inconvénient d'être spécifiques à une langue et, typiquement, à un domaine. D'autres méthodes utilisent une combinaison des sorties de plusieurs OCR : Klein & Kope (2002) utilisent un système de vote, alors que Lund & Ringger (2009) produisent un treillis de mots à partir d'un alignement textuel effectué sur les sorties et choisissent l'une des hypothèses par recherche dans un dictionnaire. Mais ces techniques sont mal adaptées à la correction d'erreurs au sein d'entités nommées souvent complexes, dispersées (*sparse*) et spécifiques au domaine.

Pour palier cette limitation, nous avons adapté et étendu la chaîne de traitement de surface SxPipe (Sagot & Boullier, 2008) pour effectuer la tokenisation, la segmentation en énoncés et le traitement de divers types d'entités nommées dans des sorties d'OCR. En particulier, nous avons développé de nouvelles grammaires locales pour traiter des classes d'entités nommées rencontrées dans les corpus traités dans le projet (formules chimiques, identifiants juridiques), nous avons adapté l'ensemble des grammaires locales pour les rendre robustes aux erreurs d'OCR, et nous avons intégré un nouveau mécanisme permettant de compléter la reconnaissance d'une entité par une proposition de correction selon des règles qui dépendent en partie du type d'entité. L'objectif, à terme, est de coupler cette chaîne avec une architecture plus classique pour la correction des tokens hors-entités (modèle de langage, modèle d'erreur).

Dans ce qui suit, nous allons présenter les corpus traités dans le cadre de nos travaux (section 2). Une description des grammaires locales construites pour la reconnaissance et la correction des entités nommées est fournie à la section 3, et les résultats sont décrits à la section 4.

## 2 Corpus à traiter

Les trois corpus sur lesquels nous avons travaillé sont présentés à la table 1. Contrairement aux deux autres, le corpus BNF/Gallica est un *corpus d'écarts*, c'est-à-dire un corpus constitué d'une version brute (sortie directe d'OCR) et d'une version corrigée par des opérateurs humains (qualité éditoriale), les deux versions étant alignées. Les corpus d'écarts contribuent à créer des modèles d'erreur.

| Corpus | Genre | Nb. de tokens | Type de corpus |
|---|---|---|---|
| BNF/Gallica | littérature | 50 000 000 | corpus d'écarts |
| OPOCE | jurisprudence | 37 000 000 | sortie d'OCR |
| EPO (European Patent Office) | brevets | 15 000 000 | sortie d'OCR |

TABLE 1 – Corpus utilisés dans cette étude

L'étude de ces corpus nous a permis d'identifier certains types d'entités comportant de nombreuses erreurs d'OCR. Ainsi, dans le corpus de brevets EPO, une proportion importante des erreurs d'OCR sont situées au sein de formules chimiques, indications de mesures et numéros de brevets. Le corpus de jurisprudence européenne contient de nombreux identifiants juridiques tels que des références à des articles de lois, des arrêtés ou des décisions.

De manière générale, pour ces entités comme pour les entités plus classiques (dates, adresses...), qui contiennent également des erreurs d'OCR que nous souhaitons corriger, une approche par règles semble plus adaptée qu'une approche par modèle de langue, en raison de la grande variété des occurrences de ces entités, mais également en raison de leur forte structuration et des nombreuses contraintes non-linguistiques qui s'y appliquent.

# 3 Grammaires locales pour la correction de sorties d'OCR

## 3.1 Définition des entités nommées

La tâche d'étiquetage des entités nommées a reçu une attention considérable au sein de la communauté TAL depuis les années 90. Une des tâches partagées de la série de conférences MUC (*Message Understanding Conference* (Chinchor, 1998)) avait pour objectif de reconnaître les entités nommées, définies en tant qu'unités faisant référence à une entité unique et concrète et réalisées par des noms propres (noms de personnes, d'organisations, d'artefacts ou de lieux). Les expressions temporelles et les expressions de quantité sont généralement ajoutées à cette liste, moins en raison de leurs propriétés sémantiques que pour des considérations d'ordre pratique. Toutefois, la plupart des campagnes d'évaluation (p.ex. CoNLL 2003, (Sang & Meulder, 2003)) se contentent d'illustrer les différentes catégories d'entités nommées de façon extensionnelle, par des exemples.

Dans cet article nous définissions une (mention d')entité nommée comme une séquence de caractères ou de tokens qui n'est analysable ni morphologiquement ni syntaxiquement, mais procède d'un motif productif, qui peut contenir des marques de ponctuation. Nous utilisons ainsi le terme d'entité nommée dans un sens légèrement plus large que le sens habituel (Maynard *et al.*, 2001), en y incluant également les nombres, les formules chimiques, les unités monétaires, etc. En revanche, nous ne traitons pas ici des entités nommées classiques que sont les noms de personnes, de lieux ou d'organisations (sauf en tant que composants d'entités plus larges comme les identifiants juridiques).

## 3.2 La chaîne de traitement SXPipe-postOCR

SXPipe (Sagot & Boullier, 2008) est une chaîne de traitement dont le rôle est d'appliquer à des corpus une cascade de traitements linguistiques de surface. Selon leur fonction, ces traitements peuvent être classés en trois catégories : détection de frontières (entre phrases ou mots), correction d'erreurs et reconnaissance des entités nommées. Tous les modules de la chaîne sont paramétrables, pour s'adapter à différentes applications. De plus, chaque utilisateur peut construire sa propre chaîne de traitement avec ses propres paramètres et jeux de modules, mais également créer et intégrer ses propres modules. Nous avons ainsi construit un exécutable spécifique SXPipe-postOCR, qui repose sur des versions améliorées de modules existants et sur de nouveaux modules, auxquels ont été ajoutés des règles permettant de proposer une correction pour certaines entités reconnues.

SXPipe contenait déjà des grammaires locales effectuant la reconnaissance de nombreux types d'entités nommées, comme les expressions temporelles ou les adresses. Elles ont été améliorées à la fois en couverture et en robustesse, afin de reconnaitre ces entités même dans des données légèrement bruitées issues de systèmes d'OCR. De plus, de nouvelles grammaires locales ont été développées spécifiquement pour ce projet, notamment pour la reconnaissance des dimensions, des unités monétaires, des formules chimiques et des identifiants de jurisprudence, toujours avec un souci de large couverture et de robustesse. Enfin, ces grammaires ont été complétées par des règles de *correction*, dont l'application (facultative) permet d'obtenir pour certaines entités nommées reconnues une version normalisée/corrigée. À cet égard, par prudence, l'accent a été mis sur la précision des propositions de correction, une correction incorrecte étant bien plus dommageable qu'une absence de correction pour ce type de tâche. Ainsi, la quasi-totalité des grammaires se basent sur la présence de marqueurs non-ambigüs, et une grande partie d'entre elles exploitent de l'information contextuelle.

### 3.2.1 Détection robuste et correction automatique dans les grammaires locales de SXPipe

La reconnaissance et la correction/normalisation des entités sont assurées par ces grammaires locales (cascades d'expressions régulières), chaque type d'entité correspondant à un module distinct. Les propositions de correction/normalisation bénéficient ainsi de connaissances spécifiques sur leur nature et leur structure interne. Par exemple, dans le cas de dimensions (p.ex. : $10^3$ l/m$^2$), la structure en valeur et/ou puissance de 10 puis unité de mesure permet d'appliquer des corrections spécifiques : la puissance de 10 peut être mise en exposant, et l'unité de mesure peut voir tous ses chiffres 1 transformés en lettres l, tous les autres chiffres mis en exposant et tous les espaces supprimés (sous condition). C'est ainsi que l'on peut corriger « 10 3 1/m2 » en « $10^3$ l/m$^2$ ».

L'identification de ces règles de correction a été faite par exploration manuelle du corpus d'écarts BNF/Gallica, à l'exception des formules chimiques. Ce dernier cas appelle par ailleurs quelques précisions supplémentaires (cf. section suivante).

Les tables 2 et 3 illustrent les différents cas possibles (détection ou non-détection, normalisation proposée ou non, correcte ou non, ayant introduit ou non des erreurs). La table 2 rassemble des exemples pour lesquels cette normalisation est totalement correcte, la table 3 illustre diverses difficultés rencontrées par SxPipe-postOCR.

| Sortie d'OCR | Étiquetage | Normalisation proposée = Référence |
|---|---|---|
| 23 avril i908 | {23 avril i908} _DATE | 23 avril 1908 |
| 1" janvier 1912 | {1" janvier 1912} _DATE | 1er janvier 1912 |
| 1G février 1859 | {1G février 1859} _DATE | 16 février 1859 |
| Al(OH)3 | {Al(OH)3} _CHEM | $Al(OH)_3$ |
| Ba2Na(NbO3)5 | {Ba2Na(NbO3)5} _CHEM | $Ba_2Na(NbO_3)_5$ |
| C02 | {C02}_CHEM | $CO_2$ |
| MgA1204 | {MgA1204}_CHEM | $MgAl_2O_4$ |
| 484,9 g.l-1 | {484,9} _NUM {g.l-1} _DIMENSION | 484,9 $g.l^{-1}$ |
| 2,10 10 6 1/m2 | {2,10 10 6 1/m2} _DIMENSION | 2,10 $10^6$ $l/m^2$ |
| 52, rue de Chabrol, Paris, Xèriie | {52, rue de Chabrol, Paris, Xèriie} _ADRESSE | 52, rue de Chabrol, Paris, Xème |
| rue de l'Université, i3 | {rue de l'Université, i3} _ADRESSE | rue de l'Université, i3 |
| 52, rue Taibout, Paris (9') | {52, rue Taibout, Paris (9')} _ADRESSE | 52, rue Taibout, Paris (9e) |
| 1, bd Beau-Séjour, Paris ($16^{\circ}$) | {1, bd Beau-Séjour, Paris ($16^{\circ}$)} _ADRESSE | 1, bd Beau-Séjour, Paris (16e) |

TABLE 2 – Reconnaissance et correction/normalisation des entités bruitées : exemples corrects

| Sortie d'OCR | Étiquetage | Normalisation proposée | Référence |
|---|---|---|---|
| 15 rue Spufflot | {15 rue Spufflot} _ADRESSE | 15 rue Spufflot | 15 rue Soufflot |
| 3Ï, rue Taitboùt, Paris | {3Ï, rue Taitboùt, Paris} _ADRESSE | 31, rue Taitboùt, Paris | 31, rue Taitbout, Paris |
| C8-C20 | {C8-C20} _CHEM | $C_8$-$C_2O$ | $C_8$-$C_{20}$ |
| (CH2)nNR4R5 | ( {CH2} _CHEM )nNR4R5 | ( $CH_2$ )nNR4R5 | $(CH_2)_nNR_4R_5$ |
| R1COOH | R1COOH | R1COOH | $R_1COOH$ |

TABLE 3 – Reconnaissance et correction/normalisation des entités avec bruit : autres exemples

### 3.2.2 Le cas des formules chimiques

Les formules chimiques, malgré les nombreuses régularités et contraintes qui les régissent, représentent un défi important pour la reconnaissance automatique. Compte tenu de leur fréquence dans le corpus de brevets EPO et des nombreuses erreurs d'OCR que l'on y rencontre, nous leur avons consacré une attention particulière. Au lieu d'utiliser un des outils existants (Hawizy *et al.*, 2011; Rocktäschel *et al.*, 2012) pour la reconnaissance des formules, nous avons décidé de créer notre propre grammaire, ce qui permet une meilleure prise en charge des erreurs d'OCR. La grammaire SxPipe dédiée que nous avons développée est donc robuste à certaines erreurs, telles que la substitution de la lettre l par le chiffre 1, de la lettre O par le chiffre 0, et par le fait que les nombres qui devraient être en indices ne le sont pas. Certaines règles de correction exploitent des connaissances chimiques (par exemple, un élément chimique ou une sous-formule ne peut pas être indicé par 0 ou 1). Ainsi, si l'on donne MgA1204 en entrée à ce module, il produit en sortie {MgA1204}_CHEM_$MgAl_2O_4$_. Les tables 2 et 3 donnent quelques autres exemples.

Outre la sutructure interne des formules chimiques, la grammaire s'appuie sur leur contexte d'apparition. Dans la description de la structure des formules potentielles, nous sommes partis d'une liste complète d'éléments chimiques. Certains d'entre eux, tout comme certaines formules simples, sont toutefois ambigus avec des mots de la langue générale (p. ex. Ce, Ne, La). Nous avons donc construit deux ensembles de règles de reconnaissance. Un premier ensemble, fiable, ne reconnaît que des formules qui ne sont pas ambiguës avec des mots de la langue ou des acronymes. Un second ensemble de règles reconnaît de telles séquences ambiguës. Ce n'est que si les règles les plus sûres se sont appliquées avec succès sur une phrase que nous lui appliquons les règles plus ambigües : en effet, nous supposons alors que nous sommes en présence d'un contexte thématique favorisant l'apparition des formules chimiques.

# 4 Évaluation

Nous avons effectué une évaluation manuelle des grammaires d'entités nommées et des corrections/normalisations, en nous limitant aux dates, adresses et formules chimiques. Pour les deux premiers types d'entités, nous avons effectué cette évaluation à partir du corpus BNF/Gallica ; les formules chimiques ont été évaluées sur le corpus EPO.

Pour l'évaluation de la reconnaissance des dates, nous avons sélectionné aléatoirement 200 phrases parmi un ensemble de phrases susceptibles de contenir au moins une entité nommée de ce type. Pour ce faire, nous avons eu recours à des marqueurs couvrants (mais moins sûrs que nos grammaires) qui permettent de détecter les dates avec un rappel (presque) parfait mais une précision moindre. L'idée sous-jacente est que le nombre de dates qui ne sont pas capturées par nos marqueurs est très faible, de sorte qu'il est possible de calculer sur un tel échantillon non seulement la précision mais également le rappel de notre grammaire de reconnaissance. Nous avons procédé de même pour les adresses.

Pour l'évaluation manuelle de la correction/normalisation des dates et adresses, nous n'avons pas pu nous appuyer sur ces deux ensembles de 200 phrases, dans la mesure ou le pourcentage d'entités pour lesquelles une modification est proposée est trop bas. Nous avons donc évalué manuellement l'intégralité des cas où une modification est proposée par nos grammaires parmi 500 000 phrases du corpus BNF/Gallica, en nous référant si besoin à la version de qualité éditoriale corrigée par des humains.

Pour les formules chimiques, l'absence de marqueurs vraiment couvrants nous a conduit à choisir un échantillon aléatoire de 200 phrases parmi celles où notre grammaire a détecté au moins une formule chimique. Le rappel calculé sur cet échantillon est donc une borne supérieure du rappel réel (c'est pour cette raison qu'il est entre parenthèses dans la table 4). Toutefois, un examen manuel d'un certain nombre de phrases extraites aléatoirement de tout le corpus nous a montré qu'il n'arrivait presque jamais qu'une formule chimique non-détectée soit dans une phrase dans laquelle aucune autre formule chimique ne l'a été. Ceci laisse penser que le rappel réel est très proche du score obtenu.

L'évaluation manuelle de la correction/normalisation des formules chimiques a pu se faire directement sur ces 200 phrases, dans la mesure où une modification est proposée pour plus des trois quarts des formules chimiques trouvées.

| **Type d'entité** | **Reconnaissance** | | | **Correction/normalisation** | | |
|---|---|---|---|---|---|---|
| | Précision | Rappel | #occurrences pour $10^6$ tokens | Précision | Rappel | Proportion d'entités corrigées parmi les entités détectées |
| Dates | 0,98 | 0,97 | 4713 | 0,96 | – | 2% |
| Adresses | 0,83 | 0,86 | 269 | 0,76 | – | 3% |
| Formules chimiques | 0,91 | (0,88) | 300 | 0,95 | 0,90 | 72% |

TABLE 4 – Evaluation de la reconnaissance des entités nommées et de leur correction/normalisation. Les fréquences sont calculées sur le corpus BNF/Gallica, sauf pour les formules chimiques où le corpus utilisé est EPO

La table 4 donne les résultats de notre évaluation. Elle indique également la fréquence de chaque type d'entité dans son corpus d'évaluation. Pour le calcul des scores de reconnaissance, une entité n'est considérée comme correctement reconnue que si son type et ses deux bornes l'ont été : les reconnaissances partielles sont considérées comme des erreurs.

La précision de la correction/normalisation est définie comme le pourcentage d'entités modifiées par nos grammaires telles que le résultat de cette modification est complètement correct. Ainsi, une correction partielle compte comme une erreur. Ceci explique que la précision obtenue pour les adresses soit plus faible que pour les autres types d'entités, puisqu'elles contiennent presque toujours des noms propres auxquels nos corrections ne s'appliquent pas.

Le rappel est le pourcentage d'entités correctement modifiées parmi celles qui n'étaient pas totalement correctes dans la sortie brute d'OCR. Pour le calcul des scores de correction/normalisation des formules chimiques, toutes les entités ont été prises en compte, qu'elles aient été ou non correctement détectées par SXPipe-postOCR. Ceci nous a permis le calcul du rappel. Cependant, la taille des corpus utilisés pour l'évaluation des dates et des adresses nous a contraint à nous limiter pour ces deux types d'entités aux occurrences reconnues par SXPipe-OCR. Le calcul du rappel est alors impossible.

# 5 Conclusion et perspectives

Nous avons présenté le composant linguistique d'une architecture pour la correction automatique des erreurs dans des documents numériques obtenus par reconnaissance optique de caractères. Notre système, constitué d'une cascade de grammaires locales implémentées dans l'outil SXPipe, permet la détection robuste ainsi que la correction de certains types d'entités nommées fréquemment rencontrées dans des corpus spécialisés. Contrairement à un modèle statistique d'erreurs, notre méthode permet une meilleure prise en charge des propriétés formelles non-linguistiques de ces entités. De plus, les règles de corrections sont spécifiques à chaque type d'entité, parfois à des types de segments au sein des entités (par exemple, le numéro d'arrondissement dans une adresse). L'évaluation effectuée à la main, en s'appuyant sur notre corpus d'écart de qualité éditoriale, confirme l'utilité de grammaires locales de reconnaissance et de correction au sein d'une chaîne de correction automatique des sorties de systèmes d'OCR.

La prochaine étape de notre travail est de réaliser effectivement l'intégration de SxPipe-postOCR au sein d'une chaîne complète de correction de sorties d'OCR, c'est-à-dire de coupler nos grammaires locales de reconnaissance et de correction avec un modèle d'erreur et un modèle de langage statistiques. Pour cela, nous envisageons d'utiliser SxPipe-postOCR comme un pré-traitement qui viendra en amont du composant reposant sur ces deux types de modèles statistiques.

Les perspectives scientifiques de ce travail sont doubles. Nous prévoyons tout d'abord de réaliser des expériences avec différents modèles de langage exploitant l'information issue de l'étiquetage en entités nommées. Une autre extension possible notre travail serait de faire en sorte que les grammaires locales puissent, en cas de doute, proposer plus d'une correction, charge au modèle de langage (voire au modèle d'erreurs) de choisir la meilleure.

## Références


BRILL E. & MOORE R. C. (2000). An Improved Error Model for Noisy Channel Spelling Correction. In *Proceedings of the 38th Annual Meeting on Association for Computational Linguistics (ACL'00)*, p. 286–293, Hong Kong.

CHINCHOR N. (1998). MUC-7 named entity task definition. In *Seventh Message Understanding Conference (MUC-7)*, Fairfax, États-Unis.

CUCERZAN S. & BRILL E. (2004). Spelling correction as an iterative process that exploits the collective knowledge of web users. In *Proceedings of Proceedings of the 2004 Conference on Empirical Methods in Natural Language Processing (EMNLP'04)*, p. 293–300, Barcelone, Espagne.

HAWIZY L., JESSOP D. M., ADAMS N. & MURRAY-RUST P. (2011). ChemicalTagger : A tool for semantic text-mining in chemistry. *Journal of Cheminformatics*, **3**(17).

KERNIGHAN M., CHURCH K. & W.A. G. (1990). A spelling correction program based on a noisy channel model. In *Proceedings of the 13th conference on Computational linguistics*, p. 205–210, Helsinki, Finlande.

KLEIN S. T. & KOPE M. (2002). A voting system for automatic OCR correction. In *Proceedings of the Workshop On Information Retrieval and OCR : From Converting Content to Grasping Meaning*, p. 1–21, Tampere, Finlande.

KOLAK O. & RESNIK P. (2002). OCR error correction using a noisy channel model. In *Proceedings of the Second International Conference on Human Language Technology Research (HLT'02)*, p. 257–262, San Diego, États-Unis.

LEVENSHTEIN V. (1965). Binary codes capable of correcting deletions, insertions, and reversals. *Cybernetics and Control Theory*, **10**, 707–710.

LUND W. B. & RINGGER E. K. (2009). Improving optical character recognition through efficient multiple system alignment. In *Proceedings of the 9th ACM/IEEE-CS Joint Conference on Digital Libraries (JCDL'09)*, p. 231–240, Austin, États-Unis.

MAYNARD D., TABLAN V., URSU C., CUNNINGHAM H. & WILKS Y. (2001). Named entity recognition from diverse text types. In *In Proceedings of the Recent Advances in Natural Language Processing Conference (RANLP'01)*, p. 257–274, Tzigov Chark, Bulgarie.

REYNAERT M. (2004). Multilingual text induced spelling correction. In *Proceedings of the Workshop on Multilingual Linguistic Ressources (MLR'04)*, p. 117–117.

RINGLSTETTER C., SCHULZ K. U., MIHOV S. & LOUKA K. (2006). The same is not the same—postcorrection of alphabet confusion errors in mixed-alphabet ocr recognition. In *Proceedings of the 8th International Conference on Document Analysis and Recognition (ICDAR'05)*, p. 406–410, Séoul, Corée du Sud.

ROCKTÄSCHEL T., WEIDLICH M. & LESER U. (2012). Chemspot : a hybrid system for chemical named entity recognition. *Bioinformatics*, **28**.

SAGOT B. & BOULLIER P. (2008). SxPipe 2 : architecture pour le traitement pré-syntaxique de corpus bruts. *Traitement Automatique des Langues*, **49**(2), 155–188.

SANG E. F. T. K. & MEULDER F. D. (2003). Introduction to the CoNLL-2003 shared task : Language-independent named entity recognition. In *Proceedings of the seventh conference on Natural language learning at HLT-NAACL 2003 (CONLL'03)*, p. 142–147, Edmonton, Canada.

STROHMAIER C., RINGLSTETTER C., SCHULZ K. & MIHOV S. (2003). Lexical postcorrection of ocr-results : the web as a dynamic secondary dictionary ? In *Proceedings of the Seventh International Conference on Document Analysis and Recognition (ICDAR'03)*, p. 1133–1137, Edinburgh, Royaume-Uni.

# Méthodes de lissage d'une approche morpho-statistique pour la voyellation automatique des textes arabes

Amine Chennoufi[1] Azzeddine Mazroui[1]

(1) Université Mohamed I / Faculté des Sciences / Département de Mathématiques et Informatiques
Oujda, Maroc
chennoufi.amin@gmail.com azze.mazroui@gmail.com

**Résumé**. Nous présentons dans ce travail un nouveau système de voyellation automatique des textes arabes en utilisant trois étapes. Durant la première phase, nous avons intégré une base de données lexicale contenant les mots les plus fréquents de la langue arabe avec l'analyseur morphologique AlKhalil Morpho Sys pour fournir les voyellations possibles pour chaque mot. Le second module dont l'objectif est d'éliminer l'ambiguïté repose sur une approche statistique dont l'apprentissage a été effectué sur un corpus constitué de textes de livres arabes et utilisant les modèles de Markov cachés (HMM) où les mots non voyellés représentent les états observés et les mots voyellés sont ses états cachés. Le système utilise les techniques de lissage pour contourner le problème des transitions des mots absentes et l'algorithme de Viterbi pour sélectionner la solution optimale. La troisième étape utilise un modèle HMM basé sur les caractères pour traiter le cas des mots non analysés.

**Abstract.** We present in this work a new approach for the Automatic diacritization for Arabic texts using three stages. During the first phase, we integrated a lexical database containing the most frequent words of Arabic with morphological analysis by Alkhalil Morpho Sys which provided possible diacritization for each word. The objective of the second module is to eliminate the ambiguity using a statistical approach in which the learning phase was performed on a corpus composed by several Arabic books. This approach uses the hidden Markov models (HMM) with Arabic unvowelized words taken as observed states and vowelized words are considered as hidden states. The system uses smoothing techniques to circumvent the problem of unseen word transitions in the corpus and the Viterbi algorithm to select the optimal solution. The third step uses a HMM model based on the characters to deal with the case of unanalyzed words.

**Mots-clés :** Langue arabe, voyellation automatique, analyse morphologique, modèle de Markov caché, corpus, lissage, algorithme de Viterbi.

**Keywords**: Arabic language, Automatic diacritization, morphological analysis, hidden Markov model, corpus, smoothing, Viterbi Algorithm.

## 1 Introduction

Le système d'écriture arabe est caractérisé dans la plupart des textes par l'absence de signes diacritiques : les voyelles courtes i.e. ◌َ (*fatha*), ◌ُ(*damma*) et ◌ِ (*kasra*), en plus des signes ◌ً, ◌ٌ et ◌ٍ (*tanween*), ◌ّ(*chadda*) et ◌ْ(*sokoun*). L'absence de ces signes engendre une augmentation significative de l'ambiguïté dans le texte arabe, qui peut causer de la confusion dans plus de 90% des mots du texte (Debili, Achour, 1998). Malgré le fait que le lecteur ayant un certain niveau de connaissances de la langue arabe peut facilement récupérer les signes diacritiques absents du texte en se basant sur le contexte des mots et ses connaissances de la morphologie et de la syntaxe de la langue arabe, les textes sans signes diacritiques demeurent un obstacle pour les apprenants non natifs de la langue arabe et les personnes ayant des difficultés d'apprentissage. De même, les limites des performances de plusieurs applications du traitement automatique de la langue arabe (TALA) telles que l'analyse syntaxique, la traduction automatique et les corpus arborés sont dues en partie à l'absence des signes diacritiques dans les textes arabes (Maamouri et al., 2006). En effet, contrairement aux langues européennes où il est facile d'identifier les corresponds en phonèmes oraux des sections écrites (*Text to Speech*), il est impératif pour les textes arabes de récupérer les signes diacritiques avant de procéder à la recherche de leurs correspondants (Vergyri et al,. 2004). Aussi, certaines recherches ont suggéré l'importance d'utiliser les textes voyellés pour accroître l'efficacité des systèmes de reconnaissance de la parole (Messaoudi et al., 2004).

D'autre part, les corpus utilisés dans les modèles de langage ne peuvent pas couvrir tout le vocabulaire. De ce fait, les séquences de mots peuvent avoir une probabilité nulle ce qui peut générer de mauvais résultats. Cet ainsi que des chercheurs ont eu recours aux méthodes de lissage pour contourner ce problème. (Chen, Goodman, 1998) affirment que les techniques de lissage sont essentielle dans la construction des systèmes de reconnaissance de la parole. De même (Manning, Schütze, 1999) précisent que le lissage donnent des performances intéressantes dans les modèles de langage.

Ce papier est organisé comme suit : la deuxième section est réservée à l'état de l'art, la troisième à la présentation de l'approche où nous détaillons au début le fonctionnement de l'analyseur morphologique utilisé dans la première partie de notre système, puis nous rappelons les étapes statistiques adoptées dans la deuxième et la troisième phase de notre méthode. La quatrième section est consacrée aux étapes d'apprentissage et de test du voyelliseur. Enfin, la dernière partie sera consacrée à la conclusion et aux perspectives futures.

## 2 Etat de l'art

En se référant aux travaux de recherches antérieurs, nous pouvons diviser les tentatives de voyellation automatique des textes arabes en trois parties: approches fondées sur des règles, approches statistiques et approches hybrides.

### 2.1 Approches fondées sur les règles

Dans ce cadre, certains travaux ont eu recours à la programmation des règles linguistiques vocales, morphologiques et syntaxiques pour la voyellation des mots arabes. (El-Sadany, Hashish, 1988) ont mentionné une méthode se basant sur des règles morphologiques pour la voyellation semi-automatique des verbes arabes. Aussi, (Debili, Achour, 1998) ont étudié l'impact de l'analyse lexicale, l'analyse morphologique et l'étiquetage syntaxique pour dissiper l'ambigüité dans le processus de voyellation des textes arabes. L'absence d'un système de voyellation des textes arabes basé uniquement sur les règles est due aux taux élevé d'ambigüités, de l'existence d'un nombre important de règles morpho-syntaxiques et l'absence d'un analyseur syntaxique efficace.

### 2.2 Approches statistiques

(Gal 2002) a présenté une approche markovienne pour la voyellation du Coran pour la langue arabe et les textes de l'Ancien Testament pour la langue hébraïque. (Schlippe et al., 2008) ont mis au point un système de voyellation des textes arabes basé sur la traduction automatique. (Al Ghamdi et al. 2010) ont présenté le système de voyellation KAD (*The Arabic diacritizer*) basé sur les 4-grammes au niveau des lettres. Enfin (Hifny, 2013) a présenté une méthode purement statistique basée sur les n-grammes et utilisant quelques techniques de lissage qui prélèvent une masse de probabilité sur les transitions observées, et cette masse est redistribuée sur les événements non observés.

### 2.3 Approches hybrides

Ce sont les approches qui combinent les règles linguistiques et les traitements statistiques afin d'exploiter les points forts des deux méthodes. Parmi les travaux importants, on peut citer le système de voyellation ArabDiac développé par la société RDI (Rashwan et al., 2011). Ce système utilise l'analyseur morphologique ArabMorpho et l'étiqueteur ArabTagger puis les n-grammes. (Zitouni et al., 2009) ont présenté un système de voyellation utilisant un classificateur statistique basée sur l'entropie maximale. Leurs caractéristiques sont basées sur des caractères simples du mot, segments morphologiques et l'état syntaxique pour atteindre le meilleur classement de mots. (Habash, Rambow, 2007) utilisent la version 2.0 de l'analyseur Arabic Morphological Analyzer (Buckwalter, 2004) pour obtenir toutes les analyses morphologiques possibles. Puis ils utilisent des classificateurs individuels pour lever l'ambiguïté entre ces analyses. (Bebah et al., 2013) et (Chennoufi, Mazroui, 2014) ont présenté plusieurs approches morpho-statistiques basées sur différents états observés comme les classes des mots ou les mots non voyellés et des états cachés tels que les schèmes des mots, les listes diacritiques ou les mots voyellés. Les similitudes avec la méthode présentée dans cet article sont l'utilisation de l'analyseur morphologique AlKhalil Morpho Sys (Bebah et al., 2011) et les différences sont l'utilisation des techniques de lissage et la taille des corpus utilisés dans les phases d'apprentissage et de test.

## 3 Présentation du processus de voyellation automatique

Nous allons donner dans cette section une présentation détaillée du système développé. Le processus de voyellation automatique des textes de la langue arabe que nous avons surnommé AlKhalil Diacritizer se fera en trois phases principales, comme le montre la Figure 1.

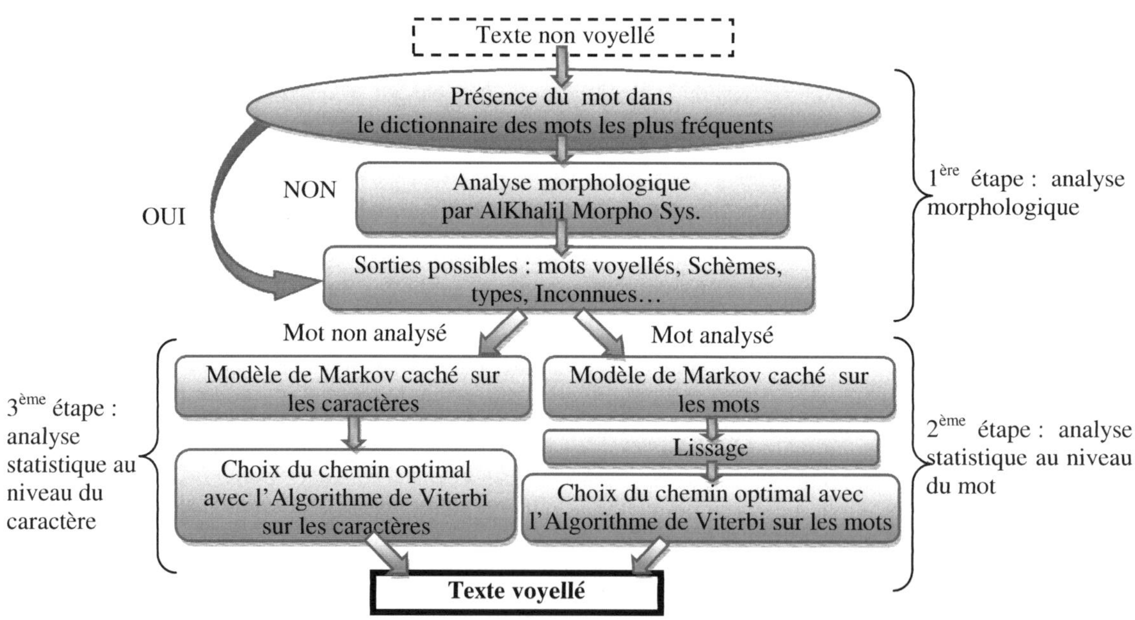


FIGURE 1 : Etapes de la voyellation automatique des textes arabes

### 3.1 Première phase : Analyse morphologique

L'analyse morphologique est réalisée en utilisant l'analyseur open source Alkhalil Morpho Sys[1]. Ce dernier fournit des informations morpho-syntaxiques hors contexte du mot telles que les voyellations possibles du mot, les affixes qui s'ajoutent aux stems, le stem, la nature du mot (nom, verbe ou mot outil), et dans le cas des noms et des verbes le système fournit le schème, la racine et l'état syntaxique (*POS tags*). L'intégration de l'analyseur Alkhalil Morpho Sys dans le système de voyellation automatique nous a obligés de faire des ajustements qui ont consisté principalement à l'ajout d'une base de données sous la forme d'un dictionnaire contenant les mots arabes voyellés les plus fréquents dans les corpus arabes disponibles. Cette base a été générée à partir d'une base de données composée de plus de 250 millions de mots provenant de huit corpus arabes disponibles sur Internet comprenant des livres anciens et contemporains. Le but de l'élaboration de ce dictionnaire est d'une part l'accélération du processus de l'analyse morphologique et d'autre part l'ajustement de la qualité de la voyellation des mots les plus fréquents des différents textes. Ce dictionnaire des mots les plus fréquents a atteint 16369 mots accompagnés de leurs différentes voyellations possibles (voir Figure 2).

| Les voyellations possibles du mot | Mot non voyellé |
|---|---|
| ثَمَّ ثُمَّ | ثم |
| الْمَالِكِيَّةُ الْمَالِكِيَّة الْمَالِكِيَّةِ | المالكية |
| يُجْزِئُ يُجَزِّئُ يُجْزِئِ يَجْزِئَ يُجْزِئُ | يجزئ |

FIGURE 2 : Aperçu du dictionnaire des mots les plus fréquents

### 3.2 Deuxième phase : Analyse statistique au niveau du mot

Après que le programme a procédé à une analyse morphologique des mots du texte permettant d'avoir les voyellations possibles pour chaque mot, nous abordons la deuxième étape du processus de voyellation. Elle consiste à un traitement statistique se basant sur le modèle de Markov caché au niveau du mot, les techniques de lissage et l'algorithme de Viterbi (Neuhoff, 1975). Cela permet d'obtenir la voyellation la plus probable des mots de la phrase. Dans ce qui suit, nous donnons un bref rappel des démarches mathématiques relatives à ce modèle.

#### 3.2.1 Modèle de Markov caché

Soit $O = \{o_1, \ldots, o_M\}$ un ensemble fini d'observations et soit $S = \{s_1, \ldots, s_N\}$ un ensemble fini d'états cachés.

**Définition** : Un modèle de Markov caché du premier ordre est un couple de processus aléatoires $(X_t, Y_t)_{t \geq 1}$ tel que $(X_t)_{t \geq 1}$ est une chaine de Markov homogène à valeurs dans l'ensemble des états cachés $S$, ainsi :

$$\Pr(X_{t+1} = s_j / X_t = s_i, \ldots, X_1 = s_h) = \Pr(X_{t+1} = s_j / X_t = s_i) = a_{ij} \quad (1)$$

$a_{ij}$ = la probabilité de transition de l'état $s_i$ à l'état $s_j$ et la matrice $A=(a_{ij})_{ij}$ est appelée matrice de transition, et $(Y_t)_{t \geq 1}$ est un processus observable à valeurs dans l'ensemble des observations $O$ vérifiant :

$$\Pr(Y_t = o_k / X_t = s_i, Y_{t-1} = o_{k_{t-1}}, X_{t-1} = s_{i_{t-1}}, \ldots, Y_1 = o_{k_1}, X_1 = s_{i_1}) = \Pr(Y_t = o_k / X_t = s_i) = b_i(k) \quad (2)$$

$b_i(k)$ = la probabilité d'observer l'état $o_k$ étant donné l'état $s_i$ et la matrice $B=(b_i(k))_{ik}$ est appelée matrice d'émission. Dans notre approche, les états observés du modèle markovien sont les mots arabes non voyellés et les états cachés sont les mots voyellés. Par exemple, l'état observé "حدث" peut avoir plusieurs états cachés tels que "حَدَّثَ" qui signifie "*il a raconté*" ou "حَدَث" qui signifie "*événement*".

#### 3.2.2 Méthodes de lissage

Les paramètres du modèle statistique à savoir la matrice de transition $A=(a_{ij})_{ij}$ et la matrice d'émission $B=(b_i(k))_{ik}$ seront estimés à partir de corpus linguistiques représentatifs. La méthode utilisée pour estimer les coefficients $a_{ij}$ et $b_i(k)$ est basée sur le maximum de vraisemblance (Manning, Schütze, 1999). Ainsi, si pour un mot non voyellé $u_k$ (état observé) et deux mots voyellés $w_i$ et $w_j$ (états cachés) nous notons :

$r=c(w_i,w_j)$:le nombre d'occurrences dans le corpus d'apprentissage de la transition de l'état caché $w_i$ vers l'état caché $w_j$,

$c(w_i)$ : le nombre d'occurrences dans le corpus d'apprentissage de l'état caché $w_i$,

$c(u_k,w_j)$ : le nombre de fois que le mot non voyellé $u_k$ correspond dans le corpus d'apprentissage au mot voyellé $w_i$,

alors les coefficients $a_{ij}$ et $b_i(k)$ seront estimés à l'aide des équations (3) et (4) suivantes :

$$a_{ij} = \frac{c(w_i, w_j)}{c(w_i)} = \frac{r}{c(w_i)} \qquad 1 \leq i \leq N \quad 1 \leq j \leq N \quad (3)$$

$$b_i(k) = \frac{c(u_k, w_i)}{c(w_i)} \qquad 1 \leq k \leq M \quad 1 \leq i \leq N \quad (4)$$

où N (resp. M) est le nombre sans répétition des mots voyellés (resp. non voyellés) du corpus d'apprentissage.

Il faut signaler que les éléments de la matrice d'émission B sont soit égaux à 1 soit égaux à 0 car si le mot $u_k$ dépourvu de ces voyelles est identique au mot $w_i$ alors $b_i(k)$ est égal à *1* et dans le cas contraire il est égal à *0*. Par exemple la probabilité pour que l'état caché "فَهِمَ" qui signifie "*il a compris*" génère l'état observé qui est le mot sans voyelle "فهم" est toujours égale à *1* ($\Pr(u_k =$ فهم $/ w_i =$ فَهِمَ $) = b_i(k) = 1$). Cet ainsi que seule les probabilités de transition de la matrice $A$ subiront les techniques de lissage citées ci-après.

[1] www.sourceforge.net/projects/alkhalil

Durant la phase de test, nous avons constaté que certaines transitions sont non disponibles dans la matrice de transition $A$. En effet, l'estimation de toutes les transitions à partir des observations n'est pas suffisante, car il n'existe pas de corpus assez grand pour observer toutes les séquences de mots valides qui peuvent être générés par le vocabulaire. D'ailleurs, ce n'est pas parce qu'une transition est absente du corpus d'apprentissage qu'il est impossible de l'observer dans d'autres corpus. De plus, il est très contraignant, lors de la recherche de la solution optimale d'avoir une probabilité nulle pour un événement. Des techniques de lissage sont alors utilisées pour combler ces lacunes et permettre au modèle de langage d'attribuer une probabilité non nulle à toutes les transitions. Ces techniques sont appliquées avant de faire tourner l'algorithme de Viterbi car sinon le modèle est moins performant lorsque l'une des probabilités est nulle. L'algorithme de Viterbi permet d'identifier le chemin optimal dans le réseau des solutions parmi les voyellations possibles du mot (voir Figure 3).

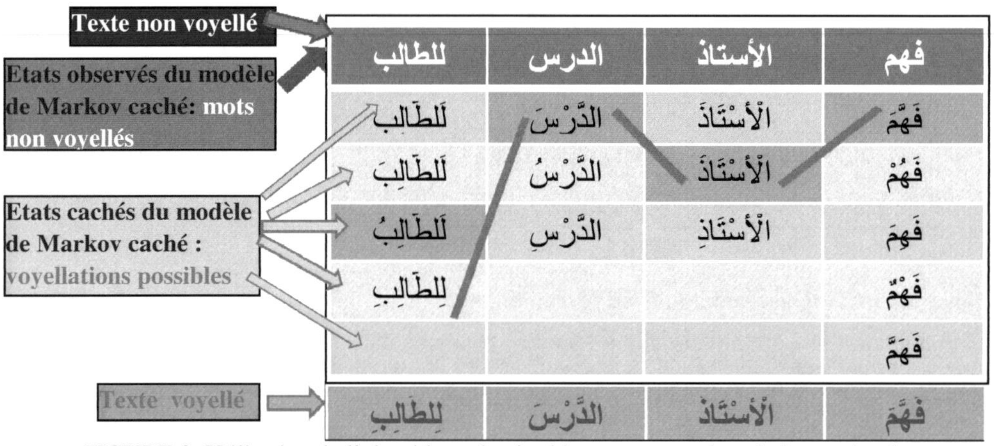


FIGURE 3. Utilisation de l'algorithme de viterbi pour trouver la solution optimale

La plupart des méthodes de lissage peuvent se décomposer en deux étapes : la première prélève une masse de probabilité sur les transitions observées (probabilité réduite), et cette masse est redistribuée dans la seconde étape sur les événements non observés. Pour le prélèvement, beaucoup de techniques ont été expérimentées (Chen, Goodman, 1998). La redistribution se fait généralement soit par interpolation linéaire soit par repli à l'ordre inférieur (plus connue sous l'appellation back-off). Dans cet article, nous allons nous limiter à la forme interpolée. Ainsi, l'équation (5) de lissage pour les probabilités de transition du modèle de Markov caché d'ordre 1 est la suivante:

$$P_{\text{int}\,erpolation}(w_j / w_i) = \tau(w_j | w_i) + \alpha(w_i) P_{\text{int}\,erpolation}(w_j) \qquad (5)$$

$P_{\text{int}\,erpolation}(w_j) = P_{MLE}(w_j)$ ou $P_{\text{int}\,erpolation}(w_j) = P_{uniforme}(w_j) = \dfrac{1}{|V|}$ où le vocabulaire V est l'ensemble de tous les mots.

$P_{MLE}(w_j)$ = probabilité du mot $w_j$ calculée par la méthode du maximum de vraisemblance (Manning, Schütze,, 1999).

$\tau(w_j | w_i)$ = la probabilité réduite des transitions observées et $\alpha(w_i)$ est le poids de repli (*backoff weight*).

#### 3.2.2.1 Méthode Additive Smoothing

Le lissage le plus simple utilisé dans la pratique est l'Additive Smoothing (Chen, Goodman, 1998). Pour éviter les transitions nulles, nous faisons l'hypothèse que chaque transition se produit un peu plus souvent qu'il ne parait. Nous ajoutons un facteur $\delta$ pour chaque fréquence de transition, où généralement $0 < \delta \leq 1$. Ainsi, l'équation est la suivante :

$$P_{add}(w_j / w_i) = \frac{\delta + c(w_i w_j)}{\delta |V| + c(w_i)} \qquad (6)$$

La performance de cette méthode de lissage est faible, car celle-ci a tendance à surestimer les probabilités des événements absents dans le corpus d'apprentissage (Gale, Church, 1994).

#### 3.2.2.2 Lissage Absolute discounting

La méthode Absolute discounting fait partie des méthodes de lissage interpolé (Ney et al., 1994) qui est obtenu en prélevant une constante D comprise entre 0 et 1 de chaque probabilité non nulle. La combinaison de la probabilité d'ordre supérieur et d'ordre inférieur pour les transitions des chaines de Markov cachées d'ordre 1 est donnée par :

$$P_{abs}(w_j / w_i) = \frac{\max\{r - D, 0\}}{c(w_i)} + \frac{D}{c(w_i)} N_{1+}(w_i \bullet) P_{abs}(w_j) \qquad 0 \leq D \leq 1$$

Avec selon les auteurs : $P_{abs}(w_j) = P_{MLE}(w_j)$ ou $P_{abs}(w_j) = P_{uniforme}(w_j) = \dfrac{1}{|V|}$,

et $N_{1+}(w_i \bullet)$ est la diversité qui est définie comme étant le nombre de tous les mots (sans répétition) qui suivent le mot $w_i$ dans le corpus.

$$N_{1+}(w_i \bullet) = |\{w_j : c(w_i w_j) > 0\}| \qquad (7)$$

### 3.3 Troisième phase : Analyse statistique au niveau du caractère

Durant la phase de test, nous avons rencontré une autre contrainte liée aux mots non analysés par Alkhalil Morpho Sys et pour lesquels nous avons associé l'étiquette "*unkown*". De ce fait, la troisième phase d'AlKhalil Diacritizer ne concerne que ces cas. Ces derniers ne sont pas voyellés par la 2ème phase de notre système. Ainsi, pour chaque mot non analysé, nous utilisons un autre modèle de Markov caché dont les observations sont les lettres arabes et les états cachés sont les signes diacritiques. L'algorithme de Viterbi est utilisé également pour le choix de la solution optimale.

## 4 Etapes d'apprentissage et de test du modèle

La phase d'apprentissage a été réalisée sur 90% d'un corpus formé de plus de 63 millions de mots voyellés du corpus Tashkeela[2] (56 939 523 mots). Les 10% restants (6 306 237 mots) seront utilisés dans la phase de test. Ce corpus est composé de textes voyellés tirés d'anciens livres traitant des sujets comme la théologie, la grammaire, l'histoire, l'économie et la géographie. Ensuite, nous avons réalisé certaines opérations qui consistent à segmenter ces textes en phrases puis en déduire les statistiques sur les voyellations des mots pour l'estimation des paramètres du modèle.

Afin d'évaluer les performances globales de notre voyelliseur , nous avons testé les méthodes de lissage sur un corpus test dépassant six millions de mots (6 306 237 mots) et choisit aléatoirement du corpus d'apprentissage Tashkeela. Les résultats (voir table 1) montrent que lorsque le lissage n'est pas utilisé, le taux d'erreurs au niveau des mots WER1 (WER: Word Error Rate) est de 26.98% et baisse pour atteindre 14.02% (WER2) lorsque nous ignorons le signe diacritique de la dernière lettre du mot. De même, le taux d'erreurs DER1 (DER: Diacritic Error Rate) relatif à tous les caractères du texte est de l'ordre de 10.19% et celui qui ne tiens pas compte du signe diacritique du dernier caractère (DER2) est de l'ordre de 5.46%. Après application de la méthode Additive Smoothing, les quatre taux d'erreurs diminuent et sont de l'ordre de 12% pour WER1, de 7.5% pour WER2, de 4.7% pour DER1 et 2.9% pour DER2. Il reste à signaler que cette méthode donne les meilleurs scores pour δ=0.1. En utilisant la forme interpolée de la méthode Absolute Discounting et $P_{MLE}(w_j)$ comme probabilité de repli à l'ordre inférieur, nous avons amélioré de deux points les performances du système. Ainsi, les quatre taux d'erreurs obtenus sont de l'ordre 10% pour WER1, de 5.4% pour WER2, de 3.72% pour DER1 et de 2.09% pour DER2. Ces performances sont obtenues avec le paramètre D=0.5.

| Méthode de lissage | WER1 (%) | WER2(%) | DER1(%) | DER2(%) |
|---|---|---|---|---|
| Sans lissage | 26.98 | 14.02 | 10.19 | 5.46 |
| Additive Smoothing ($\delta$ =0.1) | 12.06 | 7.37 | 4.73 | 2.87 |
| Additive Smoothing ($\delta$ =0.5) | 12.35 | 7.45 | 4.82 | 2.90 |
| Additive Smoothing ($\delta$ =1) | 12.65 | 7.56 | 4.92 | 2.94 |
| Absolute Discounting (D=0.1) | 10.11 | 5.43 | 3.73 | 2.09 |
| Absolute Discounting (D=0.5) | **10.06** | **5.40** | **3.72** | **2.09** |
| Absolute Discounting (D=1) | 11.16 | 5.76 | 4.09 | 2.22 |

TABLE 1 : Résultats de l'évaluation d'AlKhalil Diacritizer avec les différentes techniques de lissage

Il ressort de ces résultats que l'utilisation des techniques de lissage améliore considérablement les performances du système de vocalisation automatique des textes arabes AlKhalil Diacritizer. La méthode Absolute Discounting affiche les taux d'erreurs les plus faibles comparativement à la méthode Additive Smoothing. D'autre part, pour comparer nos résultats à ceux des autres systèmes de la littérature, nous donnons dans la table 2 les différents taux d'erreurs. Cependant, vu que ces systèmes n'ont pas été testés sur le même corpus, il conviendra de prendre les conclusions avec une certaine réserve.

| Système de voyellation | WER1 (%) | WER2(%) | DER1(%) | DER2(%) |
|---|---|---|---|---|
| (Schlippe et al., 2008) | 13.80 | 9.30 | 4.90 | 3.20 |
| (Zitouni et al., 2009) | 17.30 | 7.20 | 5.10 | 2.20 |
| (Al Ghamdi et al. 2010) | 46.83 | 26.03 | 13.83 | 9.25 |
| (Rashwan et al., 2011) | 12.50 | **3.10** | 3.80 | **1.20** |
| Notre système AlKhalil Diacritizer | **10.06** | 5.40 | **3.72** | 2.09 |

TABLE 2 : Comparaison des performances d'AlKhalil Diacritizer avec certains voyelliseurs de la littérature

Enfin, nous pouvons avancer certaines remarques expliquant les taux d'erreur de notre modèle. La mesure WER1 telle que nous l'avons adoptée pour évaluer le système est une mesure très exigeante puisque la voyellation du mot est considérée correcte s'il y a concordance totale entre le mot d'origine et le mot résultat du système de voyellation. Or, les corpus disponibles présentent plusieurs erreurs orthographiques ayant comme conséquence un impact négatif sur les performances de l'analyseur morphologique intégré. D'autre part, la diminution du taux WER2 montre que presque la moitié des erreurs de voyellation (5.40% sur 10.06%) sont des erreurs syntaxiques (erreur relative au dernier caractère).

[2] http://sourceforge.net/projects/tashkeela/

## 5 Conclusion et perspectives

Nous avons présenté dans ce papier un programme de voyellation automatique basé sur une approche hybride qui combine l'analyse morphologique et les modèles de Markov cachés. Le modèle a été appris sur un corpus représentatif constitué de livres arabes d'environ 57 millions de mots voyellés. Ensuite plusieurs techniques de lissage ont été appliquées sur les paramètres de ce modèle pour contourner le problème des transitions de mots non vues dans le corpus. Les résultats d'évaluations obtenus sont très encourageants en comparaison avec d'autres systèmes disponibles. Nous prévoyons de les améliorer en agissant sur plusieurs niveaux :

- Au niveau des corpus : d'une part nous allons les enrichir par d'autres textes, et d'autre part nous essayerons de corriger les erreurs orthographiques.
- Au niveau du dictionnaire des mots les plus fréquents : nous essayerons de compléter les voyellations de certains mots partiellement voyellés.
- Au niveau de l'analyse linguistique : nous chercherons à réduire le taux d'erreurs relatif au signe diacritique du dernier caractère du mot en exploitant des informations syntaxiques données par l'analyseur Alkhalil Morpho Sys.

## Références

Alghamdi M., Muzaffar Z., Alhakami H. (2010), "Automatic Restoration of Arabic Diacritics: A Simple, Purely Statistical Approach," The Arabian Journal for Science and Engineering, vol. 35, 2010.

Buckwalter T. (2004). Arabic Morphological Analyzer version 2.0. LDC2004L02.

Chen S. F., Goodman J. (1998). An empirical study of smoothing techniques for language modeling, Harvard Univ.,Computer Science Group, Cambridge, MA, Tech. Rep. TR-10-98, August 1998.

Chennoufi A., Mazroui A. (2014). Vers un Voyaliseur Automatique des Textes Classiques de la Langue Arabe. 1ère Journée Doctorale Nationale sur L'ingénierie de la Langue Arabe, (JDILA'14), 8 Février 2014, Rabat, Maroc.

Debili F., Achour H. (1998). Voyellation automatique de l'arabe. In Proceedings of the workshop on Computation approaches to Semitic languages, COLING-ACL '98. Montréal.

El-Sadany T., Hashish M. (1988). Semi-automatic vowelization of arabic verbs. In 10th NC Conference, Saudi Arabia.

Gale W., Church K.(1994). What is wrong with adding one? In Corpus-Based Research into Language, N. Oostdijk and P. D. Haan, Eds. Amsterdam, The Netherlands: Rodopi, 1994, pp. 189–198.

Gal Y. (2002). An HMM Approach to Vowel Restoration in Arabic and Hebrew. In ACL-02 Workshop on Computational Approaches to Semitic Languages.

Habash N., Rambow O.(2007), "Arabic diacritization through full morphological tagging," in Proceedings of NAACL/HLT 2007. Companion Volume, Short Papers, Rochester, New York, USA. April. 2007.pages53-56

Hifny Y.(2013). Restoration of arabic diacritics using dynamic programming. In The 8th International Conference on Computer Engineering & Systems (ICCES'2013), 26-28 Nov. 2013, Cairo, Egypt, pages 3-8 ISBN:978-1-4799-0078-7.

Maamouri M., Bies A., Kulick S. (2006). Diacritization: A Challenge to Arabic Treebank Annotation and Parsing. In Proceedings of the British Computer Society Arabic NLP/MT Conference.

Manning C. , Schutze H. (1999). Foundations of Statistical Natural Language Processing, MIT Press. Cambridge, MA.

Messaoudi A., Lamel L., Gauvain J. (2004). The LIMSI RT04 BN Arabic system. In Proc. Darpa RT04, Palisades NY.

Neuhoff D.L. (1975). The Viterbi Algorithm as an Aid in Text Recognition. In IEEE Transaction on InformationTheory. Pages 222-226.

Ney H., Essen U., Kneser R. (1994). On structuring probabilistic dependences in stochastic language modeling. Computer, Speech, and Language, vol. 8, pp. 1{38, 1994.

Ould Bebah M. O. A, Mazroui. A, Meziane A., Lakhouaja A. (2011). Alkhali Morpho Sys. In International Computing Conference in Arabic. Riadh, Arabie Saoudite.

Ould Bebah M. O. A., Mazroui A ., Lakhouaja A., Chennoufi A.(2013). Approche morpho-statistique pour la voyellation automatique des texts arabes. In 8th International Conference on intelligent system: theories and applications (SITA'13), May 08-09, 2013, EMI, Rabat , Morocco.

Vergyri D., Kirchoff K. (2004). Automatic diacritization of Arabic for Acoustic Modeling in Speech Recognition. In Proceedings of the Workshop on Computational Approaches to Arabic Script-based Languages. Geneva. Pages 66-73.

Rashwan M., Al-Badrashiny M. , Attia M., Abdou S.M., Rafea A. (2011), "A Stochastic Arabic Diacritizer Based on a Hybrid of Factorized and Unfactorized Textual Features," Audio, Speech, and Language Processing, pages. 166-175.

Schlippe T., Nguyen T. , Vogel S. (2008). Diacritization as a Machine Translation Problem and as a Sequence Labeling Problem. In 8th AMTA conference, Hawaii. Pages 21-25.

Zitouni I., Sarikaya R. (2009), "Arabic Diacritic Restoration Approach Based on Maximum Entropy Models," Computer Speech & Language, vol. 23, no. 3, pp. 257-276, 2009.

# Évaluation d'un système d'extraction de réponses multiples sur le Web par comparaison à des humains

Mathieu-Henri Falco Véronique Moriceau Anne Vilnat
LIMSI-CNRS, Université Paris-Sud, 91405 Orsay, France
prenom.nom@limsi.fr

**Résumé.** Dans cet article, nous proposons une évaluation dans un cadre utilisateur de Citron, un système de question-réponse en français capable d'extraire des réponses à des questions à réponses multiples (questions possédant plusieurs réponses correctes différentes) en domaine ouvert à partir de documents provenant du Web. Nous présentons ici le protocole expérimental et les résultats pour nos deux expériences utilisateurs qui visent à (1) comparer les performances de Citron par rapport à celles d'un être humain pour la tâche d'extraction de réponses multiples et (2) connaître la satisfaction d'un utilisateur devant différents formats de présentation de réponses.

**Abstract.** In this paper, we propose a user evaluation of Citron, a question-answering system in French which extracts answers for multiple answer questions (expecting different correct answers) in open domain from Web documents. We present here our experimental protocol and results for user evaluations which aim at (1) comparing multiple answer extraction performances of Citron and users, and (2) knowing user preferences about multiple answer presentation.

**Mots-clés :** système de question-réponse, réponses multiples, évaluation utilisateur.

**Keywords:** question-answering system, multiple answers, user evaluation.

## 1 Introduction

Nous nous intéressons à l'évaluation de Citron, un système de question-réponse (SQR) en français capable de répondre à des questions à réponses multiples (*question-ARM*) en domaine ouvert à partir de documents provenant du Web. Les questions-ARM sont des questions possédant plusieurs réponses correctes différentes (par exemple *Quand le PSG a-t-il remporté la Coupe de France de football ?*), les questions de type liste (*question-liste*) en sont un exemple (*Quelles sont les planètes du système solaire ?*). Nous avons constaté en étudiant les données des campagnes d'évaluations des SQR pour le français comportant des questions-listes (Ayache, 2005), (Quintard *et al.*, 2010) que toutes les réponses à une question-liste se trouvaient quasiment toujours à l'intérieur d'un même document et étaient même concentrées majoritairement dans une seule phrase (Falco, 2012). Ce constat va de pair avec l'évaluation faite par ces campagnes qui impose un seul support justificatif par réponse, limité en caractères et continu, rendant alors impossible des recoupements multi-documents pour justifier une réponse. Ces contraintes sont d'autant plus pénalisantes lorsque les documents utilisés pour extraire les réponses sont issus du Web. En effet, ces documents sont des sources non négligeables de réponses aux questions-ARM grâce aux nombreuses structures (énumérations, tableaux) qu'ils contiennent. Pourtant les formats de réponse imposés par les campagnes d'évaluation ne permettent pas d'exploiter ces structures entièrement.

Citron exploite les structures (énumérations, tableaux) propres à ce type de documents pour mieux extraire les réponses et éventuellement les agréger pour faire apparaître des critères variants comme la date ou le lieu (Falco, 2012). Nous avons déjà évalué notre système selon les critères des campagnes d'évaluation (précision, rappel) et les résultats obtenus sont encourageants (Falco *et al.*, 2013). Pour la tâche d'extraction de réponses à des questions-ARM, nous souhaitons comparer les performances de Citron à celles d'un humain. L'hypothèse intuitive est qu'un système automatique est plus rapide mais peut-être un peu moins bon qu'un humain pour extraire les réponses. Nous avons surtout souhaité évaluer un aspect original de Citron qui n'est pas pris en compte durant les campagnes d'évaluation à savoir la présentation des réponses extraites. En effet, lorsque plusieurs réponses sont correctes, nous pensons qu'apporter le critère variant expliquant pourquoi il existe plusieurs réponses correctes est important pour la compréhension d'un utilisateur. Par une deuxième expérience, nous avons donc souhaité connaître la satisfaction des utilisateurs concernant le format de présentation des réponses imposé par les campagnes et celui de Citron. Dans cet article, nous présentons donc rapidement Citron et détaillons les protocoles de nos deux expériences en cadre utilisateur. Enfin, nous discutons leurs résultats.

# 2 Le système de question-réponse Citron

Citron est un SQR spécialisé dans l'extraction de réponses à des questions-ARM en français. Il peut travailler sur des collections de documents de différents types ; nous nous intéressons ici à une collection de documents issus du Web prétraités par le programme Kitten (Falco *et al.*, 2012) qui permet notamment de repérer les éléments structuraux susceptibles de contenir des réponses multiples (structures énumératives (SE) et tableaux) des documents Web et de les formater de manière exploitable pour une analyse syntaxique. Citron utilise l'analyseur XIP (Aït-Mokhtar *et al.*, 2002) qui permet d'obtenir une analyse en dépendances et intègre également un détecteur d'entités nommées. L'analyse de la question avec XIP vise à extraire les termes importants de la question et permet de générer une requête soumise à Lucene (Hatcher *et al.*, 2010) pour trouver des snippets susceptibles de contenir la réponse. Cette recherche se fait dans 3 index différents : l'index des parties "texte" des documents, l'index des SE et celui des tableaux. XIP analyse ensuite les snippets en dépendances. Citron utilise les règles syntaxiques et lexiques de XIP définis pour le SQR FIDJI (Moriceau & Tannier, 2010) développé précédemment que nous avons complétés notamment pour analyser les éléments structuraux prétraités par Kitten. La validation du type des candidats-réponses utilise Wikipédia dans une approche similaire à (Grappy, 2011) mais nous n'utilisons que l'introduction de l'article correspondant au candidat à valider pour y rechercher des définitions. Finalement, l'agrégation de réponses a pour but de regrouper des réponses désignant une même entité. Citron utilise une approche surfacique et une normalisation des dates contenues dans les supports des réponses effectuée à l'aide de HeidelTime (Strötgen & Gertz, 2013). Cette agrégation permet également de regrouper les réponses selon un critère variant temporel (Falco, 2012) (voir partie gauche de la figure 1). Nous ne détaillons pas plus ici le fonctionnement de Citron qui est décrit précisément dans (Falco *et al.*, 2013).

# 3 Expériences utilisateur : présentation du protocole

Nous présentons dans cette section le protocole expérimental utilisé pour nos deux expériences utilisateurs réalisées consécutivement : (1) l'extraction de réponses (*extraction*) : son objectif est de comparer les performances de Citron par rapport à celles d'un être humain pour la tâche d'extraction de réponses multiples depuis une collection de documents imposés issus du Web. Cette première expérience permet surtout d'étudier ce que les utilisateurs considèrent comme des réponses correctes et comment ils les rédigent/présentent ; et (2) la satisfaction devant la présentation de réponses (*satisfaction*) : son objectif est de connaître la satisfaction d'un utilisateur devant des réponses extraites et formatées de deux façons différentes, l'une au format d'une campagne d'évaluation et l'autre telle que Citron les présenterait.

## 3.1 Données d'évaluation et outils

Nous avons généré deux jeux (*jeuA* et *jeuB*) de 10 questions-ARM homogènes au niveau des types de questions proposées : 5 questions dont le type attendu de la réponse est général (une entité nommée) et 5 dont le type est spécifique. Chaque question-ARM d'un jeu de questions a son miroir syntaxique dans l'autre jeu avec un changement de focus :
– type attendu général : *Qui a joué Knocking on Heaven's Door ?* (A), *Qui a joué Where Did you Sleep last Night ?* (B)
– type attendu spécifique : *Quels sont les **signes** du zodiaque ?* (A), *Quels sont les **péchés** capitaux ?* (B)
Pour chaque utilisateur, un jeu sert pour l'expérience *extraction* et l'autre pour *satisfaction*. Pour chaque question, nous avons indexé grâce à Lucene les 30 premiers documents renvoyés par Google pour la requête générée par Citron et prétraités par Kitten. À l'aide de cette même requête sur les 3 index (texte, SE et tableaux), on obtient une liste de snippets pour chaque question. Nous avons ensuite utilisé WebAnnotator (Tannier, 2012) afin d'annoter toutes les occurrences de réponses jugées correctes, soit au total 1084 occurrences. Puis nous les avons agrégées lorsque nécessaire (par exemple, *Olympique de Marseille* et *OM* désignent une même entité). Ces 1084 réponses correctes correspondent à 280 entités différentes.

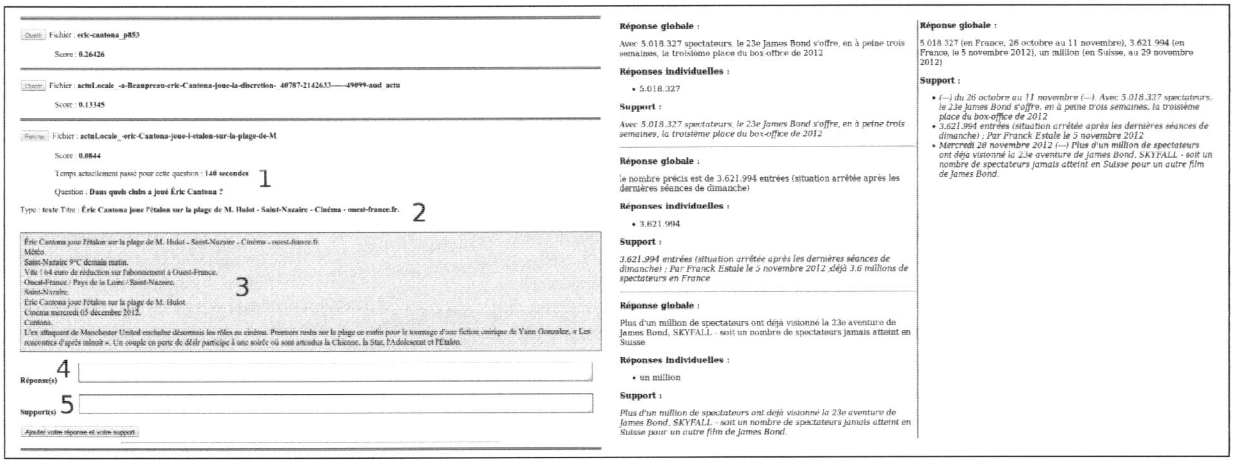

FIGURE 1 – À gauche : zone de saisie de réponses pour l'expérience d'*extraction*. À droite : présentation des réponses en deux colonnes pour l'expérience *satisfaction* sur la question *Combien de spectateurs ont vu Skyfall ?* (Formatage campagne d'évaluation à gauche, formatage Citron à droite).

## 3.2 Interface d'utilisation

Les deux expériences d'*extraction* et de *satisfaction* se font par l'intermédiaire d'une interface Web que nous avons développée avec le framework Django [1]. Un tutoriel était proposé avant le début de chaque expérience. La figure 1 présente à gauche l'interface pour l'évaluation de l'extraction de réponses et à droite celle pour la présentation des réponses.

Dans l'interface pour l'extraction des réponses, pour chaque question, les documents sont présentés les uns en dessous des autres et fermés au début. L'utilisateur choisit les documents à ouvrir et une fois un document ouvert, s'affichent le temps écoulé depuis le début de la question et le type du snippet (texte, tableau ou SE). Si l'utilisateur pense que le snippet contient une réponse correcte, il peut l'extraire avec un support (défini par *ce que vous pensez être le texte justifiant la ou les réponses extraites*) dans la zone de formulaire. Si un snippet contient plusieurs réponses correctes, l'utilisateur peut saisir une réponse à la fois ou plusieurs réponses en même temps. Les contraintes sont que la réponse doit être extraite depuis le snippet et qu'elle doit être accompagnée d'un support non vide. L'utilisateur est informé qu'un snippet ne contient pas forcément de réponse, qu'il y a au moins deux réponses/entités différentes pour chaque question et qu'il peut passer à la question suivante dès qu'il le souhaite, y compris sans fournir la moindre réponse.

Les données présentées dans la seconde interface sont les réponses de deux utilisateurs durant l'expérience *extraction* formatées de deux façons : une selon les critères de la campagne Quaero 2009 et l'autre tel que Citron les présenterait :

- format Quaero : de 1 à 3 bloc-réponses. Un bloc-réponse se compose d'une réponse globale continue (250 caractère maximum), d'un support continu (8 000 caractères maximum) et de $n$ réponses individuelles provenant du support ;
- format Citron : une réponse globale composée des $n$ réponses individuelles choisies par les deux utilisateurs et une liste de supports (pas forcément continus). Chaque réponse individuelle peut être accompagnée de critères variants.

Chaque formatage est présenté aléatoirement cinq fois à droite et cinq fois à gauche. Des questions sont posées à l'utilisateur pour lui demander quel format de réponse il préfère.

## 3.3 Les utilisateurs

32 utilisateurs ont passé les 2 expériences : 46,88 % ont passé l'expérience *extraction* sur le *jeuA* et *satisfaction* sur le *jeuB*. Avant de commencer l'expérience, l'utilisateur répond à 6 questions dans le but de définir son profil : sa tranche d'âge, s'il travaille dans la recherche, dans le TAL, combien d'articles scientifiques portant sur les SQR il a lus [2], combien de requêtes il effectue sur un moteur de recherche quotidiennement et son niveau d'informatique [3].

1. `http://djangoproject.com`
2. Nous avons considéré qu'une personne était sensibilisée à la thématique question-réponse si elle a lu au moins un article.
3. Le niveau *normal* correspond à une utilisation quotidienne d'Internet et d'un logiciel de bureautique, celui *intermédiaire* implique l'utilisation d'un programme plus poussé (retouche d'image, musique).

| 10-25 ans | 26-40 ans | 41 ans et + | Dans la recherche | Dans le TAL | Lecture SQR | + de 10 requêtes | niveau normal | niveau intermédiaire | niveau avancé |
|---|---|---|---|---|---|---|---|---|---|
| 28,13 % | 53,12 % | 18,75 % | 59,38 % | 37,50 % | 53,13 % | 51,61 % | 31,25 % | 12,50 % | 56,25 % |

TABLE 1 – Répartition des profils utilisateurs.

# 4 Résultats de l'extraction des réponses

## 4.1 Annotations des réponses et mesures d'évaluation

Les utilisateurs étaient libres de saisir dans le formulaire une seule réponse à la fois ou plusieurs en même temps tant qu'elles provenaient du même snippet. Nous avons donc d'abord segmenté toutes les réponses fournies en réponses individuelles et sommes arrivés à un total de 2319 réponses/entités individuelles, soit une moyenne de 72,47 réponses individuelles par utilisateur et de 7,27 réponses par question. Ces 2319 réponses proviennent pour 33,72 % de structures énumératives, 24,28 % de tableaux et 42 % de texte. Nous les avons annotées manuellement avec les statuts de réponses de la campagne Quaero que nous avons complétés ainsi (le statut Quaero est donné entre parenthèses) :

- (full) **Correct full** : la réponse est correcte, le support valide entièrement la réponse ;
- (full) **Correct OK** : la réponse est correcte, le support valide presque la réponse. Par exemple, pour *Quelles villes ont été la capitale des États-Unis ?*, la réponse *Philadelphie* associée au support *Philadelphie, capitale originelle* ne permet pas de savoir qu'il est question des États-Unis sans regarder le snippet ;
- (right) **Correct** : la réponse est correcte, provient du snippet mais le support ne valide pas la réponse ;
- (unsupported) **Correct absente extrait** : la réponse est correcte mais n'a pas été extraite depuis le snippet ;
- (inexact) **Correct non segmentée** : la réponse est correcte mais mal segmentée. C'est le cas par exemple quand on fournit une phrase complète sans extraire ce qui est considérée comme la réponse ;
- (inexact) **Correct pb orthographe** : la réponse est correcte mais contient une faute d'orthographe ;
- (inexact) **Correct rédigée** : la réponse est correcte mais l'utilisateur l'a rédigée au lieu de simplement l'extraire. Par exemple : *C'est NIRVANA qui a joué "Where did you sleep last night"* ;
- (supported) **Incorrect mais support correct** : la réponse est incorrecte mais le support contient une réponse correcte ;
- (false) **Incorrect contradiction** : la réponse est incorrecte et il était possible de s'en rendre compte par recoupement avec un autre extrait proposé (aucune occurrence dans cette évaluation) ;
- (false) **Incorrect** : la réponse est incorrecte.

La campagne Quaero ne comptait comme réponse valide que les réponses obtenant le statut *right* ou *full*. De notre côté, nous avons réalisé deux évaluations : une évaluation *QR* où seules les réponses ayant les statuts *Correct full*, *Correct OK* et *Correct* sont considérées comme valides (nous mesurons ainsi la tâche réelle d'extraction correcte de réponse ainsi que sa justification par le support) et une évaluation *humaine* où toute réponse dont le statut commence par *Correct* est considérée comme valide (ce sont les réponses qui peuvent être jugées acceptables par des utilisateurs).

Le tableau 2 présente les statuts des réponses extraites par Citron et par les 32 utilisateurs. Nous y constatons que par une évaluation *humaine*, il n'y a quasiment pas de réponses incorrectes parmi celles extraites par les utilisateurs (3,11 %). On constate également que quelques réponses ont été rédigées, principalement pour apporter des précisions, notamment en terme de critère variant. Par exemple pour le nombre de spectateurs ayant vu Skyfall, des utilisateurs ont ajouté la date ou le lieu comme Citron le fait (figure 1). Ce comportement est le résultat le plus important de cette évaluation puisque pour 65 % des réponses rédigées (11 sur 17), les utilisateurs ont ajouté naturellement un critère variant tout comme le propose Citron. Enfin, du point de vue de l'évaluation *QR*, les utilisateurs ont extrait 86,11 % de réponses valides uniquement avec leur support, ce qui est au-dessus des performances de Citron (72,34 %). Contrairement aux utilisateurs, Citron fournit une proportion importante de réponses incorrecte (27,66 %), les causes de ces erreurs sont détaillées juste après.

Nous avons utilisé la F-mesure pour évaluer la qualité de l'extraction des réponses. Nous avons aussi souhaité comparer les performances de Citron en terme de vitesse d'exécution par rapport à celles humaines. Pour cela nous avons mesuré les vitesses de Citron et ceux des utilisateurs pour répondre à chaque question. Pour chaque utilisateur, nous comparons sa vitesse par rapport au plus rapide des utilisateurs à fournir une réponse correcte : $V = min(\frac{n_{rapide}}{n_{utilisateur}}, 1)$ où, pour une question, $n_{rapide}$ est le nombre de secondes le plus petit nécessaire pour fournir une réponse correcte parmi tous les utilisateurs humains et $n_{utilisateur}$ le nombre de secondes passées par l'utilisateur (le minimum sert pour Citron qui est très souvent plus rapide que le plus rapide des utilisateurs).

| Statut \ Source | **Moyenne des deux jeux** (% (#)) | | ***JeuA*** (% (#)) | | ***JeuB*** (% (#)) | |
|---|---|---|---|---|---|---|
| | Citron | Utilisateurs | Citron | Utilisateurs | Citron | Utilisateurs |
| Correct full | 72,36 (17) | 46,74 (1084) | 72 (18) | 53,77 (556) | 72,72 (16) | 41,09 (528) |
| Correct OK | 0 | 22,42 (520) | 0 | 12,00 (124) | 0 | 30,82 (396) |
| Correct | 0 | 16,95 (393) | 0 | 25,53 (264) | 0 | 10,04 (129) |
| Correct absente extrait | 0 | 0,26 (6) | 0 | 0,19 (2) | 0 | 0,31 (4) |
| Correct non segmentée | 0 | 7,98 (185) | 0 | 4,93 (51) | 0 | 10,42 (134) |
| Correct pb orthographe | 0 | 0,69 (16) | 0 | 0,29 (3) | 0 | 1,01 (13) |
| Correct rédigée | 0 | 1,85 (43) | 0 | 0,10 (1) | 0 | 3,27 (42) |
| Incorrect mais support correct | 16,82 (4) | 1,34 (31) | 20 (5) | 0,58 (6) | 13,64 (3) | 1,95 (25) |
| Incorrect | 10,82 (2,5) | 1,77 (41) | 8 (2) | 2.61 (27) | 13,64 (3) | 1,09 (14) |

TABLE 2 – Répartition des réponses individuelles des 32 utilisateurs et de Citron.

## 4.2 Résultats

| **Profil** | $P_{hum}$ | $R_{hum}$ | $F_{hum}$ | $P_{QR}$ | $R_{QR}$ | $F_{QR}$ | $V_{QR}$ |
|---|---|---|---|---|---|---|---|
| TAL | 0,91 | 0,61 | 0,68 | 0,87 | 0,59 | **0,65** | **0,22** |
| Non TAL | 0,86 | 0,55 | 0,62 | 0,77 | 0,51 | 0,57 | 0,21 |
| Recherche | 0,94 | 0,67 | 0,73 | 0,87 | 0,64 | **0,69** | 0,19 |
| Non Recherche | 0,81 | 0,45 | 0,52 | 0,71 | 0,42 | 0,48 | **0,22** |
| Nb requête quotidienne <=10 | 0,83 | 0,47 | 0,54 | 0,73 | 0,43 | 0,49 | **0,21** |
| Nb requête quotidienne > 10 | 0,93 | 0,67 | 0,73 | 0,88 | 0,64 | **0,70** | 0,20 |
| Niveau informatique normal | 0,80 | 0,47 | 0,53 | 0,76 | 0,45 | 0,52 | **0,24** |
| Niveau informatique intermédiaire | 0,86 | 0,38 | 0,47 | 0,68 | 0,33 | 0,40 | 0,21 |
| Niveau informatique avancé | 0,95 | 0,68 | 0,75 | 0,87 | 0,65 | **0,70** | 0,18 |
| Âge 10-25 ans | 0,89 | 0,59 | 0,65 | 0,76 | 0,54 | 0,59 | **0,22** |
| Âge 26-40 ans | 0,93 | 0,64 | 0,71 | 0,88 | 0,62 | **0,68** | 0,21 |
| Âge 41 ans et plus | 0,76 | 0,42 | 0,47 | 0,69 | 0,40 | 0,45 | 0,16 |
| Aucun article QR lu | 0,81 | 0,51 | 0,57 | 0,75 | 0,49 | 0,54 | **0,23** |
| De 1 à 5 articles QR lus | 0,91 | 0,63 | 0,69 | 0,82 | 0,59 | 0,65 | 0,20 |
| >= 6 articles QR lus | 0,95 | 0,66 | 0,73 | 0,92 | 0,65 | **0,72** | 0,19 |
| **Moyenne humaine** (sur la totalité des questions) | 0,88 | 0,58 | 0,65 | 0,81 | 0,55 | **0,61** | 0,21 |
| **Moyenne Citron** (sur la totalité des questions) | 0,47 | 0,36 | 0,37 | 0,47 | 0,36 | 0,37 | **0,89** |
| **Moyenne humaine** (sur les questions auxquelles Citron répond) | 0,91 | 0,64 | 0,70 | 0,85 | 0,61 | **0,66** | 0,17 |
| **Moyenne Citron** (sur les questions auxquelles Citron répond) | 0,72 | 0,56 | 0,56 | 0,72 | 0,56 | 0,56 | **0,88** |

TABLE 3 – Moyennes de *jeuA* et *jeuB* (*hum* pour l'évaluation des réponses sur des critères humains et *QR* selon les critères d'une campagne d'évaluation). P pour précision, R pour rappel, F pour F-mesure, V pour vitesse

Le tableau 3 présente les résultats pour les deux jeux de question. La **rapidité** se lit à l'aide de la mesure $V_{QR}$ et montre que plus les utilisateurs sont jeunes, plus ils ont été rapides (+31 et +38 % pour les 2 tranches d'âge les plus jeunes). Il faut noter que la quasi-totalité des utilisateurs a choisi d'extraire le maximum de réponses différentes possibles pour chaque question avec une durée moyenne de 238,37 secondes pour une médiane de 239,77. Par exemple, seul 9 % des utilisateurs n'ont pas répondu à une question de leur jeu. Citron a été conçu pour répondre de façon rapide aux questions et se retrouve sans surprise le plus rapide, Citron passant en moyenne 22 secondes[4] par question. Même pour les questions auxquelles Citron décide de ne pas répondre, le temps consommé pour extraire les candidats-réponses et finalement ne pas les proposer ne le désavantage pas au niveau temporel. Le coefficient de corrélation de Bravais-Pearson montre qu'il n'y a pas de corrélation entre le temps passé et la qualité de l'extraction.

Pour la **qualité de l'extraction des réponses**, on constate que la F-mesure $F$ est naturellement plus élevée selon les critères d'évaluation *humain* plutôt que *QR*. Citron est nettement moins performant principalement parce qu'il ne répond

4. 16 processeurs INTEL QUAD 5570, 50 Go de RAM, Ubuntu SMP

pas à 7 questions sur les 20. Pour ces questions, Citron a notamment rencontré des problèmes d'absence de candidats-réponses du type attendu et de non application de nos règles XIP (problème de conversion HTML, question en anglais). Citron a une forte précision : si on ne prend en compte que les questions auxquelles Citron a répondu, il n'est alors en moyenne que de 10 points en F-mesure derrière les utilisateurs, obtenant même un meilleur score pour le *jeuB*.

# 5 Résultats de la satisfaction des utilisateurs

Le tableau 4 montre que 71,39 % des utilisateurs ont trouvé que la présentation des réponses *à la* Citron répondait mieux à la question. La présentation *à la* Citron est vue comme justifiant le mieux ses réponses à 61,80 %, ce qui semble confirmer l'intérêt d'ajouter le critère variant aux réponses extraites quand il existe.

| *En ne prenant en compte que les réponses globales, quelle colonne répond le mieux à la question posée ?* | | | | |
|---|---|---|---|---|
| | très nettement la gauche | plutôt la gauche | plutôt la droite | très nettement la droite |
| Moyenne (jeux A et B) | 7,27 | 21,34 | **30,0** | **41,39** |
| *Quelle colonne justifie le mieux ses réponses ?* | | | | |
| | très nettement la gauche | plutôt la gauche | plutôt la droite | très nettement la droite |
| Moyenne (jeux A et B) | 8,46 | 29,74 | **42,73** | **19,07** |

TABLE 4 – Préférences de présentation des réponses : *gauche* pour le format campagne d'évaluation et *droite* pour Citron.

# 6 Conclusion

Citron est un système de question-réponse en français capable d'extraire des réponses à des questions à réponses multiples en domaine ouvert à partir de documents provenant du Web. La particularité de Citron est qu'il exploite les structures (énumérations, tableaux) propres à ces documents pour mieux extraire les réponses et éventuellement les agréger pour faire apparaître des critères variants comme la date ou le lieu. Nous nous sommes intéressés ici à la comparaison de performances entre des humains et notre système de question- réponse Citron pour la tâche d'extraction de réponses à des questions à réponses multiples. Nos différentes expériences nous ont permis de confirmer l'hypothèse intuitive qu'un être humain est plus performant que notre système mais à un coût temporel très fort. Elles ont aussi confirmé l'importance pour un système de pouvoir traiter les éléments structuraux comme les tableaux. Mais ces évaluations ont surtout permis de montrer que les utilisateurs produisent eux-aussi des réponses présentant des critères variants et préfèrent la présentation des réponses offerte par Citron, notamment parce qu'elle aide mieux à comprendre la justification des réponses et leur multiplicité.

# Références


AÏT-MOKHTAR S., CHANOD J.-P. & ROUX C. (2002). Robustness beyond shallowness : incremental deep parsing. *Natural Language Engineering*, **8**, 121–144.

AYACHE C. (2005). Evaluation en question-réponse, rapport final de la campagne EVALDA. In *Campagne EQUER*.

FALCO M.-H. (2012). Typologie des questions à réponses multiples pour un système de question-réponse. In *RECITAL*, p. 191–204, Grenoble, France.

FALCO M.-H., MORICEAU V. & VILNAT A. (2012). Kitten : a tool for normalizing HTML and extracting its textual content. In *Proceedings of the Eight International Conference on (LREC'12)*, Istanbul, Turkey.

FALCO M.-H., MORICEAU V. & VILNAT A. (2013). Répondre à des questions à réponses multiples : premières expérimentations. In *Conférence francophone en Recherche d'Information et Applications (CORIA)*.

GRAPPY A. (2011). *Validation de réponse dans un système de question-réponse*. PhD thesis, Université Paris-Sud.

HATCHER E., GOSPODNETIC O. & MCCANDLESS M. (2010). *Lucene in action, Second Edition*. Manning.

MORICEAU V. & TANNIER X. (2010). FIDJI : Using Syntax for Validating Answers in Multiple Documents. *Information Retrieval, Special Issue on Focused Information Retrieval*, **13**(5), 507–533.

QUINTARD L., GALIBERT O., ADDA G., GRAU B., LAURENT D., MORICEAU V., ROSSET S., TANNIER X. & VILNAT A. (2010). Question Answering on Web Data : The QA Evaluation in Quaero. In *LREC*, Valletta, Malta.

STRÖTGEN J. & GERTZ M. (2013). Multilingual and Cross-domain Temporal Tagging. *Language Resources and Evaluation*, **47**(2), 269–298.

TANNIER X. (2012). WebAnnotator, an Annotation Tool for Web Pages. In *LREC 2012*, Istanbul, Turkey.

# Centrality Measures for Non-Contextual Graph-Based Unsupervised Single Document Keyword Extraction

Natalie Schluter
Department of Computer Science, School of Technology, Malmö University, Malmö, Sweden
natalie.schluter@mah.se

**Abstract.** The manner in which keywords fulfill the role of being central to a document is frustratingly still an open question. In this paper, we hope to shed some light on the essence of keywords in scientific articles and thereby motivate the graph-based approach to keyword extraction. We identify the document model captured by the text graph generated as input to a number of centrality metrics, and overview what these metrics say about keywords. In doing so, we achieve state-of-the-art results in unsupervised non-contextual single document keyword extraction.

## 1 Introduction and Previous Work

Researchers are far from reaching a consensus about what a *keyword extracted* from a document actually is, which may provide part of the explanation for why the keyword extraction task is such a challenge. Some characterisations of keywords are that, with respect to the document at hand, they are important or significant (Mihalcea & Tarau, 2004; Liu *et al.*, 2009a; Wan & Xiao, 2008), salient (Wan *et al.*, 2007), or (less directly) *central*, and that somehow they fulfill the role of little summaries for the document and represent the document. But how keywords fulfill these characteristics, is a question that is still wide open and building a system for a task that is not well-defined is difficult, if not unwise. However, the important role of keywords in tasks such as document indexing for search engines, summarisation, clustering and classification, make this (currently) ill-defined research necessary.

In this paper, we present a study on the essence of keywords in scientific articles and thereby motivate the graph-based approach to keyword extraction. We identify the document model captured by the text graph generated as input to a number of centrality metrics, and overview what these metrics say about keywords. In doing so, we achieve state-of-the-art results in non-contextual single document keyword extraction for the Inspec corpus, an NDCG score of 0.07578 ; we can affirm this, because the systems we compare here in terms of NDCG include re-implementations of the previous state-of-the-art.

We identify two broad types of *single document keyword extraction* (SDKE). *Contextual SDKE* makes use of the document set to which the relevant document belongs, and in which there are similar documents ; other information outside of the document set may also be used in some types of contextual SDKE. *Non-contextual SDKE* makes use of only the relevant document with no other information. The latter does not necessarily make the assumption of independence of documents in general. Non-contextual SDKE is actually important for the case of isolated documents (not part of a document set), as well as for documents for which relevant supplementary information may be non-existent or unreliable. In addition, the study of non-contextual SDKE is a study of baselines in keyword extraction : before constructing complex methods using more information, it is important to understand what we can achieve with the document alone.

This paper presents a study of graph-based unsupervised non-contextual SDKE. Recent studies by Mihalcea & Tarau (2004) (which was the original approach), Rose et al. Rose *et al.* (2010), Litvak, Last & Litvak *et al.* (2013), and Litvak & Last (2008), which also represent the state-of-the-art for the unsupervised version of this task, all use graph-based methods. The superior method (in (Rose *et al.*, 2010), rediscovered in (Litvak *et al.*, 2013)) of the three simply extracts the vertex degree ; the other methods apply more complex algorithms (PageRank (Brin & Page, 1998) is applied in (Mihalcea & Tarau, 2004; Liu *et al.*, 2010; Zhao *et al.*, 2011) and HITS (Kleinberg, 1999) is applied in (Litvak & Last, 2008)). What all three methods have in common, though they do not state that this is their explicit intention, is that they exploit measures of *centrality* of the graph. This paper aims to make these centrality measures explicit and study their appropriateness for the task. Our work will be comparable to that of Mihalcea & Tarau (2004) and Litvak *et al.* (2013), who also worked on unsupervised non-contextual single document keyword extraction for the same dataset, with the latter presenting the previous state-of-the-art. We carry out experiments on the test set from the Inspec abstract corpus (Hulth, 2003) consisting of 500 abstracts for scientific articles, along with the *uncontrolled* corresponding keywords.

We consider seven well-known measures of centrality, which, following (Borgatti & Everett, 2006) are distributed among the three categories : degree-like centrality, closeness-like centrality, and betweenness-like centrality. In doing so, we hope to either provide motivation, both conceptually (and/or mathematically) and empirically with respect to the appropriateness of these centrality measures. We also give the first non-results oriented motivation for the use of a graph representation of document that provides a basis for which these centrality measures are of interest.

We begin in Section 2 by motivating the document graph model. Then we turn our discussion to centrality measures (Section 3). Finally, we present the experimental results and discussion (Sections 4 and 5).

# 2 What *is* the graph ?

**The graph model in previous work.** In non-contextual SDKE, the main motivation for attempting to model the text of a document as a graph is for the use of some ranking algorithm over the textual units of the entire graph, based on some notion of centrality, where the relationships modelled between these units (i.e., the edges or directed edges) are co-occurrence relationships.

(Litvak & Last, 2008) and (Litvak *et al.*, 2013) posit that this reflects linguistic syntax. Certainly, specific linear order textual relations can result from linguistic syntax, to various degrees depending on the language in question, and to a large degree in English specifically. However, it is unclear why syntax alone should be the motivation for the creation of a text graph and its input into a ranking algorithm. What specifically is the role of syntax in determining the most important textual units of a document ?

(Mihalcea & Tarau, 2004), on the other hand, argue that the edges represent connections between concepts (approximated by text units), in terms of their cohesiveness for building up a conceptual context "web" in which a human would understand the text at hand ; in this context web, they explain, some units are more important than others, and they are detectible by their connections with other important concepts, interpreted as "recommendations". They also introduce the notion of a *text surfer*, which we interpret to be the *reader*, over this concept web (PageRank with the concept web as input), as the algorithm for detecting some inherent ranking of units in this web. From these notions, two questions immediately arise. How does a concept (word) recommend another word from mere co-occurrence ? What does it mean for a word to recommend another word ? For the case of the internet, it is clear how these (directed) links form immediate recommendations for given topics. However, this seems to not be as clear in the case of texts.

Sometimes the edges are directed (as in, for example, (Litvak & Last, 2008; Litvak *et al.*, 2013)) and sometimes undirected (as in, for example (Mihalcea & Tarau, 2004)). However, no motivation is given for directed-ness of the relationships based on the nature of the object modelled, over a results related argument from the experiments reported in these studies (they tried both and one type yielded best results), or from some other study (someone else tried both and one type yielded best results).

**The graph model in this work : concept-building in communication.** In this work, we model text as an *undirected* graph, where vertices are words appearing in the text and edges model text-linear relationships between words (i.e., that they are beside each other in the text) ; vertices representing semantically rich words (approximated here by non-stopwords) are collapsed into a single vertex if they are of the same form and part-of-speech. We follow (Mihalcea & Tarau, 2004), in considering the words of the text as approximations of concepts, but our model motivation differs in two very important respects, as we will now explain.

One essential difference is that we view text from the point of view of *synthesis* (text creation) rather than *analysis* (reading). We posit that (at least) for scientific text, discussing a topic efficiently requires concept coordination. In generating scientific text on a given topic (or given related topics), the "author" may require other concepts to regularly support the discussion (for example, definitions or explanations). We assume that the author is communicating in the most efficient manner possible, and that supporting concepts are named only when absolutely necessary. Moreover, we make the observation that in supporting or defining a concept, textual mention of a topic concept and supporting concepts should occur rather close to each other, in terms of the linear order of concepts (words) in the texts. We therefore approximate these concept support relations by co-occurrence relations, but recognise that these relations are essentially undirected : there is no clear order that should be observed between topic concepts and supporting concepts within a single sentence (or over several sentences for that matter). Note that the network is *not* the meaning of the documentation ; rather it is a *representation of its construction*. Flow through the concept network is seen as *communicative*concept-building on the part of the author for the reader.

Given this graph, we want to find the most "central" concepts/words and propose these as keywords for the document. However, several notions of centrality can now be applied. A concept can be considered important, because it

1. has first-hand access to many concepts (degree centrality),
2. is very close (and therefore is indirectly used as support) in the network to many distinct concepts (closeness centrality), or
3. is between many concepts and therefore might be often traversed (expressed) in order to build a discussion starting at one concept and ending at another (between-ness centrality).

We examine all these types of centralities using conventional deterministic measures for them, to present how the different centrality measures represent the reality of the gold keyword sets.

**Generating the keyword graph.** We first carry out sentence detection, tokenisation and part-of-speech tagging on the corpus, using the Stanford POS Tagger (Toutanova *et al.*, 2003). We remove all punctuation from individual sentences. However our sentences are segmented (unlike, for example in (Mihalcea & Tarau, 2004)) ; so we take sentence terminating punctuation into account (like (Litvak & Last, 2008)). We also use a stop-word list to create two different types of graphs, both of which can be constructed in time linear in the length of the document.

1. The **reduced** adjacency graph, which is constructed from the text stripped of stop-words. An edge between two words is added to the graph if these two words are adjacent in the text. Two word vertices decorated with words of the same form and (first letter of) part-of-speech are collapsed into a single vertex. This method follows that of (Liu *et al.*, 2009a). Note that we do not filter out words of a certain part-of-speech tag, unlike (Liu *et al.*, 2009b; Mihalcea & Tarau, 2004; Litvak & Last, 2008) as a preprocessing step.
2. The **full** adjacency graph, which is constructed from the full unstriped text. This time, however, word vertices that are not stop-words of the same form and part-of-speech are collapsed into a single vertex, whereas words that are stop-words are not. So here the text graphs should be seen as having two types of nodes corresponding to (1) candidate keyword parts for the document, and (2) stop words.

The point of using these two separate types of graphs is two-fold : (1) to test if we can eliminate a pre-processing step using by using different measures, and (2) to examine the behaviour of the different centrality measures on the denser (reduced) and sparser (full) graphs.

For Example (1), abstract 1939 from the Test File in the Inspec corpus, first used as an example in (Mihalcea & Tarau, 2004), we give the generated reduced adjacency text graph and full adjacency text graph in Figures 1 and 2, respectively.

(1) Compatibility of systems of linear constraints over the set of natural numbers. Criteria of compatibility of a system of linear Diophantine equations, strict inequations, and nonstrict inequations are considered. Upper bounds for components of a minimal set of solutions and algorithms of construction of minimal generating sets of solutions for all types of systems are given. These criteria and the corresponding algorithms for constructing a minimal supporting set of solutions can be used in solving all the considered types systems and systems of mixed types.

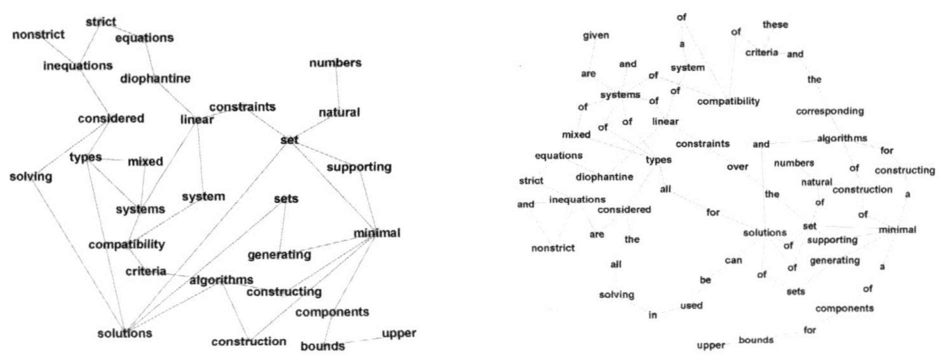


FIGURE 1 – Reduced (left) and full (right) adjacency graph for Example (1).

In this study and to maintain the *unsupervised* characterisation of the study, we use the MySQL stop-word list. [1]

## 3 Centrality

We hypothesise that keywords are the most "central" word vertices in a document's text graph, under some definition of centrality, which can vaguely be understood to be a summary of a node's involvement in or contribution to the cohesiveness

1. http://dev.mysql.com/doc/refman/5.5/en/fulltext-stopwords.html

of the network (Borgatti & Everett, 2006). We now describe the deterministic centrality measures that we experimented with for the keyword extraction task presented in this paper.

**Degree-like centrality measures.** The *degree centrality* of a vertex $v$ in a graph $G$, $C_D(v)$ is simply its degree $deg(v)$. Within the context of text graphs, this is a measure of how much of a first-hand support a text vertex (concept) is for other text vertices (concepts). Previous to the work presented in this paper, systems based on this measure were state-of-the-art (Litvak *et al.*, 2013; Rose *et al.*, 2010).

*Eigenvector centrality* is generally considered to be a measure of the "influence" of a node in a graph : the more central a node is, the more central its neighbours are and so forth. In other word, vertices are important, because they have first-hand access to many other important vertices. In the context of our concept graph approximated by the text graph, the more support a concept is provided, the more total conceptual support is offered to further concepts supported by it. The output of the PageRank algorithm is meant to be a randomised variant of this measure for *directed* graphs (Page *et al.*, 1999). In fact, this ranking is also theoretically the output of the HITS algorithm (for *directed* graphs) upon convergence (provided all eigenvalues are distinct) (Kleinberg, 1999).

To calculate the eigenvector centrality of a node $v_i \in V(G)$, $C_{EI}(v_i)$, one finds the principal eigenvector of the adjacency matrix for the graph. The $i$th entry in this vector is $C_{EI}(v_i)$. From this definition, it is clear that the measure cannot be used on disconnected graphs. To surmount this difficulty, we use the PageRank "teleportation trick", transforming the input graph into a complete graph, simply incrementing the weight of all possible edges by 1.

**Closeness centrality measures.** *Closeness centrality* measures account for the distance of a node to all others. For computational efficiency, they consider the set of all shortest distances of a vertex $x$ to all other nodes : $\{d(x, v) : v \in V(G)\}$. These measures are the least robust of all measures used in the following sense : for a disconnected graph, this sum is infinite for all vertices ; but we use the suggestion of (Dangalchev, 2006) for disconnected graphs, taking the limit in infinite calculations, so the distance between disconnected nodes is infinite and the reciprocal of this is just zero.

The *closeness centrality* $C_C(x)$ of a vertex $x$ is defined as $C_C(x) := \frac{1}{\sum_{v \in V(G)} d(x,v)}$. So, the longer the distance to other word vertices (concepts), the less central the word vertex (concept) can considered. However, with this definition of closeness centrality, one cannot differentiate words that are close and far to equal numbers of nodes from those nodes that are generally close-ish to all other nodes. This is the motivation behind the *eccentricity* measure $C_{ECC}(x)$ of a vertex, which is defined as $C_{ECC}(x) := \frac{1}{\max_{v \in V(G)} d(x,v)}$.

**Betweenness centrality measures.** The *betweenness centrality* of a vertex quantifies how often a node acts as a bridge along the shortest path between two other nodes. In the context of our text graph, the betweenness centrality can be seen as a measure of how the presentation of a scientific subject must employ a given word (concept) as support when moving the discussion between two different concepts. We consider three different betweenness centrality measures.

The *(normalised) betweenness centrality* $C_B(x)$ for vertex $x$ is defined as $C_B(x) := \sum_{s \in V(G)} \sum_{t \in V(G)} \frac{\sigma_{st}(x)}{\sigma_{st}}$, where $\sigma_{st}$ is the number of shortest paths between nodes $s$ and $t$.

$C_B(x)$ gives more weight to pairs of vertices at a larger distance from each other. If one wishes to consider all shortest paths to contribute the same weight, one approach is to normalise by the shortest distance between $s$ and $t$, which yields *length-scaled betweenness centrality*, $C_{LSB}(x) := \sum_{s \in V(G)} \sum_{t \in V(G)} \frac{\sigma_{st}(x)}{d(s,t)\sigma_{st}}$.

Finally, the *distance-weighted fragmentation* $C_{DWF}(x)$ of vertex $x$ measures the fragmentation of a graph if we took $x$ out of it and is defined as $C_{DWF}(x) := C_{DWF}(G - x) - C_{DWF}(G)$, where $C_{DWF}(G) := 1 - \frac{2\sum_{i \neq j} \frac{1}{d(i,j)}}{n(n-1)}$.

Note that $G - x$ (the graph obtained from $G$ by removing vertex $x$ and any edges incident to $x$) should be more fragmented than $G$. (We also shift all scores, so that they are positive.)

**Ranked keywords.** In Table 1, we give the top ranked seven words output by the degree centrality, eigenvector centrality, closeness centrality and betweenness centrality for Example (1).

| | | | | | | | |
|---|---|---|---|---|---|---|---|
| $C_D(v)$ | systems, | set, | minimal, | solutions, | types, | linear, | inequations |
| $C_{EI}(v)$ | systems, | set, | minimal, | solutions, | types, | linear, | algorithms |
| $C_C(v)$ | set, | solutions, | constraints, | minimal, | algorithms, | generating, | sets |
| $C_B(v)$ | compatibility, | systems, | linear, | constraints, | set, | natural, | numbers |

TABLE 1 – Top seven words from ranked lists for Example (1) across a selection of centrality measures, for the full text adjacency graph.

# 4 Evaluation

We carry out similar post-processing to (Mihalcea & Tarau, 2004). That is, sequences of adjacent keywords from the text are possibly collapsed into a multi-word keyword, depending on their scores. We score a multi-unit keyword by the average (**ave**) score of words they are composed with. This yields a candidate list where there may be unit overlaps in keywords. We therefore test an extra post-processing step which keeps only the keyword with the highest score among two overlapping keywords (this corresponds to **ave-excl** in Table 4). Ties are broken with a preference for longer keywords ; moreover, the proposed keywords must not start or end with a stop-word, and must be grounded in a noun (i.e., the rightmost word of a multi-word keyword must be a noun). Keywords consisting of at most three words are considered.

Results are evaluated using average standard Normalised Discounted Cumulative Gain (NDCG) which is mathematically proven to distinguish between ranking systems that are sufficiently different from each other (Wang *et al.*, 2013). Recall that NDCG is carried out on the *entire* ranked list and not on some top-$n$ items ; System A is considered superior to System B if the positives (correct keywords) are generally ranked higher by System A than by System B according to the NDCG metric.

We see that there is the best performing system uses $C_{LSB}$ (with **(ave-excl)-full**). Moreover, we observe that the post-processing step which does not allow overlapping keywords in the candidate list performs better across all measures ; this is probably because "close duplicates" that would otherwise dilute the higher ranking positions are excluded.

We also consider that the use of the set-based evaluation metrics of precision, recall, and f-score are misleading for rank-based systems, but may be informative as a means of error analysis when considering best parameter performance : poor system performance can possibly be explained by a system reaching its optimal f-score too early (for example, $n = 1$), or too late (for example, $n = 50$) in the ranked list. The best parameter f-scored system is $C_B$**-(ave)-full** occurs at $n = 9$, with only half of the list being true positives.

The eigenvector centrality measure is equivalent to PageRank and we test the degree centrality measure. These are the two methods that have previously been tested for non-contextual SDKE, in (Mihalcea & Tarau, 2004) and (Rose *et al.*, 2010) respectively. The length-scaled betweenness centrality measure outscores both of these measures in NDCG.

In terms of graph structure, we see that in general the full graph is preferred, which attests to the robustness of the measures and their preference for as much information as possible in the graph.

| measure | post-proc | graph | $n$ | precision | recall | f-measure | NDCG |
|---|---|---|---|---|---|---|---|
| Degree Centrality | ave | reduced | 3 | 0.667 | 0.25 | 0.363 | 0.06064 |
| | | full | 17 | 0.353 | 0.75 | 0.48 | 0.06115 |
| | ave-excl | reduced | 13 | 0.308 | 0.5 | 0.381 | 0.05982 |
| | | full | 14 | 0.357 | 0.625 | 0.455 | 0.05830 |
| Eigenvector Centrality | ave | reduced | 4 | 0.5 | 0.25 | 0.333 | 0.06192 |
| | | full | 5 | 0.4 | 0.25 | 0.308 | 0.06209 |
| | ave-excl | reduced | 4 | 0.5 | 0.25 | 0.333 | 0.05976 |
| | | full | 5 | 0.4 | 0.25 | 0.308 | 0.05778 |
| Eccentricity | ave | reduced | 6 | 0.333 | 0.25 | 0.286 | 0.04264 |
| | | full | 16 | 0.25 | 0.5 | 0.333 | 0.04535 |
| | ave-excl | reduced | 10 | 0.2 | 0.25 | 0.222 | 0.04769 |
| | | full | 2 | 0.5 | 0.125 | 0.2 | 0.04692 |
| Closeness Centrality | ave | reduced | 6 | 0.333 | 0.25 | 0.286 | 0.04264 |
| | | full | 16 | 0.25 | 0.5 | 0.333 | 0.04535 |
| | ave-excl | reduced | 10 | 0.2 | 0.25 | 0.222 | 0.04769 |
| | | full | 2 | 0.5 | 0.125 | 0.2 | 0.04692 |
| Distance Weighted Fragmentation | ave | reduced | 3 | 0.667 | 0.25 | 0.364 | 0.06204 |
| | | full | 6 | 0.5 | 0.375 | 0.429 | 0.06094 |
| | ave-excl | reduced | 3 | 0.667 | 0.25 | 0.364 | 0.05995 |
| | | full | 6 | 0.5 | 0.375 | 0.429 | 0.05743 |
| Betweenness Centrality | ave | reduced | 3 | 1.0 | 0.375 | 0.545 | 0.06352 |
| | | full | 9 | 0.556 | 0.625 | **0.588** | 0.06358 |
| | ave-excl | reduced | 3 | 1.0 | 0.375 | 0.545 | 0.06331 |
| | | full | 3 | 1.0 | 0.375 | 0.545 | 0.06334 |
| Length-Scaled Betweenness Centrality | ave | reduced | 6 | 0.667 | 0.5 | 0.571 | 0.06660 |
| | | full | 3 | 1 | 0.375 | 0.545 | 0.06658 |
| | ave-excl | reduced | 4 | 0.75 | 0.375 | 0.5 | **0.07578** |
| | | full | 3 | 1 | 0.375 | 0.545 | 0.07550 |

TABLE 2 – NDCG and best parameter ($n$) precision, recall and f-score for all centrality measures tested.

## 5 Future Work

We have presented a study on the essence of keywords in scientific text, showing that firm understanding of the "flavour" of centrality we are trying to predict is essential in keyword extraction tasks. Some open questions remain. For instance, how robust are these measures on large document graphs ? Also, with larger graphs, time and space becomes an issue : how can these measures be efficiently computed in general ? Large documents pose the next challenge.

## Références


BORGATTI S. P. & EVERETT M. G. (2006). A graph-theoretic perspective on centrality. *Social Networks*, **28**(4), 466 – 484.

BRIN S. & PAGE L. (1998). The anatomy of a large-scale hypertextual web search engine. In *Seventh International World-Wide Web Conference (WWW 1998)*.

DANGALCHEV C. (2006). Residual closeness in networks. *Physica A : Statistical Mechanics and its Applications*, **365**(2), 556–564.

HULTH A. (2003). Improved automatic keyword extraction given more linguistic knowledge. In *Proceedings of the 2003 conference on Empirical methods in natural language processing*, EMNLP '03, p. 216–223, Stroudsburg, PA, USA : Association for Computational Linguistics.

KLEINBERG J. M. (1999). Authoritative sources in a hyperlinked environment. *J. ACM*, **46**(5), 604–632.

LITVAK M. & LAST M. (2008). Graph-based keyword extraction for single-document summarization. In *Proceedings of the Workshop on Multi-source Multilingual Information Extraction and Summarization*, MMIES '08, p. 17–24, Stroudsburg, PA, USA : Association for Computational Linguistics.

LITVAK M., LAST M. & KANDEL A. (2013). Degext : a language-independent keyphrase extractor. *J. Ambient Intelligence and Humanized Computing*, **4**(3), 377–387.

LIU F., PENNELL D., LIU F. & LIU Y. (2009a). Unsupervised approaches for automatic keyword extraction using meeting transcripts. In *Proceedings of Human Language Technologies : The 2009 Annual Conference of the North American Chapter of the Association for Computational Linguistics*, NAACL '09, p. 620–628, Stroudsburg, PA, USA : Association for Computational Linguistics.

LIU Z., HUANG W., ZHENG Y. & SUN M. (2010). Automatic keyphrase extraction via topic decomposition. In *Proceedings of the 2010 Conference on Empirical Methods in Natural Language Processing*, EMNLP '10, p. 366–376, Stroudsburg, PA, USA : Association for Computational Linguistics.

LIU Z., LI P., ZHENG Y. & SUN M. (2009b). Clustering to find exemplar terms for keyphrase extraction. In *Proceedings of the 2009 Conference on Empirical Methods in Natural Language Processing : Volume 1 - Volume 1*, EMNLP '09, p. 257–266, Stroudsburg, PA, USA : Association for Computational Linguistics.

MIHALCEA R. & TARAU P. (2004). Textrank : Bringing order into text. In *Proceedings of EMNLP*, p. 404–411.

PAGE L., BRIN S., MOTWANI R. & WINOGRAD T. (1999). *The PageRank Citation Ranking : Bringing Order to the Web.* Technical Report 1999-66, Stanford InfoLab. Previous number = SIDL-WP-1999-0120.

ROSE S., ENGEL D., CRAMER N. & COWLEY W. (2010). *Automatic Keyword Extraction from Individual Documents*, In *Text Mining. Applications and Theory*, p. 1–20. John Wiley and Sons, Ltd.

TOUTANOVA K., KLEIN D., MANNING C. D. & SINGER Y. (2003). Feature-rich part-of-speech tagging with a cyclic dependency network. In *Proceedings of the 2003 Conference of the North American Chapter of the Association for Computational Linguistics on Human Language Technology - Volume 1*, NAACL '03, Stroudsburg, PA, USA : Association for Computational Linguistics.

WAN X. & XIAO J. (2008). Single document keyphrase extraction using neighborhood knowledge. In *Proceedings of the 23rd national conference on Artificial intelligence - Volume 2*, AAAI'08, p. 855–860 : AAAI Press.

WAN X., YANG J. & XIAO J. (2007). Towards an iterative reinforcement approach for simultaneous document summarization and keyword extraction. In *ACL*.

WANG Y., WANG L., LI Y., HE D. & LIU T.-Y. (2013). A theoretical analysis of ndcg type ranking measures. In *Proceedings of COLT*, p. 25–54.

ZHAO W. X., JIANG J., HE J., SONG Y., ACHANANUPARP P., LIM E.-P. & LI X. (2011). Topical keyphrase extraction from twitter. In *Proceedings of the 49th Annual Meeting of the Association for Computational Linguistics : Human Language Technologies - Volume 1*, HLT '11, p. 379–388, Stroudsburg, PA, USA : Association for Computational Linguistics.

# Détection de périodes musicales d'une collection de musique par apprentissage

Rémy Kessler[1] Nicolas Béchet[2] Audrey Laplante[1] Dominic Forest[1]
(1) Université de Montréal
C.P. 6128, succursale Centre-ville, Montréal H3C 3J7, Canada
IRISA, UMR 6074, INSA Rennes
{remy.kessler, audrey.laplante, dominic.forest}@umontreal.ca
nicolas.bechet@irisa.fr

**Résumé.** Dans ces travaux, nous présentons une approche afin d'étiqueter une large collection de chansons francophones. Nous avons développé une interface utilisant les paroles comme point d'entrée afin d'explorer cette collection de musique avec des filtres en fonction de chaque période musicale. Dans un premier temps, nous avons collecté paroles et métadonnées de différentes sources sur le Web. Nous présentons dans cet article une méthode originale permettant d'attribuer de manière automatique la décennie de sortie des chansons de notre collection. Basée sur un système évalué au cours d'une des campagnes DEFT, l'approche combine fouille de textes et apprentissage supervisé et aborde la problématique comme une tâche de classification multi classes. Nous avons par la suite enrichi le modèle d'un certain nombre de traits supplémentaires tels que les tags sociaux afin d'observer leur influence sur les résultats.

**Abstract.** In this paper, we present an approach to label a large collection of songs in French by decade. We have developed an information visualization interface that allows users to browse the collection searching for lyrics with musical periods dependent filters. We first harvested lyrics and metadata from various sources on the web. We present in this article an original method to automatically assign the decade of songs for our collection. The original system was developed for a DEFT challenge and combined text mining and machine learning with a multi class approach. We subsequently enriched the model with additional features such as social tags to determine their impact on the results.

**Mots-clés :** Fouille de textes, apprentissage supervisé, paroles de chansons, tags sociaux.

**Keywords:** text mining, machine learning, lyrics, social tagging.

## 1 Introduction

Considérant la grande quantité d'informations textuelles sur la musique pouvant être extraite du Web, ce qui inclut métadonnées diverses et paroles de chanson, de nouvelles avenues pour l'étude de la chanson populaire s'ouvrent aux chercheurs. Au moyen de techniques de fouille de textes, il devient désormais possible de développer des systèmes permettant aux chercheurs d'étendre leur étude des paroles de chansons à de larges corpus. Le projet IMAGE[1] propose d'utiliser les paroles comme point d'entrée afin d'explorer une collection de musique. Dans nos précédents travaux (Kessler *et al.*, 2014a) , nous présentions une approche de fouille de textes ainsi qu'une interface permettant la recherche et l'exploration d'une large collection de chansons francophones sur la base des thématiques abordées dans leurs paroles. Les applications de notre démarche sont nombreuses et variées dans le contexte du Web et de la diffusion de contenu multimédia (analyse de la proximité entre les artistes sur la base des thématiques abordées dans leurs chansons, analyse diachronique, etc.) ainsi qu'auprès des sociologues, musicologues qui étudient la musique populaire. Notre corpus incluant des métadonnées riches sur les chansons qui le composent, nous avons développé des fonctionnalités supplémentaires. Nous avons associé à chaque chanson une période musicale (années 80, 90, etc.) afin de visualiser les chansons en fonction de chaque période. Au cours de ce processus, nous avons dû écarter une grande quantité de chansons de notre corpus initial dans la mesure où nous ne disposions pas d'information concernant leur date de sortie. Afin de compléter les informations contenues dans la collection et d'éviter une tâche fastidieuse d'étiquetage manuel, nous avons décidé d'exploiter le reste de la collection ainsi que les métadonnées dans le but d'étiqueter automatiquement la collection. Après une présentation des travaux réalisés par d'autres chercheurs dans ce domaine, nous présenterons succinctement la méthode de collecte du corpus ainsi que des statistiques. Nous aborderons ensuite les traitements appliqués aux paroles et métadonnées avant de développer notre approche pour détecter automatiquement la décennie de chaque chanson.

[1] Indexation de Musique À Grande Échelle

## 2 Travaux connexes

Étant donné l'abondance d'informations musicales disponibles en accès libre sur le Web, il n'est pas surprenant de constater qu'un grand nombre de chercheurs aient développé des outils pour collecter et exploiter ces informations dans le repérage de la musique (voir Li *et al.* (2012) pour une revue exhaustive de la littérature sur ce sujet). Ainsi, McKay *et al.* (2010) utilisent les paroles de chansons en combinaison avec d'autres données telles que descripteurs acoustiques et symboliques, contenu culturel tiré du Web afin d'améliorer la classification automatique par genre. Même si l'approche sous forme de sacs de mots reste la plus répandue pour classifier les chansons par genre,Mayer *et al.* (2008) utilisent des caractéristiques additionnelles telles que les rimes ou les catégories grammaticales. Des chercheurs ont également démontré la pertinence d'utiliser les paroles pour réaliser d'autres tâches, notamment pour la détection d'émotions (Hu *et al.*, 2009; Van Zaanen & Kanters, 2010), ou encore dans le but d'établir le degré de similarité entre artistes à l'aide d'une analyse sémantique des paroles (Logan *et al.*, 2004). Müller *et al.* (2007) proposent un moteur de recherche sur les paroles de chanson permettant d'accéder directement à la partie de l'enregistrement audio correspondant à sa requête au moyen d'un alignement automatique entre paroles et bande sonore. L'utilisation des tags sociaux[2] dans le cadre des données musicales est devenue pratique courante afin d'améliorer la description des ressources en ligne. En effet, ils offrent un grand volume d'informations textuelles qui va bien au-delà des métadonnées standards. Levy & Sandler (2008) montrent leur l'efficacité dans un système de recherche tout en soulignant les problèmes de polysémie[3] ou encore de synonymie[4]. De la même façon, Laurier *et al.* (2008) les utilisent afin de constituer une référence pour évaluer leur système tandis que (Trant, 2009) décrit une méthodologie permettant la construction automatique d'une taxonomie hiérarchique en fonction de leurs fréquences. Même si les tags sociaux ont des caractéristiques particulières, nous pensons qu'ils sont une source de données d'apprentissage pertinente. À notre connaissance, il n'existe pas de travaux visant à détecter la période de création de chansons ou d'autres pièces musicales. Néanmoins, l'analyse des informations temporelles est souvent une composante essentielle dans la compréhension de textes et est utile dans un grand nombre d'applications de recherche et organisation d'informations comme le souligne (Alonso, 2008; Kanhabua, 2009). La tâche de variation diachronique a ainsi fait l'objet de deux campagnes d'évaluation DEFT[5]. Différentes approches statistiques et symboliques, en combinaison avec des techniques d'apprentissage, ont été développées par les participants afin de détecter la période de textes journalistiques. Généreux (2010) a ainsi pu mettre en évidence des variations de fréquences ou des mots saillants pour chaque décennie tandis que Raymond & Claveau (2011) ont pris en compte les variations de la ponctuation au cours du temps. Au niveau linguistique, une belle étude de réformes orthographiques a été effectuée par Albert *et al.* (2010), permettant aux auteurs de concevoir des filtres pour chaque période spécifique. Des ressources externes ont aussi été utilisées, telles que des entités d'événements nommés (Monceaux & Tartier, 2010) ou encore une base de données avec la date de naissance de personnages célèbres (García-Fernandez *et al.*, 2011). Même si la sémantique de la musique reste difficile à détecter comme le montre les travaux précédents, nous pensons que les tags sociaux et les paroles de chansons, au travers des styles ou genres musicaux, fournissent des descripteurs pertinents.

## 3 Constitution d'un corpus de chansons

Dans le domaine musical, le jeu de données le plus imposant est le *Million Song Dataset* (MSD) (Bertin-Mahieux *et al.*, 2011) qui, comme son nom l'indique, contient plus d'un million de chansons. Il est accompagné des paroles de plus de deux cent mille chansons représentées sous forme de matrice sac de mots, le *MusiXmatch Dataset*, lequel n'inclut malheureusement qu'une faible portion de chansons en français. Nous avons donc choisi de constituer notre jeu de données. À l'aide d'une liste de pays francophones, nous avons utilisé les API de différents entrepôts de données musicales (*LyricWiki*, *EchoNest*, *LastFM*, *Paroles.net* et *musiXmatch*,) afin de collecter un grand nombre de données sur chaque chanson. Comme il s'est avéré difficile de trouver des informations fiables sur la langue des chansons, nous avons comparé les paroles collectées à des antidictionnaires dans plusieurs langues (anglais, français, etc.) afin de détecter automatiquement la langue de chaque chanson. Le processus de collecte d'informations est détaillé dans (Kessler *et al.*, 2014b) . Cette méthode nous a permis de collecter les paroles de chanson ainsi que de riches métadonnées, incluant les tags sociaux de Last.fm et diverses données bibliographiques (p. ex. : nom du parolier, du compositeur) couvrant une période de 1950 à nos jours. Comme il est courant pour les artistes de sortir plusieurs versions d'un même titre (single, compilations, live), nous avons dû retirer beaucoup de doublons de notre collection. Pour ces expériences, nous avons extrait un sous-ensemble de 5000

[2]Les tags sociaux sont les mots clés libres que les utilisateurs d'un service attribuent aux ressources (p. ex. : chanson, album ou artiste), notamment dans le but de les repérer par la suite.

[3]le tag « love » peut correspondre à une chanson favorite aussi bien qu'une chanson parlant d'amour

[4]la désignation de musique électronique peut être retrouvée au travers de différents termes tels que « musique électro » ,« musique électronique » ou encore « électro » tout court

[5]DÉfi Fouille de Textes `http://deft.limsi.fr/`

chansons de cette collection. Nous n'avons retenu que des chansons en français pour lesquelles nous avions une date de sortie dans les métadonnées. Nous avons ensuite procédé à un échantillonnage stratifié visant une répartition homogène des chansons par période. Le tableau 1 présente quelques statistiques descriptives de ce sous-ensemble.

| | *avant prétraitements linguistiques* | *après prétraitements linguistiques* |
|---|---|---|
| Nombre total de mots | 1 166 445 | 506 082 |
| Nombre total de tags sociaux différents | 4 417 | 1 363 |
| Moyenne de mots par chanson | 225,68 | 100,22 |
| Moyenne de tags sociaux par chanson | 1,92 | 1,73 |

TAB. 1 – statistiques du sous-ensemble de la collection.

# 4 Méthodologie

## 4.1 Filtrages et prétraitements linguistiques

Certains différents prétraitements linguistiques sont effectués : conversion des majuscules en minuscules, retrait des chiffres et des nombres (numériques et/ou textuels), des accents et des symboles (par exemple « $ » ,« # » , « * » ). Afin d'éviter l'introduction de bruit dans le modèle, nous utilisons un antidictionnaire composé de verbes auxiliaires et d'autres mots fonctionnels couramment utilisés comme marqueurs discursifs ou comme conjonctions de coordination et/ou de subordination. Nous avons par ailleurs enrichi l'antidictionnaire de termes extraits de la langue populaire du Québec et de France que l'on retrouve fréquemment dans les chansons (p. ex. : « té » (tu es), « chu »(je suis), « c'te » (cette)). Nous appliquons par la suite un processus de lemmatisation simple[6] afin de réduire considérablement les dimensions de l'espace tout en augmentant la fréquence des termes canoniques.

## 4.2 Une approche par Boosting

Nous avons utilisé l'algorithme *AdaBoost* qui combine les votes pondérés d'une multitude d'apprenants faibles. L'algorithme a été implémenté dans l'outil de classification à large-marge BoosTexter (Schapire & Singer, 2000). Il permet de fournir au classifieur des données numériques, mais également des données textuelles sous forme de n grammes de mots. Nous avons utilisé l'outil IcsiBoost (Favre *et al.*, 2007), qui est l'implémentation open-source de cet outil et qui présente l'avantage de pouvoir fournir un score de confiance pour chaque exemple à classifier. Le système de base pour ces expérimentations a été évalué lors de la campagne DEFT 2010 sur la tâche de variation diachronique comme un des systèmes initiaux (Rk_icsiboost) de (Oger *et al.*, 2010) et sera présenté comme baseline (appelé par la suite *SB*) dans la section 5. Les paramètres d'entrée du système sont les entrées lexicales de chaque document, les paroles des chansons ainsi que le titre avec une représentation sous forme de n grammes de mots dont nous avons fait varié la taille entre 1 et 5. Nous avons par la suite enrichi le modèle d'un certain nombre de traits supplémentaires afin d'observer leur influence sur les résultats. Nous présentons ci-dessous l'ensemble de ces traits regroupés en fonction de leur type :

- Traits *EchoNest* : Il s'agit d'un ensemble de valeurs numériques pour chaque chanson transmise par le site *EchoNest*. Différentes caractéristiques pour chaque chanson sont ainsi ajoutées telles que « danceability », « Hotness », « loudness » ou encore tempo.
- Collaborateurs : Chaque chanson étant associée à des collaborateurs (parolier, compositeur, arrangeur, musiciens, etc.), ceux-ci ont été regroupés dans un champ textuel unique. Nous avons cependant fixé la taille des n grammes à 3 afin de conserver l'association entre le type de collaboration et le nom du collaborateur (par exemple,« parolier Martial Tricoche » ).
- Chansons et artistes similaires : Nous avons regroupé dans ces traits l'ensemble des chansons et artistes similaires associés à chaque chanson selon les informations issues des sites *LastFM* et *EchoNest*.
- Tags sociaux : Les tags sociaux associés à chaque chanson ont été regroupés en un champ textuel unique avec une taille de n grammes de 1. Les prétraitements classiques sont appliqués (antidictionnaire et lemmatisation) en français ainsi qu'en anglais étant donné que plusieurs utilisateurs du site Last.fm attribuent des tags dans cette langue, même pour les chansons francophones.

Nous présenterons en section 5 les différents résultats obtenus pour chacun des types de traits ainsi que pour leurs combinaisons.

[6] La lemmatisation simple consiste à trouver la racine des verbes fléchis et à ramener les mots pluriels et/ou féminins au masculins singulier.

### 4.2.1 Utilisation de motifs séquentiels

Toujours dans l'idée de détecter des descripteurs additionnels sur la base des informations textuelles à notre disposition, nous avons eu recours à l'utilisation des motifs séquentiels. Nous introduisons dans un premier temps ces derniers avant de présenter la méthode mise en œuvre afin d'exploiter les motifs séquentiels avec des données textuelles.

**Définitions.** Introduite par (Agrawal & Srikant, 1995), l'extraction de motifs séquentiels est un champ de la fouille de données visant à extraire des régularités dans un jeu de données se présentant sous la forme de séquences. Ce jeu de données est appelé *base de données séquentielles* ($SDB$). Les auteurs ont introduit la notion de *séquence* notée $s = \langle I_1 \ldots I_m \rangle$, comme étant une liste ordonnée d'*itemsets* . Un itemset, noté $I = (i_1 \ldots i_n)$ est un ensemble de littéraux appelés *items*. Ainsi, la séquence $\langle (a)\ (a\ b\ c)\ (a\ c)\ (d) \rangle$ est ici composée de quatre itemsets, dont le deuxième itemset comporte trois items $a$, $b$ et $c$. Une séquence $S_1 = \langle I_1 \ldots I_n \rangle$ est *incluse* dans une séquence $S_2 = \langle I'_1 \ldots I'_m \rangle$ si il existe des entiers $1 \leq j_1 < \ldots < j_n \leq m$ tel que $I_1 \subseteq I'_{j_1}$,..., $I_n \subseteq I'_{j_n}$. On dit alors que $S_2$ *supporte* $S_1$ et que $S_1$ est une *sous-séquence* de $S_2$. Par exemple, $\langle (a)(a\ c) \rangle \subseteq \langle (a)(a\ b\ c)(a\ c)(d) \rangle$. Le *support* d'un motif séquentiel $P$ (notée $sup(P)$) est le nombre de séquences de la $SDB$ supportant $P$ divisé par le nombre de séquences de la $SDB$. Finalement, un motif séquentiel fréquent est dit ***maximal*** si il n'existe aucun motif pouvant être inclus dans ce dernier.

**Utilisation des motifs pour les textes des chansons.** Dans notre cas, chaque chanson est considérée comme une $SDB$. Ainsi, chaque vers représente une séquence. Les itemsets constituants les séquences sont alors construits à partir des mots de chaque vers de la manière suivante. Pour chaque mot, un lemme et une catégorie grammaticale sont extraits afin de former un itemset[7]. Considérons par exemple le vers suivant extrait d'une chanson : "*Sauver une âme*". La séquence résultante sera alors :$\langle\ (Sauver\ VERBE)\ (un\ PRONOM)\ (\hat{a}me\ NOM)\ \rangle$.

Afin d'obtenir de nouveaux descripteurs caractérisant les chansons nous procédons alors comme suit : 1) construire les $SDB$ pour chaque chanson, 2) extraire les motifs séquentiels maximaux à partir des $SDB$, 3) conserver uniquement les $k$ motifs les plus fréquents afin de représenter chaque chanson. Finalement, une mesure de similarité est en cours de réalisation afin de mesurer la proximité entre deux motifs séquentiels ce qui nous permettra de calculer des médoïdes représentant les différentes classes. Toute nouvelle chanson, une fois les motifs séquentiels la caractérisant extraits, pourra alors être comparée à ces médoïdes afin de lui attribuer automatiquement une classe.

# 5 Expériences

## 5.1 Protocole expérimental

Afin d'entraîner les classifieurs, une étiquette a été associée à chaque chanson en fonction de sa période musicale (années 80, 90, etc.). Compte tenu du peu de documents pour ces périodes dans le corpus, les chansons des années 50, 60 et 70 ont été ramenées à une étiquette unique, années 50-70. Nous avons évalué cette approche avec une validation croisée classique sur 5 partitions du corpus. Chaque chanson est ainsi répartie aléatoirement dans une des partitions, avec un nombre équilibré de chansons pour chaque période. Nous utilisons 4 sous-corpus en tant que données d'apprentissage (trois sont utilisés en apprentissage tandis que le dernier permet de calibrer le classifieur) et le cinquième corpus est réservé au test : 5 jeux de tests tournants sont ainsi créés. Chacune des expériences a été évaluée sur les corpus de test en utilisant les mesures classiques de Précision, Rappel et F-score des documents bien classés, moyennées sur toutes les classes (avec $\beta = 1$ afin de ne privilégier ni la précision ni le rappel (Goutte & Gaussier, 2005)). Le score final d'un test est ensuite calculé en faisant la macro moyenne de tous les scores obtenus sur chacun des ensembles de test. À titre de comparaison, nous avons inclus la mesure d'évaluation développée par (Grouin *et al.*, 2011) permettant d'évaluer le résultat obtenu sur la base d'une fenêtre de 15 ans autour de l'année de référence.

## 5.2 Résultats

En observant les résultats du tableau 2, on constate que le système classique (SB) obtient un score de 0,38 en Précision et un F-score de 0,54, ce qui est globalement faible, mais comparable aux résultats de la campagne DEFT, même si le nombre de classes était plus important. L'utilisation d'un antidictionnaire et d'une étape de lemmatisation apporte peu individuellement, mais permet d'améliorer les résultats des autres expériences. Concernant les traits EchoNest, ceux-ci apportent peu de gain, mais nous expliquons cela par le nombre conséquent de documents pour lesquels nous n'avions pas ces données. L'apport des autres traits (COL, ACS) reste aussi faible et peu significatif même si l'on observe que les performances sont conservées lors des combinaisons.

L'étude détaillée des résultats montre qu'en dehors des paroles de chansons, les tags sociaux sont le premier trait pris en compte lors de la prise de décision suivi par les motifs ainsi que le nom des collaborateurs. Néanmoins, une observation

[7]Les lemmes et catégories grammaticales sont extraits en utilisant l'outil Treetagger

| | Précision | Rappel | F-score | Mesure DEFT 2011 |
|---|---|---|---|---|
| Sans prétraitements linguistiques | | | | |
| Système de base (SB) | 0,383 | 0,974 | 0,550 | 0,279 |
| SB+traits EchoNest (TE) | 0,388 | 0,954 | 0,551 | 0,280 |
| SB+Collaborateurs (COL) | 0,387 | 0,961 | 0,551 | 0,277 |
| SB+Tags sociaux (TS) | **0,518** | **0,759** | **0,613** | **0,286** |
| SB+Artistes/Chansons similaires (ACS) | 0,383 | 0,974 | 0,550 | 0,279 |
| SB+TE+TS | 0,533 | 0,752 | 0,620 | 0,280 |
| SB+TE+TS+COL | 0,511 | 0,773 | 0,615 | 0,280 |
| SB+TE+TS+COL+ACS | **0,511** | **0,773** | **0,615** | **0,281** |
| Avec prétraitements linguistiques | | | | |
| Système de base (SB) | 0,383 | 0,969 | 0,549 | 0,278 |
| SB+traits EchoNest (TE) | 0,388 | 0,971 | 0,554 | 0,282 |
| SB+Collaborateurs (COL) | 0,388 | 0,959 | 0,553 | 0,281 |
| SB+Tags sociaux (TS) | **0,541** | **0,758** | **0,629** | **0,284** |
| SB+Artistes/Chansons similaires (ACS) | 0,383 | 0,969 | 0,549 | 0,278 |
| SB+TE+TS | 0,533 | 0,752 | 0,620 | 0,280 |
| SB+TE+TS+COL | 0,404 | 0,899 | 0,556 | 0,277 |
| SB+TE+TS+COL+ACS | **0,545** | **0,754** | **0,630** | **0,290** |

TAB. 2 – Ensemble des résultats obtenus par chaque exécution du système.

plus approfondie des erreurs commises montre que l'utilisation de certains tags sociaux comme « français »ou encore « live » influence de façon négative le système. De même, la fréquence importante du tag social « star »pour de nombreux artistes sur des périodes différentes semble conduire le système à commettre des erreurs lors de l'attribution de la décennie. Même si certains tags à caractère personnel comme « favoritos »apportent peu d'information, d'autres tels que « party 2010 »ou encore « seen in 2013 »permettent au système de déterminer la bonne période. En outre, l'utilisation de tags tels que « Disco francophone » , « 1960s » , « french celtic rap » , ou encore les noms d'artistes permettent de réduire de façon significative les erreurs commises par le système. Différentes expériences complémentaires sont en cours afin d'expliquer et améliorer ces résultats. Les résultats obtenus à l'aide de la mesure d'évaluation de la campagne 2011 confirment ces tendances même si les tâches ne sont pas identiques (détection de décennie versus année exacte) . On notera cependant les scores relativement bas ainsi que la faible variation entre les différentes exécutions du système.

# 6 Conclusion et perspectives

Dans cet article, nous avons présenté une approche combinant fouille de texte et apprentissage afin de retrouver les périodes musicales manquantes d'une large collection. Plus spécifiquement, l'approche repose d'abord sur l'utilisation d'algorithmes de fouille de textes ainsi que sur des techniques d'apprentissage machine. Notre collection est représentée sous forme de sacs de mots complétés par des traits supplémentaires avant de les classifier à l'aide d'un algorithme de boosting. Les résultats obtenus montrent que l'utilisation des paroles et des tags sociaux sont une source intéressante afin d'identifier les liens entre les différentes périodes musicales fournissant une base d'apprentissage non négligeable. Finalement, les premiers tests basés sur les motifs séquentiels présentent des résultats encourageants, mais nécessitent des expériences complémentaires. Nous prévoyons de continuer à augmenter le corpus afin de confirmer ces hypothèses et envisageons d'autres expériences comme la détection de parolier ou encore de styles musicaux propres à chaque artiste.

# Remerciements

Les auteurs tiennent à remercier le Conseil de Recherches en Sciences Humaines (CRSH), qui ont partiellement financé ces travaux, le LIA pour la mise à disposition de ressources, Pierre-François Marteau pour sa collaboration ainsi que Mélanie Couderc pour ses relectures attentives.

# Références

AGRAWAL R. & SRIKANT R. (1995). Mining sequential patterns. In *Int. Conf. on Data Engineering* : IEEE.

ALBERT P., BADIN F., DELORME M., DEVOS N., PAPAZOGLOU S. & SIMARD J. (2010). Décennie d'un article de journal par analyse statistique et lexicale. In *Actes DEFT 2010*, p. 85–97, Montréal, Canada.

ALONSO O. R. (2008). *Temporal information retrieval.* PhD thesis, University of California at Davis, Davis, CA, USA. Adviser-Gertz, Michael.

BERTIN-MAHIEUX T., ELLIS D., WHITMAN B. & LAMERE P. (2011). The million Song Dataset. In *ISMIR 2011, Miami, Florida*, p. 591–596.

FAVRE B., HAKKANI-TÜR D. & CUENDET S. (2007). Icsiboost.

GARCÍA-FERNANDEZ A., LIGOZAT A.-L., DINARELLI M. & BERNHARD D. (2011). Méthodes pour l'archéologie linguistique : datation par combinaison d'indices temporels. In *Actes DEFT 2011*.

GÉNÉREUX M. (2010). Classification de textes en comparant les fréquences lexicales. In *Actes DEFT 2010*, p. 57–68, Montréal, Canada.

GOUTTE C. & GAUSSIER E. (2005). A Probabilistic Interpretation of Precision, Recall and F-Score, with Implication for Evaluation. *ECIR 2005*, p. 345–359.

GROUIN C., FOREST D., PAROUBEK P. & ZWEIGENBAUM P. (2011). Présentation et résultats du défi fouille de texte DEFT2011 quand un article de presse a t-il été écrit ? *Actes du septième DÉfi Fouille de Textes*, p.3̃.

HU X., DOWNIE J. S. & EHMANN A. F. (2009). Lyric Text Mining in Music Mood Classification. (5,049), 411–416.

KANHABUA N. (2009). Exploiting temporal information in retrieval of archived documents. In *Proceedings of the 32nd Annual International ACM SIGIR Conference on Research and Development in Information Retrieval, SIGIR 2009, Boston, MA, USA, July 19-23, 2009*, p. 848.

KESSLER R., LAPLANTE A. & FOREST D. (2014a). Encore des mots, toujours des mots : fouille de textes et visualisation de l'information pour l'exploration et l'analyse d'une collection de chansons en français. In *Journées d'Analyse statistique des Données Textuelles (JADT 2014), Paris, (à paraître)*.

KESSLER R., LAPLANTE A. & FOREST D. (2014b). Exploration d'une collection de chansons à partir d'une interface de visualisation basée sur une analyse des paroles. volume EGC, RNTI-E-26, p. 112–123.

LAURIER C., GRIVOLLA J. & HERRERA P. (2008). Multimodal Music Mood Classification Using Audio and Lyrics. In *Machine Learning and Applications, 2008 ICMLA'08*, p. 688–693.

LEVY M. & SANDLER M. (2008). Learning Latent Semantic Models for Music from Social Tags. *Journal of New Music Research*, (2), 137–150.

LI T., MITSUNORI O. & TZANETAKIS G. (2012). *Music Data Mining*, volume 21. CRC Press Llc.

LOGAN B., KOSITSKY A. & MORENO P. (2004). Semantic Analysis of Song Lyrics. In *ICME'04, IEEE International Conference*, p. 827–830.

MAYER R., NEUMAYER R. & RAUBER A. (2008). Rhyme and Style Features for Musical Genre Classification by Song Lyrics. In *ISMIR 2008*, p. 337–342.

MCKAY C., BURGOYNE J. A., HOCKMAN J., SMITH J., VIGLIENSONI G. & FUJINAGA I. (2010). Evaluating the Genre Classification Performance of Lyrical Features relative to Audio, Symbolic and Cultural Features. In *ISMIR 2010*, volume 10, p. 213–218.

MONCEAUX L. & TARTIER A. (2010). Utilisation d'outils linguistiques pour trouver la date ou l'origine d'un fragment textuel. In *Actes DEFT 2010*, p. 21–34, Montréal, Canada.

MÜLLER M., KURTH F., DAMM D., FREMEREY C. & CLAUSEN M. (2007). Lyrics-Based Audio Retrieval and Multimodal Navigation in Music Collections. In *Research and Advanced Technology for Digital Libraries*, p. 112–123.

OGER S., ROUVIER M., CAMELIN N., KESSLER R., LEFÈVRE F. & TORRES-MORENO J. M. (2010). Système du LIA pour la campagne DEFT'10 : datation et localisation d'articles de presse francophones. In *Actes DEFT 2010*, p. 69–83, Montréal, Canada.

RAYMOND C. & CLAVEAU V. (2011). Participation de l'IRISA à DEFT2011 : expériences avec des approches d'apprentissage supervisé et non supervisé. In *Actes DEFT 2011*.

SCHAPIRE R. E. & SINGER Y. (2000). BoosTexter : A boosting-based system for text categorization. *Machine Learning*, p. 135–168.

TRANT J. (2009). Studying social tagging and folksonomy : A review and framework.

VAN ZAANEN M. & KANTERS P. (2010). Automatic Mood Classification using tf* idf based on Lyrics. In *Proceedings of the 11th Int. Conf. on Music Information Retrieval*, p. 75–80.

# AMESURE: une plateforme de lisibilité pour les textes administratifs

Thomas François[1] Laetitia Brouwers[1] Hubert Naets[1] Cédrick Fairon[1]
(1) CENTAL, IL&C, UCLouvain
1, Place Blaise Pascal, 1348 Louvain-la-Neuve
{thomas.francois;laetitia.brouwers;hubert.naets;cedrick.fairon}@uclouvain.be

**Résumé.** Cet article présente une plateforme dédiée à l'évaluation de la difficulté des textes administratifs, dans un but d'aide à la rédaction. La plateforme propose d'une part une formule de lisibilité spécialisée pour les textes administratifs, dont la conception repose sur une nouvelle méthode d'annotation. Le modèle classe correctement 58% des textes sur une échelle à 5 niveaux et ne commet d'erreurs graves que dans 9% des cas. La plateforme propose d'autre part un diagnostic plus précis des difficultés spécifiques d'un texte, sous la forme d'indicateurs numériques, mais aussi d'une localisation de ces difficultés directement dans le document.

**Abstract.** This paper presents a platform aiming to assess the difficulty of administrative texts, mostly for editorial assistance purposes. The platform first offers a readability formula specialized for administrative texts, the development of which required the design of a dedicated annotation procedure. The resulting model correctly classifies 58% of the texts on a 5-levels scale and commits serious misclassifications in only 9% of the cases. Moreover, the platform offers a more accurate diagnosis of the difficulty of a text in the form of numerical indicators corresponding to various textual characteristics. It also locates specific local difficulties directly in the text.

**Mots-clés :** formule de lisibilité, textes administratifs, aide à la rédaction.

**Keywords:** readability formula, administrative texts, editorial assistance.

## 1 Introduction

Les textes produits par les différentes administrations d'un État sont souvent perçus comme des lectures peu enthousiasmantes et particulièrement sujettes à des problèmes d'interprétation ou de compréhension, en particulier auprès de ceux que l'on peut qualifier de lecteurs faibles. D'après les dernières enquêtes PISA (De Coster *et al.*, 2011), cette catégorie engloberait presque 20% de lecteurs en moyenne en Europe. Ces problèmes de compréhension sont d'autant plus critiques dans le cas de textes administratifs que ceux-ci sont relatifs à des questions pratiques, voire parfois vitales pour un individu.

Il n'est donc pas surprenant que les administrations de divers pays aient mis en place des initiatives visant à rendre plus accessible les documents qu'elles sont amenées à produire. Plusieurs guides de rédaction simple ont ainsi vu le jour au Québec (Gouvernement du Québec, 2006), en France, en Belgique (Ministère de la Communauté française de Belgique, 2010) et au sein de l'Union européenne (Union européenne, 2011). Ils ont pour but d'orienter les personnes qui rédigent un texte administratif. Ils soulignent notamment l'importance d'écrire clairement en évitant l'ambiguïté, l'excès de détails qui finissent par occulter l'information principale, une absence de structure textuelle ou une structuration non chronologique. Ils recommandent également de mettre le lecteur au premier plan en s'adressant directement à lui, en utilisant un vocabulaire non spécialisé et en organisant l'information selon ses besoins.

Cependant, au vu des efforts répétés des administrations en ce qui concerne l'accessibilité de leurs productions, on peut douter que ces guides de rédaction simple atteignent complètement leurs objectifs. Ils nécessitent non seulement un effort important d'assimilation de la part des rédacteurs, mais également une vigilance constante, sachant qu'il est généralement assez difficile, pour un rédacteur expérimenté, de se rendre compte des difficultés qu'un lecteur non initié peut éprouver face à ses écrits. C'est pourquoi, en collaboration avec le service de la langue de la Fédération Wallonie-Bruxelles (FWB), a été monté un projet de plateforme web qui cherche à évaluer la difficulté de textes administratifs et à proposer des suggestions de simplification.

Cette plateforme vise un double objectif. D'une part, elle propose une estimation globale de la difficulté d'un texte, ce qui demande de disposer d'une formule de lisibilité spécialisée pour les textes administratifs. D'autre part, elle identifie les éléments lexicaux et syntaxiques difficiles du texte, ce qui requiert une analyse plus fine du texte, semblable à ce qui est fait dans le cadre de la simplification automatique des textes. Dans cet article, nous commençons par situer notre projet par rapport à ces deux domaines (lisibilité et simplification automatique) en mettant en évidence les défis liés au contexte particulier envisagé (les textes administratifs) (*cf.* section 2). Ensuite, nous présentons à la section 3 la méthodologie de conception de notre formule de lisibilité spécialisée pour les textes administratifs ainsi qu'une évaluation de celle-ci. Nous détaillons à la section 4 les éléments linguistiques identifiés comme problématiques par le système et la façon dont ceux-ci sont intégrés dans la plateforme. Nous présentons finalement à la section 5 des perspectives de développement pour cette plateforme.

## 2 Contexte

Depuis longtemps, la problématique de l'évaluation automatique de la difficulté des textes intéresse les chercheurs. Les premiers efforts dans ce domaine remontent au début du 20e siècle. Ils visent à associer automatiquement des lecteurs avec des textes correspondant à leur niveau de lecture à l'aide de formules mathématiques. Ces modèles opèrent sur la base d'un nombre restreint d'informations textuelles (par ex. la longueur des mots, la longueur des phrases ou la proportion de propositions) qui sont combinées à l'aide d'algorithmes statistiques tels que la régression linéaire (par ex. chez Flesch (1948)). Plus récemment, le domaine a connu une informatisation croissante qui a conduit à la création de modèles basés sur des techniques issues de l'intelligence artificielle et qui reposent sur des variables linguistiques plus fines extraites à l'aide de techniques de traitement automatique du langage (TAL). Parmi les nombreux travaux récents, citons Collins-Thompson & Callan (2005), Heilman *et al.* (2008) ou Vajjala & Meurers (2012).

En ce qui concerne le français, les travaux sont nettement moins nombreux. La première formule de lisibilité est due à Kandel & Moles (1958) et constitue une simple adaptation de la formule de Flesch. Par la suite, Henry (1975) propose la première formule spécifique au français langue première (L1), Daoust *et al.* (1996) explorent les applications du TAL en lisibilité du français L1, tandis que François & Fairon (2013) développent une formule également basée sur le TAL pour le français langue étrangère (FLE). Cependant, aucun de ces modèles n'a été conçu spécifiquement pour les textes administratifs. En effet, créer une formule spécialisée pour un public et un type de textes particuliers requiert de disposer d'un corpus de textes dont la difficulté a été évaluée sur un échantillon de la population ciblée. En général, ce type de ressources s'obtient en collectant des textes dans des manuels scolaires organisés en fonction des niveaux d'éducation visés par le modèle. Malheureusement, pour de nombreux contextes et notamment les textes administratifs, cette solution n'est pas envisageable, ce qui freine considérablement la conception de modèles spécialisés.

Au-delà de cette difficulté méthodologique, les formules de lisibilité sont surtout adaptées à des contextes d'utilisation où il s'agit d'évaluer rapidement et globalement un nombre important de textes. Par contre, elles n'offrent pas de diagnostic précis sur les difficultés d'un texte, ce qui relève plutôt du domaine de l'aide à la rédaction ou « writability ». À l'origine, cette approche consistait à appliquer une formule de lisibilité à un texte et à réécrire celui-ci lorsque le résultat obtenu dépassait une valeur donnée. Cette approche a cependant été critiquée, car elle poussait les rédacteurs à écrire en fonction des formules, qui étaient surtout basées sur des critères de surface. Simplifier revenait donc à réduire la longueur des phrases ou des mots, ce qui ne produit pas toujours des textes plus compréhensibles (Davison & Kantor, 1982). Aujourd'hui, le recours à des technologies de TAL permet de proposer une analyse plus fine des difficultés d'un texte et divers systèmes de simplification automatisés sont apparus pour l'anglais (Chandrasekar *et al.*, 1996; Medero, 2011; Siddharthan, 2006) ou le français (Brouwers *et al.*, 2012). Les critiques qui fustigeaient l'aide à la rédaction basée sur la lisibilité semblent désormais moins pertinentes, en particulier parce que la majorité des variables utilisées dans les formules modernes sont fondées sur des connaissances psycholinguistiques. C'est dans ce contexte que nous proposons une première plateforme d'aide à la rédaction pour les textes administratifs pour le français, appelée AMESURE.

## 3 Une formule de lisibilité pour les textes administratifs

Comme nous l'avons expliqué, la principale difficulté de conception d'un modèle de lisibilité spécialisé pour les textes administratifs est disposer d'un corpus de textes annotés en fonction de leur difficulté de compréhension pour une population donnée. Ce type de corpus n'existant pas à notre connaissance, nous avons pris le parti d'en rassembler un à partir de documents authentiques provenant de la FWB et à destination du grand public. Il s'agit plus précisément de textes factitifs, c'est-à-dire des documents utilitaires que le citoyen doit lire en vue de réaliser une procédure (ex. : obtenir une prime) ou pour prendre connaissance d'une problématique (ex. : comment déclarer un héritage). Nous avons ainsi collecté 88 textes relevant de huit thématiques couvertes dans les documents de la FWB (sport, culture, enfance, etc.) ainsi que 27 lettres issues de l'administration et destinées à des particuliers.

Ensuite, il a fallu annoter ces textes en fonction de leur difficulté. Pour ce faire, nous avons employé une méthode en deux étapes. Dans un premier temps, les textes ont été annotés à l'aide de la formule de Kandel & Moles (1958), ce qui a permis de les trier en fonction du score de lisibilité qui leur a été attribué (sur une échelle allant de 100 – très facile – à 0 – très difficile) et de les classer en 5 niveaux sur la base des intervalles définis sur cette échelle par de Landsheere (1963). Nous avons alors sélectionné manuellement deux textes au sein de chaque intervalle afin de disposer de documents de complexité aussi diverse que possible. Ces textes ont ensuite été lus par 10 administrés d'âges variés (de 22 à 64 ans) et titulaires, pour la plupart, d'un diplôme universitaire, via une interface d'autoprésentation segmentée [1]. Celle-ci permet de mesurer le temps passé par chaque lecteur sur chaque phrase à l'aide d'un script javascript (qui évite les latences entre le client et le serveur). À la fin de la lecture, deux questions de compréhension sont posées sur le texte, afin de s'assurer qu'une lecture visant à une bonne compréhension du texte a bien été effectuée par le sujet.

Au terme de cette expérience, nous avons obtenu environ dix mesures de vitesse de lecture (ms/mot) pour chacune des phrases issues des dix textes sélectionnés. Cela nous donne 1017 observations, desquelles ont été exclues les données associées à un score inférieur à 50% au test de compréhension (62 données). Après nettoyage, nous avons calculé la vitesse moyenne de lecture des 10 sujets pour chaque phrase, en éliminant la variation spécifique aux sujets à l'aide d'un modèle à effets mixtes (Baayen *et al.*, 2008). Ensuite, une vitesse de lecture moyenne par mot a été calculée au niveau du texte. C'est cette valeur qui constitue l'indicateur de la difficulté du texte (voir Table 1). On observe une bonne corrélation ($r = 0,74$) entre le score obtenu par la formule de Kandel et Moles (score KM) et le temps moyen de lecture par mots (ms / mot) sur nos dix textes. Sur la base des temps de lecture, nous avons défini 5 niveaux de difficulté, qui constitueront l'échelle de référence pour notre formule.

| Numéro du texte | Titre du texte | score KM | ms / mot | Niveau |
|---|---|---|---|---|
| 1 | La santé de votre enfant | 71,3 | 292,8 | 1 |
| 2 | Du couple à la famille (se séparer...) | 86,5 | 304,9 | 1 |
| 3 | Des chaussures... Quand les mettre aux pieds ? | 81,1 | 315 | 2 |
| 4 | A l'école d'une alimentation saine | 75,8 | 324,4 | 2 |
| 5 | L'enseignement spécialisé | 46,2 | 339,7 | 3 |
| 6 | Lettre pour la semaine européenne de la vaccination | 40,6 | 340,5 | 3 |
| 7 | Cumuls de pensions | 57,5 | 372,3 | 4 |
| 8 | Liquidation des subventions ordinaires 2004 | 15 | 376,6 | 4 |
| 9 | Déclaration de succession | 57 | 379 | 5 |
| 10 | Tax shelter | 36,5 | 390 | 5 |

TABLE 1 – Classement des textes selon leur temps de lecture moyen.

Pour la seconde étape de l'annotation, nous avons fait appel à des experts issus de l'administration de la FWB. Il a été demandé à chacun d'eux de classer 15 textes parmi les 105 restant à annoter, en fonction des 5 niveaux de difficulté définis lors de la première étape. Pour les assister dans cette tâche, un guide d'annotation leur a été fourni. Il inclut, comme exemples représentatifs de chaque niveau, les textes de la Table 1 numérotés 1, 3, 6, 7 et 10. Au terme de cette annotation, nous avons obtenu 267 avis sur 105 textes, soit une moyenne de 2,5 avis par textes. L'accord inter-annotateurs n'est pas très élevé : l'alpha de Krippendorff (1980) moyen sur les 7 batchs de 15 textes ne dépasse pas 0,37. Notons toutefois que ce type de tâche d'annotation est particulièrement difficile, comme le montre le kappa de $0,398$ obtenu pour une tâche d'annotation de la difficulté de mots dans SemEval 2012 (Specia *et al.*, 2012). Au terme de ce processus d'annotation, chaque texte s'est vu attribuer le niveau moyen des annotations des experts, réduisant les variations personnelles.

Une fois le corpus d'entraînement annoté, la seconde étape de conception de notre formule de lisibilité a consisté à identifier et paramétriser un ensemble de variables linguistiques qui sont liées avec la difficulté des textes, par un lien causal ou simplement corrélationnel. Nous avons ainsi pris en considération 344 variables qui se répartissent en trois grandes classes : lexicale (fréquence lexicale, diversité lexicale, types de voisins orthographiques et longueur des mots), syntaxique (longueur des phrases, formes verbales, ratios de catégories de discours) et sémantique (niveau de personnalisation du texte, densité des idées et cohésion du texte). Ces variables ont été décrites en détail dans François & Fairon (2013).

1. Celle-ci est disponible à l'adresse suivante : `http://amesure-tests.cental.be/`

Enfin, pour entraîner le modèle, nous avons opéré une sélection de variables à l'aide d'un double critère. Tout d'abord, nos variables ont été ordonnées en fonction de leur capacité prédictive, comme le recommandent Guyon & Elisseeff (2003). Nous avons calculé une corrélation de Spearman entre chacune des variables et le niveau de difficulté des textes. Dans un second temps, la meilleure variable au sein de chacune des sous-familles a été retenue. Le but de cette procédure était à la fois de maximiser la quantité d'information à disposition du modèle tout en limitant le nombre de variables reprises dans le modèle, étant donné qu'il doit s'intégrer dans une architecture en temps réel. Au terme de cette étape de sélection, 10 variables ont été retenues. Elles sont présentées à la Table 2 avec la corrélation obtenue pour chacune d'elles. On remarque en particulier que la complexité syntaxique (NMP et CON_PRO) importe davantage que les indices lexicaux dans les textes administratifs, à l'inverse de ce qui a été observé pour les textes de FLE (François & Fairon, 2013).

| **Nom** | **Description de la variable** | **corr.** |
|---|---|---|
| ML3 | Modèle unigramme lissé basé sur les fréquences de Lexique3 (New *et al.*, 2001) | -0,32 |
| MedianFFFDV | Médiane des fréquences des verbes du texte | -0,47 |
| PAGoug_8000 | Proportion de mots absents des 8000 premiers mots de la liste longue de Gougenheim | 0,44 |
| TTR_W | Type-Token ratio calculé sur les lemmes | -0,21 |
| PM8 | Proportion de mots de plus de 8 lettres | 0,40 |
| mean_freqCumNeigh | Moyenne de la distribution des fréquences cumulées des voisins orthographiques | 0,50 |
| NMP | Nombre moyen de mots par phrase | 0,64 |
| PPasse_C | Proportion de verbes conjugués au participe passé | 0,46 |
| CON_PRO | Rapport du nombre de conjonctions sur celui des pronoms | 0,54 |
| PP1P2 | Nombre de pron. pers. S1 et S2 / mots | -0,42 |

TABLE 2 – Liste des variables sélectionnées dans le modèle avec leur corrélation de Spearman.

Enfin, un modèle capable d'estimer la difficulté des textes administratifs a été entraîné à l'aide d'une machine à vecteurs de support (SVM) dans laquelle les coefficients ont été régularisés via une norme L2. Une première série d'explorations a permis de sélectionner un *kernel* linéaire, pour lequel le coût ($C$) a été optimisé par *grid-search*. L'efficacité de ces modèles a été estimée à l'aide d'une procédure de validation croisée à 10 échantillons. Le modèle retenu ($C = 0.05$) atteint une exactitude de 58% pour la classification et une exactitude contiguë [2] de 91%. Il s'agit donc d'un gain de 38% en exactitude et de 39% en exactitude contiguë par rapport au hasard. Pour comparaison, François & Fairon (2013) obtiennent respectivement 50% en exactitude et 80% en exactitude contiguë pour leur modèle sur des textes de FLE. Cela semble indiquer que le modèle se comporte plutôt bien malgré le nombre réduit de données d'entraînement. On notera toutefois qu'il a tendance à rabattre les textes de niveau 1 au niveau 2 et ceux de niveau 5 en 4, à cause du nombre plus réduit de données pour ces catégories.

# 4 Plateforme d'aide à la rédaction

Cette formule de lisibilité pour les textes administratifs a été intégrée au sein d'une plateforme plus globale d'aide à la rédaction [3]. En plus de cette estimation globale de la difficulté du texte soumis, la plateforme propose actuellement deux types de diagnostics. Le premier fournit une analyse plus détaillée de la complexité d'un texte sur le modèle de Coh-Metrix (Graesser *et al.*, 2004). Il offre ainsi à l'utilisateur une série d'indicateurs mesurant la complexité des différentes dimensions d'un document administratif. Pour l'instant cinq indicateurs ont été retenus : PAGoug_8000, NMP, CON_PRO et PP1P2 (voir Table 2), ainsi qu'une mesure de la cohérence moyenne du texte. Cette dernière est estimée comme le cosinus moyen de toutes les paires de phrases adjacentes du texte représentées sous la forme d'un vecteur de mots dans un espace de dimensions réduites (à l'aide d'une analyse sémantique latente).

Le second diagnostic va plus loin en cherchant à identifier précisément des points d'achoppement probables dans le texte, qu'il s'agisse d'un mot rare ou d'une structure syntaxique considérée comme plus difficile à analyser. C'est à ce niveau que la plateforme rejoint les travaux en simplification de textes, puisque notre approche adopte une approche semblable à ceci près qu'elle s'arrête au niveau de l'identification des éléments à simplifier sans effectuer automatiquement de simplifications. À ce stade de développement de la plateforme, ce module se limite à repérer les mots rares sur la base de leur fréquence, ainsi qu'à identifier trois types de constructions qui peuvent poser des difficultés de lecture. La Figure 1 propose un exemple d'analyse sur un texte court et présente l'interface de la plateforme. Les mots rares sont grasseyés en rouge et les structures complexes soulignées dans une couleur qui dépend de leur type.

2. Il s'agit de la proportion de prédictions qui s'éloignent au plus d'un niveau par rapport au niveau de référence. Son emploi, commun en lisibilité, se justifie par la difficulté qu'ont les experts humains eux-mêmes à accorder leurs jugements.

3. La plateforme est gratuitement accessible à l'adresse suivante : `http://cental.uclouvain.be/amesure/`.

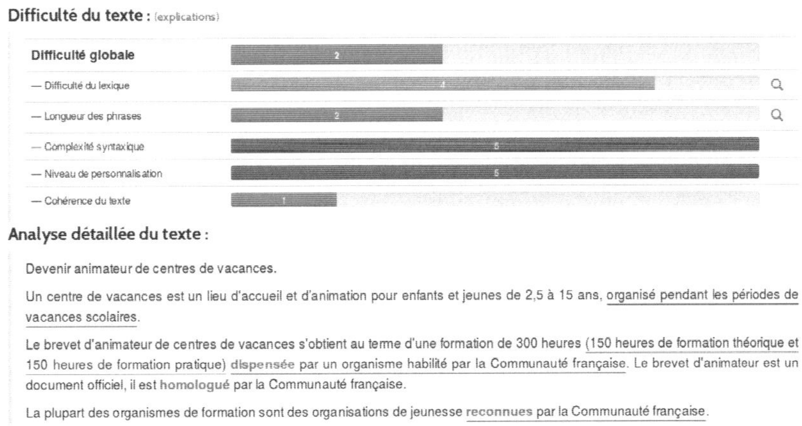


FIGURE 1 – Capture d'écran des résultats de la plateforme AMESURE sur un texte.

La détection des mots rares est réalisée en comparant les logarithmes des fréquences des formes fléchies du texte (tirées de Lexique3 (New *et al.*, 2001)) à un seuil de référence ($-14$ dans notre exemple), qui pourrait cependant être manipulé par l'utilisateur en fonction du public qu'il vise. Quant aux trois constructions syntaxiques détectées, elles regroupent (1) le passif ; (2) les éléments entre parenthèses et (3) les propositions subordonnées. En effet, lorsque le verbe principal est à la voix passive, la phrase ne suit pas l'ordre SVO auquel s'attend le lecteur, ce qui peut poser davantage de problèmes de compréhension. De même, les éléments entre parenthèses, s'ils sont accumulés, ont tendance à occulter l'information principale qui se retrouve noyée au milieu des informations secondaires. Enfin, les propositions subordonnées contribuent également à allonger et alourdir la phrase, la rendant moins claire. C'est pourquoi de nombreux manuels de rédaction simple (Gouvernement du Québec, 2006; Ministère de la Communauté française de Belgique, 2010; Union européenne, 2011) recommandent de simplifier ce type de structure.

## 5 Conclusion et perspectives

Cet article a présenté AMESURE, une plateforme dédiée à l'évaluation de la difficulté des textes administratifs, dont le but principal est d'aider les rédacteurs de ce type de textes à produire des documents plus accessibles. La principale contribution de cet article consiste en une formule de lisibilité spécialisée pour les textes administratifs, dont les performances sont comparables à celles d'autres modèles actuels pour le français, malgré un nombre réduit de textes pour l'entraînement. Cela a été rendu possible grâce à une technique d'annotation innovante dans le domaine de la lisibilité qui se base sur la mesure de la vitesse de lecture moyenne d'un groupe de lecteurs. À l'aide de celle-ci, nous avons défini une échelle de difficulté et un guide d'annotation ayant ensuite servi à un groupe d'experts à annoter le reste du corpus. Cette technique pourrait être réutilisée pour entraîner d'autres modèles de lisibilité spécifiques lorsque, comme dans notre cas, il n'existe pas de textes gradués disponibles.

Par ailleurs, cette plateforme intègre divers indicateurs des difficultés présentes dans les textes administratifs relevant de plusieurs dimensions : complexité lexicale du texte, complexité de ses structures syntaxiques, taux de cohérence, etc. Par ailleurs, un diagnostic est également fourni concernant un certain nombre de points d'achoppement relatifs à la rareté du vocabulaire employé et à des structures syntaxiques considérées comme potentiellement problématiques.

À notre connaissance, cette plateforme constitue le premier outil librement accessible pour le français qui offre à la fois une évaluation de la lisibilité d'un texte et un diagnostic plus précis. Il s'agit cependant d'une première étape et les diagnostics, en particulier, pourraient être étoffés. Tout d'abord, on peut imaginer d'autres méthodes pour repérer les mots difficiles, soit en se focalisant sur les termes techniques à l'aide d'outils d'extraction terminologiques, soit en évaluant la difficulté d'un mot à partir de plusieurs critères (et pas seulement de la fréquence) à l'instar de ce qui est proposé par Gala *et al.* (2013). En ce qui concerne les structures syntaxiques complexes, nous comptons également repérer davantage de structures problématiques, telles que les phrases négatives et à double négation, les interrogatives indirectes, les phrases qui ne respectent pas l'ordre sujet-verbe-objet (outre la forme passive), les clivées, les compléments circonstanciels, etc.

# Références


BAAYEN R. H., DAVIDSON D. J. & BATES D. (2008). Mixed-effects modeling with crossed random effects for subjects and items. *Journal of memory and language*, **59**(4), 390–412.

BROUWERS L., BERNHARD D., LIGOZAT A.-L. & FRANÇOIS T. (2012). Simplification syntaxique de phrases pour le français. In *Actes de la Conférence Conjointe JEP-TALN-RECITAL*, p. 211–224.

CHANDRASEKAR R., DORAN C. & SRINIVAS B. (1996). Motivations and methods for text simplification. In *Proceedings of the 16th conference on Computational Linguistics*, volume 2, p. 1041–1044.

COLLINS-THOMPSON K. & CALLAN J. (2005). Predicting reading difficulty with statistical language models. *Journal of the American Society for Information Science and Technology*, **56**(13), 1448–1462.

DAOUST F., LAROCHE L. & OUELLET L. (1996). SATO-CALIBRAGE : Présentation d'un outil d'assistance au choix et à la rédaction de textes pour l'enseignement. *Revue québécoise de linguistique*, **25**(1), 205–234.

DAVISON A. & KANTOR R. (1982). On the failure of readability formulas to define readable texts : A case study from adaptations. *Reading Research Quarterly*, **17**(2), 187–209.

DE COSTER I., BAIDAK N., MOTIEJUNAITE A. & NOORANI S. (2011). *Teaching Reading in Europe : Contexts, Policies and Practices*. Rapport interne, Education, Audiovisual and Culture Executive Agency, European Commission.

DE LANDSHEERE G. (1963). Pour une application des tests de lisibilité de Flesch à la langue française. *Le Travail Humain*, **26**, 141–154.

FLESCH R. (1948). A new readability yardstick. *Journal of Applied Psychology*, **32**(3), 221–233.

FRANÇOIS T. & FAIRON C. (2013). Les apports du TAL à la lisibilité du français langue étrangère. *Traitement Automatique des Langues (TAL),*, **54**(1), 171–202.

GALA N., FRANÇOIS T. & FAIRON C. (2013). Towards a french lexicon with difficulty measures : Nlp helping to bridge the gap between traditional dictionaries and specialized lexicons. In *Electronic lexicography in the 21st century : thinking outside the paper (eLex2013)*, p. 132–151.

GOUVERNEMENT DU QUÉBEC (2006). *Rédiger simplement - Principes et recommandations pour une langue administrative de qualité* . Québec : Bibliothèques et archives nationales du Québec.

GRAESSER A., MCNAMARA D., LOUWERSE M. & CAI Z. (2004). Coh-Metrix : Analysis of text on cohesion and language. *Behavior Research Methods, Instruments, & Computers*, **36**(2), 193–202.

GUYON I. & ELISSEEFF A. (2003). An introduction to variable and feature selection. *The Journal of Machine Learning Research*, **3**, 1157–1182.

HEILMAN M., COLLINS-THOMPSON K. & ESKENAZI M. (2008). An analysis of statistical models and features for reading difficulty prediction. In *Proceedings of the Third Workshop on Innovative Use of NLP for Building Educational Applications*, p. 1–8.

HENRY G. (1975). *Comment mesurer la lisibilité*. Bruxelles : Labor.

KANDEL L. & MOLES A. (1958). Application de l'indice de Flesch à la langue française. *Cahiers Études de Radio-Télévision*, **19**, 253–274.

KRIPPENDORFF K. (1980). *Content analysis : An introduction to its methodology*. Beverly Hills, CA : Sage.

MEDERO, J.AND OSTENDORF M. (2011). Identifying targets for syntactic simplification. In *Proceedings of the SLaTE 2011 workshop*.

MINISTÈRE DE LA COMMUNAUTÉ FRANÇAISE DE BELGIQUE (2010). *Écrire pour être lu - Comment rédiger des textes administratifs faciles à comprendre ?* Bruxelles : Ingber, Damar.

NEW B., PALLIER C., FERRAND L. & MATOS R. (2001). Une base de données lexicales du français contemporain sur internet : LEXIQUE. *L'Année Psychologique*, **101**, 447–462.

SIDDHARTHAN A. (2006). Syntactic simplification and text cohesion. *Research on Language and Computation*, **4**(1), 77–109.

SPECIA L., JAUHAR S. K. & MIHALCEA R. (2012). Semeval-2012 task 1 : English lexical simplification. In *Proceedings of the Sixth International Workshop on Semantic Evaluation*, p. 347–355.

UNION EUROPÉENNE (2011). *Rédiger clairement*. Luxembourg : Office des publications de l'Union européenne.

VAJJALA S. & MEURERS D. (2012). On improving the accuracy of readability classification using insights from second language acquisition. In *Proceedings of the Seventh Workshop on Building Educational Applications Using NLP*, p. 163–173.

# Décomposition des « hash tags » pour l'amélioration de la classification en polarité des « tweets »

Caroline Brun[1], Claude Roux[1]
(1) XRCE, 6, chemin de Maupertuis, 38240 Meylan
caroline.brun@xerox.xrce.com, claude.roux@xerox.xrce.com,

**Résumé.** Les « mots dièses» ou « hash tags » sont le moyen naturel de lier entre eux différents tweets. Certains « hash tags » sont en fait de petites phrases dont la décomposition peut se révéler particulièrement utile lors d'une analyse d'opinion des tweets. Nous allons montrer dans cet article comment l'on peut automatiser cette décomposition et cette analyse de façon à améliorer la détection de la polarité des tweets.

**Abstract.** Hash tags are the natural way through which tweets are linked to each other. Some of these hash tags are actually little sentences, whose decompositions can prove quite useful when mining opinions from tweets. We will show in this article how we can automatically detect the inner polarity of these hash tags, through their decomposition and analysis.

**Mots-clés :** hash tag, tweet, analyse d'opinion, TAL
**Keywords:** hash tag, tweet, opinion mining, NLP.

## 1 Introduction

Twitter est devenu en quelques années le service de mico-blogging le plus populaire sur Internet. Les utilisateurs, appelés aussi « Tweetos » peuvent envoyer sur une plate-forme de partage de petits messages d'au plus 140 caractères, les tweets. De nombreuses expériences ont montré que ces « tweets » étaient souvent un très bon indicateur des choses à venir. Ainsi, [Asur et al. 2010] ont découvert que l'on pouvait prévoir le succès d'un film uniquement sur la base des tweets envoyé à son sujet. Les tweets jouent aussi un rôle dans les plans marketing des entreprises pour détecter comment leurs produits sont perçus par leurs clients. Les hash tags (ou hash tags) en particulier, jouent un rôle spécifique pour assurer un liant entre tous ces messages. Ces « hash tags » sont des métadonnées, des annotations libres définies par les utilisateurs qui servent à marquer l'appartenance d'un message à un domaine particulier, de construire un canal implicite de communication. [Wang et al. 2011] définit en particulier trois familles de hash tags :

- Sujet : hash tags utilisés pour définir grossièrement un sujet particulier : #Sarkozy, #LeDebat… ;
- Sentiment : #Idiot , #Deception, qui indiquent essentiellement une tonalité ;
- Sentiment-Sujet : hash tags, qui recoupent à la fois les sentiments et un sujet particulier : #ViveHollande, #SarkoOnTaime ;

De fait, comme les hash tags sont un élément essentiel des tweets, la plupart des systèmes d'analyse d'opinion cherchent à les incorporer dans leur calcul. [Davidov et al 2010] montre, par exemple, comment l'on peut améliorer les techniques standards de classification supervisée en intégrant la polarité des hash tags les plus fréquents comme paramètre, polarité qui est assignée ici manuellement. [Kouloumpis et al. 2011] ont aussi employé une méthode similaire, mais ont rajouté les émoticons dans la détection de la polarité des tweets.

Cependant, définir à la main la polarité des hash tags n'a rien d'une aventure exaltante et peut se révéler plutôt coûteuse comme opération. [Dave et al. 2012] n'utilise la polarité des hash tags qu'à la condition qu'ils appartiennent à une liste connue à l'avance de mots tels que : #efficace, #nul, #incapable, #visionnaire etc. Mais, malheureusement, ils perdent là la majorité des expressions à mots multiples, dont pourtant raffolent les Tweetos. Pourtant, toutes ces expériences prouvent combien l'utilisation des hash tags peut se révéler précieuse dans l'évaluation de messages dont la taille s'avère souvent trop courte pour que les méthodes traditionnelles fonctionnent de manière optimale. Les hash tags sont par ailleurs souvent la clef pour déterminer l'ironie ou l'humour dans un message donné. Or, ils se révèlent particulièrement difficiles à analyser. Ils peuvent être aussi bien des noms propres, des noms de lieux ou des phrases complètes sans souvent le moindre indice sur leur construction interne.

Dans ce papier, nous proposons une méthode qui permet de détecter automatiquement la polarité d'un hash tag, en appliquant tout d'abord des méthodes de décomposition pour les segmenter, suivie d'une analyse avec une grammaire des sentiments pour en détecter la polarité.

## 2 Le contexte

L'une des tâches de base dans l'extraction d'opinion ou de sentiment est de classifier la polarité d'un document selon plusieurs axes tels que: neutre, positif ou négatif. Il existe de nombreuses approches pour résoudre ce problème. Certains chercheurs classent les documents selon une échelle numérique, associant aux différents mots une valeur négative ou positive selon leur polarité propre. Ils en déduisent ainsi une polarité globale en fonction du nombre de mots positifs ou négatifs présents dans le document. Mais ces approches ont l'inconvénient de mal refléter les opinions contrastées d'un individu donné. Ainsi dans le cas d'un restaurant, il/elle peut apprécier l'ambiance mais critiquer le service ou la cuisine. L'approche à laquelle nous nous intéressons ici consiste donc à détecter ces différents « aspects » au sein d'un document, aspects pour lesquels nous voulons calculer une polarité adaptée, (voir [Hu & Liu 2004], [Liu 2012]). Ce travail nécessite une approche plus fine, le mot « rouge » par exemple peut être positif pour une viande, mais plutôt négatif s'il est appliqué à l'humeur d'un serveur.

### 2.1 Imagiweb

Nous avons réalisé l'ensemble de nos expériences avec le corpus de tweets du projet Imagiweb. Ce projet financé par l'ANR[1] consiste à étudier l'image de personnalités politiques ou de compagnies telle qu'elle apparaît sur la Toile, à travers des blogs ou des tweets. En particulier, l'une des tâches consiste à analyser les images de N. Sarkozy et de F. Hollande lors de la dernière élection présidentielle en Mai 2012, pour effectuer une analyse d'opinion sur certains aspects de la perception de ces hommes politiques au sein de la population des Tweetos.

Les données ont été extraites automatiquement de Twitter avec des requêtes appropriées par l'un des partenaires du projet. Le corpus ainsi construit correspond à environ 1500 utilisateurs, sur la base de 10 personnalités politiques différentes. De ce corpus ont été isolé environ 20.000 tweets, distribués de façon uniforme entre N. Sarkozy et F. Hollande, qui ont été ensuite annoté manuellement en polarité selon les aspects suivants : apparence physique, projet politique, sens éthique, communication etc. Soit environ 10 catégories, décomposées en 17 sous-cibles au total.

## 3 Décomposition

Les données dont nous nous servons au sein du projet ImagiWeb comprennent un grand nombre de « hash tags » correspondant à de petites phrases. Le terme « hash » réfère à une méthode d'indexation bien connue en informatique, le « hachage » qui consiste à calculer un index numérique pour une valeur donnée afin de la ranger dans une table de taille fixe. Par exemple, le calcul du reste d'une division « n : d » rend toujours une valeur comprise entre [0..d-1], ce qui permet de ranger dans une table de dimension « d » n'importe quelle valeur.

Un « hash tag » commence toujours par le caractère « # » ce qui permet de le repérer très rapidement dans le flux d'analyse. Ces « hash tags » posent des problèmes très particuliers à l'analyse linguistique. En effet, ils sont considérés comme des mots inconnus et leur sémantique particulière se perd dans le traitement complet. Or, dans un « tweet » dont la longueur ne peut excéder 144 caractères, ignorer les « hash tags » peut conduire à une dégradation très forte de l'interprétation de celui-ci. En effet, les « hash tags » sont souvent employés soit pour véhiculer des informations sur l'auteur du tweet, soit pour répondre à un autre tweet, soit pour introduire un contre-point au message, sous la forme d'une remarque ironique ou amusante.

Voici quelques exemples de « hash tags » trouvés dans nos corpus: #MariagePourTous, #AvecSarkozy, #voteHollande, #placeaupeuple etc.

Les « hash tags » dans nos corpus tombent peu ou prou dans quatre catégories :

a. Les hash tags qui correspondent à un seul mot de la langue
b. Les hash tags qui correspondent à un nom propre

[1] ANR 2012-CORD-002-01

c. Les hash tags qui correspondent à un groupe de mots
d. Les hash tags impossibles à décoder, le plus souvent des acronymes ou des chiffres.

Les deux premières catégories sont très simples à analyser et ne requièrent pas de traitement très lourd. Il suffit de disposer de lexiques adéquats pour les traiter. La dernière catégorie elle contient une information qui pose déjà des problèmes à des humains pour les comprendre, nous n'avons pas essayé de les interpréter plus avant. Nous nous sommes en revanche concentrés sur la catégorie c) pour tenter de découper en mots le contenu. Peu de travaux s'intéressent a la segmentation des « hash tags », citons [Bakliwal et al. 2012] qui détectent les mots de polarité positive ou négative dans un « hash tag », par exemple « happy » dans « #Iamhappy », mais concluent qu'une segmentation serait plus appropriée, par exemple pour pouvoir détecter les négations. Très récemment, [Maynard & Greenwood 2014] segmentent également les «hash tags » pour améliorer la détection des tweets sarcastiques.

### 3.1 Découpage

Il existe nombre de méthodes pour découper des chaines en unités lexicales, en particulier dans des langues agglutinatives comme l'allemand, où les mots composés sont non seulement nombreux mais peuvent souvent être construits librement. Un mot comme « Geburtstagfest », qui signifie « fête d'anniversaire » est composé de trois segments : Geburt (être né), Tag(le jour) et Fest (fête). Il existe des règles précises qui gouvernent la composition de ces mots, en particulier ici l'utilisation d'un « s » entre Geburt et Tag. [Koen et al 03] proposent différentes méthodes pour redécouper cette chaine en ses racines premières, en se basant sur leurs fréquences au sein d'un corpus ou d'un lexique. Ils obtiennent ainsi une précision de l'ordre de 83%. Notre problème est très proche de celui du découpage d'un mot composé allemand, mais nous avons préféré utiliser des méthodes plus simples pour résoudre notre problème. Ainsi, pour découper les hash tags composés de plusieurs mots, nous avons utilisé différentes techniques selon la nature du « hash tag » lui-même. L'exemple le plus simple est l'utilisation de majuscule au début des mots pour les différencier entre eux. Dans ce cas, il suffit de repérer celles-ci pour le découper : #MariagePourTous donne « mariage pour tous ».

Cette méthode échoue souvent lorsque la chaîne est en minuscule mais contient un nom propre telle que : #avecHollande. On utilise alors une seconde méthode qui consiste à analyser la chaine en deux phases. Dans un premier temps, on analyse la chaîne depuis le début et on tente de repérer la sous-chaîne la plus longue appartenant à nos lexiques. Nous choisissons la chaîne la plus longue pour éviter certains écueils. Par exemple dans le hash tag « #placeaupeuple », on veut éviter d'arrêter le traitement après avoir détecté « peu », mais au contraire aller jusqu'au bout pour isoler « peuple ». On effectue la même opération en partant aussi de la fin. Analyser depuis la fin ou depuis le début ne donne pas forcément les mêmes résultats. Ce travail à priori simple présente une certaine combinatoire parfois difficile à contrôler. Nous travaillons d'ailleurs sur des méthodes plus sophistiquées, basé sur l'utilisation d'automates pour effectuer la reconnaissance des sous-chaînes.

### 3.2 Evaluation

On évalue ensuite les trois découpages en comptant le nombre de mots inconnus et on garde celui qui offre le score le plus faible. Nous avons appliqué cette méthode sur notre corpus et nous avons obtenu une précision d'environ 80% pour les 1132 « hash tags » extraits de nos 20.000 tweets. Cette précision a été obtenue en vérifiant chacun des découpages produits à la main. Pour information, sur les 1132 hash tags, 524 présentaient une possibilité de découpage (soit 46%), et parmi eux 160 (soit 30% de ces mots composés ou 14% du total) utilisaient une délimitation avec majuscule.

## 4 Intégration dans un système de détection d'opinion

### 4.1 Modèle d'une opinion

D'un point de vue formel, notre système de détection d'opinion adopte la représentation d'une opinion selon le modèle proposé par [Liu 2010], où une opinion est un prédicat d'arité 5 de la forme ($o_j$, $f_{jk}$, $so_{ijkl}$, $h_i$, $t_i$) avec:

- $o_j$ est l'objet cible de l'opinion (le concept principal) $f_{jk}$ est un aspect associé à l'objet $o_j$
- $so_{ijkl}$ est la valeur (positive ou négative) de l'opinion exprimée par le locuteur $h_i$ à propos de l'aspect $f_{jk}$
- $h_i$ désigne le locuteur

- $t_i$ est le moment où l'opinion a été exprimée

Notre système d'extraction est basé sur un analyseur syntaxique qui fournit pour chaque énoncé un ensemble de dépendances syntaxiques. Celles-ci sont alors réinterprétées pour produire des relations sémantiques qui nous servent à instancier nos prédicats.

## 4.2 Détection de l'opinion

Nous utilisons notre analyseur syntaxique comme composant fondamental pour extraire les dépendances syntaxiques profondes à partir desquelles sont construites nos relations sémantiques, à partir desquelles les prédicats sont instanciés. Elles sont encodées sous la forme suivante : OPINION[POLARITE](POLAR-PREDICAT,OPINION-CIBLE), où OPINION est le nom de la relation sémantique, POLARITE un trait associé avec la dépendance, dont les valeurs sont : "POSITIVE" ou "NEGATIVE". POLAR-PREDICAT est l'expression dans l'énoncé portant la polarité de l'opinion et OPINION-CIBLE, la cible de l'opinion.

Ces relations sémantiques sont en fait produites par des règles particulières au sein de notre analyseur robuste, qui combine à cette fin, informations lexicales spécialisées et dépendances syntaxiques. En particulier notre lexique comprend aussi bien des mots du domaine dont la polarité est connue que les hash tags extraits préalablement. Si les lexiques ont été construits en appliquant des techniques de clustering et de classifications sur de larges corpus ([Brun 2012]), les règles sémantiques sont développées manuellement ([Brun 2011]). Ces règles prennent la forme suivante :

If (SUJET(#1[!polarité:!], #2))==> SENTIMENT[polarité](#2,#1)

Cette règle peut se lire de la façon suivante. Si un verbe donné (ici #1) portant une certaine polarité est sujet d'un nom #2, alors on produit une dépendance sémantique SENTIMENT dont la polarité sera celle de ce verbe. (!polarité :! déclenche une percolation du trait à partir du verbe, lequel est alors capturé par la dépendance).

Exemples :

- Ces enchiladas#2 m'émerveillent#1 sans cesse.
- Cette voiture#2 m'a profondément déçue#1.

Environ une centaine de règles ont été ainsi écrites pour couvrir un large éventail de structures identifiées dans les corpus d'apprentissage. Notre système appartient à la même famille que celui de [Kim et Hovy 2006] ou [Wu et al. 2009], qui utilisent aussi des dépendances syntaxiques pour lier la source et la cible des opinions. De fait, avec ce type d'approche, il devient possible d'intégrer le traitement de phénomènes complexes comme la négation par exemple.

## 4.3 Adaptations aux tweets

Dans une première passe, nous avons détecté tous les hash tags présents dans le corpus. Puis nous avons appliqué notre mécanisme de découpage sur chacun d'entre eux. Comme nous disposons à l'interne d'une grammaire d'opinion, enrichie d'un vocabulaire spécifique au domaine que nous traitons, nous avons pu l'appliquer sur ces décompositions de façon à attribuer à chacun de ces hash tags une polarité positive ou négative. De cette façon, nous avons pu composer un lexique de hash tags, considérés comme des noms, chacun associé avec un trait particulier pour indiquer sa polarité, et éventuellement sa cible.

A partir des 896 hash tags correctement décomposés, nous avons obtenu les résultats suivants :

- 215 hash tags encodant à la fois la polarité et la cible comme: #VotezHollande,#HollandeHonte, #SarkoOnTaime
- 304 hash tags encodant seulement la polarité : #Abruti, #CasseToi
- 377 hash tags encodant seulement le sujet, parmi lesquels 169 sont des entités nommées.

Une fois cette analyse effectuée, nous les avons enregistrés dans un lexique spécialisé sous la forme suivante:

- "#SarkoPipo": noun[negative=+,target="Sarkozy"].
- "#VoteHollande" : noun[positive=+, target="Hollande"].
- "#CasseToi" : noun[negative=+].

Ce lexique a été alors intégré à notre grammaire d'opinion avant d'appliquer celle-ci à notre corpus de tweets. De cette façon, lors du traitement linguistique, les hash tags sont interprétés comme des noms par les couches basses de la grammaire (segmentation et analyse morphologique) puis enrichis avec les informations de polarité provenant de ces nouveaux lexiques spécialisés. De cette façon, les données de polarité introduites par les hash tags peuvent être intégrées dans le calcul de polarité de chacun des aspects dans les tweets.

# 5 Expériences et résultats

Pour évaluer l'impact de l'intégration de la polarité des hash tags et des cibles dans notre système de détection d'opinion, nous avons procédé à plusieurs expériences de classification sur notre corpus Imagiweb de tweets annotés. Ce corpus comprend donc 3920 tweets dont les opinions sont annotées en polarité (ici positive ou négative) et en cible, comprenant un total de 392 hash tags décomposés. La mesure de performance choisie est l'exactitude de la classification. Nous avons comparé le comportement de notre système sur la détection de la polarité des tweets une première fois sans les hash tags, et une seconde fois en les intégrant. Nous avons utilisés les sorties de notre analyseur pour entrainer un SVM avec différents paramétrages (SVMLight, [Joachims 1999]), de tels classifieurs s'étant montrés performants pour des tâches de classification de textes. Pour chaque expérience, la classification est effectuée sur le même ensemble de données d'entrainement et de test, extraites de façon aléatoire du corpus initial, tandis que les résultats sont calculés via une procédure de validation croisée en 10 découpages différents (ten-fold). Le jeu de test correspond à 10% du corpus initial, et le jeu d'entrainement au 90% restant. Chaque ensemble comprend la même distribution de tweets positifs et négatifs.

- Expérience1 (référence) est basé sur l'approche en sac de mots.
- Expérience 2 (hash tags) rajoute les hash tags et leur polarité
- Expérience 3 (opinions) rajoute les opinions détectées sans les hash tags
- Expérience 4 (opinions+hashtags) intègre les opinions détectées et les hash tags.

L'exactitude moyenne observée lors d'une validation croisée est estimée selon une erreur moyenne quadratique. La table suivante résume le résultat des quatre expériences.

| Expériences | Exactitude % |
|---|---|
| **Expérience 1 : sac de mots** | 80,1 |
| **Expérience 2 : hash tag** | 82,6 |
| **Expérience 3 : opinions** | 80,2 |
| **Expérience 4: opinions+hash tags** | 82,2 |

Alors que l'utilisation des relations d'opinion dans l'entrainement de la classification n'a pas d'impact significatif, l'utilisation des hash tags améliore l'exactitude de la classification d'environ 2%.

Pour confirmer ce résultat, nous avons effectué les mêmes expériences avec un sous-ensemble du corpus initial, dans lesquels ne sont conservés que les tweets contenant des hash tags :

| Expériences | EXACTITUDE % |
|---|---|
| **Expérience 1 : sac de mots** | 79,9 |
| **Expérience 2 : hash tag** | 84,6 |
| **Expérience 3 : opinions** | 80,1 |
| **Expérience 4: opinions+hash tags** | 84,7 |

Dans ce dernier cas, l'amélioration sur la tâche de classification est passée à 4,8% par rapport à la référence. Ces résultats prouvent sans ambigüité l'impact significatif de l'intégration des hash tags et de leur polarité dans la classification des tweets.

# 6 Conclusion

Dans ce papier, nous avons proposé un mécanisme de décomposition automatique et d'analyse des « hash tags » de façon à pouvoir utiliser l'information sémantique dont ils sont porteurs dans une tâche de classification. Les différentes expériences que nous avons conduites montrent que ces hash tags ont un impact important dans la polarité des tweets.

De plus, notre méthode présente l'avantage d'être totalement automatique, et permet d'exploiter efficacement près de 80% des « hash tags » complexes présents dans les tweets.

## Références


AIT-MOKTHAR, S., CHANOD, J.P. (2002). Robustness beyond Shallowness: Incremental Dependency Parsing. *Numero Special du NLE Journal.*

ASUR, S., & HUBERMAN, B. A. (2010). Predicting the future with social media. Actes de *Web Intelligence and Intelligent Agent Technology (WI-IAT), 2010 IEEE/WIC/ACM International Conference* (Vol. 1, pp. 492-499). IEEE.

AKSHAT BAKLIWAL, PIYUSH ARORA, SENTHIL MADHAPPAN, NIKHIL KAPRE, MUKESH SINGH, AND VASUDEVA VARMA. (2012). Mining sentiments from Tweets. Actes du *3eme Workshop in Computational Approaches to Subjectivity and Sentiment Analysis (WASSA '12)*. Association for Computational Linguistics, Stroudsburg, PA, USA, 11-18.

BRUN C. (2011). Detecting Opinions Using Deep Syntactic Analysis. Actes de *RANLP, Recent Advances in Natural Language Processing,* Hissar, Bulgaria, September 12-14, 2011.

BRUN C. (2012). Learning Opinionated Patterns for Contextual Opinion Detection, Actes de *Coling2012*, Décembre 2012, Bombay, Inde.

DAVE, K. S., & VARMA, V. (2012, May). Identifying microblogs for targeted contextual advertising. Actes de *Sixth International AAAI Conference on Weblogs and Social Media*.

DAVIDOV D., OREN TSUR, AND ARI RAPPOPORT. (2010). Enhanced sentiment learning using Twitter hashtags and smileys. Actes de *COLING '10*. ACL, Stroudsburg, PA, USA, 241-249.

DEVEAUD, R., & BOUDIN, F. (2012). *LIA/LINA at the INEX 2012 Tweet Contextualization track*. INitiative for the Evaluation of XML Retrieval (INEX).

HU. M., LIU, B. (2004). Mining and summarizing customer reviews. Actes de *ACM SIGKDD International Conference on Knowledge Discovery & Data Mining (KDD-2004)*, Seattle, Washington, USA.

JOACHIMS T. (1999). *Making large-Scale SVM Learning Practical.* Advances in Kernel Methods – Support Vector Learning, B. Schölkopf and C. Burges and A. Smola (ed.), MIT Press.

KOEHN, P., & KNIGHT, K. (2003). Empirical methods for compound splitting. Actes de *the tenth conference on European chapter of the Association for Computational Linguistics*-Volume 1 (pp. 187-193). Association for Computational Linguistics.

KOULOUMPIS, E.,WILSON, T.ET MOORE, J. (2011), Twitter Sentiment Analysis: The Good the Bad and the OMG!, in Lada A. Adamic; Ricardo A. Baeza-Yates & Scott Counts, ed., 'ICWSM' , The AAAI Press.

LAKE, T., & FITZGERALD, W. (2011). Twitter Sentiment Analysis. *Western Michigan University, Kalamazoo, MI*, For client William Fitzgerald.

LEVIN, BETH. (1993). English Verb Classes and Alternations A Preliminary Investigation. University of Chicago Press, Chicago and London.

LIU, B. (2010). Sentiment Analysis and Subjectivity, *Chapter of Handbook of Natural Language Processing,* 2nd edition.

MAYNARD D, GREENWOOD, M.A. (2014). Who cares about sarcastic tweets? Investigating the impact of sarcasm on sentiment analysis. *Actes de LREC'2014,* Reykjavik, Finlande.

RAMAGE, D., DUMAIS, S., & LIEBLING, D. (2010). Characterizing microblogs with topic models. Actes de I*nternational AAAI Conference on Weblogs and Social Media* (Vol. 5, No. 4, pp. 130-137).

RUPPENHOFFER, J., ELLSWORTH M, PETRUCK M, JOHNSON C., ET SCHEFFCZYK J. (2005). FrameNet II: Extended theory and practice. *Technical report,* ICSI.

THELWALL, M., BUCKLEY, K.,ET PALTOGLOU, G. (2011). Sentiment in Twitter events. *Journal of the American Society for Information Science and Technology*, 62(2), 406-418.

WANG XIAOLONG, FURU WEI, XIAOHUA LIU, MING ZHOU, ET MING ZHANG. (2011). Topic sentiment analysis in twitter: a graph-based hashtag sentiment classification approach. *Actes de CIKM '11*, Bettina Berendt, Arjen de Vries, Wenfei Fan, Craig Macdonald, Iadh Ounis, and Ian Ruthven (Eds.). ACM, New York, NY, USA, 1031-1040.

WU, YUANBIN, ZHANG, QI, HUANG, XUANJING, HUANG ET WU, LIDE. (2009). Phrase Dependency Parsing for Opinion Mining. *Actes de EMNLP'09, Vol3.* Association for Computational Linguistics, Stroudsburg PA, USA, 1533-1541.

# Modélisation des questions de l'agent pour l'analyse des affects, jugements et appréciations de l'utilisateur dans les interactions humain-agent

Caroline Langlet[1] Chloé Clavel[1]
(1) Institut Mines-Télécom ; Télécom ParisTech ; CNRS LTCI, Paris
caroline.langlet@telecom-paristech.fr, chloe.clavel@telecom-paristech.fr

**Résumé.** Cet article aborde la question des expressions d'*attitudes* (affects, jugements, appréciations) chez l'utilisateur dans le cadre d'échanges avec un agent virtuel. Il propose une méthode pour l'analyse des réponses à des questions fermées destinée à interroger les attitudes de l'utilisateur. Cette méthode s'appuie sur une formalisation des questions de l'agent – sous la forme d'une fiche linguistique – et sur une analyse de la réponse de l'utilisateur, pour créer un modèle utilisateur. La fiche linguistique de l'agent est structurée par un ensemble d'attributs relatifs, d'une part, à l'attitude à laquelle réfère la question, d'autre part, à sa forme morphosyntaxique. L'analyse de la réponse, quant à elle, repose sur un ensemble de règles sémantiques et syntaxiques définies par une grammaire formelle. A partir des résultats fournis par cette analyse et des informations contenues dans la fiche linguistique de l'agent, des calculs sémantiques sont effectués pour définir la valeur de la réponse et construire le modèle utilisateur.

**Abstract.** This paper tackles the issue of user's attitudinal expressions in an human-agent interaction. It introduces a method for analysing the user's anwers to the agent's yes/no questions about attitude. In order to build a user model, this method relies on a formalization of the agent's questions and a linguistic analysis of the user's answer. This formalization comprises a set of attributes regarding the attitude expressed and the morphosyntaxic form of the question. The answer is then analyzed by using a set of semantic and syntactic rules included in a formal grammar. Finally, the semantic value of the answer can be calculated by using the results provided by this analysis and the information given by the question formalization. This computation is next integrated in the user model.

**Mots-clés :** affect, jugement, appréciation, interaction humain-agent, questions-réponses.

**Keywords:** affect, jugement, appreciation, human-agent interaction, questions-answers.

## 1 Introduction

Pour améliorer l'interaction avec l'utilisateur, l'un des objectifs clé du domaine des agents conversationnels animés est de doter l'agent d'une capacité de détection des sentiments exprimés par l'utilisateur. Si la plupart des approches proposées prennent en compte le contour prosodique des énoncés et les expressions faciales, le contenu verbal est lui de plus en plus intégré, mais n'est encore que partiellement analysé. Dans le domaine de l'*opinion mining* et du *sentiment analysis*, parallèlement aux méthodes de classification par apprentissage ((Pang & Lee, 2004) et (Turney, 2002), (Riloff & Wiebe, 2003)), se sont également développées des méthodes de détection à base de règles. S'attachant à l'identification des propriétés structurelles de ces expressions (cible, polarité, intensité, etc.), elles reposent sur une analyse logico-sémantique de la structure de la phrase. Ainsi, (Neviarouskaya *et al.*, 2010) et (Moilanen & Pulman, 2007) se basent sur le principe de compositionnalité pour développer des règles de calcul de la polarité. De même, (Shaikh *et al.*, 2009) fournit une adaptation linguistique du modèle OCC (Ortony *et al.*, 1990) à partir de règles fondées sur des indices logico-sémantiques.

Si ces approches offrent l'avantage de fournir une analyse détaillée des expressions d'attitudes/sentiments/opinions, elles ne traitent en revanche que des textes où la composante dialogique est absente. Notre but à long-terme étant de développer un module de détection des attitudes (affects, appréciations, jugements) de l'utilisateur, cette problématique doit être clairement abordée (Clavel *et al.*, 2013). Après avoir proposé dans (Langlet & Clavel, 2014) un modèle d'annotation fondé sur le modèle théorique de (Martin & White, 2005) et permettant d'appréhender les attitudes de l'utilisateur telles qu'elles se manifestent lors de son interaction avec l'agent, le travail présenté ici propose un formalisme pour l'échange de questions-réponses portant sur des attitudes de l'utilisateur. Parmi les formalisations des énoncés interrogatifs déjà proposés, si certains s'attachent à l'aspect logique de leur fonctionnement ((Nelken & Francez, 2002) et (Wisniewski, 2002)), d'autres ont davantage l'objectif de penser ces énoncés relativement à leur fonctionnement en contexte de l'interaction (Ginzburg, 2010). Le formalisme que nous proposons intègre également cette problématique tout en se concentrant sur celle des expressions d'attitudes. Appliqué aux questions de l'agent, il permet de créer une fiche linguistique synthétisant différentes informations tant sur leur contenu sémantique que sur leur forme syntaxique. Cette fiche permet ensuite à un module de traitement des réponses, de créer, après analyse de cette dernière, un modèle de l'utilisateur (Section 2). Après une description générique de ce formalisme, nous présentons comment celui-ci peut être exploité (Section 3) au cours d'un processus d'analyse de réponses à des questions fermées.

# 2 Un formalisme des questions-réponses portant sur des attitudes

Le traitement des réponses de l'utilisateur à des questions de l'agent l'interrogeant sur ses attitudes repose sur une architecture de gestion de l'interaction impliquant un moteur de dialogue (MD). Suivant les stratégies de dialogue définies, celui-ci décide des énoncés que l'agent doit prononcer au cours de l'intéraction. Pour chacune des questions choisies par le MD, une fiche synthétisant les informations sémantiques qu'elle contient (décrite section 2) est transmise à un module de gestion des réponses (MR). A partir de cette fiche et d'un ensemble de règles (décrites Section 2), le MR procède à l'analyse du contenu verbal de chaque réponse et produit un modèle utilisateur (décrit section 3) qui est envoyé au MD pour alimenter les stratégies de dialogues, à long-terme ou à court-terme, qu'il définit. A long-terme, les informations contenues dans le modèle utilisateur sont utilisées pour définir les préférences de l'utilisateur et planifier les sujets de dialogue abordés par l'agent. A court-terme, elles sont exploitées pour définir des stratégies de réaction et permettent notamment de produire, chez l'agent, des énoncés exprimant un alignement sur le discours de l'utilisateur.

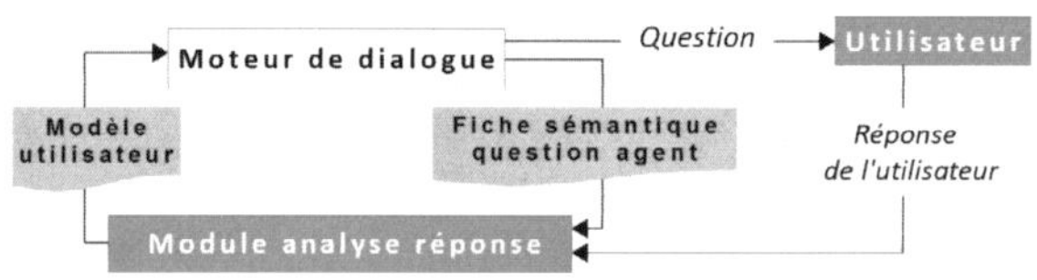


FIGURE 1 – Fonctionnement général du système

**Fiche linguistique des questions de l'agent :** La formalisation des questions référant à des attitudes a été réalisée à deux niveaux : sémantique et morphosyntaxique.

| | |
|---|---|
| $AttitudeType = \{appreciation, evaluation\}$ <br> $Source$ : prend comme valeur le groupe nominal ou le pronom référant à la source dans l'énoncé interrogatif. | $Polarity = \{negative, postive\}$ <br> $Target$ : prend comme valeur le groupe nominal référant à la cible dans l'énoncé interrogatif. |

TABLE 1 – Fiche sémantique de l'agent : informations relatives à l'attitude exprimée

| | |
|---|---|
| $QuestionForm = \{negation, affirmation\}$ renseigne sur le possible caractère interro-négatif de l'énoncé. <br> $Polarity_{AttWord} = \{negative, positive\}$ indique la polarité du mot référant à l'attitude. <br> $Gender_{target} = \{feminine, masculine, neuter\}$ <br> $Number_{target} = \{singular, plural\}$ | $Auxiliaire$ : forme lemmatisée de l'auxiliaire utilisé pour la formulation de la question. <br> $PosTag_{AttWord} = \{noun, adjective, verb\}$ <br> $AttWord$ : forme lemmatisée du mot qui réfère à l'attitude exprimée. <br> $Function_{source} = \{subject, object\}$ & $Function_{target} = \{subject, object\}$ fonction syntaxique de la source et de la cible. |

TABLE 2 – Fiche sémantique de l'agent : informations morphosyntaxiques

Une **formalisation sémantique** est en effet nécessaire pour la description de l'attitude à laquelle il est fait référence. Quatre attributs (Table 1), retenus du modèle de (Martin & White, 2005), permettent de décrire l'attitude à laquelle il est fait référence et de définir, en cas de question ouverte, l'objet de la question. Une valeur *undefined* sera ainsi donnée à l'attribut sur lequel porte la question. Les **informations morphosyntaxiques** (Table 2) permettent quant à elles de détailler la forme de l'énoncé interrogatif pour fournir au MR une représentation la plus fidèle possible.

**Sorties – modèle de l'utilisateur :** Pour répondre à une question portant sur une attitude l'utilisateur doit soit infirmer ou confirmer l'attitude telle que la décrit la question (réponse à une question fermée), soit préciser la valeur de l'un de ses attributs (réponse à une question ouverte). Formellement, dans le cadre de la méthode d'analyse que nous proposons, le système devra reprendre les attributs tels qu'ils sont définis dans la fiche de l'agent pour les ajouter, avec les valeurs appropriées, au modèle utilisateur. Ce dernier comptera néanmoins un attribut propre, non tiré de la fiche sémantique de l'agent, l'attribut $Modality$, permettant d'informer sur la présence de modalités. Ainsi, comme l'illustre la figure 2, pour une question comme « what's your favorite painter ? », le modèle utilisateur est construit sur la base des attributs contenus dans la fiche agent – uniquement dans sa partie sémantique – pour lesquels une analyse de la réponse aura permis de décider que la valeur de l'attribut $Target$ est $Picasso$ et que la valeur des autres attributs peut être conservée.

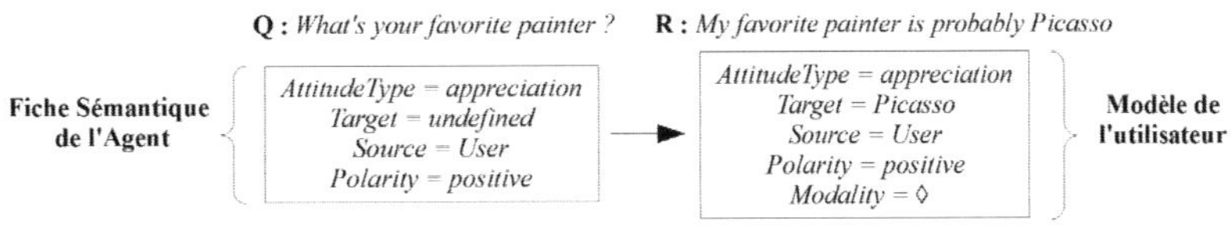


FIGURE 2 – Création du modèle utilisateur

# 3 Système d'analyse : le cas des questions fermées

## 3.1 Caractérisation des questions fermées et de leurs réponses

Lors d'un précédent travail, décrit dans (Langlet & Clavel, 2014), 15 transcriptions du corpus Semaine (McKeown *et al.*, 2011) ont été annotées manuellement [1]. Parallèlement à l'annotation des attitudes de l'utilisateur, les énoncés de l'agent ont été annotés relativement à l'acte illocutoire qu'ils accomplissent [2]. Pour chaque actes illocutoires annotés, une structure de traits permet de spécifier si l'énoncé réfère à une attitude. Lorsque cela est le cas, deux unités sont utilisées pour annoter la source et la cible impliquées. Pour typer les questions fermées et leurs réponses, ont été sélectionnés, d'une part, tous les énoncés de l'agent annotés comme *directifs* (109 au total) et référant à une attitude dont la source est définie comme étant l'utilisateur, et, d'autre part, tous les énoncés de l'utilisateur succédant immédiatement à ces énoncés – et pouvant donc être considérés comme de potentielles réponses. Dans cette première sélection ont été comptés 38 questions ouvertes, 59 questions fermées et 20 énoncés exprimant un conseil ou une suggestion. L'extraction des questions fermées s'est ensuite faite manuellement.

**Fonctionnement sémantique des réponses aux questions fermées :** A la différence des questions ouvertes, qui interrogent sur un objet précis dont la définition est laissée à l'initiative de l'utilisateur, les questions fermées se présentent comme des propositions ($?p$) que les réponses qu'elles sollicitent devront valider ou invalider. Ainsi la question fermée « Do you like outdoors activities ? » engage l'utilisateur à valider ou à invalider la proposition « you like outdoors activities ». Pour répondre à une question fermée, l'utilisateur a ainsi deux possibilités : (i) soit exprimer ***une confirmation ou une infirmation simple***, la première définissant le contenu propositionnel de la question comme vrai, la seconde comme faux ; (ii) soit exprimer ***une confirmation ou une infirmation modalisée***, faisant porter sur le contenu propositionnel une modalité pouvant être aléthique, déontique, temporelle ou épistémique (Le Querler, 1996). 15 réponses de ce type – sur un total de 59 – ont pu être rencontrées dans le sous-corpus d'étude. Pour résumer de manière formelle le fonctionnement sémantique de ces deux types de réponse, il est possible de dire qu'elles définissent une valeur pour un attribut $Value_p$ prise dans l'ensemble $\{p, \neg p, \diamond p, \Box p, \diamond\neg p, \Box\neg p\}$. Lorsque la réponse fait suite à une question fermée référant à une attitude, la valeur qu'elle attribue à $Value_P$ va également entrainer une confirmation ou une infirmation de la valeur que la question de l'agent avait attribuée à $Polarity$. En cas d'une infirmation, la valeur de l'attribut sera ainsi inversée. Il est également important de noter que de même qu'une confirmation ne s'exprime pas nécessairement par un *yes* (ou ces synonymes), une infirmation ne l'est pas nécessairement par un *no* (ou ces synonymes). Ainsi, dans l'énoncé interro-négatif « Don't you love outdoors activities », le contenu propositionnel « you don't love outdoors activities » est affirmé par la réponse

1. Le corpus Semaine compte au total 65 transcriptions manuelles de sessions où un utilisateur humain interagit avec un operator humain jouant le rôle d'un agent virtuel

2. Nous nous référons ici à la classification définie dans (Searle, 1976) et retenant cinq actes : les acte directifs, commissifs, assertifs, expressifs ou de déclaration.

« no » et infirmée par « yes ». Afin de pouvoir déterminer la valeur des l'attribut $Value_p$ et par la suite celle de l'attribut $Polarity$, un typage de la réponse permettant savoir si elle équivaut à un *yes* ou à un *no* est nécessaire.

**Forme morpho-syntaxique des réponses aux questions fermées :** Sur le plan morpho-syntaxique, la réponse de l'utilisateur devra donc nécessairement comporter une séquence permettant d'infirmer ou de confirmer, simplement ou avec modalité, le contenu propositionnel de la question. Cependant, les réponses de l'utilisateur peuvent ne pas se limiter à cette séquence dédiée à la confirmation ou à l'infirmation (modalisée ou non). L'utilisateur peut être amené à formuler une réponse plus longue apportant des informations supplémentaires (dans le corpus d'étude 28 réponses – sur 51 – se limitent à l'expression d'une séquence exprimant une infirmation ou une confirmation). Parmi ces informations, l'utilisateur peut être amené à développer des attitudes additionnelles. Si elles sont minoritaires dans le sous-corpus d'étude (8 cas relevés sur 59), il est important de pouvoir les traiter quand elles apparaissent et d'intégrer les résultats de leurs analyses dans le modèle utilisateur (Section 3.3).

## 3.2 Typage de la réponse : *yes*, *no* ou *réponse modale* ?

**Détection des séquences *yes* et *no*** Pour définir si une réponse exprime un *yes* ou un *no*, il est nécessaire de ne pas se contenter du seul repérage de ces deux lexies dans les réponses de l'utilisateur. D'une part, en plus de leurs variantes oralisées (*yeah*, *yep*, *nope*), des adverbes synonymes peuvent être employés (*indeed*, *of course*, etc). D'autre part, ces différentes unités lexicales peuvent être employées conjointement à des adverbes d'intensité comme *very*, *extremely*, etc. La grammaire intègre donc la règle suivante : $answer(yes|no) \rightarrow (yesWd|noWd)+, advIntens?$.

Des formulations plus complexes peuvent également apparaître : pour exprimer un *yes* ou un *no*, l'utilisateur peut procéder à une reprise de l'auxiliaire ou du noyau verbal de la question. Cette reprise peut-être employée seule ou accompagnée d'un $yesWd$ ou d'un $noWd$ (par exemple : « Does they make you happy » $\rightarrow$ « yes, they do»). Pour gérer ce phénomène de reprise, la grammaire prend en compte les valeurs de l'ensemble des attributs morphosyntaxiques de la fiche de l'agent, notamment celles des attributs $Function_{source}$ et $Function_{target}$. Les règles prennent ainsi la forme décrite dans la figure 3. Le non-terminal $Target$ a comme terminal (i) le littéral fourni par l'attribut $Target$ dans la fiche agent, (ii) un pronom personnel aligné en genre et en nombre sur les valeurs fournies par les attributs $Gender_{target}$ et$Number_{target}$ dans la fiche agent. Le non-terminal $aux$ prend comme terminal la forme lemmatisée de l'auxiliaire donné par l'attribut $Auxiliaire$.

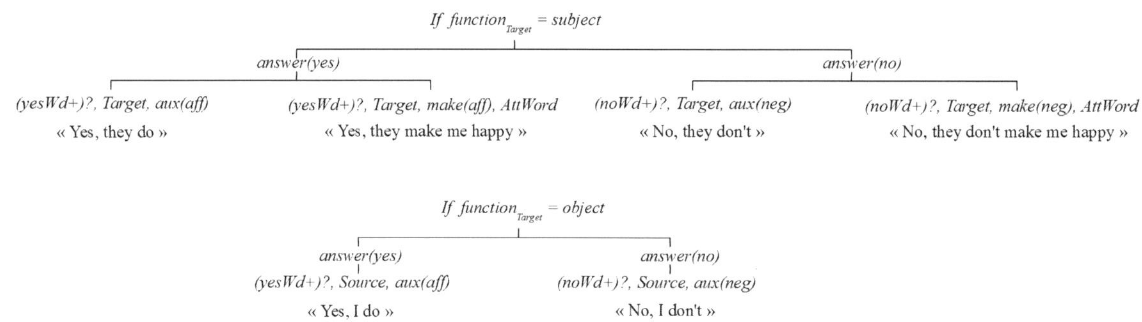


FIGURE 3 – Règles pour l'analyse des réponses avec reprise

***yes|no* modalisé** Pour la détection d'unités lexicales exprimant des modalités, un court lexique a été constitué. Il compte pour le moment une vingtaine d'entrées, mais sera par la suite augmenté. Pour chaque entrée du lexique, sont spécifiées sa valeur modale et sa catégorie grammaticale. A la manière des réponses de type *yes|no*, ces réponses peuvent être limitées dans leur forme syntaxique à l'emploi d'unités lexicales ou de courtes séquences syntaxiques exprimant uniquement une modalité. Par exemple, à la question « Will you enjoy holidays ? », l'utilisateur peut être amené à formuler l'énoncé « maybe yes », exprimant la probabilité (modalité épistémique). Selon la catégorie grammaticale de la lexie exprimant une modalité trois types de règles sont définies par la grammaire (cf tableau 3). Notons qu'une valeur modale peut porter sur un adverbe de négation (ex : « maybe not ») et que, inversement, un négation peut porter sur une unité exprimant une négation. Dans ces deux cas, la valeur modale de la réponse sera donc différente de celle de la lexie utilisée. Lorsque la modalité porte sur la négation, la valeur modale de la réponse sera contraire ou sub-contraire de celle de la lexie (le possibilité, $\diamond$, devient la contigence, $\diamond\neg$). En revanche lorsque la négation porte sur la modalité, la valeur modale de la réponse est alors la modalité contradictoire de celle de la lexie (la possibilité, $\diamond$, devient l'impossibilité, devient $\neg\diamond$).

$$answer(valMod : X) \rightarrow [(yesWd+)|(noWd+)]?, modWd(cat : adv, valMod : X)$$
$$answer(valMod : X) \rightarrow [(yesWd+)|(noWd+)]?, it, is, modWd(cat : adj, valMod : X)$$
$$answer(valMod : X) \rightarrow [(yesWd+)|(noWd+)]?, Source, modWd(cat : vb, valMod : X)$$

TABLE 3 – Règles pour la détection des réponses avec valeur modale

Ce type de réponse peut également intégrer, comme pour les réponses de type *yes|no*, des phénomènes de reprise. Les patrons syntaxiques sont alors les mêmes que ceux décrits dans le paragraphe précédent, à l'exception d'une insertion d'un adverbe modal soit devant la reprise verbale, soit devant la séquence $Source, aux$.

## 3.3 Caractérisation des attributs $Value_P$ et $Polarity$

**Calcul de $Value_P$ :** Une fois déterminé le type de la réponse (*yes*, *no* ou *réponse modale*), le système lance le calcul de la valeur de l'attribut $Value_P$. Ce calcul n'est effectué que pour les réponses de type *yes|no*. En effet, pour les réponses modales, il n'est nécessaire que de récupérer la valeur modale identifier par la grammaire et de l'attribuer à $p$. Pour calculer cette valeur, les règles présentées ci-dessus s'appuient sur le type de la réponse et la valeur de l'attribut $QuestionForme$ (fiche de l'agent). Ainsi, lorsque la réponse équivaut à un *yes* : si $QuestionForm = affirmation$ alors $value_P = p$, si $QuestionForm = negation$ alors $value_P = \neg p$. En revanche, lorsque la réponse équivaut à un *no*, si $QuestionForm = affirmation$ alors $value_P = \neg p$, si $QuestionForm = negation$ alors $value_P = p$.

**Calcul de $Polarity$ :** A partir de la valeur attribuée à $Value_P$, la valeur de $Polarity$ peut être définie. Lorsque $p$ est nié, l'attribut est $Polarity$ prend la valeur inverse de celle de la fiche de l'agent : $ifValue_P = \neg p, alors : Polarity_{user} = reverse(Polarity_{agent})$. La valeur sera en revanche conservée lorsque $p$ est défini comme vrai par la réponse de l'utilisateur : $ifValue_P = p, alorsPolarity_{user} = Polarity_{agent}$. Pour les *yes|no* modalisés l'inversion de la polarité n'est appliquée que pour les valeurs modales de l'ordre contigent/constestable ($\diamond\neg$) et de l'impossible/exclu ($\neg\diamond$).

**Analyser les expressions d'attitude additionnelles** Pour mener à bien cette analyse, deux types de ressources sont utilisés : une ressource lexicale, *Sentiwordnet* (Andrea & Fabrizio, 2006) et une grammaire formelle analysant le contexte syntaxique des lexies référant à une attitude. Lorsque, dans la réponse de l'utilisateur, une lexie a été identifiée comme appartenant à Sentiwordnet (non-terminal $LexieAtt$ dans la grammaire), le système lance la grammaire afin de pouvoir en définir le type (affect, évaluation [3]), la cible et de vérifier que l'utilisateur en est bien la source. Les règles définies par la grammaire s'appuient sur les patrons syntaxiques décrits dans le tableau 3.3. Le type de l'attitude y est défini relativement à la nature et la fonction de la lexie attitude, mais aussi à la place occupé par la source, ici toujours un pronom personnel de première personne (les attitudes que nous cherchons à repérer sont celles dont l'utilisateur est la source). Les $Target$ prennent dans ces patrons soit la forme de syntagmes nominaux, soit la forme de propositions infinitives. La classe $vbOpinion$ regroupe des verbes signifiant que le sujet énonce une opinion (*find*, *believe*, *think*). La polarité est calculée à partir de la polarité attribuée à la lexie dans Sentiwordnet. Sous les effets d'une négation, cette polarité peut s'inverser lorsqu'une négation porte sur la lexie attitude.

| | |
|---|---|
| $eval \rightarrow I, vbOpinion, Target, be?, det?, adjAttitude, noun?$ | « I find this picture beautiful » |
| $eval \rightarrow Target, vbAttributif, [(det, AdjAttitude, noun)\|AdjAttitude]$ | « This picture looks beautiful » |
| $eval \rightarrow I, vbAttitude, Target$ | « I love this picture » |
| $affect \rightarrow I, have, det?, adjAttitude, noun$ | « I have » |
| $affect \rightarrow I, [vbAttributif\|feel], adjAttitude$ | « I feel miserable » |
| $affect \rightarrow I, vbAttitude$ | « I was laughing » |
| $affect \rightarrow Target, make, me, AdjAttitude$ | « He makes me sad » |
| $affect \rightarrow I, be, confronted, to, NounAttitude$ | « I was contronted to a problem » |
| $affect \rightarrow Target, vbAttitude, me$ | « He frustrates me » |

3. Pour l'analyse des attitudes additionnelles, les deux catégories, *appréciation* et *jugement*, ont été regroupées au sein d'une même catégorie *evaluation*. En effet, ces deux catégories ont, sur le plan de l'expression, un certain nombre de patrons en commun. De plus, leur distinction repose essentiellement sur la nature ontologique de leur cible (artefacts et processus, pour les appréciations, comportements et personnes, pour les jugements). Or, cette distinction ne peut être fait en l'état actuel de nos travaux.

## 4 Conclusion et perspectives

Dans cet article, nous proposons une méthode permettant, dans le cadre d'échange de questions-réponses entre un agent virtuel et un utilisateur humain, de produire un modèle de l'utilisateur à partir d'une analyse linguistique de la réponse et de l'exploitation d'une formalisation de la question de l'agent. Cette formalisation concerne tant des informations morphosyntaxiques que des informations sémantiques relatives à l'attitude à laquelle réfère la question. Chacune d'elles peuvent ensuite être utilisées au cours de l'analyse de réponse : soit pour en reconnaître la forme syntaxique, soit pour en faire l'interprétation sémantique. Cette méthode offre l'avantage de prendre en compte la diversité formelle des réponses à des questions fermées (prise en compte de valeurs modales et d'attitudes additionnelles) pour mieux détailler le modèle utilisateur. Si la méthode est ici présentée pour l'analyse de réponses à des questions fermées, le formalisme sur lequel elle s'appuie a été conçu pour être fonctionnel également avec les questions ouvertes. Des travaux ultérieurs auront donc comme objectif de développer des règles pour un système d'analyse des réponses à des questions ouvertes ainsi que d'intégrer dans la fiche linguistique de l'agent les informations véhiculées par le contenu non-verbal. Au final, une évaluation finale sur un autre échantillon plus large issu du corpus Semaine permettra de vérifier la fiabilité de la méthode.

## Références


ANDREA E. & FABRIZIO S. (2006). Sentiwordnet : A publicly available lexical resource for opinion mining. In *5th Conference on Language Resources and Evaluation*, p. 417–422.

CLAVEL C., PELACHAUD C. & OCHS M. (2013). User's sentiment analysis in face-to-face human-agent interactions – prospects. In *Workshop on Affective Social Signal Computing, Satellite of Interspeech* : Association for Computational Linguistics.

GINZBURG J. (2010). *Questions : Logic and Interaction*, In J. VAN BENTHEM & A. TER MEULEN, Eds., *Handbook of Logic and Language*.

LANGLET C. & CLAVEL C. (2014). Modelling user's attitudinal reactions to the agent utterances : focus on the verbal content. In *5th International Workshop on Corpora for Research on Emotion, Sentiment & Social Signals (ES3 2014)*, Reykjavik, Iceland.

LE QUERLER N. (1996). *Typologie des modalités*. Presse Universitaire de Caen.

MARTIN J. R. & WHITE P. R. (2005). *The Language of Evaluation. Appraisal in English*. London and New York : Macmillan Basingstoke.

MCKEOWN G., VALSTAR M., COWIE R., PANTIC M. & SCHRODER M. (2011). The semaine database : Annotated multimodal records of emotionally colored conversations between a person and a limited agent. *IEEE Transactions on Affective Computing*, **3**(1), 5–17.

MOILANEN K. & PULMAN S. (2007). Sentiment composition. In *Proceedings of Recent Advances in Natural Language Processing (RANLP 2007)*, p. 378–382.

NELKEN R. & FRANCEZ N. (2002). Bilattices and the semantics of natural language questions. *Linguistics and Philosophy*, **25**, 37–64.

NEVIAROUSKAYA A., PRENDINGER H. & ISHIZUKA M. (2010). Recognition of affect, judgment, and appreciation in text. In *Proceedings of the 23rd International Conference on Computational Linguistics*, COLING '10, p. 806–814, Stroudsburg, PA, USA : Association for Computational Linguistics.

ORTONY A., CLORE G. & COLLINS A. (1990). *The Cognitive Structure of Emotions*. Cambridge, University Press.

PANG B. & LEE L. (2004). A sentiment education : Sentiment analysis using subjectivity summarization based on minimum cut. In *Proceedings of the 42Nd Annual Meeting on Association for Computational Linguistics*, p. 486–497, Stroudsburg, PA, USA : Association for Computational Linguistics.

RILOFF E. & WIEBE J. (2003). Learning extraction patterns for subjective expressions. In *Proceedings of the 2003 Conference on Empirical Methods in Natural Language Processing*, p. 105–112.

SEARLE J. R. (1976). A classification of illocutionary acts. *Language in society*, **5**(01), 1–23.

SHAIKH M., PRENDINGER H. & M. I. (2009). A linguistic interpretation of the occ emotion model for affect sensing from text. In *Affective Information Processing*, p. 378–382 : Springer London.

TURNEY P. (2002). Learning extraction patterns for subjective expressions. In *Proceedings of the 40th Annual Meeting on Association for Computational Linguistics*, p. 417–424.

WISNIEWSKI A. (2002). Question and inferences. *Linguistics and Philosophy*, **25**, 37–64.

# KNG: un outil pour l'écriture facile de cascades de transducteurs

François Barthélemy[1, 2]
(1) INRIA – Alpage, domaine de Voluceau 78153 Rocquencourt
(2) CNAM – Cedric, 292 rue Saint-Martin, 75003 Paris
francois.barthelemy@inria.fr

**Résumé.** Cet article présente une bibliothèque python appelée KNG permettant d'écrire facilement des automates et transducteurs finis. Grâce à une gestion soigneuse des codages et des entrées-sorties, cette bibliothèque permet de réaliser une cascade de transducteurs au moyen de tubes unix reliant des scripts python.

**Abstract.** This paper presents a Python library called KNG which provides facilities to write easily finite state automata and transducers. Through careful management of encodings and input/output, a transducer cascade may be implented using unix pipes connecting python scripts.

**Mots-clés :** Machines finies à états, cascade de transducteur, expression régulière.

**Keywords:** Finite State Machines, Transducer Cascade, Regular Expression.

## 1 Chaînes de traitements et transducteurs finis

Les machines finies à états, c'est à dire les automates et transducteurs finis, ont conquis des domaines d'application pour lesquels ils sont bien adaptés du fait de leur efficacité. Dans le domaine du TAL, il s'agit entre autres de la représentation de lexiques, de l'analyse morpho-lexicale, de l'étiquetage syntaxique, de diverses formes de recherche de motifs ainsi que de l'approximation de tâches pour lesquels elles ne sont pas assez puissantes comme l'analyse syntaxique.

D'une part des outils ont vu le jour pour faciliter la description de machines finies : ce sont les expressions régulières et leurs extensions, notamment les règles de réécriture contextuelles. Il faut noter d'ailleurs que ce type de règles est utilisé spécifiquement pour le TAL. D'autres part, les expressions régulières sont devenues un mécanisme de traitement des chaînes de caractères important dans de nombreux langages de programmation. Mais les deux mondes sont restés jusqu'à ce jour relativement distincts : les systèmes dédiés aux machines finies ne communiquent pas facilement avec d'autres applications alors que les langages comme perl ne proposent pas d'opérations combinant deux machines finies ou ayant une machine finie comme résultat.

Pour bien comprendre la différence, prenons l'exemple de la substitution de sous-chaînes. Il est facile d'écrire un script Perl de 5 lignes qui prend des chaînes de caractères et remplace dans ces chaînes toutes les occurrences d'une sous-chaîne s1 par une autre sous-chaîne s2. Un transducteur fini peut faire le même travail sur les chaînes, mais il peut aussi s'appliquer de façon plus générale à n'importe quel ensemble régulier de chaînes. On peut appliquer un transducteur fini à un langage régulier et obtenir comme résultat un autre ensemble régulier. C'est plus efficace que de procéder chaîne par chaîne : d'une part cela permet de traiter en temps fini un ensemble infini de chaîne, s'il est régulier. D'autre part cela permet un gain de complexité grâce au partage des calculs : on passe d'une complexité exponentielle à une complexité quadratique.

Plus spécifiquement pour le TAL, l'utilisation de machines finies, éventuellement avec une restriction aux machines acycliques, permet de représenter l'ambiguïté de certains composants et de considérer en parallèle plusieurs analyses alternatives. Cette aptitude est utilisée par certaines techniques de correction d'erreurs où plusieurs corrections peuvent être proposées.

L'utilisation de poids dans des machines finies pondérées permet de gérer l'ambiguïté : à certains stades, l'ambiguïté peut être résolue ou diminuée au moyen d'un algorithme de détermination du meilleur ou des n meilleurs chemins.

Dans cet article, nous décrivons une bibliothèque python permettant d'écrire facilement des machines finies pondérées avec un haut degré d'intégration au langage hôte. Cette bibliothèque permet non seulement de créer des automates et transducteurs, mais elle permet également de les importer et exporter facilement sous différents formats. Cela permet la réalisation de cascades de transducteurs sous la forme de tubes unix (pipes) de scripts pythons.

Les principales caractéristiques de la bibliothèque seront exposées : la représentation des machines ; les opérations ; la représentation des caractères et leur codage ; les entrées-sorties ; la compilation statique dans un langage interprété. Nous terminerons avec une rapide comparaison avec d'autres langages de machines finies.

## 2 KNG et les machines finies

KNG est un module python qui offre un certain nombre de fonctions et de classes permettant la représentation et la manipulation de machines finies pondérées. En premier lieu, il y a deux classes différentes pour les automates (KNG.automaton) et les transducteurs (KNG.transducer). Une machine finie pour KNG est un objet instance de l'une de ces deux classes. Ces objets peuvent être stockés dans des variables python, passés en paramètre à des fonctions et des méthodes. Ce sont donc des valeurs python au plein sens du terme.

La construction des objets peut se faire de deux façon différentes : directement par le constructeur de la classe, ou de façon incrémentale en ajoutant successivement des éléments au moyen de méthodes. La construction directe se fait au moyen d'une expression régulière représentée par une chaîne de caractère python. Pour la construction incrémentale, une forme mutable de machine initialement vide est créée par le constructeur, puis des éléments sont ajoutés par des appels de méthodes. Ces éléments sont soit des noeuds et arcs, soit des chaînes ou paires de chaînes appartenant à l'ensemble régulier que la machine représente.

```
# construction directe (alp : alphabet défini préalablement)
ex1=KNG.automaton(alp,'(a|b|c)(d|e)')
# construction incrémentale 1
ex2==KNG.automaton(alp)
ex2.add_path('ad')
ex2.add_path('ae')
# construction incrémentale 2
ex3==KNG.automaton(alp)
st1=ex3.add_state()
st2=ex3.add_state()
ex3.add_arc(st1,st2,'a')
ex3.set_initial(st1)
ex3.set_final(st2)
```

Pour la représentation interne des machines, KNG utilise la bibliothèque OpenFst de google, qui est un outil écrit en C++. L'accès à cette bibliothèque est transparent pour l'utilisateur qui ne voit que le module python KNG. Le type de poids utilisé est le type standard des poids d'OpenFst, à savoir le semi-anneau tropical.

Les opérations sur automates et transducteurs sont des méthodes des classes considérées. Dans les deux classes, il y a l'union, la concaténation, la clôture étoile, la clôture plus et l'opération qui extrait les n chemins de poids minimal. Les opérations binaires (union et concaténation) ne sont définies que pour deux objets de la même classe, à savoir deux automates ou deux transducteurs. Les opérations spécifiques des automates sont l'intersection, la complémentation et la différence ensembliste. Les opérations spécifiques aux transducteurs sont la composition, l'inversion et l'application fonctionnelle (réécriture d'une entrée en une sortie).

```
# operation destructive, resultat dans ex1
ex1.concat(ex2)
# ex1 inchangé, résultat dans ex4
ex4=ex1.concat(ex2,'conservative')
# chaîne d'applications
ex1.concat(ex2).union(ex3).rm_epsilon()
```

Il y a ensuite des opérations de conversion d'une classe dans l'autre : le produit cartésien construit un transducteur à partir de deux automates. L'identité construit un transducteur à partir d'un seul automate. Les deux projections extraient l'un ou l'autre côté d'un transducteur, ce qui donne un automate. La dernière opération de conversion est la plus complexe : c'est la *règle de réécriture contextuelle* (Kaplan & Kay, 1994). Elle prend quatre opérandes qui sont quatre automates finis représentant respectivement un motif à remplacer, un motif de remplacement, le contexte gauche et le contexte droit. Le résultat de l'opération est un transducteur fini qui réécrit en une seule fois toutes les occurrences du motif respectant les conditions de contexte.

Il existe trois opérations d'optimisation d'une machine finie : l'élimination des epsilon-transitions, la déterminisation et la minimisation.

KNG offre des mécanismes de conversion vers les chaînes de caractères de python. Enumérer les chaînes reconnues par un automate se fait au moyen d'un itérateur ce qui permet l'utilisation de la boucle for. Par exemple le code suivant permet d'afficher les chaînes d'un automate.

```
auto=KNG.automaton("(a|b|c)(d|e)")
for st in auto:
    print st
```

Si le langage de l'automate est infini, la boucle ne termine jamais. Dans l'autre sens, la conversion d'une séquence de chaînes en un automate se fait au moyen de la construction incrémentale de l'objet. Pour les transducteurs, ce ne sont pas des chaînes mais des paires de chaînes qui sont énumérées (type `tuple` de python).

# 3 Alphabets, codages, entrées/sorties

Par définition, les machines finies sont définies sur un ensemble fini de symboles appelé un alphabet. Les éléments de cet ensemble peuvent être des caractères, c'est à dire des composants de base des chaînes de python, mais ils peuvent également être d'une autre nature. Les caractères peuvent être représentés en machine selon différents codages : iso-8859, unicode, utf-8, etc.

Un exemple de symboles d'ensemble finis qui ne sont pas des caractères et qui sont couramment utilisés en linguistique dans des machines finies sont les étiquettes syntaxiques telles que Prep, Det, Adv, etc. En KNG, ces symboles sont identifiés au moyen d'un identificateur qui commence par une lettre et se poursuit par une suite quelconque de lettres, de chiffres et de soulignés. Dans la suite nous les appellerons *symboles multicaractères*.

En interne, les machines finies utilisent une représentation des caractères sous forme de nombres entiers. Les caractères peuvent être représentés en utilisant un codage au choix parmi quelques codages prédéfinis et l'utilisateur peut également spécifier sa propre table de conversion. Pour ce qui est des symboles multicaractères, KNG leur octroie un code dans les plans privés d'unicode sauf si l'utilisateur spécifie lui-même le codage à employer. Dans les expressions régulières, les symboles multicaractères sont entourés de $<$ et $>$ (par exemple `<Prep>`). Un alphabet spécifie le codage utilisé en interne dans la bibliothèque. Il n'exclut pas l'utilisation d'autres codages pour les entrées-sorties.

Les alphabets de KNG sont structurés en classes de symboles qui sont simplement des ensembles finis, pas nécéssairement disjoints, de symboles. Ces classes ont des noms qui peuvent être utilisés dans les expressions régulières pour dénoter la disjonction de leurs éléments. Les alphabets sont compilés en objets instances de la classe `KNG.alphabet`. Les constructeur des classes KNG.automaton et KNG.transducer prennent un objet alphabet en paramètre. Les opérations impliquant plusieurs machines ne sont définies que pour les machines utilisant le même alphabet.

```
alpstr = '''
using unicode;
class lettre="a..zéèêàùçôûâïëüÿ";
class sep=" -";
class chiffre="0123456789";
class trait="<masc><fem><sg><pl><ord><card>";
'''
alp = KNG.alphabet(alpstr)
```

KNG permet de faire des entrées-sorties de machines finies et d'alphabets au moyen de la notion de flot (stream). Cette construction présente dans les langages de programmation modernes permet un abord abstrait de différent types d'entrées-sorties : entrée et sortie standards, fichiers et périphériques divers.

Un flot est une séquence de valeurs de même type. KNG propose des flots de machines finies et des flots d'alphabets. Ces flots peuvent utiliser différentes représentations textuelles ou binaires. Les flots binaires actuellement implémentés sont deux variantes du format binaire OpenFst : ce format sans modification, adapté pour communiquer avec les commandes OpenFst ; ce format enrichi avec des informations à propos de l'alphabet utilisé, adapté pour la communication entre scripts KNG. Les formes binaires, comme on peut s'y attendre, sont plus efficaces mais moins portables que les représentations textuelles.

Les formes textuelles sont plus adaptées pour communiquer avec des outils externes ou des êtres humains. Il y a d'abord les expressions régulières, limitées pour l'instant aux flots d'entrées. Un tel flot est une séquence d'expressions régulières. Chacune d'elle est compilée par l'opération de lecture en un objet KNG.automaton ou KNG.transducer. Nous souhaitons à l'avenir offrir également les expressions régulières pour les flots de sortie. Une autre forme textuelle acceptée par KNG est le format FSM qui décrit les états et les arcs de la machine. Ce format créé à l'origine pour FSM (Mohri *et al.*, 2002) est accepté par différents outils, notamment Openfst et Xfst. Nous voudrions ajouter ultérieurement des formats XML de représentation de machines finies tels que FSM-XML (Demaille *et al.*, 2009) ou SCXML (W3C, 2012).

Les formats textuels sont acceptés sous différents codages (utf-8 et quelques codages de la norme iso-8859) et ce de façon indépendante du codage utilisé en mémoire pour les objets créés. Par exemple, KNG peut lire un flot codé en iso-8859-1 pour créer un objet utilisant le codage unicode.

Les flots dans KNG sont implémentés par des classes. Généralement, l'utilisateur ne crée pas directement des objets de ces classes mais utilise une fonction `open` qui construit et renvoie un objet d'une classe ou d'une autre en fonction de la valeur des paramètres. KNG s'inspire ici de la gestion des flots par python. La fin de flot se traduit par la levée d'une exception. Les flots en écriture offrent deux méthodes : l'écriture d'une valeur (write) et la fermeture du flot (close). Les flots de lecture offrent une méthode de lecture (read) qui renvoie une machine finie ou un alphabet et des itérateurs permettant d'utiliser directement un flot dans une instruction `for`.

```
# flot d'entrée binaire dans un fichier, codage utf-8
input_stream_1=open('converter.bin','r','machine','utf-8',alp)
trans=input_stream_1.read()
# flot d'entrée textuel expression régulière, entrée standard
input_stream_2=KNG.open(sys.stdin,'r','machine','utf-8','regexp',alp)
# flot de sortie textuel fsm, sortie standard
output_stream=KNG.open(sys.stdout,'w','auto','utf-8','fsm')
# iterateur sur input_stream_2, aut est une machine finie
for aut in input_stream_2:
   output_stream.write(trans.apply(aut,'lr'))
output_stream.close()
```

La méthode `apply` utilisée dans la boucle est l'application fonctionnelle du transducteur. A chaque tour de boucle, une expression régulière lue sur l'entrée standard est compilée en une machine finie désignée par le nom `aut`, utilisée comme entrée pour le transducteur `trans`, et la sortie du transducteur est écrite sur la sortie standard au format `fsm`.

# 4 Compilation et langage interprété

Python est un langage interprété. Cela signifie qu'une expression régulière apparaissant dans un programme est recompilée à chaque exécution du programme, même si elle ne change pas d'une exécution à l'autre. Ce n'est clairement pas ce que désire une personne écrivant une cascade de transducteur : elle souhaite que tout le travail faisable statiquement ne soit fait qu'une seule fois. Sur ce point, KNG s'est inspiré de ce que fait PLY, une implémentation en python de LEX et YACC. Une grammaire PLY est un programme python. A la première exécution de ce programme, PLY compile la grammaire et crée des tables sauvegardées dans des fichiers. Aux exécutions suivantes, PLY vérifie que la grammaire est inchangée. Si c'est le cas, les fichiers sont relus. Sinon, la grammaire est recompilée.

KNG procède de façon analogue. Par une analyse de la façon dont une machine est créée, KNG détecte si c'est une construction statique ou dynamique. Par exemple, une expression régulière donnée sous forme d'une chaîne de caractère constante est statique. Une expression régulière lue sur un flot donne naissance à un objet dynamique. En cas de doute, une machine est considérée comme dynamique.

KNG sauvegarde dans des fichiers les machines statiques. Lors d'une nouvelle exécution du programme, les dates du fichier source python et de la machine sauvegardée sont comparées pour déterminer si la description de la machine a pu changer entre temps. Si ce n'est pas le cas, le fichier de sauvegarde est relu. Par ailleurs, dans ce processus de sauvegarde des objets statiques, les dépendances entre machines sont représentées et sauvegardées. Il se peut que la définition d'une machine soit inchangée mais qu'un élément précurseur ait évolué rendant nécessaire un recalcul. Par exemple, si une machine A est obtenue en réalisant une clôture étoile d'une machine B, tout changement de B oblige à recalculer A. C'est pour cela qu'une relation de dépendance entre composants doit être maintenue et mémorisée.

Dans son état actuel, la gestion des dépendances par KNG est assez rudimentaire : les dépendances sont enregistrées entre fichiers sur la base de la date de dernière modification. La détermination des éléments statiques est également rudimentaire. Des sous-composants statiques de machines dynamiques pourraient être sauvegardés.

# 5 Relations entre KNG et Python

KNG n'utilise pas d'espace de noms spécifique. Pour nommer une machine, on peut utiliser tout simplement une variable python qui contiendra une référence à l'objet implémentant la machine. C'est dans ce cas l'espace de noms du programme utilisateur qui est utilisé. Une autre solution est de stocker la paire (nom,valeur) dans un dictionnaire (tableau associatif) Python. Ce qui est moins simple et moins courant, c'est que ce nom peut être utilisé à l'intérieur d'une expression régulière. Pour distinguer le nom d'une machine préexistante `m` d'une séquence de caractères, le nom doit être encadrés par deux symboles ` (bacquote) : `` `m` `` est un nom, `m` le caractère m.

La variable n'appartient de toute façon pas à l'espace de nom du module KNG qui n'est ni celui du programme utilisateur, ni le dictionnaire utilisé pour stocker les machines finies. Si une expression régulière contient des références à des machines préexistantes, l'espace de nom à utiliser doit être passé en paramètre au compilateur KNG.

```
auto1=KNG.automaton(alp,'cd')
# auto1 variable python
# espace de nom: celui du script python
auto3=KNG.automaton(alp,'ab|`auto1`|ef',globals())
# le troisième paramètre est l'espace de nom
```

L'utilisation de l'espace de noms du programme utilisateur permet de structurer les définitions de machines finies au moyen de paquetages Python. Par exemple, si l'on définit une machine `m1` dans un paquetage `A`, on pourra la référencer dans une expression régulière d'un programme qui importe `A` au moyen du nom qualifié `A.m1`. On peut utiliser les mécanismes de visibilité Python (à savoir la variable __all__ du fichier __init__.py) pour spécifier si une machine est visible ou non à l'extérieur d'un paquetage.

Les constructions de programmation Python (boucles, exceptions, classes, fonctions) peuvent être utilisées pour une application en KNG. Par exemple, une fonction peut être définie qui prend en paramètre un automate fini, réalise l'application fonctionnelle de plusieurs transducteurs en cascade, puis optimise le résultat de cette cascade au moyen d'élimination d'epsilon-transitions, déterminisation et minimisation et enfin renvoie l'automate résultant de cette séquence.

Comme nous l'avons déjà mentionné, KNG procure des itérateurs permettant de parcourir des ensembles de valeurs au moyen d'un boucle for. Ces itérateurs sont disponibles sur les machines (itération sur les chaînes du langage d'un automate, itération sur les paires de la relation d'un transducteur) et sur les flots d'entrées (itération sur les alphabets ou les machines selon le type du flux).

# 6 Comparaison avec d'autres outils

Il est impossible de faire une comparaison exhaustive avec tous les langages et systèmes existants qui sont fort nombreux. Nous allons prendre quelques exemples représentatifs des systèmes utilisés pour le TAL.

Commençons par la façon dont Perl utilise les expressions régulières. Les expressions régulières de Perl sont utilisées pour spécifier deux opérateurs et une fonction de traitement de chaînes : la reconnaissance de motif, la substitution et le découpage respectivement notés `m//`, `s///` et `split`. Il n'y a pas véritablement d'opérateur permettant de combiner des expressions régulières. Tout au plus une expression régulière quotée peut-elle être utilisée comme constituant d'une autre expression régulière. Les opérateurs de reconnaissance et de substitution ne s'appliquent qu'à des chaînes et leur résultat est une chaîne.

L'opérateur de substitution n'est pas un transducteur fini : en effet la chaîne qui remplace la sous-chaîne appariée au motif de la substitution est calculée dynamiquement, une fois liées les variables du motif. Le calcul peut d'ailleurs inclure l'évaluation d'une expression telle que par exemple un appel de fonction. La substitution est de ce fait beaucoup plus puissante qu'un transducteur fini : elle a la puissance de la machine de Turing. En contre-partie, elle est moins susceptible de précompilation et ne factorise pas les calculs.

Il existe des systèmes qui implémentent de façon exemplaire les machines finies et leurs opérations mais sont très sommaires du point de vue des structures de programmation. C'est le cas de Xfst (Xerox Finite State Tool). Xfst est utilisé surtout pour la morphologie et la phonologie (Beesley & Karttunen, 2003). Il dispose des expressions régulières habituelles étendues avec les règles de réécriture contextuelles. Des descriptions morphologiques ou phonologiques très élégantes ont été données sous forme de cascades de règles contextuelles, compilées sous forme d'une cascade de transducteurs. Mais le langage proposé est très pauvre : il n'y a pas réellement de variables, pas de modularité, pas de fonction, pas de boucle ni de conditionnelle. Pratiquement, on ne dispose que de la séquence qui permet d'exécuter des opérations l'une après l'autre.

D'autres système font le choix de se présenter comme KNG sous la forme d'une bibliothèque, mais dans la plupart des cas, ce sont des bibliothèque C++. Citons notamment `OpenFst` et Stuttgart Finite State Transducer tools (SFST) (Schmid, 2005). Les structures de programmation sont riches, mais au prix d'une complexité du langage hôte qui rend le développement plus difficile.

PyOpenFst [1] est comme KNG une couche encapsulant OpenFst dans un module Python. Comme OpenFst, il n'implémente pas les expressions régulières ni a fortiori les règles de réécriture contextuelle. Il n'offre pas non plus la même variété d'entrées-sorties.

KNG est un outil opérationnel mais encore expérimental. Au moment où cet article est écrit, il est utilisé pour réécrire partiellement SxPipe (Sagot & Boullier, 2005), une chaîne de traitement morpho-lexical. Dans cette chaîne, des composants KNG sont utilisés dans une cascade comportant également des scripts Perl et des programmes en C.

Nous prévoyons de diffuser prochainement KNG sous licence LGPL.

## Références

BEESLEY K. R. & KARTTUNEN L. (2003). *Finite State Morphology*. CSLI Publications.

DEMAILLE A., DURET-LUTZ A., LESAINT F., LOMBARDY S., SAKAROVITCH J. & TERRONES F. (2009). An xml format proposal for the description of weighted automata, transducers and regular expressions. In *Proceedings of the 2009 Conference on Finite-State Methods and Natural Language Processing : Post-proceedings of the 7th International Workshop FSMNLP 2008*, p. 199–206, Amsterdam, The Netherlands.

KAPLAN R. M. & KAY M. (1994). Regular models of phonological rule systems. *Computational Linguistics*, **20 :3**, 331–378.

MOHRI M., PEREIRA F. C. N. & RILEY M. (2002). Weighted finite-state transducers in speech recognition. *Computer Speech and Language*, **16**(1), 69–88.

SAGOT B. & BOULLIER P. (2005). From Raw Corpus to Word Lattices : Robust Pre-parsing Processing with SxPipe. *Archives of Control Sciences*, **15**(4), 653–662.

SCHMID H. (2005). A programming language for finite state transducers. In A. YLI-JYRÄ, L. KARTTUNEN & J. KARHUMÄKI, Eds., *Finite-State Methods and Natural Language Processing*, volume 4002 of *Lecture Notes in Computer Science*, p. 308–309, Helsinki, Finland.

W3C (2012). State chart xml (scxml) : State machine notation for control abstraction w3c working draft 16 february 2012.

1. http ://code.google.com/p/pyopenfst/

*21ème Traitement Automatique des Langues Naturelles, Marseille, 2014*

# Comparaison de deux outils d'analyse de corpus japonais pour l'aide au linguiste, Sagace et MeCab

Raoul Blin
CNRS-CRLAO, 131 Bd St.Michel, 75006 Paris
blin@ehess.fr

**Résumé.** L'objectif est de comparer deux outils d'analyse de corpus de textes bruts pour l'aide à la recherche en linguistique japonaise. Nous mesurons leur précision dans la tâche de comptage de chaînes de morphes. Les deux outils représentent chacun une approche spécifique. Le premier, un dispositif basé sur l'analyseur morphologique statistique MeCab, segmente et étiquette préalablement les phrases complètes. Le second compte les occurrences de la chaîne dans le texte en l'état. Les performances de Sagace sont globalement un peu inférieures mais la différence est moins importante qu'attendu. Du fait de leur facilité de mise en œuvre, les outils comme Sagace sans analyse morphologique préalable sont donc des outils malgré tout intéressants pour le linguiste.

**Abstract.** Our purpose is to compare two tools used to help linguists analyze large corpora of raw Japanese text. We measure their precision while counting strings of morphs. Each tool is representative of a specific approach. The first tool is based on the statistical morphological analyzer MeCab. It first tokenizes and POS tags the whole sentence before searching and counting strings. The second tool, Sagace, searches and counts within the text as it is. In accordance with our assumptions, Sagace performed slightly worse overall but the difference is not as marked as expected. Taking into account the needs of linguists, Sagace is nevertheless useful for many tasks.

**Mots-clés :** Japonais, Corpus, Analyseurs morphologique, MeCab, Sagace

**Keywords:** Japanese, Corpus, Morphological analyzer, MeCab, Sagace

Le linguiste travaillant sur le japonais écrit contemporain dispose de nombreux outils d'analyse de corpus, que ce soit pour dénombrer des collocations ou constituer des concordances. On peut séparer ces outils en deux groupes. Le premier rassemble les outils qui s'en tiennent à chercher un patron dans du texte brut. Les outils du second groupe procèdent en deux temps : le texte est d'abord segmenté en morphes et étiqueté en parties du discours, puis a lieu la recherche et le comptage de patrons. En japonais, à cause de l'absence de marques de frontière des mots et des nombreuses ambiguïtés graphiques, la seconde approche paraît la plus fiable. Il reste cependant à mesurer l'écart réel de qualité entre les dispositifs. Si cet écart est « raisonnable », alors la légèreté et la facilité de mise en oeuvre des premiers dispositifs pourraient leur donner un avantage, face à des dispositifs à base de segmentation préalable dont la mise en oeuvre est longue. En effet, les analyseurs morphologiques sont aujourd'hui tous statistiques et nécessitent un entraînement. Dans la pratique et en particulier en TAL, de nombreuses études utilisent les lexiques existants. Mais de nombreuses recherches en linguistique nécessitent de modifier ces lexiques, que ce soit les entrées lexicales elle-même ou bien les parties du discours Pour conserver une analyse morphologique statistique optimale, il faudrait à chaque modification du lexique réentraîner l'analyseur, ce qui demande un temps considérable incompatible avec les pratiques en linguistique.

Dans cet article, nous comparons les performances d'extraction et de comptage des noms communs, avec et sans analyse morphologique (statistique) préalable. Pour cela, nous utilisons des outils déjà disponibles, Sagace (Blin, 2012) et un dispositif basé sur l'analyseur morphologique statistique MeCab (Kudo, 2006). Dans la première partie, nous présentons les caractéristiques du japonais écrit qui sont susceptibles d'affecter les résultats des comptages automatiques effectués par ces dispositifs. La deuxième partie est consacrée à la description des outils et des ressources utilisés pour le comparatif. Les résultats de la comparaison figurent dans la troisième partie.

# 1 Rappel sur le japonais écrit

Nous rappelons quelques propriétés du japonais écrit qui sont susceptibles d'influencer l'analyse automatique des noms communs. Ces propriétés ont été largement décrites ailleurs de façon plus globale (voir par exemple en français (Yazawa, 2006)).

Le japonais utilise trois écritures : les hiragana et katakana que l'on peut qualifier de phonétiques (50 caractères de base pour chaque série) et un ensemble d'environ 2000 sinogrammes. Les noms communs empruntés au XXè S. aux langues étrangères sont écrits en katakana. Les autres peuvent indifféremment être transcrits avec l'une des trois écritures, voire avec un mélange. Il existe des « recommandations » officielles d'emplois des écritures. Elles sont plus ou moins respectées selon les milieux sociolinguistiques. La presse s'y conforme assez strictement. Nous estimons qu'il en va de même pour les brevets. Par contre, les blogs n'ont pas de contraintes mais nous estimons que dans leur immense majorité, les pratiques sont proches de la norme officielle (une raison est que les textes sont saisis au clavier à l'aide de logiciel de transcription qui par défaut appliquent les recommandations officielles).

Dans les lexiques associés aux analyseurs morphologiques automatiques et utilisés ici, les graphies les plus courantes d'un mot font en général l'objet d'une entrée propre. Par exemple le mot *rôka* (« couloir ») est enregistré trois fois dans le lexique UniDic (voir plus bas), avec trois graphies différentes : sinogrammes 廊下, hiragana ろうか, mélange des deux ろう下. D'autres variantes sont possibles, notamment en utilisant les katakana. Ces variantes n'étant pas répertoriées, elles ne seront pas détectées dans les textes par les analyseurs que nous utilisons. Il s'ensuit que le nombre de mots reconnus peut être minimisé. Cependant, les variantes non lexicalisées sont celles qui apparaissent rarement, sauf dans des textes très spécifiques. Leur omission a donc très peu d'impact dans les comptages de textes « ordinaires » comme ceux utilisés pour le présent travail.

Comme on le voit dans l'exemple précédent, le nombre de caractères qui composent un mot peut changer en fonction du choix de l'écriture. C'est ce qui explique qu'à nombre égal de mots, la longueur de deux textes mesurée en nombre de caractères peut varier si ils utilisent des écritures différentes. Sauf pour quelques noms, l'écriture en sinogrammes est systématiquement une des plus courtes.

Les noms communs japonais sont invariables morphologiquement. Seule leur graphie varie. En conséquence, pour cette catégorie, une entrée du lexique correspond à la fois à un mot et à un morphe. Dans les comptages, il serait possible de regrouper les variantes graphiques d'un mot, de sorte à les considérer comme les occurrences d'un seul mot. Par exemple les trois graphies de *rôka* seraient considérées comme des occurrence du mot « couloir ». Nous ne l'avons pas fait car nous ne savons pas quel type d'erreur peut survenir dans la reconnaissance du mot ni l'impact que cela peut avoir sur les comptages, compte tenu des différences entre les lexiques. Nous mesurons donc les occurrences des morphes/entrées lexicales indépendamment les uns des autres. Nous utiliserons désormais le terme de morphe.

Il existe de nombreux homographes. En particulier, phénomène peu souligné, de très nombreux noms communs peuvent être utilisés comme patronymes. Aucune marque graphique ne distingue les deux emplois. Par exemple 森 (*mori*, « forêt ») est un patronyme très répandu. La phrase $\textit{mori}_{\mathrm{N}}$ $\textit{wo}_{\mathrm{O}}$ $\textit{miru}_{\mathrm{V}}$ peut tout aussi bien signifier « $\text{Regarder}_{\mathrm{V}}$ $\text{Mori}_{\mathrm{N}}$. » que « $\text{Regarder}_{\mathrm{V}}$ la $\text{forêt}_{\mathrm{N}}$. ». Des ambiguïtés surviennent aussi avec les homophones lorsqu'ils sont transcrits phonétiquement, comme par exemple はし (*hashi*), « pont » ou « baguette(s) » (couvert). Avec les trois lexiques de la présente étude, MeCab propose à tort comme première interprétation « baguette » pour l'occurrence de *hasi* dans la phrase $\textit{kuruma}_{\mathrm{N}}$ $\textit{de}_{en}$ , *hashi* $\textit{wo}_{\mathrm{O}}$ $\textit{watatta}_{\mathrm{V}}$ (« En $\text{voiture}_{\mathrm{N}}$ , [j']ai traversé [le] *hashi* »). Des techniques existent pour lever l'ambigüité (Tokunaga, 2012) mais ne sont pas intégrées dans les analyseurs morphologiques. Des erreurs de comptage peuvent s'ensuivre de la confusion des morphes, aussi bien dans le sens d'un plus grand bruit que d'un plus grand silence. L'ajout d'une couche d'analyse, notamment des relations de dépendances, serait possible et utile pour désambiguïser, mais alourdirait considérablement le dispositif tout en risquant d'introduire d'autres erreurs.

A l'exclusion des textes pour enfants, le japonais ne sépare pas graphiquement les « mots » ni les morphes. A cause de leur faible nombre d'occurrences, les signes de ponctuation n'aident que très peu. Quant à l'alternance des écritures, elle est trop aléatoire pour être utilisée massivement. En l'absence de séparation, un morphe peut être détecté à tort à cheval sur deux morphes. Ainsi, dans l'exemple 1 ci-dessous, [*butugo*] (« parole de Buddha ») est détecté à tort à cheval sur les morphes <*niti hutu*> (« franco-japonais ») et <*gogaku gakkai*> (« Société de langues »). Un contrôle sur le contexte des noms permet aisément d'éviter ce type d'erreurs. Une analyse morphologique statistique effectue un tel contrôle. Sagace limitera les erreurs grâce à la stratégie de priorité donnée au morphe le plus long : par préférence du morphe le plus long, on privilégiera le mot de deux caractères *nitihutu* comme mot de tête, plutôt que celui à un caractère *niti* (« jour »). Cela exclut alors le découpage *niti+hutugo*. La longueur du morphe étant mesurée en nombre de caractères, on comprend que son succès dera tributaire des conventions d'écritures adoptées dans le texte. Un morphe peut aussi être détecté à l'intérieur d'un autre morphe comme dans l'exemple 2 : le morphe *nihonjin* (« Japonais ») « contient » le mot *hi* (« jour »). Dans cet exemple, deux analyses sont possibles et prendre en compte le contexte immédiat ne permet pas de détecter la meilleure analyse. Il faut recourir à d'autres techniques, basées sur les associations sémantiques de « mots », mais qui ne sont pas intégrées aux analyseurs morphologiques. On voit ici que la stratégie de préférence du mot le plus long privilégiera systématiquement l'interprétation « *nihonjin* ». Sagace ne détectera donc pas l'interprétation 1.

Ex 1 : <日 [ 仏 > < 語 ] 学 > <学 会>
*<niti [ hutu> < go ] gaku> <gak kai>*
Société franco-japonaise de langues

Ex 2 : 1) その/日 // 本人 が 来た。
*sono / hi // hon'nin ga kita*
« Ce jour là, la personne elle même est venue. »

2) その/日本人// が 来た 。
*sono / nihonjin // ga kita*
« Ce Japonais est venu. »

# 2 Dispositifs d'analyse et ressources utilisés pour la comparaison

Pour comparer les deux approches, avec ou sans analyse morphologique (statistique) préalable du texte, nous avons choisi Sagace et un dispositif basé sur l'analyseur morphologique MeCab. Les deux ont en commun de prendre du texte brut en entrée. Ils sont en ligne de commande, et sont open source et libres. Des chercheurs peuvent ainsi aisément les adapter pour des nouveaux besoins et intégrés à d'autres dispositifs. Dans cette section, nous présentons leurs principales caractéristiques. Comme les performances des dispositifs sont très dépendantes du contenu des lexiques associés, nous consacrerons une sous-section aux lexiques utilisés pour les tests. Aucun des analyseurs utilisés ne comptabilise les variantes graphiques de morphes non répertoriées dans le lexique. Le silence s'en trouve donc augmenté.

## 2.1 Sagace

Parmi les outils qui ne procèdent pas à une analyse morphologique préalable, ceux qui utilisent les caractères comme unités (`grep` etc.) sont d'un intérêt très limité pour le linguiste. Il existe d'autres outils, qui prennent comme unité de travail les morphes listés dans des lexiques. Nous avons choisi comme représentant de cette approche Sagace car il est disponible avec un lexique au format adéquat et qu'il est utilisé de longue date pour le japonais. D'autres outils peuvent faire des recherches comparables (par exemple Unitex) mais ils auraient nécessité de construire un lexique. Dans la limite de nos investigations, nous n'avons pas trouvé d'outil commercial équivalent.

Sagace est conçu dès l'origine comme un outil d'aide à la recherche en linguistique. C'est un outil générique exploitable pour n'importe quelle langue. Il peut produire des concordances ou lister et compter des collocations. Il se veut plus adapté au linguiste en permettant une manipulation très rapide et souple des lexiques grâce à un langage (de type propositionnel) de description des catégories avec lequel il est possible de créer « à la volée » des nouvelles catégories, sur la base des catégories existantes dans le lexique, et sans intervenir dans celui-ci. Autre aspect pensé pour le linguiste : il est tout en un. Il contient une interface d'interrogation, un moteur de recherches et de comptage, et un compilateur de lexique. Il ne nécessite pas de logiciels externes (contrairement aux dispositifs avec analyse morphologique préalable), ni de segmentation préalable (comme c'est le cas de Himawari (Yamaguchi, 2011) ). Mais surtout, il ne nécessite pas non plus d'entraînement comme les logiciels statistiques.

Lors de l'analyse, Sagace découpe le texte en « segments », délimités par un morphe *ad hoc* choisi par l'utilisateur. Pour la présente comparaison, nous prenons comme segment la phrase. Les segments dépassant une certaine longueur sont rejetés pour éviter des problèmes de mémoire. Les occurrences de patrons recherchés qui sont présents dans les segments rejetés ne sont donc pas pris en compte par Sagace alors qu'ils seront traités par les autres dispositifs. De ce fait, le silence dans les résultats de Sagace pourrait être supérieur. Lorsque sur une position Sagace détecte plusieurs morphes possibles, il privilégie le morphe le plus long. Cette méthode usuelle en analyse morphologique du japonais est souvent gagnante, mais peut provoquer des erreurs.

## 2.2 Dispositif basé sur MeCab

Les dispositifs qui procèdent à une analyse morphologique préalable (segmentation et étiquetage des parties du discours) sont des assemblages composés d'un analyseur morphologique et d'un outil de comptage qui fait aussi interface pour l'interrogation. A notre connaissance, il n'existe pas de dispositif « tout en un ». Pour des questions pratiques, nous ne pouvions pas ici évaluer les performances de toutes les combinaisons possibles de tous les analyseurs morphologiques et outils de comptage. Pour des raisons de disponibilité et de réputation, nous avons choisi l'analyseur morphologique statistique MeCab, parmi les plus utilisés du moment JUMAN (Kurohashi et al., 1994), KyTea (Neubig et al., 2011). Il est disponible sous forme de paquets pour les systèmes de type Unix. Le logiciel est en plus distribué avec plusieurs lexiques japonais libres eux aussi (voir section suivante). Pour simplifier la présentation, désormais, nous désignerons la combinaison de MeCab, d'un lexique et d'un outil de comptage par le terme « dispositif MeCab ». MeCab utilise un modèle de Markov d'ordre 1. Les paramètres du modèle, inscrits dans le lexique, sont estimés par apprentissage. MeCab prend comme segment de travail toute chaîne de caractères finissant par un saut à la ligne. Dans les textes bruts il arrive que des sauts à la ligne apparaissent à l'intérieur d'une phrase. Les analyses peuvent être perturbées. Nous estimons que l'erreur induite augmente le silence mais pas au point de modifier sensiblement les résultats.

## 2.3 Les lexiques

Les performances des dispositifs d'analyse varient en fonction des lexiques. C'est la raison pour laquelle nous avons mené les tests avec les lexiques disponibles pour MeCab. UniDic[1] contient 756 463 entrées lexicales, noms propres compris, ce qui en fait le lexique le plus volumineux parmi les trois utilisés ici. Contrairement aux deux autres lexiques, le choix des entrées lexicales/morphes a été argumenté et explicité (The UniDic Consortium, 2012). Le principe est de lexicaliser les plus petites unités morphosémantiques possibles. A coté de cela, les concepteurs et mainteneurs de MeCab recommandent[2] un second lexique, IPAdic[3] (392 126 entrées). Enfin, il faut compter avec un troisième lexique, Jumandic[4] (515 996 entrées). Dans ces trois lexiques figurent diverses informations : lecture, écriture usuelle du morphe si il s'agit d'une variante graphique, et partie du discours. Figurent aussi les paramètres du modèle statistique utilisé. Les paramètres ont été estimés par apprentissage sur des corpus différents, respectivement le BCCWJ data core (voir section suivante), le corpus IPA (Hashimoto, 1995) et le corpus de Kyodai (Kawahara et al., 2002). Avec Sagace, nous avons utilisé une version modifiée du naist-jdic[5] (485 000 entrées), qui est très proche du lexique IPAdic. Nous estimons que les lexiques possèdent un nombre de noms communs à peu près identique, soit environ 90 000 si l'on se base sur le naist-jdic.

## 2.4 Corpus

Les tests ont été effectués sur le Balanced Corpus of Written Japanese - Data Core, version 2009 (Maekawa, 2009). Il s'agit d'un corpus segmenté manuellement en morphes et étiqueté (au format XML) en reprenant les morphes et parties du discours du lexique UniDic 1.3.12 . Nous en avons tiré un texte brut sans les balises. Ce corpus s'est imposé ici car il est devenu aujourd'hui une référence en linguistique. Il est aussi utilisé en traitement automatique (voir des références dans (Mori et al., 2014)). D'autres corpus, dont celui de Kyodai ou YACIS (Ptaszynski et al., 2012), sont disponibles mais leur usage reste limité au traitement automatique. Le corpus comprend des extraits de blogs, de journaux économiques, de brevets et des phrases exemples de dictionnaires. Nous estimons que les conventions d'écriture standard sont globalement respectées. En particulier, la majorité des noms communs sont transcrits en sinogrammes lorsqu'ils peuvent l'être. Le recours à la transcription phonétique et les risques d'ambiguïtés dus à l'homophonie en sont diminués. Le corpus brut ne contient pas de phrases d'une longueur excédant les limites imposées par Sagace. Aucune phrase n'est donc rejetée par ce dernier. Certaines phrases contiennent des sauts de lignes. Cela peut affecter l'analyse de MeCab qui n'a pas été entrainé sur des corpus contenant de tels sauts de lignes.

---

[1] unidic-mecab 2.1.2

[2] mecab.googlecode.com/svn/trunk/mecab/doc/index.html

[3] mecab-ipadic.x86_64 ; 2.7.0.20070801-6.fc18.1 .

[4] mecab-jumandic.x86_64, ref ; 5.1.20070304-7.fc18 .

[5] mecab-naist-jdic-0.4.3-20080812

# 3 Taux d'accord

Nous comparons les taux d'accord entre les analyses automatiques et l'analyse manuelle dans une tâche d'extraction d'un morphe isolé (nom commun) et dans une tâche d'extraction d'une chaîne de trois morphes (un nom commun et son contexte gauche et droite). L'extraction et le comptage sont effectués avec les lexiques en l'état, donc avec les 90 000 noms communs. Mais la comparaison des résultats n'est effectuée que sur les noms communs présents à la fois dans les trois lexiques et dans le texte segmenté manuellement. Les erreurs sur les autres noms ne sont donc pas prises en compte, ce qui pourrait minimiser artificiellement le bruit. Il en va de même avec les signes de ponctuation et les particules qui sont utilisées pour définir le contexte du nom dans le deuxième test.

Nous comptons tout d'abord les occurrences de 4 000 noms communs, sans poser de contraintes sur le contexte. Les résultats (table 1) sont conformes aux attentes. Mecab est meilleur, avec bien sûr un avantage pour l'analyse avec le lexique Unidic. Les écarts types montrent que les variations sont plus importantes avec Sagace. Nous faisons l'hypothèse que Sagace fait sensiblement plus d'erreurs sur les morphes courts et rédigés en caractères phonétiques que sur les morphes longs, en sinogrammes. La différence entre Sagace et les dispositifs MeCab, si elle n'est pas négligeable, n'est cependant pas considérable, en particulier par rapport aux deux dispositifs MeCab qui n'ont pas été entraînés sur le corpus étudié et dont les résultats sont de ce fait plus représentatifs des performances réelles des dispositifs.

| | RAPPEL | | PRECISION | | F-MESURE |
|---|---|---|---|---|---|
| | moyenne | écart type | moyenne | écart type | |
| Sagace | 89.34 | .24 | 83.86 | .39 | .865 |
| MeCab+ IPAdic | 96.85 | 0.11 | 96.03 | 0.13 | .964 |
| MeCab + Jumandic | 95.52 | 0.14 | 97.37 | 0.11 | .964 |
| MeCab + UniDic | 99.09 | 0.06 | 98.78 | 0.08 | .989 |

TABLE 1 : Taux d'accord des analyses de Sagace et MeCab par rapport à une analyse manuelle basée sur le lexique UniDic ; comptage des noms communs, sans contrainte sur le contexte immédiat.

Nous comparons cette fois-ci les taux d'accord dans la tâche d'extraction des noms communs mais en posant des contraintes sur leur contexte immédiat. Nous imposons la présence de particules ou signes de ponctuation (44 morphes et symboles en tout) de chaque coté du nom commun.

| | RAPPEL | | PRECISION | | F-MESURE | |
|---|---|---|---|---|---|---|
| | moyenne | écart type | moyenne | écart type | | Diff. avec Table 1 |
| Sagace | 85.89 | .28 | 89,28 | .31 | .875 | + 0.010 |
| MeCab+ IPAdic | 83.98 | .31 | 96.06 | .17 | .896 | - 0.068 |
| MeCab + Jumandic | 95.07 | .20 | 89.60 | .26 | .922 | - 0.041 |
| MeCab + UniDic | 88.42 | .26 | 99.19 | .08 | .934 | - 0.054 |

TABLE 2 : Taux d'accord des analyses de Sagace et MeCab par rapport à une analyse manuelle basée sur le lexique UniDic ; comptage des noms communs, avec contraintes sur le contexte immédiat.

Au regard des f-mesures (Table 2) l'écart de performances entre Sagace et les dispositifs MeCab s'est réduit, mais du fait de mouvements inverses : Sagace est meilleur que pour une recherche de morphe isolé tandis que les dispositifs MeCab sont moins performants. Pour Sagace, l'amélioration est due à l'allongement du patron cherché, et à la réduction des risques d'ambiguïtés qui s'ensuit. Sagace rejoint même MeCab sur certains résultats. Pour MeCab, la baisse est plus sensible avec le lexique IPAdic pourtant conseillé par les auteurs du logiciel. Une explication est peut-être dans le choix des parties du discours ou du corpus d'entraînement. Une étude plus approfondie reste à faire.

# 4 Conclusion

Dans cette étude, nous avons comparé les performances de deux dispositifs d'analyse de corpus à destination des linguistes du japonais, pour l'exécution de tâches tout à fait usuelle en linguistique : le dénombrage de mots ou de morphes. Ces dispositifs ont été choisis comme représentatifs de deux types de traitement des corpus : une approche « légère » qui s'en tient à la recherche de patrons sans analyse générale des phrases, et une approche complète, plus lourde avec analyse morphologique du texte analysé. Les résultats montrent que, à condition d'éviter certains types de recherches, les performances du premier dispositif sont raisonnables. Si l'on tient en plus compte de l'ergonomie et en particulier la facilité de mise en oeuvre et la vitesse de traitement, il s'agit d'un outil tout à fait suffisant pour le débroussaillage de corpus et l'aide à l'analyse linguistique.

# Références

BLIN R. (2012). SAGACE v4.2.0.

HASHIMOTO M. (1995). Building a Corpus at IPA. 全国大会講演論文集 *51*, 35–36.

KAWAHARA D., KUROHASHI S., and HASIDA K. (2002). Construction of a Japanese Relevance-tagged Corpus. In Proceedings of the 3rd International Conference on Language Resources and Evaluation, pp. 2008–2013.

KUDO T. (2006). MeCab: yet another part-of-speech and morphological analyzer.

KUROHASHI S., NAKAMURA T., MATSUMOTO Y., and NAGAO M. (1994). Improvements of Japanese Morphological Analyzer JUMAN. In Proceedings of The International Workshop on Sharable Natural Language Resources, pp. 22–28.

MAEKAWA K. (2009). Daiyousei wo yû suru daikibo nihongo kakikotoba kôpasu (<tokushyû> nihongo kôpasu) [Compilation d'un corpus équilibré de textes contemporains en japonais. J. Jpn. Soc. Artif. Intell. *24*, 612–622.

MORI S., OGURA H., and SASADA T. (2014). A Japanese Word Dependency Corpus. In Proceedings of the Ninth International Conference on Language Resources and Evaluation (LREC'14), (Reykjavik, Iceland: European Language Resources Association (ELRA)), pp. 753–758.

NEUBIG G., NAKATA Y., and MORI S. (2011). Pointwise Prediction for Robust, Adaptable Japanese Morphological Analysis. In Proceedings of the 49th Annual Meeting of the Association for Computational Linguistics: Human Language Technologies: Short Papers - Volume 2, (Stroudsburg, PA, USA: Association for Computational Linguistics), pp. 529–533.

PTASZYNSKI M., RZEPKA R., ARAKI K., and MOMOUCHI Y. (2012). Automatically Annotating a Five-billion-word Corpus of Japanese Blogs for Affect and Sentiment Analysis. In Proceedings of the 3rd Workshop in Computational Approaches to Subjectivity and Sentiment Analysis, (Stroudsburg, PA, USA: Association for Computational Linguistics), pp. 89–98.

THE UNIDIC CONSORTIUM (2012). unidic-mecab ver. 2.1.1 Users Manual.

TOKUNAGA T. (2012). Nihongo nyuuryoku wo sasaeru gijutu [ Technologies behind Japanese input systems ].

YAMAGUCHI M. (2011). zenbun kensaku sisutemu "Himawari" riyousha manyuaru vers.1.3 [Système d'extraction "Himawari"; Manuel de l'utilisateur vers.1.3].

YAZAWA M. (2006). Traitement de texte en japonais et enseignement des kanji. In Langue, Lecture et École Au Japon, (Arles: Christian Galan et Jacques Fijalkow), pp. 97–137.

# Un concordancier multi-niveaux et multimédia pour des corpus oraux

Giulia Barreca[1] George Christodoulides[2]
(1) Laboratoire MoDyCo, CNRS, Université Paris Ouest Nanterre La Défense
200, avenue de la République, FR-92001 Nanterre, France
(2) Centre Valibel, Institut Langue & Communication, Université de Louvain,
Place Blaise Pascal 1, 1348 Louvain-la-Neuve, Belgique
giulia.barreca@gmail.com, george@mycontent.gr

**Résumé.** Les concordanciers jouent depuis longtemps un rôle important dans l'analyse des corpus linguistiques, tout comme dans les domaines de la philologie, de la littérature, de la traduction et de l'enseignement des langues. Toutefois, il existe peu de concordanciers qui soient capables d'associer des annotations à plusieurs niveaux et synchronisées avec le signal sonore. L'essor des grands corpus de français parlé introduit une augmentation des exigences au niveau de la performance. Dans ce travail à caractère préliminaire, nous avons développé un prototype de concordancier multi-niveaux et multimédia, que nous avons testé sur le corpus de français parlé du projet Phonologie du Français Contemporain (PFC, 1,5 million de tokens de transcription alignée au niveau de l'énoncé). L'outil permet non seulement d'enrichir les résultats des concordances grâce aux données relevant de plusieurs couches d'annotation du corpus (annotation morphosyntaxique, lemme, codage de la *liaison*, codage du *schwa* etc.), mais aussi d'élargir les modalités d'accès au corpus.

**Abstract.** Concordances have always played an important role in the analysis of language corpora, for studies in humanities, literature, linguistics, translation and language teaching. However, very few of the available systems support multi-level queries against a richly-annotated, sound-aligned spoken corpus. The rapid growth in the development of spoken corpora, particularly for French, increases the need for scalable, high-performance solutions. We present the preliminary results of our project to develop a multi-level multimedia concordancer for spoken language corpora. We test our prototype on the PFC corpus of spoken French (1.5 million tokens, transcriptions aligned to the utterance level). Our tool allows researchers to query the corpus and produce concordances correlating several annotation levels (part-of-speech tags, lemmas, annotation of phonological phenomena such as the *liaison* and *schwa*, etc.) while allowing for multi-modal access to the associated sound recordings and other data.

**Mots-clés :** concordancier, annotation multi-niveaux, linguistique de corpus, didactique du FLE
**Keywords:** concordance tool, multi-level annotation, corpus linguistics, French language teaching

# 1 Introduction

L'utilisation d'outils informatiques tels que les concordanciers, qui permettent d'extraire des collocations de mots et leur contexte, est fréquente dans la communauté des chercheurs en sciences du langage. La taille de corpus actuellement disponibles est en augmentation constate, de même que les schèmes d'annotation, ce qui entraîne la création de nouveaux systèmes pour interroger ces données. Dans les pages qui suivent, après avoir décrit brièvement quelques-uns des travaux menés sur les concordanciers, nous présentons un prototype de concordancier multi-niveaux et multimédia que nous sommes en train de développer et tester sur les données du corpus de français parlé PFC (Phonologie du Français Contemporain, cf. Durand et al. 2002). Notre objectif est de nous rapprocher le plus possible des besoins des linguistes et des apprenants, qui souhaitent dépouiller de façon rapide et précise les contextes d'occurrences d'un lexème ou d'une séquence de lexèmes. Notre outil, contrairement à d'autres concordanciers, intègre en effet l'écoute des extraits d'enregistrements au travail de recherche des concordances. Il permet de lancer des requêtes croisant plusieurs couches (niveaux) d'annotation alignées temporellement avec le signal. Le moteur de recherche du concordancier construit de manière dynamique des requêtes SQL vers une base de données relationnelle, dans laquelle sont stockées les annotations. Dans le cas du corpus PFC, ces annotations associées à la transcription sont de nature morphosyntaxique (POS, lemme) et phonologique (codage des phénomènes de la liaison et du schwa). Nous montrons les applications possibles de l'outil dans les différents domaines de la linguistique et d'enseignement du FLE, son architecture et quelques-unes de ses fonctionnalités.

## 2 Synthèse des études précédentes

Le concordancier a toujours été un outil de grand intérêt pour l'analyse des contextes d'emploi des lexèmes dans des corpus oraux ou écrits. Ses applications théoriques et pratiques sont nombreuses, et intéressent plusieurs disciplines : philologie, littérature (Caballero 1999, Magri-Mourgues 2006), syntaxe et sémantique (Gross 2000), traduction (Jacquet-Pfau 1994) et didactique des langues (Tognini-Bonelli 2001). Pourtant, comme le soulignent Pincemin et al. (2006), la plupart des concordanciers disponibles n'exploitent pas les informations linguistiques introduites par l'annotation des corpus (p. ex. catégories morphosyntaxiques, lemmatisation, etc.). Les résultats produits par ce genre de concordancier n'aboutissent qu'à de simples collections d'occurrences (p.ex. Lextutor et Lexiqum). Plusieurs concordanciers existent déjà pour les corpus écrits : parmi ceux-ci nous pouvons citer Condor (développé par le Laboratoire lorrain de recherche en informatique – LORIA), qui permet d'effectuer des recherches simples ou de cooccurrences utilisant le mot-forme ou le lemme, et d'indexer les formes présentes dans le corpus. La version publiquement disponible propose une collection des corpus écrits, pour la plupart littéraires. Le concordancier TXM (Heiden et al. 2010) permet de produire des concordances KWIC (*keyword in context*) à partir des propriétés des mots (ex. lemme, catégorie POS) ou de lancer de requêtes plus complexes grâce à une syntaxe propre à son moteur de recherche.

L'intervention des informations de nature linguistique, et donc l'affinement des résultats des concordances, demande un traitement préalable du corpus qui est souvent très couteux, comme c'est par exemple le cas du corpus French Treebank (Abeillé 2003). Pour cette raison, de nombreux concordanciers lemmatisés font appel à des dictionnaires. Le recours à ce type de ressources linguistiques permet notamment de mettre en relation les occurrences du texte avec les lemmes et les formes fléchies contenues dans les dictionnaires. Parmi les concordanciers qui utilisent ce type d'outils linguistiques, nous pouvons citer *Unitex* (Paumier 2002) et *Stella* (Bernard et al. 2002).

Toutefois, l'application des concordanciers conçus pour l'écrit à l'analyse des corpus oraux pose un problème de fond : ces outils ne permettent pas de tenir compte de l'alignement des annotations linguistiques avec le signal sonore. Les requêtes possibles sont ainsi limitées à ce qu'on peut représenter avec les conventions de transcription choisies. À notre connaissance, les concordanciers lemmatisés pour l'analyse de corpus de français parlé sont peu nombreux. Mis à part le concordancier de la base lexicale *Lexique 3* (New 2006), basé sur les transcriptions des sous-titrages de films, les autres concordanciers disponibles pour les corpus oraux[1] ne permettent d'obtenir que des relevés des occurrences et des données statistiques sur leurs collocations. Dans ce contexte, nous considérons qu'un concordancier multimédia spécifique pour l'analyse d'un corpus oral pourrait permettre aux utilisateurs de mieux prendre en compte l'articulation des différents niveaux d'annotation dans le temps et d'exploiter les résultats des requêtes tout en gardant le lien avec le signal sonore.

## 3 Objectif

Notre objectif est de développer un concordancier multi-niveaux et multimédia, exploitable pour des recherches linguistiques en français parlé. Pour ce faire nous avons utilisé le corpus PFC (Phonologie du Français Contemporain) (Durand et al. 2002) annoté en morphosyntaxe (POS et lemmes) à l'aide de l'étiqueteur *DisMo* (Christodoulides et al. 2014). Ce corpus, qui se compose de 36 points d'enquête pour un total de 394 locuteurs, constitue une ressource de grand intérêt pour tout linguiste intéressé au français parlé, grâce à la variété des origines géographiques des locuteurs enregistrés, des styles et de registres de parole, mais également des annotations des phénomènes phonologiques spécifiques au français parlé (liaison, schwa).

Nous avons essayé de créer un outil qui permette établir une articulation entre ces différents niveaux d'analyse, et qui puisse ainsi offrir une observation linguistique plus précise des contextes d'occurrence d'un phénomène linguistique donné (phonologique, syntaxique, lexicale ou prosodique). L'ensemble de ces contextes regroupés peut permettre de révéler la présence de régularités liées à certaines combinaisons sémantiques, syntaxiques et discursives des mots. Plusieurs études ont déjà mis en évidence l'influence de la fréquence sur les représentations cognitives (Bybee & Hopper 2001), sur la morphologie et la syntaxe (Bybee & Thompson 1997), sur la phonologie (Bybee 2001), sur l'acquisition (Tomasello 2000) et évidemment sur les procès de grammaticalisation (Bybee & Scheibman 1999). En particulier cette dernière application pourrait être d'un intérêt particulier dans l'étude du procès de pragmaticalisation (Dostie 2004) des marqueurs discursifs du français parlé.

---

[1] Parmi lesquels ceux des corpus CFPP2000 (Corpus de Français Parlé Parisien), CLAPI (Corpus de Langue Parlée en Interaction) et OFROM (Corpus Oral de Français parlé en Suisse Romande).

L'utilisation d'un concordancier lemmatisé sur un corpus annoté pourrait aussi permettre d'extraire de façon automatique les contextes d'occurrences des marqueurs discursifs, et de repérer leurs positions prototypiques ainsi que leurs combinaisons possibles et effectives (p. ex. *« enfin bon »*), ceci afin de mieux saisir leurs fonctions pragmatiques en discours. De plus, l'utilisation d'un concordancier lemmatisé permettrait de développer une analyse multidimensionnelle des phénomènes phonologiques spécifiques au français parlé, phénomènes dont la réalisation est influencée par des facteurs relevant de l'articulation de plusieurs dimensions linguistiques (phonologique, syntaxique, lexicale, prosodique etc.). C'est le cas par exemple du phénomène de la liaison. Plus précisément une telle analyse permettrait de vérifier l'influence des facteurs lexicaux (fréquence des mots liaisonnés et de leur cooccurrence) sur la réalisation de la liaison, tout en donnant accès aux données nécessaires pour une analyse phonologique et syntaxique de la séquence liaisonnée. L'utilisation d'un concordancier lemmatisé pourrait aussi permettre de mieux analyser le rôle joué par la fréquence d'usage des mots et leur fréquence distributionnelle dans certaines constructions où ni la liaison, ni le figement, ne sont prévisibles. C'est le cas par exemple des séquences *temps en temps* vs *temps/à autres* (Laks 2005). Nous considérons de façon plus générale qu'un tel outil permettra de placer la notion d'usage (Bybee & Hopper 2001) au centre de la réflexion linguistique.

En ce qui concerne la didactique du FLE, l'application d'un concordancier lemmatisé du français parlé constituerait une ressource précieuse pour l'enseignement, favorisant un apprentissage basé sur des données authentiques et conçu comme une recherche (*data-driven learning*), dans la lignée des travaux réalisés dans le cadre du sous-projet PFC-EF (PFC Enseignement du Français, Detey et al. 2010). Une telle approche fournirait aux apprenants une observation directe de la langue, qui aiderait à rapprocher les productions des apprenants des usages réels des natifs. Dans les paragraphes suivants, nous illustrons plus en détails le fonctionnement du concordancier.

# 4 Architecture du système

Le concordancier fonctionne à partir d'une base de données relationnelle (SQLite, MySQL ou PostgreSQL), dans laquelle les annotations du corpus à plusieurs niveaux sont représentées sous le schéma du logiciel *Praaline* (Christodoulides 2014). Chaque niveau d'analyse correspond à une table, et chaque annotation de ce niveau à une colonne de la table. Des identifiants uniques des échantillons du corpus (`AnnotationID` et des locuteurs (`SpeakerID`) renvoient aux métadonnées. Les intervalles temporels sont représentés avec deux nombres entiers de 64 bits, en nanosecondes (`tMin`, `tMax`). Ce simple schéma permet de représenter des relations hiérarchiques entre deux ou plusieurs couches d'annotation, ainsi que les éventuels chevauchements sur la même couche. Il permet aussi de profiter du système d'indexation de la base de données pour améliorer la performance des requêtes, ou appliquer des restrictions sur les annotations (p. ex. un vocabulaire restreint au jeu d'étiquettes morphosyntaxiques est appliqué au champ `pos_min`). Un extrait du schéma est affiché ci-dessous (Figure 1).

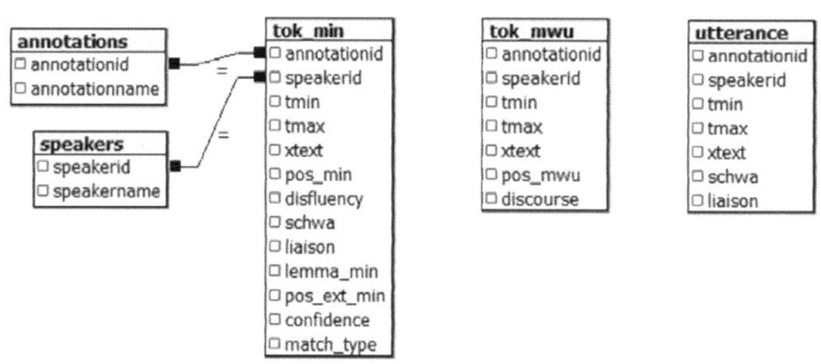


FIGURE 1 Extrait du schéma de la base de données. Les tables qui représentent les couches d'annotation (`tok_min`, `tok_mwu`, `utterance`) ont comme clé primaire la triplette (`annotationID`, `speakerID`, `tMin`).

Plusieurs méthodes ont été proposées pour le stockage des annotations d'un corpus, notamment sous la forme de fichiers XML, de bases de données NoSQL, ou même de structures de données propres à des logiciels d'annotation. Notre choix d'une base de données relationnelle est motivé par le fait que les annotations textuelles du corpus sont essentiellement structurées. Les indices temporels permettent au logiciel d'exploitation de corréler ces annotations avec le signal sonore (qui est stocké au format WAV), et avec d'autres annotations stockées au format HDF5. Ce dernier est le format de préférence pour les annotations qui impliquent un grand nombre de vecteurs à plusieurs dimensions, avec une fréquence d'échantillonnage élevée (p. ex. une série de mesures acoustiques et prosodiques).

Le logiciel que nous avons développé permet de construire de manière dynamique les requêtes SQL adéquates, selon les choix de l'utilisateur. Par exemple, la requête suivante renvoie les annotations associés à tous les 4-grammes « c'est-à-dire » (temps d'exécution : 649 ms sous SQLite 3.8.1, CPU i7 2.4 GHz, mémoire 24 Go) :

```
SELECT * FROM tok_min AS T1, tok_min AS T2, tok_min AS T3, tok_min AS T4
WHERE  T1.AnnotationID = T2.AnnotationID AND T1.SpeakerID = T2.SpeakerID AND T1.tMax = T2.tMin
 AND   T2.AnnotationID = T3.AnnotationID AND T2.SpeakerID = T3.SpeakerID AND T2.tMax = T3.tMin
 AND   T3.AnnotationID = T4.AnnotationID AND T3.SpeakerID = T4.SpeakerID AND T3.tMax = T4.tMin
 AND   T1.xText = 'c''' AND T2.xText = 'est' AND T3.xText = 'à' AND T4.xText = 'dire'
```

Une interface graphique permet à l'utilisateur de définir sa requête dans le corpus, qui est traduite à des requêtes de la base de données. Le système du moteur de recherche et du concordancier est indépendant du corpus : la structure de l'annotation est définie préalablement, et le schéma de la base de données est dynamique (modifié par le logiciel quand une couche d'annotation est ajoutée ou supprimée). L'outil utilise cette définition afin de créer les jonctions entre les tables qui représentent les différentes couches d'annotation.

# 5 Illustration: recherche de concordances lemmatisées et multimédia

Dans les paragraphes suivants nous allons présenter une démonstration des requêtes qui peuvent être réalisées à partir du prototype de notre concordancier. Nous allons montrer des extraits des tableaux des occurrences résultant de trois différents types de recherche: (a) par lexème; (b) par lemme; (c) par chaîne de caractères. Enfin nous illustrerons les résultats de la recherche de la cooccurrence de la séquence *je suis* et un exemple de l'affichage des résultats des concordances multimédia correspondantes.

Dans les exemples ci-dessous nous pouvons observer les résultats de la recherche de *suis* en tant que lexème et en tant que chaîne de caractères et en tant que lemme du verbe *être*. Les occurrences calculées sont présentées de façon synthétique par des tableaux avec, en colonne, de gauche à droite : le lexème, l'étiquette POS, le lemme, le nombre d'occurrences, la fréquence du lexème et la fréquence du lemme. De plus, chaque tableau est précédé par l'indication du nombre total des occurrences toute catégories confondues.

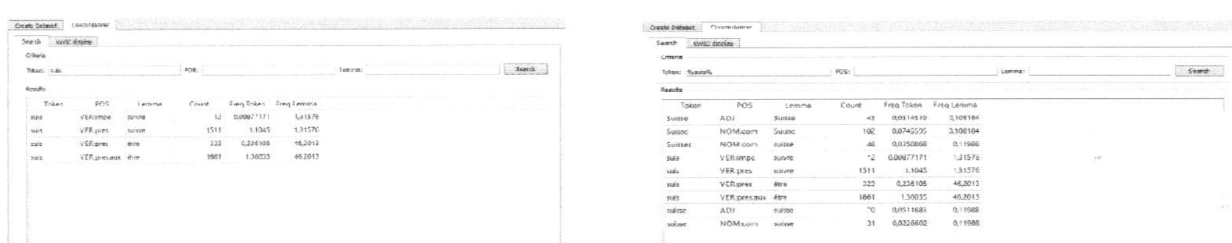

FIGURE 2 Accès à la concordance par tableau des résultats synthétiques de la requête du lexème *suis* (gauche) et de la chaîne de caractères %suis% (droite)

Il en va de même pour la recherche des cooccurrences par lexème et par lemme. Dans l'exemple ci-dessous, nous observons pour la séquence *je suis* deux différentes typologies de cooccurrences selon le lemme correspondant (*être* vs *suivre*).

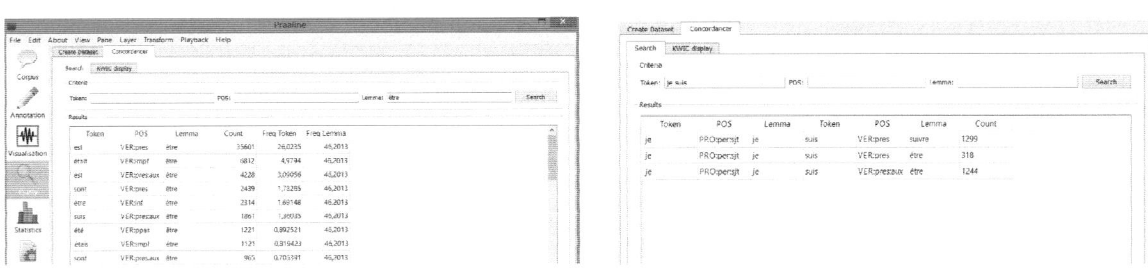

FIGURE 3 : Accès à la concordance par tableau des résultats synthétiques (1) du lemme *être* (gauche), (2) de la chaîne de caractères *je suis* (droite).

Ensuite l'ensemble de ces tableaux donne accès, par des liens hypertextes sur chaque ligne, aux extraits des concordances correspondants. Par exemple, si l'on choisit la deuxième typologie de la cooccurrence *je suis* (lemme *être*, Fig. 3, droite), nous pouvons accéder, entre autres, à la concordance suivante :

FIGURE 4 : Concordance « *AC : je suis11z euh informaticien. E : Hum hum. AC : Ingénieur en informatique euh ingénieur réseau voilà* » (Corpus PFC_locuteur75cac_discussion guidée).

Enfin un lien multimédia sur chaque pivot (ex. *je suis*) permet de visualiser (à l'aide du logiciel *Praat*, Boersma & Weenink 2014) l'intervalle de la transcription de l'enregistrement contenant les occurrences ou les cooccurrences des mots ciblés, d'accéder aux différentes couches d'annotation et de codage du corpus PFC. Dans l'exemple ci-dessous, plusieurs couches sont associées à la concordance de la séquence *je suis*: (a) transcription de l'intervalle contenant la concordance ciblée ; (b) codage de la *liaison*; (c) codage du *schwa*; (d) étiquettes d'annotation morphosyntaxique.

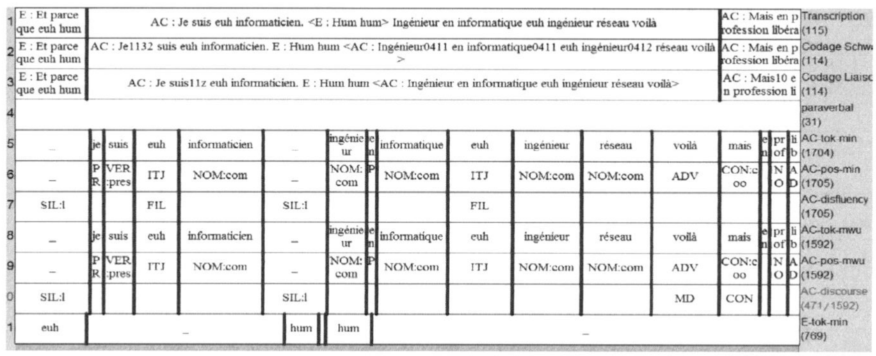


FIGURE 5 : Accès à l'annotation multi-niveaux (au format *TextGrid*) à partir de la concordance.

## 6 Conclusion et perspectives

Dans cette étude à caractère préliminaire, nous avons présenté les caractéristiques principales d'un prototype de concordancier lemmatisé et multimédia, basé sur le corpus de français oral PFC. Nous cherché à montrer l'intérêt de la création d'un tel concordancier lemmatisé pour le français oral, où les informations linguistiques sont exploitées afin d'améliorer le rappel et la précision des concordances, et de répondre aux besoins de dépouillage précis dans le cadre de la linguistique de corpus. Nous avons utilisé les fonctions traditionnelles des autres concordanciers, tout en proposant un enrichissement des résultats des requêtes grâce à l'apport des données relevant de l'annotation morphosyntaxique du corpus, et du codage de phénomènes phonologiques tels que la liaison et le schwa. De plus, la possibilité d'accéder aux écoutes des intervalles des enregistrements contenant les concordances permet d'élargir les modalités d'accès à l'analyse des contextes d'occurrences des mots ciblés. Dans le cadre de notre travail, nous envisageons d'améliorer l'affichage des annotations supplémentaires dans les concordances détaillées, permettre la sauvegarde des requêtes plus compliquées, d'ajouter une passerelle entre le système de requêtes (concordancier) et le logiciel d'analyse statistique *R*, et éventuellement mettre à les outils développés à la disposition de la communauté (en source libre). L'ensemble de fonctionnalités offertes fait du concordancier un outil fondamental pour l'analyse des corpus linguistiques pour toute discipline des sciences du langage ainsi que pour les domaines de la traduction et de la didactique du FLE.

## Références

BERNARD, P., LECOMTE, J., DENDIEN, J., PIERREL, J-M. (2002). Computerized linguistic resources of the research laboratory ATILF for lexical and textualanalysis: Frantext, TLFi, and the software Stella Actes de Language Resources and Evaluation (LREC 2002), 1090-1096, Las Palmas, Espagne.

BOERSMA, P., WEENINK, D. (2014). *Praat: doing phonetics by computer*, ver. 5.3.77, www.praat.org

References Continued on the Next Page

BOKAN, N. éditeur (2000). *Contemporary Mathematics. Proceedings of the Symposium*, Belgrade.

BYBEE, J. (2001). Frequency effects on French liaison. In (Bybee, Hopper, 2001), 337-359.

BYBEE, J., SCHEIBMAN, J. (1999). The effect of usage on degrees of constituency: the reduction of *don't* in English. *Linguistics* 37(4): 575-596.

BYBEE, J., HOPPER, P., éditeurs (2001). *Frequency and the Emergence of Linguistic Structure*. Amsterdam : John Benjamins.

BYBEE, J., THOMPSON, S. (1997). Three frequency effects in syntax. *Pragmatics and Grammatical Structure* 23: 378-388.

CABALLERO, M. R. (1999). Using a Concordancer in Literary Studies. *TheEuropean English Messenger* 8(2): 59-62. http://www.edict.com.hk/Concordance/

CHRISTODOULIDES, G. (2014). Praaline: Integrating tools for speech corpus research. Actes de *IX Language Resources and Evaluation Conference (LREC 2014)*, 26-31 mai, Reykjiavic, Islande.

CHRISTODOULIDES, G., AVANZI, M., GOLDMAN, J.P. (2014). DisMo: A Morphosyntactic, Disfluency and Multi-Word Unit Annotator. Actes de *IX Language Resources and Evaluation Conference (LREC 2014)*, 26-31 mai, Reykjavik, Islande.

DETEY, S., DURAND, J., LAKS, B., LYCHE, C. (2010). *Les variétés du français parlé dans l'espace francophone: ressources pour l'enseignement.* Paris: Ophrys.

DOSTIE, G. (2004). *Pragmaticalisation et marqueurs discursifs. Analyse sémantique et traitement lexicographique.* Bruxelles: Duculot

DURAND, J., LAKS, B., LYCHE, C. (2002). La phonologie du français contemporain: usages, variétés et structure. In (Pusch et Raible, 2002), 93-106.

GROSS, M. (2000). A bootstrap method for constructing local grammars. In (Bokan, 2000), 229-250.

HEIDEN, S., MAGUÉ, J-P., PINCEMIN, B. (2010). *TXM : Une plateforme logicielle open-source pour la textométrie – conception et développement.* In. I. C. Sergio Bolasco (Ed.), Proc. of 10th International Conference on the Statistical Analysis of Textual Data - JADT 2010) (Vol. 2, p. 1021-1032). Edizioni Universitarie di Lettere Economia Diritto, Roma, Italy.

JACQUET-PFAU, C. (1994). L'intérêt des logiciels de concordances pour la traduction. *Langages* 116: 82-86.

LAKS B. (2005). Phonologie et construction syntaxique: la liaison, un test de figement et de cohésion. *Linx* 53, 155-171.

NEW, B. (2006). Lexique 3 : Une nouvelle base de données lexicales. *Actes de la Conférence Traitement Automatique des Langues Naturelles (TALN 2006),* avril 2006, Louvain, Belgique.

PAUMIER, S. (2003). A Time-Efficient Token Representation for Parsers. Actes de EACL Workshop on Finite-State Methods in Natural LanguageProcessing, 83–90, Budapest, Hongrie.

PINCEMIN, B., ISSAC, F., CHANOVE, M., MATHIEU-COLAS, M. (2006). Concordanciers: Thème et variations, *Lexicometrica*, numéro spécial, 769-780. Actes des Journées d'analyse statistiques des données textuelles (JADT).

PUSCH, C., RAIBLE, W., éditeurs (2002). Romanistische Korpuslinguistik- Korpora und gesprochene Sprache/Romance Corpus Linguistics - Corpora and Spoken Language. Gunter Narr Verlag.

TOGNINI-BONELLI, E. (2001). *Corpus Linguistics at Work.* Amsterdam/Philadelphia : John Benjamins.

TOMASELLO, M. (2000). First steps toward a usage-based theory of language acquisition. *Cognitive Linguistics* 11 : 61-82.

# Simulation de l'apprentissage des contextes nominaux/verbaux par n-grammes

Perrine Brusini[1] Pascal Amsili[2] Emmanuel Chemla[3] Anne Christophe[3]
(1) Language, Cognition and Development Lab, Int. School for Advanced Studies (SISSA), Trieste
(2) Laboratoire de Linguistique Formelle, CNRS & Université Paris Diderot
(3) Laboratoire de Sciences Cognitives et Psycholinguistique (CNRS & ENS, EHESS)
contact: pbrusini@gmail.com, amsili@linguist.univ-paris-diderot.fr

**Résumé.** On présente une étude d'apprentissage visant à montrer que les contextes locaux dans un corpus de parole adressée aux enfants peuvent être exploités, avec des méthodes statistiques simples, pour prédire la catégorie (nominale *vs.* verbale) d'un mot inconnu. Le modèle présenté, basé sur la mémorisation de $n$-grammes et sur une « graine sémantique » (un petit nombre de noms et verbes supposés connus et catégorisés) montre une excellente précision à toutes les tailles de graine sémantique, et un rappel plus faible, qui croît avec la taille de la graine sémantique. Les contextes les plus utilisés sont ceux qui contiennent des mots fonctionnels. Cette étude de faisabilité démontre que les très jeunes enfants pourraient exploiter les contextes de mots inconnus pour prédire leur catégorie syntaxique.

**Abstract.** A learning study is presented whose aim is to show that local contexts, in a child-directed speech corpus, can be exploited, with simple statistical methods, to predict the category (noun *vs.* verb) of unknown words. The model we present here is based on the memorisation of $n$-grams and on a "semantic seed" (a small number of nouns and verbs supposedly known and well categorised). It shows an excellent precision for every size of the semantic seed, and its recall grows along with the size of the semantic seed. The most useful contexts are the ones that include function words. This feasibility study shows that very young children could exploit the contexts of unknown words to predict their syntactic category.

**Mots-clés :** apprentissage, modélisation de l'acquisition du langage, $n$-grammes.

**Keywords:** learning, language acquisition modeling, $n$-gram.

## 1 Motivation

On sait que les enfants sont capables de distinguer dès 18 mois les contextes syntaxiques nominaux et verbaux : depuis Shipley *et al.* (1969), de nombreuses expériences comportementales montrent, par exemple, qu'un mot inconnu, associé à une situation où apparaissent à la fois une action nouvelle et un objet nouveau, est associé par les enfants à l'action s'il a été employé dans un contexte verbal (*Regarde, il dase !*) et à l'objet s'il a été employé dans un contexte nominal (*Regarde le dase !*) (Bernal, 2007, par exemple).

Un des aspects qui distinguent les contextes nominaux des contextes verbaux est la nature des mots fonctionnels présents dans ces contextes : le clitique *je* précède exclusivement un verbe (ou d'autres clitiques verbaux), alors qu'un déterminant comme *un* ne précède qu'un nom ou un adjectif. La situation est rendue compliquée, on le sait bien, par la grande quantité de mots fonctionnels homophones (*la* à la fois article (nominal) et clitique (verbal), *son* à la fois adjectif possessif (nominal) et nom plein, *etc.*).

Les mots fonctionnels se distinguent des mots de classe ouverte sur plusieurs plans : ils sont généralement courts et non accentués, ce qui a pu conduire à l'idée qu'ils étaient trop discrets pour être exploités par les enfants en cours d'acquisition (Pinker, 1984), mais ils sont également extrêmement fréquents et situés préférentiellement en bordure d'unité prosodique, ce qui les rend faciles à repérer (Shi *et al.*, 1998). De fait, de très nombreuses études démontrent que les très jeunes enfants reconnaissent les mots grammaticaux de leur langue avant un an (Shi, 2014, pour une revue) et les exploitent pour sélectionner des mots de la catégorie appropriée dès l'âge de 18 mois (Cauvet *et al.*, 2014; Zangl & Fernald, 2007).

L'objectif de l'étude présentée ici est de voir dans quelle mesure les propriétés statistiques de la parole adressée aux enfants peuvent être exploitées par les bébés en phase d'acquisition de leur langue. Il ne s'agit pas d'une hypothèse sur la façon dont le cerveau humain fonctionne, mais d'une investigation de faisabilité, avec quelques hypothèses volontairement simples et plausibles, correspondant à ce que l'on sait actuellement des capacités linguistiques des jeunes enfants. Il ne s'agit pas non plus de prétendre que d'autres indices, verbaux ou non, présents dans la situation de communication ne sont pas aussi exploités.

On suppose que les enfants, au moment où ils travaillent sur la catégorisation des noms et des verbes (potentiellement dans leur seconde année de vie), possèdent déjà un petit lexique qui peut les aider dans cette tâche — Bergelson & Swingley (2012, 2013) montrent que des enfants de 6 et 9 mois connaissent déjà un certain nombre de noms et verbes. On suppose de plus qu'ils sont capables de regrouper ces mots selon leur catégorie sémantique : par exemple, ils pourraient grouper ensemble *doudou*, *jouet*, et *voiture* parce que ces mots réfèrent à des objets, et *boire*, et *manger* qui réfèrent à des actions [1]. Les noms référant en général à des objets et les verbes à des actions, ces classes sémantiques pourraient servir de point de départ pour la construction des catégories grammaticales nom et verbe.

À partir de cette hypothèse de base, le modèle que nous présentons ici exploite les quelques mots déjà catégorisés pour apprendre les contextes d'occurrence des noms et des verbes, puis utilise cette connaissance pour catégoriser des mots dont la catégorie n'est pas encore connue, sur la seule base de leur contexte.

Les hypothèses que nous venons de résumer distinguent de façon assez radicale notre manipulation de la tâche classique de catégorisation morphosyntaxique telle qu'elle est pratiquée en TAL, où la forme de l'item à catégoriser est prise en considération dans le processus, et où l'inventaire des catégories est plus large et plus structuré.

D'autres tentatives de catégorisation non-supervisée sur la base d'indices distributionnels existent dans la littérature (Mintz, 2003; Redington & Finch, 1998). Ces modèles permettent une catégorisation bien meilleure que le hasard, mais souffrent de plusieurs problèmes : soit la catégorisation par le contexte ne fonctionne que sur les mots fréquents (Redington & Finch, 1998), soit elle fonctionne même sur les mots rares ou inconnus, mais crée un grand nombre de classes nominales et verbales distinctes, et surtout ne permet de catégoriser qu'un petit nombre de mots placés dans des contextes très spécifiques (Mintz, 2003). Dans la manipulation présentée ci-après comme dans les tentatives précédentes, le corpus utilisé est segmenté en mots et en tours de parole.

## 2 Manipulation

**Corpus** Les corpus sont issus de la base CHILDES 4 (MacWhinney, 2000). Ce sont des transcriptions écrites de paroles spontanées. Notre corpus (133 948 tokens) regroupe différentes transcriptions de deux couples mère-enfant. Nous avons sélectionné les prises de paroles des adultes. Le texte a été catégorisé avec l'étiqueteur de Cordial [2].

**Apprentissage** Le système construit son modèle en enregistrant les fréquences de tous les $n$-grammes de mots rencontrés dans le corpus d'apprentissage. Les ponctuations fortes (telles qu'elles sont transcrites dans le corpus) sont traitées comme des mots, mais les $n$-grammes comprenant une frontière ne sont comptés que si la frontière est le premier ou le dernier élément du $n$-gramme.

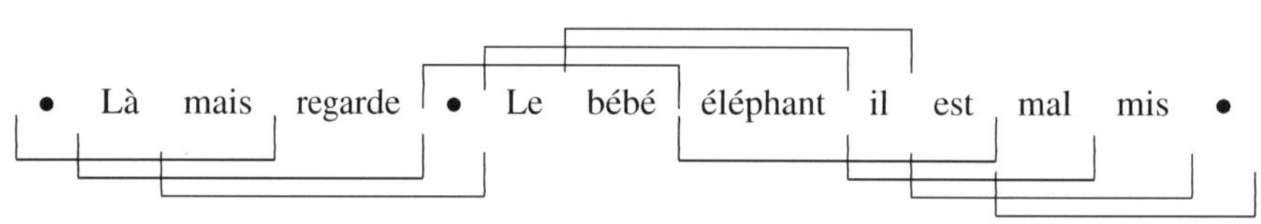


**Prédiction** Dans la phase de test, les fréquences apprises peuvent être exploitées pour faire une prédiction, à chaque position du corpus de test, sur la base du $(n-1)$-gramme précédent, qu'on appelle le *contexte*. Le mot prédit, dans le contexte $(w_1, \dots w_{n-1})$, est le mot $w$ tel que le $n$-gramme formé avec le contexte est le plus fréquent, soit $w = \text{argmax}_w \text{ freq}(w_1, \dots w_{n-1}, w)$. Dans ce cas, le contexte est le contexte immédiatement à gauche de la position-cible. On envisage aussi des prédictions dans des configurations contexte/cible différentes : on parlera de *prédiction droite* pour le cas où le contexte est immédiatement à droite du mot cible, et de *contexte imbriqué* pour le cas où les mots du contexte sont répartis également à droite et à gauche du mot cible ($n$ impair et $\geq 3$).

Nous avons décidé de ne pas interpréter les fréquences comme des probabilités, et par conséquent il n'est pas nécessaire de recourir à un lissage au sens strict (de type Good-Turing par exemple), mais nous avons implémenté un repli minimal, pour traiter les cas où le contexte n'a jamais été rencontré dans le corpus d'apprentissage : s'il n'existe pas de mot $w$ tel que le

1. Cette idée est compatible avec des résultats expérimentaux qui établissent que les enfants ont une représentation différente pour les agents et les artéfacts d'un côté et les actions causales de l'autre (Carey, 2009, pour une revue).

2. Étant donné la nature du corpus, le taux de réussite de Cordial n'était pas excellent, même sur les noms et les verbes, où il restait environ 10% d'erreurs de catégorisation (d'après une évaluation faite à la main sur 500 phrases), mais nous avons pu réduire ce taux par un post-traitement semi-automatique.

modèle a rencontré le $n$-gramme, une prédiction est tentée en prenant comme contexte le $(n-2)$-gramme $(w_2, \ldots w_{n-1})$, et on recommence si nécessaire. Si cette procédure conduit à un contexte nul, le modèle ne fait aucune prédiction.

**Projection** L'objectif n'est pas à proprement parler de prédire des mots, mais des catégories (plus exactement l'une des deux catégories N ou V). C'est la raison pour laquelle on procède à ce que nous appelons la *projection* du vocabulaire : supposant que le système connaît déjà la nature d'un certain nombre de noms et de verbes, on remplace ces noms et verbes dans le flux d'apprentissage par leur catégorie. Ce faisant, on se distingue des approches classiques en étiquetage morphosyntaxique qui utilisent des chaînes de Markov cachées.

Nous avons sélectionné les noms et les verbes les plus fréquents du corpus comme mots supposés connus, afin de rendre ce processus le plus automatique possible. Comme point de départ, on considère la situation où le système connaît déjà 10% des occurrences de noms et de verbes dans le corpus ce qui correspond à 6 noms et à 2 verbes. Ensuite on a considéré 4 autres « états de vocabulaire » en doublant à chaque fois le nombre de noms et de verbes connus (types), et nous avons enfin considéré le cas où tous les noms et verbes sont connus. La figure 1 illustre l'évolution du corpus d'apprentissage selon le choix de vocabulaire connu.

FIGURE 1 – Illustration de la « projection » du vocabulaire ($V_i$ : $6 \times 2^i$ N et $2 \times 2^i$ V connus)

| | | | — | Là | mais | regarde | ! | Le | bébé | éléphant | il | est | mal | mis | ! |
|---|---|---|---|---|---|---|---|---|---|---|---|---|---|---|---|
| $V_0$ | 6 N | 2 V | • | Là | mais | regarde | • | Le | N | éléphant | il | est | mal | mis | • |
| $V_1$ | 12 N | 4 V | • | Là | mais | V | • | Le | N | éléphant | il | est | mal | mis | • |
| $V_2$ | 24 N | 8 V | • | Là | mais | V | • | Le | N | éléphant | il | est | mal | mis | • |
| $V_3$ | 48 N | 16 V | • | Là | mais | V | • | Le | N | N | il | est | mal | mis | • |
| $V_4$ | 96 N | 32 V | • | Là | mais | V | • | Le | N | N | il | est | mal | V | • |
| $V_m$ | 1310 N | 1253 V | • | Là | mais | V | • | Le | N | N | il | est | mal | V | • |

Comme on fait l'hypothèse que les mots déjà catégorisés sont ceux dont l'enfant connaît le sens, on peut supposer qu'il identifie ces mots indépendamment de leur forme morphologique[3]. La table 1 donne une idée des mots supposés connus selon la taille du vocabulaire initial.

| | | | | | | | |
|---|---|---|---|---|---|---|---|
| $V_0$ | 6N | doudou | bébé | livre | chose | micro | histoire |
| | 2V | aller | | | faire | | |
| $V_1$ | $V_0$+ 6N | pied | poisson | peu[4] | main | lait | nez |
| | $V_0$+ 2V | mettre | | | regarder | | |
| $V_2$ | $V_1$+12N | caméra | fleur | tête | eau | heure | côté |
| | | oeil | bouche | biberon | assiette | éléphant | fois |
| | $V_1$+ 4V | voir | | | pouvoir | | |
| | | dire | | | falloir | | |

TABLE 1 – Table présentant quelques-uns des mots connus selon le vocabulaire initial

**Test** Le test est pratiqué sur un extrait nouveau du corpus, et consiste à comparer la prédiction faite par le modèle avec le mot/la catégorie effectivement présente, et ce pour des *positions cible* particulières, qui doivent vérifier les deux conditions suivantes : (1) le mot du contexte le plus proche de la cible doit avoir été rencontré dans le corpus d'apprentissage (ce qui revient à ne pas faire de repli jusqu'au contexte nul)[5] ; (2) la cible à catégoriser doit être peu fréquente dans le corpus. Nous avons choisi le seuil de 0,05%[6].

**Mesures** Le parti pris de faire l'apprentissage sur un flux unique dans lequel apparaissent aussi bien des mots que des catégories conduit à des réponses diverses de la part du système : il peut aussi bien prédire une catégorie N ou V qu'un mot quelconque, qui peut être un nom ou un verbe n'appartenant pas au vocabulaire connu.
Les réponses du système sont classées en trois catégories : N, V, ni N ni V ; et on définit une mesure de rappel et une mesure de précision pour les deux catégories N et V. On compte une *bonne réponse 'nom'* ($BR_N$) si le système a répondu N lorsqu'il y avait un nom dans le corpus de test. Ceci signifie que toutes les réponses où le modèle donne un nom spécifique (comme *girafe* ou *poupée*) sont comptées comme un *manqué* ($MA_N$), comme les cas où une autre réponse que

3. Pour les noms cette hypothèse est validée d'office puisque dans leur grande majorité ils ne distinguent pas à l'oral le singulier du pluriel ; et pour la plupart des verbes les formes fléchies varient peu dans notre corpus (les auxiliaires *être* et *avoir* ont été exclus).

4. *Peu* est un adverbe mais il a des emplois en fonction nominale.

5. Cette condition élimine environ 4% d'occurrences de noms et 9% d'occurrences de verbes.

6. Ce seuil garantit qu'on ne tente pas de prédiction sur les mots déjà connus ; il a de plus la propriété d'éliminer la quasi-totalité des mots fonctionnels, qui sont très fréquents, alors que la majorité des mots de classe ouverte sont moins fréquents que ce seuil (Brusini, 2012, p. 167).

N est donnée. Si le système répond N alors qu'il n'y a pas de nom dans le corpus de test, on compte une *fausse alarme 'nom'* ($FA_N$). Les mêmes calculs sont effectués pour les réponses V. On peut alors définir de façon classique une précision et un rappel pour chaque catégorie X : $\mathrm{pre}_X = \frac{BR_X}{BR_X+FA_X}$ $\mathrm{rap}_X = \frac{BR_X}{BR_X+MA_X}$

**Baseline** Nous prenons comme baseline un modèle qui prédit N, V, ni N ni V, en fonction de la distribution de ces trois "catégories" dans le corpus d'apprentissage. Les distributions varient selon le vocabulaire connu.

**Validation croisée** Afin de déterminer l'influence de la taille du corpus d'apprentissage sur les performances du modèle et pour pouvoir tester la reproductibilité des résultats obtenus, nous avons procédé à une validation croisée : le corpus a été découpé en 10 sous-corpus de taille égale, et dans chaque cas 2/3 du corpus a servi pour l'entraînement, et 1/3 pour le test. Cette manipulation permet d'une part de calculer un écart-type des modèles (et donc d'évaluer la reproductibilité des résultats) et permet d'autre part d'évaluer l'impact de la taille du corpus d'apprentissage sur la performance. Les barres d'erreurs de la figure 2 correspondent à cet écart-type.

# 3 Résultats

FIGURE 2 – Performance des 3 modèles en précision et en rappel pour les catégories N et V

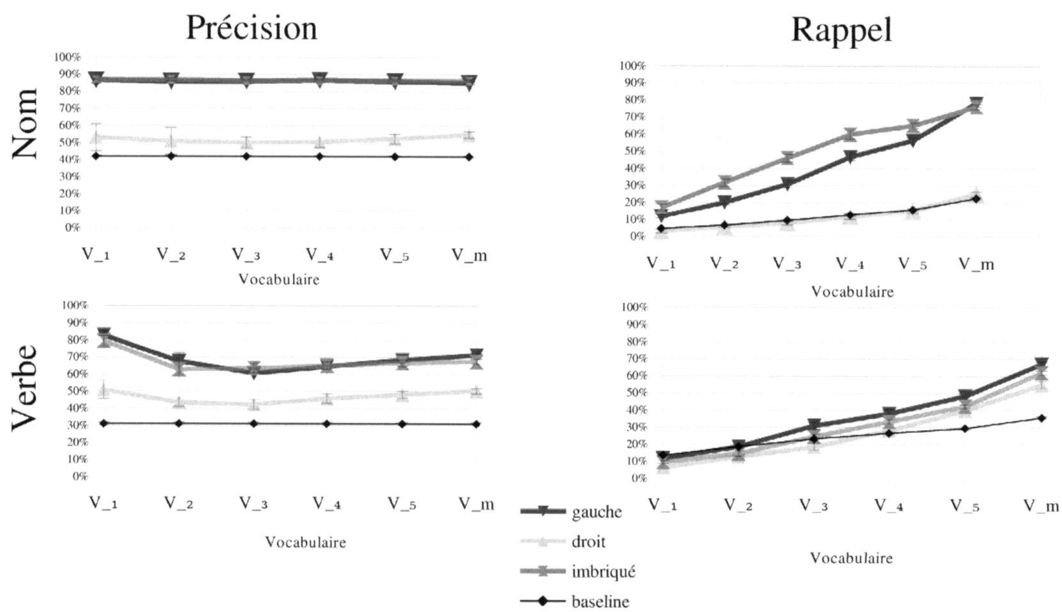


Les résultats des calculs pour $n = 3$, pour les contextes gauches, droits et imbriqués, en précision et rappel, comparés à la baseline, sont donnés à la figure 2. On note tout d'abord que les 3 variantes qui exploitent le contexte ont de meilleures performances que la baseline [7]. On peut donc conclure qu'il y a de l'information dans les contextes d'occurrence de noms et de verbes qui permet de catégoriser des mots nouveaux. Le modèle utilisant le contexte droit (en jaune) est le modèle le moins efficace dans cette tâche de catégorisation, sa précision et son rappel sont plus bas que les modèles gauche (bleu) et imbriqué (vert) pour les noms comme pour les verbes [8]. Les deux autres modèles sont très efficaces tous les deux, avec un léger avantage pour le modèle utilisant les contextes imbriqués, notamment pour le rappel des noms où il est significativement meilleur que le modèle gauche [9]. De manière générale, les résultats sont meilleurs pour N que pour V.

Il est frappant de constater que la précision des différents modèles ne s'améliore pas lorsqu'on augmente le nombre de noms et de verbes connus lors de l'entraînement. Même à très petit vocabulaire, la précision des deux meilleurs modèles est excellente, autour de 90% pour les noms et 70% pour les verbes. Au contraire, le rappel augmente avec la taille de

7. Pour l'ensemble des comparaisons entre les 3 modèles et la baseline : Précision : $F(1,9) > 40$ ; $p < 0.001$ ; Rappel : $F(1,9) > 13$ ; $p < 0.01$.

8. Précision : $F(1,9) > 180$ ; $p < 1.0{\times}10^{-6}$ pour l'ensemble des comparaisons entre les modèles gauche et imbriqué avec le modèle droit. Rappel : ensemble des comparaisons : $F(1,9) > 50$ ; $p < 1.0{\times}10^{-4}$.

9. Comparaison des 2 modèles : $F(1,9) = 10,6$ ; $p = 0.01$ pour la précision et $F(1,9) = 218,6$ ; $p = 1.3{\times}10^{-7}$ pour le rappel.

vocabulaire [10] : en partant d'une performance faible à petit vocabulaire (moins de 20% des noms et verbes identifiés), on arrive à une performance plus acceptable à vocabulaire moyen (avec 50% des verbes bien catégorisés lorsque 48 noms et 16 verbes sont connus ($V_3$), et 50% des noms à 24 noms et 8 verbes connus ($V_2$)).

On peut aussi constater que la variabilité est très faible, les barres d'erreurs étant à peine visibles parfois. Cela signifie que les performances de nos modèles sont très stables, alors qu'ils sont entraînés et testés sur des parties différentes du corpus. Le même test effectué sur le corpus entier (dix fois plus grand) fournit des résultats très similaires, ce qui indique que la taille du corpus d'apprentissage n'influe pas sur les performances du modèle.

# 4 Discussion

Le modèle présenté ici a pour particularité de présupposer des connaissances initiales plausibles — la graine sémantique — et de faire appel à des calculs très simples, puisqu'il se contente de comptabiliser la fréquence d'apparition des contextes et sélectionne l'élément le plus souvent rencontré dans un contexte donné. En dépit de cette simplicité, le modèle obtient une excellente performance en termes de précision, et ce même pour la plus petite taille de graine sémantique, seulement 6 noms et 2 verbes supposés connus — ce résultat est vrai pour les contextes gauche et imbriqué. Autrement dit, lorsque le modèle catégorise un mot, il le fait en général de manière correcte (80% pour les noms, 70% pour les verbes). Cette expérience montre que les contextes immédiats des noms et des verbes contiennent beaucoup d'information sur leur catégorie syntaxique.

Ce résultat est d'autant plus surprenant que le modèle opère sa catégorisation en regardant uniquement le contexte : le mot-cible lui-même n'est pas pris en compte lors de l'étape de catégorisation. Cet aspect du modèle est particulièrement désirable lors de l'acquisition d'un lexique, pour deux raisons principales. Premièrement, le modèle est tout à fait capable de catégoriser un mot-cible qu'il n'a encore jamais rencontré, pour peu qu'il soit entendu dans un contexte connu : en termes d'acquisition, un enfant qui rencontre un mot pour la première fois pourrait calculer sa catégorie syntaxique, nom ou verbe, et l'exploiter pour contraindre le sens de ce mot — si c'est un nom il réfère probablement à un objet, si c'est un verbe, à une action. Cette stratégie semble être utilisée par les enfants (Bernal, 2007) par contraste avec la stratégie de (Redington & Finch, 1998), où ce sont les mots connus qui sont catégorisés. Deuxièmement, le lexique contient de nombreux homophones qui appartiennent à des catégories syntaxiques différentes, comme *la ferme/je ferme*. Du fait que le modèle catégorise les mots grâce à leur seul contexte, il n'est pas gêné par de tels homophones, qui sont pour lui des mots comme les autres. Au contraire, un modèle (ou un enfant) qui entreprendrait de classifier les mots en prenant en compte à la fois le contexte et la catégorie supposée du mot en cours de classification (telle que stockée dans le lexique), devrait éprouver des difficultés à apprendre le deuxième membre d'une paire d'homophones lorsque le premier membre est déjà connu.

L'excellente performance observée en précision, indépendamment de la taille de la graine sémantique, est en contraste frappant avec la performance en rappel : celui-ci est faible à la plus petite taille de graine sémantique, et augmente au fur et à mesure que la graine sémantique augmente. Intuitivement, lorsque le modèle connaît initialement peu de mots (petite graine sémantique), alors il apprend un petit nombre de contextes de noms et de verbes : lorsqu'il utilise ces contextes pour catégoriser un nom ou un verbe, sa performance est bonne (précision élevée), mais il « rate » beaucoup de noms et de verbes qui apparaissent dans des contextes non reconnus comme prédicteurs de noms ou de verbes. Cette analyse intuitive est confirmée par l'examen des manqués du modèle : pour les petites tailles de graine sémantique, les manqués correspondent le plus fréquemment à des cas où le modèle répond un nom spécifique au lieu de répondre avec la catégorie N (resp. V). En ce qui concerne l'acquisition, ce comportement ne pose pas de problème particulier : en effet, en l'absence d'information pertinente dans un contexte donné, l'enfant peut attendre de rencontrer le mot dans un contexte plus informatif. Au contraire, il serait désastreux de multiplier les fausses alarmes : si l'enfant pense qu'un mot donné est un verbe et réfère à une action, alors qu'en réalité c'est un nom qui réfère à un objet, il apprendra un mauvais sens. Autrement dit, il est préférable pour un apprenant d'avoir une bonne précision et un mauvais rappel, et c'est ce que fait le modèle aux petites tailles de graine sémantique.

L'examen des contextes utilisés le plus fréquemment pour la catégorisation montre qu'ils contiennent majoritairement des mots grammaticaux. Pour les contextes de nom, le mot-cible est le plus souvent immédiatement précédé d'un article ; pour les contextes de verbe, il s'agit de pronoms personnels ou relatifs, et d'auxiliaires. Ainsi, bien que le modèle ne contienne aucune hypothèse *a priori* sur l'utilité potentielle des mots grammaticaux, ceux-ci émergent spontanément dans les contextes utiles, du simple fait de leur fréquence et de leur distribution.

10. Effet de Vocabulaire pour chaque modèle : N : $F(6,54) > 50$ ; $p < 1.0\times10^{-15}$ ; V : $F(6,54) > 200$ ; $p < 1.0\times10^{-15}$.

La comparaison des modèles à contexte gauche, imbriqué et droit montre une performance bien pire sur le contexte droit (il faut noter que le modèle imbriqué se replie sur l'élément de gauche lorsque le contexte complet n'est pas connu, ce qui fait qu'il y a un recouvrement entre les modèles gauche et imbriqué). Ceci pourrait être une conséquence du fait que le français est récursif à droite, avec en général les mots grammaticaux à gauche des têtes lexicales. Une autre possibilité serait que comme les mots de gauche sont entendus avant le mot-cible, et ceux de droite après, les langues s'organisent de manière à maximiser la quantité d'information disponible avant le mot lui-même. Pour trancher entre ces deux hypothèses, il faudrait effectuer ces mêmes calculs avec une langue récursive à gauche, comme le japonais.

Cette étude démontre la pertinence d'une approche de simulation dont les hypothèses sont contraintes par les résultats d'expérimentation psycholinguistique avec les très jeunes enfants. Par exemple, ce modèle démontre que l'utilisation des mots fonctionnels comme prédicteurs de catégorie pour les mots de contenu ne semble pas nécessiter de construire *a priori* des catégories de mots fonctionnels, telles que *déterminant* ou *clitique sujet* : la simple reconnaissance de l'item pourrait suffire. Ce résultat est très intéressant car l'homophonie entre mots fonctionnels rend leur catégorisation difficile. En retour, les résultats de modèles de simulation comme celui qui est présenté ici pourra permettre de faire des prédictions testables expérimentalement chez les très jeunes enfants, pour peut-être un jour parvenir à un modèle computationnel psychologiquement plausible de l'acquisition des catégories syntaxiques par les jeunes enfants.

**Remerciements**

Ce travail a bénéficié du soutien de l'Agence Nationale de la Recherche (grants n° ANR-2010-BLAN-1901, ANR-13-APPR-0012, ANR-10-IDEX-0001-02 PSL* and ANR-10-LABX-0087 IEC) et de la fondation de France. Nous remercions Benoît Crabbé pour son aide dans la réalisation de la première version du modèle.

# Références

BERGELSON E. & SWINGLEY D. (2012). At 6-9 months, human infants know the meanings of many common nouns. *Proceedings of the National Academy of Sciences of the United States of America*, **109**(9), 3253–3258. doi:10.1073/pnas.1113380109.

BERGELSON E. & SWINGLEY D. (2013). The acquisition of abstract words by young infants. *Cognition*, **127**(3), 391–397. doi:10.1016/j.cognition.2013.02.011.

BERNAL S. (2007). *De l'arbre (syntaxique) au fruit (du sens) : Interactions des acquisitions lexicale et syntaxique chez l'enfant de moins de 2 ans*. PhD thesis, Université Pierre et Marie Curie.

BRUSINI P. (2012). *Découvrir les noms et les verbes : Quand les classes sémantiques initialisent les catégories syntaxiques*. PhD thesis, Université Pierre et Marie Curie.

CAREY S. (2009). *The origin of concepts*. Oxford University Press.

CAUVET E., LIMISSURI R., MILLOTTE S., SKORUPPA K., CABROL D. & CHRISTOPHE A. (2014). Syntactic context constrains lexical access in French 18-month-olds. *Language Learning and Development*, **10**(1), 1–18.

MACWHINNEY B. (2000). *The CHILDES Project : Tools for analyzing talk*. Mahwah, NJ : Lawrence Erlbaum Associates. Third Edition.

MINTZ T. H. (2003). Frequent frames as a cue for grammatical categories in child directed speech. *Cognition*, **90**(1), 91–117.

PINKER S. (1984). *Language Learnability and Language Development*. Cambridge, MA : Harvard University Press.

REDINGTON M. N. C. & FINCH S. (1998). Distributional information : A powerful cue for acquiring syntactic categories. *Cognitive Science*, **22**(425–469).

SHI R. (2014). Functional morphemes and early language acquisition. *Child Development Perspectives*, **8**(1), 6–11.

SHI R., MORGAN J. L. & ALLOPENNA P. (1998). Phonological and acoustic bases for earliest grammatical category assignment : a cross-linguistic perspective. *Journal of Child Language*, **25**, 169–201.

SHIPLEY E. F., SMITH C. S. & GLEITMAN L. R. (1969). A study in the acquisition of language : Free responses to commands. *Language*, **45**(2), 322–342.

ZANGL R. & FERNALD A. (2007). Increasing flexibility in children's online processing of grammatical and nonce determiners in fluent speech. *Language Learning and Development*, **3**(3), 199–231.

# Impact de la nature et de la taille des corpus d'apprentissage sur les performances dans la détection automatique des entités nommées

Ollagnier Anaïs[1, 2], Fournier Sébastien[1], Bellot Patrice[1,2], Béchet Frédéric[3]
(1) Aix-Marseille Université, CNRS, ENSAM, Université de Toulon LSIS UMR 7296, 13397, Marseille, France
(2) Aix-Marseille Université, CNRS, CLEO OpenEdition UMS 3287, 13451, Marseille, France
(3) Aix-Marseille Université, CNRS, LIF UMR 7279, 13288, Marseille, France
anais.ollagnier@openedition.org

**Résumé.** Nous présentons une étude comparative sur l'impact de la nature et de la taille des corpus d'apprentissage sur les performances dans la détection automatique des entités nommées. Cette évaluation se présente sous la forme de multiples modulations de trois corpus français. Deux des corpus sont issus du catalogue des ressources linguistiques de l'Association Européenne pour les Ressources Linguistiques (ELRA) et le troisième est composé de documents extraits de la plateforme OpenEdition.org.

**Abstract.** We present a comparative study on the impact of the nature and size of the training corpus on performance in automatic named entities recognition. This evaluation is in the form of multiple modulations on three French corpus. Two corpora are from the catalog of the European Language Resources Association (ELRA) and the third is composed of documents extract from the OpenEdition.org platform.

**Mots-clés :** Reconnaissance d'entités nommées, Adaptation au domaine, comparaison d'outils.

**Keywords:** Named entity recognition, Domain adptation, performance comparison.

## 1 Introduction

La reconnaissance des entités nommées (REN) est une sous tâche de l'activité d'extraction d'information. Elle consiste à rechercher des objets textuels (c'est à dire un mot ou un groupe de mots) catégorisables dans des classes telles que les noms de personnes, les noms d'organisations ou d'entreprises, les noms de lieux, etc. De nombreuses campagnes d'évaluation, telles que la Message Understanting Conference (Grishman & Sundheim, 1996), l'Automatic Content Extraction[1] ou encore la Document Understanding Conference[2] pour l'Europe, permettent d'évaluer et de comparer les différents systèmes de détection d'entités nommées. Les résultats présentés lors des grandes campagnes d'évaluation montrent régulièrement des F-mesures avoisinant les 90% (Marsh & Perzanowski, 1998). Cependant ces résultats sont à prendre avec du recul, en effet, les tâches d'évaluation proposées sont souvent spécialisées et orientées sur un seul type de données, et les capacités de généralisation des systèmes sont rarement évaluées. Cependant les besoins en annotation en entités sont très divers, que ce soit par rapport au jeu d'étiquettes considéré, au type de texte ou au domaine sémantique visés. Il est donc intéressant d'évaluer les capacités de généralisation des systèmes de REN ainsi que d'étudier des processus d'adaptation peu couteux à un nouveau cadre d'utilisation.

Dans cet article nous allons nous focaliser sur l'étude de cette capacité à généraliser pour un système donné à travers le traitement de corpus provenant de la plateforme OpenEdition[3]. Ces corpus sont particulièrement intéressants car ils présentent une diversité de formes (livres, revues, actualité et blog) ainsi que de contenu (thèmes très variés issus des domaines des SHS). En confrontant des outils génériques d'extraction d'entités nommées à ces corpus, nous allons pouvoir déterminer quelle est la meilleure stratégie pour adapter un système existant à un nouveau cadre d'utilisation, tout en minimisant l'effort d'adaptation.

1. http ://www.itl.nist.gov/iad/mig/tests/ace/
2. http ://duc.nist.gov/
3. http ://www.openedition.org/

# 2 Détecteur d'entités nommées et corpus d'apprentissage

Les travaux en REN sont classés principalement selon trois types d'approches : les approches symboliques, les approches statistiques et les approches hybrides. Les approches symboliques (Poibeau, 2003) se basent sur des règles écrites à la main, ces approches ont l'avantage de privilégier la précision des détections mais présentent l'inconvénient d'être très dépendantes du domaine d'application et d'être coûteuses à mettre en place si l'on veut obtenir une couverture satisfaisante (Nadeau & Sekine, 2007). Les approches statistiques (Burger *et al.*, 2002) se basent sur un mécanisme d'apprentissage à partir d'un corpus pré-étiqueté. De manière générale, ce type d'approche privilégie le rappel plutôt que la précision. Cependant, comme précisé précédemment, ces approches nécessitent l'utilisation de données annotées comme base d'apprentissage. Les approches hybrides consistent en une combinaison des deux approches précédentes (Shaalan & Oudah, 2014). Les campagnes d'évaluation des systèmes de REN ont montrées que les différences de performance entre les systèmes dépendent plus du soin mis dans l'adaptation fine des modèles (règles ou traits) que des choix des modèles théoriques. Ainsi les systèmes à base de règles rédigées manuellement (soit purement symboliques, soit hybrides) sont souvent les plus performants (Sun, 2010) lors des conférences ACL, MUC-7 ou CoNLL03. Cependant ces résultats sont constatés sur des domaines précis, lors d'évaluations sur des domaines plus larges les résultats se dégradent (Mansouri *et al.*, 2008). Le but de cette étude étant d'adapter à moindre coût des systèmes de REN à de nouveaux types de corpus, nous avons opté pour l'utilisation d'outils basés sur des approches statistiques pour lesquelles nous avons pu trouver des corpus français déjà annotés. Afin d'établir nos corpus d'apprentissage nous avons utilisé deux corpus déjà annotés en EN en français extraits du catalogue ELRA [4] : le corpus Quaero d'émissions télé-radio-diffusées (ELRA-S0349) et le corpus Quaero de presse anciennes (ELRA-W0073). Ainsi qu'un troisième corpus constituant la *cible* de notre étude a été annoté manuellement à partir des différents types de documents présents sur la plateforme *OpenEdition.org*. Dans les sections suivantes nous allons détailler les différentes caractéristiques de ces corpus ainsi que les outils de détection des entités nommées choisis.

## 2.1 Corpus Open Edition (OE)

Un corpus issu de la plateforme *OpenEdition.org* a été extrait et entièrement annoté manuellement par un seul annotateur. Il se compose de documents extraits des quatre plateformes Open Edition (Revues, Books, Calenda, Hypothèses) qui est un vaste catalogue de publications scientifiques en sciences humaines et sociales (SHS). La première plateforme, *Revues.org* est composée de revues en SHS. La seconde, *Books* met à disposition en libre accès l'intégralité du contenu de plus de mille ouvrages en SHS. La troisième plateforme, *Calenda* répertorie des actualités dans le domaine des SHS. Enfin la quatrième plateforme, *Hypothèses* est constituée de blogs académiques. Ces différentes plateformes dédiées à la valorisation des publications dans les sciences humaines et sociales possèdent plusieurs spécificités que ce soit au niveau structurel que thématique. Parmi ces spécificités nous pouvons citer : des documents de longueur variable, des dimensions stylistiques variées, la présence de multilinguisme ainsi que l'utilisation pour certains documents (notamment au sein des plateformes Books et Revues) de guide de recommandation aux auteurs. La table 1 présente des exemples de phrases annotés en entités nommées du corpus OE.

## 2.2 Corpus Quaero

L'ELRA met à disposition deux corpus Quaero. Ces corpus ont été entièrement annotés manuellement selon la définition étendue et structurée d'entités nommées Quaero, qui distingue les "types" et les "composants" d'entités (Rosset *et al.*, 2011). Dans le cadre de notre évaluation, nous avons décidé de conserver les annotations les plus communes entre nos trois corpus, à savoir, les noms de personnes, les toponymes et les noms d'organisations. Les entités structurées de Quaero ont été "*aplaties*" en ne gardant que la structuration de plus haut niveau (Ex : <pers.ind> <name.first> Jacques </name.first> <name.last> Chirac </name.last> </pers.ind> : <pers> Jacques Chirac </pers>). Deux corpus ont été utilisés :

1. Corpus Quaero d'émissions télé-radio-diffusées annoté en entités nommées (QO)
   Le corpus QO consiste en l'annotation manuelle du corpus ESTER2 et du corpus d'évaluation de systèmes de reconnaissance de la parole Quaero (Galliano *et al.*, 2006). Ce corpus comporte la particularité de n'être

4. http ://www.elra.info/ELRA.html

| |
|---|
| **Books**<br>Plus tard, <pers> R. Janko </pers> s'est inspiré des remarques de <pers> T. Weischadle </pers>. À propos de l'introduction, il relève plusieurs exceptions aux remarques formulées par <pers> T. Weischadle </pers>, parmi lesquelles la présence du nom du dieu au vocatif. |
| **Revues**<br><pers> Michael Spens </pers>, (<pers> M. Spens </pers>, Paysages contemporains, <date> 2005 </date>) examine les créations des paysagistes de différentes générations <pers> B. Lassus </pers>, <pers> L. Halprin </pers> |
| **Blog**<br>C'est <pers> Jean-Marc Berlière </pers> qui l'annonce: les <org> Archives de la Préfecture de Police </org> vont fermer pour déménager au <loc> Pré Saint-Gervais </loc>, dans la banlieue est de la capitale. |
| **Calenda**<br><date> 12 février </date> (9h30-12h) - Collecter - « Les éboueurs entre collecte des ordures ménagères et récupération », <pers> Christophe Clerfeuille </pers> (éboueur, président de l'<org> association Collectif Ripeurs </org>) et <pers> Stéphane Le Lay </pers> (sociologue, <org> CNAM </org>) |

Table 1 – Exemples de phrases annotées en EN du corpus OE provenant du site *OpenEdition.org*

constitué que de données non structurées. En outre, les textes comportent de nombreuses disfluences de surface (hésitations, répétition, etc.) qui peuvent générer des difficultés dans la généralisation des modèles. Ce corpus a été utilisé lors de la campagne ESTER2 [5] durant laquelle les meilleurs résultats oscillent entre 78,4% et 92,5% de F-mesure (Nouvel *et al.*, 2010). Dans le cadre de notre évaluation, nous avons utilisé la partie dédiée à l'apprentissage constituée d'actualités télé-radio-diffusées, soit 188 émissions pour 1 291 225 mots afin de constituer nos corpus d'apprentissage.

2. Corpus Quaero de presse ancienne étendue en entités nommées (QP)
   Le corpus QP consiste en l'océrisation de 76 numéros de journaux, publiés entre 1890-1891, fournis par la Bibliothèque Nationale de France. Trois publications sont utilisées (Le Temps, La Croix et Le Figaro) pour un total de 295 pages. Ce corpus présente plusieurs caractéristiques. Premièrement, il est entièrement constitué de documents OCR-isés dont le taux de qualité a été estimé bon par rapport à l'état de l'art dans le domaine (Character Error Rate de 5,09 et Word Error Rate de 36,59) (Rosset *et al.*, 2012). Quelques erreurs résiduelles persistent notamment dans la reconnaissance de certain caractère comme le « e » souvent écrit « o ». Deuxièmement, ce corpus réfère à une période assez ancienne dont les informations diffèrent des actuelles. Et troisièmement, la particularité des journaux OCR-isés basés sur des éditions papiers se retrouve également dans leurs structures en colonnes. De ce fait, les textes conservent de nombreux sauts de ligne ainsi que de nombreuses césures. Dans l'article de Rosset (Rosset *et al.*, 2012), trois systèmes de REN à base de méthodes statistiques sont évalués sur ce corpus. Les résultats présentent un taux d'erreur oscillant entre 44,2 et 60,3 (Slot Error Rate). Dans le cadre de notre évaluation, nous avons utilisé la partie dédiée à l'entraînement, constituée de 231 pages pour 1 297 742 mots afin de constituer nos corpus d'apprentissage.

## 2.3 Les outils

Nous avons choisi plusieurs outils basés sur des approches d'apprentissage statistiques, à savoir, l'entropie maximale (Chieu & Ng, 2002) ainsi que les champs conditionnels aléatoires (CRFs) (Sobhana *et al.*, 2010), avec et sans *boosting* (Favre *et al.*, 2005). Le premier outil que nous avons testé est intégré dans l'environnement OpenNLP [6]. Plusieurs outils sont disponibles au sein de cette plateforme qui s'intéresse à la tokénisation, la détection de syntagmes, la détection des entités nommées (NameFinder), tous basés sur le *framework* Maxent implémentant des modèles à maximum d'entropie. Le second est Stanford NER [7], il fournit un détecteur d'entités nommées basé sur des CRFs. Une évaluation de ces deux outils présentée par (Rodriquez *et al.*, 2012) sur des documents OCR-isés anglais extraits du Wiener Library dataset et du King College London dataset montre une meilleure performance globale pour Stanford NER (F-mesure : 54%) et une performance beaucoup plus faible pour OpenNLP surtout au niveau de la précision (F-mesure : 19%). Le troisième outil que nous avons choisi d'utiliser est LiaNE [8], basé sur une combinaison d'un modèle HMM pour la prédiction d'étiquettes pour chaque

5. http ://www.afcp-parole.org/camp_eval_systemes _transcription/index.html
6. http ://opennlp.apache.org
7. http ://nlp.stanford.edu/software/CRF-NER.shtml
8. http ://pageperso.lif.univ-mrs.fr/ frederic.bechet/download.html

mot et d'un modèle CRF pour l'étiquetage de séquences constituant les entités nommées. Sa particularité est d'être orienté sur le traitement de données orales. LiaNE a obtenu lors de l'évaluation ESTER2 une F-mesure de 78,4% (Nouvel *et al.*, 2010).

# 3 Expérimentations

Notre évaluation s'est déroulée en deux parties. La première partie s'est établie en tenant compte de la nature des corpus, c'est à dire que nous avons voulu au vu des spécificités des deux corpus Quaero, évaluer l'impact de leurs caractéristiques lors de l'apprentissage des outils ainsi que leur portabilité. La seconde partie de notre évaluation s'est focalisée sur l'adaptation des modèles en utilisant une partie du corpus OE pour apprendre ou adapter les modèles d'EN de nos systèmes.

**Evaluation de la nature et de la taille des corpus d'apprentissage** Dans le cadre de nos évaluations de l'impact de la nature et de la taille des corpus d'apprentissage sur les performances en NER, nous avons utilisé les données du corpus OE afin de constituer notre corpus de test et les corpus QO et QP comme corpus d'apprentissage. Les trois systèmes LiaNE, OpenNLP et StandfordNER sont comparés dans la table 2 et la table 3.

| | Précision (%) | | Rappel (%) | | F-mesure (%) | |
|---|---|---|---|---|---|---|
| Corpus | QO | QP | QO | QP | QO | QP |
| LiaNE | **55,7** | 15,5 | 48,3 | 21,9 | **51,8** | 18,1 |
| Open NLP | 30,4 | 27,3 | 29,0 | 23,7 | 29,7 | 25,4 |
| Stanford NER | 44,0 | **36,4** | **52,3** | **50,7** | 47,8 | **42,3** |

Table 2 – Performance en NER sur le corpus de test OE avec 3 systèmes et 2 corpus d'apprentissage différents

De manière générale, nous pouvons constater que les performances sont beaucoup plus faibles que celles obtenues par ces mêmes systèmes dans la littérature. Cette dégradation a deux explications : d'une part à cause des spécificités du corpus OE, assez différent des corpus Quaero utilisés pour l'apprentissage ; d'autre part à cause de l'utilisation directe des corpus Quaero pour l'apprentissage des systèmes, sans adaptation des traits utilisés pour décrire les données d'apprentissage. Cette table nous permet de constater un certain écart sur les performances globales des outils sur les différents corpus. Nous pouvons noter une constante assez faible de la part de OpenNLP. A l'inverse, nous pouvons constater que LiaNE obtient une performance bien meilleure après son entraînement sur le corpus QO, ce qui s'explique par la participation de LiaNE à la campagne ESTER2, ce qui a favorisé son adaptation aux données non structurées présentes dans le corpus QO. Les résultats obtenus par Stanford NER sont les plus constants. Au vu de cette table nous pouvons tirer deux enseignements de ces résultats : premièrement, malgré le fait que le corpus QP contienne du texte écrit *a priori* plus proche des données OE que le corpus oral QO, les résultats obtenus en entraînant les systèmes sur QP sont globalement plus faible que ceux obtenus avec QO. Sans doute la distance temporelle entre le données QP et OE est-elle trop forte. Deuxièmement, en dehors de la méthode et du choix du corpus d'apprentissage, les performances des systèmes sont fortement affectées par l'adaptation des traits utilisés pour décrire les données. Ainsi, bien que les deux systèmes LiaNE et Standford NER partagent tous deux une approche à base de CRF, le système LiaNE donne les meilleurs résultats sur le corpus QO alors qu'il se dégrade sur le corpus QP ; tandis que le système Standford NER affiche plus de stabilité sur les deux corpus, bien qu'atteignant des performances plus faibles. On peut donc voir que l'adaptation spécifique du système LiaNE sur les données QO lui permet de tirer un meilleur parti de ces données lors de l'apprentissage.

| Outils | F-mesure (%) | | | | |
|---|---|---|---|---|---|
| Partitions | 100% | 80% | 60% | 40% | 20% |
| LiaNE | 51,8 | 52,1 | **52,5** | 39,3 | 37,0 |
| Open NLP | 29,7 | 29,8 | **30,1** | 27,1 | 26,9 |
| Stanford NER | 47,8 | 48,9 | **50,6** | 45,8 | 44,7 |

Table 3 – Les valeurs de F-mesure obtenues sur le corpus OE en faisant varier la taille du corpus d'apprentissage QO pour chacun des outils

La deuxième expérience effectuée sur les mêmes données a consisté à faire varier la taille du corpus d'apprentissage QO. Plusieurs corpus ont été constitués en découpant proportionnellement le corpus QO, soit 1 291 225 mots. Une scission de 20% composée de 433 951 mots, une scission de 40% de 657 071 mots, une scission de 60% de 888 280 mots et une scission de 80% de 1 000 009 mots. Nous avons ensuite évalué ces données d'apprentissage en les testant sur le corpus OE soit 102 744 mots. Les résultats présentés dans la table 3 nous permettent de constater que, de manière générale, la quantité de données d'apprentissage n'a pas un impact linéaire sur les performances des systèmes. Nous pouvons constater que pour les trois outils les meilleurs résultats sont obtenus sur la scission constituée de 60% du corpus d'apprentissage. Plus précisément, nous pouvons noter une différence moyenne de 1,3% entre la scission de 60% et 100% et une différence moyenne de 8,4% entre la scission de 60% et 20%. Ces constations nous permettent de corroborer plusieurs études qui démontrent, que pour certaine tâche, un trop grand nombre de données d'apprentissage ne correspondant pas exactement aux données de tests ne permet pas d'augmenter la couverture mais qu'au contraire ceci peut engendrer du bruit et de la confusion (Biber, 1993; Gildea, 2001).

**Evaluation de l'adaptation des modèles au corpus OE** Cette série d'évaluation a pour but de mesurer l'impact sur les performances de nos modèles de l'ajout de données correspondant à la tâche cible. Pour cela nous présentons deux séries d'expériences effectuées en validation croisée sur le corpus OE et OE+QO. Chaque corpus d'apprentissage de OE (5 validations croisées) est composé d'environ 79 000 mots pour environ 1200 noms de personnes, 495 toponymes et 678 noms d'organisations. Les corpus de test sont composés d'environ 22 700 mots pour environ 560 noms de personnes, 220 toponymes et 205 noms d'organisations. Les évaluations OE+QO ajoutent le corpus QO à chaque partition d'apprentissage du corpus OE.

| | Précision (%) | | Rappel (%) | | F-mesure (%) | |
|---|---|---|---|---|---|---|
| Corpus | OE | OE+QO | OE | OE+QO | OE | OE+QO |
| LiaNE | 18,1 | **60,0** | **66,7** | **56,3** | 28,6 | **57,9** |
| Open NLP | 20,0 | 28,7 | 52,8 | 42,9 | 28,3 | 34,3 |
| Stanford NER | **44,3** | 56,3 | 56,3 | 48,3 | **49,1** | 51,1 |

TABLE 4 – Performances obtenues en évaluation croisée sur le corpus OE avec ou sans le corpus QO lors de l'apprentissage

Nous pouvons voir que malgré la petite taille du corpus OE, comparé au corpus QO, le système Standford NER permet d'obtenir des performances comparables (F-mesure : 49,1%) aux meilleures performances obtenues dans les tables 2 et 3. Le système LiaNE, lorsqu'il est appris uniquement sur le corpus OE présente de bons résultats de rappel, mais la présence de trop nombreux faux positifs conduit à un effondrement de la précision. L'ajout du corpus QO améliore significativement les résultats pour les systèmes LiaNE et OpenNLP, par contre il est surprenant de constater que le système Standford NER ne tire que peu de bénéfice de cet ajout. Nous pouvons également noter, si nous reprenons les résultats de la table 3, que l'ajout du corpus d'apprentissage OE au corpus d'apprentissage QO augmente dans le cas de LiaNE et Stanford NER la valeur de la précision, du rappel ainsi que de la F mesure par rapport à l'apprentissage sur QO seul. La combinaison des deux corpus a permis d'améliorer la couverture. En conclusion nous pouvons dire que l'ajout de corpus annoté spécifique permet d'améliorer globalement les résultats de tous les outils (F-mesure moyenne : 47,8%) comparativement aux résultats obtenus pour le seul corpus QO (F-mesure moyenne : 43,1%.

# Conclusion

Les expériences effectuées dans cette étude sur plusieurs outils de REN et plusieurs corpus d'apprentissage ont permis de mettre en évidence les points suivants : tout d'abord une perte importante de performance est constatée lorsque l'on change le contexte applicatif sur lesquels les modèles ont été appris ; malgré cette baisse de performance, des corpus telles que Quaero sont utiles pour amorcer l'apprentissage de premiers modèles en obtenant des résultats acceptables. Entre le choix du type de document (texte écrit, transcription de l'oral) et la période temporelle visée, les expériences comparatives ont clairement montré l'impact de cette distance temporelle, au regard des plus faibles performances obtenues avec QP plutôt que QO. Enfin, l'ajout d'un corpus d'adaptation, même de taille réduite, permet d'augmenter significativement les performances, même sans autre adaptation au domaine.

## Références

Biber D. (1993). Representativeness in corpus design. *Literary and linguistic computing*, **8**(4), 243–257.

Burger J. D., Henderson J. C. & Morgan W. T. (2002). Statistical named entity recognizer adaptation. In *proceedings of the 6th conference on Natural language learning-Volume 20*, p. 1–4 : Association for Computational Linguistics.

Chieu H. L. & Ng H. T. (2002). Named entity recognition : a maximum entropy approach using global information. In *Proceedings of the 19th international conference on Computational linguistics-Volume 1*, p. 1–7 : ACL.

Favre B., Béchet F. & Noera P. (2005). Robust named entity extraction from large spoken archives. In *Proceedings of the Conference on Human Language Technology and Empirical Methods in Natural Language Processing*, HLT '05, p. 491–498, Stroudsburg, PA, USA : Association for Computational Linguistics.

Galliano S., Geoffrois E., Gravier G., Bonastre J.-F., Mostefa D. & Choukri K. (2006). Corpus description of the ester evaluation campaign for the rich transcription of french broadcast news. In *Proceedings of LREC*, volume 6, p. 315–320.

Gildea D. (2001). Corpus variation and parser performance. In *Proceedings of the 2001 Conference on Empirical Methods in Natural Language Processing*, p. 167–202.

Grishman R. & Sundheim B. (1996). Message understanding conference-6 : A brief history. In *COLING*, volume 96, p. 466–471.

Mansouri A., Suriani L. A. & Mamat A. (2008). Named entity recognition approaches. *International Journal of Computer Science and Network Security*, **8**(2), 339–344.

Marsh E. & Perzanowski D. (1998). Muc-7 evaluation of ie technology : Overview of results.

Nadeau D. & Sekine S. (2007). A survey of named entity recognition and classification. *Lingvisticae Investigationes*, **30**(1), 3–26.

Nouvel D., Soulet A., Antoine J.-Y., Maurel D. & Friburger N. (2010). Reconnaissance d'entités nommées : enrichissement d'un système à base de connaissances à partir de techniques de fouille de textes. In *Traitement Automatique des Langues Naturelles*.

Poibeau T. (2003). The multilingual named entity recognition framework. In *Proceedings of the tenth conference on European chapter of the Association for Computational Linguistics-Volume 2*, p. 155–158 : Association for Computational Linguistics.

Rodriquez K. J., Bryant M., Blanke T. & Luszczynska M. (2012). Comparison of named entity recognition tools for raw ocr text.

Rosset S., Grouin C., Fort K., Galibert O., Kahn J. & Zweigenbaum P. (2012). Structured named entities in two distinct press corpora : Contemporary broadcast news and old newspapers. In *Proceedings of the Sixth Linguistic Annotation Workshop*, p. 40–48 : Association for Computational Linguistics.

Rosset S., Grouin C. & Zweigenbaum P. (2011). *Entités nommées structurées : guide d'annotation Quaero*. LIMSI-Centre national de la recherche scientifique.

Sekine S. (1997). The domain dependence of parsing. In *Proceedings of the fifth conference on Applied natural language processing*, p. 96–102 : ACL.

Shaalan K. & Oudah M. (2014). A hybrid approach to arabic named entity recognition. *Journal of Information Science*, **40**(1), 67–87.

Sobhana N., Mitra P. & Ghosh S. (2010). Conditional random field based named entity recognition in geological text. *International Journal of Computer Applications*.

Sun B. (2010). Named entity recognition : Evaluation of existing systems. *Thèse*.

Zweigenbaum P. & Ben Abacha A. (2012). Une étude comparative empirique sur la reconnaissance des entités médicales. *TAL*, **53**.

# RENAM: Système de Reconnaissance des Entités Nommées Amazighes

Meryem Talha[1] Siham Boulaknadel[1, 2] Driss Aboutajdine[1]
(1) LRIT, Unité Associée au CNRST (URAC 29), Faculté des Sciences, Mohammed V-Agdal, Rabat, Maroc
(2) IRCAM, Avenue Allal El Fassi, Madinat Al Irfane, Rabat-Instituts, Maroc
meriem.talha@gmail.com, boulaknadel@ircam.ma, aboutaj@fsr.ac.ma

**Résumé.** La reconnaissance des Entités Nommées (REN) en langue amazighe est un prétraitement potentiellement utile pour de nombreuses applications du traitement de la langue amazighe. Cette tâche représente toutefois un sévère challenge, compte tenu des particularités de cette langue. Dans cet article, nous présentons le premier système d'extraction d'entités nommées amazighes (RENAM) fondé sur une approche symbolique qui utilise le principe de transducteur à états finis disponible sous la plateforme GATE.

**Abstract.** Named Entity Recognition (NER) for Amazigh language is a potentially useful pretreatment for many processing applications for the Amazigh language. However, this task represents a tough challenge, given the specificities of this language. In this paper, we present (NERAM) the first named entity system for the Amazigh language based on a symbolic approach that uses linguistic rules built manually by using an information extraction tool available within the platform GATE.

**Mots-clés :** Reconnaissance des entités nommées (REN), Langue Amazighe, Règles d'annotation, JAPE, GATE.
**Keywords:** Named Entities Recognition (NER), Amazigh Language, Annotation Rules, JAPE, GATE.

## 1 Introduction

La langue amazighe fait partie des langues chamito-sémitiques ou encore appelé afro-asiatiques (Cohen 2007, Chaker 1989) qu'on soit au Maroc ou ailleurs. La langue Amazighe est maintenant une langue qui possède tous ses attributs: dotée d'une graphie officielle, un codage propre dans le standard Unicode, une grammaire, une orthographe et un vocabulaire très riche.

La tâche REN est une sous tâche du domaine d'extraction d'information consistant à identifier et à catégoriser certaines expressions linguistiques autonomes et mono-référentielles (Ehrmann, 2008). Certaines langues ont éveillé beaucoup d'intérêt, notamment à travers les campagnes d'évaluation telles que CONLL (Tjong Kim Sang, 2002) pour l'espagnol et l'allemand, MUC (Grishman et Sundheim, 1996) pour l'anglais et le japonais, et ESTER (Galliano et al., 2009) pour le français. Toutefois, l'Amazighe étant une langue peu dotée en terme de ressources linguistiques informatisées, les travaux sur de la reconnaissance des entités nommées sont une opportunité pour la valorisation de cette langue dans la société de l'information.

C'est dans cette optique que se situe le travail que nous présentons dont le but est de détecter et extraire dans des textes amazighs les entités nommées pertinentes et ceci en développant le premier système de reconnaissance d'entités nommées (RENAM) qui servira à des applications plus spécifiques. Notre système est fondé sur une approche symbolique où l'extraction s'effectue en se basant sur un ensemble de lexiques de noms et des règles construites manuellement en exploitant l'outil d'extraction des entités nommées disponible sous la plateforme GATE[1].

Notre article est structuré comme suit : la première section présente un état de l'art des approches d'extraction des entités nommées, la deuxième examine les difficultés entravant l'extraction des entités nommées en amazighe, la troisième aborde les particularités de la plateforme choisie ainsi que la méthodologie utilisée, tandis que la discussion

[1] http ://gate.ac.uk

des résultats obtenus est l'objet d'étude de la quatrième section. Finalement, la dernière section est consacrée à la conclusion et perspectives.

## 2 Approches d'extraction d'entités nommées

La REN constitue un champ de recherche très actif. Différentes approches existent, l'extraction fondée sur des démarches linguistiques ou encore nommées symboliques, approches statistiques ou à base d'apprentissage, avec une apparition d'une approche hybride. La première approche s'appuie sur l'utilisation de grammaires formelles construites à la main. Elle se fonde sur la description des EN grâce à des règles qui exploitent des marqueurs lexicaux, des dictionnaires de noms propres et parfois un étiquetage syntaxique. Les marqueurs lexicaux, il s'agit d'indices qui encadrent, l'entité nommée et qui permettent souvent de dévoiler sa présence. D'autre part, les dictionnaires de noms propres groupent généralement une liste des noms et des prénoms les plus fréquents, des noms de localisations, et parfois des noms d'organisations. Ces dictionnaires sont fréquemment utilisés dans les systèmes à base de règles comme ils peuvent avoir recours aux systèmes à base d'apprentissage. Les ressources mentionnées renforcent l'élaboration des règles et des patrons linguistiques qui spécifient les contextes d'apparition de telle entité. Pour les langues peu dotées, cette approche semble la plus adéquate. Dans le cadre des approches linguistiques, nous citons quelques systèmes de REN arabes à savoir : les travaux de Shaalan et Raza (Shaalan et Raza, 2008) qui ont développé leur système NERA permettant d'extraire dix types d'EN. Ce système repose sur l'utilisation d'un ensemble de dictionnaires d'EN et sur une grammaire sous forme d'expressions régulières pour la reconnaissance des EN. Le meilleur taux F-mesure acquis par ce système est 98.6%. Suivant presque le même principe, les travaux de Zaghouani (Zaghouani et al., 2010) ont présenté un module de repérage des EN à base de règles pour la langue arabe, la seule différence c'est qu'ils ont procédé à une première étape de prétraitement lexicale qui prépare le texte pour son analyse linguistique, ce module a été évalué sur un corpus de presse. Dans le même contexte des langues peu dotées nous évoquons le premier système élaboré pour la langue Iban (Malaisie) par Soo-Fong Yong, Bali Ranaivo-Malançon et Alvin Yeo Wee (Soo-Fong Yong, Bali Ranaivo-Malançon et Alvin Yeo Wee, 2011), il consiste à employer des listes des noms propres et d'un ensemble de règles rédigées manuellement pour permettre l'extraction des entités nommées Iban, ils ont obtenu un F-mesure qui est égal à 76,4%. La seconde démarche fait usage de techniques statistiques ou encore dites à base d'apprentissage pour apprendre des spécifiés sur de larges corpus de textes où les entités-cibles ont été auparavant étiquetées nommés ainsi corpus d'apprentissage, et par la suite adapter un algorithme d'apprentissage qui va permettre d'élaborer automatiquement une base de connaissances à l'aide de plusieurs modèles numériques (CRF, SVM, HMM ...). Cette méthode a été envisagée pour avoir une certaine intelligence lors de la prise des décisions, ce sont principalement certains paramètres qui peuvent être manipulés dans le but d'améliorer les résultats du système, ce qui n'est pas le cas pour les approches symboliques qui n'appliquent que les règles préalablement injectées. Benajiba et al (Benajiba et al., 2009) ont conçu une technique d'apprentissage SVM pour leur système de REN en se servant d'un ensemble de particularités de la langue arabe. Ce système a produit une F-mesure de 82.71%. Pour les langues peu doté comme le Telugu P Srikanth et Kavi Narayana Murthy (P Srikanth & Kavi Narayana Murthy 2008) ont utilisé la technique CRF pour extraire les entités nommées et ils ont obtenu un score de f-mesure qui est égal à 92%, pour le Bengali en utilisant le SVM, Asif Ekbal et Sivaji Bandyopadhyay (Asif Ekbal & Sivaji Bandyopadhyay 2008) ont réussi à avoir un résultat dont la valeur de f-mesure est de 91,8%. Les deux approches qu'on a cité auparavant ont fait l'apparition d'une troisième approche qui représente une combinaison de ses antécédents, elle utilise des règles écrites manuellement mais construisent aussi une partie de ses règles en se basant sur des informations syntaxiques et des informations sur le discours extraites de données d'apprentissage grâce à des algorithmes d'apprentissage, des arbres de décisions. Abuleil (Abuleil, 2006) a adopté une approche hybride pour l'extraction des entités en arabes, en tirant profit des approches symboliques et d'apprentissage.

## 3 Difficultés entravant l'Extraction d'Entités Nommées Amazighes

La langue Amazighe est composée de 27 consonnes, 2 semi-consonnes, 3 voyelles pleines et une voyelle neutre. Elle présente une morphologie riche et complexe. Les mots peuvent être classés en trois catégories morphosyntaxiques: Nom, Verbe et Particules[2] (Boukhris et al., 2008). La structure basique de la phrase simple est : Sujet – verbe – complément. Cependant, les travaux liés à la REN de la langue amazighe sont encore à l'état naissant en raison de:

[2] Elles sont un ensemble de mots Amazighs qui ne sont ni des noms, ni des verbes, et jouent un rôle d'indicateurs grammaticaux au sein d'une phrase. Cet ensemble est constitué de plusieurs éléments à savoir: les particules d'aspect, d'orientation et de négation; les pronoms; les adverbes; les prépositions; les subordonnants et les conjonctions.

– L'absence de la distinction majuscule/minuscule : c'est un obstacle majeur pour la langue amazighe. En fait, la REN pour certaines langues comme les langues indo-européennes se base principalement sur la présence des lettres majuscules qui est un indicateur très utile pour identifier les noms propres dans les langues utilisant l'alphabet latin. Il n'y a pas de majuscule, ni au début ni à l'initiale des noms propres amazighe.
– L'amazighe se caractérise par le manque de ressources dictionnairiques, de répertoires toponymiques, de ressources langagières et outils du TAL, à savoir les étiqueteurs, les analyseurs morphologiques.
– Il est un fait que la langue amazighe est très agglutinative ayant une morphologie dérivationnelle et flexionnelle assez complexe.
– Similairement à d'autres langues naturelles, l'amazighe présente des incertitudes au niveau des classes grammaticales. En effet, la même forme convient à nombreuses catégories grammaticales, cela dépend du contexte dans la phrase. Par exemple, ⵉⵍⵍⵉ [illi] peut être considéré comme verbe à l'accompli positif, il signifie «il existe», ou comme nom de parenté «ma fille».
Les noms propres au niveau de la langue amazighe sont extrêmement nombreux, ont de nombreuses variantes ainsi ils sont difficiles à détecter sans la présence d'un lexique.

# 4 Système de Reconnaissance d'Entités Nommées Amazighes (RENAM)

La tâche de REN amazighes apparaît fondamentale pour diverses applications participant à l'analyse du contenu des textes amazighes. Dans cette contribution, nous nous intéressons à développer un système d'analyse de textes amazighes permettant le repérage et la catégorisation des entités nommées en fonction de types sémantiques prédéfinis. Pour respecter les formats d'annotation standard, nous avons adopté le standard d'étiquetage proposé par la conférence MUC (Message Understanding *Conference*) pour les entités nommées. Par conséquent les EN appartiennent à trois classes majeures à savoir la catégorie **ENAMEX** qui comprend les types « personne », « organisation », et « localisation », la catégorie **TIMEX** qui inclut les types « date », « heure », et finalement la catégorie **NUMEX** qui comprend « montants financiers », « pourcentages » tout en exploitant la plate-forme GATE.

## 4.1 Plateforme GATE

La plateforme d'ingénierie textuelle **GATE** (General Architecture for Text Engineering) (Cunningham et al. 2002) est une infrastructure de développement de traitement du langage humain développée par l'Université de Sheffield et est exploitée dans une vaste variété de recherche et de projets de développement incluant l'extraction de connaissances pour l'anglais, l'espagnol, le chinois, l'arabe, le français, l'allemand, l'hindi, le cebuano, le roumain, le russe. Nous avons choisi cet environnement car il permet d'implémenter l'architecture souhaitée et il peut être utilisé pour l'exploitation des traitements linguistiques dans diverses applications. Le module d'extraction proposé dans GATE est réalisé selon une approche symbolique basé sur le formalisme **JAPE** (Java Annotation Patterns Engine) permettant de définir les contextes d'apparition des unités à extraire dans le but de les repérer et les annoter.

## 4.2 Architecture du système

Etant donné la non-disponibilité d'un large corpus pour la langue amazighe, nous avons créé le notre. Notre système d'extraction d'entités nommées est un système de détection et de typage des entités d'intérêt dans un texte. Notre but se limite à l'extraction des entités de type «Personne», «Organisation», et «Localisation», dans des textes écrits en amazighe, en utilisant une approche symbolique en créant manuellement des règles pour extraire les informations qui nous intéressent.

Notre système RENAM se compose de deux grandes phases successives (Figure 1): la première consiste à la préparation des données et la deuxième consiste à la reconnaissance des entités nommées et classification de ces dernières dans des catégories sémantiques convenables (personne, localisation, organisation).

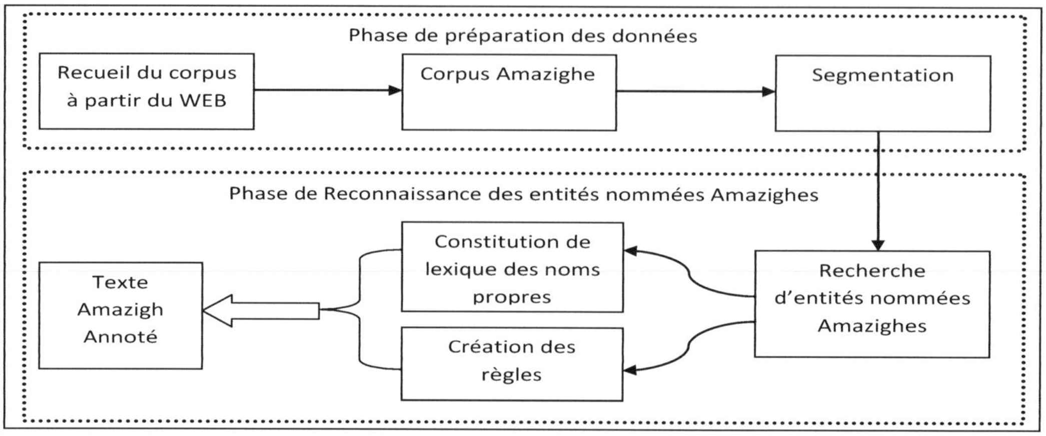


FIGURE 1: Architecture du Système d'Extraction des Entités Nommées Amazighes

– Phase de préparation des données

1. Recueil du corpus

La construction d'un système d'extraction d'entités nommées exige, d'abord, de rassembler un nombre suffisant de textes qui serviront non seulement de corpus d'observation (pour constituer les règles) mais également de corpus de test. Le contexte de cette contribution nous a naturellement guidé vers la collecte de textes amazighes journalistiques à partir du site web « mapamazighe[3]». Le corpus contient toute l'actualité sur les activités royales de SM le Roi Mohammed VI, on dispose actuellement de 200 articles écrits en amazighe, que nous avons convertis du format « html » au format « txt », cumulant un total de 50997 mots, nous signalons aussi qu'outre ce corpus inclut 4866 chiffres.

2. Segmentation du corpus

Dans cette phase, nous séparons le texte amazigh en des phrases, nous avons en total 1214 phrases, et ensuite nous séparons les phrases en des mots. Dans le texte, les phrases sont fragmentées selon la présence des ponctuations et le retour à la ligne, comme dans le cas dans les langues française et anglaise. Ces séparateurs définissent les modèles de caractères marquant la fin des phrases.

– Phase d'extraction des entités nommées

3. Constitution de lexique des noms propres

Dans le but de pouvoir reconnaître automatiquement les entités nommées de type personne, organisations et localisation, nous avons commencé par l'élaboration manuelle d'un lexique provenant de plusieurs sites Web.
Pour les entités nommées de type « personne», nous avons pu construire une liste d'environ 1650 entrées de noms amazighes et noms transcrits en amazighe[4]. Pour les entités nommées de type « localisation », nous nous sommes inspirés de la classification faite par (Piton et Maurel, 2004) qui considère comme type « localisation » ou toponyme : les pays, villes, fleuves, montagnes, océans et mers. Ainsi, nous avons élaboré un lexique à partir de wikipedia (nous avons procédé à la transliteration des entités françaises extraites à partir de wikipédia vers l'amazighe), et le site officiel de l'IRCAM qui contient 1970 entités de type « localisation ». A l'instar de la procédure d'élaboration de lexiques des deux entités nommées précédentes, l'identification des entités nommées de type organisation a commencé par le développement d'un lexique qui contient 120 noms d'organisation, à partir de notre corpus qui contient un nombre assez important des noms d'organisations, et les sites web officiels des organisations en question.
Nous avons aussi élaboré un lexique des marqueurs lexicaux de type localisation avec 55 entrées, de type personne avec 84 entrées et de type organisation avec 70 entrées.

---

[3] http://www.mapamazighe.ma/am/

[4] www.dsic.upv.es/%7Eybenajiba/resources/ANERGazet.zip

4. Développement des règles linguistiques

Pour la construction de nos règles linguistiques pour le traitement de l'amazighe, nous nous sommes inspirés des travaux de (McDonald, 1996) dans le domaine qui consiste à déterminer les indices d'apparition des entités à extraire. Ainsi, ces derniers font partie intégrante de l'entité nommée comme le prénom pour une entité de type «Personne » ou correspondent au contexte textuel de l'entité pouvant indiquer son type. La découverte des marqueurs lexicaux s'est faite par observation du corpus décrit précédemment.

Règles de type « Personne » :

Les règles pour la détermination de l'entité personne fait usage à la présence :

- Des civilités à titre d'exemple : ⵎⴰⵙⵙ [mass] « Monsieur », ⵎⴰⵙⵜ [mast] « Mme », ⵎⴰⵙⵙⴰ [massa] « Mme », ⵍⴰⵍⵍⴰ [lalla] « Mme », ⵎⵓⵍⴰⵢ [moulay] « My » …
- Les titres de toute sortes tels que :
  - Titres politiques (40 entrées) : ⴰⵎⴰⵡⴰⵙ [amawas] « ministre »
  - Titre honorifiques (14 entrées) : ⴱⴰⴱ ⵏ ⵡⴰⴷⴷⵓⵔ [bab n waddur] « Sa Majesté »
  - Titre religieux (8 entrées) : ⵛⵉⵅ [chikh] « Cheikh »
- Les métiers ou professions (… entrées) : ⵍⴽⵓⵍⵓⵏⵉⵍ [lkulunil] « le colonel »

Pour définir le lien de parenté, chaque culture a son propre système de nommage, par exemple ⵎⵓⵃⵎⵎⴷ ⴱⵏ ⵣⴰⵢⴷ [muhmmd bn zayd] « Mohamed Ibn Zayd », le modèle suivant indique que cette séquence est un nom de personne :

<NomPropre> <**ⴱⵏ** (bn, fils) > <NomPropre> ➔ Nom= « entité personne ».

Règles de type « Localisation » :

Les règles linguistiques pour la reconnaissance des entités de *type « localisation »* sont écrites en se basant sur des prépositions (15 entrées) qui accompagnent toujours les noms de lieux comme par exemple ⴷⴰⵔ [dar] « en direction de », ⵖⵔ [ghr] « vers », ⵊⴰⵔ…ⴷ… [jar…d…] « entre… et… »…

En outre, nous avons construit une liste de marqueurs lexicaux comme par exemple, ⵜⵎⴷⵉⵏⵜ [tmdint] « ville ». Ces deniers sont exploités pour la description des règles de reconnaissance des entités de *type « localisation ».*

Par exemple, ⴰⵙⵉⴼ ⵏ ⵙⴱⵓ [Asif n sbu] « rivière de sbou », ce qui signifie que tout mot qui vient après un préfixe de localisation (dans ce cas ⴰⵙⵉⴼ [asif] « rivière ») sera annoté comme étant un nom de lieu.

Règles de type « Organisation » :

Nous avons élaboré une liste des marqueurs lexicaux comme par exemple ⵜⴰⵎⴰⵡⴰⵙⵜ [amawast] « Ministère » pour la description des règles de reconnaissance des entités de *type « organisation »*

Tableau récapitulatif de règles construites :

| Entités nommées | Exemple | Nombre de règles |
|---|---|---|
| Personne | ⵎⴰⵙⵙ(Monsieur), ⵎⴰⵙⵜ(Madame), ⴱⴰⴱ ⵏ ⵡⴰⴷⴷⵓⵔ (Sa majesté)… | 10 |
| Organisation | ⵜⵉⵏⵎⵍ(Ecole), ⵜⴰⵎⴰⵡⴰⵙⵜ(Ministère) … | 4 |
| Localisation | ⴰⵙⵉⴼ(Fleuve), ⵜⵎⴷⵉⵏⵜ(Ville) … | 5 |

TABLE 1 : Tableau récapitulatif

## 5 Evaluation des résultats

Une dernière étape de cette contribution est l'évaluation des résultats de notre outil d'extraction des entités nommées amazighes. Ainsi, nous présentons, dans cette section, les différentes étapes de notre évaluation et les conclusions que nous avons pu faire en vu des résultats obtenus.

## 5.1 Protocole expérimental

L'évaluation de notre système a, ainsi, permis d'établir plusieurs choix visant le type d'évaluation à mettre en place. Deux solutions se sont alors présentées : exploiter les données d'une campagne d'évaluation existante ou créer notre propre système d'évaluation. Le premier cas n'étant pas possible puisqu'il n'existe pas un corpus de la langue amazighe, où les entités nommées ont été préalablement annotées. En conséquence, nous avons envisagé la deuxième solution, qui est le développement de notre système d'évaluation.

## 5.2 Analyse des résultats

Dans notre évaluation, nous avons choisi les métriques qui nous permettront d'évaluer les résultats de nos travaux et ainsi mesurer les performances du système proposé.

La précision (mesure de qualité), le rappel (mesure de quantité) et la F-mesure (synthèse de Rappel et de précision) (*Van Rijsbergen, 1979*), ont été choisis pour leur exploitation fréquente dans le domaine du TAL.

$$\text{Rappel} = \frac{\textit{nombre d'entités correctement étiquetées}}{\textit{nombre d'entités}}$$

$$\text{Précision} = \frac{\textit{nombre d'entités correctement étiquetées}}{\textit{nombre d'entités étiquetées}}$$

$$\text{F-Mesure} = \frac{2 \times Précision \times Rappel}{Précision + Rappel}$$

Nous avons effectué une évaluation sur notre corpus « Activités Royales » que nous avons déjà décrit, et cela a donné les résultats suivants :

| Entités nommées | Précision | Rappel | F-mesure |
|---|---|---|---|
| Personne | 64% | 63% | 64% |
| Organisation | 27% | 71% | 40% |
| Localisation | 82% | 81% | 82% |

TABLE 1 : Evaluation de notre système de reconnaissance des entités nommées

D'après la Table 2, les résultats que nous avons obtenus sont plus ou moins satisfaisants et encourageants. Cependant notre outil fonctionne légèrement moins bien pour l'entité nommée « organisation ».

Les principales causes de cette déficience sont :

- On a remarqué que les noms d'organisation sont très peu utilisés par rapport aux autres entités nommées.

- Les entités nommées complexes ne sont pas correctement extraites. A titre d'exemple ; le mot déclencheur ⵜⴰⵎⴰⵡⴰⵙⵜ [tamawast] « Ministère » qui indique que la séquence qui va suivre représente une entité nommée de type organisation, néanmoins l'absence des informations morphologiques nécessaires rend la tâche de délimitation de l'entité en question plus difficile. Par exemple : ⵜⴰⵎⴰⵡⴰⵙⵜ ⵏ ⵓⵙⴳⵎⵉ ⴰⵏⴰⵎⵓⵔ [tamawast n usgmi anamur] « Ministère de l'éducation nationale ». Notre outil ne va reconnaitre que l'entité « ⵜⴰⵎⴰⵡⴰⵙⵜ ⵏ ⵓⵙⴳⵎⵉ », parce qu'il n y a pas de critère d'arrêt selon chaque entité.

– La prise en compte des variantes orthographiques des noms propres transcrits en l'absence de conventions pour leurs écritures (notamment pour les noms de lieux). En amazighe, la translittération et la transcription des noms propres étrangers n'obéissent pas à des règles d'écritures par exemple ⴰⴱⵓ ⴹⴰⴱⵉ [abu Dabi] « Abu Dhabi » ou ⴰⴱⵓⴹⴰⴱⵉ [abudabi ] « Abudhabi »).

# 6 Conclusion et perspectives

L'objectif principal de cette contribution est de reconnaître les entités nommées de types (personne, localisations, organisations,) dans les textes amazighes. De ce fait, nous avons élaboré dans un premier temps, un système de reconnaissance d'entités nommées pour l'amazighe, fondé sur une approche symbolique qui se base sur un ensemble de règles linguistiques construites manuellement et sur l'élaboration des lexiques de noms en se servant de la plateforme GATE. La valeur de F-mesure obtenue par notre méthode est assez encourageante malgré la présence des problèmes qu'on a décrit auparavant. Dans un futur immédiat, nous envisageons améliorer la qualité des règles d'extraction d'entités nommées que nous avons établies, étendre et enrichir la structure de nos lexiques de noms afin de couvrir le maximum des entités nommées et pour aboutir à un taux de reconnaissance plus élevé, étendre la taille de notre corpus, ensuite passer au traitement des deux autres catégories TIMEX (Date…) et NUMEX (pourcentage, …).

# Références


BENAJIBA Y., ROSSO P. (2008). Arabic Named Entity Recognition using Conditional Random Fields. *In Proceedings of Workshop on HLT and NLP within the Arabic World, LREC.*

BICKEL M., MILLER S., SCHWARTZ R., WEISCHEDEL R. (1997). "Nymble: a high-performance learning name-finder". *In Proceedings of the ANLP 97.*

BORTHWICK A., STERLING J., AGICHTEIN E., GRISHMAN R. (1998). "Exploiting Diverse Knowledge Sources via Maximum Entropy in Named Entity Recognition". *In Proceedings of the WVLC 98.*

BOUKHRIS F., BOUMALK A., ELMOUJAHID E., SOUIFI H. (2008). La nouvelle grammaire de l'amazighe. Rabat, Maroc: IRCAM

CHAKER S. (1984). Textes en linguistique berbère - introduction au domaine berbère, *éditions du CNRS*, 232-242.

COHEN D. (2007). Chamito-sémitiques (langues). *In Encyclopædia Universalis.*

CUNNINGHAM H. (1999). Information Extraction: a User Guide (revised version), *Research Memorandum*, Department of Computer Science, University of Sheffield

CUNNINGHAM H., MAYNARD D., BONTCHEVA K., TABLAN V., URSU C. (2002). The GATE User Guide.

EHRMANN M. (2008). Les entités nommées, de la linguistique au TAL : statut théorique et méthodes de désambiguïsation. *PhD thesis*, Université Paris 7

FONG Y., BALI R., WEE A. (2011). NERSIL - the Named-Entity Recognition System for Iban Language. *PACLIC 2011:* 549-558

GAHBICHE B S., BONNEAU H., MAYNARD D., LAVERGNE T, YVON F. (2012), Repérage des entités nommées pour l'arabe, *Actes de la conférence conjointe JEP-TALN-RECITAL 2012, volume 2: TALN, 487–494*

MAYNARD D. (*2011*). Developing Language Processing Components with GATE, Version 6, *http://gate.ac.uk/sale/tao/tao.pdf.*

MCDONALD D. (1996). Internal and external evidence in the identification and semantic categorization of proper names. *In B. Boguraev and J. Pustejovsky, editors, Corpus Processing for Lexical Acquisition,* 21–39.

OANA H., BONTCHEVA K., MAYNARD D., TABLAN V., CUNNINGHAM H. (2003). Named entity Recognition in Romanian using Gate. *RANLP 2003 Workshop on information Extraction for slavonic and other central and eastern European languages*, Borovets : Bulgaria

GRISHMAN R. (1995). The NYU system for MUC-6 or Where's the Syntax. *In the proceedings of Sixth Message Understanding Conference (MUC-6)*, 167-195

SHAALAN K., RAZA H. (2009). NERA : Named entity recognition for arabic. *Journal OF the American Society for Information Science and Technology*, 1652–1663.

TAKEUCHI K., COLLIER N. (2002). Use of support vector machines in extended named entity. *In*: *Proc. CoNLL-2002*

TJONG K. S., DEMEULDER F. (2003). Introduction to the CoNLL-2003 shared task: Language-independent named entity recognition, *in: Proceedings of the 7th Conference on Natural Language Learning*, Edmonton, Canada, 142–147.

WAKAO T., GAIZAUSKAS R., WILKS Y. (1996). Evaluation of an algorithm for the recognition and classification of proper names. *In Proceedings of COLING-96.*

ZAGHOUANI W., POULIQUEN B., EBRAHIM M., STEINBERGER R. (2010). Adapting a resource-light highly multilingual named entity recognition system to arabic. *Proceedings of the Seventh conference on International Language Resources and Evaluation* (*LREC'10*), 563–567.

# De la quenelle culinaire à la quenelle politique : identification de changements sémantiques à l'aide des Topic Models

Ingrid Falk Delphine Bernhard Christophe Gérard
LiLPa, Université de Strasbourg
ifalk, dbernhard, christophegerard@unistra.fr

**Résumé.** Dans cet article nous employons le « topic modeling » pour explorer des chemins vers la détection automatique de l'apparition de nouveaux sens pour des mots connus. Nous appliquons les méthodes introduites dans (Lau *et al.*, 2012, 2014) à un cas de néologie sémantique récent, l'apparition du nouveau sens de *geste* pour le mot « quenelle ». Nos expériences mettent en évidence le potentiel de cette approche pour l'apprentissage des sens du mot, l'alignement des topics à des sens de dictionnaire et enfin la détection de nouveaux sens.

**Abstract.** In this study we explore topic modeling for the automatic detection of new senses of known words. We apply methods developed in previous work for English (Lau *et al.*, 2012, 2014) on a recent case of new word sense induction in French, namely the appearence of the new meaning of *gesture* for the word « quenelle ». Our experiments illustrate the potential of this approach at learning word senses, aligning the topics with dictionary senses and finally at detecting the new senses.

**Mots-clés :** topic models, induction de sens, néologie sémantique.

**Keywords:** topic models, word sense induction, semantic neologism.

## 1 Introduction

Dans cet article nous nous proposons de contribuer à la détection automatique de la néologie sémantique qui, traditionnellement, est définie comme un changement de sens sans changement de forme. Dans ce but, nous appliquons les méthodes basées sur les Topic Models, présentées dans (Lau *et al.*, 2012, 2014), à l'identification automatique du nouveau sens du signifiant « quenelle ». Ces méthodes sont très récentes et ont l'avantage d'être relativement simples à mettre en œuvre en comparaison à la majorité des travaux proposés jusqu'alors pour la détection automatique de la néologie sémantique. Toutefois, elles n'ont pour l'heure pas été appliquées au français.

Le signifiant « quenelle », désignant originellement une préparation culinaire, a acquis récemment un sens politique qui a suscité de nombreux écrits sur la Toile. Nous disposons ainsi d'un matériau textuel comprenant d'une part les usages classiques de ce mot (domaine culinaire) et d'autre part de ses usages très récents (domaine politique).

Cette étude ne porte donc que sur un type particulier de néologie sémantique bien distinct d'autres types existants. Le cas du mot « quenelle » ne relève ainsi ni de l'extension de sens (*arriver*), ni de la restriction de sens (*pondre*), ni de la conversion (*centenaire*, adj > *centenaire*, nom), ni de l'antonomase (un *bordeaux*). Bien qu'il soit possible d'argumenter dans le sens d'une création homonymique, il semble que la symbolique liée au geste raciste de la quenelle motive d'en parler en termes de création métaphorique, par exemple sur le modèle de « caviar » (domaine culinaire > domaine sportif).

## 2 Travaux liés

L'identification de la néologie sémantique reste problématique, et les méthodes proposées sont donc essentiellement semi-automatiques ou limitées à l'analyse manuelle d'exemples précis à l'aide de mesures statistiques. La méthode proposée par Reutenauer (2012) procède par annotation du corpus en sémèmes (lemmes de mots pleins issus des définitions lexicographiques fournies par le Trésor de la Langue Française Informatisé pour chaque mot plein du corpus). Les cooccurrents les plus significatifs d'un mot étudié sont ensuite extraits par calcul de la spécificité (Reutenauer *et al.*, 2010). Si, en l'occurrence, le couplage de la sémantique différentielle et de la linguistique informatique permet bien de rendre compte d'une évolution de sens (extension / restriction), la sélection du candidat à la néologie reste manuelle. Les travaux de Boussidan & Ploux (2011) reposent sur le modèle ACOM (Ji *et al.*, 2003) qui utilise l'analyse factorielle pour fournir des représentations géométriques de la cooccurrence des mots dans un corpus. L'étude des patrons de cooccurrence permet de détecter des changements de sens. L'analyse des mots cooccurrents pour la détection de la néologie sémantique est également proposée par Cabré & Nazar (2011).

Dans notre cas précis le changement de domaine du mot « quenelle » se traduit par un changement de thème. Les méthodes très récentes basées sur les Topic Models permettent de modéliser de manière extrêmement simple le contexte thématique et son évolution. Elles paraissent ainsi particulièrement adaptées à notre cas d'étude, même si pour l'heure elles n'ont à notre connaissance été appliquées qu'à l'anglais.

Un « topic model » est un modèle probabiliste permettant de déterminer des sujets ou thèmes abstraits dans une collection de documents. Dans un tel modèle un document est considéré comme composé d'un ou plusieurs « topics » qui à leur tour sont vus comme distributions de probabilité sur l'espace des mots. Un « topic model » est génératif dans la mesure où il spécifie une procédure probabiliste pour la génération de documents. Pour créer un nouveau document on choisit d'abord une distribution de topics. Ensuite on choisit aléatoirement pour chaque mot de ce document un topic suivant cette distribution, et finalement un mot du topic sélectionné. Des techniques statistiques standard permettent d'inverser ce processus et d'inférer l'ensemble des topics ayant mené, selon ce paradigme, à la collection de documents observée (Steyvers & Griffiths, 2007).

Le modèle utilisé le plus fréquemment en TAL est LDA – Latent Dirichlet Allocation (Blei *et al.*, 2003), qui présente l'inconvénient que l'utilisateur doit fixer le nombre de topics à priori. Pour les expériences que nous présentons ici nous appliquons un modèle non-paramétré appelé HDP – Hierarchical Dirichlet Process (Teh *et al.*, 2006), où le nombre de topics est inféré en même temps que les topics.

Lau *et al.* (2012, 2014) appliquent le HDP à une tâche de détection des sens d'un mot. Leur approche peut se résumer comme suit. Dans un premier temps on constitue pour le mot observé un corpus composé de phrases contenant ce mot, phrases qui représentent les usages du mot étudié. On applique ensuite le topic modeling et on compare les topics inférés aux sens attestés dans des dictionnaires. Dans un deuxième temps ce corpus est divisé en un corpus de référence, représentant les usages connus, et un corpus dit nouveau supposé de contenir les usages avec un nouveau sens. On est ainsi en mesure d'étudier et comparer les topics (sens) avec lesquels le mot est employé dans les deux corpus.

# 3 Ressources

**Corpus.** Le corpus à la base de nos expériences se constitue d'une part des 164 paragraphes du corpus Le Monde (1987-2006) contenant le mot « quenelle ». Cette partie du corpus (*REF* pour la suite) représente l'usage classique, dans le domaine culinaire, du mot « quenelle ». D'autre part nous avons extrait 342 paragraphes contenant le mot « quenelle » des journaux suivants, disponibles en ligne : La Croix, Le Figaro, Le Monde, L'Équipe, Les Echos et Libération. Ces paragraphes proviennent de 160 articles datés entre septembre 2013 et janvier 2014.

**Prétraitement.** Pour l'apprentissage des Topic Models nous ne prenons en compte que les noms communs, verbes, adjectifs et adverbes présents dans Morphalou (Romary *et al.*, 2004). Si dans Morphalou une forme n'a qu'un seul lemme, elle est remplacée par celui-ci. La taille du vocabulaire obtenu de cette manière est de 2 430 mots et la taille moyenne des paragraphes collectés passe de 77.35 mots avant prétraitement à 25.91 mots après.

**Dictionnaires.** Dans la plupart des dictionnaires en ligne (le TLFi, Larousse et Reverso) seul le sens culinaire de « quenelle » est attesté. Voici par exemple la définition du TLFi :

> Préparation, en forme de boulette ou de petit cylindre, à base de viande, d'abats, ou de poisson finement hachés, incorporée à une pâte de farine ou de mie de pain, que l'on sert telle quelle accompagnée d'une sauce ou dans une garniture de pâté chaud : vol-au-vent, bouchée à la reine.

Seuls Wiktionary et Wikipedia attestent aussi le nouveau sens de *geste*. Les articles de Wikipédia nous semblant plus exhaustifs, c'est ceux-ci que nous utilisons dans nos expériences.

**Hypothèses de travail.** Puisque le sens *geste* n'est apparu qu'en 2005 [1] nous considérons que le corpus *REF* ne contient pas d'usages de « quenelle » dans le sens *geste*. Par contre, le corpus *NOUV* peut contenir à priori des usages dans les deux sens, *culinaire* et *geste*. Cependant, les fréquences d'usage (164 usages sur 10 ans pour le corpus *REF* contre 342 usages sur quelques mois pour le corpus *NOUV*) laissent supposer une prépondérance de l'usage *geste*.

# 4 Expériences et discussion des résultats

Du corpus regroupant *REF* et *NOUV* et en appliquant un « Hierarchichal Dirichlet Process » (HDP) nous avons inféré un « topic model » [2]. Rappelons (Section 2) que ce type de modèle apprend le nombre de topics en même temps que la distribution des mots en topics.

Les 6 topics résultants sont présentés dans le Tableau 1. Ces extraits sont déjà suffisants pour constater que les topics 3 et 5 sont clairement associés au sens *culinaire* de « quenelle » alors que les topics 1, 2 et 4 relèvent plutôt du sens *geste*. Par contre le topic 6 ne présente pas une interprétation aussi évidente.

| | |
|---|---|
| T1 | quenelle geste antisémite salut photo nazi bras humoriste français effectuer ... |
| T2 | quenelle jean marier marque fion fond glisser petite sionisme déposer ... |
| T3 | quenelle carte menu plat brochet cuisine rue compter veau dessert ... |
| T4 | quenelle spectacle public geste jeune interdiction antisémite humoriste monde ordre ... |
| T5 | quenelle brochet pain épices grand sauce chair cuisine écrevisse beurre ... |
| T6 | vide quenelle couverts charges cru debout derrière docteur effet émission ... |

TABLE 1: Les 6 topics appris sur le corpus *REF+NOUV*. Nous affichons les 10 mots les plus probables de la distribution.

En s'appuyant sur ces topics, le topic modeling permet d'analyser les textes du corpus et de déterminer la présence et la proportion des topics présents dans chaque paragraphe. Un exemple est présenté en Tableau 2.

| |
|---|
| Paragraphe<br>Du côté associatif, la Ligue des droits de l'Homme (LDH) a accueilli la circulaire avec prudence, redoutant les risques d'une interdiction préalable qui pourrait « fédérer autour de Dieudonné une sympathie réactionnelle de ceux qui se considèrent opprimés ». En revanche, la LDH encourage à poursuivre en justice chaque atteinte à la loi de Dieudonné, déjà condamné à de multiples reprises pour antisémitisme ou injure raciale. SOS Racisme et l'Union des étudiants juifs de France (UEJF) ont emboîté le pas, annonçant qu'ils poursuivraient désormais toutes les "quenelles" effectuées dans des lieux où elles "ne laissent pas de doute" sur leur caractère antisémite. Le Conseil représentatif des institutions juives de France (Crif) a quant à lui appelé à la « mobilisation » dans la vingtaine de villes où l'humoriste doit se produire. |
| Après prétraitement :<br>côté associatif ligue droit homme accueillir circulaire redouter risques interdiction fédérer autour sympathie considérer revanche encourager poursuivre justice atteinte loi condamné multiple reprises antisémitisme injure racial racisme union étudiant juif annoncer poursuivre quenelle effectuer lieu laisser doute caractère antisémite conseil représentatif institution juives appelé mobilisation ville humoriste produire |
| Distribution des topics :<br>T1 56.00%, T2 44.00% |

TABLE 2: Exemple de distribution de topics dans un paragraphe. Interprétation : La génération de ce texte s'explique selon le modèle par un tirage de mots du topic T1 et du topic T2 avec des pourcentages respectifs de 56% et 44%.

Dans ce qui suit nous allons d'abord analyser si ces topics correspondent aux usages de « quenelle » dans notre corpus (Section 4.1) avant d'explorer d'autres méthodes et mesures introduites dans (Lau *et al.*, 2012, 2014), plus spécifiquement : l'alignement sens $\leftrightarrow$ topic (Section 4.2), la détermination du sens prédominant (Section 4.3) et enfin la détection de sens nouveaux (Section 4.4).

1. Wikipédia, http ://fr.wikipedia.org/wiki/Dieudonné#Le_geste_de_la_.C2.AB_quenelle_.C2.BB_et_autres_signes_de_ralliement, 30/04/2014
2. Pour toutes nos expériences nous nous sommes fortement appuyés sur les logiciels disponibles librement à `https://github.com/jhlau/predom_sense` et `https://github.com/jhlau/hdp-wsi`

## 4.1 Correspondances topics $\leftrightarrow$ usages dans corpus

Le tableau 3 montre pour chaque topic, le nombre de paragraphes pour lesquels ce topic est prédominant. Est considéré prédominant dans un paragraphe le topic avec la plus grande probabilité dans la distribution de topics pour ce paragraphe (ainsi dans le tableau 2 le topic prédominant est le topic T1).

| Corpus | T1 | T2 | T3 | T4 | T5 | T6 |
|---|---|---|---|---|---|---|
| *REF* | 0 | 6 | **118** | 0 | **36** | **4** |
| *NOUV* | **229** | **32** | 9 | **42** | 29 | 1 |
| Total | 229 | 38 | 127 | 42 | 65 | 5 |

TABLE 3: Topics prédominants par paragraphes.

Nous voyons que la plupart (154 sur 164) des paragraphes du corpus *REF* ont comme topic prédominant les topics T3 et T5, ce qui correspond bien au sens *culinaire* de « quenelle ». D'autre part les topics prédominants de 303 des 342 paragraphes du corpus *NOUV* sont les topics T1, T2 et T4 qui relèvent du sens *geste*.

Les erreurs potentielles d'analyse thématique sont les paragraphes du corpus *NOUV* à topic prédominant *culinaire* et ceux du corpus *REF* à topic prédominant *geste*. Le corpus *REF* n'ayant pas de paragraphes à topic prédominant *geste*, nous nous tournons vers les 38 paragraphes à topic *culinaire* dans le corpus *NOUV*. 7 des 9 paragraphes à topic prédominant T3 suggèrent effectivement un sens *culinaire*. Les 2 paragraphes restants sont trop courts (2 respectivement 3 mots) pour permettre une évaluation du sens [3].

Les 5 des 29 paragraphes à sens prédominant T5, ne correspondant pas à un sens *culinaire* sont :

quenelle continue inquiéter
doublé quenelle
quenelle laisser sale goût
quenelle laisser sale goût
mauvaise quenelle

Si la brièveté de ces textes ou le contexte avec des connotations (ambiguës) *culinaires* (*goût*, *mauvaise* [4]) pourrait éventuellement justifier l'analyse erronée, il faut noter que ces cas sont néanmoins faciles à départager pour un juge humain. Notons aussi que seulement 5 paragraphes ont comme topic prédominant le topic 6, qui était particulièrement difficile à interpréter. Pour conclure nous constatons que globalement l'analyse par les topic models permet de bien départager les deux sens de « quenelle » dans notre corpus.

## 4.2 Correspondances sens $\leftrightarrow$ topic

Dans cette section nous appliquons les méthodes décrites dans (Lau *et al.*, 2014) pour déterminer le sens prédominant d'une collection de documents. Dans ces expériences le sens est représenté par les entrées d'un dictionnaire, en l'occurrence les gloses de Wikipédia. Ces gloses sont converties en distributions (par l'estimation du maximum de vraisemblance) et mises en relation avec les topics. Nous calculons la similarité d'un sens de dictionnaire $s_i$ et d'un topic $t_j$ suivant l'équation suivante (Lau *et al.*, 2014) :

$$sim(s_i, t_j) = 1 - JS(S\|T) = 1 - \frac{1}{2}KL(S\|M) - \frac{1}{2}KL(T\|M) \quad (1)$$

ou S et T sont respectivement les distributions multinomiales de mots pour les sens $s_i$ et topics $t_j$ respectivement ; $M = \frac{1}{2}(S+T)$ ; et $JS(X\|Y)$ et $KL(X\|Y)$ sont les divergences Jensen-Shannon et Kulbach-Leibler pour les distributions $X$ et $Y$ respectivement.

Nous présentons dans le Tableau 4 la similarité des topics, suivant l'équation (1), aux sens *culinaire* et *geste* de « quenelle » (tel qu'attesté dans Wikipédia). On voit à nouveau que cet alignement automatique correspond très bien à nos observations en Section 4.1. Il se pose cependant encore le problème de détecter automatiquement à partir de quel taux de similarité

3. Il s'agit ici de titres d'articles qui sont déjà courts à l'origine et ont été raccourcis davantage lors du prétraitement.

4. Pour les trois derniers textes il s'agit en fait de jeux de mots.

| | | | | | | | |
|---|---|---|---|---|---|---|---|
| culinaire | T5<br>0.266 | T3<br>0.2228 | T1<br>0.1162 | T2<br>0.1141 | T6<br>0.0714 | T4<br>0.0709 | moyenne<br>0.1436 |
| geste | T1<br>0.3917 | T2<br>0.3181 | T4<br>0.2559 | T5<br>0.1722 | T3<br>0.1289 | T6<br>0.071 | moyenne<br>0.223 |

TABLE 4: Topics les plus similaires aux sens *culinaire* et *geste*, tel qu'attesté dans Wikipédia et suivant équation (1)

un topic ne devrait plus être associé à un sens. Une possibilité serait éventuellement de prendre les valeurs au dessus de la moyenne.

## 4.3 Sens prédominant

Sur la base de cette similarité et de la distribution des topics dans les paragraphes nous déduisons une distribution des sens (suivant toujours (Lau *et al.*, 2014)) :

$$prevalence(s_i) = \sum_{j=1}^{T} \left( sim(s_i, t_j) \times \frac{f(t_j)}{\sum_{k=1}^{T} f(t_k)} \right) \tag{2}$$

ou $T$ est le nombre de topics et $f(t_j)$ le nombre d'usages (paragraphes) à topic prédominant $t_j$. Suivant cette formule nous obtenons la prévalence des sens dans le corpus. Nous avons aussi calculé la proportion de paragraphes pour chaque sens selon notre analyse manuelle des données[5] :

| sens | prévalence | proportion paragraphes |
|---|---|---|
| culinaire | 0.3625 | 195/506 = 0.3854 |
| geste | 0.6375 | ≈304/506 = 0.6008 |

Le modèle permet donc d'estimer assez bien la proportion d'usages dans le corpus correspondant à un certain sens (de dictionnaire).

## 4.4 Détection de topics

Dans cette section nous appliquons une mesure de nouveauté introduite par Lau *et al.* (2012). Ce score permet d'estimer si certains topics sont inédits dans le nouveau corpus. Pour un topic $t_i$ le score de nouveauté Nouv($t_i$) (par rapport au mot « quenelle ») est définit par l'équation (3).

$$\text{Nouv}(t_i) = \frac{p_{NOUV}(t_i) - p_{REF}(t_i)}{p_{REF}(t_i)} \tag{3}$$

où $p_{NOUV}(t_i)$ et $p_{REF}(t_i)$ représentent les probabilités (calculées par estimation du maximum de vraisemblance) des topics $t_i$ dans le corpus nouveau et de référence respectivement. Le score de nouveauté est élevé si un topic est beaucoup plus fréquent dans le nouveau corpus (que dans le corpus de référence) et est en même temps relativement peu fréquent dans le corpus de référence.

Le Tableau 5 montre les scores de nouveauté obtenus pour nos données. Les topics avec un score positif sont les topics T1,

| T1 | T2 | T3 | T4 | T5 | T6 |
|---|---|---|---|---|---|
| 108.81 | 1.56 | -0.96 | 19.14 | -0.61 | -0.88 |

TABLE 5: Scores de nouveauté pour les topics de notre corpus.

T2 et T4 pour lesquels nous avons constaté (manuellement) qu'ils correspondent au nouveau sens *geste* de « quenelle ».

5. Explication des calculs : Le corpus *REF* contient 164 paragraphes dans le sens *culinaire* auxquels nous pouvons ajouter 31 paragraphes dans le sens *culinaire* issus du corpus *NOUV*, suite à notre vérification manuelle. Le corpus *NOUV* contient 342 paragraphes dont 38 n'ont pas le sens *geste* : 31 véhiculent le sens *culinaire* et 7 ont un thème indéterminé.

## 5 Conclusion

Nous avons présenté une application d'une méthode à base de Topic Models pour l'identification du nouveau sens du signifiant « quenelle ». Les diverses mesures proposées par Lau *et al.* (2012, 2014) constituent des critères pertinents dans notre cas. Cette méthodologie reste à valider et à reconduire sur d'autres changements de sens connus comme « caviar » ou « souris ». L'un des points problématiques de la méthode réside dans l'alignement des topics avec les définitions trouvées dans les dictionnaires : les répertoires de sens et la granularité sont fortement dépendants du dictionnaire utilisé. Il semblerait donc plus réaliste de détecter automatiquement les évolutions thématiques et de laisser aux lexicographes le soin de les décrire sur la base des indices automatiques.

## Remerciements

Ces travaux ont été financés par l'Université de Strasbourg dans le cadre de l'Initiative d'Excellence (IdEx) 2012 (projet Logoscope).

## Références

BLEI D. M., NG A. Y. & JORDAN M. I. (2003). Latent Dirichlet Allocation. *J. Mach. Learn. Res.*, **3**.

BOUSSIDAN A. & PLOUX S. (2011). Using topic salience and connotational drifts to detect candidates to semantic change. In *Proceedings of IWCS 2011*.

CABRÉ T. & NAZAR R. (2011). Towards a New Approach to the Study of Neology. In *Neology and Specialised Translation 4th Joint Seminar Organised by the CVC and Termisti*.

JI H., PLOUX S. & WEHRLI E. (2003). Lexical Knowledge Representation with Contexonyms. In *Proceedings of the 9th Machine Translation*, p. 194–201.

LAU J. H., COOK P., MCCARTHY D., GELLA S. & BALDWIN T. (2014). Learning Word Sense Distributions, Detecting Unattested Senses and Identifying Novel Senses Using Topic Models. In *Proceedings of ACL 2014*, Baltimore, USA.

LAU J. H., COOK P., MCCARTHY D., NEWMAN D. & BALDWIN T. (2012). Word sense induction for novel sense detection. In *Proceedings of EACL 2012*.

REUTENAUER C. (2012). *Vers un traitement automatique de la néosémie : approche textuelle et statistique*. PhD thesis, Université de Lorraine.

REUTENAUER C., JACQUEY E., LECOLLE M. & VALETTE M. (2010). Sémème au macroscope : genèse et variation sémiques d'une unité lexicale. In *Proceedings of 10th International Conference Journées d'Analyse statistique des Données Textuelles*, Sapienza University of Rome : Sergio Bolasco, Isabella Chiari, Luca Giuliano.

ROMARY L., SALMON-ALT S. & FRANCOPOULO G. (2004). Standards going concrete : from LMF to Morphalou. In M. ZOCK, Ed., *COLING 2004 Enhancing and using electronic dictionaries*, Geneva, Switzerland.

STEYVERS M. & GRIFFITHS T. (2007). Probabilistic topic models. *Handbook of latent semantic analysis*, **427**(7).

TEH Y. W., JORDAN M. I., BEAL M. J. & BLEI D. M. (2006). Hierarchical Dirichlet Processes. *Journal of the American Statistical Association*, **101**(476).

# Grammaire récursive non linéaire pour les langues des signes

Michael Filhol
LIMSI–CNRS, B. P. 133, 91403 Orsay cedex
michael.filhol@limsi.fr

**Résumé.** Cet article propose une approche pour la formalisation de grammaires pour les langues des signes, rendant compte de leurs particularités linguistiques. Comparable aux grammaires génératives en termes de récursivité productive, le système présente des propriétés nouvelles comme la multi-linéarité permettant la spécification simultanée des articulateurs. Basé sur l'analyse des liens entre formes produites/observées et fonctions linguistiques au sens large, on observe un décloisonnement des niveaux traditionnels de construction de la langue, inhérent à la méthodologie employée. Nous présentons un ensemble de règles trouvées suivant la démarche présentée et concluons avec une perspective intéressante en traduction automatique vers la langue des signes.

**Abstract.** This article presents a formal approach to Sign Language grammars, with the aim of capturing their specificities. The system is comparable to generative grammar in the sense that it is recursively productive, but it has quite different properties such as multilinearity, enabling simultaneous articulator specification. As it is based on the analysis of systematic links between observable form features and interpreted linguistic functions in the general sense, the traditionally separate linguistic levels all end up covered by the same model. We present the results found for a set of linguistic structures, following the presented methodology, and conclude with an interesting prospect in the field of text-to-Sign machine translation.

**Mots-clés :** Grammaire formelle, multi-linéarité, langue des signes.

**Keywords:** Formal grammar, multilinearity, Sign Language.

## 1 Introduction : langue des signes

La communauté s'est longtemps intéressée aux signes à un niveau lexical. Du côté de la linguistique : inventaires de signes pour l'élaboration de dictionnaires de vignettes (cf. fig. 1) ou représentation "paramétrique" de signes isolés (Stokoe, 1960), sorte de système phonologique selon lequel un signe est vu comme la combinaison de valeurs données à un ensemble prédéfini de paramètres (1 signe = 1 configuration + 1 orientation + 1 emplacement + 1 mouvement des mains). En TAL : conception de systèmes d'animation de signes placés en séquence (Hanke, 2002), par analogie assimilatrice aux séquences de mots des phrases écrites. À défaut de modèles plus adaptés, la langue des signes a peu été étudiée autrement que comme un alignement de signes manuels réputés lexicaux. Aujourd'hui, nous manquons de connaissances et (donc) de modèles formels capables de représenter l'organisation du discours signé.

FIGURE 1 – Vignette de dictionnaire LS pour le signe "parking" (Moody, 1997)

La difficulté est due à ce qu'en langue des signes, langue orale par excellence, beaucoup d'articulateurs simultanés contribuent à la construction de l'énoncé (sourcils, doigts, buste, ligne des épaules...), tous à des fréquences, niveaux et moments différents (cf. fig. 2). Aussi, la nature lexicale de certaines unités et leur compositionnalité phonologique ne fait pas consensus chez les linguistes. La pensée assimilatrice et générativiste (Marshall & Sáfár, 2004) suppose que les niveaux linguistiques (phonétique, phonologique, morphologique, lexical, syntaxique, etc.) identifiés pour décrire les langues écrites et, déjà dans une moindre mesure, vocales, sont valides pour les LS sans quoi leur statut de langue pourrait être remis en cause. Au contraire, d'autres observent sur corpus de nombreux éléments pour lesquels il est impossible de trancher s'il s'agit d'éléments lexicaux ou de constructions syntaxiques, ou encore si un geste est linguistique ou "co-verbal", c'est-à-dire à considérer comme hors du système linguistique. Par exemple, l'expression de relations spatiales entre entités du discours se fait par un usage direct de l'espace de signation, respectant la topologie de la relation (Cuxac, 2000). Ce type de construction, fortement iconique [1] ne fait pas partie des lexiques car leur nombre est infini, mais n'est pas relégable au non-verbal. Doit-on y voir une construction syntaxique alors qu'elle ne comporte pas d'éléments lexicaux identifiés et que tout est simultané ?

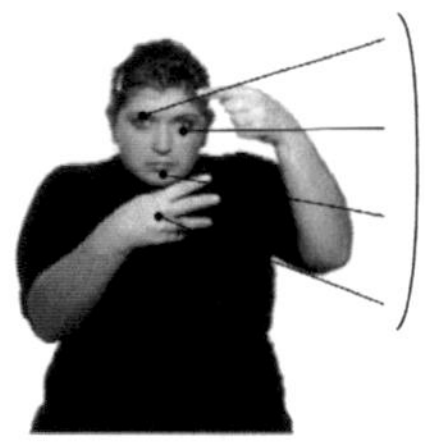


FIGURE 2 – LS : de multiples articulateurs simultanés

Aussi, l'emploi plus que récurrent de ces structures fortement iconiques en LS amène souvent à questionner les hypothèses traditionnellement admises liées à l'arbitraire du signe. Ces structures consistent en des unités non stabilisées, au sens où aucun inventaire ne les ferait apparaître comme des unités de construction, mais utilisant les propriétés du canal gestuel (trois dimensions, relations topologiques dans l'espace de signation, angles entre articulateurs et formes des mains) pour créer de nouvelles unités au fil du discours de manière extrêmement productive. Contrairement au mime, celles-ci sont pourtant bien linguistiquement régies et ne peuvent être improvisées. Si elles sont clairement efficaces pour les relations spatiales et la description de formes, l'utilisation symbolique de l'espace est tout aussi récurrente pour les concepts abstraits. L'iconicité fait donc véritablement partie intégrante de la langue et doit être selon nous prise en compte dans tout effort de modélisation des LS.

# 2 Une grammaire fonction–forme

Sans vouloir arbitrer le débat linguistique, nous avons ces dernières années proposé un modèle formel adapté à l'utilisation en informatique de ces langues naturelles, qui prend en compte leurs dimensions orale – même uniquement orale donc fondamentalement non linéaire, où plusieurs réalisations simultanées sont possibles au contraire de l'écrit – et iconique dans l'espace gestuel.

## 2.1 Forme, fonction et règles

Pour appréhender la LS sans influence de l'écrit, nous avons d'une part basé nos études sur des corpus de vidéos de langue attestée par des locuteurs natifs de LS, et fait le choix de revenir à une hypothèse linguistique de base, moins contraignante, selon laquelle la langue permet un lien entre :
- des formes produites, que l'on peut annoter dans un logiciel d'annotation en pistes (fig. 3), e.g. en LS la direction du regard, les mouvements des épaules, du buste, la durée d'une pause, les rotations de la tête, positions des mains, la flexion d'un doigt ;
- et leurs fonctions, interprétées à la réception du message, p. ex. dater un événement, séparer deux parties d'un discours, intensifier une fonction adverbiale, marquer l'objectivité d'une mesure...

L'idée est alors d'identifier, à partir de données réelles (corpus de langue), les liens systématiques qu'il peut exister, quitte à les paramétrer, entre forme et fonction, et de les formaliser. Toute fonction interprétée systématiquement pour un

1. L'*iconicité* est la propriété pour un signe, un signifiant ou toute forme linguistique produite de ressembler ou de rappeler le sens, le signifié, le concept associé.

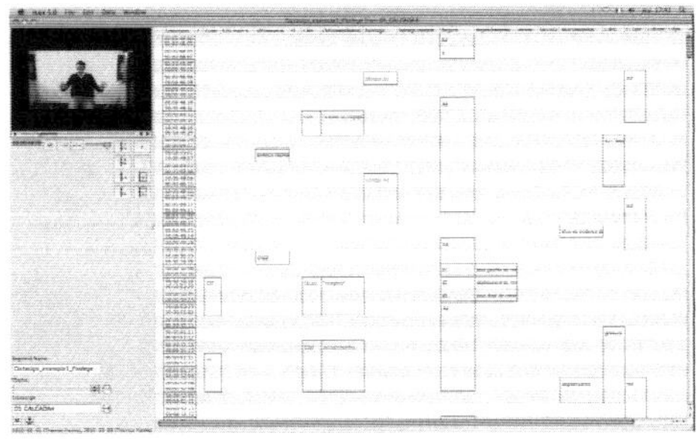

FIGURE 3 – Annotation en pistes (ici verticales avec le logiciel *iLex*)

critère de forme donné constitue pour nous une *règle d'interprétation* de la forme observée. Inversement, la description des invariants de forme dans les occurrences d'une fonction donnée permet la formalisation d'une *règle de production* pour cette fonction. Dans notre but particulier de synthèse de LS, ce sont ces dernières qui vont constituer la base d'une grammaire formelle de génération propre à la langue des signes observée, permettant d'animer un personnage virtuel en synthétisant les formes correspondant aux fonctions qui seraient données.

## 2.2 Méthodologie pour la recherche de règles

Pour élaborer les règles de production, la méthodologie utilisée vise à identifier les liens entre fonction et forme en opérant un va-et-vient entre les deux, associant à chaque fois des descriptions de formes (resp. fonctions interprétées) aux occurrences d'un critère de fonction (resp. de forme) :
- dans le sens de l'*observation*, repérer toutes les occurrences d'un critère fonctionnel et en décrire les formes (articulations et précédences temporelles) ;
- dans le sens de l'*interprétation*, repérer toutes les occurrences d'un critère de forme et en décrire la fonction (interprétation de l'intention sémantique, au sens large, du locuteur une fois le message compris).

Dans les deux cas, il s'agit de dégager les éléments communs dans les descriptions élaborées, et procéder au sens inverse à partir du critère ainsi dégagé. Le va-et-vient entre observation et interprétation permet d'affiner les critères de fonction jusqu'à converger vers un invariant paramétré de forme à produire pour une fonction de la langue.

Par exemple, à partir du critère de forme illustré par la figure 4 (un pointage de l'index d'une main sur l'autre main en configuration chiffrée), nous avons pu dérouler la recherche suivante.

1. Recherche en interprétation, critère de forme défini ci-dessus (fig. 4) :
   → ici, toutes les occurrences faisaient partie d'une liste énumérée.
2. Recherche en observation, critère fonctionnel "énumération" :
   → ici, un grand nombre d'occurrences ont fait apparaître le même mouvement de tête vers l'en avant, sur chaque item énuméré.
3. Recherche en interprétation, critère de forme "mouvement de tête vers l'avant" :
   → ici, toutes les occurrences marquent des éléments non mutuellement exclusifs d'énumérations non-exhaustives.
4. Recherche en observation, critère fonctionnel "énumération non-exhaustive d'items non mutuellement exclusifs" – nous appellerons ces énumérations "listes ouvertes" :
   → retrouvant la même liste qu'à l'étape précédente, on propose de s'arrêter directement ici ; le critère fonctionnel "liste ouverte" donne ici déjà systématiquement lieu à la même forme, ce qui permet une règle de production.

FIGURE 4 – Illustration d'une forme initiale

Accessoirement, on note une utilisation totalement variable de la forme initiale avec pointage de l'index dans les énumérations qui l'utilisent, tout à fait optionnelle et sans effet. Le critère de départ a donc disparu dans le processus itératif. De manière générale, si un choix intuitif au départ peut accélérer la convergence vers une règle, celui-ci n'est pas décisif. Aussi, l'exemple ici montre une entrée par la forme, mais l'entrée par la fonction est également possible, le processus conduisant à l'alternance des points de vue.

# 3 Résultats récents et validation de l'approche

## 3.1 Système de règles temporelles

Suivant la méthodologie décrite en partant de fonctions temporelles (événements en séquence, duratifs, etc.), nous avons déjà pu établir un système cohérent de huit règles stables dont les fonctions sont (Filhol *et al.*, 2013) :

**(r1)** Succession de deux événements séparés par une période de moins de 10 jours
Arguments : la durée *dur* (optionnelle), les événements *pre* et *post*

**(r2)** Séquence chronologique de dates, périodes/durées et événements
Arguments : $N$ éléments $item_i$ dans l'ordre chronologique, $i \in [1..N]$

**(r3)** Période de 10 jours minimum
Arguments : la durée *dur* de la période

**(r4)** Un événement dure au moins 10 jours
Arguments : la durée *dur* et l'événement *event*

**(r5)** Un événement dure moins de 10 jours
Arguments : la durée *dur* et l'événement *event*

**(r6)** Événement daté
Arguments : la *date* et l'événement *event*

**(r7)** Un événement s'écoule du temps de l'énonciation à une borne temporelle
Arguments : la date de fin *d2* et l'événement *event*

**(r8)** Un événement s'écoule entre deux bornes temporelles dont la première est différente du temps de l'énonciation
Arguments : les bornes temporelles *d1* et *d2*, et l'événement *event*

Les formes associées sont ensuite décrites avec le formalisme "AZee", non développé ici mais présenté ailleurs (Filhol *et al.*, 2014). Ces formes peuvent être schématisées comme sur la figure 5, où :

- les rectangles délimitent sur l'axe horizontal les intervalles temporels durant lesquels la forme qu'ils contiennent est produite (l'unité de temps reste ici fictive mais des mesures par capture de mouvement nous permettront de préciser les spécifications sur cet axe) ;
- l'arrangement des rectangles sur l'axe vertical est arbitraire et n'est pas à interpréter comme les pistes d'une annotation où l'on trouverait un articulateur annoté par ligne ;
- les éléments en italique sont les noms des arguments des règles, en d'autres termes les boîtes à remplir ;
- les articulations décrites peuvent être de tout type et viser tout articulateur, ou faire appel à une autre règle, imbriquée, par exemple : '`hd:fwd`' = tête déplacée en avant, '`eg:s-sp`' = regard sur l'espace de signation, '`el:semi-cl`' = paupières semi-fermées, '`hd:nod-up`' = menton relevé, etc.

## 3.2 Discussion

Ce résultat est pour le moins intéressant, et ce pour trois raisons que nous présentons ci-dessous.

**Compositionnalité récursive** Nous avons produit un système de règles, chacune produisant la signation (forme) de la fonction portée, et pouvant comporter des dépendances (paramètres). Par exemple, la forme décrite par (r7) dépend de celle des éléments en italique, à savoir un événement et une date. Nous observons que ces signations peuvent elles-mêmes provenir d'une production obtenue par une entrée fonctionnelle. Par exemple, on trouve dans le corpus la phrase : *Dix ans après l'évacuation musclée de l'église Saint-Bernard, le 23 août 1996 à Paris, les sans papiers et leurs soutiens ne veulent pas être "dans la commémoration" mais dans le "combat", ...*

Celle-ci est traduite avec l'imbrication suivante, en parfaite cohérence avec les fonctions sémantiques des règles utilisées :

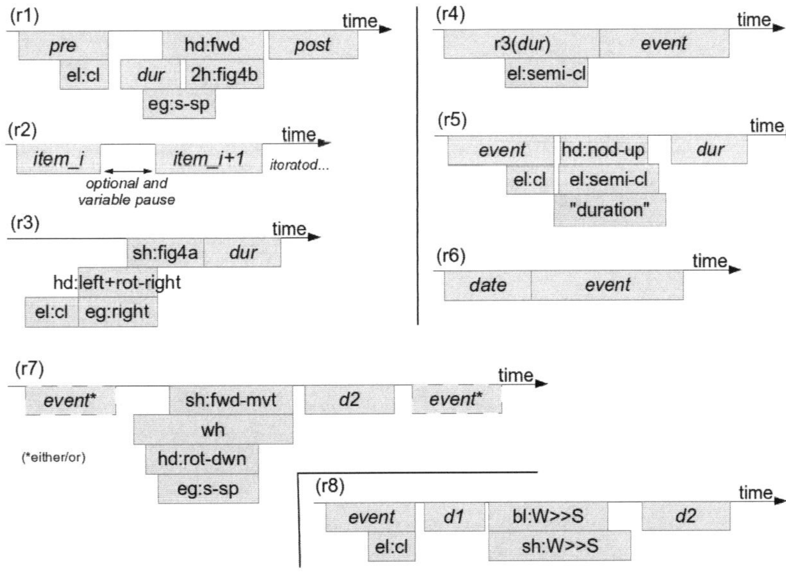


FIGURE 5 – Règles de production

```
r2(item_1 = r6(date = "23/08/1996",
               event = "évacuation musclée de l'église"),
   item_2 = r3(dur = "10 ans"),
   item_3 = ...)
```

Cette observation est importante car elle vérifie la propriété pour les règles d'être mutuellement récursives, condition sans laquelle le langage généré par la grammaire serait fini, donc la couverture du modèle nécessairement incomplète. Cette propriété est donc partagée avec les grammaires génératives, mais il reste une différence de taille avec celles-ci : l'ordre des feuilles ne représente absolument rien de la séquence finale du discours. En effet, celle-ci n'est pas vue comme une séquence, les règles pouvant mettre leur contenu en parallèle. Les sous-arbres ne sont finalement ordonnés que pour être nommés, et s'il s'agit de formes à signer, leur position relative temporelle dépend complètement de ce que dicte la règle.

**Précision des règles** Certaines fonctions peuvent paraître pour le moins étonnantes. Pour cause, notre méthodologie étudie la langue des signes à part et sans regard sur le texte, comme une langue nouvelle méritant ses formalismes propres. La distinction entre les périodes de plus et moins de 10 jours est un exemple de ce qu'aucun paradigme TAL syntaxico-sémantique n'aurait envisagé, et pourtant bien vérifié en corpus. Aussi bien dans le cas des durées d'événements que des durées de séparation entre événements consécutifs, on observe ce même seuil de durée. Notre approche rigoureusement basée sur les données nous semble éviter les biais de la "pensée textuelle" (linéarité, organisation syntaxique de mots prélistés...) et garantir que les règles de production trouvées soient bien les briques d'une "pensée signe".

**Niveaux linguistiques des règles** La vision traditionnelle en TAL, et jusqu'alors transposée en TALS, considère tout énoncé comme une séquence d'éléments lexicaux déterminés a priori, éventuellement modifiés par les règles syntaxiques gouvernant l'ordre de la séquence, et séparés par une période de transition plus ou moins courte. Cette vision a longtemps été portée par le courant générativiste et considérée comme universelle. Ici, les niveaux syntaxique, sémantique, etc. ne sont pas a priori délimités, et les opérations linguistiques – et donc les règles correspondantes – ne nécessitent pas d'être catégorisées en niveaux avant d'être décrites. Quels que soient leurs niveaux, un lien direct est créé entre ces fonctions et des articulations observables, assimilables en partie à un niveau phonétique, tout en imbriquant des structures de niveaux supérieurs. Notre approche décloisonne donc l'ensemble des fonctions linguistiques décrites, remettant ainsi en question l'universalité du modèle à couches (niveaux empilés). La validation de ce modèle multi-linéaire et sans dominance syntaxique, en passant à l'échelle d'une couverture plus large de la langue, permettra de nourrir la réflexion sur les universaux du langage.

# 4 Conclusion et perspective en traduction

Nous avons présenté une approche et une méthodologie pour élaborer des grammaires formelles pour les langues des signes, basées sur corpus et sans hypothèse linguistique quant aux niveaux et fonctions modélisées. Cette approche permet d'écrire les éléments de forme invariants, quitte à les paramétrer, pour des fonctions linguistiques identifiées, chacune donnant lieu à une règle de production directement animable par un signeur virtuel par exemple.

Une perspective intéressante d'utilisation du modèle existe selon nous en traduction automatique de texte vers LS. L'imbrication des règles représentant l'énoncé à signer est donnée en entrée du système de génération peut servir directement de représentation fonctionnelle du discours à traduire, puisque les règles contenues dans celle-ci portent, par construction, chacune une fonction interprétée (lexicale, sémantique, à but rhétorique, etc.). Avec une vision similaire à celle employée côté cible (liens forme–fonction), nous proposons de rechercher les formes du côté source ayant la même fonction. En d'autres termes et avec un point de vue TAL, pour chaque règle de production connue en langue des signes, il s'agit de repérer dans le texte les formes (en français écrit cette fois) pouvant être interprétées de la manière donnée par la fonction de la règle. Lorsqu'une forme textuelle est ainsi repérée, la règle peut alors être déclenchée pour une utilisation dans la traduction à proposer en sortie. Par exemple, la règle "liste ouverte", dont la fonction est l'énumération non-exhaustive d'items non mutuellement exclusifs, peut être déclenchée dès lors que l'on observe dans le texte une suite d'éléments séparés par des virgules et de même type syntaxique, et introduite par "comme" ou "par exemple".

Le problème global, illustré sur la figure 6, devient donc un ensemble de sous-problèmes TAL de recherche d'information, chacun prévu pour déclencher une règle en utilisant tous les moyens possibles (apprentissage, règles à base de motifs...), et ses arguments autant que possible. Les règles étant déclenchées séparément, elles doivent ensuite être combinées (nuage gris) pour former la sortie du système de traduction (cadre bleu), servant du même coup d'entrée du système de synthèse (cadre jaune). Nous démarrons aujourd'hui ce travail exploratoire et espérons en présenter des résultats prochainement.

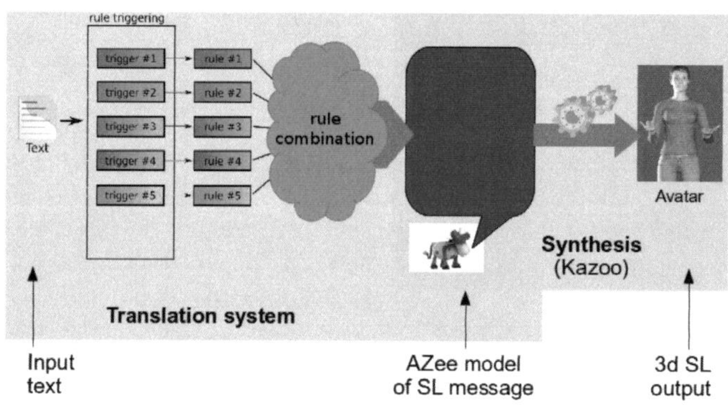


FIGURE 6 – Architecture pour une traduction automatique à base de déclenchement de règles

# Références

CUXAC C. (2000). *Langue des signes française, les voies de l'iconicité*, volume 15–16. Paris Ophrys.

FILHOL M., HADJADJ M. N. & CHOISIER A. (2014). Non-manual features : the right to indifference. In *Language resource and evaluation conference (LREC), 6th workshop on the representation and processing of Sign Language : beyond the manual channel*, Reykjavik, Islande.

FILHOL M., HADJADJ M. N. & TESTU B. (2013). A rule triggering system for automatic text-to-sign-translation. In *Sign Language translation and avatar technology (SLTAT)*, Chicago, USA.

HANKE T. (2002). Visicast deliverable d5-1 : interface definitions. ViSiCAST project report.

MARSHALL I. & SÁFÁR E. (2004). Sign language generation in an ale hpsg. In *Proceedings of HPSG04*.

MOODY B. (1997). *La langue des signes, dictionnaire bilingue LSF/français*. Paris : IVT.

STOKOE W. (1960). Sign language structure : an outline of the visual communication system of the american deaf. *Studies in Linguistics, Occasional Papers*, **8**.

# Vers un traitement automatique en soutien d'une linguistique exploratoire des Langues des Signes

Rémi DUBOT, Arturo CURIEL, Christophe COLLET
IRIT, Université de Toulouse, 118 route de Narbonne, 31062 Toulouse Cedex 9, France
prenom.nom@irit.fr

**Résumé.** Les langues des signes sont les langues naturelles utilisées dans les communautés sourdes. Elles ont suscitées, ces dernières années, de l'intérêt dans le domaine du traitement automatique des langues naturelles. Néanmoins, il y a un manque général de données de terrain homogènes. Notre réflexion porte sur les moyens de soutenir la maturation des modèles linguistiques avant d'entamer un large effort d'annotation. Cet article présente des pré-requis pour la réalisation d'outils s'inscrivant dans cette démarche. L'exposé est illustré avec deux outils développés pour les langues des signes : le premier utilise une logique adaptée pour la représentation de modèles phonologiques et le second utilise des grammaires formelles pour la représentation de modèles syntaxiques.

**Abstract.** Sign Languages (SLs) are the vernaculars of deaf communities, they have drawn interests in the natural language processing research in recent years. However, the field suffers a general lack of homogeneous information. Our reflexion is about how to support the maturation of models before starting a consequent annotation effort. In this paper, we describe the requirements of tools supporting such an approach. It is illustrated with two examples of work developed following these guidelines. The first one aims at phonological representation using logic and the second one targets supra-lexical features recognition.

**Mots-clés :** Langues des Signes, Formalismes de modélisation, Reconnaissance, Annotation semi-automatique .

**Keywords:** Sign Languages, Modeling formalisms, Recognition, semi-automatic annotation.

## 1 Introduction

Les Langues des Signes (LS) sont les langues naturelles utilisées par les personnes sourdes comme moyen de communication principal (Stokoe, 2005). Elles se caractérisent par leur usage de l'espace en conjonction avec un ensemble de parties du corps –les articulateurs– pour véhiculer de l'information (Valli & Lucas, 2000). Bien que les mains constituent l'articulateur le plus saillant, il ne doit pas occulter le rôle essentiel de la Gestuelle Non-Manuelle (GNM) en général et de la gestuelle faciale en particulier (Cuxac, 2000). Cette multiplicité des articulateurs associée à leurs caractéristiques propres confèrent aux LS une dimension multi-linéaire non décrite pour les langues vocales. Il est maintenant bien établi que ces langues ont un pouvoir d'expression équivalent aux langues vocales.

L'intérêt de l'étude des LS dépasse largement le cadre des communautés de locuteurs. Dans le domaine linguistique, l'étude des LS contribue à l'amélioration de la compréhension des mécanismes sous-jacents de la communication humaine par la recherche de caractéristiques communes entre langues vocales et LS (Emmorey, 2001). L'intérêt croissant pour ce domaine a soulevé des questions autour de l'obtention, la comparaison et l'évaluation des données (Baker *et al.*, 2008). Les données sont toujours un point sensible en linguistique, mais l'absence de forme écrite (d'usage courant) complique encore la tâche pour les LS. Les corpus prennent la forme de documents vidéo et d'éventuelles données de capture de mouvement, accompagnés de méta-données. Une forme qui réclame des solutions de capture, de stockage et d'analyse spécifiques (Schembri *et al.*, 2014). Ces contraintes impactent lourdement les coûts de création et maintenance des corpus et par conséquence leurs tailles et leurs disponibilités.

Les problèmes posés par le support pour la création des corpus se répercutent sur l'annotation. Le processus d'annotation, bien que fondamental, est long et fastidieux (Neidle *et al.*, 2001) ; il pose des problèmes de reproductibilité des résultats, aggravé par le manque d'annotateurs (Brugman *et al.*, 2004). Même dans le meilleur des cas, la tâche n'est pas simple, les paramètres d'intérêt varient, sont nombreux et leur codage n'est pas standardisé. Tout cela motive le développement d'outils d'annotation automatique qui permettent de diminuer l'impact de ces difficultés (Dreuw *et al.*, 2010).

L'annotation automatique des LS est fortement liée à la reconnaissance de formes. Plusieurs outils ont été créés pour la détection et le suivi des articulateurs sur les images. On a d'abord vu des approches invasives utilisant des capteurs portés par le signeur comme des gants (Mehdi & Khan, 2002). Puis, avec les progrès techniques, des approches non-invasives sont apparues comme du suivi des mains et du visage dans les vidéos (Gonzalez & Collet, 2012) ou du suivi 3D avec de nouveaux capteurs (Zafrulla *et al.*, 2011). Enfin, nous sommes à un point où les solutions de reconnaissance emploient des approches très différentes, ce qui bloque une évaluation commune (Zahedi *et al.*, 2006).

Avec encore de nombreux aspects des LS mal compris et modélisés, il y a nécessité de créer des outils d'aide pour la recherche linguistique, ouverts à une démarche exploratoire. En effet, la démarche commune actuelle consiste à recourir fortement aux solutions d'apprentissage automatique développées pour les langues vocales. Outre leur adéquation sujette à débat, c'est surtout leur nécessité de large quantités de données d'apprentissage qui pose problème ici. Les démonstrations actuelles impliquent des gros efforts d'annotation spécifique pour de très petit modèles. Cela ne laisse guère de place à l'expérimentation sur les bases théoriques. En effet, les modèles appris sont fortement liés à la théorie sous-jacente à l'annotation (Zaenen, 2006). Or, étant donnée la masse de données en jeux, il n'est pas envisageable de répercuter sur toutes les annotations chaque modification de la théorie. Dans cet article, nous introduisons une nouvelle approche mettant l'accent sur l'identification du modèle (et sa formalisation) et sur l'adaptabilité à des annotations en faibles quantités et hétérogènes. Dans l'architecture adoptée, un analyseur générique utilise un modèle qui lui est donné pour compléter une annotation par la compréhension qu'il en a (cf. figure 1a). L'annotation en entré peut donc provenir d'autre outils de reconnaissance ou d'une annotation manuelle. Enfin, une évaluation de l'annotation en sortie de l'analyseur permet de corriger le modèle et donc des cycles de raffinage successifs (cf. figure 1b). Ce sont deux formalismes de représentation de modèles et deux analyseurs qui sont présentés : l'un au niveau phonologique (section 2) et l'autre au niveau syntaxique (section 3).

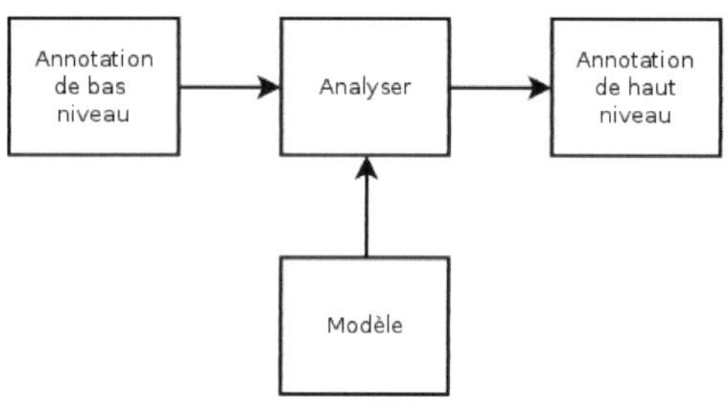


(a) Architecture générale

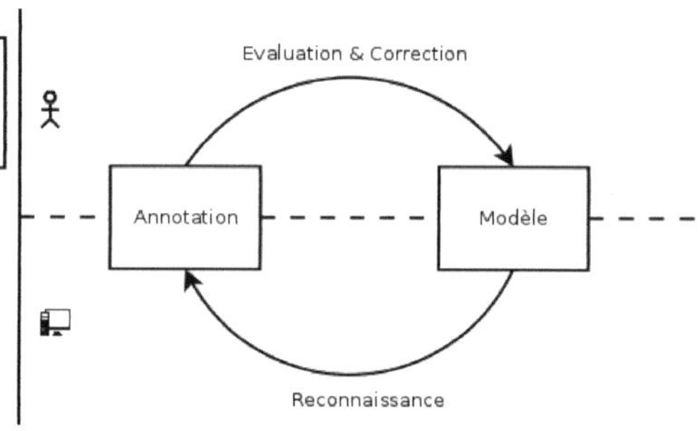


(b) Cycle de développement des modèles

FIGURE 1

## 2 Représentation sous-lexicale de la LS avec une logique formelle

La génération d'annotations lexicales pour les corpus est basée principalement sur la reconnaissance automatique de signes et d'autres structures. Actuellement, il existe différents outils automatiques capables de reconnaître des signes des LS, mais qui ne sont utilisables que dans des conditions très spécifiques. De ce fait, il est difficile de généraliser ces méthodes aux autres scénarios présents dans des tâches de Traitement Automatique de Langues Naturelles (TALN). Pourtant, des outils génériques sont nécessaires pour améliorer l'étendue de l'annotation des corpus et donc la quantité d'information disponible pour la reconnaissance.

Pour arriver à comprendre la LS, y compris au niveau lexical, il est nécessaire de suivre les nombreuses parties du corps du signeur (nommés *articulateurs*) qui participent à la transmission de l'information langagière. Ainsi, chacun de ces articulateurs agit comme un canal de communication à part. Pour cette raison, il est commun d'avoir des outils de capture très différents pour obtenir les données de chacun des canaux (les mains, les gestuelle non manuelle (GNM), etc). Cela montre qu'un système de reconnaissance doit être capable d'intégrer plusieurs types de sources d'informations simultanées, spécialement si son objectif est d'aller vers la reconnaissance supra-lexicale. Cependant, la diversité des représentations de signes que les systèmes existants adoptent compliquent une telle intégration. Tout cela oblige à réfléchir sur la manière de représenter les LS dans les tâches de reconnaissance, même au plus bas niveau.

Des travaux comme ceux de (Vogler & Metaxas, 2001) résolvent quelques uns de ces problèmes avec l'adoption d'une *segmentation phonologique* des signes. Ils se basent sur des modèles linguistiques comme ceux présentés par (Liddell & Johnson, 1989) et (Sandler, 1989). Dans leur système, les signes sont séparés en deux types d'intervalles temporels : intervalles de changement (*mouvements*) et intervalles statiques (*postures fixes*). En plus, les auteurs sont capables de réduire la complexité de la reconnaissance en traitant chaque canal de communication de manière individuelle, en parallèle. Pourtant, leur *framework* n'est pas facilement adaptable pour analyser des corpus sans données d'entrainement.

Par ailleurs, dans le domaine de la synthèse des LS, des auteurs comme (Losson & Vannobel, 1998) et (Filhol, 2008) ont introduit des spécifications formelles pour la description des signes. Cependant, ces formalismes sont difficiles à utiliser pour l'annotation, car ils se basent sur la construction de descriptions fondées sur des contraintes géométriques. Par conséquent, un système d'annotation basé sur ces descriptions doit évaluer des paramètres géométriques très fins, difficilement détectables de manière automatique.

## 2.1 La logique propositionnelle dynamique pour la langue de signes

Les auteurs (Curiel & Collet, 2013) ont défini une logique modale, la logique propositionnelle dynamique pour la LS ($PDL_{SL}$), pour la description formelle de la phonologie des LS. Avec cette logique, l'information phonologique de la LS peut-être représentée au travers d'énoncés atomiques. Ainsi, il est possible de modéliser des signes et d'autres structures comme des formules.

La $PDL_{SL}$ permet également d'interpréter les corpus vidéos comme des systèmes de transition d'états (STE), où chacun des états correspond à une posture fixe et chacune des transitions correspond à un mouvement. Ces STE servent à faire de la vérification logique pour savoir si une certaine propriété des LS – ou un certain signe – existe dans une vidéo. Un exemple de ce processus est montré dans la figure 2.

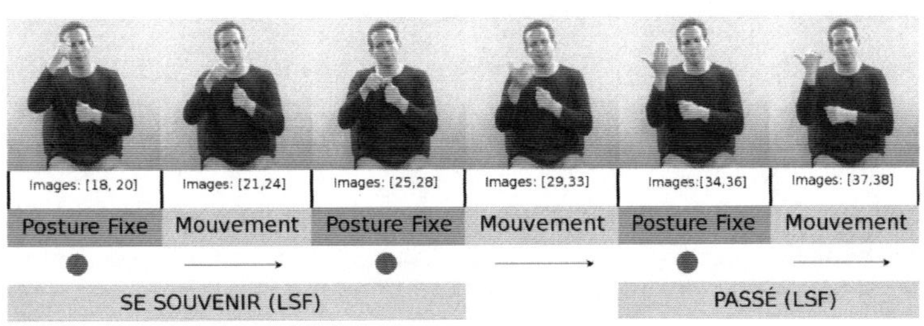


FIGURE 2 – Exemple des différentes couches présentes dans un système de reconnaissance basé sur la $PDL_{SL}$

L'intérêt principale d'utiliser la $PDL_{SL}$ est d'avoir un langage formel pour décrire les actions parallèles des articulateurs. Dans ce formalisme, chacun des articulateurs peut être pris comme un agent indépendant qui agit sur une posture fixe. Cette logique permet d'exprimer l'effet des actions sur la posture de départ. Tout cela rends possible la construction de règles phonologiques de base capables d'améliorer la reconnaissance lexicale, y compris avec un manque d'information.

Le formalisme utilise le lambda calcul pour représenter de l'information incomplète. De cette manière, les informations non détectables peuvent être incluses dans les formules à travers des variables métasyntaxiques. Par exemple, les auteurs (Gonzalez & Collet, 2012) font la segmentation de postures fixes à partir de la vitesse des mains. Leur outil de suivi ne permet pas de reconnaitre les configurations des mains. Cependant, ils utilisent une mesure de proximité pour arriver à identifier si une configuration a changé. Sous le même principe, il est possible de savoir si deux mains ont la même configuration sans reconnaître exactement laquelle. La figure 3 montre une formule pour représenter cette situation. La même formule peut être utilisée aussi avec des systèmes qui arrivent à reconnaître les configurations.

$$même\_config\_deux\_mains = \lambda c.(config\_main(\texttt{droite}, c) \wedge config\_main(\texttt{gauche}, c))$$

FIGURE 3 – Formule qui représente un signe où les deux mains ont la même configuration $c$

### 2.2 Implémentation et évaluation d'un système de reconnaissance basé sur la $\mathrm{PDL_{SL}}$

Une première implémentation d'un système basé sur la $\mathrm{PDL_{SL}}$ a été développé par (Curiel & Collet, 2014). L'idée est que les utilisateurs puissent définir leurs propres bases de formules $\mathrm{PDL_{SL}}$, où chacune des formules décrit une structure lexicale d'intérêt. La solution inclut les outils nécessaires pour vérifier que les formules sont bien formées. En plus, le système intègre un solveur $\mathrm{PDL_{SL}}$, ce qui permet de trouver où chaque formule est satisfaite dans un STE. Le système génère chaque STE à partir des données de suivi d'un corpus. Chaque formule satisfaite dans un STE, représente une propriété contenue dans le corpus d'origine.

Cette version du logiciel est focalisée sur l'intégration de différentes technologies de suivi dans une même solution de reconnaissance. Il est possible de substituer les modules définis par le système avec des implémentations adaptées à d'autres outils de suivi. Cela permet de créer des modèles avec plus d'information, ce qui peut contribuer à améliorer le taux de reconnaissance. Ainsi, par exemple, le système peut être adapté pour travailler sur des données 2D ou 3D, juste en changeant de module. Pour cela, le système définit des interfaces d'implémentation. D'autre part, le même mécanisme permet d'intégrer d'autres modules de plus haut niveau pour raffiner les résultats de chaque étape, soit par des algorithmes d'apprentissage automatique ou par l'évaluation par des experts humains.

Une base de formule $\mathrm{PDL_{SL}}$ a été écrite pour permettre l'évaluation. La sortie du système a ensuite été comparée à une vérité terrain (manuellement annotée) pour produire les résultats présentés dans (Curiel & Collet, 2014).

## 3 Représentation de modèles syntaxiques avec des grammaires contraintes

Les linguistes montrent un intérêt croissant pour la GNM et en particulier son usage dans la syntaxe des LS. Les mécanismes de synchronisation des flux parallèles (les deux flux manuels et de nombreux non-manuels) constituent un sujet majeur dans l'étude du rôle de la GNM dans la syntaxe (Vermeerbergen *et al.*, 2007). Cette analyse a motivé le développement d'une solution pour l'annotation semi-automatique de structures syntaxiques (Dubot & Collet, 2014a).

Le formalisme de représentation de modèles présenté dérive des grammaires génératives. Il reprend l'idée introduite par Karlsson d'utiliser des contraintes pour exprimer les relations fines entre les unités (Karlsson, 1990). Il en abandonne cependant tous les détails qui rendent les travaux de Karlsson –et les travaux subséquents– spécifiques aux formes écrites des langues vocales. Le présent formalisme remplace la séquence du membre droit des règles de production par des ensembles d'unités en retirant ainsi l'information pseudo-temporelle. De tels types de grammaires sans séquences ont déjà été utilisés, au moins pour la compréhension d'images (Zhu & Mumford, 2006). L'information sur l'organisation temporelle est mise au même rang que celle pour la spatialisation ou l'articulation par exemple. De la même façon que pour les grammaires de traits, les unités sont dotées d'attributs comme, par exemple, un début et une fin dans le temps, une position dans l'espace, etc. L'organisation –temporelle et autre– est décrite par des contraintes entre les unités qui affectent les valeurs de leurs attributs. Pour restreindre le moins possible le champ des modèles représentables, la solution est compatible tant avec les grammaires lexicalisées, non-lexicalisées et mixant les deux paradigmes. Cela est rendu possible en abandonnant le concept de terminalité des symboles et en introduisant celui de détectabilité.

Le choix des grammaires génératives comme base introduit deux restrictions sur les modèles qui sont généralement considérées comme des obstacles. Premièrement, cette famille de formalismes nécessitent généralement une racine (couramment appelé axiome de la grammaire et noté $S$). Selon le cadre théorique dans lequel il s'ancre, un modèle peut présenter naturellement une telle racine, mais lorsqu'il s'agit d'expérimenter autour d'un phénomène syntaxique, le modèle est rarement complet et l'introduction d'une racine peut être artificielle ou même techniquement difficile. Ce problème se présente par exemple dans le cas de la modélisation par des grammaires lexicalisées (donc dont toutes les unités sont détectables) : une grammaire ne peut pas avoir une racine unique et lexicalisée, cela signifierait qu'il existe une unité gestuelle présente constamment. Ce problème est, en partie, résolu par la définition d'un ensemble de nœuds racines tel que présenté dans (Dubot & Collet, 2014a). La deuxième restriction posée par l'usage des grammaires génératives est la nécessité pour les modèles d'être complets, en particulier ceux-ci doivent descendre jusqu'au niveau des données en entrée du système de reconnaissance automatique. Par exemple, la personne voulant travailler sur les liens entre propositions d'un énoncé devra décrire dans son modèle toute la construction d'une proposition sans que ces détails soient nécessaires à son étude. La solution proposée pour ce problème est l'usage de modèles dits *boite-noires*. Ceux-ci se définissent par le fait qu'ils produisent des résultats montrant des caractéristiques globales similaires à ceux qu'un modèle classique aurait donné mais dont les détails ne sont pas interprétables. Concrètement, cela signifie que l'utilisation du modèle produit un arbre syntaxique dont la racine présente les valeurs souhaitées sur ses attributs. Par contre les nœuds sous-jacents peuvent être inintelligibles. En reprenant l'exemple précédent, ce modèle sera capable de trouver les propositions avec les bonnes valeurs pour les attributs mais dont les constructions ne sont pas utilisables (mais aussi inutiles). Pour construire de tels modèles *boite-noires*, nous avons utilisé une forme simple de grammaires de dépendances. Les dépendances ont l'avantage d'être aisément annotables à partir des gloses [1], qui sont l'annotation la plus répandue. De plus, les résultats produits à l'aide de ces modèles sont des arbres, ce qui rend leur intégration à la solution aisée. L'intégration des dépendances au formalisme est présentée dans (Dubot & Collet, 2014b).

(a) Model (b) Result

FIGURE 4 – Exemple de modèle syntaxique

La figure 4a présente un modèle avec une seule règle de production. Il représente une description simple d'une question. Les contraintes y apparaissent comme des flèches rouges, les unités détectables comme des nœuds rouges et les unités associées à un modèle *boite-noire* en noir. La figure 4b montre un exemple de résultat de la reconnaissance automatique avec les attributs valués de façon à satisfaire les contraintes.

Parce qu'elle est conçue pour l'expérimentation d'hypothèses linguistiques, cette solution ne peut être optimisée pour une théorie linguistique en particulier. Chacun des points de divergence avec les formes traditionnelles de grammaires génératives va dans le sens de relâcher les contraintes. Ceci amène à en augmenter la complexité algorithmique. La capacité de l'analyseur à donner une solution en un temps raisonnable a été évaluée de façon empirique sur un corpus de synthèse. Les résultats montrent que l'outil (dont le code n'est pas optimisé) obtient un rappel de 20 à 80 % avec un temps de recherche de l'ordre de la seconde pour des modèles de –au moins– $\sim$ 20 unités et $\sim$ 60 règles (Dubot & Collet, 2014a). Toutefois, cette solution, en permettant de formaliser et valider des hypothèses linguistiques est en mesure d'aider à établir une base théorique suffisamment solide pour bâtir un outil d'analyse spécifique et optimisé.

# 4 Conclusion

Dans la situation actuelle, le manque et l'hétérogénéité des annotations est problématique. La reconnaissance automatique des LS requerra nécessairement un gros effort d'annotation à terme, en particulier pour devenir utilisable en production. Cependant, une annotation s'ancre toujours dans un cadre théorique. Le bénéfice à tirer d'une annotation de masse est donc directement tributaire de la maturité de la théorie sous-jacente. Ainsi, la qualité mais surtout la diversité des approches théoriques explorées est capitale. Pour cette raison, la position adoptée par les auteurs est celle de créer des outils dédiés à cette phase exploratoire.

Le cadre d'application visé amène à un cahier des charges particulier. Les travaux présentés dans cet article se concentrent sur la capacité à travailler avec des modèles linguistiques expérimentaux variés, et sur des données très diverses et potentiellement faibles en quantités. Par exemple, la $PDL_{SL}$ peut être utilisée par des chercheurs en TALN pour construire et modifier rapidement des modèles lexicaux. Son usage peut aller plus loin en adaptant chaque modèle à des corpus différents, ce qui ouvre l'accès à de nouvelles sources d'information. Au niveau de l'analyse syntaxique, c'est la facilité de formalisation des modèles qui est ciblée, pour aider à la réalisation de modèles d'une partie de la langue. De cette façon, les utilisateurs sont libres de tester leurs hypothèses linguistiques.

Enfin, nous pensons que les résultats issus de la recherche sur le traitement automatique des LS sont généralisables à beaucoup de phénomènes impliquant des gestes et de la simultanéité. Par exemple, cela pourrait bénéficier à l'étude de l'intégration de la gestuelle co-verbale et de la prosodie au traitement des langues vocales.

1. En LS, les gloses sont des mots-clés représentant des signes lexicalisés.

## Références

BAKER A., VAN DEN BOGAERDE B. & WOLL B. (2008). Methods and procedures in sign language acquisition studies. *A. Baker & B. Woll. Sign Language Acquisition. Amsterdam & Philadelphia : John Benjamins*, p. 1–49.

BRUGMAN H., CRASBORN O. & RUSSEL A. (2004). Collaborative annotation of sign language data with peer-to-peer technology. In *LREC, Lisbon*.

CURIEL A. & COLLET C. (2013). Sign language lexical recognition with propositional dynamic logic. In *ACL*, volume 2.

CURIEL A. & COLLET C. (2014). Implementation of an automatic sign language lexical annotation framework based on propositional dynamic logic. In *LREC Wkshp : Represent. and Process. of Sign Languages*, Reykjavic.

CUXAC C. (2000). *La langue des signes française (LSF) : les voies de l'iconocité*. Ophrys.

DREUW P., NEY H., MARTINEZ G., CRASBORN O., PIATER J., MOYA J. M. & WHEATLEY M. (2010). The SignSpeak project - bridging the gap between signers and speakers. In N. C. C. CHAIR), K. CHOUKRI & *et. al.*, Eds., *Proceedings of the Seventh International Conference on Language Resources and Evaluation (LREC'10)*, Valletta, Malta : European Language Resources Association (ELRA).

DUBOT R. & COLLET C. (2014a). A hybrid formalism to parse sign languages. *arXiv :1403.4467 [cs]*.

DUBOT R. & COLLET C. (2014b). Sign language gibberish for syntactic parsing evaluation. *arXiv :1403.4473 [cs]*.

EMMOREY K. (2001). *Language, cognition, and the brain : Insights from sign language research*. Psychology Press.

FILHOL M. (2008). *Modèle descriptif des signes pour un traitement automatique des langues des signes*. PhD thesis, Université Paris-sud (Paris 11).

GONZALEZ M. & COLLET C. (2012). Sign segmentation using dynamics and hand configuration for semi-automatic annotation of sign language corpora. In *Gesture and Sign Language in Human-Computer Interaction and Embodied Communication*, LNCS. Springer.

KARLSSON F. (1990). Constraint grammar as a framework for parsing running text. In *Proceedings of the 13th conference on Computational linguistics-Volume 3*, p. 168–173 : Association for Computational Linguistics.

LIDDELL S. K. & JOHNSON R. E. (1989). *American sign language : The phonological base*. Gallaudet University Press, Washington. DC.

LOSSON O. & VANNOBEL J.-M. (1998). Sign language formal description and synthesis. *International Journal of Virtual Reality*, **3**, 27—34.

MEHDI S. & KHAN Y. (2002). Sign language recognition using sensor gloves. In *ICONIP*.

NEIDLE C., SCLAROFF S. & ATHITSOS V. (2001). Signstream : A tool for linguistic and computer vision research on visual-gestural language data. *Behav. Res. Meth. Instr.*, **33**(3), 311–320.

SANDLER W. (1989). *Phonological representation of the sign : Linearity and nonlinearity in American Sign Language*, volume 32. Walter de Gruyter.

SCHEMBRI A., FENLON J., JOHNSTON T. & CORMIER K. (2014). Documentary and corpus approaches to sign language research. *The Blackwell guide to research methods in sign language studies*.

STOKOE W. C. (2005). Sign language structure : An outline of the visual communication systems of the american deaf. *Journal of Deaf Studies and Deaf Education*, **10**, 3–37.

VALLI C. & LUCAS C. (2000). *Linguistics of American Sign Language Text, 3rd Edition : An Introduction*. Gallaudet University Press.

VERMEERBERGEN M., LEESON L. & CRASBORN O. A. (2007). *Simultaneity in Signed Languages : Form and Function*. John Benjamins Publishing.

VOGLER C. & METAXAS D. (2001). A framework for recognizing the simultaneous aspects of american sign language. *Computer Vision and Image Understanding*, **81**(3), 358–384.

ZAENEN A. (2006). Mark-up barking up the wrong tree. *Comput. Linguist.*, **32**(4), 577–580.

ZAFRULLA Z., BRASHEAR H., STARNER T., HAMILTON H. & PRESTI P. (2011). American sign language recognition with the kinect. In *ICMI*.

ZAHEDI M., DREUW P., RYBACH D., DESELAERS T. & NEY H. (2006). Continuous sign language recognition-approaches from speech recognition and available data resources. In *LREC Wkshp : Represent. and Process. of Sign Languages*, p. 21–24.

ZHU S.-C. & MUMFORD D. (2006). A stochastic grammar of images. *Foundations and Trends® in Computer Graphics and Vision*, **2**(4), 259–362.

# Résumé Automatique Multilingue
# Expérimentations sur l'Anglais, l'Arabe et le Français

Houda Oufaida[1] Omar Nouali[2] Philippe Blache[3]

(1) Ecole Nationale Supérieure d'Informatique ESI, BP 68M Oued Smar, 16270, El Harrach Alger Algérie
(2) Centre de Recherche sur l'Information Scientifique et Technique CERIST, Rue Des 3 Frères Aissou, Ben Aknoun Alger Algérie
(3) LPL, AMU, CNRS, 5 avenue Pasteur, 13100 Aix-en-Provence
h_oufaida@esi.dz, onouali@mail.cerist.dz, blache@lpl-aix.fr

**Résumé.** La tâche du résumé multilingue vise à concevoir des systèmes de résumé très peu dépendants de la langue. L'approche par extraction est au cœur de ces systèmes, elle permet à l'aide de méthodes statistiques de sélectionner les phrases les plus pertinentes dans la limite de la taille du résumé. Dans cet article, nous proposons une approche de résumé multilingue, elle extrait les phrases dont les termes sont des plus discriminants. De plus, nous étudions l'impact des différents traitements linguistiques de base : le découpage en phrases, l'analyse lexicale, le filtrage des mots vides et la racinisation sur la couverture ainsi que la notation des phrases. Nous évaluons les performances de notre approche dans un contexte multilingue : l'anglais, l'arabe et le français en utilisant le jeu de données TAC MultiLing 2011.

**Abstract.** The task of multilingual summarization aims to design free-from language systems. Extractive methods are in the core of multilingual summarization systems. In this paper, we discuss the influence of various basic NLP tasks: sentence splitting, tokenization, stop words removal and stemming on sentence scoring and summaries' coverage. Hence, we propose a statistical method which extracts most relevant sentences on the basis of their terms discriminant power. We conduct several experimentations in a multilingual context: English, Arabic and French using the TAC MultiLing 2011 dataset.

**Mots-clés :** Résumé multilingue, analyse discriminante, TAL, évaluation multilingue.

**Keywords:** Multilingual summarization, Discriminant analysis, NLP, Multilingual evaluation.

## 1 Introduction

L'expansion du réseau internet à travers le monde a rendu disponible des documents écrits en différentes langues. En effet, le contenu web en anglais recule devant l'essor des autres langues ; Wikipédia.fr compte plus de un million et demi d'articles en mai 2014. Le contenu multilingue est donc en constante évolution et gagne de plus de plus de place sur le web. De ce fait, le développement d'outils multilingue est devenu indispensable : le résumé automatique multilingue en est un exemple.

Le but du résumé automatique est de produire une version condensée d'un ou plusieurs textes en utilisant des techniques informatiques. Ceci aidera le lecteur à décider si un document contient l'information désirée en un minimum de temps et d'effort. Récemment, de nouvelles tâches sont apparues et ont donné « un coup d'air frais » au domaine. Parmi ces tâches, on retrouve le résumé multilingue. Porté par les ateliers TAC MultiLing 2011[1] et ACL MultiLing 2013[2], le résumé multilingue connaît une belle avancée grâce à la mise à disposition de corpus d'évaluation.

Cette tendance vient à l'encontre des premiers systèmes de résumé où l'idée était d'utiliser le traitement automatique des langues (TAL) dans le but de *reformuler* l'essentiel du texte source et de *générer* de nouvelles phrases:

[1] http://www.nist.gov/tac/2011/Summarization/
[2] http://multiling.iit.demokritos.gr/pages/view/662/multiling-2013

l'identification des paraphrases et la fusion d'informations en est un exemple (Barzilay, McKeown, 2005). Dans des cas plus rares, les techniques du TAL ont été utilisées pour produire des extraits tels que l'usage de l'analyse rhétorique RST (Rhetorical Structure Theory)(Marcu, 1998). Cependant, ces techniques requièrent des traitements de haut niveau souvent basés sur les ressources limitées et dépendantes à la langue.

Récemment, les approches statistiques ont prouvé leurs performances grâce à leur robustesse d'une part et à cause du manque d'outils TAL efficaces notamment dans un contexte multilingue d'une autre part. C'est dans ce cadre que s'inscrit notre proposition, notre système utilise un minimum de ressources linguistiques et est de ce fait facilement portable vers d'autres langues. Le processus d'extraction de phrases est purement statistique et repose sur les termes les plus discriminants. Nous utilisons ainsi une méthode d'analyse discriminante, mRMR (minimum Redundancy - Maximum Relevance) (Peng et al., 2005), pour la pondération des termes. Nous appliquons notre système sur trois langues : l'anglais, l'arabe et le français avec différents niveaux de traitements linguistiques: découpage en phrases, analyse lexicale, traitement des mots vides et racinisation.

Le reste de l'article est organisé comme suit : nous présentons dans la section 2 les principaux travaux dans le contexte multilingue notamment ceux des ateliers TAC Multiling 2011 et ACL Multiling 2013. Dans la section 3, nous décrivons notre méthode de pondération des termes et d'extraction de phrases. Nous discutons également les traitements linguistiques requis par notre système ainsi que leur niveau de dépendance à la langue. Dans la section 4, nous évaluons notre approche en utilisant un corpus multilingue et nous discutons les résultats obtenus. Enfin, nous terminons notre étude par une conclusion et quelques perspectives de recherche dans la section 5.

# 2 Travaux précédents

Le résumé multilingue consiste à concevoir des systèmes capables de résumer des documents écrits en différentes langues. Par conséquent, le système doit utiliser des techniques très peu dépendantes ou *idéalement* indépendantes de la langue source. A notre connaissance, (Mihalcea, Tarau, 2005) est le premier travail dans la thématique. Le système, TextRank, construit en premier lieu représentation graphique du texte où les nœuds représentent les phrases et les liens représentent la similarité entre ces phrases. Les auteurs définissent cette similarité, simplement, comme le nombre de tokens en commun. En deuxième lieu, les auteurs utilisent le principe de recommandation entre phrases en appliquant les deux algorithmes : PageRank et HITS. Ce travail a montré que l'utilisation d'un algorithme performant pour l'extraction de phrases avec un minimum de traitements liés à la langue peut conduire à des performances comparables à ceux utilisant des traitements linguistiques de haut niveau. Dans un contexte monolingue, (Ledeneva, 2008) affirme que les différents traitements linguistiques de base n'engendrent aucune amélioration des scores ROUGE (Lin, 2004) des résumés système en utilisant MFS (Maximal Frequent Sequences).

Dans un contexte multilingue, les tâches de base à savoir le découpage en phrases et la segmentation de ces phrases en un ensemble de tokens deviennent plus complexes. Jusqu'à présent, les chercheurs ont choisit d'appliquer diverses solutions, simplistes pour la plupart. (Litvak et al., 2010) utilisent une représentation vectorielle des documents et tentent de trouver la combinaison linéaire optimale entre 31 méthodes de notation de phrases. Les auteurs évaluent leur système sur deux langues : l'anglais et l'hébreu et utilisent un outil de découpage en phrases propre à chaque langue. (Boudin, Torres-Moreno, 2009) filtrent les mots vides et combinent entre la similarité cosinus et la mesure LCS (Longest Common Substring) basée sur les caractères pour la pondération des phrases. Les auteurs affirment que pour un seuil de similarité LCS supérieur à 0,6, le traitement remplace avantageusement la lemmatisation.

L'atelier TAC MultiLing 2011évalue les difficultés liées à l'adaptation des méthodes au contexte multilingue. En effet, le corpus d'évaluation est un corpus parallèle de 7 langues. (Conroy et al., 2011) distinguent deux types de langues : simple casse et deux casses et utilisent un système de découpage en phrases adapté à chaque type: FASST-ONE et FASST-CAP. (Das, Srihari, 2011) utilisent le séparateur standard « . » tandis que (Hmida, Favre, 2011) utilisent le dernier caractère du document. (Saggion, 2011) utilisent les APIs GATE disponibles pour 4 langues. L'atelier ACL MultiLing 2013 reprend la tâche de l'atelier TAC MultiLing 2011, à savoir « Résumé multi-documents multilingue » et intègre trois nouvelles langues dont le Chinois. Pour l'analyse lexicale, (Conroy et al., 2013) distinguent 3 types de langues : anglais, non anglais et langues idéographiques (chinois), ils utilisent pour chacune une expression régulière particulière.

Le découpage en phrases et l'analyse lexicale sont des taches de base du TAL et on peut soit utiliser des outils dédiés soit opter pour des solutions agressives et trop simplistes. Le problème avec le premier choix, est que ces outils ne sont disponibles que pour quelques langues (les plus utilisées). La tâche 2 de l'atelier ACL MultiLing 2013, résumé mono-document multilingue, vient tester la 2$^{ème}$ solution : simpliste. En effet, le corpus intègre un total de 40 langues et il n'est évidemment pas possible de trouver des outils spécifiques à chaque langue. Pour cette tâche, (Conroy et al., 2013) classent les 40 langues en trois catégories et utilisent leurs outil FASST-E adapté.

Les résultats de cette campagne, résumé mono-document multilingue, étaient plutôt faibles, aucun système n'a pu dépasser la Baseline pour l'anglais par exemple (Kubina, Conroy, & Schlesinger, 2013). Les organisateurs expliquent cette faible performance par le fait que les systèmes proposés jusqu'ici étaient un peu trop adaptés à la structure des articles de presse (pyramide inversée et l'utilisation du critère "position de la phrase").

Dans le présent article, nous proposons un système de résumé multilingue. Notre système utilise un minimum de traitements linguistiques et repose essentiellement sur des traitements numériques pour la pondération et l'extraction de phrases. En effet, le système procède en premier lieu au groupement des phrases en clusters. En deuxième lieu, les termes les plus discriminants vont être les mieux notés afin de mettre en avant les phrases saillantes. On utilise ainsi une méthode d'analyse discriminante: **mRMR** pour **R**edondance **m**inimale et **P**ertinence **M**aximale (Ding, Peng, 2003). Nous proposons également, un nouvel algorithme d'extraction de phrases à deux vitesses : lente et rapide adaptable à la taille du résumé : court ou très court. La prochaine section détaille notre proposition.

# 3 Description du système

## 3.1 Pondération des termes

Le but de l'analyse mRMR est la sélection d'un sous ensemble de variables qui représente au mieux l'espace total de variables. A chaque variable sont assignés deux scores: pertinence et redondance. Notre adaptation de cette méthode consiste à donner des scores à chaque terme de façon à sélectionner les termes les plus informatifs. Un terme est d'autant plus informatif si, étant donné les clusters de phrases similaires, sa fréquence varie significativement d'un cluster à un autre et au même temps n'attire pas un grand nombre de termes.

Le choix de l'algorithme de regroupement est primordial pour le succès ou l'échec de mRMR. En effet, la construction de groupes homogènes de phrases conduira naturellement à une meilleure estimation des scores. Ici, nous avons utilisé la classification ascendante hiérarchique et la similarité cosinus entre phrases. Bien entendu, l'utilisation d'un autre algorithme de classification/mesure de similarité est tout aussi possible.

On définit la pertinence d'un terme comme la valeur de l'information mutuelle entre ce terme $t$ et la variable de classification $h$ [1]. Si le terme et la variable de classification sont fortement corrélés alors le terme $t$ est pertinent et nous permet ainsi de décrire au mieux les thèmes évoqués dans le texte.

$$Pertinence\ (t) = I(t,h) \tag{1}$$

Afin de calculer l'information mutuelle entre le terme et la variable de classification, il est nécessaire de construire la matrice des fréquences : M [Phrases ×Termes] où chaque ligne correspond à une phrase et chaque colonne représente un terme. La cellule M[i,j] contient la fréquence d'apparition du $j^{ème}$ terme dans la $i^{ème}$ phrase. A l'issu du groupement, chaque phrase devient rattachée à une classe bien spécifique. Ainsi, chaque ligne de la matrice est augmentée par la valeur de la variable de classification : le numéro de la classe.

Cependant, le fait qu'un terme décrit bien la variation des classes n'est pas suffisant. En effet, il faudra sélectionner des termes pertinents mais les plus dissimilaires possibles. On cherche ainsi à minimiser l'information mutuelle entre un terme donné et le reste des termes. La redondance d'un terme est définie par la moyenne de l'information mutuelle que ce terme partage avec les autres [2]:

$$Redondance\ (t) = \frac{1}{|T - \{t\}|} \sum_{j \in T - \{t\}} I(t, t_j) \tag{2}$$

On cherche ainsi à trier les termes de façon à maximiser la pertinence et minimiser la redondance. (Peng et al., 2005) proposent de maximiser soit la différence $MID$ [3] ou le quotient $MIQ$ [4]:

$$MID \stackrel{\text{def}}{=} max_{t \in T}[Pertinence\ (t) - Redondance(t)] \tag{3}$$

$$MIQ \stackrel{\text{def}}{=} max_{t \in T}[Pertinence\ (t)\ /\ Redondance(t)] \tag{4}$$

Le résultat de cette étape est le vecteur des termes avec leurs poids associés $V_{mRMR} = (w_{t1,} w_{t2}, \dots \dots \dots, w_{tn})$

### 3.2 Pondération des phrases

Etant donné le vecteur $V_{mRMR}$, la tâche est d'attribuer des scores à chaque phrase selon les poids mRMR de ses termes. Pour ce faire, nous calculons la moyenne des poids mRMR des termes de la phrase [5]:

$$Score(P) = \frac{1}{n_p} \sum_{i=1,n_p} w_{t_i}, t_i c V_p \quad (5)$$

### 3.3 Extraction des phrases

Dans notre système, le terme est l'unité de calcul des scores et la phrase est l'unité d'extraction. Le résumé sera ainsi formé de n phrases dans la limite de la taille du résumé requise (nombre de caractères, nombre de mots ou pourcentage de compression). Nous définissons deux vitesses d'extraction : rapide et lente. La première, rapide [6], remet à zéro les poids des termes dans $V_{mRMR}$ dés leur intégration au résumé.

$$\forall t \in \{V_{mRMR} \cap V_{p,}\}, w'_t = 0 \quad (6)$$

La deuxième, lente [7], diminue le poids des termes selon le score de la dernière phrase choisie ($P$). La première vitesse convient dans le cas où on doit générer des résumés très courts car sinon on risque de sélectionner du bruit. La deuxième stratégie sélectionne progressivement les phrases et donne plus de *temps de vie* au terme.

$$\forall t \in \{V_{mRMR} \cap V_{p,}\}, w'_t = w_t - sim(V_{mRMR}, V_{p,}) * w_t \quad (7)$$

### 3.4 Contexte Multilingue

Dans le contexte multilingue, la dépendance de la langue doit être minimale. En effet, dans le système que nous proposons la dépendance est située au niveau du prétraitement. Notre approche requiert au *minimum* un découpage *correct* en phrases et une analyse lexicale et au *maximum* le filtrage des mots vides et la racinisation. Dans nos expérimentations, nous allons étudier l'impact de l'intégration de ces tâches de manière plus ou moins poussée.

## 4 Evaluation

Le corpus TAC MultiLing 2011 (Giannakopoulos et al., 2011) contient 10 groupes de documents à résumer. Chaque groupe contient à son tour 10 articles de presse décrivant une séquence de nouvelles autour du même événement: les attaques à la bombe de Londres en 2005 ou le tsunami de 2004, etc. Les textes dans les autres langues ont été traduits de l'anglais par des locuteurs natifs en suivant l'approche phrase par phrase. Trois résumés modèles sont fournis dont la taille est comprise entre 240 et 250 mots.

### 4.1 Protocole d'évaluation

Notre objectif étant l'évaluation de l'impact de la qualité des traitements linguistiques appliqués sur notre méthode: découpage en phrases naïf ou adapté à la langue source, segmentation en mots ou utilisation d'un tokeniseur, le filtrage des mots vides et enfin l'application ou non de la racinisation. Nous avons pu tester notre approche sur trois langues : l'anglais, l'arabe et le français dans la limite de la disponibilité des outils. Le tableau suivant décrit les différents outils utilisés pour chaque langue :

| | Découpage en Phrases | Analyse lexicale | Filtrage des mots vides | Racinisation |
|---|---|---|---|---|
| Anglais | Stanford tokenizer | Stanford tokenizer | Liste de 571 mots | Porter Stemmer |
| Arabe | Expression régulière | Expression régulière | Liste de 168 mots | Shereen Khodja Stemmer |
| Français | Europarl LinguaSentence | Expression régulière | Liste de 127 mots | Snowball Stemmer |

TABLE 1 : Outils TAL pour l'anglais, l'arabe et le français

Nous avons donc défini 4 niveaux d'analyse, et pour chaque niveau nous avons généré les résumés en utilisant notre approche:

- **SR**: Découpage en phrases naïf (arabe) ou adapté (anglais, français)
- **TSR**: SR+Analyse lexicale adaptée (anglais, français) ou simple segmentation en mots (arabe)
- **WSR**: TSR+Filtrage des mots vides
- **SSR**: WSR+ racinisation

## 4.2 Résultats et Discussion

Les tableaux suivants montrent les résultats ROUGE-1 et ROUGE-2 (Lin, 2004) des résumés produits par notre système. Il est à noter que les résumés ont été générés avec un groupement à 8 clusters, vitesse rapide.

| | ROUGE-1 | ROUGE-2 |
|---|---|---|
| | F1-score | F1-score |
| CLASSY | **0,48361** | **0,17612** |
| BASELINE | **0,40343** | **0,11445** |
| SR.MRSYN8 | 0,42056 | 0,11647 |
| TSR.MRSYN8 | 0,43531 | **0,12739** |
| WSR.MRSYN8 | **0,44111** | 0,12512 |
| SSR.MRSYN8 | 0,4398 | 0,12671 |

**Anglais**

| | ROUGE-1 | ROUGE-2 |
|---|---|---|
| | F1-score | F1-score |
| CLASSY | **0,34296** | **0,14207** |
| BASELINE | **0,26788** | **0,08982** |
| SR.MRSYN8 | 0,2743 | 0,09492 |
| TSR.MRSYN8 | **0,2893** | 0,09736 |
| WSR.MRSYN8 | 0,28125 | **0,10044** |
| SSR.MRSYN8 | 0,27196 | 0,08494 |

**Arabe**

| | ROUGE-1 | ROUGE-2 |
|---|---|---|
| | F1-score | F1-score |
| JRC | **0,43539** | **0,17199** |
| BASELINE | **0,37324** | **0,09346** |
| SR.MRSYN8 | 0,37324 | 0,10428 |
| TSR.MRSYN8 | 0,39482 | 0,11074 |
| WSR.MRSYN8 | **0,39508** | **0,11917** |
| SSR.MRSYN8 | 0,3463 | 0,0935 |

**Français**

TABLE 2 : Résultats ROUGE-1 et ROUGE-2 pour l'anglais, l'arabe et le français

On constate que les meilleurs résultats sont obtenus avec le filtrage des mots vides. Ils dépassent la Baseline mais restent en dessous du meilleur système. De plus, la différence entre les 4 variantes n'est pas significative. Nous avons donc évalué le nombre de phrases en commun entre les résumés R1 et R2 issus de deux niveaux consécutifs à l'aide de la formule suivante [8]:

$$Accord(R1, R2) = \frac{2|R1.R2|}{|R1| + |R2|} \tag{8}$$

Le tableau suivant présente les résultats de l'estimation de la moyenne d'accord entre les résumés produits à chaque niveau d'analyse avec le niveau qui le suit:

| | Arabe | Anglais | Français | Moyenne |
|---|---|---|---|---|
| **SR×TSR** | 47,09% | 39,78% | 39,74% | 42,20% |
| **TSR×WSR** | 38,86% | 32,98% | 40,91% | 37,58% |
| **WSR×SSR** | 30,78% | 44,94% | 50,69% | 42,13% |

TABLE 2 : Variation des phrases extraites avec les niveaux de traitements TAL

On constate qu'avec un seul traitement à la fois, en moyenne 40% des phrases sont maintenues. La plus grande différence (ou désaccord) est enregistrée pour la langue arabe avec l'application du racinisateur. Le plus grand accord est enregistré pour le français avec l'application du racinisateur Snowball. Pour l'anglais, la plus grande différence est enregistrée avec le filtrage des mots vides. Ceci est dû à la taille de la liste des mots vides particulièrement longue pour cette langue. Ainsi, malgré les performances ROUGE très proches des résumés issus de chaque étape (SR, TSR, WSR et SSR), le niveau d'accord est en moyenne 40% et ne dépasse pas un maximum de 50%.

Il est également intéressant de noter que les différents traitements effectués ont un impact non négligeable sur la notation et par conséquent le choix des phrases à extraire. Plus de 70% des phrases choisies au départ (SR) ne le sont pas après traitement (SSR). On remarque aussi qu'avec la racinisation le constat est à l'opposé pour l'arabe et pour le français : on y enregistre la plus grande différence pour l'arabe et le plus grand accord pour le français. En analysant les textes après racinisation, on remarque que le racinisateur Snowball a opéré de faibles modifications morphologiques alors que le racinisateur pour l'arabe extrait la racine sémitique à 3 ou 4 lettres. Ainsi, la qualité des outils utilisés est aussi un paramètre à prendre en compte lors de l'analyse de l'apport des traitements associés.

# 5 Conclusion

Dans cet article, nous avons évalué l'impact des différents traitements linguistiques de base sur la tache du résumé multi-documents multilingue. Les performances de notre système dépassent la Baseline. Les meilleurs résultats ont été enregistrés avec le filtrage des mots vides, des améliorations sont à prévoir afin de pénaliser les mots vides en utilisant mRMR.

Malgré les scores ROUGE pratiquement équivalents, le choix des phrases pour la construction des résumés varie considérablement d'une étape à une autre et ceci pour les trois langues. Cette variation s'explique par : la variation du score des formes que prend chaque terme à travers les différents niveaux d'analyse d'une part et par la qualité variable des outils utilisés pour chaque traitement d'une autre part. De plus, la variation des performances du système d'une langue à une autre est à étudier, les résultats pour l'arabe sont 10% moins bons que pour les autres langues, est ce que c'est uniquement du à la qualité des outils utilisés pour chaque langue ? Doit-on considérer la stabilité des performances à travers les langues comme critère d'évaluation ?

L'évaluation de l'efficacité du système et de la qualité des résumés produits à chaque étape nécessite une évaluation manuelle, les scores ROUGE étant pratiquement équivalents malgré la grande variation des choix de phrases fait resurgir de nouvelles questions. En effet, on constate de plus en plus que procéder à une évaluation automatique en utilisant ROUGE n'est pas suffisant. Elle doit être complétée par une évaluation manuelle pour juger des critères autre que la couverture lexicale : qualité linguistique, cohérence, etc.

# Références

BARZILAY R., MCKEOWN K. R. (2005). Sentence Fusion for Multidocument News Summarization. *Comput. Linguist.*, *31*(3), 297–328.

BOUDIN F., TORRES-MORENO J.-M. (2009). Résumé automatique multi-document et indépendance de la langue: une première évaluation en français. Actes de *Traitement Automatique de La Langue Naturelle (TALN'09)*

CONROY J., DAVIS S. T., KUBINA J., LIU Y.-K., O'LEARY D. P., SCHLESINGER J. D. (2013). Multilingual Summarization: Dimensionality Reduction and a Step Towards Optimal Term Coverage. Actes de *MultiLing 2013 Workshop on Multilingual Multi-document Summarization*, 55–63.

CONROY J. M., SCHLESINGER J. D., KUBINA J., RANKEL P. A., O'LEARY, D. P. (2011). CLASSY 2011 at TAC: Guided and multi-lingual summaries and evaluation metrics. Actes de *Text Analysis Conference.*

DAS P., SRIHARI R. (2011). Global and Local Models for Multi-Document Summarization. Actes de *Text Analysis Conference.*

DING C., PENG H. (2003). Minimum Redundancy Feature Selection from Microarray Gene Expression Data. Actes de *IEEE Computer Society Conference on Bioinformatics (CSB'03)*, 523–529.

GIANNAKOPOULOS G., EL-HAJ M., FAVR, B., LITVAK M., STEINBERGER J., VARMA V. (2011). TAC 2011 MultiLing Pilot Overview. Actes de *Text Analysis Conference (TAC2011).*

HMIDA F., FAVRE B. (2011). LIF at TAC Multiling: Towards a Truly Language Independent Summarizer. Actes de *Text Analysis Conference (TAC).*

LEDENEVA, Y., 2008. Effect of preprocessing on extractive summarization with maximal frequent sequences, *Actes de MICAI 2008: Advances in Artificial Intelligence*, 123–132.

LIN, C. (2004). Rouge: A Package for Automatic Evaluation of Summaries. Actes de *Text Summarization Branches Out: ACL-04 Workshop*, 74–81.

LITVAK M., LAST M., FRIEDMAN M. (2010). A New Approach to Improving Multilingual Summarization Using a Genetic Algorithm. Actes de *48th Annual Meeting of the Association for Computational Linguistics,* 927–936.

MARCU D. C. (1998). The Rhetorical Parsing, Summarization, and Generation of Natural Language Texts. Actes de *35th Annual Meeting of the Association for Computational Linguistics and Eighth Conference of the European Chapter of the Association for Computational Linguistics*, 96-103.

MIHALCEA R., TARAU P. (2005). A Language Independent Algorithm for Single and Multiple Document Summarization. Actes de *International Joint Conference on Natural Language Processing (IJCNLP),* Vol. 5.

PENG H., LONG F., DING C. (2005). Feature selection based on mutual information criteria of max-dependency, max-relevance, and min-redundancy. *IEEE Transactions on Pattern Analysis and Machine Intelligence 27*(8), 1226–1238.

SAGGION H. (2011). Using SUMMA for Language Independent Summarization at TAC 2011. Actes de *Text Analysis Conference.*

# Porting a Summarizer to the French Language

RÉMI BOIS[1] JOHANNES LEVELING[2] LORRAINE GOEURIOT[2] GARETH J. F. JONES[2]
LIADH KELLY[2]
(1) LINA, Université de Nantes, France *
(2) CNGL, School of Computing, Dublin City University, Dublin 9, Ireland
remi.bois@etu.univ-nantes.fr, {lgoeuriot, lkelly, gjones, jleveling}@computing.dcu.ie

**Résumé.** Nous présentons dans cet article l'adaptation de l'outil de résumé automatique REZIME à la langue française. REZIME est un outil de résumé automatique mono-document destiné au domaine médical et s'appuyant sur des critères statistiques, syntaxiques et lexicaux pour extraire les phrases les plus pertinentes. Nous décrivons dans cet article le système REZIME tel qu'il a été conçu et les différentes étapes de son adaptation à la langue française. Les performances de l'outil adapté au français sont mesurées et comparées à celle de la version anglaise. Les résultats montrent que l'adaptation au français ne dégrade pas les performances de REZIME, qui donne des résultats équivalents dans les deux langues.

**Abstract.** We describe the porting of the English language REZIME text summarizer to the French language. REZIME is a single-document summarizer particularly focused on summarization of medical documents. Summaries are created by extracting key sentences from the original document. The sentence selection employs machine learning techniques, using statistical, syntactic and lexical features which are computed based on specialized language resources. The REZIME system was initially developed for English documents. In this paper we present the summarizer architecture, and describe the steps required to adapt it to the French language. The summarizer performance is evaluated for English and French datasets. Results show that the adaptation to French results in system performance comparable to the initial English system.

**Mots-clés :** Résumé automatique, multilangue, domaine médical.

**Keywords:** single-document summarization, multilingual, medical domain.

## 1 Introduction

The rapid growth of online text resources is producing information overload, where individuals cannot make use of all the available information. This is particularly the case in specialised domains such as medicine and biomedicine, where finding relevant information is critical. As stated by Afantenos *et al.* (2005), "the number of scientific journals in the fields of health and biomedicine is unmanageably large, even for a single speciality". This makes it very difficult for scientists to follow the evolution of their domain. Laypersons seeking medical information from the internet are facing a similar situation. Automatic summarization for the medical domain is a possible mechanism towards alleviating this problem.

In this paper we describe the French language version of the system REZIME, an automatic summarizer designed to create efficient summaries of documents from the medical domain. It generates single-document summaries, built from sentences containing key material extracted from documents. Sentence selection is based on machine learning techniques, using statistical, syntactic and lexical features computed with specialized language resources. REZIME was initially developed for English documents (Nguyen & Leveling, 2013). While its architecture is language-independent, porting it to another language requires adaptation and/or translation of its linguistic resources (i.e. syntactic, lexical and terminological resources). In this paper we present the different steps required to adapt it to another language and with a specific focus on adapting the summarizer to the French language, and show its comparable effectiveness with the original English language system.

The remainder of this paper is organized as follows : After a brief description of the main studies in single-document summarization in Section 2, we describe the REZIME architecture in Section 3. The main steps involved in its adaptation to French are presented in Section 4. The evaluation of the French summarizer and the comparison of its performance to the English version are shown in Section 5. We conclude with remarks on future work in Section 6.

*. This study has been conducted while Rémi Bois was an intern in CNGL.

## 2 Related work

Automatic summarization is defined as the process of creating "a text that is produced from one or more texts, that conveys important information in the original text(s), and that is no longer than half of the original text(s) and usually significantly less than that" (Radev *et al.*, 2002). The two main approaches to text summarization are extractive summarization and abstractive summarization. Extractive summarization consists in selecting parts of the original text that contain the most important information which then form the summary. Extractive methods rely mostly on machine learning, using a set of features to rank sentences (Mani & Bloedorn, 1998). Abstractive summarization aims at rephrasing the content of the texts, generating sentences that do not necessarily appear in the original document (Barzilay & Mckeown, 2005).

While much summarization research has focused on the English language, the proliferation of online content in other languages is creating a growing demand for multilingual summarization system. This topic has been explored in various work, mostly concentrating single document summarisation of news corpora (Dalianis *et al.*, 2004; Litvak *et al.*, 2010). Existing work in French summarization has mostly aimed at providing multilingual or cross-lingual summaries (Torres-Moreno *et al.*, 2001; Fernandez *et al.*, 2008; Boudin & Torres-Moreno, 2009).

Summarization in specialised domains brings specific issues, with medicine raising unique challenges. As stated by Afantenos *et al.* (2005) "uniqueness of medical documents is due to their volume, their heterogeneity, as well as due to the fact that they are the most rewarding documents to analyse, especially those concerning human medical information due to the expected social benefits". While some systems for medical summarization already offer multilingual summaries, for example using English documents to create French summaries (Lenci *et al.*, 2002), our work focuses on the language specific porting of an English language summarizer tuned to the medical domain.

## 3 A single document summarizer for medical text

REZIME is a single-document extractive summarizer that was initially designed for the English language, with specific features developed for the medical domain (Nguyen & Leveling, 2013). The medical summaries generated by REZIME are presented to patients and medical professionals. Therefore, the readability and clarity of the summaries is critical. In the design of REZIME, we opted for an extractive approach since non-extractive ones may lead to incoherent sentences, potentially giving inaccurate information to the user if it is incorrectly extracted from the original document.

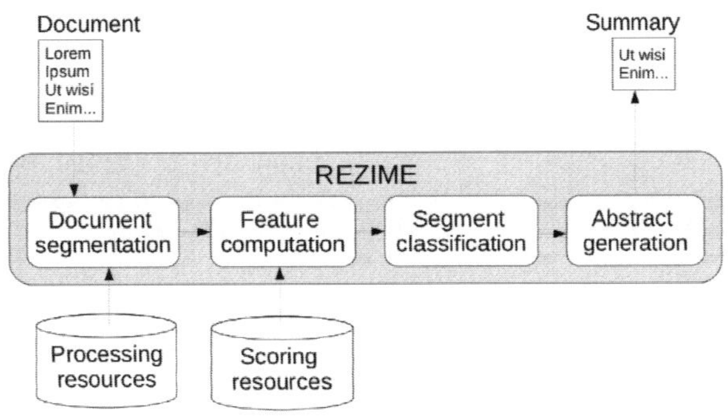


FIGURE 1: REZIME Workflow

For summarization, each document is processed in a workflow consisting of four steps, illustrated in Figure 1. First, the document is preprocessed to extract its structure (paragraphs, sentences, tokens). Each sentence is then represented by a vector of features, that can either be statistical or linguistic.

Seven term checking features are used to detect the presence or absence of particular significant words or phrases in sentences. It checks for the presence of pre-defined basic words that can help to create different summaries for a general audience or for professionals, and searches for cue phrases such as "importantly" or "in summary" as they are good indicators of whether a sentence should be included in a summary. It also counts the overlap of a sentence with the title terms as a feature. A naive Named Entity recognition tool checks for the number of capitalized words (the first word of the sentence is excluded). This naive approach is used since the summarizer is designed to work online and process summaries on the fly, so speed and robustness are significant issues. Preposition detection is used since they often give context to sentences. Finally, pronoun detection and counting of punctuation marks are used to discard sentences that contain too many of these features, which can make them hard to interpret independently. Most of these features are commonly used in summarization for newspaper articles (Lin, 1999).

Five non term checking features are used : a keyword cluster feature based on a method proposed by (Luhn, 1958) to score sentences according to the number of significant words they contain ; the global bushy feature, which generates inter-document links based on similarity of paragraphs (Salton *et al.*, 1997) ; count of the number of terms in each sentence, assuming that sentences which are too long or too short are less useful ; the position of a sentence in a paragraph, since sentences occurring early in a paragraph usually give context for all the paragraph ; and finally, TF-ISF, which is a sentence-level equivalent to TF-IDF.

Two features specific to the medical domain are also included : the affix presence feature, checking for terms containing medically-related affixes (896 affixes) ; and the domain term feature, checking for terms appearing in a list of medical terms (5,799 terms).

These features are then aggregated through a machine learning algorithm, in which the selection factors are combined in a weighted linear summation. Since development of the best machine learning algorithm is still in progress, we set all weights to 1 for this work. Finally, the selected sentences are post processed to provide a readable summary.

Some of these linguistic features rely on language-dependent resources. Their adaptation to the French language, is described in the following section.

# 4 Porting REZIME to the French Language

In this section, we describe the resources used by REZIME and their adaptation to the French language. Summarizers architectures and features are often language-independent, e.g. keyword or phrase matching, keyword clustering or the global bushy algorithm. The major challenges of porting a summarizer to a new language relate mainly the availability of the necessary linguistic resources in this language. Development of these resources can generally be achieved by different methods : (i) using an existing resource in the target language ; (ii) manually translating an existing resource ; (iii) automatically translating an existing resource ; or (iv) creating a new resource.

Option (iii) is in most cases not viable, especially for domain-specific resources in languages other than English. Option (iv) is costly, both in terms of time and manual labour. Thus, for each resource, we opted for the first two methods.

## 4.1 Resources used in the REZIME System

| Category | Resource name | Use |
|---|---|---|
| Preprocessing resources | poss_sent_end | Indicates which tokens can end a sentence |
| | bad_sent_start | Indicates an impossible beginning for a sentence |
| | bad_sent_end | Indicates an impossible end for a sentence |
| | abbreviations | List of common abbreviations |
| Feature computation resources | sections | Potential title of sections in a paper |
| | cue_phrases | Keywords indicating that a sentence may be important |
| | medical_dict | Affixes indicating a medical term (eg patho-, -trophy) |
| | medical_terms | List of medical terms |
| | SpacheWordList | List of most common words |
| | stopwords | List of stopwords |

TABLE 1: Resources for the Summarizer

The resources used by the summarizer can be divided into two categories : document processing resources and scoring resources. Table 1 gives a list of the specific resources used and the category they belong to. The first category includes keywords used for sentence boundary detection. These indicate how and where to split a text into paragraphs, a paragraph into sentences, and a sentence into tokens. Most of these resources include generic vocabulary and/or punctuation marks. The *poss_sent_end* resource contains punctuation marks that can appear at the end of a sentence (e.g.. '.', ' ?'). The abbreviation resource is composed of frequent acronyms and abbreviations (e.g.. 'Mr.', 'Dr.'). Most of the resources from this category are language independent (e.g. punctuation marks), at least among European languages.

The second category contains the resources used to represent sentences as vectors of features. These indicate sentence content that should be included in a summary. The *cue_phrases* resource contains a list of key phrases such as 'in conclusion', 'the most important'. The *SpacheWordList* resource lists frequent and general terms that should be preferred in a summary intended for non-specialists, e.g.. 'after', 'again'. Two scoring resources are specialized for the medical domain. Affixes for medical terms, which allow recognition of scientific terms, are created by using Greek and Latin elements (Andrews,

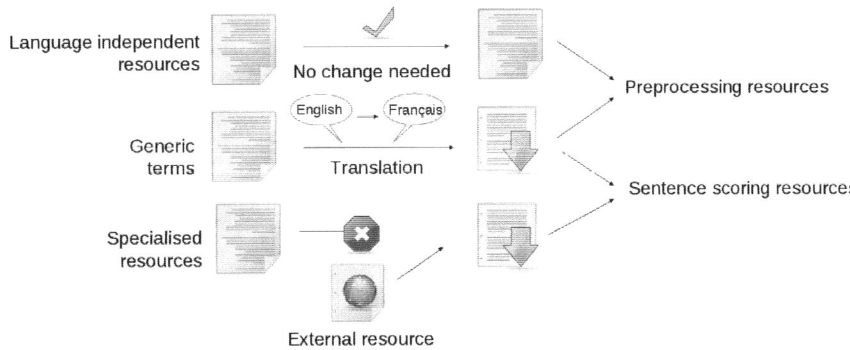


FIGURE 2: Strategies to port resources to the French language

1948). Nearly 900 of these affixes are gathered in our *medicat_dict* resource (e.g.. 'patho-', '-trophy'). The *medical_terms* list consists of several thousands of medical terms, drug names and symptoms, collected from `www.medterms.com`.

These resources are mainly language dependent. Therefore they needed to be adapted to the French language. As described in Figure 2, this requires a terminological and syntactical adaptation (translation), or sometimes involves including new resources. We describe this process in the following sections.

## 4.2 Porting Resources to the French language

### 4.2.1 Preprocessing Resources

Preprocessing resources include elements enabling REZIME to split paragraphs into sentences and sentences into word tokens, shown in Table 1. These resources are not specialized and need simple translation from English. Some of these tools did not need any modification since they contain only punctuation (*poss_sent_end*, *bad_sent_start* and *bad_sent_end*). The only resource translated is the list of general abbreviations and acronyms (*abbreviations*), which were manually translated by a native French speaker.

### 4.2.2 Adaptation of feature extraction resources

Feature extraction include elements used to represent sentences as feature vectors, in order to choose which ones should be included in a summary, as shown in Figure 1. These language specific resources cannot be automatically translated with a high enough accuracy for use in the REZIME system due to the presence of specialized vocabulary or specific linguistic features, e.g. medical terms, cue phrases. As shown in Figure 2, resources can either be (i) kept as they are ; (ii) translated ; or (iii) replaced by a French resource.

1. The list of medical affixes *medical_dict* did not have to be translated. These are Latin and Greek affixes (e.g. cephal-, coron-, -phage), that are also widely used to create French medical terms.
2. We manually translated *sections* and *cue_phrases*. These resources were short lists and a manual translation was the most cost-effective solution (e.g. significant).
3. Since similar resources were available in French, we replaced *medical_terms*, *stopwords* and *SpacheWordList*. The medical_terms resource was created in a European project [1]. It contains 1,840 medical terms, available in 8 languages, including French and English. The stopwords list is a short list of 126 terms. The SpacheWordList is composed of 1,750 words from the general language [2].

# 5 Evaluation and Comparison of the English and the French Summarizers

The goal of this experiment is to assess the effectiveness the ported REZIME summarizer, by investigating its performance relative to the original English summarizer. While an evaluation on a parallel test collection in two languages would have been ideal, we did not have access to such a collection. We test our system on two independent collections, both from the medical domain, but on two different specialities (the English one is generic, the French one deals with endoscopy).

1. `http://users.ugent.be/~rvdstich/eugloss/welcome.html`
2. `http://fr.wiktionary.org/wiki/Wiktionnaire:Liste_de_1750_mots_fran\%C3\%A7ais_les_plus_courants`

| | French | English |
|---|---|---|
| Origin | Acta Endoscopica | BioMed central |
| Corpus size (documents) | 104 | 100 |
| Average length of Manual Abstracts (words) | 220 | 250 |
| Average length of REZIME Summaries (words) | 218 | 230 |

TABLE 2: Statistics of the French and English corpora and summaries.

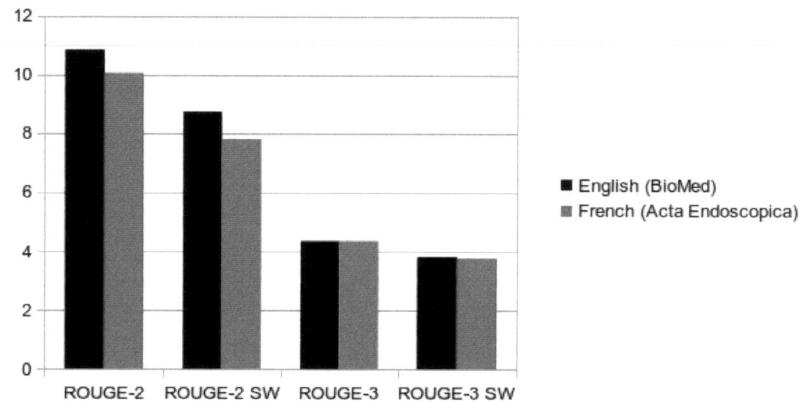


FIGURE 3: ROUGE scores for the English and the French summaries with REZIME

Our assumption is that the topical focus will not affect the results significantly, since the resources come from the same domain. In this section, we describe the two corpora used for our experiments and the encouraging results we obtained.

## 5.1 Evaluation Test Collections

To evaluate the similarity of the two systems, we used comparable corpora from the medical domain. We created a corpus for the French language from scientific articles on a medical speciality journal : Acta Endoscopica. The English corpus was composed of articles from BioMed Central (BMC) [3]. We assume a manually written abstract is a good quality summary of the scientific articles, and use these as a gold standard reference for automatic summarization to evaluate our system (da Cunha & Wanner, 2005).

The automatically created summaries are limited to a length of about 230 words which is comparable in length to the manual abstract provided with the documents. Our test sets consists of 100 documents in each language. Table 2 provides some statistics on the corpora.

## 5.2 Results

We measure the quality of the automatically created summaries using the ROUGE measure (Lin, 2004). We use ROUGE-2 and ROUGE-3 with and without considering stopwords, as they are the most widely used ROUGE scores. We are interested in changes that porting to French causes to the behaviour of the REZIME system. Figure 3 shows the experimental results.

We observe that the ROUGE-3 scores are almost identical for the two systems. The ROUGE-2 score drops by one point at most for the French system, we believe this is mostly due to the differences between corpora, the French corpora belonging to a more specific medical area, with terms that do not appear in our list of medical terms. ROUGE-3 gives lower results than ROUGE-2, as would be expected, since it is based on 3-grams instead of bigrams.

This experiment shows that porting the summarizer to another language leads to similar summarization performance. The lack of parallel data and the consequent use of varied evaluation collections could affect the results, but additional experiments would be required to investigate this potential effect.

3. http://www.biomedcentral.com

## 6 Conclusion and Future Work

In this paper, we described methods to adapt an extractive summarizer to another language. We presented results showing that single document summarization systems based on extraction can be successfully ported to an alternative language. Our adaptation technique is based on selecting and generating adequate resources by translation, which is an adequate approach even when the system deals with a specific context like the medical domain. We also created a new summarization evaluation collection, consisting of French documents from the medical domain.

As part of future work, we plan to investigate whether the technique which has been shown to be successful for French is also applicable to other pairs of languages, and to other domains.

## Acknowledgments

This work is supported in part by the Khresmoi project (257528) and SFI (07/CE/I1142) as part of the Centre for Next Generation Localisation at Dublin City University.

## Références

AFANTENOS S., KARKALETSIS V. & STAMATOPOULOS P. (2005). Summarization from medical documents : a survey. *Artificial intelligence in medicine*, **33**(2), 157–177.

ANDREWS E. (1948). A history of scientific English. *The American Journal of the Medical Sciences*, **215**(1), 120.

BARZILAY R. & MCKEOWN K. R. (2005). Sentence fusion for multidocument news summarization. *Computational Linguistics*, **31**, 297–328.

BOUDIN F. & TORRES-MORENO J.-M. (2009). Résumé automatique multi-document et indépendance de la langue : une première évaluation en français. In *TALN 2009 – Session posters*.

DA CUNHA I. & WANNER L. (2005). Towards the automatic summarization of medical articles in Spanish : Intergration of textual, lexical, discursive and syntactic criteria. *Crossing Barriers in Text Summarization Research, RANLP, Borovets*.

DALIANIS H., HASSEL M., STOCKHOLM K., SMEDT K. D., LISETH A., COGNIT T. C. L., WEDEKIND J. & COPENHAGEN C. (2004). Porting and evaluation of automatic summarization. In *Nordisk Sprogteknologi*, p. 107–121.

FERNANDEZ S., SANJUAN E. & TORRES-MORENO J. M. (2008). Enertex : un système basé sur l'énergie textuelle. In *TALN 2008*, p. 99–108.

LENCI A., BARTOLINI R., CALZOLARI N., AGUA A., BUSEMANN S., CARTIER E., CHEVREAU K. & COCH J. (2002). Multilingual summarization by integating linguistic resources in the MLIS-MUSI project. In *LREC*, volume 2, p. 1464–1471.

LIN C.-Y. (1999). Training a selection function for extraction. In *CIKM 1999*, p. 55–62 : ACM.

LIN C.-Y. (2004). Rouge : A package for automatic evaluation of summaries. In *Text Summarization Branches Out : Proceedings of the ACL-04 Workshop*, p. 74–81.

LITVAK M., LAST M. & FRIEDMAN M. (2010). A new approach to improving multilingual summarization using a genetic algorithm. In *ACL 2010*, p. 927–936.

LUHN H. P. (1958). The automatic creation of literature abstracts. *IBM Journal of research and development*, **2**(2), 159–165.

MANI I. & BLOEDORN E. (1998). Machine learning of generic and user-focused summarization. In *AAAI/IAAI*, p. 821–826.

NGUYEN D. & LEVELING J. (2013). Exploring domain-sensitive features for extractive summarization in the medical domain. In *Natural Language Processing and Information Systems*, volume 7934 of *LNCS*, p. 90–101.

RADEV D. R., HOVY E. H. & MCKEOWN K. (2002). Introduction to the special issue on summarization. *Computational Linguistics*, **28**, 399–408.

SALTON G., SINGHAL A., MITRA M. & BUCKLEY C. (1997). Automatic text structuring and summarization. *Information Processing & Management*, **33**(2), 193–207.

TORRES-MORENO J.-M., VELÁZQUEZ-MORALES P. & MEUNIER J.-G. (2001). Cortex : un algorithme pour la condensation automatique de textes. *ARCo 2001*, **2**.

# Extraction de données orales multi-annotées

Brigitte Bigi[1] Tatsuya Watanabe[1,2]
(1) Laboratoire Parole et Langage, AMU, CNRS, 5 avenue Pasteur, 13100 Aix-en-Provence
(2) Ortolang
brigitte.bigi@lpl-aix.fr, tatsuya.watanabe@atilf.fr

**Résumé.** Cet article aborde le problème de l'extraction de données orales multi-annotées : nous proposons une solution intermédiaire, entre d'une part les systèmes de requêtages très évolués mais qui nécessitent des données structurées, d'autre part les données (multi-)annotées des utilisateurs qui sont hétérogènes. Notre proposition s'appuie sur 2 fonctions principales : une fonction booléenne pour filtrer sur le contenu, et une fonction de relation qui implémente l'algèbre de Allen. Le principal avantage de cette approche réside dans sa généricité : le fonctionnement sera identique que les annotations proviennent de Praat, Transcriber, Elan ou tout autre logiciel d'annotation. De plus, deux niveaux d'utilisation ont été développés : une interface graphique qui ne nécessite aucune compétence ou connaissance spécifique de la part de l'utilisateur, et un interrogation par scripts en langage Python. L'approche a été implémentée dans le logiciel SPPAS, distribué sous licence GPL.

**Abstract.** This paper addresses the problem of extracting multimodal annotated data in the linguistic field ranging from general linguistic to domain specific information. Our proposal can be considered as a solution or a least an intermediary solution that can link together requesting systems and expert data from various annotation tools. The system is partly based on the Allen algebra and consists in creating filters based on two functions : a boolean function and a relation function. The main advantage of this approach lies in its genericity : it will work identically with annotations from Praat, Transcriber, Elan or from any other annotation software. Furthermore, two levels of usage have been developed : a graphical user interface graph that not requires any skill or knowledge, and a query form in Python. This system is included in the software SPPAS and is distributed under the terms of the GPL license.

**Mots-clés :** multimodalité, corpus, extraction.

**Keywords:** multimodality, corpus, extraction.

## 1 Introduction

Au cours de ces dix dernières années, la quantité de données linguistiques qui sont devenues disponibles a considérablement augmenté, non seulement pour les corpus écrits, mais aussi pour les données orales. Dans divers domaines de la linguistique, il est aujourd'hui de plus en plus attendu pour les linguistes que leurs études portent sur des quantités importantes de données empiriques, pouvant comprendre jusqu'à plusieurs heures de parole. Jusqu'à il y a quelques années, il était difficile, voire impossible, de manipuler de telles quantités de données. De nombreux logiciels, distribués librement, permettent désormais d'annoter manuellement des corpus oraux, tels que *Transcriber* (Barras *et al.*, 1998), *Praat* (Boersma, 2001), ou *WaveSurfer* (Sjölander et Beskow, 2000), pour ne citer que quelques uns des plus populaires (voir (Llisterri, 2011) pour une étude complète des logiciels d'analyse de la parole). D'autres outils sont plus orientés vers l'annotation manuelle à partir de vidéos, tels que *Elan* (Brugman *et al.*, 2004) ou *Anvil* (Kipp, 2013), mais on ne peut pas les utiliser pour effectuer des annotations phonétiques ou prosodiques précises. D'autres outils, ou boîtes à outils, permettent d'annoter automatiquement de très grandes quantités de données orales, pour divers niveaux d'annotations. Le LPL, par exemple, distribue le logiciel *SPPAS* (Bigi et Hirst, 2012), sous licence GPL, qui permet d'obtenir une segmentation automatique en mots, syllabes et phonèmes, à partir d'enregistrements audio transcrits. Un analyseur morpho-syntaxique y est également développé (Rauzy et Blache, 2009) et permet d'obtenir automatiquement un étiquetage de données orales alignées sur le signal.

La plupart du temps, les données annotées sont représentées sous la forme de "tiers". Ces "tiers" sont composées de séries d'intervalles (ou de points pour le logiciel Praat). Les intervalles sont définis par un temps de début, un temps de fin et un label. Dans Praat, aucun lien ne peut être défini entre les "tiers". Dans ANVIL, par contre, avant toute utilisation, un schéma d'annotation doit être défini. De cette manière, des dépendances peuvent être établies entre les "tiers".

Ainsi, les annotations depuis ces dernières années ont ceci de particulier qu'elles concernent de plus en plus souvent différents domaines, notamment grâce aux développements logiciels récents. C'est ce qui est constaté dans (O'Halloran et Smith, 2012) : "in recent decades the rapid increase in sophistication and availability of technological (particularly computational) resources and techniques for analysis of multimodal text has no doubt driven the rapid increase in multimodal analyses appearing within a range of disciplines, vastly improving, as technology did for the study of speech earlier, our access to and understanding of multimodal text using, for example, multimodal annotation software".

Les annotations multimodales comprennent des informations qui peuvent concerner divers domaines tels que la prosodie, la phonétique, la syntaxe, le discours, la gestuelle, etc, comme par exemple dans (Blache *et al.*, 2010). Ainsi, le plus grand obstacle aujourd'hui auquel les linguistes doivent faire face n'est pas le stockage de données, ni leur annotation, mais plutôt leur *exploration*. Ce challenge est notamment mentionné dans (O'Halloran, 2011), "The major challenge to Multimodal Discourse Analysis is managing the detail and complexity involved in annotating, analysing, searching and retrieving multimodal semantics patterns within and across complex multimodal phenomena.".

Parallèlement, les moyens pour requêter des données se sont considérablement améliorés, passant de simples bases de données sous formes de tables interrogées à l'aide de langages comme SQL, à des systèmes complexes de stockage de l'information (OWL par exemple) permettant des requêtes élaborées à l'aide de langages (sparql ou Xquery par exemple). Cependant, à notre connaissance, aucun de ces systèmes ne permet l'exploration et l'extraction directement à partir des données issues des logiciels d'annotation.

Dans cet article, nous proposons une solution simple et originale qui permet d'explorer/extraire directement les données multi-annotées des utilisateurs. Le système proposé se situe à mi-distance entre d'une part les systèmes d'interrogations qui ne peuvent opérer que sur des données structurées et les recherches "élémentaires" à base de patrons que l'on trouve dans les différents logiciels d'annotations. Notre système consiste à créer des filtres, puis à les appliquer sur les données annotées. En sortie, il produit une nouvelle annotation en fonction de la sélection effectuée. La version actuelle permet de traiter des données provenant des logiciels d'annotation Transcriber, Praat, Elan ou à partir de fichiers CSV. De plus, d'autres formats pourront s'ajouter à cette liste sans remettre en cause le fonctionnement interne du système.

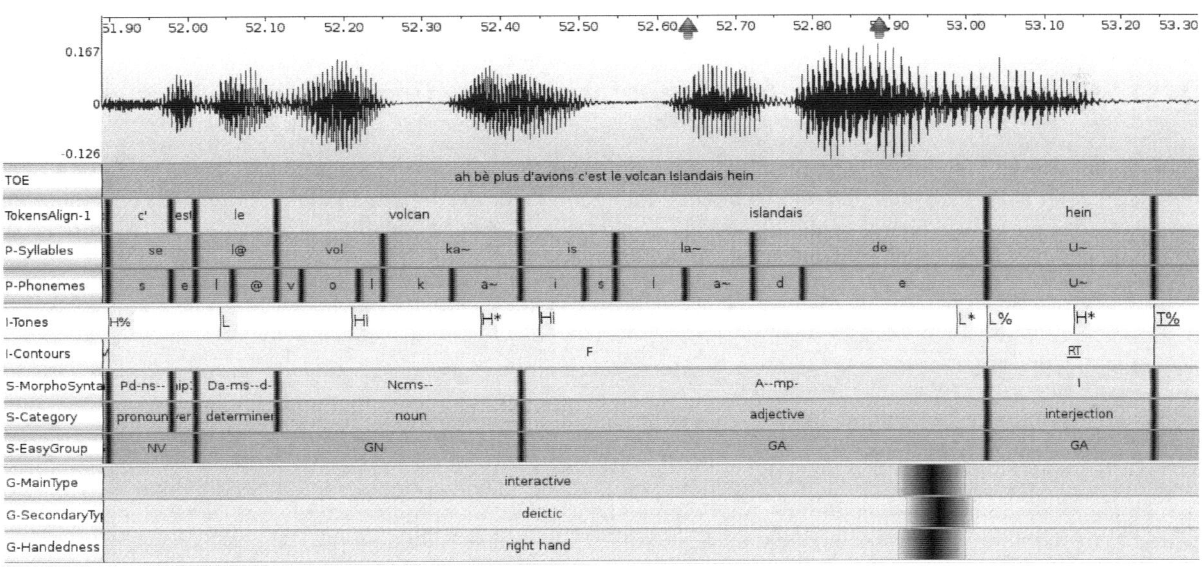


FIGURE 1 – Exemple de données multi-annotées manuellement et automatiquement, importées de 3 logiciels différents.

## 2 Représentation des données multi-annotées

La difficulté majeure dans le traitement de ces données provient essentiellement de la nature même des annotations : selon le type d'annotations, les bornes des intervalles sont placées de façon plus ou moins précise. Par exemple, lorsqu'il s'agit d'annotations phonétiques ou prosodiques la précision est de l'ordre de quelques millisecondes. D'autres annotations, comme celle des types de gestes, ne peuvent pas être plus précises que la durée d'une image, soit 40 ms la plupart du temps. Pour surmonter cette difficulté, une solution pour représenter les données a été proposée dans (Bigi *et al.*, 2014). Elle consiste à représenter un point dans le temps $X$ à l'aide de deux valeurs : un "midpoint" $M_x$ (valeur centrale) et un "radius" $R_x$ (zone d'incertitude), tel que $X = (M_x, R_x)$.

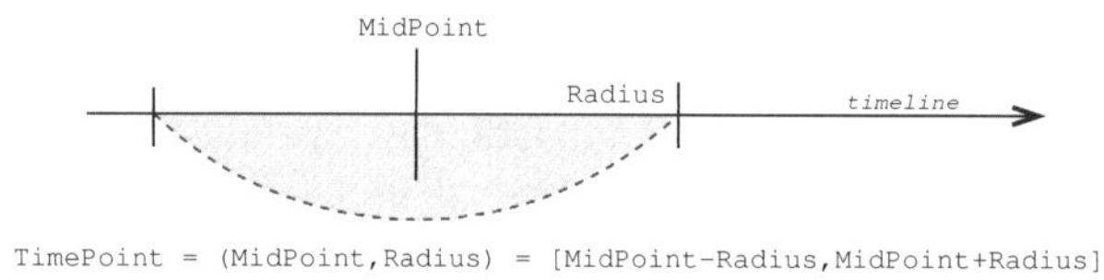


FIGURE 2 – Représentation du temps des données annotées

L'utilisation la plus simple de ces valeurs consiste à attribuer au radius une valeur égale à la moitié de la valeur du taux d'échantillonnage du média annoté (par exemple, 20 ms dans le cas d'une vidéo), ou à la durée que représente 1 pixel à l'écran au moment de l'annotation. Les comparaisons de deux points dans le temps $X$ et $Y$ se feront comme décrit dans l'équation 1.

$$\begin{aligned} X = Y &\Leftrightarrow |M_X - M_Y| \leq R_X + R_Y \\ X < Y &\Leftrightarrow \neg(X = Y) \wedge (M_X < M_Y) \\ X > Y &\Leftrightarrow \neg(X = Y) \wedge (M_X > M_Y) \end{aligned} \tag{1}$$

La figure 1 montre différentes annotations dans lesquelles les bornes utilisent cette notion. La valeur de radius a été fixée à 30 ms pour les annotations gestuelles, 0 ms pour les annotations prosodiques, et 5 ms pour les autres annotations.

Le système d'interrogation proposé dans cet article s'appuie sur cette représentation des données afin de rendre l'extraction plus robuste (en particulier lorsqu'il sera question de faire des extractions multi-domaines).

## 3 Filtrage sur un seul niveau d'annotation : fonction booléenne

Cette section décrit l'ensemble des filtres qui ont été prévus pour extraire les données d'une seule "tier" (une ligne d'annotation). Nous montrons la syntaxe que nous proposons d'utiliser avec **l'interpréteur Python**. Chacune des fonctionnalités peut être utilisée via **l'interface graphique** (figure 3). Dans la suite, nous noterons $Bool$ une fonction booléenne qui s'applique sur chacune des annotations d'une tier $T$, à l'aide d'un filtre $f$.

La recherche à base de patrons constitue une partie importante de tout système d'extraction. Ainsi, les filtres qui suivent sont proposés afin de sélectionner les annotations selon leur label (on note $P$, le patron à chercher) :
- correspondance exacte : $f = T(Bool(exact = P))$,
- contient : $f = T(Bool(contains = P))$,
- commence par, $f = T(Bool(startswith = P))$,
- termine par, $f = T(Bool(endswith = P))$,
- expression régulière, $f = T(Bool(regexp = R))$.

Les fonctions booléennes peuvent être inversées (si elles sont précédées par le caractère $\sim$ ). De plus, les recherches peuvent être sensibles à la casse ou non (sauf le dernier), si le critère commence par 'i', par exemple : $f = T(\sim Bool(iexact = P))$.

Deux types de filtres peuvent être créés avec des critères de temps : en fonction de la durée d'une annotation, ou de ses valeurs de début et de fin :
- une durée inférieure à une valeur $v$ : $f = T(Bool(duration\_lt = v))$,
- une durée inférieure ou égale à une valeur $v$ :$f = T(Bool(duration\_le = v))$,
- une durée supérieure à une valeur $v$ : $f = T(Bool(duration\_gt = v))$,

— une durée supérieure ou égale à une valeur $v$ : $f = T(Bool(duration\_ge = v))$,
— une durée égale à une valeur $v$ : $f = T(Bool(duration\_e = v))$,
— le début doit être après ou égale à un temps $t$ : $f = T(Bool(begin\_ge = t))$,
— la fin doit être avant ou égale à un temps $t$ : $f = T(Bool(end\_le = t))$.

L'implémentation des opérateurs & ("ET") et | ("OU") permet de combiner ces critères. Par exemple, on pourra écrire : $f = T(((Bool(exact = P_1) \mid Bool(exact = P_2))) \,\&\, Bool(duration\_lt = v))$.

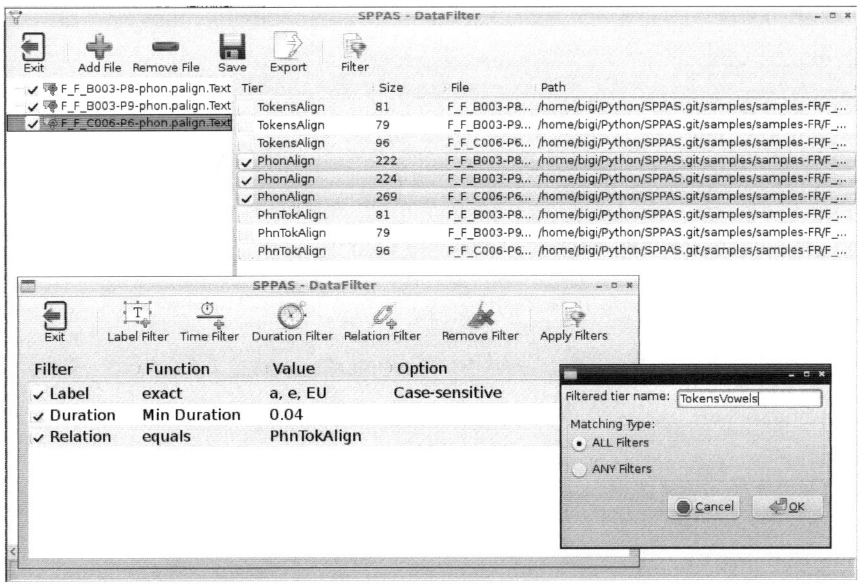


FIGURE 3 – Filtrage à l'aide de l'interface graphique.

# 4 Filtrage entre différents niveaux d'annotations : fonction relation

Dans la théorie de Allen, les manières d'ordonner les extrémités de deux intervalles sont décrites par 13 relations atomiques (before, after, meets, met by, overlaps, overlapped by, starts, started by, finishes, finished by, contains, during, equals). L'implémentation que nous proposons des relations de Allen est décrite dans la table 1, où l'on note $X = [X^-, X^+]$ et $Y = [Y^-, Y^+]$ deux intervalles non réduits à un point. Nous avons étendue notre implémentation aux 25 relations du modèle INDU ("INterval and DUration"), proposé dans (Pujari *et al.*, 2000), qui intègre des contraintes de durées des intervalles aux relations de Allen : $X$ est de durée inférieure, supérieure ou égale à $Y$.

De plus, nous avons ajouté des critères de délai pour les relations "after" et "before", ainsi que pour les relations "overlaps" et "overlapped by".

Pour simplifier l'utilisation, nous proposons 3 meta-règles : "equals", "convergent" et "disjoint". La meta-relation convergent inclue overlaps, overlapped by, starts, started by, during, contains, finishes et finished by. La meta-relation "disjoint" inclue before, after, meets et met by.

Enfin, dans la mesure où certains logiciels proposent d'utiliser des annotations sous forme de points plutôt que d'intervalles, nous avons implémenté cette possibilité.

# 5 Exemple de requête

À titre d'illustration, cette section présente l'implémentation Python d'une requête, sachant que celle-ci peut tout aussi bien être réalisée avec l'interface graphique : **Quels sont les gestes pendant les pauses ?**

TABLE 1 – Relations de Allen entre deux intervalles, et leur implémentation à l'aide de deux filtres $f_1$ et $f_2$

| Filtre relationnel | Illustration | Description |
|---|---|---|
| $f_1.Link(f_2, Rel("before"))$ | X Y | $X^+ < Y^-)$ |
| $f_1.Link(f_2, Rel("after"))$ | X Y | $(X^- > Y^+)$ |
| $f_1.Link(f_2, Rel("meets"))$ | X Y | $(X^+ = Y^-)$ |
| $f_1.Link(f_2, Rel("metby"))$ | X Y | $(X^- = Y^+)$ |
| $f_1.Link(f_2, Rel("overlaps"))$ | X Y | $(X^- < Y^-) \wedge (X^+ > Y^-) \wedge (X^+ < Y^+)$ |
| $f_1.Link(f_2, Rel("overlappedby"))$ | X Y | $(X^- > Y^-) \wedge (X^- < Y^+) \wedge (X^+ > Y^+)$ |
| $f_1.Link(f_2, Rel("starts"))$ | X Y | $(X^- = Y^-) \wedge (X^+ < Y^+)$ |
| $f_1.Link(f_2, Rel("startedby"))$ | X Y | $(X^- = Y^-) \wedge (X^+ > Y^+)$ |
| $f_1.Link(f_2, Rel("during"))$ | X Y | $(X^- > Y^-) \wedge (X^+ < Y^+)$ |
| $f_1.Link(f_2, Rel("contains"))$ | X Y | $(X^- < Y^-) \wedge (X^+ > Y^+)$ |
| $f_1.Link(f_2, Rel("finishes"))$ | X Y | $(X^- > Y^-) \wedge (X^+ = Y^+)$ |
| $f_1.Link(f_2, Rel("finishedby"))$ | X Y | $(X^- < Y^-) \wedge (X^+ = Y^+)$ |
| $f_1.Link(f_2, Rel("equals"))$ | X Y | $(X^- = Y^-) \wedge (X^+ = Y^+)$ |

Après avoir récupéré les tiers concernées par la recherche, il faut fixer une valeur de radius appropriée, qui dépend du type d'annotation. Cette étape favorisera les comparaisons, en s'appuyant sur les equations décrites en (1), dans les relations de la table 1. La valeur de temps s'indique en secondes :

```
gestures.SetRadius(0.02)
tokens.SetRadius(0.001)
```

Ensuite, une fonction booléenne est créée pour chacune des tiers. Dans cet exemple, il n'y a pas de critère de sélection sur les gestes. Par contre, il faut sélectionner les pauses dans la tier des tokens. Nous garderons les pauses silencieuses de plus de 200ms et les pauses pleines de plus de 100ms. Ces fonctions booléennes sont données en paramètre pour créer les filtres :

```
fgest = gestures()
ftokens = tokens((Bool(exact='euh') & Bool(duration_gt=0.1)) |\
          (Bool(exact='#') & Bool(duration_gt=0.2)))
```

Il faut alors déclarer une fonction de relations, qui dresse l'inventaire de chacune des relations de Allen qui pourra être vraie pour qu'une annotation soit acceptée :

```
relation = Rel('starts') | Rel('startedby') | Rel('finishes') | Rel('finishedby') |\
           Rel('during') | Rel('contains')  | Rel('overlaps') | Rel('overlappedby')
```

La fonction de relation sert à créer un nouveau filtre pour obtenir une tier qui ne contient que les gestes recherchés :

```
f = fgest.Link(ftokens, relation)
new_gest_tier = fget.Filter()
```

# 6 Conclusion

Nous avons proposé un système d'extraction de données multi-annotées provenant, éventuellement, de différents logiciels d'annotation couramment utilisés par les linguistes. Ce système repose que l'implémentation de deux fonctions : une fonction booléenne pour filtrer sur le contenu des annotations et une fonction de relation basée sur l'algèbre de Allen. L'avantage principal de notre proposition réside dans le fait que *les requêtes peuvent être formulées par les annotateurs eux-mêmes, directement sur leurs annotations*, notamment via l'interface graphique. Ce système permet ainsi de répondre concrètement à un besoin exprimé par les annotateurs, qui sont dans l'impossibilité d'utiliser les systèmes de requêtes existant (SQL, Xquery, etc). Le système proposé fait parti de SPPAS, logiciel librement distribué. De plus, avec des compétences élémentaires en Python, les données peuvent également être interrogées à l'aide de l'API fournie. Dans un futur proche, il est notamment prévu d'ajouter l'importation d'annotations provenant d'autres logiciels.

# Remerciements

Ce travail, mené dans le cadre de la mise en place de l'Equipex ORTOLANG a bénéficié d'une aide de l'État gérée par l'ANR au titre du programme Investissement d'Avenir portant la référence ANR-11-EQPX0032.

# Références

BARRAS, C., GEOFFROIS, E., WU, Z. et LIBERMAN, M. (1998). Transcriber : a free tool for segmenting, labeling and transcribing speech. *In First International Conference on Language Resources and Evaluation*, pages 1373–1376, Granada (Spain).

BIGI, B. et HIRST, D. (2012). SPeech Phonetization Alignment and Syllabification (SPPAS) : a tool for the automatic analysis of speech prosody. *In* TONGJI UNIVERSITY PRESS, I., éditeur : *Speech Prosody*, Shanghai (China).

BIGI, B., WATANABE, T. et PRÉVOT, L. (2014). Representing multimodal linguistics annotated data. *In Language Resources and Evaluation Conference*, Reykjavik (Iceland).

BLACHE, P., BERTRAND, R., BIGI, B., BRUNO, E., CELA, E., ESPESSER, R., FERRÉ, G., GUARDIOLA, M., HIRST, D., MAGRO, E.-P., MARTIN, J.-C., MEUNIER, C., MOREL, M.-A., MURISASCO, E., NESTERENKO, I., NOCERA, P., PALLAUD, B., PRÉVOT, L., PRIEGO-VALVERDE, B., SEINTURIER, J., TAN, N., TELLIER, M. et RAUZY, S. (2010). Multimodal annotation of conversational data. *In The Fourth Linguistic Annotation Workshop*, pages 186–191, Uppsala (Sueden).

BOERSMA, P. (2001). Praat, a system for doing phonetics by computer. *Glot International*, 5 :9/10:341–345.

BRUGMAN, H., RUSSEL, A. et NIJMEGEN, X. (2004). Annotating multi-media / multimodal resources with ELAN. *In Fourth International Conference on Language Resources and Evaluation*, pages 2065–2068, Lisbon (Portugal).

KIPP, M. (2013). *ANVIL : A Universal Video Research Tool*. J. Durand, U. Gut, G. Kristofferson (Hrsg.) Handbook of Corpus Phonology, Oxford University Press.

LLISTERRI, J. (2011). Speech analysis and transcription software. http ://liceu.uab.es/~joaquim/phonetics/fon_anal_acus/herram_anal_acus.html.

O'HALLORAN, K. L. (2011). Multimodal discourse analysis. *Companion to Discourse*, pages 120–137.

O'HALLORAN, K. L. et SMITH, B. A. (2012). Multimodal text analysis. *The Encyclopedia of Applied Linguistics*.

PUJARI, A. K., KUMARI, G. V. et SATTAR, A. (2000). INDU : An interval duration network. *In Sixteenth Australian joint conference on AI*, pages 291–303. SpringerVerlag.

RAUZY, S. et BLACHE, P. (2009). Un point sur les outils du LPL pour l'analyse syntaxique du français. *In Actes de la Journée ATALA "Quels analyseurs syntaxiques pour le français ?"*, Paris (France).

SJÖLANDER, K. et BESKOW, J. (2000). WAVESURFER - an open source speech tool. *In 6th International Conference of Spoken Language Processing*, Beijing (China).

# Annotation de la temporalité en corpus : contribution à l'amélioration de la norme TimeML

Anaïs Lefeuvre[1], Jean-Yves Antoine[1], Agata Savary[1], Emmanuel Schang[2], Lotfi Abouda[2], Denis Maurel[1], Iris Eshkol[2]
(1) Université François Rabelais de Tours, laboratoire LI
(2) Université d'Orléans, laboratoire LLL, UMR 7270

**Résumé.** Cet article propose une analyse critique de la norme TimeML à la lumière de l'expérience d'annotation temporelle d'un corpus de français parlé. Il montre que certaines adaptations de la norme seraient conseillées pour répondre aux besoins du TAL et des sciences du langage. Sont étudiées ici les questions de séparation des niveaux d'annotation, de délimitation des éventualités dans le texte et de l'ajout d'une relation temporelle de type associative.

**Abstract.** This paper reports a critical analysis of the TimeML standard, in the light of a temporal annotation that was conducted on spoken French. It shows that the norm suffers from weaknesses that must be corrected to fit the needs of NLP and corpus linguistics. These limitations concern mainly 1) the separation of different levels of linguistic annotation, 2) the delimitation in the text of the events, and 3) the absence of a bridging temporal relation in the norm.

**Mots-clés :** annotation temporelle, TimeML, éventualités, relations temporelles, expressions temporelles
**Keywords:** temporal annotation, TimeML, eventualities, temporal relations, time expressions

## 1 Introduction : normalisation des ressources linguistique en TAL

La lecture des actes de la première édition de la conférence TALN, organisée il y a 20 ans à Marseille, nous renseigne sur l'évolution de la discipline, marquée par le développement des approches par apprentissage : seules 13% des communications de l'époque évoquaient des approches centrées sur les données. Cette évolution fut celle du passage de la linguistique computationnelle à l'ingénierie des langues. D'un point de vue méthodologique, elle s'est traduite par le recours de plus en plus systématique aux corpus. Avec l'émergence d'Internet et du *Big Data*, une masse sans cesse accrue d'information textuelle est désormais disponible. La question qui se pose n'est plus l'accès au matériau linguistique mais à son annotation, description enrichie essentielle à de nombreuses applications. L'annotation manuelle de corpus étant coûteuse, la création de telles ressources reste limitée. Pour palier cette difficulté, certains s'en remettent à une annotation automatique dont les erreurs sont compensées par la masse de données enrichies (Clark et Lappin 2010). La diffusion d'annotations manuelles d'envergure et de qualité reste néanmoins une question cruciale. Afin de favoriser la réutilisabilité des ressources, il est nécessaire de définir des normes d'annotation acceptées de tous. Cet effort de normalisation reste toutefois insuffisant. La reconnaissance des entités nommées est symptomatique de cette situation. La notion d'entité nommée n'a cessé d'évoluer au fil des campagnes d'évaluation sans arriver à un réel standard consensuel. D'où l'existence de corpus reposant sur des typologies peu compatibles.

L'annotation en temporalité semble avoir évité cet écueil. Elle a fait l'objet de la publication d'une norme, TimeML proposée par le comité TC37de l'ISO (2008). Elle a été adoptée par de multiples corpus, avec parfois des adaptations comme ce fut le cas pour le French TimeBank (Bittar and al., 2011). Cette norme présente toutefois à nos yeux comme à d'autres (Battistelli, 2009) des insuffisances qu'il convient de circonscrire. Après un état de l'art sur l'annotation en temporalité, cet article présente une analyse critique de certaines faiblesses de la norme ISO TimeML et tente d'y apporter des réponses. Cette réflexion est portée par un consortium dont l'ambition est de réaliser un corpus de grande envergure annoté en temporalité, comme il l'a déjà fait pour l'annotation en coréférence avec le corpus ANCOR_Centre (Muzerelle et al. 2013, Muzerelle et al. 2014). Ce texte ne constitue pas la proposition d'une nouvelle norme, mais le fruit de réflexions issues d'ateliers d'annotation que nous portons auprès de la communauté TALN pour alimenter le début d'une nécessaire évolution de la norme TimeML.

## 2 Annotation en temporalité

L'annotation de la temporalité linguistique demande dans un premier lieu de définir ce qu'est un évènement, élément constitutif de la temporalité du discours. On retiendra deux définitions pertinentes, la première de Mani et al. (2005) :

> *"We consider "events" a cover term for situations that happen or occur. Events can be punctual or last for a period of time. We also consider as events those predicates describing states or circumstances in which something obtains or holds true."* (Mani et al., 2005)

> "*Nous utiliserons (...) le terme d'éventualité (...) comme terme générique pour désigner quelque chose qui se produit, qui a lieu ou qui est vrai sur une période donnée de temps.*" (De Saussure, 1997)

Ces deux définitions rendent compte de la diversité des évènements évoqués dans le discours. Diversité que nous chercherons à représenter par le terme générique d'éventualité (Bach, 1981), et non d'évènement. Pour analyser temporellement un énoncé, il est également nécessaire de détecter les relations entre ces entités du discours. (Allen, 1983) en propose un modèle standard reposant sur 13 relations minimales entre intervalles.

(1) *Tu restes la semaine à Paris, j'y serai à partir de mercredi.*
(2) *Je reste la semaine à Paris d'où je pars pour Londres.*

L'exemple (1) illustre la relation d'*overlap*, qui suppose l'existence d'une intersection entre les intervalles mobilisés par "*tu restes la semaine à Paris*" et "*j'y serai à partir de mercredi*". L'exemple (2) illustre la relation *meet*. Celle-ci décrit le fait qu'une éventualité, ("*je pars pour Londres*") succède immédiatement à une autre ("*je reste la semaine à Paris*").

L'annotation de la temporalité a été initialement motivée par des visées applicatives, notamment en extraction d'information. Des campagnes d'évaluation ont défini des tâches bien délimitées, de complexité croissante, chacune étant associée à un schéma d'annotation spécifique. Ainsi, MUC-7 et CoNLL 2002-2003 ont proposé les tâches de repérage d'entités nommées incluant des expressions temporelles. ACE 2005-2007 a complété cette tâche par une phase de normalisation d'expressions temporelles et a introduit la tâche de repérage et de caractérisation d'évènements. TempEval à son tour a proposé une tâche d'identification automatique des relations temporelles à partir des expressions temporelles et événements déjà identifiés dans le texte. Un des résultats de ces initiatives est la construction progressive d'un standard d'annotation qui a donné lieu à la norme TimeML, dont nous donnons un aperçu à la section suivante.

Un des challenges récents dans la reconnaissance d'entités nommées, y compris temporelles, est celui du repérage des entités imbriquées (Savary et al. 2010, Gravier et al., 2012), comme par exemple dans l'entité nommée [*conseil général* [*du Morbihan*]]. L'imbrication permet de mettre directement en évidence certaines relations inter-entités, mais complexifie la tâche des systèmes de reconnaissance automatique. Certains travaux tentent de contourner la difficulté du repérage des frontières de ces entités/mentions en identifiant seulement leurs têtes lexicales. Comme nous l'expliquerons dans la section 3.2, nous nous plaçons du côté des approches qui délimitent la portée textuelle complète des entités/mentions (Muzerelle et al. 2013, Ogrodniczuk et al. 2013).

Notons enfin, que l'intérêt de la prise en compte de l'information temporelle est partagée par d'autres domaines. Ainsi, les spécialistes de représentation de connaissances, et notamment des Linked Open Data, ont identifié le besoin de raisonnement automatique de nature spatio-temporelle, et ont pour cela proposé des extensions aux ontologies existantes, telles que YAGO2 (Hoffart et al., 2011), et aux formalismes associés (RDF, SPARQL, etc.), en y incluant notamment des dimensions temporelles (par addition d'intervalles temporels pour caractériser l'existence des entités).

## 3 TimeML

Dans le domaine du TALN, la norme ISO TimeML s'est imposée comme un standard de facto pour l'annotation de la temporalité. Des corpus annotés suivant le format ISO TimeML existent ainsi pour l'anglais, le français, l'italien, le portugais, le coréen, le roumain et le chinois. TimeML distingue tout d'abord trois types d'unités:

- EVENT, reprenant globalement la notion d'éventualité typée (*state*, *occurrence*, etc.) et attachée à la tête du syntagme (verbal, nominal, adjectival ou prépositionnel) correspondant. Un EVENT est assorti d'un ou plusieurs MAKEINSTANCE qui permettent d'annoter les différentes instances du même EVENT en donnant plusieurs traits à ceux-ci (part-of-speech, tense, aspect, etc.). Par exemple, l'énoncé suivant sera annoté avec un EVENT attaché à "*enseigné*" et deux objets MAKEINSTANCE, un pour chacune des instances de cette éventualité.

  (3) *Jean a enseigné deux fois lundi*

- TIMEX : les expressions temporelles expriment une date calendaire, un horaire, une durée, un ensemble d'horaires (*date*, *time*, *duration*, *set*). Pour l'exemple (3), "*lundi*" sera annoté TIMEX.
- SIGNAL : termes linguistiques qui marquent l'existence d'une relation temporelle entre deux éventualités.

Enfin, 3 relations sont proposées :

- TLINK : relation entre deux EVENTs, un EVENT et un TIMEX, ou encore entre deux TIMEXs, suivant la typologie de Allen. TimeML ajoute une relation *identity* pour la coréférence temporelle.
- ALINK : relation aspectuelle entre EVENTs, permet d'annoter l'opération d'un EVENT sur un second telle que la sélection de sa phase initiale, finale, son apogée etc. Dans l'exemple suivant, "*démarré*" et "*cours*" sont deux EVENTs reliés par une relation ALINK dont le type est *initiates* :

  (4) *Jean a démarré son cours à 14h.*

- SLINK : relation de subordination entre deux EVENTs, marquant l'influence du premier sur la factivité du second. Dans l'exemple suivant "*oublié*" et "*était à Paris*" sont liés par un SLINK de type *factive*.

  (5) *Jean a oublié qu'il était à Paris ce jour là.*

# 4 Limites de TimeML

Dans le cadre du projet TEMPORAL, financé par la MSH Val de Loire, nous comptons ajouter une couche d'annotation temporelle au corpus ANCOR_Centre (Muzerelle et al. 2013, 2014). Couvrant un large éventail de relations anaphoriques ou de coréférence, ce grand corpus oral ne recense toutefois pas les anaphores abstraites (Dipper & Zinsmeister, 2010) telles que :

(6) L1 : *Pierre a encore cassé sa voiture.*
L2 : *Venant de lui,* ***ça*** *ne m'étonne pas.*

Ici, le pronom anaphorique "*ça*" a pour antécédent l'éventualité décrite par l'ensemble de l'énoncé de L1. TEMPORAL avait pour objectif initial de rendre compte de ce genre de situations avec la norme TimeML. Une démarche méthodologique consistant à réaliser à intervalles réguliers des ateliers d'annotation entre experts nous a toutefois révélé certaines limitations pénalisantes de la norme, qui sont l'objet du présent article.

## 4.1 Confusion entre les niveaux d'annotation

ISO TimeML cherche visiblement à intégrer dans une seule couche d'annotation tous les éléments nécessaires à la résolution des références temporelles. Ce choix conduit à des corpora auto-suffisants mais induit des incohérences du fait de la juxtaposition d'annotations de niveaux linguistiques différents. C'est ainsi le cas de la distinction entre évènement et instance (EVENT/MAKEINSTANCE). EVENT est en effet directement lié à un observable linguistique, marqueur de l'éventualité dans l'énoncé, tandis que l'instance réfère à la réalisation effective de cette éventualité. Paradoxalement, TimeML confère à l'instance l'ensemble des traits qui décrivent l'éventualité, alors que ceux-ci sont clairement liés à sa réalisation linguistique en contexte (*tense*, *aspect*, *etc.*).

(7) *Jean a enseigné deux fois lundi.*

Ainsi, l'exemple (7), transposé du guide d'annotation TimeML, montre une répétition d'éventualités. La norme propose de définir un EVENT pour décrire une éventualité traduite par le verbe "*a enseigné*", puis deux instances correspondant aux deux réalisations successives de cette éventualité. Il serait préférable de définir des niveaux d'annotation séparés, ce que permet le format déporté d'ISO TimeML. Nous conseillons même de ne conserver que les objets EVENT en leur intégrant les attributs de MAKEINSTANCE comme dans le French TimeBank (Bittar et al. 2011), nous limitant à une annotation objective purement linguistique. L'annotation combinée des deux niveaux pose en effet des questions en termes de fiabilité des données. Considérons maintenant l'énoncé (8) :

(8) *Jean a enseigné aux L1 le lundi et Marc aux L2 le mardi.*

Doit-on encore considérer comme TimeML qu'il n'y a qu'une seule éventualité et plusieurs instances, alors que les actions diffèrent, puisque les arguments du verbe varient ? Dès lors, où s'arrête la distinction entre éventualités et instances ? Dans le cadre du projet TEMPORAL qui réunit nos deux laboratoires, nous proposons de nous limiter à une annotation purement linguistique qui limite ce genre de questionnement. L'annotation pourrait ensuite être complétée par d'autres couches pour les communautés travaillant sur la recherche d'information ou les systèmes question/réponse.

## 4.2 Délimitation des éventualités

La remarque précédente pose la question de la délimitation des éventualités. ISO TimeML a choisi de caractériser les éventualités uniquement par la tête lexicale de leur observable linguistique, en ignorant leurs arguments. Ce choix est motivé par le souci de simplifier la tâche des annotateurs (Bittar, 2008). Cette question a préoccupé Pustejovsky et ses collègues, qui ont proposé d'annoter à part les arguments des têtes lexicales portant une éventualité (Pustejovsky et al. 2006). Cette proposition n'a toutefois pas été retenue dans la norme TimeML.

Nos expériences d'annotation n'ont pas démontré de difficulté à délimiter des éventualités à large empan. Il nous semble donc préférable d'annoter l'ensemble de l'unité linguistique décrivant l'éventualité. En effet, le calcul de la temporalité d'un énoncé se fait à partir de tous ses éléments pertinents, ce dont doit rendre compte le balisage dû à l'annotation. Cette approche permet de se dispenser des relations artefactuelles auxquelles TimeML est condamné dans le cas d'encapsulation d'éventualités comme dans l'exemple (9) :

(9) [*vous voulez* [*venir avec votre chien*] ]

Ce choix est cohérent avec les pratiques observées pour l'annotation des entités nommées. Il permet d'établir une procédure homogène et syntaxiquement cohérente avec le traitement des éventualités nominales. L'exemple ci-dessous fait ainsi un parallèle entre les délimitations d'entités imbriquées proposées pour notre annotation temporelle (10a) et pour une annotation en entités nommées (10b) telle qu'envisagée par exemple dans la campagne ETAPE.

(10a) [*le début de* [*la seconde phase de* [*colonisation de l'archipel*] ] ]
(10b) [*le président de* [*la première réunion de* [*la nouvelle assemblée constituante*]]]

L'intérêt de ce choix est manifeste dans le cas des anaphores abstraites ou de l'encapsulation d'éventualités. Dans l'exemple (11), l'éventualité ancrée par *vouloir* a une portée sur les deux autres éventualités, ce qui est aisément capturé par l'encapsulation. TimeML peut représenter ce type d'énoncé, mais d'une manière moins élégante avec des relations.

(11) [*vous voulez* [*venir avec votre chien*] *et* [*faire l'intégralité de la promenade*] ]

Il n'en reste pas moins qu'une annotation à large empan peut conduire à de nouvelles difficultés que nous avons-nous-même expérimentées. Tout d'abord, les relations entre les têtes lexicales et leurs arguments peuvent s'étendre sur de grandes longueurs. Nous proposons de nous limiter à l'inclusion des éléments sous-catégorisés (arguments de valence pour un verbe, par exemple). D'autre part, les éventualités ainsi délimitées peuvent être discontinues. C'est le cas à l'oral où des disfluences telles que les incises peuvent découper l'éventualité. On peut formellement décrire ces discontinuités (notion de schéma sous la plateforme Glozz, par exemple (Mathet & Widlöcher, 2009)) mais cela complique la tâche d'annotation. C'est pourquoi notre réflexion s'oriente à l'heure actuelle vers une annotation sur treebank, inspirée de l'annotation des expressions polylexicales dans le Prague Dependency Treebank (Bejček & Straňák, 2010): puisqu'une éventualité est représentée dans un treebank par le nœud de l'arbre syntaxique qui correspond à la tête lexicale tout en couvrant la partie de l'énoncé concerné, identifier cette éventualité se réduirait à pointer ce noeud dans l'arbre tout en lui assignant des attributs spécifiques à la temporalité.

Des incohérences plus anecdotiques de délimitation peuvent également se rencontrer. TimeML distingue ainsi deux types d'entités qui modifient ou précisent la portée temporelle des éventualités ou des expressions temporelles :

- les signaux, qui indiquent la présence d'une relation temporelle (TLINK) entre deux éventualités ou expressions temporelles. Ainsi, la préposition *avant* sera annotée comme un signal dans l'énoncé *je suis parti* ***avant*** *midi.*
- les modifieurs (MOD), qui altèrent ou précisent une portée temporelle. Par exemple, la locution *en fin de* sera annoté comme un modifieur dans l'énoncé *je suis parti* ***en fin de*** *matinée.*

Ces entités jouent des rôles relativement proches mais donnent lieu à des conventions d'annotation radicalement différentes. Les signaux sont des objets d'annotation propres, délimités par un balisage spécifique (`<SIGNAL> avant </SIGNAL>`) alors que les modifieurs conduisent simplement à l'ajout d'un attribut MOD dans l'élément qu'ils caractérisent. ISO TimeML donnera ainsi sur notre exemple l'annotation (simplifiée) suivante : en fin de `<EVENT … MOD='END'> matinée </EVENT>`. Une description homogène rendrait plus fiable le processus d'annotation.

## 4.3 Expressions temporelles

L'annotation des expressions temporelles dans TimeML dérive du tag TIMEX2 utilisé dans TIDES (Ferro 2005). Cette norme répond plus aux besoins de la RI que du TAL. Les expressions temporelles y sont en effet intégralement évaluées temporellement en contexte. Ainsi, "*le mois dernier*" sera par exemple annotée `2014-05`. Cette convention pose des problèmes de cohérence : le contexte d'évaluation ne sera en effet pas toujours connu pour permettre cette résolution temporelle. Cela renforce par ailleurs la part de subjectivité laissée à l'annotateur, qui ne cherchera pas toujours l'information nécessaire à cette évaluation. Ici encore, TimeML mélange deux niveaux d'annotation : celui du signifiant linguistique et celui de son interprétation qui relève d'un raisonnement purement temporel. Nous proposons donc d'annoter "*le mois dernier*" sous la forme -1M (mois antérieur) et de laisser à une autre couche d'annotation la question de la résolution complète de l'expression temporelle.

### 4.4 Attributs liés aux éventualités

Enfin, certaines limitations concernent les attributs liés aux éventualités. L'une d'entre elles est spécifique l'adaptation au français de TimeML (Bittar et al. 2011). Le French TimeBank ajoute, pour le français, des temps dans le système de valeurs de l'attribut TimeML `tense`. On retrouve un temps `past` mais également un temps `imperfect`. Ce choix manque de pertinence linguistique : le terme *imperfect* étant traditionnellement attaché à une notion d'aspect, les valeurs du trait ici croisent d'un côté une notion de temps linguistique (*tense* en anglais et qui pourrait justifier `imperfect`) et de l'autre une représentation du temps extralinguistique en 3 parties `past, present, future`.

D'autres limitations correspondent à des manques de la norme. Par exemple ISO TimeML prévoit un attribut `neg` qui permet de représenter la négation d'une éventualité (exemple : *il ne pleut pas*). Dans cet esprit, il nous semble manquer un attribut pour marquer l'occurrence de l'éventualité dans une question. Cette information peut par exemple avoir une utilité pour l'identification des actes de langage liés à l'éventualité. Trois valeurs peuvent être portées par cet attribut :

- `YEST` si la question porte sur la temporalité de l'évènement. Par exemple : *quand viendras-tu ?*
- `YES` si la question porte sur l'occurrence ou non de l'éventualité. Par exemple : *viendras-tu ?*
- `NO` lorsqu'il n'y a pas d'une question ou qu'elle porte sur une autre dimension. Par exemple : *Où vas-tu ?*

### 4.5 Relations temporelles

Le dernier élément important de la norme concerne les relations temporelles. ISO TimeML intègre un type de relation (TLINK) qui peut concerner de manière indifférente les éventualités ou les expressions temporelles, alors que les types ALINK et SLINK ne concernent que les éventualités. Nous regrettons là encore le groupement sous la même annotation d'objets décrivent des réalités différentes (cf § 3.1.). Il serait plus cohérent de réserver le type TLINK aux seules relations entre éventualités, et d'ajouter un type spécifique pour les relations d'ancrage liant une expression temporelle à une éventualité. Pustejovsky suit d'ailleurs cette logique lorsqu'il propose (séminaire invité, Paris 2014) de créer une relation MLINK pour représenter une relation entre un TIMEX et un EVENT dont le premier donne la durée du second.

On relève en outre que le type TLINK se limite aux relations d'ordonnancement (égalité, précédence, post-occurence...) de Allen (1983). Cette convention ignore l'existence de correspondances plus complexes, comme par exemple des relations d'inclusion temporelle ontologiquement décrites. Considérons l'exemple suivant :

(12) *Je suis né à Noël, précisément, le 25 décembre 1966. Cette année-là il a fait très froid durant tout l'hiver*

TimeML représente *25 décembre 1966* comme une date mais ne peut exprimer la relation d'inclusion qu'elle partage ontologiquement avec l'expression englobante *cette année-là* ? On se retrouve ici avec une relation de type meronymique (`partie_de`) au niveau temporel. Celle-ci s'apparente par analogie avec les anaphores associatives que l'on retrouve lorsque l'on s'interesse à la référence (Webber 1988). L'attribut `reltype` de TLINK doit décrire ce type de relation. Par analogie, on propose de rajouter la valeur `bridging` au système de valeur associé à cet attribut.

## 5 Conclusion

Cet article a cherché à caractériser certaines limitations de la norme ISO TimeML qui demandent à être corrigées pour atteindre une annotation qui réponde réellement aux besoins du TALN, des sciences du langage mais également de l'ingénierie des connaissances. Certaines réponses à ces observations ne requièrent qu'une modification à la marge de la norme. La question de la délimitation des éventualités étant plus problématique de notre point de vue. Nous proposons de ne pas se limiter à la tête lexicale mais bien de l'étendre à tout le signifiant linguistique correspondant. La taille des ressources annotées avec la norme TimeML reste encore limitée. Il nous semble donc plus qu'urgent de la remettre partiellement en question, sur des points qui, comme nous l'avons rappelé, ont souvent été déjà questionnés.

## Références

ALLEN J. F. (1983). Maintaining knowledge about temporal intervals. *Communications of the ACM*, 26(11), 832–843.

BACH E. W. (1981). Time, Tense, and Aspect : An Essay in English Metaphysics . In Radical Pragmatics, 63–81.

BATTISTELLI D. (2009). *La temporalité linguistique: circonscrire un objet d'analyse ainsi que des finalités à cette analyse* Habilitation à diriger des Recherches, Université de Nanterre-Paris X.

BEJČEK E. & STRAŇÁK P. (2010). Annotation of multiword expressions in the Prague Dependency Treebank. *Language Resources and Evaluation*, 44(1–2). 7–21.

BITTAR A. (2008) Annotation des informations temporelles dans des textes en français. Actes *RECITAL'2008*.

BITTAR A., AMSILI P., DENIS P., DANLOS L. (2011). French TimeBank: An ISO-TimeML Annotated Reference Corpus. Proc. *ACL'2011,* Portland, Oregon : États-Unis.

CLARK A. & LAPPIN S. (2010). Unsupervised learning and grammar induction. *The Handbook of Computational Linguistics and Natural Language Processing*, 57.

DE SAUSSURE L. (1997). Le temps chez Beauzée : algorithmes de repérage et comparaison avec Reichenbach. *Cahiers Ferdinand de Saussure*, (49):171–195.

DIPPER S., ZINSMEISTER H. (2010). Towards a standard for annotating abstract anaphora. In *LREC 2010 Workshop on Language Resources and Language Technology Standards*, 54-59.

FERRO L. (2005). TIDES 2005 standard for the annotation of temporal expressions. *MITRE Corp. Tech. Report.*

GRAVIER G., ADDA G., PAULSON N., CARRÉ M., GIRAUDEL A. & GALIBERT O.(2012). The ETAPE corpus for the evaluation of speech-based TV content processing in the French language. In International Conference on Language Resources, Evaluation and Corpora, na. Turquie.

ISO (2008). ISO DIS 24617-1: 2008 Language resource management - Semantic annotation framework - Part 1: Time and Events. International Organization for Standardization, ISO Central Secretariat, Genève, Suisse.

HOFFART J., SUCHANEK F. M., BERBERICH K., LEWIS-KELHAM E., DE MELO G. & WEIKUM G. (2011). YAGO2: exploring and querying world knowledge in time, space, context, and many languages, in Proc. *20th International Conference on World Wide Web, WWW 2011*, Hyderabad, India (Companion Volume), 229–232.

MANI I., PUSTEJOVSKY J., GAIZAUSKAS R., SAURI R., CASTANO J., LITTMAN J., SETZER A., & KATZ G. (2005). The specification language TimeML. In Mani I., Pustejovsky J., Gaizauskas R. (Eds.), *The language of time : a reader*, chapter 27. Oxford.

MATHET, Y., WIDLÖCHER, A. (2009). La plate-forme GLOZZ : environnement d'annotation et d'exploration de corpus. *Actes de TALN-2009*, pages 1–10

MUZERELLE J., LEFEUVRE A., ANTOINE J.-Y, SCHANG E, MAUREL D., VILLANEAU J., ESHKOL I. (2013). ANCOR, premier corpus de français parlé d'envergure annoté en coréférence et distribué librement. Actes *TALN'2013*, Les Sables d'Olonnes.

MUZERELLE J., LEFEUVRE A., SCHANG E., ANTOINE J.-Y., PELLETIER A., MAUREL D., ESHKOL I., VILLANEAU J. (2014). ANCOR_Centre, a large free spoken french coreference corpus. Proc. *LREC'2014*, Reykjavik.

OGRODNICZUK M., ZAWISŁAWSKA M., SAVARY A., GŁOWŃSKA K. (2013). Coreference_Annotation Schema for an Inflectional Language, Proc. *CICLING'2013*, Samos, Greece, In. *LNCS 7816*, Springer Verlag, 394-407.

PUSTEJOVSKY J., LITTMAN J., SAURI R. (2006). Argument Structure in TimeML. In Katz G., Pustejovsky J., Schilder F. (Eds.) *Annotating, Extracting and Reasoning about Time and Events*, Dagstuhl Seminar Proc., Schloss Dagstuhl, Allemagne.

SAVARY A., WASZCZUK J., PRZEPIÓRKOWSKI A. (2010). Towards the Annotation of Named Entities in the National Corpus of Polish. in Proc. *LREC'10*, Valetta, Malta.

WEBBER B. L. (1988). Tense as discourse anaphor. *Computational Linguistics*, *14*(2), 61-73.

# Identification automatique de zones dans des documents pour la constitution d'un corpus médical en français

Louise Deléger Aurélie Névéol
LIMSI – CNRS UPR 3251, Orsay, France
louise.deleger@limsi.fr, aurelie.neveol@limsi.fr

**Résumé.** De nombreuses informations cliniques sont contenues dans le texte des dossiers électroniques de patients et ne sont pas directement accessibles à des fins de traitement automatique. Pour pallier cela, nous préparons un large corpus annoté de documents cliniques. Une première étape de ce travail consiste à séparer le contenu médical des documents et les informations administratives contenues dans les en-têtes et pieds de page. Nous présentons un système d'identification automatique de zones dans les documents cliniques qui offre une F-mesure de 0,97, équivalente à l'accord inter-annoteur de 0,98. Notre étude montre que le contenu médical ne représente que 60% du contenu total de notre corpus, ce qui justifie la nécessité d'une segmentation en zones. Le travail d'annotation en cours porte sur les sections médicales identifiées.

**Abstract.** Much clinical information is contained in the free text of Electronic Health Records (EHRs) and is not available for automatic processing. To advance Natural Language Processing of the French clinical narrative, we are building a richly annotated large-scale corpus of French clinical documents. To access the most medically relevant content of EHRs we develop an automatic system to separate the core medical content from other document sections, such as headers and footers. The performance of automatic content extraction achieves 96.6% F-measure, on par with human inter-annotator agreement of 98%. We find that medically relevant content covers only 60% of clinical documents in our corpus. Future annotation work will focus on these sections.

**Mots-clés :** Traitement Automatique de la Langue Biomédicale, segmentation de documents, identification de zones.

**Keywords:** BioNLP, Automatic document segmentation, section identification.

## 1 Introduction

De nombreuses informations cliniques sont contenues dans le texte des dossiers électroniques de patients et ne sont pas directement accessibles à des fins de traitement automatique. Afin de faciliter le développement d'outils et de méthodes de traitement automatique de la langue clinique, nous préparons un large corpus de documents cliniques annotés en entités biomédicales et en relations. Une première étape de ce travail consiste à séparer le contenu médical des documents et les informations administratives contenues par exemple dans les en-têtes et pieds de page. En effet, de nombreux documents de notre corpus contiennent des passages indiquant les coordonnées du service hospitalier ayant produit le document, ainsi qu'une liste des médecins susceptibles d'intervenir dans le service. Ces informations ne sont pas spécifiques au patient ni aux éléments de la prise en charge décrits dans le document. Dans cet article, nous présentons la typologie en zones de documents que nous avons établie pour notre corpus clinique ainsi qu'une méthode pour automatiquement identifier ces zones et isoler le contenu médical des documents contenus des dossiers électroniques de patients.

La structure discursive d'un document peut être très utile pour améliorer des outils de recherche d'information (Ruch *et al.*, 2007). Ainsi, de nombreux travaux ont cherché à détecter automatiquement la structure d'articles scientifiques. Certaines approches ont catégorisé les phrases de résumés scientifiques en sections telles que "Introduction", "Method", "Result", "Conclusion" (McKnight & Srinivasan, 2003; Yamamoto & Takagi, 2005; Lin *et al.*, 2006; Ruch *et al.*, 2007; Hirohata *et al.*, 2008). D'autres ont travaillé sur l'intégralité des articles en identifiant des zones argumentatives (définies par Teufel (2000)) du type "Background" (contexte), "Own" (description des travaux des auteurs), "Other" (description d'autres travaux), etc. (Teufel & Moens, 2002; Merity *et al.*, 2009). Différents types de classifieurs ont été développés pour ces tâches : Naive Bayes (Teufel & Moens, 2002; Ruch *et al.*, 2007), MaxEnt (Maximum Entropy) (Merity *et al.*, 2009), SVM (Support Vector Machines) (McKnight & Srinivasan, 2003; Yamamoto & Takagi, 2005), HMM (modèles de Markov cachés) (Lin *et al.*, 2006), CRF (champs conditionnels aléatoires) (Hirohata *et al.*, 2008). Les performances les plus hautes atteignent des valeurs supérieures à 0.90 d'exactitude (accuracy) pour la classification des phrases, en particulier le modèle CRF de Hirohata *et al.* (2008) avec 0.943 d'exactitude.

Pour traiter les dossiers électroniques de patients, des approches ont été développées pour identifier les différentes sections qui structurent les documents cliniques, comme par exemple "Indication", "Antécédents médicaux", "Evolution dans le service", "Traitement de sortie", etc. (Denny *et al.*, 2009; Li *et al.*, 2010; Tepper *et al.*, 2012). Certaines études se sont limitées à la classification des sections, en présupposant la connaissance des frontières de sections. Par exemple, Denny *et al.* (2009); Li *et al.* (2010) utilisent des frontières de section obtenues grâce à des heuristiques établies manuellement, ce qui est peu généralisable à d'autres corpus. Dans un travail plus récent, Tepper *et al.* (2012) effectuent à la fois la détection des frontières de section et la classification du type de section, à l'aide de modèles HMM. Ils obtiennent des F-mesures proches de 0.92 sur leurs différents corpus de tests pour la détection et la classification des débuts de sections.

Enfin, les approches de segmentation en zones ont également été utilisées sur d'autres types de documents, comme par exemple le contenu textuel des e-mails (Lampert *et al.*, 2009).

Dans cette étude, nous proposons une méthode d'identification des zones de haut niveau (de type en-tête, pied de page, contenu principal) des textes cliniques, qui s'appuie sur les travaux de la littérature en détection de sections.

# 2 Matériel et méthodes

## 2.1 Documents cliniques

Pour cette étude, nous avons utilisé des documents d'un corpus de 138 000 textes cliniques issus d'un groupe d'institutions hospitalières françaises. Ce corpus contient environ 2 000 dossiers électroniques de patients. Il couvre de nombreuses spécialités médicales et plusieurs types de documents (principalement des courriers, des comptes rendus de séjour, des comptes rendus d'acte et des ordonnances). Nous avons constitué deux corpus de travail, comprenant des documents aléatoirement sélectionnés dans le corpus entier : un corpus d'entraînement et un corpus de test de 100 documents chacun. Par la suite, nous avons constitué un corpus destiné à l'annotation en entités et en relations (500 documents) à partir des documents du service "Hépato-gastro-nutrition", en nous appuyant sur le système développé. Comme nous avons pour objectif d'annoter ce corpus (ultérieurement), nous avons corrigé la segmentation effectué par notre système afin de ne manquer aucune ligne de contenu. Ceci nous a ainsi donné l'occasion d'évaluer notre système sur un corpus supplémentaire.

## 2.2 Accès au contenu discursif : identification de zones dans les documents

Nous avons établi un découpage en zones des documents hospitaliers et distinguons ainsi quatre types de zone :
- l'*en-tête générique* : de type « papier à lettre », avec les coordonnées du service dont provient le document. On observe le même en-tête pour tous les documents de même provenance.
- l'*en-tête spécifique* : contenant des informations utiles comme la date du jour, le lieu, le nom et la date de naissance du patient, etc. Ce type d'en-tête est spécifique à un document.
- le *contenu* principal du document
- le *pied de page* : signature du médecin, éventuellement accompagnée de formules de politesse s'il s'agit d'un courrier.

Le tableau 1 montre un exemple type de document découpé en zones. Il faut cependant remarquer que toutes les zones ne sont pas obligatoirement présentes dans chaque document ; il existe par exemple des documents sans en-tête générique ou sans pied de page. De même, certaines zones peuvent se retrouver à plusieurs endroits d'un même document. Par exemple, les « PS » apparaissant dans un courrier après la signature du médecin sont considérés comme des zones de contenu.

Afin de développer et d'évaluer notre méthode de découpage automatique en zones, le corpus d'entrainement et le corpus de test a été manuellement annoté par les deux auteurs (LD, AN). L'annotation a été effectuée avec le logiciel Brat Rapid Anotation Tool (BRAT) (Stenetorp *et al.*, 2012), en marquant le début de chacune des différentes zones selon notre typologie. Nous avons choisi ce mode d'annotation car il permet de représenter les zones simplement : une zone s'achève au début de la zone suivante ou à la fin du document. Les accords inter-annotateurs (F-mesure) pour chacun des corpus sont présentés dans le tableau 2. On observe que les accords sont hauts, avec une micro-moyenne de 0,8711 et 0,9625 respectivement pour le corpus d'entrainement et de test.

| | |
|---|---|
| En-tête générique | Hôpital Deschamps - 15, avenue du général Leclerc 77000 Lyon<br><br>\|Service de Chirurgie Générale \|Secrétariat ( 01.41.54.92.89<br>\|\|<br>\|Pr Pierre LEBLOND \|E-mail : Chirurgie.Digestive@deschamps.fr<br>\|Dr Marie MICHEL \| |
| En-tête spécifique | COMPTE-RENDU : CONSULTATION du 21/07/2005<br><br>De : Marc DURAND Né(e) le : 14/04/1958<br><br>Paris le 22/07/2005<br><br>Mon cher confrère, |
| Contenu | Je vois ce jour en consultation, Monsieur Marc DURAND, opéré de condylômes<br>au niveau de la marge anale et dans le canal anal le 24 novembre 2004.<br>Les suites opératoires ont été simples.<br>Actuellement, l'examen anal et péri-anal est normal, il n'y a plus<br>de condylômes, les cicatrices sont propres.<br>Dans ces conditions, il n'y a pas lieu de revoir Monsieur DURAND en consultation. |
| Pied de page | Bien confraternellement.<br><br>J. DUPONT – Interne. |

TABLE 1 – Exemple de document découpé en zones ; toutes les informations identifiantes ainsi que les dates ont été remplacées par des substituts plausibles

| | **Entrainement (N=100)** | **Test (N=100)** |
|---|---|---|
| En-tête générique | 0,9036 | 1,0000 |
| En-tête spécifique | 0,7411 | 0,9565 |
| Contenu | 0,9483 | 0,9384 |
| Pied de page | 0,9000 | 0,9622 |
| **Micro-moyenne** | **0,8711** | **0,9625** |

TABLE 2 – Accords inter-annotateurs pour le découpage en zones

| |
|---|
| Premier token de la ligne |
| Premier token de la ligne précédente |
| Premier token de la ligne suivante |
| Deuxième token de la ligne |
| Bigramme du 1er et 2è tokens de la ligne |
| Le premier token de la ligne est-il tout en majuscules ? |
| Position relative de la ligne dans le document (en cinquièmes) |
| Longueur de la ligne en nombre de tokens |
| Présence de lignes blanches avant la ligne |
| Présence de chiffres dans la ligne |
| Présence d'adresses emails dans la ligne |

TABLE 3 – Ensemble de traits utilisés dans le modèle statistique. 'token' = unité de segmentation minimale

Une fois les désaccords résolus, le corpus d'entrainement a été utilisé pour mettre en place et améliorer notre système de découpage en zones. Le corpus de test a été utilisé comme jeu de test pour évaluer notre système final. Pendant la phase de développement, nous avons effectué des validations croisées (avec une partition en 10 ensembles) sur le corpus d'entrainement afin d'optimiser l'ensemble de traits utilisés dans le modèle statistique.

Pour identifier automatiquement les zones des documents, nous avons entraîné un modèle statistique à champs conditionnels aléatoires (CRF (Lafferty *et al.*, 2001)) en utilisant l'outil Wapiti (Lavergne *et al.*, 2010). Nous classifions chaque ligne d'un document comme appartenant à l'un des quatres types de zones, en nous appuyant sur le format BIO (Beginning/Inside/Outside) pour distinguer les débuts de zones. Cette approche est similaire à celles proposées par Tepper *et al.* (2012) pour segmenter des textes cliniques en sections et Hirohata *et al.* (2008) pour identifier les sections d'articles scientifiques. L'ensemble des traits utilisés dans notre modèle CRF est détaillé dans le tableau 3.

Une fois le système développé, nous l'avons ré-entraîné sur l'ensemble des documents annotés à disposition (soit 200 documents). Nous l'avons appliqué sur le corpus entier (138 000 documents) pour sélectionner sur la base du contenu détecté automatiquement le corpus de 500 documents que nous planifions d'annoter en entités et relations. Nous avons corrigé le découpage en zones effectué par notre système, manuellement à l'aide de l'outil BRAT.

### 2.3 Evaluation

Nous avons évalué les performances de la méthode d'identification des zones en examinant d'abord les performances de la détection des débuts de zone, mesurées en terme de précision, rappel et F-mesure, pour chaque type de zone ainsi que la micro-moyenne. Comme nous cherchons à déterminer le contenu principal pour sélectionner des documents, il est important que les lignes de contenu soient identifiées avec un très bon rappel, et également une bonne précision. Nous avons donc également évalué les résultats pour l'ensemble des lignes, c'est-à-dire l'attribution d'une zone à chaque ligne des documents. L'évaluation de la classification des lignes a été mesurée en terme d'exactitude (accuracy) pour l'ensemble des lignes et en terme de précision, rappel et F-mesure pour chaque type de zone. L'évaluation de notre méthode a été effectuée sur deux corpus : (1) sur le corpus de test (100 documents) avec le système construit sur le corpus d'entraînement (100 documents) et (2) sur le corpus destiné à l'annotation (500 documents) avec le système construit sur la combinaison des corpus d'entraînement et de test (2x100 documents).

## 3 Résultats

### 3.1 Performances de l'identification des zones sur le corpus de test

Les performances de la détection des débuts de zone sont présentées dans le tableau 4, individuellement pour chaque type de zone ainsi que leur micro-moyenne. Les résultats sont très bons pour l'identification des débuts d'en-têtes (F-mesures supérieures à 0,94), et un peu plus bas pour les débuts de contenu et de pieds de page (F-mesures proches de 0,81). La micro-moyenne est de 0,88 de F-mesure, ce qui est légèrement supérieur à l'accord inter-annotateur sur l'échantillon 1 (0,87), mais inférieur à celui sur l'échantillon 2 (0,96). Les résultats de l'évaluation de la classification des lignes en zone sont données dans le tableau 5). L'exactitude (accuracy) est de 0,9678, et les performances sont particulièrement hautes pour les lignes de contenu et d'en-têtes.

| | **Précision** | **Rappel** | **F-mesure** |
|---|---|---|---|
| Début d'en-tête générique | 1,0000 | 0,9302 | 0,9639 |
| Début d'en-tête spécifique | 0,9697 | 0,9231 | 0,9458 |
| Début de contenu | 0,8384 | 0,7830 | 0,8098 |
| Début de pied de page | 0,8471 | 0,7742 | 0,8090 |
| **Micro-moyenne** | **0,9118** | **0,8509** | **0,8803** |

TABLE 4 – Performances de l'identification des débuts de zones (corpus de test)

Une analyse des erreurs montre que les frontières de section les plus difficiles à placer sont celles concernant le début du contenu et le début du pied de page. Dans les courriers (cf. table 1), la formule de politesse qui marque le début de la zone de pied de page apparait parfois directement à la suite du dernier élément de contenu (par exemple, "Je reste à votre disposition pour revoir Mr DURAND en consultation et vous addresse mes salutations confraternelles"). Une autre difficulté concerne les documents contenant plusieurs fois un même type de zone. Il s'agit par exemple de courriers avec des post-scriptum (plusieurs zones de contenu) ou de documents contenant le suivi d'un acte par plusieurs praticiens : les différents courriers échangés sont concaténés dans un seul document, qui comporte alors plusieurs zones de chaque type.

| | Précision | Rappel | F-mesure |
|---|---|---|---|
| En-tête générique | 1,0000 | 0,9868 | 0,9934 |
| En-tête spécifique | 0,9779 | 0,9705 | 0,9742 |
| Contenu | 0,9520 | 0,9806 | 0,9661 |
| Pied de page | 0,9187 | 0,7533 | 0,8278 |
| **Exactitude (accuracy)** | | **0,9678** | |

TABLE 5 – Performances de la classification en zone des lignes des documents (corpus de test)

## 3.2 Performances de l'identification des zones sur le corpus de 500 documents

Les performances de la détection des débuts de zone sur le corpus de 500 documents sont présentées dans le tableau 6. Celles de la classification des lignes en zone sont données dans le tableau 7. On constate que les performances sont bonnes (F-mesure globale de 0,8875 pour la détection des débuts de zones et exactitude de 0,9550 pour la classification des lignes) et très similaires à celles obtenues sur le corpus de test.

| | Précision | Rappel | F-mesure |
|---|---|---|---|
| Début d'en-tête générique | 0,9843 | 0,9171 | 0,8875 |
| Début d'en-tête spécifique | 0,9391 | 0,8834 | 0,9104 |
| Début de contenu | 0,8834 | 0,7968 | 0,8379 |
| Début de pied de page | 0,8894 | 0,8446 | 0,8664 |
| **Micro-moyenne** | **0,9210** | **0,8563** | **0,8875** |

TABLE 6 – Performances de l'identification des débuts de zones (corpus de 500 documents)

| | Précision | Rappel | F-mesure |
|---|---|---|---|
| En-tête générique | 0,9860 | 0,9624 | 0,9741 |
| En-tête spécifique | 0,9750 | 0,9262 | 0,9500 |
| Contenu | 0,9161 | 0,9892 | 0,9513 |
| Pied de page | 0,9496 | 0,9009 | 0,9246 |
| **Exactitude (accuracy)** | | **0,9550** | |

TABLE 7 – Performances de la classification en zone des lignes des documents (corpus de 500 documents)

## 3.3 Effet de l'identification du contenu principal sur la taille du corpus

Nous avons examiné la taille du corpus sélectionné (corpus de 500 documents), en calculant des stastistiques descriptives avant et après identification des zones de contenu : (1) des statistiques sur le corpus entier (avant identification des zones) et (2) des statistiques sur le contenu principal du corpus (après identification des zones). Les résultats sont présentés dans le tableau 8. La différence de taille entre le corpus brut et le corpus restreint aux zones de contenu est nette : un peu plus de 170 000 mots au total contre environ 100 000 mots de contenu. La longueur moyenne d'un document (en mots) est réduite de 41% (343 mots vs. 202 mots). En revanche, la longueur moyenne d'une phrase augmente de 22% par rapport au corpus brut. En effet, les en-têtes et pieds de pages contiennent davantage de phrases courtes par rapport au contenu principal qui comprend de longues phrases descriptives.

| | Corpus brut | Zones de contenu | Différence (en %) |
|---|---|---|---|
| Nombre de mots | 171 722 | 100 730 | -41% |
| Nombre de phrases | 18 815 | 9 013 | -52% |
| Longueur moyenne d'un document (en mots) | 343 | 202 | -41% |
| Longueur moyenne d'un document (en phrases) | 38 | 18 | -53% |
| Longueur moyenne d'une phrase (en mots) | 9 | 11 | +22% |

TABLE 8 – Statistiques descriptives sur le corpus de 500 documents

## 4 Discussion et conclusion

Les performances de notre méthode d'identification de zones sont très bonnes. En particulier, nous obtenons une précision de 0,9520 et un rappel de 0,9806 sur le corpus de test pour la classification des lignes de contenu. On constate donc que l'on perd très peu de contenu. Les performances semblent suffisamment hautes pour pouvoir baser la sélection d'un échantillon sur le contenu identifié automatiquement. Ceci est confirmé a posteriori par l'évaluation sur le corpus sélectionné de 500 documents (précision de 0,9161 et rappel de 0,9892 pour les lignes de contenu). Le corpus est sensiblement plus petit lorsque l'on se restreint au contenu principal (tableau 8). Ceci montre que les zones d'en-têtes et de pieds de pages sont très présentes dans les documents. Il est donc nécessaire de les identifier afin de travailler sur le contenu médical.

## Remerciements

Ce travail a bénéficié d'une aide de l'Agence Nationale de la Recherche portant la référence ANR-13-JS02-0009-01.

## Références

DENNY J. C., SPICKARD III A., JOHNSON K. B., PETERSON N. B., PETERSON J. F. & MILLER R. A. (2009). Evaluation of a method to identify and categorize section headers in clinical documents. *Journal of the American Medical Informatics Association*, **16**(6), 806–815.

HIROHATA K., OKAZAKI N., ANANIADOU S. & ISHIZUKA M. (2008). Identifying sections in scientific abstracts using conditional random fields. In *Proceedings of the IJCNLP 2008*.

LAFFERTY J. D., MCCALLUM A. & PEREIRA F. C. N. (2001). Conditional random fields : Probabilistic models for segmenting and labeling sequence data. In *Proceedings of the Eighteenth International Conference on Machine Learning*, ICML '01, p. 282–289, San Francisco, CA, USA : Morgan Kaufmann Publishers Inc.

LAMPERT A., DALE R. & PARIS C. (2009). Segmenting email message text into zones. In *Proceedings of the 2009 Conference on Empirical Methods in Natural Language Processing*, EMNLP '09, p. 919–928.

LAVERGNE T., CAPPÉ O. & YVON F. (2010). Practical very large scale CRFs. In *Proceedings the 48th Annual Meeting of the Association for Computational Linguistics (ACL)*, p. 504–513 : Association for Computational Linguistics.

LI Y., LIPSKY GORMAN S. & ELHADAD N. (2010). Section classification in clinical notes using supervised hidden markov model. In *Proceedings of the 1st ACM International Health Informatics Symposium*, p. 744–750 : ACM.

LIN J., KARAKOS D., DEMNER-FUSHMAN D. & KHUDANPUR S. (2006). Generative content models for structural analysis of medical abstracts. In *Proceedings of the HLT-NAACL BioNLP Workshop on Linking Natural Language and Biology*, p. 65–72 : Association for Computational Linguistics.

MCKNIGHT L. & SRINIVASAN P. (2003). Categorization of sentence types in medical abstracts. In *AMIA Annual Symposium Proceedings*, volume 2003, p. 440 : American Medical Informatics Association.

MERITY S., MURPHY T. & CURRAN J. R. (2009). Accurate argumentative zoning with maximum entropy models. In *Proceedings of the 2009 Workshop on Text and Citation Analysis for Scholarly Digital Libraries*, p. 19–26 : ACL.

RUCH P., GEISSBÜHLER A., GOBEILL J., LISACEK F., TBAHRITI I., VEUTHEY A. & ARONSON A. R. (2007). Using discourse analysis to improve text categorization in medline. In *Stud Health Technol Inform*, volume 129, p. 710–5.

STENETORP P., PYYSALO S., TOPIĆ G., OHTA T., ANANIADOU S. & TSUJII J. (2012). BRAT : a Web-based tool for NLP-assisted text annotation. In *Proceedings of the Demonstrations Session at EACL 2012*, p. 102–7.

TEPPER M., CAPURRO D., XIA F., VANDERWENDE L. & YETISGEN-YILDIZ M. (2012). Statistical section segmentation in free-text clinical records. In *Proceedings of the Eight International Conference on Language Resources and Evaluation (LREC'12)*, Istanbul, Turkey.

TEUFEL S. (2000). *Argumentative zoning : Information extraction from scientific text*. PhD thesis, Citeseer.

TEUFEL S. & MOENS M. (2002). Summarizing scientific articles : experiments with relevance and rhetorical status. *Computational linguistics*, **28**(4), 409–445.

YAMAMOTO Y. & TAKAGI T. (2005). A sentence classification system for multi biomedical literature summarization. In *Data Engineering Workshops, 2005. 21st International Conference on*, p. 1163–1163 : IEEE.

# Un schéma d'annotation en dépendances syntaxiques profondes pour le français *

Guy Perrier [1] Marie Candito [2] Bruno Guillaume [3]
Corentin Ribeyre [2] Karën Fort [1] Djamé Seddah [4]
(1) Université de Lorraine/LORIA (2) Université Paris Diderot/INRIA
(3) Inria Nancy Grand-Est/LORIA (4) Université Paris Sorbonne/INRIA

**Résumé.** À partir du schéma d'annotation en dépendances syntaxiques de surface du corpus Sequoia, nous proposons un schéma en dépendances syntaxiques profondes qui en est une abstraction exprimant les relations grammaticales entre mots sémantiquement pleins. Quand ces relations grammaticales sont partie prenante de diathèses verbales, ces diathèses sont vues comme le résultat de redistributions à partir d'une diathèse canonique et c'est cette dernière qui est retenue dans notre schéma d'annotation syntaxique profonde.

**Abstract.** We describe in this article an annotation scheme for deep dependency syntax, built from the surface annotation scheme of the Sequoia corpus, abstracting away from it and expressing the grammatical relations between content words. When these grammatical relations take part into verbal diatheses, we consider the diatheses as resulting from redistributions from the canonical diathesis, which we retain in our annotation scheme.

**Mots-clés :** schéma d'annotation, syntaxe profonde, grammaires de dépendance.

**Keywords:** annotation scheme, deep syntax, dependency grammar.

## 1 Introduction

Les corpus annotés en dépendances syntaxiques présentent un intérêt croissant par rapport aux corpus annotés en syntagmes dans la mesure où ils permettent plus directement d'extraire les relations prédicat-argument constitutives d'une représentation sémantique. Cette extraction reste cependant non triviale, la syntaxe offrant une grande variabilité dans la façon d'exprimer ces relations. Une solution consiste à définir un niveau intermédiaire, la syntaxe profonde, qui est une abstraction de la syntaxe de surface et qui vise à se rapprocher du niveau sémantique.

La Théorie Sens-Texte (TST)(Mel'čuk, 1988), parmi les différents niveaux de la langue qu'elle définit, propose un niveau de syntaxe profonde, où seuls les mots sémantiquement pleins sont présents. Ce niveau de syntaxe profonde est lié à la sémantique dans la mesure où les mots présents renvoient aux entrées d'un lexique sémantique.

Comme le pointe Zabokrtsky (2005), la TST est très proche du modèle de la Description Générative Fonctionnelle ou Functional Generative Description (FGD) (Sgall *et al.*, 1986), sur lequel s'appuie l'annotation du Prague Dependency Treebank (Hajic *et al.*, 2006). La FGD définit un niveau tectogrammatical qui s'apparente au niveau de syntaxe profonde de la TST avec une différence dans son rapport à la sémantique : l'absence de lien avec un lexique sémantique est compensée par un étiquetage des dépendances prédicat-argument avec des rôles thématiques.

Contrairement à ces deux modèles, le schéma de syntaxe profonde que nous proposons ne marque aucun engagement sémantique, la sémantique ne servant qu'à lever les ambiguïtés de rattachement. Nous ne retenons que les mots sémantiquement pleins mais les relations entre ceux-ci expriment des fonctions grammaticales. Les diathèses verbales présentes en surface sont considérées comme le résultat de redistributions à partir de diathèses canoniques et ce sont ces diathèses canoniques qui sont représentées au niveau profond.

Nous sommes partis de l'annotation de surface du corpus Sequoia (Candito & Seddah, 2012b) et nous avons réalisé son annotation en syntaxe profonde, en nous inspirant des méthodes de Bonfante *et al.* (2011). Le corpus Sequoia annoté

*. Ce travail a été partiellement financé par l'Agence Nationale de la Recherche au titre du programme Investissements d'Avenir, au sein du Labex EFL (ANR-10-LABX-0083). Nous avons bénéficié de discussions avec Alain Polguère et Sylvain Kahane, que nous remercions.

en syntaxe profonde est librement disponible[1]. Si nous décrivons, dans (Candito *et al.*, 2014), l'ensemble du travail d'annotation du corpus, nous nous concentrons ici sur la présentation du schéma d'annotation. Une description plus précise des phénomènes est fournie dans le guide d'annotation sur le site du corpus.

# 2 Schéma d'annotation en syntaxe profonde

Nous avons défini notre schéma d'annotation en syntaxe profonde en partant du schéma d'annotation en dépendances de surface du corpus Sequoia, ce qui a eu une influence certaine sur le résultat. Il est donc important de détailler comment le schéma de surface a été lui-même défini : le corpus Sequoia a été annoté d'abord en arbres de constituants, en suivant le schéma d'annotation du corpus arboré de Paris 7 (Abeillé & Barrier, 2004) ou French Treebank (FTB). Le corpus en constituants a ensuite été converti automatiquement en dépendances de surface, en suivant la procédure décrite dans (Candito *et al.*, 2010). Les arbres de dépendances résultants suivent ainsi très largement les choix linguistiques du FTB (Abeillé *et al.*, 2004; Abeillé, 2004), dans la mesure où la majorité des phénomènes syntaxiques sont mécaniquement traduits en dépendances[2]. Enfin, les dépendances longue distance ont été corrigées manuellement (Candito & Seddah, 2012a) dans les arbres de dépendance obtenus par conversion automatique, ce qui a introduit quelques arcs non projectifs[3].

Le schéma d'annotation de surface résultant est notre point de départ. Nous avons cherché, pour des raisons pragmatiques, à minimiser les divergences entre les niveaux surfacique et profond, pour nous concentrer sur les phénomènes non directement représentables dans les arbres de surface. Aussi, par exemple, avons-nous conservé la réprésentation des coordinations avec le premier conjoint comme tête, bien que cela ne permette pas de distinguer les dépendants partagés par plusieurs conjoints des dépendants du seul premier conjoint.

## 2.1 Choix théoriques

L'objectif principal de nos représentations syntaxiques profondes (REPRSYNTPROF dans la suite) est de généraliser sur la variation syntaxique autant que possible sans faire de distinctions ni de généralisations purement sémantiques. Nous utilisons pour cela la notion de *sous-catégorisation canonique* et représentons les changements de diathèse comme des redistributions des fonctions grammaticales sous-catégorisées par un lexème. Nous inspirant de la Grammaire Relationnelle (Perlmutter, 1983), nous distinguons fonction grammaticale *canonique* et fonction grammaticale *finale* d'une part, et *cadre de sous-catégorisation canonique* (CS canonique) et *cadre de sous-catégorisation final* (CS final)[4].

Définissons d'abord la notion de sous-catégorisation finale pour un verbe : elle contient d'une part les fonctions finales associées aux arguments *exprimés* du verbe, et d'autre part, dans le cas d'ellipse et/ou de verbes non conjugués, les fonctions des éléments qui seraient des arguments du verbe si celui-ci était utilisé sans ellipse et conjugué. Cette formulation permet de faire entrer dans le CS final par exemple le sujet des infinitifs, le sujet ou l'objet des participes épithètes, le sujet de verbes coordonnés ou plus généralement tout argument partagé par plusieurs prédicats. Par exemple, dans *« Anna veut dormir, mais devra peut-être veiller »*, le CS final de *dormir* est [sujet] rempli par *Anna*, et le CS final de *devra* est [sujet, objet], rempli par *Anna* et *veiller*. Entrent également dans le CS final l'élément modifié par un participe épithète : par exemple pour *« les personnes nées en 40 »*, le nom *personnes* est la tête du sujet final de *nées*.

Passons maintenant à la définition précise de la sous-catégorisation canonique. Afin de neutraliser la variation syntaxique due aux changements de diathèse, nous considérons ceux-ci comme des redistributions des fonction canoniques associées aux arguments syntaxiques. Suivant la Grammaire Relationnelle (Perlmutter, 1983), le CS final est vu comme résultant de l'application de 0 à $n$ redistributions sur un CS canonique. Etant donnée une occurrence de verbe, le CS canonique peut donc par définition être obtenu par application inverse des redistributions appropriées. Un exemple simple est le cas d'un verbe au passif dont le CS final est [sujet, par-objet] et le CS canonique est [sujet, objet]. Les éléments du CS canonique, appelés *arguments syntaxiques profonds*, sont obligatoirement sémantiquement pleins. Le *il* explétif n'appartient qu'au CS final. Donc dans l'exemple *« Trois personnes arrivent »*, à partir du CS canonique [sujet], la redistribution de l'impersonnel rétrograde le sujet en objet direct, et un *il* explétif remplit la fonction sujet final : *« Il arrive trois personnes »* a pour CS canonique [sujet] et pour CS final [sujet, objet].

Pour définir nos REPRSYNTPROF, nous n'avons considéré que les redistributions qui comportent un marquage morphosyntaxique (typiquement l'auxiliaire pour le passif, ou le clitique sémantiquement vide *se* pour les alternances moyennes

1. http ://deep-sequoia.inria.fr

2. Des informations supplémentaires sont prédites par la procédure de conversion, en cas de sous-spécification dans la version en constituants (c'est le cas pour les étiquettes de dépendances pour les dépendants de gouverneurs non verbaux).

3. Par exemple, à la conversion de l'arbre syntagmatique de *« ... le succès que la municipalité était en droit d'attendre »*, le pronom relatif est mécaniquement rattaché comme dépendant de *était*, et manuellement corrigé pour dépendre de *attendre*.

4. La Grammaire Relationnelle utilise l'adjectif *initial* plutôt que *canonique*.

et neutres). Les alternances syntaxiques sans marquage morpho-syntaxique ne sont pas capturées au sein de nos REPRSYNTPROF, et donnent lieu à des CS canoniques différents. Les repérer, en l'absence de marquage formel, relève pour nous de l'analyse sémantique. Par exemple, pour le verbe *baisser*, les deux emplois *X baisse Y* et *Y baisse*, typiquement reliés par l'alternance causative/inchoative non marquée, ne sont pas reliés dans nos REPRSYNTPROF, et ont deux CS canoniques distinctes [sujet, objet] et [sujet] respectivement, qui sont aussi ici les CS finaux en l'absence de redistribution. En revanche, pour l'alternance moyenne (par exemple *« On avale facilement ce médicament / Ce médicament s'avale facilement »*) ou l'alternance neutre (qui "efface" l'actant agentif ou causal, comme dans *« Cela dissout le médicament / Le médicament se dissout (de lui-même) »*), le lien entre les deux versions est capturé par redistribution, et pour ces deux alternances, l'objet direct dans la version transitive (*médicament*) est sujet final mais objet canonique dans la version intransitive. Nous retenons comme redistributions : le passif, l'impersonnel, le moyen, le neutre et le causatif (voir les exemples en section 3)[5], certaines pouvant interagir. Nous renvoyons à (Candito, 1999) pour une étude des interactions entre redistributions pour le français.

Nous avons volontairement fait deux distinctions différentes : représentation profonde *versus* de surface, et fonction grammaticale finale *versus* canonique. Cela nous est utile pour capturer par exemple la régularité concernant le contrôle des sujets des infinitifs : il s'agit du sujet *final* de l'infinitif, quelle que soit la diathèse de celui-ci. Ainsi, pour *« Paul veut être embauché »*, dans la représentation de surface, *Paul* est le sujet final de *veut*. Dans la représentation profonde, il est aussi le sujet *final* de *être embauché* et son objet canonique.

Outre les verbes, nous traitons dans nos annotations les adjectifs, auxquels la notion de sous-catégorisation peut être étendue, mais sans distinction entre final et canonique (ce que nous ne détaillons pas ici par manque de place). Le travail reste à faire pour les autres catégories de prédicats, en particulier les noms.

Nous pouvons maintenant lister précisément les informations qui sont explicitées dans nos REPRSYNTPROF par rapport aux représentations de surface :
- le statut sémantique des mots de la phrase (sémantiquement vide ou plein),
- la liste complète des arguments syntaxiques profonds des verbes et des adjectifs,
- et leur fonction grammaticale canonique (et la ou les redistributions amenant à l'emploi observé en surface).

Dans nos REPRSYNTPROF, chaque argument syntaxique profond d'un prédicat lui est directement rattaché. Plus précisément, nous prenons comme tête d'un argument syntaxique profond l'élément sémantiquement plein le plus haut (les complémenteurs vides et les prépositions régies sont court-circuitées, comme le sont aussi les pronoms relatifs dont la référence peut être résolue syntaxiquement, comme illustré dans la phrase (2) de la figure 1).

### 2.2 Caractéristiques formelles

Nous définissons une représentation *complète* comme un graphe de dépendances contenant à la fois la REPRSYNTSURF et la REPRSYNTPROF. La figure 1 fournit des exemples, tirés du corpus Sequoia, de représentations complètes. Les nœuds sont les mots de la phrase (ou des composants de composés réguliers), et sont typés comme sémantiquement vides (en rouge dans la figure) ou pleins (en noir). Les arcs portent :
- une information sur leur appartenance à la REPRSYNTSURF ou pas, et leur appartenance à la REPRSYNTPROF ou pas : un arc peut être surfacique mais non profond (arcs rouges), profond mais non surfacique (arcs bleus), et à la fois profond et surfacique (arcs noirs) ;
- une étiquette qui est constituée soit d'une seule fonction, à la fois finale et canonique, pour les fonctions n'intervenant jamais dans des changements de diathèse (comme MOD), soit de la fonction finale et de la fonction canonique (dans toute la suite, une étiquette notée "$f$ : $c$" correspond à la fonction finale $f$ et la fonction canonique $c$).

La REPRSYNTPROF pour une phrase donnée est formée des nœuds sémantiquement pleins et des arcs profonds, c'est-à-dire à la fois les arcs qui sont profonds et surfaciques (noirs) et les arcs profonds non surfaciques (bleus). Il s'agit formellement d'un graphe orienté, qui peut contenir des cycles et des arcs multiples (un même couple gouverneur / dépendant peut être relié par plusieurs arcs de même orientation mais d'étiquettes différentes).

## 3 Illustration sur des exemples de phénomènes relatifs au verbe

Dans cette section, nous montrons comment le schéma qui vient d'être défini s'applique à certains phénomènes linguistiques intéressants. Compte tenu des contraintes de l'article, nous nous limitons à des phénomènes relatifs au verbe. Les exemples présentés dans la figure 1 illustrent ces phénomènes et les interactions complexes qui existent entre l'ajout de relations prédicat-argument liées à la syntaxe profonde, la redistribution entre les fonctions grammaticales canoniques et

5. Le réfléchi, bien que présentant des propriétés *« intransitivantes »* qui peuvent justifier une représentation *via* redistributions, n'est pas traité dans nos REPRSYNTPROF via redistribution (cf. l'exemple (1), dans la figure 1).

finales, et la suppression de mots sémantiquement vides. [6]

**Transformation de marqueurs grammaticaux en traits** Sont concernés les auxiliaires et les clitiques ne représentant aucun argument mais destinés à modifier la sémantique du verbe auquel ils s'appliquent.

En REPRSYNTSURF, les auxiliaires (pour les temps composés, les passifs et les causatifs) sont systématiquement rattachés au dernier verbe du noyau verbal (le verbe sémantiquement plein) et ils sont supprimés en REPRSYNTPROF. L'information de mode, de temps et éventuellement de diathèse dont ils sont porteurs est conservée sous forme de traits profonds attachés au verbe plein.

Les clitiques réfléchis intrinsèques *se* sont également traités comme des marqueurs et systématiquement transformés en traits (cf. infra la section spécifique sur les réfléchis).

(1) auxiliaire, réfléchi, clivée

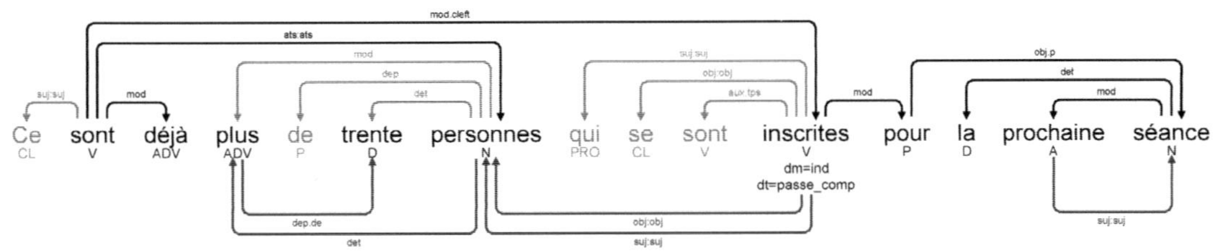


(2) causatif, verbe à montée, relative épithète

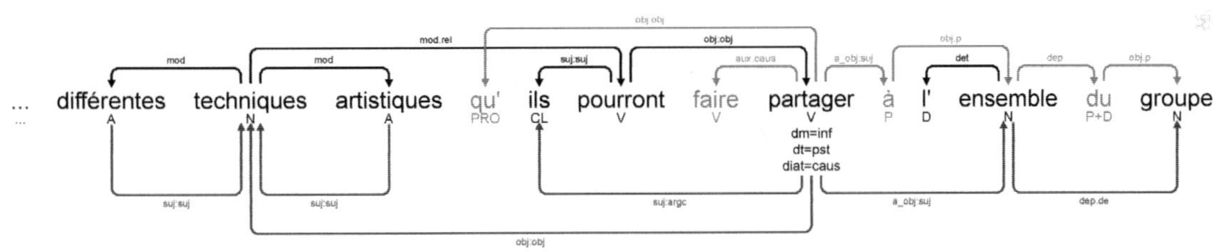


(3) réfléchi, impersonnel

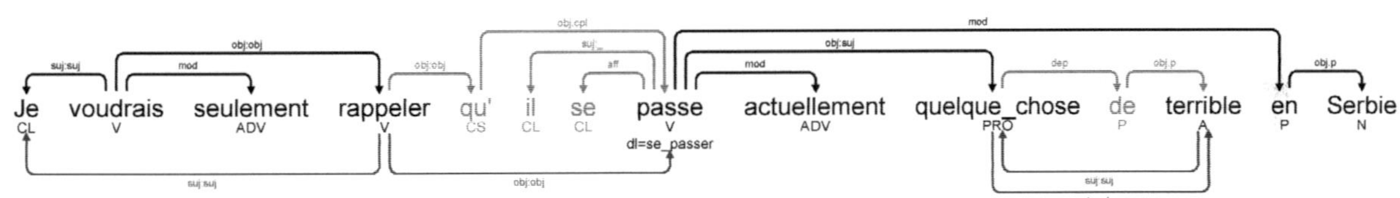


(4) réfléchi, coordination

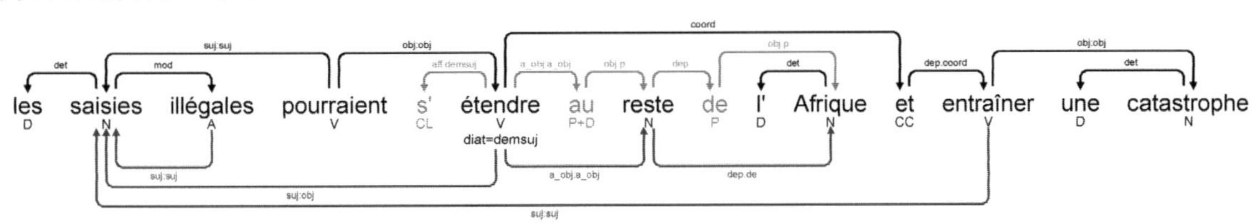


FIGURE 1 – Exemples d'annotation de certains phénomènes. La REPRSYNTPROF est formée des mots en noir, des arcs noirs et des arcs bleus. La REPRSYNTSURF contient tous les mots, et les arcs rouges et noirs.

**Les causatifs** La phrase (2) illustre une construction causative dont le noyau est « *faire partager* » et le passage de la REPRSYNTSURF à la REPRSYNTPROF montre l'interférence entre plusieurs phénomènes.

Le verbe *pourront* est ici un verbe à montée du sujet, si bien qu'*ils* est sujet profond final de *partager*. Le changement de la diathèse finale causative en diathèse canonique fait qu'*ils* passe de la fonction finale SUJ à la fonction canonique

6. Les schémas sont simplifiés et ne font apparaître que les traits pertinents concernant les phénomènes décrits dans l'article. Dans la version finale, une adresse URL renverra à un tableau complet des traits utilisés.

ARGC, pour « *argument causateur* ». Parallèlement, *à* passe de AOBJ à SUJ, mais comme en REPRSYNTPROF, la préposition régie est effacée, ces fonctions sont transférées sur *ensemble*.

Enfin, l'auxiliaire causatif *faire* est supprimé et une indication de diathèse causative (`diat=caus`) est ajoutée au verbe *partager*[7].

**Les clitiques réfléchis** Le clitique réfléchi *se* a été annoté de trois manières différentes. Dans la phrase (1), *se* est un vrai réfléchi, objet direct du verbe *inscrites* en REPRSYNTSURF et il disparaît en REPRSYNTPROF ; sa fonction OBJ est alors reportée sur son antécédent *personnes* (via le pronom relatif *qui* qui disparaît lui aussi en REPRSYNTPROF). Dans la phrase (3), *se* est un réfléchi intrinsèque. Affixe du verbe essentiellement pronominal *se passer*, il disparaît en REPRSYNTPROF, où il est remplacé par un trait de lemme profond `dl=se_passer` attaché à *passer*. Enfin, dans la phrase (4), *s'* avec le verbe *étendre* s'inscrit dans une diathèse neutre. Cette diathèse provient d'une redistribution dans laquelle l'objet canonique devient le sujet final et le sujet canonique n'a aucun référent clairement identifié. Cela la distingue de la diathèse moyenne où ce référent n'est pas exprimé mais existe. Comme il est difficile de distinguer les deux constructions, nous les marquons toutes deux en REPRSYNTPROF par un trait `diat=demsuj` attaché au verbe, *étendre* dans notre exemple.

**Les sujets impersonnels** Le clitique *il* explétif peut apparaître soit comme sujet final de verbes essentiellement impersonnels, soit dans le cas de diathèses impersonnelles de verbes qui peuvent également apparaître avec des sujets référentiels. La phrase (3), avec « *il se passe* », illustre le second cas. Le clitique *il* disparaît en REPRSYNTPROF et l'objet final *quelque chose* y est sujet canonique.

**Les coordinations** Selon le schéma d'annotation du FTB, la tête de la structure de coordination est la tête du premier conjoint. La conjonction de coordination est reliée à la tête avec une étiquette COORD et la tête du second conjoint à la conjonction avec une étiquette DEP.COORD. Ces dépendances sont présentes aussi bien en surface qu'en profondeur. Pour des raisons sémantiques, nous traitons au niveau profond les dépendances entrantes différemment des dépendances sortantes. D'un point du vue entrant, une coordination est vue comme un tout et les dépendances ne sont pas distribuées entre les conjoints (autrement dit, nous ne désambiguïsons pas entre lecture collective et distributive de la coordination). En revanche, les dépendants d'un élément coordonné qui sont reliés à son premier conjoint en surface sont distribués aux autres conjoints en profondeur (sauf exception non détaillée ici). Ainsi, dans la phrase (4), le sujet profond *saisies* des conjoints *étendre* et *entraîner* est distribué, alors que le gouverneur de la coordination *pourraient* n'est pas distribué.

**Les clivées** La phrase (1) est une clivée : le syntagme nominal « *plus de trente personnes* » est extrait de la phrase canonique « *plus de trente personnes se sont inscrites pour la prochaine séance* » pour être placé en attribut du sujet de *sont*, afin que l'accent soit mis sur lui. La trace du syntagme extrait est représentée par le pronom relatif *qui* et la phrase canonique devient une proposition relative rattachée à *sont* par une dépendance MOD.CLEFT.

En REPRSYNTPROF, la phrase canonique n'est pas complètement restaurée et la dépendance MOD.CLEFT est conservée afin de permettre au verbe *sont* de recevoir des modificateurs, comme l'adverbe *déjà* dans l'exemple. Seuls *ce* et *qui* sont supprimés et la fonction *sujet* du pronom relatif est transférée sur son antécédent *personnes*.

## 4 Représentation syntaxique profonde versus représentation sémantique

Si nos REPRSYNTPROF partagent certaines caractéristiques avec des représentations sémantiques (qui sont parfois appelées *profondes*), elles s'en différencient sur des points importants. Le premier point est que dans nos REPRSYNTPROF, le sens des nœuds lexicaux n'est pas désambiguisé. La sémantique n'est utilisée que pour désambiguiser des rattachements syntaxiques ou des changements de diathèse. Ensuite, même si les mots sémantiquement vides sont écartés de nos REPRSYNTPROF, les nœuds restants ne forment pas nécessairement une unité sémantique. En effet, les unités polylexicales (expressions figées, constructions à verbe support, composés syntaxiquement réguliers) ne sont pas marquées comme formant une unité, et sont représentées par une structure syntaxique régulière.

En outre, la sous-catégorisation canonique des prédicats explicitée dans les REPRSYNTPROF peut contenir des éléments qui ne sont pas des arguments sémantiques du prédicat (comme par exemple le sujet *ils* du verbe à montée *pourront* de la phrase (2), dans la figure 1). Enfin, alors que les représentations sémantiques typent en général les actants sémantiques des prédicats au moyen de rôles sémantiques ou de simples numéros, nos REPRSYNTPROF utilisent seulement les fonctions canoniques, ce qui est cohérent avec le fait que les lemmes ne sont pas désambiguisés. Les fonctions demeurent alors des indices importants pour la (future) désambiguisation des prédicats.

Pour résumer, pour obtenir des structures prédicat-arguments (sémantiques) à partir de nos REPRSYNTPROF, il serait nécessaire de repérer les unités polylexicales, désambiguiser les prédicats, ne retenir que les arguments sémantiques de

7. Par manque de place, nous ne détaillons pas ici les différents types de causatifs.

ceux-ci parmi les arguments syntaxiques, et les associer à un rôle sémantique ou une simple numérotation. Des numéros d'argument peuvent être obtenus en utilisant un ordre d'oblicité des fonctions grammaticales canoniques (typiquement sujet < objet < obliques). A noter cependant que les sujets canoniques de nos REPRSYNTPROF peuvent correspondre aussi bien à des proto-agents qu'à des proto-patients (au sens de (Dowty, 1991)), cette distinction étant considérée comme sémantique. Nos REPRSYNTPROF ne capturent donc pas que dans une alternance causative/inchoative, par exemple *X baisse Y* versus *Y baisse*, l'argument *Y* joue le même rôle sémantique. Cette généralisation est capturée notamment dans la ressource PropBank (Palmer *et al.*, 2005) en utilisant un même *rôle* arg1 pour l'argument *Y* dans les deux variantes. D'autres travaux prévoient plutôt un lien au niveau du lexique, entre le lexème transitif et le lexème intransitif : c'est ce qui est prévu dans le dictionnaire explicatif et combinatoire de la TST (Mel'čuk *et al.*, 1999), et dans le DeepBank (Flickinger *et al.*, 2012), constitué de représentations syntactico-sémantiques dérivées d'analyses HPSG de l'anglais (Oepen, p.c). Quoi qu'il en soit, nous espérons que la libre mise à disposition du corpus et de son guide d'annotation permettront tant le développement de ressources syntaxico-sémantiques plus riches que des perspectives nouvelles d'application.

## References

ABEILLÉ A. (2004). Guide des annotateurs, annotation fonctionnelle. *LLF Annotation Guide.*

ABEILLÉ A. & BARRIER N. (2004). Enriching a French treebank. In *Proc. of LREC*, Lisbonne, Portugal.

ABEILLÉ A., TOUSSENEL F. & MARTINE C. (2004). Corpus le monde, annotations en constituants, guide pour les correcteurs. *LLF Annotation Guide.*

BONFANTE G., GUILLAUME B., MOREY M. & PERRIER G. (2011). Enrichissement de structures en dépendances par réécriture de graphes. In *Proc. of TALN*, Montpellier, France.

CANDITO M. (1999). *Organisation modulaire et paramétrable de grammaires électroniques lexicalisées application au français et à l'italien.* PhD thesis, Université Paris Diderot.

CANDITO M., CRABBÉ B. & DENIS P. (2010). Statistical french dependency parsing: Treebank conversion and first results. In *Proc. of LREC*, La Valette, Malte.

CANDITO M., PERRIER G., GUILLAUME B., RIBEYRE C., FORT K., SEDDAH D. & DE LA CLERGERIE É. (2014). Deep Syntax Annotation of the Sequoia French Treebank. In *International Conference on Language Resources and Evaluation (LREC)*, Reykjavik, Islande.

CANDITO M. & SEDDAH D. (2012a). Effectively long-distance dependencies in French: annotation and parsing evaluation. In *Proc. of TLT 11*, Lisbonne, Portugal.

CANDITO M. & SEDDAH D. (2012b). Le corpus Sequoia : annotation syntaxique et exploitation pour l'adaptation d'analyseur par pont lexical. In *Proc. of TALN*, Grenoble, France.

DOWTY D. (1991). Thematic proto-roles and argument selection. *Language*, **67**(3), 547–619.

FLICKINGER D., ZHANG Y. & KORDONI V. (2012). Deepbank: A dynamically annotated treebank of the wall street journal. In *Proc. of the Eleventh International Workshop on Treebanks and Linguistic Theories*, p. 85–96.

HAJIC J., PANEVOVÁ J., HAJICOVÁ E., SGALL P., PAJAS P., ŠTEPÁNEK J., HAVELKA J., MIKULOVÁ M., ZABOKRTSKỲ Z. & RAZIMOVÁ M. Š. (2006). Prague dependency treebank 2.0. *CD-ROM, Linguistic Data Consortium, LDC Catalog No.: LDC2006T01, Philadelphie*, **98**.

MEL'ČUK I. (1988). *Dependency syntax: theory and practice.* State University Press of New York.

MEL'ČUK I., ARBATCHEWSKY-JUMARIE N., IORDANSKAJA L., MANTHA S. & POLGUÈRE A. (1999). *Dictionnaire explicatif et combinatoire du français contemporain. Recherches lexico-sémantiques IV* [Explanatory and Combinatorial Dictionary of Contemporary French. Lexico-Semantic Research IV]. Montréal: Les Presses de l'Université de Montréal.

PALMER M., GILDEA D. & KINGSBURY P. (2005). The proposition bank: An annotated corpus of semantic roles. *Computational Linguistics*, **31**(1), 71–106.

PERLMUTTER D. (1983). *Studies in Relational Grammar 1.* University of Chicago Press.

SGALL P., HAJIČOVÁ E. & PANEVOVÁ J. (1986). *The Meaning of the Sentence in Its Semantic and Pragmatic Aspects.* Dordrecht:Reidel Publishing Company and Prague:Academia.

ZABOKRTSKY Z. (2005). Resemblances between Meaning-Text Theory and Functional Generative Description. In *Proc. of MTT 2005*, p. 549–557, Moscou, Russie.

# Analyse argumentative du corpus de l'ACL (ACL Anthology)

Untel Trucmuche[1, 2] Unetelle Machinchose[1, 3]
(1) LPL, AMU, CNRS, 5 avenue Pasteur, 13100 Aix-en-Provence
(2) LIF, AMU, CNRS, 163 avenue de Luminy, 13288 Marseille Cedex 9
(3) Lab, adresse, CP Ville, Pays
utrucmuche@lpl-aix.fr, umachinchose@adresse-academique.fr

**Résumé.** Cet article présente un essai d'application de l'analyse argumentative (*text zoning*) à l'ACL Anthology. Il s'agit ainsi de mieux caractériser le contenu des articles du domaine de la linguistique informatique afin de pouvoir en faire une analyse fine par la suite. Nous montrons que des technique récentes d'analyse argumentative fondées sur l'apprentissage faiblement supervisé permettent d'obtenir de bons résultats.

**Abstract.** This paper presents an application of Text Zoning to the ACL Anthology. Text Zoning is known to be useful to characterize the content of papers, especially in the scientific domain. We show that recent techniques based on weakly supervised learning obtain excellent results on the ACL Anthology. Although these kinds of techniques is known in the domain, it is the first time it is applied to the whole ACL Anthology.

**Mots-clés :** Analyse argumentative, corpus de textes scientifiques, ACL Anthology.

**Keywords:** Text Zoning, Corpus of scientific texts, ACL Anthology.

## 1 Introduction

L'analyse des masses de données (en anglais *big data*) est un thème de recherche porteur aujourd'hui. Les masses de données permettent en effet de mettre au jour des phénomènes difficilement observables sans méthodes automatiques, et la numérisation de tous les secteurs de la société permet aujourd'hui d'avoir accès à des données en grandes quantités pour un grand nombre de domaines.

La science est un des domaines qui produit ainsi de nombreuses données informatisées (littérature scientifique, mais aussi données brutes sous forme de textes, d'images, de chiffres, etc.) et la numérisation des données passées permet aujourd'hui d'avoir accès, pour plusieurs domaines très variées, à des collections d'articles de recherche s'étendant sur plusieurs dizaines d'années. Le monde de la linguistique informatique n'est pas en reste et l'ACL Anthology met aujourd'hui à la disposition des chercheurs plus de 24500 articles au format PDF. Les plus anciens articles datent de 1965 (première édition de COLING) mais ce n'est qu'à partir des années 1980 qu'on commence à avoir des données relativement conséquentes, le volume allant grandissant chaque année depuis lors (il y a donc une très grande disparité dans les volumes de données disponibles suivant les années considérées). Il existe des bases de données similaires pour la biologie et le domaine biomédical (par ex. Medline), les systèmes complexes ou la physique (par ex. APS data set de la *American Physical Society*) pour citer quelques bases ayant fait l'objet d'enquêtes diverses.

L'ACL Anthology a reçu un intérêt particulier en 2012 pour les 50 ans de l'*Association for Computational Linguistics*. Un atelier s'intitulant "*Rediscovering 50 Years of Discoveries*" a été organisé cette année-là (Banchs, 2012) : il s'agissait pour l'association de jeter un regard sur l'évolution du domaine depuis 50 ans. Au-delà de ces circonstances particulières, cet événement a été l'occasion d'analyser les données accumulées depuis 50 ans (mais pour les raisons données plus haut, la plupart des études portent sur les articles produits depuis 1980) avec les outils modernes issus à la fois du traitement des langues et des systèmes complexes, afin d'analyser l'évolution du domaine. Ce type d'analyse reste toutefois superficiel si une analyse fine de la structure des articles ou de leur résumé n'est pas effectuée au préalable.

La reconnaissance et l'annotation de la structure discursive des articles scientifiques présentent en effet des enjeux importants pour la communauté scientifique mais aussi pour le monde de l'édition. Ce type de techniques peut en effet permettre de savoir si une section d'un article scientifique donné concerne, par exemple, le protocole expérimental employé, les données d'expériences ou la discussion et la comparaison avec les travaux antérieurs. Ce type d'analyse donne des résultats de plus en plus précis et commence à intéresser les grandes maisons d'éditions scientifiques, dans la mesure où on peut ainsi enrichir les bases de connaissances existantes et proposer de nouveaux parcours de lecture.

Nous présentons dans cet article une application de la reconnaissance automatique de la structure argumentative à l'ensemble des articles du corpus de l'ACL (*ACL Anthology*). Notre but à terme est d'analyser ce corpus suivant différents plans : évolution des thèmes de recherche au cours du temps, positionnement des acteurs dans le domaine, évolution des techniques utilisées, etc. Il est du coup primordial de pouvoir caractériser la structure des articles et/ou de leur résumé : les citations, les mentions des techniques employées ou des méthodes d'évaluation sont très dépendantes de leur contexte d'emploi comme l'ont démontré les travaux de S. Teufel depuis une quinzaine d'années. Il est par exemple essentiel de savoir si une technique d'analyse est citée dans les travaux antérieurs ou est réellement celle utilisée par l'auteur de l'article.

Nous présentons un rapide état de l'art présentant les évolutions récentes de l'annotation argumentative. Nous présentons ensuite l'application de ce type de techniques à l'ACL Anthology. La section suivante est consacrée aux résultats et à la discussion, avant la conclusion.

## 2 Etat de l'art

Les premiers travaux d'importance en matière d'analyse de la structure rhétorique sont certainement ceux de Simone Teufel (Teufel, 1999) qui a proposé de catégoriser les phrases d'articles de traitement automatique des langues suivant sept étiquettes différentes : BKG (arrière-plan scientifique), OTH (description neutre de travaux antérieurs), OWN (description neutre du travail de l'auteur), AIM (objectifs de l'article), TXT (annonce de l'organisation de l'article), CTR (comparaison avec des travaux antérieurs) et BAS (description des travaux antérieurs sur lesquels s'appuie l'article).

La tâche est appelée « rhetorical zoning » ou « argumentative zoning » par l'auteur, dans la mesure où le balisage doit permettre d'identifier la fonction rhétorique ou argumentative de chaque phrase du texte.

Le travail initial de S. Teufel (Teufel, 1999) est fondé sur l'annotation manuelle de 200 articles représentatifs du domaine issus des conférences de l'ACL et de la revue *Computational Linguistics*. Un classifieur est ensuite entraîné sur cette base : il permet d'obtenir une annotation automatique de nouveaux textes donnés en entrée à l'analyseur. L'auteur rapporte que le système automatique donne le bon résultat dans 70% des cas, comparé à un accord de 88% entre humains. Le classifieur repose sur un modèle bayesien naïf car les méthodes plus sophistiquées testées par l'auteur ne semblent pas permettre d'obtenir de meilleurs résultats.

Teufel montre dans une publication ultérieure (Teufel & Moens, 2002) comment cette technique peut être utilisée pour générer des résumés automatiques de qualité. Les techniques de résumé traditionnelles sont fondées sur la sélection de phrases en fonction de leur intérêt informatif supposé, essentiellement sur la base des noms et des verbes qui la compose (les mots les plus centraux, souvent appelés centroïdes (Radev *et al.*, 2004)), ce qui pose problème pour générer des textes tenant compte de la variété du texte de départ. Le repérage de la structure argumentative répond partiellement à ce problème dans la mesure où il est dès lors possible de générer des résumés reflétant les différentes zones repérées ou, au contraire, privilégiant une zone donnée suivant les besoins informationnels du lecteur.

Teufel a enfin montré (Teufel *et al.*, 2006) comment le marquage argumentatif peut être couplé avec les références scientifiques. Les articles scientifiques sont en effet fondées sur des citations des travaux antérieurs mais ces citations peuvent avoir différentes finalités : simple mention de travaux antérieurs donnant l'arrière-plan de la recherche en cours, travaux précis auxquels s'oppose la publication en cours, référence à des travaux utilisant le même protocole expérimental, etc. Coupler repérage de référence et balisage argumentatif permet de typer les citations, toujours dans le but de faciliter la lecture en fonction des besoins informationnels du lecteur.

Les travaux de S. Teufel ont depuis donné lieu à différents types de travaux, d'une part pour affiner la méthode d'annotation, d'autre part pour vérifier son applicabilité à différents domaines scientifiques. Pour le premier point, les recherches ont porté sur les traits pertinents pour la classification, l'évaluation de différents algorithmes pour la tâche et surtout la diminution de la quantité de texte à annoter pour obtenir un système fonctionnel. Pour le second, c'est surtout le domaine de la biomédecine et de la biologie qui ont montré le plus d'intérêt pour ce type de techniques, du fait de la quantité d'articles disponible dans ce domaine et de la nécessité d'accéder de manière transversale à cette littérature (les biologistes peuvent par exemple avoir besoin d'accéder à tous les protocoles expérimentaux pour un problème donné) (Mizuta *et al.*,

2006; Tbahriti *et al.*, 2006).

Les travaux de Y. Guo (Guo *et al.*, 2011, 2013) reprennent l'analyse de la structure argumentative en complétant les travaux initiaux de S. Teufel sur un certain nombre de points : recours à une vaste liste de critères pour déterminer la classification des phrases, évaluation de plusieurs algorithmes d'apprentissage et diminution de la quantité de données annotées à fournir au système pour l'entraînement.

Y. Guo *et al.* (2011) proposent en particulier d'avoir recours à l'apprentissage peu supervisé pour entraîner leur système. On sait en effet que ce type d'approche permet de réduire la quantité de données annotées en utilisant parallèlement une grande masse de données non annotées : cette méthode est bien indiqué dans notre cas dans la mesure où les corpus à analyser en traitement des langues (et particulièrement l'ACL Anthology) sont souvent d'assez grande taille mais qu'il ne sont évidemment pas annotés. Les traits utilisés pour l'apprentissage sont de trois types : *i*) positionnels (localisation de la phrase au sein de l'article), *ii*) lexicaux (mots, classes de mots, bigrammes, etc. sont pris en considération) et *iii*) syntaxiques (les différentes relations syntaxiques, ainsi que les classes de noms en position sujet et les classes de noms en position objet sont pris en considération). L'analyse est donc considérablement plus riche que celle de Teufel mais nécessite en contrepartie un analyseur syntaxique.

Au niveau du modèle d'apprentissage, Guo et al. (2011) propose une méthode originale fondée sur l'apprentissage actif. Pour l'apprentissage, les SVM actifs (*Active SVM*) se fondent sur un nombre limité d'exemples annotés mais sont capables de repérer des configurations où l'algorithme risque de donner des résultats incertains. Ces configurations particulières doivent alors faire l'objet d'une annotation manuelle, ce qui permet à l'algorithme de progresser rapidement en se focalisant uniquement sur les cas limites en matière de catégorisation. Le repérage des données à annoter est souvent fondé sur la structure de l'apprentissage au moyen de SVM : par exemple, les points qui sont à la frontière de l'hyperplan permettant la catégorisation sont souvent pris en considération en priorité (Tong & Koller, 2001; Novak *et al.*, 2006).

Dans le cadre de notre expérience, les configurations particulières faisant l'objet d'un étiquetage manuel sont ceux pour lesquels l'algorithme ne distingue pas de classe majoritaire de manière claire. Ce sont les phrases ayant reçu une probabilité proche entre les différentes classes possibles qui devront faire l'objet d'un étiquetage manuel.

# 3 Application de l'analyse argumentative au corpus de l'ACL

La méthode développée par Y. Guo et ses collègues semble particulièrement bien adaptée à notre problème. Nous souhaitons en effet catégoriser les termes repérés à l'étape précédente afin notamment d'identifier les méthodes mentionnées dans le corpus ACL Anthology et pouvoir ainsi analyser, par exemple, leur évolution dans le temps. Les termes apparaissant dans des phrases se rapportant au protocole expérimental employé sont donc susceptibles de particulièrement nous intéresser. Il faut noter à ce propos qu'il n'y a pas de frontière étanche entre thèmes et méthodes de recherche dans la mesure où le traitement automatique des langues s'appuie sur ses propres résultats pour concevoir des systèmes en couches empilées : ainsi, un analyseur sémantique reposera fréquemment sur un analyseur syntaxique employé comme outil (et apparaissant donc dans la section méthodologique de l'article).

L'annotation ne porte que sur les résumés des articles. On fait en effet l'hypothèse que les résumés contiennent assez d'information et sont assez redondants pour observer l'évolution du domaine. A l'inverse, aborder l'étude en utilisant le texte complet des articles entraînerait probablement du bruit et complexifierait inutilement les traitements.

Le jeu d'annotation initialement adopté comporte sept catégories différentes et une catégorie AUTRE pour les phrases ne pouvant pas être catégorisées par les étiquettes définies. Ces étiquettes sont les suivantes :

— OBJECTIF : décrit les objectifs de l'article ;
— METHODE : méthodes employées par l'article ;
— RESULTATS : résultats obtenus ;
— CONCLUSION : conclusion de l'article ;
— ARRIERE-PLAN : contexte scientifique ;
— TRAVAUX LIES : positionnement par rapport à des travaux directement liés à ceux présentés ;
— AUTRES TRAVAUX : positionnement par rapport à d'autres travaux.

Ces catégories sont reprises des travaux précédents, notamment (Mizuta *et al.*, 2006; Guo *et al.*, 2011, 2013). Il nous a semblé important de reprendre un jeu de catégories existantes dans la mesure où ces catégories, avec de légères variations, se sont globalement imposées depuis les premiers travaux de S. Teufel. Certaines catégories sont malgré tout peu présentes dans les résumés de l'ACL Anthology, et finalement quatre catégories transparaissent principalement : les catégories OBJECTIF, ARRIERE-PLAN, RESULTATS et METHODE. Il est rare de trouver des comparaisons avec d'autres travaux dans les résumés de l'ACL Anthology (alors qu'on en trouve fréquemment dans les résumés en biologie par exemple).

Une centaine de résumés d'article issus de l'ACL Anthology ont ensuite été annotés manuellement avec ces catégories (environ 500 phrases, les résumés de l'ACL Anthology étant souvent très courts dans la mesure où il s'agit en grande majorité de résumés d'articles de conférence). Les articles annotés ont été choisis aléatoirement, en prenant soin toutefois qu'ils couvrent différentes périodes et qu'ils contiennent des termes variés. L'annotation a été faite en suivant le guide d'annotation mis au point par Y. Guo, notamment en ce qui concerne les phrases complexes, se rapportant potentiellement à plus d'une catégorie définie (un jeu de préférences est défini pour résoudre ces cas difficiles).

L'algorithme de (Guo *et al.*, 2011) est ensuite repris et adapté à notre cas de figure. L'analyse se fonde en particulier sur les traits positionnels, lexicaux et syntaxiques comme expliqué dans la section précédente. Aucune information spécifique au domaine n'est ajoutée, ce qui rend le processus simple à modéliser et à reproduire. Pour l'analyse syntaxique, le Stanford Parser est utilisé : `http://nlp.stanford.edu/software/lex-parser.shtml` (De Marneffe *et al.*, 2006). On utilise le SVM linéaire tel qu'implémentée dans Weka pour la classification, avec le paramètre -M pour le calcul des probabilités post-apprentissage. On pourra se reporter à (Guo *et al.*, 2011) pour les détails de l'algorithme d'apprentissage et de marquage des phrase selon le modèle défini. Comme résultat, pour chaque phrase du corpus, l'algorithme associe une étiquette choisie parmi les étiquettes possibles.

# 4 Résultats et discussion

Pour valider les résultats obtenus, un ensemble de résumés est choisi aléatoirement. Les quatre catégories principales sont bien représentées mais inégalement réparties : 18,05 % des phrases sont catégorisées comme ARRIERE-PLAN, 14,35 % comme OBJECTIF, 14,81 % comme RESULTAT et 52,77 %comme METHODE. On voit bien, à la lecture de ces chiffres, l'importance de la dimension méthodologique dans le domaine.

On observe ensuite, pour chaque catégorie possible, le pourcentage de phrases correspondant effectivement à cette étiquette, ce qui permet de mesurer les performances du système en terme de précision. Les résultats obtenus sont présentés dans le tableau suivant.

TABLE 1 – Résultat de l'analyse argumentative (en précision)

| Catégorie | Précision |
|---|---|
| Objectif | 83,87 % |
| Arrière-plan | 81,25 % |
| Méthode | 71,05 % |
| Résultats | 82,05 % |

Ces résultats sont conformes à l'état de l'art. On voit que les résultats sont globalement satisfaisants, particulièrement en regard du peu de phrases annotées pour l'entraînement. La richesse des traits pris en compte et la stratégie d'apprentissage actif permettent en outre d'avoir des résultats portables d'un domaine à l'autre sans tâche d'annotation lourde. Les résultats sont légèrement moins bons pour la catégorie METHODE car celle-ci est sans doute plus diversifiée que les autres et donc moins facile à cerner.

L'exemple 1 est un texte annoté suite à l'analyse du système (il s'agit de l'article de (Lee *et al.*, 2002), choisi au hasard parmi ceux qui présentent une bonne diversité dans les catégories utilisées). La catégorisation s'effectue au niveau des phrases, ce qui n'est pas sans poser problème : par exemple, dans ce résumé, le fait qu'une méthode hybride est utilisée est indiqué dans une phrase étiquetée OBJECTIF par le système. Les phrases marquées METHODE contiennent toutefois des mots clés précieux, comme *lexical pattern* ou *tri-gram estimation*, ce qui peut permettre d'inférer le fait qu'il s'agit d'un système hybride. On aperçoit au passage des problèmes de numérisation, qui sont typiques du corpus étudié : l'ACL Anthology comprend des textes convertis automatiquement à partir de fichiers PDF de conférences passées, ce qui entraîne parfois des problèmes de qualité.

**Exemple 1 :** *Un résumé annoté avec l'analyseur de la structure argumentative. Les catégories ajoutées au texte sont* *indiquées en gras.*

Most of errors in Korean morphological analysis and POS ( Part-of-Speech ) tagging are caused by unknown morphemes . **ARRIERE-PLAN**
This paper presents a generalized unknown morpheme handling method with POSTAG(POStech TAGger ) which is a statistical/rule based hybrid POS tagging system . **OBJECTIF**
The generalized unknown morpheme guessing is based on a combination of a morpheme pattern dictionary which encodes general lexical patterns of Korean morphemes with a posteriori syllable tri-gram estimation . **METHODE**
The syllable tri-grams help to calculate lexical probabilities of the unknown morphemes and are utilized to search the best tagging result . **METHODE**
In our scheme , we can guess the POS's of unknown morphemes regardless of their numbers and positions in an eojeol , which was not possible before in Korean tagging systems . **RESULTATS**
In a series of experiments using three different domain corpora , we can achieve 97% tagging accuracy regardless of many unknown morphemes in test corpora . **RESULTATS**

Il est dès lors possible d'extraire des mots clés puis de classer ces mots clés suivant les zones considérées. Pour donner un exemple simple d'analyse reposant sur la catégorisation effectuée ici, on peut essayer de tracer l'évolution de différentes tendances dans le temps. Par exemple, pendant la période considérée, les méthodes utilisées ont beaucoup changé, le principal fait marquant étant peut-être le recours massif à l'apprentissage depuis la fin des années 1990. Cette tendance est marquée par un recours quasi systématique dans les articles actuels à des expérimentations donnant lieu à des résultats chiffrés.

Pour confirmer de façon quantitative cette hypothèse, nous nous intéressons à l'évolution dans le temps de la proportion de phrases étiquetées RESULTAT. Sur la figure 1, nous pouvons ainsi observer que la courbe correspondante croit de façon quasi linéaire du début des années 1980 jusqu'à la fin des années 2000.

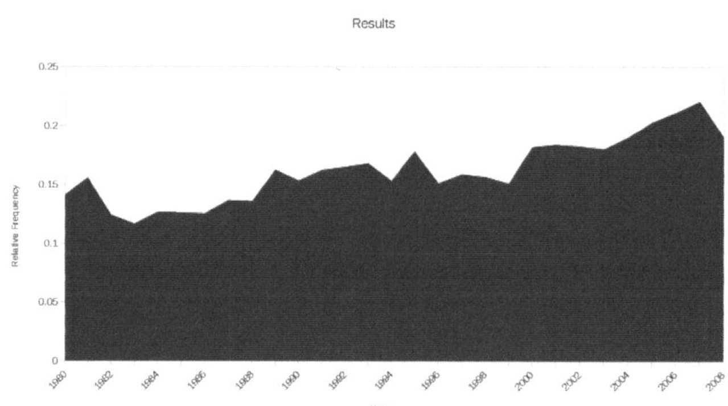


FIGURE 1 – Évolution dans le temps de la proportion de phrases catégorisées par l'outil d'analyse discursive comme étant des phrases concernant des résultats (par rapport au nombre total des phrases contenues dans les articles publiés dans l'année correspondante

Cette illustration relativement simple n'est donnée ici qu'à titre d'exemple. Plus globalement, l'analyse contenue dans cet article ouvre par exemple des perspectives pour une analyse fine de l'évolution des méthodes réellement employées dans les articles, en se focalisant sur la zone étiquetée METHODE (tout en excluant les section ARRIERE-PLAN). Une analyse plus fouillée de l'ACL Anthology en prenant en compte l'analyse argumentative reste à faire, à la suite des travaux de (Anderson *et al.*, 2012) pour les 50 ans de l'ACL.

## 5 conclusion

Cet article a permis d'appliquer l'analyse argumentative (*text zoning*) à l'ensemble de l'ACL Anthology avec des résultats satisfaisants bien qu'une partie tout à fait minime du corpus initial ait fait l'objet d'une annotation manuelle. On voit ainsi que les techniques d'analyse argumentative, surtout appliquées au domaine bio-médical ces dernières années, sont aussi utilisables dans d'autres cadres et pour d'autres domaines (conformément aux travaux pionniers de S. Teufel) et restent efficaces même pour de grandes masses de documents. Ce type d'analyse devrait permettre d'affiner l'étude des grands corpus scientifiques tant sur le plan historique qu'épistémologique.

## Références

ANDERSON A., JURAFSKY D. & MCFARLAND D. A. (2012). Towards a computational history of the acl : 1980-2008. In *Proceedings of the ACL-2012 Special Workshop on Rediscovering 50 Years of Discoveries*, p. 13–21, Jeju Island, Corée : Association for Computational Linguistics.

R. E. BANCHS, Ed. (2012). *Proceedings of the ACL-2012 Special Workshop on Rediscovering 50 Years of Discoveries*. Jeju Island, Corée : Association for Computational Linguistics.

DE MARNEFFE M.-C., MACCARTNEY B. & MANNING C. D. (2006). Generating typed dependency parses from phrase structure parses. In *Proceedings of the conference on Language Resource and Evaluation (LREC)*, p. 449–454.

GUO Y., KORHONEN A. & POIBEAU T. (2011). A weakly-supervised approach to argumentative zoning of scientific documents. In *Proceedings of the 2011 Conference on Empirical Methods in Natural Language Processing*, p. 273–283, Edinburgh, Scotland, UK. : Association for Computational Linguistics.

GUO Y., REICHART R. & KORHONEN A. (2013). Improved information structure analysis of scientific documents through discourse and lexical constraints. In *Proceedings of Human Language Technologies : Conference of the North American Chapter of the Association of Computational Linguistics (HLT-NAACL)*, p. 928–937.

LEE G. G., LEE J.-H. & CHA J. (2002). Syllable-pattern-based unknown-morpheme segmentation and estimation for hybrid part-of-speech tagging of korean. *Computational Linguistics*, **28**(1), 53–70.

MIZUTA Y., KORHONEN A., MULLEN T. & COLLIER N. (2006). Zone analysis in biology articles as a basis for information extraction. *International Journal of Medical Informatics*, **75**(6), 468–487.

NOVAK B., MLADENI D. & GROBELNIK M. (2006). Text classi ?cation with active learning. In *From Data and Information Analysis to Knowledge Engineering*, p. 398–405.

RADEV D. R., JING H., STYŚ M. & TAM D. (2004). Centroid-based summarization of multiple documents. *Inf. Process. Manage.*, **40**(6), 919–938.

TBAHRITI I., CHICHESTER C., LISACEK F. & RUCH P. (2006). Using argumentation to retrieve articles with similar citations : An inquiry into improving related articles search in the medline digital library. *I. J. Medical Informatics*, **75**(6), 488–495.

TEUFEL S. (1999). *Argumentative Zoning : Information Extraction from Scientific Articles*. University of Edinburgh.

TEUFEL S. & MOENS M. (2002). Summarizing scientific articles – experiments with relevance and rhetorical status. *Computational Linguistics*, **4**(28), 409–445.

TEUFEL S., SIDDHARTHAN A. & TIDHAR D. (2006). Automatic classification of citation function. In *Proceedings of Empirical Methods in Natural language Processing (EMNLP)*, p. 103–110 : Association for Computational Linguistics.

TONG S. & KOLLER D. (2001). Active Learning with Applications to Text Classi ?cation. *Journal of Machine Learning Research*, **2**, 45–66.

# Intégration relationnelle des exemples lexicographiques dans un réseau lexical

Veronika Lux-Pogodalla
CNRS, ATILF, UMR 7118
Nancy, F-54000, France
Veronika.Lux@atilf.fr

**Résumé.** Nous présentons un ensemble d'exemples lexicographiques intégré dans le Réseau Lexical du Français et explorons son intérêt potentiel en tant que corpus annoté pour la recherche en désambiguisation sémantique automatique.

**Abstract.** This paper presents a set of lexicographic examples which is being developped along the French Lexical Network. The possibility of using this set as an annotated corpus for research on automatic Word Sense Disambiguation is examined.

**Mots-clés :** Réseau Lexical du Français, exemples lexicographiques, corpus annoté sémantiquement.

**Keywords:** French Lexical Network, lexicographic examples, semantically annotated corpus.

## Objectifs

Le Réseau Lexical du Français (RL-fr) (Lux-Pogodalla & Polguère, 2011) est élaboré par une équipe de lexicographes à l'ATILF-CNRS [1], selon l'approche de la Lexicologie Explicative et Combinatoire (LEC) (Mel'čuk *et al.*, 1995; Mel'čuk, 2006).

Le RL-fr est développé en même temps que différentes ressources linguistiques (ex. ensemble structuré de caractéristiques grammaticales, hiérarchie d'étiquettes sémantiques, base de fonctions lexicales) qui sont utilisées dans les descriptions lexicographiques du RL-fr. L'ensemble, RL-fr et ressources, forment un *système lexical* dont l'architecture est présentée dans (Polguère, 2009) et (Polguère, 2014). Dans ce système, le RL-fr est donc un graphe dont les nœuds, correspondants aux unités lexicales, sont liés aux éléments d'autres structures, les ressources linguistiques.

En cela l'architecture du RL-fr présentent des points communs avec celle de la base FrameNet, dans laquelle trois composants (*Dictionnaire, Base de Frames, Phrases d'exemples annotés* [2]) forment *un tout complètement intégré et très densément connecté dans lequel les éléments de chaque composant peuvent pointer vers des éléments des deux autres composants* [3](Baker *et al.*, 1998). Les données de FrameNet peuvent être consultées sur le site `https://framenet.icsi.berkeley.edu/` en utilisant soit un index de Frames, soit un index des Unités Linguistiques, soit un index des textes annotés. De façon comparable, comme tout le système lexical – le RL-fr proprement dit et les ressources linguistiques – est stocké dans une unique base de données SQL(Gader *et al.*, 2012) et comme les liens sont bidirectionnels, plusieurs perspectives différentes sont possibles dans ce système. Ainsi, les données linguistiques qualifiées de *ressources* lorsque nous nous focalisons sur le RL-fr, peuvent, chacune à leur tour, être vue comme *donnée principale* et placée au premier plan.

Dans cet article, après avoir brièvement décrit le RL-fr dans la section 1, nous nous concentrons, dans la section 2, sur une ressource particulière, la collection d'exemples lexicographiques. Dans la section 3, nous faisons une incursion hors du champ de la lexicographie et opérons un complet changement de perspective, en considérant le réseau lexical comme un *graphe d'annotation* et la collection d'exemples, comme un *corpus annoté*.

L'article se veut une invitation, en particulier à l'adresse des chercheurs en désambiguïsation sémantique automatique, à

1. De juin 2011 à octobre 2014, RL-fr est développé dans le cadre du projet de R&D *RELIEF*, financé par l'agence de Mobilisation Économique de Lorraine et par le Fonds Européen de Développement Régional
2. Texte source : *Lexicon, Frame Database, Annotated Example Sentences*
3. Texte source : *a highly relational and tightly integrated whole : elements in each may point to elements in the other two*

utiliser ce *corpus* qui, comme tout le RLF, sera bientôt mis à disposition de la communauté. Cette démarche a au moins un précédent couronné de succès, puisque les phrases d'exemples annotés de FrameNet ont été utilisées par différentes équipes pour entraîner des systèmes à base d'apprentissage réalisant de l'annotation automatique de rôles sémantiques (Automatic Semantic Role Labeling) [4].

# 1 Le Réseau Lexical du Français RL-fr

Le RL-fr s'appuie sur les recherches menées antérieurement à Montréal à l'Observatoire de linguistique Sens-texte (OLST) par Alain Polguère et Igor Mel'čuk et en particulier sur l'expérience acquise dans le développement :
- de dictionnaires : Dictionnaire explicatif et combinatoire du français contemporain (Mel'čuk et al., 1984 1988 1992 1999), Lexique actif du français (Mel'čuk & Polguère, 2007), et
- de bases de données lexicales : le DiCo (Steinlin *et al.*, 2005) et ses versions en ligne Dicouèbe (`http://olst.ling.umontreal.ca/dicouebe/`) et Dicopop (`http://olst.ling.umontreal.ca/dicopop/`).

Étant un réseau lexical, le RL-fr est membre de la récente famille des ressources lexicales en *-Net*, comme WordNet (Fellbaum, 1998) ou FrameNet (Baker *et al.*, 2003). Mais la nature des nœuds du RL-fr et surtout la variété de ses liens en font une ressource originale, potentiellement une ressource générique à partir de laquelle générer automatiquement différents dictionnaires : c'est pourquoi le RL-fr appartient à la nouvelle génération des « dictionnaires virtuels » (Selva *et al.*, 2003).

Le RL-fr se présente comme un graphe :
- dont les nœuds sont, essentiellement des unités lexicales [5], soit lexèmes (ex. VIOLON$_{\text{I}}$) soit locutions (⌜accorder ses violons⌝, ⌜pisser dans un violon⌝), mais aussi des clichés linguistiques (*Arrête ton numéro !*) ;
- dont les liens sont, essentiellement, des liens de fonctions lexicales (Mel'čuk, 1996), mais aussi des liens entre copolysèmes et des liens d'inclusion formelle (liens entre une locution et ses composants).

Les fonctions lexicales permettent de modéliser des liens paradigmatiques (relations sémantiques entre unités lexicales) ou syntagmatiques (relations de cooccurrence entre unités lexicales). La figure 1 montre quelques liens de fonctions lexicales entrants et sortants pour le nœud FLÛTE$_{\text{I}}$, par exemple, un lien Real$_{\text{I}}$ [6] entre FLÛTE$_{\text{I}}$ et JOUER$_{\text{IV.1}}$ ainsi qu'entre FLÛTE$_{\text{I}}$ et SOUFFLER$_{\text{II}}$. La figure 2 montre les copolysèmes (c.-à-d. les autres acceptions, dans un vocable polysémique) du nœud FLÛTE$_{\text{I}}$.

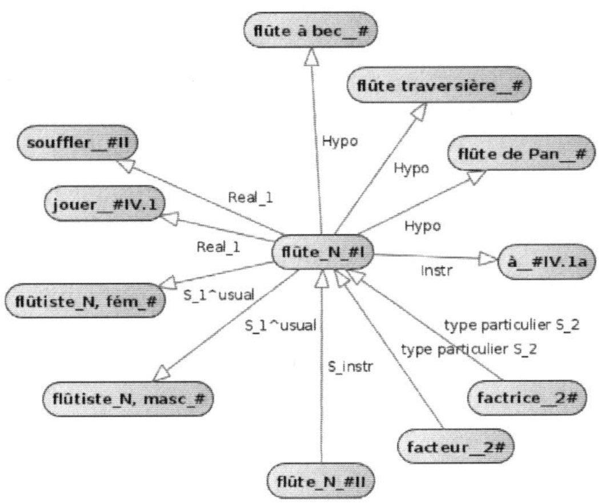


FIGURE 1 – Fonctions Lexicales pour le nœud FLÛTE$_{\text{I}}$

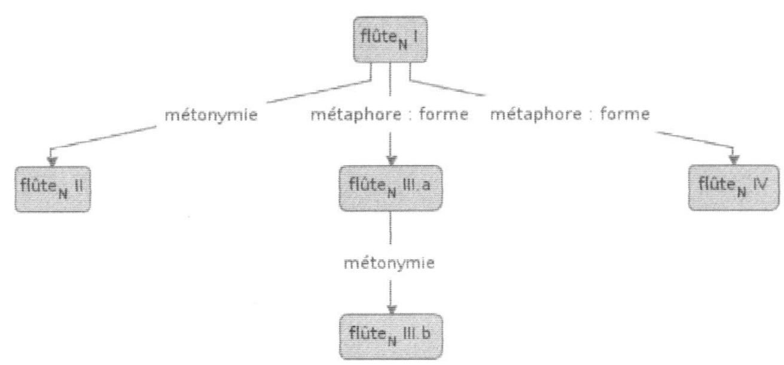


FIGURE 2 – Copolysèmes de FLÛTE$_{\text{I}}$

Le RL-fr a commencé avec une nomenclature du français fondamental de 3 800 vocables et son expansion est guidée par certaines fonctions lexicales (Polguère & Sikora, 2013). À terme, notre objectif est de couvrir l'ensemble du français courant. Après presque trois ans de développement, le RL-fr compte environ 22 000 lexies (15 000 vocables) et 42 000 liens.

4. Par exemple, le système Shalmaneser développé à Saarbrücken (`http://www.coli.uni-saarland.de/projects/salsa/shal`), le système LTH, développé à Lund (`http://nlp.cs.lth.se/software` et le système SEMAFOR développé à Carnegie Mellon University (`http://www.ark.cs.cmu.edu/SEMAFOR`)
5. Une unité lexicale correspond à une acception.
6. Real$_{\text{I}}$ lie une unité lexicale L à un verbe de réalisation dont le premier actant est le premier actant de L et dont le deuxième actant est L.

Le travail lexicographique sur RL-fr est largement manuel, ce qui l'apparente au traditionnel artisanat des dictionnaires papier, mais il s'en différencie pourtant radicalement. Le lexicographe ne rédige pas d'articles : il tisse des liens à l'aide d'un éditeur de graphe (Gader *et al.*, 2012). Ce tissage de liens (Polguère, 2012) entre le RL-fr et les ressources linguistiques de description s'analyse aussi comme une annotation, la ressemblance entre système lexical et graphe d'annotation (Bird & Liberman, 2001) ayant étant relevée par (Polguère, 2009). Chaque champ de la description linguistique asssociée à une unité lexicale du RL-fr correspond à une couche d'annotation de l'unité lexicale avec des éléments d'une structure ressource particulière.

Dans le système lexical, le RL-fr est annoté avec des éléments de toutes les structures ressources. À l'inverse, chaque structure ressource se trouve aussi annotée avec des éléments du RL-fr. Ainsi, dans la base de fonctions lexicales, cette annotation associe des exemples aux fonctions lexicales.

Dans la section suivante, nous présentons une ressource particulière, la collection d'exemples lexicographiques.

## 2 Collection d'exemples lexicographiques

Selon une pratique aujourd'hui standard dans les projets lexicographiques (Atkins & Rundell, 2008; Kilgarriff *et al.*, 2006), les lexicographes du RL-fr illustrent les unités lexicales qu'ils décrivent avec de nombreux exemples, et, en particulier, avec des exemples *authentiques* [7] . Pour le RL-fr, ces exemples sont cherchés dans un corpus dit *corpus-réservoir* [8], qui comprend actuellement : des textes de Frantext (`http://www.frantext.fr`) écrits après 1950, des articles de *L'Est Républicain* (presse quotidienne régionale) écrits entre 1999 et 2002 et FrWac (Baroni *et al.*, 2009), une "tranche" du Web de 2009 [9] . Les lexicographes du RL-fr illustrent chaque unité lexicale avec au moins neuf exemples du corpus-réservoir [10]. Chaque exemple lexicographique est stocké dans la base de données RL-fr avec diverses métadonnées (source, adaptation éventuelle, etc.).

L'ensemble des exemples illustrant des unités lexicales du RL-fr comprend actuellement environ 1 000 000 de mots et 23 000 exemples [11]. Il est une collection d'extraits soigneusement sélectionnés (Atkins & Rundell, 2008; Selva *et al.*, 2009), dans des textes écrits en français (langue source). Ainsi, les exemples lexicographiques sont courts, généralement composés d'une seule phrase. Un "bon" exemple lexicographique contient une occurrence non ambiguë de l'unité lexicale à illustrer. Autant que possible, l'exemple utilise du vocabulaire "simple" – en particulier, un exemple contenant du vocabulaire rare ou spécialisé est inadéquat pour illustrer une unité lexicale courante. De bons exemples pour l'unité lexicale L contiennent, autant que possible la réalisation des actants sémantiques de L ou bien des cibles de Fonctions Lexicales ; l'ensemble des exemples illustre, idéalement, différentes constructions syntaxiques possibles pour L, même si, dans RL-fr, nous ne cherchons pas à illustrer systématiquement *toute la combinatoire d'une unité lexicale* [12], comme le font les auteurs de FrameNet [13].

La collection d'exemples du RL-fr est-elle, de par sa composition, très différente des corpus constitués pour la désambiguïsation sémantique automatique ? Elle ne ressemble certes pas au corpus décrit dans (Rakho *et al.*, 2012), qui se compose de phrases, en français langue source ou traduites en français, extraites de compte-rendus de débats parlementaires et contenant des occurrences de 20 verbes polysémiques particuliers du français. Elle ne ressemble par non plus au corpus de néerlandais décrit dans (Vossen *et al.*, 2011), qui est, essentiellement, une juxtaposition de corpus précédemment constitués (dont le corpus SoNaR comptant 500 millions de mots) et comprend des textes entiers plutôt que des phrases isolées. Cependant, ces deux corpus développés pour la désambiguisation sémantique automatique ne se ressemblent pas entre eux non plus.

7. Soulignons bien que notre démarche n'est pas philologique : nous n'avons pas pour objectif de décrire tous les sens observés en corpus, contrairement à ce qui était le cas dans le *Trésor de la Langue Française*(Dendien & Pierrel, 2003). Aussi notre corpus n'est-il pas à RL-fr exactement ce que Frantext fut au *Trésor de la Langue Française*. Dans notre approche, l'identification des différents sens d'un vocable n'est même pas "dirigée par le corpus", comme elle peut l'être avec un logiciel de traitement de corpus tel que Sketch Engine (Kilgarriff & Kosem, 2012) ; la description de la polysémie repose en premier lieu sur l'intuition du lexicographe. Cependant, si aucun exemple n'est trouvé pour illustrer un sens donné, l'existence de ce sens est évidemment mise en doute.

8. Faute de place, nous n'aborderons pas ici les questions relatives au format des corpus et aux outils de recherche dans ces corpus.

9. FrWac est interrogeable sur : `http://nl.ijs.si/noske/wacs.cgi/first_form`

10. Ils utilisent aussi des exemples extraits de lectures personnelles (livres, journeaux, courriers, Web, etc.) ou entendus à la radio, à la télévision ou dans des conversations, etc. Si nécessaire, les lexicographes adaptent des exemples authentiques, par exemple, en raccourcissant une phrase très longue, en remplaçant un pronom par un groupe nominal, etc.

11. À titre de comparaison : FrameNet compte plus de 170 000 exemples annotés.

12. Texte source : all combinatorial possibilites of the lexical unit

13. Selon : `https://framenet2.icsi.berkeley.edu/docs/r1.5/book.pdf`

## 3 Changement de perspective : le graphe lexical RL-fr comme ressource d'annotation, la collection d'exemples lexicographiques comme corpus annoté

Chaque texte ajouté à la collection d'exemples lexicographiques RL-fr est annoté avec un lien entre un mot-forme du texte et une unité lexicale du RL-fr. Techniquement, cette collection d'exemples est donc un corpus annoté avec un réseau lexical, et notre architecture n'est pas très différente de celle décrite dans (Vossen *et al.*, 2011).

Le RL-fr est formellement un graphe, ce qui l'apparente à d'autres ressources d'annotation utilisées en désambiguïsation sémantique automatique. En revanche, ressource complètement originale et manuellement développée par une équipe de lexicographes, ainsi qu'expliqué dans la section 1, il se distingue de ressources construites pour la déambiguïsation, plus ou moins automatiquement, en ré-utilisant et en enrichissant des ressources existantes (en particulier, des réseaux de type WordNet comme le font (Vossen *et al.*, 2011) ou (Tsatsaronis *et al.*, 2008)). L'annotation est riche de toute la richesse du RL-fr. Pour un mot-forme annoté du corpus RL-fr, le RL-fr fournit l'ensemble des copolysèmes entre lesquels désambiguiser ainsi que des informations linguistiques formalisées pour chaque copolysème (ex. caractéristiques grammaticales, étiquette sémantique, synonymes, contraires et de nombreux autres liens sémantiques ou de cooccurrence, encodés avec le système des fonctions lexicales, etc.).

Du point de vue de la désambiguisation sémantique automatique, le corpus annoté RL-fr ressemble à un corpus d'évaluation (ou d'entraînement), puisque certains mots-formes du corpus RL-fr, relatifs à des vocables polysémiques donc ambigus dans une analyse automatique, sont *désambiguisés* par une annotation avec une acception particulière [14] . Le corpus RL-fr se présente donc comme une ressource potentielle pour la *désambiguisation sémantique automatique ciblée – targeted WSD*. Par contre, comme l'annotation du corpus RL-fr est relativement peu dense actuellement, le corpus n'est pas adapté pour la désambiguisation sémantique globale – *all-words WSD*, (Navigli, 2009, p. 4).

Faisant l'hypothèse que plus l'annotation est dense plus le corpus annoté RL-fr est une ressource intéressante, nous encourageons la réutilisation des exemples dans RL-fr : un texte du corpus RL-fr peut être réutilisé et illustrer plusieurs unités lexicales, ce qui se traduit par l'annotation de plusieurs mots-formes de ce texte et donc, par une densification de l'annotation globale du corpus RL-fr. Pour faciliter ce processus, le corpus RL-fr est exporté chaque jour de la base de données RL-fr et importé dans TXM (Heiden, 2010). Les lexicographes disposent alors de toutes les fonctionalités de la plateforme TXM pour leurs recherches dans le corpus-RL-fr.

Cependant, chaque texte du corpus est réutilisable en tant qu'exemple lexicographique *seulement jusqu'à un certain point* : un bon exemple E pour l'unité lexicale $L_1$ ne sera pas réutilisé pour illustrer l'unité lexicale $L_2$ s'il contient une occurrence ambiguë de $L_2$ (par exemple, par manque de contexte) ou une occurrence de $L_2$ sous des traits morpho-syntaxiques rares ou très particuliers, etc. Ainsi, la citation suivante :
*À onze heures, avec son ami, il déjeune à la gargote d'une soupe, d'un plat de pommes de terre avec de la viande et de la salade. C'est un festin !* (**Frantext**, FERAOUN Mouloud, *Le fils du pauvre*, 1950, p. 134)
illustre bien DÉJEUNER$_V$ —le régime syntaxique *déjeuner de* est illustré, le second actant de l'unité lexicale est illustré avec plusieurs exemples de plats, etc. Mais le contexte est insuffisant pour savoir si *ami* signifie AMI$_N$ **I.1** ('camarade') or AMI$_N$ **I.2** ('petit ami') c'est pourquoi ce mot-forme ne peut pas être annoté.

Afin d'assurer une bonne qualité lexicographique du RL-fr, seules des occurrences *exemplaires* sont annotées dans le corpus, ce qui limite, *in fine*, la densité d'annotation du corpus-RL-fr. Ici, nos objectifs de lexicographie et les besoins de la désambiguisation sémantique globale ne sont pas convergents.

Si des fins différentes des nôtres nécessitaient d'annoter plus densément le corpus RL-fr, il serait possible, dans notre architecture actuelle, d'associer à une unité lexicale L, un mot-forme dans un texte qui n'aurait pas le statut d'exemple lexicographique pour L – l'annotateur pourrait même préciser dans un commentaire sur l'association pourquoi le texte n'a pas valeur d'exemple pour L. Cependant, l'ambiguité sémantique lexicale étant un phénomène naturel dans la langue, si tous les mots-formes du corpus-RL-fr devaient être annotés, il faudrait au moins prévoir la possibilité d'annoter un mot-forme avec une disjonction de sens et non pas forcément avec un seul sens, comme c'est le cas maintenant.

14. Dans le corpus RL-fr, des mots-formes relatifs à des vocables monosémiques, donc non ambigus, sont aussi annotés, ce qui n'est sans doute pas le cas dans un corpus annoté spécifiquement pour la désambiguisation sémantique automatique.

## Conclusions et perspectives

Dans cet article, nous nous sommes concentrés sur la collection d'exemples lexicographiques qui est une des ressources intégrées dans le système lexical RL-fr. Nous avons ainsi illustré les possibilités de changements de perspective – remarquablement faciles – dans le système lexical du RL-fr. Nous avons montré que cette collection d'exemple s'apparente à un corpus annoté potentiellement intéressant hors du projet RL-fr pour des recherches sur la désambiguisation sémantique automatique. Nous avons analysé aussi la mesure dans laquelle nos intérêts dans RL-fr et ceux de cette communauté de recherche sont convergents pour l'annotation du corpus.

L'expérience de l'utilisation du corpus annoté pour entraîner ou évaluer un système de désambiguisation reste encore à réaliser. Des questions pratiques se poseront que nous avons ignorées jusqu'ici : à quel type de système de désambiguisation le corpus annoté convient-il ? le nombre d'entités annotées est-il suffisant pour entraîner un système statistique ? etc.

Et l'utilisation du réseau lexical RL-fr pour la désambiguisation sémantique automatique se présente aussi comme une piste de recherche, d'autant plus intéressante que la désambiguïsation est une difficulté typique de l'analyse automatique, alors que la Lexicographie Explicative et Combinatoire se présente comme orientée vers la synthèse.

## Remerciements

Merci à E. Jacquey, S. Ollinger, S. Pescarini, A. Polguère, D. Sikora et trois évaluateurs anonymes pour leurs commentaires constructifs sur une version précédente de cet article. Toutes les erreurs et insuffisances restent bien entendu de ma responsabilité.
Le projet RL-fr/RELIEF est financièrement soutenu par l'Agence de Mobilisation Économique de Lorraine (AMEL) et le Fonds Européen de Développement Régional (FEDER).

## Références

ATKINS S. & RUNDELL M. (2008). *The Oxford Guide to Practical Lexicography*. Oxford : Oxford University Press.

BAKER C., FILLMORE C. J. & LOWE J. (1998). The Berkeley Framenet Project. In *Proceedings of the COLING-ACL'98 Conference*, p. 86–90, Montreal, Canada.

BAKER C. F., FILLMORE C. J. & CRONIN B. (2003). The Structure of the FrameNet Database. *International Journal of Lexicography*, **16**(3), 281–296.

BARONI M., BERNARDINI S., FERRARESI A. & ZANCHETTA E. (2009). The WaCky Wide Web : A Collection of Very Large Linguistically Processed Web-Crawled Corpora. *Language Resources and Evaluation*, **43**(3), 209–226.

BIRD S. & LIBERMAN M. (2001). A formal framework for linguistic annotation. *Speech Communication*, **33**(1-2), 23–60.

DENDIEN J. & PIERREL J.-M. (2003). Le Trésor de la Langue Française informatisé : un exemple d'informatisation d'un dictionnaire de langue de référence. *Traitement Automatique des Langues (T.a.l.)*, **44**(2), 11–37.

C. FELLBAUM, Ed. (1998). *WordNet : An Electronic Lexical Database*. Cambridge, MA : The MIT Press.

GADER N., LUX-POGODALLA V. & POLGUÈRE A. (2012). Hand-crafting a lexical network with a knowledge based graph editor. In *Proceedings of CogALex-III Workshop of the 24th International Conference on Computational Linguistics (COLING2012)*, p. 109–125, Mumbai.

HEIDEN S. (2010). The TXM platform : Building Open-Source Textual Analysis Software Compatible with the TEI Encoding Scheme. In *Proceedings of the 24th Pacific Asia Conference on Language Information and Computation*, Sendai, Japan : ENS-Lyon.

KILGARRIFF A. & KOSEM I. (2012). Corpus tools for lexicographers. In S. GRANGER & M. PAQUOT, Eds., *Electronic lexicography*, p. 31–155. Oxford : Oxford University Press.

KILGARRIFF A., RUNDELL M. & DHONNCHADHA E. (2006). Efficient corpus development for lexicography : building the New Corpus for Ireland. *Language Resources and Evaluation*, **40**(2), 127–152.

LUX-POGODALLA V. & POLGUÈRE A. (2011). Construction of a French Lexical Network : Methodological Issues. In *Proceedings of WoLeR 2011 International Workshop on Linguistic Resources, ESSLLI (European Summer School in Logic, Language and Information*, Ljubljana.

MEL'ČUK I. (1996). Lexical Functions : A Tool for the Description of Lexical Relations in the Lexicon. In L. WANNER, Ed., *Lexical Functions in Lexicography and Natural Language Processing*, p. 37–102. Amsterdam/Philadelphia : Benjamins.

MEL'ČUK I. (2006). Explanatory Combinatorial Dictionary. In G. SICA, Ed., *Open Problems in Linguistics and Lexicography*, p. 225–355. Monza : Polimetrica.

MEL'ČUK I., CLAS A. & POLGUÈRE A. (1995). *Introduction à la lexicologie explicative et combinatoire*. Paris/Louvain-la-Neuve : Duculot.

MEL'ČUK I. & POLGUÈRE A. (2007). *Lexique actif du français. L'apprentissage du vocabulaire fondé sur 20 000 dérivations sémantiques et collocations du français*. Champs linguistiques. Brussels : De Boeck & Larcier.

MEL'ČUK ET AL. I. (1984, 1988, 1992, 1999). *Dictionnaire explicatif et combinatoire du français contemporain. Recherches lexico-sémantiques. Volumes I–IV*. Montréal : Les Presses de l'Université de Montréal.

NAVIGLI R. (2009). Word sense disambiguation : a survey. *ACM Computing Surveys*, **41**(2), 1–69.

POLGUÈRE A. (2009). Lexical systems : graph models of natural language lexicons. *Language Resources and Evaluation*, **43**(1), 41–55. Springer.

POLGUÈRE A. (2012). Like a lexicographer weaving her lexical network. In *Proceedings of CogALex-III Workshop of the 24th International Conference on Computational Linguistics (COLING2012)*, p. 1–4, Mumbai.

POLGUÈRE A. (2014). Principes de modélisation systématique des réseaux lexicaux. In *Actes de la 21ème conférence Traitement Automatique des Langues Naturelles*, Marseille.

POLGUÈRE A. & SIKORA D. (2013). Modèle lexicographique de croissance du vocabulaire fondé sur un processus aléatoire, mais systématique. In C. R. C. MASSERON, C. GARCIA-DEBANC, Ed., *Enseigner le lexique. Pratiques sociales, objets à enseigner et pratiques d'enseignement*, collection de l'AiRDF 5. Laval, Québec : Presses de l'Université Laval.

RAKHO M., ÉRIC LAPORTE & CONSTANT M. (2012). A new semantically annotated corpus with syntactic-semantic and cross-lingual senses. In N. C. C. CHAIR), K. CHOUKRI, T. DECLERCK, M. U. DOĞAN, B. MAEGAARD, J. MARIANI, A. MORENO, J. ODIJK & S. PIPERIDIS, Eds., *Proceedings of the Eight International Conference on Language Resources and Evaluation (LREC'12)*, Istanbul, Turkey : European Language Resources Association (ELRA).

SELVA T., VERLINDE S. & BINON J. (2003). Vers une deuxième génération de dictionnaires électroniques. *Traitement Automatique des Langues (T.A.L.)*, **44**(2), 177–197.

SELVA T., VERLINDE S. & BINON J. (2009). Les bases de données au service d'un dictionnaire d'(auto-)apprentissage pour allophones. *Lexique*, **19**, 181–214.

STEINLIN J., KAHANE S. & POLGUÈRE A. (2005). Compiling a "classical" explanatory combinatorial lexicographic description into a relational database. In *Proceedings of the Second International Conference on the Meaning Text Theory (MTT'2005)*, p. 477–485, Moscow.

TSATSARONIS G., VARLAMIS I. & VAZIRGIANNIS M. (2008). Word Sense Disambiguation with Semantic Networks. In P. S. ET AL., Ed., *Text, Speech and Dialog - proceedings of the 11th international conference TSD*, volume 5246 of *Lectures Notes in Computer Science*, p. 219–226, Berlin-Heidelberg : Springer-Verlag.

VOSSEN P., GÖRÖG A., LAAN F., VAN GOMPEL M., IZQUIERDO R. & VAN DEN BOSCH A. (2011). Dutchsemcor : Building a semantically annotated corpus for dutch. In *Proceedings of eLex 2011*, p. 286–296.

De nombreuses études, principalement en anglais, visent à établir des relations entre couleurs et mots, et en particulier couleurs et émotions. La plupart sont effectuées d'une manière classique en psycholinguistique, et leurs données brutes sont généralement de taille modeste et non librement accessibles. De plus, comme nous l'avons souligné précédemment, il est extrêmement délicat (et probablement imprudent) d'extrapoler directement le résultat de telles études d'une langue à une autre. Ainsi, il n'est actuellement pas possible d'aboutir à un consensus sur l'universalité des associations de mots et de couleurs quand il s'agit de sentiments, ou du moins de termes abstraits. Saif (2011b), au terme de diverses expériences sur un échantillon de 11 couleurs, a conclu que plus de 30% des termes issus d'un dictionnaire de vocabulaire courant étaient fortement liés à une couleur. Environ 33% des catégories de thésaurus (comme Roget) révèlent des associations de couleurs, et les termes abstraits sont associés à des couleurs (principalement de façon métaphorique) presque aussi souvent que ceux désignant des objets, des entités physiques. De même, Nijdam (2010) compare différents modèles issus de la recherche sur les liens entre couleurs et émotions, et propose une correspondance. Il conclut que si certains modèles de signification des couleurs ont des points communs et se recoupent partiellement, ils témoignent aussi d'une forte variabilité, sans doute parce que la couleur est appréhendée différemment suivant la situation affective/culturelle du sujet. En résumé, l'acquisition de données lexicales sur les associations mots-couleurs se heurte à une forte variabilité, même au sein d'une même langue: plus le terme est abstrait, plus on doit s'attendre à une variabilité des couleurs qui lui sont associées.

Ozbal et al. (2011) sont à l' origine d'une ressource qui répertorie des associations mots-couleurs en anglais. Sur une sélection de 200 mots (un sous-ensemble des mots utilisés dans Grefenstette (2005)), ils ont utilisé trois méthodes automatisées pour comparer leur ressource avec les associations faites par le service Amazon Mechanical Turk (10 annotateurs-11 couleurs): analyse d'images, modèles de langages sur les données du web, et similarité entre mots et couleurs en utilisant LSA. Actuellement, pour autant que nous le sachions, Ozbal et al. (2011) sont les seuls à avoir tenté de réaliser une ressource lexicale d'associations mots-couleurs en anglais. Ce type de ressource est quasiment inexistant dans d'autres langues, et notamment, il n'existe rien de similaire en français. Cela dit, comme l'a fait remarquer Grefenstette (2005), *s'il y a une caractéristique qu'en général les gens connaissent à propos des choses (concrètes ou même abstraites), c'est bien leur couleur typique*. C'est pourquoi cette information est généralement absente des dictionnaires et autres ressources lexicales, alors qu'elle serait d'un intérêt majeur pour de nombreuses applications informatiques, et en particulier en TAL.

L'information de couleur peut être très utile dans le cadre de la désambiguïsation lexicale automatique (*Word Sense Disambiguation – WSD*). Par exemple, le mot *tissu* est polysémique et peut signifier –entre autres- *étoffe* ou *tissu vivant*. Si, dans un texte, le mot *tissu* est associé à *bleu*, cette information va pouvoir aider à choisir la signification appropriée, ou du moins permettre d'éliminer celle(s) qui est (sont) non pertinente(s). L'information relative à la couleur est également précieuse dans la situation où on cherche à retrouver un mot momentanément oublié mais qu'on a *sur le bout de la langue*, à l'aide d'une application informatique à laquelle on fournit des indices (Lafourcade 2012 et Joubert 2012).

L'objectif de cet article est de montrer comment on peut générer efficacement et relativement vite une ressource lexicale d'associations entre couleurs et mots : c'est pour acquérir ce type de données que nous avons mis au point un GWAP (Game With A Purpose selon le concept défini par L. von Ahn. (2006)), baptisé ColorIt (accessible à http://www.jeuxdemots.org/colorit.php). Dans un premier temps nous évoquons l'intérêt que peut avoir l'information relative à la couleur dans le cadre de la *WSD*, puis nous exposons rapidement le fonctionnement du jeu ColorIt et poursuivons par une analyse détaillée des résultats obtenus.

# 2 ColorIt, un jeu pour associer des couleurs et des mots

Le but de ColorIt est de collecter des associations spontanées entre couleurs et termes, qu'il s'agisse de couleurs attribuées à des objets concrets, ou associées symboliquement et subjectivement à des verbes ou noms désignant des entités abstraites.

## 2.1 Intérêt des associations mots-couleurs pour la désambiguïsation lexicale

L'un des intérêts majeurs d'une ressource lexicale rassemblant des associations entre mots et couleurs est son exploitation dans le contexte de la désambiguïsation lexicale automatique (*WSD*). En effet, dans un texte donné, la précision apportée par l'indication de couleur est souvent le détail qui va permettre de sélectionner le sens approprié d'un terme polysémique. Dans de nombreux cas, l'association à une couleur spécifique est importante. Bien sûr, la technique a ses limites : il existe des mots pour lesquels l'information de couleur est sans objet (*sans couleur*), d'autres auxquels on peut associer de nombreuses couleurs (comme *voiture*), ou qui peuvent être simultanément de plusieurs couleurs (noir et blanc pour un *pingouin*, multicolore pour un *arc-en-ciel*). Sans prétendre à l'exhaustivité, nous donnons dans le tableau ci-après quelques mots pour lesquels l'information de couleur peut aider à lever l'ambiguïté résultant de la polysémie (les sens que l'on peut éliminer sont marqués par *, les ambiguïtés qui subsistent par ?). Les résultats présentés ci-dessous sont ceux obtenus par désambiguïsation endogène d'un terme associé à un contexte (la couleur) sur les données du réseau lexical JeuxDeMots.

| | | | |
|---|---|---|---|
| **lit blanc** | lit > couche: blanc, rouge,<br>* lit>rivière | **regard bleu/azur<br>regard noir** | regard> expression (symbolique)<br>* regard>trou |
| **trompe grise<br>trompe dorée** | trompe>éléphant<br>*? trompe>instrument de musique<br>* trompe>anatomie humaine | **robe rose / bleu<br>robe blanche /jaune<br>robe pie/alezane** | robe>vêtement<br>* robe>pelage (animal)<br>? ambigu pour certaines couleurs |
| **bas noir** | bas> sous-vêtement<br>* bas>partie inférieure | **tableau noir** | tableau>école<br>? tableau>œuvre d'art (improbable) |
| **manteau rouge** | manteau>vêtement<br>* manteau>géologie | **feuille blanche<br>feuille rouge/jaune/vert** | feuille>papier (le plus probable)<br>*? feuille>arbre (improbable)<br>? ambigu pour certaines couleurs |
| **ours blanc/brun<br>ours rose** | ours>animal / peluche<br>ours>peluche<br>* ours>imprimerie | **canapé bleu** | canapé>meuble<br>* canapé>petit four<br>? ambigu pour certaines couleurs |
| **piste blanche/ verte / rouge** | piste>ski (symbolique)<br>*piste>chemin | **brioche dorée** | brioche>viennoiserie<br>*? brioche>ventre |
| **langue blanche / rose** | langue>organe<br>* langue>langage | **savon noir / rose / blanc** | savon>savonnette<br>*savon>réprimande |
| **sucre blanc/roux<br>sucre gris** | sucre>substance<br>*? sucre>électricité<br>(ambigu mais improbable) | **culotte bleu / rouge/ blanche** | culotte>sous vêtement<br>* culotte>boucherie<br>* culotte>défaite |
| **costume anthracite** | costume>tenue (le plus probable)<br>*? costume>déguisement | **motif fleuri** | motif>dessin<br>*motif> raison |

Table 1: Dans environ 70 % des cas, l'information de couleur permet de déduire le sens convenable et d'éliminer les autres sans ambiguïté. Parfois, une incertitude demeure, mais un niveau de confiance peut être calculé.

## 2.2 Principe du jeu

Un terme est proposé au joueur avec un choix réduit de couleurs *via* une palette. Il doit cliquer sur la couleur qu'il associe au mot. Il peut également cliquer sur *sans couleur* ou "passer" (s'il ne connait pas le mot par exemple). Passer n'est pas pénalisant. Enfin, si aucune des couleurs de la palette ne convient, ou s'il souhaite en mettre plus d'une, il peut la ou les saisir dans le champ de texte. Le terme présenté peut être ambigu (*feuille)* ou contextualisé (*feuille>papier* / *feuille>plante*), le réseau JDM contenant pour chaque terme polysémique ses raffinements.

Une fois que le joueur a validé son choix, une notification apparait avec son score ainsi que les réponses données par les autres joueurs pour ce mot. Le score dépend de l'adéquation entre la réponse du joueur et la distribution des couleurs déjà affectées au mot *via* les réponses des autres. Il existe deux types de réponses : **une ou plusieurs couleurs** ou bien **sans couleur**. Si la réponse du joueur correspond à une des plus fréquentes, il gagne des points, sinon il en perd. Le nombre de points gagnés est covariant avec le poids des couleurs liées au mot dans le réseau lexical selon une fonction logistique sigmoïde *S*. Si une couleur est faiblement associée (par rapport à d'autres), le joueur va gagner peu de points. Par contre si elle est très fortement associée, le gain sera plus grand mais plafonné. Le poids associé à la relation mot-couleur est incrémenté de 1 à chaque réponse. Une relation de couleur nouvellement associée rentre dans le réseau lexical avec un poids de 1. Supposons par exemple, que dans le réseau le terme *éléphant* soit associé à *gris* avec un poids de p1 et à *blanc* avec un poids de p2. Si le joueur sélectionne *gris* il gagnera *S(p1)* points et le poids de la relation *gris* passera à p1+1. Si le joueur clique sur *pas de couleur* il perd *S(p1+p2)* points mais la relation *pas de couleur* est introduite et prend la valeur 1. Il n'y a pas d'avantage particulier à proposer des couleurs plutôt que *pas de couleur*.

Ce système incite les joueurs à être honnêtes en sélectionnant des couleurs appropriées, et à essayer d'être originaux quand c'est possible. L'honnêteté présupposée de la grande majorité des joueurs a été vérifiée empiriquement et se révèle être une constante dans les GWAP pour lesquels nous avons ce type d'information (Chamberlain, 2013). D'une part une erreur peut être coûteuse en termes de points, d'autre part un joueur qui chercherait à saboter les données en répondant systématiquement de manière incorrecte se lasserait très vite. Aucune tentative de sabotage n'a été détectée à ce jour. Tous les 100 points, le joueur passe au niveau supérieur et bénéficie d'un plus grand nombre de caractères autorisés dans le champ de texte libre. Les facteurs qui rendent le jeu motivant sont la possibilité de comparer sa (ses) réponse(s) avec celles des autres joueurs et la progression en termes de niveau, puisque plus le niveau est élevé plus on peut saisir de mots dans le champ de texte libre. L'expérience montre que la plupart des joueurs préfèrent entrer plusieurs réponses de couleur dans le champ de texte que se contenter de cliquer sur une des couleurs proposées. ColorIt s'avère être un jeu stimulant et très original si l'on en croit les nombreux retours positifs des joueurs. La variété du vocabulaire proposé et la présence de termes ambigus ou contextualisés (*ours>animal, frégate>oiseau, magistrat>singe, avocat>fruit, avocat>justice)* évite la monotonie. A côté de certains mots dont la couleur est évidente (comme *neige*, *nuit*, *charbon*, etc.) et ne se prête pas ou peu à une interprétation, d'autres peuvent avoir une large gamme de couleurs possibles, qu'elles soient objectives pour des noms concrets (comme *fleur*, *voiture*, etc.) ou subjectives pour des concepts abstraits (comme *colère*, *tristesse*, etc.), ou pas de couleur du tout (comme *augmentation*, *audace*, etc.). Choisir la couleur que l'on pense être la plus pertinente n'est pas une tâche facile et la confrontation avec les réponses des autres génère excitation, suspense, et… bonne ou mauvaise surprise ! Bien que le jeu ait pour but la collecte de données lexico-sémantiques, aucune connaissance linguistique n'est requise pour jouer, et les données recueillies sont de bonne qualité (cf section 3) et parfois d'un niveau de précision et de nuance remarquable (voir liste des couleurs/apparences sur le site à jeuxdemots.org/colorit.php?action=colorlist). Ce niveau de précision va sans doute bien au-delà de ce qui est nécessaire pour de la désambiguïsation lexicale, mais reste parfaitement justifié en représentation des connaissances.

### 2.3 Dans les coulisses

Le projet JDM (Lafourcade, 2007 and Chamberlain, 2013) a pour but de construire un réseau lexical et sémantique le plus large possible par le biais de jeux (GWAP) et de *crowdsourcing*. Un tel réseau est composé de termes (les nœuds ou sommets) et de relations entre ces nœuds. Les relations sont typées, orientés et pondérées. La ressource contient actuellement plus de 320 000 termes et 9 millions de relations. Le réseau lexical JDM contient des termes, des significations de termes (raffinements), et différentes informations sémantiques (comme *personne*, *être vivant*, *abstrait*, *concret*, *artefact* etc.). Les relations sont pondérées (les plus évidentes ont les poids les plus élevés). Les relations affectées d'un poids négatif soulignent une impossibilité intéressante, comme une exception (par exemple: *autruche* agent: -100 *voler*). On notera qu'une telle approche peut être utilisée pour désigner des impossibilités en termes de couleurs. Les différentes significations d'un terme sont liées au terme principal par des *raffinements*. Par exemple, *frégate* est liée à *frégate>navire* et *frégate>oiseau*. Le raffinement *frégate>navire* est lui-même raffiné en *frégate>navire>moderne* et *frégate>navire>ancien*. Chaque raffinement ou sous-raffinement est lui-même connecté à d'autres termes dans le réseau.

Dans ce réseau, l'information relative à la couleur n'était jusqu'à maintenant présente qu'à travers la relation *caractéristique*, donc mélangée à des attributs de nature variée. Etant donnée l'importance de cette relation en représentation des connaissances, elle fait désormais l'objet d'une relation spécifique que le jeu ColorIt permet d'enrichir de manière conséquente. Un algorithme heuristique a été conçu de manière à avoir une probabilité raisonnable de sélectionner un terme pour lequel l'information de couleur a du sens. Ainsi, nous évitons de lasser les joueurs en leur proposant trop de termes pour lesquels c'est la réponse *pas de couleur* qui s'impose. Cet algorithme qui choisit le terme à proposer au joueur est le suivant : nous sélectionnons aléatoirement, dans le réseau JeuxDeMots, un mot qui a au moins une relation de couleur positive. Nous proposons ensuite au joueur, *via* un *pile ou face* virtuel, soit ce terme soit un de ses voisins dans le réseau. Ceci entraine une propagation rapide de l'acquisition des relations de couleur à travers le réseau. Un terme qui aura été caractérisé comme *sans couleur* plusieurs fois sera retiré de la liste des voisins sélectionnables. De la même manière, les raffinements des termes "colorés" deviennent rapidement "colorés" eux-mêmes. Le principe qui sous-tend cet algorithme de propagation est qu'il y a plus de chances de sélectionner un terme éligible pour l'information de couleur s'il est lié à un mot qui a déjà lui-même une caractéristique de couleur. Une sélection entièrement aléatoire serait contre-productive parce que la plupart du temps, aucune information de couleur ne pourrait être proposée par le joueur; en effet nous avons estimé par échantillonnage qu'environ 10% seulement des quelques 320 000 termes du réseau sont éligibles pour l'information de couleur.

Si une réponse fournie par le joueur existe dans le réseau mais n'est pas caractérisée comme une couleur ou une apparence, elle est alors proposée et sera validée (ou invalidée) en tant que telle par un administrateur. Si par contre le terme proposé n'existe pas dans le réseau, il doit d'abord y rentrer (toujours par validation), avant d'être caractérisé comme une couleur ou une apparence. L'interface Diko du réseau lexical JDM est un outil contributif permettant la validation des termes proposés (http://www.jeuxdemots.org/diko.php). L'algorithme de propagation a été amorcé avec les termes de couleurs proposés dans le jeu : *blanc, gris, noir, rouge, rouge foncé, orange, jaune, vert clair, vert, bleu, bleu clair, violet, rose, beige, marron.* Avant la création de ColorIt, ces couleurs étaient associées à de nombreux termes *via* d'autres relations que la couleur.

## 3 Collecte et évaluation des données

En neuf mois (août 2013 à avril 2014), plus de 28 000 associations mots-couleurs ont été créées et plus de 16 000 termes ont été dotés d'une information de couleur. Ainsi, en moyenne, un terme est associé à 2,2 couleurs (hors *sans couleur*). Le nombre total de votes de couleurs a excédé 192 000, le nombre de joueurs n'est pas connu avec précision (il n'est pas nécessaire de s'enregistrer pour jouer). D'après notre estimation sur le nombre de termes éligibles pour une information de couleur, nous pensons qu'actuellement la moitié des termes éligibles ont été dotés d'une information de couleur (soit environ 16 000 termes sur 10 % de 320 000).

Dès qu'une couleur a été associée à un terme, le réseau est mis à jour avec cette couleur ou apparence. Par exemple, le mot *eau* est associé avec différents bleus (*bleu clair* (26), *bleu* (9), *bleu lagon* (1), *turquoise* (1), etc.) plusieurs autres couleurs (*verdâtre* (4), *vert* (2), etc.) et différentes apparences (*trouble* (20), *transparent* (9+9), *limpide* (4), *incolore* (4), etc.). La possibilité d'ajouter des couleurs ou des apparences *via* le champ de texte libre permet de compléter le réseau avec des noms de couleurs spécifiques comme *jaune chartreuse, mandarine*, etc., des apparences comme *rayé*, *translucide*, etc., ou encore de nouvelles combinaisons de couleurs (la liste des couleurs est disponible à l'url http://www.jeuxdemots.org/colorit.php?action=colorlist). Actuellement, plus de 700 termes correspondent à des couleurs, des associations de couleurs ou des apparences.

Les données collectées ont été évaluées manuellement, sur deux échantillons d'environ 500 termes, représentant à peu près 2 500 associations mots-couleurs. Le premier échantillon $S_C$ a été prélevé parmi les termes ayant au moins une association de couleur, le second $S_{NC}$ parmi ceux ayant au moins un vote de type *sans couleur*. Les termes de l'échantillon $S_C$ peuvent avoir des associations de type *sans couleur*, et vice-versa. Nous avons demandé à des volontaires de contrôler au hasard certaines associations mots-couleurs, et de dire si elles étaient correctes ou non, que ce soit dans le cas d'association de type *couleur* ou *sans couleur*. Cette méthode d'évaluation, où l'on demande à des volontaires de juger des associations (tâche fermée) est orthogonale avec la méthode d'acquisition où l'on demande aux gens de produire les associations (tâche ouverte). Notons que la méthode d'évaluation ne permet pas de se prononcer sur les associations de couleurs éventuellement omises (les silences).

| | $S_C$ Associations de couleur correctes | $S_C$ Associations de couleur incorrectes | $S_{NC}$ Associations sans couleur correctes | $S_{NC}$ Associations sans couleur incorrectes | Total |
|---|---|---|---|---|---|
| # votes | 13 308 | 366 | 708 | 81 | 14 463 |
| % | 92 % | 2,5 % | 5 % | 0,5 % | 100% |
| | sous-total 13308/13674 = 97% | | sous-total 708/789 = 90% | | |

Table 2. Evaluation des associations mots-couleurs et mots-*sans couleur*.

L'évaluation par quelques dizaines de volontaires (*via* le jeu Askit : http://www.jeuxdemots.org/askit.php) a couvert environ 10 % des associations mots-couleurs générées par le jeu (acquisition). Les données collectées semblent contenir un pourcentage assez bas d'associations incorrectes (cf. Table 2). En outre, un examen plus approfondi du réseau lexical montre que les associations incorrectes sont affectées d'un poids faible par rapport aux associations correctes. Par exemple, pour le terme *soleil*, on trouve une fois l'association avec *bleu* pour 100 fois l'association avec *jaune*. De plus, l'examen des termes polysémiques montre que les couleurs associées aux raffinements sont le plus souvent adéquates et pourront éventuellement être discriminantes dans le cadre de la désambiguïsation lexicale (*WSD*).

| Termes liés à | politique (2702 termes) | zoologie (3191 termes) | arts (2815 termes) | émotions (304 termes) | botanique (4481 termes) |
|---|---|---|---|---|---|
| **Accord entre joueurs** | 0.55 | 0.65 | 0.71 | 0.28 | 0.76 |

Table 3. Kappa moyen entre les joueurs en fonction de différents champs sémantiques d'intérêt concernant les couleurs (réelles ou symboliques). Le chiffre entre parenthèses indique le nombre de termes reliés à ce champ sémantique dans le réseau lexical. Manifestement, les couleurs sont difficiles à accorder aux émotions.

La Table 3 présente l'évaluation de l'accord entre joueurs en fonction de l'appartenance des termes à tel ou tel domaine (champ sémantique). La valeur de l'accord pour un terme donné est la moyenne du Kappa de Cohen entre les associations des joueurs prises 2 à 2 pour ce terme. La valeur de l'accord pour un champ sémantique est la moyenne des accords des termes de ce champ qui ont été joués. Certains termes peuvent appartenir à plus d'un champ. C'est pour le champ sémantique relatif aux plantes que l'accord entre joueurs est le plus élevé. Il semble que certains joueurs se réfèrent à des sources extérieures (comme par exemple Wikipédia) pour savoir quelle(s) couleur(s) affecter à une plante ou un animal inconnu, jouant ainsi le rôle d'identificateurs d'informations qu'il serait très difficile d'extraire automatiquement (communication personnelle avec certains des joueurs). L'accord le plus faible est celui relatif au champ sémantique des émotions, ce qui s'explique aisément par le haut degré de subjectivité des associations correspondantes (et ceci bien que notre expérience n'ait été réalisée qu'en français, et sur une population relativement homogène constituée de 70 % de femmes entre 30 et 50 ans). Concernant le champ sémantique des arts, on trouve beaucoup de noms de couleurs exprimés au moyen d'un vocabulaire recherché, mais qui une fois décryptés présentent finalement assez peu de variations.

# 4 Conclusion

Nous avons conçu un jeu simple mais stimulant et efficace pour collecter des données relatives aux associations termes-couleurs. En quelques mois plus de 15 000 termes ont été associés à une ou des couleurs et environ 4 000 ont été caractérisés comme *sans couleur*. De nombreuses couleurs et apparences ont été introduites dans le réseau lexical JeuxDeMots *via* le jeu ColorIt. A notre connaissance, les données collectées constituent la première ressource (dynamique et libre) en français pour ce type d'association. L'une des difficultés dans la conception du jeu a été l'algorithme de propagation permettant de sélectionner des termes éligibles à une information de couleur, de façon à ne pas lasser les joueurs en leur proposant trop de termes auxquels il n'est pas pertinent d'attribuer une couleur.

Nous avons eu plusieurs surprises avec les données collectées grâce à ColorIt. Premièrement, le choix *sans couleur* a été initialement conçu pour servir d'échappatoire aux joueurs lorsque rien ne convenait. Mais il s'est rapidement avéré que la caractéristique *sans couleur* était précieuse pour éliminer certaines significations en cas de polysémie. En effet, dans le cadre de la désambiguïsation lexicale, la sélection de sens par les indications de couleur est plus souvent réalisée par élimination que par sélection ; cela s'explique, du moins partiellement, par la polysémie par métaphore: des sens abstraits (donc *sans couleur*) dérivent souvent de termes concrets. Deuxièmement, un effet collatéral et néanmoins positif du jeu a été d'enrichir le réseau JDM d'un grand nombre de couleurs et apparences qui n'y figuraient pas encore. En plus de vraies couleurs nouvellement introduites, le réseau contient maintenant de nombreux termes relatifs à l'aspect visuel, comme *translucide*, *trouble*, *rayé*, *tacheté*, etc.

Pour aller plus loin, une des perspectives est d'évaluer la corrélation entre couleur et sentiment associés à certains termes, en particulier les noms abstraits. Dès que nous disposerons d'un nombre suffisant d'associations mots-couleurs, nous pourrons envisager la comparaison de ces données avec d'autres ressources déjà disponibles sur la polarité, ou les sentiments/émotions associés, en plus de leur exploitation dans le cadre de la désambiguïsation lexicale. De plus, l'intérêt des informations de couleur recueillies par *crowdsourcing* dans les tâches de *WSD* doit faire l'objet d'une étude complète.

## Références

VON AHN, L. (2006). *Games with a purpose.* Computer, 39(6):92–94, 2006.

BERLIN, B. & KAY, P. (1969). *Basic Color Terms: Their Universality and Evolution.* Berkeley: University of California Press. ISBN 1-57586-162-3, pp. 178.

CARD, S., MACKINLAY, J. AND SHNEIDERMAN, B., (1999). *Readings in information visualization: using vision to think.* Interactive Technologies, Morgan Kaufmann, ISBN-10: 1558605339, 712 p.

CHAMBERLAIN, J., FORT, K., KRUSCHWITZ, U., LAFOURCADE, M. AND POESIO, M. (2013) *Using Games to Create Language Resources: Successes and Limitations of the Approach.* Theory and Applications of Natural Language Processing. Gurevych, Iryna; Kim, Jungi (Eds.), Springer, ISBN 978-3-642-35084-9, 2013, 42 p.

CHILD, I, L., HANSEN, J,A., AND HORNBECK, F,W. (1968). *Age and sex differences in children's color preferences.* Child Development, 39 (1):237–247.

CHRIST, R. (1975). *Review and analysis of color coding research for visual displays.* Human Factors: The Journal of the Human Factors and Ergonomics Society, 17:542–570.

GREFENSTETTE, G. (2005). *The color of things: Towards the automatic acquisition of information for a descriptive dictionary.* Revue Française de Linguistique Appliquée, 2, pp. 83–94.

JOUBERT, A;, M. LAFOURCADE, M. (2012) *A new dynamic approach for lexical networks evaluation.* In proc of the Eight International Conference on Language Resources and Evaluation (LREC'12), Istanbul, Turkey, 23-25h May 2012.

KAYA, N. & EPPS, H. (2004). *Relationship between color and emotion : a study of college students.* Academic journal article from College Student Journal, Vol. 38, No. 3.

LAFOURCADE, M. (2007). *Making people play for Lexical Acquisition.* In Proc. SNLP 2007, 7th Symposium on Natural Language Processing. Pattaya, Thailande, 13-15 December 2007, 8 p.

LAFOURCADE, M. JOUBERT, A. (2012) *Increasing long tail in weighted lexical networks.* In proc of Cognitive Aspects of the Lexicon (CogAlex-III), COLING, Mumbai, India, December 2012.

LUSCHER, M. (1969). *The Luscher Color Test.* Random House, New York, New York.

MEIER, B. (1988). *Ace: a color expert system for user interface design.* In Proceedings of the 1st annual ACM SIGGRAPH symposium on User Interface Software, UIST '88, pages 117–128, New York, NY, USA. ACM.

NIJDAM, N A. (2010). *Mapping Emotion to Color, Human Media Interaction Human Media Interaction.* University of Twente, the Netherlands. Available at http://hmi.ewi.utwente.nl/verslagen/capita selecta/CS Nijdam Niels.pdf

OU, L-C., LUO, M.R, SUN, P-L., HU, N-C., AND CHEN, H-S. (2011). *Age effects on color emotion, preference, and harmony.* Color Research and Application.

OZBAL, G., STRAPPARAVA, C., MIHALCEA, R. AND PIGHIN, D. (2011). *A Comparison of Unsupervised Methods to Associate Colors with Words.* Affective Computing and Intelligent Interaction. Lecture Notes in Computer Science. Volume 6975, 2011, pp 42-51.

PRIBADI, N, S., WADLOW, M,G., AND BOYARSKI, D. (1990). *The use of color in computer interfaces: Preliminary research.* Information Technology Center, Carnegie Mellon University, 49 p.

SABLE, P. AND AKCAY, O. (2010). *Color: Cross cultural marketing perspectives as to what governs our response to it.* Proceedings of ASBBS, vol 17:1, -Las vegas, CA. February 2010, pages 950–954.

SAIF, M. (2011a). *Colourful language: measuring word-colour associations.* Proceeding CMCL '11. Proceedings of the 2nd Workshop on Cognitive Modeling and Computational Linguistics. 97-106. http://www.aclweb.org/anthology-new/W/W11/W11-0611.pdf

SAIF, M. (2011b). Even *the Abstract have Colour : Consensus in Word–Colour. Associations.* In Proceedings of the 49th Annual Meeting of the Association for Computational Linguistics: Human Language Technology. http://www.aclweb.org/anthology-new/P/P11/P11-2064.pdf

STRAPPARAVA, C., ÖZBAL, G (2010) *The color of emotions in texts.* 23rd International Conference on Computational Linguistics (COLING 2010), 28 p.

# Induction de sens pour enrichir des ressources lexicales

Mohammad Nasiruddin, Didier Schwab, Andon Tchechmedjiev
Gilles Sérasset, Hervé Blanchon
Univ. Grenoble Alpes
{Mohammad.Nasiruddin, Didier.Schwab, Andon.Tchechmedjiev, Gilles.Serasset, Hervé.Blanchon}@imag.fr

**Résumé.** En traitement automatique des langues, les ressources lexico-sémantiques ont été incluses dans un grand nombre d'applications. La création manuelle de telles ressources est consommatrice de temps humain et leur couverture limitée ne permet pas toujours de couvrir les besoins des applications. Ce problème est encore plus important pour les langues moins dotées que le français ou l'anglais. L'induction de sens présente dans ce cadre une piste intéressante. À partir d'un corpus de texte, il s'agit d'inférer les sens possibles pour chacun des mots qui le composent. Nous étudions dans cet article une approche basée sur une représentation vectorielle pour chaque occurrence d'un mot correspondant à ses voisins. À partir de cette représentation, construite sur un corpus en bengali, nous comparons plusieurs approches de classification non-supervisées (k-moyennes, regroupement hiérarchique et espérance-maximisation) des occurrences d'un mot pour déterminer les différents sens qu'il peut prendre. Nous comparons nos résultats au Bangla WordNet ainsi qu'à une référence établie pour l'occasion. Nous montrons que cette méthode permet de trouver des sens qui ne se trouvent pas dans le Bangla WordNet.

**Abstract.** In natural language processing, lexico-semantic resources are used in many applications. The manual creation of such resources is very time consuming and their limited coverage does not always satisfy the needs of applications. This problem is further exacerbated with lesser resourced languages. However, in that context, Word Sense Induction (WSI) offers an interesting avenue towards a solution. The purpose of WSI is, from a text corpus, to infer the possible senses for each word contained therein. In this paper, we study an approach based on a vectorial representation of the cooccurrence of word with their neighbours across each usage context. We first build the vectorial representation on a Bangla (also known as Bengali) corpus and then apply and compare three clustering algorithms (k-Means, Hierarchical Clustering and Expectation Maximisation) that elicit clusters corresponding to the different senses of each word as used within a corpus. We wanted to use Bangla WordNet to evaluate the clusters, however, the coverage of Bangla WordNet being restrictive compared to Princeton WordNet ( 23.65%), we find that the clustering algorithms induce correct senses that are not present in Bangla WordNet. Therefore we created a gold standard that we manually extended to include the senses not covered in Bangla WordNet.

**Mots-clés :** Induction de sens, bengali, Weka, Classification non-supervisée.

**Keywords :** Word Sense Induction, Bangla, Weka, Clustering.

## 1 Introduction

En traitement automatique des langues, les ressources lexico-sémantiques ont été incluses dans un grand nombre d'applications. La création manuelle de telles ressources est consommatrice de temps humain et leur couverture limitée ne permet pas toujours de couvrir les besoins des applications. Ce problème est encore plus important pour les langues moins dotées que le français ou l'anglais. L'induction de sens présente dans ce cadre une intéressante piste. À partir d'un corpus de texte, il s'agit d'inférer les sens possibles pour chacun des mots qui le composent. Nous étudions dans cet article une approche basée sur une représentation vectorielle pour chaque occurrence d'un mot correspondant à ses voisins. À partir de cette représentation, construite sur un corpus en bengali, nous comparons plusieurs approches de classification non-supervisée des occurrences d'un mot pour déterminer les différents sens qu'il peut prendre. Nous montrons que cette méthode permet de trouver des sens qui ne se trouvent pas dans le *Bangla WordNet.*

Dans cet article nous commençons par présenter le bengali, le *Bangla WordNet* et le Wikipédia bengali qui constitue notre corpus. Nous présentons ensuite l'approche qui nous a permis de construire la représentation vectorielle pour chacune des occurrences de notre corpus. Enfin nous présentons les deux méthodes d'évaluation que nous utiliserons pour comparer les trois différents algorithmes de classification non-supervisée.

# 2 Le bengali et Bangla WordNet

## 2.1 Le bengali

Le bengali, également appelé bangla, est la septième langue la plus parlée au monde avec environ 200 millions de locuteurs et la plus orientale des langues indo-européennes. Elle est essentiellement parlée au Bangladesh (75% de la population) et la deuxième la plus parlée en Inde où elle est langue officielle de trois des vingt trois états (Garry & Rubino, 2001). Le bengali est écrit à l'aide de caractères dérivant du Brahmi. Comme le français, les mots bengalis sont séparés par des espaces et les signes de ponctuation sont les mêmes à part le dari (।) qui remplace le point pour la segmentation des phrases.

## 2.2 Bangla WordNet

*Bangla WordNet* (Dash, 2011 ; Niladri Sekhar Dash & Banerjee, 2011) a été conçu en suivant les principes du WordNet de Princeton pour l'anglais. Il fait partie du projet Indradhanush et a ainsi été développé en utilisant Hindi WordNet (Somesh Jha & Bhattacharyya, 2010) comme pivot. Classiquement, un synset du *Bangla WordNet* est composée ainsi :

— un numéro d'identification du synset : un numéro unique provenant de l'Hindi WordNet.
— une catégorie grammaticale : nom, verbe, adjectif, adverbe.
— une glose : la description du concept par une définition et des exemples.
— un ensemble de mots, synonymes entre eux, dont les traits communs sont sensés correspondre au sens particulier décrit pas le synset.

Par exemple, le synset associé à সমাগত (samāgata – arrivé) est :

| | | |
|---|---|---|
| ID | :: 7 | |
| CAT | :: ADJECTIVE | |
| CONCEPT | :: যে এসেছে | (Il est arrivé.) |
| EXAMPLE | :: "সমাগত ব্যক্তিদের স্বাগত জানাও" | (Les nouveaux arrivants sont les bienvenus.) |
| SYNSET-BENGALI | :: আগত, সমাগত | (imminemment, arrivé) |

Les traductions en français ne se trouvent pas dans le *Bangla WordNet* et sont données uniquement pour faciliter la compréhension des lecteurs.

| Parties du discours | Synsets | Nombre de sens | Nombre de sens (mots simples) | Nombre de sens (mots composés) | Mots monosémiques | Mots polysémiques |
|---|---|---|---|---|---|---|
| Nom | 27 281 | 44 854 | 34 496 | 10 358 | 29 760 | 5 829 |
| Verbe | 2 804 | 4 448 | 318 | 4 130 | 2 260 | 671 |
| Adjectif | 5 815 | 10 264 | 569 | 9 695 | 6 813 | 1 385 |
| Adverbe | 445 | 906 | 159 | 747 | 721 | 79 |
| Total | 36 345 | 60 472 | 35 542 | 24 930 | 39 554 | 7 964 |

Table 1 – Statistiques sur le *Bangla WordNet*

## 2.3 Wikipédia bengali

Alors que le bengali est la septième langue la plus parlée au monde, le Wikipédia bengali [1] n'est que le quatre-vingt cinquième en nombre d'articles. Au 1er mai 2014 à midi-UTC il comprenait 29 756 articles contre, par

1. `https://bn.wikipedia.org`

exemple, 106 097 articles pour le latin ou 178 760 articles pour le basque, deux langues bien moins parlées au quotidien que le bengali [2]. Le faible nombre d'articles en bengali est évidemment explicable par le niveau d'éducation dans les régions où il est parlé. Par exemple, au Bangladesh et dans l'état du Bengale-Occidental qui représentent à eux deux trois-quarts des locuteurs du bengali, le taux de scolarisation dans le secondaire est inférieurs à 50% selon l'UNICEF [3] et l'OCDE (OCDE, 2011).

Nous allons utiliser le Wikipédia bengali comme corpus de textes dans notre expérience. Utiliser un Wikipédia est, en effet, un moyen simple d'obtenir des textes libres de droits pour toutes les langues où il en existe un. Dans cette expérience, nous utilisons la sauvegarde de la base de données du Wikipédia bengali [4] du 28 décembre 2013 [5] qui comporte 28 393 articles.

# 3 Construction de la matrice des voisinages

Dans cette section, nous présentons l'expérience réalisée qui a consisté à construire la matrice des voisinages puis à catégoriser chacune des instances de mots en fonction de leur contexte.

Nous appelons *occurrence* une suite de caractères délimitée par des séparateurs (espace, virgule, dari, *etc.*). Nous appelons *forme*, l'ensemble de toutes les occurrences ayant en commun leur suite de caractères. Nous appelons $S$ l'ensemble des formes du corpus.

Si on considère le corpus constitué des deux phrases suivantes, "*le chat mange la souris*" "*le chat mange le fromage*", il est composé de 10 occurences et $S$ contient 6 formes. L'élément ‹*chat*› de $S$ a deux occurences que nous noterons ‹*chat#1*› et ‹*chat#2*›.

## 3.1 Préparation des données

Le texte brut des pages du Wikipédia bengali a été extrait et normalisé selon la forme normale NFD (*Normalization Form Canonical Decomposition*). Chaque phrase des pages Wikipédia est considérée comme un document indépendant. Nous obtenons donc un ensemble de 34 251 documents correspondant aux 28 393 pages originales. Enfin, chaque document est segmenté en une séquence d'instances.

Le Bangla ne distingue pas les majuscules des minuscules et a une morphologie relativement peu productive. Ainsi, aucun autre pré-traitement linguistique (lemmatisation, annotations en partie du discours, *etc.*) n'a été appliqué au corpus.

## 3.2 Mise en œuvre

Après le pré-traitement du corpus, nous construisons la matrice formes-contextes et nous comparons plusieurs algorithmes de classification pour la création des sens.

### 3.2.1 Construction de la matrice des voisinages

Dans cette matrice, les lignes correspondent aux éléments de $S$ et les colonnes correspondent à leurs occurrences. Chaque case de la matrice contient le nombre de fois où ces occurrences se trouvent dans le même document que l'élément. Par exemple, si on considère que notre corpus n'est composé que des deux documents suivants, "*le chat mange la souris*" "*le chat mange le fromage*", la matrice résultat sera celle présentée dans la table 2. Notre corpus fait 34 251 documents qui contiennent 3 957 075 instances et 373 685 formes. Nous avons utilisé une machine de 32 cœurs Intel Xeon E5-2650 à 2.0 GHz équipée de 256 Go de ram. La génération de cette matrice a pris environ 48 heures mais n'a utilisé aucune parallélisation.

2. https://meta.wikimedia.org/wiki/List_of_Wikipedias
3. http://www.unicef.org/french/infobycountry/bangladesh_bangladesh_statistics.html
4. http://dumps.wikimedia.org/backup-index-bydb.html
5. http://dumps.wikimedia.org/bnwiki/20131228/

| | le#1 | chat#1 | mange#1 | la#1 | souris#1 | le#2 | chat#2 | mange#2 | le#3 | fromage#1 |
|---|---|---|---|---|---|---|---|---|---|---|
| le | 0 | 1 | 1 | 1 | 1 | 1 | 2 | 2 | 1 | 2 |
| chat | 1 | 0 | 1 | 1 | 1 | 1 | 0 | 1 | 1 | 1 |
| mange | 1 | 1 | 0 | 1 | 1 | 1 | 1 | 0 | 1 | 1 |
| la | 1 | 1 | 1 | 0 | 1 | 0 | 0 | 0 | 0 | 0 |
| souris | 1 | 1 | 1 | 1 | 0 | 0 | 0 | 0 | 0 | 0 |
| fromage | 0 | 0 | 0 | 0 | 0 | 1 | 1 | 1 | 1 | 0 |

TABLE 2 – Matrice obtenue avec l'exemple

### 3.2.2 Construction des groupes

L'objectif de ce travail est de voir dans quelle mesure il est possible d'inférer des sens à partir de groupes pour créer une ressource lexicale. Nous voulons ainsi comparer plusieurs algorithmes de classification pour savoir lequel ou lesquels seraient les plus performants pour cette tâche. Nous avons ainsi utilisé la suite de logiciels d'apprentissage automatique Weka (*Waikato Environment for Knowledge Analysis*) pour créer les groupes de sens. Nous expérimentons ici trois algorithmes : k-moyennes, regroupement hiérarchique et espérance-maximisation, qui utilisent une distance euclidienne.

k-moyennes (Hartigan & Wong, 1979) est un algorithme numérique, non-supervisé, probabiliste et itératif de partition de données. Il permet de générer un nombre de groupes $k$ donné en paramètre. Aucune occurences ne peut appartenir à deux groupes à la fois.

Le regroupement hiérarchique (Johnson, 1967) est un algorithme qui unit les groupes les plus proches jusqu'à ce que le nombre de groupes voulu soit atteint.

L'algorithme d'espérance-maximisation (EM) (Jin & Han, 2010) estime par maximum de vraisemblance les paramètres d'un modèle probabiliste ayant des variables latentes. Une gaussienne de paramètre inconnu modélise l'ensemble des points d'un groupe. Une distribution modélise la vraisemblance d'appartenance des points aux groupes. EM estime conjointement les paramètres des gaussiennes afin de maximiser la vraisemblance d'appartenance aux groupes. Contrairement à k-moyennes et le regroupement hiérarchique, EM travaille sur les distributions des points, ce qui est une approche orthogonale qui peut amener des résultats complémentaires potentiellement meilleurs.

# 4 Évaluation des catégories

## 4.1 Le Bangla WordNet et ses sens dans le corpus

Comparé au Princeton WordNet (Miller, 1995), le *Bangla WordNet* (BWN) a une couverture de seulement 23,65% (Dash, 2011). Nous avons voulu essayer d'évaluer sur un petit sous-ensemble des entrées combien de sens manquaient. Nous avons choisi 7 mots au hasard et un natif bengali a annoté les occurrences de ces mots dans les 258 documents et 14 817 phrases dans lesquelles ils apparaissent. Si le sens existe dans le *Bangla WordNet*, il a annoté avec ce sens sinon il a créé de nouveaux sens. Cette annotation lui a pris environ 8 heures.

La table 3 présente les résultats obtenus avec ces 7 mots. On le voit, pour seulement sept mots, avec un corpus assez simple, on trouve 20 sens manquants à *Bangla WordNet* soit au moins 57% des sens possibles pour ces mots. L'enrichissement de cette ressource est donc un objectif assez primordial. Nous étudions dans la partie suivante dans quelle mesure nous pouvons le faire toujours en nous basant sur nos 7 mots.

## 4.2 Évaluation

L'évaluation se fait par rapport à deux références : le *Bangla WordNet* et le *Bangla WordNet* enrichi par les sens manquants découverts par l'annotateur. L'élément le plus important pour l'évaluation est le choix de mesures de la qualité de la classification par rapport aux références.

| Mots | Nombre d'occurrences | Sens *Bangla WordNet* | Sens manquant | Total BWN + corpus |
|---|---|---|---|---|
| সমাগত (samāgata – arrivé) | 8 | 2 | 0 | 2 |
| অংক (aṅka – math) | 26 | 2 | 4 | 6 |
| অচল (acala – immobile) | 40 | 5 | 1 | 6 |
| পদবী (padabī – titre) | 113 | 1 | 6 | 7 |
| জনপদ (janapada – communauté) | 83 | 1 | 3 | 4 |
| যুক্তাক্ষর (yuk-tākṣara – lettre composée) | 12 | 1 | 0 | 1 |
| অটল (aṭala – régulier) | 43 | 3 | 6 | 9 |
| Total | 325 | 15 | 20 | 35 |

TABLE 3 – Statistiques sur sept mots pris au hasard dans le corpus

### 4.2.1 Mesures

Nous utilisons 4 mesures standard pour l'évaluation de la qualité de la classification. Le score de chaque groupe est calculé comme la somme de la mesure entre le groupe et chacun des groupes de référence. Sur l'ensemble des groupes, on donne la moyenne des scores pour chaque groupe.

- La F1-mesure est la moyenne harmonique entre la précision (P) et le rappel (R) et s'exprime comme $F1 = \frac{2 \cdot P \cdot R}{P+R}$. P est le nombre de points correctement assignés (vrais positifs, VP) sur le nombre total de points (somme de VP + les faux positifs, FP). R est le nombre de points correctement assignés sur le nombre de points attendus (somme de VP et des faux négatifs, FN).
- L'indice de Jaccard sert à calculer la similarité entre un groupe et un groupe de référence en comptant le nombre d'éléments communs sur le nombre total d'éléments des deux groupes. $JI(C, C_{ref}) = \frac{TP}{VP+FP+FN}$
- L'indice de Rand permet de calculer le pourcentage d'éléments assignés correctement, $RI(C, C_{ref}) = (VP + VN)/(VP + FP + FN + VN)$.
- L'indice de Rand ajusté est un indice Rand qui est ajusté pour prendre en compte l'assignation correcte ou incorrecte due au hasard en prenant en compte la distribution de l'ensemble des indices de rand sur les groupes : $ARI(C, C_{ref}) = \frac{Indice - IndiceEspr}{IndiceMaximum - IndiceEspr}$

### 4.2.2 Résultats

La table 4 présente les résultats de trois algorithmes k-moyennes, regroupement hiérarchique et EM. À droite, la référence est le *Bangla WordNet* tandis qu'à gauche, la référence est le standard que nous avons créé. Pour

| Algorithmes | F1 | JI | RI | ARI |
|---|---|---|---|---|
| k-moyennes | **54.91** | 42.85 | 42.85 | 2.36 |
| Hiérarchique | 46.06 | **61.34** | **55.41** | **4.78** |
| EM | 49.19 | 39.73 | 39.98 | 2.30 |

| Algorithmes | F1 | JI | RI | ARI |
|---|---|---|---|---|
| k-moyennes | 50.69 | 36.62 | 40.69 | 3.16 |
| Hiérarchique | **52.05** | **58.09** | **62.54** | **5.80** |
| EM | 44.21 | 34.40 | 43.42 | 2.63 |

TABLE 4 – Résultats obtenus avec la référence *Bangla WordNet* (à gauche) avec la référence créée (à droite)

la référence *Bangla WordNet*, si l'on s'en tient au F1-score, k-moyennes obtient la meilleure performance par rapport à EM et au regroupement hiérarchique (résp. +8,85, +4,72). En revanche, avec les trois autres mesures c'est le regroupement hiérarchique qui est de loin le meilleur (par rapport au second meilleur, l'indice de Jaccard (JI) — +18,49, l'indice de Rand (RI) — +12,56, l'indice de Rand ajusté (ARI) — +2,52). k-moyennes et EM sont proches, mais k-moyennes reste toujours devant. Pour la référence que nous avons créé, nous constatons que pour toutes les mesures, le regroupement hiérarchique est meilleur (par rapport au second meilleur, F1-score — +1.36, l'indice de Jaccard — +21,47, l'indice de Rand — +19,12, l'indice de Rand ajusté — +2,64). k-moyennes est deuxième pour toutes les mesures, sauf pour l'indice de Rand. En fonction des applications et de l'importance des vrais et faux négatifs, certaines mesures seront plus représentatives que d'autres. L'indice de Rand ajusté est dans le cas général considéré comme la mesure la plus représentative.

## 5 Conclusions et perspectives

Dans cet article, nous avons présenté une première approche d'enrichissement d'une base lexico-sémantique en particulier pour des langues moins dotées que l'anglais comme l'est le bengali pourtant septième langue la plus parlée au monde. Par l'étude des occurrences de sept mots dans un corpus constitués des textes du Wikipédia du bengali, nous avons montré que 20 sens n'étaient pas répertoriés dans le *Bangla WordNet* contre 15 qui s'y trouvaient (soit un taux d'absents de 57%). La mise en œuvre d'une méthode très simple nous a permis de découvrir automatiquement des sens qui ne se trouvaient pas dans la ressource initiale. Nos travaux actuels visent à améliorer la construction des groupes en particulier en exploitant les informations issues de la ressource initiale et à les évaluer *in vivo*, c'est-à-dire dans une application comme la traduction automatique.

## Remerciements

Nous tenons à remercier chaleureusement Dr. Niladri Sekhar Das et Prof. Dr. Pushpak Bhattacharyya d'avoir gracieusement accepté de mettre *Bangla WordNet* à notre disposition.

## Références

DASH N. S. (2011). Problems in defining language specific synsets (lss) in bengali for the indradhanush indo-wordnet : Some theoretical and practical issues. In *Proceedings of the 2nd National Workshop of Indradhanush WordNet Consortium*, p. 4–18.

GARRY J. & RUBINO C. (2001). Facts about the world's languages. *HW Wilson.*

HARTIGAN J. A. & WONG M. A. (1979). Algorithm as 136 : A k-means clustering algorithm. *Applied statistics*, p. 100–108.

JIN X. & HAN J. (2010). Expectation maximization clustering. In *Encyclopedia of Machine Learning*, p. 382–383. Springer.

JOHNSON S. C. (1967). Hierarchical clustering schemes. *Psychometrika*, **32**(3), 241–254.

MILLER G. A. (1995). Wordnet : a lexical database for english. *Communications of the ACM*, **38**(11), 39–41.

NILADRI SEKHAR DASH, ABHISEK SARKAR D. B. & BANERJEE S. (2011). Problems and challenges in translation of hindi synsets into bengali in indradhanush wordnet. In *Proceedings of the 2nd National Workshop of Indradhanush WordNet Consortium*, p. 19–38.

OCDE (2011). *Études économiques de l'OCDE : Inde 2011.* Rapport interne, OCDE.

SOMESH JHA, DARREN NARAYAN P. P. & BHATTACHARYYA P. (2010). A wordnet for hindi. In *Proceedings of the International Workshop on Lexical Resources in Natural Language Processing.*

# Un dictionnaire et une grammaire de composés français

François Trouilleux
Clermont Université, Université Blaise-Pascal, EA 999, LRL
francois.trouilleux@univ-bpclermont.fr

**Résumé.** L'article présente deux ressources pour le TAL, distribuées sous licence GPL : un dictionnaire de mots composés français et une grammaire NooJ spécifiant un sous-ensemble des schémas de composés.

**Abstract.** The paper introduces two resources for NLP, available with a GPL license: a dictionary of French compound words and a NooJ grammar which specifies a subset of compound patterns.

**Mots-clés :** open source, ressources, dictionnaire, grammaire, mots composés
**Keywords:** open source, resources, dictionary, grammar, compound words

## 1 Introduction

Le logiciel NooJ (Silberztein, 2003) dispose d'un dictionnaire en source ouverte pour le français. Le présent article propose de le compléter par un dictionnaire de mots composés, qu'on appelle ici DM-C. Plusieurs dictionnaires électroniques utilisables pour le TAL sont accessibles gratuitement. Nous en avons observé cinq : le DELA (Silberztein, 1990), le Lefff (Sagot, 2010), Morphalou (Romary et al., 2004), Lexique (New, 2006) et Multext (Véronis, 1998). D'autres ressources électroniques pourraient être prises en compte, notamment le Wiktionnaire ou (Dubois et Dubois-Charlier, 2001), mais leur format (Wiki ou PDF) est moins directement exploitable [1]. M. Mathieu-Colas (1995a) a développé un dictionnaire formalisé contenant 13 000 formes à trait d'union, mais qui n'est, semble-t-il, pas diffusé.

Le tableau 1 ci-dessous permet d'introduire à la fois la problématique de ce travail et la solution que nous présentons ; il donne une comparaison quantitative des cinq dictionnaires considérés, pour les formes à trait d'union [2]. Les deux premières colonnes donnent le nombre de lemmes et de formes dans chaque dictionnaire. La colonne suivante (t. l.) donne le ratio nombre de lemmes / nombre de formes (« taux de lemmatisation »). Morphalou ne lemmatise pas du tout les composés ; le plus souvent, seule la forme du singulier ou l'infinitif figure dans le dictionnaire et quand plusieurs formes fléchies figurent dans le dictionnaire, chacune est son propre lemme. Le Lefff et Multext lemmatisent le mieux ; verbes mis à part, le taux de lemmatisation est de 1,76 pour ces deux dictionnaires. Le DELA et Lexique contiennent des verbes mais ne les fléchissent que très incomplètement.

Les six colonnes suivantes donnent pour chaque dictionnaire (par ligne) la part du total (en % du nombre de formes) qui est contenue dans chacun des autres (par colonne). Les chiffres de ces colonnes révèlent un taux de recouvrement assez faible entre les dictionnaires. Pour les compléter, notons que l'union des cinq dictionnaires compte 13 617 formes, dont seulement 4 344 (32 %) se retrouvent dans au moins deux dictionnaires et 569 (13 %) se retrouvent dans les cinq. Le DM-C intègre de 61 à 90 % des formes des cinq dictionnaires que nous avons observés. Pour des raisons qui apparaitront plus loin, le choix a été fait de ne pas viser un dictionnaire qui serait l'union des cinq dictionnaires de départ. Au DM-C s'ajoute une grammaire permettant de reconnaître différents types de composés. Pour chaque dictionnaire, la colonne G indique combien de mots de ce dictionnaire ne figurant pas dans le DM-C sont reconnus par la grammaire (en % du nombre de formes du dictionnaire). La colonne *total* fait la somme des deux colonnes

[1] Le Wiktionnaire a fait l'objet d'une conversion dans un format exploitable pour le TAL (GLAFF), mais les composés ne sont pas traités pour l'instant, cf. (Sajous *et al.*, 2013).

[2] Par « forme », on entend le mot lui-même indépendamment de sa catégorie ou des traits qui lui sont associés. Les formes contenant un espace et un trait d'union (ex. *à rebrousse-poil*) ne sont pas comptées dans ce tableau (le DELA contient un nombre très important de composés avec espace, qui rendrait les croisements illisibles).

précédentes et indique donc le taux de couverture du couple DM-C + grammaire pour chaque dictionnaire. On obtient 99 % pour Morphalou car ce dictionnaire a servi de ressource centrale pour le DM-C. Le 1 % restant représente 46 formes volontairement exclues (essentiellement des erreurs).

| | lemmes | formes | t. l. | dela | lefff | lex. | mph | mult. | dm-c | G | total |
|---|---|---|---|---|---|---|---|---|---|---|---|
| dela | 3855 | 4997 | 1,3 | 100 | 29 | 33 | 29 | 29 | 61 | 24 | 85 |
| lefff | 1772 | 3307 | 1,87 | 44 | 100 | 49 | 39 | 58 | 89 | 6 | 95 |
| lex. | 3430 | 4243 | 1,24 | 38 | 39 | 100 | 35 | 42 | 68 | 25 | 93 |
| mph | 5608 | 5608 | 1 | 26 | 23 | 26 | 100 | 21 | 64 | 35 | 99 |
| mult. | 1658 | 4072 | 2,46 | 36 | 47 | 44 | 29 | 100 | 90 | 8 | 98 |

TABLE 1. Comparaison quantitative des dictionnaires pour les mots avec trait d'union

L'alinéa suivant présente des observations sur le contenu des cinq dictionnaires que nous avons retenus, qui justifient le développement de nos deux ressources. L'alinéa 3 présente notre grammaire NooJ pour un sous-ensemble de schémas de composition, et l'alinéa 4 notre dictionnaire et les solutions qu'il apporte aux problèmes observés.

# 2 Observation des dictionnaires

Le codage des composés en français fait l'objet de fluctuations bien connues, dont on retrouve la trace dans les dictionnaires électroniques. Le tableau 2 donne des exemples de formes différentes trouvées dans les cinq dictionnaires. Un premier axe de variation concerne l'usage du **trait d'union** *vs* **soudure** ou **espace**. N. Catach (1981) a montré que des dictionnaires imprimés variaient sensiblement sur ce point ; cette variation se retrouve dans les dictionnaires électroniques. Les exemples donnés dans les premières lignes du tableau 2 parlent d'eux-mêmes.

On sait aussi par ailleurs que les formes du **singulier** ou du **pluriel** de certains noms composés sont imprécises. Les rectifications de l'orthographe proposées en 1990 ont consacré cette variabilité en autorisant officiellement les variantes (cf. Catach, 1991). Le traitement des mots *accroche-cœur* et *monte-plats* illustre la variabilité à l'œuvre dans les dictionnaires (*s* et *p* indiquent le nombre associé, – indique l'absence de trait de nombre). Les noms *année-lumière* et *mot-valise* illustrent en outre des problèmes de couverture et de précision. Il est à noter que l'absence de marque de genre dans Morphalou ne signifie pas une invariabilité, mais plutôt une absence d'information sur les formes fléchies.

Un troisième axe de variation, moins souvent évoqué car plus spécifique aux dictionnaires pour le TAL, concerne la **segmentation** des unités lexicales. Si la lecture des entrées *plain-pied* et *stand-by* dans le TLF suggère que ces mots soient considérés comme des noms, l'expression *bras-le-corps* semble bien impossible sans la préposition *à*, ce qui doit conduire à ne retenir qu'une entrée adverbiale *à bras-le-corps*.

Enfin, on rencontre aussi des **variantes orthographiques**, telles que *laisser-passer* ou *medicine-ball*. En règle générale, ces variantes ne sont pas signalées par l'attribution d'un lemme commun aux deux formes, si bien que le lemme *laisser-passer* est compté comme figurant dans deux dictionnaires, alors que le concept, si l'on peut dire, est connu des cinq.

Les disparités relevées en terme de recouvrement des dictionnaires peuvent s'expliquer aussi par le fait que la composition est un procédé **productif**. Par exemple, Lexique contient *en propre* 88 lemmes associés à des formes avec un préfixe *re-* (p.ex. *re-contacter*, *re-belote*, mais aussi *re-café*, *re-drapeau*, *re-main*...), 163 avec *ex-*, 22 avec *co-*. Morphalou contient 123 formes commençant par *anti-* dont seulement 11 se retrouvent dans un autre dictionnaire. Le TLF, dont est dérivé Morphalou, donne des composés parfois comme mot vedette (p.ex. *presse-citron*), parfois à l'intérieur des articles (p.ex. *pubo-fémoral* figure dans l'article *fémoral*). En particulier, le TLF a dans sa nomenclature des préfixes, suffixes et autres « éléments formants », pour lesquels les articles donnent des listes de composés. Seulement 39,7 % des mots à trait d'union de Morphalou figurent comme mots vedettes dans le TLF.

L'objectif d'un dictionnaire classique comme le TLF est multiple : fournir un relevé des mots attestés, en donner la définition, en expliquer les emplois. S'agissant des composés, le premier de ces objectifs n'est pas central pour un dictionnaire destiné au TAL. Il est au moins aussi important d'avoir un système rendant compte des mécanismes de composition, qui permettra de détecter les nouvelles productions. On est tiraillé dans deux directions opposées : la lexicalisation d'un maximum d'unités et la reconnaissance des unités composées par des règles. C'est la raison pour laquelle le traitement que nous proposons se fait en partie par une grammaire, en partie par le dictionnaire.

| **DELA** | **Lefff** | **Lexique** | **Morphalou** | **Multext** |
|---|---|---|---|---|
| *contreplongée* | *contre-plongée* | *contre-plongée* | *contreplongée* | |
| *sociolinguistique* | *sociolinguistique* | | *sociolinguistique*<br>*socio-linguistique* | *sociolinguistique* |
| *cul de basse fosse* | | *cul-de-basse-fosse* | *cul de basse-fosse* | *cul-de-basse-fosse* |
| | | *pan bagnat* | | *pan-bagnat* |
| <br>*accroche-cœurs* s<br>*accroche-cœurs* p | *accroche-cœur* – | *accroche-cœur* s<br><br>*accroche-cœurs* p | *accroche-cœur* – | *accroche-cœur* s<br>*accroche-cœur* p<br>*accroche-cœurs* p |
| *monte-plats* s<br><br>*monte-plats* p | <br>*monte-plat* p<br>*monte-plats* – | *monte-plat* s<br><br>*monte-plats* – | <br><br>*monte-plats* – | *monte-plat* s<br><br>*monte-plats* p |
| <br>*années-lumière* p | *année-lumière* s<br>*années-lumières* p | *année-lumière* s<br>*années-lumière* p | | |
| *mot valise* s | *mot-valise* s<br>*mot-valises* p | *mot-valise* s | *mot-valise* – | |
| *stand-by*,N | *en stand-by*,ADV | *stand-by*,N | *stand-by*,N | *stand-by*,N |
| *de plain pied*,ADV<br>*de plain-pied*,A | | <br>*plain-pied*,N | *plain-pied*,ADV<br>*plain-pied*,N | *de plain-pied*,ADV |
| *à bras-le-corps,ADV* | <br>*bras-le-corps,N* | | *à bras-le-corps,ADV*<br>*bras-le-corps,ADV* | |
| *laissez-passer*<br>*laisser-passer* | *laissez-passer* | *laissez-passer* | *laissez-passer*<br>*laisser-passer* | *laissez-passer* |
| | | *médecine-ball*<br>*medicine-ball* | *médecine-ball* | *médecine-ball*<br>*medicine-ball* |

TABLE 2. Exemples de disparités entre dictionnaires.

# 3 Une grammaire pour un sous-ensemble des composés

Définir un jeu de règles décrivant des schémas productifs de composition peut sembler a priori sans difficulté. M. Mathieu-Colas (1996), par exemple, donne une liste très détaillée de tels schémas. La difficulté apparaît cependant quand il s'agit de détecter les composés dans les textes *sans générer d'analyses incorrectes*. Nous présentons ici une grammaire qui porte sur un sous-ensemble de composés qui peuvent être identifiés syntaxiquement, hors contexte, avec une très haute précision, ce qui rend leur inclusion dans un dictionnaire dispensable.

Si on tente d'identifier les composés en présence d'un trait d'union, qu'on peut voir comme leur signature, on s'expose à deux problèmes : celui des juxtapositions (ex. *l'opposition consonnes-voyelles* ) et surcompositions (ex. *un porte-filtre à café*), cf. (Mathieu-Colas, 1995b) et celui des ambiguïtés lexicales (p.ex. *ferme-auberge* ne désigne ni une auberge qui aurait une certaine fermeté, ni un instrument pour fermer les auberges). Etant donné ces difficultés, la lexicalisation des composés reste la meilleure solution pour les schémas N-N, N-A, A-A et V-N. En revanche, on peut identifier un sous-ensemble de schémas qui peuvent faire l'objet d'une analyse quasi déterministe. C'est ce que nous avons fait dans une grammaire NooJ, dont le tableau 3 donne les caractéristiques.

Quelques préfixes et quelques-uns des 53 verbes listés comme productifs pour le schéma V-N sont aussi des noms et attestés en position 1 d'un composé N-N ou N-A, comme dans p.ex. *auto-école, micro-cravate, photo-finish, serre-tunnel*... On a pris soin d'inclure ces suites N-N ou N-A dans le DM-C et on a inclus dans la grammaire, outre les schémas du tableau 3, deux règles permettant de construire ce type de suites avec ces formes ambigües. La grammaire reconnait donc par exemple *télé-surveillance* par deux schémas : PFX-N ou N-N.

Le schéma le plus productif dans cet ensemble, relativement aux dictionnaires, est de loin la composition avec préfixe (cf. tableau 4). D'autres schémas s'y apparentent : mot fonctionnel introducteur de syntagme (préposition ou numéral) ou modifieur antéposé (adjectif, adverbe ou point cardinal). La lexicalisation de 53 formes verbales permet en quelque sorte de transformer ces verbes en « préfixes », à la manière de la catégorie « élément de composition » du TLF. On rejoint donc dans cette grammaire la stratégie du *chunking*, qui cible les séquences précédant les têtes de syntagmes. Les schémas V-GP et N-GP relève quant à eux d'une stratégie de reconnaissance de la plus longue chaine : en présence d'un composé comme *Vaires-sur-Marne*, en corpus, il faut éviter de reconnaitre *sur-Marne* comme un composé PFX-N.

| *Schémas* | *Exemples* |
|---|---|
| Composés sur préposition. Avec les prépositions *à*, *après*, *avant*, *en*, *hors*, *outre*, *pour* ou *sans*. | *à-côté, avant-programme, en-but, sans-opinon* |
| Composés avec préfixes. Les préfixes se combinent avec des mots de catégorie ADV, A, N ou V pour donner un mot de même catégorie. Le DM a été développé pour ce projet et contient 1371 préfixes. | *quasi-contractuellement, turbo-train, extra-plat, artério-veineux, sous-traiter, pré-enregistrer* |
| Composés sur verbe. Deux infinitifs, ou un verbe avec un adverbe antéposé, ou encore le schéma très productif V-N mais limité à un ensemble de 53 verbes identifiés comme les plus productifs [3]. | *savoir-faire, bien-être, bien-aimé, attrape-couillon, cache-col, lave-linge, porte-bébé* |
| Composés numéral – nom pluriel. | *quatre-chevaux, trois-pièces* |
| Composés adjectif – nom. Schéma limité à 19 adjectifs attestés avec au moins trois occurrences dans un composé A-N du DM-C ou 6 autres adjectifs attestés et apparentés par le sens à l'un des 19 [4]. | *blanc-seing, court-bouillon, double-toit, morte-saison, rouge-gorge, vif-argent* |
| Composés *sud*, *nord*, *est* ou *ouest* – adjectif. | *ouest-allemand, sud-vietnamien* |
| Composés verbe ou nom – groupe prépositionnel (V-GP et N-GP). | *tape-à-l'œil, abri-sous-roche* |

TABLE 3. Types de composés identifiés par la grammaire.

# 4 Dictionnaire

Le DM-C a été construit en prenant Morphalou comme noyau central. Il contient en premier lieu les formes à trait d'union appartenant à au moins deux des cinq dictionnaires que nous avons examinés ou qui appartiennent à Morphalou seulement mais ne sont pas reconnues par notre grammaire. Le premier de ces deux critères permet de filtrer des erreurs. Le second critère permet de s'appuyer sur une ressource dont la licence permet clairement le réemploi et, pour les vérifications, sur les définitions du *Trésor de la langue française*, dont est extrait Morphalou. Le DM-C intègre également les lemmes composés avec espace de Morphalou (un peu moins de 300 lemmes), et les mots fonctionnels et quelques adverbes figurant déjà dans le DM des mots simples. On obtient un dictionnaire de 4910 lemmes.

## 4.1 Flexion des composés

On a vu dans l'introduction (cf. tableau TABLE 1) que Morphalou ne lemmatise pas les mots à trait d'union et contient peu de formes fléchies. C'est un des apports du DM-C que de fournir une flexion systématique des composés qu'il contient. Le formalisme de NooJ permet de définir des modèles de flexion auxquels on associe ensuite les entrées du dictionnaire. On a défini pour le DM-C 74 nouveaux modèles de flexion, qui s'ajoutent à l'ensemble déjà défini pour le DM.

Le pluriel des composés de type V-N et PREP-N a fait l'objet d'une réforme en 1990. Le DM-C intègre les recommandations de cette réforme, qui, rappelons-le, préconise des formes qui *s'ajoutent* à la graphie traditionnelle. Ainsi, les mots *accroche-cœur*, *monte-plat* et *taille-crayon* sont associés respectivement aux trois modèles de flexion qui suivent :

```
M_S_0       = <E>/m+s      | s/m+p+Rec | <E>/m+p+Opt ;
M_0_S       = <E>/m+s+Rec  | s/m+s+Opt |   s/m+p     ;
M_0_S_0_S   = <E>/m+s+Rec  | s/m+s+Opt | <E>/m+p+Opt | s/m+p+Rec ;
```

Ces modèles génèrent deux pluriels pour *accroche-cœur*, deux singuliers pour *monte-plat* et deux singuliers, deux pluriels pour *taille-crayon*. 296 + 86 + 43 (78 %) des 544 composés de type V-N sont associés à ces trois modèles de flexion. Suivant une notation adoptée depuis la version 1.3 du DM, le trait `Rec` marque la graphie recommandée par la réforme et le trait `Opt` (« optionnel ») la graphie archaïsante. Le DM-C est à notre connaissance le premier dictionnaire pour le TAL à intégrer de façon systématique la flexion nouvelle des composés.

---

[3] Verbes bases d'au moins trois composés de type V-N, V-PRO (*brûle-tout*) ou V-GN (*trompe-la-mort*) dans Morphalou.

[4] Au moins 3 occurrences: *bas, beau, blanc, bon, court, double, faux, franc, grand, gros, haut, libre, mort, nu, petit, plat, plein, saint, tiers* ; apparentés : *long, rouge, vif, prime, quart, vert.*

## 4.2 Origine des composés et schémas de composition

Outre une flexion systématique, le DM-C donne deux informations supplémentaires : l'origine du mot ou son schéma de composition. Le DM-C contient 482 composés d'origine étrangère. Ces mots ont un attribut `Lang` dont la valeur est le code ISO 639 de la langue d'origine. La langue la plus fréquente est l'anglais : 58 % des mots d'origine étrangère, suivie du latin (30 %), de l'italien (5 %), puis de 19 langues différentes, chacune avec moins de 5 mots.

Les noms, verbes et adjectifs proprement français ont un attribut `Cmp` dont la valeur indique le schéma de composition. Le tableau 4 donne les fréquences de 43 schémas dont le code est obtenu par croisement des en-têtes de ligne et de colonnes. Ainsi, par exemple, 800 lemmes sont construits sur un schéma préfixe-nom (code PFX_N). A ces 43 codes s'ajoutent quelques autres codes, dont dCMP (dérivé de composé, ex. *court-circuiter*, 128 occ.), REP et QREP (répétition ou quasi-répétition, ex. *fric-frac*, 57 occ.), PH (composés par phrase, ex. *m'as-tu-vu*, 23 occ.).

| | N | A | GP | PP | G | V | PRO | ADV | GN | SFX | NUM | P | total |
|---|---|---|---|---|---|---|---|---|---|---|---|---|---|
| PFX | 800 | 513 | | | | 35 | 1 | | | 10 | 1 | | 1360 |
| N | 648 | 88 | 176 | 5 | 2 | | | 1 | 2 | | | | 922 |
| A | 256 | 25 | 11 | 8 | 1 | 1 | | | | | | | 302 |
| ADV | 1 | 5 | 1 | 15 | 3 | 10 | | | | | | 1 | 36 |
| V | 545 | 15 | 19 | | | 14 | 11 | 11 | 13 | | 1 | | 629 |
| P | 88 | 3 | | | | 2 | 11 | | 7 | | 2 | | 113 |
| NUM | 25 | | 1 | | | | | | | | 3 | | 29 |
| total | 2363 | 649 | 208 | 28 | 6 | 62 | 23 | 12 | 22 | 10 | 7 | 1 | 3391 |

Table 4. Fréquence des types de composés.

## 4.3 Gestion des variantes

L'usage du trait d'union, comme on l'a rappelé au §2, est assez flottant. Le TLF contient des entrées dont la forme graphique inclut un trait d'union facultatif, telles que *saute(-)en(-)barque* ou *auto(-)féconder*. L'ambiguïté d'expansion des parenthèses – orthographe sans ou avec espace possible – a conduit les concepteurs de Morphalou à retenir seulement la version avec trait d'union. Morphalou a donc un biais en faveur des graphies avec trait d'union. On adopte pour le DM-C une approche qui tolère assez largement les alternances soudure/trait d'union et trait d'union/espace, grâce à deux caractères spéciaux fournis par NooJ : _ et =, qui sont interprétés respectivement comme « la chaine vide, un trait d'union ou un espace » et « un trait d'union ou un espace ». Ainsi, par exemple, une entrée `week_end,N` permet de reconnaitre à la fois *weekend*, *week-end* et *week end*.

Sont déclarés dans le DM-C avec le caractère _ les mots dont la soudure est recommandée par la réforme de 1990 (ex. *hotdog*) et les composés sur préfixe, à l'exception des préfixes *sous*, *demi*, *mi*, *semi*, *self*, *vice*, *ex* (signifiant « antérieurement »), des préfixes référant à des peuples (*franco*, *judéo*...) et des formes *non*, *quasi*, *arrière* et *social* que le DM catégorise aussi comme « préfixes ». On tient aussi compte d'exceptions telles que *extra-utérin* ou *contrexpertise*.

Sont déclarés avec le caractère =, de façon systématique, les noms composés de type N-A (*garde=champêtre*, *amour=propre*), N-N (*allocation=chômage*), N-GP (*bec=de=lièvre*) et V-N (*vide=grenier*), les cardinaux et ordinaux avec *et* (*vingt=et=unième*) et les mots étrangers (quand ils n'admettent pas aussi la soudure ; *pater=familias*, *pan=bagnat*). S'y ajoutent certains noms A-N, et certains adverbes ou adjectifs (ex. *bien=pensant*, *dos=à=dos*).

Les composés sur préposition, numéral, point cardinal ou par phrase sont déclarés avec trait d'union et sans alternative, à quelques exceptions près (p.ex. on admet *je ne sais quoi* et *qu'en dira-t-on*).

On sait qu'il y a des tendances fortes dans l'usage du trait d'union ; ainsi par exemple, il est la norme pour les composés V-N. Cette norme est cependant loin d'être appliquée systématiquement (cf. p.ex. vide-greniers.org), et elle est bien souvent inutile. Qu'on écrive *garde-champêtre* ou *garde champêtre*, ces deux séquences peuvent en confiance être analysées comme des réalisations d'un même composé. Il y a des cas où, certes, la présence du trait d'union est censée signer l'emploi d'un composé par opposition à un sens littéral. C'est le cas par exemple de l'adverbe *sur-le-champ* ou de noms comme *queue-de-pie*. Pour ces cas, le DM-C contient deux entrées : la version avec trait d'union qui sera analysée de façon déterministe comme un composé (via un trait spécial de NooJ : `+UNAMB`) et une version avec espaces qui sera analysée de façon non déterministe, à la fois comme une occurrence possible du composé ou comme une séquence de chacun des mots composant la suite. Nous faisons l'hypothèse (dont la validation demanderait un travail spécifique) que l'emploi « fautif », avec espaces, des expressions à traits d'union est en règle générale plus fréquent que l'emploi littéral des expressions correspondantes. Signalons cependant que si, pour une meilleure analyse des textes réels, le DM-C tolère la variation au niveau des formes, il propose une graphie précise au niveau des lemmes.

# 5 Conclusion

Le DM-C et la grammaire NooJ présentés ici sont téléchargeables sur le site du LRL et utilisables dans les termes de la licence GPL : http://lrl.univ-bpclermont.fr/spip.php?rubrique48. Avec ces deux ressources, on pense améliorer la couverture lexicale des composés, et apporter des éléments de solution au problème de la variabilité des usages de flexion et du trait d'union, ainsi qu'à celui de la productivité des schémas de composition. Il s'agit d'*élément*s de solution, mais circonscrire un espace où une analyse fiable peut être menée est en soi un résultat. 4035 formes des dictionnaires DELA, Lefff, Lexique et Multext réunis sont inconnues du DM-C. La grammaire en analyse 2682 (66 %). L'examen de ces analyses ne révèle que 7 erreurs : l'abréviation *c-à-d* comme N-GP, *avant-gauche* comme PREP-N et cinq composés sur des adjectifs de couleurs vus comme des composés A-N (ex. *blanc-bleu*). L'évaluation sur corpus des deux ressources serait un travail de recherche en soi. Elle nécessiterait de prendre en compte des variations selon les types de textes et les époques, susceptibles de mettre en cause la présence de certains composés dans le dictionnaire. Nous espérons que nos deux ressources pourront servir à mieux cerner ce qui, dans la composition, relève de la grammaire ou de la lexicalisation.

# Références

CATACH N. (1981). *Orthographe et lexicographie. Les mots composés.* Paris : Nathan.

CATACH N. (1991). *L'orthographe en débat.* Paris : Nathan.

COURTOIS B., SILBERZTEIN M. (1990). *Dictionnaires électronique du français. Langue française* 87. Paris : Larousse.

DUBOIS J., DUBOIS-CHARLIER F. (2001). Composition et préfixation en français. Aix-en-Provence : chez les auteurs.

MATHIEU-COLAS M. (1995a). Un dictionnaire électronique des mots à trait d'union. *Langue française* 108, 76-85. Paris : Larousse.

MATHIEU-COLAS M. (1995b). « Syntaxe du trait d'union : Structures complexes ». *Linguisticæ Investigationes* XIX:1, 153-171. Amsterdam : John Benjamins B.V.

MATHIEU-COLAS M. (1996). « Essai de typologie des noms composés français ». *Cahiers de lexicologie* 69, 71-125.

NEW B. (2006). « Lexique 3 : Une nouvelle base de données lexicales. » *Actes de la Conférence Traitement Automatique des Langues Naturelles (TALN 2006)*, Louvain, Belgique. http://www.lexique.org/ (version 3.80)

ROMARY L., SALMON-ALT S., FRANCOPOULO G. (2004). "Standards going concrete: from LMF to Morphalou". *Workshop on Electronic Dictionaries*, Coling 2004, Geneva.
www.cnrtl.fr/lexiques/morphalou/ (ATILF/Nancy Université - CNRS)

SAGOT B. (2010). "The Lefff, a freely available and large-coverage morphological and syntactic lexicon for French". *7th International Conference on Language Resources and Evaluation (LREC 2010)*, Malte.
http://alpage.inria.fr/~sagot/lefff.html (version extensionnelle 3.0)

SAJOUS F., HATHOUT N., CALDERONE B. (2013). « GLÀFF, un Gros Lexique À tout Faire du Français ». *Actes de la conférence Traitement Automatique des Langues Naturelles (TALN 2013).*

SILBERZTEIN M. (1990). « Le dictionnaire électronique des mots composés. » *Langue française* 87, 71-83. Paris : Larousse. http://infolingu.univ-mlv.fr/ > *Données linguistiques* > *Dictionnaire* > *Téléchargement*

SILBERZTEIN M. (2003). NooJ Manual. http://www.nooj4nlp.net.

VÉRONIS J. (1998). *Multext-Lexicons. A set of Electronic Lexicons for European Languages.* ELRA Catalogue (http://catalog.elra.info), MULTEXT Lexicons, ref.: ELRA-L0010.

**Association for Computational Linguistics**
209 N. Eighth Street
Stroudsburg, Pennsylvania 18360

CURRAN ASSOCIATES INC
proceedings.com

# Les couleurs des gens

Mathieu Lafourcade1, Nathalie Le Brun2, Virginie Zampa3
(1) Lirmm, Université Montpellier 2, France
(2) Imagin@t, 34400 Lunel
(3) Lidilem, Grenoble 3 BP25, 38040 Grenoble cedex 9, France
mathieu.lafourcade@lirmm.fr, imaginat@imaginat.name, virginie.zampa@u-grenoble3.fr

**Résumé.** En TAL et plus particulièrement en analyse sémantique, les informations sur la couleur peuvent être importantes pour traiter correctement des informations textuelles (sens des mots, désambiguïsation et indexation). Plus généralement, connaître la ou les couleurs habituellement associée(s) à un terme est une information cruciale. Dans cet article, nous montrons comment le *crowdsourcing*, à travers un jeu, peut être une bonne stratégie pour collecter ces données lexico-sémantiques.

**Abstract.** In Natural Language Processing and semantic analysis in particular, color information may be important in order to properly process textual information (word sense disambiguation, and indexing). More specifically, knowing which colors are generally associated to terms is a crucial information. In this paper, we explore how crowdsourcing through a game with a purpose (GWAP) can be an adequate strategy to collect such lexico-semantic data.

**Mots-clés:** association couleur-mot, réseau lexical, crowdsourcing.
**Keywords:** Word Color Associations, Lexical Network, Crowdsourcing

## 1 Introduction

La couleur, en tant qu'élément de notre vie quotidienne, est une donnée intéressante en Traitement Automatique du Langage Naturel. En effet, fournir des informations relatives aux associations mots-couleurs, en plus des données classiques (hyperonymes, parties de, rôle sémantique, etc.) à un système dédié à l'analyse sémantique de textes, pourrait en améliorer grandement les performances. Bien que ce soit une observation marginale par rapport au sujet de cet article, il existe indiscutablement une très forte liaison entre couleurs et émotions. Ainsi, si on relève souvent des associations entre des couleurs et des termes abstraits relatifs à des émotions (comme la crainte, la colère, le danger, l'espoir, etc.), c'est encore plus vrai pour les termes désignant des choses concrètes (comme le ciel, un lion, la mer, la neige, etc.).

En psychologie, de nombreuses études concernent les associations entre mots et couleurs et leur impact sur la communication (verbale ou non-verbale). Saif (2011a) montre que la notion de couleur est d'une importance capitale pour la qualité du message délivré, que ce soit en marketing (Sable and Akcay, 2010), en conception de sites web (Meier, 1988; Pribadi et al., 1990), ou pour caractériser visuellement une information (Christ, 1975; Card et al.,1999). La couleur est indiscutablement une donnée très porteuse de sens. Mais pour de nombreux chercheurs, les significations attribuées aux couleurs dépendent de plusieurs facteurs. Luscher (1969), psychothérapeute auteur du test éponyme, le *Lüscher color test*, un outil qui permet d'évaluer l'état émotionnel d'une personne en fonction de ses préférences de couleurs, affirme que le choix de telle ou telle couleur par une personne dépend directement de (voire traduit) ses émotions et son état psychique. Child et al. (1968), et Ou et al. (2011) montrent que les préférences en matière de couleurs varient en fonction de l'âge et du sexe. De plus, pour certaines couleurs, on rencontre des variations lexicales en fonction des langues et des cultures (par exemple, en turc et en hongrois, il existe deux mots différents pour *rouge*).

Savoir si la relation établie entre couleur et sens est indépendante de l'âge, du sexe, ou de la nationalité, reste une question très controversée qui fait actuellement l'objet d'un vif débat. Cela pourrait être le cas, par exemple, pour la relation entre la couleur *rouge* et la notion de *danger*, étant donné que le *rouge* est associé aux idées de *sang* et de *feu* dans de nombreuses langues/cultures. Berlin and Kay (1969) disent que les différences pourraient être classées hiérarchiquement, et qu'on retrouve un nombre limité de termes de couleurs de base dans différentes cultures. Cette analyse est issue d'une comparaison des mots désignant des couleurs dans 20 langues, mais elle est particulièrement controversée, en particulier concernant la méthodologie employée pour la collecte des données. Dans un même ordre d'idée, on pourrait remarquer que de nombreuses expressions faisant référence à une couleur ont le même sens dans différentes langues, *a fortiori* si elles sont culturellement proches, ce qui n'est guère surprenant. Par exemple, *dark thoughts* en anglais et *idées noires* en français ont des sens pratiquement équivalents, de même que *to see red* et *voir rouge*. Cependant, il s'agit évidement d'exemples issus de langues tellement proches linguistiquement et culturellement, que cela ne peut guère valider une quelconque universalité des associations possibles entre lexiques et couleurs.

# Traitement Automatique des Langues Naturelles et Rencontres des Etudiants Chercheurs en Informatique pour le Traitement Automatique des Langues

# (TALN-RECITAL 2014)

**System Demonstrations**

## Marseille, France
## 1-4 July 2014

## Volume 3 of 4

**ISBN: 978-1-63439-515-1**

**Printed from e-media with permission by:**

Curran Associates, Inc.
57 Morehouse Lane
Red Hook, NY 12571

**Some format issues inherent in the e-media version may also appear in this print version.**



Printed by Curran Associates, Inc. (2014)

For permission requests, please contact the Association for Computational Linguistics at the address below.

Association for Computational Linguistics
209 N. Eighth Street
Stroudsburg, Pennsylvania 18360

Phone: 1-570-476-8006
Fax: 1-570-476-0860

acl@aclweb.org

**Additional copies of this publication are available from:**

Curran Associates, Inc.
57 Morehouse Lane
Red Hook, NY 12571 USA
Phone: 845-758-0400
Fax: 845-758-2634
Email: curran@proceedings.com
Web: www.proceedings.com

# Table des matières

# ORTOLANG[1] : une infrastructure de mutualisation de ressources linguistiques écrites et orales

Jean-Marie Pierrel[1, 2]
(1) Université de Lorraine, ATILF, 44 avenue de la Libération 54063 Nancy Cedex
(2) CNRS, ATILF, 44 avenue de la Libération 54063 Nancy Cedex
Jean-Marie.Pierrel@atilf.fr, contact@ortolang.fr

**Résumé.** Nous proposons une démonstration de la Plateforme de l'Equipex ORTOLANG (Open Resources and Tools for LANGuage : www.ortolang.fr) en cours de mise en place dans le cadre du programme d'investissements d'avenir (PIA) lancé par le gouvernement français. S'appuyant entre autres sur l'existant des centres de ressources CNRTL (Centre National de Ressources Textuelles et Lexicales : www.cnrtl.fr) et SLDR (Speech and Language Data Repository : http://sldr.org/), cette infrastructure a pour objectif d'assurer la gestion, la mutualisation, la diffusion et la pérennisation de ressources linguistiques de type corpus, dictionnaires, lexiques et outils de traitement de la langue, avec une focalisation particulière sur le français et les langues de France.

**Mots-clés** : Ortolang, plateforme, mutualisation, corpus, ressources linguistiques

## 1 Pourquoi une telle infrastructure ?

Une analyse de l'évolution des sciences du langage et du traitement automatique des langues montre que la confrontation avec l'informatique a permis de définir de nouvelles approches. Ainsi au-delà d'une simple linguistique descriptive s'est développée une *linguistique formelle* qui propose des modèles s'appuyant sur une double validation, *explicative* d'un point de vue linguistique, *opératoire* d'un point de vue informatique. Une véritable *linguistique de corpus* permet aussi au linguiste d'aller au-delà de l'accumulation de faits de langue et de confronter ses théories à l'usage effectif de la langue. Ainsi l'informatique est devenue un outil indispensable pour :

- étudier la langue et ses propriétés grâce à l'exploitation de corpus de grande ampleur ;
- structurer et normaliser les connaissances linguistiques (de l'acoustique, à la sémantique) ;
- valoriser et partager les résultats de la recherche grâce à la production de ressources et d'outils informatiques.

Dans ce cadre, les aspects de ressources informatisées (corpus annotés, lexiques et outils de traitement) sont particulièrement importants et stratégiques pour servir de support à la fois :

- aux travaux de recherche pour lesquels la notion de corpus d'étude et de ressources est incontournable ;
- à la diffusion des résultats de ces travaux grâce à leur disponibilité sur la toile.

Un équipement d'excellence de mutualisation de ressources et d'outils pour le traitement informatisé et la valorisation de notre langue s'impose aujourd'hui pour les raisons suivantes :

- Le coût de définition et de production de ressources linguistiques de qualité ou d'outils d'analyse est important. Sans une mutualisation de telles ressources, chaque chercheur se verrait dans l'obligation de tout réinventer !
- L'évaluation de nos productions de recherche (modèles, systèmes de traitement) nécessite la disponibilité de ressources de référence (corpus, lexiques, dictionnaires) accessibles, partagées et clairement identifiables.
- Le partage et la patrimonialisation des connaissances sur les langues de France sont nécessaires afin de faciliter des études sociolinguistiques sur les parlers de France et de les faire bénéficier des apports de la recherche.

## 2 Principales caractéristiques d'ORTOLANG

Le consortium portant le projet ORTOLANG regroupe des compétences complémentaires en

- sciences du langage à travers l'ATILF, le LPL, MoDyCo et le LLL,
- informatique avec le LORIA et l'INIST, mais aussi en partie l'ATILF et le LPL,
- base de données et accès à de l'information scientifique, à travers l'INIST, et à des ressources linguistiques, à travers les deux centres de ressources que sont le CNRTL et le SLDR.

---

[1] ORTOLANG bénéficie d'une aide de l'Etat gérée par l'Agence Nationale de la Recherche au titre du programme « Investissements d'avenir » portant la référence ANR-11-EQPX-0032

Au-delà de la réunion de ces compétences disciplinaires différentes, notre objectif fut aussi de fédérer pour cet équipement de mutualisation de ressources et d'outils sur la langue des partenaires représentant la diversité des approches d'étude de la langue : modélisation linguistique, linguistique expérimentale et/ou appliquée, production et perception du langage, études diachroniques, sociolinguistiques, traitement automatique des langues, écrit, oral.

Cette proposition s'appuie aussi sur une expérience acquise des équipes proposant cet équipement d'excellence et sur une bonne insertion tant nationale qu'internationale :

- acquis des partenaires, centres de ressources et laboratoires, qui alimentent la version initiale de la plateforme avec un ensemble de ressources et d'outils déjà disponibles en leur sein et dont les compétences recouvrent les trois principaux aspects visés : l'oral, l'écrit et la patrimonialisation des parlers de France.
- implication et cohérence avec la TGIR HumaNum.
- implication et cohérence avec l'infrastructure européenne CLARIN.
- cohérence avec les efforts de la DGLFLF et de la BNF sur les aspects patrimonialisation des parlers de France.

La plateforme ORTOLANG est une infrastructure de mutualisation pour la gestion, la pérennisation et la diffusion de corpus et d'outils sur la langue, ces derniers restant bien entendu propriété des déposants (chercheurs ou laboratoires). Nous avons, de plus, prévu des moyens pour aider des laboratoires à finaliser et normaliser leurs ressources.

Quant aux droits d'accès à ces ressources, ils restent donc définis par leurs propriétaires. Toutefois sur ce point ORTOLANG émet des recommandations fortes :

- respect de la charte éthique Big Data, fruit d'un travail collectif réunissant plusieurs acteurs impliqués dans la création, la diffusion et l'utilisation de données,
- liberté d'usage pour la recherche et tant qu'il n'y a pas de valorisation contractuelle,
- moyennant royalties auprès des propriétaires des ressources dès qu'il y a valorisation contractuelle.

C'est dans cet esprit que divers contacts avec des partenaires ayant déposé ou souhaitant déposer leurs ressources sur ORTOLANG ont déjà été mis en œuvre.

## 3 Objectifs et missions de cette infrastructure

### 3.1 Identification et préparation des données

Une des difficultés actuelles pour repérer et accéder à des ressources (corpus, dictionnaires, lexiques et outils de traitement) sur notre langue réside dans leur grande dispersion (il n'est pas aisé de savoir quelles ressources sont disponibles et à quels endroits elles sont accessibles) et leur forte disparité, en particulier en termes de codage. Sans compter que nombre de ressources langagières de qualité, développées dans le cadre de projets de recherche ou de thèses, ont été perdues faute d'une gestion rigoureuse de ce patrimoine. C'est pourquoi l'un des premiers objectifs concerne : le catalogage des ressources et outils existants à travers un ensemble de métadonnées normalisées, le contrôle et la validation des ressources et des outils, avec en particulier un accompagnement de leurs auteurs sur les standards, les normes et les recommandations internationales actuelles, et l'enrichissement de ressources et d'outils.

### 3.2 Pérennisation des ressources

Afin d'assurer la pérennisation des ressources, nous avons mis en œuvre trois types d'actions : la curation des ressources et des outils ; un stockage sécurisé et une maintenance des ressources ; un archivage pérenne, à travers la solution mise en place par la TGIR HumaNum en lien avec le CINES.

### 3.3 Diffusion

Enfin, pour assurer la nécessaire diffusion et exploitation de ces ressources nous prévoyons une aide et un accompagnement des utilisateurs pour la mise en place des procédures permettant à des utilisateurs de la plateforme d'exploiter ces ressources et outils mutualisés en nous appuyant sur l'expérience des équipes porteuses de l'Equipex et centres de ressources CNRTL et SLDR appelés à terme à se fondre au sein d'ORTOLANG.

## 4 Démonstration

Au cours de cette démonstration, après une présentation de l'architecture matérielle et logicielle mise en place pour ORTOLANG, nous présenterons la plateforme accessible aujourd'hui dans sa version 0 à l'adresse www.ortolang.fr, ses développements futurs ainsi que les modes d'interactions et de coopérations que nous souhaitons mettre en place avec les producteurs de ressources et d'outils ainsi qu'avec l'ensemble de la communauté utilisatrice potentielle de cette infrastructure.

# Utilisabilité d'une ressource propriétaire riche dans le cadre de la classification de documents

**Résumé.** Dans ce papier, nous nous intéressons à l'utilisation d'une ressource linguistique propriétaire riche pour une tâche de classification. L'objectif est ici de mesurer l'impact de l'ajout de ces ressources sur cette tâche en termes de performances. Nous montrons que l'utilisation de cette ressource en temps que traits supplémentaires de classification apporte un réel avantage pour un ajout très modéré en termes de nombre de traits.

**Abstract.** In this paper, we focus on the use of a proprietary resource for a document classification task. The objective is here to measure the impact of the addition of this resource as input for classification features. We show that the use of this resource impacts positively the classification results, for a limited impact on the feature number.

**Mots-clés :** classification de documents, classification automatique, ressources
**Keywords:** document level classification, automatic classification, resources

## Introduction

### 1.1 Problématique

La classification de documents selon les thématiques protées par ceux-ci est un problème qui a été très largement étudié par la communauté scientifique. Les approches par classification automatique se sont révélées au cours des dernières années une solution tout à fait adaptée, à la fois en termes de performances et de rapidité/coût de mise en place.

Néanmoins, l'optimisation de ces résultats est toujours possible pour une problématique donnée, notamment via une sélection pertinente des attributs utilisés pour la classification, ainsi que par l'utilisation de primitives linguistiques fines et fiables.

Dans ce papier, nous nous intéressons à comment ces résultats peuvent être optimisés à partir de ressources linguistiques propriétaires génériques sémantiquement riche. L'objectif est ici de mesurer l'impact de l'ajout de ces ressources sur une tâche donnée de classification en termes de performances.

### 1.2 Travaux existants

La classification automatique thématique de documents est un domaine qui a été très largement étudié. Les travaux sur le sujet peuvent être divisés entre deux approches : la classification sur un jeu de catégorie connu a priori – citons par exemple les travaux de (Chai et al., 2002), et la classification sans jeu de classes, par regroupement de textes proches ou clustering – citons par exemple (Manning et Shütze, 1999), (Pappuswamy et al., 2005).

Notre approche se situe dans la première catégorie, plus simple, mais correspondant à un certain nombre de cas d'application concret (par exemple, la labellisation automatique d'articles de presse suivant une taxinomie d'articles prédéfinie. Notre objectif pour ce travail n'est pas tant d'obtenir un classifieur parfaitement optimisé – les résultats obtenus peuvent très certainement être amélioré – mais de mesurer l'impact de ressources existantes et la progression des résultats avec l'ajout de traits issus de ces ressources.

# 2 Notre approche

Nous avons choisi de tester l'adaptation des ressources linguistiques propriétaires sur une tâche de classification d'articles de presse. Nous décrivons en section 2.1 la méthodologie que nous avons employée. La section 2.2 décrit en détails les outils et ressources utilisées.

## 2.1 Méthodologie

Notre approche se déroule en deux phases. Tout d'abord, nous testons, sur un corpus de développement, plusieurs algorithmes de classification automatique. Cette phase nous permet de sélectionner le classifieur le plus adapté a priori pour la tâche, et d'adapter son paramétrage. Cette phase s'effectue sur un corpus plus restreint avec un jeu de traits donnés.

Dans un second temps, nous testons l'ensemble des combinaisons de traits à notre disposition pour le classifieur choisi. Cette approche en deux phases nous permet de limiter la combinatoire des tests effectués. Ceci est d'autant plus important que certains algorithmes testés en phase 1 sont particulièrement longs pour l'apprentissage.

## 2.2 Ressources linguistiques et outils de classification

Les ressources linguistiques utilisées sont celles qui sont commercialisées par Synapse Développement. Parmi les outils mis à disposition par cette société, nous avons à notre disposition deux outils : l'analyseur syntaxique de Synapse Développement, et l'extracteur de mots-clés, concepts-clés, et noms propres clés de Synapse Développement. Ce dernier est basé sur la taxinomie des concepts générique propriétaire de Synapse Développement.

L'analyseur syntaxique de Synapse Développement a été reconnu comme l'un des meilleurs pour le Français, notamment via plusieurs évaluations (Laurent et al. 2009). Nous utilisons pour notre tâche la version anglaise de l'analyseur, dont les performances sont au niveau de l'état de l'art.

La taxinomie des concepts de Synapse Développement est une ressource lexicale générique qui associe à chacun des termes et syntagme reconnus par l'analyseur syntaxique une ou plusieurs catégories, et ce suivant le sens reconnu si le terme est polysémique. Cette taxinomie se rapproche des synsets de WordNet, à la différence qu'ici le nombre de catégories conceptuelles est borné : la taxinomie est un arbre comptant quatre niveaux, avec 3387 catégories feuilles de rang 4, pour 256 catégories de rang 3. La figure ci-dessous montre un exemple en français de catégorisation pour l'adjectif polysémique « cher ».

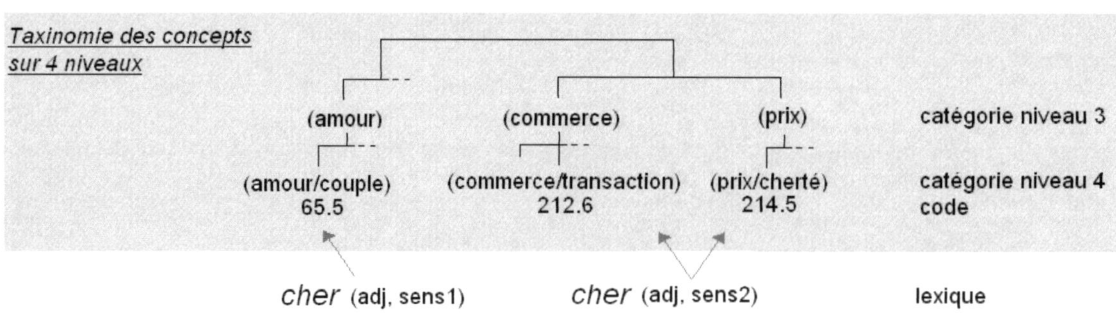


*Figure 1 : exemple de catégorisation pour les deux sens de l'adjectif cher*

La taxinomie de Synapse Développement étant disponible en multi-lingue (mêmes catégories), nous nous sommes appuyé pour les expérimentations la version anglaise de la ressource. L'extracteur de mots clés, concepts clés et noms propres clés est un composant s'appuyant sur cette taxinomie. À partir d'un texte, le composant extrait les mots clés, les noms propres clés, et les concepts de niveau 3 et 4 associés au document, avec un score de confiance entre 0 et 1 donnant l'importance du terme ou concept clé dans le document.

Enfin, nous avons utilisé pour les expérimentations les implémentations de la plate-forme Weka (Hall et al., 2009) pour la classification automatique.

# 3 Expérimentations

## 3.1 Données

Le corpus que nous avons utilisé afin de tester les technologies de Synapse et ce qu'elles peuvent apporter à la classification est une sous partie des nouvelles de l'agence de presse anglaise REUTERS[1] datées entre le 20-08-1996 et le 19-08-1997. Ces nouvelles sont déjà classée par l'agence en 125 catégories dont la plupart peuvent être apparentées à des sous-catégories de la classification IPTC17[2].

Ces documents sont classés en une classe principale et éventuellement plusieurs classes secondaires suivant le ou les thèmes abordés. La tâche que nous avons choisie est la reconnaissance de la classe principale du document. Afin de limiter les problèmes d'affectation d'un document à une classe secondaire, nous nous sommes limité pour la constitution des instances de test aux document ne comportant qu'une seule classe. Parmi les 125 catégories, nous avons choisi de ne garder que les 15 classes les plus occurrentes dans le corpus. Ceci nous permet notamment de disposer de suffisamment d'instances de documents ne possédant qu'une seule classe.

Le corpus de développement est constitué de 660 documents parmi l'ensemble des documents du corpus REUTERS complet. Ce corpus est utilisé dans la phase de sélection et paramétrage du classifieur. Pour la phase d'évaluation des traits le corpus d'entraînement de 2340 documents, et le corpus de test est constitué de 390 documents. Les documents ont été sélectionnés au hasard quant à leur contenu précis, mais de manière à équilibrer les différentes classes présentes.

L'ensemble des documents est rédigé dans un anglais impeccable, ce qui facilite l'analyse syntaxique du texte. Dans le cas contraire, une passe de correction orthographique et grammaticale automatique aurait pu être envisagé en pré-traitement des fichiers.

## 3.2 Choix et paramétrage du classifieur

***Choix du classifieur***

Nous avons effectué une première phase de classification sur le corpus de développement dans le but de sélectionner un algorithme adapté à notre tâche. Les algorithmes testés font partie des implémentations classiques de la plate-forme Weka. La version utilisée de l'outil est la version 3.6 (version stable en cours). Les résultats obtenus sont décrits dans le tableau 1 suivant.

[1] http://fr.reuters.com/

[2] http://www.iptc.org/site/Home/

| Classifieur | Accuracy |
|---|---|
| Random Forest | **68.55 %** |
| J48 | 52.62 % |
| IBK | 25.60 % |
| Bagging | 46.77 % |
| Naive Bayes | 37.50 % |
| K-Means | 11.90 % |
| RepTree | 53.43 % |

*Tableau 1 : accuracy sur le corpus de développement (toutes classes) pour chaque algorithme testé*

Nous pouvons observé une nette prédominance de l'algorithme Random Forest (Breiman, 2001). C'est donc sur cet algorithme que s'est porté notre choix pour la suite des expérimentations.

***Paramétrage du classifieur***

L'algorithme Random Forest est basé sur la génération de *k* arbres se basant sur *p* traits aléatoires. Une valeur de *p* est proposée par l'implémentation de l'algorithme que nous avons utilisée. Cette valeur est calculée en fonction du nombre total de traits du corpus.

Nous avons évalué sur ce même corpus de développement les variations de performances de l'algorithme en fonction du nombre d'arbres. En faisant varié entre 10 et 800 le nombre d'arbres, nous avons observé que *k*=50 arbres était un bon compromis entre rapidité de calcul du modèle et performance, avec une accuracy quasi-maximale. Le maximum global observé pour 775 arbres n'est que très marginalement plus performant pour un temps de calcul très important.

## 3.3 Comparatifs des différents jeux de traits

Nous nous sommes ensuite basé sur les corpus d'entrainement et de test (décrits en section 3.1) pour effectuer une série de classification, dans le but d'évaluer l'impact de chaque trait sur les performances du classifieur.

Les traits utilisés pour les expérimentations sont les suivants :

- Mots (W) : les mots "bruts" qui composent le document. À chaque mot du corpus correspond un trait, actif s'il est effectivement présent dans le document.

- Lemmes (L) : la forme lemmatisée de ces mots. Comme pour les mots, à chaque lemme distinct présent dans le corpus correspond un trait, actif s'il est effectivement présent dans le document.

- Concepts-clés (CC) : les concepts clés associés au document. Ceux-ci sont extraits par le composant d'extraction des mots, concepts, et noms propres clés décrit en section 2.2. À chaque concept associé à un document est associé un trait booléen. Nous avons utilisé les concepts de niveau 3 et 4 pour la classification, et filtré les concepts clés suivant le niveau de confiance donné par le composant, avec une valeur seuil de 0.5.

- Mots-clés (MC) : les mots-clés associés au document. Ceux-ci sont extraits par le composant d'extraction des mots, concepts, et noms propres clés décrit en section 2.2. À chaque mot-clé d'un document est associé un trait booléen. Comme pour les concepts, nous avons filtré les mots clés suivant le niveau de confiance donné par le composant, avec une valeur seuil de 0.5.

- Noms Propres Clés (NPC) : les noms propres clés associés au document. Ceux-ci sont également extraits par le composant d'extraction décrit en section 2.2. À chaque nom propre clé d'un document est associé un trait booléen. Comme précédemment, nous avons filtré les noms propres clés suivant le niveau de confiance donné par le composant, avec une valeur seuil de 0.5.

Le tableau 2 suivant présente les résultats obtenus en termes de documents correctement classifiés :

| **Traits utilisés** | **Accuracy obtenue (en %)** |
|---|---|
| W | 56 % |
| L | 60 % |
| W + MC | 63.33 % |
| L + MC | 64.66 % |
| W + MC + CC | 71 % |
| L + MC + CC | **73 %** |
| W + MC + CC + NPC | 69.66 % |
| L + MC + CC + NPC | **73 %** |

*Tableau 2 : accuracy sur le corpus de test (toutes classes) pour chaque jeu de traits testé*

### 3.4 Discussion

Nous pouvons retirer plusieurs observations de ces résultats. Quantitativement, les résultats observés ne sont pas excellents quelque soit la méthode employée. Ceci vient très certainement d'une sélection un peu trop restreinte de textes d'entrainement et de test. L'objectif de ce papier n'est néamoins pas tant d'optimiser les résultats bruts que d'observer l'impact de l'ajout des traits de mots clés, concepts clés, et noms propres clés.

Le classifieur le plus performant sur la tâche présente un intérêt certain dans un contexte industriel. En effet, celui-ci présente l'avantage d'être assez performant en termes de vitesse d'apprentissage et de classification, ce qui réduit les coûts d'adaptation à une problématique client. De plus, le modèle généré étant basé sur un arbre de décision, il est tout à fait envisageable de compléter manuellement cet arbre à tout niveau avec des règles symboliques métiers spécifiques à un besoin client, et ce sans ré-entrainement du classifieur.

Côté traits de classification, la lemmatisation apporte globalement un plus important par rapport aux mots bruts. C'était attendu compte tenu de l'état de l'art, mais cela valide l'intérêt et la qualité du composant de Synapse dans le cadre de la classification.

L'ajout des mots clés apporte un gain de performance notable. Ces éléments sont donc intéressants à retenir pour la classification. Les noms propres clés n'apportent quasi aucune amélioration sur notre corpus. Ceci était également plutôt attendu en raison de la taille des corpus utilisés : pour pouvoir tirer parti de la redondance de la mention d'une même entité nommée entre deux textes de catégories similaires, le nombre d'exemples utilisés pour l'entrainement était sans doute trop restreint. Les concepts-clés apportent quant à eux un réel gain en termes de qualité de classification. On remarque également que même seul, ce trait est tout à fait discriminant pour le cas discuté. Ceci valide l'utilisabilité de cette pré-classification générique des documents pour aller vers une classification métier donnée.

Il est également intéressant de noter que le nombre de traits introduits par ces ressources est très réduit par rapport à des traits lexicaux classiques (ici mots ou lemmes, mais également n-grammes), ce qui permet de limiter l'impact sur le temps de calcul du modèle de classification. Ceci est particulièrement important dans le cadre d'une application industrielle.

## 4 Conclusion et Perspectives

Nous avons testé dans ce papier l'utilisabilité d'une ressource linguistique propriétaire en tant que source de traits de classification. Nous avons pu voir que l'ajout de concepts et mots clés issus du composant d'extraction de Synapse Développement permettait d'améliorer de manière significative les résultats obtenus.

Les résultats en eux-mêmes peuvent être optimisés en complétant le jeu de traits utilisé avec des traits complémentaires, notamment issus de l'analyse syntaxique : nous n'avons utilisé pour ces expérimentations que les lemmes, laissant de côté les groupes syntaxiques ("chunks") et les informations de désambiguïsation sémantique. Des expérimentations concernant ces traits sont en cours avec des résultats prometteurs.

## Remerciements

[ Paragraphe temporairement supprimé par les auteurs pour anonymisation ]

## Références (style *Titre sans numéro*)

BREIMAN L. (2001). Random Forests. *Machine Learning*. 45(1) :5-32.

CHAI KMA., CHIEU HL., Ng HT. (2002) Bayesian online classifiers for text classification and filtering. *Proceedings of the 25th annual international ACM SIGIR conference on Research and development in information retrieval* p. 97-104.

HALL M, FRANK E, HOLMES G, PFAHRINGER B, REUTEMANN P, WITTEN IH. (2009) The WEKA data mining software: an update. *ACM SIGKDD explorations newsletter*. 11(1):10 8.

LAURENT D., NEGRE S., SEGUELA P. (2009) L'analyseur syntaxique cordial dans Passage. *Actes de TALN 2009.*

MANNING, C. AND SCHÜTZE, H. (1999). *Foundations of Statistical Natural Language Processing*. The MIT Press, Cambridge, US.

PAPPUSWAMY U, BHEMBE D, JORDAN PW, VANLEHN K. (2005) A supervised clustering method for text classification. *Computational Linguistics and Intelligent Text Processing*. Springer p. 704-14.

# CFAsT: Content-Finder AssistanT

Romain Laroche
Orange Labs, 38-40 avenue du Général Leclerc, 92130 Issy-les-Moulineaux / France
romain.laroche@orange.com

**Résumé.** Cette démonstration de CFAsT s'intéresse à "comment concevoir un système de dialogue avec un effort minimal". Cet assistant virtuel repose sur un nouveau modèle pour la génération automatique de système de dialogue construite à partir de contenus. Cette approche utilise un moteur de recherche auquel on a ajouté des fonctionnalités de dialogue : à chaque tour, le système propose trois mots-clefs de manière à optimiser l'espérance de gain d'information.

**Abstract.** This CFAsT demonstration focuses on "how to design and develop a dialogue system with a minimal effort". This virtual assistant embeds a novel model for automatic generation of dialogue systems built from contents. This approach is similar to and relies on a search engine, but with augmented dialogue capabilities : at each dialogue turn, the system propose three keywords, in order to optimise the information gain expectation.

**Mots-clés :** Systèmes de dialogue, Traitement automatique des langues naturelles, Assistant virtuel.

**Keywords:** Dialogue systems, Natural language processing, Virtual assistant.

## Approche

Souvent, la recherche sur les systèmes de dialogue s'intéresse à "comment concevoir un système de dialogue avec un effort minimal". C'est le cas notamment des approches dirigées par les données (Levin *et al.*, 1998), basées sur de l'apprentissage par renforcement à partir des dialogues de la machine avec des utilisateurs (réels ou simulés). Ces dernières années, ces approches ont connu une grande quantité d'améliorations, aussi bien au niveau des techniques d'apprentissage (Pietquin *et al.*, 2011) que de la méthodologie (El Asri *et al.*, 2012). Et pourtant, l'apprentissage par renforcement n'a pu être utilisé dans les systèmes de dialogue industriels, que lorsque l'on pouvait le projeter dans un système basé sur des automates (Putois *et al.*, 2010), parce que la plupart des réserves exprimées (Paek & Pieraccini, 2008) sont toujours d'actualité.

Notre approche contourne ces réserves en basant son modèle sur les contenus, plutôt que sur les interactions avec l'utilisateur, pour générer un système de dialogue. Le Content Finder AssistanT (CFAsT) est un outil permettant l'implantation automatique de système de dialogue très simples. Comme l'approche CFAsT se base sur les contenus, les applications générées peuvent être comparées aux moteurs de recherche, mais la méthodologie n'est pas le même : le moteur de recherche cherche les meilleurs contenus étant donnée une requête utilisateur, tandis que le CFAsT aide l'utilisateur à formuler sa requête pour que les réponses soient les plus pertinentes possibles.

Le flux de dialogue est illustré par la figure 1. L'utilisateur entre dans une boucle de dialogue dans laquelle l'historique de dialogue est la concaténation de toutes ses requêtes, augmentée de l'ensemble des contenus qu'il a déjà visionnés (et qui ne l'ont donc pas satisfait). A chaque tour de dialogue, le CFAsT utilise un moteur de recherche standard pour proposer les cinq contenus les plus pertinents et donner des statistiques (nombre de contenus répondant à la requête). Mais il utilise également un algorithme de calcul d'entropie pour évaluer l'espérance de gain d'information suite aux possibles actions de l'utilisateur quand le système lui proposera un ensemble de trois mots-clefs. De cette manière le système choisira les mots-clefs maximisant cette espérance de gain d'information. Si l'utilisateur sélectionne un contenu, il est amené à dire s'il répond à sa requête.

Placer l'utilisateur dans le cadre d'un dialogue permet de recueillir ses retours quant à la pertinence des contenus qu'on lui propose. Cette information est ensuite utilisée en ligne pour optimiser les futures recommandations. Par ailleurs, l'application générée automatiquement peut être surchargée par des branches de dialogue développées manuellement, des stratégies de désambiguïsation, des informations lexicales (synonymie, mots outils) ou encore des comportements standards face aux questions hors périmètre.

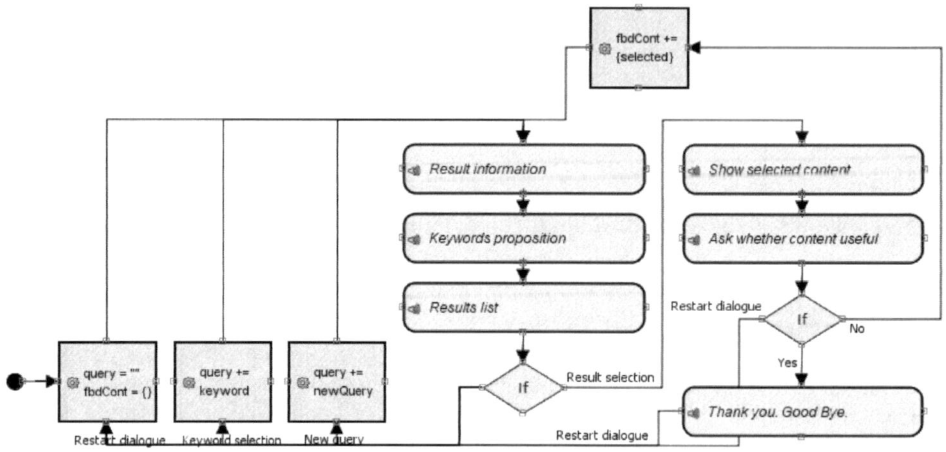


FIGURE 1 – Flux de dialogue dans le CFAsT.

## Discussion

A ce jour, une dizaine d'applications ont été générées grâce à cet outil au stade de preuves de concept, en français et en anglais, sur des corpus plus ou moins volumineux (de 160 à 7k contenus et de 818 à 30k termes), et sur des données plus ou moins structurées (pages web, articles de proceedings, FAQ, documents de bureautique, mails, vidéos, fiches de restaurant, ...). Les applications à faible coût ainsi obtenues sont générées après moins d'une heure de travail.

Depuis un moteur de recherche amélioré, surchargé de quelques stratégies de dialogue, jusqu'à un assistant conversationnel utilisant un moteur de recherche comme parachute en cas d'incompréhension de l'entrée utilisateur, tout le spectre est possible. Contrairement aux systèmes de dialogue utilisant de l'apprentissage par renforcement, les outils du CFAsT ne prétendent pas générer des applications optimales, ni même plus performantes que celles développées manuellement, mais simplement de le faire à coût faible voire nul. Il est ensuite à la charge du développeur d'enrichir, ou non, le dialogue avec des stratégies manuelles suivant le besoin.

L'objectif de ce démonstrateur est de réaliser qu'il est possible de générer une application de dialogue simple automatiquement. Nos travaux futurs sur ce sujet porteront sur la saisie de requêtes multi-champs avec une topologie inter-champs optimisée grâce à un système de recommandation (Meyer & Fessant, 2011) et à l'expérience, et sur la proposition automatique de stratégies de dialogue au concepteur humain.

Disserto, la suite logicielle à l'aide de laquelle est développé le CFAsT est avant tout utilisée pour la conception de systèmes vocaux, et notre intention est d'étendre le modèle à du dialogue parlé. Il reste de sérieux obstacles pour atteindre cet objectif : à l'oral le système devra notamment trouver une certaine forme de concision.

# Références


EL ASRI L., LAROCHE R. & PIETQUIN O. (2012). Reward function learning for dialogue management. In *Proceedings of STAIRS*, p. 95–106.

LEVIN E., PIERACCINI R. & ECKERT W. (1998). Using markov decision process for learning dialogue strategies. In *Proceedings of ICASSP*.

MEYER F. & FESSANT F. (2011). Reperio : A generic and flexible industrial recommender system. In *Proceedings of IEEE/WIC/ACM WI-IAT*, p. 502–505 : IEEE Computer Society.

PAEK T. & PIERACCINI R. (2008). Automating spoken dialogue management design using machine learning : An industry perspective. *Speech Communication*, **50**, 716–729.

PIETQUIN O., GEIST M. & CHANDRAMOHAN S. (2011). Sample efficient on-line learning of optimal dialogue policies with kalman temporal differences. In *Proceedings of IJCAI*, p. 1878–1883 : AAAI Press.

PUTOIS G., LAROCHE R. & BRETIER P. (2010). Online reinforcement learning for spoken dialogue systems : The story of a commercial deployment success. In *Proceedings of SIGDIAL*, Tokyo (Japan).

# Démonstration de *Kawâkib*, outil permettant d'assurer le feedback entre grammaire et corpus arabe pour l'élaboration d'un modèle théorique

André Jaccarini[1], Christian Gaubert[2]
(1) MMSH, CNRS, 5 rue du Château de l'Horloge, 13094 Aix-en-Provence
(2) IFAO, 37 rue Cheikh Aly Yousef, Qasr al Ayni, Le Caire, Egypte
jaccarini@mmsh.univ-aix.fr, cgaubert@ifao.egnet.net

**Résumé.** Kawâkib est un outil assurant le feedback entre corpus arabe et grammaire. Ce logiciel interactif en ligne démontre le bien fondé de la méthode de variation des grammaires arabes pour l'obtention de l'algorithme optimal tant au niveau de l'analyse morphologique, cruciale étant donnée la structure du système sémitique, que syntaxique ou dans le domaine de la recherche de critères pertinents et discriminants pour le filtrage des textes.

**Abstract.** Kawâkib is a tool allowing feedback between arabic corpus and grammar. As far as methodology is concerned, this interactive online software implements and illustrates the grammar variation method that aims to determine the optimal algorithm, either for morphology – which is essential in semitic languages - or for syntax. The software also permits the search for criteria for text filtering.

**Mots-clés :** arabe, automates, analyseurs, opérateurs linguistiques, mots-outils, filtrage de corpus.
**Keywords:** arabic, automata, parsers, lingistic operators, tool words, corpus filtering.

Kawâkib est un outil assurant le feedback entre corpus arabe et grammaire. Sur le plan méthodologique, ce logiciel interactif en ligne démontre le bien fondé de la méthode de variation des grammaires arabes en vue de l'obtention de l'algorithme optimal tant au niveau de l'analyse morphologique, cruciale étant donnée la structure du système sémitique, que syntaxique ou dans le domaine de la recherche de critères pertinents et discriminants pour le filtrage des textes. Kawâkib contient :

- 1 - une bibliothèque d'automates exprimant des règles morphosyntaxiques et des opérateurs de détection des relations discursives
- 2 - des fonctions de "radiographie linguisitique" attribuant des valeurs numériques à des textes à tout venant en vue du filtrage

Ce logiciel doit permettre au chercheur de spécifier lui-même sa grammaire ou de modifier les grands schèmes d'automates proposés par le système, de les instancier, de les mettre en œuvre pour les modifier ensuite rétroactivement en fonction des résultats.

Cette démonstration a pour objectif de montrer :

- a - la richesse des ressources linguistiques
- b - le souplesse de leur utilisation
- c - la fécondité du feedback entre modèle théorique et implémentation

Les fonctionnalités linguistiques immédiatement accessibles à l'utilisateur sont les suivantes :

- Analyses morphologiques des noms et verbes (trilitères et quadrilitères) par automates à états finis et transducteurs, avec ressources linguistiques minimales
- Mise en évidence des ambiguïtés et de leur hiérarchie
- Analyse/recherche des opérateurs tokens (associés aux mots-outils) organisés en 24 catégories
- Statistiques pour ces tokens et leurs catégories
- Repérage et stockage de combinaisons et séries de tokens
- Recherche de mots dans un texte et analyse du contexte
- Recherche de racines ou motif de racines (R1 X R3 par exemple)
- Recherche des racines les plus fréquentes et calcul du seuil de couverture
- Recherche de répétition

- Recherche d'indice de temporalité
- Recherche de discrours raportés
- Recherche de différentes relations discursives liée aux token
- Recherche de motifs combinant mots, tokens, opérateurs logiques par expressions régulières et automates
- Outils pour la synthèse de fragments de grammaires à partir de ces résultats fournis par nos parseurs de segments de phrases.

Ces fonction peuvent être appliquées à des textes tout venants ou importés dans le corpus du logiciel, qui accepte les documents arabes de tout format (doc, docs, rtf, pdf, etc.) pour en extraire le texte.

La démonstration repose sur le déroulé de scénarios d'interaction grammaire corpus.

Kawâkib, analyse du contexte du token *mā*

# OWI.Chat : Assistance sémantique pour un conseiller Chat, grâce à la théorie OWI

Christophe Dany, Ilhème Ghalamallah
OWI, 31 avenue du Général Leclerc, 92340 Bourg-la-Reine
christophe.dany@owi-tech.com

**Résumé.** La canal chat permet aux entreprises de transformer leur site web en un véritable lieu d'achat et de service. OWI a développé un outil d'assistance aux conversations en ligne (OWI.Chat), qui analyse les messages des internautes et conseille les conseillers en temps réel.

**Abstract.** Chat channel enables companies to transform their website into a real place of purchase and service. OWI developed an online conversations assistance solution (OWI.Chat). Its main task is to analyze the Chat requests and help agents in real time.

**Mots-clés :** Analyse sémantique, moteur sémantique Chat, Live Chat, Conversation en ligne, Traitement Automatique du Langage (TAL), Base de connaissance, Relation client

**Keywords:** Semantic analysis, semantic engine, Chat, Live Chat, Online conversation, Natural Language Procession (NLP), Agent Knowledge Base, Customer relationship

## 1. Contexte, enjeux et besoins

Le canal chat correspond aux nouveaux usages et comportements (mobilités, interactivité) ; il permet aux entreprises de transformer leur site web en un véritable lieu d'achat et de service, lieu où un conseiller peut à tout moment être sollicité ou proposer son aide de façon proactive. L'échange qui va alors se dérouler entre l'internaute et le conseiller est crucial pour l'entreprise : réussir une vente, résoudre un problème, et laisser à l'internaute le sentiment d'une expérience agréable.

De son côté, le conseiller n'est pas un expert sur tous les sujets possibles, et pas toujours un rédacteur irréprochable. L'entreprise est donc confrontée à des risques sérieux d'échec de la conversation :

- temps d'attente trop long pour l'internaute
- renvoi du conseiller vers une plateforme spécialisée
- informations erronées
- orthographe hasardeuse qui donne une mauvaise image

## 2. Chaîne de valeur sémantique OWI

### 2.1. Compréhension

Procédé innovant : à partir d'une connaissance de la langue modélisée sous forme de « schémas de comportement », un graphe qui met en interaction la totalité des signes présents, exploitant l'ensemble des dimensions du langage.

Les algorithmes à l'œuvre permettent de produire, pour une certaines connaissance de la langue, pour un message et pour un contexte sémantique (secteur d'activité), le graphe de qualité maximale.

### 2.2. Indexation

Suite à l'opération de Compréhension, l'opération d'Indexation extrait du graphe, notamment par linéarisation, toutes les notions qui y sont présentes. Toutes les notions présentes dans le message sont alors enregistrées dans un index.

### 2.3. Proximité

S'appuyant sur des dictionnaires (sectoriels…), la proximité mesure à quel point une notion attendue est présente dans un message. Catégorisation permet alors de mesurer la présence des données les plus structurantes pour l'activité traitée par les conseillers. Ces données structurantes sont paramétrées par l'administrateur sémantique de la solution.

### 2.4. Similarité

La mesure de similarité entre un message d'origine et un message analysé répond à deux questions :

- à quel point le message analysé évoque ce dont il s'agit dans le message d'origine ?
- à quel point le message analysé est centré sur ce dont il s'agit dans le message d'origine ?

Cette mesure permet au moteur OWI de s'inspirer des bonnes pratiques de traitement pour inciter à les reproduire.

# 3. Sémantique et traitement des demandes

## 3.1. Base de connaissance et conduite de conversation

En plus des documents, la base de connaissance adresse les problématiques propres à la conduite de conversation :

- aide au diagnostic et à la résolution d'incidents, sous forme d'arbre de décisions interactifs
- prise en compte des normes qualité (conduite de conversation, proactivité… etc)
- prise en compte des émotions de l'internaute (empathie, escalade... etc)

Outre le paramétrage de l'administrateur documentaire, elle est enrichie par l'apprentissage automatique des bonnes pratiques (voir ci-dessous) des critères d'accès à l'information.

Ces critères, modifiables par l'administrateur documentaire, combinent les proximités (données structurantes), les similarités (pour s'inspirer des bonnes pratiques), les données contextuelles (ex : la connaissance du client, de son abonnement…), et les informations propres à la conduite de conversation (ex : réponses différentes selon les étapes).

## 3.2. Accès à la base de connaissance par l'agent

Lorsqu'il reçoit le message de l'internaute, l'agent reçoit en même temps les modèles de réponses et les guides de traitements les plus pertinents, calculés par le moteur OWI. Il peut les consulter ou les utiliser directement pour répondre à l'internaute.

Il peut également accéder à la totalité de la base de connaissance, avec tous les moyens de recherche disponibles (mots clés, sémantique, full text, navigation). Lorsqu'il a trouvé le modèle recherché, il le sélectionne, ce qui a pour effet de :

- le copier pour être collé dans la fenêtre de réponse ;
- informer Pilotage de Conversation de l'orientation qu'il donne à la conversation (il peut, par exemple, déclencher ainsi un arbre de décision de diagnostic interactif qui va alors être piloté par le moteur)
- apprendre au moteur que ce modèle était un choix qui aurait pu être proposé, apprentissage qui sera ensuite utilisé).

## 3.3. Pilotage de conversation

Pour être en mesure de proposer les documents les plus adaptés, des algorithmes spécifiques tiennent compte des messages déjà échangés dans la conversation, de son degré d'avancement (introduction, traitement, conclusion, escalade), des émotions exprimées par l'internaute, des choix opérés par le conseiller dans la base de connaissance et, évidemment, du message que vient d'envoyer l'internaute pour mettre en œuvre notamment sémantiques et extraire de la base de connaissance les guides et modèles les plus pertinents.

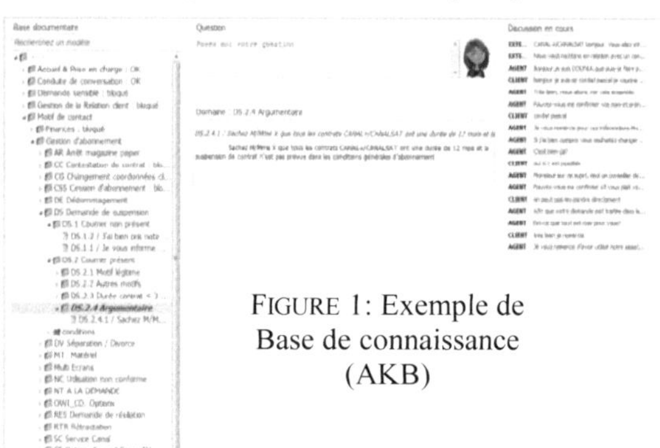

FIGURE 1: Exemple de Base de connaissance (AKB)

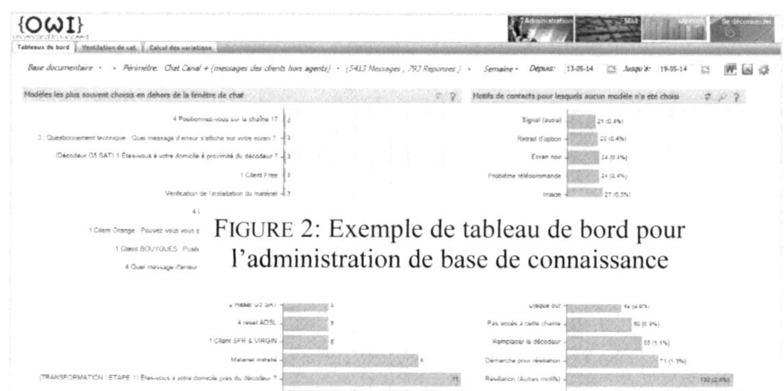

FIGURE 2: Exemple de tableau de bord pour l'administration de base de connaissance

## 3.4. Administration de la base de connaissance

L'administrateur de la base de connaissance dispose d'un tableau de bord l'informant sur :

- les nouveaux pratiques « choix de conseillers »
- les besoins non couverts (motifs de demandes sans modèles choisis)
- les modèles et guides les plus, ou les moins utilisés
- les taux d'utilisation des éléments de la base documentaire par équipe et par conseiller

Il peut alors compléter et mettre à jour la base de connaissance, ou proposer des actions d'informations pour l'adapter aux évolutions de l'activité et aux équipes de conseillers.

# ZOMBILINGO : manger des têtes pour annoter en syntaxe de dépendances

Karën Fort[1] Bruno Guillaume [2] Valentin Stern [1]
(1) LORIA, Université de Lorraine
(2) LORIA, Inria Nancy Grand-Est
karen.fort@loria.fr, bruno.guillaume@loria.fr, valentin.stern@loria.fr

**Résumé.** Cet article présente ZOMBILINGO un jeu ayant un but (*Game with a purpose*) permettant d'annoter des corpus en syntaxe de dépendances. Les annotations créées sont librement disponibles sur le site du jeu.

**Abstract.** This paper presents ZOMBILINGO, a Game With A Purpose (GWAP) that allows for the dependency syntax annotation of French corpora. The created resource is freely available on the game Web site.

**Mots-clés :** jeux ayant un but, complexité, annotation, syntaxe en dépendances.

**Keywords:** GWAP, complexity, annotation, dependency syntax.

La production de ressources linguistiques de grande taille est très coûteuse, en particulier en main d'œuvre. Ainsi, le coût d'annotation du Prague Dependency Treebank a été estimé à 600 000 dollars (Böhmová *et al.*, 2001). Une alternative pour produire des ressources est l'utilisation de la myriadisation (*crowdsourcing*), c'est-à-dire le recours à la « foule pour réaliser une tâche. Les jeux ayant un but, par exemple, ont été utilisés pour différentes tâches en TAL : JEUXDEMOTS [1] (Lafourcade, 2007) a pour but de créer un réseau lexical ; PHRASE DETECTIVES [2] (Chamberlain *et al.*, 2008) fait annoter un corpus en anaphores. Ces deux jeux ont eu un succès considérable et ont permis de créer des ressources de qualité raisonnable pour un coût réduit. Le premier fait appel au sens commun et le deuxième à des connaissances scolaires. Dans d'autres domaines, il a été possible d'utiliser un jeu pour des tâches nettement plus complexes et qui nécessitent une formation des personnes qui participent. Ainsi, dans FOLDIT (Cooper *et al.*, 2010) les joueurs doivent manipuler des représentations 3D de protéines pour étudier la façon dont elle peuvent interagir. ZOMBILINGO est inspiré de ces succès et a pour but de faire réaliser à des joueurs une tâche de TAL réputée complexe : annoter des dépendances syntaxiques.

Les données que nous souhaitons produire sont des analyses en dépendances syntaxiques compatibles avec celles utilisées pour le corpus Sequoia (Candito & Seddah, 2012). Elles sont illustrées par l'exemple ci-dessous.

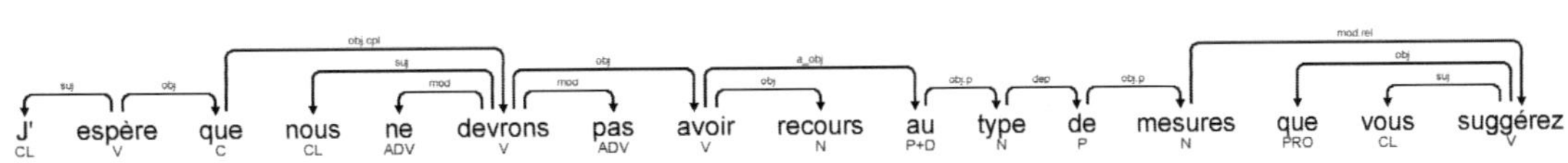


Ce choix nous permet d'utiliser le corpus Sequoia comme amorce pour ZOMBILINGO, notamment pour la phase de formation des joueurs. Le système sera ensuite alimenté par des phrases issues de textes libres de droits, qui seront pré-annotés à l'aide d'analyseurs syntaxiques. Quand une nouvelle phrase est ajoutée dans la base de données, sa pré-annotation est considérée comme correcte ; dans la suite du jeu, si suffisamment de joueurs donnent un avis contraire à la pré-annotation, l'annotation de la phrase considérée est modifiée pour en tenir compte. Il est donc possible à tout moment de faire une extraction de la ressource annotée en syntaxe, qui tient compte de ce que tous les joueurs ont fait précédemment.

L'un des enjeux essentiels de ce jeu est d'être capable de gérer la complexité de la tâche. Il n'est bien entendu pas possible de demander à un joueur de produire l'annotation d'une phrase complète ; il faut décomposer la tâche globale en une série de tâches plus élémentaires qui peuvent être confiées à des joueurs sans les décourager. Dans ZOMBILINGO, cette gestion

1. Voir : `http://www.jeuxdemots.org`.
2. Voir : `http://anawiki.essex.ac.uk/phrasedetectives`.

de la complexité s'appuie sur le découpage de la tâche suivant les différents phénomènes linguistiques présents dans la phrase. Ce découpage permet également de mettre en place des séances de formations pour chacun des phénomènes et donc de ne pas surcharger les joueurs d'informations : le joueur choisit un phénomène, suit la formation correspondante, et peut ensuite commencer à jouer avec ce phénomène.

Un autre élément essentiel à la réussite de ZOMBILINGO est la motivation des joueurs. En effet, la production d'une ressource de grande ampleur de qualité n'est possible que si beaucoup de joueurs utilisent le jeu et si une proportion raisonnable d'entre eux restent longtemps et reviennent régulièrement jouer. Pour attirer les joueurs, le design est un élément essentiel. Nous avons choisi le thème des zombies parce qu'il est fédérateur dans le monde du jeu et par clin d'œil à la notion de tête d'une dépendance linguistique : annoter c'est « manger des têtes », c'est donc une tâche pour les zombies ! La capture d'écran ci-dessous présente l'interface du jeu.

1. profil du joueur
2. progression de la partie
3. aide interactive
4a. mot joué
4b. relation ou phénomène à annoter
4c. « main » pour le choix de la réponse
5. accès aux objets du jeu

Les mécanismes qui encouragent les joueurs à jouer suffisamment longtemps et à revenir régulièrement sont aussi un élément clé de la réussite du jeu. En se basant sur les notions souvent utilisées pour les jeux (sérieux ou non), nous avons prévu différents mécanismes qui correspondent aux différents types de joueurs existants. Ainsi, les mécanismes que nous avons mis en place ont pour but de répondre aux attentes des quatre types de joueurs identifiés par Bartle (1996) : *killers*, *achievers*, *explorers* et *socializers*.

Les données produites par les joueurs permettront de produire un corpus annoté en dépendances de surface qui sera mis à jour en continu en fonction des actions des joueurs. Ce corpus sera mis à disposition librement.

Les auteurs tiennent à remercier Hadrien Chastant pour la première maquette, Charles Ancé pour ses magnifique dessins, Alice Guyot pour les éléments de design et Mathieu Lafourcade pour son aide dans la conception du jeu.

## Références

BARTLE R. (1996). Hearts, clubs, diamonds, spades : Players who suit MUDs. *The Journal of Virtual Environments*.

BÖHMOVÁ A., HAJIČ J., HAJIČOVÁ E. & HLADKÁ B. (2001). The prague dependency treebank : Three-level annotation scenario. In A. ABEILLÉ, Ed., *Treebanks : Building and Using Syntactically Annotated Corpora*. Kluwer Academic Publishers.

CANDITO M. & SEDDAH D. (2012). Le corpus Sequoia : annotation syntaxique et exploitation pour l'adaptation d'analyseur par pont lexical. In *Traitement Automatique des Langues Naturelles (TALN)*, Grenoble, France.

CHAMBERLAIN J., POESIO M. & KRUSCHWITZ U. (2008). Phrase Detectives : a web-based collaborative annotation game. In *Proceedings of the International Conference on Semantic Systems (I-Semantics'08)*.

COOPER S., TREUILLE A., BARBERO J., LEAVER-FAY A., TUITE K., KHATIB F., SNYDER A. C., BEENEN M., SALESIN D., BAKER D. & POPOVIĆ Z. (2010). The challenge of designing scientific discovery games. In *Proceedings of the Fifth International Conference on the Foundations of Digital Games*, FDG '10, p. 40–47.

LAFOURCADE M. (2007). Making people play for lexical acquisition. In *Proceedings of the 7th Symposium on Natural Language Processing (SNLP 2007)*.

21ème Traitement Automatique des Langues Naturelles, Marseille, 2014

# Ubiq : une plateforme de collecte, analyse et valorisation des corpus

François-Régis Chaumartin[1]
(1) Proxem, 19 boulevard de Magenta, 75010 Paris
frc@proxem.com

**Résumé.** Proxem édite Ubiq, une plateforme de collecte de documents et d'analyse sémantique, capable d'extraire des informations pertinentes à partir du contenu de vastes corpus. Les documents analysés sont d'une grande diversité : opinions collectées sur des sites web, emails de réclamation ou de demande d'information, réponse à des questions ouvertes dans des sondages, offres ou demandes d'emploi, etc. La reconnaissance des entités nommées joue un rôle central car c'est un préalable à d'autres traitements sémantiques. La conception d'un module de reconnaissance d'entités nommées nécessite généralement un investissement important en amont, avec une adaptation de domaine. Ubiq propose une approche d'apprentissage faiblement supervisé de l'extraction d'entités nommées qui tient compte du corpus collecté et de ressources externes (Wikipédia). La méthode et l'outillage développés permettent de déterminer à la volée, en interaction avec l'utilisateur, la granularité des types d'entités adaptée à un corpus de texte tout-venant.

**Abstract.** Proxem publishes Ubiq, a platform for web crawling and semantic analysis, which can extract relevant information from large corpus. Documents are of great variety: reviews crawled from websites, emails about complaints or requests for information, answers to open questions in surveys, employment offers or job applications, etc. Named Entity Recognition plays a key role since it is a prerequisite to further semantic processing. The design of a NER module generally requires a significant upfront investment with some domain adaptation. Ubiq proposes a semi-supervised approach to NER that takes into account the crawled corpus and external resources (Wikipedia). The proposed method and tools allow to get on the fly, with some user interaction, the type granularity of entities suitable for a given corpus.

**Mots-clés :** entités nommées, désambiguïsation, apprentissage, Wikipédia, catégorisation.
**Keywords:** named entities, disambiguation, machine learning, Wikipedia, categorization.

## 1 Objectif : amorcer, à la volée, l'extraction d'entités nommées d'un corpus

La multiplication d'avis de consommateurs sur le web permet aujourd'hui d'effectuer des enquêtes dans divers domaines applicatifs en allant chercher des documents à analyser sur Internet. Ce type d'enquête est généralement mené avec des phases (i) de collecte de documents textuels à partir de sources web, (ii) d'analyse sémantique des contenus et (iii) de présentation de ces informations. La phase d'analyse des contenus débute par des tâches comme le découpage de chaque page web en zones, l'identification de la langue du texte et éventuellement une correction orthographique. L'extraction des entités nommées est réalisée après ces prétraitements ; elle associe un type à chaque instance, dont certaines peuvent être ambiguës (Orange$_{\text{[Fruit]}}$ et Orange$_{\text{[Marque télécom]}}$ par exemple). D'autres traitements sémantiques peuvent suivre : extraction de relations entre entités, analyse d'opinions, classification, priorisation… La qualité de ces traitements dépend directement de celle obtenue lors de la reconnaissance des entités nommées. Sur des projets du domaine de la grande distribution, nous avons atteint une F-mesure de 97% dans la détection des marques et produits ; néanmoins, ce résultat n'a été possible qu'au prix d'un effort manuel significatif ; des semaines de travail ont été nécessaires pour créer les ressources linguistiques et résoudre les principales ambiguïtés présentes. La variété des sujets abordés est le sujet le plus épineux dans ce cadre traité. Lors de nos projets, nous avons été confrontés à la difficulté de constitution des ressources lexicales dans des domaines applicatifs multiples : banque de détail, assurance, automobile, recrutement, télécommunications, mode, bricolage, cosmétique, pétrole, industrie du vin, pathologies médicales… La récurrence de cette problématique nous a poussé à développer différentes approches permettant d'être opérationnel rapidement sur une thématique nouvelle. Ubiq permet la mise en œuvre simultanée de deux approches complémentaires :

– La première a pour objectif la rapidité de mise en œuvre, et consiste à faciliter l'utilisation d'un annotateur générique préexistant comme le système de classification thématique générique décrit dans (Chaumartin, 2013) ou Open Calais : un tel annotateur est prévu pour reconnaître un jeu d'entités prédéfini apparaissant dans des documents d'un certain type (par exemple personnes, lieux et organisations au sein d'articles de presse). Son intérêt est d'être opérationnel immédiatement… sous réserve d'être adapté au corpus à traiter (faible rappel sur un corpus arbitraire).

– La seconde vise à améliorer la finesse d'analyse, en réalisant un annotateur sur mesure, spécifique à un domaine ou à un corpus particulier. Il devient alors possible d'identifier les entités pertinentes d'une façon arbitrairement fine ; dans le domaine du vin, on peut par exemple regrouper toutes les boissons alcoolisées ensemble, ou au contraire choisir de distinguer les vins, bières ou apéritifs cités dans le corpus. Mais l'investissement préalable (pour écrire des règles, annoter manuellement un corpus d'apprentissage ou valider des ressources) est généralement important.

Proxem a innové sur ce dernier point en développant, grâce à la plate-forme Antelope (Chaumartin, 2012), une méthode qui fournit rapidement un annotateur capable d'extraire des entités nommées adapté à tout corpus monolingue (sous réserve qu'il soit relativement homogène). Le système est suffisamment simple à administrer pour être mis en œuvre par un utilisateur sans compétence linguistique forte. Le processus d'amorce d'un tel annotateur repose sur un apprentissage faiblement supervisé qui vise à déterminer à la volée la granularité des types d'entités, avec les interactions suivantes :

1. L'utilisateur constitue un corpus homogène (par exemple par collecte ciblée sur le web).
2. Le système calcule un graphe de thématiques associées à ce corpus, en prenant comme référence les catégories de la Wikipédia dans la langue du corpus.
3. L'utilisateur valide au sein du graphe les catégories proposées qui semblent pertinentes et supprime les autres.
4. Le système restreint les entités nommées candidates aux articles de la Wikipédia rattachés à ces catégories et susceptibles de définir une entité. Ces données alimentent un composant de REN fonctionnant avec des listes d'entités et capable de gérer l'éventuelle homonymie avec des informations de désambiguïsation.
5. Le système effectue une première REN sur le corpus, et compte le nombre effectif d'occurrences de chaque entité candidate. Par ailleurs, l'appartenance d'une entité à une classe et les relations d'hyperonymie entre classes ont été précalculées. Cette double information permet d'afficher à l'utilisateur une arborescence de classes d'entités potentiellement pertinentes dans le contexte du corpus.
6. L'utilisateur amorce une taxonomie ad-hoc en sélectionnant les classes qu'il souhaite reconnaître. Il peut éventuellement en fusionner (pour regrouper des classes Marque, Société et Entreprise, par exemple). Il peut aussi choisir unitairement les entités à conserver ou à exclure.
7. Le système annote à nouveau le corpus, en tenant compte des choix de l'utilisateur. Des post-traitements aident à identifier de nouvelles entités candidates (absentes de la Wikipédia, ou non liées à l'une des catégories choisies lors de la première interaction, ou dont l'hyperonyme n'a pas été précalculé correctement).
8. L'utilisateur valide parmi ces nouvelles entités proposées celles qu'il estime pertinentes.
9. Le système entraîne un composant d'apprentissage (par CRF) sur ce corpus annoté.

## 2 Résultats préliminaires

Nous avons évalué ce système sur un corpus de 15 000 avis de consommateurs sur l'univers mode & chaussure, le système propose à l'utilisateur les classes d'entités suivantes : 73 entreprises, 69 textiles, 55 photographes, 53 accessoires, 38 types de chaussures. L'utilisateur peut corriger d'éventuelles erreurs et préciser les classes que le système devra réellement reconnaître. La table 1 compare les résultats obtenus en quelques heures par ce système avec ceux d'un analyseur dont la création manuelle a nécessité deux semaines de travail avec une démarche classique. Les résultats expérimentaux sont encourageants ; les entités extraites sont de plus liées aux entrées correspondantes de Wikipédia. Il reste toutefois à améliorer le rappel de cette méthode et à comparer les résultats obtenus sur des jeux de données standard. L'approche proposée est en principe facilement généralisable à de nouvelles langues.

| | Analyseur créé manuellement en 10 jours | Analyseur créé avec la méthode décrite ici |
|---|---|---|
| Classe Chaussure | 71 entités créées manuellement et repérées dans les documents (63000 occurrences) | 145 entités proposées par le système dont 72 présentes dans le corpus (36 000 occurrences) |
| Entités spécifiques | boots (3 878), spartiate (612), sneaker (534)… | babies (431), motarde (245), brogue (61)… |
| Entités communes | chaussure (11 110), bottine (3 906), tong (1 563), rangers (540), chaussure de sécurité (81)… | |

TABLE 1 : Comparaison entre un analyseur créé manuellement et avec la méthode décrite ici

## Références

CHAUMARTIN F.-R. (2012). *Antelope, une plate-forme de TAL permettant d'extraire les sens du texte : théorie et applications de l'ISS*. Thèse de doctorat, Université Paris Diderot.

CHAUMARTIN F.-R. (2013). Apprentissage d'une classification thématique générique et cross-langue à partir des catégories de la Wikipédia. Actes de *TALN*, 659–666.

# Zodiac :
# Insertion automatique des signes diacritiques du français

Fabrizio Gotti et Guy Lapalme
RALI, Université de Montréal, CP 6128 Succursale Centre-Ville, Montréal, Canada, H3C 3J7
{gottif,lapalme}@iro.umontreal.ca

**Résumé.** Nous proposons dans cette démonstration de présenter le logiciel Zodiac, permettant l'insertion automatique de diacritiques (accents, cédilles, etc.) dans un texte français. Zodiac prend la forme d'un complément Microsoft Word sous Windows permettant des corrections automatiques du texte au cours de la frappe. Sous Linux et Mac OS X, il est implémenté comme un programme sur ligne de commande, se prêtant naturellement à lire ses entrées sur un « pipeline » et écrire ses sorties sur la sortie standard. Implémenté en UTF-8, il met en œuvre diverses librairies C++ utiles à certaines tâches du TAL, incluant la manipulation de modèles de langue statistiques.

**Abstract.** In this demo session, we propose to show how the software module Zodiac works. It allows the automatic insertion of diacritical marks (accents, cedillas, etc.) in text written in French. Zodiac is implemented as a Microsoft Word add-in under Windows, allowing automatic corrections as the user is typing. Under Linux and Mac OS X, it is implemented as a command-line utility, lending itself naturally to be used in a text-processing pipeline. Zodiac handles UTF-8, and showcases some useful C++ libraries for natural language processing, including statistical language modeling.

**Mots-clés :** aide à la rédaction, diacritiques, modèles de langue probabilistes.

**Keywords:** text editing, diacritical marks, statistical language models.

## 1 Contexte

Les *signes diacritiques* sont des symboles graphiques (accents, cédilles) combinés à des lettres déjà existantes afin d'en modifier la phonétique ou d'éviter la confusion entre des mots homographes (p.ex. « cote », « côte » et « côté »). Il en existe une vingtaine dans l'alphabet romain, et le français en utilise couramment cinq, soit la cédille, le tréma, les accents aigu, grave et circonflexe. Critiqués, on rencontre rarement le tilde (« cañon ») ou le rond en chef (« ångström »).

Malgré leur caractère indispensable à la sémantique du texte (« interne » ou « interné » dans un hôpital psychiatrique) et à la justesse orthographique, les diacritiques sont omis dans des situations relativement fréquentes. Les communications électroniques (courriels, textos, forums de discussion, etc.) présentent ces problèmes, que ce soit à cause de leur caractère informel, ou simplement parce que les méthodes de saisie rendent difficile l'insertion des diacritiques. Traditionnellement, ce dernier problème était surtout dû à des dispositions de clavier peu compatibles avec le français, mais l'avènement des tablettes et téléphones intelligents accentue désormais la difficulté à cause d'entraves ergonomiques. Par ailleurs, les apprenants de la langue française peuvent éprouver de la difficulté avec ces symboles.

Il peut donc s'avérer utile dans ces contextes de disposer d'un système d'insertion automatique de diacritiques à partir d'un texte qui en est dépourvu. La tâche n'est pas triviale, car un mot sans accents peut présenter plusieurs candidats avec diacritiques (voir l'exemple de « cote » plus haut). Il y a plus de dix ans, notre laboratoire proposait le logiciel Réacc, qui faisait l'insertion automatique des diacritiques (Simard & Deslauriers, 2001). Fondé sur un modèle de Markov caché, le logiciel offrait de bonnes performances, mais nécessitait le difficile maintien de librairies C faites sur mesure, dont l'instabilité a fini par condamner le logiciel. Une solution de rechange a donc été conçue.

Nous proposons ainsi une démonstration du logiciel Zodiac, un module effectuant la restauration de diacritiques automatiquement, et fondé sur un modèle statistique de langue et sur un lexique du français à large couverture. Notre démonstration montrera l'interface web de Zodiac (basée sur Linux), l'utilitaire ligne de commande, ainsi qu'un complément Zodiac à Microsoft Word permettant de faire l'insertion des diacritiques au cours de la frappe, de façon interactive, sous Windows.

# 2 Zodiac

## 2.1 Mode de fonctionnement

Zodiac commence par segmenter le texte entré en phrases et en mots, à l'aide de la librairie C++ ICU (`http://icu-project.org/`). ICU supprime ensuite tous les diacritiques déjà présents. Chaque jeton sans diacritiques est recherché dans une liste précompilée afin de trouver les candidats avec diacritiques (p.ex. : mais → mais ou maïs). Un modèle de langue statistique parcourt la phrase et utilise le contexte pour choisir une substitution candidate. Ainsi, « du maïs » sera préféré à « du mais ». Pour gérer l'explosion combinatoire lorsque des mots ambigus se suivent, une recherche en faisceau est utilisée. Le modèle de langue utilisé est un modèle trigramme entraîné avec la librairie SRILM (Stolcke, 2002). Le corpus d'entraînement consiste en 1 M de phrases des domaines politique et journalistique. Le modèle est compilé sous forme binaire avec la librairie C++ KenLM (Heafield, 2011) afin d'être chargé en 0,1 s en RAM.

## 2.2 Interface

La démonstration montrera les modules logiciels dans lesquels Zodiac est intégré. Une démo web est également disponible[1]. Le module est entièrement mis en œuvre en Unicode, grâce à la librairie ICU. **Sous Windows**, Zodiac est un complément Word à deux modes de fonctionnement : l'utilisateur peut activer l'insertion de diacritiques au fur et à mesure de la frappe ou il peut décider de sélectionner un passage d'un texte et d'en corriger les diacritiques avec Zodiac. **Sous Linux et Mac OS X**, la démonstration de Zodiac illustrera qu'il peut se comporter comme un filtre de texte typique, c'est-à-dire un programme lisant du texte UTF-8 et produisant une sortie textuelle corrigée. Il se prête donc à une utilisation par « pipeline », permettant le chaînage de plusieurs programmes.

## 2.3 Évaluation

L'évaluation d'un système d'insertion de diacritiques comme Zodiac est relativement simple. Il suffit de choisir un texte où les diacritiques figurent, et de le soumettre à Zodiac. Puisque celui-ci commence par supprimer les diacritiques pour ensuite les réinsérer selon l'algorithme décrit plus haut, les diacritiques produits en sortie sont exclusivement l'œuvre de Zodiac. L'évaluation consiste alors à comparer le texte original (la référence) avec la sortie de Zodiac (le candidat). Sur un corpus constitué de textes juridiques et littéraires, on constate que le système commet des erreurs en moyenne sur 0,54 % du nombre total de mots de corpus. La démonstration montrera certains aspects du logiciel affectant sa performance. Ainsi, des ambiguïtés subsistent pour l'insertion d'accents sur la première majuscule des noms propres (p.ex. « Eric » ou « Éric »). Cette difficulté est épineuse, à cause des variantes orthographiques et culturelles dans la rédaction des prénoms. Il reste également à déterminer s'il est constructif de supprimer les diacritiques préexistants avant leur insertion.

# 3 Perspectives

Une extension naturelle de Zodiac serait de s'intéresser à d'autres langues pour lesquelles des ambiguïtés comparables existent. Ainsi, le vietnamien utilise une orthographe appelée quốc ngữ, usant de nombreux diacritiques parfois combinés sur la même lettre, rendant la saisie malaisée. Zodiac utilise justement des librairies C++ capables de traiter du texte dans plusieurs langues, sans règles *ad hoc* spécifiques au français, donc cette voie nous paraît prometteuse.

# Références

HEAFIELD K. (2011). KenLM : faster and smaller language model queries. In *Proceedings of the EMNLP 2011 Sixth Workshop on Statistical Machine Translation*, p. 187–197, Edinburgh, Scotland, United Kingdom.

SIMARD M. & DESLAURIERS A. (2001). Real-time automatic insertion of accents in French text. *NLE*, **7**, 149–165.

STOLCKE A. (2002). SRILM - an extensible language modeling toolkit. In *In Proceedings Of The 7th International Conference On Spoken Language Processing (ICSLP 2002)*, p. 901–904.

[1] `http://rali.iro.umontreal.ca/rali/?q=fr/projet-zodiac`

# Le système STAM

Mehdi Embarek[1]
(1) MK SOFT, 11 rue des fossés St Marcel, 75005 Paris
embarekm@gmail.com

**Résumé.** Le projet STAM aborde la problématique de la transcription automatique du langage texto (SMS) et plus particulièrement la traduction des messages écrits en arabe dialectal. L'objectif du système STAM est de traduire automatiquement des textes rédigés en langage SMS dans un dialecte parlé dans le monde arabe (langue source) en un texte facilement interprétable, compréhensible et en bon français (langue cible).

**Abstract.** The STAM project addresses the problem of automatic transcription of SMS language and especially the translation of messages written in Arabic dialect. The objective of STAM system is to automatically translate texts written in SMS language in a dialect spoken in the Arab World (source language) into a French text (target language), interpretable and understandable.

**Mots-clés :** Dialecte, SMS, Transcription, STAM.
**Keywords:** Dialect, SMS, Transcription, STAM.

L'évolution des technologies de communication a permis de développer différentes formes de langage. En plus du langage naturel utilisé dans tous les documents écrits, un autre langage, que l'on retrouve dans des documents ou des textes informels, a vu le jour. Il s'agit du langage SMS[1] (ou langage texto) qu'il faudra dorénavant considérer comme un nouveau langage à part entière. Aussi, depuis l'expansion des réseaux sociaux, des blogs et des forums de discussions, les internautes utilisent de plus en plus ce langage pour exprimer leur avis concernant une actualité ou commenter un évènement. Et pour certaines communautés (maghrébine par exemple), on emploie même dans les messages des termes issus de leur dialecte local. Ce qui rend la compréhension du texte presque impossible pour les personnes ne parlant pas le dialecte employé. Ces textes non structurés peuvent être considérés comme des sources d'informations et il serait intéressant de pouvoir les exploiter et les analyser afin d'en extraire le contenu informationnel en se basant sur des outils et techniques adaptés. De nombreux travaux ont été menés dans ce sens afin d'étudier plus particulièrement les spécificités des dialectes (Guella, 2011) (Vanhove, 1999) ou encore d'élaborer des terminologies (dictionnaires) propre à chaque pays (www.speakmoroccan.com pour le Maroc, www.arabetunisien.com pour la Tunisie). Cependant, peu de travaux se sont penchés sur le développement ou la proposition d'un système de traduction automatique.

Le projet STAM (Système de Transcription AutoMatique) (http://www.stam-dz.com) est un projet de recherche industrielle soutenu conjointement par la société Med Point Dz et la société MK Soft. Le projet aborde la problématique de la transcription (traduction) automatique du langage texto (SMS) et plus particulièrement la traduction des messages écrits en arabe dialectal. L'objectif du système STAM est de traduire automatiquement des textes rédigés en langage SMS dans un dialecte parlé dans le monde arabe (langue source) en un texte facilement interprétable, compréhensible et en bon français (langue cible).

Dans notre développement, nous nous sommes particulièrement intéressés au dialecte algérien, c'est-à-dire à tous les dialectes parlés en Algérie (l'algérois, l'oranais, le constantinois, le kabyle, etc.). Le dialecte algérien est un langage assez particulier, un langage fondé sur un mélange de plusieurs langues dont la plupart des termes ont été repris à l'origine de la langue arabe littéraire et le français. Pour mieux illustrer certaines de ses caractéristiques dans le langage SMS, prenons cet exemple : « nakol fel restaurant » (comprendre : je mange au restaurant). L'exemple montre qu'un message écrit en dialecte algérien peut contenir un terme issu d'une langue étrangère, ici du français (restaurant). De plus, étant donné qu'il n'existe aucune règle d'écriture, un mot peut éventuellement être écrit de plusieurs manières. Par exemple, le mot «restaurant» (resto, mat3am, …) ou encore le mot «nakol» (nacol, nakoul, …) (comprendre : manger).

[1] Short Message Service

Une autre caractéristique du dialecte algérien (valable également pour la langue arabe) concerne la présence de chiffres dans certains mots (mat3am) pour exprimer principalement une certaine prononciation (problème phonétique) spécifique aux mots arabes.

Enfin, STAM est un système souple et facilement paramétrable permettant d'intégrer d'autres dialectes parlés dans d'autres pays. On parle ici d'une solution multi-dialectale. En effet, le but du projet STAM est de ne pas se limiter uniquement au dialecte local (algérien) mais aussi de prendre en compte, par la suite et dans la mesure du possible, les autres dialectes disponibles en commençant par les pays du Maghreb (Tunisie, Maroc, Libye, Mauritanie), puis les pays du Moyen Orient (Egypte, Syrie, Liban, Arabie Saoudite, etc.). La réalisation d'un tel outil passe par la constitution d'une importante base terminologique.

Actuellement, le système STAM s'appuie sur une terminologie multi-dialectale évolutive. Cette terminologie regroupe les termes et expressions employés dans les pays suivants : Algérie, Maroc et Tunisie. Pour les transcriptions, STAM repose également sur un ensemble de règles d'écriture et d'algorithmes. On peut citer l'algorithme « STAM_Align » qui permet d'effectuer des alignements entre la requête utilisateur et le contenu de la terminologie.

Ci-dessous une figure représentant un exemple de transcription dans le système STAM :

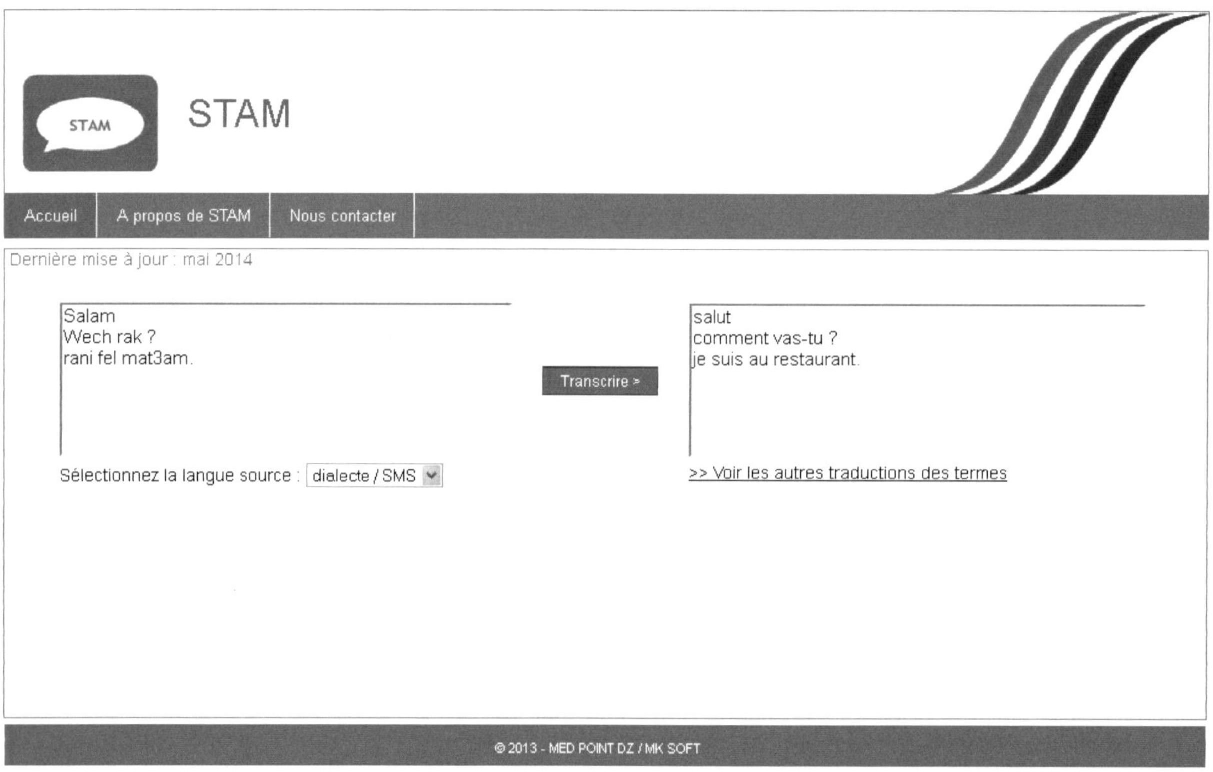


## Références

GUELLA N. (2011). Emprunts lexicaux dans des dialectes arabes algériens. *Synergies Monde arabe 8*, 81-88.

VANHOVE M. (1999). Les dialectes arabes des régions sud, centre et est du Yémen : perspectives et recherche. *Chroniques Yéménite*, 95-100.

# DictaNum : système de dialogue incrémental pour la dictée de numéros.

Hatim Khouzaimi[1,2] Romain Laroche[1] Fabrice Lefèvre[2]
(1) Orange Labs, 38-40 Avenue du Général Leclerc, 92794 Issy-les-Moulineaux, France
(2) Laboratoire Informatique d'Avignon, 339 Chemin des Meinajaries, 84911 Avignon, France
hatim.khouzaimi@orange.com, romain.laroche@orange.com, fabrice.lefevre@univ-avignon.fr

**Résumé.** Les stratégies de dialogue incrémentales offrent une meilleure réactivité, une expérience utilisateur plus aboutie et une réduction du risque de désynchronisation. Cependant, les systèmes de dialogue incrémentaux sont basés sur une architecture logicielle dont l'implantation est longue, difficile et donc coûteuse. Pour faciliter cette évolution d'architecture, nous proposons de simuler un comportement incrémental en ajoutant une surcouche à un service de dialogue traditionnel existant. DictaNum est un démonstrateur de dialogue incrémental mettant en œuvre cette démarche. Sa tâche consiste à recueillir des numéros auprès des utilisateurs. Grâce à son fonctionnement incrémental, il autorise une correction rapide des erreurs au fil de la dictée.

**Abstract.** Incremental dialogue strategies are more reactive, offer a better user experience and reduce desynchronisation risks. However, incremental dialogue systems are based on architectures that are long, difficult and hence costly to implement. In order to make this architecture evolution easier, we suggest to simulate incremental behavior by adding a new layer to an existing traditional service. DictaNum is an incremental dialogue demonstrator that uses this approach. It collects numbers dictated by the user. Thanks to its incremental behavior, it makes it possible to rapidly correct errors on the fly.

**Mots-clés :** Systèmes de Dialogue, Traitement Incrémental, Architecture des Systèmes de Dialogue.

**Keywords:** Dialogue Systems, Incremental Processing, Dialogue Systems Architectures.

## 1 Introduction

Les systèmes de dialogue incrémentaux traitent les paroles de l'utilisateur au fur et à mesure qu'elles sont prononcées, sans attendre la fin de la requête comme c'est le cas des systèmes traditionnels. Les architectures incrémentales proposées dans la littérature (Dohsaka & Shimazu, 1997; Allen *et al.*, 2001; Schlangen & Skantze, 2011) nécessitent une construction intégrale du système. Afin d'éviter cela et les coûts que cela engendre, nous proposons de rajouter un module intermédiaire entre le client et le service appelé *Scheduler* (Khouzaimi *et al.*, 2014) (fonctionnement similaire à celui de l'Incremental Interaction Manager dans (Selfridge *et al.*, 2012) et du Micro-turn Interaction Manager dans (Hastie *et al.*, 2013)). Celui-ci permet de simuler un comportement incrémental vu du client sans devoir modifier le comportement interne du service (des modifications à l'échelle applicative sont cependant nécessaires). DictaNum est un service de collecte de numéros fonctionnant suivant le même principe. Ce système est inspiré de NUMBERS (Skantze & Schlangen, 2009) qui est basé sur une architecture complètement incrémentale.

## 2 Description du fonctionnement

Un service de dialogue recueillant des numéros est déployé sur un serveur distant. Celui-ci a été développé à l'aide de la suite logicielle Disserto d'Orange Labs. Le *Scheduler* est également déployé sur le même serveur (ce qui n'est pas obligatoire, les deux entités pouvant êtres déployées sur des machines différentes). Le client se présente sous la forme d'une page HTML communiquant en AJAX avec le *Scheduler*. Par ailleurs, celle-ci est dotée d'un module JavaScript utilisant la web API de Google pour effectuer les tâches de reconnaissance et de synthèse vocales.

La sortie incrémentale de la reconnaissance vocale est envoyée à intervalles réguliers au *Scheduler*. Chacun de ces intervalles est appelé *micro-tour* dont la durée doit être spécifiée sur l'interface du démonstrateur. Si pendant $n$ micro-tours, la sortie du module de reconnaissance vocale reste inchangée, on dit qu'un *micro-silence* est détecté. De même, on dit qu'un *silence* est détecté après $m > n$ micro-tours sans aucun changement de la phrase courante de l'utilisateur. Les paramètres $n$ et $m$ doivent également être spécifiés dans l'interface.

Le *Scheduler* envoie toutes les réponses intermédiaires au client. Cependant, seules certaines sont désignées pour être prononcées par le module de synthèse vocale (dans le cas de DictaNum, seules les réponses suivant un micro-silence ou un silence sont prononcées). Le *Scheduler* a aussi pour tâche de décider des moments de prise de parole par le système.

Une autre caractéristique importante du dialogue incrémental est la possiblité pour l'utilisateur d'interrompre le système pendant qu'il parle. Dans le cadre de notre architecture, cela est possible à certains endroits du dialogue définis au niveau du service. Celui-ci renvoie des messages en plusieurs blocks reconnaissables à l'aide d'un séparateur : *block1 [sep] block2 [sep] block3...*. Une fois reçu par le client, celui-ci le prononce fragment par fragment, et en cas d'interruption de l'utilisateur, le couple {block durant lequel l'interruption a eu lieu, contenu de l'interruption} est renvoyé au service qui réagit en conséquence.

# 3 Usage du service

L'utilisateur est invité à dicter son numéro suite à un message vocal. Au cours de sa dictée, si un micro-silence est détecté après un fragment de numéro, le système prend la parole et répète ce dernier fragment. Ensuite, l'utilisateur peut continuer sa dictée normalement ou bien corriger le dernier fragment en commençant sa prochaine phrase par 'Non'. Par exemple :

- **Système :** Bonjour. Bienvenue dans le service DictaNum. Veuillez entrer votre numéro.
- **Utilisateur :** 01 45 (suivi d'un micro-silence)
- **Système :** 01 45
- **Utilisateur :** 28 (suivi d'un micro-silence)
- **Système :** 38 (erreur de reconnaissance vocale)
- **Utilisateur :** Non, 28 (suivi d'un micro-silence)
- **Système :** Désolé, 28
- **Utilisateur :** 79 88 (suivi d'un micro-silence)
- **Système :** 79 88
- **Utilisateur :** (silence)
- **Système :** Le numéro dicté est le : 01 45 28 79 88. Est-ce bien cela ?
- **Utilisateur :** Oui
- **Système :** Merci d'avoir utilisé DictaNum. A bientôt.

Le système comprend que la dictée est terminée quand il détecte un long silence. Par la suite, le numéro complet est récapitulé et l'utilisateur peut intervenir durant ce feedback pour effectuer une correction locale. Les corrections peuvent être faites par lots de deux chiffres par exemple :

- **Système :** Le numéro dicté est : 01 45 28 72
- **Utilisateur :** Non, 62
- **Système :** Désolé : 01 45 28 62 59. Est-ce bien cela ?
- **Utilisateur :** Oui.
- **Système :** Merci d'avoir utilisé DictaNum. A bientôt.

# 4 Conclusion et travaux futurs

DictaNum montre qu'en utilisant un module intermédiaire entre le client et le service (le *Scheduler*), il est possible de simuler un comportement incrémental à moidre coût. Cependant la version du *Scheduler* utilisée ici est élémentaire et nous projetons d'en faire un réel module de décision intégrant un fonctionnement plus élaboré (analyse du contexte de dialogue, détection de problèmes, correction d'erreurs...).

## Références

ALLEN J., FERGUSON G. & STENT A. (2001). An architecture for more realistic conversational systems. In *6th international conference on Intelligent user interfaces*.

DOHSAKA K. & SHIMAZU A. (1997). A system architecture for spoken utterance production in collaborative dialogue. In *IJCAI*.

HASTIE H., AUFAURE M.-A., ALEXOPOULOS P. & AUTRES (2013). Demonstration of the parlance system : a data-driven incremental, spoken dialogue system for interactive search. In *Proceedings of the SIGDIAL 2013 Conference*.

KHOUZAIMI H., LAROCHE R. & LEFÈVRE F. (2014). Vers une approche simplifiée pour introduire le caractère incrémental dans les systèmes de dialogue. In *Proceedings of the TALN 2014 Conference*.

SCHLANGEN D. & SKANTZE G. (2011). A general, abstract model of incremental dialogue processing. *Dialogue and Discourse*, **2**, 83–111.

SELFRIDGE E. O., ARIZMENDI I., HEEMAN P. A. & WILLIAMS J. D. (2012). Integrating incremental speech recognition and pomdp-based dialogue systems. In *Proceedings of the 13th Annual Meeting of the Special Interest Group on Discourse and Dialogue*.

SKANTZE G. & SCHLANGEN D. (2009). Incremental dialogue processing in a micro-domain. In *ACL*.

# Construction (très) rapide de tables de traduction à partir de grands bi-textes

Li Gong[1,2] Aurélien Max[1,2] François Yvon[1]
(1) LIMSI-CNRS, Orsay, France (2) Univ. Paris Sud, Orsay, France
{prénom.nom}@limsi.fr

**Résumé.** Dans cet article de démonstration, nous introduisons un logiciel permettant de construire des tables de traduction de manière beaucoup plus rapide que ne le font les techniques à l'état de l'art. Cette accélération notable est obtenue par le biais d'un double échantillonnage : l'un permet la sélection d'un nombre limité de bi-phrases contenant les segments à traduire, l'autre réalise un alignement à la volée de ces bi-phrases pour extraire des exemples de traduction.

**Mots-clés :** traduction automatique statistique ; développement efficace ; temps de calcul.

**Keywords:** statistical machine translation ; efficient development ; computation time.

## 1 Introduction et motivations

De très grands bi-textes sont désormais disponibles pour l'apprentissage des systèmes de traduction automatique statistique. Cependant, la grande majorité des situations d'utilisation de ces systèmes n'imposera en pratique l'exploitation que d'une petite partie des données disponibles. Les approches standard, telles que celle du système à l'état de l'art `Moses` [1], reposent sur l'alignement au niveau des mots de l'intégralité des bi-textes, étape très couteuse en temps. Afin de réduire les temps de construction des tables de traduction, des travaux ont déjà proposé de recourir à un échantillonnage des exemples de traduction focalisé sur les seuls segments à traduire, permettant d'obtenir directement des tables de traduction très compactes dont la performance rivalise avec des tables apprises sur l'intégralité du bi-texte (Callison-Burch *et al.*, 2005). Toutefois, le gain en temps obtenu par cette approche ne correspond qu'à une réduction d'environ 15% du temps de traitement.

Nous présentons un logiciel permettant de considérablement modifier cette situation : non seulement les bi-phrases contenant des exemples de traduction utiles sont échantillonnées, mais l'alignement de ces bi-phrases est également construit à la demande à l'aide de la technique décrite dans (Gong *et al.*, 2013). Ce résultat peut par exemple être comparé à celui décrit dans (Zens *et al.*, 2012), où des tables de traduction sont filtrées *a posteriori*, soit en ajoutant à la procédure d'apprentissage standard un calcul (lui-même couteux) de détection de bi-segments redondants selon un critère d'entropie. Zens *et al.* (2012) décrivent par exemple, pour la paire de langue anglais-français, qu'un filtrage ne retenant que 8,1% des entrées d'une table de traduction ne mène pas à une perte supérieure à 1 point BLEU. Dans nos expériences ci-dessous, le même résultat est obtenu en n'effectuant que 6,9% du temps de calcul utilisé par un système de référence pour l'estimation des tables de traduction de développement et de test.

## 2 Description du logiciel

L'architecture de notre logiciel d'estimation de tables de traduction [2] est décrite sur la Figure 1. Pour l'ensemble des segments du texte à traduire, un échantillonnage aléatoire [3] (à taille constante) est effectué dans l'intégralité du bi-texte de manière efficace à l'aide d'un tableau de suffixes. Pour les bi-phrases trouvées et ne se trouvant pas déjà dans un cache d'alignements, un alignement est construit par une procédure d'alignement ciblé par échantillonnage proposée par Gong *et al.* (2013). Une fois ces phrases alignées, les comptes nécessaires au calcul d'un ensemble standard de traits pour des bi-segments sont extraits, et les tables de traduction sont finalement écrites sur disque pour être utilisé par un décodeur

1. `http://www.statmt.org/moses`
2. Nous regroupons sous le nom générique de "tables de traduction" les tables de bi-segments et tables de réordonnancement lexicalisées.
3. D'autres stratégies d'échantillonnage possibles ne seront pas décrites ici.

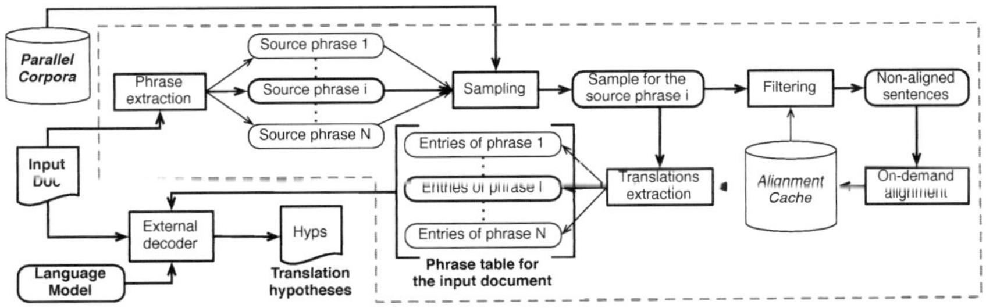


FIGURE 1 – Architecture de notre système (encadré rouge) permettant l'estimation rapide de tables de traduction.

fondé sur les segments. Le logiciel, intégralement développé en langage Java, permet une exécution *multi-thread*, et sera disponible en téléchargement libre à des fins de recherche.

# 3 Exemple de validation expérimentale

| Systèmes | | Performance traduction | | Performance temps | | | | |
|---|---|---|---|---|---|---|---|---|
| | $\alpha$ | BLEU | TER | TabSuff. | dev | test | tuning | total |
| `Moses` | - | 34,12±0,10 | 48,59±0,22 | - | 1 212h | | 21h | 1 233h |
| `otf` | 1 000 | 33,35±0,02 | 49,62±0,05 | 2h | 72h | 81h | 20h | 175h |
| | 500 | 33,05±0,10 | 50,03±0,11 | 2h | 40h | 44h | 20h | 106h |
| | 250 | 32,81±0,03 | 49,87±0,07 | 2h | 24h | 25h | 20h | 71h |
| | 100 | 32,52±0,08 | 50,49±0,15 | 2h | 14h | 14h | 20h | 50h |
| | 50 | 32,73±0,06 | 49,46±0,06 | 2h | 10h | 11h | 20h | 43h |

TABLE 1 – Résultats pour nos expériences de traduction anglais-français des documents Cochrane. La performance en temps est donnée en *user CPU time* tel que donné par la commande UNIX `time`.

Pour illustrer la performance de notre approche, nous avons exécuté les expériences suivantes. Nous avons utilisé un grand corpus de 16,6 millions de bi-phrases anglais-français de la tâche de traduction médicale de WMT'14 [4]. Nous avons choisi comme domaine d'évaluation des documents destinés à des spécialistes en médecine produit par la collaboration Cochrane [5], en utilisant 743 phrases pour le développement, et 1 800 pour l'évaluation. Nous avons suivi les procédures standard du logiciel `Moses`, utilisant notamment MERT pour l'optimisation des paramètres.

La Table 1 présente les résultats obtenus pour un système `Moses` standard, ainsi que pour différentes valeurs du paramètre d'échantillonnage ($\alpha$) de calcul des scores d'association utilisé par notre procédure d'alignement (voir (Gong *et al.*, 2013)). On constate une perte en BLEU relativement au système `Moses` allant de 0,77 à 1,38 point BLEU, pour un gain en temps pour l'estimation des tables nécessaires de respectivement 87% à 98%.

# Références

CALLISON-BURCH C., BANNARD C. & SCHROEDER J. (2005). Scaling phrase-based statistical machine translation to larger corpora and longer phrases. In *Proceedings of ACL*, Ann Arbor, USA.

GONG L., MAX A. & YVON F. (2013). Improving bilingual sub-sentential alignment by sampling-based transpotting. In *Proceedings of IWSLT*, Heidelberg, Germany.

ZENS R., STANTON D. & XU P. (2012). A Systematic Comparison of Phrase Table Pruning Techniques. In *Proceedings of EMNLP*, p. 972–983, Jeju Island, Korea.

4. `http://www.statmt.org/wmt14`
5. `http://www.cochrane.org`

# Un assistant vocal personnalisable

Tatiana Ekeinhor-Komi [1, 3] Hajar Falih [2] Christine Chardenon [1]
Romain Laroche [2] Fabrice Lefevre [3]

(1) Orange Labs, 2 Avenue Pierre Marzin, 22300 Lannion
(2) Orange Labs, 38-40 Rue du Général Leclerc, 92130 Issy les Moulineaux
(3) LIA-CERI, Université d'Avignon, France

prenom.nomsanstiret@orange.com, fabrice.lefevre@univ-avignon.fr

**Résumé.** Nous proposons la démonstration d'un assistant personnel basé sur une architecture distribuée. Un portail vocal relie l'utilisateur à des applications. Celles-ci sont installées par l'utilisateur qui compose de ce fait son propre assistant personnel selon ses besoins.

**Abstract.** We introduce a personal assistant based on a distributed architecture. A portal connects user to applications. Applications are installed by a user who compose his own assistant according to his needs.

**Mots-clés :** Système de dialogue, applications du traitement automatique du langage naturel, assistant personnel.

**Keywords:** Dialogue system, natural language processing applications, personal assistant.

## Présentation du démonstrateur

Un assistant vocal est un système de dialogue qui converse avec son utilisateur en langage naturel, afin de répondre aux divers besoins de celui-ci. Avec Google Now et Siri, les assistants vocaux se sont démocratisés dans la vie de tous les jours. Leur utilité croit avec les maisons intelligentes, objets connectés, etc. Plus que jamais, on attend de ces systèmes qu'ils soient capables de gérer des dialogues portant sur des sujets divers et variés.

Dans le but de concevoir des systèmes de dialogue multi-domaines (Hsu *et al.*, 2002; Lee *et al.*, 2012; Planells *et al.*, 2013), l'approche dominante a été d'étendre les domaines d'un système existant (Gašic *et al.*, 2013). Ceci fonctionne bien pour une extension d'un voire deux domaines. Mais cela ne permet pas de gérer la dynamique de dizaines d'applications et encore moins de réaliser l'extension automatiquement. C'est pourquoi, le modèle du démonstrateur s'inspire plutôt du modèle distribué de (Lin *et al.*, 1999) car celui-ci permet d'ajouter ou de supprimer un domaine sans perturber le fonctionnement de l'existant. Ce modèle considère le système comme un ensemble constitué d'un module central et de sous-modules correspondant aux domaines possibles du système de dialogue. Le module central assure la liaison entre l'utilisateur et les sous-modules. Dans le cas du démonstrateur, les domaines correspondent à des applications de dialogue. C'est la modularité du système qui permet la composition des applications sur demande de l'utilisateur. De plus cette personnalisation permet à l'utilisateur de n'installer que des applications qui lui seront utiles. Nous proposons la démonstration d'un assistant personnel basé sur une architecture distribuée. Un portail vocal relie l'utilisateur à des applications. Celles-ci sont installées par l'utilisateur qui compose de ce fait son propre assistant personnel selon ses besoins.

Le démonstrateur est une mise en œuvre préliminaire du modèle distribué, où chaque domaine est une application de dialogue indépendante, appelée à partir d'une application centrale, dénommée *Portail*. Le démonstrateur est donc constitué du *Portail* et d'une application spéciale : le *Store*. Il sert à installer, mettre à jour ou désinstaller des applications. A titre d'illustration trois applications sont actuellement proposées sur le *Store* : *MeteoOrange* est une application de météo qui se connecte au site de météo d'Orange ; *NewsAFP* est une application d'actualités catégorisée en plusieurs thèmes (politique, sport, affaires), il se connecte au site de l'AFP (Agence France-Presse) ; *ShoppingList* est une application qui permet de gérer sa liste de course. A chaque nouvelle mise à jour (installation, désinstallation), le portail doit intégrer les données sémantiques fournies par l'application. Ces données permettent au portail d'interpréter une requête et de sélectionner

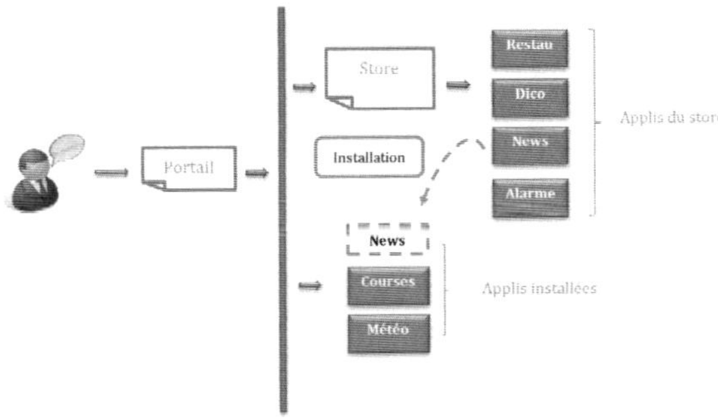


FIGURE 1 – Architecture générale

l'application correspondante. L'architecture est présentée dans la figure 1. Les applications ont été développées avec l'outil interne d'Orange : Disserto (Laroche *et al.*, 2010). Une interface web a été développée pour réaliser la démonstration. L'API de Google est utilisée pour la reconnaissance vocale, la transcription textuelle et la synthèse vocale. Le tout est déployé sur un serveur d'application.

Exemple de dialogue démontrant l'installation à la volée d'une application (comme illustré dans la figure 1)

U : Quels sont les actualités politiques du jour ?
S : Désolé, nous ne pouvons donner suite à votre demande. Voulez-vous rechercher sur le Store une application à installer ?
U : Oui.
S : Voulez-vous faire une recherche par nom ou par description ?
U : Par nom.
S : Donnez le nom de l'application à installer
U : Je veux installer NewsAFP.
S : Confirmez-vous l'installation de NewsAFP ?
U : Oui.
S : L'application NewsAFP est désormais installée sur votre portail.
U : Quelles sont les actualités politiques ?
S : [Résulats]

Ce sujet embrasse les problématiques de conception de systèmes de dialogue multi-domaines par l'intégration de systèmes existants d'une part mais aussi de la gestion de dialogues complexes d'autre part. L'étape suivante de notre travail sera de permettre la transition cohérente entre les différentes applications au cours de l'interaction ce qui supposera d'améliorer les algorithmes de fusion et de désambiguïsation qui sont implantés pour le moment sous une forme simple dans un modèle à base de règles.

# Références

GAŠIC M., BRESLIN C., HENDERSON M., KIM D., SZUMMER M., THOMSON B., TSIAKOULIS P. & YOUNG S. (2013). Pomdp-based dialogue manager adaptation to extended domains.

HSU W.-T., WANG H.-M. & LIN Y.-C. (2002). The design of a multi-domain chinese dialogue system. In *International Symposium on Chinese Spoken Language Processing*.

LAROCHE R., BRETIER P. & PUTOIS G. (2010). Enhanced monitoring tools and online dialogue optimisation merged into a new spoken dialogue system design experience. In *Proceedings of Interspeech*, Chiba (Japan).

LEE S. R. D. L. I., LEE S. H. G. G. & KIM M. K. K. (2012). A hierarchical domain model-based multi-domain selection framework for multi-domain dialog systems.

LIN B.-S., WANG H.-M. & LEE L.-S. (1999). A distributed architecture for cooperative spoken dialogue agents with coherent dialogue state and history. In *Asru*, volume 99, p.4̃ : Citeseer.

PLANELLS J., HURTADO L.-F., SEGARRA E. & SANCHIS E. (2013). A multi-domain dialog system to integrate heterogeneous spoken dialog systems.

# Mesurer la similarité structurelle entre réseaux lexicaux

Bruno Gaume[1] Emmanuel Navarro[2] Yann Desalle[3] Benoît Gaillard[1]
(1) CLLE-ERSS, CNRS, Universié de Toulouse
(2) IRIT, CNRS, Université de Toulouse
(3) ATILF, CNRS, Université de Lorraine
gaume@univ-tlse2.fr, navarro@irit.fr, yann.desalle@gmail.com, benoit.gd@gmail.com,

**Résumé.** Dans cet article, nous comparons la structure topologique des réseaux lexicaux avec une méthode fondée sur des marches aléatoires. Au lieu de caractériser les paires de sommets selon un critère binaire de connectivité, nous mesurons leur proximité structurelle par la probabilité relative d'atteindre un sommet depuis l'autre par une courte marche aléatoire. Parce que cette proximité rapproche les sommets d'une même zone dense en arêtes, elle permet de comparer la structure topologique des réseaux lexicaux.

**Abstract.** In this paper, we compare the topological structure of lexical networks with a method based on random walks. Instead of characterising pairs of vertices according only to whether they are connected or not, we measure their structural proximity by evaluating the relative probability of reaching one vertex from the other via a short random walk. This proximity between vertices is the basis on which we can compare the topological structure of lexical networks because it outlines the similar dense zones of the graphs.

**Mots-clés :** Réseaux lexicaux, réseaux petits mondes, comparaison de graphes, marches aléatoires.

**Keywords:** Lexical networks, small worlds, comparison graphs, random walks.

## 1 Contexte

Une ressource lexicale peut être modélisée sous la forme d'un graphe $G = (V, E)$ dans lequel un ensemble de $n$ sommets $V$ représente des entités lexicales (lemmes, contextes syntaxiques ...) et un ensemble de $m$ arêtes $E \subseteq \mathbf{P}_2^V$ représente une relation lexicale entre ces entités. Un des problèmes majeurs concernant ces réseaux lexicaux porte sur leurs désaccords apparents : par exemple, si $G_1 = (V, E_1)$ et $G_2 = (V, E_2)$ sont deux graphes de synonymie standards d'une langue donnée, alors une grande proportion de paires $\{x, y\} \in \mathbf{P}_2^V$ sont liées dans $G_1$ ($\{x, y\} \in E_1$) mais ne le sont pas dans $G_2$ ($\{x, y\} \notin E_2$) ; autrement dit, $x$ et $y$ sont synonymes pour $G_1$ mais ne le sont pas pour $G2$. Un tel désaccord n'est pas compatible avec l'hypothèse d'une synonymie qui reflèterait la structure sémantique du lexique commune aux membres d'une même communauté linguistique.

Pour résoudre cette contradiction apparente, il faut regarder les réseaux lexicaux dans une perspective plus large. La figure 1 est un exemple artificiel de désaccord généralisé entre les arêtes de deux graphes malgré une similarité structurelle. Bien qu'ils n'aient aucune arête en commun ($E_1 \cap E_2 = \varnothing$), ces deux graphes se ressemblent parce que les deux zones denses dessinées par chacun des graphes contiennent les mêmes sommets : $\{1, 2, 3, 4, 11, 12, 13\}$ et $\{4, 5, 6, 7, 8, 9, 10\}$. Cette similarité structurelle est observable en considérant chacun des graphes comme un tout, et non en les comparant arête par arête. Les zones denses de cet exemple artificiel (fig. 1) sont caractéristiques des *graphes de terrain* [1] qui, pour la plupart, sont des réseaux petits mondes hiérarchiques (RPMH) partageant les mêmes propriétés (Newman, 2003; Gaume *et al.*, 2010; Steyvers & Tenenbaum, 2005). Ils présentent une **faible densité en arêtes** (peu d'arêtes par rapport au nombre maximal d'arêtes potentielles), des **chemins courts** (le nombre moyen d'arêtes $L$ sur les plus courts chemins entre deux sommets est faible), un fort **taux d'agrégation** $C$ (des sous-graphes localement denses en arêtes, ou agrégats, peuvent être identifiés alors que le graphe est globalement peu dense en arêtes (Watts & Strogatz, 1998)), et la distribution des degrés d'incidence de leurs sommets approche une **loi de puissance** (Albert & Barabasi, 2002). Nous montrons dans la section 2 que les réseaux lexicaux étudiés dans cet article possèdent les caractéristiques des RPMH. Ainsi, comme le suggère la figure 1, un désaccord apparent entre les réseaux lexicaux n'implique pas nécessairement une incompatibilité structurelle des données modélisées.

Dans cet article, nous étudions les réseaux lexicaux avec une méthode fondée sur des marches aléatoires. Au lieu de caractériser les paires de sommets selon leur seule connectivité binaire (existence ou absence d'une arête entre les som-

1. Les graphes de terrain sont des graphes qui modélisent les données réelles récoltées sur le terrain, par exemple en sociologie, linguistique ou biologie. Ils s'opposent en cela aux graphes artificiels (déterministes ou aléatoires).

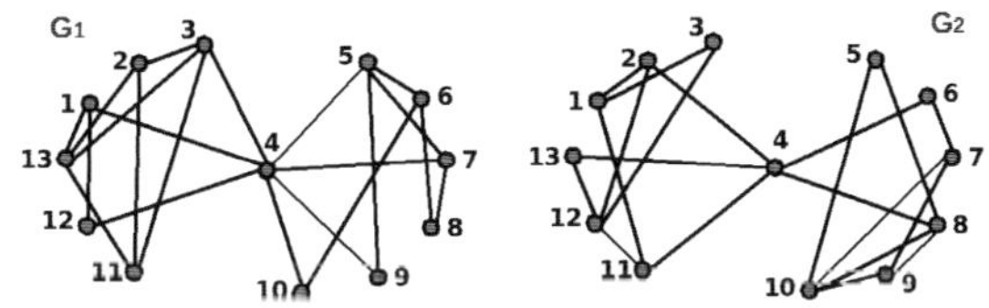


FIGURE 1 – Contradiction entre la variaribilité locale et la similarité globale.

mets), nous mesurons leur proximité structurelle par la probabilité relative d'atteindre un sommet depuis l'autre par une courte marche aléatoire [2]. Parce que cette proximité rapproche les sommets d'une même zone dense en arêtes, elle permet de mesurer la qualité de la divergence de surface entre deux réseaux lexicaux. Notons que ce travail vient à la suite de (Gaillard *et al.*, 2011; Navarro *et al.*, 2012) et de (Navarro, 2013, chap. 3).

Nous montrons dans la section 2 les limites des approches arête-par-arête pour l'analyse et la comparaison des réseaux lexicaux selon lesquelles les réseaux de synonymie d'une même langue seraient significativement différents. Dans la section 3, nous présentons une méthode de comparaison structurelle de graphes basée sur la *confluence*, mesure de proximité entre sommets qui repose sur les marches aléatoires et permet d'analyser structurellement les réseaux lexicaux. En section 4, nous appliquons cette méthode de comparaison de graphes à des ressources construites par des lexicographes et par les foules (crowdsourcing), ressources dont les méthodes d'élaboration diffèrent mais qui tentent de décrire la même relation lexicale : la synonymie. Nous concluons en section 5.

## 2 Compararer $G_1 = (V, E_1)$ et $G_2 = (V, E_2)$ en comparant les ensembles $E_1$ et $E_2$ comme des «sacs de liens» sans structures

Nous illustrons notre propos dans cette section sur la comparaison de deux ressources lexicales, toutes deux construites par des lexicographes approximativement à la même époque pour représenter la même relation de synonymie :

- **Rob** $= (\mathbf{V_{Rob}}, \mathbf{E_{Rob}})$ : Le dictionnaire Le Robert (Robert & Rey, 1985) a été informatisé au cours d'un parteneriat IBM / ATILF [3]. Cette ressource électronique liste les synonymes des différentes acceptions des vocables du français. Les sommets du graphe lexical *Rob* qui a été construit à partir de cette ressource sont les vocables (les vocables homonymes ne sont pas distingués et sont représentés par un même sommet). La paire $\{x, y\}$ appartient à $E_{Rob}$ si et seulement si une des acceptions de $x$ a été considérée comme synonyme d'une des acceptions de $y$ par l'équipe lexicographique du Robert. Par exemple, le verbe *causer* est à la fois synonyme de *parler* et de *engendrer*.
- **Lar** $= (\mathbf{V_{Lar}}, \mathbf{E_{Lar}})$ : Le graphe lexical *Lar* a été construit à partir du dictionnaire Larousse (Guilbert *et al.*, 1971 1978) de la même manière que le graphe *Rob*.

Les caractéristiques (que nous appelons « pédigrés ») des graphes *Rob* et *Lar* sont fournis dans le tableau 1. Ces mesures sont en accord avec la plupart des études sur les réseaux lexicaux (Motter *et al.*, 2002; de Jesus Holanda *et al.*, 2004; Gaume, 2004) qui montrent que les réseaux lexicaux comme la majorité des réseaux de terrains sont des RPMH typiques.

TABLE 1 – Pédigrés des graphes lexicaux *Lar* et *Rob* : $n$ et $m$ sont les nombres de sommets et d'arêtes, $\langle k \rangle$ est la moyenne des degrés d'incidence des sommets, $C$ est le coefficience d'agrégation du graphe, $L_{lcc}$ est la moyenne des plus courts chemins entre tous les nœuds de la plus grande partie connexe (sous-graphe dans lequel il existe au moins un chemin entre deux noeuds quelconques de ce sous-graphe), $r^2$ est le coefficient de corrélation entre la distribution des degrés d'incidence et la loi de puissance la plus fortement corrélée à cette distribution, $\lambda$ est la puissance de cette loi.

| Réseaux Lexicaux | n | m | $\langle k \rangle$ | C | $L_{lcc}$ | $\lambda$ ($r^2$) |
|---|---|---|---|---|---|---|
| Lar | 22066 | 73091 | 6,62 | 0,19 | 6,36 | -2,43 (0,90) |
| Rob | 38147 | 99998 | 5,24 | 0,12 | 6,37 | -2,43 (0,94) |

2. Notons que cette méthode de mesure de proximité entre sommets dans un graphe peut-être utilisée avantageusement pour la modélisation des graphes de terrain (Gaume *et al.*, 2010), sur des tâches de substitution lexicale ou de résolution de métaphore (Desalle *et al.*, 2014b, 2009; Desalle, 2012), pour l'enrichissement de ressources lexicales (Sajous *et al.*, 2011), la navigation dans les réseaux de terrain (Gaume, 2008), la recherche d'informations (Navarro *et al.*, 2011) ou encore pour la détection de pathologies (Desalle *et al.*, 2014a).

3. `http://www.atilf.fr`

### 2.1 Distance d'édition

Soit deux graphes $G_1 = (V_1, E_1)$ et $G_2 = (V_2, E_2)$, nous mesurons la similarité des couvertures lexicales de $G_1$ et $G_2$ par l'indice de *Jaccard* : $J(G_1, G_2) = \frac{|V_1 \cap V_2|}{|V_1 \cup V_2|}$. Nous avons alors $J(Rob, Lar) = 0,49$. Ces deux graphes ont donc une couverture lexicale commune suffisament large pour que la comparaison entre les jugements de synonymie qu'ils modélisent soit réalisée sur cette couverture lexicale commune : $V_1 \cap V_2$.

Pour mesurer l'accord entre les arêtes de $G_1$ et de $G_2$, nous commençons donc par réduire les deux graphes à leurs sommets communs : $G_1' = \big(V' = (V_1 \cap V_2), E_1' = E_1 \cap (V' \times V')\big)$ et $G_2' = \big(V' = (V_1 \cap V_2), E_2' = E_2 \cap (V' \times V')\big)$. Pour chaque paire de sommets $\{a,b\} \in (V' \times V')$, quatre configurations sont possibles :
- $\{a,b\} \in E_1' \bigcap E_2'$ : accord sur la paire $\{a,b\}$, $a$ et $b$ sont synonymes dans $G_1'$ et dans $G_2'$ ;
- $\{a,b\} \in \overline{E_1'} \bigcap \overline{E_2'}$ : accord sur la paire $\{a,b\}$, $a$ et $b$ ne sont synonymes ni dans $G_1'$ ni dans $G_2'$ ;
- $\{a,b\} \in E_1' \bigcap \overline{E_2'}$ : désaccord sur la paire $\{a,b\}$, $a$ et $b$ sont synonymes dans $G_1'$ mais pas dans $G_2'$ ;
- $\{a,b\} \in \overline{E_1'} \bigcap E_2'$ : désaccord sur la paire $\{a,b\}$, $a$ et $b$ sont synonymes dans $G_2'$ mais pas dans $G_1'$ ;

Une longue tradition dans la recherche sur la comparaison de graphes consiste à déterminer si deux graphes sont isomorphes. Deux graphes $G_1 = (V_1, E_1)$ et $G_2 = (V_2, E_2)$ sont isomorphes s'il existe une fonction bijective $f : V_1 \mapsto V_2$ telle que, pour toute paire de sommets $\{u,v\} \in \mathbf{P}_2^V$, $\{u,v\} \in E_1 \Leftrightarrow \{f(u), f(v)\} \in E_2$. La comparaison entre graphes consiste alors à rechercher de tels isomorphismes. Dans les graphes étudiés dans cet article, les nœuds sont étiquetés et ne peuvent correspondre que s'ils ont les mêmes étiquettes : la seule bijection possible est donc la fonction identité. Ainsi, pour savoir si deux graphes étiquetés $G_1 = (V, E_1)$ et $G_2 = (V, E_2)$ sont isomorphes, il suffit de vérifier que $E_1 = E_2$.

Une telle similarité est très basique : si aucune arête ne diffère alors les deux graphes sont similaires, sinon ils sont différents (ils ne sont pas isomorphes). Afin d'assouplir cette approche de l'isomorphisme pour fournir une mesure quantitative continue de la différence entre deux graphes, plusieurs alternatives ont été proposées (pour une revue de ces méthodes, voir par exemple (Gao *et al.*, 2010)). Ces méthodes s'inspirent de la distance d'édition entre deux chaînes de caractères (Levenshtein, 1966). La distance d'édition entre entre deux graphes $G_1 = (V_1, E_1)$ et $G_2 = (V_2, E_2)$ est définie par la série d'opérations la plus économique pour transformer $G_1$ en un isomorphisme de $G_2$. Habituellement, l'ensemble des opérations possibles ne contient que l'insertion, la suppression et la substitution de sommets et d'arêtes. Cet ensemble peut éventuellement être étendu selon les données que les graphes modélisent. Par exemple, dans le cas d'une segmentation d'image, (Ambauen *et al.*, 2003) introduisent les opérations de cission et de fusion de noeuds.

Dans le cadre de cet article, puisque après la réduction des deux graphes à leurs sommets communs, nous aurons $V_1 = V_2 = V$, les seules opérations possibles vont être la suppression et l'insertion d'arêtes. Si le coût d'édition d'une arête est 1, alors la distance d'édition entre $G_1$ et $G_2$ est :

$$ED = |E_1 \cap \overline{E_2}| + |E_2 \cap \overline{E_1}| \quad (1)$$

Remarquons que $ED \in [0, |E_1| + |E_2|]$. Cette mesure de dissimilarité ne prend pas en compte le nombre d'arêtes de $G_1$ et de $G_2$. Editer dix arêtes pour rendre deux graphes de quinze arêtes isomorphes n'est pas la même chose qu'éditer dix arêtes pour rendre deux graphes de quinze mille arêtes isomorphes. Cette distance d'édition doit donc être normalisée :

$$GED(G_1, G_2) = \frac{|E_1 \cap \overline{E_2}| + |E_2 \cap \overline{E_1}|}{|E_1| + |E_2|} \quad (2)$$

Maintenant, $GED(G_1, G_2) \in [0, 1]$. Appliquée à $Lar'/Rob'$, $GED(Lar', Rob') = 0,47$. Ce résultat montre que $Lar'$ et $Rob'$ sont dissemblables : les dictionnaires Larousse et Le Robert n'ont qu'un faible accord sur les paires de lexèmes qu'ils jugent synonymes. Ceci peut s'expliquer par le fait que la projection de la notion graduelle de quasi-synonymie sur des jugements binaires de synonymie offre une large place à l'interprétation, même si les juges sont des lexicographes experts comme pour les dictionnaires Larousse et Robert. En fait, on observe souvent un faible accord entre des ressources qui décrivent la même réalité linguistique mais qui sont construites indépendamment, même lorsqu'elles reposent sur des jugements humains qui suivent un même protocole (Murray & Green, 2004).

## 3 Compararer $\mathbf{G_1 = (V, E_1)}$ et $\mathbf{G_2 = (V, E_2)}$ en comparant la structure engendrée par $\mathbf{E_1}$ sur $V$ à la structure engendrée par $\mathbf{E_2}$ sur $V$

*GED* est une mesure quantitative de surface qui analyse les graphes comme des «sacs de liens» sans structure. En comparant les graphes arête par arête, elle ne tient pas compte de la structure globale profonde des graphes bien que celle-ci soit très spécifique puisqu'il s'agit de RPMH. La présence ou l'absence d'une arête entre deux sommets est un jugement de synonymie qui peut être confirmé ou infirmé par la structure topologique du graphe autour de ces sommets. Dans cette section, nous décrivons une mesure quantitative de la similarité structurelle entre graphes. Cette mesure est basée sur les marches aléatoires, ce qui nous permet d'enrichir l'information sur les paires de sommets par une mesure de proximité structurelle entre sommets : *la confluence*.

## 3.1 Confluence

Soit $G = (V,E)$ un graphe réflexif[4] et non dirigé, définissons $d_G(u) = |\{v \in V/\{u,v\} \in E\}|$ le degré d'incidence d'un sommet $u$ dans le graphe $G$ et imaginons un marcheur se déplaçant sur le graphe $G$ : au temps $t \in \mathbb{N}$, le marcheur est sur un sommet $u \in V$ ; au temps $t+1$, le marcheur peut atteindre n'importe quel voisin de $u$ avec un probabilité uniforme.

Ce processus est une simple marche aléatoire (Bollobas, 2002; Kinouchi *et al.*, 2002; Baronchelli *et al.*, 2013). Il peut être défini par une chaîne de Markov sur $V$ à l'aide d'une matrice de transition $[G]$ :

$$[G] = (g_{u,v})_{u,v\in V} \text{ avec } g_{u,v} = \begin{cases} \dfrac{1}{d_G(u)} & \text{si } \{u,v\} \in E, \\ 0 \text{ sinon.} \end{cases}$$

Puisque $G$ est réflexif, chaque sommet a au moins un voisin (lui-même) ; $G$ est donc bien définie. De plus, par construction, $[G]$ est une matrice stochastique : $\forall u \in V, \sum_{v\in V} g_{u,v} = 1$. La probabilité $P^t_G(u \rightsquigarrow v)$ qu'un marcheur démarrant sur le sommet $u$ atteigne le sommet $v$ après $t$ pas est :

$$P^t_G(u \rightsquigarrow v) = ([G]^t)_{u,v} \tag{3}$$

On peut alors prouver (Gaume, 2004) à l'aide du théorème de Perron-Frobenius (Stewart, 1994) que si $G$ est connexe, réflexif et non-dirigé, alors $\forall\, u,v \in V$ :

$$\lim_{t\to\infty} P^t_G(u \rightsquigarrow v) = \lim_{t\to\infty}([G]^t)_{u,v} = \frac{d_G(v)}{\sum_{x\in V} d_G(x)} = \pi_G(v) \tag{4}$$

Cela signifie que quand $t$ tend vers l'infini, la probabilité d'être sur un sommet $v$ au temps $t$ ne dépend pas du sommet de départ mais seulement du degré d'incidence de $v$. Nous noterons cette limite $\pi_G(v)$ dans la suite.

Par contre, la dynamique de convergence vers cette limite (équation (4)) dépend fortement du sommet de départ. En effet, la trajectoire du marcheur est totalement régie par la topologie du graphe autour de ce sommet de départ : après $t$ pas, tout sommet $v$ situé à une distance de $t$ arêtes (ou moins) peut être atteint. La probablité de cet événement dépend du nombre de chemins entre $u$ et $v$ et de la structure du graphe autour des sommets intermédiaires le long de ces chemins. Plus il y a de chemins courts entre les sommets $u$ et $v$, plus la probibilité d'atteindre $v$ à partir de $u$ est grande. Par exemple, si l'on prend $G_1 = Rob$ et $G_2 = Lar$ et que l'on choisit les trois sommets $u =$ *éplucher*, $r =$ *dépecer* et $s =$ *sonner* tels que :

- $u$ et $r$ sont jugés synonymes dans *Rob* : $\{u,r\} \in E_1$ ;
- $u$ et $r$ ne sont pas jugés synonymes dans *Lar* : $\{u,r\} \notin E_2$ ;
- $r$ et $s$ ont le même nombre de synonymes dans $G_1$ : $d_{G_1}(r) = d_{G_1}(s) = d_1$ ;
- $r$ et $s$ ont le même nombre de synonymes dans $G_2$ : $d_{G_2}(r) = d_{G_2}(s) = d_2$.

Alors, d'après l'équation (4), les deux séries $(P^t_{G_1}(u \rightsquigarrow r))_{1\leq t}$ et $(P^t_{G_1}(u \rightsquigarrow s))_{1\leq t}$ convergent vers la même limite : $\pi_{G_1}(r) = \pi_{G_1}(s) = \frac{d_1}{\sum_{x\in V_1} d_{G_1}(x)}$ tout comme les deux séries $(P^t_{G_2}(u \rightsquigarrow r))_{1\leq t}$ et $(P^t_{G_2}(u \rightsquigarrow s))_{1\leq t}$ : $\pi_{G_2}(r) = \pi_{G_2}(s) = \frac{d_2}{\sum_{x\in V_2} d_{G_2}(x)}$. Cependant, les deux séries ne convergent pas selon la même dynamique. Au début de la marche, avec $t$ petit, on peut s'attendre à ce que $P^t_{G_1}(u \rightsquigarrow r) > P^t_{G_1}(u \rightsquigarrow s)$ et $P^t_{G_2}(u \rightsquigarrow r) > P^t_{G_2}(u \rightsquigarrow s)$ puisque *éplucher* est sémantiquement plus proche de *dépecer* que de *sonner*. En effet, le nombre de chemins courts entre *éplucher* et *dépecer* est plus grand qu'entre *éplucher* et *sonner*.

La figure 2(a) présente les valeurs de $P^t_{Rob}(u \rightsquigarrow r)$ et de $P^t_{Rob}(u \rightsquigarrow s)$ en fonction de $t$ et les compare à leur limite commune. La figure 2(b) présente ces mêmes valeurs calculées sur *Lar*. Ces figures confirment notre hypothèse : puisque *éplucher* et *dépecer* sont sémantiquement proches, $P^t_{Rob}(u \rightsquigarrow r)$ et $P^t_{Lar}(u \rightsquigarrow r)$ décroissent vers leurs limites même si $r$ et $s$ ne sont pas synonymes (comme c'est le cas dans *Lar*).

En fait, la limite $\pi_G(v)$ ne fournit pas d'information sur la proximité entre $u$ et $v$ dans le graphe ; au contraire, elle la masque par la seule prise en compte de $v$ dans son calcul. Nous définissons donc la $t$-confluence $CONF^t_G(u,v)$ entre deux sommets $u$ et $v$ sur un graphe $G$ comme suit :

$$CONF^t_G(u,v) = \frac{P^t_G(u \rightsquigarrow v)}{P^t_G(u \rightsquigarrow v) + \pi_G(v)} \tag{5}$$

4. C'est-à-dire que chaque sommet est connecté à lui-même. Si ce n'est pas le cas, on peut généralement en ajouter sans perte d'information.

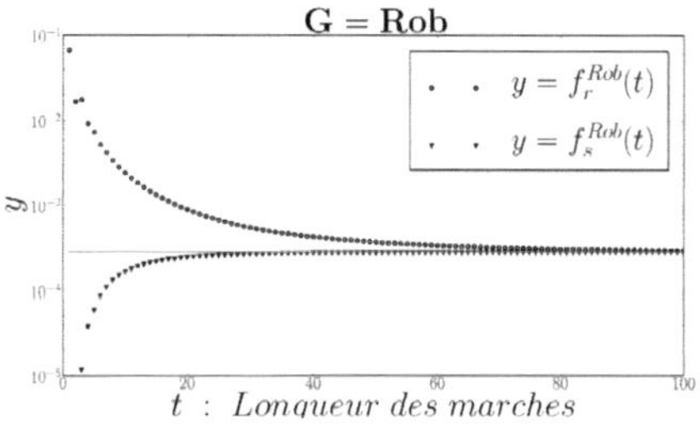


(a) $u =$ **éplucher**, $r =$ *dépecer*, $s =$ *sonner*, $f_r^{Rob}(t) = P^t_{Rob}(u \rightsquigarrow r)$, $f_s^{Rob}(t) = P^t_{Rob}(u \rightsquigarrow s)$

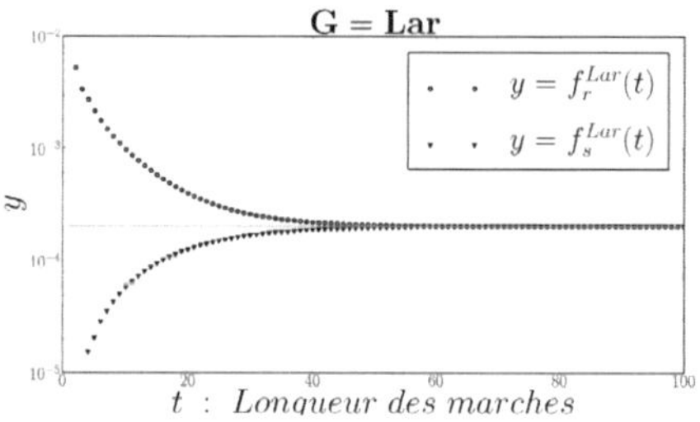


(b) $u =$ **éplucher**, $r =$ *dépecer*, $s =$ *sonner*, $f_r^{Lar}(t) = P^t_{Lar}(u \rightsquigarrow r)$, $f_s^{Lar}(t) = P^t_{Lar}(u \rightsquigarrow s)$

FIGURE 2 – Les différentes dynamiques de convergence de la série $(P^t_G(u \rightsquigarrow v))_{1<t}$ vers sa limite pour trois types de relations entre $u$ et $v$ : **(1)** $\mathbf{f_r^{Rob}(t)}$ : $u$ et $v$ sont synonymes comme *éplucher* et *dépecer* dans *Rob* ; **(2)** $\mathbf{f_s^{Rob}(t)}$ et $\mathbf{f_s^{Lar}(t)}$ : $u$ et $v$ ne sont pas synonymes et sont sémantiquement éloignés comme *éplucher* et *sonner* dans *Rob* et dans *Lar* ; (3) $\mathbf{f_r^{Lar}(t)}$ : $u$ et $v$ ne sont pas synonymes mais sont sémantiquement proches comme *dépecer* et *éplucher* dans *Lar*.

$CONF^t_G$ définit une famille de mesures symétriques de proximité entre sommets, une mesure pour chaque longueur de marche $t$. Par souci de clarté, nous choisissons un $t$ unique pour la suite de l'article. Ce choix est fait en considérant que :

- **Si $t$ est trop grand :** $\forall u_1, v_1, u_2, v_2 \in V$, $CONF^t_G(u_1, v_1) \approx CONF^t_G(u_2, v_2) \approx 0,5$. La mesure $CONF^t_G(u, v)$ n'indique donc pas si les sommets $u$ et $v$ appartiennent ou non à une même zone dense en arêtes de $G$ ;
- **Si $t$ est trop petit :** pour toute paire $\{u, v\}$ telle que la longueur du chemin le plus court entre $u$ et $v$ dans $G$ est plus grande que $t$, $P^t_G(u \rightsquigarrow v) = 0$ donc $CONF^t_G(u, v) = 0$. Cette mesure n'indique donc pas non plus si les sommets $u$ et $v$ appartiennent ou non à une même zone dense en arêtes $G$.

C'est pourquoi, dans la suite de cet article, $t$ est fixé[5] à $t = 5$ et $CONF_G = CONF^5_G$.

$CONF_G$ est une mesure de proximité normalisée basée sur les marches aléatoires dans $G$ :

- S'il existe, entre $u$ et $v$, beaucoup plus de chemins courts qu'entre un sommet quelconque et $v$ ($u$ et $v$ appartiennent à une même zone sur-dense en arêtes) : $P^5_G(u \rightsquigarrow v) > \pi_G(v)$ et donc $CONF_G(u, v) > 0,5$ ;
- S'il existe, entre $u$ et $v$, autant de chemins courts qu'entre un sommet quelconque et $v$ : $P^5_G(u \rightsquigarrow v) \approx \pi_G(v)$ et donc $CONF_G(u, v) \approx 0,5$ ;
- Si il existe, entre $u$ et $v$, beaucoup moins de chemins courts qu'entre un sommet quelconque et $v$ : $P^5_G(\rightsquigarrow v) < \pi_G(v)$ et donc $CONF_G(u, v) < 0,5$.

Nous considérons donc comme « proche » toute paire de sommets $\{u, v\}$ telle que la confluence $CONF_G(u, v)$ est plus grande que $0,5$. En d'autres termes, $u$ et $v$ sont proches si la probabilité d'atteindre $v$ à partir de $u$ après une marche aléatoire de cinq pas est plus grande que la probabilité d'être sur $v$ après une marche infinie.

## 3.2 Une expérimentation contrôlée à l'aide de graphes artificiels

Nous avons construit artificiellement deux types de paire de graphes à comparer :

- **Deux graphes avec 5 zones denses :** nous avons d'abord construit un graphe $G_a = (V, E_a)$ tel que $V$ est l'union de $k = 5$ ensembles $\Delta_1, \ldots \Delta_5$ de $n = 50$ sommets chacun[6] ; les arêtes de $E_a$ ont été placées aléatoirement entre deux sommets $u$ et $v$ à partir de deux probabilités différentes : une probabilité $p_1 = 0,5$ entre deux sommets d'un même ensemble ($u, v \in \Delta_i$), et $p_2 = 0,01$ entre deux sommets appartenant à deux ensembles distincts ($u \in \Delta_i$, $v \in \Delta_j$, $i \neq j$). Nous avons ensuite construit un second graphe $G_b = (V, E_b)$ en choisissant aléatoirement la moitié des arêtes de $G_a$, et un troisième graphe $G_c = (V, E_c)$ tel que $E_c = E_a \setminus E_b$. Ces trois graphes sont représentés dans la figure 3. Bien que $G_b$ et $G_c$ n'aient aucune arêtes en commun, ($E_b \cap E_c = \varnothing$), $G_b$ et $G_c$ présentent tous deux cinq zones locales denses identiques : $\Delta_1, \ldots \Delta_5$.
- **Deux graphes aléatoires :** nous avons d'abord construit un graphe aléatoire $G^R_a = (V, E^R_a)$ tel que $|E^R_a| = |E_a|$. Nous avons ensuite construit un deuxième graphe $G^R_b = (V, E^R_b)$ en choisissant aléatoirement la moitié des arêtes de $G^R_a$, et un troisième graphe $G^R_c = (V, E^R_c)$ tel que $E^R_c = E^R_a \setminus E^R_b$. Ni $G^R_b$ ni $G^R_c$ n'ont de zones denses.
- Puisque $E_b \cap E_c = \varnothing$, $E_b \cap \overline{E_c} = E_b$ et $E_c \cap \overline{E_b} = E_c$, donc $GED(G_b, G_c) = \frac{|E_b \cap \overline{E_c}| + |E_c \cap \overline{E_b}|}{|E_b| + |E_c|} = \frac{|E_b| + |E_c|}{|E_b| + |E_c|} = 1$. Ce résultat

5. Avec $t = 5$ nous restons en général proche de la longueur moyenne des plus courts chemins dans les réseaux lexicaux (Motter *et al.*, 2002; Gaume, 2004; de Jesus Holanda *et al.*, 2004). Notons aussi qu'un $t$ petit est favorable à complexité des algorithmes : avec $t = 5$, tous les calculs de confluence (calculs exactes en Python avec un processeur i7) nécessaires pour chacune des paires de graphes analysées dans ce papier ne nécessitent que quelques secondes. Cette approche peut être appliquée à de très grands graphes. Quand les graphes deviennent trop grands, on peut utiliser les méthodes de Monte Carlo qui sont efficaces sur les RPMH pourvu que le degré maximal des sommets soit borné.

6. Si $i \neq j$ alors $\Delta_i \cap \Delta_j = \varnothing$.

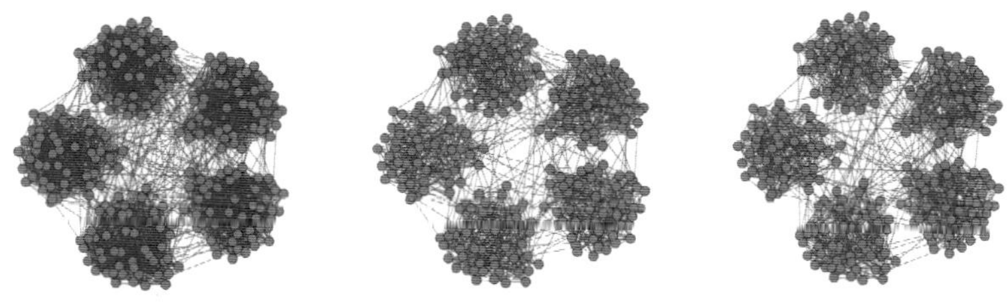

(a) $G_a = (V, E_a)$ (b) $G_b = (V, E_b)$ (c) $G_c = (V, E_c)$

FIGURE 3 – Graphe artificiel avec 5 zones locales denses identiques.

signifierait que ces graphes seraient complètement dissemblables, ce qui est vrai dans le sens où ils n'ont aucune arête en commun mais clairement faux du point de vue de l'« organisation » topologique qu'ils partagent. En effet si deux sommets appartiennent à la même zone relativement dense dans le premier graphe, ils appartiennent également à la même zone relativement dense dans le second.

- Puisque $E_b^R \cap E_c^R = \varnothing$, $E_b^R \cap \overline{E_c^R} = E_b^R$ et $E_c^R \cap \overline{E_b^R} = E_c^R$. Donc, $GED(G_b^R, G_c^R) = \frac{|E_b^R \cap \overline{E_c^R}| + |E_c^R \cap \overline{E_b^R}|}{|E_b^R| + |E_c^R|} = \frac{|E_b^R| + |E_c^R|}{|E_b^R| + |E_c^R|} = 1$.

Toutes les mesures quantitatives de surface comme $GED$, qui ne reposent que sur le décompte du nombre de désaccords, ont le désavantage de ne comparer les graphes que comme des « sacs de liens », étant ainsi insensibles aux contextes topologiques. Mais si nous comparons les distributions de la confluence des arêtes en désaccord dans $G_b$ vs $G_c$ d'un côté (fig. 4(a)), et dans $G_b^R$ vs $G_c^R$ de l'autre côté (fig. 4(b)), la différence est frappante.

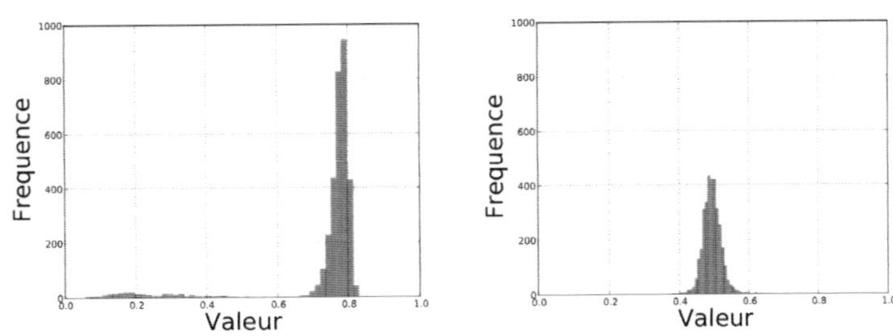


(a) $G_b/G_c$ (b) $G_b^R/G_c^R$

FIGURE 4 – Histogramme de l'ensemble $\{CONF_{G_c}(\{u,v\})$ tel que $\{u,v\} \in (E_b \cap \overline{E_c})\} \bigcup \{CONF_{G_b}(\{u,v\})$ tel que $\{u,v\} \in (E_c \cap \overline{E_b})\}$, en parallèle à l'histogramme de l'ensemble $\{CONF_{G_c^R}(\{u,v\})$ tel que $\{u,v\} \in (E_b^R \cap \overline{E_c^R})\} \bigcup \{CONF_{G_b^R}(\{u,v\})$ tel que $\{u,v\} \in (E_c^R \cap \overline{E_b^R})\}$.

Nous définissons donc $\mu(G_1, G_2)$, une mesure de la similarité structurelle entre les arêtes de $G_1$ et de $G_2$ :

$$\mu(G_1, G_2) = \frac{1}{|E_1 \cap \overline{E_2}| + |E_2 \cap \overline{E_1}|} \Big( \sum_{\{u,v\} \in (E_2 \cap \overline{E_1})} CONF_{G_1}(\{u,v\}) + \sum_{\{u,v\} \in (E_1 \cap \overline{E_2})} CONF_{G_2}(\{u,v\}) \Big) \quad (6)$$

Grâce à la confluence, $\mu$ mesure le niveau de proximité structurelle dans $G_1$ entre les sommets des arêtes directement présentes dans $G_2$ et absentes de $G_1$, et le niveau de proximité structurelle dans $G_2$ entre les sommets des arêtes directement présentes dans $G_1$ et absentes de $G_2$.

Bien que $GED(G_b, G_c) = GED(G_b^R, G_c^R) = 1$, avec $\mu$, nous pouvons maintenant voir la différence : sur cinquante réalisations $\mu(G_b, G_c) = 0,74$ (avec un écart type $std < 0,005$) alors que $\mu(G_b^R, G_c^R) = 0,49$ ($std < 0,005$). La différence entre $G_b/G_c$ et $G_b^R/G_c^R$ est identique quantitativement mais différente structurellement.

# 4 Applications sur les Réseaux lexicaux

Nous commençons par examiner la distribution de la confluence des arêtes contradictoires entre $Lar' = (V', E_{Lar'})$ vs $Rob' = (V', E_{Rob'})$. Nous la comparons à la distribution de la confluence des arêtes contradictoires entre les paires de *graphes aléatoires équivalents* $Lar'^R = (V', E_{Lar'}^R)$ et $Rob'^R = (V', E_{Rob'}^R)$ construits tels que :

$$|E_{Lar'}^R \cap E_{Rob'}^R| = |E_{Lar'} \cap E_{Rob'}|, \quad |E_{Lar'}^R \cap \overline{E_{Rob'}^R}| = |E_{Lar'} \cap \overline{E_{Rob'}}|, \quad |\overline{E_{Lar'}^R} \cap E_{Rob'}^R| = |\overline{E_{Lar'}} \cap E_{Rob'}|$$

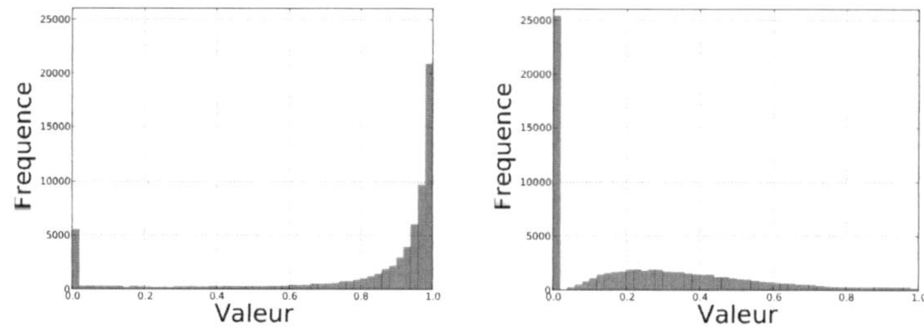


(a) $Lar'/Rob'$ (b) $Lar'^R/Rob'^R$

FIGURE 5 – Histogramme de l'ensemble $\{CONF_{Rob'}(\{u,v\})$ tel que $\{u,v\} \in (E_{Lar'} \cap \overline{E_{Rob'}})\} \bigcup \{CONF_{Lar'}(\{u,v\})$ tel que $\{u,v\} \in (E_{Rob'} \cap \overline{E_{Lar'}})\}$, en parallèle à l'histrogramme de l'ensemble $\{CONF_{Rob'^R}(\{u,v\})$ tel que $\{u,v\} \in (E_{Lar'^R} \cap \overline{E_{Rob'^R}})\} \bigcup \{CONF_{Lar'^R}(\{u,v\})$ tel que $\{u,v\} \in (E_{Rob'^R} \cap \overline{E_{Lar'^R}})\}$

Par construction nous avons $GED(Lar',Rob') = GED(Lar'^R,Rob'^R)$ par contre la différence est clairement visible en comparant la distribution des valeurs de confluence des arêtes contradictoires dans $Lar'$ vs $Rob'$ d'une part (fig. 5(a)) et dans $Lar'^R$ vs $Rob'^R$ de l'autre (fig. 5(b). Quantitativement, la différence entre $Lar'/Rob'$ et $Lar'^R/Rob'^R$ est identique : $GED(Lar',Rob') = GED(Lar'^R,Rob'^R) = 0,47$, mais elle diffère structurellement, $\mu(Lar',Rob') = 0,80$ alors que $\mu(Lar'^R,Rob'^R) = 0,24$ (sur 50 réalisations : *std* $< 0,005$). Il y'a le même nombre de désaccords, mais ces désaccords sont structurellement faibles entre $Lar'$ et $Rob'$, alors qu'ils sont structurellement forts entre $Lar'^R$ et $Rob'^R$. C'est ce que nous permet de voir la figure 5 et c'est ce que mesure $\mu$.

Nous comparons maintenant un ensemble de réseaux lexicaux d'origines diverses, ressources construites par des lexicographes et par les foules (crowdsourcing) :

- **Rob** $= (\mathbf{V_{Rob}}, \mathbf{E_{Rob}})$ et **Lar** $= (\mathbf{V_{Lar}}, \mathbf{E_{Lar}})$ : voir section 2 ;
- **Wik** $= (\mathbf{V_{Wik}}, \mathbf{E_{Wik}})$ : Le wiktionnaire français est construit par les foules sur la base du volontariat. Wiktionary [7] est le compagnon lexical de Wikipedia. Ce dictionnaire multilingue inclus des gloses, des exemples, des relations sémantiques et des liens de traduction que n'importe qui peut modifier. Des instructions sont données aux contributeurs sous la forme de recommandations, mais aucune définition de la relation de synonymie n'est fournie. La construction des graphes de synonymie à partir des « dumps » de Wiktionnary [8] est précisément documentée dans (Sajous *et al.*, 2011). Le graphe $Wik = (V_{Wik}, E_{Wik})$ extrait du wiktionnaire français en janvier 2014 est construit de la même façon que le graph *Rob* ;
- **Jdm** $= (\mathbf{V_{Jdm}}, \mathbf{E_{Jdm}})$ : La ressource *Jeux De Mots* [9] est construite selon une autre forme de crowdsourcing, à partir d'un jeu décrit dans (Lafourcade, 2007). Les joueurs doivent trouver autant de mots que possible qu'ils associent à un terme présenté à l'écran, selon une règle fournie par le jeu. Le but est de trouver le maximum d'associations sémantiques parmi celles que les autres joueurs ont trouvées mais que le joueur concurrent n'a pas trouvées. Plusieurs règles peuvent être proposées, dont la demande d'une liste maximale de synonymes ou quasi-synonymes. A partir des résultats collectés jusqu'en janvier 2014, un graphe de mots liés par des relations sémantiques typées (en fonction des règles) a été construit. Nous travaillons ici sur le sous-graphe des relations de synonymie.

Chacune de ces ressources est découpée en parties du discours (Noms, Verbes, Adjectifs), donnant ainsi trois graphes (ex : $Rob \Rightarrow Rob_N, Rob_V, Rob_A$). Le tableau 2 fournit les pédigrés de ces graphes et montre qu'ils sont tous des RPMH typiques. Dans le tableau 3 nous comparons six paires de graphes par partie du discours.

Entre les graphes *Lar*, *Rob*, et *Jdm* la mesure quantitative de surface *GED* est toujours comprise entre $0,45$ et $0,51$, ce qui indique un accord faible au niveau des liens locaux comparés indépendamment de leurs contextes structurels. Cependant la mesure structurelle $\mu$ est toujours supérieure ou égale à $0,70$ ce qui veut dire que malgré la proportion importante de désaccords locaux, ces trois graphes ont une structure globale semblable.

La mesure $\mu$ entre *wik* et les autres graphes est toujours inférieure à $0,50$ ce qui veut dire que *wik* diffère au niveau de ses zones denses par rapport à chacun des trois graphes *Lar*, *Rob*, et *Jdm*. Par exemple, la figure 6 montre les sous-graphes sur les voisins de *causer* extraits de $Lar_V$, $Rob_V$, $Jdm_V$ et $wik_V$. On peut y voir un accord entre les trois graphes $Lar_V$, $Rob_V$, et $Jdm_V$ au niveau de la *bisémie* du verbe *causer* (PARLER/PROVOQUER) ; le graphe *wik*, quant à lui ne distingue qu'un seul sens : PROVOQUER.

7. http://www.wiktionary.org/
8. Les dumps parsés sont disponibles au format XML à http://redac.univ-tlse2.fr/index_en.html
9. http://www.lirmm.fr/jeuxdemots/jdm-accueil.php

TABLE 2 – Pédigrés des graphes lexicaux (nous renvoyons à la légende de la figure 1 pour la description des colonnes).

| Graphes lexicaux | | n | m | ⟨k⟩ | C | $L_{lcc}$ | $\lambda$ ($r^2$) |
|---|---|---|---|---|---|---|---|
| | **Adjectifs** | 5510 | 21147 | 7,68 | 0,21 | 4,92 | -2,06 (0,88) |
| **Lar** | **Noms** | 12159 | 31601 | 5,20 | 0,20 | 6,10 | -2,39 (0,88) |
| | **Verbes** | 5377 | 22042 | 8,20 | 0,17 | 4,61 | -1,94 (0,88) |
| | **Adjectifs** | 7693 | 20011 | 5,20 | 0,14 | 5,26 | -2,05 (0,94) |
| **Rob** | **Noms** | 24570 | 55418 | 4,51 | 0,11 | 6,08 | -2,34 (0,94) |
| | **Verbes** | 7357 | 26567 | 7,22 | 0,12 | 4,59 | -2,01 (0,93) |
| | **Adjectifs** | 9859 | 30087 | 6,10 | 0,16 | 5,44 | -2,24 (0,90) |
| **Jdm** | **Noms** | 29213 | 56381 | 3,86 | 0,14 | 6,48 | -2,66 (0,93) |
| | **Verbes** | 7658 | 22260 | 5,81 | 0,14 | 5,06 | -2,08 (0,89) |
| | **Adjectifs** | 6960 | 6594 | 1,89 | 0,15 | 8,48 | -2,46 (0,95) |
| **Wik** | **Noms** | 43206 | 37661 | 1,74 | 0,13 | 10,56 | -2,51 (0,89) |
| | **Verbes** | 7203 | 7497 | 2,08 | 0,25 | 9,22 | -2,28 (0,92) |

TABLE 3 – Pour comparer deux graphes lexicaux $G_1/G_2$, on réduit d'abord les deux graphes à leurs sommets communs : $G'_1 = (V' = (V_1 \cap V_2), E'_1 = E_1 \cap (V' \times V'))$ et $G'_2 = (V' = (V_1 \cap V_2), E'_2 = E_2 \cap (V' \times V'))$. Ensuite, nous construisons les graphes aléatoires équivalents $G_1'^R$ et $G_2'^R$ et calculons : $GED = GED(G'_1, G'2)$, $(\mu) = \mu(G'_1, G'2)$ et $(\mu^R) = \mu(G_1'^R, G_2'^R)$. Chaque valeur $(\mu^R)$ sur chacun des graphes aléatoires équivalents, est la moyenne sur 30 réalisations de $\mu(G_1'^R, G_2'^R)$ (tous les écarts type $std < 0,005$).

| **GED ($\mu$) ($\mu^R$) sur les paires de graphes** | | | |
|---|---|---|---|
| $G_1/G_2$ | $Rob_A$ | $Jdm_A$ | $Wik_A$ |
| $Lar_A$ | **0,45 (0,76)** (0,34) | **0,47 (0,71)** (0,38) | **0,75 (0,41)** (0,06) |
| $Rob_A$ | | **0,51 (0,70)** (0,29) | **0,71 (0,42)** (0,05) |
| $Jdm_A$ | | | **0,54 (0,43)** (0,03) |
| $G_1/G_2$ | $Rob_N$ | $Jdm_N$ | $Wik_N$ |
| $Lar_N$ | **0,48 (0,70)** (0,20) | **0,48 (0,70)** (0,19) | **0,72 (0,31)** (0,03) |
| $Rob_N$ | | **0,47 (0,70)** (0,13) | **0,71 (0,29)** (0,02) |
| $Jdm_N$ | | | **0,46 (0,32)** (0,01) |
| $G_1/G_2$ | $Rob_V$ | $Jdm_V$ | $Wik_V$ |
| $Lar_V$ | **0,48 (0,73)** (0,40) | **0,46 (0,70)** (0,39) | **0,78 (0,25)** (0,05) |
| $Rob_V$ | | **0,47 (0,70)** (0,37) | **0,78 (0,25)** (0,06) |
| $Jdm_V$ | | | **0,55 (0,31)** (0,04) |

# 5 Conclusion

*« Dans un état de langue tout repose sur des rapports »* disait Saussure (1972). Cependant, se limiter à l'analyse de ces rapports au seul niveau local, indépendament de leurs contextes, n'est pas suffisant. En effet, nous avons montré que si $G_1 = (V, E_1)$ et $G_2 = (V, E_2)$ sont deux graphes standards de synonymie d'une même langue, une grande proportion de paires $\{x, y\} \in \mathbf{P}_2^V$ sont synonymes dans $G_1$ mais pas dans $G_2$. Une telle quantité de désaccords n'est pas compatible avec l'hypothèse selon laquelle la synonymie reflèterait une structure sémantique du lexique commune aux membres d'une même communauté linguistique. L'analyse d'une relation lexicale doit être faite au niveau de la structure globale dessinée par la relation. C'est ce que la mesure $\mu$ peut faire : avec un niveau de représentation adéquat, elle réconcilie les jugements portés par deux juges différents sur une même relation lexicale.

Ce n'est pas la somme du sens de ses arêtes qui donne le sens d'une relation lexicale, mais le sens de la relation lexicale dans la globalité de sa structure qui donne du sens à ses arêtes : *dans un état de langue tout repose sur la structure des rapports*.

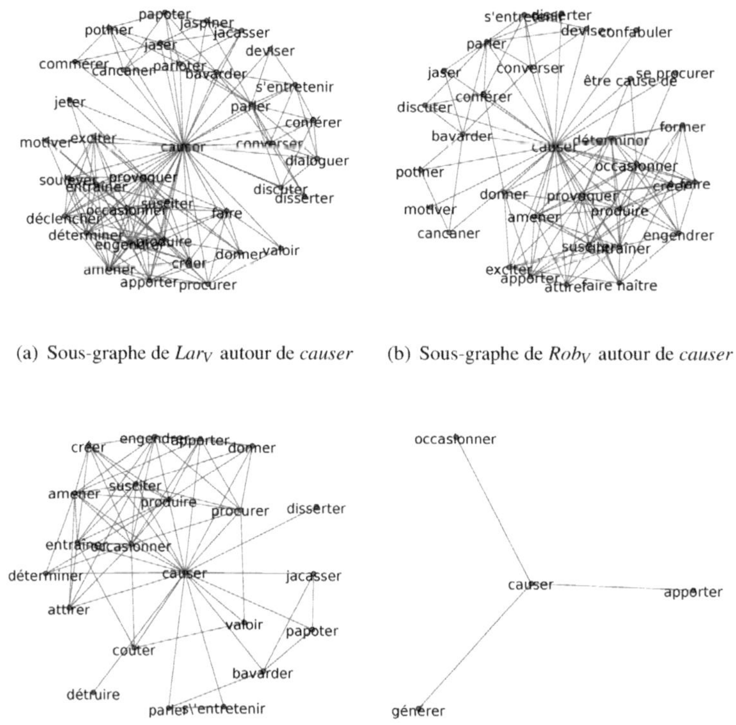


(a) Sous-graphe de $Lar_V$ autour de *causer* (b) Sous-graphe de $Rob_V$ autour de *causer*

(c) Sous-graphe de $Jdm_V$ autour de *causer* (d) Sous-graphe de $Wik_V$ autour de *causer*

FIGURE 6 – Accord entre $Lar_V$, $rob_V$ et $Jdm_V$ sur la polysémie de *causer* (PARLER/PROVOQUER) mais désaccord avec $Wik_V$ (PROVOQUER)

# 6 Remerciements

Nous remercions les organisateurs de RLTLN2014 pour avoir proposé et organisé ce workshop et les relecteurs qui, par leurs questions et leurs conseils toujours pertinents, nous ont permis d'améliorer cet article. Nous remercions aussi Franck Sajous, Yannick Chudy et Pierre Magistry pour les nombreuses discussions toujours enrichissantes que nous avons eues ensemble.

# Références

ALBERT R. & BARABASI A.-L. (2002). Statistical Mechanics of Complex Networks. *Reviews of Modern Physics*, **74**, 74–47.

AMBAUEN R., FISCHER S. & BUNKE H. (2003). Graph edit distance with node splitting and merging, and its application to diatom idenfication. In *Graph Based Representations in Pattern Recognition, 4th IAPR International Workshop*, p. 95–106, York, UK.

BARONCHELLI A., I CANCHO R. F., PASTOR-SATORRAS R., CHATER N. & CHRISTIANSEN M. H. (2013). Networks in cognitive science. *CoRR*, **abs/1304.6736**.

BOLLOBAS B. (2002). *Modern Graph Theory*. Springer-Verlag New York Inc.

DE JESUS HOLANDA A., PISA I. T., KINOUCHI O., MARTINEZ A. S. & RUIZ E. E. S. (2004). Thesaurus as a complex network. *Physica A : Statistical Mechanics and its Applications*, **344**(3-4), 530–536.

DESALLE Y. (2012). *Réseaux lexicaux, métaphore, acquisition : une approche interdisciplinaire et inter-linguistique du lexique verbal*. PhD thesis, Université de Toulouse.

DESALLE Y., GAUME B. & DUVIGNAU K. (2009). SLAM : Solutions lexicales automatique pour métaphores. *Traitement Automatique des Langues*, **50**(1), 145–175.

DESALLE Y., GAUME B., DUVIGNAU K., CHEUNG H., HSIEH S.-K., MAGISTRY P. & NESPOULOUS J.-L. (2014a). Skillex, an action labelling efficiency score : the case for french and mandarin. In *Proc. of Cogsci'14, The 36th Annual meeting of the COGnitive SCIence society*, Quebec, Canada. À paraître.

DESALLE Y., NAVARRO E., CHUDY Y., MAGISTRY P. & GAUME B. (2014b). Bacanal : Balades aléatoires courtes pour analyses lexicales, application à la substitution lexicale. In *TALN'14, actes de l'atelier SemDis*, Marseille, France. À paraître.

GAILLARD B., GAUME B. & NAVARRO E. (2011). Invariant and variability of synonymy networks : Self mediated agreement by confluence. In *Proceedings of the The 49th Annual Meeting of the Association for Computational Linguistics : Human Language Technologies, 6th TextGraphs workshop : Graph-based Methods for Natural Language Processing*, Portland, Oregon.

GAO X., XIAO B., TAO D. & LI X. (2010). A survey of graph edit distance. *Pattern Anal. Appl.*, **13**(1), 113–129.

GAUME B. (2004). Balades Aléatoires dans les Petits Mondes Lexicaux. *I3 : Information Interaction Intelligence*, **4**(2).

GAUME B. (2008). Maping the form of meaning in small worlds. *Journal of Intelligent Systems*, **23**(7), 848–862.

GAUME B., MATHIEU F. & NAVARRO E. (2010). Building Real-World Complex Networks by Wandering on Random Graphs. *I3 : Information Interaction Intelligence*, **10**(1).

L. GUILBERT, R. LAGANE & G. NIOBEY, Eds. (1971-1978). *Le Grand Larousse de la langue française (7 vol.) 1971-1978*. Larousse.

KINOUCHI O., MARTINEZ A. S., LIMA G. F., LOURENÇO G. M. & RISAU-GUSMAN S. (2002). Deterministic walks in random networks : An application to thesaurus graphs. *Physica A*, **315**, 665–676. cond-mat/0110217.

LAFOURCADE M. (2007). Making People Play for Lexical Acquisition with the JeuxDeMots prototype. In *SNLP'07 : 7th Int. Symposium on NLP*, Pattaya, Thailand.

LEVENSHTEIN V. (1966). Binary codes capable of correcting deletions, insertions and reversals. *Soviet Physics Doklady*, **10**(8), 707–710.

MOTTER A. E., MOURA A. P. S., LAI Y. C. & DASGUPTA P. (2002). Topology of the conceptual network of language. *Physical Review E*, **65**, 065102.

MURRAY G. C. & GREEN R. (2004). Lexical Knowledge and Human Disagreement on a WSD Task. *Computer Speech & Language*, **18**(3), 209–222.

NAVARRO E. (2013). *Métrologie des graphes de terrain, application à la construction de ressources lexicales et à la recherche d'information.* PhD thesis, Université de Toulouse.

NAVARRO E., CHUDY Y., GAUME B., CABANAC G. & PINEL-SAUVAGNAT K. (2011). Kodex ou comment organiser les résultats d'une recherche d'information par détection de communautés sur un graphe biparti ? In *Proceedings of the Coria 2011 : Conférence en Recherche d'Information et Applications*.

NAVARRO E., GAUME B. & PRADE H. (2012). Comparing and fusing terrain network information. In E. HÜLLERMEIER, S. LINK, T. FOBER & B. SEEGER, Eds., *Scalable Uncertainty Management - 6th International Conference, SUM 2012, Marburg, Germany*, volume 7520 of *LNCS*, p. 459–472 : Springer.

NEWMAN M. E. J. (2003). The Structure and Function of Complex Networks. *SIAM Review*, **45**, 167–256.

P. ROBERT & A. REY, Eds. (1985). *Dictionnaire alphabétique et analogique de la langue française 2e éd. (9vol.).* Le Robert.

SAJOUS F., NAVARRO E., GAUME B., PRÉVOT L. & CHUDY Y. (2011). Wisigoth semi-automatic enrichment of crowdsourced synonymy networks : an application to wiktionary. *LRE Language Resources and Evaluation : Special Issue on Collaboratively Constructed Language Resources.*

SAUSSURE (1972). *Cours de linguistique générale, édition critique préparée par Tullio De Mauro.*

STEWART G. W. (1994). *Perron-Frobenius theory : a new proof of the basics.* Rapport interne, College Park, MD, USA.

STEYVERS M. & TENENBAUM J. B. (2005). The large-scale structure of semantic networks : Statistical analyses and a model of semantic growth. *Cognitive Science*, **29**(1), 41–78.

WATTS D. J. & STROGATZ S. H. (1998). Collective Dynamics of Small-World Networks. *Nature*, **393**, 440–442.

# Un reconnaisseur d'entités nommées du Français

Yoann DUPONT[1] Isabelle TELLIER[1]
(1) Université Paris 3 Sorbonne Nouvelle, 13, rue de Santeuil - 75231 Paris Cedex 05
yoann.dupont@etud.sorbonne-nouvelle.fr, isabelle.tellier@univ-paris3.fr

**Résumé.** Nous proposons une démonstration d'un reconnaisseur d'entités nommées du Français appris automatiquement sur le French TreeBank annoté en entités nommées.

**Abstract.** We propose to demonstrate a french named entity recognizer trained on the French TreeBank enriched with named entity annotations.

**Mots-clés :** REN, POS, apprentissage automatique, French Treebank, extraction d'information, CRF.

**Keywords:** NER, POS, machine learning, French Treebank, information extraction, CRF.

## 1 Introduction

La reconnaissance d'entités nommées (REN) est une tâche importante du TAL, pour laquelle il existe de nombreuses tâches telles que le MUC-7 (Appelt *et al.*, 1995), CoNLL (Tjong Kim Sang & Erik F. & De Meulder, 2003) ou encore NLPBA (KIM *et al.*, 2004) pour les entités biomédicales. Cependant, peu de corpus en Français sont disponibles pour cette tâche, rendant difficile la création d'outils appris automatiquement tels que (Favre & Béchet, 2005). Un autre reconnaisseur d'entités nommées du Français étant CasEN (Maurel *et al.*, 2011), qui a recours à des cascades de transducteurs. Parmi les corpus français les plus connus sont le corpus de la campagne d'évaluation ESTER (Gravier *et al.*, 2004), celui de la campagne d'évaluation ETAPE (Gravier *et al.*, 2012) ainsi que le French Treebank (Abeillé *et al.*, 2003) annoté en entités nommées (Sagot *et al.*, 2012). Ce dernier nous a permis d'entraîner un CRF (Lafferty *et al.*, 2001; Tellier & Tommasi, 2011) pour obtenir un reconnaisseur d'entités nommées du Français qui est l'objet de cette démonstration.

SEM (pour segmenteur étiqueteur markovien) est gratuit sous licence GNU 3 et librement disponible [1], il ne fonctionne que sur les systèmes Linux et Mac, il ne fonctionne pas sous Windows à l'heure actuelle. Pour fonctionner il nécessite :

- Un interpréteur python 2.5 ou supérieur. (`http://www.python.org/download/`)
- Wapiti version 1.5.0, une implémentation des CRF linéaires (`http://wapiti.limsi.fr/`)
- Pour bénéficier du versionnement du programme, le gestionnaire de versions Bazaar est requis (`http://wiki.bazaar.canonical.com/`).

## 2 Fonctionnement du programme

Pour télécharger la branche du programme, il faut entrer la commande suivante dans un terminal [2] :

```
bzr branch lp:~yoann-dupont/crftagger/stand-alone-tagger
```

Le programme peut enchaîner divers traitements les uns à la suite des autres, comme effectuer un étiquetage POS, intégrer des dictionnaires, puis effectuer une passe de reconnaissance d'entités nommées. Une part importante dans l'apprentissage automatique supervisé étant l'ajout d'informations, en particulier pour la REN où les traits morphologiques et contextuels

1. la page web du programme : `http://www.lattice.cnrs.fr/sites/itellier/SEM.html`
2. Il est possible de télécharger une révision sans versionnement depuis : `https://code.launchpad.net/~yoann-dupont/crftagger/stand-alone-tagger`

sont parmi les plus pertinents, un langage (syntaxe XML) permet de définir des informations à extraire afin d'enrichir le corpus telles que :

- des observations locales (ex : le mot courant commence-t-il par une majuscule ? Est-il en début de phrase ?).
- des conjonctions/disjonctions d'observations locales (ex : le mot courant commence-t-il par une majuscule sans être en début de phrase ?).
- ajouter des dictionnaires de mots et de sequences de mots.

L'étiqueteur POS a été appris sur le French Treebank et validé selon un processus de validation croisée. Il reconnaît les étiquettes définies dans (Crabbé & Candito, 2008) avec une F-mesure de 97,3% en supposant les unités multi-mots déjà segmentées (c'est-à-dire regroupées en un seul token), et une de 95,2% lorsqu'elles ne sont pas déjà segmentées.

Le programme intègre plusieurs ressources externes, dont le LeFFF (Sagot, 2010) et divers dictionnaires constitués à partir de wikipedia français.

Le FTB annoté en entité nommées dispose de 7 types généraux que nous cherchons à reconnaître : Company (entreprise), FictionCharacter (personnage de fiction), Location (lieu), Organization (association ou organisation à but non lucratif par exemple), POI (Point Of Interest), Person (Personne) et Product (Produit).

L'évaluation du reconnaisseur d'entités nommées s'est faite selon un processus de validation croisée sur cinq plis en partant d'une annotation POS parfaite et en considérant l'égalité stricte sur les séquences des entités nommées (égalité du type et des frontières). En micro-average, la précision est de 86.38, le rappel de 80.30 pour une f-mesure de 83.23. En macro-average, les précision, rappel et f-mesure sont respectivement de 77.38, 53.01 et 62.92. La différence de qualité entre la micro- et la macro-average est due aux classes FictionCharacter et POI, dont la faible représentation dans le corpus rend leur identification particulièrement difficile par des outils statistiques.

## Références


ABEILLÉ A., CLÉMENT L. & TOUSSENEL F. (2003). Building a treebank for french. In A. ABEILLÉ, Ed., *Treebanks*. Dordrecht : Kluwer.

APPELT D. E., HOBBS J. R., BEAR J., ISRAEL D., KAMEYAMA M., MARTIN D., MYERS K. & TYSON M. (1995). Sri international fastus system : Muc-6 test results and analysis. In *Proceedings of the 6th Conference on Message Understanding*, MUC6 '95, p. 237–248, Stroudsburg, PA, USA : Association for Computational Linguistics.

CRABBÉ B. & CANDITO M. H. (2008). Expériences d'analyse syntaxique statistique du français. In *Actes de TALN'08*.

FAVRE B. & BÉCHET F. (2005). Robust named entity extraction from large spoken archives. In *Proc. of the Emperical Methods in Natural Language Processing*.

GRAVIER G., ADDA G., PAULSSON N., CARR'E M., GIRAUDEL A. & GALIBERT O. (2012). The etape corpus for the evaluation of speech-based tv content processing in the french language. In *LREC*.

GRAVIER G., BONASTRE J., GALLIANO S., GEOFFROIS E., TAIT K. M. & CHOUKRI K. (2004). Ester, une campagne d'évaluation des systèmes d'indexation d'émissions radiophoniques. In *Journées d'Etude sur la Parole*.

KIM J.-D., OHTA T., TSURUOKA Y., TATEISI Y. & COLLIER N. (2004). An itroduction to the bio-entity recognition task at jnlpba. In *Proceedings of Natural Language Processing in Biomedical Applications (NLPBA 2004)*.

LAFFERTY J. D., MCCALLUM A. & PEREIRA F. C. N. (2001). Conditional random fields : Probabilistic models for segmenting and labeling sequence data. In *Proceedings of the Eighteenth International Conference on Machine Learning (ICML)*, p. 282–289.

MAUREL D., FRIBURGER N., ANTOINE J.-Y., ESHKOL I. & NOUVEL D. (2011). Cascades de transducteurs autour de la reconnaissance des entités nommées. In *Actes de TALN'11*.

SAGOT B. (2010). The lefff, a freely available, accurate and large-coverage lexicon for french. In *Proceedings of the 7th International Conference on Language Resources and Evaluation (LREC'10)*.

SAGOT B., RICHARD M. & STERN R. (2012). Annotation référentielle du corpus arboré de paris 7 en entités nommées. In *Actes de TALN'12, papier court (poster)*.

TELLIER I. & TOMMASI M. (2011). *Eric GAUSSIER et François YVON, Champs Markoviens Conditionnels pour l'extraction d'information*, chapter Modèles probabilistes pour l'accès à l'information textuelle. Hermès.

TJONG KIM SANG & ERIK F. & DE MEULDER F. (2003). Introduction to the conll-2003 shared task : Language-independent named entity recognition. In *Proceedings of the Seventh Conference on Natural Language Learning at HLT-NAACL 2003 - Volume 4*, CONLL'03, p. 142–147, Stroudsburg, PA, USA : Association for Computational Linguistics.

**Association for Computational Linguistics**
209 N. Eighth Street
Stroudsburg, Pennsylvania 18360

CURRAN ASSOCIATES INC
proceedings
.com

# Traitement Automatique des Langues Naturelles et Rencontres des Etudiants Chercheurs en Informatique pour le Traitement Automatique des Langues

# (TALN-RECITAL 2014)

**RECITAL-Student Research Workshop**

## Marseille, France
## 1-4 July 2014

## Volume 4 of 4

**ISBN: 978-1-63439-515-1**

**Printed from e-media with permission by:**

Curran Associates, Inc.
57 Morehouse Lane
Red Hook, NY 12571

**Some format issues inherent in the e-media version may also appear in this print version.**



Printed by Curran Associates, Inc. (2014)

For permission requests, please contact the Association for Computational Linguistics at the address below.

Association for Computational Linguistics
209 N. Eighth Street
Stroudsburg, Pennsylvania 18360

Phone: 1-570-476-8006
Fax: 1-570-476-0860

acl@aclweb.org

**Additional copies of this publication are available from:**

Curran Associates, Inc.
57 Morehouse Lane
Red Hook, NY 12571 USA
Phone: 845-758-0400
Fax: 845-758-2634
Email: curran@proceedings.com
Web: www.proceedings.com

# Table des matières

## Sémantique



## Fouille de données et TAL



## Modèles linguistiques



## Méthodes numériques pour le TAL



## Lexique 3



## Langue des signes



## Traduction

Lexique 1



Résumé automatique



Traitement de corpus 2

# Modélisation probabiliste de l'interface syntaxe sémantique à l'aide de grammaires hors contexte probabilistes Expériences avec FrameNet

Olivier Michalon
LIF, AMU, CNRS, 163 avenue de Luminy, 13288 Marseille Cedex 9
olivier.michalon@lif.univ-mrs.fr

**Résumé.** Cet article présente une méthode générative de prédiction de la structure sémantique en cadres d'une phrase à partir de sa structure syntaxique et décrit les grammaires utilisées ainsi que leurs performances. Ce système permet de prédire, pour un mot dans le contexte syntaxique d'une phrase, le cadre le plus probable. Le système génératif permet d'attribuer à ce mot un cadre et à l'ensemble de chemins des rôles sémantiques. Bien que les résultats ne soient pas encore satisfaisants, cet analyseur permet de regrouper les tâches d'analyse sémantique (sélection du cadre, sélection des actants, attribution des rôles), contrairement aux travaux précédemment publiés. De plus, il offre une nouvelle approche de l'analyse sémantique en cadres, dans la mesure où elle repose plus sur la structure syntaxique que sur les mots de la phrase.

**Abstract.** This paper presents a generative method for predicting the frame semantic structure of a sentence from its syntactic structure and describes the grammars used with their performances. This system allows to predict, for a word in the syntactic context of a sentence, the most probable frame. The generative system allows to give a frame to a word and semantic roles to a set of pathes. Although results are not yet satisfying, this parser allows to group semantic parsing tasks (frame selection, role fillers selection, role assignment) unlike previously published works. In addition, it offers a new approach to parse semantic frames insofar as it is based more on syntactic structure rather than words of the sentence.

**Mots-clés :** Analyse sémantique automatique, interface syntaxe sémantique, FrameNet.

**Keywords:** Automatic Semantic Parsing, syntax semantic parsing, FrameNet.

## 1 Introduction

Plusieurs théories de représentation de la structure sémantique coexistent actuellement, et parmi celles-ci, plusieurs projets ont vu le jour, parmi lesquels on trouve WordNet (Miller & Fellbaum, 1998), PropBank (Palmer *et al.*, 2005) ou encore FrameNet (Fillmore & Baker, 2001) . Alors que WordNet s'attache à représenter la hiérarchie entre différents noms et verbes (une voiture est une sous-classe de véhicule à moteur), PropBank associe une étiquette à certains actants syntaxiques des verbes. Le projet FrameNet quant à lui se base sur une analyse des situations nommées cadres sémantiques. Ces cadres sémantiques représentent chacun une action ou un concept, en incluant les éléments qui y jouent un rôle. Par exemple pour l'action *manger*, le cadre sémantique identifie la *personne qui mange*, la *nourriture*, ainsi que les *outils utilisés pour manger*. Ces différents rôles ne sont pas sans rapport avec les arguments de ProbBank mais l'inventaire est beaucoup plus riche et FrameNet recense des relations entre les rôles de différents cadres.
Chacun de ces projets a permis de créer des données annotées qui permettent d'estimer les paramètres d'outils d'analyse automatique basés sur les données.

L'approche que nous présentons dans cet article consiste à utiliser les données FrameNet de l'anglais (le corpus Français est en cours de construction) pour comprendre à quel point la structure syntaxique d'une phrase peut jouer un rôle dans la prédiction de sa structure sémantique. En effet la réalisation syntaxique d'actants sémantiques présente des régularités et ce sont précisément ces régularités que nous cherchons à modéliser ici. Pour l'action *manger*, la personne qui mange sera la plupart du temps le sujet du verbe, la nourriture sera l'objet et les outils seront des compléments. Pour automatiser cette tâche, nous utilisons les données annotées du corpus FrameNet pour estimer les probabilités d'une grammaire probabiliste hors contexte. Cette grammaire permet d'analyser des réalisations syntaxiques en leur associant la représentation sémantique la plus probable. Contrairement aux travaux réalisés par Modi *et al.* (2012), ou encore Das *et al.* (2010), dans lesquels la tâche d'analyse sémantique est scindée en trois voire en quatre parties distinctes (identification des mots dé-

clencheurs de cadre, sélection du cadre, identifications des mots acteurs du cadre, attribution des rôles à ces mots), notre grammaire permet de réaliser ces opérations simultanément, ce qui permet d'envisager l'analyse sémantique comme une tâche globale.
Nous ne nous attacherons dans cette étude qu'à trois parties de discours auxquelles on peut attribuer des cadres sémantiques : les adjectifs (*JJ*), les noms (*NN*), et les verbes (*VS*). Nous avons fait ce choix car ces trois parties de discours sont celles présentant la plus grande variété sémantique et syntaxique.

Après avoir présenté la théorie et les données de FrameNet, nous détaillerons le modèle que nous avons utilisé pour réaliser l'analyse sémantique. Nous continuerons avec les résultats de ce modèle et conclurons en proposant quelques pistes pour la suite.

# 2 FrameNet

## 2.1 Présentation du projet FrameNet

Le projet FrameNet regroupe à la fois une théorie de modélisation de la sémantique des phrases et un ensemble de données annotées manuellement. L'unité structurelle utilisée pour représenter la structure sémantique d'une phrase est appelée *Semantic Frame* (cadre sémantique en français), et elle est fondée sur les travaux de Charles J. Fillmore (Fillmore, 1976, 1977, 1982, 1985; Fillmore & Baker, 2010).

Par exemple, le verbe *continuer* (*continue*) peut évoquer deux situations différentes : *Une activité qui continue* (modélisée par le cadre *Process_continue*) ou *la poursuite d'une activité* (*Activity_ongoing*). Ces situations, bien que proches, ne représentent pas la même chose : la première concerne une tâche qui se poursuit, alors que la seconde concerne des participants qui continuent une activité.
Le cadre sémantique de *Process_continue* met en jeu essentiellement un *événement* (*Event*), mais peut aussi contenir des *circonstances* (*Circumstances*), une *manière de continuer* (*Manner*), ou encore *l'événement suivant* (*Next_subevent*), comme dans l'exemple suivant :

The meeting$_{Event}$ continued$_{PROCESS_CONTINUE}$ with a discussion$_{Next_subevent}$.
(La réunion s'est poursuivie par un débat.)

Le cadre sémantique de *Activity_ongoing* nécessite absolument de définir *l'activité* (*Activity*) et un *agent* (*Agent*) effectuant cette activité. Bien entendu ce cadre sémantique peut aussi contenir des indicateurs de *circonstances* (*Circumstances*), d'une *manière de continuer* (*Manner*), ou encore de *l'événement suivant* (*Next_subevent*), comme dans l'exemple suivant :

We$_{Agent}$ continued$_{ACTIVITY_ONGOING}$ the meeting$_{Event}$ with a discussion$_{Next_subevent}$.
(Nous avons poursuivi la réunion par un débat.)

Les deux situations évoquées précédemment (*Process_continue* et *Activity_ongoing*) sont ce que nous appellerons des *cadres* (*frame* en anglais) et les intervenants (*Event*, *Agent*,...) sont appelés *rôles* (*frame elements*). Les mots qui pourront évoquer ces cadres (comme *poursuivre*) sont appelés *ancres* (*lexical units*) du cadre. Les rôles sont spécifiques à un cadre. Le mot ou l'expression qui joue un rôle dans un cadre est appelé *acteur*. Le nombre de rôles peut varier selon les cadres. Certains rôles peuvent ne pas être réalisés pour une occurrence de cadre donnée, le jeu de rôles instanciés peutdonc varier d'une occurrence de cadre à une autre. Lorsqu'une ancre est associée à un cadre, on dit que l'ancre déclenche le cadre, qui est alors instancié.
Notons également qu'un mot ne peut déclencher qu'un seul cadre alors qu'un mot peut occuper un rôle dans plusieurs cadres. De plus, un mot peut être à la fois ancre et acteur.

Le projet FrameNet a permis de créer des ressources lexicales et un corpus annoté pour l'anglais. En ce qui concerne la version 1.5 du projet, les données sont composées :

- d'un lexique associant une ancre à des cadres ;
- d'un inventaire de cadres et de leurs rôles ;
- d'un corpus annoté (*corpus FullText*) en cadres et étiqueté en parties de discours ;
- d'un ensemble de données d'exemple annotées pour des cadres spécifiques.

Le *lexique* comprend un peu moins de 12000 entrées. Chacune des entrées associe un cadre à une unité lexicale (un lemme avec une partie de discours). Une unité lexicale peut être associée à plusieurs cadres, comme les exemples précédents nous l'ont montré. On trouve en fin de compte 894 cadres différents et 9394 ancres différentes. Le tableau 1 regroupe trois informations importantes pour chaque partie de discours que nous allons traiter : le nombre d'ancres, le nombre de cadres

| | Nombre d'entrées | Nombre de cadres | Ambiguïté moyenne |
|---|---|---|---|
| **Adjectifs** | 1850 | 307 | 1.15 |
| **Verbes** | 3060 | 604 | 1.5 |
| **Noms** | 4166 | 605 | 1.14 |

TABLE 1 – Variété des ancres selon leur partie de discours dans la version 1.5 de FrameNet

pouvant être déclenchés, et l'ambiguïté moyenne, qui est le nombre moyen de cadres pouvant être déclenchés par ancre. L'*inventaire* de cadres sémantique recense chaque cadre, liste et définit les rôles lui appartenant ainsi que les liens existants avec d'autres cadres.
Le *corpus* est composé d'un ensemble de phrases dont la structure sémantique est annotée manuellement. On y trouve aussi une annotation en parties de discours des phrases. Ce corpus est composé de 4037 phrases. On y trouve 23871 occurrences de cadres (706 cadres différents), et 46929 occurrences d'ancres (3345 ancres différentes). Le fait que le nombre d'occurrences d'ancres soit bien supérieur au nombre d'instances de cadres provient du fait que les ancres peuvent parfois véhiculer un sens qui n'est pas modélisé dans la théorie FrameNet.
Le *corpus d'exemples* est un corpus annoté à la main pour des cadres spécifiques. Chaque phrase de ce corpus est destinée à illustrer l'utilisation d'un seul cadre, par conséquent seul un cadre sera annoté par phrase. Ce corpus dispose lui aussi d'annotations en parties de discours.

## 2.2 Prétraitements effectués sur le corpus

Pour nos travaux nous utilisons le corpus de phrases annotées complètement en lui ajoutant une analyse syntaxique et les lemmes, puis nous le scinderons en un corpus d'entraînement et un corpus de test.

Du corpus FrameNet, nous utiliserons les mots, parties de discours, ainsi que les cadres sémantiques. Pour ce qui est des parties de discours, nous les normalisons pour qu'elles correspondent toutes à celles du *PennTreeBank*.
Pour savoir si un mot peut être une ancre ou non, nous avons besoin de connaître sa forme lemmatisée, nous ajoutons donc les lemmes des mots aux données extraites du corpus FrameNet. Notre approche s'appuyant sur la syntaxe, nous effectuons également une analyse syntaxique en dépendances de notre corpus. La lemmatisation et l'analyse en dépendances ont été réalisées avec le logiciel *Mate-tools* (Bohnet *et al.*, 2013; Bohnet, 2010), dont la performance en analyse syntaxique avec étiquettes de dépendances est à 90, 33% sur le corpus *Conll Shared Task 2009*. Nous devrons donc composer avec les erreurs syntaxiques générées par l'analyseur. Notons également que les lemmes de ce corpus sont automatiquement prédits.

Dans les annotations FrameNet, un acteur est souvent associé à un segment de phrase, généralement un syntagme. Par souci de simplicité, les acteurs composés de plusieurs mots ne seront plus que représentés par leur tête syntaxique. Bien que cette réduction puisse être vue comme une perte d'information, dans la plupart des cas la tête syntaxique correspond bien à la tête sémantique de l'expression.

Le corpus est ensuite séparé en deux : (*corpus d'entraînement* : 3055 phrases et *corpus de test* : 982 phrases) selon la séparation historique (Das & Smith, 2011) établie pour la tâche SemEval. On extrait ensuite du corpus d'entraînement l'ensemble des chemins syntaxiques (*corpus des chemins*) permettant d'aller d'une ancre aux acteurs correspondants.

Un *chemin syntaxique* correspond au chemin emprunté pour aller d'un noeud à un autre dans l'arbre de dépendances syntaxiques de la phrase. Il est possible d'aller dans le sens d'une dépendance syntaxique ou d'aller à contre courant (dépendant → gouverneur). Chaque branche de l'arbre peut être empruntée 0 ou 1 fois, ce qui garantit l'unicité du chemin entre deux noeuds donnés. Si une dépendance est empruntée à contre courant, on l'indique en faisant précéder l'étiquette de dépendance syntaxique du signe « - ». Un chemin syntaxique est donc défini comme une séquence *[(+/-), lex, lemme, PoS, fct]**, où le symbole de signe indique le sens de la dépendance, *lex* (et *lemme*) le mot (et son lemme) traversé par ce chemin, *PoS* sa partie de discours et *fct* sa fonction syntaxique. Pour nos expériences nous souhaitons faire des statistiques sur les chemins syntaxiques. Le corpus étant de taille réduite et afin d'obtenir des statistiques fiables, nous ne pouvons nous permettre d'avoir des chemins d'une grande variété mais avec une fréquence faible. Pour cela nous allons les simplifier afin de faire des regroupements plus conséquents. Nous réduirons donc les chemins syntaxiques à des suites d'étiquettes de dépendances syntaxiques orientées.

Par exemple, dans la phrase suivante :

Maurice$_{Cook}$ bakes$_{APPLY_HEAT}$ an apple pie$_{Food}$ in the oven$_{Heating_instrument}$ .
(Maurice cuit une tarte aux pommes dans le four.)

Le mot *bakes* est une ancre pour le cadre *Apply_heat*, dont les rôles instanciés ici sont *Cook*, *Food* et *Heating_instrument*, dont les acteurs sont respectivement *Maurice*, *apple pie* (dont la tête syntaxique est *pie*) et *oven*.
L'arbre syntaxique de la phrase est représenté en figure 1, et les chemins associés au cadre *Apply_heat* sont décrits dans la table 2.

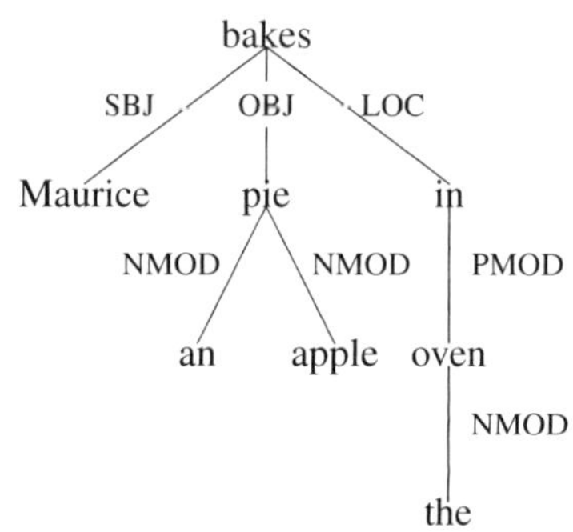


FIGURE 1 – Arbre syntaxique de la phrase *Maurice bakes an apple pie in the oven*

| **Rôle** | **Début du chemin** | $\rightarrow$ | **Fin du chemin (Acteur)** | **Représentation du chemin** |
|---|---|---|---|---|
| Cook | bakes | $\rightarrow$ | Maurice | (+SBJ) |
| Food | bakes | $\rightarrow$ | pie | (+OBJ) |
| Heating_instrument | bakes | $\rightarrow$ | oven | (+LOC,+PMOD) |

TABLE 2 – Chemins syntaxiques du cadre *Apply_heat* pour la phrase *Maurice bakes an apple pie in the oven.*

La table 3 présente les cinq chemins les plus fréquents pour les ancres des parties de discours que nous traitons (*Noms*, *Adjectifs* et *Verbes*). On remarque tout d'abord que certains chemins syntaxiques sont effectivement prédominants par rapport aux autres. Pour les noms et les adjectifs, on remarque également que le chemin vide (représenté *()*) est très représenté : les ancres ayant ces parties de discours sont donc souvent des acteurs des cadres qu'ils déclenchent. On remarque aussi que l'épithète du nom (*NMOD*) lorsque l'ancre est un nom joue souvent un rôle. De même lorsque l'ancre est un adjectif, le nom que qualifie l'adjectif est souvent acteur (*-NMOD*). En ce qui concerne les verbes, les traditionnels sujet (*SBJ*) et objet (*OBJ*) sont les éléments qui jouent le plus souvent un rôle.

| Noms | | Adjectifs | | Verbes | |
|---|---|---|---|---|---|
| (NMOD) | 5702/13381 | (-NMOD) | 1418/3366 | (OBJ) | 2696/12679 |
| () | 5213/13381 | () | 921/3366 | (SBJ) | 1802/12679 |
| (LOC) | 170/13381 | (AMOD) | 206/3366 | (-VC,SBJ) | 968/12679 |
| (-NMOD,NMOD) | 161/13381 | (-NMOD,NMOD) | 122/3366 | (ADV) | 858/12679 |
| (-OBJ,SBJ) | 113/13381 | (-PRD,SBJ) | 119/3366 | (OPRD) | 555/12679 |

TABLE 3 – Les cinq chemins syntaxiques les plus fréquents dans le corpus d'entraînement en fonction de la partie de discours de l'ancre

Si, pour une instanciation de cadre sémantique, on regroupe tous les chemins syntaxiques des rôles de ce cadre, on obtient une représentation linéaire de la structure syntaxique de ce cadre (à condition de connaître l'origine des chemins syntaxiques de ce cadre, à savoir l'ancre). Nous appelons cette représentation **signature syntaxique** du cadre, en voici un exemple pour la phrase *« Maurice bakes an apple pie in the oven. »*.

[bakes, (+SBJ), (+OBJ), (+LOC,+PMOD)]

Remarquons que l'ordre d'apparition des différents chemins syntaxiques n'a pas d'importance ici. On dit que la signature est **centrée sur l'ancre**.

# 3 Modèle

Notre approche consiste à modéliser les régularités syntaxiques des structures sémantiques du corpus d'entraînement afin de prédire les structures sémantiques du corpus de test. Pour cela, nous allons dans un premier temps proposer un système de prédiction de cadres sémantiques qui attache un cadre à un mot et des rôles à certains mots de la phrase. Ce système utilisera les données syntaxiques pour faire ses choix. Dans un second temps, nous évaluerons les performances de ce système. Pour rappel, nous ne cherchons à déterminer que les cadres dont les ancres ont pour parties de discours *Adjectif*, *Nom* ou *Verbe*.

Pour chaque ancre $a$ apparaissant dans le corpus de test nous évaluons un certain nombre de possibilités d'étiquetages sémantiques et sélectionnons celle à laquelle le modèle attribue le meilleur score. L'étiquetage sémantique consiste à associer un cadre à $a$ et des chemins syntaxiques aux rôles de ce cadre. En termes plus mathématiques, nous allons déterminer la réalisation de cadre $\widehat{F}$ la plus probable compte tenu d'une signature syntaxique $S$ centrée sur l'ancre $a$ :

$$\widehat{F} = \underset{F}{argmax} P(F|S)$$

$\widehat{F}$ est calculé en énumérant puis comparant toutes les représentations sémantiques compatibles avec la signature $S$. Pour énumérer toutes les représentations sémantiques possibles, nous créons une grammaire hors contexte qui reconnaît toutes les signatures possibles (symboles terminaux) en leur associant une structure sémantique (symboles non terminaux). La figure 2 illustre une dérivation possible de cette grammaire. Cette approche générative a deux intérêts principaux : elle produira toutes les analyses possibles et sera facile à modifier. La facilité de modification permettra de tester plusieurs hypothèses d'indépendance et d'améliorer l'analyse, à l'instar de Collins et de ses modèles génératifs d'analyse syntaxique (Collins, 1997).

Notre grammaire peut générer toutes les signatures composées d'une ancre et d'une suite de chemins syntaxiques (de la forme *[ancre, chemin*$_1$*, chemin*$_2$*, ..., chemin*$_n$*]*). Cette grammaire a pour axiome le symbole $\mathcal{F}$ pouvant se réécrire en chaque cadre. Chaque cadre peut être réécrit en une ancre (parmi les ancres possibles du cadre) et en un ensemble de rôles spécifiques à ce cadre. Chaque rôle peut être réécrit en chemin syntaxique. Dans cette grammaire, les cadres et les rôles sont donc des symboles non terminaux. Une signature reconnue par cette grammaire peut être reconnue de plusieurs façons différentes, chacune correspondant à un étiquetage sémantique particulier.

Afin de comparer les différents étiquetages sémantiques d'un même mot, nous leur attribuons une probabilité. Nous assignons alors à chaque règle de la grammaire une probabilité. Notre grammaire devient alors une grammaire hors contexte probabiliste. Les probabilités assignées à chaque règle sont estimées à partir du corpus d'entraînement. Pour sélectionner le meilleur étiquetage sémantique, nous utilisons l'algorithme d'Earley (Earley, 1970), qui calcule simultanément toutes les analyses et les représente sous forme de forêt partagée en un temps polynomial ($O(n^3)$ avec $n$ le nombre de symboles non terminaux composant la signature). La représentation en forêt partagée est utile à la fois pour trouver la meilleure analyse et pour connaître le score d'une analyse partielle (notamment le score d'un cadre toutes sous-catégorisations confondues). La figure 2 représente un des arbres de dérivation pour la phrase *Maurice bakes an apple pie in the oven*. On remarque que l'axiome se réécrit en *Apply_heat*, qui lui même se réécrit en *Apply_heat(Verbe)*, introduisant la partie de discours de l'ancre avant de l'avoir générée.

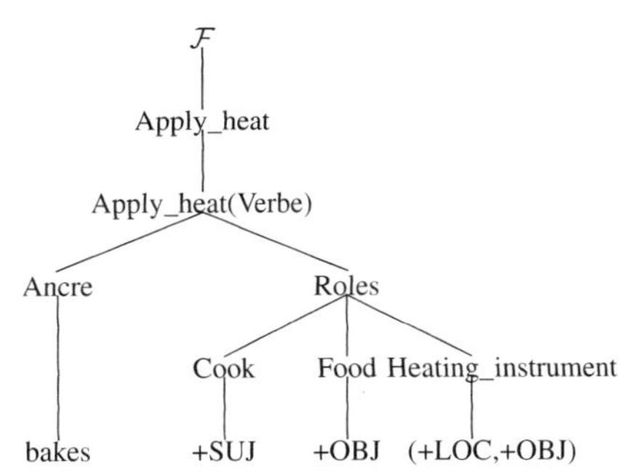


FIGURE 2 – Un arbre de dérivation de la phrase *Maurice bakes an apple pie in the oven* avec notre grammaire, en sélectionnant *bakes* comme ancre.

Notre grammaire permet maintenant de reconnaître des signatures syntaxiques en leur attribuant une structure sémantique. Cette grammaire permet d'assigner un cadre à l'ancre et un rôle à chaque chemin de la signature. Les rôles attribués sont soit des rôles appartenant au cadre, soit des rôles que nous qualifierons de vides si le chemin syntaxique correspondant ne participe pas à la structure sémantique.

Deux points importants restent à éclaircir, à savoir comment limiter le nombre de chemins et comment représenter le cas d'une ancre ne déclenchant pas de cadre.

**Le cas de l'ancre ne déclenchant pas de cadre** Rappelons que les ancres sont des mots répertoriés dans le lexique FrameNet et pouvant entraîner l'apparition d'un cadre sémantique. Certains occurrences de ces mots se font dans des situations dont la sémantique ne correspond pas à des cas définis sémantiquement. Ce cas est très présent (2070 occurrences pour 5504 ancres) et il faut donc modéliser dans nos grammaires ces cas. Notre approche est simple : nous allons créer un nouveau cadre, que nous nommerons le *cadre nul*. Ce cadre sera légèrement différent des autres cadres puisqu'il ne possèdera aucun rôle. Il ne possédera donc aucune réalisation syntaxique. Pour le prendre en compte, nous allons tout simplement estimer la probabilité qu'une ancre donnée déclenche le cadre nul à partir du corpus d'entraînement.

**Sélection des chemins utilisables** Pour sélectionner les chemins utilisables, nous ne prenons que les chemins liant une ancre à un rôle apparus au moins deux fois dans le corpus. Nous avons fait ce choix pour éliminer les chemins aberrants dûs à des erreurs d'analyse (l'analyseur en dépendance se trompe dans presque 1 cas sur 10 sur le corpus *Conll Shared Task 2009*) sans pour autant nous priver de données précieuses. En effet, le corpus d'entraînement comprend 2401 chemins ancre-rôle différents, et comme le montre le tableau 4, la variété des chemins décroît fortement lorsque leur nombre d'occurrences augmente. Ce choix permet aussi de limiter la taille des signatures que nous soumettons à l'algorithme d'Earley ainsi que la taille des grammaires qui sont utilisées.

| occurrences | Nombre de chemins différents |
|---|---|
| $> 0$ | 2401 |
| $> 1$ | 648 |
| $> 2$ | 405 |
| $> 3$ | 312 |
| $> 4$ | 263 |
| $> 5$ | 227 |

TABLE 4 – Nombre de chemins différents en fonction de leur nombre d'occurrences minimal

**Exemple** Prenons la phrase :

We continued the meeting with a discussion

Si on se concentre sur l'ancre *continued*, il existe 7 chemins ayant cette ancre pour origine dans cette phrase. Admettons que parmi ces chemins seuls les suivants aient été observés plus d'une fois dans le corpus d'entraînement :
- $continued \rightarrow We$ : +SBJ
- $continued \rightarrow meeting$ : +OBJ
- $continued \rightarrow with$ : +ADV
- $continued \rightarrow discussion$ : +ADV,+PMOD

La signature que l'on soumettrait à la grammaire serait donc :

continued,(+SBJ),(+OBJ),(+ADV),(+ADV,+PMOD)

L'algorithme d'Earley construit une forêt composée de tous les arbres possibles pour générer cette signature, la figure 3 présente deux des arbres de cette forêt d'analyses.

Les probabilités associées à chacun de ces arbres sont comparées afin de choisir la meilleure. Idéalement l'algorithme devrait choisir le cadre *activity_ongoing*, grâce à la présence d'un complément d'objet direct dans la phrase.

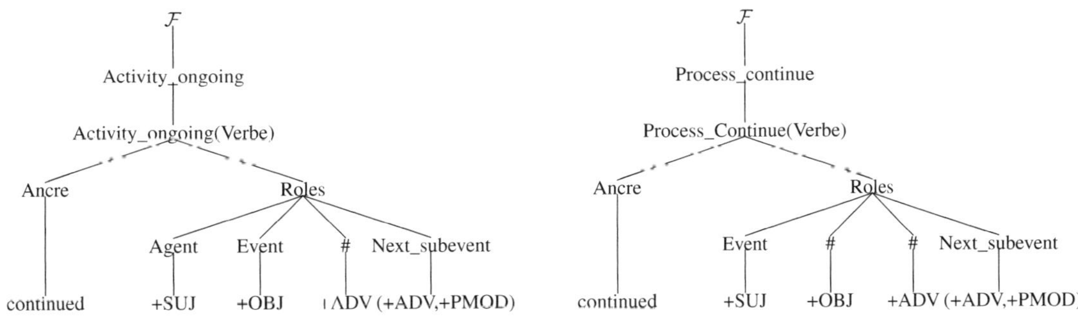


FIGURE 3 – Deux des arbres de la forêt d'analyses de la phrase *We continued the meeting with a discussion*. Le symbole # représente le rôle vide, c'est à dire les chemins qui ne correspondent à aucun rôle.

## 3.1 Grammaires utilisées

Pour nos expériences, nous avons créé trois grammaires différentes. La principale distinction entre ces grammaires tient dans la nature des interactions entre les rôles d'un même cadre. Nous appellerons *sous-catégorisation* l'ensemble des rôles observés pour une occurrence de cadre. La première grammaire va donner une importance capitale aux sous-catégorisations observées dans le corpus d'entraînement, alors que la seconde n'en tiendra absolument pas compte. La troisième grammaire sera plus nuancée, et plutôt que de s'attacher à la composition des sous-catégorisations, elle s'attachera au nombre de rôles réalisés dans chacune d'elles. Pour faire simple, nous avons deux grammaires extrêmes : la première qui suit scrupuleusement les sous-catégorisations observées lors de l'entraînement et la deuxième qui n'en tient aucunement compte. La troisième grammaire est en quelque sorte un compromis entre les deux. L'hypothèse commune à ces trois grammaires est que la réalisation syntaxique d'un rôle est indépendante de la réalisation des autres rôles instanciés pour le même cadre. Lorsqu'un rôle est attribué à une réalisation syntaxique, on ne regarde pas quels sont les autres réalisations syntaxiques sélectionnées. Une limite de cette approche provient du fait que seuls les cadres ayant été observés dans le corpus d'entraînement peuvent être générés par nos grammaires.

L'axiome de la grammaire est noté $\mathcal{F}$. Parmi les symboles non terminaux, les cadres seront notés $F$, les ancres $A$, les sous-catégorisations $S$, et les rôles $R$. Les symboles terminaux sont les mots du lexique et les chemins dans le format défini plus tôt, que nous désignerons respectivement par $mot$ et $chemin$

Bien entendu les grammaires complètes ne sont pas présentées ici car trop vastes, les cadres sont alors numérotés de 1 à $m$ et les chemins de 1 à $p$. Pour chaque cadre $i$, les ancres seront notées de 1 à $a_i$ ,les rôles de 1 à $r_i$ et les sous-catégorisations de 1 à $s_i$. Notons que la partie de discours de l'ancre influe sur les règles de réécriture des rôles en chemins.

### 3.1.1 G1 : Grammaire proche des sous-catégorisations

Cette grammaire cherche avant tout à reproduire les sous-catégorisations observées dans le corpus. Elle totalise 35468 règles.

| | **Probabilité** | **Règle** | |
|---|---|---|---|
| 1 | $P(F_i)$ | $\mathcal{F} \to F_i$ | $\forall i \in 1, ..., m$ |
| 2 | $P(F_{nul})$ | $\mathcal{F} \to F_{nul}$ | |
| 3 | $P(F_{i,p}\|F_i)$ | $F_i \to F_{i,p}$ | $\forall i \in 1, ..., m,\ p \in \{NN, JJ, VB\}$ |
| 4 | $P(A_j, S_k\|F_{i,p}) = 1$ | $F_{i,p} \to A_j S_k$ | $\forall i \in 1, ..., m,\ j \in 1, ..., a_i,\ k \in 1, ..., s_i$ |
| 5 | $P(A_j\|F_{nul}) = 1$ | $F_{nul} \to A_j$ | $\forall j \in 1, ..., a_{nul}$ |
| 6 | $P(mot\|A_j)$ | $A_j \to mot$ | $\forall i \in 1, ..., m,\ j \in 1, ..., a_i$ |
| 7 | $P(R_x, R_y, ...\|S_k)$ | $S_k \to R_x R_y ...$ | $\forall k \in 1, ..., s_i,\ i \in 1, ..., m;\ x, y \in [1, r_i], x \neq y$ |
| 8 | $P(chemin\|R_r, p)$ | $R_r \to chemin$ | $\forall r \in 1, ..., r_i,\ i \in 1, ..., m$ |

Cette grammaire se base sur l'hypothèse que seules les sous-catégorisations observées lors de l'entraînement sont possibles. Pour que la grammaire accepte une signature, il faut que les chemins proposés correspondent chacun à un rôle d'une sous-catégorisation observée dans le corpus d'entraînement, et que cette sous-catégorisation voie tous ses rôles instanciés.

Les probabilités des deux premières règles correspondent simplement à la probabilité d'un cadre d'apparaître. La règle numéro 3 permet de fixer la partie de discours de l'ancre de ce cadre pour la suite des règles, de façon à ce que les chemins soient cohérents avec cette partie de discours. La règle 4 permet de réécrire le cadre enrichi d'une partie de discours en deux symboles : l'un représentant les ancres possibles pour cette catégorie et pour ce cadre, l'autre représentant une sous-catégorisation possible pour ce cadre. L'ancre est réécrite sous la forme d'un lemme (symbole terminal), et la sous-catégorisation se réécrit en un ensemble de rôles. Chaque rôle se réécrit en un chemin qui tient compte de la partie de discours de l'ancre. Notons que les règles 4 et 5 ne sont que des réécritures, leurs probabilités sont donc égales à 1.

La principale limite de cette hypothèse réside dans le fait que les sous-catégorisations n'ayant jamais été observées ne peuvent pas être proposées par l'algorithme. Le corpus d'entraînement étant restreint, il ne serait pas surprenant que d'autres combinaisons puissent exister. L'hypothèse d'indépendance des réalisations syntaxiques de chaque rôle est matérialisée par la règle 8.

### 3.1.2 G2 : Grammaire ne tenant pas compte des sous-catégorisations

Cette grammaire se distingue de la précédente principalement par le fait qu'elle permet de générer des sous-catégorisations jamais observées dans le corpus d'apprentissage. Il n'y aura donc plus qu'un symbole non terminal par cadre pour représenter sa sous-catégorisation. Les $r$ rôles possibles d'un cadre ne dépendent que de la probabilité d'avoir observé ce rôle avec ce cadre indépendamment des autres rôles qui seraient instanciés. Comme cette grammaire est moins restrictive que la précédente, elle ne comporte "que" $19124$ règles de réécriture.

| | **Probabilité** | **Règle** | |
|---|---|---|---|
| 1 | $P(F_i)$ | $\mathcal{F} \rightarrow F_i$ | $\forall i \in 1, ..., m$ |
| 2 | $P(F_{nul})$ | $\mathcal{F} \rightarrow F_{nul}$ | |
| 3 | $P(F_{i,p}\|F_i)$ | $F_i \rightarrow F_{i,p}$ | $\forall i \in 1, ..., m,\ p \in \{NN, JJ, VB\}$ |
| 4 | $P(A_j, S_k\|F_{i,p}) = 1$ | $F_{i,p} \rightarrow A_j S_i$ | $\forall i \in 1, ..., m,\ j \in 1, ..., a_i$ |
| 5 | $P(A_j\|F_{nul}) = 1$ | $F_{nul} \rightarrow A_j$ | $\forall j \in 1, ..., a_{nul}$ |
| 6 | $P(mot\|A_j)$ | $A_j \rightarrow mot$ | $\forall i \in 1, ..., m,\ j \in 1, ..., a_i$ |
| 7 | $P(R_x\|S_i)$ | $S_i \rightarrow R_x S_i$ | $\forall i \in 1, ..., m\ x \in 1, ..., r_i$ |
| 8 | $P(\varepsilon\|S_i)$ | $S_i \rightarrow \varepsilon$ | $\forall i \in 1, ..., m$ |
| 9 | $P(chemin\|R_x, p)$ | $R_r \rightarrow chemin$ | $\forall x \in 1, ..., r_i,\ i \in 1, ..., m$ |

Cette fois l'hypothèse est que les rôles sont complètement indépendants les uns des autres. Le nombre de rôles peut donc varier librement.

Par rapport à la grammaire G1, la règle 7 est modifiée, et la 8 est ajoutée. La modification de la règle 7 permet une récursivité dans le choix des rôles, avec la règle 8 mettant un terme à la récursion en réécrivant la sous-catégorisation en $\varepsilon$. Le calcul de la probabilité de la règle 8 a nécessité quelques ajustements, car cette probabilité n'est pas estimable sur le corpus d'entraînement. En effet, elle représente le fait qu'un cadre possède un nombre fini de rôles. Sa probabilité devrait être égale à 1. Sa valeur a été déterminée empiriquement à $0.005$. Cette masse de probabilités a été prélevée sur les règles du même type que la règle 7.

La principale limite de cette hypothèse réside dans le fait qu'un même rôle peut être présent plusieurs fois dans une même occurrence de cadre. De même, deux rôles s'excluant l'un l'autre pourraient ainsi cohabiter. Cependant, comme nous l'avons déjà énoncé, cette grammaire a l'avantage de pouvoir créer des sous-catégorisations nouvelles, bien que limitées par leur taille maximale.

### 3.1.3 G3 : Grammaire tenant compte de la taille des sous-catégorisations

Pour cette grammaire nous allons aussi faire l'hypothèse de l'indépendance des rôles, mais nous allons aussi donner de l'importance à la taille de la sous-catégorisation proposée. Pour cela, on introduit un nouveau type de symbole non terminal : $S_i(t = 1)$. Ce symbole représente les sous-catégorisations de taille 1 pour le cadre $i$. De même $T_i$ sera la taille maximale des sous-catégorisations d'un cadre $i$. Cette grammaire, un peu plus coercitive que la précédente mais toujours bien moins que la première, compte $20366$ règles de réécriture.

| | Probabilité | Règle | |
|---|---|---|---|
| 1 | $P(F_i)$ | $\mathcal{F} \rightarrow F_i$ | $\forall i \in 1, ..., m$ |
| 2 | $P(F_{nul})$ | $\mathcal{F} \rightarrow F_{nul}$ | |
| 3 | $P(F_{i,p} \vert F_i)$ | $F_i \rightarrow F_{i,p}$ | $\forall i \in 1, ..., m,\ p \in \{NN, JJ, VB\}$ |
| 4 | $P(A_j, S_i(t >= 0) \vert F_{i,p}) = 1$ | $F_{i,p} \rightarrow A_j S_i(t >= 0)$ | $\forall i \in 1, ..., m,\ j \in 1, ..., a_i$ |
| 5 | $P(A_j \vert F_{nul}) = 1$ | $F_{nul} \rightarrow A_j$ | $\forall j \in 1, ..., a_{nul}$ |
| 6 | $P(mot \vert A_j)$ | $A_j \rightarrow mot$ | $\forall i \in 1, ..., m,\ j \in 1, ..., a_i$ |
| 7 | $P(R_x, S_i(t >= 1) \vert S_i(t >= 0))$ | $S_i(t >= 0) \rightarrow R_x S_i(t >= 1)$ | $\forall i \in 1, ..., m\ x \in 1, ..., r_i$ |
| 8 | $P(\varepsilon \vert S_i(t >= 0))$ | $S_i(t >= 0) \rightarrow \varepsilon$ | $\forall i \in 1, ..., m;$ |
| 9 | $P(R_x, S_i(t >= 2) \vert S_i(t >= 1))$ | $S_i(t >= 1) \rightarrow R_x S_i(t >= 2)$ | $\forall i \in 1, ..., m,\ x \in 1, ..., r_i$ |
| 10 | $P(\varepsilon \vert S_i(t >= 1))$ | $S_i(t >= 1) \rightarrow \varepsilon$ | $\forall i \in 1, ..., m;$ |
| | $\vdots$ | | |
| 11 | $P(R_x \vert S_i(t >= T_i - 1))$ | $S_i(t >= T_i - 1) \rightarrow R_x$ | $\forall i \in 1, ..., m\ x \in 1, ..., r_i$ |
| 12 | $P(\varepsilon \vert S_i(t >= T_i - 1))$ | $S_i(t >= T_i - 1) \rightarrow \varepsilon$ | $\forall i \in 1, ..., m;$ |
| 13 | $P(chemin \vert R_x, p)$ | $R_x \rightarrow chemin$ | $\forall x \in 1, ..., r_i,\ i \in 1, ..., m$ |

Par rapport à la grammaire précédente, cette grammaire introduit quantité de nouveaux symboles, correspondant aux tailles des sous-catégories en cours de création. Les règles 7 et 8 de G2 deviennent ici une série de règles tenant compte de la taille de la sous-catégorisation actuelle. Nous perdons donc le caractère récursif de la précédente. Les probabilités associées à chaque étape de la grammaire permettent de forcer les sous-catégorisations générées à contenir un nombre de rôles observé dans le corpus d'entraînement.

L'hypothèse principale ici est proche de la précédente : la réalisation d'un rôle est indépendante de celles des autres. On ajoute ici l'hypothèse que la taille des sous-catégorisations est importante. De ce fait, seules les tailles de sous-catégorisations observées dans le corpus d'entraînement seront valables. Cette grammaire étant basée sur la même hypothèse que la précédente, elle souffre des même biais. Ici aussi un même rôle peut être répété plusieurs fois pour une seule occurrence de cadre, et des rôles antagonistes peuvent apparaître simultanément.

## 3.2 Résultats

Avant de donner les résultats obtenus pour nos différentes grammaires, il nous faut définir quelles sont les mesures que nous allons utiliser pour les comparer et quelle référence nous allons utiliser.

Commençons par la référence. Nous avons créé une référence triviale qui à chaque ancre potentielle repérée assigne le cadre le plus observé pour cette ancre, cadre nul compris. Dans le cas où l'ancre n'a jamais été observée dans le corpus d'entraînement, on attribue à l'ancre le cadre compatible (selon le lexique) le plus observé avec des ancres de cette catégorie. Si jamais à ce stade toujours aucune solution n'a été trouvée, on attribue à l'ancre le cadre nul. Cette référence, contrairement à notre tâche, ne se charge que d'attribuer un cadre à une partie de discours, et ne se préoccupe pas des rôles de ce cadre.

La grammaire va nous permettre de calculer deux probabilités : la probabilité qu'un mot soit associé à un cadre et la probabilité d'une instanciation complète (cadre et sous-catégorisation). La première probabilité est comparable à la référence alors que la seconde ne l'est pas.

Deux types de prédiction sémantique sont faites :

- $\widehat{F} = \underset{F_{SC}}{argmax} P(F_{SC}|S)$ pour la sélection de cadres avec une sous-catégorisation ;
- $\tilde{F} = \underset{F}{argmax} \sum_{SC} P(F_{SC}|S)$ pour la sélection de cadres toutes sous-catégorisations confondues.

A l'issue des traitements on prédit pour un mot :

1. Son cadre le plus probable indépendamment des rôles instanciés ($\tilde{F}$) ;
2. L'instanciation la plus probable (sélection du cadre et des rôles $\widehat{F}$).

Pour mesurer les performances en sélection de cadres indépendamment, nous allons utiliser un *taux de réussite* (exprimé en pourcent). On compte le nombre d'ancres dans le corpus analysé, et le nombre d'ancres dont le cadre a été correctement assigné (cadre nul compris).

Les performances en étiquetage des rôles seront mesurées uniquement parmi les cadres correctement attribués. Nous utiliserons ici trois scores pour mesurer la performance : précision, rappel et F-mesure (tous les trois exprimés en pourcent). La précision mesure, parmi tous les mots qui ont été étiquetés rôles ceux qui l'ont été correctement. Le rappel mesure, parmi tous les mots qui sont des rôles dans la référence combien ont été correctement éiquetés. La F-mesure est une moyenne harmonique des deux scores précédents.

Pour mieux comprendre les forces et les faiblesses de notre automatisation nous allons donner chacune de ces quatre mesures selon la classe syntaxique de l'ancre.

La table 5 permet de comparer les résultats des trois grammaires et de la référence sans tenir compte des rôles (correspond au calcul de $\tilde{F}$).

| Partie de discours | Nombre d'occurrences | Référence | G1 | G2 | G3 |
|---|---|---|---|---|---|
| Verbes | 775 | 58,32 | 51,48 | 53,16 | 53,55 |
| Adjectifs | 660 | 55,15 | 48,48 | 49,09 | 49,09 |
| Noms | 1687 | 62,89 | 55,6 | 58,92 | 58,86 |
| global | 3122 | 60,12 | 53,07 | 55,41 | 55,48 |

TABLE 5 – Taux de réussite exprimés en pourcentages, pour la référence et les trois grammaires dans la tâche de sélection de cadres sans tenir compte des rôles

On observe dans la table 5 que la référence est supérieure en tous points à nos grammaires sur la tâche d'assignation de cadres sémantiques (sans sélection des rôles). Les grammaires G2 et G3 donnent les meilleurs résultats. La grammaire G1 ne permet pas de prédire les sous-catégorisations qui n'ont jamais été observées dans le corpus d'entraînement (622 occurrences parmi 4427 dans le corpus de test), ce qui explique probablement ses moindres résultats. La grammaire G2, malgré sa rusticité permet de dépasser les performances de G1, certainement car elle ne se restreint pas aux sous-catégorisations observées dans le corpus d'entraînement. G3 obtient les meilleurs résultats, car à l'instar de G2, elle permet de prédire des sous-catégorisations jamais observées. En revanche, elle introduit un peu plus de contraintes en disqualifiant les sous-catégorisations ayant un nombre de rôles improbable. Cependant la différence entre G2 et G3 n'est pas significative, ce qui laisse penser que l'ajustement de la règle 8 de G2 est suffisante pour contraindre le nombre de sous-catégorisations.
Il est intéressant de noter que les performances dans cette tâche ne sont pas directement liés à l'ambiguïté moyenne de ces parties de discours (cf. table 1).

### 3.2.1 G1 : Grammaire proche de la sous-catégorisation

La table 5(a) représente les résultats de la grammaire G1 pour la tâche d'analyse sémantique complète (cadre et rôles, équivalent à $\widehat{F}$). On peut remarquer que la précision sur les verbes est assez bonne, les prédictions de rôles faites sur cette catégorie sont donc raisonnables (63,82), dès lors que le cadre a été bien sélectionné. Par contre les résultats sur les adjectifs et noms ont une précision globalement plus faible, probablement du fait que les moyens de réalisation syntaxique des actants sémantiques sont plus limités, d'où plus d'ambiguïté.

### 3.2.2 G2 : Grammaire ne tenant pas compte des sous-catégorisations

La table 5(b) présente les résultats de la grammaire G2 pour la tâche de sélection des cadres avec rôles. Les performances en sélection de cadres sont légèrement supérieures à celles de la grammaire G1, surtout en ce qui concerne les noms. La précision en sélection de rôles est cependant meilleure pour les verbes et pour les noms. On remarque également que les scores de rappel sont inférieurs à la grammaire G1 : contrairement à ce que nous pensions, cette grammaire sélectionne moins de rôles (rappel bas, notamment pour les verbes : 26,30) que la précédente. Les scores de F-mesure montrent cependant que la grammaire 1 est plus performante pour sélection de rôles.

(a) G1

| PoS | Taux de réussite sélection cadre | rôles concernés | Precision rôles | Rappel rôles | F-mesure rôles |
|---|---|---|---|---|---|
| Verbes | 51,23 | 723 | 63,82 | 43,87 | 52,00 |
| Adjectifs | 47,27 | 556 | 59,33 | 71,58 | 64,88 |
| Noms | 54,71 | 1768 | 49,08 | 57,54 | 52,97 |
| global | 52,27 | 3047 | 53,96 | 56,24 | 55,08 |

(b) G2

| PoS | Taux de réussite sélection cadre | rôles concernés | Precision rôles | Rappel rôles | F-mesure rôles |
|---|---|---|---|---|---|
| Verbes | 52,26 | 736 | 67,72 | 26,30 | 37,89 |
| Adjectifs | 47,34 | 542 | 59,17 | 59,64 | 59,40 |
| Noms | 58,49 | 1690 | 56,04 | 51,16 | 53,49 |
| global | 54,59 | 2968 | 58,44 | 45,37 | 51,08 |

(c) G3

| PoS | Taux de réussite sélection cadre | rôles concernés | Precision rôles | Rappel rôles | F-mesure rôles |
|---|---|---|---|---|---|
| Verbes | 52,26 | 735 | 67,73 | 25,99 | 37,57 |
| Adjectifs | 47,58 | 546 | 58,82 | 59,74 | 59,28 |
| Noms | 58,51 | 1689 | 56,53 | 51,03 | 53,64 |
| global | 54,64 | 2970 | 58,66 | 45,25 | 51,09 |

TABLE 6 – Résultats des grammaires présentées en 3.1 pour la sélection de cadres et de rôles ($\widehat{F}$), en fonction de la partie de discours de l'ancre
La colonne *Taux de réussite sélection cadre* renseigne sur la quantité de cadres correctement attribués, alors que les suivantes sont des statistiques sur les rôles des cadres correctement attribués.

### 3.2.3 G3 : Grammaire tenant compte de la taille des sous-catégorisations

La table 5(c) représente les résultats pour la grammaire G3 en sélection de cadres complets (cadre et rôles). Bien que meilleure que la grammaire G2, les résultats de ces deux grammaires sont quasiment identiques. Peut-être que la contrainte sur la taille des sous-catégorisations n'est pas suffisante pour creuser l'écart.

## 4 Conclusion

Les expériences que nous venons de présenter nous montrent que la syntaxe d'une phrase ne permet d'induire que partiellement sa structure sémantique. Nous avons cependant pu remarquer des résultats significativement meilleurs lorsque les ancres des cadres sont des verbes, malgré une ambiguïté sémantique en moyenne plus grande. Ceci s'explique par la richesse des réalisations syntaxiques associées à cette partie de discours : une réalisation syntaxique est toujours associée à un même rôle. Quant aux noms et aux adjectifs, les réalisations syntaxiques qui leurs sont associées sont peu variées : une même réalisation syntaxique peut être associée à plusieurs rôles.
Les grammaires que nous avons présentées ici ne sont pas encore au niveau de notre référence, et bien des améliorations peuvent encore y être apportées. La modification la plus importante à ajouter serait de prendre en compte la nature des mots jouant un rôle dans les cadres. Par exemple pour l'action *manger*, seuls les *êtres vivants* sont capables d'endosser le rôle de *mangeur*. Pour réaliser cette modification, nous pourrions soit faire appel à la sémantique distributionnelle à partir de grands corpus, soit utiliser les ressources réalisées dans des projets comme *WordNet*.
Concernant les améliorations au niveau de la syntaxe, comme nous traitons les cadres indépendamment les uns des autres, nous pourrions utiliser le corpus des phrases d'exemple, annoté partiellement pour la sémantique. Cet ajout permettrait d'enrichir notre corpus d'entraînement et ainsi d'affiner les probabilités de nos grammaires.
Au niveau des données FrameNet, nous pourrions tirer un meilleur parti des informations représentées dans les données. En effet, il existe des relations de plusieurs types entre cadres sémantiques, comme des relations d'héritage ou d'utilisation. En ce qui concerne la première, elle permettrait de pallier le manque de données dans notre corpus de phrases :

les structures syntaxiques d'un cadre père sont proches de celles de ses fils, de plus il existe une table de correspondance entre leurs rôles. Par exemple le cadre *Scrutiny* (prêter attention) est un cadre père de *Research* (rechercher). Grâce à cette méthode, il est possible de regrouper les données des cadres fils au sein d'un même père afin d'augmenter la précision, du moins pour les rôles qui correspondent entre père et fils. La relation d'utilisation est une relation observable dans le corpus, elle consiste à savoir quels cadres sont observés en *symbiose*, c'est à dire qu'un acteur de l'un est un acteur ou une ancre de l'autre. Cette relation, en plus d'être observable, est définie dans les données FrameNet. Elle nous permettrait de créer un modèle identifiant un cadre en fonction des autres cadres de la phrase courante.

## Remerciements

Ces travaux sont financés par le projet ANR Asfalda ANR-12-CORD-0023. Nous tenons à remercier Emmanuel Prunet qui nous a fourni une implémentation efficace de l'analyseur d'Earley, ainsi que Marie Candito, Alexis Nasr et Benoit Favre pour leurs relectures et leur encadrement.

## Références

BOHNET B. (2010). Very high accuracy and fast dependency parsing is not a contradiction. In *Proceedings of the 23rd International Conference on Computational Linguistics*, p. 89–97 : Association for Computational Linguistics.

BOHNET B., NIVRE J., BOGUSLAVSKY I., GINTER R. F. F. & HAJIC J. (2013). Joint morphological and syntactic analysis for richly inflected languages. *Transactions of the Associtation for Computational Linguistics*, **1**.

COLLINS M. (1997). Three generative, lexicalised models for statistical parsing. In *Proceedings of the 35th Annual Meeting of the Association for Computational Linguistics and Eighth Conference of the European Chapter of the Association for Computational Linguistics*, p. 16–23 : Association for Computational Linguistics.

DAS D., SCHNEIDER N., CHEN D. & SMITH N. A. (2010). Probabilistic frame-semantic parsing. In *Human language technologies : The 2010 annual conference of the North American chapter of the association for computational linguistics*, p. 948–956 : Association for Computational Linguistics.

DAS D. & SMITH N. A. (2011). Semi-supervised frame-semantic parsing for unknown predicates : Supplementary material. In *Proc. of ACL*.

EARLEY J. (1970). An efficient context-free parsing algorithm. *Communications of the ACM*, **13**(2), 94–102.

FILLMORE C. (1982). Frame semantics. *Linguistics in the morning calm*, p. 111–137.

FILLMORE C. J. (1976). Frame semantics and the nature of language*. *Annals of the New York Academy of Sciences*, **280**(1), 20–32.

FILLMORE C. J. (1977). The case for case reopened. *Syntax and semantics*, **8**(1977), 59–82.

FILLMORE C. J. (1985). Frames and the semantics of understanding. *Quaderni di semantica*, **6**(2), 222–254.

FILLMORE C. J. & BAKER C. (2010). A frames approach to semantic analysis. *The Oxford handbook of linguistic analysis*, p. 313–339.

FILLMORE C. J. & BAKER C. F. (2001). Frame semantics for text understanding. In *Proceedings of WordNet and Other Lexical Resources Workshop, NAACL*.

MILLER G. & FELLBAUM C. (1998). Wordnet : An electronic lexical database.

MODI A., TITOV I. & KLEMENTIEV A. (2012). Unsupervised induction of frame-semantic representations. In *Proceedings of the NAACL-HLT Workshop on the Induction of Linguistic Structure*, p. 1–7 : Association for Computational Linguistics.

PALMER M., GILDEA D. & KINGSBURY P. (2005). The proposition bank : An annotated corpus of semantic roles. *Computational Linguistics*, **31**(1), 71–106.

# Traitement FrameNet des constructions à attribut de l'objet

Marianne DJEMAA
INRIA, UMR-I 001, Alpage, Univ Paris Diderot, Sorbonne Paris Cité, F–75013 Paris, France
marianne.djemaa@inria.fr

**Résumé.** Dans le cadre du projet ASFALDA, qui comporte une phase d'annotation sémantique d'un FrameNet français, nous cherchons à fournir un traitement linguistiquement motivé des constructions à attribut de l'objet, un exemple typique de divergence syntaxe-sémantique.
Pour ce faire, nous commençons par dresser un panorama des propriétés syntaxiques et sémantiques des constructions à attribut de l'objet. Nous étudions ensuite le traitement FrameNet des verbes anglais typiques de cette construction, avant de nous positionner pour un traitement homogénéisé dans le cas du FrameNet français.

**Abstract.** Within the ASFALDA project, which includes the production of a French FrameNet, we try to provide a linguistically motivated treatment for a typical example of syntax-semantics mismatch : object complement construction. In order to do so, we first give an overview of syntactic and semantic properties of object complement constructions. Next, we study the way FrameNet deals with English verbs taking part in those constructions, and finally take a stance for a homogenized treatment of the construction within the French FrameNet.

**Mots-clés :** FrameNet, français, construction à attribut de l'objet, divergence syntaxe-sémantique.

**Keywords:** FrameNet, French, object complement construction, syntax-semantics mismatch.

## 1 Introduction

Ce travail s'inscrit dans le cadre du projet ASFALDA (Candito *et al.*, 2014), qui a pour but de développer un corpus du français annoté sémantiquement et un analyseur sémantique prédisant le même type d'annotations. Ce projet s'appuie sur le modèle FrameNet (Baker *et al.*, 1998) d'annotation en cadres et rôles sémantiques et sur des corpus préexistants annotés pour la morphologie et la syntaxe : le French TreeBank, (Abeillé *et al.*, 2003) (ci-après FTB) et le Sequoia Treebank (Candito & Seddah, 2012), qui suit le schéma d'annotation du FTB. Le projet FrameNet initial propose un ensemble structuré de situations prototypiques, appelées *frames*, associées à des caractérisations sémantiques des participants impliqués (ci-après les *rôles*), ainsi qu'un lexique de lexèmes évoquant ces frames et un ensemble d'annotations en frames pour l'anglais. Le projet ASFALDA propose de tirer parti de cette structure, qui s'est déjà avérée largement portable à d'autres langues (Boas, 2009), pour construire un FrameNet français, i.e. (i) un lexique indiquant les lexèmes français pouvant évoquer les frames (ci-après les *déclencheurs* de frames), et (ii) l'annotation des occurrences de frames et des rôles associés sur les corpus arborés cités supra.

Pour réaliser la ressource anglaise FrameNet, le parti-pris semble avoir été de conserver au maximum une orientation sémantique : les critères mis en avant pour le "découpage" en frames ou pour le typage des rôles sont avant tout sémantiques, au contraire par exemple des classes de Levin (1993) pour les verbes anglais, qui sont construites principalement via les alternances syntaxiques, ou des tables du Lexique-Grammaire (Gross, 1975; Leclère, 2002) pour le français. Cependant des critères syntaxiques sont tout de même utilisés dans FrameNet : sauf dans des cas dûment recensés, les rôles sémantiques essentiels d'un frame doivent pouvoir être réalisés localement pour tous les lexèmes évoquant ce frame [1]. Il est donc attendu que les cas typiques de "divergences" entre syntaxe et sémantique posent problème.

Dans cet article nous nous penchons sur la construction à attribut de l'objet, qui est l'un de ces cas. Il s'agit de constructions de type $N_0$ $V$ $N_1$ $X$ où $N_0$ est le sujet de $V$, et $N_1$ l'objet direct de $V$ et le sujet du prédicat tête de $X$. Les $V$ de ces constructions présentent la particularité de sous-catégoriser trois arguments syntaxiques ($N_0$, $N_1$ et $X$) et seulement deux

1. Les cas de non-localité autorisés sont recensés, et relèvent de phénomènes syntaxiques comme le contrôle ou les constructions à verbe support (Ruppenhofer *et al.*, 2006, pp. 27-31). En pratique cela dit, les annotations anglaises FrameNet ne suivent pas toujours ces directives.

arguments sémantiques ($N_0$ et $X$). $X$ est quant à lui un prédicat se rapportant à $N_1$.

Pour pouvoir fournir un traitement linguistiquement motivé de ces constructions, nous dressons d'abord un panorama de leurs propriétés syntaxiques et sémantiques en passant en revue les différentes sous-catégories identifiables. Nous nous intéressons ensuite aux arguments qui permettent de considérer que le verbe de ces constructions sous-catégorise trois arguments syntaxiques pour deux arguments sémantiques, et examinons de plus près la potentielle équivalence sémantique entre complétive et construction à attribut de l'objet. Ruppenhofer *et al.* (2006) ne mentionnant pas de choix général pour le traitement de l'alternance CAO/complétive, nous considérons pour différents déclencheurs repérés les rôles prévus par les frames qu'ils évoquent et la réalité des annotations effectuées. Nous nous positionnons enfin pour un traitement homogénéisé de la construction dans le FrameNet français.

# 2 Typologie

Cette section répertorie quelques critères de classement des constructions à attribut de l'objet, qui constituent un ensemble assez vaste et très étudié, afin de circonscrire les cas sur lesquels nous nous pencherons dans cet article.

## 2.1 Complément vs. modifieur

On reconnaît généralement deux grands types d'attribut de l'objet, que Guimier (1999) appelle les "compléments attributifs" et "modifieurs attributifs" (respectivement (1a) et (1b)).

(1) a. *Sam croit son café chaud.*
 b. *Sam boit son café chaud.*

Cette dichotomie s'appuie sur le caractère sous-catégorisé (pour les compléments attributifs) vs. optionnel (pour les modifieurs attributifs) de l'attribut de l'objet dans ces constructions et le fait qu'il constitue un argument sémantique du verbe uniquement dans les cas de construction à complément attributif.

Les deux catégories ont été abondamment décrites dans la littérature : Riegel (1981) parle de verbes essentiellement attributifs et verbes occasionnellement attributifs, puis dans (Riegel, 1991) de construction à double-complémentation et d'attribut amalgamé. Rémi-Giraud (1991) parle d'attributs obligatoires vs. facultatifs et Muller (2000) de verbes opérateurs et verbes à concomitance. D'autres travaux, comme (Blanche-Benveniste, 1991) et (Tobback, 2005) identifient la dichotomie sans en nommer les catégories.

Nous recensons ici les arguments principaux (syntaxiques et sémantiques) cités par Guimier (1999, chap. 1 section 2.1) qui justifient cette distinction.

Plusieurs tests syntaxiques mettent en évidence le caractère sous-catégorisé des compléments attributifs et celui d'ajout des modifieurs attributifs. Le critère le plus clivant est le caractère obligatoire des compléments attributifs vs. optionnel pour les modifieurs attributifs. Ces derniers peuvent en effet être supprimés sans incidence sur la grammaticalité de la phrase et avec stabilité du sens du verbe (exemple (1d)), ce qui n'est pas le cas des compléments attributifs de l'objet. Par exemple en (1c) la suppression de l'attribut donne une phrase grammaticale mais inacceptable. Plus précisément, on peut obtenir une phrase acceptable avec la suppression d'un complément attributif, comme en (5b), mais la suppression modifie le rôle sémantique joué par l'objet direct (nous y revenons infra). Autre test syntaxique permettant de distinguer compléments et modifieurs attributifs : seuls les dépendants des compléments attributifs peuvent être extraits ou cliticisés (exemples (2) et (3), repris des exemples (44) et (45) de Guimier (1999)).

(1) a. *Sam croit son café chaud.*
 b. *Sam boit son café chaud.*
 c. *#Sam croit son café.*
 d. *Sam boit son café.*

(2) a. *Les aubergines, Paul les croyait farcies de chair à saucisse*
 b. *De quel type de chair Paul les croyait-il farcies ?*
 c. *La chair à saucisse, dont Paul les croyait farcies, était avariée.*
 d. *Paul en croyait les aubergines farcies.*

(3) a. *Les aubergines, Paul les a mangées farcies de chair à saucisse*
b. **De quel type de chair Paul les a-t-il mangées farcies ?*
c. **La chair à saucisse, dont Paul les a mangées farcies, était avariée.*
d. **Paul en a mangé les aubergines farcies.*

En ce qui concerne la sémantique, Guimier (1999) pointe que le modifieur attributif n'appartient pas à la structure argumentale du verbe principal, tandis que le complément attributif est un argument sémantique du verbe avec lequel il apparaît. Ceci peut être vérifié simplement avec le test de suppression, cette fois utilisé pour dégager des propriétés sémantiques : lorsqu'on supprime un modifieur attributif, la phrase reste non seulement toujours acceptable (1d), mais on a bien une relation d'implication entre la version avec le modifieur attributif et la version sans celui-ci.

(4) a. *Sam boit son café chaud.*
b. $\Rightarrow$ *Sam boit son café.*

Lorsqu'on supprime un complément attributif, on peut obtenir soit une inacceptabilité (1c), soit une phrase certes acceptable mais sémantiquement non impliquée par la version avec attribut (5b), ce qui montre que l'on passe à une version où l'objet direct joue un rôle sémantique différent.

(5) a. *Sam croit Paul honnête.*
b. $\not\Rightarrow$ *Sam croit Paul.*

Pour la suite de ce travail, nous nous intéresserons uniquement aux constructions à *complément* attributif de l'objet, qui posent le problème le plus crucial de divergence syntaxe-sémantique [2]. Sauf mention explicite, c'est dorénavant à celles-ci que nous ferons référence quand nous parlerons de *constructions à attribut de l'objet* (ou *CAO*).

## 2.2 Différentes catégories d'attributs

La fonction d'attribut de l'objet peut être occupée par des constituants de catégorie variée.

Nous donnons ci-dessous un exemple de chaque catégorie ainsi qu'un nombre d'occurrences comptées sur nos corpus cibles. Pour le FTB, nous utilisons la version sortie à l'occasion de la shared task SPMRL 2013 (Seddah *et al.*, 2013), comprenant 18 535 phrases avec annotations fonctionnelles, et pour le Sequoia Treebank, la version 4.0 [3] qui en comprend 3 204.

Ces nombres d'occurrences ne sont donnés qu'à titre indicatif et pour avoir une idée des proportions de constructions à attributs de l'objet présentes dans les corpus. En effet, n'ayant compté que les constituants annotés *ATO*, l'étiquette FTB dénotant un attribut de l'objet, nous ne relevons pas les cas de CAO avec changement de diathèse (les CAO dont le verbe principal est au passif sont surfaciquement annotés comme attributs du sujet). Nous sommes par ailleurs tributaires d'éventuelles erreurs d'annotation dans l'un ou l'autre des corpus. Parmi les exemples effectivement annotés ATO dans ces corpus, on trouve :

— des syntagmes adjectivaux (166 occurrences) :

(6) *Les analystes trouvent [$_{NP\text{-}OBJ}$les chiffres] [$_{AP\text{-}ATO}$"raisonnablement bons"].*

— des infinitives (88 occurrences) :

(7) *Les cégétistes auront néanmoins vu [$_{NP\text{-}OBJ}$leur "part de marché"] [$_{VPinf\text{-}ATO}$passer de 42% à 33%].*

— des syntagmes prépositionnels (55 occurrences) :

(8) *L'ethnologue [...] considère [...] [$_{NP\text{-}OBJ}$l'entreprise africaine] [$_{PP\text{-}ATO}$comme un phénomène culturel].*

— des participiales (29 occurrences) :

(9) *un montant [$_{NP\text{-}OBJ}$que] les experts étrangers jugent [$_{VPpart\text{-}ATO}$sous-estimé]*

— des syntagmes nominaux (27 occurrences) :

(10) *[les] services des finances qui jugeaient [$_{NP\text{-}ATO}$pur gaspillage] [$_{NP\text{-}OBJ}$les 15 milliards de francs requis pour la liaison Rhône-Rhin]*

2. Pour les modifieurs, dont nous ne parlons pas plus avant, notons rapidement que l'annotation FrameNet se fera par deux frames distincts pour les deux relations de prédication, et que la relation de concomitance (Muller, 2000) qui lie ces deux prédications ne sera pas capturée.

3. `https://www.rocq.inria.fr/alpage-wiki/tiki-index.php?page=CorpusSequoia`

On répertorie aussi des cas où l'attribut de l'objet est un syntagme adverbial (exemple (12)) ou une proposition relative (exemple (11)) mais on n'en trouve aucune occurrence dans le FTB.

(11) *Je vois [$_{NP\text{-}OBJ}$Sam] [$_{Srel\text{-}ATO}$qui arrive].*

(12) *Alex trouve [$_{NP\text{-}OBJ}$ça] [$_{Ad\text{-}ATO}$bien].*

## 2.3 Typologie sémantique

On peut regrouper les verbes à compléments attributifs en plusieurs catégories. Cette typologie est très variable selon les auteurs, c'est pourquoi nous n'en tracerons qu'une grossière esquisse.

### 2.3.1 Verbes pour lesquels une alternance avec une phrase à complétive est possible

Il s'agit de verbes pour lesquels la construction à attribut de l'objet de forme $N_0$ $V$ $N_1$ $A$ peut être paraphrasée par une phrase où le verbe *V* sera complémenté par une proposition complétive *que* $N_1$ *copule A*.

(13) a. *Sam trouve Alex sympathique.*
b. *Sam trouve qu'Alex est sympathique.*

On verra en 3.3 que cette relation de paraphrase peut être questionnée, mais elle fonctionne en première approximation.

Parmi les verbes autorisant cette alternance, Guimier (1999) distingue les verbes comme *croire* et les verbes comme *vouloir*, qui se différencient des premiers parce qu'ils n'autorisent ni la cliticisation des compléments de l'attribut, ni l'insertion de la copule *être* devant l'attribut en cas de relativisation de l'objet direct. De plus, la complétive des verbes comme *vouloir* est généralement au subjonctif.

(14) a. *Son film, que Sam croit (être) fidèle à la réalité historique.*
b. *Son film, que Sam veut *(être) fidèle à la réalité historique.*

(15) a. *Sam croit que son film est fidèle à la réalité historique.*
b. *Sam veut que son film soit fidèle à la réalité historique.*

### 2.3.2 Verbes de perception

Les verbes tels que *voir*, *entendre* et *sentir*, permettent eux-aussi une construction avec complétive *que* $N_1$ *copule A* comme en (16b), mais le sens de cette dernière ne correspond pas à celui de la version CAO (exemple (16a)) qui serait mieux paraphrasée par une autre construction (exemple (16c)).

(16) a. *Sam voit Alex ivre.*
b. *Sam voit qu'Alex est ivre.*
c. *Sam voit Alex et/au moment où Alex est ivre*

Guimier (1998) rattache les constructions à attribut de l'objet *adjectival* de ces verbes de perception aux constructions à attribut accessoire de l'objet de Le Goffic (1994). Ces dernières correspondent aux constructions à modifieur attributif vues plus haut – en particulier parce que, comme évoqué en 2.1, la suppression de l'adjectif attribut n'entraîne ni agrammaticalité, ni changement de sens de l'énoncé restant. En outre, la version CAO implique sémantiquement la version sans attribut, comme on peut le voir en (17).

(17) a. *Sam entend Alex ivre.*
b. $\Rightarrow$ *Sam entend Alex.*

À première vue, cela vaudrait aussi pour les constructions attributives infinitives et relatives :

(18) a. *Sam entend Alex arriver.*
b. $\Rightarrow$ *Sam entend Alex.*

(19) a. *Sam entend Alex qui arrive.*
b. ⇒ *Sam entend Alex.*

Néanmoins, des exemples clairs tels que (20) et (21) (Guimier, 1998), où la relation d'implication ne tient pas, nous montrent qu'on a bien affaire à des constructions à *complément* attributif de l'objet.

(20) a. *Sam entend le prof se faire chahuter.*
b. ⇏ *Sam entend le prof.*

(21) a. *Sam entend le prof qui se fait chahuter.*
b. ⇏ *Sam entend le prof.*

### 2.3.3 Verbes causatifs

Toujours selon Guimier (1999), ces verbes se distinguent de ceux de la catégorie précédente en ce qu'ils ne peuvent alterner avec une construction complétive.

(22) a. *Sam rend Alex malade.*
b. **Sam rend que Alex est malade.*

De plus, leur objet direct n'est pas nécessairement réalisé (exemple (23)) et certains d'entre eux n'autorisent que les attributs de type adjectival (exemples (24)).

(23) *L'absinthe rend fou*

(24) a. **Sam rend Alex en colère.*
b. **Sam rend Alex debout.*

Notre travail se préoccupant beaucoup des problèmes d'alternance CAO/complétive, nous ne nous intéresserons plus par la suite aux constructions à attribut de l'objet à verbes causatifs.

# 3 Divergence syntaxe-sémantique

Nous avons vu en section 2.3 qu'au moins pour certains types de CAO, il existait, en première approximation, une relation de paraphrase entre les deux versions de l'alternance CAO vs. complétive (cf. exemple (13)). L'existence d'une telle équivalence paraît indiquer que la séquence $N_1$ *X* d'une phrase à CAO correspond à un seul argument sémantique de *V*, comme c'est le cas pour le constituant *que* $N_1$ *copule X*. Or, cette séquence $N_1$ *X* se décompose en deux constituants syntaxiques. C'est cette opposition apparente entre le nombre d'arguments syntaxiques et sémantiques du verbe d'une CAO qui fait que ces dernières sont souvent pointées comme un cas de divergence syntaxe-sémantique.

Dans cette section, nous nous intéresserons à cette divergence, en étudiant les indices favorisant une analyse syntaxique en trois arguments, ainsi que ce qui motive une analyse sémantique en deux arguments. Nous nous pencherons ensuite de manière plus détaillée sur la relation de paraphrase évoquée supra.

## 3.1 Nombre d'arguments syntaxiques

La partie annotation du projet ASFALDA consistant en fait à ajouter une couche d'annotations sémantiques sur un schéma d'annotation existant, les choix quant à la représentation syntaxique des CAO ne nous reviennent pas.

Le guide d'annotation du FTB annonce l'objectif de *"contribuer à l'émergence d'un standard de découpage en constituants, sans doute un peu grossier mais suffisamment consensuel, et traductible dans différents cadres théoriques"* (Abeillé *et al.*, 2004, p. 6). Pour les CAO, de la forme $N_0$ *V* $N_1$ *X*, le FTB analyse la séquence $N_1$ *X* en deux constituants, au contraire de nombreuses analyses de type générativiste qui en considèrent un seul. Cette analyse en "petite proposition" a particulièrement cours en anglais (e.g. Williams (1975), Stowell (1995), Rothstein (1995) et Hoekstra (1992)).

Nous redonnons rapidement dans cette section les arguments qui justifient le choix du FTB d'analyser la phrase (25a) en (25b) plutôt que (25c).

(25) a. *Sam trouve cette personne sympathique.*
b. *Sam trouve [cette personne] [sympathique].*
c. *Sam trouve [cette personne sympathique].*

Guimier (1999) puis Tobback (2005) pointent plusieurs tests classiques de constituance :

— La relativisation de la séquence *[$N_1$ X]* est agrammaticale alors que l'objet peut parfaitement être relativisé :

(26) a. *Cette personne que Sam trouve sympathique*
b. **Cette personne sympathique que Sam trouve*

— Il est tout à fait possible de faire porter une question sur l'objet ou sur son attribut, alors qu'il est impossible de questionner la séquence *[$N_1$ X]* dans son intégralité :

(27) a. *Qui est-ce que Sam trouve sympathique ? Cette personne.*
b. *Comment est-ce que Sam trouve cette personne ? Sympathique.*
c. **Qu'est-ce que Sam trouve ? Cette personne sympathique.*

— De même, il est tout à fait possible de cliver l'objet ou son attribut, alors que le clivage de la séquence *[$N_1$ X]* est agrammatical :

(28) a. *C'est cette personne que Sam trouve sympathique.*
b. *C'est sympathique que Sam trouve cette personne.*
c. **C'est cette personne sympathique que Sam trouve.*

— Il est possible de cliticiser l'objet mais pas vraiment la séquence *[$N_1$ X]* (Guimier, 1999, exemple (144a))

(29) a. *Sam la trouve sympathique.*
b. *? ?Sam trouve cette personne sympathique mais Alex ne le trouve pas.*

Certains de ces tests sont nuancés par Tobback (2005), qui pointe que si $N_1$ et *X* forment chacun un constituant distinct, cela ne les empêche pas de former ensemble un constituant. L'auteur note aussi qu'il n'y a pas unanimité sur l'inacceptabilité de la pronominalisation de la séquence *[$N_1$ X]*. Pour ce qui est du clivage, elle rappelle l'argument de Guimier (1999) que certains verbes anglais comme *fear* acceptent le clivage de *[$N_1$ X]*, et constate qu'à l'inverse le clivage n'est pas toujours très grammatical même pour des séquences dont le statut de constituant est peu controversé. Il nous semble cependant clair que d'après les critères appliqués au sein du FTB pour dégager les constituants, les tests donnent de manière évidente une analyse en deux constituants séparés.

## 3.2 Nombre d'arguments sémantiques

Il s'agit dans cette section de voir dans quelle mesure il y a divergence entre syntaxe et sémantique pour les CAO, i.e. si les trois compléments sous-catégorisés sont sémantiquement sélectionnés par le verbe.

Guimier (1999) montre facilement que $N_1$ est sélectionné par *X* : la différence d'acceptabilité entre (30a) et (30b) indique que l'attribut impose des restrictions de sélection à l'objet, qui est donc bien son sujet sémantique.

(30) a. *Sam croit la route praticable.*
b. *#Sam croit le café praticable.*

Elle entend ensuite montrer qu'en revanche, $N_1$ n'est pas sélectionné par le verbe (dans le cas où on a affaire à un complément attributif et non pas à un modifieur). Son argumentation repose sur des paires comme (31).

(31) a. *Sam croit la route praticable.*
b. *#Sam croit la route.*

Nous avons déjà relayé en 2.1 sa preuve selon laquelle dans le cas d'un complément attributif, la version sans l'attribut met en jeu des propriétés sémantiques différentes : la phrase devient agrammaticale ou prend un sens différent, parce que l'objet ne remplit pas le même rôle dans une construction transitive stricte (sans CAO) et dans une CAO. L'inacceptabilité de (31b) ne peut donc pas nous donner de détails sur la structure argumentale de *croire* dans un cas de construction à attribut de l'objet.

Pour tenter de montrer que dans une construction à attribut de l'objet, l'objet direct du verbe principal n'est pas un argument sémantique de ce dernier, nous pointerons donc simplement que nous n'avons pu ni trouver, ni construire d'exemple où la construction à attribut de l'objet serait inacceptable alors même que l'objet et son attribut sont sémantiquement compatibles.

Pour le cas des verbes de perception, comme nous l'avons déjà mentionné, l'implication observable en (17) est souvent présente, puisque l'objet direct est bien l'entité à l'origine de ce qui est perçu. On pourrait donc penser que l'objet direct est bien un argument sémantique du verbe de perception, contrairement à ce qu'on vient de voir pour les verbes comme *croire*. Encore une fois, des exemples comme (20), où le son perçu n'est pas émis par l'objet *le professeur* mais bien par ses élèves le chahutant, nous montrent que dans les CAO, l'objet direct n'est pas forcément cette entité et n'est donc pas un argument sémantique du verbe de perception [4].

## 3.3 Alternance avec construction à complétive

Cela a été évoqué supra : pour une certaine classe de verbes à CAO, on considère traditionnellement (voir par exemple Riegel *et al.* (2009)) qu'il existe une relation de paraphrase entre la phrase avec attribut de l'objet de la forme $N_0$ $V$ $N_1$ $A$ et la phrase avec complétive telle que $N_0$ *V que* $N_1$ *copule A*. Ainsi (13a) et (13b) apparaissent de sens similaire malgré leur différence de construction.

Avant de nous poser la question de la réalité d'une équivalence sémantique entre phrase avec CAO et phrase avec complétive, il semble pertinent de mentionner que parmi les verbes autorisant cette alternance, on rencontre des cas où la réalisation d'une version CAO d'une phrase avec complétive est tout bonnement impossible. Cela s'explique par le fait qu'un cas avec complétive est sémantiquement plus générique qu'un cas avec CAO, qui, elle, impose forcément une prédication sur l'actant réalisé par $N_1$. Dès lors, on peut construire des exemples comme (32) où un verbe qui autorise généralement la construction attributive est complémenté par une complétive, laquelle exprime une prédication sans actant et ne donne donc lieu à aucune version attributive.

(32) *Sam trouve qu'il pleut beaucoup à Paris.*

Lorsque l'alternance complétive/attribut de l'objet est réalisable, des phrases telles que (13a) et (13b) présentent à première vue une relation de paraphrase. Nous récapitulons ici les exceptions à cette hypothèse trouvées dans la littérature.

Pour Ruwet (1982), l'exemple (33a) ne révèle aucun jugement de l'énonciateur sur la validité de l'opinion mentionnée, alors que (33b) suppose un jugement négatif de l'énonciateur.

(33) a. *Paul croit qu'il est malade.*
b. *Paul se croit malade.*

De la même façon, (Olsson, 1976) note que contrairement à (34a), dans (34b) le verbe est performatif : "il décrit toujours un acte de communication" mais "implique en outre que la personne accomplissant l'acte de communication est également responsable de l'état des choses, déterminé conventionnellement, qu'il 'rend public' " (Borkin, 1974, p. 89)

(34) a. *Le juge a déclaré que l'accusé était innocent.*
b. *Le juge a déclaré l'accusé innocent.*

Nous avons vu en 2.3.2 que les constructions à attribut de l'objet *adjectival* des verbes de perception étaient des constructions à *modifieur* attributif de l'objet. Les arguments qui suivent ont trait la potentielle relation de paraphrase entre constructions attributives *infinitives* de l'objet et constructions complétives correspondantes.

Guimier (1998) pointe un changement de sens entre construction à attribut de l'objet (sens purement perceptif) et avec complétive (sens plus constatif) pour les verbes de perception, et Willems & Defrancq (2000) examinent les différents sens possibles du verbe *voir* suivi d'une complétive ou d'une construction à attribut de l'objet et le fait que les différentes constructions donnent lieu à différentes interprétations.

(35) a. *Je vois Jean travailler consciencieusement son latin.*
b. *Je vois que Jean travaille consciencieusement son latin.*

Il apparaît donc que la relation de paraphrase entre complétive et construction à attribut de l'objet est possible mais pas systématique. Les différents contre-exemples exposés supra concernent des cas spécifiques (verbes performatifs et verbes de perception) ou reposent sur des lectures n'étant pas forcément universellement partagées ; nous considèrerons donc que la paraphrase vaut dans le cas général, mais ne tient qu'en première approximation dans certains cas.

4. Guimier (1998) dégage des propriétés sémantiques différentes pour les deux cas, le contenu de la relative étant asserté ce qui n'est pas le cas pour l'infinitive.

# 4 Exemples de traitement FrameNet

Notre objectif est de fournir un traitement linguistiquement motivé des CAO dans le cadre du projet ASFALDA. La méthodologie du projet est de partir de la modélisation en frames et du lexique existant pour l'anglais, et de proposer un équivalent pour le français (pour certains domaines notionnels ciblés) où les modifications sont justifiées soit par des différences anglais/français, soit par une "correction" d'incohérences manifestes.

Nous devons donc commencer par étudier ce qui a été fait dans FrameNet, pour des cas typiques de CAO en anglais (à noter donc que nous passons pour cette section à des données anglaises, ne cadrant pas forcément entièrement avec tout ce que nous avons vu supra sur les données du français). Nous avons cherché les frames associés à des verbes "typiques" de l'attribut de l'objet en anglais pour observer le traitement qui y serait fait de ces différents cas. Par "traitement", nous entendons ici le choix du nombre de rôles "core" définis pour les frames regroupant des déclencheurs qui permettent les deux constructions. En effet, FrameNet distingue les rôles "core" des rôles "non-core" (ci-après *essentiels* vs. *non-essentiels*), les premiers étant des arguments sémantiques des prédicats englobés sous un frame. *En général*, cette distinction relève grosso modo de la distinction syntaxique entre argument sous-catégorisé et modifieur. D'après la caractérisation sémantique des CAO faite ci-dessus, on s'attend plutôt à une modélisation par des frames avec deux rôles essentiels. Cependant, les critères syntaxiques sont parfois utilisés pour définir et typer les rôles, et Ruppenhofer *et al.* (2006, p. 20) indiquent en particulier qu'un objet direct est censé être representé comme un role essentiel. Il y a là une contradiction évidente, et cela se retrouve dans les données FrameNet.

Nous avons pu recenser 3 types de traitement, dont nous parlerons ici plus avant.
- les frames avec trois rôles essentiels (un pour le sujet, un pour l'objet direct et un pour l'attribut)
- les frames avec deux rôles essentiels (un pour le sujet et un pour le deuxième argument sémantique du verbe)
- les frames équipés de deux jeux de rôles essentiels utilisés distinctement pour annoter les deux types de constructions

On doit cependant préciser qu'étant donnée notre méthodologie, cette liste ne peut pas être exhaustive.

## 4.1 Frames avec trois rôles essentiels

Le verbe *consider*, qui peut s'employer avec une construction à attribut de l'objet ou avec une complétive [5], est un déclencheur de CATEGORIZATION. Dans ce frame, une entité sentiente (Cognizer) considère qu'un élément (Item) appartient à une certaine catégorie (Category). Les déclencheurs *consider, view, construe, understand* évoquent tous le frame CATEGORIZATION.

*(36)* Whigs CONSIDERED his scruples over the oath ridiculous and inconsistent
*"Les Whigs considéraient ses scrupules à propos du serment comme ridicules et inconsistants."*

Cette décision d'annotation pose le problème des verbes qui acceptent les constructions avec complétive aussi bien que les constructions à attribut de l'objet. Les données annotées FrameNet, annotations full-text comprises, ne comportent aucune occurrence du verbe *consider* avec complétive. Posons-nous donc hypothétiquement la question de l'annotation d'un exemple comme (37). Il apparaît qu'il faudrait choisir entre ne pas annoter ce type d'exemples comme évoquant le frame CATEGORIZATION et "descendre" dans la complétive pour y annoter les rôles Item et Category. Cela paraît difficile puisque FrameNet ne comporte absolument aucun exemple où les rôles seraient annotés au sein d'une complétive (lorsque le déclencheur n'appartient pas à cette complétive).

*(37) Whigs considered that his scruples over the oath were ridiculous and inconsistent.*
*"Les Whigs considéraient que ses scrupules à propos du serment étaient ridicules et inconsistants."*

Ce découpage en rôles pose deux autres problèmes. D'abord, il acte une relation sémantique entre déclencheur et Item qui, nous l'avons vu en section 3.2, n'existe pas : l'objet du verbe principal d'une construction à attribut de l'objet ne remplit aucune position argumentale de ce verbe. Ensuite, tout frame évoqué par le remplisseur du rôle Category aurait pour participant le remplisseur du rôle Item. Annoter ces rôles pour le frame Categorization apparaît comme redondant avec l'annotation de ce potentiel frame.

5. La version complétive de *consider* semble cependant bien moins usitée que sa traduction française.

## 4.2 Frames avec deux rôles essentiels

Nous avons étudié les frames liés aux verbes de connaissance, d'opinion et de croyance, tels que *know*, *think* et *believe*, qui s'emploient aussi bien avec une complétive qu'avec une construction à attribut de l'objet. Le frame AWARENESS présente des annotations des deux versions de cette alternance. Dans ce frame, une entité sentiente ( Cognizer ) a un certain contenu ( Content ) dans son modèle du monde.

Exemples d'annotation :

(38) *Some BELIEVED her husband was dead*
*"Certains croyaient son mari mort."*

(39) *He KNEW he had made a bad mistake*
*"Il savait qu'il avait fait une grosse erreur"*

(40) *I had THOUGHT that I was the only murderer in the family*
*"Je pensais que j'étais le seul meurtrier de la famille."*

Les occurrences de constructions à attribut de l'objet sont dans ce frame toutes annotées avec le même rôle : Content, qui englobe alors l'objet du verbe et son attribut.

(41) *You may sincerely BELIEVE yourself capable of running a nightclub*
*"Tu te crois probablement sincèrement capable de gérer une boîte de nuit."*

(42) *She KNEW herself to be mortally ill*
*"Elle se savait mortellement malade."*

(43) *Coffin THOUGHT her very clever*
*"Coffin la pensait très intelligente."*

Ce choix d'annoter de la même manière les deux versions de l'alternance semble cohérent puisqu'il fait correspondre un rôle à chaque argument sémantique et permet de rendre compte de la relation de paraphrase entre deux phrases comme les exemples (13a) et (13b).

En nous intéressant aux verbes de perception évoqués supra comme pouvant sous-catégoriser un attribut de l'objet, tels que *see*, *hear* et *feel*, nous avons découvert un cas problématique. Dans le frame PERCEPTION_EXPERIENCE, évoqué par les verbes susmentionnés, une entité sentiente ( Perceiver_passive ) perçoit sensoriellement un phénomène ( Phenomenon ). L'observation des annotations permet de trouver des exemples tels que (44) où, comme pour AWARENESS ci-dessus, un même rôle ( Phenomenon ) permet d'annoter l'objet et son attribut, mais aussi des exemples comme (45). Dans ces derniers, Depictive , un rôle non-essentiel du frame qui permet de spécifier l'état du phénomène, est utilisé pour annoter les occurrences d'attribut de l'objet.

(44) a. *She had never SEEN him so apoplectic.*
*"Elle ne l'avait jamais vu si furieux"*

b. *Three couples had already been SEEN leaving the hotel with baggage.*
*"On avait déjà vu trois couples quitter l'hôtel avec leurs bagages."*

(45) a. *She could SEE fly across his face a whole sequence of emotions and responses.*
*"Elle voyait défiler sur son visage tout une séquence d'émotions et de réactions."*

b. *I had SEEN him painfully sewing on a shirt-button.*
*"Je l'avais vu cousant avec difficulté un bouton de chemise."*

Nous n'avons pu identifier de constante qui permette de différencier les exemples annotés comme (44) de ceux annotés comme (45). Cette inconsistance apparaît donc comme un problème de cohérence dans la définition des rôles, à moins que l'on n'ait affaire, dans un cas ou dans l'autre, à des erreurs d'annotation.

## 4.3 Frames avec deux jeux complémentaires de rôles essentiels

Nous avons aussi examiné des verbes moins prototypiques de la construction à attribut de l'objet, mais qui fournissent un exemple de frame avec un troisième type de traitement FrameNet. Guimier (1999) ne cite pas les verbes de souvenir *se rappeler*, *revoir* ni *se remémorer* comme verbes à attribut de l'objet, et on ne trouve dans le FTB aucun emploi de la construction avec ces verbes, mais FRANTEXT permet de trouver quelques exemples, comme en (46), et on peut aussi facilement en forger.

(46) a. *Il se rappelait la vieille grand'mère rentrant avec un filet à provisions.*
b. *Il revoyait son père lui montrant le pays et les grandes collines.*

En ce qui concerne les unités lexicales ayant trait à la mémoire, FrameNet fait le choix d'un découpage en frames selon l'axe *se souvenir d'un fait ou d'une information* (REMEMBERING_INFORMATION) vs. *se souvenir d'une expérience ancrée dans le temps* (REMEMBERING_EXPERIENCE). Seul ce deuxième frame permet une construction à attribut de l'objet. Cela est un peu compliqué par l'existence d'un frame MEMORY qui, au niveau de la définition, semble être un doublon de REMEMBERING_INFORMATION mais qui englobe les deux cas au niveau de l'annotation. Nous détaillons ici le découpage des rôles pour ces deux frames, bien que seul le premier présente des annotations.

Dans MEMORY, comme dans AWARENESS supra, les constructions à attribut de l'objet sont annotées avec un seul rôle Content :

(47) *He also REMEMBERED Dougal saying something about blackmail.*
*"Il se rappelait aussi Dougal disant quelque chose à propos de chantage."*

(48) *I REMEMBER dad running after me and having a long conversation trying to make me understand.*
*"Je me rappelle papa me courant après et ayant une longue conversation pour essayer de me faire comprendre."*

Le frame REMEMBERING_EXPERIENCE, quant à lui, permet d'annoter avec des rôles différents les versions avec complétive ou attribut de l'objet d'une même phrase. Dans ce frame, une entité sentiente ( Cognizer ) se remémore une expérience ( Experience ) passée, ou une propriété ( Impression ) passée d'une entité ( Salient_entity ), ou encore un état ( State ) dans lequel se trouvait cette même entité au cours d'une expérience passée implicite.

La définition du frame précise que la présence d'une entité exclut la mention explicite d'une expérience et appelle en général celle d'un état ou d'une impression caractérisant l'entité au moment remémoré par le Cognizer. Cela est répercuté au niveau des contraintes sur les rôles que FrameNet permet de définir, puisque le frame précise que Salient_entity, State et Impression sont en exclusion mutuelle avec Experience, et que l'annotation d'un State ou d'une Impression implique obligatoirement celle d'une Salient_entity.

Ce système de contraintes fournit donc deux jeux de rôles, ce qui devrait permettre d'annoter dans le même frame mais avec des rôles différents les constructions complétive et à attribut de l'objet de même sens. On ne trouve cependant aucune annotation de *remember* comme déclenchant REMEMBERING_EXPERIENCE dans les annotations FrameNet.

Exemples fabriqués :

(49) a. *I REMEMBER them taller.*
*"Je me les rappelle plus grands."*
b. *I REMEMBER that they were taller.*
*"Je me rappelle qu'ils étaient plus grands."*

(50) a. *I REMEMBER them singing on stage.*
*"Je me les rappelle chantant sur scène."*
b. *I REMEMBER that they were singing on stage.*
*"Je me rappelle qu'ils chantaient sur scène."*

## 5 Choix de traitement pour le FrameNet français

Après avoir observé les différents traitements appliqués par FrameNet au cas de discordance syntaxe-sémantique présenté par les constructions à attribut de l'objet, nous avons voulu prendre une décision que nous pourrions appliquer uniformément dans tous les frames du projet ASFALDA dont des déclencheurs autoriseraient cette construction. Cela évite que le choix ne revienne aux différents annotateurs à chaque occurrence du phénomène, ce qui permettra à la fois de leur faciliter la tâche et d'obtenir une meilleure cohérence des données.

Encoder qu'un même lexème déclenchera deux frames différents en fonction de la construction dans laquelle il s'insère entraînerait une polysémie systématique et, nous semble-t-il, injustifiée. Cela reviendrait à considérer que le verbe *trouver* possède un sens différent dans les exemples (13a) et (13b) que nous affichons à nouveau ici.

(13) a. *Sam trouve Alex sympathique.*
b. *Sam trouve qu'Alex est sympathique.*

De même, même si prévoir un jeu de rôles spécifique pour l'annotation de ce type de constructions nous permettrait d'encoder (13a) et (13b) sous le même frame, cette solution ne nous paraît pas non plus convenir. En effet, prévoir un rôle essentiel pour l'attribut de l'objet reviendrait à considérer ce dernier comme un argument sémantique du verbe déclencheur, ce qui n'est, nous l'avons vu plus haut, pas le cas.

Nous projetons donc d'annoter l'objet et son attribut au moyen d'un seul rôle, le même qui sera utilisé pour annoter une complétive de sens équivalent dans le même frame. Nous rendons ainsi compte de la similarité sémantique approximative entre les versions complétive et à attribut de l'objet d'une même phrase, et conservons un point de vue sémanticiste en prévoyant un rôle essentiel par rôle sémantique plutôt que de nous fonder sur la syntaxe. La relation de prédication entre l'objet et son attribut sera, le cas échéant, encodée par un frame déclenché par cet attribut.

# 6 Conclusion

Dans le cadre du projet ASFALDA (Candito *et al.*, 2014), qui a pour but de développer un FrameNet du français, nous nous sommes intéressés à la construction à attribut de l'objet comme exemple typique de divergence syntaxe-sémantique pour lequel nous souhaitions prévoir un traitement adapté et cohérent.

Pour ce faire, nous avons d'abord passé en revue les différentes catégories de constructions attributives de l'objet, ce qui nous a amené à préciser que notre étude se focaliserait sur les constructions à *complément* attributif de l'objet, et ce uniquement pour les verbes permettant une alternance entre cette construction et une construction complétive.

Nous nous sommes ensuite intéressés au statut de divergence syntaxe-sémantique des constructions à attribut de l'objet. Nous avons passé en revue les arguments qui peuvent amener à considérer que le verbe d'une CAO sous-catégorise trois compléments, puis ceux qui permettent de déterminer que seulement deux d'entre eux remplissent une position argumentale. Nous avons ensuite questionné l'apparente relation de paraphrase entre une CAO et la version à complétive d'une même phrase, qui apparaît possible mais pas systématique.

Après cet examen des propriétés syntaxiques et sémantiques des CAO, nous avons voulu étudier le traitement qui en était fait par FrameNet, en examinant les frames associés à des verbes "typiques" de l'attribut de l'objet en anglais. Nous avons mis au jour trois grands types de traitement, c'est-à-dire de choix des rôles essentiels définis pour les frames regroupant des déclencheurs qui permettent à la fois CAO et construction complétive. Il apparaît que selon les frames, on a à disposition deux ou trois rôles, ou encore deux jeux complémentaires de rôles pour annoter les arguments des déclencheurs, et que cette annotation n'est pas toujours consistante à l'intérieur d'un même frame.

Pour le FrameNet français, nous avons décidé d'homogénéiser la grande diversité de traitements des CAO rencontrée dans FrameNet en annotant au sein du même frame et au moyen d'un seul et même rôle l'objet et son attribut ou une complétive de même sens. Cela permettra de rendre compte de la similarité sémantique entre les deux constructions, et de conserver une équivalence entre le nombre de rôles essentiels et celui d'arguments sémantiques. Nous souhaitons ainsi privilégier un point de vue sémanticiste, dans l'esprit original de FrameNet.

# Références

ABEILLÉ A., CLÉMENT L. & TOUSSENEL F. (2003). Building a Treebank for French. In *Treebanks : Building and Using Parsed Corpora*, p. 165–188. Springer.

ABEILLÉ A., TOUSSENEL F. & CHÉDARAME M. (2004). *Corpus le monde, annotation en constituants, guide pour les correcteurs, version du 31 mars 2004.*

BAKER C. F., FILLMORE C. J. & LOWE J. B. (1998). The berkeley framenet project. In *Proceedings of the 36th Annual Meeting of the Association for Computational Linguistics and 17th International Conference on Computational Linguistics - Volume 1*, ACL '98, p. 86–90, Stroudsburg, PA, USA : Association for Computational Linguistics.

BLANCHE-BENVENISTE C. (1991). Deux relations de solidarité utiles pour l'analyse de l'attribut. In M. GAULMYN, S. RÉMI-GIRAUD & L. BASSET, Eds., *À la recherche de l'attribut*, p. 83–97. Presses universitaires de Lyon.

H. C. BOAS, Ed. (2009). *Multilingual FrameNets in computational lexicography : methods and applications*. Trends in linguistics. Berlin, New York : Mouton de Gruyter.

BORKIN A. (1974). *Raising to Object Position*. PhD thesis, University of Michigan.

CANDITO M., AMSILI P., BARQUE L., BENAMARA F., DE CHALENDAR G., DJEMAA M., HAAS P., HUYGHE R., MATHIEU Y. Y., MULLER P., SAGOT B. & VIEU L. (2014). Developing a french framenet : Methodology and first results. In *Proceedings of the 9th international conference on Language Resources and Evaluation (LREC 2014)*, Reykjavik, Iceland.

CANDITO M. & SEDDAH D. (2012). Le corpus Sequoia : annotation syntaxique et exploitation pour l'adaptation d'analyseur par pont lexical. In *Proc. of TALN*, Grenoble, France.

GROSS M. (1975). *Méthodes en syntaxe : régime des constructions complétives*. Actualités scientifiques et industrielles. Hermann.

GUIMIER É. (1998). Les constructions à prédicat de l'objet des verbes de perception. In *M. Forsgren, K. Jonasson & H. Kronning (éds), Prédication, assertion, information. Actes du colloque d'Uppsala, Uppsala : Acta Universitatis Upsaliensis*, p. 231–241.

GUIMIER É. (1999). *Les constructions à prédicat de l'objet en français : aspects syntaxiques, interprétatifs et formels*. PhD thesis, Université Paris VII-Denis Diderot.

HOEKSTRA T. (1992). Small clause theory. *Belgian Journal of Linguistics*, **7**(1), 125–151.

LE GOFFIC P. (1994). *Grammaire de la phrase française - Livre de l'élève - Edition 1994*. HU Langue française. Hachette Éducation.

LECLÈRE C. (2002). Organization of the lexicon-grammar of french verbs. *Lingvisticae Investigationes*, **25**(1), 29–48.

LEVIN B. (1993). *English Verb Classes and Alternations : A Preliminary Investigation*. University of Chicago Press.

MULLER C. (2000). Les constructions à adjectif attribut de l'objet, entre prédication seconde et complémentation verbale. *Langue française*, **127**(1), 21–35.

OLSSON K. (1976). *La Construction verbe + objet direct + complément prédicatif en français : aspects syntaxiques et sémantiques*. PhD thesis, Université de Stockholm.

RIEGEL M. (1981). Verbes essentiellement ou occasionnellement attributifs. *L'information grammaticale*, **10**(1), 23–27.

RIEGEL M. (1991). Pour ou contre la notion grammaticale d'attribut de l'objet : critères et arguments. In M. GAULMYN, S. RÉMI-GIRAUD & L. BASSET, Eds., *À la recherche de l'attribut*, p. 99–118. Presses universitaires de Lyon.

RIEGEL M., PELLAT J. & RIOUL R. (2009). *Grammaire méthodique du français*. Linguistique Nouvelle. Presses Universitaires de France.

ROTHSTEIN S. (1995). Small clauses and copular constructions. *Small clauses*, p. 27–48.

RUPPENHOFER J., ELLSWORTH M., PETRUCK M. R., JOHNSON C. R. & SCHEFFCZYK J. (2006). *FrameNet II : Extended Theory and Practice*. Berkeley, California : International Computer Science Institute. Distributed with the FrameNet data.

RUWET N. (1982). *Grammaire des insultes et autres études*. Travaux Linguistiques. Éditions du Seuil.

RÉMI-GIRAUD S. (1991). Adectif attribut et prédicat. approche notionnelle et morpho-syntaxique. In M. GAULMYN, S. RÉMI-GIRAUD & L. BASSET, Eds., *À la recherche de l'attribut*, p. 151–157. Presses universitaires de Lyon.

SEDDAH D., TSARFATY R., K'UBLER S., CANDITO M., CHOI J., FARKAS R., FOSTER J., GOENAGA I., GOJENOLA K., GOLDBERG Y., GREEN S., HABASH N., KUHLMANN M., MAIER W., NIVRE J., PRZEPIORKOWSKI A., ROTH R., SEEKER W., VERSLEY Y., VINCZE V., WOLIŃSKI M., WRÓBLEWSKA A. & VILLEMONTE DE LA CLÉRGERIE E. (2013). Overview of the spmrl 2013 shared task : A cross-framework evaluation of parsing morphologically rich languages. In *Proc. of the 4th Workshop on Statistical Parsing of Morphologically Rich Languages : Shared Task*, Seattle, WA.

STOWELL T. (1995). Remarks on clause structure. *Syntax and semantics*, **28**, 271–286.

TOBBACK E. (2005). *Les constructions à attribut de l'objet et le marquage de la relation prédicative seconde*. PhD thesis, Université de Gand.

WILLEMS D. & DEFRANCQ B. (2000). L'attribut de l'objet et les verbes de perception. *Langue française*, p. 6–20.

WILLIAMS E. (1975). Small clauses in english. *Syntax and semantics*, **4**, 249–273.

# Expressions différenciées des besoins informationnels en Langue Naturelle : construction de profils utilisateurs en fonction des tâches de recherche d'informations

Marilyne Latour[1, 2]
(1) Université Grenoble-Alpes, GRESEC, F-38040 Grenoblc
(2) ReportLinker, 4 Rue Montrochet, 69002 Lyon
marilyne.latour@ac-grenoble.fr, marilyne.latour@reportlinker.com

**Résumé.** Devant des collections massives et hétérogènes de données, les systèmes de RI doivent désormais pouvoir appréhender des comportements d'utilisateurs aussi variés qu'imprévisibles. L'objectif de notre approche est d'évaluer la façon dont un utilisateur verbalise un besoin informationnel à travers un énoncé de type « expression libre » ; appelé langage naturel (LN). Pour cela, nous nous situons dans un contexte applicatif, à savoir des demandes de remboursement des utilisateurs d'un moteur de recherche dédié à des études économiques en français. Nous avons recueilli via ce moteur, les demandes en LN sur 5 années consécutives totalisant un corpus de 1398 demandes. Nous avons alors comparé l'expression en tant que tel du besoin informationnel en fonction de la tâche de recherche d'informations (RI) de l'utilisateur.

**Abstract.** With the massive and heterogeneous web document collections, IR system must analyze the behaviors of users which are unpredictable and varied. The approach described in this paper provides a description of the verbalizations of the information need in natural language. For this, we used data collected (*i.e.* users' complaints in natural language) through a search engine dedicated to economic reports in French over 5 consecutive years totaling a corpus of 1398 natural language requests. Then, we compared the expression as such of the information need according to the IR task.

**Mots-clés :** Recherche informations ; Besoin informationnel, Expression et interprétation des besoins ; Formulation question ; Langage naturel ; comportement utilisateur ; tâches de recherche d'informations.

**Keywords:** Information Retrieval ; Information Need, Query formulation and Query Expression ; Query Formulation ; Natural Language ; User Behavior ; IR task.

## 1 Introduction

Le 26 septembre 2013, *Google* annonce lors d'une conférence de presse pour fêter ses 15 ans, son nouvel algorithme baptisé *« Hummingbird »*. Ce nouvel algorithme s'éloigne de la logique de la recherche d'informations (RI) des requêtes en mots-clés pour s'ouvrir aux requêtes en langage naturel (LN). C'est un changement majeur pour le géant de la recherche dont l'objectif affiché est d'être capable de traiter des requêtes plus complexes et plus longues tout en prenant en compte le sens des mots dans leur contexte. Si l'on reprend l'exemple de Danny Sullivan [1] à la requête « Quel est l'endroit le plus près de chez moi pour acheter un *iPhone* 5S ? », *Google* devrait pouvoir prendre en compte et lier les notions « endroit près de chez moi », « acheter », « iPhone 5S » sous-entendu : l'objet désiré, le type d'action exercée sur l'objet (celui d'acheter) et la couverture géographique (à proximité de là où est localisé l'internaute « chez moi »). L'objectif est donc double : *(a)* comprendre la demande dans sa globalité pour lui donner un « sens » plus exact et *(b)* capitaliser d'autres informations que celles apparaissant sur les pages de recherche. Plus largement et au travers de la demande exprimée, c'est l'interprétation du besoin informationnel de l'utilisateur qui est visé pour le premier point. Ainsi, dans l'exemple cité, cela reviendrait à comprendre que la demande concerne le domaine de la téléphonie mais aussi que le besoin s'étend également à une volonté d'acheter un appareil. Le second point, lui, s'intéresse au lieu d'habitation si l'internaute a déjà renseigné cette information. Également des requêtes précédemment effectuées sur le moteur peuvent aider à « contextualiser » la demande notamment sur les centres d'intérêts de l'utilisateur. Cet algorithme rend compte d'une prise de conscience de la part des développeurs des systèmes de recherche d'informations (SRI) de traiter plus efficacement les requêtes avec une

1. « FAQ : All About The New Google « Hummingbird » Algorithm », Danny Sullivan, 27/09/2013, disponible sur : http ://searchengineland.com/google-hummingbird-172816 .

meilleure contextualisation du besoin informationnel. Dans ce sens, plusieurs pistes d'améliorations sont en cours : les premières ont pour objectif de mieux définir le besoin informationnel; les buts des utilisateurs ainsi que les tâches sous-jacentes à la réalisation de celui-ci ; les secondes portent sur une meilleure contextualisation du contexte de l'utilisateur et de son environnement.

## 2 Le besoin informationnel contextualisé par la tâche de RI

Pour [Cabanac11], un utilisateur est un individu qui, dans un contexte donné -professionnel ou personnel- a besoin des résultats de sa requête médiatisé par un système informatisé -un logiciel quelconque, ou un système de recherche d'informations- pour réaliser une tâche avec un objectif spécifique. Dans ce cadre, le besoin informationnel est la prise de conscience d'un utilisateur lorsqu'il est confronté à l'exigence d'une information qui lui est à la fois déficiente et nécessaire. Ce besoin apparaît comme étant ancré, déterminé par la position qu'occupe un individu dans son environnement social [Lecoadic98] ou de travail. Or, de nombreuses études dont notamment celles de [Ingwersen05], [Ramirez06] expriment un décalage entre le besoin informationnel et son expression à travers un SRI. Ce décalage s'exprime généralement à travers des requêtes uniquement. Or ces requêtes sont généralement courtes (entre 2 et 3 termes) exprimant un but plus ou moins explicite [Strohmaier08]. Celles qui ont un but explicite sont des requêtes qui décrivent avec précision leur intention de recherche, *i.e.* pouvant être reliées à un but spécifique, de manière reconnaissable et non ambiguë. Exemple : *« acheter une voiture », « réparer une voiture », « aller à Miami »*, alors que celles qui ont un but implicitement exprimé sont des requêtes où il est difficile d'obtenir le but spécifique des intentions de recherche. L'exploitation du contexte de la tâche de recherche permettrait de mieux prédire le type de besoin des requêtes traduisant la nature de la tâche de recherche, en exploitant les caractéristiques morphologiques des requêtes ainsi que le profil et le contexte de la session.

Un des premiers constat est que pour faire face à ce décalage, il est nécessaire de travailler sur la compréhension de la tâche de RI. Pour ce faire, une variété d'approches en RI ont vu le jour se basant sur une taxonomie des buts de l'utilisateur ou de la tâche à effectuer. Le type de besoin inhérent à la requête est alors défini comme étant **informationnel** -lié à la recherche du contenu informationnel de documents-, **navigationnel** -lié à la recherche des sites d'accueil des personnes, organisations ou autres- ou **transactionnel** - lié à la recherche des services en ligne [Broder02], [Rose04], [Jansen08]. L'exploitation du contexte de la tâche de recherche permettrait de mieux prédire le type de besoin des requêtes traduisant la nature de la tâche de recherche, en exploitant les caractéristiques morphologiques des requêtes ainsi que le profil et le contexte de la session. Alors que la plupart des approches exploitent seulement des caractéristiques morphologiques de la requête [Kang03], [Kang05] ou des indicateurs de comportement de l'utilisateur (clics, données de consultation de la page, nombre de documents consultés...), l'objectif sous-jacent des moteurs qui proposent la LN comme moyen d'interrogation voire d'interaction : proposer un mode d'interrogation non contraignant pour l'utilisateur, afin qu'il puisse exprimer librement son besoin informationnel.

## 3 Expérimentation

Nous nous intéresserons ici à la phase de formulation du besoin informationnel d'un utilisateur de documents spécifiques à savoir des études de marchés économiques et ceci à travers sa formulation en LN. Plus précisément, nous voulons évaluer quelles sont les informations comme la zone géographique, la date, le type de données ou encore le prix, etc présentées dans la demande en LN en fonction de sa tâche de RI. L'objectif est, d'un point de vue linguistique, de mieux connaître les stratégies de l'utilisateur pendant sa tâche de RI ainsi que la formulation de son besoin informationnel. Le but intrinsèque est de pouvoir établir à long terme et en fonction des profils identifiés des recommandations pour les systèmes de recherche d'informations (SRI) sur les fonctionnalités à développer (aide à la recherche ou à la navigation, pré-enregistrement de filtres de recherche, environnement adapté en fonction du profil utilisateur, etc.). Nous nous situons dans un contexte applicatif spécifique, à savoir un moteur de recherche dédié à des études économiques en français : www.plusdetudes.comDétenu par la société Ubiquick, Lyon (France) avec un autre moteur de recherche en anglais : www.reportlinker.com. . Nous avons recueilli, les demandes en LN en français effectuées sur 5 années consécutives (de 2002 à 2007) de ce moteur de recherche, ainsi que les données utilisateurs (identité, fonction, domaine d'activité) totalisant un corpus de 1398 demandes en LN. Le fonds documentaire de ce moteur est d'environ 10 000 études de marché, couvrant 450 secteurs d'activités économiques et organisé autour de six axes principaux dans le thésaurus sectoriel : Agroalimentaire, Technologies de l'information et Médias, Biens et services de consommation, Sciences de la vie, Industrie, Services.

## 3.1 Recueil du corpus

Deux types de données ont été recueillis : *(i)* les données utilisateurs *via* le champs « Contacts » du formulaire SAV : ces données concernent l'identité de la personne, le nom de l'entreprise (ou université) de laquelle il ou elle dépend, la fonction exercée ainsi que les coordonnées téléphoniques, mail et adresse ; *(ii)* les demandes en LN *via* le champs « Expression de la demande » du formulaire SAV : ce formulaire est utilisé quand les recherches s'avèrent infructueuses ou tout simplement lorsque l' utilisateur veut obtenir un remboursement car juge être non satisfait des résultats obtenus. En analysant ces deux types de données, une typologie en fonction de trois types de tâche de RI se distingue nettement de notre corpus :

- [TACHE-CREA] : **le but de la tâche de RI est la création d'entreprise ou le lancement d'un nouveau produit ou encore d'une nouvelle marque** ; les objectifs opérationnels sont de se procurer une étude de faisabilité, d'identifier la concurrence éventuelle. Elle concerne 379 demandes de notre corpus (soit 27,11%).
- [TACHE-SCO] : **le but de la tâche de RI est la réalisation d'une tâche scolaire** ; les objectifs opérationnels sont de préparer un examen, d'écrire un mémoire, de travailler sur une étude de cas.... Elle concerne 513 demandes de notre corpus (soit 36,69%).
- [TACHE-PRO] : **le but de la tâche de RI est l'obtention d'informations dans un cadre professionnel** ; les objectifs opérationnels sont de mieux connaitre le marché, ses éléments chiffrés, d'identifier les tendances d'un marché ou d'un produit, de faire de la veille stratégique...Elle concerne 506 demandes de notre corpus (soit 36,19%).

Nous pouvons supposer que si ces caractéristiques sont fortement liées à un aspect spécifique des demandes et besoins informationnels et de manière relativement stable en fonction du contexte de la recherche, alors il serait possible de trouver des corrélations entre ces caractéristiques et les buts des utilisateurs dans le contexte considéré.

## 3.2 Chaîne d'analyse d'une demande en LN

Nous avons développé un environnement d'analyse chaîne de traitement en deux étapes des demandes en LN ainsi obtenus. La première concerne la segmentation des demandes en LN en blocs d'informations ; la seconde permet d'extraire des concepts associés (zone géographique, scope temporel, etc).

#### Première phase : Segmentation des demandes en LN en blocs d'informations

Nous nous concentrons dans cette phase de segmentation sur un scénario de recherche particulier *i.e.* la recherche de données économiques via un moteur de recherche en français. Basé sur l'analyse des formulaires SAV, on constate que la plupart de ces demandes comportent une structure sous-jacente. Par conséquent, un ensemble de règles ont été écrites manuellement pour décrire les différents scénario de la structure de la demande en LN. Cette dernière s'articule autour de plusieurs éléments, désignés comme autant de *blocs d'informations* :
- [SALUTATION-DEBUT] : formules de salutations (début). Exemple : « Bonjour »
- [FONCTION-CLIENT] : présentation de la fonction. Exemple : « je suis étudiante »
- [CONTEXTE] : annonce du contexte de la recherche. Exemple : « en vue de la création de ma future entreprise »
- [INTENTION-RECHERCHE] : introduction d'une intention de recherche. Exemple : « je souhaiterais obtenir des données »
- [TYPES-DONNEES] : indications des types de données recherchées. Exemple : « les parts de marchés de »
- [REFERENT] : définition du ou des référent(s) : *i.e.* la verbalisation de l'objet même de la recherche, ce sur quoi porte le but de la démarche de RI. Exemple : « revêtement de sol »
- [PRECISIONS] : ajouts de précisions. Exemple : « type Haagen Dazs »
- [SALUTATION-FIN] : formules de salutations (fin) : « avec mes remerciements »

Ces blocs d'informations ne sont pas tous remplis par les utilisateurs ; certains n'utilisant qu'un schéma simple de demande d'informations.

Dans un premier temps, notre méthodologie a consisté à extraire de manière empirique les caractéristiques et les structurations des blocs d'information d'un corpus d'apprentissage constitué d'environ 15 % de notre corpus total soit 200 demandes en LN. Il s'agit d'utiliser les régularités que manifeste notre corpus pour effectuer des découpages et des structurations. Pour cela, nous avons relevé manuellement :
- le **vocabulaire** et les formulations d'une demande pour les différents blocs d'informations en s'appuyant sur des marqueurs sémantiques (« par exemple », « aussi », « concrètement », « en effet »...) ;

– des **marqueurs typographiques** comme la ponctuation (virgule, le point virgule) et les majuscules).
– des **lexiques** spécifiques selon le différents blocs comme des lexiques de verbes (« vouloir », « désirer »...) ou des lexiques de noms (informations, données...).

Par exemple, sont répertoriés dans le même bloc : « je voudrais obtenir des informations sur [...] », « je désire toutes les données concernant [...] ».

Les règles de segmentation s'effectuent sur les phrases se basent sur le triptyque suivant : *(a)* une syntaxe et un ordonnancement de règles (écrites manuellement) *(b)* un analyseur morpho-syntaxique[2] pour faire appel à des étiquettes (nom commun, nom propre, adjectif, déterminant, etc.) *(c)* du lexique (principalement issues de thésaurus interne à la société possédant le moteur de recherche).

Une première évaluation manuelle de cet échantillon a montré que dans 75 % des cas le découpage en motifs obtenu était correcte (*i.e.* correspondait à un découpage qui aurait été fait humainement); 20% des séquences restaient non étiquetées (*i.e.* pas d'appartenance aux différents blocs d'informations identifiés) et 5 % des séquences étaient étiquetées de manière erronée. Sur les 20% de séquences non étiquetées, nous avons pu remarquer que *(i)* des erreurs de segmentation pouvaient être rectifiées en retravaillant sur les règles (12%), *(ii)* des erreurs étaient tout simplement dues à un mauvais ou absence d'étiquetage de l'analyseur morpho-syntaxique (8%). Nous avons travaillé sur ce premier point notamment en les ajustant par profils utilisateurs ce qui a permis de supprimer les 12% de séquences non étiquetées mais non de remédier aux erreurs d'étiquetage de l'analyseur morpho-syntaxique.

Une fois les règles de segmentation ajustées, nous avons ensuite réalisé ce découpage de façon automatique sur l'ensemble des demandes en LN soit 1398 demandes. Ceci nous permet d'avoir un usage de ces blocs différencié : le bloc [REFERENT] nous livre un bon nombre d'informations sur l'objet même de la recherche alors que les blocs [FONCTION-CLIENT] et [CONTEXTE] contiennent des informations sur le profil utilisateurs. Le bloc [INTENTION-RECHERCHE] pour savoir comment les utilisateurs verbalisent leurs besoins. Également les blocs [TYPES-DONNEES], [PRECISIONS] et [REFERENT] nous donnent accès à des concepts associés comme la zone géographique recherchée, le scope temporel demandé, les critères de prix s'ils sont présents, ou d'autres éléments de contexte de la recherche comme le délai/l'urgence ou non de la demande. Enfin les [SALUTATION-DEBUT] et [SALUTATION-FIN] ne sont pas étudiés dans ce présent travail; notre objectif est donc uniquement de les identifier. Une comparaison plus fine peut alors s'effectuer sur le bloc [REFERENT] qui représente le thème de la recherche et la requête.

**Deuxième phase : Extraction de concepts associés**

En parallèle de la segmentation de la demande en blocs d'informations, sont extraits plusieurs concepts importants : la zone géographique, les noms de marque, les expressions de temps, les valeurs monétaires ou encore le caractère urgent (le délai). Ces concepts peuvent apparaître de façon disparates dans les différents blocs d'informations. Pour la zone géographique et les noms de marque, nous les repérons grâce à l'étiquette nom propre de l'analyseur morpho-syntaxique. Nous confrontons alors ces noms propres aux thésaurus internes (thésaurus géographique et thésaurus entités nommées). L'extraction des autres concepts se fait à base de règles que nous décrivons ci-dessous. Les concepts sont relevés à partir des règles suivantes :

– la zone géographique : étiquette nom propre et appel à un lexique issu du thésaurus géographique interne à la société. Ce thésaurus regroupe à la fois les noms propres des noms de pays (« France ») ainsi que leurs formes adjectivales (« français » dans « marché français »),
– les noms de marques et/ou d'entreprises : étiquette nom propre et appel à la fois à un lexique comportant le nom et les marques des plus grandes entreprises et également appel à des règles linguistiques pour détecter celles qui ne sont pas renseignées. Ces règles linguistiques se basent sur plusieurs éléments : l'apparition d'une majuscule qui ne soit pas au début d'une phrase, des mentions de forme juridique des entreprises comme SA, SARL, SCI pour les formes françaises et enfin sur la fonction exercée dans l'entreprise comme « gérant de », « propriétaire de », « secrétaire chez »,
– les expressions de temps : combinaison de règles et de lexiques permettant de recueillir toutes les formes de dates *e.g.* simple mention de l'année, ou mois + année, etc ainsi que des notions de temporalité comme le semestre par exemple,
– les valeurs monétaires : combinaison de règles et de lexiques permettant la reconnaissance d'entités numériques suivies ou précédées d'un signe monétaire,

2. L'analyseur morpho-syntaxique utilisé est *xelda* (développé par *xerox*). Les grandes étapes de cet analyseur sont : il *(i)* identifie tout d'abord la langue (à partir des premiers caractères), *(ii)* segmente en phrases, *(iii)* tokénine (*i.e.* scinde un texte en unités lexicales élémentaires), *(iv)* analyse morphologiquement (renvoie les catégories grammaticales potentielles pour tous les mots identifiés durant la tokénisation) et enfin *(v)* désambiguïse morpho-syntaxiquement en déterminant la catégorie grammaticale d'un mot en fonction de son contexte. Cet analyseur a été utilisé pour déterminer tous les traits morphologiques et syntaxiques.

– le caractère urgent : combinaison de règles basées sur du lexique.

Sur ce présent corpus, nous avons évalué manuellement les résultats obtenus sur 200 demandes en LN. Il s'avère que la reconnaissance géographique est assez pertinente : moins de 2 % de bruit (sur le corpus de test de 200, 68 demandes en LN contenaient une géographie). Les données numériques et les format dates sont également bien reconnus : moins d' un 1% de bruit (sur le corpus de test de 200, 15 demandes en LN contenaient une donnée numérique ou une date). La reconnaissance des noms de marque et/ou de noms d'entreprise s'est avérée plus fastidieuse puisque celle-ci s'élève à 7 % de bruit (sur le corpus de test de 200, 20 demandes en LN contenaient un nom de marque et/ou de nom d'entreprise).

# 4 Quelle expression des besoins informationnels selon la tâche de RI ?

La [TACHE-PRO] formule avec moins de termes ses besoins informationnels : en moyenne 17,66 termes contre 21,51 pour la [TACHE-CREA] et 22,27 pour la [TACHE-SCO]. Cette distribution est représentée dans la Figure 1. Les histogrammes de la figure 1 différencient la distribution de la [TACHE-PRO] (histogramme de gauche) ; les deux premières catégories représentent plus de 150 demandes en LN qui contiennent moins de 20 termes. Peu de demandes sont longues dans ce groupe de personnes.

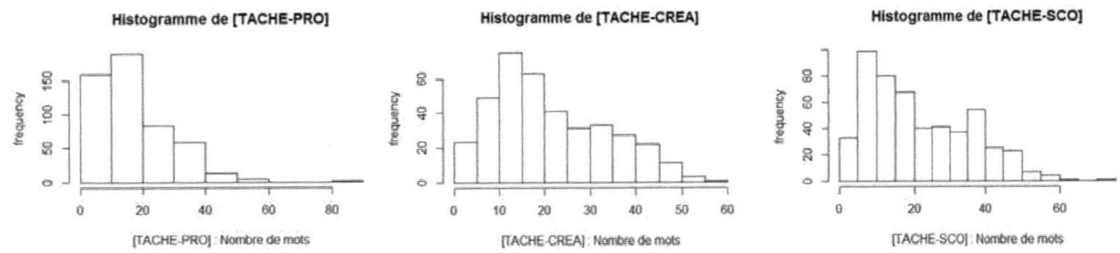


FIGURE 1 – Distribution du nombre de mots dans la demande en LN par type de tâche de RI, représentation en histogrammes

## 4.1 Traits morphologiques de la demande en LN différenciés par type de tâche en RI

En ce qui concerne les traits morphologiques, nous avons pu relever certaines différences entre la formulation des demandes en LN et la tâche de RI.

En ce qui concerne l'usage et la répartition des concepts à l'intérieur de la demande en LN, plusieurs caractéristiques se dégagent notamment à partir de la figure 2. Les deux concepts qui subissent le plus de variations entre les différents groupes d'utilisateurs sont la [FONCTION-CLIENT] et le [CONTEXTE]. En effet, le groupe [TACHE-SCO] utilise d'avantage le concept [FONCTION-CLIENT] pour indiquer qu'ils sont étudiants et éventuellement précise le degré d'étude (master, license) ou encore le nom de leur université. Le [CONTEXTE] est très peu utilisé par le groupe [TACHE-PRO] par rapport aux deux autres groupes d'utilisateurs : très peu d'informations supplémentaires sont données en plus du secteur recherché qui permettraient de mieux contextualiser leurs demandes avec des exemples ou en définissant plus précisément le cadre de leur recherche. Cette conclusion corrobore notamment le fait que le groupe tend à utiliser moins de termes pour formuler ses demandes en LN.

De façon moins prononcée, le concept [SALUTATION] est moins représenté par la [TACHE-PRO]. Cela suggère une démarche plus rapide et plus directe du formulaire SAV. Le groupe [TACHE-CREA] mentionne moins souvent que les deux autres groupes d'utilisateurs le type d'informations souhaité [TYPE-DONNÉES].

Nous relevons également d'autres écarts de comportements en fonction des types de tâche de RI sur les concepts de prix, de dates, de marques ou de géographies.

Ces concepts sont repris dans la Figure 3 à partir de laquelle nous observons que la géographie a une place plus importante pour le groupe d'utilisateurs ayant une [TACHE-CREA] ; ceci s'explique principalement par le fait que le développement d'une activité professionnelle est très liée à son emplacement géographique (*e.g.* « ouvrir un restaurant à Bordeaux »).

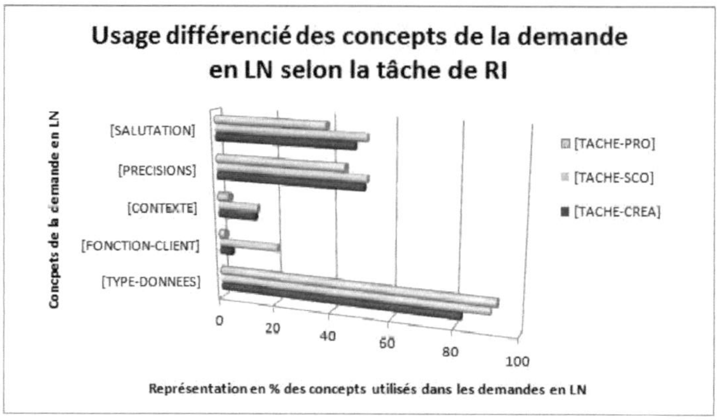


FIGURE 2 – Usage différencié des concepts de la demande en LN selon la tâche de RI

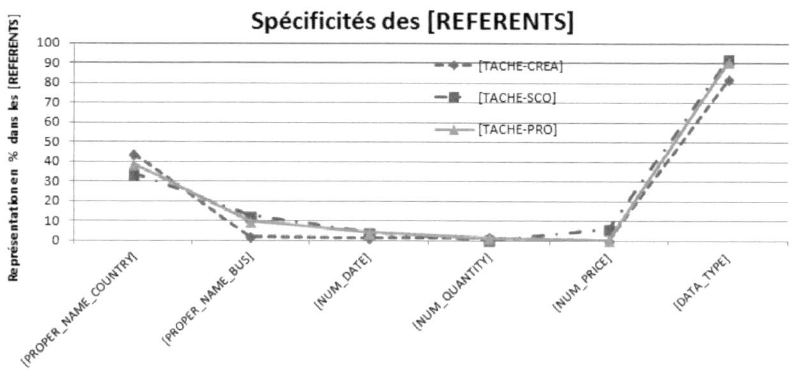


FIGURE 3 – Spécificités des (REFERENTS] dans les demandes en LN par type de tâche de RI

C'est le concept principalement développé dans les demandes en LN de ce groupe d'utilisateur : les concepts de dates, marques et prix apparaissent alors secondaires dans la façon de présenter leurs besoins. Le concept de prix est prédominant pour la [TACHE-SCO] qui demande une réduction voire la gratuité des études. Rappelons que la [TACHE-SCO] regroupe les utilisateurs qui ont une tâche scolaire à effectuer. Ce concept est moins présent pour la [TACHE-CREA] et inexistant pour la [TACHE-PRO]. Le concept de marque est également important pour la [TACHE-SCO] : les demandes comportent alors de nombreuses mentions de noms de marque ou de sociétés qui peuvent être l'objet même de leur travail (« réaliser une étude sur Coca-Cola ») ou sur un marché mais avec une demande particulière sur les principaux acteurs du secteur (*i.e* « les principaux leaders du marché des boissons énergétiques (CA de Isostar) »). Le concept de dates est utilisé de façon similaire par les groupes [TACHE-SCO] et [TACHE-PRO] ; ces utilisateurs ayant des contraintes de temps (délai) ou des demandes plus précises sur le scope temporel que doivent couvrir les études de marché. Les [TYPES-DONNEES] (non représentées dans le schéma) sont de 81,79% [TACHE-CREA], 92,39% pour la [TACHE-SCO] et 90,51% [TACHE-PRO].

## 4.2 Traits syntaxiques de la demande en LN différenciés par type de tâche en RI

Les principaux traits syntaxiques étudiés sont présentés dans la Figure 4. Notons tout d'abord que le groupe d'utilisateurs [TACHE-PRO] utilise davantage les tournures impersonnelles et moins de pronoms personnels (PP) que les deux autres groupes. Le groupe [TACHE-SCO] emploie plus souvent la première personne du pluriel, se situant dans une démarche de groupe (« nous effectuons un dossier sur »). Pour sa part, le groupe sur la [TACHE-CREA] utilise d'avantage la première personne du singulier, se situant dans une démarche plus personnelle (« je vais créer une entreprise »). Nous notons également que les utilisateurs ayant une [TACHE-SCO] s'expriment plus avec des phrases syntaxiquement correctes, notamment par rapport aux utilisateurs ayant une [TACHE-PRO] qui eux utilisent souvent une syntaxe incorrecte avec des phrases partielles et/ou incomplètes (exemple : « étudier la croissance de Novartis »). Certaines de leurs demandes en LN peuvent s'apparenter d'ailleurs à des requêtes (exemple : « marché du parquet »).

Il semblerait que le groupe d'utilisateurs [TACHE-PRO] formule ses besoins en LN dans une structure moins formelle que les deux autres groupes ; leurs demandes en LN se rapprochent d'avantage à une formulation hybride entre une expression en LN et une requête.

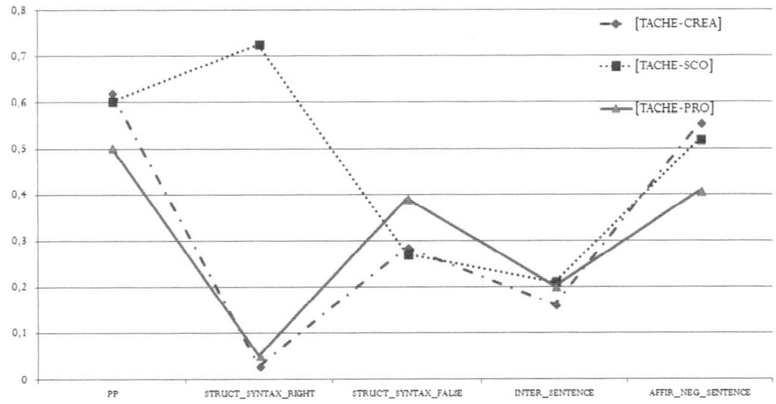


FIGURE 4 – Traits syntaxiques des demandes en LN différenciés par type de tâche de RI

## 4.3 Traits morpho-syntaxiques du [REFERENT] de la demande en LN selon les types d'utilisateurs

A partir du découpage en blocs d'informations, nous avons effectué un travail plus spécifique sur les référents. En effet, c'est dans ce bloc d'informations (qui peut contenir de 1 à 7 référents) que se retrouvent la plupart des éléments également formulées dans la requête du moteur de recherche. Le [REFERENT] est le concept porteur de l'information principale de la demande en LN ; il contient le thème de la recherche (secteur d'activité recherché). Afin de pouvoir être comparé plus finement avec la requête, ce bloc a fait l'objet d'une analyse qualitative avec une étude morpho-syntaxique de tous ses termes constitutifs.

**Le nombre de [REFERENTS] dans les demandes en LN par type de tâche de RI** : ce nombre est présenté dans la Figure 5. Cette figure représente la distribution du nombre de [REFERENTS] ; allant de $R = 0$ référent à $R = 7$ référents dans la demande en LN). Nous déduisons de cette figure que le groupe [TACHE-SCO], représenté en pointillé dans le schéma, formule davantage ses besoins informationnels avec un seul référent : 84,80% de leur demandes se verbalisent dans le [REFERENT-1] contre 67,28% pour le groupe [TACHE-CREA] et 65,61% pour le groupe [TACHE-PRO]. Les groupes d'utilisateurs [TACHE-CREA] et [TACHE-PRO] semblent avoir le même comportement par rapport au nombre de [REFERENTS] dans les demandes en LN.

**La longueur des n-grammes des [REFERENTS]** : cette longueur est présentée dans la Figure 6. La longueur des n-grammes dans les [REFERENTS] est de 1 terme ($n = 1$) dans 49,32% pour l'ensemble des [REFERENTS] du groupe [TACHE-SCO], 47,42% pour le groupe [TACHE-PRO] et de 38,92% pour la [TACHE-CREA]. Ce dernier groupe apparait en pointillé sur le graphique ; la distribution de la longueur des n-grammes est différente en donnant plus de poids aux formulations longues. Le $n = 0$ sur la Figure représente les 8 demandes en LN ne contenant pas de [REFERENT].

**L'analyse morpho-syntaxique des [REFERENTS]** : l'analyse morpho-syntaxique du bloc [REFERENT] de la demande en LN a été différenciée selon la tâche de RI des utilisateurs. Elle a relevé un usage différencié des catégories morpho-syntaxiques que nous présentons dans les Figures 7 et 8.

Il se dégage de ces graphiques certains traits caractéristiques récurrents par typologie d'utilisateurs :

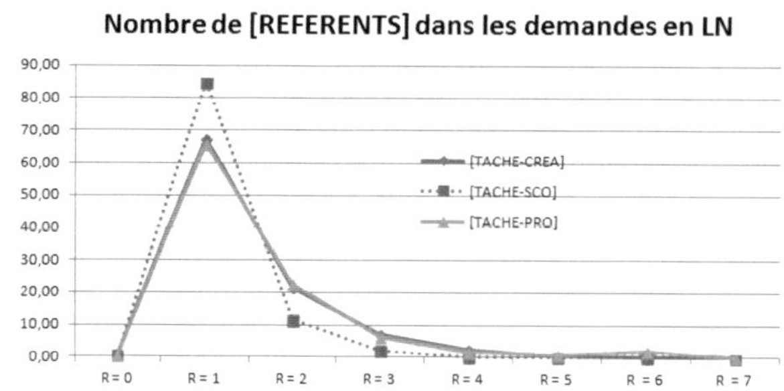


FIGURE 5 – Distribution du nombre de [REFERENTS] dans les demandes en LN selon le type de tâche de RI

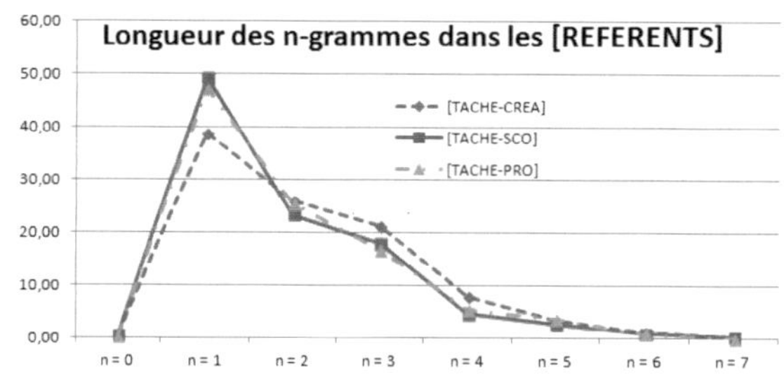


FIGURE 6 – Longueur des n-grammes dans les [REFERENTS] différenciée par type de tâche de RI

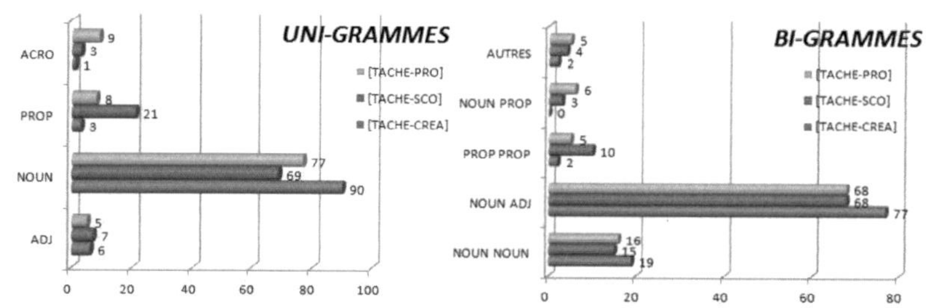


FIGURE 7 – Catégories morpho-syntaxiques pour les uni- et bi-grammes des [REFERENTS] issus des demandes en LN et différenciés par type de tâche de RI (en pourcentages)

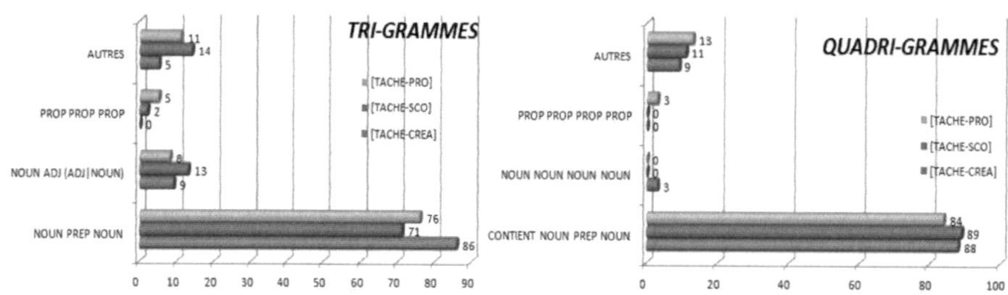


FIGURE 8 – Catégories morpho-syntaxiques pour les tri- et quadri-grammes des [REFERENTS] issus des demandes en LN et différenciés par type de tâche de RI

– la [TACHE-CREA] utilise des noms et principalement des noms au singulier (NOUN-SG) dans le cas d'uni-grammes ainsi que des noms propres (PROP) et très peu d'autres formes, des NOUN NOUN dans le cas de bi-grammes ainsi que des

NOUN ADJ, des NOUN PREP NOUN pour les tri- et quadri-grammes ainsi que des expressions composées exclusivement de NOUN,
- la [TACHE-SCO] : utilise davantage les noms propres (PROP) à la fois dans les uni- et bi-grammes, puis introduisent fréquemment une forme adjectivale pour formuler ses référents,
- la [TACHE-PRO] a davantage recours à des acronymes, ainsi qu'à des noms pour les uni-grammes, des NOUN PROP pour les bi-grammes, des PROP PROP PROP pour les tri-grammes ou encore PROP PROP PROP PROP pour les quadri-grammes.

## 4.4 Traits sémantiques de la demande en LN différenciés par type de tâche en RI

Nous avons mesuré plusieurs aspects dans les traits sémantiques de la demande en LN : *(a)* la valeur polysémique [POLYSEMY-VALUE] : nombre de fois que le terme ou les termes du [REFERENT] apparaissant dans les thésaurus, *(b)* la complexité linguistique [LINGUISTIC-COMPLEXITY] : profondeur des nœuds dans le thésaurus du [REFERENT], *(c)* l'évaluation de l'ambigüité de la tâche : calcul en fonction des traits sémantiques évaluées comme favorisant l'ambiguïté de la tâche, *(d)* les secteurs d'activité mentionnés dans les [REFERENTS] : nombre de correspondances avec les thésaurus internes de l'entreprise.

**(a) La valeur polysémique [POLYSEMY-VALUE]** : cette valeur est calculée en fonction du nombre de fois que les termes apparaissent sous leurs formes lemmatisées dans les thésaurus internes de la société. Plus un terme apparait dans les thésaurus, plus sa valeur polysémique est élevée car non spécifique à un secteur donné particulier. Ainsi, la *polysemy value* à 0 indique que le terme n'est mentionné qu'une seule fois dans les différents thésaurus ; il est donc peu polysémique. Les *polysemy values* 1 à 3 sont présentées dans le Tableau 1. Les termes dont la *polysemy value* vaut $k(k \geq 0)$ apparaissent $k+1$ fois sauf si $k=3$ où le terme apparait au moins $k+1$ fois. La lemmatisation rend possible les correspondances quelle que soit la flexion ; la correspondance se fait sur le lemme et non sur sa forme. Un inconvénient est que cela peut entrainer des rapprochements non satisfaisants, particulièrement dans les cas des uni-termes.

Les *[unknown]* sont les termes qui ne sont pas présents dans les thésaurus. Un *token* inconnu désigne une entité (ou unité) lexicale qui n'a pas été reconnue lors de l'analyse et les comparaisons avec les termes des thésaurus. Cette information peut soit indiquer que le terme a été mal orthographié faussant l'analyse avec la correspondance des termes issus des thésaurus, soit que le terme n'est pas renseigné dans les thésaurus par manque de précision ou de recouvrement d'un secteur d'activité. Notons que sigles et noms des plus grandes marques ou entreprises peuvent être reconnus si ceux-ci correspondent à des entrées dans le thésaurus. La valeur polysémique, représentée dans le Tableau 1, permet d'avoir un aperçu de la polysémie relative à chaque groupe d'utilisateurs selon la tâche de RI.

| [POLYSEMY-VALUE] | [TACHE-CREA] | [TACHE-SCO] | [TACHE-PRO] |
|---|---|---|---|
| 0 | 62,77% | 66,60% | 78,10% |
| 1 | 6,82% | 7,91% | 6,07% |
| 2 | 2,34% | 2,57% | 2,11% |
| 3 | 5,65% | 7,11% | 3,43% |
| UNKNOWN | 22,42% | 15,81% | 10,29% |

TABLE 1 – Valeur polysémique du [REFERENT] de la demande en LN différenciée par type de tâche de RI

Le groupe dont les termes utilisés dans les [REFERENTS] en LN est le moins porteur de polysémie est celui de la [TACHE-PRO] avec un taux de 0 égal à 78,10%. Il a aussi peu de valeurs fortement polysémiques au niveau 3 (3,43%). La [TACHE-SCO] a une valeur polysémique assez élevée en ce qui concerne le niveau 3 avec 7,11%. Les valeurs UNKNOWN sont importantes pour le groupe de la [TACHE-CREA] puisqu'ils sont à 22,42%.

**(b) La complexité linguistique [LINGUISTIC-COMPLEXITY]** : la complexité linguistique correspond à la profondeur des nœuds dans le thésaurus du terme ou de l'expression du [REFERENT]. Le [LEVEL 1] correspond aux catégories supérieures généralistes dans la hiérarchie du thésaurus sectoriel : Agro-alimentaire, Biens et Services de Consommation, Industrie lourde, Technologies de l'information et Médias, Sciences de la Vie et Services. Les niveaux suivants de [LEVEL 2] [...] [LEVEL 5] sont des niveaux du thésaurus hiérarchiquement descendants. Les termes sont plus spécifiques. Un même terme peut apparaître dans plusieurs branches de la hiérarchie. La distribution des [REFERENTS] par niveaux et par type de tâche de RI est présentée dans le Tableau 2 ; l'usage du thésaurus donne un aperçu de l'utilisation de la profondeur des nœuds et donc de la spécificité de la recherche.

| [LINGUISTIC-COMPLEXITY] | [TACHE-CREA] | [TACHE-SCO] | [TACHE-PRO] |
|---|---|---|---|
| 1 | 2,53% | 1,98% | 1,06% |
| 2 | 10,53% | 16,40% | 9,76% |
| 3 | 40,74% | 35,18% | 41,69% |
| 4 | 19,30% | 22,92% | 28,76% |
| 5 | 4,48% | 7,71% | 8,44% |
| UNKNOWN | 22,42% | 15,81% | 10,29% |

TABLE 2 – Complexité linguistique du [REFERENT] de la demande en LN différenciée par type de tâche de RI

D'après le Tableau 2, nous pouvons relever que le groupe d'utilisateurs [TACHE-PRO] se distingue particulièrement aux niveaux 4 et 5 ; ils utilisent des termes qui sont plus spécifiques et plus fins que les deux autres groupes. *A contrario*, le groupe [TACHE-SCO] a une demande plus importante au niveau 2 du thésaurus, représentant des domaines plus généraux. Les nombres UNKOWN sont bien sur identiques à la dernière ligne du Tableau 1 de la [POLYSEMY-VALUE] ; il est difficile de dégager des tendances générales pour le groupe [TACHE-CREA]. Ce chiffre élevé de UNKOWN pour la [TACHE-CREA] peut toutefois révéler que les termes employés notamment les entités nommées de noms de marques, d'entreprises ou géographiques sont trop spécifiques (noms de petites entreprises ou noms géographiques d'une petite commune) pour figurer dans les ressources utilisées pour faire les comparaisons.

**(c) L'ambiguïté de la tâche** : nous avons défini un modèle reprenant certaines valeurs comme la polysémie ou encore la profondeur des nœuds dans le thésaurus afin de rendre compte de l'ambiguïté de la tâche par groupe d'utilisateurs.

Cette ambiguïté se calcule par la somme de fonctions de chacun des traits sémantiques présentés dans la Figure 3 : dans la moitié supérieure du tableau, les catégories font croître la complexité sémantique de la demande en LN. Dans la moitié inférieure du tableau, les catégories font au contraire décroître cette même complexité : plus elles sont renseignées moins la demande en LN est ambiguë pour les SRI, c'est-à-dire plus sa compréhension est aisée.

$$ambiguit\acute{e}(t\hat{a}che) = \sum_{i=1}^{n} f_i(t\hat{a}che), \quad (1)$$

où $n$ est le nombre de traits, $f_i$ est une valeur liée à la tâche et qui pondérera positivement ou négativement un de ses traits. La forme précise de chaque $f_i$ est donnée dans le Tableau 4.

| trait$_i$ | $f_i$ |
|---|---|
| [ACRONYM] | nombre d'[ACRONYM] |
| [UNKNOWN] | nombre de [UNKNOWN] |
| [POLYSEMY VALUE] | valeur de la [POLYSEMY VALUE] |
| [FOREIGN] | nombre de termes en langue étrangère |
| [STRUCT-SYNTAX-FALSE] | nombre de demandes avec une structure syntaxique fausse |
| [LINGUISTIC-COMPLEXITY] | valeur de [LINGUISTIC-COMPLEXITY] |
| [CONTEXT-PRECISIONS] | nombre de [CONTEXT-PRECISIONS] |
| [SYNT-DEPTH] | nombre de n-grammes [SYNT-DEPTH] |
| [TYPE-DONNEES] | nombre de [TYPE-DONNEES] |
| [PROPER-NAME-COUNTRY] | valeur de la [PROPER-NAME-COUNTRY] |
| [NUM-PRICE] | nombre de [NUM-PRICE] |
| [NUM-DATE] | nombre de [NUM-DATE] |

TABLE 3 – Ambiguité de la tâche de RI en fonction des traits sémantiques

Il en ressort que les groupes [TACHE-SCO] et [TACHE-PRO] ont une valeur quasiment équivalente à 5.7 alors que le groupe [TACHE-CREA] a une valeur a 4.6. Il semblerait donc que l'ambiguïté de la tâche est moins importante pour le groupe

[TACHE-CREA]. Ce groupe doit en effet gagner en précision puisque la tâche est souvent assez claire : développer une activité, ouvrir un magasin, etc. La variance est un peu plus importante pour le groupe [TACHE-SCO] ; certains utilisateurs au sein de ce groupe ont une tâche plus ambiguë que d'autres.

| [AMBIGUITY-TACHE] | [TACHE-CREA] | [TACHE-SCO] | [TACHE-PRO] |
|---|---|---|---|
| mean (moyenne) | 4.604222 | 5.758285 | 5.693676 |
| var (variance) | 11.16041 | 12.41412 | 11.97133 |
| SD (Ecart-Type) | 3.340719 | 3.523367 | 3.45996 |

TABLE 4 – Ambiguité de la demande en LN en fonction de la tâche de RI des groupes utilisateurs

A partir de l'estimation de l'ambiguïté de la tâche, nous avons voulu tester si la longueur ([LENGTH] décrite à la page 5) de la demande en LN était révélatrice de cette ambiguïté. On peut effet émettre l'hypothèse que si une tâche est ambiguë (dans le sens difficile à expliciter) l'utilisateur aura tendance à utiliser plus de termes pour l'exprimer. Nous avons réalisé deux mesures pour tester cette hypothèse. Pour la première, nous avons utilisé le coefficient de corrélation de Pearson, indice statistique qui exprime l'intensité et le sens (positif ou négatif) de la relation linéaire entre deux variables quantitatives. Ce coefficient de corrélation a déjà été utilisé dans d'autres études équivalentes notamment par [Mothe2005]. Ces mesures ont été obtenues à l'aide du logiciel $R$. L'importance de la valeur de corrélation est exprimée par la valeur $p$ associée . $P - valeur$ est une estimation de la probabilité que les résultats aussi extrême ou plus extrême se produisent par hasard. Un $p - valeur$ proche de 0 indique une grande confiance dans la corrélation , tandis qu'une $p - valeur$ proche de 1 indique une forte chance pour l'indépendance entre les variables . Nous retiendrons comme significatives les corrélations dont la $p - valeur$ est inférieure à $0,05$. Les résultats sont donnés dans le Tableau 5. Ils indiquent que les [TACHE-SCO] et [TACHE-PRO] ont une $p - valeur$ inférieure à 0,05 et ont donc des résultats significatifs : la longueur de la demande en LN est liée à l'ambiguïté de la tâche. Cette hypothèse est moindre pour la [TACHE-CREA] puisque sa $p - valeur$ est 0,0501.

| | [TACHE-CREA] | [TACHE-SCO] | [TACHE-PRO] |
|---|---|---|---|
| Corrélation de Pearson | -0,2067269 | -0,2121073 | -0,1681577 |
| P-value | 0,0501 | 0,01249 | 0,0001445 |

TABLE 5 – Ambiguité de la tâche de RI - Coéfficient de corrélation de Pearson

**(d) Les secteurs d'activité mentionnées dans les [REFERENTS]** : certains secteurs mentionnés dans les [REFERENTS] des demandes en LN sont prédominants selon le type de tâche de RI. Ainsi les utilisateurs du groupe [TACHE-SCO] recherchent davantage d'informations sur l'alimentation et le textile ; le groupe [TACHE-PRO] sur la construction et BTP ainsi que sur la chimie et les produits chimiques tandis que les utilisateurs de la [TACHE-CREA] recherchent davantage sur les secteurs liés aux loisirs et à la restauration. Ces résultats sont présentés dans la Figure 9.

# 5 Conclusions et Perspectives

Nous avons recueilli et analysé les besoins informationnels exprimés en LN, ceci dans un contexte bien particulier ; celui d'une demande de remboursement effectuée par des utilisateurs d'un moteur de recherche après des recherches a priori infructueuses. Nous nous avons ensuite établi des règles linguistiques et une analyse morpho-syntaxique qui nous a permis de schématiser l'énoncé en LN en fonction de la tâche de RI. Grâce à notre corpus très spécifique, nous avons observé des régularités sur la construction des demandes en LN en fonction de la tâche de RI et nous pouvons conclure qu'en fonction du profil et du type de tâche à réaliser, l'interface de navigation ainsi que les résultats à proposer à l'utilisateur doivent être différenciés par les SRI. Ainsi la [TACHE-SCO] mentionne davantage des critères de prix dans leurs demandes, la [TACHE-CREA] pour leur part indique davantage la zone géographique de leur recherche. La [TACHE-PRO] emploie plus facilement des tournures impersonnelles pour formaliser leurs demandes, etc. Ce sont autant d'indices (morphologiques, syntaxiques, sémantiques) qui peuvent aider à construire le profil utilisateur et à proposer des résultats plus spécifiques en fonction de la tâche de RI et des profils utilisateurs ainsi identifiés. Des améliorations sont envisagées notamment de reconnaissance d'entités nommées dans les demandes en LN ; un outil de reconnaissance et d'extraction d'entités nommées pourrait éventuellement améliorer les résultats ainsi obtenus.

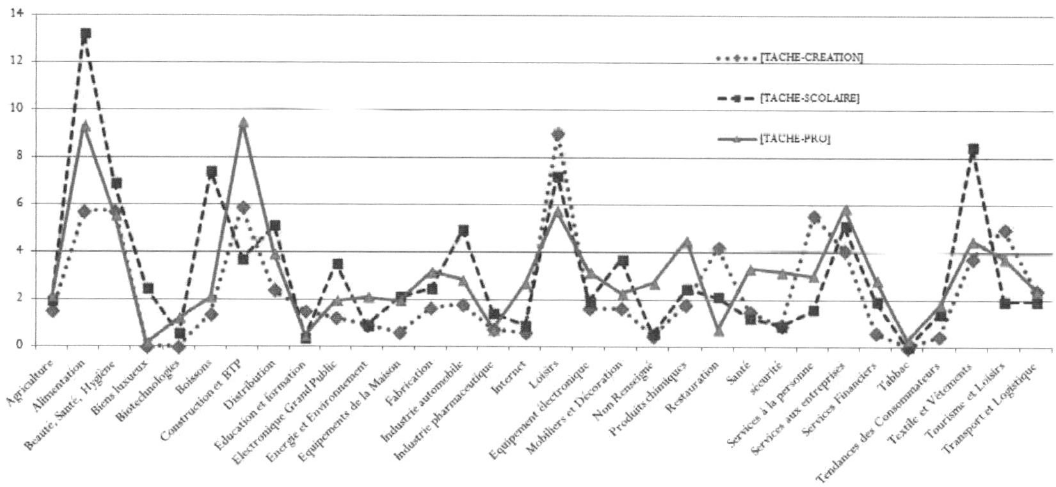


FIGURE 9 – Traits sémantiques des demandes en LN différenciés par type de tâche de RI

# Références


[Broder02] BRODER Andrei. *A taxonomy of web search.* In : SIGIR FORUM, 2002, vol.36, n.2, pp.3-10.

[Cabanac11] CABANAC Guillaume, CHEVALIER Max, CIACCIA A. et al. *Recherche d'information et modélisation usagers.* In P. Bellot (Ed.) Recherche d'information contextuelle, assistée et personnalisée. Paris : Hermès, 2011.

[Ingwersen05] INGWERSEN Peter, JARVELIN Kalervo. *The Turn. Integration of information seeking and retrieval in context.* Dordrecht : Springer, 2005, 448 p.

[Jansen08] JANSEN Bernard J.,BOOTH L. Danielle, SPINK Amanda. *Determining the informational, navigational and transactional intent of Web queries*, Information Processing and Management, 2008, vol. 44, pp. 1251-1266.

[Kang05] KANG In-Ho. *Transactional query identification in web search.* In AIRS'05 : Proceedings Information Retrieval Technology, Second Asia a Information Retrieval Symposium, Jeju Island, Korea, 2005, pp. 221-232.

[Kang03] KANG In-Ho, KIM GilChang. *Query Type Classification for Web Document Retrieval.* In : Proceeding SIGIR '03. New York : ACM, 2003, pp.64-71.

[Lecoadic98] LE COADIC Yves-François. *Le besoin d'information : formulation, négociation, diagnostic.* Paris : ADBS Editions, 1998, 191 p.

[Mothe05] MOTHE Josiane, TANGUY Ludovic. *Linguistics features to predict query difficulty - A case study on previous TRES campaign.* In : ACM SIGIR 2005 Workshop on Predicting Query Difficulty - Methods and Applications

[Ramirez06] RAMIREZ Goergina , DE VRIES Arjen P.. *Relevant contextual features in XML retrieval.* In : Proceedings of the 1st international conference on Information Interaction in Context. New York : ACM, 2006, pp. 95-110.

[Rose04] ROSE Daniel, LEVINSON Danny. *Understanding User Goals in Web Search.* In : Proceeding WWW '04 Proceedings of the 13th international conference on World Wide Web. New York : ACM, 2004, pp.13-19.

[Strohmaier08] STROHMAIER Markus, PRETTENHOFER Peter, LUX Mathias. *Different Degrees of Explicitness in Intentional Artifacts : Studying User Goals in a Large Search Query Log.* In CSKGOI'08, 2008, [10 p.]

# Les modèles de description du verbe dans les travaux de Linguistique, Terminologie et TAL

Ornella Wandji Tchami
CNRS UMR 8163 STL, Université Lille 3, 59653 Villeneuve d'Ascq, France
ornella.wandjitchami@univ-lille3.fr

**Résumé.** Dans le cadre de notre projet de recherche, qui a pour but l'implémentation d'un outil de simplification des emplois spécialisés de verbes dans des corpus médicaux à partir de l'analyse syntaxico-sémantique de ces verbes en contexte, nous proposons une analyse de quelques approches et travaux qui ont pour objet principal la description du verbe dans les trois domaines de recherche à l'interface desquels se situe notre projet : linguistique, TAL et terminologie. Nous décrivons plus particulièrement les travaux qui peuvent avoir une incidence sur notre étude. Cet état de l'art nous permet de mieux connaître le cadre théorique dans lequel s'intègre notre projet de recherche et d'avoir les repères et références susceptibles de contribuer à sa réalisation.

**Abstract.** As part of our research project, which aims to implement a text simplification tool for the specialized usages of verbs in medical corpora using the syntactic and semantic analysis of these verbs in context, we propose an overview of some approaches and work whose main research object is the description of verbs, within the three research areas which interface our study is : linguistics, terminology and NLP. We pay a particular attention to studies that can have an impact on our work. This state of the art allows us to better understand the theoretical framework related to our research project. Moreover, it allows us to have benchmarks and references that might be usefull for the realization of our project.

**Mots-clés :** Verbe terminologique ou spécialisé, sémantique des cadres, sémantique lexicale, structure argumentale, étiquetage en rôles sémantiques.

**Keywords:** Specialized verb, Frame Semantics, lexical semantics, argumental structure, Semantic Role Labeling.

## 1 Introduction

### Contexte général

L'intérêt porté au verbe change selon que l'on se situe dans le domaine de la linguistique, de la terminologie ou celui du Traitement Automatique des Langues (TAL). En effet, selon leurs objectifs respectifs, chacune de ces disciplines octroie au verbe une place différente reconnaissable à travers l'importance qui lui est donnée dans les diverses études et les différents cadres théoriques propres au domaine concerné. Quelles sont les éclairages proposés par les différentes approches (linguistique, terminologie et TAL) qui prennent le verbe comme objet d'étude ? Comment-est ce que le verbe est abordé dans ces travaux ? Est-il traité au même titre que les autres catégories grammaticales en l'occurrence le nom ? En quoi est-ce que le verbe et sa structure argumentale peuvent-ils être utiles en vue de la simplification des textes spécialisés ? Telles sont les questions auxquelles nous allons essayer de répondre dans ce travail qui a pour objectif de dresser un état de l'art de différents modèles de descriptions du verbe dans les trois disciplines concernées.

### Travail envisagé

Le projet que nous entreprenons a pour objectif de proposer une méthode de simplification de textes médicaux, à partir d'une analyse syntaxico-sémantique des verbes en contexte. Au terme de ce travail, nous souhaitons implémenter un outil de simplification des textes écrits en français (et éventuellement en anglais), spécialisés en cardiologie (ou en d'autres domaines médicaux). L'outil devra repérer les emplois verbaux peu communs au discours des patients et devra ensuite proposer des emplois sémantiquement similaires, mais plus adaptés au niveau de spécialisation de ces utilisateurs. La méthode proposée est basée sur différentes hypothèses. En effet, nous pensons que le prédicat verbal peut être un excellent point de départ pour cerner la sémantique des textes spécialisés puisqu'il sert à exprimer l'expertise portée par les mots qui l'entourent dans la phrase (L'Homme & Bodson, 1997). Par conséquent, nous considérons la structure argumentale du verbe comme une importante source d'informations sur les propriétés sémantique et syntaxique du verbe.

Ce projet de recherche s'inscrit dans le cadre de la simplification des textes spécialisés. Il s'agit d'une tâche du TAL qui consiste à cibler et à simplifier automatiquement les éléments, qui empêchent la compréhension aisée d'un texte, afin de faciliter l'accès au contenu de ce texte. Les travaux existants se focalisent sur la simplification syntaxique (Brouwers *et al.*, 2014), la simplification lexicale (Elhadad, 2006; Leroy *et al.*, 2012), la combinaison des fonctions lexicales, grammaticales, syntaxiques et discursives (Heilman *et al.*, 2007, 2008; Pitler & Nenkova, 2008), les caractéristiques de surface des textes (nombre de caractères et syllabes par mot), la capitalisation, la ponctuation et les ellipses (Tapas & Orr, 2009), ou la modélisation statistique de la langue (Thompson & Callan, 2004). L'approche que nous proposons se situe à mi-chemin entre la simplification lexicale et la simplification syntaxique et vise à réduire les difficultés de compréhension des textes médicaux fortement spécialisés à travers la simplification des constructions verbales. À notre connaissance, il n'existe pas de travaux en simplification de textes autant orientés sur l'analyse des verbes et de leurs argumentales. Une étude comparative du fonctionnement des verbes dans des textes de corpus médicaux rédigés par des experts et des non-experts en médécine a permis d'observer que les verbes ont tendance à s'entourer d'arguments fortement spécialisés dans les écrits des experts, rendant parfois leur compréhension difficile pour les non-experts (Wandji Tchami *et al.*, 2013). Notre travail de recherche vient donner une suite à cette observation. L'objectif principal étant d'améliorer certains aspects de la méthode (l'annotation automatique des arguments, l'analyse des verbes) et de la développer davantage, en y intégrant un travail de simplification.

Le travail présenté ici a pour objectif de nous aider à mieux cerner le cadre théorique dans lequel s'inscrit le projet de recherche que nous envisageons de réaliser, en nous donnant une idée précise des travaux et outils existants, centrés sur le verbe et susceptibles de nous aider pour réalisation du travail envisagé. Il est organisé autour de 4 grandes parties dont les trois premières sont consacrées à l'exploration des travaux portant sur le prédicat verbal, respectivement en linguistique (section 2), terminologie (section 3) et TAL (section 4). Dans la dernière partie (section 5), nous faisons une discussion de l'impact que les travaux de l'état de l'art peuvent avoir sur la réalisation de notre projet de recherche et nous abordons les perspectives de travail que nous envisageons d'explorer.

## 2 Les approches linguistiques dédiées au verbe

En linguistique, de nombreux cadres théoriques placent le verbe au coeur de leurs travaux. Nous nous attardons plus particulièrement sur les cadres théoriques qui s'intéressent au verbe en tant qu'élément régisseur (c'est-à-dire un élément dont la réalisation syntaxique et sémantique dépend grandement de la présence d'autres constituants qui lui sont subordonnés) et décrivent son rapport avec les autres constituants de la phrase. Il existe diverses approches de description du verbe, mais nous ne sommes pas en mesure de fournir une présentation exhaustive de toutes les approches théoriques existantes. Nous nous limitons à celles qui servent de bases à la réalisation de différentes tâches du TAL (sections 4.2 et 4.1), et à la conception des ressources (section 4.3).

### 2.1 Le nœud verbal au coeur de la syntaxe structurale

La syntaxe structurale (Tesnière, 1959) est la première théorie à avoir mis le verbe au centre de la phrase. En syntaxe structurale, l'ensemble des mots d'une phrase constitue une véritable hiérarchie au sein de laquelle les constituants sont liés les uns aux autres par des liens de dépendance. La phrase, encore appelée *stemma*, est décrite comme étant un schéma arborescent, ou un ensemble de nœuds. Le nœud quant à lui désigne un ensemble constitué d'un régissant et de tous ses subordonnés. Dans cette configuration, le nœud central correspond en général au noeud verbal. Le verbe, étant au centre du nœud verbal, est par conséquent au cœur de la phrase. Il est pour ainsi dire le régissant de toute la phrase. La notion de nœud verbal est définie à travers une métaphore du drame : *« le nœuds verbale ... exprime un tout petit drame. Comme un drame, ... il comporte obligatoirement un procès et plus souvent des acteurs et des circonstants »*. C'est dans cette optique que cette approche postule l'existence des actants ou participants au procès verbal (Tesnière, 1959). L'ensemble des actants d'un verbe constitue sa structure actancielle. Un verbe peut avoir zéro, un ou plusieurs actants, comme le montre l'exemple suivant : *Alfred donne le livre à Charles*. Dans cette phrase, le verbe *donner* a trois actants : *Alfred*, *le livre* et *Charles*. Chaque actant joue un rôle bien déterminé dans le procès verbal.

## 2.2 La théorie des cadres sémantiques

Encore appelée *Frame semantics*, la sémantique des cadres est une approche qui remonte aux années 1980. Elle est une extension de la grammaire des Cas (Fillmore, 1968), qui évoquait déjà l'existence des rôles sémantiques (agent, lieu, etc.) dans la structure syntaxique profonde du verbe. La sémantique des cadres (Fillmore, 1982) vise à l'origine à faciliter la compréhension des textes. Son principal objectif est de décrire la syntaxe et la sémantique des unités lexicales (noms, adjectifs, verbes). L'idée principale de Fillmore est que le sens d'un mot ne peut être interprété que si l'on a accès aux informations (linguistiques, extralinguistiques ou encyclopédiques) essentielles faisant référence à ce mot. Ces informations peuvent être accessibles grâce à un frame ou cadre au sein duquel les unités lexicales sont organisées. Le cadre est défini comme un scénario, un schéma ou une structure conceptuelle qui sous-tend l'utilisation d'un item lexical ainsi que son interprétation (Fontenelle, 2009). Il décrit une situation particulière ainsi que les participants *Frame elements (FE)* qui peuvent être obligatoires (*core elements*) ou facultatifs (*non core elements*). Un cadre est évoqué par une unité lexicale *(LU)*. Par exemple, le frame de la transaction commerciale (Fillmore, 1976) a plusieurs unités évocatrices : *acheter, vendre, payer, recupérer* et plusieurs participants : obligatoires (VENDEUR, ARGENT, BIEN, ACHETEUR) et facultatifs (MOYEN), etc. Lorsque l'unité évocatrice du cadre est un verbe, l'analyse est focalisée sur les arguments de ce dernier qui représentent les éléments du cadre.

## 2.3 Les classifications de verbes

### 2.3.1 La classification des verbes (anglais) selon Levin

Beth Levin (Levin, 1993) propose une classification lexico-sémantique de verbes anglais à partir d'une analyse de leur fonctionnement (syntaxe, classe sémantique des arguments sélectionnés, etc.). Les verbes qui affichent un ensemble d'alternances (de diathèses ou frames) identiques ou similaires dans la réalisation de leurs structures argumentales sont supposés partager certains éléments de sens et, de ce fait, sont regroupés dans une classe sémantiquement homogène. L'alternance de diathèses (la relation entre deux réalisations de surface d'un même prédicat), qui est le principal critère d'identification des classes verbales dans cette approche, est appuyée par des propriétés supplémentaires liées à la sous-catégorisation, à la morphologie et aux verbes ayant un sémantisme complexe. À partir de ces critères, la classification couvre 3 024 verbes, 4 186 sens, 240 classes de verbes construites autour de 79 alternances. Par exemple, la classe des prédicats dénotant une configuration spatiale contient les verbes suivants : *balance, bend, bow, crouch, dangle, flop, fly, hang, hover, jut, kneel, lean, lie, loll, loom, lounge, nestle, open, perch, plop, project, protude, recline, rest, rise, roost, sag, sit, slope, slouch, slump, sprawl, squat, stand, stoop, straddle, swing, tilt, tower* (Levin, 1993). Une extension substantielle de cette classification intègre 57 nouvelles classes pour les verbes qui n'ont pas été couverts initiallement (Korhonen & Briscoe, 2004). Parmi les nouvelles classes, *FORCE class* regroupe les verbes tels que *manipulate, pressure, force.*

### 2.3.2 Les classes d'objets de Gaston Gross

Une classe d'objets est un *« ensemble de substantifs, sémantiquement homogènes, qui détermine une rupture d'interprétation d'un prédicat donné, en délimitant un emploi spécifique »* (Gross, 2008). En d'autres termes, les classes d'objets déterminent l'interprétation donnée d'un prédicat parmi d'autres possibles. Elles sont induites par les prédicats (verbes et adjectifs) et permettent d'identifier en contexte les mots avec lesquels ils entretiennent une relation conceptuelle telle que la synonymie, l'antonymie, etc. Ces entités sont construites sur des bases syntaxiques et concernent particulièrement les compléments qui apportent beaucoup plus d'informations que le sujet dans l'interprétation d'un prédicat (Gross, 2012). Par exemple, la phrase *vous suivez* n'est pas assez précise, ce qui rend son interprétation difficile. Par contre, si l'on y ajoute un complément, l'interprétation sera plus aisée et la signification du verbe sera plus transparente. Ainsi, dans la phrase *vous suivez ce chemin*, l'objet *chemin* peut être remplacé par un autre substantif comme *route, rue, voie, sentier* et le verbe garde le même sens. Ces substantifs peuvent donc être considérés comme appartenant à une même classe d'objets, celle de <voies>. Par contre, si on remplace *chemin* par le mot *cours*, on est face à un autre emploi du verbe car *cours* appartient à une autre classe d'objets, appelée <enseignements>. Elle contient les mots comme *séminaire, stage, formation, cycle études, etc.* Le principal intérêt des classes d'objets est de rendre compte des différents emplois des prédicats, en déterminant leurs schémas d'arguments et en rattachant à ceux-ci un ensemble de propriétés qui les caractérisent (Gross, 2008).

### 2.3.3 Lexique-Grammaire des verbes français

Le lexique-grammaire des verbes du français (Gross, 1975) est un dictionnaire syntaxique électronique téléchargeable [1]. Il est organisé en plusieurs tables, chacune regroupant les verbes du lexique qui ont un fonctionnement comparable : constructions types, distribution des actants, sémantique, etc. Chaque table comprend un ensemble de propriétés, et un codage qui précise si l'élément a ou non cette propriété. Chaque entrée d'une table contient les informations suivantes : l'élément vedette, une construction type dans laquelle il peut apparaître, et des constructions associées à cette construction type. Les différents emplois des verbes, énumérés dans les tables, sont décrits grâces à des propriétés structurelles, distributionnelles et sémantiques. Par exemple, les tables de constructions sans compléments prépositionnels contiennent des constructions types, parmi lesquelles $N_0$ $V$ et $N_0$ $V$ $N_1$. La construction $N_0$ $V$ accueille les verbes tels que *pleuvoir, bêtifier, bouillir, pisser* et selon le verbe, elle peut accepter un $N_0$ humain (*Luc bêtifie*), non humain (*l'eau bout*), impersonnel (*il pleut*), et le verbe peut être modifié par un adverbe (*ça ne pisse pas loin*) (Leclere, 1990).

## 3 Le verbe dans les travaux en terminologie

Les entités nominales ont longtemps occupé la place centrale dans les travaux sur les langues de spécialité au détriment des autres parties du discours, plus particulièrement des verbes, mis à l'écart pour diverses raisons. En effet, les travaux en terminologie se focalisent la plupart du temps sur la description des concepts, ou des entités nominales (particulièrement les noms) et la mise au jour des relations qu'elles partagent (genre-espèce, partie-tout, etc.). L'un des motifs principaux énoncés justifiant l'exclusion du verbe est la place accordée aux objets et à leurs dénominations dans l'approche de Wüster (Wüster, 1985). Cette situation trouve également une explication dans le fait que les entités nominales sont généralement utilisées pour le développement des terminologies, ontologies, thésaurus, glossaires, ou des vocabulaires. Ce constat s'explique également par les besoins croissants des applications : l'indexation et l'extraction d'informations sont des tâches typiquement basées sur les entités nominales. Pour ces raisons, la plupart des approches théoriques et méthodologiques sont adaptées aux entités nominales. Néanmoins, quelques travaux s'inspirant de la sémantique lexicale s'intéressent aux verbes et à leur mode de fonctionnement dans les domaines spécialisés. Ces travaux montrent que l'étude du verbe est quasi indispensable dans le cadre des activités comme l'extraction d'informations (Tateisi *et al.*, 2004), la conception des dictionnaires terminographiques (Tellier, 2008) ou encore la traduction spécialisée (Pimentel, 2011). Les structures argumentales des verbes peuvent également servir pour la détection automatique des relations sémantiques (Massimiliano *et al.*, 2008). Nous parlerons de deux approches d'analyse du verbe terminologique : l'approche conceptuelle (section 3.1) et l'approche lexico-sémantique (section 3.2).

### 3.1 L'approche conceptuelle

Le principe de l'approche conceptuelle stipule que l'on ne s'intéresse au verbe que s'il a l'aptitude de désigner un « concept d'activité », c'est-à-dire une activité (L'Homme, 2012). Telle est la condition qui détermine l'intégration des verbes dans des ressources terminologiques. Autrement dit, le verbe ne peut être considéré comme terme que s'il est fortement assimilable à un nom sur le plan conceptuel. Rey définit clairement le statut du verbe selon la perspective conceptuelle en ces termes : *« la terminologie ne s'intéresse aux signes (mots et unités plus grandes que le mot) qu'en tant qu'ils fonctionnent comme des noms dénotant des objets et comme des « indicateurs de notions » (de concepts) et dans cette optique, les verbes sont des noms de processus, d'actions »* (Rey, 1979). Cette conception justifie en partie la discrimination observée entre les parties du discours traitées dans un dictionnaire spécialisé. En général, on y compte très peu de verbes et d'adjectifs, mais beaucoup d'entités nominales. Les résultats d'une étude portant sur la présence des verbes dans les dictionnaires de spécialité évaluent à 2,44% (entre 0 et 4 verbes par dictionnaire) la moyenne d'apparition des verbes dans quatre dictionnaires terminologiques (L'Homme, 2003). L'approche conceptuelle a débouché de nos jours sur une démarche conceptuelle, incarnée par les ontologies, qui permet de distinguer les concepts d'activité, exprimés par les noms ou par les verbes, dans les domaines de spécialité. Ainsi, dans le domaine médical par exemple, les verbes tels que *traiter, observer* et *activer* peuvent devenir terminologiques puisqu'ils permettent de rendre compte des notions comme *traitement de la maladie, observation du patient* et *activation des cellules* (L'Homme, 2012).

1. http ://infolingu.univ-mlv.fr/DonneesLinguistiques/Lexiques-Grammaires/Telechargement.html

## 3.2 L'approche lexico-sémantique

La sémantique lexicale est le cadre théorique qui a montré l'importance de la structure argumentale du verbe et du réseau lexical auquel le verbe appartient. Dans ce cadre, la caractérisation de la nature spécialisée du verbe est basée sur la description de sa structure argumentale ou son appartenance à un ou plusieurs réseaux lexicaux, (morpho-)sémantiques ou paradigmatiques. Ces tâches reposent sur l'observation et l'analyse des différentes occurrences du verbe en corpus.

### 3.2.1 La structure argumentale

L'analyse de la structure argumentale du verbe peut avoir pour but de démontrer sa nature terminologique. En effet, la nature prédicative du verbe fait qu'il a besoin des éléments qu'il régit pour la réalisation de son sens. Une étude propose de prendre en considération la nature des arguments du verbe qui détermine son degré de spécialisation (L'Homme, 1998). Ce raisonnement illustre l'hypothèse selon laquelle le verbe n'est pas spécialisé par lui même, mais grâce à la prise en compte de sa structure argumentale (L'Homme, 2012). C'est ce critère qui permet d'admettre *installer* comme verbe spécialisé dans l'exemple suivant :

*L'utilisateur installe la nouvelle version du traitement de texte sur son PC.*

Dans cette phrase, les termes (*utilisateur*, *version*, *PC*) qui représentent les têtes des arguments du verbe appartiennent au domaine de l'informatique. Par conséquent, *installer* peut être considéré comme verbe terminologique dans ce domaine.

L'analyse des arguments des verbes constitue également un critère de poids chez (Tellier, 2008) qui y trouve un moyen de sélection des verbes, à partir d'un corpus spécialisé relevant du domaine de l'infectiologie, représentant de bons candidats termes à ajouter dans un dictionnaire spécialisé. Ce critère est également utilisé dans d'autres travaux (Lerat, 2002; Pimentel, 2011). Cependant, la caractérisation des arguments du prédicat verbal n'a pas pour unique but l'identification des verbes terminologiques. D'autres objectifs peuvent être poursuivis : l'extraction d'informations dans les corpus spécialisés du domaine de la biologie moléculaire (Tateisi *et al.*, 2004), l'élaboration d'un dictionnaire juridique portugais-anglais (Pimentel, 2011), l'analyse contrastive des corpus médicaux de niveaux de spécialisation différents (expert vs profane)(Wandji Tchami *et al.*, 2013).

### 3.2.2 Le réseau lexical

Outre la nature des actants, d'autres paramètres peuvent être pris en compte par les chercheurs lors du repérage des verbes terminologiques. L'un de ces paramètres, qui revient très souvent, est le lien qu'un verbe peut avoir avec un nom. Ainsi, si le nom est terminologique, et si le verbe est sémantiquement et le plus souvent morphologiquement apparenté à celui-ci, alors, il est fort possible que le verbe soit spécialisé lui aussi (L'Homme, 2012). Ce critère s'observe avec les couples tels que *développement - développer*, *téléchargement - télécharger*, *rechauffement - rechauffer*, le verbe et le nom correspondant désignent tous les deux une activité. Cependant, il existe des cas où le sens du verbe et celui du nom sont distincts malgré le lien morphologique qui existe entre eux. C'est le cas du couple *programme - programmer*, où le nom *programme* désigne le résultat de l'activité que dénote le verbe *programmer*. Comme nous pouvons le constater, dans l'approche lexico-sémantique, les noms peuvent servir de point de départ à partir duquel les verbes spécialisés sont identifiés en fonction des liens qu'ils partagent avec eux. C'est d'ailleurs cette méthode qui permet de retenir les verbes *évoluer*, *excréter*, *infecter* et *sécréter* comme termes du domaine de l'infectiologie, de part leur parenté aux noms *évolution*, *excrétion*, *infection* et *sécrétion* (Tellier, 2008). Comme ces noms sont fortement spécialisés dans ce domaine, les verbes correspondant héritent de cette caractéristique. Toutefois, il est possible de déplacer le point de départ de l'analyse vers le verbe. Cette technique peut permettre de découvrir d'autres unités reliées au verbe et d'élargir ainsi le réseau lexical construit autour de ce dernier (L'Homme, 2012).

Cette démarche a été appliquée lors de la conception du DicoInfo (Dictionnaire fondamental de l'informatique et de l'Internet), une base de données lexicales contenant des termes (les verbes y compris) fondamentaux du domaine de l'informatique et de l'internet (L'Homme, 2009). L'approche utilisée s'inspire grandement des principes théoriques et méthodologiques de la Lexicologie explicative et combinatoire (Mel'cuk *et al.*, 1995) et permet de fournir pour chaque entrée différents types d'informations : la réalisation linguistique des actants, les liens lexicaux, les synonymes, les contextes d'apparition du terme, etc. Pour le verbe *programmer* par exemple, DicoInfo propose divers types d'unités lexicales appartenant au réseau lexical notamment, *programmation* (*action de programmer*), *programme* (*résultat de l'action de programmer*), *informaticien* (*agent de l'action de programmer*), *langage* (*instrument utilisé pour programmer*), *logiciel* (*résultat l'action de programmer*), *écrire* (*synonyme de programmer*), *développer* (*synonyme de programmer*), etc. Cet exemple permet d'observer que les mots repérés sont liés au verbe par différentes relations exprimées de façon implicite à travers de courtes gloses explicatives.

# 4 Le verbe en TAL

Le traitement des verbes dans le domaine du TAL s'appuie le plus souvent sur la caractérisation de leur structure argumentale : la valence verbale (Eynde & Mertens, 2003), les possibilités combinatoires et les relations de dépendances (Marneffe *et al.*, 2006), les fonctions grammaticales et rôles sémantiques des arguments (Gildea & Jurafsky, 2002), la désambiguïstation du sens des verbes (Ide & Véronis, 1998; Ye & Baldwin, 2006; Wagner *et al.*, 2009; Brown *et al.*, 2011), l'acquisition de schémas de sous-catégorisation à partir de l'analyse automatique de gros corpus (Messiant *et al.*, 2010), etc. Dans cette section, nous nous focalisons sur deux types de travaux : l'étiquetage des rôles sémantiques (section 4.1) et la désambiguïsation du sens des verbes (section 4.2). Par la suite, nous faisons la description de quelques ressources dédiées au verbe (section 4.3).

## 4.1 Étiquetage des rôles sémantiques

L'étiquetage des rôles sémantiques (Gildea & Jurafsky, 2002; Palmer *et al.*, 2005; Swier & Stevenson, 2004; Ye & Baldwin, 2006), ou *Semantic Role Labeling (SRL)*, est une tâche du TAL qui consiste à identifier de façon automatique les relations ou les rôles sémantiques (agent, patient, recipient, etc.) que jouent les constituants d'une phrase dans un cadre sémantique donné. Cette tâche est nécessaire pour la conception de différents types d'applications, et plus particulièrement celles qui touchent la compréhension et l'interprétation de la langue. Il s'agit par exemple de systèmes de questions-réponses (Miller *et al.*, 1996), d'extraction d'informations (Surdeanu *et al.*, 2003), de traduction automatique (Boas, 2002), ou de résumé automatique (Melli *et al.*, 2005). Les unités prédicatives (verbes, noms, adjectifs) occupent généralement le coeur des études qui concernent la SRL. En ce qui concerne le verbe, l'annotation consiste généralement à identifier dans la phrase les limites de ses arguments et éventuellement des circonstants, et ensuite de leur associer des rôles sémantiques selon le contexte. La démarche la plus utilisée pour la réalisation d'une SRL comprend trois étapes principales : (1) l'identification des arguments du verbe, basée le plus souvent sur des heuristiques (Xue & Palmer, 2004) qui permettent de réduire le nombre de candidats ; (2) le calcul des probabilités pour chacune des étiquettes à représenter les rôles sémantiques possibles ; (3) l'attribution de scores à chaque étiquette, éventuellement combinée à d'autres facteurs de prédiction, pour assigner des étiquettes appropriées aux arguments des verbes.

De nos jours, les modèles d'apprentissage statistiques sont très sollicités pour l'annotation des textes en rôles sémantiques. L'un des travaux de référence propose un système de SRL statistique, qui peut être utilisé aussi pour l'analyse syntaxique, l'étiquetage des parties du discours (Church, 1988), et la désambiguïsation du sens des mots (Lapata & Brew, 2004). Ce système, conçu pour les verbes, les noms et les adjectifs, atteint 82% de précision sur des phrases pré-annotées manuellement, tandis qu'il montre 65% de précision et 61% de rappel sur des phrases non annotés (Gildea & Jurafsky, 2002). Il a d'ailleurs été utilisée dans le cadre du projet FrameNet.

## 4.2 Désambiguïsation du sens des verbes

La désambiguïsation du sens des verbes ou *Verb Sense Disambiguation (VSD)* est une sous-tâche de la WSD (word sense disambiguation). Elle consiste à sélectionner automatiquement, parmi ses différents sens, le sens le plus approprié d'un verbe polysémique, selon son contexte d'apparition. Par exemple, le verbe *read* (lire) a plusieurs sens. Pour faire la distinction entre les phrases telles que *I read a book* (*je lis un livre*) et *I read you loud and clear* (*je te comprends parfaitement*), il est nécessaire de désambiguïser le contexte d'apparition du verbe, en suivant une des méthodes existantes. La désambiguïsation du sens est une tâche nécessaire pour la traduction automatique (Carpuat & Wu, 2007) ou l'extraction d'informations (Schütze & Pedersen, 1995; Sanderson, 1994). Deux types d'approches sont utilisées habituellement pour la désambiguïsation du sens des mots : approche à base de règles et approche à base d'apprentissage. L'approche à base de règles requiert des ressources comme les bases de données lexicales, les dictionnaires électroniques, qui fournissent des descriptions lexicales, syntaxiques et sémantiques des mots. À partir de ces ressources, des règles sont définies pour déterminer le sens exact du mot parmi l'ensemble des sens possibles. En traduction automatique, un ensemble constitué de 63 règles est proposé comme source de connaissances (Specia *et al.*, 2005). L'approche la plus utilisée actuellement est basée sur l'apprentissage automatique (Ye & Baldwin, 2006; Brown *et al.*, 2011; Yarowsky, 1995). L'apprentissage peut être supervisé (exigeant un ensemble d'exemples manuellement annotés) ou non supervisé (appliqué sur des textes non annotés). En effet, certains chercheurs proposent une technique non supervisée de désambiguïsation du sens des verbes, qui regroupent les verbes ayant les préférences sélectionnelles et de sous-catégorisation similaires (Wagner *et al.*, 2009). Cette méthode montre 57.06% de précision. D'autres travaux identifient les préférences sémantiques (Lapata & Brew, 2004) et les marques de sous-catégorisation (Lapata & Brew, 1999) des verbes apparaissant dans plusieurs classes de Levin.

En ce qui concerne les méthodes supervisées, les premières expériences se focalisaient sur les bi-grammes et les fonctions linguistiques et contextuelles (Pedersen, 2000, 2001; Hoa Trang & Palmer, 2002). Par la suite, les chercheurs se sont intéressés à l'apport des bases de connaissances fournissant les informations telles que la catégorie grammaticale des mots voisins, la forme morphologique, les collocations, la relation syntaxique verbe-objet, utiles pour lever certaines ambiguïtés (Yoong Keok & Hwee Tou, 2002). De plus en plus, les chercheurs abordent les rôles sémantiques des arguments des verbes comme des fonctions contribuant à l'amélioration des performances des systèmes lors de la désambiguïsation du sens des verbes (Hoa Trang & Palmer, 2005; Ye & Baldwin, 2006). Cette technique est d'ailleurs recommandée car les rôles sémantiques associés à un mot peuvent donner des indices pour la déduction de son sens, surtout lorsque ces rôles sont associés à des frames de sous-catégorisation syntaxique (Gildea & Jurafsky, 2002). Certains travaux suivent une approche supervisée basée sur connaissances extraites des ressources lexicales externes (VerbNet, WordNet, etc.) (*knowledge based WSD*) (Brown *et al.*, 2011). Une autre approche, inspirée par les travaux en psycholinguistique, propose de nouveaux critères de regroupement des sens d'un mot, en fonction de la différence faible ou importante qui existe entre ces mots (Brown, 2008). Pour le français, il existe une approche d'analyse sémantique des textes, basée sur des réseaux lexicaux et les relations de dépendance entre les mots ambigus et les autres mots de la phrase (Mouton, 2010).

La réalisation de la WSD sur des textes spécialisés est actuellement une tâche relativement difficile selon les domaines, à cause de l'absence des ressources terminologiques nécessaires ou de l'insuffisance des données disponibles. Néanmoins, dans certains domaines comme l'informatique biomédicale, différentes études proposent des systèmes de WSD basés sur des méthodes non supervisées (Liu *et al.*, 2001) ou supervisées (Stevenson & Guo, 2010), utilisant des terminologies existantes.

## 4.3 Quelques ressources lexicales dédiées au verbe

Dans la suite de cette section, nous décrivons brièvement quelques ressources lexicales : FrameNet (section 4.3.1), VerbNet (section 4.3.2), VerbOcean (section 4.3.3) et WordNet (section 4.3.4). Nous nous intéressons particulièrement à la manière dont l'information sur le verbe est présentée.

### 4.3.1 FrameNet

FrameNet (Ruppenhofer *et al.*, 2006) est une base de données lexicales [2] initialement conçue pour l'anglais. Elle contient plus de 10 000 sens des unités lexicales décrits à travers plus de 1 000 cadres sémantiques liés hiérarchiquement les uns aux autres et illustrés par plus de 170 000 phrases. Le projet FrameNet propose une description des unités lexicales prédicatives (verbes, noms et adjectifs), basée sur l'annotation en cadres sémantiques (Fillmore, 1982) des phrases dans lesquelles ces unités apparaissent.

*His* *$20* TRANSACTION *with Amazon.com* *for a new TV* *had been very smooth.*

Dans cette phrase, chaque couleur représente un élément du cadre : bleu foncé=ACHETEUR, bleu ciel=ARGENT, rouge=VENDEUR, vert=BIEN.

Ces frames mettent en évidence des informations sémantiques nécessaires pour capturer les sens de l'unité lexicale clé. Ainsi, pour chacune de ses entrées, FrameNet est capable de fournir un cadre sémantique complet, une description du frame, ses éventuelles relations avec d'autres frames, une description des éléments du frame et une illustration des schémas valenciels de l'entrée à l'aide d'exemples (Ruppenhofer *et al.*, 2006).

2. https ://framenet.icsi.berkeley.edu/fndrupal/about

### 4.3.2 VerbNet

Contrairement à FrameNet, VerbNet[3] (Kipper *et al.*, 2000; Kipper-Schuler, 2005) est totallement focalisé sur les verbes. Cette ressource lexicale propose une description des verbes basée sur la classification de Levin (section 2.3.1). Elle consiste à regrouper les verbes en différentes classes, qui mettent en évidence leurs propriétés syntaxiques et sémantiques communes. Cette méthode de description permet de faire des généralisations sur le comportement des verbes. Par exemple, les verbes appartenant à la classe *Hit 18.1* : *bang, bash, hit, kick...* sont des transitifs direct. Ils exigent un agent et un patient, et peuvent être modifiés par des prédicats sémantiques exprimant la manière, la cause, la direction, etc.

VerbNet est donc un lexique hiérarchique de verbes anglais regroupés en classes, indépendamment des domaines de spécialités auxquels ils peuvent appartenir. Chaque classe est décrite à travers : l'ensemble d'arguments possibles, présentés sous forme de rôles thématiques ; les éventuelles restrictions de sélection d'arguments (comme *animé, humain, organisation*) ; les cadres, décrivant les possibles réalisations de surface de la structure argumentale (constructions transitives, intransitives, syntagmes prépositionnels, résultatives) ; les alternances de diathèse, c'est-à-dire les variations des différents cadres. Selon le site officiel, après son extension (Korhonen & Briscoe, 2004), VerbNet compte 274 classes de premier niveau, 23 rôles thématiques, 94 prédicats sémantiques, 55 restrictions syntaxiques, 5 257 sens des verbes et 3 769 lemmes.

### 4.3.3 VerbOcean

VerbOcean (Chklovski & Pantel, 2004) est une ressource lexicale qui propose un réseau sémantique de relations entre les verbes, et recense uniquement des paires de verbes sémantiquement proches. Elle contient 22 306 relations entre 3 477 verbes et identifie 5 types de relations : *similitude* (la similitude), *strenght* (la force), *antonymy* (l'antonymie), *enablement* (l'habilitation), et la relation temporelle *happens-before* (a lieu avant). L'approche appliquée pour la conception de cet outil est basée sur deux étapes : (1) la détection des paires de verbes qui apparaissent en co-ooccurrence fréquente, grâce à des requêtes effectuées sur le portail Google ; (2) pour chaque paire, le calcul du score de chaque relation possible, grâce à 35 schémas lexico-syntaxiques. Par exemple, les verbes *discover* (*découvrir*) et *refine* (*affiner, améliorer*) sont considérés comme une paire illustrant la relation *happens-before* si la chaîne *discovered and refined* (instantiant le schéma *Xed and then Yed*) est identifiée de façon très fréquente sur Google.

### 4.3.4 WordNet

WordNet (Fellbaum, 1998) est une base de données lexicale qui propose une description des verbes, mais également des noms et des adjectifs, sur la base de différentes relations sémantiques : la synonymie, l'antonymie, l'hyperonymie, l'hyponymie, la méronymie, la troponymy et l'implication (Miller, 1995). Contrairement à VerbOcean qui s'intéresse uniquement aux paires de verbes sémantiquement proches, WordNet traite plusieurs catégories d'unités prédicatives et ces unités sont regroupées dans des *synsets*, 117 000 au total. Un synset est un groupe de mots (synonymes) sémantiquement homogènes. Il contient des pointeurs qui marquent ses relations conceptuelles avec d'autres synsets. En outre, un synset contient une brève définition et, dans la plupart des cas, une ou plusieurs courtes phrases illustrant l'utilisation des membres de ce synset. Les formes des mots ayant plusieurs significations sont représentées par autant de synsets distincts.

## 5 Discussion et travaux futurs

Comme indiqué plus haut, le projet que nous entreprenons a pour objectif de proposer une méthode de simplification de textes médicaux écrits en français, à partir d'une analyse syntaxico-sémantique des verbes en contexte. Nous avons vu dans la section 3 que les travaux sur les langues de spécialité sont le plus souvent focalisés sur les entités nominales et, par conséquent, les travaux sur les verbes terminologiques sont peu nombreux. De même, dans la section 4, nous démontrons que peu de travaux en TAL appliquent la sémantique des cadres à des textes spécialisés et qu'il existe encore des cadres théoriques dans lesquels le verbe et sa structure argumentale sont peu considérés. En rupture avec ces constats, nous proposons d'exploiter l'étude de la structure argumentale des verbes pour la simplification des textes spécialisés. Nous partons de l'hypothèse selon laquelle le verbe, en tant que prédicat central dans la phrase, peut être le point de départ pour cerner la syntaxe et la sémantique des textes spécialisés puisqu'il sert à articuler l'expertise et les connaissances portées

3. http ://verbs.colorado.edu/ mpalmer/projects/verbnet.html

par les mots qui l'entourent dans la phrase (L'Homme & Bodson, 1997). Les travaux de l'état de l'art peuvent nous venir en aide à différentes étapes de la méthode, dont les principales sont :

1. *Annotation automatique des arguments des verbes selon leurs catégories sémantiques.* Comme la SRL, cette annotation vise à détecter automatiquement les verbes et leurs arguments, et à associer des étiquettes sémantiques à ces arguments. Toutefois, dans notre travail, les arguments seront associés non pas à des rôles sémantiques, mais à des types sémantiques proposés par une ressource terminologique existante (Côté, 1996). Pour ce faire, nous allons implémenter un programme qui prend en entrée le fichier résultant de l'analyse morpho-syntaxique, la terminologie et éventuellement d'autres ressources. Afin d'optimiser l'identification des arguments et de repérer plus de termes, nous prévoyons de définir des heuristiques basées sur la coordination, la relation hypéronyme/hyponyme, les têtes lexicales, etc. De même, pour augmenter la couverture de cette annotation, nous allons enrichir la terminologie avec des entrées supplémentaires.
2. *Analyse des verbes.* L'analyse des verbes est effectuée grâce aux informations obtenues lors de l'annotation sémantique des arguments. Il s'agit typiquement d'analyser leur nombre et leurs types sémantiques. Des méthodes d'apprentissage non supervisé peuvent être utilisées pour distinguer entre les emplois des verbes. Plus particulièrement, à partir des annotations, nous souhaitons savoir si ces emplois véhiculent les sens spécialisés ou non. Pour cette étape aussi, nous pouvons nous appuyer sur les ressources existantes, qui viendront compléter ou renforcer les annotations obtenues à l'étape précédente. Bien que l'apport de ces ressources est limité lorsqu'il s'agit de traiter des textes spécialisés, elles restent utiles, plus particulièrement pour l'analyse des emplois non spécialisés des verbes. Par exemple, les ressources comme VerbNet et FrameNet peuvent fournir des informations standard sur les schémas valenciels des verbes. Les ressources de type classes d'objets ou WordNet peuvent fournir les séries d'arguments qui sont sémantiquement proches entre eux. L'analyse des verbes peut permettre d'effectuer plusieurs types d'appréciation : la complétude des annotations, l'importance de certains arguments des verbes, la déviation des schémas argumentaux qui peuvent être révélateurs des emplois non standard et spécialisés des verbes. Des heuristiques dédiées seront nécessaires pour combiner les annotations avec les ressources, et pour départager ces différents cas de figure ;
3. *Simplification.* Dans le cas des textes spécialisés, rédigés pour un public de non experts, les emplois spécialisés des verbes peuvent être considérés comme des sources de difficulté. Grâce à l'étape précédente, de tels emplois spécialisés peuvent être détectés automatiquement. La simplification a pour objectif de rendre ces emplois de verbes plus abordables pour les utilisateurs non spécialistes. A ce niveau, l'absence de ressources du type WordNet pour les langues de spécialité représente une difficulté cruciale que nous allons devoir affronter. Dans un premier temps, pour pallier à ce problème, les phrases simplifiées seront conçues sur un modèle que proposent les définitions des termes du DicoInfo (L'Homme, 2009). Il s'agira de fournir une définition typique de la construction verbale ambigüe dans laquelle entre le verbe. Cette définition sera enrichie par un ou plusieurs synonymes du verbe qui seront recherchés dans WordNet ou d'autres ressources qui proposent les synonymes des mots de la langue générale. Une étude comparative des corpus de textes spécialisés, écrits par des experts et ceux écrits par des non-experts, effectuée au préalable, sera utile lors de la simplification, pour l'identification, si possible, des constructions verbales synonymes. La simplification concernera également les constituants syntaxiques de la phrase et éventuellement des temps verbaux (Brouwers *et al.*, 2014). En exploitant la méthode appliquée dans FrameNet et grâce aux observations en corpus, nous pouvons détecter les arguments nécessaires (*core*) et non nécessaires (*non core*) et alléger les phrases en supprimant les éléments non nécessaires. De la même manière, si les éléments nécessaires à la compréhension sont absents, nous pouvons les déduire et compléter ainsi la structure argumentale de verbes, en espérant que cela facilite la compréhension des phrases.

Au terme de ces différentes étapes, nous pensons pouvoir améliorer la lisibilité du texte et de rendre le sens des verbes plus accessibles aux utilisateurs non spécialistes en médecine. Les résultats de notre approche lexico-syntaxique seront évalués et comparés à ceux des méthodes de simplification focalisées uniquement sur les entités nominales, c'est-à-dire sur les arguments des verbes.

# 6 Conclusion

Tout au long de ce travail, nous avons exploré les principaux cadres théoriques et travaux qui s'intéressent particulièrement au prédicat verbal dans trois domaines de recherche : terminologie, où le verbe a tardé à s'imposer comme unité pouvant exprimer des connaissances spécialisées, face à la place dominante des entités nominales ; linguistique, où le verbe a toujours fait partie des catégories grammaticales les plus étudiées ; TAL, où de nos jours, de nombreuses ressources et méthodes se consacrent partiellement ou entièrement aux verbes à travers l'étude de sa structure argumentale ou de ses relations sémantiques avec d'autres verbes. De façon générale, notre travail met en évidence le fait que la frontière entre ces trois disciplines n'est pas étanche, car les techniques et approches utilisées en linguistique sont réutilisées en terminologie et en TAL, et de la même façon, la linguistique et la terminologie contemporaines font très souvent recours aux ressources, outils et applications développées en TAL. Nous allons nous servir de cette interdisciplinarité pour mener à bien notre projet.

## Références

BOAS H. (2002). Bilingual framenet dictionaries for machine translation. In *LREC*, p. 1364–137, Las Palmas de Gran Canaria, Spain.

BROUWERS L., DELPHINE B., ANNE-LAURE L. & THOMAS F. (2014). Syntactic sentence simplification for french. In *Proceedings of the 3rd Workshop on Predicting and Improving Text Readability for Target Reader Populations (PITR)@ EACL*, p. 47–56.

BROWN S. (2008). Choosing sense distinctions for wsd : Psycholinguistic evidence. In *Proceedings of ACL/HLT*, p. 249–252, Columbus, OH.

BROWN S., DLIGACH D. & PALMER M. (2011). Verbnet class assignment as a wsd task. In *9th International Conference on Computational Semantics*, Oxford, UK.

CARPUAT M. & WU D. (2007). Improving statistical machine translation using word sense disambiguation. In *EMNLP-CoNLL*, p. 61–72.

CHKLOVSKI T. & PANTEL P. (2004). Verbocean mining the web for fine-grained semantic verb relations. In *Proceedings of the Conference on Empirical Methods in Natural Language Processing (EMNLP)*, Barcelona, Spain.

CHURCH K. (1988). A stochastic parts program and noun phrase parser for unrestricted text. In *Second Conference on Applied Natural Language Processing*, Austin, Texas.

CÔTÉ R. (1996). *Répertoire d'anatomopathologie de la SNOMED internationale, v3.4*. Université de Sherbrooke, Sherbrooke, Québec.

ELHADAD N. (2006). Comprehending technical texts : Predicting and defining unfamiliar terms. In *AMIA*, p. 239–243.

EYNDE K. & MERTENS P. (2003). La valence : l'approche pronominale et son application au lexique verbal. *French Language Studies*, **13**(1), 63–104.

FELLBAUM C. (1998). *WordNet : An Eletronic Lexical Database*, In M. PRESS, Ed., *Language Speech and Communications*.

FILLMORE C. (1968). *The case for case*, In UNIVERSALS, Ed., *Linguistic Theory*, p. 1–88.

FILLMORE C. (1976). *Topics in lexical semantics*, In I. U. PRESS, Ed., *Current Issues in Linguistic Theory*, p. 76–138.

FILLMORE C. (1982). *Frame Semantics*, In H. P. CO, Ed., *Linguistics in the morning calm*, p. 111–137.

FONTENELLE T. (2009). sémantique des cadres et lexicographie. *Lexique*, (19), 162–177.

GILDEA D. & JURAFSKY D. (2002). Automatic labeling of semantic roles. *Computational Linguistics*, **28**(3), 245–288.

GROSS G. (2008). Les classes d'objets. *Lalies*, (28), 111—165.

GROSS G. (2012). *Manuel d'analyse linguistique : approche sémantico-syntaxique du lexique*. Villeneuve-d'Ascq : Presses universitaires du Septentrion.

GROSS M. (1975). *Méthodes en syntaxe*. Hermann.

HEILMAN M., THOMPSON C., CALLAN J. & ESKENAZI M. (2007). Combining lexical and grammatical features to improve readability measures for first and second language texts. In *HLT-NAACL*, p. 460–467, Rochester, New York.

HEILMAN M., THOMPSON C. & ESKENAZI M. (2008). An analysis of statistical models and features for reading difficulty prediction. In COLUMBUS, Ed., *Third Workshop on Innovative Use of NLP for Building Educational Applications*, p. 71–79, Ohio.

HOA TRANG D. & PALMER M. (2002). Combining contextual features for word sense disambiguation. In A. FOR COMPUTATIONAL LINGUISTICS, Ed., *Proceedings of the ACL-02 Workshop on Word Sense Disambiguation : Recent Successes and Future Directions*, p. 88–94, Stroudsburg, PA, USA.

HOA TRANG D. & PALMER M. (2005). The role of semantic roles in disambiguating verb senses. In A. FOR COMPUTATIONAL LINGUISTICS, Ed., *Proceedings of the 43rd Annual Meeting on Association for Computational Linguistics*, p. 42–49, Stroudsburg, PA, USA.

IDE N. & VÉRONIS J. (1998). Introduction to the special issue on word sense disambiguation : The state of the art. *Compututational Linguistic*, **24**(1), 2–40.

KIPPER K., DANG H. & PALMER M. (2000). Class-based construction of a verb lexicon. In *The Seventh National Conference on Artificial Intelligence AAAI/IAAI*, p. 691–696.

KIPPER-SCHULER K. (2005). *VerbNet : A broad-coverage comprehensive verb lexicon*. Thèse de doctorat, niversity of Pennsylvania, Philadelphia, PA.

KORHONEN A. & BRISCOE T. (2004). Extended lexical-semantic classification of english verbs. In *Proceedings of the HLT/NAACL Workshop on Computational Lexical Semantics*, Boston, MA.

LAPATA M. & BREW C. (1999). Using subcategorization to resolve verb class ambiguity. In *JOINT SIGDAT CONFERENCE ON EMPIRICAL METHODS IN NLP AND VERY LARGE CORPORA*, p. 266–274.

LAPATA M. & BREW C. (2004). Verb class disambiguation using informative priors. *COMPUTATIONAL LINGUISTICS*, p. 45–73.

LECLERE C. (1990). Organisation du lexique-grammaire des verbes français. *Langue française*, (87), 112–122.

LERAT P. (2002). Qu'est-ce que le verbe spécialisé ? le cas du droit. *Cahiers de Lexicologie*, **80**, 201–211.

LEROY G., ENDICOTT J., MOURADI O., KAUCHAK D. & JUST M. (2012). Improving perceived and actual text difficulty for health information consumers using semi-automated methods. In *American Medical Infomatics Association*.

LEVIN B. (1993). *English Verb Classes and Alternation, A Preliminary Investigation*. The University of Chicago : Press.

L'HOMME M. (1998). Le statut du verbe en langue de spécialité et sa description lexicographique. *Cahiers de lexicologie*, **73**(2), 61–84.

L'HOMME M. (2003). Capturing the lexical structure in special subject fields with verbs and verbal derivatives a model for specialized lexicography. *IJL*, **16**(4), 403–422.

L'HOMME M. (2009). *Le DiCoInfo. Dictionnaire fondamental de l'informatique et de l'Internet*. Rapport interne, Observatoire de linguistique Sens-Texte (OLST).

L'HOMME M. (2012). Le verbe terminologique un portrait de travaux récent. In *Congrès Mondial de Linguistique Française-CMLF*, p. 93–107.

L'HOMME M. & BODSON C. (1997). Modèle de description des verbes specialises combinant base de connaissances et hypertexte. In *Congres international de terminologie*, p. 381–398, San Sebastian, Espagne.

LIU H., LUSSIERB Y. & FRIEDMAN C. (2001). Disambiguating ambiguous biomedical terms in biomedical narrative text : An unsupervised method. *Journal of Biomedical Informatics*, **34**, 249–261.

MARNEFFE M., MACCARTNEY B. & MANNING C. (2006). Generating typed dependency parses from phrase structure parses. In *Proceedings of LREC*, p. 449–454.

MASSIMILIANO C., ALDO G., ESTHER R., J S. & ISABEL R. (2008). Unsupervised learning of semantic relations for molecular biology ontologies. In *Proceeding of the 2008 conference on Ontology Learning and Population : Bridging the Gap between Text and Knowledge*, p. 91–104.

MELLI G., WANG Y., LIU Y., KASHANI M., SHI Z., GU B., SARKAR A. & POPOWICH F. (2005). Description of squash the sfu question answering summary handler for the duc-2005 summarization task. In *HLT/EMNLP*.

MEL'CUK I., CLAS A. & POLGUÈRE A. (1995). *Introduction à la lexicologie explicative et combinatoire*. Louvain-la-Neuve : Duculot / Aupelf-UREF.

MESSIANT C., GÁBOR K. & POIBEAU T. (2010). Acquisition de connaissances lexicales à partir de corpus : la sous-catégorisation verbale en français. *Traitement Automatique des Langues*, **51**(1), 65–96.

MILLER G. A. (1995). Wordnet : A lexical database for english. *Communication ACM*, **38**(11), 39–41.

MILLER S., STALLARD D., BOBROW R. & SCHWARTZ R. (1996). A fully statistical approach to natural language interfaces. In *Proceedings of the 34th Annual Meeting on Association for Computational Linguistics*, p. 55–61, Stroudsburg, PA, USA.

MOUTON C. (2010). *Ressources et méthodes semi-supervisées pour l'analyse sémantique de texte en français*. PhD thesis, Université Paris Sud-Paris XI.

PALMER M., GILDEA D. & KINGSBURY P. (2005). The proposition bank an annotated corpus of semantic roles. *Computational Linguistics*, **31**(1), 71–105.

PEDERSEN T. (2000). A simple approach to building ensembles of naive bayesian classifiers for word sense disambiguation. *CoRR*, **cs.CL/0005006**.

PEDERSEN T. (2001). A decision tree of bigrams is an accurate predictor of word sense. In *Proceedings of the Second Meeting of the North American Chapter of the Association for Computational Linguistics on Language Technologies*, p. 1–8, Stroudsburg, PA, USA.

PIMENTEL J. (2011). Description de verbes juridiques au moyen de la sémantique des cadres. In *TOTH*.

PITLER E. & NENKOVA A. (2008). Revisiting readability : A unified framework for predicting text quality. In *EMNLP*, p. 186–195, Waikiki,Honolulu,Hawaii.

REY A. (1979). *La terminologie : noms et notions*, In P. UNIVERSITAIRES DE FRANCE, Ed., *"Que sais-je ?"*.

RUPPENHOFER J., ELLSWORTH M., PETRUCK M., JOHNSON C. & SCHEFFCZYK J. (2006). *FrameNet II Extended Theory and Practice*. Berkeley, California : International Computer Science Institute. Distributed with the FrameNet data.

SANDERSON M. (1994). Word sense disambiguation and information retrieval. In *Proceedings of the 17th Annual International ACM SIGIR Conference on Research and Development in Information Retrieval*, p. 142–151, New York, NY, USA.

SCHÜTZE H. & PEDERSEN J. (1995). Information retrieval based on word senses. In *Proceedings of the 4th Annual symposium on document analysis and information retrieval*, p. 161–175, Las Vegas.

SPECIA L., DAS GRAÇAS V NUNES M. & STEVENSON M. (2005). Exploiting rules for word sense disambiguation in machine translation.

STEVENSON M. & GUO Y. (2010). Disambiguation of ambiguous biomedical terms using examples generated from the umls metathesaurus. *Journal of Biomedical Informatics*, **43**, 762–773.

SURDEANU M., HARABAGIU S., WILLIAMS J. & AARSETH P. (2003). Using predicate-argument structures for information extraction. In A. FOR COMPUTATIONAL LINGUISTICS, Ed., *Proceedings of the ACL*, p. 8–15, Sapporo, Japan.

SWIER R. & STEVENSON S. (2004). Unsupervised semantic role labelling. In *EMNLP*.

TAPAS K. & ORR D. (2009). Predicting the readability of short web summaries. In *WSDM*, p. 202–211, Barcelona, Spain.

TATEISI Y., OHTA T. & TSUJII J. (2004). Annotation of predicate-argument structure on molecular biology text. In SPRINGER, Ed., *In Proceedings of the Workshop on the 1st International Joint Conference on Natural Language Process (IJCNLP*, Hainan Island, China.

TELLIER C. (2008). *Verbes spécialisés en corpus médicale : une méthode de description pour la rédaction d'articles terminologiques*. Thèse de doctorat, Université de Montréal.

TESNIÈRE L. (1959). *Éléments de syntaxe structurale*. Paris : Klincksieck.

THOMPSON C. & CALLAN P. (2004). A language modeling approach to predicting reading difficulty. In *HTL-NAACL*, p. 193–200.

WAGNER W., SCHMID H. & SCHULTE IM WALDE S. (2009). Verb sense disambiguation using a predicate-argument-clustering model. In *In Proceedings of the CogSci Workshop on Distributional Semantics beyond Concrete Concepts*.

WANDJI TCHAMI O., L'HOMME M. & GRABAR N. (2013). Discovering semantic frames for a contrastive study of verbs in medical corpora. In *Terminologie et intelligence artificielle (TIA)*, Villetaneuse.

WÜSTER E. (1985). *Introduction to the General Theory of Terminology and Therminological Lexicography*.

XUE N. & PALMER M. (2004). Calibrating features for semantic role labeling. In *Proceedings of the Conference on Empirical Methods in Natural Language Processing*.

YAROWSKY D. (1995). Unsupervised word sense disambiguation rivaling supervised methods. In *Proceedings of the 33rd Annual Meeting on Association for Computational Linguistics*, p. 189–196, Stroudsburg, PA, USA.

YE P. & BALDWIN T. (2006). Verb sense disambiguation using selectional preferences extracted with a state-of-the-art semantic role labeler. In *Australasian Language Technology Workshop*, p. 141–148, Sydney, Australia.

YOONG KEOK L. & HWEE TOU N. (2002). An empirical evaluation of knowledge sources and learning algorithms for word sense disambiguation. In *Proceedings of the ACL-02 Conference on Empirical Methods in Natural Language Processing - Volume 10*, p. 41–48, Stroudsburg, PA, USA.

# Réseau de neurones profond pour l'étiquetage morpho-syntaxique

Jérémie Tafforeau[1]
(1) LIF, AMU, CNRS, 163 avenue de Luminy, 13288 Marseille Cedex 9
jeremie.tafforeau@lif.amu-mrs.fr

**Résumé.** L'analyse syntaxique et sémantique de langages non-canoniques est principalement limitée par le manque de corpus annotés. Il est donc primordial de mettre au point des systèmes robustes capables d'allier références canoniques et non-canoniques. Les méthodes exploitant la théorie des réseaux de neurones profonds ont prouvé leur efficacité dans des domaines tels que l'imagerie ou les traitements acoustiques. Nous proposons une architecture de réseau de neurones appliquée au traitement automatique des langages naturels, et plus particulièrement à l'étiquetage morpho-syntaxique. De plus, plutôt que d'extraire des représentations empiriques d'une phrase pour les injecter dans un algorithme de classification, nous nous inspirons de récents travaux portant sur l'extraction automatique de représentations vectorielles des mots à partir de corpus non-annotés. Nous souhaitons ainsi tirer profit des propriétés de linéarité et de compositionnalité de tels plongements afin d'améliorer les performances de notre système.

**Abstract.** Syntactic and semantic parsing of non-canonical languages is mainly restricted by the lack of labelled data sets. It is thus essential to develop strong systems capable of combining canonical and non-canonical text corpora. Deep Learning methods proved their efficiency in domains such as imaging or acoustic process. We propose neural network architecture applied to natural languages processing. Furthermore, instead of extracting from the sentence a rich set of hand-crafted features wich are the fed to a standard classification algorithm, we drew our inspiration from recent papers about the automatic extraction of word embeddings from large unlabelled data sets. On such embeddings, we expect to benefit from linearity and compositionality properties to improve our system performances.

**Mots-clés :** TALN, Étiquetage morpho-syntaxique, Apprentissage Automatique, Réseau de Neurones Profond, Plongements.

**Keywords:** NLP, Part-of-Speech Tagging, Machine Learning, Deep Neural Network, Embeddings.

## 1 Introduction

Dans le cadre du projet européen SENSEI fondé sur l'étude des conversations humaines, nous allons être amené à analyser syntaxiquement et sémantiquement des corpus de langages non-canoniques tels que des transcriptions de conversations téléphoniques ou des commentaires web. Le manque de corpus annotés dans ces domaines force l'utilisation de corpus alliant références canoniques et non-canoniques. Les performances des approches statistiques sont particulièrement affectées par un aussi radical changement de contexte (Giesbrecht & Evert, 2009). Nous nous proposons de mettre au point un réseau de neurones profond égalant les résultats de références sur des données journalistiques avant de considérer, dans de futurs travaux, son adaptation aux corpus non-canoniques.

Les méthodes exploitant la théorie de l'apprentissage automatique de réseaux de neurones profonds ou *Deep Learning* ont prouvé leur robustesse sur des tâches complexes du domaines de l'imagerie et du traitement acoustique. Nous nous situons dans la lignée de récents travaux misant sur l'auto-adaptabilité de tels systèmes dans le cas de traitement d'informations partielles et bruitées (Collobert *et al.*, 2011). Nous proposons une architecture de réseau de neurones profond appliquée aux traitements automatiques des langages naturels. Afin d'éprouver notre méthodologie, nous nous fixons comme contexte expérimental l'étiquetage morpho-syntaxique ou *POS tagging* du corpus Penn TreeBank. Il s'agit en effet d'une tâche bien connue du traitement automatique de la langue (Manning, 2011) pour laquelle existent de nombreux résultats de référence.

Après quelques rappels généraux sur la théorie des réseaux de neurones, nous exposerons de récents travaux portant sur l'extraction de représentations vectorielles des mots d'un texte (Mikolov *et al.*, 2013a). Ces plongements ou *embeddings* présentent d'intéressantes propriétés de linéarité et de compositionnalité (Mikolov *et al.*, 2013b) que nous souhaitons capturer par l'apprentissage au plus profond du réseau de neurones. En résulte un gain en terme de rapidité de convergence ainsi qu'une approche plus fine des mots inconnus.

# 2 Réseaux de Neurones

L'approche conventionnelle afin d'étiqueter une séquence de mots est la suivante : extraire des représentations de la phrase en cours de traitement et les injecter dans un algorithme de classification, par exemple une machine à vecteurs de support (*SVM*), bien souvent à l'aide d'un *kernel trick*. Nous envisageons ici une approche radicalement différente : nos données seront aussi peu pré-traitées que possible afin de permettre à notre réseau de neurones d'en extraire, couche après couche, ses propres représentations internes qui seront entrainées par *rétro-propagation* afin de gagner en pertinence tout au long de l'apprentissage.

## 2.1 Architecture & Notations

Il existe un grand nombre d'architectures possibles lorsqu'il s'agit d'assembler des neurones en réseau. On pourra citer les *perceptrons multi-couches*, les *réseaux de neurones convolutionels* (Collobert *et al.*, 2011), les *machines de Boltzmann restreintes* (Fischer & Igel, 2012) ou encore d'autres types de *réseaux de neurones récurrents* (Toutanova *et al.*, 2003). Si les propriétés de tels réseaux sont connues depuis des décennies, les architectures comprenant plus de trois couches de neurones ne présentaient pas les améliorations attendues. C'est désormais le cas grâce à de récentes évolutions matérielles et algorithmiques. On parle depuis de réseaux de neurones profonds ou *deep neural networks*.

Considérons un réseau de neurones $f_\theta()$ de paramètres $\theta$. Tout réseau de neurones en aval ou *feed-forward neural networks* à $L$ couches peut être interprété comme la composition des fonctions $f_\theta^l()$ associées à chaque couche $l$ :

$$f_\theta() = f_\theta^L(f_\theta^{L-1}(...f_\theta^1()...)) = f_\theta^L \circ f_\theta^{L-1} \circ ... \circ f_\theta^1()$$

En cela, un réseau de neurones peut être considéré comme un système d'approximation fonctionnelle. Dans toute la suite, nous noterons $(|input| \times |output|)$ afin de caractériser une couche neuronale ayant $|input|$ neurones d'entrée et $|output|$ neurones de sortie. Ce même formalisme permet de décrire des réseaux aux structures neuronales plus complexes, cf. FIGURE 1.

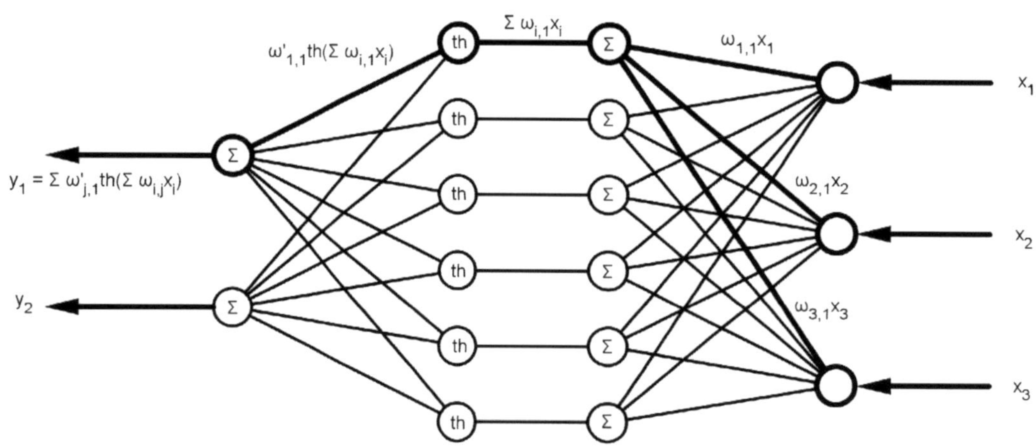


FIGURE 1 – Exemple de réseau de neurones $(3 \times 6 \times 2)$

Chaque couche neuronale réalise un plongement entre des espaces de dimensions variables en associant un vecteur de sortie à chaque vecteur d'entrée. Ainsi, compressions et dilatations des représentations internes du réseau se composent afin d'approximer au mieux une fonction pouvant permettre la classification de nos données d'apprentissage.

## 2.2 Structure Neuronale

Nous considérons par la suite une structure classique de réseau neuronal basée sur celle du *perceptron multi-couches* ou *multi-layer perceptron*. Elle se compose de couches linéaires réalisant une transformation affine de leur vecteur d'entrée, et de couches non-linéaires, ayant une tangente hyperbolique comme fonction d'activation, cf FIGURE 2. On alterne couches linéaires et non-linéaires afin de pouvoir approximer toute fonction, même hautement non-linéaire. En effet, si aucune non-linéarité n'est introduite dans le réseau, alors ce dernier se résumerait en un simple modèle linéaire. Enfin, la dernière couche de notre réseau compte autant de neurones que le problème considéré ne compte de classes. Chaque sortie peut ainsi être interprétée comme le score de la classe correspondante pour un exemple donnée en entrée du réseau.

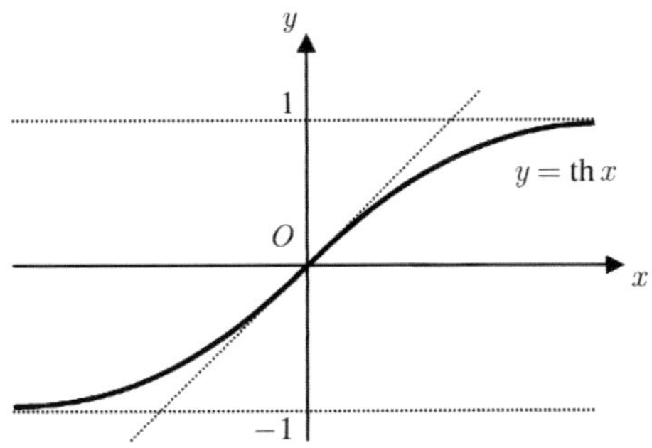


FIGURE 2 – tangente hyperbolique

## 2.3 Apprentissage

Tous nos réseaux ont été entrainés par maximum de vraisemblance sur l'ensemble d'apprentissage par descente de gradient stochastique. Si on note $\theta$ l'ensemble des paramètres du réseau, entrainé sur l'ensemble d'apprentissage $\mathcal{T}$, on souhaite maximiser la log-vraisemblance :

$$\theta \mapsto \sum_{(x,y)\in\mathcal{T}} log\ p(y|x,\theta),$$

où $x$ correspond à un vecteur de *features* et $y$ représente l'étiquette correspondante. Soit un exemple $x$ donné en entrée, on note $[f_\theta(x)]_i$ le score associé à la $i^{\text{ème}}$ étiquette par notre réseau de paramètre $\theta$. La probabilité $p()$ est calculé à partir des sorties du réseau de neurones au moyen d'un *softmax* :

$$p(i|x,\theta) \;=\; \frac{e^{[f_\theta(x)]_i}}{\sum_j e^{[f_\theta(x)]_j}}$$

Ce qui nous permet d'exprimer aisément la log-vraisemblance :

$$log\ p(y|x,\theta) \;=\; [f_\theta(x)]_y - log(\sum_j e^{[f_\theta(x)]_j})$$

Maximiser cette log-vraisemblance au moyen d'un gradient stochastique s'effectue en sélectionnant aléatoirement un exemple d'apprentissage $(x,y)$ et en réalisant une descente de gradient :

$$\theta \leftarrow \theta + \lambda\,\frac{\delta\ log\ p(y|x,\theta)}{\delta\theta},$$

où $\lambda$ est le taux d'apprentissage ou *learning rate* considéré. Cela revient à explorer l'espace des fonctions approximables par notre réseau en minimisant pas à pas l'erreur de classification.

# 3 Représentations vectorielles du texte pour le *POS tagging*

## 3.1 Le *POS tagging*, un problème de classification

Notre contexte expérimental est le *POS tagging* qui a pour but d'étiqueter chaque mots en fonction de son rôle syntaxique, par exemple, nom, adjectif, adverbe, etc. Les sections 0-18 ainsi que 19-21 du Penn TreeBank ont été respectivement utilisées comme ensemble d'apprentissage et de développement, tandis que les sections 22-24 furent réservées à la phase de test. Afin de minimiser le nombre de mots composant notre vocabulaire, nous avons modifié notre corpus afin qu'il ne comporte que des mots en minuscules. De même, toutes les séquences de chiffres formant un nombre entier ont été remplacées par la chaîne _NUMBER_ (*ex. 1 ; 1,000 ; 1,000,000*) et celles formant un nombre réel par la chaîne _REAL_ (*ex. 3.14 ; 6,378.137*).

| Dataset | #phrases | #mots | #mots inconnus | #classes |
|---|---|---|---|---|
| Training | 38.219 | 912.344 | 0 | 48 |
| Development | 5.527 | 131.768 | 4.467 | 48 |
| Test | 5.462 | 129.654 | 3.649 | 48 |

TABLE 1 – Caractéristiques du corpus Penn TreeBank

Les meilleurs systèmes pour cette tâche sont généralement entraînés sur une fenêtre de texte et servent de fondations à des algorithmes bidirectionnels apportant une information de séquence, cf.*HMM & Viterbi*. Parmis les *features* récurrentes, on trouve les *tags* contextuels i.e les étiquettes des mots suivant ou précédant le mot à étiqueter, les *n-grams* ainsi que des *features* empiriques ou linguistiquement motivées, dédiées à la gestion des mots inconnus. Comme dans la plupart des travaux nous ayant précédés, nous abordons le *POS Tagging* comme un problème de classification. Mettant de côté l'aspect séquentiel, nous souhaitons attribuer indépendamment à chaque mot d'une phrase son étiquette morpho-syntaxique correspondante. Il nous est donc nécessaire de fixer une représentation vectorielle propre à chaque mot qui constitueront les entrées de notre classifieur.

| Model | All Words Accuracy | Unknown Words Accuracy |
|---|---|---|
| Hidden Markov model (Brants, 2000) | 96,46% | 85,86% |
| Support machine vectors (Giménez & Márquez, 2004) | 97,16% | 89,01% |
| Maximum entropy cyclic dependency network (Manning, 2011) | 97,32% | 90,79% |

TABLE 2 – Résultats de référence pour le *POS tagging* sur le Penn TreeBank

## 3.2 Représentations en vecteur d'index lexical

Par soucis d'efficacité, les mots sont fournies au réseau sous forme d'indices tirés d'un lexique. C'est pourquoi la première étape de notre modèle est d'établir un lien entre indices et représentations vectorielles au moyen d'une table d'association. Soit $|V|$ la taille de notre vocabulaire. Nous considérons dans un premier temps comme représentation du mot $w$ d'indice lexical $n_w$ le vecteur *"creux"* :

$$W = \begin{cases} W_{n_w} & = & 1 \\ W_i & = & 0 \quad \forall i \neq n_w \end{cases}$$

Ces représentations vectorielles doivent par la suite être combinées afin d'étiqueter un par un chaque mot composant la phrase en cours de traitement. Prenons comme hypothèse que seuls les mots voisins du mot considéré influent sur son étiquetage. Soit un mot $w$ a étiqueter, on considère une fenêtre de taille fixe $d_{win}$ centrée sur $w$. En associant à chaque mot composant cette fenêtre sa représentation vectorielle, nous obtenons une matrice de taille $d_{win} \times |V|$, cf FIGURE 3. Cette matrice peut être vue comme un vecteur de dimension $d_{win}.|V|$ par concaténation des colonnes, qui peut être injecté en entrée du réseau de neurones.

| $w_1$ | $w_2$ | $w_3$ | |
|---|---|---|---|
| 0 | 0 | 0 | 0 |
| . | . | . | |
| . | . | . | |
| 1 | 0 | 0 | $n_{w_1}$ |
| . | . | . | |
| . | . | . | |
| 0 | 0 | 1 | $n_{w_3}$ |
| . | . | . | |
| . | . | . | |
| 0 | 1 | 0 | $n_{w_2}$ |
| . | . | . | |
| . | . | . | |
| 0 | 0 | 0 | $\|V\|$ |

FIGURE 3 – Représentation vectorielle associée à un triplet de mot $(w_1, w_2, w_3)$

## 3.3 Extraction automatique de représentations vectorielles

Il est possible d'extraire à partir de données non-annotées des plongements, ou *embeddings*, de plus petite dimension afin d'obtenir de meilleurs représentations vectorielles de nos mots. Dans nos expériences, nous nous basons sur l'approche WORD2VEC (Mikolov *et al.*, 2013a). Cette dernière consiste à entraîner un réseau de neurones linéaire i.e sans couche cachée non-linéaire. La matrice des poids de la couche linéaire peut ainsi être interprétée comme une projection linéaire, permettant de passer de l'espace des mots à un espace de dimension réduite. Deux heuristiques d'apprentissage ont été proposées afin de calibrer ce plongement, cf. FIGURE 4.

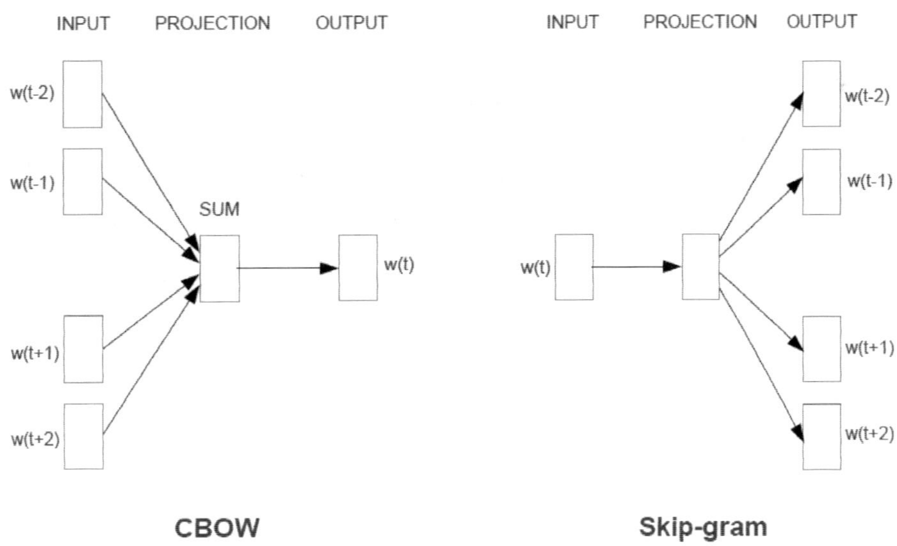


FIGURE 4 – WORD2VEC Architectures

L'approche *Continuous Bag of Words* (CBOW) consiste à entraîner le réseau à prédire un mot à partir de son contexte. À l'inverse, l'approche *Skip-gram* se propose de prédire les mots encadrant un mot donné en entrée. Une fois l'un de ses deux entraînements arrivé à son terme, les plongements sont extraits des poids de la couche linéaire du réseau. La dimensions $n$ de ces plongements est ainsi librement paramétrable car totalement déterminée par le nombre de neurones composant cette couche de projection. Il s'agit donc d'un hyper-paramètre de notre système.

Ainsi, deux mots proches dans ce nouvel espace de représentations sont syntaxiquement et/ou sémantiquement proches car c'est la promiscuité de leur contexte respectif qui les a rapprochés dans ce nouvel espace. Il est bon de noter que ces dernières présentent également des propriétés de linéarité et de compositionalité (Mikolov *et al.*, 2013b) alors qu'aucune contrainte ne fut fixée en ce sens au cours de l'apprentissage. Notre architecture est capable de tirer partie de telles *features*.

# 4 Architectures proposées

L'ensemble des architectures réseaux proposées ont été réalisées à l'aide de la librairie *Torch7* car en plus de proposer une implémentation intuitive, elle a montré de bonnes performances dans les tests de (Collobert *et al.*, 2012).

## 4.1 Perceptron Multi-Couche Naïf

Il s'agit d'une implémentation standard d'un *Multi-Layer Perceptron (MLP)*. Les entrées de ce réseau sont les concaténations de vecteurs *"creux"* d'index lexical. La structure de la couche cachée non-linéaire est un hyper-paramètre du réseau. Dans la suite et par soucis de clarté, nous considèrerons qu'elle ne se compose que d'une seule couche non-linéaire constituée de $d_{win} * n$ neurones tandis qu'elle sera bien plus complexe lors de l'exposé de nos expérimentations. En vu de permettre au réseau d'appréhender les mots de l'ensemble de test absents de l'ensemble d'apprentissage (en d'autres termes les mots inconnus), nous avons considéré les mots n'ayant qu'une seule occurrence au sein de notre corpus d'apprentissage comme inconnus. Ces derniers ont ainsi été remplacés dans notre corpus par la chaîne _UNK_.

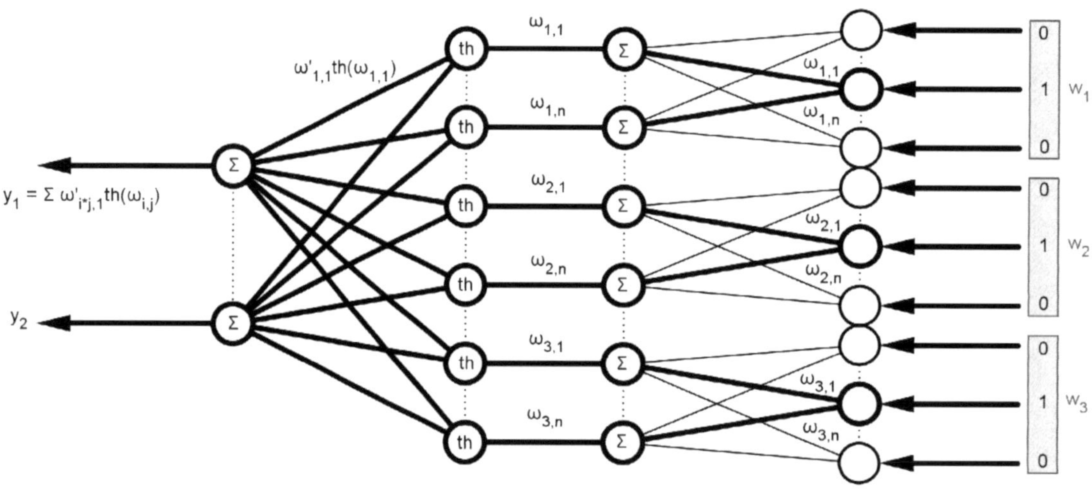


FIGURE 5 – Exemple de *MLP* à une couche cachée dans le cas d'une classification à 2 classes et d'une fenêtre de taille 3. On applique un *softmax* à nos sorties afin d'obtenir des scores assimilables à des probabilités . Les neurones $\sum$ réalisent une combinaison linéaire pondérée de leurs entrées tandis que les neurones *th* forment notre couche non-linéaire appliquant une tangente hyperbolique. On a représenté en gras les connexions réellement sollicitées par l'exemple d'apprentissage considéré.

On remarque immédiatement que la taille de la couche d'entrée, constituée de $d_{win} * |V|$ neurones, est directement proportionnelle au nombre de mots composant notre vocabulaire. Pourtant, pour un exemple d'apprentissage donné, très peu de connexions sont réellement sollicitées au sein de cette couche puisque seules $d_{win}$ dimensions d'entrée sont effectivement actives i.e de valeur non-nulle. Dans la pratique, cette implémentation n'est pas efficace du fait du trop grand nombre de connexions qui la composent.

## 4.2 Initialisations des poids de la couche d'entrée par nos plongements

Nous souhaitons initialiser les poids de notre couche d'entrée à l'aide des plongements extraits, grâce à l'approche CBOW de WORD2VEC, d'un important corpus non-annoté tiré de *Wikipédia*, cf TABLE 3. Nous espérons obtenir ainsi une meilleur convergence de notre modèle. De plus, nous nous proposons de réaliser une couche qui minimise le coût d'une descente de gradient dans le cas de vecteurs d'entrée *"creux"* afin de diminuer la complexité de la phase d'apprentissage. On expose pour ce faire deux implémentations distinctes.

| #phrases | #mots | $\|V\|$ |
|---|---|---|
| 84.805.805 | 1.709.107.335 | 1.556.817 |

TABLE 3 – Caractéristiques du corpus d'apprentissage de WORD2VEC

### 4.2.1 Initialisation Statique (*SMLP*)

Nous considérons dans un premier temps un réseau simulant une couche d'entrée statique dont les poids ont été initialisés par nos plongements, cf. FIGURE 6. La couche d'entrée initiale y a été remplacée par un pré-traitement des entrées qui sont désormais les concaténations des plongements associés à chaque mot composant la fenêtre initialement injectée en entrée. Ce réseau simule un *perceptron multi-couches* à la différence que la *rétro-propagation* n'atteint pas les poids de la couche d'entrée qui restent par conséquent constants tout au long de l'apprentissage.

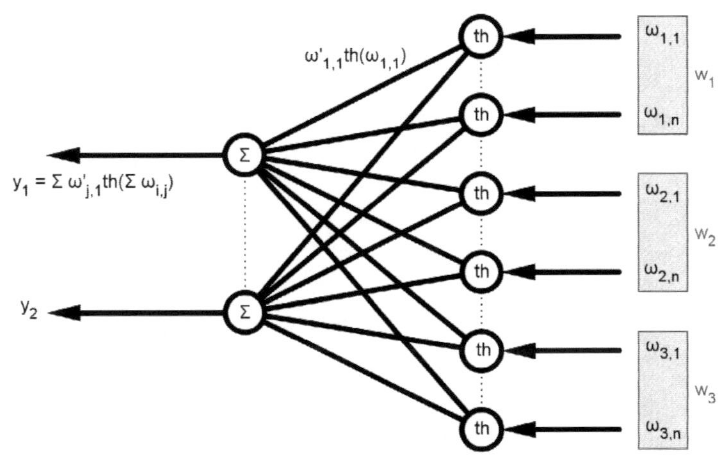


FIGURE 6 – Architecture *SMLP* équivalente au *MLP* décrit en FIGURE 5. Chaque mot $w_{i\in[1..3]}$ composant notre exemple d'apprentissage est désormais représenté comme un vecteur $\omega_i$ de dimension $n$. C'est la concaténation de ces plongements qu'on injecte en entrée du réseau. On obtient ainsi un réseau au comportement analogue au précédent, s'abstrayant des connexions inactives au prix du gel des paramètres de la couche d'entrée initiale.

### 4.2.2 Initialisation Dynamique (*DMLP*)

Nous considérons désormais un réseau permettant à la *rétro-propagation* de raffiner nos plongements, cf. FIGURE 7. À chaque mot $w$ de notre dictionnaire, nous associons, dans une bibliothèque $L$ de couches linéaires, une couche $L_w$ de structure $(1 \times n)$ dont les $n$ poids représentent nos plongements. Lorsqu'on souhaite injecter une fenêtre de mots $(w_1,w_2,w_3)$ dans notre réseau, on remplace la couche d'entrée par la concaténation des couches linéaires associées $L_{w_1}$, $L_{w_2}$ et $L_{w_3}$. La descente de gradient stochastique se propage ainsi jusque dans notre nouvelle couche d'entrée, modifiant par la même les poids des couches de notre bibliothèque et donc nos plongements.

Les entrées sont forcées à 1 et représentent les dimensions actives des vecteurs d'index lexical initiaux. De cette manière, la couche d'entrée simule les connexions sollicitées pour un mot donné et s'abstrait ainsi de toutes celles inactives dans le cas de vecteur *"creux"*. Cette implémentation est réalisée à l'aide de partages dynamiques de paramètres afin de manipuler nos couches d'entrées interchangeables. Cette architecture permet un raffinage des plongements initiaux tout au long de l'apprentissage en fonction de la tâche considérée tout en minimisant la taille de la structure neuronale nécessaire et donc le coût d'une descente de gradient.

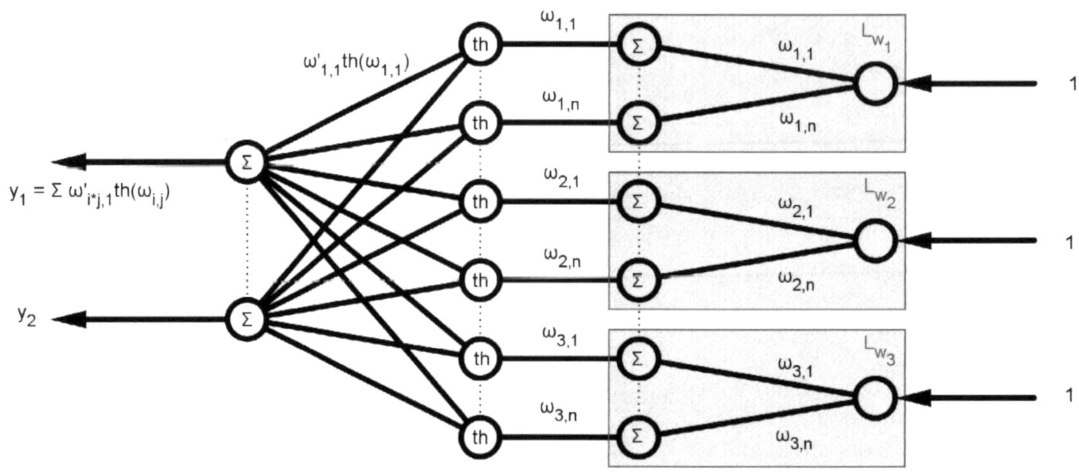


FIGURE 7 – Architecture *DMLP* équivalente au *MLP* décrit en FIGURE 5. Chaque mot $w_{i\in[1..3]}$ composant notre exemple d'apprentissage est désormais représenté par une couche linéaire $L_{w_i}$. Le vecteur de poids $\omega_i$ de cette couche étant le plongement associé au mot $w_i$ considéré, ces derniers deviennent des paramètres du réseau. Lorsqu'on souhaite soumettre au réseau un nouvel exemple d'apprentissage $w'_{i\in[1..3]}$, il suffit de remplacer les vecteurs poids $\omega_i$ par les plongements $\omega'_i$ associés. Par soucis d'efficacité, cette opération est réalisée à l'aide d'un partage dynamique de paramètres entre notre couche d'entrée et notre bibliothèque $L$ de couches linéaires contenant nos plongements raffinés au cœur de leur vecteur poids.

### 4.3 Utilisation de connaissances *a priori*

Nous désirons utiliser les connaissances *a priori* pouvant être extraites de notre corpus d'apprentissage afin de guider notre classification. Soit un mot $w$, nous nous concentrons sur les classes observées à chaque occurrence de $w$ pour obtenir un *filtre* à appliquer aux prédictions. Ainsi, lors de la comparaison des scores des différentes classes, seules les classes observées sont mise en compétition. Dans le cas où $w$ serait absent du corpus d'apprentissage, nous considérons l'ensemble des classes comme ayant été observées, ce qui revient à ne pas filtrer les prédictions de notre réseau de neurones.

## 5 Expérimentations & Résultats

Afin d'obtenir des performances directement comparables aux nôtres, nous avons réalisé une évaluation d'une implémentation des *Conditional random fields* (Nasr *et al.*, 2014) avec différents ensembles de *features*. Habituellement, à chaque mot sont associés :

- les *n-grams* le contenant pour $n$ allant de 1 à 5 ;
- les *bigrams* d'étiquettes *POS* apportant une information de séquence ;
- ses attributs morphologiques (préfixes, suffixes ainsi que des *features* de présence de majuscules ou de symboles).

| Model | All Words Accuracy | Unknown Words Accuracy |
|---|---|---|
| Conditional random field (3-gram uniquement) | 95,55% | 66,02% |
| Conditional random field (3-gram et toutes les *features*) | 97,30% | 87,59% |
| Conditional random field (5-gram et toutes les *features*) | 97,43% | 88,36% |

TABLE 4 – Évaluations d'une implémentation des *CRF* pour le *POS tagging* (Nasr *et al.*, 2014) sous restrictions

Sur la première évaluation, les *features* sont restreintes aux *3-grams*. Ce système est par conséquent comparable au notre en terme d'information à disposition. La dernière, réalisée quant à elle sans limitations, égale nos résultats de références. On peut ainsi observer le gain notable apporté par l'ajout de *features* de séquence et de morphologie, notamment sur la gestion de mots inconnus.

| $d_{win}$ | $n$ | Structure des couches cachées | *Learning Rate* |
|---|---|---|---|
| 3 et 5 | 300 | $((d_{win} * n) \times (d_{win} * 100))$ | 0.01 |

TABLE 5 – jeux d'hyper-paramètres considérés, où $d_{win}$ et $n$ représentent respectivement la taille des fenêtres de mots envoyées en entrée du réseau et la dimension des *embeddings* extraits par WORD2VEC. Nous avons choisi d'utiliser deux couches cachées afin de permettre au réseau d'extraire des représentations internes issues de la combinaison des *features* propres à chaque mot de la fenêtre.

Dans l'ensemble, nos résultats expérimentaux sont significativement proches de nos références, cf. TABLE 2. L'approche *DMLP* obtient globalement de meilleurs résultats car elle permet un raffinage des plongements guidé par la tâche. Elle présente également de meilleures performances que le *CRF* dépourvu d'informations de séquence et morphologiques.

Toutefois, nos résultats se trouvent dans la plage basse des résultats de références car n'a été utilisé aucune information de séquence ou d'optimisation globale visant à prendre toute décision en se servant explicitement d'une décision prise antérieurement. En effet, dans nos approches les mots sont étiquetés un par un, indépendamment les uns des autres, sans utiliser, par exemple, les *tags* prédits des mots précédents ou suivants. L'évaluation du *MLP* naïf quant à elle n'a pas été mené à son terme à cause du trop important temps de traitement qu'elle nécessiterait. Elle permet cependant une estimation de l'efficience de notre approche.

| Model | All Words Accuracy | Unknown Words Accuracy | ms/exemple |
|---|---|---|---|
| 3win-MLP | na | na | 350ms |
| 5win-MLP | na | na | 973ms |
| 3win-SMLP | 95,87% | 84,14% | 1,09ms |
| 5win-SMLP | 96,09% | 84,64% | 3,11ms |
| 3win-DMLP | 96,51% | 85,26% | 1,19ms |
| 5win-DMLP | 96,79% | 86,20% | 3,33ms |

TABLE 6 – Résultats expérimentaux

# 6 Conclusion

Issue de la théorie des réseaux de neurones profonds, l'approche que nous proposons égale nos résultats de référence sur le Penn TreeBank. Cette dernière se base sur l'extraction automatique de représentations vectorielles des mots à partir d'importants corpus non-annotés ainsi que sur les théories du *Deep Learning* permettant de raffiner, couche après couche, ces représentations internes afin qu'elles gagnent en pertinence tout au long de l'apprentissage.

Les performances prometteuses observées sur le *POS Tagging* confirment le bien-fondé de notre méthodologie n'utilisant pourtant aucune information de séquence, contrairement à nos résultats de référence. De plus, la comparaison des performances que nous avons obtenues à celles d'un *CRF* n'utilisant également aucune information de séquence met en évidence le potentiel de notre approche. En effet, il n'y a qu'un pas pour doter notre architecture d'une structure récurrente afin de lui permettre d'étiqueter simultanément tous les mots d'une même phrase. C'est ce que nous considèrerons dans de futurs travaux au même titre que l'ajout de *feature* morphologiques tels que les suffixes ou les préfixes.

C'est donc confiants que notre attention se porte désormais sur des tâches plus complexes du traitement automatique des langages naturels, telles que les traitements joints et la détection de disfluences dans des corpus oraux non-canoniques, afin de tester la robustesse de notre modèle au changement de domaine.

# Remerciements

Ces travaux de recherche ont été financés en partie par l'Union Européenne à travers le projet SENSEI[1] (FP7/2007-2013 - n° 610916 – SENSEI).

1. http ://www.sensei-conversation.eu

## Références

BRANTS T. (2000). TnT - A Statistical Part-of-Speech Tagger. In *Proceedings of the 6th Applied Natural Language Processing*, ANLC '00, p. 224–231 : Association for Computational Linguistics.

COLLOBERT R., KAVUKCUOGLU K. & FARABET C. (2012). Implementing Neural Networks Efficiently. In G. MONTAVON, G. ORR & K.-R. MULLER, Eds., *Neural Networks : Tricks of the Trade*.

COLLOBERT R., WESTON J., BOTTOU L., KARLEN M., KAVUKCUOGLU K. & KUKSA P. (2011). Natural Language Processing (Almost) from Scratch. In *the Journal of Machine Learning Research 12*, p. 2461–2505.

FISCHER A. & IGEL C. (2012). An introduction to restricted Boltzmann machines. In L. ALVAREZ, M. MEJAIL, L. GOMEZ, & J. JACOBO, Eds., *Proceedings of the 17th Iberoamerican Congress on Pattern Recognition, volume 7441 of LNCS*, p. 14–36.

GIESBRECHT E. & EVERT S. (2009). Part-of-Speech (POS) Tagging - a solved task ? An Evaluation of POS Taggers for the German Web as Corpus. In *Proceedings of the Fifth Web as Corpus Workshop (WAC5)*, p. 27–35, San Sebastian : Elhuyar Fundazioa.

GIMÉNEZ J. & MÁRQUEZ L. (2004). SVMTool : A general POS tagger generator based on Support Vector Machines. In *In Proceedings of the 4th International Conference on Language Resources and Evaluation*, p. 43–46.

MANNING C. (2011). Part-of-Speech Tagging from 97% to 100% : Is it time for some linguistics ? In A. GELBUKH, Ed., *Computational Linguistics and Intelligent Text Processing, 12th International Conference (CICLing), Part I. Lecture Notes in Computer Science 6608*, p. 171–189.

MIKOLOV T., CHEN K., CORRADO G. & DEAN J. (2013a). Efficient Estimation of Word Representations in Vector Space. volume abs/1301.3781.

MIKOLOV T., SUTSKEVER I., CHEN K., CORRADO G. & DEAN J. (2013b). Distributed Representations of Words and Phrases and their Compositionality. In *Deep Learning Workshop at the 2013 Conference on Neural Information Processing Systems (NIPS)*.

NASR A., BECHET F., FAVRE B., BAZILLON T., DEULOFEU J. & VALLI A. (2014). Automatically enriching spoken corpora with syntactic information for linguistic studies. In *LREC*.

TOUTANOVA K., MANNING C., KLEIN D. & SINGER Y. (2003). Feature-Rich Part-of-Speech Tagging with a Cyclic Dependency Network. In *HLT-NAACL*.

TURIAN J., RATINOV L. & BENGIO Y. (2010). Word representations : a simple and general method for semi-supervised learning. In *Proceedings of the 48th Annual Meeting of the Association for Computational Linguistics*, p. 384–394 : Association for Computational Linguistics.

# Extraction terminologique : vers la minimisation de ressources

Yuliya Korenchuk[1, 2]
(1) LiLPa (Linguistique, Langues, Parole), EA 1339, Université de Strasbourg
(2) Rebuz SAS, Strasbourg
korenchuk@unistra.fr

**Résumé.** Cet article présente une méthode ayant pour objectif de minimiser l'apport extérieur nécessaire à la tâche d'extraction terminologique (ET) et de rendre cette tâche moins dépendante de la langue. Pour cela, la méthode prévoit des ressources morphologiques et morphosyntaxiques simplifiées construites directement à partir d'un corpus lemmatisé. Ces ressources endogènes servent à la création d'un système de filtres qui affinent les calculs statistiques et à la génération de patrons pour l'identification de candidats termes polylexicaux. La méthode a été testée sur deux corpus comparables en chimie et en télécommunication, en français et en anglais. La précision observée sur les 100 premiers candidats termes monolexicaux fluctue entre 71% et 87% pour le français et entre 44 % et 69 % en anglais ; celle des candidats termes polylexicaux s'élève à 69-78 % en français et 69-85 % en anglais en fonction du domaine.

**Abstract.** The article presents the method which aims to minimize the use of external resources for the terminology extraction task and to make this task less langage dependent. For that purpose, the method builds simplified morphological and morphosyntactic resources directly from a lemmatized corpus. These endogenous resources are used both in filters, which refine the statistical calculations, and in patterns for polylexical terms identification. The method was tested on two comparable corpora in chemistry and in telecommunication in French and in English. The precision observed on the first 100 monolexical terms fluctuates between 71% and 87% for French and between 44% and 69% in English ; for polylexical terms the precision was 69-78% in French and 69-85% in English depending on the domain.

**Mots-clés :** extraction terminologique, ressources endogènes, apprentissage automatique.

**Keywords:** terminology extraction, endogenous resources, machine learning.

## 1 Introduction

L'extraction terminologique (ET) a de nombreuses applications dans la construction de ressources linguistiques et sémantiques (par exemple, des glossaires et des bases terminologiques, des ontologies spécialisées, etc.). Ses résultats peuvent servir directement à des utilisateurs humains (des traducteurs ou des terminologues) ou bien être exploités par des moteurs de recherche ou des systèmes de traduction automatique. Les méthodes et les outils élaborés pour l'ET sont très variés. Leur diversité se manifeste à plusieurs niveaux, tels que l'approche plus ou moins dépendante de la langue, les exigences par rapport au choix du corpus (sa taille, son type, un prétraitement spécifique, etc.) et d'autres ressources nécessaires. Du point de vue de l'application industrielle, chacun de ces aspects a un coût, et les coûts de préparation et d'adaptation des ressources peuvent s'avérer assez importants.

Une des principales motivations de la méthode proposée est d'identifier automatiquement des régularités dans les textes analysés pour créer des ressources endogènes à partir du corpus. Cette approche est :
- applicable à plusieurs langues ;
- indépendante du domaine de spécialité ;
- capable d'extraire des candidats termes mono et polylexicaux ;
- capable d'apprendre les informations nécessaires pour l'analyse à partir du corpus.

Cet objectif a été atteint par le biais de patrons morphologiques et morphosyntaxiques endogènes qui résultent d'une approche multi-étapes à base de n-grammes et qui sont générés directement au cours de l'analyse à partir du corpus.

Les résultats obtenus ont confirmé la pertinence de la méthode pour sa tâche principale. En outre, ses caractéristiques permettent d'envisager l'application de la méthode à l'enrichissement multilingue des ontologies de spécialité.

La première partie de cet article propose une brève description de méthodes existantes et de ressources utilisées en ET. La deuxième partie décrit les corpus de test et la méthode proposée. Ensuite viennent l'évaluation des résultats pour les deux langues et la conclusion.

# 2 État de l'art

L'ET connaît son essor dans les années 1990 et de nombreux systèmes et méthodes apparaissent presque simultanément à cette période. Depuis, le domaine est en plein développement. Les systèmes d'ET cherchent à extraire des unités lexicales simples ou complexes qui sont susceptibles d'être des termes. Plusieurs traits peuvent être pris en compte (la fréquence, la structure, le contexte ou la comparaison du corpus analysé avec un corpus de référence).

La notion du candidat terme est utilisée en extraction terminologique pour désigner les unités lexicales repérées par les systèmes automatiques (Drouin et Langlais, 2006). Cette notion sécurise le travail avec les systèmes d'ET, car le fait d'insister sur le caractère incomplet de résultats du traitement incite à valider ces résultats avant de les réutiliser.

La palette des outils disponibles pour le français comprend des systèmes récents comme TTC TermSuite (Morin et Daille, 2012) et YaTeA (Aubin et Hamon, 2006), ainsi que leurs prédécesseurs : ACABIT (Daille, 1996, 2003; Morin et Daille, 2006), FASTR (Jacquemin, 1997) et LEXTER (Bourigault *et al.*, 1996). Ces outils sont basés sur des méthodes et des ressources différentes et nous avons choisi d'en présenter les plus pertinentes par rapport à notre projet.

## 2.1 Méthodes d'extraction terminologique

En général, les classifications des méthodes d'ET (Bernhard, 2006) distinguent les méthodes basées sur des mesures statistiques, les méthodes basées sur des éléments linguistiques et les méthodes mixtes.

Les mesures statistiques, telles que la fréquence absolue ou pondérée, TFxIDF, l'information mutuelle ou l'indice de Jaccard mettent en évidence des unités mono ou polylexicales caractéristiques d'un document ou d'un corpus. Ces méthodes sont indépendantes de la langue et nécessitent uniquement un ou plusieurs corpus. Toutefois, leurs résultats sont meilleurs sur des corpus de taille importante. Certaines méthodes permettent d'évaluer le potentiel terminologique de candidats termes (Drouin et Langlais, 2006), ce qui peut servir de filtre pour d'autres méthodes.

La deuxième catégorie de méthodes fait appel à des éléments linguistiques parmi lesquels on peut distinguer deux groupes : les patrons morphosyntaxiques et les formants de langues classiques. L'identification des termes de certains domaines peut utiliser des traits morphologiques spécifiques à leurs nomenclatures. Tel est le cas de la nomenclature en chimie, en physique, en biologie ou encore en médecine. Cette méthode est adaptée pour des termes qui contiennent des composants savants, c'est-à-dire, des morphèmes provenant du grec ou du latin. En effet, ces morphèmes sont très productifs ; par exemple, le radical *AZOT* est à base des termes suivants : *azote, azotate, azoté, azoteux, azotique, azotite, azotémie, azothydrique, azoture, azoturie, etc.* Appliquée aux domaines listés ci-dessus, cette méthode est efficace à 87,70 % selon Estopà *et al.* (2000).

Le deuxième groupe s'approche des méthodes mixtes, car les méthodes à base de patrons morphosyntaxiques ont recours à des calculs statistiques pour affiner leurs résultats. Cette approche est utilisée dans les méthodes de (Daille, 2003; Morin et Daille, 2012), de Bourigault (Bourigault et Fabre, 2000; Bourigault, 2002) et la méthode C-value/NC-value de Frantzi *et al.* (2000). Orobinska *et al.* (2013) propose une approche plus souple en apprenant les patrons morphosyntaxiques caractéristiques à partir du corpus étiqueté. L'un des avantages des patrons morphosyntaxiques est la possibilité d'identifier la variation au sein des candidats termes polylexicaux et de définir des règles de transformation afin d'améliorer l'organisation des résultats (Bourigault et Jacquemin, 1999).

Dans notre travail, nous reprenons certains éléments des deux méthodes mixtes qui ne nécessitent pas de prétraitement de corpus. La première méthode proposée par Vergne (2003, 2004, 2005) permet d'annoter le corpus par des mots informatifs et vides pour ensuite en extraire des termes à structure contrôlée. Nous allons détailler cette méthode dans la partie 3.2. La deuxième méthode, qui s'appelle ANA (Apprentissage naturel Automatique), est développée par Enguehard (1993). A l'étape de la familiarisation, le logiciel parcourt le corpus et en extrait les listes des mots fonctionnels (*a, alors, après, etc.*), des mots fortement liés (*de la, de l', etc.*) et des mots de schéma (*en, de, du, d, de la, des*). Ces deux derniers groupes servent de liaison dans les candidats termes polylexicaux et permettent de les identifier dans le texte. Ensuite, le programme analyse le corpus de manière itérative, en identifiant les mots qui apparaissent fréquemment avec les termes de bootstrap (un ensemble de quelques termes du domaine prédéfinis manuellement dont il est question dans le corpus de textes), et en les rajoutant dans le bootstrap.

Une autre approche intéressante consiste à utiliser le lexique transdisciplinaire comme indicateur et délimiteur des unités terminologiques (Jacquey *et al.*, 2013; Tutin, 2007). En effet, des mots comme *concept, méthode, technologie, analyser, etc.* servent souvent à introduire des termes d'un domaine sans appartenir à ce domaine. La détection de ces mots ou expressions et leur classification facilitent l'ET. Jacquey *et al.* (2013) combinent le lexique transdisciplinaire projeté sur le corpus avec l'analyse syntaxique pour identifier les cas où une unité du lexique introduit un candidat terme. Leur hypothèse a été confirmée dans environs 74 % des cas (Jacquey *et al.*, 2013).

La plupart des méthodes combinent plusieurs paramètres pour augmenter leur efficacité. Cela s'explique en partie par les particularités des termes (Estopà *et al.*, 2000) ou par les limites internes de chaque approche. Nous allons maintenant décrire les avantages et les limites des différents types de ressources employées par les méthodes d'ET.

## 2.2 Ressources pour l'extraction terminologique

Un corpus de domaine est la première ressource indispensable à l'ET. Il conditionne le choix de la méthode, car certaines méthodes se montrent plus efficaces sur des corpus de taille importante. Or, il n'est pas toujours facile de trouver un corpus suffisamment grand pour un domaine donné, surtout pour des langues possédant moins de ressources que le français ou l'anglais. Pour les corpus parallèles, le choix est davantage limité. Il est donc intéressant de pallier la contrainte de la taille du corpus soit par la minimisation de l'importance des opérations statistiques (en démultipliant les traits linguistiques pris en compte), soit par l'emploi de corpus de référence pour augmenter le contraste entre les termes et les mots de la langue générale.

Les ressources morphosyntaxiques, notamment les patrons d'identification de candidats polylexicaux, sont développées pour chaque méthode à part. Elles dépendent de l'étiqueteur mophosyntaxique disponible et reposent sur les résultats de ce dernier. Cependant, l'étiqueteur risque de perdre en précision lorsqu'il s'agit d'un domaine très spécifique, comme la médecine ou la chimie. Les méthodes basées sur ces patrons sont performantes, mais limitées à des langues qui ont déjà un étiqueteur disponible.

En ce qui concerne les ressources morphologiques, des listes de formants grecs et latins sont disponibles sur Internet. Cependant, elles nécessitent une vérification manuelle et une adaptation de format avant d'être introduites dans le programme. Les méthodes qui comparent des fréquences de formants dans un corpus de spécialité et dans un corpus de langue générale sont applicables pour affiner les listes existantes (Bernhard, 2006). La limite évidente des formants est leurs productivité dans le domaine analysé : certains domaines ont très peu de recours à ces morphèmes, en préférant des emprunts ou la néologie.

Enfin, des ressources lexicales, comme des anti-dictionnaires (*stop words lists*) ou le lexique transdisciplinaire (Tutin, 2007; Jacquey *et al.*, 2013), sont évidemment liées à la langue pour laquelle elles sont développées. De ce point de vue, les travaux de Drouin (2007), qui portent sur l'identification automatique du lexique transdisciplinaire, sont très intéressants. Une autre méthode permettant d'éviter l'utilisation d'un anti-dictionnaire est l'annotation de Vergne (2003, 2004, 2005). En effet, les mots étiquetés comme vides sont dans la majorité des cas éligibles pour un anti-dictionnaire.

Lever les contraintes existantes dans l'ET signifie minimiser les ressources nécessaires pour cette tâche tout en améliorant les résultats. Nous allons présenter une méthode qui tend à réunir les aspects forts des approches décrites ci-dessus tout en minimisant les ressources nécessaires pour arriver à des résultats satisfaisants.

# 3 Méthodologie

Les méthodes qui se montrent efficaces nécessitent des ressources externes assez importantes, comme par exemple les listes de formants savants, les patrons morphosyntaxiques, les dictionnaires de référence, etc. Les systèmes basés sur de telles méthodes sont dépendants vis-à-vis de la langue et de ces ressources. Or, ces ressources ne font que refléter des régularités linguistiques. De ce point de vue, il doit être possible de générer ces ressources à partir du corpus-même.

Ainsi, l'objectif principal de la présente méthode est de contourner la nécessité de fournir des ressources morphologiques ou morphosyntaxiques pour obtenir des candidats termes mono et polylexicaux en se basant sur les données les plus fiables obtenues à chaque étape.

## 3.1 Présentation des corpus

Pour notre projet, nous avons choisi deux corpus comparables bilingues (FR/EN) pour deux domaines bien distincts : la chimie et les télécommunications. Le corpus en chimie est composé de mémoires et de thèses en chimie des métaux sélectionnés manuellement à l'aide des options de recherche avancées sur Google Scholar. Tous les textes sont convertis en UTF-8 et les fragments en langues étrangères ont été éliminés.

Le corpus en télécommunication, plus précisément en technologies mobiles, vient du projet TTC [1]. Nous n'avons donc pas eu à le construire, mais nous avons pu constater qu'il contient essentiellement des documents techniques.

La différence fondamentale entre les deux domaines permet d'apporter un regard critique sur notre méthode, car les résultats peuvent varier en fonction de la nomenclature du domaine (formants savants, emprunts, etc.). Toutes les caractéristiques fournies dans la table 1 sont quantifiées après la tokenisation du corpus par le script du projet Europarl [2]. Chaque paire de corpus est assez équilibrée. Nous pouvons donc nous attendre à des résultats fiables et comparables.

| Corpus/ Langue | Chimie | | | | Télécommunication | | | |
|---|---|---|---|---|---|---|---|---|
| | *Taille* | *Tokens* | *Types* | *Lemmes* | *Taille* | *Tokens* | *Types* | *Lemmes* |
| Français | 4,13 Mo | 841 843 | 49 948 | 28 717 | 2,94 Mo | 526 240 | 24 419 | 14 758 |
| Anglais | 3,49 Mo | 713 369 | 44 684 | 27 274 | 1,95 Mo | 349 656 | 25 425 | 17 186 |

TABLE 1 – Caractéristiques des corpus

## 3.2 Prétraitement et annotation automatique du corpus

Le système fait appel au script de tokenisation du projet Europarl [3] et à l'étiqueteur morphosyntaxique TreeTagger (Schmid, 1994) qui est utilisé comme lemmatiseur. La suite des traitements est effectuée sur le corpus lemmatisé.

Le corpus est traité par l'algorithme d'annotation par des mots informatifs et non-informatifs de Vergne (2003, 2004, 2005). Cet algorithme combine deux propriétés, la fréquence et la longueur de mots, pour détecter les mots vides à partir de corpus brut indépendamment de la langue de ce dernier. Selon la méthode de Vergne, le mot informatif est sélectionné selon trois critères :

1. Longueur importante
2. Fréquence réduite
3. Entourage par des mots plus courts et plus fréquents

Le reste de mots est considéré comme des mots vides. Cependant, l'application de la méthode, telle qu'elle est présentée par Vergne, rapproche les mots informatifs des candidats termes. Or, les exemples de résultats obtenus pour cette méthode sur des corpus constitués d'articles de presse (Vergne, 2005) contiennent peu de candidats termes tels que nous pouvons exploiter dans un système de gestion de la terminologie. Par exemple, dans *une nouvelle résolution de l'ONU*, les mots informatifs sont : *nouvelle, résolution, ONU*. Les mots *ONU* et *résolution* peuvent effectivement être des candidats termes et même former un candidat terme poly lexical *résolution de l'ONU*, mais le mot *nouvelle* ne s'inscrit pas dans cette terminologie. Dans d'autres exemples, les mots informatifs incluent également des mots de la langue générale, comme *cherche, utiliser, tonnes, L'or*, etc.

Nous avons remarqué que cette annotation n'est pas homogène [4] : un même mot peut être annoté comme informatif s'il est entouré par des mots plus courts ou comme non informatif s'il est à côté d'un mot plus long et encore moins fréquent. Pour cette raison, nous avons appliqué un coefficient pour corriger l'annotation. Le mot est validé comme informatif s'il a été annoté comme tel dans 90 % d'occurrences. Cette amélioration de l'algorithme de base a une conséquence positive sur les résultats de tête de la liste de fréquence absolue (table 2), mais en même temps elle neutralise le caractère local du

1. `http://www.lina.univ-nantes.fr/?Ressources-linguistiques-du-projet.html`, consulté le 3 mars 2014
2. `http://www.statmt.org/europarl/`, consulté le 3 mars 2014
3. Le choix de tokeniseur est susceptible de changer dans les futures versions du programme.
4. Il est difficile d'évaluer la performance de cette annotation, car la frontière entre les mots vides et informatifs n'est pas clairement définie. Les résultats de l'évaluation faite par Vergne (2003) ne sont pas comparables à l'usage que l'on fait de sa méthode. En effet, ils contiennent des candidats pour plusieurs langues mélangées et ne permettent pas de déduire les critères de validation.

calcul qui permettait de tenir compte des homographes (Vergne, 2004). Le corpus annoté par les mots informatifs et les mots vides servira de base pour l'extraction de candidats termes monolexicaux.

| Baseline | M(I)>M(n)[5] | coef. 40 % | coef. 60 % | coef. 80 % | coef. 90 % |
|---|---|---|---|---|---|
| ( | avoir | complexe | complexe | complexe | complexe |
| être | complexe | figure | figure | j. | énergie |
| en | figure | il | il | énergie | surface |
| ce | il | plus | deux | surface | système |
| dans | plus | deux | nous | système | métal |
| par | deux | nous | j. | différent | monsieur |
| au | nous | pouvoir | énergie | métal | état |
| que | pouvoir | j. | surface | monsieur | solution |
| avec | j. | on | système | état | atome |
| complexe | on | énergie | utiliser | solution | acide |

TABLE 2 – Influence du coefficient sur le tri par fréquence absolue

## 3.3 Extraction de termes monolexicaux et apprentissage des ressources morphologiques endogènes

### 3.3.1 Termes monolexicaux

Les résultats obtenus par différentes mesures statistiques ne seront pas identiques, surtout ceux de tête de la liste triée. Pour cette raison, nous avons basé l'extraction de candidats termes monolexicaux sur le calcul de la fréquence absolue (nombre d'occurrences dans le corpus, formule (1)) et sur une formule qui retrouve des termes fréquents qui apparaissent dans un nombre réduit de documents (formule(2)). Les deux calculs tiennent compte des mots informatifs uniquement.

$$tf_i = \sum_{j=1}^{n} tf_{ij} : dj \in D \qquad (1)$$

où $tf_{ij}$ est la fréquence d'un mot informatif dans $d_j$,
$d_j$ est un élément de l'ensemble de documents D,
n est le nombre de documents

$$TFxIDF(m_i) = \frac{tf(m_i)}{tf(m_{max})} \times \log \frac{D}{d} \qquad (2)$$

où $m_{max}$ est le mot informatif le plus fréquent,
d est le nombre de documents contenant $m_i$

La deuxième formule appartient à la famille de TFxIDF, mais en représente une version adaptée pour être appliquée sur à une autre unité textuelle (le corpus). L'idée d'utiliser le coefficient TFxIDF pour l'extraction des termes n'est pas neuve : Witschel (2005) suggère d'identifier pour chaque document les termes fréquents qui apparaissent dans peu de documents du corpus. Nous avons modifié cette méthode en calculant la fréquence pondérée d'un mot lemmatisé par rapport à la fréquence maximale d'un mot informatif dans le corpus entier. Cette modification s'explique par la volonté d'éviter un bruit possible si un document du corpus ne porte pas vraiment sur le domaine donné, risquant ainsi de polluer les résultats de TFxIDF calculés pour chaque document.

La table 3 illustre la différence d'approche : la fréquence absolue maximale met en valeur les mots les plus fréquents dans les textes du corpus, tandis que TFxIDF identifie les mots fréquents, mais présents dans un nombre restreint de documents. Nous avons constaté que les mots qui sont en tête de la liste TFxIDF se trouvent au milieu de la liste triée par fréquence décroissante.

| Paramètre | Top-10 |
|---|---|
| MaxFreq | complexe, énergie, surface, système, métal, monsieur, état, solution, atome, acide |
| TFxIDF | perr, pile, capteur, accumulateur, peptide, inhibiteur, tension, 2phen, clo4, clhp |

TABLE 3 – Top-10 résultats pour la fréquence absolue maximale et TFxIDF

Les deux listes partagent certains candidats termes, mais il est intéressant de traiter chaque liste à part : comme la précision

5. Le mot a été annoté comme informatif M(I) plus souvent que comme un non informatif M(n)

est maximale en tête de la liste triée par ordre décroissant, le premier tiers [6] de chaque liste sera retenu dans la liste des candidats termes monolexicaux qui seront utilisés pour générer des ressources morphologiques endogènes.

### 3.3.2 Ressources morphologiques endogènes

Notre méthode prévoit la génération de ressources morphologiques qui servent à l'apprentissage des patrons morphosyntaxiques. Ces ressources sont basées sur les n-grammes de caractères extraits à partir de candidats termes monolexicaux. En effet, les n-grammes correspondent à des quasi-morphèmes selon leurs positions, ce qui a notamment été exploité pour la tâche de tokenisation (McNamee *et al.*, 2009; McNamee, 2008).

Dans notre méthode, nous prenons en compte trois positions de n-grammes : au début du mot, au milieu (dans la fenêtre entre le deuxième et l'avant-dernier caractère du mot) et à la fin. Les listes obtenues confirment l'hypothèse que ces n-grammes se rapprochent des morphèmes de la langue. Nous avons testé le système sur les 2-grammes, 3-grammes et 4-grammes (table 4) à partir de mots dont la longueur est supérieure à 4 caractères. Les résultats de cette comparaison permettent de faire quelques observations sur le comportement de n-grammes selon leur position.

| Position | Français | | | | | | Anglais | | | | | |
|---|---|---|---|---|---|---|---|---|---|---|---|---|
| | Chimie | | | Télécommunication | | | Chimie | | | Télécommunication | | |
| n | **2** | **3** | **4** | **2** | **3** | **4** | **2** | **3** | **4** | **2** | **3** | **4** |
| Début | co | con | comp | co | con | inte | co | con | inte | co | con | inte |
| | in | pro | cons | in | com | cons | in | int | comp | re | int | comp |
| | pr | com | élec | re | pro | comp | re | com | elec | in | com | cont |
| | dé | tra | inte | pr | int | cont | di | pro | nano | pr | pro | cons |
| | di | int | phot | dé | tra | comm | pr | dis | spec | de | mul | tran |
| Milieu | at | ect | ectr | at | ent | icat | at | ect | ectr | en | ter | tion |
| | ti | rat | ctro | ti | rat | tion | er | ter | ctro | ti | ica | icat |
| | ct | ctr | tion | em | ica | isat | ti | ica | izat | at | ent | atio |
| | em | tro | isat | ra | ter | fica | en | tro | lect | en | ect | izat |
| | ro | ent | omét | te | ect | enta | ct | ctr | tion | ra | tio | erat |
| Fin | er | ion | tion | er | ion | tion | on | ion | tion | on | ion | tion |
| | on | ent | ment | on | ent | ment | ly | ate | ally | ng | ing | ally |
| | nt | que | ique | nt | ter | ique | er | ing | tive | ly | ent | tive |
| | re | eur | aire | re | eur | teur | al | ent | ical | er | ate | able |
| | ue | ire | teur | ur | que | aire | te | ity | onal | ed | ity | lity |

TABLE 4 – Top-5 de n-grammes dans les corpus

En début de mots français, les bi-grammes et les tri-grammes contiennent des préfixes (*co-, in-, dé-, re-, ré-, pro-, com-, dis-, pré-*) ; ils sont largement partagés par les deux corpus, ce qui permet d'affirmer que ce sont plutôt les éléments de la langue générale. Les quadri-grammes, au contraire, sont plus caractéristiques de chaque corpus (5 sur 10 résultats sont différents) ; ces éléments contiennent notamment les formants classiques (*hydr-, phot-, micr-, mult-, télé-*, etc.)

Au milieu, les bi-grammes ne représentent pas d'intérêt, tandis que les tri-grammes et les quadri-grammes sont bien propres à chaque corpus. Dans ces listes, il est possible de deviner les racines fréquentes (*-électr-, communic-*, etc.)

A la fin, la quasi-totalité des n-grammes est partagée par les deux corpus. Nous y retrouvons les suffixes propres aux verbes (*-er, -ir*), aux substantifs (*-ion, -ité, -eur, - ment*) et aux adjectifs (*-que*). Certes, une partie de ces suffixes peut correspondre aux adverbes (*-ment*) ou aux participes présent (*-ant*), mais l'usage que l'on en fait minimise l'influence de ces éléments.

Le choix entre les tri-grammes et les quadri-grammes n'est pas simple : d'un côté il est possible que les quadri-grammes puissent donner plus de précision, mais le nombre de candidats termes sera assez réduit ; les tri-grammes peuvent générer plus d'imprécision, mais le nombre de candidats termes sera plus élevé. Nous optons pour les tri-grammes qui se placent dans le premier tiers de la liste triée par fréquence décroissante, combinés avec un score de confiance : chaque tri-gramme du début et du milieu apporte un point ; les candidats dont le score est supérieur à trois pourront être retenus. Pour illustrer

6. Nous avons pris les premiers 30 % des deux listes.

la méthode sur le tableau 4, le mot *électronique* aura un score égal à 3, car il contient les tri-grammes *ect, ctr, tro*. Ce score s'élèvera à 4 si le tri-gramme *éle* est ajouté à la liste des tri-grammes du début.

Ce filtre sera appliqué au reste des deux listes de mots pour en extraire des candidats termes monolexicaux qui ne sont pas en tête de la liste par le biais de fréquences.

Les tri-grammes de la fin des mots qui jouent le rôle de suffixes seront utilisés pour l'apprentissage de patrons morpho syntaxiques endogènes.

## 3.4 Patrons morphosyntaxiques endogènes et extraction de termes polylexicaux

Nous avons observé deux types de patrons pour l'extraction de candidats termes polylexicaux : les patrons morphosyntaxiques et les structures contrôlées de Vergne (2005).

Les deux types de patrons représentent des inconvénients. Les patrons morphosyntaxiques sont dépendants de la langue et l'efficacité de la méthode dépend de la richesse de la liste fournie, tandis que les structures contrôlées basées sur les annotations mot informatif – mot vide manquent de cohérence : n'importe quel mot informatif peut se trouver en tête de l'expression.

Notre méthode permet de profiter des points forts des deux approches sans avoir à résoudre les problèmes cités ci-dessus. Tout d'abord, la structure de patrons endogènes n'est pas figée : ils sont appris dans la fenêtre de 5 mots. Les patrons validés satisfont les conditions de commencer et de terminer par des mots informatifs, et de ne pas contenir de chiffres ou de signes de ponctuation, à l'exception de l'apostrophe qui est à ce stade annoté comme un mot vide.

La deuxième particularité de ces patrons est d'utiliser les tri-grammes à la fin de mots informatifs pour remplacer les étiquettes morphosyntaxiques. En effet, l'expérience démontre que les patrons obtenus contiennent des syntagmes nominaux, verbaux et adjectivaux. Par exemple, les patrons les plus fréquents pour le corpus français en chimie : *ion n*[7] *n ion (632), ion n n n ion (406), ion n ion (268), ion que (261), ent n n ion (219), que n n ion (201), ide que (197), tre n n ion (157), etc.*, correspondent aux patrons morphosyntaxiques suivants :
- NOM (PREP ?(DET ?)) NOM
- NOM ADJ
- VER (PREP | DET) NOM

L'apprentissage de patrons endogènes ne nécessite pas d'étiquettes morphosyntaxiques : les tri-grammes remplissent cette fonction. Certes, les patrons endogènes n'excluent pas un certain niveau de bruit. Afin d'éviter ce bruit, nous pouvons restreindre les mots vides valides à la liste de mots de schéma[8] générée à partir du corpus à l'étape de l'acquisition des patrons (table 5). Pour construire cette liste, nous avons repéré les mots non-informatifs les plus fréquents qui apparaissent entre les mots informatifs à l'intérieur des patrons.

| Corpus | Mots de schéma |
|---|---|
| Chimie | le, de, du, ', un, être, et, à, en, l |
| Télécommunication | le, de, du, un, et, à, être, en, pour, au |

TABLE 5 – Mots de schéma endogènes

En appliquant les patrons endogènes combinés avec les mots de schéma, nous arrivons à extraire les syntagmes susceptibles d'être des candidats termes polylexicaux, tenant compte de la règle du premier tiers (Top-30 %) de la liste. Cependant, il serait intéressant d'inclure une validation définitive par les ressources morphologiques endogènes.

Les syntagmes retenus ainsi varient en fonction du corpus et de la langue. Vu qu'en français la morphologie flexionnelle est plus prononcée et que la différence de longueur entre les mots vides et informatifs est plus évidente qu'en anglais, la méthode fournit de meilleurs résultats pour le français. Afin d'augmenter la précision des patrons morphologiques endogènes, nous avons ajouté une vérification complémentaire : l'un des mots doit obligatoirement être un candidat terme monolexical.

Il faut noter également que ce ne sont pas toujours les patrons les plus fréquents qui donnent le plus de résultats pertinents, car certains patrons contiennent les mots non-informatifs extérieurs à la liste de mots de schéma retenue. La variation de

7. *n* est un mot non-informatif
8. Pour simplifier, nous avons choisi ce terme pour regrouper les mots de schéma et les mots fortement liés (Enguehard, 1993).

résultats pour un même patron peut être assez intéressante. Certains patrons sont très productifs, d'autres le sont moins. Plus un patron est long, moins il fournit de résultats.

# 4 Évaluation des résultats

La table 6 contient l'évaluation [9] des composantes de la méthode sur les 100 premières occurrences des listes retenues. Un candidat terme monolexical a été validé soit s'il appartient de manière non-ambiguë au domaine en question, soit s'il peut éventuellement participer à la formation d'un candidat terme polylexical. Pour les candidats termes polylexicaux, nous nous sommes limités au premier critère.

Nous avons utilisé la plate-forme TERMOSTAT [10] pour obtenir des résultats de référence pour l'extraction des termes monolexicaux. L'utilisation de cette ressource pour évaluer les candidats polylexicaux semble injuste, car TERMOSTAT se limite à des syntagmes nominaux et fournit, évidemment, une précision très élevée.

| Corpus | Langue | Précision Mono | | | | Poly |
|---|---|---|---|---|---|---|
| | | Baseline | Fréq | TFxIDF | RME [11] | PME [12] |
| Chimie | FR | 54 % | **81 %** | **75 %** | **87 %** | 69 % |
| | EN | **72 %** | 44 % | 64 % | 69 % | 85 % |
| Télécommunication | FR | 77 % | **82 %** | 76 % | 53 % | 78 % |
| | EN | **88 %** | 58 % | 77 % | 53 % | 69 % |

TABLE 6 – Précision dans les Top-100 candidats

## 4.1 Candidats termes monolexicaux

Pour le corpus français en chimie le système a identifié 8 292 candidats termes monolexicaux qui résultent de la combinaison de la fréquence absolue maximale, du TFxIDF et des ressources morphologiques endogènes (table 6).

Nous pouvons constater que la fréquence absolue des mots informatifs fournit des bons résultats pour le français (81,5 % de précision en moyenne), mais se montre beaucoup moins efficace en anglais (51 % en moyenne). Dans les résultats en anglais, nous avons des bons candidats, comme *temperature, concentration, synthesis, electrochemical*, mais aussi des mots outils comme *same, first, thus, etc.* Cela s'explique par la baisse de l'efficacité de la méthode de J. Vergne sur les langues où la différence de longueur entre les mots informatifs et vides n'est pas importante.

La mesure TFxIDF est relativement plus stable (75,5 % pour le français et 70,5 % pour l'anglais en moyenne). Il faut remarquer que TFxIDF met en évidence un grand nombre de formules chimiques comme *C6F5* qui sont difficiles à reconnaître si l'on n'est pas un spécialiste du domaine.

La combinaison des deux méthodes permet de retrouver une partie de la terminologie du domaine, mais il faut tenir compte du bruit présent dans les résultats. Certes, nous pouvons appliquer les ressources morphologiques endogènes en tant que filtre complémentaire, mais de cette manière une grande partie des résultats corrects sera perdue. Par exemple, nous pouvons perdre les candidats termes, comme *eau* ou *ADN* pour la chimie et *Mac, chunk, AMRT, etc.* pour la télécommunication. Cela aura un effet négatif sur les candidats termes polylexicaux qui contiennent ces candidats termes et qui ne passeront pas la validation par la condition d'avoir un terme monolexical confirmé. Cependant, cela reste à vérifier au cours de futurs essais.

Le filtre constitué des ressources morphologiques endogènes défini dans la section 3.3.2 a donné des résultats positifs pour les deux langues, mais s'est montré nettement plus performant dans le domaine de la chimie, ce qui doit s'expliquer par la nomenclature forte dans ce domaine. L'évaluation des résultats est faite sur la liste ordonnée suivant le nombre décroissant des tri-grammes retenus, ce qui explique la longueur des mots de tête de la liste (table 7).

9. L'évaluation a été faite manuellement par l'auteur de l'article. En cas de doute, le candidat était annoté comme invalide. À terme, il est prévu de nous adresser à des experts pour préciser l'évaluation.
10. `http://termostat.ling.umontreal.ca`
11. Ressources morphologiques endogènes
12. Patrons morphologiques endogènes

| Chimie | | Télécommunication | |
|---|---|---|---|
| FR | EN | FR | EN |
| variationnellement | bioelectrochemistry | proportionnellement | internationalization |
| interribonucleotide | methylphenylboronic | internationalisation | internationalisation |
| metallointercalation | electroconductivity | telecommunication | implementations |
| proportionnellement | electropolymerization | repositionnement | differentiability |
| environnementaliste | electropolymerization84 | significativement | operationalizes |
| spectrophotometric | spectroelectrochemistry | transactionnelle | cooperativeness |
| photosensibilisation | photoelectrochemical | defphysicallayerconfiguration | generalization |
| cristallographiea | electropolymerized | perfectionnement | radiocommunications |
| surdimensionnement | triphenylmethylborate | interconnections | considerations |
| electrocatalytic | methoxyphenylboronicacid | recommendation | externalization |

TABLE 7 – Top-10 résultats pour les ressources morphologiques endogènes

Il faut remarquer que cette méthode permet de retrouver de bons candidats même dans les résultats identifiés après la ligne 300 :

- autoregistration, intersection, multiprotocol, videoconference, multiplexer, etc. (télécommunication, EN) ;
- monocarbonyles, transcriptionnel, nanolithographie, acidification, isocarbonyle, submicroscopique, aminopropylmercaptotriazole, etc. (chimie, FR).

## 4.2 Candidats termes polylexicaux

Les patrons endogènes ont permis d'extraire 8 631 candidats termes pour le corpus français en chimie. Nous avons imposé la condition que le candidat terme polylexical doive contenir au moins un candidat terme monolexical. La taille de patrons varie entre 2 et 5 éléments. La performance de la méthode est illustrée dans la table 6.

Tout comme dans le cas de patrons morphosyntaxiques traditionnels, il est difficile de limiter le résultat aux bons candidats termes. La méthode présente un grand avantage : les patrons sont extraits à partir du texte sans aucune analyse préalable. Ainsi, nous arrivons à extraire des candidats termes assez complexes, comme :

- réduction abiotique du sulfate
- décroître de façon monotone
- nettoyage de l ' électrode
- système de conversion de énergie
- polarisation anodique et cathodique
- complexe tétranucléaire

Nous pensons que ces candidats sont complexes pour les systèmes classiques parce que l'étiqueteur morphosyntaxique [13] se perd dans une terminologie inconnue de son vocabulaire, ce qui met en question toute l'analyse par des patrons prédéfinis. Nous illustrons cela sur les deux occurrences du candidat terme *complexes tétranucléaires* dans le corpus en chimie qui sont étiquetées avec des erreurs différentes :

- des PRP :det du
- complexes ADJ complexe
- tétranucléaires NOM tétranucléaires

*OU*

- complexes NAM Complexes
- tétranucléaires ADJ tétranucléaires

En même temps, la méthode de patrons endogènes a une faiblesse. Comme le patron ne part pas d'étiquette précise, il est assez difficile de classer les résultats. Par exemple, les patrons contenant le tri-gramme -ent renvoient aussi bien aux substantifs qu'aux adverbes (*traitement du eau, méthode être fortement, etc.*).

La classification est un point d'autant plus difficile qu'il existe plusieurs critères de départ :

1. patron
2. fréquence
3. terme(s) monolexical(aux) présents

13. Dans cet exemple, il s'agit de l'étiquetage morphosyntaxique du corpus en chimie (FR) par TreeTagger (Schmid, 1994)

| Corpus en chimie | | | Corpus en télécommunication | | |
|---|---|---|---|---|---|
| Patron | Collocation | Fréq | Patron | Collocation | Fréq |
| [nce, que] | insuffisance technique | 3 | [ure, n, ert, n, née] | procédure de transfert de donnée | 6 |
| | séquence nucléotidique | 3 | [eur, ire] | valeur binaire | 2 |
| | résistance mécanique | 3 | | leur propriétaire | 5 |
| | séquence peptidique | 6 | | utilisateur stationnaire | 2 |
| | puissance massique | 10 | | erreur binaire | 11 |
| | distance interatomique | 46 | [ire, n, mps, n, ion] | réduire le temps de création | 3 |

TABLE 8 – Quelques exemples de résultats par patron sur les deux corpus en français

Classer les résultats par patron semble assez risqué, car nous avons déjà évoqué la variabilité de parties du discours pour le même n-gramme. En même temps, cela a un aspect intéressant qui consiste à voir la productivité du patron (table 8). La vue par patrons pourra servir à constituer un anti-dictionnaire de patrons pour les futures analyses. La fréquence est peut-être le critère le plus commode pour présenter le résultat (table 9).

| Candidat | Fréq | Patron | Candidat | Fréq | Patron |
|---|---|---|---|---|---|
| acide nitrique | 152 | [ide, que] | spectrométrie de masse | 89 | [rie, n, sse] |
| mettre en évidence | 127 | [tre, n, nce] | atome de carbone | 88 | [ome, n, one] |
| métal de transition | 124 | [tal, n, ion] | énergie de adsorption | 82 | [gie, n, ion] |
| être également | 124 | [tre, ent] | résultat et discussion | 78 | [tat, n, ion] |
| complexe de ruthénium | 123 | [exe, n, ium] | corrosion du cuivre | 76 | [ion, n, vre] |
| acide phosphorique | 123 | [ide, que] | composant électrochimique | 75 | [ant, que] |
| température ambiant | 120 | [ure, ant] | génie électrique | 72 | [nie, que] |
| transfert de charge | 118 | [ert, n, rge] | milieu acide | 71 | [ieu, ide] |
| centre métallique | 98 | [tre, que] | prendre en compte | 70 | [dre, n, pte] |
| être possible | 90 | [tre, ble] | passage de drake | 70 | [age, n, ake] |

TABLE 9 – Top-20 candidats polylexicaux pour le corpus en chimie (FR)

La fréquence permet de voir les associations polylexicales les plus utilisées dans le corpus. Ces associations peuvent être soit des candidats termes polylexicaux (*atome de carbone, acide phosphorique, etc.*), soit tout simplement des éléments de la langue générale largement utilisés dans les textes du même style (*résultat et discussion, mettre en évidence, être également*). De ce point de vue, il sera intéressant de vérifier la possibilité d'appliquer la méthode à l'identification du lexique transdisciplinaire.

Cependant, le tri par fréquence a ses inconvénients. La tête de la liste est majoritairement occupée par les patrons à deux ou à trois éléments. Les candidats termes à quatre ou à cinq éléments apparaissent moins fréquemment, ils ont donc peu de chances d'entrer dans la première partie de la liste. Par exemple, le candidat *optimisation du paramètre de maille* est à la fin de la liste avec la fréquence égale à deux.

La troisième possibilité est de prendre en compte les candidats termes monolexicaux. Cette option a un certain avantage : elle permet de trier les candidats termes du point de vue de l'ensemble. Le lemmatiseur de TreeTagger se trompe des fois sur les lemmes des mots de schéma (*de le* ou *du*), ce qui démultiplie les associations et corrompt les fréquences.

Cette classification par les mots en commun est également intéressante car elle donne une idée du comportement du candidat terme monolexical dans le corpus spécialisé (termes associés, variantes, exemples, etc.). Par exemple, le programme a identifié plusieurs candidats termes polylexicaux contenant le candidat terme monolexical *chunk* (table 10).

Nous pouvons observer que les candidats *chunk de donnée* et *chunks de donnée* sont séparés car le mot *chunk* est un emprunt et TreeTagger n'arrive pas à le lemmatiser. Cela joue sur la fréquence : si les deux candidats étaient réunis, leur fréquence serait égale à 57.

La paire *nouveau chunk de contrôle* et *chunk de contrôle* représente un autre cas : un candidat terme contient l'autre. Dans ce cas précis, il n'y a pas d'intérêt de retenir le plus grand, mais il existe d'autres cas où il est intéressant de garder les deux candidats, par exemple *partition du générateur photovoltaïque* et *générateur photovoltaïque*.

| Collocation | Fréq | Patron |
|---|---|---|
| chunk de donnée | 25 | [unk, n, née] |
| format du chunk cookie-ack | 2 | [mat, n, unk, ack] |
| format du chunk heartbeat-ack | 2 | [mat, n, unk, ack] |
| format du chunk init-ack | 2 | [mat, n, unk, ack] |
| format du chunk asconf-ack | 2 | [mat, n, unk, ack] |
| nouveau chunk de contrôle | 6 | [eau, unk, n, ôle] |
| chunks de donnée | 32 | [nks, n, née] |
| chunk de contrôle | 10 | [unk, n, ôle] |

TABLE 10 – Candidats polylexicaux contenant le candidat terme monolexical chunk

Il est alors intéressant de proposer les candidats termes polylexicaux lors de la validation d'un candidat terme monolexical, car cela fournit à l'utilisateur plus d'informations sur ce dernier. Les résultats obtenus à cette étape du travail permettent de planifier quelques améliorations de l'algorithme général du système, notamment l'élagage de certains types de termes polylexicaux et la présentation des résultats.

## 5 Conclusion et perspectives

La méthode proposée permet d'extraire les candidats termes mono et polylexicaux à partir d'un corpus de spécialité. Le principal avantage de la méthode est son applicabilité à une large palette de langues et de corpus. Elle ne nécessite aucune ressource morphologique ou morphosyntaxique extérieure. Ainsi, cette méthode peut être appliquée sur un corpus de tout domaine de spécialité et toutes les ressources sont alors générées par le programme.

La méthode peut être utilisée pour d'autres langues que le français et l'anglais à condition qu'un tokeniseur et un lemmatiseur soient disponibles pour la langue ciblée. Même si la tâche de lemmatisation nécessite un étiquetage morphosyntaxique, notre méthode ne l'utilise pas. De cette manière, la méthode exploite l'outil d'étiquetage morphosyntaxique différemment des autres méthodes de l'ET.

La méthode combine des méthodes statistiques (fréquence absolue et TFxIDF) et des approches mixtes (annotation par mots informatifs et vides, apprentissage des mots de schéma endogènes). La particularité de la méthode est d'utiliser des n-grammes de caractères pour remplacer des listes de formants classique et des étiquettes morphosyntaxiques.

Les résultats obtenus sur le prototype permettent d'envisager des améliorations de la méthode. Notamment, il est intéressant d'automatiser le choix des coefficients et de la taille de n-grammes en fonction de la langue, car cela pourrait donner des meilleurs résultats pour l'anglais ou pour d'autres langues.

La deuxième piste consistera à tester la possibilité de corréler les n-grammes avec les syllabes pour obtenir les ressources morhologiques et morphosyntaxiques endogènes. Cela pourrait également jouer sur l'efficacité de la méthode appliquée sur d'autres langues.

Le système sera testé sur des corpus multidomaines composés par genre afin de voir si la méthode pourrait servir à l'identification du lexique et des expressions transdisciplinaires.

Une validation des résultats par des experts de domaines est prévue dans le cadre de notre projet de recherche.

## Références

ANTHONY, L. (2005). AntConc : design and development of a freeware corpus analysis toolkit for the technical writing classroom. *In International Professional Communication Conference Proceedings*, pages 729–737.

AUBIN, S. et HAMON, T. (2006). Improving term extraction with terminological resources. *In Advances in Natural Language Processing*, pages 380–387. Springer.

BERNHARD, D. (2006). *Apprentissage de connaissances morphologiques pour l'acquisition automatique de ressources lexicales*. Thèse de doctorat, Université Joseph Fourier – Grenoble I.

BOURIGAULT, D. (2002). Upery : un outil d'analyse distributionnelle étendue pour la construction d'ontologies à partir de corpus. *In Actes de TALN*, pages 75–84, Nancy.

BOURIGAULT, D. et FABRE, C. (2000). Approche linguistique pour l'analyse syntaxique de corpus. *Cahiers de grammaire*, 25:131–151.

BOURIGAULT, D., GONZALEZ-MULLIER, I. et GROS, C. (1996). LEXTER, a Natural Language Processing Tool for Terminology Extraction. *7th EURALEX International Congress*.

BOURIGAULT, D. et JACQUEMIN, C. (1999). Term extraction+ term clustering : An integrated platform for computer-aided terminology. *In Proceedings of the ninth conference on European chapter of the Association for Computational Linguistics*, pages 15–22.

DAILLE, B. (1996). Study and Implementation of Combined Techniques for Automatic Extraction of Terminology. *In The Balancing Act : Combining Symbolic and Statistical Approaches to Language, Workshop at the 32nd Annual Meeting of the ACL (ACL'94)*, Las Cruces, New Mexico, USA.

DAILLE, B. (2003). Conceptual structuring through term variations. *In* BOND, F., KORHONEN, A., MACCARTHY, D. et VILLACICENCIO, A., éditeurs : *ACL 2003 Workshop on Multiword Expressions : Analysis, Acquisition and Treatment*, pages 9–16.

DROUIN, P. (2007). Identification automatique du lexique scientifique transdisciplinaire. *Revue française de linguistique appliquée*, XII:45–64.

DROUIN, P. et LANGLAIS, P. (2006). Évaluation du potentiel terminologique de candidats termes. *In Actes de JADT*, volume 2006, page 8.

ENGUEHARD, C. (1993). Acquisition de terminologie à partir de gros corpus. *Informatique & Langue Naturelle*, pages 373–384.

ESTOPÀ, R., VIVALDI, J. et CABRÉ, T. (2000). Extraction of monolexical terminological units : requirement analysis. *In Workshop Proceedings Second International Conference on Language Resources and Evaluation. Terminology Resources and Computation*, volume 56, pages 51–56, Athens, Greece.

FRANTZI, K., ANANIADOU, S. et MIMA, H. (2000). Automatic Recognition of Multi-Word Terms : the. *International Journal on Digital Libraries*, 3(2):115–130.

JACQUEMIN, C. (1997). *Variation terminologique : Reconnaissance et acquisition automatique de termes et de leurs variantes en corpus*. Thèse de doctorat, Institut de Recherche en Informatique de Nantes.

JACQUEY, E., TUTIN, A., KISTER, L., JACQUES, M.-p., HATIER, S. et OLLINGER, S. (2013). Filtrage terminologique par le lexique transdisciplinaire scientifique : une expérimentation en sciences humaines. *In Terminologie et Intelligence Artificielle (TIA)*, Paris.

MCNAMEE, P. (2008). N-gram Tokenization for Indian Language Text Retrieval. *In Working Notes of the Forum for Information Retrieval Evaluation*.

MCNAMEE, P., NICHOLAS, C. et MAYFIELD, J. (2009). Addressing morphological variation in alphabetic languages. *In 32nd Annual International Conference on Research and Development in Information Retrieval (SIGIR)*, pages 75–82.

MORIN, E. et DAILLE, B. (2006). Comparabilité de corpus et fouille terminologique multilingue. *TAL*, 47:113–136.

MORIN, E. et DAILLE, B. (2012). Compositionnalité et contextes issus de corpus comparables pour la traduction terminologique. *In Conférence conjointe JEP-TALN-RECITAL 2012*, pages 141–154.

OROBINSKA, O., LYON, E. et CHAUCHAT, J.-h. (2013). Enrichissement d'une ontologie de domaine par extension des relations taxonomiques à partir d'un corpus spécialisé. *In Terminologie et Intelligence Artificielle (TIA)*, volume 704, Paris.

SCHMID, H. (1994). Probabilistic Part-of-Speech Tagging Using Decision Trees. *In Proceedings of International Conference on New Methods in Language Processing*, Manchester, {UK}.

TUTIN, A. (2007). Autour du lexique et de la phraséologie des écrits scientifiques. *Revue française de linguistique appliquée*, XII:5–14.

VERGNE, J. (2003). Un outil d'extraction terminologique endogène et multilingue. *Actes de TALN*, 2:139–148.

VERGNE, J. (2004). Découverte locale des mots vides dans des corpus bruts de langues inconnues, sans aucune ressource. *In Actes de JADT*, Louvain.

VERGNE, J. (2005). Une méthode indépendante des langues pour indexer les documents de l'internet par extraction de termes de structure contrôlée. *In Actes de CIDE*, pages 155–168.

WITSCHEL, H. F. (2005). Terminology Extraction and Automatic Indexing. *In Terminology and Knowledge Engineering (TKE)*, pages 1–12.

# Une description des structures de la durée en Langue des Signes Française à partir d'une grammaire formelle

Mohamed Hadjadj
LIMSI, Rue John Von Neumann, 91400 Orsay, France

mohamed.hadjadj@limsi.fr

**Résumé.** Dans cet article, nous abordons la problématique du fonctionnement de la temporalité en langue des signes française (LSF). Nous allons étudier plus particulièrement quelques structures portant sur la durée. Nous présenterons dans un premier temps les descriptions existantes du système aspecto-temporel de la LSF et les difficultés que nous trouvons pour modéliser ces travaux. Le but de cet article est de proposer une grammaire formelle qui prenne en compte le fonctionnement de la LSF et qui puisse faire l'objet d'un traitement de modélisation. Notre démarche consiste à étudier un corpus LSF pour établir des liens de fonction à forme afin d'obtenir des règles de grammaire qu'on peut générer dans un projet de synthèse à l'aide d'un signeur avatar.

**Abstract.** Temporality constitutes a major issue in filed of modeling french signed language (LSF). In fact, it is very difficult to model actual discriptions of the aspect-temporal systems of LSF. In this paper we present the bases of a novel formal grammar that permits the modeling of the LSF. This paper presents a study to construct this grammar. We analysed a French SL corpus to create formel rool between the signed gesture and its signification. Our objective is to obtain rules of grammar that can generate a synthesis project using a signer avatar.

**Mots-clés :** grammaire, LSF, temporalité, modélisation LSF.

**Keywords:** grammar, LSF, temporality, modeling LSF.

## 1 Introduction

L'interdiction des langues des signes (LS) durant des années a eu, sans aucun doute, un impact crucial sur la nature et le nombre d'études linguistiques portant sur ces langues. C'est à (Stokoe, 1960) que revient le mérite d'attester le statut linguistique de l'ASL et donc des autres langues des signes. L'objectif de ses études était de rapprocher le fonctionnement des langues des signes de celui des langues vocales en décrivant un fonctionnement spécifique induit par la mise en œuvre de quelques paramètres manuels. Il les résume dans l'emplacement où le signe est réalisé, la forme de la main pendant la réalisation du signe et le mouvement qu'elle décrit. Par la suite, de nombreux chercheurs vont développer son modèle en ayant toujours comme références des modèles phonologiques pour les langues vocales (Battison, 1974), (Klima, Bellugi, 1976).

Cependant ces études proposent des modèles qui ne se rendent pas nécessairement compte des spécificités qu'on observe dans les langues des signes. La description des unités qui font l'objet de la construction phonologique, traits ou phonèmes, reste ambigüe. A cela, on ajoute l'ignorance de la dimension iconique, propriété de ressemblance entre le signifiant et le signifié, qu'on constate dans la forme de certains signes en LS. Les chercheurs de cette école considèrent que l'aspect iconique de ces signes intervient à un autre niveau que le niveau phonologique.

Ces limites ont donné naissance à une nouvelle approche pour décrire les langues des signes. Elle est représentée essentiellement en France, au début des années 90, par les travaux de Cristian Cuxac. Dans son modèle, Cuxac (1996, 2000) met l'iconicité au centre de la LSF. Ses travaux et ceux de ses successeurs ont su mettre en question plusieurs éléments dans l'analyse linguistique, dite classique, des langues des signes.

Cette démarche permet de mieux apercevoir le fonctionnement de la langue des signes française, mais ces travaux ne présentent pas une grammaire qui peut faire l'objet d'un travail de modélisation. Dans cet article, nous proposons une grammaire formelle qui prend en compte le fonctionnement de la langue des signes française. Nous l'appliquerons, dans cette étude, sur quelques structures de la durée en LSF.

# 2 La temporalité en LSF

De nombreuses études en linguistique ont pu montrer que les modèles qui s'appuient plutôt sur l'aspect grammatical du temps ne sont pas applicables sur toutes les langues, certaines langues comme le chinois (Whorf, 1968), ou st'àimcets (Demirdache H & Uribe- Etxebarria 2002) ne grammaticalisent pas le temps. La LSF, une langue très particulière, une langue visio-gestuelle, par rapport aux langues vocales, pourrait avoir son propre système temporel qui ne peut pas être décrit selon l'aspect grammatical. Le linguiste François A avance *« La description linguistique sur des bases empiriques, de langues encore inexplorées permet de mettre à jour des regroupements sémantiques inédits, des catégorisations et des stratégies d'encodage qui n'avaient pas nécessairement été observées jusqu'alors ».* (François, 2001).

Les travaux de Cuxac (Cuxac, 1996, 2000), basés sur le principe de l'iconicité[1], trouvent que le système temporel en LSF s'appuie essentiellement sur deux niveaux d'iconicités, l'iconicité diagrammatique, une sorte de schéma actantiel dans l'espace et l'iconicité du mouvement, fondée sur le principe des relations aspectuelles (Sallandre, 2003). A partir des notions: corps, espace, temps, le locuteur a un schéma représentatif dans l'espace de signation, une fois le schéma inséré, il peut exprimer toute relation temporelle à l'aide des trois axes de l'espace.

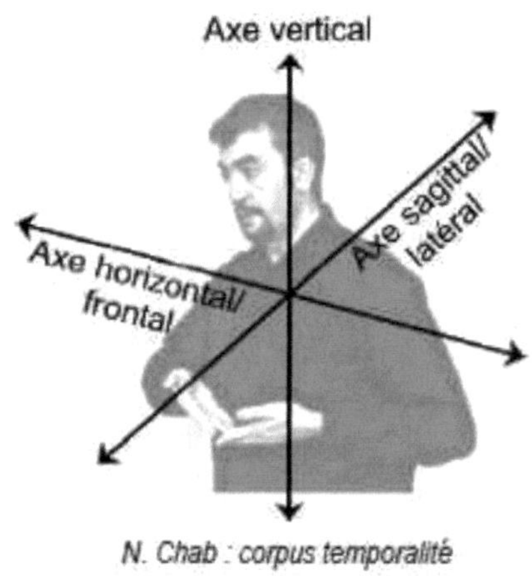


**Figure1 : les 3 axes temporels**

# 3 La notion d'aspectualité en LSF

Dans de nombreuses études, l'aspectualité en LSF est une simple juxtaposition de certains paramètres à la forme de base. L'aspectualité est résumée dans le type du mouvement, tel que le mouvement cyclique de la main pour exprimer l'aspect duratif, ou la mimique faciale pour décrire, à titre d'exemple, « le continu » (Cuxac 2000). D'autre part (Fridman, 1975) et (Deuchar, 1985) trouvent que certains signes lexicaux renvoient à une valeur aspectuo-temporelle.

Il faut également noter que les études portant sur la temporalité et l'aspectualité en LSF se basaient souvent sur des exemples étudiés séparément de leur contexte. Ainsi, dans de nombreuses recherches, une description fine des différents articulateurs non manuels ayant un rôle dans l'élaboration du sens global d'une structure n'est pas une analyse indispensable. Cette démarche ne peut décrire des phénomènes linguistiques complexes de la LSF.

[1] Dans son modèle théorique, Cuxac distingue deux visées sémiologiques: le dire en donnant à voir (les structures de Grande Iconicité) et dire sans montrer (les signes lexicaux).

# 4 Développement d'une grammaire formelle

## 4.1 La démarche suivie

Dans le cadre de notre étude, nous allons développer une grammaire formelle pour décrire le fonctionnement de quelques structures portant sur la durée en LSF. Dans notre démarche, nous nous appuyons sur une hypothèse moins restrictive que des modèles existants. Notre méthodologie consiste à établir des liens de fonction à forme. Il s'agit d'effectuer des allers-retours entre la forme, le mouvement d'un articulateur ou plusieurs, et la fonction, l'interprétation de cette forme. L'objectif est de distinguer un groupe invariant qui unit les différentes occurrences d'une forme ou d'une fonction. Pour cela, nous considérons que tous les articulateurs, manuels et non manuels, comme potentiellement pertinents sans attribution de fonction a priori. En effet, cela nous permet de préciser la forme comme étant une combinaison de différents articulateurs manuels et non manuels en précisant les différentes synchronisations nécessaires qui peuvent avoir lieu entre ces articulateurs. Cette méthodologie peut être un bon moyen pour décrire l'équilibre complexe qu'on observe dans la LSF. Ainsi, cela nous permet d'avoir une génération de la langue qui s'approche de la langue naturelle.

## 4.2 Le corpus

Le corpus sur lequel nous nous sommes appuyés, dans le cadre de notre étude, est conçu, en grande partie, pour étudier certaines relations temporelles. Il s'agit d'une sélection de 40 brèves journalistiques à partir de 980 brèves de l'année 2006 du site internet websourd[2], traduites ensuite par les traducteurs du même site internet pour créer un corpus parallèle (Filhol, 2013). Aussi, nous avons analysé un autre corpus, de la même nature que le premier, pour étudier d'autres types de structures du duratif. L'ensemble des deux corpus est constitué de 120 brèves journalistiques.

## 4.3 Présentation du schéma d'annotation

Nous présentons ci-dessous les différents articulateurs annotés avec leurs attributs. Nous avons fait le choix de ne pas étudier tous les articulateurs dans un premier temps, cependant nous avons ajouté d'autres articulateurs pour bien décrire certaines fonctions étudiées.

**Les paupières (Paup)**

Nous distinguons dans la piste paupières trois attributs :

- Ouvert (o): le moment d'ouverture des yeux.

- Plissé (pl): le moment où les yeux sont mi-fermés.

- Fermé (f): le moment où les paupières sont complètement serrées. Nous avons aussi annoté les clignements (cl) des yeux.

**Les sourcils (Srcl)**

Dans la piste sourcils, nous avons pris en compte que trois attributs :

- Standard (st) : cet attribut correspond au niveau des sourcils par rapport à la partie inférieure des paupières dans un état de pause.

- Vers le haut (v.h) : dans les cas où la distance entre les sourcils et la partie inférieure des paupières est supérieure à l'attribut standard.

[2] www.websourds.org

- Vers le bas (v.b) : dans les cas où la partie inférieure des paupières est plus proche aux sourcils par rapport à l'attribut standard.

**Mouvement du buste (Mvb)**

Il s'agit des mouvements où la tête reste droite, uniquement le buste doit bouger. Nous distinguons deux attributs : vers la droite (v.d) et vers la gauche (v.g).

**Mouvement de la tête(Mvt)**

Nous avons annoté le mouvement de la tête sur trois axes de l'espace ou ce qui correspond en LSF aux signes lexicaux: «oui, non et peut-être »

**La direction du regard (DR)**

Nous nous sommes contentés, dans cette piste, de différencier deux attributs majeurs : le regard vers l'interlocuteur, dans le cas de notre corpus la camera, et l'espace de signation, désignant dans la littérature l'espace devant le locuteur que celui-ci utilise pour structurer son discours, les autres regards, plus rares, ne sont pas annotés.

**La description manuelle**

La description manuelle est assez détaillée, 2000 signes sont déjà décrits dans le modèle Zebedee (Filhol, 2010). Cependant nous annotons le début et la fin du geste manuel pour décrire la synchronisation entre les différents articulateurs. Ainsi, nous avons annotés séparément les deux mains, dominante (m.do) et dominée (m.dé).

# 5 Résultats

Après avoir sélectionné les différents exemples du corpus portant sur l'expression de la durée en LSF, deux structures se distinguent, des brèves qui représentent un événement qui dure dans le temps et des brèves avec deux évènements, séparés par une durée donnée.

## 5.1 Un évènement qui dure dans le temps

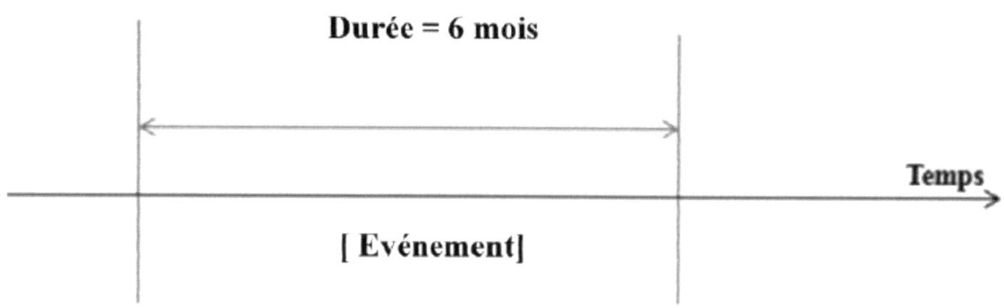


**Figure 2 : structure d'un évènement qui dure dans le temps**

Une fois que nous avons annoté les différentes structures d'un évènement qui dure dans le temps, deux formes totalement différentes se dégagent.

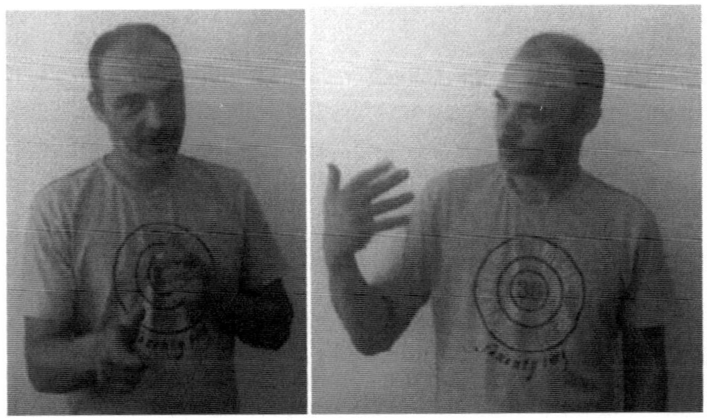

(A) (B)

**Figure 3 : l'expression de la durée**

En mettant le lien entre ces deux figures et leurs fonctions, nous avons constaté que le choix de l'une ou de l'autre pour exprimer la durée s'effectue selon sa longueur. Si la période est inférieure à dix jours, les locuteurs utilisent la figure (A), dans une période supérieure à dix jours, ils signent la figure (B). Nous présentons ci-dessous les groupes invariants de chaque structure. La flèche sur les schémas représente le temps, les articulateurs avec la précision de leurs attributs sont mis en gras, les signes lexicaux en italique et enfin les évènements qui précèdent ou succèdent la durée sont mis en majuscule. Les abréviations utilisées font référence au schéma d'annotation.

**Durée d'un évènement d'une longueur inférieure à 10 jours.**

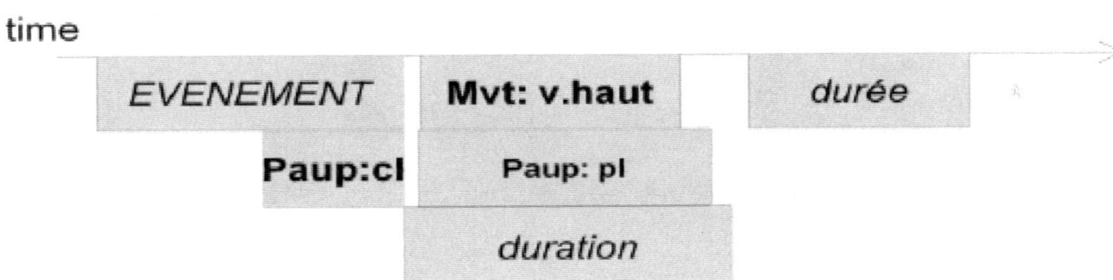


**Figure 4 : le groupe invariant d'un évènement d'une longueur inférieure à 10 jours**

**Durée d'un évènement d'une longueur supérieure à 10 jours.**

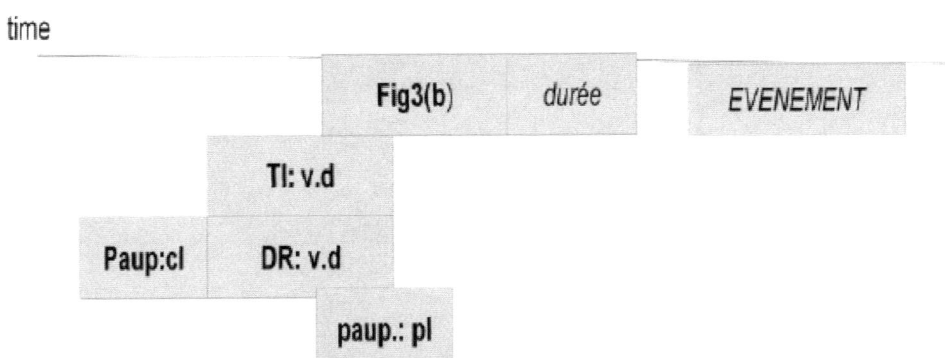


**Figure5 : le groupe invariant d'un évènement d'une longueur supérieure à 10 jours.**

Dans les deux groupes invariants nous remarquons un plissement des yeux pour marquer la durée. Ce point vient confirmer les résultats de (CHETELAT-PELE, 2010). Ainsi, il s'agit de combinaisons complexes entre plusieurs articulateurs et non pas juste une simple juxtaposition.

**Un événement entre deux bornes temporelles**

Dans les exemples d'un événement qui dure pendant une période précise, limitée par deux bornes temporelles, les locuteurs utilisent une forme bien différente de celle qu'on trouve dans des manuels de la LSF. En plus de l'ignorance des gestes non manuels et de la synchronisation entre les différents articulateurs, au niveau du geste manuel, ni l'emplacement de la main ni sa direction ne correspond à la description qu'on trouve dans des manuels, le geste est effectué plutôt sur l'axe horizontal que sur l'axe sagittal.

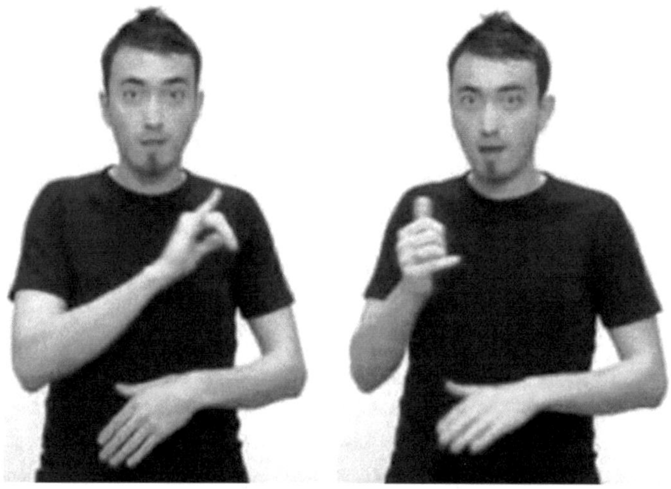

**Figure 6 : L'expression de la durée entre deux bornes temporelles**

Nous décrivons le groupe invariant de cette structure ci-dessous :

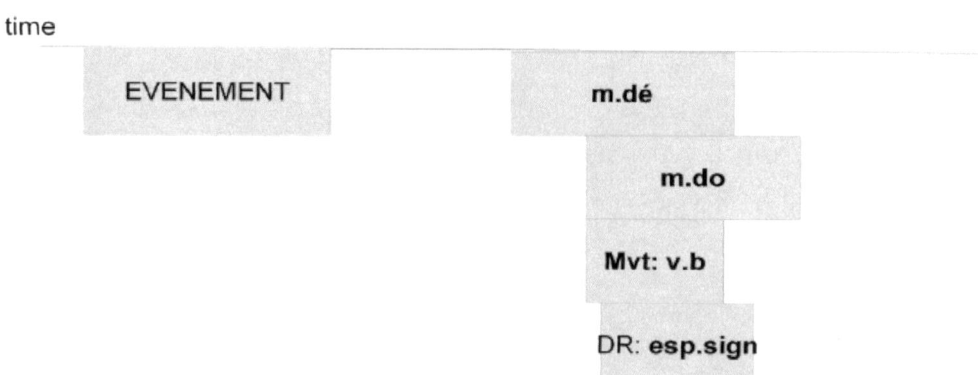


**Figure 7 : le groupe invariant de L'expression de la durée entre deux bornes temporelles**

**Durée d'un évènement partant du présent à une borne temporelle**

Ainsi, dans les structures d'un évènement entre deux bornes temporelles, nous avons trouvé une autre forme qui se distingue, les procès qui partent du présent à une borne temporelle sont signés différemment. Les résultats trouvés viennent confirmer les travaux déjà effectués dans la littérature, notamment les travaux de (Cuxac 2000). Le corps du locuteur, sur l'axe sagittal, illustre le présent, une main sera maintenue au niveau du corps, le regard suivra la deuxième main qui va vers l'avant pour désigner la deuxième borne temporelle.

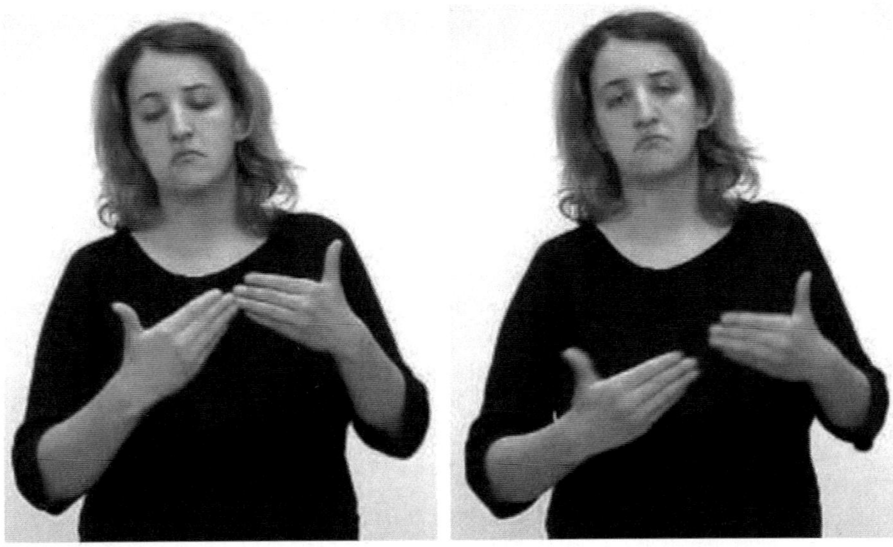

**Figure 8 : l'expression de la durée entre deux bornes temporelles, partant du présent.**

Nous décrivons le groupe invariant de cette structure ci-dessous :

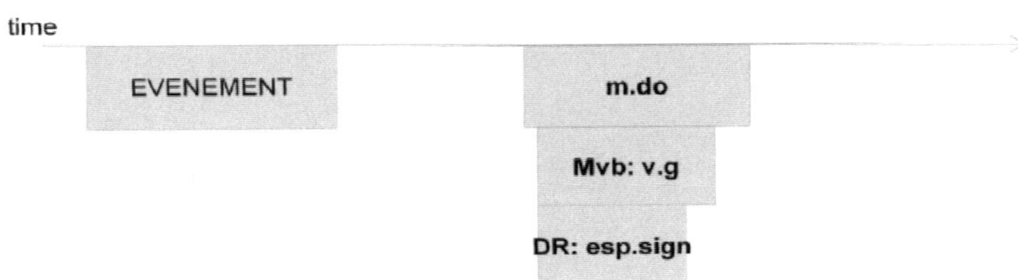


**Figure 9 : le groupe invariant de l'expression de la durée entre deux bornes temporelle, partant du présent.**

### 5.2 Deux évènements liés par une relation de précédence, éventuellement séparés par une durée.

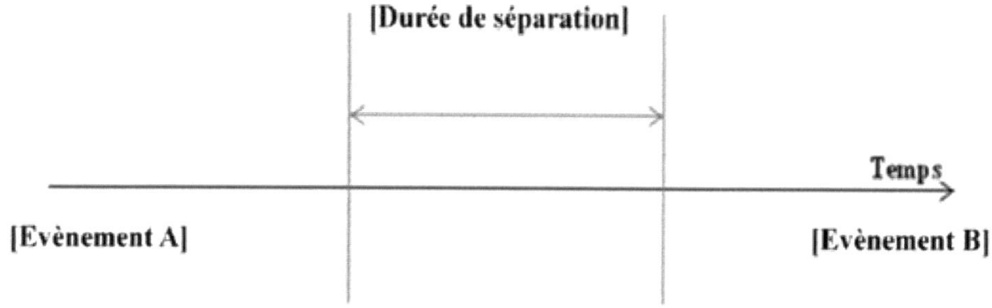


**Figure 10 : structure de deux évènements séparés par une durée**

En analysant les structures de deux évènements avec une durée de séparation, nous avons trouvé que la longueur de la durée est aussi importante dans le choix de la forme. Pour signer deux évènements avec une durée de séparation inférieure à 10 jours, les locuteurs commencent par l'évènement qui se déroule le premier chronologiquement, la durée de séparation est signée entre les deux évènements, elle est exprimée par un ensemble de synchronisation entre les différents articulateurs décrit dans la figure ci-dessous.

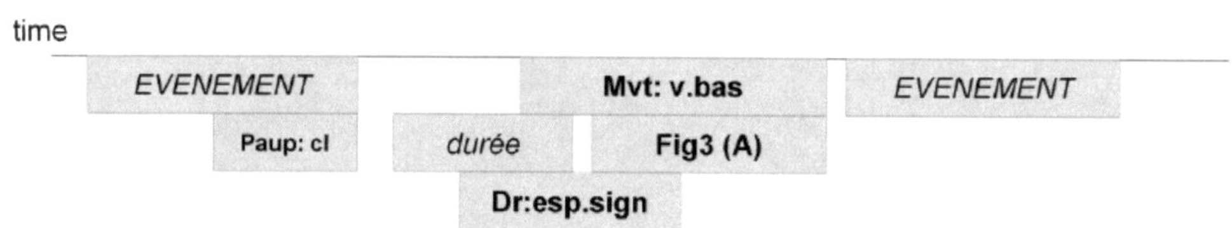


**Figure 11 : groupe invariant de deux évènements avec une durée de séparation inférieure à 10 jours**

En ce qui concerne les relations de précédence entre deux évènements avec une durée de séparation supérieure à 10 jours, les locuteurs signent les évènements selon leur ordre chronologique. La durée est exprimée de la même manière que dans les structures d'un évènement qui dure plus que 10 jours.

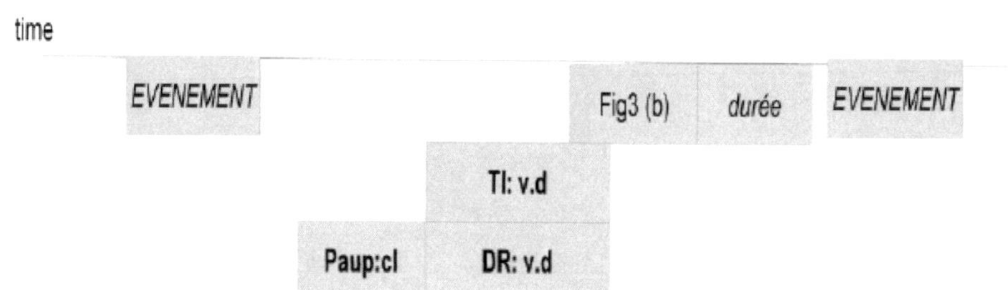


**Figure 12 : groupe invariant de deux évènements avec une durée de séparation supérieure à 10 jours**

# 6 L'imbrication des règles

Le but de notre étude est de développer une grammaire basée sur un ensemble fini de règles de dérivation qui permet d'engendrer de façon systématique toutes les phrases en LSF. Décrire la grammaire de LSF de cette manière nous permet d'imbriquer les différentes règles dans un projet de génération. Si nous prenons à titre d'exemple la brève suivante : « *Dix ans après l'évacuation musclée de l'église Saint-Bernard, le 23 août 1996 à Paris, les sans papiers et leurs soutiens ne veulent pas être « dans la commémoration » mais dans le « combat », comme l'illustre le mouvement autour des expulsés du squat de Cachan.* »

Nous constatons que la brève se constitue de deux évènements séparés par un période de dix ans, une structure déjà définie dans la section 5.2 (une succession d'évènements avec une durée de séparation supérieure à 10 jours.) Nous constatons aussi que le premier évènement est un évènement daté, dans une étude antérieure (Filhol, 2013), nous avons constaté qu'en LSF, on commence par la date avant de signer l'évènement. La figure ci-dessous représente l'architecture de la description formelle de la brève étudiée.

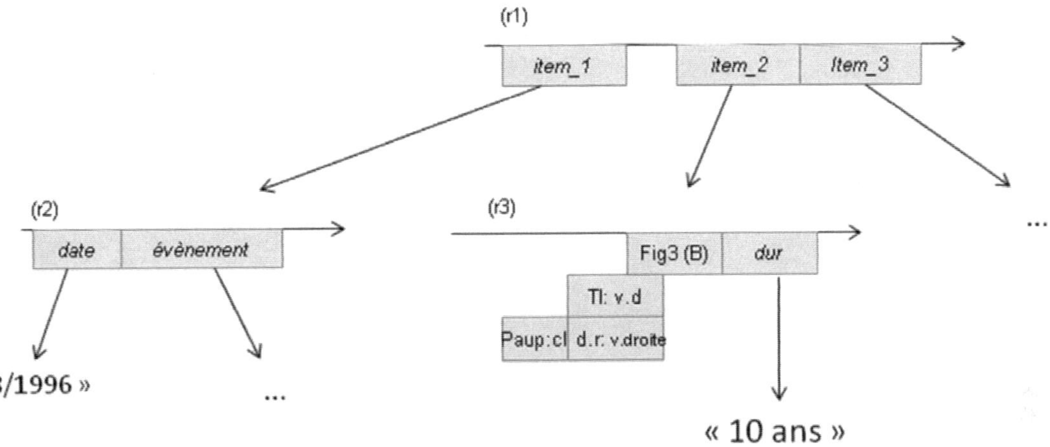


**Figure 13 : l'imbrication des règles**

Dans l'arbre ci-dessus, nous partons d'une règle générale (R1) pour définir une succession d'évènements avec une durée de séparation. Ainsi, à l'intérieur de (R1), on peut imbriquer d'autres règles pour un évènement daté (R2) et l'expression d'une durée de séparation (R3).

**(R1)**

**item_1 = (R2)**

**Date = "23/08/1996"**

**Event = "évacuation musclée de l'église St-Bernard"**

**item_2 = (R3) (dur = "10 ans")**

**item_3 = [...]**

# 7 Conclusion

La prise en compte de tous les articulateurs, manuels et non manuels, dans notre analyse forme-fonction, nous a permis de bien définir les formes de certaines fonctions portant sur le duratif. Une telle démarche nous permet de développer une grammaire formelle qui prend en compte les particularités de la LSF. Une description formelle d'une langue encore peu inexplorée doit être fondée sur des bases empiriques, une application des grammaires conçues pour les langues écrites sur les LS ne peut décrire leur fonctionnement bien particulier.

# 8 Références

BATTISON R. (1974). Phonological deletion in American Sign Language. SLS, 5, 1–19.

BELLUGI U., KLIMA E. (1976). Two faces of sign: Iconic and abstract. In S. Harnad, D. Hoest & I. Lancaster (eds.), Origins and evolution of language and speech. New York, New York Academy of Sciences. pp. 514-538.

CHETELAT-PELE E. (2010). Les gestes non manuels en langue des signes française. Annotation, analyse et formalisation : Application aux mouvements des sourcils et clignements des yeux. Thèse de doctorat, LIMSI.

COHEN D. (1989). L'Aspect verbal, Presses Universitaires de France. Paris.

CUXAC C. (1996). Fonctions et structures de l'iconicité des langues des signes. Analyse descriptive d'un idiolecte parisien de la langue des signes française. Université René Descartes - Paris V. Thèse de Doctorat d'Etat.

CUXAC C. (2000). La Langue des Signes Française (LSF) : Les voies de l'iconicité. Fait de Langue, 15-16 Ophrys.

DEMIRDACHE H., URIBE- ETXEBARRIA M. (2002). La grammaire des prédicats spatiotemporels : temps, aspect et adverbe de temps. Dans Temps et Aspect : de la morphologie à l'interpretation Laca, Brenda : Presses Universitaires de Vincenes

DEUCHAR M. (1985). The implications of sign language research for linguistic theory. Proceedings of the Third International Symposium on Sign Language Research, Silver Spring, Maryland: Linstok Press and Rome: Istituto di Psicología, 239-246.

FILHOL M. (2010). Search through lexical sign bases with a constraint-based model, Theoretical issues on Sign Language research (TISLR 10), Purdue, USA.

FILHOL M., HADJADJ M., TESTU B. (2013). *A rule triggering system for automatic text-to-Sign translation*, International workshop on Sign Language translation and avatar technology *(SLTAT),* Chicago, USA.

FRANCOIS A. (2001). Gabarit de procès et opérations aspectuelles en Matlov (Océanie) in Actances 11, juin 2001, Rivaldi *(GDR 749 du CNRS).*

FRIEDMANN L. A. (1975). Space, time & person reference in ASL. *In Language 51, 940-961.*

FUSELLIER-SOUZA I., LEIX J. (2005). L'expression de la temporalité en Langue des Signes Française (LSF). Actes du colloque Conceptualisation et Surdité, *dans La nouvelle revue AIS.* Editions du CNEFEI, Suresnes, pp. 207-230

SALLANDRE M.-A. (2003). Les unités du discours en Langue des Signes Française. Tentative de catégorisation dans le cadre d'une grammaire de l'iconicité. *Thèse de Doctorat,* Univ. Paris 8.

STOKOE W.C. (1960). Sign Language Structure. Studies in Linguistics. Occasional Papers n° 8. Buffalo, NY : *University of Buffalo Press.*

TOURNADRE N. (2004). Typologie des aspects verbaux et intégration à une théorie du TAM, *BSL.* Peeters.

WORF B. (1968). Linguistique et anthropologie, Denoël-Gonthier, Paris.

# Interaction homme-machine en domaine large à l'aide du langage naturel : une amorce par mise en correspondance

Vincent Letard[1,2]
(1) LIMSI, CNRS, rue John von Neumann, 91405 Orsay cedex
(2) Université Paris-Sud, 91400 Orsay
letard@limsi.fr

**Résumé.** Cet article présente le problème de l'association entre énoncés en langage naturel exprimant des instructions opérationnelles et leurs expressions équivalentes et langage formel. Nous l'appliquons au cas du français et du langage R. Développer un assistant opérationnel apprenant, qui constitue notre objectif à long terme, requiert des moyens pour l'entraîner et l'évaluer, c'est-à-dire un système initial capable d'interagir avec l'utilisateur. Après avoir introduit la ligne directrice de ce travail, nous proposons un modèle pour représenter le problème et discutons de l'adéquation des méthodes par mise en correspondance, ou *mapping*, à notre tâche. Pour finir, nous montrons que, malgré des scores modestes, une approche simple semble suffisante pour amorcer un tel système interactif apprenant.

**Abstract.** We consider the problem of mapping natural language written utterances expressing operational instructions to formal language expressions, applied to French and the R programming language. Designing a learning operational assistant, which is our long term goal, requires the means to train and evaluate it, that is, a baseline system able to interact with the user. After presenting the guidelines of our work, we propose a model to represent the problem and discuss the fit of direct mapping methods to our task. Finally, we show that, while not resulting in excellent scores, a simple approach seems to be sufficient to bootstrap an interactive learning system.

**Mots-clés :** assistants interactifs, apprentissage artificiel, systèmes de question-réponse.

**Keywords:** interactive assistants, machine learning, question answering systems.

## 1 Introduction

Les avancées techniques et théoriques permettent d'effectuer des opérations de plus en plus puissantes et efficaces avec l'aide des ordinateurs. Pour autant, travailler avec la machine ne devient pas nécessairement plus simple. Exploiter la richesse de l'interaction homme-machine (Allen *et al.*, 2007; Volkova *et al.*, 2013) devrait permettre d'améliorer l'efficacité d'une tâche effectuée par l'humain à l'aide d'un ordinateur.

Notre objectif à long terme est de concevoir un assistant opérationnel dialogique apprenant par l'interaction à fournir une commande correcte en langage formel (LF) à partir d'un énoncé en langage naturel (LN). L'intérêt d'un tel système se trouve à la fois dans l'utilisation de l'outil informatique par un novice en programmation qui peut néanmoins exprimer son objectif en LN, et auprès d'utilisateurs plus avancés d'un langage de programmation, mais occasionnels ou bien pas toujours au plus haut niveau de complexité. Ainsi, l'utilisateur avancé pourrait enseigner au système les commandes complexes dont il se sert de loin en loin et les réutiliser facilement, et l'utilisateur novice pourrait profiter des connaissances dont dispose déjà le système (enseignées par d'autres utilisateurs au moyen de *crowdsourcing*[1] par exemple). Nous nous sommes intéressés pour ce travail au langage R. Il s'agit d'un langage de programmation pour l'analyse statistique et le traitement de données. Il est riche en fonctionnalités et souvent utilisé sous forme de scripts, qui permettent d'en oublier la syntaxe.

Avant tout, la conception d'un tel système apprenant requiert la collecte de données, et les premières tentatives ont souligné l'importance de l'utilisabilité pour le processus d'apprentissage. En effet, un système apprenant par l'interaction avec ses

[1]Le crowdsourcing est une méthode de collecte des données nécessaires à un processus avec l'aide d'un grand nombre de personnes. Ce processus peut centraliser ces données pour une utilisation locale, ou bien les réutiliser au profit de l'ensemble des personnes participantes.

| | Énoncés en LN | Commandes (en R) |
|---|---|---|
| 1 | Charge les données depuis **"res.csv"** | `var1 <- read.csv("res.csv")` |
| 2 | Trace un histogramme de la colonne **2** de **tab** | `plot(hist(tab[[2]]))` |
| 3 | Dessine la répartition de la colonne **3** de **tab** | `plot(hist(tab[[3]]))` |
| 4 | Somme les colonnes **3** et **4** de **tab** | `var2 <- tab[[3]] + tab[[4]]` |
| 5 | Somme les colonnes **3** et **4** de **tab** | `var3 <- sum(c(tab[[3]], tab[[4]]))` |

TAB. 1: Un échantillon d'associations entre énoncés en LN et commandes en LF. Ces exemples précisent la commande attendue pour chaque énoncé. Les éléments en gras sont liés avec les paramètres des commandes, cf. section 4.1. Les variables temporaires présentes dans la colonne de droite sont introduites par le système afin de permettre à l'utilisateur de faire référence à des résultats intermédiaires pour des traitement ultérieurs. Par ailleurs, on peut noter qu'un énoncé peut correspondre à plusieurs commandes différentes et inversement.

utilisateurs se doit de conserver leur intérêt sous peine d'obsolescence due à la perte de sa source d'information. Il nous faut donc fournir au système des capacités et connaissances initiales afin de permettre son développement incrémental avec l'aide des utilisateurs. Sans ces derniers, collecter des données se révèlerait bien plus fastidieux. Nous estimons que le prérequis minimal pour rendre le système utilisable est qu'il apporte de l'aide à l'utilisateur dans au moins 50% des cas. Ce premier seuil est volontairement bas car la visée d'un premier système est avant tout d'amorcer la collecte de données ; de meilleures performances devraient être atteintes par la suite grâce à ses nouvelles connaissances. Nous formulons en outre l'hypothèse que des méthodes simples de mise en correspondance entre LN et LF peuvent atteindre ce score.

Notre approche est basée sur une association directe paramétrée entre les énoncés en LN et les commandes en R. On utilise une base de connaissances $K$ composée d'associations paramétrées, telles que dans le tableau 1, pour sélectionner la meilleure commande à associer à l'énoncé-requête. Les énoncés $e^* \in K$, les plus proches de l'énoncé-requête selon une mesure de similarité $\sigma$, sont choisis. Les commandes associées $C(e^*)$ dans $K$ sont adaptées aux paramètres de l'énoncé-requête et une commande est retournée. Par exemple, étant donné l'énoncé-requête $e_{req}$ : "Charge le fichier data.csv", le système range les énoncés de $K$ par similarités décroissantes avec $e^*$. Pour le contenu de la base exemple dans le tableau 1, l'énoncé 1 doit intuitivement être classé premier, et le système doit retourner la commande : "`var1 <- read.csv("data.csv")`". Notons que plusieurs commandes peuvent être proposées en une fois afin d'offrir un choix d'alternatives à l'utilisateur.

Nous utilisons les mesures de similarité basées sur la distance de Jaccard, le tf-idf, et le score BLEU, et considérons différentes stratégies pour le choix des réponses retournées par le système. Les mesures de similarité évaluées se sont révélées être suffisemment complémentaires pour permettre l'utilisation de méthodes de combinaison, telles que le vote ou la classification automatique, pour améliorer *a posteriori* l'efficacité de la recherche.

La section 2 présente les domaines autour desquels s'articule notre problématique, ainsi que quelques travaux proches, nous posons ensuite notre formulation du problème et discutons de ses particularités en section 3. La section 4 détaille la méthode de constitution des associations et les différentes mesures de similarités utilisées, tandis que les paramètres d'analyse du LN et de l'ensemble de données utilisé sont exposés section 5. Enfin, nous donnons en section 6 les résultats d'expériences et discutons de leurs causes et implications.

# 2 État de l'art

## 2.1 Associer du langage naturel à du langage formel

Des problèmes proches ont été précédemment abordés à l'aide de différentes méthodes d'apprentissage. La transformation de requêtes en LN vers SQL est étudié par (Popescu *et al.*, 2003), le système requiert une grande précision dans ses réponses car l'objectif est de le rendre accessible au grand public et donc utilisable sur toutes sortes de bases de données. (Branavan *et al.*, 2009, 2010) utilise l'apprentissage par renforcement pour associer des instructions en anglais à des séquences de commandes en LF. Cela permet à l'association de prendre en compte les instructions haut-niveau et leurs constituantes. L'étendue des commandes élémentaires utilisables est cependant limitée aux possibilités de l'interaction graphique. Il en résulte que l'apprentissage ne peut pas produire de schémas très abstraits, du fait de la faible diversité des paramètres dans les commandes graphiques. Dans leur approche, (Kushman & Barzilay, 2013) abordent le problème de la génération d'expressions régulières correspondant à des descriptions en anglais à l'aide des grammaires combinatoires catégorielles pour analyser le langage naturel et la représentation avec le $\lambda$-calcul pour inférer des règles de traduction du LN vers les expressions régulières. Cette approche générative par traduction permet la généralisation à partir des exemples d'apprentissage. Cependant, le pouvoir expressif des expressions régulières correspond aux grammaires de type 3 de la hierarchie de Chomsky. (Yu & Siskind, 2013) utilisent les modèles de Markov cachés établir par apprentissage une mise en correspondance entre des détections d'objets dans une séquence vidéo et des prédicats extraits de descriptions en LN. L'objectif de leur approche est différent du notre, mais le problème sous-jacent de trouver une association entre objets peut être comparé. Les objets appariés sont dans notre cas des expressions en LF plutôt que des détections dans une séquence vidéo.

## 2.2 Traduction automatique

La traduction automatique (Hutchins & Somers, 1992) renvoie habituellement à la transformation d'une phrase depuis un LN source en une autre portant le même sens dans un autre LN, appelé langage cible. Cette tâche est effectuée par la construction d'une représentation intermédiaire de la structure de la phrase a un niveau d'abstraction donné, puis la phase de génération encode l'objet obtenu dans le langage cible. Bien que suivant un objectif principal différent, l'une des tâches du projet XLike (Tadić *et al.*, 2012) était l'examen des possibilités de traduction d'instructions en LN (anglais) vers un LF (Cycl). Adapter une approche de ce type à un un langage formel cible opérationel (par opposition à Cycl qui est déclaratif) peut être une piste intéressante à étudier, mais il nous faut tout d'abord satisfaire l'objectif primaire de l'utilisabilité.

## 2.3 Recherche d'information

La question des systèmes de recherche d'information est comparable à celle de l'assistant opérationnel lors du parcours de sa base de connaissances. Les systèmes de question-réponse en particulier, révèlent des similarités avec l'assistant opérationel car les deux ont pour tâche de répondre à une expression en LN en recherchant la meilleure réponse dans l'ensemble des connaissances à leur disposition. Cependant, les systèmes de question-réponse s'appuient généralement sur la fouille de textes afin de trouver l'information correcte (Toney *et al.*, 2008). Cette méthode demande une grande quantité de données annotées (à la main ou par annotation automatique). Les tutoriels, cours ou manuels qui pourraient être utilisés à cette fin pour l'assistant opérationnel sont malheureusement trop hétérogènes et incluent des références complexes ou implicites à des connaissances générales (langage, algorithme, compilation). En un mot ils sont écrits pour l'humain, et il n'est pas envisageable de les utiliser en fouille de données sans une étude approfondie, quel que soit le mode d'annotation. D'où l'intérêt d'un assistant opérationnel apprenant capable de collecter des données standardisées et annotées à l'aide de l'utilisateur.

# 3 Formulation du problème

Ainsi que décrit en introduction, la base de connaissances $K$ est représentée par un ensemble d'exemples de la relation binaire $R : LN \rightarrow LF$ qui associe un énoncé en LN à une commande en LF. Si nous considérons le cas simple dans lequel la relation est fonctionnelle et injective, chaque énoncé est associé à une unique commande. Ce n'est pas réaliste car beaucoup d'énoncés en LN portent le même sens. Le cas d'une relation non injective couvre mieux les exemples usuels : chaque commande peut être associée à un énoncé ou plus, les exemples 2 et 3 du tableau 1 illustre cette situation. Cependant, le cas le plus réaliste est celui d'une relation qui n'est ni injective ni fonctionnelle. Plusieurs énoncés peuvent être associés à la même commande, et un seul énoncé ambigu peut renvoyer à plusieurs commandes différentes (voir les exemples 4 et 5 du tableau 1). Nous devons considérer toutes ces associations lors de la comparaison de l'énoncé-requête $e^*$ avec les énoncés de $K$ pour sélectionner une ou plusieurs commandes à retourner.

Pour cela, plusieurs stratégies non exclusives peuvent être considérées pour déterminer ce que le système retourne à l'aide de la mesure de similarité $\sigma : LN \times LN \rightarrow \mathbb{R}$ entre deux énoncés en LN. Typiquement, il faut déterminer si le système doit répondre, et si oui, combien de commandes il doit retourner.

La première stratégie est axée sur le nombre de réponses données pour chaque énoncé-requête $e_{req}$. Les $n$ premières commandes relativement au classement de leurs énoncés associés dans $K$ sont retournées. Étant donné $e_{req}$, le rang $r$ d'un énoncé $e \in K$ est donné par le nombre d'énoncés de $K$ dont la similarité avec $e_{req}$ est supérieure à celle de $e$ avec $e_{req}$.

$$r(e|e_{req}) = |\{e' \in K : \sigma(e_{req}, e') > \sigma(e_{req}, e)\}|$$

Le second choix de stratégie est de déterminer un seuil de similarité en dessous duquel les énoncés candidats de $K$ et leurs commandes associées sont considérés trop différents pour correspondre. Cela permet de choisir si une réponse est donnée ou non, et donc d'autoriser le silence du système, mais n'offre pas de contrôle sur le nombre de commandes retournées (bien qu'on puisse le conserver par la suite sous un seuil raisonnable). Cette stratégie retourne donc comme résultat l'ensemble des commandes dont l'énoncé associé dans $K$ a une valeur de similarité avec $e_{req}$ supérieur au seuil déterminé :

$$Res = \{c \in LF : (e, c) \in K, \sigma(e_{req}, e) > s\}$$

avec $s$ le seuil de similarité sélectionné. Le tableau 2 illustre le classement des énoncés de $K$ par similarité décroissante avec $e_{req}$. Notons que, bien que les énoncés de la base de connaissances aient été ordonnés, rien ne nous permet de discriminer les commandes qui leur sont associées. En conséquence, l'application de la première stratégie avec un nombre de commandes égal à 4 sélectionne les deux commandes associées à e1, et un sous-ensemble quelconque de taille 2 parmi les commandes associées à e4. Afin de rationaliser cette sélection, on peut envisager de pondérer chaque association de

| $e$ | $\sigma(e, e_{req})$ | commandes associées à $e$ dans $K$ |
|---|---|---|
| e1 | $0,80$ | {c2, c6} |
| e4 | $0,74$ | {c4, c5, c7} |
| e3 | $0,36$ | {c3, c6} |
| e2 | $0,36$ | {c1} |

TAB. 2: Exemple de classement pour un énoncé $e_{req}$ donné.

$K$ en fonction du nombre d'utilisations correctes et incorrectes (par exemple l'association e1 $\rightarrow$ c6 reçoit un poids de 4 car la commande c6 a été retournée pour e1 5 fois avec succès et 1 fois à tort). Ainsi, les commandes les "moins risquées" seront toujours privilégiées. Cependant, il ne s'agit que d'une optimisation de surface et elle demande des informations sur l'utilisation du système, ce dont nous ne disposons pas. D'autre part, on peut également remarquer qu'une commande peut apparaître à plusieurs endroits dans le classement des énoncés de $K$. c6 apparaît donc pour e1 et pour e3, avec deux valeurs de similarité différentes. Dans ce cas, seule la mieux classée sera retenue.

La formulation du problème proposée repose la fonction de similarité $\sigma$ et sur les associations présentes dans la base de connaissances. Nous allons maintenant présenter notre approche pour établir ces associations et les fonctions de similarité que nous y appliquons.

# 4 Approche

Nous avons initialement le résultat d'une analyse syntaxique simple de l'énoncé et de la commande. La première étape à effectuer est l'acquisition des exemples et la procédure de mise à jour de la base de connaissances. Nous examinons ensuite les méthodes pour rechercher une commande à partir de la base connaissances et d'un énoncé-requête donné.

## 4.1 Intégration dans les connaissances

L'association correcte entre énoncés et commandes requiert au moins la prise en compte de leurs paramètres respectifs (noms de variables, valeurs numériques et chaînes de caractères entre guillemets). Les représentations génériques des énoncés et des commandes sont construites à l'aide de l'identification des paramètres dans le couple à intégrer à la base de connaissances (voir tableau 1). Ces représentations sont utilisées par la suite pour reconstruire la commande à l'aide des paramètres de l'énoncé-requête.

La base de connaissances ne contient que les formes génériques des commandes. Il s'agit du texte de la commande comportant des références non résolues pour chaque paramètre qui a été associé à un élément de l'énoncé d'apprentissage. Ces références sont résolues à la phase de recherche par association avec les tokens correspondants de l'énoncé-requête.

## 4.2 Retrouver les commandes

Nous avons appliqué trois mesures de similarité différentes pour la recherche de commandes afin de comparer leurs points forts et leurs points faibles : l'indice de Jaccard, une aggrégation du tf-idf[2], ainsi que le score BLEU[3]. Le choix de ces trois méthodes est dicté par la diversité des caractéristiques qu'elles mesurent, qui provient elle-même des cadres dans lesquels elles ont chacune été développées.

### 4.2.1 Indice de Jaccard

L'indice de Jaccard mesure la similarité entre deux ensembles à valeurs dans le même domaine. Dans notre cas, nous comparons l'ensemble des mots de l'énoncé-requête en LN et celui de l'énoncé d'apprentissage pour la commande candidate. Ils sont chacun valués dans l'ensemble des tokens possibles. L'expression de l'indice de Jaccard adaptée pour deux énoncés $e_1$ et $e_2$ est :

$$J(e_1, e_2) = \frac{|M(e_1) \cap M(e_2)|}{|M(e_1) \cup M(e_2)|}$$

où $M(e)$ désigne l'ensemble des mots de l'énoncé $e$ utilisés. Il semble plus pertinent dans ce cas d'ignorer les mots outils. En effet, la comparaison des énoncés sous la forme d'ensembles de mots fait perdre toute information sur leur ordre dans la phrase. Sans le contexte, les mots outils n'apportent que peu d'information et introduisent plutôt un biais dans le ratio des nombres de tokens. L'indice de Jaccard est une méthode standard pour évaluer les co-occurrences des unigrammes. Elle devrait être plus efficace avec des données comprenant peu d'exemples ambigus en termes de vocabulaire.

### 4.2.2 tf-idf

La mesure tf-idf calcule une mesure de représentativité d'un mot dans un document, par rapport à un corpus. Elle permet donc, étant donné un mot, de classer les documents du corpus selon sa représentativité pour chacun d'eux. L'avantage de tf-idf est qu'il tient compte de la fréquence du mot dans le corpus. Ainsi, un mot apparaissant dans tous les documents, même s'il est très fréquent, ne sera représentatif d'aucun document. Il faut ici évaluer la représentativité d'une phrase plutôt que d'un seul mot. On utilise donc une aggrégation des valeurs de tf-idf pour chacun des mots composant l'énoncé-requête en LN.

$$tfidf_e(e_{req}, e_{comp}) = \frac{1}{|M\ (e_{req})|} \sum_{m \in M(e_{req})} tfidf(m, e_{comp}, E)$$

avec $E = \{enonce | (enonce, commande) \in K\}$ l'ensemble des énoncés de la base de connaissance, et où $e_{req}$ est l'énoncé-requête et $e_{comp}$, l'énoncé comparé. La fonction $tfidf$ elle-même s'exprime par :

$$tfidf(m, e_{comp}, E) = \frac{|\{m_e | m_e \in e_{comp} \wedge m_e = m\}|}{|\{m_e | m_e \in e_{comp}\}|} \times log\left(\frac{|E|}{|\{e \in E | m \in e\}|}\right)$$

Cette mesure ne nécessite plus la restriction aux mots pleins car tf-idf inclut déja la normalisation par rapport à la fréquence globale (dans le corpus) des termes.

### 4.2.3 Le score BLEU

Le score BLEU (Papineni *et al.*, 2002) est une méthode de calcul de similarité qui a été développée pour automatiser l'évaluation de la traduction automatique. Il présente une bonne corrélation avec l'évaluation par l'humain et est donc pertinent pour la recherche de paraphrases. Cett méthode s'appuie sur la mesure de co-occurrences entre $n$-grammes et permet de distinguer les énoncés candidats dans lesquels l'ordre des mots est trop différent de la celui dans la référence (énoncé-requête). La valeur de précision modifiée qu'elle introduit est basée sur le rapport des co-occurrences de $n$-grammes entre candidat et référence, sur la taille totale du candidat, normalisée selon $n$.

$$P_{BLEU} = \sum_{gram_n \in e_{req}} \frac{max_{e_{comp} \in E} occ(gram_n, e_{comp})}{|\{gram_n \in e_{req}\}|}$$

[2]Term frequency-inverse document frequency
[3]Bilingual evaluation understudy

où $occ(gram_n, e) = \sum_{gram'_n \in e} [gram_n = gram'_n]$ est le nombre d'occurrences du $n$-gramme $gram_n$ dans l'énoncé $e$. On peut noter que le dénominateur, qui correspond au nombre de $n$-grammes de l'énoncé $e_{req}$, peut aussi s'écrire $|e_{req}| - (n-1)$. La méthode de calcul du score BLEU comprend également une pénalité pour la brièveté, et ainsi empêcher les longs énoncés d'être trop désavantagés. Cependant, les énoncés comparés dans notre cas ne sont pas des documents de longueur très variables mais des expressions opérationnelles de tailles et d'amplitudes beaucoup plus raisonnables. Nous avons donc laissé de côté cette normalisation.

### 4.3 Filtrage des éléments syntaxiques

Avant d'évaluer leur similarité, nous avons appliqué plusieurs combinaisons de filtres sur les tokens des énoncés à prendre en compte. Il est possible de conserver ou non les mots outils ou les éléments non lexicaux. Ces derniers regroupent les valeurs numériques, les chaînes de caractères entre guillemets et les noms de variables. Les noms de variables sont les mots inconnus de l'analyseur syntaxique qui correspondent à une sous-partie identique dans la commande. Si les éléments non lexicaux sont conservés, ils sont transformés en substituts standardisés. De plus, il est possible d'appliquer ou non la lemmatisation des termes lexicaux. Par exemple, en ignorant les mots outils, en conservant les éléments non lexicaux et après application de la lemmatisation, le deuxième énoncé du tableau 1 deviendrait :

*Trace un histogramme de la colonne* ***2*** *de* ***tab*** → TRACER HISTOGRAMME COLONNE **XXVALXX XXVARXX**

## 5 Paramètres expérimentaux

### 5.1 Analyse des énoncés

Avant toute analyse lexicale, on recherche dans les énoncés en LN des expressions arithmétiques afin de les marquer en tant que telles. Les énoncés sont ensuite analysés à l'aide de WMATCH, un analyseur syntaxique générique à base de règles, développé par Olivier Galibert (Galibert, 2009). Il s'agit d'un système modulaire, disposant d'ensembles de règles pour le français et l'anglais. À titre d'exemple, voici à quoi ressemble le résultat d'analyse pour le premier énoncé du tableau 1 :

```
<_operation>
  <_action> charge|_~V </_action>
  <_det> les </_det>
  <_subs> données|_~N </_subs>
  <_prep> depuis </_prep>
  <_mot_inconnu>
    "res.csv"
  </_mot_inconnu>
</_operation>
```

Les mots marqués comme inconnus sont considérés comme des noms de variables potentiels, à rechercher dans la commande associée. Les chaînes de caractères comme `"res.txt"` sont également marquées afin de rechercher ultérieurement des correspondances possibles avec la commande. Nous posons une hypothèse pour simplifier l'analyse : les énoncés en LN sont supposés ne contenir aucune faute d'ortographe.

D'autre part, les commandes sont normalisées par la séparation de toute paire de caractères non liés sémantiquement. Les valeurs numériques ainsi que les noms de variables/fonctions sont identifiés et marqués comme paramètres de la commande.

Ayant défini la méthode d'analyse, nous allons à présent décrire les données utilisées pour notre expérimentation.

### 5.2 Constitution du corpus

Le corpus d'amorçage est composé de 605 associations entre 553 énoncés uniques en français et 240 commandes uniques en R. Le faible nombre de documents (tutoriels, manuels, documentations) différents qui décrivent une grande partie des commandes R ainsi que leur hétérogénéité rendent malheureusement irréalisable l'acquisition automatique d'exemples d'apprentissage sans une étude approfondie de leurs structures. En effet, ces documents sont écrits pour des lecteurs humains, disposant de références générales sur les tâches ; de la valeur de retour des fonctions usuelles aux principes généraux de la programmation, en passant par les problématiques usuelles d'utilisation des bibliothèques d'analyse statistique. C'est pourquoi chaque paire énoncé-commande de notre corpus a été ajoutée à la main, s'assurant que chaque élément reflète complètement l'information utile de l'exemple, et qu'ils respectent les spécifications. Celles-ci sont censées être le moins restrictives possible : un énoncé en LN doit simplement être formulé comme s'il s'agissait de demander l'exécution de la tâche R associée. Cela conduit donc à une majorité de phrases à l'impératif, qui reflètent, pour les personnes expérimentées, la manière dont elles exprimeraient les tâches concernées pour des non spécialistes.

### 5.3 Métriques d'évaluation

Les mesures permettant une évaluation pertinente du système dépendent de son objectif. Les valeurs de précision et de rappel pour les systèmes de question-réponse sont calculées comme suit :

$$P = \frac{\#\text{ réponses correctes}}{\#\text{ réponses données}} \qquad R = \frac{\#\text{ réponses correctes}}{\#\text{ réponses correctes dans } K}$$

Ces formules peuvent être appliquées pour un système retournant un seule réponse pour chaque énoncé. En effet dans le cas contraire, la précision mesurerait la proportion de bonnes réponses totale. Or, on s'intéresse plus précisément au nombre d'énoncés test pour lesquels une commande correcte a été retournée. Nous définissons la précision par énoncé $P_e$ et le rappel par énoncé $R_e$.

$$P_e = \frac{\#\text{ énoncés corrects}}{\#\text{ énoncés données}} \qquad R_e = \frac{\#\text{ énoncés corrects}}{\#\text{ énoncés corrects dans K}}$$

Le nombre d'énoncés corrects s'entend ici le nombre d'énoncés test pour lesquels le système a retourné au moins une commande correcte. On peut noter que la mesure de rappel n'est pas aussi pertinente ici qu'en recherche d'information : si l'on pose l'hypothèse que la situation montrée par les quatrième et cinquième associations du tableau 1 ne sont pas courantes[4], le nombre d'énoncés corrects pour un énoncé requête donné devrait être faible, et la plupart devraient être équivalents. Ainsi, l'objectif principal n'est pas de retourner le plus grand nombre d'énoncés corrects car un suffit. Nous écartons donc l'évaluation du système à l'aide du rappel.

Examinons à présent les scores obtenus pour la mesure de précision par énoncé selon les différents paramètres du système.

## 6 Résultats et analyse

### 6.1 Comparaison des mesures de similarité

Comme le montre le tableau 3 la mesure de similarité basée sur le tf-idf domine les deux autres mesures en comparaison individuelle, quelle que soit la combinaison de paramètres de filtrage. En effet, la forme des énoncés présents dans le corpus cause la répétition des mots du vocabulaire de l'interaction opérationnelle (verbes : "donner", "calculer", "afficher" ; noms : "vecteur", "matrice", "histogramme", ...). Cette structure peut expliquer que la fréquence inverse dans les documents (idf) soit particulièrement pertinente.

[4] L'augmentation du nombre de tâches différentes couvertes par le corpus rendra ces collisions plus fréquentes, mais cette hypothèse semble raisonnable pour une amorce.

| mots outils | inclus | | | | non inclus | | | |
|---|---|---|---|---|---|---|---|---|
| non lexicaux | inclus | | non inclus | | inclus | | non inclus | |
| lemmatisation | oui | non | oui | non | oui | non | oui | non |
| **Jaccard** | 38.5% | 34.6% | 21.2% | 23.1% | 36.5% | 36.5% | 21.2% | 23.0% |
| **tf-idf** | **50%** | **50%** | **36.5%** | **40.4%** | **48.0%** | **51.9%** | **36.5%** | **40.4%** |
| **BLEU** | 34.6% | 34.6% | 26.9% | 30.8% | 30.8% | 32.7% | 26.9% | 30.8% |
| **hasard** | 1.9% | | | | | | | |

TAB. 3: Mesures de précision par énoncé ($P_e$), en fournissant 3 réponses pour chaque énoncé requête test. L'ensemble des associations connues contient 85% du corpus, et l'ensemble de test 10%.

La lemmatisation et l'inclusion des mots outils ne semblent pas avoir une influence évidente sur la précision par énoncé. À l'inverse, on constate une amélioration dans tout les cas avec l'inclusion des éléments non lexicaux. Ce comportement provient au moins en partie de la longueur des énoncés de $K$ ($7,5$ mots en moyenne), dont certains sont assez courts pour ne contenir aucun token lexical significatif (*"ln de A"*). L'analyse linguistique plus approfondie devrait permettre, notamment pour les mots outils, d'améliorer les performances par une exploitation plus fine de la structure des énoncés. Cependant, notre travail a pour objectif de préparer une amorce pour un système évolutif, et l'intérêt d'utiliser des règles d'analyse fixes est donc limité.

La figure 1a montre la précision obtenue avec tf-idf en fonction du nombre de commandes retournées pour chaque énoncé requête. D'après le graphique, il est intéressant de proposer au moins trois commandes à l'utilisateur afin d'obtenir une précision décente. En revanche, proposer à l'utilisateur un choix de plus de 5 éléments ne serait pas pertinent : le gain en précision par énoncé ne serait plus suffisant par rapport au temps supplémentaire nécessaire à l'utilisateur pour retrouver la bonne réponse (le cas échéant) parmi les propositions.

## 6.2 Autoriser le silence

Afin d'autoriser le système à ne pas toujours donner une réponse, nous avons fixé un seuil absolu pour la valeur de similarité des commandes à retourner. Les résultats montrent, quelle que soit la mesure de similarité choisie, qu'au moins les 6 seuils les plus sélectifs donnent toujours lieu à des réponses fausses. Ce résultat peut être dû à l'existence dans l'ensemble de test, d'exemples non couverts par l'ensemble d'apprentissage. Plus vraisemblablement, il doit s'agir de commandes trop courtes (au plus un ou deux tokens lexicaux) pour être traitées correctement par la fonction de similarité.

## 6.3 Combinaisons

Une fois que chacune des méthodes proposées a été testée indépendamment, il peut être intéressant de tenter de les combiner. Cela permet notamment d'étudier leur complémentarité. L'oracle des 6 meilleures méthodes[5] montre une marge de progression intéressante (*cf.* figure 1b). Les résultats de la combinaison par le vote dépassent la meilleure méthode seule pour un nombre d'alternatives retournées inférieur à 4. Le vote atteint notamment 50% de bonnes réponses pour seulement 2 alternatives. La position de la courbe est moins claire pour un nombre d'alternatives plus élevé, mais notre problématique concerne l'utilisabilité du système, c'est pourquoi on s'intéresse plutôt aux gains pour un faible nombre de propositions. Cependant, il est indispensable d'effectuer les tests sur d'autres tirages de $K$ dans le corpus afin d'obtenir une mesure de la variabilité de ces résultats.

On peut également exploiter la complémentarité des méthodes par l'entraînement d'un modèle d'apprentissage artificiel pour combiner *a posteriori* leurs résultats. La régression logistique n'est pas directement applicable à notre cas puisque les listes de commandes retournées avec les différentes mesures de similarité sont discrètes ; c'est-à-dire qu'on ne peut pas les fusionner directement à l'aide d'un paramètre réel. Nous avons donc utilisé la classification afin d'identifier les schémas pour lesquels l'une des méthodes est meilleure que les autres. Il s'agit d'entraîner un système à reconnaître les méthodes auxquelles se fier en fonction des indices dont nous disposons. Les valeurs de similarité discrétisées ont été employées en tant qu'attributs et l'ensemble des mesures ayant donné la bonne réponse en tant qu'étiquettes de référence. Ces paramètres ont été testés à l'aide des machines à vecteur de support de `libsvm` (Chang & Lin, 2011) avec un noyau

[5] L'oracle donne toujours la bonne réponse si l'une au moins des méthodes considérées la fournit.

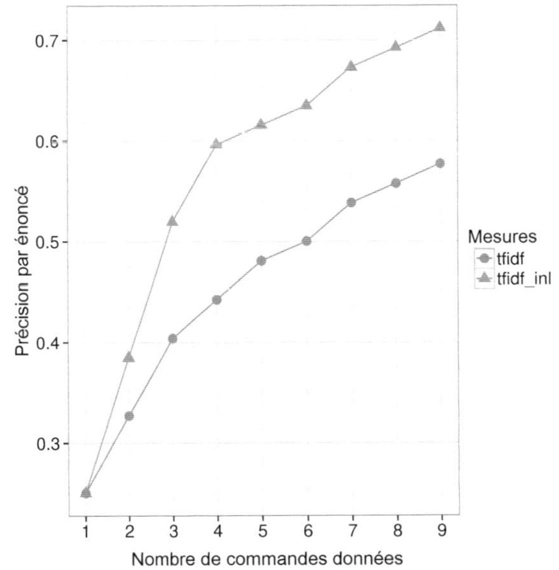


(a) Performances du système en utilisant la similarité tf-idf avec et sans inclusion des tokens non lexicaux.

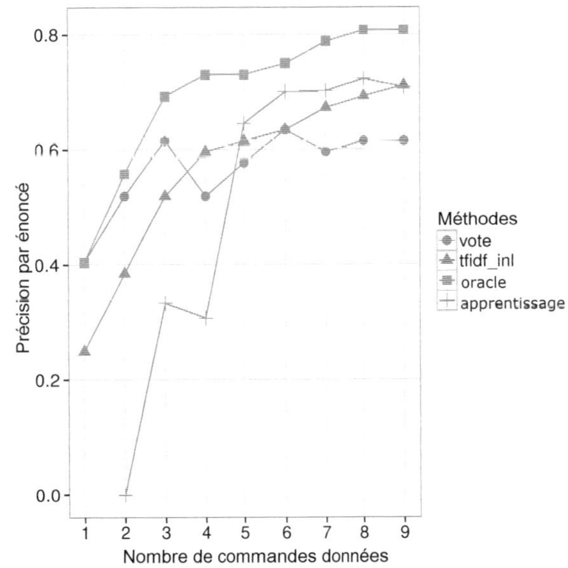


(b) Comparaison des performances pour les différentes combinaisons de méthodes. Les 6 méthodes combinées sont tf-idf, Jaccard, BLEU, et ces 3 mêmes en incluant les tokens non lexicaux.

FIG. 1: Précision par énoncé en fonction du nombre d'alternatives pour différentes méthodes. La précision par énoncé donne le nombre d'énoncés test pour lesquels au moins une des réponses proposées est correcte ; par cette définition, sa valeur ne peut donc qu'augmenter avec le nombre de réponses apportées pour chaque énoncé.

polynomial de degré 3 et à coefficient de degré 0 nul. Les résultats sont présentés sur la figure 1b. Comme on pouvait s'y attendre, l'entraînement sur le petit corpus dont nous disposons ne produit pas d'excellents résultats. La performance de la prédiction n'atteint pas 20%, et le modèle détermine seulement la distinction entre les cas où il faut choisir la meilleure méthode et les cas où il vaut mieux ne pas répondre (dû à l'étiquette de classe "aucune"). Les résultats des tests avec le modèle appris parviennent à dépasser légèrement tf-idf à partir de 5 réponses données, mais cela ne traduit pas une amélioration : d'une part, ce score est certainement obtenu grâce à l'abstention de réponse, qui est rendue possible par la présence de l'étiquette "aucune" lors de l'apprentissage, et d'autre part un tel nombre de réponses est déjà élevé si l'on considère que chacune des requêtes de l'utilisateur conduit à un choix multiple de 5 éléments.

# 7 Conclusion et perspectives

Nous avons appliqué 3 méthodes de calcul de similarité à la recherche de correspondances entre les énoncés en LN et les commandes en LF. Les résultats en termes de précision par énoncé ont atteint 60% de bonnes réponses après entraînement sur un petit corpus, tout en conservant le nombre d'alternatives de réponses proposées à l'utilisateur en deçà d'un seuil raisonnable ($< 5$ possibilités). Ces résultats valident l'hypothèse posée : les méthodes de mise en correspondance simple permettent d'atteindre un score de 50%.

Beaucoup de méthodes approfondies ou d'approches parallèles peuvent être considérées pour optimiser le score obtenu, comme l'ajout ou le développement de mesures de similarité plus adaptées (Achananuparp *et al.*, 2008), la combinaison de l'apprentissage artificiel et du vote, ou encore l'entraînement d'un modèle pour ordonner ou réordonner les listes d'énoncés similaires. Cependant, même si elles sont utilisables pour amorcer le système, ces méthodes généralisent peu et demandent de grands volumes de données pour être efficaces. De plus, la non fonctionnalité de la relation entre énoncés et commandes introduit des ambiguïtés impossible à résoudre à partir de la seule base de connaissances.

Grâce au système initial que nous avons élaboré, il maintenant possible de rassembler automatiquement plus de données en développant un assistant opérationnel apprenant. Ce dernier peut être vu comme une plateforme de *crowdsourcing* mais aussi, grâce aux performances acceptables que nous avons obtenues, comme un agent intelligent d'aide à la programmation. Nous développons actuellement une interface en ligne dans l'optique d'assurer ces deux objectifs. L'interaction homme machine située devrait permettre la résolution en temps réel des ambiguïtés rencontrées, grâce à l'aide de l'utilisateur ou aux informations contextuelles du dialogue.

Néanmoins, l'application de l'interaction dialogique réelle pour l'utilisation de ce système pose de nouveaux problèmes liés à la complexité des commandes. Étant donné que toute commande sera apprise par le dialogue, il sera nécessaire de limiter leur longueur pour conserver un système utilisable. Une piste de travail est donc l'extension du modèle d'association, avec notamment la possibilité de référer à des sous-parties déjà connues, afin de permettre l'enseignement incrémental de commandes composées au système.

## Remerciements

Je souhaite remercier Sophie Rosset et Gabriel Illouz pour leurs relectures patientes et leurs encouragements, sans oublier Olivier Galibert pour ses excellentes remarques.

# Références

ACHANANUPARP P., HU X. & SHEN X. (2008). The evaluation of sentence similarity measures. In *Data Warehousing and Knowledge Discovery*, p. 305–316. Springer.

ALLEN J., CHAMBERS N., FERGUSON G., GALESCU L., JUNG H., SWIFT M. & TAYSOM W. (2007). Plow : A collaborative task learning agent. In *Proceedings of the National Conference on Artificial Intelligence*, volume 22, p. 1514 : Menlo Park, CA ; Cambridge, MA ; London ; AAAI Press ; MIT Press ; 1999.

BRANAVAN S., CHEN H., ZETTLEMOYER L. S. & BARZILAY R. (2009). Reinforcement learning for mapping instructions to actions. In *Proceedings of the Joint Conference of the 47th Annual Meeting of the ACL and the 4th International Joint Conference on Natural Language Processing of the AFNLP : Volume 1-Volume 1*, p. 82–90 : Association for Computational Linguistics.

BRANAVAN S., ZETTLEMOYER L. S. & BARZILAY R. (2010). Reading between the lines : Learning to map high-level instructions to commands. In *Proceedings of the 48th Annual Meeting of the Association for Computational Linguistics*, p. 1268–1277 : Association for Computational Linguistics.

CHANG C.-C. & LIN C.-J. (2011). Libsvm : a library for support vector machines. *ACM Transactions on Intelligent Systems and Technology (TIST)*, **2**(3), 27.

GALIBERT O. (2009). *Approches et méthodologies pour la réponse automatique à des questions adaptées à un cadre interactif en domaine ouvert.* PhD thesis, Université Paris Sud-Paris XI.

HUTCHINS W. J. & SOMERS H. L. (1992). *An introduction to machine translation.* Academic Press London.

KUSHMAN N. & BARZILAY R. (2013). Using semantic unification to generate regular expressions from natural language. In *Proceedings of the Conference of the North American Chapter of the Association for Computational Linguistics* : North American Chapter of the Association for Computational Linguistics (NAACL).

PAPINENI K., ROUKOS S., WARD T. & ZHU W.-J. (2002). Bleu : a method for automatic evaluation of machine translation. In *Proceedings of the 40th annual meeting on association for computational linguistics*, p. 311–318 : Association for Computational Linguistics.

POPESCU A.-M., ETZIONI O. & KAUTZ H. (2003). Towards a theory of natural language interfaces to databases. In *Proceedings of the 8th international conference on Intelligent user interfaces*, p. 149–157 : ACM.

TADIĆ M., BEKAVAC B., AGIĆ Z., SREBAČIĆ M., BEROVIĆ D. & MERKLER D. (2012). *Early machine translation based semantic annotation prototype.* Rapport interne, XLike project, www.xlike.org.

TONEY D., ROSSET S., MAX A., GALIBERT O. & BILINSKI E. (2008). An evaluation of spoken and textual interaction in the ritel interactive question answering system. In *LREC*.

VOLKOVA S., CHOUDHURY P., QUIRK C., DOLAN B., REDMOND W. & ZETTLEMOYER L. (2013). Lightly supervised learning of procedural dialog systems.

YU H. & SISKIND J. M. (2013). Grounded language learning from video described with sentences. In *Proceedings of the 51st Annual Meeting of the Association for Computational Linguistics*, volume 1, p. 53–63.

# Regroupement de structures de dérivations lexicales par raisonnement analogique

Sandrine Ollinger
CNRS, ATILF, UMR 7118 Nancy, F-54063, France
Université de Lorraine, ATILF, UMR 7118 Nancy, F-54063, France
sandrine.ollinger@atilf.fr

**Résumé.** Cet article propose une méthode de regroupement de structures de dérivations lexicales par raisonnement analogique. Nous présentons les caractéristiques générales d'un graphe lexical issu du Réseau Lexical du Français, dont nous exploitons par la suite les composantes faiblement connexes. Ces composantes sont regroupées en trois étapes : par isomorphisme, par similarité de relations, puis par similarité d'attributs. Les résultats du dernier regroupement sont analysés en détail.

**Abstract.** This paper presents a method for merging structures of lexical derivations by analogical reasoning. Following the presentation of general features of a lexical graph from the French Lexical Network, we focus on the weak connected components of this graph. This components are grouped together in three steps : by isomorphism, by relational similarity and finally by attributional similarity. The results of the last merging are analyzed in detail.

**Mots-clés :** graphe lexical, composantes connexes, analogie, raisonnement analogique, dérivation lexicale.

**Keywords:** lexical graph, analogy, connected components, analogical reasoning, lexical derivation.

## 1 Introduction

Cet article rend compte d'une expérimentation réalisée dans le cadre du projet RELIEF (REssource Lexicale Informatisée d'Envergure sur le Français), dont le but principal est le développement d'une modélisation informatisée à large couverture du lexique français : le Réseau Lexical du Français, ou RL-fr. Il s'inscrit dans une volonté d'assister les lexicographes dans la suite de leur travail en proposant des méthodes permettant le développement d'outils d'aide à la rédaction lexicographique [1] et l'enrichissement automatique de la ressource, sous couvert de validation manuelle.

Nous émettons l'hypothèse que le travail lexicographique s'effectue pour une part importante par raisonnement analogique et que le lexique d'une langue regorge de sous-parties analogues [2]. Une telle hypothèse sous-entend que le lexique s'organise en sous-groupes d'unités entretenant des relations privilégiées et que la structuration de ces relations se répète à l'intérieur du lexique.

Nous commencerons ici par présenter la structuration du RL-fr en graphe lexical. Nous ferons ensuite une brève présentation du raisonnement analogique, avant de nous concentrer sur l'application d'un tel raisonnement aux sous-groupes d'unités facilement isolables que sont les composantes faiblement connexes du graphe. Nous discuterons ensuite de la pertinence de l'exploitation des structures détectées pour l'enrichissement du RL-fr.

## 2 Le Réseau Lexical du Français

Le RL-fr s'apparente à la famille des réseaux lexicaux du type des WordNet (Fellbaum, 1998), de BabelNet (Navigli & Ponzetto, 2010) et de JeuxDeMots (Lafourcade & Joubert, 2010). Il s'en distingue par une visée de description lexico-

1. Ces outils pourront être développés sous la forme de fonctionnalités de l'éditeur lexicographique MvsDicet (Gader *et al.*, 2012).

2. Cette hypothèse est à rapprocher des considérations de (Grimes, 1990) sur les fonctions lexicales inverses et les régularités à motifs dans le lexique, ainsi que des travaux sur l'inférence de relations lexicales dans le réseau lexical JeuxDeMots (Zarrouk *et al.*, 2014).

graphique dans la lignée des dictionnaires virtuels (Atkins, 1996; Spohr, 2012) et des travaux en Lexicologie Explicative et Combinatoire (Mel'čuk *et al.*, 1995) [3]. Sa réalisation, manuelle, a débuté en 2011, au laboratoire ATILF. Sa structuration suit le modèle de système lexical introduit par (Polguère, 2009). Il s'agit d'un graphe orienté encapsulé dans une base de données contenant des entités et des relations de natures variées. Nous choisissons ici de nous concentrer sur le graphe lexical extrait de cette base. Après une brève présentation de ses différents éléments, nous montrerons en quoi il se rapproche d'un graphe «petit monde» et pourquoi une telle particularité nous intéresse.

## 2.1 Éléments du réseau

Le RL-fr fournit une description détaillée des unités lexicales du français. Conformément au cadre de la Lexicologie Explicative et Combinatoire, une unité lexicale s'entend ici comme une *lexie*, ayant un sens, une forme phonique/graphique et un ensemble de traits de combinatoire (Mel'čuk *et al.*, 1995, p.16). L'approche classique d'une entrée de dictionnaire regroupant différents sens d'une même unité est ici abandonnée au profit d'une approche consacrant une entrée indépendante à chaque sens. Le regroupement des lexies partageant une forme phonique/graphique et liés sémantiquement reste toute fois accessible par le biais de la notion de *vocable*. Un vocable est dit *monosémique* s'il ne correspond qu'à une seule lexie, *polysémique* dans le cas inverse. Les lexies partageant une forme phonique/graphique, mais aucun lien sémantique sont traitées comme des *homonymes* et réparties dans des vocables distincts.

Le graphe lexical issu de la base de données du RL-fr, désormais $G_{RLfr}$, correspond à l'ensemble fini des unités lexicales du RL-fr, muni de l'ensemble des relations directes entre ces unités.

Il contient trois types de sommets :

- des unités lexicales monolexématiques, ou *lexèmes* : VACHE **I.1** [*Dans le pré, des vaches broutent de l'herbe.*] ;
- des unités polylexématiques, ou *phrasèmes* :
  - des *locutions* : ⌜ PLANCHER DES VACHES ⌝;
  - des expressions phraséologiques non lexicalisées, telles que les *clichés linguistiques* : *Comment ça va ?* .

Cette granularité le distingue notamment des graphes lexicaux issus de dictionnaires papier exploités par (Gaume, 2004; Gaillard *et al.*, 2011a), dont les sommets sont des formes phoniques/graphiques. De plus, chaque sommet du $G_{RLfr}$ est associé à une description lexicographique formelle. Celle des lexèmes et des locutions contient un ensemble de caractéristiques grammaticales, une étiquette sémantique (paraphrase minimale), une forme propositionnelle (structure prédicative), une combinatoire lexicale et des exemples d'emplois. Celle des phrasèmes contient, en plus, l'ensemble des lexies qu'ils incluent formellement. La description des expressions phraséologiques non lexicalisées est simplifiée. Elle ne comporte ni combinatoire lexicale, ni étiquette sémantique, ni forme propositionnelle.

Les relations entre ces unités, qui correspondent aux arcs de $G_{RLfr}$, sont également de trois types :

- des liens de *fonctions lexicales* (Mel'čuk *et al.*, 1995, p.125-152), désormais FL, qui rendent compte de la combinatoire lexicale des unités ;
- des liens de *copolysémie*, désormais CP, qui rendent compte des liens sémantiques entre les unités d'un vocable polysémique ;
- des liens d'*inclusion formelle*, qui rendent compte des différents lexèmes présents dans la forme d'un phrasème.

Les liens de FL sont les plus nombreux. Ils se répartissent en deux grandes classes : ceux mettant en jeu des FL servant à encoder des relations paradigmatiques – comme la synonymie – et ceux mettant en jeu des FL servant à encoder des relations syntagmatiques – comme la cooccurrence entre un nom et ses verbes supports. Selon (Mel'čuk *et al.*, 1995, p.126), «une **fonction lexicale** [=FL] est une fonction au sens mathématique». Elle se note traditionnellement :

**F**(*lexie 1*) = {*lexie 2*, *lexie 3*, ...}

L'ensemble de lexies {*lexie 2*, *lexie 3*, ...} est alors appelé *valeur d'application* de la FL **F** à son *argument*, la *lexie 1*.

Les liens de FL, pour leur part, mettent en relation les lexies deux à deux. Ainsi, si, comme en (1), la valeur d'application de la FL **Magn** (FL syntagmatique encodant la relation entre une lexie et ses cooccurrents d'intensification) contient une seule lexie, il existe un seul lien. En revanche si, comme en (2), elle comprend plus d'une lexie, il existe autant de liens que de lexies contenues dans cet ensemble.

**(1)** **Magn**(*coma*) = {$profond_{Adj}$ **II**}

3. Une étude comparative du RL-fr et du Wordnet de Princeton est disponible dans les actes de la conférence GWC 2014 (Gader *et al.*, 2014).

(2) **Magn**(*aboyer* I) = {*furieusement* I ; *férocement*}

De plus, chaque classe de FL est subdivisée en familles, correspondant à des types de relations. Ainsi, la famille **Syn** regroupe l'ensemble des FL relevant de la synonymie. Elle comporte notamment les FL suivantes :

- synonymie exacte : **Syn**(*pull*) = {*pull-over*} ;
- synonymie plus riche : $\mathbf{Syn}_{\supset}$(*fixer*) = {*clouer I*} ;
- synonymie plus riche relative au sexe : $\mathbf{Syn}_{\supset}^{\mathbf{sex}}$(*sénateur*) = {*sénatrice*} ;
- synonymie à intersection de sens : $\mathbf{Syn}_{\cap}$(*pull*) = {*sweat, sweat-shirt*}.

Nous parlerons des liens *sortants* d'une lexie pour désigner l'ensemble des liens correspondant à des applications de FL dont elle est l'argument. À l'inverse, nous parlerons de liens *entrants* pour désigner l'ensemble des liens correspondant à des applications de FL dont elle est un élément de la valeur.

## 2.2 Analyse topologique formelle

Nous émettons l'hypothèse que $G_{RLfr}$ s'organise en sous-groupes d'unités entretenant des relations privilégiées. Une telle structure se rapproche de celle des graphes de données réelles observés dans de nombreux domaines (Watts & Strogatz, 1998; Newman, 2003; Gaume, 2004). Afin de caractériser $G_{RLfr}$ et de déterminer si sa structure est celle d'un tel graphe, dit graphe petit monde, une analyse topologique, appelée *pedigree de graphe*, a été réalisée [4], visible dans le tableau 1.

| | | | |
|---|---|---|---|
| sommets | 21 992 | coefficient d'agrégation | 0,1327 |
| arcs | 42 626 | Distribution des degrés entrants | |
| degré sortant moyen | 1,9383 | a | -2,3977 |
| boucles | 36 | $r^2$ | 0,9397 |
| arcs multiples | 577 | Plus grande composante connexe | |
| arcs symétriques | 19 906 | sommets | 15 302 |
| sommets isolés | 3 226 | arcs | 38 274 |
| composantes connexes | 4 311 | L | 13,0402 |

TABLE 1: Pedigree du RL-fr

### 2.2.1 Caractéristiques formelles

La partie gauche du tableau 1 présente une première partie du pedigree de $G_{RLfr}$. Il s'agit d'un multigraphe orienté, qui comporte 21 992 sommets et 42 626 arcs. Chacun de ses sommets est, en moyenne, la source de près de deux relations. En tant que multigraphe [5], il comporte des boucles et des arcs multiples [6]. Les boucles, peu nombreuses, correspondent à des phénomènes lexicaux particuliers, tels que celui observable pour la lexie POIDS I, qui désigne à la fois une caractéristique physique et le deuxième actant de celle-ci. Les arcs multiples sont un peu plus nombreux. Ils correspondent, également, à des phénomènes lexicaux particuliers, tels que celui qui est observable entre les lexies ABOYER I et JAPPER, où il existe à la fois une relation de quasi-synonymie et une relation d'atténuation.

Les arcs symétriques sont beaucoup plus nombreux [7]. Il s'agit majoritairement d'arcs correspondant à des FL de la famille des synonymes et de dérivations syntaxiques. C'est le cas, par exemple, pour les lexies DANSER et DANSE I, pour lesquelles les relations de nominalisation et de verbalisation suivantes sont encodées [8] : $\mathbf{S}_0$(*danser*) = {*danse* I} et $\mathbf{V}_0$(*danse* I) = {*danser*}.

La proportion de sommets isolés (14,69%) doit être considérée dans le temps. Le tableau 2 montre comment elle a diminué au cours des six derniers mois, tandis que le nombre global de sommets a augmenté. Il montre également que la

4. Nous avons utilisé à cette fin le script *pedigree.py*, développé par Emmanuel Navarro (Gaillard *et al.*, 2011b).

5. À la suite de (Tabourier, 2010), nous ignorons ici la distinction entre multigraphes et pseudographes.

6. Attention, le nombre d'arcs multiple fourni par *pedigree.py* est calculé de façon séquentielle. L'ensemble des arcs du graphe est parcouru et c'est uniquement lorsqu'un arc correspond à un couple de sommets déjà reliés que le compteur d'arcs multiples est incrémenté.

7. Nous appelons arcs symétriques les arcs $a \to b$ pour lesquels il existe un arc $b \to a$.

8. Notez que les relations entre les lexies sont considérées en synchronie et qu'il n'est pas question, ici, d'encoder une dérivation morphologique orientée. Les lexies entrant en relation de dérivation syntaxique ne sont d'ailleurs pas nécessairement morphologiquement liées.

connectivité du RL-fr croît plus rapidement que sa nomenclature.

| | 28/10/13 | 10/03/14 | Évolution |
|---|---|---|---|
| sommets isolés | 3 540 | 3 226 | -9% |
| sommets | 20 793 | 21 992 | +6% |
| arcs | 34 922 | 42 626 | +22% |
| composantes connexes | 4 832 | 4 311 | -11% |

TABLE 2: Évolution du RL-fr.

La décomposition du graphe en composantes connexes réalisée ici consiste à le partitionner en sous-ensembles maximaux de sommets tous reliés entre eux, sans prendre en considération l'orientation des arcs. Il s'agit d'une décomposition en composantes faiblement connexes. Chaque sommet isolé est considéré comme une composante. Comme le montre le tableau 2, le nombre de composantes tend à diminuer et nous estimons que le RL-fr deviendra entièrement connexe avant d'avoir atteint sa maturité. Cependant, ces composantes constituent des sous-groupes de lexies facilement isolables et nous pensons que leur observation constitue une première étape intéressante dans la recherche et l'analyse de sous-ensembles de connexions lexicales privilégiées et récurrentes.

### 2.2.2 Graphe petit monde ?

Les graphes petits mondes se distinguent par la concomitance des quatre caractéristiques suivantes :

1. une faible densité, c.-à-d. un petit nombre d'arcs relativement au nombre de sommets ;
2. un coefficient d'agrégation élevé, c.-à-d. une forte probabilité que deux sommets voisins d'un même sommet soient eux-mêmes voisins ;
3. une distribution des degrés sortants et entrants (distribution des probabilités du nombre d'arcs associés à un sommet) qui suit une loi de puissance ;
4. une faible moyenne des plus courts chemins entre deux sommets quelconques du graphe.

Pour déterminer la densité d'un graphe, il faut s'intéresser aux nombres d'arcs ($m$) et de sommets ($n$) qui le constituent. Si $G_{RLfr}$ était un graphe simple (sans boucle ni arcs multiples), son nombre maximal d'arcs vaudrait $n \times (n-1)$, soit environ 484 x $10^6$. Nous pouvons donc affirmer que sa densité est faible. De plus, selon (Gaume, 2004), le nombre d'arcs observés dans les graphes petits mondes est généralement inférieur à $nlog(n)$. Pour un graphe de 21 992 sommets, il ne doit donc pas excéder 95 495 arcs, soit plus du double du nombre présent dans $G_{RLfr}$ (42 626).

Pour déterminer si $G_{RLfr}$ possède les trois autres caractéristiques des graphes petits mondes, nous nous intéressons à la seconde partie de son pedigree, à droite du tableau 1.

Le coefficient d'agrégation doit être considéré par rapport à celui d'un graphe aléatoire classique[9] de même densité (Newman, 2003), soit 0,00018. Nous pouvons donc affirmer que $G_{RLfr}$ présente un coefficient d'agrégation élevé.

La distribution des degrés et la moyenne des plus courts chemins permettent de se faire une idée sur l'organisation des agrégats au sein du graphe. La distribution des degrés entrants est ici fortement corrélée (0,9397) à une loi de puissance de coefficient -2,3977. Cela signifie que la probabilité pour un sommet quelconque d'avoir beaucoup de voisins est faible et que celle d'en avoir peu est forte. Dans le cas de $G_{RLfr}$, les lexies fortement connectées sont des lexies carrefour, telles que FAIRE **II.1** [*Il fait du ping-pong.*], jouant un rôle central dans l'organisation du lexique et les lexies très faiblement connectées sont des lexies rares, telles que MONOGRAMME [*Cette assiette est signée PAK, monogramme de Pieter Adriaensz Kocks.*].

(Bollobás & Riordan, 2004) ont montré que la longueur moyenne des plus courts chemins ($L$) des graphes petits mondes n'excède pas $logn/loglogn$. Une telle valeur signifie qu'il est possible de passer rapidement d'un sommet du graphe à n'importe quel autre. $G_{RLfr}$ n'étant pas connexe, une telle mesure est problématique (Newman, 2003). Une alternative possible consiste à effectuer cette mesure sur la plus grande partie connexe du graphe. Dans le cas de $G_{RLfr}$, cette composante comporte 15 302 sommets, son $L$ ne devrait donc pas excéder 6,8091. Il est pourtant de près du double (13,0402). Cependant, si nous considérons cette valeur dans le temps, à l'aide du tableau 3, nous constatons que le nombre de sommets de la plus grande composante connexe du RL-fr a augmenté de 17% au cours des six derniers mois, alors que la longueur moyenne de ses plus courts chemins a diminué de 20%.

9. Pour un graphe aléatoire classique, la valeur de C est estimée à $2m/n^2$.

| | 28/10/13 | 10/03/14 | Evolution |
|---|---|---|---|
| $n$ de la plus grande partie connexe | 13 082 | 15 302 | +17% |
| $L$ de la plus grande partie connexe | 16,3112 | 13,0402 | -20% |

TABLE 3: Évolution de la L_lcc du RL-fr.

En conclusion, nous pouvons dire que $G_{RLfr}$ est proche d'un graphe petit monde. La moyenne des plus courts chemins de sa plus grande composante connexe est beaucoup plus grande qu'attendu, mais diminue au fur et à mesure du développement de la ressource. L'hypothèse d'un lexique s'organisant en sous-groupes d'unités entretenant des relations privilégiées est, pour sa part, d'ores et déjà confirmée. La jeunesse du RL-fr ne nous permet pas de déterminer avec exactitude si la modélisation du lexique qu'il propose aboutira à un graphe petit monde. Mais elle nous permet d'exploiter son absence de connectivité pour tester l'hypothèse de structures locales analogues et mettre en place un protocole de détection automatique de celles-ci.

# 3 À la recherche de configurations de dérivations lexicales

Comme nous l'avons vu en 2.2, $G_{RLfr}$ s'organise en agrégats lexicaux [10]. Nous émettons l'hypothèse que la nature de ces agrégats varie en fonction de leur taille. Ainsi, les agrégats de grandes tailles correspondraient à des champs sémantiques, tandis que les agrégats plus denses et plus petits correspondraient à des connexions lexicales particulières.

## 3.1 Configurations de dérivations lexicales

Le travail présenté ici porte sur la seconde catégorie d'agrégats. Nous pensons que des connexions lexicales particulières se répètent à l'intérieur du graphe et qu'il est possible d'en élaborer des modèles. De tels modèles, que nous nommons *configurations de dérivations lexicales*, pourraient être exploités pour enrichir le RL-fr et intégrer de nouvelles fonctionnalités à l'éditeur lexicographique utilisé pour son développement. Ils seraient constitués d'un ensemble de relations orientées entre lexies, ou plus exactement entre profils de lexies détaillant les caractéristiques nécessaires au déclenchement d'une configuration. Deux axes d'enrichissement automatique seraient alors envisageables : la génération de liens entre lexies correspondant aux profils et l'enrichissement des descriptions incomplètes de lexies d'ores et déjà interconnectées.

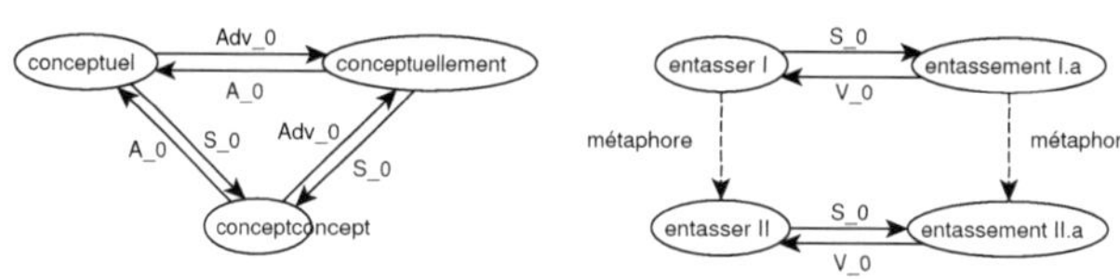


FIGURE 1: Exemples de connexions lexicales.

La figure 1 présente deux exemples d'agrégats lexicaux. Les relations en œuvre dans le premier sont la nominalisation [$\mathbf{S}_0$], l'adverbialisation [$\mathbf{Adv}_0$] et l'adjectivation [$\mathbf{A}_0$]. Une telle structure de relations ne concerne pas que les lexies CONCEPT, CONCEPTUEL et CONCEPTUELLEMENT. Nous pouvons facilement prédire qu'il s'agit d'une configuration de dérivations lexicales, qu'il serait intéressant de pouvoir propager dans le réseau.

Le second exemple illustre un autre type de configuration. Elle met en œuvre, d'une part, une symétrie de dérivations syntaxiques entre deux couples de lexies (nominalisation [$\mathbf{S}_0$] et verbalisation [$\mathbf{V}_0$]) et, d'autre part, une symétrie de dérivation métaphorique entre ces mêmes lexies réorganisées en couples différents. Ici aussi, nous pouvons facilement prédire qu'il s'agit d'une structure récurrente dans le RL-fr, pour laquelle il serait intéressant de définir des profils de lexies.

Nous pensons que de nombreuses autres configurations de dérivations lexicales existent, mettant en jeu des ensembles de

10. Ces agrégats sont à rapprocher des notions de communautés (Borgatti *et al.*, 1990; Navarro *et al.*, 2010) et de motifs locaux (Milo *et al.*, 2004; Wernicke, 2006) que nous ne détaillerons pas ici.

plus de deux lexies. Dans un premier temps, nous avons choisi de chercher à identifier celles en jeu dans les composantes connexes de $G_{RLfr}$. Ces composantes présentent l'avantage d'être facilement accessibles. Nous leur consacrons donc la présente expérience, qui pose les bases d'une procédure d'identification de configurations de dérivations lexicales par regroupement de microstructures analogues.

## 3.2 Regroupement de composantes connexes analogues

Comme nous l'avons vu en 2.2, $G_{RLfr}$ est partitionnable en 4 311 composantes connexes, désormais CC. Afin d'identifier parmi elles des configurations de dérivations lexicales, nous avons choisi de procéder par regroupements successifs, visant l'automatisation d'un raisonnement analogique.

### 3.2.1 Raisonnement analogique

À la suite de (Gentner, 1983; Medin *et al.*, 1990), nous considérons le raisonnement analogique comme un appariement structurel. Les lexies s'apparentent alors à des objets disposant d'un certain nombre d'attributs, éléments de leur description lexicographique, et entretenant des relations, représentées par les arcs de $G_{RLfr}$. Dans une telle approche, une analogie s'établit entre une CC source et une CC cible. La « bonne qualité » d'une analogie implique que les relations présentes dans la CC source soient mises en correspondance avec les relations de la CC cible. La projection des attributs est, elle, de moindre importance.

Nous empruntons à (Turney, 2006) les notions de similarités de relations et d'attributs, ainsi que de mesures de celles-ci. Rapportée aux données que nous exploitons, la similarité de relations entre deux CC, $CC_1$ et $CC_2$, dépend du degré de correspondance entre les relations qu'elles mettent en jeu. La mesure de cette similarité est une fonction qui associe les deux CC à un nombre réel, $sim_r(CC_1, CC_2) \in \Re$. La similarité d'attributs, pour sa part, s'établit entre deux lexies $L_1$, $L_2$ et dépend du degré de correspondance entre leurs descriptions lexicographiques. La mesure de cette similarité est une fonction qui associe les deux lexies à un nombre réel, $sim_a(L_1, L_2) \in \Re$.

Tout comme le fait (Lepage, 2003), nous avons choisi de restreindre l'ensemble des valeurs possibles de $sim_r$ et $sim_a$ en les ramenant à des nombres réels compris entre 0 et 1 ; 0 équivalent à l'absence de similarité, 1 à une similarité complète.

À partir de ces considérations, l'identification de CC analogues, susceptibles de faire émerger des configurations de dérivations lexicales, s'est déroulé en trois étapes de regroupement : par isomorphisme (3.2.2), par similarité de relations (3.2.3), puis par similarité d'attributs (3.2.4).

### 3.2.2 Regroupement par isomorphisme

La première étape a consisté à regrouper les CC par structures mathématiques [11]. Chaque CC a alors été considérée comme un graphe indépendant et comparée aux autres CC en vue d'établir des ensembles isomorphes [12].

Deux graphes sont isomorphes s'ils comportent le même nombre de sommets, le même nombre d'arcs et que leurs arcs se répartissent entre les sommets de manière identique. Ainsi, dans la figure 2, seuls les deux premiers graphes le sont.

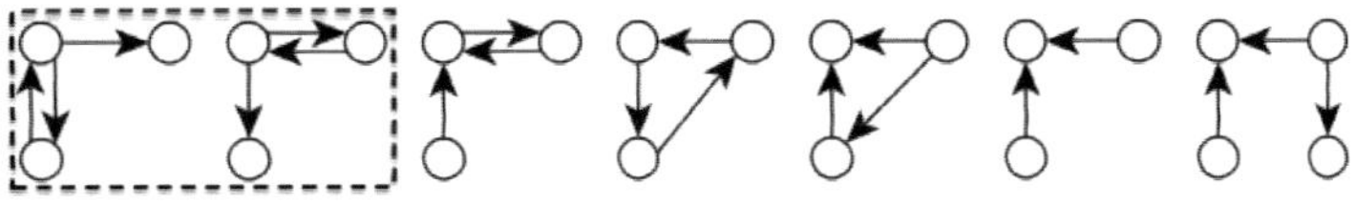

FIGURE 2: Exemple d'isomorphisme de graphes.

Lors de ce traitement, 3 226 lexies isolées et 517 CC ne contenant que deux sommets ont été exclus. 140 CC ne partageant leur structure avec aucune autre ont également été écartées. 428 CC ont été conservées, réparties en 36 groupes.

11. Nous avons choisi de laisser de côté la question de l'existence de sous-structures analogues à l'intérieur d'une ou plusieurs CC et de nous concentrer sur les CC directement manipulables.

12. Nous avons utilisé à cette fin la librairie python *igraph* et sa fonctionnalité *isomorphic*. $G_{RLfr}$ et ses CC étant orientés, cette fonctionnalité a eu recours à l'algorithme VF2 (Cordella *et al.*, 2001).

### 3.2.3 Regroupement par similarités de relations

La deuxième étape a consisté à subdiviser les groupes de CC isomorphes obtenues précédemment en fonction des relations qu'elles mettaient en œuvre.

À cette fin, nous avons étiqueté l'ensemble des arcs de la manière suivante :

- les liens de FL sont étiquetés à l'aide du préfixe **FL**, suivi de l'identifiant unique de la FL dans la base de données du RL-fr : un lien de nominalisation $\mathbf{S}_0$ devient **FL21** ;
- les liens de CP sont étiquetés à l'aide du préfixe **CP**, suivi de l'identifiant unique du type de co-polysémie dans la base de données du RL-fr : un lien de métaphore devient **CP1** ;
- les liens d'inclusion formelle sont étiquetés **PH**.

Nous avons ensuite comparé les ensembles d'étiquettes d'arcs des CC. Si les ensembles étaient identiques, nous avons estimé être dans une situation de similarité de relations complète, équivalent à un $sim_r = 1$. Ceci n'est cependant pas nécessairement exact, car l'orientation des relations n'est pas prise en compte dans ce traitement. La figure 3 montre ainsi trois CC regroupées par similarité de relations, alors que seulement deux d'entre-elles le sont réellement.

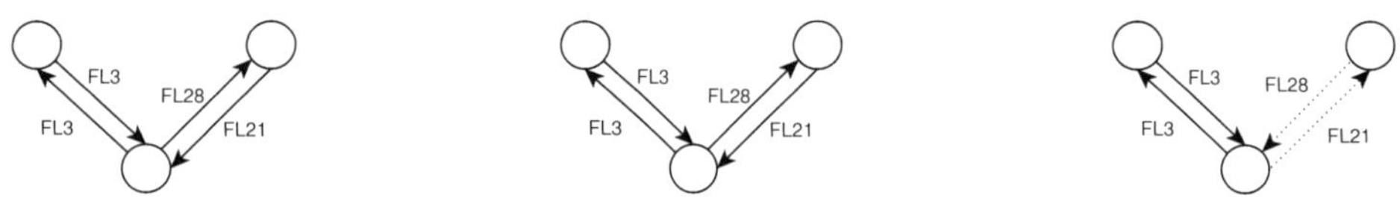


(a) CC2718 (b) CC2058 (c) CC1496

FIGURE 3: Exemple de regroupement par similarité de relations.

Les relations en jeu dans ces CC sont la synonymie exacte (**FL3**), la nominalisation (**FL21**) et l'adjectivation (**FL28**). Nous pouvons donc en conclure que les CC 2718 et 2058 sont chacune composées de deux noms en relation de synonymie exacte et d'un adjectif en lien de dérivation syntaxique avec l'un d'entre eux, tandis que la CC 1496 est composée de deux adjectifs et d'un nom en lien de dérivation syntaxique avec l'un d'entre eux. Ces conclusions sont confirmées par l'observation des lexies effectivement concernées : TOMBEAU, TOMBE et TOMBAL pour la CC 2718 ; PEUPLE **I**, ETHNIE et ETHNIQUE pour la CC 2058 ; ISRAÉLITE$_{Adj}$, JUÏF$_{Adj}$ **1** et JUDAÏSME pour la CC 1496.

À l'issue de cette étape, 192 CC ont été conservées, réparties en 47 groupes. Les CC isolées ont été exclues.

### 3.2.4 Regroupement par similarité d'attributs

La dernière étape de notre automatisation du raisonnement analogique a consisté à subdiviser les groupes de CC en similarité de relations complète en fonction des lexies qu'elles mettaient en jeu.

Comme nous l'avons souligné, l'orientation des relations n'a pas été prise en compte dans le précédent regroupement. Nous pensons qu'une ultime étape, de regroupement par similarité d'attributs des lexies, permet de remédier à ce manquement. Ainsi, en comparant l'ensemble des lexies de la CC 2718 à celles de la CC 2058, trois couples de lexies en situation de similarité d'attributs complète seraient obtenus : $sim_a(\text{TOMBEAU, PEUPLE I}) = 1$ , $sim_a(\text{ TOMBE, ETHNIE}) = 1$, $sim_a(\text{TOMBAL, ETHNIQUE}) = 1$. En revanche, en comparant l'ensemble des lexies de la CC 2718 à celle de la CC 1496, seuls deux couples de lexies le seraient : $sim_a(\text{TOMBE, JUDAISME}) = 1$, $sim_a(\text{TOMBAL, JUIF}_{Adj}\ 1) = 1$. Les CC 2718 et 2058 seraient alors regroupées, en tant que CC analogues, relevant d'une même configuration de dérivations lexicales, tandis que la CC 1496 se retrouverait isolée.

L'ensemble des éléments de description lexicographique disponible pour chaque lexie n'est pas pertinent pour effectuer de tels regroupements. Aussi, nous avons choisi de nous concentrer sur deux types d'éléments de description à notre disposition : les caractéristiques grammaticales et la combinatoire lexicale.

Les caractéristiques grammaticales encodées dans le RL-fr sont variées. Il s'agit de caractéristiques fondamentales, de marques d'usage langagier, stylistique et rhétorique, de caractéristiques formelles, de positions syntaxiques et d'informations de linéarisation. Chacune de ces informations ne semble pas pertinente pour déterminer si les connexions lexicales entre lexies sont analogues. Par exemple, la différence entre caractéristiques fondamentales de genre pour deux lexies nominales n'est significative que dans des cas particuliers, comme la dérivation entre un nom de fonction masculin et son équivalent féminin. Nous avons donc souhaité concentrer notre attention sur les parties du discours. La granularité de ces dernières (50 parties du discours de surface et 9 parties du discours profondes [13]) risquait cependant de nous amener à considérer comme différentes des CC que nous aurions souhaité conserver regroupées. Nous avons donc eu recours à un artifice élaboré en collaboration avec les lexicographes : un ensemble de 13 méta-parties du discours, auxquelles a été rapportée chacune des 59 parties du discours existantes.

La combinatoire lexicale, quant à elle, nous a semblé être un élément essentiel pour déterminer la présence d'analogie entre CC. En effet, elle fournit des informations sur le rôle que joue chaque lexie dans l'organisation générale du lexique. Une lexie verbale comme FAIRE **I**, par exemple, joue un rôle carrefour. Elle n'est associée qu'à un seul lien de FL sortant – encodant une relation de synonymie – mais a 109 liens de FL entrants – dont 82 rendant compte de son utilisation en tant que verbe support et 18 en tant que verbe de réalisation. Elle se distingue en cela d'une lexie verbale plus classique comme KIDNAPPER **I**, qui est associée à 14 liens de FL sortants – encodant des relations de synonymie, de nominalisation et de dérivation sémantique nominale actancielle – et à quatre liens de FL entrants – encodant des relations de synonymie, de verbalisation et de causation. La comparaison de ces deux lexies conduit à penser que trois propriétés méritent d'être considérées comme pertinentes : la nature des liens de FL sortants, la nature des liens de FL entrants et le rapport arithmétique entre le nombre de liens entrants et le nombre de liens sortants. Cependant, la granularité des FL (673 FL distinctes en jeu dans notre graphe) risquait, ici aussi, de nous amener à différencier des CC qui ne devraient pas l'être. Nous avons donc choisi d'établir la comparaison de nature des liens de FL au niveau des familles de FL. De plus, les familles permettant de rendre compte de relations de synonymie (**Syn**), d'antonymie (**Anti**) et de contrastivité (**Contr**) ont été exclues de l'ensemble des points de comparaison. En effet, nous estimons que les liens relevant de ces familles amèneraient à des distinctions inappropriées. Ainsi, deux CC en similarité de relations complète mettant en jeu l'une la lexie FRÉQUEMMENT et l'autre la lexie EXTRÊMEMENT seraient considérées comme différentes, car la lexie FRÉQUEMMENT entretient une relation de synonymie avec SOUVENT, tandis que la lexie EXTRÊMEMENT ne compte aucun synonyme.

Nous avons finalement associé à chaque lexie un ensemble d'attributs constitué de la manière suivante :

- un attribut rendant compte de sa méta-partie du discours ;
- autant d'attributs FLout que de familles de FL en jeu dans l'ensemble de ses liens de FL sortants ;
- autant d'attributs FLin que de familles de FL en jeu dans l'ensemble de ses liens de FL entrants ;
- un attribut rendant compte du rapport arithmétique entre le nombre de liens entrants et le nombre de liens sortants, valant **out+** en cas de supériorité numérique des liens sortants, **in+** en cas de supériorité numérique des liens entrants ou **in=out** en cas d'égalité numérique.

Nous avons ensuite mesuré la similarité d'attributs des lexies en jeu dans chacun des 47 groupes de CC en situation de similarité de relations complète et les avons subdivisés de la manière suivante :

Soit un groupe composé des deux CC $CC_1$ et $CC_2$, comportant chacune trois lexies. Chacun des ensembles d'attributs des lexies de $CC_1$ a été comparé à chacun des ensembles d'attributs des lexies de $CC_2$. 9 mesures de $sim_a$ ont donc été réalisées, pour lesquelles $sim_a(Lexie_1, Lexie_2) = \frac{nbr\ d'attributs\ communs}{nbr\ d'attributs\ Lexie_1 + nbr\ d'attributs\ Lexie_2}$. Si exactement trois $sim_a = 1$ ont été trouvées, les CC ont été considérées comme analogues et maintenues dans un seul groupe. Si plus de trois $sim_a = 1$ ont été trouvées, le groupe a été maintenu, mais la question de l'analogie des CC est restée en suspens. Enfin, si moins de trois $sim_a = 1$ ont été trouvées, les CC ont été considérées comme non analogues et chacune s'est retrouvée isolée.

Pour les groupes de plus de deux CC le regroupement effectué peut offrir plusieurs possibilités. En effet, une même CC peut partager un nombre différent de $sima = 1$ avec chacune des CC de son groupe. Nous avons alors décidé de regrouper les CC par nombre maximal de $sim_a = 1$. Une fois les CC partageant le plus de $sim_a = 1$ regroupées, le nombre de $sim_a = 1$ partagées par les CC restantes est considéré, etc.

# 4 Analyse des résultats

À l'issue de la dernière étape, 92 CC ont été réparties en 24 groupes de CC analogues et 80 CC ont été réparties en 20 groupes sans que la question de leur analogie soit tranchée. Les 20 CC restantes ont été isolées. Nous avons observé en dé-

13. Les parties du discours profondes se distinguent des parties du discours de surface. Ainsi, un nom commun (partie du discours de surface) comme la lexie BŒUF **IV** [*Ryan Gosling lui fait un effet bœuf.*] a un emploi appositif, il a donc la valence passive d'un adjectif (partie du discours profonde). Pour une introduction détaillée de ces notions, nous vous invitons à consulter (Mel'čuk, 2006).

tail les CC ainsi regroupées et isolées. L'objectif de cette analyse était à la fois de vérifier la pertinence des regroupements et de se faire une idée sur l'exploitation possible de ces résultats.

## 4.1 Groupes de composantes analogues

Chacun des 24 groupes constitués automatiquement contient bien des CC analogues. Elles mettent toutes en jeu des ensembles de trois lexies, reliées par des liens de FL. Cinq groupes ont la particularité de rassembler des CC comportant deux lexies de même méta-partie du discours. Cependant, la comparaison des attributs des lexies de ces CC deux à deux aboutit à seulement trois $sim_a = 1$, correspondant aux lexies occupant une place identique dans la structure des CC. Ainsi, les CC de la figure 4 présentent une structure de dérivations lexicales par verbalisation (**FL23**), nominalisation (**FL21**) et dérivation sémantique nominale du premier actant (**FL31**). Elles mettent chacune en œuvre un verbe et deux noms. Dans ce cas précis, les trois similarités d'attributs complètes comptabilisées concernent les couples (SUCCÉDER **I**, FOUILLER), (SUCCESSION **I**, FOUILLE) et (SUCCESSEUR, FOUILLEUR).

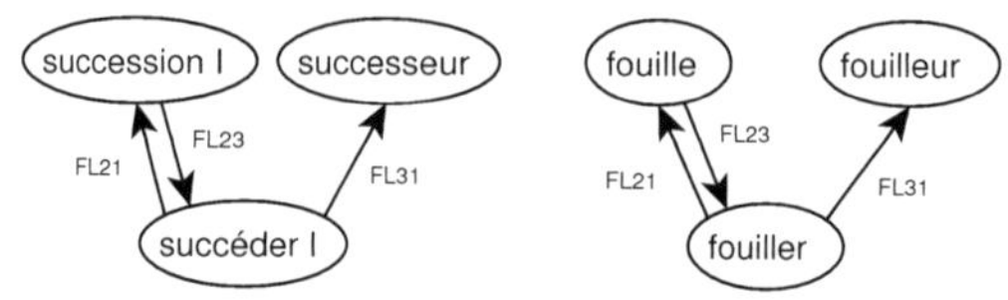


FIGURE 4: Exemple de CC analogues comportant deux lexies de même méta-pdd.

Quelles que soient les CC regroupées, les lexies qu'elles contiennent sont peu décrites dans le RL-fr. Il ne nous semble donc pas pertinent de les exploiter pour définir des profils de lexies susceptibles de déclencher des relations particulières. En revanche, certains groupes de CC présentent des structures imbricables. Cette particularité nous amène à nous interroger sur la granularité des configurations de dérivations lexicales. Faut-il chercher à établir les modèles les plus denses possible et exploiter les imbrications de CC analogues pour enrichir automatiquement les CC comportant le moins de liens de FL ? Le tableau 4 présente les imbrications observées [14] et les suggestions d'ajout de liens qui en découlent.

Parmi les huit groupes de CC comportant des lexies ayant pour méta-partie du discours adjectif, nom et verbe, deux imbrications apparaissent. Parmi les neuf groupes de CC comportant des lexies ayant pour méta-partie du discours adjectif, nom et adverbe, les imbrications sont plus nombreuses. Elles se divisent en deux chaînes distinctes.

Nous avons consulté l'équipe de lexicographes pour savoir si les CC les moins denses étaient toujours valides une fois enrichies. Un seul des cas que nous leur avons présentés a été rejeté. Il s'agit du résultat de la première chaîne d'imbrications concernant des groupes lexies « adjectif, nom et adverbe ». L'ajout d'une relation de dérivation sémantique adjectivale du premier actant (**FL104**) est considéré comme une erreur. Cette observation nous met en garde contre la propagation automatique de mauvais liens.

## 4.2 Groupes de composantes à l'analogie incertaine

L'observation des 20 groupes de CC dont la question de l'analogie était restée en suspens nous amènent à constater qu'il s'agit de groupes de CC analogues. Deux d'entre eux concernent des relations d'insertions formelles. Ils sortent donc du cadre de la dérivation lexicale qui nous intéresse. Il est cependant intéressant de constater que chacun de ces groupes correspond à une structure syntaxique de locution nominale particulière : **N + de + N** (LEVÉE DE BOUCLIERS) pour l'un, **Adj + N** (TIERS ÉTAT) pour l'autre.

L'ensemble des autres groupes comporte des CC qui mettent en œuvre des relations de synonymie ou d'antonymie. Deux d'entre eux ont même la particularité de rassembler des CC ne comportant que des liens de synonymie. L'ensemble des lexies qui les composent sont en similarité d'attributs complète, $nbr\ de\ sim_a = 1 : (nbr\ lexies)^2$. Ces groupes ne sont pas exploitables pour l'enrichissement automatique du RL-fr. Les CC d'un seul groupe comportent des liens d'antonymie.

14. Les FL en jeu dans ces groupes de CC sont : la dérivation sémantique adjectivale du premier et du deuxième actant (**FL104** et **FL111**), la dérivation sémantique adjectivale potentielle du deuxième actant (**FL107**), la nominalisation simple et prédicative (**FL21** et **FL366**), la verbalisation (**FL23**), l'adjectivisation (**FL28**) et l'adverbalisation (**FL28**).

| méta-pdd | liens communs | groupe 1 | groupe 2 | ajouts |
|---|---|---|---|---|
| adjectif, nom, verbe | FL111, FL21 | 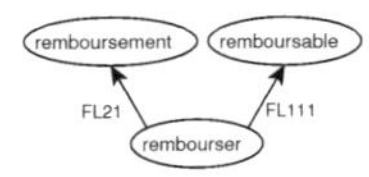 | 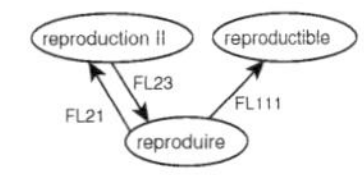 | FL23 |
| | FL107, FL21, FL23 | 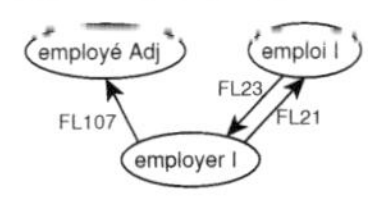 | 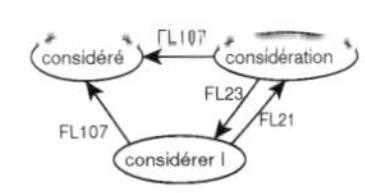 | FL107 |
| adjectif, nom, adverbe | FL29, FL366 | 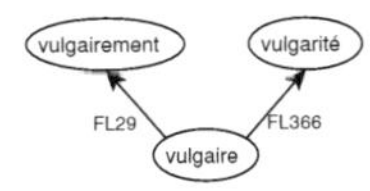 | 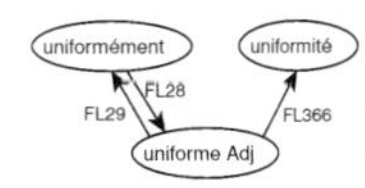 | FL28 |
| | FL28, FL29, FL366 | 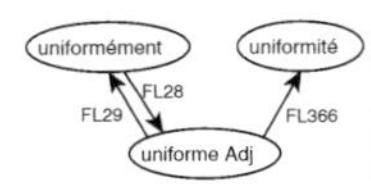 | 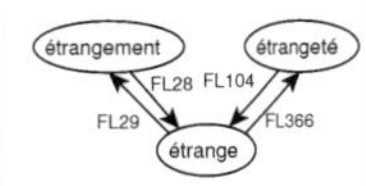 | FL104 |
| | FL104, FL28, FL29, FL366 | 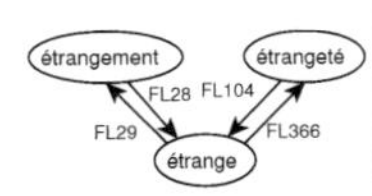 | 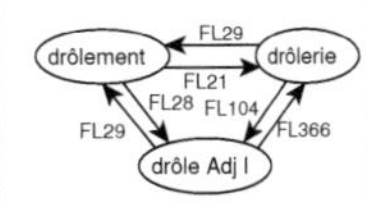 | FL21, FL29 |
| | FL28, FL29 | 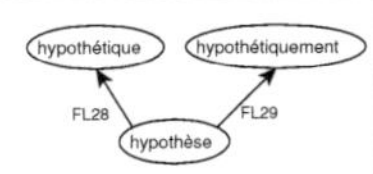 | 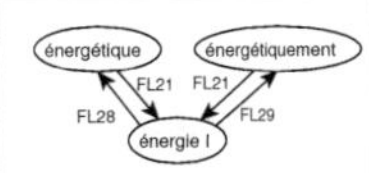 | 2 x FL21 |
| | 2 x FL21, FL28, FL29 | 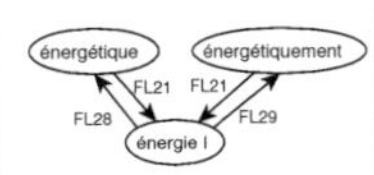 | 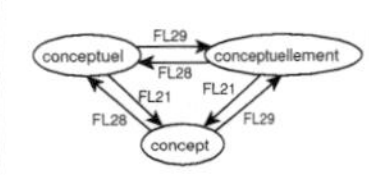 | FL28, FL29 |

TABLE 4: Imbrication de groupes de composantes analogues.

Il s'agit de CC de quatre lexies, entre lesquelles nous observons huit situations de similarité d'attributs complète. Dans 14 des groupes restants, la dérivation entre un nom masculin et son équivalent féminin [15] est présente dans l'ensemble des CC. Quel que soit le nombre de lexies en jeu dans ces CC, nous observons que le nombre de similarités d'attributs complètes vaut toujours deux de plus, $nbr\ de\ sim_a = 1 : nbr\ lexies + 2$. Seulement deux cas d'imbrication de structures sont constatés dans ces groupes. Le dernier groupe rassemble des CC comportant, entre autres, des relations de synonymie exacte. Ici aussi, le nombre de similarités d'attributs complètes vaut deux de plus que le nombre de lexies interconnectées.

À l'issue de cette analyse, nous pensons que le critère selon lequel deux CC regroupées par similarité de relations sont analogues si leurs lexies sont en situation de similarité d'attributs strictement deux à deux doit être affiné en fonction des relations mises en œuvre.

## 4.3 Composantes isolées

À l'issue de la dernière étape du traitement, 20 CC se sont retrouvées isolées, alors qu'elles étaient en situation de similarité de relations complète avec au moins une autre CC. Ces CC ne comportent que des liens de FL. En 3.2.3, nous avons émis l'hypothèse que l'absence de prise en compte de l'orientation des relations pouvait être à l'origine de mauvais regroupements. L'analyse des CC isolées nous permet de vérifier cette hypothèse et d'observer d'autres cas de figure.

Afin d'effectuer cette analyse, nous nous sommes intéressée aux couples constitués d'une CC isolée et de chacune des autres CC avec lesquelles elle était précédemment regroupée. Le tableau 5 montre le résultat de cette analyse. L'ensemble des cas de figure rencontrés peut être subdivisé à partir de deux critères : les méta-parties du discours des lexies en jeu dans les CC et la répartition des liens entre ces lexies.

15. Cette dérivation sémantique est encodée à l'aide des FL **Syn**$_{\subset}$**$^{sex}$** et **Syn**$_{\supset}$**$^{sex}$**. Sur cette question précise, nous vous invitons à consulter (Delaite & Polguère, 2013).

| méta-pdd | liens | CC isolées | couples | $sim_a = 1$ | exemple | |
|---|---|---|---|---|---|---|
| $\neq$ | $\neq$ | 1 | 2 | 2/3 | 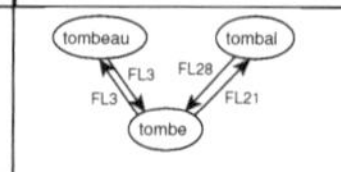  | 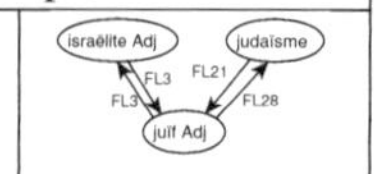  |
| $\neq$ | = | 14 | 31 | 0/3 | 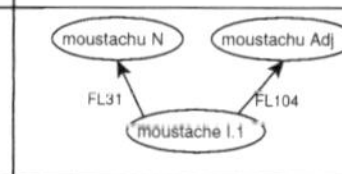  | 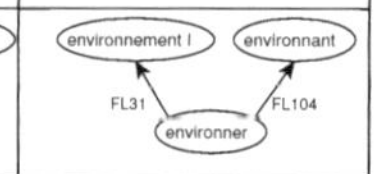  |
| = | $\neq$ | 4 | 19 | 1/3 | 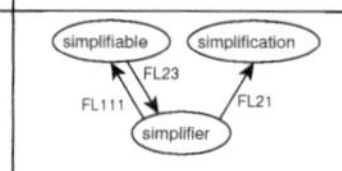  | 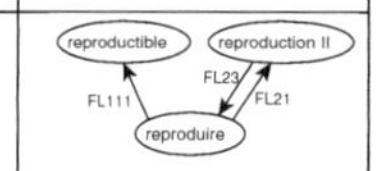  |
| ? | = | 1 | 2 | 2/3 | 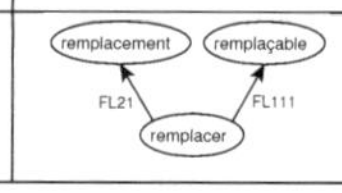  | 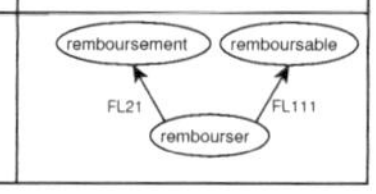  |

TABLE 5: Répartition des groupes de composantes non analogues.

La première catégorie ainsi obtenue correspond à l'exemple illustré par la figure 3 de la section 3.2.3, elle ne permet d'envisager aucun enrichissement automatique. La deuxième n'en permet pas davantage. Elle comporte toutefois un cas intéressant de CC contenant une lexie mal catégorisée [16]. Cette observation a été transmise aux lexicographes et la description de la lexie corrigée. La troisième catégorie concerne, dans deux cas sur trois, des groupes de dix CC, dont une seulement n'est pas analogue aux autres. Cette catégorie nous semble exploitable pour générer automatiquement des liens manquants. Ainsi, dans le cas utilisé comme exemple, un lien de FL23 pourrait être ajouté à chacune des CC. Il correspondrait à la verbalisation du nom dans le cas de la CC non analogue aux neuf autres de son groupe – $\mathbf{V}_0$(*simplification*) = {*simplifier*} – et à la verbalisation des adjectifs dans les neuf autres cas – $\mathbf{V}_0$(*reproductible*) = {*reproduire*}. La dernière catégorie permet la détection d'une anomalie dans le réseau. En effet, elle est due à l'absence de partie du discours dans la description de la lexie REMPLACEMENT.

# 5 Conclusion

Les résultats de notre expérimentation confirment l'hypothèse d'un lexique s'organisant en sous-groupes d'unités correspondant à des structures de relations récurrentes, identifiables par automatisation du raisonnement analogique.

Les lexies présentes dans les composantes faiblement connexes exploitées ici sont cependant trop peu décrites pour permettre d'établir des configurations de dérivations lexicales comportant à la fois un ensemble de relations et des profils de lexies. De plus, nous n'avons pu observer aucune configuration mettant en jeu des relations de co-polysémie. Pour remédier à ces manquements, nous envisageons de nous désintéresser des composantes connexes au profit des sous-structures moins aisément isolables que sont les motifs locaux (Milo *et al.*, 2004; Wernicke, 2006). De surcroît, une méthode reste à développer en sortie de notre procédure, pour abstraire des configurations de dérivations lexicales des regroupements de structures analogues effectués.

Parallèlement à cela, une évaluation des configurations de dérivations lexicales par les lexicographes doit être mise en place. Elle devra permettre de déterminer des critères de bonne granularité des configurations et d'évaluer les risques de propagation d'erreurs liés à leur exploitation.

# Références

ATKINS S. B. T. (1996). Bilingual dictionaries : Past, present and future. In M. GELLERSTAM, J. JÄRBORG, S.-G. MALMGREN, K. NORÉN, L. ROGSTRÖM & C. R. PAPMEHL, Eds., *Proceedings of the 7th EURALEX International Congress*, p. 515–546, Göteborg, Sweden : Novum Grafiska AB.

BOLLOBÁS B. & RIORDAN O. (2004). The diameter of a scale-free random graph. *Combinatorica*, **24**(1), 5–34.

BORGATTI S. P., EVERETT M. G. & SHIREY P. R. (1990). LS sets, lambda sets and other cohesive subsets. *Social Networks*, **12**(4), 337–357.

16. Il s'agit de la lexie verbale DONNER **I.3**, pour laquelle les caractéristiques grammaticales «nom commun» et «masc» étaient encodées.

CORDELLA L. P., FOGGIA P., SANSONE C. & VENTO M. (2001). An improved algorithm for matching large graphs. In *In : 3rd IAPR-TC15 Workshop on Graph-based Representations in Pattern Recognition, Cuen*, p. 149–159.

DELAITE C. & POLGUÈRE A. (2013). Sex-Based Nominal Pairs in the French Lexical Network : It's Not What You Think. In *Proceedings of the 6th International Conference on Meaning-Text Theory (MTT'13)*, p. 29–40, Prague, Tchèque, République.

FELLBAUM C. (1998). *WordNet : an electronic lexical database*. Language, Speech and Communication. MIT Press.

GADER N., LUX-POGODALLA V., POLGUÈRE A. *et al.* (2012). Hand-crafting a lexical network with a knowledge-based graph editor. In *Proceedings of the Third Workshop on Cognitive Aspects of the Lexicon (CogALex˜ III)*, p. 109–125.

GADER N., OLLINGER S. & POLGUÈRE A. (2014). One Lexicon, Two Structures : So What Gives ? In *Proceedings of the Seventh Global Wordnet Conference (GWC2014)*, p. 163–171, Tartu, Estonie : Global WordNet Association.

GAILLARD B., GAUME B. & NAVARRO E. (2011a). Invariants and variability of synonymy networks : Self mediated agreement by confluence. In *Proceedings of TextGraphs-6 : Graph-based Methods for Natural Language Processing*, TextGraphs-6, p. 15–23, Stroudsburg, PA, USA : Association for Computational Linguistics.

GAILLARD B., GAUME B. & NAVARRO E. (2011b). Invariants and variability of synonymy networks : Self mediated agreement by confluence. In *Proc. of TextGraphs-6 : Graph-based Methods for NLP*, p. 15–23, Portland : ACL.

GAUME B. (2004). Balades aléatoires dans les petits mondes lexicaux. *Information interaction intelligence*, **4**(2), 39–96.

GENTNER D. (1983). Structure-mapping : A theoretical framework for analogy. *Cognitive Science*, **7**(2), 155–170.

GRIMES J. E. (1990). Inverse lexical functions. In *Meaning-text theory : Linguistics, lexicography, and implications*, p. 350–364. University of Ottawa Press, James Steele edition.

LAFOURCADE M. & JOUBERT A. (2010). Computing trees of named word usages from a crowdsourced lexical network. *Investigationes Linguisticae*, **21**, 39–56.

LEPAGE Y. (2003). *De l'analogie rendant compte de la commutation en linguistique*. PhD thesis, Université Joseph-Fourier - Grenoble I.

MEDIN D. L., GOLDSTONE R. L. & GENTNER D. (1990). Similarity involving attributes and relations : Judgments of similarity and difference are not inverses. *Psychological Science*, **1**(1), 64–69.

MEL'ČUK I. (2006). Parties du discours et locutions. *Bulletin de la Société de linguistique de Paris*, **101**(1), 29–65.

MEL'ČUK I., CLAS A. & POLGUÈRE A. (1995). *Introduction à la lexicologie explicative et combinatoire*. Paris/Louvain-la-Neuve : Duculot.

MILO R., ITZKOVITZ S., KASHTAN N., LEVITT R., SHEN-ORR S., AYZENSHTAT I., SHEFFER M. & ALON U. (2004). Superfamilies of evolved and designed networks. *Science*, **303**(5663), 1538–1542.

NAVARRO E., CAZABET R., CAZABET R. & CAZABET R. (2010). Détection de communautés, étude comparative sur graphes réels.

NAVIGLI R. & PONZETTO S. P. (2010). Babelnet : Building a very large multilingual semantic network. In *Proceedings of the 48th Annual Meeting of the Association for Computational Linguistics*, ACL '10, p. 216–225, Stroudsburg, PA, USA : Association for Computational Linguistics.

NEWMAN M. E. J. (2003). The structure and function of complex networks. *SIAM REVIEW*, **45**, 167–256.

POLGUÈRE A. (2009). Lexical systems : graph models of natural language lexicons. *Language Resources and Evaluation*, **43**(1), 41–55.

SPOHR D. (2012). *Towards a Multifunctional Lexical Resource*, volume 141 of *Lexicographica. Series Maior*. De Gruyter.

TABOURIER L. (2010). *Méthode de comparaison des topologies de graphes complexes : applications aux réseaux sociaux*. PhD thesis, Paris 6.

TURNEY P. D. (2006). Similarity of semantic relations. *Computational Linguistics*, **32**(3), 379–416.

WATTS D. J. & STROGATZ S. H. (1998). Collective dynamics of 'small-world' networks. *Nature*, **393**(6684), 440–442.

WERNICKE S. (2006). Efficient detection of network motifs. *IEEE/ACM Transactions on Computational Biology and Bioinformatics (TCBB)*, **3**(4), 347–359.

ZARROUK M., LAFOURCADE M. & JOUBERT A. (2014). About inferences in a crowdsourced lexical-semantic network. In *proc of 14th Conference of the European Chapter of the Association for Computational Linguistics*, Gothenburg, Sweden.

# Méthodes par extraction pour le résumé automatique de conversations parlées provenant de centres d'appels

Jérémy Trione[1]
(1) Aix-Marseille Université, CNRS, LIF UMR 7279, 13000, Marseille, France
Jeremy.trione@lif.univ-mrs.fr

**Résumé.** Dans ce papier nous traitons des résumés automatiques de conversations parlées spontanées. Pour cela nous utilisons des conversations provenant de cas réels d'appels téléphoniques de centre d'appels issues du corpus DECODA. Nous testons des méthodes extractives classiques utilisées en résumé de texte (MMR) ainsi que des méthodes basées sur des heuristiques du dialogue dans le cadre des centres d'appels. Il s'agit de la sélection du tour de parole le plus long dans le premier quart de la conversation, dans l'ensemble de la conversation et dans le dernier quart de la conversation. L'ensemble est évalué avec la métrique ROUGE. Les résultats obtenus soulignent les limites de ces approches « classiques » et confirment la nécessité d'envisager des méthodes abstractives intégrant des informations de structures sur les conversations. En effet, ces premiers résultats montrent que les méthodes heuristiques basées sur la structure produisent des résultats comparables, voir meilleurs que des méthodes telles que MMR.

**Abstract.** In this paper we speak about automatic spoken conversation summaries. We use conversation from some real cases call from a call center extracted from the DECODA corpus. We test some extractive summary methods used in text summary (MMR) and some dialogue heuristics methods. It's mainly to select the longest speaker turn in different part of the dialogue, the first quarter, the whole dialogue, and the last quarter of the dialogue. All the results are evaluated thanks the ROUGE software. The results show the limits of these classical approaches and suggest that we need some abstractive methods including some structural features of the conversation. In fact, these results show that the structural heuristics based methods are even or better than the classic method like MMR.

**Mots-clés :** Résumé de conversations parlées, résumé par extraction, ROUGE, corpus DECODA, MMR.
**Keywords:** spoken conversation summarization, extractive summary, ROUGE, DECODA corpus, MMR.

## 1 Introduction

Dans les centres d'appels, l'étude des traces (ou « logs ») d'interaction entre conseillers et clients permet d'évaluer le travail des conseillers téléphoniques afin d'optimiser les relations avec les usagers, ou encore faciliter la recherche d'informations sur l'ensemble des appels pour détecter d'éventuels problèmes et extraire des statistiques sur les besoins des usagers du service. Aujourd'hui seule une infime partie des données recueillies dans les centres d'appels est utilisée pour les tâches citées au-dessus (moins de 1%). Le traitement automatique de ces conversations et notamment la génération de résumés pourrait alors permettre de généraliser les traitements et ainsi améliorer les services proposés. Dans la suite de cet article nous nous intéresserons donc à la génération de résumés de conversations téléphoniques provenant de centres d'appels.

Le corpus RATP-DECODA[1] contient des transcriptions de conversations entre des usagers et des conseillers de la RATP. Il contient également des résumés de ces conversations, sous la forme de « synopsis » de quelques lignes, établies par des experts de ce service à des fins d'analyse. L'étude présentée dans cet article consiste à comparer ces synopsis à des résumés produits par des méthodes classiques de résumés automatiques de texte par extraction. En analysant les limites

[1] http://sldr.org/sldr000847/fr

de ces systèmes, nous justifions la nécessité d'enrichir les systèmes automatiques avec des informations de structure sur les conversations dans la perspective produire des résumés par abstraction.

# 2 Etat de l'art

De façon générale on peut identifier deux types de résumés, les résumés extractifs et les résumés abstractifs. Le résumé extractif est aujourd'hui l'approche la plus répandue, elle consiste à pondérer les phrases selon leur représentativité (Li,et al, 2006). Le résumé abstractif consiste à extraire des informations ou des notions du document à résumer afin de rédiger un tout nouveau texte. Ces informations peuvent être par exemple des concepts d'opinions (Ganesan et al, 2010).

La plupart des travaux réalisés sont des résumés extractifs, certains traitent des journaux télévisés (Ribeiro et Martins de Matos, 2007), d'autres concernent des résumés de réunions comme les travaux de G. Murray (2008), en se basant sur le corpus des réunions de l'ICSI[2] (Janin. et al, 2003) et AMI[3] (Carletta et al, 2006). Il base ses premières expériences sur des systèmes de résumés de textes classiques (en utilisant une version modifiée de MMR), ainsi que sur des approches basées sur la structure des réunions. De la même façon des travaux ont été réalisés sur le résumé d'e-mails comme G. Murray (2008) ou encore J. Lin (2007) principalement sur le corpus d'e-mails d'Enron. Ici deux approches sont étudiées, le résumé de l'ensemble des e-mails d'une conversation, et le résumé des e-mails individuellement. J. Lin et al (2008) utilisent un modèle probabiliste basé sur la méthode de *sentence compression* (K. Knight et D. Marcu, 2000). D'autres travaux réalisés par Xiaodan Zhu et Gerald Penn (2006) portent sur le résumé de conversations spontanées, ils utilisent les données de SWITCHBOARD, qui contiennent des conversations annotées manuellement. Ils utilisent des méthodes de résumés classiques (i.e. MMR) ainsi que des heuristiques de localisation, de prosodie ou de disfluence. Enfin des recherches concernent aussi le résumé de cours d'enseignement oraux (Togashi, 2006) en utilisant aussi des transcriptions manuelles et automatiques et en prenant en compte d'autres concepts audio comme la prosodie pour la génération de résumés. Dans cette étude aussi il est question d'utiliser des techniques de résumés de textes classiques, ainsi que des informations structurelles mais aussi des informations sur l'audio (prosodie et disfluences). Nous noterons aussi que l'ensemble de ces études a été évalué grâce à la métrique ROUGE.

# 3 Corpus

Dans le cadre de notre étude notre corpus sera composé de 200 conversations téléphoniques issues d'un centre d'appels de la RATP. Ces appels proviennent du corpus du projet DECODA[4] (Bechet, et al. 2012). Chaque conversation est disponible en version audio et textuelle, les transcriptions utilisées ont été réalisées manuellement.

Ces conversations ont été recueillies dans un centre de la RATP sur une période d'une journée. Etant donné qu'elles ont été enregistrées à partir d'un centre d'appels de transport, elles traitent de tous sujets se rapportant de près ou de loin au transport. Cela va de la demande d'itinéraire, aux oublis d'objets sur le réseau, en passant par des plaintes de fonctionnement. Ci-dessous le tableau regroupe les dix sujets d'appel les plus courants :

| Raison de l'appel | % |
|---|---|
| Info trafic | 22.5 |
| Itinéraire | 17.2 |
| Objets trouvés/perdus | 15.9 |
| Souscription aux forfaits | 11.4 |
| Horaires | 4.6 |
| Billets | 4.5 |
| Appels spécialisés | 4.5 |
| Aucun sujet particulier | 3.6 |
| Nouvel enregistrement | 3.4 |
| Information tarifaire | 3.0 |

TABLE 1 : Top 10 des sujets d'appels sur le corpus DECODA.

2 International Computer Science Institute

3 https://www.idiap.ch/dataset/ami/

4 DEpouillement automatique de Conversation provenant de centre D'Appels : http://decoda.univ-avignon.fr/

Notons que la répartition de ces sujets reste la même sur les 200 conversations choisies au préalable.

La durée de l'appel varie entre 55 secondes pour les plus courts et 16 minutes pour les plus longs. Le tableau ci-dessous regroupe plus de détails en ce qui concerne la taille du corpus en termes de mots.

| | En moyenne par conversation | Sur l'ensemble du corpus |
|---|---|---|
| Nombre de mots | 414.1 | 82819 |
| Nombre de phrases | 66.8 | 13351 |

TABLE 2 : Détails structurels sur le corpus de DECODA

Afin d'enrichir ce corpus pour notre étude, chaque conversation s'est vu attribuer un minimum de deux résumés réalisés par deux annotateurs différents. Le premier est un expert du domaine ayant réalisé un premier jeu de synopsis afin de se repérer dans les conversations traitées. Le second annotateur est un étudiant n'ayant aucune notion particulière dans la réalisation de résumé. Dans un premier temps aucune contrainte n'a été donnée aux annotateurs, que ce soit des contraintes de temps, de langue ou autre. Le but était d'observer dans quelle mesure les synopsis de chacun pouvaient différer et si des schémas se retrouvaient entre les individus.

La principale contrainte qui nous concernait était la taille, après l'étude des 400 premiers synopsis recueillis nous avons obtenu une taille moyenne pour les résumés de 6% à 7% de la taille de la conversation originale (cette taille est basée sur le nombre de mots de la conversation et du synopsis). De cette seule contrainte découle plusieurs autres. Par exemple le langage utilisé ne devra pas forcément suivre une syntaxe très poussée, les phrases simples et courtes seront alors privilégiées par les annotateurs, de la même façon la quantité de détails rapportés sera elle aussi limitée par la taille du document, effectivement seule l'information principale devra remonter sous peine de dépasser la limite de taille imposée précédemment.

Ci-dessous est présenté un exemple de conversation que l'on peut trouver dans le corpus RATP-DECODA.

***Usager :*** allô bonjour monsieur monsieur je m'excuse de vous déranger je vous appelle de la Haute-Loire pourriez-vous m'indiquer s'il vous plaît le bus qui correspond de la Gare de Lyon à la Gare heu Montparnasse ?

***Conseiller :*** alors vous avez le 91 Madame

***Usager :*** c'est le 91 ?

***Conseiller:*** oui

***Conseiller :*** Gare de Lyon Gare Montparnasse ce sera le 91

***Usager :*** d'accord Monsieur

***Conseiller :*** oui

***Usager :*** et c'est une ligne directe donc ?

***Conseiller :*** c'est une ligne directe tout à fait

***Usager :*** vous êtes très gentil monsieur je vous remercie

***Conseiller :*** je vous en prie

***Usager :*** bonne journée au revoir

***Conseiller :*** au revoir Monsieur bonne journée

***Usager :*** au revoir

***Conseiller :*** merci au revoir

TABLE 3 : Exemple de conversation du corpus DECODA

# 4 Résumés de conversations

En partant de ce qui existe dans la littérature pour les textes, et en se basant sur quelques heuristiques du dialogue concernant la position de l'information au sein d'une conversation issue d'un centre d'appels, nous appliquons des méthodes classiques utilisées en résumé automatique, l'ensemble de ces méthodes constitue ce que nous appellerons *baseline*. Les conversations utilisées sont issues du corpus du projet DECODA. Ce sont des conversations spontanées, provenant de cas concrets et réels (c'est-à-dire non joués par des acteurs) entre des utilisateurs de la RATP[5] et les conseillers téléphoniques.

Définissons dans un premier temps ce qu'est une conversation dans cette étude ainsi que le résumé qui peut lui être associé.

## 4.1 Conversation

La définition la plus classique d'une conversation, serait : un échange d'informations entre au moins deux individus portant sur un ou plusieurs sujets précis. Dans notre cas la partie qui va nous intéresser concerne l'échange d'informations. En effet dans le cadre de la rédaction d'un résumé, la détection des informations importantes et intéressantes est primordiale.

D'un point de vu structurel, le découpage d'une conversation ne peut pas se faire grâce à des phrases, puisque la notion même de phrase est difficilement définissable au sein d'une conversation, ceci étant dû à l'absence de ponctuation concrète. Pour nous donner alors une unité de découpage, nous utiliserons le tour de parole. On appelle tour de parole le laps de temps pendant lequel un interlocuteur s'exprime. Chaque tour de parole sera alors susceptible de contenir une certaine quantité d'informations relatives à la conversation.

À la différence d'un texte classique (c'est-à-dire rédigé et réfléchi) une conversation est un échange spontané entre individus, de ce fait les informations au sein de celle-ci peuvent être altérées par de nombreux phénomènes directement liés à la spontanéité. Ce caractère spontané de la conversation introduit du bruit dans les données, il s'agit par exemple de nombreuses répétitions, des changements brusques d'idées, des erreurs de langue et autres. À cela nous pouvons aussi ajouter le fait que nous travaillons essentiellement sur des conversations téléphoniques, la compréhension devient encore plus bruitée par des problèmes liés à la qualité sonore. Afin de pallier ces problèmes, nous utilisons essentiellement les transcriptions manuelles des conversations pour la suite de ce papier.

## 4.2 Synopsis

En ce qui concerne le résumé, une définition simple serait : Forme abrégée du contenu d'un texte, d'un document, d'un film. Pour une conversation cette forme abrégée doit contenir l'ensemble des informations clés qui ont été abordées au cours de celle-ci. Nous appellerons cette forme « synopsis » pour la suite de l'étude. Chaque synopsis doit être capable de retranscrire les informations véhiculées dans la conversation en un nombre de phrases (ou mots) réduit. Il est important de préciser que la forme de nos synopsis est textuelle et abstractive, c'est-à-dire que la forme résumée de nos conversations ne sera pas une nouvelle conversation plus courte ou une sélection des tours de parole les plus pertinents, mais un court texte rappelant les idées abordées à l'instar des synopsis de films.

Le principal problème de ces synopsis est directement lié à leur nature. En effet un synopsis est le résultat produit par une personne qui souhaite résumer une conversation, mais cette même conversation pourrait très bien être résumée d'une façon totalement différente par un second individu. Afin de limiter ce caractère subjectif dans notre étude, nous nous basons pour notre évaluation sur plusieurs (au moins deux) résumés de références pour une même conversation. À cela s'ajoute la création d'un guide d'annotation en synopsis pour tout annotateur désirant enrichir le corpus, afin que tous les synopsis produits suivent la même orientation.

À ce caractère de subjectivité lié à l'individu, on peut ajouter des variantes dans l'orientation d'un résumé. Dans le cadre des centres d'appels on peut identifier deux catégories de synopsis : des synopsis basés sur le contenu sémantique, c'est-à-dire sur le sujet réel de la conversation, et des synopsis basés sur les interactions entre l'usager et le conseiller, cela correspondrait par exemple à privilégier la durée et l'efficacité du conseiller par rapport au problème même de l'usager. Dans notre étude nous nous intéressons principalement aux synopsis basés sur le contenu sémantique de la conversation.

---

[5] Régie Autonome des Transport Parisien (http://www.ratp.fr)

### 4.3 Exemples

Pour illustrer nos propos voici deux exemples concrets de synopsis rédigés par nos annotateurs.

| | Annotateur 1 | Annotateur 2 |
|---|---|---|
| Conversation 1 | quel bus pour gare de Lyon vers Montparnasse | Demande de renseignement sur une ligne de bus pour aller de de Gare de Lyon à Gare Montparnasse. |
| Conversation 2 | horaires RER E de Meaux à la Gare de l'Est | Demande d'horaires de train de la gare de Maux à la gare de l'Est à une heure donnée |

TABLE 4 : Exemples de synopsis

Comme on peut facilement le voir, les synopsis de l'annotateur 2 sont syntaxiquement mieux construits que ceux de l'annotateur 1, mais en termes d'informations, les deux synopsis sont très similaires.

## 5 Méthodes de résumés

Dans cette partie nous présentons les méthodes classiques de résumés extractifs et heuristiques de sélection selon la position que nous utilisons dans notre étude.

### 5.1 Maximal Marginal Relevance (MMR)

MMR (Corbonnell et Goldstein, 1998) est largement utilisé dans le résumé de conversation du fait de sa simplicité et de son efficacité. Il sélectionne les tours de paroles les plus riches de sens d'un texte tout en évitant la redondance des informations. Dans le cadre du résumé extractif le score attribué à un tour de parole S est calculé comme suit :

$$MMR(S_i) = \lambda \times Sim_1(S_i, D) - (1 - \lambda) \times Sim_2(S_i, Summ)$$

Où D représente le vecteur document, Summ représente les tours de paroles qui ont été extraits pour le résumé, et $\lambda$ est une constante utilisée pour ajuster la relation entre la pertinence et la redondance. Les deux fonctions de similarité ($Sim_1$ et $Sim_2$) représentent respectivement la similarité entre un tour de parole par rapport à l'ensemble du document et par rapport au résumé courant. Les tours de paroles avec le plus haut score MMR sont sélectionnés itérativement pour générer le résumé, jusqu'à ce que la limite de taille soit atteinte. Ici on sélectionne des tours de paroles jusqu'à ce que le nombre de mots excède 6% de la totalité des mots qui composent le texte de base.

### 5.2 Heuristiques basées sur le dialogue.

Pour établir notre *baseline* nous avons utilisé quelques heuristiques basées sur les conversations. Nos conversations sont essentiellement les appels provenant de centres d'appels. De ce fait on peut facilement penser qu'il existe une certaine structure qui se répète dans ces appels. On notera que pour la sélection des tours de parole selon leur position, tous les tours de parole sont pris en compte, autant les tours de parole de l'usager que ceux du conseillé.

Le premier constat et le plus évident est que l'usager appelle le centre pour obtenir des informations sur un sujet bien précis. Il est donc normal de penser que l'information essentielle de l'appel se trouve en début de conversation dans les tous premiers tours de parole, juste après les échanges de politesse conventionnels (« bonjour »). D'autre part l'opérateur se doit d'écouter l'appelant pour savoir quelle est sa requête. À partir de ces deux constats nous établissons notre première heuristique : Le résumé (que l'on notera LB pour la suite de ce papier) sera constitué de l'unique tour de parole dont la taille en mot est maximale parmi tous les tours de parole du premier quart de la conversation.

Dans la même optique que précédemment nous prenons cette fois comme résumé (que l'on notera LA pour la suite) l'unique tour de parole dont la taille est maximale sur l'ensemble de la conversation. Celui-ci peut symboliser soit une explication détaillée de la requête par l'usager, soit une explication de la réponse à cette requête par l'opérateur. Dans les deux cas nous espérons aussi révéler une prise d'informations importante dans la conversation.

Afin d'observer si la fin de la conversation contient ou non des informations utiles, nous utiliserons comme résumé (que l'on notera LE) l'unique tour de parole dont la taille est maximale parmi les tours de parole contenus dans le dernier quart de la conversation. La fin d'une conversation pourrait très bien représenter un rappel global de ce qu'il s'est dit tout au long de l'appel, mais pourrait aussi contenir la solution apportée ou non par l'opérateur à l'usager.

Enfin nous testons un système complètement aléatoire pour se donner une idée de son efficacité dans cette situation. Pour cela nous relevons des tours de parole aléatoirement tant que la contrainte de taille n'a pas été atteinte. Nous noterons ce résumé RS.

# 6 Résultats et interprétations

Dans cette partie nous présentons d'une part la méthode d'évaluation utilisée, et d'autre part les résultats obtenus à partir de cette dernière.

## 6.1 Evaluation

L'évaluation de résumés par des humains est une tâche longue et coûteuse. De ce fait pour évaluer nos systèmes nous nous sommes tournés vers une évaluation automatique. Pour cela nous utiliserons l'évaluation ROUGE. Celle-ci est basée sur les occurrences de mots entre les résumés produits automatiquement et les résumés humains dits « idéaux ». ROUGE compare alors le texte produit par les systèmes avec un ensemble de résumés humains sur le même document original. ROUGE-1 à ROUGE-4 sont de simples mesures d'occurrences de n-grammes, qui détectent les mêmes segments entre les résumés produits et ceux de références. ROUGE-L mesure les séquences communes entre les deux types de résumés.

$$ROUGE - N = \frac{\sum_{S \in \{ReferenceSummaries\}} \sum_{gram_n \in S} Count_{match}(gram_n)}{\sum_{S \in \{ReferenceSummaries\}} \sum_{gram_n \in S} Count(gram_n)}$$

Où $n$ correspond au nombre de mots contenus dans la séquence de mots à rechercher lors de l'évaluation, $Count_{match}(gram_n)$ représente le nombre maximum de mots qui interviennent à la fois dans le résumé à évaluer et dans les échantillons de résumés de référence.

Lin (Lin, 2003) a montré que ROUGE-1 et ROUGE-2 constituaient un bon indicateur du jugement humain.

## 6.2 Résultat et interprétation

Nous avons donc lancé nos évaluations avec les résumés générés à partir d'heuristiques basées sur les conversations : le plus long tour de parole en début de conversation (LB), le plus long tour de parole sur toute la conversation (LA) et le plus long tour de parole en fin de conversation (LE), ainsi que la méthode d'extraction de tours de parole aléatoires (RS). Nous utilisons aussi à titre de comparaison un résumé constitué de l'ensemble de la conversation (FT). Les résultats sont regroupés dans le tableau ci-dessous :

| | ROUGE-1 | ROUGE-2 | ROUGE-L |
|---|---|---|---|
| LB | 0.183 | 0.613 | 0.145 |
| LA | 0.175 | 0.051 | 0.132 |
| MMR | 0.150 | 0.051 | 0.119 |
| FT | 0.092 | 0.035 | 0.070 |
| LE | 0.055 | 0.009 | 0.043 |
| RS | 0.049 | 0.011 | 0.041 |

TABLE 5 : Résultats de l'évaluation

On notera tout d'abord que l'évaluation des synopsis extractifs générés se fait avec des synopsis abstractifs. Cela aurait pour effet de réduire le score de chaque méthode, mais étant donné que toutes les méthodes évaluées ici sont basées sur de l'extraction de tours de parole, la variation des scores sera la même pour toutes. Cependant ces résultats pourraient être difficilement comparables avec d'autres résultats impliquant l'utilisation de ces méthodes dans un autre cadre que celui décrit dans ce papier.

Cela mis de côté on s'aperçoit que les meilleurs résultats sont obtenus avec l'extraction du tour de parole le plus long en début de conversation (LB), cela met bien valeur le fait que dans les conversations du corpus de RATP-DECODA l'information essentielle est souvent contenue dans les tout premiers échanges entre l'usager et l'opérateur. De la même façon il n'y a que très peu d'informations en fin de conversation comme nous le montre le résultat de l'évaluation LE.

L'extraction du plus long tour de parole en début de conversation et sur toute la conversation donne des résultats assez proches. Cela peut s'expliquer par la nature la conversation. En effet lors d'un appel, le consommateur va souvent expliquer son problème en début d'appel sans que l'opérateur ne l'interrompe. En revanche au cours de la conversation, c'est-à-dire pendant la résolution dudit problème, il y aura souvent de nombreux échanges rapides entre les deux interlocuteurs.

En ce qui concerne les résultats donnés par l'algorithme de MMR, ce-dernier peut facilement être biaisé avec ce genre de données. La nature spontanée et naturelle de la conversation introduit de nombreux bruits, dont la répétition fréquente d'un même terme ou d'une même idée. Au niveau de l'appel cela peut se retranscrire par une période d'incompréhension entre les deux parties, menant alors à de nombreuses répétitions d'informations peu importantes. MMR va alors se concentrer sur ces répétitions et ne renvoyer que des tours de parole de faible importance au niveau information. Cependant les résultats restent tout de même relativement proches des heuristiques basées sur le dialogue les plus efficaces.

### 6.3 Exemples de résumés produits

Ci-dessous est présenté un exemple de résumé produit en utilisant le MMR et les heuristiques simples de la conversation.

| | ROUGE-1 | Synopsis |
|---|---|---|
| Humain 1 | / | perdu téléphone mais pas retrouvé |
| Humain 2 | / | Demande de renseignements sur la perte d'un téléphone portable Alcatel Blanc sur la ligne de bus 20. Non retrouvé. |
| LB | 0.205 | allô oui bonjour monsieur je téléphonais pour savoir si par hasard vous auriez trouvé un téléphone portable euh hier dans l'autobus euh la ligne 20 en fin en fin d'après midi disons en soirée plutôt |
| LA | 0.205 | allô oui bonjour monsieur je téléphonais pour savoir si par hasard vous auriez trouvé un téléphone portable euh hier dans l'autobus euh la ligne 20 en fin en fin d'après midi disons en soirée plutôt |
| MMR | 0.178 | allô oui bonjour monsieur je téléphonais pour savoir si par hasard vous auriez trouvé un téléphone portable euh hier dans l'autobus euh la ligne 20 en fin en fin d'après midi disons en soirée plutôt. ligne numéro 20, un téléphone portable. |
| LE | 0 | bonne journée au revoir |

TABLE 6 : Différents synopsis obtenus sur un exemple concret.

Comme on peut le voir, le MMR et LB sont les deux méthodes qui semblent le plus efficace en terme de récupération d'informations, avec un point supplémentaire pour le MMR, mais ceci est dû au fait qu'il récupère deux tours de parole pour son synopsis alors que LB, LA et LE n'en récupère qu'une seule. De la même façon LE n'est clairement pas significatif.

## 7 Conclusion et perspectives

Dans notre étude nous n'avons testé et évalué que des systèmes basés sur des méthodes extractives classiques des résumés de textes afin de se donner une idée de l'efficacité de ces derniers. Cependant nos résumés de références sont abstractifs, ce qui fausse nos résultats dans la mesure où les résultats obtenus ne sont comparables qu'entre eux. Notre système d'évaluation ROUGE atteint aussi ses limites en ne capturant pas la variabilité lexicale, de ce fait il faudra penser à faire une évaluation manuelle.

Cependant on s'aperçoit tout de même d'après les résultats obtenus que les méthodes les plus efficaces sont directement liées à la structure de l'appel. La méthode de résumé par MMR qui fonctionne bien dans les cas des résumés de texte, est ici battue par les méthodes basées sur les heuristiques du dialogue (LB et LA). De ce fait pour la suite de nos études nous nous orienterons plus dans la direction de la structure des appels reçus dans les centres téléphoniques, en essayant de trouver par exemple une segmentation de la conversation en unités logiques.

## Remerciements

Ces travaux de recherche ont été financés en partie par l'Union Européenne à travers le projet SENSEI[6] (FP7/2007-2013 - n° 610916 – SENSEI).

## Références

JANIN, A., BARON, D., EDWARDS, J., ELLIS, D., GELBART, D., MORGAN, N., ... & WOOTERS, C. (2003). The ICSI meeting corpus. *Acoustics, Speech, and Signal Processing, 2003. Proceedings.(ICASSP'03). 2003 IEEE International Conference on*. Vol. 1. I-364. IEEE.

GODFREY, J. J., HOLLIMAN, E. C., & MCDANIEL, J. (1992). SWITCHBOARD: Telephone speech corpus for research and development. *Acoustics, Speech, and Signal Processing, 1992. ICASSP-92., 1992 IEEE International Conference on* (Vol. 1, pp. 517-520). IEEE.

CARLETTA, J., ASHBY, S., BOURBAN, S., FLYNN, M., GUILLEMOT, M., HAIN, T., ... & WELLNER, P. (2006). The AMI meeting corpus: A pre-announcement. *Machine learning for multimodal interaction*. 28-39. Springer Berlin Heidelberg.

RIBEIRO R., DE MATOS DM. (2007). Extractive Summarization of Broadcast News: Comparing Strategies for European Portuguese. *Text, Speech and Dialogue*, 115-122.

MURRAY G., CARENINI G. (2008).Summarizing Spoken and Written Conversations. *EMNLP*, 773-782.

LIN J., ZAJIC D. M., DORR B. J. (2007). Single-document and multi-document summarization techniques for email threads using sentence compression, IPM 44, 1600-1610.

KNIGHT K., DANIEL M. (2000) Statistics-based summarization-step one: Sentence compression, *AAAI/IAAI*, 703-710.

ZHU X., PENN G (2006). Summarization of Spontaneous Conversations, *INTERSPEECH*, 1531-1534.

TOGASHI S., YAMAGUSHI M, NAKAGAWA S. (2006). Summarization of spoken lectures based on linguistic surface and prosodic information, *STL*, 34-37.

BECHET F., MAZA B., BIGOUROUX N., BAZILLON T., EL-BEZE M., DE MORI R., ARBILLOT E. (2012). DECODA: a call-center human-human spoken conversation corpus. *LREC*.

GANESAN K., ZHAI CX, HAN J. (2010). . Opinosis: A Graph-Based Approach to Abstractive Summarization of Highly Redundant Opinions. *International Conference on Computational Linguistics 23*, 340-348.

LI W., WU M., LU Q, XU W., YUAN C (2006). Extractive Summarization using Inter- and Intra- Event Relevance. *ACL* 44, 369-376.

LIN C.-Y., HOVY E. H. (2003). Autonamic evaluation of summaries using n-gram co-occurrence statistics, *HLT-NAACL*.

CARBONNELL J., GOLDSTEIN J. (1998), The use of MMR, the diversity-based reranking for reordering documents and producing summaries, *SIGIR*.

---

[6] http://www.sensei-conversation.eu/

# Identification de Contextes Riches en Connaissances en corpus comparable

Firas Hmida
LINA UMR 6241,Université de Nantes
firas.hmida@univ-nantes.fr

**Résumé.** Dans les études s'intéressant à la traduction assistée par ordinateur (TAO), l'un des objectifs consiste à repérer les passages qui focalisent l'attention des traducteurs humains. Ces passages sont considérés comme étant des contextes « riches en connaissances », car ils aident à la traduction. Certains contextes textuels ne donnent qu'une simple attestation d'un terme recherché, même s'ils le renferment. Ils ne fournissent pas d'informations qui permettent de saisir sa signification. D'autres, en revanche, contiennent des fragments de définitions, mentionnent une variante terminologique ou utilisent d'autres notions facilitant la compréhension du terme. Ce travail s'intéresse aux « contextes définitoires » qui sont utiles à l'acquisition de connaissances à partir de textes, en particulier dans la perspective de traduction terminologique assistée par ordinateur à partir de corpus comparables. En effet, l'association d'un exemple à un terme permet d'en appréhender le sens exact. Nous proposons, tout d'abord, trois hypothèses définissant la notion d'exemple définitoire. Ensuite nous évaluons sa validité grâce une méthode s'appuyant sur les Contextes Riches en Connaissances (CRC) ainsi que les relations hiérarchiques reliant les termes entre eux.

**Abstract.** Some contexts provide only a simple explanation of a given term even if they contain it. However, others contain fragments of definitions, mention a terminological variant or use other concepts to make it easy the term understanding. In this work we focus on « definitory contexts » that would be valuable to a human for knowledge acquisition from texts, mainly in order to assist in terminological translation from comparable corpora. Indeed, provide the term with an example, makes it possible to understand its exact meaning. First, we specify three hypothesis defining the concept of a defnitory example. Then we evaluate its validity through a method based on the knowledge-Rich Contexts (KRCs) and hierarchical relationships between terms.

**Mots-clés :** Contextes Riches en Connaissances, CRC, identification de définitions, identification d'exemples, énoncé définitoire, terminologie, traduction terminologique.

**Keywords:** Knowledge-Rich Contexts, KRCs, mining definitions, minging examples, terminology, terminological translation.

## 1 Introduction

Ces dernières années, de nombreux travaux se sont tournés vers l'exploitation des corpus comparables. Ces corpus sont définis par Bowker & Pearson (2002) comme étant : des corpus contenant des documents multilingues qui ne sont pas des traductions mais qui partagent certaines caractéristiques telles que la période et le thème. Les principaux travaux en extraction de terminologies bilingues à partir de ces corpus se basent sur l'hypothèse qu'un mot et sa traduction apparaissent souvent dans les mêmes environnements lexicaux (Firth, 1957). Les approches standard (Fung & McKeown, 1997; Rapp, 1999) et par similarité inter-langue (Déjean & Gaussier, 2002; Daille & Morin, 2005), dédiés à l'extraction de lexiques bilingues à partir de corpus comparables, reposent plus particulièrement sur ce principe. En effet, elles permettent, à partir d'un terme à traduire (dans une langue source) d'obtenir une liste ordonnée de traductions candidates (dans une langue cible). Ces traductions sont souvent obtenues en comparant le contexte traduit, en langue cible, du terme source avec l'ensemble des contextes des termes de la langue cible. Les traductions candidates se présentent sous la forme d'une liste plate qui ne fournit pas d'information contextuelle structurée permettant de saisir le contexte d'utilisation du terme visé. Par exemple la méthode standard propose *axillary dissection*, *axillary node dissection* où *dissection* comme traductions candidates (en Anglais) correspondant au terme *curage axillaire* (en Français).
En termes de performance, ces approches de traduction semblent avoir atteint leurs limites, et les recherches les plus récentes se focalisent plutôt sur l'évaluation de ces approches (Laroche & Langlais, 2010). Si l'accès à la terminologie bilingue s'avère indispensable au processus de traduction, le potentiel des méthodes de traduction adoptées doit être amélioré au moyen d'une contextualisation pertinente des termes. En effet, il faut être capable d'appréhender le sens exact

d'un terme et de l'employer correctement. Par exemple, le terme *clavier* désigne dans le domaine musical un instrument de musique, tandis qu'il correspond en informatique à un périphérique d'entrée.
Nous étudions, ici, la possibilité d'associer à un terme à traduire dans une langue source (ou à un terme traduit dans une langue cible) un contexte permettant d'en appréhender le sens exact, dans le but d'aider à sa traduction. Pour cela, nous nous appuyons sur les Contexte Riche en Connaissances (CRC) qui sont introduits par Meyer (2001), dans le but d'améliorer la traduction terminologique assistée par ordinateur.
Ce travail s'inscrit dans le cadre du projet CRISTAL [1] ayant pour objectif de développer une technologie d'extraction de CRC permettant de produire de nouveaux dictionnaires. Ces derniers sont censés pouvoir lister pour chaque terme (ou sa traduction), les CRC et illustrer les connaissances qu'ils contiennent. Par conséquent, ce type de contextes auront pour effet d'attirer l'attention de l'utilisateur (éventuellement non expert en terminologie) sur des phénomènes linguistiques qu'il ne soupçonne pas, et de réduire le temps d'accès à l'information pertinente.
Après un rappel de la terminologie utilisée et de l'état de l'art en identification de contextes riches en connaissances (section 2 et 3), nous présentons notre contribution sur le repérage et l'exploitation de ces énoncés (section 4). Ensuite, nous discutons les résultats obtenus pour conclure dans la (section 5) sur des perspectives à ce travail.

# 2 Définitions

## 2.1 Contexte Riche en Connaissances (CRC)

Meyer (2001) fut la première à proposer l'appellation Contextes Riches en Connaissances (CRC), pour désigner les contextes qui permettent de repérer, grâce à des éléments lexico-syntaxiques, des relations (souvent lexicales ou lexico-syntaxiques) entre plusieurs termes. Il s'agit de portions de textes qui contiennent $i)$ des termes d'un domaine spécialisé et $ii)$ des marqueurs explicitant des relations entre ces termes.
Par exemple, la phrase *Les graisses dans le sang sont essentiellement le cholestérol et les triglycérides* est définie comme un contexte riche en connaissances pour le terme *graisse dans le sang*. Dans cette phrase, la présence du marqueur *être_essentiellement* explicite une relation hiérarchique entre les termes *graisse dans le sang*, *cholestérol* et *triglycéride*.
Par ailleurs, les CRC sont intéressants pour l'acquisition de relations sémantiques entre les termes et pour construire des définitions. Dans l'exemple précédent, il existe une relation de définition (par dénotation) entre *graisse dans le sang*, *cholestérol* et *triglycéride*.

## 2.2 Marqueur de relation

Dans la littérature, les CRC sont souvent identifiés grâce à des marqueurs de relations. Ces derniers servent à repérer et classer finement les relations terminologiques dans un corpus spécialisé. Il s'agit d'un ensemble de mots, d'expressions ou de symboles révélant de façon récurrente une relation terminologique. Par exemple, la structure *telle que* est un marqueur de relation qui exprime une relation d'hyperonymie pouvant relier deux termes comme dans la phrase qui suit : *une hormone telle que l'insuline*... où *hormone* et *insuline* sont deux termes.

## 2.3 Patron de connaissances (PC)

Les marqueurs de relations sont habituellement utilisés afin d'identifier les CRC. Ils sont le plus souvent modélisés et mis en œuvre grâce aux patrons de connaissances. Ces derniers sont l'une des principales stratégies utilisées dans le but d'isoler les CRC, et ainsi d'écarter les contextes jugés moins utiles. Meyer (2001) et Pearson (1998) ont montré l'intérêt des marqueurs linguistiques indiquant des relations sémantiques entre des termes pour exploiter, dans un but lexicographique, les corpus spécialisés. Cette démarche permet à un terminologue de pointer vers le sous-ensemble des phrases susceptibles de véhiculer les informations souhaitées (Barrière, 2004).
Un patron de connaissances est une expression régulière, formée de mots, de catégories grammaticales ou sémantiques et de symboles, visant à identifier des fragments de texte explicitant des formes lexicales et des catégories grammaticales. Par exemple, dans la phrase *X est un type de Y* (X et Y étant deux termes différents), la structure *est un type de* est un patron de connaissances modélisant le marqueur *être_un_type_de*. Nous appelons PC définitoire, un PC s'articulant autour d'un marqueur de définition.

1. www.projet-cristal.org

**Synthèse :** Les contextes riches en connaissances sont des contextes contenant un patron de connaissances associé à un marqueur de relation. Reprenons l'exemple précédent :

CRC : *les graisses dans le sang sont essentiellement le cholestérol et les triglycérides.*

PC : *X sont essentiellement Y et Z* ; X, Y et Z sont trois termes.

Marqueur de relation : *être_essentiellement.*

### 2.4 Terme secondaire

Selon Saggion (2004), un terme secondaire[2] peut être un nom, un verbe ou un adjectif qui cooccurre souvent avec un terme donné dans des définitions provenant de ressources externes, comme le Web par exemple. Saggion (2004) considère les termes secondaires comme un indice pour identifier les définitions. L'intuition derrière l'apparition de cette notion revient à l'observation suivante : cherchant les définitions du mot *Goth* parmi 217 phrases contenant toutes ce mot, Saggion (2004) a remarqué que le mot *subculture* apparaît régulièrement dans les définitions du mot *Goth* du Web. En examinant les 217 phrases de départ, il s'est avéré que seulement 5 d'entre elles étaient des définitions contenant toutes le mot *subculture*. Citons à titre d'exemple la phrase *The goth is a contemporary subculture found in many countries.* À travers cette observation, nous pouvons noter qu'un terme à traduire et son terme secondaire apparaissent souvent dans les définitions et rarement dans les autres contextes (non définitoires).

## 3 État de l'art

De nombreux travaux se sont intéressés à l'identification automatique de définitions dans différents domaines : terminologie (Gangemi *et al.*, 2003; Velardi *et al.*, 2013), lexicographie (Saggion, 2004), etc. Dans ce travail, nous abordons plutôt l'identification des définitions dans la perspective de l'aide à la traduction terminologique. Nous étudierons, tout d'abord, les approches à base de PC, puis les approches supervisées et semi-supervisées. Dans ces travaux les limites séparant les définitions des CRC n'étaient pas bien déterminées puisqu'ils ont souvent été exploités dans le but d'identifier les définitions.

### 3.1 Approches à base de PC

Les méthodes basées sur les patrons de connaissances ont été adoptées dans plusieurs travaux de la littérature. Auger (1997), par exemple, a consacré son travail à repérer des définitions avec des PC lexicaux. Quant à Rebeyrolle (2000), elle a utilisé des PC lexico-syntaxiques et a également tenu compte des contraintes liées à la ponctuation. Rebeyrolle (2000) a évalué sa méthode en considérant un corpus étiqueté manuellement par les définitions, comme référence. Elle a obtenu une précision comprise entre 17,95 % et 79,19 % et un rappel entre 94,75 % et 100 % selon les PC utilisés afin de repérer les définitions. Muresan & Klavans (2002) ont proposé leur outil DEFINDER également basé sur des PC (ex. *is defined as, is called* ) et des marqueurs de relation comme *()* et - -. Cet outil permet tout d'abord de sélectionner des définitions candidates à partir d'articles médicaux disponibles sur le Web. Ensuite, les définitions complexes sont filtrées par un analyseur grammatical et les sorties de cet outil (DEFINDER) sont comparées à un ensemble de textes étalon. L'évaluation a donné 86,95 % de précision et 75,47 % de rappel.
Malaisé *et al.* (2004) se sont appuyés sur les travaux de Auger (1997) et de Rebeyrolle (2000) pour définir une liste de marqueurs adaptés à leurs corpus. Ils ont davantage pris en considération des marqueurs liés à la ponctuation. Malaisé *et al.* (2004) ont tenté de repérer les définitions pour en extraire ultérieurement les relations entre les termes afin d'aider à la construction d'ontologie. L'évaluation de ce point a soulevé le problème d'avoir une précision faible quand il s'agit des marqueurs linguistiques de reformulation plutôt que des marqueurs lexicaux métalinguistiques[3]. Cette remarque a également été mentionnée par Rebeyrolle (2000).

Saggion (2004) a proposé un système reposant sur l'utilisation des PC et les termes secondaires afin d'identifier les passages définitoires pour ensuite extraire des définitions. Pour cela, il disposait en amont d'une liste de 69 PC. Il a présupposé

2. « *Terms that co-occur with the definiendum (outside the target collection) in definition-bearing passages seem to play an important role for the identification of definitions in the target collection [..] Our methode considers nouns, verbs and adjective as candidate secondary terms.* »(Saggion, 2004)

3. renferment un lexique métalinguistique

que cette liste pourrait servir à identifier les passages et sélectionner les définitions indépendamment des corpus. Parmi ces 69 PC, 36 sont destinés aux questions générales (Qu'est ce que X ? ; X est à définir ), et 33 pour traiter des questions spécifiques (Qui est X ? ; X est à définir ). Saggion (2004) a sollicité WordNet, Britannica et le Web (ressources externes) afin de déterminer les termes secondaires. Dans WordNet seulement sont considérés les hyperonymes du mot X (à définir) ou les mots les plus fréquents dans son contexte. Tandis que dans Britannica, les termes secondaires ne sont extraits que si les phrases contenant une référence explicite de X. Dans le cas des mots venant d'autres pages Web, la phrase doit contenir un PC pour tenir compte des termes secondaires qu'elle contient. Pour identifier les passages contenant des définitions, Saggion (2004) introduit ses requêtes enrichies par les termes secondaires comme des entrées. Ensuite une phrase est retenue comme une définition si elle contient soit un PC, soit le mot à définir avec au moins trois termes secondaires. Lors de TREC 2003, le système de Saggion (2004) a obtenu un score de 0,236 (meilleur 0,555, moyen 0,192) en termes de F-mesure. Les définitions ont été évaluées par rapport à des définitions de référence.

Barrière (2004) considère les PC comme un outil "clé" permettant de repérer les CRC. Elle a organisé les PC présents dans les définitions du dictionnaire numérique American Heritage First Dictionary (AHFD) selon leurs types et la relation sémantique qu'elles expriment. Les PC sont classés en trois grandes catégories : **statiques** donnant des contextes qui ne sont pas liés à des événements, **dynamiques** contenant les relations causales et temporelles, et **événementielles** introduisant des événements (intrinsèques/extrinsèques). Ensuite, elle a analysé la généralité/spécificité des PC par rapport aux domaines et aux relations sémantiques exprimées par ces PC dans le domaine de la plongée sous-marine (1 million de mots). Barrière (2004) a remarqué que les relations sémantiques d'hyperonymie et méronymie, par exemple, sont exprimées de la même façon dans le corpus de la plongée sous-marine que dans le dictionnaire AHFD. Cependant, il existe d'autres relations telles que *risk prevention* qui sont exprimées avec de nouveaux PC. Celles-ci sont considérées comme spécifiques au domaine de la plongée sous-marine : les PC explicitant ces relations n'apparaissent que dans le corpus du domaine étudié. Afin de repérer les énoncés définitoires, les travaux présentés dans cette section se sont basés sur des marqueurs, habituellement lexico-syntaxiques, signalant des CRC. Si Barrière (2004) et Rebeyrolle (2000) ont étudié les structures linguistiques exprimant la définition dans les textes, d'autres travaux comme celui de Saggion (2004) ont choisi d'exploiter les termes secondaires comme étant un indice de définition. Cette notion de termes secondaires étant similaire à celle de la collocation (limitée aux énoncés définitoires), elle permet d'identifier le contexte définitoire « typique ».

## 3.2 Approches supervisées

Les méthodes utilisant les patrons de connaissances ont mis en évidence plusieurs difficultés. En effet, les définitions peuvent être exprimées de manières différentes. Ceci rend difficile l'obtention d'un ensemble de PC permettant d'identifier toutes les définitions. C'est pour cette raison que plusieurs recherches se sont orientées vers des méthodes moins dépendantes des PC. Fahmi & Bouma (2006), par exemple, ont proposé une méthode reposant sur l'apprentissage supervisé afin de repérer les définitions dans un corpus allemand du domaine médical. Ce corpus est constitué des pages de Wikipedia. Ils ont commencé par extraire toutes les phrases contenant le marqueur *to be* afin d'obtenir des définitions candidates. Parmi ces phrases, les définitions sont isolées manuellement. Ensuite, Fahmi & Bouma (2006) ont déduit les traits permettant de distinguer les définitions des autres phrases. Il s'agit de la position de la phrase, la distribution des mots et des bigrammes, ainsi que des traits syntaxiques comme le type du déterminant et la position du sujet dans la phrase. Ils ont alors intégré ces traits dans trois systèmes d'apprentissage différents : Bayésien naïf, SVM (Support Vector Machine) et MaxEnt (Maximum Entropy). Les résultats obtenus varient de 77 % à 92.3 % (le meilleur fourni par MaxEnt) en termes de précision. Quelques années plus tard, Westerhout (2009), inspirée par Fahmi & Bouma (2006), a proposé une méthode hybride dans laquelle elle a eu recours à l'apprentissage supervisé et aux patrons de connaissances. Ainsi, elle a exploité à la fois des informations linguistiques (telles que la l'étiquette grammaticale) et des informations structurelles. L'auteur a ajouté le type des noms et la structure du document aux traits de son système. Les meilleurs résultats (F-mesure=0.63) proviennent du patron *is a*.

## 3.3 Approches semi-supervisées

Peu de travaux, comme celui de Kilgarriff *et al.* (2008), se sont penchés sur l'identification des exemples. Kilgarriff *et al.* (2008) présente GDEX, un outil qui propose aux lexicographes plusieurs exemples permettant de définir un mot donné. Il s'est référé à Atkins & Rundell (2008) pour qualifier un bon exemple comme étant : lisible et informatif. Afin de concrétiser ces critères, il a proposé des traits privilégiés (positifs) tels que la longueur de phrase, la présence de la collocation souhaitée dans la clause principale de la phrase. Il a également considéré la présence de pronoms et d'anaphores comme des traits pénalisant (négatifs). Pour ce faire, il a effectué des jeux de test basées sur des comparaisons avec son corpus

d'apprentissage considéré comme un corpus de référence. D'après les résultats, la longueur de la phrase et la fréquence des mots sont les traits qui influencent principalement le choix des exemples. Toujours dans le but d'aider les lexicographes, Didakowski *et al.* (2012) se sont également intéressés à l'extraction des exemples. Même si leur approche était similaire à celle de Kilgarriff *et al.* (2008), les traits dans Didakowski *et al.* (2012) ont été exploités afin d'associer des scores aux phrases.
Pour faire face au problème de portabilité des PC, Reiplinger *et al.* (2012) ont proposé une méthode semi supervisée. Ils ont appliqué des couples de termes liés par des relations sémantiques afin d'extraire des définitions à partir des articles ACL Anthology Reference Corpus (ACL ARC) (Bird *et al.*, 2008). À partir d'un ensemble limité de paires de terme-définition et des PC définis auparavant, leur système a acquis de nouvelles paires terme-définition ainsi que de nouveaux PC. Les résultats obtenus montrent que cette technique peut être appliquée pour extraire des définitions. Quant à Navigli & Velardi (2010), ils considèrent comme définition toute phrase pouvant être associée à un automate également associé à une définition et généré en amont. Cet automate correspond à un patron de connaissances s'intéressant plutôt à la structure de la phrase. Navigli & Velardi (2010) disposent d'un corpus de définitions extraites de Wikipedia et étiquetées manuellement lui permettant d'en déduire des modèles de définitions sous forme d'automates (finis déterministes).
La plupart des méthodes abordent le repérage automatique des définitions avec des structures linguistiques définies auparavant (excepté Kilgarriff *et al.* (2008) et Didakowski *et al.* (2012)). On distingue principalement deux types d'approches : linguistiques et informatiques. Barrière (2004), par exemple, s'est donnée explicitement pour objectif la description de patrons de connaissances signalant des énoncés riches en informations sémantiques. D'autres méthodes ont essayé de trouver un compromis entre les deux, c'est-à-dire soit en traduisant la structure linguistique en modèle générique (comme Navigli & Velardi (2010)), soit en utilisant des méthodes informatiques en parallèle avec des méthodes linguistiques, telles que les PC.

Nous poursuivons notre travail sur le même principe qui est d'exploiter les PC et la présence d'autres termes comme un indice de définition. Nous proposons tout d'abord de profiter des relations hiérarchiques reliant les termes entre eux, puis ensuite de sélectionner les définitions à l'aide des marqueurs de définitions.

# 4 Détection de CRC

Rappelons que notre objectif consiste à exploiter les corpus comparables dans le but d'aider à la traduction terminologique. Pour cela nous proposons une méthode permettant d'illustrer un terme à traduire dans une langue source (ou un terme traduit dans une langue cible) pour aider à sa traduction. En effet, l'association d'un exemple à un terme permet d'en appréhender le sens exact.

## 4.1 Notion d'exemple définitoire (ED)

Nous postulons tout d'abord que le contexte d'apparition d'un terme est un exemple candidat. Cependant, les contextes d'apparition d'un terme, qui peuvent être nombreux, ne sont pas tous des exemples pertinents. Voici par exemple 3 contextes du terme *diabète de type 2* :

(a) *En ce qui concerne le risque que l'enfant ait lui-même un diabète de type 2 à la cinquantaine ou fasse un diabète gestationnel s'il s'agit d'une fille, on a pendant longtemps estimé qu'il dépendait essentiellement de la transmission par la mère d'un capital génétique favorisant le diabète de type 2 (même risque dans ce cas que si le père de l'enfant à naître a un diabète de type 2) mais des études récentes semblent en faveur d'un rôle possible du niveau de glycémie pendant la grossesse lorsque le diabète n'est pas maîtrisé.*

(b) *Dans le monde, 150 millions de personnes souffrent de diabète, dont 90 % de diabète de type 2.*

(c) *Le diabète de type 2 est un diabète qui s'accompagne souvent d'un excès de poids.*

Nous allons proposer des caractéristiques permettant de considérer un contexte comme un exemple pertinent.

### 4.1.1 Aspect définitoire

**Hypothèse 1 :** *"un exemple est illustré par une définition explicite"*

Le contexte doit donner des renseignements sur le terme visé afin d'en appréhender le sens exact. Lehmann & Martin-Berthet (1998) distinguent trois types de contexte :

1. Les contextes définitoires sont des fragments textuels servant à enrichir des définitions canoniques [4] du terme.
   Par exemple *le diabète gestationnel est un diabète qui se développe pendant la grossesse* est une définition canonique représentant un contexte définitoire pour le terme *diabète gestationnel*.
2. Les contextes encyclopédiques donnent une information complémentaire sur le terme.
   La phrase *le diabète gestationnel concerne entre 1 et 4 % des grossesses* ne fournit pas une définition mais donne plutôt une information supplémentaire sur le terme concerné.
3. Les contextes linguistiques caractérisent le comportement du terme dans le discours notamment par rapport aux collocations.
   Par exemple *une glycémie, mesurée à jeun, avec une valeur normale, ne permet pas d'exclure le diabète gestationnel,* permet d'associer *glycémie* au terme *diabète gestationnel* dans un discours spécialisé.

Debora Farji-Haguet [5] (traductrice chargée de cours en traduction technique et en terminologie à l'Université de Paris 7) affirme que les traducteurs s'intéresseront plus aux définitions qu'aux autres types de contexte afin de différencier deux termes du même domaine tels que *diabète de type 1* et *diabète de type 2*.
Dans ce travail, nous nous intéressons aux aspects définitoires que peuvent révéler les contextes. D'autre part, les énoncés définitoires peuvent être repérés automatiquement dans le texte grâce à des structures signalant des segments de définitions (Rebeyrolle & Tanguy, 2000). Par exemple, parmi les contextes (a), (b) et (c), seulement (c) correspond à une structure définitoire exprimée par le verbe *est* explicitant la définition. Notre objectif vise les contextes contenant des indices de définitions.

### 4.1.2 Niveau phrastique

**Hypothèse 2 :** *"un exemple est limité à une phrase"*

Plusieurs travaux traitant des contextes tels que Meyer (2001) et Martínez *et al.* (2009) ont choisi de travailler sur des unités textuelles plus petites que les phrases. Ces contextes sous-phrastiques risquent de ne pas donner assez d'informations sur le terme en question. En outre, dans les paragraphes le risque est plus élevé d'extraire des informations imprécises concernant ce terme. Afin d'éviter cet écueil nous avons fait le choix de travailler uniquement sur des phrases entières comme étant un compromis, et ainsi considérer le contexte (a) comme un contexte non-pertinent.

### 4.1.3 Présence d'hyperonyme

**Hypothèse 3 :** *"un exemple contient le terme à illustrer et son hyperonyme"*

Selon Lehmann & Martin-Berthet (1998), un terme est souvent défini par recours à son hyperonyme. En effet, définir un terme revient à déterminer d'abord sa classe générale, puis le spécifier par rapport aux autres termes appartenant à celle-ci. On rencontre deux types de définitions : la définition intensionnelle (non intentionnelle) qui décrit le terme par son hyperonyme (habituellement dans les définitions canoniques)(ex. *un diabète gestationnel est un diabète*), contrairement à la définition par extension qui donne l'hyponyme du terme (ex. *le diabète contient le diabète de type 1, diabète de type 2...*) (Lehmann & Martin-Berthet, 1998). Dans notre travail nous nous intéressons aux contextes contenant un hyperonyme du terme en question étant donné que bon nombre de travaux considèrent la relation d'hyperonymie comme la plus fréquemment utilisée pour le définir (Green *et al.*, 2002). Même si le contexte (b) respecte cette contrainte, *diabète*, qui est l'hyperonyme de *diabète du type 2*), n'explicite pas la définition de ce dernier.

### 4.1.4 Synthèse

À partir des trois hypothèses précédentes, nous proposons de définir la notion d'exemple définitoire (ED) considéré comme un contexte pertinent permettant de préciser le sens du terme concerné comme étant **une phrase contenant un hyperonyme définissant le terme visé**. Par conséquent, parmi les exemples précédents ((a), (b) et (c)) seulement (c) sera

4. La définition canonique consiste à désigner d'abord le genre (la classe générale), dont relève le référent du terme à définir, puis à spécifier les différences qui le séparent des autres espèces appartenant au même genre (Lehmann & Martin-Berthet, 1998).

5. http://hosting.eila.univ-paris-diderot.fr/~juilliar/sitetermino/cours/cours_total_deb_john_2003.htm

retenu comme étant un exemple définitoire associé au terme *diabète du type 2*.

Néanmoins, les définitions du même terme peuvent varier d'un dictionnaire à l'autre. D'une part en raison du choix de l'hyperonyme et d'autre part parce que parfois l'hyperonyme direct peut être ambigu. La problématique est donc la suivante : quel hyperonyme faut-il choisir afin de mieux définir le terme ?

## 4.2 Identification d'exemples définitoires

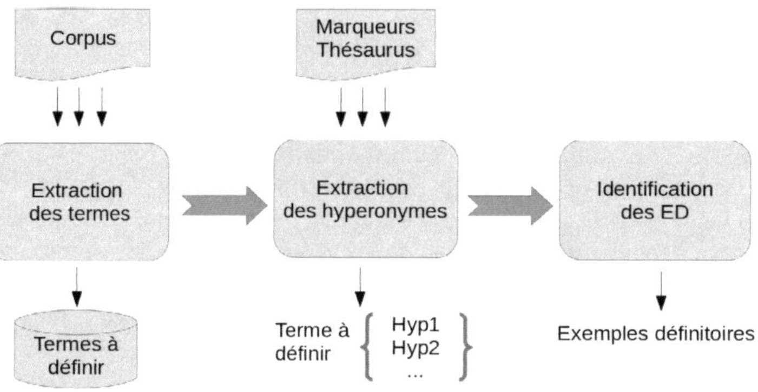


FIGURE 1 – Méthode d'identification des exemples définitoires.

Afin d'évaluer la validité des hypothèses précédentes et vérifier si notre définition de l'exemple définitoire est très restrictive, nous avons suivi la méthodologie illustrée par la figure 1. Cette méthodologie se décompose en 3 étapes :

1. **Extraction terminologique :** Dans le but d'associer à chaque terme du corpus ses exemples, nous avons d'abord extrait automatiquement la terminologie. Ensuite, nous avons filtré les termes les moins fréquents du corpus. Dans la suite, nous désignons par $T$ la liste finale des termes filtrés.
2. **Extraction des hyperonymes :** En exploitant les relations hiérarchiques reliant les termes entre eux, nous déterminons, pour chaque terme appartenant à $T$, tous les hyperonymes présents dans le corpus étudié.
3. **Sélection des exemples :** Les phrases contenant un terme avec un de ses hyperonymes obtenus pendant l'étape précédente, seront considérées comme des exemples définitoires candidats. Ensuite, ces exemples candidats sont évalués manuellement dans le but d'identifier ceux qui sont des exemples définitoires.

## 4.3 Évaluation

### 4.3.1 Expérimentations

Nous avons appliqué la méthodologie décrite dans la section précédente sur un corpus français spécialisé. Il s'agit d'un corpus relatif à la thématique « diabète et alimentation » composé d'articles scientifiques contenant 206 460 mots (Goeuriot, 2009), dans lequel des définitions de 137 termes (simples et composés) ont été manuellement annotées (Nakao, 2010).

1. **Extraction terminologique :** Nous avons tout d'abord utilisé TermSuite [6] afin d'extraire respectivement les termes simples et les termes composés. Ensuite, nous avons considéré seulement les termes qui apparaissent plus de 10 fois dans le corpus pour les termes simples, et plus de 5 fois pour les termes composés. Ce choix est supposé maximiser la probabilité d'avoir des définitions parmi les phrases où occurre le terme. La terminologie obtenue contient, après ce filtrage, 677 termes composés et 809 termes simples.
2. **Extraction des hyperonymes :** Afin de pouvoir comparer les ED avec les définitions de référence (annotées dans le corpus), nous nous sommes intéressé seulement aux termes dont la définition est manuellement identifiée par Nakao (2010). Deux stratégies ont été adoptées de manière indépendante pour identifier les hyperonymes des termes

6. https ://logiciels.lina.univ-nantes.fr/redmine/projects/termsuite

définis : l'exploitation des marqueurs d'hyperonymie et l'utilisation d'un thésaurus.
À défaut de disposer de toutes les relations hiérarchiques reliant les termes entre eux, nous avons eu recours au thésaurus MeSH [7] afin de déterminer pour chaque terme extrait et présent dans le MeSH ses différents hyperonymes (jusqu'au quatrième niveau supérieur si possible). Par exemple si on considère la fonction *Hyperonyme (cholestérol alimentaire)* indiquant l'hyperonyme direct du terme *cholestérol alimentaire*, on obtient :

*Hyperonyme (cholestérol alimentaire) = cholestérol* : hyperonyme de niveau 1
*Hyperonyme (cholestérol) = stérol* : hyperonyme de niveau 2
*Hyperonyme (stérol) = lipides* : hyperonyme de niveau 3

D'autre part, le thésaurus permet éventuellement d'enrichir la terminologie avec les termes qui sont présents dans le corpus mais qui n'ont pas été extraits par l'outil d'extraction, comme *stérol.* Après avoir projeté la terminologie filtrée sur le thésaurus MeSH, seulement 18 termes simples et 10 termes composés sont retenus.
Concernant les marqueurs d'hyperonymie, nous avons utilisé une liste de 33 marqueurs de relation issus de la thèse de Séguéla (2001), dont 22 sont présentés dans la table 1. Contrairement aux marqueurs utilisés dans l'état de l'art, ceux que nous avons appliqués intègrent le terme et son hyperonyme. Ceci s'explique par le fait que nous nous intéressons à associer à un terme son ED (considéré comme CRC), tandis que les travaux de la bibliographie identifient les CRC en ne prenant pas en compte la présence d'un terme précis.

| | |
|---|---|
| X_EST_UN_Y | ON_VERBE_DEFINITOIRE_X_UN_Y |
| X_ETRE_UNE_SORTE_DE_Y | X_EST_UN_Y_TRES |
| X_EST_LE_Y_LE_PLUS | X_ETRE_LE_PLUS_DE_TOUS_LES_Y |
| X_ET_AUTRES_Y | X_ET_D_AUTRES_Y |
| Y_ET_ADVERBE_DE_SPECIFICATION_X | X_VIRGULE_LE_Y_LE_PLUS |
| X_VIRGULE_LE_PLUS_ADJ_DES_Y | LE_PLUS_ADJ_DES_Y_VIRGULE_SOIT_X |
| Y_VIRGULE_ADVERBE_DE_SPECIFICATION_X | Y_VIRGULE_X_ADVERBE_DE_SPECIFICATION |
| Y_VIRGULE_ADVERBE_INCLUSION_X | Y_VIRGULE_ADVERBE_EXCLUSION_X |
| Y_PARENTHESES_X | INCLUSION_Y_VIRGULE_X |
| Y_PARMI_LESQUELS_X | Y_EXEMPLIFICATION_X |
| Y_ENUMERATION_X | Y_DEUX_POINTS_X |

TABLE 1 – Exemples de marqueurs d'hyperonymie utilisés (X étant le terme et Y son hyperonyme)

### 4.3.2 Résultats

| Terme | ex. sans hyp | | avec hyp1 | | avec hyp2 | | avec hyp3 | | avec hyp4 | |
|---|---|---|---|---|---|---|---|---|---|---|
| | ED | occ. | ED | occ. | ED | occ. | ED | occ. | ED | occ. |
| diabète de type1 | 2 | 32 | 4 | 45 | 0 | 0 | 0 | 0 | 0 | 0 |
| diabète de type 2 | 2 | 46 | 6 | 69 | 0 | 0 | 0 | 1 | 0 | 0 |
| diabète gestationnel | 2 | 37 | 3 | 16 | 0 | 0 | 0 | 0 | 0 | 0 |
| cholestérol alimentaire | 0 | 5 | 6 | 6 | 0 | 0 | 0 | 0 | 0 | 0 |
| ration calorique | 0 | 14 | 0 | 1 | 0 | 0 | 0 | 0 | 0 | 0 |
| excès de poids | 6 | 49 | 0 | 1 | 0 | 0 | 0 | 0 | 0 | 0 |
| régime alimentaire | 0 | 14 | 0 | 0 | 0 | 0 | 0 | 0 | 0 | 0 |
| perte de poids | 0 | 16 | 0 | 0 | 0 | 0 | 0 | 0 | 0 | 0 |
| prise de poids | 0 | 31 | 0 | 0 | 0 | 0 | 0 | 0 | 0 | 0 |
| activité physique | - | - | 0 | 0 | 0 | 0 | 0 | 0 | 0 | 0 |

TABLE 2 – Résultats d'identification des exemples définitoires : hyperonymes extraits à partir du MeSH : cas des termes composés

La première colonne des tables 2 et 4 contient les termes définis dans le corpus étudié, qui sont obtenus après la projection sur le thésaurus. Suite à l'utilisation des marqueurs d'hyperonymie, les termes définis, et qui sont retenus, sont illustrés par

7. http ://mesh.inserm.fr/mesh/

| Terme | nbr. d'hyperonymes | nbr. d'ED |
|---|---|---|
| diabète de type 1 | 1 | 1 |
| diabète de type 2 | 4 | 1 |
| diabète non insulino-dépendant | 1 | 1 |
| autosurveillance glycémique | 1 | 0 |
| diabète gestationnel | 1 | 0 |
| united kingdom prospective diabetes study | 1 | 0 |
| diabetes control and complications trial research group | 1 | 0 |

TABLE 3 – Résultats d'identification des exemples définitoires : hyperonymes extraits en utilisant les marqueurs de relation : cas des termes composés

la première colonne des tables 3 et 5. La seconde colonne (ex. sans hyp) des tables 2 et 4 représente le nombre d'exemples définitoires (comme défini en section 4.1) identifiés parmi l'ensemble des phrases contenant le terme indépendamment de ses hyperonymes $i$ ($i$ étant le niveau d'hyperonymie). Nous avons considéré un exemple définitoire comme valide, s'il a été annoté dans le corpus comme une définition associée au terme en question. Par exemple, le terme *diabète de type 1* apparaît dans 32 phrases dont seulement 2 sont des exemples définitoires sans présence de ses hyperonymes. Ces deux exemples définitoires sont marqués dans le corpus étudié comme des définitions du terme *diabète de type 1*. Ce dernier co-occure également avec son hyperonyme direct (i.e *diabète*) dans 4 exemples définitoires parmi 45 phrases (colonne 3 de la table 2). Par contre le couple (*diabète de type 1, Hyperonyme 3(diabète de type 1)*) n'apparaît pas dans le corpus.

| Terme | ex. sans hyp | | avec hyp1 | | avec hyp2 | | avec hyp3 | | avec hyp4 | |
|---|---|---|---|---|---|---|---|---|---|---|
| | ED | occ. | ED | occ. | ex. | occ. | ED | occ. | ED | occ. |
| glycémie | 4 | 622 | 1 | 42 | 0 | 0 | 0 | 0 | 0 | 0 |
| agpi | 2 | 31 | 0 | 8 | 0 | 3 | 0 | 0 | 0 | 0 |
| dnid | 0 | 8 | 0 | 4 | 0 | 0 | 0 | 0 | 0 | 0 |
| saccharose | 2 | 23 | 0 | 0 | 0 | 0 | 0 | 0 | 0 | 0 |
| amidon | 0 | 23 | 0 | 0 | 0 | 0 | 0 | 0 | 0 | 0 |
| pancréas | 1 | 76 | 0 | 0 | 0 | 0 | 0 | 0 | 0 | 0 |
| diabète | 4 | 649 | 0 | 0 | 0 | 3 | 0 | 0 | 0 | 0 |
| artère | 0 | 89 | 0 | 0 | 0 | 0 | 0 | 0 | 0 | 0 |
| athérosclérose | 0 | 19 | 0 | 0 | 0 | 0 | 0 | 0 | 0 | 0 |
| insuline | 6 | 498 | 0 | 0 | 0 | 42 | 0 | 0 | 0 | 0 |
| hyperglycémie | 0 | 65 | 0 | 0 | 0 | 0 | 0 | 0 | 0 | 0 |
| acétonurie | 1 | 10 | 0 | 0 | 0 | 0 | 0 | 0 | 0 | 0 |
| cétonurie | 1 | 16 | 0 | 0 | 0 | 0 | 0 | 0 | 0 | 0 |
| hypoglycémie | 0 | 92 | 0 | 0 | 0 | 0 | 0 | 0 | 0 | 0 |
| glycosurie | 0 | 9 | 0 | 0 | 0 | 0 | 0 | 0 | 0 | 0 |
| fructosamine | 1 | 5 | 0 | 0 | 0 | 0 | 0 | 0 | 0 | 0 |
| cholestérol | 0 | 107 | 0 | 0 | 0 | 0 | 0 | 0 | 0 | 0 |
| glucose | 0 | 103 | 0 | 0 | 0 | 3 | 0 | 0 | 0 | 0 |

TABLE 4 – Résultats d'identification des exemples définitoires : hyperonyme extrait à partir du MeSH : cas des termes simples

La deuxième et la troisième colonne des tables 3 et 5 contiennent le nombre d'hyperonymes associés à chaque terme, en fonction des patrons utilisés. Par exemple, dans le cas du terme *diabète de type 2*, 4 hyperonymes sont trouvés et un seul exemple définitoire a été identifié.

Rappelons que nous sommes partis de l'hypothèse qu'un exemple définitoire est une phrase contenant à la fois le terme et son hyperonyme explicitant une définition. Dans un premier temps, nous nous sommes basés seulement sur la présence du terme et son hyperonyme afin d'identifier un ED, comme présenté dans les résultats précédents. Dans un second temps, nous avons exploité, en plus des hyperonymes, les marqueurs de relation qui explicitent la définition, afin de repérer les ED. En effet, la première colonne des tables 6 et 7 présentent respectivement les termes simples et composés définis qui sont retenus après avoir utilisé les marqueurs d'hyperonymie. La troisième colonne de ces tables contient le nombre d'occurrences d'un terme avec son hyperonyme (colonne 2). Parmi ces occurrences, celle qui contient un

| Terme | nbr. d'hyperonymes | nbr. d'ED |
|---|---|---|
| diabète | 4 | 3 |
| insuline | 4 | 3 |
| glucose | 2 | 0 |

TABLE 5 – Résultats d'identification des exemples définitoires : hyperonymes extraits en utilisant les marqueurs : cas des termes simples

marqueur explicitant la définition, est considérée comme étant un ED. En ce qui concerne les termes dont les hyperonymes sont proposés par le MeSH, seulement 2 ED ont été identifiés dans le cas des termes *diabète de type 1* et *diabète de type 2*. Ces résultats ont été manuellement validés. La table 2 montre que, d'une part, s'il existe des ED dans le corpus, l'

| Terme | hyperonyme | nbr. d'occ | nbr. d'ED |
|---|---|---|---|
| diabète | cause | 48 | 2 |
| diabète | facteur | 116 | 4 |
| diabète | facteur de risque vasculaire | 5 | 2 |
| diabète | maladie | 100 | 1 |
| insuline | facteur | 26 | 1 |
| insuline | hormone | 21 | 2 |
| insuline | moment | 7 | 0 |
| insuline | patient | 52 | 0 |
| glucose | facteur | 11 | 0 |
| glucose | phénomène | 5 | 0 |

TABLE 6 – Résultats d'identification des ED : hyperonyme (extrait avec des marqueurs d'hyperonymie) + Marqueurs de relation explicitant la définition : cas des termes simples

| Terme | hyperonyme | nbr. d'occ | nbr. d'ED |
|---|---|---|---|
| united kingdom prospective diabetes study | u.k.p.d.s | 2 | 2 |
| diabetes control and complications trial research group | d.c.c.t | 5 | 2 |
| diabète de type 2 | argument | 9 | 0 |
| diabète de type 2 | critère | 6 | 0 |
| diabète de type 2 | diabète | 69 | 2 |
| diabète de type 2 | maladie | 5 | 3 |
| diabète de type 1 | diabète | 45 | 2 |
| diabète non insulino-indépendant | maladie métabolique | 1 | 1 |
| Autosurveillance glycémique | outil | 1 | 1 |
| diabète gestationnel | risque | 10 | 2 |

TABLE 7 – Résultats d'identification des ED : hyperonyme (extrait avec des marqueurs d'hyperonymie) + Marqueurs de relation explicitant la définition : cas des termes composés

hyperonyme de niveau 1 s'avère plus performant que les autres hyperonymes proposés par le MeSH. D'autre part, les résultats montrent que les définitions contenant cet hyperonyme direct sont majoritaires par rapport aux définitions sans hyperonymes.
Par ailleurs les colonnes (avec. hyp) des tables 2 et 4 (ainsi que la table 5) montrent que les hyperonymes sont rares dans les contextes des termes en question. Ceci explique le nombre limité des termes présents dans les tables 3 et 5. Ainsi, nous déduisons que l'hypothèse 3 est restrictive pour identifier les exemples définitoires. Concernant l'hypothèse 2, la segmentation du corpus peut influencer les résultats. Par exemple, une phrase mal-segmentée ne peut pas être considérée comme un exemple définitoire. De plus, dans le cas d'une définition contenant deux phrases, où la première contient le terme visé et la deuxième contient son hyperonyme, l'hypothèse 2 présente également une contrainte supplémentaire empêchant de retenir une des deux phrases comme un exemple définitoire. Par exemple, aucune de ces deux phrases *ces schémas insuliniques sont également appelés basal-bolus. Bolus étant un mot latin signifiant action de jeter, coup de dé, coup de filet...* ne peut être considérée comme un exemple définitoire du terme *basal-bolus*.

## 5 Conclusion et perspectives

Dans ce travail nous nous sommes intéressés à l'identification des exemples définitoires dans un corpus comparable comme étant des CRC. Nous avons tout d'abord proposé trois hypothèses définissant cette notion. Nous avons considéré la relation d'hyperonymie comme un indicateur de définitions. Ensuite, nous avons proposé une méthode permettant de sélectionner ces exemples définitoires. Les résultats obtenus ont montré que les hypothèses proposées sont valides mais contraignantes étant donné que les hyperonymes sont peu fréquents dans les contextes des termes visés.
En ce qui concerne l'évaluation, les deux stratégies que nous avons adoptées pendant les premières expériences ne semblent pas être appropriées. D'une part, car la comparai- son des CRC candidats avec des définitions, qui sont souvent rares dans un petit corpus, ne permet pas d'avoir des résultats significatifs. Un CRC a été considéré comme valide, si et seulement s'il déclenchait une définition qui était préalablement annotée. Autrement dit, il s'agissait d'évaluer la richesse des CRC en termes de « définitoires », tandis qu'ils pouvaient apparaître dans des phrases autres que les définitions. D'autre part, parce que faire valider manuellement les CRC est un exercice sans doute très coûteux. Dans un premier temps, nous proposons d'exploiter séparément les hypothèses présentées, afin de rendre moins restrictives la définition de l'exemple définitoire. Dans un second temps, nous utiliserons d'autres relations telles que la causalité et la méronymie, comme indice de CRC.

## Remerciement

Ce travail a bénéficié d'une aide de l'Agence Nationale de la Recherche portant la référence ANR-12CORD-0020.

## Références


ATKINS B. S. & RUNDELL M. (2008). *The Oxford guide to practical lexicography*. Oxford University Press.

AUGER A. (1997). Repérage des énoncés d'intérêt définitoire dans les bases de données textuelles. *Thèse de doctorat, Université de Neuchâtel*.

BARRIÈRE C. (2004). Knowledge-rich contexts discovery. *Proceedings of the Seventeenth Canadian Conference on Artificial Intelligence (AI'2004)*.

F. BENARMARA, N. HATOUT, P. MULLER & S. OZDOWSKA, Eds. (2007). *Actes de TALN 2007 (Traitement automatique des langues naturelles)*, Toulouse. ATALA, IRIT.

B. BIGI, Ed. (2014). *Actes de TALN 2014 (Traitement automatique des langues naturelles)*, Marseille. ATALA, LPL.

BIRD S., DALE R., DORR B. J., GIBSON B. R., JOSEPH M., KAN M.-Y., LEE D., POWLEY B., RADEV D. R. & TAN Y. F. (2008). The acl anthology reference corpus : A reference dataset for bibliographic research in computational linguistics. In *LREC* : European Language Resources Association.

BOWKER L. & PEARSON J. (2002). *Working with specialized language : a practical guide to using corpora*. Routledge.

DAILLE B. & MORIN E. (2005). French-english terminology extraction from comparable corpora. In *Natural Language Processing–IJCNLP 2005*, p. 707–718. Springer.

DÉJEAN H. & GAUSSIER E. (2002). Une nouvelle approchea l'extraction de lexiques bilinguesa partir de corpus comparables. *Lexicometrica, Alignement lexical dans les corpus multilingues*, p. 1–22.

DIDAKOWSKI J., LEMNITZER L. & GEYKEN A. (2012). Automatic example sentence extraction for a contemporary german dictionary. In *Proceedings EURALEX*, p. 343–349.

FAHMI I. & BOUMA G. (2006). Learning to identify definitions using syntactic features. In *Proceedings of the EACL 2006 workshop on Learning Structured Information in Natural Language Applications*, p. 64–71.

FIRTH J. R. (1957). A synopsis of linguistic theory 1930-55. *The Philological Society*, **1952-59**, 1–32.

FUNG P. & MCKEOWN K. (1997). Finding terminology translations from non-parallel corpora. In *Proceedings of the 5th Annual Workshop on Very Large Corpora*, p. 192–202.

GANGEMI A., NAVIGLI R. & VELARDI P. (2003). The ontowordnet project : Extension and axiomatization of conceptual relations in wordnet. In R. MEERSMAN, Z. TARI & D. C. SCHMIDT, Eds., *CoopIS/DOA/ODBASE*, volume 2888 of *Lecture Notes in Computer Science*, p. 820–838 : Springer.

GOEURIOT L. (2009). *Découverte et caractérisation des corpus comparables spécialisés.* PhD thesis, Université de Nantes.

GREEN R., BEAN C. & MYAENG S. (2002). *The Semantics of Relationships : An Interdisciplinary Perspective.* Information science and knowledge management. Kluwer Academic Publishers.

KILGARRIFF A., HUSÁK M., MCADAM K., RUNDELL M. & RYCHLÝ P. (2008). Gdex : Automatically finding good dictionary examples in a corpus. In *Proc. Euralex.*

LAIGNELET M. & RIOULT F. (2009). Repérer automatiquement les segments obsolescents à l'aide d'indices sémantiques et discursifs. In *Actes de TALN 2009 (Traitement automatique des langues naturelles)*, Senlis : ATALA LIPN.

LANGLAIS P. & PATRY A. (2007). Enrichissement d'un lexique bilingue par analogie. In (Benarmara *et al.*, 2007), p. 101–110.

LAROCHE A. & LANGLAIS P. (2010). Revisiting context-based projection methods for term-translation spotting in comparable corpora. In *Proceedings of the 23rd international conference on computational linguistics*, p. 617–625 : Association for Computational Linguistics.

LEHMANN A. & MARTIN-BERTHET F. (1998). *Introduction à la lexicologie : sémantique et morphologie.* Collection Lettres supérieures. Ed. Dunod.

MALAISÉ V., ZWEIGENBAUM P. & BACHIMONT B. (2004). Repérage et exploitation d'énoncés définitoires en corpus pour l'aide à la construction d'ontologie. *Actes de TALN*, p. 269–278.

MARTÍNEZ R., MARTÍNEZ G., DE LINGÜÍSTICA APLICADA U. P. F. I. U. & BACH C. (2009). *Descripción y evaluación de un sistema basado en reglas para la extracción automática de contextos definitorios.* Sèrie tesis. Universitat Pompeu Fabra.

MEYER I. (2001). Extracting knowledge-rich contexts for terminography - A conceptual and methodological framework. In *Recent Advances in Computational Terminology*, p. 279–302.

MURESAN S. & KLAVANS J. (2002). A method for automatically building and evaluating dictionary resources. In *LREC* : European Language Resources Association.

NAKAO Y. (2010). *Analyse contrastive français-japonais du discours en langue de spécialité-modalité et définition phrastique.* PhD thesis, Université de Nantes.

NAVIGLI R. & VELARDI P. (2010). Learning word-class lattices for definition and hypernym extraction. In *Proceedings of the 48th Annual Meeting of the Association for Computational Linguistics*, p. 1318–1327, Uppsala, Sweden : Association for Computational Linguistics.

PEARSON J. (1998). *Terms in context*, volume 1. John Benjamins Publishing.

RAPP R. (1999). Automatic identification of word translations from unrelated english and german corpora. In *Proceedings of the 37th annual meeting of the Association for Computational Linguistics on Computational Linguistics*, p. 519–526 : Association for Computational Linguistics.

REBEYROLLE J. (2000). *Forme et fonction de la définition en discours.* PhD thesis, Toulouse 2.

REBEYROLLE J. & TANGUY L. (2000). Repérage automatique de structures linguistiques en corpus : le cas des énoncés définitoires. *Cahiers de grammaire*, **25**, 153–174.

REIPLINGER M., SCHÄFER U. & WOLSKA M. (2012). Extracting glossary sentences from scholarly articles : A comparative evaluation of pattern bootstrapping and deep analysis. In *Proceedings of the ACL-2012 Special Workshop on Rediscovering 50 Years of Discoveries*, ACL '12, p. 55–65, Stroudsburg, PA, USA : Association for Computational Linguistics.

SAGGION H. (2004). Identifying definitions in text collections for question answering. In *LREC* : European Language Resources Association.

SERETAN V. & WEHRLI E. (2007). Collocation translation based on sentence alignment and parsing. In (Benarmara *et al.*, 2007), p. 401–410.

VELARDI P., FARALLI S. & NAVIGLI R. (2013). Ontolearn reloaded : A graph-based algorithm for taxonomy induction. *Computational Linguistics*, **39**(3), 665–707.

WESTERHOUT E. (2009). Extraction of definitions using grammar-enhanced machine learning. In A. LASCARIDES, C. GARDENT & J. NIVRE, Eds., *EACL (Student Research Workshop)*, p. 88–96 : The Association for Computer Linguistics.

# Induction d'une grammaire de propriétés à granularité variable à partir du treebank arabe ATB

Raja Bensalem Bahloul[1, 2], Marwa Elkarwi[1, 2]
(1) Laboratoire Mir@cl, FSEGS, Université de Sfax, Sfax, Tunisie
(2) Laboratoire Parole et Langage (LPL), CNRS, Université d'Aix-Marseille, Aix-en-Provence, France
raja_ben_salem@yahoo.com, marwaelkarwi89@gmail.com

**Résumé.** Dans cet article, nous présentons une démarche pour l'induction d'une grammaire de propriétés (GP) arabe en utilisant le treebank ATB. Cette démarche se base sur deux principales étapes : (1) l'induction d'une grammaire hors contexte et (2) l'induction d'une GP par la génération automatique des relations qui peuvent exister entre les unités grammaticales décrites dans la CFG. Le produit obtenu constitue une ressource ouvrant de nouvelles perspectives pour la description et le traitement de la langue arabe.

**Abstract.** This paper presents an approach for building an Arabic property grammar using the treebank ATB. This approach consists in two main steps: (1) inducing a context-free grammar from a treebank and (2) inducing a property grammar. So, we acquire first a context-free grammar (CFG) from the source treebank and then, we induce the property grammar by generating automatically existing relations between grammatical units described in the CFG. The result is a new resource for Arabic, opening the way to new tools and descriptions.

**Mots-clés :** Treebanks, langue arabe, grammaire hors-contexte, grammaires de propriétés
**Keywords:** Treebanks, Arabic language, context-free grammar, property grammars

## 1 Introduction

Le formalisme de Grammaires de Propriétés (GP) est l'une des approches linguistiques qui mettent la notion de contraintes au cœur de l'analyse (Blache, 2001 ; Blache, 2005). Ce formalisme se distingue des autres approches basées sur les contraintes par sa représentation simple, directe, locale et décentralisée des informations linguistiques. En effet, à la différence des théories génératives, cette approche représente, d'une manière indépendante, tout type d'information, quelle que soit sa position, mais également des informations incomplètes, partielles et non canoniques, ce qui favorise sa flexibilité et sa robustesse. De plus, cette approche ne requiert pas la construction d'une structure locale des informations syntaxiques avant d'utiliser les contraintes qu'elle a décrites, comme le font les autres approches basées sur les contraintes (en HPSG (cf. (Pollard, 1994)) un arbre local et en CDG (cf. (Maruyama, 1990)) une relation de dépendance). Mais plutôt, elle spécifie les informations syntaxiques directement sur des catégories. Ainsi, une GP est formée par un ensemble de propriétés indépendantes l'une de l'autre. Ces propriétés expriment différentes relations (syntaxiques, sémantiques, etc.) entre les catégories qui forment la structure syntaxique. Elles peuvent être très spécifiques (concernant un ensemble limité de catégories) ou au contraire très générales.

Les qualités qui caractérisent le formalisme de GP nous ont incités à l'utiliser pour construire une nouvelle ressource robuste et riche pour la langue arabe. Le traitement de cette langue présente plusieurs défis. Ces défis ne sont pas seulement liés à certaines spécificités de l'arabe à étudier (comme l'absence des voyelles, la nature agglutinative des mots), mais aussi à des phénomènes linguistiques particuliers à traiter (comme les relatives, les anaphores et les coordinations). Une construction manuelle de cette nouvelle ressource en se basant sur un corpus regroupant toutes les règles de la grammaire arabe, est certainement difficile et couteuse. Ceci requiert en effet beaucoup de temps ainsi que la collaboration de plusieurs linguistes. Une autre manière de procéder peut être proposée : construire la GP à partir d'un corpus annoté. Les treebanks qui sont des corpus annotés manuellement formant une structure morphosyntaxique à plusieurs niveaux d'analyse (niveau mot, niveau syntagme et niveau phrase) peuvent être exploités dans ce cadre. Les treebanks arabes sont déjà rares, le premier lancé étant le treebank PATB (notamment appelé ATB) (Maamouri et Bies, 2004). Nous avons choisi de l'utiliser vu ses qualités qui s'avèrent convenables à la construction de notre GP. La première qualité caractérisant ce treebank est sa représentation à base de syntagmes, conforme à la structure syntaxique hiérarchisée de la GP à construire. Ce choix est motivé également par la richesse, la fiabilité et la compatibilité des annotations de Part-of-Speech (POS) et de relations syntaxiques et sémantiques de l'ATB à des consensus. Ces annotations sont en fait élaborées et validées par des linguistes. De même, la grammaire de ce treebank est adaptée à l'arabe standard moderne. Il ne faut pas oublier aussi la pertinence, la variété et la grande taille qui caractérisent ses documents sources. Ces documents méritent d'être qualifiés « pertinents » grâce à leur conversion par plusieurs autres treebanks à leur représentation. Le fait de disposer d'une ressource de ce type permet de générer automatiquement et de façon très contrôlée de nouvelles ressources dans d'autres formalismes. Des ressources à large couverture sont ainsi obtenues, héritant des qualités du treebank d'origine tout en gagnant en temps de construction.

Toutefois, le fait que les catégories représentées dans le treebank se caractérisent par une forte granularité, peut affecter la taille des informations à représenter dans la GP. Il faut alors intégrer des mécanismes de contrôle la réduisant. Une autre difficulté peut être rencontrée au niveau de la génération des propriétés dans notre GP. En effet, il y a des propriétés faciles à déduire, mais il y en a d'autres nécessitant des heuristiques.

Dans cet article, le processus d'induction de notre GP se déroule sur deux phases : La première consiste à induire une grammaire hors-contexte (Context-Free Grammar, CFG) à partir de l'ATB. La seconde phase porte sur la déduction des différentes relations qui existent entre les catégories de chaque unité syntaxique à partir des règles de la CFG obtenue. La taille de la GP obtenue peut être contrôlée en variant les différents niveaux de granularité des catégories grammaticales de l'ATB. En plus, avec les types de propriétés définis dans le présent article, la démarche d'induction de GP que nous avons adoptée est purement automatique et indépendante de toute langue et du formalisme du treebank source. Ceci favorise sa réutilisation. Selon nos connaissances, la GP que nous avons obtenue, induite à partir d'un treebank, représente le premier essai produit pour l'arabe.

Cet article est organisé comme suit : la section 2 est consacrée à une brève présentation de l'état de l'art. Ensuite, l'étude de l'ATB est l'objet de la section 3. La section 4 décrit ensuite la démarche d'induction que nous proposons. La section 5 présente les expérimentations et les résultats obtenus de l'application de notre démarche. La section 6 termine par une conclusion et des perspectives.

## 2 Etat de l'art

Pour pouvoir aborder la problématique de notre travail, nous avons mené des recherches sur deux volets différents : un aperçu sur les approches d'induction de GP et une observation des différentes améliorations effectuées sur l'ATB.

D'une part, ce qu'il y a en commun dans les approches d'induction de GP est leur entrée qui est la CFG. Leurs formalismes sources ou leurs usages quant à eux diffèrent d'une approche à une autre. Concernant l'entrée de ces approches, elle est sous forme de suites d'étiquettes décrivant les unités syntaxiques observées dans un corpus annoté (étiqueté). Ces suites sont en fait représentées par une CFG. Il est vrai que l'entrée, étant la CFG, est commune à toutes les approches d'induction de GP, mais son induction elle-même à partir d'un treebank peut être faite selon des techniques différentes. En effet, elle peut être une CFG simple comme dans (Marcus et al. 1993 ; Hajic, 1998 ; Abeillé et al., 2003 ;Telljohann et al., 2004), ou bien une CFG intégrant des ajustements spécifiques aux suites d'étiquettes. C'est le cas notamment des CFG probabilistes affectant des probabilités à chacune des suites d'étiquettes obtenues, comme dans (Charniak, 1996 ; Mohri et Roark, 2006 ; Rebein et VanGenabith, 2007 ; Tounsi et VanGenabith, 2010). Il existe également plusieurs exemples montrant la différence entre les approches d'induction des GP au niveau de leurs formalismes sources et de leurs usages : Dans (Blache et al., 2003) par exemple, les auteurs ont préparé leur propre corpus étiqueté à partir d'un corpus français brut en passant successivement par une étape de segmentation et une étape d'étiquetage. Chacune de ces deux étapes ont recours à un dictionnaire constitué plus particulièrement d'un lexique appelé DicoLPL et composé d'environ 450 000 formes[1]. La ressource que représente DicoLPL est constituée sur la base d'un lexique interne au LPL[2] et complétée en s'appuyant sur des ressources existantes et des ressources acquises manuellement ou automatiquement par vérification sur corpus. La GP obtenue a été utilisée ensuite dans le cadre d'analyseurs syntaxiques à granularité variable (VanRullen et al., 2005). La base de données Aix-MARSEC (Auran et al., 2004) a formé aussi un formalisme source pour l'induction des GP. En effet, Aix-MARSEC est formée de deux principaux composants : les enregistrements numérisés du corpus MARSEC[3] et leurs annotations. Ces annotations ont

1 Une version évoluée du lexique DicoLPL, avec plus de formes, a été présenté dans (VanRullen et al., 2005).

2 www.lpl.univ-aix.fr/

3 MARSEC (Machine Readable Spoken English Corpus) contient des enregistrements acoustiques numérisés et c'est une extension du corpus SEC disponible en version treebank et en version étiquetée (www.comp.leeds.ac.uk/ccalas/tagsets/sec. html).

été présentées au début à neuf niveaux différents (tels que le niveau phonèmes, syllabes, mots, etc). A ces niveaux, deux niveaux supplémentaires ont été spécifiés : l'annotation syntaxique ainsi qu'un système de GP relatif. De plus, les treebanks représentent également un autre formalisme source pour l'induction des GP. Ainsi, dans (Blache et Rauzy, 2012) par exemple, les auteurs ont bénéficié de ces qualités en utilisant un sous-ensemble du treebank français FTB[4] pour induire leur GP. Ils ont effectué des modifications sur ce sous-ensemble pour assurer une meilleure homogénéité avec les ressources existantes dans d'autres langues ou pour d'autres domaines. Ces modifications sur les niveaux morphologique et syntaxique et sur les positions des marqueurs de ponctuation. La grammaire obtenue a été exploitée ensuite pour enrichir automatiquement le treebank source par une représentation à base de contraintes (Blache et Rauzy, 2012) tout en appliquant un ensemble de solveurs de contraintes. Les travaux d'induction de GP ne se limitent pas uniquement au treebank français (Blache et Rauzy, 2012), mais aussi au treebank chinois (CTB) (Blache, 2014).

D'autre part, l'ATB a été également enrichi en lui intégrant différentes améliorations et corrections pour pouvoir surmonter les défis liés à certaines spécificités de la langue arabe. En effet, cette langue est caractérisée par sa morphologie complexe. Ce problème a été examiné au niveau de l'ATB par (Kulick et al., 2010) en représentant les mots ayant une forme agglutinative par des unités séparées dans une structure arborescente. Par exemple, le mot arabe « كتبه » (ktbh/ *ses livres*), s'il n'est pas voyellé, l'ATB le représente en deux parties tels que « ktb » (*livres*) est un groupe nominal et « h » (*ses*) est un pronom possessif. Pour réaliser cette tâche, les auteurs ont utilisé l'outil SAMA (Standard Morphological Analyzer) pour générer des solutions d'analyse morphologique pour chaque mot de l'ATB. De même, l'absence de voyelles dans la langue arabe peut générer des ambigüités. Pour surmonter cette difficulté, les auteurs de (Kulick et al., 2010) ont intégré une représentation syntaxique abstraite de la structure arborescente tout en autorisant le passage entre les différents niveaux de représentation syntaxique et tout en fournissant différents niveaux de voyellation pour chaque mot de l'ATB. Concrètement, la procédure d'annotation morphosyntaxique que les auteurs ont suivie est basée sur deux grandes étapes : la première consiste en une annotation syntaxique décomposant le texte de l'ATB en mots (appelés jetons sources). Ces mots sont intégrés dans l'outil SAMA, puis générés sous forme voyellée. La deuxième étape, quant à elle consiste à séparer ces jetons des pronoms liés durant l'annotation syntaxique. Par exemple, l'analyse du mot arabe « كتبه » par l'outil SAMA génère une solution qui le décompose en trois segments. Cette solution inclut une séquence d'informations pour chaque segment portant sur trois champs : la forme voyellée, l'étiquette Part-Of-Speech (POS) et la traduction du segment. La solution SAMA de ce mot est présentée comme suit :

| | | |
|---|---|---|
| [kutub, NOUN, books] | [i, CASE_DEF_GEN, def.gen] | [hi, POSS_PRON_3MS, its/his] |

Les auteurs de (Kulick et al., 2010) ont cherché également des procédures spécifiques pour traiter les mots arabes ayant un caractère particulier, tels que les mots ayant une forme agglutinative ne pouvant pas être explicitement décomposée. Le mot عما (EmA/*de ce que*) par exemple est une préposition suivie d'un pronom relatif. La solution proposée par SAMA est composée de deux segments. Elle inclut un « n » dans « Ean », n'ayant pas été présent dans le mot source « EmA ».

| | |
|---|---|
| [Ean, PREP, from/about/of] | [mA, REL_PRON, what] |

Par ailleurs, l'application d'une analyse statistique apprise sur le treebank arabe (ATB) et examinant des incohérences dans les annotations a généré des scores d'analyse inférieurs aux prévisions. Ces incohérences résident au niveau de certaines constructions syntaxiques ou de la relation entre les étiquettes POS et les annotations syntaxiques. La résolution de ces incohérences va corriger largement les directives d'annotation. Le travail (Maamouri et al., 2008) s'inscrit dans ce cadre. En effet, il présente des corrections et des améliorations des incohérences d'annotation dans le but d'améliorer la qualité d'analyse du corpus de l'ATB. Ce travail utilise les étiquettes POS pour corriger et améliorer les directives d'annotation syntaxique. Ces corrections sont proposées aussi bien au niveau morphologique qu'au niveau syntaxique. Au niveau morphologique, les auteurs de (Maamouri et al., 2008) ont proposé de raffiner les étiquettes POS des noms et des adjectifs pour spécifier les noms quantifieurs (NOUN_QUANT), les nombres (NOUN_NUM), les adjectifs comparatifs (ADJ_COMP), les nombres ordinaux (ADJ_NUM), etc. De même, ils ont distingué des catégories d'étiquettes POS pour les différentes particules, telles que l'étiquette CONJ qui a été décomposée en quatre catégories. Et pour distinguer les pseudo-verbes des verbes, ils ont ajouté l'étiquette PSEUDOVERB pour les sœurs de la particule arabe « إنَّ » (inna / *que*). Au niveau syntaxique, les auteurs de (Maamouri et al., 2008) se sont focalisés sur la désignation du nom par une étiquette spécifique s'il est un quantifieur dans le syntagme « idafa » pour spécifier correctement la tête sémantique du syntagme. En effet, pour le syntagme « كل مجموعة » (*chaque collection*), la tête sémantique n'est pas le segment « chaque » mais plutôt le segment « collection » parce que celle-là est un nom quantifieur et non pas un simple nom. Il faut alors le spécifier par l'étiquette NOUN_QUANT. Les auteurs de (Maamouri et al., 2008) ont marqué aussi les gérondifs et les participes, si ceux-ci présentent une lecture verbale, par des étiquettes regroupant toute l'unité syntaxique. Par exemple, la phrase «احتفل الفريق بفوزه بكأس الأبطال» (*L'équipe a célébré son gain de la coupe des champions*), ne contient pas un gérondif suivi d'un complément (« فوزه بكأس الأبطال ») ce qui le caractérise par une lecture verbale plutôt qu'un simple gérondif. Cette lecture verbale est entièrement analysée.

---

[4] Le FTB est constitué de 12,891 phrases annotées contenant plus que 383,000 mots (Abeillé et al., 2000).

L'ATB dans sa nouvelle forme, après les améliorations et les corrections effectuées permettant d'aligner étroitement son annotation aux catégories de la grammaire arabe traditionnelle, représente une source assez robuste offrant plusieurs spécificités servant à la réalisation d'une induction de GP réussie. Ces spécificités sont citées dans la section suivante.

# 3 Etude de l'ATB

Avant d'expliquer les spécificités liées à l'ATB, une brève présentation de cette ressource linguistique s'avère nécessaire. En effet, l'ATB a été construit dans le cadre d'un projet en 2001 au LDC[5] (Maamouri et Bies 2004). Il représente un corpus composé de 23,611 phrases extraites d'articles de presse annotées manuellement. Ce corpus a été divisé en ensembles de textes (divisions) pour répondre aux besoins de recherche variés dans le domaine de TALN comme l'apprentissage et l'évaluation (Diab et al., 2013).

Doté d'une annotation très riche, l'ATB se caractérise par un ensemble de particularités et de qualités servant à une meilleure induction de GP. En effet, ses annotations présentent l'avantage d'être fiables. Ceci est prouvé par son efficacité dans un grand nombre de travaux dans différents domaines de TAL (Habash, 2010). Son texte source a prouvé également sa pertinence par son exploitation pour la création d'autres treebanks arabes comme le PADT (Hajic et al., 2001) et le CATiB (Habash et Roth, 2009) qui ont converti l'ATB vers leurs représentations syntaxiques en plus d'autres textes qu'ils ont annotés. De plus, l'ATB est disponible en cinq formats différents (voir la sous-section 3.1). Une autre particularité qui peut être remarquée est celle de la granularité forte qui caractérise son annotation (voir la sous-section 3.2). Finalement, l'ATB a prouvé son aptitude à représenter correctement certains phénomènes particuliers de la langue arabe (voir la sous-section 3.3).

## 3.1 Les formats de représentation des données dans l'ATB

L'ATB est fourni sous différents formats pour étendre son utilisation pour différents besoins de recherche. Ces formats que nous citons sont au nombre de cinq. Le format *« sgm »* représente les documents sources. Par contre, le format *« pos »* affiche des informations (comme la translitération, la voyéllation et la traduction) décrivant chaque mot source sous forme de champs avant et après la séparation des agglutinations. Le format *« xml »* quant à lui affiche les annotations de l'arbre de mots sources après la séparation des agglutinations. Le format *« penntree »* représente le corpus en deux versions (voyellée ou non) sous forme d'arborescence affichant chaque mot dans sa structure hiérarchique et devant son étiquette POS. Finalement, le format *« integrated »* affiche des informations aussi bien sur la structure arborescente que sur chaque mot source avant et après la séparation des agglutinations.

Après la présentation de ces différents formats, il faut prendre une décision concernant le choix du format de l'ATB à utiliser pour induire la CFG qui sera l'entrée de l'étape d'induction de la GP. Ce choix dépend de trois critères à prendre en compte à savoir : la simplicité de représentation, la présence d'une structure arborescente et l'annotation du niveau syntaxique des documents sources. Nous avons défini ces critères en nous appuyant sur la forme de la CFG à induire. Cette grammaire se limite au niveau des étiquettes POS et non pas au niveau des mots sources. Le format « penntree » a été le seul sélectionné pour sa satisfaction à tous les critères de choix indiqués. Plus particulièrement, nous avons utilisé la version voyellée du format « penntree » pour éviter les ambigüités liées à l'absence de voyelles en arabe.

## 3.2 Les niveaux de granularité des catégories

L'annotation dans l'ATB est caractérisée par une granularité forte. En effet, cette annotation inclut plus que 400 étiquettes POS différentes offrant des informations morphosyntaxiques comme la déclinaison, le mode, le genre, la définition, etc (Maamouri et al., 2009). Parmi ces étiquettes, 22 sont syntagmatiques (des catégories syntaxiques), 20 sont des relations syntaxiques et sémantiques et 24 représentent les étiquettes POS de base. L'ATB prend en compte également des pronoms vides qui peuvent apparaitre dans les phrases arabes tout en leur affectant une étiquette spécifique. Cette annotation a été toujours améliorée pour résoudre les incohérences morphosyntaxiques liées à certaines spécificités de la langue arabe (Maamouri et al., 2008 ; Kulick et al., 2010). La figure 1 illustre les différents traits caractérisant la plupart des catégories lexicales décrites dans l'ATB (Maamouri et al., 2009).

| Nature | Nom | Verbe | Verbe au présent | Pronom | Pronom Relatif |
|---|---|---|---|---|---|

[5] LDC (Linguistic Data Consotium) : Consortium de données linguistiques https://www.ldc.upenn.edu/

| Traits | | **ou Adjectif** | | | | |
|---|---|---|---|---|---|---|
| Type | | Nom : NUM, PROP, QUANT, VN<br>Adjectif : COMP, NUM, VN | I, C, P | --- | POSS, REL, DEM | --- |
| Fonction | | --- | SUBJ | --- | --- | --- |
| Déclinaison (mode) | | NOM, ACC, GEN | --- | I, JUS, SJ | --- | NOM, ACC, GEN |
| Définition | | DEF, INDEF | --- | --- | --- | DEF, INDEF |
| Déterminant | | DET, | | --- | --- | --- |
| Forme | | --- | PASS, | --- | --- | --- |
| Accord | Genre | MASC, FEM | M, F | --- | M, F | --- |
| | Nombre | SG DU PL | S, D, P | --- | S, D, P | |
| | Personne | --- | 1, 2, 3 | --- | 1, 2, 3 | |
| Exemples | | NOUN_NUM+NSUFF_FEM_SG+ CASE_INDEF_NOM | CV+CVSUFF_SU BJ:2MP | IV1P+IV_PASS+IVS UFF_MOOD:I | POSS_PRON_2MP | REL_PRON+CASE _DEF_GEN |
| | | DET+ADJ_COMP+NSUFF_MASC _DU_ACC | PV_PASS+PVSU FF_SUBJ:3MD | IV3MP+IV+IVSUFF_ SUBJ:MP_MOOD:SJ | DEM_PRON_MD | REL_PRON+CASE _INDEF_ACC |

FIGURE 1 : Les traits caractérisant des catégories lexicales de l'ATB

Maintenant si nous diminuons cette granularité, plusieurs sous-ensembles de catégories seront factorisés en une seule catégorie. Prenons comme exemple, le sous-ensemble {NOUN_PROP, NOUN_PROP+CASE_DEF_ACC, NOUN_PROP+CASE_DEF_NOM} qui marque les noms propres par trois étiquettes dans le cas d'une forte granularité. Si nous avons une faible granularité, ces étiquettes sont généralisées, et factorisées en une seule étiquette sous le nom NOUN_PROP. Ceci s'explique par le fait que le manque de précision dans les catégories grammaticales dû à la diminution du niveau de granularité permet de les factoriser. Cette factorisation influence le nombre de règles de la CFG, et par conséquent sa taille. En effet, plus ce niveau est bas, plus le nombre de catégories grammaticales est réduit et plus la CFG est compacte mais abstraite et générale. Inversement, plus ce niveau est élevé, plus le nombre de catégories est grand et plus la CFG est détaillée mais précise et significative. La dégradation de la significativité dans la CFG est due à la perte d'informations au niveau des règles lorsqu'on réduit la granularité de ses catégories. Il faut alors contrôler le niveau de granularité des catégories pour pouvoir faire un compromis entre la taille et la qualité de la CFG.

## 3.3 Représentation de certains phénomènes particuliers de la langue arabe

Comme nous l'avons déjà mentionné dans l'introduction de cet article, la langue arabe présente plusieurs défis lors de son traitement automatique. Parmi ces défis, nous citons les phénomènes linguistiques particuliers comme les relatives, les coordinations et les anaphores. L'ATB a aussi contribué à traiter ces phénomènes en les représentant conformément à la grammaire arabe (Maamouri et al., 2009), ce qui favorise la robustesse des ressources qui peuvent l'exploiter.

Dans le cas des propositions relatives, il est bien remarquable, comme le montre la figure 2, que la relative SBAR « التي لم تحترق» (Al~atiy lam taHotariq+o/ *qui ne sont pas brulées*) est réellement jointe au syntagme nominal « المواد الهيدروكربونية» (Al+mawAd~+i Al+hiydoruwkarobuwniy~ap+i/ *les matières hydro-carboniques*) qui la modifie.

```
(NP (NP -Al+mawAd~+i::-  المَوادِّ ::the+substances/materials+[def.gen.]
        Alhydrwkrbwnyp:: الهيدروكربونية ::nogloss )
    (SBAR (WHNP-2 Al~atiy:: الَّتِي ::which/who/whom_[fem.sg.] )
        (S (VP (PRT lam:: لَم ::did_not )
                ta+Hotariq+o:: تَحْتَرِقْ ::it/they/she+burn_up/be_burned+[jus.]
                (NP-SBJ-2 *T*)))))
```

FIGURE 2 : Un exemple de proposition relative représenté par l'ATB (Maamouri et al., 2009)

Pour les coordinations, elles sont composées en arabe généralement de deux conjoints ainsi que la conjonction qui les réunit. L'ATB spécifie plusieurs formes de coordinations selon la manière de représentation des trois composants de la coordination. Concernant les anaphores, l'ATB indique uniquement ceux des catégories vides et des cas exceptionnels comme les structures écartant les syntagmes verbaux (Maamouri et al., 2009).
La richesse et la fiabilité des annotations de l'ATB, ainsi que la pertinence de ses documents sources nous ont incités à l'utiliser pour générer automatiquement une GP héritant les qualités de ce treebank. Ceci permet de favoriser sa robustesse tout en gagnant en temps de construction. Nous proposons alors une démarche à appliquer pour exploiter cette ressource et obtenir notre GP.

# 4 Le formalisme de GP

Le formalisme de GP représente une approche s'appuyant sur les contraintes (Blache, 2001) tout en permettant un accès direct aux valeurs des variables. En effet, il représente les informations syntaxiques directement en fonction de catégories, et non pas en fonction de structures comme le font les autres approches basées sur la satisfaction de contraintes (Pollard, 1994 ; Maruyama, 1990). Le formalisme de GP s'inscrit dans le cadre des grammaires syntagmatiques tout en adoptant une structure syntaxique hiérarchisée. Ainsi, une GP est formée par un ensemble de propriétés exprimant différentes relations entre les catégories qui forment la structure syntaxique. Dans ce qui suit, nous présentons ses éléments essentiels ainsi que son fonctionnement.

## 4.1 Les catégories

Une catégorie en GP est formée par une structure de traits définissant les informations pouvant intervenir dans la spécification de contraintes. Chaque trait est un couple <étiquette, valeur>. Les traits partageant des caractéristiques communes sont regroupés dans un type spécifique. A ce type, plusieurs sous-types peuvent être associés héritant ses traits, ainsi que des traits spécifiques. Les types et leurs sous-types peuvent être organisés sous la forme de hiérarchies, distinguant ainsi différents niveaux de spécification de l'information, de telle sorte que chaque catégorie ayant un ensemble de traits est associée à un certain niveau de spécification (granularité) de son type. Une hiérarchie est représentée sous la forme d'un arbre où la racine représente un type et les nœuds descendants sont des sous-types plus spécifiques de leurs nœud parent. La figure 3 ci-dessous illustre la hiérarchie du type « *cat_lexicale* » caractérisant les catégories lexicales de l'ATB. Pour ce type, un seul trait appelé CATLEX est spécifié ayant une valeur catlex complexe dont le premier trait est appelé NATURE. Ces traits sont représentés dans une matrice sous le type concerné, leurs étiquettes sont en majuscules et leur type est en italique.

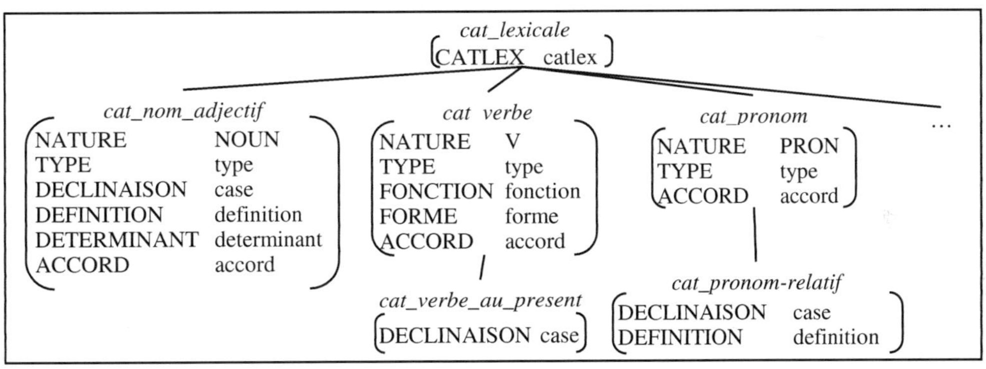


FIGURE 3 : Hiérarchie du type « *cat_lexicale* » caractérisant les catégories lexicales dans l'ATB

## 4.2 Les Propriétés

Une propriété est une contrainte portant sur un ensemble de catégories et décrivant une certaine catégorie. Ce qui caractérise les propriétés est le fait qu'elles sont toutes définies au même niveau, c'est à dire qu'elles ne sont ni dépendantes les unes des autres ni ordonnées entre elles. En plus, elles représentent des relations traitant toutes les informations de manière explicite à la différence des représentations de constituants qui se limitent à la définition explicite d'une relation unique : la hiérarchie. Les relations hiérarchiques représentent l'information syntaxique de manière holistique. Cette représentation ignore les cas où cette information est incomplète ou mal formée. Ce type de relations ne traite pas les phénomènes linguistiques complexes comme les relatives, les anaphores et les coordinations. Les propriétés par contre peuvent décrire ces phénomènes grâce à leur représentation décentralisée et locale des informations linguistiques. Ces propriétés peuvent être du niveau lexical (comme les propriétés morphologiques ou phonologiques) ou bien du niveau syntaxique. Les propriétés syntaxiques portent sur six différents types de contraintes montrées dans la figure 4 suivante :

| Propriétés | Symboles | Fonctions |
|---|---|---|
| Linéarité (Lin) | $\prec$ | Relations de précédence linéaire entre les constituants d'un constituant d'un niveau syntaxique |
| Unicité (Unic) | Unic | Ensemble des constituants ne devant apparaître qu'une seule fois |

| | | |
|---|---|---|
| Obligation (Oblig) | Oblig | Ensemble des têtes possibles du constituant de niveau syntaxique |
| Exigence (Exig) | ⇒ | Cooccurrence obligatoire entre les constituants |
| Exclusion (Excl) | ⊗ | Restriction de cooccurrence entre les constituants |
| Dépendance (Dep) | ↝ | Relations de dépendance entre les constituants |

FIGURE 4 : Fonctions des propriétés dans les GP

Les propriétés d'unicité et d'obligation sont des relations unaires. Les autres sont par contre des relations binaires.

### 4.3 Vérification de la satisfaction de contraintes

Le formalisme de GP représente les contraintes de manière indépendante. Ces contraintes sont regroupées dans des sous-systèmes caractérisant chacun une catégorie syntaxique. L'analyse avec ce formalisme revient en fait à vérifier pour chaque catégorie syntaxique la satisfaisabilité de son sous-système de contraintes. Pour analyser un énoncé donné, un processus de trois étapes est à appliquer : L'énumération de l'ensemble des catégories possibles de cet énoncé y compris celles syntaxiques susceptibles d'être des catégories mères pour les catégories dégagées, la construction des suites possibles des catégories énumérées, et finalement le calcul de la caractérisation des suites par la vérification de la consistance des sous-systèmes de contraintes correspondant aux catégories syntaxiques de ces suites. L'apport du formalisme de GP est très bien décrit grâce à cette notion de caractérisation. En effet, aucune règle syntagmatique ni schéma de règle n'est nécessaire pour décrire syntaxiquement un énoncé. Il suffit de fournir un ensemble de systèmes de contraintes décrivant cet énoncé de façon simple et directe et peu importe sa forme, et de vérifier leur satisfaction.

## 5 Démarche proposée

Pour élaborer notre démarche, nous nous sommes basées sur l'idée d'induction de GP à partir du FTB adoptée dans (Blache et Rauzy, 2012). Cette démarche s'articule autour de deux grandes étapes : l'induction de la CFG et l'induction de la GP. La démarche proposée est présentée dans la figure 5 suivante :

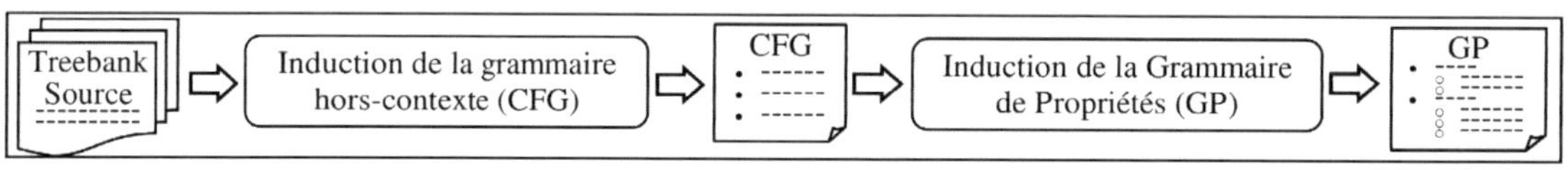


FIGURE 5 : Démarche d'induction de la GP

### 5.1 Etape d'induction de la CFG

L'induction de notre GP ne peut pas être réalisée directement en appliquant une simple tâche d'acquisition et de manipulation des données du treebank. Il faut en effet introduire une étape intermédiaire permettant de représenter les productions décrivant les unités syntaxiques. Cette étape consiste à parcourir l'ATB et à en extraire les constructions (règles) possibles pour produire une CFG pour l'arabe à différents niveaux de granularité. Ceci est réalisé dans le cadre de trois sous-étapes primordiales : la détection des constituants, l'élaboration des règles et le contrôle de ses niveaux de granularité (voir figure 6).

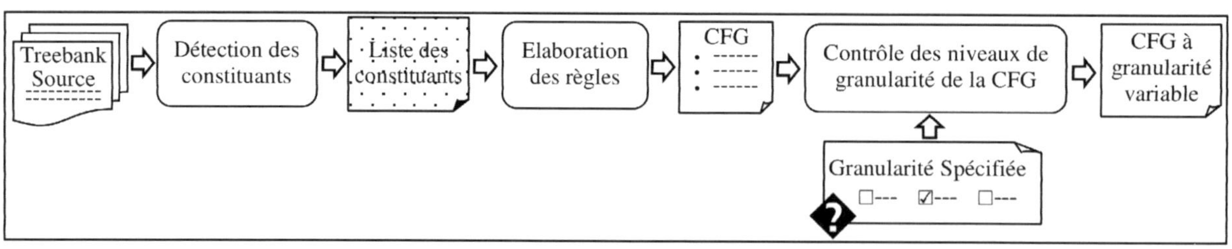


FIGURE 6 : Sous-étapes d'induction de la CFG

### 5.1.1 Détection des constituants

Cette sous-étape permet tout d'abord de parcourir le treebank ligne par ligne en décomposant chaque ligne en un ensemble de mots. Les mots commençant par une parenthèse ouvrante représentent les constituants. Après l'acquisition de l'ensemble des constituants, elle élimine les doublons puis trie ces constituants par ordre alphabétique. Finalement, afin de présenter quelques statistiques, cette sous-étape calcule le nombre d'occurrences de chacun de ces constituants.

### 5.1.2 Elaboration des règles

Il s'agit d'extraire les différentes constructions possibles (règles) pouvant être représentées dans l'ATB, ce qui permet de produire implicitement la CFG. Ceci se fait en parcourant ligne par ligne les fichiers des données source du treebank. Pour chaque ligne, trois tâches sont réalisées successivement à savoir : la récupération de l'ensemble des mots formant cette ligne, la détection des extrémités des règles en utilisant les mots récupérés et la génération des règles. La deuxième tâche permet d'affecter des positions incrémentales aux mots récupérés tout en donnant aux bornes (les parenthèses ouvrante et fermante) de chaque règle détectée la même position. A la troisième tâche, il s'agit de former les règles à générer. Chaque règle est composée d'une partie gauche consacrée à l'un des constituants du niveau syntaxique, et d'une partie droite représentant les constituants descendants de ce constituant syntaxique. Cette tâche s'étend également à l'exploration des constituants descendants dans la partie droite à la recherche d'autres règles de niveaux hiérarchiques plus fins. Après chaque parcours d'un fichier courant, les règles extraites sont accumulées à la liste des règles extraites des fichiers déjà parcourus. Cette liste est filtrée et triée. La liste finale des règles forme notre CFG. Il est possible également de calculer le nombre d'occurrences de chaque règle dans la liste pour présenter quelques statistiques.

En se trouvant devant une complexité prévue de la forte granularité caractérisant l'annotation de l'ATB, les catégories ne doivent pas être détectées d'emblée, mais le contrôle de leurs niveaux de granularité s'impose. L'emploi de ce contrôle est également motivé par le fait que nous voulons générer une grammaire à large couverture. Le fait d'offrir une certaine souplesse de présentation à cette grande masse de données favorise la qualité de la grammaire obtenue. Le contrôle à appliquer s'effectue au niveau de l'étape d'induction de la CFG vu qu'il concerne les catégories détectées. La section suivante explique les mécanismes de ce contrôle.

### 5.1.3 Contrôle des niveaux de granularité de la CFG

Pour pouvoir contrôler la granularité des catégories détectées, il faut spécifier leurs traits. Ces traits peuvent être organisés selon le formalisme de hiérarchies des types (voir la section 4.1). Mais, il faut les extraire tout d'abord de la structure de leur catégorie concernée. Pour cela, nous avons effectué une étude de cette structuration, et constaté que l'ATB a utilisé huit informations dans son annotation, portant sur : la numérotation, la déclinaison, le genre et le nombre, le mode de conjugaison du verbe, son type, le déterminant, la catégorisation lexicale et la celle syntaxique. Chacune de ces informations peut être spécifiée en se basant sur des caractères de séparation comme « : », « - », « + », « _ » ainsi que des mots clés comme « NSUFF », « CVSUFF », « IVSUFF », « PVSUFF », « CASE » et « MOOD ».

## 5.2 Etape d'induction de la GP

La CFG étant l'entrée de cette étape et la sortie de celle précédente, est utilisée pour induire automatiquement une GP. Ce qui facilite cette étape est le fait qu'aussi bien la CFG que la GP sont structurées sous forme de constituants de niveau syntaxique auxquels nous affectons des informations de différents types. La différence réside au niveau du type de ces informations. En effet, la CFG donne pour chaque constituant syntaxique, l'ensemble de règles qui le décrit. Ces règles forment en fait des contraintes hiérarchiques. La GP, par contre, représente le constituant syntaxique à l'aide de contraintes non hiérarchiques qui sont les « propriétés ». Pour expliquer comment nous avons induit notre GP, nous nous mettons d'accord sur quelques notations :

- XP représente tout constituant syntaxique décrit dans la grammaire.
- RHS(XP) est l'ensemble des règles spécifiant chaque XP.
- const(XP) est l'ensemble sans doublons des constituants pouvant former XP. Il est obtenu en parcourant RHS(XP) pour récupérer tout constituant faisant partie d'une règle de RHS(XP), il va servir à la représentation des propriétés. Nous avons commencé par la description des cinq premiers types de propriétés. Tandis que la description des propriétés de dépendance, elle n'est pas intégrée dans le présent article. Nous présentons, dans ce qui suit, les descriptions formelles de ces types de propriétés tout en nous appuyant sur celles établies dans (Blache, 2012) :

– La linéarité (lin) : elle vérifie dans tout l'ensemble RHS(XP) la validité de chaque relation de précédence entre chaque constituant de const(XP) et un autre. Pour cela, pour chaque couple de constituants dans const(XP), nous allons considérer que cette relation est vraie tant qu'il n'existe pas un contre exemple.

$\forall$ $(c_i, c_j) \in$ const(XP) | $c_i \neq c_j$
  $\forall$ $rhs_a \in$ RHS(XP)
    **Si** $((\exists\ (c_m, c_n) \in rhs_a \mid c_m = c_i \wedge c_n = c_j)$
    **Et** $(\nexists\ (c_m, c_n) \in RHS \mid c_m = c_i \wedge c_n = c_j \wedge c_n \prec c_m))$
    **alors** ajouter lin($c_i$, $c_j$)

– L'unicité (unic) : elle vérifie dans tout l'ensemble RHS(XP) pour chaque constituant de const(XP) s'il n'est pas répété dans la même construction de RHS(XP). Selon cette interprétation, nous supposons que le constituant à traiter est unique tant qu'il n'existe pas un cas contraire.

$\forall$ $c_i \in$ const(XP)
  card : 0
  $\forall$ $rhs_a \in$ RHS(XP)
    $\forall c_j \in rhs_a$
      **Si** $(c_j = c_i)$ **alors** card $\leftarrow$ card+1
  **Si** (card =1) **alors** ajouter unic($c_i$)

– L'obligation (oblig) : elle représente l'ensemble des constituants obligatoires pour former XP. Un constituant obligatoire (tête) est un constituant devant apparaitre au moins une fois dans chacune des constructions de RHS(XP).

$\forall$ $c_i \in$ const(XP)
**Si** ($\forall$ $rhs_b \in$ RHS(XP) | $\exists\ c_j \in rhs_b \wedge c_j = c_i$) **alors** ajouter oblig($c_i$)

– L'exigence (Exig) : elle vérifie dans tout l'ensemble RHS(XP) la validité de chaque relation de cooccurrence entre chaque couple de constituants de const(XP). Une catégorie est co-occurrente avec une autre si l'apparition de la première implique l'apparition de la deuxième dans la même construction. Cette relation n'est pas symétrique du fait que si la deuxième catégorie apparait dans une construction sans la première, cette relation est considérée valide.

$\forall$ $(c_i, c_j) \in$ const(XP) | $c_i \neq c_j$
  bool $\leftarrow$vrai
  $\forall$ $rhs_a \in$ RHS(XP)
    bool $\leftarrow (\exists c_n \in rhs_a \mid c_n = c_i) \wedge (\nexists c_m \in rhs_a \mid c_m = c_j)$
**Si** bool **alors** ajouter exig($c_i$, $c_j$)

– L'exclusion (excl) : elle vérifie dans tout l'ensemble RHS(XP) la validité de chaque relation de restriction de cooccurrence entre chaque couple de constituants de const(XP). Une catégorie n'est pas co-occurrente avec une autre s'il s'est arrivé que l'une apparait avec l'autre dans une même construction. Cette relation est totalement contraire à la relation d'exigence. Et même, elle est symétrique du fait que pour que cette relation soit valide, l'apparition de l'une de ses deux catégories empêche l'apparition de l'autre.

$\forall$ $(c_i, c_j) \in$ const(XP) | $c_i \neq c_j$
  bool $\leftarrow$ faux
  $\forall$ $rhs_a \in$ RHS(XP)
    bool $\leftarrow (\exists (c_m, c_n) \in rhs_a \mid c_m = c_i \wedge c_n = c_j)$
**Si** non bool **alors** ajouter excl($c_i$, $c_j$)

# 6 Expérimentations et résultats

Nous avons utilisé comme ressources pour induire notre GP, la deuxième division avec sa version 3.1 (ATB2 v3.1), composée de 501 articles de presse contenant 144.199 segments avant la fragmentation des clitiques. Comme nous l'avons déjà mentionné, le mécanisme d'induction de la GP se déroule sur deux tâches successives qui permettent d'obtenir successivement deux types de grammaires sous le format XML : La CFG et la GP. La taille de ces grammaires dépend du niveau de granularité des catégories qu'elles décrivent, puisque toute catégorie peut être caractérisée par différents traits morphologiques. Plus le niveau de granularité des catégories est élevé, plus ces grammaires sont complexes mais leurs propriétés de plus en plus fidèles à la langue, et inversement. La CFG obtenue est composée d'ensembles des règles décrivant chaque catégorie non terminale XP. Chaque règle prend la forme d'une liste ordonnée de catégories grammaticales représentant une catégorie syntaxique XP. La table 1 montre des informations sur la CFG obtenue au niveau de granularité le plus élevé. Cette table affiche en particulier la fréquence de la règle « PREP NP » lorsqu'elle décrit la catégorie PP (Prepositional Phrase) y compris ses sous-catégories (e.g. PP-MNR et PP-TMP), qui intègrent plus de détail (Maamouri et al., 2009). A ce niveau, il y a 263 règles de différents types. Selon ce que nous avons observé dans la table1, nous pouvons noter que la granularité la plus élevée ne fait pas une grande différence pour certaines sous-catégories de PP. Par exemple, dans la plupart des cas, la construction « PREP NP » reste la plus fréquente quel que soit la sous-catégorie de PP qu'elle décrit. Les autres règles ne sont pas fréquentes, elles partagent ensembles le reste des occurrences. La sous-catégorie PP-LOC représente un exemple. En plus de la règle « PREP NP », elle est décrite par d'autres règles que chacune d'elles ne dépasse pas les 10 occurrences et qu'elles apportent ensembles uniquement 19 occurrences. Par ailleurs, le signe "#" affecté à quelques paramètres signifie leur cardinalité.

| Catégories syntaxiques | PP | PP-CLR | PP-PRP | PP-TMP | PP-LOC | PP-PRD | PP-MNR | PP-DIR | Others |
|---|---|---|---|---|---|---|---|---|---|
| Σ# Règles | 50 | 44 | 15 | 15 | 13 | 13 | 12 | 9 | -- |
| #Occ de « PREP NP » | 12834 | 3025 | 445 | 754 | 1511 | 762 | 246 | 154 | -- |
| Σ#Occ des règles | 13814 | 3781 | 684 | 805 | 1537 | 805 | 286 | 165 | 222 |

TABLE 1 : Fréquence de la règle « PREP NP » décrivant les sous-catégories de PP au niveau plus haut de granularité

Mais si nous observons la CFG, illustrée en partie dans la table 2, nous pouvons noter qu'indépendamment du niveau de granularité élevé des catégories syntaxiques, les occurrences de la construction « PREP NP » représentent en tout environ 90% des cas, ce qui rend l'augmentation de la granularité des catégories inutiles dans certains cas. La réduction de cette granularité à 0 nous donne une CFG pour les PP plus compacte. Elle est illustrée en partie par la table 2 et regroupe uniquement 59 types différents de règles intégrant dans la plupart des cas la construction « PREP NP ». Nous pouvons remarquer aussi que, dans les deux CFG, les constructions de PP les plus fréquentes dans le treebank sont formées de deux constituants. Par contre, les constructions complexes formées de plus que deux constituants sont rares. Généralement, nous avons trouvé que, pour toutes les catégories non terminales, le niveau de granularité des catégories affecte également la taille de toute la grammaire. En effet, le nombre de règles dans la CFG s'est divisé par 6 au niveau le plus bas par rapport à celui le plus élevé (2998/14452).

| Règles | #Occ | Règles | #Occ | Règles | #Occ |
|---|---|---|---|---|---|
| PREP NP | 19886 | PREP ADVP | 32 | PP PREP NP | 10 |
| PREP SBAR | 1346 | NP PREP NP | 28 | PREP NP PUNC | 10 |
| PREP S | 237 | PREP PUNC NP | 22 | PREP UCP | 8 |
| PP CONJ PP | 126 | PP PP | 20 | PUNC PREP SBAR PUNC | 7 |
| -NONE- | 87 | PUNC PREP NP | 20 | PREP NP PP | 6 |
| PRT PREP NP | 63 | ADVP PREP NP | 19 | 14 règles | ≤5 |
| PP PUNC CONJ PP | 48 | PREP PUNC NP PUNC | 18 | 25 autres règles | 1 |
| PUNC PREP NP PUNC | 42 | Σ# Occurrences | | | 22099 |

TABLE 2 : Extrait de la CFG au plus bas niveau de granularité décrivant la catégorie PP

La GP obtenue à un niveau donné décrit pour chaque catégorie syntaxique, l'ensemble de ses constituants ainsi que les propriétés qui relient ces constituants. La figure 7 et la figure 8 illustrent respectivement des extraits des GP obtenues aussi bien au niveau de granularité le plus élevé que celui le plus bas pour la catégorie PP. Premièrement, nous pouvons remarquer que, grâce au formalisme de GP, des informations implicites de différents types dans le treebank sont rendues explicites. Ce sont les propriétés (ou relations) qui relient les différents constituants. Ces nouvelles informations peuvent servir à la tâche d'analyse syntaxique. A partir de la figure 7, prenons comme exemple la propriété de linéarité « PREP < S-NOM » décrivant la sous-catégorie PP-DIR désignant un syntagme prépositionnel de direction. Cette relation indique que si la catégorie PREP (préposition) apparaît avec la catégorie S-NOM (proposition nominative) dans la même réalisation, elle va toujours précéder S-NOM directement ou indirectement. Une information de ce type n'est pas explicite dans le treebank. Toutefois, avec un niveau de granularité totalement élevé des catégories, plusieurs informations implicites peuvent être répétées pour plusieurs sous-catégories, ce qui multiplie la taille de la GP et rend son parcours plus difficile. Plus particulièrement dans la figure 7, c'est le cas des propriétés reliant les catégories PREP et NP. Voyons ici que ces propriétés sont répétées au moins 6 fois dans la grammaire pour les sous-catégories indiquées.

| | | |
|---|---|---|
| PP-DIR | Const | {PP, PREP, NP, ADVP, S-NOM, SBAR, PRT} |
| | Unic | {PREP, NP, ADVP, S-NOM, SBAR, PRT} |
| | Lin | PP < {PREP, NP} ; PRT < {PREP, NP} ; PREP < {NP, ADVP, S-NOM, SBAR} |
| | Exig | {NP, ADVP, S-NOM, SBAR} ⇒ PREP; PRT ⇒ {PREP, NP} |
| | Excl | PP ⊗ {ADVP, S-NOM, SBAR, PRT}; NP ⊗ { ADVP, S-NOM, SBAR}<br>ADVP ⊗ {S-NOM, SBAR, PRT};S-NOM ⊗ {SBAR, PRT};SBAR ⊗ {PRT} |

| | | |
|---|---|---|
| PP-DTV<br>PP-TPC<br>PP-LOC<br>PP-MNR<br>PP-PRD | Const | {PREP, NP} |
| | Unic | {PREP, NP} |
| | Oblig | {PREP, NP} |
| | Lin | PREP < NP |
| | Exig | NP ⇒ PREP<br>PREP ⇒ NP |

FIGURE 7 : Extrait de la CFG au plus haut niveau de granularité

L'induction de la GP au niveau de granularité le plus bas montre une grande différence. La figure 8 montre un extrait de cette grammaire pour la catégorie PP. La GP devient beaucoup plus compacte, les catégories sont plus simples et les propriétés ne sont pas répétées. C'est parce que ces catégories ont été généralisées et factorisées Toutefois, ce manque de précision peut perdre l'information. Plusieurs exemples dans la GP peuvent prouver cette idée : Ainsi, avant la généralisation des catégories, la propriété de linéarité «PRON_3MS ≺ DET+ADJ+CASE_DEF_NOM» décrit la sous-catégorie NP-ADV-1. Après la généralisation, il faut que la précision de cette propriété soit réduite, et la propriété soit transformée à une autre étant « PRON ≺ ADJ » pour décrire la catégorie de base NP. Mais ceci n'a pas été effectué. Ceci s'explique par le fait que la validité de cette propriété n'a pas été garantie pour toutes les sous-catégories de NP. L'absence de plusieurs propriétés à cause de la généralisation peut produire un degré d'erreur.

| | |
|---|---|
| Const | {-NONE-, NP, S, SBAR, PP, PREP, ADVP, PRT, CONJP, UCP, NAC, FRAG, PRON, TYPO} |
| Unic | {-NONE-, PREP, NP, ADVP, SBAR, PRT, PRON, UCP, NAC, FRAG} |
| Lin | -NONE- ≺ NP ; NP ≺ {UCP, NAC, FRAG ; PRT ≺ {PREP, NP, S, PRON, PP, SBAR, ADVP} ;<br>PP ≺ {PREP, NP, S, NAC}; TYPO ≺ {PP, S}; PREP ≺ {NP, ADVP, S, UCP, PRON}; UCP ≺ PP |
| Exig | {NP, ADVP, S, SBAR} ⇒ PREP ; PRT ⇒ {PREP, NP};{CONJP, NAC, FRAG} ⇒NP |
| Excl | {TYPO, PRT, CONJP, PRON, ADVP, S, SBAR, -NONE-} ⊗ {UCP, NAC, FRAG} ; PRON ⊗ {NP, CONJP, TYPO}<br>-NONE- ⊗ {S, SBAR, PP, ADVP, TYPO, CONJP, PRON, PRT}; NAC ⊗ FRAG; CONJP ⊗ {PRT, TYPO}<br>S ⊗ {SBAR, PP, NP, ADVP, CONJP, PRT}; SBAR ⊗ {PP, NP, PRT, CONJP, PRON, ADVP, TYPO}<br>PP ⊗ {ADVP, PRT, CONJP, PRON, FRAG} ; ADVP ⊗ {NP, PRON, PRT, CONJP, TYPO};PRT ⊗ TYPO |

FIGURE 8 : Extrait de la GP au plus haut niveau de granularité

Dans la figure 8, nous pouvons remarquer qu'aucune propriété d'obligation n'est présentée. C'est parce que l'interprétation de ce type de propriétés exige la présence d'un constituant en une seule forme dans toutes les règles. En principe, ce constituant est la catégorie NOUN dans notre cas. Ceci n'est pas assuré, puisqu'à chaque fois, nous avons soit une catégorie plus détaillée (NOUN_NUM ou NOUN_PROP) ou bien une autre totalement différente. Tandis que les propriétés d'exclusion, elles sont très nombreuses en adoptant l'interprétation que nous venons de présenter dans la section 5.2. Considérer que toute absence de deux constituants d'une catégorie syntaxique dans toutes ses constructions représente une relation de restriction de cooccurrence n'est pas toujours valide. En effet, la rareté de ces règles dans la langue ou la non richesse du treebank en entrée peuvent être les vraies raisons de cette absence.

Selon les résultats obtenus, nous constatons que la variation du niveau de granularité des catégories a une grande influence sur la réduction de la complexité du problème permettant ainsi de diminuer la taille de la GP induite. Mais, même la généralisation pose un problème du faite qu'elle engendre une perte dans la précision de l'information. Ceci favorise beaucoup plus l'adoption d'un mécanisme de contrôle du niveau de granularité pour faire le compromis entre la généralisation et la spécification des catégories grammaticales de l'ATB.

# 7 Conclusions et perspectives

Nous avons proposé dans cet article une démarche de construction d'une GP à granularité variable à partir de l'ATB, ce qui la rend une ressource à large couverture héritant des qualités de l'ATB comme sa fiabilité, sa soumission à des consensus et sa richesse en annotations de différents types. La technique que nous avons adoptée pour construire cette ressource présente l'avantage d'être générique. En effet, elle est indépendante non seulement de toute langue, mais aussi, du formalisme source, puisque la génération des propriétés se fait directement à partir de la CFG. En plus, avec les types de propriétés définis jusqu'à présent, cette technique est automatique, ce qui favorise sa réutilisabilité pour des treebanks de différentes langues et de différents formalismes sources.

Dans le but, d'offrir une représentation très précise de l'information syntaxique, l'ensemble des relations présentées dans la GP peut toujours être enrichi ou modifié. Cette grammaire peut être également utilisée pour enrichir le treebank arabe ATB, qui est à base de syntagmes, avec la représentation à base de propriétés, ce qui peut permettre d'améliorer la qualité du treebank. Pour optimiser cet enrichissement, plusieurs mécanismes de contrôle peuvent être intégrés au niveau de la détermination des unités syntaxiques, et de l'efficacité de leurs propriétés linguistiques.

## Références

ABEILLÉ A., CLÉMENT L., KINYON A. (2000). Building a treebank for French. Proceedings of *the Second International Language Resources and Evaluation Conference*. Athens, Greece.

AURAN C., BOUZON C., HIRST D.J. (2004). The Aix-MARSEC project: an evolutive database of spoken British English. Proceedings of *the Second International Conference on Speech Prosody*, 561-564. Nara.

BLACHE P. (2001). *Les Grammaires de Propriétés : Des contraintes pour le traitement automatique des langues naturelles*. Hermès Sciences Publications.

BLACHE P. (2014). A Chinese Constraint Grammar Extracted from the Chinese Treebank. Proceedings of *APCLC.*

BLACHE P., GUÉNOT M.-L. & VANRULLEN T. (2003). Corpus-based grammar development. Proceedings of *Corpus Linguistics-03*.

BLACHE P., RAUZY S. (2012). Hybridization and Treebank Enrichment with Constraint-Based Representations. Proceedings of *LREC-2012*.

DUCHIER D., PROST J.-P., DAO T.-B-.H. (2009). A Model-Theoretic Framework for Grammaticality Judgements. FG, volume 5591 of *Lecture Notes in Computer Science*, page 17-30. Springer.

KAY P., FILLMORE C. (1999).Grammatical Constructions and Linguistic Generalizations: the what's x doing y construction. *Language.*

LAMMIE GLEEN M., STRASSEL S. (2005). Linguistic Resources for Meeting Speech Recognition. *MLMI-05.*

MAAMOURI M., BIES A. (2004). Developing an Arabic Treebank: Methods, Guidelines, Procedures, and Tools. Proceedings of *COLING-04*. Geneva, Switzerland.

MAAMOURI M., BIES A., KROUNA S., GADDECHE F., BOUZIRI B. (2009). Penn Arabic Treebank guidelines v4.8. *Technical report, Linguistic Data Consortium*, University of Pennsylvania.

MAAMOURI M., ZAGHOUANI W., VIOLETTA CAVALLI-SFORZA V., GRAFF D., CIUL M. (2012). Developing ARET: An NLP-based Educational Tool Set for Arabic Reading Enhancement. *NAACL-HLT 2012*. Montreal.

MOHRI M., ROARK B. (2006). Probabilistic Context-Free Grammar Induction Based on Structural Zeros. Proceedings of *the Seventh Meeting of the Human Language Technology conference- North American Chapter of the Association for Computational Linguistics (HLT-NAACL 2006)*. New York.

REHBEIN I., VAN GENABITH. J. (2007) Treebank annotation schemes and parser evaluation for German. Proceedings of *the Joint Conference on Empirical Methods in Natural Language Processing and Computational Natural Language Learning, pages 630–639*. Prague, Czech Re public.

SONG Z., ISMAEL S., GRIMES S., DOERMANN D., STRASSEL S. (2012). Linguistic Resources for Handwriting Recognition and Translation Evaluation. *LREC 2012*. Istanbul.

TOUNSI L., VAN GENABITH J. (2010). Arabic Parsing Using Grammar Transforms. *LREC 2010*.

VANRULLEN T., BLACHE P., PORTES C., RAUZY S., MAEYHIEUX J.-F., GUENOT M.-L., BALFOURIER J.-M., BELLENGIER E. (2005). Une plateforme pour l'acquisition, la maintenance et la validation de ressources lexicales. Actes de *TALN, pp. 41-48*. Paris, France.

**Association for Computational Linguistics**
209 N. Eighth Street
Stroudsburg, Pennsylvania 18360